Ehlers/Schoch

Rechtsschutz im Öffentlichen Recht

# Rechtsschutz im Öffentlichen Recht

Herausgegeben von

Dr. Dr. h. c. Dirk Ehlers
Professor an der Universität Münster

Dr. Friedrich Schoch
Professor an der Universität Freiburg i. Brsg.

Bearbeitet von den Herausgebern und von

Dr. Andreas von Arnauld
Professor an der
Universität Kiel

Dr. Stefan Kadelbach, LL. M.
Professor an der
Universität Frankfurt/Main

Dr. Romy Klimke
Universität
Halle-Wittenberg

Dr. Hermann Pünder, LL. M.
Professor an der
Bucerius Law School, Hamburg

Dr. Arno Scherzberg
Professor an der
Universität Erfurt

Dr. Christian Thiemann
Professor an der
Universität Mainz

Dr. Christian Tietje
Professor an der
Universität Halle-Wittenberg

Dr. Christian Walter
Professor an der
Universität München

Dr. Rainer Wernsmann
Professor an der
Universität Passau

2021

C.H.BECK

Zitiervorschlag: *Bearbeiter* in: Ehlers/Schoch,
Rechtsschutz im Öffentl. Recht, § ... Rn. ...

**www.beck.de**

ISBN Print 978 3 406 77364 8
ISBN E-Book 978 3 406 77365 5


Wilhemstraße 9, 80801 München
Druck und Bindung: Westermann Druck Zwickau GmbH,
Crimmitschauer Straße 43, 08058 Zwickau
Satz und Umschlaggestaltung: Druckerei C. H. Beck Nördlingen

$CO_2$ neutral
chbeck.de/nachhaltig

Gedruckt auf säurefreiem, alterungsbeständigem Papier
(hergestellt aus chlorfrei gebleichtem Zellstoff)

# Vorwort

Recht entfaltet reale Wirkung, wenn es im Streitfall gerichtlich durchgesetzt werden kann. Deshalb kommt dem Rechtsschutz in jedem Gemeinwesen eine herausragende Bedeutung zu. Darstellungen zum Rechtsschutz im Öffentlichen Recht sind in der Regel einer bestimmten Rechtsebene gewidmet: dem Völkerrecht, dem Europarecht, dem nationalen Verfassungsrecht oder dem nationalen Verwaltungsrecht. Demgegenüber umfasst das vorliegende Lehrbuch die wesentlichen Rechtsschutzthemen des internationalen sowie des europäischen und des nationalen Rechts. Damit wird der Verschränkung der verschiedenen Ebenen Rechnung getragen, und den Nutzern dieses Werks wird ein umfassender Überblick in einer Gesamtdarstellung geboten. Soweit es Berührungspunkte gibt, sind die Beiträge miteinander vernetzt (erkennbar durch das „→"-Symbol).

Dieses Lehrbuch gliedert sich in fünf Teile: (1) Rechtsschutz im allgemeinen Völkerrecht (insbesondere durch den IGH sowie die Streitbeilegungsgremien der Internationalen Pakte, der Welthandelsorganisation und der Investitionsschutzverträge), (2) Rechtsschutz im europäischen Völkerrecht (durch den EGMR), (3) Rechtsschutz im EU-Recht (durch den Gerichtshof der Europäischen Union), (4) Rechtsschutz im Verfassungsrecht (durch das BVerfG, aber auch durch die VerfGH/StGH der Länder), (5) Rechtsschutz im Verwaltungsrecht (durch die Gerichte der allgemeinen Verwaltungsgerichtsbarkeit). Einbezogen in die Darstellung ist auch der vorläufige Rechtsschutz. Das Widerspruchsverfahren findet als eigenständiges Verfahren (und nicht nur als gerichtliches Vorverfahren) ebenfalls Berücksichtigung. Im Interesse eines vertieften Verständnisses stellen die Beiträge – jeweils einleitend – Funktion und Bedeutung der Rechtsbehelfe heraus.

Dieses Lehrbuch wendet sich in erster Linie an Studierende und Rechtsreferendare; zugleich vermittelt es Wissenschaft und Praxis Impulse und Orientierung. Getragen ist das Werk von einem einheitlichen didaktischen Konzept: Die systematischen Ausführungen werden, soweit dies angezeigt ist, durch eingearbeitete Fälle und Lösungen ergänzt. Die zumeist der Rechtsprechung entnommenen Fallbeispiele dienen der Veranschaulichung und versetzen den Leser in die Lage, sich den Stoff selbstständig zu erarbeiten und auf einen Lebenssachverhalt anzuwenden, wodurch die Selbstkontrolle gefördert wird. Soweit Gerichtsentscheidungen in den bekannten Ausbildungszeitschriften (JA, Jura, JuS) verarbeitet sind, werden die entsprechenden Fundstellen nachgewiesen.

Das Lehrbuch ist ein Gemeinschaftswerk von elf Autoren. Die Herausgeber danken den Verfassern nicht nur für die Mitwirkung an diesem Projekt, sondern auch für die Bereitschaft, sich in die Gesamtkonzeption einzufügen.

Die Publikation knüpft zum Teil an das im Jahre 2009 von den Herausgebern vorgelegte gleichnamige Buch an, das von dem Verlag de Gruyter verlegt wurde. Doch handelt es sich bei dem vorliegenden Werk um eine vollständige Neubearbeitung.

Die umfangreichen redaktionellen Arbeiten an den Manuskripten hätten ohne die tatkräftige Unterstützung der Mitarbeiterinnen und Mitarbeiter am Freiburger Lehrstuhl für Staats- und Verwaltungsrecht sowie von Anton Mysegades vom Zentrum für öffentliches Wirtschaftsrecht der Universität Münster nicht bewältigt werden können. Besonders zu erwähnen sind Julia Lais, Ada Haas und Adrian Lex. Ihnen sei auch an dieser Stelle für ihren hervorragenden Einsatz vielmals gedankt.

Anregungen, Hinweise und Kritik sind willkommen; sie können auf elektronischem Wege an die Herausgeber übermittelt werden (ehlersd@uni-muenster.de; oerecht4@jura.uni-freiburg.de).

Münster und Freiburg, Dezember 2020

Dirk Ehlers                                                                 Friedrich Schoch

# Autorenverzeichnis

| | |
|---|---|
| v. Arnauld: | § 1 |
| Ehlers: | §§ 7–11, 18, 24–32 |
| Kadelbach | §§ 3, 6 |
| Klimke: | § 5 |
| Pünder: | § 20 |
| Scherzberg: | § 15 |
| Schoch: | §§ 13, 14, 16, 21–23, 33–35 |
| Thiemann: | § 17 |
| Tietje: | §§ 4, 5 |
| Walter: | § 2 |
| Wernsmann: | §§ 12, 19 |

# Inhaltsübersicht

# Inhaltsverzeichnis

# Inhaltsverzeichnis

## Inhaltsverzeichnis

# Literaturverzeichnis

## I. Völker- und Europarecht

*v. Arnauld* Völkerrecht, 4. Aufl. 2019
*v. Bogdandy/Bast* (Hrsg.) Europäisches Verfassungsrecht, 2. Aufl. 2009
*v. Bogdandy/Cassese/Huber* (Hrsg.) Handbuch Ius Publicum Europaeum, Band IV, 2011
*v. Bogdandy/Cruz Villalón/Huber* (Hrsg.) Handbuch Ius Publicum Europaeum, Band II, 2008
*Calliess/Ruffert* (Hrsg.) EUV/AEUV – Das Verfassungsrecht der Europäischen Union mit Europäischer Grundrechtecharta, Kommentar, 5. Aufl. 2016
*Craig* EU Administrative Law, Third Edition 2018
*Craig/de Búrca* EU Law, Seventh Edition 2020
*Craig/de Búrca* The evolution of EU Law, Second Edition 2011
*v. Danwitz* Europäisches Verwaltungsrecht, 2008
*Dauses/Ludwigs* (Hrsg.) Handbuch des EU-Wirtschaftsrechts (Loseblatt)
*Dörr/Lenz* Europäischer Verwaltungsrechtsschutz, 2. Aufl. 2019
*Ehlers* (Hrsg.) Europäische Grundrechte und Grundfreiheiten, 4. Aufl. 2015
*Geiger/Khan/Kotzur* (Hrsg.) EUV/AEUV, Kommentar, 6. Aufl. 2017
*Grabenwarter/Pabel* Europäische Menschenrechtskonvention, Lehrbuch, 6. Aufl. 2016
*Grabitz/Hilf/Nettesheim* (Hrsg.) Das Recht der Europäischen Union: EUV/AEUV, Kommentar (Loseblatt)
*v. der Groeben/Schwarze/Hatje* (Hrsg.) Europäisches Unionsrecht Band I–IV, Kommentar, 7. Aufl. 2015
*Häberle/Morlok/Skouris* (Hrsg.) Staat und Verfassung in Europa, 2000
*Haltern* Europarecht Band I und II, 3. Aufl. 2017
*Herdegen* Europarecht, 21. Aufl. 2019
*Hobe/Fremuth* Europarecht, 10. Aufl. 2020
*Jarass* Charta der Grundrechte der Europäischen Union, Kommentar, 4. Aufl. 2021
*Jochum* Europarecht, 3. Aufl. 2018
*Karpenstein/Mayer* (Hrsg.) EMRK, Kommentar, 2. Aufl. 2015
*Leible/Terhechte* Enzyklopädie Europarecht III, 2014
*Lenz/Borchardt* (Hrsg.) EU-Verträge, Kommentar, 6. Aufl. 2012
*Meyer/Hölscheidt* (Hrsg.) Charta der Grundrechte der Europäischen Union, 5. Aufl. 2019
*Meyer-Ladewig/Nettesheim/v. Raumer* (Hrsg.) EMRK, Kommentar, 4. Aufl. 2017
*Nicolaysen* Europarecht, Band II, 1996
*Oppermann/Classen/Nettesheim* Europarecht, 8. Aufl. 2018
*Pechstein* EU-Prozessrecht, 4. Aufl. 2011
*Pechstein/Nowak/Häde* (Hrsg.) Frankfurter Kommentar zu EUV, GRC und AEUV Band I–IV, 2017
*Rengeling/Middeke/Gellermann* Handbuch des Rechtsschutzes in der Europäischen Union, 3. Aufl. 2014
*Schlacke/Schrader/Bunge* Aarhus-Handbuch, 2. Aufl. 2019
*Schulze/Janssen/Kadelbach* (Hrsg.) Europarecht, 4. Aufl. 2020
*Schwarze/Becker/Hatje/Schoo* (Hrsg.) EU-Kommentar, 4. Aufl. 2019
*Streinz* (Hrsg.) EUV/AEUV, Kommentar, 3. Aufl. 2018
*Streinz* Europarecht, 11. Aufl. 2019
*Sydow/Wittreck* Deutsches und Europäisches Verfassungsrecht I, 2019
*Terhechte* (Hrsg.) Verwaltungsrecht der Europäischen Union, 2011
*Thiele* Europäisches Prozessrecht, 2. Aufl. 2014
*Wägenbaur* EuGH VerfO Satzung und Verfahrensordnungen des Gerichtshofs und des Gerichts der Europäischen Union, 2. Aufl. 2017
*Wägenbaur* Court of Justice of the European Union, Commentary on Statute and Rules of Procedure, 2013.
*Vitzthum/Proelß* (Hrsg.) Völkerrecht, 8. Aufl. 2019

## II. Verfassungsrecht

*Battis/Gusy* Einführung in das Staatsrecht, 6. Aufl. 2018
*Benda/Maihofer/Vogel* (Hrsg.) Handbuch des Verfassungsrechts der Bundesrepublik Deutschland, 2. Aufl. 1994 (Studienausgabe: 2. Aufl. 1995)
*Calliess* Staatsrecht III, Bezüge zum Völker- und Europarecht, 3. Aufl. 2020
*Degenhart* Staatsrecht I, Staatsorganisationsrecht, 35. Aufl. 2019
*Denninger/Hoffmann-Riem/Schneider/Stein,* Alternativkommentar zum Grundgesetz (Loseblatt)
*Dreier, H.* (Hrsg.) Grundgesetz, Kommentar, Band I, 3. Aufl. 2013, Band II, 3. Aufl. 2015, Band III, 3. Aufl. 2018
*Emmenegger/Wiedmann* (Hrsg.) Linien der Rechtsprechung des Bundesverfassungsgerichts, Band II, 2011
*Epping/Hillgruber* Beck'scher Online-Kommentar Grundgesetz, 43. Edition 2020
*Friauf/Höfling* (Hrsg.) Berliner Kommentar zum Grundgesetz (Loseblatt)
*Gröpl* Staatsrecht I, 11. Aufl. 2019
*Hesse* Grundzüge des Verfassungsrechts der Bundesrepublik Deutschland, 20. Aufl. 1999
*Hömig/Wolff* (Hrsg.) Grundgesetz für die Bundesrepublik Deutschland, Kommentar, 12. Aufl. 2018
*Ipsen* Staatsrecht I, 32. Aufl. 2020
*Ipsen* Staatsrecht II, 23. Aufl. 2020
*Isensee/Kirchhof* (Hrsg.) Handbuch des Staatsrechts der Bundesrepublik Deutschland, Band II, 3. Aufl. 2004, Band III, 3. Aufl. 2005, Band IV, 3. Aufl. 2006, Band V, 3. Aufl. 2007, Band VI, 3. Aufl. 2009, Band VIII, 3. Aufl. 2010, Band XI, 3. Aufl. 2013
*Jarass/Pieroth* (Hrsg.) Grundgesetz für die Bundesrepublik Deutschland, Kommentar, 16. Aufl. 2020
*Kahl/Waldhoff/Walter* (Hrsg.) Kommentar zum Bonner Grundgesetz (Loseblatt)
*Katz/Sander* Staatsrecht, 19. Aufl. 2019
*Kingreen/Poscher* Grundrechte. Staatsrecht II, 36. Aufl. 2020
*Kloepfer* Verfassungsrecht, Band I, 2011, Band II, 2010
*v. Mangoldt/Klein/Starck* Kommentar zum Grundgesetz, Band I bis III, 7. Aufl. 2018
*Maunz/Dürig* Grundgesetz, Kommentar (Loseblatt)
*Maurer* Staatsrecht I, 6. Aufl. 2010
*Menzel/Müller-Terpitz* (Hrsg.) Verfassungsrechtsprechung, 3. Aufl. 2017
*Merten/Papier* (Hrsg.) Handbuch der Grundrechte in Deutschland und Europa, Band I, 2004, Band II, 2006, Band III, 2009, Band VI/1, 2010
*Morlok/Michael* Staatsorganisationsrecht, 4. Aufl. 2018
*v. Münch/Kunig* (Hrsg.) Grundgesetz, Kommentar, Band I, 7. Aufl. 2021, Band II, 7. Aufl. 2021
*v. Münch/Mager* Staatsrecht I, 8. Aufl. 2015
*Sachs* (Hrsg.) Grundgesetz, Kommentar, 8. Aufl. 2018
*Schmidt-Bleibtreu/Hofmann/Henneke* (Hrsg.) Kommentar zum Grundgesetz, 14. Aufl. 2017
*Stern* (Hrsg.) Staatsrecht, Band I, 2. Aufl. 1984, Band II, 1980, Band III/1, 1988, Band III/2, 1994
*Stein/Frank* Staatsrecht, 21. Aufl. 2010

## III. Verfassungsprozessrecht

*Barczak* (Hrsg.) Bundesverfassungsgerichtsgesetz, Kommentar, 2018
*Benda/Klein* Verfassungsprozessrecht, 4. Aufl. 2020
*Burkiczak/Dollinger/Schorkopf* (Hrsg.) Bundesverfassungsgerichtsgesetz, Kommentar, 2015
*Fleury* Verfassungsprozessrecht, 10. Aufl. 2015
*Gersdorf* Verfassungsprozessrecht und Verfassungsmäßigkeitsprüfung, 5. Aufl. 2019
*Hillgruber/Goos* Verfassungsprozessrecht, 5. Aufl. 2020
*Lechner/Zuck* Bundesverfassungsgerichtsgesetz, Kommentar, 8. Aufl. 2019
*Lenz/Hansel* Bundesverfassungsgerichtsgesetz, Kommentar, 3. Aufl. 2020
*Maunz/Schmidt-Bleibtreu/Klein/Bethge* (Hrsg.) Bundesverfassungsgerichtsgesetz, Kommentar (Loseblatt)
*Pestalozza* Verfassungsprozeßrecht, 3. Aufl. 1991
*Sachs* Verfassungsprozessrecht, 4. Aufl. 2016
*Schlaich/Korioth* Das Bundesverfassungsgericht, 11. Aufl. 2018
*Umbach/Clemens/Dollinger* (Hrsg.) Bundesverfassungsgerichtsgesetz, Kommentar, 2. Aufl. 2005
*Walter/Grünewald* Beck'scher Online-Kommentar Bundesverfassungsgerichtsgesetz, 9. Edition 2020
*Zuck* Das Recht der Verfassungsbeschwerde, 5. Aufl. 2017

## IV. Allgemeines Verwaltungsrecht

*Bull/Mehde* Allgemeines Verwaltungsrecht mit Verwaltungslehre, 9. Aufl. 2015
*Detterbeck* Allgemeines Verwaltungsrecht, 18. Aufl. 2020
*Ehlers/Pünder* (Hrsg.) Allgemeines Verwaltungsrecht, 15. Aufl. 2015
*Erbguth/Guckelberger* Allgemeines Verwaltungsrecht, 10. Aufl. 2019
*Forsthoff* Lehrbuch des Verwaltungsrechts, Band I, Allgemeiner Teil, 10. Aufl. 1973
*Hoffmann-Riem/Schmidt-Aßmann/Voßkuhle* (Hrsg.), Grundlagen des Verwaltungsrechts, Band I, 2. Aufl. 2012, Band II, 2. Aufl. 2012, Band III, 2. Aufl. 2013
*Maurer/Waldhoff* Allgemeines Verwaltungsrecht, 20. Aufl. 2020
*Mayer* Deutsches Verwaltungsrecht, Band II, 3. Aufl. 1924
*Ossenbühl/Cornils* Staatshaftungsrecht, 6. Aufl. 2013
*Schmidt-Aßmann* Das Allgemeine Verwaltungsrechts als Ordnungsidee, 2. Aufl. 2004
*Ders.* Verwaltungsrechtliche Dogmatik, 2013
*Ders./Hoffmann-Riem* (Hrsg.) Verwaltungsorganisationsrecht als Steuerungsressource, 1997
*Trute/Groß/Röhl/Möllers* (Hrsg.) Allgemeines Verwaltungsrecht – zur Tragfähigkeit eines Konzepts, 2008
*Wallerath* Allgemeines Verwaltungsrecht, 6. Aufl. 2009
*Wolff/Bachof/Stober/Kluth* (Hrsg.) Verwaltungsrecht, Band I, 13. Aufl. 2017, Band II, 7. Aufl. 2010

## V. Besonderes Verwaltungsrecht

*Ehlers/Fehling/Pünder* (Hrsg.) Besonderes Verwaltungsrecht Band I, 4. Aufl. 2019, Band II, 4. Aufl. 2020, Band III, 4. Aufl. 2021
*Erbguth/Mann/Schubert* Besonderes Verwaltungsrecht, 13. Aufl. 2019
*Schoch* (Hrsg.) Besonderes Verwaltungsrecht, 2018
*Steiner/Brinktrine* (Hrsg.) Besonderes Verwaltungsrecht, 9. Aufl. 2018

## VI. Kommunalrecht

*Burgi* Kommunalrecht, 6. Aufl. 2019
*Engels/Krausnick* Kommunalrecht, 2. Aufl. 2020
*Geis* Kommunalrecht, 5. Aufl. 2020
*Gern/Brüning* Deutsches Kommunalrecht, 4. Aufl. 2019
*Lange* Kommunalrecht, 2. Aufl. 2019

## VII. Verwaltungsverfahrensrecht

*Fehling/Kastner/Störmer* (Hrsg.) Verwaltungsrecht – VwVfG/VwGO/Nebengesetze, Kommentar, 5. Aufl. 2021
*Kopp/Ramsauer* (Hrsg.) Verwaltungsverfahrensgesetz, Kommentar, 21. Aufl. 2020
*Mann/Sennekamp/Uechtritz* (Hrsg.) Verwaltungsverfahrensgesetz, Kommentar, 2. Aufl. 2019
*Obermayer/Funke-Kaiser* (Hrsg.) VwVfG Kommentar, 5. Aufl. 2018
*Schoch/Schneider* (Hrsg.) Verwaltungsverfahrensgesetz, Kommentar (Loseblatt)
*Stelkens/Bonk/Sachs* (Hrsg.) Verwaltungsverfahrensgesetz, Kommentar, 9. Aufl. 2018
*Wolff/Decker* Studienkommentar VwGO VwVfG, 3. Aufl. 2012
*Ziekow* Verwaltungsverfahrensgesetz, Kommentar, 4. Aufl. 2019

## VIII. Verwaltungsprozessrecht

*Bader/Funke-Kaiser/Stuhlfauth/v. Albedyll* Verwaltungsgerichtsordnung, Kommentar, 7. Aufl. 2018
*Bosch/Schmidt/Vondung* Einführung in die Praxis des verwaltungsgerichtlichen Verfahrens, 10. Aufl. 2019
*Eyermann* (Begr.) Verwaltungsgerichtsordnung, Kommentar, 15. Aufl. 2019
*Finkelnburg/Dombert/Külpmann* Vorläufiger Rechtsschutz im Verwaltungsstreitverfahren, 7. Aufl. 2017
*Gärditz* (Hrsg.) Verwaltungsgerichtsordnung, Kommentar, 2. Aufl. 2018
*Gersdorf* Verwaltungsprozessrecht, 6. Aufl. 2019
*Hufen* Verwaltungsprozessrecht, 11. Aufl. 2019

*Kopp/Schenke* (Hrsg.) Verwaltungsgerichtsordnung, Kommentar, 26. Aufl. 2020
*Lorenz* Verwaltungsprozeßrecht, 2000
*Mann/Wahrendorf* Verwaltungsprozessrecht, 4. Aufl. 2015
*Pietzner/Ronellenfitsch* Das Assessorexamen im Öffentlichen Recht, 14. Aufl. 2019
*Posser/Wolff* (Hrsg.) Beck'scher Online-Kommentar Verwaltungsgerichtsordnung, 54. Edition 2020 (Stand 1.7.2020)
*Redeker/v. Oertzen* Verwaltungsgerichtsordnung, 16. Aufl. 2014
*Schenke* Verwaltungsprozessrecht, 16. Aufl. 2019
*Schmitt Glaeser/Horn* Verwaltungsprozeßrecht, 15. Aufl. 2000
*Schoch* Übungen im Öffentlichen Recht II: Verwaltungsrecht und Verwaltungsprozeßrecht, 1992
*Schoch/Schneider* (Hrsg.) Verwaltungsgerichtsordnung, Kommentar (Loseblatt)
*Sodan/Ziekow* (Hrsg.) Verwaltungsgerichtsordnung, Kommentar, 5. Aufl. 2018
*Steinbach* (Hrsg.) Verwaltungsrechtsprechung, 2017
*Würtenberger/Heckmann* Verwaltungsprozessrecht, 4. Aufl. 2018
*Wysk* Verwaltungsgerichtsordnung, Kommentar, 3. Aufl. 2020

## IX. ZPO/GVG

*Jauernig/Hess* Zivilprozessordnung, 30. Aufl. 2011
*Kissel/Mayer* Gerichtsverfassungsgesetz (GVG), Kommentar, 9. Aufl. 2018
*Musielak/Voit* Grundkurs ZPO, 14. Aufl. 2018
*Musielak/Voit* ZPO Kommentar, 17. Aufl. 2020
*Rosenberg/Schwab/Gottwald* Zivilprozessrecht, 18. Aufl. 2018
*Thomas/Putzo* Zivilprozessordnung (ZPO), Kommentar, 41. Aufl. 2020

# Abkürzungsverzeichnis

| | |
|---|---|
| a. A. | anderer Auffassung |
| a. E. | am Ende |
| a. F. | alte Fassung |
| a. M. | anderer Meinung |
| AB | Appellate Body |
| ABl | Amtsblatt |
| ABlEU | Amtsblatt der Europäischen Union |
| Abs. | Absatz |
| abw. | abweichend |
| ACHPR | African Commission on Human and Peoples' Rights |
| AcP | Archiv für die civilistische Praxis |
| ACWL | Advisory Centre on WTO Law |
| AEG | Allgemeines Eisenbahngesetz |
| AEMR | Allgemeine Erklärung der Menschenrechte |
| AEUV | Vertrag über die Arbeitsweise der Europäischen Union |
| AfP | Archiv für Presserecht |
| AG | Ausführungsgesetz, Amtsgericht, Aktiengesellschaft |
| AGB | Allgemeine Geschäftsbedingungen |
| AGG | Allgemeines Gleichstellungsgesetz |
| AGGerStrG | Gesetz zur Ausführung des Gerichtsstrukturgesetzes |
| AGVwGO | Gesetz zur Ausführung der Verwaltungsgerichtsordnung |
| AIG | Akteneinsichts- und Informationszugangsgesetz |
| AK | Aarhus Konvention |
| AK-GG | Alternativkommentar zum Grundgesetz |
| AktG | Aktiengesetz |
| AL | Ad legendum |
| allg. | allgemein |
| AllgVwR | Allgemeines Verwaltungsrecht |
| Alt. | Alternative |
| AMRK | Amerikanische Menschenrechtskonvention |
| ÄndG | Änderungsgesetz |
| ÄndRL | Änderungsrichtlinie |
| Anh. | Anhang |
| Anm. | Anmerkung |
| AO | Abgabenordnung |
| AöR | Archiv des öffentlichen Rechts |
| ARB | Assoziationsratsbeschluss |
| ArbGG | Arbeitsgerichtsgesetz |
| arg. | argumentum |
| arg. e. con. | argumentum e contrario |
| Art. | Artikel |
| AS | Amtliche Sammlung |
| ASEAN | Association of Southeast Asian Nations |
| AT | Allgemeiner Teil |
| AtVfV | Atomrechtliche Verfahrensverordnung |
| AU | Afrikanische Union |
| Aufl. | Auflage |
| ausdr. | ausdrücklich |
| AVR | Archiv des Völkerrechts |
| AWACS | Airbone Early Warning and Control System |
| AWG | Außenwirtschaftsgesetz |

## Abkürzungsverzeichnis

| | |
|---|---|
| Az. | Aktenzeichen |
| AZG | Allgemeines Zuständigkeitsgesetz |
| BAföG | Bundesausbildungsförderungsgesetz |
| BAG | Bundesarbeitsgericht |
| BAnz | Bundesanzeiger |
| BauGB | Baugesetzbuch |
| BauNVO | Baunutzungsverordnung |
| BauO | Bauordnung |
| BauR | Baurecht |
| BauROG | Gesetz zur Änderung des Baugesetzbuchs und zur Neuregelung des Rechts der Raumordnung |
| Bay | Bayern |
| BayVBl | Bayerische Verwaltungsblätter |
| BayVfGHG | Gesetz über den Bayerischen Verfassungsgerichtshof |
| Bbg | Brandenburg |
| BBergG | Bundesberggesetz |
| BBesG | Bundesbesoldungsgesetz |
| BBG | Bundesbeamtengesetz |
| BBPlG | Bundesbedarfsplangesetz |
| Bd./Bde. | Band/Bände |
| BDG | Bundesdisziplinargesetz |
| BDGV | Berichte der Deutschen Gesellschaft für Völkerrecht |
| BDSG | Bundesdatenschutzgesetz |
| BeamtStG | Beamtenstatusgesetz |
| BeckOK | Beck'scher Online-Kommentar |
| BeckRS | Beck-Rechtsprechung |
| Bek. | Bekanntmachung |
| bes. | besonders |
| Beschl. | Beschluss |
| Bespr. | Besprechung |
| BesVwR | Besonderes Verwaltungsrecht |
| BezVerwG | Bezirksverwaltungsgesetz |
| BFH | Bundesfinanzhof |
| BFH/NV | Sammlung der Entscheidungen des Bundesfinanzhofs |
| BFHE | Entscheidungen des Bundesfinanzhofs |
| BGB | Bürgerliches Gesetzbuch |
| BGBl | Bundesgesetzblatt |
| BGG | Behindertengleichstellungsgesetz |
| BGH | Bundesgerichtshof |
| BGHSt | Amtliche Sammlung der Entscheidungen des Bundesgerichtshofs in Strafsachen |
| BGHZ | Amtliche Sammlung der Entscheidungen des Bundesgerichtshofs in Zivilsachen |
| BGleiG | Bundesgleichstellungsgesetz |
| BHKG | Gesetz über den Brandschutz, die Hilfeleistung und den Katastrophenschutz |
| BHO | Bundeshaushaltsordnung |
| BImSchG | Bundes-Immissionsschutzgesetz |
| BImSchV | Bundes-Immissionsschutzverordnung |
| BIT | Bilateral Investment Treaties |
| BK | Bonner Kommentar zum Grundgesetz, Beschlusskammer |
| BLJ | Bucerius Law Journal |
| Bln | Berlin |
| Bln-Bbg | Berlin-Brandenburg |
| BMF | Bundesministerium der Finanzen |
| BMI | Bundesministerium des Innern |
| BMU | Bundesministerium für Umwelt, Naturschutz und nukleare Sicherheit |
| BMWi | Bundesministerium für Wirtschaft und Energie |
| BNatSchG | Bundesnaturschutzgesetz |

| | |
|---|---|
| BR-Drs. | Drucksachen des Deutschen Bundesrates |
| BReg | Bundesregierung |
| Brem | Bremen |
| BRRG | Beamtenrechtrahmengesetz |
| BSB | Beschäftigungsbedingungen für die sonstigen Bediensteten |
| BSG | Bundessozialgericht |
| Bsp. | Beispiel |
| BStBl | Bundessteuerblatt |
| BT | Bundestag |
| BT-Drs. | Drucksache des Deutschen Bundestages |
| BV | Verfassung des Freistaates Bayern |
| BVerfG | Bundesverfassungsgericht |
| BVerfGE | Amtliche Sammlung der Entscheidungen des Bundesverfassungsgerichts |
| BVerfGG | Bundesverfassungsgerichtsgesetz |
| BVerfG-K | Bundesverfassungsgericht, Kammerentscheidung |
| BVerfSchG | Bundesverfassungsschutzgesetz |
| BVerwG | Bundesverwaltungsgericht |
| BVerwGE | Amtliche Sammlung der Entscheidungen des Bundesverwaltungsgerichts |
| BvF | Registerzeichen/Aktenzeichen des Bundesverfassungsgerichts, weist auf abstrakte Normenkontrolle hin |
| BvL | Registerzeichen/Aktenzeichen des Bundesverfassungsgerichts, weist auf konkrete Normenkontrolle hin |
| BvR | Registerzeichen/Aktenzeichen des Bundesverfassungsgerichts, weist auf Verfassungsbeschwerdeverfahren hin |
| BW | Baden-Württemberg |
| BWahlG | Bundeswahlgesetz |
| bzgl. | bezüglich |
| bzw. | beziehungsweise |
| ca. | circa |
| CAT | Committee against Torture |
| CC | Conseil constitutionnel |
| CCPR | Human Rights Committee |
| CD | Collections of Decisions, Sammlung der Entscheidungen der EKMR |
| CED | Committee on Enforced Disappearances |
| CEDAW | Committee on the Elimination of Discrimination against Women |
| CERD | Committee on the Elimination of Racial Discrimination |
| CESCR | Committee on Economic, Social and Cultural Rights |
| CETA | Comprehensive Economic and Trade Agreement |
| CID | Climate Improvement District |
| CITES | Convention on International Trade in Endangered Species of Wild Faune and Flora (Washingtoner Artenschutzabkommen) |
| CLP | Regulation on Classification, Labelling and Packaging of Substances and Mixtures |
| CMA | Centrale Marketing-Gesellschaft der deutschen Agrarwirtschaft mbH |
| CMLR | Common Market Law Review |
| CMW | Committtee on Migrant Workers |
| CPTPP | Comprehensive Progressive Trans-Pacific Partnership |
| CR | Computer und Recht |
| CRC | Committee on the Rights of the Child |
| CRPD | Committee on the Rights of Person with Disabilities |
| CSR | Corporate Social Responsibility |
| CuR | Contracting und Recht |
| d. h. | das heißt |
| DDR | Deutsche Demokratische Republik |
| ders. | derselbe |
| dies. | dieselbe |
| diff. | differenzierend |

## Abkürzungsverzeichnis

Diss. ............................ Dissertation
DJT ............................ Deutscher Juristentag
DÖV ............................ Die öffentliche Verwaltung
DRiG ............................ Deutsches Richtergesetz
DSB ............................ Dispute Settlement Body
DSGVO ............................ Datenschutz-Grundverordnung
DStR ............................ Deutsches Steuerrecht
DSU ............................ Dispute Settlement Understanding
dt. ............................ deutsch
DV ............................ Deutsche Verwaltung
DVBl ............................ Deutsches Verwaltungsblatt
DZWiR ............................ Deutsche Zeitschrift für Wirtschafts- und Insolvenzrecht

E ............................ Entscheidung(ssammlung), Entwurf
e. V. ............................ eingetragener Verein
EAPP ............................ Expanded Asset Purchase Programme
EC ............................ European Community
ECC ............................ Energy Charts Conference
ECHR ............................ European Court of Human Rights
ECLI ............................ European Case Law Identifier
ECOSOC ............................ Economic and Social Council
ECT ............................ Energy Charta Treaty
EDV ............................ Elektronische Datenverarbeitung
EEA ............................ Einheitliche Europäische Akte
EFSF ............................ Europäischer Finanzstabilisierungsfazilität
EFTA ............................ Europäische Freihandelsassoziation
EG ............................ Europäische Gemeinschaft
EGBGB ............................ Einführungsgesetz zum Bürgerlichen Gesetzbuch
EGKSV ............................ Vertrag über die Gründung der Europäischen Gemeinschaft für Kohle und Stahl
EGMR ............................ Europäischer Gerichtshof für Menschenrechte
EGV ............................ Vertrag zur Gründung der Europäischen Gemeinschaft
EHRLR ............................ European Human Rights Law Review
Einl ............................ Einleitung
EJIL ............................ European Journal of International Law
EKMR ............................ Europäische Kommission für Menschenrechte
EL ............................ Ergänzungslieferung
ElektroG ............................ Elektrogesetz
EMRK ............................ Europäische Menschenrechtskonvention
EnLAG ............................ Energieleitungsausbaugesetz
Entsch. ............................ Entscheidung
entspr. ............................ entsprechend
EP ............................ Europäisches Parlament
EPGÜ ............................ Übereinkommen über ein Einheitliches Patentgericht
EPP ............................ Euro-Plus-Pakt
ESC ............................ Europäische Sozialcharta
ESM ............................ Europäischer Finzanzstabilisierungsmechanismus
ESMV ............................ Vertrag über die Errichtung des Europäischen Stabilisierungsmechanismus
ESZB ............................ Europäisches System der Zentralbanken
etc. ............................ et cetera
ETS ............................ European Treaty Series
EU ............................ Europäische Union
EU/EWRHwV ............................ Verordnung über die für Staatsangehörige eines Mitgliedstaates der Europäischen Union oder eines anderen Vertragsstaates des Abkommens über den Europäischen Wirtschaftsraum oder der Schweiz geltenden Voraussetzungen für die Ausübung eines zulassungspflichtigen Handwerks
EUBeamtStat ............................ Statut der Beamten der Europäischen Union
EUCO ............................ European Council (Europäischer Rat)
EUCST ............................ European Union Civil Service Tribumal

| | |
|---|---|
| EUDUR | Handbuch zum europäischen und deutschen Umweltrecht |
| EuG | Gericht der Europäischen Union |
| EuGH | Europäischer Gerichtshof |
| EuGöD | Gericht für den öffentlichen Dienst der Europäischen Union |
| EuGR | Europäisches Gemeinschaftsrecht |
| EUGRCh | Charta der Grundrechte der Europäischen Union |
| EuGRZ | Europäische Grundrechte-Zeitschrift |
| EuR | Europarecht |
| EU-RL | EU-Richtlinie |
| EuroEG | Euro-Einführungsgesetz |
| EUROSTAT | Statistisches Amt der Europäischen Union |
| EurUP | Zeitschrift für Europäisches Umwelt- und Planungsrecht |
| EUSFTA | EU-Singapore Free Trade Agreement |
| EUV | Vertrag über die Europäische Union |
| EuWahlG | Europawahlgesetz |
| EUZBBG | Gesetz über die Zusammenarbeit von Bundesregierung und Deutschem Bundestag in Angelegenheiten der Europäischen Union |
| EUZBLG | Gesetz über die Zusammenarbeit von Bund und Ländern in Angelegenheiten der Europäischen Union |
| EuZW | Europäische Zeitschrift für Wirtschaftsrecht |
| EV, EVertr | Einigungsvertrag |
| EWG | Europäische Wirtschaftsgemeinschaft |
| EWGV | Vertrag zur Gründung der Europäischen Wirtschaftsgemeinschaft |
| EWR | Europäischer Wirtschaftsraum |
| EWS | Europäisches Wirtschafts- und Steuerrecht |
| EWSA | Europäischer Wirtschafts- und Sozialausschuss |
| EZB | Europäische Zentralbank |
| f. | die nächste folgende Seite/Randnummer |
| ff. | die nächsten folgenden Seiten/Randnummern |
| FAZ | Frankfurter Allgemeine Zeitung |
| FFH | Fauna-Flora-Habitat |
| FG | Festgabe, Finanzgericht |
| FGO | Finanzgerichtsordnung |
| FinMStabG | Finanzmarktstabilisierungsgesetz |
| FiWi | Finanzwirtschaft |
| Fn. | Fußnote |
| FP | Fakultativprotokoll |
| FS | Festschrift |
| FStrG | Fernstraßengesetz |
| FusKV | Fusionskontrollverordnung der Europäischen Gemeinschaften vom 20.1.2004 |
| FW | Die Friedenswarte |
| GAP | Gemeinsame Agrarpolitik |
| GASP | Gemeinsame Außen- und Sicherheitspolitik |
| GATS | General Agreement on Trade in Services |
| GATT | General Agreement on Tariffs and Trade |
| GATT 1947 | General Agreement on Tariffs and Trade 1947 |
| GATT 1994 | General Agreement on Tariffs and Trade 1994 |
| GBl | Gesetzblatt |
| GBO | Grundbuchordnung |
| GbR | Gesellschaft bürgerlichen Rechts |
| gem. | gemäß |
| GemO/GO | Gemeindeordnung |
| GenTG | Gentechnikgesetz |
| GerStrG | Gerichtsstrukturgesetz |
| GeschO | Geschäftsordnung |
| GESTA | Stand der Gesetzgebung des Bundes (Datenbank) |
| GewArch | Gewerbearchiv |

# Abkürzungsverzeichnis

GewO ........................ Gewerbeordnung
GFK ........................... Genfer Flüchtlings-Konvention
GG ............................. Grundgesetz
gg. .............................. gegen
ggf. ............................. gegebenenfalls
GK ............................. Genfer Rotkreuz-Konvention 1949
GmbH ........................ Gesellschaft mit beschränkter Haftung
GmbHR .................... Die GmbH-Rundschau
GMBl ......................... Gemeinsames Ministerialblatt
GmS-OGB ................ Gemeinsamer Senat der obersten Gerichtshöfe des Bundes
GRCh/GR-Charta .... Grundrechte-Charta der Europäischen Union
grds. ............................ grundsätzlich
GrS ............................. Großer Senat
GRUR ....................... Gewerblicher Rechtsschutz und Urheberrecht
GS .............................. Gesetzessammlung, Gedächtnisschrift
GSZ ........................... Zeitschrift für das Gesamte Sicherheitsrecht
GV ............................. Gemeinsame Verfügung (mehrerer Ministerien)
GVBl .......................... Gesetz- und Verordnungsblatt
GVG .......................... Gerichtsverfassungsgesetz
GVOBl ....................... Gesetz- und Verordnungsblatt
GVwR ........................ Grundlagen des Verwaltungsrechts
GWB .......................... Gesetz gegen Wettbewerbsbeschränkungen (Kartellgesetz)
GYIL .......................... German Yearbook of International Law

h. L. ............................ herrschende Lehre
h. M. ........................... herrschende Meinung
Hdb ........................... Handbuch
HdBEUWirtschR ...... Handbuch Europäisches Wirtschaftsrecht
Hess ........................... Hessen
HGB .......................... Handelsgesetzbuch
HGR .......................... Handbuch der Grundrechte
HILJ .......................... Havard International Law Journal
hingg. ......................... hingegen
Hmb .......................... Hamburg
HRAP ........................ Human Rights Advisory Panel
HRE .......................... Hypo Real Estate
HRLJ ......................... Human Rights Law Journal
HRLR ........................ Human Rights Law Review
Hrsg., hrsg. ................. Herausgeber, herausgegeben
Hs. ............................. Halbsatz
HStR .......................... Handbuch des Staatsrechts

i. d. F. .......................... in der Fassung
i. d. R. ......................... in der Regel
i. d. S. ........................... in diesem Sinne
i. e. S. ........................... im engeren Sinne
i. Erg. .......................... im Ergebnis
i. H. v. .......................... in Höhe von
i. S. .............................. im Sinne
i. S. d. ........................... im Sinne des/der
i. S. e. ........................... im Sinne eines
i. S. v. ........................... im Sinne von
i. V. m. ......................... in Verbindung mit
i. w. S. .......................... im weiteren Sinne
IAGMR ..................... Interamerikanischer Gerichtshof für Menschenrechte
IAKMR ..................... Interamerikanische Menschenrechtskommission
IASB .......................... International Accounting Standards Boards
IBR ............................ Immobilien- & Baurecht
ICC ............................ International Chamber of Commerce

| | |
|---|---|
| ICCPR | International Covenant on Civil and Political Rights |
| ICLQ | International & Comparative Law Quarterly |
| ICON | International Journal of Constitutional Law |
| ICSID | International Centre for the Settlement of Investment Disputes |
| IFG | Informationsfreiheitsgesetz |
| IGH | Internationaler Gerichtshof |
| IHKG | Gesetz über die Industrie- und Handelskammern |
| IHR | International Health Regulations |
| ILM | International Legal Materials |
| ILO | International Labour Organization |
| ILOAT | International Labour Organization Administrative Tribunal |
| IMPEL | Implementation and Enforcement of Environmental Law |
| InfAuslR | Informationsbrief Ausländerrecht (Zeitschrift) |
| insbes. | insbesondere |
| Int'l L Rev | International Law Review |
| IntVG | Integrationsverantwortungsgesetz |
| IO | Internationale Organisation |
| IOLR | International Organizations Law Review |
| IP | Information à la presse (Pressemitteilung der EU-Kommission) |
| IPbpR | Internationaler Pakt über bürgerliche und politische Rechte |
| IPE | Handbuch Ius Publicum Europaeum |
| IPwskR | Internationaler Pakt für wirtschaftliche, soziale und kulturelle Rechte |
| ISDS | Investor-State Dispute Settlement |
| ISGH | Internationaler Seegerichtshof |
| IStGH | Internationaler Strafgerichtshof |
| IStR | Internationales Steuerrecht |
| ITLOS | International Tribunal for the Law of the Sea |
| ITO | International Trade Organization |
| IWF | Internationaler Währungsfonds |
| J Int'l L/JIL | Journal of International Law |
| JA | Juristische Arbeitsblätter |
| JAG | Juristenausbildungsgesetz |
| JAP(r)O | Juristische Ausbildungs- und Prüfungsordnung/Ausbildungs- und Prüfungsordnung für Juristen |
| JEEPL | Journal for European Environmental & Planning Law |
| JEnvL | Journal of Environmental Law |
| jew. | jeweils |
| JG, JustG, JustizG | Justizgesetz |
| JK | Jura-Kartei |
| jM | juris Die Monatszeitschrift |
| JöR | Jahrbuch des öffentlichen Rechts der Gegenwart |
| jur. | juristisch |
| Jura | Juristische Ausbildung |
| juris | Juristisches Informationssystem |
| JuS | Juristische Schulung |
| JuSchG | Jugendschutzgesetz |
| JZ | Juristenzeitung |
| K | Kammer |
| K&R | Kommunikation & Recht |
| Kap. | Kapitel |
| KG | Kammergericht |
| KO | Kommunalordnung |
| KOM | Kommissionsdokument, Europäische Kommission |
| krit. | kritisch |
| KritV | Kritische Vierteljahresschrift für Gesetzgebung und Rechtswissenschaft |
| KSVG | Kommunalselbstverwaltungsgesetz |
| KV, KVerf | Kommunalverfassung |
| KVG, KomVG | Kommunalverfassungsgesetz |

| | |
|---|---|
| LBG | Landesbeamtengesetz |
| L&CP | Law & Contemporary Problems |
| LDSG | Landesdatenschutzgesetz |
| Lfg. | Lieferung |
| LG | Landgericht, Landschaftsgesetz |
| LGG | Landesgleichstellungsgesetz |
| lit. | Buchstabe |
| Lit. | Literatur |
| LJG | Landesjustizgesetz |
| LKrO | Landkreisordnung |
| LKRZ | Zeitschrift für Landes- und Kommunalrecht |
| LKT | Landkreistag |
| LKV | Landes- und Kommunalverwaltung |
| LMRR | Lebensmittelrecht Rechtsprechung |
| LPartDisBG | Gesetz zur Beendigung der Diskriminierung gleichgeschlechtlicher Gemeinschaften: Lebenspartnerschaften |
| LS | Leitsatz |
| LSA | (Land) Sachsen-Anhalt |
| LSG | Landessozialgericht |
| LSK | Leitsatzkartei |
| LT | Landtag |
| LT-Drs. | Landtags-Drucksache |
| LuftVG | Luftverkehrsgesetz |
| LV, LVerf | Landesverfassung |
| LVerfG | Landesverfassungsgericht |
| LVwG | Landesverwaltungsgesetz |
| m. | mit |
| m. a. W. | mit anderen Worten |
| m. Anm. | mit Anmerkung |
| m. ausf. Nachw. | mit ausführlichen Nachweisen |
| m. Bespr. | mit Besprechung |
| m. Nachw. | mit Nachweisen |
| m. umfangr. Nachw. | mit umfangreichen Nachweisen |
| m. w. Nachw. | mit weiteren Nachweisen |
| MagSchwebG | Allgemeines Magnetschwebebahngesetz |
| MIC | Multilateral Investment Court |
| MichJIL | Minnesota Journal of International Law |
| Mio. | Million(en) |
| MMR | MultiMedia und Recht |
| MPEPIL | Max Planck Encyclopedias of International Law |
| MPYUNL | Max Planck Yearbook of United Nations Law |
| Mrd. | Milliarde(n) |
| MRM | MenschenRechtsMagazin |
| MüKo | Münchener Kommentar |
| MV | Mecklenburg-Vorpommern |
| n. F. | neue Fassung |
| Nachw. | Nachweis(e) |
| NAFTA | North American Free Trade Agreement |
| NATO | North Atlantic Treaty Organization |
| Nds | Niedersachsen |
| NdsVBl | Niedersächsische Verwaltungsblätter |
| Neth Q Hum Rts | Netherlands Quarterly of Human Rights |
| NGO | Non-Governmental Organization |
| NJ | Neue Justiz |
| NJOZ | Neue Juristische Online-Zeitschrift |
| NJW | Neue Juristische Wochenschrift |
| NJW-RR | Rechtsprechungs-Report Zivilrecht der Neuen Juristischen Wochenschrift |

| | |
|---|---|
| Nomos BR | Nomos Bundesrecht |
| NordÖR | Zeitschrift für öffentliches Recht in Norddeutschland |
| NorJIL | Nordic Journal of International Law |
| NPD | Nationaldemokratische Partei Deutschlands |
| npoR | Zeitschrift für das Recht der non-profit-Organisationen |
| Nr. | Nummer(n) |
| NStZ | Neue Zeitschrift für Strafrecht |
| NSU | Nationalsozialistischer Untergrund |
| NuR | Natur und Recht |
| NVwZ | Neue Zeitschrift für Verwaltungsrecht |
| NVwZ-Beil | Beilage zur Neuen Zeitschrift für Verwaltungsrecht |
| NVwZ-RR | Rechtsprechungs-Report der Neuen Zeitschrift für Verwaltungsrecht |
| NW | Nordrhein-Westfalen |
| NWVBl | Nordrhein-westfälische Verwaltungsblätter |
| NYUJILP | New York University Journal of International Law and Politics |
| NZA | Neue Zeitschrift für Arbeitsrecht |
| NZA-RR | Rechtsprechungs-Report der Neuen Zeitschrift für Arbeitsrecht |
| NZBau | Neue Zeitschrift für Baurecht und Vergaberecht |
| NZG | Neue Zeitschrift für Gesellschaftsrecht |
| NZV | Neue Zeitschrift für Verkehrsrecht |
| OAS | Organisation Amerikanischer Staaten |
| OECD | Organization for Economic Cooperation and Development |
| OHCHR | The Office of the High Commissioner for Human Rights |
| OHG | Offene Handelsgesellschaft |
| OLG | Oberlandesgericht |
| OMT | Outright Monetary Transactions |
| ÖBGBl | Bundesgesetzblatt (Österreich) |
| ÖPNV | Öffentlicher Personennahverkehr |
| OVG | Oberverwaltungsgericht |
| OVGE | Entscheidungen des Oberverwaltungsgerichts |
| P. C. I. J. | Permanent Court of International Justice |
| PartG | Parteiengesetz |
| PBefG | Personenbeförderungsgesetz |
| PCA | Permanent Court of Arbitration |
| PJZS | Polizeiliche und justizielle Zusammenarbeit in Strafsachen |
| PM | Pressemitteilung |
| Prot. | Protokoll |
| PrOVG | Preußisches Oberverwaltungsgericht |
| PrOVGE | Entscheidungen des Preußischen Oberverwaltungsgerichts |
| PVS | Politische Vierteljahresschrift |
| RA | Rechtsanwalt |
| RdErl. | Runderlass |
| RDG | Rechtsdienstleistungsgesetz |
| Rdschr. | Rundschreiben |
| REACH | Verordnung des Europäischen Parlaments und des Rates zur Registrierung, Bewertung, Zulassung und Beschränkung chemischer Stoffe |
| RGBl | Reichsgesetzblatt |
| RidDPC | Rivista Italiana di Diritto Pubblico Comunitario |
| RIW | Recht der Internationalen Wirtschaft |
| RL | Richtlinie |
| Rn. | Randnummer |
| RP | Rheinland-Pfalz |
| RPkomUnt | Rechtspraxis der kommunalen Unternehmen |
| Rspr. | Rechtsprechung |
| RTDH | Revue Trimestrielle des Droits de l'Homme |
| RÜ | Rechtsprechungsübersicht |

## Abkürzungsverzeichnis

RUDH ...................... Revue Universelle des Droits de l'Homme
RV ............................ Verfassung des Deutschen Reiches (Reichsverfassung)

S. ................................ Seite, Satz
Sachs .......................... Sachsen
SächsVBl .................... Sächsische Verwaltungsblätter
SCC .......................... Stockholm Chamber of Commerce
SDÜ .......................... Schengener Durchführungsübereinkommen
SEK ........................... Arbeitsdokumente der Kommissionsdienststellen
SGB ........................... Sozialgesetzbuch
SGG .......................... Sozialgerichtsgesetz
SH ............................. Schleswig-Holstein
SKSV ......................... Europäischer Fiskalpakt
SL .............................. Saarland
Slg ............................. Sammlung
sog. ............................ sogenannte(r)
Sp. .............................. Spalte
SpuRt ......................... Zeitschrift für Sport und Recht
SR .............................. Systematische Sammlung des Bundesrechts (Schweiz)
SRSG ........................ Special Representative of the Secretary General
SRÜ .......................... UN-Seerechtsübereinkommen von 1982
st. Rspr. ...................... ständige Rechtsprechung
StGB .......................... Strafgesetzbuch
StGH ......................... Staatsgerichtshof
StIGH ........................ Ständiger Internationaler Gerichtshof
StLex ......................... Staatslexikon
StPO .......................... Strafprozessordnung
StUG ......................... Stasi-Unterlagen-Gesetz
StuW ......................... Steuer und Wirtschaft

TEHG ....................... Treibhausgas-Emissionshandelsgesetz
teilw. .......................... teilweise
Thür .......................... Thüringen
ThürVBl .................... Thüringer Verwaltungsblätter
TierSchG ................... Tierschutzgesetz
TierSch(L)MVG,
TierSchVKG .............. Tierschutzverbandsklagegesetz
TKG .......................... Telekommunikationsgesetz
TPP ........................... Trans-Pacific Partnership
TPRB ........................ Trade Policy Review Body
TranspRLG ................ Transparenzrichtliniengesetz
TRIPS ....................... Agreement on Trade Related Aspects of Intellectual Property Rights
TSVbklG ................... Tierschutzvereine-Verbandsklagengesetz
TTIP ......................... Transatlantic Trade and Investment Partnership
TVG .......................... Tarifvertragsgesetz

u. ............................... und
u. a. ............................ unter anderem, und andere
u. U. ........................... unter Umständen
U. S., USA .................. United States of America
UAbs. ......................... Unterabsatz
UKlaG ....................... Unterlassungsklagengesetz
umf. ........................... umfassend
UMTS ....................... Universal Mobile Telecommunications System
UmwRG .................. Umwelt-Rechtsbehelfsgesetz
UmwVwG ................ Umweltverwaltungsgesetz
UNAdT ..................... United Nations Administrative Tribunal
UNAT ....................... UN Appeals Tribunal
UN-Charta ................ Charta der Vereinten Nationen

| | |
|---|---|
| UNCITRAL | United Nations Commission on International Trade Law |
| UNDT | UN Dispute Tribunal |
| UNESCO | United Nations Educational, Scientific and Cultural Organization |
| UNMIBH | United Nations Mission in Bosnia and Herzegovina |
| UNMIK | United Nations Interim Administration Mission in Kosovo |
| UNO | United Nations Organization |
| UNTAET | United Nations Transitional Authority in East Timor |
| UPR | Umwelt- und Planungsrecht |
| Urt. | Urteil |
| USMCA | United States-Mexico-Canada Agreement |
| UVP | Umweltverträglichkeitsprüfung |
| UVPG | Gesetz über die Umweltverträglichkeitsprüfung |
| UWG | Gesetz gegen unlauteren Wettbewerb |
| v. | von/vom |
| v. a. | vor allem |
| VA | Verwaltungsakt |
| VBlBW | Verwaltungsblätter für Baden-Württemberg |
| Verf | Verfassung |
| Verf Brhv | Verfassung für die Stadt Bremerhaven |
| VerfG | Verfassungsgericht |
| VerfGH | Verfassungsgerichtshof |
| VerfO EMRK | Verfahrensordnung des Europäischen Gerichtshofs für Menschenrechte |
| VerfR | Verfassungsrecht |
| VermG | Vermögensgesetz |
| VersG | Versammlungsgesetz |
| VerwArch | Verwaltungsarchiv |
| VfO | Verfahrensordnung |
| VG | Verwaltungsgericht |
| VGH | Verwaltungsgerichtshof |
| vgl. | vergleiche |
| VIG | Verbraucherinformationsgesetz |
| VIZ | Zeitschrift für Vermögens- und Immobilienrecht |
| VN | Vereinte Nationen |
| VO | Verordnung |
| Vorb | Vorbemerkung |
| VR | Verwaltungsrundschau |
| vs. | versus |
| VVDStRL | Veröffentlichungen der Vereinigung der Deutschen Staatsrechtslehrer |
| VW | Volkswagen |
| VwGO | Verwaltungsgerichtsordnung |
| VwR | Verwaltungsrecht |
| VwVfG | Verwaltungsverfahrensgesetz |
| VwVG | Verwaltungs-Vollstreckungsgesetz |
| VwZVG | Verwaltungszwangsverfahrensgesetz |
| WahlPrüfG | Wahlprüfungsgesetz |
| WaStrG | Wasserstraßengesetz |
| WBO | Wehrbeschwerdeordnung |
| WEG | Wohnungseigentumsgesetz |
| WHO | World Health Organization/ Weltgesundheitsorganisation |
| wistra | Zeitschrift für Wirtschaft, Steuer, Strafrecht |
| WiVerw | Wirtschaft und Verwaltung, Beilage zur Zeitschrift Gewerbearchiv |
| WKV | Wiener Übereinkommen über das Recht der Verträge |
| WM | Zeitschrift für Wirtschaft und Bankrecht |
| WRP | Wettbewerb in Recht und Praxis |
| WRV | Weimarer Reichsverfassung |
| WSR | Wirtschafts- und Sozialrat |
| WTO | World Trade Organization/Welthandelsorganisation |

WTO-Ü .................... Übereinkommen zur Errichtung der Welthandelsorganisation
WuV .......................... Wirtschaft und Verwaltung
WuW .......................... Wirtschaft und Wettbewerb
WVK .......................... Wiener Vertragsrechtskonvention

Yb ECHR ................. Yearbook of the European Convention on Human Rights

z. B. ............................ zum Beispiel
z. T. ............................ zum Teil
z. Zt. ........................... zur Zeit
ZaöRV ....................... Zeitschrift für ausländisches öffentliches Recht und Völkerrecht
ZAU .......................... Zeitschrift für angewandte Umweltforschung
ZBR .......................... Zeitschrift für Beamtenrecht
ZD ............................ Zeitschrift für Datenschutz
ZensG ........................ Gesetz zur Durchführung des Zensus
ZensVorbG ................ Gesetz zur Vorbereitung eines registergestützten Zensus einschließlich einer Gebäude- und Wohnungszählung
ZEuS ......................... Zeitschrift für Europäische Studien
ZevKR ...................... Zeitschrift für evangelisches Kirchenrecht
ZfZ ............................ Zeitschrift für Zölle und Verbrauchssteuern
ZG ............................ Zeitschrift für Gesetzgebung
ZGR .......................... Zeitschrift für Unternehmens- und Gesellschaftsrecht
ZHR .......................... Zeitschrift für Handelsrecht
ZIP ............................ Zeitschrift für Wirtschaftsrecht
ZJS ............................ Zeitschrift für das Juristische Studium
ZöR .......................... Zeitschrift für Öffentliches Recht
ZP ............................. Zusatzprotokoll
ZParl .......................... Zeitschrift für Parlamentsfragen
ZPO .......................... Zivilprozessordnung
ZRP .......................... Zeitschrift für Rechtspolitik
ZSE ........................... Zeitschrift für Staats- und Europawissenschaften
Ztschr. ........................ Zeitschrift
ZUR .......................... Zeitschrift für Umweltrecht
zust. ........................... zustimmend
zutr. ............................ zutreffend
ZZP ........................... Zeitschrift für Zivilprozess

# 1. Teil. Rechtsschutz im allgemeinen Völkerrecht

## § 1. Rechtsschutzgarantien im Völkerrecht

*Andreas v. Arnauld*

**Übersicht**



**Schrifttum:** *v. Arnauld* Klausurenkurs im Völkerrecht, 3. Aufl. 2018; *v. Arnauld* Völkerrecht, 4. Aufl. 2019; *v. Bogdandy/Dann/Goldmann* (Hrsg.) The Exercise of Public Authority by International Institutions, 2010; *Cançado Trindade* The Access of Individuals to International Justice, 2011; *Duffy* Strategic Human Rights Litigation, 2018; *Fatima* Using International Law in Domestic Courts, 2005; *Finke* Die Parallelität internationaler Streitbeilegungsmechanismen, 2004; *Francioni* (Hrsg.) Access to Justice as a Human Right, 2007; *Indlekofer* International Arbitration and the Permanent Court of Arbitration, 2013; *Merrills* International Dispute Settlement, 6. Aufl. 2017; *Miles* Provisional Measures before International Courts and Tribunals, 2017; *Nollkaemper/Plakokefalos* (Hrsg.) The Practice of Shared Responsibility in International Law, 2017; *Norton Moore* International Arbitration, 2013; *A. Novak* Transnational Human Rights Litigation, 2020; *Oberleitner* (Hrsg.) International Human Rights Institutions, Tribunals, and Courts, 2018; *A. Peters* Jenseits der Menschenrechte, 2014; *Rehs* Gerichtliche Kontrolle internationaler Verwaltung, 2006; *Salles* Forum Shopping in International Adjudication, 2016; *Shany* The Competing Jurisdictions of International Courts and Tribunals, 2003; *Shelton/Carozza* Regional Protection of Human Rights, 2. Aufl. 2013; *Squatrito/Young/Follesdal/Ulfstein* (Hrsg.) The Performance of International Courts and Tribunals, 2018; *Tzanakopoulos* Disobeying the Security Council, 2011; *Ullrich* Das Dienstrecht der Internationalen Organisationen, 2009.

## A. Rechtsschutz und Völkerrecht

1 Von Rechtsschutzgarantien im Völkerrecht zu sprechen, hätte vor einigen Jahrzehnten noch für Irritationen gesorgt. Denn das dem deutschen Rechtsdenken vertraute **Konzept des Rechtsschutzes** *ist dem traditionellen Völkerrecht fremd.* Dieses Konzept setzt in prozeduraler Hinsicht[1] bei einem Träger subjektiver Rechte an, der zur Abwehr von Übergriffen in seine Rechtssphäre eine unabhängige Instanz anruft, die in einem rechtsförmigen Verfahren Schutz gewährt.[2] Im deutschen Öffentlichen Recht verbindet sich der Gedanke des Rechtsschutzes zudem typischerweise mit einem Subordinationsverhältnis des Bürgers gegenüber der Hoheitsgewalt des Staates und historisch mit dem Ringen um die Etablierung der Verwaltungsgerichtsbarkeit im 19. Jahrhundert.[3]

2 Das Völkerrecht der souveränen Nationalstaaten, wie es sich ebenfalls im Laufe des 19. Jahrhunderts etabliert hat, kennt eine solche Subordination nicht. Sein wichtigstes Bauprinzip ist die **souveräne Gleichheit der Staaten** (vgl. auch heute noch Art. 2 Nr. 1 UN-Charta). Im Ausgangspunkt dem Privatrecht ähnlich, ist es geprägt von einer Gleichordnung unabhängiger (souveräner) Rechtssubjekte, die sich wechselseitig berechtigen und verpflichten, vornehmlich durch Verträge und durch eine als Recht anerkannte allgemeine Übung (Gewohnheitsrecht).[4] Nach dem berühmten Urteil des StIGH im Fall des Postschiffs „Lotus" **(Lotus-Prinzip)** ist die unbeschränkte staatliche Souveränität der Regelfall, die Selbstbindung durch die Übernahme völkerrechtlicher Pflichten die Ausnahme.[5] Das setzt sich auf Ebene der Rechtsdurchsetzung fort: Ein souveräner Staat muss sich nur vor einem Gericht verantworten, dem er sich zuvor unterworfen hat. Das kann ad hoc für den Einzelfall, generell oder als Teil der Mitgliedschaft in einer Internationalen Organisation (wie der EU oder dem Europarat) erfolgen. Bis heute kennt das Völkerrecht **keine obligatorische allgemeine Gerichtsbarkeit.** Wo also der moderne Rechtsstaat seinen Bürgern für deren Rechtsschutz staatliche Gerichte zur Verfügung stellt, muss in einem System souveräner Nationalstaaten die Durchsetzung rechtlicher Ansprüche ohne eine solche Unterwerfung in die eigene Hand genommen werden.

3 In ein solches von souveräner Gleichordnung geprägtes System passt das Konzept des Rechtsschutzes also zunächst einmal allenfalls bedingt. Historisch wurde daher das Ringen um die Etablierung einer internationalen Schiedsgerichtsbarkeit unter dem Banner der **friedlichen Streitbeilegung** geführt – ein Ringen, das im (I.) Haager Abkommen betreffend die friedliche Erledigung von internationalen Streitfällen (1907) und der Errichtung des Ständigen Schiedshofs (→ Rn. 10) einen ersten Durchbruch erzielte. Die Pflicht zur friedlichen Streitbeilegung bestimmt heute Art. 33 Abs. 1 UN-Charta für alle Mitglieder der UNO; sie bindet darüber hinaus auch gewohnheitsrechtlich alle Staaten der Erde. Wo Rechtsfragen strittig sind, dient die Streitbeilegung zugleich der **Rechtsdurchsetzung** und – sofern zur Durchsetzung zwischenstaatlich vereinbarter Rechte und Pflichten internationale Institutionen (wie Schiedsgerichte oder Gerichte) angerufen werden – in einem weiteren Sinne auch dem **Rechtsschutz;** der Mehrwert der Rechtsschutzperspektive gegenüber den klassischen Paradigmen von Streitbeilegung und Rechtsdurchsetzung ist allerdings – zunächst einmal – gering.

---

[1] In materieller Hinsicht verbindet es sich mit der inhaltlichen Verwirklichung der Rechte (Primärebene) und mit Wiedergutmachung (Sekundärebene). Diese Dimension ist als allgemeiner Rechtsgrundsatz dem Völkerrecht seit langem vertraut: StIGH, Factory at Chorzów (Germany/Poland), Judgment v. 13.9.1928 (Merits), P. C. I. J. (Ser. A) No. 17, 29 ff.

[2] Vgl. statt vieler *Groh* in: Creifelds Rechtswörterbuch, 23. Aufl. 2019, Stichwort „Rechtsschutz".

[3] *Stolleis* Geschichte des öffentlichen Rechts in Deutschland, Band II, 1988, S. 240 ff.; *H.-C. Kraus* in: Sommermann/Schaffarzik, Handbuch der Geschichte der Verwaltungsgerichtsbarkeit in Deutschland und Europa, 2019, § 3 S. 51 (65 ff.).

[4] Näher *v. Arnauld* Völkerrecht, Rn. 35 ff.

[5] StIGH, Lotus Case (France/Turkey), Judgment v. 7.9.1927, P. C. I. J. (Ser. A) No. 10.

Dieser Ausgangsbefund hat sich vor allem durch die Etablierung von **Menschenrechten** im modernen Völkerrecht geändert. Zuerst mit der AEMR (1948), dann durch die beiden UN-Menschenrechtspakte (1966) sowie zahlreiche weitere globale und regionale Abkommen, hat die Idee subjektiver Rechte des Individuums, die im Zentrum der Rechtsschutzidee steht, Einzug in das Völkerrecht gehalten.[6] Als **subjektive internationale Rechte** können dabei nicht allein Menschenrechte und andere Individualrechte qualifiziert werden (→ Rn. 15 ff.); zumindest strukturell lassen sich auch völkerrechtliche Rechte von Staaten als subjektive internationale Rechte kategorisieren (→ Rn. 5 ff.). Der Mehrwert eines solchen Ansatzes liegt in einer durch die Einbeziehung von Individualrechten *veränderten Perspektive auf die Rechtsdurchsetzung im Völkerrecht insgesamt*. Das ist nicht zuletzt deshalb angebracht, weil es im Völkerrecht Verfahren der Rechtsdurchsetzung gibt, in denen zwar Staaten als Beteiligte auftreten, in denen es der Sache nach aber um Interessen Privater geht, die auf völkerrechtlicher Ebene (noch) nicht zu subjektiven Individualrechten verdichtet sind. Auch eine solche treuhänderische Durchsetzung von Rechten durch den Heimatstaat lässt sich unter ein erweitertes Konzept des Rechtsschutzes fassen (→ Rn. 11 ff.). 4

## B. Staatenzentrierter Rechtsschutz

### I. Schutz staatlicher Rechte

Ein Staat wird in der Regel zunächst versuchen, seine Ansprüche mit **diplomatischen Mitteln** durchzusetzen. Hier stehen ihm neben direkten Verhandlungen mit der anderen Partei vor allem die Vermittlung durch eine neutrale Partei, Untersuchungen oder Vergleiche durch neutrale Kommissionen zur Verfügung (vgl. Art. 33 Abs. 1 UN-Charta).[7] 5

Durch das Gewaltverbot (Art. 2 Nr. 4 UN-Charta) und die korrespondierende Pflicht zur friedlichen Streitbeilegung ist die **Selbsthilfe** im modernen Völkerrecht stark beschränkt und heute nur in drei Formen zulässig: (1.) Militärische Reaktionen sind nur als **Selbstverteidigung** gegen einen gegenwärtigen bewaffneten Angriff auf einen Staat erlaubt (vgl. Art. 51 UN-Charta), was weder Vergeltungsschläge noch die Durchsetzung beliebiger anderer Ansprüche deckt.[8] Ein wichtiges Instrument zur Rechtsdurchsetzung mit friedlichen Mitteln ist (2.) die **Gegenmaßnahme.**[9] Dabei handelt es sich um eine ausnahmsweise gerechtfertigte Verletzung völkerrechtlicher Pflichten (z. B. Aussetzung eines Abkommens), um den Adressaten der Gegenmaßnahme dazu zu bringen, einen vorangegangenen, noch andauernden Rechtsverstoß zu beenden. Die Gegenmaßnahme unterliegt einschränkenden Voraussetzungen; insbesondere muss sie verhältnismäßig sein und eingestellt werden, wenn der Anlass gebende Rechtsverstoß beendet wird. Indem bei Verstößen gegen grundlegende Normen des Völkerrechts, deren Einhaltung der Staatengemeinschaft als ganzer geschuldet ist (die also *erga omnes* gelten), alle Staaten Gegenmaßnahmen ergreifen dürfen, sind diese ein wichtiges Instrument zur Durchsetzung des Völkerrechts.[10] Als Beispiel können die Sanktionen dienen, welche die EU in Reaktion auf die Annexion der Krim 2014 gegen Russland verhängt hat. Ohne einschränkende Voraussetzungen sind (3.) sog. **Retorsionen** zulässig, unfreundliche Akte, mit denen auf vorausliegende unfreundliche Akte reagiert werden kann, aber auch auf Rechtsverstöße. Beispiele sind die Absage eines Staatsbesuchs oder die Einbestellung eines ausländischen Botschafters. 6

---

[6] Dazu m. w. Nachw. *v. Arnauld* Völkerrecht, Rn. 308 ff.

[7] *v. Arnauld* Völkerrecht, Rn. 442 f.; näher *Pellet* Peaceful Settlement of Disputes, MPEPIL (Stand: März 2013); eingehend *Merrills* International Dispute Settlement.

[8] Eingehend und m. w. Nachw. *v. Arnauld* Völkerrecht, Rn. 1082 ff.

[9] Dazu *v. Arnauld* Völkerrecht, Rn. 421 ff.

[10] Vertiefend *Dawidowicz* Third-Party Countermeasures in International Law, 2017.

7 Im Laufe des 20. Jahrhunderts haben **institutionalisierte Formen der Rechtsdurchsetzung** an Bedeutung gewonnen, was namentlich schwächeren Staaten zugute kommt. Hierzu zählt die Anrufung internationaler Gerichte und Schiedsgerichte (→ Rn. 8). Außerdem können **Internationale Organisationen** (IO) in die Streitbeilegung eingebunden sein: als Foren für diplomatische Streitbeilegung oder indem sie Gerichte zur Verfügung stellen (z. B. IGH für die UNO, EuGH für die EU usw.). Insbesondere sehen Gründungsverträge von IO häufig **Sanktionen** vor, wenn ein Mitglied seine Pflichten in schwerwiegender Weise verletzt. In erster Linie ist hier Kapitel VII UN-Charta zu nennen, wonach der UN-Sicherheitsrat im Falle einer Angriffshandlung, eines Bruchs oder einer Bedrohung des Friedens (vgl. Art. 39 UN-Charta) Maßnahmen beschließen kann. Diese können politischer und ökonomischer oder sogar militärischer Natur sein (Art. 41 bzw. Art. 42 UN-Charta).[11] Liegt die Bedrohung bzw. der Bruch des Friedens in der Verletzung der Rechte eines anderen Staates (wie z. B. im Fall der Annexion Kuwaits durch den Irak im Jahre 1990),[12] dienen Sanktionsbeschlüsse des Sicherheitsrates durchaus dem Rechtsschutz in dem hier skizzierten weiteren Sinne. **Rechtsschutz der Mitgliedstaaten gegen die IO selbst** ist – von vereinzelten Ausnahmen abgesehen – vor allem auf regionaler Ebene verwirklicht (vgl. insbesondere Art. 263 Abs. 2 AEUV für die EU);[13] für die UNO hat der IGH im *Lockerbie*-Fall angedeutet, dass er im Rahmen eines zwischenstaatlichen Streits inzident auch Resolutionen des UN-Sicherheitsrates überprüfen würde.[14]

8 Rechtsschutz in einem engeren Sinne gewähren namentlich **internationale Gerichte und Schiedsgerichte.** Neben dem Vorzug verbindlicher Entscheidung bieten diese oft auch vorläufigen Rechtsschutz und schützen so vor einer Vereitelung oder Verschlechterung der Rechtsposition.[15] Als Hauptrechtsprechungsorgan der UNO ist der **Internationale Gerichtshof** (IGH) mit Sitz in Den Haag für alle Rechtsstreitigkeiten zwischen Staaten zuständig.[15a] Wie im Völkerrecht generell müssen sich beide Seiten seiner Gerichtsbarkeit unterworfen haben (→ *Walter* § 2 Rn. 31 ff.). Gemäß Art. 36 IGH-Statut kann dies für den Einzelfall, durch generelle Unterwerfung oder Vereinbarung in völkerrechtlichen Abkommen erfolgen (sog. kompromissarische Klauseln). Für Streitigkeiten unter dem UN-Seerechtsübereinkommen von 1982 (SRÜ) kann neben dem IGH auch der **Internationale Seegerichtshof** (ISGH) in Hamburg angerufen werden. Dessen Zuständigkeit ist – abgesehen von Eilverfahren und der Freigabe festgesetzter Schiffe – indes nur gegeben, wenn ihn beide Parteien als präferierte Institution für die Streitbeilegung unter dem SRÜ angegeben haben oder den Streit einvernehmlich ad hoc dem ISGH unterbreiten.[16]

9 Unter den Regionalorganisationen ist es vor allem die EU, die ihre Mitgliedstaaten in Art. 259 AEUV verpflichtet, die Gerichtsbarkeit des **EuGH** auch für **Vertragsverletzungsverfahren** anzuerkennen, die von anderen Mitgliedstaaten angestrengt werden (vertiefend → *Ehlers* § 8). Da diese einen Antrag meist nur einreichen werden, wenn der Vertragsverstoß sie zugleich in ihren Rechten beeinträchtigt, kann dieses Instrument im weiteren Sinne zum Rechtsschutz gerechnet werden. Vergleichbares gilt für **Staatenbeschwerden zum EGMR** (Art. 33 EMRK → *Kadelbach* § 6 Rn. 23, vgl. auch Art. 41 IPbpR).[17] Beschwerden, die Zypern gegen die Türkei wegen der Invasion und faktischen Kontrolle Nordzyperns[18] sowie die Ukraine gegen Russland im Zusammenhang mit der

---

[11] Näher und m. w. Nachw. *v. Arnauld* Völkerrecht, Rn. 1054 ff.

[12] Dazu UN-Sicherheitsrat, Resolution 678, SC Res 678 (1990) v. 29.11.1990, para 2.

[13] Näher *Schmalenbach* International Organizations or Institutions, Legal Remedies against Acts of Organs, MPEPIL (Stand: September 2017), Rn. 4 ff.

[14] IGH, Lockerbie Case (Libyan Arab Jamahiriya/United Kingdom), Order v. 14.4.1992, I. C. J. Rep. 1992, 3.

[15] Eingehend *Miles* Provisional Measures.

[15a] Zum IGH im Überblick *Birkner* Jura 2020, 1343.

[16] Zum Streitbeilegungsregime des SRÜ *Talmon* JuS 2001, 550; *Wasum-Reiner* GYIL 48 (2005), 187; *Rao* Law of the Sea, Settlement of Disputes, MPEPIL (Stand: März 2011).

[17] Näher *Risini* The Inter-State Application under the European Convention on Human Rights, 2018; *Küchler* Die Renaissance der Staatenbeschwerde, 2019.

[18] Zuletzt EGMR NJOZ 2015, 627 – Zypern/Türkei wegen Entschädigungszahlungen.

Annexion der Krim erhoben haben, zeigen, dass es hier nicht allein um die treuhänderische Geltendmachung von Menschenrechten Betroffener geht, sondern dass mittelbar auch die Durchsetzung originärer staatlicher Rechte angestrebt sein kann.

Im Vergleich mit Gerichten bieten **internationale Schiedsgerichte** den Streitparteien größere **Flexibilität** (→ *Tietje/Klimke* § 5 Rn. 10ff.).[19] Nicht nur haben sie größeren Einfluss auf das anwendbare Recht und das Verfahren; vor allem können sie die Zusammensetzung der Schiedsbank bestimmen, was bei Gerichten nicht möglich ist (vgl. allerdings Art. 31 IGH-Statut zur Bestellung von Richtern ad hoc → *Walter* § 2 Rn. 48f.). Eine schiedsgerichtliche Streitbeilegung kann jederzeit vereinbart werden; oft enthalten völkerrechtliche Abkommen Klauseln, in denen die Anrufung eines Schiedsgerichts vorgesehen ist, sollte es im Rahmen des Vertrages zu Streitigkeiten kommen. Für zwischenstaatliche Streitigkeiten kann insbesondere die Zuständigkeit des **Ständigen Schiedshofs** (Permanent Court of Arbitration, PCA) vereinbart werden (der, anders als der IGH, auch Streitigkeiten zwischen Staaten und Privaten entscheiden kann).[20] Institutionell besteht dieser aus einem „Bureau" mit Sitz im Haager Friedenspalast, das eine Liste von Schiedsrichtern führt, die von den Parteien des (I.) Haager Abkommens (1907) als Mitglieder ihrer jeweiligen Landesgruppe benannt wurden (vgl. Art. 44). Wird der Ständige Schiedshof angerufen, können die Streitparteien aus dieser Liste Personen auswählen, die ihren Fall entscheiden sollen. 10

## II. Treuhänderischer Schutz individueller Interessen

Bevor Einzelpersonen die Möglichkeit eingeräumt wurde, auf internationaler Ebene im eigenen Namen ihre Rechte einzufordern, war eine treuhänderische Geltendmachung durch den Heimatstaat die einzige Möglichkeit, Individualinteressen zu schützen. Dies geschah (und geschieht) primär über die Gewährung **diplomatischen Schutzes:**[21] Werden Rechte oder rechtlich geschützte Interessen ausländischer natürlicher oder juristischer Personen durch einen anderen Staat verletzt, kann deren Heimatstaat diesen Rechtsverstoß auf internationaler Ebene gegenüber dem Verletzerstaat geltend machen. Als Mittel stehen dabei alle oben genannten Instrumente friedlicher Streitbeilegung zur Verfügung. Zwei Voraussetzungen müssen erfüllt sein: Zum einen muss der betreffende Staat zur Schutzgewährung berechtigt sein (bei mehrfacher Staatsangehörigkeit oder bei juristischen Personen kann es hier Klärungsbedarf geben[22]), zum anderen muss der Geschädigte im Verletzerstaat den Rechtsweg erschöpft haben, soweit ihm dieser – in zumutbarer Weise – offen steht. Einen gegen den Heimatstaat gerichteten Anspruch auf Gewährung diplomatischen Schutzes kennt das Völkerrecht bislang nicht; ihn müsste das nationale Recht garantieren.[23] 11

Sein Hauptanwendungsfeld findet das Institut des diplomatischen Schutzes im **Fremdenrecht.** Dieses umfasst die Mindestgarantien, die ein Staat gegenüber Ausländern zu beachten hat, die sich auf seinem Staatsgebiet aufhalten. Der sog. fremdenrechtliche **Mindeststandard** umfasst die Rechte auf Rechtsfähigkeit, auf Leben und körperliche Unversehrtheit, den Schutz vor grausamer und erniedrigender Behandlung, die Gewährleistung rechtlichen Gehörs, von fairen Verfahren und Gleichheit vor Gericht sowie den Schutz vor entschädigungsloser Enteignung.[24] Nach Auffassung des StIGH ist die Achtung dieses Mindeststandards nicht dem Einzelnen geschuldet, sondern folgt aus dem Respekt gegenüber der Personalhoheit des Heimatstaates.[25] Diese extreme sog. **Mediatisierung des Indivi-** 12

[19] Vertiefend *Brower,* Arbitration, MPEPIL (Stand: Februar 2007); *Norton Moore,* International Arbitration.

[20] Eingehend *Indlekofer* International Arbitration.

[21] Näher dazu UN-Völkerrechtskommission (International Law Commission, ILC), Articles on Diplomatic Protection, Report of the ILC, 58th session (2006), UN-Doc. A/61/10, § 49 (mit Kommentar in § 50).

[22] Dazu m. w. Nachw. *v. Arnauld* Völkerrecht, Rn. 598ff.

[23] Nach Art. 19 der ILC-Artikel (Fn. 21) „sollte" der Staat die Schutzgewährung „gebührend bedenken" („due consideration").

[24] *v. Arnauld* Völkerrecht, Rn. 595; näher *Schöbener* in: Schöbener, Völkerrecht, 2014, S. 101.

[25] StIGH, Mavrommatis (Greece/United Kingdom), Judgment v. 30.8.1924, P. C. I. J. (Ser. A) No. 2, 12.

**duums** (d.h. dessen allein über einen Staat „vermittelte" Rechtsstellung) wird heute weithin für überholt erachtet.[26] Hierzu passt, dass sich Inhalte des Mindeststandards mit menschenrechtlichen Garantien und (beim Enteignungsschutz) Schutzansprüchen von Investoren (→ Rn. 27) überschneiden, die heute ganz überwiegend als subjektive Individualrechte anerkannt sind.[27]

13 Um den Schutz privater Rechte und Interessen geht es auch im **Seerecht.** Die sog. **Freiheiten der Hohen See** (vgl. Art. 87 SRÜ: Freiheit von Schifffahrt, Überflug, Verlegung unterseeischer Kabel und Rohrleitungen, Errichtung künstlicher Inseln und Anlagen, Fischerei sowie wissenschaftlicher Forschung) werden zum allergrößten Teil nicht von staatlichen, sondern von privaten Schiffen und Unternehmen ausgeübt. Seerechtliche Streitbeilegung (→ Rn. 8) dient damit in erheblichem Umfang der Durchsetzung privater Rechte. Von besonderer praktischer Bedeutung ist namentlich das Verfahren zur **sofortigen Freigabe** beschlagnahmter oder sonst zurückgehaltener Schiffe durch den ISGH (Art. 292 SRÜ). Auch wenn das SRÜ an einigen Stellen andeutet, dass es von Rechten ausgeht, die „dem Schiff" zustehen (z.B. Art. 110 Abs. 3, Art. 111 Abs. 8), sieht der ISGH in ihnen – zumindest auch – originäre staatliche Rechte, weswegen eine Rechtswegerschöpfung seitens des Schiffseigners oder Reeders nach den Grundsätzen des diplomatischen Schutzes nicht erforderlich ist, bevor der Flaggenstaat den Gerichtshof anrufen kann.[28]

14 Formal steht auch in der **WTO-Streitbeilegung** (→ *Tietje* § 4) der Schutz staatlicher Rechte im Vordergrund. Es geht um die Durchsetzung zwischenstaatlich vereinbarter allgemeiner und besonderer Handelszugeständnisse und um den Schutz volkswirtschaftlicher Interessen der WTO-Mitglieder. Dass hinter diesen aber auch private Interessen stehen, die manchmal sogar nicht bloß Branchen allgemein, sondern ganz konkrete Unternehmen betreffen, verdeutlicht z.B. das Verfahren *Japan – Consumer Photographic Film and Paper,* das unter dem Namen „Kodak – Fuji" bekannt geworden ist.[29] Eine eigenständige Verfahrensrolle ist den so betroffenen Unternehmen nicht eingeräumt. Es bleibt hier bei der Mediatisierung durch den Heimatstaat, der grundsätzlich auch eine gütliche Einigung unter Preisgabe bestimmter Positionen (und damit zu Lasten der betroffenen Unternehmen) treffen kann. Informell reichen Einflussmöglichkeiten von interessierten Unternehmen oder Unternehmensverbänden auf das Streitbeilegungsverfahren allerdings weit (→ *Tietje* § 4 Rn. 54).

## C. Individualisierter Rechtsschutz

### I. Subjektive internationale Individualrechte

15 Auch wenn die Stellung der Staaten im Völkerrecht nach wie vor zentral ist: die vollständige Mediatisierung des Individuums (die historisch ohnehin nur für relativ kurze Zeit bestanden hat) ist überwunden. Längst ist auch der **Mensch als Subjekt des Völkerrechts** anerkannt und damit Träger von Rechten und Pflichten. Sofern das Völkerrecht Menschen eigene Rechte zuerkennt (bzw. deren Rechte anerkennt), lässt sich von **subjektiven internationalen Individualrechten** sprechen.[30] An erster Stelle sind hier natürlich die international anerkannten **Menschenrechte** zu nennen (→ Rn. 16ff.). Doch auch jenseits der Menschenrechte gewährt das Völkerrecht heute ein (noch wenig systematisch geordnetes)

[26] *v. Arnauld* Völkerrecht, Rn. 49ff., 66ff. m. w. Nachw.

[27] Näher *M. Breuer* AVR 51 (2013), 108.

[28] ISGH, Saiga II (Saint Vincent and the Grenadines/Guinea), Judgment v. 1.7.1999, ITLOS Reports 1999, 10, para 98 mit abw. Votum *Wolfrum;* näher *v. Arnauld* Klausurenkurs, Rn. 329ff.

[29] Japan/Measures Affecting Consumer Photographic Film and Paper, DS44, Panel Report v. 23.4.1998, WT/DS44/5.

[30] *A. Peters* JöR 59 (2011), 411; ähnlich *Cançado Trindade* Access of Individuals, S. 6ff.

Mosaik an subjektiven Individualrechten.[31] Am weitesten ausgebaut sind hier die Rechte, die Investoren unter dem Regime völkerrechtlicher **Investitionsabkommen** genießen. Hier gibt es namentlich eigenständige effektive Mechanismen des Rechtsschutzes (→ Rn. 27ff.), wie sie in anderen Bereichen so noch nicht existieren (→ Rn. 30f.). Während individualisierter Rechtsschutz auf internationaler Ebene zunächst *gegenüber Staaten* erforderlich ist und schrittweise eingeführt wurde (→ Rn. 16ff.), üben mit der Übertragung von Hoheitsrechten zunehmend auch *Internationale Organisationen* Hoheitsgewalt aus, der gegenüber die Gewährleistung von Rechtsschutz geboten ist. Hier allerdings existieren noch eine Reihe von Rechtsschutzdefiziten, vor allem gegenüber der UNO (→ Rn. 32ff.).

## II. Rechtsschutz gegenüber Staaten

### 1. Menschenrechte

Mit der **Allgemeinen Erklärung der Menschenrechte** (AEMR)[32] verkündete die UN-Generalversammlung im Dezember 1948 erstmals einen Katalog von Menschenrechten auf internationaler Ebene. Dieses unverbindliche Dokument gab den Anstoß für die Entwicklung eines dichten Netzes aus allgemeinen und speziellen, globalen und regionalen **Abkommen zum Menschenrechtsschutz.** Da die meisten Menschenrechtsgarantien zumindest in ihrem Kern inzwischen auch gewohnheitsrechtlich gelten, ist – unabhängig von der Ratifikation der jeweiligen Abkommen und der verfassungsrechtlichen Verbürgung von Grund- und Menschenrechten – heute jeder Staat an die Beachtung von Menschenrechten gebunden. 16

**a) Rechtsschutz und Menschenrechte im Überblick.** Art. 8 AEMR, der jedem einen „Anspruch auf einen wirksamen Rechtsbehelf bei den zuständigen innerstaatlichen Gerichten gegen Handlungen, durch die seine ihm nach der Verfassung oder nach dem Gesetz zustehenden Grundrechte verletzt werden", gibt, hat eine Reihe verbindlicher **Rechtsschutzgarantien** inspiriert, namentlich Art. 14 Abs. 1 IPbpR. Dieser spricht zwar nur von Strafverfahren und „zivilrechtlichen Ansprüche[n] und Verpflichtungen"; wie bei Art. 6 EMRK werden die „zivilrechtlichen Ansprüche" aber weit interpretiert und schließen öffentlich-rechtliche Streitigkeiten ein.[33] Außerdem verpflichtet Art. 2 Abs. 3 IPbpR die Vertragsstaaten dazu, im Falle einer Verletzung von Paktrechten eine wirksame Beschwerdemöglichkeit zu eröffnen. Diese Pflichten zur **Justizgewährung** und zum wirksamen **Rechtsschutz gegen die öffentliche Gewalt** gehören mittlerweile zu den übereinstimmenden Gehalten aller universellen und regionalen Menschenrechtsabkommen.[34] Flankiert werden sie durch – ebenfalls weitgehend übereinstimmende – Garantien der **richterlichen Unabhängigkeit** und des **fairen Verfahrens** (vgl. Art. 10 AEMR, Art. 14 Abs. 1 IPbpR, Art. 6 Abs. 1 EMRK).[35] Besondere verfahrensrechtliche Gewährleistungen gelten darüber hinaus in Strafverfahren (vgl. Art. 6 Abs. 3 EMRK, Art. 14 Abs. 2 bis 7 IPbpR). 17

So groß die Übereinstimmung zwischen den universellen und regionalen Menschenrechtssystemen in inhaltlicher Hinsicht ist, so verschieden sind die jeweiligen **Rechtsschutzmechanismen** (→ Rn. 25ff.).[36] Internationale Institutionen – unabhängig ob auf globaler oder auf regionaler Ebene – können allerdings schon aus Kapazitätsgründen den 18

---

[31] Vertiefend *A. Peters* Jenseits der Menschenrechte.

[32] GA Res 217 (1948) v. 10.12.1948; Neuübersetzung mit Synopse, Erläuterungen und Materialien in *Fassbender* Menschenrechteerklärung, 2009.

[33] CCPR, General Comment No. 32, Article 14, Right to equality before courts and tribunals and to fair trial v. 23.8.2007, UN Doc. CCPR/C/GC/32, para 16.

[34] *Francioni* in: Francioni, Access to Justice, S. 1ff.; *Cançado Trindade* Access of Individuals, S. 50ff.

[35] Zu den Zusammenhängen *Cançado Trindade* Access of Individuals, S. 63ff.

[36] Im Überblick *v. Arnauld* Völkerrecht, Rn. 620ff. Umfassend *Oberleitner* Human Rights Institutions.

Menschenrechtsschutz nicht alleine gewährleisten. Notwendig ist, dass auf nationaler Ebene die Menschenrechte geachtet werden. Zu Recht stellen daher die soeben genannten Rechtsschutzgarantien einen funktionierenden **innerstaatlichen gerichtlichen Rechtsschutz** ins Zentrum. Seiner Funktion nach ist **internationaler Rechtsschutz komplementär** zum nationalen Rechtsschutz, d. h. er sollte immer dort greifen, wo staatliche Institutionen nicht willens oder nicht in der Lage sind, Schutz zu gewähren.[37] Rechtsschutz dürfen staatliche Gerichte allerdings nur gegenüber der eigenen Staatsgewalt gewährleisten. An einer Verurteilung ausländischer Staaten sind sie gehindert, weil wegen der souveränen Gleichheit ein Staat vor Gerichten eines anderen Staates **Immunität** beanspruchen kann (anders bei einem internationalen Gericht, dem er sich unterworfen hat).[38] Dies gilt – ungeachtet verbreiteter Kritik – auch bei schwersten Menschenrechtsverletzungen, gegen die der Verletzerstaat selbst keinen ausreichenden Rechtsschutz bietet.[39]

19 **b) Menschenrechtsschutz im UN-System.** Auf Ebene der UNO werden charta- und vertragsbasierte Organe unterschieden (vertiefend → *Kadelbach* § 3).[40] **Chartabasiert** sind alle Institutionen, die in der UN-Charta vorgesehen sind bzw. von UN-Organen eingesetzt wurden. Die Charta weist die Aufgabe zur Förderung der Achtung und Verwirklichung der Menschenrechte in Art. 62 Abs. 2 primär dem **Wirtschafts- und Sozialrat** (ECOSOC) zu, einem beratenden Organ, das Untersuchungen veranlassen und Empfehlungen abgeben kann. Mit Menschenrechten befassen sich inzwischen aber alle UN-Organe, auch Sicherheitsrat und Generalversammlung. Letztere hat 1993 das **Amt des Hochkommissars für Menschenrechte** (OHCHR) eingerichtet, das heute eine wichtige Bündelungsfunktion für die UN-Menschenrechtspolitik besitzt.[41] Während das OHCHR vor allem koordinierende Aufgaben hat, ist das zentrale chartabasierte Organ zur Überwachung der Einhaltung der Menschenrechte durch die Mitgliedstaaten der **Menschenrechtsrat** (Human Rights Council).[42] Dieser wurde 2006 von der UN-Generalversammlung als deren Nebenorgan eingesetzt und ist an die Stelle der vom ECOSOC eingerichteten früheren Menschenrechtskommission (Human Rights Commission) getreten, die wegen Intransparenz und Manipulationen in Misskredit geraten war. Als Instrumente stehen ihm das Universal Periodic Review (periodische Prüfung der Menschenrechtslage in allen UN-Mitgliedstaaten),[43] Special Procedures (Sondervertreter, Sonderberichterstatter oder Expertengruppen zu bestimmten Themen oder Ländern)[44] sowie ein Beschwerdeverfahren zur vertraulichen Prüfung von Individual- und Gruppenbeschwerden betreffend systematische schwere Menschenrechtsverletzungen[45] zur Verfügung. Die abschließenden Berichte und Empfehlungen des Menschenrechtsrates sind allerdings rechtlich nicht verbindlich.

---

[37] *Cançado Trindade* Access of Individuals, S. 98 ff. Einige Konventionsstaaten leiten daraus auch normativ eine subsidiäre Rolle des EGMR ab und verwehren sich gegen vermeintliche Übergriffe in ihre Souveränität. Der Grundsatz der Subsidiarität hat Eingang in das 15. Zusatzprotokoll und in die Kopenhagener Erklärung der Mitglieder des Europarates v. 13.4.2018 gefunden. Dazu m. w. Nachw. *v. Arnauld* Völkerrecht, Rn. 640.

[38] *v. Arnauld* Völkerrecht, Rn. 323 ff.

[39] IGH, Jurisdictional Immunities of the State (Germany/Italy: Greece intervening), Judgment v. 3.2.2012, I. C. J. Rep. 2012, 99. Der Italienische Verfassungsgerichtshof hat die Umsetzung dieses Urteils in Italien allerdings für unvereinbar mit Grundprinzipien der italienischen Verfassung erklärt: Corte Costituzionale, Sentenza n. 238 del 2014 v. 22.10.2014. Zu diesem Konflikt m. w. Nachw. *Volpe/Peters/Battini* (Hrsg.) Remedies against Immunity?, 2020 (i. E.).

[40] Ausführlich *Alston/Mégret* (Hrsg.) The United Nations and Human Rights, 2. Aufl. 2018.

[41] Eingehend *Gaer/Broecker* (Hrsg.) The United Nations High Commissioner for Human Rights, 2014.

[42] Zum Menschenrechtsrat u. a. *Karrenstein* Der Menschenrechtsrat der Vereinten Nationen, 2011; *Ramcharan* The Law, Policy and Politics of the UN Human Rights Council, 2015. Zur Kritik namentlich der USA, die das Gremium 2018 verlassen haben, *Freedman* und *W. Heinz* GYIL 62 (2019), 11 (43).

[43] Näher *Tomuschat* FS Simma, 2011, S. 609; *Charlesworth/Larking* (Hrsg.) Human Rights and Universal Periodic Review, 2015.

[44] *Nolan/Freedman/Murphy* (Hrsg.) The United Nations Special Procedures System, 2017.

[45] Zum Beschwerdeverfahren näher *Karrenstein* Menschenrechtsrat (Fn. 42), S. 86 ff.

**Vertragsbasierte Organe** sind durch die Menschenrechtsabkommen errichtet, die unter UN-Ägide zustande gekommen sind (→ *Kadelbach* § 3 Rn. 7 ff.).[46] Dies sind namentlich der **UN-Menschenrechtsausschuss** (Human Rights Committee, CCPR) zur Überwachung des IPbpR und der **UN-Ausschuss für wirtschaftliche, soziale und kulturelle Rechte** (CESCR) zur Überwachung des IPwskR. Gemeinsam wachen diese beiden Ausschüsse über die Summe nahezu aller Menschenrechte der ersten (bürgerliche und politische Rechte) und der zweiten (wirtschaftliche, soziale und kulturelle Rechte) Dimension („Generation").[47] Über die Beachtung weiterer spezieller Übereinkommen wachen die Ausschüsse für die Beseitigung der Rassendiskriminierung (CERD), für die Beseitigung der Diskriminierung von Frauen (CEDAW), gegen Folter (CAT), für die Rechte der Kinder (CRC), der Wanderarbeiter (CMW) und von Personen mit Behinderungen (CRPD) sowie der Ausschuss zum Verschwindenlassen (CED). Alle diese Ausschüsse sind – anders als der Menschenrechtsrat, dessen 47 Mitglieder ihre jeweiligen Regierungen vertreten – unabhängige Expertengremien. Sie nehmen regelmäßige **Berichte der Vertragsstaaten** entgegen und nehmen zu diesen Stellung. Außerdem beschließen sie **Allgemeine Bemerkungen** (General Comments), in denen sie zu generellen Fragen der Auslegung des jeweiligen Abkommens Stellung beziehen. Stellungnahmen wie Auslegungen sind zwar für die Staaten nicht rechtlich verbindlich, sie besitzen aber erhebliches politisches Gewicht. Die Allgemeinen Bemerkungen werden außerdem von Rechtsprechung und Völkerrechtslehre rezipiert und bei Auslegung der Abkommen berücksichtigt.[48] 20

Nach Erschöpfung des innerstaatlichen Rechtswegs können zu allen UN-Menschenrechtsausschüssen auch **Individualbeschwerden** erhoben werden (→ *Kadelbach* § 3 Rn. 22 ff.). Wer plausibel und substantiiert darlegen kann, von einem Vertragsstaat in seinen Rechten verletzt zu sein, kann auf diesem Wege im eigenen Namen – teilweise auch im Namen einer anderen Person, z. B. eines nach Verhaftung „verschwundenen" nahen Angehörigen[49] – Rechtsschutz auf internationaler Ebene suchen. Zwar müssen Staaten sich gesondert dem Individualbeschwerdemechanismus unterwerfen; die Zahl von 116 Ratifikationen (Stand: März 2021) des (1.) Fakultativprotokolls zum IPbpR, das diesen Mechanismus für das CCPR einführt, zeigt aber, dass eine große Zahl von Staaten weltweit solche Beschwerden gegen sich akzeptiert (zu den notorischen Ausnahmen gehören die Volksrepublik China und die USA). Die Ausschüsse beraten in nichtöffentlicher Sitzung „in a judicial spirit".[50] Die abschließenden Berichte („views") sind in Anlehnung an Urteile abgefasst und stellen fest, ob und wenn ja welche Rechte des Beschwerdeführers verletzt wurden. Sie sind zwar ebenfalls nicht rechtsverbindlich, werden aber veröffentlicht und können dadurch Befolgungsdruck erzeugen. Zusammengerechnet haben die UN-Ausschüsse bis heute fast 2.800 Individualbeschwerden untersucht (Stand: März 2021), wobei mehr als 1.900 Fälle vom CCPR behandelt wurden, für den das Verfahren der Individualbeschwerde bereits seit 1976 existiert.[51] 21

**c) Menschenrechtsschutz auf regionaler Ebene.** In Europa wird der Schutz der bürgerlichen und politischen Rechte regional vor allem durch den **EGMR** verbürgt, der über die Beachtung der EMRK durch die Mitgliedstaaten des **Europarates** wacht (vertiefend → *Kadelbach* § 6). Seit mit Inkrafttreten des 11. Zusatzprotokolls 1998 die Möglichkeit eröffnet wurde, dass natürliche Personen, nichtstaatliche Organisationen oder Personengruppen nach Erschöpfung des innerstaatlichen Rechtsweges gemäß Art. 34 EMRK **Individualbeschwerde** unmittelbar zum EGMR erheben können (zuvor war die Beschwerde nur gegenüber einer Kommission möglich, die dem Gerichtshof Fälle vorlegen konnte), hat 22

---

[46] Zur Vertiefung *Keller/Ulfstein* (Hrsg.) UN Human Rights Treaty Bodies, 2012; *Birkenkötter* APuZ 10–11/2016, 10. Für ein vereinheitlichtes System des Menschenrechts-Monitoring *Schrijver* VN 2016, 121.

[47] Näher und m. w. Nachw. *v. Arnauld* Völkerrecht, Rn. 751 ff.

[48] Zur Rolle der Allgemeinen Bemerkungen *Klein/Kretzmer* GYIL 58 (2015), 189; *Reiners* MRM 2018, 5.

[49] Z. B. CCPR, Bleier Lewenhoff/Uruguay, Views v. 29.3.1982, Comm. 30/1978, UN Doc. A/37/40, HRC 1982, 130, para 7.

[50] *Nowak* CCPR Commentary, 2. Aufl. 2005, S. 669.

[51] Siehe OHCHR, jurisprudence database, https://juris.ohchr.org/ (zuletzt abgerufen am 1.3.2021).

sich dieser zu einem der aktivsten internationalen Gerichtshöfe entwickelt.[52] Seine Urteile sind gemäß Art. 46 EMRK für die Streitparteien bindend, besitzen aber auch darüber hinaus Orientierungswirkung. Wo Individualbeschwerden auf strukturelle Probleme in einem Konventionsstaat zurückzuführen sind, verpflichtet der EGMR seit 2004 mittels sog. **Piloturteile** zu einer Anpassung der innerstaatlichen Rechtslage und nimmt somit eine über den Einzelfall hinausgehende Funktion wahr (→ *Kadelbach* § 6 Rn. 32).[53] Über den Rechtsschutz in Einzelfällen hinaus weisen auch **Staatenbeschwerden,** die zahlenmäßig weit weniger ins Gewicht fallen, in jüngster Zeit aber im Rahmen zwischenstaatlicher politischer Konflikte eine Renaissance erlebt haben (→ Rn. 9). Für die Mitglieder der **EU** sorgt der **EuGH** für einen Schutz der Unionsgrundrechte gegenüber Organen der EU und der Mitgliedstaaten. Prozessual erfolgt dies in erster Linie im Zusammenwirken mit den mitgliedstaatlichen Gerichten im Wege des Verfahrens der Vorabentscheidung (Art. 267 AEUV; vertiefend → *Wernsmann* § 12), nur in Ausnahmefällen über die (Individual-) Nichtigkeitsklage (Art. 263 Abs. 4 AEUV; dazu näher → *Ehlers* § 9 Rn. 36 ff.).

23 Effektive Institutionen zum Schutz der Menschenrechte besitzen außerhalb Europas die Organisation Amerikanischer Staaten (OAS) und – mit Abstrichen – die Afrikanische Union (AU) (→ Rn. 24). Zwar verfügen auch Arabische Liga und ASEAN über Menschenrechtserklärungen (die Arabische Charta von 2004 ist zudem rechtsverbindlich); die Überwachungsorgane haben allerdings kaum Kompetenzen und wenig wirksame Verfahren.[54] – Das **interamerikanische System** des Menschenrechtsschutzes ist im Wesentlichen zweigeteilt, abhängig davon, ob ein Staat die Amerikanische Menschenrechtskonvention (AMRK) ratifiziert hat.[55] Für alle OAS-Mitglieder zuständig ist die **Interamerikanische Menschenrechtskommission** (IAKMR), die neben Staatenbeschwerden auch **Individualbeschwerden** entgegennimmt und zu ihnen – formal unverbindlich – Empfehlungen abgeben kann. Zur Anwendung kommt entweder die AMRK oder, falls diese nicht ratifiziert wurde, die Amerikanische Erklärung der Rechte und Pflichten des Menschen von 1948. Für die AMRK-Parteien – das sind praktisch alle Staaten Lateinamerikas mit Ausnahme Venezuelas – ist zudem der **Interamerikanische Gerichtshof für Menschenrechte** (IAGMR) in San José (Costa Rica) zuständig, dem die Kommission Fälle von größerer Tragweite vorlegen kann und den OAS-Mitglieder auch für Auslegungsentscheidungen und Rechtsgutachten anrufen können. Im Unterschied zu diesen beiden Verfahrensarten sind seine Urteile in Individualbeschwerdeverfahren für die beteiligten Staaten verbindlich. Für die Betroffenen besteht kein unmittelbarer Zugang zum IAGMR; ihre Rechte im Verfahren sind aber denen eines Beschwerdeführers weitestgehend angeglichen.[56] Schon wegen des zweistufigen Verfahrens befasst sich der IAGMR überwiegend mit strukturellen und systemischen Problemen in den Mitgliedstaaten und hat zu deren Behebung eine breite Palette an Anordnungen *(guarantees of non-repetition)* entwickelt, vom Erlass neuer Gesetze über die Schulung von Staatsbediensteten bis hin zur Errichtung von Denkmälern oder der Einrichtung nationaler Gedenktage.[57]

24 Das Menschenrechtssystem der **Afrikanischen Union** baut auf der Afrikanischen Charta der Rechte der Menschen und der Völker (Banjul-Charta) auf.[58] Über sie wacht seit 1987 die Afrikanische Kommission für die Rechte der Menschen und der Völker **(Afrika-**

---

[52] Im Jahr 2020 wurden den Spruchkörpern des EGMR 41.700 neue Anträge zugeteilt, rund 62.000 Verfahren waren insgesamt anhängig, 39.190 Entscheidungen wurden getroffen. Quelle: Statistik des EGMR, abrufbar unter: https://www.echr.coe.int/Documents/Stats_analysis_2020_ENG.pdf (zuletzt abgerufen am 1.3.2021).

[53] Erstmals EGMR EuGRZ 2004, 472 Rn. 189 ff. – Broniowski/Polen. Vgl. inzwischen (seit 2011) Art. 61 der Verfahrensregeln des EGMR. Aus der Literatur *Baumann* Das Piloturteilsverfahren als Reaktion auf massenhafte Parallelverfahren, 2016.

[54] Näher *Shelton/Carozza* Regional Protection, Band 1, S. 90 ff.

[55] Zum interamerikanischen System *Shelton/Carozza* Regional Protection, Band 1, S. 52 ff.

[56] Vgl. (seit 2009) Art. 25 VerfO des IAGMR zu den Beteiligungsrechten der Betroffenen.

[57] Eingehend *Stöckle* Guarantees of non-repetition, 2021 (i. E.).

[58] Dazu vertiefend allgemein *Shelton/Carozza* Regional Protection, Band 1, S. 73 ff.

**nische Menschenrechtskommission),** ein AU-Organ mit Sitz in Banjul (Gambia). Neben Kontroll- und Interpretationsaufgaben hat sie auch quasi-judikative Funktionen inne. Es gibt die Möglichkeit von **Staaten- und Individualbeschwerden.** Individualbeschwerden setzen keine eigene Betroffenheit voraus, was die praktisch wichtige Möglichkeit eröffnet, dass NGO Verfahren initiieren können.[59] Die Kommission erstattet nach Prüfung der Beschwerden einen Bericht, den sie mit – unverbindlichen – Empfehlungen versehen kann. 2006 hat neben der Kommission der **Afrikanische Gerichtshof für die Rechte der Menschen und der Völker** in Arusha (Tansania) die Arbeit aufgenommen und in jüngster Zeit eine Reihe wichtiger Urteile gefällt.[60] Beschwerdeberechtigt sind gemäß Gründungsprotokoll von 1998 die Afrikanische Menschenrechtskommission, die an einem Kommissionsverfahren beteiligten Staaten, der Heimatstaat des Verletzten sowie afrikanische Regierungsorganisationen. Auch ohne vorherige Befassung der Kommission können **Individualbeschwerden** nach Erschöpfung des innerstaatlichen Rechtswegs unmittelbar beim Gerichtshof erhoben werden, allerdings nur gegen Staaten, die sich diesem Verfahren gesondert unterworfen haben. Eine solche Unterwerfungserklärung haben bislang nur wenige Staaten abgegeben. Daneben erstattet der Gerichtshof auch Gutachten, die von der AU und ihren Organen sowie von AU-Mitgliedstaaten angefordert werden können.

**d) Typologie der Schutzmechanismen.** Der Überblick über den Menschenrechtsschutz im Rahmen der UNO (→ Rn. 19ff.) und auf regionaler Ebene (→ Rn. 22ff.) lässt verschiedene Typen von Schutzmechanismen erkennen: **Länderberichtsmodelle** (vgl. z.B. Universal Periodic Review des UN-Menschenrechtsrates, Art. 40 IPbpR), **Staatenbeschwerden** gegenüber Kommissionen (Art. 41 ff. IPbpR: fakultativ) und Gerichten (Art. 33 EMRK, Art. 61 ff. AMRK) sowie **Individualbeschwerden,** die ebenfalls bei Kommissionen (z.B. Beschwerde zum CCPR nach dem [1.] Fakultativprotokoll zum IPbpR, Art. 41 ff. AMRK) oder bei Gerichtshöfen (z.B. Art. 34f. EMRK) erhoben werden können. Die weite Verbreitung von Individualbeschwerdeverfahren unterstreicht dabei, dass völkerrechtlicher Rechtsschutz im Bereich der Menschenrechte für die Bewohner weiter Teile der Welt heute bereits individualisierter Rechtsschutz ist. 25

Solche **Individualbeschwerden** sind für einen wirksamen Rechtsschutz in aller Regel besonders geeignet, weil hier die Initiative von den Betroffenen ausgeht und keinen politischen Rücksichtnahmen unterliegt. Wo diese selbst (z.B. wegen Verschleppung oder Ermordung) nicht in der Lage sind, eine Beschwerde zu erheben, lassen einige Systeme, namentlich das afrikanische und das interamerikanische System, auch die Beschwerde von NGO zu. Gegenüber Kommissionsmodellen wiederum haben internationale *Gerichte* den Vorzug, dass ihre Urteile für die Verfahrensparteien bindend sind (ob sie dann auch umgesetzt werden, steht freilich auf einem anderen Blatt). Weitere wichtige Aspekte sind die *Zusammensetzung der Kontrollorgane* (unabhängige Experten oder Regierungsvertreter), die Frage, welchen Einfluss die *Zivilgesellschaft* auf Verfahren hat und wie *transparent* diese ausgestaltet sind und durchgeführt werden.[61] 26

### 2. Investitionsschutz

Individualisierter Rechtsschutz hat sich jenseits der Menschenrechte vor allem im internationalen Investitionsrecht entwickelt (vertiefend dazu → *Tietje/Klimke* § 5). Seinen Ausgangspunkt nimmt dieses beim gewohnheitsrechtlichen **Fremdenrecht** (→ Rn. 12). Des- 27

[59] Z.B. der berühmte Ogoni-Fall: ACHPR, Social and Economic Rights Action Centre (SERAC) and Center for Economic and Social Rights (CESR)/Nigeria, Decision v. 27.5.2002, ACHPR/COMM/A044/1.

[60] Rechtsprechungsübersicht bei *Löffelmann* EuGRZ 2018, 361. Zu Plänen einer Fusion des Gerichtshofs mit dem Gerichtshof der AU *v. Arnauld* Völkerrecht, Rn. 770.

[61] Vertiefend zur Wirksamkeit von Menschenrechtsmechanismen *Subedi* The Effectiveness of the UN Human Rights System, 2017; *Moeckli/Keller* (Hrsg.) The Human Rights Covenants at 50, 2018, Part II; *Squatrito/Young/Follesdal/Ulfstein* Performance.

sen Schutz vor entschädigungsloser Enteignung erwies sich in der Vergangenheit als wenig effektiv. Schließlich unterliegt der Investor der Regelungs- und Vollzugshoheit des Gaststaates, dessen Gerichte er nach den Regeln des diplomatischen Schutzes anrufen muss, bevor sich sein Heimatstaat einschalten darf. Dem helfen zwischenstaatliche (zumeist bilaterale, daher auch: Bilateral Investment Treaties, kurz: BIT) **Investitionsabkommen** ab, die heute ein weltumspannendes Netz bilden. Hierin sichern sich Staaten wechselseitig Schutz von Investitionen ihrer Staatsbürger und Unternehmen gegen Enteignungen und weitere Beeinträchtigungen zu und erstrecken diesen Schutz regelmäßig auch auf die Verträge zwischen Gaststaat und Investor. Indem eine Verletzung ihrer Rechte damit zugleich zu einer Verletzung des zwischenstaatlichen Investitionsabkommens wird, wird die Position von Investoren zusätzlich gestärkt (→ *Tietje/Klimke* § 5 Rn. 21 ff.).[62]

28 Ein wichtiger Bestandteil moderner zwischenstaatlicher Investitionsabkommen sind **Investor-Staat-Schiedsverfahren** (*Investor-State Dispute Settlement,* ISDS).[63] Hier erhält der Investor das Recht, gegen Maßnahmen des Gaststaates ohne Vermittlung seines Heimatstaates – und meist auch ohne Erschöpfung des innerstaatlichen Rechtswegs – im eigenen Namen ein internationales Schiedsgericht anzurufen, dessen Schiedsspruch verbindlich und vollstreckbar ist. Investor und Gaststaat begegnen sich „auf Augenhöhe"; die traditionelle Mediatisierung Privater im Völkerrecht ist hier überwunden, weswegen von echten subjektiven internationalen Rechten gesprochen werden kann.[64] Die öffentlichen Proteste gegen die geplanten Freihandels- und Investitionsabkommen der EU mit den USA (TTIP) und Kanada (CETA) – die Hauptkritikpunkte in Stichworten: Paralleljustiz, fehlende Legitimation, investorenfreundlicher „bias" der Schiedsrichter, Intransparenz – haben in jüngster Zeit einen tiefgreifenden Reformprozess angestoßen, an dessen Ende ein ständiger internationaler Investitionsgerichtshof stehen könnte (→ *Tietje/Klimke* § 5 Rn. 18 f.).[65]

29 Rechtsschutz können dem ausländischen Investor aber auch **staatliche Gerichte** bieten, je nach vereinbartem Gerichtsstand auch solche anderer Staaten. Von der **Staatenimmunität** (→ Rn. 18) umfasst ist nur hoheitliches Handeln *(acta iure imperii).* Wo Staaten privatwirtschaftlich handeln (d.h. für *acta iure gestionis*), müssen sie sich u.U. auch vor den Gerichten anderer Staaten verantworten.[66] Von der Immunität ausgenommen sind daher u.a. Staatsanleihen, die dem Investitionsschutz unterfallen, weil hier der ausländische Investor dem Gaststaat „wie ein Privater" Kapital zur Verfügung stellt. Ansprüche aus solchen Staatsanleihen können grundsätzlich auch vor den Gerichten anderer Staaten eingeklagt werden. Strukturiert der Schuldnerstaat aber eigenmächtig seine Staatsschulden um (z.B. durch einen Zwangsumtausch von Staatsanleihen), kommt es für den Erfolg der Klage darauf an, ob man auf den (hoheitlichen) Umstrukturierungsakt abstellt (dann greift die Immunität)[67] oder auf die Rechtsnatur des zugrunde liegenden Schuldverhältnisses (dann genießt der Schuldnerstaat keine Immunität).[68]

### 3. Sonstige Bereiche

30 Jenseits von Menschenrechtsschutz und Investitionsschutz findet sich Individualrechtsschutz im Völkerrecht allenfalls vereinzelt und im Allgemeinen weniger stark ausgebaut. Art. 16 Abs. 1 der **Genfer Flüchtlings-Konvention** (GFK) von 1951 z.B. garantiert je-

[62] Zu den Vorzügen für den Investor im Überblick *v. Arnauld* Völkerrecht, Rn. 996.
[63] *v. Arnauld* Völkerrecht, Rn. 1011 ff. m. w. Nachw.
[64] *Peters* Jenseits der Menschenrechte, S. 257 ff.
[65] Dazu sowie zur Kritik im Überblick *v. Arnauld* Völkerrecht, Rn. 1012 f.; *Fisahn/Cifti* AL 2015, 177; näher *Buszewski/Martini/Rathke* (Hrsg.) Freihandel/Demokratie: Grundsätze transnationaler Legitimation, 2016.
[66] *v. Arnauld* Völkerrecht, Rn. 326.
[67] So BGHZ 209, 191, Rn. 17 ff. = NJW 2016, 1659; bestätigt durch BGHZ 217, 153 = NJW 2018, 854 für den Zwangsumtausch griechischer Staatsanleihen.
[68] So Supreme Court of the United States, Republic of Argentina/NML Capital, Ltd., Judgment v. 16.6.2014, 573 U.S. (2014) 134 S. Ct. 2250. Hierzu *Szodruch-Arnold* FS 100 Jahre Walther-Schücking-Institut, 2014, S. 659. Allgemein *Kämmerer* Argentine Debt Crisis, MPEPIL (Stand: Sept. 2017).

dem Flüchtling im Gebiet der Konventionsstaaten „freien und ungehinderten Zugang zu den Gerichten"; auch müssen Flüchtlinge gegen Ausweisungen Rechtsmittel gemäß Art. 32 Abs. 2 GFK einlegen können. Im **Konsularrecht** findet sich ein individuelles Recht auf konsularischen Schutz bei Freiheitsentziehungen jeder Art gemäß Art. 36 Abs. 1 des Wiener Übereinkommens über konsularische Beziehungen von 1963. Explizite und detaillierte Rechtsschutzgarantien kennt auch das **Recht des bewaffneten Konflikts** für den Fall der Internierung von Zivilpersonen (Art. 41, 78 der IV. Genfer Rotkreuz-Konvention 1949 [GK IV]) sowie für Straf- und Disziplinarverfahren gegen Kriegsgefangene (Art. 82 ff. GK III) und zivile Angehörige des gegnerischen Staates (Art. 64 ff., Art. 117 ff. GK IV). Unabhängig vom Status garantiert Art. 75 des I. Zusatzprotokolls von 1977 in allen Fällen von Freiheitsentziehung einen Kernbestand an Verfahrensrechten und gestaltet damit den Minimalstandard näher aus, den der gemeinsame Art. 3 Abs. 1 lit. d GK I-IV selbst für den nicht-internationalen bewaffneten Konflikt formuliert, indem er „Verurteilungen und Hinrichtungen ohne vorhergehendes Urteil eines ordentlich bestellten Gerichts, das die von den zivilisierten Völkern als unerlässlich anerkannten Rechtsgarantien bietet", „jederzeit und überall" verbietet. Auf ganz anderer Ebene liegt der Rechtsschutz, den Art. 9 der **Aarhus-Konvention** von 1998 im Blick hat: Hier werden die Vertragsstaaten verpflichtet, Klage- oder Beschwerdemöglichkeiten zu schaffen, um den Zugang zu Informationen oder die Öffentlichkeitsbeteiligung an Entscheidungen in Umweltangelegenheiten durchzusetzen.

Was derzeit als Flickwerk einzelner Rechtsschutzgarantien erscheint, könnte mittel- bis 31
langfristig etwas mehr Kohärenz erhalten und weitere Bereiche des Völkerrechts dem Rechtsschutz erschließen. Grund ist die thematische **Expansion der Menschenrechte.**[69] Wo immer es um das Verhältnis zwischen Staat und Individuum geht, lassen sich Rechtsfragen als Menschenrechtsfragen formulieren und eröffnen so im Prinzip den Weg zu den Gerichten, national wie international. Hierauf zielt eine strategische **Human Rights Litigation** ab, die versucht – im Wege von Pilot- oder Musterverfahren vor nationalen, gelegentlich auch vor internationalen Gerichten – gestützt auf Menschenrechte z .B. einen verbesserten Umwelt- und Klimaschutz oder bessere Arbeits- und Sozialstandards zu erstreiten.[70] Beispiele auf regionaler Ebene für eine solche menschenrechtsbasierte Erweiterung des Rechtsschutzes sind etwa das Gutachten des IAGMR zum Menschenrecht auf eine saubere Umwelt von 2017[71] sowie Urteile des EGMR zu Verletzungen von Menschenrechten in bewaffneten Konflikten, die zugleich Verstöße gegen das Humanitäre Völkerrecht darstellen.[72]

## III. Rechtsschutz gegenüber Internationalen Organisationen

### 1. Rechtsschutz im organisatorischen Binnenbereich

Der Rechtsschutz für Bedienstete von IO geht auf die Zeit des Völkerbundes zurück; der 32
Zugang zu einem effektiven Rechtsschutz darf insoweit inzwischen als allgemeiner Grundsatz des internationalen Dienstrechts gelten.[73] Bereits 1927 wurde das *Administrative Tribunal of the League of Nations* errichtet, das für Beschwerden gegen Völkerbund-Sekretariat und Internationale Arbeitsorganisation (International Labour Organisation, ILO) zuständig war. Dessen Funktion übernahm 1946 das **ILO Administrative Tribunal** (ILOAT), das mit Satzungsänderung 1949 für andere IO geöffnet wurde. Derzeit (Stand: März 2021) haben fast 60 IO mit insgesamt mehr als 58.000 Beschäftigten die Gerichtsbarkeit des ILOAT

---

[69] Umfassend *v. Arnauld/von der Decken/Susi* (Hrsg.) The Cambridge Handbook of New Human Rights, 2020.

[70] *Duffy* Litigation, 2018; *A. Novak* Litigation 2020.

[71] IAGMR, Environment and Human Rights, Advisory Opinion v. 15.11.2017, OC-23/17.

[72] Z. B. das Grundsatzurteil des EGMR NJOZ 2016, 351 – Hassan/UK. Würdigung bei *v. Arnauld* in: Geiß/Krieger (Hrsg.) The 'Legal Pluriverse' Surrounding Multinational Military Operations, 2020, S. 179.

[73] *Ullrich* Dienstrecht, S. 130 ff. m. w. Nachw.

anerkannt,[74] das mit rund 4.200 Entscheidungen eine beachtliche Aktivität vorzuweisen hat. Jährlich entscheidet es etwa 180 Fälle rechtsverbindlich. Die sieben Richter werden für einen Zeitraum von drei Jahren von der Internationalen Arbeitskonferenz (International Labour Conference) ernannt und entscheiden sachlich unabhängig. Eine Überprüfung der Urteile ist durch den IGH im Wege des Gutachtenverfahrens (Art. 65 IGH-Statut) möglich.[75]

33 Für die Bediensteten der UNO war der Weg zu einem adäquaten Rechtsschutz um Einiges länger. Das **United Nations Administrative Tribunal** (UNAdT) wurde erst 1949 errichtet.[76] Ihm vorgeschaltet waren *Joint Appeals Boards,* die an jedem UN-Dienstsitz aus drei UN-Bediensteten als Laien-„Richtern" gebildet wurden. Deren Entscheidungen hatten lediglich den Charakter von Empfehlungen an den UN-Generalsekretär, gegen dessen Entscheidung das UNAdT angerufen werden konnte. Das UN-Verwaltungsrechtsschutzsystem (das schrittweise auch auf Sonderorganisationen der UNO erstreckt wurde) war lange heftiger Kritik ausgesetzt; „outmoded, dysfunctional and ineffective" lautete das Verdikt im Bericht einer Expertenkommission, die 2005 von der UN-Generalversammlung eingesetzt wurde.[77] Das mittlerweile reformierte UN-Rechtsschutzsystem ist von einem Bemühen um Professionalisierung und Effektivierung gekennzeichnet.[78] Seit 2009 schützen das **UN Dispute Tribunal** (UNDT) in erster und das **UN Appeals Tribunal** (UNAT) in zweiter Instanz die Rechte von über 75.000 Beschäftigten in voller Unabhängigkeit und mittels rechtsverbindlicher Urteile. Seit 2009 hat das UNDT mehr als 2.700 Urteile gesprochen und über 1.700 Anordnungen getroffen, das UNAT mehr als 1.000 Urteile und über 400 Anordnungen (Stand: Dezember 2020).

### 2. Rechtsschutz gegenüber außenwirksamen Maßnahmen

34 **a) Das Phänomen internationaler öffentlicher Hoheitsgewalt.** Vor Rechtsschutzprobleme stellt indes, dass IO zunehmend Entscheidungen treffen – oder an solchen Entscheidungen beteiligt sind –, die in Rechte außenstehender Personen eingreifen. In der Literatur ist hier von einem „globalen"[79] oder „internationalen Verwaltungsrecht"[80] die Rede oder allgemeiner von der Ausübung **„internationaler öffentlicher Hoheitsgewalt"**[81]. Die Erscheinungsformen (und daher auch die Rechtsschutzfragen) sind höchst verschieden, vergleicht man z. B. sog. gezielte Sanktionen des UN-Sicherheitsrates gegen Personen, die im Verdacht stehen, den Terrorismus zu unterstützen (→ Rn. 41), mit Empfehlungen der WHO (→ Rn. 39 ff.) oder mit UN-Friedensmissionen (→ Rn. 47).

35 Strukturell ist das Rechtsschutzproblem hier aus der Judikatur des BVerfG zum Grundrechtsschutz in und gegenüber der EU vertraut (dazu → *Schoch* § 14 Rn. 28; → *Scherzberg* § 15 Rn. 49; → *Wernsmann* § 19 Rn. 32 ff., 41 ff.): Im Ausgangspunkt steht die **Übertragung von Hoheitsgewalt** an eine IO: Diese erhält die Befugnis, Entscheidungen zu treffen, die – je nach Inhalt und Umfang der Übertragung – Individuen unmittelbar betreffen oder zumindest die Mitgliedstaaten zu Maßnahmen gegenüber Individuen verpflichten. Eine solche Übertragung ergibt nur Sinn, wenn sich alle Mitglieder an die Beschlüsse der IO halten. Daher ist nach Möglichkeit auszuschließen, dass mitgliedstaatliche Gerichte diese

[74] Eigenständige Dienstgerichte unterhalten hingegen u. a. der Internationale Währungsfonds, die Weltbank und die EU (Gericht für den Öffentlichen Dienst der EU, EUCST, seit 2005), unabhängige Beschwerdegremien z. B. NATO und Europarat.

[75] Bislang einziger Fall: IGH, Judgments of the Administrative Tribunal of the ILO upon Complaints Made against UNESCO, Advisory Opinion v. 23.10.1956, I. C. J. Rep. 1956, 77.

[76] GA Res 351 (IV), UN Doc. A/RES/351 v. 24.11.1949.

[77] Report of the Redesign Panel on the United Nations system of administration of justice v. 26.7.2006, UN Doc. A/61/205, Summary.

[78] Näher *Reinisch/Knahr* MPYUNL 12 (2008), 447; *Laker* ZaöRV 70 (2010), 567.

[79] *Kingsbury/Krisch/Stewart* L&CP 68 (2005), 15; *S. Cassese* ICON 13 (2015), 465.

[80] *Schmidt-Aßmann/Rademacher* JöR 61 (2013), 61.

[81] *v. Bogdandy/Dann/Goldmann* in: v. Bogdandy/Dann/Goldmann, Exercise, S. 3.

Beschlüsse überprüfen und verwerfen: der betreffende Mitgliedstaat müsste dann die Gefolgschaft verweigern. Für die **EU** sichern Nichtigkeitsklage (Art. 263 AEUV, dazu → *Ehlers* § 9) und Vorlagepflicht mitgliedstaatlicher Gerichte gemäß Art. 267 Abs. 1 lit. b (dazu → *Wernsmann* § 12) AEUV das Verwerfungsmonopol des EuGH, wenn die Gültigkeit eines Unionsrechtsaktes in Frage gestellt wird – und damit die einheitliche Geltung des Unionsrechts für und in allen Mitgliedstaaten. Für die **UNO** fehlt es an einer zentralen Instanz, die bei Zweifeln über die Gültigkeit verbindlicher Beschlüsse angerufen werden könnte. Funktional sichert hier (wie auch für andere IO[82]) die **Immunität** vor den mitgliedstaatlichen Gerichten den Ausschluss der gerichtlichen Überprüfung. Sie ist vertraglich durch die Konventionen über die Vorrechte und Immunitäten der UNO von 1946 und der Sonderorganisationen der UNO von 1947 gesichert. Im Gegenzug verpflichten diese Abkommen die UNO zwar, „angemessene Wege" zur Beilegung „privatrechtlicher" Streitigkeiten („disputes of a private law character") einzurichten (Art. 29 bzw. Art. 31). Die „privatrechtlichen" Streitigkeiten werden jedoch – anders als bei Art. 13 EMRK oder Art. 14 Abs. 1 IPbpR – eng verstanden und taugen so nicht als Grundlage einer Verpflichtung zur Etablierung eines effektiven Individualrechtsschutzes auf Ebene der UNO.[83] Im Rahmen von UN-Blauhelmeinsätzen verpflichtet zudem Art. 51 des UN-Modellabkommens mit truppenstellenden Staaten[84] die UNO zur Errichtung einer ständigen Schadenskommission *(Claims Commission)*. Diese wurde aber nie errichtet. Stattdessen behandeln interne lokale *Review Boards* Beschwerden, allerdings ohne adäquaten Rechtsschutz zu bieten.[85] Gegenüber der **UNO** existiert daher ein **gravierendes Rechtsschutzdefizit.**

**b) Übertragung von Hoheitsgewalt und Rechtsschutz.** Die Mitgliedstaaten können sich ihrer Menschenrechtsbindungen – und damit auch ihrer Pflicht zur Gewährung effektiven Rechtsschutzes – nicht dadurch entledigen, dass sie ihre (gebundene und kontrollierte) Hoheitsgewalt auf eine (ungebundene oder unkontrollierte) IO übertragen.[86] Allerdings ist die Verlagerung von Entscheidungen auf eine internationale oder supranationale Ebene dann unproblematisch, wenn die IO einen im Wesentlichen vergleichbaren Rechtsschutz für die betroffenen Individuen gewährleistet **(Rechtsschutzadäquanz).** Dies ist Gegenstand der bekannten „Solange"-Rechtsprechung des BVerfG,[87] hat aber auch in der Rechtsprechung des EGMR Niederschlag gefunden. In seinem Urteil *Bosphorus Airways* hat der EGMR den Kontrollverlust staatlicher Gerichte dann für mit der Rechtsschutzgarantie aus Art. 6 und 13 EMRK vereinbar erklärt, wenn auf inter- bzw. supranationaler Ebene zwei Voraussetzungen erfüllt sind:[88] 36

- Der Grundrechtsschutz muss dem nach der EMRK gebotenen Schutz generell gleichzuachten sein (für die EU greift hier eine „presumption of equivalent protection");
- der Grundrechtsträger muss die Möglichkeit haben nachzuweisen, dass im Einzelfall auf Ebene der IO der Grundrechtsschutz offensichtlich defizitär („manifestly deficient") war.

---

[82] Allgemein *Schmalenbach* International Organizations or Institutions, Legal Remedies against Acts of Organs, MPEPIL (Stand: Sept. 2017), Rn. 3.

[83] *A. Miller* IOLR 6 (2009), 7 (104 ff.).

[84] Draft Model Status of Forces Agreements (SOFA) and Contribution Agreements, UN Doc. A/45/594 v. 9.10.1990.

[85] *v. Arnauld/Buszewski* FW 88/3–4 (2013), 13 (17 f.).

[86] Grundlegend EGMR EuGRZ 1999, 200 – Matthews/UK, sowie EGMR EuGRZ 1999, 207 – Waite und Kennedy/Deutschland.

[87] BVerfGE 73, 339 (387) = NJW 1987, 577 (582) → *Erichsen* JK 87, GG Art. 24 I/1 und→ JuS 1987, 487 *(Emmerich)* sowie → JA 1987, 451 *(Schmidt am Busch)* – Solange II. Die Grundsätze gelten auch außerhalb der EU: BVerfGE 58, 1 (40 ff.) = NJW 1982, 507 (511 f.) → *von Mutius* JK 82, GG Art. 19 IV/8 – Eurocontrol I; E 149, 346 Rn. 27 ff. = NJW 2018, 3374 = NVwZ 2018, 1549 (m. abl. Anm. *Gruber*) → *Ruffert* JuS 2018, 1249 – Europäische Schule.

[88] EGMR NJW 2006, 197 (m. Bespr. *Heer-Reißmann* NJW 2006, 192) = EuGRZ 2007, 662 → *Ehlers* JK 7/06, EMRK Art. 1/3 und → JuS 2006, 442 *(Dörr)* – Bosphorus Airways/Irland; bekräftigt durch EGMR NJOZ 2018, 1515 Rn. 109 ff., 113 ff. – Avotiņš/Lettland; zur Entwicklung der Rechtsprechung *Glas/Krommendijk* HRLR 17 (2017), 567.

Die erste Voraussetzung entspricht im Prinzip der **„Solange II"-Rechtsprechung** des BVerfG, während die zweite Voraussetzung erst unlängst Eingang in die Karlsruher Rechtsprechung gefunden hat: Danach haben Behörden und Gerichte auch im Rahmen der Durchsetzung von Unionsrecht (z.B. bei Vollstreckung eines Europäischen Haftbefehls) eine Einzelfallprüfung am Maßstab des Grundgesetzes vorzunehmen, wenn andernfalls eine Verletzung der Menschenwürde (Art. 1 Abs. 1 GG) droht; insoweit ist auch die Verfassungsbeschwerde zum BVerfG zulässig.[89]

37 Probleme entstehen freilich bei **Rechtsschutzdefiziten** auf Ebene der IO. Ziehen sich die staatlichen Gerichte hier aus der Kontrolle zurück, können Betroffene keinen adäquaten Rechtsschutz erlangen. An die Stelle rechtsstaatlich gebundener Staatsgewalt tritt eine gerichtlich nicht kontrollierbare internationale öffentliche Gewalt. Nehmen die mitgliedstaatlichen Gerichte hingegen eine Kontrolle vor, unterlaufen sie die Mechanismen, mit denen die IO im Interesse ihrer eigenen Funktionsfähigkeit den „Gehorsam" ihrer Mitglieder sichert. Sie handeln dann zwar möglicherweise im Einklang mit der soeben skizzierten Rechtsprechung, wonach der Kontrollverzicht nur zulässig ist, wenn auf Ebene der IO adäquater Rechtsschutz zu erlangen ist (→ Rn. 36); das entlässt die Mitgliedstaaten jedoch nicht aus den Verpflichtungen, die sie als Mitglieder der IO eingegangen sind. In der Praxis lässt sich beobachten, dass mitgliedstaatliche Gerichte die Immunität einer IO auch dann respektieren, wenn diese selbst keinen adäquaten Rechtsschutz garantiert.[90]

38 Die Lösung dieser **Rechtsschutzprobleme** ist wegen der Vielgestaltigkeit internationaler öffentlicher Hoheitsgewalt nicht auf eine Formel zu bringen. Für die Darstellung der Probleme und der verfolgten **Lösungsansätze** bietet es sich an danach zu differenzieren, bei wem die *formelle* und bei wem die *materielle Entscheidungskompetenz* liegt. Hier sind folgende Konstellationen denkbar:[91]
- Formell wie materiell entscheidet der Staat; Beschlüsse der IO haben nur empfehlenden Charakter;
- formell entscheidet der Staat, der aber materiell verpflichtet ist, den Beschluss der IO umzusetzen;
- formell wie materiell entscheidet die IO selbst;
- sowohl der Staat als auch die IO treffen formell wie materiell Entscheidungen, die eng aufeinander bezogen sind („Entscheidungsverbund").

39 **c) Rechtsschutzprobleme gegenüber internationaler Hoheitsgewalt: Fallkonstellationen. aa) Beschlüsse mit empfehlendem Charakter.** Sofern die IO nur **Empfehlungen** ausspricht, kann Rechtsschutz unproblematisch durch die mitgliedstaatlichen Gerichte gewährt werden. Nicht nur der formelle Rechtsakt, sondern auch die Entscheidung in der Sache entstammt der staatlichen Sphäre und unterliegt damit der vollen Kontrolle durch die staatlichen Gerichte. Der Staat kann sich allerdings im Rahmen der Rechtfertigung auf die Empfehlungen der IO berufen.[92] Als Beispiel kann die Weltgesundheitsorganisation (WHO) dienen, die nach den von der World Health Assembly 2005 beschlossenen, verbindlichen International Health Regulations (IHR) Empfehlungen gegenüber den Mitgliedstaaten abgeben kann (Art. 18 i.V.m. Art. 16 IHR); erklärt der WHO-Generaldirektor einen „öffentlichen Gesundheitsnotstand von internationaler Bedeutung" (Art. 12 IHR), kann er zudem gemäß Art. 15 IHR vorläufige Empfehlungen abgeben. Die Mitgliedstaaten können zwar von den Empfehlungen abweichen, dies aber nur auf der Grundlage wissenschaftlicher Erkenntnisse und mit Rechenschaftspflicht gegenüber der

[89] BVerfGE 140, 317 Rn. 34 = NJW 2016, 1149 Rn. 49 → *Eifert* Jura (JK) 2016, 707 und → *Sachs* JuS 2016, 373 – Haftbefehl II.

[90] Z.B. U.S. Court of Appeals for the Second Circuit, 18.8.2016, Georges/United Nations, No. 15–455, 834 F 3d 163.

[91] Nicht denkbar ist, dass die IO formell nach außen handelt, aber materiell dem Direktionsrecht eines ihrer Mitgliedstaaten unterliegt.

[92] Z.B. VG Greifswald Beschl. v. 8.4.2020 – 4 B 339/20 HGW, BeckRS 2020, 5323 Rn. 19, 22.

WHO (Art. 43 IHR).[93] Trotz dieser in der Praxis einflussreichen Steuerung durch die WHO sind es letztlich die Mitgliedstaaten, die die Maßnahmen treffen und vor ihren eigenen Gerichten zu verantworten haben. Vergleichbares gilt dort, wo Handlungen einer IO primär **informatorischen Charakter** haben, wie etwa die Sammlung und Weitergabe von Informationen zur Förderung zwischenstaatlicher Polizeikooperation durch Interpol.[94]

**bb) Beschluss verpflichtet die Mitgliedstaaten.** Ist einer IO das Recht eingeräumt, verbindlich zu entscheiden, fallen formelle und materielle Entscheidungskompetenz in aller Regel auseinander. Nur wenige IO entscheiden **„supranational"**, d. h. nur selten dürfen sie unmittelbar Individuen berechtigen oder verpflichten; die Ausnahme bilden EU-Verordnungen und Beschlüsse der EU-Kommission. Den Einzelnen betrifft die Entscheidung der IO daher regelmäßig in der Gestalt des **mitgliedstaatlichen Umsetzungsaktes.** Doch selbst wenn eine IO – wie die EU – ausnahmsweise „supranational" individualadressierte Entscheidungen treffen darf, ist für den Vollzug gegenüber den Bürgern zumeist der Mitgliedstaat zuständig. Die Entscheidung betrifft den Einzelnen dann in Gestalt des **mitgliedstaatlichen Durchsetzungsaktes.** Werden Umsetzungs- bzw. Durchsetzungsakt vor den mitgliedstaatlichen Gerichten angefochten, steht hinter dem (formell) staatlichen Rechtsakt (materiell) der verbindliche Beschluss der IO – und das oben (→ Rn. 37) aufgezeigte Dilemma entsteht. 40

Dieses Problem stellt sich namentlich bei sog. **gezielten Sanktionen** (targeted sanctions) **des UN-Sicherheitsrates.** Dieser setzt seit den 1990er Jahren vermehrt Sanktionen ein, die sich nicht gegen Staaten richten, sondern gegen Einzelpersonen. Dabei geht es meist um Kontensperrungen und um Reisebeschränkungen. Da die UNO nur Staaten, nicht aber Private (hier: Banken und Transportunternehmen) verpflichten kann, erfolgen Um- und Durchsetzung solcher Sanktionen durch die Mitgliedstaaten; für EU-Mitglieder ist aus Kompetenzgründen für die Umsetzung eine EU-Verordnung vonnöten, die durch staatliche Behörden vollzogen wird. Gerichtet sind solche Sanktionen üblicherweise gegen Mitglieder der politischen Führung eines Staates, auf den so möglichst effektiv Druck ausgeübt werden soll.[95] Auch gegen Mitglieder des damaligen Taliban-Regimes in Afghanistan wurden 1999 mit der Sicherheitsrats-Resolution 1267 derartige Sanktionen verhängt.[96] Als 2002 die Sanktionen auch auf mutmaßliche Unterstützer des Terrornetzwerks Al-Qaida ausgeweitet wurden,[97] richteten sich gezielte Sanktionen erstmals gegen Privatpersonen und private Unternehmen – weltweit und zeitlich unbegrenzt. Die Entscheidung darüber, wer in die Liste der zu sanktionierenden Personen aufzunehmen und wer zu streichen ist, hat der Sicherheitsrat einem Sanktionsausschuss übertragen. Dieser trifft seine Beschlüsse auf Grundlage von Geheimdienstinformationen, die in der Praxis auch den Ausschussmitgliedern nicht näher offenbart werden.[98] 41

Kernproblem ist hier der inadäquate **Rechtsschutz auf UN-Ebene.** Ursprünglich konnten gelistete Personen eine Streichung nur im Wege diplomatischen Schutzes (→ Rn. 11) durch ihre Heimatstaaten beantragen, wobei der Staat, der im Ausschuss die Listung veranlasst hatte, zustimmen musste. Ein 2006 eingeführter *focal point* machte zwar die Einreichung eines Streichungsantrags unabhängig von der Ausübung diplomatischen Schutzes, war aber letztlich auf die Funktion einer Poststelle beschränkt. Angesichts verbreiteter Kritik ersetzte der Sicherheitsrat den *focal point* Ende 2009 durch eine **Ombudsperson,** deren Aufgaben sich zunächst auf Informationssammlung, Dialog und Bericht beschränkten. Die Entscheidung über eine Streichung lag weiterhin allein beim Sanktions- 42

---

93 Näher zu den Befugnissen der WHO im Rahmen von Pandemien *v. Bogdandy/Villarreal* International Law on Pandemic Response, MPIL Research Paper Series No. 2020-07.

94 *Schöndorf-Haubold* in: v. Bogdandy/Dann/Goldmann, Exercise, S. 229 (249 ff.).

95 Aus jüngster Zeit z. B. SC Res 1973 (2011) v. 17.3.2011, Ziff. 19 ff.

96 SC Res 1267 (1999) v. 15.10.1999, Ziff. 4 ff.

97 SC Res 1390 (2002) v. 28.1.2002.

98 Überzeugend für eine Pflicht der Mitglieder des UN-Sicherheitsrates und des Sanktionskomitees, auf die Einhaltung von Menschenrechtsstandards hinzuwirken, *Buszewski/Gött* GYIL 57 (2014), 507.

ausschuss. Erst nach weiterer Kritik wurde durch eine neuerliche Reform des Verfahrens 2011 der Abschlussbericht der Ombudsperson aufgewertet: Empfiehlt diese die Streichung, kann die Empfehlung vom Ausschuss nur einstimmig zurückgewiesen werden, es sei denn, eines der Mitglieder des Ausschusses beantragt die Überweisung an den UN-Sicherheitsrat – wo jedem der fünf ständigen Mitglieder ein Veto gegen die Streichung zusteht.[99] Wegen dieser Gefahr einer Re-Politisierung und weil die Überprüfung des Terrorverdachts davon abhängig ist, ob der die Listung initiierende Staat seine Informationen mit der Ombudsperson teilt, bleibt der Rechtsschutz zwar defizitär, aber doch erheblich verbessert gegenüber der Ausgangslage. Vergleichbaren Rechtsschutz kennen andere UN-Sanktionsregime bis heute nicht.

43 Das EuG prüfte im **Kadi-Fall** 2005 das ursprüngliche Sanktionsregime und ließ es – noch – passieren. Es wollte sich nicht darüber hinwegsetzen, dass die angefochtene Verordnung (formell ein Rechtsakt der EU) materiell der Umsetzung verbindlicher UN-Beschlüsse diente. Als Prüfungsmaßstab wählte es daher internationale Menschenrechte, die auch den UN-Sicherheitsrat binden; um sich nicht zum Richter über dessen Beschlüsse aufzuschwingen, reduzierte es diesen Maßstab auf die zum zwingenden Völkerrecht *(ius cogens)* gehörenden menschenrechtlichen Kerngarantien, deren Verletzung selbst Resolutionen des UN-Sicherheitsrates nichtig macht – eine Umsetzungspflicht entfiele dann. Der Mut, einen solchen Verstoß gegen *ius cogens* festzustellen, fehlte dem Gericht.[100] In zweiter Instanz wählte der EuGH 2008 eine entgegengesetzte Strategie: Er setzte an der formellen Entscheidung an und behandelte die EU-Verordnung, mit der die Sanktionen umgesetzt wurden, als Unionsrechtsakt, der wegen Verstoßes gegen Unionsgrundrechte (teilweise) nichtig war.[101] Dass in der Sache lediglich eine Entscheidung der UNO übernommen worden war, nahm der EuGH zwar zur Kenntnis, bemerkte aber, dass auf UN-Ebene kein adäquater Rechtsschutz existiere – ein Ansatz, der dem **„Solange I"**-Urteil des BVerfG entspricht.[102] Damit hat der EuGH die materielle Determiniertheit der EU-Verordnung nicht ignoriert, aber den Mechanismus der ungeprüften Übernahme in Frage gestellt: Passt die EU-Kommission die Liste der erfassten Personen an die jeweils aktuelle Listung durch den UN-Sanktionsausschuss an, darf sie diese nicht einfach übernehmen, sondern muss die Vorwürfe anhand von Tatsachen verifizieren.[103] Dass der EuGH 2013 an dieser Linie selbst gegenüber dem reformierten Ombudsperson-Verfahren festgehalten hat,[104] ist aus Sicht des Rechtsschutzes an sich zu begrüßen; allerdings wäre ein vermittelnder Ansatz **(„Solange I½")** vorzuziehen gewesen, nach dem die Gerichte der EU nur eine subsidiäre Kontrolle ausüben, solange und soweit sich die noch vorhandenen rechtsstaatlichen Defizite im UN-Verfahren im Ergebnis auswirken.[105]

44 Während der EuGH durch eine scharfe Trennung der Rechtsräume (UN-Recht / EU-Recht) die EU letztlich zum Ungehorsam gegenüber dem UN-Sicherheitsrat verpflichtet, hat der EGMR einen anderen Ansatz gewählt, um eine Pflicht der Konventionsstaaten zur Kontrolle von UN-Maßnahmen zu begründen.[106] Er stellt darauf ab, dass Resolutionen des Sicherheitsrates die Entscheidungen der Mitgliedstaaten nicht vollständig determinieren. Soweit eine Resolution keine ausdrücklichen Anordnungen trifft, haben die Mitgliedstaaten Entscheidungsspielräume, die sie im Einklang mit ihren EMRK-Bindungen zu nutzen haben. Eine solche **Spielraumdogmatik** steht auch im Mittelpunkt der Judikatur des

[99] SC Res 1988 (2011) und SC Res 1989 (2011) v. 17.6.2011.

[100] EuG EuZW 2005, 672 → JA 2006, 416 *(Payandeh)* – Kadi I.

[101] EuGH NJW 2008, 3697 = NVwZ 2009, 295 → *Ehlers* JK 6/09, EGV Art. 301/1 und → JuS 2009, 360 *(Streinz)* – Kadi I.

[102] EuGH NJW 2008, 3697 Rn. 321 f.; vgl. *Nollkaemper* EJIL 20 (2009), 853 (862): „Solange-part of the Kadi judgment".

[103] Deutlich EuG EuGRZ 2011, 48 = EWS 2011, 45 = BeckRS 2010, 54122 Rn. 171 ff. – Kadi II.

[104] EuGH EuGRZ 2013, 389 = EuR 2014, 231 = BeckRS 2013, 81524 → *Streinz* JuS 2014, 376 – Kadi II.

[105] Näher *v. Arnauld* EuR 2013, 236.

[106] EGMR BeckRS 2011, 25294 – Al-Jedda/UK; NJOZ 2013, 1183 – Nada/Schweiz.

BVerfG zum Grundrechtsschutz zwischen Grundgesetz und EU-Grundrechtecharta,[107] die treffend als **„Soweit"-Rechtsprechung** bezeichnet worden ist.[108] Der EGMR geht allerdings noch weiter, indem er generell vermutet, dass der Sicherheitsrat die Mitgliedstaaten nicht von ihren Menschenrechtsbindungen dispensieren will, sofern er dies nicht ausdrücklich anordnet.[109] Im Urteil *Al-Dulimi* (2016) hat der Gerichtshof diese Vermutungen noch weiter getrieben, indem er den Spielraum für eine gerichtliche Kontrolle von Kontensperrungen im Auftrag des UN-Sicherheitsrates daraus abgeleitet hat, dass Resolution 1267 Kontrollen durch Gerichte der Mitgliedstaaten nicht explizit ausschließt.[110] Da man annehmen darf, dass der Sicherheitsrat kein Interesse daran hat, seine Beschlüsse durch mitgliedstaatliche Gerichte in Frage gestellt zu sehen, handelt es sich hier letztlich um einen richterlichen Ungehorsam à la „Kadi", der sich als Vermutung nur noch tarnt.

**cc) Formelle und materielle Entscheidung durch die IO.** Dass Organe einer IO 45
Maßnahmen ergreifen, die unmittelbar und ohne Zwischenschaltung mitgliedstaatlicher Organe Individualrechte Privater betreffen, ist – abgesehen von bestimmten Bereichen des Unionsrechts (v. a. im Bereich der Fusions- und Wettbewerbskontrolle oder des Zollrechts) – nach wie vor selten. Der kontroverseste Fall ist die **Verwaltung von Postkonfliktgebieten durch die UNO.** Beispiele sind die UN-Missionen in Bosnien-Herzegowina (UNMIBH, 1995–2002), in Osttimor (UNTAET, 1999–2002) und im Kosovo (UNMIK, seit 1999). Kennzeichen solcher Missionen ist, dass der Sonderbeauftragte des Generalsekretärs (SRSG) bis zur – schrittweise erfolgenden – Rückübertragung der Hoheitsgewalt auf lokale Institutionen mit weitgehenden legislativen und exekutiven Befugnissen ausgestattet ist, selbst aber als UN-Organ umfassende Immunität vor staatlichen Gerichten genießt und innerhalb der UNO keinen effektiven Kontrollmechanismen unterliegt. Im Kosovo amtierte zwar eine Ombudsperson, die bei Rechtsverletzungen durch UNMIK angerufen werden konnte, aber kaum Befugnisse hatte. Angesichts anhaltender Kritik setzte UNMIK schließlich 2006 ein *Human Rights Advisory Panel* (HRAP) aus drei unabhängigen Experten ein, das auch Individualbeschwerden entgegennehmen durfte (das Mandat ist 2016 ausgelaufen). Die Berichte des HRAP hatten allerdings nur empfehlenden Charakter und blieben im Ergebnis praktisch unbeachtet. Der Abschlussbericht des HRAP bezeichnete den Prozess als „totalen Fehlschlag" und rügte in scharfen Worten, dass die UNO sich letztlich jeglicher Verantwortlichkeit entzogen habe.[111]

Solche Rechtsschutzlücken lassen sich zumindest teilweise schließen, wenn man nicht 46
pauschal alle Maßnahmen, die im Rahmen einer solchen Mission getroffen werden, der UNO zuschreibt – dies hat der EGMR 2007 in seinem Beschluss *Behrami und Saramati* getan, indem er auf eine „letzte Verantwortung und Kontrolle" des UN-Sicherheitsrates über UNMIK abstellte[112] –, sondern auf eine **differenzierte Zurechnung** setzt, die danach fragt, wer im konkreten Fall die effektive Kontrolle über die fragliche Handlung oder Unterlassung innehatte (dazu noch → Rn. 47).[113] Wo allein die UNO die effektive Kontrolle über das Handeln von *Personal* besitzt, das ihr *von einem Mitgliedstaat zur Verfügung gestellt* wurde, können die oben genannten Spielraum-Strategien (→ Rn. 44) weiterhelfen; ansonsten bleibt nur die Möglichkeit, trotz Zurechnung zur UNO nach den allgemeinen völkerrechtlichen Standards den Mitgliedstaat in die Verantwortung zu nehmen: sei es über

---

[107] BVerfGE 125, 260 (308 f.) = NJW 2010, 833 Rn. 185 → *Ehlers* JK 8/10, GG Art. 10 I/5 und → *Sachs* JuS 2010, 747 sowie → JA 2010, 391 *(Durner)* – Vorratsdaten; E 152, 152 = NVwZ 2020, 53 Rn. 55 ff. → *Eifert* Jura (JK) 2020, 441 und → *Sachs* JuS 2020, 282 sowie → JA 2020, 233 *(Muckel)* – Recht auf Vergessen I: Auch das BVerfG stützt seine Prüfungskompetenz hier auf die Vermutung, dass der Unionsgesetzgeber diese nicht ausschließen wolle.

[108] *S. Augsberg* DÖV 2010, 153.

[109] EGMR BeckRS 2011, 25294 Rn. 102 – Al-Jedda/UK.

[110] EGMR NJOZ 2017, 1572 Rn. 145 ff. – Al-Dulimi u. a./Schweiz.

[111] Human Rights Advisory Panel, Annual Report 2015/16, para 110.

[112] EGMR EuGRZ 2007, 522 Rn. 133 ff.– Behrami und Saramati/Frankreich u. a. Zur verbreiteten Kritik an dem Beschluss siehe nur *Milanović/Papić* ICLQ 58 (2009), 267.

[113] So inzwischen auch der EGMR BeckRS 2011, 25294 Rn. 80 ff. – Al-Jedda/UK.

den formalen Status der handelnden Personen als Staatsorgane, an die ungeachtet der Zurechnung zur UNO weiterhin die „heimischen" Maßstäbe angelegt werden (gewissermaßen das Pendant zum *Kadi*-Urteil des EuGH → Rn. 43), sei es indem das Fehlen eines adäquaten Rechtsschutzes als Verstoß des Mitgliedstaates gegen die Rechtsschutzgarantie eingestuft wird (→ Rn. 36).[114] Wo allerdings *UN-Personal* handelt, laufen derartige Strategien leer. Hier bleibt nur der Weg, den in einem Urteil aus dem Jahr 2000 das Verfassungsgericht von Bosnien und Herzegowina gewählt hat: Zwar erklärte es ein vom Hohen Repräsentanten der internationalen Gemeinschaft[115] erlassenes Gesetz über den Schutz der Staatsgrenzen im Ergebnis für verfassungskonform; es nahm aber für sich in Anspruch, dessen Rechtsakte an der Verfassung zu überprüfen, sofern dieser *de facto als Staatsorgan* für Bosnien-Herzegowina und *nicht als internationaler Amtsträger* handele.[116] Ein solcher Ansatz setzt auf das Konzept eines **dédoublement fonctionelle,**[117] einer zugleich nationalen und internationalen Funktion von Institutionen, und ist geeignet, mit dem Grundsatz ernst zu machen, dass es keine Hoheitsgewalt geben darf, gegen die Rechtsschutz nicht eröffnet ist.

47 **dd) Entscheidungsverbund.** Zu einer engen Verflechtung internationaler und nationaler Hoheitsgewalt kommt es vor allem im Rahmen multinationaler Militäroperationen unter dem Dach einer IO, namentlich bei **UN-Blauhelmeinsätzen.** Hier liegt die operative Leitung bei der UNO, während sich die truppenstellenden Staaten die Straf- und Disziplinargewalt über ihre Soldaten vorbehalten. Die konkreten Einsatzbefehle erhalten diese in aller Regel von dem Kommandeur ihres nationalen Kontingents, der sich aber an operativen Entscheidungen des UN-Kommandos orientieren muss und diesem Rechenschaft schuldet.[118] Für den Rechtsschutz gegen **Maßnahmen** solcher Friedenstruppen kommt es zentral darauf an, wem diese **zuzurechnen** sind – und das heißt, wer **effektive Kontrolle** über das konkrete Geschehen innehatte. Geht man in strenger Lesart davon aus, dass in aller Regel entweder nur die IO oder nur der Mitgliedstaat die effektive Kontrolle innehat,[119] kann dies zu Rechtsschutzlücken führen – namentlich bei der UNO, die durch Immunität und ein unzureichendes eigenes Rechtsschutzsystem quasi unangreifbar ist (→ Rn. 35). Dies lässt sich vermeiden, wenn man in solchen Fällen eine zwischen UNO und Truppensteller **geteilte Verantwortlichkeit** annimmt.[120] In besonderer Weise wird dem Verbundgedanken ein Ansatz gerecht, der auf die Möglichkeit zur Verhinderung einer Rechtsverletzung abstellt: Wenn der eine im Rechtssinne die Rechtsverletzung begeht, der andere diese aber hätte verhindern können und müssen, lassen sich Rechtsschutzlücken schließen. In diesem Sinne hatte noch das Berufungsgericht Den Haag 2011 in einem Rechtsstreit um die Rolle niederländischer Blauhelme beim Völkermord im bosnischen Srebrenica 1995 geurteilt;[121] der Oberste Ge-

---

[114] Letzteres lehnt der EGMR allerdings wegen der „einzigartigen" Verantwortung des UN-Sicherheitsrates für den Weltfrieden nach Kapitel VII UN-Charta ab: EGMR EuGRZ 2007, 522 Rn. 144 ff.– Behrami und Saramati/Frankreich u. a.; Entsch. v. 11.6.2013 – 65542/12, Stichting Mothers of Srebrenica u. a./Niederlande, Rn. 164.

[115] Vom EGMR der UNO zugeordnet: EGMR Entsch. v. 16.10.2007 – 36357/04 u. a., Berić u. a./Bosnien und Herzegowina, Rn. 28; anders *Saul* in: Nollkaemper/Plakokefalos, Practice, S. 15 (29): eigenständiges Völkerrechtssubjekt.

[116] Verfassungsgericht Bosnien-Herzegowina, Urt. v. 3.11.2000, U 9/00, §§ 5 ff., abzurufen unter https://web.archive.org/web/20110716220353/http://www.ccbh.ba/eng/odluke/povuci_html.php?pid=22419 (zuletzt abgerufen am 30.11.2020). Näher *Stahn* ZaöRV 61 (2001), 107 (166 ff.); *Rehs* Gerichtliche Kontrolle, S. 119 ff.

[117] *Scelle* Précis de Droit des Gens, Band II, 1934, S. 10 ff.

[118] Eingehend zu den verwickelten Befehls- und Kommandostrukturen Rechtbank Den Haag, Urt. v. 16.7.2014, C/09/295247/HA ZA 07–2973, §§ 4.32–4.116.

[119] Eine doppelte Zurechnung „may not frequently occur in practice": ILC – Artikel, Anm. 4 vor Art. 6–9. Gedacht ist z. B. an Fälle, in denen eine Entscheidung gemeinschaftlich getroffen wird.

[120] Dazu *Ahlborn* FW 88/3–4 (2013), 45; *v. Arnauld/Buszewski* FW 88/3–4 (2013), 13, 27 f.; *Murphy/Wills* in: Nollkaemper/Plakokefalos, Practice, S. 585. Siehe auch m. w. Nachw. *v. Arnauld* Völkerrecht, Rn. 406; *v. Arnauld* Klausurenkurs, Fall 5 C.

[121] Berufungsgericht Den Haag (Gerechtshof's-Gravenhage), Urt. v. 5.7.2011, Nr. 200.020.173/01, Mehida Mustafić-Mujić, § 5.9; ähnlich das Dänische Landgericht (Östlicher Bezirk), Urt. v. 15.6.2018, B344808J – HBJ. Wie hier auch *Tzevelekos* MichJIL 36 (2015), 129 (169 ff.); *Perova* NorJIL 86 (2017), 30.

richtshof der Niederlande hat dem allerdings 2019 eine Absage erteilt.[122] Eine schwierige Folgefrage ist zudem, wie in solchen Fällen der Umfang der Haftung zu bestimmen ist.

## D. Zum heutigen Stand des Rechtsschutzes im Völkerrecht

Der **Rechtsschutz im Völkerrecht** ist nach Ende des Zweiten Weltkrieges in einem Maße ausgebaut worden, wie dies zu Beginn des 20. Jahrhunderts kaum vorstellbar war.[123] Deutlich sind aber nach wie vor erhebliche **regionale und sektorale Unterschiede.**[124] Diese erklären sich aus den verschiedenen politischen Rahmenbedingungen[125] und den Eigengesetzlichkeiten der Politikfelder: Während im Bereich der internationalen Wirtschaft ökonomischer Druck für relativ gut ausgebaute Rechtsschutzsysteme sorgt, fehlt institutionalisierter Rechtsschutz dort, wo es – wie im Umwelt- und Klimaschutz – um den Schutz globaler öffentlicher Güter geht.[126] Dass auch das moderne Völkerrecht nach wie vor überwiegend auf dem Konsensprinzip aufbaut, bedingt hier eine fragmentierte Landschaft und eine **„uneinheitliche Judizialisierung".**[127] In der Praxis ist wegen der Notwendigkeit einer Unterwerfung, aber auch wegen des erheblichen Aufwandes, der mit solchen Verfahren verbunden ist, die gerichtliche Streitbeilegung zwischenstaatlich immer noch die Ausnahme. Ganz überwiegend werden Rechte auf zwischenstaatlicher Ebene nach wie vor außergerichtlich durchgesetzt. Wo Gerichte und Schiedsgerichte angerufen werden, geht es nicht selten um besonders wichtige Interessen oder auch darum, die Aufmerksamkeit der Weltöffentlichkeit auf ein Problem zu lenken.[128] 48

Soweit es Rechtsschutzmöglichkeiten gibt, führt das Nebeneinander verschiedener Institutionen dazu, dass der potenzielle Kläger nicht selten eine **Wahlmöglichkeit** besitzt, wo er Rechtsschutz suchen will.[129] Hierdurch entsteht die Gefahr von **Parallelverfahren:** So beschäftigt bzw. beschäftigte die 2014 erfolgte Annexion der Krim durch Russland neben dem EGMR (über Staatenbeschwerden der Ukraine und zahlreiche Individualbeschwerden) den IGH, den ISGH, den IStGH, ein Schiedsgericht nach Anlage VII zum SRÜ und mehrere Investitionsschiedsgerichte.[130] Angefochten wurden dabei stets nur bestimmte Folgen der völkerrechtswidrigen Annexion, nie diese selbst; dies liegt an der sachlich begrenzten Jurisdiktion der befassten Institutionen, die teils aus ihrer Funktion (z. B. Seerecht, Investitionsrecht), teils aus der limitierten Unterwerfung Russlands folgt.[131] Die hier bereits aufscheinende *Gefahr divergierender Entscheidungen* wird noch größer, wo es in der Sache um 49

---

[122] Oberster Gerichtshof der Niederlande (Hoge Raad) v. 19.7.2019, Nr. 17/04567.

[123] *Abi-Saab* NYUJILP 43 (2010), 1.

[124] *Kingsbury* in: Crawford/Koskenniemi (Hrsg.), The Cambridge Companion to International Law, 2012, S. 203 (211 ff.).

[125] Zur Bedeutung von Krisenmomenten *Katzenstein* HILJ 55 (2014), 151.

[126] Zum Fehlen eines internationalen Umweltgerichtshofs *Pedersen* JEnvL 24 (2012), 547. Zu aktuellen Defiziten des Schutzes über Menschenrechtsinstitutionen *Francioni* EJIL 21 (2010), 41; *Pavoni* in: Lenzerini/Vrdoljak (Hrsg.), International Law for Common Goods, 2014, S. 331.

[127] *Kingsbury* in: Crawford/Koskenniemi (Hrsg.), The Cambridge Companion to International Law, 2012, S. 203.

[128] Vgl. z. B. die Klagen der Marshall-Inseln gegen die Nuklearmächte wegen Verletzung von deren Pflicht, über nukleare Abrüstung zu verhandeln. Der IGH hat diese – kaum überraschend, im Fall des Vereinigten Königreichs aber mit zweifelhafter Begründung – für unzulässig erklärt: IGH, Obligations concerning Negotiations relating to Cessation of the Nuclear Arms Race and to Nuclear Disarmament (Marshall Islands/United Kingdom), Judgment v. 5.10.2016, I. C. J. Rep. 2016, 833. Dazu *v. Arnauld* Völkerrecht, Rn. 1156.

[129] Zu diesem Phänomen *Salles* Forum Shopping, 2016.

[130] Knapper Überblick bei *Nieczypor* OSW Commentary Nr. 271 (11.6.2018), im Internet unter https://www.osw.waw.pl/sites/default/files/commentary_271_0.pdf (zuletzt abgerufen am 30.11.2020).

[131] Die Klage vor dem IGH stützt sich auf Art. 22 des UN-Rassendiskriminierungsübereinkommens und Art. 24 Abs. 1 des UN-Terrorismusfinanzierungsübereinkommens, vgl. dazu IGH, Application of the International Convention for the Suppression of the Financing of Terrorism and of the International Convention on the Elimination of All Forms of Racial Discrimination (Ukraine/Russian Federation), Judgment v. 8.11.2019.

dieselben Rechtsfragen geht. Im Streit zwischen Irland und dem Vereinigten Königreich über eine Anlage zur Herstellung von Mischoxid-Brennelementen („MOX") an der Küste zur Irischen See hatten zwischen 2001 und 2008 der ISGH (im Wege des Eilrechtsschutz) und zwei Schiedsgerichte die umweltrechtlichen Auswirkungen der Anlage zu prüfen; zudem hatte der EuGH über seine exklusive Zuständigkeit in Streitigkeiten zwischen EU-Mitgliedern unter dem SRÜ zu entscheiden.[132] Allgemeine Regeln, wie mit solchen Parallelverfahren umzugehen ist, haben sich noch nicht herausgebildet; hier ist eine *Lösung im Einzelfall* und möglichst im *Dialog der Gerichte* zu suchen.[133] Im MOX-Plant-Fall z. B. setzte der Präsident des Schiedsgerichts nach Anlage VII zum SRÜ das Schiedsverfahren aus Gründen der wechselseitigen Achtung *(comity)* bis zur Entscheidung des EuGH aus. Teilweise finden sich Regeln in den Statuten und Prozessordnungen: So prüft der EGMR eine Individualbeschwerde nicht, wenn sie „schon einer anderen internationalen Untersuchungs- oder Vergleichsinstanz unterbreitet worden ist und keine neuen Tatsachen enthält" (Art. 35 Abs. 2 lit. b EMRK). Da gemäß Art. 5 Abs. 2 lit. a des (1.) Fakultativprotokolls zum IPbpR nur solche Individualbeschwerden zum CCPR unzulässig sind, die aktuell vor einer anderen internationalen Institution anhängig sind, ist es möglich, in derselben Sache zunächst den EGMR anzurufen und danach den CCPR – nicht aber umgekehrt.

50 Eine besonders markante Entwicklung im völkerrechtlichen Rechtsschutz ist sicherlich der **Aufstieg subjektiver Individualrechte** im Bereich des Investitionsschutzes und im menschenrechtlichen Bereich, verbunden mit institutionalisierten Rechtsschutzmechanismen. Die meisten Staaten der Erde haben Investitionsabkommen geschlossen, die ISDS vorsehen; alle Staaten unterliegen in der einen oder anderen Form einer internationalen Kontrolle am Maßstab von Menschenrechten, wobei regional nach Europa Lateinamerika und (mit gewissen Abstrichen) Afrika die avanciertesten Kontrollmechanismen aufzuweisen haben; in anderen Weltregionen muss hier weitgehend auf die charta- und vertragsbasierten UN-Institutionen zurückgegriffen werden. Hervorzuheben ist besonders der **Ausbau von Individualbeschwerdeverfahren,** die mittlerweile nicht nur vor regionalen Gerichten und Kommissionen, sondern auch vor allen UN-Menschenrechtsausschüssen möglich sind – zumindest in der Theorie, denn es bedarf immer noch gesonderter Anerkennung dieser Verfahren durch die Mitgliedstaaten. Wo solche Verfahren aber zur Verfügung stehen und von den Betroffenen im eigenen Namen initiiert werden können, wird der indirekte Schutz individueller Rechte nach den Grundsätzen des Fremdenrechts und des diplomatischen Schutzes weitgehend obsolet.

51 **Menschenrechtsgarantien** besitzen das Potenzial zu einer Neudefinition des Verhältnisses zwischen Individuum und staatlicher Hoheitsgewalt. Wie die Grundrechte des Grundgesetzes das innerstaatliche Recht in Deutschland überall durchdringen und „konstitutionalisieren", wo es um das Verhältnis zwischen Staat und Bürger geht, ist bereits verschiedentlich analysiert worden.[134] Diese Dynamik ist im Völkerrecht deutlich schwächer ausgeprägt, aber gleichwohl erkennbar: Wo Rechtsschutzmechanismen zur Verfügung stehen, sei es auf nationaler oder internationaler Ebene, werden diese zunehmend genutzt, um auch Rechtsfragen, die bislang keine subjektiv-rechtliche Dimension besitzen, menschenrechtlich zu reformulieren (→ Rn. 31), oder um mit Hilfe internationaler Menschenrechtsgarantien dem heimischen Recht innovative Impulse zu geben.[135] Man kann hierin behutsame Prozesse einer **Konstitutionalisierung** sehen; jedenfalls tragen Menschenrechte zu einer **„Defragmentierung"** des Völkerrechts bei: die Stiftung von Einheit durch Zurückführung auf übergreifende Prinzipien.[136] Diese Expansion führt mittlerweile zu Diskussio-

---

[132] Dazu *Churchill* MOX Plant Arbitration and Cases, MPEPIL (Stand Juni 2018); eingehend *Oen* Internationale Streitbeilegung im Kontext gemischter Verträge der Europäischen Gemeinschaft und ihrer Mitgliedstaaten, 2005.

[133] Vertiefend *Lavranos* ZaöRV 68 (2008), 575; *Shany* Competing Jurisdictions; *Finke* Parallelität.

[134] Statt vieler *Schuppert/Bumke* Die Konstitutionalisierung der Rechtsordnung, 2000.

[135] Dazu *Fatima* Using International Law.

[136] *Teitel* Humanity's Law, 2011, S. 34 ff.

nen darüber, ob internationale Menschenrechtsgerichtshöfe die geeigneten Foren sind, um Fragen von Krieg und Frieden oder Klimawandel zu behandeln.[137] Ungeachtet dessen darf nicht übersehen werden, dass sich die erwähnte **ungleiche Justizialisierung** gerade im Bereich des Individualrechtsschutzes besonders deutlich zeigt. Hier bedarf es eines Ausbaus unabhängiger Institutionen (national wie international) in weiten Teilen der Welt sowie der Schaffung realer Möglichkeiten, Rechtsschutz zu erlangen – von der Information über Rechte bis hin zu Rechtsbeistand –, um den schon heute völkerrechtlich verankerten Anspruch auf wirksame Kontrolle durch eine unabhängige Instanz (→ Rn. 17) weltweit zu verwirklichen.[138]

Defizitär ist der **Rechtsschutz** – sieht man von Sonderfällen wie der EU ab – schließlich noch immer dort, wo IO Hoheitsgewalt ausüben. Insbesondere **gegen die UNO** existiert auf internationaler Ebene kein adäquater Rechtsschutz. Soll deren Immunität vor den Gerichten der Mitgliedstaaten nicht in Frage gestellt werden,[139] ist es nötig, **UN-Beschlüsse auf indirektem Wege** gerichtlicher Kontrolle zu unterwerfen. Ansatzpunkt hierfür sind mitgliedstaatliche Hoheitsakte, durch die UN-Beschlüsse umgesetzt bzw. ausgeführt werden, weswegen eine vorschnelle Zurechnung solcher Akte zur UNO problematisch (→ Rn. 46) und die Möglichkeit einer u. U. mehrfachen Zurechnung zu prüfen ist (→ Rn. 47). Werden solche Akte überprüft, geht es immer „auch" um den UN-Beschluss, der im Hintergrund steht. Um mit dieser Spannungslage umzugehen, gibt es, wie gesehen, zwei Strategien.[140] Die erste Strategie setzt daran an, dass Beschlüsse von IO, selbst dort, wo sie nicht bloß empfehlenden Charakter haben, sondern gegenüber den Mitgliedstaaten verbindlich sind, deren Handeln selten vollständig determinieren (→ Rn. 39, 44). Entscheidungsspielräume dienen hier als Einfallstor für die Menschenrechtsbindungen des Staates und somit auch für den Rechtsschutz gegen diesen **(„Soweit-Strategie");** die Vermutung, dass diese Bindungen und deren gerichtliche Kontrolle nicht außer Kraft gesetzt werden sollten, ermöglicht eine Harmonisierung der Rechtsbindungen, allerdings um den Preis einer u. U. nur scheinbaren Harmonie (→ Rn. 44).[141] Weniger konfliktscheu ist eine Strategie, die allein am mitgliedstaatlichen Rechtsakt ansetzt und ausblendet, dass und inwieweit dieser durch UN-Beschlüsse determiniert ist (→ Rn. 43). Um nicht in eine prinzipielle Verletzung der Pflichten aus der UN-Charta zu münden, ist hier stets ein Angebot zur Kooperation zum Ausdruck zu bringen, sobald adäquater Rechtsschutz garantiert ist **(„Solange-Strategie").** Dies kann durch die Heranziehung – auch – gemeinsamer Maßstäbe (d. h. im *Kadi*-Fall nicht nur der EU-Grundrechtecharta, sondern auch des IPbpR) noch unterstrichen werden. Auf diesem Wege kann die Inanspruchnahme einer Kontrollkompetenz zugleich die notwendigen Impulse für eine weitere Stärkung des Rechtsschutzes gegenüber der internationalen Hoheitsgewalt selbst geben.[142] 52

---

[137] *Milanović/Papić* ICLQ 67 (2018), 779 (794 ff.).
[138] *Cançado Trindade* Access of Individuals, S. 192 ff.
[139] Kritische Analyse möglicher Ansatzpunkte für ein Abweichen von dieser Immunität bei *Lundahl* FW 88/3–4 (2013), 77 (94 ff.).
[140] *Tzanakopoulos* Disobeying, S. 131 ff.
[141] *Tzanakopoulos* Disobeying, S. 132 f.
[142] *v. Arnauld* JöR 59 (2011), 497 (516).

# § 2. Rechtsschutz durch den Internationalen Gerichtshof

*Christian Walter*

**Übersicht**



**Schriftum:** *v. Arnauld* Völkerrecht, 4. Aufl. 2019; *Birkner* Der Internationale Gerichtshof – Aufgaben, Struktur und Verfahren im Überblick, Jura 2020, 1343; *Epping* § 59 Die friedliche Streitbeilegung in: Ipsen (Hrsg.), Völkerrecht, 7. Aufl. 2018; *Merrills* International Dispute Settlement, 4th edition 2005; *Oellers-Frahm* Die Entscheidung des IGH im Fall LaGrand – Eine Stärkung der internationalen Gerichtsbarkeit und der Rolle des Individuums im Völkerrecht, EuGRZ 2001, 265; *Sauer* Jurisdiktionskonflikte in Mehrebenensystemen, 2007; *Schilling* Internationaler Menschenrechtsschutz – Das Recht der EMRK und des IPbpR, 3. Aufl. 2016; *Zimmermann/Tams/Oellers-Frahm/Tomuschat* (Hrsg.) The Statute of the International Court of Justice, 2019.

## A. Begriff und Entwicklung der internationalen Gerichtsbarkeit

### I. Internationale Gerichtsbarkeit, internationale Schiedsgerichtsbarkeit und andere quasi-gerichtliche Streitbeilegungsverfahren

Die internationale Gerichtsbarkeit unterscheidet sich von der internationalen Schiedsgerichtsbarkeit in mehrfacher Hinsicht: Zunächst handelt es sich bei internationalen Gerichten um Spruchkörper mit einer festen, vom einzelnen Verfahren unabhängigen Besetzung, während bei Schiedsgerichten die Parteien die Schiedsrichter (mit)bestimmen. Sodann werden Schiedsgerichte aus Anlass eines konkreten Streits gebildet, während internationale Gerichte stehende Spruchkörper sind, die abstrakt zur Verfügung stehen. Schließlich steht bei internationalen Gerichten das anwendbare Recht ebenfalls weitgehend im Vorhinein fest.[1] Die wichtigste Institution im Bereich der **internationalen Gerichtsbarkeit** ist der Internationale Gerichtshof mit Sitz in Den Haag. Daneben gibt es weitere internationale Gerichte mit begrenzter sachlicher Zuständigkeit: Den Seegerichtshof mit Sitz in Hamburg, die Internationalen Strafgerichtshöfe für Jugoslawien und Ruanda sowie den Internationalen Strafgerichtshof (IStGH). Wichtige Einrichtungen der **internationalen Schiedsgerichtsbarkeit** sind der sog. „Ständige Schiedshof", der – beruhend auf dem I. Haager Abkommen von 1907 – eine Liste von potentiellen Schiedsrichtern zur Verfügung stellt (→ Rn. 4) und das im Rahmen der Weltbank errichtete International Centre for the Settlement of Investment Disputes (ICSID). 1

Der Vorteil der Schiedsgerichtsbarkeit liegt in ihrer größeren Flexibilität. Wichtige Nachteile sind die Kosten, die bei der Schiedsgerichtsbarkeit allein von den Streitparteien getragen werden müssen und – aufgrund der fehlenden Einbindung in einen institutionellen Rahmen und einer gefestigten Rechtsprechungstradition – gewisse Mängel in der Kohärenz der Rechtsprechung.[2] Gemeinsam ist der Schiedsgerichtsbarkeit und der Gerichtsbarkeit die **Verbindlichkeit der Entscheidungen;** darin unterscheiden sich beide von vielen anderen Verfahren der friedlichen Streitbeilegung, wie etwa Vermittlung, Vergleich, gute Dienste. 2

Neben die internationale Schiedsgerichtsbarkeit und internationale Gerichtsbarkeit treten in neuerer Zeit **Streitbeilegungsverfahren** wie das der WTO, in denen Elemente der Schiedsgerichtsbarkeit und der Gerichtsbarkeit miteinander kombiniert werden (ausführlich dazu → *Tietje* § 4). Um die verschiedenen Mechanismen richtig einordnen zu können, ist es notwendig, sich zunächst einen Überblick über die Entwicklung der internationalen Gerichtsbarkeit und damit insbesondere auch die Vorläuferinstitution des Internationalen Gerichtshofs, den während der Zeit des Völkerbundes bestehenden Ständigen Internationalen Gerichtshof, zu verschaffen. 3

### II. Der Ständige Internationale Gerichtshof (1921–1946)

Die Einigung auf eine ständige internationale Gerichtsbarkeit scheiterte auf der II. Haager Friedenskonferenz an Fragen der Besetzung des Gerichts und an der Auswahl der Richter. Stattdessen kam es zur Errichtung des sog. **„Ständigen Schiedsgerichtshofs"**, der bis heute besteht, allerdings – anders als es die Bezeichnung erwarten lässt – in der Pra- 4

[1] *Epping* in: Ipsen, Völkerrecht, § 59 Rn. 32.
[2] *Tomuschat* in: Simma, The Charter of the United Nations. A Commentary, 2012, Art. 33 Rn. 31.

xis nur eine Liste von potentiellen Schiedsrichtern bereitstellt, von denen jede Vertragspartei maximal vier benennen kann (Art. 44 Haager Konvention von 1907). Diese vier Schiedsrichter sind als sog. „Landesgruppen" bis heute von Bedeutung bei den Wahlen für die Richter des IGH, weil ihnen nach Art. 4 Abs. 1 IGH-Statut ein Vorschlagsrecht zusteht (→ Rn. 24).

5 Die Schwierigkeiten bei der Errichtung einer **ständigen internationalen Gerichtsbarkeit** konnten erst nach dem Ersten Weltkrieg überwunden werden. Das Statut des Ständigen Internationalen Gerichtshofs trat im September 1921 in Kraft.[3] Der Gerichtshof nahm seine Arbeit unmittelbar danach im Jahr 1922 auf. Man kann die Errichtung eines ständigen Rechtsprechungsorgans als einen wichtigen Schritt der Weiterentwicklung gegenüber der bislang praktizierten Schiedsgerichtsbarkeit verstehen, weil mit ihr ein dauerhafter Mechanismus der gerichtlichen Rechtsdurchsetzung geschaffen und damit das Völkerrecht institutionell deutlich gestärkt wurde. Es darf allerdings nicht übersehen werden, dass der **StIGH** – wie im Übrigen der IGH bis heute – keine obligatorische Gerichtsbarkeit begründet, sondern die Zuständigkeit des Gerichtshofs von der Zustimmung der Streitparteien abhängig macht (näher → Rn. 31 ff.).[4]

6 Der Ständige Internationale Gerichtshof war kein Organ des Völkerbunds. Allerdings bestand über Art. 14 Völkerbundsatzung eine enge faktische und rechtliche Verbindung: Die Richter wurden von der Versammlung des Völkerbunds gewählt (Art. 4, 8 und 10 Statut des StIGH) und der Völkerbund trug die Kosten (Art. 32 und Art. 33 Statut des StIGH). Außerdem konnten Rat und Versammlung beim Gerichtshof Gutachten in Auftrag geben (Art. 14 S. 3 Völkerbundsatzung). Die **Verbindung zum Völkerbund** kam nicht zuletzt darin zum Ausdruck, dass die Völkerbundsversammlung den Gerichtshof 1946 auflöste.[5] Faktisch hatte er seine Tätigkeit ohnehin während des Zweiten Weltkriegs bereits ab 1940 eingestellt. In der Zeit zwischen 1922 und 1939 ergingen 22 Urteile und 26 Rechtsgutachten.[6] Der Gerichtshof nahm während dieser Zeit zu einer Reihe wichtiger Rechtsfragen prozessualer und inhaltlicher Art Stellung. Dazu gehören die Rechtsstellung von Drittstaaten (Eastern Carelia Advisory Opinion,[7] Wimbledon Case[8]), die Zuständigkeit der Internationalen Arbeitsorganisation,[9] der Minderheitenschutz im Rahmen des Versailler Vertrags[10] und die berühmte **Lotus-Entscheidung** zum Grundsatz der staatlichen Souveränität (→ *v. Arnauld* § 1 Rn. 2).[11]

## III. Die Entwicklung der internationalen Gerichtsbarkeit nach 1945

7 Nach 1945 entschied man sich für die Errichtung eines neuen Gerichtshofs, der allerdings in enger Kontinuität zum StIGH stehen sollte. Der **Kontinuitätsgedanke** findet normative Verankerung in Art. 92 S. 2 UN-Charta, wo ausdrücklich die Verbindung zum Statut des StIGH hergestellt wird. In der Tat ist das **Statut des IGH** eine annähernd wört-

---

[3] *Spiermann* in: Zimmermann/Tams/Oellers-Frahm/Tomuschat, ICJ, 2019, Historical Introduction Rn. 23.

[4] *Mosler/Oellers-Frahm* in: Zimmermann/Tams/Oellers-Frahm/Tomuschat, ICJ, 2019, Art. 92 UN Charter Rn. 6.

[5] ICJ Yearbook 1946/47, 30 f.

[6] *Schlochauer* in: Bernhardt, Encyclopedia of Public International Law, Vol. III, 1992, S. 1001.

[7] Status of Eastern Carelia, Advisory Opinion v. 23.7.1923, PCIJ Ser. B, No. 5, 7.

[8] S. S. „Wimbledon", Judgment v. 17.8.1923, PCIJ Ser. A, No. 1, 15.

[9] Competence of the International Labour Organization in regard to International Regulation of the Conditions of Labour of Persons Employed in Agriculture, Advisory Opinion v. 12.8.1922, PCIJ Ser. B, No. 2, 10; Competence of the ILO to Examine Proposal for the Organization and Development of the Methods of Agricultural Production, Advisory Opinion v. 12.8.1922, PCIJ Ser. B, No. 3, 49; Competence of the International Labour Organization to regulate, incidentally, the personal work of the employer, Advisory Opinion v. 23.7.1926, PCIJ Ser. B, No. 13, 5.

[10] Minority Schools in Albania, Advisory Opinion v. 6.4.1935, PCIJ Ser. A/B, No. 64, 3; Rights of Minorities in Upper Silesia (Minority Schools), Judgment v. 26.4.1928, PCIJ Ser. A, No. 15, 3.

[11] S. Lotus, Judgment v. 7.9.1927, PCIJ Ser. A, No. 10, 4.

liche Übernahme des Vorgängerdokuments für den StIGH. Der Kontinuitätsgedanke kommt weiterhin in speziellen Überleitungsregelungen zum Ausdruck. So bestimmt z. B. Art. 36 Abs. 5 IGH-Statut, dass Erklärungen nach der Fakultativklausel des Art. 36 Abs. 2 StIGH-Statut (zu dieser näher unten → Rn. 39 ff.) unter dem neuen Statut wirksam bleiben. Auch für die Begründung der Zuständigkeit des Gerichtshofs durch Klauseln in bereits bestehenden Verträgen wird die Fortgeltung angeordnet (Art. 37 IGH-Statut).[12]

Allerdings ist der **IGH als Rechtssubjekt** weder mit dem StIGH identisch, noch setzt er dessen Rechtspersönlichkeit fort.[13] Im Hintergrund dieser die Kontinuität durchbrechenden Lösung steht, dass wichtige Staaten, die 1945 an der Gründung des neuen Gerichtshofs mitwirkten, weder Vertragspartei des alten Statuts noch der Satzung des Völkerbundes waren (insbesondere die Sowjetunion und die USA). 8

## B. Rechtsstellung des Internationalen Gerichtshofs

### I. Der Internationale Gerichtshof als „Hauptrechtsprechungsorgan" der Vereinten Nationen

Die Satzung der Vereinten Nationen bezeichnet den Internationalen Gerichtshof als **„Hauptrechtsprechungsorgan"** (Art. 92 UN-Charta). Dieser Titel bringt zutreffend zum Ausdruck, dass es sich beim IGH um ein **Organ der Vereinten Nationen** handelt (vgl. Art. 7 UN-Charta). Daraus folgt etwa, dass der Gerichtshof berechtigt und verpflichtet ist, die UN-Charta zu interpretieren. In praktischer Hinsicht bedeutet die Organstellung, dass die Kosten des Gerichtshofs vom Budget der Vereinten Nationen getragen werden. 9

Der Begriff „Hauptrechtsprechungsorgan" sorgt aber zugleich für Verwirrung, weil er Erwartungen weckt, die nicht vom übrigen Normbestand gedeckt werden. Insbesondere sind vor dem IGH **keine echten Organstreitigkeiten** zwischen den anderen Organen der Vereinten Nationen möglich, weil nach Art. 34 IGH-Statut **nur Staaten parteifähig** sind. Darüber hinaus wird in dem Begriff „Hauptrechtsprechungsorgan" auch nicht hinreichend deutlich, dass der IGH insofern vom System der Vereinten Nationen unabhängig ist, als auch Staaten Vertragspartei des Statuts werden können, die nicht Mitglieder der Vereinten Nationen sind (Art. 93 Abs. 2 UN-Charta). Nach Art. 34 Abs. 2 IGH-Statut i. V. m. der dort vorgesehenen Sicherheitsratsresolution[14] können sogar Nichtvertragsparteien des Statuts an Verfahren vor dem IGH beteiligt sein. 10

Diese Regelung hatte lange Jahre Bedeutung etwa für die Schweiz, die seit 1948 Vertragspartei des Statuts war, den Vereinten Nationen aber erst 2002 beitrat. Inzwischen hat sie mit der quasi-universellen Mitgliedschaft der Staaten in den Vereinten Nationen ihre Bedeutung weitgehend eingebüßt. In normativer Hinsicht bleibt aber die Möglichkeit einer isolierten Bindung an das IGH-Statut bedeutsam, weil sie zum Ausdruck bringt, dass der IGH mehr ist als nur ein Organ der Vereinten Nationen. 11

Die **Sonderstellung des IGH** im Organsystem der Vereinten Nationen kommt weiter darin zum Ausdruck, dass der Gerichtshof – anders als die anderen in Art. 7 UN-Charta genannten Organe – nicht mit weisungsgebundenen Staatenvertretern besetzt ist. Auch ergehen seine Urteile nicht im Namen der Vereinten Nationen, sondern der Gerichtshof erlässt sie **im eigenen Namen.**[15] 12

---

[12] Die Bestimmung kam in der Geschichte des IGH bislang 16 Mal zur Anwendung, s. näher *Simma/Richemond* in: Zimmermann/Tams/Oellers-Frahm/Tomuschat, ICJ, 2019, Art. 37 Rn. 7 ff.

[13] *Gowlland/Debbas* in: Zimmermann/Tams/Oellers-Frahm/Tomuschat, ICJ, 2019, Art. 1 Rn. 25.

[14] SC Res 9 (1946) v. 15.10.1946.

[15] *Oellers-Frahm* in: Zimmermann/Tams/Oellers-Frahm/Tomuschat, ICJ, 2019, Art. 92 UN Charter Rn. 27.

## II. IGH-Statut als eigener völkerrechtlicher Vertrag

13 Wie bereits erwähnt, handelt es sich beim IGH-Statut dem Modell des StIGH entsprechend um einen **eigenständigen völkerrechtlichen Vertrag,** der gesondert unterschrieben und ratifiziert werden kann. Allerdings sind alle Mitglieder der Vereinten Nationen automatisch Vertragsparteien des Statuts und es bedarf für sie insofern keiner eigenen Ratifikation mehr (Art. 93 Abs. 1 UN-Charta). Ungeachtet seiner so umschriebenen juristischen Eigenständigkeit ist das Statut ein „integraler Bestandteil" der Charta (Art. 92 S. 2 UN-Charta). Für den Rechtsanwender bedeutet dies, dass konkrete prozessuale Fragen immer in einer **Zusammenschau der normativen Grundlagen in Charta und Statut** beantwortet werden müssen.

## III. Statut, Verfahrensordnung und „Practice Directions"

14 Nach Art. 30 IGH-Statut gibt sich der **Gerichtshof eine Verfahrensordnung.** Es folgt aus der Natur der Verfahrensordnung, dass sie sich auf die Regelung prozessualer Fragen beschränken und mit den vorgängigen Normen des Statuts und der Charta vereinbar sein muss. Aus diesem Grund wurde im Jahr 1922 beim StIGH unter Hinweis auf die damalige gleichlautende Norm ein Vorschlag für eine Regelung der Verfahrensordnung nicht zur Abstimmung gebracht, weil der Präsident den Entwurf für mit dem Statut unvereinbar hielt.[16] Das Recht zum Erlass einer Verfahrensordnung schließt die Möglichkeit ein, die bestehende Verfahrensordnung zu ändern oder durch eine neue zu ersetzen. Die gegenwärtige Verfahrensordnung stammt aus dem Jahr 1978, wurde aber seither mehrfach geändert.[17]

15 Neben der Verfahrensordnung gibt es seit Oktober 2001 sog. **„Practice Directions",** in denen der Gerichtshof den Verfahrensbeteiligten Hinweis zu bestimmten prozessualen Fragen gibt.[18] Diese „Practice Directions", die zuletzt Ende 2019 geändert wurden, ergänzen Statut und Verfahrensordnung. Sie werden regelmäßig fortgeschrieben und sollen die effektive Verfahrensbehandlung erleichtern. Auch die „Practice Directions" müssen mit der Verfahrensordnung und dem Statut kompatibel sein. Der Gerichtshof nutzt sie, um entweder eine bestimmte Praxis bei der Anwendung der Verfahrensordnung zu kodifizieren, Interpretationshinweise zu geben, wie er eine Regelung des Statuts oder der Verfahrensordnung versteht, oder den Prozessbeteiligten bestimmte Verhaltensweisen nahezulegen.

## IV. Verhältnis zum Sitzstaat

16 Die besondere Rechtsstellung des IGH kommt auch in seinem Verhältnis zum Sitzstaat Niederlande zum Ausdruck. Anders als der Internationale Strafgerichtshof[19] verfügt der IGH zwar nicht über ein eigenständiges Sitzstaatsabkommen mit den Niederlanden, das er im eigenen Namen geschlossen hätte. Andererseits hat der Gerichtshof im Hinblick auf das Verhältnis zum Sitzstaat gleichwohl eine nicht unerhebliche Autonomie bewiesen. Die Regelungen beruhen auf einer **eigenständigen Absprache,** die in einem Briefwechsel zwischen dem Präsidenten des Gerichtshofs und dem Außenminister der Niederlande festgehalten und von der Generalversammlung der Vereinten Nationen bestätigt

[16] Preparation of the Rules of Court v. 30.1.1922, PCIJ Ser. D, No. 2, 96.

[17] Die Verfahrensordnung ist in der jeweils aktuellen Version verfügbar unter https://www.icj-cij.org/en/rules (zuletzt abgerufen am 30.11.2020).

[18] Auch diese sind auf der Homepage des Gerichtshofs verfügbar unter https://www.icj-cij.org/en/practice-directions (zuletzt abgerufen am 30.11.2020).

[19] Das Sitzstaatsabkommen ist auf der Homepage des IStGH verfügbar unter https://www.icc-cpi.int/NR/rdonlyres/99A82721-ED93-4088-B84D-7B8ADA4DD062/280775/ICCBD040108ENG1.pdf (zuletzt abgerufen am 30.11.2020).

wurde.[20] In diesem Briefwechsel finden sich die notwendigen Regelungen über Privilegien und Immunitäten der Richter, des Personals in der Kanzlei des Gerichtshofs und für die Prozessvertreter, die zu mündlichen Verhandlungen anreisen.

### V. Verhältnis zu anderen Organen der Vereinten Nationen (insbesondere zum Sicherheitsrat)

Die UN-Charta enthält keine Bestimmungen über das Verhältnis des Gerichtshofs zu den anderen Organen. Der Gerichtshof selbst hat immer wieder entschieden, dass der **Sicherheitsrat** ihm gegenüber – anders als gegenüber der Generalversammlung (vgl. Art. 12 Abs. 1 UN-Charta) – keinen Vorrang genießt. So heißt es etwa im Nicaragua-Urteil: 17

> "The Council has functions of a political nature assigned to it, whereas the Court exercises purely judicial functions. Both organs can therefore perform their separate but complementary functions with respect to the same events."[21]

Dessen ungeachtet sind **Resolutionen des Sicherheitsrats** allerdings für alle Mitgliedstaaten der Vereinten Nationen verbindlich und beanspruchen aufgrund von Art. 103 UN-Charta Vorrang vor anderen Verpflichtungen der Staaten. Aus diesem Grund musste der IGH bei der Entscheidung von Streitfällen zwischen Staaten die **rechtlichen Wirkungen einer Sicherheitsratsresolution berücksichtigen.** Im Lockerbie-Verfahren gab es Streit über die Frage, ob dies auch dann gilt, wenn eine Sicherheitsratsresolution spezifisch in der Absicht erlassen wird, die Rechtslage mit Blick auf ein bereits anhängiges Verfahren vor dem IGH zu verändern. Der IGH hat hierzu nicht Stellung bezogen, zahlreiche Richter hielten aber in Sondervoten ein solches Vorgehen des Sicherheitsrats für problematisch.[22] 18

## C. Organisation des Internationalen Gerichtshofs

### I. Zahl, Qualifikation und Rechtsstellung der Richter

Dem IGH gehören **15 Richterinnen und Richter** an, die in ihrer Gesamtheit die „großen Kulturkreise und die hauptsächlichen Rechtssysteme der Welt" repräsentieren sollen (Art. 9 IGH-Statut). Die **Richter** müssen hohes sittliches Ansehen genießen und zu den höchsten Richterämtern in ihren Heimatstaaten qualifiziert oder Völkerrechtsgelehrte von anerkanntem Ruf sein (Art. 2 IGH-Statut). 19

Die Richter sind hauptamtlich tätig und beziehen entsprechend ein festes Jahresgehalt (Art. 32 IGH-Statut). Sie genießen **Unabhängigkeit** und bei der Wahrnehmung ihres Amtes **diplomatische Vorrechte und Immunitäten** (Art. 19 IGH-Statut). Sie dürfen wegen ihrer richterlichen Tätigkeit kein anderes Amt und keine andere berufliche Beschäftigung ausüben; insbesondere dürfen sie nicht als Prozessbevollmächtigte oder Anwälte in irgendeiner Sache tätig werden. Allerdings wird die Wahrnehmung akademischer Aufgaben und die begrenzte Mitwirkung an anderen Streitbeilegungsaufgaben als mit Art. 16 IGH-Statut vereinbar angesehen. Soweit sie vor ihrer Wahl in einer Sache in einer solchen Funktion tätig geworden sind, dürfen sie nicht an ihrer Erledigung mitwirken. Eine Amtsenthebung setzt den einstimmigen Beschluss aller übrigen Richterinnen und Richter voraus, dass ein Richter nicht mehr die Voraussetzungen für das Amt erfüllt (Art. 18 Abs. 1 IGH-Statut). 20

---

[20] Der Briefwechsel ist auf der Seite des IGH verfügbar: https://www.icj-cij.org/en/other-texts (zuletzt abgerufen am 30.11.2020).

[21] Military and Paramilitary Activities in and against Nicaragua (Nicaragua/United States of America), Jurisdiction and Admissibility, Judgment v. 26.11.1984, ICJ Rep. 1984, 392 Rn. 95.

[22] Questions of Interpretation and Application of the 1971 Montreal Convention arising from the Aerial Incident at Lockerbie (Libyan Arab Jamahiriya/United Kingdom), Judgment v. 27.2.1998, ICJ Rep. 1998, 9.

## II. Wahl der Richter

21 Die Wahl der Richter fand lange Zeit auf der Basis von zwei zentralen Prinzipien statt: Zum einen gab es schon seit den Zeiten des StIGH die regelmäßige Praxis, dass die fünf **ständigen Sicherheitsratsmitglieder**[23] immer mit einer Richterin oder einem Richter vertreten waren. Hierauf bestand zwar kein Rechtsanspruch, die Praxis wurde aber bis 2017 durchgängig respektiert.[24] Zum anderen fand über die auch sonst in den Vereinten Nationen maßgeblichen **fünf Regionalgruppen** (African Group; Asia-Pacific Group; Latin American and Caribbean Group; Eastern European Group; Western European and Other States Group)[25] eine **Verteilung nach geographisch-kulturellen Gesichtspunkten** statt. Die Verteilung der Sitze sah danach wie folgt aus: Für Westeuropa gab es neben den drei ständigen Sitzen der USA, des Vereinigten Königreichs und Frankreichs zwei weitere Sitze (normalerweise einen für Nordeuropa und einen für Südeuropa). Osteuropa verfügte neben dem ständigen russischen Sitz über einen weiteren Richterplatz. Außerdem gab es zwei lateinamerikanische, drei afrikanische und drei asiatische Sitze, darunter den ständigen Sitz Chinas.[26] Diese Praxis wurde bei den Richterwahlen 2017 durchbrochen. Bei diesen Wahlen bestand die Besonderheit, dass für die fünf zu besetzenden Sitze sechs Kandidaten zur Auswahl standen, darunter fünf Richter, die sich um die Wiederwahl bewarben (*Ronny Abraham,* Frankreich; *Abdulqawi Yusuf,* Somalia; *Antônio Augusto Cançado Trindade,* Brasilien; *Dlaveer Bhandari,* Indien; *Christopher Greenwood,* Vereinigtes Königreich). Nach der regionalen Verteilung hätte sich daraus eine Auswahl zwischen *Dalveer Bhandari* und dem einzigen neuen Bewerber, dem bisherigen Ständigen Vertreter des Libanon bei den Vereinten Nationen, *Nawaf Salam,* ergeben müssen, da beide um einen Platz der asiatischen Regionalgruppe konkurrierten. Im ersten Wahlgang verfehlten aber sowohl der indische Richter *Bhandari* als auch der britische Richter *Greenwood* die erforderliche Mehrheit, während der – offenbar in der Generalversammlung sehr beliebte – bisherige ständige Vertreter des Libanon gewählt wurde. Indien hielt nun entgegen des regionalen Proporzes an der Kandidatur *Bhandaris* fest. Daraus entstand eine Pattsituation, weil im Sicherheitsrat eine Mehrheit für *Greenwood* und in der Generalversammlung eine Mehrheit für *Bhandari* bestand. Am Ende gab das Vereinigte Königreich nach und zog die Kandidatur *Greenwoods* zurück. Hierdurch wurden beide eingangs genannten Prinzipien durchbrochen: Mit dem Ausscheiden von *Christopher Greenwood* gibt es nun ein ständiges Mitglied des Sicherheitsrats, das keinen Sitz im Gerichtshof hat. Zugleich fand eine regionale Verschiebung zugunsten der Asia-Pacific Group statt, die nun mit China, Japan, Libanon und Indien vier Richter stellt, während die westeuropäische Gruppe einen Sitz verlor.[27]

22 Mit dieser Verschiebung reagiert die Weltgemeinschaft – freilich eher zufällig aufgrund der Abstimmungssituation als planmäßig – zugleich ein Stück weit auf Vorwürfe von vielen Staaten in Afrika, aber auch in Südamerika und Asien, welche die Verteilung der Sitze im IGH als ungerecht und die westlichen Industriestaaten zu Unrecht begünstigend empfinden. Schon bei den Verhandlungen über die UN-Seerechtskonvention in den 1970er Jahren hat dies dazu geführt, dass ein eigenes Gericht für die Zwecke der Konvention eingerichtet

---

[23] Im Jahr 1926 wurde das Deutsche Reich fünftes ständiges Mitglied im Völkerbundsrat, vgl. *Walters* A History of the League of Nations, 1960, S. 323 (335).

[24] Eine Ausnahme hiervon besteht lediglich für China, das wegen des Streits zwischen der Volksrepublik China und Taiwan um den Vertretungsanspruch in den Vereinten Nationen zwischen 1967 und 1984/85 keinen Richter stellte, vgl. *McWhinney* The International Court of Justice and the Western Tradition of International Law, 1987, S. 74.

[25] S. allgemein zur Aufteilung der Regionalgruppen und zur Zuordnung der Staaten: https://www.un.org/depts/DGACM/RegionalGroups.shtml (zuletzt abgerufen am 30.11.2020); zur praktischen Bedeutung dieser Regionalgruppen s. *Winkelmann* in: Volger, Concise Encyclopedia of the United Nations, 2002, S. 158–161 und S. 455–458.

[26] Einzelheiten der Entwicklung bei *Faßbender* in: Zimmermann/Tams/Oellers-Frahm/Tomuschat, ICJ, 2019, Art. 9 Rn. 20 ff.

[27] S. näher *Faßbender* in: Zimmermann/Tams/Oellers-Frahm/Tomuschat, ICJ, 2019, Art. 9 Rn. 20.

und so ausgestaltet wurde, dass eine **größere Repräsentativität** erreicht werden konnte.[28] Diese Entwicklung macht darauf aufmerksam, dass die zunächst wenig greifbar klingende Formulierung von der „Repräsentation der großen Kulturkreise und hauptsächlichen Rechtssysteme der Welt" in Art. 9 IGH-Statut eine wichtige Aussage beinhaltet: Autorität und Legitimität des Gerichtshofs leben nicht nur von der persönlichen Qualifikation der Richterinnen und Richter, sondern auch in einer kulturell und politisch inhomogenen Welt gerade auch davon, dass sich alle Teile angemessen vertreten fühlen.

Die Richterinnen und Richter werden für die **Dauer von neun Jahren** gewählt. Es 23 besteht die Möglichkeit einer **Wiederwahl** (Art. 13 IGH-Statut). Die Wahl erfolgt in getrennten Wahlgängen in der Generalversammlung und im Sicherheitsrat, wobei jeweils die absolute Mehrheit der Stimmen erforderlich ist (Art. 8 und Art. 10 Abs. 1 IGH-Statut). Für den inzwischen praktisch nicht mehr bedeutsamen Fall, dass ein Staat Vertragspartei des Statuts ist, der nicht zugleich Mitglied der Vereinten Nationen ist, beschloss der Sicherheitsrat aufgrund der damaligen Situation der Schweiz im Jahr 1948, dass dieser Staat für die Zwecke der Richterwahl wie ein Mitglied an der entsprechenden Sitzung der Generalversammlung mitwirkt.[29]

Zur **Vorbereitung der Wahl** erstellt der Generalsekretär eine alphabetische Liste beste- 24 hend aus Vorschlägen, die durch die Landesgruppen im Internationalen Schiedshof unterbreitet werden (→ Rn. 4). Für diejenigen Staaten, die nicht Mitglieder im Internationalen Schiedshof sind, werden sog. ad hoc-Landesgruppen gebildet (Art. 4 Abs. 2 IGH-Statut), was angesichts der Tatsache, dass zurzeit nur 122 Staaten Mitglieder im Schiedshof sind,[30] in nicht unerheblichem Umfang geschieht.

Für das **Wahlverfahren** wurden immer wieder **Reformvorschläge** diskutiert, die so- 25 wohl die Vorauswahl von Kandidaten durch die Landesgruppen im Ständigen Schiedshof betreffen (welche nach manchen Vorstellungen abgeschafft und durch eine direkte Nominierung durch die jeweiligen Regierungen ersetzt werden soll), als auch das doppelte Wahlverfahren in Sicherheitsrat und Generalversammlung betreffen, an dessen Stelle eine ausschließliche Wahl durch die Generalversammlung treten soll.[31] Durchsetzen konnten sich solche Vorstellungen bislang allerdings nicht.

## III. Plenum und Kammern

Im Normalfall tagt und entscheidet der Gerichtshof im **Plenum** aller 15 Richterinnen 26 und Richter (Art. 27 Abs. 1 IGH-Statut). Er ist ab einem Quorum von neun Richtern beschlussfähig (Art. 25 Abs. 3 IGH-Statut). Daneben sieht Art. 26 IGH-Statut die Bildung von **Kammern** vor. Solche Kammern können entweder abstrakt für die Entscheidung bestimmter Arten von Fällen gebildet werden (Art. 26 Abs. 1 IGH-Statut) oder – als sog. ad hoc-Kammern – aus Anlass eines konkreten Falles (Art. 26 Abs. 2 IGH-Statut). In beiden Varianten ist die Zustimmung der Parteien erforderlich, damit eine Rechtssache vor einer Kammer verhandelt und von ihr entschieden werden kann. Die praktische Bedeutung der Entscheidung durch Kammern ist bislang eher gering geblieben, was hauptsächlich am mangelnden Interesse der Staaten an einer Entscheidung durch eine Kammer liegen dürfte. Von der Möglichkeit, abstrakt zuständige Kammern einzurichten, hat der Gerichtshof erst 1993 für umweltrechtliche Fälle Gebrauch gemacht. Allerdings hatte die Kammer für Umweltsachen bis 2006 keinen Fall zu entscheiden. Der Gerichtshof hat sie deshalb seither nicht mehr besetzt.[32]

---

[28] *Wolfrum* in: Graf Vitzthum (Hrsg.), Handbuch des Seerechts, 2006, 6. Kapitel Rn. 3 f.

[29] SC Res 58 (1948) v. 28.9.1948; näher Rosenne, ICJ, Vol. I, 367.

[30] Vgl. https://pca-cpa.org/en/about/introduction/contracting-parties/ (zuletzt abgerufen am 30.11.2020).

[31] *Georget/Golitsyn/Zacklin* in: Zimmermann/Tams/ Oellers-Frahm/Tomuschat, ICJ, 2019, Art. 4 Rn. 32 ff.

[32] Vgl. https://www.icj-cij.org/en/chambers-and-committees (zuletzt abgerufen am 30.11.2020); *Palchetti* in: Zimmermann/Tams/Oellers-Frahms/Tomuschat, ICJ, 2019, Art. 26 Rn. 21; *Merrills* Dispute Settlement, S. 152 ff.

### IV. Rolle der Präsidenten

27 Nach Art. 21 IGH-Statut wählt der Gerichtshof einen Präsidenten und einen Vizepräsidenten. Dem **Präsidenten** kommt eine wichtige Rolle bei der Gestaltung der mündlichen Verhandlung zu (Art. 45 IGH-Statut). Besonderen Einfluss hat er auch in **Eilsachen** beim Erlass von einstmaligen Maßnahmen, da nur der Präsident und der Gerichtskanzler einer Residenzpflicht in Den Haag unterliegen (vgl. Art. 22 Abs. 2 IGH-Statut). Nach der ursprünglichen Verfahrensordnung des StIGH aus dem Jahr 1922 konnte er einstweilige Maßnahmen sogar selbstständig anordnen, ohne dass es einer späteren Bestätigung durch den Gerichtshof bedurfte. Diese Regelung wurde aber später als nicht vom Statut gedeckt aufgegeben. Heute beschränkt sich die Handlungsmöglichkeit des Präsidenten nach Art. 74 VerfO darauf, die Mitglieder des Gerichtshofs zusammenzurufen und die Parteien aufzufordern, sich so zu verhalten, dass jede Entscheidung des Gerichtshofs angemessene Wirkung entfalten kann.[33]

### V. Kanzlei

28 Die Kanzlei besteht aus dem Gerichtskanzler und den Mitarbeitern. Der **Gerichtskanzler** wird vom Gerichtshof auf Vorschlag seiner Mitglieder gewählt (Art. 21 Abs. 2 IGH-Statut; Art. 22 ff. VerfO). Für die Auswahl der übrigen **Mitarbeiter** sieht die Verfahrensordnung teilweise ein vereinfachtes Verfahren vor, welches nur eine Abstimmung zwischen dem Kanzler und dem Präsidenten verlangt (Art. 95 Abs. 1 VerfO).

29 Dem Kanzler kommt die Aufgabe zu, den ordnungsgemäßen **Ablauf der Verfahren** sicherzustellen und insbesondere die Kommunikation zwischen dem Gerichtshof und den Parteien zu betreiben. Er führt außerdem die Liste der laufenden Verfahren und der nach Art. 35 Abs. 2 IGH-Statut von Nicht-Vertragsparteien abgegebenen Erklärungen.[34]

## D. Streitige Gerichtsbarkeit

### I. Parteifähigkeit

30 Die streitige Gerichtsbarkeit des IGH ist nach Art. 34 Abs. 1 IGH-Statut auf **Rechtsstreitigkeiten zwischen Staaten** beschränkt. Auch heute hat die Ausschlusswirkung dieser Vorschrift vor allem Bedeutung mit Blick auf internationale Organisationen. Besonders deutlich wird dies daran, dass selbst die Vereinten Nationen, deren „Hauptrechtsprechungsorgan" der Gerichtshof ist (→ Rn. 9), nicht parteifähig sind. Auch Individuen haben keinen direkten Zugang zum IGH, sondern sind auf die Rechtsdurchsetzung durch ihre Heimatstaaten angewiesen. Diese kann erfolgen, wenn neben dem Individuum zugleich der Heimatstaat in eigenen Rechten verletzt ist oder wenn der Heimatstaat die Rechte des Individuums im Wege des diplomatischen Schutzes geltend macht.[35]

### II. Grundsätzliche Bedeutung des Konsensprinzips

31 Bis heute entfaltet die staatliche Souveränität in der internationalen Gerichtsbarkeit zentrale Wirkung in Form des Konsensprinzips. Danach ist die **Zustimmung der Streitpartei-**

---

[33] *Oellers-Frahm/Zimmermann* in: Zimmermann/Tams/Oellers-Frahm/Tomuschat, ICJ, 2019, Art. 41 Rn. 70–72; vgl. auch *Birkner* Jura 2020, 1343 (1347 f.).

[34] Zu den weiteren Aufgaben s. im Einzelnen Art. 26 VerfO.

[35] In diesem Fall sind allerdings die Voraussetzungen für die Gewährung diplomatischen Schutzes zu beachten, zu denen insbesondere auch die Erschöpfung des innerstaatlichen Rechtswegs gehört; vgl. statt anderer *v. Arnauld* Völkerrecht, Rn. 476.

**en** ausschlaggebend für eine gerichtliche Streiterledigung.[36] Art. 36 IGH-Statut ist der Ausdruck dieses Grundsatzes, der in der Rechtsprechung des IGH immer wieder betont wurde.[37]

Die Bedeutung des Konsensprinzips wird gerade auch in Fällen zu **Drittstaaten** sichtbar. Seit dem Monetary Gold-Fall aus dem Jahr 1954[38] hat der Gerichtshof immer wieder in Fällen seine Zuständigkeit verneint, in denen der Streit nicht entschieden werden konnte, ohne zugleich notwendig über Rechtspositionen eines dritten Staates zu befinden, der dem Verfahren nicht zugestimmt hatte.[39] 32

**Fall:** Ost-Timor (Portugal/Australia):[40] Nachdem sich Portugal von seiner ehemaligen Kolonie Ost-Timor zurückgezogen hatte, besetzte Indonesien das Gebiet im Jahr 1975 militärisch. In einem 1989 zwischen Australien und Indonesien geschlossenen Vertrag, der sich mit der Abgrenzung der jeweiligen Staatsgebiete befasste, erkannte Australien Ost-Timor *de facto* als indonesisches Staatsgebiet an. Portugal leitete daraufhin ein Verfahren vor dem IGH gegen Australien ein, indem es den Vorwurf erhob, Australien habe Rechte Portugals als Verwaltungsmacht Ost-Timors sowie das Recht auf Selbstbestimmung der ost-timorischen Volkes verletzt. Gegen Indonesien konnte Portugal dagegen kein Verfahren einleiten, da dieses – anders als Australien – keine Unterwerfungserklärung gemäß Art. 36 II IGH-Statut abgegeben hatte. 33

**Lösung:** Der IGH wies die Klage als unzulässig ab. Zwar wurde Australiens erster Einwand abgelehnt, es liege kein Streit zwischen den Parteien vor, sondern lediglich einer zwischen Portugal und Indonesien. Für das Vorliegen eines Streits sei es ausreichend, dass Australien die Vorwürfe Portugals zurückgewiesen habe. Allerdings gab der IGH dem weiteren Einwand Australiens statt, die Entscheidung des Streits zwischen Portugal und Australien sei nicht möglich, ohne zugleich zu klären, ob die Besatzung Ost-Timors durch Indonesien rechtmäßig war. Nach dem Konsensprinzip dürfe hierüber aber nicht ohne Beteiligung Indonesiens entschieden werden. Damit sei Indonesien als notwendige dritte Partei i. S. d. Monetary-Gold-Prinzips einzustufen. 34

Auch wenn das **Konsensprinzip** aus der Sicht von gerichtlichen Mechanismen in stärker integrierten internationalen Regimen wie dem Recht der Europäischen Union oder der EMRK antiquiert erscheinen mag, so darf man doch nicht übersehen, dass die Gerichtsbarkeit des IGH weltweit und für das gesamte Völkerrecht gilt. Auch heute noch dürfte es richtig sein, dass hierfür eine obligatorische Gerichtsbarkeit ohne Konsens der Streitparteien an den Realitäten der internationalen Politik scheitern würde. Man mag dies beklagen, aber der internationalen Gerichtsbarkeit und dem Völkerrecht insgesamt wäre wenig gedient, wenn die Zuständigkeit des Gerichtshofs in erheblichem Umfang gegen den Willen der Staaten begründet werden könnte. Immerhin kann man in der Fakultativklausel des Art. 36 Abs. 2 IGH-Statut eine gewisse Aufweichung des strikten Konsensprinzips erkennen, weil diese eine abstrakte vorherige Zustimmung ermöglicht (→ Rn. 40). 35

## III. Die einzelnen Formen der Zuständigkeitsbegründung

Auf der Basis des Konsensprinzips lassen sich verschiedene Formen unterscheiden, mit denen die **Zuständigkeit des IGH** begründet werden kann. Neben der vertraglichen Ver- 36

---

[36] *Thirlway* BYIL 70 (1999), 1 (4).

[37] Nachweise bei *Tomuschat* in: Zimmermann/Tams/Oellers-Frahm/Tomuschat, ICJ, 2019, Art. 36 Rn. 19 Fn. 76.

[38] Monetary Gold Removed from Rome in 1943 (Italy/France, United Kingdom of Great Britain and Northern Ireland and United States of America), Preliminary Question, Judgment v. 15.6.1954, ICJ Rep. 1954, 19.

[39] East Timor (Portugal/Australia), Judgment v. 30.6.1995, ICJ Reports 1995, 90 Rn. 28.

[40] East Timor (Portugal/Australia), Judgment v. 30.6.1995, ICJ Reports 1995, 90 Rn. 28; vgl. auch *v. Arnauld* Völkerrecht, Rn. 480.

einbarung (→ Rn. 36f.) kann auch eine Zustimmung des beklagten Staates nach Klageerhebung die Zuständigkeit des IGH begründen (→ Rn. 38). Außerdem ist die Anerkennung der Zuständigkeit auch abstrakt und im Vorhinein nach der Fakultativklausel des Art. 36 Abs. 2 IGH-Statut möglich (→ Rn. 39ff.). Hier gibt es besondere Probleme, wenn Staaten Vorbehalte zu ihrer Erklärung formulieren (→ Rn. 42ff.).

### 1. Vertragliche Vereinbarung

37 Art. 36 Abs. 1 IGH-Statut behandelt die **vertragliche Begründung der Zuständigkeit** des Gerichtshofs. Diese kann durch eine besondere Vereinbarung aus Anlass eines konkreten Streitfalls erfolgen (compromis). Diese Vereinbarung legt dann im Einzelnen fest, welche Rechtsfragen dem IGH zur Entscheidung unterbreitet werden. Die Zuständigkeit des Gerichtshofs ist entsprechend durch den compromis beschränkt. Eigentlich entspricht es der Logik einer solchen Vereinbarung, dass die Parteien anschließend den Gerichtshof gemeinsam anrufen. Der IGH hat aber in Art. 39 Abs. 1 VerfO ausdrücklich auch die Möglichkeit ins Auge gefasst, dass im Falle einer ad hoc-Vereinbarung nur eine Streitpartei den Gerichtshof anruft. Auch in der Praxis hat es ein solches Vorgehen immer wieder gegeben.[41]

38 **Abstrakte völkerrechtliche Vereinbarungen** gibt es in zwei Versionen: Zum einen gibt es einige völkerrechtliche Verträge, deren erklärtes Ziel die Stärkung der friedlichen Streitbeilegung ist. Diese Verträge sehen teilweise eine obligatorische gerichtliche Streitbeilegung vor,[42] werden aber gerade aus diesem Grund nur in sehr begrenztem Umfang ratifiziert. In der bi- und multilateralen völkerrechtlichen Praxis existiert daneben eine Vielzahl von völkerrechtlichen Verträgen, in denen die Parteien für die Beilegung von Streitigkeiten über die **Auslegung und Anwendung des betreffenden Vertrages** die Zuständigkeit des IGH begründen. Der IGH stellt eine Liste der entsprechenden Verträge auf seiner Internetseite zur Verfügung.[43] Auch wenn diese Liste keinen Anspruch auf Vollständigkeit erhebt, gibt sie doch einen guten Überblick. Obwohl die Begründung der Zuständigkeit durch eine solche vertragliche Klausel auf den ersten Blick klar zu sein scheint, kommt es vielfach zu Streitigkeiten über die Reichweite solcher Klauseln. Der Gerichtshof ist dann nach Art. 36 Abs. 6 IGH-Statut dazu aufgerufen, darüber zu entscheiden, ob die vom Kläger behauptete Streitigkeit in den Anwendungsbereich des betreffenden Vertrages und der **Zuständigkeitsklauseln** fällt oder nicht. In manchen Fällen fällt es nicht leicht, hier Zuständigkeit und Begründetheit strikt voneinander zu trennen. So setzt die Berufung auf die Zuständigkeitsklausel in der Völkermordkonvention deren Anwendbarkeit und damit das Vorliegen eines Völkermords voraus, worüber die Parteien möglicherweise gerade unterschiedlicher Meinung sind. Der Gerichtshof versucht hier auf der Ebene seiner **Zuständigkeitsentscheidung** nur festzustellen, ob – den klägerischen Vortrag als zutreffend unterstellt – ein Sachverhalt vorliegt, der in den **Anwendungsbereich** des geltend gemachten Vertrages und damit der Zuständigkeitsklausel fällt.[44]

### 2. Zustimmung nach Klageerhebung und forum prorogatum

39 Eine besondere Form einer ad hoc-Vereinbarung über die Zuständigkeit des Gerichtshofs liegt vor, wenn die Klage zunächst ohne eine Zuständigkeitsgrundlage erhoben wird

[41] Monetary Gold Removed from Rome in 1943 (Italy/France, United Kingdom of Great Britain and Northern Ireland and United States of America), Preliminary Question, Judgment v. 15.6.1954, ICJ Rep. 1954, 19 Rn. 21f.; Arbitral Award Made by the King of Spain on 23. December 1906 (Honduras/Nicaragua), Judgment v. 18.11.1960, ICJ Rep. 1960, 192 (194); Maritime Delimitation and Territorial Questions between Qatar and Bahrain (Qatar/Bahrain), Jurisdiction and Admissibility, Judgment v. 15.2.1995, ICJ Rep. 1995, 6 (18f.).

[42] Etwa Art. 19 der Generalakte vom 26.9.1928 zur friedlichen Beilegung völkerrechtlicher Streitigkeiten (93 LNTS 342); Art. 1 Europäisches Übereinkommen zur friedlichen Beilegung von Streitigkeiten (CETS No. 23).

[43] S. https://www.icj-cij.org/en/treaties (zuletzt abgerufen am 30.11.2020).

[44] *Tomuschat* in: Zimmermann/Tams/Oellers-Frahm/Tomuschat, ICJ, 2019, Art. 36 Rn. 57ff. m. Nachw. aus der Rechtsprechung und weiterführenden Überlegungen.

und der beklagte Staat sich dann aber auf eine gerichtliche Beilegung des Streits einlässt (sog. forum prorogatum). Diese Form der Zuständigkeitsbegründung ist selten,[45] aber rechtlich bestehen gegen sie keinerlei Einwände. In abgewandelter Form liegt auch ein Fall von **forum prorogatum** vor, wenn der materielle Umfang einer Streitigkeit über einen bestehenden Jurisdiktionstitel hinausgeht, der beklagte Staat sich aber auch insoweit auf eine gerichtliche Streitbeilegung einlässt.[46] Im Ergebnis kommt es nach der Rechtsprechung des Gerichtshofs allein darauf an, dass die Parteien sich einig sind, den Gerichtshof mit der Streitigkeit zu befassen. Wie diese Einigkeit zustande kommt, ist unerheblich.[47] Auch darin kann man einen Ausdruck des Konsensprinzips sehen.

### 3. Fakultativklausel (Art. 36 Abs. 2 IGH-Statut)

Die **Fakultativklausel** in Art. 36 Abs. 2 IGH-Statut stellt einen kleinen Schritt auf dem Weg zu einer obligatorischen internationalen Gerichtsbarkeit dar. Nach dieser Vorschrift können die Staaten **abstrakt und im Vorhinein** die Zuständigkeit des Gerichtshofs zur Entscheidung von Streitigkeiten anerkennen. Sie können die Art der betreffenden Streitigkeiten näher spezifizieren, zeitliche oder inhaltliche **Beschränkungen** vornehmen oder eine allgemeine Erklärung abgeben. Die Zuständigkeit des Gerichtshofs besteht dann gegenüber allen Staaten, die in Bezug auf die betreffende Streitigkeit gleichfalls die Zuständigkeit des Gerichtshofs anerkannt haben. Dieses sog. **Reziprozitätserfordernis** erstreckt sich aber nur auf den Umfang und den Inhalt der Erklärung, nicht auf formale Aspekte, wie etwa die Dauer, für die eine Erklärung abgegeben ist.[48] Die Bedingung der Reziprozität muss im Zeitpunkt des Verfahrensbeginns erfüllt sein. Angesichts der Erwähnung des Gegenseitigkeitsprinzips in Art. 36 Abs. 2 IGH-Statut ist es unnötig, in der Erklärung einen entsprechenden Vorbehalt zu formulieren, auch wenn dies in der Praxis häufig geschieht.[49] 40

Von der **Praxis** wird die Fakultativklausel passabel, aber keineswegs in großem Umfang angenommen. Gegenwärtig hat etwa ein Drittel der Staaten (74 von 193)[50] eine Erklärung nach Art. 36 Abs. 2 IGH-Statut abgegeben. Davon enthalten allerdings nur wenige Erklärungen eine uneingeschränkte Anerkennung der Gerichtsbarkeit des IGH. Die meisten Erklärungen nehmen Beschränkungen vor und formulieren Vorbehalte. Weiterhin ist es möglich, dass einmal abgegebene **Erklärung wieder zurückgenommen** werden. Dies haben etwa die USA 1985 getan, nachdem der IGH ihrer Meinung nach zu Unrecht seine Zuständigkeit im Nicaragua-Fall auf die von ihnen abgegebene Erklärung gestützt hatte.[51] Die Voraussetzungen für eine solche **Rücknahme** sind allerdings umstritten. Zunächst kommt es auf den Wortlaut der Erklärung selbst an. Enthält diese – wie in neuerer Zeit sehr häufig – den ausdrücklichen Hinweis auf die jederzeitige Rücknehmbarkeit mit unmittelbarer Wirkung, dürfte dies zu respektieren sein, auch wenn der IGH anlässlich der amerikanischen Rücknahme in Analogie zum Vertragsrecht aus dem Grundsatz des Vertrauensschutzes einen „angemessenen Zeitraum" für das Wirksamwerden der Rücknahme verlangt hat.[52] 41

---

[45] Sie kam tatsächlich erst dreimal in der Geschichte des IGH vor: Corfu Channel (United Kingdom of Great Britain and Northern Ireland/Albania), Preliminary Objection, Judgment v. 25.3.1948, ICJ Rep. 1948, 15; in dem später aus anderen Gründen nicht entschiedenen Fall zwischen dem Kongo und Frankreich (Certain Criminal Proceedings in France (Republic of the Congo/France), Order v. 11.7.2003, ICJ Rep. 2003, 143; s. zuletzt Certain Questions of Mutual Assistance in Criminal Matters (Djibouti/France), Judgment v. 4.6.2008, Rn. 38.

[46] *Merrills* Dispute Settlement, S. 130.

[47] *Tomuschat* in: Zimmermann/Tams/ Oellers-Frahm/Tomuschat, ICJ, 2019, Art. 36 Rn. 41.

[48] Military and Paramilitary Activities in and against Nicaragua (Nicaragua/United States of America), Jurisdiction and Admissibility, Judgment v. 26.11.1984, ICJ Rep. 1984, 392 Rn. 62.

[49] *Tomuschat* in: Zimmermann/Tams/Oellers-Frahm/Tomuschat, ICJ, 2019, Art. 36 Rn. 86 f.

[50] https://www.icj-cij.org/en/declarations (zuletzt abgerufen am 30.11.2020).

[51] ILM 24 (1985), 1742.

[52] Military and Paramilitary Activities in and against Nicaragua (Nicaragua/United States of America), Jurisdiction and Admissibility, Judgment v. 26.11.1984, ICJ Rep. 1984, 392 Rn. 63; bestätigt in Land and Maritime Boundary between Cameroon and Nigeria (Cameroon/Nigeria: Equatorial Guinea intervening), Preliminary Objections, Judgment v. 11.6.1998, 275 Rn. 33.

Die Bundesrepublik Deutschland hat am 1.5.2008 eine entsprechende Erklärung abgegeben, nachdem dies seit dem Beitritt zur UNO im Jahr 1973 immer wieder erwogen worden war.[53]

42 Auch wenn man Art. 36 Abs. 2 IGH-Statut als eine **Zielbestimmung** verstehen kann, der zufolge möglichst viele solche Erklärungen abgegeben werden sollen,[54] bleibt es doch bei der grundsätzlichen Einordnung des Systems, wie sie vom IGH in der Nicaragua-Entscheidung vorgenommen wurde. Danach handelt es sich bei den Erklärungen um „facultative, unilateral engagements, that states are absolutely free to make or not to make."[55]

#### 4. Sonderproblem: Vorbehalte zur Fakultativklausel

43 Art. 36 Abs. 3 IGH-Statut lässt ausdrücklich **Vorbehalte** zu den Erklärungen nach der Fakultativklausel zu. Der Gerichtshof versteht diese Regelung in einem umfassenden Sinn als **Ausdruck der Souveränität eines Staates,** frei darüber zu entscheiden, in welchen Fällen er sich auf eine gerichtliche Streitbeilegung einlassen möchte und in welchen nicht. Grundsätzlich sind daher **Vorbehalte jeder Art** möglich, auch solche, die sich nicht auf die ausdrücklich in Art. 36 Abs. 3 IGH-Statut genannten Aspekte beziehen oder die gar ein rechtswidriges Verhalten des Staates von der Gerichtsbarkeit ausnehmen sollen. Im spanisch-kanadischen Fischereistreit hat der Gerichtshof ausdrücklich die spanische Behauptung zurückgewiesen, dass Vorbehalte unzulässig lässig sein, deren Ziel es ist, ein völkerrechtswidriges Verhalten von der Gerichtsbarkeit des IGH auszuschließen.[56] Bislang ist kein einziger Vorbehalt vom Gerichtshof als unzulässig angesehen worden.

44 Eine wichtige **Beschränkung** besteht vielfach in **zeitlicher Hinsicht.** Die einfachste Form einer solchen Beschränkung erfolgt durch den Hinweis, dass die Erklärung nur für Streitigkeiten gilt, die nach ihrer Abgabe entstehen. Das Problem einer solchen Formulierung besteht darin, dass neue Streitigkeiten vielfach auf sehr weit zurückliegenden Tatsachen beruhen können und deswegen die Ausschlusswirkung eines Vorbehalts, der sich nur auf das *Entstehen* der Streitigkeit bezieht, eher begrenzt ist. Deswegen beziehen sich moderne Vorbehalte nicht auf das Entstehen der Streitigkeit, sondern verlangen zusätzlich, dass die der Streitigkeit zugrundeliegenden Fakten zeitlich *nach* der Abgabe der Erklärung liegen müssen.[57] Nicht selten beruhen konkrete Rechtsstreitigkeiten allerdings auf einer sehr undurchsichtigen Gemengelage unterschiedlicher historischer Fakten, von denen fast immer auch einige weit in die Geschichte zurückreichen. Um hier die Wirkung der Vorbehalte nicht ungebührlich weit zu erstrecken, hat schon der StIGH die Formel von den „wahren Gründen" eines Rechtsstreits geprägt und zwischen der historischen Basis der behaupteten Rechtsposition (auf die es für die zeitliche Beschränkung nicht ankomme) und der historischen Ursache des Streits (die in zeitlicher Hinsicht allein maßgeblich sei) unterschieden.[58]

45 Eine weitere Gruppe von Vorbehalten bezieht sich auf **rein innerstaatliche Sachverhalte.** Im Kern zielen derartige Vorbehalte darauf ab, dem IGH die Entscheidung über Sachverhalte unmöglich zu machen, die nach Auffassung der Staaten nicht dem Völkerrecht

[53] BGBl II S. 713; s. dazu auch BT-Drs. 16/9218 vom 5.5.2008, sowie den Bericht einer Arbeitsgruppe der DGVR, abgedruckt in ZaöRV 67 (2007), 825.

[54] *Tomuschat* in: Zimmermann/Tams/Oellers-Frahm/Tomuschat, ICJ, 2019, Art. 36 Rn. 70.

[55] Military and Paramilitary Activities in and against Nicaragua (Nicaragua/United States of America), Jurisdiction and Admissibility, Judgment v. 26.11.1984, ICJ Rep. 1984, 392 Rn. 59.

[56] Fisheries Jurisdiction (Spain/Canada), Jurisdiction of the Court, Judgment v. 4.12.1998, 432 Rn. 54.

[57] Insoweit hat die belgische Erklärung des Jahres 1958 Modellcharakter, die von „legal disputes arising after July 13th 1948 concerning situations or facts subsequent to that date" spricht. Die Erklärung ist verfügbar unter: https://www.icj-cij.org/en/declarations/be (zuletzt abgerufen am 30.11.2020).

[58] Electricity Company of Sofia and Bulgaria (Belgium/Bulgaria), Judgment v. 4.4.1939, PCIJ, Ser. A/B, No. 77, 63 (77); bestätigt in Right of Passage over Indian Territory (Portugal/India), Merits, Judgment v. 12.4.1960, ICJ Rep. 1960, 6 (35); s. zuletzt Certain Property (Liechtenstein/Germany), Preliminary Objections, Judgment v. 10.2.2005, ICJ Rep. 2005, 6 Rn. 43–46.

unterliegen. Allerdings ist die Wirkung dieses Vorbehalts sehr begrenzt.[59] Schon aus Art. 38 IGH-Statut ergibt sich, dass der IGH nur über Fälle entscheiden darf, die dem Völkerrecht unterliegen. Das ist bei rein innerstaatlichen Sachverhalten nicht der Fall. Insofern drücken entsprechende Vorbehalte nicht mehr als eine Selbstverständlichkeit aus. Soweit es um die Frage geht, wer darüber entscheidet, ob ein Sachverhalt rein innerstaatlich ist oder nicht, gibt Art. 36 Abs. 6 IGH-Statut eine eindeutige Antwort: Es entscheidet der IGH. Diese Konsequenz versuchte der aus dem Jahr 1946 stammende und nach dem für seine Einführung verantwortlichen texanischen Senator benannte **„Connally-Vorbehalt"** zu umgehen. Danach sollten rein innerstaatliche Sachverhalte ausgeschlossen sein, „as defined by the United States of America". Die Formulierung findet sich auch heute noch in einigen Vorbehalten. In der Praxis hat sie allerdings kaum Bedeutung. Dies liegt zum einen daran, dass sich der Umgang des IGH mit dem Vorbehalt in seiner Interhandel-Entscheidung so deuten lässt, dass er ungeachtet des Vorbehalts auf der Basis von Art. 36 Abs. 6 IGH-Statut selbst über den internationalen Charakter des Streits entscheiden wird.[60] Zum anderen haben die Staaten inzwischen realisiert, dass die Anbringung eines so weitreichenden Vorbehalts wegen des Gegenseitigkeitsprinzips nicht selten ihren eigenen Interessen schadet, weil sich auch die Gegenseite darauf berufen kann.[61]

Der sog. „Vandenberg-Vorbehalt", der ebenfalls von den USA eingeführt wurde, bezieht 46
sich auf **multilaterale Vertragssysteme.** Danach soll die Anwendung eines multilateralen Vertrags ausgeschlossen sein, wenn nicht „all parties to the treaty affected by the decision are also parties to the case before the Court." Indien hat noch deutlicher formuliert und schließt die Zuständigkeit aus „unless all parties to the treaty are also parties to the case before the Court." Der IGH hat auf der Linie seiner großzügigen Berücksichtigung aller Vorbehalte auch diese Art von Vorbehalt akzeptiert und deshalb in der Nicaragua-Entscheidung die UN-Charta nicht angewendet. Berücksichtigt man den Umstand, dass es in der Praxis keine Fälle mit einer Beteiligung einer großen Zahl von Staaten gibt, dann entfaltet der Vandenberg-Vorbehalt eine so weitreichende Wirkung, dass er im Ergebnis die Unterwerfung unter die Gerichtsbarkeit des IGH konterkariert.

In der **Literatur** wird betont, dass sich das Vorbehalts-Regime des Art. 36 Abs. 3 IGH- 47
Statut grundsätzlich von den **allgemeinen Regeln für Vorbehalte** nach der Wiener Vertragsrechtskonvention unterscheide. Es gebe nun einmal keine Verpflichtung, sich der Gerichtsbarkeit des IGH zu unterwerfen. Bei einem multilateralen Vertrag bestehe dagegen ein in den Verhandlungen hergestelltes labiles Gleichgewicht. Deshalb sei dort ein zurückhaltender Umgang mit Vorbehalten geboten.[62] Auch wenn dieser Unterschied einleuchtet, stellt sich doch die Frage, ob der IGH nicht gleichwohl etwas strenger mit entsprechenden Versuchen verfahren könnte, die Gerichtsbarkeit anzunehmen und sie gleichzeitig doch zu unterlaufen. Selbstverständlich gibt es keine Verpflichtung, sich der Gerichtsbarkeit des IGH zu unterwerfen. Es gibt aber auch keine Verpflichtung, einem multilateralen Vertrag beizutreten. Entsprechend lässt sich durchaus für die Vorbehalte nach Art. 36 Abs. 3 IGH-Statut parallel zum allgemeinen Vertragsrecht argumentieren: Man muss sich der Gerichtsbarkeit nicht unterwerfen. Wenn man es aber tut, dann darf man keine Vorbehalte anbringen, die den Zweck der Unterwerfung praktisch in das Gegenteil verkehren. Neben dem allgemeinen Rechtsgedanken des Verbots eines „venire contra factum proprium" bieten sich Anleihen zur Haltung des UN-Menschenrechtsausschusses an, der entsprechenden Versuchen, seine Zuständigkeit einerseits grundsätzlich zu begründen, sie andererseits aber umfassend durch Vorbehalte zu beschränken, sehr kritisch begegnet.[63]

---

[59] *Tomuschat* in: Zimmermann/Tams/Oellers-Frahm/Tomuschat, ICJ, 2019, Art. 36 Rn. 97.

[60] Interhandel (Switzerland/United States of America), Preliminary Objections, Judgment v. 21.3.1959, ICJ Rep. 1959, 6 (25); s. dazu die von *Tomuschat* in: Zimmermann/Tams/Oellers-Frahm Tomuschat, ICJ, 2019, Art. 36 Rn. 98 gegebene Interpretation.

[61] *Tomuschat* in: Zimmermann/Tams/Oellers-Frahm/Tomuschat, ICJ, 2019, Art. 36 Rn. 102.

[62] *Tomuschat* in: Zimmermann/Tams/Oellers-Frahm/Tomuschat, ICJ, 2019, Art. 36 Rn. 101.

[63] Vgl. etwa *Nowak* CCPR, Art. 41 Rn. 14; *Schilling* Menschenrechtsschutz, Rn. 428.

## IV. Einzelfragen des Verfahrensrechts

### 1. Ad hoc-Richter

48 Nach Art. 31 Abs. 1 IGH-Statut sind Richter, welche die Nationalität einer der Streitparteien besitzen, nicht von der Mitwirkung an der Entscheidung ausgeschlossen. Im Gegenzug besteht für jede andere Streitpartei die Möglichkeit, einen zusätzlichen Richter eigener Wahl zu benennen (Art. 31 Abs. 2 IGH-Statut). Obwohl unter Gleichheitsgesichtspunkten nicht unbedingt erforderlich, ermöglicht Art. 31 Abs. 3 IGH-Statut die **Benennung von ad hoc-Richtern** durch jede Partei, auch wenn *keine* von ihnen auf der Richterbank repräsentiert ist. Ad hoc-Richter haben normalerweise die Nationalität der Streitpartei, von der sie benannt werden, notwendig ist dies aber nicht.[64] Sie wirken gleichberechtigt an allen Entscheidungen des Gerichtshofs in der betreffenden Sache mit. Mit der gleichen Berechtigung geht auch die gleiche Verpflichtung zur Neutralität und Unparteilichkeit aus Art. 20 IGH-Statut einher, wie sie die übrigen Mitglieder des Gerichtshofs trifft. Faktisch gibt es freilich kaum Fälle, in denen ad hoc-Richter gegen die sie benennende Partei entschieden hätten.[65] Auch wenn man sich in einigen Fällen des Eindrucks nicht erwehren kann, dass die ad hoc-Richter eine unangemessen **hohe Loyalität** gegenüber der sie benennenden Partei an den Tag legen, bleibt insgesamt doch die Einschätzung von *Sir Elihu Lauterpacht* über die Rolle der ad hoc-Richter zutreffend, der ihre Rolle vornehmlich darin sieht, darauf zu achten, dass alle für eine bestimmte Partei sprechenden Argumente angemessen gewürdigt werden und in die Entscheidungsgründe einfließen.[66]

49 Besondere Probleme können sich stellen, wenn das Anliegen einer Partei möglicherweise durch **Rechte anderer Staaten in gleicher Weise** berücksichtigt werden kann. Art. 31 Abs. 5 IGH-Statut bestimmt hierzu, dass für die Zwecke der Bestimmung von ad hoc-Richtern Staaten, die das „gleiche Interesse" haben, als eine Streitpartei angesehen werden. Entscheidend wird damit die Frage, wann ein „gleiches Interesse" vorliegt. Nachdem im Lockerbie-Verfahren die britische Richterin *Rosalyn Higgins* wegen einer früheren Befassung mit der Angelegenheit nicht mitwirken konnte, stellte sich die Frage, ob das britische Interesse nicht durch den amerikanischen Richter *Schwebel* hinreichend berücksichtigt sei. Das lag nicht zuletzt deshalb nahe, weil Libyen parallele Verfahren sowohl gegen die USA als auch gegen das Vereinigte Königreich angestrengt hatte. Der Gerichtshof war allerdings der Meinung, dass jedenfalls im Blick auf die Frage der Zulässigkeit das Vereinigte Königreich und die USA in einer unterschiedlichen Situation seien und deshalb nicht das gleiche Interesse verfolgten. Der Gerichtshof billigte deshalb mit zehn zu drei Stimmen dem Vereinigten Königreich das Recht zu, einen eigenen ad hoc-Richter zu benennen.[67] Nicht durchsetzen konnte sich dagegen die vom serbischen ad hoc-Richter *Kréca* vertretene Auffassung, aus Art. 31 Abs. 5 IGH-Statut müsse abgeleitet werden, dass eine Partei Anspruch auf so viele ad hoc-Richter habe, wie Richter auf der Bank säßen, deren Staaten ein glei-

[64] Beispiele sind etwa *Claus Kress* für Myanmar, Application of the Convention on the Prevention and Punishment of the Crime of Genocide (The Gambia/Myanmar), Order v. 23.1.2020 Rn. 8; *Sir Elihu Lauterpacht* für Bosnien und Herzegowina, Application of the Convention on the Prevention and Punishment of the Crime of Genocide (Bosnia and Herzegovina/Serbia and Montenegro), Preliminary Objections, Judgment v. 11.7.1996, ICJ Rep. 1996, 595 Rn. 6; *Sir Franklin Berman* für Liechtenstein, Certain Property (Liechtenstein/Germany), Preliminary Objections, Judgment v. 10.2.2005, ICJ Rep. 2005, 6 Rn. 4; *Thomas Franck* für Indonesien, Sovereignty over Pulau Ligitan and Pulau Sipadan (Indonesia/Malaysia), Judgment v. 17.12.2002, ICJ Rep. 2002, 625 Rn. 7.

[65] S. allerdings Application for Revision and Interpretation of the Judgment v. 24.2.1982 in the Case concerning the Continental Shelf (Tunisia/Libyan Arab Jamahiriya), Judgment v. 10.12.1985, ICJ Rep. 1985, 192 (247 ff.), wo sich die von Tunesien benannte ad hoc-Richterin *Bastid* in allen Punkten gegen die tunesische Position aussprach.

[66] Application of the Convention on the Prevention and Punishment of the Crime of Genocide (Bosnia and Herzegovina/Serbia and Montenegro), Provisional Measures, Order v. 13.9.1993, ICJ Rep. 1993, 325.

[67] Questions of Interpretation and Application of the 1971 Montreal Convention arising from the Aerial Incident at Lockerbie (Libyan Arab Jamahiriya/United Kingdom), Judgment v. 27.2.1998, ICJ Rep. 1998 Rn. 9.

ches Interesse hätten. *Kréca* wollte mit dieser Argumentation in den Verfahren Serbiens gegen die NATO-Mitgliedstaaten einen Anspruch Serbiens auf fünf ad hoc-Richter begründen, da fünf NATO-Mitgliedstaaten (Frankreich, Deutschland, die Niederlande, das Vereinigte Königreich und die USA) durch eigene Richter im Gerichtshof vertreten waren.[68] Aus dieser Praxis des Gerichtshofs lässt sich ableiten, dass ad hoc-Richter **kein Kräftegleichgewicht** herstellen, sondern im Gerichtshof eine **bestimmte Sicht auf den Streit** einbringen sollen.

### 2. Einstweiliger Rechtsschutz

Schon das Statut des StIGH kannte die Möglichkeit einstweiligen Rechtsschutzes. Die 50
heutige Formulierung von Art. 41 IGH-Statut stimmt mit der Vorläuferregelung bis auf redaktionelle Änderungen überein. Danach kann der Gerichtshof **einstweilige Maßnahmen** zum Schutz der Rechte einer der Streitparteien erlassen. Dieses Institut gewinnt zunehmend an Bedeutung.[69] Formal ergehen die Entscheidungen über einstweilige Maßnahmen in Form einer **„Order"** des Gerichtshofs. Ein Antrag ist nicht erforderlich, denn der Gerichtshof kann nach der Formulierung in Art. 74 Abs. 1 VerfO die Maßnahmen ausdrücklich **auch von Amts wegen** *(proprio motu)* erlassen. In diesem Fall kann die nach Art. 74 Abs. 3 VerfO grundsätzlich erforderliche mündliche Verhandlung entfallen. Wegen der besonderen Eilbedürftigkeit wählte der IGH diesen Weg auch im LaGrand-Fall, obwohl Deutschland einen Antrag auf Erlass einstweiliger Maßnahmen gestellt hatte.[70]

Eine wichtige Streitfrage betrifft den Erlass von einstweiligen Maßnahmen bei ungeklär- 51
ter Zuständigkeit des Gerichtshofs. Immer wieder kommt es vor, dass einstweilige Maßnahmen beantragt werden, obwohl die **Zuständigkeit des Gerichtshofs,** den Fall in der Sache zu entscheiden, von der anderen Seite bestritten wird. Hier tritt die Eilbedürftigkeit der einstweiligen Maßnahmen mit der Notwendigkeit in Konflikt, zunächst einmal die Zuständigkeit zu klären. Der Gerichtshof löst dieses Problem, indem er eine reduzierte Zuständigkeitsprüfung vornimmt und nur verlangt, dass die Zuständigkeit **prima facie** besteht.[71] Fehlt es schon bei einer solchen summarischen Prüfung an der Zuständigkeit, so kann der Gerichtshof dies zum Anlass nehmen, sich insgesamt für unzuständig zu erklären[72] oder sogar den betreffenden Fall von der Liste zu streichen. Letzteres erfolgt allerdings eher selten und nur im Falle einer ganz offensichtlich fehlenden Zuständigkeit.[73]

---

[68] Legality of Use of Force (Serbia and Montenegro/Belgium), Request for the Indication of Provisional Measures, Order v. 2.6.1999, Dissenting Opinion of Judge *Kréca,* ICJ Rep. 1999, 216 Rn. 2f.

[69] Application of the Convention on the Prevention and Punishment of the Crime of Genocide (The Gambia/Myanmar), Provisional Measures, Order v. 23.1.2020 Rn. 16; Alleged Violations of the 1955 Treaty of Amity, Economic Relations, and Consular Rights (Islamic Republic of Iran/United States of America), Provisional Measures, Order v. 3.10.2018, ICJ Rep. 2018, 623; Application of the International Convention on the Elimination of All Forms of Racial Discrimination (Qatar/United Arab Emirates), Provisional Measures, Order v. 23.7.2018, ICJ Rep. 2018, 406; Request for Interpretation of the Judgment of 15. June 1962 in the Case concerning the Temple of Preah Vihear (Cambodia/Thailand), Provisional Measures, Order v. 18.7.2011, ICJ Rep. 2011, 537.

[70] LaGrand (Germany/United States of America), Provisional Measures, Order v. 3.3.1999, ICJ Rep. 1999, 9 Rn. 21.

[71] Application of the Convention on the Prevention and Punishment of the Crime of Genocide (The Gambia/Myanmar), Provisional Measures, Order v. 23.1.2020 Rn. 16, verfügbar unter: https://www.icj-cij.org/public/files/case-related/178/178–20200123-ORD-01-00-EN.pdf (zuletzt abgerufen am 30.11.2020); Nuclear Tests (Australia/France), Request for the indication of interim measures of protection, Order v. 22.6.1973, ICJ Rep. 1973, 99 Rn. 13; Nuclear Tests (New Zealand/France), Request for the indication of interim measures of protection, Order of 22.6.1973, ICJ Rep. 1973, 135 Rn. 14.

[72] Request for an Examination of the Situation in Accordance with Paragraph 63 of the Court's Judgment of 20. December 1974 in the Nuclear Tests (New Zealand/France) Case, Order v. 22.9.1995, ICJ Rep. 1995, 288 Rn. 65.

[73] Legality of Use of Force (Yugoslavia/Spain), Provisional Measures, Request for the Indication of Provisional Measures (Removal from List), Order v. 2.6.1999, ICJ Rep. 1999, 761 Rn. 35; Legality of Use of Force (Yugoslavia/United States of America), Request for the Indication of Provisional Measures (Removal from List), Order v. 2.6.1999, ICJ Rep. 1999, 916 Rn. 29.

52 Wie auch im nationalen Kontext ist ein wesentliches Kriterium für den Erlass einstweiliger Maßnahmen, dass diese nicht die Entscheidung in der Hauptsache vorwegnehmen dürfen. Dies bedeutet allerdings nicht, dass für die Dauer des Verfahrens vor dem IGH ein vorläufiger Aufschub von streitgegenständlichen Maßnahmen unmöglich wäre. So hat der IGH im LaGrand-Verfahren sowie zuletzt im Jadhav-Verfahren gegen den entsprechenden Vortrag der USA bzw. Pakistans entschieden, dass die mit dem Aufschub der Vollstreckung der Todesstrafe notwendig einhergehende Verzögerung keine **Vorwegnahme der Hauptsache** darstellt.[74]

53 Die wohl wichtigste Streitfrage um den Erlass einstweiliger Maßnahmen betraf viele Jahre deren **Verbindlichkeit.** Der Gerichtshof selbst war hierzu über lange Jahre sehr zurückhaltend und formulierte 1984 im Nicaragua-Verfahren vorsichtig, dass es Aufgabe jeder Partei sei, die vom Gerichtshof angeordneten Maßnahmen „ernsthaft zu berücksichtigen".[75] Dies änderte sich im Jahr 2001. Im LaGrand-Verfahren beantragte Deutschland in der Hauptsache ausdrücklich die Feststellung, dass die USA völkerrechtswidrig gehandelt hätten, weil sie entgegen der vom IGH angeordneten einstweiligen Maßnahmen die Todesstrafe gegen *Walter LaGrand* vollstreckt hatten. Dem folgte der IGH und entschied damit die Frage im Sinne der Verbindlichkeit seiner einstweiligen Anordnungen.[76] Wenig später folgte der EGMR dieser Linie für das gleiche Problem unter der EMRK (näher → *Kadelbach* § 6 Rn. 25).[77]

### 3. Widerklage (counter-claim)

54 Während das Statut zur Möglichkeit einer Widerklage schweigt, ist diese in der Verfahrensordnung seit längerem anerkannt. Voraussetzung ist nach Art. 80 VerfO ein **„direkter Zusammenhang"** zwischen der erhobenen Klage und der Widerklage. Der Gerichtshof hat die **Widerklage** als einen Antrag definiert, der ein eigenständiges, vom eigentlichen Antrag unabhängiges Ziel verfolge und insofern über die bloße Zurückweisung des ursprünglichen Antrags des Gegners hinausweisen müsse.[78] Der „direkte Zusammenhang" muss sowohl in rechtlicher wie faktischer Hinsicht bestehen („both in fact and in law").[79] Ein Beispiel der jüngeren Vergangenheit für eine solche Widerklage ist der Croatian Genocide Fall. Kroatien leitete das Verfahren gegen die Bundesrepublik Jugoslawien vor dem IGH wegen vermeintlicher Verstöße gegen die Völkermordkonvention ein. Im Gegenzug erhob Serbien seinerseits Widerklage gegen Kroatien wegen Verletzungen der Völkermordkonvention.[80]

### 4. Intervention

55 Die Intervention ist in Art. 62 IGH-Statut geregelt. Hier spiegelt sich das Konsensprinzip wider. Das Rechtsinstitut ermöglicht es einem Staat, der ein rechtliches Interesse am Ausgang eines bestimmten Verfahrens hat, diesem Verfahren beizutreten und eigene Prozesshandlungen vorzunehmen. Die **Intervention** setzt ein bereits anhängiges Verfahren und ein

---

[74] LaGrand (Germany/United States of America), Provisional Measures, Order v. 3.3.1999, ICJ Rep. 1999, 9 Rn. 27; Jadhav (India/Pakistan), Provisional Measures, Order v. 18.5.2017, ICJ Rep. 2017, 231 Rn. 60; näher *Oellers-Frahm* in: Zimmermann/Tams/Oellers-Frahm/Tomuschat, ICJ, 2019, Art. 41 Rn. 26.

[75] Military and Paramilitary Activities in and against Nicaragua (Nicaragua/United States of America), Merits, Judgment v. 27.6.1986, ICJ Rep. 1986, 14 Rn. 289.

[76] LaGrand (Germany/United States of America), Merits, Judgment v. 27.6.2001, ICJ Rep. 2001, 466 Rn. 109; vgl. dazu *Oellers-Frahm* EuGRZ 2001, 265.

[77] EGMR EuGRZ 2001, 704 – Mamatkulov/Türkei.

[78] Application of the Convention on the Prevention and Punishment of the Crime of Genocide (Bosnia and Herzegovina/Serbia and Montenegro), Counter-Claims, Order v. 17.12.1997, ICJ Rep. 1997, 243 Rn. 27 f.

[79] Oil Platforms (Islamic Republic of Iran/United States of America), Counter-Claim, Order v. 10.3.1998, ICJ Rep. 1998, 190 Rn. 37.

[80] Application of the Convention on the Prevention and Punishment of the Crime of Genocide (Croatia/Serbia), Judgment v. 3.2.2015, ICJ Rep. 2015, 3.

rechtliches Interesse voraus.[81] Nicht verlangt wird dagegen, dass die Zuständigkeit des IGH zwischen dem Intervenienten und den Streitparteien begründet ist. Der Intervenient wird gerade nicht Partei, sondern nur am Verfahren beteiligt.[82] Das Institut spielt in der Praxis allerdings nur eine geringe Rolle.[83]

#### 5. Nichterscheinen einer Partei

Immer wieder kommt es vor, dass in Verfahren vor dem IGH die **beklagte Partei** nicht 56
erscheint. Den Umgang mit diesem Problem regelt Art. 53 IGH-Statut, der in solchen Fällen der klagenden Partei grundsätzlich das Recht einräumt, eine **Entscheidung in ihrem Sinne zu beantragen.** Allerdings verlangt Art. 53 Abs. 2 IGH-Statut, dass der Antrag „well founded in law and in fact" ist. Anders als im deutschen Zivilprozessrecht reicht es also nicht aus, dass der Antrag schlüssig ist, sondern der Gerichtshof muss sich – soweit möglich – von den **zugrundeliegenden Tatsachen überzeugen.** Er stützt sich dabei auf alle frei zugänglichen Quellen und berücksichtigt auch die von der nicht erscheinenden Partei informell übermittelten Informationen. Er sieht sich allerdings nicht als dazu verpflichtet an, die vorgetragenen Tatsachen „in all their details" zu untersuchen.[84] Deshalb geht es ein Stück weit zu Lasten der abwesenden Partei, wenn der Sachverhalt nicht vollständig aufgeklärt werden kann.

### V. Urteile, Urteilswirkungen und Durchsetzung

#### 1. Inhalt

Urteile des IGH sind zunächst einmal **feststellender Natur** und treffen eine Aussage 57
über das Vorliegen oder Nichtvorliegen eines geltend gemachten Völkerrechtsverstoßes. Soweit darüber hinaus auf der Basis der Regeln über die Staatenverantwortlichkeit eine Entscheidung über **mögliche Rechtsfolgen** beantragt wird, entscheidet der IGH auch hierüber. So hat er beispielsweise schon 1949 im Corfu Channel Fall auf Antrag des Vereinigten Königreichs eine konkrete Schadensersatzsumme wegen der Schäden an den betroffenen britischen Schiffen ausgewiesen.[85] Auch in neuerer Zeit hat es solche Urteile gegeben, in denen konkrete Schadensersatzsummen zugesprochen wurden.[86] Wenn im Rahmen der Staatenverantwortlichkeit entsprechende Anträge gestellt werden, so können auch andere Formen der **Wiedergutmachung** im Tenor angeordnet werden. So hat der IGH im Walfangstreit Japan dazu aufgefordert, völkerrechtswidrig erteilte Konzessionen zurückzunehmen und keine neuen zu erteilen[87] oder im Streit zwischen Costa Rica und Nicaragua als Folge der Klärung der Grenzstreitigkeit zwischen beiden Staaten Nicaragua dazu aufgefordert, eine auf dem Gebiet Costa Ricas errichtete Militärbasis aufzugeben und zu räumen.[88]

---

[81] *Chinkin* in: Zimmermann/Tams/Oellers-Frahm/Tomuschat, ICJ, 2019, Art. 62 Rn. 10.

[82] Land, Island and Maritime Frontier Dispute (El Salvador/Honduras: Nicaragua intervening), Application to Intervene, Judgment v. 13.9.1990, 92 Rn. 94.

[83] Vgl. die Nachweise bei *Chinkin* in: Zimmermann/Tams/Oellers-Frahm/Tomuschat, ICJ, 2019, Art. 62 Rn. 19.

[84] Military and Paramilitary Activities in and against Nicaragua (Nicaragua/United States of America), Merits, Judgment v. 27.6.1986, ICJ Rep. 1986, 14 Rn. 30.

[85] Corfu Channel Case (United Kingdom of Great Britain and Northern Ireland/Albania), Judgment v. 15.12.1949; Assessment of the amount of compensation due from the People's Republic of Albania to the United Kingdom of Great Britain and Northern Ireland, ICJ Rep. 1949, 244.

[86] Ahmadou Sadio Diallo (Republic of Guinea/Democratic Republic of Congo), Compensation, Judgment v. 19.6.2012, ICJ Rep. 2012, 324 Rn. 56 ff.; Certain Activities Carried Out by Nicaragua in the Border Area (Costa Rica/Nicaragua), Compensation, Judgment v. 2.2.2018, ICJ Rep. 2018, 15 Rn. 156 ff.

[87] Whaling in the Antarctic (Australia/Japan: New Zealand intervening), Judgment v. 31.3.2014, ICJ Rep. 2014, 226 Rn. 247 (Ziffer 7 des Tenors).

[88] Maritime Delimitation in the Caribbean Sea and the Pacific Ocean (Costa Rica/Nicaragua) and Land Boundary in the Northern Part of Isla Portillos (Costa Rica/Nicaragua), Judgment v. 2.2.2018, ICJ Rep. 2018, 139 Rn. 205 (Ziffer 3b des Tenors).

### 2. Rechtskraft und Rechtskraftdurchbrechung

58 Die Urteile des Internationalen Gerichtshofs erwachsen in Rechtskraft; sie sind für die Parteien verbindlich und endgültig. Es besteht kein Rechtsmittel gegen sie. Von dieser Grundregel bestehen allerdings zwei Ausnahmen: Zum einen kann nach Art. 60 S. 2 IGH-Statut eine Interpretation eines Urteils durch den Gerichtshof verlangt werden, wenn Meinungsverschiedenheiten über seinen Sinn oder seine Tragweite bestehen, soweit sich diese auf den Tenor und die diesen tragenden Gründe beziehen.[89] Und zum anderen ist eine Wiederaufnahme des Verfahrens nach Art. 61 IGH-Statut möglich, wenn eine Tatsache bekannt wird, die von entscheidender Bedeutung für das Urteil war, aber zum Zeitpunkt seines Erlasses unbekannt war. Die Unterscheidung zwischen den beiden Rechtsinstituten fällt nicht leicht. Man kann sie zunächst dahin vornehmen, dass eine **Interpretation die Rechtskraft** des alten Urteils respektieren und sich deshalb innerhalb des von diesem Urteil gesetzten Rahmens bewegen muss. Während also das Interpretationsverfahren nach Art. 60 IGH-Statut formal die Rechtskraft unberührt lässt, wird mit dem **Wiederaufnahmeverfahren** des Art. 61 IGH-Statut eine echte Möglichkeit der Rechtskraftdurchbrechung eingeräumt. Deshalb kann in einem Verfahren der Interpretation nicht geltend gemacht werden, der IGH habe in seinem ursprünglichen Urteil falsch entschieden.[90]

59 Für das **Interpretationsverfahren** (zur Parallele beim EuGH → *Ehlers* § 7 Rn. 37) genügt der Antrag einer Partei. Ein Konsens der Parteien über die Notwendigkeit einer Interpretation ist nicht erforderlich. Die Zuständigkeit des IGH ergibt sich aus der ursprünglichen Zuständigkeit für das Verfahren, das zu dem zu interpretierenden Urteil führte.[91] Voraussetzung ist allerdings eine „Meinungsverschiedenheit" (dispute, contestation). Der Gerichtshof verlangt hierfür „'a difference of opinion between the Parties as to those points in the judgment in question which have been decided with binding force', including ‚A difference of opinion as to whether a particular point has or has not been decided with binding force'".[92]

60 Für das **Wiederaufnahmeverfahren** genügt ebenfalls ein Antrag nur einer Partei. Allerdings muss diese das spätere Bekanntwerden einer „Tatsache" behaupten. Hierbei fällt die Unterscheidung zwischen Tatsachen und Rechtsfragen nicht leicht. Das gilt umso mehr, als der IGH das Wiederaufnahmeverfahren auch gegenüber seinen Zulässigkeitsentscheidungen für möglich hält. In diesen Entscheidungen sind echte Tatsachen selten. Stattdessen verschwimmen Tatsachen und Rechtsfragen.[93] Abgesehen von dieser Problematik muss die Tatsache bereits im Zeitpunkt des Ergehens der angegriffenen Entscheidung vorgelegen haben, aber zu diesem Zeitpunkt unbekannt gewesen sein. Handelt es sich dagegen um

---

[89] Request for Interpretation of the Judgment of 11. June 1998 in the Case concerning the Land and Maritime Boundary between Cameroon and Nigeria (Cameroon/Nigeria), Preliminary Objections (Nigeria/Cameroon), Judgment v. 25.3.1999, ICJ Rep. 1999, 31 Rn. 10 f.

[90] *Zimmermann/Thienel* in: Zimmermann/Tams/Oellers-Frahm/Tomuschat, ICJ, 2019, Art. 60 Rn. 33 ff. m. w. Nachw.

[91] Application for Revision and Interpretation of the Judgment of 24. February 1982 in the Case concerning the Continental Shelf (Tunisia/Libyan Arab Jamahiriya), Judgment v. 10.12.1985, ICJ Rep. 1985, 192 Rn. 43; s. zuletzt Request for Interpretation of the Judgment of 15. June 1962 in the Case concerning the Temple of Preah Vihear (Cambodia/Thailand), Judgment v. 11.11.2013, ICJ Rep. 2013, 281 Rn. 32.

[92] Application for Revision and Interpretation of the Judgment of 24. February 1982 in the Case concerning the Continental Shelf (Tunisia/Libyan Arab Jamahiriya), Judgment v. 10.12.1985, ICJ Rep. 1985, 192 Rn. 46 (unter Verweis auf die frühere Rechtsprechung des StIGH im Streit um die Fabrik von Chorzów).

[93] Bei dem Antrag Jugoslawiens auf Wiederaufnahme der Zulässigkeitsentscheidung im Streit über eine Verletzung der Völkermordkonvention (Application for Revision of the Judgment of 11. July 1996 in the Case concerning Application of the Convention on the Prevention and Punishment of the Crime of Genocide (Bosnia and Herzegovina/Yugoslavia), Preliminary Objections (Yugoslavia/Bosnia and Herzegovina), Judgment v. 3.2.2003, ICJ Rep. 2003, 7) ging es um die Frage, inwiefern es sich bei der Mitgliedschaft Jugoslawiens in den Vereinten Nationen um eine Tatsache handelt. Aufgrund der Sukzessionsprobleme waren hier Rechtsfragen und Tatsachen eng miteinander vermischt.

eine neue Tatsache, die erst nach dem ursprünglichen Urteil entstanden ist, scheidet ein Wiederaufnahmeverfahren aus.[94]

### 3. Internationale Durchsetzung

Aus Art. 94 Abs. 1 UN-Charta folgt die Pflicht, die Entscheidungen des IGH zu befolgen. Diese erstreckt sich nach der Rechtsprechung des Gerichtshofs auf den Tenor und die diesen tragenden Gründe.[95] Die Verpflichtung zur **Beachtung der Urteile des IGH** kann nach Art. 94 Abs. 2 UN-Charta vom Sicherheitsrat durchgesetzt werden. Der Sicherheitsrat kann dazu auf seine Zuständigkeiten nach Kapitel VI und Kapitel VII UN-Charta zurückgreifen, deren materielle Voraussetzungen freilich vorliegen müssen. Entgegen einer gelegentlich vertretenen Auffassung lässt sich kaum annehmen, dass Art. 94 Abs. 2 UN-Charta eine eigenständige Eingriffskompetenz begründet, von der ohne das Vorliegen einer Friedensbedrohung im Sinne von Art. 39 UN-Charta Gebrauch gemacht werden kann.[96] 61

### 4. Nationale Durchsetzung im deutschen Verfassungsrecht

Das BVerfG hat für die EMRK entschieden, dass Urteile des EGMR für Menschenrechte für die Gerichte der Bundesrepublik Deutschland im Sinne einer **Berücksichtigungspflicht** verbindlich sind. Diese Rechtsprechung beinhaltet, dass etwaige Verstöße gegen die Berücksichtigungspflicht unter Berufung auf das der EMRK entsprechende Grundrecht des Grundgesetzes und das Rechtsstaatsprinzip (Art. 20 Abs. 3 GG) mit einer Verfassungsbeschwerde gerügt werden können.[97] Diese Grundsätze wurden im September 2006 in einer Kammerentscheidung auf die Rechtsprechung des IGH ausgedehnt, soweit diese individuelle Rechtspositionen konkretisiert. Danach sind die deutschen Gerichte gehalten, sämtliche Entscheidungen des IGH zur Auslegung eines anwendbaren völkerrechtlichen Vertrages im Sinne einer **„normativen Leitfunktion"** zu berücksichtigen.[98] Dies stärkt die internationale Gerichtsbarkeit und verzahnt die deutsche Rechtsordnung mit der Völkerrechtsordnung. 62

## VI. Gutachtenverfahren (Art. 96 UN-Charta)

Im Gutachtenverfahren kommt die Rolle des IGH als Hauptrechtsprechungsorgan der Vereinten Nationen am besten zum Ausdruck, denn Gutachten können nur von den Hauptorganen Generalversammlung und Sicherheitsrat oder von speziell ermächtigten anderen Organen oder von Sonderorganisationen der Vereinten Nationen in Auftrag gegeben werden. Generell sind **Gutachtenverfahren** in der internationalen Gerichtsbarkeit eine verbreitete Einrichtung. Nach Art. 47 EMRK kann der EGMR Gutachten zu Rechtsfragen auf Anforderung des Ministerkomitees erstatten[99] (→ *Kadelbach* § 6 Rn. 26). Mit dem 16. Zusatzprotokoll zur EMRK wurde außerdem für mitgliedstaatliche Höchstgerichte die 63

[94] S. im Einzelnen *Zimmermann/Geiß* in: Zimmermann/Tams/Oellers-Frahm/Tomuschat, ICJ, 2019, Art. 61 Rn. 51 ff.

[95] StIGH Polish Postal Service in Danzig, Advsiory Opinion v. 16.5.1925, PCIJ, Ser. B, No. 11, 6 (29 f.); diese Aussage wurde vom IGH bestätigt, indem er das Interpretationsverfahren auf die tragenden Gründe beschränkte (vgl. Fn. 89).

[96] Überzeugend *Oellers-Frahm* FS Tono Eitel, 2003, S. 169.

[97] BVerfGE 111, 307 (329) = NJW 2004, 3407 (3411) → *Ehlers* JK 3/05 GG Art. 20 III/39 und → JuS 2005, 164 *(Sachs)* sowie → JA 2005, 576 *(Lochen)*; s. dazu aus der Literatur etwa *E. Klein* JZ 2004, 1176; *Pernice* EuZW 2004, 705; *Meyer-Ladewig/Petzold* NJW 2005, 15; *M. Breuer* NVwZ 2005, 412.

[98] BVerfG-K JZ 2007, 887 (888) m. Anm. *Burchard* = BeckRS 2006, 14340; *Payandeh* AVR 45 (2007), 244; *Kreß* GA 2007, 296.

[99] Das erste Gutachten zu einer Sachfrage stammt vom 12.2.2008 (Advisory Opinion on certain legal questions concerning the list of candidates submitted with a view to the election of judges to the European Court of Human Rights, ILM 2008, 521; *Jacobs/White* The European Convention on Human Rights, 4th Edition 2006, S. 12.

Möglichkeit geschaffen, beim EGMR Gutachten zu Grundsatzfragen zu beantragen.[100] In der Europäischen Union gibt es eine entsprechende Zuständigkeit des EuGH für völkerrechtliche Verträge der Union mit Drittstaaten (Art. 218 Abs. 11 AEUV → *Ehlers* § 7 Rn. 22), und auch der Interamerikanische Gerichtshof für Menschenrechte verfügt in Art. 64 AMRK über eine entsprechende Zuständigkeit.

64 Ein **Gutachtenersuchen** kann sich sowohl auf abstrakte Rechtsfragen als auch auf die völkerrechtliche Beurteilung einer konkreten Situation beziehen. Zur ersten Fallgruppe gehört das vom IGH 1996 erstattete Gutachten zur Vereinbarkeit von Nuklearwaffen mit dem geltenden Völkerrecht.[101] Für die zweite Fallgruppe kann man auf das Gutachten des Gerichtshofs zu der von Israel an der Grenze zu den palästinensischen Gebieten errichteten Mauer oder auch auf das Kosovo-Gutachten verweisen, die jeweils auf Antrag der Generalversammlung erstattet wurden. Während das Mauer-Gutachten sogar konkrete Schlussfolgerungen für die Staatengemeinschaft aus der vom IGH festgestellten Völkerrechtswidrigkeit des Mauerbaus zieht,[102] ist das Kosovo-Gutachten in seinen Aussagen wenig ergiebig.[103]

65 Gerade anhand des Mauer-Gutachtens und des Kosovo-Gutachtens lässt sich aufzeigen, dass das Gutachtenverfahren vor dem IGH zwar formal auf **Klärung einer Rechtsfrage** abzielt (vgl. die Formulierungen von Art. 96 UN-Charta und Art. 65 Abs. 1 IGH-Statut), der IGH dabei aber nicht selten tatsächlich einen Beitrag zur Entscheidung konkreter Streitfragen im Auge hat. Besonders deutlich wird dies in Resolution A/64/298,[104] in der das Kosovo-Gutachten von der Generalversammlung angenommen wurde. Die Resolution weist keine Bezüge zu der strittigen Frage des Sezessionsrechts auf und wurde somit als „first step towards the regularization of Kosovo's international relations"[105] eingeordnet.

Wenngleich der IGH im Gutachten zu Nuklearwaffen betont, dass die Konfliktlösung gerade nicht Zweck des Gutachtenverfahrens ist,[106] so verdeutlicht das Kosovo-Gutachten doch, dass ein Gutachten des IGH keinesfalls nur der Klärung einer (abstrakten) Rechtsfrage dient, sondern auch als ein – wenn auch indirektes – **Instrument zur Streitbeilegung** des betroffenen Konflikts fungieren kann.[107]

66 Nach Art. 65 Abs. 1 IGH-Statut „kann" der Gerichtshof ein Gutachten erstatten. Er hat bislang in allen Gutachten betont, dass daraus ein **Ermessen** folge, ein Gutachten gegebenenfalls auch einmal nicht zu erstatten. Bislang hat er hiervon aber trotz wiederholter Aufforderungen niemals Gebrauch gemacht und verlangt für diesen Fall **„zwingende Gründe"**, welche gegen das Gutachten sprechen müssten.[108] In gleicher Weise hat er es stets abgelehnt, aus dem (hoch)politischen Charakter einiger der ihm unterbreiteten Rechtsfragen eine Art political question-Doktrin zu entwickeln. Der Gerichtshof betont vielmehr,

---

[100] Protocol No. 16 to the Convention for the Protection of Human Rights and Fundamental Freedoms, CETS No. 214; der Ratifikationsgrad dieses Protokolls ist aber gering (15 Staaten, Stand September 2020). Deutschland hat das Protokoll bislang nicht ratifiziert.

[101] Legality of the Threat or Use of Nuclear Weapons, Advisory Opinion v. 8.7.1996, ICJ Rep. 1996, 226.

[102] Legal Consequences of the Construction of a Wall in the Occupied Palestinian Territory, Advisory Opinion v. 9.7.2004, ICJ Rep. 2004, 136 Rn. 154 ff.

[103] Accordance with International Law of the Unilateral Declaration of Independence in Respect of Kosovo, Advisory Opinion v. 22.7.2010, verfügbar unter: https://www.icj-cij.org/public/files/case-related/141/141-20100722-ADV-01-00-EN.pdf (zuletzt abgerufen am 30.11.2020).

[104] UNGA Res 64/298 (13.10.2010) UN Doc A/RES/64/298.

[105] *Weller* Modesty Can Be A Virtue: Judicial Economy in the ICJ *Kosovo* Opinion? (2011) 24 LJIL 127, 146.

[106] Legality of the Threat or Use of Nuclear Weapons, Advisory Opinion of 8.7.1996, ICJ Rep. 1996, 226 Rn. 15.

[107] S. dazu ausführlich *Walter* The Kosovo Advisory Opinion, What It Says and What It Does Not Say, in: Walter/von Ungern-Sternberg/Abushov, Self-Determination and Secession in International Law, 2014, S. 13 ff.

[108] S. zuletzt Legal Consequences of the Separation of the Chagos Archipelago from Mauritius in 1965, ICJ Advisory Opinion v. 25.2.2019 Rn. 65; Legal Consequences of the Construction of a Wall in the Occupied Palestinian Territory, Advisory Opinion v. 9.7.2004, ICJ Rep. 2004, 136 Rn. 44.

dass die Tatsache, dass eine Rechtsfrage auch politische Aspekte habe, ihr nicht den Charakter einer Rechtsfrage nehme.[109]

Die Gutachten des IGH sind für das anfragende Organ und die Staaten **nicht als solche verbindlich.** Ein **verbindlicher Charakter** kann sich aber aus den zugrundeliegenden Normen des Völkerrechts oder durch eine ausdrückliche Anordnung in völkerrechtlichen Verträgen ergeben. So sieht etwa das Abkommen über Privilegien und Immunitäten der Vereinten Nationen vor, dass im Streitfall ein Gutachten des IGH angefordert werden soll, das von den Parteien als „decisive" anzusehen sei.[110] 67

## VII. Ausblick: Der IGH und die wachsende Bedeutung spezieller Streitbeilegungsverfahren

Insgesamt erfreut sich die Gerichtsbarkeit des IGH nach wie vor **großer Beliebtheit.** 68
Die **Zahl der anhängigen Verfahren** ist weiterhin hoch.[111] Bemerkenswert ist dabei ein Anstieg der Verfahren aus Afrika und Lateinamerika, sowie – in Bezug auf die Rechtsfragen – die zunehmende Entscheidung von Grenz- und Gebietsstreitigkeiten durch den IGH.[112] Auch hochpolitische Fragen der Anwendung militärischer Gewalt sind immer wieder Gegenstand gerichtlicher Streitbeilegung. Andere internationale Streitbeilegungsgremien und internationale Gerichte werden ähnlich intensiv in Anspruch genommen, der EGMR sogar in einem Umfang, dass hierdurch das Rechtsschutzsystem gefährdet erscheint (näher dazu → *Kadelbach* § 6 Rn. 24). Auf der anderen Seite darf man nicht übersehen, dass die Blockadepolitik der Vereinigten Staaten von Amerika unter der Trump-Administration bei der Nachbesetzung der Mitglieder des Appellate Body[113] das Streitbeilegungssystem der WTO nachhaltig beschädigt und weitgehend wirkungslos gemacht hat, obwohl es zuvor ganz überwiegend als effektives und intensiv genutztes Rechtsschutzsystem eingeschätzt wurde (→ *Tietje/Klimke* § 4 Rn. 37 ff.).

Ob diese gegenüber einer gerichtlichen Streitbeilegung ablehnende Haltung der USA 69
für die Entwicklung des Völkerrechts insgesamt und für die Rolle des IGH eine prägende Kraft entfalten wird, ist eine offene Frage. Derzeit macht sie sich jedenfalls nicht in einem Rückgang der Verfahrenszahlen bemerkbar.[114] Für die internationale Gerichtsbarkeit insgesamt erweist sich die **Aufspaltung in verschiedene Spezialgerichtsbarkeiten** als kontinuierliche Herausforderung. Anders als in den 1950er bis 1980er Jahren ist der IGH bei weitem nicht mehr allein für die Beilegung zwischenstaatlicher Streitigkeiten zuständig. Mit ihm konkurrieren etwa der Internationale Seegerichtshof für den Bereich des Seerechts, das WTO-Streitbeilegungsverfahren für das Welthandelsrecht, der EuGH für das Recht der Europäischen Union und die verschiedenen Menschenrechtsschutzorgane für die in den jeweils zugrundeliegenden Verträgen geschützten Menschenrechte. Jurisdiktions-

[109] Legal Consequences of the Construction of a Wall in the Occupied Palestinian Territory, Advisory Opinion of 9.7.2004, ICJ Rep. 2004, 136 Rn. 41.

[110] Art. VIII Abs. 30 Abkommen über Privilegien und Immunitäten (GA Res. 22 [1] vom 13.2.1946); s. auch Difference Relating to Immunity from Legal Process of a Special Rapporteur of the Commission on Human Rights, Advisory Opinion v. 29.4.1999, ICJ Rep. 1999, 62 Rn. 65.

[111] Vgl. anhängige Verfahren beim IGH, https://www.icj-cij.org/en/pending-cases (zuletzt abgerufen am 30.11.2020); vgl. *Jennings/Higgins/Tomka* in: Zimmermann/Tams/Oellers-Frahm/Tomuschat, ICJ, General Introduction, 2019 Rn. 191 f.

[112] Dazu *Merrills* Dispute Settlement, S. 162 ff.; s. zuletzt z. B. Maritime Delimitation in the Caribbean Sea and the Pacific Ocean (Costa Rica/Nicaragua) and Land Boundary in the Northern Part of Isla Portillos (Costa Rica/Nicaragua), Judgment v. 16.12.2015, ICJ Rep. 2015, 665 or Case Concerning Maritime Dispute (Peru/Chile), Judgment v. 27.1.2014, ICJ Rep. 2014, 3.

[113] *v. Arnauld* Völkerrecht, Rn. 959.

[114] Speech by H. E. Mr. *Abdulqawi A. Yusuf*, President of the International Court of Justice, on the occasion of the Seventy-Fourth Session of the United Nations General Assembly (30.10.2019), verfügbar unter https://www.icj-cij.org/files/press-releases/0/000–20191030-STA-01-00-EN.pdf (zuletzt abgerufen am 30.11.2020).

konflikte hat es bislang zwischen der WTO und dem Seerecht,[115] aber auch zwischen dem Seerecht und dem Recht der Europäischen Union gegeben.[116] Das Jugoslawien-Tribunal und der IGH sind bei Zurechnungsfragen zu (vermeintlich) widersprüchlichen Entscheidungen gelangt.[117]

70 Von den Präsidenten des IGH und anderen internationalen Richtern ist diese Entwicklung eine Zeit lang mit einer gewissen Sorge beobachtet worden.[118] Sie sahen hierdurch die **Einheit der Völkerrechtsordnung** gefährdet. Die International Law Commission richtete im Jahr 2000 sogar eine besondere Arbeitsgruppe zur Fragmentierung des Völkerrechts ein.[119] Diese Gefahren, die Folge der „Sektoralisierung" des Völkerrechts in verschiedene Teilgebiete mit eigenen Streitbeilegungsverfahren sind,[120] dürfen sicherlich auch heute nicht ignoriert werden. Aber die intensive Auseinandersetzung in der Literatur[121] und auch die Praxis der vergangenen Jahre haben gezeigt, dass die Probleme auch nicht überdramatisiert werden sollten. Eine ernsthafte Konfliktlage entsteht nur dann, wenn ein Regime ein Verhalten gebietet, das von einem anderen verboten ist. Ein solcher Fall ist bislang aber nicht praktisch geworden.

71 Im Übrigen gilt es zu berücksichtigen, dass das Völkerrecht seit jeher eine **dezentrale Rechtsordnung** war, die mit einer gewissen Uneinheitlichkeit in der Rechtsdurchsetzung zurechtkommen musste. In den beschriebenen Entwicklungen deutet sich an, dass sich die Gründe für den dezentralen Charakter wandeln und nunmehr weniger im Fehlen zentraler Durchsetzungsmechanismen liegen als vielmehr in deren wachsender Zahl. Die nach wie vor allseits hohen Verfahrenszahlen belegen aber, dass dies der internationalen Gerichtsbarkeit nicht zu schaden scheint.

---

[115] *Neumann* ZaöRV 61 (2001), 529.

[116] EuGH EuZW 2006, 464 Rn. 121 – Kommission/Irland; vgl. dazu *Wegener* ZUR 2006, 582.

[117] Für einen sog. effective control test: Military and Paramilitary Activities in and against Nicaragua (Nicaragua/United States of America), Merits, Judgment v. 27.6.1986, ICJ Rep. 1986, 14, Rn. 195; für den sog. overall control test: ICTY, Appeals Chamber v. 15.7.1999 Rn. 112 ff., insbesondere Rn. 145 – Prosecutor/Duško Tadic, verfügbar unter https://www.icty.org/x/cases/tadic/acjug/en/tad-aj990715e.pdf (zuletzt abgerufen am 30.11.2020); dazu *Cassese* EJIL 18 (2007), 649.

[118] President *Guillaume* Speech by his Excellency Judge *Gilbert Guillaume,* President of the International Court of Justice, to the Sixth Committee of the General Assembly of the United Nations (31.10.2001), verfügbar unter https://www.icj-cij.org/files/press-releases/5/2995.pdf (zuletzt abgerufen am 30.11.2020); *Buergenthal* LJIL 2001, 267 (272 f.).

[119] Study Group on Fragmentation of International Law, GAOR, 55th session, Supplement No. 10 (A/55/10), Rn. 729.

[120] *Charney* RdC 271 (1998), 101; *Oellers-Frahm* Max-Planck Yearbook on United Nations Law 5 (2001), S. 67; *Finke* Die Parallelität internationaler Streitbeilegungsmechanismen, 2004, S. 152 ff.; *Walter* in: Nijman/Nollkaemper, New Perspectives on the Divide between National and International Law, 2007, S. 191 (197); zuletzt umfassend *Sauer* Jurisdiktionskonflikte; zahlreiche weitere Nachweise bei *Hestermeyer* in: König/Stoll/Röben/Matz-Lück (Hrsg.), International Law Today: New Challenges and the Need for Reform?, 2008, S. 123.

[121] Dazu ausführlich *Sauer* Jurisdiktionskonflikte, S. 371 ff.

# § 3. Rechtsschutz durch die Vereinten Nationen, insbesondere nach dem Internationalen Pakt über bürgerliche und politische Rechte

*Stefan Kadelbach*

**Übersicht**



**Schrifttum:** *Alston/Mégret* (Hrsg.) The United Nations and Human Rights, 2. Aufl. 2020; *Buergenthal/Thürer* Menschenrechte – Ideale, Instumente, Institutionen, 2010; *Connors* United Nations, in: Moeckli/Shah/Sivakumaran (Hrsg.), International Human Rights Law, 3. Aufl. 2018, S. 369 ff.; *Dederer* Die Durchsetzung der Menschenrechte, in: Merten/Papier (Hrsg.), Handbuch der Grundrechte, Band VI/2, 2009, § 176; *Joseph/Castan* The International Covenant on Civil and Political Rights, 3. Aufl. 2013; *Kälin/Künzli* Universeller Menschenrechtsschutz, 4. Aufl. 2019; *Kadelbach* in: Dörr/Grote/Marauhn (Hrsg.), EMRK/GG Konkordanzkommentar, 2. Aufl. 2013, Kap. 30; *Keller/Ulfstein* (Hrsg.) UN Human Rights Treaty Bodies, 2012; *Nowak/Schabas* U. N. Covenant on Civil and Political Rights – CCPR Commentary, 3. Aufl. 2019; *Oberleitner* (Hrsg.) International Human Rights Institutions, Tribunals and Courts, 2018; *Schilling* Internationaler Menschenrechtsschutz, 3. Aufl. 2016; *Shelton* Remedies in International Human Rights Law, 3. Aufl. 2015; *Wolf* Aktivlegitimation im UN-Individualbeschwerdeverfahren, 2018.

**Fall:** B war stellvertretender Verteidigungsminister und Chef der Grenztruppen der DDR. Wegen der Praxis der DDR, Flüchtlinge an der innerdeutschen Grenze mit Waffengebrauch am Verlassen des Landes zu hindern, verurteilte ihn das Landgericht Berlin 1996 – aufgrund einer Regelung im Einigungsvertrag nach dem StGB-DDR – wegen Totschlags und versuchten Totschlags in verschiedenen Fällen zu einer Freiheitsstrafe von sechseinhalb Jahren. Die Revision zum Bundesgerichtshof und eine Verfassungsbeschwerde blieben erfolglos. Mit seiner Beschwerde beim Ausschuss für Menschenrechte der Vereinten Nationen rügte B Verletzungen der Art. 15 (nulla poena sine lege) und Art. 26 (Gleichheit vor dem Gesetz) des Internationalen Paktes über bürgerliche und politische Rechte. Die ihm zur Last gelegten Taten seien nach dem Recht der DDR nicht strafbar gewesen, sondern hätten seinen Dienstpflichten entsprochen. Obwohl für Beamte des Bundesgrenzschutzes eine ähnliche Regelung über den Schusswaffengebrauch bestehe, seien sie, anders als das Personal der DDR, strafrechtlich nicht zur Verantwortung gezogen worden. Hatte die Beschwerde Erfolg? 1

## A. Bedeutung

### I. System des Menschenrechtsschutzes durch die Vereinten Nationen

#### 1. Zuständigkeiten der Vereinten Nationen nach der UN-Charta

2 In der **Charta der Vereinten Nationen** (UN-Charta) nimmt der Menschenrechtsschutz einen herausragenden Platz ein. Er ist eines ihrer wichtigsten Motive (Präambel Abs. II), Ziele (Art. 1 Nr. 3 UN-Charta) und Arbeitsfelder (Art. 55 lit. c UN-Charta). Alle Organe der Vereinten Nationen (VN) besitzen Zuständigkeiten auf diesem Gebiet.

3 Die **Generalversammlung** der VN hat von ihrer Befugnis (Art. 13 Abs. 1 lit. b UN-Charta) am prominentesten mit der Verabschiedung der **Allgemeinen Erklärung der Menschenrechte** vom 10.12.1948 (AEMR) Gebrauch gemacht, einer einmütig angenommenen, ohne Abstimmung verkündeten Resolution, die einen Katalog von bürgerlichen, politischen, wirtschaftlichen, sozialen und kulturellen Rechten proklamierte.[1] An ihrem Vorbild orientieren sich einige multilaterale Verträge, vor allem die beiden Menschenrechtspakte der VN (→ Rn. 7), die Europäische Konvention zum Schutz der Menschenrechte und Grundfreiheiten (→ § 6 Rn. 3) und die Amerikanische Menschenrechtskonvention.[2] Nach der Weltkonferenz für Menschenrechte 1993 in Wien hat die Generalversammlung das Amt eines **Hochkommissars für Menschenrechte** eingerichtet, der die verschiedenen Aktivitäten der VN auf dem Gebiet des Menschenrechtsschutzes koordinieren, die internationale Zusammenarbeit fördern und den Dialog mit den Mitgliedstaaten führen soll.[3] Zugleich steht er dem *Office of the High Commissioner for Human Rights* (OHCHR) mit Sitz in Genf vor, eine Abteilung des Generalsekretariats der VN, die den Verwaltungsunterbau stellt und mit der Unterstützung der Überwachungsorgane der VN-Menschenrechtsverträge beauftragt ist (→ Rn. 23).[4]

4 In begrenztem Umfang besitzt auch der **Sicherheitsrat** Kompetenzen zum Schutz der Menschenrechte. Dies ist namentlich dann der Fall, wenn Menschenrechtsverletzungen zugleich eine Bedrohung oder einen Bruch des Friedens und der internationalen Sicherheit darstellen (Art. 39 UN-Charta). Der Sicherheitsrat kann dann präventive Maßnahmen anordnen oder Sanktionen beschließen.[5] Auch die Tribunale für das ehemalige Jugoslawien und für Ruanda, die durch Resolutionen des Sicherheitsrates eingerichtet worden sind und deren Aufgabe in der strafrechtlichen Ahndung schwerwiegender Menschenrechtsverletzungen besteht, gehören in diesen Zusammenhang.[6] Zudem kann der Sicherheitsrat eine Situation an die Anklagebehörde des Internationalen Strafgerichtshofs überweisen, wie dies in den Fällen Sudans (Darfur) 2007 und Libyens 2011 geschehen ist.[7]

---

[1] A/RES 217 (III) v. 10.12.1948, UN General Assembly Official Records, part I, Resolutions (Doc A/810), 71; dazu *Cassin* RdC 79 (1951), 237; *Eide/Alfredsson/Melander/Rehof/Rosas/Swinehart* The Universal Declaration of Human Righs: A Commentary, 1993; zu René Cassin *Charvon* RBDI 31 (1998), 321; zur Geschichte der Menschenrechte *Oestreich* in: Bettermann/Neumann/Nipperdey, Die Grundrechte I/1, 1966, S. 1 ff.; *Bernstorff* EJIL 19 (2008), 903; *Simmons* Mobilizing for Human Rights, 2009, S. 23 ff.

[2] American Convention on Human Rights v. 22.11.1969, UNTS Vol. 1144, 123, in Kraft seit 18.7.1978; die Afrikanische Charta der Rechte des Menschen und der Völker v. 27.6.1981, UNTS Vol. 1520, 217, in Kraft seit 21.10.1986, orientiert sich ebenfalls daran, geht aber in mancherlei Hinsicht eigene Wege.

[3] A/RES 48/141 v. 20.12.1993; dazu *Ramcharan* The United Nations High Commissioner for Human Rights, 2002.

[4] Soweit diese Verträge den Generalsekretär der VN benennen, wie etwa bei der Entgegennahme der Staatenberichte, handelt also das OHCHR.

[5] *Ramcharan* The Security Council and the Protection of Human Rights, 2002; *Stagno Ugarte/Genser* in: Genser/Stagno Ugarte, The United Nations Security Council in the Age of Human Rights, 2014, S. 3 ff.

[6] S/RES 827 (1993) v. 25.5.1993 (Jugoslawien); S/RES 955 (1994) v. 8.11.1994 (Ruanda).

[7] Art. 13 lit. b Römisches Statut des Internationalen Strafgerichtshofs v. 17.7.1998, UNTS Vol. 2187, 3; BGBl 2000 II S. 1394, in Kraft seit 1.7.2002; zu Darfur S/RES 1593 (2005) v. 31.3.2005; zu Libyen S/RES 1970 (2011) v. 26.2.2011.

Der **Wirtschafts- und Sozialrat** der VN *(Economic and Social Council – ECOSOC)* bediente sich zur Wahrnehmung seiner Befugnisse (Art. 62 Abs. 2 UN-Charta) gemäß Art. 68 UN-Charta von 1959 bis 2006 einer von ihm eingesetzten **Menschenrechtskommission** *(Commission on Human Rights)*, in der nach einem geographischen Schlüssel im Turnus wechselnd 53 Mitgliedstaaten vertreten waren, und die Mitteilungen über Menschenrechtsverletzungen prüfte.[8] Eingeführt wurden ein öffentliches und ein vertrauliches Verfahren,[9] die es im Prinzip auch heute noch gibt (→ Rn. 6). Im öffentlichen Verfahren konnten Verletzungen schwerer und systematischer Art zur Sprache gebracht und beraten werden; zu diesem Zweck sind wiederholt Sonderberichterstatter beauftragt worden, Situationen im Hinblick auf einzelne Länder oder bestimmte Arten von Verletzungen zu untersuchen. Im vertraulichen Verfahren wurden verlässlich bezeugte, systematische und schwerwiegende Menschenrechtsverletzungen behandelt. Zu diesem Zweck wurden Individualbeschwerden zusammengefasst, in anonymisierter Form dem betroffenen Staat zugeleitet und in nicht öffentlicher Sitzung beraten. Am Ende des Verfahrens stand ein vertraulicher Bericht, der auf Wunsch des betroffenen Staates veröffentlicht werden konnte.[10] 5

Die Menschenrechtskommission (→ Rn. 5) wurde 2006 aufgelöst und durch den **Menschenrechtsrat** *(Human Rights Council)* ersetzt, in dem nun 47 Mitgliedstaaten nach einem festgelegten Schlüssel vertreten sind.[11] Nicht mehr dem Wirtschafts- und Sozialrat, sondern der Generalversammlung als deren Hilfsorgan (Art. 22 UN-Charta) zugeordnet, führt er die vor der Menschenrechtskommission eingerichteten, als politisiert und ineffektiv kritisierten Verfahren in modifizierter Form fort. Das öffentliche Verfahren ist zum Sonderverfahren *(special procedures)* geworden, das auf der Arbeit von Expertengruppen oder unabhängigen Berichterstattern beruht.[12] Das vertrauliche Beschwerdeverfahren ist zum Beschwerdeverfahren *(complaint procedure)* fortentwickelt worden, folgt aber nach wie vor der Leitidee, in vertraulicher Form schwere und systematische Verletzungen zu behandeln, und nutzt dazu die Infrastruktur des OHCHR.[13] Einrichtungen der Zivilgesellschaft, insbesondere auf den Menschenrechtsschutz spezialisierte Nichtregierungsorganisationen wie *Amnesty International* und *Human Rights Watch* können das Verfahren einleiten und sich an ihm beteiligen. Darüber hinaus ist der Menschenrechtsrat für eine allgemeine regelmäßige Überprüfung der Menschenrechtsstandards *(Universal Periodic Review)* zuständig, ein Verfahren, in dem alle Mitgliedstaaten der VN turnusmäßig berichten und sich einer Erörterung ihrer Berichte stellen.[14] Maßstab sind alle Rechte, die in der AEMR, der UN-Charta oder in einem der Menschenrechtsverträge niedergelegt sind. Ob die Reform zu einer Verbesserung geführt hat, wird zurückhaltend beurteilt.[15] 6

### 2. Vertraglicher Menschenrechtschutz

**a) Verfahren.** Da die bisher geschilderten Zuständigkeiten unmittelbar aus der UN-Charta und der Praxis der Organe der VN abgeleitet sind, aber keine spezielle vertragliche Grundlage haben, werden sie als Mechanismen des **chartagestützten** *(charter-based)* oder außervertraglichen Menschenrechtsschutzes bezeichnet. Damit ist der Unterschied zum 7

---

[8] *Marie* La Commission des droits de l'homme de l'O. N. U., 1974; *Pastor Ridruejo* RdC 338 (1991), 183.

[9] Grundlage für das öffentliche Verfahren war Res 1235 (XLII) des WSR v. 6.6.1967, YUN 1967, 512, für das vertrauliche Verfahren Res 1503 (XLVIII) des WSR v. 27.5.1970, YUN 1970, 530, modifiziert durch Res 2000/3 v. 19.6.2000, YUN 2000, 595.

[10] *Irmscher* Die Behandlung privater Beschwerden über systematische und grobe Menschenrechtsverletzungen in der UN-Menschenrechtskommission, 2002.

[11] A/RES 60/251 v. 3.4.2006; zur Vorgeschichte *Bossuyt* Neth Q Hum Rts 24 (2006), 551; *Spohr* Der neue Menschenrechtsrat und das Hochkommissariat für Menschenrechte der Vereinten Nationen, 2014, S. 32 ff.

[12] Dazu *Rodley* in: Boyle, New Institutions for Human Rights Protection, 2009, S. 49 ff.; *Kothari* in: Shelton, The Oxford Handbook on International Human Rights Law, 2015, S. 587 (607 ff.).

[13] Zum Ablauf des Verfahrens UN Human Rights Council Res 5/1 v. 18.6.2007.

[14] *Bernaz* in: Boyle Human Rights Protection (Fn. 12), S. 75 ff.; *Carraro* Hum Rts Q 39 (2017), 943.

[15] *Spohr* Max Planck Yearbook of UN Law 14 (2010), 169; *Fassbender* Essays in Honour Bruno Simma, 2011, S. 443; *Ramcharan* The Law, Policy and Politics of the UN Human Rights Council, 2015.

**vertraglichen** *(treaty-based)* **Menschenrechtsschutz** auf der Basis der neun Menschenrechtskonventionen der Vereinten Nationen *(core human rights treaties)* angesprochen. Derartige Schutzmechanismen wurden zum einen durch den Internationalen Pakt über bürgerliche und politische Rechte (IPbpR, auch Zivilpakt)[16] und den Internationalen Pakt über wirtschaftliche, soziale und kulturelle Rechte (IPwskR, auch Sozialpakt)[17] eingerichtet; beide wurden am 19.12.1966 unterzeichnet und sind am 9.3.1976 in Kraft getreten. Einige Monate älter ist das Übereinkommen zur Beseitigung jeder Form von Rassendiskriminierung von 1966.[18] Später traten das Übereinkommen zur Beseitigung jeder Form von Diskriminierung der Frau,[19] das Übereinkommen gegen Folter und andere grausame, unmenschliche oder erniedrigende Behandlung oder Strafe[20] sowie das Übereinkommen über die Rechte des Kindes[21] hinzu. Die bis auf absehbare Zeit letzten beiden Abkommen gelten den Rechten von Personen mit Behinderungen[22] und dem Schutz aller Personen vor dem Verschwindenlassen[23]. Ein weiteres Schutzübereinkommen befasst sich mit den Rechten der Wanderarbeitnehmer und ihrer Familienangehörigen, hat aber noch keinen vergleichbar weiten Teilnehmerkreis gefunden; auch die Bundesrepublik Deutschland ist ihm im Gegensatz zu den anderen acht Konventionen nicht beigetreten; es wird im Folgenden nicht berücksichtigt.[24]

8 Jedes dieser Konventionswerke hat einen eigenen **Schutzmechanismus,** für dessen Verwaltung jeweils ein spezieller Ausschuss eingerichtet worden ist.[25] Die Verfahren, in denen die Verwirklichung der Vertragsziele überwacht wird, sind verschieden. Zu unterscheiden sind Berichts-, Staatenbeschwerde-, Individualbeschwerde- und Untersuchungsverfahren.[26]

9 Alle Konventionen kennen das **Berichtsverfahren,** in dem die Mitgliedstaaten in regelmäßigen Abständen den Stand der Umsetzung dokumentieren und sich einer Beratung über ihre Berichte stellen müssen; am Ende steht ein Landesbericht durch das zuständige Organ.[27] Das Verfahren ist in jedem Schutzsystem obligatorisch, d. h. die Staaten sind ihm durch Ratifizierung des jeweiligen Vertragswerks automatisch unterworfen.

---

[16] Amtliche Bezeichnung: International Covenant on Civil and Political Rights (CCPR), UNTS Vol. 999, 171; BGBl 1973 II S. 1534; die Entstehung ist dokumentiert bei *Bossuyt* Guide to the „Travaux Préparatoires" of the International Covenant on Civil and Political Rights, 1987. Der Zivilpakt hat zurzeit (01.10.2020) 173 Mitgliedstaaten; sämtliche hier und im Folgenden angegebenen Zahlen verfügbar unter: https://indicators.ohchr.org/ (zuletzt abgerufen am 30.11.2020).

[17] International Covenant on Economic, Social and Cultural Rights (CESCR), UNTS Vol. 992, 3; BGBl 1973 II S. 1570, 170 Mitgliedstaaten.

[18] Convention on the Elimination of All Forms of Racial Discrimination (CERD) v. 7.3.1966, UNTS Vol. 660, 195; BGBl 1969 II S. 962; in Kraft seit 4.1.1969, heute 182 Mitgliedstaaten.

[19] Convention on the Elimination of All Forms of Discrimination against Women (CEDAW) v. 18.12.1979, UNTS Vol 1249, 1; BGBl 1985 II S. 648, in Kraft seit 3.9.1981, 189 Mitgliedstaaten.

[20] Convention against Torture and other Cruel, Inhuman or Degrading Treatment or Punishment (CAT) v. 10.12.1984, UNTS Vol. 1465, 85; BGBl 1990 II S. 246, in Kraft seit 31.10.1990, 169 Mitgliedstaaten.

[21] Convention on the Rights of the Child (CRC) v. 20.11.1989, UNTS Vol. 1577, 3; BGBl 1992 II S. 122, in Kraft seit 2.9.1990, 196 Mitgliedstaaten; s. zudem die beiden Fakultativprotokolle v. 25.5.2000 über den Schutz von Kindern in bewaffneten Konflikten (Optional Protocol on Children in Armed Conflict), UNTS Vol. 2173, 222; BGBl 2004 II S. 1355, in Kraft seit 12.2.2002, 170 Mitgliedstaaten; und gegen verschiedene Formen von Verbrechen an Kindern (Optional Protocol on the Sale of Children, Child Prostitution and Child Pornography), UNTS Vol. 2171, 227; BGBl 2008 II S. 1223, in Kraft seit 18.1.2002, 176 Mitgliedstaaten.

[22] Convention on the Rights of Persons with Disabilities (CRPD) v. 13.12.2006, 2515 UNTS Vol. 3; BGBl 2008 II S. 1420, in Kraft seit 3.5.2008.

[23] International Convention for the Protection of All Persons from Enforced Disappearance (CED) v. 20.12.2006, 2716 UNTS Vol. 3; BGBl 2009 II S. 933, in Kraft seit 23.12.2010.

[24] International Convention on the Protection of the Rights of All Migrant Workers and Members of their Families v. 18.12.1990, UNTS Vol. 2220, 3, in Kraft seit 1.7.2003, 55 Mitgliedstaaten.

[25] Vgl. *Hannum/Shelton/Anaya/Celorio* International Human Rights – Problems of Law, Policy, and Practice, 2018, S. 647 ff.; *Kadelbach* in: Dörr/Grote/Marauhn, EMRK/GG, Kap. 30 Rn. 182 ff.

[26] Überblick bei *Tomuschat* Human Rights – Between Idealism and Realism, 2014, S. 214 ff., 238 ff.

[27] *Oberleitner* Menschenrechtsschutz durch Staatenberichte, 1998; *Boerefijn* The Reporting Procedure under the Covenant on Civil and Political Rights, 1999.

Die **Staatenbeschwerde** ermöglicht es den Mitgliedstaaten, vor der zuständigen Einrichtung ein Verfahren über Verletzungen in einem Konventionsstaat zu eröffnen. Sie ist obligatorisch im Übereinkommen gegen Rassendiskriminierung sowie fakultativ, also auf freiwilliger Basis im Zivilpakt, in den Konventionen gegen Folter und das Verschwindenlassen sowie in einem Zusatzprotokoll zur Kinderschutzkonvention vorgesehen. Ihre praktische Bedeutung ist denkbar gering.[28] 10

Ein **Individualbeschwerdeverfahren** ist inzwischen für alle UN-Menschenrechtskonventionen eingerichtet worden.[29] Allerdings ist die Unterwerfung unter das Verfahren fakultativ, kann also nur durchgeführt werden, wenn der jeweilige Mitgliedstaat die Zuständigkeit des Überwachungsorgans für die Individualbeschwerde eigens anerkannt hat. Dann aber kann, wie im Individualbeschwerdeverfahren vor dem EGMR (→ § 6 Rn. 24), jeder Einzelne mit der Behauptung Beschwerde erheben, in seinen jeweiligen Konventionsrechten verletzt worden zu sein. Die Bundesrepublik Deutschland hat sich diesem Verfahren im Hinblick auf die Konventionen gegen die Folter,[30] gegen die Diskriminierung der Frau,[31] über die Rechte des Kindes,[32] zum Schutz von Personen mit Behinderungen und zum Schutz vor dem Verschwindenlassen[33] unterworfen. Gleiches gilt für die Konvention gegen Rassendiskriminierung[34] und den Zivilpakt,[35] unter dem Vorbehalt, dass nicht in derselben Sache vor einer anderen internationalen Instanz ein Beschwerdeverfahren anhängig war oder ist.[36] Das entsprechende Zusatzprotokoll zum Sozialpakt[37] hat Deutschland nicht ratifiziert, so dass es in dieser Hinsicht keinem Individualbeschwerdeverfahren unterliegt. 11

Das **Untersuchungsverfahren** schließlich ergänzt die drei anderen Verfahrenswege um einen Verifikationsmechanismus, durch den die Tatsachenermittlung formalisiert wird. Es ist in der Anti-Folterkonvention (Art. 20, 28) und in der Konvention zum Schutz vor dem Verschwindenlassen (Art. 33) vorgesehen, die jeweils alle vier Mechanismen kennen, sowie in der Konvention über die Rechte von Menschen mit Behinderungen (Art. 6). Auch das Zusatzprotokoll zum Übereinkommen gegen die Diskriminierung der Frau sieht ein Untersuchungsverfahren vor.[38] In einem zunächst vertraulichen Verfahren kann der zuständige Ausschuss Informationen in einem Mitgliedstaat nachgehen; dabei soll die Mitwirkung des verantwortlichen Staates erreicht werden. Die Untersuchung kann einen Besuch in diesem Staat einschließen. Am Ende kann der Ausschuss beschließen, das Ergebnis in seinen Jahresbericht aufzunehmen. Ein 2006 in Kraft getretenes Zusatzprotokoll zur Konvention gegen die Folter sieht darüber hinaus vor, dass ein Unterausschuss über die Verhütung der Folter ein System regelmäßiger Besuche aufstellt und Zugang zu den Gefängnissen der Vertragsstaaten erhält.[39] 12

---

[28] Zu den Gründen *Karl* BDGV 33 (1994), 83 (106 ff.); *Rodley* in: Boyle Human Rights Protection (Fn. 12), S. 633.

[29] Für die Wanderarbeitnehmer-Konvention (Fn. 24) ist dies ebenfalls möglich, doch wurde das Verfahren bislang nicht aktiviert.

[30] Erklärung nach Art. 22 der UN-Antifolterkonvention v. 19.10.2001, BGBl 2002 II S. 1014.

[31] Fakultativprotokoll zum Übereinkommen zur Beseitigung jeder Form der Diskriminierung der Frau v. 6.10.1999, UNTS Vol. 2131, 38; BGBl 2001 II S. 1238, in Kraft seit 15.4.2002.

[32] Fakultativprotokoll zum Übereinkommen über die Rechte des Kindes betreffend ein Mitteilungsverfahren v. 19.12.2011, UN Doc A/RES/66/138 verfügbar unter: https://undocs.org/en/A/RES/66/138 (zuletzt abgerufen am 30.11.2020); BGBl 2012 II S. 1546, in Kraft seit 14.4.2014.

[33] Zusatzprotokoll zur Konvention zum Schutz von Personen mit Behinderungen v. 13.12.2006, UNTS Vol. 2518, BGBl 2008 II S. 1453, in Kraft seit 3.5.2008, bzw. Erklärung zu Art. 31 des Übereinkommens zum Schutz von Personen vor dem Verschwindenlassen v. 21.6.2012, BGBl II S. 741.

[34] Erklärung nach Art. 14 der Konvention gegen Rassendiskriminierung v. 30.8.2001, BGBl II S. 1278.

[35] Fakultativprotokoll zu dem Internationalen Pakt über bürgerliche und politische Rechte v. 19.12.1966, UNTS Vol. 999, 302; BGBl 1992 II S. 1247, in Kraft für Deutschland mit Wirkung zum 25.11.1993, BGBl 1994 II S. 311.

[36] S. die entsprechende Erklärung (Fn. 34) bzw. den Vorbehalt bei Ratifikation (Fn. 35).

[37] Vom 10.12.2008, in Kraft seit 5.5.2013, UN Doc A/63/435 verfügbar unter: https://undocs.org/A/63/435 (zuletzt abgerufen am 30.11.2020).

[38] S. zu einem entsprechenden Bericht wegen des Vorwurfs schwerwiegender und systematischer Verletzungen v. 27.1.2005, CEDAW/C/2005/OP.8/MEXICO.

[39] Fakultativprotokoll v. 18.12.2002, UNTS Vol. 2375, 237; BGBl 2008 II S. 855, in Kraft seit 22.6.2006.

13 **b) Mit Individualbeschwerden gegen Deutschland befasste Ausschüsse.** Die Ausschüsse, die Individualbeschwerden entgegennehmen, sind sich in Zusammensetzung, Sitzungsturnus und Verfahrensweise recht ähnlich. Am wichtigsten ist der **Menschenrechtsausschuss** *(Human Rights Committee),* der durch Art. 28 IPbpR eingesetzt worden ist.[40] Er setzt sich aus 18 Staatsangehörigen der Vertragsstaaten zusammen, die juristischen Sachverstand besitzen sollen und von einer zu diesem Zweck durch den UN-Generalsekretär einberufenen Versammlung für vier Jahre gewählt werden (Art. 29 ff. IPbpR). Seine Zusammensetzung soll für die geographische Verteilung, die umfassten Zivilisationen und die wichtigsten Rechtssysteme der Vertragsstaaten repräsentativ sein (Art. 31 Abs. 2 IPbpR). Die Sitzungen finden, wenn nichts anderes beschlossen wird, dreimal jährlich in Sitzungsperioden zu je etwa drei Wochen statt. Aufgabe des Menschenrechtsausschusses ist es, die nach dem Pakt regelmäßig zu erstattenden Staatenberichte zu prüfen (Art. 40 IPbpR).[41] Darüber hinaus besitzt er eine Kompetenz zur Prüfung von Staatenbeschwerden (Art. 41 IPbpR), doch ist es hierzu bisher noch nicht gekommen. Zum dritten regelt das erste Fakultativprotokoll zum Zivilpakt Voraussetzungen und Verfahren der Individualbeschwerde, die Einzelpersonen mit der Behauptung erheben können, in ihren Rechten aus dem Zivilpakt verletzt worden zu sein (Art. 1 FP). Die Einzelheiten sind in der Verfahrensordnung des Menschenrechtsausschusses geregelt.[42] Dieses Verfahren ist im Hinblick auf das Spektrum der rügefähigen Rechte und auf die bisherige Praxis das bedeutendste Beschwerdeverfahren im Schutzsystem der VN. Es bindet alle Mitgliedstaaten der EU, nicht aber Großbritannien. Die Fallzahlen sind im Vergleich zum EGMR sehr niedrig. Seit Einrichtung des Menschenrechtsausschusses 1977 sind 3.624 Beschwerden gegen 93 Vertragsstaaten registriert und an den Ausschuss überwiesen worden. Hinzuzurechnen sind jährlich einige tausend Beschwerden, die wegen formaler Mängel nicht angenommen werden. In 1.577 Fällen hat der Ausschuss Entscheidungen in der Sache, „Auffassungen" *(views)* (Art. 5 Abs. 4 FP) genannt, mitgeteilt. In 1.213 Fällen hat er eine Verletzung des Paktes festgestellt.[43] Von den gegen die Bundesrepublik Deutschland gerichteten Beschwerden wurden bisher 20 geprüft, zwei haben die Zulässigkeitshürde genommen,[44] eine davon hatte Erfolg.[45]

14 Der **Ausschuss für die Beseitigung der Rassendiskriminierung** *(Committee on the Elimination of All Forms of Racial Discrimination – CERD),* die älteste der vertraglichen Schutzinstitutionen der VN, überprüft die nach Art. 9 der Konvention gegen Rassendiskriminierung abzugebenden Staatenberichte und verhandelt über Individualbeschwerden, die Einzelne und Gruppen einreichen können. Eine Besonderheit besteht darin, dass die Vertragsstaaten nach Art. 14 Abs. 2 der Konvention eine Beschwerdestelle einrichten können, deren Anrufung dann zu dem vor Erhebung der Beschwerde zu durchlaufenden innerstaatlichen Rechtsweg gehört.[46] Die Verfahrensregeln entsprechen denen des Menschenrechtsausschusses.[47] Sofern die Beschwerde erfolgreich ist, ergeht eine Mitteilung an den

[40] *Joseph/Castan* ICCPR, S. 13 ff. Das Protokoll (Fn. 35) gilt für 116 der 173 Mitgliedstaaten des IPbpR.

[41] Ausführlich *E. Klein* in: E. Klein, The Monitoring System of Human Rights Treaty Obligations, 1998, S. 17 ff.; *Kadelbach* in: Dörr/Grote/Marauhn, EMRK/GG, Kap. 30 Rn. 201 ff.

[42] Rules of Procedure, UN Doc CCPR/C/3/Rev.11 v. 9.1.2019.

[43] Zahlen nach dem Jahresbericht 2020, UN Doc A/75/40 verfügbar unter: https://undocs.org/en/A/75/40 (zuletzt abgerufen am 30.11.2020).

[44] Unbegründet Baumgarten/Germany, Com. No. 960/2000, Views v. 31.7.2003, A/58/40 (Vol II), Annex V, 261.

[45] MG/Germany, Com. No. 1482/2006, Views v. 23.7.2008, CCPR/C/93/D/1482/2006 (Recht auf mündlichen Vortrag vor richterlicher Anordnung); s. auch die abweichenden Meinungen von *Shearer* und *Wedgwood,* Com. No. 1482/2006, Views v. 23.7.2008, CCPR/C/93/D/1482/2006

[46] In Deutschland ist dies nicht der Fall; die Antidiskriminierungsstelle des Bundes nach dem Allgemeinen Gleichstellungsgesetz (§ 27 AGG) erfüllt teils eine ähnliche Funktion, ist aber nicht die in der Konvention vorgesehene Beschwerdestelle.

[47] Zum Ausschuss *Wolfrum* Max Planck Yearbook of UN Law 3 (1999), 489; *Bryde* in: E. Klein, Rassische Diskriminierung – Erscheinungsformen und Bekämpfungsmöglichkeiten, 2002, S. 61; zum Verfahren *Britz* EuGRZ 2002, 381; *H. Cremer* Die Individualbeschwerde nach Art. 14 des Internationalen Übereinkommens gegen Rassismus (ICERD), 2005.

betreffenden Staat. Das Verfahren wird selten genutzt. Bis Sommer 2019 ist nur in 70 Beschwerdeverfahren gegen 17 der 58 Staaten verhandelt worden, die sich dem Verfahren unterworfen haben; in 20 Verfahren wurde eine Verletzung festgestellt, eines davon betraf einen deutschen Fall.[48]

Auch die Tätigkeit des **Ausschusses gegen Folter** *(Committee against Torture and other Cruel, Inhuman or Degrading Treatment or Punishment – CAT)* besteht vor allem in der Prüfung von Berichten.[49] Er ist zudem bisher gegenüber den 68 an das Individualbeschwerdeverfahren gebundenen Staaten in 1.003 Verfahren tätig geworden, in 158 Fällen hat er einen Verstoß festgestellt,[50] darunter eine Beschwerde gegen Deutschland.[51] Das Besuchssystem unter dem Fakultativprotokoll zur Antifolterkommission ist ein auf eigene Initiative oder auf der Basis regelmäßiger Inspektionen des zuständigen Unterausschusses durchgeführtes Untersuchungsverfahren, aber kein Individualbeschwerdeverfahren, das auf Antrag einer Einzelperson eingeleitet wird.[52] 15

Die praktische Bedeutung der Individualbeschwerde vor dem **Ausschuss gegen Diskriminierung der Frau** *(Committee on the Elimination of All Forms of Discrimination against Women – CEDAW)* ist bislang gering geblieben.[53] Bisher hat er nach Art. 7 des Zusatzprotokolls zur Konvention gegen die Diskriminierung der Frau erst in 109 Fällen Entscheidungen gefällt, 32 Beschwerden waren in der Sache begründet.[54] Nur ein Verfahren betraf die Bundesrepublik Deutschland.[55] 16

Gemäß dem dritten Zusatzprotokoll zur **Kinderschutzkonvention** nimmt der zuständige **Ausschuss** *(Committee on the Rights of the Child – CRC)* seit 2014 Individualbeschwerden gegen die 44 Staaten entgegen, die dieses Protokoll ratifiziert haben.[56] Für das Verfahren bestehen einige Besonderheiten, die sich aus dem Alter und der besonderen Schutzbedürftigkeit von Kindern ergeben.[57] Die Tätigkeit des Ausschusses nimmt allmählich zu, doch sind die Fallzahlen auch hier nicht hoch; bis zum März 2020 sind 113 Beschwerden eingereicht worden, die sich zumeist auf familienrechtliche Sachverhalte und das Aufenthaltsrecht ausländischer Kinder beziehen.[58] 17

Auch die Zuständigkeit des **Ausschusses,** der die Einhaltung der Konvention über **Rechte von Personen mit Behinderungen** überwachen soll *(Committee on the Rights of Persons with Disabilities – CRPD),* beruht auf einem 2008 in Kraft getretenen Zusatzproto- 18

---

[48] Jahresbericht 2019, UN Doc A/75/18, para 55 verfügbar unter: https://undocs.org/en/A/75/18 (zuletzt abgerufen am 30.11.2020); zum „Fall Sarrazin" TBB-Turkish Union in Berlin/Brandenburg/Germany, Com. No. 48/2010, Opinion v. 26.2.2013, CERD/C/82/D/48/2010; *Payandeh* JZ 2013, 980; *Tomuschat* EuGRZ 2013, 262.

[49] S. *Ingelse* The UN Committee against Torture, 2001; zum Verfahren *Nowak/McArthur* The United Nations Convention Against Torture, 2008, S. 778; *Wolf* Aktivlegitimation, S. 172 ff.

[50] Jahresbericht 2019, UN Doc A/75/44, para 58 verfügbar unter: https://undocs.org/A/75/44 (zuletzt abgerufen am 30.11.2020).

[51] Abichou/Germany, Com. No. 430/2010, Decision v. 16.7.2013, CAT/C/50/D/430/2010 (Auslieferung nach Tunesien).

[52] *Bank/Kashgar* in: A. Zimmermann, Folterprävention im völkerrechtlichen Mehrebenensystem, 2011, S. 29 ff.

[53] Zum Ausschuss *Tomuschat* FS Rauschning, 2001, S. 313 ff.; zum Verfahren *Golze* in: Hasse/Müller/Schneider, Menschenrechte – Bilanz und Perspektiven, 2002, S. 511 ff.; zur Bedeutung *Hodson* EJIL 25 (2014), 561 ff.

[54] Stand 20.1.2020, verfügbar unter: https://www.ohchr.org/EN/HRBodies/CEDAW/pages/cedawindex.aspx (zuletzt abgerufen am 30.11.2020). Der letzte zugängliche Jahresbericht 2019, UN Doc A/75/38 verfügbar unter: https://undocs.org/en/A/75/38 (zuletzt abgerufen am 30.11.2020) weist keine Statistik aus.

[55] B-J/Germany, Decision v. 14.7.2004, auszugsweise in UN Doc A/59/38, Annex VIII (Beschwerde gegen Scheidungsfolgenregelung unzulässig).

[56] Näher *Cremer* VN 2014, 22.

[57] Zum Verfahren *Löhr* MRM 2011, 115; *Schmahl* Kinderrechtskonvention mit Zusatzprotokollen, 2017, S. 469 ff.

[58] S. die Kurzberichte verfügbar unter: https://www.ohchr.org/Documents/HRBodies/CRC/TablePendingCases.pdf (zuletzt abgerufen am 30.11.2020).

koll zur Konvention.[59] Das Protokoll kennt explizit ein Verfahren des vorläufigen Rechtsschutzes (Art. 4). Unter den bisher 34 Verfahren, in denen der Ausschuss entschieden hat, war auch eine Beschwerde gegen Deutschland, die für begründet befunden wurde.[60]

19 Der **Ausschuss** unter dem Übereinkommen **zum Schutz von Personen vor dem Verschwindenlassen** *(Committee on Enforced Disappearances – CED)* wurde im Jahre 2011 eingerichtet. Die Konvention schließt eine Lücke für die Fälle, in denen zwar der Verdacht besteht, dass es zu schwerwiegenden Verletzungen der Rechte auf Leben, Gesundheit und Freiheit gekommen ist, diese aber mangels Kooperation der Behörden nicht mehr ohne weiteres zu ermitteln sind. Sie begründet daher vor allem prozedurale Pflichten der Ordnungs-, Polizei- und Justizbehörden ihrer Mitgliedstaaten. Neben dem wenig genutzten Individualbeschwerdeverfahren, dem sich bislang nur 22 Staaten unterworfen haben, können Angehörige oder sonst benannte Betroffene auch ein Untersuchungsverfahren einleiten (Art. 30 der Konvention). Der Ausschuss veröffentlicht Listen mit Namen von Personen, für die er den betreffenden Vertragsstaat um Angaben ersucht hat.[61]

20 Der Grund dafür, dass in **Individualbeschwerden** vor einem der VN-Ausschüsse vergleichsweise selten eine Verletzung festgestellt wird, dürfte darin zu sehen sein, dass sich oft Staaten dem Beschwerdeverfahren unterwerfen, deren Menschenrechtsstandard ohnehin weitgehend den Anforderungen entspricht. So werden viele der bei dem Menschenrechtsausschuss registrierten Beschwerden gegen Staaten geführt, die auch der EMRK und ihrem Individualbeschwerdeverfahren (→ § 6 Rn. 24) unterworfen sind. Staaten, die am ehesten als Verletzer in Frage kommen, sind diesen Schutzmechanismen meist schon gar nicht beigetreten. Dennoch ist die **Bedeutung** hoch einzuschätzen, da sie für Staaten ohne entsprechendes regionales Schutzsystem allgemein wahrgenommene Mittel bieten, um die justizförmliche Durchsetzung der Menschenrechte zu ermöglichen und ihre menschenrechtliche Bilanz und prinzipielle Kooperationsbereitschaft publik zu machen. Dies wird umso wichtiger, wenn Staaten wie die der Europäischen Union die Verwirklichung der Menschenrechte in ihrer Außenpolitik zur Leitlinie machen (Art. 21 EUV). Zudem tragen diese Systeme dogmatisch zur Konkretisierung der Menschenrechte bei, wirken sich auf im Einzelnen oft nur schwer messbare Weise auf das innerstaatliche Recht aus und schwächen mit der Zeit das Argument, bei Menschenrechten handele es sich um innere Angelegenheiten.[62]

21 Von den erwähnten Verfahren soll als das wichtigste im Folgenden nur das **Beschwerdeverfahren vor dem Menschenrechtsausschuss** nach dem UN-Zivilpakt näher betrachtet werden. Die anderen Individualbeschwerdeverfahren des vertraglichen Menschenrechtsschutzes verlaufen ähnlich.

## II. Das Individualbeschwerdeverfahren vor dem Menschenrechtsausschuss

22 Ablauf und Voraussetzungen des Verfahrens sind in Art. 1 bis 6 des (ersten) **Fakultativprotokolls** zum Zivilpakt und in der **Verfahrensordnung** (VerfO) des Menschenrechtsausschusses (im Folgenden „MRA“ oder „Ausschuss“) geregelt.[63] Es lässt sich in vier Abschnitte gliedern: (1) Einreichung und Registrierung, (2) Zulässigkeitsprüfung, (3) Be-

---

59 Fn. 22, 95 Parteien. Der Konvention selbst ist als einzigem der Menschenrechtsübereinkommen auch die EU beigetreten (ABlEU 2010 Nr. L 23/35, zur Kompetenzabgrenzung gegenüber den Mitgliedstaaten ABlEU 2010 Nr. L 23/35 S. 55), doch ist sie nicht Partei des Zusatzprotokolls.

60 Gröninger/Germany, Com. No. 2/2010, Views v. 7.7.2014, CRPD/C/2/2010 (Regelungen über Leistungen zur Integration in den Arbeitsmarkt).

61 Zu finden unter: https://tbinternet.ohchr.org/_layouts/15/treatybodyexternal/TBSearch.aspx?Lang=en (zuletzt abgerufen am 30.11.2020).

62 Vgl auch *Buergenthal/Thürer* Menschenrechte, 2010, S. 37 f.; *Heintze* in: Ipsen, Völkerrecht, 2016, § 32 Rn. 11; *v. Arnauld* Völkerrecht, Rn. 313 ff.

63 Rules 88 bis 113 Rules of Procedure v. 9.1.2019, UN Doc CCPR/C3/Rev.11.

gründetheitsprüfung und (4) Überwachung der Umsetzung der Entscheidung.[64] Dabei ist zu beachten, dass der MRA über Zulässigkeit und Begründetheit einheitlich entscheidet, wenn er nichts anderes beschließt.

Das Verfahren ist kostenfrei, doch wird keine Hilfe für die Vorstreckung von Auslagen und eventuellen Anwaltskosten gewährt. Erster Schritt ist die **Einreichung der Beschwerde,** die in der Terminologie der VN-Beschwerdesysteme „Mitteilung" *(communication)* heißt, durch den Beschwerdeführer *(author)* an den Generalsekretär der VN; zuständige Stelle ist das OHCHR (→ Rn. 3). Dieses bereitet, nötigenfalls nach Einholung weiterer Informationen, die Beschwerde für den Ausschuss vor und leitet sie ihm zu. Ein als Sonderberichterstatter bestimmtes Mitglied *(special rapporteur)* entscheidet für den Ausschuss nach Vorprüfung über die **Registrierung.** In diesem Fall wird sodann durch den Ausschuss entweder gleich über die Zulässigkeit entschieden oder der betroffene Mitgliedstaat zu einer **Stellungnahme** innerhalb von sechs Monaten aufgefordert. Wird nichts anderes angeordnet, soll sich die Stellungnahme auf Zulässigkeit und Begründetheit der Beschwerde beziehen. Der Beschwerdeführer hat das Recht, darauf zu erwidern. 23

Nach dieser Vorbereitungsphase befasst sich eine (mindestens) fünfköpfige **Arbeitsgruppe** *(working group)* mit der Beschwerde und gibt ein Votum ab. Votiert die Arbeitsgruppe einstimmig, die Beschwerde für unzulässig zu erklären, entscheidet das Plenum des Ausschusses in der Regel ohne Aussprache entsprechend. Entscheidungen, in denen der Ausschuss über die **Zulässigkeit** *(admissibility)* befindet, ergehen als *decisions,* solche zur **Begründetheit** *(merits)* als „Auffassungen" *(views).* Der Beschwerdeführer kann seine Beschwerde jederzeit auch wieder zurückziehen, wenn dieser abgeholfen wurde oder er sie für erledigt erklärt, doch behält sich der Menschenrechtsausschuss eine weitere Prüfung vor, wenn Zweifel an der Freiwilligkeit der Rücknahme bestehen.[65] Auch wenn dies nicht ausdrücklich vorgesehen ist, kann er auf eine gütliche Einigung hinwirken. Der Menschenrechtsausschuss kann zudem vom Zeitpunkt seiner Befassung an jederzeit **vorläufigen Rechtsschutz** bieten, indem er die staatliche Partei zu bestimmten Maßnahmen auffordert. 24

Das gesamte Verfahren ist rein schriftlich; Beweisaufnahmen oder das Erscheinen der Parteien sind nicht vorgesehen. Ist der Vortrag des Beschwerdeführers hinreichend substantiiert, gelten nicht bestrittene Angaben als zugestanden. Unklarheiten, die in der Sphäre der staatlichen Seite liegen, gehen zu deren Lasten. Die **abschließende Entscheidung** wird wie ein Urteil abgefasst, dem Beschwerdegegner übermittelt und im Jahresbericht des Menschenrechtsausschusses veröffentlicht.[66] Sie kann über die **Feststellung der Rechtsverletzung** hinaus die **zu ergreifenden Maßnahmen** wie die Einleitung von Untersuchungen, eine finanzielle Entschädigung, die Bestrafung Verantwortlicher oder die Freilassung von Häftlingen benennen.[67] 25

Die Überwachung der **Umsetzung** hat sich in der Praxis entwickelt und wurde nur in der Verfahrensordnung geregelt. Danach benennt der Ausschuss im Falle der Feststellung einer Verletzung einen Sonderberichterstatter, der für die Verifizierung der Einhaltung zuständig ist *(special rapporteur for follow-up on views).* Die hierzu erlangten Informationen werden in die Jahresberichte des Ausschusses aufgenommen. Der Erfolg dieses Vorgehens ist wechselhaft.[68] 26

---

[64] Zum Verfahrensverlauf insoweit *Schäfer* Die Individualbeschwerde nach dem Fakultativprotokoll zum Zivilpakt, 2007, S. 40 ff., verfügbar unter: www.institut-fuer-menschenrechte.de (zuletzt abgerufen am 30.11.2020); allerdings wurde der Ablauf im Einzelnen durch die neue Verfahrensordnung in einigen Punkten geändert.

[65] *Nowak/Schabas* CCPR Commentary, Art. 3 First OP Rn. 8.

[66] Verfügbar unter: https://www.ohchr.org/EN/HRBodies/CCPR/Pages/CCPRIndex.aspx (zuletzt abgerufen am 30.11.2020).

[67] Übersicht mit Nachw. bei *Shelton* Remedies, S. 198 f.

[68] S. *International Law Association – International Human Rights Law Committee,* Final Report on the Domestic Implementation of Judgments/Decisions of Courts and Other International Bodies That Involve International Human Rights Law, finalized by Kadelbach, Rapporteur, ILA Report 2017, S. 284 paras 20 f.

27 Umstritten ist die **rechtliche Wirkung** der Entscheidungen, die der Menschenrechtsausschuss erlässt. Da sie der Vertragstext als **„Auffassungen"** (Art. 5 Abs. 4 FP) bezeichnet und eine vertragliche Regelung über eine Durchführungsüberwachung nicht existiert, spricht ihnen die h. M. in der Literatur lediglich empfehlenden Charakter zu.[69] Der MRA selbst hat seine Linie erst finden müssen.[70] Jedenfalls ergeben sich aus dem Zivilpakt selbst Pflichten mit klar intendierter völkerrechtlicher Bindungswirkung, zu deren Auslegung der Ausschuss berufen ist. So spricht ein erster Anschein dafür, dass diese Auslegung nicht lediglich moralische, sondern auch **rechtliche Autorität** besitzt; von Vertragsstaaten kann erwartet werden, dass sie ihr folgen und die „Auffassungen" auch umsetzen.[71] Man mag dies als mittelbare völkerrechtliche Wirkung bezeichnen.[72] Andere Qualifizierungen können jedenfalls keine Rechtfertigung für einen festgestellten menschenrechtswidrigen Zustand sein. Was die innerstaatlichen Konsequenzen betrifft, so wirkt sich die strittige Bindungskraft in vielen Staaten nachteilig aus.[73] Auch nach deutschem Recht bieten die „Auffassungen" des Ausschusses, anders als die Entscheidungen des EGMR (→ § 6 Rn. 33), keinen ausdrücklichen Revisions- oder Wiederaufnahmegrund im gerichtlichen Verfahren oder im Verwaltungsverfahren.

## B. Zulässigkeit einer Beschwerde zum Menschenrechtsausschuss

28 Die Beschwerde ist **schriftlich** einzulegen (Art. 2 FP),[74] darf **nicht anonym** sein (Art. 3 FP) und sollte **an den MRA gerichtet** werden, um Verwechslungen mit anderen Ausschüssen auszuschließen. Sie soll in einer der offiziellen Sprachen des Ausschusses verfasst sein (Rule 29, 88 Abs. 4 VerfO), vorzugsweise in der VN-Sprache des Staates, gegen den sich die Beschwerde richtet; für Deutschland wäre dies Englisch. Es besteht kein Anwaltszwang. Die **Zulässigkeit** ist im Übrigen von der Erfüllung von **Voraussetzungen** abhängig, die denen der Individualbeschwerde vor dem EGMR entsprechen und für deren Untersuchung es keine zwingende Reihenfolge gibt. Dies sind nach Rule 99 VerfO, abgesehen von der negativen Voraussetzung der Nicht-Anonymität, (1) die Parteifähigkeit (→ Rn. 29) und (2) die (→ Rn. 29), Beschwerdebefugnis des Beschwerdeführers, (3) die Erschöpfung des innerstaatlichen Rechtswegs (→ Rn. 30), (4) der Ausschluss anderweitiger Rechtshängigkeit (→ Rn. 30) sowie (5) die Vereinbarkeit mit dem Zivilpakt (→ Rn. 30), ferner darf die Beschwerde (6) nicht missbräuchlich sein (→ Rn. 32).

29 Was die in der Person des Beschwerdeführers liegenden Voraussetzungen betrifft, so sind nach Art. 1 FP nur **natürliche Personen und Personengruppen** parteifähig. Dagegen sind Beschwerden juristischer Personen unzulässig, was nach der Entstehungsgeschichte insbesondere auch für Menschenrechtsorganisationen gelten soll.[75] Der Beschwerdeführer

---

[69] I. d. S. etwa *Nowak/Schabas* CCPR Commentary, Art. 5 First OP Rn. 39 m. w. Nachw.; *Schilling* Menschenrechtgsschutz, Rn. 773.

[70] Hierauf verweist zu Recht *Schäfer* Individualbeschwerde (Fn. 64), S. 20; s. einerseits Roberts/Barbados, Decision v. 19.7.1994, A/49/40 (Vol II), Annex X.P, 322, para 6.3 („obligation"), andererseits Human Rights Committee – Selected Decisions under the Optional Protocol (33rd to 39th sessions), CCPR/C/OP/3 (2002), 1, para 7 ("non-binding recommendations").

[71] MRA, General Comment No. 33, The Obligations of States Parties under the Optional Protocol to the International Covenant on Civil and Political Rights, CCPR/C/GC/33 (2008), paras 14 f. ("duty to cooperate with the Committee arises from an application of the principle of good faith to the observance of all treaty obligations"); s. auch *Ulfstein* in: Keller/Ulfstein, UN Human Rights Treaty Bodies, S. 73 (100); *Kälin/Künzli* Menschenrechtsschutz, Rn. 7.44.

[72] *Pappa* Das Individualbeschwerdeverfahren des Fakultativprotokolls zum Internationalen Pakt über bürgerliche und politische Rechte, 1996, S. 316 ff.

[73] Noch immer zutr. *Buergenthal* Max Planck Yb UN Law 5 (2001), 341 (397 f.).

[74] Ein Musterformular mit Auflistung der nach Rule 90 VerfO nötigen Angaben *(model complaint form)* findet sich unter: https://www.ohchr.org/EN/HRBodies/CCPR/Pages/CCPRIndex.aspx (zuletzt abgerufen am 30.11.2020).

[75] *Nowak/Schabas* CCPR Commentary, Art. 1 First OP Rn. 8.

kann sich vertreten lassen (Rule 91 VerfO). Er muss ferner behaupten, **Opfer einer Verletzung** der Rechte aus dem Pakt zu sein (Art. 1 FP), was nach deutscher Terminologie der Beschwerdebefugnis entspricht. Vor allem in dieser Hinsicht bestehen streng gehandhabte Anforderungen an die **Substantiierung** des Verletzungsvorwurfs (Rule 99 VerfO), an denen viele Beschwerden scheitern.[76]

Bezüglich des Beschwerdegegenstandes müssen die nach innerstaatlichem Recht konkret 30 zur Verfügung stehenden effektiven **Rechtsbehelfe erschöpft** werden (Art. 2 und 5 Abs. 2 lit. b FP), was nach deutschem Recht die Verfassungsbeschwerde einschließt.[77] Unzumutbare und von vornherein aussichtslos erscheinende Rechtsbehelfe müssen aber nicht eingelegt werden. Die Voraussetzung wird in der Praxis nicht so streng gehandhabt wie vor dem EGMR (→ § 6 Rn. 47 ff.). Der Ausschuss wird aber einer Beschwerde nicht stattgeben, die von den Instanzen der nationalen Gerichte gewissenhaft geprüft worden ist, da er sich nicht als „vierte Instanz" ansieht; diese sog. *„fourth instance doctrine"* ist unabhängig von den im Fakultativprotokoll aufgeführten Zulässigkeitsvoraussetzungen aufgestellt worden und wird nach Ermessen gehandhabt.[78] Darüber hinaus darf die Sache **keiner anderen internationalen Untersuchungs- oder Streitschlichtungsinstanz zur Prüfung** vorliegen (Art. 5 Abs. 2 lit. a FP). Eine Reihe von Staaten des Europarates haben wie die Bundesrepublik Deutschland Vorbehalte erklärt, denen zufolge sie die Zuständigkeit des Menschenrechtsausschusses auch dann nicht anerkennen, wenn bereits eine rechtskräftige Entscheidung erlassen worden ist, was insbesondere auf den EGMR abzielt.[79]

Die Beschwerde muss ferner mit der Konvention vereinbar sein, d. h. in den **Zuständigkeitsbereich des Ausschusses** fallen. Unzulässig sind Beschwerden, wenn der Pakt 31 *ratione personae* nicht anwendbar ist, weil der Beschwerdegegner ihn oder das Fakultativprotokoll nicht ratifiziert hat (Art. 1 FP). Gleiches gilt *ratione temporis,* wenn die geltend gemachte Verletzung vor dem Beitritt des gegnerischen Staates stattgefunden hat und nicht mehr fortwirkt; die Bundesrepublik Deutschland hat bei der Ratifizierung des Fakultativprotokolls den Vorbehalt erklärt, dass es hierbei nicht auf die Verletzung selbst, sondern auf die „Ereignisse" ankommen soll, in dem sie „ihren Ursprung" hat,[80] was Fortwirkungen ausschließt.[81] *Ratione loci* erstreckt sich der Schutz des Zivilpaktes seinem Wortlaut zufolge nur auf Personen, die sich auf dem Gebiet seiner Mitgliedstaaten befinden *und* unter seiner Herrschaftsgewalt stehen (Art. 2 IPbpR). Demgegenüber scheint der verfahrensrechtliche Schutz weiter zu gehen und lediglich zu verlangen, dass der Staat Herrschaftsgewalt ausübt (Art. 1 FP), was auch außerhalb des eigenen Territoriums der Fall sein kann. Der scheinbare Widerspruch wird dahingehend aufzulösen sein, dass nicht schon das bloße Bestehen von Personalhoheit genügt, um eine Verantwortlichkeit, etwa in Gestalt von Schutzpflichten, auszulösen; diese besteht auch im Ausland fort, wo die eigenen Staatsangehörigen nicht dem aktuellen Zugriff des Herkunftsstaates unterliegen. Wo jedoch exterritorial effektive Herrschaftsgewalt ausgeübt wird, müssen auch die Garantien des Paktes zur Anwendung kommen und die Zuständigkeit des MRA begründet sein.[82] In Auslieferungssachen und bei aufenthaltsbeendenden Verfügungen der Mitgliedstaaten kann die Auslieferung oder Abschiebung dann Anknüpfungspunkt für einen Verletzungsvorwurf sein, wenn im Zielstaat

---

76 Vgl. beispielsweise Kehler/Germany, Com. No. 834/1998, Decision v. 22.3.2001, A/56/40, Vol. II (2001), Annex XI, sec H, 266 ff; Riedl-Riedenstein/Germany, Com. No. 1188/2003, Decision v. 2.11.2004, CCPR/C/82D/1188/2003, para 7.3; allg. *Wolf* Aktivlegitimation, S. 104 ff.

77 Gilberg/Germany, Com. No. 1403/2005, Decision v. 26.7.2006, CCPR/C/87/D/1403/2005, para 6.5.

78 *Joseph/Castan* ICCPR, S. 20 f.].

79 BGBl 1994 II S. 311; s. *Kadelbach* in: Dörr/Grote/Marauhn, EMRK/GG, Kap. 30 Rn. 197 m. w. Nachw.

80 BGBl 1994 II S. 311; zu einem solchen Fall Neremberg/Germany, Com. No. 991/2001, Decision v. 27.7.2001, CCPR/C/72/991/2001, para 4.3.

81 S. das Vorbringen Deutschlands in Gilberg/Germany, Com. No. 1403/2005, Decision v. 26.7.2006, CCPR/C/87/D/1403/2005, para 4.2.

82 Zu diesem Thema *Milanovic* Extraterritorial Application of Human Rights Treaties Law – Law, Principles, and Policy, 2011.

schwerwiegende Rechtsverletzungen zu befürchten sind;[83] ein Problem der exterritorialen Zuständigkeit ist dies nicht. Im Übrigen ist der MRA nicht zuständig für Beschwerden, die mit den Bestimmungen des Paktes *ratione materiae* unvereinbar sind (Art. 3 FP), weil sie sich etwa nicht auf eines der im Zivilpakt gewährleisteten Rechte beziehen. Klassische Beispiele sind Beschwerden wegen rechtswidriger Beeinträchtigung des Eigentums oder einer Verletzung des Rechts auf Asyl, weil diese Rechte nicht im Zivilpakt garantiert werden.[84] Gleiches gilt, soweit ein Staat einen Vorbehalt zu einer der Pflichten aus dem Pakt erklärt hat.[85]

32 Schließlich darf das Recht zur Erhebung der Beschwerde **nicht missbraucht** werden (Art. 3 FP). Als missbräuchlich werden vor allem **erheblich verspätete** und **wiederholt eingelegte** Beschwerden behandelt.[86] Insofern tritt die Missbrauchshürde an die Stelle eines Fristerfordernisses und des Hindernisses einer rechtskräftigen Entscheidung in derselben Sache, die sich im Fakultativprotokoll nicht finden. Inzwischen hat die Verfahrensordnung ausdrücklich geregelt, wann verzögert eingelegte Beschwerden als missbräuchlich angesehen werden; danach gilt eine Beschwerde fünf Jahre nach Durchlaufen des Rechtswegs als verspätet, wenn es keine rechtfertigenden Gründe dafür gibt (Rule 99 lit. c VerfO).

## C. Begründetheit der Beschwerde

33 Begründet ist die Beschwerde, wenn eine **Verletzung der im Zivilpakt gewährten Rechte** zur Überzeugung des Ausschusses festgestellt wird. Die von ihm mitgeteilten Ansichten sind in methodisch-dogmatischer Hinsicht nicht immer aufschlussreich, gehen aber oft über die bloße Feststellung von Tatsachen hinaus und haben über die Zeit an Substanz gewonnen.[87] Ähnlich wie der EGMR stützt sich der Menschenrechtsausschuss auf eigene Entscheidungen. Es gibt aber auch Abweichungen, durch die er, auch hier dem EGMR ähnlich, deutlich macht, dass er den Zivilpakt als *living instrument* betrachtet, das dynamischer Auslegung zugänglich ist. Kategorien deutscher **Grundrechtsdogmatik** lassen sich nicht ohne weiteres heranziehen, doch gibt es auch einige Gemeinsamkeiten mit der Methodik des EGMR und des nationalen Grundrechtsschutzes.[88]

34 Im Hinblick auf eine **Schrankensystematik** ist wie bei der EMRK (→ § 6 Rn. 74 ff.) auch im Rahmen des Zivilpakts zwischen absolut gewährleisteten Rechten und solchen mit Schrankenvorbehalt zu unterscheiden. Zu den vorbehaltlos gewährten Garantien gehören die Verbote der Folter (Art. 7 IPbpR) und der Sklaverei (Art. 8 IPbpR). Beide können auch im Notstandsfall nicht eingeschränkt werden (Art. 4 IPbpR). Soweit bei den anderen Rechten Einschränkungen zulässig sind, müssen sie gesetzlich vorgeschrieben *(prescribed by law)* sein, was die einzelnen Gewährleistungen in unterschiedlicher Weise zum Ausdruck bringen.[89] Eine Reihe von Einschränkungen steht unter Richtervorbehalt.[90] Manche Garantien qualifizieren die Gründe, die zu ihrer Beschränkung führen dürfen, indem sie die nationale Sicherheit, öffentliche Ordnung, Sittlichkeit oder Gesundheit sowie Rechte und

[83] S. z. B. C. L. u. Z. L./Denmark, Com. No. 2753/2016, Views v. 26.3.2018, CCPR/C/122/D/2753/2016, paras 7.4 ff.

[84] VMRB/Canada, Decision v. 18.7.1988, A/43/40, Annex VII.F, 258, para 6.3 (Asyl); KJL/Finland, Decision v. 3.11.1993, A/49/40 (Vol II), Annex XX, 351, para 4.2 (Eigentum).

[85] So wie die Bundesrepublik Deutschland zu Art. 26 IPbpR, s. noch u. Fn. 93.

[86] Der Leitfall ist Gobin/Mauritius, Com. No. 787/1997, Decision v. 16.7.2001, A/56/40, Vol. II (2001), Annex XI, sec. B, S. 222 ff., para 6.3 (fünf Jahre); weitere Beispiele und Nachw. bei *Schäfer* Individualbeschwerde (Fn. 64), S. 70 f.

[87] Der Internationale Gerichtshof (→ *Walter* § 2 Rn. 9 ff.) bezeichnet die Praxis des Ausschusses als *jurisprudence,* misst ihr also Leitbildcharakter zu, s. Ahmadou Sadio Diallo (Guinea/DRC), Judgement v. 30.11.2010, ICJ Reports 2010, para 66.

[88] Darstellung der Ansätze für eine allgemeine Dogmatik, die sich aus dem IPbpR ergeben, bei *Joseph/Castan* ICCPR, S. 30 ff.

[89] Vgl. Art. 6 Abs. 2 S. 2, 9 Abs. 1 S. 2, 12 Abs. 3, 14 Abs. 1 S. 2, 15 Abs. 1, 17 Abs. 2, 18 Abs. 3, 19 Abs. 3, 21, 22 Abs. 2 IPbpR.

[90] Art. 6 Abs. 2 S. 2, 8 Abs. 3, 9 Abs. 3, 14 Abs. 1 S. 2 IPbpR.

Freiheiten anderer als Schranken benennen.[91] Soweit Rechte ein Willkürverbot enthalten, wie dies im Hinblick auf Beschränkungen der persönlichen Freiheit der Fall ist (Art. 9 Abs. 1 IPbpR), oder von „unangemessenen" Einschränkungen sprechen (Art. 25 IPbpR), lässt sich schon dem Wortlaut des Paktes die Schrankenbegrenzung der **Verhältnismäßigkeit** entnehmen. Die Praxis bezieht die Verhältnismäßigkeit aber auch bei anderen Garantien in die Prüfung der Rechtfertigung von Eingriffen ein.[92]

Über die bloßen Abwehrrechte hinaus lassen sich ebenso wie einigen Garantien der EMRK (→ § 6 Rn. 80) auch Rechten des Zivilpaktes **positive Handlungspflichten** entnehmen. Dazu gehören insbesondere die Justizgewährleistungen des Art. 10 IPbpR, der Anforderungen an den Schutz der Würde Inhaftierter stellt, und des Art. 14 IPbpR, dessen *fair trial*-Garantien eine Infrastruktur von Gerichten voraussetzen. Art. 6 GG vergleichbar verlangt Art. 23 IPbpR den Schutz der Familie, und Art. 24 IPbpR verschafft Kindern einen Schutzanspruch gegen den Staat. 35

Ebenso wie im Verfassungsrecht empfiehlt sich aus arbeitsökonomischen Gründen, Freiheitsrechte vor Gleichheitsrechten zu untersuchen, doch zwingend ist dies nicht. Dass der Zivilpakt in mancherlei Hinsicht über die EMRK hinausgeht, zeigt u. a. das nichtakzessorische, allgemeine Diskriminierungsverbot des Art. 26 IPbpR.[93] 36

**Lösung zum Fall:**[94] (I) Zulässigkeit: (1) B ist als natürliche Person parteifähig. (2) Da er nachvollziehbar geltend macht, Opfer einer Verletzung des Zivilpaktes (Art. 15, 26) gewesen zu sein, ist er auch beschwerdebefugt. (3) Die ihm zur Verfügung stehenden Rechtsbehelfe einschließlich der Verfassungsbeschwerde sind erfolglos geblieben. (4) Eine Beschwerde vor anderen internationalen Streitschlichtungsinstanzen, insbesondere vor dem EGMR, hat er nicht erhoben. (5) Anhaltspunkte für eine Unvereinbarkeit der Beschwerde mit dem Zivilpakt ergeben sich nicht; insbesondere ist seine Verurteilung *ratione temporis* erst erfolgt, nachdem die Bundesrepublik Deutschland dem Zivilpakt und dem FP beigetreten ist. (6) Die Beschwerde ist auch nicht missbräuchlich; insbesondere ist sie, soweit erkennbar, weder verspätet, noch hat der Menschenrechtsausschuss bereits über sie entschieden. (II) Begründetheit: (1) Die Garantie des Art. 15 IPbpR ist verletzt, wenn B entweder ohne zureichende gesetzliche Grundlage oder rückwirkend bestraft wurde. Als gesetzliche Grundlage kam bereits das Strafrecht der DDR in Frage. Der sog. Schießbefehl, auf den sich B berufen hat, stellt keinen Rechtfertigungsgrund dar, weil auch die DDR den Zivilpakt ratifiziert hatte, gegen dessen Art. 6 er verstieß. Danach darf niemandem willkürlich das Leben genommen werden, es sei denn, um einer diesem Eingriff entsprechenden Bedrohung zu begegnen. Wenn die deutschen Gerichte darüber hinaus das Grenzrecht der DDR so ausgelegt haben, dass dieses eine Strafbarkeit nach dem StGB-DDR nicht ausschloss, so ergeben sich aus Art. 15 IPbpR hiergegen keine Bedenken. (2) Im Hinblick auf Art. 26 IPbpR hat B nicht dargelegt, dass Beamte des Bundesgrenzschutzes in konkreten Fällen unter denselben Bedingungen straflos blieben. (III) Ergebnis: Die Beschwerde war unbegründet. 37

---

[91] Art. 12 Abs. 3, 14 Abs. 1 S. 2, 18 Abs. 3, 19 Abs. 3, 22 Abs. 2 IPbPR.

[92] S. beispielsweise zum Recht auf Privatsphäre (Art. 17 IPbpR) van Hulst/The Netherlands, Com. No. 903/1999, Views v. 1.11.2004, Doc A/60/40 (Vol II), paras 7.3 ff.; MG/Germany, Com. No. 1482/2006, Views v. 2.9.2008, CCCPR/C/93/1182/2006, para 10.1 f.

[93] Zum Diskriminierungsverbot des Art. 14 EMRK → § 6 Rn. 81 f.; manche der Zusatzprotokolle zur EMRK zielen darauf ab, den Schutzstandard des Zivilpaktes zu erreichen. Die Bundesrepublik Deutschland hat indessen in ihrem Vorbehalt (BGBl. 1994 II S. 311) die Zuständigkeit des Menschenrechtsausschusses *ratione materiae* auf die im IPbpR gewährleisteten Rechte beschränkt, so wie es Art. 14 EMRK vorsieht.

[94] Originalfall, Nachw. in Fn. 44. Die Lösungsskizze beschränkt sich darauf, die Begründung des Menschenrechtsausschusses nachzuvollziehen; s. im Vergleich dazu EGMR Rep 2001-22, 351 = NJW 2001, 3035 (m. Bespr. *Werle* NJW 2001, 3001 und *Rau* NJW 2001, 3008) – Streletz u. a.; BVerfGE 95, 96 = NJW 1997, 929 → *Kunig* JK 97, GG Art. 103 II/4 und → JA 1998, 102 *(Kluth)*.

# § 4. Rechtsschutz und Streitbeilegung in der Welthandelsorganisation (WTO)

*Christian Tietje*

**Übersicht**



**Leitentscheidungen:** United States – Import Prohibitions of Certain Shrimp and Shrimp Products, Appellate Body Report v. 22.10.2001, WT/DS58/AB/R, Japan – Taxes on Alcoholic Beverages, Appellate Body Report v. 4.10.1996, WT/DS8/AB/R, WT/DS10/AB/R, WT/DS11/AB/R; European Communities – Regime for the Importation, Sale and Distribution of Bananas, Complaint by the United States, Panel Report v. 22.5.1997, WT/DS27/R/USA; Brazil – Measures Affecting Desiccated Coconut, Appellate Body Report v. 21.2.1997, WT/DS22/AB/R; United States – Anti-Dumping Act of 1916, Appellate Body Report v. 28.8.2000, WT/DS136/AB/R, WT/DS162/AB/R; United States – Section 301–310 of the Trade Act of 1974, Panel Report v. 22.12.1999, WT/DS152/R; Russia – Measures Concerning Traffic in Transit, Panel Report v. 26.4.2019, WT/DS512/R.

**Schrifttum:** *Benedek* Die Europäische Union im Streitbeilegungsverfahren der WTO, 2005; *Bourgeois/Bronckers/Quick* (Hrsg.) WTO Dispute Settlement: Time to Take Stock, 2017; *Davey* Enforcing World Trade Rules – Essays on WTO Dispute Settlement and GATT Obligations, 2007; *Davey* The WTO and Rules-Based Dispute Settlement: Historical Evolution, Operational Success and Future Challenges, JIEL 2014 (17), 679–700; *Georgiev* (Hrsg.) Reform and Development of the WTO Dispute Settlement System, 2006; *Guohua/Mercurio/Yongjie* WTO Dispute Settlement Understanding: a Detailed Interpretation, 2005; *Herrmann/Weiß/Ohler* Welthandelsrecht, 2. Aufl. 2007; *Hilf/Oeter* WTO-Recht – Rechtsordnung des Welthandels, 2. Aufl. 2010; *Howse* The World Trade Organization 20 Years

On: Global Governance by Judiciary, EJIL 2016 (27) No. 1, 9–77; *Knahr* Participation of Non-State Actors in the Dispute Settlement System of the WTO – Benefit or Burden?, 2007; *Krajewski* Wirtschaftsvölkerrecht, 4. Aufl. 2019; *Lo/Nakagawa/Chen* (Hrsg.) The Appellate Body of the WTO and Its Reform, 2019; *Mavroidis/Sykes* (Hrsg.) The WTO and International Trade Law/Dispute Settlement, 2005; *Oesch* Standards of Review in WTO Dispute Resolution, 2003; *Ortino/Petersmann* (Hrsg.) The WTO Dispute Settlement System 1995 – 2003, 2004; *Palmeter/Mavroidis* Dispute Settlement in the World Trade Organization, 2. Aufl. 2004; *Panizzon* Good Faith in the Jurisprudence of the WTO – the Protection of Legitimate Expectations, Good Faith Interpretation and Fair Dispute Settlement, 2006; *Pauwelyn/Pelc* Who Writes the Rulings of the World Trade Organization? A Critical Assessment of the Role of the Secretariat in WTO Dispute Settlement, 2019, verfügbar auf SSRN: https://ssrn.com/abstract=3458872; *Pauwelyn* WTO Dispute Settlement Post 2019: What to expect?, JIEL 2019 (22), 297–321; *Pitschas/Neumann/Herrmann* WTO-Recht in Fällen, 2005; *Prieß/Berrisch* (Hrsg.) WTO-Handbuch – World Trade Organization, 2003; *Sacerdoti/Yanovich/Bohanes* (Hrsg.) The WTO at Ten – The Contribution of the Dispute Settlement System, 2006; *Tietje* Normative Grundstrukturen der Behandlung nichttarifärer Handelshemmnisse in der WTO/GATT-Rechtsordnung, 1998; *van den Bossche/Zdouc* The Law and Policy of the World Trade Organization – Text, Cases and Materials, 4. Aufl. 2017; *Wolfrum/Stoll/Kaiser* (Hrsg.) WTO – Institutions and Dispute Settlement, 2006; *WTO Sekretariat* A Handbook on the WTO Dispute Settlement System, 2. Aufl. 2017; *Yerxa/Wilson* (Hrsg.) Key Issues in WTO Dispute Settlement – the First Ten Years, 2006; *Zimmermann* Negotiating the Review of the WTO Dispute Settlement Understanding, 2006.

# A. Funktion, Bedeutung und Grundlagen der Rechtsschutzmechanismen im Welthandelsrecht

## I. Einleitung

### 1. Entwicklung und Grundstrukturen der Welthandelsordnung

Die rechtliche Ausgestaltung der Welthandelsordnung reicht historisch gesehen weit in die Geschichte zurück. Erst im **19. Jahrhundert** zeigten sich indes Strukturen im internationalen Recht, die der heutigen Welthandelsordnung ähnlich sind. Das betrifft namentlich zahlreiche **bilaterale Handelsabkommen** zwischen Staaten, die in dieser Zeit geschlossen wurden und die bereits Regelungsmechanismen vorsahen, die Teilbereichen des heutigen Rechts der Welthandelsorganisation (WTO) ähnlich sind.[1] Diese bis heute bedeutende Entwicklung bezog sich dabei nicht nur auf das materielle Welthandelsrecht. Vielmehr sind seit spätestens Anfang des 20. Jahrhunderts auch Streitbeilegungsregeln in der Form von Schiedsklauseln fester Bestandteil der zahlreichen bilateralen Handelsverträge zwischen Staaten.[2] 1

Ein multilaterales Rechtssystem des Welthandels entwickelte sich allerdings erst nach dem Zweiten Weltkrieg. Bereits auf der **Konferenz von Bretton-Woods** (1. bis 22.7.1944), die zur Gründung des Internationalen Währungsfonds (IWF) und der heutigen Weltbank führte,[3] war klar, dass es zusätzlich zu multilateralen Regelungen zum Finanz- und Währungsrecht einer rechtlichen Ausgestaltung des Welthandels bedurfte. Nach entsprechenden Vorarbeiten im Anschluss an die Bretton-Woods-Konferenz fand dementsprechend vom 21.11.1947 bis zum 24.3.1948 die United Nations Conference on Trade and Employment („Havanna Conference") statt. Auf ihr wurde die „Charter of International Trade Organization" verabschiedet. Die hierin vorgesehene Errichtung einer **International Trade Organization (ITO)** konnte jedoch nicht rechtswirksam verwirklicht werden, 2

[1] Ausführlich hierzu *Bayer* Das System der deutschen Handelsverträge von 1853 bis 1914 – Völkerrechtliche Prinzipien und ihre Gemeinsamkeiten mit dem heutigen Weltwirtschaftsrecht, 2004; ferner *Oeter* in: Ehlers/Fehling/Pünder, BesVwR, § 3 Rn. 2f.

[2] *Bayer* System der deutschen Handelsverträge (Fn. 1), S. 195 ff. m. w. Nachw.; zur Funktion und Bedeutung von Schiedsklauseln → § 5 Rn. 10 ff.

[3] Zur Geschichte siehe z. B. *Lowenfeld* International Economic Law, 2008, S. 600 ff.

da der Präsident der USA den Vertrag aus innenpolitischen Gründen nie dem Kongress zur Zustimmung zur Ratifikation vorlegte und daher von unbedeutenden Ausnahmen abgesehen weltweit kein Staat die ITO-Charta ratifizierte.[4]

3 Da das Schicksal der ITO-Charta absehbar war, wurde parallel zu den Vorbereitungen der Havanna-Konferenz ein gesondertes, inhaltlich nur auf die Zollreduzierung und den Abbau nichttarifärer Handelshemmnisse ausgerichtetes Abkommen verhandelt. Es wurde unter dem Namen **„General Agreement on Tariffs and Trade"** (GATT) auf der Grundlage eines Protokolls über seine vorläufige Anwendbarkeit[5] zum 1.1.1948 in Kraft gesetzt. In seiner Regelungsstruktur sah das GATT 1947 im Kern eine rechtliche Ordnung des Welthandels vor, die sich an den Prinzipien der Offenheit der Märkte (Zollreduzierung und Verbot nichttarifärer Handelshemmnisse), der Nichtdiskriminierung (Meistbegünstigung und Inländergleichbehandlung), der verbleibenden Regelungsfreiheit der Vertragsparteien in einzelnen Sachbereichen (Schutzmaßnahmen, allgemeine Ausnahmeregelungen) sowie der Solidarität mit den schwächer entwickelten Staaten orientierte.[6] Weiterhin enthielt das GATT 1947 Regelungen zum Rechtsschutz bzw. zur friedlichen Streitbeilegung (Art. XXII und XXIII), auf die noch zurückzukommen ist (→ Rn. 9 ff.).

4 Das GATT 1947 war nicht als internationale Organisation konzipiert. Allerdings führten die weitgehend erfolgreichen Handelsrunden bis Ende der 1970er Jahre (Genf 1947; Annecy 1949; Torquay 1950/51; Genf 1955/56; Genf 1961/62 [Dillon-Runde]; Genf 1964-67 [Kennedy Runde]; Genf 1973-76 [Tokio-Runde]), die allmähliche Herausbildung eines eigenständigen, gerichtsähnlichen Streitbeilegungssystems sowie die institutionelle Verfestigung durch Einrichtung ständiger Organe dazu, dass sich das GATT 1947 im Laufe der Zeit zu einer gewohnheitsrechtlich anerkannten ***de facto*** **internationalen Organisation** entwickelte. Zugleich erweiterten sich die inhaltlichen Aufgaben des GATT 1947: Zunächst in der Kennedy-Runde noch wenig erfolgreich, wurde dann in der Tokio-Runde intensiv versucht, nicht nur die Zollsenkung voranzutreiben, sondern darüber hinaus auch die Behandlung sog. nichttarifärer Handelshemmnisse rechtlich zu fassen. Die Bekämpfung des Protektionismus in all seinen Facetten erlangte damit eine immer größere Bedeutung im Welthandelsrecht, zumal die Zölle weltweit durch die Verhandlungen im Rahmen des GATT stetig gesenkt werden konnten.

5 Der sich spätestens ab Anfang der 1970er Jahre außerhalb der Zollerhebung vollziehende „neue" Protektionismus stellte das GATT aber auch vor eine große Belastungsprobe, die es letztlich nicht bestehen konnte. Da eine alle GATT-Mitglieder völkerrechtlich verpflichtende, einheitliche Rechtsordnung für nichttarifäre Handelshemmnisse wie Subventionen, Antidumping und technische Handelsschranken politisch nicht durchsetzbar war, stellte sich das GATT-Recht nach Abschluss der Tokio-Runde (1976) als „Wildwuchs" unzähliger, rechtlich autonom nebeneinander stehender Rechtsregime dar. Zusammen mit weltwirtschaftlichen Krisenerscheinungen Ende der 1970er und Anfang der 1980er Jahre kam es, auch bedingt durch die nun fehlende Kohärenz im Welthandelsrecht, zu einer zunehmenden **Erosion des Ordnungsanspruches des GATT 1947.** Es war das zentrale Ziel der am 20.9.1986 formell eingeleiteten sog. Uruguay-Runde, dieser Entwicklung zu begegnen.

6 Die **Uruguay-Runde** war inhaltlich u. a. auf eine Stärkung des GATT-Regelwerkes sowie Verhandlungen zu den bislang nicht vom GATT erfassten Themen des Dienstleistungshandels und des Schutzes der Rechte des geistigen Eigentums gerichtet. Damit wurde unmittelbar auf die spätestens seit Anfang der 1980er Jahre klar zu erkennende Bedeutung dieser beiden Bereiche für den Welthandel insgesamt reagiert. Zugleich war allerdings auch klar, dass die Verhandlungen hierzu ebenso wie zur Landwirtschaft als weiterhin einbezogenem Beratungsgegenstand insbesondere im Verhältnis der industrialisierten Staaten und der

[4] Zur historischen Entwicklung z. B. *Herrmann/Weiß/Ohler* Welthandelsrecht, § 6 Rn. 50 ff.

[5] Protocol of Provision Application of the General Agreement of Tariffs and Trade, signed at Geneva on October 30, 1947, 55 UNTS 308.

[6] Ausführlich zur Regelungssystematik des GATT *Tietje* in: Tietje (Hrsg.), Internationales Wirtschaftsrecht, 2015, § 3 Rn. 42 ff.

Entwicklungsländer schwierig und langwierig werden. Im Laufe der wechselvollen und von zahlreichen Rückschlägen gekennzeichneten Verhandlungen kamen dann zusätzlich Streitpunkte im Verhältnis der EG und der USA hinzu (insbesondere der Bereich audiovisuelle Medien). Erst am 15.12.1993 gelang es schließlich, die Uruguay-Runde erfolgreich in Genf zu beenden.[7] Neben den materiellrechtlichen Ergebnissen konnte dabei auch eine Einigung über die **Gründung der Welthandelsorganisation** als neuer internationaler Organisation für den Welthandel erzielt werden, obgleich Verhandlungen hierzu im ursprünglichen Mandat der Erklärung von Punta del Este gar nicht vorgesehen waren.[8] Die WTO-Übereinkommen traten zum 1.1.1995 in Kraft. Für das GATT 1947 war ein Weiterbestehen bis zum 31.12.1995 vorgesehen, um den Übergang von der alten in die neue Rechtsordnung des internationalen Handels ohne Komplikationen zu ermöglichen.[9]

Die **WTO-Rechtsordnung** fußt materiellrechtlich auf drei Säulen: den multilateralen Übereinkommen zum Warenhandel (Anhang 1A zum WTO-Übereinkommen), dem multilateralen Übereinkommen zum Dienstleistungshandel (Anhang 1B zum WTO-Übereinkommen) und dem multilateralen Übereinkommen zu den Rechten der geistigen Eigentums (Anhang 1C zum WTO-Übereinkommen). Der Dienstleistungshandel ist dabei im General Agreement on Trade in Services (GATS), der Schutz des geistigen Eigentums im Übereinkommen zu Trade-Related Aspects of Intellectual Property Rights (TRIPS) niedergelegt. Im Bereich des Warenhandels steht weiterhin das GATT im Zentrum, allerdings nunmehr als GATT 1994 bezeichnet, auch wenn es im Kern dem Text des alten GATT 1947 entspricht.[10] Ergänzt werden die Regeln des GATT zum Warenhandel durch zahlreiche Sonderübereinkommen zu einzelnen Bereichen des Warenhandels, z. B. Landwirtschaft, Antidumping, Subventionen und technische Handelshemmnisse.[11] 7

Das Dach der drei materiellrechtlichen Säulen der WTO-Rechtsordnung bildet die **WTO als internationale Organisation.** An ihrer Spitze steht die Ministerkonferenz als höchstes Entscheidungsorgan. Während der alle zwei Jahre stattfindenden Ministerkonferenzen nimmt der Allgemeine Rat der WTO ihre Aufgaben sowie insgesamt das operative Tagesgeschäft wahr. Der Allgemeine Rat tagt zugleich auch als Streitbeilegungsgremium (Dispute Settlement Body – DSB) (→ Rn. 12 ff.) und als Trade Policy Review Body (TPRB). Die Streitbeilegung und der Trade Policy Review Mechanismus ergänzen das materielle WTO-Recht im Hinblick auf notwendige Regelungen zur Rechtsverwirklichung.[12] Neben zahlreichen Unterorganen, Komitees und Arbeitsgruppen, die das Organigramm der WTO ergänzen, ist schließlich noch das WTO-Sekretariat zu nennen. Es ist nach dem WTO-Übereinkommen bewusst kein Organ der WTO, da es nach dem Willen der WTO-Mitglieder keine eigenständigen Aufgaben im Welthandelssystem wahrnehmen soll, sondern auf Hilfstätigkeiten zu Gunsten der WTO-Mitglieder beschränkt ist; ob das überzeugend ist und ob es der Realität entspricht, ist freilich eine andere Frage.[13] 8

### 2. Entwicklung des Rechtsschutzsystems im GATT 1947

Das GATT 1947 sah in Art. XXII und XXIII bereits Regeln zum Rechtsschutz bzw. zur Streitbeilegung vor, die sich auch heute noch im GATT 1994 finden und weiterhin die Grundlage des Rechtsschutzsystems im Welthandelsrecht sind. Art. XXII:1 GATT eröffnet 9

[7] Ausführlich zur Geschichte der Uruguay-Runde *Croome* Reshaping the World Trading System – A History of the Uruguay Round, 1999; zusammenfassend *Oeter* in: Ehlers/Fehling/Pünder, BesVwR, § 3 Rn. 9.

[8] Zu den Hintergründen über die Verhandlungen zur Gründung der WTO siehe *Tietje* Normative Grundstrukturen, S. 87 f. m. w. Nachw.

[9] Details bei *Marceau* Journal of World Trade 29 (1995), 147 ff.

[10] Siehe hierzu Art. II:4 WTO-Übereinkommen.

[11] Ausführlich hierzu *Tietje* in: Tietje, Internationales Wirtschaftsrecht (Fn. 6) § 3.

[12] Zum Begriff der Rechtsverwirklichung siehe *Tietje* Normative Grundstrukturen, S. 132 ff.

[13] *Tietje* in: Prieß/Berrisch, WTO-Handbuch, A. III. Rn. 33 ff.; ausführlich *Pauwelyn/Pelc* Who Writes the Rulings of the World Trade Organization?; zur Funktion des Sekretariats in der Streitbeilegung siehe auch noch → Rn. 30.

die Möglichkeit für **Konsultationen** zwischen den Vertragsparteien (heute: WTO-Mitgliedern) bei Meinungsverschiedenheiten in welthandelsrechtlichen Fragen. Ergänzend hierzu sieht Art. XXIII in sehr allgemeiner Formulierung einen **Streitbeilegungsmechanismus** vor, wenn nach Ansicht eines WTO-Mitglieds (früher: Vertragspartei) eine sog. Zunichtemachung oder Schmälerung von Vorteilen aufgrund einer Vertragsverletzung *(violation complaint),* einer vertragskonformen aber trotzdem rechtserheblichen Maßnahme *(non-violation complaint)* oder einer sonstigen Situation *(situation complaint)* vorliegt (→ Rn. 64ff.).[14] Diese zunächst ungewöhnliche Begrifflichkeit in Art. XXIII GATT stammt aus bilateralen Handelsverträgen der USA und ist dementsprechend nur historisch zu erklären. Im Kern geht es bei dem **Konzept der Zunichtemachung oder Schmälerung** *(nullification or impairment)* von Vorteilen darum, dass das GATT-Recht ursprünglich zentral auf eine weltweite Liberalisierung des Warenhandels durch einen schrittweisen Abbau von Zöllen ausgerichtet war. Sobald eine entsprechende Zollsenkung durch eine völkerrechtlich verpflichtende Festsetzung eines Zollsatzes realisiert ist, stellt sich das Problem, dass Staaten dazu neigen, Maßnahmen zu ergreifen, die außerhalb des Zollbereichs welthandelsrechtlich nicht verboten sind, im Ergebnis aber dazu führen, dass der Liberalisierungserfolg durch die Zollsenkung aufgehoben wird. Ein klassisches Beispiel hierfür ist die Gewährung einer heimischen Subvention, die den inländischen Produzenten im Verhältnis zu ausländischen Importeuren einen Wettbewerbsvorteil verschafft. Dies kann zu einer Zunichtemachung oder Schmälerung des erleichterten Marktzugangs, der sich aus der Zollsenkung ergibt, führen.[15]

**10** Die eher rudimentären Regeln zur Streitbeilegung im GATT 1947 wurden in der Praxis etwa ab 1950 zunehmend konkretisiert. Es kam im GATT 1947 vermehrt zur Einsetzung von zunächst Arbeitsgruppen und später dann Expertengruppen **(panel of experts),** die sich mit einzelnen Handelsstreitigkeiten zwischen den GATT-Vertragsparteien beschäftigten. Hieraus entwickelte sich ein zunehmend institutionalisiertes Rechtsschutzsystem, dem bis zum Außerkrafttreten des GATT 1947 zum 1.1.1996 mehr als 200 Streitverfahren unterbreitet wurden.[16] Allerdings erfolgte nach eher rudimentären Festlegungen im Jahre 1966 eine erste eigentliche Kodifikation des Verfahrensrechts erst Ende der 1970er Jahre.[17]

**11** Trotz des quantitativ gesehen durchaus gegebenen Erfolgs des Rechtsschutzsystems im GATT 1947 war es mit verschiedenen Problemen behaftet. Zunächst war materiellrechtlich problematisch, dass die unter dem GATT 1947 eingesetzten Panels in erster Linie eine **diplomatische Streitbeilegung** vor Augen hatten und dementsprechend eine strenge Orientierung am Recht oftmals vernachlässigt wurde. Konkret zeigte sich dies an der Dominanz der historischen Auslegung der Bestimmungen des GATT 1947, die nach Art. 32 WVK eigentlich nur subsidiär ist. Im Sinne einer bekannten Aussage von *John H. Jackson* stand insofern ein ***power-oriented*** und nicht ein ***rule-oriented*** Ansatz im Vordergrund der Arbeit der Panels.[18] Weiterhin bestand ein Problem darin, dass die Einsetzung eines Panels in einem Streitfall sowie die Annahme der Empfehlung des Panels, die erst zu ihrer Rechtsverbindlichkeit führten, dem **Konsensus-Prinzip** unterlagen. Als Konsensus wird dabei die im GATT 1947 etablierte Praxis bezeichnet, dass eine Entscheidung dann angenommen ist, wenn keine bei der Abstimmung anwesende Vertragspartei hiergegen Widerspruch erhebt. Es bedarf also nicht der positiven Zustimmung aller Vertragsparteien, sondern es darf nur kein Widerspruch gegeben sein.[19] Durch diesen Entscheidungsmechanismus, der auch heu-

[14] Zur weiterhin gegebenen Relevanz dieser Regelungen siehe Art. 3.8 und Art. 26 DSU.

[15] Ausführlich zu diesem Konzept *Tietje* Normative Grundstrukturen, S. 157ff. m. w. Nachw.

[16] Ausführlich hierzu *Hudec* Enforcing International Trade Law – the Evolution of the Modern GATT Legal System, 1993.

[17] Zu Einzelheiten und Nachweisen siehe *Stoll* in: Wolfrum/Stoll/Kaiser, WTO – Institutions and Dispute Settlement, 2006, S. 270f.

[18] *Jackson* Law & Policy in Int'l Business 12 (1980), 21 (27f.); *ders.* Michigan Law Review 82 (1984), 1570 (1571f.); ausführlich hierzu auch *Tietje* Normative Grundstrukturen, S. 113ff. m. w. Nachw.

[19] Ausführlich zu dieser Entscheidungspraxis und Parallelen bzw. Abweichungen in anderen internationalen Wirtschaftsorganisationen *Tietje* in: Dicke/Fröhlich (Hrsg.), Wege multilateraler Diplomatie – Politik, Handlungsmöglichkeiten und Entscheidungsstrukturen im UN-System, 2005, S. 12ff.

te in der WTO von zentraler Bedeutung ist (vgl. Art. IX:1 WTO-Übereinkommen), war es der beklagten Partei möglich, durch einfachen Widerspruch die Einsetzung eines Panels und ggf. die Annahme eines Panel-Reports zu verhindern. In der Praxis kam es zwar nur vereinzelt zu einem Widerspruch im Hinblick auf die Annahme eines Panel-Reports. Im Hinblick auf die Nichteinsetzung eines Panels hatte die Konsensus-Regel allerdings durchaus ihre Wirkung. Es war ein wichtiges Anliegen der Uruguay-Runde, diese Schwachpunkte des Rechtsschutzsystems des alten GATT 1947 zu beseitigen.

### 3. Grundstrukturen und tatsächliche Bedeutung des WTO-Rechtsschutzsystems

Rechtsgrundlagen des heutigen Rechtsschutzsystems sind zunächst weiterhin Art. XXII und XXIII GATT, jetzt allerdings in Verbindung mit dem **Dispute Settlement Understanding (DSU),** das als Anhang 2 zum WTO-Übereinkommen integraler Bestandteil der WTO-Rechtsordnung ist. Institutionell liegt die WTO-Streitbeilegung in der Verantwortung des Allgemeinen Rates der WTO in seiner Zusammensetzung als **Dispute Settlement Body** (Art. IV:4 WTO-Übereinkommen; Art. 2 DSU). 12

Dem **DSB** gehören alle 164 WTO-Mitglieder an.[20] Der DSB ist das einzige Organ im Rahmen der WTO-Streitbeilegung, dem die Befugnis zu rechtsverbindlichen Handlungen zukommt. Die Streitbeilegungspanel und der Appellate Body unterstützen den DSB nur in seiner Aufgabenwahrnehmung, indem sie auf einen konkreten Streitfall bezogen Empfehlungen abgeben (vgl. Art. 11, 17 und 19 DSU). Im Einzelnen hat der DSB insofern insbesondere die Aufgabe, ein Panel in einem konkreten Streitfall einzusetzen, die Empfehlungen des Panels bzw. des Appellate Body rechtsverbindlich anzunehmen sowie Entscheidungen mit Blick auf die Umsetzung des Panel- bzw. Appellate Body-Berichts zu treffen. 13

Wie bereits hervorgehoben, erfolgt die **Entscheidungsfindung** in der WTO in der Regeln nach dem Konsensus-Prinzip (→ Rn. 11), das in einer Fußnote zu Art. IX:1 WTO-Übereinkommen wie folgt definiert ist: “The body concerned shall be deemed to have decided by consensus on a matter submitted for its consideration, if no Member, present at the meeting when the decision is taken, formally objects to the proposed decision”.[21] Für die zentralen Kompetenzbereiche des DSB – u. a. die Einsetzung eines Panels und Annahme von Panel-/Appellate Body-Berichten – gilt das Konsensusprinzip in dieser Form jedoch nicht. Vielmehr gilt diesbezüglich, dass der DSB die entsprechende Entscheidung trifft, es sei denn, dass durch Konsensus entschieden wird, die Entscheidung gerade nicht zu treffen (vgl. z. B. Art. 16.4 und 17.14 DSU). Damit kommt im Streitbeilegungsrecht der WTO in zentralen Bereichen ein sog. **negativer Konsensus** zur Anwendung. Das führt dazu, dass in der Praxis eine ablehnende Entscheidung des DSB zur Einsetzung eines Panels, Annahme eines Panel-/Appellate Body-Berichts etc. nahezu ausgeschlossen ist. Durch die vielmehr quasi-automatische positive Entscheidungsfindung hat der DSB letztlich keine eigentliche Entscheidungsgewalt. Das bedeutet zugleich, dass die erwähnte, rein unterstützende Funktion der Panels und des Appellate Body sich *de facto* als eigentliche Entscheidungsfindung und damit als gerichtsähnliches System darstellt. Die Funktion des DSB beschränkt sich dementsprechend in erster Linie auf die politische Diskussion und den Meinungsaustausch über das Streitbeilegungssystem.[22] 14

Das **DSU** enthält das eigentliche Verfahrensrecht für die WTO-Streitbeilegung und die Umsetzung der Streitbeilegungsentscheidungen des DSB.[23] Das Übereinkommen besteht aus 27 Artikeln mit insgesamt 143 Absätzen sowie verschiedenen Anhängen. Ein Grundge- 15

---

[20] Stand: Frühjahr 2020.

[21] Siehe entsprechend auch Fn. 1 zu Art. 2.4 DSU.

[22] *Palmeter/Mavroidis* Dispute Settlement, S. 15; vgl. ferner *Finke* in: Ehlers/Fehling/Pünder, BesVwR, § 4 Rn. 26 f.

[23] Zu beachten sind allerdings zum Teil vorrangige Streitbeilegungsregeln in den einzelnen WTO-Übereinkommen, siehe Anhang 2 DSU.

danke des WTO-Streitbeilegungssystems, der insbesondere in **Art. 23.1 DSU** zum Ausdruck kommt, besteht darin, dass Streitigkeiten der WTO-Mitglieder, die sich auf ihre Rechte und Pflichten nach den einzelnen WTO-Übereinkommen beziehen, ausschließlich nach den Regeln des DSU beigelegt werden sollen. Das schließt die unilaterale Durchsetzung des WTO-Rechts durch einzelne WTO-Mitglieder im Wege der völkerrechtlichen Retorsion oder Repressalie ebenso aus, wie – jedenfalls aus der Sicht des WTO-Rechts – die Austragung von welthandelsrechtlichen Streitigkeiten vor internationalen Gerichten oder Schiedsgerichten außerhalb der WTO.[24]

16 Das Streitbeilegungsverfahren selbst ist nach den Regeln des DSU zweistufig ausgestaltet. Auf der ersten Stufe findet das **Panelverfahren** bzw. ggf. das **Verfahren vor dem Appellate Body** statt. Sobald hiernach eine endgültige und rechtsverbindliche Entscheidung des DSB vorliegt, sind auf einer zweiten Stufe die Besonderheiten und Probleme geregelt, die sich im Hinblick auf die Umsetzung der Verpflichtungen, die sich aus der DSB-Entscheidung ergeben, stellen können.

17 Das Panelverfahren und das Verfahren vor dem Appellate Body sind von **engen Zeitvorgaben** geprägt. Das Panel hat seine Empfehlungen in der Regel innerhalb von sechs, spätestens jedoch nach neun Monaten vorzulegen; der Appellate Body hat, wenn er angerufen wird, innerhalb von maximal 90 Tagen zu entscheiden. In der Praxis hat es sich indes als zunehmend unmöglich erwiesen, diese engen Fristen einzuhalten. Herausfordernd ist auch die Implementierungsphase: die auf die Empfehlungen eines Panels bzw. des Appellate Body folgende Entscheidung des DSB über die Rechtsverbindlichkeit der Empfehlungen muss grundsätzlich umgehend umgesetzt werden (Art. 21.1 DSU).[25]

18 Insbesondere der negative Konsensus, der bei der Einsetzung eines Panels zur Anwendung kommt (→ Rn. 14) und im Ergebnis zu einem Recht eines WTO-Mitglieds auf ein Panel – also ein **echtes Klage- bzw. Beschwerderecht** – führt, sowie die engen zeitlichen Vorgaben für das Verfahren selbst (→ Rn. 17), sind der Grund für den Erfolg des WTO-Streitbeilegungssystems insgesamt. Mit Stand Ende 2018 wurden 573 Konsultationsgesuche nach Art. XXII GATT i. V. m. dem DSU der WTO notifiziert. In 249 Verfahren kam es zu einem vom DSB rechtsverbindlich angenommenen Panelbericht; 166 Verfahren hiervon gingen in die Revision zum Appellate Body.[26] Insgesamt ist das WTO-Streitbeilegungssystem damit in der Geschichte des internationalen Rechts der zwischenstaatlichen friedlichen Streitbeilegung das erfolgreichste Rechtsschutzsystem überhaupt.

## II. Rechtsquellen

19 Die WTO-Streitbeilegung bezieht sich naturgemäß auf das WTO-Recht. Dementsprechend ist es Aufgabe des Panel und des Appellate Body, einen konkreten Streitfall im Lichte der einschlägigen **WTO-Übereinkommen** und deren Vorschriften zu beurteilen (vgl. Art. 7.2 DSU). Zusätzlich zu den jeweils einschlägigen WTO-Übereinkommen haben bereits vorliegende Panel und Appellate Body-Berichte eine wichtige Funktion. Es gibt zwar im WTO-Recht keine *stare decisis*-Regel, allerdings heißt das nicht, dass Panel- und Appellate Body-Berichten gar keine Bedeutung zukommt, im Gegenteil: nach ständiger Entscheidungspraxis begründen vorliegende Berichte **legitime Erwartungen** der WTO-Mitglieder im Hinblick auf das WTO-Recht insgesamt. Der Appellate Body fasste diese Rechtslage wie folgt zusammen:

---

[24] Vgl. United States – Section 301–310 of the Trade Act of 1974, Panel Report v. 22.12.1999, WT/DS152/R, para 7.43; *Herrmann/Weiß/Ohler* Welthandelsrecht, § 10 Rn. 260.

[25] Ausführliche statistische Analyse hierzu von *Reich* The Effectiveness of the WTO Dispute Settlement System: A Statistical Analysis, EUI Department of Law Research Paper No. 11 (2017), Bar Ilan University Faculty of Law Research Paper No. 18-01, verfügbar auf SSRN: https://ssrn.com/abstract=2997094 oder http://dx. doi.org/10.2139/ssrn.2997094 (zuletzt abgerufen am 30.11.2020).

[26] Aktuelle statistische Informationen sind verfügbar unter: https://www.wto.org/english/tratop_e/dispu_e/dispustats_e.htm (zuletzt abgerufen am 30.11.2020).

"In this respect, we note that in our Report in Japan – Taxes on Alcoholic Beverages, we stated that: Adopted panel reports are an important part of the GATT acquis. They are often considered by subsequent panels. They create legitimate expectations among WTO Members, and, therefore, should be taken into account where they are relevant to any dispute. This reasoning applies to adopted Appellate Body Reports as well. Thus, in taking into account the reasoning in an adopted Appellate Body Report – a Report, moreover, that was directly relevant to the Panel's disposition of the issues before it – the Panel did not err. The Panel was correct in using our findings as a tool for its own reasoning. Further, we see no indication that, in doing so, the Panel limited itself merely to examining the new measure from the perspective of the recommendations and rulings of the DSB".[27]

Durch den Verweis auf die WTO-Übereinkommen und sie konkretisierende Panel- bzw. Appellate Body-Berichte sind die Rechtsquellen des WTO-Streitbeilegungssystems allerdings noch nicht abschließend erfasst. Vielmehr ist zu beachten, dass nach Art. 3.2 DSU das Streitbeilegungssystem mit Blick auf die WTO-Übereinkommen dazu dient, „to clarify the existing provisions of those agreements in accordance with customary rules of interpretation of public international law". Durch den Verweis auf die „customary rules of interpretation of public international law" wird nach ständiger Entscheidungspraxis auf Art. 31 ff. WVK als Ausdruck von **Völkergewohnheitsrecht** Bezug genommen.[28] Diese Bezugnahme auf die WVK bzw. das entsprechende Völkergewohnheitsrecht betrifft indes nicht nur die anwendbaren Methoden zur Auslegung der WTO-Übereinkommen, sondern stellt auch materiellrechtlich eine Öffnung des WTO-Rechts gegenüber dem allgemeinen Völkerrecht dar. In den Worten des Appellate Body bringt Art. 3.2 DSU insofern zum Ausdruck, „that the General Agreement is not to be read in clinical isolation from public international law".[29] 20

In welchem Umfang **allgemeines Völkerrecht,** also in erster Linie die in Art. 38 IGH-Statut im Einzelnen genannten Völkerrechtsquellen, in das WTO-Recht einwirken und damit im Streitbeilegungssystem zu beachten sind, ist strittig und nicht abschließend geklärt.[30] Klar ist insoweit jedoch, dass als Ausgangspunkt in der Streitbeilegung immer die WTO-Übereinkommen heranzuziehen sind. Die in ihnen statuierten Rechte und Pflichten der WTO-Mitglieder können als solche nicht durch weiteres Völkerrecht erweitert oder verkürzt werden. Das bedeutet jedoch nicht, dass bei **Regelungslücken** und zur **Konkretisierung** einzelner Bestimmungen aus WTO-Übereinkommen nicht auf sonstiges Völkerrecht zurückgegriffen werden kann. Das so deutlich werdende Spannungsverhältnis wurde auf das Völkergewohnheitsrecht bezogen von einem Panel wie folgt zum Ausdruck gebracht: „However, the relationship of the WTO Agreements to customary international law is broader than this. Customary international law applies generally to the economic relations between the WTO Members. Such international law applies to the extent that the 21

[27] United States – Import Prohibitions of Certain Shrimp and Shrimp Products, Appellate Body Report v. 22.10.2001, WT/DS58/AB/R, para 108 f.; zur Rechtslage im Hinblick auf Panel Reports nach dem alten GATT 1947 siehe *Palmeter/Mavroidis* Dispute Settlement, S. 51 ff.

[28] Siehe z. B. United States – Standards for Reformulated and Conventional Gasoline, Appellate Body Report v. 20.5.1996, WT/DS2/AB/R, S. 17; European Communities – Export Subsidies on Sugar, Appellate Body Report v. 28.4.2005, WT/DS265/AB/R, WT/DS266/AB/R, WT/DS283/AB/R, para 167; United States – Countervailing Duties on Certain Corrosion-Resistant Carbon Steel Flat Products from Germany, Appellate Body Report v. 28.11.2002, WT/DS213/AB/R, para 61; Japan – Taxes on Alcoholic Beverages, Appellate Body Report v. 4.10.1996, WT/DS8/AB/R, WT/DS10/AB/R, WT/DS11/AB/R, S. 11; United States – Anti-Dumping Measures on Certain Hot-Rolled Steel Products from Japan, Appellate Body Report v. 24.7.2001, WT/DS184/AB/R, para 57; ausführlich hierzu *WTO Sekretariat* A Handbook on the WTO Dispute Settlement System, S. 8 ff.; zu den völkerrechtlichen Auslegungsmethoden im Einzelnen z. B. *Dahm/Delbrück/Wolfrum* Völkerrecht, Bd I/3, 2002, S. 633 ff. m. w. Nachw.

[29] United States – Standards for Reformulated and Conventional Gasoline, Appellate Body Report v. 20.5.1996, WT/DS2/AB/R, S. 17.

[30] Zur Diskussion siehe z. B. *Finke* in: Ehlers/Fehling/Pünder, BesVwR, § 4 Rn. 36 ff.; *Lennard* Journal of International Economic Law 5 (2002), 17 ff.; *Marceau* Journal of World Trade 33 (1999), 87 ff.; *Pauwelyn* American Journal of International Law 95 (2001), 535 ff.; *ders.* Conflict of Norms in Public International Law – How WTO Law Relates to Other Rules of International Law, 2006.

WTO treaty agreements do not 'contract out' from it. To put it another way, to the extent there is no conflict or inconsistency, or an expression in a covered WTO agreement that implies differently, we are of the view that the customary rules of international law apply to the WTO treaties and to the process of treaty formation under the WTO".[31]

22 Über das Völkergewohnheitsrecht hinausgehend werden in der WTO-Streitbeilegungspraxis auch **völkerrechtliche Verträge außerhalb des WTO-Rechts** mit beachtet. Die Intensität des Einflusses völkerrechtlicher Verträge außerhalb des WTO-Rechts auf dieses variiert dabei. Relativ klar ist die Rechtslage, wenn in WTO-Übereinkommen direkt auf andere völkerrechtliche Verträge Bezug genommen wird. Das ist sehr weitreichend im TRIPS-Übereinkommen der Fall, aber z. B. auch im Übereinkommen über Subventionen und Ausgleichsmaßnahmen. In diesen Fällen ziehen Panels und der Appellate Body die maßgeblichen völkerrechtlichen Verträge direkt als anwendbares Recht heran.[32] Im Hinblick auf sonstige multilaterale völkerrechtliche Verträge entspricht es der WTO-Entscheidungspraxis, diese, soweit einschlägig, jedenfalls als Hilfe bei der Interpretation relevanter Vorschriften des WTO-Rechts heranzuziehen. Ob entsprechende Verträge darüber hinaus nicht nur als Interpretationshilfe, sondern mit eigenständigem Regelungsgehalt in einem Streitbeilegungsverfahren zu berücksichtigen sind – worauf die Entscheidungspraxis des Appellate Body hindeutet – ist nicht ganz klar.[33] Für bilaterale Verträge zwischen den Streitparteien gilt ähnliches; auch sie sind jedenfalls als Interpretationshilfe bei der Auslegung des einschlägigen WTO-Rechts zu beachten.[34]

23 Auch **allgemeine Rechtsgrundsätze** i. S. v. Art. 38 I (c) IGH-Statut werden immer wieder in der Streitbeilegungspraxis zur Konkretisierung von Rechten und Pflichten nach den WTO-Übereinkommen herangezogen, so z. B. das Prinzip von Treu und Glauben und daraus folgend das Rechtsmissbrauchsverbot.[35] Damit im Zusammenhang steht auch, dass in der WTO-Streitbeilegung immer wieder auf Entscheidungen des IGH und internationaler Schiedsgerichte Bezug genommen wird.[36]

24 Abschließend ist mit Blick auf die Rechtsquellen der WTO-Streitbeilegung noch kurz auf die Rolle hinzuweisen, die **innerstaatlichem Recht der WTO-Mitglieder** diesbezüglich zukommt. Es entspricht zunächst einer gefestigten Auffassung in der internationalen Gerichtsbarkeit und Schiedsgerichtsbarkeit, dass innerstaatliches Recht der Streitparteien nicht zum anwendbaren Recht gehört. Von internationalen Gerichten und Schiedsgerichten wird es vielmehr nur als Tatsache – nicht also als Recht – bei der Entscheidungsfindung beachtet.[37] Daraus folgt zugleich, dass eine ggf. durchaus ausführliche Analyse des innerstaatlichen Rechts der Streitparteien möglich ist, um seine Vereinbarkeit mit dem WTO-Recht zu prüfen. Das hat auch der Appellate Body so festgehalten: "Although it is not the

[31] Korea – Measures Affecting Government Procurement, Panel Report v. 1.5.2000, WT/DS163/R, para 7.96; siehe im Überblick auch *Palmeter/Mavroidis* Dispute Settlement, S. 65 f.

[32] Ausführlich *Palmeter/Mavroidis* Dispute Settlement, S. 69 ff.

[33] Siehe insbesondere United States – Import Prohibition of Certain Shrimp and Shrimp Products, Appellate Body Report v. 6.11.1998, WT/DS58/AB/R, para 127 ff.; *Palmeter/Mavroidis* Dispute Settlement, S. 73 ff.

[34] Siehe z. B. European Communities – Measures Affecting the Importation of Certain Poultry Products, Appellate Body Report v. 13.7.1998, WT/DS69/AB/R, para 83; ausführlich zum Verhältnis von präferentiellen Freihandelsabkommen und WTO-Recht *Sacher* Freihandelsabkommen und WTO-Recht – Der Peru-Agricultural Products Fall, Beiträge zum Transnationalen Wirtschaftsrecht Heft 139 (2015), verfügbar unter: http://telc.jura.uni-halle.de/sites/default/files/BeitraegeTWR/Heft%20139.pdf (zuletzt abgerufen am 30.11.2020).

[35] United States – Import Prohibition of Certain Shrimp and Shrimp Products, Appellate Body Report v. 6.11.1998, WT/DS58/AB/R, para 158; Korea – Measures Affecting Government Procurement, Panel Report v. 1.5.2000, WT/DS163/R, para 7.101; United States – Section 211 Omnibus Appropriations Act of 1988, Panel Report v. 6.8.2001, WT/DS176/R, para 8.57.

[36] *Palmeter/Mavroidis* Dispute Settlement, S. 79.

[37] Certain German Interests in Polish Upper Silesia (Germany/Poland), (Merits) (1926) PCIJ, Ser. A No. 7, 19: „From the standpoint of International Law and of the Court which is its organ, municipal law are merely facts which express the will and constitute the activities of States, in the same manner as do legal decisions of administrative measures".

role of panels or the Appellate Body to interpret a Member's domestic legislation as such, it is permissible, indeed essential, to conduct a detailed examination of the legislation in assessing its consistency with WTO law".[38] Allerdings ist mit dieser Aussage noch nicht gesagt, wie weit die Überprüfungskompetenz eines Panels bzw. des Appellate Body im Hinblick auf innerstaatliches Recht geht bzw. ob es insofern einen nicht nachprüfbaren Beurteilungsspielraum der WTO-Mitglieder gibt (→ Rn. 68 f.).[39]

## III. Das WTO-Rechtsschutzverfahren im Überblick

Ein Rechtsschutzverfahren nach dem DSU hat zwei und im Falle der Anrufung des Appellate Body drei **Verfahrensschritte:** Konsultationen (→ Rn. 26), Einrichtung des Panels und Panelverfahren (→ Rn. 27 f.) und ggf. Verfahren vor dem Appellate Body (→ Rn. 37 ff.). Nach Abschluss des Verfahrens durch die rechtsverbindliche Annahme des Panel- bzw. Appellate Body-Berichts durch den DSB schließt sich die Umsetzungsphase, im innerstaatlichen Rechtssinne gleichsam das Vollstreckungsverfahren an, das hier nicht weiter behandelt werden soll.[40] 25

### 1. Konsultationen

Konsultationen auf der Grundlage von Art. XXII GATT stellen, von Ausnahmen abgesehen, ein **zwingendes Vorverfahren** dar (Art. 4.7 DSU). Sie dienen beiden Parteien dazu, Informationen über den Sachverhalt der streitigen Maßnahme zu erlangen und auszutauschen, um so eine einvernehmliche Lösung der Streitigkeit herbeizuführen oder, wenn dies scheitert, im späteren Panelverfahren einen tatsächlich zutreffenden Fall zu präsentieren.[41] Die Konsultationen sind vertraulich und finden ohne Beteiligung des WTO-Sekretariats oder dritter Parteien statt (vgl. Art. 4.6 DSU), es sei denn, dass auf Antrag einer dritten Partei das WTO-Mitglied, gegen das der Antrag auf Konsultationen gerichtet ist, der Teilnahme der dritten Partei zustimmt (Art. 4.11 DSU). Im Übrigen ist es in der Praxis so, dass oftmals schon lange vor Einleitung förmlicher Konsultationen informelle Gespräche zwischen den betreffenden WTO-Mitgliedern stattgefunden haben werden. Förmliche Konsultationen sind insofern oftmals nur Ausdruck ohnehin schon gescheiterter handelsdiplomatischer Bemühungen um eine Streitbeilegung.[42] 26

### 2. Panelverfahren

Wenn die Konsultationen nicht innerhalb von 60 Tagen zu einem Erfolg führen, kann die **Einsetzung eines Panels** beantragt werden (Art. 4.7 DSU). Der Antrag muss schriftlich an den DSB erfolgen und die in Art. 6.2 DSU genannten Angaben enthalten (hierzu → Rn. 47 f.). Nach Art. 6.1 DSU wird das Panel spätestens während der zweiten Sitzung nach Eingang des Antrags vom DSB eingesetzt, es sei denn der DSB entscheidet sich im Wege des negativen Konsensus gegen die Einsetzung, was praktisch nicht vorkommen wird. Allerdings hat diese Regelung zur Folge, dass während der ersten regulären Sitzung des DSB nach Eingang des Einsetzungsantrags hierüber durch positiven Konsensus zu entscheiden ist. In der Praxis führt diese etwas ungewöhnliche Regelung oftmals dazu, dass auf der ersten DSB-Sitzung das WTO-Mitglied, gegen das sich die Beschwerde richtet, gegen die 27

---

[38] United States – Anti-Dumping Measures on Certain Hot-Rolled Steel Products from Japan, Appellate Body Report v. 24.7.2001, WT/DS184/AB/R, para 200.

[39] Ausführlich hierzu *Oesch* Standards of Review in WTO Dispute Resolution; *Bhuiyan* National law in WTO law: effectiveness and good governance in the world trading system, 2011.

[40] Siehe hierzu ausführlich z. B. *Stoll* Max Planck Yearbook of United Nations Law 3 (1999), 407 ff.; *Grané* Journal of International Economic Law 4 (2001), 755 ff.; *Palmeter/Mavroidis* Dispute Settlement, S. 234 ff.

[41] Korea – Taxes on Alcoholic Beverages, Panel Report v. 17.9.1998, WT/DS75/R, WT/DS84/R, para 10.23.

[42] *Palmeter/Mavoridis* Dispute Settlement, S. 86 f.; *Finke* in: Ehlers/Fehling/Pünder, BesVwR, § 4 Rn. 30.

Einsetzung eines Panels stimmt, so dass der Einsetzungsantrag abgelehnt ist, obgleich klar ist, dass die Einsetzung auf der nächsten DSB-Sitzung nicht mehr verhindert werden kann.[43]

28 Panels setzen sich in der Regel aus drei Personen zusammen; von der theoretisch ebenfalls bestehenden Möglichkeit, dass die Parteien ein Panel aus fünf Personen vereinbaren (Art. 8.5 DSU), wurde bislang nicht Gebrauch gemacht. Ein gewisses Problem besteht darin, dass die Panelisten nicht **Staatsangehörige einer der Streitparteien** oder eines drittbeteiligten WTO-Mitglieds sein dürfen, es sei denn, die Streitparteien vereinbaren etwas anderes (Art. 8.3 DSU). Das führt in der Praxis dazu, dass namentlich Staatsangehörige der EU-Mitgliedstaaten und der USA kaum jemals Panelisten sind.[44] Auch vor diesem Hintergrund sind Vorschläge zur Reform des DSU zu sehen, die u. a. eine abschließende Liste von potentiellen Panelisten unter Wegfall der Staatsangehörigkeitsregel vorsehen.[45]

29 **Panelisten** erfüllen ihre Aufgaben unabhängig von ihrer dienstlichen Stellung in einem WTO-Mitglied; es ist den WTO-Mitgliedern insofern verboten, Panelisten Weisungen zu erteilen oder zu versuchen, sonst wie auf sie Einfluss zu nehmen (Art. 8.9 DSU). Es besteht zwar die theoretische Möglichkeit, dass die Parteien die Panelisten selbst im Einvernehmen bestimmen. In der Praxis ist dies allerdings ein höchst seltener Fall. Vielmehr erfolgt die Auswahl der Panelisten *de facto* durch das WTO-Sekretariat.[46]

30 Dem **WTO-Sekretariat** kommt über die Auswahl der Panelisten hinausgehend auch im Panelverfahren selbst eine nicht unbedeutende Aufgabe zu.[47] Jedem Panelverfahren wird in der Regel ein Mitarbeiter der Rechtsabteilung der WTO (Legal Affairs Division) und ein Mitarbeiter der Fachabteilung, deren Aufgabengebiet das Streitverfahren betrifft, zugewiesen.[48] Inhaltlich hat das Sekretariat nach Art. 27.1 DSU zwar zunächst nur die Aufgabe, das Panel in der Entscheidungsfindung zu unterstützen sowie Sekretariatsarbeiten und technische Unterstützung zu gewähren. In der Praxis ist die in Art. 27.1 DSU vorgesehene, rein untergeordnete Rolle des WTO-Sekretariats jedoch „comforting nonsense"[49] und geht in einem Panelverfahren deutlich hierüber hinaus. Nur das WTO-Sekretariat verfügt in einem Panelverfahren letztlich über das notwendige institutionelle Wissen, um einen Streitfall umfassend in die Entwicklung und aktuelle ökonomische und rechtliche Praxis der WTO einordnen zu können. Da Panelisten immer *ad hoc* bestimmt werden und es dementsprechend trotz entsprechender Reformbemühungen bislang keine feste und begrenzte Liste von Panelisten gibt, hat das Sekretariat insofern den Panelisten gegenüber immer einen klaren Wissensvorsprung. Das führt – abhängig vom Selbstbewusstsein und Kenntnisstand der Panelisten im Einzelfall – zu einer beachtlichen **Einflussnahmemöglichkeit des Sekretariats** im Panelverfahren.[50]

31 Aufgabe des Panels ist es offiziell, den DSB bei der Wahrnehmung seiner Aufgaben zu unterstützen (Art. 11 DSU). Wie bereits dargestellt, hat ein Panel indes aufgrund des negativen Konsensus bei der Annahme seines Berichts durch den DSB *de facto* die Entschei-

[43] *Palmeter/Mavroidis* Dispute Settlement, S. 105.

[44] Hierzu auch z. B. *Pauwelyn* The Rule of Law without the Rule of Lawyers? Why Investment Arbitrators are from Mars, Trade Adjudicators are from Venus, 2015, S. 10 ff., verfügbar auf SSRN: https://ssrn.com/abstract=2549050 (zuletzt abgerufen am 30.11.2020) oder http://dx. doi.org/10.2139/ssrn.2549050 (zuletzt abgerufen am 30.11.2020).

[45] Siehe hierzu die verschiedenen Beiträge in Journal of International Economic Law 6 (2003), 175 ff.; im Überblick insgesamt zur Reform des DSU siehe z. B. *McRae* Journal of International Economic Law 7 (2004), 3 ff.; sowie ausführlich *Loesewitz* Das WTO Dispute Settlement System in der Krise, Beiträge zum Transnationalen Wirtschaftsrecht Heft 165 (2019), verfügbar unter: http://telc.jura.uni-halle.de/sites/default/files/Heft%20165.pdf (zuletzt abgerufen am 30.11.2020).

[46] Zu Einzelheiten siehe *Palmeter/Mavroidis* Dispute Settlement, S. 106 f.; ausführlich auch *Malacrida* in: Marceau (Hrsg.), A History of Law and Lawyers in the GATT/WTO: The Development of the Rule of Law in the Multilateral Trading System, 2015, S. 311 ff.

[47] Ausführliche Analyse bei *Pauwelyn/Pelc* Who writes the Rulings?, 2019.

[48] *Palmeter/Mavroidis* Dispute Settlement, S. 114.

[49] *Weiler* Journal of World Trade 35 (2001), 191 (205).

[50] Ausführlich *Weiler* Journal of World Trade 35 (2001), 191 (205 f.); *Palmeter/Mavroidis* Dispute Settlement, S. 114 f.; mit einer datenbasierten Analyse siehe *Pauwelyn/Pelc*, Rulings (Fn. 47).

dungskompetenz. Inhaltlich hat das Panel dabei die Pflicht, diejenigen tatsächlichen und rechtlichen Aspekte eines Streitfalles, die ihm durch die Parteien unterbreitet wurden, zu analysieren sowie *ex officio* alle eventuell gegebenen Zulässigkeits- bzw. Zuständigkeitsgesichtspunkte zu prüfen.[51] Das Panelverfahren selbst ist in Ergänzung der Regelungen des DSU in Anhang 3 zum DSU (Working Procedures) geregelt. Allerdings handelt es sich auch hierbei nur um eher rudimentäre Regelungen, die nicht abschließend sind. Dementsprechend legen Panels in einem konkreten Verfahren regelmäßig ihre eigenen **Verfahrensregelungen** zu u. a. Form- und Fristfragen fest.[52]

Das Panelverfahren ist in einen schriftlichen Teil und eine mündliche Anhörung unterteilt. 32 Es beginnt mit der Einreichung der **Beschwerdeschrift,** auf die innerhalb eines vom Panel festgelegten Zeitrahmens die andere Partei antworten muss. In der Regel findet im Anschluss hieran eine **mündliche Anhörung** statt, in der die Parteien (beginnend mit der beschwerdeführenden Partei) ihren Standpunkt vortragen und vom Panel Fragen gestellt werden. Ob und ggf. in welcher Intensität vom Panel Fragen gestellt werden, ist dabei von Panel zu Panel unterschiedlich. Im Anschluss an die erste mündliche Anhörung haben die Parteien ihre zweiten Schriftsätze einzureichen, wobei diese zeitgleich eingereicht werden und zu Gesichtspunkten aus dem jeweils vorhergehenden Schriftsatz der anderen Partei sowie zu weiteren Aspekten, die sich aus der ersten mündlichen Anhörung ergeben haben, Stellung nehmen sollen. Hieran schließt sich eine weitere, zweite mündliche Anhörung an. Sollte es während der zweiten mündlichen Anhörung dazu kommen, dass von einer Partei neue tatsächliche Umstände vorgebracht werden, kann es zu einer dritten schriftlichen Runde kommen.[53]

Das Panelverfahren endet nicht sofort mit einer abschließenden Entscheidung. Vielmehr 33 gibt das Panel nach Abschluss der schriftlichen und mündlichen Anhörungen den Parteien zunächst Gelegenheit, den **Entwurf der Sachverhaltsdarstellung,** die sich im abschließenden Panelreport finden soll, zu lesen und zu kommentieren (Art. 15.1 DSU). Dieses Verfahren hatte sich bereits im alten GATT 1947 in der Praxis etabliert. Es soll gewährleisten, dass die Sachverhaltsdarstellung – einschließlich der Darstellung der tatsächlichen Auffassungen und rechtlichen Ansichten der Parteien – im endgültigen Panelreport zutreffend ist und es hierzu keinen späteren Streit der Parteien gibt.

Nachdem das Panel die Kommentare der Parteien zu dem Entwurf des deskriptiven Teils 34 des Panelreports bearbeitet hat, übermittelt es den Parteien den Entwurf des gesamten Panelreports, jetzt also einschließlich des Entwurfs des Zulässigkeits- und Begründetheitsteils ***(interim report)*** (Art. 15.2 DSU). Dieser *interim report* ist vertraulich und nur den Parteien zugänglich. Allerdings kommt es in der Praxis immer wieder zu Verletzungen des Vertraulichkeitsgrundsatzes, was vereinzelt sogar dazu führt, dass *interim reports* in der Öffentlichkeit (zumeist im Internet) auftauchen.[54] Die Parteien haben das Recht, schriftlich zu beantragen, dass das Panel einzelne Teile des Entscheidungsentwurfs überprüft und ggf. eine weitere mündliche Anhörung stattfindet (Art. 15.2 DSU). In jedem Fall muss das Panel die Stellungnahmen der Parteien zum *interim report* beachten und sich mit ihnen im Abschlussbericht auseinandersetzen (Art. 15.3 DSU). Allerdings können von einer Partei im Rahmen einer Stellungnahme zum *interim report* keine neuen Beweise vorgetragen werden; sollte es hierzu kommen, kann ein Panel dies missachten und muss hierauf in der endgültigen Entscheidung nicht eingehen.[55]

---

[51] Mexico – Anti-Dumping Investigation of High Fructose Corn Syrup (HFCS) from the United States – Recourse to Article 21.5 of the DSU by the United States, Appellate Body Report v. 22.10.2001, WT/DS132/AB/RW, para 36.

[52] Siehe hierzu als Beispiel *Palmeter/Mavroidis* Dispute Settlement, S. 306 ff.

[53] Zu diesem Verfahrensablauf und weiteren Einzelheiten hierzu siehe *Palmeter/Mavroidis* Dispute Settlement, S. 156 ff.

[54] Zu einem solchen Fall siehe European Communities – Measures Affecting the Approval and Marketing of Biotech Products, Panel Report v. 29.9.2006, WT/DS291/R, WT/DS292/R, WT/DS293/R, para 6.183 ff.

[55] European Communities – Trade Description of Sardines, Appellate Body Report v. 26.9.2002, WT/DS231/AB/R, para 301.

35 Der **endgültige Bericht** des Panels soll nach Absatz 11 Anhang 3 DSU zwei Wochen nach Abschluss der Anhörungen zum *interim report* fertiggestellt und an die Parteien übermittelt werden. Inhaltlich muss der Panel Report dabei nach Art. 12.7 DSU „die Sachverhaltsfeststellungen, die Anwendbarkeit der einschlägigen Bestimmungen und die wesentliche Begründung ihrer Feststellungen und Empfehlungen" enthalten. Der Appellate Body hat diese Vorschrift wie folgt konkretisiert:

> "[T]he duty of panels under Article 12.7 of the DSU to provide a 'basic rationale' reflects and conforms with the principles of fundamental fairness and due process that underlie and inform the provisions of the DSU. In particular, in cases where a Member has been found to have acted inconsistently with its obligations under the covered agreements, that Member is entitled to know the reasons for such finding as a matter of due process. In addition, the requirement to set out a 'basic rationale' in the panel report assists such Member to understand the nature of its obligations and to make informed decisions about: (i) what must be done in order to implement the eventual rulings and recommendations made by the DSB; and (ii) whether and what to appeal. Article 12.7 also furthers the objectives, expressed in Article 3.2 of the DSU, of promoting security and predictability in the multilateral trading system and of clarifying the existing provisions of the covered agreements, because the requirement to provide 'basic' reasons contributes to other WTO Members' understanding of the nature and scope of the rights and obligations in the covered agreements".[56]

36 Zugleich hat der Appellate Body jedoch auch hervorgehoben, dass nur sachverhaltsbezogen im Einzelfall bestimmt werden kann, ob eine hinreichend substantiierte Begründung des Panels für seine Entscheidungsfindung vorliegt. In jedem Fall ist jedoch klar, dass das Panel nicht jede rechtliche Einzelheit ausführlich begründen muss, sondern vielmehr u. a. auf bereits vorliegende Rechtsprechung verweisen kann.[57]

### 3. Verfahren vor dem Appellate Body

37 Im Anschluss an die Übermittlung des endgültigen Panelberichts an alle WTO-Mitglieder haben das beschwerdeführende WTO-Mitglied und das Mitglied, gegen das sich die Beschwerde richtete, das Recht, innerhalb von 60 Tagen den **Appellate Body** anzurufen (Art. 16.4 DSU).[58] Der Appellate Body hat sieben Mitglieder, von denen jeweils drei einen Fall entscheiden (Art. 17.1 DSU). Die Mitglieder des Appellate Body werden für vier Jahre vom DSB ernannt; eine zweite Amtsperiode ist möglich (Art. 17.2 DSU). Die Wahl der Mitglieder des Appellate Body erfolgt nach dem (positiven) Konsensus-Prinzip, setzt also die Abwesenheit von explizitem Widerspruch eines WTO-Mitglieds voraus. Da im Laufe der letzten Zeit das Mandat von sechs Mitgliedern des Appellate Body ausgelaufen ist, die USA aber der Ernennung neuer Mitglieder explizit immer wieder widersprochen haben, hat der Appellate Body seit dem 10. Dezember 2019 nur noch ein Mitglied und ist daher arbeitsunfähig (hierzu → Rn. 41).

38 Da das Verfahren vor dem Appellate Body auf **Rechtsfragen** beschränkt ist (Art. 17.6 DSU),[59] handelt es sich in deutscher Rechtsterminologie um ein **Revisionsverfahren** – und nicht – wie es unzutreffend in der amtlichen deutschen Übersetzung der WTO-Texte

---

[56] Mexico – Anti-Dumping Investigation of High Fructose Corn Syrup (HFCS) from the United States – Recourse to Article 21.5 of the DSU by the United States, Appellate Body Report v. 22.10.2001, WT/DS132/AB/RW, para 107.

[57] Mexico – Anti-Dumping Investigation of High Fructose Corn Syrup (HFCS) from the United States – Recourse to Article 21.5 of the DSU by the United States, Appellate Body Report v. 22.10.2001, WT/DS132/AB/RW, para 108 f.

[58] Zur Fristenberechnung und damit zusammenhängenden taktischen Fragen im Hinblick auf den optimalen Zeitpunkt der Anrufung des Appellate Body siehe ausführlich *Palmeter/Mavroidis* Dispute Settlement, S. 224 ff.

[59] Siehe auch European Communities – Measures Concerning Meat and Meat Products (Hormones), Appellate Body Report v. 16.1.1998, WT/DS26/AB/R; WT/DS48/AB/R, para 132: "Under Article 17.6 of the DSU, appellate review is limited to appeals on questions of law covered in a panel report and legal interpretations developed by the panel. Findings of fact, as distinguished from legal interpretations or legal conclusions, by a panel are, in principle, not subject to review by the Appellate Body".

heißt – um ein Berufungsverfahren. Als Revisionsverfahren ist es in der internationalen friedlichen Streitbeilegung einzigartig. Allerdings erwachsen aus der begrenzten Revisionskompetenz des Appellate Body auch spezifische rechtliche Probleme, insbesondere die kaum abschließend zu klärende Frage, was eine Rechtsfrage und was eine Tatsachenfrage ist.[60]

Das **Verfahren** vor dem Appellate Body ist in Ergänzung zu den nur sehr allgemeinen Vorgaben des DSU ausführlich in den *Working Procedures for Appellate Review* geregelt, die vom Appellate Body in Absprache mit dem Vorsitzenden des DSB und dem WTO-Generaldirektor erlassen werden.[61] Dort sind ausführlich die Organisation und Entscheidungsfindung des Appellate Body (Teil 1) und das Verfahren selbst (Teil 2) geregelt. Da der Appellate Body innerhalb von 60, im Ausnahmefall innerhalb von 90 Tagen über die Revision zu entscheiden hat (Art. 17.5 DSU), ist das Verfahren stark formalisiert. Überdies ist es dadurch gekennzeichnet, dass der Appellate Body nicht der Rechtsabteilung der WTO zugeordnet ist. Um seine **umfassende Unabhängigkeit** klar zum Ausdruck zu bringen, ist das Appellate Body-Sekretariat von den anderen Arbeitseinheiten der WTO inhaltlich und räumlich getrennt und direkt dem WTO-Generaldirektor unterstellt. 39

Die einzelnen Voraussetzungen und Verfahrensabschnitte des Revisionsverfahrens sollen hier nicht dargestellt werden. Hierzu kann auf die ausführlichen *Working Procedures* verwiesen werden.[62] Kurz hingewiesen sei jedoch auf ein typisches Problem des Revisionsrechts, das im Verfahren vor dem Appellate Body besondere Probleme bereitet. Da eine **Revisionsinstanz** immer nur auf die Prüfung von Rechtsfragen beschränkt ist, muss der Fall, sofern Rechtsfehler festgestellt werden und ihre Korrektur nur in Abhängigkeit von einer erneuten Tatsachenwürdigung vorgenommen werden kann, an die **Tatsacheninstanz zurückverwiesen** werden. Für das Verhältnis von Appellate Body und Panel ist dies jedoch im DSU nicht vorgesehen. Eine typische Fallkonstellation, in der dies zu Problemen führen kann, könnte wie folgt aussehen: WTO-Mitglied A strengt ein Panelverfahren gegen WTO-Mitglied B an und trägt vor, dass B durch eine handelspolitische Maßnahme gegen Art. XI:1 GATT (Verbot von Importbeschränkungen) verstoßen habe. B beruft sich hingegen auf eine Rechtfertigung seiner Maßnahmen nach Art. XX GATT (allgemeine Ausnahmeregelungen). Das Panel kommt zu dem Schluss, dass B nicht gegen Art. XI:1 GATT verstoßen habe. Daher entfällt für das Panel auch die Notwendigkeit, sich mit den Rechtfertigungs- bzw. Ausnahmegründen des Art. XX GATT auseinanderzusetzen.[63] Der Appellate Body folgt dem Panel nicht und kommt aus Rechtsgründen zu dem Ergebnis, dass B gegen Art. XI:1 GATT verstoßen hat. Das führt zwangsläufig dazu, dass sich der Appellate Body nunmehr mit einer Rechtfertigung nach Art. XX GATT befassen müsste, was hingegen auch eine Sachverhaltsanalyse erfordert, die eigentlich nicht vom Mandat des Appellate Body umfasst ist. Da der Appellate Body die Sache nicht an das Panel zurückverweisen kann, bestehen für ihn nur zwei Möglichkeiten: entweder er zieht sich auf seine reine Revisionskompetenz zurück und lehnt es damit ab, den Fall abschließend zu entscheiden, oder aber er dehnt die Revisionskompetenz aus und prüft Art. XX GATT auch unter tatsächlichen Gesichtspunkten. Der Appellate Body hat sich für eine Kombination dieser beiden Möglichkeiten entschieden: sofern die für die Entscheidung relevanten Sachverhaltsgesichtspunkte vom Panel aufgearbeitet wurden, wird der Appellate Body auch die Rechtsfragen entscheiden, die aus Gesichtspunkten der Prozessökonomie vom Panel nicht behandelt wurden **(„completing the analysis“).** Sollte das Panel den für die Vervollständigung der Analyse relevanten Sachverhalt jedoch nicht festgestellt haben, ist 40

---

[60] *Palmeter/Mavroidis* Dispute Settlement, S. 211.

[61] Aktuelle Fassung vom 1.8.2010, WTO Doc. WT/AB/WP/11 v. 15.9.2015; verfügbar unter: https://www.wto.org/english/tratop_e/dispu_e/ab_e.htm (zuletzt abgerufen am 30.11.2020).

[62] Ergänzend hierzu auch ausführlich *Palmeter/Mavroidis* Dispute Settlement, S. 210 ff. m. w. Nachw.

[63] Siehe United States – Measures Affecting Imports of Woven Wool Shirts and Blouses from India, Appellate Body Report v. 25.4.1997, WT/DS33/AB/R, S. 19: “A panel need only address those claims which must be addressed in order to resolve the matter in issue in the dispute”.

der Appellate Body auf seine Revisionskompetenz beschränkt und kann keine abschließende Entscheidung treffen. Da die zweite Alternative in hohem Maße unbefriedigend und mit dem Konzept eines rechtsförmlichen Streitbeilegungsverfahrens kaum zu vereinbaren ist, bedarf es dringend der Einführung der Möglichkeit der Zurückverweisung an das Panel.[64]

41 Wie bereits hervorgehoben, befindet sich der Appellate Body seit dem 10.12.2019 im **Zustand der Handlungsunfähigkeit,** da an diesem Tag das Mandat von zwei der verbliebenen drei Richter endete und das oberste Streitschlichtungsorgan somit entscheidungsunfähig wurde (→ Rn. 37). Die Gründe für die US-Blockade der Ernennung neuer Mitglieder des Appellate Body sind vielschichtig und betreffen unter anderem eine aus Sicht der USA zu weitgehende Auslegung des WTO-Rechts durch den Appellate Body, die außerhalb des durch die WTO-Mitglieder erteilten Mandats liege.[65] Eine Auflösung des Konflikts scheint derzeit nicht ersichtlich, weshalb sich einige WTO-Mitglieder unter Federführung der EU und Kanadas[66] darauf verständigt haben, der Streitbeilegung innerhalb der WTO weiterhin ihr Vertrauen zu schenken und das zuvor wenig genutzte Schiedsverfahren nach Art. 25 DSU als Revisionsinstanz anzuerkennen.[67] Wie jedoch auch von allen WTO-Mitgliedern, die an dem *Multi-Party Interim Appeal Arbitration Arrangement* beteiligt sind, betont, kann dies nur eine vorübergehende Lösung darstellen. Eine im Einklang mit den USA umgesetzte Reform der WTO-Streitbeilegung ist langfristig die einzig gangbare Lösung, um die erreichten Errungenschaften des multilateralen Systems der WTO zu sichern und weiter voranzutreiben.[68]

## B. Zulässigkeit eines Panelverfahrens

42 Ein Panelverfahren ist zulässig, wenn – soweit erforderlich – erfolglose Konsultationen als Vorverfahren stattgefunden haben (→ Rn. 43 ff.) und die im DSU enthaltenen weiteren Sachentscheidungsvoraussetzungen gegeben sind (→ Rn. 46 ff.).

### I. Vorverfahren (Konsultationen)

43 Bevor die Einsetzung eines Panels beantragt werden kann, müssen auf Antrag der beschwerdeführenden Partei **Konsultationen zwischen den Streitparteien** stattgefunden haben (Art. 4.5 DSU). Der Antrag auf Konsultationen muss schriftlich gestellt werden und eine Begründung enthalten, „einschließlich Angaben über die strittigen Maßnahmen und eines Hinweises auf die Rechtsgrundlage der Beschwerde“ (Art. 4.4 DSU). Die im Konsultationsersuchen gemachten tatsächlichen und rechtlichen Angaben entfalten jedoch keine präkludierende Wirkung im Hinblick auf den späteren Antrag auf Einsetzung eines Panels; das würde Sinn und Zweck des Konsultationsverfahrens widersprechen: „One purpose of consultations … is to ‚clarify the facts of the situation‘, and it can be expected that information obtained during the course of consultations may enable the complainant to focus the

[64] Ausführlich zum gesamten Problem *Yanovich/Voon* Journal of International Economic Law 9 (2006), 933 ff. m. w. Nachw.

[65] Ausführlich zu den verschiedenen Kritikpunkten u. a. die Beiträge in: *Lo/Nakagawa/Chen* (Hrsg.), The Appellate Body of the WTO and Its Reform, 2019.

[66] Zu den frühzeitigen Bemühungen dieser beiden Staaten in die nun eingeschlagene Richtung siehe https://trade.ec.europa.eu/doclib/docs/2019/july/tradoc_158273.pdf (zuletzt abgerufen am 30.11.2020).

[67] Multi-Party Interim Appeal Arbitration Arrangement Pursuant to Article 25 of the DSU v. 27.3.2020: https://trade.ec.europa.eu/doclib/docs/2020/march/tradoc_158685.pdf (zuletzt abgerufen am 30.11.2020); siehe hierzu z. B. *Baroncini* in: Lewis/Nakagawa/Neuwirth/Picker/Stoll (Hrsg.), A Post-WTO International Legal Order, 2020, S. 115 ff.

[68] Zu Reformvorschläge zusammenfassend *Finke* in: Ehlers/Fehling/Pünder, BesVwR, § 4 Rn. 35.

scope of the matter with respect to which it seeks establishment of a panel. Thus, to limit the scope of the panel proceedings to the identical matter with respect to which consultations were held could undermine the effectiveness of the panel process".[69]

Was im **Konsultationsverfahren,** das **streng vertraulich** ist, zwischen den Parteien im Einzelnen besprochen wird, kann grundsätzlich vom Panel nicht überprüft und/oder bewertet werden. Das gilt ebenso für die damit zusammenhängende Frage, ob die Konsultationen inhaltlich adäquat waren.[70] Als Zulässigkeitsvoraussetzung ist damit nur zu prüfen, ob Konsultationen überhaupt stattgefunden haben. Dabei ist jedoch zu beachten, dass die Parteien explizit oder implizit auf Konsultationen verzichten können (vgl. Art. 6.2 DSU). Selbst wenn dementsprechend keine Konsultationen stattgefunden haben, kann das Panelverfahren noch zulässig sein. Überdies ist der Umstand, ob Konsultationen stattgefunden haben, nicht *ex officio* von einem Panel zu prüfen, sondern nur dann, wenn eine entsprechende Zulässigkeitseinrede von einer Streitpartei erhoben wurde: "[T]he lack of prior consultations is not a defect that, by its very nature, deprives a panel of its authority to deal with and dispose of a matter, and that, accordingly, such a defect is not one which a panel must examine even if both parties to the dispute remain silent thereon".[71] 44

Obwohl Konsultationen streng vertraulich sind, haben die Streitparteien das Recht, **Informationen,** die sie im Rahmen der Konsultationen erlangt haben, im späteren **Panelverfahren** zu **verwerten.** Wollte man dies ausschließen, wäre ein effektives Streitbeilegungsverfahren insgesamt nicht mehr möglich: "[T]he very essence of consultations is to enable the parties gather correct and relevant information, for purposes of assisting them in arriving at a mutually agreed solution, or failing which, to assist them in presenting accurate information to the panel. It would seriously hamper the dispute settlement process if the information acquired during consultations could not subsequently be used by any party in the ensuing proceedings".[72] Wichtig im Hinblick auf das Verhältnis von Konsultations- und Panelverfahren ist ebenfalls, dass zwischen den erhobenen Beschwerden – einschließlich der beanstandeten Maßnahmen – im Konsultationsverfahren einerseits und den im Antrag auf Einsetzung eines Panels genannten andererseits keine Identität bestehen muss, auch wenn der ähnliche Wortlaut von Art. 4.4 und 6.2 DSU dies vermuten lässt. Vielmehr müssen die vorgebrachten Beschwerden und beanstandeten Maßnahmen lediglich im Kern gleich geblieben sein.[73] Es entspricht dem Wesen des Konsultationsverfahrens als **Forum zum Informationsaustausch** zwischen den Streitparteien, dass es Einfluss nimmt auf die Identifikation der beanstandeten Maßnahmen und die Formulierung der jeweiligen Beschwerden, einschließlich ihrer Rechtsgrundlagen.[74] Der Appellate Body in *Mexico – Anti-Dumping Measures on Rice* stellte daher überzeugend fest: "A complaining party may learn of additional information during consultations – for example, a better understanding of the operation of a challenged measure – that could warrant revising the list of treaty provisions with which the measure is alleged to be inconsistent. Such a revision may lead to a narrowing of the complaint, or to a reformulation of the complaint that takes into account new information such that additional provisions of the covered agreements become relevant. The 45

[69] Brazil – Export Financing Programme for Aircraft, Panel Report v. 14.4.1999, WT/DS46/R, para 7.9.

[70] Korea – Taxes on Alcoholic Beverages, Panel Report v. 17.9.1998, WT/DS75/R, WT/DS84/R, para 10.19; European Communities – Regime for the Importation, Sale and Distribution of Bananas, Complaint by the United States, Panel Report v. 22.5.1997, WT/DS27/R/USA, para 7.20.

[71] Mexico – Anti-Dumping Investigation of High Fructose Corn Syrup (HFCS) from the United States – Recourse to Article 21.5 of the DSU by the United States, Appellate Body Report v. 22.10.2001, WT/DS132/AB/RW, para 64.

[72] Korea – Taxes on Alcoholic Beverages, Panel Report v. 17.9.1998, WT/DS75/R, WT/DS84/R, para 10.23.

[73] So bereits Brazil – Export Financing Programme for Aircraft, Appellate Body Report v. 2.8.1999, WT/DS46/AB/R, para 132; Mexico – Definitive Anti-Dumping Measures on Beef and Rice, Appellate Body Report v. 29.11.2005, WT/DS295/AB/R, para 138; Argentina – Import Measures, Appellate Body Report v. 4.6.2015, WT/DS438/AB/R, WT/DS444/AB/R, WT/DS445/AB/R, para 5.13.

[74] So auch EC and Certain Member States – Measures affecting Trade in Large Civil Aircraft, Panel Report v. 30.6.2010, WT/DS316/R, para 7.126.

claims set out in a panel request may thus be expected to be shaped by, and thereby constitute a natural evolution of, the consultation process (...)".[75]

## II. Weitere Sachentscheidungsvoraussetzungen

46 Ebenso wie in anderen Bereichen der internationalen Gerichts- und Schiedsgerichtsbarkeit hat auch ein WTO-Panel die sog. **Kompetenz-Kompetenz** (siehe hierzu auch → § 5 Rn. 64), d. h. kann und muss über seine Kompetenz (Zuständigkeit) im Hinblick auf einen unterbreiteten Streitfall selbst entscheiden: "We note that it is a widely accepted rule that an international tribunal is entitled to consider the issue of its own jurisdiction on its own initiative, and to satisfy itself that it has jurisdiction in any case that comes before it".[76] Allerdings ist die Kompetenz-Kompetenz eines Panels nie losgelöst von der konkreten Zuständigkeitszuweisung in einem Streitfall zu sehen, die ihre Grundlage in den sog. *terms of references* findet (→ Rn. 47 f.). Im Übrigen ist die Zuständigkeit *(jurisdiction)* eines Panels im Einklang mit der gebräuchlichen Terminologie im internationalen Recht der friedlichen Streitbeilegung zu unterteilen in die sachliche Zuständigkeit *(jurisdiction ratione materiae)* und die personelle Zuständigkeit *(jurisdiction ratione personae)*. Probleme im Hinblick auf die zeitliche Zuständigkeit eines Panels *(jurisdiction ratione temporis)* treten in der WTO-Streitbeilegung regelmäßig nicht auf und sollen daher hier auch nicht weiter behandelt werden.

### 1. Terms of References

47 Jedem Panelverfahren liegen sog. *terms of references* als konkretes Mandat des Panels zugrunde (vgl. Art. 7 DSU). Die *terms of references* haben dabei eine Doppelfunktion. Sie dienen unter Gesichtspunkten der Transparenz und der Verfahrensgerechtigkeit *(due process)* dazu, dass das WTO-Mitglied, gegen das sich die Beschwerde richtet, sowie andere WTO-Mitglieder über den Streitgegenstand informiert sind und hierauf reagieren können. Weiterhin sind die *terms of references* die eigentliche Grundlage für das **Mandat des Panels,** sich mit dem Streitfall im bezeichneten Umfang zu befassen.[77]

48 Die *terms of references* werden entweder von den Parteien einvernehmlich festgelegt oder richten sich sonst nach dem **Standardmandat,** das in Art. 7.1 DSU niedergelegt ist. Dabei ist in beiden Fällen sehr genau auf die Bezeichnung des Streitgegenstandes in den *terms of references* zu achten, da nur dieser von einem Panel untersucht werden darf und insofern das Prinzip „non ultra petita" zur Anwendung kommt.[78] Im Übrigen ist ein Panel aber verpflichtet, alle in den *terms of references* genannten Aspekte des Streitgegenstandes zu prüfen, sofern nicht ausnahmsweise kein tatsächlicher oder rechtlicher Vortrag hierzu von den Streitparteien vorliegt.[79]

### 2. Zuständigkeit ratione personae

49 **a) WTO-Mitglieder als Beschwerdeführer und Beschwerdegegner.** Die Zuständigkeit eines Panels ist *ratione personae* auf Streitigkeiten zwischen WTO-Mitgliedern, d. h.

[75] Mexico – Definitive Anti-Dumping Measures on Beef and Rice, Appellate Body Report v. 29.11.2005, WT/DS295/AB/R, para 138.

[76] United States – Anti-Dumping Act of 1916, Appellate Body Report v. 28.8.2000, WT/DS136/AB/R, WT/DS162/AB/R, para 54 Fn. 30.

[77] Brazil – Measures Affecting Desiccated Coconut, Appellate Body Report v. 21.2.1997, WT/DS22/AB/R, S. 22: "A panel's terms of reference are important for two reasons. First, terms of reference fulfil an important due process objective -- they give the parties and third parties sufficient information concerning the claims at issue in the dispute in order to allow them an opportunity to respond to the complainant's case. Second, they establish the jurisdiction of the panel by defining the precise claims at issue in the dispute".

[78] Chile – Price Band System and Safeguard Measures Relating to Certain Agricultural Products, Appellate Body Report v. 23.9.2002, WT/DS207/AB/R, para 173.

[79] Zu Einzelheiten siehe *Palmeter/Mavroidis* Dispute Settlement, S. 20 f.

**Staaten und die EU** begrenzt. Natürliche und juristische Personen oder andere Personenvereinigungen des Privatrechts haben kein *locus standi.*[80] Es gibt für sie nur eine indirekte, mittelbare Möglichkeit der Verfahrensbeteiligung, und zwar konkret im Rahmen vorgeschalteter innerstaatlicher Verfahren zur Durchsetzung des WTO-Rechts, in der EU namentlich durch die Handelshemmnis-Verordnung,[81] sonstige Einflussnahme auf die Regierung des Heimatstaates oder im Panel-Verfahren selbst durch *amicus curiae*-Schriftsätze. Tatsächlich ist es allerdings so, dass die genannten indirekten Einflussmöglichkeiten in der Praxis eine so große Rolle spielen, dass von **„public-private partnerships in WTO litigation"**[82] gesprochen werden kann.[83]

Die Möglichkeit, sich als nicht an einem Panelverfahren beteiligte natürliche oder juristische Person bzw. Personenvereinigung mit einem ***amicus curiae*-Schriftsatz** an ein Panel (bzw. den Appellate Body) zu wenden, ist zwischenzeitlich in der WTO-Rechtsprechung anerkannt.[84] *Amicus curiae*-Schriftsätz können – ohne dass es eine Rechtsverpflichtung hierzu gibt – im Rahmen der freien Beweiswürdigung durch ein Panel bzw. den Appellate Body berücksichtigt werden (vgl. Art. 13 DSU). In der Praxis kommt es gerade in Verfahren, die besonders öffentlichkeitswirksam sind, zum Teil dazu, dass ein Panel oder der Appellate Body besondere Verfahrensbeschlüsse für *amicus curiae*-Eingaben trifft (u. a. Fristen, Umfang). Allerdings ist bislang ein Einfluss von *amicus curiae*-Eingaben auf Panelverfahren kaum, und beim Appellate Body überhaupt nicht feststellbar.[85] Problematisch im Hinblick auf *due process* ist jedoch die uneinheitliche Handhabung der *amicus curiae*-Eingaben durch die einzelnen Streitbeilegungsorgane.[86] Das eigentliche Probleme waren zumindest in der Vergangenheit dementsprechend nicht *amicus curiae*-Schriftsätze als solche, sondern vielmehr Verfahren, in denen der Vertraulichkeitsgrundsatz des WTO-Streitbeilegungsverfahrens von Parteien oder deren Rechtsvertretern verletzt wurde und in *amicus curiae*-Schriftsätzen Informationen verwertet wurden, die den Verfassern der Eingabe nicht bekannt gewesen sein dürfen.[87] 50

Im Übrigen bestehen im Hinblick auf WTO-Mitglieder keine Restriktionen einer über die Parteifähigkeit hinausgehenden Beschwerdebefugnis ***(locus standi).*** Es existiert insbe- 51

[80] United States – Import Prohibition of Certain Shrimp and Shrimp Products, Appellate Body Report v. 12.10.1998, WT/DS58/AB/R, para 101: "It may be well to stress at the outset that access to the dispute settlement process of the WTO is limited to Members of the WTO. This access is not available, under the WTO Agreement and the covered agreements as they currently exist, to individuals or international organizations, whether governmental or non-governmental".

[81] VO 3286/94, ABl EG L 349/71 v. 31.12.1994, mit Änderungen.

[82] *Shaffer* Defending Interests – Public-Private Partnerships in WTO Litigation, 2003; siehe auch *ders.* in: Pollack/Shaffer (Hrsg.), Transatlantic Governance in the Global Economy, 2001, S. 97; *Arup* Journal of World Trade 37 (2003) 897 (905).

[83] Hierzu auch *Tietje/Nowrot* European Business Organization Review, 2004, S. 321 ff.

[84] Siehe z. B. United States – Import Prohibition of Certain Shrimp and Shrimp Products, Appellate Body Report v. 12.10.1998, WT/DS58/AB/R, para 99 ff.; United States – Imposition of Countervailing Duties on Certain Hot-Rolled Lead and Bismuth Carbon Steel Products Originating in the United Kingdom, Appellate Body Report v. 10.5.2000, WT/DS138/AB/R, para 39 ff.; zur Diskussion siehe z. B. *Marceau/Stilwell* Journal of International Economic Law 4 (2001), 155 ff.; *Trachtman/Moremen* Harvard International Law Review 44 (2003), 221 ff.

[85] Siehe auch *Palmeter/Mavroidis* Dispute Settlement, S. 113 f., 223 f. m. w. Nachw.; *Marceau/Hurley* Trade L. & Dev. 4 (2012), 19 (31 ff.).

[86] So nannte das Panel in US – Tuna II in seinem Report den Autor eines *amicus curiae*-Schriftsatzes und erläuterte, an welcher Stelle dieser einen Einfluss auf die verwendeten Informationen hatte, vgl. United States – Measures Concerning the Importation, Marketing and Sale of Tuna and Tuna Products, Panel Report v. 15.9.2011, WT/DS381/R, para 7.288, 7.363. Im kurz darauf veröffentlichten Panel Report zu US – COOL wurde der Autor einer *amicus curiae*-Eingabe jedoch nicht mehr genannt und auch seine Einflussnahme auf die Beweisführung und Beschlussfassung des Panels wurde nicht näher erläutert, vgl. US – Certain Country of Origin Labelling (COOL) Requirements, Panel Report v. 18.11.2011, WT/DS384/R, WT/DS386/R, para 2.10.

[87] Im Überblick hierzu *Nowrot* Watching "Friends of the Court" Digging Their Own Grave? The Impact of EC-Sugar on the Future of Amicus Curiae Briefs at the WTO, Policy Papers on Transnational Economic Law No. 7 (2004), verfügbar unter: http://www.jura.uni-halle.de/telc/policy_papers.html (zuletzt abgerufen am 30.11.2020).

sondere keine Notwendigkeit, als Beschwerdeführer ein spezifisches wirtschaftliches oder rechtliches Interesse nachzuweisen: "[W]e consider that under the DSU there is no requirement that parties must have an economic interest. In EC – Bananas, the Appellate Body stated that the need for a 'legal interest' could not be implied in the DSU or in any other provisions of the WTO Agreement and that Members were expected to be largely self-regulating in deciding whether any DSU procedure would be 'fruitful'".[88] Damit unterscheidet sich die WTO-Streitbeilegung deutlich von der Rechtsdurchsetzung in anderen multilateralen völkerrechtlichen Vertragsregimen, die immer ein spezifisches rechtliches Interesse, das über den Anspruch auf Vertragserfüllung hinausgeht, für die Rechtsdurchsetzung verlangen.[89]

52 Ein Sonderproblem im Hinblick auf die Beteiligtenfähigkeit stellt sich mit Blick auf die **EU und ihre Mitgliedstaaten.** Da das WTO-Übereinkommen als gemischtes Abkommen[90] von der EU und ihren Mitgliedstaaten gemeinsam ratifiziert wurde und die EU sowie alle ihre Mitgliedstaaten WTO-Mitglieder ohne Einschränkungen sind, sind aus WTO-rechtlicher Perspektive alle EU-Mitgliedstaaten im WTO-Streitbeilegungsverfahren aktiv- und passivlegitimiert. Allerdings sind die weitaus meisten WTO-Sachbereiche seit dem Vertrag von Lissabon dadurch gekennzeichnet, dass die EU-Mitgliedstaaten unionsrechtlich über gar keine Kompetenzen verfügen, sondern diese nach Art. 207 AEUV der Union zustehen. Völkerrechtlich ändert all das indes nichts daran, dass die EU und ihre Mitgliedstaaten jeweils individuell für Verletzungen des WTO-Rechts haften, und zwar selbst dann, wenn die fragliche Rechtsmaterie unionsrechtlich nicht in den Kompetenzbereich der EU oder ihrer Mitgliedstaaten fällt. Vor diesem Hintergrund kommt es in der Praxis auch immer wieder zu WTO-Streitbeilegungsverfahren, in denen sich Beschwerden gegen die EU und einzelne Mitgliedstaaten richten.[91] Das führt allerdings nicht dazu, dass tatsächlich die EU und die jeweiligen Mitgliedstaaten die entsprechenden WTO-Verfahren eigenständig als Partei bestreiten. Vielmehr kommt es regelmäßig dazu, dass die EU, vertreten durch die EU-Kommission, eine vollumfängliche Haftungsübernahme für ihre Mitgliedstaaten erklärt und das entsprechende Verfahren ausschließlich selbst durchführt.[92]

53 Auch der Austritt des Vereinigten Königreichs aus der EU ändert zunächst nichts an dieser Vertretung für das **Vereinigte Königreich** durch die EU für alle bereits anhängigen Fälle vor den Streitbeilegungsorganen der WTO.[93] Dies gilt zumindest für die gesamte „transition period", die zwischen dem Vereinigten Königreich und der EU in dem Austrittsabkommen vereinbart wurde und die bis zum Ablauf des 31.12.2020 gilt. Innerhalb dieses Zeitraums wird das Vereinigte Königreich im Kontext der WTO weiterhin als Mitglied der EU angesehen und somit auch in Streitbeilegungsverfahren durch die EU-Kommission vertreten.[94] Nach Ablauf dieses Zeitraums wird das Vereinigte Königreich in

[88] Korea – Definitive Safeguard Measures on Imports of Certain Dairy Products, Panel Report v. 21.6.1999, WT/DS98/R, para 7.13.

[89] Zur Rechtslage im allgemeinen Völkerrecht siehe *Feist* Kündigung, Rücktritt und Suspendierung von multilateralen Verträgen, 2001.

[90] Hierzu allgemein statt vieler *Streinz* Europarecht, Rn. 1278.

[91] Im Überblick hierzu *Tietje* in: Herrmann/Krenzler/Streinz (Hrsg.), Die Außenwirtschaftspolitik der Europäischen Union nach dem Verfassungsvertrag, 2006, S. 161 ff.

[92] Auch hierzu im Überblick *Tietje* in: Herrmann/Krenzler/Streinz (Hrsg.), Außenwirtschaftspolitik der Europäischen Union (Fn. 91), S. 161 ff; zu den praktischen Konsequenzen in Verfahren, in denen die EU und einzelne ihrer Mitgliedstaaten Parteien in Streitbeilegungsverfahren sind, siehe *Benedek* Die Europäische Union im Streitbeilegungsverfahren der WTO, 2005, S. 56 ff. Beispielsfälle sind u. a.: European Communities and Certain Member States – Measures Affecting Trade in Large Civil Aircraft, WT/DS316; European Communities and Certain Member States – Measures Affecting Trade in Large Civil Aircraft (Second Complaint), WT/DS347; insgesamt zum Thema auch *Ruka* The International Legal Responsibility of the European Union in the Context of the World Trade Organization in Areas of Non-Conferred Competences, 2017.

[93] Vgl. The United Kingdom's withdrawal from the European Union – Communication from the UK (1.2.2020), WT/GC/206.

[94] Vgl. The United Kingdom's withdrawal from the European Union – Communication from the UK (1.2.2020), WT/GC/206.

WTO-Streitbeilegungsverfahren vollumfänglich als eigenständiges WTO-Mitglied behandelt werden.[95]

54 **b) Dritte Parteien.** Neben Beschwerdeführer und -gegner besteht die in der Praxis sehr relevante Möglichkeit, dass sich dritte, nicht unmittelbar am Streit beteiligte WTO-Mitglieder an einem Panelverfahren beteiligen (Art. 10 DSU). Konkret kann jedes WTO-Mitglied, „das ein **wesentliches Interesse an einer Angelegenheit** hat", dieses dem DSB anzeigen und hat dann das Recht, „vom Panel gehört zu werden und dem Panel schriftliche Vorlagen zu unterbreiten" (Art. 10.2 DSU). Überdies erhalten dritte Parteien die Eingangsschriftsätze der Streitparteien sowie das Protokoll der ersten mündlichen Anhörung des Panels (vgl. Art. 10.3 DSU).[96] Weitere Rechte stehen einer dritten Partei grundsätzlich nicht zu. Insbesondere besteht kein Recht einer dritten Partei, den Appellate Body anzurufen; diesbezüglich besteht nur die Möglichkeit, sich wiederum als dritte Partei am Revisionsverfahren zu beteiligen (Art. 17.4 DSU). Auch wenn ein WTO-Mitglied sich nicht als dritte Partei formell an einem Panelverfahren beteiligt, hat es trotzdem noch das Recht, *amicus curiae*-Schriftsätze einzureichen; eine Pflicht zur Berücksichtigung eines *amicus curiae*-Schriftsatzes von einem WTO-Mitglied besteht für ein Panel freilich nicht.[97]

55 **c) Vertretung durch Rechtsanwälte und Aufgaben des Advisory Centre on WTO Law.** Die Komplexität der tatsächlichen und rechtlichen Fragen, die einem WTO-Streitbeilegungsverfahren zugrunde liegen, hat frühzeitig zu der Frage geführt, ob und ggf. inwieweit es zulässig ist, dass sich WTO-Mitglieder als Streitparteien der **Unterstützung von Rechtsanwälten** bedienen können. Zwischenzeitlich ist in der WTO-Streitbeilegungspraxis geklärt, dass es "no provision in the WTO Agreement or the DSU, including the standard rules of procedure included therein, [gibt] which prevents a WTO Member from determining the composition of its delegation to WTO panel meetings".[98] Damit steht es WTO-Mitgliedern frei, Rechtsanwälte mit in die Regierungsdelegation, die das WTO-Mitglied im Streitverfahren vertritt, aufzunehmen; das entspricht heute auch der Praxis in den weitaus meisten Panel- und Appellate Body-Verfahren. Zu beachten ist indes, dass die Rechtsanwälte insofern rechtlich nicht als Prozessvertreter im eigentlichen Sinne handeln, sondern als **Mitglieder der Regierungsdelegation;** ihre Rechte und Pflichten richten sich damit ausschließlich nach der Rechtsstellung des jeweiligen WTO-Mitglieds als Streitpartei.[99]

56 Die zunehmende Tätigkeit von Rechtsanwälten in WTO-Streitbeilegungsverfahren hat zu einer stetigen juristischen Professionalisierung der Verfahren geführt. Das führt namentlich für Entwicklungsländer und die am schwächsten entwickelten Länder dazu, dass vor dem Hintergrund unzureichender finanzieller Ressourcen *de facto* eine effektive Nutzung des WTO-Streitbeilegungsmechanismus nur schwer möglich ist. Um diesem Problem zu begegnen, wurde im Jahr 2001 das **Advisory Centre on WTO Law** (ACWL) als internationale Organisation gegründet.[100] Das ACWL bietet auf der Grundlage eines Stiftungs-

---

[95] Zu den weiteren Problemen, die der Austritt des Vereinigten Königreichs aus der WTO mit sich bringt, siehe *Schäfer* Die Rechtsstellung des Vereinigten Königreiches in der WTO nach dem Brexit: Verfahren, Rechtslage, Herausforderungen, Beiträge zum Transnationalen Wirtschaftsrecht Heft 147 (11/2017), verfügbar unter: http://telc.jura.uni-halle.de/sites/default/files/BeitraegeTWR/Heft%20147.pdf (zuletzt abgerufen am 30.11.2020); *Bartels* The UK's status in the WTO after Brexit (2016), verfügbar unter: http://newsite.diplomaticlawguide.com/wp-content/uploads/2016/10/Lorand-Bartel-UK-WTO-Schedules-Paper-September-2016.pdf (zuletzt abgerufen am 30.11.2020).

[96] Zur entsprechenden Praxis nach der nicht ganz klaren Vorschrift und zum Sonderproblem der sog. „enhanced third party rights" *Palmeter/Mavroidis* Dispute Settlement, S. 109 ff.

[97] European Communities – Trade Description of Sardines, Appellate Body Report v. 26.9.2002, WT/DS231/AB/R, para 164 ff.

[98] Indonesia – Certain Measures Affecting the Automobile Industry, Panel Report v. 2.7.1998, WT/DS54/R, para 14.1.

[99] Hierzu auch *Palmeter/Mavroidis* Dispute Settlement, S. 165 f.

[100] Zu Einzelheiten siehe http://www.acwl.ch (zuletzt abgerufen am 30.11.2020).

vermögens, das verschiedene industrialisierte Staaten zur Verfügung gestellt haben, für Entwicklungsländer und die am wenigsten entwickelten Länder Rechtsberatung und Prozessvertretung in WTO-Streitbeilegungsverfahren zu Stundensätzen, die erheblich unter denen liegen, die sonst von Rechtsanwaltskanzleien verlangt werden.

### 3. Zuständigkeit ratione materiae

57 In sachlicher Hinsicht ist ein Panel zur Bewertung eines Streitverfahrens im Lichte der anwendbaren Rechtsquellen in der WTO-Streitbeilegung zuständig (zu den anwendbaren Rechtsquellen siehe bereits → Rn. 19ff.). Prüfungsgegenstand können dabei nur Maßnahmen eines WTO-Mitglieds sein. Das entspricht den allgemeinen Grundsätzen der **völkerrechtlichen Staatenverantwortlichkeit,** die sich immer nur auf hoheitliches Handeln *(act of a state)* bezieht.[101] Auf welcher staatlichen Handlungsebene dabei ein fragliches hoheitliches Handeln erfolgt ist, spielt im WTO-Recht ebensowenig wie im allgemeinen Völkerrecht eine Rolle.[102] Dem Grunde nach ebenso wenig relevant ist, ob judikatives, exekutives oder legislatives Handeln eines WTO-Mitglieds angegriffen wird. Auf der Begründetheitsebene (→ Rn. 64ff.) scheint die WTO-Rechtsprechung allerdings bei **Legislativakten** zu differenzieren und davon auszugehen, dass nur solche Legislativakte unmittelbar WTO-Recht verletzen können, die keinen Umsetzungsspielraum der Exekutive eröffnen. Wenn ein Umsetzungsspielraum gegeben ist, kann nur der konkrete Umsetzungsakt angegriffen werden.[103] Ungeachtet dieser nicht unproblematischen Rechtsprechung bleibt es aber auf der Zulässigkeitsebene dabei, dass von Sonderregelungen in einzelnen WTO-Übereinkommen abgesehen Gegenstand eines WTO-Streitbeilegungsverfahrens alle „measures affecting the operation of any covered agreement taken within the territory" eines WTO-Mitglieds sind (Art. 4.2 DSU).

58 Allerdings bezieht sich die Kompetenz eines Panels nicht abstrakt auf Maßnahmen eines WTO-Mitglieds, sondern nur soweit diese in den ***terms of references*** genannt sind. Der Streitgegenstand im eigentlichen Sinne, der in die Zuständigkeit eines Panel fällt, bestimmt sich insofern aus den angegriffenen Maßnahmen eines WTO-Mitglieds, so wie diese in den *terms of references* bezeichnet sind: „Taken together, the 'measure' and the 'claims' made concerning that measure constitute the 'matter referred to the DSB'".[104] Der so festgelegte Streitgegenstand kann im Laufe des Verfahrens von einer Partei nicht geändert werden. Allerdings ist es unschädlich, wenn die angegriffene Maßnahme eines WTO-Mitglieds im Laufe des Verfahrens aufgehoben wird oder sonst wie entfällt; die Zuständigkeit eines Panels zur Bewertung eines Streitgegenstandes, so wie er sich im maßgeblichen Zeitpunkt des Antrags auf Einsetzung eines Panels dargestellt hat, bleibt hiervon unberührt.[105] Insgesamt wird damit deutlich, dass der genauen Abfassung der *terms of references* beim Antrag auf Einsetzung eines Panels große Bedeutung zukommt. Die *terms of references* bestimmen mit Blick auf die dort genannten angegriffenen Maßnahmen des WTO-Mitglieds, gegen das sich die Beschwerde richtet, sowie im Hinblick auf die aufgezählten behaupteten Rechtsverletzungen die Zuständigkeit des Panels *ratione materiae;* Abweichungen hiervon sind nur zulässig, wenn die *terms of references* selbst dies zulassen.[106]

---

[101] Zu Einzelheiten siehe Art. 4ff. der International Law Commission's Articles on State Responsibility, mit Kommentierungen abgedruckt bei: *Crawford* The International Law Commission's Articles on State Responsibility – Introduction, Text and Commentaries, 2002, S. 91ff.

[102] Zu Einzelheiten siehe *Palmeter/Mavroidis* Dispute Settlement, S. 30f.

[103] Zu dieser mandatory/discretionary distinction siehe *Bhuiyan* Journal of International Economic Law 5 (2002) 571ff.; kritisch bereits frühzeitig *Tietje* Normative Grundstrukturen, S. 396ff.; ausführlich und dem Grunde nach anders als die sonstige WTO-Entscheidungspraxis auch United States – Section 301–310 of the Trade Act of 1974, Panel Report v. 22.12.1999, WT/DS152/R, para 7.47ff.

[104] Guatemala – Anti-Dumping Portland Cement from Mexico, Appellate Body Report v. 25.11.1998, WT/DS60/AB/R, para 73.

[105] Hierzu und zu weiteren Einzelheiten siehe *Palmeter/Mavroidis* Dispute Settlement, S. 24ff. m. w. Nachw.

[106] Zu Einzelheiten und zur entsprechenden kasuistischen Rechtsprechung siehe *Palmeter/Mavroidis* Dispute Settlement, S. 97ff. m. w. Nachw.

### 4. Res iudicata und konkurrierende Zuständigkeitsklauseln

Die **Zuständigkeit eines Panels** ist trotz Vorliegens der oben genannten Voraussetzungen nicht gegeben, wenn es bereits eine DSB-Entscheidung über den Streitgegenstand gibt *(res iudicata):* „[A] panel finding which is not appealed and which is included in a panel report adopted by the DSB, must be accepted by the parties as a final resolution to the dispute between them".[107] 59

*Res iudicata* kann es allerdings nach bisheriger WTO-Entscheidungspraxis nur auf Verfahren bezogen geben, die innerhalb des WTO-Streitbeilegungssystems zur Entscheidung anstanden. Auch wenn ein konkreter Streitgegenstand in tatsächlicher Hinsicht in einem anderen Streitbeilegungsforum bereits entschieden wurde, begründet dies für das WTO-Recht damit kein Verfahrenshindernis. Das betrifft zunächst konkret Verfahren, die in **Streitbeilegungssystemen regionaler Handelsabkommen** behandelt wurden (z.B. USMCA). Da es sich hier um ein anderes Rechtsregime handelt, sind aus der Perspektive des WTO-Rechts die Voraussetzungen für *res iudicata* nicht gegeben.[108] Ebenso wird man wohl im Hinblick auf vom Sachverhalt identische oder ähnliche Verfahren entscheiden müssen, die vor sonstigen internationalen Gerichten oder Schiedsgerichten anhängig sind *(lis pendens)* bzw. waren (z.B. Internationaler Seegerichtshof).[109] 60

### 5. Multiple Complaints und Counterclaims

Nach Art. 9.1 DSU können mehrere Beschwerden verschiedener WTO-Mitglieder in derselben Angelegenheit zu einem Panelverfahren zusammengefasst werden. Das Panel legt dann in der Regel einen **gemeinsamen Bericht** vor, solange nicht eine Partei getrennte Berichte beantragt (Art. 9.2 DSU). Der Antrag auf getrennte Berichte muss dabei frühzeitig gestellt werden; andernfalls kann das Panel im Rahmen des ihm zustehenden Ermessens den Antrag ablehnen.[110] 61

Da das WTO-Streitbeilegungsverfahren jedenfalls nicht primär von einem kontradiktorischen Charakter gekennzeichnet ist, sondern vielmehr in erster Linie der objektiven Achtung und Durchsetzung des WTO-Rechts dient, sind **counterclaims** (Widerklage) – im Gegensatz z.B. zum Verfahren vor dem Internationalen Gerichtshof (IGH → *Walter* § 2 Rn. 54) – nicht zulässig (Art. 3.10 DSU).[111] In der Praxis kam es jedoch bereits zu Verfahren, die zeitgleich gleichsam im Sinne von Klage und Widerklage anhängig gemacht und verhandelt wurden.[112] 62

---

[107] EC – Anti-Dumping Duties on Imports of Cotton-Type Bed Linen from India – Recourse to Art. 21.5 DSU by India, Appellate Body Report v. 8.4.2003, WT/DS141/AB/RW, para 93.

[108] Zum Problem siehe *Hamelmann* Internationale Jurisdiktionskonflikte und Vernetzungen transnationaler Rechtsregime – Die Entscheidungen des Panels und des Appellate Body der WTO in Sachen "Mexico – Tax Measures on Soft Drinks and Other Beverages", Beiträge zum Transnationalen Wirtschaftsrecht Heft 58 (2006), verfügbar unter: http://www.jura.uni-halle.de/telc/publikationen.html (zuletzt abgerufen am 30.11.2020); *Pauwelyn* Journal of International Economic Law 9 (2006), 197 ff.

[109] Zum Problem umfassend *Finke* Die Parallelität internationaler Streitbeilegungsmechanismen – Untersuchung der aus der Stärkung der internationalen Gerichtsbarkeit resultierenden Konflikte, 2004; *Neumann* Die Koordination des WTO-Rechts mit anderen völkerrechtlichen Ordnungen – Konflikte des materiellen Rechts und Konkurrenzen der Streitbeilegung, 2002; *Sauer* Jurisdiktionskonflikte in Mehrebenensystemen, 2008; aus der WTO-Streitbeilegungspraxis siehe insbesondere Peru – Additional Duty on Imports of Certain Agricultural Products, WT/DS457; hierzu ausführlich *Sacher* Freihandelsabkommen und WTO-Recht – Der Peru-Agricultural Products Fall, Beiträge zum Transnationalen Wirtschaftsrecht Heft 139 (2015), verfügbar unter: http://telc.jura.uni-halle.de/sites/default/files/BeitraegeTWR/Heft%20139.pdf (zuletzt abgerufen am 30.11.2020).

[110] United States – Continued Dumping and Subsidy Offset Act of 2000, Appellate Body Report v. 16.1.2003, WT/DS217/AB/R, WT/DS234/AB/R, para 305 ff.

[111] *Palmeter/Mavroidis* Dispute Settlement, S. 112 f.

[112] Brazil – Export Financing Programme for Aircraft, Panel Report v. 14.4.1999, WT/DS46/R; Canada – Measures Affecting the Export of Civilian Aircraft, Panel Report v. 14.4.1999, WT/DS70/R.

63 **6. Prüfungsschema zur Zulässigkeit eines WTO-Panelverfahrens**

A. Vorverfahren (Konsultationen)
  I. Grundsätzlich verpflichtend (Art. 4.5 DSU)
  II. Ausnahmsweise Verzicht? (Art. 6.2 DSU)
  III. Prüfung nur, wenn durch Prozesseinrede geltend gemacht
B. Weitere Sachentscheidungsvoraussetzungen
  I. Terms of References (Art. 7 DSU)
  II. Zuständigkeit ratione personae
    1. WTO-Mitglieder als Beschwerdeführer und Beschwerdegegner
    2. Amicus curiae ohne formelle Verfahrensbeteiligung
    3. Keine weiteren Anforderungen an locus standi
    4. Sonderproblem Vertretung EU und ihrer Mitgliedstaaten
    5. WTO-Mitglieder als dritte Parteien (Art. 10 DSU)
    6. Vertretung durch Rechtsanwälte und das Advisory Centre on WTO Law
  III. Zuständigkeit ratione materiae
    1. Anwendbares Recht (WTO-Übereinkommen, ggf. allgemeines Völkerrecht)
    2. Maßnahmen eines WTO-Mitglieds i. S. d. terms of references
  IV. Res iudicata als Prozesshindernis
  V. Multiple Complaints

## C. Begründetheit

64 Die Beschwerde im Rahmen der WTO-Streitbeilegung ist begründet, wenn eine Zunichtemachung oder Schmälerung ***(nullification or impairment)*** von Vorteilen aus den WTO-Übereinkommen vorliegt (Art. XXIII:1 GATT i. V. m. Art. 3.3 DSU). Der Prüfungsmaßstab hierfür ist abhängig davon, ob es sich um einen *violation complaint, non-violation complaint* oder – in der Praxis ohne Bedeutung – um einen *situation complaint* i. S. v. Art. XXIII:1 GATT handelt.

65 Bei den weitaus meisten WTO-Streitbeilegungsverfahren handelt es sich um ***violation complaints*** i. S. v. Art. XXIII:1(a) GATT. Nach Art. 3.8 DSU folgt bei einem *violation complaint* aus der Feststellung einer Rechtsverletzung eine widerlegbare Vermutung der Zunichtemachung oder Schmälerung von Vorteilen. In der Praxis ist es bislang nie dazu gekommen, dass diese Vermutung widerlegt wurde; das ist letztlich wohl auch prinzipiell ausgeschlossen.[113] Im Ergebnis ist daher ein *violation complaint* begründet, wenn das WTO-Mitglied, gegen das sich die Beschwerde richtet, durch eine handelspolitische Maßnahme gegen WTO-Recht verstoßen hat.

66 Bei einem **non-violation complaint** und einem **situation complaint** stützt sich die Begründetheit nicht auf die *prima facie*-Wirkung einer Rechtsverletzung, sondern auf sonstige Umstände, die zu einer Zunichtemachung oder Schmälerung von Vorteilen führen. Für diese Fälle statuiert Art. 26 DSU detaillierte Voraussetzungen für entsprechende Beschwerden, namentlich mit Blick auf den erforderlichen Begründungsaufwand der beschwerdeführenden Partei.[114] Bei einem **situation complaint** ist zusätzlich zu beachten, dass hier ein Panel- bzw. Appellate Body-Bericht nur durch normalen Konsensus angenommen werden kann (Art. 26.2 DSU), was diese Verfahrensart letztlich vollständig in die Bedeutungslosigkeit drängt.

67 Im Hinblick auf die **Beweislastverteilung,** die für die Begründetheit einer Beschwerde eine große Rolle spielt, gilt von Sonderregelungen in einzelnen WTO-Übereinkommen abgesehen der folgende Grundsatz:

---

[113] *Palmeter/Mavroidis* Dispute Settlement, S. 163.
[114] Ausführlich hierzu *Larouer* Netherlands International Law Review 53 (2006), 97 ff.

„In addressing this issue, we find it difficult, indeed, to see how any system of judicial settlement could work if it incorporated the proposition that the mere assertion of a claim might amount to proof. It is, thus, hardly surprising that various international tribunals, including the International Court of Justice, have generally and consistently accepted and applied the rule that the party who asserts a fact, whether the claimant or the respondent, is responsible for providing proof thereof. Also, it is a generally accepted canon of evidence in civil law, common law and, in fact, most jurisdictions, that the burden of proof rests upon the party, whether complaining or defending, who asserts the affirmative of a particular claim or defence. If that party adduces evidence sufficient to raise a presumption that what is claimed is true, the burden then shifts to the other party, who will fail unless it adduces sufficient evidence to rebut the presumption".[115]

Schließlich wird die Begründetheitsprüfung von dem **Prüfungsumfang,** den ein Panel anzulegen verpflichtet ist, bestimmt. Hierzu ist in Art. 11 DSU festgelegt, dass „a panel should make an objective assessment of the matter before it, including an objective assessment of the facts of the case and the applicability of and conformity with the relevant covered agreements". Die allgemeine Bedeutung dieser Vorschrift wurde vom Appellate Body wie folgt umschrieben: 68

"The duty to make an objective assessment of the facts is, among other things, an obligation to consider the evidence presented to a panel and to make factual findings on the basis of that evidence. The deliberate disregard of, or refusal to consider, the evidence submitted to a panel is incompatible with a panel's duty to make an objective assessment of the facts. The wilful distortion or misrepresentation of the evidence put before a panel is similarly inconsistent with an objective assessment of the facts. "Disregard" and "distortion" and "misrepresentation" of the evidence, in their ordinary signification in judicial and quasi-judicial processes, imply not simply an error of judgment in the appreciation of evidence but rather an egregious error that calls into question the good faith of a panel".[116]

Probleme wirft der so umschriebene Regelungsgehalt des Art. 11 DSU regelmäßig dann auf, wenn **innerstaatliche Behörden- oder Regierungsentscheidungen** eines WTO-Mitglieds Streitgegenstand sind.[117] Hier steht fest, dass ein Panel nicht das Mandat hat, die innerstaatliche Entscheidung der Exekutive oder Gubernative vollständig zu überprüfen, sich also gleichsam an die Stelle der innerstaatlichen Stelle zu setzen. Auf der anderen Seite ist aber auch klar, dass ein Panel die innerstaatliche Entscheidung nicht einfach so akzeptieren muss. Das damit offensichtliche Spannungsverhältnis wurde vom Appellate Body wie folgt umschrieben: 69

"We wish to emphasize that, although panels are not entitled to conduct a de novo review of the evidence, nor to substitute their own conclusions for those of the competent authorities, this does not mean that panels must simply accept the conclusions of the competent authorities. To the contrary, in our view, [...], a panel can assess whether the competent authorities' explanation for its determination is reasoned and adequate only if the panel critically examines that explanation, in depth, and in the light of the facts before the panel. Panels must, therefore, review whether the competent authorities' explanation fully addresses the nature, and, especially, the complexities, of the data, and responds to other plausible interpretations of that data. A panel must find, in particular, that an explanation is not reasoned, or is not adequate, if some alternative explanation of the facts is plausible, and if the competent authorities' explanation does not seem adequate in the light of that alternative explanation. Thus, in making an "objective assessment" of a claim [...], panels must be open to the possibility that the explanation given by the competent authorities is not reasoned or adequate".[118]

---

[115] United States – Measures Affecting Imports of Woven Wool Shirts and Blouses from India, Appellate Body Report v. 25.4.1997, WT/DS33/AB/R, S. 14; so auch US –Large Civil Aircraft (2nd complaint), Panel Report v. 23.3.2012, WT/DS353/R, para 7.13.

[116] EC – Measures Concerning Meat and Meat Products (Hormones), Appellate Body Report v. 16.1.1998, WT/DS26/AB/R, WT/DS48/AB/R, para 133.

[117] Ausführlich zu dieser Thematik *Bhiyan* National law in WTO law, 2007.

[118] United States – Safeguard Measures on Imports of Fresh, Chilled or Frozen Lamb Meat from New Zealand and Australia, Appellate Body Report v. 1.5.2001, WT/DS177/AB/R, WT/DS178/AB/R, para 106.

70 Besondere Bedeutung gewinnt die Thematik zulässiger und notwendiger **Beurteilungsspielräume,** wenn nationale Sicherheitsinteressen (siehe u. a. Art. XXI GATT) oder Gesichtspunkte des Schutzes der öffentlichen Ordnung (siehe u. a. Art. XX lit. a) GATT) zur Debatte stehen. Hier wird den WTO-Mitgliedern ein gewisser, aber kein unbegrenzter Beurteilungsspielraum gewährt; unter bestimmten Voraussetzungen ist also selbst in diesen sensiblen Regelungsbereichen eine Nachprüfung anhand WTO-rechtlicher Maßstäbe zulässig und auch notwendig.[119]

[119] Siehe Russia – Measures Concerning Traffic in Transit, Panel Report v. 26.4.2019, WT/DS512/R; Saudi Arabia – Measures concerning the Protection of Intellectual Property Rights, Panel Report v. 16.6.2020, WT/DS567/R.

# § 5. Internationaler Investitionsrechtsschutz

*Christian Tietje/Romy Klimke*

**Übersicht**



**Leitentscheidungen:** Texaco Overseas Petroleum Company (Topco)/California Asiatic (Calasiatic) Oil Company vs. Libya, Award v. 19.1.1977, ILM 17 (1978), 1; Ceskoslovenska Obchodni Banka, A. S. vs. The Slovak Republic, ICSID Case No. ARB/97/4, Decision on Jurisdiction v. 24.5.1999; Emilio Agustín Maffezini vs. The Kingdom of Spain, ICSID Case No. ARB/97/7, Decision on Jurisdiction v. 25.1.2000; Salini Costruttori S. p. A. and Italstrade S. p. A. vs. Kingdom of Morocco, ICSID Case No. ARB/00/4, Decision on Jurisdiction v. 23.7.2001; Compania de Aguas del Aconquija S. A. and Vivendi Universal vs. Argentine Republic, ICSID Case No. ARB/97/3, Decision on Annulment v. 3.7.2002; Société Générale de Surveillance S. A. vs. Republic of the Philippines, ICSID Case No. ARB/02/6, Decision on Jurisdiction v. 29.1.2004; Plama Consortium Ltd. vs. Republic of Bulgaria, ICSID Case No. ARB/03/24, Decision on Jurisdiction v. 8.2.2005; Impregilo S.A. vs. Islamic Republic of Pakistan, ICSID Case No. ARB/03/3, Decision on Jurisdiction v. 22.4.2005; Bayindir Insaat Turizm Ticaret Ve Sanayi A. S. vs. Islamic Republic of Pakistan, ICSID Case No. ARB/03/29, Decision on Jurisdiction v. 14.11.2005; Malaysian Historical Salvors SDN, BHD vs. The Government of Malaysia, ICSID Case No. ARB/05/10, Award on Jurisdiction v. 17.5.2007; Fraport AG Frankfurt Airport Services Worldwide vs. Philippines, ICSID Case No. ARB/03/25 v. 16.8.2007; The Rompetrol Group N. V. vs. Romania, ICSID Case No. ARB/06/3, Decision on Jurisdiction and Preliminary Objections v. 18.4.2008; Urbaser S. A. vs. Argentine Republic, ICSID Case No. ARB/07/26, Award v. 8.12.2016; EuGH Urteil v. 6.3.2018 – C-284/16, EuZW 2018, 239 (m. Anm. *Scholtka*) – Slowakische Republik vs. Achmea BV; Masdar vs. Spain, ICSID Case No. ARB/14/1 v. 16.6.2018; Vattenfall AB et al. vs. Bundesrepublik Deutschland, ICSID Case No. ARB/12/12 v. 31.8.2018.

**Schrifttum:** *Belling* Die Jurisdiktion rationae materiae der ICSID-Schiedsgerichte – Unter besonderer Berücksichtigung des Investitionsbegriffes des Weltbankübereinkommens vom 18.3.1965, 2008; *Bishop/Crawford/Reisman* Foreign Investment Disputes, 2. Aufl. 2014; *Brown/Miles* (Hrsg.) Evolution in Investment Treaty Law and Arbitration, 2011; *Bungenberg/Griebel/Hobe/Reinisch* (Hrsg.) International Investment Law: A Handbook, 2015; *Collier/Lowe* The Settlement of Disputes in International Law: Institutions and Procedures, 2000; *Dolzer/Schreuer* Principles of International Investment Law, 2. Aufl. 2012; *Fouret/Gerbay/Alvarez* (Hrsg.) The ICSID Convention, Regulations And Rules – A Practical Commentary, 2019; *Herdegen* Internationales Wirtschaftsrecht, 12. Aufl. 2020; *Hofmann/Donath* Internationaler Investitionsschutz, in: Ehlers/Fehling/Pünder (Hrsg.), Besonderes Verwaltungsrecht, Band 1, Öffentliches Wirtschaftsrecht, 4. Aufl. 2019, § 8; *Hofmann/Tams* (Hrsg.) The International Convention on the Settlement of Investment Disputes (ICSID) – Taking Stock after 40 Years, 2007; *Horn/Kroll* (Hrsg.) Arbitrating Foreign Investment Disputes, 2004; *Kalicki/Joubin-Bret* (Hrsg.) Reshaping the Investor-State Dispute Settlement System: Journeys for the 21st Century, 2015; *Krajewski* Wirtschaftsvölkerrecht, 4. Aufl. 2017; *Krajewski/Hoffmann* (Hrsg.) Research Handbook on Foreign Direct Investment, 2019; *McLachlan/Shore/Weiniger* International Investment Arbitration – Substantive Principles, 2. Aufl. 2017; *Reed/Paulsson/Blackaby* Guide to ICSID Arbitration, 2. Aufl. 2011; *Reinisch/Knahr* (Hrsg.) International Investment Law in Context, 2008; *Schill* The Multilateralization of International Investment Law, 2009; *Schill/Tams/Hofmann* (Hrsg.) Investment Law and Development – Bridging The Gap, 2015; *Schreuer/Malintoppi/Reinisch/Sinclair* ICSID Convention: A Commentary, 2. Aufl. 2009; *Sornarajah* The International Law on Foreign Investment, 4. Aufl. 2017; *ders.* The Settlement of Foreign Investment Disputes, 2000; *Stoll/Holterhus/Gött* Investitionsschutz und Verfassung: Völkerrechtliche Investitionsschutzverträge aus der Perspektive des deutschen und europäischen Verfassungsrechts, 2017; *Tietje* (Hrsg.) International Investment Protection and Arbitration – Theoretical and Practical Perspectives, 2008; *Weiler* (Hrsg.) International Investment Law and Arbitration: Leading Cases from the ICSID, NAFTA, Bilateral Treaties and Customary International Law, 2005; *Yannaca-Small* (Hrsg.) Arbitration Under International Investment Agreements, 2010.

# A. Funktion, Bedeutung und Grundlagen des internationalen Investitionsrechtsschutzes

## I. Einleitung

### 1. Funktion und Bedeutung des internationalen Investitionsrechtsschutzes

1 Rechtsschutz im Völkerrecht beschränkt sich heute nicht auf den klassischen Bereich zwischenstaatlicher Beziehungen. Vielmehr ist ein herausragendes Merkmal der sog. Proliferation internationaler Streitbeilegungsmechanismen[1] die zunehmende Möglichkeit von Individuen

[1] Hierzu z. B. *Buergenthal* Leiden JIL 14 (2001), 267; *Donath* Proliferation und Legitimation der internationalen Investitionsschiedsgerichtsbarkeit, 2016, S. 20 ff.

(natürlichen und juristischen Personen des Privatrechts), unmittelbar oder mittelbar an Rechtsschutzverfahren gegen Staaten bzw. internationale Organisationen teilzunehmen. Neben gerichtlichen und gerichtsähnlichen Verfahren zum Menschenrechtsschutz (→ *v. Arnauld* § 1 Rn. 15 ff.), bietet insbesondere das internationale Investitionsschutzrecht Individuen die Möglichkeit, Rechtsschutzverfahren direkt gegen Staaten (bzw. die EU) anzustrengen. Insofern handelt es sich hierbei um einen Bereich des **internationalen Rechtsschutzes,** der deutlich auf die partielle Völkerrechtssubjektivität von Individuen und damit die Erweiterung des Kreises der rechtlichen Akteure im internationalen System hinweist.[2]

**Internationaler Investitionsrechtsschutz** zielt im Kern darauf ab, in einem rechtsförmlichen Verfahren die materiellrechtlichen Schutzstandards, die ausländischen Investoren im jeweiligen Gaststaat zustehen (hierzu → Rn. 22), durchzusetzen bzw. – in der Praxis als Regelfall – Schadenersatz wegen Verletzung der Schutzstandards zu erlangen. Die wirtschaftliche Bedeutung dieser Rechtsschutzmöglichkeit zeigt sich bereits daran, dass sich das weltweite Volumen von Auslandsinvestitionen trotz vorangegangener, regionaler Rückgänge im Jahr 2019 auf 1,3 Billionen US-Dollar belief.[3] Auf den konkreten Rechtsschutz bezogen, wurden bis zum 1.1.2019 mindestens 942 schiedsgerichtliche Verfahren, die sich auf die Durchsetzung von Investitionsschutzgarantien bezogen, gezählt.[4] Der Streitwert dieser schiedsgerichtlichen Verfahren bewegt sich dabei regelmäßig im zwei- bis dreistelligen Millionenbereich, wobei im sog. Yukos-Streit sogar ein Streitwert von über 50 Milliarden US-Dollar erreicht wurde. 2

Materiell geht es in Rechtsschutzverfahren im Investitionsbereich regelmäßig darum, dass ein ausländischer Investor seine wirtschaftlichen Interessen sowie Erwartungen im Hinblick auf eine getätigte Investition im Gaststaat durch eine staatliche Maßnahme als negativ beeinträchtigt ansieht. Rechtlich liegt dem **wirtschaftlichen Interessenschutz** dabei eine der beiden folgenden Konstellationen, die auch kombiniert vorliegen können, zugrunde: (1) Der Investor hat mit dem Gaststaat einen Vertrag (sog. Investitionsvertrag) über ein konkretes Investitionsprojekt geschlossen, z. B. mit der Regierung über den Bau eines (staatlichen) Flughafens, und die Rechte aus diesem Vertrag werden von der staatlichen Vertragspartei verletzt (sog. contract claim). (2) Durch eine staatliche Maßnahme, die zeitlich nach der Planung bzw. Durchführung eines Investitionsprojektes erfolgt, z. B. die Rücknahme einer Industrieanlagengenehmigung aus Gründen des Umweltschutzes, sieht sich der ausländische Investor in Investitionsschutzgarantien verletzt, die in einem bilateralen Investitionsschutzvertrag (Bilateral Investment Treaty – BIT) oder einem plurilateralen bzw. multilateralen völkerrechtlichen Vertrag zwischen dem Gaststaat und dem Heimatstaat des Investors niedergelegt sind (sog. treaty claim). 3

### 2. Grundstrukturen der unterschiedlichen Rechtsschutzmöglichkeiten ausländischer Investoren

In den beschriebenen Situationen einer Beeinträchtigung wirtschaftlicher und rechtlicher Interessen eines ausländischen Investors gibt es für diesen – abhängig vom Einzelfall – eine **Reihe unterschiedlicher Rechtsschutzmöglichkeiten.** Zunächst kommt natürlich Rechtsschutz vor den innerstaatlichen Gerichten des Gaststaates in Betracht (→ Rn. 6). Weiterhin besteht ggf. die Möglichkeit, dass der Heimatstaat des Investors im Wege des sog. diplomatischen Schutzes auf völkerrechtlicher Ebene diplomatisch und/oder durch Klage vor dem IGH (→ *Walter* § 2) die Interessen und Rechte des Investors gegenüber dem Gast- 4

[2] Siehe z. B. *Sornarajah* The International Law on Foreign Investment, S. 7 f.: "It is a fascinating fact that through the employment of private techniques of dispute resolution, they are able to create principles of law that are generally favourable to them. […] It is an area in which international law is clearly moving away from the old positivist notion that international law is shaped entirely by the activities of states."; *Klein* Das Investitionsschutzrecht als völkerrechtliches Individualschutzrecht im Mehrebenensystem, 2018, S. 91 ff.

[3] UNCTAD, World Investment Report 2019, S. 2, verfügbar unter: https://unctad.org/en/PublicationsLibrary/wir2019_en.pdf (zuletzt abgerufen am 30.11.2020).

[4] UNCTAD (Fn. 3), S. 18.

staat geltend macht (→ Rn. 7). Schließlich besteht unter bestimmten Voraussetzungen ggf. für den Investor die Möglichkeit, den Gaststaat unmittelbar vor einem internationalen Schiedsgericht im Hinblick auf die behauptete Verletzung des Investitionsvertrages und/oder des bilateralen bzw. multilateralen Investitionsschutzvertrages zu verklagen (→ Rn. 8). Während die Erfolgsaussichten eines Rechtsschutzverfahrens vor innerstaatlichen Gerichten prozessual und weitgehend auch materiellrechtlich von den spezifischen Vorgaben der jeweiligen innerstaatlichen Rechtsordnung abhängig sind, bemessen sich Zulässigkeit und Begründetheit eines Verfahrens im Wege des diplomatischen Schutzes und vor einem internationalen Schiedsgericht an den rechtlichen Regelungen im zugrunde liegenden Investitionsvertrag bzw. an spezifischen Vorgaben des Völkerrechts und des internationalen Investitionsschutzrechts.

5 Die jeweilige **Effektivität und Effizienz** der drei angedeuteten Rechtsschutzmöglichkeiten beurteilt sich für einen ausländischen Investor sehr unterschiedlich, wobei zu beachten ist, dass es bei Streitigkeiten im Bereich ausländischer Investitionen immer um das Spannungsverhältnis zwischen regelmäßig mittel- bzw. langfristig angelegten wirtschaftlichen Interessen des Investors auf der einen Seite und der souveränen Regelungshoheit des Gaststaates im Rahmen seiner territorialen Jurisdiktion[5] auf der anderen Seite geht.

6 Die jedenfalls theoretisch oftmals gegebene Möglichkeit des Rechtsschutzes vor den zuständigen **innerstaatlichen Gerichten des Gaststaates** ist für einen ausländischen Investor zunächst in der Regel mit dem Problem der „Fremdheit" der entsprechenden Rechtsordnung verbunden. Neben den spezifischen Eigenarten des für den Investor insofern immer ausländischen Rechts, sind es dabei besondere rechtskulturelle, sprachliche und sonstige gesellschaftliche Besonderheiten, die den Umgang mit dem innerstaatlichen Rechtsschutzsystem erschweren. Das wirkt sich dann besonders gravierend aus, wenn es um Investitionen in Staaten geht, die kein dem europäischen bzw. anglo-amerikanischen Rechtsraum vergleichbares rechtsstaatliches Verständnis haben. Insbesondere in Rechtsschutzverfahren gegen staatliche Stellen ist insofern (leider) in zahlreichen Staaten fraglich, ob und ggf. inwieweit die Judikative tatsächlich unabhängig ist. Das kann zu erheblicher Rechtsunsicherheit und – wirtschaftlich betrachtet – daraus zwangsläufig entstehenden hohen Transaktionskosten führen.[6] Überdies stellt sich materiellrechtlich in innerstaatlichen Rechtsschutzverfahren das zentrale Problem des Investitionsschutzes überhaupt: Nach klassischer Auffassung ist die Ausgestaltung der innerstaatlichen Rechtsordnung Ausdruck staatlicher Souveränität. Damit hat der Staat jederzeit die Möglichkeit, seine innerstaatliche Rechtsordnung zu ändern; ggf. bestehende vertragliche Verpflichtungen einem ausländischen Investor gegenüber können diese souveräne Regelungsfreiheit nicht beschränken. Ihre Grenzen findet die **Rechtsetzungssouveränität** nur – sofern vorhanden – im innerstaatlichen Verfassungsrecht oder im Völkerrecht. Allerdings steht es einem Staat insoweit ebenfalls frei, darüber zu entscheiden, welche Rechtswirkungen das Völkerrecht im innerstaatlichen Raum entfaltet.[7] Wenn ein Staat sich dazu entscheidet, dem Völkerrecht keine innerstaatliche Rechtswirkung zugunsten des Individuums zu geben, führt das zwar möglicherweise zu einer Völkerrechtsverletzung, hat jedoch zunächst keine Auswirkungen auf die innerstaatliche Rechtslage, die für ein innerstaatliches Gericht maßgeblich ist. Im Ergebnis kann das für einen ausländischen Investor dazu führen, dass seine Interessen innerstaatlich nicht geschützt sind. Es liegt auf der Hand, dass auch vor diesem Hintergrund für einen ausländischen Investor der Verweis auf innerstaatliche Rechtschutzmöglichkeiten oftmals keine überzeugende Handlungsoption ist.[8]

---

[5] Zum maßgeblichen völkerrechtlichen Jurisdiktionsbegriff siehe *Dahm/Delbrück/Wolfrum* Völkerrecht I/1, 2. Aufl. 1988, § 47 ff.

[6] Zu einer eindrucksvollen (und erschreckenden) Schilderung aus der Praxis siehe *Kerling* in: Tietje, International Investment Protection and Arbitration, S. 153, 156 ff.

[7] Hierzu statt vieler *Dahm/Delbrück/Wolfrum* Völkerrecht I/1 (Fn. 5), S. 101.

[8] In Rechtsordnungen mit ausgeprägtem unmittelbarem oder mittelbarem Grundrechtsschutz im Verfassungsrang ist dies freilich anders.

Auch der Verweis auf die **Möglichkeit diplomatischen Schutzes** durch den Heimatstaat ist für einen Investor, dessen wirtschaftliche Interessen im Gaststaat negativ betroffen sind, regelmäßig wenig befriedigend.[9] So ist der Bruch eines Investitionsvertrages zwischen Investor und Gaststaat völkerrechtlich in der Regel nicht sanktioniert; aus klassischer völkerrechtlicher Perspektive bietet in erster Linie nur eine entschädigungslose Enteignung die Möglichkeit, diplomatischen Schutz zu aktivieren. Weiterhin verlangt der diplomatische Schutz die Staatszugehörigkeit der natürlichen oder juristischen Person, zu deren Gunsten der Heimatstaat tätig wird. Bei transnationalen Unternehmen als bedeutenden Akteuren im internationalen Investitionsbereich ist es indes zunehmend schwierig, ihre **Staatszugehörigkeit** zu bestimmen. Dies liegt in erster Linie an den zum Teil sehr komplexen gesellschaftsrechtlichen Konstruktionen dieser Unternehmen. Damit bleibt unklar, welcher Staat für die Ausübung diplomatischen Schutzes zuständig ist. Im Übrigen ist diplomatischer Schutz immer von dem zeit- und geldintensiven Verfahren der Erschöpfung des innerstaatlichen Rechtsweges abhängig. Ein Anspruch auf Ausübung diplomatischen Schutzes besteht – von Sonderregelungen des innerstaatlichen Verfassungsrechts abgesehen[10] – ohnehin nicht. Damit ist der diplomatische Schutz als Rechtsschutzmöglichkeit im eigentlichen Sinne regelmäßig keine Alternative für einen Investor. Das darf allerdings nicht darüber hinwegtäuschen, dass es namentlich vor dem IGH durchaus schon vereinzelte Verfahren gab, die den Investitionsschutz im Wege des diplomatischen Schutzes betrafen,[11] und überdies jedenfalls in Deutschland die Ausübung diplomatischen Schutzes durch die Bundesregierung (konkret das Bundesministerium für Wirtschaft und Technologie in Zusammenarbeit mit dem Auswärtigen Amt) auf tatsächlich diplomatischem Wege – also nicht durch Klage vor dem IGH – durchaus Praxis ist. 7

Da einem Investor zwischenstaatliche Streitbeilegungsverfahren – insbesondere vor dem IGH – nicht offenstehen, bleiben damit als einzige **effektive Rechtsschutzmöglichkeiten** nur Verfahren, in denen der Investor einen Staat direkt verklagen kann. Die Möglichkeit eines solchen direkten Rechtsschutzes eines Privatrechtssubjektes gegen einen Staat ist freilich aus klassischer völkerrechtlicher Perspektive ungewöhnlich, da Staaten und Individuen im internationalen Rechtsraum nicht auf einer Gleichordnungsebene stehen, sondern vielmehr das Individuum durch den Staat mediatisiert ist.[12] Damit im Zusammenhang steht – worauf schon hingewiesen wurde (→ Rn. 6) –, dass eine Beeinträchtigung von Individualinteressen im innerstaatlichen Bereich völkerrechtlich durch die souveräne Regelungsfreiheit eines Staates gerechtfertigt ist. Da sich diese souveräne Regelungsfreiheit nur durch Völkerrecht einschränken lässt, bedarf es also für eine effektive Rechtsschutzmöglichkeit eines Privatrechtssubjekts unmittelbar gegen einen Staat der Zuweisung von völkerrechtlichen Rechten an das Individuum. Im modernen Völkerrecht gibt es zwei bedeutungsvolle Sachbereiche, in denen genau diese Konstellation gegeben ist: der Menschenrechtsschutz, insbesondere in seiner gerichtlichen Absicherung durch Verfahren vor dem EGMR (hierzu → *Kadelbach* § 6),[13] sowie das hier interessierende internationale Investitionsschutzrecht.[14] 8

[9] Zu den nachfolgend genannten Problemen siehe z. B. *Happ* Schiedsverfahren zwischen Staaten und Investoren nach Art. 26 Energiechartavertrag, 2000, S. 72 ff. m. w. Nachw.; *Hofmann/Donath* in: Ehlers/Fehling/Pünder, BesVwR, § 8 Rn. 55 ff.

[10] Zum dem dem Grunde nach gegebenen Anspruch auf Ausübung diplomatischen Schutzes durch die Bundesregierung als Konsequenz der Schutzwirkung der Grundrechte des Grundgesetzes siehe BVerfGE 55, 349 (364) = NJW 1981, 1499 f.; *Klein* DÖV 1977, 704 (705 ff.).

[11] Insbesondere IGH Barcelona Traction, Light and Power Company Ltd. (Belgium/Spain) Second Phase, ICJ Reports 1970, 3; IGH Elettronica Sicula S. p. A. (ELSI), (USA/Italy) ICJ Reports 1989, 15; IGH Ahmadou Sadio Diallo (Republic of Guinea/Democratic Republic of the Congo), ICJ Reports 2010, 639.

[12] *Dahm/Delbrück/Wolfrum* Völkerrecht I/2, 2. Aufl. 2002, S. 259 f.

[13] *Dahm/Delbrück/Wolfrum* Völkerrecht I/2 (Fn. 12), S. 259 ff.

[14] Ausführlich dazu *Tietje* Beiträge zum Transnationalen Wirtschaftsrecht, Heft 120 (2012).

### 3. Entwicklung und Grundlagen der gemischten Investitionsschiedsgerichtsbarkeit

9 Die Geschichte der internationalen friedlichen Streitbeilegung reicht weit zurück.[15] Die Schiedsgerichtsbarkeit als eine Möglichkeit der internationalen friedlichen Streitbeilegung findet ihren bis heute prägenden historischen Ausgangspunkt indes erst mit dem sog. **Jay-Vertrag** zwischen dem Vereinigten Königreich und den USA vom 19.11.1794.[16] Dieser Vertrag sah u. a. die Einsetzung eines Schiedsgerichts mit drei Schiedsrichtern vor, um auf diesem Wege auch über private Schadenersatzansprüche im Zusammenhang mit der US-amerikanischen Unabhängigkeit zu verhandeln.[17] Der Jay-Vertrag als Beginn der modernen internationalen Schiedsgerichtsbarkeit hatte allerdings zunächst nur Auswirkungen auf die Entwicklung der zwischenstaatlichen Streitbeilegung. Diese erfuhr ausgehend vom Jay-Vertrag spätestens mit der **Alabama-Entscheidung** vom 14.9.1872[18] ihren auch heute noch prägenden Charakter. Internationale Schiedsgerichtsverfahren von Individuen gegen Staaten im Investitionsschutzbereich erlangten erst ab ca. Ende der 1950er Jahre vermehrt Aufmerksamkeit und Bedeutung, insbesondere aufgrund zahlreicher Fälle, die staatliche Maßnahmen gegen ausländische Firmen, die im Erdölbereich tätig waren, betrafen.[19] Seither hat sich die gemischte Schiedsgerichtsbarkeit zwischen Investoren und Staaten indes weitreichend international etabliert und es kann konstatiert werden, dass „[n]owadays, arbitration is the generally accepted avenue for resolving disputes between investors and states."[20]

### 4. Strukturmerkmale der Schiedsgerichtsbarkeit

10 Die Schiedsgerichtsbarkeit im Investitionsschutzbereich zwischen Privaten und Staaten ist durch Strukturmerkmale gekennzeichnet, die in weiten Bereichen auch der rein privaten (Handels-)Schiedsgerichtsbarkeit entsprechen. Heute kann eine zunehmende Konvergenz dieser beiden Arten der friedlichen Streitbeilegung konstatiert werden.[21] Die Schiedsgerichtsbarkeit ist dabei immer zentral dadurch gekennzeichnet, dass ihr zwingend eine **Schiedsvereinbarung der beteiligten Parteien** zugrunde liegt und liegen muss. Nur beim Vorliegen einer wirksamen Schiedsvereinbarung ist ein Schiedsgericht zuständig, eine Streitsache rechtsverbindlich zu entscheiden.[22] Schon hierin besteht ein wesentlicher Unterschied zur innerstaatlichen und internationalen Gerichtsbarkeit, deren Zuständigkeit aus

---

[15] *Schneider* Internationale Gerichtsbarkeit als Instrument friedlicher Streitbeilegung, 2003, S. 37 f.; *Reinisch* in: Tietje (Hrsg.), Internationales Wirtschaftsrecht, 2015, § 8 Rn. 11 ff.

[16] Treaty of Amity, Commerce and Navigation between Great Britain and the United States (Jay-Vertrag) v. 19.11.1794, CTS Band 52, S. 243.

[17] Ausführlich *Schlochauer* in: Bernhardt (Hrsg.), EPIL Vol III, 1997, S. 4 ff.

[18] Siehe hierzu *Seidel* in: Bernhardt (Hrsg.), EPIL Vol I, 1992, S. 97 ff.

[19] Vgl. Saudi Arabia vs. Arabian American Oil Company (Aramco), Award v. 23.8.1958, ILR 27 (1958), 117; Sapphire International Petroleums Ltd. vs. National Iranian Oil Company, Award v. 25.3.1963, ILR 35 (1963), 136; Elf Aquitaine (Iran) vs. National Iranian Oil Company, Award v. 14.1.1982, YCA XI (1986), 97; Kuwait vs. the American Independent Oil Company (Aminoil), Award v. 24.3.1982, ILM 21 (1982), 976; Wintershall AG et al vs. Quatar, Award v. 5.2.1988 und 31.5.1998, ILM 28 (1989), 798 und ILM 28 (1989), 833 und die Schiedsverfahren in den libyschen Erdölfällen Texaco Overseas Petroleum Company (Topco)/ California Asiatic (Calasiatic) Oil Company vs. Libya, Award v. 19.1.1977, ILM 17 (1978), 1; Libyan American Oil Company (Liamco) vs. Libya, Award v. 12.4.1977, ILM 20 (1981), 1; British Petroleum vs. Libya, Award v. 10.10.1973 und 1.8.1974, ILR 53 (1979), 297.

[20] Plama Consortium Ltd. vs. Republic of Bulgaria, ICSID Case No. ARB/03/24, Decision on Jurisdiction v. 8.2.2005, para198.

[21] *Collier/Lowe* The Settlement of Disputes in International Law, S. 59; dies war vor einigen Jahren noch anders, siehe z. B. *Wetter* International Arbitral Process, Vol. I 1979, xxiv: „Commercial lawyers regard arbitrations between states as wholly irrelevant; and public international teachers, advocates und officials view commercial arbitration as an essentially alien process […]"; *Caron* ZaöRV 1986, 465 (472): „Although both public and private international arbitrations are concerned with legal resolution of disputes arising in an international context, these two processes have remained quite distinct".

[22] *Collier/Lowe* The Settlement of Disputes in International Law, S. 198 ff.

einer feststehenden Prozessordnung, also gerade nicht aus einer auf den konkreten Streitfall bezogenen Vereinbarung der Parteien, folgt.

Die notwendige Schiedsvereinbarung kann gerade im Investitionsschutzbereich unterschiedliche **Grundlagen** haben. Klassisch ist dabei die konkrete Vereinbarung in einem spezifischen Investitionsvertrag zwischen einem Staat und einem Investor. Weiterhin gibt es zahlreiche Staaten, die in nationalen Investitionsgesetzen vorsehen, dass Investitionsstreitigkeiten im Wege eines internationalen Schiedsgerichtsverfahrens beigelegt werden. Dogmatisch handelt es sich hierbei um das Angebot zum Abschluss einer Schiedsvereinbarung, das vom Investor durch die Einleitung eines entsprechenden Verfahrens angenommen wird. Das gilt in der Konstruktion ebenso für Schiedsgerichtsklauseln in bilateralen Investitionsschutzverträgen, die ebenfalls als Angebot der beteiligten Staaten zum Abschluss einer Schiedsvereinbarung mit einem Investor zu werten sind.[23] 11

Dem Grunde nach ist die Schiedsgerichtsbarkeit weiterhin davon geprägt, dass die Parteien – dem fundamentalen **Grundsatz der Parteiautonomie** folgend – das auf das Schiedsgerichtsverfahren anwendbare Recht selbst festlegen können.[24] Gleichsam als Hilfestellung dienen dabei Musterverfahrensordnungen, wobei den UNCITRAL Arbitration Rules[25] in der Praxis die wohl größte Bedeutung zukommt. Im Übrigen verbleibt es aber weitreichend bei der Parteiautonomie mit Blick auf das anwendbare Verfahrensrecht sowie, wenn keine Parteivereinbarung vorliegt, der Befugnis des jeweiligen Schiedsgerichts, die Einzelheiten des Verfahrens festzulegen. Abhängig von dem rechtskulturellen Hintergrund der Schiedsrichter kann dies zu sehr unterschiedlich ausgestalteten Verfahren führen, wobei sich allerdings in jüngerer Zeit das Bemühen zeigt, internationalen best practice Regeln zu folgen.[26] Wichtig ist jedoch, dass die Parteiautonomie nur bei der ad hoc Schiedsgerichtsbarkeit gegeben ist. In der **institutionellen Schiedsgerichtsbarkeit** stehen die maßgeblichen Verfahrensregeln fest und können nur dann geändert werden, wenn dies ausdrücklich vorgesehen ist (→ Rn. 14). 12

Jedenfalls zum Teil der Privatautonomie entzogen ist die zwingende Anwendbarkeit der lex arbitri als staatliches Recht auf ein Schiedsverfahren. Es handelt sich hierbei um Vorschriften des jeweiligen staatlichen Prozessrechts, die ergänzend zum von den Parteien gewählten Verfahrensrecht vom Schiedsgericht zu beachten sind und ggf. von den Parteien mit Hilfe staatlicher Gerichte durchgesetzt werden können. Die Funktion der **Regeln der lex arbitri** lässt sich zusammenfassend wie folgt umschreiben: „The law governing the arbitration comprises the rules governing interim measures (e. g., court orders for the preservation or storage of goods), the rules empowering the exercise by the court of supportive measures to assist an arbitration which has run into difficulties (e. g., filling a vacancy in the composition of the tribunal, if there is no other mechanism) and rules providing for the exercise by the court of its supervisory jurisdiction over arbitration (e. g., removing an arbitrator for misconduct)“.[27] Welches zusätzliche staatliche Recht auf ein Schiedsverfahren Anwendung findet, bestimmt sich in erster Linie nach dem Schiedsort, der von den Parteien gewählt wurde *(lex loci arbitri)* (vgl. § 1025 Abs. 1 ZPO). Ob und ggf. inwieweit es darüber hinaus die Möglichkeit gibt, durch Parteivereinbarung eine Delokalisierung des Schiedsverfahrens herbeizuführen, d. h. die anwendbare lex arbitri frei und ohne Rücksicht auf den Schiedsort zu bestimmen, ist umstritten und im Ergebnis eine Entscheidung der jeweiligen nationalen Rechtsordnung (vgl. § 1025 Abs. 1 i. V. m. § 1043 ZPO).[28] 13

---

[23] *Schreuer/Malintoppi/Reinisch/Sinclair* ICSID Convention, Art. 25 Rn. 427 ff.

[24] *Oberhammer* in: Tietje, Internationales Wirtschaftsrecht (Fn. 15), § 16 Rn. 17 f.

[25] Verfügbar unter: http://www.uncitral.org/pdf/english/texts/arbitration/arb-rules/arb-rules.pdf (zuletzt abgerufen am 30.11.2020).

[26] Siehe z. B. die UNCITRAL Notes on Organizing Arbitral Proceedings, verfübar unter: http://www.uncitral.org/pdf/english/texts/arbitration/arb-notes/arb-notes-e.pdf (zuletzt abgerufen am 30.11.2020); siehe im Überblick zum Schiedsverfahren z. B. *Wolff* JuS 2008, 108 (110 ff.).

[27] *Paul Smith vs. H & S Holdings Inc.*, LLoyd's Rep. 2 (1992), 127 (130).

[28] Siehe u. a. *Voit* in: Musielak/Voit, ZPO, § 1025 Rn. 3 ff.

14 Die Autonomie der Parteien im Hinblick auf das Verfahrensrecht ist jedoch dann eingeschränkt, wenn ein Verfahren im Rahmen einer **institutionalisierten Schiedsgerichtsbarkeit** in der Schiedsvereinbarung bestimmt wurde. Auch für den Investitionsschutz wichtige Schiedsinstitutionen sind dabei u. a. die International Chamber of Commerce (ICC) in Paris und das Arbitration Institute der Stockholmer Chamber of Commerce. Besondere Bedeutung kommt weiterhin institutionalisierten Schiedsgerichtsverfahren nach dem Übereinkommen über das International Centre for the Settlement of Investment Disputes (ICSID) zu (hierzu noch → Rn. 33 ff.). Das Verfahrensrecht wird durch die einschlägigen ICSID-Regeln in weiten Bereichen abschließend vorgegeben (vgl. Art. 36 ff. ICSID). Überdies ist ein ICSID-Verfahren – im Gegensatz zu allen anderen möglichen Verfahren z. B. nach den ICC- oder Stockholmer Regeln – dadurch gekennzeichnet, dass es vollständig einen völkerrechtlichen Charakter hat, so dass unabhängig vom Ort des jeweiligen Schiedsgerichts nie eine lex arbitri als staatliches Recht zur Anwendung kommt.[29]

15 Das **schiedsgerichtliche Verfahren** wurde traditionell durch den **Vertraulichkeitsgrundsatz** geprägt.[30] Diese Maxime galt dem Grunde nach auch im Investitionsschutzbereich, insbesondere wenn ein entsprechendes Verfahren nach den UNCITRAL Arbitration Rules, den Regeln der ICC oder einer der zahlreichen nationalen Handelskammern – z. B. dem Arbitration Institute der Stockholmer Chamber of Commerce – stattfindet. In der jüngeren Zeit wurde der Vertraulichkeitsgrundsatz indes deutlich relativiert. Seit 2006 sieht ICSID vor, dass die Schiedsgerichtsentscheidung insgesamt zwar nur mit Zustimmung der Parteien veröffentlicht werden darf, hiervon unabhängig aber Auszüge der zentralen Rechtsaussagen des Schiedsgerichts immer der Öffentlichkeit zugänglich gemacht werden (Rule 48 IV ICSID Arbitration Rules). Insgesamt ist schon vor diesem Hintergrund heute eine recht weitreichende rechtliche und faktische Transparenz jedenfalls der Entscheidungen von Schiedsgerichten im Investitionsschutzbereich gegeben.[31] In Abkehr vom Paradigma der strengen Vertraulichkeit wurden 2013 auch die **UNCITRAL-Schiedsregeln** um weitreichende **Transparenzregeln** ergänzt, welche am 1.4.2014 in Kraft getreten sind.[32] Demnach sollen grundsätzlich alle Investor-Staat-Schiedsverfahren öffentlich registriert werden (Art. 2), alle Schriftsätze sowie die Schiedssprüche veröffentlicht werden (Art. 3), Vertretern der Zivilgesellschaft die Möglichkeit zur Beteiligung gegeben werden (Art. 4) und die Verhandlungen des Investitionsschiedsgerichts öffentlich durchgeführt werden (Art. 6). Ausnahmebestimmungen gelten lediglich für Betriebs- und Geschäftsgeheimnisse (Art. 6). Die UNCITRAL-Transparenzregeln finden unmittelbar Anwendung auf alle Investor-Staat-Schiedsverfahren auf der Grundlage von Investitionsschutzverträgen, welche auf die UNCITRAL-Schiedsregeln verweisen und seit dem 1.4.2014 geschlossen wurden. Die neuen EU-Freihandels- und Investitionsschutzabkommen wie CETA verpflichten darüber hinaus zur Anwendung der UNCITRAL-Transparenzregeln im Rahmen eines jeden Schiedsverfahrens.[33]

16 Auf Schiedsverfahren auf der Grundlage von Investitionsschutzverträgen, welche bis zum 31.3.2014 abgeschlossen wurden, werden die UNCITRAL-Transparenzregeln durch die sog. **Mauritius-Konvention** übertragen.[34] Voraussetzung für die Anwendbarkeit der Konvention, die am 17.3.2015 in Port Louis (Mauritius) unterzeichnet wurde und am 18.10.2017 in Kraft trat, ist die Ratifikation sowohl durch den beklagten Staat als auch durch den Heimatstaat des Investors. Aktuell sind sieben Staaten – Kanada, Mauritius, Australien, Bolivien, Kamerun, Gambia und die Schweiz – der Mauritius-Konvention beigetreten.

---

[29] *Happ* Schiedverfahren (Fn. 9), S. 182 ff.

[30] *Tietje* Beiträge zum Transnationalen Wirtschaftsrecht, Heft 10 (2003), 15, verfügbar unter: http://www.jura.uni-halle.de/telc/publikationen.html (zuletzt abgerufen am 30.11.2020).

[31] Ausführlich bereits *Zoellner* in: Hofmann/Tams, The International Convention on the Settlement of Investment Disputes (ICSID), S. 179 ff.

[32] UNCITRAL Rules on Transparency in Treaty-based Investor-State Arbitration v. 11.7.2013; siehe hierzu *Shirlow* ICSID Review 31 (2016), 622.

[33] Vgl. z. B. Art. 8.36 CETA.

[34] United Nations Convention on Transparency in Treaty-based Investor-State Arbitration, angenommen durch die UN-Generalversammlung am 10.12.2014 (A/RES/69/116).

Entscheidungen eines internationalen Schiedsgerichts im Investitionsschutzbereich sind ebenso wie jede andere internationale Schiedsgerichtsentscheidung in der Regel nach den Vorgaben des sog. **New Yorker Übereinkommens** vom 10.6.1958 über die Anerkennung und Vollstreckung ausländischer Schiedssprüche[35] innerstaatlich anzuerkennen und ggf. zu vollstrecken, wobei es hierzu einer entsprechenden Entscheidung des zuständigen nationalen Gerichts bedarf (vgl. § 1061 ZPO).[36] Anders ist dies nur bei ICSID-Schiedssprüchen. Nach Art. 54 ICSID ist ein **ICSID-Schiedsspruch** von den Vertragsstaaten der Konvention ohne weiteres anzuerkennen und ggf. zu vollstrecken. Eine gerichtliche Überprüfung darf dementsprechend ausschließlich auf die Frage der Authentizität des Schiedsspruches bezogen erfolgen. Ansonsten sind die Wirkungen eines ICSID-Schiedsspruches einem innerstaatlichen Gerichtsurteil unmittelbar gleichgestellt. Die unmittelbare Vollstreckbarkeit eines ICSID-Schiedsspruches und der damit einhergehende Ausschluss der Überprüfung durch innerstaatliche Gerichte können für Investoren von beachtlicher Attraktivität sein. Gegen die Einleitung eines ICSID-Verfahrens und für die alternative Wahl z. B. eines UNCITRAL- oder ICC-Verfahrens spricht indes neben den hohen Kosten zum Teil die erhöhte Transparenz von ICSID; die umfassende Vertraulichkeit eines Verfahrens lässt sich nur – unter Beachtung der oben genannten Einschränkungen – in anderen Schiedsverfahren gewährleisten. 17

### 5. Vorteile der Investitionsschiedsgerichtsbarkeit und Kritik

Der enorme **Bedeutungszuwachs** der Investor-State-Dispute-Settlement (ISDS) in der **Rechtspraxis,** der sich in den weltweit ansteigenden Verfahrenszahlen widerspiegelt, erklärt sich anhand einer Vielzahl von Vorteilen, insbesondere aus der Perspektive des Investors. Die Streitbeilegung vor ad hoc Schiedsgerichten löst den Konflikt aus den oftmals politisch aufgeladenen Verfahren vor den nationalen Gerichten des Gaststaates heraus und garantiert zugleich die fachliche Kompetenz der Schiedsrichter.[37] Im Vergleich zu innerstaatlichen Gerichtsverfahren mit mehreren Instanzen kann sich ISDS zudem als zügiger und kostengünstiger erweisen. Zu den Vorteilen gehören auch die Parteienautonomie hinsichtlich des anwendbaren Rechts sowie die soeben erwähnte, erleichterte Durchsetzbarkeit von Schiedssprüchen im Wege der New Yorker Konvention. Deutsche Investoren zählen bisher zu den Nutznießern des internationalen Investitionsschutzsystems. Seit 1959 hat Deutschland 155 BITs abgeschlossen, von denen noch mehr als 130 in Kraft sind.[38] Deutsche Unternehmen waren, soweit bekannt, in mindestens 69 Verfahren als Kläger beteiligt. Hingegen war die Bundesrepublik Deutschland erst vier Mal Beklagte in einem Investor-Staat-Streitbeilegungsverfahren.[39] 18

Die weltweite Zunahme von Investor-Staat-Streitbeilegungsverfahren wurde jedoch insbesondere innerhalb des vergangenen Jahrzehnts von wachsender **Kritik aus der Zivilgesellschaft** und zum Teil auch der **Wissenschaft** begleitet.[40] Im Zentrum der Debatten standen dabei vor allem die geplanten bzw. abgeschlossenen Freihandelsabkommen der EU mit Kanada (CETA) und den USA (TTIP) sowie das Transpazifische Partnerschaftsabkommen (TPP). Kritiker sehen in der ad hoc Schiedsgerichtsbarkeit eine Beeinträchtigung der 19

---

[35] BGBl 1961 II S. 121.

[36] Ausführlich zum Anerkennungs- und Vollstreckungsverfahren z. B. *Voit* in: Musielak/Voit, ZPO, § 1061 Rn. 1 f.; *Münch* in: Münchener Kommentar zur Zivilprozessordnung, 5. Aufl. 2017, § 1061 Rn. 1 ff.

[37] Ausführlich zu den Vorteilen der ad hoc Investitionsschutzgerichtsbarkeit *Reinisch* in: Tietje, Internationales Wirtschaftsrecht (Fn. 15), § 18 Rn. 19 ff.

[38] Vgl. zum aktuellen Stand: https://investmentpolicy.unctad.org/international-investment-agreements/countries/78/germany (zuletzt abgerufen am 30.11.2020),

[39] https://investmentpolicy.unctad.org/investment-dispute-settlement/country/78/germany (zuletzt abgerufen am 30.11.2020).

[40] Vgl. vertiefend hierzu *Boysen* in: Kadelbach (Hrsg.), Die Welt und Wir: Die Außenbeziehungen der Europäischen Union, 2017, S. 85 ff.; *Bäumler* AVR 54 (2016), 261; ferner *Hofmann/Donath* in: Ehlers/Fehling/Pünder (Hrsg.) BesVwR, § 8 Rn. 85 ff.

nationalen Souveränität, da der Gesetzgeber durch ausländische Investoren unter Druck gesetzt werden könne, innenpolitisch gewollte Gesetzesreformen zu unterlassen (sog. regulatory chill).[41] Moniert werden auch die mangelnde demokratischen Legitimation der Schiedsgerichte, die Intransparenz der Auswahl der Schiedsrichter sowie des Ablaufs der Schiedsverfahren, das Fehlen einer zweiten Instanz zur Überprüfung und Harmonisierung der Schiedssprechung als auch die Teilnahme derselben Personen an Schiedsverfahren in verschiedenen Funktionen (sog. double hatting[42]), welche dem Vorwurf der persönlichen Befangenheit begegnet. Mit dem Einwand der mangelnden Neutralität geht die Kritik an der gewerblichen Prozessfinanzierung durch an dem jeweiligen Rechtsstreit unbeteiligte Finanzdienstleiser (sog. Third-party funding)[43] einher. Gefordert wird auch ein deutlicheres Bekenntnis zur Beachtung der Menschenrechte von Dritten, wenn diese mit Rechten von Investoren in Konflikt geraten.[44] Nicht zuletzt ist auch die Frage nach der Bedeutung des Investitionsschutzrechts für Entwicklungsländer Gegenstand eines wachsenden und kontroversen Diskurses.[45] Die aufgeworfenen Kritikpunkte, die man unterschiedlich bewerten kann und die juristischer und politischer Natur sind, gaben Anlass, über Reformen in der Investitionsschiedsgerichtsbarkeit nachzudenken und entsprechende Prozesse anzustoßen.

## II. Rechtsquellen

### 1. Überblick

20 Die Rechtsquellen des materiellen Investitionsschutzrechts und des entsprechenden Verfahrensrechts sind nicht ausschließlich in einer Rechtsordnung zu finden. Vielmehr ist das Investitionsschutzrecht regelmäßig von einer **Verflechtung von Recht** aus dem internationalen und dem innerstaatlichen Bereich gekennzeichnet.

21 In historischer Perspektive hat sich das Investitionsschutzrecht in seiner heutigen Ausprägung in wesentlichen Bereichen aus dem klassischen **völkerrechtlichen Fremdenrecht** entwickelt. Das sog. Fremdenrecht, dessen Ursprünge in die Zeit der Hanse zurückreichen, garantiert durch völkerrechtliche Verträge und Völkergewohnheitsrecht natürlichen und juristischen Person mit ausländischer Staatszugehörigkeit im jeweiligen Gaststaat einen Mindestbestand an materiellem und prozessualem Rechtsschutz, u.a. auf den Schutz von Leben und körperlicher Unversehrtheit, den Eigentumsschutz und effektiven Rechtsschutz vor innerstaatlichen Gerichten bezogen.[46] Ihre rechtliche Verfestigung haben diese Mindeststandards insbesondere in bis heute relevanten zahlreichen bilateralen Freundschafts-, Schifffahrts- und Handelsverträgen erfahren.[47] Mit diesen Verträgen haben zugleich die Meistbegünstigungs- und die Inländergleichbehandlungsverpflichtung als zentrale Rechts-

[41] Hierzu z.B. *Stoll/Holterhus/Gött* Investitionsschutz und Verfassung: Völkerrechtliche Investitionsschutzverträge aus der Perspektive des deutschen und europäischen Verfassungsrechts, 2017, S. 115 f; zu CETA, welches u.a. in Art. 8.9 ein ausdrückliches *right to regulate* statuiert, vgl. *Schill* ZaöRV 2018, 33.

[42] Einführend hierzu *Langford/Behn/Lie* Journal of International Economic Law 20 (2017), 301.

[43] *Hoffmann* Gewerbliche Prozessfinanzierung in internationalen Schiedsgerichtsverfahren. Erforderlichkeit einer Offenlegungspflicht?, 2018.

[44] Ausführlich hierzu *Scheu* Systematische Berücksichtigung von Menschenrechten in Investitionsschiedsverfahren, 2017, S. 47 ff.; *Sornarajah* The International Law on Foreign Investment, 4. Aufl. 2017, S. 172 ff. In jüngerer Zeit fand diesbezüglich insbesondere die Gegenklage eines beklagten Gaststaates, Argentinien, gegen den klagenden Investor mit der Behauptung, dieser habe das Menschenrecht auf Wasser verletzt, viel Beachtung; vgl. Urbaser S.A. vs. Argentine Republic, ICSID Case No. ARB/07/26, Award v. 8.12.2016; eingehend dazu *Crow/Lorenzoni-Escobar* Boston University International Law Journal, 36 (2018), 87.

[45] Für einen fundierten Überblick zu dieser Thematik siehe *Schill/Tams/Hofmann* Investment Law and Development.

[46] Zum völkerrechtlichen Fremdenrecht ausführlich *Kau* in: Vitzthum/Proelß, Völkerrecht, 3. Abschnitt Rn. 280 ff.

[47] *Paulus* in: Wolfrum (Hrsg.), Max Planck Encyclopedia of Public International Law, MPEPIL Online (Stand: März 2011), Rn. 1 ff., verfügbar unter: http://opil.ouplaw.com/home/EPIL (zuletzt abgerufen am 30.11.2020).

garantien auch des modernen Investitionsschutzrechts Einzug in das internationale Recht gefunden.

Das eigentliche **moderne internationale Investitionsschutzrecht** begann sich erst ab 1959 zu entwickeln. In diesem Jahr wurde zwischen der Bundesrepublik Deutschland und Pakistan der weltweit erste bilaterale Investitionsschutzvertrag abgeschlossen.[48] Heute gibt es über 2.932 BITs, und zwar nicht mehr nur zwischen den OECD-Staaten und Entwicklungsländern, sondern zunehmend auch zwischen Entwicklungsländern und Industriestaaten.[49] BITs sind weitgehend standardisiert und oftmals an sog. Musterabkommen einzelner Staaten angelehnt, wobei dem deutschen[50] und dem US-amerikanischen Musterabkommen[51] besondere Bedeutung zukommt. Heutige BITs enthalten regelmäßig Vorschriften zur Zulassung von Investitionen, Behandlungsstandards (u. a. Meistbegünstigung, Inländergleichbehandlung, gerechte und billige Behandlung), Enteignungsschutz einschließlich Entschädigungsstandards sowie Streitbeilegungsregelungen. Im Hinblick auf Streitbeilegungsklauseln waren BITs der ersten Generation dadurch gekennzeichnet, dass nur Streitigkeiten über die Höhe der Entschädigung bei einer Enteignung hierunter fielen.[52] Heutige BITs enthalten demgegenüber oftmals Streitbeilegungsregeln, die sich auf alle Streitigkeiten in Bezug auf Investitionen, die von dem entsprechenden Vertrag erfasst sind, beziehen und für die Streitbeilegung neben UNCITRAL- und/oder ICC-Verfahren auf ICSID verweisen, sofern beide Vertragsparteien das ICSID-Übereinkommen ratifiziert haben.[53] 22

Neben **bilateralen Investitionsschutzverträgen** finden sich in präferenziellen Handels- und Integrationsabkommen u. a. der EU und der USA zunehmend Regelungen zum Investitionsschutz,[54] die allerdings primär materiellrechtlich von Bedeutung sind, d. h. im Rahmen des hier interessierenden Themas des Rechtsschutzes keine weitere Beachtung finden sollen. Für den Rechtsschutz bedeutungsvoll sind demgegenüber **regionale Investitionsschutzabkommen.** Hier sind insbesondere Kapitel 11 NAFTA und der Energiechartavertrag zu nennen. Kapitel NAFTA 11 enthält weitreichende materiellrechtliche Investitionsschutzstandards und statuiert darüber hinaus ein Klagerecht von Investoren gegen einen der drei erfassten Gaststaaten Kanada, Mexiko, USA.[55] Bis zum Beitritt zur ICSID-Konvention von Kanada am 1.12.2013 und Mexiko zum 26.8.2018 fanden diese Verfahren entweder nach den UNCITRAL-Schiedsregeln oder nach den Vorschriften der sog. ICSID Additional Facility statt (dazu unten → Rn. 37). 23

**NAFTA** wurde indes mit dem Inkrafttreten des neuen USA-Mexiko-Kanada-Abkommens (USMCA) zum 1.7.2020 mit sofortiger Wirkung ersetzt. Das Kapitel 14 **USMCA** beschneidet das Investor-Staat-Streitbeilegungssystem für den Dreiländerraum im Vergleich zu Kapitel 11 NAFTA erheblich. Rechtsverletzungen von kanadischen Investoren in den USA sowie von US-amerikanischen Investoren in Kanada können fortan allein auf dem nationalen Rechtsweg des jeweiligen Gaststaates oder im Wege des diplomatischen Schutzes geltend gemacht werden. Kapitel 14 USMCA enthält ferner die Einwilligung Kanadas, dass sämtliche Investorenansprüche drei Jahre nach der Beendigung von NAFTA erlöschen. Ad 24

---

[48] Vertrag zur Förderung und zum Schutz von Kapitalanlagen zwischen der Bundesrepublik Deutschland und Pakistan v. 25.11.1959, BGBl 1961 II S. 793.

[49] Hierzu im Überblick UNCTAD (Fn. 3), S. 99 ff.

[50] Deutscher Mustervertrag über die Förderung und den gegenseitigen Schutz von Kapitalanlagen 2005 (Bundesministerium für Wirtschaft und Technologie), abgedruckt in: AVR 45 (2007), 276 ff.

[51] Verfügbar unter: https://ustr.gov/sites/default/files/BIT%20text%20for%20ACIEP%20Meeting.pdf (zuletzt abgerufen am 30.11.2020).

[52] Zur begrenzten Reichweite solcher Schiedsklauseln siehe z. B. Berschader and Berschader vs. Russian Federation, Award and Correction, SCC Case No 080/2004, IIC 314 (2006), verfügbar unter: https://www.italaw.com/cases/140 (zuletzt abgerufen am 30.11.2020).

[53] Im Überblick hierzu *Dolzer/Tietje/Wackernagel* in: Kronke/Melis/Kuhn (Hrsg.), Handbuch Internationales Wirtschaftsrecht, 2. Aufl. 2017, Teil J Rn. 118 ff.

[54] Hierzu *Hoekman/Newfarmer* JWT 39 (2005), 949.

[55] Hierzu im Überblick *Weiler* International Investment Law and Arbitration, S. 129.

hoc Schiedsverfahren auf der Grundlage des USMCA sind hingegen nur noch zwischen den USA und Mexiko möglich. Streitparteien in Kanada und Mexiko verbleibt die Handlungsoption, sich auf das am 30. Dezember 2018 in Kraft getretene Comprehensive Progressive Trans-Pacific Partnership (CPTPP) zu berufen.

25 Von großer Bedeutung ist weiterhin der **Energiechartavertrag** (ECT).[56] Der im April 1998 in Kraft getretene Energiechartavertrag mit zwischenzeitlich 48 Vertragsparteien regelt inhaltlich insbesondere den Handel mit Energieprodukten (Teil II), den Schutz ausländischer Investoren im Energiebereich (Teil III), Einzelfragen unter anderem zu Umweltschutz und Steuern (Teil IV), sowie die Beteiligung von Investitionsstreitigkeiten (Teil V). Institutionell wurde durch den Vertrag die Energie Charter Conference (ECC) begründet, die als internationale Organisation einzustufen ist.[57] Im Hinblick auf die investitionsschutzrechtliche Schiedsgerichtsbarkeit gewährt Art. 26 ECT Investoren ein unmittelbares Klagerecht gegen Gaststaaten, und zwar nach Wahl des Investors nach den Regeln des ICSID bzw. nach den additional-facility-Regeln des ICSID, wenn nur eine Vertragspartei Mitglied des ICSID ist, ferner ein ad-hoc-Verfahren nach den UNCITRAL-Schiedsregeln,[58] sowie ein Verfahren vor dem Schiedsgericht der Stockholmer Handelskammer.[59] Der Energiechartavertrag nimmt damit nahezu umfassend Bezug auf die gegenwärtig wichtigsten Regelungen des internationalen Schiedsverfahrensrechts.

26 Für den materiellrechtlichen Investitionsschutz und den entsprechenden Rechtsschutz sind schließlich **konkrete Investitionsverträge** zwischen Investor und Gaststaat von Bedeutung. Früher betrafen solche Verträge, die auch als state contracts bezeichnet werden, fast ausschließlich Konzessionen im Rohstoff- und Energiebereich (concession contracts). Heute hingegen handelt es sich regelmäßig um komplexe Vertragswerke u. a. in der Form von joint ventures, service contracts, turnkey contracts (Anlagenlieferungsverträge) und BOT-Verträge (build-operate-transfer).[60] Im Kern enthalten diese und ähnliche Verträge detaillierte Regelungen zu wechselseitigen Rechten und Pflichten des Gaststaates (z. B. Erteilung notwendiger Konzessionen und Genehmigungen, Subventionen) und des Investors (z. B. Vornahme bestimmter Investitionen, garantierte Projektlaufzeiten). Aus der Sicht des internationalen Investitionsschutzrechts ist allerdings entscheidend, dass Investitionsverträge zwar durch Rechtswahl der Parteien dem Völkerrecht unterstellt und damit internationalisiert werden können, es sich jedoch nicht um echte völkerrechtliche Verträge handelt.[61] Damit ist der Bruch eines Investitionsvertrages durch einen Gaststaat auch nie ein Verstoß gegen Völkerrecht im eigentlichen Sinne. Überdies wird aus diesem Grund der Gaststaat durch einen Investitionsvertrag nicht in seinem souveränen Recht zur Änderung der innerstaatlichen Rechtsordnung eingeschränkt (→ Rn. 6), was für den Investor zu erheblicher Rechtsunsicherheit führen kann. Um diesem Problem zu begegnen, haben sich sog. Stabilisierungsklauseln als Bestandteil von Investitionsverträgen durchgesetzt. Eine **Stabilisierungsklausel** sieht dabei im Kern vor, dass der Gaststaat seine für die Investition relevante Rechtsordnung über einen bestimmten Zeitraum hinweg nicht zu Lasten des Investors ändern wird. Das hindert den Gaststaat zwar völkerrechtlich nicht daran, seine Rechtsordnung trotzdem zu ändern. Allerdings steht dem Investor in einem solchen Fall ein Anspruch auf Schadenersatz zu,[62] der

---

[56] Ausführlich hierzu *Happ* Schiedsverfahren (Fn. 9), S. 115 ff.

[57] Ausführlich *Happ* Schiedsverfahren (Fn. 9), S. 117 ff.

[58] UNCITRAL Arbitration Rules 1976, GA-Res. 31/98 v. 15.12.1976, verfügbar unter: http://www.uncitral.org/pdf/english/texts/arbitration/arb-rules/arb-rules.pdf (zuletzt abgerufen am 30.11.2020).

[59] Hierzu z. B. *Quero* Investor-State Disputes at the SCC, Stockholm 2017, verfügbar unter: https://sccinstitute.com/media/178174/investor-state-disputes-at-scc-13022017-003.pdf (zuletzt abgerufen am 30.11.2020).

[60] Zu diesen Vertragsformen siehe u. a. *Herdegen* Internationales Wirtschaftsrecht, § 22 Rn. 10 f.; *Reinisch* in: Tietje, Internationales Wirtschaftsrecht (Fn. 15), § 8 Rn. 25.

[61] Zur problematischen rechtsdogmatischen Einordnung von state contracts siehe z. B. *Nowrot* Normative Ordnungsstruktur und private Wirkungsmacht, 2006, S. 344 ff.

[62] Siehe z. B. *Rawding* Arbitration International 11 (1995), 341 ff.; *Markert* Rohstoffkonzessionen in der internationalen Schiedsgerichtsbarkeit, 1989, S. 207.

über eine entsprechende Schiedsklausel in dem Investitionsvertrag vor einem internationalen Schiedsgericht durchgesetzt werden kann.

## 2. Investitionsschutz in der EU seit dem Vertrag von Lissabon

**a) Kompetenzverteilung zwischen EU und EU-Mitgliedstaaten.** Mit Inkrafttreten 27 des Vertrages von Lissabon am 1.12.2009 wurde die **Handelskompetenz der Europäischen Union** deutlich gestärkt. Die Zuständigkeit für ausländische Direktinvestitionen fällt seither in den ausschließlichen Bereich der EU (Art. 207 Abs. 1 S. 1 AEUV).[63] Die Kompetenz für Portfolio-Investitionen und die Investor-Staat-Streitbeilegung unter Beteiligung eines EU-Mitgliedstaates verbleibt hingegen, wie der EuGH im Gutachten 2/15 zum EU-Singapur-Freihandelsabkommen vom 16.5.2017 bestätigt hat,[64] bei den EU-Mitgliedstaaten.[65] Bei den seither verhandelten Handelsabkommen zwischen der EU, den EU-Mitgliedstaaten und dem jeweiligen Drittstaat handelt es sich somit um sog. gemischte Abkommen, sofern diese Portfolioinvestitionen umfassen und EU-Mitgliedstaaten als unmittelbare Beklagte eines Investitionsschutzschiedsverfahrens vorsehen. Bei einem solchen **gemischten Abkommen** müssen die nationalen Parlamente der EU-Mitgliedstaaten den Teilen der Abkommen zustimmen, die zu ihrem Zuständigkeitsbereich gehören. Die EU-Kommission wird jedoch durch den Rat der Europäischen Union ermächtigt, die Vertragsverhandlungen auch über die Bereiche zu führen, die in die Zuständigkeit der Mitgliedstaaten fallen. Die Frage des Regressausgleiches im Zusammenhang mit Schiedsverfahren, bei denen die EU als Vertragspartei nach außen völkerrechtlich haftet, aber im Innenverhältnis ein EU-Mitgliedstaat verantwortlich ist, wurde durch die Verordnung Nr. 912/2014 geklärt.[66]

Für die etwa 1.200 bestehenden sowie zukünftige bilaterale Investitionsschutzabkommen 28 der EU-Mitgliedstaaten mit **Drittstaaten** wurden in der Verordnung Nr. 1219/2012 vom 12.12.2012 Übergangsregelungen getroffen.[67] Nach dieser sog. Grandfathering-Verordnung gelten Altverträge fort, solange keine Abkommen zwischen der EU und den EU-Mitgliedstaaten mit dem jeweiligen Drittstaat abgeschlossen sind. Änderungen von bestehenden Verträgen sowie Verhandlungen über auslaufende Abkommen bedürfen der Genehmigung durch die EU-Kommission. Zur Überwachung der Durchführung der Grandfathering-Verordnung wurde der Ausschuss für Investitionsabkommen eingerichtet.

**b) Intra-EU-BITs.** EU-Mitgliedstaaten haben in der Vergangenheit auch mit solchen 29 Staaten Investitionsschutzverträge abgeschlossen, die erst im Zuge der Erweiterungsrunden seit 2004 Mitgliedstaaten der EU geworden sind.[68] Bei diesen sog. **Intra-EU-BITs** stellte sich das Problem, dass diese zwar aus völkervertragsrechtlicher Perspektive weiterhin wirksam sind, jedoch aus unionsrechtlicher Sicht jedenfalls potentiell mit dem Anwendungsvorrang des Unionsrechts in Konflikt geraten konnten. Dementsprechend entschied der EuGH im März 2018 in der Rechtssache Achmea, dass die Investor-Staat-Streitbeilegung in bilateralen Investitionsschutzverträgen zwischen den EU-Mitgliedstaaten gegen den Grundsatz der **Autonomie des Unionsrechts** verstößt.[69] Nach Auffassung des EuGH verletzen

---

[63] Zur Abgrenzung von Direktinvestitionen und sonstigen Investitionen i. S. d. Art. 207 AEUV vgl. *Hummer,* in: Vedder/Heintschel von Heinegg, Europäisches Unionsrecht, 2. Aufl. 2018, Art. 207 AEUV Rn. 31 ff.

[64] EuGH Gutachten v. 16.5.2017 – C-2/15, BeckEuRS 2017, 502931.

[65] Zur Abgrenzung von Direkt- und Portfolioinvestitionen vgl. *Krajewski* Wirtschaftsvölkerrecht, S. 161 f.

[66] VO 912/2014/EU v. 23.7.2014 des Europäischen Parlaments und des Rates zur Schaffung der Rahmenbedingungen für die Regelung der finanziellen Verantwortung bei Investor-Staat-Streitigkeiten vor Schiedsgerichten, welche durch internationale Übereinkünfte eingesetzt wurden, bei denen die Europäische Union Vertragspartei ist, ABlEU Nr. L 257 S. 121 ff.

[67] VO 1219/2012/EU v. 12.12.2012 des Europäischen Parlaments und des Rates zur Einführung einer Übergangsregelung für bilaterale Investitionsschutzabkommen zwischen den Mitgliedstaaten und Drittländern, ABlEU Nr. L 351 S. 40 ff.

[68] Vgl. ausführlich *Rösch* Intraeuropäisches Investitionsschutzrecht, 2017, S. 26 ff.

[69] EuGH EuZW 2018, 239 (m. Anm. *Scholtka*) – *Slowakische Republik vs. Achmea BV;* vgl. eingehend dazu *Lang* Beiträge zum Transnationalen Wirtschaftsrecht, Heft 156 (2018); ferner *Hofmann/Donath* in: Ehlers/Fehling/Pünder, BesVwR, § 8 Rn. 100.

Intra-EU-Schiedsverfahren das Entscheidungsmonopol des EuGH für unionsrechtliche Fragen gemäß Art. 344 AEUV. Die Achmea-Entscheidung löste eine erhebliche Verunsicherung in der innereuropäischen Investitionsschutzlandschaft aus. So stellte sich zunächst die Kernfrage nach der Zukunft der Intra-EU-BITs. Deren Schicksal ist seit dem 5.5.2020 durch die Unterzeichnung des Abkommens über die Beendigung der bilateralen Investitionsschutzabkommen zwischen den Mitgliedstaaten der Europäischen Union durch 23 EU-Mitgliedstaaten besiegelt.[70] Das Abkommen soll sich nach Art. 4 Abs. 2 und Art. 12 Abs. 2 auch auf die sog. Nachwirkungsklauseln (sunset clauses bzw. survival clauses), welche den Schutz von bereits getätigten Investitionen auf der Grundlage eines BITs über den Zeitpunkt seines Auslaufens auf einen zusätzlichen Zeitraum (oftmals 20 Jahre, vgl. z. B. Art. 14 Abs. 3 deutscher Mustervertrag) ausdehnen, erstrecken. Hierzu sind allerdings noch Rechtsstreitigkeiten zu erwarten.

30 Finnland, Irland, Österreich und Schweden zählen nicht zu den Unterzeichnerstaaten. Die von ihnen abgeschlossenen Intra-EU-BITs werden vorerst durch das Abkommen nicht berührt. Eine einheitliche Regelung für den gesamten EU-Binnenmarkt besteht damit derzeit noch nicht.

31 Noch ungewiss sind ferner die Auswirkungen der Achmea-Entscheidung auf Intra-EU-Streitbeilegungsverfahren, die auf dem Energiecharta-Vertrag (ECT) beruhen. Obgleich Investitionsschiedsgerichte seither in aller Regel zu der Einschätzung gelangt sind,[71] dass ihre Zuständigkeit auf der Grundlage des ECT durch das Achmea-Urteil nicht berührt wird, ist diese Frage noch nicht abschließend geklärt.

32 Erwartungen, dass die Achmea-Entscheidung auch Auswirkungen auf die Gestaltung der ISDS zwischen der EU sowie EU-Mitgliedstaaten mit Drittstaaten haben könnte, haben sich indes nicht bestätigt. Der EuGH hat im Gutachten 1/17 den ISDS-Mechanismus, wie durch das Freihandelsabkommen der EU mit Kanada (CETA) vorgesehen, als unionsrechtskonform erachtet.[72] Maßgeblich für diese Einschätzung war der rein völkerrechtliche Charakter des CETA-Gerichtssystems, welches ausschließlich zur Auslegung und Anwendung des CETA befugt ist und damit außerhalb der Rechtsordnung der EU steht.[73]

### 3. Einzelne schiedsgerichtliche Institutionen und Verfahren

33 **a) ICSID.** Das International Centre for the Settlement of Investment Disputes (ICSID) wurde Mitte der 1960er Jahre eingerichtet. Angesichts der zunehmenden Bedeutung von Auslandsinvestitionen und der Notwendigkeit eines diesbezüglich effektiven Rechtsschutzes wurde im Jahre 1964 eine Konvention zur Streitbeilegung im Investitionsschutzbereich ausgearbeitet und bereits am 18.3.1965 abschließend zur Unterzeichnung vorgelegt. Schon eineinhalb Jahre später, am 14.10.1966, trat die **ICSID-Konvention** in Kraft.[74]

34 Institutionell ist das ICSID mit Sitz in Washington D. C. der **Weltbankgruppe** zugeordnet. Völkerrechtlich handelt es sich allerdings um eine eigenständige internationale Institution. Im Mai 2020 haben 163 Staaten die Konvention unterzeichnet; 154 Staaten waren völkerrechtlich durch Ratifikation an sie gebunden.[75]

---

[70] Agreement for the termination of bilateral investment treaties between the member states of the European Union, A/T/BIT/Annex A, 5.5.2020; vgl. kommentierend *Tropper* The treaty to end all investment treaties. The Termination Agreement of intra-EU BITs and its effect on sunset clauses, Völkerrechtsblog, 12.5.2020, verfügbar unter https://voelkerrechtsblog.org/the-treaty-to-end-all-investment-treaties/ (zuletzt abgerufen am 30.11.2020).

[71] Vgl. u. a. Masdar vs. Spain, ICSID Case No. ARB/14/1, Decision on Jurisdiction v. 16.6.2018; Vattenfall AB et al. vs. Bundesrepublik Deutschland, ICSID Case No. ARB/12/12, Decision on Jurisdiction v. 31.8.2018.

[72] EuGH Gutachten 1/17 v. 30.4.2019, EuZW 2019, 457.

[73] Art. 30.6 CETA; vgl. *Semertzi* CMLR 51 (2014), 1125.

[74] Zur Geschichte siehe *Amerasinghe* in: Bernhardt (Hrsg.), EPIL Vol II, 1995, S. 1447 ff.; *Lörcher* Neue Verfahren der internationalen Streiterledigung in Wirtschaftssachen, 2001, S. 159 ff.; *Parra* The History of ICSID, 2012.

[75] Aktuelle Zahlen verfügbar unter: https://icsid.worldbank.org/en/Pages/about/Database-of-Member-States.aspx.

Das ICSID hat zwei Organe, den Verwaltungsrat und das Sekretariat.[76] Der **Verwaltungsrat** setzt sich aus den Vertretern der Vertragsstaaten zusammen. Den Vorsitz des Verwaltungsrates hat ex officio der Präsident der Weltbank inne. Die wesentliche Aufgabe des Verwaltungsrates besteht darin, das Sekretariat des ICSID zu überwachen und grundlegende Entscheidungen zu treffen. Aufgabe des Sekretariats ist es, Dienstleistungen für Investitionsstreitverfahren zur Verfügung zu stellen. Das geschieht u. a. durch die Verwaltung eines Vermittler- und Schiedsrichterverzeichnisses. In diesem Verzeichnis sind die Personen aufgeführt, die als Vermittler und Schiedsrichter in Investitionsstreitverfahren in Betracht kommen. Die Liste ist jedoch nicht abschließend – vielmehr werden weitaus mehr Personen als Schiedsrichter benannt als auf der Liste enthalten sind. 35

Das ICSID fand lange Zeit im internationalen System nur wenig Beachtung. Das hat sich in Folge der wachsenden Zahl von Investitionsschutzverträgen grundlegend geändert. Weit über 1.000 der heute geltenden bilateralen Investitionsschutzverträge enthalten eine Schiedsklausel, die eine Zuständigkeit eines Schiedsgerichtes nach den Regeln der ICSID-Konvention begründet. Von 1966 bis 1993 kam es zu insgesamt 27 Verfahren nach der ICSID-Konvention. Seit 1998 wird im Durchschnitt pro Monat ein neuer Fall beim ICSID registriert. Mitte 2020 waren insgesamt 268 Fälle – in unterschiedlichen Verfahrensstadien – anhängig. Die Mehrzahl dieser Verfahren erfolgt auf der Grundlage von Schiedsklauseln in bilateralen Investitionsschutzverträgen. Weitere Verfahren werden nach Schiedsklauseln in konkreten Staat-Investor-Verträgen sowie nach Kapitel 11 NAFTA und dem Energiechartavertrag unterbreitet. Schon vor diesem **tatsächlichen Hintergrund** zeigt sich die Bedeutung, die heute ICSID zukommt. 36

Die ICSID-Konvention sieht **drei unterschiedliche Verfahren** zur Beilegung von Investitionsstreitigkeiten vor: das Vergleichsverfahren, das normale Schiedsverfahren und das sog. Additional Facility-Verfahren.[77] Bei letzterem handelt es sich um ein Verfahren, das an herkömmliche ICSID-Verfahren angelehnt ist, obwohl eine Zuständigkeit des ICSID ratione materiae oder ratione personae nicht gegeben ist.[78] Das Additional Facility-Verfahren unterscheidet sich vom herkömmlichen ICSID-Verfahren insbesondere dadurch, dass der bereits dargelegte Grundsatz der Ausschließlichkeit des Verfahrens keine Anwendung findet.[79] Bei dem Vergleichsverfahren kommt es wiederum im Gegensatz zu dem normalen Schiedsverfahren und dem Additional Facility-Verfahren nur zu einer unverbindlichen Empfehlung an die Streitparteien durch eine Vergleichskommission. Das Vergleichsverfahren wurde bislang nur selten eingesetzt und soll daher hier nicht Gegenstand weiterer Betrachtung sein. 37

Ein ganz zentrales **Prinzip eines ICSID-Verfahrens** ist dessen sog. **Ausschließlichkeit** (Art. 53 ICSID-Konvention), die sich insbesondere darin ausdrückt, dass keine Möglichkeit der Überprüfung eines ICSID-Schiedsspruches durch ein nationales Gericht besteht. Gewisse Einschränkungen erfährt dieses Prinzip im Hinblick auf die fehlende innerstaatliche Überprüfbarkeit eines ICSID-Schiedsspruches (→ Rn. 17) nur durch das sog. Aufhebungsverfahren. Nach Art. 52 ICSID kann eine Streitpartei die Aufhebung eines Schiedsspruches aus einem der folgenden Gründe begehren: (a) nicht ordnungsgemäße Bildung des Gerichts; (b) offensichtliche Überschreitung der Befugnisse des Gerichts; (c) Bestechung eines Mitglieds des Gerichts; (d) schwerwiegende Abweichung von einer grundlegenden Verfahrensvorschrift; und (e) Fehlen der Begründung des Schiedsspruches. Die Auslegung dieser Vorschrift hat in der Vergangenheit zu einigen Schwierigkeiten geführt. Namentlich in einem Verfahren zwischen der Klöckner Industrie-Anlagen GmbH 38

---

[76] Zur institutionellen Struktur des ICSID siehe z. B. *Collier/Lowe* The Settlement of Disputes in International Law, S. 60 ff.; ferner *Hofmann/Donath* in: Ehlers/Fehling/Pünder, BesVwR, § 8 Rn. 66.

[77] Zu den Verfahren im Überblick *Lörcher* Neue Verfahren der internationalen Streitbeilegung (Fn. 74), S. 162 ff.; *Collier/Lowe* The Settlement of Disputes in International Law, S. 68 ff.

[78] Additional Facility for the Administration of Conciliation, Arbitration and Fact-Finding Proceedings, ICSID Doc 11, 1979.

[79] *Reed/Paulsson/Blackaby* Guide to ICSID arbitration, S. 149 f.

und Kamerun aus den Jahren 1981 und 1984[80] kam es zu einer recht weiten Auslegung der Aufhebungsgründe. Der mit dem Aufhebungsantrag befasste Ad-hoc-Ausschuss urteilte, dass letztlich jede Verletzung von Vorschriften der ICSID-Konvention einen Aufhebungsgrund darstellt. Die durch diesen Spruch begründete Rechtsunsicherheit konnte erst im Jahre 1989 durch eine deutlich restriktivere und den Wortlaut des Art. 52 ICSID berücksichtigende ablehnende Aufhebungsentscheidung ausgeräumt werden.[81] Dessen ungeachtet kommt es allerdings in jüngerer Zeit zunehmend zu **Aufhebungsverfahren** nach Art. 52 ICSID.[82] Das mag man unter Verweis auf die grundlegende Wertentscheidung in der ICSID-Konvention dahingehend, dass nur in besonderen Ausnahmefällen ein Rechtsbehelf gegen schiedsgerichtliche Entscheidungen möglich sein soll, bedauern. Jedoch ist zu bedenken, dass es mit der stetigen Zunahme von ICSID-Verfahren zwangsläufig zu mehr Aufhebungsverfahren kommen muss. Überdies kann durch das Aufhebungsverfahren durchaus auch auf das rechtsstaatliche Gebot effektiven Rechtsschutzes reagiert werden. Insofern stellt sich das Aufhebungsverfahren als Bestandteil der Konstitutionalisierung des Staat-Investor-Schiedsgerichtswesens dar.

39 Das eigentliche **ICSID-Verfahrensrecht** ist in Art. 36 ff. ICSID und ergänzend hierzu in den ICSID Rules of Procedure for the Institution of Conciliation and Arbitration Proceedings (Institution Rules), den Rules of Procedure for Arbitration Proceedings (Arbitration Rules) und den Administrative and Financial Regulations[83] geregelt. Es handelt sich hierbei – im Gegensatz zu Verfahrensregelungen außerhalb der institutionalisierten Schiedsgerichtsbarkeit (z. B. UNCITRAL Arbitration Rules) – um weitgehend zwingende Vorschriften, die von den Parteien eines Verfahrens dementsprechend nur modifiziert werden können, wenn dies ausdrücklich vorgesehen ist. Das gilt ebenso für die ICSID Additional Facility Rules, die im Wesentlichen den zuvor genannten Verfahrensregelungen inhaltlich entsprechen (zu den einzelnen Verfahrensregelungen siehe → Rn. 51 ff.).

40 **b) Internationale Handelskammer (ICC).** Zunehmende Bedeutung im Bereich der institutionalisierten Schiedsgerichtsbarkeit im Investitionsschutzrecht kommt der **Internationalen Handelskammer** (International Chamber of Commerce – ICC) in Paris zu, obgleich die primäre Bedeutung der ICC weiterhin in der (privaten) Handelsschiedsgerichtsbarkeit liegt. Unter dem Dach der ICC fanden bereits mehr als 15.000, überwiegend Handelsschiedsgerichtverfahren statt; allein im Jahr 2019 wurden 869 neue Verfahren eingeleitet.[84]

41 Die ICC wurde 1919 gegründet. Ihre Aufgabe besteht zunächst darin, die Interessen der globalen Wirtschaft zu repräsentieren. Die hier interessierende Schiedsgerichtsbarkeit wurde in der ICC im Jahre 1923 mit der Errichtung des International Court of Arbitration etabliert. Der **Court of Arbitration** ist selbst kein Schiedsgericht; ICC Schiedsgerichtsverfahren finden vor ad hoc für den jeweiligen Streitfall eingerichteten Schiedsgerichten statt. Der Court of Arbitration, der aus einem Präsidenten, neun stellvertretenden Präsidenten und weiteren 88 Mitgliedern und stellvertretenden Mitgliedern besteht, hat die Aufgabe, einzelne Verfahrensabschnitte eines Schiedsgerichtsverfahrens zu kontrollieren bzw., wie es in der ICC Schiedsordnung[85] heißt, für die Anwendung der ICC Schiedsordnung zu sorgen

[80] Einzelheiten hierzu bei *Collier/Lowe* The Settlement of Disputes in International Law, S. 71 ff.

[81] Maritime International Nominees Establishment vs. Government of the Republic of Guinea, ad hoc Committee Decision v. 22.12.1989, ICSID Reports 4, 79, 86; ausführlich zum Gesamtkomplex die Beiträge in: *Gaillard/Banifatemi* (Hrsg.), Annulment of ICSID Awards, 2004.

[82] S. den jeweils aktuellen Überblick zum Stand der ICSID-Verfahren unter: https://icsid.worldbank.org/en/Pages/cases/AdvancedSearch.aspx (zuletzt abgerufen am 30.11.2020).

[83] Verfügbar unter: http://icsid.worldbank.org/ICSID/StaticFiles/basicdoc/CRR_English-final.pdf (zuletzt abgerufen am 30.11.2020).

[84] Weitere Informationen sind verfügbar unter: http://www.iccwbo.org/court (zuletzt abgerufen am 30.11.2020).

[85] Verfügbar unter: http://www.iccwbo.org/court/arbitration/id4199/index.html (zuletzt abgerufen am 30.11.2020).

(Art. 1 Abs. 2 ICC-Schiedsordnung). Insgesamt kommt dem Court of Arbitration damit die begrenzte, auf einzelne Sachbereiche bezogene **Funktion einer Revisionsinstanz** zu.

Neben dem Court of Arbitration hat das ICC Sekretariat als zweites Organ der ICC eine wichtige Rolle in schiedsgerichtlichen Verfahren. Das **Sekretariat** übernimmt – wie auch bei anderen Organisationen der institutionalisierten Schiedsgerichtsbarkeit üblich – u. a. Aufgaben mit Blick auf die Zustellung der Schiedsklage (einschließlich Überprüfung der Logik und Verständlichkeit der Schiedsklage), die Konstituierung des Schiedsgerichts, die Verfahrensleitung bis zur Übernahme des Verfahrens durch das Schiedsgericht, die organisatorisch-administrative Unterstützung des Schiedsverfahrens, die Festlegung der Verwaltungskosten des Verfahrens, die Zustellung des Schiedsspruches und die Abrechnung der Kostenvorschüsse.[86] 42

Das eigentliche Verfahrensrecht, das für ein ICC-Schiedsgericht gilt, ist in der **ICC-Schiedsordnung** niedergelegt. Es ähnelt in den wesentlichen Grundstrukturen sonstigen schiedsgerichtlichen Verfahrensregelungen, zeichnet sich jedoch z. B. im Verhältnis zu den UNCITRAL Arbitration Rules durch einen sehr hohen Grad an Detailgenauigkeit aus. 43

**c) Schiedsgerichtsinstitut der Stockholmer Handelskammer (SCC-Institute).** Das Schiedsgerichtsinstitut der Stockholmer Handelskammer wurde 1917 gegründet. Es ist ein selbstständiger Teil der Stockholmer Handelskammer und gehört zusammen mit der ICC zu den bedeutendsten Institutionen der institutionalisierten internationalen Schiedsgerichtsbarkeit. In den letzten zehn Jahren wurden jedes Jahr zwischen 120 und 170 neue Verfahren nach den SCC-Regeln eingeleitet. Davon waren auch immer bis zu sechs Verfahren investitionsschutzrechtliche Schiedsgerichtsverfahren.[87] Die **Attraktivität eines SCC-Verfahrens** liegt wesentlich in der deutlich an Praxisbedürfnissen ausgerichteten Ausgestaltung des Verfahrensrechts[88] sowie einem sehr „schiedsgerichtsfreundlichen" schwedischen Recht als lex loci arbitri begründet. Hinzu kommt die geostrategische Position Schwedens als neutralem Staat und damit attraktivem Schiedsort für Ost-West-Streitigkeiten. Nach dem Ende des sog. Kalten Krieges hat sich dieser Aspekt zwar jedenfalls politisch relativiert; Stockholm ist aber vor diesem Hintergrund weiterhin ein beliebter Schiedsort für Parteien, die aus Osteuropa bzw. den GUS-Staaten kommen. Ausdruck dieser besonderen Stellung des SCC-Instituts ist auch der Verweis auf ein SCC-Verfahren in Art. 26 Abs. 4 lit. c Energiechartavertrag als eine der nach diesem Vertrag möglichen Schiedsgerichtsverfahren. 44

**d) UNCITRAL Arbitration Rules.** Im Gegensatz zur bislang dargestellten institutionellen Schiedsgerichtsbarkeit handelt es sich bei den Arbitration Rules der **UN-Kommission für internationales Handelsrecht** (UNCITRAL) vom 28.4.1976[89] um reine Verfahrensregelungen ohne institutionelle Einbindung.[90] Damit verbunden ist insbesondere die Möglichkeit für die Parteien, i. S. d. Privatautonomie umfassend von den UNCITRAL Rules abweichende Regelungen für ein Schiedsverfahren zu treffen;[91] wie dargestellt, ist diese Möglichkeit bei der institutionellen Schiedsgerichtsbarkeit in der Regel nicht gegeben. 45

Die **UNCITRAL Arbitration Rules** haben zunächst große Bedeutung in der (privaten) Handelsschiedsgerichtsbarkeit; auch im Investitionsschutzbereich sind sie jedoch weit verbreitet. Auf sie wird in Ergänzung oder alternativ zu ICSID regelmäßig in BITs, aber 46

---

[86] *Reiner/Jahnel* in: Schütze (Hrsg.), Institutionelle Schiedsgerichtsbarkeit – Kommentar, 2006, II. Kapitel Rn. 4 ff.

[87] Zu Einzelheiten s. http://www.sccinstitute.com/uk/About/Statistics (zuletzt abgerufen am 30.11.2020).

[88] Ausführlich zu den SCC Arbitration Rules – verfügbar unter: http://www.sccinstitute.com/uk/Rules (zuletzt abgerufen am 30.11.2020) – *Franke* in: Schütze, Institutionelle Schiedsgerichtsbarkeit (Fn. 86), XIII. Kapitel Rn. 1 ff.

[89] Durch Resolution 31/98 der UN-Generalversammlung v. 15.12.1976 angenommen. Alle Texte verfügbar unter: https://uncitral.un.org/en/texts/arbitration/contractualtexts/arbitration (zuletzt abgerufen am 30.11.2020).

[90] Hierzu sowie zur Entstehungsgeschichte *Patocchi* in: Schütze, Institutionelle Schiedsgerichtsbarkeit (Fn. 86), XII. Kapitel Rn. 1 ff.

[91] *Patocchi* in: Schütze, Institutionelle Schiedsgerichtsbarkeit (Fn. 86), XII. Kapitel Rn. 13. Es handelt sich hierbei freilich um eine eher theoretische Möglichkeit, da es in der Praxis kaum jemals eine Übereinstimmung der Parteien geben wird.

auch in NAFTA Kapitel 11 und im Energiechartavertrag verwiesen. Inhaltlich sind die UNCITRAL Arbitration Rules im Vergleich zu den Verfahrensregeln der institutionellen Schiedsgerichtsbarkeit relativ knapp gehalten. Das darf allerdings nicht darüber hinwegtäuschen, dass sie immer wieder als Vorlage für andere Verfahrensregelungen benutzt wurden, was zeigt, dass sie in weiten Bereichen den unstrittigen und notwendigen Kernbestand der Regelungen eines schiedsgerichtlichen Verfahrens dokumentieren. Besonders hervorzuheben sind hierbei als heute sehr bewährte Besonderheit die Art. 6ff. UNCITRAL Arbitration Rules, die für die Benennung von Schiedsrichtern zusätzlich zur vorrangigen Parteivereinbarung u. a. eine appointing authority vorsehen. Wenn sich die Parteien nicht auf Schiedsrichter einigen könnten, erfolgt nach diesen Regelungen die Ernennung durch die appointing authority. Die appointing authority kann von den Parteien selbst in Übereinstimmung bestimmt werden; liegt keine Parteivereinbarung vor, ist appointing authority der Generalsekretär des ständigen internationalen Schiedshofes in Den Haag (Permanent Court of Arbitration). Mit diesem Mechanismus wird dem Problem begegnet, dass im Gegensatz zur institutionellen bei der ad hoc Schiedsgerichtsbarkeit die Schiedsrichterernennung zu erheblichen Problemen und zeitlichen Verzögerungen im Verfahren führen kann.[92]

47 **e) Die Errichtung ständiger Investitionsgerichtshöfe.** Die EU strebt grundlegende Veränderungen des prozessualen Systems der ISDS an, welche sowohl zu mehr Transparenz der einzelnen Schiedsverfahren als auch zu einer Harmonisierung der Schiedssprechung als solcher führen sollen. Hierzu ist geplant, ad hoc Schiedsverfahren zunächst durch bilaterale Investitionsgerichtshöfe abzulösen.[93] Das Freihandelsabkommen der EU mit Kanada (CETA), das Investitionsschutzabkommen mit Vietnam (EU-Vietnam-IPA) sowie der momentan ruhende Entwurf über ein Freihandelsabkommen mit den USA (TTIP) enthalten bereits Regelungen für ständige Gerichtshöfe.[94] Die **Investitionsgerichtshofsysteme** zeichnen sich u. a. durch einen abschließend festgelegten Kreis von Richter*innen, welche von den Vertragsparteien des jeweiligen Abkommens ernannt werden sollen, als auch die Finanzierung durch die Vertragsstaaten aus. Damit folgen sie u. a. dem Beispiel des Iran-United States Claims Tribunal (IUSCT), welches seit seiner permanenten Einrichtung im Jahr 1981 mehr als 3.900 vermögensrechtliche Verfahren abgeschlossen hat. Die Einrichtung einer Berufungsinstanz dient der Korrektur von Tatsachen- und Rechtsfehlern und soll die Kohärenz der einzelnen Schiedssprüche sicherstellen.

48 Aufgrund der bilateralen Natur der neuen Freihandelsabkommen der EU dient die Einrichtung der ständigen Gerichtshöfe zunächst nur der Beilegung von Streitigkeiten zwischen den Regierungen bzw. Staatsangehörigen der EU-Mitgliedstaaten einerseits und dem jeweiligen Drittstaat und dessen Staatsangehörigen andererseits.

49 In Anbetracht der beachtlichen Kosten mehrerer ständiger Investitionsgerichtssysteme verfolgt die EU-Kommission längerfristig das Ziel, einen **multilateralen Investitionsgerichtshof** (Multilateral Investment Court, MIC) zur Beilegung von Investitionsstreitigkeiten zu errichten, durch welchen die ad hoc Schiedsgerichtsbarkeit vollständig ersetzt werden soll.[95] Im März 2018 hat der Rat der Europäischen Union der Kommission das Mandat zur Verhandlung eines multilateralen Investitionsgerichtshofes erteilt.[96] In den Vertragstexten der EU-Freihandelsabkommen mit Kanada und Vietnam ist der Wechsel zu einem zukünftigen multilateralen Gericht festgelegt.[97]

---

[92] Hierzu auch *Patocchi* in: Schütze, Institutionelle Schiedsgerichtsbarkeit (Fn. 86), XII. Kapitel Rn. 14f.; *Collier/Lowe* The Settlement of Disputes in International Law, S. 50f.

[93] *Hofmann/Donath* in: Ehlers/Fehling/Pünder, BesVwR, § 8 Rn. 96ff.

[94] Art. 8.27 CETA; Art. 3.38 EU-Vietnam-IPA.

[95] *Bungenberg/Reinisch* (Hrsg.), From Bilateral Arbitral Tribunals and Investment Courts to a Multilateral Investment Court, European Yearbook of International Law, Special Issue, 2. Aufl. 2020.

[96] Vgl. die Verhandlungsrichtlinien für ein Übereinkommen zur Errichtung eines multilateralen Gerichtshofs für die Beilegung von Investitionsstreitigkeiten, Beschluss des Rates v. 1.3.2018.

[97] Art. 8.29 CETA, Art. 3.41 EU-Vietnam-IPA.

Auch die UNCITRAL Working Group III arbeitet seit 2017 an Entwürfen zu einer **Reform der Streitbeilegung** zwischen Investoren und Staaten, welche in Reaktion auf die bereits skizzierten Kritikpunkte u. a. die Ziele verfolgt, ein Verfahren mit öffentlich ernannten Richtern und einer Berufungsinstanz zu etablieren, welches maßgeblich an den Grundsätzen der Rechtsstaatlichkeit, Transparenz, Neutralität sowie der Achtung des staatlichen Regulierungsrechts ausgerichtet sein soll. 50

## B. Einleitung und Zulässigkeit eines ICSID Schiedsgerichtsverfahrens

Wie dargestellt, finden Schiedsgerichtsverfahren zum Investitionsschutz in verschiedenen institutionellen oder ad hoc Schiedsordnungen statt. Dementsprechend gibt es auch nicht ein einheitliches Prüfungsschema für die **Zulässigkeit eines Investitionsschiedsverfahrens.** Vielmehr hängen die einzelnen Prüfungspunkte immer vom anwendbaren Verfahrensrecht ab. Allerdings gibt es zahlreiche Verfahrensfragen, die zunehmend einheitlich geregelt sind. Vor diesem Hintergrund soll das ICSID-Verfahren als bedeutendes institutionelles Schiedsgerichtsverfahren exemplarisch für die Schiedsgerichtsbarkeit in diesem Bereich insgesamt dargestellt werden. Hinsichtlich der neueren EU-Abkommen ist hierbei zu berücksichtigen, dass diese zwar zum Teil Verweise auf ICSID enthalten.[98] Die EU selbst ist indes keine Vertragspartei der ICSID-Konvention, da der Beitritt ausschließlich Staaten eröffnet ist.[99] Klagen von Investoren gegen die EU selbst sind daher nur auf der Grundlage anderer Verfahren möglich. 51

### I. Einleitung des Verfahrens

#### 1. Einreichung der Schiedsklage und Registrierung

In der ad hoc Schiedsgerichtsbarkeit erfolgt die **Einleitung eines Verfahrens** dadurch, dass die eine Partei – der Schiedskläger (claimant) – die andere Partei – die Schiedsbeklagte (respondent) – hiervon unterrichtet. An die Benachrichtigung sind dabei regelmäßig inhaltliche Anforderungen zu stellen, u. a. dahingehend, dass das Verlangen eines schiedsgerichtlichen Verfahrens zum Ausdruck gebracht wird, Name und Anschrift der Partei genannt werden, die maßgebliche Schiedsklausel identifiziert wird, der Anspruch und das Klagebegehren genannt sind und ein Vorschlag für die Anzahl der Schiedsrichter (regelmäßig ein oder drei Schiedsrichter) gemacht wird (siehe z. B. Art. 3 Abs. 1 UNCITRAL Arbitration Rules). Inhaltlich gelten diese Anforderungen im Wesentlichen auch im Hinblick auf die Einleitung eines ICSID-Verfahrens (vgl. Rule 2 ICSID Institution Rule) sowie insgesamt in der institutionellen Schiedsgerichtsbarkeit. Die Besonderheit der institutionellen Schiedsgerichtsbarkeit besteht jedoch darin, dass keine direkte Unterrichtung des Beklagten durch den Kläger erfolgt, sondern vielmehr die entsprechende Institution (hier ICSID) zwischengeschaltet ist. In einem ICSID-Verfahren ist so das Klagebegehren an den Generalsekretär von ICSID zu richten (Art. 36 Abs. 1 ICSID). Im Stadium zwischen Eingang des Klagebegehrens und Weiterleitung an die beklagte Partei kommt dem **Generalsekretär** dabei eine sog. screening power zu. Er hat den Fall zu registrieren und die Klageschrift an den Beklagten weiterzuleiten, es sei denn, dass auf der Grundlage der zu diesem Zeitpunkt verfügbaren Informationen der Streit „manifestly outside the jurisdiction of the Centre“ ist (Art. 36 Abs. 3 ICSID). Die Prüfungskompetenz des Generalsekretärs ist diesbezüglich allerdings deutlich eingeschränkt; wie der Wortlaut des Art. 36 Abs. 3 ICSID klar zum Ausdruck bringt, geht es nur um ganz offensichtlich unzulässige Verfahren, deren Registrierung abge- 52

[98] Art. 8.21 CETA; Art. 3.6 EU-Singapur-IPA.
[99] *Bischoff* in: Kalicki/Joubin-Bret (Hrsg.), Reshaping the Investor-State Dispute Settlement System: Journeys for the 21st Century, 2015, S. 531 (552).

lehnt werden kann.[100] Überdies ist ein Schiedsgericht nie daran gehindert, seine Zuständigkeit abzulehnen, obgleich das Verfahren vom Generalsekretär registriert wurde.[101]

53 Eine weitere Besonderheit der institutionellen Schiedsgerichtsbarkeit besteht bei der Einleitung eines Verfahrens darin, dass der Kläger eine **Verwaltungsgebühr** zu entrichten hat, bevor die Registrierung vorgenommen werden kann (Rule 5 Abs. 1 lit. a ICSID Institution Rule; Regulation 16 ICSID Administrative and Financial Regulations). Mit Stand vom 1.1.2019 beträgt diese Gebühr für die Einleitung eines ICSID-Schiedsgerichtsverfahrens 25.000 US-Dollar.[102] Diese Gebühr ist nicht rückzahlbar. Die sonstigen anfallenden Kosten für das Verfahren (Schiedsrichtergebühr, Reisekosten, ggf. Übersetzungen etc.) werden nach der Einrichtung des Schiedsgerichts vom ICSID Generalsekretariat vorläufig kalkuliert und sind auf dieser Basis von den Parteien auf Aufforderung zu zahlen. Die genaue Abrechnung erfolgt dann durch das Sekretariat nach Abschluss des Verfahrens und der entsprechenden Kostenentscheidung des Schiedsgerichts.[103]

### 2. Bestellung der Schiedsrichter

54 Die Bestellung der Schiedsrichter in einem ICSID-Verfahren ist in Art. 37 bis 40 ICSID und Rules 1 bis 6 ICSID Arbitration Rules geregelt. Auch und gerade für die **Schiedsrichterbestellung** gilt der Grundsatz der Parteiautonomie, d. h. die Parteien haben weitgehende Freiheit, die Einzelheiten der Schiedsrichterbestellung einvernehmlich zu regeln.

55 Nach Art. 37 Abs. 2 lit. a ICSID besteht ein Schiedsgericht aus einem **Einzelschiedsrichter** oder einer ungleichen Anzahl mehrerer Schiedsrichter; von wenigen Verfahren mit Einzelschiedsrichtern abgesehen, bestehen ICSID Schiedsgerichte in der Praxis regelmäßig aus drei Schiedsrichtern. Art. 37 Abs. 2 lit. b ICSID sieht dementsprechend vor, dass es immer zu einem **Dreierschiedsgericht** kommt, wenn sich die Parteien nicht anders einigen können. Die Schiedsrichter werden dann so ernannt, dass jede Partei zunächst jeweils einen Schiedsrichter benennen kann und der dritte Schiedsrichter, der zugleich Präsident des Schiedsgerichts ist, von beiden Parteien einvernehmlich bestellt wird. Kommt es zu keiner entsprechenden Einigung der Parteien, ernennt der Vorsitzende des ICSID Verwaltungsrates die noch fehlenden Schiedsrichter; hierbei muss er, sofern die Parteien nicht mit einem anderen Vorgehen einverstanden sind, auf die offizielle ICSID-Schiedsrichterliste, auf der sich von den ICSID-Vertragsstaaten nominierte Personen befinden, zurückgreifen.[104] Ein ähnliches Verfahren findet Anwendung, wenn sich die Parteien von vornherein nicht auf die Anzahl der Schiedsrichter und das Verfahren ihrer Ernennung einigen können.[105]

56 Nach Ernennung der Schiedsrichter und der Annahme der Ernennung durch sie übersendet der ICSID-Generalsekretär den Parteien eine offizielle Mitteilung hierüber; damit ist das **Schiedsgericht** konstituiert und das eigentliche Schiedsgerichtsverfahren beginnt.

## II. Verfahrensgrundsätze

57 Die **Verfahrensgrundsätze** für ein ICSID-Schiedsgericht sind in Art. 41 bis 47 ICSID und ICSID Arbitration Rules niedergelegt. Wenn Verfahrensfragen auftreten, die dort nicht geregelt sind, entscheidet das Schiedsgericht über sie in eigener Kompetenz (Art. 44 ICSID). Sonderregelungen bestehen überdies noch für die Ersetzung, dauerhafte Verhinderung sowie Ablehnung eines Schiedsrichters im laufenden Verfahren (Art. 56f. ICSID; Rules 7ff. ICSID Arbitration Rules).[106]

---

[100] *Reed/Paulsson/Blackaby* Guide to ICSID Arbitration, S. 127f.
[101] *Reed/Paulsson/Blackaby* Guide to ICSID Arbitration, S. 128.
[102] S. hierzu den jeweils aktuellen Schedule of Fees, verfügbar unter: https://icsid.worldbank.org/en/Pages/icsiddocs/ICSID-Schedule-of-Fees.aspx (zuletzt abgerufen am 30.11.2020).
[103] Zu Einzelheiten s. *Reed/Paulsson/Blackaby* Guide to ICSID Arbitration, S. 154ff.
[104] Zu Einzelheiten s. Rule 2 bis 4 ICSID Arbitration Rules; *Reed/Paulsson/Blackaby* Guide to ICSID Arbitration, S. 124ff.
[105] Rule 2 ICSID Arbitration Rules.
[106] Einzelheiten hierzu bei *Reed/Paulsson/Blackaby* Guide to ICSID Arbitration, S. 133ff.

58 Die genannten **Verfahrensvorschriften** sehen im Einzelnen zunächst vor, dass die erste Sitzung des Schiedsgerichts innerhalb von 60 Tagen nach seiner Konstituierung stattfinden muss (Rule 13 ICSID Arbitration Rules). Das Schiedsgericht tagt dabei in Washington D. C., wenn die Parteien nichts anderes vereinbart haben. Ein anderer Schiedsort hat dabei in einem ICSID-Verfahren keine rechtlichen Konsequenzen, da – wie bereits dargelegt (→ Rn. 13 f.) – keine lex loci arbitri zur Anwendung kommt. Die erste Sitzung des Schiedsgerichts dient regelmäßig dazu, erste konkrete Verfahrensfragen abzustimmen bzw. festzulegen („preliminary procedural consultations"). Dazu gehört u. a. die Festlegung der Verfahrenssprache, Anzahl und Fristen für den Austausch von Schriftsätzen, Anzahl der „Runden" im schriftlichen Verfahren, Aufteilung der Kostenvorschüsse und Protokollführung (vgl. Rule 20 ICSID Arbitration Rules).

59 Das anschließende **schriftliche Verfahren** besteht aus der Klageschrift (memorial by the requesting party) und dem Verteidigungsschriftsatz des Beklagten (counter-memorial by the other party). Wenn die Parteien es so vereinbaren oder es vom Schiedsgericht entschieden wird, kann es auch noch Duplik und Replik geben (reply by the requesting party und rejoinder by the other party) (vgl. Rule 31 ICSID Arbitration Rules). Die Bedeutung klar strukturierter und argumentativ überzeugender Schriftsätze ist in diesem Zusammenhang hervorzuheben; die Schiedsrichter legen hierauf regelmäßig größten Wert.[107]

60 Auf das schriftliche Verfahren bezogen gibt es seit einer entsprechenden Änderung der Verfahrensregeln im Jahre 2006 nunmehr auch bei ICSID die Möglichkeit, sog. amicus curiae („Freund des Gerichts") zuzulassen.[108] Nach Art. 37 Abs. 2 ICSID Arbitration Rules kann ein Schiedsgericht unter bestimmten Voraussetzungen nach Anhörung der Parteien solche schriftlichen Eingaben dritter, am Rechtsstreit unbeteiligter Personen zulassen.[109]

61 **Mündliche Verhandlungen** vor dem Schiedsgericht, die sich an den Austausch der Schriftsätze anschließen und sich oftmals getrennt auf die Zulässigkeit (jurisdiction) und die Begründetheit (merits) beziehen, sind selbst in hochkomplexen Verfahren eher kurz (zwei bis maximal fünf Tage). Seit einer entsprechenden Änderung der Arbitration Rules im Jahre 2006 kann das Schiedsgericht zu einer mündlichen Verhandlung dritte Personen zulassen, wenn nicht eine der Parteien widerspricht.[110] Ansonsten obliegt es jeder Partei, über die Zulassung von Vertretern, Anwälten, Zeugen und Gutachtern zur mündlichen Verhandlung selbst zu entscheiden (Rule 32 ICSID Arbitration Rules). Da Zeugen und Gutachter ihre Ausführungen regelmäßig bereits im Vorfeld der mündlichen Verhandlung einzureichen haben, dient ihre Anhörung zentral dazu, ein **Kreuzverhör** durchzuführen. Dabei steht wie insgesamt in der mündlichen Verhandlung vor dem Schiedsgericht im Vordergrund, eine tatsächliche bzw. rechtliche Diskussion zu den Streitpunkten zu führen; die reine Wiederholung bereits schriftlich dargelegter Standpunkte gilt bei vielen Schiedsrichtern als „Todsünde".[111] Im Übrigen ist zu beachten, dass ein schiedsgerichtliches Verfahren in Ton und Stil

---

[107] *Reed/Paulsson/Blackaby* Guide to ICSID Arbitration, S. 139 ff.

[108] Auch vor der Änderung der Rules of Arbitration war dies wohl möglich, allerdings sehr umstritten, siehe: Aguas Argentinas S. A., Suez, Sociedad General de Aguas de Barcelona, S. A. and Vivendi Universal, S. A. vs. Argentine Republic, ICSID Case No. ARB/03/19, Order in Response to a Petition for Transparency and Participation as Amicus Curiae v. 19.5.2005, para 16 ff.; Aguas Provinciales de Santa Fe S. A., Suez, Sociedad General de Aguas de Barcelona S. A. and InterAguas Servicios Integrales del Agua S. A. vs. Argentine Republic, ICSID Case No. ARB/03/17, Order in Response to a Petition for Participation as Amicus Curiae v. 17.3.2006, para 16 ff.

[109] Zu Einzelheiten s. *Tams/Zoellner* AVR 45 (2007), 217; *Fouret/Gerbay/Alvarez* The ICSID Convention, Regulations And Rules, Rn. 24.120 ff.; s. auch Biwater Gauf (Tanzania) Ltd. vs. Republic of Tanzania, ICISD Case No. ARB/05/22, Procedural Order No. 5 (Amicus Curiae), v. 2.2.2007; Philip Morris Brand Sàrl (Switzerland), Philip Morris S. A. (Switzerland) and Abal Hermanos S. A. (Uruguay) vs. Oriental Republic of Uruguay, ICSID Case No. ARB/10/7, Procedural Order No. 4 v. 24.3.2015; Piero Foresti, Laura de Carli & Others vs. The Republic of South Africa, ICSID Case No. ARB(AF)/07/01, Letter regarding Non-Disputing Parties v. 5.10.2009.

[110] Ausführlich hierzu *Zoellner* in: Hofmann/Tams, The International Convention on the Settlement of Investment Disputes (ICSID), S. 179 (187 ff.).

[111] S. auch *Reed/Paulsson/Blackaby* Guide to ICSID arbitration, S. 140 f.

sachlich orientiert ist; ein „aggressives" Auftreten der Parteien insbesondere mit Blick auf das Kreuzverhör von Zeugen oder Gutachtern kann zu Missstimmung des Schiedsgerichts und zum Einschreiten des Präsidenten des Schiedsgerichts führen. Die entsprechende Kompetenz hierzu ist in Art. 35 Abs. 1 ICSID Arbitration Rules niedergelegt.

62 Über die **Zulassung von Beweisen** im Rahmen des Verfahrens entscheidet das ICSID-Schiedsgericht weitgehend in eigener Kompetenz. Dabei hat das Schiedsgericht auch das Recht, konkrete Beweise von den Parteien einzufordern und ggf. Vor-Ort-Besichtigungen durchzuführen (Rules 34 und 37 Arbitration Rules).

63 Weiterhin besteht nach Art. 47 ICSID und Rule 39 ICSID Arbitration Rules für ein Schiedsgericht die Möglichkeit, über einzelne Maßnahmen im Wege des vorläufigen Rechtsschutzes zu entscheiden.[112] In der englischsprachigen Fassung des Art. 47 ICSID ist dabei die Rede davon, dass das „Tribunal may […] recommend" entsprechende Maßnahmen. Im Einklang mit der parallelen Rechtsprechung des IGH (→ *Walter* § 2 Rn. 52) ist diese Formulierung wohl dahingehend auszulegen, dass das Schiedsgericht nicht nur reine „Empfehlungen" abgeben kann, sondern Entscheidungen im **vorläufigen Rechtsschutzverfahren** Rechtsverbindlichkeit entfalten.[113]

## III. Zulässigkeit (Jurisdiction)

64 Grundlage der Zulässigkeitsprüfung in jedem schiedsgerichtlichen Verfahren ist das heute anerkannte Prinzip der sog. **Kompetenz-Kompetenz** des Schiedsgerichts. Hierunter ist zu verstehen, dass ein Schiedsgericht die Kompetenz hat, über seine eigene Kompetenz – d. h. die Zulässigkeit des schiedsgerichtlichen Verfahrens – selbst zu entscheiden.[114] Diese Aussage scheint im Vergleich zu innerstaatlichen gerichtlichen Verfahren zunächst wenig spektakulär. Allerdings ist zu beachten, dass die Schiedsgerichtsbarkeit immer und ausnahmslos auf einer wie auch immer gearteten Übereinkunft der Parteien beruht, ein Schiedsgericht mit einem Streitfall zu betrauen – der Schiedsvereinbarung (→ Rn. 10). Vor diesem Hintergrund ist es im Gegensatz zur innerstaatlichen Gerichtsbarkeit keineswegs unproblematisch, dass ein Schiedsgericht, dessen Existenz einzig vom übereinstimmenden Parteiwillen abhängt, über die Kompetenz verfügt, seine eigene Kompetenz festzustellen bzw. zu verneinen. Dieses Prinzip ist in Art. 41 Abs. 1 ICSID explizit niedergelegt.[115]

65 Die Zulässigkeit eines schiedsgerichtlichen Verfahrens betrifft zentral die Frage, ob ein **Schiedsgericht** für eine Entscheidung in der Sache **zuständig** ist. Dementsprechend wird auch in der ICSID-Schiedsgerichtsbarkeit regelmäßig nicht von Zulässigkeit (admissibility), sondern von „jurisdiction" (of the tribunal) gesprochen.[116] Dabei wird herkömmlich zwischen personeller Zuständigkeit (jurisdiction ratione personae), sachlicher Zuständigkeit (jurisdiction ratione materiae) und Zuständigkeit in zeitlicher Hinsicht (jurisdiction ratione temporis)[117] unterschieden. Zusätzlich zu diesen drei allgemeinen Zulässigkeitspunkten ist in der Schiedsgerichtsbarkeit immer zunächst zu prüfen, ob eine **wirksame Schiedsvereinbarung** vorliegt. Die Schiedsvereinbarung ist insofern zentrale Grundlage und Aus-

---

[112] Umfassend *Gätzschmann* Der vorläufige Rechtsschutz im Schiedsverfahren nach der ICSID-Konvention, 2015.

[113] IGH LaGrand Case (Germany/USA), Judgement v. 27.6.2001, ICJ Reports 2001, 40; hierzu *Tams* JuS 2002, 324; aus der ICSID-Schiedspraxis s. Victor Pey Casado and Presidente Allende Foundation vs. Republic of Chile, ICSID Case No. ARB/98/2, Decision on Provisional Measures v. 25.9.2001, para 18 ff.; ausführlich dazu *Fouret/Gerbay/Alvarez* The ICSID Convention, Regulations And Rules, Rn. 25.01 ff.

[114] *Schefer* International Investment Law: Text, Cases and Materials, 2. Aufl. 2016, S. 452.

[115] Siehe z. B. auch Art. 36 (2) IGH-Statut; Art. 21 UNCITRAL Arbitration Rules; Art. 6(2) ICC Rules of Arbitration.

[116] Die Terminologie ist freilich nicht einheitlich. Als Oberbegriff für das Recht der friedlichen internationalen Streitbeilegung kann ebenso von Zulässigkeit (admissibility) gesprochen werden, siehe z. B. *Collier/Lowe* The Settlement of Disputes in International Law, S. 190 f.

[117] Siehe z. B. Bayindir Insaat Turizm Ticaret Ve Sanayi A. S. vs. Islamic Republic of Pakistan, ICSID Case No. ARB/03/29, Decision on Jurisdiction v. 14.11.2005, para 78.

gangspunkt eines Schiedsverfahrens überhaupt. Im ICSID-Verfahren besteht dabei die Besonderheit, dass die Anforderungen an die maßgebliche Schiedsvereinbarung selbst sowie zusätzliche Zulässigkeitsgesichtspunkte in Art. 25 ICSID näher konkretisiert werden. Ausgangspunkt der Zulässigkeit eines ICSID-Verfahrens ist damit immer Art. 25 ICSID.[118]

Es gibt ebenso wie in der internationalen Schiedsgerichtsbarkeit insgesamt nahezu kein ICSID-Schiedsverfahren, in dem von der beklagten Partei nicht **Zulässigkeitseinreden** (objections to jurisdiction) geltend gemacht werden.[119] Nach Art. 41 Abs. 2 ICSID steht es dem Schiedsgericht dabei frei, ob es über die Zulässigkeitseinreden zunächst separat entscheidet oder ob diese zusammen mit der Entscheidung in der Sache im endgültigen Schiedsspruch behandelt werden. Separate decisions on jurisdiction[120] sind dabei in der Praxis durchaus üblich, insbesondere dann jedoch angezeigt, wenn komplexe Zulässigkeitsfragen zur Debatte stehen oder aber das Verfahren zur Begründetheit absehbar langwierig und damit kostspielig wird, obwohl unklar ist, ob das Schiedsgericht überhaupt zuständig ist. 66

### 1. Schiedsvereinbarung

Art. 25 ICSID verlangt, dass die Parteien schriftlich eingewilligt haben, die maßgebliche Streitigkeit ICSID zu unterbreiten. Weitere Anforderungen daran, wie die Einwilligung – die **Schiedsvereinbarung** – im Einzelnen zustande kommen muss, enthält ICSID nicht. Wie bereits dargelegt, gibt es insofern im Investitionsschutzbereich drei Möglichkeiten der Herbeiführung einer Schiedsvereinbarung, wobei der Konstruktion über ein Angebot des Gaststaates auf Abschluss der Schiedsvereinbarung in einem bilateralen Investitionsschutzvertrag und einer Annahme dieses Angebotes durch den Investor mit Einleitung des schiedsgerichtlichen Verfahrens in der Praxis die größte Bedeutung zukommt (→ Rn. 11, 22). Aus der damit relevanten Kombination von Art. 25 ICSID und einem BITs folgt, dass sich die Zulässigkeitsprüfung gleichsam verdoppelt. Im Hinblick auf die notwendige Schiedsvereinbarung ist im einzelnen zu prüfen, ob (1) die Vorgaben des maßgeblichen BIT für ein ICSID-Verfahren gegeben sind und (2) die spezifischen Zulässigkeitsvoraussetzungen nach Art. 25 ICSID vorliegen. Auf beide Punkte bezogen ist dabei jeweils die schiedsgerichtliche Zuständigkeit ratione personae, ratione materiae und ratione temporis zu prüfen. 67

Die Voraussetzungen für ein ICSID-Verfahren, die einzelne BITs aufstellen, variieren zwangsläufig. Es ist daher unmöglich, alle erdenklichen Besonderheiten, die sich in den über 1.000 BITs weltweit, die eine ICSID-Klausel enthalten, finden, darzustellen. Ausgangspunkt der folgenden Darstellung soll der **deutsche Mustervertrag** über die Förderung und den gegenseitigen Schutz von Kapitalanlagen aus dem Jahr 2005 sein.[121] Der für die Schiedsvereinbarung maßgebliche Art. 11 des deutschen Mustervertrages lautet in den hier relevanten Teilen wie folgt: 68

(1) Meinungsverschiedenheiten in Bezug auf Kapitalanlagen zwischen einem der Vertragsstaaten und einem Investor des anderen Vertragsstaats sollen, soweit möglich, zwischen den Streitparteien gütlich beigelegt werden.

(2) Kann die Meinungsverschiedenheit innerhalb einer Frist von sechs Monaten ab dem Zeitpunkt ihrer Geltendmachung durch eine der beiden Streitparteien nicht beigelegt werden, so wird sie auf Verlangen des Investors des anderen Vertragsstaats einem Schiedsverfahren unterworfen. Sofern die Streitparteien keine abweichende Vereinbarung treffen, wird die Meinungsverschiedenheit einem Schiedsverfahren im Rahmen des Übereinkommens vom 18.3.1965 zur Beilegung von Investitionsstreitigkeiten zwischen Staaten und Angehörigen anderer Staaten unterworfen.

---

[118] Ein Beispiel für einen schulmäßigen Aufbau der Zulässigkeitsprüfung im dargelegten Sinne bietet Impregilo S.A vs. Islamic Republic of Pakistan, ICSID Case No. ARB/03/3, Decision on Jurisdiction v. 22.4.2005.

[119] *Schreuer/Malintoppi/Reinisch/Sinclair* ICSID Convention, Art. 41 Rn. 28.

[120] Die Terminologie ist nicht einheitlich, s. *Schreuer/Malintoppi/Reinisch/Sinclair* ICSID Convention, Art. 41 Rn. 63.

[121] Abgedruckt in: AVR 45 (2007), 276 ff.; eine vergleichende Analyse neuerer BITs findet sich in: UNCTAD, Bilateral Investment Treaties 1995–2006: Trends in Investment Rulemaking, 2007.

### 2. Zuständigkeit ratione personae

69 *Ratione personae* verlangen BIT-Streitbeilegungsklauseln immer einen Streit zwischen einem Vertragsstaat und einem „Investor des anderen Vertragsstaats“ (vgl. auch Art. 25 Abs. 1 ICSID). Es kann also nie ein Investitionsschutzverfahren zwischen einem Investor und seinem eigenen Heimatstaat geben, und zwar selbst dann nicht, wenn der Investor neben der Staatsangehörigkeit des Staates, in dem die Investition erfolgte, eine zweite Staatsangehörigkeit hat.[122] Die **Staatsangehörigkeit einer natürlichen Person** ist dabei zunächst nach dem einschlägigen Recht des Staates zu beurteilen, auf dessen Staatsangehörigkeit sich die natürliche Person beruft;[123] die Vorlage eines Passes oder einer Staatsangehörigkeitsurkunde hat hierbei die Wirkung eines Anscheinsbeweises, bindet das Schiedsgericht indes nicht umfassend.[124] Insbesondere kann sich zusätzlich die aus dem allgemeinen Völkerrecht bekannte Frage stellen, ob es eine hinreichende enge Verbindung zwischen Staat und Staatsangehörigem gibt, um von effektiver und damit tatsächlicher Staatsangehörigkeit sprechen zu können.[125]

70 Die Bestimmung der **Staatszugehörigkeit einer juristischen Person** als Klägerin kann im Einzelnen problematisch sein. BITs enthalten regelmäßig eine Definition dazu, was unter juristischer Person auf die beiden Vertragsstaaten bezogen jeweils zu verstehen ist. Nach dem deutschen Mustervertrag fällt unter den Begriff des Investors aus Deutschland insofern „jede juristische Person sowie jede Handelsgesellschaft oder sonstige Gesellschaft oder Vereinigung mit oder ohne Rechtspersönlichkeit, die ihren Sitz im Hoheitsgebiet der Bundesrepublik Deutschland hat, gleichviel, ob ihre Tätigkeit auf Gewinn gerichtet ist oder nicht“ (Art. 1 Nr. 3 lit. a). Wie ersichtlich, können damit nach dem deutschen Mustervertrag auch nichtrechtsfähige Vereinigungen als deutscher Investor erfasst sein. In dieser Regelung kommt zum Ausdruck, dass aus völkerrechtlicher Perspektive die Bestimmung der Staatszugehörigkeit von juristischen Personen sowie deren rechtliche Qualifikation als rechtsfähige oder nichtrechtsfähige Vereinigung der Regelungshoheit des jeweiligen Staates zugeordnet ist. Die gilt insbesondere auch für die Frage, ob der entsprechende Staat zur Bestimmung der Staatszugehörigkeit der Personenvereinigung die sog. Sitz- oder die Gründungstheorie anwendet. Zu beachten ist indes, dass abweichend von möglichen Regelungen in BITs nach Art. 25 Abs. 2 lit. b ICSID nur juristische Personen mit Rechtsfähigkeit fähig sind, Partei eines ICSID-Verfahrens zu sein.[126] Das kann dazu führen, dass eine nichtrechtsfähige Personenvereinigung zwar nach einem BIT geschützt ist, die Zuständigkeit ratione personae eines ICSID-Schiedsgerichts hingegen nicht gegeben ist.

71 Probleme kann das Kriterium der Staatsangehörigkeit einer juristischen Person auch dann bereiten, wenn die fragliche Investition rechtlich von einer **juristischen Person** getätigt wurde, die für den Zweck der Investition im Gaststaat gegründet wurde. Dies ist oftmals wirtschaftlich sinnvoll oder zum Teil auch aufgrund entsprechender gesetzlicher Regelungen des Gaststaates notwendig. Um in einem solchen Fall, bei dem es sich wirtschaftlich betrachtet um eine **Auslandsinvestition** handelt, ein ICSID-Verfahren weiterhin zu ermöglichen, bestimmt Art. 25 Abs. 2 lit. b ICSID, dass Gaststaat und Investor übereinkommen können, dass eine inländische Investitionsgesellschaft als ausländische Person angesehen wird. Nach der Entscheidungspraxis von Schiedsgerichten wird diese Bestimmung extensiv dahingehend ausgelegt, dass auch eine implizite Zustimmung des Gaststaates die Voraussetzung

---

[122] Waguih Elie George Siag and Clorinda Vecchi vs. Arab Republic of Egypt, ICSID Case No. ARB/05/15, Decision on Jurisdiction v. 11.4.2007; s. auch Art. 25 Abs. 1(a) a. E. ICSID.

[123] *Schreuer/Malintoppi/Reinisch/Sinclair* ICSID Convention, Art. 25 Rn. 636 ff.

[124] Hussein Nuaman Soufraki vs. United Arab Emirates, ICSID Case No. ARB/02/7, Award v. 7.7.2004; hierzu *Sinclair* OGEL 4 (2004).

[125] Klassisch hierzu IGH Nottebohm Case (Liechtenstein/Guatemala), Judgement v. 6.4.1955, ICJ Reports 1955, 23; *Schreuer/Malintoppi/Reinisch/Sinclair* ICSID Convention, Art. 25 Rn. 644.

[126] *Schreuer/Malintoppi/Reinisch/Sinclair* ICSID Convention, Art. 25 Rn. 690 ff.; Impregilo S. p. A. vs. Islamic Republic of Pakistan, ICSID Case No. ARB/03/3, Decision on Jurisdiction v. 22.4.2005, para 132.

zungen der „foreign control"-Klausel erfüllt.[127] Überdies ist es für die Anwendung der foreign-control-Klausel ausreichend, wenn der Kläger Mehrheitsgesellschafter der innerstaatlichen Gesellschaft ist.[128]

Eine weitere typische Problematik mit Blick auf juristische Personen als Klägerinnen in einem ICSID-Verfahren stellen sog. **shell corporations** dar, also Klägerinnen, die mit Blick auf ihre Staatszugehörigkeit nur unter einem Firmenmantel arbeiten (z. T. spricht man auch von Schein- oder Briefkastengesellschaften).[129] Im Kern geht es hierbei um Situationen des sog. treaty shoppings, in der die Klägerin keine hinreichende Verbindung zu dem Staat, dessen Staatszugehörigkeit sie geltend macht und in dem sie inkorporiert ist, hat und stattdessen tatsächlich eine Investition aus einem Drittstaat vorliegt oder ein Unternehmen Investitionsschutzansprüche gegenüber seinem eigenen Heimatstaat geltend machen will.[130] Auch wenn die Unzuständigkeit ratione personae mit Blick auf behauptete shell companies oftmals von beklagten Staaten in Investitionsschiedsverfahren geltend gemacht wird, hat diese Einrede regelmäßig keinen Erfolg. Die Schiedsgerichte verweisen insofern immer darauf, dass in dem maßgeblichen BIT oder im ICSID-Übereinkommen über die Inkorporation hinausgehend keine weiteren Erfordernisse zur Bestimmung der Staatszugehörigkeit juristischer Personen zu finden sind.[131] Anders ist die Rechtslage, wenn der entsprechende BIT eine sog. „denial of benefits"-Klausel mit Blick auf Briefkastenfirmen enthält.[132] Art. 8.1 CETA versperrt die Eröffnung des Anwendungsbereiches der ISDS über die Errichtung einer shell corporation ausdrücklich, indem für ein nach dem Recht der jeweiligen Vertragspartei gegründetes oder organisiertes Unternehmen eine „wesentliche Geschäftstätigkeit" gefordert wird. Das entspricht insgesamt dem Ansatz, den die EU bei der Aushandlung von Investitionsschutzkapiteln in Freihandelsabkommen verfolgt. 72

Ebenfalls oftmals diskutiert wird, ob Minderheitsgesellschafter bzw. -aktionäre in einem Investitionsschutzverfahren parteifähig sind. Die schiedsgerichtliche Praxis stellt bei dieser Frage primär darauf ab, ob die **Minderheitsbeteiligung** eine Investition i. S. d. maßgeblichen BIT bzw. des ICSID-Übereinkommens ist. Wenn das der Fall ist, liegt auch die Parteifähigkeit vor.[133] 73

Schließlich kommt es immer wieder zu schiedsgerichtlichen Verfahren, in denen die Zuständigkeit ratione personae mit dem Argument bestritten wird, dass die Klägerin kein priva- 74

[127] Ausführlich *Fouret/Gerbay/Alvarez* The ICSID Convention, Regulations And Rules, Rn. 2.185 ff.; sowie z. B. Autopista Concesionada de Venezuela, C. A. vs. Bolivarian Republic of Venezuela, ICSID Case No. ARB/00/5; MTD Equity Sdn. Bhd. and MTD Chile S. A. vs. Republic of Chile, ICSID Case No. ARB/01/7, Award v. 25.5.2004, para 94; Société d'Exploitation des Mines d'Or de Sadiola S. A. vs. Republic of Mali, ICSID Case No. ARB/01/5, Award v. 25.2.2003, para 2; Perenco Ecuador Ltd. vs. The Republic of Ecuador and Empresa Estatal Petroleos del Ecuador (Petroecuador), ICSID Case No. ARB/08/6 v. 30.6.2011, para 69; Caratube International Oil Co. vs. Kazakhstan, ICSID Case No. ARB/08/12, Award v. 5.6.2012, para 336 f.

[128] Aguas del Tunari, S. A. vs. Republic of Bolivia, ICSID Case No. ARB/ 02/3, Decision on Jurisdiction v. 21.10.2005, para 264.

[129] *Reinisch* in: Tietje, Internationales Wirtschaftsrecht (Fn. 15), § 18 Rn. 43.

[130] Hierzu umfassend *Baumgartner* Treaty Shopping in International Law, 2016.

[131] Siehe z. B. ADC Affiliate Ltd. and ADC & ADMC Management Ltd. vs. Hungary, ICSID Case No. ARB/03/16, Award v. 2.10.2006, para 352 ff.; Aguas del Tunari, S. A. vs. Republic of Bolivia, ICSID Case No. ARB/ 02/3, Decision on Jurisdiction v. 21.10.2005, para 206 ff.

[132] Eingehend hierzu *Lange* Denial-of-Benefits-Klauseln in internationalen Investitionsschutzverträgen, 2016.

[133] Siehe z. B. CMS Gas Transition Company vs. Republic of Argentina, ICSID Case No. ARB/01/8, Decision on Jurisdiction v. 17.7.2003, para 48 ff.; Azurix Corp. vs. Argentina, ICSID Case No. ARB/01/12, Decision on Jurisdiction v. 8.12.2003, para 73; Siemens AG vs. Argentine Republic, ICSID Case No. ARB/02/08, Decision on Jurisdiction v. 3.8.2004, para 142; GAMI Investments Inc. vs. Mexico, NAFTA Chapter 11/UNCITRAL Award v. 15.11.2004, para 37 ff.; Sempra Energy International vs. The Argentine Republic, ICSID Case No. ARB/02/16, Decision on Jurisdiction v. 11.5.2005, para 93 f.; Camuzzi International S. A. vs. The Argentine Republic, ICSID Case No. ARB/03/2, Decision on Jurisdiction v. 11.5.2005, para 81 f.; Continental Casualty Company vs. The Argentine Republic, ICSID Case No. ARB/03/9, Decision on Jurisdiction v. 22.2.2006, para 83 ff.; Pan American Energy LLC and BP Argentina Exploration Company vs. Argentine Republic, ICSID Case No. ARB/03/13, verbunden mit BP America Production Company, Pan American Sur SRL, Pan American Fueguina, SRL and Pan American Continental SRL vs. The Argentine Republic, ICSID Case No. AREB/04/8, Decision on Jurisdiction v. 27.7.2006, para 218 f.

ter Investor sei, sondern vielmehr rechtlich als Staat – also Vertragspartei – einzustufen sei und BIT- bzw. ICSID-Verfahren nicht zwischen zwei Staaten stattfinden können. Hierfür typische Fallkonstellationen betreffen Klagen von **Staatsunternehmen** oder sonstigen juristischen Personen, denen öffentliche Aufgaben übertragen wurden. Die sich unter Zulässigkeitsgesichtspunkten stellende Problematik wird deutlich, wenn man beachtet, dass BITs regelmäßig gesonderte schiedsgerichtliche Verfahren für Streitigkeiten der Vertragsparteien über die Auslegung oder Anwendung des Vertrages vorsehen (vgl. Art. 10 deutscher Mustervertrag). Das zeigt in systematischer Interpretation klar, dass die Zuständigkeit ratione personae in einem Investitionsschutzverfahren immer einen **privaten Investor** voraussetzt. Das gilt ebenso nach den Regeln des ICSID-Übereinkommens. Das Schiedsgericht im Verfahren CSOB vs. Solvak Republic stellte dementsprechend deutlich heraus, dass "[t]he Centre does not have jurisdiction over disputes between two or more Contracting States".[134]

75 Die einzelnen Kriterien, die für die Abgrenzung zwischen privatem Investor und Staat zur Anwendung kommen, sind jedenfalls in Ansätzen in der schiedsgerichtlichen Praxis geklärt: Entscheidend ist in negativer Abgrenzung, dass der Kläger auf die fragliche Investition bezogen nicht typische hoheitliche Funktionen wahrgenommen hat. In den Worten des CSOB-Schiedsgerichts ist insofern von Bedeutung, dass "[a] mixed economy company or government-owned corporation should not be disqualified as a 'national of another Contracting State' unless it is acting as an agent for the government or is discharging an essentially governmental function".[135] Diesen sog. CSOB-Test wird man etwas differenzierter dahingehend konkretisieren müssen, dass in einem ersten Schritt zu prüfen ist, ob der Investor formal in die **Staatsorganisation** eingebunden ist. In einem zweiten Prüfungsschritt ist dann zu untersuchen, ob der Investor funktional ihrer Natur nach **private oder hoheitliche Aufgaben** wahrgenommen hat bzw. wahrnimmt.[136]

### 3. Zuständigkeit ratione materiae

76 **Fall 1:**[137] Die Schiedsklägerin (K) ist ein britisches Unternehmen, das auf das Auffinden und Bergen alter Wracks im Meer spezialisiert ist. Sie schloss am 3.8.1991 mit der Beklagten (B) einen Vertrag über das Auffinden und Bergen der Fracht der „DIANA", ein britisches Schiff, das im Jahr 1817 vor der Küste von Malakka sank. Der Vertrag wurde auf der Grundlage des im Bergungsbereich üblichen „no finds no pay"-Prinzip geschlossen, d. h. dass die Klägerin alle Aufwendungen für die Suche und Bergung trägt und nur im Erfolgsfall am Erlös der gefundenen Schätze beteiligt wird. In dem Vertrag war hierzu u. a. vorgesehen, dass der Schatz durch „Christie's" versteigert werden sollte und die K einen prozentualen Anteil am Versteigerungserlös erhalten sollte, und zwar in der prozentualen Höhe abhängig vom Gesamterlös. Die K macht geltend, dass sie nach dieser Regelung im Anschluss an die 1995 in Amsterdam erfolgte Auktion bei „Christie's" einen Anspruch auf 70% des Versteigerungserlöses habe, von der B aber nur 40% erhalten habe. Nach erfolglosen Verhandlungen mit B leitet K ein ICSID-Verfahren ein. Mit Aussicht auf Erfolg?

---

134 Ceskoslovenska Obchodni Banka, A. S. vs. The Slovak Republic, ICSID Case No. ARB/97/4, Decision on Jurisdiction v. 24.5.1999, para 16.

135 *Broches* The Convention on the Settlement of Investment Disputes between States and Nationals of Other States, Recueil des cours (1972), Vol 136, Issue II, S. 331 (355): "It would seem, therefore, that for purpose of the Convention a mixed economy company or government-owned corporation should not be disqualified as a 'national of another Contracting State' unless it is acting as an agent for the government or is discharging an essentially governmental function."; Ceskoslovenska Obchodni Banka, A. S. vs. The Slovak Republic, ICSID Case No. ARB/97/4, Decision on Jurisdiction v. 24.5.1999, para 17.

136 Emilio Agustín Maffezini vs. The Kingdom of Spain, ICSID Case No. ARB/97/7, Decision on Jurisdiction vs. 25.1.2000, para 76 ff.

137 Malaysian Historical Salvors SDN, BHD vs. The Government of Malaysia, ICSID Case No. ARB/05/10, Award on Jurisdiction v. 17.5.2007.

Hinweis: Zwischen dem Vereinigten Königreich und Malaysia existiert ein BIT, der eine ICSID-Klausel enthält. Weiterhin sieht der BIT vor, dass als vom Vertrag erfasste Investition u. a. anzusehen sind „claims to money or to any performance under contract, having a financial value", wobei es sich indes umfassend um Investitionsprojekte handeln muss „classified by the appropriate Ministry of Malaysia in accordance with its legislation and administrative practice as an ‚approved project'".

In *sachlicher* Hinsicht setzt die Zulässigkeit eines Investitionsschutzverfahrens eine Rechtsstreitigkeit (Art. 25 Abs. 1 ICSID) bzw. Meinungsverschiedenheit (Art. 11 Abs. 1 deutscher Mustervertrag) in Bezug auf eine Investition voraus. Damit ist zunächst zu prüfen, ob eine Investition vorliegt. Im Anschluss hieran kann untersucht werden, ob auf die Investition bezogen ein Rechtsstreit oder eine Meinungsverschiedenheit vorliegt. 77

**a) Investition.** Im ICSID-Übereinkommen selbst ist keine Definition oder Umschreibung des Begriffs „Investition" enthalten. Auch BITs verzichten auf eine Definition, bedienen sich jedoch zunehmend einer jedenfalls beispielhaften **Umschreibung und Aufzählung typischer Investitionen.** In Art. 1 Nr. 1 deutscher Mustervertrag ist dementsprechend festgelegt, dass der Begriff „Kapitalanlagen", der dem ansonsten international üblichen Investitionsbegriff weitgehend entspricht, „Vermögenswerte jeder Art [umfasst], insbesondere (a) Eigentum an beweglichen und unbeweglichen Sachen sowie sonstige dingliche Rechte wie Hypotheken und Pfandrechte; (b) Anteilsrechte an Gesellschaften und andere Arten von Beteiligungen an Gesellschaften; (c) Ansprüche auf Geld, das verwendet wurde, um einen wirtschaftlichen Wert zu schaffen, oder Ansprüche auf Leistungen, die einen wirtschaftlichen Wert haben; (d) Rechte des geistigen Eigentums, wie insbesondere Urheberrechte, Patente, Gebrauchsmuster, gewerbliche Muster und Modelle, Marken, Handelsnamen, Betriebs- und Geschäftsgeheimnisse, technische Verfahren, Know-how und Goodwill; (e) öffentlich-rechtliche Konzessionen einschließlich Aufsuchungs- und Gewinnungskonzessionen". 78

Wie ersichtlich, wird damit ein sehr **weiter Investitionsbegriff** verwendet, was auch der Praxis der weitaus meisten BITs weltweit entspricht. Insbesondere eine Reduktion des Investitionsbegriffs auf klassische ausländische Direktinvestitionen[138] entspricht nicht mehr der internationalen Investitionsschutzpraxis. Vielmehr ist heute vor dem Hintergrund der weltweiten BIT-Praxis und der Ratio des Investitionsschutzrechts weitgehend anerkannt, dass vom Investitionsschutzrecht erfasste Investitionen unabhängig von ihrer Form durch **vier zentrale Merkmale** gekennzeichnet sind. Diese vier Merkmale sind im sog. Salini-Test wie folgt niedergelegt: „[T]he notion of investment presupposes the following elements: (a) a contribution, (b) a certain duration over which the project is implemented, (c) sharing of the operational risks, and (d) a contribution to the host State's development, being understood that these elements may be closely interrelated, should be examined in their totality, and will normally depend on the circumstances of each case".[139] 79

---

[138] Zum Investitionsbegriff vgl. auch *Hofmann/Donath* in: Ehlers/Fehling/Pünder, BesVwR, § 8 Rn. 28 ff.; umfassend *Sornarajah* The International Law on Foreign Investment, S. 361 ff.

[139] Bayindir Insaat Turizm Ticaret Ve Sanayi A. S. vs. Islamic Republic of Pakistan, IDSID Case No. ARB/03/29, Decision on Jurisdiction v. 14.11.2005, para 130; das Schiedsgericht nimmt Bezug auf Salini Costruttori S. p. A. and Italstrade S. p. A. vs. Kingdom of Morocco, ICSID Case No. ARB/00/4, Decision on Jurisdiction v. 23.7.2001, para 52 ff.; s. auch Malaysian Historical Salvors SDN, BHD vs. The Government of Malaysia, ICSID Case No. ARB/05/10, Award on Jurisdiction v. 17.5.2007, para 44 ff.; SAIPEM S. p. A. vs. The People's Republic of Bangladesh, ICSID Case No. ARB/05/07, Decision on Jurisdiction v. 21.3.2007, para 99; Jan de Nul N. V. Dredging International N. V. vs. Arab Republic of Egypt, ICSID Case No. ARB/04/13, Decision on Jurisdiction v. 16.6.2006, para 91 ff.; Consortium Groupement L. E. S. I. – DIPENTA vs. Algeria, Case No. ARB/03/8, Award v. 10.1.2005, para 11 ff.; Patrick Mitchell vs. Democratic Republic of the Congo, ICSID Case No. ARB/99/7, Decision on the Application for Annulment of the Award v. 1.11.2006, para 25 ff.; Joy Mining Machinery Ltd. vs. Arab Republic of Egypt, ICSID Case No. ARB/03/11, Award on Jurisdiction v. 6.8.2004, para 53 ff.; Ceskoslovenska Obchodni Banka, A. S. vs. The Slovak Republic, ICSID Case No. ARB/97/4, Decision on Jurisdiction v. 24.5.1999, para 44 ff.; Nova Scotia Power Incorporated vs. Bolivian Republic ofVenezuela, ICSID Case No. ARB/11/1, Award v. 30.4.2014, para 77.

80 Noch nicht abschließend geklärt ist bei dieser Definition, ob die vier Kriterien kumulativ vorliegen müssen oder ob jedem Kriterium das gleiche Gewicht zukommt, obgleich Schiedsgerichte zumeist dazu neigen, eine Gesamtschau und -bewertung vorzunehmen.[140] Vereinzelt haben ICSID-Schiedsgerichte zusätzliche Anforderungen in Ergänzung der Salini-Kriterien aufgestellt, wie die Übereinstimmung der getätigten Investition mit dem nationalen Recht des Gaststaates sowie die Vornahme der Investition in gutem Glauben.[141] Einigkeit besteht in der schiedsgerichtlichen Praxis jedoch darin, dass es für eine Investition im investitionsschutzrechtlichen Sinne unerheblich ist, ob die für sie verwendeten finanziellen Mittel aus dem Heimatstaat des Investors, dem Gaststaat oder einem Drittstaat stammen.[142]

81 **b) Investition im Einklang mit der innerstaatlichen Rechtsordnung.** Zahlreiche BITs enthalten Formulierungen, nach denen von ihnen Investitionen erfasst sind, die in Übereinstimmung mit den Rechtsvorschriften des Gaststaates erfolgten (vgl. z. B. Art. 2 Abs. 1 deutscher Mustervertrag).[143] Diese Vorschriften haben gerade in jüngerer Zeit zu der Frage geführt, ob eine Investition, die mit dem Recht des Gaststaates unvereinbar ist, nicht unter den jeweils einschlägigen BIT fällt und damit auf sie bezogen auch *ratione materiae* keine Zuständigkeit eines Schiedsgerichts gegeben ist. Das wurde von Schiedsgerichten mehrfach mit dem Argument bejaht, dass die Ratio entsprechender BIT-Klauseln darin liegt, die **Legalität einer Investition** zu sichern und damit gerade solche Investitionen vom Investitionsschutz auszuschließen, die gegen fundamentale Rechtsgrundsätze des Gaststaates verstoßen, was z. B. der Fall ist bei betrügerischem Verhalten im Rahmen einer öffentlichen Auftragsvergabe oder beim Abschluss eines geheimen Beherrschungsvertrages mit dem inländischen Vertragspartner, der gegen explizites Verfassungsrecht des Gaststaates verstößt.[144] Allerdings ist damit nicht gemeint, dass die fragliche Investition in jedem Einzelfall möglicherweise sehr restriktive verwaltungstechnische Genehmigungsverfahren durchlaufen haben muss. Mit anderen Worten greift der Ausschluss des Investitionsschutzrechts noch nicht bei einer reinen Verletzung von Formvorschriften des Gaststaates, sondern erst, wenn zusätzliche materielle Gesichtspunkte die Investition als Verstoß gegen fundamentale Rechtsgrundsätze des Gaststaates qualifizieren.[145]

82 **c) Rechtsstreit bzw. Meinungsverschiedenheit.** Streitbeilegungsklauseln in BITs beziehen sich regelmäßig, wie z. B. Art. 11 deutscher Mustervertrag zeigt, auf „Meinungsverschiedenheiten" in Bezug auf Investitionen bzw. Kapitalanlagen. Der Begriff der **Meinungsverschiedenheit** ist denkbar weit, so dass es diesbezüglich für die Zulässigkeit nach einem BIT keine Schwierigkeiten gibt. Problematisch kann sich in einem ICSID-Verfahren hingegen das nach Art. 25 Abs. 1 ICSID zusätzliche Erfordernis gestalten, dass es sich um einen „legal dispute arising directly out of an investment" handeln muss. Als „dispute" gilt dabei zunächst „a disagreement on the point of law or fact, a conflict of legal views or in-

---

[140] Zu einer ausführlichen Diskussion des "typical characteristics approach" im Gegensatz zum "jurisdictional approach" s. Malaysian Historical Salvors SDN, BHD vs. The Government of Malaysia, ICSID Case No. ARB/05/10, Award on Jurisdiction v. 17.5.2007, para 69 ff.

[141] *Reinisch* in: Tietje, Internationales Wirtschaftsrecht (Fn. 15), § 18 Rn. 31 m. w. Nachw.

[142] Tokios Tokelès vs. Ukraine, Case No. ARB/02/18, Decision on Jurisdiction v. 29.4.2004, para 80 ff.; ADC Affiliate Ltd. and ADC & ADMC Management Ltd. vs. Hungary, ICSID Case No. ARB/03/16, Award v. 2.10.2006, para 353 ff.; Saipem S. p. A. vs. People´s Republic of Bangladesh, ICSID Case No. ARB/05/07, Decision on Jurisdiction v. 21.3.2007, para 105 ff.

[143] *De Luca/Sacerdoti* in: Krajewski/Hoffmann, Research Handbook on Foreign Direct Investment, S. 210 m. w. Nachw.

[144] S. insbesondere Inceysa vs. Republic of El Salador, ICSID Case No. ARB/03/26 v. 2.8.2006; Fraport AG Frankfurt Airport Services Worldwide vs. Philippines, ICSID Case No. ARB/03/25 v. 16.8.2007; David Minnotte & Robert Lewis vs. Republic of Poland, ICSID Case No. ARB/10/1, Award v. 16.5.2014; Alasdair Ross Anderson and Others vs. Republic of Costa Rica, ICSID Case No. ARB(AF)/07/3, Award v. 19.5.2010.

[145] Besonderes deutlich Desert Line Projects L. L. C. vs. The Republic of Yemen, ICSID Case No. ARB/05/17, Award v. 6.2.2008, para 97 ff.

terests between parties".[146] Eine solche Meinungsverschiedenheit setzt zunächst ein Mindestmaß an Kommunikation zwischen den Parteien über die strittigen Fragen voraus.[147] Im Übrigen ist der **Grund für die Meinungsverschiedenheit** ohne Belang; namentlich der Umstand, dass politisch motivierte Maßnahmen des Gaststaates zur Debatte stehen, schließt nicht aus, dass ein „legal dispute" vorliegt.[148] Ähnliches gilt für das zusätzliche Erfordernis, dass es sich um eine rechtliche Meinungsverschiedenheit „arising directly out of an investment" handeln muss. Dieses Tatbestandsmerkmal verlangt nur, dass ein Bezug zur fraglichen Investition vorliegt, nicht jedoch, dass eine spezifische staatliche Maßnahme des Gaststaates direkt auf eine ausländische Investition gerichtet ist. Damit liegt auch dann eine Rechtsstreitigkeit, die sich direkt auf eine Investition bezieht, vor, wenn allgemeine wirtschaftspolitische Maßnahmen des Gaststaates Auswirkungen auf eine Investition haben.[149] Auf der Seite des Investors ist schließlich unerheblich, dass die fragliche Investition im Rahmen einer komplexen Projektstruktur auf der Grundlage zahlreicher verschiedener Verträge unterschiedlicher Projektbeteiligter erfolgte. Damit eine Rechtsstreitigkeit „arising directly out of an investment" vorliegt, ist nur entscheidend, dass das Gesamtprojekt in einer Gesamtschau auf den Kläger als Investor zurückgeht.[150]

**d) Treaty vs. Contract Claim.** Die schiedsgerichtliche Zuständigkeit in einem Investitionsschutzverfahren kann sich, wie dargelegt (→ Rn. 60), aus einem konkreten Investitionsvertrag zwischen Gaststaat und Investor, einem einschlägigen nationalen Investitionsgesetz oder einem bilateralen Investitionsschutzvertrag zwischen Gaststaat und Heimatstaat des Investors ergeben. Abhängig von der jeweiligen Grundlage der Schiedsvereinbarung bestimmt sich das für das Schiedsgericht **anwendbare Recht,** und zwar auch auf die Zuständigkeitsbegründung insgesamt bezogen. Konkret folgt hieraus, dass in sachlicher Hinsicht ein Schiedsgericht nur für behauptete Verletzungen eines BIT zuständig ist, wenn dieser Grundlage der Schiedsvereinbarung ist *(treaty claim)*. Umgekehrt kann sich das Schiedsgericht nur mit behaupteten Verletzungen des konkreten Investitionsvertrages befassen, wenn dieser die maßgebliche Schiedsklausel enthält *(contract claim)*.[151] 83

Die strenge dogmatische Trennung zwischen *contract-* und *treaty-claim* in der Schiedsgerichtspraxis,[152] die man unter Verweis auf das überholte Konzept einer Trennung von Völkerrecht und innerstaatlichem Recht,[153] das ihr zugrunde liegt, kritisieren kann, erfährt allerdings gewisse **Modifikationen.** Zunächst könnte sich die Zuständigkeit eines Schiedsgerichts für *contract-claims* aus einer weit gefassten Schiedsklausel in dem BIT, der die Zuständigkeit des Schiedsgerichts begründet, ergeben. Ein Beispiel hierfür wäre Art. 11 deutscher Mustervertrag, der sich auf alle „Meinungsverschiedenheiten in Bezug auf 84

---

[146] IGH East Timor (Portugal/Australia), Judgement v. 15.7.1954, ICJ Reports 1995, 89 (99) m. w. Nachw.; *Schreuer/Malintoppi/Reinisch/Sinclair* ICSID Convention, Art. 25 Rn. 36; IGH Certain Property (Liechtenstein/Germany), Judgement v. 10.2.2005, ICJ Reports 2005, 6 para 24; Suez u. a. vs. The Argentine Republic, ICSID Case No. ARB/03/19, Decision on Jurisdiction v. 3.8.2006, para 29.

[147] *Schreuer/Malintoppi/Reinisch/Sinclair* ICSID Convention, Art. 25 Rn. 41 ff.; sowie ausführlich zum Gesamtkomplex *Schreuer* TDM 4 (2007).

[148] Suez u. a. vs. The Argentine Republic, ICSID Case No. ARB/03/19, Decision on Jurisdiction v. 3.8.2006, para 29.

[149] Suez u. a. vs. The Argentine Republic, ICSID Case No. ARB/03/19, Decision on Jurisdiction v. 3.8.2006, para 30 f.; CMS Gas Transmission Company vs. The Republic of Argentina, Case No. ARB/01/8, Decision on Jurisdiction v. 17.7.2003, para 23 ff.

[150] ADC vs. Hungary, Affiliate Ltd. and ADC & ADMC Management Ltd. vs. Hungary, ICSID Case No. ARB/03/16, Award v. 2.10.2006, para 331.

[151] Grundlegend Compania de Aguas del Aconquija S. A. and Vivendi Universal vs. Argentine Republic, ICSID Case No. ARB/97/3, Decision on Annulment v. 3.7.2002, para 96: „[w]hether there has been a breach of the BIT and whether there has been a breach of contract are different questions. Each of these claims will be determined by reference to its own proper or applicable law – in the case of the BIT, by international law; in the case of the Concession Contract, by the proper law of the contract [...]"; ebenfalls ausführlich aus jüngerer Zeit Bayindir Insaat Turizm Ticaret Ve Sanayi A. S. vs. Islamic Republic of Pakistan, IDSID Case No. ARB/03/29, Decision on Jurisdiction v. 14.11.2005, para 148 ff.

[152] S. ausführlich *Meschede* Die Schutzwirkung von umbrella clauses für Investor-Staat-Verträge, 2014, S. 25 ff.

[153] Hierzu z. B. *Tietje* Internationalisiertes Verwaltungshandeln, 2001, S. 565 ff.

Kapitalanlagen“ bezieht. Ob damit allerdings wirklich umfassend auch *contract-claims* erfasst sind – wofür der Wortlaut des BIT und die Ratio der ICSID-Konvention sprechen –, ist in der schiedsgerichtlichen Praxis strittig und noch nicht abschließend geklärt.[154] Klarer ist die Rechtslage, wenn dem schiedsgerichtlichen Verfahren eine eng gefasste Schiedsklausel, die sich ausdrücklich nur auf behauptete Investitionsschutzgarantien in dem fraglichen Investitionsschutzvertrag bezieht, zugrunde liegt.[155] In einem solchen Fall ist ein *contract-claim* zunächst ausgeschlossen. Es besteht dann nur die Möglichkeit für den Kläger, sustantiiert vorzutragen, dass eine fragliche Verletzung eines konkreten Investitionsvertrages (contract) aufgrund besonderer Umstände zugleich einen Behandlungsstandard eines einschlägigen BIT verletzt und daher im Kern ein treaty-claim vorliegt.[156] Als Alternative oder in Ergänzung hierzu besteht weiterhin ggf. noch die Möglichkeit, aufgrund einer sog. „umbrella clause“ einen *contract-claim* im Wege eines *treaty-claim* geltend zu machen. Als „umbrella clause“ bezeichnet man dabei eine Bestimmung in einem BIT, nach der die Vertragsparteien „jede … Verpflichtung einhalten, die [sie] in Bezug auf Kapitalanlagen von Investoren des anderen Vertragsstaats in [ihrem] Hoheitsgebiet übernommen [haben]“ (vgl. Art. 8 Abs. 2) deutscher Mustervertrag). Solche oder ähnliche Formulierungen finden sich in zahlreichen BITs, allerdings mit durchaus unterschiedlichem Wortlaut. Die schiedsgerichtliche Praxis ist überaus uneinheitlich im Hinblick auf die Frage, ob eine „umbrella clause“ tatsächlich einen *contract-claim* zu einem *treaty-claim* machen und damit eine schiedsgerichtliche Zuständigkeit auf der Grundlage eines BIT (ggf. i. V. m. Art. 25 ICSID) begründen kann.[157] Das EU-Kanada-Freihandelsabkommen (CETA) enthält keine derartige Klausel.[158]

85 **Lösung zu Fall 1:** Die Zuständigkeit des ICSID-Schiedsgerichts setzt *ratione materiae* voraus, dass sich der Streit auf eine Investition im Sinne des BIT zwischen GB und Malaysia und i. S. v. Art. 25 Abs. 1 ICSID bezieht. Obwohl es sich nach dem Wortlaut des BIT bei den vertraglichen Ansprüchen von K gegen B durchaus um eine Investition im Sinne des BIT handeln könnte, ist fraglich, ob dies auch mit Blick auf Art. 25 Abs. 1 ICSID der Fall ist. Die ICSID-Konvention enthält keine Definition oder Umschreibung des Begriffes „Investition“. Ausgehend vom Wortsinn und im Lichte der Ratio von ICSID (vgl. Art. 31 Abs. 1 WVK) ist heute aber weitgehend anerkannt, dass zumindest die vier Kriterien, die sich im sog. Salini-Test (→ Rn. 79) finden, erfüllt sein müssen. Ob das der Fall ist, hängt von einer Gesamtbetrachtung ab. K hat zunächst eine „contribution“ geleistet, indem sie für die Suche des Schiffswracks und Bergung der Ladung finanzielle Aufwendungen tätigte. Fraglich ist indes, ob das weitere Merkmal der Dauerhaftigkeit (duration) ebenfalls erfüllt ist, das im Zusammenhang damit zu sehen ist, dass eine Investition der wirtschaftlichen Entwicklung des Gaststaates dienen

---

[154] Dafür wohl z. B. Compania de Aguas del Aconquija S. A. and Vivendi Universal vs. Argentine Republic, ICSID Case No. ARB/97/3, Decision on Annulment v. 3.7.2002, para 55; ablehnend wohl Parkerings-Compagniet AS vs. the Republic of Lithuania, ICSID Case No. ARB/05/8, Award v. 11.9.2007, para 256 ff.; zur Diskussion siehe z. B. *Happ* in: Tietje, International Investment Protection and Arbitration, S. 55 f.

[155] Siehe z. B. Art. 26 (1) Energiecharta-Vertrag: "Disputes between a Contracting Party and an Investor of another Contracting Party relating to an Investment of the latter in the Area of the former, which concern an alleged breach of an obligation of the former under Part III shall, if possible, be settled amicably".

[156] Siehe z. B. Salini Costruttori S. p. A. and Italstrade S. p.A. vs. The Hashemite Kingdom of Jordan, ICSID Case No. ARB/02/13, Decision on Jurisdiction v. 15.11.2004, para 155: „In fact, the State, or its emanation, may have behaved as ordinary cocontractants having a difference of approach, in fact or in law, with the investor. In order that the alleged breach of contract may constitute unfair or inequitable treatment within the meaning of the bilateral agreement, it must be the result of behaviour going beyond that which an ordinary contracting party could adopt".

[157] Zum Problem und zahlreichen Nachweisen aus der schiedsgerichtlichen Praxis ausführlich *Waelde* The Journal of World Investment and Trade, 2005, S. 183; *Schramke* SchiedsVZ 2006, 249.

[158] *Krajewski* Investitionsschutz in den neuen EU-Handelsabkommen, in: Kadelbach (Hrsg.), Die Welt und Wir, 2017, S. 123.

soll. Der Vertrag zwischen K und B bezog sich auf das einmalige Ereignis des Auffindens und der Bergung der Fracht der „DIANA“, wobei zunächst nur eine Vertragslaufzeit von 18 Monaten vorgesehen war, auch wenn das Projekt dann später doch vier Jahre dauerte. Allerdings ist zweifelhaft, ob damit wirklich das Merkmal „duration“ in qualitativer Hinsicht gegeben ist. Hiergegen spricht, dass es sich nicht um ein tatsächlich dauerhaftes Projekt mit dem Ziel eines Beitrages zur wirtschaftlichen Entwicklung des Gaststaates handelt, sondern um eine inhaltlich und zeitlich begrenzte Projektarbeit. Weiterhin ist problematisch, ob für K mit dem Projekt ein „operational risk“ im Sinne des Investitionsbegriffs verbunden war. K trug zwar ausschließlich das finanzielle Risiko der Bergung. Das entspricht jedoch der gängigen Praxis im Bergungsbereich („no-finds-no-pay“). Insofern handelt es sich in diesem Wirtschaftsbereich um das ganz normale Geschäftsrisiko, welches aber im Investitionsschutzbereich prinzipiell gerade nicht gesondert geschützt sein soll. Ein besonderes, über den Vertragsinhalt hinausgehendes Investitionsrisiko lag damit nicht vor. Insgesamt spricht eine Gesamtschau damit dafür, dass keine Investition i. S. v. Art. 25 Abs. 1 ICSID vorliegt. Vielmehr handelt es sich bei der Klage der K im Kern um einen *contract-claim,* für den mangels entsprechender Schiedsklausel in dem Vertrag keine Zuständigkeit des ICSID-Schiedsgerichts gegeben ist. Das Schiedsgericht ist damit unzuständig.

#### 4. Zuständigkeit ratione temporis

86 Ausgangspunkt für die Bestimmung der Zuständigkeit eines Schiedsgerichts *ratione temporis* ist Art. 28 WVK. Hiernach entfalten völkerrechtliche Verträge keine Bindungswirkung im Hinblick auf „eine Handlung oder Tatsache, die vor dem Inkrafttreten des Vertrages hinsichtlich der betreffenden Vertragspartei vorgenommen wurde oder eingetreten ist“, es sei denn, die Vertragsparteien haben explizit oder implizit etwas anderes vereinbart.[159] Abweichende Vereinbarungen hierzu finden sich in BITs insbesondere dahingehend, dass auch Investitionen, die *vor* dem **Inkrafttreten des Vertrages** getätigt wurden, geschützt sind.[160] Ansonsten gilt aber auch im Investitionsschutzbereich die für die Zuständigkeit *ratione temporis* zentrale Aussage des IGH, dass "[t]he facts or situations to which regard must be had [...] are those with regard to which the dispute has arisen or, in other words, as said by the Permanent Court in the case concerning the Electricity Company of Sofia and Bulgaria, only 'those which must be considered as being the source of the dispute', those which are its 'real cause'".[161]

87 Eine Besonderheit mit Blick auf die Zuständigkeit *ratione temporis* auf BITs bezogen stellt weiterhin der Umstand dar, dass diese regelmäßig die bereits erwähnten **Nachwirkungsklauseln** *(survival clauses)* enthalten (→ Rn. 29). Eine ähnliche, wenngleich auch rechtlich wesentlich schwieriger zu fassende Regelung findet sich in Art. 72 ICSID. Hiernach berührt die Kündigung der ICSID-Konvention durch eine Vertragspartei nicht „the rights or obligations under this Convention of that State or of any of its constituent subdivisions or agencies or of any national of that State arising out of consent to the jurisdiction of the Centre given by one of them before such notice was received by the depositary". Fraglich und bis heute nicht geklärt ist, ob mit dieser Formulierung tatsächlich gemeint ist – worauf der Wortlaut hindeutet –, dass eine ICSID-Vertragspartei gleichsam zeitlich unbegrenzt der

---

[159] Société Générale de Surveillance S. A. vs. Republic of the Philippines, ICSID Case No. ARB/02/6, Decision on Jurisdiction v. 29.1.2004, para 165 f.; Mondev International Ltd. vs. United States of America, ICSID Case No. ARB(AF)/99/2, Award v. 10.11.2002, para 68 ff.; Impregilo S. p. A. vs. Islamic Republic of Pakistan, ICSID Case No. ARB/03/3, Decision on Jurisdiction v. 22.4.2005, para 310.

[160] Vgl. z. B. Art. 9 deutscher Mustervertrag: „Dieser Vertrag gilt auch für Kapitalanlagen, die Investoren des einen Vertragsstaats in Übereinstimmung mit den Rechtsvorschriften des anderen Vertragsstaats in dessen Hoheitsgebiet schon vor dem Inkrafttreten dieses Vertrags vorgenommen haben“.

[161] IGH Right of Passage over Indian Territory (Portugal/India), Judgment v. 12.4.1960, ICJ Reports 1960, 35; Certain Property (Liechtenstein/Germany), Judgement v. 10.2.2005, ICJ Reports 2005, 6 para 25.

ICSID-Schiedsgerichtsbarkeit unterworfen ist, auch wenn die Konvention selbst gekündigt wurde.[162]

### 5. Weitere mögliche Zulässigkeitsprobleme

88 **a) Gerichtsstandklauseln.** Es ist durchaus üblich, dass konkrete Investitionsverträge zwischen Gaststaaten und Investoren **Gerichtsstandsklauseln** im Hinblick auf eine obligatorische Zuständigkeit der nationalen Gerichte für Streitigkeiten in Bezug auf die Investition enthalten. Wenn vom Investor dann zu einem späteren Zeitpunkt ein schiedsgerichtliches Verfahren eingeleitet wird, ist regelmäßig fraglich, ob dieses aufgrund der betreffenden Gerichtsstandsklausel unzulässig ist. Hiergegen spricht indes die bereits dargestellte prinzipielle Differenzierung zwischen *contract-* und *treaty-claim*. Allerdings kann es in Fällen, in denen ein *treaty-claim* im Kern auf eine Verletzung eines Investitionsvertrages zurück geht, doch dazu kommen, dass eine Gerichtsstandsvereinbarung in dem Investitionsvertrag auf die (Un-)Zulässigkeit des *treaty-claims* „durchschlägt". Das Aufhebungskomittee in Aguas de Aconquija vs. Argentina stellte die Rechtslage hierzu zusammenfassend wie folgt dar: „98. In a case where the essential basis of a claim brought before an international tribunal is a breach of contract, the tribunal will give effect to any valid choice of forum clause in the contract. 101. On the other hand, where "the fundamental basis of the claim" is a treaty laying down an independent standard by which the conduct of the parties is to be judged, the existence of an exclusive jurisdiction clause in a contract between the claimant and the respondent state or one of its subdivisions cannot operate as a bar to the application of the treaty standard".[163]

89 **b) Obligatorische Verhandlungen.** BITs sehen oftmals vor, dass vor Einleitung eines schiedsgerichtlichen Verfahrens Gaststaat und Investor versuchen müssen, die Streitigkeit gütlich beizulegen. So bestimmt z. B. Art. 11 Abs. 2 deutscher Mustervertrag, dass ein schiedsgerichtliches Verfahren erst dann möglich ist, wenn „die Meinungsverschiedenheit innerhalb einer Frist von sechs Monaten ab dem Zeitpunkt ihrer Geltendmachung durch eine der beiden Streitparteien nicht beigelegt werden [kann]". Aus unterschiedlichen Gründen kommt es in der Praxis immer wieder dazu, dass die entsprechenden Fristen für die **obligatorische Verhandlungsphase** nicht eingehalten werden. Allerdings führt dies nach ständiger schiedsgerichtlicher Praxis nicht dazu, dass keine Zuständigkeit des Schiedsgerichts, das mit dem Verfahren betraut ist, gegeben ist: „[t]he Arbitral Tribunal considers that this requirement of a six-month waiting period of [...] the Treaty is not a jurisdictional provision, i. e. a limit set to the authority of the Arbitral Tribunal to decide on the merits of the dispute, but a procedural rule that must be satisfied by the Claimant".[164] Diese Rechtsauffassung wird im Wesentlichen darauf gestützt, dass der Verweis auf die rein formelle Einhaltung der Frist der Verhandlungsphase nur dazu führen würde, dass der Kläger das schiedsgerichtliche Verfahren nach Ablauf der Frist erneut anstrengt und dies „would be

---

[162] Diese Rechtsfrage stellte sich im Jahr 2007 mit Blick auf die erstmalige Kündigung der ICSID-Konvention durch Bolivien, sowie nachfolgend hinsichtlich der Kündigungen von Ecuador (2009) und Venezuela (2012); grundlegend hierzu *Tietje/Nowrot/Wackernagel* Beiträge zum Transnationalen Wirtschaftsrecht 74 (2008), 5, verfügbar unter: http://www.jura.uni-halle.de/telc/publikationen.html (zuletzt abgerufen am 30.11.2020); ausführlich zum sog. *backlash against investment arbitration* vgl. *Trakman/Musayelyan* in: Lim (Hrsg.), Alternative Visions of International Law on Foreign Investment, 2016, S. 73 ff.; ausführlich zu den verschiedenen Standpunkten bzgl. der Auslegung von Art. 72 ICSID s. *Fouret/Gerbay/Alvarez* The ICSID Convention, Regulations And Rules, Rn. 10.40 ff.

[163] Compania de Aguas del Aconquija S. A. and Vivendi Universal vs. Argentine Republic, ICSID Case No. ARB/97/3, Decision on Annulment v. 3.7.2002, para 98 und 101; s. auch Bayindir Insaat Turizm Ticaret Ve Sanayi A. S. vs. Islamic Republic of Pakistan, IDSID Case No. ARB/03/29, Decision on Jurisdiction v. 14.11.2005, para 148 ff.; ausführlich zum Problem auch *Spiermann* Arbitration International 20 (2004), 179.

[164] Ethyl Corp. vs. Canada, UNCITRAL Arbitration Award v. 24.6.1998, ILM 38 (1999) 708 para 74–88; Ronald S. Lauder vs. The Czech Republic, UNCITRAL Arbitration Award v. 3.9.2001, para 187.

to no-one's advantage".[165] Anders ist dies nur, wenn der Kläger dem beklagten Gaststaat überhaupt keine Mitteilung gemacht hat, die auf eine Streitigkeit und ein mögliches schiedsgerichtliches Verfahren hindeutet. In einem solchen Fall wird das Schiedsgericht das Verfahren aussetzen, damit Verhandlungen zwischen Investor und Gaststaat stattfinden können.[166]

**c) Prozessuale Wirkung einer Meistbegünstigungsklausel.** Nach der zum Grundbestand bilateraler Investitionsschutzverträge gehörenden **Meistbegünstigungsklausel** sind Gaststaaten verpflichtet, Investoren aus dem Staat der anderen Vertragspartei nicht günstiger als Investoren dritter Staaten zu behandeln (vgl. z. B. Art. 3 Abs. 1 deutscher Mustervertrag). Die Verpflichtung zur Meistbegünstigung bezieht sich zunächst auf die materielle Behandlung von Investitionen bzw. Investoren im Rahmen der Verwaltungs-, Gesetzgebungs- und Gerichtspraxis des Gaststaates. Schon seit einiger Zeit wird indes diskutiert, ob die Meistbegünstigungsverpflichtung auch prozessuale Wirkung entfalten kann. 90

**Fall 2:**[167] Die Staaten A und B haben einen BIT geschlossen, der u. a. folgende Klausel enthält: "In all matters governed by the present Agreement, such treatment shall not be less favorable than that accorded by each Party to investment made in its territory by investors of Third States". Weiterhin ist in dem BIT eine ICSID-Zuständigkeitsklausel enthalten, die vorsieht, dass vor Anrufung eines Schiedsgerichts innerstaatlicher Rechtsschutz gesucht werden muss. A hat auch mit dem Staat C einen BIT abgeschlossen. Dieser sieht ebenfalls eine ICSID-Zuständigkeit vor, jedoch ohne die Einschränkung, dass vorab der innerstaatliche Rechtsweg zu erschöpfen ist. Kann sich der Investor I aus B gegen A auf den BIT zwischen A und C berufen und ohne weitere Einschränkungen ein ICISD-Schiedsverfahren einleiten? 91

Die Frage der Erstreckung der Meistbegünstigungsverpflichtung auch auf **prozessuale Gesichtspunkte** wird in der schiedsgerichtlichen Praxis nicht einheitlich beurteilt. Sofern die Meistbegünstigungsklausel weit formuliert ist und sich auf alle Regelungen des entsprechenden BIT bezieht, haben zahlreiche Schiedsgerichte ihre auch prozessuale Wirkung anerkannt.[168] Auf der Grundlage von Meistbegünstigungsklauseln, die enger formuliert sind, aber auch mit Blick auf prinzipielle Probleme des „treaty shopping" haben andere Schiedsgerichte es Investoren hingegen verwehrt, sich mit Blick auf prozessuale Fragen auf Meistbegünstigungsklauseln zu berufen.[169] Eine einheitliche Schiedsgerichtspraxis ist damit (noch) nicht festzustellen, wobei allerdings immer zu beachten ist, dass Ausgangspunkt für die Klärung der Rechtslage immer der Wortlaut der jeweiligen Meistbegünstigungsklausel sein muss.[170] 92

**Lösung zu Fall 2:** Voraussetzung für die Zuständigkeit eines ICSID-Schiedsgerichts für die Schiedsklage von I ist zunächst eine wirksame Schiedsvereinbarung. Diese 93

[165] Bayindir Insaat Turizm Ticaret Ve Sanayi A. S. vs. Islamic Republic of Pakistan, IDSID Case No. ARB/03/29, Decision on Jurisdiction v. 14.11.2005, para 100.

[166] Western NIS Enterprise Fund vs. Ukraine, ICSID Case No. ARB/04/2, Order v. 16.3.2006.

[167] Gas Natural SDG vs. Argentina, ICSID Case No. ARB/03/10, Decision on Jurisdiction v. 17.6.2005.

[168] Leitentscheidung ist Emilio Agustín Maffezini vs. The Kingdom of Spain, ICSID Case No. ARB/97/7, Decision on Jurisdiction v. 25.1.2000, para 64; s. weiterhin z. B. Gas Natural SDG, S. A. vs. Argentina, ICSID Case No. ARB/ 03/10, Decision on Jurisdiction v. 17.6.2005, para 49; Suez, Sociedad General de Aguas de Barcelona S. A. and InterAguas Servicios Integrales del Agua S. A. vs. Argentina, ICSID Case No. ARB/03/17, Decision on Jurisdiction v. 16.5.2006, para 62 ff.

[169] Siehe u. a. Plama Consortium Ltd. vs. Republic of Bulgaria, ICSID Case No. ARB/03/24, Decision on Jurisdiction v. 8.2.2005, para 183 ff.; Salini Construttori S. p. A. and Italstrade S. p. A. vs. Hashemite Kingdom of Jordan, ICSID Case No. ARB/02/13, Decision on Jurisdiction v. 15.11.2004, para 102 ff.; Telenor Mobile Communications A. S. vs. The Republic of Hungary, ICSID Case No. ARB/04/15, Award v. 13.9.2006, para 90 ff.

[170] Zur Diskussion ausführlich *Radi* EJIL 18 (2007), 757; ferner *Hoffmann/Donath* in: Ehlers/Fehling/Pünder, BesVwR, § 8 Rn. 32.

könnte auf der Grundlage der Schiedsklausel in dem BIT zwischen A und B gegeben sein. Durch die Schiedsklausel in dem BIT hat A ein Angebot auf Abschluss einer Schiedsvereinbarung gegenüber Investoren aus B abgegeben. Dieses Angebot müsste I wirksam angenommen haben. Grundsätzlich erfolgt die Annahme des Angebots zum Abschluss der Schiedsvereinbarung in diesen Fällen durch Einreichung der Schiedsklage. Allerdings stand das Angebot des Gaststaates A vorliegend unter dem Vorbehalt der vorherigen Erschöpfung des innerstaatlichen Rechtsweges, den I vor Einreichung der Schiedsklage nicht beschritten hatte. Damit waren die Voraussetzungen für eine wirksame Schiedsvereinbarung eigentlich nicht erfüllt. Anders wäre dies nur, wenn sich I auf das Angebot auf Abschluss einer Schiedsvereinbarung aus dem BIT A und C berufen könnte, das nicht die genannte Einschränkung enthält. Auf die Schiedsklausel aus dem BIT zwischen A und C könnte sich I möglicherweise unter Verweis auf die Meistbegünstigungsklausel aus dem BIT zwischen A und B berufen. Dann müsste die entsprechende Meistbegünstigungsklausel auch auf die hier fragliche prozessuale Regelung Anwendung finden. Ob das der Fall ist, muss durch Auslegung der Meistbegünstigungsklausel gemäß Art. 31 WVK erfolgen. Die Meistbegünstigungsklausel bezieht sich ihrem Wortlaut nach auf „all matters governed by the present Agreement". Damit handelt es sich um eine sog. weite Klausel, die im Gegensatz zu engen Meistbegünstigungsregelungen in anderen BITs („each Contracting Party shall apply to the investments in its territory [...] a treatment [...]") nicht nur auf die materiellen Behandlungsstandards beschränkt ist, sondern auf alle Regelungen des BIT, also auch die Schiedsklausel. Das entspricht auch Sinn und Zweck des BIT, der umfassende diskriminierungsfreie Rechtssicherheit für Investoren garantieren soll. Hierzu gehören auch die prozessualen Möglichkeiten der Durchsetzung von Investitionsschutzrechten eines Investors. Damit erfasst die Meistbegünstigungsklausel auch prozessuale Regelungen, so dass sich I auf die Schiedsklausel aus dem BIT zwischen A und C berufen kann. Das dort enthaltene bedingungslose Angebot auf Abschluss einer Schiedsvereinbarung hat I mit Einreichung der Schiedsklage angenommen. Mithin liegt eine wirksame Schiedsvereinbarung vor.

### 6. Schlüssigkeit

94 Um die Zuständigkeit eines investitionsschutzrechtlichen Schiedsgerichts zu begründen, reicht es nicht aus, dass der Kläger die vorgenannten einzelnen Zuständigkeitsvoraussetzungen im Einzelnen vorträgt. Vielmehr sind an das Vorliegen der Zuständigkeitsvoraussetzungen gewisse inhaltliche Anforderungen zu stellen, wobei freilich kein Amtsermittlungsgrundsatz, sondern der **Beibringungsgrundsatz** gilt. Dementsprechend obliegt es den Parteien, die für die Begründung der Zuständigkeit relevanten Tatsachen vorzutragen, und zwar in Abhängigkeit von der jeweiligen Beweislast.

95 Als Grundsatz für die **Begründung der Schlüssigkeit der Klage** als Zuständigkeitsvoraussetzung gilt, dass das Schiedsgericht prüft, „whether the facts as alleged by the Claimant in this case, if established, are capable of coming within those provisions of the BIT which have been invoked".[171] Das Schiedsgericht in Bayindir hat diese allgemeine Formel wie folgt konkretisiert: „Accordingly, the Tribunal's first task is to determine the meaning and scope of the provisions which Bayindir invokes as conferring jurisdiction and to assess whether the facts alleged by Bayindir fall within those provisions or are capable, if proved, of constituting breaches of the obligations they refer to. In performing this task, the Tribunal will apply a prima facie standard, both to the determination of the meaning and scope of the BIT provisions and to the assessment whether the facts alleged may constitute brea-

[171] Impregilo S. A. vs. Islamic Republic of Pakistan, ICSID Case No. ARB/03/3, Decision on Jurisdiction vs. 22.4.2005, para 254.

ches. If the result is affirmative, jurisdiction will be established, but the existence of breaches will remain to be litigated on the merits".[172]

96 Als Begründung für diese, dem Grunde nach eher restriktiven Anforderungen an die Schlüssigkeit der Klage wird von Schiedsgerichten auch unter Verweis auf die einschlägige Rechtsprechung des IGH[173] darauf abgestellt, dass (1) ein Schutz vor offensichtlich aussichtslosen oder gar missbräuchlichen Schiedsklagen notwendig sei und (2) es zwingend sei, vor Eintritt in die Begründetheitsprüfung eine hinreichend intensive Zuständigkeitsprüfung durchzuführen.[174] Fraglich ist allerdings, ob die **restriktive Schlüssigkeitsprüfung** in den Fällen, denen eine „weite" Schiedsklausel („jede Meinungsverschiedenheit in Bezug auf Investitionen") zugrunde liegt, wirklich sachgerecht ist.[175]

### 7. Prüfungsschema zur Zulässigkeit einer ICSID-Schiedsklage 97

A. Ordnungsgemäße Einreichung der Schiedsklage
- I. Formelle und inhaltliche Anforderungen an die Klageschrift
- II. Einzahlung der Verwaltungsgebühr

B. Zulässigkeit/Zuständigkeit (jurisdiction)
- I. Schiedsvereinbarung
  1. Grundlage der Schiedsvereinbarung (Investitionsvertrag; Investitionsgesetz; BIT)
  2. Wirksames Angebot auf Abschluss der Schiedsvereinbarung
  3. Wirksame Annahme des Angebots auf Abschluss der Schiedsvereinbarung
  4. Zusätzliche Anforderungen nach Art. 25 Abs. 1 ICSID
- II. Zuständigkeit ratione personae
  1. Ratifikation ICSID durch Heimatstaat Investor (Kläger) und beklagten Staat
  2. Staatszugehörigkeit Kläger
  3. Parteifähigkeit Kläger und Beklagter nach BIT und Art. 25 ICSID
- III. Zuständigkeit ratione materiae
  1. Investition i. S. v. BIT und Art. 25 ICSID
  1. Investition im Einklang mit innerstaatlicher Rechtsordnung i. S. d. BIT
  2. Rechtsstreit bzw. Meinungsverschiedenheit i. S. v. BIT und Art. 25 Abs. 1 ICSID
  3. Treaty vs. Contract Claim
- IV. Zuständigkeit ratione temporis
  1. Art. 28 WVK, ggf. Sonderregelungen in BIT
  2. „survival clause" BIT
- V. Weitere mögliche Zulässigkeitsprobleme
  1. Gerichtsstandsklausel in Investitionsvertrag
  2. Obligatorische Verhandlungen
  3. Meistbegünstigungsklausel mit prozessualer Wirkung
- VI. Schlüssigkeit

## C. Begründetheit

98 Der **Maßstab für die Begründetheit** einer ICSID-Schiedsklage bestimmt sich zunächst nach dem materiell anwendbaren Recht. Dabei ist vorrangig auf eine Parteivereinbarung zum materiell anwendbaren Recht abzustellen. Nur wenn keine Parteivereinbarung

---

[172] Bayindir Insaat Turizm Ticaret Ve Sanayi A. S. vs. Islamic Republic of Pakistan, IDSID Case No. ARB/03/29, Decision on Jurisdiction v. 14.11.2005, para 197.

[173] IGH Oil Platforms (Iran/USA), Judgment v. 12.12.1996, ICJ Reports 1996, 803 (809 f.).

[174] Impregilo S. p. A. vs. Pakistan, ICSID Case No. ARB/03/3, Decision on Jurisdiction v. 22.4.2005, para 254.

[175] Gegen eine restriktive Schlüssigkeitsprüfung bei einer „weiten" Schiedsklausel z. B. Compania de Aguas del Aconquija S. A. and Vivendi Universal vs. Argentine Republic, ICSID Case No. ARB/97/3, Decision on Annulment v. 3.7.2002, para 55; s. auch *Happ* SchiedsVZ 2008, 19 (29).

vorliegt, kann das Schiedsgericht kraft eigener Kompetenz auf das innerstaatliche Recht der Staatenpartei in dem konkreten Schiedsverfahren und einschlägige Regeln des Völkerrechts zurückgreifen (Art. 42 Abs. 1 ICSID).

99 Die **Rechtswahl der Parteien** richtet sich zunächst oftmals nach entsprechenden Bestimmungen in der Schiedsvereinbarung. Wenn die Schiedsvereinbarung ihre Grundlage in einem innerstaatlichen Investitionsgesetz findet, wird sich hieraus regelmäßig ergeben, dass das innerstaatliche Recht des Gaststaates einschließlich seines internationalen Privatrechts sowie des in die innerstaatliche Rechtsordnung übernommenen Völkerrechts anwendbar ist. Ähnliches wird oftmals gelten, wenn ein konkreter Investitionsvertrag zwischen Staat und Investor die maßgebliche Schiedsklausel enthält. Auch hier wird die Rechtswahlklausel des Vertrages (contract) regelmäßig auf das Recht des Gaststaates verweisen. Anders ist die Situation im Regelfall nur, wenn sich die Schiedsvereinbarung aus einem BIT ergibt. In diesem Fall ist der BIT als Völkervertragsrecht anwendbares Recht.[176] Damit sind nur, wenn ein BIT anwendbares Recht ist, die sog. Behandlungsstandards, die sich in dem einschlägigen BIT finden (→ Rn. 22, 84), rechtlicher Maßstab für die Begründetheit der Schiedsklage.

[176] Ausführlich zum anwendbaren Recht *Schreuer/Malintoppi/Reinisch/Sinclair* ICSID Convention, Art. 42 Rn. 13 ff.

# 2. Teil. Rechtsschutz im europäischen Völkerrecht

## § 6. Rechtsschutz durch den Europäischen Gerichtshof für Menschenrechte

*Stefan Kadelbach*

### Übersicht



**Schrifttum:** *van Dijk/van Hoof/van Rijn/Zwaak* Theory and Practice of the European Convention on Human Rights, 5. Aufl. 2018; *Dörr/Grote/Marauhn* (Hrsg.) EMRK/GG Konkordanzkommentar, 2. Aufl. 2013; *Frowein/Peukert* EMRK, Kommentar, 3. Aufl. 2009; *Giegerich* Menschenrechtsabkommen des Europarats, in: Merten/Papier (Hrsg.) Handbuch der Grundrechte, Bd. VI/1, 2010, § 148; *Grabenwarter/Pabel* Europäische Menschenrechtskonvention, 6. Aufl. 2016; *Harris/O'Boyle/Warbrick* Law of the European Convention on Human Rights, 4. Aufl. 2018; *Kälin/Künzli* Universeller Menschenrechtsschutz, 4. Aufl. 2019; *Karpenstein/Mayer* (Hrsg.) EMRK, Kommentar, 2. Aufl. 2015; *Leach* Taking a Case to the ECHR, 4. Aufl. 2017; *Meyer-Ladewig/Nettesheim/v. Raumer* (Hrsg.) EMRK, Kommentar, 4. Aufl. 2017; *Pabel/*

*Schmahl* (Hrsg.) Internationaler Kommentar zur Europäischen Menschenrechtskonvention, Stand 21. Lfg. 2017; *Peters/Altwicker* Europäische Menschenrechtskonvention, 2. Aufl. 2012; *Schilling* Internationaler Menschenrechtsschutz, 3. Aufl. 2016; *Schmahl/Breuer* (Hrsg.) The Council of Europe, 2017.

1 **Fall:** A und B besuchten am 9.12.2010 ein Fußballspiel in München. Um Auseinandersetzungen zwischen rivalisierenden Fangruppen zu vermeiden, sperrte die Polizei nach dem Spiel für 15 Minuten die Fantribüne ab, auf der sich A und B befanden. Beide tragen vor, sie seien nach Öffnung der Tribüne von Polizeibeamten grundlos mit Schlagstock und Pfefferspray angegriffen worden. Sie legen ärztliche Atteste vom 20.12.2010 bzw. vom 21.1.2011 vor, die A eine blutende Platzwunde und B die Spuren eines Einsatzes von Pfefferspray im Gesicht bescheinigen. Ein wegen des Polizeieinsatzes eingeleitetes Vorermittlungsverfahren wurde von der Staatsanwaltschaft am 2.1.2011 eingestellt. Am 7.3. bzw. 25.4.2011 erstatteten A und B Strafanzeige. Die Staatsanwaltschaft stellte das Ermittlungsverfahren erneut am 10.9.2011 und nach Beschwerde und weiteren Ermittlungen am 4.8.2012 nochmals ein. Ein Antrag auf Erzwingung weiterer Ermittlungen wurde vom zuständigen OLG für unzulässig erklärt. Die daraufhin erhobenen, auf Verletzungen der Art. 2 Abs. 2, 19 Abs. 4 und 103 Abs. 1 GG gestützten Verfassungsbeschwerden blieben nach Zurückweisung durch begründeten Beschluss vom 23.3.2017 erfolglos. A und B erheben Individualbeschwerde gegen die Bundesrepublik Deutschland vor dem EGMR. Sie machen geltend, die Polizei habe ihr Konventionsrecht aus Art. 3 EMRK (Schutz vor Folter und unmenschlicher oder erniedrigender Behandlung oder Strafe) verletzt. Zudem seien die Ermittlungen unzulänglich gewesen; keiner der Beamten sei identifiziert und disziplinarisch oder strafrechtlich zur Verantwortung gezogen worden, keiner ihrer Rechtsbehelfe hätte eine Wirkung gehabt. Wichtiges Videomaterial sei unterdrückt worden. Die Bundesrepublik Deutschland wendet ein, es sei nicht bewiesen, dass die Verletzungen durch den Polizeieinsatz verursacht worden seien. Die Unterschlagung von Videoaufnahmen sei weder in einem Klageerzwingungsverfahren noch in der Verfassungsbeschwerde gerügt worden. Auch die Ineffektivität der ergriffenen Rechtsbehelfe hätten die Beschwerdeführer mit der Verfassungsbeschwerde nicht vorgebracht, so dass der Rechtsweg nicht erschöpft sei. Die Beschwerde sei daher unzulässig. Wie entscheidet der EGMR?[1]

## A. Bedeutung

### I. Der Europäische Gerichtshof für Menschenrechte

2 Der Europäische Gerichtshof für Menschenrechte (EGMR) ist eine Einrichtung, die durch die Konvention zum Schutz der Menschenrechte und Grundfreiheiten vom 4.11.1950 (EMRK) geschaffen wurde.[2] Er hat seine Tätigkeit 1959 aufgenommen.[3]

3 Die EMRK ist eine Konvention des **Europarates,**[4] einer der im Zuge der internationalen Neuordnung nach dem Zweiten Weltkrieg gegründeten Organisationen, die dazu beitragen sollten, demokratische und rechtsstaatliche Verhältnisse wieder herzustellen, die durch den Krieg zerstörten Volkswirtschaften wiederaufzubauen und den Frieden in Europa nachhaltig zu sichern.[5] Der 1949 errichtete Europarat versteht sich als eine Wertege-

---

[1] Fall nach EGMR NJW 2018, 3763 – Hentschel und Stark.

[2] Die Bundesrepublik Deutschland hat die EMRK am 5.12.1952 ratifiziert, BGBl II S. 685; sie trat am 3.9.1953 in Kraft, aktuelle Fassung BGBl II 2010 S. 1198.

[3] *European Court of Human Rights* Survey – Forty Years of Activity 1959 – 1998, 1998, S. 1.

[4] Zur Entstehung *Partsch* ZaöRV 15 (1953/54), 631; *Klein* AVR 39 (2001), 121; *Grote* in: Dörr/Grote/Marauhn, EMRK/GG, Kap. 1.

[5] *Oppermann* in: Oppermann/Classen/Nettesheim, Europarecht, § 1 Rn. 15 ff.; näher *Loth* Europas Einigung, 2014, S. 26 ff.

meinschaft, die verfassungsstaatliche Grundsätze fördert und verwirklicht.[6] Mit dieser Zielsetzung wurden ihm die Erarbeitung internationaler Übereinkommen und die Fortentwicklung der Menschenrechte und Grundfreiheiten zur Aufgabe gemacht (Art. 1 lit. b der Satzung). Die EMRK steht im Zentrum dieser Tätigkeit. Zugleich ist sie der älteste völkerrechtliche Vertrag, der einen Grundrechtskatalog enthält. Die in sie aufgenommenen Freiheits- und Gleichheitsrechte gehen im Kern auf die Allgemeine Erklärung der Menschenrechte der Vereinten Nationen vom 10.12.1948 zurück (→ § 3 Rn. 3). Der enge Zusammenhang zwischen Europarat und EMRK wird daran sichtbar, dass sich die Mitgliedschaften gegenseitig bedingen. Zum einen setzt der Beitritt eines Staates zur EMRK die Mitgliedschaft im Europarat voraus (Art. 59 Abs. 1 EMRK); zum anderen steht diese jedem europäischen Staat offen, der fähig und gewillt ist, den Grundsatz der Rechtsstaatlichkeit anzuerkennen und den Schutz der Menschenrechte zu garantieren (Art. 4 der Satzung), was er durch Beitritt zur EMRK zu erkennen gibt.

Der EGMR war ursprünglich eines von drei Organen, die über die Frage einer Verlet- 4
zung der Konvention zu entscheiden hatten.[7] Die 1954 eingesetzte **Europäische Kommission für Menschenrechte** (EKMR) prüfte als Eingangsinstanz Beschwerden auf ihre Zulässigkeit und Begründetheit; für Individualbeschwerden galt dies nur, sofern sich der betreffende Mitgliedstaat diesem Verfahren unterworfen hatte. Gegen ihre Entscheidungen konnte der EGMR angerufen werden, doch setzte dessen Zuständigkeit gleichfalls eine entsprechende Unterwerfungserklärung voraus. Wurde der EGMR nicht innerhalb von drei Monaten mit der Sache befasst, oblag die endgültige Feststellung einer Konventionsverletzung einem politischen Gremium, dem **Ministerkomitee** des Europarates. Anderenfalls beschränkte sich dessen Rolle darauf, die Durchführung der Urteile des EGMR zu überwachen, was heute innerhalb des Systems seine einzige Funktion ist (Art. 46 Abs. 2 EMRK).[8]

Seit In-Kraft-Treten des 11. Zusatzprotokolls zur EMRK[9] zum 1.11.1998 ist der 5
**EGMR** eine ständige Einrichtung und **ausschließlich** mit dem Schutz der Konventionsrechte betraut (Art. 19 EMRK). Entscheidungen der dadurch abgeschafften EKMR sind aber noch von Bedeutung, wenn es um die Auslegung fortbestehenden Konventionsrechts geht.[10] Die Gerichtsbarkeit des EGMR für Individualbeschwerden ist obligatorisch, also nicht mehr von gesonderten Unterwerfungserklärungen abhängig (Art. 34 EMRK). Sitz des EGMR ist Straßburg, der Sitz des Europarates (Art. 19 der **Verfahrensordnung** – VfO)[11]. Seine Funktion besteht darin, Rechtsschutz zu bieten, wenn eine Rechtsverletzung den in der EMRK aufgestellten Standard verletzt und innerhalb des Rechtsschutzsystems eines seiner Mitgliedstaaten nicht bereinigt wird. Der Gerichtshof fungiert daher nicht als eine letzte Instanz, die die Rechtsanwendung durch die nationalen Gerichte überprüfen könnte, sondern ist ein völkerrechtliches Streitschlichtungsorgan, das über die Einhaltung der sich aus der EMRK und den zugehörigen Zusatzprotokollen ergebenden Verpflichtungen der Konventionsstaaten wacht. Die Besonderheit besteht darin, dass diese Überprüfung auch durch Einzelne in Gang gesetzt werden kann.

---

[6] Art. 1 lit. a der Satzung des Europarates v. 5.5.1949, BGBl I S. 263, aktuelle Fassung v. 17.2.2016, BGBl II S. 292.

[7] Zum Verfahren nach der alten Rechtslage *Jacobs/White* The European Convention on Human Rights, 2. Aufl. 1996, S. 340 ff.; *Schlette* ZaöRV 56 (1996), 905 (906 ff.).

[8] Eingehend *Lambert Abdelgawad* L'exécution des arrêts de la Cour européenne des droits de l'homme, 2008; *Zwaak/Burbano/Herrera* in: van Dijk/van Hoof/van Rijn/Zwaak, European Convention, S. 273 ff.

[9] BGBl II 1995 S. 578.

[10] Zur Bedeutung der Kommission *Frowein* EuGRZ 2015, 269.

[11] Europäischer Gerichtshof für Menschenrechte – Verfahrensordnung v. 4.11.1998, zuletzt geändert 4.11.2019, in dieser Fassung in Kraft zum 1.1.2020, verfügbar unter: https://www.echr.coe.int/Documents/Rules_Court_ENG.pdf (zuletzt abgerufen am 30.11.2020) (schweizerische) amtliche deutsche Übersetzung SR 0.101.2, AS 2019, 35; nichtamtliche Übersetzung Sartorius II Nr. 137.

## II. Die Europäische Menschenrechtskonvention

### 1. Anwendungsbereich

6 Auf die EMRK kann sich jede **Person** berufen, die der **Hoheitsgewalt eines Mitgliedstaates** unterliegt (Art. 1 EMRK) und fähig ist, Trägerin oder Träger eines der Konventionsrechte zu sein (→ Rn. 39 f.). Die Staatsangehörigkeit der durch eine Konventionsverletzung Betroffenen ist nicht entscheidend, es sei denn, die EMRK lässt es zu, dass Rechte den Angehörigen der Mitgliedstaaten vorbehalten bleiben (→ Rn. 71).

7 Was den **räumlichen Anwendungsbereich** angeht, so ist die EMRK zurzeit (31.3.2020) für 47 Staaten verbindlich.[12] Das Schutzsystem steht damit rund 835 Millionen Menschen offen und erstreckt sich von Grönland bis Zypern und von Lissabon bis Wladiwostok, nicht eingerechnet die überseeischen Hoheitsgebiete, auf die die Mitgliedstaaten die Geltung erstrecken können (Art. 56 EMRK).

8 Das Territorium der Mitgliedstaaten des Europarates ist der wesentliche Bezugspunkt ihrer Verantwortlichkeit nach der EMRK,[13] doch ist sie nicht völlig hierauf beschränkt.[14] Staatliche Zuständigkeiten können auch außerhalb des Staatsgebietes ausgeübt werden. Derartige **exterritoriale Hoheitsakte** fallen unter die Konvention, wenn sie Äußerungen anerkannter oder effektiver Hoheitsgewalt sind. Beispiele bieten die Tätigkeit diplomatischer und konsularischer Vertretungen, die Hoheitsgewalt auf Schiffen oder Maßnahmen im Zuge von Auslandseinsätzen der Streitkräfte, sofern diese dort die Kontrolle ausüben.[15] Allerdings können sich wiederum aus anderweitigen völkerrechtlichen Pflichten der Mitgliedstaaten Beschränkungen ergeben, wie dies der EGMR aufgrund des Vorrangs der UN-Charta (Art. 103 UN-Charta) für Zwangsmaßnahmen erwogen hat, die durch eine Resolution des UN-Sicherheitsrates autorisiert sind.[16]

9 Der **zeitliche Geltungsbereich** der EMRK bestimmt sich nach dem völkerrechtlichen Grundsatz, dass Vertragspflichten nicht zurückwirken. Hoheitsakte eines Mitgliedstaates unterliegen nur dann der Zuständigkeit des EGMR, wenn diese erlassen wurden, nachdem die EMRK oder das betreffende Zusatzprotokoll für ihn in Kraft getreten ist.[17] Problematisch sind konventionswidrige Maßnahmen, die vorher erlassen wurden und deren Folgen fortbestehen, wie dies bei Freiheitsentziehungen oder Enteignungen der Fall sein kann. Auszugehen ist aber auch hier von dem Grundsatz, dass Akte, die rechtlich abgeschlossen sind und nur mehr faktisch fortwirken, nicht mehr in den zeitlichen Geltungsbereich fallen.[18] Davon zu unterscheiden ist der – als Ausnahme behandelte – Fall, dass ein Mitgliedstaat in der Vergangenheit begonnenem Unrecht neues hinzufügt,

[12] Einzige Ausnahme ist Weißrussland, Quelle: https://www.coe.int/en/web/conventions/search-on-treaties/-/conventions/chartSignature/3 (zuletzt abgerufen am 30.11.2020).

[13] EGMR NJW 2005, 2207 Rn. 137 ff. – Assanidze; dies schließt Abstands-, Sicherheits- oder Transitzonen ein, vgl. EGMR Entsch. v. 13.2.2020 – 8675/15 Rn. 110 – N. D. u. N. T./Spanien (Sperrzaun um die Exklave Melilla).

[14] Das gilt auch, wenn fremde Hoheitsgewalt auf eigenem Territorium geduldet wird, s. EGMR Entsch. v. 31.5.2018 – 46454/11 Rn. 586 f. – Abu Zubaydah (geheime Verhörzentren auswärtiger Staaten).

[15] EKMR Yb ECHR 8 (1965), 158 (168) – X/Deutschland (dt. Konsulat in Marokko); EGMR Entsch. v. 23.3.1995, Ser A 310 Rn. 62 – Loizidou (türkische Besetzung von Nordzypern); NJW 2003, 413 (414) – Bankovic (Einsatz von Luftstreitkräften); NJOZ 2011, 231 Rn. 64 – Medvedyev (Kommando an Bord); NJW 2012, 283 Rn. 132 ff. – Al Skeini (britische Truppen im Irak); NVwZ 2012, 809 Rn. 76 ff. – Hirsi Jamaa (Zurückweisung von Flüchtlingen auf hoher See); vgl. *Gondek* Neth Int'l L Rev 52 (2005), 349; *Janik* ZaöRV 60 (2010), 137; *Erberich* Auslandseinsätze der Bundeswehr und Europäische Menschenrechtskonvention, 2004.

[16] EGMR Entsch. v. 2.5.2007 – 71412/01, BeckRS 2008, 3371 Rn. 146 f. – Behrami u. Saramati; offengelassen in EGMR ILM 55 (2016), 1023 Rn. 137 ff. – Al-Dulimi.

[17] EKMR Yb ECHR 4 (1961), 116 – Pfunders; EGMR Entsch. v. 9.4.2009 – 71463/01 Rn. 140 – Silih.

[18] Vgl. EGMR EuGRZ 1997, 558 Rn. 41 ff. – Loizidou; NJW 2003, 649 Rn. 85 – Fürst von Liechtenstein; NJW 2005, 2530 Rn. 74 ff. – v. Maltzan.

indem er es verlängert, intensiviert oder Ermittlungen unterlässt, die er hätte einleiten müssen.[19]

Der **sachliche Anwendungsbereich** der EMRK und damit für Beschwerden vor dem EGMR besteht aus den Rechten, die in den Art. 2 bis 14 EMRK niedergelegt sind. Darüber hinaus wendet der EGMR die Rechte an, die in die **Zusatzprotokolle** zur EMRK aufgenommen wurden und diese ergänzen. Voraussetzung ist allerdings, dass der Staat, gegen den sich die Beschwerde richtet, das entsprechende Protokoll auch ratifiziert hat. Für die Bundesrepublik Deutschland ist dies, soweit materiellrechtlich von Interesse, beim ersten, vierten, sechsten und dreizehnten Zusatzprotokoll geschehen.[20] 10

Eine Frage der sachlichen Anwendbarkeit ist auch die Überprüfung von Akten der EU am Maßstab der Konvention. Die 27 Mitgliedstaaten der **Europäischen Union,** die alle zugleich Mitglieder der EMRK sind, bilden nach dem bisher Gesagten nur einen Teilausschnitt des Geltungsgebietes. Die EU ist aber zurzeit nicht selbst Partei der EMRK, so dass der EGMR über deren Akte nicht entscheidet. Durch Art. 6 Abs. 2 EUV in der 2009 in Kraft getretenen Lissabonner Fassung ist der Beitritt der Union, die Völkerrechtssubjekt ist (Art. 47 EUV) und daher Verträge schließen kann, ein rechtlich verbindliches Ziel geworden. Seit In-Kraft-Treten des 14. Zusatzprotokolls ist ein Beitritt der EU auch nach der EMRK möglich (Art. 59 Abs. 2 EMRK).[21] Nachdem ein erster Anlauf mit einem Beitrittsabkommen an einem **Gutachten des EuGH** gescheitert ist,[22] wurden die Bemühungen 2019 wieder aufgenommen.[23] Bis es dazu kommt, gilt die EMRK in Fällen, die das Unionsrecht berühren, nur für Akte der Mitgliedstaaten. Dies können Durchführungsmaßnahmen, aber auch ein Handeln der Gesamtheit der Unionsstaaten sein, da sich diese nicht mit Gründung einer internationalen Organisation von ihren Konventionspflichten befreien können.[24] Allerdings wird diesen Pflichten Genüge getan, wenn die gegründete Organisation ihrerseits einen der EMRK vergleichbaren Grundrechtsschutz bietet; diese Voraussetzung ist für die EU erfüllt, solange sie die Garantien der EMRK achtet, wie Art. 6 Abs. 3 EUV dies im Prinzip vorschreibt,[25] und auch entsprechende prozessuale Mittel der Grundrechtssicherung vorsieht.[26] 11

[19] EGMR Entsch. v. 11.1.2000, Rep. 2000-I Rn. 43 – Almeida Garrett; NJW 2005, 2521 – Broniowski (Entschädigungsgesetzgebung zu früherer Enteignung); zu unterlassenen Ermittlungen EGMR Entsch. v. 26.3.2013, Rep. 2013-II Rn. 46 ff. – Jovanović (Tod eines Neugeborenen in der Klinik); zu Fällen der Aufarbeitung totalitärer Vergangenheit *O'Rourke* Neth Inlt'l L Rev. 66 (2019), 101.

[20] (Erstes) Zusatzprotokoll v. 20.3.1952, BGBl II S. 1880 (Eigentum, Bildung, Wahlrecht); Protokoll Nr. 4 v. 16.9.1963, BGBl II S. 423 (persönliche Freiheit, Freizügigkeit, Ausweisungsverbote); Protokoll Nr. 6 v. 28.4.1983, BGBl II S. 662 und Protokoll Nr. 13 v. 3.5.2002, BGBl II S. 983 (beide zur Abschaffung der Todesstrafe). Die Protokolle Nr. 7 (v. 22.11.1984, ÖBGBl 1988 S. 628) und Nr. 12 (v. 4.11.2000, CoE Treaty Series No. 177) enthalten gleichfalls Individualrechte (Justizgrundrechte bzw. ein allgemeines Diskriminierungsverbot), Deutschland hat sie aber nicht ratifiziert. Protokolle Nr. 2, 3, 5, 8, 9, 11 und 14 bezogen sich auf das Rechtsschutzverfahren und Beitrittsbedingungen und sind, nachdem sie von allen Mitgliedstaaten ratifiziert wurden, in die EMRK eingegangen. Das Protokoll Nr. 15 (v. 24.6.2013, BGBl. II S. 1034) zielt ebenfalls auf Verfahrensänderungen ab (→ Rn. 53, 68), muss aber von allen Mitgliedstaaten der EMRK ratifiziert werden und ist noch nicht in Kraft getreten. Protokoll Nr. 16 (v. 2.10.2013, CoE Treaty Series No. 214) führt ein Vorlageverfahren für nationale Gerichte vor dem EGMR ein und wurde von Deutschland nicht ratifiziert.

[21] Fn. 20.

[22] Draft revised agreement on the accession of the European Union to the Convention for the Protection of Human Rights and Fundamental Freedoms v. 3.-5.4.2013, CoE Doc No. 47+1(2013)008rev2, Appendix I; dazu EuGH Gutachten 1/13 v. 18.12.2014, EU:C:2014:2303.

[23] So der Präsident des EGMR *Sicilianos* in: European Court of Human Rights, Annual Report 2019, S. 7 (9).

[24] EGMR NJW 1999, 3107 (3108) – Matthews → *Ehlers* JK 99, EMRK Art. 3 1. ZP/2 und → JuS 2000, 1013 *(Dörr)*.

[25] Art. 6 Abs. 3 EUV kodifiziert die vor dem In-Kraft-Treten des Lissabon-Vertrages entstandene Rechtsprechung des EuGH, die neben den Verfassungstraditionen der Mitgliedstaaten die Garantien der EMRK heranzieht; S. dazu und zu verbleibenden Rechtsprechungskonkurrenzen zwischen EGMR und EuGH *Oeter* VVDStRL 66 (2007), 361 (374 f.); *Merli* VVDStRL 66 (2007), 392 (410).

[26] EGMR NJW 2006, 197 Rn. 155 ff. (Bosphorus) → *Ehlers* JK 7/06, EMRK Art. 1/2 und → JuS 2006, 442 *(Dörr);* zur prozessualen Seite EGMR Entsch. v. 20.1.2009 – 13645/05, BeckRS 2010, 17549 – Nederlandse Kokkelvisserij; der EuGH ist Teil des nationalen Rechtsschutzsystems, so dass die Nichtvorlage nach Art. 267 AEUV durch ein staatliches Gericht Verfahrensrechte nach Art. 6 EMRK verletzen kann, s. EGMR Entsch. v. 13.2.2020 – 25137/16 – Sanofi Pasteur.

Mit der **Grundrechtecharta** von 2000, die mit Art. 6 Abs. 1 EUV Teil des EU-Primärrechts geworden ist, wurden die für die EU verbindlichen Grundrechte kodifiziert. Die Charta umfasst sämtliche **Garantien der EMRK** sowie über diese hinaus weitere Rechte. Im vergangenen Jahrzehnt hat der EuGH seine Grundrechte-Rechtsprechung auf ihrer Basis fortgeführt und weiter ausgeformt.[27] Er orientiert sich dabei recht weitgehend, wenn auch nicht immer, an der Rechtsprechung des EGMR.[28]

### 2. Innerstaatlicher Status

12 Die EMRK macht selbst über die Art und Weise ihrer **Inkorporierung** in das Recht der Mitgliedstaaten keine Aussagen (vgl. Art. 59 EMRK). Allerdings bedeutet dies nicht, dass die Anwendung der EMRK nur Sache des EGMR wäre; auch die Gerichte der Mitgliedstaaten müssen sie nach Maßgabe ihres jeweiligen innerstaatlichen Status beachten und ggf. anwenden, wollen sie es nicht zu einer Konventionsverletzung kommen lassen. Dem entsprechend sind die deutschen Gerichte kraft Verfassungsrechts hierzu grundsätzlich verpflichtet.[29]

13 Damit ist noch nichts darüber gesagt, auf welcher **Ebene in der Normenhierarchie** die EMRK ihren Platz findet, wie sie sich also zu den übrigen Rechtsnormen verhält. In den Konventionsstaaten besteht hierzu eine unterschiedliche Praxis. In Österreich hat die EMRK bekanntlich Verfassungsrang.[30] Die meisten anderen Konventionsstaaten wie die Schweiz oder Frankreich räumen ihr einen Rang zwischen Verfassungs- und Gesetzesrecht ein.[31] In einer dritten Gruppe von Staaten, zu der etwa Großbritannien gehört, kommt ihr formal der Status einfachen Gesetzesrechts zu.[32]

14 **Formal** betrachtet gehört auch Deutschland zu dieser Gruppe. Die EMRK hat kraft des nach Art. 59 Abs. 2 S. 1 GG erlassenen Zustimmungsgesetzes den **Rang eines Bundesgesetzes** erhalten.[33] Unerwünschte **Folge** dieser Zuordnung ist, dass sie zu Kollisionen mit anderem Bundesrecht gleicher Stufe führen kann. Soweit die Gesetze einen höheren Schutz bieten als die EMRK, ist dies unproblematisch, da sie nur einen Mindeststandard garantiert, aber nicht die Rechte Einzelner einschränken soll (Art. 53 EMRK). Sofern Gesetze aber Rechte aus der Konvention beschränken, stellt sich die Frage, welchem Gesetz dann der Vorrang zukommt. Die gängigen Kollisionslösungen begründen für diesen Fall entweder einen Vorrang des spezielleren *(lex specialis derogat legi generali)*[34] oder den des jüngeren Gesetzes *(lex posterior derogat legi priori)*.

15 Um die Folge eines Konventionsverstoßes zu vermeiden, werden verschiedene **Lösungen** angeboten. So könnte die EMRK wegen des in Art. 1 Abs. 2 GG erteilten Auftrags zum Schutz der Menschenrechte Verfassungsrang besitzen.[35] Dagegen spricht, dass ein Verfassungsauftrag die Akte, die zu dessen Erfüllung ergriffen werden, nicht automatisch selbst in den Verfassungsrang erhebt. Die EMRK als allgemeine Regeln des Völkerrechts gemäß Art. 25 GG anzusehen, wie dies eine andere Ansicht vorschlägt, würde ihr zwar gleichfalls

---

[27] Krit. dazu *Masing* JZ 2015, 477; *Volkmann* FS Hufen 2015, S. 127.

[28] Näher *Kadelbach* in: Kadelbach/Rensmann/Rieter, Judging International Human Rights, 2019, S. 171 (177 f.).

[29] BVerfGE 111, 307 (322, 329) = NJW 2004, 3407 (3410, 3411) [Görgülü] → *Ehlers* JK 3/05, GG Art. 20 III/39 und → JuS 2005, 164 *(Sachs)*.

[30] *Schäffer* ZöR 2007, 1 (11 ff.); *Grabenwarter/Pabel* EMRK, § 3 Rn. 2.

[31] Zu Übersichten s. *Grabenwarter/Pabel* EMRK, § 3 Rn. 3; *Peters/Altwicker* EMRK, § 1 Rn. 6; zur schweizerischen Bundesverfassung, die sich in Teilen an die EMRK anlehnt, *Häfelin/Haller* Schweizerisches Bundesstaatsrecht, 7. Aufl. 2008, Rn. 225, 242, 1926; *Keller* in: Hdb Ius Publicum Europaeum II, § 23 Rn. 61 ff.; zu Frankreich *Fromont* DÖV 2005, 1; *Haguenau-Moizard* in: Hdb Ius Publicum Europaeum II, § 15 Rn. 43 ff.

[32] Zu Großbritannien *McGoldrick* ICLQ 50 (2001), 901; *Besson* in: Keller/Stone Sweet, A Europe of Rights: The Impact of the ECHR on National Legal Systems, 2008, S. 31 (35 ff.).

[33] Fn. 2.

[34] Ob man die EMRK automatisch als vorrangige *lex specialis* ansehen kann, wie *Bernhardt* EuGRZ 1996, 339 vorschlägt, hängt von dem Blickwinkel ab, aus dem man den Normenkonflikt betrachtet; aus Sicht beispielsweise des Strafprozessrechts wäre eine Norm der StPO die speziellere.

[35] *Hoffmeister* Der Staat 40 (2001), 349 (368 ff.).

einen Rang über den Gesetzen verschaffen,[36] doch ist der Nachweis, dass ihre Garantien zugleich Gewohnheitsrecht bilden, nicht leicht zu führen. Eine dritte denkbare Vorrangkonstruktion, nach der der EGMR als zwischenstaatliche Einrichtung i. S. d. Art. 24 Abs. 1 GG qualifiziert wird, führt zwar dazu, dass das Übertragungsgesetz als implizite Verfassungsänderung Vorrang vor einfachem Recht erhielte,[37] setzt aber voraus, dass der Gerichtshof Entscheidungen mit Durchgriffswirkung in den Mitgliedstaaten erlassen könnte; dies ist indessen nicht der Fall, die Urteile binden lediglich die Mitgliedstaaten (Art. 46 EMRK), entfalten also nur eine völkerrechtliche Wirkung.[38]

16 Zu Recht gehen das BVerfG und die h. L. daher einen anderen Weg. Sie entnehmen dem Grundgesetz in einer Gesamtbetrachtung der Art. 1 Abs. 2, 23 bis 26 GG eine normative Offenheit gegenüber dem Völkerrecht, die die Staatsorgane dazu verpflichtet, nicht nur das einfache Recht, sondern auch das **Grundgesetz** selbst **völkerrechtsfreundlich** auszulegen.[39] Seine Bestimmungen sind im Zweifel so zu handhaben, dass sie zu völkerrechtlichen Verpflichtungen nicht in Widerspruch stehen. Für die EMRK folgt daraus, dass Strukturprinzipien wie das Rechtsstaatsprinzip und die Grundrechtsgarantien im Lichte der EMRK zu betrachten sind. So hat beispielsweise die Unschuldsvermutung des Art. 6 Abs. 2 EMRK, die sich im Grundgesetz nicht ausdrücklich findet, am Verfassungsrang des Rechtsstaatsprinzips teil.[40] Die Konventionsgarantien sind von den thematisch einschlägigen Schutzbereichen der Grundrechte umfasst, so dass deren Verletzung im Wege der Verfassungsbeschwerde vor dem BVerfG jedenfalls als Verletzung des Art. 2 Abs. 1 GG gerügt werden kann.[41] Im Ergebnis wird der EMRK so trotz ihres formalen Rangs als Gesetz eine quasiverfassungsrechtliche Stellung zugebilligt, die das Kollisionsproblem weitgehend (→ Rn. 34) entschärft.[42]

## III. Der Europäische Gerichtshof für Menschenrechte und die Wirkung seiner Urteile

### 1. Innere Organisation

17 Die Zahl der **Richter** des EGMR entspricht derjenigen der Konventionsstaaten (Art. 20 EMRK), so dass ihm zurzeit 47 Richter angehören. Sie müssen entweder die Befähigung für die Ausübung hoher Richterämter besitzen oder Rechtsgelehrte von anerkanntem Ruf sein (Art. 21 EMRK). Sie werden von der Parlamentarischen Versammlung des Europarates aus einer Liste von drei Kandidaten gewählt, die die Vertragsstaaten jeweils vorschlagen (Art. 22 EMRK). Die Richter üben ihr Amt jedoch nicht als Vertreter der Staaten, sondern in ihrer persönlichen Eigenschaft aus (Art. 21 Abs. 2 EMRK). Die Amtszeit beträgt neun Jahre, eine Wiederwahl ist nicht möglich (Art. 23 EMRK).

18 Der Gerichtshof ist in Einzelrichter, Ausschüsse aus drei, Kammern aus sieben und eine Große Kammer aus 17 Richtern untergliedert (Art. 26 Abs. 1 EMRK). Die Zusammensetzung der Ausschüsse und Kammern beruht auf einer Einteilung in **Sektionen,** die mit den

---

36 *Bleckmann* EuGRZ 1994, 149 (153); *Giegerich* in: Dörr/Grote/Marauhn, EMRK/GG, Kap. 2 Rn. 54 ff.

37 *Ress* FS Zeidler II, 1987, S. 1775 (1790); *Walter* ZaöRV 59 (1999), 961 (974 ff.).

38 Näher *Uerpmann* Die EMRK und die deutsche Rechtsordnung, 1993, S. 179 ff.; wie hier auch *Grabenwarter/Pabel* EMRK, § 3 Rn. 9.

39 BVerfGE 31, 58 (75) = NJW 1971, 1509 (1511); E 63, 343 (370) = NJW 1983, 2757 (2761); *Bleckmann* EuGRZ 1996, 137; *Vogel* Die Entscheidung des Grundgesetzes für eine internationale Zusammenarbeit, 1964; *Sommermann* in: Hdb Ius Publicum Europaeum II, § 14 Rn. 50 ff.; *Tomuschat* in: HStR XI, § 226 Rn. 2 ff.

40 BVerfGE 74, 358 (370) = NJW 1987, 2427; E 82, 106 (120) = NJW 1990, 2741 (2742) → *Kunig* JK 93, EMRK Art 6 II/1.

41 BVerfGE 111, 307 (317) = NJW 2004, 3407 (3408, 3410) [Görgülü] → *Ehlers* JK 3/05, GG Art. 20 III/39 und → JuS 2005, 164 *(Sachs);* E 128, 326 (374 ff., 397 ff.) = NJW 2011, 1931 Rn. 100 ff., 153 ff. – Sicherungsverwahrung; s. auch schon *Grabenwarter* VVDStRL 60 (2000), 290 (306 f.); *Frowein* FS Zeidler II, 1987, S. 1763 (1770).

42 S. auch *Czerner* EuR 42 (2007), 537; *Ruffert* EuGRZ 2007, 245.

in der Konvention erwähnten „für einen bestimmten Zeitraum" gebildeten „Kammern" identisch sind (Art. 25 lit. b EMRK, Art. 25 VfO). Von ihnen gibt es derzeit fünf, denen jeweils ein Präsident vorsteht.[43] Da es zurzeit fünf Siebener-Kammern, aber 47 Richter gibt, bildet jede dieser Sektionen mehrere Formationen, die im Wechsel in den Kammern tätig sind (vgl. Art. 26 VfO).

19 Kleinste Einheit des Gerichtshofs ist danach der **Einzelrichter.** Er kann über Beschwerden entscheiden, die ohne weitere Prüfung für unzulässig erklärt oder aus dem Register gestrichen werden können (Art. 27 EMRK, Art. 57a VfO). Dabei wird er von einem juristischen Mitarbeiter der Kanzlei unterstützt (nichtrichterlicher Berichterstatter i. S. d. Art. 18a VfO). Die **Ausschüsse,** die sich aus drei Richtern derselben Sektion zusammensetzen (Art. 26 EMRK; Komitees i. S. d. Art. 27 VfO), werden zuständig, wenn die Beschwerde diese Hürde genommen hat. Ihr berichterstattender Richter („Referent", Art. 49 Abs. 2 VfO) kann dann nach weiterer Prüfung entweder selbst als Einzelrichter entscheiden, den Ausschuss mit der Sache befassen oder diese an eine Kammer überweisen (Art. 49 Abs. 3 VfO). Der Ausschuss kann die Beschwerde einstimmig für unzulässig erklären oder zur Sache entscheiden, wenn es bereits eine gefestigte Rechtsprechung gibt (Art. 28 Abs. 1 EMRK). Die Entscheidung ist endgültig (Art. 28 Abs. 2 EMRK). Über 90% der Beschwerden scheitern spätestens in diesem Stadium, weil sie unzulässig sind oder aus der Liste gestrichen werden (→ Rn. 29).[44]

20 Sofern der Einzelrichter, der Berichterstatter oder der Ausschuss die Sache an sie überweisen, berät die **Kammer** mit sieben Richtern über die Beschwerde (Art. 29 EMRK). Grundlage dafür ist ein Votum des Berichterstatters. Der Kammer gehört immer der Richter aus dem Staat an, gegen den sich die Beschwerde richtet (Art. 27 Abs. 2 EMRK). Die Kammer entscheidet endgültig über Zulässigkeit und Begründetheit der Beschwerden, die sie erreichen; die Zulässigkeitsentscheidung kann auch gesondert erlassen werden (Art. 29 Abs. 1 EMRK).

21 Die Kammern geben Beschwerden an die **Große Kammer** mit 17 Richtern ab, wenn sie grundlegende Bedeutung haben oder zu einer Änderung der ständigen Rechtsprechung führen können (Art. 30 EMRK). Zudem kann jede Partei nach Entscheidung der Kammer „in Ausnahmefällen" die Verweisung an die Große Kammer beantragen; über Anträge auf Verweisung entscheidet ein Ausschuss von fünf Richtern der Großen Kammer (Art. 43 ERMK). Nimmt die Große Kammer die Sache an, entscheidet sie durch Urteil, was nur selten geschieht. Auf die Große Kammer entfielen im Jahre 2019 nur 11 der in 2187 Beschwerdeverfahren erlassenen 884 Urteile, die der EGMR erlassen hat.[45] Die Zusammensetzung der Großen Kammer variiert von Fall zu Fall (vgl. Art. 24 VfO). Mitglieder sind stets der Präsident und die beiden Vizepräsidenten des Gerichtshofs sowie die Präsidenten der Sektionen. Ferner gehören ihr die Mitglieder der nach Art. 30 EMRK abgebenden Kammer (nicht aber der Kammer, aus der die Verweisung gemäß Art. 43 EMRK erfolgt ist) und der Richter an, gegen dessen Staat sich die Beschwerde richtet. Die übrigen Mitglieder werden ggf. durch das Los bestimmt und turnusmäßig neu ernannt.

### 2. Verfahrensarten

22 Vor dem EGMR sind drei Verfahrensarten möglich: Staatenbeschwerden, Individualbeschwerden und Gutachten. In den beiden Beschwerdeverfahren kann er in Gestalt vorläufiger Maßnahmen einstweiligen Rechtsschutz gewähren.

23 Mit der **Staatenbeschwerde** kann jeder Mitgliedstaat den Gerichtshof wegen jeder behaupteten Verletzung der Konvention oder ihrer Zusatzprotokolle anrufen (Art. 33

[43] Zur Zusammensetzung Annual Report 2019 (Fn. 23), S. 123.
[44] Annual Report 2019 (Fn. 23), S. 127.
[45] Häufig werden mehrere Beschwerden zu einem Verfahren zusammengefasst und gemeinsam durch Urteil entschieden; Zahlen Annual Report 2019 (Fn. 23), S. 121 sowie European Court of Human Rights, Analysis of Statistics 2019, S. 4 f.

EMRK).[46] Ähnlich wie im Recht der Europäischen Union bei den Verfahren vor dem EuGH müssen die Mitgliedstaaten kein besonderes Interesse geltend machen; sie sind sozusagen privilegiert beschwerdebefugt.[47] Zum einen erhalten sie so die Möglichkeit, Rechte ihrer Staatsangehörigen oder Angehöriger von Staaten, für die sie sich verantwortlich fühlen, geltend zu machen, wenn deren Rechte durch einen Konventionsstaat verletzt werden; insofern erfüllt die Staatenbeschwerde eine Funktion, die der Ausübung diplomatischen Schutzes vergleichbar ist.[48] Zum anderen hat es aber auch Fälle gegeben, in denen Mitgliedstaaten ohne ein derartiges Eigeninteresse Staatenbeschwerden erhoben haben, um menschenrechtswidrige Zustände überprüfen zu lassen.[49] Große praktische Bedeutung hat dieses Instrument nicht, doch lässt sich die Wirkung seiner Existenz jenseits der bisher vor den EGMR gebrachten Fälle schlecht bewerten.[50]

Den Kern des Schutzsystems der Konvention bildet die **Individualbeschwerde.** Sie 24
steht jeder natürlichen Person, nichtstaatlichen Organisation oder Personengruppe offen, die behauptet, in einem ihr in der EMRK oder den Zusatzprotokollen gewährten Recht verletzt zu sein (Art. 34 EMRK). Aus dem an die Mitgliedstaaten gerichteten Verbot, die Ausübung des Beschwerderechts zu behindern (Art. 34 S. 2 EMRK), hat der EGMR gefolgert, dass dieses ein subjektives Recht vermittelt und seinerseits Gegenstand einer Beschwerde sein kann.[51] Auch wenn die Fallzahlen seit einiger Zeit etwas zurückgegangen sind, wird dieses Verfahren doch in einem Maße genutzt, das die Arbeitsfähigkeit des EGMR auf eine harte Probe stellt. Im Jahre 2019 wurden rund 44500 Beschwerden einer der Formationen des EGMR neu zugewiesen, 59800 waren anhängig. Die meisten der anhängigen Beschwerden richteten sich gegen Russland (25,2%), gefolgt von der Türkei (15,5%), der Ukraine (14,8%) und Rumänien (13,2%).[52] Das Individualbeschwerdeverfahren ist schon quantitativ gesehen ein wichtiges Instrument, auch wenn die Erfolgschancen angesichts der 38290 im Jahre 2019 für unzulässig erklärten oder aus dem Register gestrichenen Beschwerden statistisch nicht sehr hoch sind.[53] Davon abgesehen hat die Orientierungswirkung der Straßburger Rechtsprechung für die staatliche Gerichtsbarkeit in allen Mitgliedstaaten in letzter Zeit stetig zugenommen.[54] Erfolgreich gegen Deutschland geführte Beschwerden, die über den Fall hinaus von Bedeutung waren, betrafen in der Vergangenheit beispielsweise die überlange Dauer gerichtlicher Verfahren,[55] das Verhältnis zwischen der Privatsphäre Prominenter und der Pressefreiheit,[56] das Umgangsrecht getrennt lebender Väter mit ihren Kindern[57] und die nachträglich angeordnete Sicherungsverwahrung verurteilter Strafgefangener.[58]

---

[46] Näher *Lemmens* in: van Dijk/van Hoof/van Rijn/Zwaak, European Convention, S. 1 (42 ff.).

[47] Zu einem Vergleich der Verfahren vor dem EGMR und dem EuGH *Vranes* ZöR 2014, 257.

[48] EGMR EuGRZ 1979, 149 – Irland/Vereinigtes Königreich; Entsch. v. 5.4.2000, Rep 2000-IV, 1 – Dänemark/Türkei (Foltervorwurf in türkischem Gefängnis); vgl. auch die Beschwerden Zyperns gegen die Türkei sowie Georgiens und der Ukraine gegen Russland, Nachw. verfügbar unter: https://www.echr.coe.int/Documents/InterStates_applications_ENG.pdf (zuletzt abgerufen am 30.11.2020).

[49] EKMR Yb ECHR 11 (1968), Bd II, 690 und 730; Yb ECHR 12 (1969), Bd II, 1 – Dänemark, Norwegen, Schweden und Niederlande/Griechenland.

[50] Die bislang 32 Verfahren betrafen in insgesamt neun Konstellationen fünf Beschwerdegegner, s. https://www.echr.coe.int/Documents/InterStates_applications_ENG.pdf (zuletzt abgerufen am 30.11.2020); s. auch *Matscher,* FS Adamovich, 2002, S. 417.

[51] EGMR Entsch. v. 25.9.1997, Rep 1997-VI Rn. 116 ff. – Aydin; Entsch. v. 9.7.2002, Rn. 2 46468/99 – Manoussos; Entsch. v. 6.4.2019 12224/09 Rn. 74 – Alakhverdyan.

[52] Gegen die Bundesrepublik Deutschland wurden im Jahre 2019 182 Beschwerden (vier davon zulässig) erhoben; Quelle Fn. 43.

[53] Angaben nach Annual Report 2019 (Fn. 23), S. 121.

[54] *Heckrötter* Die Bedeutung der Europäischen Menschenrechtskonvention und der Rechtsprechung des EGMR für die deutschen Gerichte, 2007; *v. Ungern-Sternberg* Religionsfreiheit in Europa, 2008, S. 96 ff., 165 ff.; *Andenas/Bjorge* RIDC 64 (2012), 383; *Giegerich* in: Dörr/Grote/Marauhn, EMRK/GG, Kap. 2 Rn. 71 ff.

[55] EGMR NJW 2006, 2389 – Sürmeli.

[56] EGMR EuGRZ 2004, 404 = NJW 2004, 2647 – Caroline von Hannover.

[57] EGMR NJW 2004, 3397 – Görgülü.

[58] EGMR NStZ 2010, 263 – M./Deutschland.

25 Die zuständige Kammer oder ihr Sektionspräsident kann auf Antrag einer Partei oder einer anderen betroffenen Person, aber auch von Amts wegen **vorläufige Maßnahmen** bezeichnen, die im Interesse einer Partei oder eines ordnungsgemäßen Verfahrensablaufs ergriffen werden sollen (Art. 39 VfO).[59] Adressat ist der Staat, gegen den sich die Beschwerde in der Hauptsache richtet. Der EGMR greift zu diesem Instrument nur selten und erst dann, wenn das Risiko eines schweren, irreparablen Schadens besteht.[60] In der Regel wird es sich dabei um Stillhalteverpflichtungen bis zum Abschluss des Verfahrens handeln, wenn Leib und Leben bedroht sind (Art. 2 und 3 EMRK).[61] Die bezeichneten Maßnahmen sind keine bloßen Empfehlungen, sondern verpflichtend; die Missachtung einer derartigen Entscheidung begründet einen eigenständigen Konventionsverstoß, nämlich gegen das Individualbeschwerderecht aus Art. 34 EMRK.[62]

26 Der Gerichtshof kann auf Antrag des Ministerkomitees des Europarates **Gutachten** über Rechtsfragen erstatten, welche die Auslegung der Konvention oder der Zusatzprotokolle betreffen (Art. 47 EMRK). Sie dürfen aber keine Fragen zum Gegenstand haben, die im Rahmen eines anderen Verfahrens eine Rolle spielen können. Zuständig ist die Große Kammer (Art. 87 VfO). Diese Möglichkeit ist bisher kaum genutzt worden.[63] Seit In-Kraft-Treten des 16. Zusatzprotokolls zum 1.8.2018 ist der EGMR außerdem für Gutachten zuständig geworden, um die ihn ein nationales Obergericht zu Auslegungsfragen der Konvention oder eines ihrer Zusatzprotokolle ersucht.[64] Derartige Gutachten sind nicht bindend; hierzulande haben Gerichte diese Möglichkeit mangels deutscher Ratifikation ohnehin nicht.

Die folgenden Ausführungen beschränken sich auf das Individualbeschwerdeverfahren.

### 3. Ablauf des Individualbeschwerdeverfahrens

27 Das Individualbeschwerdeverfahren[65] wird mit einem an die Kanzlei des EGMR gerichteten, **unterzeichneten Schreiben** eröffnet (Art. 45 Abs. 1 VfO), das in einer der Amtssprachen der Konventionsstaaten verfasst sein (Art. 34 Abs. 2 VfO) und einige Mindestangaben enthalten muss. Diese Angaben ergeben sich aus einem online verfügbaren **Formular,** das zu verwenden ist, wenn der Gerichtshof nichts anderes bestimmt (Art. 47 VfO).[66] Zu ihnen gehören insbesondere die Personalien des Antragstellers und die wesentlichen Tatsachen, die der Beschwerde zugrunde liegen. Zur Beurteilung der Zulässigkeit nötige Unterlagen, wie eine Kopie des beschwerenden Aktes und der letztinstanzlichen Gerichtsentscheidung, sind beizufügen; die Kanzlei kann, muss aber nicht zur Vervollständigung auffordern (Art. 47 Abs. 5.2 VfO). Fehlt es an nötigen Angaben und Unterlagen, besteht das Risiko, dass die Beschwerde nicht geprüft wird (Art. 47 Abs. 5 VfO). Etwa zwei Drittel der

[59] *Krüger* EuGRZ 1996, 346; *Oellers-Frahm* EuGRZ 2003, 689; *Tams* ZaöRV 63 (2003), 681; s. auch *Rieter* Neth Int'l L Rev. 59 (2012), 165; Einzelheiten zum Verfahren bei *Leach* ECHR, Rn. 2.52 ff.

[60] Zum Fall Öcalan *Meyer-Ladewig/Petzold* NJW 1999, 1167.

[61] Beispiele: EGMR NVwZ 2013, 487 – Othman (Abu Qatada) (Auslieferung nach Jordanien); Entsch. v. 22.3.2011 19400/11 – R.R./Ungarn (Aufnahme in ein Zeugenschutzprogramm); Entsch. v. 20.4.2015 – 51857/13 Rn. 3 ff. – Amirov (Anordnung medizinischer Versorgung).

[62] EGMR Entsch. v. 4.2.2005, Rep. 2005-I Rn. 128 – Mamatkulov; NJOZ 2016, 389 – Trabelsi; Entsch. v. 20.9.2016 12987/15 – Kondrulin.

[63] Die beiden bisher erstatteten Gutachten betrafen Kandidatenlisten zur Richterwahl gem. Art. 22 EMRK, EGMR NJW 2009, 2109 und Advisory Opinion on Certain Legal Questions Concerning the Lists of Candidates (Nr. 2) v. 22.1.2010. Einen Antrag des Ministerkomitees zu der Frage, ob es sich bei der Menschenrechtskonvention der GUS-Staaten um eine andere internationale Untersuchungs- oder Vergleichsinstanz im Sinne des Art. 35 Abs. 2 lit. b EMRK handele, lehnte der EGMR ab, weil die Fragestellung im Rahmen einer Individualbeschwerde zu prüfen sei, s. NJW 2005, 123.

[64] Fn. 20; so hat der EGMR ein Gutachten auf Ersuchen der französischen Cour de Cassation erstattet, s. Gutachten P16–2018-001 v. 10.4.2019 über das Eltern-Kind-Verhältnis nach Leihmutterschaft.

[65] Graphische Darstellung auf der Webseite des EGMR unter https://www.echr.coe.int/Documents/Case_processing_Court_ENG.pdf (zuletzt abgerufen am 30.11.2020).

[66] Deutsche Fassung verfügbar unter: https://www.echr.coe.int/Pages/home.aspx?p=applicants/forms/ger&c=#n1452530241286641800001l_pointer (zuletzt abgerufen am 30.11.2020).

Beschwerdeverfahren enden bereits in diesem Stadium.[67] Eine anwaltliche Vertretung ist in dieser Verfahrensphase noch nicht erforderlich (Art. 36 Abs. 1 VfO), aber zu empfehlen. Gerichtskosten werden nicht erhoben.

Die Fälle werden, festgelegten Prioritäten folgend, nach **Dringlichkeit** behandelt 28 (Art. 41 VfO).[68] Ist die Beschwerde vollständig, wird sie dem Präsidenten einer der Sektionen (→ Rn. 18) zugewiesen (Art. 52 Abs. 1 VfO). Es folgt die Prüfung durch den Einzelrichter und, wenn er die Beschwerde nicht für unzulässig erklärt, durch den Ausschuss (→ Rn. 19). Entscheidet dieser nicht einstimmig über die Beschwerde (Art. 28 EMRK), verweist er sie an die Kammer, die im Regelfall über Zulässigkeit und Begründetheit in einem Akt entscheiden wird, über beides aber auch getrennt befinden kann (Art. 29 Abs. 1 EMRK, 54 VfO). Erklärt die Kammer die Beschwerde nicht gleich für unzulässig, kann sie weitere Auskünfte und Stellungnahmen einholen und sie dem betroffenen Vertragsstaat zur Kenntnis bringen (Art. 54 Abs. 2 VfO). Nach Zustellung an den beschwerdegegnerischen Staat wird das Verfahren in einer der **Amtssprachen des Gerichtshofs** (Englisch oder Französisch) fortgeführt, und der Beschwerdeführer muss sich von einem **Rechtsbeistand** vertreten lassen, sofern nichts anderes verfügt wird (Art. 36 Abs. 2 und 4 VfO); Prozesskostenhilfe kann auf Antrag oder von Amts wegen bewilligt werden (Art. 100ff. VfO). Der Mitgliedstaat, der meist durch Verfahrensbevollmächtigte aus dem Regierungsapparat vertreten wird, muss bereits in diesem Stadium darauf achten, mögliche Einwendungen gegen die Zulässigkeit vorzubringen, spätestens aber muss dies in einer eventuellen mündlichen Verhandlung geschehen. Versäumt er dies, ist er mit diesem Vorbringen ausgeschlossen (Art. 55 VfO). Insbesondere betrifft dies die Beschwerdebefugnis und die Erschöpfung des innerstaatlichen Rechtswegs.

Ist die Beschwerde zulässig, versucht die Kammer, zwischen den Parteien eine **gütliche** 29 **Einigung** zu erreichen (Art. 39 Abs. 1 EMRK, Art. 62 Abs. 1 VfO).[69] Zu diesem Zweck nimmt die Kanzlei des Gerichtshofs (vgl. Art. 17 VfO) nach den Weisungen der Kammer Kontakt mit den Parteien auf (Art. 62 VfO). Entsprechende Hinweise können bereits bei Zustellung der Beschwerde gegeben werden (Art. 54a Abs. 1 S. 2 VfO). Das Verfahren ist vertraulich (Art. 39 Abs. 2 EMRK). Lehnt eine Partei eine gütliche Einigung ab, ist diese gescheitert und das rechtsförmliche Verfahren wird möglichst durch Urteil abgeschlossen (Art. 54 Abs. 2 VfO). Kommt es zu einer solchen Einigung, die in der Regel eine Entschädigung in Geld umfasst, wird die Kammer hiervon in Kenntnis gesetzt. Sie streicht die Rechtssache im Register, nachdem sie sich vergewissert hat, ob die Einigung auf der Grundlage der Achtung der Konventionsrechte getroffen wurde (Art. 37 Abs. 1 lit. b, 39 Abs. 3 EMRK, Art. 62 Abs. 3 VfO). Skepsis ist hier insbesondere dann angebracht, wenn es sich um schwerste Menschenrechtsverletzungen handelt (Art. 2 und 3 EMRK). Dann wird der EGMR darauf achten, dass der beklagte Staat sich zu Maßnahmen verpflichtet hat, um derartige Verletzungen in der Zukunft zu vermeiden. Anderenfalls setzt er das Verfahren fort (Art. 37 Abs. 1 S. 2 EMRK). Die **Streichung** von der Liste erfolgt durch förmliche Entscheidung (Art. 43 Abs. 3 VfO). Eine Konventionsverletzung wird dadurch nicht festgestellt; in aller Regel wird sich der beklagte Vertragsstaat zu konkreten Abhilfemaßnahmen verpflichten, häufig wird dies nur die Zahlung einer Entschädigung sein. Die zugrunde liegende Vereinbarung ist völkerrechtlich verbindlich. Eine Streichung von der Liste ist auch im weiteren Verlauf des Verfahrens (Art. 37 Abs. 1 EMRK) und insbesondere dann möglich, wenn die staatliche Partei eine vom EGMR gebilligte, bindende einseitige Erklärung abgibt, in welcher sie die Konventionsverletzung anerkennt und gleichzeitig zusichert, eine angemessene Wiedergutmachung zu leisten und gegebenenfalls notwendige Abhilfemaßnahmen zu treffen (Art. 62VfO), oder wenn der Beschwerdeführer seine Beschwerde frei-

---

[67] 2019 waren es 64%, s. Analysis of Statistics 2019 (Fn. 45), S. 4.

[68] EGMR, The Court's Priority Policy, 2017, https://www.echr.coe.int/Documents/Priority_policy_ENG.pdf (zuletzt abgerufen am 30.11.2020).

[69] Dazu *Frowein/Peukert* EMRK, Art. 39 Rn. 1ff.; *Keller/Forowicz/Engi* Friendly Settlement before the European Court of Human Rights, 2010.

willig zurückzieht.[70] Hält sich die staatliche Seite nicht an ihre Zusagen, kann der Beschwerdeführer den – in der Praxis nicht einfachen – Versuch unternehmen, seine Beschwerde wieder in die Liste eintragen zu lassen (Art. 37 Abs. 2 EMRK).[71] Zu einer Streichung kann es auch kommen, wenn der Beschwerdeführer sein Verfahren ohne weitere Erklärung nicht weiterverfolgt. Solche Fälle sind insbesondere in Verfahren denkbar, die Flüchtlinge eingeleitet haben, wenn der Aufenthaltsort des Beschwerdeführers nicht mehr zu ermitteln und der Kontakt des Prozessvertreters zu ihm abgerissen ist.[72] Der Gerichtshof setzt das Verfahren aber fort, wenn die Achtung der Konventionsrechte dies erfordert (Art. 37 Abs. 1 S. 2 EMRK).[73]

30 Wird das Verfahren ohne gütliche Einigung fortgesetzt, fordert das Gericht die Parteien nötigenfalls auf, innerhalb festgesetzter Fristen weitere **Stellungnahmen** einzureichen oder **Beweismittel** zu benennen (Art. 59 VfO). Ein eigenes Übereinkommen regelt den Zugang zum EGMR und verpflichtet die Mitgliedstaaten, Verfahrensbevollmächtigte nicht zu behindern und für deren Äußerungen vor diesem Gericht strafrechtliche Immunität zu gewähren.[74] Der Gerichtshof kann alle **Beweise** erheben, die er für sachdienlich hält, insbesondere Zeugen (zu denen auch der Beschwerdeführer zählt) und Sachverständige hören oder Ortsbesichtigungen vornehmen. Hierzu besteht insbesondere dann Anlass, wenn der beklagte Staat die Vorwürfe pauschal bestreitet. Die Mitgliedstaaten haben an der Beweiserhebung mitzuwirken, indem sie etwa Zugang zu Gefängnissen gewähren. Dem Gerichtshof stehen zur Beweiserhebung zwar keine Zwangsmittel zur Verfügung. Kommt die staatliche Partei jedoch gestellten Anforderungen nicht nach, liegt hierin eine Verletzung von Art. 38 EMRK.[75] Eine mündliche Verhandlung kann auf Antrag oder von Amts wegen im Stadium der Zulässigkeits- oder der Begründetheitsprüfung gleichermaßen angeordnet werden (Art. 54 Abs. 5, 59 Abs. 3 VfO), findet aber nicht oft statt. Sie ist öffentlich (Art. 40 EMRK), doch kann die Öffentlichkeit ausgeschlossen werden, wenn dies im öffentlichen Interesse oder zum Schutz Prozessbeteiligter notwendig ist (Art. 63 Abs. 2 VfO).

31 Die **Abgabe** an die Große Kammer (→ Rn. 21) ist „jederzeit" (Art. 30 EMRK) möglich, sofern nicht eine Partei widerspricht. Dies kann auch schon im Stadium der Zulässigkeitsprüfung geschehen. Der Sinn besteht darin, die Einheitlichkeit der Rechtsprechung des EGMR zu erhalten, für die auch in Zulässigkeitsfragen ein Bedürfnis besteht. Die **Verweisung** an die Große Kammer kann von den Parteien nur binnen dreier Monate nach dem Urteil der Kammer beantragt werden (Art. 43 EMRK). Die Große Kammer überprüft dann die Kammerentscheidung in tatsächlicher und rechtlicher Hinsicht und erlässt ein **zweites Urteil.** In den (als Ausnahme gedachten) Fällen, in denen sich eine „schwerwiegende Frage der Auslegung oder der Anwendung" der Konvention stellt, besteht so die Möglichkeit eines gerichtsinternen Rechtsmittels, was erklärt, warum die Mitglieder der zuvor befassten Kammer nach Verweisung an dieser zweiten Entscheidung nicht mitwirken.

### 4. Wirkungen der Urteile

32 Über die Zulässigkeit von Beschwerden wird durch **Entscheidung** *(decision)* befunden (Art. 45 Abs. 1 EMRK), über zulässige Beschwerden durch **Urteil** *(judgment)*. Ist die Beschwerde zulässig und begründet, wird also stets ein Urteil erlassen.[76] Die Mitgliedstaaten haben sich mit Ratifizierung der EMRK verpflichtet, diese Urteile zu befolgen (Art. 46

[70] EGMR, Unilateral Declarations: Policy and Practice, 2012, verfügbar unter: https://www.echr.coe.int/Documents/Unilateral_declarations_ENG.pdf (zuletzt abgerufen am 30.11.2020).

[71] *Glas* Maastricht J Eur & Comp L Rev. 25 (2018), 607.

[72] EGMR Entsch. v. 17.11.2016 60125/11 – V. M./Belgien.

[73] So in EGMR Entsch. v. 13.2.2020 8675/15, BeckRS 2020, 1169 Rn. 70 ff. – N. D. u. N. T./Spanien.

[74] Europäisches Übereinkommen v. 5.3.1996 über die an Verfahren vor dem Europäischen Gerichtshof für Menschenrechte teilnehmenden Personen, in Kraft seit 1.1.1999, BGBl II S. 358.

[75] EGMR Entsch. v. 12.4.2005 36378/02, Rn. 504 – Shamayev.

[76] Zum vorgeschriebenen Inhalt Art. 74 VfO; Urteile ergehen, wenn nichts anderes bestimmt wird, in französischer oder englischer Sprache (Art. 76 VfO); sie werden veröffentlicht, Art. 78 VfO.

EMRK), indem sie einen der Konvention entsprechenden Zustand (wieder)herstellen. Lange hat sich der EGMR darauf beschränkt, lediglich die Konventionsverstöße festzustellen und ggf. eine Entschädigung zuzusprechen. Dies entsprach den völkerrechtlichen Grundsätzen der Staatenverantwortlichkeit, denen zufolge die haftenden Staaten lediglich einen bestimmten Erfolg schulden.[77] Welche Schritte zu dessen Erreichung zu unternehmen waren, blieb weitgehend dem innerstaatlichen Recht überlassen. Mit der Zeit ist der Gerichtshof jedoch dazu übergegangen, auch spezifische Ursachen zu benennen, auf die die Verletzungen zurückzuführen sind. Hieraus kann konkret die Pflicht folgen, diese durch den Erlass bestimmter Maßnahmen abzustellen.[78] Ist der Verstoß systemisch bedingt, weil er etwa auf einer bestimmten Rechtslage beruht, kann auch die Änderung von Gesetzen erforderlich werden. Ein Weg, hiermit umzugehen, liegt in den sog. **Piloturteilen.** Im Piloturteil-Verfahren, das auf eine große Zahl gleichartiger Fälle zugeschnitten ist, werden in ausgewählten, entschiedenen Fällen entsprechende Hinweise im Urteil aufgenommen.[79] Die anderen Fälle können zurückgestellt (Art. 61 Abs. 6 VfO), nach Abstellung des strukturellen Verstoßes aus dem Register gestrichen oder für unzulässig erklärt werden. Bis zur Änderung der Rechtslage kann auf Grundlage des Piloturteils eine gütliche Einigung erzielt werden. Wird der Fehler nicht abgestellt, ist ein Wiederaufgreifen möglich (Art. 61 Abs. 8 VfO), doch hat der Gerichtshof auch schon den Weg gewählt, weitere Beschwerden unmittelbar dem Ministerkomitee als dem für die Umsetzung der Piloturteile zuständigen Organ zuzuweisen.[80] Sofern der EGMR der verletzten Partei eine **Entschädigung** nach Art. 41 EMRK zuspricht, kann dies im selben Urteil oder separat geschehen (Art. 75 VfO). Der zu zahlenden Summe werden Kosten und Auslagen hinzugerechnet, die der Gerichtshof auch pauschal festsetzen kann. Erforderlich ist ein Antrag, der bereits mit Einreichung der Beschwerde, aber auch zu einem späteren Zeitpunkt und ggf. nach entsprechender Belehrung durch den Gerichtshof gestellt werden kann. Auch die Verpflichtung zur Zahlung der Entschädigung ist völkerrechtlicher Art, also nicht aus sich heraus vollstreckbar.

Das Urteil, mit dem zur Begründetheit entschieden wird, entfaltet eine **materielle** 33
**Rechtskraft** mit Wirkung zwischen den Parteien.[81] Eine **indirekte Bindung** entfaltet die Rechtsprechung des EGMR bei der gebotenen konventionskonformen Auslegung des Grundgesetzes und des einfachen Rechts. Das **BVerfG** bringt dies dadurch zum Ausdruck, dass es ihr als „Auslegungshilfe" eine „jedenfalls faktische Orientierungs- und Leitfunktion […] auch über den konkret entschiedenen Einzelfall hinaus" zuspricht.[82] Fachgerichte, die sich mit der Rechtsprechung des EGMR nicht auseinander setzen, verkennen damit zugleich die Reichweite der konventionskonform zu handhabenden Grundrechte, was die Verfassungsbeschwerde eröffnen kann.[83] So entsteht auf den ersten Blick eine der allgemeinen Orientierung der Fachgerichte an der höchstrichterlichen Rechtsprechung vergleichbare Wirkung.

Allerdings hat das BVerfG in der *Görgülü*-Entscheidung hierzu eine **Einschränkung** 34
gemacht.[84] Die EMRK genieße „nicht automatisch Vorrang vor anderem Bundesrecht".

---

[77] Dazu *Polakiewicz* Die Verpflichtungen der Staaten aus den Urteilen des Europäischen Gerichtshofs für Menschenrechte, 1993, S. 37 ff.

[78] S. beispielsweise EGMR NJW 2005, 2207 Rn. 202 – Assanidze (Haftentlassung); Entsch. v. 9.1.2013 - 21722/11, BeckRS 2013, 9628 – Volkov (Wiedereinstellung eines entlassenen Richters).

[79] Vgl. EGMR NJW 2005, 2521 Rn. 188 ff. – Broniowski (Umsiedelungen in Polen); gegenüber Deutschland ist das Pilotverfahren wegen überlanger Verfahrensdauer (Verstoß gegen Art. 6 Abs. 1, 13 EMRK) angewendet worden, s. NJW 2010, 3355 Rn. 59 ff. – Rumpf.

[80] Singulär bisher EGMR NJW 2019, 27 – Burmych; Wiederaufnahme dagegen in EGMR Entsch. v. 30.1.2020 14057/15, Rn. 134 – Sukachov.

[81] Näher *Cremer* in: Dörr/Grote/Marauhn, EMRK/GG, Kap. 32 Rn. 69 ff.; *Grabenwarter/Pabel* EMRK, § 16.

[82] Eingehend BVerfGE 128, 326 (374 ff., 397 ff.) = NJW 2011, 1931 (1935) – Sicherungsverwahrung.

[83] BVerfGE 111, 307 (324) = NJW 2004, 3407 (3410) [Görgülü] → *Ehlers* JK 3/05, GG Art. 20 III/39 und → JuS 2005, 164 *(Sachs)*.

[84] BVerfGE 111, 307 (324) = NJW 2004, 3407 (3410 f.) [Görgülü] → *Ehlers* JK 3/05, GG Art. 20 III/39 und → JuS 2005, 164 *(Sachs)*.

Ihre Grundrechte sollen nur im Rahmen methodisch vertretbarer Gesetzesauslegung Berücksichtigung finden. Eine „schematische Vollstreckung“ von Urteilen des EGMR könne im Einzelfall ebenso die Grundrechte verletzen wie in anderen Fällen die Nichtberücksichtigung der EMRK. Dies soll insbesondere bei „mehrpoligen Grundrechtsverhältnissen“ möglich sein, in denen es auf „sensible Abwägungen“ ankomme. Die Rede ist von „ausbalancierten Teilsystemen“, die durch eine „differenzierte Kasuistik geformt“ worden seien, angeführt werden Rechtsverhältnisse des Ausländerrechts und des Familienrechts sowie das Recht zum Schutz der Persönlichkeit.[85] Wolle ein Gericht einem Urteil des EGMR die Gefolgschaft verweigern, müsse es aber die Gründe dafür darlegen. Insoweit ist die Entscheidung, die in ihren prozessualen Aspekten durchaus EMRK-freundlich ist (→ Rn. 16), in der Literatur mehrheitlich kritisch aufgenommen worden.[86] Dass der EGMR zur Güterabwägung in mehrseitigen Rechtsverhältnissen weniger gut in der Lage wäre als das BVerfG, ist in der Tat nicht ersichtlich. Dagegen setzt sich das BVerfG zum Prinzip der Völkerrechtsfreundlichkeit der Verfassung in gewissen Widerspruch, indem es ohne Anlass im zu entscheidenden Fall[87] die Vorstellung entwickelt, die Nichtbefolgung eines EGMR-Urteils könne verfassungsrechtlich geboten sein. Allerdings sollte die *Görgülü*-Entscheidung auch nicht überbewertet werden. Bisher hat das BVerfG dem EGMR noch nicht die Gefolgschaft versagt, sondern sich vielmehr bemüht, Konflikte nicht entstehen zu lassen und nötigenfalls auch seine Rechtsprechung geändert.[88] Allerdings muss das nicht so bleiben.

35 Im Übrigen hält das BVerfG an seiner früheren Rechtsprechung fest, der zufolge sich die Bindung der staatlichen Organe an die EMRK und die Rechtsprechung des EGMR auch aus dem Grundgesetz ergibt.[89] Man wird generell von einer **verfassungsrechtlichen Pflicht zu konventionstreuem Verhalten** sprechen können. Sie bindet die drei Staatsgewalten in unterschiedlicher Weise. Für den Gesetzgeber folgt aus ihr die Verpflichtung, konventionswidrige Gesetze zu ändern. Beruht die Verletzung auf einer Gerichtsentscheidung, kommt den Urteilen des EGMR aus sich heraus keine kassatorische Wirkung zu.[90] Nachdem das Ministerkomitee und ein Bericht an die parlamentarische Versammlung die Mitgliedstaaten dazu aufgefordert hatten, Wiederaufnahmeverfahren einzuführen,[91] sind im deutschen Recht für jede Verfahrensart die entsprechenden Grundlagen geschaffen worden. Im Strafprozess ist ein Urteil des EGMR schon seit längerem ein Wiederaufnahmegrund (§ 359 Nr. 6 StPO). Seit 2007 ist dies auch im Zivilprozess (§ 580 Nr. 8 ZPO)[92] und kraft Verweisung auch in den anderen gerichtlichen Verfahrensordnungen (§§ 79 ArbGG,

---

[85] BVerfGE 111, 307 (324) = NJW 2004, 3407 (3410 f.) [Görgülü] → *Ehlers* JK 3/05, GG Art. 20 III/39 und → JuS 2005, 164 *(Sachs);* bestätigt in E 148, 296 Rn. 132 ff. = NVwZ 2018, 1121 (m. Anm. *Stuttmann*) = NJW 2018, 2695 (m. Bespr. *Haug* NJW 2018, 2674) – Streikrecht für Beamte → *Eifert* Jura (JK) 2018, 1067 und → *Hufen* JuS 2018, 1111 sowie → JA 2018, 634 *(Hebeler);* ferner *Jacobs/Payandek* JZ 2019, 19 und *Widmaier* DVBl 2020, 229.

[86] *Cremer* EuGRZ 2004, 683 ff; *Hofmann* GYIL 47 (2004), 9; *Klein* JZ 2004, 1176; *Kadelbach* Jura 2005, 480; *Meyer-Ladewig/Petzold* NJW 2005; 15; *Lenz* FS Zuleeg, 2005, S. 221; *Wahl* FS Wildhaber, 2007, S. 865 (882 f.); zust. *Vogel* IStR 2005, 29; *Hummel* IStR 2005, 35.

[87] Es handelt sich um eine Reaktion auf das Urteil EGMR EuGRZ 2004, 404 = NJW 2004, 2647 – Caroline von Hannover → *Ehlers* JK 4/05, EMRK Art 8/4 und → JuS 2005, 160 *(Dörr)* sowie → JA 2005, 260 *(Lochen),* in dem der EGMR BVerfGE 101, 361 = NJW 200, 1021 mit anderer Gewichtung zwischen Pressefreiheit und Persönlichkeitsrecht für konventionswidrig erklärt hat.

[88] Zur baden-württembergischen Feuerwehrabgabe für Männer BVerfGE 92, 91 = NJW 1995, 1733 → JuS 1995, 736 *(Sachs)* und → JA 1996, 13 *(Winkler);* zur nachträglich angeordneten Sicherungsverwahrung E 128, 326 = NJW 2011, 1931.

[89] BVerfGE 74, 358 (370) = NJW 1987, 2427 – Unschuldsvermutung; E 111, 307 (321) = NJW 2004, 3407 (3408, 3410) [Görgülü] → *Ehlers* JK 3/05, GG Art. 20 III/39 und → JuS 2005, 164 *(Sachs);* E 128, 326 = NJW 2011, 1931 – Sicherungsverwahrung; E 148, 296 Rn. 126 ff. = NVwZ 2018, 1121 = NJW 2018, 2695 (m. Bespr. *Haug* NJW 2018, 2674) – Streikrecht für Beamte → *Eifert* Jura (JK) 2018, 1067 und → *Hufen* JuS 2018, 1111 sowie → JA 2018, 634 *(Hebeler).*

[90] *Frowein* FS Wildhaber, 2007, S. 261; *Polakiewicz* Verpflichtungen der Staaten (Fn. 77), S. 223 ff. m. w. Nachw.; *Cremer* in: Dörr/Grote/Marauhn, EMRK/GG, Kap. 32 Rn. 86 ff.

[91] Recommendation No R (2000) 2 v. 19.1.2000 on the re-examination or reopening of certain cases at domestic level following judgments of the European Court of Human Rights.

[92] Dazu BT-Drs. 16/3038 S. 38 ff.; *Braun* NJW 2007, 1620.

153 VwGO, 179 SGG und 134 FGO)[93] der Fall. Auch im Verwaltungsverfahrensrecht gibt es eine entsprechende Verweisung (§ 51 Abs. 1 Nr. 3 VwVfG). Dabei macht es keinen Unterschied, ob die Konventionswidrigkeit des Verwaltungsaktes durch ein Gesetz vorgegeben war oder nicht. Unabhängig davon kommt auch eine Rücknahme gemäß § 48 VwVfG in Betracht.[94]

## B. Zulässigkeit einer Individualbeschwerde

In der **Zulässigkeitsprüfung** ist zu berücksichtigen, (I) dass die Beschwerde nicht anonym sein darf (Art. 35 Abs. 2 lit. a EMRK), ferner gehören dazu (II) die Partei- und Prozessfähigkeit des Beschwerdeführers, (III) seine Beschwerdebefugnis (Opfereigenschaft), (IV) die Erschöpfung des innerstaatlichen Rechtswegs und (V) die Einhaltung der Beschwerdefrist (Art. 34 S. 1, 35 Abs. 1 EMRK). Bei diesen Anforderungen ist zu beachten, dass sie der Gerichtshof nicht starr schematisch anwendet, sondern flexibel handhabt und bestrebt ist, übertriebenen Formalismus zu vermeiden, um den Konventionsgarantien zu praktischer Wirksamkeit zu verhelfen. Gleichwohl sind die Maßstäbe mit zunehmender Arbeitslast strenger geworden, und es gelten inzwischen recht strikte Anforderungen an die Form (VI). Zudem darf die Beschwerde (VII) nicht anderweitig rechtshängig sein oder gewesen sein (Art. 34 Abs. 2 EMRK). Schließlich wird die Beschwerde für unzulässig erklärt, wenn sie (VIII) missbräuchlich, (IX) mit der Konvention unvereinbar oder (X) offensichtlich unbegründet ist (Art. 35 Abs. 3 EMRK).[95] Die letztgenannten Voraussetzungen zeigen, dass ein enger Zusammenhang zwischen Zulässigkeit und Begründetheit besteht. 36

### I. Keine Anonymität

**Anonyme Beschwerden** sind unzulässig (Art. 35 Abs. 2 lit. a EMRK), werden aber selten erhoben. Beschwerdeführer können indessen ein legitimes Interesse daran haben, ihre Identität gegenüber der staatlichen Partei nicht offen legen zu müssen. So kann in Verfahren, an denen Kinder oder Jugendliche beteiligt sind oder andere, schwerwiegende Schutzinteressen auf dem Spiel stehen,[96] beantragt werden, dass Angaben aus den Prozessakten – wie eben der Name des Beschwerdeführers – vertraulich bleiben (Art. 40 Abs. 2 EMRK, Art. 33 Abs. 2 und 3, Art. 47 Abs. 4 VfO). Dem EGMR muss eine Identifizierung aber möglich sein. Nicht anerkannt wurde ein solches Interesse in Fällen, in denen eine juristische Person Beschwerdeführerin war, aber Rechte ihrer anonym bleibenden Mitglieder geltend machen wollte (→ Rn. 46).[97] Eine anonyme Beschwerde wird schon nicht geprüft und daher auch nicht in das Register des EGMR eingetragen.[98] 37

### II. Partei- und Prozessfähigkeit des Beschwerdeführers

Nach Art. 34 S. 1 EMRK kann die Beschwerde von natürlichen Personen, nichtstaatlichen Organisationen und Personengruppen erhoben werden. Wie im innerstaatlichen Recht setzt die **Parteifähigkeit** auch nach der EMRK voraus, dass der Beschwerdefüh- 38

---

[93] Zu § 153 VwGO *Cremer* FS Schenke, 2011, S. 649.

[94] So jedenfalls BVerfGE 111, 307 (321) = NJW 2004, 3407 (3410) [Görgülü] → *Ehlers* JK 3/05, GG Art. 20 III/39 und → JuS 2005, 164 *(Sachs);* s. auch *Pache/Bielitz* DVBl 2006, 325; *Cremer* in: Dörr/Grote/Marauhn, EMRK/GG, Kap. 32 Rn. 83. Für die Jahresfrist nach § 48 Abs. 4 VwVfG wird man als Bezugspunkt für die Kenntnis der Behörde von der Rechtswidrigkeit das EGMR-Urteil zugrunde legen müssen.

[95] Zu den Voraussetzungen EGMR, Practical Guide on Admissibility Criteria, Stand 31.8.2019, fortlaufend aktualisiert unter .https://www.echr.coe.int/Documents/Admissibility_guide_ENG.pdf

[96] Zu einem solchen Fall EGMR Entsch. v. 12.4.2005, Rep. 2005-III Rn. 275 – Shamayev.

[97] EKMR, DR 47, 225 – Confédération des syndicats médicaux et Fédération nationale des infirmiers.

[98] Vgl. EGMR Entsch. v. 15.9.2009, Rep. 2009-V – „Blondje".

rer Träger der in der Konvention oder ihren Zusatzprotokollen garantierten Rechte sein kann.

39 **Natürliche Personen** sind die primär Berechtigten nach der EMRK. Sie sind als Träger der in ihr gewährten Rechte stets **parteifähig,** ungeachtet ihres Alters, ihrer Geschäftsfähigkeit und ihrer Staatsangehörigkeit. Ob dies auch für Ungeborene zutrifft, hängt davon ab, ob man sie als Träger des Rechts auf Leben ansieht; ausgeschlossen ist dies jedenfalls nicht.[99] Mit dem Tode des Beschwerdeführers endet an sich dessen Beschwerdeberechtigung, doch kann das Verfahren von den Erben oder nahen Verwandten fortgeführt werden, wenn sie daran ein berechtigtes Interesse haben oder die Beschwerde allgemeine Bedeutung hat. Ein berechtigtes Interesse besteht insbesondere bei einem Rehabilitationsinteresse, aber auch wenn den Erben oder Verwandten finanzielle Nachteile treffen.[100] Soweit es um wirtschaftliche Interessen geht, lässt sich der Gedanke auf die Rechtsnachfolge durch juristische Personen übertragen. Allgemeine Bedeutung ist anzunehmen, wenn sich die gerügte Rechtsverletzung als Zeichen eines allgemeinen Verhaltensmusters des beklagten Staates, etwa einer bestimmten Gesetzeslage oder konsistenten Praxis darstellt; der EGMR sieht diese Voraussetzung nur selten als erfüllt an.[101] Melden sich keine Angehörigen, streicht der Gerichtshof die Beschwerde aus dem Register (Art. 37 Abs. 1 lit. c EMRK). Im seltenen Ausnahmefall erkennt der EGMR jedoch das Recht einer Nichtregierungsorganisation an, ein Verfahren auch dann weiterzuverfolgen, wenn es keine Vollmacht oder gesetzliche Vertretungsbefugnis gibt, wenn der Fall sonst nicht vor eine internationale Instanz kommen kann.[102] Solange der Betroffene lebt, scheidet eine solche Prozessstandschaft aus, doch können Angehörige eine auf eigene Rechte gestützte Beschwerde erheben.[103]

40 Zu den gleichfalls beschwerdefähigen **nichtstaatlichen Organisationen** gehören juristische Personen und nichtrechtsfähige Vereinigungen.[104] Die Rechtsfähigkeit nach innerstaatlichem Recht kann nicht Voraussetzung sein, weil es sonst den Mitgliedstaaten möglich wäre, die Beschwerdeberechtigung zu beeinflussen. Daher können auch nichtrechtsfähige Vereine (wie in Deutschland traditionell die Gewerkschaften und einige politische Parteien) und Personengesellschaften Beschwerde erheben; gleiches gilt, wenn Vereinigungen vom Staat aufgelöst worden sind.[105] Maßgeblich ist die Fähigkeit, Träger des als verletzt gerügten Konventionsrechts zu sein. Dabei muss es sich um ein eigenes Recht der Organisation und nicht um ein Recht der Mitglieder handeln, worauf es etwa bei Umweltschutzverbänden ankommen kann.[106] Der **Staat** selbst oder seine Untergliederungen sind im Allgemeinen nur Adressaten und nicht Träger der Konventionsgarantien. Ausnahmen werden anerkannt, wenn dem Staat organisatorisch zugeordnete Einheiten bestimmten grundrechtlich geschützten Bereichen Raum zur Entfaltung geben und dem Staat in dieser Eigenschaft wie Private gegenüberstehen. Religionsgesellschaften und Rundfunkanstalten sind daher in Bezug auf die jeweils anwendbaren Rechte ungeachtet ihrer Organisationsform beschwerdefähig.[107] Gleiches dürfte

[99] EGMR Entsch. v. 5.9.2002 50490/99 – Boso; NJW 2005, 727 Rn. 44 ff., 75 ff. – Vo.

[100] EGMR Rep 1996-V, 1638 Rn. 26 – Sadik; Entsch. v. 7.12.2000 25337/94 – Craxi; Rep 2000-IX Rn. 41 – Jecius; Entsch. v. 17.5.2005 74456/01, Rn. 26 – Horváthova.

[101] S. beispielsweise EGMR Entsch. v. 24.7.2003, Rep 2003-IX Rn. 26 – Karner; vgl. dagegen EGMR Entsch. v. 26.10.2000, Rep. 2000-XI – Sanles, wo die Beschwerde der Schwägerin eines unheilbar Kranken, der eine gerichtliche Ermächtigung seines Arztes zur Sterbehilfe hatte herbeiführen wollen, nach dessen Tod mangels Opfereigenschaft für unzulässig erklärt wurde.

[102] EGMR NJW 2015, 2635 Rn. 96 ff. – Centre for Legal Resources on behalf of Valentin Campeanu, zum Fall eines an HIV erkrankten jungen Roma, der in einer psychiatrischen Klinik verstorben war; zur Diskussion *Dothan* ZaöRV 65 (2015), 635; *van den Eynde* RTDH 27 (2016), 221; *Keller* RTDH 28 (2017), 485.

[103] EGMR NJW 2015, 2715 Rn. 89 ff., 102 ff. – Lambert; entsprechend für NGO EGMR Entsch. v. 28.6.2016 35653/12 – Bulgarian Helsinki Committee.

[104] Im Einzelnen *Kleinlein* JöR 65 (2017), 85; *De Schutter* Mélanges Helmons, 2003, S. 83.

[105] EGMR Entsch. v. 30.1.1998, Rep. 1998-I Rn. 33 – United Communist Party of Turkey.

[106] Vgl. EKMR, DR 87-A, 78 ff. – Käkkömä; EGMR NVwZ 2001, 307 – Noack.

[107] EGMR Entsch. v. 9.12.1994, Ser A 301 Rn. 48 f. – The Holy Monasteries; Entsch. v. 23.9.2003, Rep 2003-X Rn. 26 – Radio France.

für Universitäten gelten.[108] Unter **Personengruppen** sind nichtrechtlich verfasste Vereinigungen ohne eigene Rechtsfähigkeit zu verstehen. Sie werden wie eine Zusammenfassung mehrerer Individualbeschwerden behandelt. Daher muss jedes Mitglied der Gruppe selbst beschwerdefähig sein.

Für die **Prozessfähigkeit,** die nicht eigens geregelt ist, kommt es an sich darauf an, ob der Beschwerdeführer selbst wirksam Prozesshandlungen vornehmen kann. Sie wird in der Praxis großzügig gehandhabt, so dass sie sich bisher, soweit erkennbar, nicht als eigenständige Zulässigkeitshürde erwiesen hat. Jeder kann sich bei Erhebung der Beschwerde vertreten lassen (Art. 36 Abs. 1, 45 Abs. 2 und 3 VfO). Für Minderjährige können die Erziehungsberechtigten,[109] für sonst Geschäftsunfähige die Sorgeberechtigten, für nichtstaatliche Organisationen der gesetzliche Vertreter auftreten.[110] Von der Prozessfähigkeit zu unterscheiden ist das Erfordernis einer Prozessvertretung durch einen Anwalt, das im deutschen Prozessrecht als **Postulationsfähigkeit** bezeichnet wird. Auch sie ist im Anfangsstadium des Verfahrens keine Zulässigkeitsvoraussetzung. Sobald die Beschwerde aber der staatlichen Partei zugestellt wird, besteht regelmäßig Anwaltszwang, ebenso in der mündlichen Verhandlung (Art. 36 VfO). Von diesem Zeitpunkt an ist der nicht anwaltlich vertretene Beschwerdeführer nicht mehr postulationsfähig. Der Kammerpräsident kann es ihm aber gestatten, sich selbst zu vertreten. 41

## III. Beschwerdebefugnis (Opfereigenschaft)

Die Individualbeschwerde ist keine Popularbeschwerde. Sie kann nur erheben, wer behauptet, in einem der Konventionsrechte verletzt zu sein. Wegen der in den authentischen Fassungen des Art. 34 EMRK[111] verwendeten Formulierung (*„se prétend victime d'une violation", „claiming to be the victim of a violation"*) ist von **Opfereigenschaft** (wegen der deutschen Übersetzung des Art. 25 EMRK a.F. auch von „Beschwer") die Rede. Ihr entspricht im deutschen Prozessrecht die **Beschwerdebefugnis.** Der Beschwerdeführer muss die Verletzung in eigenen Rechten geltend machen und seine Behauptungen schlüssig, d.h. in sich plausibel und **substantiiert,** also im Detail und nötigenfalls mit Beweisangebot vortragen. 42

Die Beschwerdebefugnis ist regelmäßig anzunehmen, wenn der Beschwerdeführer von einer staatlichen Handlung oder Unterlassung **unmittelbar betroffen** ist, etwa als Adressat eines Verwaltungsaktes oder Verpflichteter aus einem Gerichtsurteil.[112] Zur Vollstreckung muss es noch nicht gekommen sein, die Rechtskraft der Entscheidung genügt.[113] Auch vor Rechtskraft kann die Beschwer eintreten, wenn die Verletzung unmittelbar bevorsteht.[114] Die Opfereigenschaft entfällt nicht automatisch, wenn die Beschwer nicht mehr andauert. So besteht sie fort, wenn der unrechtmäßig Inhaftierte entlassen, ihm aber keine Haftentschädigung gewährt wird.[115] Beseitigt ist die Beschwer also erst, wenn die staatliche Partei die Verletzung zumindest implizit anerkannt und das Nötige getan hat, um die Folgen zu 43

---

[108] *Grabenwarter/Pabel* EMRK, § 13 Rn. 13.

[109] EGMR Entsch. v. 27.1.2015 25358/12 Rn. 49 – Paradiso u. Campanelli.

[110] Zu einer de facto-Vertretung durch das Helsinki-Komitee EGMR Entsch. v. 23.1.2020 38067/15, BeckRS 2020, 823 Rn. 45 – L. R./Nord-Mazedonien.

[111] S. den Schlussabsatz nach Art. 59 EMRK; die Gesetz gewordene amtliche Übersetzung (Fn. 2) ist für die deutschen Staatsorgane gleichfalls verbindlich.

[112] EGMR Entsch. v. 27.6.2000, Rep. 2000-VII Rn. 52 – Ilhan.

[113] Einzelheiten zur Unmittelbarkeit bei *Kadelbach* in: Dörr/Grote/Marauhn, EMRK/GG, Kap. 30 Rn. 32ff.

[114] Zur Auslieferung in einen Staat, in dem die Todesstrafe droht und der Verurteilte auf ihre Vollstreckung für einen nicht berechenbaren Zeitraum in einer sog. Todeszelle warten muss (death row phenomenon) EGMR EuGRZ 1989, 314 Rn. 90 – Soering → *Kunig* JK 90, EMRK Art 3/1; zur Aufforderung zur Ausreise ohne Vorliegen einer Abschiebungsverfügung EGMR Entsch. v. 27.8.1992, Ser. A 241-B Rn. 45f. – Vijayanathan.

[115] EGMR Entsch. v. 28.9.1999, Rep. 1999-VI Rn. 44 – Dalban.

beseitigen.[116] Bei **Gesetzen** wird dagegen, anders als bei Einzelmaßnahmen, in der Regel ein Vollzugsakt verlangt. Ähnlich wie im deutschen Verfassungsprozessrecht (→ *Scherzberg* § 15 Rn. 81) wird aber eine Ausnahme von diesem Erfordernis anerkannt, wenn die Gesetzeslage selbst eine nachteilige Veränderung im Schutzbereich eines Konventionsrechts bewirkt. Dies ist regelmäßig bei Strafnormen anzunehmen, aber auch im Steuerrecht oder bei gesetzlichen Verboten und anderen Hindernissen für die Wahrnehmung von Rechten denkbar.[117] Auch eine gesetzliche Ermächtigung zu Abhörmaßnahmen, die dem Betroffenen nicht mitgeteilt werden müssen, kann überprüft werden, weil der Beschwerdeführer den Vollzug nicht nachweisen kann.[118]

44 An der Opfereigenschaft kann es auch fehlen, wenn die angegriffene Maßnahme sehr viele Personen betrifft. Dann ist darzulegen, dass sich die Maßnahme kausal und unmittelbar auf eigene Rechte auswirkt, indem sie etwa Vermögen schmälert oder entwertet; die Wahrscheinlichkeit dieser Folge kann genügen, ebenso eine konkrete Androhung, der bloße Verdacht oder eine vage Befürchtung dagegen nicht. Die Abgrenzung ist nicht leicht, wie sich etwa bei Umweltschäden zeigt.[119]

45 Auch eine **mittelbare Opfereigenschaft** ist denkbar. Sie wird Personen zugesprochen, die durch die Verletzung von Konventionsrechten anderer betroffen sind.[120] So kann auf den Tod oder schwere Misshandlungen des Ehepartners oder naher Angehöriger eine eigene Beschwerde gestützt werden.[121] Hierzu ist darzulegen, dass die Hinterbliebenen oder Verwandten unter der Konventionsverletzung selbst über das Maß hinaus zu leiden hatten, das aufgrund ihrer Beziehung zum unmittelbaren Opfer ohnehin zu erwarten ist, indem sie etwa zu ihm in einer besonderen Nähebeziehung standen (die bei den Eltern gegenüber eigenen Kindern regelmäßig anzunehmen sein wird) oder von den zuständigen Behörden beim Versuch der Aufklärung unzureichend unterstützt oder gar behindert wurden.[122]

46 Für **juristische Personen** oder **Personenvereinigungen** können in der Regel nur deren eigene Rechte, nicht aber die ihrer Gesellschafter, Anteilseigner oder Mitglieder geltend gemacht werden.[123] Leitender Gedanke soll der Schutz individueller Rechte sein, zu dem der EGMR die Zwischenschaltung einer Körperschaft in Widerspruch sieht.[124] Aus demselben Grund macht er von seiner strengen Linie eine Ausnahme, wenn die Gründung einer Interessenvereinigung die einzige Möglichkeit ist, subjektive Rechte wirksam zu wahren.[125]

## IV. Rechtswegerschöpfung

47 Die Beschwerde ist „erst nach Erschöpfung aller innerstaatlichen Rechtsbehelfe" (Art. 35 Abs. 1 EMRK) zulässig. Zum einen drückt sich in dieser Anforderung ein allgemeiner völ-

[116] Was angemessen ist, hängt von der Schwere des Vorwurfs ab; s. EGMR NJW 2010, 3145 – Gäfgen → *Satzger* JK 4/11, EMRK Art. 3/1, wo angesichts angedrohter unmenschlicher Behandlung durch die Polizei (Art. 3 EMRK) disziplinarische Maßnahmen, die verhängten Strafen und der anhängige Staatshaftungsprozess noch nicht für ausreichend befunden wurden; krit. zu Recht *Grabenwarter* NJW 2010, 3128.

[117] EGMR EuGRZ 1979, 454 – Marckx (Familienrecht); EuGRZ 1990, 255 – Groppera Radio (Übertragungsverbot für Rundfunksendungen per Kabel); EuGRZ 1992, 477 – Norris (Strafrecht); Entsch. v. 29.4.2008 13378/05 – Burden (Erbschaftssteuer); NJW 2014, 2925 Rn. 57 – S. A. S./Frankreich (Burkaverbot).

[118] EGMR EuGRZ 1979, 278 Rn. 33 – Klass; Entsch. v. 4.12.2015 47143/06, BeckRS 2016, 21494 Rn. 171 – Zakharov.

[119] EGMR NVwZ 2020, 451 Rn. 100 ff. – Cordella.

[120] Vgl. EGMR Entsch. v. 25.8.1987, Ser A 123, 64 Rn. 33 – Nölkenbockhoff.

[121] EGMR Entsch. v. 2.9.1998, Rep. 1998-VI Rn. 66 – Yasa.

[122] Beispiele: EGMR NJW 2001, 1989 – Grams (Eltern); Entsch. v. 8.7.1999, Rep. 1999-IV Rn. 80 – Cakici (Behördenverhalten).

[123] Eingehend *Kleinlein* JöR 65 (2017), 85.

[124] EGMR Entsch. v. 29.2.2000 45053/98 – Association des Amis de Saint-Raphaël et de Fréjus (Vereinigung gegen strittige Baugenehmigungen); Entsch. v. 6.11.2001 53430/99 – Fédération chrétienne des témoins de Jehovah de France (Sektenbericht); NVwZ 2001, 307 – Noack (Bund Lausitzer Sorben, Vorgehen gegen Braunkohletagebau).

[125] EGMR Entsch. v. 27.4.2004 62543/00, Rn. 37 ff. – Gorraiz Lizarraga (Vereinigung gegen drohende Enteignungen).

kerrechtlicher Grundsatz aus, dem zufolge die Beilegung einer Streitigkeit erst dann auf zwischenstaatlicher Ebene stattfindet, wenn der verantwortliche Staat Gelegenheit hatte, die Rechtsverletzung selbst zu beheben,[126] zum anderen ist sie der Subsidiarität der Verfassungsbeschwerde (§ 90 Abs. 2 BVerfGG → *Scherzberg* § 15 Rn. 90ff., 93ff.) vergleichbar. Auf **staatlichen Rechtsschutz** besteht ein Anspruch, den die Konvention in Art. 13 EMRK gewährleistet.[127] Als Regel gilt, dass nach Art. 35 Abs. 1 EMRK alle nach dem jeweiligen nationalen Recht prozessual zulässigen und hinreichend Erfolg versprechenden Mittel ergriffen werden müssen, um die Beschwer zu beseitigen (vertikale Rechtswegerschöpfung). Darüber hinaus müssen sich diese Rechtsmittel gerade auch auf die geltend gemachten Konventionsverletzungen beziehen (horizontale Rechtswegerschöpfung).[128]

Die **vertikale Erschöpfung des Rechtswegs** umfasst nicht nur gerichtliche, sondern 48
auch verwaltungsbehördliche Rechtsbehelfe wie das Widerspruchsverfahren. Zum gerichtlichen Rechtsweg gehört in Deutschland auch die Verfassungsbeschwerde vor dem BVerfG.[129] Der Nachweis darüber, ob alle Instanzen genutzt wurden, muss zunächst vom Beschwerdeführer geführt werden (Art. 47 Abs. 3.1 lit. b VfO). Für die Praxis wird dies zumeist bedeuten, dass der Beschwerde eine Kopie des Nichtannahmebeschlusses des BVerfG beizufügen ist.[130] Nach Zustellung kann die staatliche Partei einwenden, dass vorhandene Rechtsmittel versäumt wurden, muss dies aber darlegen.[131] Dies ist nicht nur dann der Fall, wenn der Beschwerdeführer zumutbare Rechtsbehelfe nicht eingelegt hat, sondern auch, wenn deren Misserfolg ihm anzulasten ist, indem er etwa Formerfordernisse, Fristen, Vorschüsse auf die Gerichtskosten oder vergleichbare Voraussetzungen nicht beachtet hat.[132] Allerdings ist darauf zu achten, ob es nicht der beklagte Staat unterlassen hat, ihn über derartige Rechtsbehelfe angemessen zu belehren.[133] Ineffektive, offensichtlich aussichtslose oder unzugängliche Rechtsbehelfe brauchen nicht eingelegt zu werden. Zur Effektivität gehört es, dass auch die Beseitigung der Folgen konkret erreicht werden kann.[134] Wird der Zugang zu einer objektiven Gerichtsbarkeit beispielswweise systematisch verweigert *(denial of justice)*, entfällt das Erfordernis der Rechtswegerschöpfung.[135] Um die Aussichtslosigkeit eines Rechtsbehelfs darzutun, muss eine gefestigte Rechtsprechung nachgewiesen werden, bloße Zweifel genügen nicht.[136] Unzugänglich ist ein Rechtsmittel auch dann, wenn es zwar vorgesehen, dem Beschwerdeführer aber mangels finanzieller Mittel und ohne Prozess- bzw. Beratungskostenhilfe faktisch unerreichbar bleibt.[137] Unter besonderen Umständen *(„special circumstances")* kann auch von dem Erfordernis bestimmter Rechtsmittel abgesehen werden, wenn die Behörden nach schwerwiegenden Vorwürfen untätig bleiben[138] oder der Beschwerdeführer aufgrund der besonderen Situation, in der er sich befindet, dazu nicht in der Lage ist.[139]

Zur Erschöpfung des Rechtswegs kann auch der **Sekundärrechtsschutz** gehören, 49
wenn Klagen auf Schadensersatz oder Entschädigung Abhilfe versprechen. Dies kann bei

---

[126] Allgemein *Amerasinghe* Local Remedies in International Law, 2004.
[127] EGMR NJW 2001, 2694 Rn. 152 – Kudla.
[128] Ausführlich *I. Hoffmann* Der Grundsatz der Subsidiarität im Rechtsschutzsystem der Europäischen Menschenrechtskonvention, 2007.
[129] EGMR NJW 1986, 3005 (3006) – Glasenapp; NJW 2004, 2209 – Herz; aus der Lit. *Rogge* EuGRZ 1996, 341 (345); *Wittinger* NJW 2001, 1238 (1239); *Schäfer* in: Karpenstein/Mayer, EMRK Art. 35 Rn. 7ff.
[130] EGMR EuGRZ 2002, 144 – Allaoui.
[131] EGMR Entsch. v. 18.6.1971, Ser. A 12 Rn. 60ff. – de Wilde, Ooms und Versyp.
[132] EGMR Entsch. v. 19.2.1998, Rep 1998-I Rn. 44ff. – Bahaddar; NJW 2004, 3401 – Haase.
[133] EGMR Entsch. v. 29.4.2003 40679/98, Rn. 110 – Dankevich.
[134] EGMR Entsch. v. 11.9.2002, Rep. 2002-VIII Rn. 17 – Mifsud.
[135] EGMR Entsch. v. 23.10.1996 17748/91, BeckRS 1996, 121720 Rn. 70ff. – Akdivar (Kriegsrecht in der Türkei).
[136] EGMR EuGRZ 2016, 605 – Mercan (Inhaftierung nach Putschversuch in der Türkei).
[137] Vgl. EGMR EuGRZ 1979, 626 – Airey.
[138] EGMR Entsch. v. 4.7.2001, Rep. 2001-VIII Rn. 114ff. – Valasinas.
[139] EGMR NJOZ 2016, 1375 Rn. 76, 84 – M. S./Kroatien Nr. 2 (Patientin in einem psychiatrischen Krankenhaus).

Eigentumsverletzungen der Fall sein, ist aber auch bei ihnen nicht zwingend, wenn es dem Beschwerdeführer in erster Linie um Restitution und nicht um eine Entschädigung geht. Bei Verletzungen höchstpersönlicher Rechte (Art. 2 und 3 EMRK) sind Schadensersatzklagen regelmäßig verzichtbar.[140] Gleiches gilt für Beschwerden wegen überlanger Verfahrensdauer (Art. 6 Abs. 1 EMRK), wenn eine Klage auf Schadensersatz nicht geeignet ist, das Verfahren zu verkürzen.[141]

50 Um den Anforderungen an die **horizontale Rechtswegerschöpfung** zu genügen, müssen alle vor dem EGMR gerügten Rechtsverletzungen auch vorher geltend gemacht worden sein. Dazu gehört es auch, zivilrechtliche Ansprüche oder Einreden zu erheben.[142] Nicht erforderlich ist es, dass die als verletzt gerügten Konventionsrechte im Zuge der verschiedenen denkbaren Verfahren korrekt bezeichnet werden. Dies wird prozessual häufig auch so nicht möglich sein. Daher reicht es aus, wenn in der Verfassungsbeschwerde das der jeweiligen Konventionsgarantie thematisch entsprechende Grundrecht geltend gemacht wird.[143] Ist dies der Sache nach nicht möglich, kann auf den Rechtsbehelf insoweit verzichtet werden.[144]

51 Der **maßgebliche Zeitpunkt** für die Beurteilung, ob der Rechtsweg erschöpft wurde, ist in der Regel der Tag der Beschwerdeerhebung, doch können bis zur Entscheidung über die Zulässigkeit ergehende letztinstanzliche Entscheidungen noch berücksichtigt werden.[145] Der EGMR hält es u. U. für zumutbar, auch nach Erhebung der Beschwerde eingeführte Rechtbehelfe zu ergreifen, wenn sie hinreichend aussichtsreich sind.[146] Diese Anforderung zeigt exemplarisch, wie der Gerichtshof bestrebt ist, seine Arbeitslast durch Verschärfung der Zulässigkeitsanforderungen zu steuern.[147]

## V. Form

52 Die **Anforderungen an die Form** sind mit der am 1.1.2014 in Kraft getretenen Novelle der Verfahrensordnung deutlich strenger geworden. Seitdem ist zwingend das von der Kanzlei des Gerichtshofs online vorgehaltene Formular zu verwenden und mit allen nötigen Angaben und Anlagen einzureichen, wenn nichts anderes verfügt wird (→ Rn. 27). Das **Formular** muss vom Beschwerdeführer oder seinem Vertreter unterschrieben sein (Art. 47 Abs. 3.1 VfO). Für die mit Urkunden zu belegenden Angaben genügen Kopien. Die Unterlagen sind vollständig, wenn sie eine Prüfung der Zulässigkeit der Beschwerde erlauben. Genügt die Beschwerde nicht den Formerfordernissen, wird die Beschwerde schon nicht in das Register eingetragen und geprüft, sofern nicht eine angemessene Erklärung gegeben wird (Art. 47 Abs. 5.1 lit. a VfO).

## VI. Frist

53 Für die **Beschwerdefrist** gilt das über die flexible Handhabung der formalen Zulässigkeitsvoraussetzungen Gesagte in besonderem Maße (→ Rn. 36). Die Beschwerde ist innerhalb einer Frist von **sechs Monaten** nach der endgültigen innerstaatlichen Entscheidung

[140] Vgl. EGMR NJW 2017, 2891 Rn. 75 – Kahn; NJW 2020, 901 Rn. 57 ff. – Lewit.

[141] Vgl. EGMR NJW 2006, 2389 Rn. 99, 106 – Sürmeli; Entsch. v. 9.7.2015 42219/07 Rn. 91 – Gherghina.

[142] EGMR Entsch. v. 7.2.2012 39954/08, Rn. 85 ff. – Axel Springer AG; Entsch. v. 13.9.2018 58170/13 Rn. 245 – Big Brother Watch.

[143] S. beispielsweise EGMR NJW 2018, 3768 Rn. 32 – Droemer Knaur (Meinungsfreiheit).

[144] EGMR NJW 1988, 3257 – Englert (Rüge einer Verletzung der Unschuldsvermutung mit Verfassungsbeschwerde); s. aber BVerfGE 74, 358 (370) = NJW 1987, 2427; E 82, 106 (120) = NJW 1990, 2741 (2742) → *Kunig* JK 93, EMRK Art 6 II/1.

[145] EGMR Entsch. v. 16.7.1971, Ser. A 13 Rn. 89 – Ringeisen; Entsch. v. 28.6.2001, Rep. 2001-VI Rn. 33 – VGT Verein gegen Tierfabriken.

[146] Vgl. EGMR Entsch. v. 21.10.2014 7362/10 Rn. 43 ff. – Dev; eingehend zur Rechtsprechung, *Leach* ECHR, Rn. 4.91 ff.

[147] Vgl. *Oellers-Frahm* FS Ress, 2005, S. 1027.

einzureichen (Art. 34 Abs. 1 EMRK). Nach In-Kraft-Treten des 15. Zusatzprotokolls wird die Frist auf vier Monate herabgesetzt sein.[148]

Die Beschwerdefrist steht in engem Zusammenhang mit der Einhaltung der Form und dem Erfordernis der Rechtswegerschöpfung, schon weil für ihren Beginn die nach dem innerstaatlichen Rechtsschutzsystem letztinstanzliche Entscheidung maßgeblich ist.[149] Für ihren **Beginn** sind die Bekanntgabevorschriften des innerstaatlichen Rechts in der Regel der entscheidende Bezugspunkt.[150] Fehlt es an einer geordneten Zustellung, kommt es darauf an, wann die Parteien vom Ausgang des Verfahrens Kenntnis erlangen können, was in der Regel mit der schriftlichen Ausfertigung der Entscheidungsgründe der Fall sein wird.[151] Bietet das innerstaatliche System keinen effektiven Rechtsschutz, ist auf die Vollziehung der Entscheidung abzustellen, die die Beschwer begründet.[152] Die Ergreifung offensichtlich ineffektiver Rechtsbehelfe wirkt sich nicht auf den Beginn der Frist aus, birgt also das Risiko der Fristversäumnis.[153] Dagegen ist dies noch nicht der Fall, solange über die Erfolgsaussichten lediglich Zweifel bestehen. Dem Dilemma zwischen der Gefahr der Unzulässigkeit wegen Nichterschöpfung des Rechtswegs und Fristversäumnis kann der Beschwerdeführer entgehen, indem er sowohl das zweifelhafte Rechtsmittel als auch Beschwerde beim EGMR erhebt und die Problematik darlegt.[154] Bei fortdauernden Verletzungen ist die Beendigung der belastenden Maßnahme entscheidend.[155] Gleiches kann für einen konventionswidrigen Zustand gesagt werden, der sich nicht auf eine bestimmte Maßnahme gründet.[156] 54

Zur **Einhaltung** der Frist genügt in der Regel die Einreichung des allen Erfordernissen entsprechenden Beschwerdeformulars nebst Anlagen (→ Rn. 27, 52). Da die Beschwerde postalisch erhoben werden muss, ist im Regelfall das Datum des Poststempels maßgeblich (Art. 47 Abs. 6 lit. a VfO).[157] Der Gerichtshof kann ein abweichendes Datum festlegen (Art. 47 Abs. 6 lit. b VfO); insbesondere kann der Beschwerdeführer ersucht werden, erforderliche weitere Angaben und Unterlagen innerhalb gesetzter Frist nachzureichen (Art. 47 Abs. 5.2 VfO). Verzögerungen, die der Beschwerdeführer nicht zu vertreten hat, können auch nicht zu seinen Lasten gehen.[158] So ist es für die Fristwahrung unschädlich, wenn die Gefängnisbehörden den Schriftverkehr behindern.[159] Daher kommt auch eine **Hemmung der Frist** in Betracht, solange der Beschwerdeführer etwa wegen Inhaftierung rein tatsächlich nicht in der Lage ist, von seinem Recht aus Art. 34 EMRK Gebrauch zu machen.[160] 55

## VII. Keine rechtskräftige Entscheidung oder anderweitige Anhängigkeit in derselben Sache

Die Beschwerde ist weiterhin unzulässig, wenn sie mit einer schon vorher vom EGMR geprüften Beschwerde übereinstimmt *(res iudicata)* oder einer anderen internationalen Un- 56

[148] Zum 15. Zusatzprotokoll → Fn. 20; Bosnien-Herzegowina und Italien haben es (zum 24.3.2020) noch nicht ratifiziert.

[149] Ausführlicher *Kadelbach* in: Dörr/Grote/Marauhn, EMRK/GG, Kap. 30 Rn. 66 ff.

[150] Maßgeblich ist daher § 30 Abs. 3 BVerfGG, dazu *E. Klein* in: Benda/Klein Verfassungsprozessrecht, Rn. 398; s. EGMR Rep. 1997-V Rn. 33 – Worm.

[151] EGMR NJW 2018, 2029 Rn. 129 – Kulykov.

[152] EGMR NJW 2007, 895 Rn. 155 – Gongadze (Unregelmäßigkeiten bei den Ermittlungen nach Ermordung eines Journalisten).

[153] EGMR Entsch. v. 23.10.1996 –17748/91, BeckRS 1996, 121720 Rn. 42 – Remli.

[154] Ebenso *Grabenwarter/Pabel* EMRK, § 13 Rn. 42.

[155] EGMR NVwZ 2013, 631 – El-Masri (Freiheitsentziehung).

[156] EGMR Entsch. v. 10.5.2001, Rep. 2001-IV Rn. 103 f. – Zypern/Türkei.

[157] Zur Irrelevanz von Wochenend- und Feiertagen für die Fristberechnung EGMR NJW 2012, 2943 (m. Anm. *Meyer-Ladewig/Petzold*) – Günes.

[158] Aufgrund der Corona-Epidemie hat der Gerichtshof die Beschwerdefrist ab dem 16.3.2020 bis auf weiteres um (zunächst) einen Monat verlängert, s. Pressemitteilung ECHR 094 (2020).

[159] EGMR Entssch. v. 7.10.2004 60776/00 Rn. 28, 35 – Poleshchuk.

[160] Ein schlechter Gesundheitszustand soll nicht genügen, EGMR Entsch. v. 17.1.1997 30237/96 – Roberts; anders für schwerste Verletzungen, wenn keine Aussicht auf Rechtschutz besteht EGMR Entsch. v. 12.11.2013 23502/06 Rn. 123 ff. – Benzer (Bombardement eines Dorfes in Anatolien durch die türkische Armee).

tersuchungs- oder Vergleichsinstanz unterbreitet worden ist (Litispendenz) (Art. 35 Abs. 2 lit. b EMRK). Die Anforderungen werden streng gehandhabt, die sonst geübte Flexibilität bei den Zulässigkeitsvoraussetzungen gibt es hier nicht.[161] Die **Identität der Rechtssache** bezieht sich auf die Parteien, den Beschwerdegegenstand und die vorgetragenen Tatsachen.[162] Nur bei Bekanntwerden neuer Tatsachen kann die Rechtssache neu bewertet werden.[163]

57 Um beurteilen zu können, ob die Beschwerde eine ***res iudicata*** ist, müssen also die Sachverhalte verglichen werden. Die Sachlage muss sich zwischen dem Zeitpunkt der Entscheidung des EGMR und dem des neuen Sachvortrags verändert haben. Regelmäßig genügt es nicht, wenn die vorgetragenen Tatsachen lediglich ergänzt werden, aber vorher schon hätten vorgetragen werden können. War es der Partei „nach menschlichem Ermessen" nicht möglich, die betreffende Tatsache zu kennen, so handelt es sich zwar noch immer um denselben Sachverhalt, doch kann dann ein Antrag auf Wiederaufnahme gestellt werden (Art. 80 VfO).

58 Die Frage der **Rechtskraft** kann sich bei Zulässigkeit und Begründetheit gleichermaßen stellen. Wurde die Beschwerde als unzulässig zurückgewiesen, das Hindernis aber behoben, so steht die frühere Zulässigkeitsentscheidung einer Entscheidung zur Sache nicht mehr im Wege. In materiellrechtlicher Hinsicht kann das In-Kraft-Treten eines Zusatzprotokolls für den beklagten Staat von Bedeutung sein, sofern die Verletzung noch andauert.

59 Die Voraussetzungen der **Litispendenz** sind ähnlich, abgesehen davon, dass sie sich auf eine anderweitige Anhängigkeit beziehen. Eine andere Instanz i. S. d. Art. 35 Abs. 2 lit. b EMRK sind vor allem der VN-Menschenrechtsausschuss, der für Beschwerden nach dem Fakultativprotokoll zum VN-Zivilpakt zuständig ist,[164] und andere Einrichtungen des Menschenrechtsschutzes der VN (→ § 3).[165] Darüber hinaus kommen Verfahren vor den Kontrollinstanzen der Internationalen Arbeitsorganisation in Betracht.[166] Dies ist bedenklich, weil die jeweiligen Schutzsysteme in der Stellung der zuständigen Organe, in der Rechtsschutzintensität und auch im Hinblick auf den Kontrollmaßstab mit dem EGMR nicht vergleichbar sind.[167] Der Beschwerdeführer muss, will er die Zurückweisung wegen Unzulässigkeit vermeiden, den anderweitig eingelegten Rechtsbehelf zurücknehmen. Dagegen gilt der EuGH nicht als anderweitige Untersuchungsinstanz,[168] schon weil er keine Grundrechtsbeschwerde kennt; allerdings übt der EGMR seine Zuständigkeit in Rechtssachen, die in die Kompetenz des EuGH fallen, ohnehin nur eingeschränkt aus (→ Rn. 11).

## VIII. Kein Missbrauch

60 Das Erheben einer Beschwerde darf ferner **nicht missbräuchlich** sein (Art. 35 Abs. 3 lit. a EMRK). Dies kommt selten vor und ist in vier Fallgruppen anzunehmen: (1) Wenn die Beschwerde wissentlich auf falsche Tatsachen gestützt wird, wenn gefälschte Unterlagen vorgelegt werden oder Wesentliches verschwiegen wird; (2) wenn das Verhalten des Beschwerdeführers als Missachtung des Gerichts zu werten ist; (3) wenn er sich entgegen Art. 39 Abs. 2 EMRK auf Erklärungen beruft, die die staatliche Partei in den Vergleichsverhandlungen vertraulich abgegeben hat; oder (4) wenn die Beschwerde querulatorisch ist, weil der Beschwerdeführer wiederholt offensichtlich unbegründete Beschwerden erhoben

---

[161] EGMR Entsch. v. 15.6.2017 71537/14 Rn. 54 ff. – Harkins.

[162] EGMR NJW 2010, 3699, Rn. 61 ff. – Verein gegen Tierfabriken (Nr. 2); Entsch. v. 26.4.2016 – 1443/10 Rn. 106 ff. – Amarandei.

[163] Zu einem solchen Fall EGMR NJW 2019, 1273 Rn. 30 ff. – Guja.

[164] Vgl. EGMR, DR 80 A, 24 (32) Pauger; EGMR Entsch. v. 13.2.2001 – 29590/96 – Yagmurdereli; Entsch. v. 29.10.2008 11830/03, Rn. 43 – Gharibashvili.

[165] EGMR Entsch. v. 7.4.2009 – 2096/05 – Peraldi.

[166] EGMR, DR 50, 228 (237) – Council of Civil Service Unions; DR 73, 120 Rn. 2 – Cereceda Martín.

[167] So zu Recht *Grabenwarter/Pabel* EMRK, § 13 Rn. 49.

[168] Zum Ersuchen auf Einleitung eines Vertragsverletzungsverfahrens nach Art. 258 AEUV s. EGMR Entsch. v. 1.2.2011, Rep. 2011-II Rn. 64 ff. – Karoussiotis.

hat oder ein erhebliches Missverhältnis zwischen dem behaupteten Verstoß und der Inanspruchnahme des EGMR besteht.[169]

## IX. Keine Unvereinbarkeit der Beschwerde mit der Konvention

Die Beschwerde wird für unzulässig erklärt, wenn sie mit der Konvention unvereinbar ist (Art. 35 Abs. 3 EMRK), weil sie mangels **Anwendbarkeit der EMRK** nicht in die Prüfungszuständigkeit des EGMR fällt. Zu unterscheiden sind die Unvereinbarkeiten *ratione personae, ratione loci, ratione temporis* und *ratione materiae.* 61

Die Unvereinbarkeit mit der Konvention ***ratione personae*** kann sich aus Umständen ergeben, die eine der Parteien des Beschwerdeverfahrens betreffen. So wird eine Beschwerde danach zurückgewiesen, wenn sie von einer nicht partei- oder prozessfähigen Person erhoben wird oder wenn es an der Opfereigenschaft fehlt.[170] Insofern ist auf die entsprechenden Ausführungen (→ Rn. 38 ff., 42 ff.) zu verweisen. Gegenüber den bereits erörterten Zulässigkeitsvoraussetzungen eigenständige Bedeutung gewinnt dieser Zurückweisungsgrund, wenn die als verletzt gerügte Garantie den beklagten Mitgliedstaat nicht oder nicht im geltend gemachten Umfang bindet, etwa weil er ein angeführtes Zusatzprotokoll nicht ratifiziert hat. Ferner scheitert die Beschwerde hier, wenn sie sich nicht gegen eine Konventionspartei richtet, sondern beispielsweise gegen eine Privatperson,[171] eine internationale Organisation[172] oder die Europäische Union (→ Rn. 11). Gleiches gilt, wenn es an der Zurechenbarkeit der gerügten Verletzung fehlt. Die Zurechnung ist besonders begründungsbedürftig, wenn der staatlichen Partei ein Unterlassen vorgeworfen wird, weil die Konventionsrechte in erster Linie Abwehrrechte sind. Einige von ihnen begründen aber auch Handlungspflichten, so insbesondere Art. 2 (Leben), Art. 3 (Schutz vor unmenschlicher oder erniedrigender Behandlung), Art. 5 (persönliche Freiheit) und Art. 8 (Privatsphäre) EMRK.[173] 62

***Ratione loci*** mit der Konvention unvereinbar sind Beschwerden, die sich auf Hoheitsakte außerhalb des Gebiets beziehen, für das die Konventionspartei verantwortlich ist. Hier ist prozessual auch die Problematik der Exterritorialität einzuordnen (→ Rn. 8). Ferner gehören in diesen Zusammenhang Fälle der Ausweisung oder Auslieferung, in denen der Beschwerdegegner für das sich anschließende oder drohende Verhalten des späteren Aufenthaltsstaates selbst nicht verantwortlich ist; allerdings ist zu prüfen, ob nicht mit schweren Menschenrechtsverletzungen im Drittstaat gerechnet werden muss.[174] 63

Mit der Konvention ***ratione temporis*** unvereinbar ist eine Beschwerde, wenn die Verletzung vor In-Kraft-Treten der Konvention für den beklagten Staat stattgefunden hat und nicht mehr fortdauert (→ Rn. 9).[175] 64

---

169 Zusammenfassend m. w. Nachw. zur Rspr. EGMR NJW 2014, 2925 Rn. 67 – S. A. S./Frankreich.

170 *Meyer-Ladewig/Kulick* in: Meyer-Ladewig/Nettesheim/v. Raumer, EMRK, Art. 34 Rn. 10; *Peters/Altwicker* EMRK, § 35 Rn. 15.

171 EGMR Entsch. v. 26.1.1999 38330/07 – Garner (Beschwerde gegen Strafverteidiger); allerdings kann der Staat Beschwerdegegner sein, wenn ihm vorzuwerfen ist, dass er von Privaten ausgehende Verletzungen nicht verhindert hat, vgl. *Abraham* in: Pettiti/Decaux/Imbert, La Convention Européenne des Droits de l'Homme, 2. Aufl. 1999, S. 579 (584). Zudem darf er sich nicht durch Privatisierung seiner Aufgaben der Verantwortung entledigen. Er haftet, soweit seine Rechtskontrolle reicht; s. zur Sportschiedsgerichtsbarkeit EGMR SpuRt 2018, 253 Rn. 62 ff. – Mutu u. Pechstein, (m. Anm. *Hülskötter*).

172 Vgl. aber EGMR Entsch. v. 18.2.1999 – 28934/95 – Beer u. Regan, wo eine Beschwerde gegen die Bundesrepublik Deutschland als unbegründet zurückgewiesen wurde, die sich gegen die Gewährung von Immunität für die European Space Agency vor deutschen Arbeitsgerichten gerichtet hatte; s. auch Entsch. v. 2.5.2007 – 71412/01, BeckRS 2008, 06730 Rn. 144 ff. – Behrami u. Saramati (UNO).

173 EGMR Rep 1998-III Rn. 124 – Kurt (Verschwinden eines Inhaftierten); Rep 1998-VI Rn. 22 – A./Vereinigtes Königreich (Prügelstrafe gegen Neunjährigen); EuGRZ 1995, 530 – Lopez Ostra → *Kunig* JK 96, EMRK Art 8/2 (Duldung einer gefährlichen Anlage in der Nähe eines Wohnhauses); s. die Systematik bei *Grabenwarter/Pabel* EMRK, § 19 Rn. 1 ff.; *Mowbray* The Development of Positive Obligations under the European Convention of Human Rights by the European Court of Human Rights, 2004; *Klatt* ZaöRV 71 (2011), 691; *Krieger* ZaöRV 74 (2014), 187.

174 S. die Nachw. in Fn. 114.

175 Zusammenfassend EGMR NJW 2007, 347 – Blečić; dazu *Vajić* Liber Amicorum Wildhaber, 2007, S. 483.

65 Ob eine Beschwerde ***ratione materiae*** mit der Konvention vereinbar ist, richtet sich schließlich danach, ob das als verletzt gerügte Recht von der EMRK überhaupt gewährleistet wird. Insoweit findet ein an einem Evidenzmaßstab orientierter Vorgriff auf die Begründetheitsprüfung statt. An dieser Voraussetzung fehlt es, wenn sich die vorgetragene Einbuße an Freiheiten offensichtlich generell keiner Konventionsgarantie zuordnen lässt oder wenn das geltend gemachte Konventionsrecht konkret den beklagten Staat nicht bindet, weil er zu der einschlägigen Bestimmung einen gemäß Art. 57 EMRK möglichen Vorbehalt erklärt hat.[176] Kein Prüfungsmaßstab der Individualbeschwerde nach Art. 34 EMRK sind andere Menschenrechtsübereinkommen des Europarates wie die Europäische Sozialcharta vom 18. Oktober 1961 (ESC),[177] das Übereinkommen zur Verhütung von Folter und unmenschlicher oder erniedrigender Behandlung oder Strafe vom 26.11.1987[178] und die verschiedenen Konventionen zum Schutz von Minderheiten,[179] die ihre jeweils eigenen Schutzmechanismen haben und nicht der Gerichtsbarkeit des EGMR unterliegen.[180] Diese Übereinkommen können aber als Konkretisierungshilfe für die Auslegung der Konventionsgarantien der EMRK herangezogen werden.[181]

66 Dagegen kommt es nicht darauf an, dass die Beschwerde den vorgetragenen Sachverhalt den Konventionsgarantien richtig zugeordnet hat; dies ist Sache des Gerichtshofs.

## X. Keine offensichtliche Unbegründetheit

67 Auch die Zurückweisung **wegen offensichtlicher Unbegründetheit** (Art. 35 Abs. 3 lit. a EMRK) verlangt eine Vorabbeurteilung. Dabei geht es nicht allein darum, querulatorische oder sonst auf den ersten Blick unplausible Beschwerden zurückweisen zu können. An dieser Hürde scheitern auch sehr viele Beschwerden, die nicht hinreichend substantiiert sind, weil die nötigen Beweise fehlen oder weil, die Wahrheit des Vortrags unterstellt, keine Konventionsverletzung festzustellen ist.[182] Auch die Rüge der lediglich unrichtigen Anwendung nationalen Rechts scheitert an dieser Voraussetzung, weil sich der EGMR nicht als „vierte Instanz" versteht, ähnlich wie die Verfassungsbeschwerde vor dem BVerfG nur bei Verletzung „spezifischen Verfassungsrechts" (→ *Scherzberg* § 15 Rn. 122) Erfolg haben kann (→ Rn. 5). Die offensichtliche Unbegründetheit ist eine Frage des Prüfungsergebnisses, nicht des ersten Anscheins. So kann sich auch erst nach Schriftwechsel, mündlicher Verhandlung, eingehender Prüfung und in ausführlicher Darlegung der Gründe herausstellen, dass eine Beschwerde offensichtlich unbegründet ist (vgl. Art. 35 Abs. 4 EMRK).[183]

## XI. Erheblicher Nachteil

68 Seit In-Kraft-Treten des 14. Zusatzprotokolls 2010 kann der EGMR eine Beschwerde auch dann für unzulässig erklären, wenn er zu dem Ergebnis kommt, dass dem **Beschwer-**

---

[176] Vgl. EGMR A 132 Rn. 49 – Belilos; Rep. 1996-VI Rn. 33 ff. – Loizidou.

[177] BGBl II S. 1262.

[178] BGBl II S. 946, geändert durch zwei Zusatzprotokolle, konsolidierte Fassung BGBl II S. 1115.

[179] Europäische Charta der Regional- und Minderheitensprachen v. 5.11.1992, BGBl II S. 1315; Rahmenübereinkommen zum Schutz nationaler Minderheiten v. 1.2.1995, BGBl II S. 1408.

[180] Dazu *Giegerich* in: Merten/Papier, Hdb Grundrechte VI/1 § 148; *Kadelbach* in: Dörr/Grote/Marauhn, EMRK/GG, Kap. 30 Rn. 96 ff., 108 ff.

[181] Zur ESC EGMR Entsch. v. 12.11.2008, Rep. 2008-V Rn. 53 ff., 86 f. – Demir und Baykara; zum Minderheitenschutz *Hofmann* FS Ress, 2005, S. 1011.

[182] Zur Praxis s. die in fünf Fallgruppen geordneten umfangreichen Nachw. in EGMR, Practical Guide (Fn. 95), S. 61 ff.

[183] Prominentes Beispiel EGMR NJW 2007, 1433 – Weber (Beschwerde gegen Neufassung des G 10-Gesetzes); vgl. auch NJW 2019, 741 – Bild GmbH (Verbreitung von Fotos eines Prominenten aus dem Gefängnis).

**deführer kein erheblicher Nachteil** entstanden ist, es sei denn, die Achtung der Konventionsrechte erfordert eine Prüfung und die Beschwerde ist noch von keinem innerstaatlichen Gericht „gebührend geprüft" worden (Art. 35 Abs. 3 lit. b EMRK). Die Unerheblichkeit kann finanzieller Art sein, doch ist immer das Gewicht der in Rede stehenden Garantie zu prüfen.[184] Die Konformität einer Freiheitsentziehung mit der Konvention kann danach bspw. nicht geringfügig sein.[185] Die erste Rückeinschränkung (Erfordernis einer Prüfung) lehnt sich an die Negativvoraussetzungen für eine Streichung der Beschwerde aus dem Register an (vgl. Art. 37 Abs. 1 S. 2, 39 Abs. 1 EMRK). Die zweite Ausnahme („gebührende" Prüfung durch innerstaatliche Gerichte) bezieht sich auf die Beschwerde als Ganzes, nicht auf einzelne Rügen; sie wird wieder aus dem Vertragstext gestrichen werden, wenn das 15. Zusatzprotokoll in Kraft tritt, was den potenziellen Anwendungsbereich des Nachteilskriteriums erweitert.[186] Das Nachteilserfordernis soll der Arbeitslast des Gerichtshofs begegnen und stößt daher auf die Kritik, dass es das Beschwerderecht tendenziell untergrabe.[187] Ob sich dies bewahrheiten wird, ist nicht leicht abzusehen, weil bei jeder Garantie neu beurteilt werden muss, was „geringfügig" sein soll. Die Kriterien sind an sich flexibel genug gefasst, um das Niveau des Rechtsschutzes bewahren zu können. Allerdings ist das Nachteilskriterium auch schon in den anderen Zulässigkeitsanforderungen wie den Negativvoraussetzungen des Missbrauchs und der offensichtlichen Unbegründetheit enthalten. Die Novelle erscheint daher zumindest unnötig.

## C. Begründetheit einer Individualbeschwerde

### I. Prüfungsabfolge

Über die **Prüfungsreihenfolge** zwischen den einzelnen Konventionsgarantien gibt es 69
**kaum feste Regeln.** Dies gilt für das Verhältnis zwischen Zulässigkeit und Begründetheit, die zuweilen für jede als verletzt gerügte Garantie jeweils nacheinander untersucht werden. Für die Begründetheit folgt aus dem Verhältnis der einzelnen Rechte zueinander zunächst, dass das Diskriminierungsverbot des Art. 14 EMRK logisch nachrangig ist, weil es voraussetzt, dass der Sachverhalt in den Regelungsbereich eines Freiheitsrechts fällt.[188] Im Übrigen orientiert sich der EGMR teils am Vortrag des Beschwerdeführers, teils wendet er sich dem Schwerpunkt des Vorwurfs zuerst zu. Innerhalb der jeweiligen Konventionsgrundrechte ist nach Schutzrichtung zu unterscheiden. Die Prüfungsschritte hängen nach Art der Gewährleistung davon ab, ob es sich um Freiheitsrechte, um Verfahrens- und Justizgrundrechte oder um Gleichheitsrechte handelt. Teils haben die Freiheitsrechte eine prozessuale Seite *(procedural limb)*, die von der materiell-rechtlichen Seite getrennt untersucht wird (→ Rn. 84). Ferner stellen die Handlungspflichten eigene Anforderungen auf. Ein Auffanggrundrecht, wie im deutschen Grundgesetz die allgemeine Handlungsfreiheit (Art. 2 Abs. 1 GG), gibt es in der EMRK so nicht. Auch wenn die Schutzbereiche über die Zeit in evolutiver Rechtsprechung erweiternd ausgelegt wurden, ist es also theoretisch denkbar, dass bestimmte Lebensbereiche durch keine Konventionsgarantie erfasst werden.

---

[184] Zur bisherigen Kasuistik EGMR, Practical Guide (Fn. 95), S. 68 ff.

[185] EGMR Entsch. v. 28.10.2014 15048/09 Rn. 75 ff. – Aslan.

[186] Art. 5 ZP 15, s. Fn. 20.

[187] Vgl. *Egli* ZaöRV 2004, 759; *Leach* HRLJ 27 (2006), 11; *Ruedin* EHRLR 13 (2008), 80; *Vogiatzis* ICLQ 65 (2016), 185.

[188] Auch Art. 18 EMRK, der hervorhebt, dass eine Einschränkung der Konventionsrechte nur aus den vorgesehenen Gründen zulässig ist, und eigenständig verletzt sein kann, setzt voraus, dass ein staatliches Verhalten in ein Freiheitsrecht eingreift; s. in Verbindung mit Art. 5 EMRK (persönliche Freiheit) EGMR Entsch. v. 28.11.2017 72508/13 – Merabishvili.

## II. Freiheitsrechte

70 Der aus der verfassungsrechtlichen Grundrechtsprüfung bekannte **methodische Dreischritt** von Schutzbereich, Eingriff und Rechtfertigung[189] kann auch auf die Rechte aus der EMRK angewendet werden, allerdings mit gewissen Vorbehalten.[190] Zunächst kennt die EMRK absolute Rechte, die nicht einschränkbar sind, wie die Verbote der Folter (Art. 3 EMRK), der Sklaverei und der Zwangsarbeit (Art. 4 EMRK) sowie der Ausweisung eigener Staatsangehöriger und der Kollektivausweisung (Art. 3 und 4 ZP 4).[191] Bei den verbleibenden Garantien (vor allem bei Art. 8 bis 12 EMRK, Art. 1 ZP 1, Art. 2 ZP 4) lässt sich die verfassungsrechtliche Grundrechtsdogmatik als methodische Orientierungshilfe heranziehen, auch wenn der EGMR selten explizit so verfährt.

### 1. Schutzbereich

71 Die meisten Konventionsrechte stehen allen, die der Hoheitsgewalt eines Konventionsstaates unterliegen (Art. 1 EMRK), ohne Ansehen der Staatsangehörigkeit zu.[192] Einen von vornherein beschränkten **personellen Schutzbereich** haben aber das Wahlrecht (Art. 3 ZP 1) und der individuelle Ausweisungsschutz (Art. 3 ZP 4); auf beide Rechte können sich Ausländer nicht berufen.

72 Der **sachliche Schutzbereich** wird vom EGMR nicht immer präzise bestimmt. Sind die in Betracht kommenden Konventionsrechte vergleichbar, weil dieselben Schrankenregelungen gelten und es letztlich auf diese ankommt, verzichtet er auf eingehende Erörterungen.[193] Bei Auslegung der Schutzbereiche folgt der EGMR einer dynamisch-teleologischen Methodik, die vom evolutiven Charakter der Konvention ausgeht und sie als *living instrument* ansieht, deren Verständnis sich wandelnden Umständen angepasst werden muss. So kann es dazu kommen, dass ältere Entscheidungen, die einen Schutzbereich eng gezogen haben, später zugunsten einer schutzintensiveren Auslegung revidiert werden.[194]

### 2. Eingriff

73 Zwischen Schutzbereich und Eingriff besteht ein enger Zusammenhang, weil die Konventionsgarantien an typischen Gefährdungslagen, also denkbaren Eingriffen, anknüpfen.[195] Es überrascht daher nicht, dass die EMRK selbst **verschiedene,** an den jeweiligen Garantien orientierte **Eingriffsbegriffe** verwendet. So ist in Art. 8 Abs. 2 EMRK in der deutschen Fassung ausdrücklich von einem „Eingriff" die Rede, Art. 9 Abs. 2, 10 Abs. 2 und 11 Abs. 2 EMRK sprechen von „Einschränkungen". Auch die Begriffe „Töten" (Art. 2) und

---

[189] Vgl. die Methodik in dem von *Pieroth/Schlink* begründeten Lehrbuch von *Kingreen/Poscher* Grundrechte, Rn. 253 ff.

[190] S. *Peters/Altwicker* EMRK, § 3 Rn. 1 ff.; *Marauhn/Merhof* in: Dörr/Grote/Marauhn, EMRK/GG, Kap. 7 Rn. 1 ff.; *Ehlers* in: Ehlers, Europäische Grundrechte, § 2 Rn. 67; *Grabenwarter/Pabel* EMRK, § 18 Rn. 1 ff.; *Schilling* Menschenrechtsschutz, Rn. 39.

[191] Davon geht auch Art. 52 der GRCh aus, der auf die nach der EMRK geltenden Schranken verweist.

[192] Der in der Praxis wenig bedeutsame Art. 16 EMRK, der es den Vertragsstaaten gestattet, die politische Betätigung von Ausländern einzuschränken, ist keine Befugnis, den Schutzbereich der entsprechenden Garantien (Meinungs-, Vereinigungs- und Versammlungsfreiheit) zu begrenzen (a. A. *Kälin/Künzli* Menschenrechtsschutz, Rn. 4.2), sondern eine spezielle Schrankenregelung, deren Anwendung auf Rechtfertigungsebene überprüft werden kann (→ Rn. 74).

[193] So kommt es letztlich oft nicht darauf an, ob ein Handeln als Äußerung der Gedankenfreiheit (Art. 9 EMRK) oder der Meinungsfreiheit (Art. 10 EMRK) anzusehen ist, wenn maßgeblich ist, ob die Beschränkung „gesetzlich vorgesehen und in einer demokratischen Gesellschaft notwendig" ist (vgl. Art. 9 Abs. 2 mit Art. 10 Abs. 2 EMRK).

[194] Vgl. beispielsweise EGMR EuGRZ 1979, 162 Rn. 29 ff. – Tyrermit; NJW 2001, 56 (60) – Selmouni (unmenschliche und erniedrigende Behandlung i. S. d. Art. 3 EMRK); vgl. dagegen EGMR NJW 2002, 2851 Rn. 54 – Pretty (Sterbehilfe); *Matscher* FS Wildhaber, 2007, S. 437; s. zur dynamischen Methode eingehend *Cremer* in: Dörr/Grote/Marauhn, EMRK/GG, Kap. 4 Rn. 35 ff.

[195] S. auch *Grabenwarter/Pabel* EMRK, § 18 Rn. 6.

„Entziehen" (Art. 5 EMRK, Art. 1 ZP 1) bezeichnen Eingriffe. Die der deutschen Grundrechtsdogmatik bekannte Differenzierung zwischen einem „klassischen" und einem „modernen" Eingriffsbegriff (→ *Scherzberg* § 15 Rn. 140ff.) gibt es in der eher kasuistischen Rechtsprechung des EGMR dagegen in dieser Form nicht, ebenso wenig wie sonst eine Eingriffsdogmatik. Die Einordnung einer Maßnahme als Eingriff dient in erster Linie dazu, ihre **Zurechnung** an den beklagten Mitgliedstaat herzustellen und **unwesentliche Beeinträchtigungen** aus der Prüfung auszuscheiden. Regelmäßig wird dieser Aspekt bereits im Rahmen der Zulässigkeit bei Beurteilung der Opfereigenschaft eine Rolle spielen. Ansonsten wird im Geiste teleologischer Handhabung der Konventionsgarantien ein weiter Eingriffsbegriff verwendet.[196]

### 3. Rechtfertigung

Zunächst können die meisten Konventionsrechte im **Notstandsfall** suspendiert werden (Art. 15 EMRK), abgesehen von den in Art. 15 Abs. 2 EMRK genannten **Kerngarantien.** Auch Eingriffe in suspendierte Rechte können aber daraufhin geprüft werden, ob und inwieweit sie jeweils **erforderlich** waren.[197] Die politischen Grundrechte von Ausländern aus Art. 10 und 11 EMRK sowie das Diskriminierungsverbot des Art. 14 EMRK, soweit es sich hierauf bezieht, können beschränkt werden (Art. 16 EMRK).[198] Auch das gegen totalitäre Bestrebungen gerichtete Missbrauchsverbot (Art. 17 EMRK) ist als Schranke konzipiert, hat aber bisher keine große Bedeutung gehabt. 74

Abgesehen von diesen Ausnahmeregelungen folgt die **Rechtfertigungsprüfung** einem **Maßstab,** der grundrechtsspezifisch zu ermitteln ist. Allerdings sind die Schranken der Art. 8 bis 11 EMRK, Art. 2 ZP 4 ähnlich formuliert, so dass sich hier gemeinsame Grundsätze entwickelt haben. 75

Danach bedarf es einer **rechtlichen Grundlage.** Damit sind zuerst einmal rechtsstaatliche Anforderungen angesprochen wie die Bindung der öffentlichen Gewalt an das Gesetz und die Vorhersehbarkeit des Eingriffs.[199] Ob darüber hinaus auch das Demokratieprinzip von dieser Schrankenregelung in dem Sinne umfasst ist, dass es stets einer Rückbindung des Eingriffsaktes an einen Akt des Parlaments bedarf, muss zunächst zweifelhaft erscheinen. Die Originalsprachen verlangen, der Eingriff müsse *„prévue par la loi"* bzw. *„perscribed by law"* sein, was sich auch als rechtlich vorgesehen übersetzen und nicht zwingend als Erfordernis eines Parlamentsgesetzes verstehen lässt. In Rechtsordnungen des *common law* kann auch Richterrecht genügen.[200] Der Bezug auf eine „demokratische Gesellschaft" und das Kriterium der Vorhersehbarkeit sprechen aber dafür, zumindest in den Ländern, in denen die Rückführbarkeit des Gesetzes auf den Willen des Souveräns und die Publizität des Gesetzes als Kernelemente der Rechtsstaatlichkeit gelten, auch ein **Gesetz** zu verlangen. Im Ergebnis führt dies dazu, die Ausformung des Gesetzeserfordernisses abhängig von den **Gegebenheiten der jeweiligen Rechtskultur** zu bestimmen, so dass für die deutsche Rechtsordnung eine zu einem Gesetz im formellen Sinne zurückführende Legitimationskette zu verlangen wäre.[201] Doch sind der Anwendung dieses Kriteriums gewisse Grenzen 76

---

[196] *Weber-Dürler* VVDStRL 57 (1998), 57 (65 und 86); *Marauhn/Merhof* in: Dörr/Grote/Marauhn, EMRK/GG, Kap. 7 Rn. 14ff.; *Ehlers* in: Ehlers, Europäische Grundrechte, § 2 Rn. 70.

[197] Näher zu Art. 15 EMRK *Krieger* in: Dörr/Grote/Marauhn, EMRK/GG, Kap. 8; *Kadelbach/Roth-Isigkeit* Nord J Int'l L 86 (2017), 275.

[198] Für Staatsangehörige der EU-Mitgliedstaaten gilt dies innerhalb der EU nicht, vgl. EGMR Entsch. v. 27.4.1995, Ser. A 314 Rn. 64 – Piermont.

[199] EGMR EuGRZ 1979, 386 Rn. 47ff. – Sunday Times; Entsch. v. 24.3.1988, Ser. A 130 Rn. 61 – Olsson; Entsch. v. 13.7.1995, Ser. A 316-B Rn. 37 – Tolstoy Miloslavsky.

[200] Vgl. zu Art. 7 EMRK (keine Strafe ohne Gesetz) EGMR Entsch. v. 22.11.1995, Ser. A 335-B Rn. 34 ff – S. W./Vereinigtes Königreich und Ser. A 335-C Rn. 32 ff – C. W./Vereinigtes Königreich.

[201] So auch *Frowein/Peukert* EMRK, Vorb zu Art. 8–11 Rn. 2; *Grabenwarter/Pabel* EMRK, § 18 Rn. 8f.; dagegen für einen allgemeinen, materiellen Gesetzesbegriff *Ibing* Die Einschränkung der europäischen Grundrechte durch Gemeinschaftsrecht, 2006, S. 122ff.; *Peters/Altwicker* EMRK, § 3 Rn. 5; *Marauhn/Merhof* in: Dörr/Grote/Marauhn, EMRK/GG, Kap. 7 Rn. 25; *Ehlers* in: Ehlers, Europäische Grundrechte, § 2 Rn. 76.

gesetzt, da der EGMR nicht ohne Weiteres Maßstäbe des innerstaatlichen Rechts anlegen kann.

77 Die **Notwendigkeit** des in Rede stehenden Eingriffs in einer **demokratischen Gesellschaft,** die Art. 8 bis 11 EMRK, Art. 2 ZP 4 zur Voraussetzung seiner Rechtfertigung machen, muss sich auf eines der dort genannten Ziele beziehen. Art. 1 ZP 1 nennt kein eigenes Ziel, sondern verweist auf die Gesetze, doch ist im Einklang mit den übrigen Konventionsbestimmungen auch hier ein **legitimes Gemeinwohlinteresse** zu fordern. Der Gerichtshof überprüft die Legitimität des Eingriffsziels gewöhnlich nicht eingehend. Darüber hinaus wird das Notwendigkeitskriterium als **Verhältnismäßigkeitsmaßstab** verstanden.[202] Auch wenn alle drei Schritte der aus dem deutschen Recht bekannten Prüfung gelegentlich auftauchen,[203] wird zumeist ein zweistufiger Verhältnismäßigkeitstest angewendet, der die Eignung und die Verhältnismäßigkeit im engeren Sinne unterscheidet. Auf der zweiten Stufe, auf der sich der Ausgang des Falles meist entscheidet, kann dann auch die Frage nach milderen Mitteln aufgeworfen werden.[204] In diesem Rahmen ist auch zu berücksichtigen, dass die Mitgliedstaaten bei der Wahl ihrer Mittel einen Gestaltungsspielraum *(margin of appreciation)* besitzen.[205]

78 Auch bei den Grundrechten, für welche die in den Art. 8 bis 11 EMRK formulierte Schranke nicht errichtet worden ist, ist der Verhältnismäßigkeitsgrundsatz heranzuziehen, sofern dabei der Wesensgehalt der Konventionsrechte beachtet wird.[206] Darüber hinaus kommen bei ihnen **immanente Schranken** in Betracht.[207]

## III. Justizgrundrechte

79 Die **Justizgrundrechte** der Art. 5 (Freiheit), 6 (faires Verfahren), 7 (nulla poena sine lege) und 13 (Zugang zu einem Rechtsbehelf) EMRK haben strukturell manches mit den anderen Grundrechten gemeinsam, es gelten aber auch Besonderheiten.[208] Zum einen ist (insbesondere bei Art. 6 und 7 EMRK) die Bestimmung des Schutzbereichs in stärkerem Maße vom innerstaatlichen Recht der Mitgliedstaaten abhängig, was bei der Zuordnung ggf. komplexere Überlegungen erfordert. Zum anderen sind die Maßstäbe genauer beschrieben, so dass eine Verletzung bereits dann anzunehmen ist, wenn diesen Anforderungen nicht entsprochen wird, ohne dass es dann noch einer Verhältnismäßigkeitsprüfung bedarf.[209] Teilausschnitte dieser Grundrechte sind hingegen einer Verhältnismäßigkeitsprüfung zugänglich, so die Frage der Angemessenheit der Verfahrensdauer nach Art. 6 Abs. 1 EMRK. Gemeinsam ist den meisten dieser Garantien mit den Freiheitsrechten der Art. 8 bis 12 EMRK, dass Eingriffe nur rechtmäßig sein können, wenn sie auf gesetzlicher Grundlage beruhen.

[202] S. zu einzelnen Garantien *Pätzold* in: Karpenstein/Mayer, EMRK, Art. 8 Rn. 97; *v. Ungern-Sternberg,* in: Karpenstein/Mayer, EMRK, Art. 9 Rn. 38; *Mensching* in: Karpenstein/Mayer, EMRK, Art. 10 Rn. 52; *Arndt/Schubert* in: Karpenstein/Mayer, EMRK, Art. 11 Rn. 15.

[203] Vgl. *Ehlers* in Ehlers, Europäische Grundrechte, § 2 Rn. 80.

[204] *Peters/Altwicker* EMRK, § 3 Rn. 14; *Marauhn/Merhof* in: Dörr/Grote/Marauhn, EMRK/GG, Kap. 7 Rn. 50, jew. m. w. Nachw.

[205] Grundlegend EGMR EuGRZ 1977, 38 Rn. 58 – Handyside; eingehend *Rozakis* FS Costa, 2011, S. 527; *Macdonald* in: Macdonald/Matscher/Petzold, The European System for the Protection of Human Rights, 1993, S. 83 ff.; *Grabenwarter/Struth* EuGRZ 2015, 1.

[206] Zum Recht auf Eheschließung (Art. 12 EMRK) EGMR Entsch. v. 5.11.2002 – 48539/99, BeckRS 2003, 05512 Rn. 99 ff. – Goodwin.

[207] *Peters/Altwicker* EMRK, § 3 Rn. 20; zu Anforderungen an Sprachkenntnisse als Beschränkung des Wahlrechts (Art. 3 ZP 1) EGMR 2002-II Rn. 33 f. – Podkolzina.

[208] *Marauhn/Merhof* in: Dörr/Grote/Marauhn, EMRK/GG, Kap. 7 Rn. 64 ff.; *Grabenwarter/Struth* in: Ehlers, Europäische Grundrechte, § 6 Rn. 1 ff.

[209] Bei den Art. 101 und 103, mit Einschränkungen bei Art. 2 Abs. 2 S. 2 i. V. m. Art. 104 GG ist dies ähnlich, s. im Einzelnen *Kingreen/Poscher* Grundrechte, Rn. 503 f. (Freiheitsbeschränkung), Rn. 1235 (gesetzlicher Richter), Rn. 1245 (rechtliches Gehör), Rn. 1264 (nulla poena sine lege).

## IV. Handlungspflichten

Besonderheiten gelten ferner bei den **Handlungspflichten** (auch Gewährleistungspflichten, positive Verpflichtungen genannt) der Mitgliedstaaten (→ Rn. 62). Konventionswidrig ist hier ein **Unterlassen,** sei es dass der Staat zum Schutz der Konventionsrechte notwendige Informationen nicht zur Verfügung gestellt, dass er keinen Zugang zu Gericht gewährt (Art. 13 EMRK) oder dass er sonst gebotene Maßnahmen nicht ergriffen hat.[210] Die **Besonderheit der Prüfung** besteht darin, dass das unterlassene, aber pflichtgemäße Verhalten beschrieben werden muss, um den Eingriff zu bezeichnen.[211] Auf Rechtfertigungsebene geht es im Rahmen der Verhältnismäßigkeitsprüfung darum, welche Maßnahmen notwendig und dem beklagten Staat zumutbar waren.[212] 80

## V. Gleichheitsrechte

Das **Diskriminierungsverbot des Art. 14 EMRK** ist den Freiheitsrechten akzessorisch, d. h. es setzt voraus, dass das Verhalten des Beschwerdeführers in den Bereich einer der Konventionsgarantien fällt.[213] Meist wendet der EGMR Art. 14 EMRK nicht mehr an, wenn der Beschwerdeführer in diesem Freiheitsrecht auch verletzt ist.[214] Das Gleichheitsrecht wird also beispielsweise herangezogen, wenn zwar der Schutzbereich eines anderen Konventionsrechts betroffen, der Eingriff aber gerechtfertigt ist, und wenn sich dabei ungleiche Belastungen verschiedener Personengruppen ergeben.[215] So kann eine Beschränkung des elterlichen Sorgerechts nach Art. 8 EMRK gerechtfertigt sein, die zugrunde liegende Regelung aber Männer und Frauen oder eheliche und nicht eheliche Väter ungleich behandeln. Möglich ist es aber auch, dass die Ungleichbehandlung der Freiheitsverletzung in schwerwiegender Weise eine zusätzliche Dimension gibt; dann können ein Freiheitsrecht und das Diskriminierungsverbot kumulativ verletzt sein.[216] 81

In der **Prüfung**[217] ist zunächst festzustellen, ob Art. 14 EMRK anwendbar ist. Dazu ist (1) zu klären, ob der Anwendungsbereich eines Freiheitsrechts berührt und verletzt ist und ob ggf. für eine zusätzliche Anwendung des Art. 14 EMRK Raum ist. Anschließend ist (2) nach einer Ungleichbehandlung zu fragen. Ähnlich wie nach Art. 3 Abs. 1 GG (→ *Scherzberg* § 15 Rn. 174 ff.) sind hierzu (a) Vergleichsgruppen zu bilden, (b) die Differenzierung bzw. Nicht-Differenzierung zu benennen und (c) deren Rechtfertigung zu erörtern. Bei der Rechtfertigung kommt es wiederum auf den legitimen Zweck und auf die Verhältnismäßigkeit zwischen dem eingesetzten Mittel (d. h. der differenzierenden Maßnahme) und dem verfolgten Zweck an. 82

**Lösung zum Fall:**[218] **A. Zulässigkeit:** (I) A und B habe ihre Beschwerden nicht anonym eingelegt. (II) Sie sind als natürliche Personen parteifähig und als Volljährige 83

---

[210] Vgl. EGMR NJW 1999, 3185 – Guerra → *Ehlers* JK 99 EMRK Art. 8, 10, 50/3 und → JuS 1999, 809 (*Dörr*).

[211] Vgl. *Holoubek,* Grundrechtliche Gewährleistungspflichten, 1997, S. 284 ff. (Umweltschutz); *Grabenwarter/Pabel* EMRK, § 19 Rn. 11 (Verfahrensgestaltung).

[212] *Peters/Altwicker* EMRK, § 3 Rn. 15.

[213] *Frowein/Peukert* EMRK, Art. 14 Rn. 2; *Uerpmann-Wittzack* in: Ehlers, Europäische Grundrechte, § 3 Rn. 67; dem am 1.4.2005 in Kraft getretenen 12. Protokoll (Fn. 20), dessen Art. 1 ein nichtakzessorisches Diskriminierungsverbot enthält, ist die Bundesrepublik Deutschland nicht beigetreten.

[214] Näher zum Verhältnis *Altwicker,* Menschenrechtlicher Gleichheitsschutz, 2011, S. 121 ff.; *Peters/König* in: Dörr/Grote/Marauhn, EMRK/GG, Kap. 21 Rn. 37 f.

[215] Vgl. EGMR EuGRZ 1995, 392 Rn. 22 – Schmidt → *Kunig* JK 95, EMRK Art 14/1; NJW 2001, 1558 – Olbertz; NJW 2006, 917 – Okpisz.

[216] Grundlegend EGMR EuGRZ 1979, 626 – Airey; s. auch EGMR NJW 1999, 3695 – Chassagnou.

[217] Vgl. die krit. an der Rechtsprechung des EGMR orientierte Prüfungsfolge bei *Peters/Altwicker* EMRK, § 33 Rn. 6 und Anhang S. 297 f.; *Grabenwarter/Pabel* EMRK, § 26 Rn. 8 ff.

[218] Die Skizze folgt im Wesentlichen EGMR NJW 2018, 3764 und, soweit dort nicht wiedergegeben, der Originalfassung EGMR Entsch. v. 9.11.2017 – 47274/15 – Hentschel u. Stark.

auch prozessfähig. (III) Sie machen ferner schlüssig geltend, durch die Polizei und das nachfolgende Ermittlungsverfahren in ihren Rechten aus Art. 3 EMRK (Verbot unmenschlicher oder erniedrigender Behandlung), womöglich auch Art. 13 EMRK (Recht auf einen Rechtsbehelf) verletzt zu sein, so dass sie auch die in Art. 35 Abs. 1 EMRK vorausgesetzte Opfereigenschaft besitzen. (IV) Fraglich ist indessen, ob sie auch alle innerstaatlichen Rechtsbehelfe ausgeschöpft haben. Dazu sind mit Blick auf die geltend gemachten Rechtsverletzungen die Rechtsbehelfe zu nutzen, die nach nationalem Recht Abhilfe versprechen. Ineffektive Rechtsmittel brauchen dagegen nicht eingelegt werden. (1) Vertikale Rechtswegerschöpfung: Ein Klageerzwingungsverfahren wegen der Unterdrückung von Videomaterial haben die Beschwerdeführer nicht angestrengt; indessen haben sie versucht, ein solches Verfahren wegen Polizeigewalt zu erreichen, dem gegenüber der Aspekt ihrer Beweisbarkeit durch Videofilm keine selbständige Bedeutung hat. Ein solcher Rechtsbehelf war also nicht hinreichend erfolgversprechend. Im Übrigen haben die Beschwerdeführer den Rechtsweg bis einschließlich der Verfassungsbeschwerde durchlaufen. (2) Horizontale Rechtswegerschöpfung: Alle wesentlichen Aspekte der behaupteten Rechtsverletzung einschließlich des Mangels an Effektivität der Ermittlungen waren im Zusammenhang mit dem Vorwurf der Verletzung körperlicher Unversehrtheit gerügt und in ihrer verfahrensrechtlichen Dimension unter den Aspekten der Rechtsschutzgarantie und des Rechts auf rechtliches Gehör (Art. 19 Abs. 4, 103 Abs. 1 GG) geltend gemacht worden. (V) Es ist davon auszugehen, dass Form und Frist gewahrt sind. (VI) Die Beschwerde ist auch nicht schon vom EGMR entschieden oder vor einer anderen internationalen Beschwerdeinstanz anhängig gemacht worden. (VII) Sie ist schließlich auch nicht mit der Konvention unvereinbar oder offensichtlich unbegründet. Die Beschwerde ist zulässig. **B. Begründetheit.** (I) In Betracht kommt eine Verletzung des Art. 3 EMRK. Die Garantie hat einen materiellrechtlichen und einen verfahrensrechtlichen Gehalt. (1) Im Hinblick auf die materiellrechtliche Seite ist Polizeigewalt dann als unmenschliche oder erniedrigende Behandlung anzusehen, wenn sie über das hinausgeht, was zur Erreichung eines durch hinreichend bestimmte Gesetze legitimierten Zweckes bei Berücksichtigung des Verhaltens der betroffenen Person erforderlich ist.[219] Wenn die Tatsachen wie im Ausgangsfall zwischen den Parteien streitig sind, wird von den Beschwerdeführern ein von zureichenden Beweisangeboten getragener, substantiierter Tatsachenvortrag verlangt, so dass sich der Gerichtshof „jenseits vernünftigen Zweifels" eine Überzeugung bilden kann. Befindet sich die betreffende Person in Polizeihaft, begründen Verletzungen eine besonders starke Vermutung, welche die staatliche Seite widerlegen muss. Im vorliegenden Fall befanden sich die Beschwerdeführer indessen weder vor noch nach Aufhebung der Blocksperre in Polizeigewahrsam, so dass sie nach allgemeinen Regeln beweispflichtig bleiben. Da sich nicht mehr nachweisen ließ, ob die durch – erst einige Zeit später eingeholte – Atteste bestätigten Verletzungen kausal durch die Polizei verursacht wurden und hierfür auch keine Zeugen benannt werden konnten, kann nicht „über jeden vernünftigen Zweifel hinaus" eine Verletzung festgestellt werden. (2) Art. 3 EMRK könnte aber in seiner verfahrensrechtlichen Dimension verletzt sein. Sie verlangt eine effektive Untersuchung durch eine unabhängige Stelle, die geeignet ist, innerhalb angemessener Zeit zur Identifizierung und Bestrafung der Verantwortlichen zu führen, hinreichend gründlich ist und eine Beteiligung des Opfers ermöglicht.[220] Daran fehlte es hier: Die Untersuchung wurde im Wesentlichen von der Polizei selbst geführt; es gab keine Vorkehrungen, welche die Ermittlung der beteiligten Beamten erlaubt hätten wie Namensschilder oder persönliche Kennziffern auf den Uniformen, und es wurden auch keine Anstrengungen unternommen, die Identifizierung auf ande-

[219] Zur Rechtsprechung *Grabenwarter/Pabel* EMRK, § 20 Rn. 59.
[220] EGMR Entsch. v. 28.9.2015 23380/09, BeckRS 2016, 81358 Rn. 115 ff. – Bouyid.

re Weise zu erreichen; insbesondere konnte nicht erklärt werden, wie und warum das hergestellte Videomaterial verschwunden war. Da sich die nötigen Informationen im Herrschaftsbereich der Polizeibehörden befanden, gehen diese Mängel zu ihren Lasten. Art. 3 EMRK ist daher in verfahrensrechtlicher Hinsicht verletzt, weil der Staat seinen Ermittlungspflichten nicht nachgekommen war. (II) Die Rechtsbehelfsgarantie des Art. 13 EMRK[221] war von den Beschwerdeführern nicht explizit gerügt worden, doch ließe ihr Sachvortrag eine entsprechende Zuordnung zu. Art. 13 EMRK garantiert zur Wahrung der Konventionsrechte einen effektiven Rechtsbehelf. Das bedeutet aber noch nicht, dass gegen Entscheidungen im Ermittlungsverfahren immer eine gerichtliche Überprüfung möglich sein muss. Die nach dem deutschen Strafprozessrecht bestehenden Möglichkeiten der Beschwerde, des Klageerzwingungsverfahrens und der Verfassungsbeschwerde reichen jedenfalls im Prinzip aus. Art. 13 EMRK ist nicht verletzt.

[221] Vom EGMR im Originalfall nicht geprüft.

# 3. Teil. Rechtsschutz im Europäischen Unionsrecht

## § 7. Anforderungen an den Rechtsschutz nach dem Europäischen Unionsrecht

*Dirk Ehlers*

**Übersicht**



**Schrifttum:** *Classen* Rechtsschutz in: Schulze/Janssen/Kadelbach (Hrsg.), Europarecht, Handbuch für die Deutsche Rechtspraxis, 4. Aufl. 2020, § 4; *Dörr* in: Sodan/Ziekow (Hrsg.), Verwaltungsgerichtsordnung, 5. Aufl. 2018, EVR; *Ehlers* Die Europäisierung des Verwaltungsprozessrechts, DVBl 2004, 1441; *Gärditz* Europäisches Verwaltungsprozessrecht, JuS 2009, 385; *Kotzur* Die Europäische Gerichtsbarkeit in: Leible/Terhechte (Hrsg.), Enzyklopädie Europarecht Band III, Europäisches Rechtsschutz- und Verfahrensrecht, 2. Aufl. 2021, § 5; *Mächtle* Die Gerichtsbarkeit der Europäischen Union, JuS 2014, 508; *Pechstein* EU-Prozessrecht, 4. Aufl. 2011, Kap. 1 bis 4; *Schmidt-Aßmann/Schenk* in: Schoch/Schneider (Hrsg.), Verwaltungsgerichtsordnung, Einleitung (Stand: EL 39 Juli 2020); *Schoch* Gerichtliche Verwaltungskontrollen in: Hoffmann-Riem/Schmidt-Aßmann/Voßkuhle (Hrsg.), Grundlagen des Verwaltungsrechts, Band III, 2. Aufl. 2013, § 50; *Thiele* Europäisches Prozessrecht, 2. Aufl. 2014, § 3; *Voßkuhle/Schemmel* Die Rolle der nationalen Gerichte im Europarecht in: Leible/Terhechte (Hrsg.), Enzyklopädie Europarecht Band III,

Europäisches Rechtsschutz- und Verfahrensrecht, 2. Aufl. 2021, § 6; *Wägenbaur* Verfahrensrecht der Unionsgerichtsbarkeit in: Leible/Terhechte (Hrsg.), Enzyklopädie Europarecht Band III, Europäisches Rechtsschutz- und Verfahrensrecht, 2. Aufl. 2021, § 7.

## A. Garantie eines effektiven Rechtsschutzes

1 *Walter Hallstein,* der erste Kommissionspräsident, hat bereits den Vorläufer der Europäischen Union – die Europäische Wirtschaftsgemeinschaft – in dreifacher Hinsicht als Rechtsgemeinschaft charakterisiert. Sie sei „Schöpfung des Rechts", „Quelle des Rechts" und „Verwirklichung der Rechtsidee".[1] Diese Kennzeichnung lässt sich auf die Europäische Union übertragen. So gründet sich die Union nach Art. 2 EUV auch auf den „Wert" der **Rechtsstaatlichkeit.** Dies bedeutet unter anderem, dass die öffentliche Gewalt nur in den Grenzen von Recht und Gesetz ausgeübt werden darf.[2] Die Einhaltung dieser Vorgabe wird von den Unionsorganen kontinuierlich kontrolliert.[3] Insbesondere überwacht der **Gerichtshof der Europäischen Union** (Art. 19 Abs. 1 S. 1 EUV) nach Art. 263 Abs. 1 AEUV alle Handlungen der Union mit Rechtswirkung gegenüber Dritten (→ § 9). Im Falle einer schwerwiegenden und anhaltenden Verletzung des Rechtsstaatsprinzips durch die Mitgliedstaaten können Sanktionsmaßnahmen nach Art. 7 EUV ergriffen werden, was jedoch nach Absatz 2 der Vorschrift eine (kaum erreichbare) einstimmige Feststellung des Europäischen Rates (Art. 15 EUV) voraussetzt.[4] Verletzen die Mitgliedstaaten (möglicherweise) das Unionsrecht, kommt eine Vertragsverletzungsklage der Europäischen Kommission[5] oder eines anderen Mitgliedstaates in Betracht.[6] Dementsprechend spricht der Gerichtshof in ständiger Rechtsprechung davon, dass es sich bei der Union um eine Rechtsunion handelt.[7]

2 Als Rechtsunion ist die Europäische Union verpflichtet, nicht nur Rechtsschutz zu gewähren, sondern zugleich die **Effektivität des Rechtsschutzes** zu gewährleisten.[8] Dieses Erfordernis ist mehrfach abgesichert. Zum einen hat der EuGH dem Unionsrecht (früher Gemeinschaftsrecht) gestützt auf die gemeinsamen Verfassungsüberlieferungen der Mitgliedstaaten sowie Art. 6 und 13 EMRK seit langem einen **allgemeinen Grundsatz** wirksamen gerichtlichen Rechtsschutzes der dem Einzelnen aus dem Unionsrecht erwachsenden Rechte entnommen.[9] Allgemeine Grundsätze sind Teil des Unionsrechts, wie sich heute ausdrücklich aus Art. 6 Abs. 3 EUV ergibt. Des Weiteren sichert der Gerichtshof der

---

[1] *Hallstein* in: Oppermann, Europäische Reden, 1979, S. 341 (343).

[2] Vgl. z. B. KOM (2019) 163 endg. v. 3.4.2019.

[3] Dies geschieht u. a. durch den Rechtsstaatlichkeits-Dialog im Rat, das Monitoring durch die Europäische Kommission und den jährlichen EU-Justizbarometer. Vgl. z. B. Bericht über die Rechtsstaatlichkeit 2020, KOM (2020) 580 final.

[4] Ein solches Verfahren hat die Europäische Kommission am 20.12.2017 gegen Polen wegen rechtsstaatlicher Mängel bei der Ausgestaltung der Polnischen Justiz eingeleitet, KOM (2017) 835 endg. v. 20.12.2017. Mit Beschluss vom 12.9.2018 hat das Europäische Parlament den Rat aufgefordert, gemäß Art. 7 EUV festzustellen, ob Ungarn Gefahr läuft, die Grundwerte der Union zu verletzen (vgl. 2017/2131 [INL]). Die EU-Organe stützen sich insbesondere auf Untersuchungen der Venedig-Kommission des Europarats. Zu einer Feststellung nach Art. 7 EUV ist es bisher nicht gekommen. Vgl. aber auch Fall 3 → Rn. 5 und Lösung → Rn. 14.

[5] Art. 13 Abs. 1 UAbs. 2, 17 EUV. Vgl. z. B. die Weigerung von Polen, der Tschechischen Republik und Ungarn an der geschlossenen Umverteilung von Asylbewerbern mitzuwirken, EuGH Urt. v. 2.4.2020 – C-715/17, C-718/17 und C-719/17, BeckRS 2020, 4825 – Polen u. a.; ferner Urt. v. 18.6.2020 – C-78/18, BeckRS 2020, 12790 – Ungarn (Ungarisches Gesetz zur Finanzierung von Organisationen der Zivilgesellschaft durch außerhalb des Mitgliedstaats ansässige Personen).

[6] Der Staatenklage nach Art. 259 AEUV kommt eine vergleichsweise geringe Bedeutung zu, sie wurde bislang in erst sieben Fällen entschieden → § 8 Rn. 3 m. Fn. 7.

[7] Vgl. z. B. EuGH EuZW 2014, 22 Rn. 91 – Inuit Tapiriit Kanatami; EuZW 2018, 469 Rn. 31 – Associação Sindical dos Juízes Portugueses; NVwZ 2019, 1109 Rn. 46 – Polen.

[8] Nicht eingegangen wird im Folgenden auf den Rechtsschutz nach dem Vertrag über die Gründung der Europäischen Atomgemeinschaft (EAGV), auch weil die Rechtsschutzbestimmungen der Union ebenso für diesen Vertrag gelten (Art. 106a Abs. 1 EAGV).

[9] Vgl. EuGH Urt. v. 15.5.1986 – C-222/84, BeckRS 2004, 72403 – Johnston; NJW 1989, 657 – Unectef; EuZW 2018, 469 Rn. 35 – Associação Sindical dos Juízes Portugueses; NVwZ 2019, 1109 Rn. 49 – Polen.

Europäischen Union gemäß **Art. 19 Abs. 1 UAbs. 1 S. 2 EUV** die Wahrung des Rechts bei der Auslegung und Anwendung der Verträge. Zudem schaffen die Mitgliedstaaten gemäß **Art. 19 Abs. 1 UAbs. 2 EUV** die erforderlichen Rechtsbehelfe, damit ein „wirksamer“ Rechtsschutz in den vom Unionsrecht erfassten Bereichen gewährleistet ist. Schließlich hat nach **Art. 47 Abs. 1** der mit den Verträgen gleichrangigen[10] **Charta der Grundrechte** der Europäischen Union (GRCh) jede Person, deren durch das Recht der Union garantierte Rechte oder Freiheiten verletzt worden sind, das Recht, nach Maßgabe der diesem Artikel vorgesehenen Bedingungen bei einem Gericht einen „wirksamen“ Rechtsbehelf einzulegen. Weitere Rechtsschutzgarantien finden sich im Sekundärrecht.[11] Darüber hinaus sind – besonders für den Rechtsschutz gegenüber den Agenturen der Union – zum Teil besondere Beschwerdeverfahren vorgesehen, die sich mit dem Widerspruchsverfahren nach den §§ 68 ff. VwGO vergleichen lassen (→ § 9 Rn. 56).[12]

## B. Geltungsbereich der unionalen Rechtsschutzgarantien, Zuständigkeitsverteilung der Gerichtsbarkeiten und strukturelle Anforderungen an die Gerichtsbarkeit

**Fall 1:** Die zypriotische Bank A wendet sich unter anderem mit einer gegen die Europäische Union gerichteten Schadensersatzklage dagegen, dass sie nach der zypriotischen Bankenkrise gemäß dem vom Europäischen Stabilitätsmechanismus (ESM) und der Republik Zypern angenommenen Memorandum of Understanding (MoU) auch wegen des Verhaltens der EU-Kommission eine erhebliche Minderung ihres Depots hinnehmen musste.[13] 3

**Fall 2:** Mit Schiedsspruch verurteilte das in einem Investitionsschutzvertrag zwischen den Niederlanden und der Slowakischen Republik vorgesehene Schiedsgericht die Slowakische Republik dazu, Schadensersatz an den niederländischen Investor zu zahlen. Im Rahmen eines Vollstreckungsverfahrens hat der BGH[14] in einem Vorabentscheidungsersuchen nach Art. 267 AEUV dem EuGH die Frage nach der Zulässigkeit des Abkommens vorgelegt. 4

**Fall 3:** Die Republik Polen hat das Ruhestandsalter der amtierenden Richter des Obersten Gerichts herabgesetzt und dem Präsidenten der Republik die Befugnis verliehen, den aktiven Dienst der Richter dieses Gerichts über das neu festgelegte Ruhestandsalter hinaus nach freiem Ermessen zu verlängern. Zudem wurde am Obersten Gericht eine Disziplinarkammer eingerichtet, die unter anderem für Disziplinarverfahren und Verfahren zu Ruhestandsversetzungen zuständig ist. Das Oberste Gericht hat sich in einem Vorabentscheidungsersuchen an den EuGH gewandt (Art. 267 AEUV) und möchte wissen, ob die Kammer den sich aus Art. 47 Abs. 2 GRCh ergebenden Anforderungen an die Unabhängigkeit und Unparteilichkeit genügt. 5

Wie sich bereits aus den getroffenen Ausführungen ergibt, beziehen sich die Rechtsschutzgarantien der Europäischen Union auf das gesamte **Recht der Union,** vorausgesetzt eine gerichtliche Zuständigkeit ist gegeben (→ Rn. 10). Das Unionsrecht besteht im Kern aus 6

[10] Vgl. Art. 6 Abs. 1 UAbs. 1 Hs. 2 EUV.
[11] Vgl. z. B. Art. 9 RL 2000/78/EG v. 27.11.2000, ABlEU Nr. L 303/16.
[12] Vgl. *Wegener* in: Calliess/Ruffert, EUV/AEUV, Art. 19 EUV Rn. 8.
[13] Vgl. zu der gleichzeitig erhobenen Nichtigkeitsklage Fall 1 → § 9 Rn. 15 und Lösung → § 9 Rn. 18.
[14] Vgl. BGH EuZW 2016, 512.

dem Vertragsrecht – Vertrag über die Europäischen Union (EUV) und Vertrag über die Arbeitsweise der Europäischen Union (AEUV) – sowie den Rechtsakten der Union. Unter der Europäischen Union ist nicht nur die Union als Rechtspersönlichkeit zu verstehen (Art. 47 EUV), sondern darunter sind ebenso alle Organe, Einrichtungen oder sonstigen Stellen der Union zu fassen (Art. 263 Abs. 1 S. 2 AEUV; → § 9 Rn. 11), unabhängig davon, ob diese rechtlich verselbständigt worden sind[15] oder nicht. Zum Unionsrecht gehören ferner auch die Protokolle und Anhänge der Verträge (Art. 51 EUV), die Unionsgrundrechte (→ Rn. 2), die vom Gerichtshof der Europäischen Union „zwecks Wahrung des Rechts der Auslegung und Anwendung der Verträge“ anerkannten allgemeinen Rechtsgrundsätze (→ Rn. 2),[16] diejenigen internationalen Übereinkünfte (Art. 37 EUV), welche gemäß Art. 216 Abs. 2 AEUV integrierende Bestandteile des Unionsrechts geworden sind,[17] sowie das Gewohnheitsrecht.

7 Zu den **Rechtsakten der Union** zählen nicht nur die Gesetzgebungsakte in Gestalt von Verordnungen, Richtlinien und Beschlüssen (Art. 288 Abs. 1 bis 4 AEUV) – das Sekundärrecht – sowie die Durchführungsakte (Art. 290, 291 AEUV) – das Tertiärrecht –, sondern auch die sonstigen Regelungen der Europäischen Union wie zum Beispiel die Verträge (Art. 272, 340 Abs. 1 AEUV) sowie die Realakte – etwa Empfehlungen und Stellungnahmen (Art. 288 Abs. 5 AEUV) sowie Auskünfte der Union. Sollte ein Nichtakt vorliegen (→ § 9 Rn. 14), schließt dies gleichwohl nicht aus, dass die Gerichtsbarkeit darüber Feststellung treffen darf oder muss.

8 **Lösung zu Fall 1:** Da das Handeln des ESM (in dem die Mitgliedstaaten des Europäischen Wirtschaftsgebiets zusammengeschlossen sind) außerhalb der Unionsrechtsordnung steht, also den Rechtsträgern und Organen der Union nicht zugerechnet werden kann, und weder die Europäische Kommission noch die Europäische Zentralbank (EZB) Entscheidungsbefugnisse innehaben,[18] könnte ein Unionsrechtsschutz von vornherein ausgeschlossen sein. Doch kann Gegenstand der Schadensersatzklage jegliches (und nicht nur verbindliches) Verhalten der Unionsorgane sein. Da der Kommission durch den ESM-Vertrag vielfältige Aufgaben übertragen worden sind und die Kommission (wie alle anderen EU-Organe) im Falle eines Handelns stets an das Unionsrecht gebunden bleibt, ist die Unionsgerichtsbarkeit gegeben. Im Ergebnis hat der EuGH jedoch einen Schadensersatzanspruch trotz Annahme eines Eingriffs[19] der Kommission in das Eigentumsrecht der Klägerin (Art. 17 GRCh) verneint.[20]

9 Das Europäische Unionsrecht stellt zwar eine von den Rechtsordnungen der Mitgliedstaaten unabhängige Rechtsordnung dar, gilt aber im gesamten Unionsraum (Art. 52 EUV) und damit nicht nur für und gegen die unionalen Rechtsträger und Einrichtungen, sondern auch in den Mitgliedstaaten, wobei das Unionsrecht dem mitgliedstaatlichen Recht im Kollisionsfall – jedenfalls grundsätzlich[21] – vorgeht.[22] Dies hat nach ständiger Rechtsprechung des EuGH und auch der nationalen Gerichte zur Folge, dass das unionsrechts-

[15] So z. B. die Europäische Zentralbank (Art. 127 ff. AEUV) oder die Agenturen der Europäischen Union (vgl. *Görisch* Demokratische Verwaltung durch Unionsagenturen, 2009).

[16] Vgl. *Ehlers* in: Ehlers/Pünder, AllgVwR, § 2 Rn. 30 f.

[17] Vgl. allg. EuGH Urt. v. 30.4.1974 – C-181/73, BeckRS 1974, 106490 – Haegeman; NVwZ 1991, 255 Rn. 8 – Sevince. Näher dazu *Mögele* in: Streinz, EUV/AEUV, Art. 216 AEUV Rn. 49 ff.

[18] Vgl. EuGH NJW 2013, 29 Rn. 161 – Pringle.

[19] Die Annahme eines Eingriffs ungeachtet fehlender Entscheidungsbefugnisse wird nicht begründet.

[20] EuGH EuZW 2016, 836 – Ledra Advertising; vgl. dazu *Nettesheim* EuZW 2016, 801 f.; *Ehlers* JZ 2017, 43 ff.

[21] Zu den Grenzen des nicht Übertragbaren und nicht Übertragenen vgl. BVerfGE 89, 155 (181 ff.) = NJW 1993, 3047 (3050 ff.); E 123, 267 (347 ff., 392 ff.) = NJW 2009, 2267 (2270 ff., 2283 ff.); E 154, 17 Rn. 105 ff. = NVwZ 2020, 857 = NJW 2020, 1647 → *Ruffert* JuS 2020, 574. Näher zum Ganzen *Ehlers* in: Schulze/Janssen/Kadelbach, Europarecht, § 11 Rn. 19 ff.

[22] Grdl. EuGH Urt. v. 15.7.1964 – C-6/64, BeckRS 1964, 105086 Rn. 43 ff. – Costa/E. N. E. L. Aus neuerer Zeit z. B. EuGH Beschl. v. 15.10.2015 – C-581/14, BeckRS 2015, 81577 Rn. 37 – Naderhirn; Urt. v. 24.6.2019 – C-573/17, BeckRS 2019, 12042 Rn. 52 ff. – Popławski.

widrige mitgliedstaatliche Recht nicht angewendet werden darf.[23] Der **Vollzug des Unionsrechts** ist **zweigeteilt.** Zum Teil wird er von der Union, überwiegend aber von den mitgliedstaatlichen Behörden vollzogen, die dann funktional als Organe der Union tätig werden.[24] Daran knüpft der **Rechtsschutz** an, der somit ebenfalls eine dualistische Struktur hat, also **zweigeteilt** ist, weil er einerseits von der Unionsgerichtsbarkeit, andererseits von den nationalen Gerichten zu gewähren ist, wobei aber beide Gerichtsbarkeiten durch einen Rechtsschutzverbund miteinander verklammert sind (→ Rn. 72ff.). Ebenso wie die mitgliedstaatlichen Behörden werden die mitgliedstaatlichen Gerichte somit bei der Durchsetzung des Unionsrechts als **Gerichte der Union im funktionellen Sinne** tätig.[25]

Gegen **Maßnahmen der Union** steht grundsätzlich der Rechtsweg zu den Unionsgerichten, gegen **staatliche Akte** (auch wenn es um den Vollzug direkt anwendbaren Unionsrechts, wie zum Beispiel einer EU-Verordnung i. S. d. Art. 288 Abs. 2 AEUV geht) jedenfalls prinzipiell der Rechtsweg zu den staatlichen Gerichten offen.[26] Haben die Unionsorgane (Rechtsträger, Einrichtungen oder Stellen) ausnahmsweise nationales Recht anzuwenden, obliegt die gerichtliche Kontrolle ihrer Handlungen ebenfalls dem **Gerichtshof der Europäischen Union** (in seiner Auslegung durch das jeweilige nationale Gericht).[27] Über die Gültigkeit unionsrechtlicher Handlungen befindet nur die Unionsgerichtsbarkeit.[28] Stets setzt die Zuständigkeit der Unionsgerichtsbarkeit aber eine verbindliche **Kompetenzzuweisung** an den Gerichtshof der Europäischen Union voraus, zum einen weil auch insoweit das Prinzip der begrenzten Einzelermächtigung gilt (Art. 5 Abs. 2 EUV),[29] zum anderen weil der Gerichtshof der Europäischen Union gemäß Art. 19 Abs. 3 EUV nur in den in den Verträgen vorgesehenen Fällen zur Entscheidung berufen ist.[30] Für das Gebiet der Außen- und Sicherheitspolitik besteht nur eine sehr eingeschränkte Zuständigkeit der Unionsgerichtsbarkeit (→ § 9 Rn. 4), wohingegen die für den Raum der Freiheit, der Sicherheit und des Rechts in Art. 276 AEUV vorgesehenen Rechtsschutzbeschränkungen allein das Handeln von Maßnahmen der Polizei oder anderer Strafverfolgungsbehörden eines Mitgliedstaates betreffen. Die Übergangsregelung des Art. 10 Abs. 1 des Protokolls (Nr. 36) über die Übergangsbestimmungen[31] ist gemäß Absatz 3 der Vorschrift außer Kraft getreten. In Bezug auf das Verfahren nach Art. 7 EUV kann der Gerichtshof nur die Einhaltung der Verfahrensbestimmungen kontrollieren (Art. 269 AEUV). Gemäß Art. 335 AEUV besitzt die Union ferner in jedem Mitgliedstaat die weitestgehende Rechts- und Geschäftsfähigkeit, die juristischen Personen nach dessen Rechtsvorschriften zuerkannt ist. Dies bedeutet, dass sie sich des mitgliedstaatlichen Privatrechts und unter Umständen auch des öffentlichen Rechts[32] bedienen kann. Daraus folgt, dass insoweit die nationale Gerichtsbarkeit zuständig ist, wenn sich aus Art. 272 AEUV nichts anderes ergibt. 10

---

[23] Vgl. EuGH NVwZ 1991, 461 Rn. 19ff. – Nimz; NJW 1999, 200 Rn. 21 – IN. CO. GE.'90 u. a.; BVerfGE 123, 267 (398ff.) = NJW 2009, 2267 (2284ff.); E 140, 317 Rn. 36ff. = NJW 2016, 1149; E 152, 216 Rn. 47 = NVwZ 2020, 63 = NJW 2020, 314 → *Eifert* Jura (JK) 2020, 535 und→ *Sachs* JuS 2020, 284 sowie → JA 2020, 237 *(Muckel)*.

[24] Vgl. *Dörr* in: Sodan/Ziekow, VwGO, EVR Rn. 169.

[25] Vgl. *Burgi* Verwaltungsprozess und Europarecht, 1996, S. 58; *Hirsch* NVwZ 1998, 907 (910); *Ehlers* DVBl 2004, 1441 (1442); *Kotzur* in: Leible/Terhechte, Enzyklopädie Europarecht III, § 5 Rn. 26; *Huber* in: Streinz, EUV/AEUV, Art. 19 EUV Rn. 50. Näher zu den Aufgaben und Funktionen der nationalen Gerichte im Europarecht *Voßkuhle/Schemmel* in: Leible/Terhechte, Enzyklopädie Europarecht III, § 6; *Schoch* in: GVwR III, § 50 Rn. 367ff.; *Schmidt-Aßmann/Schenk* in: Schoch/Schneider, VwGO, Einl Rn. 108ff.

[26] Zum Vorabentscheidungsverfahren vgl. → *Wernsmann* § 12.

[27] Vgl. EuGH Urt. v. 22.12.2014 – C-598/14 P, BeckEuRS 2014, 450177 Rn. 42 – EUIPO; *Germelmann/Gundel* BayVBl 2018, 689 (699), 2019, 583 (593). Zum nationalen Verfassungsrecht als Prüfungsmaßstab des EuGH im Falle des Vollzugs nationalen Rechts durch die EZB vgl. *Martini/Weinzierl* NVwZ 2017, 177ff.

[28] Grdl. EuGH NJW 1988, 1451 Rn. 15ff. – Foto-Frost. Ferner z. B. EuGH NVwZ 1991, 460 Rn. 17 – Zuckerfabrik Süderdithmarschen; NJW 2006, 351 Rn. 27 – IATA u. a.; Urt. v. 28.4.2015 – C-456/13 P, BeckRS 2015, 80575 Rn. 46 – T & L Sugars und Sidul Açúcares.

[29] *Dörr* in: Sodan/Ziekow, VwGO, EVR Rn. 8.

[30] Vgl. EuGH Beschl. v. 14.7.1998 – C-399/97, BeckRS 2004, 77026 – Glasoltherm.

[31] Vertrag von Lissabon v. 13.12.2007, ABlEU Nr. C 306/1.

[32] Vgl. *Kokott* in: Streinz, EUV/AEUV, Art. 335 AEUV Rn. 9.

Nach dem Protokoll (Nr. 7) über die Vorrechte und Befreiungen der Europäischen Union genießt diese zum Teil Immunität (vor allem in den Mitgliedstaaten).

11 Die unionsrechtliche Garantie effektiven Rechtsschutzes bezieht sich nicht nur auf die Gerichtsbarkeit der Union, sondern ebenso auf diejenige der **Mitgliedstaaten,** wenn das Unionsrecht Anwendung findet. Demgemäß müssen die Mitgliedstaaten gemäß Art. 19 Abs. 1 UAbs. 2 EUV die erforderlichen Rechtsbehelfe schaffen, damit ein wirksamer Rechtsschutz in den vom Unionsrecht erfassten Bereichen gewährleistet ist. Nach Art. 47 Abs. 1 GRCh muss für den Fall, dass die durch das Recht der Union garantierten Rechte oder Freiheiten verletzt worden sind, ein Rechtsbehelf bei einem Gericht eingelegt werden können. Anders als im Falle von Art. 13 EMRK[33] ist ein wirksamer Rechtsschutz somit nur der gerichtliche Rechtsschutz, ohne dass damit ein behördliches Vorverfahren nach Art des Widerspruchsverfahrens gemäß §§ 68 ff. VwGO (→ Rn. 2) oder ein anderes vorgerichtliches außergerichtliches Streitbeilegungsverfahren ausgeschlossen ist.[34]

12 **Lösung zu Fall 2:** Die Große Kammer des EuGH hat festgestellt, dass das Schiedsgericht kein Gericht „eines Mitgliedstaats“ im Sinne des Art. 267 AEUV ist und eine Intra-EU-Investitionsschiedsgerichtsbarkeit der Mitgliedstaaten (anders als die auf Privatautonomie beruhende Handelsschiedsgerichtsbarkeit) gegen Art. 344 AEUV, das Vorlagesystem des Art. 267 AEUV und den Grundsatz der Unionstreue nach Art. 4 Abs. 3 EUV verstößt (→ § 11 Rn. 6 m. Fn. 22).[35] Unberührt bleibt die Möglichkeit, in Schiedsverträgen gemäß Art. 273 AEUV eine Zuständigkeit des Gerichtshofs zu begründen.[36]

13 Ein **Gericht** muss nach Art. 47 Abs. 2 GRCh zuvor durch Gesetz errichtet worden sowie unabhängig und unparteiisch sein. Damit werden Anforderungen gestellt, die nicht nur im Anwendungsbereich der Charta, sondern allgemein für den vom Unionsrecht erfassten Bereich gelten.[37] Das Erfordernis einer vorherigen **gesetzlichen** **Regelung** schließt ad hoc Gerichte aus (wobei eine vorherige Geschäftsverteilung für den EuGH – anders als nach deutschem Recht[38] – zu Unrecht nicht für notwendig erachtet wird, vgl. → Rn. 18). Die Garantie der **Unabhängigkeit** verlangt im Außenverhältnis, dass der Spruchkörper seine Funktion in alleiniger Autonomie ausübt, ohne mit einer Stelle hierarchisch verbunden oder ihr untergeordnet zu sein und ohne von irgendeiner Stelle Anordnungen oder Anweisungen zu erhalten, so dass sie auf diese Weise vor Intervention oder Druck von außen geschützt ist, welche die Unabhängigkeit des Urteils ihrer Mitglieder gefährden und deren Entscheidungen beeinflussen könnten.[39] Im Innenverhältnis zu den Parteien steht die Garantie in Zusammenhang mit dem Begriff der **Unparteilichkeit.** Den Parteien des Rechtsstreits und ihren jeweiligen Interessen am Streitgegenstand muss mit dem gleichen Abstand begegnet werden.[40] Dieser Aspekt verlangt, dass Sachlichkeit obwaltet und neben der strikten Anwendung der Rechtsnorm keinerlei Interesse am Ausgang des Rechtsstreits besteht.[41] Ob jüngere Justizreformen in einigen osteuropäischen Ländern diesen Vorgaben entspre-

---

[33] Zur Gleichwertigkeit des Schutzniveaus von Art. 6 EMRK und Art. 47 GRCh vgl. EuGH Urt. v. 29.7.2019 – C-38/18, BeckRS 2019, 15968 Rn. 39 – Gambino u. a.; EuZW 2020, 155 Rn. 118 – A. K. u. a.

[34] Vgl. *Jarass*, GRCh, Art. 47 Rn. 22.

[35] Vgl. EuGH EuZW 2018, 239 Rn. 31 ff. – Slowakische Republik; krit. *Germelmann* RdE 2018, 229 (233 f.); *Gundel* NVwZ 2018, 723 (727 ff.); *ders.* EWS 2018, 124. Zur Frage, ob sich die Entscheidung auch auf Investitionsschutz-Abkommen übertragen lässt, an denen die Europäische Union selbst beteiligt ist (wie diejenige auf der Grundlage des Energiecharta-Vertrages), vgl. *Germelmann/Gundel* BayVBl 2019, 583 (596).

[36] Vgl. z. B. EuGH IStR 207, 866 Rn. 29 – Österreich.

[37] Vgl. EuGH NJW 1997, 3365 Rn. 23 – Dorsch Consult; EWS 2002, 83 (84) – De Coster.

[38] § 21e Abs. 1 i. V. m. Abs. 3 GVG. Vgl. *Clausing* in: Schoch/Schneider, VwGO, § 4 Rn. 57.

[39] Vgl. EuGH EuZW 2018, 469 Rn. 44 – Associação Sindical dos Juízes Portugueses.

[40] Daran fehlt es, wenn bereits ein Richter befangen ist. Vgl. *Blanke* in: Calliess/Ruffert, EUV/AEUV, Art. 47 GRCh Rn. 12.

[41] Vgl. zum Ganzen EuGH NVwZ 2019, 1109 Rn. 71 ff. – Polen; EuZW 2020, 155 Rn. 121 ff. – A. K. u. a.

chen, war Gegenstand von Auseinandersetzungen und zum Teil auch gerichtlicher Verfahren vor dem EuGH (Fall 3 → Rn. 5 und Lösung → Rn. 14).

**Lösung zu Fall 3:** Das Erfordernis der richterlichen Unabhängigkeit, deren Wahrung die Mitgliedstaaten nach Art. 19 Abs. 1 UAbs. 2 EUV und Art. 47 Abs. 2 GRCh in Bezug auf die nationalen Gerichte sicherstellen müssen, gebietet grundsätzliche Unabsetzbarkeit. Im konkreten Fall hat der EuGH auch aufgrund der Einzelumstände angenommen, dass die Herabsetzung des Ruhestandalters amtierender Richter und die Befugnis des Präsidenten, nach freiem Ermessen über den Verbleib der Richter zu entscheiden, den Grundsatz der Unabhängigkeit beeinträchtigt.[42] Hinsichtlich der Vorabentscheidung hat der Gerichtshof klargestellt, dass es Sache des Obersten Gerichts sei, die Unabhängigkeit der Disziplinarkammer zu prüfen. Bei der gebotenen Gesamtwürdigung müssen aber die vom vorlegenden Gericht angeführten und vom EuGH ergänzten Zweifel in die Prüfung eingestellt werden.[43] Das Oberste Gericht hat daraufhin entschieden, dass die Disziplinarkammer nicht den unionsrechtlichen Anforderungen an eine unabhängige Justiz genügt. In der Folge hat Polen ein neues Gesetz in leicht modifizierter Fassung zwecks Ahndung richterlicher Disziplinarvergehen erlassen, das wiederum auf erhebliche rechtstaatliche Bedenken gestoßen ist.[44] Nachdem der EuGH am 8.4.2020 eine einstweilige Anordnung erlassen hatte, wonach Polen die Anwendung der nationalen Bestimmungen über die Zuständigkeiten der Disziplinarkammer des Obersten Gerichts für Disziplinarmaßnahmen gegen Richter unverzüglich auszusetzen hat, entschied er mit Urteil vom 2.3.2021, dass das Verfahren zur Besetzung von Richterstellen unionsrechtswidrig sein könnte und verwies die Sache zur Entscheidung an das vorlegende Gericht in Polen zurück.[45] 14

## C. Gerichtshof der Europäischen Union

Die „Wahrung des Rechts bei der Auslegung und Anwendung der Verträge“ wird nach Art. 19 Abs. 1 UAbs. 1 S. 2 EUV durch den **Gerichtshof der Europäischen Union** gesichert. Zum Recht im Sinne der genannten Bestimmung gehört das gesamte Unionsrecht (→ Rn. 6), nicht nur das Vertragsrecht, sondern alle auf dessen Grundlage ergangenen Rechtsakte, insbesondere auch das Sekundär- und Tertiärrecht der Union (→ Rn. 7). Ferner entnimmt der EuGH der Vorschrift ein Mandat zur **Fortbildung des Rechts**[46], was auch nach Auffassung des BVerfG anzuerkennen ist, allerdings nur in den Grenzen methodisch gebundener Rechtsprechung.[47] Dagegen kommt dem Gerichtshof der Europäischen Union **kein Monopol** für die Auslegung und Anwendung des Unionsrechts zu, weil der Rechtsschutz zweigeteilt ist (→ Rn. 9). 15

---

[42] EuGH NVwZ 2019, 1109 – Polen.

[43] EuGH EuZW 2020, 155 – A. K. u. a.

[44] Näher dazu (auch mit Ausführungen zu den Folgerungen für Deutschland) *Karpenstein/Sangi* EuZW 2020, 140.

[45] EuGH Beschl. v. 8.4.2020 – C-791/19 R, BeckRS 2020, 5366 – Polen; Urt. v. 2.3.2021 – C-824/18, BeckRS 2021, 3004.

[46] So hat der EuGH auf dieser Grundlage – und auch schon lange vor Inkrafttreten des Vertrages von Lissabon – allg. Rechtsgrundsätze entwickelt. Vgl. erstmals EuGH Urt. v. 12.11.1969 – C-29/69, BeckRS 2004, 72956 – Stauder; grdl. EuGH NJW 1971, 343 – Internationale Handelsgesellschaft; NJW 1975, 518 (520) – Nold. Näher dazu *Calliess* NJW 2005, 929; *Kotzur* in: Leible/Terhechte, Enzyklopädie Europarecht III, § 5 Rn. 12; *Wegener* in: Calliess/Ruffert, EUV/AEUV, Art. 19 EUV Rn. 18 ff.

[47] Vgl. zu dieser Einschränkung BVerfGE 75, 223 (242 f.) = NJW 1988, 1459 (1461 f.); E 126, 286 (305 ff.) = NJW 2010, 3422 Rn. 62 ff. Erstmalig im Urt. v. 5.5.2020 hat das BVerfG (E 154, 17 Rn. 116 ff. = NVwZ 2020, 857 → *Ruffert* JuS 2020, 574) eine Entscheidung des EuGH (EuZW 2019, 162 – Weiß u. a.) für offensichtlich und methodisch nicht mehr vertretbar und daher für eine Überschreitung des dem Gerichtshof in Art. 19 Abs. 1 S. 2 EUV übertragenen Mandats gehalten. Zu den Auslegungsmethoden des EuGH vgl. *Thiele* Europäisches Prozessrecht, § 3.

16 Der Gerichtshof der Europäischen Union ist ein **Organ** der Union (Art. 13 Abs. 1 UAbs. 2 EUV) mit der Aufgabe der Rechtsprechung. Er besteht aus dem Gerichtshof **(EuGH),** dem Gericht **(EuG)** und den **Fachgerichte**n (Art. 19 Abs. 1 UAbs. 1 S. 1 EUV).[48] Das Gericht ist für bestimmte erstinstanzliche Entscheidungen zuständig (→ Rn. 23), was in der früheren Bezeichnung als „Gericht Erster Instanz" zum Ausdruck kommt. Als (bisher) einziges Fachgericht[49] wurde ein Gericht für den öffentlichen Dienst errichtet,[50] das aber mittels Inkorporation seiner Zuständigkeiten in das EuG wieder aufgelöst wurde.[51] Im Übrigen ist der Gerichtshof zuständig.

17 Der **Gerichtshof** besteht aus einem **Richter** je Mitgliedsstaat (Art. 19 Abs. 2 UAbs. 1 S. 1 EUV) sowie gegenwärtig elf **Generalanwälten,**[52] die den Gerichtshof unparteiisch und unabhängig unterstützen. Die Richter und Generalanwälte werden von den Regierungen der Mitgliedstaaten im gegenseitigen Einvernehmen für eine Amtszeit von sechs Jahren nach Anhörung eines Richterprüfungsausschusses (Art. 255 AEUV) aus einem Kreis von Persönlichkeiten ausgewählt, die jede Gewähr für Unabhängigkeit bieten und in ihrem Staat die für die höchsten richterlichen Ämter erforderlichen Voraussetzungen erfüllen oder Juristen von anerkannt hervorragender Befähigung sind (Art. 253 Abs. 1 AEUV). Alle drei Jahre findet eine teilweise Neubesetzung der Stellen statt (Art. 253 Abs. 2 AEUV i. V. m. Art. 9 Abs. 1 Satzung EuGH). Eine Wiederernennung ausscheidender Richter und Generalanwälte ist zulässig (Art. 19 Abs. 2 UAbs. 3 S. 3 EUV). Die Richter wählen aus ihrer Mitte für die Dauer von drei Jahren den Präsidenten des Gerichtshofs (Art. 253 Abs. 3 AEUV), der die rechtsprechende Tätigkeit und Verwaltung leitet. Auch insoweit ist eine Wiederwahl zulässig. Ferner wählen alle Generalanwälte einen Ersten Generalanwalt für die Dauer von drei Jahren (Art. 14 Abs. 1 VerfO-EuGH), der über die Zuweisung der Rechtssachen an die Generalanwälte entscheidet (Art. 16 Abs. 1 VerfO-EuGH).

18 Der **Gerichtshof** entscheidet (in seltenen Fällen) als **Plenum** mit sämtlichen Richtern (Art. 16 Abs. 4 und 5 Satzung EuGH),[53] im Übrigen als **Große Kammer** mit 15 Richtern (Art. 27 Abs. 1 S. 1 VerfO-EuGH ), darunter den Präsidenten und Vizepräsidenten des Gerichtshofs, oder (zumeist) als **Kammer** mit drei oder fünf Richtern (Art. 28 VerfO-EuGH). Der Präsident des Gerichtshofs bestimmt (nach seinem Ermessen) den Berichterstatter für die Rechtssache (Art. 15 Abs. 1 VerfO-EuGH). Dieser hat der Generalversammlung einen Vorbericht (Art. 59 Abs. 1 VerfO-EuGH) vorzulegen (der auch einen Vorschlag enthält, an welchen Spruchkörper die Sache zu verweisen ist). Der Gerichtshof entscheidet in der Generalversammlung, an der alle Richter und Generalanwälte mit beschließender Stimme teilnehmen (Art. 25 S. 1 VerfO-EuGH ), sodann nach Anhörung des Generalanwalts über die Vorschläge des Berichterstatters (Art. 59 Abs. 3 VerfO-EuGH) und verweist die Rechtssache an den Spruchkörper (Art. 60 VerfO-EuGH), zumeist an die Kammer. In der Praxis wird der Präsident in der Regel ermächtigt „aus Gründen des Zusammenhangs zwischen Rechtssachen oder der gleichmäßigen Verteilung der Arbeitsbelastung auf die verschiedenen Kammern" eine andere Zuweisung vorzunehmen.[54] Somit wird der Spruchkörper erst nach Eingang der Anträge bestimmt und kann auch noch nachträglich einem anderen zugewiesen werden. Das Fehlen einer im Voraus bestimmten abstrakt-generellen Geschäftsverteilung[55] ist nicht mit Art. 47 Abs. 2 GRCh vereinbar, wonach jede Person ein Recht darauf hat, dass die Rechtssache von einem „zuvor durch Gesetz errichteten Gericht" verhandelt

---

[48] Näher dazu *Mächtle* JuS 2014, 508.

[49] Vgl. zur Bildung von Fachgerichten Art. 257 AEUV.

[50] Ratsbeschluss 2004/752/EG v. 2.11.2004, ABlEU Nr. L 333/7.

[51] Vgl. VO/2016/1192/EU (Euratom) v. 6.7.2016, ABlEU Nr. L 200/137; ferner Art. 50a EuGH-Satzung. Zu der erwogenen Patentgerichtsbarkeit vgl. → § 9 Rn. 7.

[52] Vgl. Art. 252 AEUV sowie Art. 1 des Beschlusses 2013/336/EU v. 25.6.2013, ABlEU Nr. L 179/92.

[53] Verfahren gemäß Art. 228 Abs. 2, 245 Abs. 2, 247 oder 286 Abs. 6 AEUV sowie in Rechtssachen von außergewöhnlicher Bedeutung, Art. 16 Abs. 5 Satzung EuGH.

[54] *Pechstein* EU-Prozessrecht, Rn. 105.

[55] Zum Erfordernis nach deutschem Recht vgl. Art. 101 S. 2 GG; § 21e Abs. 1 i. V. m. Abs. 3 GVG.

wird (→ Rn. 13).[56] Zudem dürfte die Verfahrensweise nicht mit den gemeinsamen Verfassungsüberlieferungen der Mitgliedstaaten im Einklang stehen, die als allgemeine Grundsätze Teil des Unionsrechts sind (Art. 6 Abs. 3 EUV).

Das **Gericht** (der Europäischen Union) besteht aus zwei Mitgliedern je Mitgliedstaat 19
(Art. 48 lit. c Satzung EuGH), die in entsprechender Weise wie diejenigen des Gerichtshofs für sechs Jahre mit der Möglichkeit der Wiederwahl ernannt werden (Art. 254 AEUV). Es wird ebenfalls von einem Präsidenten geleitet, der von den Richtern aus ihrer Mitte für drei Jahre gewählt wird (mit Zulässigkeit einer Wiederwahl), vgl. Art. 254 Abs. 2 AEUV; Art. 9 Abs. 1, 10 Abs. 2 VerfO-EuG. Zwar verfügt das Gericht anders als der Gerichtshof nicht über gesonderte Generalanwälte. Doch können Richter des Gerichts dazu bestellt werden, die Tätigkeit eines Generalanwalts auszuüben (Art. 49 Abs. 1 und 3 Satzung EuGH; Art. 30 f. VerfO-EuG), was zur Folge hat, dass diese dann nicht mehr an der Entscheidung der Rechtssache mitwirken dürfen (Art. 49 Abs. 4 Satzung EuGH). Entschieden wird regelmäßig in Kammern mit drei oder fünf Richtern, in seltenen Fällen[57] in der Großen Kammer mit 13 Richtern oder im Plenum (Art. 50 Abs. 2 und 3 Satzung EuGH; Art. 15 VerfO-EuG). Anders als beim Gerichtshof legt das Gericht in einer im Amtsblatt zu veröffentlichenden Entscheidung die Kriterien fest, nach denen sich die Verteilung der Rechtssachen auf die Kammern richtet (Art. 25 VerfO-EuG). Ferner können Rechtssachen nach Maßgabe des Art. 29 VerfO-EuG zur Entscheidung auf den Einzelrichter übertragen werden. Eine solche Übertragung oder Zuweisung ist insbesondere bei Rechtssachen ausgeschlossen, die Fragen der Rechtmäßigkeit von Handlungen mit allgemeiner Geltung aufwerfen.

Kein Gericht der Europäischen Union, sondern „ein gemeinsames Gericht der Vertrags- 20
staaten" der Europäischen Union ist das auf Grundlage des Übereinkommens vom 19.2.2013 über ein **Einheitliches Patentgericht** (EPGÜ) vorgesehene gleichnamige Gericht.[58] Art. 262 AEUV erlaubt es zwar, dem Gerichtshof der Europäischen Union unter Beachtung der dort genannten Bedingungen zusätzliche Kompetenzen auf den Gebieten des gewerblichen Rechtsschutzes zu übertragen. Dieser Weg wurde jedoch (mangels Einigkeit) nicht beschritten.[59] Ungeachtet der völkerrechtlichen Grundlage stellt das eng mit dem Integrationsprogramm der Europäischen Union verwobene EPGÜ nach Auffassung des BVerfG der Sache nach eine Änderung oder Ersetzung von Art. 262 AEUV dar. Daher sei das deutsche Zustimmungsgesetz (EPGÜ-ZustG[60]) an Art. 23 Abs. 1 GG zu messen und hätte wegen der materiellen Änderung des Grundgesetzes im Sinne von Art. 23 Abs. 1 S. 3 GG einer Zwei-Drittel-Mehrheit bedurft. Da das Gesetz nicht mit dieser Mehrheit beschlossen wurde, hat das BVerfG es für nichtig erklärt.[61]

## D. Rechtsschutzformen des Unionsrechts

Der Gerichtshof der Europäischen Union entscheidet in einem kontradiktorischen Ver- 21
fahren ausschließlich über die als **Direktklagen** (unmittelbar vor dem Gerichtshof der Europäischen Union) erhobenen Vertragsverletzungsklagen (Art. 258, 259 AEUV; → § 8), Nichtigkeitsklagen (Art. 263 AEUV; → § 9), Untätigkeitsklagen (Art. 265 AEUV; → § 10), Schadensersatzklagen (Art. 268 AEUV; → § 11), Bedienstetenklagen (Art. 270 AEUV) so-

[56] Vgl. auch *Wegener* in: Calliess/Ruffert, EUV/AEUV, Art. 251 AEUV Rn. 6; *Huber* in: Streinz, EUV/AEUV, Art. 251 AEUV Rn. 8 ff.; *Pechstein* in: Frankfurter Kommentar, Art. 251 AEUV Rn. 14; *Maderbacher* in: Rengeling/Middeke/Gellermann, Rechtsschutz EU, § 23 Rn. 17.

[57] Vgl. Art. 13 ff. VerfO-EuG.

[58] Vgl. Art. 1 Abs. 2 EPGÜ, ABlEU Nr. C 175/1.

[59] Das EPGÜ wurde als Reaktion auf das Vorläuferabkommen entworfen, das der EuGH in seinem Gutachten v. 8.3.2011 (GRUR Int 2011, 309 Rn. 89) als vertragswidrig eingestuft hat.

[60] BT-Drs. 18/11137; Beschl. des Bundestages v. 10.3.2017, Plenumsprotokoll 18/221, S. 22262.

[61] BVerfGE 153, 74 Rn. 117 ff. = EuZW 2020, 324 (m. Anm. *D. Möller*) → *Payandeh* JuS 2020, 702 und → JA 2020, 878 *(Ogorek)*; vgl. dazu die Bespr. *Giegerich* EuZW 2020, 560. Bundestag und Bundesrat haben das Gesetz erneut beschlossen. Doch sind dagegen Verfassungsbeschwerden eingelegt worden (2 BvR 2216/20 u. 2217/20).

wie die Klagen aufgrund vertraglich festgelegter Zuständigkeiten (Art. 272, 273 AEUV). Eine besondere Form der Nichtigkeitsklage stellt die in Art. 12 lit. b EUV i. V. m. dem Protokoll (Nr. 2) über die Anwendung der Grundsätze der Subsidiarität und Verhältnismäßigkeit geregelte **Subsidiaritätsklage** dar. Danach ist der Gerichtshof der Europäischen Union für Klagen wegen Verstoßes eines Gesetzgebungsaktes der Union gegen das Subsidiaritätsprinzip (Art. 5 Abs. 3 EUV) zuständig, die nach Maßgabe des Art. 263 AEUV von einem Mitgliedstaat erhoben oder entsprechend der jeweiligen innerstaatlichen Rechtsordnung von einem Mitgliedstaat im Namen seines Parlaments oder einer Kammer dieses Parlaments übermittelt werden.[62] In Deutschland ist die Subsidiaritätsrüge und -klage in den §§ 11, 12 Integrationsverantwortungsgesetz (IntVG) i. V. m. den Geschäftsordnungen des Bundestages und Bundesrates ausgestaltet worden.[63] Danach können der Bundestag auf Antrag eines Viertels seiner Mitglieder sowie der Bundesrat die Klage erheben, welche die Bundesregierung im Namen des Bundestages oder Bundesrates unverzüglich an den Gerichtshof der Europäischen Union übermittelt. Auch die im Rahmen eines Rechtsstreits vor den Unionsgerichten erhobene **Inzidentrüge,** mit der die Unanwendbarkeit eines Rechtsakts der Union aus den in Art. 263 Abs. 2 AEUV genannten Gründen geltend gemacht wird (Art. 277 AEUV), erfolgt in der Regel im Rahmen einer Nichtigkeitsklage.[64] Des Weiteren kann der Gerichtshof zwecks Überprüfung des Verfahrens im Falle der Feststellung einer Verletzung von Fundamentalprinzipien durch einen Mitgliedstaat (Art. 7 EUV) angerufen werden (Art. 269 AEUV), vgl. → Rn. 10. Ihrer Art nach stellen die Direktklagen Gestaltungsklagen (so die Nichtigkeitsklagen, → § 9 Rn. 1), Leistungsklagen (so die Schadensersatzklagen, → § 11 Rn. 4) oder Feststellungsklagen (so die Vertragsverletzungs- und Untätigkeitsklagen, → § 8 Rn. 36; → § 10 Rn. 1, sowie die Klage nach Art. 269 AEUV) dar. Für bestimmte Streitigkeiten kommen verschiedene Klagearten in Betracht. So ist der Gerichtshof gemäß Art. 270 AEUV für „alle" Streitsachen zwischen der Union und deren Bediensteten zuständig. Hierbei kann es sich um Gestaltungs-, Leistungs- oder Feststellungsklagen handeln. Der unionsrechtliche **Numerus clausus** der Direktklagen ist zu eng geraten.[65] Ebenso wie im deutschen Verwaltungsprozessrecht besteht ein Bedürfnis nach Zulassung einer Verpflichtungsklage (→ § 10 Rn. 1) und ebenso einer allgemeinen Leistungs- und Feststellungsklage. Da dies auf dem Wege einer richterrechtlichen Erweiterung des Systems der Direktklagen nicht erreichbar ist, bedürfte es einer diesbezüglichen Vertragsänderung.

22 Neben den Direktklagen ist vor allem das **Vorabentscheidungsverfahren** (Art. 267 AEUV) zu nennen, das von zentraler Bedeutung ist (→ *Wernsmann* § 12 Rn. 9), weil es dazu bestimmt ist, durch die Zusammenarbeit zwischen dem EuGH und den mitgliedstaatlichen Gerichten die Kohärenz und die einheitliche Auslegung des Unionsrechts zu gewährleisten (→ Rn. 74 ff.). Ferner können ein Mitgliedstaat, das Europäische Parlament, der Rat oder die Kommission ein **Gutachten** des Gerichtshofs über die Vereinbarkeit einer geplanten völkerrechtlichen Übereinkunft mit den Verträgen einholen (Art. 218 Abs. 11 AEUV).

## E. Zuständigkeitsverteilung zwischen dem Gerichtshof und dem Gericht

23 Die **Zuständigkeiten** des Gerichtshofs und des Gerichts sind nach Maßgabe des **Art. 256 AEUV,** weiterer Einzelbestimmungen des AEUV sowie der Satzung des Gerichtshofs voneinander abgegrenzt worden. Soweit nicht eine sachliche Zuständigkeit des Gerichts festgelegt worden ist, entscheidet der Gerichtshof. Erstinstanzlich bei dem **Gericht** angesiedelt sind

[62] Art. 8 Abs. 1 des Protokolls.
[63] Gesetz v. 22.9.2009, BGBl I S. 3822; §§ 93c und d GO BT, Art. 23 Abs. 1a S. 2 GG, § 12 Abs. 1 IntVG.
[64] Vgl. *Pechstein* EU-Prozessrecht, Rn. 946.
[65] Vgl. auch *Wegener* EuGRZ 2008, 354 ff.; *Haß* Die Urteile des Europäischen Gerichtshofes für Menschenrechte, 2006, S. 48 ff., 55 f.; *Nowak* Europarecht nach Lissabon, 2011, S. 158 m. Fn. 194.

- Nichtigkeits- und Untätigkeitsklagen (Art. 263, 265 AEUV) von Privaten sowie auch von Mitgliedstaaten und Unionsorganen, soweit sie nicht nach Maßgabe des Art. 51 der Satzung des EuGH vorbehalten sind (was in weitem Umfang insbesondere für Klagen gegen einen Gesetzgebungsakt, eine Handlung des Europäischen Parlaments, des Europäischen Rates und des Rates oder wegen unterlassener Beschlussfassung eines oder mehrerer dieser Organe der Fall ist, vgl. dazu auch → § 9 Rn. 6; → § 10 Rn. 4),
- Schadensersatzklagen (Art. 268 AEUV, § 11 Rn. 9),
- Klagen von Bediensteten (Art. 270 AEUV; Art. 50a Satzung EuGH),
- Entscheidungen aufgrund von Schiedsklauseln (Art. 272 AEUV) sowie
- Entscheidungen zum einstweiligen Rechtsschutz (Art. 279, 280 AEUV) in den vorgenannten Verfahren.

Gegen die erstinstanzlichen Entscheidungen des Gerichts kann nach Maßgabe der Bedingungen und innerhalb der Grenzen, die in der Satzung vorgesehen sind, beim Gerichtshof ein auf Rechtsfragen beschränktes **Rechtsmittel** eingelegt werden (Art. 256 Abs. 1 UAbs. 2 AEUV), → Rn. 43 ff. 24

**Stets** ist der **Gerichtshof** damit zuständig für 25
- Vertragsverletzungsklagen (Art. 258, 259 AEUV, → § 8 Rn. 5),
- Entscheidungen über die Rechtmäßigkeit eines nach Art. 7 EUV erlassenen Rechtsakts (Art. 269 AEUV),
- Vorabentscheidungsverfahren (Art. 267 AEUV),[66]
- Entscheidungen aufgrund von Schiedsverträgen (Art. 273 AEUV) und
- Rechtsmittel gegen Entscheidungen des Gerichts (Art. 256 Abs. 1 UAbs. 2 AEUV; Art. 56 ff. Satzung EuGH).[67]

Wird eine Klage (Antrag) zu Unrecht beim Gerichtshof statt beim Gericht eingelegt oder umgekehrt, ist der **Rechtsstreit** an den zuständigen Spruchkörper zu **verweisen** (Art. 54 Abs. 2 Satzung EuGH). Sind bei dem Gerichtshof und dem Gericht Rechtssachen anhängig, die den gleichen Gegenstand haben, die gleiche Auslegungsfrage aufwerfen oder die Gültigkeit desselben Rechtsaktes betreffen, ist nach Maßgabe des Art. 54 Abs. 3 und 4 Satzung EuGH vorzugehen. 26

Im Wesentlichen bedeutet die Kompetenzabgrenzung zwischen dem Gerichtshof und dem Gericht, dass der **„Individualrechtsschutz"** (subjektiver Rechtsschutz) beim **Gericht** angesiedelt ist. Inhaltlich kann das Gericht cum grano salis schwerpunktmäßig als Verwaltungsgericht, der Gerichtshof als Rechtsmittel- und Verfassungsgericht der Europäischen Union bezeichnet werden.[68] 27

## F. Verfahren der Unionsgerichtsbarkeit

Das Verfahren vor dem Gerichtshof und dem Gericht ist zum Teil in den Art. 251 ff. AEUV, im Übrigen in dem Protokoll (Nr. 3) über die Satzung des Gerichtshofs der Europäischen Union **(Satzung EuGH)**[69], der Verfahrensordnung des Gerichtshofs **(VerfO-EuGH)**[70] und der Verfahrensordnung des Gerichts **(VerfO-EuG)**[71] detailliert geregelt worden. Als Protokoll hat die Satzung primärrechtlichen Rang (Art. 51 EUV). Die Verfahrensordnungen sind von dem Gerichtshof und Gericht auf der Grundlage der Art. 253 Abs. 6 und Art. 254 Abs. 5 AEUV mit Genehmigung des Rates erlassen worden. Die Ge- 28

[66] Von der Möglichkeit, auch dem Gericht bestimmte Vorabentscheidungsverfahren zuzuweisen (Art. 256 Abs. 3 UAbs. 1 AEUV), ist bisher kein Gebrauch gemacht worden. Das dürfte auch in Zukunft so bleiben.

[67] Die Inzidentrüge (Art. 277 AEUV) kann je nach Zuständigkeit des EuGH oder des Gerichts vor beiden Gerichten geltend gemacht werden; vgl. *Ehricke* in: Streinz, EUV/AEUV, Art. 277 AEUV Rn. 7.

[68] So *Dörr* in: Sodan/Ziekow, VwGO, EVR Rn. 18.

[69] Vgl. Art. 281 AEUV sowie die Satzung des Gerichtshofs v. 26.2.2001, ABlEU Nr. C 80/53.

[70] Verfahrensordnung des Gerichtshofs v. 25.9.2012, ABlEU Nr. L 265/1.

[71] Verfahrensordnung des Gerichts v. 4.3.2015, ABlEU Nr. L 105/1.

richtsbarkeit hat hierzu verschiedene Hilfestellungen gegeben. So hat das Gericht gestützt auf Art. 224 seiner Verfahrensordnung Praktische Durchführungsbestimmungen zu der Verfahrensordnung erlassen.[72]

## I. Allgemeine Verfahrensregelungen

### 1. Kontradiktorisches Verfahren

29 Das Verfahren der Unionsgerichtsbarkeit gliedert sich in mehrere Abschnitte. Es beginnt im kontradiktorischen Verfahren mit der **Einreichung der Klageschrift** (mit Benennung des Klägers und des Beklagten, der Angabe des Streitgegenstandes, der Antragstellung, einer kurzen Darstellung der Klagegründe sowie gegebenenfalls der Beifügung von Unterlagen: z. B. des Rechtsaktes, dessen Nichtigerklärung beantragt wird).[73]

30 Für natürliche und juristische Personen gilt ein **Anwaltszwang.** Die Mitgliedstaaten und Unionsorgane werden durch Bevollmächtigte vertreten. Letztere können sich der Hilfe eines Beistands oder eines Anwalts bedienen. Hochschullehrer, die Angehörige von Mitgliedstaaten sind, deren Rechtsordnung ihnen gestattet, vor Gericht als Vertreter einer Partei aufzutreten, haben vor dem Gerichtshof die den Anwälten eingeräumte Rechtsstellung (Art. 19 Satzung EuGH).

31 Der Kläger kann grundsätzlich eine der **Amtssprachen** der Europäischen Union als Verfahrenssprache auswählen. Dazu zählen sämtliche Amtssprachen der Mitgliedstaaten. Ist die Klage gegen einen Mitgliedstaat gerichtet oder gegen eine natürliche oder juristische Person, die einem Mitgliedstaat angehört, ist grundsätzlich die Amtssprache dieses Staates maßgebend. Gibt es mehrere Amtssprachen, kann der Kläger auswählen (Art. 36 ff. VerfO-EuGH; Art. 44 ff. VerfO-EuG). Zu den **Klagefristen** vgl. → § 8 Rn. 21, → § 9 Rn. 60, → § 10 Rn. 21, → § 11 Rn. 20 f., zur Fristberechnung Art. 49 ff. VerfO-EuGH; Art. 58 ff. VerfO-EuG.

32 Das Verfahren gliedert sich in ein schriftliches und ein mündliches Verfahren (Art. 20 Abs. 1 Satzung EuGH). Das **schriftliche Verfahren** umfasst die Übermittlung der Klageschriften, Schriftsätze, Klagebeantwortungen und Erklärungen und gegebenenfalls Repliken sowie aller zur Unterstützung vorgelegten Belegstücke und Urkunden oder ihrer beglaubigten Abschreiben an die Parteien sowie an diejenigen Unionsorgane, deren Entscheidungen Gegenstand des Verfahrens sind (Art. 20 Abs. 2 Satzung EuGH). Verfahrensschriftstücke können oder müssen mittels Nutzung der vom Gerichtshof der Europäischen Union bereitgestellten **e-Curia** auf ausschließlich elektronischem Wege eingereicht und zugestellt werden.[74] Den Parteien muss Gelegenheit zur fristgerechten Erwiderung und Gegenvorstellung gegeben werden (Art. 124 ff. VerfO-EuGH). Das Gericht kann entscheiden, dass ein zweiter Schriftsatzwechsel nicht erforderlich ist (Art. 83 Abs. 1 VerfO-EuG). Die maximale Länge der Schriftsätze oder Erklärungen kann begrenzt werden (Art. 58 VerfO-EuGH; Art. 75 Abs. 1 VerfO-EuG).[75] Die Mitgliedstaaten und Unionsorgane können einem beim Gerichtshof anhängigen Rechtsstreit zwecks Unterstützung der Anträge einer Partei beitreten. Andere Einrichtungen und Stellen der Union sowie alle anderen Personen müssen (zumindest) ein berechtigtes Interesse glaubhaft machen können (Art. 40 Satzung EuGH).[76] Das Vorbringen neuer Klage- und Verteidigungsgründe im Laufe des Verfahrens ist unzuläs-

---

[72] Vgl. die Fassung v. 20.5.2015, ABlEU Nr. L 152/1, mit den am 13.7.2016 (ABlEU Nr. L 217/78) und am 17.10.2018 (ABlEU Nr. L 294/23) erlassenen Änderungen.

[73] Art. 21 Satzung EuGH; Art. 76 VerfO-EuG.

[74] Vgl. den Beschluss des EuGH v. 16.10.2018, ABlEU Nr. L 293/36; ferner Art. 56a VerfO-EuG sowie den Beschluss des EuG v. 11.7.2018, ABlEU Nr. L 240/72.

[75] *Wägenbaur* in: Leible/Terhechte, Enzyklopädie Europarecht III, § 7 Rn. 68.

[76] Vgl. auch Abs. 2 S. 2 der Vorschrift, wonach natürliche oder juristische Personen Rechtssachen zwischen Mitgliedstaaten, zwischen Organen der Union oder zwischen Mitgliedstaaten und Organen der Union nicht beitreten können.

sig, es sei denn, dass sie auf rechtliche oder tatsächliche Gesichtspunkte gestützt werden, die erst während des Verfahrens zutage getreten sind (Art. 127 Abs. 1 VerfO-EuGH; Art. 84 Abs. 1 VerfO-EuG).

An das schriftliche schließt sich das **mündliche Verfahren** an. Doch findet ein solches nicht immer statt. So können die Parteien unter Umständen darauf verzichten (Art. 106 VerfO-EuG „auf Antrag einer Hauptpartei"), eine mündliche Verhandlung von der Gerichtsbarkeit für entbehrlich gehalten werden[77] oder eine mündliche Verhandlung nicht vorgesehen sein (z. B. bei der Entscheidung über die Bewilligung von Prozesskostenhilfe oder über andere Kostenregelungen[78]). Das mündliche Verfahren umfasst die Anhörung der Bevollmächtigten, Beistände und Anwälte sowie (unter Umständen) die Schlussanträge des Generalanwalts und gegebenenfalls derjenigen von Zeugen und Sachverständigen (Art. 20 Abs. 4 Satzung EuGH). Nach Schließung der mündlichen Verhandlung werden vor dem Gerichtshof die Schlussanträge des Generalanwalts gestellt (Art. 82 VerfO-EuGH).[79] In Ausnahmefällen kann es den Parteien oder sonstigen Beteiligten gestattet werden, die Tonaufzeichnung der mündlichen Verhandlung anzuhören (Art. 85 VerfO-EuGH). Ausnahmsweise ist eine Wiedereröffnung des mündlichen Verfahrens zulässig (Art. 83 VerfO-EuGH; Art. 113 VerfO-EuG). 33

Das Verfahren schließt mit der **Streitentscheidung** durch Urteil oder Beschluss ab, es sei denn, es wird eine Erledigung von Gerichts wegen festgestellt (Art. 149 VerfO-EuGH; Art. 131 VerfO-EuG), die Parteien treffen eine gütliche Einigung (Art. 147 VerfO-EuGH) oder die Klage wird zurückgenommen (Art. 148 VerfO-EuGH; Art. 125 VerfO-EuG). An der Rechtsfindung darf nur eine ungerade Zahl von Richtern teilnehmen (Art. 17 Abs. 1 Satzung EuGH; Art. 33 VerfO-EuGH). Die Beratung ist geheim (Art. 35 Satzung EuGH; Art. 32 Abs. 1 VerfO-EuGH; Art. 21 Abs. 1 VerfO-EuG). Sondervoten sind nicht gestattet. Der Aufbau der Urteile und Beschlüsse ist vorgegeben (Art. 87, 89 VerfO-EuGH; Art. 117, 119 VerfO-EuG). 34

**Gerichtskosten** werden – von vermeidbaren Kosten und den Kosten für übermäßige Schreib- und Übersetzungsarbeiten abgesehen – nicht erhoben (Art. 143 VerfO-EuGH; Art. 139 VerfO-EuG). Dagegen hat die unterliegende Partei auf Antrag die erstattungsfähigen Kosten der Gegenpartei zu tragen (Art. 138 Abs. 1 VerfO-EuGH; Art. 134 ff. VerfO-EuG). 35

Mit dem Tag der Verkündung, die in öffentlicher Sitzung erfolgt (Art. 88 Abs. 1 VerfO-EuGH; Art. 118 Abs. 1 VerfO-EuG), wird ein **Urteil** des Gerichtshofs **rechtskräftig,** ein **Beschluss** mit dem Tag seiner Zustellung (Art. 91 Abs. 2 VerfO-EuGH; Art. 121 Abs. 2 VerfO-EuG; Art. 60 Abs. 2 Satzung EuGH), rechtsmittelfähige Entscheidungen des Gerichts mit Ablauf der Rechtsmittelfrist von zwei Monaten (Art. 56 Abs. 1 Satzung EuGH), ansonsten nach Maßgabe der Entscheidung des EuGH (der die Sache auch zur Entscheidung an das Gerichts zurückweisen kann[80]). Die EuGH-Urteile werden mit „C-" (für Court), die EuG-Urteile mit „T-" (für Tribunal) gekennzeichnet. Eine Mitteilung, die das Datum und die Urteils- oder Beschlussformel der Endurteile und der das Verfahren beendenden Beschlüsse des Gerichtshofs enthält, wird im Amtsblatt der Europäischen Union **veröffentlicht** (Art. 92 VerfO-EuGH; Art. 122 VerfO-EuG). Im Übrigen sorgt der Kanzler für die Veröffentlichungen des Gerichtshofs (Art. 35 Abs. 3 S. 2 VerfO-EuGH) in der – seit dem 1.1.2012 nur noch in digitaler Form geführten – Sammlung der Rechtsprechung. In der Regel sollen alle Entscheidungen einschließlich der Schlussanträge der Generalanwälte auf der Curia-Webseite veröffentlicht werden, was einen kostenlosen und raschen Zugriff ermöglicht. Für die Zitierweise wurde jeder Rechtssache ein Rechtsprechungsidentifikator (European Case Law Identifier – ECLI) zugewiesen (der hier aus Abkürzungsgründen nicht befolgt wird). 36

[77] Vgl. Art. 53 Abs. 2, 59 Abs. 2 S. 2, 76 Abs. 2 VerfO-EuGH; Art. 106 Abs. 3 VerfO-EuG.
[78] Vgl. Art. 116 VerfO-EuGH; Art. 148 VerfO-EuG.
[79] Der Generalanwalt trägt seine Schlussanträge in der Regel nicht unmittelbar im Anschluss an die mündliche Verhandlung vor, sondern zu einem späteren Zeitpunkt. Vgl. *Pechstein* EU-Prozessrecht, Rn. 159.
[80] Vgl. Art. 61 Abs. 1 S. 2 Satzung EuGH; Art. 215 VerfO-EuGH.

37 Sofern eine **Vollstreckung** möglich ist (was auf Feststellungsurteile nicht zutrifft[81]), richtet sich diese nach Art. 280 i. V. m. 299 AEUV. Wer an einem Rechtsstreit nicht teilgenommen hat, kann nach Maßgabe der Verfahrensordnung **Drittwiderspruch** einlegen, wenn das Urteil seine Rechte beeinträchtigt (Art. 42 Satzung EuGH; Art. 157 VerfO-EuGH; Art. 167 VerfO-EuG). Ferner kann eine **Wiederaufnahme des Verfahrens** beim Gerichtshof beantragt werden, wenn eine Tatsache von entscheidender Bedeutung bekannt wird, die vor Verkündung des Urteils dem Gerichtshof und der die Wiederaufnahme beantragenden Partei unbekannt war (Art. 44 Satzung EuGH; Art. 159 VerfO-EuGH).[82] Schließlich kann der Gerichtshof ein **Urteil** auf Antrag einer Partei oder eines Unionsorgans **auslegen,** wenn Zweifel über Sinn und Tragweite des Urteils bestehen und ein berechtigtes Interesse an der Aufklärung glaubhaft gemacht wird (Art. 43 Satzung EuGH; Art. 158 VerfO-EuGH).

#### 2. Vorabentscheidungsverfahren

38 Wegen der großen Bedeutung ist dem Vorabentscheidungsverfahren nach Art. 267 AEUV (→ Rn. 74 ff.; → *Wernsmann* § 12) besondere Aufmerksamkeit zu schenken. Dieses wird durch das **Gericht des Mitgliedstaats,** das ein Verfahren aussetzt und den Gerichtshof anruft, eingeleitet. Das Vorabentscheidungsersuchen muss bestimmten Anforderungen genügen (kurze Darstellung des Streitgegenstandes und Sachverhalts, Wortlaut der anwendbaren nationalen Vorschriften und gegebenenfalls der nationalen Rechtsprechung, Darstellung der für das Ersuchen und des Zusammenhangs mit dem auf den Ausgangsrechtsstreit anwendbaren nationalen Rechts, vgl. Art. 94 VerfO-EuGH.). Die Entscheidung des mitgliedstaatlichen Gerichts ist dem Gerichtshof zu übermitteln und den beteiligten Parteien, **allen Mitgliedstaaten,** der Europäischen Kommission sowie den Organen, Einrichtungen oder sonstigen Stellen der Union (deren Handlung streitig ist), den Vertragsstaaten des EWR, der EFTA-Überwachungsbehörde sowie gegebenenfalls betroffenen Drittstaaten vom Kanzler des Gerichtshofs **zuzustellen** (Art. 23 Satzung EuGH). Alle Genannten können sodann binnen zwei Monaten beim Gerichtshof Schriftsätze einreichen oder schriftliche Erklärungen abgeben. Die Verfahrenssprache ist die des vorlegenden Gerichts. Doch ist das Ersuchen in die Amtssprachen der Mitgliedstaaten sowie gegebenenfalls eines EWR-Staates, der EFTA-Überwachungsbehörden oder eines Drittstaates – unter Umständen in einer Zusammenfassung – zu übersetzen (Art. 98 VerfO-EuGH). Der Gerichtshof kann das vorlegende Gericht um eine Klarstellung ersuchen (Art. 109 Abs. 3 VerfO-EuGH). Der Gerichtshof entscheidet nach Anhörung des Generalanwalts (Art. 103 Abs. 2 VerfO-EuGH). Wird das Vorabentscheidungsersuchen in einem schwebenden Verfahren gestellt, das eine inhaftierte Person betrifft, hat der Gerichtshof innerhalb kürzester Zeit zu entscheiden (Art. 267 Abs. 4 AEUV). Hat der Gerichtshof über die **Gültigkeit** des Unionsrechts zu entscheiden, hat dies erga omnes-Wirkung. **Auslegungsurteile** binden die nationalen Gerichte und Behörden und müssen auf alle Sachverhalte angewendet werden, die noch nicht abgeschlossen sind, es sei denn, der EuGH hat den Urteilen nur eine ex tunc-Wirkung beigelegt.[83] Die Entscheidung über die Kosten ist Sache des vorlegenden Gerichts (Art. 102 VerfO-EuGH). Falls sich das nationale Gericht für nicht hinreichend unterrichtet hält, steht es ihm frei, den Gerichtshof erneut anzurufen (Art. 104 Abs. 2 VerfO-EuGH).

### II. Beschleunigtes Verfahren und Eilvorabentscheidungsverfahren

39 Die Verpflichtung, in angemessener Frist zu verhandeln (Art. 47 Abs. 2 GRCh), kann ein beschleunigtes Verfahren **(fast track)** gebieten, wenn die Art der Rechtssache ihre **rasche Erledigung** erfordert. Diesbezügliche Regelungen enthalten die Satzung des Gerichtshofs

[81] Vgl. zu den Vertragsverletzungsverfahren → § 8 Rn. 36.
[82] Zur Wiedereröffnung des mündlichen Verfahrens vor dem Gericht vgl. Art. 113 VerfO-EuG.
[83] Vgl. EuGH Urt. v. 16.7.1992 – C-163/90, BeckRS 2004, 74582 Rn. 30 – Legros; näher zum Ganzen *Herrmann* Examens-Repetitorium Europarecht, 7. Aufl. 2019, § 1 Rn. 106 f.

der Europäischen Union[84] und die Verfahrensordnungen[85]. In Betracht kommt ein solches Verfahren insbesondere, wenn ein vorläufiger Rechtsschutz dem Rechtsschutzbegehren nicht gerecht werden würde.[86] Angeordnet werden kann ein solches Verfahren durch den Präsidenten des Gerichtshofs respektive des Gerichts auf Antrag des Klägers oder des Beklagten sowie von Amts wegen (jeweils nach Anhörung der Gegenpartei oder beider Parteien, des Berichterstatters und gegebenenfalls des Generalanwalts), vgl. Art. 133 VerfO-EuGH, Art. 151 VerfO-EuG. Im schriftlichen Verfahren kann sodann auf eine Erwiderung und Gegenerwiderung verzichtet werden (Art. 134 Abs. 1 VerfO-EuGH; Art. 154 Abs. 2 VerfO-EuG).[87] Ferner gelten andere Fristbestimmungen (Art. 23 Abs. 2 und 3 Satzung EuGH; Art. 154 Abs. 1 VerfO-EuG). Zudem können zusätzliche Bedingungen gestellt werden (Art. 23a Abs. 2 und 3 Satzung EuGH; Art. 151 Abs. 3 und Art. 154 VerfO-EuG). Den Schwerpunkt des Verfahrens bildet die sogleich anzuberaumende mündliche Verhandlung (Art. 135 VerfO-EuGH; Art. 155 VerfO-EuG).[88]

Auch für das **Vorabentscheidungsverfahren** hat der Präsident des Gerichtshofs auf Antrag des vorlegenden Gerichts oder ausnahmsweise von Amts wegen im Falle des Erfordernisses rascher Erledigung die Möglichkeit, die Beantwortung des Vorabentscheidungsersuchens einem **beschleunigten Verfahren** zu unterwerfen (Art. 23a Abs. 1 Satzung EuGH; Art. 105 VerfO-EuGH). Der Präsident bestimmt dann umgehend die Termine für die mündliche Verhandlung. Für die Einreichung von Schriftsätzen gelten sehr viel engere Fristen. Das beschleunigte Verfahren ist von dem **Eilvorabentscheidungsverfahren** zum Raum der Freiheit, der Sicherheit und des Rechts (Art. 67 ff. AEUV) zu unterscheiden.[89] In solchen Fällen kann es um besonders sensible Rechtsfragen gehen (wie etwa Freiheitsentziehung), die auch deshalb vorrangig entschieden werden müssen, weil die mitgliedstaatlichen Gerichte strengen Fristen unterworfen sein können.[90] Ein Antrag zur Eilvorabentscheidung kann von dem vorlegenden Gericht gestellt werden. Ebenso kann von Amts wegen eingeschritten werden (Art. 107 Abs. 1 und 3 VerfO-EuGH). Die Entscheidung, eine Vorlage dem Eilverfahren zu unterwerfen, trifft die Kammer auf Vorschlag des Berichterstatters und nach Anhörung des Generalanwalts.[91] In Eilverfahren kommt es zu einer erheblichen Straffung und Modifizierung des üblichen Verfahrens,[92] um schnellstmöglich die Vorlagefrage entscheiden zu können. 40

## III. Einstweiliger Rechtsschutz

Da anders als nach § 80 Abs. 1 VwGO Klagen bei dem Gerichtshof der Europäischen Union keine aufschiebende Wirkung haben (Art. 278 S. 1 AEUV), kommt dem einstweiligen Rechtsschutz im Unionsrecht eine eher noch größere Rolle als im nationalen Recht zu. Das Unionsrecht kennt drei Arten des einstweiligen Rechtsschutzes, nämlich die **Aussetzung** der Durchführung angefochtener Handlungen (Art. 278 S. 2 AEUV), den Erlass einer **einstweiligen Anordnung** (Art. 279 AEUV) und die Aussetzung einer **Zwangsvollstreckung** (Art. 299 Abs. 4 AEUV). Es muss sich hierbei um streitige Verfahren handeln (so dass insbesondere ein einstweiliger Rechtsschutz im Vorabentscheidungsverfahren ausgeschlossen ist). Die (mit gesondertem Schriftsatz einzureichenden[93]) Anträge auf Gewährung einstweiligen Rechtsschutzes sind nur zulässig, wenn sie von einer Partei eines beim Ge- 41

[84] Art. 23a Satzung EuGH.
[85] Art. 133 ff. VerfO-EuGH; Art. 151 ff. VerfO-EuG.
[86] Vgl. *Pechstein* EU-Prozessrecht, Rn. 175.
[87] In Fällen äußerster Dringlichkeit kann auf ein schriftliches Verfahren verzichtet werden (Art. 23a Abs. 3 Satzung EuGH).
[88] Vgl. dazu *Pechstein* EU-Prozessrecht, Rn. 177.
[89] Art. 23a Abs. 1, 3 Satzung EuGH; Art. 107 ff. VerfO-EuGH.
[90] Vgl. *Dörr* EuGRZ 2008, 349 (352); *Pechstein* EU-Prozessrecht, Rn. 883.
[91] Art. 108 Abs. 1 VerfO-EuGH (vgl. auch Abs. 2 der Vorschrift).
[92] Z. B. kann – in Fällen äußerster Dringlichkeit – das schriftliche Verfahren entfallen (Art. 23a Abs. 3 Satzung EuGH).
[93] Art. 160 Abs. 4 VerfO-EuGH; Art. 156 Abs. 5 VerfO-EuG.

richtshof der Europäischen Union bereits anhängigen (noch nicht rechtskräftig entschiedenen[94]) Rechtsstreits gestellt worden sind und sich auf diesen beziehen (Art. 160 Abs. 1, 2 VerfO-EuGH; Art. 156 Abs. 1 und 2 VerfO-EuG). Somit scheidet – anders als nach deutschem Recht[95] – ein diesbezüglicher Rechtsschutz *vor* Klageerhebung aus. Über die Anträge entscheidet der Präsident des Gerichtshofs oder des Gerichts. Der Präsident des Gerichtshofs kann die Entscheidung dem Gerichtshof übertragen (Art. 161 VerfO-EuGH; Art. 158 Abs. 1 VerfO-EuG). Wird dem Antrag stattgegeben, greift dies der Entscheidung zur Hauptsache nicht vor (Art. 162 Abs. 4 VerfO-EuGH; Art. 158 Abs. 4 VerfO-EuG). Die Vollstreckung eines stattgebenden Beschlusses kann davon abhängig gemacht werden, dass der Antragsteller eine Sicherheit leistet (Art. 162 Abs. 2 VerfO-EuGH; Art. 158 Abs. 2 VerfO-EuG). Näher zum Ganzen → *Schoch* § 13.

## IV. Rechtsmittelverfahren

42 **Fall 4:** Nachdem die Europäische Kommission eine finanzielle Verpflichtung des Freistaats Bayern, dem Staatsunternehmen A eine Ausgleichszahlung zu leisten, als verbotene Beihilfe eingestuft hat und die dagegen erhobene Nichtigkeitsklage von A durch das Gericht (EuG) abgewiesen wurde, hat das Unternehmen im Rechtsmittelverfahren den EuGH angerufen. Die Kommission hat beantragt, das Rechtsmittel für offensichtlich unzulässig zu erklären, da der Freistaat Bayern mittlerweile von seinem Fördervorhaben abgerückt sei.

43 Gegen **Endentscheidungen des Gerichts** und gegen die Entscheidungen, die über einen Teil des Streitgegenstandes ergangen sind oder die einen Zwischenstreit beenden, der eine Einrede der Unzuständigkeit oder Unzulässigkeit zum Gegenstand hat, kann ein Rechtsmittel bei der Kanzlei des Gerichtshofs eingelegt werden (Art. 256 Abs. 1 UAbs. 2 AEUV; Art. 56 Satzung EuGH; Art. 167 VerfO-EuGH). In Betracht kommt auch eine Einreichung bei der Kanzlei des Gerichts, welches die Rechtmittelschrift sogleich an die Kanzlei des Gerichtshofs zu übermitteln hat (Art. 167 Abs. 1 VerfO-EuGH). Zur Einreichung berechtigt sind die Parteien, die mit ihren Anträgen ganz oder teilweise unterlegen sind, die Mitgliedstaaten und Unionsorgane – mit Ausnahme der Streitsachen zwischen der Union und ihren Bediensteten –, selbst wenn sie dem erstinstanzlichen Verfahren nicht beigetreten sind, sowie andere Streithelfer, wenn die Entscheidung des Gerichts sie unmittelbar berührt (Art. 56 Abs. 2 und 3 Satzung EuGH). Die Rechtsmittelschrift muss den auch ansonsten geltenden Formalia genügen (Art. 168 VerfO-EuGH). Gegebenenfalls kann dem Rechtsmittelführer eine angemessene Frist zur Mängelbehebung gesetzt werden (Art. 168 Abs. 4 VerfO-EuGH). Die Anträge müssen zum einen darauf gerichtet sein, dass den erstinstanzlichen Anträgen vollständig oder teilweise stattgegeben werden (Art. 107 Abs. 1 VerfO-EuGH). Neue Anträge sind somit nicht zulässig. Zum anderen muss der Antragsteller „genau“ angeben, welche Fehler er dem Gericht vorwirft (Art. 169 Abs. 2, 170 Abs. 1 VerfO-EuGH). Eine Wiederholung der bereits beim Gericht vorgebrachten Gründe reicht nicht.[96]

44 Das Rechtsmittel ist auf **Rechtsfragen** beschränkt (Art. 256 Abs. 1 UAbs. 2 AEUV; Art. 58 Abs. 1 S. 1 Satzung EuGH). Es kann nur auf die Unzuständigkeit des Gerichts, auf einen Verfahrensfehler, durch den die Interessen des Rechtsmittelführers beeinträchtigt werden, sowie auf eine Verletzung des Unionsrechts durch das Gericht gestützt werden (Art. 58 Abs. 1 S. 2 Satzung EuGH). Tatsachenfeststellungen und -würdigungen des Gerichts dürfen ebenso wie neu vorgebrachte Tatsachen nicht mehr überprüft werden. Die

[94] Vgl. EuGH Beschl. v. 6.7.1993 – C-257/93, BeckRS 2004, 75748 – van Parijs.

[95] §§ 80 Abs. 5 S. 2 VwGO (→ *Schoch* § 34 Rn. 113, vgl. aber auch Rn. 106), § 123 Abs. 1 S. 1 VwGO (→ *Schoch* § 35 Rn. 39). Im Eilverfahren nach § 32 BVerfGG, wird der Eilantrag unter bestimmten Voraussetzungen vor Anhängigkeit der Hauptsache zugelassen → *Schoch* § 21 Rn. 32.

[96] EuGH Urt. v. 24.9.2009 – C-125/07 P, BeckRS 2009, 71059 Rn. 131 – Erste Group Bank u. a.

Rechtsmittelfrist beträgt gemäß Art. 56 Abs. 1 Hs. 2 Satzung EuGH zwei Monate, beginnend mit der Zustellung der angefochtenen Entscheidung (für die Ablehnung der Zulassung als Streithelfer zwei Wochen, vgl. Art. 57 Abs. 1 Satzung EuGH). Ist der Erste Generalanwalt in Fällen nach Art. 256 Abs. 2 und 3 AEUV (Entscheidung über Rechtsmittel gegen die Entscheidungen der Fachgerichte und über – bisher nicht vorgesehene – Vorabentscheidungen des Gerichts) der Auffassung, dass die Entscheidung des Gerichts die ernste Gefahr einer Beeinträchtigung der Einheit oder der Kohärenz des Unionsrechts verursacht hat, kann auch er (innerhalb eines Monats nach Verkündung) dem EuGH vorschlagen, die Entscheidung des Gerichts zu überprüfen (Art. 62 Satzung EuGH).

Das eingelegte Rechtsmittel hat einen **Devolutiveffekt,** weil nunmehr der EuGH entscheidet. Anders als üblicherweise im Rechtsmittelverfahren hat es grundsätzlich keine aufschiebende Wirkung. Doch kann ein einstweiliger Rechtsschutz beim Gerichtshof beantragt werden, wenn die Wirkungen einer für nichtig erklärten Verordnung ausgesetzt oder sonstige einstweilige Anordnungen getroffen werden sollen (Art. 60 Abs. 2 Satzung EuGH). In bestimmten Fällen entscheidet der Gerichtshof vorab über die Zulassung des Rechtsmittels (Art. 58a Satzung EuGH; Art. 170a und Art. 170b VerfO-EuGH). Im Übrigen gliedert sich das Verfahren vor dem Gerichtshof wiederum in einen schriftlichen und einen mündlichen Teil (Art. 59 Satzung EuGH). Wenn der Präsident dies für erforderlich hält, können die Rechtmittelschrift und Rechtsmittelbeantwortung nur durch eine Erwiderung oder Gegenerwiderung ergänzt werden (Art. 175 VerfO-EuGH). Zulässig ist die Einlegung von Anschlussrechtsmitteln (Art. 176 ff. VerfO-EuGH). 45

Ist das Rechtsmittel oder das Anschlussrechtsmittel offensichtlich unzulässig, unbegründet oder offensichtlich begründet, entscheidet der Gerichtshof auf Vorschlag des Berichterstatters und nach Anhörung des Generalanwalts durch Beschluss (Art. 181, 182 VerfO-EuGH), im Übrigen durch Urteil. Mit Zurückweisung des Rechtsmittels wird die **Gerichtsentscheidung rechtskräftig.** Ist das Rechtsmittel zulässig und begründet, hebt der Gerichtshof die Entscheidung des Gerichts wegen Rechtsfehler auf (→ Rn. 44) und entscheidet im Falle der Entscheidungsreife selbst, ansonsten wird die **Rechtssache** an das Gericht (welches an die rechtliche Beurteilung des Gerichtshofs gebunden ist) **zurückverwiesen** (Art. 61 Satzung EuGH). Entscheidet der Gerichtshof endgültig, trifft er auch die Kostenentscheidung (Art. 184 Abs. 2 VerfO-EuGH). 46

**Lösung zu Fall 4:** Die Rechtsmitteleinlegung setzt ein von Amts wegen zu prüfendes Rechtsschutzinteresse voraus. Ein solches fehlt, wenn das Rechtsmittel dem Rechtsmittelführer keinen Vorteil verschaffen kann.[97] Hier könnte eine nach dem Urteil des Gerichts eingetretene Tatsache (Aufgabe der Förderung des Unternehmens durch den Freistaat Bayern) dem Urteil seinen den Rechtsmittelführer A beeinträchtigenden Charakter genommen haben. Doch hat der EuGH in der zugrunde liegenden Fallgestaltung entschieden, dass nicht rechtlich erwiesen sei, dass der Freistaat die geplante Förderung des Unternehmens endgültig aufgegeben hat. Daher wurde die Unzulässigkeitseinrede der Kommission zurückgewiesen.[98] 47

## G. Vorgaben für den nationalen Rechtsschutz

### I. Allgemeine Vorgaben

Im Anwendungsbereich des Unionsrechts haben die Mitgliedstaaten dessen Vorgaben zu beachten. Dies gilt auch für den gerichtlichen Rechtsschutz. Soweit nicht eine Zuständigkeit der 48

[97] EuGH Urt. v. 19.10.1995 – C-19/93 P, BeckRS 2004, 74813 Rn. 13 – Rendo.
[98] EuGH Beschl. v. 25.1.2011 – C-111/99 P, BeckRS 2004, 74142 Rn. 19 f. – Lech-Stahlwerke.

Unionsgerichtsbarkeit gegeben ist (→ Rn. 10), obliegt die Gewährung des Rechtsschutzes den **mitgliedstaatlichen Gerichten.** Dies ist grundsätzlich der Fall, wenn es um die Anwendung des Unionsrechts im mitgliedstaatlichen Raum geht.[99] So wird das Unionsrecht üblicherweise von den Mitgliedstaaten umgesetzt und vollzogen. Insoweit wird nationale Staatsgewalt ausgeübt, die der innerstaatlichen Gerichtsgewalt unterliegt. Mangels einer unionsrechtlichen Regelung sind die Bestimmung der zuständigen Gerichte und die Ausgestaltung des gerichtlichen Verfahrens Sache der innerstaatlichen Rechtsordnung der einzelnen Mitgliedstaaten, denen insoweit **Autonomie** zukommt.[100] Doch muss es einen Rechtsschutz geben, der den Anforderungen des Art. 19 Abs. 1 UAbs. 2 EUV, der einschlägigen allgemeinen Rechtsgrundsätze und dem Art. 47 GRCh genügt (→ Rn. 11, 13). Insbesondere sind die Mitgliedstaaten in zweifacher Hinsicht eingeschränkt. Zum einen darf der Gerichtsschutz in Fallgestaltungen mit Unionsrechtsbezug nicht weniger günstig ausgestaltet sein als bei entsprechenden innerstaatlichen Klagen **(Äquivalenzgrundsatz).** Zum anderen dürfen die Mitgliedstaaten die Ausübung der durch die Unionsrechtsordnung verliehenen Rechte nicht praktisch unmöglich machen oder übermäßig erschweren **(Effektivitätsgrundsatz).**[101] Dies hat zur Folge, dass das nationale Prozessrecht durch das Unionsrecht instrumentalisiert und unter Umständen auch modifiziert und verdrängt wird (näher dazu → Rn. 49 ff.). **Instrumentalisierung** bedeutet, dass das nationale Prozessrecht in den Dienst der Durchsetzung des Unionsrechts gestellt wird. Die nationalen Gerichte handeln funktional gesehen zugleich als Unionsgerichte (→ Rn. 9), während umgekehrt der Gerichtshof der Europäischen Union als gesetzlicher Richter im Sinne des Art. 101 Abs. 1 S. 2 GG anzusehen ist.[102] Eine **Modifizierung des nationalen Prozessrechts** kommt in Betracht, wenn dies in ein Spannungsverhältnis zum Unionsrecht gerät. Da das unionsrechtliche Gebot effektiven Rechtsschutzes unmittelbare Wirkungen entfaltet (→ Rn. 11) und am Vorrang des Unionsrechts teilnimmt, muss das nationale Recht so weit möglich unionsrechtskonform ausgelegt und vollzogen werden – das heißt gegebenenfalls anders als bei innerstaatlichen Sachverhalten.[103] Ist eine unionsrechtskonforme Auslegung nicht möglich, darf das nationale Recht im Kollisionsfall nicht angewendet werden, so dass dem Unionsrecht **verdrängende Wirkung** zukommt. Zum Beispiel müssen sich die nationalen Gerichte über einen grundsätzlichen Ausschluss des vorläufigen Rechtsschutzes im nationalen Recht hinwegsetzen, wenn sich der Rechtsschutzsuchende auf das Unionsrecht beruft.[104] Unter Umständen tritt das Unionsrecht an die Stelle des nationalen Rechts. Schließlich sind auch die zahlreichen, sich auf den Rechtsschutz beziehenden sekundärrechtlichen Regelungen des Unionsrechts zu berücksichtigen,[105] die allerdings oftmals nur wiederholen, was sich ohnehin nur aus den primärrechtlichen Grundlagen ergibt.[106]

---

[99] Das Unionsrecht gilt in weitem Umfang auch für Streitigkeiten zwischen Privaten. So berechtigen die Grundfreiheiten und Unionsgrundrechte nicht nur die Privaten, sondern verpflichten sie in einem bestimmten Umfang auch. Vgl. z. B. EuGH NJW 1996, 505 → JA 2005, 497 *(Schäfer)* – Bosmann; EuZW 2012 797 – Fra.bo; EuZW 2018, 381 Rn. 78 – Egenberger; EuZW 2018 1048 Rn. 85 – Bauer. Vgl. *Ludwigs/Weidermann* Jura 2014, 152; *Ehlers* DVBl 2019, 397 (401 f., 405).

[100] Vgl. EuGH Urt. v. 16.12.1976 – C-33/76, BeckRS 2004, 70834 Rn. 5 – REWE; EuZW 1999, 503 Rn. 32 – Upjohn; EuZW 2007, 247 Rn. 37 f. – Unibet u. a.; NZA 2008, 581 Rn. 44 f. – Impact; EuZW 2020, 155 Rn. 115 – A. K. u. a.

[101] Vgl. z. B. EuGH NVwZ 1999, 633 Rn. 25 – Dilexport; EuZW 2007, 247 Rn. 43 – Unibet u. a; NZA 2010, 869 Rn. 25 – Bulicke; NVwZ 2011, 673 Rn. 48 – Lesoochranárske zoskupenie VLK. Weigert sich eine Behörde, der Entscheidung eines nationalen Gerichts nachzukommen, mit der ihr aufgegeben wird, eine unionsrechtliche Verpflichtung zu erfüllen, kann nicht nur Zwangsgeld, sondern auch Zwangshaft gegen Amtsträger (selbst gegen einen Ministerpräsidenten) verhängt werden, wenn es im innerstaatlichen Recht eine hinreichende Rechtsgrundlage gibt und die Anforderung der Art. 6, 52 Abs. 1 GRCh gewahrt werden. Vgl. EuGH NJW 2020, 977 – Deutsche Umwelthilfe e. V. = EuZW 2020, 189 (m. Anm. *Kaufmann*); ferner dazu *Will* NJW 2020, 963.

[102] Vgl. z. B. BVerfGE 73, 339 (366 ff.) = NJW 1987, 577 (578 ff.); E 75, 223 (233 f.) = NJW 1988, 1459; E 82, 159 (192) = NVwZ 1991, 53 (57 f.); BVerfG-K NJW 2001, 1267 (1268).

[103] Zur Bestimmung der verwaltungsgerichtlichen Klage- bzw. Antragsbefugnis vgl. → Rn. 52; → § 27 Rn. 50 ff.; → § 32 Rn. 38 ff.

[104] Vgl. EuGH NJW 1991, 2271 Rn. 21 f. – Factortame.

[105] Vgl. z. B. Art. 44 f. Zollkodex – VO 952/2013/EU v. 9.10.2013 – ABlEU Nr. L 269/1.

[106] So auch *Classen* in: Schulze/Janssen/Kadelbach, Europarecht, § 4 Rn. 109.

## II. Vorgaben für das verwaltungsgerichtliche Verfahren

Die Vorgaben des Unionsrechts müssen von allen nationalen Gerichten beachtet werden. 49
Welche Konsequenzen sich daraus **spezifisch** für das **gerichtliche Verfahren** (im Gegensatz zum materiellen Recht) ergeben, soll am Beispiel einiger Zulässigkeits- und Begründetheitsvoraussetzungen des verwaltungsgerichtlichen Rechtsschutzes erläutert werden. Wegen der Einzelheiten wird auf → §§ 25 ff. verwiesen.

### 1. Vorliegen des Verwaltungsrechtswegs

Fehlt es an Sonderzuweisungen, ist bei Vorliegen der deutschen Gerichtsbarkeit der **Ver-** 50
**waltungsrechtsweg** nach der Generalklausel des § 40 Abs. 1 S. 1 VwGO gegeben, wenn es sich um eine öffentlich-rechtliche Streitigkeit nicht verfassungsrechtlicher Art handelt. Die Zuordnung von Normen zum öffentlichen oder privaten Recht und daran anknüpfend die Rechtsnatur des Rechtsverhältnisses, aus dem der Klageanspruch hergeleitet wird (→ § 25 Rn. 91), richtet sich nach der lex fori, also den Abgrenzungstheorien des deutschen Rechts. Ist eine Norm des Unionsrechts unmittelbar streitentscheidend,[107] liegt bei Zugrundelegung der herrschenden Subjektstheorie eine öffentlich-rechtliche Streitigkeit vor, wenn zumindest ein Zuordnungssubjekt (des Basisrechts, vgl. → § 25 Rn. 94) notwendigerweise ein Träger von Hoheitsgewalt als solcher (und nicht nur ein Privatrechtssubjekt) ist (→ § 25 Rn. 109 f.). Zu den **Hoheitsträgern** gehören die **Europäische Union** und ihre verselbständigten Rechtsträger, so dass diesbezügliche Streitigkeiten in der Regel als öffentlich-rechtlich i. S. d. § 40 Abs. 1 S. 1 VwGO anzusehen sind. Wird dagegen durch das Unionsrecht jedermann berechtigt oder verpflichtet (z. B. alle Wirtschaftssubjekte) unterfällt die Streitigkeit wegen der Zuordnung zum Privatrecht der ordentlichen Gerichtsbarkeit.[108]

### 2. Rechtsschutzformen

Das materielle Unionsrecht kann sich ferner mittelbar auf die Bestimmung der **verwal-** 51
**tungsgerichtlichen Rechtsschutzformen** auswirken. Z. B. gelten Auskünfte im deutschen Recht in der Regel nicht als Verwaltungsakte, so dass die Erteilung einer Auskunft mit der Leistungsklage zu erstreiten ist (→ § 29 Rn. 24 ff.), wohingegen das Unionsrecht (etwa im Umweltrecht oder im Zollrecht)[109] verbindliche Regelungen erfordern kann, was zur Folge hat, dass statt einer **Leistungsklage** eine **Verpflichtungsklage** erhoben werden muss. Teilweise gebietet das Unionsrecht eine unionsrechtskonforme Auslegung. Ist eine **verwaltungsgerichtliche Normenkontrolle** erfolgreich, hat das Oberverwaltungsgericht die untergesetzliche Norm für unwirksam zu erklären (§ 47 Abs. 5 S. 2 VwGO). Ein Verstoß gegen das Unionsrecht führt indessen (grundsätzlich) nur zur Unanwendbarkeit des nationalen Rechts (→ Rn. 48). Einerseits ist die Unanwendbarkeitserklärung aber ein Minus zur Unwirksamkeitserklärung. Andererseits wird gegen das Äquivalenzprinzip des Unionsrechts verstoßen, wenn bei der Überprüfung der untergesetzlichen Norm im verwaltungsgerichtlichen Normenkontrollverfahren Verstöße gegen das Unionsrecht ausgeklammert werden müssten. Ebenso dürfen Vorabentscheidungsersuchen nach Art. 267 AEUV nicht unmöglich gemacht werden. Daher gebietet es die unionsrechtskonforme Auslegung, die Normenkontrolle auch auf die Überprüfung der Unanwendbarkeit von Normen wegen der Unvereinbarkeit mit dem Unionsrecht zu beziehen (→ § 32 Rn. 26). Zudem kann es das Unions-

---

[107] Wurde die Norm (z. B. eine Richtlinie oder ein Beschluss) in deutsches Recht umgesetzt, geht es von vornherein nur um die Anwendung des (unionsrechtskonform auszulegenden) deutschen Rechts.

[108] Vgl. *Ehlers* Die Europäisierung des Verwaltungsprozessrechts, 1999, S. 37; *ders.* DVBl 2004, 1441 (1444 f.); teilweise anders *Dörr* in: Sodan/Ziekow, VwGO, EVR Rn. 221.

[109] Zu dem auf die Umweltinformationsrichtlinie (RL 2003/4/EG v. 28.1.2003, ABlEU Nr. L 41/26) zurückgehenden Umweltinformationsanspruch nach § 3 UIG vgl. Fall 3 → § 29 Rn. 24 und Lösung Rn. 29; zur verbindlichen Zolltarifauskunft und verbindlichen Ursprungsauskunft Art. 33 ZK – VO 952/2013/EU v. 9.10.2013, ABlEU Nr. L 269/1.

recht gebieten, § 47 VwGO entsprechend anzuwenden, wenn effektiver Rechtsschutz ansonsten nicht möglich ist.[110]

### 3. Klage- bzw. Antragsbefugnis

52 Besonders wirkkräftig ist die Einwirkung des Unionsrechts auf die Einklagbarkeit von Rechtspositionen. Zwar ist das sich aus den §§ 42 Abs. 2, 47 Abs. 2 S. 1 VwGO ergebende grundsätzliche Erfordernis der **Geltendmachung einer eigenen Rechtsverletzung** für die Zuerkennung einer Klage- bzw. Antragsbefugnis prinzipiell mit dem Unionsrecht vereinbar. Auch richtet sich die Bestimmung subjektiv-öffentlicher Rechte im Unionsrecht ebenso wie im deutschen Recht nach dem Schutzzweck der Norm. Doch ist das Unionsrecht bei der Zuerkennung subjektiver Rechte großzügiger als das nationale Recht, so dass von einer **unionsrechtlich aufgeladene**n **Schutznormlehre** gesprochen werden kann (→ § 27 Rn. 100). Insbesondere verbürgt das Unionsrecht in weitergehendem Maße selbständig einklagbare (absolute) Verfahrensrechte. Vor allem im Umweltrecht sind viele Rechtspositionen subjektiv-rechtlich unterfangen. Dies hat unter anderem zur Folge, dass im Anwendungsbereich der Richtlinie zur Umweltverträglichkeitsprüfung und der Industrieemissionsrichtlinie eine materielle Präklusion nicht zulässig ist (→ § 27 Rn. 69). Schließlich kennt das Unionsrecht bedeutsame prozessuale Normierungen, die als **anderweitige Regelungen** i. S. d. § 42 Abs. 2 Hs. 1 VwGO – schwerpunktmäßig wiederum im Umweltrecht – Klagen ohne Geltendmachung einer eigenen Rechtsverletzung ermöglichen, was zu einem erheblichen Zuwachs altruistischer Verbandsklagen geführt hat (näher zum Ganzen → § 27 Rn. 60, 92, 98 ff.). Der deutsche Gesetzgeber ist gehalten, die unionsrechtlichen Vorgaben in das nationale (Prozess-)Recht umzusetzen.

### 4. Rechtsbehelfe gegen behördliche Verfahrenshandlungen

53 Nach § 44a VwGO können Rechtsbehelfe gegen behördlich Verfahrenshandlungen grundsätzlich nur gleichzeitig mit den gegen die Sachentscheidung zulässigen Rechtsbehelfen geltend gemacht werden. Kennt das Unionsrecht **selbständig einklagbare Verfahrenspositionen** (→ Rn. 52), kommt die Regelung nicht zum Zuge, weil die Verfahrenshandlungen als Sachentscheidungen im Sinne der Vorschrift anzusehen sind (→ § 25 Rn. 227). Andererseits muss nicht jede unionsrechtlich garantierte Verfahrensposition isoliert einklagbar sein. Hieran fehlt es, wenn sie im Rahmen des Rechtsbehelfs gegen die abschließende materiell-rechtliche Entscheidung einer eingehenden Prüfung durch den nationalen Richter zugänglich ist.[111] Wiederum anderes kann aber gelten, wenn die Union und die Mitgliedstaaten zusammenwirken (→ Rn. 64, 68; → § 25 Rn. 227).

### 5. Widerspruchsverfahren

54 Aus dem Unionsrecht kann sich ergeben, dass vor Klageerhebung ein behördliches Vorverfahren erforderlich und dieses auch dann durchzuführen ist, wenn ein Fall des § 68 Abs. 1 S. 2 VwGO vorliegt.[112] Nicht ganz selten schreiben Richtlinien der Union auch einen Zugang zu einem Überprüfungsverfahren vor einem Gericht oder „einer anderen auf gesetzlicher Grundlage geschaffenen **unabhängige**n und **unparteiische**n **Stelle,** deren Entscheidungen endgültig sein können“, vor.[113] Schließlich kennt das Unionsrecht in

---

[110] Vgl. § 7 Abs. 2 S. 2 UmwRG (→ § 32 Rn. 37). Es handelt sich zwar um eine Norm des deutschen Rechts, diese dient aber der Umsetzung des Unionsrechts.

[111] Vgl. EuGH NVwZ 2011, 1380 Rn. 70 – Samba Diouf.

[112] Vgl. zu einer solchen (inzwischen obsolet gewordenen) Fallgestaltung *Dörr* in: Sodan/Ziekow, VwGO, EVR Rn. 231. Zu weiteren Beispielen vgl. die Nachw. bei *Tonne* Effektiver Rechtsschutz durch staatliche Gerichte als Forderung des Europäischen Gemeinschaftsrechts, 1997, S. 271 m. Fn. 64.

[113] So Art. 6 Abs. 2 S. 1 Umweltinformationsrichtlinie – RL 2003/4/EG v. 28.1.2003, ABlEU Nr. L 41/26 (neben dem Überprüfungsverfahren nach Abs. 1 der Vorschrift). Da nach Art. 47 Abs. 2 S. 1 GRCh jede Person ein Recht darauf hat, dass ihre Sache von einem „zuvor durch Gesetz errichteten Gericht“ verhandelt wird, muss (jedenfalls heute) in jedem Fall ein Zugang zum Gericht bestehen.

stärkerem Ausmaße als das nationale Recht – unabhängig von dem eine Prozessvoraussetzung darstellenden Vorverfahren – **alternative Streitbeilegungsgremien,** wie das SOLVIT-Netzwerk im europäischen Binnenmarkt (→ § 8 Rn. 13), das die formlose nichtstreitige Beilegung von Konflikten zwischen Unionsbürgern und nationalen Verwaltungen um die Anwendung und Beachtung des Unionsrechts im Falle grenzüberschreitender Problemstellungen betreibt.[114]

### 6. Wahrung der Rechtsschutzfrist

Mitgliedstaatliche **Fristen** zur Durchsetzung unionsrechtlicher Ansprüche sind nur zulässig, wenn sie **angemessen lang** sind.[115] Die für die Erhebung von Anfechtungs- und Verpflichtungsklagen vorgeschriebene Monatsfrist (§ 74 VwGO) und die für Normenkontrollanträge nach § 47 Abs. 2 S. 1 VwGO vorgesehene Jahresfrist liegen innerhalb der der mitgliedstaatlichen Prozessautonomie (→ Rn. 48) gezogenen Grenzen und sind daher mit dem Unionsrecht vereinbar.[116] Nichts anderes gilt für die Rechtsmittelfristen (Berufung und Revision sowie Klagebegründungsfristen). Wenn für die unionsrechtliche Nichtigkeits- und Untätigkeitsklage (Art. 263 Abs. 6; 265 Abs. 2 S. 2 AEUV) sowie für Rechtsmittel gegen die Entscheidung des Gerichts beim Gerichtshof (Art. 56 Abs. 1 Satzung EuGH) eine Zweimonatsfrist vorgesehen ist, lässt sich dies auch mit den Schwierigkeiten der Anrufung einer fremden, im Ausland gelegenen Gerichtsbarkeit begründen. Die Entscheidung des EuGH in der Rechtssache Emmott,[117] wonach die Klagefrist erst beginnt, wenn eine Richtlinie ordnungsgemäß in nationales Recht umgesetzt worden ist, beruht auf Besonderheiten des Einzelfalls (Treu und Glauben) und kann daher nicht verallgemeinert werden, wie der Gerichtshof selbst festgestellt hat.[118] Jedoch müssen die maßgeblichen Bestimmungen (insbesondere bei der Berechnung der Fristen) ebenso wie diejenigen über die Wiedereinsetzung in den vorherigen Stand stets unionsrechtskonform ausgelegt werden. Zum Teil sieht das Unionsrecht vor, dass die Klagefrist auch gewahrt wird, wenn die Klage in fremder Sprache bei einem ausländischen Gericht eingelegt worden ist.[119] 55

### 7. Einstweiliger Rechtsschutz

Die Gewährung einstweiligen Rechtsschutzes durch die nationalen Verwaltungsgerichte wird nachhaltig durch das Unionsrecht beeinflusst.[120] Doch ist zu unterscheiden, ob der **einstweilige Rechtsschutz** zum Zweck der Durchsetzung unionaler Rechtspositionen oder zur Abwehr eines von der Union veranlassten Verhaltens in Anspruch genommen wird. Die **Durchsetzung** bereitet keine Probleme, weil die §§ 80 Abs. 5, 80a Abs. 3, 47 Abs. 6, 123 VwGO einen adäquaten vorläufigen Rechtsschutz ermöglichen und hierbei den berechtigten Belangen der Union Rechnung getragen werden kann. Soll mit dem einstweiligen Rechtsschutz dagegen die Durchsetzung des Unionsrechts bis zur Hauptsacheentscheidung vorübergehend **abgewehrt** werden, ist das Unionsinteresse an der Verwirklichung des Unionsrechts besonders zu berücksichtigen. Dies kann dazu führen, dass ein einstweiliger Rechtsschutz häufiger als bei rein innerstaatlichen Sachverhalten zu verwei- 56

---

[114] Vgl. dazu *Gundel* in: Ehlers/Terhechte/Wolffgang/Schröder, Aktuelle Entwicklungen des Rechtsschutzes in der Streitbeilegung im Außenwirtschaftsrecht, 2013, S. 139.

[115] Vgl. z. B. EuGH Urt. v. 16.12.1976 – C-33/76, BeckRS 2004, 70834 Rn. 5 – REWE; NZA 1997, 1041 Rn. 28 – Palmisani; NVwZ 1999, 633 Rn. 26 – Dilexport; NVwZ 2008, 870 Rn. 58 → JuS 2008, 542 *(Streinz)* – Kempter; Urt. v. 23.4.2020 – C-13/18, C-126/18, BeckRS 2020, 6610 Rn. 55 – Sole Mizo u. a.

[116] Allg. Auffassung; vgl. statt vieler *Gellermann* in: Rengeling/Middeke/Gellermann, Rechtsschutz EU, § 37 Rn. 35.

[117] EuGH Urt. v. 25.7.1991 – C-208/90, BeckRS 2004, 74972 Rn. 23.

[118] Vgl. EuGH EuZW 1995, 92 Rn. 26 f. – Johnson; NJW 2003, 35 – Roquette Frères; BVerwG NVwZ 2000, 193.

[119] Vgl. *Ehlers* DVBl 2004, 1441 (1447).

[120] Vgl. *Ehlers* Europäisierung (Fn. 108), S. 125 ff.; *Dörr* in: Sodan/Ziekow, VwGO, EVR Rn. 239 ff.; *Classen* in: Schulze/Janssen/Kadelbach, Europarecht, § 4 Rn. 117 ff.

gern ist, weil beispielsweise die Gewährung der aufschiebenden Wirkung einer Anfechtungsklage dem Unionsinteresse widerspricht.[121] Wird die Ungültigkeit von Unionshandlungen geltend gemacht, dürfen die Verwaltungsgerichte nach der EuGH-Rechtsprechung die Vollziehbarkeit eines auf das Unionsrecht gestützten nationalen Verwaltungsaktes nur aussetzen respektive eine einstweilige Anordnung entgegen der Unionshandlung (z. B. einer Verordnung) nur erlassen, wenn erhebliche Zweifel an der Gültigkeit der Unionshandlung bestehen, die Gültigkeitsfrage dem Gerichtshof vorgelegt wird (sofern er noch nicht mit ihr befasst ist), dem Antragsteller ein schwerer und nicht wieder gutzumachender Schaden droht, die Unionsinteressen angemessen berücksichtigt werden und alle einschlägigen Entscheidungen des Gerichtshofs und des Gerichts beachtet worden sind.[122] Damit wird den Verwaltungsgerichten gestattet, sekundäres und tertiäres Unionsrecht vorläufig nicht anzuwenden, ohne das Letztentscheidungsrecht der Unionsgerichtsbarkeit aufzugeben. Näher zum Ganzen → *Schoch* § 34 Rn. 140 und → *Schoch* § 35 Rn. 52 f.

### 8. Begründetheit von Rechtsschutzanträgen und Rechtskraft verwaltungsgerichtlicher Entscheidungen

57 **Fall 5:** Unternehmer B und das Land NRW haben einen Vertrag über die Lieferung von Holz des Landes an B abgeschlossen. Nach Streitigkeiten der Vertragsparteien hat das zuständige OLG den Fortbestand des Vertrages ohne Prüfung der Frage festgestellt, ob eine staatliche Beihilfe vorliegt. Daraufhin erhob B Klage vor dem LG auf Durchführung des Vertrages und Schadensersatz. Das LG ist zu der Auffassung gekommen, dass tatsächlich eine verbotene Beihilfe vorliege und hat dem EuGH gemäß Art. 267 AEUV die Frage vorgelegt, ob die Rechtskraft des Urteils vom OLG das LG daran hindere, den Vertrag als nichtig einzustufen.

58 Ist das Europäische Unionsrecht einschlägig, haben die Verwaltungsgerichte den Sinngehalt von Amts wegen zu ermitteln, auszulegen und auf den Streitfall anzuwenden.[123] Steht die Vereinbarkeit des nationalen Rechts mit dem Unionsrecht in Frage, sind alle Verwaltungsgerichte zur umfassenden **Überprüfung** verpflichtet und müssen im Kollisionsfall das nationale Recht (jeder Stufe, also auch das Verfassungsrecht) unangewendet lassen,[124] es sei denn, das Unionsrecht entfaltet (ganz) ausnahmsweise im innerstaatlichen Rechtskreis keine Wirkung, weil der unantastbare Kerngehalt der „Verfassungsidentität" eine Übertragung von Hoheitsrechten auf die Europäische Union nicht zugelassen hat oder die Union die ihr übertragenen Kompetenzen offensichtlich und strukturell bedeutsam zulasten der mitgliedstaatlichen Kompetenzen überschritten hat (→ Rn. 9 m. Fn. 21).[125] In den beiden zuletzt genannten Fällen muss das Verwaltungsgericht zuvor das BVerfG entsprechend Art. 100 Abs. 1 GG anrufen,[126] das wiederum den EuGH zur Beurteilung des Unionsrechts aus unionsrechtlicher Sicht um eine Vorabentscheidung zu ersuchen hat.[127] Wird eine Handlung

[121] Vgl. z. B. EuGH EuZW 1990, 384 Rn. 34 – Weinmarkt. Zur sofortigen Vollziehbarkeit einer Anordnung der Europäischen Kommission zur Rückforderung von Beihilfen vgl. EuGH EuZW 2007, 56 Rn. 49 ff. – Frankreich; EuZW 2010, 587 Rn. 37 – CELF II.

[122] Grundlegend EuGH NVwZ 1991, 460 Rn. 33 – Zuckerfabrik Süderdithmarschen; EuGH NJW 1996, 1333 Rn. 51 – Atlanta.

[123] Vgl. statt vieler *Dörr* in: Sodan/Ziekow, VwGO, EVR Rn. 202.

[124] EuGH NVwZ 1991, 461 (462) – Nimz; NJW 1999, 200 (202) – IN. CO. GE.'90 u. a.

[125] Nicht zulässig ist es, die Nichtanwendung des Unionsrechts bis zum Abschluss des Vorlageverfahrens vor dem BVerfG gemäß Art. 100 Abs. 1 GG zu suspendieren. Kommt sowohl ein Verstoß eines Parlamentsgesetzes gegen das Unionsrecht als auch gegen deutsches Verfassungsrecht in Betracht, bleibt die Reihenfolge der Anrufung des EuGH (Art. 267 AEUV) oder des BVerfG (Art. 100 Abs. 1 GG) fakultativ. Näher dazu *Ehlers* in: Schulze/Kadelbach/Janssen, § 11 Rn. 59.

[126] BVerfGE 123, 267 (354) = NJW 2009, 2267 Rn. 241; E 140, 317 (337) = NJW 2016, 1149 (1151).

[127] Das BVerfG hat bisher zweimal ein Vorabentscheidungsersuchen an den EuGH gestellt. Vgl. BVerfGE 134, 366 (369) = NJW 2014, 907; E 146, 216 = NJW 2017, 2894.

der Union (z. B. wegen Verstoßes gegen Unionsgrundrechte) für unionsrechtswidrig gehalten, muss sich jedes Verwaltungsgericht gemäß Art. 267 AEUV an den EuGH wenden (vgl. → Rn. 22). Wäre eine Nichtigkeitsklage des Einzelnen offensichtlich zulässig gewesen, ist sie jedoch nicht erhoben worden, darf die Gültigkeit des Unionsrechtsaktes nicht in Frage gestellt werden (→ § 9 Rn. 68). Ist die Auslegung des Unionsrechts zweifelhaft, kann das Vorabentscheidungsverfahren eingeleitet werden, während das im Streitfall letztinstanzliche Gericht (bei verwaltungsgerichtlichen Streitigkeiten in der Regel das BVerfG) hierzu verpflichtet ist (→ *Wernsmann* § 12 Rn. 47 f.). Die Anerkennung **exekutiver Spielräume** kann mit dem Unionsrecht vereinbar sein.[128] Eine bloße Willkürkontrolle der Gerichte reicht aber oftmals nicht aus.[129] Andererseits steht das Unionsrecht einer **schärferen Kontrolle** (wie sie der deutschen Verfassungs- und Verwaltungsgerichtsbarkeit zu eigen ist) auch nicht entgegen.[130] Eine Pflicht zur Aufhebung bestandskräftiger Verwaltungsakte, die sich als unionsrechtswidrig erweisen, besteht nur, wenn besondere Umstände hinzukommen (etwa wenn der Adressat alles ihm Mögliche getan hat, um bereits im ersten Anlauf eine ihm günstige Entscheidung herbeizuführen und die Aufrechterhaltung des rechtswidrigen Verwaltungsaktes schlechthin unerträglich wäre).[131] Diese sich bereits aus dem nationalen Recht ergebenden Anforderungen müssen nach dem Äquivalenzprinzip (→ Rn. 48) auch dann gelten, wenn die Rechtswidrigkeit auf einem Unionsrechtsverstoß beruht[132] oder das zuvor entschiedene Gericht gegen Art. 267 AEUV verstoßen hat.[133]

Hat das Verwaltungsgericht **rechtskräftig** entschieden, erweist sich aber später die Entscheidung als unionsrechtswidrig, ändert dies grundsätzlich nichts daran, dass die Rechtskraft (→ § 25 Rn. 207) bestehen bleibt.[134] Doch gilt anderes, wenn die innerstaatlich normierte Rechtskraftwirkung ungünstiger ist, als diejenige, die bei internen Sachverhalten gilt (Grundsatz der Äquivalenz), oder die Ausübung der durch die Unionsrechtsordnung eingeräumten Rechte praktisch unmöglich oder übermäßig erschwert wird (Grundsatz der Effektivität).[135] 59

**Lösung zu Fall 5:** Sowohl nach dem Unionsrecht als auch dem nationalen Recht darf die Rechtskraft einer Gerichtsentscheidung grundsätzlich nicht in Frage gestellt werden, selbst wenn dadurch ein durch die fragliche Entscheidung eingetretener Verstoß gegen das Unionsrecht beseitigt werden könnte. Im vorliegenden Fall hatte das Verfahren vor dem Landgericht aber nicht denselben Gegenstand wie das Verfahren vor 60

---

[128] Vgl. EuGH EuZW 1999, 503 Rn. 35 – Upjohn.

[129] Vgl. EuGH EuZW 2002, 497 Rn. 61 ff. – Hospital Ingenieure; NZBau 2015, 109 Rn. 43 – Croce Amica One Italia.

[130] Vgl. *Ehlers* DVBl 2004, 1441 (1449).

[131] In solchen Fällen ergibt sich aus § 51 Abs. 5 i. V. m. § 48 Abs. 1 VwVfG ein Anspruch auf Rücknahme (vgl. BVerwGE 121, 226 [228 f.] = ZUM-RD 2004, 601 [602 f.]; NVwZ 2007, 709 → JuS 2008, 266 *(Waldhoff)* und → *Schoch* JK 10/07, VwVfG § 51/4).

[132] Vgl. EuGH NVwZ 2006, 1277 Rn. 57 ff. → *Gundel* JA 2007, 398 und → *Ehlers* JK 6/07, EGV Art. 10/6 – i-21 Germany u. a.

[133] Vgl. zum Ganzen EuGH NVwZ 2004, 459 Rn. 26 → JuS 2004, 516 *(Streinz)* und → *Ehlers* JK 9/04, EGV Art. 10/3 – Kühne & Heitz; NVwZ 2006, 1277 Rn. 51 ff. → *Gundel* JA 2007, 398 und → *Ehlers* JK 6/07, EGV Art. 10/6 – i-21 Germany u. a.; NVwZ 2008, 870 Rn. 48 – Kempter; NVwZ 2013, 273 Rn. 77 – Byankov; GRUR 2018, 602 Rn. 47 – Incyte. Näher zum Ganzen *Weiss* DÖV 2008, 477; *v. Danwitz* Europäisches Verwaltungsrecht, S. 546 ff.; *Gärditz* in: Rengeling/Middeke/Gellermann, Rechtsschutz EU, § 35 Rn. 43; *Clausing/Kimmel* in: Schoch/Schneider, VwGO, § 121 Rn. 116b ff.; *Kastner* in: Fehling/Kastner/Störmer, VwR, § 48 VwVfG Rn. 84.

[134] Vgl. EuGH NJW 2006, 1577 Rn. 22 – Kapferer; EuZW 2009, 739 Rn. 23 – Fallimento Olimpiclub; Urt. v. 22.12.2010 – C-507/08, BeckRS 2010, 91504 Rn. 60 – Slowakei; NZBau 2014, 572 Rn. 59 – Impresa Pizzarotti; Urt. v. 5.3.2020 – C-6/19 Rn. 29 – Târşia; NVwZ 2006, 1277 Rn. 51 → *Gundel* JA 2007, 398 und → *Ehlers* JK 6/07, EGV Art. 10/6 – i-21 Germany u. a.; NVwZ 2008, 870 Rn. 37 → JuS 2008, 542 *(Streinz)* und → *Ehlers* JK 10/08, EGV Art. 10/7 – Kempter; *Kastner* in: Fehling/Kastner/Störmer, VwR, § 48 VwVfG Rn. 84.

[135] Vgl. EuGH NVwZ 2006, 1277 Rn. 58 → *Gundel* JA 2007, 398 und → *Ehlers* JK 6/07, EGV Art. 10/6 – i-21 Germany u. a.; EuZW 2009, 739 Rn. 24 – Fallimento Olimpiclub; NZBau 2014, 572 Rn. 54 – Impresa Pizzarotti.

dem Oberlandesgericht. Zudem ist vom Oberlandesgericht nicht geprüft worden, ob mit dem Vertrag eine staatliche Beihilfe verbunden ist. Daher gebietet es der Grundsatz der Effektivität (→ Rn. 48) nach Auffassung des EuGH, ohne Bindung an die Rechtskraft sämtliche Konsequenzen aus einem Verstoß gegen Art. 108 Abs. 3 S. 3 AEUV zu ziehen (näher dazu → § 25 Rn. 207).[136]

## III. Rechtsschutz im Falle des Zusammenwirkens der Europäischen Union und der Mitgliedstaaten

61 **Fall 6:** Die Banca d'Italia hat auf der Grundlage einer Verordnung der Europäischen Zentralbank (EZB) vorgeschlagen, C wegen der negativen Beurteilung seines Leumunds die Genehmigung zu einer Bankenbeteiligung zu versagen. Die EZB ist dem Vorschlag gefolgt. Daraufhin hat C Klage vor einem italienischen Gericht erhoben und beantragt, den Beschlussvorschlag der Banca d'Italia wegen Verletzung der Rechtskraft eines früheren, dem C günstigen Urteils der italienischen Justiz für nichtig zu erklären. Das italienische Gericht hat den EuGH um eine Vorabentscheidung nach Art. 267 AEUV zwecks Klärung ersucht, ob die italienische Gerichtsbarkeit über die Nichtigkeit des Vorschlags entscheiden darf.

62 **Fall 7:** Nach Weiterleitung des Antrags auf Genehmigung des Inverkehrbringens gentechnisch behandelter Organismen an die Europäische Kommission und positiver Beschlussfassung der Kommission hat die zuständige französische Behörde ihre Zustimmung zum Inverkehrbringen des Produkts erteilt. Greenpeace France macht Unregelmäßigkeiten im Ablauf der Prüfung durch die französischen Behörden geltend und fragt, welche Rechtsschutzmöglichkeiten bestehen.

63 Die Europäische Union und die Mitgliedstaaten sowie die Mitgliedstaaten untereinander wirken zur Erfüllung ihrer sich aus dem Unionsrecht ergebenden Aufgaben in vielfältiger Weise gemäß dem Maßstab der Loyalität zusammen (Art. 4 Abs. 3 EUV, Art. 197 AEUV).[137] Das gilt besonders für die **Verwaltungen.**[138] Die Zusammenarbeit kann vertikal, horizontal oder gemischt vertikal-horizontal organisiert sein, bi-, tri- oder multilateralen Charakter haben und mit oder ohne Bindungswirkung erfolgen. **Vertikal**e Kooperationsverhältnisse bestehen zwischen der Union und den Verwaltungen der Mitgliedstaaten, **horizontal**e zwischen den Verwaltungen der Mitgliedstaaten und **gemischt vertikal-horizontal**e sowohl zwischen den Verwaltungen der Union und den Verwaltungen der Mitgliedstaaten als auch zwischen den Verwaltungen der Mitgliedstaaten. Als Beispiel für die vertikale Zusammenarbeit lässt sich das Beihilfeverfahren nach Art. 108 AEUV (mit der Notwendigkeit der mitgliedstaatlichen Notifikation, dem Durchführungsverbot vor positiver Entscheidung der Europäischen Kommission und ggf. der Rückabwicklung rechtswidriger Beihilfegenehmi-

[136] EuGH EuZW 2016, 57 Rn. 45 – Klausner. Vgl. auch bereits EuGH EuZW 2007, 511 Rn. 57 ff. – Lucchini. Siehe auch *Voß* Die Durchbrechung der Rechtskraft nationaler Zivilgerichtsurteile zu Gunsten des unionsrechtlichen „effet utile"?, 2019.

[137] Ferner z. B. Art. 33 AEUV (Zollwesen), Art. 67 AEUV (Raum der Freiheit, der Sicherheit und des Rechts), Art. 87 AEUV (Polizei). Nähere Regelungen finden sich im Sekundärrecht der Union. Zur verstärkten Zusammenarbeit der Mitgliedstaaten vgl. Art. 20 EUV, Art. 326 ff. AEUV. Zum Teil erfolgt die Zusammenarbeit auch in Bezug auf Drittstaaten oder internationale Organisationen. Vgl. zur Entwicklungszusammenarbeit Art. 208 ff. AEUV.

[138] Vgl. *Schmidt-Aßmann* in: GVwR I, § 5 Rn. 18; *Ehlers* in: Ehlers/Pünder, AllgVwR, § 5 Rn. 63 ff.; *Fehling* in: Terhechte, Verwaltungsrecht der EU, § 12 Rn. 57 ff.; *Gundel* in: Schulze/Kadelbach/Janssen, § 3 Rn. 145 ff.; *Nowak* in: Leible/Terhechte, Enzyklopädie Europarecht III, § 40 Rn. 14 ff.; *Calliess/Kahl/Puttler* in: Calliess/Ruffert, EUV/AEUV, Art. 4 EUV Rn. 61 ff.

gungen nach einem Rückforderungsbeschluss der Kommission)[139] sowie die zahlreichen Auskunfts- und Nachprüfungsrechte der Kommission (Art. 337 AEUV) nennen. Horizontal arbeiten die Mitgliedstaaten etwa im Rahmen der horizontalen (im Gegensatz zur vertikalen) Amtshilfe zusammen.[140] Ferner kann das Unionsrecht die Mitgliedstaaten dazu verpflichten, von anderen Mitgliedstaaten getroffene Entscheidungen grundsätzlich anzuerkennen.[141] Das Anerkennungsverfahren koordiniert das Handeln der Mitgliedstaaten, gibt dem Tätigkeitsland aber die Möglichkeit, seine Besonderheiten zur Geltung zu bringen.[142] Unter Umständen können vorgeschriebene Konsultationsverfahren der Mitgliedstaaten aber auch dazu führen, dass die inländischen Behörden den Maßnahmen anderer Mitgliedstaaten Rechnung tragen müssen.[143] Vielfach wird in der Union in gemischt vertikal-horizontaler Weise kooperiert, insbesondere in (dezentralen[144]) Agenturen und Ausschüssen. So unterscheidet die Komitologie-Verordnung der Union hinsichtlich der von der Kommission und den Vertretern der Mitgliedstaaten zusammengesetzten Ausschüssen zwischen dem Beratungs- und Prüfungsverfahren. Im zuerst genannten Fall hat die Kommission die Stellungnahme des Ausschusses (und damit auch der mitgliedstaatlichen Vertreter) zu berücksichtigen, ist aber nicht daran gebunden, im zweiten Fall kommt dem Ausschuss grundsätzlich ein Vetorecht zu.[145]

Kooperieren die Europäische Union und die Verwaltungen der Mitgliedstaaten respektive die Verwaltungen der Mitgliedstaaten untereinander, führt dies noch nicht dazu, dass auch die **Gerichtsbarkeit** kooperativ ausgeübt werden muss. Vielmehr gilt in der Regel das **Trennungsprinzip.** Dies bedeutet, dass gegen oder auf ein Handeln gerichteter Rechtsschutz im hoheitlichen Verwaltungsverbund grundsätzlich nur **„pro rata“** des erfolgten oder begehrten Handlungsbeitrags vor den Gerichten des jeweiligen Hoheitsträgers zu erlangen ist.[146] Richtet sich der Rechtsschutz gegen ein Handeln der Union, ist nur die Unionsgerichtsbarkeit (nicht die nationale Gerichtsbarkeit) zuständig.[147] Soweit Hoheitsakte von den Agenturen oder sonstigen verselbständigten Einrichtungen oder Stellen der Union erlassen werden, ermöglicht Art. 263 Abs. 5 AEUV eine besondere Ausgestaltung des primären Rechtsschutzes (Direktklage nach erfolgloser Durchführung eines agenturinternen Beschwerdeverfahrens oder Klage gegen die Europäische Kommission nach erfolgter Durchführung eines dortigen Beschwerdeverfahrens, vgl. hierzu → § 9 Rn. 56).[148] Darf die Behörde eines anderen Mitgliedstaates auf unionsrechtlicher Grundlage einen **transnationalen Verwaltungsakt** erlassen, das heißt einen Akt der ohne weitere behördliche Anerkennung oder Transformation unionsweite Wirkungen entfaltet[149] (z. B. die Erlaubnis zum Betrieb von Bank-, Versicherungs- oder Wertpapiergeschäften[150]), kann dieser nur vor den Gerichten dieses Mitgliedstaates (nicht der übrigen Mitgliedstaaten) angegriffen werden.[151] 64

[139] Vgl. dazu VO 2015/1589/EU v. 13.7.2015, ABlEU Nr. L 248/9.

[140] Vgl. dazu auch §§ 8a ff. VwVfG.

[141] Grundlegend *Sydow* Verwaltungskooperation in der Europäischen Union, 2004, S. 138 ff., 181 ff.; krit. zur Rspr. des EuGH zum sog. „Führerscheintourismus“ *Schoch* in: Schoch/Schneider, VwVfG, Einl Rn. 510 ff.

[142] *Ehlers* in: Ehlers/Pünder, AllgVwR, § 5 Rn. 53.

[143] Vgl. z. B. Art. 11 Abs. 1 S. 3 VO 428/2009/EG v. 5.5.2009, ABlEU Nr. L 134/1 (Dual Use-VO).

[144] Zur Unterscheidung von den Exekutivagenturen der Union vgl. *Streinz* in: Streinz, EUV/AEUV, Art. 13 EUV Rn. 40.

[145] Vgl. Art. 4 ff. VO 182/2011/EU v. 16.2.2011, ABlEU Nr. L 55/13.

[146] Dies ergibt sich aus der völkerrechtlichen Immunität von supranationalen bzw. internationalen Gemeinschaften und Staaten.

[147] Vgl. auch EuGH NJW 1988, 1451 – Foto-Frost; → Rn. 10 m. Fn. 28.

[148] Vgl. *Görisch* Jura 2012, 42 (50).

[149] Allg. dazu *Nowak* in: Leible/Terhechte, Enzyklopädie Europarecht III, § 40 Rn. 19 ff.

[150] Vgl. *Royla* Grenzüberschreitende Finanzmarktaufsicht in der EG, 2000, S. 48 ff.; *Kynast* Grenzüberschreitende Bestandsübertragungen und Umstrukturierungen von Versicherungsunternehmen im EWR, 2018.

[151] Vgl. aber auch *Hofmann* in: Schmidt-Aßmann/Schöndorf-Haubold, Der Europäische Verwaltungsverbund, 2005, S. 353 (365), wonach das Realhandeln eines anderen Mitgliedstaates auf seine Rechtsmäßigkeit geprüft und ggf. ersetzt werden darf.

Somit hängt die Abgrenzung der Gerichtsbarkeiten entscheidend davon ab, wem das beanstandete oder begehrte Handeln zuzurechnen ist.

65 Im Falle einer **Delegation** – das heißt der Übertragung der sachlichen Zuständigkeit (Kompetenz, Befugnis) auf einen anderen Hoheitsträger[152] – und bei der Durchführung einer (im eigenen Namen wahrgenommenen) **Amtshilfe** im Sinne des Unionsrechts[153], ist das Handeln dem tätig gewordenen Hoheitsträger zuzuordnen. Dementsprechend sind die Gerichte des handelnden Hoheitsträgers zuständig.[154] Doch kommt es darauf an, wogegen Rechtsschutz beantragt wird. Hat z. B. der ersuchte Staat Amtshilfe für einen anderen Mitgliedstaat zu leisten, darf zwar Rechtsschutz gegen die Art und Weise der Vollstreckung vor dessen Gerichten nachgesucht werden. Wegen des Grundsatzes gegenseitigen Vertrauens der Mitgliedstaaten und der Verhinderung eines forum shoppings ist es den inländischen Gerichten aber prinzipiell[155] nicht erlaubt, die Rechtmäßigkeit der Handlung (z. B. der Forderung) des ersuchenden Staates (respektive der Europäischen Union) zu überprüfen. Insoweit muss der Rechtsschutzsuchende den Rechtsschutz im ersuchenden Staat (bzw. der Europäischen Union) in Anspruch nehmen.[156] Anders stellt sich die Rechtslage dar, wenn eine Organleihe oder eine Mandatierung vorliegt. Unter **Organleihe** versteht man die Zurverfügungstellung des Organs eines Staates (Hoheitsträgers) an einen anderen Staat (Hoheitsträger).[157] Ein organisationsrechtliches **Mandat** zeichnet sich dadurch aus, dass der Inhaber einer Zuständigkeit in einem Einzelfall, in vielen Einzelfällen oder abstrakt als Mandant ein anderes Subjekt, den sogenannten Mandatar, mit der Wahrnehmung einer (hoheitlichen) Kompetenz im Auftrag und Namen des Mandanten beauftragt.[158] Adressat einer Organleihe oder eines Mandats kann auch ein Privater sein (→ § 9 Rn. 17). Bei einem derartigen Auftreten wird das Tun, Dulden oder Unterlassen dem Hoheitsträger zugerechnet, für den gehandelt worden ist oder hätte gehandelt werden müssen. Somit obliegt der Rechtsschutz den für diesen Hoheitsträger zuständigen Gerichten.[159] Doch kann unter Umständen Abweichendes gelten. So hat der EuGH im Falle einer Mandatierung des Europäischen Rates durch die Mitgliedstaaten eine eigene Jurisdiktionsgewalt angenommen, obwohl die Mitgliedstaaten Zurechnungssubjekte des Handelns des Rates bleiben.[160]

66 Treffen die **Europäische Union,** ihre Organe, Einrichtungen, sonstige Stellen oder gesonderte Rechtsträger **allein** die **endgültige Entscheidung,** ohne an die vorbereitenden Handlungen oder Vorschläge der nationalen Behörden gebunden zu sein, kann Rechtsschutz nur vor der **Unionsgerichtsbarkeit** erlangt werden, auch um die Gefahr auszuschließen, dass es in ein und demselben Verfahren zu unterschiedlichen Beurteilungen kommt.[161] Wegen der fehlenden Gerichtsgewalt kommt weder ein nationaler Rechtsschutz gegen die Verfahrenshandlung der nationalen Behörde, der in Deutschland zudem an § 44a VwGO scheitern würde, noch gar gegen die Sachentscheidung in Betracht.

---

[152] Vgl. *Schmitz* in: Stelkens/Bonk/Sachs, VwVfG, § 4 Rn. 41 mit weiteren Unterscheidungen.

[153] Vgl. z. B. Art. 105 AEUV; 4 ff. VO 515/1997/EG v. 13.3.1997, ABlEU Nr. L 82/1; 102 ff. VO 2017/625/EU v. 15.3.2017, ABlEU Nr. L 95/1); vgl. auch *Wettner* Die Amtshilfe im Europäischen Verwaltungsrecht, 2005, S. 45 ff.

[154] Vgl. zur grenzüberschreitenden Amtshilfe auch *Harings* Grenzüberschreitende Zusammenarbeit der Polizei- und Zollverwaltung und Rechtsschutz in Deutschland, 1998, S. 223 ff.; zum deutschen Recht *Schmitz* in: Stelkens/Bonk/Sachs, VwVfG, § 4 Rn. 21 f.

[155] Anders ist die Rechtslage, wenn die öffentliche Ordnung des Mitgliedsstaates der ersuchten Behörde beeinträchtigt werden könnte; vgl. EuGH EuZW 2010, 146 Rn. 42 – Kyrian.

[156] Zur Rechtslage, wenn dies nicht möglich war, vgl. EuGH Urt. v. 26.4.2018 – C-34/17, BeckRS 2018, 6386 Rn. 39 ff. – Donnellan (in Bezug auf Art. 14 Abs. 1 u. 2 RL 2010/24/EU v. 16.3.2010, ABlEU Nr. L 84/1 – Amtshilfe bei der Beitreibung von Forderungen in Bezug auf bestimmte Steuern, Abgaben und sonstige Maßnahmen).

[157] Vgl. Art. 6 der Resolution der UN-Generalversammlung 56/83 v. 28.1.2002 (A/RES/56/83).

[158] Vgl. BVerwG DÖV 1962, 340 (341); DVBl 1965, 163 (164); HessVGH DÖV 1974, 604.

[159] Vgl. zu einigen Fallgestaltungen *Hofmann* Der Europäische Verwaltungsverbund (Fn. 151), S. 217 ff.

[160] Vgl. EuGH Urt. v. 2.3.1995 – C 316/91, BeckRS 2004, 76296 Rn. 11 ff. – Parlament/Rat; vgl. dazu *Pechstein* EU-Prozessrecht, Rn. 387 ff.

[161] EuGH EuZW 2008, 219 Rn. 93 f. – IFAW Internationaler Tierschutz-Fonds; vgl. ferner EuGH EuZW 2019, 128 – Berlusconi (dazu Fall 6 → Rn. 61 und Lösung → Rn. 67).

**Lösung zu Fall 6:** Da die EZB allein die endgültige Entscheidung über die Zulässigkeit der Bankbeteiligung zu treffen hat, ohne an den Vorschlag der Banca d'Italia gebunden zu sein, obliegt es nach Art. 263 Abs. 4 AEUV allein der Unionsgerichtsbarkeit, über die Rechtmäßigkeit der Entscheidung zu urteilen. Darf die italienische Justiz etwaige Mängel des Vorschlags der Banca d'Italia, welche die Gültigkeit der endgültigen EZB-Entscheidung beeinträchtigen und unterschiedliche Beurteilungen heraufbeschwören könnte, nicht überprüfen, kommt es auch nicht darauf an, dass sich C auf die Verletzung der Rechtskraft einer Entscheidung des nationalen Gerichts berufen hat; vgl. auch → § 9 Rn. 17; → § 27 Rn. 101.[162] 67

Anders stellt sich die Rechtslage dar, wenn eine zu einem Entscheidungsprozess der Union gehörende Handlung einer nationalen Behörde nicht in die ausschließliche Zuständigkeit der Unionsgerichtsbarkeit fällt. Dies ist der Fall, wenn die **Handlungen** der **nationalen Behörde** eine **notwendige Stufe** eines Verwaltungsverfahrens zur Vornahme einer Handlung der Union darstellt, in denen die Unionsorgane (Rechtsträger, Einrichtungen oder Stellen) nur über ein eingeschränktes oder gar kein Ermessen verfügen, so dass die nationale Handlung die Union bindet.[163] Die nationalen Gerichte haben dann über die etwaigen Fehler einer solchen nationalen Handlung zu entscheiden, wobei sie – gegebenenfalls im Wege einer Vorlage an den Gerichtshof – dieselben Prüfungsmaßstäbe wie bei anderen endgültigen Handlungen, die von der betreffenden nationalen Behörde ergriffen werden und Rechte Dritter verletzten können, anzuwenden und eine entsprechende Klage gemäß dem Grundsatz des effektiven Rechtsschutzes als zulässig anzusehen haben, selbst wenn die innerstaatlichen Verfahrensvorschriften dies in einem solchen Fall nicht vorsehen.[164] Somit kommt es in solchen Fällen zu einer Verdrängung nationaler Verwaltungsvorschriften nach Art des § 44a VwGO (→ § 25 Rn. 227). 68

Ist eine **Genehmigung** von einer **inländischen Behörde** zu erteilen, bedarf es vor der Erteilung aber der **Zustimmung** der Europäischen **Kommission**[165] oder eines anderen Mitgliedstaates respektive aller Mitgliedstaaten,[166] ist es, anders als nach deutschem Verwaltungsprozessrecht,[167] nicht statthaft, die inländische Genehmigungsbehörde (oder den Rechtsträger dieser Behörde) vor dem zuständigen mitgliedstaatlichen Gericht zu verklagen und die erforderliche Zustimmung gegebenenfalls durch das Gericht ersetzen zu lassen.[168] Vielmehr hat eine Klage vor der inländischen Gerichtsbarkeit nur dann Aussicht auf Erfolg, wenn zuvor die Unionsgerichtsbarkeit respektive die Gerichtsbarkeit des anderen Mitgliedstaates angerufen und auf diesem Wege die Erteilung der Zustimmung erreicht wurde. 69

---

162 EuGH EuZW 2019, 128 Rn. 43 ff. – Berlusconi.

163 EuGH Urt. v. 3.12.2004 – C-97/91, BeckRS 2004, 77939 Rn. 9 f. – Borelli; EuZW 2019, 128 Rn. 44 – Berlusconi (dazu Fall 6 → Rn. 61 und Lösung → Rn. 67).

164 EuGH Urt. v. 3.12.2004 – C-97/91, BeckRS 2004, 77939 Rn. 11 ff. – Borelli; EuZW 2002, 311 Rn. 58 – Kühne; GRUR 2009, 961 Rn. 57 – Bavaria; EuZW 2019, 128 Rn. 45 – Berlusconi (dazu Fall 6 → Rn. 61 und Lösung → Rn. 67).

165 Statt einer Zustimmung kann die Kommission auch ermächtigt sein, Einwände zu erheben, denen Rechnung getragen werden muss. Vgl. z. B. Art. 15 Abs. 3 RL 2001/18/EG v. 12.3.2001, ABlEU Nr. L 106/1, wonach im Falle eines begründeten Einwands der Kommission oder eines anderen Mitgliedstaates die zuständige ausländische Behörde die Freisetzung gentechnisch veränderter Organismen in die Umwelt nicht erlauben darf.

166 Vgl. Art. 11 Abs. 1 S. 3 VO 428/2009/EG v. 5.5.2009, ABlEU Nr. L 134/1 (Ausfuhrgenehmigungen nach der Dual-Use-VO).

167 Vgl. z. B. BVerwG NVwZ 1986, 556 f.; NVwZ-RR 2003, 719 f. (jeweils zum Einvernehmenserfordernis des § 36 BauGB), näher dazu Fall 14 → § 28 Rn. 70 und Lösung → § 28 Rn. 73

168 Vgl. auch *Kadelbach* Allgemeines Verwaltungsrecht unter Europäischem Einfluss, 1999, S. 337; *ders.* KritV 82 (1999), 378 (389 f.).

70 **Lösung zu Fall 7:** Soweit die allgemeinen Zulässigkeitsvoraussetzungen vorliegen (insbesondere die Klagebefugnis), können Private die eine Entscheidung darstellende Zustimmung der Europäischen Kommission mit der Nichtigkeitsklage (Art. 263 Abs. 4 AEUV) anfechten. Zudem haben sie in Fällen, in denen die verwaltungsmäßige Durchführung einer Unionsentscheidung durch die nationalen Behörden erfolgt, das Recht, vor den nationalen Gerichten die Rechtmäßigkeit der Entscheidung inzident zu bestreiten. Ist das nationale Gericht der Auffassung, dass die Unionsentscheidung ungültig ist, muss es den Gerichtshof nach Art. 267 AEUV anrufen und gegebenenfalls den Vollzug der Maßnahmen zur Durchführung der Unionsentscheidung aussetzen, bis der Gerichtshof über die Frage der Gültigkeit entschieden hat.[169]

71 Insbesondere die Verweisung an ausländische Gerichte kann den Rechtsschutz erheblich erschweren (fehlende Beherrschung der Gerichtssprache, ungewohntes Verfahrensrecht, Unkenntnis der möglichen Rechtsbehelfe, räumliche Entfernung, Schwierigkeiten bei der Anwaltssuche).[170] Ein gänzlich anderes Konzept verfolgt das **Schengener Informationssystem** (nunmehr der zweiten Generation, SIS II).[171] In Bezug auf die Speicherung von Daten zwecks Gewährleistung eines hohen Maßes an Sicherheit in einem Raum der Freiheit, der Sicherheit und des Rechts der Europäischen Union einschließlich der Wahrung der öffentlichen Sicherheit und Ordnung sowie des Schutzes der Sicherheit im Hoheitsgebiet der Mitgliedstaaten. Nach Art. 59 Abs. 1 des Beschlusses 2007/533/JI hat jeder „das Recht, einen Rechtsbehelf wegen einer seiner Person betreffenden Ausschreibung insbesondere auf Berichtigung, Löschung, Auskunftserteilung oder Schadensersatz bei dem Gericht oder der Behörde einzulegen, das bzw. die nach dem Recht eines Mitgliedstaates zuständig ist“.[172] Somit kann jeder seine Rechte in Bezug auf das Schengener Informationssystem in allen Mitgliedstaaten vor dem nach nationalem Recht zuständigen Gericht geltend machen.[173] Dies hat den Vorteil, dass nicht mehrere Prozesse in verschiedenen Ländern geführt werden müssen und die inländischen Gerichte auch das Handeln ausländischer Staaten überprüfen dürfen. Geht es dagegen um die Datenspeicherungen im Rahmen der Zusammenarbeit auf dem Gebiet der Strafverfolgung zwischen **„Europol“**, einer Agentur der Europäischen Union, und den mitgliedstaatlichen Strafverfolgungsbehörden, ist zu unterscheiden.[174] Jeder Mitgliedstaat hat eine unabhängige nationale Kontrollbehörde zu benennen, deren Aufgabe darin besteht, nach Maßgabe des jeweiligen nationalen Rechts in unabhängiger Weise die Zulässigkeit der Übermittlung und des Abrufs personenbezogener Daten sowie jedweder Übermittlung dieser Daten an Europol durch diesen Mitgliedstaat zu überwachen und zu prüfen, ob hierdurch die Rechte der betroffenen Personen verletzt werden.[175] Das Handeln der nationalen Kontrollstelle unterfällt der nationalen Gerichtsbarkeit. Wendet sich der Rechtsschutzsuchende gegen die Verarbeitung seiner personenbezogenen Daten durch Europol, kann er beim Europäischen Datenschutzbeauftragten Beschwerde einlegen.[176] Wird die Beschwerde abgelehnt, kann Nichtigkeitsklage vor dem EuGH erhoben werden.[177]

---

[169] Vgl. EuGH NVwZ 2011, 61 Rn. 54 f. – Association Greenpeace France.

[170] Vgl. statt vieler *Hofmann* Der Europäische Verwaltungsverbund (Fn. 151), S. 353, 362 f.

[171] Beschl. 2007/533/JI v. 12.6.2007, ABlEU Nr. L 205/63.

[172] Zu Art. 111 Abs. 1 des Schengener Durchführungsübereinkommens (SDÜ), der schon vor SIS II eine entsprechende Regelung enthielt, vgl. *Harings* Grenzüberschreitende Zusammenarbeit (Fn. 154), S. 93 f.

[173] Vgl. *Gleß/Wahl* in: Schomburg/Lagodny, Internationale Rechtshilfe in Strafsachen, III E 2 Einführung, Rn. 70.

[174] Vgl. VO 2016/794/EU v. 11.5.2016, ABlEU Nr. L 135/53. Näher zum Europäischen Sicherheitsrecht *Schöndorf-Haubold* in: Ehlers/Fehling/Pünder, BesVwR III, § 68.

[175] Vgl. Art. 42 VO 2016/794/EU v. 11.5.2016, ABlEU Nr. L 135/53.

[176] Art. 47 VO 2016/794/EU v. 11.5.2016, ABlEU Nr. L 135/53.

[177] Vgl. Art. 48 VO 2016/794/EU i. V. m. Art. 263 Abs. 1, Abs. 4 AEUV. Zum früheren Rechtsschutz vgl. *Dannecker/Müller* in: Rengeling/Middeke/Gellermann, Rechtsschutz EU, § 39 Rn. 205 ff.

## H. Verklammerung des unionsrechtlichen und mitgliedstaatlichen Gerichtsschutzes

**Fall 8:** Nachdem ein Suchmaschinenbetreiber es abgelehnt hatte, die Anzeige eines Suchergebnisses mit dem Namen des Beschwerdeführers zu unterlassen, erhob dieser nach erfolglosem zivilgerichtlichen Rechtsschutz Verfassungsbeschwerde beim BVerfG. 72

Die grundsätzliche Geltung des Trennungsprinzips für den gerichtlichen Rechtsschutz im Unionsraum (→ Rn. 64) bedeutet nicht, dass die Unionsgerichtsbarkeit und die mitgliedstaatliche Gerichtsbarkeit unverbunden nebeneinanderstehen. Vielmehr muss die Rechtsprechung ungeachtet der klaren Aufgabentrennung der Gerichtsbarkeiten[178] in den vom Unionsrecht erfassten Bereichen in enger **Kooperation**[179] gemäß dem Grundsatz der **loyalen Zusammenarbeit** (Art. 4 Abs. 3 UAbs. 1 EUV) ausgeübt werden, weil nur so die Einheitlichkeit, Kohärenz und die volle Wirksamkeit des Unionsrechts gesichert werden kann. So kann eine **Aussetzung des gerichtlichen Verfahrens** in Betracht kommen, bis die Gerichtsbarkeit des anderen Hoheitsträgers entschieden hat. Nicht ausgeschlossen ist, dass der Gerichtshof oder das Gericht ein bei ihm anhängiges Verfahren aussetzt oder zurückstellt, weil es zweckmäßig erscheint, abzuwarten, bis die nationale Gerichtsbarkeit zuvor entscheidet (Art. 55 f. VerfO-EuGH; Art. 69 VerfO-EuG).[180] Doch wird davon, soweit ersichtlich, in der Praxis kein Gebrauch gemacht, auch weil es zu Verzögerungen kommt und die verbindliche Entscheidung der Verfahren vor dem Gerichtshof der Europäischen Union ohnehin allein dem Gerichtshof obliegt. Anders stellt sich die Rechtslage für die inländische Justiz dar. So ist das BVerfG nach **§ 33 Abs. 1 BVerfGG** befugt, sein Verfahren bis zur Entscheidung eines bei einem anderen Gericht anhängigen Verfahrens auszusetzen, wenn für seine Entscheidung die Feststellungen oder die Entscheidung eines anderen Gerichts von Bedeutung sein können. Nach **§ 94 VwGO** können deutsche Verwaltungsgerichte, wenn die Entscheidung des Rechtsstreits ganz oder zum Teil von dem Bestehen oder Nichtbestehen eines Rechtsverhältnisses abhängt, das den Gegenstand eines anderen anhängigen Gerichtsverfahrens bildet oder von einer Verwaltungsbehörde festzustellen ist, anordnen, dass die Verhandlung bis zur Erledigung des anderen Rechtsstreits oder bis zur Entscheidung der Verwaltungsbehörde ausgesetzt wird. Eine Aussetzung kommt auch in Betracht, wenn eine Entscheidung ausländischer Verwaltungsbehörden oder ausländischer Gerichte vorgreiflich ist.[181] 73

Vor allem aber sind die mitgliedstaatlichen Gerichte gemäß der Art. 19 Abs. 3 lit. b EUV, Art. 267 AEUV[182] berechtigt oder verpflichtet, den **EuGH** um eine **Vorabentscheidung** über die Auslegung des Unionsrechts oder die Gültigkeit der Handlung ihrer Organe, Einrichtungen oder sonstigen Stellen zu ersuchen. Zwar ergibt sich aus den genannten Bestimmungen nicht unmittelbar, dass dann das nationale Gerichtsverfahren auszusetzen ist. Doch entspricht dies dem Sinn und Zweck des Vorabentscheidungsverfahrens. Da § 33 Abs. 1 BVerfGG und § 94 VwGO einen bereits anhängigen anderen Rechtsstreit voraussetzt- 74

---

[178] EuGH NJW 2015, 2013 Rn. 15 – Gauweiler u. a.

[179] Vgl. z. B. BVerfGE 89, 155 (175) = NJW 1993, 3047 (3049); E 152, 216 Rn. 68 ff. = NVwZ 2020, 63 = NJW 2020, 314 → *Sachs* JuS 2020, 284 und → *Muckel* JA 2020, 237 sowie → *Eifert* Jura (JK) 2020, 535 – Recht auf Vergessen II. Zum Rechtsschutzverbund vgl. auch *Gärditz* JuS 2009, 385.

[180] Vgl. Zur ausnahmsweisen Anwendung nationalen Rechts und diesbezüglichen Kontrolle durch die Unionsgerichtsbarkeit → Rn. 10.

[181] Zur Aussetzung eines verwaltungsgerichtlichen Verfahrens im Hinblick auf eine beim EGMR anhängige Individualbeschwerde in analoger Anwendung des § 94 VwGO vgl. OVG Bremen NVwZ-RR 2019, 349.

[182] Vgl. auch Art. 23 f. Satzung EuGH; Art. 93 VerfO-EuGH.

zen, sind die Vorschriften nicht unmittelbar, sondern entsprechend anzuwenden.[183] Ob der Aussetzungs- und Vorlagebeschluss noch mit Rechtsmitteln (Beschwerde) angegriffen werden kann, richtet sich nach dem mitgliedstaatlichen Recht.[184] Vorlagebeschlüsse des BVerfG und BVerwG sind von vornherein nicht angreifbar, weil es an einer Beschwerdeinstanz fehlt. Auch für Vorlagebeschlüsse eines OVG/VGH schließt § 152 Abs. 1 VwGO eine Beschwerde aus. Im Ergebnis gilt nichts anderes für Aussetzungs- und Vorlagebeschlüsse von Verwaltungsgerichten, da nach Sinn und Zweck des Vorabentscheidungsverfahrens ebenso wie im Falle des Vorlageverfahrens nach Art. 100 Abs. 1 GG das angerufene Gericht (hier der EuGH) sofort entscheiden soll.[185] Ist dieselbe Fragestellung bereits Gegenstand eines anderen Vorabentscheidungsverfahrens, kommt ebenfalls eine Aussetzung nach Maßgabe des gerichtlichen Ermessens in Betracht.[186] Doch kann dann der Aussetzungsbeschluss eines Verwaltungsgerichts ohne gleichzeitige Vorlage mit der Beschwerde angegriffen werden.[187]

75 Das ein objektives (nicht kontradiktorisches) Zwischenverfahren darstellende **Vorabentscheidungsverfahren** nach Art. 267 AEUV ist ein **„Schlüsselelement"** des durch die Unionsverträge gestalteten Gerichtssystems, das durch die Einführung eines **Dialogs** zwischen den Gerichten der Mitgliedstaaten und dem Gerichtshof den nationalen und unionseigenen Rechtsschutz verklammert. Dadurch soll die **einheitliche Auslegung des Unionsrechts** gewährleistet und damit die Sicherstellung seiner Kohärenz, seiner vollen Geltung und seiner Autonomie sowie letztlich des eigenen Charakters des durch die Unionsverträge geschaffenen Rechts ermöglicht werden.[188] Das durch Art. 267 AEUV eingerichtete Verfahren ist ein Instrument der Zusammenarbeit zwischen dem EuGH und mitgliedstaatlichen Gerichten, mit denen der EuGH diesen Gerichten Hinweise zur Auslegung des Unionsrechts gibt, die sie zur Entscheidung des bei ihm anhängigen Rechtsstreits benötigen.[189] Ohne das Rechtsschutzverfahren des Art. 267 AEUV ließe sich eine Rechtszersplitterung im Unionsraum und oftmals auch eine Nichtbeachtung des Unionsrechts in den Mitgliedstaaten kaum vermeiden. Zwar verzögert ein Vorabentscheidungsersuchen den Abschluss des Rechtsstreits vor dem nationalen Gericht. Berücksichtigt man, dass an Vorabentscheidungsverfahren nicht nur die Parteien des Ausgangsstreits, sondern auch alle Mitgliedstaaten, die Europäische Kommission und weitere Unionsorgane oder andere Rechtsträger beteiligt sind (→ Rn. 38), und eine Übersetzung der Schriftsätze und Gerichtsentscheidungen in die Amtssprachen erforderlich ist (Art. 98 VerfO-EuGH), wird dieses Verfahren aber in aller Regel gestrafft durchgeführt.[190] Zum anderen kommt im Falle der Notwendigkeit einer raschen Erledigung ein beschleunigtes Verfahren oder Eilvorabentscheidungsverfahren in Betracht (→ Rn. 40). Vor allem jedoch, wird die Verzögerung durch den Zugewinn an Rechtssicherheit mehr als nur aufgehoben.[191] Tatsächlich sind zahlreiche Leitentscheidungen des EuGH im Vorabentscheidungsverfahren ergangen. Zudem dient das Verfahren auch dem Individualrechtsschutz (→ *Wernsmann* § 12 Rn. 2) und kann den Mangel beschränkter Klagebefugnisse natürlicher und juristischer Personen im Falle der Erhebung von Nichtig-

---

[183] BVerfGE 134, 366 (369) = NJW 2014, 907 (916); E 146, 216 (293) = NJW 2017, 2894 (2905); zu § 94 VwGO vgl. z. B. BVerwG NVwZ 2008, 686 f.; *Peters/Schwarzburg* in: Sodan/Ziekow, VwGO, § 94 Rn. 56. A. A. *W.-R. Schenke* in: Kopp/Schenke, VwGO, § 94 Rn. 2 (direkte Pflicht zur Aussetzung und Vorlage).

[184] Vgl. EuGH Urt. v. 11.7.1996 – C 39/94, BeckRS 2004, 76964 Rn. 24 – SFEI u. a.; Urt. v. 17.7.1997 – C-334/95, BeckRS 2004, 76518 Rn. 54 – Krüger; NZG 2009, 61 Rn. 89 – Cartesio.

[185] Str., wie hier BFHE 132, 217 (218) = BeckRS 1981, 22005616; VGH BW NVwZ-RR 2002, 236; *W.-R. Schenke* in: Kopp/Schenke, VwGO, § 146 Rn. 15. A. A. z. B. *Dörr* in: Sodan/Ziekow, VwGO, EVR Rn. 141; *Guckelberger* in: Sodan/Ziekow, VwGO, § 146 Rn. 38.

[186] Das gilt auch dann, wenn es nicht um die Gültigkeit, sondern um die Auslegung des Unionsrechts geht; vgl. *Peters/Schwarzburg* in: Sodan/Ziekow, VwGO, § 94 Rn. 58.

[187] Vgl. VGH BW NVwZ-RR 2002, 236; OVG Bremen NVwZ-RR 2008, 851.

[188] Vgl. statt vieler EuGH Gutachten 2/13 v. 18.12.2014 Rn. 176 = DÖV 2016, 36.

[189] EuGH Urt. v. 19.12.2013 – C-279/12, BeckRS 2013, 82376 Rn. 29 – Fish Legal und Shirley; EuZW 2020, 155 Rn. 69 – A. K. u. a.

[190] Im Jahr 2019 betrug die durchschnittliche Dauer des Verfahrens 15,5 Monate, vgl. EuGH Jahresbericht 2019, Rechtsprechungsstatistik, S. 178.

[191] Vgl. *Kokott/Sobotta* NVwZ-Beilage 2013, 48 (52).

keits- und Untätigkeitsklagen (→ § 9 Rn. 36 ff.; → § 10 Rn. 18) vor der Unionsgerichtsbarkeit kompensieren.

Aus Art. 267 AEUV ergibt sich ferner, dass die Gerichte der Mitgliedstaaten **im funktionalen Sinne** auch **Gerichte der Europäischen Union** sind (→ Rn. 9). Dies trifft nicht nur auf die Fachgerichtsbarkeiten, sondern ebenso auf die Verfassungsgerichtsbarkeit zu. Dementsprechend muss auch das **BVerfG** den EuGH bei Vorliegen der Voraussetzungen des Art. 267 AEUV um eine Vorabentscheidung ersuchen. Tatsächlich hat das Gericht nach langem Zögern mittlerweile in zwei Fällen davon Gebrauch gemacht.[192] Wenn ein Verfassungsgericht den EuGH nicht um eine Vorabentscheidung ersucht hat, obwohl es nach Auffassung der Kommission dazu verpflichtet gewesen wäre, kann dies zum Gegenstand eines Vertragsverletzungsverfahrens gemacht werden.[193] Hinzu kommt, dass das BVerfG darüber wacht, ob die Fachgerichte ihren Verpflichtungen nach Art. 267 AEUV nachkommen, weil ein Verstoß nicht nur eine Vertragsverletzung darstellt – die im Vertragsverletzungsverfahren von der Kommission oder einem anderen Mitgliedstaat gerügt werden könnte (Art. 258, 259 AEUV)[194] –, sondern in Deutschland auch einen Verstoß gegen das **Verfassungsgebot des gesetzlichen Richters** (Art. 101 Abs. 1 S. 2 GG).[195] Der Verstoß kann mit der Verfassungsbeschwerde gemäß Art. 93 Abs. 1 Nr. 4a GG gerichtlich geltend gemacht werden. Allerdings prüft das BVerfG nur, ob die Vorlagepflicht an den EuGH offensichtlich unhaltbar gehandhabt wurde, weil sie grundsätzlich verkannt worden ist, von der Rechtsprechung des EuGH abgewichen wurde oder Europäisches Unionsrecht in unvertretbarer, offensichtlich unhaltbarer Weise ausgelegt worden ist.[196] 76

**Lösung zu Fall 8:** Der Rechtsstreit richtet sich nach datenschutzrechtlichen Regelungen, die durch das Unionsrecht vollständig vereinheitlicht sind und bei deren Anwendung deshalb grundsätzlich allein die Charta der Grundrechte der Europäischen Union – nicht die nationalen Grundrechte – anwendbar ist (sind). Ungeachtet des Art. 93 Abs. 1 Nr. 4a GG, der nur die Grundrechte des Grundgesetzes in den Blick nimmt, hat das BVerfG den Beschwerdeführer für beschwerdebefugt gehalten. Aus der dem BVerfG nach Art. 23 Abs. 1 S. 1 GG aufgetragenen Mitwirkung unter Anwendung von Unionsrecht im Rahmen der damit verbundenen Integrationsverantwortung folge, dass die Vorschrift auch auf Rügen einer Verletzung von Rechten der Charta der Grundrechte der Europäischen Union Anwendung findet. Eine Kontrolle der Fachgerichte, ob diese den unionsrechtlichen Vorlagepflichten genügen, reiche nicht aus. Mit der Verfassungsbeschwerde sei eine umfangreiche Grundrechtskontrolle zugesagt, die auch die richtige Anwendung der Grundrechte im Einzelfall umfasse. Soweit die Charta-Grundrechte zu prüfen sind, übe das BVerfG seine Kontrolle in enger Kooperation mit dem EuGH aus. Während die Zuständigkeit für die letztverbindliche Auslegung der Unionsgrundrechte beim EuGH liege, betreffe die Prüfungskompetenz des BVerfG die richtige Anwendung der Unionsgrundrechte. Es sei insoweit innerstaatlich letztentscheidende Instanz i. S. d. Art. 267 Abs. 3 AEUV und gegebenenfalls vorlagepflichtig. Im konkreten Fall hat das BVerfG die zulässige Verfassungsbeschwerde allerdings für unbegründet gehalten.[197] 77

---

192 BVerfGE 134, 366 (369) = NJW 2014, 907 (916); E 146, 216 (293) = NJW 2017, 2894 (2905).

193 Vgl. EuGH EuZW 2018, 1038 Rn. 105 ff. → *Payandeh* JuS 2019, 82 – Frankreich (Bezug auf eine Nichtvorlage durch den französischen Conseil d'État).

194 Vgl. EuGH EuZW 2018, 1038 Rn. 105 ff. → *Payandeh* JuS 2019, 82 – Frankreich (Bezug auf eine Nichtvorlage durch den französischen Conseil d'État). Zur Frage, ob wegen der einen Ultra-vires-Akt der EZB annehmenden und damit den Vorrang des Unionsrechts insoweit nicht anerkennenden Entscheidung des BVerfG v. 5.5.2020 (E 154, 17 Rn. 116 ff. = NVwZ 2020, 857 → *Ruffert* JuS 2020, 574) ein Vertragsverletzungsverfahren eingeleitet werden muss, vgl. → § 8 Rn. 23.

195 Vgl. BVerfGE 73, 339 (366 ff.) = NJW 1987, 577 (578); E 82, 159 (192 ff.) = NVwZ 1991, 53 (57 ff.); BVerfG-K NVwZ 2005, 572 (574); NJW 2018, 606 f.; E 147, 364 (380 ff.) = NJW 2018, 686 (687 f.).

196 Näher zu Art. 267 AEUV und zur Handhabung im deutschen Recht → *Wernsmann* § 12.

197 Vgl. BVerfGE 152, 216 Rn. 94 ff. = NVwZ 2020, 63 = NJW 2020, 314 → *Sachs* JuS 2020, 284 und → *Muckel* JA 2020, 237 sowie → *Eifert* Jura (JK) 2020, 535 – Recht auf Vergessen II.

# § 8. Vertragsverletzungsklage

*Dirk Ehlers*

**Übersicht**



**Schrifttum:** *Classen* Rechtsschutz in: Schulze/Janssen/Kadelbach (Hrsg.), Europarecht, Handbuch für die Deutsche Rechtspraxis, 4. Aufl. 2020, § 4; *Dörr* in: Sodan/Ziekow (Hrsg.), Verwaltungsgerichtsordnung, 5. Aufl. 2018, EVR; *Gurreck/Otto* Das Vertragsverletzungsverfahren, JuS 2015, 1079; *Nowak* in: Leible/Terhechte (Hrsg.), Enzyklopädie Europarecht Band III, Europäisches Rechtsschutz- und Verfahrensrecht, 2. Aufl. 2021, § 10; *Pechstein* EU-Prozessrecht, 4. Aufl. 2011, Kap. 1 bis 5; *Thiele* Europäisches Prozessrecht, 2. Aufl. 2014, § 5.

## A. Funktion und Bedeutung der Vertragsverletzungsklage

1 Um die „Wahrung des Rechts“[1] auf dem Gebiet des Europäischen Unionsrechts zu sichern, haben die Verträge über die Europäische Union (EUV) sowie über die Arbeitsweise der Europäischen Union (AEUV) der Unionsgerichtsbarkeit in einem erheblichen Umfang ausschließliche Zuständigkeiten übertragen. Zur Gruppe der **Direktklagen,** die unmittelbar bei den Unionsgerichten eingelegt werden können (vgl. auch → § 7 Rn. 21), gehört die **Vertragsverletzungsklage** (Art. 258, 259 AEUV), die auch auf dem Gebiet der Europäischen Atomgemeinschaft erhoben werden kann (Art. 106a Abs. 1 EAG). Unberührt bleibt die Verpflichtung der mitgliedstaatlichen Gerichte und Behörden, vertragswidriges nationales Recht wegen des Vorrangs des Unionsrechts nicht anzuwenden.[2]

2 Das Vertragsverletzungsverfahren bezweckt eine **objektive Rechtskontrolle.** Überprüft wird, ob ein Mitgliedstaat gegen eine Verpflichtung aus den Verträgen verstoßen hat. Unerheblich ist, ob der Rechtsverstoß auch Rechte des Unionsbürgers verletzt.[3] Ein Privater hat nicht die Möglichkeit, Vertragsverletzungsklage vor dem EuGH zu erheben (vgl. aber

[1] Art. 19 Abs. 1 S. 2 EUV.
[2] Vgl. *Ehlers* in: Schulze/Janssen/Kadelbach, Europarecht, § 11 Rn. 11 ff., 56.
[3] Vgl. EuGH NVwZ 1996, 369 (370); *Dörr* in: Sodan/Ziekow, VwGO, EVR Rn. 33.

→ Rn. 5). Gleichwohl ist das Vertragsverletzungsverfahren für den **Individualrechtsschutz** nicht ohne Belang. Zum einen hat es der Einzelne in der Hand, bei der Europäischen Kommission oder einem Mitgliedstaat Beschwerde einzulegen und damit ein Vertragsverletzungsverfahren anzuregen (→ Rn. 12). Zum anderen kann die Verurteilung eines Mitgliedstaates im Vertragsverletzungsverfahren auch seinen Interessen dienen, weil die gerichtliche Feststellung einer Vertragsverletzung in Rechtskraft gegenüber allen Organen des Staates erwächst (→ Rn. 36 ff.) und damit auch präjudizielle Wirkung für Folgeprozesse des Einzelnen vor den nationalen Gerichten hat (etwa für Haftungsprozesse wegen Vertragsverletzung des verklagten Mitgliedstaates).

Der AEUV kennt zwei verschiedene Formen des Vertragsverletzungsverfahrens, nämlich 3
die **Aufsichtsklage** der Kommission gegen einen Mitgliedstaat der EU (Art. 258 AEUV) und die **Klage auf Antrag eines Mitgliedstaates** (Art. 259 AEUV). Beide Klagen können auch nebeneinander erhoben werden.[4] Das von der Kommission eingeleitete Vertragsverletzungsverfahren spielt in der Praxis eine wichtige Rolle und hat im Laufe der Jahre eine noch weiter zunehmende Bedeutung erlangt. So hat die Kommission im Jahre 2016 790 Untersuchungen im EU-Pilotverfahren (→ Rn. 13) eingeleitet, 245 Pilot-Vorgänge abgeschlossen, 986 Mahnschreiben (→ Rn. 14) versandt, den Mitgliedstaaten 292 mit Gründen versehene Stellungnahmen übermittelt (→ Rn. 16) und 18 Klagen erhoben.[5] Die Zahlen zeigen, dass allein die Einleitung eines (informellen Verfahrens oder eines Vor-)Verfahrens (→ Rn. 11 ff.) die Mitgliedstaaten häufig zu einem Einlenken veranlasst. Im Jahre 2016 erließ der EuGH 28 Urteile gemäß Art. 258, 260 Abs. 2 AEUV, wobei in 23 Fällen (82 %) zugunsten der Kommission entschieden wurde.[6] Die Vertragsverletzungsrügen der Kommission beziehen sich in den meisten Fällen auf die nicht mitgeteilte respektive fehlende, unvollständige oder verspätete Umsetzung von EU-Richtlinien. Keine große Relevanz hat dagegen in der Vergangenheit das Vertragsverletzungsverfahren auf Antrag eines Mitgliedstaates erlangt. Staaten pflegen sich nur ausnahmsweise zu verklagen.[7] Gleichwohl sind in der jüngeren Zeit vermehrt solche Klagen erhoben worden.[8] So wurde die Bundesrepublik Deutschland von Österreich wegen der Erhebung einer Pkw-Maut verklagt und verurteilt.[9] Die Niederlande sind diesem Verfahren beigetreten. Auch im Falle mitgliedstaatlicher Klagen ist die Kommission zu beteiligen (→ Rn. 18). Umgekehrt können die Mitgliedstaaten der Aufsichtsklage beitreten.[10]

## B. Zulässigkeit der Vertragsverletzungsklage

Die Unionsgerichtsbarkeit prüft von Amts wegen, ob die gemäß Art. 258, 259 AEUV für 4
die Erhebung einer Vertragsverletzungsklage geltenden **Sachentscheidungsvoraussetzungen** erfüllt sind.[11]

---

[4] *Cremer* in: Calliess/Ruffert, EUV/AEUV, Art. 259 AEUV Rn. 4.

[5] Insgesamt waren im Jahre 2016 noch 1.657 Vertragsverletzungsverfahren anhängig. Vgl. KOM (2017) 370 endg. v. 6.7.2017, S. 28.

[6] KOM (2017) 370 endg. v. 6.7.2017, S. 31.

[7] Der Gerichtshof hatte in seiner gesamten Geschichte in nur acht Vertragsverletzungsklagen zu entscheiden, die von anderen Mitgliedsstaaten erhoben wurden. In dem (zunächst) letzten Verfahren (Republik Slowenien gegen Republik Kroatien) hat sich der Gerichtshof für unzuständig erklärt, vgl. EuGH Urt. v. 31.1. 2020 – C-457/18, BeckRS 2020, 2290.

[8] Vgl. EuGH NJW 1980, 1207; EuZW 2000, 633; EuGRZ 2007, 39; Urt. v. 16.10.2012 – C-364/10, BeckRS 2012, 82022.

[9] Die von Deutschland geplante Infrastrukturabgabe in Verbindung mit der Steuerentlastung bei der Kraftfahrzeugsteuer, die den Haltern von in Deutschland zugelassenen Fahrzeugen zugutekommen sollte, wertete der Gerichtshof als eine mittelbare Diskriminierung aus Gründen der Staatsangehörigkeit und als Verstoß gegen die Grundsätze des freien Warenverkehrs und des freien Dienstleistungsverkehrs nach Art. 18, 34, 56 und 92 AEUV; vgl. EuGH NVwZ 2019, 1023 (m. Anm. *Zabel*) = EuZW 2019, 688 (m. Anm. *Kröll*) → *Kingreen* Jura (JK) 2019, 1222 und → *Streinz* JuS 2019, 825 sowie → JA 2020, 74 *(Ogorek)*.

[10] Art. 40 Abs. 1 Satzung EuGH.

[11] Vgl. EuGH Urt. v. 31.3.1992 – C-362/90 Rn. 8, BeckRS 2004, 76749; Urt. v. 27.10.2005 – C-525/03 Rn. 8, BeckRS 2005, 70829.

## I. Zuständigkeit der Unionsgerichtsbarkeit und des Europäischen Gerichtshofs

5 Wollen die Kommission oder ein Mitgliedstaat der Europäischen Union gerichtlich klären lassen, ob ein (anderer) Mitgliedstaat gegen die Unionsverträge verstoßen hat, könnte eine internationale Zuständigkeit der nationalen Gerichte des verklagten Mitgliedstaates in Betracht kommen (→ § 25 Rn. 45 ff.). Doch ergibt sich aus den Art. 258, 259 i. V. m. Art. 274 AEUV eine **ausschließliche Zuständigkeit der Unionsgerichtsbarkeit.** Ausgeschlossen ist ein Vertragsverletzungsverfahren bei Einschlägigkeit des Art. 126 Abs. 10 AEUV (Vermeidung übermäßiger Defizite; Haushaltsdisziplin). Dagegen stehen die Art. 258, 259 AEUV einer Vertragsverletzungsklage Privater gegen ihren Mitgliedstaat vor der nationalen Gerichtsbarkeit nicht entgegen. Ob die Zulässigkeitsvoraussetzungen gegeben sind, bestimmt sich nach nationalem Recht. Da weder Art. 256 AEUV noch die Satzung des EuGH eine Kompetenz des EuG begründen, liegt die Zuständigkeit für Vertragsverletzungsklagen ausschließlich beim EuGH (→ § 7 Rn. 25).

## II. Parteifähigkeit

6 Aktiv parteifähig sind nach den Art. 258 Abs. 2, 259 Abs. 1 AEUV die **Kommission** (Art. 244 ff. AEUV) und die **Mitgliedstaaten** der Europäischen Union; passiv parteifähig sind allein letztere. Unter Mitgliedstaaten sind die **Gesamtstaaten** (also z. B. die Bundesrepublik Deutschland) zu verstehen.[12] Die Gliedstaaten (z. B. die Länder) eines Gesamtstaates oder sonstige Träger von Staatsgewalt (wie die Kommunen) können beim Gesamtstaat allenfalls eine Klageerhebung anregen. Allerdings kann nach innerstaatlichen Grundsätzen (in Deutschland nach dem Grundsatz des bundesfreundlichen Verhaltens) der Gesamtstaat verpflichtet sein, ein Verfahren einzuleiten.[13] Umgekehrt muss der Gesamtstaat für Vertragsverletzungen auch dann die Verantwortung übernehmen, wenn er das Handeln der staatlichen Rechtsträger (z. B. der Kommunen) oder Organe (z. B. der Gerichte) nicht beeinflussen konnte (zum Innenverhältnis vgl. → Rn. 43). Besonderheiten gelten für den Finanz- und Währungsbereich, weil gemäß Art. 271 lit. a und d AEUV der Verwaltungsrat der Europäischen Investitionsbank (EBI) und der **Rat** der Gouverneure der **Europäischen Zentralbank** (EZB) in bestimmten diesbezüglichen Streitigkeiten die der Kommission nach Art. 258 AEUV übertragenen Befugnisse besitzen. Klagt der Rat der Gouverneure der EZB, sind statt der Mitgliedstaaten die nationalen Zentralbanken (in Deutschland: Deutsche Bundesbank) passiv parteifähig.

## III. Klagegegenstand

7 **Fall 1:** Nach Absendung eines Mahnschreibens und erfolgloser Abgabe einer begründeten Stellungnahme erhebt die Kommission vor dem EuGH Klage gegen die Französische Republik auf Feststellung, dass Frankreich gegen Art. 34 AEUV verstoßen hat. Begründet wird dies damit, dass französische Landwirte seit vielen Jahren Anschläge auf Lastwagen verüben, mit denen Obst und Gemüse aus Spanien und Italien nach Frankreich importiert wird.

8 Gegenstand des Vertragsverletzungsverfahrens sind **behauptete Verstöße der Mitgliedstaaten** gegen eine Verpflichtung „aus den Verträgen". Maßgeblich sind sämtliche Vertragsbestimmungen. Ein Verstoß gegen Art. 7 EUV (schwerwiegende Verletzung der Werte der

[12] Vgl. auch *Thiele* Europäisches Prozessrecht, § 5 Rn. 6 f.
[13] Wegen des weiten Gestaltungsspielraums des Gesamtstaates kommt eine Verpflichtung allenfalls in extremen Ausnahmesituationen in Betracht.

Union) wird zwar wegen der speziellen Zuständigkeit des Gerichtshofs nach Art. 269 AEUV (→ § 7 Rn. 21) nicht erfasst.[14] Doch schließt dies ein auf einzelne (konkrete) Verstöße gegen andere Vertragsbestimmungen gestütztes Vertragsverletzungsverfahren nicht aus, so dass beide Verfahren nebeneinander bestehen.[15] Ein Vertragsverstoß liegt vor, wenn geschriebenes oder ungeschriebenes **Unionsrecht** missachtet wurde. Zum einen ergibt sich bereits aus den Verträgen (gegebenenfalls im Wege der Auslegung) selbst, dass neben den Regelungen des Vertrages und der Charta der Grundrechte der Europäischen Union die – vom EuGH auf der Grundlage des Art. 19 Abs. 1 S. 2 EUV entwickelten – allgemeinen Rechtsgrundsätze,[16] die Abkommen mit Drittstaaten oder internationalen Organisationen[17] oder die verbindlichen Rechtshandlungen der EU-Organe (also das sekundäre[18] und tertiäre[19] Unionsrecht) beachtet werden müssen.[20] So liegt bei einem Zuwiderhandeln hiergegen stets zugleich ein **Verstoß gegen Vertragsrecht** vor. Zum anderen kann die Kommission als „Hüterin des Unionsrechts" ihrer Aufgabe, für die Anwendung der Verträge – sowie der von den Organen kraft der Verträge erlassenen Maßnahmen (Art. 17 Abs. 1 S. 2 EUV) – nur bei einer weiten (insbesondere auch das Sekundär- und Tertiärrecht einbeziehenden) Auslegung des Art. 258 AEUV gerecht werden.

Ein Verstoß gegen Vertragsrecht liegt vor, wenn ein **Handeln oder Unterlassen** mit 9 dem Unionsrecht nicht vereinbar ist. Maßgebend ist das Verhalten der Mitgliedstaaten, also nur staatliches Handeln. Wie schon aus den vorstehenden Ausführungen folgt (→ Rn. 6), kommen als Urheber der Vertragsverletzungen im Rahmen der Art. 258, 259 AEUV **sämtliche Träger von Staatsgewalt** in Betracht. Dazu sind auch die allein vom Staat getragenen Privatrechtssubjekte (z. B. die Eigengesellschaften eines Landes oder einer Kommune) sowie diejenigen Privatrechtssubjekte zu rechnen, die von einem Träger von Staatsgewalt beherrscht werden.[21] Unerheblich ist, ob der Vertragsverstoß von der Legislative,[22] Exekutive oder Judikative begangen wurde. Vielfach wird die Unionsrechtswidrigkeit einer nationalen Rechtsvorschrift oder die fehlende bzw. nicht ordnungsgemäße Umsetzung des Unionsrechts gerügt. Wird in der Anwendung des Unionsrechts durch die Exekutive eine Vertragsverletzung gesehen, muss es sich nach Auffassung des EuGH „um eine in bestimmtem Grad verfestigte und allgemeine Praxis handeln".[23] Erst recht ist es nicht Zweck des Verfahrens, Klage gegen alle unionsrechtswidrigen Entscheidungen der unabhängigen mitgliedstaatlichen Gerichte erheben zu können. Vielmehr ist es erforderlich, dass es sich um signifikante richterliche Entscheidungen handelt, die nicht vom obersten Gericht verworfen oder sogar bestätigt worden sind.[24] Auch Verstöße

---

[14] Vgl. *Ruffert* in: Calliess/Ruffert, EUV/AEUV, Art. 7 EUV Rn. 29.

[15] Vgl. *Pechstein* in: Streinz, EUV/AEUV, Art. 7 EUV Rn. 22. Z. B. entschied der Gerichtshof in dem von der Kommission eingeleiteten Vertragsverletzungsverfahren gegen Polen, dass die Anwendung der im Rahmen der polnischen Justizreform erfolgten Herabsetzung des Ruhestandsalters auf amtierende Richter des Obersten Gerichts nicht durch ein legitimes Ziel gerechtfertigt ist und den Grundsatz der Unabsetzbarkeit der Richter beeinträchtigt, der untrennbar mit ihrer Unabhängigkeit verknüpft ist; die Republik Polen habe dadurch gegen ihre Verpflichtung aus Art. 19 Abs. 1 UAbs. 2 EUV verstoßen; vgl. EuGH NVwZ 2019, 1109 (m. Anm. *Klatt*) → *Payandeh* JuS 2019, 917 (vgl. auch Fall 3 → § 7 Rn. 5, 14). Das Vertragsverletzungsverfahren wurde trotz eines bereits nach Art. 7 EUV eingeleiteten nichtrichterlichen Rechtsstaatlichkeitsverfahrens durchgeführt.

[16] Vgl. statt vieler *Streinz* Europarecht, Rn. 456 ff.

[17] Art. 216 Abs. 2 AEUV; vgl. z. B. EuGH EuZW 1997, 122 (123).

[18] Art. 288 Abs. 2 bis 4 AEUV.

[19] Art. 290, 291 Abs. 2 AEUV; zum Begriff vgl. *Ehlers* in: Ehlers/Pünder, AllgVwR, § 2 Rn. 34.

[20] Dies folgt ferner aus Art. 4 Abs. 3 EUV. Nicht zuständig ist der EuGH für einen Streit von Mitgliedstaaten über eine von diesen abgeschlossene völkerrechtliche Übereinkunft, vgl. EuGH Urt. v. 31.1.2020 – C-457/18, BeckRS 2020, 2290.

[21] Vgl. Art. 2 lit. b RL 2006/111/EG v. 16.11.2006, ABlEU Nr. L 318/17 (Transparenzrichtlinie).

[22] Vgl. z. B. EuGH Urt. v. 14.6.2001 – C-473/99 Rn. 12, BeckRS 2004, 77421; Urt. v. 17.1.2002 – C-423/00 Rn. 16, BeckRS 2004, 77174.

[23] EuGH Urt. v. 12.5.2005 – C-287/03 Rn. 29, BeckRS 2005, 70342; vgl. auch Urt. v. 29.4.2004 – C-387/99, BeckRS 2004, 76942 Rn. 42.

[24] EuGH EuZW 2004, 151 (152 f.); zu den Gründen der Zurückhaltung EuGH Urt. v. 25.10.2007 – C-248/05, BeckRS 2007, 70868; vgl. auch *Karpenstein* in: Grabitz/Hilf/Nettesheim, EUV/AEUV, Art. 258 AEUV Rn. 67 ff.

eines mitgliedstaatlichen Gerichts gegen die Vorlagepflicht nach Art. 267 Abs. 3 AEUV können zum Verfahrensgegenstand gemacht werden.[25] Kein Gegenstand eines Vertragsverletzungsverfahrens ist das Verhalten Privater. Anderes gilt, wenn der Staat das Verhalten Privater maßgeblich bestimmt oder beeinflusst hat[26] oder das Unionsrecht den Staat verpflichtet, gegen das Handeln Privater einzuschreiten.[27] Auch in diesen Fällen richtet sich die Klage unmittelbar lediglich gegen den Staat.

10 **Lösung zu Fall 1:** Bedenken gegen die Zulässigkeit der Vertragsverletzungsklage könnten nur deshalb bestehen, weil Gegenstand einer Vertragsverletzungsklage nach Art. 258 AEUV nur die Behauptung sein kann, dass „ein Mitgliedstaat gegen eine Verpflichtung aus den Verträgen verstoßen" hat. Im vorliegenden Fall geht die Beeinträchtigung der Freiheit des Warenverkehrs von französischen Landwirten, also Privaten, aus. Indessen richtet sich die Klage nicht gegen die Landwirte, sondern gegen die Republik Frankreich, weil die Republik nichts gegen die Behinderung des Warenverkehrs unternommen hat. Die Klage ist daher zulässig (und auch begründet, weil sich aus Art. 34 AEUV eine Schutzpflicht ergibt und der freie Warenverkehr nicht nur durch Handlungen, sondern auch durch Unterlassung eines Mitgliedstaates beeinträchtigt werden kann, wenn Personen den Handelsverkehr stören).[28]

## IV. Durchführung eines Vorverfahrens

11 Von Sonderfällen abgesehen[29] ist ein Vertragsverletzungsverfahren nur nach **Durchführung eines Vorverfahrens** zulässig. Das Vorverfahren dient **drei Zielen:** der außergerichtlichen Streitbeilegung, der Gewährung rechtlichen Gehörs und der Eingrenzung des späteren Streitgegenstandes.[30] Tatsächlich wird in deutlich weniger als 20% aller Streitigkeiten nach Einleitung eines Vorverfahrens später Klage erhoben (→ Rn. 3). Hinsichtlich der Anforderungen ist danach zu unterscheiden, ob der Gerichtshof von der Kommission oder einem Mitgliedstaat angerufen wird.

### 1. Vorverfahren im Rahmen einer Klage nach Art. 258 AEUV

12 Sachentscheidungsvoraussetzung einer Vertragsverletzungsklage nach Art. 258 AEUV ist allein das **förmliche Vorverfahren.** Es besteht aus einer Aufforderung der Kommission an die Mitgliedstaaten, sich zu äußern (Art. 258 Abs. 1 Hs. 2 AEUV) – gemeinhin **Mahnschreiben** genannt –, sowie der mit Gründen versehenen **Stellungnahme** der Kommission (Art. 258 Abs. 1 Hs. 1 AEUV).[31] Ihre Kenntnis von einem (möglichen) Vertragsverstoß des Mitgliedstaates erlangt die Kommission entweder von Amts wegen (etwa im Zuge der Bearbeitung parlamentarischer Anfragen oder von Petitionen respektive im Rahmen von Untersuchungen oder Notifizierungen sowie durch Medienberichte) oder (und vor allem) aufgrund von Beschwerden natürlicher oder juristischer Personen.[32] Auch wenn Private keinen Anspruch auf Einlei-

[25] EuGH EuZW 2018, 1038 → *Payandeh* JuS 2019, 82, wonach die Französische Republik dadurch gegen ihre Verpflichtungen aus Art. 267 Abs. 3 AEUV verstoßen hat, dass der Conseil d'État den Gerichtshof der Europäischen Union nicht angerufen hat, um eine unionsrechtliche Frage zu klären, die auf der Grundlage vorheriger Entscheidungen des Gerichtshofs nicht derart offenkundig war, dass für einen vernünftigen Zweifel keinerlei Raum geblieben wäre.

[26] Vgl. EuGH NJW 1983, 2755 (2756).

[27] Vgl. dazu Fall 1 → Rn. 7 und Lösung → Rn. 10.

[28] EuGH NJW 1998, 1931 (1932) → *Erichsen* JK 99, EGV Art. 30/2; dazu Bespr. *Kainer* JuS 2000, 431; ferner *Kühling* NJW 1999, 403.

[29] Vgl. Art. 108 Abs. 2 S. 2, 114 Abs. 4, 348 Abs. 2 S. 1 AEUV.

[30] Vgl. EuGH Urt. v. 10.12.2002 – C-362/01 Rn. 18, BeckRS 2004, 76747.

[31] Zu einer Besonderheit vgl. Art. 96 Abs. 2 UAbs. 2 AEUV.

[32] Im Jahre 2016 sind 3.783 neue Beschwerden bei der KOM eingereicht worden; vgl. KOM (2017) 370 endg. v. 6.7.2017, S. 18.

tung eines Vertragsverletzungsverfahrens und auf Zugang zu Dokumenten im gerichtlichen Verfahren haben,[33] ist die Kommission zwecks effektiver Durchsetzung des Unionsrechts an einer Zusammenarbeit mit den Privaten interessiert. Sie hat deshalb zur Verfahrensvereinfachung ein Formblatt herausgegeben.[34] Das **Beschwerdeverfahren** ist kostenlos und unterliegt dem Grundsatz der Vertraulichkeit. Der Beschwerdeführer wird über den Verlauf des weiteren Verfahrens unterrichtet.[35] In bestimmten Fällen kann **ausnahmsweise** auf das Vorverfahren **verzichtet** werden (Art. 108 Abs. 2 UAbs. 2, 114 Abs. 9, 348 Abs. 2 AEUV).[36]

Dem formellen Verfahren wurde in der Praxis seit dem Jahre 2008[37] regelmäßig ein informelles Verfahren – **EU-Pilotverfahren** – vorgeschaltet.[38] Es dient einerseits der Sachverhaltsaufklärung, andererseits soll informell versucht werden, eine außergerichtliche Regelung des Streitfalls frühzeitig herbeizuführen und einen Gesichtsverlust des verklagten Mitgliedstaates zu vermeiden. Obwohl die Mehrzahl der Verfahren nach den jährlichen Evaluierungsberichten auf diesem Wege einverständlich abgeschlossen werden konnte,[39] hat die Kommission angekündigt, künftig im Normalfall aus Gründen der Beschleunigung auf das Pilotverfahren zu verzichten.[40] Haben (im Vertragsverletzungsverfahren nicht klageberechtigte) Bürger oder Unternehmen Vertragsverletzungsbeschwerde in einem grenzüberschreitenden Fall eingelegt, kann in Einzelfällen auch versucht werden, eine nichtgerichtliche Klärung der Streitigkeit über das von der Kommission initiierte und begleitete **SOLVIT-Netzwerk** mit den Mitgliedstaaten (sowie von Liechtenstein, Estland und Norwegen) zu erreichen (→ § 7 Rn. 54). Die Kommission kann eine Beschwerde, die nicht als vordringlich erscheint, mit Einverständnis des Beschwerdeführers an das SOLVIT-System abgeben.[41] Dies schließt ein Vertragsverletzungsverfahren nicht aus (wenn keine Lösung gefunden wird oder die Kommission weiter von einer Vertragsverletzung ausgeht). 13

**a) Mahnschreiben der Kommission.** Nach Art. 258. Abs. 1 Hs. 2 AEUV wird das Vorverfahren dadurch eingeleitet, dass die Kommission dem Staat „Gelegenheit zur Äußerung" gibt. Trotz des in eine andere Richtung deutenden Wortlauts geht die ständige Rechtsprechung davon aus, dass die Einleitung im **Ermessen** der Kommission liegt.[42] Daher verspricht eine Untätigkeitsklage (Art. 265 AEUV) von vornherein keinen Erfolg.[43] Die Kommission muss sich schriftlich an die Mitgliedstaaten wenden und die Tatsachen mitteilen, die nach ihrer Auffassung den Unionsrechtsverstoß begründen. Zudem muss deutlich werden, auf welche rechtlichen Überlegungen und Vorschriften sich die Kommission stützt und bis wann der Mitgliedstaat Gelegenheit hat, sich zu äußern. 14

Das Mahnschreiben soll zum einen der **Gewährung rechtlichen Gehörs** dienen.[44] Eine Verpflichtung des Mitgliedstaates, sich zu äußern, besteht nicht. Jedoch sind die Mitgliedstaaten gemäß Art. 4 Abs. 3 EUV gehalten, nach Treu und Glauben an den von der Kommission durchgeführten Untersuchungen mitzuwirken und ihr die geforderten Aus- 15

---

[33] Vgl. EuGH EuGRZ 2010, 730 – Association de la presse internationale ASBL (API); krit. (auch zum deutschen Recht) *Wegener* ZUR 2016, 153 (155 f.).

[34] Vgl. KOM (2012) 154 endg. v. 19.4.2012.

[35] Vgl. *Borchardt* in: Lenz/Borchardt, EU-Verträge, Art. 258 AEUV Rn. 12.

[36] Vgl. *Gurreck/Otto* JuS 2015, 1079 (1080).

[37] KOM (2007) 502 endg. v. 5.9.2007.

[38] Vgl. *Gurreck/Otto* JuS 2015, 1079; *Schwarze* in: Schwarze, EU-Kommentar, Art. 258 AEUV Rn. 14; *Ehricke* in: Streinz, EUV/AEUV, Art. 258 AEUV Rn. 16.

[39] Vgl. *Wendenburg/Reichert* NVwZ 2017, 1338 (1344).

[40] KOM (2016) 8600 Nr. 2 endg. v. 21.12.2016, S. 5; krit. die Stellungnahme des Bundesrates (BR-Drs. 819/16).

[41] Vgl. KOM (2004) 1159 endg. v. 17.9.2004, Nr. 6 lit. b; näher dazu *Gundel* in: Ehlers, Außenwirtschaftsrecht, 2013, S. 139 (148 ff.).

[42] Vgl. EuGH EuZW 1999, 93 (95); Urt. v. 18.11.2010 – C-458/08 Rn. 81, BeckRS 2010, 91356; *Wunderlich* in: v. d. Groeben/Schwarze/Hatje, Europäisches Unionsrecht, Art. 258 AEUV Rn. 17; krit. *Karpenstein* in: Grabitz/Hilf/Nettesheim, EUV/AEUV, Art. 258 AEUV Rn. 33 ff.

[43] Vgl. auch EuGH Urt. v. 14.2.1989 – C-247/87 Rn. 11, BeckRS 2004, 72605 – Star Fruit; Beschl. v. 23.5.1990 – C-72/90 Rn. 10, BeckRS 2004, 77739 – Asia Motor France.

[44] Vgl. statt vieler *Burgi* in: Rengeling/Middeke/Gellermann, Hdb Rechtsschutz EU, § 6 Rn. 12.

künfte zu erteilen.[45] Zum anderen wird bereits durch das Mahnschreiben der spätere **Streitgegenstand** im Wesentlichen festgelegt.[46] Eine Erweiterung des Streitgegenstandes im späteren Verfahren ist nicht zulässig (→ Rn. 16). Sollen später andere Tatsachen oder zusätzliche Verletzungstatbestände einbezogen werden, bedarf es eines erneuten Mahnschreibens.[47] Da es sich nur um die Einleitung des Verfahrens handelt, dürfen die Anforderungen an das Mahnschreiben allerdings nicht überspannt werden. Insbesondere ist eine spätere Konkretisierung der Beanstandung zulässig. Die Abgrenzung von zulässiger Konkretisierung und unzulässiger Erweiterung richtet sich nach der Reichweite des rechtlichen Gehörs.[48] Die im Mahnschreiben anzugebende **Frist** für die Äußerung muss angemessen sein.[49] In der Regel setzt die Kommission eine Frist von zwei Monaten.[50] Eine zu kurz bemessene Frist führt zur Unzulässigkeit.[51] Verlängerungen der Frist sind statthaft. Da das Mahnschreiben kein verbindlicher Rechtsakt ist, kann es nicht mit der Nichtigkeitsklage (Art. 263 AEUV) durch die Mitgliedstaaten angegriffen werden.[52]

16 **b) Begründete Stellungnahme.** Nach Ablauf der im Mahnschreiben gesetzten Frist kann die Kommission das Verfahren einstellen (weil der Mitgliedstaat die Vertragsverletzung beseitigt oder die Kommission ihren Standpunkt aufgegeben hat), aussetzen (weil der Mitgliedstaat seine Bereitschaft erkennen lässt, unverzüglich einen unionsrechtskonformen Zustand herzustellen)[53] oder eine **mit Gründen versehene Stellungnahme** abgeben und damit das Vertragsverletzungsverfahren fortsetzen. Letzteres Vorgehen kommt dann in Betracht, wenn die Durchführung des Mahnverfahrens nach Ansicht der Kommission nichts an dem Vertragsverstoß geändert hat. Eine begründete Stellungnahme (statt eines erneuten Mahnschreibens) darf auch dann abgegeben werden, wenn der Mitgliedstaat nach Erhalt des Mahnschreibens zwar geringfügige Änderungen vorgenommen hat, die Unionsrechtswidrigkeit aber bestehen geblieben ist.[54] Ansonsten hätte es der Mitgliedstaat in der Hand, das Vertragsverletzungsverfahren z. B. durch unwesentliche Änderungen, welche die beanstandeten Regelungen im Übrigen aufrechterhalten, zu behindern oder gar leerlaufen zu lassen. Ziel der Stellungnahme ist es, dem Mitgliedstaat nochmals Gelegenheit zur Beseitigung der Unionsrechtswidrigkeit zu geben[55] und den Streitgegenstand für das Klageverfahren verbindlich zu bestimmen. Zwischen dem Mahnschreiben und der Stellungnahme muss insoweit Übereinstimmung bestehen, als der **Streitgegenstand** nicht erweitert werden darf (→ Rn. 15). Dagegen ist eine Einschränkung der tatsächlichen oder rechtlichen Vorwürfe zulässig.[56]

17 Die Stellungnahme muss eine **detaillierte** und zusammenhängende **Darlegung der Gründe** enthalten, die nach Ansicht der Kommission einen Vertragsverstoß begründen (Angabe der Tatsachen, Rechtsgründe, Beweismittel sowie Bewertung des gerügten Rechtsverstoßes).[57] Auf die wesentlichen von den Mitgliedstaaten in Reaktion auf das

---

[45] EuGH Urt. v. 11.12.1985 – C-192/84 Rn. 19, BeckRS 2004, 72150; *Cremer* in: Calliess/Ruffert, EUV/AEUV, Art. 258 AEUV Rn. 14.

[46] EuGH EuZW 1998, 758 (761); Urt. v. 9.11.1999 – C-365/97 Rn. 21, BeckRS 2004, 76774; zu den für zulässig erachteten Ausnahmen vgl. *Pechstein* EU-Prozessrecht, Rn. 272; *Pechstein* in: Frankfurter Kommentar, Art. 258 AEUV Rn. 19 f.

[47] Vgl. *Pechstein* EU-Prozessrecht, Rn. 274.

[48] *Dörr/Lenz* Europäischer Verwaltungsrechtsschutz, Rn. 63.

[49] *Cremer* in: Calliess/Ruffert, EUV/AEUV, Art. 258 Rn. 12.

[50] Vgl. *Karpenstein* in: Grabitz/Hilf/Nettesheim, EUV/EUV, Art. 258 AEUV Rn. 34.

[51] EuGH Urt. v. 31.1.1984 – C-74/82 Rn. 12 f., BeckRS 2004, 73630.

[52] *Burgi* in: Rengeling/Middeke/Gellermann, Hdb Rechtsschutz EU, § 6 Rn. 17.

[53] Vgl. *Borchardt* in: Lenz/Borchardt, EU-Verträge, Art. 258 AEUV Rn. 17.

[54] Vgl. auch EuGH Urt. v. 17.11.1992 – C-105/91 Rn. 13, BeckRS 2004, 74070; EuGRZ 2005, 124; näher dazu *Cremer* in: Callies/Ruffert, EUV/AEUV, Art. 258 AEUV Rn. 19 ff.

[55] Vgl. EuGH Urt. v. 10.5.2001 – C-152/98 Rn. 23, BeckRS 2004, 74483; Urt. v. 27.11.2003 – C-185/00 Rn. 29, BeckRS 2004, 74767; Urt. v. 13.3.2007 – C-29/05 P Rn. 25, BeckRS 2007, 70187 – HABM. Bleiben die Meinungsverschiedenheiten bestehen, ermöglicht die Stellungnahme dem Staat, seine Verteidigung vor dem EuGH vorzubereiten.

[56] Vgl. EuGH EuZW 1998, 758 (761); EuGRZ 2005, 124; EuZW 2006, 506 (508).

[57] Vgl. *Pechstein* EU-Prozessrecht, Rn. 280.

Mahnschreiben vorgebrachten Argumente ist einzugehen.[58] Nicht erforderlich ist es, die vom Mitgliedstaat zur Abstellung des Unionsrechtsverstoßes zu ergreifenden Maßnahmen anzugeben.[59] Die Beschlussfassung obliegt der Kommission als **Kollegium.** Dies bedeutet, dass die Grundlagen des Beschlusses allen Kommissionsmitgliedern vorliegen müssen und das Kollegium gemeinschaftlich beraten muss. Nicht erforderlich ist eine kollegiale Beschlussfassung über die endgültige Ausgestaltung des Beschlusses.[60] Ferner muss die Stellungnahme mit einer angemessenen **Frist** verbunden werden (Art. 258 Abs. 2 AEUV). Insoweit gelten dieselben Grundsätze wie im Mahnverfahren (→ Rn. 15). Rechtsschutzmöglichkeiten gegen die Abgabe oder Nichtabgabe der Stellungnahme bestehen nicht.

### 2. Vorverfahren im Rahmen einer Klage nach Art. 259 AEUV[61]

Will ein **Mitgliedstaat** Vertragsverletzungsklage erheben, muss er gemäß Art. 259 Abs. 2 18
AEUV zuvor die **Kommission** damit befassen, d. h. einen (schriftlichen oder jedenfalls zu Protokoll gegebenen) Antrag auf Verfahrenseinleitung bei der Kommission stellen. Der Antrag legt bereits den Streitgegenstand des gerichtlichen Verfahrens fest.[62] Er bedarf daher der Begründung (Darlegung der Tatsachen, aus denen sich die Unionsrechtswidrigkeit ergeben soll, sowie Bezeichnung der Vorschriften, gegen die verstoßen worden sein soll). Erfüllt der Antrag die Mindestvoraussetzungen, beginnt die Drei-Monats-Frist des Art. 259 Abs. 4 AEUV zu laufen. Anders als im Verfahren nach Art. 258 AEUV übernimmt die Kommission im Vorverfahren nicht die Rolle eines „Anklägers", sondern die eines **„Schiedsrichters".**[63] Sie muss daher in einem kontradiktorischen – streng am Maßstab der Chancengleichheit orientierten – Verfahren den beteiligten Staaten Gelegenheit zu schriftlicher und mündlicher Äußerung geben (Art. 259 Abs. 3 AEUV). Den Mitgliedstaaten bleibt es überlassen, ob sie hiervon Gebrauch machen wollen.[64] Nach Abschluss des Anhörungsverfahrens hat die Kommission eine mit Gründen versehene Stellungnahme abzugeben. Die begründete Stellungnahme ist (im Gegensatz zum Verfahren nach Art. 258 AEUV) nicht Sachentscheidungsvoraussetzung, sondern lediglich eine gutachterliche Äußerung zum Streitgegenstand.[65] Welche Rechtsauffassung die Kommission vertritt, ist für das Klagerecht nicht von Bedeutung. Die Stellungnahme muss sich auf alle Punkte beziehen, die der beschuldigende Staat vorgebracht hat.[66] Verfahrensfehler der Kommission sind unbeachtlich.[67] Liegt binnen **drei Monaten** nach Antragstellung noch keine mit Gründen versehene Stellungnahme der Kommission vor, kann der Mitgliedstaat Klage erheben, selbst wenn es Gründe für eine Fristverlängerung gibt und/oder die Kommission eine Stellungnahme angekündigt hat (Art. 259 Abs. 4 AEUV).

## V. Klagebefugnis

Da es sich beim Vertragsverletzungsverfahren um ein objektiv-rechtliches Verfahren han- 19
delt, das im allgemeinen Interesse durchgeführt wird (→ Rn. 2), bedarf es für die Klageer-

---

[58] Vgl. EuGH Beschl. v. 11.7.1995 – C-266/94 Rn. 16 ff., BeckRS 2004, 75828; *Nowak* in: Leible/Terhechte, Enzyklopädie Europarecht III, § 10 Rn. 34.

[59] EuGH Urt. v. 11.7.1991 – C-247/89 Rn. 22, BeckRS 2004, 75416; EuGH Urt. v. 26.3.2009 C-559/07 Rn. 23 (insoweit nicht abgedruckt in: BeckEuRS 2009, 495381); EuGH Urt. v. 18.11.2010 – C-458/08 Rn. 51, BeckRS 2010, 91356.

[60] Vgl. EuGH EuZW 1998, 758 (760).

[61] Ehemals Art. 227 EGV.

[62] Vgl. *Karpenstein* in: Grabitz/Hilf/Nettesheim, EUV/AEUV, Art. 259 AEUV Rn. 5; *Schwarze* in: Schwarze, EU-Kommentar, Art. 259 AEUV Rn. 4.

[63] Vgl. *Burgi* in: Rengeling/Middeke/Gellermann, Hdb Rechtsschutz EU, § 6 Rn. 26.

[64] *Pechstein* EU-Prozessrecht, Rn. 328.

[65] *Thiele* Europäisches Prozessrecht, § 5 Rn. 31; *Karpenstein* in: Grabitz/Hilf/Nettesheim, EUV/AEUV, Art. 259 AEUV Rn. 14 ff.

[66] *Burgi* in: Rengeling/Middeke/Gellermann, Hdb Rechtsschutz EU, § 6 Rn. 29.

[67] *Pechstein* in: Frankfurter Kommentar, Art. 259 Rn. 9.

hebung **keiner** besonderen **Klagebefugnis.** Allerdings muss der Kläger von der Vertragsverletzung überzeugt sein.[68] Vermutungen oder bloße Zweifel reichen nicht aus. Nicht ausgeübt werden darf das Klagerecht auf dem Gebiet der Haushaltsüberwachung **(Art. 126 Abs. 10 AEUV),** weil die Defizitkontrolle dem Rat obliegt (→ Rn. 5). Dies gilt auch nach Ablauf der Frist des Art. 126 Abs. 11 AEUV. Statthaft ist ein Vertragsverletzungsverfahren aber, wenn sich ein Mitgliedstaat weigert, einem Sanktionsbeschluss nach Art. 126 Abs. 11 AEUV nachzukommen, weil Abs. 10 den Abs. 11 nicht erwähnt.[69]

## VI. Klagegegner

20 Richtiger Klagegegner eines Vertragsverletzungsverfahrens ist der **Mitgliedstaat,** dem die Vertragsverletzung vorgeworfen wird bzw. in dessen Verantwortungsbereich die Vertragsverletzung fällt.

## VII. Klagefrist

21 Die Vertragsverletzungsklage darf erst nach Ablauf der in der mit Gründen versehenen Stellungnahme gesetzten Frist (Art. 258 Abs. 2 AEUV) oder der Drei-Monats-Frist des Art. 259 Abs. 4 AEUV erhoben werden. Eine **Klagefrist** kennt der Vertrag über die Arbeitsweise der Europäischen Union nicht. Doch kann das Klagerecht nach allgemeinen prozessualen Grundsätzen durch den Ablauf einer nach den Umständen des Einzelfalls zu bestimmenden Zeitspanne verwirkt werden.[70] Eine **Verwirkung** ist erst anzunehmen, wenn der verklagte Mitgliedstaat nicht mehr mit einem Vertragsverletzungsverfahren rechnen brauchte oder seine Verteidigungsmöglichkeiten durch den Zeitablauf beeinträchtigt sind.[71] Der EuGH hat in einem Einzelfall selbst ein sechsjähriges Zuwarten der Kommission bis zur Klageerhebung für zulässig erachtet.[72] Im Falle einer Nichtumsetzung von Unionsrecht strebt die Kommission eine Anrufung des Gerichtshofs innerhalb von zwölf Monaten an.[73]

## VIII. Ordnungsgemäße Klageerhebung

22 **Fall 2:** Die Kommission beantragt in ihrer Klageschrift die Feststellung, dass das Vereinigte Königreich nicht alle erforderlichen Maßnahmen für die vollständige und genaue Umsetzung der Richtlinie zur Umweltverträglichkeitsprüfung (UVP-RL)[74] erlassen hat. Die Kommission stützt ihre Klage einerseits auf die Rüge, dass das Vereinigte Königreich zu Unrecht bestimmte Projekte vom Anwendungsbereich der Richtlinie zur Umweltverträglichkeitsprüfung ausgenommen habe. Andererseits ist in der Klageschrift jedoch ausdrücklich anerkannt worden, dass das Vereinigte Königreich die notwendigen Rechtsvorschriften erlassen habe, um die Richtlinie in innerstaatliches Recht umzusetzen. Wurde die Klage ordnungsgemäß erhoben?

---

[68] Vgl. *Burgi* in: Rengeling/Middeke/Gellermann, Hdb Rechtsschutz EU, § 6 Rn. 9; *Ehricke* in: Streinz, EUV/AEUV, Art. 258 AEUV Rn. 27.

[69] Vgl. *Hamer* in: v. d. Groeben/Schwarze/Hatje, Europäisches Unionsrecht, Art. 126 AEUV Rn. 154; *Häde* in: Calliess/Ruffert, EUV/AEUV, Art. 126 AEUV Rn. 59; *Bandilla* in: Grabitz/Hilf/Nettesheim, EUV/AEUV, Art. 126 AEUV Rn. 62.

[70] Näher dazu *Thiele* Europäisches Prozessrecht, § 5 Rn. 33.

[71] Zur Beeinträchtigung der Verteidigungsrechte vgl. EuGH Urt. v. 21.1.1999 – C-207/97 Rn. 25, BeckRS 2004, 74966; Urt. v. 12.9.2000 – C-359/97 Rn. 28, BeckRS 2004, 76722; EWS 2005, 277.

[72] Vgl. EuGH NVwZ 1995, 885 (886).

[73] KOM (2007) 502 endg. v. 5.9.2007, S. 10.

[74] UVP-RL 85/337/EWG v. 27.6.1985, ABlEU Nr. L 175/40.

23 Die **Klageerhebung** steht – ebenso wie die Einleitung des Vertragsverletzungsverfahrens (→ Rn. 14) – im **Ermessen** der Kommission bzw. des Mitgliedstaates.[75] Eine Ermessensreduzierung auf Null ist denkbar, allerdings nur in Ausnahmefällen anzuerkennen. So widerspricht die Entscheidung des BVerfG vom 5.5.2020, wonach es sich bei den Beschlüssen der EZB zu dem Staatsanleihekaufprogramm (Public Sector Purchase Programme) um einen Ultra-vires-Akt gehandelt hat,[76] zwar dem von der Unionsgerichtsbarkeit angenommenen einschränkungslosen Vorrang des Unionsrechts vor dem mitgliedstaatlichen Recht. Ein Zwang, ein Vertragsverletzungsverfahren gegen Deutschland einzuleiten, ergibt sich daraus aber nicht, auch weil es verschiedene Möglichkeiten gibt, den Konflikt in Bezug auf den Einzelfall zu lösen.[77] Klagen Einzelner gegen die Kommission wegen Nichterhebung einer Vertragsverletzungsklage oder auf Schadensersatz wegen Nichterhebung haben keine Aussicht auf Erfolg.[78] Tritt die Kommission als Klägerin auf, bedarf es (wiederum) eines Beschlusses des Kollegiums (vgl. auch → Rn. 17). Der **Streitgegenstand** der Klage muss mit dem **Streitgegenstand** des Mahnschreibens (→ Rn. 14f.) respektive des Antrags des Mitgliedstaates auf Verfahrenseinleitung (→ Rn. 18) übereinstimmen. Erhebt ein Mitgliedstaat Klage, darf er nur solche Verletzungen rügen, mit denen die Kommission zuvor befasst gewesen ist.[79] Die Klage ist schriftlich zu erheben und muss den Anforderungen der Art. 21 Abs. 1 Satzung EuGH, Art. 38 VerfO-EuGH genügen.

24 **Lösung zu Fall 2:** Im Vertragsverletzungsverfahren müssen die mit Gründen versehene Stellungnahme der Kommission und die Klage eine zusammenhängende und genaue Darstellung der Rügen enthalten. Der Mitgliedstaat und der Gerichtshof müssen die Tragweite des diesem Staat vorgeworfenen Verstoßes gegen das Unionsrecht richtig erfassen können. Dies ist notwendig, damit der betreffende Staat sich gebührend verteidigen und der Gerichtshof überprüfen kann, ob die behauptete Vertragsverletzung vorliegt. Die Kommission stützt ihre Klage einerseits auf die Rüge, dass das Vereinigte Königreich zu Unrecht bestimmte Projekte vom Anwendungsbereich der UVP-RL ausgenommen habe. Andererseits sei in der Klageschrift jedoch ausdrücklich anerkannt worden, dass das Vereinigte Königreich die notwendigen Rechtsvorschriften erlassen habe, um die Richtlinie in innerstaatliches Recht umzusetzen. Da somit die genannten Erfordernisse des Zusammenhangs und der Genauigkeit nicht erfüllt wurden, die Klage vielmehr auf einer widersprüchlichen Argumentation seitens der Kommission beruht, hat der EuGH die Klage als unzulässig abgewiesen.[80]

## IX. Rechtsschutzinteresse

25 **Fall 3:** Die Kommission hat gegen die Bundesrepublik Deutschland, nachdem sie Gelegenheit zur Äußerung gegeben und eine begründete Stellungnahme abgegeben hatte, Klage nach Art. 258 AEUV erhoben, weil deutsche Gemeinden Müllversorgungsverträge ohne die in der (damaligen) Richtlinie 92/50/EWG (heute RL 2014/24/EU)[81] vorgeschriebene Ausschreibung abgeschlossen hatten und die Bundesrepublik Deutschland der von der Kommission gesetzten Frist, die Verträge binnen zwei Monaten zu be-

---

[75] Nach Art. 258 Abs. 2, 259 Abs. 1 AEUV „kann" der Gerichtshof angerufen werden.

[76] BVerfGE 154, 17 Rn. 116ff. = NVwZ 2020, 857 = NJW 2020, 1647 → *Ruffert* JuS 2020, 574; ders. NVwZ 2020, 897 (903f.)

[77] Vgl. statt vieler *Calliess* FAZ Nr. 139 v. 19.6.2020, S. 6. Nachdem der EZB-Rat dargelegt hat, dass er eine vom BVerfG vermisste Verhältnismäßigkeitsprüfung für Staatsanleihekäufe vorgenommen hat, haben der Deutsche Bundestag, die Bundesregierung und die Bundesbank mitgeteilt, dass sie die Anforderung des BVerfG nunmehr als erfüllt ansehen.

[78] EuGH Urt. v. 4.2.1989 – C-247/87, BeckRS 2004, 72605 Rn. 11ff. – Star Fruit; EuG EuZW 1996, 121 (125) – Lefebvre.

[79] *Burgi* in: Rengeling/Middeke/Gellermann, Hdb Rechtsschutz EU, § 6 Rn. 29.

[80] EuGH EuZW 2007, 187.

[81] RL 92/50/EWG v. 18.5.1992, ABlEU Nr. L 209/1; RL 2014/24/EU v. 26.2.2014, ABlEU Nr. L 94/65.

enden, nicht nachgekommen war. Die Bundesregierung hat vorgetragen, dass bei Ablauf der in der Stellungnahme der Kommission gesetzten Frist keine Verletzung des Unionsrechts fortbestanden habe. Einerseits habe die Bundesregierung eingeräumt, dass die Verträge unter Verstoß gegen das Unionsrecht abgeschlossen worden seien. Andererseits habe sie die künftige Einhaltung der unionsrechtlichen Vergabevorschriften sichergestellt. Deswegen sei sie nicht verpflichtet gewesen, die Verträge zu beenden.

26 Rechtsschutzgesuche sind, auch wenn das Verfahren lediglich objektiven Zwecken dient, nur zulässig, wenn der Rechtsschutzsuchende ein **Rechtsschutzinteresse** besitzt. Da der Gerichtshof nach Art. 258 Abs. 2 AEUV erst angerufen werden darf, wenn der Staat der begründeten Stellungnahme der Kommission innerhalb der **gesetzten Frist** nicht nachgekommen ist, fehlt das Rechtsschutzbedürfnis, wenn der Rechtsverstoß vollständig innerhalb der gesetzten Frist beseitigt worden ist. Wird dagegen die vorgeworfene Vertragsverletzung erst nach Ablauf der in der mit Gründen versehenen Stellungnahme gesetzten Frist abgestellt (sei es vor oder nach Klageerhebung), bleibt das Rechtsschutzinteresse bestehen,[82] da allein auf die Rechtslage bei Ablauf der Frist abzustellen ist.[83] Die Fristsetzung würde ansonsten ihre Wirkung verlieren, da die Rechtsverletzung z. B. Grundlage eines Haftungsprozesses sein kann.[84] Unerheblich für das Rechtsschutzbedürfnis ist, ob der umstrittene Verstoß bereits Gegenstand eines Vorabentscheidungsverfahrens war.[85] Für **mitgliedstaatliche Klagen** (Art. 259 AEUV) ist ein Rechtsschutzinteresse zu bejahen, wenn die vorgeworfene Vertragsverletzung nach Abgabe der mit Gründen versehenen Stellungnahme der Kommission oder Ablauf der Drei-Monats-Frist des Art. 259 Abs. 4 AEUV noch nicht abgestellt wurde.

27 **Lösung zu Fall 3:** Die Zulässigkeit der Vertragsverletzungsklage gemäß Art. 258 AEUV setzt eine Vertragsverletzung noch nach dem Ablauf der von der Kommission gesetzten Frist voraus. Zwar hat der EuGH im Bereich der Vergabe öffentlicher Aufträge entschieden, dass bei Ablauf der in der mit Gründen versehenen Stellungnahme der Kommission gesetzten Frist ein Verstoß dann nicht mehr besteht, wenn alle Wirkungen der vertraglichen Ausschreibung zu diesem Zeitpunkt schon erschöpft waren.[86] Das ist aber nicht der Fall, wenn die unter Verletzung der Unionsrechtsbestimmungen über öffentliche Aufträge geschlossenen Verträge weiterwirken. Dies traf hier zu. Auch dem Umstand, dass nach Art. 2 Abs. 6 der Richtlinie 89/665/EWG die Mitgliedstaaten die Befugnisse der Nachprüfungsinstanz nach dem Vertragsabschluss im Anschluss an die Zuschlagserteilung darauf beschränken durften, einer durch einen Verstoß gegen das unionsrechtliche Vergaberecht geschädigten Person Schadensersatz zuzuerkennen, misst der EuGH keine Bedeutung zu. Diese Bestimmung erlaube den Mitgliedstaaten zwar, die Wirkung der unter Verstoß gegen die Richtlinie über die Vergabe öffentlicher Aufträge geschlossenen Verträge aufrechtzuerhalten, dies führe aber nicht dazu, dass das Verhalten des Auftraggebers gegenüber Dritten nach Abschluss der Verträge als unionsrechtskonform anzusehen sei. Ebenso wenig komme es darauf an, ob der Mitgliedstaat den Vertragsverstoß eingeräumt habe. Andernfalls können die Mitgliedstaaten allein dadurch, dass sie die Vertragsverletzungen einräumen und die sich daraus möglicherweise ergebende Haftung anerkennen, ein beim EuGH anhängiges Vertragsverletzungsverfahren jederzeit beenden, ohne dass das Vorliegen der Vertragsverletzung und der Grund für ihre Haftung jemals durch die Unionsgerichtsbarkeit festgestellt worden sind. Der EuGH hat daher die Klage als zulässig (und begründet) angesehen.[87]

---

[82] Vgl. EuGH EuZW 2005, 382; zu der früher nicht eindeutigen Rechtsprechung vgl. *Cremer* in: Calliess/Ruffert, EUV/AEUV, Art. 258 AEUV Rn. 31.
[83] EuGH EuZW 1997, 122 (124 f.).
[84] Unberührt bleibt das Recht der Kommission, wegen Beseitigung des Vertragsverstoßes nach Ablauf der Frist auf eine Klageerhebung zu verzichten.
[85] Vgl. EuGH NVwZ 1998, 1281.
[86] EuGH Urt. v. 31.3.1992 – C-362/90 Rn. 11 und 13, BeckRS 2004, 76749.
[87] EuGH DVBl 2004, 1472; zu einem ähnlichen Fall vgl. EuGH DVBl 2007, 1165.

## C. Begründetheit der Vertragsverletzungsklage

**Fall 4:** Die Kommission hat Vertragsverletzungsklage erhoben, weil die Republik Italien eine Richtlinie nicht rechtzeitig umgesetzt hat. Italien hat sich damit verteidigt, dass die Nichtumsetzung „Folge eines außergewöhnlichen Ereignisses verfassungsrechtlicher Natur gewesen (sei), das aufgrund fundamentaler Erfordernisse des demokratischen Systems eine zeitweilige Lähmung der Gesetzgebungsfunktion des Parlaments hervorgerufen habe“ (Auflösung des Parlaments). 28

**Fall 5:** Die Kommission hat Vertragsverletzungsklage gegen die Bundesrepublik Deutschland erhoben, weil diese gegen die (nicht rechtzeitig umgesetzte) Richtlinie zur Umweltverträglichkeitsprüfung (Richtlinie 85/337/EWG, heute RL 2011/92/EU)[88], insbesondere deren Art. 2, 3 und 8, verstoßen habe, indem sie mit Bescheid vom 31.8.1989 die Errichtung eines neuen Kraftwerksblocks des Wärmekraftwerks Großkrotzenburg ohne vorherige Umweltverträglichkeitsprüfung genehmigt hatte. 29

Die Vertragsverletzungsklage ist begründet, wenn die vom Kläger behaupteten Tatsachen zutreffen, das angegriffene Verhalten dem Mitgliedstaat zuzurechnen ist und sich daraus ein **Verstoß gegen** die **Verpflichtung aus den Verträgen** (also des Unionsrechts) ergibt. Die Beweislast für das Vorliegen der Tatsachen obliegt dem Kläger,[89] doch sind die Mitgliedstaaten nach dem Grundsatz der loyalen Zusammenarbeit (Art. 4 Abs. 3 EUV) nicht erst im Stadium der Klagebeantwortung verpflichtet, über das nationale Recht zu informieren.[90] Dem Mitgliedstaat zuzurechnen ist sämtliches Handeln der Träger oder Organe von Staatsgewalt, einschließlich der öffentlichen Unternehmen (→ Rn. 9). 30

**Prüfungsmaßstab** ist das gesamte Unionsrecht (→ Rn. 8). Maßgeblicher **Zeitpunkt** für die Beurteilung der Unionsrechtswidrigkeit ist bei Einschlägigkeit des Art. 258 AEUV der Ablauf der in der begründeten Stellungnahme der Kommission gesetzten Frist,[91] bei Einschlägigkeit des Art. 259 AEUV die Abgabe der mit Gründen versehenen Stellungnahme der Kommission bzw. der Ablauf der Drei-Monats-Frist (→ Rn. 21).[92] Zwar muss zwischen dem vorgerichtlichen Verfahrensgegenstand und dem gerichtlichen Streitgegenstand grundsätzliche Identität bestehen (→ Rn. 16). Geringfügige Änderungen der Mitgliedstaaten nach Erhalt der begründeten Stellungnahme der Kommission, welche die gerügte Unionsrechtswidrigkeit im Wesentlichen bestehen lassen, sind aber auch insoweit unerheblich (→ Rn. 16).[93] In den Fällen fortgesetzter und systematischer Unionsrechtsverletzungen dürfen auch Tatsachen berücksichtigt werden, die erst nach Abgabe der mit Gründen versehenen Stellungnahme der Kommission eingetreten sind, wenn sich die gerügten mitgliedstaatlichen Maßnahmen im Wesentlichen entsprechen oder ein Verhalten von derselben Art zugrunde liegt wie dasjenige, das in der mit Gründen versehenen Stellungnahme Erwähnung gefunden hat.[94] 31

Auf die **Verursachung eines Schadens** oder ein **Verschulden** des Mitgliedstaates für die Verursachung des Schadens[95] kommt es nicht an. Ebenso wenig kann sich der verklagte 32

---

[88] RL 85/337/EWG v. 27.5.1985, ABlEU Nr. L 175/40; RL 2011/92/EU v. 13.12.2011, ABlEU Nr. L 26/1.

[89] Vgl. EuGH EuZW 1997, 122 (126); EWS 2005, 277.

[90] EuGH Urt. v. 24.10.2013 – C-151/12, BeckRS 2013, 82065 Rn. 49.

[91] Vgl. z. B. *Wunderlich* in: v. d. Groeben/Schwarze/Hatje, Europäisches Unionsrecht, Art. 258 Rn. 39.

[92] A. A. *Classen* in: Schulze/Janssen/Kadelbach, Europarecht, § 4 Rn. 56.

[93] Vgl. *Nowak* in: Leible/Terhechte, Enzyklopädie Europarecht III, § 10 Rn. 41.

[94] EuGH Urt. v. 22.3.1983 – C-42/82 – juris Rn. 20; Urt. v. 04.02.1988 – C-113/86 Rn. 11, BeckRS 2004, 71281; Urt. v. 18.5.2006 – C-221/04 Rn. 28, BeckRS 2006, 70377; *Nowak* in: Leible/Terhechte, Enzyklopädie Europarecht III, § 10 Rn. 42.

[95] Vgl. EuGH EuZW 1998, 166 (167).

Mitgliedstaat auf technische, institutionelle oder politische Schwierigkeiten respektive Umstände seiner internen Rechtsordnung oder ein ebenfalls vertragswidriges Verhalten anderer Mitgliedstaaten berufen.[96] Im Übrigen kommt es auf den gestellten Klageantrag an. So ist eine Klage unbegründet, wenn eine Verletzung des Primärrechts gerügt worden ist, der Mitgliedstaat sich aber an das Sekundär- oder Tertiärrecht gehalten hat, es sei denn, letzteres ist dermaßen fehlerhaft, dass es als Nichtakt anzusehen ist.[97] Gerechtfertigt werden kann eine nachgewiesene Vertragsverletzung nur im Falle einer (so gut wie nie zu bejahenden) absoluten Unmöglichkeit, wenn dies der Kommission rechtzeitig mitgeteilt worden ist.[98]

33 Eine erstmalige **Berufung** des Mitgliedstaates **auf** die **Nichtigkeit** von Sekundär- oder Tertiärrecht ist – von dem in Art. 277 AEUV geregelten Fall und der Nichtexistenz des Rechtsaktes abgesehen – im Vertragsverletzungsverfahren nicht zulässig. Vielmehr muss in solchen Fällen Nichtigkeitsklage gemäß Art. 263 AEUV erhoben werden. Somit ist insbesondere eine erstmalige Berufung auf die Primärrechtswidrigkeit von Richtlinien im Vertragsverletzungsverfahren nicht statthaft.[99]

34 **Lösung zu Fall 4:** Gegen die Zulässigkeit des Vertragsverletzungsverfahrens bestehen keine Bedenken. Die Vertragsverletzungsklage ist auch begründet. Ein Mitgliedstaat kann sich nicht auf Bestimmungen, Übungen oder Umstände seiner internen Rechtsordnung berufen, um damit die Nichtbeachtung von Verpflichtungen zu rechtfertigen, die in den Richtlinien der Union festgelegt sind. Auf Verschulden kommt es nicht an.[100]

35 **Lösung zu Fall 5:** Der EuGH hat die Zulässigkeit der Klage bejaht. Dem Klageantrag fehle nicht deshalb die Bestimmtheit, weil die Kommission „insbesondere" einen Verstoß gegen bestimmte Artikel der Richtlinie zur Umweltverträglichkeitsprüfung gerügt hat. Aus dem Zusammenhang ergebe sich, dass das Adverb „insbesondere" i. S. v. „nämlich" verwendet worden sei. Unerheblich sei, dass der gerügte Verstoß gegen Art. 2 der Richtlinie nicht im Tenor der mit Gründen versehenen Stellungnahme aufgeführt worden ist, da die Bestimmung im Text genannt wurde. Soweit die Bundesrepublik Deutschland geltend macht, dass die Kommission nur die Nichtumsetzung einer Richtlinie, nicht aber die Nichtanwendung einer noch nicht umgesetzten Richtlinie rügen dürfe, wendet der EuGH ein, dass es Sache der Kommission sei, zu entscheiden, wegen welcher dem betroffenen Mitgliedstaat zuzurechnenden Handlung oder Unterlassung das Verfahren zu eröffnen ist. Unmaßgeblich sei, dass die Bundesrepublik die Richtlinie inzwischen umgesetzt habe, weil die Kommission kein spezifisches Rechtsschutzinteresse benötige. Das Rechtsschutzinteresse fehle deshalb nicht, weil die Klage nicht auf die mangelnde Umsetzung der Richtlinie gestützt wurde, sondern auf die Erteilung der Genehmigung. Somit war die Klage für zulässig zu erachten.
Im Rahmen der Begründetheitsprüfung hat der EuGH ausgeführt, dass die Richtlinie zur Umweltverträglichkeitsprüfung unmittelbar anwendbar war. Die Kommission habe aber nicht in Abrede gestellt, dass die deutsche Behörde das streitige Projekt gewissen Umweltverträglichkeitsprüfungen unterzogen habe. In Anbetracht dessen wäre es Aufgabe der Kommission gewesen, im Einzelnen darzulegen, in welchen konkreten Punkten die Anforderungen der Richtlinie im Genehmigungsverfahren für das streitige Projekt nicht erfüllt wurden. Außerdem hätten entsprechende Beweise vorgelegt werden

[96] EuGH Urt. v. 10.1.2008 – C-70/06, BeckRS 2008, 70012 Rn. 22; vgl. *Borchardt* in: Lenz/Borchardt, EU-Verträge, Art. 258 AEUV Rn. 31.
[97] Vgl. auch EuGH EuZW 2004, 729 (730).
[98] Vgl. *Burgi* in: Rengeling/Middeke/Gellermann, Hdb Rechtsschutz EU, § 6 Rn. 48; *Cremer* in: Calliess/Ruffert, EUV/AEUV, Art. 258 AEUV Rn. 34; *Pechstein* in: Frankfurter Kommentar, Art. 258 AEUV Rn. 49.
[99] Ausführlich dazu *Ehlers* FS Jarass, 2015, S. 27 ff.
[100] EuGH Urt. v. 17.2.1981 – C-133/80, BeckRS 2004, 71544.

müssen. Da die Klage keine derartigen, auf exakte Beweise gestützten näheren Angaben enthält, ist sie als unbegründet abgewiesen worden.[101] Hätte die Kommission nur die Nichtanwendung der Richtlinie gerügt, der die Bundesrepublik trotz unmittelbarer Anwendbarkeit der Richtlinie verpflichtet war, wäre die Klage als begründet anzusehen gewesen.

## D. Wirkungen des Urteils

Weist der EuGH die Klage durch **Prozessurteil** ab, kann nach Erfüllung der Sachentscheidungsvoraussetzung erneut Klage erhoben werden. Erweist sich die Klage als unbegründet, kommt eine erneute Anrufung des Gerichtshofs wegen desselben Streitgegenstandes nur nach Maßgabe des in Art. 44 Satzung EuGH geregelten Wiederaufnahmeverfahrens in Betracht.[102] Wird der Klage stattgegeben, erlässt der EuGH ein rechtskräftiges **Feststellungsurteil,** wie sich ausdrücklich aus Art. 260 Abs. 1 AEUV ergibt. Weder wird die Rechtslage gestaltet, noch eignet sich das Urteil als Vollstreckungstitel. Dem EuGH bleibt es unbenommen, Hinweise darauf zu geben, wie der Vertragsverstoß beseitigt werden kann. 36

Der verurteilte **Mitgliedstaat** ist verpflichtet, „die **Maßnahmen** zu **ergreifen,** die sich aus dem Urteil des Gerichtshofes ergeben" (Art. 260 Abs. 1 AEUV). Die Pflicht erstreckt sich auf sämtliche Organe oder Gliederungen des Mitgliedstaates,[103] also auch auf die Gesetzgeber. Eine Frist enthält Art. 260 AEUV nicht. Doch müssen die Maßnahmen unverzüglich eingeleitet und schnellstmöglich abgeschlossen werden.[104] 37

Umstritten ist, ob der Mitgliedstaat auch verpflichtet wird, die **Folgen des Verstoßes** gegen das Unionsrecht **ex tunc** zu beseitigen. Nach der hier vertretenen Ansicht bedürfte es für eine solche Inpflichtnahme einer eindeutigen normativen Regelung.[105] Doch kann die Feststellung des EuGH gleichwohl auch für die Beurteilung vergangener Rechtsbeziehungen präjudizielle Bedeutung haben.[106] Die Folgen der Vertragsverletzung sind dann nach Maßgabe des nationalen Rechts zu beheben. Stellt etwa der EuGH fest, dass eine Richtlinie nicht ordnungsgemäß in nationales Recht umgesetzt worden ist, kann eine Haftung des Mitgliedstaates wegen Verletzung des Unionsrechts nicht erst ab dem Zeitpunkt der gerichtlichen Feststellung, sondern bereits mit Ablauf der Umsetzungsfrist in Betracht kommen. 38

Hat ein Mitgliedstaat nach Auffassung der Kommission die erforderlichen Maßnahmen nicht ergriffen, kann die Kommission nach nochmaliger Anhörung des Mitgliedstaates **erneut** ein **Vertragsverletzungsverfahren** einleiten (Art. 260 Abs. 2 AEUV) und der EuGH auf Antrag der Kommission, aber ohne Bindung an diesen,[107] im Vollstreckungsverfahren[108] einen Pauschalbetrag oder ein Zwangsgeld verhängen. Der **Pauschalbetrag** dient der Ahndung der Fortsetzung eines Verstoßes für den Zeitraum nach dem den Verstoß feststellenden ersten Urteil bis zum Urteil nach Art. 260 Abs. 2 AEUV. Die Verhängung des **Zwangsgelds** erfolgt für jeden weiteren Tag, an dem der Staat dem Urteil nach Art. 260 Abs. 2 AEUV nicht nachkommt. Dem Pauschalbetrag kommt Strafcharakter, dem Zwangs- 39

---

[101] EuGH NVwZ 1996, 369 (371); → *Kunig* JK 96, EGV Art. 169 III/1; dazu Bespr. *Calliess* NVwZ 1996, 339.
[102] Vgl. *Cremer* in: Calliess/Ruffert, EUV/AEUV, Art. 260 AEUV Rn. 8.
[103] EuGH Urt. v. 14.12.1982 – C-314/81 Rn. 14, BeckRS 2004, 70739 – Waterkeyn.
[104] Vgl. EuGH EWS 1993, 154 (155); Urt. v. 25.11.2003 – C-278/01 Rn. 27, BeckRS 2004, 75924.
[105] Wie hier *Ehricke* in: Streinz, EUV/AEUV, Art. 260 AEUV Rn. 8; *Cremer* in: Calliess/Ruffert, EUV/AEUV, Art. 260 AEUV Rn. 7; *Pechstein* in: Frankfurter Kommentar, Art. 258 AEUV Rn. 54; ausführlich zum Ganzen *Karpenstein* in: Grabitz/Hilf/Nettesheim, EUV/AEUV, Art. 260 AEUV Rn. 12 ff. A. A. *Classen* in: Oppermann/Classen/Nettesheim, Europarecht, § 13 Rn. 37; *Schwarze* in: Schwarze, EU-Kommentar, Art. 260 AEUV Rn. 7; *Dörr/Lenz* Europäischer Verwaltungsrechtsschutz, Rn. 74 f.
[106] Vgl. bereits → Rn. 2.
[107] Vgl. *Cremer* in: Calliess/Ruffert, EUV/AEUV, Art. 260 AEUV Rn. 17.
[108] EuGH EuZW 2013, 946 Rn. 23.

geld Beugecharakter zu. Die Beträge werden nach Tagessätzen bestimmt und auf der Grundlage mathematischer Formeln – unter Berücksichtigung von Grundbeträgen pro Tag und Pauschalbeträgen, die je nach Gewicht der Staaten unterschiedlich festgesetzt werden – und nach der Schwere und Dauer der Verstöße sowie der Abschreckungswirkung berechnet, wobei an die Zahlungsfähigkeit des betreffenden Mitgliedstaates und dessen institutionelles Gewicht angeknüpft wurde (so dass kleine Staaten weniger zahlen müssen als größere).[109] Das institutionelle Gewicht wurde auf der Grundlage des Bruttoinlandprodukts (BIP) und der Stimmrechte im Rat berechnet. Das Abstellen auf die Stimmrechtsregeln im Rat hat der EuGH (wegen des geänderten Abstimmungsverfahrens seit dem 1.4.2017 hinsichtlich doppelter Mehrheiten[110]) für überholt gehalten.[111] Deshalb hat er sich am Bruttoinlandsprodukt orientiert. Die Kommission hat darauf mit der Bekanntgabe einer neuen Berechnungsformel reagiert, die neben dem Bruttoinlandsprodukt nunmehr auf die Anzahl der Sitze für die mitgliedstaatlichen Vertreter im europäischen Parlament abstellt.[112] Die Daten werden gestützt auf die Entwicklung der Inflation und des Bruttoinlandsprodukts jährlich aktualisiert.[113] Das erste Zwangsgeld wurde im Jahre 2000 (gegen Griechenland) verhängt.[114] Mittlerweile sind den Mitgliedstaaten Zahlungsverpflichtungen in beträchtlicher Höhe auferlegt worden.[115]

40 Die Kommission darf mit der (im Wege der Nichtigkeitsklage gemäß Art. 263 AEUV angreifbaren) Zwangsgeldfestsetzung zur Durchsetzung eines nach Art. 260 Abs. 2 AEUV ergangenen Urteils nicht fortfahren, wenn der Mitgliedstaat das unternommen hat, was ihm vom EuGH aufgegeben wurde. Die Beurteilung der mitgliedstaatlichen Maßnahmen obliegt allein dem EuGH. Im Streitfall muss die Kommission ein weiteres Mal Vertragsverletzungsklage erheben.[116] Ob die festgesetzten Sanktionen **vollstreckbar** sind, ist **umstritten.** Da Art. 280 AEUV auf Art. 299 AEUV verweist und Art. 299 Abs. 1 Hs. 2 AEUV eine Vollstreckung gegenüber Mitgliedstaaten ausschließt, kommt eine solche de lege lata nicht in Betracht.[117] Doch ist eine Aufrechnung mit Ansprüchen des Mitgliedstaates gegen die EU zulässig, wenn die Nichtrealisierung des Anspruchs mit dem Unionsinteresse vereinbar ist.[118]

41 Erhebt die Kommission beim EuGH Vertragsverletzungsklage, weil sie der Auffassung ist, dass der betreffende Mitgliedstaat gegen seine Verpflichtung verstoßen hat, **Maßnahmen zur Umsetzung** einer gemäß einem Gesetzgebungsverfahren erlassenen Richtlinie **mit-**

---

[109] Vgl. zu den Einzelheiten die Mitteilung der Kommission, SEK 2005, 1658. Näher dazu *Thiele* Europäisches Prozessrecht, § 5 Rn. 51 ff.; *Cremer* in: Calliess/Ruffert, EUV/AEUV, Art. 260 AEUV Rn. 13 ff.

[110] Vgl. Art. 16 Abs. 4 EUV.

[111] EuGH Urt. v. 14.11.2018 – C-93/17, BeckRS 2018, 28342 Rn. 138 ff.

[112] Vgl. Fn. 109.

[113] Vgl. für das Jahr 2019 die Mitteilung der Kommission, KOM (2019) 309/01 endg. v. 13.9.2019, S. 2, wonach der Mindestpauschalbetrag 2019 für Deutschland auf 11.915.000 € festgesetzt wurde.

[114] Vgl. EuGH DVBl 2000, 1270.

[115] Vgl. z. B. EuGH EuR 2006, 399 (411), wonach Frankreich einen Pauschalbetrag in Höhe von 20 Mio. € und ein halbjährlich zu entrichtendes Zwangsgeld in Höhe von 57,7 Mio. € zu entrichten hat. Wegen Nichtumsetzung der Vorratsdatenrichtlinie hat die Kommission gegen Deutschland ein Zwangsgeld in Höhe von 315.036,54 € pro Tag beantragt (EuGH Klage eingereicht am 11.7.2012 – C-329/12, BeckEuRS 2012, 688969). Da der EuGH in einem anderen Verfahren die Richtlinie für ungültig erklärt hat (EuGH NVwZ 2014, 709 → *Kingreen* JK 8/14, AEUV Art. 267/4 und → *Streinz* JuS 2014, 758 sowie → JA 2014, 798 *(Ogorek)* – Digital Rights Ireland und Seitlinger), kam es nicht zur Verhängung des Zwangsgeldes.

[116] EuGH EuZW 2014, 185 Rn. 47 ff. (m. Anm. *Wendenburg*).

[117] Wie hier *Härtel* EuR 2001, 617 (620); *Schwarze* in: Schwarze, EU-Kommentar, Art. 280 AEUV Rn. 2 f.; *Dörr/Lenz* Europäischer Verwaltungsrechtsschutz, Rn. 77; *Pechstein* in: Frankfurter Kommentar, Art. 260 AEUV Rn. 20; *Hobe/Fremuth* Europarecht, § 11 Rn. 30. Demgegenüber wird auch häufig darauf verwiesen, dass Entscheidungen der Unionsgerichtsbarkeit, die bereits ihrer Natur nach vollstreckbare Titel sind, von der Verweisung des Art. 280 auf Art. 299 AEUV nicht erfasst werden; vgl. *Borchardt* in: Lenz/Borchardt, EU-Verträge, Art. 260 AEUV Rn. 27; *Wegener* in: Calliess/Ruffert, EUV/AEUV, Art. 280 AEUV Rn. 1.

[118] Dies ist z. B. anzunehmen, wenn der Mitgliedstaat einen Schadensersatzanspruch gegen die Gemeinschaft hat, nicht aber, wenn das von der EU zur Verfügung zu stellende Geld der Erfüllung wichtiger Gemeinschaftsbelange dient. Für eine generelle Unzulässigkeit einer Aufrechnung *Härtel* EuR 2001, 617 (622); vgl. aber auch EuGH JZ 2004, 87 – CCRE; EuZW 2000, 537 (538) m. Anm. *Karpenstein.*

**zuteilen,** kann sie, wenn sie dies für zweckmäßig hält, die Höhe des von dem betreffenden Mitgliedstaat zu zahlenden Pauschalbetrages oder Zwangsgeldes benennen, die sie den Umständen nach für angemessen hält **(Art. 260 Abs. 3 AEUV).** Es muss dann nicht erneut Klage erhoben werden. Vielmehr kann mit ein und derselben Klage die Feststellung einer Vertragsverletzung und ihre Sanktionierung beantragt werden. Liegt allein ein formaler Verstoß vor (fehlende Mitteilung), ist die korrekte Umsetzung aber erfolgt, dürfte die Zweckmäßigkeit zu verneinen sein.[119] Wurde eine Mitteilung (sei es auch erst verspätet) gemacht, ist die Umsetzung nach Meinung der Kommission aber nicht oder nur fehlerhaft erfolgt, findet Art. 260 Abs. 3 AEUV keine Anwendung.

Während die Kommission früher im Verfahren nach Art. 260 Abs. 3 AEUV nur 42 **Zwangsgelder** beantragt hat, will sie nunmehr grundsätzlich zusätzlich zum Zwangsgeld einen **Pauschalbetrag** beantragen, um der zunehmenden Nichtanwendung oder nicht ordnungsgemäßen Umsetzung von Richtlinien entgegen zu wirken.[120] Dies dürfte zur Konsequenz haben, dass die Kommission ihre Klage künftig nicht mehr allein deshalb zurücknehmen wird, weil der Mitgliedstaat den Verstoß im Laufe des Gerichtsverfahrens durch Umsetzung der betreffenden Richtlinie abgestellt hat. Vielmehr wird sie daran interessiert sein, dass der Gerichtshof einen Pauschalbetrag verhängt, um die **Dauer des Verstoßes** bis zu dessen Abstellung zu sanktionieren.[121] Stellt der Gerichtshof einen Verstoß fest, kann er gegen den betreffenden Mitgliedstaat die Zahlung eines Pauschalbetrages oder eines Zwangsgeldes bis zur Höhe des von der Kommission genannten Betrags ab dem vom Gerichtshof in seinem Urteil festgelegten Zeitpunkt verhängen (Art. 260 Abs. 3 UAbs. 2 S. 1 AEUV). Eine Erhöhung durch den Gerichtshof ist somit unzulässig.

Wird ein Pauschalbetrag oder ein Zwangsgeld gegen die **Bundesrepublik Deutschland** verhängt, stellt sich die Frage, wer im **Innenverhältnis** dafür aufkommen muss. Nach 43 Art. 104a Abs. 6 S. 1 GG i. V. m. § 1 Abs. 1 (des als Art. 15 des Föderalismusreform-Begleitgesetzes erlassenen) **Lastentragungsgesetz**(es) (LastG)[122] ist im Verhältnis von Bund und Ländern diejenige staatliche Ebene zur Zahlung verpflichtet, in deren innerstaatlichen Zuständigkeits- und Aufgabenbereich die lastenbegründende Pflichtverletzung erfolgt ist. Dies gilt auch für Verurteilungen wegen Verstößen gegen das Europäische Unionsrecht, die zeitlich vor dem Erlass des Lastentragungsgesetzes liegen. Nach der Rechtsprechung des BVerwG wirkt das Lastentragungsgesetz zeitlich unbegrenzt zurück.[123] Bei festgestellten Pflichtverletzungen im innerstaatlichen Zuständigkeits- und Aufgabenbereich sowohl des Bundes als auch der Länder, tragen Bund und Länder die Lasten in dem Verhältnis, in dem ihre Pflichtverletzung zur Entstehung der Leistungspflicht beigetragen hat, soweit das Gesetz nichts anderes bestimmt (§ 1 Abs. 2 LastG). Wird der Pauschalbetrag oder das Zwangsgeld wegen gleichartiger Verstöße im Zuständigkeits- und Aufgabenbereich mehrerer Länder verhängt, bemisst sich der Anteil der Lasten der betroffenen Länder nach deren Verhältnis zueinander (§ 3 LastG).[124] Wollen Bund oder Länder die Lastentragung auf Träger mittelbarer Staatsverwaltung (z. B. die Kommunen) überwälzen, weil diese gegen Unionsrecht verstoßen haben, bedarf es dazu einer gesonderten gesetzlichen Grundlage.[125] Die Weiterübertragung der Lasten auf den „Verursacher" ist sachlich gerechtfertigt, kann

---

[119] Vgl. auch *Thiele* Europäisches Prozessrecht, § 5 Rn. 50.

[120] Vgl. KOM (2016) 8600 endg. v. 21.12.2016, S. 11 ff.

[121] Vgl. *Wendenburg/Reichert* NVwZ 2017, 1338.

[122] Als Art. 15 des Föderalismusreform-Begleitgesetzes erlassenes Gesetz v. 5.9.2006, BGBl I S. 2098.

[123] BVerwG NVwZ 2007, 1198 (1200) → *Ehlers* JK 2/08, GG Art. 104a VI/7.

[124] Näher dazu *Wendenburg/Reichert* NVwZ 2017, 1338 (1341 ff.).

[125] Ein direkter Durchgriff des Bundes ist nicht zulässig. Vielmehr kann sich der Bund nur an die Länder halten. Diese können teilweise Rückgriff auf die Kommune nehmen, vgl. z. B. Art. 57 Abs. 7 Verf Nds; Sächs LastG v. 29.1.2008 (SächsGVBl S. 138, 162); KLastG MV v. 26.10.2010 (GVOBl MV S. 614); vgl. auch die Schriftliche Anfrage an den Bayerischen Landtag (17/10735) – verfügbar unter: https://www.bayern.landtag.de/www/ElanTextAblage_WP17/Drucksachen/Schriftliche%20Anfragen/17_0010735.pdf (abgerufen am 30.11.2020). Ferner *Schlitzer* Der innerstaatliche Regress infolge haftungsauslösender Verstöße von Kommunen gegen Unionsrecht, 2015.

aber dazu führen, dass der Mitgliedstaat (hier: Bundesrepublik Deutschland) den Prozess nicht so führt, wie er ihn bei eigener Lastentragungspflicht geführt hätte.

## E. Einstweilige Anordnung

44 Da die Mehrstufigkeit des Vertragsverletzungsverfahrens einer schnellen Entscheidung des EuGH entgegensteht, stellt sich in besonderer Weise die Frage, ob auch insoweit in dringenden Fällen eine Beantragung und der Erlass **einstweiliger Anordnungen** nach Maßgabe der Art. 279 AEUV, Art. 160 VerfO-EuGH in Betracht kommen.[126] Der EuGH bejaht dies,[127] ohne – soweit ersichtlich – grundsätzlich auf die Zulässigkeit einer vorläufigen Suspendierung mitgliedstaatlicher Maßnahmen einzugehen. In der Literatur werden einstweilige Anordnungen im Vertragsverletzungsverfahren teilweise abgelehnt,[128] teilweise – auch mit vorläufiger rechtsgestaltender Wirkung – für zulässig gehalten.[129] Die besseren Gründe sprechen dafür, Art. 279 AEUV für anwendbar zu halten, dem EuGH aber nur einstweilige Feststellungen mit dem verpflichtenden Ausspruch zur vorläufigen Aussetzung der mitgliedstaatlichen Maßnahmen zu gestatten, da Anträge in vorläufigen Rechtsschutzverfahren nicht weitergehen dürfen als im (nur eine Feststellung ermöglichenden) Hauptsacheverfahren.[130]

---

[126] Näher dazu → *Schoch* § 13 Rn. 30.

[127] EuGH Urt. v. 16.6.1978 – C-61/77 R-II, BeckRS 2004, 73430; EuZW 1990, 349; Urt. v. 15.5.2008 – C-503/06 Rn. 20, BeckRS 2010, 91855; Urt. v. 15.7.2010 – C-573/08 R, BeckRS 2011, 87276 Rn. 31.

[128] Vgl. auch EuGH Beschl. v. 21.5.1977 – C-31 u. 53/77, BeckRS 2004, 70715 Rn. 25.

[129] Näher zum Streitstand *Gurreck/Otto* JuS 2015, 1079 (1082); *Ehricke* in: Streinz, EUV/AEUV, Art. 258 AEUV Rn. 37; *Karpenstein* in: Grabitz/Hilf/Nettersheim, EUV/AEUV, Art. 258 AEUV Rn. 81 ff.; *Wunderlich* in: v. d. Groeben/Schwarze/Hatje, Europäisches Unionsrecht, Art. 258 AEUV Rn. 48 ff.; *Cremer* in: Calliess/Ruffert, EUV/AEUV, Art. 258 AEUV Rn. 36 f.

[130] In diesem Sinne auch *Nowak* in: Leible/Terhechte, Enzyklopädie Europarecht III, § 10 Rn. 81; *Pechstein* in: Frankfurter Kommentar, Art. 258 AEUV Rn. 55 f.

# § 9. Nichtigkeitsklage

*Dirk Ehlers*

**Übersicht**




**Schrifttum:** *Classen* Rechtsschutz in: Schulze/Janssen/Kadelbach (Hrsg.), Europarecht, Handbuch für die Deutsche Rechtspraxis, 4. Aufl. 2020, § 4; *Dörr* in: Sodan/Ziekow (Hrsg.), Verwaltungsgerichtsordnung, 5. Aufl. 2018, EVR; *Mächtle* Individualrechtsschutz in der Europäischen Union, JuS 2015, 28; *Pechstein* EU-Prozessrecht, 4. Aufl. 2011, Kap. 6; *Streinz* Europarecht: Nichtigkeitsklage von Individuen, JuS 2014, 184; *Thiele* Europäisches Prozessrecht, 2. Aufl. 2014, § 7.

## A. Funktion und Bedeutung der Nichtigkeitsklage

1 Gemäß Art. 263 Abs. 1 AEUV[1] obliegt es dem Gerichtshof der Europäischen Union, d. h. dem Gerichtshof (EuGH), dem Gericht (EuG) oder den Fachgerichten (→ § 7 Rn. 16), die Rechtmäßigkeit der Gesetzgebungsakte und der (anderweitigen) Handlungen der Unionsorgane, der Europäischen Zentralbank (EZB) sowie der Einrichtungen oder sonstigen Stellen der Europäischen Union (EU) mit Rechtswirkungen gegenüber Dritten zu überprüfen. Zu diesem Zweck kann der Gerichtshof der Europäischen Union durch Erhebung einer **Nichtigkeitsklage** angerufen werden. Die Nichtigkeitsklage dient der **objektiven Rechtmäßigkeitskontrolle** und teilweise – insbesondere soweit sie von Privaten erhoben wird – zugleich dem **subjektiven Rechtsschutz.** Sie ist auf Aufhebung von rechtswidrigen Unionsrechtsakten gerichtet, stellt also eine **Gestaltungsklage** in Form einer Anfechtungsklage dar (→ Rn. 81). Hieraus ergibt sich zugleich, dass fehlerhafte Unionsrechtsakte in der Regel nicht nichtig (ungültig) i. S. d. deutschen Rechts, sondern nur rechtswidrig sind (→ Rn. 14), so dass es an sich angemessener wäre, von einer Anfechtungs- oder Aufhebungs- statt von einer Nichtigkeitsklage zu sprechen. Die Nichtigkeitsklage hat **keine aufschiebende Wirkung** (Art. 278 S. 1 AEUV). Doch kann der Gerichtshof der Europäischen Union im Falle einer Anhängigkeit des Hauptsacheverfahrens[2] die Durchführung der angefochtenen Handlung aussetzen, wenn er dies den Umständen nach für nötig hält (Art. 278 S. 2 AEUV). Außerdem kann eine Zwangsvollstreckung der Rechtsakte des Rates, der Kommission und der Europäischen Zentralbank, die eine Zahlung auferlegen, durch Entscheidung des Gerichtshofs der Europäischen Union ausgesetzt werden (Art. 299 Abs. 4 S. 1 AEUV). Ist bereits die Durchführung eines eine Leistungspflicht auferlegenden Unionsrechtsaktes ausgesetzt worden, bedarf es keiner Aussetzung mehr nach der spezielleren Norm des Art. 299 Abs. 4 S. 1 AEUV.[3] Wird zugleich ein positives Tätigwerden angestrebt, kommt der Erlass einer einstweiligen Anordnung nach Art. 279 AEUV in Betracht (→ *Schoch* § 13 Rn. 30, 68 f.).

2 Über die **Rechtmäßigkeit des Unionsrechts** können rechtsverbindlich **ausschließlich** der **EuGH,** das **EuG** oder die **Fachgerichte** (Art. 257 AEUV) entscheiden (→ § 7 Rn. 10). Da das Gericht für den öffentlichen Dienst in das EuG inkorporiert worden ist und es derzeit kein anderes Fachgericht gibt (→ Rn. 5), verbleibt es bei der Zuständigkeit des EuGH oder (sehr viel häufiger) des EuG. Eine parallele Zuständigkeit der nationalen Gerichte ist ausgeschlossen.[4] Betrifft eine Klage vor dem nationalen Gericht das mitgliedstaatliche Handeln und zweifelt das Gericht an der Rechtmäßigkeit des streitentscheidenden Unionsrechtsaktes, muss es den EuGH im Wege der Vorabentscheidung (Art. 267 AEUV) anrufen (→ *Wernsmann* § 12 Rn. 6). Doch ist ein Vorabentscheidungsersuchen nicht zulässig, wenn der Kläger Nichtigkeitsklage erheben kann (→ Rn. 68). Wurde Nichtigkeitsklage erhoben und ist diese erfolgreich, stellt sie den unionsrechtskonformen Zustand durch Aufhebung der unionsrechtswidrigen Handlung wieder her.[5]

3 Neben der Vertragsverletzungsklage (→ § 8) handelt es sich bei der Nichtigkeitsklage um die wichtigste **Direktklage** des Unionsrechts.[6] Im Jahre 2018 sind 288 Nichtigkeitsklagen beim Gericht neu eingegangen.[7] Art. 263 AEUV regelt **drei verschiedenen Formen** der Nichtigkeitsklage: (1) die Staaten- und Organisationsnichtigkeitsklage (Art. 263 Abs. 2

---

[1] Für die Europäische Atomgemeinschaft gilt kraft der Verweisung des Art. 106a Abs. 1 EAGV Entsprechendes.

[2] Art. 160 Abs. 1 VerfO-EuGH; Art. 156 Abs. 1 VerfO-EuG.

[3] Vgl. *Schwarze* in: Schwarze/Becker/Hatje/Schoo, EU-Kommentar, Art. 278 AEUV Rn. 6.

[4] *Pechstein* EU-Prozessrecht, Rn. 345.

[5] *Pechstein* EU-Prozessrecht, Rn. 343.

[6] Im Jahre 2018 waren 47,39 % (445 von 939) aller beim EuG neu eingegangenen Rechtssachen Nichtigkeitsklagen; vgl. den Jahresbericht über die Rechtsprechungstätigkeit des EuGH und des EuG 2019, S. 297, verfügbar unter: https://curia.europa.eu/jcms/upload/docs/application/pdf/2020-05/qd-ap-20-001-de-n.pdf (zuletzt abgerufen am 30.11.2020).

[7] EuGH, Jahresbericht 2019 Rechtsprechungstätigkeit, S. 297.

AEUV), (2) die Klage des Rechnungshofes, der Europäischen Zentralbank und des Ausschusses der Regionen (Art. 263 Abs. 3 AEUV)[8] sowie (3) die Klage von natürlichen und juristischen Personen (Art. 263 Abs. 4 AEUV). Für die verschiedenen Formen der Nichtigkeitsklage gelten zum Teil unterschiedliche Sachentscheidungsvoraussetzungen. Wegen der erweiterten Klagerechte (→ Rn. 32 ff.) handelt es sich bei den Mitgliedstaaten und den Unionsorganen um privilegierte, bei dem Rechnungshof und der Europäischen Zentralbank sowie dem Ausschuss der Regionen (→ Rn. 35) um teilweise privilegierte Kläger. Dagegen gelten für die Klagen von natürlichen und juristischen Personen die weitergehenden Anforderungen des Art. 263 Abs. 4 AEUV (→ Rn. 36 ff.). Die Rechtmäßigkeit (Nichtigkeit) einer Unionsrechtshandlung kann unter Umständen auch im Rahmen eines Vorabentscheidungsverfahrens (→ *Wernsmann* § 12 Rn. 41) oder einer Schadensersatzklage (→ § 11 Rn. 39 ff.) festgestellt werden, doch ist eine Nichtigkeitsklage unabhängig von diesen Rechtsbehelfen zulässig.[9] Wie sich aus Art. 277 AEUV ergibt, entfaltet die Nichtigkeitsklage keine strikten Sperrwirkungen für eine – nur die Beteiligten eines Rechtsstreits bindende – **inzidente Normenkontrolle** (auch vor nationalen Gerichten).[10] Eine solche Kontrolle ist grundsätzlich auch dann noch möglich, wenn die Frist des Art. 263 Abs. 6 AEUV abgelaufen ist. Doch darf die Fristbestimmung des Art. 263 Abs. 6 AEUV nicht vorwerfbar umgangen werden (→ Rn. 68). Umgekehrt ist es für die Zulässigkeit einer Nichtigkeitsklage ohne Belang, ob das Rechtsschutzbegehren bereits von einem nationalen Gericht zurückgewiesen[11] oder ob der bestehende nationale Rechtsschutz ausgeschöpft wurde.[12] Ergänzt wird Art. 263 AEUV durch Art. 261 (→ Rn. 81 f.), Art. 262 (→ Rn. 7, 83) und Art. 270 AEUV (→ Rn. 5) i. V. m. sekundärrechtlichen Sonderbestimmungen.

## B. Zulässigkeit der Nichtigkeitsklage[13]

### I. Zuständigkeit der Unionsgerichtsbarkeit, des Gerichtshofs und des Gerichts

Über die **Rechtmäßigkeit** respektive Gültigkeit (des sekundären oder tertiären) **Unionsrechts** (→ Rn. 79, 81) sowie der Anwendung des Unionsrechts durch die Organe der Union, die juristischen Personen oder Einrichtungen und sonstigen Stellen kann rechtsverbindlich allein die Unionsgerichtsbarkeit entscheiden (→ § 7 Rn. 10). Grundsätzlich keine Zuständigkeit besitzt die Unionsgerichtsbarkeit für das Gebiet der **Gemeinsamen Außen- und Sicherheitspolitik** (GASP) – Art. 24 Abs. 1 UAbs. 2 S. 6 Hs. 1 EUV, 275 Abs. 1 AEUV. Dieser Ausschluss des Rechtsschutzes ist einschränkend zu interpretieren.[14] Anderes gilt nach Art. 24 Abs. 1 UAbs. 2 S. 6 Hs. 2 EUV, 275 Abs. 2 AEUV für die Kontrolle der Einhaltung von Art. 40 EUV (Kompetenzabgrenzung der Gemeinsamen Außen- und Sicherheitspolitik gegenüber den anderen Politikbereichen zwecks Verhinderung einer Flucht in die Gemeinsame Außen- und Sicherheitspolitik), Individualnichtigkeitsklagen gegen Beschlüsse der Gemeinsamen Außen- und Sicherheitspolitik zu restriktiven Maßnahmen[15] 4

[8] Art. 300 Abs. 1, 3 AEUV.

[9] Vgl. für die Schadensersatzklage → § 11 Rn. 4.

[10] EuGH Urt. v. 27.9.1983 – C-216/82, BeckRS 2004, 72345 Rn. 8 – Universität Hamburg; *Cremer* in: Calliess/Ruffert, EUV/AEUV, Art. 277 AEUV Rn. 1.

[11] EuG Urt. v. 5.11.1997 – T-149/95, BeckRS 2012, 81506 Rn. 30 – Ducros.

[12] EuGH Urt. v. 6.3.1979 – C 92/78, BeckRS 2004, 73922 Rn. 21 – Simmenthal.

[13] Auf Antrag einer Partei kann nach Art. 151 VerfO-EuGH, Art. 114 VerfO-EuG über die Einrede der Unzulässigkeit vorab entschieden werden.

[14] Vgl. EuGH EuGRZ 2016, 535 – H.

[15] Auch Vorabentscheidungsersuche (Art. 267 AEUV) sind zulässig, sofern Gegenstand des Ersuchens die Kontrolle der Einhaltung von Art. 40 EUV oder die Überwachung der Rechtmäßigkeit restriktiver Maßnahmen gegenüber natürlichen oder juristischen Personen ist. Vgl. EuGH EuZW 2017, 529 (531) – Rosneft; vgl. auch *Hoffmann* NVwZ 2018, 34 ff.

(insbesondere Terrorismusbekämpfung mittels smart sanctions zur Umsetzung von UN-Resolutionen)[16] sowie für Gutachten auf der Grundlage des Art. 218 Abs. 11 AEUV (die aber ohnehin die Nichtigkeitsklage nicht berühren). Nach Überführung der sog. Dritten Säule[17] in einen einheitlichen Rahmen des Unionsrechts beziehen sich die Jurisdiktionsbefugnisse des Gerichtshofs der Europäischen Union einschließlich der Kompetenz nach Art. 263 AEUV – anders als früher[18] – auch auf den „Raum der Freiheit, der Sicherheit und des Rechts".[19] Die Übergangsregelung für die vor Inkrafttreten des Vertrages von Lissabon erlassenen Unionsrechtsakte ist am 30.11.2014 abgelaufen.[20] Jedoch gelten und galten für Dänemark, Irland und das Vereinigte Königreich Ausnahmeregelungen (opt out).[21] Keine Relevanz für die Nichtigkeitsklage hat Art. 276 AEUV, weil die in dieser Vorschrift vorgesehene Beschränkungen für die mitgliedstaatlichen Maßnahmen der Polizei und Strafverfolgungsbehörden nicht Gegenstand einer Nichtigkeitsklage sein können.

5 Gemäß Art. 256 Abs. 1 AEUV liegt die erstinstanzliche Zuständigkeit grundsätzlich beim **Gericht** (EuG). Anderes gilt für diejenigen Klagen, die einem nach Art. 257 AEUV gebildeten Fachgericht übertragen wurden. Außerdem können Klagen gemäß der Satzung dem Gerichtshof (EuGH) vorbehalten sein (Art. 256 Abs. 1 S. 1 AEUV). Das einzige bisher geschaffene Fachgericht – das **Gericht für den Öffentlichen Dienst** (EuGöD)[22] – ist im September 2016 wieder aufgelöst und in das EuG inkorporiert worden (→ Rn. 2; → § 7 Rn. 16).[23] Der Rechtsschutz der Beamten und Bediensteten der Union richtet sich nach dem Statut der Beamten (Art. 90, 91 EU-BeamtStat)[24] und Beschäftigungsbedingungen für die sonstigen Bediensteten (BBSB)[25] – Art. 270, 336 AEUV. Gegenstand der Klage können alle Streitigkeiten aus dem Dienstverhältnis sein. Geht es um eine Rechtmäßigkeitskontrolle, übt das EuG seine Kontrollkompetenz im Rahmen einer nach Art. 263 AEUV nachgebildeten Nichtigkeitsklage aus.[26] Vgl. auch → § 7 Rn. 21.

6 Nach Art. 51 Satzung EuGH entscheidet der **Gerichtshof** (EuGH) über Nichtigkeitsklagen von **Mitgliedstaaten,** die sich gegen einen Gesetzgebungsakt (Art. 289 Abs. 3 AEUV) oder eine Handlung des Europäischen Parlaments (EP), des Europäischen Rates oder des Rates oder mehrerer dieser Organe richten, mit Rückausnahme für Ratsbeschlüsse gemäß Art. 108 Abs. 2 UAbs. 3 AEUV, für Rechtsakte des Rechts aufgrund einer Forderung nach Art. 207 AEUV (handelspolitische Schutzmaßnahmen) und einer Durchführungshandlung des Rates gemäß Art. 291 Abs. 2 AEUV. Des Weiteren ist der EuGH für mitgliedstaatliche Klagen zuständig gegen Kommissionshandlungen oder unterlassene Beschlussfassungen gemäß Art. 331 Abs. 1 AEUV (verstärkte Zusammenarbeit der Mitgliedstaaten). Über Klagen, die gegen eine Handlung der Kommission wegen einer fehlenden Durchführung eines Urteils, das der Gerichtshof gemäß Art. 260 Abs. 2 UAbs. 2 oder Abs. 3 UAbs. 2 AEUV erlassen hat, gerichtet sind, entscheidet ebenfalls der Gerichtshof. Ferner entscheidet der Gerichtshof über Klagen, die von Unionsorganen[27] gegen einen Gesetzgebungsakt, eine Handlung des Europäischen Parlaments, des Europäischen Rates, des Rates,

---

[16] Grundlegend EuGH Urt. v. 3.9.2008 – C-402/05 P, BeckRS 2008, 70898 → JuS 2009, 360 *(Streinz)* – Kadi I; vgl. auch EuGH Urt. v. 18.7.2013 – C-584/10 P, BeckRS 2013, 81524 Rn. 65 ff., 133 → *Streinz* JuS 2014, 376 – Kadi II.

[17] Vgl. Titel VI EUV a. F. (Bestimmungen über die polizeiliche und justizielle Zusammenarbeit in Strafsachen) und Titel IV EGV a. F. (Visa, Asyl, Einwanderung und andere Politiken betreffend den freien Personenverkehr).

[18] Art. 35 EUV a. F., Art. 68 EGV a. F.

[19] Vgl. Dritter Teil, Titel V AEUV.

[20] Vgl. Art. 10 Protokoll Nr. 36 zum EUV und AEUV über die Übergangsbestimmungen.

[21] Vgl. *Dittert* in: v. d. Groeben/Schwarze/Hatje, Europäisches Unionsrecht, Art. 276 AEUV Rn. 33 ff.; *Suhr* in: Calliess/Ruffert, EUV/AEUV, Art. 67 AEUV Rn. 49.

[22] Vgl. Beschluss des Rates vom 2.11.2004, ABl 2004, Nr. L 333/7; Anhang I Satzung EuGH.

[23] Vgl. VO 2016/1192/EU v. 6.7.2016, ABlEU Nr. L 200/137.

[24] VO Nr. 31 (EWG) 11 (EAG) v. 14.6.1962, ABlEU Nr. L 1385/62.

[25] VO Nr. 31 (EWG) 11 (EAG) v. 14.6.1962, ABlEU Nr. L 1385/62.

[26] Vgl. auch *Seyr* in: Frankfurter Kommentar, Art. 270 AEUV Rn. 6.

[27] Art. 13 Abs. 1 UAbs. 2 EUV.

der Kommission oder wegen unterlassener Beschlussfassung eines oder mehrerer dieser Organe erhoben werden.[28] Somit ist der **EuGH** grundsätzlich für Organklagen und mitgliedstaatliche Klagen zuständig, wohingegen das **Gericht** namentlich über die Klagen von natürlichen oder juristischen Personen (i. S. v. Art. 263 Abs. 4 AEUV) – sowie des Ausschusses der Regionen (Art. 305 AEUV)[29] – entscheidet.

Schließlich können dem Gerichtshof der Europäischen Union – grundsätzlich dem EuG, 7
unter Umständen aber auch dem EuGH – nach **Art. 262 AEUV** Zuständigkeiten über Streitigkeiten im Zusammenhang mit der Anwendung von aufgrund der Verträge erlassenen Rechtsakten, mit denen europäische Rechtstitel für das geistige Eigentum geschaffen werden, übertragen werden. Dies setzt ein besonderes Gesetzgebungsverfahren, Einstimmigkeit und Zustimmung der Mitgliedstaaten voraus. Das auf der Grundlage des Übereinkommens über ein **Einheitliches Patentgericht** (→ § 7 Rn. 20) für europäische Patente und europäische Patente mit einheitlicher Wirkung vorgesehene Einheitliche Patentgericht ist ein gemeinsames Gericht der Vertragsmitgliedstaaten (also nicht der Europäischen Union) und unterliegt denselben Verpflichtungen nach dem Unionsrecht wie jedes nationale Gericht der Vertragsmitgliedstaaten (Art. 1 Abs. 2 EPGÜ, Übereinkommen über ein Einheitliches Patentgericht v. 20.6.2013, ABlEU Nr. C 175/1). Das deutsche Zustimmungsgesetz zum EPGÜ ist vom BVerfG für nichtig erklärt, ein darauf hin neu beschlossenes Gesetz mit Verfassungsbeschwerden angegriffen worden (→ § 7 Rn. 20).

## II. Parteifähigkeit

### 1. Aktive Parteifähigkeit

Aktiv parteifähig sind zunächst die in Art. 263 Abs. 2 AEUV aufgeführten sog. **privilegierten Kläger** (→ Rn. 3), nämlich die **Mitgliedstaaten,** das **Europäische Parlament,**[30] der 8
**Rat**[31] und die **Kommission.**[32] Unter Mitgliedstaaten sind nur die Gesamtstaaten (z. B. Bundesrepublik Deutschland), nicht jedoch die Untergliederungen (z. B. Bundesländer oder Kommunen) zu verstehen, deren aktive Parteifähigkeit sich aber aus Art. 263 Abs. 4 AEUV ergeben kann. Gemäß Art. 12 lit. b EUV i. V. m. Art. 8 Abs. 1 des Protokolls (Nr. 2) über die Anwendung der Grundsätze der Subsidiarität und der Verhältnismäßigkeit sind nicht nur Mitgliedstaaten – und unter bestimmten Voraussetzungen der Ausschuss der Regionen – „nach Maßgabe des Art. 263 AEUV" berechtigt, Klage wegen Verstoßes eines Gesetzgebungsaktes gegen das Subsidiaritätsprinzip (Art. 5 Abs. 3 EUV) zu erheben, sondern diese sind auch entsprechend der jeweiligen innerstaatlichen Rechtsordnungen verpflichtet, im Namen eines **nationalen Parlamentes** oder einer Kammer dieses Parlamentes eine Subsidiaritätsklage zu übermitteln, so dass insoweit auch diese nationalen Organe aktive Parteifähigkeit besitzen. Anderes gilt für den Europäischen Rat (Art. 15 EUV), der nur passiv parteifähig ist (→ Rn. 11).

Den privilegierten Klägern weitgehend gleichgestellt sind der **Rechnungshof** (Art. 285 ff. 9
AEUV), die **Europäische Zentralbank** (Art. 282 ff. AEUV) und der **Ausschuss der Regionen** (Art. 305 ff. AEUV). Ferner ist der **Verwaltungsrat** der Europäischen **Investitionsbank** (EIB) gemäß Art. 271 lit. b AEUV parteifähig. Da der EuGH dem Europäischen Parlament zur Wahrung des institutionellen Gleichgewichts bereits vor Verleihung eines ausdrücklichen Klagerechts in Art. 263 Abs. 2 AEUV ein solches Recht zugebilligt hatte,[33] wird

---

[28] Zu den Handlungen des Europäischen Rates vgl. auch *Pechstein/Görlitz* in: Frankfurter Kommentar, Art. 263 AEUV Rn. 21.

[29] Der Ausschuss der Regionen ist kein Organ der Union (Art. 13 Abs. 1 UAbs. 2 EUV), aber aktiv parteifähig (→ Rn. 9). Für eine Gleichbehandlung mit den Unionsorganen und dementsprechende Zuständigkeit des EuGH, vgl. *Pechstein/Görlitz* in: Frankfurter Kommentar, Art. 263 AEUV Rn. 20.

[30] Art. 14 EUV.

[31] Art. 16 EUV.

[32] Art. 17 EUV.

[33] EuGH NJW 1990, 1899 Rn. 25 ff. – Parlament/Rat; Urt. v. 2.3.1994 – C-316/91 Rn. 11 f., BeckRS 2004, 76296 – Parlament/Rat.

zum Teil eine Gleichstellung anderer Unionsrechtseinrichtungen (juristischer Personen oder Organe) wie z. B. des Wirtschafts- und Sozialausschusses mit dem Europäischen Parlament befürwortet.[34] Doch ist die Rechtsstellung dieser Einrichtung mit derjenigen des Europäischen Parlaments nicht vergleichbar. Außerdem spricht die Benennung des Rechnungshofes und des Ausschusses der Regionen in Art. 263 Abs. 3 AEUV für einen Gegenschluss.[35]

10 Ferner erkennt Art. 263 Abs. 4 AEUV die **natürlichen** und **juristischen Personen** – d. h. die sog. nichtprivilegierten Kläger (→ Rn. 36 ff.) – als parteifähig an. Der Begriff der juristischen Personen bestimmt sich nach dem Unionsrecht.[36] Doch lehnt sich das Unionsrecht an das nationale Recht an und behandelt Organisationseinheiten, die nach nationalem Recht als rechtsfähig (oder teilrechtsfähig) angesehen werden, grundsätzlich als juristische Personen i. S. d. Art. 263 Abs. 4 AEUV. Unerheblich ist, ob es sich um Rechtssubjekte des öffentlichen oder privaten Rechts handelt. Zu den juristischen Personen i. S. d. Vorschrift zählen auch die Gebietskörperschaften der Mitgliedstaaten (→ Rn. 8)[37] und die rechtsfähigen Stiftungen. Den juristischen Personen gleichgestellt sind insbesondere Vereinigungen oder Einrichtungen, die als rechtsfähig behandelt werden (wie z. B. eine Offene Handelsgesellschaft, eine Kommanditgesellschaft,[38] eine Berufs-[39] respektive Unternehmensvereinigung[40] oder eine Gewerkschaft).[41] Nicht erforderlich ist, dass die natürlichen oder juristischen Personen ihren Wohnsitz respektive Sitz in der Union haben.[42] Dem Kreis der juristischen Personen unterfallen auch Drittstaaten[43] und juristische Personen oder teilrechtsfähige Organisationseinheiten des Unionsrechts.[44]

### 2. Passive Parteifähigkeit

11 Mögliche **Gegner einer Nichtigkeitsklage** können nach Art. 263 Abs. 1 S. 1 AEUV insbesondere der Rat, die Kommission und die Europäische Zentralbank sein. Hinzu kommen nach Art. 271 lit. b, c AEUV die Organe der Europäischen Investitionsbank. Dem Anspruch, ein umfassendes Rechtsschutzsystem geschaffen zu haben,[45] vermag das Unionsrecht aber nur gerecht zu werden, wenn auch die **anderen Unionsorgane,** -rechtssubjekte, Einrichtungen oder sonstigen Stellen als parteifähig anerkannt werden, sofern sie selbst verbindlich Rechtsakte erlassen können.[46] Dementsprechend bestimmt Art. 263 Abs. 1 S. 1 und 2 AEUV, dass Nichtigkeitsklagen auch gegen das Europäische Parlament, den Europäischen Rat[47] sowie die „**Einrichtungen oder sonstigen Stellen** der Union" gerichtet werden können, wenn deren Handlungen Rechtswirkungen gegenüber Dritten haben (wobei in den Rechtsakten zur Gründung der Einrichtungen oder sonstigen Stellen besondere Bedingungen und Einzelheiten gemäß Art. 263 Abs. 5 AEUV geregelt werden dürfen). In der Regel handelt es sich bei den Einrichtungen und sonstigen Stellen der Union um juristische Personen (Agenturen)[48] – wie z. B. Eurojust[49] oder Euro-

[34] Vgl. z. B. *Dörr/Lenz* Europäischer Verwaltungsrechtsschutz, Rn. 89.
[35] Vgl. auch *Ehricke* in: Streinz, EUV/AEUV, Art. 263 AEUV Rn. 9; *Cremer* in: Calliess/Ruffert, EUV/AEUV, Art. 263 AEUV Rn. 5.
[36] *Cremer* in: Calliess/Ruffert, EUV/AEUV, Art. 263 AEUV Rn. 27.
[37] EuGH Urt. v. 8.3.1988 – C-62/87 Rn. 8, BeckRS 2004, 73454 – Exécutif régional wallon; Beschl. v. 1.10.1997 – C-180/97, BeckRS 2004, 74736 – Regione Toscana.
[38] Vgl. *Dörr/Lenz* Europäischer Verwaltungsrechtsschutz, Rn. 87.
[39] EuGH Urt. v. 30.6.1988 – C-297/86 Rn. 11, BeckRS 2004, 73014 – CIDA.
[40] EuGH DVBl 1994, 1124 Rn. 14 ff. – Codorniu SA.
[41] EuGH Urt. v. 18.1.1990 – C-193/87, C-194/87 Rn. 18, BeckRS 2004, 72160 – Maurissen u. a.
[42] *Pechstein* EU-Prozessrecht, Rn. 360.
[43] *Dörr/Lenz* Europäischer Verwaltungsrechtsschutz, Rn. 87.
[44] Vgl. *Gaitanides* in: v. d. Groeben/Schwarze/Hatje, Europäisches Unionsrecht, Art. 263 AEUV Rn. 45.
[45] Vgl. z. B. EuGH Urt. v. 23.4.1986 – C-294/83 Rn. 23, BeckRS 2004, 72996 – Les Verts; EuGH EuZW 2004, 343 – Jégo-Quéré.
[46] So auch *Dörr/Lenz* Europäischer Verwaltungsrechtsschutz, Rn. 89 m. w. Nachw.
[47] Art. 15 EUV.
[48] Vgl. dazu *Ehlers* in: Ehlers/Pünder, AllgVwR, § 5 Rn. 36 ff.
[49] Art. 85 AEUV.

pol.[50] Passive Parteifähigkeit kommt aber z. B. auch dem rechtlich unselbständigen Rechnungshof zu,[51] der ein Organ der Union (Art. 13 Abs. 2 EUV), nicht aber in Art. 263 Abs. 1 AEUV genannt ist. Das Handeln der anderweitigen Untergliederungen ist grundsätzlich den Organen (Art. 13 Abs. 2 AEUV) zuzurechnen. Doch muss dies nicht zwangsläufig der Fall sein, weil auch sonstige Untergliederungen über eine Handlungsautonomie mit Rechtswirkung gegenüber Dritten verfügen können.[52] So hat beispielsweise das EuG eine Klage gegen den Europäischen Wirtschafts- und Sozialausschuss (EWSA)[53] für zulässig erklärt (und für begründet gehalten, weil eine Stellenausschreibung des Ausschusses nicht dem Grundsatz der Vielsprachigkeit genügte).[54]

## III. Klagegegenstand

Da mit der Nichtigkeitsklage nur eine „angefochtene Handlung" für nichtig erklärt 12
werden kann (Art. 264 Abs. 1 AEUV), ist sie lediglich statthaft, wenn die **Aufhebung eines Unionsrechtsaktes** durch den Gerichtshof der Europäischen Union begehrt wird (→ Rn. 1). Die Nichtigkeitsklage ist somit von der (im Unionsrecht nicht vorgesehenen) Verpflichtungs- und Leistungs- sowie (der dem Unionsrecht ebenfalls nicht geläufigen) allgemeinen Feststellungsklage[55] abzugrenzen (→ § 7 Rn. 21). Die begehrte Aufhebung muss sich auf Gesetzgebungsakte (Art. 263 Abs. 1 S. 1 Var. 1 AEUV), Handlungen (Art. 263 Abs. 1 S. 1 Var. 2 und Var. 3, S. 2, Abs. 4 Var. 1 und 2 AEUV) oder Rechtsakte mit Verordnungscharakter ohne Durchführungsmaßnahmen (Art. 263 Abs. 4 Var. 3 AEUV) beziehen. Gesetzgebungsakte und Rechtsakte mit Verordnungscharakter sind nur besonders hervorgehobene Fälle von rechtlich verbindlichen Handlungen (mit allgemeiner Geltung). Vorausgesetzt wird stets ein rechtlich existenter Akt (→ Rn. 13 ff.), die Zurechenbarkeit des Aktes zur Europäischen Union (→ Rn. 15 ff.) sowie eine Rechtsbindungs- (→ Rn. 19 ff.) und Außenwirkung (→ Rn. 23) des Aktes. Besonderheiten gelten für die Klagen natürlicher oder juristischer Personen (→ Rn. 24 ff.) und das vertragsbezogene Handeln (→ Rn. 30).

### 1. Rechtlich existente Akte

Gemäß Art. 263 Abs. 1 AEUV sind mit der Nichtigkeitsklage nur Gesetzgebungsakte so- 13
wie „Handlungen" angreifbar. Bei den **Gesetzgebungsakten,** die im ordentlichen oder besonderen Verfahren erlassen werden können (Art. 289 Abs. 1 und 2 AEUV), handelt es sich nur um hervorgehobene Handlungsformen: etwa im Gegensatz zu vorläufigen Rechtsakten nach Art. 78 Abs. 3 AEUV[56], Rechtsakten nach Art. 290 AEUV, Durchführungsakten nach Art. 291 AEUV oder im Gegensatz zu Gesetzgebungsakten mit Verordnungscharakter (→ Rn. 25). Keine **Handlungen** stellen grundsätzlich **bloße Unterlassungen** dar, gegen die allein die Untätigkeitsklage nach Art. 265 AEUV erhoben werden kann (→ § 10). Von bloßen Unterlassungen zu unterscheiden sind negative Regelungen (z. B. die Ablehnung eines Tätigwerdens) oder vollständige Regelungen, die hinter dem zurückbleiben, was der Rechtsschutzsuchende für erforderlich hält. Solche Maßnahmen unterfallen Art. 263 AEUV, wenn sie verbindliche Außenrechtswirkung erzeugen.[57] Teilweise wertet das Unionsrecht das Schweigen eines Unionsorgans als Ablehnung.[58] Es liegt in solchen Fällen eine Handlung i. S. d. Art. 263 Abs. 1 AEUV vor.

---

[50] Art. 88 AEUV.
[51] Vgl. EuGH NZA 1991, 189 (190) – Maurissen u. a; Urt. v. 17.5.1994 – C-416/92 Rn. 8, BeckRS 2004, 77134 – H.
[52] Vgl. auch *Dörr* in: Grabitz/Hilf/Nettesheim, EUV/AEUV, Art. 263 Rn. 24 f.
[53] Vgl. Art. 13 Abs. 4 EUV, Art. 300 Abs. 1, 2 AEUV.
[54] Vgl. EuG Urt. v. 31.3.2011 – T-117/08 Rn. 29 ff., BeckRS 2011, 80341 – Italien.
[55] Vgl. aber auch → Rn. 14.
[56] Vgl. EuGH NVwZ 2018, 391 – Slowakei u. a.
[57] Vgl. zu einem Beispielsfall EuG EuZW 1997, 222 (224) – Salt Union.
[58] Vgl. Art. 8 Abs. 3 VO 1049/2001/EG v. 30.5.2001, ABlEU Nr. L 145/43; Art. 4 Abs. 6 VO 2015/1589/EU v. 13.7.2015, ABlEU Nr. L 248/9; *Pechstein/Görlitz* in: Frankfurter Kommentar, Art. 263 Rn. 44.

14 Von Handlungen abzugrenzen sind ferner **nichtige (nicht existente) Rechtsakte.** Der EuGH geht in ständiger Rechtsprechung von der Vermutung der Rechtmäßigkeit aller Unionsrechtsakte aus.[59] Die Akte entfalten daher Rechtswirkungen, solange sie nicht zurückgenommen, im Rahmen einer Nichtigkeitsklage für nichtig erklärt oder infolge eines Vorabentscheidungsverfahrens oder einer Rechtswidrigkeitseinrede für ungültig erklärt worden sind.[60] Als rechtlich inexistent – d. h. als Nichtakte – zu betrachten sein sollen nur solche Rechtsakte, die mit einem Fehler behaftet sind, dessen Schwere so offensichtlich ist, dass er von der Unionsrechtsordnung nicht geduldet werden kann und deshalb davon auszugehen ist, dass die Rechtsakte keine – auch nur vorläufige – Rechtswirkung zu entfalten vermögen.[61] Eine Inexistenz wird nur in „ganz außergewöhnlichen Fällen" angenommen.[62] In Betracht kommen soll ein **Nichtakt** vor allem, wenn ein Organ seine Kompetenzen in schwerer und offenkundiger Weise überschritten hat.[63] Rein materiell-rechtliche Fehler oder Form- und Verfahrensfehler reichen regelmäßig nicht aus.[64] Nichtigkeitsklagen gegen nichtige (nicht existente) Rechtsakte sind unzulässig.[65] Doch schließt dies die Feststellung der Nichtigkeit durch die Unionsgerichtsbarkeit nicht aus.[66] Außerdem werden dem Beklagten in solchen Fällen die Kosten des Rechtsstreits auferlegt.[67]

### 2. Zurechenbarkeit zur Europäischen Union

15 **Fall 1:** Verschiedene Kläger in Zypern haben sich mit einer gegen die Kommission und die Europäische Zentralbank gerichteten Klage vor der Unionsgerichtsbarkeit dagegen gewandt, dass sie sich nach der zypriotischen Bankenkrise gemäß den vom Europäischen Stabilitätsmechanismus (ESM) und Zypern angenommenen Memorandum of Understanding im Zuge der Umstrukturierung und Abwicklung zypriotischer Banken für die nicht gesicherten Einlagen eine erhebliche Minderung ihrer jeweiligen Depots hinnehmen mussten (Vgl. auch Fall 1 → § 7 Rn. 3 und Lösung → § 7 Rn. 8).

16 Der Anfechtung nach Art. 263 AEUV unterliegen nur Akte der **Unionsorgane** respektive der **Unionsrechtssubjekte** (wie der Europäischen Zentralbank) oder der (unselbständigen) Einrichtungen und sonstigen Stellen der Union. Entscheidend ist das Vorliegen einer passiven Parteifähigkeit (→ Rn. 11), nicht ob die Europäische Union als solche verklagt werden kann oder verklagt worden ist. Sämtliches Handeln der Organe, juristischen Personen sowie anderweitigen Einrichtungen und Stellen der Union sind dieser zuzurechnen und unterfallen der Bindung an das Unionsrecht. Das trifft auch dann zu, wenn die genannten Organe, juristischen Personen, Einrichtungen oder sonstigen Stellen aufgrund einer Ermächtigung tätig werden, die ihnen – von den Mitgliedstaaten – außerhalb des Unionsrechts übertragen worden ist.[68] Eine solche Übertragung ändert nichts an der **Bindung**

[59] EuGH Urt. v. 15.6.1994 – C-137/92P – juris Rn. 48 – BASF; EuGH Urt. v. 8.7.1999 – C-245/92 P, BeckRS 2004, 75399 Rn. 93 – Chemie Linz; EuGH EuZW 2004, 729 Rn. 18 – Hellenische Republik.

[60] EuGH Urt. v. 15.6.1994 – C-137/92 P – juris Rn. 48 – BASF; EuGH Urt. v. 8.7.1999 – C-245/92 P, BeckRS 2004, 75399 Rn. 93 – Chemie Linz. Die Nichtanwendung der Handlung durch ein nationales Gericht ist nur unter bestimmten Voraussetzungen im Rahmen des einstweiligen Rechtsschutzes möglich, sofern gleichzeitig ein Vorabentscheidungsverfahren eingeleitet wird. Vgl. z. B. EuGH NVwZ 1991, 460 Rn. 19 f. – Süderdithmarschen; EuGH NJW 1996, 1333 = EuZW 1996 837 Rn. 32 ff. (m. Anm. *Burmeister/Miersch*) – Atlanta; EuGH EuZW 1997, 629 – Krüger.

[61] Vgl. EuGH EuZW 2004, 729 Rn. 19 m. w. Nachw. – Hellenische Republik. Ferner *Dörr* in: Sodan/Ziekow, VwGO, EVR Rn. 50; *Classen* in: Schulze/Janssen/Kadelbach, Europarecht, § 4 Rn. 17.

[62] Vgl. EuGH Urt. v. 15.6.1994 – C-137/92 P – juris Rn. 50 – BASF.

[63] Vgl. *Ehricke* in: Streinz, EUV/AEUV, Art. 263 AEUV Rn. 13.

[64] Vgl. auch *Cremer* in: Calliess/Ruffert, EUV/AEUV, Art. 263 AEUV Rn. 9.

[65] EuGH Urt. v. 10.12.1957 – C-1 u. 14/57, BeckRS 2004, 70543 – Société des Usines à Tubes de la Sarre.

[66] Vgl. EuGH NJW 1987, 3074 (3075) – Consorzio Cooperative d'Abruzzo.

[67] Vgl. Art. 139 VerfO-EuGH; Art. 135 VerfO-EuG.

[68] *Cremer* in: Calliess/Ruffert, EUV/AEUV, Art. 263 AEUV Rn. 11; krit. *Pechstein* EU-Prozessrecht, Rn. 389 ff.; *Pechstein/Görlitz* in: Frankfurter Kommentar, Art. 263 AEUV Rn. 48.

**an das Unionsrecht.** So muss beispielsweise die Kommission nach Art. 17 Abs. 1 S. 1 EUV stets die allgemeinen Interessen der Union fördern und kann sich schadensersatzpflichtig machen, selbst wenn sie zwar für eine außenstehende Finanzierungsinstitution wie den Europäischen Stabilitätsmechanismus (ESM) tätig wird, hierbei aber die Unionsgrundrechte verletzt (→ Rn. 18).[69]

**Nicht** der Europäischen Union zuzurechnen sind die Handlungsweisen der **Mitgliedstaaten,** selbst wenn diese Unionsrecht vollziehen[70], es sei denn, dass die Mitgliedstaaten im Wege der Institutionen- oder Organleihe oder eines Mandats wie eine Agency für die Union tätig werden (→ § 7 Rn. 65). Wirken Unionsorgane, -rechtssubjekte, Einrichtungen oder Stellen mit den mitgliedstaatlichen Behörden zusammen, kommt es auf den jeweiligen Handlungsbeitrag an (→ § 7 Rn. 63ff.). Übt das Unionsorgan die Befugnis zur endgültigen Entscheidung allein aus, ohne durch **vorbereitende Handlungen** oder **Vorschläge** nationaler Behörden gebunden zu sein, ist eine Handlung der Union gegeben. Die Unionsgerichtsbarkeit hat dann über die Rechtmäßigkeit der von dem betreffenden Unionsorgan respektive der Einrichtung oder Stelle erlassenen endgültigen Entscheidung zu entscheiden und zur Gewährleistung eines wirksamen gerichtlichen Rechtsschutzes der Beteiligten die etwaigen Mängel der vorbereitenden Handlungen oder Vorschläge der nationalen Behörden zu prüfen, welche die Gültigkeit der endgültigen Entscheidung beeinträchtigen könnten.[71] Anderes gilt, wenn die Handlung der nationalen Behörde eine notwendige Stufe eines Verfahrens zur Vornahme einer Handlung der Union darstellt, in dem die Unionsorgane nur über ein eingeschränktes oder über gar kein Ermessen verfügen, so dass die nationale Handlung das Unionsorgan bindet. Es ist dann ausschließlich Sache der nationalen Gerichte, etwaige Fehler einer solchen Handlung zu entscheiden – gegebenenfalls im Wege einer Vorlage an den Gerichtshof.[72] Unionales Handeln liegt auch vor, wenn die Union verpflichtet ist, mitgliedstaatliches Recht durchzusetzen (wie dies bei der europäischen Bankenaufsicht der Fall sein kann).[73] Von den Handlungen der Unionsorgane, -rechtssubjekte, Einrichtungen oder sonstigen Stellen zu trennen sind ferner die Maßnahmen **Privater.** Der Union zuzurechnen sind diese nur, wenn sie im Wege der Organleihe (Beleihung) oder Mandatierung in den Unionsrechtsvollzug eingeschaltet werden (→ § 7 Rn. 65).[74] 17

**Lösung zu Fall 1:** Das Handeln des Europäischen Stabilitätsmechanismus (in dem die Mitgliedstaaten des Europäischen Währungsgebietes zusammengeschlossen sind) steht außerhalb der Unionsrechtsordnung. Eine Nichtigkeitsklage gegen den Europäischen Stabilitätsmechanismus ist nicht statthaft. Zwar wurden der Kommission und der Europäischen Zentralbank durch den Vertrag zur Errichtung eines Europäischen Stabilitätsmechanismus vielfältige Aufgaben übertragen, so dass auch ein Handeln der Union vorliegt. Doch fehlt es an Entscheidungsbefugnissen der genannten „Organe" und damit an einer von Art. 263 AEUV geforderten (→ Rn. 19ff.) rechtsverbindlichen Handlung gegenüber Dritten. Dementsprechend ist die Nichtigkeitsklage unzulässig.[75] 18

---

[69] Vgl. EuGH NJW 2016, 3291 Rn. 52ff. – Ledra Advertising u. a.; siehe auch Fall 1 → Rn. 15 und Lösung → Rn. 18.

[70] A. A. *Schwarze* in: Schwarze/Becker/Hatje/Schoo, EU-Kommentar, Art. 263 AEUV Rn. 21; *Dervisopoulos* in: Rengeling/Middeke/Gellermann, Hdb Rechtsschutz EU, § 7 Rn. 36; *Cremer* in: Calliess/Ruffert, EUV/AEUV, Art. 263 AEUV Rn. 10; demgegenüber *Dörr/Lenz* Europäischer Verwaltungsrechtsschutz, Rn. 102.

[71] EuGH EuZW 2019, 128 – Berlusconi.

[72] Vgl. EuGH Urt. v. 3.12.1992 – C-97/91, BeckRS 2004, 77939 Rn. 10ff. – Borelli; EuZW 2019, 128 Rn. 45f. – Berlusconi.

[73] Vgl. *Martini/Weinzierl* NVwZ 2017, 177.

[74] *Ehricke* in: Streinz, EUV/AEUV, Art. 263 AEUV Rn. 20.

[75] Vgl. EuGH NJW 2013, 29 Rn. 161 → *Ruffert* JuS 2013, 278 – Pringle; EuZW 2016, 833 – Mallis u. a.; EuGH NJW 2016, 3291 – Ledra Advertising u. a.; *Ehlers* JZ 2017, 43. Zur gleichzeitig erhobenen Schadensersatzklage vgl. Fall 1 → § 7 Rn. 3 und Lösung → § 7 Rn. 8.

### 3. Intendierte Rechtswirkung

19 **Fall 2:** Air France hat Nichtigkeitsklage gegen die Erklärung des Pressesprechers des für Wettbewerbsfragen zuständigen Kommissars der Europäischen Union erhoben, wonach ein Zusammenschluss zweier Fluggesellschaften keine unionsweite Bedeutung hat und daher nicht von der einschlägigen Verordnung zur Kontrolle von Unternehmenszusammenschlüssen erfasst wird.

20 Gegenstände der Nichtigkeitsklage sind nach Art. 263 Abs. 1 AEUV allein Handlungen, die „Rechtswirkungen" haben. Dies gilt nicht nur für die Handlungen des Europäischen Parlaments, des Europäischen Rates oder der Einrichtungen bzw. sonstigen Stellen der Union, sondern auch für diejenigen des Rates, der Kommission und der Europäischen Zentralbank, weil **Empfehlungen** oder **Stellungnahmen** ausdrücklich ausgeklammert werden.[76] Nicht hinreichend deutlich wird im Vertragstext, ob die Maßnahmen **Regelungscharakter** haben, d. h. auf Setzung einer Rechtsfolge gerichtet sein müssen (was z. B. auf rechtlich bedeutsame – bei Fehlerhaftigkeit zum Schadensersatz verpflichtende – Auskünfte vielfach nicht zutrifft). Dies ist zu bejahen, weil nur dann eine Aufhebung (Anfechtung) sinnvoll ist. Dementsprechend verlangt die (jedenfalls jüngere) Unionsgerichtsbarkeit, dass die Handlungen dazu bestimmt sein müssen, **verbindliche Rechtswirkungen** zu erzeugen.[77] Ob eine Handlung dazu bestimmt ist, verbindliche Rechtswirkungen zu erzeugen, ist unabhängig von der Form und Bezeichnung oder der Möglichkeit der Zuordnung zu den in Art. 288 Abs. 2 bis 4, 289 Abs. 3 AEUV genannten Handlungsformen zu entscheiden.[78] Unklar ist, was der häufig verwendete Zusatz besagen soll, dass die intendierten verbindlichen Rechtswirkungen die Interessen des Klägers durch eine qualifizierte Änderung seiner Rechtsstellung berühren müssen.[79] Nach der hier vertretenen Ansicht kommt es nur darauf an, dass Rechte oder Pflichten des Adressaten begründet, modifiziert, aufgehoben oder verbindlich festgestellt werden.

21 Wie sich aus Art. 263 Abs. 1 AEUV ergibt, sind bloße **Empfehlungen** oder **Stellungnahmen** nicht nach Art. 263 AEUV justiziabel, weil sie **nicht verbindlich** sind. Anderes gilt, wenn die angefochtene Handlung aufgrund ihres Inhalts keine echte Empfehlung (respektive Stellungnahme) ist, in Wahrheit also ein Verbindlichkeitsanspruch erhoben wird.[80] Unberührt bleibt die Befugnis des EuGH über Gültigkeit (und Auslegung) von Empfehlungen und Stellungnahmen im Wege des Vorabentscheidungsverfahrens nach Art. 267 AEUV zu entscheiden.[81] Ferner fehlt z. B. vorbereitenden Maßnahmen,[82] bloßen Mitteilungen,[83]

---

[76] Anderes gilt, wenn diese Akte doch Rechtswirkungen entfalten, wie dies für Empfehlungen nach Art. 126 Abs. 7 AEUV angenommen wurde, vgl. EuGH EuZW 2004, 465 (466) – Kommission/Rat.

[77] Vgl. EuGH Urt. v. 31.3.1971 – C-22/70 Rn. 42, BeckRS 2004, 72371 – Kommission/Rat; Urt. v. 1.11.1981 – C-60/81 Rn. 9, BeckRS 2004, 73415 – IBM; Urt. v. 9.9.2015 – C-506/13 P, BeckRS 2015, 81094 Rn. 16 – Lito Maieftiko Gynaikologiko kai Cheirourgiko Kentro; *Mächtle* JuS 2015, 28 (30).

[78] EuGH Urt. v. 29.6.1995 – C-135/93 Rn. 20, BeckRS 2004, 74342 – Spanien; Urt. v. 19.3.1996 – C-25/94 Rn. 29, BeckRS 2004, 75439 – Kommission/Rat; EuR 2004, 738 (745 f.) – Kommission/Rat; *Borchardt* Die rechtlichen Grundlagen der Europäischen Union, 2015, Rn. 652.

[79] Vgl. z. B. EuGH NVwZ 2010, 431 (432) – Internationaler Hilfsfonds; EuZW 2016, 833 Rn. 51 – Mallis u. a.

[80] EuGH Urt. v. 20.2.2018 – C-16/16 P, BeckRS 2018, 1481 Rn. 29 – Belgien.

[81] EuGH Urt. v. 20.2.2018 – C-16/16 P, BeckRS 2018, 1481 Rn. 44 – Belgien.

[82] EuGH Urt. v. 18.3.1997 – C-282/95, BeckRS 2004, 75969 Rn. 34 – Guérin Automobiles; *Cremer* in: Calliess/Ruffert, EUV/AEUV, Art. 263 AEUV Rn. 18. Auch die Ablehnung der Registrierung einer geplanten Bürgerinitiative (Art. 11 Abs. 4 EUV i. V. m. der VO 211/2011/EU v. 16.2.2011, ABlEU Nr. L 65/1) stellt einen Rechtsakt mit Bindungswirkung dar, EuG Urt. v. 30.9.2015 – T-450/12, BeckRS 2015, 81694 – Alexios Anagnostakis. Bei den Rechtsakten i. S. v. Art. 11 Abs. 4 EUV muss es sich nicht um endgültige Rechtsakte handeln; vgl. EuG DÖV 2017, 824 Rn. 35 ff. – Efler.

[83] EuGH Beschl. v. 8.3.1991 – C-66/91, C-66/91 R, BeckRS 2004, 77674 Rn. 28 – Emerald Meats; Urt. v. 5.10.1999 – C-308/95, BeckRS 2004, 76217 Rn. 27 ff. – Niederlande; *Dörr* in: Grabitz/Hilf/Nettesheim, EUV/AEUV, Art. 263 AEUV Rn. 44.

wiederholenden Entscheidungen[84] oder Ankündigungen die intendierte Rechtswirkung. Anderes gilt für Gesetzgebungsakte (Art. 289 Abs. 3 AEUV), Verordnungen, Richtlinien und Beschlüsse (Art. 288 Abs. 2 bis 4 AEUV) sowie – wegen des Selbstbindungscharakters – auch für **Leitlinien** oder Mitteilungen der Kommission, wenn sie spezifische oder neue Verpflichtungen festlegen[85] (wie Rahmenentscheidungen auf der Grundlage des Art. 108 Abs. 1 AEUV).[86] Zu den rechtsverbindlichen Maßnahmen gehören auch die Rücknahme von Gesetzgebungsvorschlägen durch die Kommission[87] sowie die Entscheidung des Europäischen Parlaments, eine Petition (Art. 227 AEUV; Art. 44 GRCh) als unzulässig zurückzuweisen oder sich mit ihr zu befassen (jedoch hat der Kläger keinen Anspruch auf gerichtliche Überprüfung der weiteren Behandlung der Petition).[88]

**Lösung zu Fall 2:** Die Kommission ist der Auffassung, dass die Erklärung keinerlei Rechtswirkungen zeitige, insbesondere keine Entscheidung (sondern nur eine bloße Mitteilung) darstelle, und daher keine mit der Nichtigkeitsklage anfechtbare Handlung gegeben sei. Dieser Beurteilung ist das EuG[89] nicht gefolgt. Die Entscheidung erzeuge Rechtswirkungen gegenüber den Mitgliedstaaten, den am Zusammenschluss beteiligten Unternehmen und den Mitbewerbern, weil sie die Durchführung des Zusammenschlusses gestatte. Somit liege eine Handlung i. S. d. Art. 263 Abs. 4 AEUV (zum Zeitpunkt der Entscheidung: Art. 230 Abs. 4 EGV) vor. Die Wahl der Form (z. B. keine Nennung von Adressaten, keine Zustellung) ändere nichts am „Wesen" einer Organhandlung. Der Kläger hätte der Kommission zwar eine Frist dafür setzen können, die Unternehmen zur Anmeldung des Zusammenschlusses zu zwingen. Im Falle des Schweigens wäre eine Untätigkeitsklage statthaft gewesen (Art. 265 AEUV). Das schließt jedoch eine Nichtigkeitsklage gegen die Presseerklärung nicht aus. Diese betrifft die auf dem Markt tätigen Unternehmen zudem nicht nur unmittelbar, sondern auch individuell, weil diese ihre Marktstellung wegen der Stärkung der Mitbewerber erheblich verändert sehen. Somit ist die Nichtigkeitsklage zulässig. 22

### 4. Außenwirkung

Gemäß Art. 263 Abs. 1 AEUV richtet sich die Nichtigkeitsklage gegen Handlungen des Europäischen Parlaments, des Europäischen Rates oder der Einrichtungen bzw. sonstigen Stellen der Union mit **Rechtswirkung „gegenüber Dritten"**, also mit Außenwirkung. Für die Handlungen des Rates, der Kommission und der Europäischen Zentralbank kann nichts anderes angenommen werden. Gesetzgebungsakte (Art. 289 Abs. 3 AEUV) sind jedenfalls grundsätzlich darauf gerichtet, Außenwirkung zu erzeugen. Eine solche Wirkung kommt auch der Feststellung des Haushaltsplans[90] oder dem Beschluss des Präsidiums des Europäischen Parlaments über die Wahlkampfkostenhilfe und -erstattung,[91] nicht dagegen Beschlüssen über die Einsetzung eines Untersuchungsausschusses,[92] die Durchführung des Haushaltsplans[93] oder die Benennung des Vorsitzenden einer parlamentarischen Delega- 23

[84] EuGH Beschl. v. 21.11.1990 – C-12/90, BeckRS 2004, 74210 Rn. 10 – Infortec; Urt. v. 11.1.1996 – C-480/93 P, BeckRS 2004, 77454 Rn. 14 – Zunis Holding u. a.
[85] EuGH Urt. v. 16.6.1993 – C-325/91 Rn. 14, BeckRS 2004, 76382 – Frankreich; Urt. v. 20.3.1997 – C-57/95 Rn. 13, BeckRS 2004, 77579 – Frankreich; EuG NZBau 2010, 510 Rn. 27 – Deutschland.
[86] Vgl. EuGH Urt. v. 29.6.1995 – C-135/93, BeckRS 2004, 74342 Rn. 29 – Spanien; *Cremer* in: Calliess/Ruffert, EUV/AEUV, Art. 263 AEUV Rn. 17.
[87] EuGH EuZW 2015, 628 Rn. 77 – Rat/Kommission.
[88] Vgl. EuGH EuZW 2015, 59 Rn. 2 ff. – Peter Schönberger; Negativentscheidungen gegenüber Vertretern von Bürgerinitiativen vgl. EuG Urt. v. 30.9.2015 – T-450/12, BeckRS 2015, 81694 – Alexios Anagnostakis.
[89] EuG Urt. v. 24.3.1994 – T-3/93, BeckRS 1994, 123021 – Air France.
[90] EuGH Urt. v. 3.7.1986 – C-34/86 Rn. 6, BeckRS 2004, 70881 – Rat/Parlament.
[91] EuGH Urt. v. 23.4.1986 – C-294/83 Rn. 26 f., BeckRS 2004, 72996 – Les Verts.
[92] EuGH Beschl. v. 4.6.1986 – C-78/85 Rn. 11, BeckRS 2004, 73685 – Fraktion der Europäischen Rechten.
[93] EuGH Urt. v. 25.2.1988 – C-190/84 Rn. 7, BeckRS 2004, 72136 – Les Verts.

tion[94] zu. Keinen Gegenstand der Nichtigkeitsklage stellen sonstige (verwaltungs-)interne Rechtsakte (z.B. reine Organisationsakte oder Dienstanweisungen)[95] sowie noch nicht endgültig verabschiedete Erklärungen dar.

### 5. Klagegegenstand bei Klagen natürlicher oder juristischer Personen

24 Gegenstand der **Klage von natürlichen und juristischen Personen** sind nach Art. 263 Abs. 4 AEUV (unter den Bedingungen der Abs. 1 und 2) ebenfalls Handlungen der Union (→ Rn. 12ff.). Für diese gelten die zuvor genannten Anforderungen, also das Erfordernis einer rechtlich existenten Maßnahme der Union mit Bindungs- und Außenwirkung. Treffen diese Voraussetzungen zu, wird anders als früher[96] jeder Rechtsakt des abgeleiteten Unionsrechts unabhängig von der Rechtsform (mit oder ohne Gesetzescharakter) erfasst,[97] also auch Verordnungen, Richtlinien und Beschlüsse, die in all ihren Teilen verbindlich sind (Art. 288 Abs. 2 bis 4 AEUV). Unerheblich ist, ob die Regelungen nur scheinbar eine Vielzahl von Fällen und eine unbestimmte Anzahl von Personen betreffen, sondern stattdessen nur konkret-individuelle Einzelregelungen darstellen oder ob sie Hybridcharakter haben (d.h. sowohl abstrakt-generelle als auch Einzelfallregelungen sind).[98] Wenn Art. 263 Abs. 4 AEUV zwischen den an Personen gerichteten Handlungen (Var. 1), den sie unmittelbar und individuell betreffenden Handlungen (Var. 2) sowie Rechtsakten mit Verordnungscharakter, die sie unmittelbar betreffen und keine Durchführungsmaßnahmen nach sich ziehen (Var. 3), unterscheidet, hat dies nur Bedeutung für die auf die Art der Betroffenheit abstellende Klagebefugnis (→ Rn. 36ff.). An den Kläger gerichtet sind die adressatenbezogenen Beschlüsse i.S.d. Art. 288 Abs. 4 S. 2 AEUV. Diese können auch den Rechtsnachfolger binden,[99] wenn sie nicht an persönliche Merkmale anknüpfen. Fehlt es an der Adressateneigenschaft, ist die zweite Variante des Art. 263 Abs. 4 AEUV einschlägig.

25 Erhebliche Bedeutung kommt wegen der erweiterten Klagebefugnis (→ Rn. 52ff.) der Frage zu, was unter **Rechtsakten mit Verordnungscharakter** zu verstehen ist, die keine Durchführungsmaßnahmen nach sich ziehen. Der Begriff der Verordnung ist in Art. 288 Abs. 2 AEUV legal definiert, was darauf hindeuten könnte, dass alle Verordnungen darunterfallen. Dem ist der Gerichtshof der Europäischen Union in ständiger Rechtsprechung aber nicht gefolgt.[100] Vielmehr vertritt er die Auffassung, dass Art. 263 Abs. 4 Var. 3 AEUV **Gesetzgebungsakte** (Art. 289 Abs. 3 AEUV) **nicht erfasst.**[101] Dazu beruft sich der Gerichtshof vor allem auf die Entstehungsgeschichte der Norm. Art. 263 Abs. 4 AEUV habe Art. III-365 Abs. 4 des (nicht in Kraft getretenen) Entwurfs eines Vertrages über eine Verfassung für Europa unverändert übernommen. Daraus ergebe sich, dass die restriktiven Zulässigkeitsvoraussetzungen für Klagen gegen Gesetzgebungsakte (die nicht nur eine unmittelbare, sondern auch individuelle Betroffenheit erforderten) nicht geändert werden sollten. Eine erweiternde Auslegung des Art. 263 Abs. 4 Var. 3 AEUV unter Heranziehung des Art. 47 GRCh (Recht auf einen wirksamen Rechtsbehelf) lehnt der EuGH ab. Art. 47 GRCh ziele nicht darauf ab, das in den Verträgen vorgesehene Rechtsschutzsystem zu modifizieren. Die Art. 263, 272 und 267 AEUV hätten ein vollständiges System der Rechtmäßigkeitskontrolle von Unionshandlungen geschaffen. Obliege die Durchführung allgemein geltender Regelungen, die als nichtig angesehen werden, den Unionsorganen, könne der Kläger Nichtigkeitsklage gegen den Durchführungsakt erheben und sich nach Art. 277

[94] EuGH Beschl. v. 23.5.1990 – C-68/90, BeckRS 2004, 77691 – Blot u.a.
[95] Vgl. EuGH Urt. v. 9.10.1990 – C-366/88 Rn. 9, BeckRS 2004, 70996 – Frankreich.
[96] Vgl. Art. 230 Abs. 4 EGV.
[97] *Pechstein/Görlitz* in: Frankfurter Kommentar, Art. 263 AEUV Rn. 62.
[98] Zum früheren Recht vgl. Vorauflage § 8 Rn. 19.
[99] EuG Urt. v. 8.7.2004 – T-67/00 Rn. 46, BeckRS 2004, 70473 – JFE Engineering u.a.
[100] Grundl. EuGH EuZW 2014, 22 Rn. 51 – Inuit Tapiriit Kanatami u.a.; vgl. ferner z.B. Urt. v. 19.12.2013 – C-274/12 P, BeckRS 2013, 82375 Rn. 27ff. – Telefónica; Urt. v. 28.4.2015 – C-456/13 P, BeckRS 2015, 80575 – T&L Sugars u.a. Vgl. auch *Streinz* JuS 2014, 184.
[101] Vgl. auch bereits Vorauflage → § 8 Rn. 41.

AEUV auf die Rechtswidrigkeit der betreffenden allgemeinen Regelungen berufen. Seien die Mitgliedstaaten für die Durchführung verantwortlich, hätten die betroffenen Personen die Möglichkeit, die Ungültigkeit der zugrunde liegenden Handlungen der Union vor den nationalen Gerichten geltend zu machen und diese zu veranlassen, sich gemäß Art. 267 AEUV mit einem Vorabentscheidungsersuchen an den Gerichtshof zwecks Überprüfung der Gültigkeit der Handlungen der Union zu wenden.[102] Es obliege somit den Mitgliedstaaten, ein System von Rechtsbehelfen und Verfahren vorzusehen, mit denen die Einhaltung des Grundrechts auf effektiven gerichtlichen Rechtsschutz gewährleistet werden könne, wie sich auch aus Art. 19 Abs. 1 UAbs. 2 EUV ergebe. Rechtsschutzlücken seien daher nicht zu befürchten.[103]

26 Etwas anderes soll allerdings gelten, wenn nach der nationalen Rechtsordnung die einzige Möglichkeit für den Einzelnen den Zugang zu einem Gericht zu erlangen, darin bestünde, eine Rechtsverletzung begehen zu müssen. Dies könnte gerade bei allgemeinen Regelungen der Fall sein, die self-executing-Charakter haben, trifft aber jedenfalls auf **Deutschland** nicht zu, weil immer eine allgemeine **verwaltungsgerichtliche Feststellungsklage** nach § 43 VwGO mit dem Antrag erhoben werden kann, dass die allgemeine Regelung wegen Ungültigkeit nicht auf den Kläger anwendbar ist (→ § 30 Rn. 34, 41).[104] Allerdings kann ein Vorabentscheidungsersuchen des nationalen Gerichts an den EuGH nur über die Verfassungsbeschwerde wegen des Entzugs des gesetzlichen Richters – und das bedeutet zugleich nicht immer – vom Kläger erzwungen werden (→ § 7 Rn. 76; → *Wernsmann* § 12 Rn. 59).

27 Festzuhalten ist nach alledem, dass bei Zugrundelegung der Rechtsprechung des Gerichtshofs der Europäischen Union allgemeine Gesetzgebungsakte von Art. 263 Abs. 4 Var. 3 AEUV nicht erfasst werden (wohl aber von Art. 263 Abs. 4 Var. 2 AEUV). Vielmehr muss es sich bei den Rechtsakten „mit Verordnungscharakter" (regulatory act/actes réglementaires) um abstrakt-generelle **Rechtsakte nach Art. 290, 291 AEUV** handeln. Dies bedeutet zugleich, dass die Normenkontrolle weitestgehend vom EuGH und nicht vom EuG wahrgenommen wird. In der Literatur ist die Ausklammerung der Gesetzgebungsakte aus der 3. Variante des Art. 263 Abs. 4 AEUV vielfach kritisiert worden.[105] Doch verdient die EuGH-Rechtsprechung Zustimmung, weil den zwingenden Rechtsschutzerfordernissen genügt wird.[106]

28 Allerdings wird – insbesondere auch unter Berücksichtigung des Wortlauts (Rechtsakte mit Verordnungscharakter statt nur Verordnungen) und der Entstehungsgeschichte[107] – zu Recht angenommen, dass mit Ausnahme der Gesetzgebungsakte alle Handlungen mit allgemeiner Geltung von Art. 263 Abs. 4 Var. 3 AEUV erfasst werden,[108] somit neben den Verordnungen im technischen Sinne auch **Richtlinien** und die **allgemeinen Beschlüsse.** Der Begriff der Rechtsakte ist insoweit **rechtsschutz**- und nicht **rechtsformorientiert** auszulegen. Des Weiteren haben auch Beschlüsse, die nur an einen Adressaten adressiert sind

---

[102] Vgl. auch bereits EuGH EuR 2002, 699 (706 f.) – Unión de Pequeños Agricutores; EuGH EuZW 2004, 343 f. – Jégo-Quéré.

[103] Andererseits hat der Gerichtshof der EU aber entschieden, dass die Zulässigkeit der Nichtigkeitsklage nicht davon abhängt, ob es einen Rechtsbehelf zu einem nationalen Gericht gibt; vgl. EuGH EuR 2002, 699 (706) – Unión de Pequeños Agricutores; EuGH EuZW 2004, 343 – Jégo-Quéré; EuG EuZW 2014, 156 Rn. 48 – Sven A. von Storch u. a.

[104] Näher dazu *Michl* NVwZ 2014, 841 (mit dem Hinweis darauf, dass sich Sonderkonstellationen ergeben, wenn keine konkrete Verwaltungsbehörde für Vollzug des fraglichen EU-Sekundärrechtsaktes zuständig ist).

[105] Vgl. z. B. *Everling* EuZW 2010, 572; *Kottmann* ZaöRV 70 (2010), 547; *Nowak/Behrend* EuR 2014, 86; *Berrisch* EuZW 2014, 231 f. (mehr Schein als Sein); *Schwarze* FS Scheuing, 2011, S. 190; *Pechstein/Görlitz* in: Frankfurter Kommentar, Art. 263 AEUV Rn. 76 ff.

[106] Vgl. auch *Thiele* Europarecht, 2010, 30 (43 ff.); *Herrmann* NVwZ 2011, 1352; *Gaitanides* in: v. d. Groeben/Schwarze/Hatje, Europäisches Unionsrecht, Art. 263 AEUV Rn. 74 f.; *Cremer* in: Calliess/Ruffert EUV/AEUV, Art. 263 AEUV Rn. 55 ff., 69 ff.

[107] Ausführlich dazu *Cremer* in: Calliess/Ruffert, EUV/AEUV, Art. 263 AEUV Rn. 64 ff.

[108] Vgl. auch EuGH EuZW 2014, 22 Rn. 51 ff. – Inuit Tapiriit Kanatami; EuG Beschl. v. 6.9.2011 – T-18/10 BeckRS 2012, 80658 Rn. 56 – Inuit Tapiriit Kanatami; LMRR 2011, 76 Rn. 21 – Microban International u. a.

(Art. 288 Abs. 4 S. 2 AEUV), den Charakter von Verordnungen, wenn sie zugleich Rechtswirkung gegenüber einer allgemein und abstrakt bezeichneten Personengruppe entfalten.[109]

29 Ob ein Rechtsakt **Durchführungsmaßnahmen** nach sich zieht, hängt von der Regelungsintention des Aktes (dem normalen Verlauf) ab.[110] Nicht erfasst von der Regelung des Art. 263 Abs. 4 Var. 3 AEUV werden Rechtsakte mit normativem Charakter, die mittelbar über den Rechtsschutz gegen die Durchführungsrechtsakte angreifbar sind.[111]

#### 6. Ausklammerung vertragsbezogener Handlungen

30 Für Streitigkeiten aus **vertraglichen Rechtsbeziehungen** der Europäischen Union oder der für ihre Rechnung abgeschlossenen Verträge ist der Gerichtshof der Europäischen Union (Art. 19 Abs. 1 S. 1 EUV) nach Maßgabe des **Art. 272 AEUV,** nicht des Art. 263 AEUV, zuständig, d. h. aufgrund einer Schiedsklausel. Das gilt auch dann, wenn ein vertragsbezogenes Handeln der Union angegriffen wird. Unerheblich ist, ob es sich um einen öffentlich-rechtlichen oder privatrechtlichen Vertrag handelt. Die Begründung einer teilweisen Zuständigkeit des Gerichtshofs der Europäischen Union kann nur als eine ausschließliche vereinbart werden.[112] Grundsätzlich entscheidet das EuG nach der Kompetenzverteilung der Art. 256 Abs. 1 AEUV, Art. 51 Satzung EuGH, Art. 257 AEUV,[113] im Falle von Klagen der Mitgliedstaaten oder der Unionsorgane dagegen der EuGH. Der Gerichtshof der Europäischen Union wird nicht als Schiedsgericht im völkerrechtlichen Sinne, sondern als Unionsgericht (Unionsorgan) tätig.[114] Das anzuwendende materielle Recht bestimmt sich grundsätzlich nach dem Willen der Parteien.[115]

## IV. Klagebefugnis

31 An die **Klagebefugnis** des Nichtigkeitsklägers stellt Art. 263 AEUV unterschiedliche Anforderungen, je nachdem, ob es sich um **privilegierte Kläger, teilweise privilegierte Kläger** oder **natürliche** bzw. **juristische Personen** handelt (→ Rn. 3).

#### 1. Privilegierte Kläger

32 **Fall 3:** Die Wallonische Region hat Nichtigkeitsklage vor dem EuGH gegen eine Entscheidung der Kommission erhoben.

33 Nach Art. 263 Abs. 2 AEUV sind die Mitgliedstaaten, das Europäische Parlament, der Rat und die Kommission **stets klagebefugt.** Die Nichtigkeitsklage stellt sich insoweit als objektives Kontrollverfahren dar. Auf eine Betroffenheit oder gar die Geltendmachung einer eigenen Rechtsverletzung kommt es nicht an. Die Klage kann entweder auf die speziellen Klagegründe (Unzuständigkeit, Verletzung wesentlicher Formvorschriften, Ermessensmissbrauch) oder jedenfalls auf die „Verletzung der Verträge oder einer bei seiner Durchführung anzuwendenden Rechtsnorm" gestützt werden (→ Rn. 72 ff.). Der Klageschrift muss sich mit hinreichender Deutlichkeit entnehmen lassen, welchen Klagegrund der Kläger für gegeben erachtet.[116]

---

[109] EuG Urt. v. 15.9.2016 – T-219/13, BeckRS 2016, 82330 Rn. 50 ff. – Ferracci; ebenso EuGH Urt. v. 6.11.2018 – C-622/16 P bis 624, BeckRS 2018, 27420 Rn. 28 f. – Maria Montessori u. a.

[110] EuG Urt v. 14.1.2016 – T-397/13, BeckRS 2016, 127921 Rn. 42 – Tilly-Sabco; EuGH Urt. v. 20.9.2017 – C-183/16 P, BeckRS 2017, 125239 Rn. 53 – Tilly-Sabco.

[111] EuGH Urt. v. 19.12.2013 – C-274/12 P, BeckRS 2013, 82375 Rn. 27 ff. – Telefónica.

[112] Vgl. *Cremer* in: Calliess/Ruffert, EUV/AEUV, Art. 272 AEUV Rn. 5.

[113] Das gilt auch, wenn ein ausländischer Staat klagt; vgl. EuGH Beschl. v. 14.7.2005 – C-70/04, BeckRS 2013, 80905 Rn. 17 ff – Schweizerische Eidgenossenschaft.

[114] *Dörr/Lenz* Europäischer Verwaltungsrechtsschutz, Rn. 448.

[115] Vgl. *Schwarze* in: Schwarze/Becker/Hatje/Schoo, EU-Kommentar, Art. 272 AEUV Rn. 15.

[116] Vgl. Art. 21 Satzung EuGH i. V. m. Art. 120 lit. c VerfO-EuGH; Art. 76 lit. d VerfO-EuG.

**Lösung zu Fall 3:** Da der EuGH grundsätzlich nur für Klagen zuständig ist, die ein Mitgliedstaat oder ein Unionsorgan erhoben hat (→ Rn. 6), die Wallonische Region diese Voraussetzung aber nicht erfüllt, hat der EuGH sich für unzuständig erklärt und die Klage an das EuG verwiesen, weil sich eine Klageberechtigung nur aus Art. 263 Abs. 4 AEUV ergeben könnte.[117] 34

### 2. Klagebefugnis des Rechnungshofs, der Europäischen Zentralbank und des Ausschusses der Regionen

Im Gegensatz zu den privilegierten Klägern müssen sich der Rechnungshof, die Europäische Zentralbank und der Ausschuss der Regionen auf „die **Wahrung ihrer Rechte**" berufen (Art. 263 Abs. 3 AEUV), d. h. die Möglichkeit der Verletzung einer Rechtsnorm schlüssig[118] (und anders als gemeinhin nach deutschem Recht nicht nur möglicherweise) darlegen können, die jedenfalls auch ihren rechtlich geschützten organschaftlichen oder quasi organschaftlichen Interessen zu dienen bestimmt ist. Dazu zählen etwa die Anhörungs-, Beteiligungs- und Informationsrechte der genannten Institutionen.[119] 35

### 3. Klagebefugnis natürlicher und juristischer Personen

**a) Adressaten der Handlung.** Soweit **Handlungen an** eine **natürliche oder juristische Person** gerichtet sind (→ Rn. 10), dürfen diese Klage erheben, ohne weitere Anforderungen erfüllen zu müssen (Art. 263 Abs. 4 Var. 1 AEUV). Die unmittelbare und individuelle Betroffenheit wird in diesem Falle vermutet.[120] Zumeist dürfte es sich um – nach Art. 297 Abs. 2 UAbs. 3 AEUV bekanntzugebende – Beschlüsse i. S. d. Art. 288 Abs. 4 S. 2 AEUV handeln (mögen diese auch den Bevollmächtigten des Adressaten zugehen). Bei Konzernen ist zu unterscheiden, ob die Handlung an die Mutter- oder eine Tochtergesellschaft gerichtet ist. Der Nichtadressat kann unter Umständen aber unmittelbar und individuell betroffen sein.[121] 36

**b) Unmittelbare und individuelle Betroffenheit.** Ist ein Unionsrechtsakt nicht an den Kläger gerichtet,[122] ist dieser nach Art. 263 Abs. 4 Var. 2 AEUV klagebefugt, wenn die Handlung den Kläger **unmittelbar und individuell** betrifft. Erfasst werden drittgerichtete Handlungen und abstrakt-generelle Rechtsnormen. Die genannten Voraussetzungen gelten uneingeschränkt auch für Umweltverbände. Eine privilegierte Klagebefugnis steht diesen (anders als dies im Sekundärrecht in weitem Umfang für den Rechtsschutz vor den nationalen Gerichten vorgesehen ist, vgl. → § 27 Rn. 97 ff., 103) nicht zu. Für Rechtsakte i. S. d. Var. 3 des Art. 263 Abs. 4 AEUV bedarf es keiner individuellen Betroffenheit. 37

**aa) Betroffenheit**

**Fall 4:** Die Nationale Bankenvereinigung der Niederlande (NBV) ging im Wege der Nichtigkeitsklage gegen eine Entscheidung der Kommission vor. Im Tenor dieser Entscheidung hat die Kommission festgestellt, dass kein Anlass bestehe, gegen die Vereinba- 38

---

[117] EuGH Beschl. v. 21.3.1997 – C-95/97, BeckRS 2004, 77926 – Région wallonne.

[118] Vgl. dazu EuGH Urt. v. 2.3.1994 – C-316/91 Rn. 13, BeckRS 2004, 76296 – Parlament/Rat; Urt. v. 13.7.1995 – C-156/93 Rn. 10, BeckRS 2004, 74515 – Parlament/Kommission.

[119] Vgl. für den Rechnungshof z. B. Art. 285, 319 Abs. 3 UAbs. 2, 322 Abs. 1, 2, 325 Abs. 4 AEUV; für die EZB Art. 48 Abs. 3 UAbs. 1 S. 2, Abs. 6 UAbs. 2 S. 2 a. E. EUV, Art. 66, 126 Abs. 14 UAbs. 2, 127 Abs. 4, 6, 128 Abs. 2, 129 Abs. 3, 4, 133, 134 Abs. 3, 138 Abs. 1, 2, 140 Abs. 3 AEUV; für den Ausschuss der Regionen Art. 91 Abs. 1, 100 Abs. 2, 148 Abs. 2, 149, 153 Abs. 2 UAbs. 2, 164, 165 Abs. 4, 167 Abs. 5, 168 Abs. 4, 172 Abs. 1, 175 Abs. 3, 177 Abs. 1, 178 Abs. 1, 192 Abs. 1 bis 3 AEUV. Vgl. auch *Mächtle* JuS 2015, 28 (30).

[120] Vgl. *Pechstein/Görlitz* in: Frankfurter Kommentar, Art. 263 AEUV Rn. 95.

[121] Vgl. *Dörr* in: Grabitz/Hilf/Nettesheim, EUV/AEUV, Art. 263 AEUV Rn. 58.

[122] Zum Kreis der Klageberechtigten gehören nicht nur Private, sondern auch mitgliedstaatliche Rechtssubjekte und Drittstaaten, vgl. → Rn. 10.

rung der Banken über Überweisungen einzuschreiten, während in den Gründen von einer spürbaren Einschränkung des Wettbewerbs gesprochen wird. Die Klage richtet sich gegen die Annahme einer spürbaren Wettbewerbseinschränkung.

39 Der **Kläger** muss zunächst durch die angefochtene Maßnahme **betroffen** sein. Dies wird – in Anlehnung an das französische Recht – dahingehend ausgelegt, dass er in seiner Rechtsstellung **beschwert** sein muss.[123] Nicht erforderlich ist eine Rechtsverletzung, ausreichend vielmehr eine Beeinträchtigung der berechtigten Interessen des Klägers, so dass eine Aufhebung der Handlung vorteilhafte Wirkungen für ihn hat.[124] Diese können nicht nur rechtlicher, sondern auch wirtschaftlicher oder ideeller Art sein.[125] Stets vorhanden sein muss aber ein Bezug zur Rechtssphäre des Klägers.[126] Bloße Behauptungen oder mögliche Beschwernisse genügen nicht.

40 **Lösung zu Fall 4:** Eine auf der Grundlage des Art. 263 Abs. 4 AEUV erhobene Klage kann sich nur gegen eine beschwerende Maßnahme richten. Unabhängig davon, auf welchen Gründen eine derartige Maßnahme beruht, kann nur ihr Tenor Rechtswirkungen erzeugen und damit eine Beschwer darstellen. Im vorliegenden Fall fehlt es an einer Beschwer, da die Kommission im Tenor der Entscheidung ein Negativattest erteilt hat. Eine Klage nur gegen die Begründung der Entscheidung ist unzulässig,[127] ebenfalls die Einlegung eines Rechtsmittels gegen eine Entscheidung des EuG zum EuGH, die nur auf eine Auswechslung der Begründung des EuG abzielt.[128]

### bb) Unmittelbarkeit

41 **Fall 5:** Nachdem die Republik Frankreich ein sehr restriktives Lizensierungsverfahren für den Import von Baumwollgarnen betrieben hatte, erließ die Kommission einen Beschluss, wonach die Einfuhr von Baumwollgarnen einer Quotenregelung unterworfen werden darf. Verschiedene Baumwollverbände haben Nichtigkeitsklage gegen diesen Beschluss erhoben. Können die Kläger eine unmittelbare Betroffenheit geltend machen?

42 Das Unmittelbarkeitskriterium soll verhindern, dass lediglich potenziell Betroffene um Rechtsschutz nachsuchen.[129] Eine **unmittelbare Betroffenheit** ist an sich nur gegeben, wenn der angegriffene **Akt selbst** ohne Dazwischentreten weiterer Hoheitsmaßnahmen die rechtlich geschützten[130] Interessen des Klägers beeinträchtigt (formelle Unmittelbarkeit). Darüber hinausgehend bejaht die ständige – gleichwohl nicht zweifelsfreie[131] – Rechtsprechung eine Unmittelbarkeit aber auch dann, wenn zwar noch eine weitere Maßnahme **(Durchführung)** erforderlich, diese aber **zwingend determiniert** ist, also „quasi automatisch" erfolgen wird (materielle Unmittelbarkeit).[132] So sollen die an einen Mit-

[123] Vgl. statt vieler *Pechstein/Görlitz* in: Frankfurter Kommentar, Art. 263 AEUV Rn. 97.
[124] *Pechstein/Görlitz* in: Frankfurter Kommentar, Art. 263 Rn. 97.
[125] *Thiele* in: Leible/Terhechte, Enzyklopädie Europarecht III, § 9 Rn. 47.
[126] *Dörr* in: Grabitz/Hilf/Nettesheim, EUV/AEUV, Art. 263 AEUV Rn. 60.
[127] EuG EuZW 1993, 103 – NBV.
[128] Vgl. EuGH Urt. v. 13.1.2015 – C-401 bis 403/12 P, BeckRS 2015, 80055 Rn. 33 – Vereniging Milieudefensie u. a.
[129] Vgl. *Schwarze* FS Schlochauer, 1981, S. 927 (936).
[130] Vgl. dazu EuG EuZW 2014, 156 – Sven A. von Storch u. a., wonach EZB-Beschlüsse zu Staatsanleihen die Unionsbürger nicht nur deshalb nicht unmittelbar betreffen, weil diese noch der Umsetzung durch die nationalen Zentralbanken bedürfen, sondern auch, weil die befürchteten negativen wirtschaftlichen Auswirkungen allein die tatsächliche Stellung und nicht die Rechtsstellung beträfen (→ Rn. 39).
[131] Vgl. *Thiele* in: Leible/Terhechte, Enzyklopädie Europarecht III, § 9 Rn. 59.
[132] EuGH Urt. v. 29.3.1979 – C-113/77 Rn. 11, BeckRS 2004, 71275 – NTN Toyo Bearing Company u. a.; Urt. v. 5.5.1998 – C-386/96 Rn. 43, BeckRS 2004, 76933 – Dreyfus; EuG Beschl. v. 10.9.2002 – T-223/01 – juris Rn. 45 f. – Japan Tobacco u. a.; EuZW 2014, 156 Rn. 32 – Sven A. von Storch u. a.

gliedstaat gerichteten, auf den Einzelnen abzielenden Maßnahmen diesen unmittelbar betreffen, wenn der Mitgliedstaat zur Umsetzung verpflichtet ist und ihm kein Ermessensspielraum verbleibt[133] (wie beispielsweise bei der an einen Mitgliedstaat gerichteten Entscheidung, eine unionsrechtswidrige Beihilfe zurückzufordern).[134] Nichts anderes soll gelten, wenn ein Abweichen des Mitgliedstaates von unionsrechtlichen Maßnahmen nicht zu erwarten ist, der Mitgliedstaat den Durchführungsakt bereits erlassen hat[135] oder der Rechtsakt der Union einen Dritten begünstigt und spiegelbildlich den Kläger beeinträchtigt[136] (wie bei der Zuschlagsentscheidung zugunsten eines konkurrierenden Unternehmens).[137]

**Verordnungen** gelten zwar unmittelbar (Art. 288 Abs. 2 AEUV), ziehen aber zumeist Durchführungsmaßnahmen nach sich und betreffen dann den Kläger nicht unmittelbar. **Richtlinien** können ausnahmsweise unmittelbare Wirkungen entfalten, bedürfen zwar noch der Umsetzung durch den Mitgliedstaat, wenn der Einzelne belastet werden soll,[138] doch schließt dies nach der folgerichtigen Rechtsprechung des EuG eine unmittelbare Betroffenheit nicht aus, wenn die Mitgliedstaaten keinen Wertungsspielraum haben, die Umsetzung vielmehr „rein automatischen Charakter“ hat.[139] 43

**Lösung zu Fall 5:** Zweifel an der Unmittelbarkeit des Beschlusses bestehen deshalb, weil die Quotenregelung erst bei Erlass eines nationalen Umsetzungsaktes zur Anwendung kommt. Jedoch hat Frankreich schon vor der Erteilung der Ermächtigung durch die Kommission nur restriktiv Lizenzen für die Einfuhr von Baumwollgarnen erteilt. Unter diesen Umständen bestand nur rein theoretisch die Möglichkeit, dass Frankreich nicht von der ihr durch den Beschluss der Kommission eingeräumten Befugnis Gebrauch machen würde. Demgemäß ist davon auszugehen, dass bereits der Beschluss die Kläger unmittelbar betroffen hat.[140] 44

### cc) Individualität

**Fall 6:** Sony Europe wurde für den Import der Spielkonsole Playstation II in die Europäische Union eine verbindliche Zolltarifauskunft aufgrund einer Verordnung der Europäischen Union erteilt. Die Verordnung wurde aufgrund dieses Vorkommnisses später geändert und die verbindliche Zolltarifauskunft auf der Grundlage der geänderten Verordnung zurückgenommen. Daraufhin erhob Sony Europe Nichtigkeitsklage gegen die geänderte Verordnung. 45

Mittels des zentralen Kriteriums der **„individuellen“ Betroffenheit** sollen Popularklagen ausgeschlossen werden. Wann eine solche Betroffenheit vorliegt, ist Gegenstand zahlreicher Kontroversen. Auch die Rechtsprechung ist kasuistisch geprägt, oftmals nicht eindeutig und daher schwer prognostizierbar. Nach der von ihr zugrunde gelegten **„Plaumann-Formel“**[141] kann ein Kläger geltend machen, individuell betroffen zu sein, wenn die Maßnahme ihn wegen bestimmter persönlicher Eigenschaften oder besonderer, ihn aus dem 46

---

[133] EuGH Urt. v. 29.3.1979 – C-113/77 Rn. 11, BeckRS 2004, 71275 – NTN Toyo Bearing Company u. a.; Urt. v. 17.1.1985 – C-11/82 Rn. 7 ff., BeckRS 2004, 71239 – Piraiki-Patraiki u. a.

[134] Zum unmittelbaren Betroffensein durch Richtlinien und durch an andere Private gerichtete Entscheidungen vgl. *Cremer* in: Calliess/Ruffert, EUV/AEUV, Art. 263 AEUV Rn. 36 ff.

[135] Vgl. *Pechstein/Görlitz* in: Frankfurter Kommentar, Art. 263 AEUV Rn. 102 m. w. Nachw.

[136] *Thiele* in: Leible/Terhechte, Enzyklopädie Europarecht III, § 9 Rn. 61.

[137] EuG ZfBR 2003, 396 – Strabag Benelux.

[138] Vgl. statt vieler *Streinz* Europarecht, Rn. 490 ff.

[139] Vgl. EuG Urt. v. 7.10.2009 – T-420/05, BeckRS 2009, 71131 Rn. 74 ff. – Vischim Srl.

[140] Vgl. EuGH Urt. v. 17.1.1985 – C-11/82 Rn. 7 ff., BeckRS 2004, 71239 – Piraiki-Patraiki u. a.

[141] Krit. GA Jacobs Schlussantrag v. 21.3.2002 – EuGH C-50/00 P – juris Rn. 60 – Unión de Pequeños Agricultores (mit dem Vorschlag, eine individuelle Betroffenheit anzunehmen, wenn der private Kläger aufgrund seiner persönlichen Umstände erhebliche nachteilige Auswirkungen auf seine Interessen hat oder wahrscheinlich haben wird); *Kottmann* ZaöRV 70 (2010), 547.

Kreis aller übrigen Personen heraushebender Umstände berührt und ihn daher in ähnlicher Weise individualisiert wie den Adressaten.[142] Danach kommt es zum einen darauf an, ob der Kläger anders betroffen ist als die übrigen Personen. Des Weiteren muss er in vergleichbarer Weise wie der Adressat einer Handlung angesprochen werden. Nicht ausreichend ist, dass die Rechtssubjekte, für die eine Maßnahme gilt, nach Zahl oder sogar in der Identität mehr oder weniger bestimmbar sind, sofern die Maßnahme aufgrund eines durch sie bestimmten objektiven Tatbestands rechtlicher oder tatsächlicher Art anwendbar ist.[143] Ebensowenig wird die Intensität der Betroffenheit als maßgebend erachtet.[144] Vielmehr wird auf das Vorhandensein konkret-individueller Lebensumstände abgestellt. Bejaht wurde eine individuelle Betroffenheit unter anderem,[145] wenn

- dem Kläger ein Verfahrensrecht zur Vorbereitung der Maßnahme aufgrund rechtlicher Vorgaben oder aufgrund Hinzuziehung zugestanden worden ist,[146]
- der Kläger zu einem bestimmten Kreis von Wirtschaftsteilnehmern gehört und die Maßnahme in Rechte des Klägers eingreift, die er vor ihrem Erlass erworben hat, oder ihm ein Sonderopfer auferlegt worden ist,[147]
- spezifische Normen eine Rücksichtnahme auf die Lage bestimmter Positionen einschließlich des Klägers geboten haben.[148]

47 **Lösung zu Fall 6:** Da die angefochtene Verordnung dem mit der Durchführung betrauten Adressaten keinen Ermessensspielraum lässt und ihre Durchführung „rein automatisch" erfolgt, betrifft sie unmittelbar die Rechtsstellung der Kläger. Eine individuelle Betroffenheit ist zu bejahen, wenn die Verordnung die Kläger wegen bestimmter persönlicher Eigenschaften oder aufgrund von Umständen berührt, die sie aus dem Kreis aller übrigen Personen heraushebt und sie in ähnlicher Weise individualisieren, wie es der Adressat einer Entscheidung wäre. Dies trifft hier zu, weil die Änderung der Verordnung durch die Erteilung der verbindlichen Zolltarifauskünfte ausgelöst wurde.[149]

#### dd) Kasuistik

48 **Fall 7:** Drei stromerzeugende deutsche Stadtwerke haben bei der Kommission beantragt, ein Beihilfeverfahren im Hinblick auf die Steuerbefreiungsregelung für Rückstel-

---

[142] EuGH NJW 1963, 2246 – Plaumann; EuZW 2004, 343 (344) – Jégo-Quéré; statt vieler krit. *Borowski* EuR 2004, 879 (890 ff.); *Thiele* Europäisches Prozessrecht, § 7 Rn. 55 ff.

[143] Vgl. EuGH EuZW 2014, 228 Rn. 47 (m. Anm. *Berrisch*) – Telefónica; Urt. v. 28.4.2015 – C-456/13 P BeckRS 2015, 80575 Rn. 64 – T&L Sugars u. a.; EuG Beschl. v. 7.9.2010 – T-539/08, BeckRS 2012, 81850 Rn. 63 – Etimine SA u. a.

[144] Vgl. EuG Beschl. v. 22.12.1995 – T-219/95 R – juris Rn. 70 f. – Danielsson u. a.

[145] Näher zum Ganzen *Dörr* in: Grabitz/Hilf/Nettesheim, EUV/AEUV, Art. 263 AEUV Rn. 68 ff; *Thiele* in: Leible/Terhechte, Enzyklopädie Europarecht III, § 9 Rn. 69 ff.; *Cremer* in: Calliess/Ruffert, EUV/AEUV, Art. 263 AEUV Rn. 42 ff.; *Pechstein/Görlitz* in: Frankfurter Kommentar, Art. 263 AEUV Rn. 112 ff.

[146] Vgl. EuGH GRUR Int. 1978, 254 (256) – Metro; NJW 1984, 2026 (2028) – FEDIOL; Urt. v. 12.7.1990 – C-169/84 Rn. 23 ff., BeckRS 2004, 71926 – Cofaz u. a.; Beschl. v. 10.6.1988 – C-152/88 Rn. 11, BeckRS 2004, 71773 – Sofrimport SARL. Eine Verfahrensgarantie begründet kein Klagerecht in Bezug auf die materielle Rechtswidrigkeit der angefochtenen Handlung; vgl. EuGH Beschl. v. 5.5.2009 – C-355/08 P Rn. 47, BeckRS 2010, 87283 – WWF-UK; *Dörr* in: Grabitz/Hilf/Nettesheim, EUV/AEUV, Art. 263 AEUV Rn. 71.

[147] Vgl. EuGH Urt. v. 17.1.1985 – C-11/82 Rn. 31, BeckRS 2004, 71239 – Piraiki-Patraiki u. a.; EuZW 1994, 432 (433) m. Anm. *Meier* – Codorniu; Urt. v. 13.3.2008 – C-125/06 P Rn. 71 f., BeckRS 2008, 70337 – Infront WM; Urt. v. 27.2.2014 – C-133/12 P, BeckRS 2014, 80474 Rn. 46 – Stichting u. a.; EuG Beschl. v. 7.9.2010 – T-539/08, BeckRS 2012, 81850 Rn. 100 – Etimine SA u. a.

[148] Vgl. z. B. EuG Urt. v. 14.9.1995 – T-480/93 – juris Rn. 67 – Antillean Rice Mills u. a.; Urt. v. 13.12.1995 – T-481/93 – juris Rn. 61 – Vereniging van Exporteurs in Levende Varkens; EuGH Urt. v. 17.1.1985 – C-11/82 Rn. 31, BeckRS 2004, 71239 – Piraiki-Patraiki u. a.; Urt. v. 26.6.1990 – C-152/88 Rn. 11 ff., BeckRS 2004, 71774 – Sofrimport SARL; näher zum Ganzen *Dörr* in: Grabitz/Hilf/Nettesheim, EUV/AEUV, Art. 263 AEUV Rn. 68 ff.; *Gaitanides* in: v. d. Groeben/Schwarze/Hatje, Europäisches Unionsrecht, Art. 263 AEUV Rn. 72 ff., 87 ff.

[149] Vgl. EuG Urt. v. 30.9.2003 – T-243/01 – juris Rn. 63 ff. – Sony Computer.

lungen der in Deutschland niedergelassenen Kernkraftwerksbetreiber für die Entsorgung und Stilllegung ihrer Anlagen einzuleiten. Nachdem die Kommission zum Abschluss der Vorprüfungsphase (Art. 108 Abs. 3 AEUV) durch Entscheidung das Nichtvorliegen einer Beihilfe festgestellt hat, greifen die Stadtwerke diese Maßnahme mit der Nichtigkeitsklage vor dem EuG an.

Im Einzelnen hat sich eine **umfangreiche Kasuistik** zur Klagebefugnis nach Art. 263 Abs. 4 Var. 2 AEUV entwickelt. So bejaht die Rechtsprechung eine Klagebefugnis des Nichtadressaten (Konkurrenten) im **Kartellrecht,** wenn dieser das Verwaltungsverfahren vor der Kommission durch Antragstellung oder sonstige Teilnahme am Verfahren beeinflusst hat oder ihm durch sekundäres Unionsrecht ein Verfahrensrecht zusteht, dass er nicht ausgeübt hat.[150] Insbesondere sind konkurrierende Unternehmen von belastenden Freistellungsentscheidungen nach Art. 10 oder Verpflichtungszusagen nach Art. 9 KartellVerfO[151] individuell betroffen.[152] Im Falle von **Fusionsgenehmigungen** muss der Nachweis einer aktiven Verfahrensbeteiligung und einer Beeinträchtigung der Marktstellung erbracht werden.[153] Im **Beihilferecht** sind zwar keine Beteiligungsrechte des Konkurrenten in der Vorprüfungsphase (Art. 108 Abs. 3 AEUV) vorgesehen, doch betrifft die Einleitung eines formellen Prüfverfahrens (Art. 108 Abs. 2 AEUV) diesen unmittelbar sowie individuell,[154] rechtfertigt aber nur die Nachprüfung, ob die Ablehnung rechtmäßig war. Wird das formelle Prüfverfahren eingestellt, kann der Konkurrent eine materielle Beurteilung des Beihilfecharakters der Maßnahme und ihre Vereinbarkeit mit dem Binnenmarkt erzwingen, muss dann aber eine spürbare Beeinträchtigung seiner Marktstellung nachweisen (ohne dass eine aktive Verfahrensbeteiligung notwendig ist).[155] Beihilfeempfänger werden nicht nur durch die an den Mitgliedstaat gerichteten Rückforderungsverlangen der Kommission unmittelbar und individuell betroffen, sondern auch bereits durch den Beschluss zur Eröffnung des förmlichen Prüfverfahrens.[156] 49

Im **Vergaberecht** ist jedes Unternehmen klagebefugt, welches ohne Erfolg an der Ausschreibung teilgenommen hat.[157] Hersteller und Exporteure aus Drittländern, für die in einer Verordnung **Antidumpingzölle** eingeführt wurden, sind individuell betroffen, wenn sie in der Verordnung bezeichnet wurden oder von den vorbereitenden Untersuchungen betroffen waren, Importeure, wenn sie mit den Exporteuren geschäftlich verbunden waren oder wenn ihre wirtschaftliche Tätigkeit ernsthaft beeinträchtigt worden ist.[158] In der Regel dürfte es auf eine individuelle Betroffenheit nicht ankommen, weil die Antidumpingmaßnahmen nach Art. 14 Abs. 1 der Verordnung über den Schutz gegen gedumpte Einfuhren aus nicht zur Europäischen Union gehörenden Ländern[159] als Verordnung (der Kommission) außerhalb des Gesetzgebungsverfahrens erlassen werden, so dass Rechtsschutz nach Maßgabe des Art. 263 Abs. 4 Var. 3 AEUV erlangt werden kann.[160] Eine Klageberechtigung von **Unternehmensverbänden** ist gegeben, wenn eigene Unternehmensinteressen berührt sind, sich ein Klagerecht aus dem Sekundärrecht ergibt, die Verbände an dem vorausgehenden Verfahren beteiligt worden sind[161] oder sie zulässigerweise die Interessen ihrer 50

[150] So zusammenfassend *Schmude* Die kartellrechtliche Konkurrentenklage im Europäischen Gemeinschaftsrecht, 2007, S. 187 mit umfangr. Nachw.

[151] VO 1/2003/EG v. 16.12.2002, ABlEU Nr. L 1/1.

[152] Vgl. EuG EuZW 1996, 660 – Metropole Télévision u. a.; Urt. v. 11.7.2007 – T-170/06 BeckRS 2007, 70805 Rn. 38 ff. – Alrosa.

[153] EuG Urt. v. 4.7.2006 – T-177/04 Rn. 35, BeckRS 2006, 70504 – EasyJet.

[154] Vgl. EuGH Urt. v. 19.5.1993 – C-198/91 Rn. 23 ff., BeckRS 2004, 74879 – Cook.

[155] EuGH Urt. v. 22.11.2007 – C-260/05 Rn. 57, BeckRS 2007, 70940 – Sniace.

[156] Vgl. etwa EuG EuZW 2015, 150 Rn. 25 ff. – Alpiq u. a.

[157] EuG Urt. v. 14.10.1999 – T-191/96, 106/97 – juris Rn. 57 – CAS Succhi di Frutta.

[158] Vgl. *Dörr/Lenz* Europäischer Verwaltungsrechtsschutz, Rn. 158.

[159] VO 2016/1036/EU v. 8.6.2016, ABlEU Nr. L 249/58.

[160] Vgl. auch *Cottier/Trinberg* in: v. d. Groeben/Schwarze/Hatje, Europäisches Unionsrecht, Art. 207 AEUV Rn. 78.

[161] Vgl. EuGH Urt. v. 2.2.1988 – C-67, 68 u. 70/85, BeckRS 2004, 73521 Rn. 20 ff. – van der Kooy BV u. a.

Mitglieder vertreten haben und diese individuell betroffen sind.[162] **Gebietskörperschaften** sind individuell betroffen, wenn sie in einem mit den Interessen des Mitgliedstaates nicht identischen Eigeninteresse berührt sind. Diese Voraussetzung ist z. B. gegeben, wenn die Gebietskörperschaften Beihilfen aus eigenen Hoheitsmitteln vergeben.[163]

51 **Lösung zu Fall 7:** Die Nichtigkeitsklage ist nur zulässig, wenn die Stadtwerke (Kläger) gemäß Art. 263 Abs. 4 AEUV klagebefugt sind. Da die Entscheidung der Kommission nicht an sie adressiert ist, ist dies nur der Fall, wenn sie unmittelbar und individuell betroffen sind. Die individuelle Betroffenheit richtet sich nach der Plaumann-Formel (→ Rn. 46). Verfahrensrechte der Beteiligten sind nur in der Hauptprüfungsphase (Art. 108 Abs. 2 AEUV), nicht in der Vorprüfungsphase (Art. 108 Abs. 3 AEUV) vorgesehen. Stellt die Kommission, ohne das Verfahren nach Art. 108 Abs. 2 AEUV einzuleiten, aufgrund von Art. 108 Abs. 3 AEUV fest, dass eine Beihilfe mit dem Binnenmarkt vereinbar ist, können die Beteiligten (d. h. die konkurrierenden Unternehmen und ihre Berufsverbände) Nichtigkeitsklage erheben, um den Schutz der Verfahrensgarantien zu erwirken, die sich für sie aus Art. 108 Abs. 2 AEUV ergeben. Hier haben die Kläger indessen nur die Begründetheit der Kommissionsentscheidung selbst angegriffen. Eine individuelle Betroffenheit wegen des Inhalts der Entscheidung nimmt die Rechtsprechung nur an, wenn die Marktstellung der Kläger durch die Beihilfe, die Gegenstand der betreffenden Entscheidung ist, spürbar beeinträchtigt wird.[164] Hierzu haben die Kläger nichts vorgetragen. Dementsprechend hat der EuGH (als Rechtsmittelgericht) die Klage abgewiesen.

#### c) Klagebefugnis im Falle von Rechtsakten mit Verordnungscharakter

52 **Fall 8:** Zur Rettung des Seehechtbestands erließ der Rat der Europäischen Union eine Verordnung, mit der bestimmte Fangmethoden verboten wurden. Die Fischfang-Reederei J befürchtete einen Rückgang der Fangerträge und erhob Nichtigkeitsklage nach Art. 263 AEUV.

53 Gemäß Art. 263 Abs. 4 Var. 3 AEUV können die natürlichen und juristischen Personen schließlich Klage gegen Rechtsakte mit Verordnungscharakter erheben, die sie unmittelbar betreffen und keine Durchführungsmaßnahmen nach sich ziehen. Damit ist ausdrücklich eine prinzipale Normenkontrolle zugelassen worden. Unter **Rechtsakten mit Verordnungscharakter** sind abstrakt-generelle Regelungen zu verstehen, die nicht als Gesetzgebungsakte (Art. 289 Abs. 3 AEUV) erlassen worden sind (→ Rn. 25 ff.). Ersteres bedeutet, dass sie für objektiv bestehende Situationen gelten und Rechtswirkungen gegenüber einem allgemein umschriebenen Personenkreis entfalten müssen.[165] Letzteres engt die Klagebefugnis nach dieser Variante erheblich ein, weil die wesentlichen Entscheidungen in der Regel in Gesetzgebungsakten getroffen werden. Das Kriterium der **unmittelbaren Betroffenheit** entspricht dem gleichlautenden Tatbestandsmerkmal in Art. 263 Abs. 4 Var. 2 AEUV, bezieht also sowohl die formelle als auch materielle Unmittelbarkeit ein (→ Rn. 42).[166] Doch werden zusätzlich Rechtsakte ausgeschlossen, die **Durchführungsakte** nach sich ziehen. Daher scheiden Fallgestaltungen, in denen nur eine materielle Unmittelbarkeit gegeben ist, im Ergebnis aus. Nach

---

[162] Vgl. EuGH Urt. v. 22.12.2008 – C-487/06 P Rn. 39, BeckRS 2011, 81261 – British Aggregates Association; z. B. EuG Urt. v. 6.7.1995 – T-447 bis T-449/93 – juris Rn. 54 ff. – AITEC; *Dervisopoulos* in: Rengeling/Middeke/Gellermann, Hdb Rechtsschutz EU, § 8 Rn. 73.

[163] Vgl. EuG EuZW 2000, 115 (119) – Freistaat Sachsen u. a.; *Pechstein/Görlitz* in: Frankfurter Kommentar, Art. 263 AEUV Rn. 131.

[164] Vgl. EuGH EuZW 2008, 49 (50 f.) m. w. Nachw. – Stadtwerke Schwäbisch Hall.

[165] Vgl. EuG LMRR 2002, 112 Rn. 82 – Pfizer Animal Health.

[166] Für eine anderweitige Bestimmung im Rahmen des Art. 263 Abs. 4 Var. 3 AEUV *Kokott/Dervisopoulos/Henze* EuGRZ 2008, 10 (14).

der Rechtsprechung des EuG sollen auch dezentrale Verwaltungseinheiten der Mitgliedstaaten (wie die Kommunen) unmittelbar betroffen sein, wenn sie gehindert werden, die ihnen zustehenden Rechtsetzungs- (und wohl auch Vollzugs-)Befugnisse auszuüben.[167]

Bei den Durchführungsakten kann es sich um unionale oder mitgliedstaatliche Vollzugsakte handeln. Anders als nach Art. 263 Abs. 4 Var. 2 AEUV wird nicht verlangt, dass der Kläger individuell betroffen ist. Auf keine Durchführung angelegt sind Regelungen, die **self-executing** wirken (wie z. B. Verbote ex lege). Dies schließt nicht aus, dass zusätzliche (Begleit-)Maßnahmen (wie Sanktionsbeschlüsse) ergriffen werden können.[168] Erfordert der Rechtsakt mit Verordnungscharakter dagegen einen Durchführungs-, Umsetzungs- oder Ausführungsakt, kann und muss dieser selbst angegriffen werden, wenn die dafür erforderlichen Voraussetzungen vorliegen. Inzident kann dann in diesem Rahmen die „Unanwendbarkeit"[169] der zugrunde liegenden abstrakt-generellen Regelungen überprüft werden. Für die Beurteilung, ob ein Rechtsakt Durchführungsmaßnahmen nach sich zieht, kommt es auf den Klagegegenstand und die konkrete Stellung des Klägers an.[170] Richtlinien sind grundsätzlich nicht nach Art. 263 Abs. 4 Var. 3 AEUV anfechtbar, weil sie (selbst bei unmittelbarer Wirkung) auf eine Umsetzung durch die Mitgliedstaaten angelegt sind.[171] Die Varianten 2 und 3 des Art. 263 Abs. 4 AEUV stehen in einer Idealkonkurrenz zueinander (schließen sich also nicht aus).[172] 54

**Lösung zu Fall 8:** Die Klage ist zulässig, wenn J klagebefugt ist. Eine Klagebefugnis nach Art. 263 Abs. 4 Var. 3 AEUV scheidet aus, weil es sich bei der Verordnung des Rates um einen Gesetzgebungsakt und damit nicht um einen Rechtsakt mit Verordnungscharakter handelt. In Betracht kommen könnte aber eine Klagebefugnis nach Art. 263 Abs. 4 Var. 2 AEUV. Danach müsste J durch die Verordnung unmittelbar und individuell betroffen sein. Unmittelbarkeit liegt vor, wenn sich die Verordnung zwangsläufig auf die Person auswirkt, d. h. keinen Ermessensspielraum lässt, ohne dass es weiterer Umsetzungsakte bedarf. Diese Voraussetzung ist hier erfüllt. Problematisch ist die individuelle Betroffenheit von J. Nach der Plaumann-Formel (→ Rn. 46) ist eine Person individuell betroffen, wenn eine Maßnahme sie wegen bestimmter persönlicher Eigenschaften oder aufgrund besonderer Umstände betrifft, die sie aus dem Kreis aller übrigen Personen heraushebt und sie dadurch in ähnlicher Weise individualisiert wie den Adressaten. Danach ist J nicht individuell betroffen, da sie von der angegriffenen Verordnung nur in ihrer objektiven Eigenschaft als Wirtschaftsteilnehmerin betroffen ist, die mit derjenigen aller übrigen Fischfang-Reedereien vergleichbar ist. Somit ist die Nichtigkeitsklage unzulässig.[173] In Betracht kommt aber eine Klage vor den mitgliedstaatlichen Gerichten. In Deutschland könnte verwaltungsgerichtliche Feststellungsklage mit dem Antrag erhoben werden, dass die Verordnung nicht auf den Kläger anwendbar ist. Falls das nationale Gericht eine Ungültigkeit der Verordnung annehmen will, müsste es den EuGH gemäß Art. 267 AEUV anrufen. 55

[167] EuG Urt. v. 13.12.2018 – T-339/16, T-352/16 und T-391/16 Rn. 50, BeckRS 2018, 32925 – Stadt Paris u. a. (Festlegung für Schadstoffausstöße von Fahrzeugen). Zum Beihilferecht ebenso EuG Urt. v. 26.11.2015 – T-462/13, BeckRS 2015, 116800 – Comuidad Autónoma del Pais Vasco und Itelazpi, zur Verpflichtung im Agrargereich EuG Urt. v. 10.6.2009 – T-257/04 Rn. 56–58, BeckRS 2009, 70653 – Polen. Krit. weil die nationalen Souveränitätsinteressen gem. Art. 263 Abs. 2 AEUV von den Mitgliedstaaten selbst zu verteidigen seien, *Gundel* NVwZ 2019, 914 ff.; *Germelmann/Gundel* BayVBl 2019, 583 (593 f.).

[168] Vgl. EuG LMRR 2011, 76 – Microban u. a.; *Dörr* in: Grabitz/Hilf/Nettesheim, EUV/AEUV, Art. 263 AEUV Rn. 86 f.; *Rosenfeldt* EuZW 2015, 174 (178).

[169] Vgl. Art. 277 AEUV.

[170] Vgl. EuGH EuZW 2014, 228 Rn. 30 f. (m. Anm. *Berrisch*) – Telefónica; Urt. v. 27.2.2014 – C-133/12 P, BeckRS 2014, 80474 Rn. 37 f. – Stichting u. a.

[171] *Cremer* in: Calliess/Ruffert, EUV/AEUV, Art. 263 AEUV Rn. 74.

[172] Vgl. auch *Dörr* in: Grabitz/Hilf/Nettesheim, EUV/AEUV, Art. 263 AEUV Rn. 89.

[173] Vgl. auch EuGH EuZW 2004, 343 (344) – Jégo-Quéré (jedoch zu Art. 230 EGV und einer VO der KOM).

## V. Besondere Sachentscheidungsvoraussetzungen für Klagen natürlicher oder juristischer Personen

56 Nach der durch den Vertrag von Lissabon neu eingefügten Bestimmung des **Art. 263 Abs. 5 AEUV** können in Sekundärrechtsakten zur Gründung von Einrichtungen oder sonstigen Stellen der Union (Art. 263 Abs. 1 S. 2 AEUV) besondere Bedingungen und Einzelheiten – also Sachentscheidungsvoraussetzungen – für die Erhebung von Klagen von natürlichen oder juristischen Personen gegen Handlungen dieser Einrichtungen oder sonstigen Stellen vorgesehen werden. In der Regel dürfte es sich um Restriktionen handeln, die aber mit dem Grundrecht auf einen wirksamen Rechtsbehelf (Art. 47 GRCh) vereinbar sein müssen. Doch sind auch Rechtsschutzerweiterungen denkbar, sofern sich diese in die vorrangig geltenden grundsätzlichen Weichenstellungen des Art. 263 AEUV einfügen. In der Praxis muss im Falle einer Klageerhebung gegen Agenturen der Europäischen Union (→ Rn. 11) vielfach zuvor ein (mit dem Widerspruchsverfahren nach der VwGO in Deutschland vergleichbares, vgl. → *Schoch* § 23) **Beschwerdeverfahren** erfolglos durchlaufen worden sein. Hierbei kann es sich je nach Ausgestaltung der Agentur um ein agenturinternes Vorverfahren oder ein Aufsichtsbeschwerdeverfahren bei der Kommission handeln.[174] Da Art. 263 AEUV stets eine Außenwirkung voraussetzt (→ Rn. 23), sind Klagen gegen unselbständige Handlungen der Agenturen (für die Kommission) nicht zulässig.

## VI. Klagegegner

57 **Fall 9:** Verschiedene griechische Unternehmen erhoben Nichtigkeitsklage gegen einen auf Vorschlag der Kommission getroffenen Beschluss des Rates zur Einstellung des Antidumping-Verfahrens betreffend die Einfuhren von Magnesit mit Ursprung in China und Nordkorea. Die Klage richtet sich sowohl gegen den Rat als auch gegen die Kommission.

58 Richtiger Gegner einer Nichtigkeitsklage ist dasjenige Unionsorgan, -rechtssubjekt bzw. diejenige Einrichtung oder Stelle, das bzw. die den angefochtenen Rechtsakt erlassen hat. **Beklagter** kann nur sein, wer **passiv parteifähig** ist (→ Rn. 11). Sind mehrere Organe oder Einrichtungen beteiligt, kommt es darauf an, wem die angefochtene Handlung selbstverantwortlich zuzurechnen ist.[175] Ein vorbereitendes Tätigwerden reicht für die Stellung eines richtigen Beklagten nicht aus. Das Handeln einer untergeordneten Stelle ist in der Regel der übergeordneten Stelle zuzuordnen.[176] Werden die Organe oder Einrichtungen gemeinsam tätig – wie dies grundsätzlich bei der Annahme einer Verordnung, einer Richtlinie oder eines Beschlusses im ordentlichen Gesetzgebungsverfahren zutrifft (Art. 289 Abs. 1 AEUV) –, sind sie gemeinsam zu verklagen. Private Einrichtungen sind der Kommission zuzurechnen, wenn eine Organleihe vorliegt (→ Rn. 17).

59 **Lösung zu Fall 9:** Wird der Beschluss zur Einstellung eines Antidumping-Verfahrens gemäß der einschlägigen Verordnung (VO 2176/84/EWG v. 23.7.1984, ABlEU Nr. L 201/1) nicht von der Kommission, sondern vom Rat (wenn auch auf Vorschlag der Kommission) erlassen, kommt allein dem Rat die Entscheidungsbefugnis zu. Somit ist die Nichtigkeitsklage insoweit unzulässig, als sie sich gegen die Kommission richtet.[177]

---

[174] Näher dazu *Görisch* Jura 2012, 42 (50f.); *Dörr* in: Grabitz/Hilf/Nettesheim, EUV/AEUV, Art. 263 Rn. 112f.

[175] *Dervisopoulos* in: Rengeling/Middeke/Gellermann, Hdb Rechtsschutz EU, § 7 Rn. 22; *Pechstein/Görlitz* in: Frankfurter Kommentar, Art. 263 AEUV Rn. 89.

[176] Vgl. auch EuGH Urt. v. 17.7.1959 – C-32/58, BeckRS 2004, 70760 – Snupat.

[177] EuGH Beschl. v. 11.3.1987 – C-121/86, BeckRS 2004, 71394 – Anonymos Etaireia Epicheiriseon.

## VII. Klagefrist

Gemäß Art. 263 Abs. 6 AEUV ist die Nichtigkeitsklage „binnen **zwei Monaten**" zu erheben.[178] Art. 51 VerfO-EuGH und Art. 60 VerfO-EuG verlängern die Zwei-Monats-Frist um eine pauschale **Entfernungsfrist von zehn Tagen.**[179] Zudem können die Fristen verlängert werden.[180] Es handelt sich bei der Frist um eine von Amts wegen zu prüfende **Ausschlussfrist.** Der Ablauf der Frist hat nur dann keinen Rechtsnachteil zur Folge, wenn der Betroffene nachweist, dass ein Zufall oder ein Fall höherer Gewalt vorliegt (Art. 45 Abs. 2 Satzung EuGH). Dies setzt ungewöhnliche, vom Willen des Betroffenen unabhängige Schwierigkeiten voraus, die selbst bei Beachtung aller erforderlichen Sorgfalt unvermeidbar erscheinen.[181] Die höhere Gewalt umfasst ein objektives und subjektives Merkmal, von dem Ersteres sich auf ungewöhnliche Umstände bezieht und Letzteres mit der Verpflichtung des Betroffenen zusammenhängt, sich gegen die Folgen ungewöhnlicher Ereignisse zu wappnen, indem er ohne übermäßige Opfer zu erbringen, geeignete Maßnahmen trifft.[182] Einen entschuldbaren Irrtum hat der EuGH angenommen, wenn das Verhalten des beklagten Unionsorgans (oder -rechtssubjekts bzw. der Einrichtung oder sonstigen Stelle) geeignet war, bei dem gutgläubigen Kläger eine Verwirrung hervorzurufen.[183] 60

Für die **Wahrung der Frist** kommt es auf den Eingang bei der Kanzlei des EuGH oder des EuG an.[184] Wurden technische Kommunikationsmittel benutzt (→ Rn. 70), ist der Tag des Eingangs maßgebend, sofern die unterzeichnete Urschrift des Schriftsatzes (nebst Anlagen und Abschriften) spätestens zehn Tage danach bei der Kanzlei eingereicht werden.[185] Ein über e-Curia eingereichtes Verfahrensstück (→ Rn. 70) gilt als dessen Urschrift. 61

### 1. Fristbeginn

**Fall 10:** Die Bundesrepublik Deutschland hat Anfang April Nichtigkeitsklage gegen einen im Dezember des Vorjahres getroffenen und ihr bekannt gewordenen, aber erst Mitte Februar im Amtsblatt veröffentlichten Beschluss des Rates zum Abschluss eines völkerrechtlichen Abkommens (Welthandelsorganisation) erhoben. 62

Der Tag, an dem die Klagefrist zu laufen beginnt, hängt davon ab, welche der in Art. 263 Abs. 6 AEUV geregelten Konstellationen einschlägig ist. Unterschieden wird zwischen drei verschiedenen Ereignissen, die den **Lauf der Frist** in Gang setzen (Bekanntgabe, Mitteilung, Kenntniserlangung). Ist ein Rechtsakt verabschiedet worden, soll die Klage nach der Rechtsprechung[186] bereits zulässig sein, wenn sie vor Veröffentlichung oder Mitteilung an den Kläger eingereicht wurde. Die Frist beginnt stets mit der **Bekanntgabe** (publication) der betreffenden Handlung zu laufen (Art. 263 Abs. 6 Var. 1 AEUV). Damit ist die Veröffentlichung im Amtsblatt gemeint. Im Amtsblatt zu veröffentlichen sind nach Art. 297 Abs. 2 UAbs. 2 AEUV Verordnungen, Richtlinien, die an alle Mitgliedstaaten gerichtet sind, sowie Beschlüsse, die an keinen bestimmten Adressaten gerichtet sind. Auf die **Veröffentlichung im Amtsblatt** soll es auch dann ankommen, wenn diese zwar nicht erforderlich, aber nach 63

---

[178] Vgl. demgegenüber Art. 269 Abs. 2 AEUV (Ein-Monats-Frist bei Klagen gegen Rechtsakte nach Art. 7 EUV).
[179] Art. 50 VerfO-EuGH; Art. 59 VerfO-EuG.
[180] Art. 52 Abs. 1 VerfO-EuGH; Art. 61 Abs. 1 VerfO-EuG.
[181] EuGH Urt. v. 9.2.1984 – 284/82 Rn. 11, BeckRS 2004, 72924 – Busseni.
[182] EuGH EuZW 1995, 150 (152) – Bayer; GRUR Int. 2012, 240 Rn. 23 – Bell & Ross BV.
[183] EuGH EuZW 1995, 150 (151) – Bayer; Urt. v. 15.5.2003 – C-193/01 P, BeckRS 2003, 154162 Rn. 24 – Pitsiorlas; Beschl. v. 14.1.2010 – C-112/09 P, BeckRS 2010, 90211 Rn. 20 – SGAE; Beschl. v. 16.11.2010 – C-73/10 P, BeckRS 2012, 82553 Rn. 42 – Internationale Fruchtimport Gesellschaft Weichert.
[184] Vgl. Art. 57 Abs. 6 S. 2 VerfO-EuGH; Art. 72 Abs. 2 VerfO-EuG.
[185] Art. 57 Abs. 7 VerfO-EuGH; Art. 73 Abs. 3 VerfO-EuG.
[186] EuGH EuZW 2014, 118 Rn. 31 ff. – PPG u. a.

einer ständigen Übung zu erwarten war.[187] Maßgebend ist zunächst das Datum der Amtsblattnummer, die den Text des angefochtenen Rechtsaktes enthält. Wird jedoch der Nachweis erbracht, dass das Amtsblatt tatsächlich erst später verfügbar war, ist darauf abzustellen.[188] Dennoch wird die Frist nicht ab diesem Zeitpunkt, sondern gemäß Art. 50 VerfO-EuGH, Art. 59 VerfO-EuG erst nach Ablauf einer zusätzlichen Frist von vierzehn Tagen in Lauf gesetzt. Andererseits wird der so zu bestimmende Zeitpunkt auch dann für maßgebend gehalten, wenn eine Handlung erst später Rechtswirkungen entfaltet (etwa später in Kraft tritt oder an eine aufschiebende Bedingung geknüpft ist). Dies wirft Probleme auf, wenn der Kläger eine rechtliche Beschwer nicht absehen konnte.[189] Die Veröffentlichung ist für den Fristbeginn nicht maßgebend, wenn die Maßnahme den Betroffenen vorher „individuell" mitgeteilt wurde. Es gilt dann die früher in Gang gesetzte Klagefrist.[190]

64 Eine die Klagefrist in Gang setzende „**Mitteilung** an den Kläger" i. S. d. Art. 263 Abs. 6 Var. 2 AEUV kommt vor allem im Falle des Erlasses von an bestimmte Adressaten gerichteten Beschlüssen (Art. 288 Abs. 4 Var. 2 AEUV) oder nicht an alle Mitgliedstaaten gerichteten Richtlinien (Art. 297 Abs. 2 UAbs. 3 AEUV) in Betracht. Die Mitteilung an den Anwalt des Klägers soll nicht ausreichen.[191] Die Mitteilung erfolgt regelmäßig schriftlich (auch durch E-Mail),[192] ausnahmsweise mündlich oder durch schlüssiges Verhalten.[193] Eine **Rechtsbehelfsbelehrung** ist nicht vorgesehen,[194] es sei denn, das Unionsrecht verlangt eine solche ausdrücklich. Dies lässt sich nur schwer mit rechtsstaatlichen Anforderungen vereinbaren. Mängel einer Mitteilung können aber durch anderweitige Kenntnisnahme geheilt werden (z. B. durch Kenntniserlangung der Muttergesellschaft von der Zustellung an eine Tochtergesellschaft).[195]

65 Im Übrigen („in Ermangelung dessen") kommt es (subsidiär) darauf an, wann der Kläger tatsächlich **Kenntnis** erlangt hat (Art. 263 Abs. 6 Var. 3 AEUV). Dies setzt eine umfassende und genaue Kenntnis vom Inhalt und von der Begründung des fraglichen Rechtsaktes voraus. Auf die **Art der Kenntniserlangung** kommt es nicht an. Ausreichend ist, dass der Kläger die Möglichkeit hatte, Kenntnis zu erlangen. Erfährt er von dem Vorliegen einer Handlung, obliegt es ihm, sich binnen angemessener Frist um eine vollständige Kenntnisnahme zu bemühen,[196] Unterlassungen muss er gegen sich gelten lassen. Eine strikte Vorgabe für die sog. Anforderungsfrist existiert nicht. Abzustellen ist auf die Umstände des Einzelfalls. Ein Zuwarten von drei Wochen hat die Rechtsprechung als angemessen erachtet, zwei Monaten dagegen als (viel) zu lang angesehen.[197] Die **Beweislast** für die Kenntniserlangung liegt beim beklagten Unionsorgan.[198] Durfte der Kläger davon ausgehen, dass eine Handlung im Amtsblatt bekanntgegeben wird, beginnt die Frist erst mit der Veröffentlichung der Entscheidung im Amtsblatt zu laufen.[199]

66 **Lösung zu Fall 10:** Die Klage könnte gemäß Art. 263 Abs. 6 AEUV verfristet sein, weil die Bundesrepublik Deutschland schon im Dezember Kenntnis von dem Be-

---

[187] EuGH EuZW 1998, 243 (244 f.) – Deutschland.

[188] EuGH Urt. v. 25.1.1979 – C-98/78, BeckRS 2004, 73987 Rn. 15 – Racke; Urt. v. 9.1.1990 – C-337/88 Rn. 12, BeckRS 2004, 70859 – SAFA.

[189] Vgl. *Dörr* in: Grabitz/Hilf/Nettesheim, EUV/AEUV, Art. 263 AEUV Rn. 127; *Dervisopoulos* in: Rengeling/Middeke/Gellermann, Hdb Rechtsschutz EU, § 7 Rn. 95; *Pechstein/Görlitz* in: Frankfurter Kommentar, Art. 263 AEUV Rn. 159.

[190] Vgl. *Cremer* in: Calliess/Ruffert, EUV/AEUV, Art. 263 AEUV Rn. 81.

[191] EuG Urt. v. 18.10.2016 – T-418/14, BeckRS 2016, 121566 Rn. 60 – Sina Bank.

[192] EuGH EuZW 1998, 243 (244) – Deutschland; EuG EuZW 1999, 665 (667) – BAI.

[193] Vgl. *Pechstein* EU-Prozessrecht, Rn. 532.

[194] Vgl. auch EuGH Beschl. v. 5.3.1999 – C-154/98 Rn. 13, BeckRS 2004, 74501 – Guérin automobiles.

[195] Vgl. EuGH Urt. v. 14.7.1972 – C-48/69 Rn. 39/43, 91/95, BeckRS 2004, 73172 – ICI.

[196] EuGH Urt. v. 6.7.1988 – C-236/86 Rn. 14, BeckRS 2004, 72515 – Dillinger Hüttenwerke; Urt. v. 19.2.1998 – C-309/95 Rn. 18, BeckRS 2004, 76223 – Kommission/Rat.

[197] Vgl. einerseits EuG Urt. v. 19.5.1994 – T-465/93 – juris Rn. 32 – MURGIA Messapica, andererseits EuGH Beschl. v. 5.3.1993 – C-102/92 Rn. 19, BeckRS 2004, 74047 – Ferriere Acciaierie Sarde.

[198] Vgl. *Dörr/Lenz* Europäischer Verwaltungsrechtsschutz, Rn. 179 m. w. Nachw.

[199] EuGH EuZW 1998, 243 (244 f.) – Deutschland; EuG EuZW 1999, 665 (667) – BAI.

schluss des Rates hatte. Doch kommt es gemäß Art. 263 Abs. 6 AEUV für den Beginn der Klagefrist primär auf den Zeitpunkt der Bekanntgabe und nur subsidiär auf den Zeitpunkt der Kenntniserlangung an (zumal mit der Bekanntgabe des Beschlusses zu rechnen war). Da die Klagefrist erst mit dem Zeitpunkt der Bekanntgabe zu laufen begann und bei Klageerhebung noch nicht abgelaufen war, ist die Klage zulässig.[200]

**2. Fristablauf**

67 Gemäß Art. 49 Abs. 1 lit. b VerfO-EuGH, Art. 58 Abs. 1 lit. b VerfO-EuG endet die Zweimonatsfrist des Art. 263 Abs. 6 AEUV mit **Ablauf des Tages,** der im übernächsten Monat **dieselbe Zahl** trägt wie der Tag, an dem das fristauslösende Ereignis eingetreten ist. Hierbei ist zu berücksichtigen, dass der Tag, in den das Ereignis oder die Handlung fällt, nicht mitgerechnet wird (Art. 49 Abs. 1 lit. a VerfO-EuGH; Art. 58 Abs. 1 lit. a VerfO-EuG) und zu dem die Entfernungsfrist von zehn Tagen (→ Rn. 60) hinzugerechnet werden muss. Wird die Frist z. B. am 3.4. in Gang gesetzt, endet sie somit am 14.6. (Fristbeginn 4.4. plus zehn Tage) um 24.00 Uhr. Fällt das Ende der Frist auf einen Samstag, Sonntag oder gesetzlichen Feiertag endet die Frist mit dem Ablauf des nächstfolgenden Werktags (Art. 49 Abs. 2 VerfO-EuGH; Art. 58 Abs. 2 VerfO-EuG). Anderes gilt, wenn der Nachweis eines Zufalls oder höherer Gewalt erbracht worden ist bzw. die Frist verlängert wurde (→ Rn. 60). Da es auf den **Eingang der Klageschrift** bei der Kanzlei ankommt (→ Rn. 60), reicht die Aufgabe der Klageschrift bei der Post zur Wahrung der Frist nicht aus. Wiederholende oder bestätigende Handlungen setzen die Frist anders als Rechtsänderungen nicht erneut in Gang.

68 Macht ein Kläger von seinem Recht, Nichtigkeitsklage zu erheben, nicht fristgerecht Gebrauch, wird der **Rechtsakt unanfechtbar** und damit grundsätzlich bestandskräftig. Dies schließt zwar nicht in jedem Falle eine Berufung des Klägers auf die Rechtswidrigkeit des Unionsrechtsaktes in anderen Gerichtsverfahren aus (→ Rn. 3) – sei es in einer Klage vor dem nationalen Gericht oder einer unionsrechtlichen Schadensersatzklage (→ § 11 Rn. 4). Doch kann die Rechtmäßigkeit nicht mehr in Frage gestellt werden, wenn **„offensichtlich"** in zulässiger Weise **Nichtigkeitsklage** hätte erhoben werden können und müssen.[201] Die Rechtssicherheit steht einer erneuten gerichtlichen Überprüfung entgegen.[202] Die Rechtmäßigkeit eines Unionsrechtsaktes kann auch dann nicht geltend gemacht werden, wenn sich der Kläger vor einem innerstaatlichen Gericht auf die Ungültigkeit beruft, bevor die Frist des Art. 263 Abs. 6 AEUV abgelaufen ist.[203] Wiederum ist für die Klärung der Rechtmäßigkeit allein das Verfahren nach Art. 263 AEUV die richtige Rechtsschutzform. Hat es der Kläger unterlassen, eine Nichtigkeitsklage zu erheben, obwohl er dazu ohne jeden Zweifel befugt war, und kann er sich deshalb nicht mit einer vor dem nationalen Gericht erhobenen Klage gegen nationale Maßnahmen auf die Ungültigkeit des Unionsrechtsaktes berufen, ist ein Vorabentscheidungsersuchen – mangels vernünftiger Zweifel am Sinngehalt des Unionsrechts – unzulässig.[204] Ebenso sind eine Inzidentrüge nach Art. 277 AEUV[205] sowie eine Schadensersatzklage (→ § 11 Rn. 5, 27) unzulässig (wenn eine Nichtigkeitsklage zum selben Ziel geführt hätte).

[200] Vgl. EuGH EuZW 1998, 243 (244 f.) – Deutschland.

[201] Vgl. EuGH EuZW 1994, 250 (251 f.) – TWD Textilwerke; Urt. v. 30.1.1997 – C-178/95 Rn. 31, BeckRS 2004, 74711; Urt. v. 8.3.2007 – C-441/05 Rn. 40, BeckRS 2007, 70167 – Roquette Frères; EuZW 2018, 814 Rn. 17 f. → *Streinz* JuS 2019, 84 – Georgsmarienhütte.

[202] Vgl. EuGH DVBl 2001, 544 – Nachi Europe; Urt. v. 5.3.2015 – C-667/13, BeckRS 2015, 80344 Rn. 28 – Banco Privado Português.

[203] EuGH EuZW 2018, 814 Rn. 16 → *Streinz* JuS 2019, 84 – Georgsmarienhütte.

[204] Vgl. EuGH EuZW 1994, 250 (252) – TWD Textilwerke; Urt. v. 30.1.1997 – C-178/95 Rn. 15, BeckRS 2004, 74711 – Wiljo; Urt. v. 8.3.2007 – C-441/05 Rn. 40, BeckRS 2007, 70167 – Roquette Frères; EuZW 2017, 389 Rn. 70 → *Streinz* JuS 2018, 397 – A u. a.; EuZW 2018, 814 Rn. 17 → *Streinz* JuS 2019, 84 – Georgsmarienhütte.

[205] EuGH NZKart 2014, 403 Rn. 29 – Telefónica und Telefónica de España.

69 Nicht geklärt ist, soweit ersichtlich, ob das **Aufwerfen der Gültigkeitsfrage** auch dann **präkludiert** wird, wenn eine Nichtigkeitsklage nach Art. 263 Abs. 4 Var. 3 AEUV offensichtlich zulässig gewesen wäre. Dies dürfte zu bejahen,[206] an die Offensichtlichkeit aber erhebliche Anforderungen zu stellen sein. Der Kläger hat grundsätzlich keine Veranlassung, einen Rechtsakt anzugreifen, wenn dieser ihn nicht individuell (sondern nur unmittelbar) betrifft. Hierfür spricht auch, dass die Klagebefugnis nach Art. 263 Abs. 4 Var. 3 diejenige nach Abs. 4 Var. 2 AEUV nicht ausschließt (→ Rn. 54). Die Gültigkeitsfrage sollte daher in der Regel erst als entschieden angesehen werden, wenn auch eine offensichtlich zulässige Klage nach Maßgabe des Art. 263 Abs. 4 Var. 2 AEUV nicht erhoben wurde.

## VIII. Ordnungsgemäße Klageerhebung

70 Die **Klageerhebung** muss den Anforderungen der **Art. 21 Satzung EuGH,** Art. 120 VerfO-EuGH, Art. 76 VerfO-EuG genügen (Einreichung einer Klageschrift, Mitteilung des Namen und Wohnsitzes des Klägers, Bezeichnung des Beklagten, Angabe des Streitgegenstandes, Argumente sowie kurze Darstellung der Klagegründe,[207] Antragstellung, ggf. Beweismittel und Beweisangebote). Bei Fehlen dieser konstitutiven Elemente liegt eine **unzulässige Klageerhebung** vor. Entsprechendes gilt für die Einlegung eines Rechtsmittels (zum EuGH).[208] Andere Mängel können nach Maßgabe der Art. 122 Abs. 3 VerfO-EuGH, Art. 78 Abs. 6 VerfO-EuG innerhalb der gesetzten Frist geheilt werden. Für die natürlichen und juristischen Personen besteht grundsätzlich **Anwaltszwang** (Art. 19 Abs. 3 Satzung EuGH; Art. 119 VerfO-EuGH; Art. 51 VerfO-EuG). Bei Einreichung und Zustellung von Verfahrensschriftstücken kann oder muss das e-Curia-Verfahren genutzt werden (→ § 7 Rn. 32).[209] Auch eine Vorabeinreichung der Klageschrift durch Telefax oder E-Mail ist möglich, wobei Letzteres voraussetzt, dass sich im Anhang der Mail eine gescannte Kopie der Unterschrift findet. Das unterzeichnete Original der Klageschrift muss dann innerhalb von zehn Tagen unverändert bei der Kanzlei eingehen (Art. 57 Abs. 7 VerfO-EuGH).

## IX. Rechtsschutzinteresse

71 Im Gegensatz zu den privilegierten Klägern i. S. d. Art. 263 Abs. 2 AEUV wird von den teilweise privilegierten[210] (Art. 263 Abs. 3 AEUV) und den in Art. 263 Abs. 4 AEUV genannten Klägern das **Vorliegen eines Rechtsschutzinteresses** verlangt. Dieses Interesse muss im Hinblick auf den Klagegegenstand bei Klageerhebung gegeben sein und bis zum Erlass der gerichtlichen Entscheidung weiter vorliegen. Andernfalls ist die Klage im zuerst genannten Fall unzulässig. Im zweiten Fall hat sich der Rechtsstreit in der Hauptsache erledigt.[211] Das Rechtsschutzinteresse wird zwar grundsätzlich indiziert. Anderes gilt aber, wenn die Aufhebung des Rechtsaktes dem Kläger **keinen rechtlich relevanten Vorteil**

---

[206] Anders *Gundel* EuZW 2017, 393 f.; *Pechstein* EU-Prozessrecht, Rn. 792; *Dörr* in: Grabitz/Hilf/Nettesheim, EUV/AEUV, Art. 263 AEUV Rn. 143.

[207] Die Klagegründe (Art. 263 Abs. 2 AEUV) – vgl. Rn. 72 – müssen zwar nicht ausdrücklich bezeichnet werden, das klägerische Vorbringen aber mit hinreichender Deutlichkeit erkennen lassen und eine Zuordnung zu den in Art. 263 Abs. 2 AEUV genannten Rechtsmängeln ermöglichen. Neue Angriffs- und Verteidigungsmittel im Laufe des Verfahrens können nur nach Maßgabe der Art. 127 VerfO-EuGH, Art. 84 VerfO-EuG eingeführt werden.

[208] Vgl. EuGH NZKart 2014, 403 Rn. 29 – Telefónica und Telefónica de España.

[209] Vgl. den Beschluss des EuGH v. 16.10.2018, ABlEU Nr. L 293/36; ferner Art. 56a VerfO-EuG sowie den Beschluss des EuG v. 11.7.2018, ABlEU Nr. L 240/72.

[210] Soweit ersichtlich, ist diese Konstellation in der Rechtsprechung und der Literatur bisher nicht erörtert worden.

[211] Vgl. EuGH Urt. v. 17.9.2015 – C-33/14 P, BeckRS 2015, 81519 Rn. 56 f. – Mory u. a.; Beschl. v. 26.10.2016 – C-596 u. 597/15 P, BeckRS 2016, 112086 Rn. 6 ff. – Bionorica u. a.

bringt.[212] Wird eine Klage gegen Rechtsakte i. S. d. Art. 263 Abs. 4 Var. 3 AEUV erhoben, dürfen insoweit nicht zu hohe Anforderungen gestellt werden (weil auf das Erfordernis der individuellen Betroffenheit verzichtet wurde).[213] Der Vollzug der angefochtenen Maßnahme schließt das Rechtsschutzbedürfnis nicht notwendigerweise aus.[214] Selbst im Falle der Aufhebung der angefochtenen Maßnahme mit Wirkung ex tunc soll ein Rechtsschutzbedürfnis zu bejahen sein, wenn eine konkrete Wiederholungsgefahr besteht, Rechtsfragen von wesentlicher Bedeutung für das Funktionieren der Union aufgeworfen werden, die Verurteilung Grundlage für einen Schadensersatzanspruch des Klägers begründen kann oder eine für die Rechtsstellung problematische Ungewissheit beseitigt wird.[215] In Wahrheit dürfte es sich insoweit dann nicht um eine Gestaltungs-, sondern um eine (Fortsetzungs-)Feststellungsklage handeln. Von einem fehlenden Rechtsschutzinteresse zu unterscheiden ist ein **Verfahrensmissbrauch** (z. B. öffentliche Kritik am Vorbringen der anderen Verfahrensbeteiligten), der bei der Kostenentscheidung berücksichtigt werden kann.[216]

## C. Begründetheit der Nichtigkeitsklage

Die Nichtigkeitsklage ist begründet, wenn der Unionsrechtsakt mit einem der **vier** in 72
Art. 263 Abs. 2 AEUV genannten **Rechtsmängeln** behaftet ist (Unzuständigkeit, Verletzung wesentlicher Formvorschriften, Verletzung der Verträge oder einer bei „seiner" Durchführung anzuwendenden Rechtsnorm, Ermessensmissbrauch). Da – von einigen Besonderheiten abgesehen (insbesondere Ausklammerung der Verletzung unwesentlicher Formvorschriften) – alle Rechtsmängel erfasst werden (→ Rn. 79), ist dem Gerichtshof der Europäischen Union entsprechend seinem Auftrag, die Rechtmäßigkeitskontrolle der Handlungen der Europäischen Union zu überwachen (Art. 263 Abs. 1 AEUV) und einen wirksamen sowie umfassenden Rechtsschutz zu gewährleisten (Art. 47 GrCh) grundsätzlich eine **vollständige Rechtmäßigkeitsprüfung** aufgegeben. Den Nichtigkeitsgründen des Art. 263 Abs. 2 AEUV kommt zum einen eine strukturierende Bedeutung zu. Zum anderen greift der Gerichtshof der Europäischen Union die formellen Klagegründe „Unzuständigkeit" und „wesentliche Formfehler" regelmäßig **von Amts wegen** auf, wohingegen die materiellen Klagegründe „Verletzung der Verträge oder einer bei seiner Durchführung anzuwendenden Rechtsnorm" sowie „Ermessensmissbrauch" nur geprüft werden, wenn und soweit sich der **Kläger darauf berufen** hat.[217]

Anders als gemeinhin nach deutschem Recht[218] richtet sich die **Begründetheitsprüfung** in Anlehnung an das französische Recht grundsätzlich nach **objektiven Maßstäben.**[219] Unerheblich ist, ob subjektive Rechte verletzt worden sind. Abweichendes gilt jedoch für Klagen des Rechnungshofs, der Europäischen Zentralbank und des Ausschusses der Regionen (Art. 263 Abs. 3 AEUV), da es insoweit nur auf die Verletzung ihrer Rechte ankommt. Während eine Klagebefugnis bereits bei schlüssiger Darlegung der Möglichkeit einer Rechtsverletzung gegeben ist (→ Rn. 35), muss im Rahmen der Begründetheitsprüfung rechtsverbindlich geklärt werden, ob eine Verletzung „ihrer Rechte" tatsächlich vor- 73

---

[212] Vgl. EuG Urt. v. 19.9.2001 – T-118/00 – juris Rn. 12 – Procter & Gamble; Urt. v. 20.9.2011 – T-461/08, BeckRS 2011, 81495 Rn. 63 – Evropaïki Dynamik; *Dörr* in: Grabitz/Hilf/Nettesheim, EUV/AEUV, Art. 263 AEUV Rn. 105.

[213] Vgl. auch *Gundel* EWS 2014, 22 (26 f.).

[214] Vgl. EuGH Urt. v. 24.6.1986 – C-53/85 Rn. 21, BeckRS 2004, 73286 – Akzo Chemie.

[215] Vgl. EuG Urt. v. 14.9.1995 – T-480/93 – juris Rn. 60 – Antillean Rice Mills; Urt. v. 18.9.2003 – T-211/02 Rn. 48 f. – Tideland Signal; ferner *Pechstein/Görlitz* in: Frankfurter Kommentar, Art. 263 Rn. 170.

[216] Vgl. EuG Beschl. v. 16.3.2016 – T-561/14, BeckRS 2016, 120597 Rn. 51 – One of Us u. a.

[217] Vgl. einerseits z. B. EuGH Urt. v. 30.9.1982 – C-110/81 Rn. 33, BeckRS 2004, 71247 – Roquette Frères; andererseits Urt. v. 8.12.2011 – C-389/10 P Rn. 131, BeckRS 2011, 81927 – KME Germany u. a.; *Dörr* in: Grabitz/Hilf/Nettesheim, EUV/AEUV, Art. 263 AEUV Rn. 160.

[218] Vgl. zum Verwaltungsrechtsschutz → § 27 Rn. 56, 140 ff.; zur Verfassungsgerichtsbarkeit → *Scherzberg* § 15 Rn. 118, 126 ff.

[219] Vgl. *Pechstein* EU-Prozessrecht, Rn. 542.

liegt. Maßgebender Zeitpunkt für die Beurteilung der Rechtmäßigkeit der angefochtenen Handlungen ist grundsätzlich der **Zeitpunkt des Erlasses** der Maßnahme.[220] Die **Kontrolldichte** dürfte im Allgemeinen hinter derjenigen der deutschen Verfassungs- und Verwaltungsgerichte zurückbleiben, weil dem Unionsgesetzgeber ein größerer Gestaltungsspielraum als im deutschen Recht zugebilligt wird.[221] So ist die Verhältnismäßigkeitsprüfung nicht so stringent ausgeprägt wie im deutschen Recht.[222] Andererseits wird dem Verfahrensrecht im Unionsrecht eine eher größere Bedeutung als in dem (stärker auf das materielle Recht abstellenden) deutschen Recht zugemessen.[223] Für die einzelnen Rechtsmängel gilt Folgendes:

## I. Unzuständigkeit

74 Eine **Unzuständigkeit** i. S. d. Art. 263 Abs. 2 AEUV ist gegeben, wenn die Verbandskompetenz der Europäischen Union, die Organkompetenz der handelnden Stelle, die räumliche Zuständigkeit oder die sachliche Zuständigkeit fehlt. Die gegenüber den mitgliedstaatlichen Zuständigkeiten abzugrenzende **Verbandskompetenz** der Union bestimmt sich nach dem Prinzip der begrenzten Einzelermächtigung (Art. 5 Abs. 2 EUV). Im Falle einer Inanspruchnahme dieser Kompetenz müssen die Kompetenzausübungsschranken der Grundsätze der Subsidiarität (Art. 5 Abs. 3 EUV) und Verhältnismäßigkeit (Art. 5 Abs. 4 EUV) beachtet werden (→ Rn. 8). Ob eine Verletzung der Ausübungsschranken der sachlichen Unzuständigkeit oder Verletzung der Verträge (statt richtigerweise der Verbandskompetenz) zugeordnet wird,[224] macht im Ergebnis keinen Unterschied aus. Wie im deutschen Recht[225] kann sich auch im Unionsrecht eine Zuständigkeit aus dem Sachzusammenhang ergeben (implied powers).[226]

75 Die **Organkompetenz** fehlt, wenn das handelnde Organ außerhalb seiner Befugnisse (im ausschließlichen Zuständigkeitsbereich eines anderen Organs) tätig wird (Art. 13 Abs. 2 S. 1 EUV).[227] Entsprechende Kompetenzgrenzen gelten für die verselbständigten Rechtssubjekte bzw. Einrichtungen oder sonstige Stellen der Union (die sich z. B. nicht die Kompetenzen der Kommission oder anderer Rechtssubjekte bzw. Einrichtungen oder sonstiger Stellen anmaßen dürfen).

76 Die **räumlichen Zuständigkeitsgrenzen** der Union sind in Art. 52 EUV und Art. 355 AEUV umschrieben worden. Doch schließt dies extraterritoriale Auswirkungen nicht aus. So kann die Europäische Union z. B. im Einklang mit völkerrechtlichen Grundsätzen gegen ein wettbewerbswidriges Verhalten von im Ausland ansässigen Personen einschreiten, wenn sich das Verhalten innerhalb des Binnenmarktes auswirkt.[228] Die **sachliche Zuständigkeit** wird als nicht gewahrt angesehen, wenn sich das handelnde Organ (Rechtssubjekt bzw. die handelnde Einrichtung oder sonstige Stelle) unzulässiger Handlungsformen bedient (beispielsweise unter Verstoß gegen Art. 296 Abs. 3 AEUV).[229]

---

[220] Vgl. EuGH Urt. v. 26.9.1996 – C-241/94 Rn. 33, BeckRS 2004, 75369 – Frankreich; EuZW 1998, 178 (181) – SAM Schifffahrt u. a.; *Dervisopoulos* in: Rengeling/Middeke/Gellermann, Rechtsschutz EU, § 7 Rn. 106.

[221] Näher dazu *Adam* Die Kontrolldichte – Konzeption des EuGH und der deutschen Gerichte, 1993; *Rubel* Die Gewährung von Entscheidungsfreiräumen in der Rechtsprechung des Europäischen Gerichtshofs für Menschenrechte und des Europäischen Gerichtshofs, 2005; *Schmidt* Die Befugnis des Gemeinschaftsrichters zu unbestimmter Ermessensnachprüfung, 2004.

[222] Vgl. *Ehlers* in: Ehlers, EuGR, § 7 Rn. 132 und § 14 Rn. 114 f.

[223] Vgl. *Fehling* VVDRStL 70 (2011), 278 (296 ff.).

[224] Vgl. *Dörr* in: Grabitz/Hilf/Nettesheim, EUV/AEUV, Art. 263 AEUV Rn. 162; *Pechstein/Görlitz* in: Frankfurter Kommentar, Art. 263 AEUV Rn. 177.

[225] Vgl. *Ehlers* Jura 2000, 323.

[226] Vgl. *Ehlers* in: Ehlers/Pünder, AllgVwR, § 5 Rn. 3; näher dazu *Borchardt* Grundlagen der EU (Fn. 78), Rn. 480 f.

[227] Vgl. z. B. EuGH Urt. v. 19.3.1991 – C-202/88 Rn. 20, BeckRS 2004, 72254 – Frankreich; Urt. v. 9.8.1994 – C-327/91 Rn. 20, BeckRS 2004, 76401 – Frankreich.

[228] Näher dazu *Weiß* in: Calliess/Ruffert, EUV/AEUV, Art. 101 AEUV Rn. 8 ff.

[229] Vgl. EuGH Urt. v. 28.2.1984 – C-228/82 Rn. 16 ff., BeckRS 2004, 72431 – Ford.

## II. Verletzung wesentlicher Formvorschriften

Unter **Formvorschriften** i. S. d. Art. 263 Abs. 2 AEUV werden nicht nur die Formvorschriften im engeren Sinne, sondern sämtliche an den Erlass eines Rechtsaktes zu stellende formelle Anforderungen verstanden (procedural requirements).[230] Dazu sind etwa die obligatorischen **Beteiligungsrechte** (z. B. des Europäischen Parlaments oder der Kommission[231] sowie der einzelnen betroffenen und anzuhörenden Personen[232]), die Anforderungen an das **Beschlussverfahren** des Rechtsaktes (z. B. Beachtung der vorgesehenen Quoren, Wahrung der Schriftform, Angabe der richtigen Rechtsgrundlage,[233] Beachtung der Geschäftsordnung[234]), die **Begründung** der Rechtsakte[235] (Art. 296 Abs. 2 AEUV; Art. 41 Abs. 2 lit. c GRCh) sowie die ordnungsgemäße **Veröffentlichung** bzw. Bekanntgabe[236] (Art. 297 Abs. 2 UAbs. 2 u. 3 AEUV) zu rechnen. Ob die Verletzung einer Formvorschrift „wesentlich" ist, bestimmt sich anders als dies der Wortlaut nahelegt nicht nach Art der Formvorschrift,[237] sondern danach, ob sich die Verletzung möglicherweise auf den Inhalt des Rechtsaktes ausgewirkt hat.[238] Eine Heilung wesentlicher Fehler im gerichtlichen Verfahren ist anders als nach § 45 Abs. 2 VwVfG nicht zulässig.[239] 77

## III. Ermessensmissbrauch

Anders als das deutsche Recht unterscheidet das Unionsrecht nicht zwischen Beurteilungs- und Ermessensspielräumen. Vielmehr wird allgemein von **Ermessen** gesprochen, wenn dem handelnden Organ (Rechtssubjekt) ein Gestaltungsspielraum zusteht. In Anlehnung an das französische Recht[240] (détournement de pouvoir) wird ein Ermessensmissbrauch nur angenommen, wenn der angefochtene Rechtsakt **zu anderen** als den angegebenen **Zwecken** erlassen oder mit dem Ziel ausgeübt wurde, das an sich vorgesehene **Verfahren** zu **umgehen.**[241] Somit geht es bei der Überprüfung eines Ermessensmissbrauchs ungeachtet des Art. 41 GRCh (Recht auf eine gute Verwaltung) nur um die Kontrolle, ob eine hoheitliche Befugnis missbraucht worden ist, nicht um eine ausgeformte 78

---

[230] Vgl. statt vieler *Dervisopoulos* in: Rengeling/Middeke/Gellermann, Hdb Rechtsschutz EU, § 7 Rn. 109; *Schwarze* in: Schwarze/Becker/Hatje/Schoo, EU-Kommentar, Art. 263 AEUV Rn. 76 ff.

[231] Vgl. Art. 17 Abs. 2 EUV, Art. 293 ff. AEUV.

[232] Art. 41 Abs. 2 lit. a GRCh. Die Beteiligungsrechte der Einzelnen sind vielfach sekundärrechtlich geregelt; vgl. zum Anhörungsrecht im Kartellrecht z. B. die Art. 27 KartellVerfO, Art. 12 VO 773/2004/EG v. 7.4.2004, ABlEU Nr. L 123/18, Art. 18 VO 139/2004/EG v. 20.1.2004, ABlEU Nr. L 24/1.

[233] Die Wahl einer falschen Rechtsgrundlage führt nur dann zur Nichtigkeit, wenn bei der Anwendung der richtigen Rechtsgrundlage abweichende Verfahrensanforderungen gegolten hätten, vgl. EuGH Urt. v. 11.6.1991 – C-300/89 Rn. 25, BeckRS 2004, 76145 – Kommission/Rat.

[234] Vgl. *Gaitanides* in: v. d. Groeben/Schwarze/Hatje, Europäisches Unionsrecht, Art. 263 AEUV Rn. 128.

[235] Die Rüge einer Verletzung der Begründungsfrist stellt einen der häufigsten Angriffe gegen Unionsrechtsakte dar. Vgl. *Ehricke* in: Streinz, EUV/AEUV, Art. 263 AEUV Rn. 83. Verletzt ist die Begründungspflicht, wenn eine Begründung fehlt oder diese unzureichend ist.

[236] Mängel bei der Veröffentlichung sollen nicht die Rechtmäßigkeit des Rechtsaktes berühren, sondern lediglich verhindern, dass die Klagefrist zu laufen beginnt (EuGH Urt. v. 14.7.1972 – C-48/69 Rn. 39, 43, BeckRS 2004, 73172 – ICI). Das kann aber nur dann gelten, wenn eine amtliche Veröffentlichung/Bekanntgabe vorliegt, ansonsten läge ein Nichtakt vor.

[237] Vgl. *Cremer* in: Calliess/Ruffert, EUV/AEUV, Art. 263 AEUV Rn. 88.

[238] Vgl. EuGH Urt. v. 15.11.2011 – C-106 u. 107/09 P Rn. 179, BeckRS 2011, 81623 – Kommission u. a.; *Schwarze* in: Schwarze/Becker/Hatje/Schoo, EU-Kommentar, Art. 263 AEUV Rn. 76; *Dörr/Lenz* Europäischer Verwaltungsrechtsschutz, Rn. 238; *Pechstein/Görlitz* in: Frankfurter Kommentar, Art. 263 AEUV Rn. 182.

[239] Vgl. EuGH NVwZ 1997, 475 (477 f.) – Deutschland u. a.; *Pünder* in: Ehlers/Pünder, AllgVwR, § 14 Rn. 83.

[240] Vgl. *Dervisopoulos* in: Rengeling/Middeke/Gellermann, Hdb Rechtsschutz EU, § 7 Rn. 118.

[241] Vgl. EuGH Urt. v. 14.5.1998 – C-48/96 P Rn. 52, BeckRS 2004, 77449 – Windpark Groothusen; Urt. v. 10.3.2005 – C-342/03 Rn. 64, BeckRS 2005, 70192 – Spanien; Urt. v. 25.1.2007 – C-407/04 P, BeckRS 2007, 70062 Rn. 99 – Dalmine.

Kontrolle des rechtmäßigen Gebrauchs von Spielräumen i. S. d. deutschen Rechts.[242] Vgl. demgegenüber aber auch → Rn. 81.

### IV. Verletzung der Verträge oder einer bei seiner (ihrer) Durchführung anzuwendenden Rechtsnorm

79 Der Nichtigkeitsgrund „Verletzung der Verträge oder einer bei seiner (richtigerweise: ihrer) Durchführung anzuwendenden Rechtsnorm(en)" hat **Auffangcharakter** und umfasst **alle Verstöße,** die keinem der anderen drei spezielleren Aufhebungsgründe unterfallen. Den gleichen Rang wie die Verträge haben die Grundrechtecharta (Art. 6 Abs. 3 EUV) und die vom Gerichtshof der Europäischen Union auf der Grundlage des Art. 19 Abs. 1 S. 2 EUV (Wahrung des Rechts) entwickelten allgemeinen Rechtsgrundsätze.[243] Den zur Durchführung der Verträge anzuwendenden Rechtsnormen unterfallen sowohl die von den Organen (bzw. juristischen Personen, Einrichtungen oder sonstigen Stellen) der Union im Gesetzgebungsverfahren (Art. 289 AEUV) erlassenen Sekundärrechtsakte als auch die Tertiärrechtsakte (Art. 290, 291 Abs. 2 AEUV) und die Beschlüsse, die an einen Adressaten gerichtet sind (Art. 288 Abs. 4 S. 2 AEUV). Ferner gehört hierzu das in das Unionsrecht integrierte Völkerrecht (Art. 216 Abs. 2 AEUV) mit unmittelbarer Geltung und Wirkung.[244] Dies setzt insbesondere voraus, dass zum einen Art und Struktur eines einschlägigen völkerrechtlichen Vertrages der Nichtigkeitserklärung nicht entgegenstehen und zum anderen Bestimmungen des völkerrechtlichen Vertrages inhaltlich unbedingt und hinreichend genau erscheinen.[245] Schließlich können auch Leitlinien und verbindliche Mitteilungen einer Handlung entgegenstehen (→ Rn. 21). Somit liegt stets ein Nichtigkeitsgrund vor, wenn der angefochtene Rechtsakt **mit höherrangigem Unionsrecht unvereinbar** ist. Dies ist auch der Fall, wenn die Anwendung der Rechtsnorm fehlerhaft ist, weil der angefochtene Rechtsakt auf eine **unzutreffende Tatsachenfeststellung** oder eine **fehlerhafte Würdigung des Sachverhalts** gestützt wurde.[246]

## D. Wirkungen des Urteils

80 **Fall 11:** Das EuG hat eine Entscheidung des Rates, bestimmte Beamtinnen der Europäischen Gemeinschaft (heute Europäische Union) bei einer Beförderung nicht zu berücksichtigen, aufgehoben. Die Kläger wurden daraufhin drei Jahre später befördert. Gegen die Ablehnung ihres Antrags auf Schadensersatz wegen der ihnen zugemuteten längeren Ungewissheit und wegen verspäteter Beförderung durch den Rat haben sie erneut Nichtigkeitsklage vor dem EuG erhoben.

81 Ist die Nichtigkeitsklage begründet, erklärt der Gerichtshof der Europäischen Union die angefochtene Handlung gemäß Art. 264 Abs. 1 AEUV für nichtig. Das Urteil hat **rechtsgestaltende Wirkung** (→ Rn. 1). Es hebt die angefochtene Handlung auf. Für eine nichtkassatorische Urteilstenorierung ist grundsätzlich[247] kein Raum. Anderes gilt unter den Voraussetzungen der Art. 261, 262, 270 AEUV. Nach **Art. 261 AEUV** kann dem Gerichtshof der

[242] Vgl. auch *Dörr* in: Grabitz/Hilf/Nettesheim, EUV/AEUV, Art. 263 AEUV Rn. 178.
[243] Vgl. dazu *Streinz* Europarecht, Rn. 654.
[244] Vgl. EuGH Urt. v. 9.9.2008 – C-120 u. 121/06 Rn. 110, BeckRS 2008, 70914 – FIAMM u. a.; EuG Urt. v. 10.12.2015 – T-512/12, BeckRS 2015, 123055 Rn. 184 f. – Front Polisario; näher dazu *Schmalenbach* in: Calliess/Ruffert, EUV/AEUV, Art. 216 AEUV Rn. 28 ff.
[245] Vgl. EuGH Urt. v. 9.9.2008 – C-120 u. 121/06 Rn. 108, BeckRS 2008, 70914 – FIAMM u. a.; ZUR 2015, 160 (162) – Vereniging Milieudefensie u. a.
[246] Vgl. *Pechstein* EU-Prozessrecht, Rn. 559; *Dörr/Lenz* Europäischer Verwaltungsrechtsschutz, Rn. 240.
[247] Vgl. aber auch → Rn. 14 (Feststellung der Nichtigkeit – Nichtexistenz – eines Rechtsaktes).

Europäischen Union durch Verordnung des Europäischen Parlaments und/oder des Rats die Zuständigkeit übertragen werden, das einem Unionsorgan in Bezug auf Zwangsmaßnahmen eingeräumte **Ermessen „unbeschränkt" nachzuprüfen,** d. h. auch eigene Zweckmäßigkeitserwägungen anzustellen und eigene Maßnahmen (Änderungen) zu erlassen. Art. 261 AEUV begründet keine eigene Klageart, sondern modifiziert Art. 263 AEUV.[248] Unter Zwangsmaßnahmen sind Entscheidungen mit Zwangscharakter zu verstehen (insbesondere Geldbußen oder Zwangsgelder).

Verordnungen i. S. d. Art. 261 AEUV wurden bisher im Bereich des Kartellrechts[249] und der Verkehrspolitik[250] erlassen. So hat der Gerichtshof nach **Art. 31 KartellVO**[251] die Befugnis zu unbeschränkter Nachprüfung der Entscheidungen, mit denen die Kommission eine Geldbuße oder ein Zwangsgeld festgesetzt hat. Er kann eine festgesetzte Geldbuße oder ein festgesetztes Zwangsgeld aufheben, herabsetzen (selbst wenn die Maßnahme nicht rechtswidrig ist) oder erhöhen (reformatio in peius). Wenn eine Verordnung dies vorsieht (was gegenwärtig nicht der Fall ist), dürfte der Gerichtshof nach Abweisung der Nichtigkeitsklage auch erstmalig eine Zwangsmaßnahme verhängen.[252] 82

Auch wenn dem Organ der Europäischen Union (z. B. der Kommission) ein Bewertungsspielraum zusteht, bedeutet dies nicht, dass die Unionsgerichte eine Kontrolle zu unterlassen haben. Andererseits verpflichtet die Befugnis zu unbeschränkter Nachprüfung (→ Rn. 72) den Gerichtshof der Europäischen Union nicht zu einer Überprüfung der genannten streitigen Maßnahme von Amts wegen. Zwingendes Recht ist dagegen von Amts wegen zu überprüfen. Im Übrigen kann sich der Gerichtshof der Europäischen Union auf eine Prüfung der geltend gemachten Klagegründe beschränken.[253] Auf dem Gebiet des gewerblichen Rechtsschutzes ist dem Gerichtshof der Europäischen Union gestützt auf **Art. 262 AEUV** durch Verordnungen die Kompetenz zur Aufhebung oder „Abänderung" angefochtener Entscheidungen der bei Unionseinrichtungen errichteten Beschwerdekammern übertragen worden.[254] Zu **Art. 270 AEUV** vgl. → § 11 Rn. 3. 83

Enthält eine Rechtshandlung voneinander abtrennbare Teile, kommt auch eine **Teilaufhebung** des für rechtswidrig erachteten Rechtsaktes in Betracht.[255] Im Übrigen darf die Kassation nicht über den Antrag des Klägers hinausgehen (ne ultra petita).[256] Wird trotz Unabtrennbarkeit nur eine Teilanfechtung beantragt, ist die Klage insgesamt unzulässig.[257] Hat der Kläger beantragt, den gesamten Rechtsakt für ungültig zu erklären, ist aber nur Teilnichtigkeit gegeben, ist die Klage teilweise begründet. 84

Wenn der Rechtsakt allgemeine Geltung hat – wie die Verordnung oder die allgemein verbindlichen Beschlüsse (Art. 288 Abs. 2 und Abs. 4 S. 1 AEUV) – oder eine Richtlinie angegriffen worden ist, wirkt die Aufhebung **erga omnes.** Bestandskräftig gewordene 85

---

[248] Vgl. auch EuGH Urt. v. 21.1.2016 – C-603/13 P, BeckRS 2016, 80156 Rn. 71 – Galp Energía España SA u. a.; *Ehricke* in: Streinz, EUV/AEUV, Art. 261 AEUV Rn. 3 m. w. Nachw.

[249] Art. 31 KartellVerfO, VO 1/2003/EG v. 16.12.2002, ABlEU Nr. L 1/1; Art. 16 VO 139/2004/EG v. 20.1.2004, ABlEU Nr. L 24/1.

[250] Vgl. die Nachw. bei *Ehricke* in: Streinz, EUV/AEUV, Art. 261 AEUV Fn. 6; *Booß* in: Grabitz/Hilf/Nettesheim, EUV/AEUV, Art. 261 AEUV Rn. 2.

[251] VO 1/2003/EG v. 16.12.2002, ABlEU Nr, L 1/1.

[252] Vgl. auch *Booß* in: Grabitz/Hilf/Nettesheim, EUV/AEUV, Art. 261 AEUV Rn. 8.

[253] EuGH Urt. v. 10.7.2014 – C-295/12 P, BeckRS 2014, 81153 Rn. 39 ff. – Telefónica u. a.

[254] Vgl. Art. 72 Abs. 3 VO 2017/1001/EU v. 14.6.2017, ABlEU Nr. L 154/1, über die Unionsmarke; Art. 61 Abs. 3 VO 6/2002/EG v. 12.12.2001, ABlEU Nr. L 179/31, über Gemeinschaftsgeschmacksmuster. Siehe ferner aber auch Art. 74 VO 2100/94/EG v. 27.7.1994, ABlEU Nr. L 277/1. Von 641 im Jahre 2016 erledigten Rechtssachen betrafen 80 das geistige Eigentum (vgl. Jahresbericht des Gerichtshofs der Europäischen Union 2016). Zur Schaffung eines einheitlichen Patentschutzes vgl. VO 1257/2012/EU v. 17.12.2012, ABlEU Nr. L 307/83 u. VO 1260/2012/EU v. 17.12.2012, ABlEU Nr. L 361/89; → Rn. 7.

[255] EuGH Urt. v. 23.10.1974 – C-17/74 Rn. 21, BeckRS 2004, 71938 – Transocean Marine Paint; Urt. v. 3.10.1996 – C-41/94 Rn. 143, BeckRS 2004, 77097 – Deutschland; EuZW 1998, 299 (313) – Frankreich u. a.

[256] EuGH Urt. v. 19.1.2006 – C-240/03 P, BeckRS 2006, 70067 Rn. 43 – Comunità montana della Valnerina.

[257] Vgl. EuGH LMRR 2005, 17 Rn. 21 – Frankreich.

Durchführungsrechtsakte (Einzelfallregelungen) bleiben gültig, sofern sie nicht erfolgreich gesondert angefochten werden. Dagegen entfaltet die Nichtigerklärung eines an einen Adressaten gerichteten Beschlusses nur **inter-partes**-Wirkungen. Dies gilt auch dann, wenn ein Sammelbeschluss, d. h. ein Bündel gleichlautender Beschlüsse, angegriffen worden ist. Die nicht angegriffenen Einzelentscheidungen werden bestandskräftig. Wird ein Beschluss mit drittbelastender Wirkung erfolgreich von dem Dritten (z. B. den Konkurrenten im Falle einer Beihilfegenehmigung) angegriffen oder wird ein drittbegünstigender Beschluss (z. B. Rückforderung einer Beihilfe) auf die Klage des Adressaten (Beihilfeempfängers) hin aufgehoben, entfaltet der Beschluss für beide Teile keine Wirkung mehr. Die Rechtskraftwirkung, welche eine erneute Klage unzulässig macht, gilt vorbehaltlich der Wiederaufnahme des Verfahrens[258] nur für den Kläger, macht einen Drittwiderspruch[259] aber nicht unzulässig.

86 Wird der Nichtigkeitsklage stattgegeben, wirkt das **Urteil** grundsätzlich **ex tunc.**[260] Das bedeutet, dass die Parteien in den Zustand zurückversetzt werden, der vor Erlass der streitigen Maßnahme bestand. Nach Art. 264 Abs. 2 AEUV ist der Gerichtshof der Europäischen Union aber ermächtigt, von Amts wegen die Wirkung einer nichtigen Handlung als fortgeltend zu betrachten, falls er dies für notwendig hält.[261] Hinsichtlich des „Ob" und des „Wie" kommt den Unionsgerichten ein Beurteilungsspielraum zu.[262] Grundsätzlich wird von der Befugnis des Art. 264 Abs. 2 AEUV nur restriktiv Gebrauch gemacht. Doch haben die Unionsgerichte die Nichtigkeitserklärung des Öfteren im Interesse der Einzelnen, der Union oder der Mitgliedstaaten aus Gründen der Rechtssicherheit,[263] des Vertrauensschutzes,[264] der wohlerworbenen Rechte Dritter,[265] der einheitlichen Anwendung des Unionsrechts[266] oder anderweitiger öffentlicher Interessen auf einen anderen Zeitpunkt als den der Kollisionsentstehung (ex tunc) bezogen. In der Regel wurde dann der Zeitpunkt der Verkündung der Gerichtsentscheidung gewählt **(ex nunc).** Vereinzelt hat der Gerichtshof der Europäischen Union nichtige Handlungen aber auch für die Zeit nach Erlass des Urteils vorübergehend fortwirken lassen (etwa wenn der Rechtsakt auf eine fehlerhafte Rechtsgrundlage gestützt wurde).[267] Eine unbeschränkte Fortgeltung ist mit Art. 264 Abs. 2 AEUV nicht vereinbar. Das Mandat des Gerichtshofs der Europäischen Union bezieht sich anders als früher (Art. 231 Abs. 2 EGV) nicht nur auf Verordnungen, sondern auf alle Handlungen der Union.[268] Ebenso hat der EuGH in Ausnahmefällen die zeitlichen Wirkungen seiner Vorabentscheidungen nach Art. 267 AEUV beschränkt: insbesondere wenn es zwingende Gründe der Rechtssicherheit ausschließen, Rechtsverhältnisse, die ihre Wirkungen in der Vergangenheit erschöpft haben, in Frage zu stellen.[269]

---

[258] Art. 44 Satzung EuGH; Art. 159 VerfO EuGH; Art. 169 VerfO-EuG.

[259] Art. 42 Satzung EuGH; Art. 157 VerfO-EuGH; Art. 167 VerfO-EuG.

[260] Vgl. etwa EuGH Urt. v. 26.4.1988 – C-97/86 Rn. 30, BeckRS 2004, 73982 – Asteris u. a.; EuG Urt. v. 13.12.1995 – T-481 u. 484/93 – juris Rn. 46 – Levende Varkens u. a.

[261] Vgl. dazu *Gundel* FS Berg, 2011, S. 54.

[262] Vgl. *Dörr* in: Grabitz/Hilf/Nettesheim, EUV/AEUV, Art. 264 AEUV Rn. 13. Näher zum Ganzen *Rosenkranz* Die Beschränkung der Rückwirkung von Entscheidungen des Europäischen Gerichtshofs, 2015.

[263] Vgl. EuGH NZBau 2009, 192 (199) – Régie Networks; Urt. v. 1.10.2009 – C-370/07 Rn. 64, BeckRS 2009, 71087 – Kommission/Rat.

[264] EuGH Urt. v. 27.9.1988 – C-51/87 Rn. 22, BeckRS 2004, 73257 – Kommission/Rat.

[265] *Pechstein* in: Frankfurter Kommentar, Art. 264 AEUV Rn. 9.

[266] EuGH Urt. v. 27.2.1985 – C-112/83 Rn. 17, BeckRS 2004, 71269 – Société des produites de maïs.

[267] Vgl. EuGH Urt. v. 20.3.1985 – C-264/82 Rn. 32, BeckRS 2004, 72758 – Timex; Urt. v. 26.11.2014 – C-103 u. 165/12, BeckRS 2014, 82419 Rn. 90 ff. – Parlament/Rat.

[268] Auch Art. 231 Abs. 2 EGV (nun: Art. 264 AEUV) wurde entsprechend auf die Ungültigkeit von Richtlinien (EuGH NVwZ 1992, 1181 – Parlament/Rat), Entscheidungen (EuGH Urt. v. 12.5.1998 – C-106/96 Rn. 41, BeckRS 2004, 74081 – Vereinigtes Königreich) sowie Haushaltsplänen (EuGH Urt. v. 3.7.1986 – C-34/86 Rn. 48, BeckRS 2004, 70881 – Rat/Parlament) angewandt.

[269] Zu Vorabentscheidungen, welche ein nationales Gericht ausnahmsweise zur Anwendung einer für nichtig erklärten nationalen Rechtsvorschrift berechtigt, vgl. EuGH NVwZ 2012, 553 Rn. 58 – Inter-Environnement Wallonie; Urt. v. 28.7.2016 – C-379/15, BeckRS 2016, 81745 Rn. 36 ff. – Association France Nature Environnement. Näher zum Ganzen *Ehlers/Eggert* JZ 2008, 585 (587 f.); *Ehlers* in: Schulze/Janssen/Kadelbach, Europarecht, § 11 Rn. 63.

Hat das **EuG** der Nichtigkeitsklage stattgegeben, wird das Urteil zwar erst nach Ablauf der Rechtsmittelfrist oder der Zurückweisung durch den EuGH rechtskräftig. Doch haben Rechtsmittel nach Art. 60 Abs. 1 Satzung EuGH keine aufschiebende Wirkung, so dass bereits das Urteil des EuG Bindungswirkungen entfaltet. Anderes gilt gemäß Art. 60 Abs. 2 Satzung EuGH für **nichtig erklärte Verordnungen.** Eine diesbezügliche Entscheidung des EuG wird erst mit Ablauf der Rechtsmittelfrist oder, wenn innerhalb dieser Frist ein Rechtsmittel eingelegt worden ist, nach dessen Zurückweisung wirksam. Damit soll verhindert werden, dass die Verordnung mit dem erstinstanzlichen Urteil aufhört zu existieren, um später gegebenenfalls nach dem Rechtsmittelverfahren wieder aufzuleben.[270] Entsprechendes wie für Verordnungen dürfte auch für alle anderen abstrakt-generellen Rechtsakte gelten. 87

Ferner begründet **Art. 266 AEUV** eine **Handlungspflicht** der Unionsorgane (-rechtssubjekte, Einrichtungen oder sonstigen Stellen), wenn eine Handlung für nichtig erklärt worden ist (nicht aber eine Befugnis der Unionsgerichte, solche Maßnahmen im Nichtigkeitsurteil anzuordnen). Die Beklagten haben die sich aus dem Urteil des Gerichtshofs der Europäischen Union ergebenden Maßnahmen – in angemessener Frist – zu ergreifen. Die fortdauernden tatsächlichen oder rechtlichen Nachteile der für nichtig erklärten Handlungen sind zu beseitigen bzw. auszugleichen.[271] Z. B. müssen die auf einen für nichtig erklärten Rechtsakt zurückzuführenden Vollzugsmaßnahmen aufgehoben und die zu Unrecht erhobenen Geldbußen oder Zahlungen erstattet werden.[272] Beruht die Nichtigkeit auf einem materiellen Fehler, dürfen keine identischen oder inhaltsgleichen Maßnahmen erlassen werden. Abzustellen ist auf den Urteilstenor und die Entscheidungsgründe. Die objektivrechtliche Verpflichtung der Organe, Rechtssubjekte, Einrichtungen oder sonstigen Stellen entspricht einem subjektiv-rechtlichen Folgenbeseitigungsanspruch, der wiederum im Klagewege durchgesetzt werden kann.[273] Unterbleibt z. B. jegliche Folgenbeseitigung, kann Untätigkeitsklage nach Art. 265 AEUV erhoben werden. Unberührt bleibt ferner gemäß Art. 266 Abs. 2 AEUV die Verpflichtung, Schadensersatz zu leisten, wenn die Voraussetzungen des Art. 340 Abs. 2 AEUV (insbesondere eine qualifizierte Rechtsverletzung) vorliegen. Eine selbständige Grundlage für einen Schadensersatzanspruch stellt Art. 266 Abs. 2 AEUV nicht dar. Die Mitgliedstaaten sind nach Art. 4 Abs. 3 EUV ebenfalls zur Beachtung des Urteils verpflichtet, müssen also insbesondere die erforderlichen Maßnahmen ergreifen, wenn auf der Grundlage des für nichtig erklärten Unionsrechtsaktes innerstaatliche Vorschriften erlassen wurden, die als Rechtsgrundlage weggefallen sind.[274] 88

**Lösung zu Fall 11:** Die Nichtigkeitsklage ist begründet, wenn der Rat aus dem ersten Nichtigkeitsurteil nicht die nach Art. 266 AEUV gebotenen Konsequenzen gezogen hat. Nach Art. 266 Abs. 2 AEUV sind die verurteilten Organe, juristischen Personen, Einrichtungen oder sonstigen Stellen verpflichtet, den durch die für nichtig erklärte Handlung verursachten Schaden zu ersetzen, sofern die Voraussetzungen des Art. 340 Abs. 2 AEUV erfüllt sind. Hier hat der EuGH (als Rechtsmittelinstanz) zwar einen immateriellen Schadensersatz wegen zugemuteter längerer Ungewissheit abgelehnt, einen Anspruch auf Ersatz des materiellen Schadens wegen verspäteter Beförderung dem Grunde nach aber bejaht.[275] 89

Wird die **Nichtigkeitsklage** durch Sachurteil **abgewiesen,** bindet dieses die Unionsgerichte nicht. Sie sind somit nicht gehindert, den fraglichen Rechtsakt in anderen Verfahren 90

---

[270] Vgl. *Pechstein* EU-Prozessrecht, Rn. 249.
[271] EuGH Urt. v. 14.5.1998 – C-259/96 Rn. 16, BeckRS 2004, 75768 – De Nil u. a.
[272] Vgl. EuG EuZW 1997, 696 (701 f.) – AssiDomän Kraft Products u. a.
[273] Im Einzelnen besteht noch Klärungsbedarf. Vgl. *Gaitanides* in: v. d. Groeben/Schwarze/Hatje, Europäisches Unionsrecht, Art. 266 AEUV Rn. 17.
[274] Vgl. auch *Schwarze* in: Schwarze/Becker/Hatje/Schoo, EU-Kommentar, Art. 266 AEUV Rn. 7.
[275] EuGH Urt. v. 14.5.1998 – C-259/96, BeckRS 2004, 75768 – De Nil u. a

(z. B. dem Vorabentscheidungsverfahren) für nichtig zu erklären.[276] Wie im Allgemeinen (Art. 278 S. 1 AEUV) haben Rechtsmitteleinlegungen gegen Urteile des EuG zum EuGH keine aufschiebende Wirkung (→ Rn. 87). Die Vollstreckung der für rechtmäßig befundenen Handlungen richtet sich nach Art. 299 AEUV.

---

[276] Vgl. *Dörr/Lenz* Europäischer Verwaltungsrechtsschutz, Rn. 269.

# § 10. Untätigkeitsklage

*Dirk Ehlers*

**Übersicht**



**Schrifttum:** *Classen* Rechtsschutz in: Schulze/Janssen/Kadelbach (Hrsg.), Europarecht, Handbuch für die Deutsche Rechtspraxis, 4. Aufl. 2020, § 4; *Dervisopoulos* Untätigkeitsklagen in: Rengeling/Middeke/Gellermann, Handbuch des Rechtsschutzes in der Europäischen Union, 3. Aufl. 2014, § 8; *Thiele* Europäisches Prozessrecht, 2. Aufl. 2014, § 8.

## A. Funktion und Bedeutung der Untätigkeitsklage

1 Die in Art. 265 AEUV[1] geregelte **Untätigkeitsklage** des Europäischen Unionsrechts ergänzt die Nichtigkeitsklage (→ § 9). Wie bereits ihr Name zum Ausdruck bringt, richtet sie sich gegen ein rechtswidriges Unterlassen der Unionsorgane, Einrichtungen oder sonstigen Stellen der Union (→ Rn. 6), einschließlich der verselbständigten Unionsrechtsträger. Ebenso wie die Nichtigkeitsklage dient auch die Untätigkeitsklage sowohl der **objektiven Rechtskontrolle** als auch dem **subjektiven Rechtsschutz** (→ § 9 Rn. 1). Letzteres ist der Fall, wenn die Klage von natürlichen oder juristischen Personen erhoben wird – da Art. 265 Abs. 3 AEUV eine Adressatenstellung oder jedenfalls eine unmittelbare und individuelle Betroffenheit (→ Rn. 12, 18) verlangt. Anders als die Nichtigkeitsklage ist die Untätigkeitsklage keine Gestaltungsklage. Vielmehr richtet sie sich gemäß Art. 265 Abs. 1 AEUV lediglich „auf Feststellung" eines als unionsrechtswidrig angesehenen Unterlassens. Somit handelt es sich auch nicht um eine Verpflichtungs- oder Leistungsklage, sondern um eine **Feststellungsklage.**[2] Der Gerichtshof der Europäischen Union (Art. 19 Abs. 1 S. 2 EUV) darf den Beklagten nicht dazu verurteilen, den vom Kläger begehrten Akt zu erlassen. Klagen, die auf ein Tun, Dulden oder Unterlassen oder auch nur auf eine Beschei-

[1] Für die Europäische Atomgemeinschaft gilt kraft der Verweisung des Art. 106a Abs. 1 EAGV Entsprechendes.

[2] Vgl. statt vieler *Pechstein* EU-Prozessrecht, Rn. 573.

dung nach Art des § 113 Abs. 5 S. 2 VwGO gerichtet sind, werden vom Gerichtshof regelmäßig als unzulässig abgewiesen.[3] Eine festgestellte Vertragswidrigkeit verpflichtet das verklagte Unionsorgan respektive die Einrichtung oder Stelle nur dazu, „von sich aus" die nach Maßgabe des Art. 266 AEUV gebotenen Maßnahmen zu ergreifen (→ Rn. 29). Bleibt die Union weiter untätig oder entspricht das Resultat des Handelns nicht dem Klagebegehren, kann der Kläger zwar erneut den Gerichtshof anrufen, aber nicht (oder ggf. nur nach mehreren Anläufen) sicher sein, sein Ziel zu erreichen.[4] De lege ferenda empfiehlt es sich, eine unionsrechtliche Verpflichtungsklage in den Vertragstext aufzunehmen (→§ 7 Rn. 21).

2 Im **Verhältnis zur Nichtigkeitsklage** ist die Untätigkeitsklage wegen der unterschiedlichen Klagegegenstände und damit fehlenden Parallelität zwar nicht formell, wohl aber sinngemäß **subsidiär.**[5] Sie darf nämlich nur im Falle des Vorliegens „völliger Untätigkeit"[6] des unionsrechtlich zum Handeln verpflichteten Organs oder Rechtssubjekts erhoben werden (→ Rn. 8). **Untätigkeit** i. S. d. Art. 265 AEUV bedeutet Nichtbescheidung oder Nichtstellungnahme, nicht aber den Erlass eines anderen als des vom Kläger gewünschten oder für notwendig erachteten Rechtsakts.[7] Somit muss stets zunächst geprüft werden, ob ein die Untätigkeitsklage ausschließendes Handeln vorliegt. Auch wenn das beantragte Handeln ganz oder teilweise abgelehnt wird, ist die Ablehnungsentscheidung gemäß Art. 263 AEUV mit der Nichtigkeitsklage anzufechten (→ § 9 Rn. 13). Dem Kläger ist es ferner nicht gestattet, den Ablauf der Frist für die Erhebung einer Nichtigkeitsklage (→ § 9 Rn. 67 ff.) gegen einen Rechtsakt eines Unionsorgans durch den „prozessualen Kunstgriff" der Untätigkeitsklage gegen eine Weigerung des Organs, der Einrichtung oder sonstigen Stelle der Union, diesen Akt für nichtig zu erklären oder aufzuheben, zu umgehen.[8] Doch macht das Vorliegen wesentlicher neuer Tatsachen wie die Stellung eines Antrags auf Überprüfung eines nicht fristgerecht angefochtenen Beschlusses diesen im Falle eines Untätigbleibens zulässig.[9]

3 Wie bei der Nichtigkeitsklage (→ § 9 Rn. 3) lassen sich auch bei der Untätigkeitsklage nach Klagegegenstand (→ Rn. 8, 11) und Klageberechtigung **verschiedene Klagen** unterscheiden. So handelt es sich bei den Mitgliedstaaten (zum Begriff vgl. → § 9 Rn. 8) und Organen der Union (Art. 13 Abs. 1 UAbs. 2 EUV) um **privilegierte Kläger,** weil sie nach Art. 265 Abs. 1 AEUV ohne Weiteres Klage erheben dürfen, wenn es das Europäische Parlament (EP), der Europäische Rat, der Rat, die Kommission (KOM), die Europäische Zentralbank (EZB) respektive die Einrichtungen oder sonstigen Stellen der Union (→ § 9 Rn. 11) unterlassen haben, unter Verletzungen der Verträge einen Beschluss zu fassen. Dagegen gelten für die **natürlichen oder juristischen Personen** (Art. 265 Abs. 3 AEUV) Einschränkungen (→ Rn. 11, 18 f.). Die praktische Bedeutung der Untätigkeitsklage ist gering. So sind in den Jahren 2015 bis 2019 nur 48 Untätigkeitsklagen neu eingegangen (durchschnittlich weniger als zehn im Jahr).[10] Insbesondere werden von natürlichen oder juristischen Personen selten Untätigkeitsklagen erhoben.[11] Auch werden nicht wenige Klagen bereits als unzulässig abgewiesen.[12]

---

[3] Vgl. EuGH Urt. v. 23.3.1993 – C-314/91 Rn. 13, BeckRS 2004, 76277 – Weber; Urt. v. 25.5.1993 – C-199/91 Rn. 17, BeckRS 2004, 74886 – Foyer cultural du Sart Tilman.

[4] Vgl. zu einem (allerdings die Nichtigkeitsklage betreffenden) Beispielsfall *Wegener* EuGRZ 2008, 354 (356 f.).

[5] Vgl. zur Subsidiarität *Ehricke* in: Streinz, EUV/AEUV, Art. 265 AEUV Rn. 1.

[6] *Pechstein* EU-Prozessrecht, Rn. 574; vgl. *Classen* in: Schulze/Janssen/Kadelbach, Europarecht, § 4 Rn. 39.

[7] EuGH Urt. v. 19.11.2013 – C-196/12 Rn. 22, BeckRS 2013, 82214 m. w. Nachw.

[8] EuGH Urt. v. 6.4.1962 – C-21 bis 26/61, BeckRS 2004, 72297 S. 166 – Meroni.

[9] Vgl. auch EuGH Urt. v. 15.5.1985 – C-127/84 Rn. 10, BeckRS 2004, 71462 – Esly; EuG Urt. v. 21.3.2014 – T-306/10, BeckRS 2014, 81792 Rn. 60 – Yusef.

[10] Vgl. den Jahresbericht über die Rechtsprechungstätigkeit des EuGH und EuG 2019, S. 297: https://curia.europa.eu/jcms/upload/docs/application/pdf/2020-05/qd-ap-20-001-de-n.pdf (zuletzt abgerufen am 30.11.2020).

[11] *Dervisopoulos* in: Rengeling/Middeke/Gellermann, Hdb Rechtsschutz EU, § 8 Rn. 5.

[12] Vgl. *Dervisopoulos* in: Rengeling/Middeke/Gellermann, Hdb Rechtsschutz EU, § 8 Rn. 5.

## B. Zulässigkeit der Untätigkeitsklage

### I. Zuständigkeit der Unionsgerichtsbarkeit, des Gerichtshofs und des Gerichts

Die Zuständigkeit der Unionsgerichtsbarkeit für Untätigkeitsklagen und die Kompetenzverteilung zwischen dem Gerichtshof **(EuGH)** und dem Gericht **(EuG)** bestimmen sich nach denselben Regeln wie im Falle der Erhebung einer Nichtigkeitsklage (→ § 9 Rn. 5 ff.). Danach ist nur die Unionsgerichtsbarkeit dazu berufen, rechtsverbindliche Feststellungen über Unterlassungen der Unionsorgane, Einrichtungen oder sonstigen Stellen der Union zu treffen. Für mitgliedstaatliche und organschaftliche Klagen ist gemäß Art. 256 Abs. 1 S. 1 AEUV i. V. m. Art. 51 Satzung EuGH grundsätzlich der EuGH zuständig. Diese Zuständigkeit ist wegen der gebotenen weiten Auslegung des Art. 51 Satzung EuGH auch für Klagen der Mitgliedstaaten oder Unionsorgane anzunehmen, die sich gegen Unterlassungen der Einrichtungen oder sonstigen Stellen der Union richten.[13] Dagegen ist das EuG erstinstanzlich insbesondere für alle Individualuntätigkeitsklagen zuständig. 4

### II. Parteifähigkeit

#### 1. Aktive Parteifähigkeit

Aktiv parteifähig sind nach Art. 265 Abs. 1 S. 1 AEUV die **Mitgliedstaaten** und „die anderen **Organe** der Union", d. h. die in Art. 13 Abs. 1 UAbs. 2 EUV genannten Organe (Europäisches Parlament, Europäischer Rat, Rat, Kommission, Europäische Zentralbank,[14] Rechnungshof), mit Ausnahme des Gerichtshofs der Europäischen Union (EuGH, EuG, Fachgerichte), der nicht gegen sich selbst klagen kann. Keine Organqualität i. S. d. Art. 265 Abs. 1 AEUV kommt dem Wirtschafts- und Sozialausschuss, dem Ausschuss der Regionen und der Europäischen Investitionsbank zu (vgl. Art. 13 Abs. 4 EUV, Art. 301, 305, 308 AEUV). Nicht aktiv (sondern nur passiv) parteifähig sind ferner die Einrichtungen und sonstigen Stellen der Union (Art. 265 Abs. 1 S. 2 AEUV).[15] Ferner können die natürlichen und juristischen Personen Untätigkeitsklage erheben (Art. 265 Abs. 3 AEUV). Der Begriff der juristischen Person ist ebenso weit auszulegen wie im Rahmen des Art. 263 Abs. 4 AEUV (→ § 9 Rn. 10). 5

#### 2. Passive Parteifähigkeit

Die Untätigkeitsklage kann nach Art. 265 Abs. 1 AEUV gegen das **Europäische Parlament,** den **Europäischen Rat,** den **Rat,** die **Kommission** und die **Europäische Zentralbank** erhoben werden. Untergliederungen fallen hierunter, wenn das Handeln den genannten Unionsorganen zugerechnet werden kann. Das Europäische Unionsrecht vermag seinem Anspruch, effektiven Rechtsschutz zu gewährleisten (→ § 7 Rn. 2), aber nur gerecht zu werden, wenn auch die sonstigen Einrichtungen und Stellen der Union (einschließlich der verselbständigten Unionsrechtsträger wie der rechtsfähigen Agenturen), die es vertragswidrig unterlassen haben, tätig zu werden, Gegner einer Untätigkeitsklage sein können. Deshalb müssen auch sie als passiv parteifähig angesehen werden.[16] Eine dement- 6

---

[13] Vgl. *Pechstein* in: Frankfurter Kommentar, Art. 265 AEUV Rn. 11; a. A. *Dörr* in: Grabitz/Hilf/Nettesheim EUV/AEUV, Art. 265 Rn. 36 (Zuständigkeit des Gerichts).

[14] Die EZB besitzt zwar Rechtspersönlichkeit (Art. 282 Abs. 3 S. 1 AEUV), wird aber nach Art. 13 Abs. 1 UAbs. 2 EUV auch zu den Organen der Union gerechnet.

[15] Vgl. *Thiele* Europäisches Prozessrecht, § 8 Rn. 12.

[16] Dementsprechend kann z. B. auch die Untätigkeit des Rechnungshofes mit einer Klage nach Art. 265 AEUV geltend gemacht werden; vgl. *Dörr/Lenz,* Europäischer Verwaltungsrechtsschutz, Rn. 282.

sprechende Klarstellung enthält ausdrücklich Art. 265 Abs. 1 S. 2 AEUV, so dass nunmehr das gesamte der Union zuzurechnende Verhalten der Kontrolle nach Art. 265 AEUV unterliegt, ohne dass es auf die Organqualität des Beklagten ankommt.[17] Deshalb ist auch der in Art. 265 Abs. 1 S. 1 Hs. 1 AEUV nicht genannte Rechnungshof nicht nur aktiv, sondern auch passiv parteifähig und damit möglicher Gegner der Untätigkeitsklage.

## III. Klagegegenstand

7 **Fall 1:** Das Europäische Parlament hat den Rat aufgefordert, gemäß Art. 74, 75 EWGV (heute Art. 90, 91 AEUV) eine gemeinsame Politik auf dem Gebiet des Verkehrs einzuführen und den Rahmen für die Politik verbindlich festzulegen sowie gemäß Art. 75 lit. a, b EWGV (heute Art. 91 Abs. 1 lit. a, b AEUV) den freien Dienstleistungsverkehr auf dem Gebiet des Verkehrs herzustellen. Der Rat hat in seiner Antwort die Maßnahmen aufgeführt, die er bereits getroffen hat. Daraufhin hat das Europäische Parlament Untätigkeitsklage beim EuGH erhoben.

8 Wie bereits ausgeführt wurde (→ Rn. 2), kann mit der Untätigkeitsklage nur ein **vollständiges Unterlassen** angegriffen werden. Das Unterlassen kann in expliziter oder impliziter Form erfolgen.[18] Der Klagegegenstand – d. h. die Maßnahme, deren Unterlassen gerügt wird – muss in der das Verfahren begrenzenden Aufforderung (→ Rn. 14) und im Klageantrag sowohl in rechtlicher als auch in tatsächlicher Hinsicht so genau bezeichnet werden, dass ein stattgebendes Urteil nach Art. 266 Abs. 1 AEUV vollziehbar ist. Eine Erweiterung im Laufe des gerichtlichen Verfahrens ist nicht zulässig.[19] Im Übrigen werden unterschiedliche Anforderungen an den Klagegegenstand gestellt.

9 Die **Staaten**- oder **Organklage** ist nach Art. 265 Abs. 1 S. 1 AEUV statthaft, wenn sie sich gegen das unionsrechtswidrige Unterlassen der Organe, Einrichtungen oder sonstiger Stellen der Union wendet, „einen **Beschluss** zu fassen". Hierbei muss es sich nicht um einen Beschluss i. S. d. Art. 288 Abs. 4 AEUV handeln, wie sich aus der Genese der Vorschrift,[20] den anderen Sprachfassungen,[21] der allgemeineren Umschreibung des Unterlassens in Art. 265 Abs. 1 S. 2 AEUV (unterlassen, tätig zu werden) sowie der gebotenen rechtsschutzfreundlichen Auslegung ergibt.[22] Zu Recht folgert die Rechtsprechung (→ siehe dazu Fall 1) und herrschende Lehre[23] aus der von der Umschreibung der Klagegegenstände in Art. 263 Abs. 1, 265 Abs. 3, 267 AEUV abweichenden Formulierung – insbesondere der Nichtausklammerung von Empfehlungen und Stellungnahmen –, dass es sich **nicht** um **rechtsverbindliche Rechtsakte** handeln muss, sondern vielmehr **alle Maßnahmen** erfasst werden, zu deren Erlass der Beklagte aufgrund des Unionsrechts verpflichtet ist. Die Untätigkeitsklage kann somit auch (unterlassene) Handlungen zum Gegenstand haben, die im Falle der Vornahme nicht mit einer Nichtigkeitsklage angefochten werden könnten.[24]

---

[17] Vgl. auch *Dörr* in: Grabitz/Hilf/Nettesheim, EUV/AEUV, Art. 265 AEUV Rn. 12.

[18] *Borchardt* in: Lenz/Borchardt, EU-Verträge, Art. 265 AEUV Rn. 8.

[19] *Pechstein* in: Frankfurter Kommentar, Art. 265 Rn. 37.

[20] Schon Art. 232 Abs. 1 EGV zielte auf einen unterlassenen Beschluss ab, ohne dass dieser Begriff in der Bestimmung über die Handlungsformen (Art. 249 EGV) auftauchte; vgl. auch *Dörr* in: Grabitz/Hilf/Nettesheim, EUV/AEUV, Art. 265 AEUV Rn. 14.

[21] Z. B. in der englischen Sprache „fail to act" (Art. 265 Abs. 1 AEUV) einerseits, „decisions" (Art. 288 Abs. 4 AEUV) andererseits.

[22] Käme es auf das Unterlassen einer Beschlussfassung nach Art. 288 Abs. 4 AEUV an, wären nur sehr begrenzte Untätigkeiten von Art. 265 Abs. 1 AEUV erfasst.

[23] Vgl. *Borchardt* in: Lenz/Borchardt, EU-Verträge, Art. 265 AEUV Rn. 8; *Schwarze* in: Schwarze, EU-Kommentar, Art. 265 AEUV Rn. 11; *Cremer* in: Calliess/Ruffert, EUV/AEUV, Art. 265 AEUV Rn. 5; a. A. z. B. *Nicolaysen* Europarecht II, S. 384; *Thiele* Europäisches Prozessrecht, § 8 Rn. 19 f. (wonach unter dem Begriff „Beschluss" solche Akte zu fassen sind, die zumindest rechtliche Wirkung außerhalb des erlassenden Organs entfalten können).

[24] Ebenso *Dervisopoulos* in: Rengeling/Middeke/Gellermann, Hdb Rechtsschutz EU, § 8 Rn. 21.

Beispielsweise reichen unterlassene Rechtsakte vorbereitender Art aus (z. B. Nichtvorlage eines Rechtsetzungsvorschlags der Kommission).[25] Die Unterlassung muss eine Vertragsverletzung begründen können. Eine solche liegt auch vor, wenn sekundäre oder tertiäre Handlungspflichten (zur Unterscheidung vgl. → § 9 Rn. 79) missachtet wurden.

**Lösung zu Fall 1:** Da das Europäische Parlament die Stellung eines Organs der Europäischen Union hat, ist es aktiv parteifähig. Die passive Parteifähigkeit des Rats ergibt sich unmittelbar aus Art. 265 Abs. 1 S. 1 AEUV. Die Untätigkeitsklage ist nur statthaft, wenn gerügt wird, dass es der Beklagte unter Verletzung des Vertrags unterlassen hat, „einen Beschluss zu fassen". Hierfür reichen Maßnahmen aus, zu deren Erlass der Beklagte verpflichtet ist. Soweit sich das Europäische Parlament auf das Fehlen einer gemeinsamen Verkehrspolitik beruft, ist die Klage unzulässig, weil nicht das Fehlen eines bestimmten Rechtsaktes gerügt wurde, vielmehr unklar bleibt, welche Maßnahmen der Rat treffen und in welcher Reihenfolge dies geschehen soll. Hinsichtlich des Antrags, einen freien Dienstleistungsverkehr auf dem Gebiet des Verkehrs herzustellen, hat der EuGH[26] dagegen hinreichende Bestimmtheit angenommen, da das Gebot der Beseitigung sämtlicher Diskriminierungen zwecks Gewährleistung der Dienstleistungsfreiheit dem Rat nur noch in Bezug auf die näheren Einzelheiten „ein gewisses Ermessen" lässt. Sonstige Bedenken gegen die Zulässigkeit der Klage bestehen nicht. Insbesondere stellt die Antwort des Rats keine Stellungnahme i. S. d. Art. 265 Abs. 2 S. 2 AEUV dar, weil sie in keiner Weise erkennen lässt, welche Haltung der Rat zu den Maßnahmen einnimmt, die dem Parlament zufolge noch getroffen werden sollen.[27] 10

Gegenstand einer von einer **natürlichen** oder **juristischen Person** erhobenen Untätigkeitsklage kann nach Art. 265 Abs. 3 AEUV nur die Beschwerde sein, dass es ein Unionsorgan, eine Einrichtung oder sonstige Stelle rechtswidrig unterlassen hat, „einen anderen Akt als eine Empfehlung oder eine Stellungnahme an sie zu richten". Aus der Ausklammerung von Empfehlungen und Stellungnahmen ergibt sich zunächst, dass es ebenso wie im Falle der Erhebung einer Nichtigkeitsklage (→ § 9 Rn. 20), aber anders als nach Art. 265 Abs. 1 AEUV, um **rechtsverbindliche Außenrechtsakte** gehen muss. 11

Des Weiteren muss der begehrte **Rechtsakt an** die **natürliche oder juristische Person** zu richten sein. Dies trifft auf generelle Rechtsakte in Form von Verordnungen, Richtlinien (die nach Art. 288 Abs. 3 AEUV an Mitgliedstaaten gerichtet sind) und allgemeine Beschlüsse (Art. 288 Abs. 4 S. 1 AEUV) – im Gegensatz zu den adressatenbezogenen Beschlüssen (Art. 288 Abs. 4 S. 2 AEUV) – nicht zu (vgl. auch → § 9 Rn. 24).[28] **Drittgerichtete Rechtsakte** sind ebenfalls nicht an den Kläger adressiert. Doch lässt die Rechtsprechung spiegelbildlich zu Art. 263 Abs. 4 AEUV auch Untätigkeitsklagen gegen die Versäumnis zu, einen Beschluss gegen einen Dritten zu richten, wenn der Kläger eine unmittelbare und individuelle Betroffenheit geltend machen kann (→ Rn. 18).[29] Dies wird damit begründet, dass die Untätigkeitsklage parallel zur Nichtigkeitsklage konzipiert werden muss, weil die Möglichkeit für den Einzelnen, seine Rechte geltend zu machen, nicht 12

[25] Vgl. *Dörr/Lenz* Europäischer Verwaltungsrechtsschutz, Rn. 288 ff.; vgl. *Pechstein* in: Frankfurter Kommentar, Art. 265 AEUV Rn. 11.
[26] EuGH NJW 1985, 2080 (2083 f.) – Parlament/Rat.
[27] EuGH NJW 1985, 2080 (2082) – Parlament/Rat.
[28] Zur Unzulässigkeit einer Klage, mit der Einzelne eine Weigerung der Kommission angreifen, gegen einen Mitgliedstaat ein Vertragsverletzungsverfahren einzuleiten, vgl. EuGH Beschl. v. 28.2.2013 – C-235/12 P, BeckRS 2013, 80534 Rn. 11 ff. – H-Holding.
[29] Vgl. EuGH NJW 1997, 1225 Rn. 59 – T.Port; EuG Urt. v. 15.9.1998 – T-95/96 Rn. 58, BeckRS 2008, 71139 – Gestevisión Telecinco; Beschl. v. 25.6.2003 – T-41/01 – juris Rn. 29 – Pérez Escolar; EuGH Beschl. v. 28.2.2013 – C-235/12 P, BeckRS 2013, 80534 Rn. 12 – H-Holding; vgl. auch zu Art. 148 Abs. 3 EAGV (a. F.) bereits EuGH Urt. v. 16.2.1993 – C-107/91 Rn. 17 f., BeckRS 2004, 74088 – Empresa Nacional de Urânio SA; anders noch EuG Beschl. v. 30.9.1997 – T-122/96 – juris Rn. 25 – Federolio; wohl auch EuGH Urt. v. 10.6.1982 – C-246/81 Rn. 16, BeckRS 2004, 72593 – Lord Bethell.

davon abhängen darf, ob das Unionsorgan tätig oder untätig geworden ist.[30] Die vor allem auf Einbeziehung eines positiven Konkurrentenschutzes[31] hinauslaufende Angleichung an die Erfordernisse des Art. 263 Abs. 4 Var. 2 AEUV ist rechtspolitisch zu begrüßen, aber nur schwer mit dem Wortlaut des Art. 265 Abs. 3 AEUV in Einklang zu bringen, es sei denn, man legt das Tatbestandsmerkmal „an sie zu richten" dahingehend aus, dass es nicht i. S. v. „an sie selbst zu richten" zu verstehen ist.[32]

13 Im Übrigen besteht zwischen **Nichtigkeitsklage** und **Untätigkeitsklage** ohnehin **keine strikte Parallelität.** So ist etwa der Europäische Rat nach Art. 265 AEUV (→ Rn. 5), nicht aber nach Art. 263 AEUV klageberechtigt. Auch geht die Klagebefugnis der Europäischen Zentralbank und des Rechnungshofes nach Art. 265 Abs. 1 AEUV über diejenige nach Art. 263 Abs. 3 AEUV hinaus (→ Rn. 18). Ferner ist es nicht zulässig, auch das Unterlassen einer abstrakt-generellen Regelung der Vorschrift des Art. 265 Abs. 3 AEUV zu unterstellen, selbst wenn das Unterlassen den privaten Kläger entsprechend den in Art. 263 Abs. 4 Var. 2 AEUV enthaltenen Anforderungen unmittelbar und individuell betrifft,[33] oder gar den Untätigkeitsrechtsschutz natürlicher oder juristischer Personen auch auf Rechtsakte mit Verordnungscharakter i. S. v. Art. 263 Abs. 4 Var. 3 AEUV zu erstrecken.[34] Dies bedürfte einer Änderung des Vertragsrechts. Unstatthaft ist die Untätigkeitsklage natürlicher oder juristischer Personen auch, wenn sie sich gegen die unterlassene Entscheidung der Kommission, gegen einen Mitgliedstaat einzuschreiten (z. B. Nichteinleitung eines Vertragsverletzungsverfahrens), richtet.[35]

## IV. Ordnungsgemäße Durchführung des Vorverfahrens

14 Gemäß Art. 265 Abs. 2 AEUV ist die Untätigkeitsklage nur zulässig, wenn das in Frage stehende Unionsorgan, die Einrichtung oder sonstige Stelle der Union zuvor aufgefordert worden ist, tätig zu werden. Das durch die **Aufforderung** eingeleitete Vorverfahren soll der Bewusstwerdung, der Selbstkontrolle, der Entlastung der Unionsgerichtsbarkeit und dem vorgerichtlichen Rechtsschutzinteresse des potentiellen Klägers dienen sowie – ebenso wie bei der Vertragsverletzungsklage (→ § 8 Rn. 11, 15) – den späteren gerichtlichen Streitgegenstand bestimmen. Dieser darf zwar eingeschränkt, nicht aber erweitert werden.[36] Die Aufforderung muss der Klageschrift vorausgehen,[37] schriftlich erfolgen[38] und hinreichend präzise zum Ausdruck bringen, welche Maßnahme das betreffende Organ, die Einrichtung oder sonstige Stelle ergreifen soll.[39] Zugleich muss deutlich werden, dass der Kläger ggf. gerichtliche Schritte ergreifen will.[40] Erfolgt die Aufforderung unangemessen spät, führt dies (ausnahmsweise) zur Verwirkung des Klagerechts.[41]

---

[30] Vgl. EuGH NJW 1997, 1225 Rn. 59 – T. Port.

[31] Näher dazu *Pechstein* EU-Prozessrecht, Rn. 633 ff.

[32] I. d. S. *Pechstein* in: Frankfurter Kommentar, Art. 265 AEUV Rn. 46.

[33] A. A. *Dörr* in: Grabitz/Hilf/Nettesheim, EUV/AEUV, Art. 265 AEUV Rn. 18.

[34] A. A. *Cremer* in: Calliess/Ruffert, EUV/AEUV, Art. 265 AEUV Rn. 8.

[35] Vgl. EuGH Urt. v. 14.2.1989 – C-247/87 Rn. 13, BeckRS 2004, 72605 – Star Fruit; Beschl. v. 23.5.1990 – C-72/90 Rn. 11, BeckRS 2004, 77739 – Aisa Motor France; EuG EuZW 1997, 27 (31) – AITEC.

[36] EuGH Urt. v. 16.12.1960 – C-41/59, BeckRS 2004, 71128 – Hamborner Bergbau; Urt. v. 8.7.1970 – C-75/69, BeckRS 2004, 73635 Rn. 4 ff. – Hake; *Schwarze* in: Schwarze, EU-Kommentar, Art. 265 AEUV Rn. 19.

[37] Vgl. EuGH Beschl. v. 3.6.2005 – C-396/03 Rn. 16, BeckRS 2005, 70506 – Killinger.

[38] Dies ergibt sich aus Art. 21 Abs. 2 Satzung EuGH („Unterlage, aus der sich der Zeitpunkt der … vorgesehenen Aufforderung ergibt").

[39] EuG Beschl. v. 27.4.2005 – T-34/05 Rn. 57, BeckRS 2006, 70050 – Makhteshim-Agan Holding; Urt. v. 29.9.2011 – T-442/07 – juris Rn. 22 – Ryanair; Beschl. v. 9.1.2012 – T-407/09, BeckRS 2012, 213931 Rn. 38 – Neubrandenburger Wohnungsbaugesellschaft.

[40] EuGH Urt. v. 10.6.1986 – C-81/85 Rn. 15, BeckRS 2004, 73766 – Usinor.

[41] EuGH NJW 1971, 2144 – Niederlande; Urt. v. 25.9.2003 – C-170/02 P Rn. 31 ff., BeckRS 2004, 74647 – Schlüsselverlag Moser; *Cremer* in: Calliess/Ruffert, EUV/AEUV, Art. 265 AEUV Rn. 10. Ist die Aufforderung verfrüht, weil das Organ, die Einrichtung oder sonstige Stelle keine Veranlassung hatte, bereits tätig zu werden, kann dies dazu führen, dass die Klage unbegründet ist.

15 Die Untätigkeitsklage ist nur zulässig, wenn das in Rede stehende Organ, die Einrichtung oder sonstige Stelle der Union **nicht binnen zwei Monaten Stellung** nimmt. Wurde eine Stellungnahme abgegeben, ist gehandelt worden, so dass es an einer Untätigkeit fehlt. Die Klage nach Art. 265 AEUV ist dann unzulässig. Entspricht die Stellungnahme dem klägerischen Begehren, erledigt sich ein Rechtsstreit. Bleibt sie hinter dem Begehren zurück, muss Nichtigkeitsklage (→ § 9) erhoben werden. Eine Stellungnahme i. S. d. Vorschrift setzt voraus, dass eine sich konkret auf die Aufforderung beziehende positive oder negative (ablehnende oder abweichende[42]) Entscheidung in der Sache getroffen wird.[43] Grundsätzlich ist ein Rechtsakt erforderlich, der tauglicher Gegenstand einer Nichtigkeitsklage (→ § 9 Rn. 12 ff.) sein kann. Doch gilt dies nicht ausnahmslos. So ist eine **Stellungnahme** trotz fehlender Statthaftigkeit der Nichtigkeitsklage gegeben, wenn die Äußerung als Zwischenschritt Teil eines Verfahrens ist, das am Ende zu einer mit der Nichtigkeitsklage anfechtbaren Rechtshandlung führt.[44] Ebenso reicht die Ankündigung der begehrten Maßnahme aus. Wird die Ankündigung nicht innerhalb angemessener Zeit umgesetzt, kann erneut Untätigkeitsklage erhoben werden.[45] Ein Tätigwerden i. S. e. Stellungnahme liegt ferner vor, wenn die Kommission ein Beihilfeverfahren nach Art. 108 Abs. 2 AEUV einleitet.[46] Keine Stellungnahme ist gegeben, wenn das Organ respektive die Einrichtung oder sonstige Stelle der Union untätig geblieben ist oder sich weigert, die Aufforderung inhaltlich zu prüfen oder von der beantragten Maßnahme in der Sache Kenntnis zu nehmen.[47] Nicht als Stellungnahme anzusehen ist auch eine hinhaltende Antwort[48] oder eine bloße Zwischenbenachrichtigung.[49]

16 Nach Art. 265 Abs. 2 S. 2 AEUV hat das Unionsorgan bzw. die Einrichtung oder sonstige Stelle der Union **zwei Monate** Zeit, eine **Stellungnahme** abzugeben. Für die Berechnung der Frist kommt es auf den Zugang bei dem (potentiellen) Kläger an. Erfolgt die Stellungnahme nach Ablauf der Frist, aber vor Klageerhebung, fehlt einer dennoch erhobenen Untätigkeitsklage nach der Rechtsprechung das Rechtsschutzinteresse,[50] was nur mit der Entbehrlichkeit einer Maßnahme nach Art. 266 AEUV – nicht mit dem Wortlaut des Art. 265 Abs. 2 S. 2 AEUV – begründet werden kann.[51] Wird die Stellungnahme nach Klageerhebung, aber vor Verkündung des Urteils abgegeben, erledigt sich die Hauptsache, so dass nur noch über die Kosten nach freiem Ermessen zu entscheiden ist (Art. 142 VerfO-EuGH; Art. 137 VerfO-EuG).[52] Einerseits ist zu berücksichtigen, dass der Beklagte durch

---

[42] *Thiele* Europäisches Prozessrecht, § 8 Rn. 51; *Schwarze* in: Schwarze, EU-Kommentar, Art. 265 AEUV Rn. 23.

[43] Näher dazu *Dörr/Lenz* Europäischer Verwaltungsrechtsschutz, Rn. 297 ff.; *Pechstein* EU-Prozessrecht, Rn. 599 ff.

[44] Vgl. EuGH NJW 1989, 2188 – Parlament/Rat; EuG Urt. v. 27.6.1995 – T-186/94 – juris Rn. 25 – Guérin Automobiles; bestätigt durch EuGH Urt. v. 18.3.1997 – C-282/95 Rn. 31, BeckRS 2004, 75969 – Guérin Automobiles; EuG Beschl. v. 9.1.2012 – T-407/09, BeckRS 2012, 213931 Rn. 40 – Neubrandenburger Wohnungsgesellschaft.

[45] Vgl. *Thiele* Europäisches Prozessrecht, § 8 Rn. 53; *Pechstein* in: Frankfurter Kommentar, Art. 265 AEUV Rn. 33 (mit Hinweis darauf, dass Betroffene die Möglichkeit haben müssen, dann die Aufforderung der Vornahme der Handlung mit einer angemessenen Fristsetzung zu verknüpfen, um nach Ablauf dieser Frist unmittelbar die Klage auf Feststellung der rechtswidrigen Untätigkeit erheben zu können).

[46] Vgl. EuG Urt. v. 19.5.2011 – T-423/07 Rn. 30 f., BeckRS 2011, 80897 – Ryanair.

[47] *Dörr/Lenz* Europäischer Verwaltungsrechtsschutz, Rn. 299 m. w. Nachw.

[48] EuGH NJW 1985, 2080 (2082) –Parlament/Rat.

[49] EuGH Urt. v. 17.7.1959 – 42/58, BeckRS 2004, 71149 – SAFE; EuG Urt. v. 26.2.2003 – T-344/00 – juris Rn. 80 – CEVA; vgl. auch *Dörr* in: Grabitz/Hilf/Nettesheim, EUV/AEUV, Art. 265 AEUV Rn. 28, wonach eine Rechtsschutzlücke entstünde, wenn ein dilatorischer Zwischenbescheid für eine Stellungnahme genügen und damit eine Untätigkeitsklage ausscheiden würde, ohne dass ein Rechtsakt vorliegt, gegen den Nichtigkeitsklage erhoben werden könnte.

[50] EuGH Urt. v. 8.3.1972 – C-42/71 Rn. 4, BeckRS 2004, 71154 – Nordgetreide; EuG Urt. v. 30.9.2003 – T-26/01 – juris Rn. 92 – Fiocchi Munizioni; *Dervisopoulos* in: Rengeling/Middeke/Gellermann, Hdb Rechtsschutz EU, § 8 Rn. 43.

[51] Krit. *Dörr* in: Grabitz/Hilf/Nettesheim, EUV/AEUV, Art. 265 AEUV Rn. 33.

[52] Vgl. EuG Urt. v. 10.7.1997 – T-212/95 – juris Rn. 72 – Oficemen; Urt. v. 13.12.1999 – T-190/95 u. T-45/96 – juris Rn. 53 – Sodima. Dies gilt auch, wenn die Stellungnahme den Kläger nicht zufrieden stellt; vgl. EuG Urt. v. 19.5.2011 – T-423/07 Rn. 26, BeckRS 2011, 80897 – Ryanair.

seine Untätigkeit Veranlassung zur Klage gegeben hat, andererseits kommt es auf die Erfolgsaussichten bei Klageerhebung an. Eine Umstellung des Klageantrags auf die Nichtigkeitsklage ist stets unzulässig. Vielmehr muss die Nichtigkeitsklage selbständig erhoben werden.[53]

## V. Klagebefugnis

17 **Fall 2:** Nach einer Verordnung der Europäischen Union kann die Kommission in Härtefällen andere Zollkontingente festsetzen. Ein deutsches Verwaltungsgericht hat ein Vorabentscheidungsersuchen an den EuGH gemäß Art. 267 AEUV gerichtet und angefragt, ob die nationalen Gerichte im Rahmen eines Verfahrens zur Gewährung vorläufigen Rechtsschutzes vorläufige Maßnahmen erlassen dürfen, bis die Kommission einen Rechtsakt zur Regelung des bei dem Marktbeteiligten vorliegenden Härtefalls erlassen hat, oder ob der Marktbeteiligte Untätigkeitsklage erheben kann.

18 Die von Art. 265 Abs. 1 S. 1 AEUV erfassten **„privilegierten" Kläger** (→ Rn. 3) – d. h. die Mitgliedstaaten und Unionsorgane – können Untätigkeitsklage erheben, ohne eine zusätzliche Klagebefugnis zu benötigen. Das gerichtliche Verfahren dient insoweit allein der objektiven Rechtmäßigkeitskontrolle (→ Rn. 1). Wendet sich eine **natürliche** oder **juristische Person** gegen das Unterlassen, einen Rechtsakt an sie zu richten, bedarf es wegen der potentiellen Adressatenstellung nicht der Darlegung einer weiteren Subjektivierungslast. Anderes gilt aber, wenn die Untätigkeit gerügt wird, eine Entscheidung an einen Dritten zu richten. Insoweit muss die natürliche oder juristische Person nach der Rechtsprechung unmittelbar und individuell betroffen sein (→ Rn. 12).[54] Es gelten dann die gleichen Grundsätze wie für die Nichtigkeitsklage (→ § 9 Rn. 37 ff.). Da sich die Klage aber gegen das Unterlassen einer drittbelastenden, für den Kläger günstigen Handlung richtet, kann es insoweit nur auf die unmittelbare und individuelle Betroffenheit des Klägers ankommen.

19 **Lösung zu Fall 2:** Da die Unionsverträge keine Möglichkeit für ein nationales Gericht vorsehen, den EuGH im Wege der Vorlage zu ersuchen, durch Vorabentscheidung die Untätigkeit eines Organs festzustellen, und die Kontrolle der Untätigkeit in die ausschließliche Zuständigkeit der Unionsgerichtsbarkeit fällt, sind die nationalen Gerichte nicht befugt, vorläufige Maßnahme zu erlassen, bis das Organ tätig geworden ist. Im Falle einer Untätigkeit kommt aber eine Untätigkeitsklage nach Art. 265 AEUV in Betracht. Die Festsetzung eines anderen Zollkontingents ist zwar kein Rechtsakt, der an den betroffenen Marktbeteiligten gerichtet ist. Doch hat der EuGH entschieden, dass die Art. 263, 265 AEUV „ein und denselben Rechtsbehelf regeln". Daraus folge, dass – ebenso wie Art. 263 Abs. 4 Var. 2 AEUV es dem Einzelnen erlaubt, Nichtigkeitsklage gegen einen Rechtsakt zu erheben, der zwar nicht an ihn gerichtet ist, ihn aber unmittelbar und individuell betrifft – auch Art. 265 Abs. 3 AEUV dahin auszulegen ist, dass der Einzelne Untätigkeitsklage gegen ein Organ erheben kann, das es unterlassen hat, einen Rechtsakt zu erlassen, der ihn in gleicher Weise (d. h. unmittelbar und individuell) betroffen hätte. „Denn die Möglichkeit für den Einzelnen, seine Rechte geltend zu machen, darf nicht davon abhängen, ob das betreffende Gemeinschaftsorgan tätig geworden oder untätig geblieben ist".[55]

---

[53] EuG Urt. v. 18.9.1992 – T-28/90 – juris Rn. 43 – Asia Motor France.

[54] Vgl. EuG Urt. v. 15.9.1998 – T-95/96 Rn. 60 ff., BeckRS 2008, 71139 – Gestevisión Telecinco; Urt. v. 3.6.1999 – T-17/96, BeckRS 2000, 70271 Rn. 29 ff. – TF1; EuZW 2007, 505 (507) – Asklepios Kliniken.

[55] EuGH NJW 1997, 1225 Rn. 59 – T.Port; dazu – durchweg kritisch – *Koenig* EuZW 1997, 206; *Koenig/Zeiss* JZ 1997, 461; *Ohler/Weiß* NJW 1997, 2221.

## VI. Klagegegner

Die Untätigkeitsklage ist gegen das **Unionsorgan,** die Einrichtung oder sonstige Stellen der Union (→ Rn. 6) zu richten, welches den **Beschluss** oder den Rechtsakt **hätte erlassen** respektive vornehmen **müssen.** Bei einem gemeinsamen Zusammenwirken mehrerer Organe (Rechtssubjekte) sind diese gemeinsam zu verklagen.[56] Begehrt der Kläger eine in einem mehrstufigen Verfahren unter Beteiligung mehrerer Organe (Rechtssubjekte) zu erlassene Maßnahme, ist die Klage gegen das Organ (Rechtssubjekt) zu richten, welches untätig geblieben ist.[57] 20

## VII. Klagefrist

Die Klagefrist beträgt **zwei Monate** (Art. 265 Abs. 2 S. 2 AEUV). Sie beginnt mit Ablauf der für die Abgabe einer Stellungnahme eingeräumten Zweimonatsfrist (→ Rn. 15). Abzustellen ist auf den Zeitpunkt, an dem die Stellungnahme des Organs, der Einrichtung oder sonstigen Stelle der Union dem Kläger spätestens hätte zugehen müssen.[58] Für die Berechnung der Frist gelten dieselben Regeln wie für die Nichtigkeitsklage (→ § 9 Rn. 60 ff.). Insbesondere wird auch dem Untätigkeitskläger eine zusätzliche Entfernungsfrist von zehn Tagen zugebilligt.[59] 21

## VIII. Ordnungsgemäße Klageerhebung

Die **Klageerhebung** richtet sich nach Art. 21 Satzung EuGH, Art. 120 bis 122 VerfO-EuGH, Art. 76, 78 VerfO-EuG. Als Streitgegenstand ist das gerügte Unterlassen **hinreichend klar und präzise** zu umschreiben, wobei sich die Klage in dem durch das Vorverfahren gesetzten Rahmen halten muss.[60] Der Klageschrift ist insbesondere eine Unterlage beizulegen, aus der sich der Zeitpunkt der Aufforderung gemäß Art. 265 Abs. 2 S. 1 AEUV ergibt. 22

## IX. Rechtsschutzinteresse

Ein **Rechtsschutzinteresse** setzt voraus, dass der Rechtsbehelf der Partei, die ihn eingelegt hat, im Ergebnis einen **Vorteil verschaffen** kann.[61] Privilegierte Kläger (→ Rn. 3) bedürfen grundsätzlich keines Rechtsschutzinteresses. Dies ergibt sich aus der objektiven Kontrollfunktion der Klage. Im Falle der Erhebung einer Untätigkeitsklage durch natürliche oder juristische Personen kommt es entscheidend auf die Klagebefugnis an (→ Rn. 18). Das Rechtsschutzinteresse wird grundsätzlich indiziert. Doch fehlt es bei Zugrundelegung der Rechtsprechung, wenn die Untätigkeit bei Klageerhebung bereits beseitigt war (→ Rn. 16). 23

# C. Begründetheit der Untätigkeitsklage

**Fall 3:** Eine Gesellschaft hat vor dem Gericht Untätigkeitsklage gegen die Kommission erhoben, weil diese es trotz Aufforderung unterlassen habe, Maßnahmen gemäß 24

[56] So im Falle des Art. 294 AEUV.
[57] Vgl. *Dervisopoulos* in: Rengeling/Middeke/Gellermann, Hdb Rechtsschutz EU, § 8 Rn. 15.
[58] *Cremer* in: Calliess/Ruffert, EUV/AEUV, Art. 265 AEUV Rn. 14.
[59] Art. 51 VerfO-EuGH; Art. 60 VerfO-EuG.
[60] *Dörr* in: Grabitz/Hilf/Nettesheim, EUV/AEUV, Art. 265 AEUV Rn. 35.
[61] EuGH Urt. v. 23.11.2017 – C-596/15 P, BeckRS 2017, 132135 Rn. 85 – Bionorica u. a.

Art. 101, 102 AEUV gegen konkurrierende Wettbewerber und gemäß Art. 106 Abs. 3 AEUV gegen die Französische Republik zu erlassen. Nach Klageerhebung hat die ansonsten untätig gebliebene Kommission ein Einschreiten auf der Grundlage der Art. 101, 102 AEUV abgelehnt.

25 Die Untätigkeitsklage ist begründet, wenn das verklagte Unionsorgan bzw. die Einrichtung oder sonstige Stelle verpflichtet war, einen Beschluss i. S. d. Art. 265 Abs. 1 S. 1 AEUV zu fassen (→ Rn. 9) oder einen Rechtsakt i. S. d. Art. 265 Abs. 3 AEUV zu erlassen (→ Rn. 11 f.). Dies ist nur der Fall, wenn eine **unionsrechtliche Handlungspflicht** bestand. Eine solche kann sich sowohl aus dem gesamten Unionsrecht, d. h. sowohl dem Primärrecht einschließlich der allgemeinen Rechtsgrundsätze und den Unionsgrundrechten, als auch dem Sekundär- oder Tertiärrecht (→ § 9 Rn. 79), sowie den in das Unionsrecht inkorporierten völkerrechtlichen Bindungen ergeben.[62] Rechtswidrige Unterlassungen stellen stets eine „Verletzung der Verträge" i. S. d. Art. 265 Abs. 1 S. 1 AEUV dar (insbesondere ein Verstoß gegen den Vertrag über die Arbeitsweise der Europäischen Union). Andere Klagegründe können (und brauchen) im Unterschied zu Art. 263 Abs. 2 AEUV nicht geltend gemacht zu werden.[63]

26 Steht das Ob und/oder das Wie eines Tätigwerdens im **Ermessen** (Gestaltungsspielraum) des verklagten Unionsorgans, der Einrichtung oder sonstigen Stelle, kommt es darauf an, ob diese bei ordnungsgemäßer Ermessensbetätigung tätig werden und die begehrte Maßnahme treffen mussten. Dies dürfte selten der Fall sein. Unzutreffend ist aber die Annahme, dass die Nichtausübung eines Ermessens durch ein Unionsorgan nicht Gegenstand einer Untätigkeitsklage sein kann.[64] Teilweise begründet ist die Klage, wenn das Organ, die Einrichtung oder sonstige Stelle zwar nicht die begehrte, wohl aber einen anderen, weniger weitgehenden – den Kläger begünstigenden – Akt hätten erlassen müssen. Hat der Klagegegner gehandelt, aber von seinem Ermessen fehlerhaft Gebrauch gemacht, liegt keine Untätigkeit vor (→ Rn. 2), so dass die Klage bereits unzulässig ist.

27 Besteht eine Handlungspflicht, ist auf den **Zeitpunkt** des Zugangs der Aufforderung zum Tätigwerden abzustellen (Art. 265 Abs. 2 AEUV).[65] Enthält das Unionsrecht keine zeitlichen Vorgaben für das Tätigwerden (wie dies häufig, wenn nicht sogar überwiegend der Fall ist), billigt die Rechtsprechung den Organen, Einrichtungen oder sonstigen Stellen (Rechtsobjekten) der Union regelmäßig eine „angemessene" Frist zu.[66] Dies entspricht der Regelung des Art. 41 Abs. 1 GRCh, wonach jede Person ein Recht darauf hat, dass ihre Angelegenheiten von den Organen, Einrichtungen und sonstigen Stellen der Union „innerhalb einer angemessenen Frist" behandelt werden. Die Angemessenheit beurteilt sich nach den Umständen des jeweiligen Einzelfalls, insbesondere nach dem Kontext des Verwaltungsverfahrens, den verschiedenen Verfahrensabschnitten, die zu durchlaufen sind, dem Verhalten der Beteiligten im Laufe des Verfahrens, der Komplexität der Angelegenheit sowie ihrer Bedeutung für die verschiedenen Beteiligten.[67] Auf objektive Schwierigkeiten, die mit der Verwirklichung der Rechtspflichten zum Handeln verbunden sind, kann sich das verklagte Unionsorgan, die Einrichtung oder sonstige Stelle der Union grundsätzlich nicht berufen, wohl aber auf außergewöhnliche Umstände[68] sowie auf Ermessensspielräume bei

---

[62] Vgl. auch *Dörr* in: Grabitz/Hilf/Nettesheim, EUV/AEUV, Art. 265 AEUV Rn. 38; zu Art. 275 AEUV vgl. → § 9 Rn. 4.

[63] Vgl. *Borchardt* in: Lenz/Borchardt, EU-Verträge, Art. 265 AEUV Rn. 20.

[64] So aber EuG Beschl. v. 6.9.2011 – T-292/09 Rn. 44 – Muhamad Mugraby; wie hier *Schwarze* in: Schwarze, EU-Kommentar, Art. 265 Rn. 30.

65 EuG ZUM-RD 1998, 477 (479) – Gestevisión Telecinco; EuR 1999, 649 (652) – UPS Europe; Urt. v. 19.5.2011 – T-423/07 Rn. 25, BeckRS 2011, 80897 – Ryanair; Beschl. v. 9.1.2012 – T-407/09, BeckRS 2012, 213931 Rn. 37 – Neubrandenburger Wohnungsgesellschaft.

[66] Vgl. EuGH Urt. v. 18.3.1997 – C-282/95 Rn. 37, BeckRS 2004, 75969 – Guérin Automobiles; EuG EuR 1999, 649 (653) – UPS Europe; *Pechstein* EU-Prozessrecht, Rn. 667.

[67] EuG EuR 1999, 649 (653) – UPS Europe.

[68] Vgl. *Dörr* in: Grabitz/Hilf/Nettesheim, EUV/AEUV, Art. 265 AEUV Rn. 42 mit Beispielsfällen.

der Festlegung des Inhalts von zu ergreifenden Maßnahmen und der Festlegung von Prioritäten bei der Verwirklichung einer gemeinsamen Politik.[69]

**Lösung zu Fall 3:** Soweit die Klage auf Feststellung einer Untätigkeit nach den Art. 101, 102 AEUV gerichtet ist, hat sie sich erledigt, weil die Kommission nach Klageerhebung, aber vor Verkündung des Urteils, Stellung genommen hat und damit der Streitgegenstand weggefallen ist (→ Rn. 16). Das Unterlassen der Kommission, einen Beschluss nach Art. 106 Abs. 3 AEUV (früher: Entscheidung nach Art. 86 Abs. 3 EGV) an die Französische Republik zu richten, unterfällt Art. 265 Abs. 3 AEUV nur dann, wenn die Klägerin durch den Rechtsakt unmittelbar individuell betroffen wäre. Eine individuelle Betroffenheit lehnt das Gericht im vorliegenden Fall ab.[70] Die notwendige Individualisierung ergebe sich nicht schon daraus, dass die Klägerin auf dem Markt tätig ist, auf dem ein Rechtsakt die Wettbewerbsverhältnisse beeinflussen kann. Ein Antragsrecht der Klägerin lasse sich aus Art. 106 Abs. 3 AEUV nicht herleiten. Zudem überlasse es die Vorschrift der Kommission, ob sie erforderlichenfalls eine Richtlinie oder einen Beschluss an die Mitgliedstaaten richten wolle. Daher ist die Klage als unzulässig abgewiesen worden. Zugleich hat das Gericht aber Ausführungen gemacht, welche die Begründetheit der Klage betreffen. So weist es darauf hin, dass die Untätigkeitsklage voraussetze, dass eine Verpflichtung des betreffenden Organs zum Tätigwerden bestehe, so dass die behauptete Unterlassung gegen den Vertrag verstoße. Angesichts des weiten Ermessens, über das die Kommission in Bezug auf die Einhaltung der Wettbewerbsregeln durch öffentliche Unternehmen verfüge, sei dies aber nicht der Fall, wenn es dieses Organ unterlasse, einen einschlägigen Beschluss an einen Mitgliedstaat zu richten. Folglich sei die Ausübung des der Kommission durch Art. 106 Abs. 3 AEUV eingeräumten Ermessens bei der Beurteilung der Vereinbarkeit der staatlichen Maßnahme mit den Vorschriften des Vertrages nicht mit einer Interventionspflicht der Kommission verbunden. Somit fehlt es der Klage auch an der Begründetheit.[71] 28

## D. Wirkungen des Urteils

Ist die Untätigkeitsklage zulässig und begründet, stellt der Gerichtshof der Europäischen Union (Gerichtshof oder Gericht) eine **Vertragsverletzung** fest (→ Rn. 1). Das **Feststellungsurteil** beseitigt weder rechtsgestaltend den vertragswidrigen Zustand durch Erlass der begehrten Maßnahme noch enthält es eine Verurteilung zum Handeln. Wie alle Feststellungsurteile ist es zudem nicht vollstreckungsfähig. Doch haben die verklagten Unionsorgane, Einrichtungen oder sonstigen Stellen der Union gemäß **Art. 266 Abs. 1 AEUV** ebenso wie im Falle einer erfolgreichen Nichtigkeitsklage (→ § 9 Rn. 88) die sich aus dem Urteil ergebenden Maßnahmen zu ergreifen **(Handlungspflicht).** Geboten ist somit ein positives Handeln, dessen Inhalt in der Regel bereits im Vorverfahren (Art. 265 Abs. 2 AEUV) näher bestimmt worden ist (→ Rn. 14). Teilweise finden sich auch in den Urteilen (unverbindliche) Hinweise zum Tätigwerden. Das Urteil wirkt nur inter partes. Doch können die rechtlichen Bindungswirkungen auf andere Organe, Einrichtungen oder sonstige Stellen ausstrahlen. Das rechtswidrig unterlassene Handeln muss innerhalb eines angemessenen Zeitraums nachgeholt werden.[72] Ist dies nach Auffassung des Klägers unterblieben, kann er erneut Klage erheben. Unberührt bleibt die Verpflichtung, für eingetretene Schäden nach Maßgabe des Art. 340 Abs. 2 AEUV Ersatz zu leisten (Art. 266 Abs. 2 AEUV). Der Schadensersatzanspruch kann mit der Schadensersatzklage nach Art. 268 AEUV prozessual geltend gemacht werden (→ § 11). 29

[69] EuGH NJW 1985, 2080 (2083) – Parlament/Rat.
[70] EuG EuZW 1995, 186 (189) – Ladbroke Racing.
[71] EuG EuZW 1995, 186 (189) – Ladbroke Racing.
[72] EuGH NJW 1985, 2080 (2084) – Parlament/Rat; Ehricke in: Streinz, EUV/AEUV, Art. 266 AEUV Rn. 8.

# § 11. Schadensersatzklage

*Dirk Ehlers*

**Übersicht**



**Schrifttum:** *Augsberg* Schadensersatzklage in: Leible/Terhechte (Hrsg.), Enzyklopädie Europarecht III, Europäisches Rechtsschutz- und Verfahrensrecht, 2. Aufl. 2021, § 12; *Böhm* Haftung in: Schulze/Janssen/Kadelbach (Hrsg.), Europarecht, Handbuch für die Deutsche Rechtspraxis, 4. Aufl. 2020, § 12; *Classen* Rechtsschutz in: Schulze/Janssen/Kadelbach (Hrsg.), Europarecht, Handbuch für die Deutsche Rechtspraxis, 4. Aufl. 2020, § 4; *Dörr* in: Sodan/Ziekow (Hrsg.), Verwaltungsgerichtsordnung, 5. Aufl. 2018, EVR; *Gellermann* Amtshaftungsklagen in: Rengeling/Middeke/Gellermann, Handbuch des Rechtsschutzes in der Europäischen Union, 3. Aufl. 2012, § 9; *Hellwig/Moos* Problemfelder der unionsrechtlichen Staatshaftung für judikatives Unrecht, JA 2011, 196; *Pechstein* EU-Prozessrecht, 4. Aufl. 2011, Kap. 8; *Thiele* Europäisches Prozessrecht, 2. Aufl. 2014, § 10.

## A. Funktion und Bedeutung der Schadensersatzklage

1 Verursacht die Europäische Union einen Schaden und hat sie nach Ansicht des Geschädigten den Schaden nicht oder nicht vollständig ersetzt, muss dieser die Möglichkeit haben, einen **Schadensersatzanspruch** gerichtlich geltend zu machen. Eine diesbezügliche Bestimmung enthält **Art. 268 AEUV.** Die Vorschrift begnügt sich mit einer Zuständigkeitsregelung und verweist hinsichtlich der materiellen Voraussetzungen des Schadensersatzanspruchs auf die Normierung des **Art. 340 Abs. 2 und 3 AEUV,** die wiederum auf die den Rechtsordnungen der Mitgliedstaaten gemeinsamen allgemeinen Rechtsgrundsätze weiter verweist. Zusätzlich abgesichert wird der Schadensersatzanspruch durch Art. 41 Abs. 3 GRCh. Für die Europäische Atomgemeinschaft verweist Art. 106a Abs. 1 EAGV auf Art. 268 AEUV.

Die Schadensersatzklage des Art. 268 i. V. m. Art. 340 Abs. 2, 3 AEUV bezieht sich nur auf die **außervertragliche Haftung** der Europäischen Union. Für Klagen aus vertraglicher Haftung (Art. 340 Abs. 1 AEUV) sind grundsätzlich die Gerichte der Mitgliedstaaten zuständig (Art. 274 AEUV), weil sich die Haftung nach dem Recht bestimmt, das auf den Vertrag anzuwenden ist, und in der Regel ausdrücklich auf das nationale Recht verwiesen wird[1], in dem das vertragsschließende Unionsorgan seinen Sitz hat.[2] Hieran knüpft der gerichtliche Rechtsschutz an.[3] Eine Zuständigkeit der Unionsgerichte ist gegeben, wenn eine solche in einer Schiedsklausel vereinbart wurde (Art. 272 AEUV). Die **Abgrenzung von vertraglicher und außervertraglicher Haftung** bestimmt sich nach dem Unionsrecht. Vorvertragliche[4] (culpa in contrahendo) und bereicherungsrechtliche Ansprüche[5] sind von der Rechtsprechung – aus Gründen der Gewährleistung eines unionsrechtlichen Rechtsschutzes, der Herstellung einer Rechtseinheit und einer weiten Auslegung der Kompetenzen des Gerichtshofs der Europäischen Union – der außervertraglichen Haftung zugeordnet worden,[6] obwohl im Falle einer auf ungerechtfertigten Bereicherung gestützten Klage weder ein rechtswidriges Verhalten des Beklagten nachgewiesen werden, noch ein (schadenstiftendes) Verhalten vorliegen muss. Für Ansprüche aus Geschäftsführung ohne Auftrag dürfte nichts anderes gelten.[7] 2

Art. 268 i. V. m. Art. 340 Abs. 2 und 3 AEUV betrifft nur Schadensersatzklagen **gegen** die **Europäische Union** selber (die unmittelbar für die durch ihre Organe oder Bediensteten in Ausübung ihrer Amtstätigkeit verursachten Schäden haftet), nicht Schadensersatzklagen der Europäischen Union,[8] ferner nicht **Schadensersatzklagen von Bediensteten** gegen die Europäische Union. Für die zuletzt genannten Klagen richtet sich die Zuständigkeit der Unionsgerichtsbarkeit nach **Art. 270 AEUV** im Wesentlichen i. V. m. Art. 91 des Statut der EU-Beamten (EuBeamtStat)[9] bzw. den Art. 46, 117 und 124 der Beschäftigungsbedingungen für die sonstigen Bediensteten (BBSB).[10] Die gerichtliche Kontrolle ist auf der Grundlage des Art. 257 AEUV dem Gericht für den öffentlichen Dienst der Europäischen Union übertragen worden,[11] das aber mittels Inkorporation seiner Zuständigkeiten in das Gericht wieder aufgelöst wurde (→ § 7 Rn. 16). Art. 270 AEUV regelt keine eigene Klageart, sondern nur eine Zuständigkeit des Gerichtshofs der Europäischen Union für „alle Streitsachen“ zwischen der Union und deren Bediensteten innerhalb der Grenzen und nach Maßgabe des Beamtenstatuts oder der Beschäftigungsbedingungen für die sonstigen Bediensteten.[12] Ne- 3

---

[1] Vgl. EuGH Urt. v. 1.6.1995 – C-42/94 Rn. 5, BeckRS 2004, 77153 – Heidemij Advies.

[2] Vgl. auch *Augsberg* in: v. d. Groeben/Schwarze/Hatje, Europäisches Unionsrecht, Art. 340 AEUV Rn. 10. Fehlt eine ausdrückliche Regelung, richtet sich das auf den jeweiligen Vertrag anzuwendende mitgliedstaatliche Recht nach den Regeln des Internationalen Privatrechts, vgl. *Ruffert* in: Calliess/Ruffert, EUV/AEUV, Art. 340 AEUV Rn. 4.

[3] Vgl. *Borchardt* Die rechtlichen Grundlagen der Europäischen Union, 7. Aufl. 2020, Rn. 688. In den Jahren 2015 bis 2019 sind immerhin 61 Klagen aufgrund einer Schiedsklausel beim Gericht eingegangen (0,86 % der neu eingegangenen Rechtssachen, im Vorjahr waren es 0,84 %), vgl. den Jahresbericht über die Rechtsprechungstätigkeit des EuGH und des EuG 2019, S. 297 verfügbar unter: https://curia.europa.eu/jcms/upload/docs/application/pdf/2020-05/qd-ap-20-001-de-n.pdf (zuletzt abgerufen am 30.11.2020).

[4] Vgl. EuG Urt. v. 17.12.1998 – T-203/96 – juris Rn. 40 ff., 74 ff. – Embassy Limousines & Services; Urt. v. 28.1.2009 – T-125/06 Rn. 97 ff., BeckRS 2009, 70097 – Centro Studi Manieri.

[5] EuGH Urt. v. 5.3.1991 – C 330/88 Rn. 20, BeckRS 2004, 70845 – Grifoni; Urt. v. 16.12.2008 – C-47/07, BeckRS 2010, 87127 Rn. 47 ff. – Masdar (UK).

[6] Vgl. auch *Augsberg* in: v. d. Groeben/Schwarze/Hatje, Europäisches Unionsrecht, Art. 340 AEUV Rn. 4; *Jacob/Kottmann* in: Grabitz/Hilf/Nettesheim, EUV/AEUV, Art. 340 AEUV Rn. 20 f.; a. A. *Pechstein* in: Frankfurter Kommentar, Art. 268 AEUV Rn. 5.

[7] Vgl. auch EuG Urt. v. 16.11.2006 – T-333/03 Rn. 92, BeckRS 2006, 70898 – Masdar (UK).

[8] Zur persönlichen Haftung der Bediensteten gegenüber der Union vgl. Art. 340 Abs. 4 AEUV i. V. m. z. B. Art. 22 EuBeamtStat. Die zuletzt genannte Vorschrift erfasst sowohl Eigenschäden der Union als auch Fremdschäden. Voraussetzung für den Regress ist ein schwerwiegendes Verschulden (Vorsatz oder grobe Fahrlässigkeit).

[9] VO 259/68/EWG v. 29.2.1968, ABlEU Nr. L 56/1.

[10] Zuletzt geändert durch VO 423/2014/EU v. 16.4.2014, ABlEU Nr. L 129/12.

[11] Vgl. Beschl. des Rates v. 2.11.2004, ABlEU Nr. L 333/7.

[12] EuGH Urt. v. 17.2.1977 – C-48/76 Rn. 9, 12, BeckRS 2004, 73178. – Reinarz. Vgl. auch Art. 50a Satzung EuGH.

ben Schadenersatz- kann es sich auch um Nichtigkeits- oder Untätigkeitsklagen handeln. Klageberechtigt sind gemäß Art. 90 Abs. 1 S. 1 EUBeamtStat alle Personen, auf die das **Beamtenstatut** Anwendung findet. Dies sind neben den Beamten (Art. 1, 1a EU-BeamtStat) auch die Bediensteten auf Zeit (Art. 46 BBSB), die Sonderberater (Art. 124 BBSB), die Vertragsbediensteten (Art. 117 BBSB), die ehemaligen Bediensteten bei Rechtsstreitigkeit aus dem früheren Dienstverhältnis,[13] die Hinterbliebenen ehemaliger Bediensteter[14] und die Einstellungsbewerber.[15] In materiell-rechtlicher Hinsicht gelten die zu Art. 340 Abs. 2, 3 AEUV entwickelten Maßstäbe.[16] In Streitsachen vermögensrechtlicher Art hat der Gerichtshof die Befugnis zu unbeschränkter Ermessensnachprüfung, einschließlich der Befugnis zur Aufhebung oder Änderung der getroffenen Maßnahmen (Art. 91 Abs. 1 S. 2 EUBeamtStat).

4 Bei der Schadensersatzklage handelt es sich um eine dem subjektiven Rechtsschutz dienende **Leistungsklage.** Kann zunächst nur über den Haftungsgrund entschieden werden, richtet sich die Klage auf Feststellung (→ Rn. 23). Die auf Schadensersatz gerichtete Klageart wurde als **selbständiger Rechtsbehelf** mit eigener Funktion im System der Klagemöglichkeiten geschaffen und von Voraussetzungen abhängig gemacht, die ihrem besonderen Zweck angepasst sind.[17] Sie zielt auf sekundären, nicht primären Rechtsschutz ab (→ Rn. 26) und steht somit grundsätzlich neben der Nichtigkeitsklage (→ § 9) und der Untätigkeitsklage (→ § 10). So erfasst sie im Gegensatz zur Nichtigkeits- und Untätigkeitsklage alle Handlungsweisen der Union und damit z. B. auch Verordnungen i. S. d. Art. 288 Abs. 2 AEUV, welche die Kläger nicht individuell berühren, sowie ein tatsächliches[18] und unter Umständen auch ein rechtmäßiges (→ Rn. 2, 42) Verhalten. Dadurch wird den **Lücken des Primärrechtsschutzes** entgegengewirkt.[19] Die Unzulässigkeit einer Nichtigkeits- oder Unterlassungsklage hat demgemäß nicht zwangsläufig die Unzulässigkeit der Schadensersatzklage zur Folge. Dies wirkt sich insbesondere dann aus, wenn einer natürlichen oder juristischen Person die Klagebefugnis zur Erhebung einer Nichtigkeits- oder Untätigkeitsklage fehlt. Wird die Rechtswidrigkeit einer Maßnahme oder eines Unterlassens gerügt, muss diese nicht stets im Rahmen einer an sich in Betracht kommenden Nichtigkeits- oder Untätigkeitsklage festgestellt worden sein (→ Rn. 5, 27 f.).[20] Unberührt bleibt die Möglichkeit, die Schadensersatzklage mit einer Nichtigkeits- oder Untätigkeitsklage zu verbinden.

5 Auch wenn es sich bei der Schadensersatzklage um einen selbständigen Rechtsbehelf handelt (→ Rn. 4, 27), dürfen die Rechtsschutzanforderungen der **Art. 263, 265 AEUV nicht umgangen** werden. Die Klage ist daher wegen Rechtsmissbrauchs grundsätzlich unzulässig, wenn eine Nichtigkeits- oder Untätigkeitsklage hätte erhoben und ein Schaden dadurch vermieden werden konnen (→ Rn. 27). Das **Vorabentscheidungsverfahren** des Art. 267 AEUV weist keine Berührungspunkte mit der Schadensersatzklage auf, weil in diesem Verfahren kein Schadensersatz verlangt werden kann und es sich zudem nicht um eine Direktklage, sondern um ein gerichtliches Zwischenverfahren auf Veranlassung eines mitgliedstaatlichen Gerichts (nicht des Klägers) handelt (→ *Wernsmann* § 12 Rn. 4). Eine

---

[13] EuGH Urt. v. 29.10.1975 – C-81/74 Rn. 5, 7, BeckRS 2004, 73762 – Marenco.
[14] EuGH Urt. v. 17.5.1972 – C-24/71, BeckRS 2004, 72545 Rn. 2 ff. – Meinhardt.
[15] EuGH Urt. v. 31.3.1965 – C-23/64 S. 227, BeckRS 2004, 72448 – Vandevyvere.
[16] *Jacob/Kottmann* in: Grabitz/Hilf/Nettesheim, EUV/AEUV, Art. 268 AEUV Rn. 4.
[17] EuGH Urt. v. 28.4.1971 – C-4/69 Rn. 6, BeckRS 2004, 71090 – Lütticke; DVBl 1972, 268 (Ls.) – Zuckerfabrik Schöppenstedt; NJW 1982, 2722 – Ludwigshafener Walzmühle.
[18] EuGH Urt. v. 25.5.1993 – C-370/89 Rn. 14, BeckRS 2004, 76812 – SGEEM u. a.; vgl. dazu *Rademacher* Realakte im Rechtsschutzsystem der Europäischen Union, 2014, S. 261.
[19] Vgl. auch *Jacob/Kottmann* in: Grabitz/Hilf/Nettesheim, EUV/AEUV, Art. 340 AEUV Rn. 48; *Pechstein* in: Frankfurter Kommentar, Art. 268 AEUV Rn. 2.
[20] Vgl. EuGH Urt. v. 26.2.1986 – C-175/84 Rn. 32, BeckRS 2004, 71990 – Krohn; EuG Urt. v. 16.4.1997 – T-20/94 – juris Rn. 115, 128 – Hartmann; Beschl. v. 15.9.2004 – T-178/98 Rn. 249 ff., BeckRS 2005, 70491 – Fresh Marine; Urt. v. 19.10.2005 – T-415/03 Rn. 72, BeckRS 2005, 70817 – Cofradía de pescadores de „San Pedro" de Bermeo.

Schadensersatzklage, die auf die unterlassene Einleitung eines **Vertragsverletzungsverfahrens** gemäß Art. 258 AEUV gestützt wird, ist unzulässig (→ Rn. 14).

Soweit Schadensersatz von der Europäischen Union verlangt wird, ist die Zuständigkeit der Unionsgerichtsbarkeit gemäß Art. 268 AEUV i. V. m. 340 Abs. 2, 3 AEUV eine ausschließliche.[21] **Schadensersatzklagen gegen** die **Mitgliedstaaten** werden von Art. 268 AEUV nicht erfasst (→ Rn. 14). Vollziehen die mitgliedstaatlichen Behörden einen (möglicherweise rechtswidrigen) Unionsrechtsakt, hat der Geschädigte nach der Rechtsprechung der Unionsgerichte zunächst die innerstaatlichen Klagemöglichkeiten auszuschöpfen (→ Rn. 31). Erst wenn effektiver (Sekundär-)Rechtsschutz nicht auf diesem Wege erlangt werden kann, soll der Weg nach Art. 268 AEUV eröffnet sein (→ Rn. 32 ff.). Als unvereinbar mit Art. 4 Abs. 3 EUV sowie Art. 267, 344 AEUV sieht der EuGH den Abschluss von Investitionsschutzabkommen der Mitgliedstaaten innerhalb der Europäischen Union an, mit welcher der – insbesondere auch auf Schadensersatz gerichtete – Investorenschutz einem Schiedsgericht übertragen wird (→ § 7 Rn. 4, 12).[22] 6

Die **praktische Bedeutung** der Schadensersatzklage ist eher gering. Einzelnen Klagen kann aber eine erhebliche Bedeutung zukommen. So haben Schadensersatzklagen insbesondere auf dem Gebiet der Landwirtschaft (Milchquote) früher eine große Rolle gespielt.[23] In der Zeitspanne 2015 bis 2019 sind 125 Schadensersatzklagen beim Gericht eingegangen (2,55 % der neu eingegangenen Rechtssachen).[24] 7

## B. Zulässigkeit der Schadensersatzklage

Sieht man von den Zuständigkeitsregelungen der Art. 256 Abs. 1, 268 AEUV ab, enthalten die Unionsverträge keine Normierung der Zulässigkeitsvoraussetzungen der Schadensersatzklage. Doch lassen sich aus **Art. 340 Abs. 2 und 3 AEUV Rückschlüsse** ziehen. Im Übrigen muss die Klage mit den Bestimmungen der Satzung EuGH und der gerichtlichen Verfahrensordnungen vereinbar sein. 8

### I. Zuständigkeit der Gerichtsbarkeit der Europäischen Union

Wie ausgeführt (→ Rn. 6), ist die Unionsgerichtsbarkeit für Schadensersatzklagen gegen die **Europäische Union ausschließlich zuständig.** Wegen des grundsätzlichen Ausschlusses der Unionsgerichtsbarkeit für die auf der Grundlage der Bestimmungen hinsichtlich der Gemeinsamen Außen- und Sicherheitspolitik erlassenen Rechtsakte (Art. 24 Abs. 1 UAbs. 2 S. 6 Hs. 1 EUV i. V. m. Art. 275 Abs. 1 AEUV) sind insoweit auch Schadensersatzklagen unzulässig. Eine Ausnahme gilt nach Art. 275 Abs. 2 AEUV für Sanktionsmaßnahmen gegenüber natürlichen und juristischen Personen. Verwiesen wird in Art. 275 Abs. 2 AEUV zwar nur auf die Nichtigkeitsklage. Werden durch die Aufhebung von Sanktionsmaßnahmen bereits enstandene Schäden nicht beseitigt, muss aber auch die Schadensersatzklage als zulässig angesehen werden.[25] Für Streitigkeiten, welche die Europäische Investitionsbank (EIB) 9

---

[21] EuGH Urt. v. 13.2.1979 – C-101/78 Rn. 12 ff., BeckRS 2004, 70620 – Granaria; Urt. v. 14.1.1987 – C-281/84 Rn. 12, BeckRS 2004, 72914 – Zuckerfabrik Bedburg; Urt. v. 27.9.1988 – C-106 bis 120/87, BeckRS 2004, 70675 Rn. 14 f. – Asteris u. a.; *Cremer* in: Calliess/Ruffert, EUV/AEUV, Art. 268 AEUV Rn. 7; *Augsberg* in: v. d. Groeben/Schwarze/Hatje, Europäisches Unionsrecht, Art. 268 AEUV Rn. 3.

[22] EuGH EuZW 2018, 239 Rn. 31 ff., 58 – Slowakische Republik; vgl. auch die Mitteilung der Kommission KOM (2018) 547 endg. v. 19.7.2018. Zur internationalen Zuständigkeit für Schadensersatzklagen vgl. → § 25 Rn. 47 m. Fn. 132.

[23] Vgl. *Gellermann* in: Rengeling/Middeke/Gellermann., Hdb Rechtsschutz EU, § 9 Rn. 5.

[24] Jahresbericht über die Rechtsprechungstätigkeit des EuGH und des EuG 2019, S. 297 verfügbar unter: https://curia.europa.eu/jcms/upload/docs/application/pdf/2020-05/qd-ap-20-001-de-n.pdf (zuletzt abgerufen am 30.11.2020).

[25] Zur Problematik vgl. *Pechstein* in: Frankfurter Kommentar, Art. 268 AEUV Rn. 7.

und Europäische Zentralbank (EZB) betreffen, gelten die Einschränkungen des Art. 271 AEUV. Ansonsten kennt das Unionsrecht nach Auflösung der sogenannten Dritten Säule über die Polizeiliche und Justizielle Zusammenarbeit in Strafsachen (PJZS) keinen justizfreien Bereich für Rechtsstreitigkeiten mehr, so dass auch Schadensersatzklagen auf dem Gebiet der Freiheit, der Sicherheit und des Rechts (Dritter Teil – Titel V AEUV) in Betracht kommen. Nach Art. 256 Abs. 1 AEUV entscheidet das **Gericht** (EuG). Eine abweichende Regelung enthält Art. 51 Satzung EuGH nicht,[26] so dass der Gerichtshof (EuGH) heute nur noch als Rechtsmittelinstanz für Schadensersatzklagen zuständig ist (Art. 56 ff. Satzung EuGH).

## II. Parteifähigkeit

### 1. Aktive Parteifähigkeit

10 Da der Schadensersatzanspruch gemäß Art. 340 Abs. 2 und 3 AEUV von allen **natürlichen** und **juristischen Personen** des öffentlichen oder privaten Rechts (einschließlich der Nichtunionsangehörigen, der Bundesländer, Kommunen und Drittstaaten) sowie von Personen erhoben werden kann, die in den Mitgliedstaaten und Drittstaaten als (teil)-rechtsfähig angesehen werden, gilt für die **aktive Parteifähigkeit** im Schadensersatzprozess nichts anderes. Der Gerichtshof hat ferner nichtrechtsfähige Verbände (wie den gewerkschaftlich organisierten Berufsverbänden der Unionsbediensteten)[27] die aktive Parteifähigkeit zuerkannt. Umstritten ist, ob auch die **Mitgliedstaaten** klagen können. Dies wird teilweise verneint, weil das institutionelle Unionsgefüge gestört werden könnte.[28] Nach anderer Ansicht ist zwischen dem hoheitlichen und dem „privatwirtschaftlichen" Zuständigkeitsbereich der Mitgliedstaaten zu unterscheiden. Nur der privatwirtschaftlich handelnde Mitgliedstaat könne Schadensersatz verlangen und dementsprechend als Kläger auftreten.[29] Für diese Differenzierung bieten die Art. 268, 340 Abs. 2 und 3 AEUV keine Grundlage. Daher sind auch die Mitgliedstaaten als aktiv parteifähig anzusehen.[30] Allerdings kann einer Klage das Rechtsschutzbedürfnis fehlen, wenn der Mitgliedstaat von den Klagemöglichkeiten nach Art. 263 Abs. 1, 265 Abs. 1 AEUV keinen Gebrauch gemacht hat. Klagen von Drittstaaten steht grundsätzlich der völkerrechtliche Grundsatz der Immunität[31] entgegen, wenn die Union nicht im Privatrechtsverkehr tätig geworden ist. Schadensersatzklagen von Beamten und Bediensteten können nur nach Maßgabe des Art. 270 AEUV erhoben werden (→ Rn. 3).

### 2. Passive Parteifähigkeit

11 **Fall 1:** Die griechische Gesellschaft A hat Schadensersatzklage gegen die Kommission der EU erhoben, weil diese kein Vertragsverletzungsverfahren gegen Griechenland nach Art. 258 AEUV eingeleitet habe, B Schadensersatzklage gegen den Europäischen

---

[26] Gleichwohl geht die Literatur vielfach davon aus, dass der EuGH für Schadensersatzklagen von Mitgliedstaaten (→ Rn. 10) in erster Instanz zuständig ist. Vgl. *Pechstein* EU-Prozessrecht, Rn. 684; Lenz/Borchardt, EU-Verträge, Art. 268 AEUV Rn. 1; *Pechstein* in: Frankfurter Kommentar, Art. 268 AEUV Rn. 9; *Ehricke* in: Streinz, EUV/AEUV, Art. 268 AEUV Rn. 2; *Cremer* in: Calliess/Ruffert, EUV/AEUV, Art. 268 Rn. 1. Im Wortlaut des Art. 51 Satzung EuGH findet diese Ansicht keine Grundlage, vielmehr beziehen sich die Abweichungen von Art. 256 Abs. 1 AEUV nur auf Klagen gemäß Art. 263 und 265 AEUV.

[27] EuGH Urt. v. 8.10.1974 – C-18/74, BeckRS 2004, 72042 Rn. 5, 9 – Allgemeine Gewerkschaft der Europäischen Beamten; EuG Urt. v. 9.9.2009 – T-437/05 Rn. 232, BeckRS 2011, 87070 – Brink's Security Luxembourg.

[28] *Böhm* in: Schulze/Janssen/Kadelbach, Europarecht, § 12 Rn. 52; *Gellermann* in: Rengeling/Middeke/Gellermann, Hdb Rechtsschutz EU, § 9 Rn. 9.

[29] *Böhm* in: Schulze/Janssen/Kadelbach, Europarecht, § 12 Rn. 52; *Pechstein* EU-Prozessrecht, Rn. 688; *Pechstein* in: Frankfurter Kommentar, Art. 268 AEUV Rn. 19; *Ehricke* in: Streinz, EUV/AEUV, Art. 268 AEUV Rn. 6.

[30] Vgl. auch *Berg* in: Schwarze, EU-Kommentar, Art. 340 AEUV Rn. 13.

[31] Vgl. *Herdegen* Völkerrecht, § 10 Rn. 21 f.

Bürgerbeauftragten (Art. 228 AEUV), weil dieser seine Beschwerde nicht richtig behandelt habe und dadurch ein Schaden entstanden sei.

Nach Art. 340 Abs. 2 AEUV richtet sich die außervertragliche Haftung der Union gegen die **Europäische Union** selbst, wenn die Unionsorgane oder die Bediensteten in Ausübung ihrer Amtstätigkeit einen Schaden verursacht haben. Bei Schadenszufügungen außerhalb oder bei Gelegenheit einer Amtstätigkeit haften die Bediensteten persönlich. Die Union wird durch das jeweilige schadensverursachende **Organ** vertreten.[32] Die nicht einheitliche Rechtsprechung lässt aber auch Klagen gegen das Organ selbst zu[33] oder deutet die Klagen entsprechend um.[34] Teilweise wird aus dem Umstand, dass der die Prozessvertretung in dem Verfahren vor den Unionsgerichten regelnde Art. 19 Abs. 1 Satzung EuGH die Vertretung der Unionsorgane, nicht aber die Vertretung der Union erwähnt, hergeleitet, dass die Klage gegen das Organ (nicht die Union) zu richten sei.[35] Diese Argumentation vermag nicht zu überzeugen, weil die *Vertretung* etwas anderes ist als die *Parteifähigkeit,* es in einem Außenrechtsstreit auf die Rechtsfähigkeit ankommt, die Vollstreckung von Schadensersatzurteilen gegen Organe (die im Gegensatz zur Union über keinen eigenen Haushalt verfügen) Probleme bereiten würde und es der Regelung des Art. 340 Abs. 3 AEUV nicht bedurft hätte, wenn Organe (zu denen Art. 13 Abs. 2 EUV auch die Europäische Zentralbank rechnet) parteifähig und damit Klagegegner sein könnten.[36] Daher ist es angezeigt, nur die (durch ihre Organe vertretene) Union, nicht die Organe selbst als parteifähig anzusehen. Bei Zugrundelegung der Rechtsprechung hängt die Zulässigkeit der Schadensersatzklage aber nicht davon ab, ob sie gegen die Union oder das schadensverursachende Unionsorgan gerichtet worden ist. 12

Da gemäß Art. 340 Abs. 3 AEUV die **Europäische Zentralbank** abweichend von Art. 340 Abs. 2 AEUV die durch sie oder ihrer Bediensteten in Ausübung ihrer Amtstätigkeit verursachten Schaden zu ersetzen hat, ist sie insoweit auch passiv parteifähig. Dies ist deshalb von besonderer Bedeutung, weil nicht für alle Mitglieder der Euro als Währung eingeführt worden ist (Art. 139 AEUV) und die Europäische Zentralbank somit nicht für die gesamte Europäische Union handelt. Eine Haftung der Europäischen Zentralbank kann etwa bei der rechtswidrigen Festlegung von Mindestreserven, Maßnahmen der Refinanzierungspolitik oder bei der Verhängung von Sanktionen in Betracht kommen.[37] Neben der Europäischen Zentralbank sind ebenso wie bei der Nichtigkeits- und Untätigkeitsklage (→ § 9 Rn. 11; → § 10 Rn. 6) auch die **sonstigen juristischen Personen des Unionsrechts** passiv parteifähig. Hierfür spricht zum einen die rechtliche Selbständigkeit juristischer Personen des Unionsrechts. Zum anderen werden die juristischen Personen des Unionsrechts – von den wenigen im Vertragsrecht normierten Fällen abgesehen – durch Sekundärrechtsakt errichtet. Regelmäßig wird in diesen Akten vorgesehen, dass die juristi- 13

[32] Vgl. EuGH Urt. v. 13.11.1973 – C-63/72 Rn. 7, BeckRS 2004, 73458 – Werhahn Hansamuehle u. a.; Urt. v. 14.1.1987 – C-281/84 Rn. 14f., BeckRS 2004, 72914 – Zuckerfabrik Bedburg.

[33] EuGH NVwZ 1992, 1077 – Mulder u. a.; Urt. v. 15.9.1994 – C-146/91, BeckRS 2004, 74422 – KYDEP; EuZW 2004, 436 (437) – Bürgerbeauftragter; EuG Urt. v. 6.7.1995 – T-572/93 – juris Rn. 22 – Odigitria; Beschl. v. 12.12.2000 – T-201/99 – juris Rn. 20 – Royal Olympic Cruises u. a.; Beschl. v. 2.2.2015 – T-577/14 Rn. 16ff. – Gascogne Sack; Urt. v. 1.2.2017 – T-479/14, BeckRS 2017, 102499 Rn. 13ff. – Kendrion.

[34] EuG Urt. v. 4.2.1998 – T-246/93 – juris Rn. 24ff. – Bühring; Beschl. v. 12.12.2000 – T-201/99 – juris Rn. 20 – Royal Olympic Cruises u. a.; Urt. v. 26.1.2006 – T-364/03 Rn. 47, BeckRS 2006, 70075 – Medici Grimm (Umdeutung einer gegen ein Organ der Europäischen Gemeinschaft gerichteten Schadensersatzklage in eine Klage gegen die Union).

[35] Vgl. EuG Beschl. v. 12.12.2000 – T-201/99 – juris Rn. 20 – Royal Olympic Cruises u. a.; vgl. auch EuG Urt. v. 6.7.1995 – T-572/93 – juris Rn. 22 – Odigitria; *Dörr/Lenz* Europäischer Verwaltungsrechtsschutz, Rn. 324.

[36] Vgl. auch *Borchardt* in: Lenz/Borchardt, EU-Verträge, Art. 268 AEUV Rn. 5; *Gellermann* in: Streinz, EUV/AEUV, Art. 340 AEUV Rn. 10; *Augsberg* in: v. d. Groeben/Schwarze/Hatje, Europäisches Unionsrecht, Art. 340 AEUV Rn. 15.

[37] Vgl. *Jacob/Kottmann* in: Grabitz/Hilf/Nettesheim, EUV/AEUV, Art. 340 AEUV Rn. 134.

schen Personen selbst verklagt werden können und grundsätzlich auch selbst für Schäden haftbar sind.[38] Damit übereinstimmend lässt sich darauf hinweisen, dass die Unionsgerichtsbarkeit auch Schadensersatzklagen gegen die **Europäische Investitionsbank** (Art. 308 AEUV) zugelassen hat.[39] Da juristische Personen über einen eigenen Haushalt verfügen, bereitet auch die Vollstreckbarkeit der Schadensersatzklagen (→ Rn. 47) in diesen Fällen kein Problem. Bei Einräumung einer speziellen Eigenhaftung der juristischen Personen des Unionsrechts ist jedoch eine subsidiäre Haftung der Union bei unzureichender Mittelausstattung nach Art. 340 Abs. 2 AEUV anzunehmen.[40] Kommt die subsidiäre Haftung zum Tragen, ist die Union passiv parteifähig.

14 **Lösung zu Fall 1:** Die Klagen sind nicht gegen die Union, sondern gegen Organe der Union gerichtet. Doch führt dies nach ständiger Rechtsprechung nicht zur Unzulässigkeit der Klage, weil diese entweder „als gegen die Gemeinschaft (heute: Union), vertreten durch dieses Organ, gerichtet" anzusehen sei[41] oder Klagen gegen Organe als zulässig erachtet werden (→ Rn. 12). Die Entscheidung der Kommission, kein Vertragsverletzungsverfahren einzuleiten, ist nicht rechtswidrig, da die Kommission nicht zur Verfahrenseinleitung verpflichtet ist.[42] Das einzige Verhalten, das möglicherweise als Schadensursache betrachtet werden könnte, ist das Verhalten Griechenlands, eröffnet aber keinen Sekundärrechtsschutz des Gerichts gegen mitgliedstaatliche Schadenszufügungen. Daher hat das EuG die Schadensersatzklage der A zu Recht als unzulässig abgewiesen.[43] Dagegen verleiht Art. 228 AEUV jedem Bürger das subjektive Recht, Beschwerden über Missstände bei der Tätigkeit der Organe, Einrichtungen oder sonstigen Stellen der Union (mit Ausnahme des Gerichtshofs der Europäischen Union in Ausübung seiner Rechtsprechungsbefugnisse) an den Europäischen Bürgerbeauftragten zu richten. Zudem haben die Bürger einen Anspruch darauf, über das Ergebnis der vom Bürgerbeauftragten hierzu unternommenen Untersuchungen unterrichtet zu werden. Es lässt sich nicht ausschließen, dass dem Bürgerbeauftragten bei der Behandlung der eingereichten Beschwerde ein Fehlverhalten unterlaufen ist und dieses Verhalten geeignet sein kann, bei dem betroffenen Bürger einen Schaden zu verursachen. Daher hat das EuG die Klage des B für zulässig (allerdings nicht für begründet) erachtet.[44]

## III. Klagegegenstand

15 Mit der Schadensersatzklage kann sowohl auf das legislative[45] als auch das administrative[46] und (in seltenen Fällen) das gerichtliche (→ Rn. 37, 39) Verhalten der Union reagiert werden. Wie schon aus ihrer Bezeichnung folgt, muss sie sich auf Schadensersatz richten, also auf Ausgleich für eine materielle oder immaterielle[47] **Einbuße,** die der Betroffene an seinem Vermögen oder an seinen sonstigen Rechtsgütern erlitten hat,[48] einschließlich des ent-

---

[38] Vgl. die Nachw. bei *Dörr/Lenz* Europäischer Verwaltungsrechtsschutz, Rn. 325; *Augsberg* in: v. d. Groeben/Schwarze/Hatje, Europäisches Unionsrecht, Art. 340 AEUV Rn. 19 f.

[39] Vgl. EuGH Urt. v. 25.5.1993 – C-370/89, BeckRS 2004, 76812 – SGEEM u. a.; EuG Urt. v. 12.12.2000 – T-11/00 – juris – Hautem.

[40] Vgl. *Augsberg* in: v. d. Groeben/Schwarze/Hatje, Europäisches Unionsrecht, Art. 340 AEUV Rn. 19.

[41] EuG Urt v. 10.4.2002 – T-209/00 – juris Rn. 48 – Lamberts.

[42] EuG WuW 2005, 107 (111) – Makedoniko Metro u. a.

[43] EuG WuW 2005, 107 (111) – Makedoniko Metro u. a.

[44] EuG Urt v. 10.4.2002 – T-209/00 – juris Rn. 60 – Lamberts.

[45] Vgl. z. B. EuGH DVBl 1972, 268 – Zuckerfabrik Schöppenstedt.

[46] Z. B. EuGH EuZW 2007, 434 Rn. 47 ff. – Holcim (Deutschland).

[47] Vgl. EuGH Urt. v. 8.7.1965 – C-110/63 S. 880, BeckRS 2004, 70709 – Willame; Urt. v. 5.10.1988 – C-180/87 – juris Rn. 10 ff. – Hamill; Urt. v. 14.5.1998 – C-259/96 Rn. 25 f., BeckRS 2004, 75768 – De Nil u. a.; EuG Urt. v. 27.2.1992 – T-165/89 – juris Rn. 117 – Plug.

[48] Zur Frage einer Haftung auch für rechtmäßiges Handeln vgl. → Rn. 41 f.

gangenen Gewinns[49] (→ Rn. 46). Streitig ist, ob nur **Geldersatz** oder auch **Naturalrestitution** (z. B. nachträgliche Gewährung von Einfuhrlizenzen) und **Folgenbeseitigung** (z. B. Widerruf ehrkränkender Äußerungen) verlangt werden kann.[50] Die Unionsgerichtsbarkeit besitzt die Befugnis, der Union jede Form des Schadensausgleichs aufzuerlegen, die mit den allgemeinen Rechtsgrundsätzen, die den Rechtsordnungen der Mitgliedstaaten auf dem Gebiet der außervertraglichen Haftung gemeinsam sind, in Einklang stehen.[51] Hierfür spricht, dass im Gegensatz zu dem (außer Kraft getretenen) Art. 40 Abs. 1 EGKSV, der nur eine Entschädigung in Geld vorsah, Art. 340 Abs. 2 AEUV eine Naturalrestitution oder Folgenbeseitigung nicht ausschließt. Da die Union oder Unionsrechtssubjekte unmittelbar haften, sind sie anders als die staatlichen Rechtsträger nach deutschem Amtshaftungsrecht[52] auch zur **Naturalrestitution** in der Lage.[53]

Problematischer sind Folgenbeseitigungsansprüche.[54] Zwar dürfen trotz des selbständigen Charakters der Schadensersatzklage die Art. 263, 265 i. V. m. 266 AEUV nicht umgangen werden (→ Rn. 5, 27). Ist eine Handlung für nichtig erklärt worden, kommt die Union ihrer Handlungspflicht nach Art. 266 Abs. 2 AEUV aber nicht nach, ist in der Regel die Untätigkeitsklage nach Art. 265 AEUV zu erheben. Doch schließt dies **Folgenbeseitigungsansprüche** nicht schlechthin aus, zumal Art. 266 Abs. 2 AEUV die sich aus Art. 340 Abs. 2 AEUV ergebenden Verpflichtungen ausdrücklich unberührt lässt (→ § 9 Rn. 88; → § 10 Rn. 29). Scheitert die Folgenbeseitigung, kommt Geldersatz in Betracht.[55] In der Rechtsprechung sind die Fragen bisher nicht hinreichend geklärt. 16

## IV. Klagebefugnis

Eine besondere Klagebefugnis setzt das Unionsrecht für die Erhebung einer Schadensersatzklage nach Art. 268 AEUV nicht voraus. Da aber nur der Geschädigte Schadensersatz verlangen kann, können nur **eigene Ansprüche** geltend gemacht werden.[56] Dies schließt eine Abtretung nicht aus (→ Rn. 24), wohl aber eine Prozessstandschaft. Auch soweit Berufsverbände parteifähig sind (→ Rn. 10), können sie nur eigene Schadensersatzansprüche, nicht aber die Ansprüche ihrer Mitglieder einklagen.[57] 17

## V. Klagegegner

Richtiger Klagegegner einer Schadensersatzklage nach Art. 268 AEUV ist dasjenige passiv parteifähige **Zurechnungssubjekt, das** den **Schaden** verursacht oder **zu tragen hat.** Nach der hier vertretenen Ansicht (→ Rn. 12 f.) fällt beides zusammen. Wird den rechtlich 18

[49] EuGH Urt. v. 2.6.1976 – C-56/74 Rn. 12 f., BeckRS 2004, 73335 – Kampffmeyer II; Urt. v. 4.10.1979 – C-238/78 Rn. 13 f., BeckRS 2004, 72525 – Ireks-Arkady.

[50] Grds. befürwortend *Jacob/Kottmann* in: Grabitz/Hilf/Nettesheim, EUV/AEUV, Art. 340 AEUV Rn. 127; a. A. *Gellermann* in: Streinz, EUV/AEUV, Art. 340 AEUV Rn. 30; *Gellermann.* in: Rengeling/Middeke/Gellermann, Hdb Rechtsschutz EU, § 9 Rn. 44.

[51] EuG Urt. v. 25.1.2006 – T-279/03 – juris Rn. 63 – Galileo International Technology u. a.; Urt. v. 16.12.2010 – T-19/07, BeckRS 2011, 80485 Rn. 121 – Systran u. a.

[52] Vgl. *Grzeszick* in: Ehlers/Pünder, AllgVwR, § 44 Rn. 42.

[53] Zur Zulässigkeit eines Schadensausgleichs in Form einer Naturalrestitution vgl. auch EuG Urt. v. 10.5.2006 – T-279/03 – juris Rn. 70 f. – Galileo International Technology u. a.; Urt. v. 16.12.2010 – T-19/07, BeckRS 2011, 80485 Rn. 121 – Systran u. a.

[54] Vgl. auch EuGH Urt. v. 18.4.1991 – C-63/89 Rn. 30, BeckRS 2004, 77642 – Assurances du Crédit, wonach der Gerichtshof nicht befugt ist, den Unionsorganen aufzugeben, bestimmte Maßnahmen zu ergreifen.

[55] Vgl. dazu mit Nachw. aus dem Gebiet von Beamtenklagen *Augsberg* in: v. d. Groeben/Schwarze/Hatje, Europäisches Unionsrecht, Art. 340 AEUV Rn. 60.

[56] Vgl. auch *Pechstein* EU-Prozessrecht, Rn. 685.

[57] Vgl. EuGH Urt. v. 18.3.1975 – C-72/74 Rn. 20 f., BeckRS 2004, 73595 – Union syndicale; EuG Urt. v. 30.9.1998 – T-149/96 – juris Rn. 57 ff. – Coldiretti u. a.; *Pechstein* in: Frankfurter Kommentar, Art. 268 AEUV Rn. 17.

nicht selbständigen Organen der Europäischen Union oder den bei ihr Beschäftigten in Ausübung ihrer Amtstätigkeit ein schädigendes Verhalten vorgeworfen, ist die Union zu verklagen. Haben die Europäische Zentralbank oder andere juristische Personen des Unionsrechts gehandelt, sind diese richtiger Klagegegner. Lässt man dagegen auch Haftungsklagen gegen die Unionsorgane im engeren Sinne zu (→ Rn. 12), sind die jeweils tätig gewordenen oder untätig gebliebenen Organe zu verklagen. Haben mehrere Organe zusammengewirkt oder hätten sie dies tun müssen, ist die Klage bei Zugrundelegung dieser Auffassung an alle beteiligten Organe zu richten.

## VI. Klagefrist

19 **Fall 2:** Die Kommission der Europäischen Gemeinschaft (heute: Europäische Union) hatte 1994 eine Geldbuße gegen die Gesellschaft C wegen Bildung eines Zementkartells verhängt, C aber angeboten, eine Bankbürgschaft zu stellen, damit dieser die Geldbuße nicht sofort selbst zahlen zu muss. Im Jahre 1995 wurde die Bankbürgschaft gestellt. Auf die Klage der C hin ist die Entscheidung der Kommission im Jahre 2000 vom EuG für nichtig erklärt worden. Nachdem C vergeblich die Erstattung der von ihr durch die Stellung der Bankbürgschaft entstandenen Kosten von der Kommission verlangt hat, erhob sie im Jahre 2003 Schadensersatzklage. Die Kommission macht geltend, dass der Schadensersatz teilweise verjährt und die Klage daher insoweit unzulässig sei. C meint, dass die Verjährung erst mit dem Nichtigkeitsurteil (2000) zu laufen beginnt.

20 Obwohl die in **Art. 46 Abs. 1 S. 1 Satzung EuGH**[58] vorgesehene **Verjährungsfrist** an sich nur die materielle Durchsetzbarkeit des Anspruchs und damit die Begründetheit der Klage betrifft, hat ihr die – früher nicht einheitliche[59] – Unionsgerichtsbarkeit auch eine **prozessuale Bedeutung** beigemessen.[60] Schadensersatzklagen, die auf Geltendmachung verjährter Ansprüche gerichtet sind, werden daher regelmäßig als **unzulässig** abgewiesen.[61] Danach ist die Klage grundsätzlich innerhalb von fünf Jahren nach Eintritt des schadenstiftenden Ereignisses zu erheben. Die Unterscheidung von Zulässigkeit und Begründetheit ist im vorliegenden Zusammenhang insbesondere auch deshalb von Bedeutung, weil Zulässigkeitsvoraussetzungen grundsätzlich zwingendes Recht darstellen und von Amts wegen zu berücksichtigen sind, wohingegen eine materielle Verjährung nur beachtlich ist, wenn eine Einrede erhoben wird. Doch kennt das Prozessrecht der Unionsgerichtsbarkeit – ebenso wie das nationale Recht (→ § 25 Rn. 231) – auch prozesshindernde Einreden (vgl. Art. 151 Abs. 1 VerfO-EuGH; Art. 130 VerfO-EuG).[62] Die neuere Rechtsprechung differenziert dementsprechend. Art. 46 Abs. 1 S. 1 Satzung EuGH regele keine Verfahrensfrist, sondern beziehe sich nur auf das materielle Recht.[63] Daher sei die Verjährung nicht von Amts wegen zu prüfen.[64] Wohl aber dürfe gestützt auf Art. 46 Abs. 1 Satzung EuGH die Einrede der Unzulässig-

[58] „Die aus außervertraglicher Haftung der Union hergeleiteten Ansprüche verjähren in fünf Jahren nach Eintritt des Ereignisses, das ihnen zugrunde liegt.", Art. 46 Abs. 1 S. 1 Satzung EuGH.

[59] Vgl. *Cremer* in: Calliess/Ruffert, EUV/AEUV, Art. 268 AEUV Rn. 3 m. Fn. 10.

[60] EuGH Urt. v. 27.1.1982 – C-256, 257, 265 u. 267/80, 5 u. 51/81 u. 282/82 – juris Rn. 3 ff., 16 f. – Birra Wührer; krit. *Ehricke* in: Streinz, EUV/AEUV, Art. 268 AEUV Rn. 12; *Cremer* in: Calliess/Ruffert, EUV/AEUV, Art. 268 AEUV Rn. 3.

[61] Vgl. EuG EuZW 1996, 121 (123) – Lefebvre u. a.; Urt. v. 21.4.2005 – T-28/03 Rn. 74, BeckRS 2005, 70297 – Holcim (Deutschland).

[62] Vgl. auch *Augsberg* in: Leible/Terhechte, Enzyklopädie Europarecht III, § 12 Rn. 18.

[63] EuGH Urt. v. 8.11.2012 – C-469/11 P Rn. 52, BeckRS 2012, 82380 – Evropaïki Dynamiki.

[64] Grundlegend bereits EuGH Urt. v. 30.5.1989 – C-20/88 Rn. 12 f., BeckRS 2004, 72241 – Roquette Frères; *Augsberg* in: v. d. Groeben/Schwarze/Hatje, Europäisches Unionsrecht, Art. 340 Rn. 92; a. A. (von Amts wegen zu prüfen) *Pechstein* EU-Prozessrecht, Rn. 694; *Thiele* Europäisches Prozessrecht, § 10 Rn. 17; *Borchardt* in: Lenz/Borchardt, EU-Verträge, Art. 268 AEUV Rn. 11.

keit erhoben werden, welche im Falle des Durchgreifens „die Haftungsklage [...] untergehen lässt".[65] Der Umschlag vom materiellen Recht zum prozessualen Recht wird jedoch nicht begründet. Folgerichtiger wäre es, eine Klagefrist abzulehnen, bei verspäteter gerichtlicher Geltendmachung aber prozessuale Verwirkung[66] anzunehmen, wobei die Verwirkung nach dem Maßstab des Art. 46 Satzung EuGH zu bestimmen ist, obwohl die in Titel III stehende Vorschrift an sich nur das Verfahren vor dem Gerichtshof (nicht dem Gericht) betrifft.

Die aus der außervertraglichen Haftung hergeleiteten Ansprüche verjähren gemäß Art. 46 Abs. 1 S. 1 Satzung EuGH in **fünf Jahren nach Eintitt des schadenstiftenden Ereignisses.** Die Frist wird nicht durch die Entfernungsfrist des Art. 60 VerfO-EuG (oder die des Art. 51 VerfO-EuGH) verlängert.[67] Die Einreichung der Klageschrift bei der Gerichtsbarkeit und die Geltendmachung des Anspruchs gegenüber dem zuständigen Unionsorgan unterbrechen die Verjährung (Art. 46 Abs. 1 S. 2 Satzung EuGH). Unter Klageschrift ist die Schrift zu verstehen, mit der die Schadensersatzklage erhoben wird – nicht die Erhebung der Nichtigkeits- oder Untätigkeitsklage (→ Rn. 22). Hat der Geschädigte seinen Anspruch vorher gegenüber dem zuständigen Unionsorgan geltend gemacht, bestimmt sich die Frist nach Art. 263 Abs. 6, 265 Abs. 2 AEUV. Sie beginnt erst zu laufen, wenn alle Haftungsvoraussetzungen erfüllt sind (insbesondere sich der zu ersetzende Schaden konkretisiert hat).[68] Auf die Kenntnis der schadensbegründenden Tatsachen kommt es grundsätzlich nicht an.[69] Der **Ablauf der Verjährungsfrist** kann aber dem Kläger nicht entgegengehalten werden, wenn dieser substantiiert darlegen kann, dass er von dem schadenstiftenden Ereignis erst zu einem späteren Zeitpunkt Kenntnis erlangen konnte und somit unter Zugrundelegung der Fünf-Jahres-Frist nicht über einen angemessenen Zeitraum verfügte, um vor Ablauf der Frist Klage zu erheben oder seinen Anspruch geltend zu machen.[70] Der Lauf der Verjährung wird gehemmt, wenn die Unionsorgane auf die Erhebung der Verjährungseinrede (etwa während Vergleichsverhandlungen) verzichten.[71] 21

**Lösung zu Fall 2:** Die Frist für die Verjährung des Anspruchs aus der außervertraglichen Haftung der Gemeinschaft (Union) beginnt, wenn alle Voraussetzungen, von denen die Ersatzpflicht abhängt, erfüllt sind und sich insbesondere der geltend gemachte Schaden konkretisiert hat. Hier hatte C mit Zustellung der Bußgeldentscheidung der Kommission Kenntnis von dem eventuellen Verstoß gegen das Gemeinschaftsrecht (Unionsrecht) und den Schadensfolgen. Die Schadensursache stand ab Stellung der Bankbürgschaft fest. Ab diesem Zeitpunkt hätte das EuG angerufen werden können, da das Ausmaß des Schadens abschätzbar war. Tatsächlich eingetreten ist der Schaden erst von dem Zeitpunkt an, zu dem erstmals die Kosten der Bankbürgschaft anfielen (1995). Ab diesem Zeitpunkt hatte sich der Schaden konkretisiert mit der Folge eines Ingangsetzens der Verjährungsfrist. Nach Art. 46 S. 2 Satzung EuGH wird die Verjährung durch Einreichen der Klageschrift beim Gerichtshof oder dadurch unterbrochen, dass der Geschädigte seinen Anspruch vorher gegenüber dem zuständigen Organ der Gemeinschaft (jetzt Union) geltend macht. Da Art. 46 der Satzung EuGH Klagen ge- 22

---

[65] EuGH Urt. v. 8.11.2012 – C-469/11 P, BeckRS 2012, 82380 Rn. 54 – Evropaïki Dynamiki; vgl. auch EuG Urt. v. 10.1.2017 – T-577/14, BeckRS 2017, 100414 Rn. 40 ff. – Gascogne Sack Deutschland u. a.; Urt. v. 7.6.2017 – T-673/15, BeckRS 2017, 115135 Rn. 20 ff. – Guardian Europe; zustimmend *Jacob/Kottmann* in: Grabitz/Hilf/Nettesheim EUV/AEUV, Art. 340 AEUV Rn. 47.

[66] Vgl. zu dieser Rechtsfigur → § 25 Rn. 256 f.

[67] EuGH Urt. v. 8.11.2012 – C-469-11 P, BeckRS 2012, 82380 Rn. 58 f. – Evropaïki Dynamiki.

[68] Vgl. EuGH EuZW 2007, 434 (436) – Holcim (Deutschland); EuG Urt. v. 31.1.2001 – T-76/94 – juris Rn. 76 – Jansma; Urt. v. 11.1.2002 – T-174/00 – juris Rn. 38 – Biret International.

[69] *Jacob/Kottmann* in: Grabitz/Hilf/Nettesheim, EUV/AEUV, Art. 340 AEUV Rn. 47.

[70] EuGH Urt. v. 7.11.1985 – C-145/83 Rn. 50, BeckRS 2004, 71675 – Adams; Urt. v. 8.11.2012 – C-469/11 P, BeckRS 2012, 82380 Rn. 35 – Evropaïki Dynamiki; EuG Urt. v. 16.4.1997 – T-20/94 – juris Rn. 111 – Hartmann.

[71] EuG T-195 u. 202/94 – juris Rn. 127 – Quiller u. a.; *Jacob/Kottmann* in: Grabitz/Hilf/Nettesheim, EUV/AEUV, Art. 340 AEUV Rn. 47.

gen die Gemeinschaft (Union) wegen außervertraglicher Haftung betrifft, ist die verjährungsunterbrechende Klageschrift i. S. d. Bestimmung diejenige, mit der die Haftung nach Art. 340 Abs. 2 AEUV geltend gemacht wird. Eine Nichtigkeitsklage kann deshalb nicht als Klageschrift angesehen werden, welche die Verjährung unterbrechen könnte. Da die Schadensersatzklage im Jahre 2003 erhoben wurde, sind somit die vor 1998 entstandenen Bankbürgschaftskosten verjährt. Wird Art. 46 Satzung EuGH auch prozessuale Bedeutung beigemessen (→ Rn. 20), ist die Klage insoweit als unzulässig abgewiesen worden.[72] Im Übrigen wurde die Klage für unbegründet erachtet, da der Verstoß gegen das Gemeinschaftsrecht (Unionsrecht) nicht hinreichend qualifiziert gewesen sei (vgl. auch → Rn. 40).

## VII. Ordnungsgemäße Klageerhebung

23 Die **Klageschrift** muss den Anforderungen des **Art. 76 VerfO-EuG** – falls man auch Klagen beim EuGH für zulässig erachtet (→ Rn. 9 m. Fn. 26) den Anforderungen des Art. 120 VerfO-EuGH – genügen. Die Rechtsprechung stellt in der Regel dezidierte Anforderungen. In jedem Falle muss der Beklagte die Möglichkeit haben, sich verteidigen zu können.[73] So wird die Klage als unzulässig abgewiesen, wenn sie nicht die Tatsachen anführt, anhand deren sich das dem Organ (Rechtssubjekt) vorgeworfene Verhalten bestimmen lässt und die Gründe angibt, aus denen sich nach Auffassung des Klägers ein Kausalzusammenhang zwischen dem Verhalten und dem (angeblich) erlittenen Schaden ergibt, sowie Art und Umfang dieses Schadens bezeichnet.[74] Ist der Schaden noch nicht eingetreten, steht er aber unmittelbar bzw. mit hinreichender Sicherheit bevor,[75] oder lässt sich die Schadenshöhe bei Klageerhebung noch nicht bestimmen,[76] darf zunächst auf **Feststellung des Haftungsgrundes** geklagt werden, über den das EuG durch Zwischenurteil entscheidet.[77] Ergeht ein für den Kläger positives Zwischenurteil, wird den Parteien regelmäßig aufgegeben, sich über die Summe zu einigen und diese dem Gerichtshof der Europäischen Union mitzuteilen, andernfalls bezifferbare Anträge zu stellen.[78] Wird die tatsächliche Schadenshöhe noch vor Ersatz des Zwischenurteils bekannt, darf die Klage von einem Feststellungsantrag auf einen **Leistungsantrag** umgestellt werden.

## VIII. Rechtsschutzinteresse

24 Die Schadensersatzklage kann **unmittelbar** beim **Gericht** – falls man für Schadensersatzklagen von Mitgliedstaaten entgegen der hier vertretenen Ansicht den EuGH für zuständig hält (→ Rn. 9 m. Fn. 26), auch bei diesem – eingelegt werden. Es ist nicht erforderlich, dass der Kläger den Beklagten zuvor erfolglos aufgefordert hat, den Schaden zu

[72] Vgl. EuG Urt. v. 21.4.2005 – T-28/03 Rn. 74, BeckRS 2005, 70297 – Holcim (Deutschland); EuGH EuZW 2007, 434 Rn. 33 ff. – Holcim (Deutschland).

[73] EuG Urt. v. 30.9.1998 – T-149/96 – juris Rn. 46 f. – Coldiretti u. a.; Urt. v. 28.1.2009 – T-125/06 Rn. 71, 98, BeckRS 2009, 70097 – Centro Studi Manieri.

[74] EuG Urt. v. 18.9.1996 – T-387/94 – juris Rn. 107 – Asia Motor France u. a.; WuW 1998, 97 Rn. 42 – Guérin Automobiles; *Jacob/Kottmann* in: Grabitz/Hilf/Nettesheim, EUV/AEUV, Art. 340 AEUV Rn. 34 ff.

[75] EuGH Urt. v. 29.1.1985 – C-147/83 Rn. 19, BeckRS 2004, 71692 – Binderer; Urt. v. 14.1.1987 – C-281/84 Rn. 14, BeckRS 2004, 72914 – Zuckerfabrik Bedburg.

[76] EuGH Urt. v. 15.7.1963 – C-25/62, BeckRS 2004, 72625 – Plaumann; Urt. v. 28.3.1979 – C-90/78 Rn. 6, BeckRS 2004, 73896 – Granaria; EuG Urt. v. 2.3.2012 – T-16/04, BeckRS 2010, 90290 Rn. 135 – Arcelor.

[77] Vgl. auch *Gellermann* in: Rengeling/Middeke/Gellermann, Hdb Rechtsschutz EU, § 9 Rn. 15; *Dörr/Lenz* Europäischer Verwaltungsrechtsschutz, Rn. 328.

[78] Vgl. EuGH Urt. v. 4.10.1979 – C-238/78 Rn. 18, BeckRS 2004, 72525 – Ireks-Arkady; Urt. v. 26.6.1990 – C-152/88, BeckRS 2004, 71774 Ziffer 5 und 6 des Tenors – Sofrimport; EuG Urt. v. 31.1.2001 – T-76/94 – juris Rn. 102 – Jansma; Urt. v. 26.2.2003 – T-344 u. 345/00 – juris Ziffer 5 und 6 des Tenors – CEVA u. a.

ersetzen.[79] Eine **Aufforderung unterbricht** allerdings gemäß Art. 46 S. 2 Satzung EuGH die **Verjährung** (→ Rn. 20). Kein Rechtsschutzinteresse besteht, wenn sich der Kläger rechtsmissbräuchlich verhält. Dies ist nicht der Fall, wenn eine abgetretene Forderung eingeklagt wird und die Abtretung zwischen Unternehmen erfolgt, die zu einer Unternehmensgruppe gehören.[80] Wohl aber ist Rechtsmissbrauch gegeben, wenn der Kläger das Klageziel auf sachgerechtere Weise, nämlich durch vorrangige Rechtsschutzmöglichkeiten, hätte verwirklichen können.

### 1. Verhältnis zur Nichtigkeits- und Untätigkeitsklage

**Fall 3:** Nach einer Verordnung der Europäischen Union kann die Kommission einen Zuschuss für Investitionsvorhaben gewähren. Der von D gestellte Antrag wurde im November abgelehnt. Im Juli des folgenden Jahres hat D Nichtigkeits- und Schadensersatzklage beim EuG erhoben. 25

Mit der Schadensersatzklage kann nur **sekundärer Rechtsschutz** (Ersatz) und im Gegensatz zum Primärrechtsschutz nicht die Beseitigung der Schadensquelle selbst erlangt werden (→ Rn. 4). In Deutschland leitet das BVerfG aus den Grundrechten einen **Vorrang des primären vor dem sekundären Rechtsschutz** gegenüber dem Staat ab,[81] weil die grundrechtliche Freiheit geschützt werden soll, Freiheit nicht kommerzialisierbar ist[82] und eine Wiedergutmachung (Schadensersatz) daher erst dann angebracht ist, wenn sich der Freiheitsschutz nicht verwirklichen lässt. Damit wird ein Wahlrecht des Klägers nach dem Motto „Wehre dich oder liquidiere“ abgelehnt. 26

Im Unionsrecht entspricht die Ausgangslage derjenigen im nationalen Recht.[83] Doch ist die Zuordnung von Primär- und Sekundärrechtsschutz selbständig zu bestimmen. Einerseits geht die Unionsgerichtsbarkeit davon aus, dass die Schadensersatzklage als **selbständiger Rechtsbehelf** mit eigenen Funktionen geschaffen wurde und daher keine (generelle) Nachrangigkeit zur Nichtigkeits- und Untätigkeitsklage angenommen werden kann (→ Rn. 4). Andererseits wird die Schadensersatzklage wegen **Rechtsmissbrauch** als unzulässig abgewiesen, wenn die Rechtsschutzvoraussetzung der Art. 263, 265 AEUV umgangen werden (→ Rn. 5). Dies ist grundsätzlich anzunehmen, wenn die Schadensersatzklage auf Ersatz derjenigen finanziellen Folgen abzielt, die bei rechtzeitiger Erhebung der Nichtigkeits- oder Untätigkeitsklage hätten abgewendet werden können[84]. In diesen Fällen ist auch materiellrechtlich in der Regel kein Schadensersatz wegen des Mitverschuldens des Geschädigten zu gewähren.[85] Rechtsmissbrauch liegt dementsprechend vor, wenn die Schadensersatzklage auf Zahlung eines Betrags gerichtet ist, der Gegenstand einer Einzelfallentscheidung war, so dass „in Wirklichkeit die Aufhebung (einer) Einzelfallentscheidung begehrt wird“.[86] 27

---

[79] *Ehricke* in: Streinz, EUV/AEUV, Art. 268 AEUV Rn. 9.

[80] EuGH Urt. v. 4.10.1979 – C-238/78 Rn. 5, BeckRS 2004, 72525 – Ireks-Arkady; vgl. auch EuG Urt. v. 15.4.1997 – T-390/94 – juris Rn. 34 – Schröder u. a.

[81] Vgl. grundlegend den Naßauskiesungsbeschluss BVerfGE 58, 300 (318 ff.) = NJW 1982, 745 (746 f.) → JuS 1982, 852 *(H. Weber)* und → JA 1983, 219 *(Birk)*.

[82] *Ehlers* VVDStRL 51 (1992), 211 (213).

[83] *Ehlers* JZ 1996, 776 (777, 779).

[84] Insbesondere die Mitgliedstaaten sind stets dazu befugt, Nichtigkeits- oder Untätigkeitsklage zu erheben. Vgl. zum Verhältnis von Schadensersatz- und Nichtigkeitsklage auch *Classen* in: Schulze/Janssen/Kadelbach, Europarecht, § 4 Rn. 61.

[85] Vgl. auch EuGH NVwZ 1992, 1077 (1079) – Mulder u. a., wonach es einen allgemeinen, den Rechtssystemen der Mitgliedstaaten gemeinsamen Grundsatz gibt, dass der Geschädigte sich in angemessener Form um die Begrenzung des Schadensumfangs bemühen muss, wenn er nicht Gefahr laufen will, den Schaden selbst tragen zu müssen.

[86] EuGH Urt. v. 26.2.1986 – C-175/84 Rn. 33, BeckRS 2004, 71990 – Krohn; Urt. v. 26.10.1995 – C-199/94 P Rn. 27 f., BeckRS 2004, 74888 – Pevasa u. a.; EuR 2000, 241 (249) – AssiDomän Kraft Products u. a.; EuG Urt. v. 24.9.1996 – T-485/93 – juris Rn. 68 – Dreyfus; Urt. v. 4.2.1998 – T-93/95 – juris Rn. 48 – Laga; Urt. v. 17.10.2002 – T-180/00 – juris Rn. 139 – Astipesca.

28 Geht es dem Kläger um den Erlass eines auf Geld gerichteten **Leistungsbescheides,** muss er Untätigkeitsklage (oder bei Ablehnung Nichtigkeitsklage) erheben und kann nicht stattdessen Schadensersatz verlangen. Die Schadensersatzklage wird aber nur durch die Nichtigkeits- oder Unterlassungsklage verdrängt, wenn die Klageziele identisch sind. Im Falle normativen Unrechts dürfte dies in der Regel nicht der Fall sein, weil die „eigentlichen Rechtswirkungen" einer Norm einen weitergehenden (allgemeinen) Regelungsgehalt haben.[87] In jedem Fall muss der Verweis auf andere Rechtsbehelfe **zumutbar** sein.[88] Nicht hinreichend geklärt ist, wie zu entscheiden ist, wenn die für die Erhebung einer Nichtigkeits- und Untätigkeitsklage erforderliche Klagebefugnis nicht zweifelsfrei feststeht. Der Vorrang des Primärrechtsschutzes spricht dann gegen die Zulässigkeit einer Schadensersatzklage, die Selbständigkeit der Rechtsbehelfe, der Ausnahmecharakter des Rechtsmissbrauchs und das Erfordernis der Gewährung effektiven Rechtsschutzes aber dafür. Deshalb wird man die Schadensersatzklage in solchen Fällen als zulässig ansehen müssen.[89] Die Beweislast für das Vorliegen eines Rechtsmissbrauchs liegt bei demjenigen, der einen Missbrauch geltend macht.[90] Eine Verbindung von Schadensersatz- und Nichtigkeits- bzw. Untätigkeitsklage ist zulässig und in der Praxis üblich (→ Rn. 4).

29 **Lösung zu Fall 3:** Die Nichtigkeitsklage des D ist wegen Versäumung der Klagefrist des Art. 263 Abs. 6 AEUV unzulässig. Eine Schadensersatzklage kann eine Partei zwar erheben, ohne durch irgendeine Vorschrift gezwungen zu sein, die Nichtigerklärung der rechtswidrigen Maßnahme, die ihr einen Schaden verursacht hat, zu betreiben. Sie darf auf diesem Wege aber nicht die Unzulässigkeit einer Klage umgehen, die sich auf dieselbe Rechtswidrigkeit bezieht und dieselben finanziellen Ziele verfolgt. Im vorliegenden Fall wurde die Schadensersatzklage auf dieselben Rechtswidrigkeitsgründe gestützt wie der Antrag auf Nichtigerklärung. Unter diesen Umständen hält es das EuG für offensichtlich, dass die Schadensersatzklage darauf abzielt, die Klagefrist des Art. 263 Abs. 6 AEUV zu umgehen. Deshalb hat es Rechtsmissbrauch angenommen und die Schadensersatzklage als unzulässig abgewiesen.[91]

### 2. Verhältnis zu nationalen Rechtsbehelfen

30 **Fall 4:** E hat im Jahre 2012, F im Jahre 2014 vor der zuständigen deutschen Behörde die Erteilung einer Einfuhrlizenz beantragt. Die Anträge sind unter Hinweis auf eine zwingende Verordnung der Europäischen Union abgelehnt worden. Dadurch haben E und F einen Schaden erlitten. Im Jahre 2013 hat der EuGH die Verordnung für ungültig erklärt. E und F möchten im Jahre 2015 Schadensersatzklage erheben und deshalb wissen, welche Gerichtsbarkeit zuständig ist.

31 Der Vollzug des Unionsrechts liegt zumeist in den Händen der Mitgliedstaaten (Art. 291 Abs. 1 AEUV). Beruht der Schaden auf einer nationalen Verwaltungsmaßnahme, die in unmittelbarer oder mittelbarer Anwendung des Unionsrechts ergangen ist – d. h. in Vollzug

---

[87] Vgl. EuG Urt. v. 24.10.2000 – T-178/98 – juris Rn. 51 – Fresh Marine. In der Entscheidung Ireks-Arkady (EuGH Urt. v. 4.10.1979 – C-238/78, BeckRS 2004, 72525) hat der EuGH eine Haftung der Europäischen Wirtschaftsgemeinschaft wegen rechtswidriger Abschaffung von Erstattungen durch eine Verordnung bejaht; vgl. dazu *Jacob/Kottmann* in: Grabitz/Hilf/Nettesheim, EUV/AEUV, Art. 340 AEUV Rn. 51. Für Verfahrensmissbrauch, wenn Schäden geltend gemacht werden, die durch den Erlass einer rechtswidrigen und keines weiteren Vollzugsaktes bedürftigen Verordnung hervorgerufen werden, *Gellermann* in: Rengeling/Middeke/Gellermann, Hdb Rechtsschutz EU, § 9 Rn. 22.

[88] *Jacob/Kottmann* in: Grabitz/Hilf/Nettesheim, EUV/AEUV, Art. 340 AEUV Rn. 52.

[89] Ebenso *Gellermann* in: Rengeling/Middeke/Gellermann, Hdb Rechtsschutz EU, § 9 Rn. 21.

[90] *Borchardt* Grundlagen der EU (Fn. 3), Rn. 693.

[91] EuGH Beschl. v. 26.10.1995 – C-199/94 P Rn. 26 ff., BeckRS 2004, 74888 – Pevasa u. a.

direkt anwendbaren oder in nationales Recht umgesetzten Unionsrechts – nimmt die Rechtsprechung grundsätzlich eine **Subsidiarität der Schadensersatzklage** an.[92] Für die Beurteilung der Rechtmäßigkeit nationalen Verwaltungshandelns sind grundsätzlich nur die nationalen Gerichte zuständig. Zudem haftet die Europäische Union nicht für nationales Fehlverhalten. Die natürlichen und juristischen Personen sind daher gehalten, zunächst um Schadensersatz bei den nationalen Gerichten zu ersuchen. Wird nicht die unionsrechtliche Vollzugsgrundlage, sondern nur die Rechtswidrigkeit der nationalen Vollzugsmaßnahmen angegriffen, kommt von vornherein nur ein Rechtsschutz vor den nationalen Gerichten in Betracht.[93] Stellt sich dagegen die Frage der Auslegung und der Gültigkeit des von nationalen Behörden angewandten respektive anzuwendenden Unionsrechts, kann oder muss sich das nationale Gericht nach Art. 267 AEUV an den EuGH wenden. Daher werden bei den Unionsgerichten eingelegte Schadensersatzklagen vor **Erschöpfung des innerstaatlichen Rechtswegs** als unzulässig angesehen.

Die Subsidiarität der Schadensersatzklage gilt aber nur, wenn durch die mitgliedstaatlichen Gerichte hinreichender Rechtsschutz und die Möglichkeit der Erlangung von Schadensersatz gewährleistet werden kann.[94] Dies wiederum hängt davon ab, ob die **Union oder** die **Mitgliedstaaten** für den Schaden verantwortlich sind. Eine alleinige Verantwortlichkeit der Union hat die Rechtsprechung z. B. angenommen, wenn die nationale Behörde auf Weisung der Union gehandelt hat.[95] Entsprechendes dürfte gelten, wenn die nationale Behörde lediglich eine Verordnung der Europäischen Union, eine unmittelbar bindende Richtlinie der Europäischen Union oder eine in das nationale Recht umgesetzte, den Gesetzgeber strikt bindende Richtlinie angewendet hat, ohne über einen Gestaltungsspielraum zu verfügen. Ebenso scheidet ein vorheriges Anrufen der nationalen Gerichte aus, wenn der Kläger Ersatz wegen eines rechtswidrigen Unterlassens der Unionsorgane verlangt.[96] 32

Besondere Schwierigkeiten bereitet die Abgrenzung der Verantwortlichkeiten, wenn **sowohl** eine Verantwortung der **Union als auch** des **Mitgliedstaates** besteht (z. B. wenn eine rechtswidrige Unionsnorm fehlerhaft von den nationalen Behörden angewendet worden ist).[97] Bei Zugrundelegung der Rechtsprechung ist auch dann wiederum zunächst um Rechtsschutz bei den nationalen Gerichten nachzusuchen, weil der Kläger ansonsten entweder unzureichenden oder zu hohen Schadensersatz erlangen könnte. Statt einer Quotelung nach dem Grad der Verantwortlichkeit im Außenverhältnis wird in der Literatur[98] eine 33

---

[92] Vgl. EuGH NJW 1967, 1722 (1726) m. Anm. *Bunte* – Kampffmeyer I; Urt. v. 12.4.1984 – C-281/82 Rn. 11 f., BeckRS 2004, 72912 – Unifrex; Urt. v. 29.9.1987 – C-81/86 Rn. 9, BeckRS 2004, 73767 – De Boer Buizen; Urt. v. 30.5.1989 – C-20/88 Rn. 15, BeckRS 2004, 72241 – Roquette Frères; NJW 1982, 2722 (2723) – Ludwigshafener Walzmühle; NVwZ 1992, 1077 f. – Mulder u. a.; EuG EuZW 1996, 405 (408) – Nölle; Urt. v. 4.2.1998 – T-93/95 – juris Rn. 33 – Laga.

[93] Vgl. auch *Thiele* Europäisches Prozessrecht, § 10 Rn. 21; *Berg* in: Schwarze, EU-Kommentar, Art. 340 AEUV Rn. 21.

[94] EuGH Urt. v. 4.10.1979 – C-64 u. 113/76, 167 u. 239/78, 27, 28 u. 45/79, BeckRS 2004, 73473 Rn. 6 – Dumortier frères u. a.; NJW 1982, 2722 (2723) – Ludwigshafener Walzmühle; Urt. v. 12.4.1984 – C-281/82 Rn. 11 f., BeckRS 2004, 72912 – Unifrex; Urt. v. 26.2.1986 – C-175/84 Rn. 27 ff., BeckRS 2004, 71990 – Krohn; Urt. v. 29.9.1987 – C-81/86 Rn. 9 f., BeckRS 2004, 73767 – De Boer Buizen; Urt. v. 30.5.1989 – C-20/88 Rn. 15 f., BeckRS 2004, 72241 – Roquette Frères; EuG Urt. v. 13.12.1995 – T-481/93 – juris Rn. 70 – Exporteurs in Levende Varkens u. a.; Urt. v. 20.3.2001 – T-18/99, BeckRS 2001, 70151 Rn. 26 ff. – Cordis.

[95] EuGH Urt. v. 26.2.1986 – C-175/84 Rn. 21 ff., BeckRS 2004, 71990 – Krohn. Anderes gilt für unverbindliche Stellungnahmen gegenüber den nationalen Behörden (EuGH NJW 1980, 2639 – Sucrimex; Beschl. v. 13.6.1991 – C-50/90 Rn. 18 f., BeckRS 2004, 77501 – Sunzest). Vgl. aber auch EuGH Urt. v. 15.9.1994 – C-146/91 Rn. 26 f., BeckRS 2004, 74422 – KYDEP (Beeinflussung des mitgliedstaatlichen Handelns trotz fehlender Bindungswirkung einer Mitteilung des Gemeinschaftsorgans).

[96] Vgl. *Jacob/Kottmann* in: Grabitz/Hilf/Nettesheim, EUV/AEUV, Art. 340 AEUV Rn. 57.

[97] Vgl. zu solchen Haftungskonkurrenzen *Gellermann* in: Rengeling/Middeke/Gellermann, Hdb Rechtsschutz EU, § 9 Rn. 25.

[98] *Augsberg* in: v. d. Groeben/Schwarze/Hatje, Europäisches Unionsrecht, Art. 340 AEUV Rn. 88; vgl. auch Schlussanträge des Generalanwalts Mancini v. 19.11.1985 – C-175/84 – juris – Krohn; *Jacob/Kottmann* in: Grabitz/Hilf/Nettesheim, EUV/AEUV, Art. 340 AEUV Rn. 67.

gesamtschuldnerische Haftung mit der Folge vorgeschlagen, dass im Innenverhältnis zu klären ist, welchen Teil des Schadens die Union oder der Mitgliedstaat zu tragen hat.[99] Sollte wegen der primären Verweisung auf den nationalen Rechtsweg die fünfjährige Verjährungsfrist abgelaufen sein (Art. 46 S. 1 Satzung EuGH), ist dem durch eine analoge Anwendung des Art. 46 S. 2 Satzung EuGH (Unterbrechung der Verjährung durch Klage vor dem mitgliedstaatlichen Gericht) Rechnung zu tragen.[100]

34 Prozessual vermag die **Rechtsprechung** der Unionsgerichte zur Subsidiarität der unionsrechtlichen Schadensersatzklage gegenüber den nationalen Rechtsbehelfen **nicht** zu **überzeugen.** In Wahrheit besteht keine Parallelität. Für Schadensersatzklagen gegen die Europäische Union (oder ihre verselbständigten Rechtssubjekte) ist nur die Unionsgerichtsbarkeit, für Schadensersatzklagen gegen die Mitgliedstaaten nur die nationale Gerichtsbarkeit zuständig. Die Bestimmung der Verantwortlichkeit ist eine Frage der Begründetheit.[101]

35 **Lösung zu Fall 4:** Hat eine nationale Behörde gehandelt, muss grundsätzlich zunächst versucht werden, vor der nationalen Gerichtsbarkeit Schadensersatz zu erlangen (→ Rn. 31). Sowohl die deutschen Verwaltungsbehörden als auch die deutschen Gerichte sind nicht befugt, eine Verordnung der Europäischen Union wegen Verstoßes gegen höherrangiges Unionsrecht unangewendet zu lassen.[102] Hätte E Verpflichtungsklage vor dem zuständigen deutschen Verwaltungsgericht erhoben und sich hierbei auf die Ungültigkeit der Verordnung berufen, wäre das Verwaltungsgericht zwar nach Art. 267 AEUV verpflichtet gewesen, den EuGH anzurufen, wenn es ebenfalls die Verordnung für nichtig erachtet hätte. Jedoch wäre nicht mit einem Urteil des EuGH vor dem Jahre 2013 zu rechnen gewesen, also dem Jahr, in dem der Gerichtshof ohnehin die Verordnung für ungültig erklärt hat. Für den bis zu diesem Zeitpunkt entstandenen Schaden ist somit allein die Union verantwortlich, so dass nach der hier vertretenen Auffassung insoweit Klage gemäß Art. 268 AEUV erhoben werden kann. Nach der Ungültigkeitserklärung des EuGH hätte die Verordnung nicht weiter angewendet werden dürfen. Ab diesem Zeitpunkt war daher ein Schaden vermeidbar (abgesehen von dem Verzögerungsschaden bis zum erneuten Wiederaufgreifen des Verfahrens), wenn E weiterhin an der Erteilung einer Einfuhrlizenz interessiert war. Ist dennoch ein Schaden eingetreten, sind hierfür die nationalen Instanzen verantwortlich. Dagegen besteht keine Verantwortlichkeit der Union. Allerdings kann E nach nationalem Recht Schadensersatz nur erlangen, wenn er den Vorrang des Primärrechtsschutzes beachtet. Erhebt F Schadensersatzklage gegen die Europäische Union (für die Zeit ab 2013), ist diese nach der Rechtsprechung der Unionsgerichte als unzulässig anzusehen, weil im Zeitpunkt der Antragstellung des F die Verordnung der Europäischen Union bereits für ungültig erklärt worden war, also nicht mehr angewendet werden durfte. Ist dennoch ein Schaden entstanden, weil die Verordnung weiter zugrunde gelegt worden ist, liegt nationales Fehlverhalten vor, für das die Union nicht verantwortlich ist.

[99] *Gellermann* in: Regeling/Middeke/Gellermann, Hdb Rechtsschutz EU, § 9 Rn. 25; *Jacob/Kottmann* in: Grabitz/Hilf/Nettesheim, EUV/AEUV, Art. 340 AEUV Rn. 67. Der BGH hat in solchen Fällen eine Nichtanwendung des § 839 Abs. 1 S. 2 BGB angenommen, vgl. NJW 1972, 383 (384).

[100] *Augsberg* in: v. d. Groeben/Schwarze/Hatje, Europäisches Unionsrecht, Art. 340 AEUV Rn. 79.

[101] So auch *Ehricke* in: Streinz, EUV/AEUV, Art. 268 AEUV Rn. 14; *Cremer* in: Calliess/Ruffert, EUV/AEUV, Art. 268 AEUV Rn. 7; unentschieden *Augsberg* in: v. d. Groeben/Schwarze/Hatje, Europäisches Unionsrecht, Art. 340 AEUV Rn. 81; a. A. *Gellermann* in: Rengeling/Middeke/Gellermann, Hdb Rechtsschutz EU, § 9 Rn. 95: Unzulässigkeit der Schadensersatzklage, wenn nicht zunächst um Rechtsschutz bei den nationalen Gerichten nachgesucht wird (vorausgesetzt, die Schadensersatzklage ist im Wesentlichen gegen mitgliedstaatliche Maßnahmen gerichtet).

[102] Vgl. EuGH Urt. v. 13.2.1979 – C-101/78 Rn. 5, BeckRS 2004, 70620 – Granaria.

## C. Begründetheit der Schadensersatzklage

Die Schadensersatzklage gemäß Art. 268 AEUV ist begründet, wenn der Kläger einen **außervertraglichen Schadensersatzanspruch** gegen die Europäische Union (oder ihre verselbständigten Rechtssubjekte) hat. Dies bestimmt sich nach **Art. 340 Abs. 2 und 3 AEUV.** Absatz 2 der Vorschrift verweist auf die allgemeinen Rechtsgrundsätze, die den Rechtsordnungen der Mitgliedstaaten gemeinsam sind. Der EuGH hat diese Grundsätze im Wege des Richterrechts jedoch weitgehend selbst entwickelt, zumeist ohne näher auf die (sehr divergierenden) mitgliedstaatlichen Rechtsordnungen oder deren Vergleich zurückzugreifen. Danach ist ein Schadensersatzanspruch gegeben, wenn die Organe der Union oder ihre Bediensteten in Ausübung ihrer Amtstätigkeit gehandelt haben (→ Rn. 37), das Handeln das Recht verletzt (→ Rn. 38 ff.), dadurch ein Schaden entstanden ist (→ Rn. 44) und zwischen dem Schaden und dem Verhalten ein Kausalzusammenhang besteht (→ Rn. 45). Die Haftungsvoraussetzungen sind vom Kläger darzulegen und ggf. zu beweisen.[103] Für das Vorliegen kommt es grundsätzlich auf den Zeitpunkt der mündlichen Verhandlung, für die Bestimmung der Schadenshöhe auf den Zeitpunkt des Urteils an.[104] Im Einzelnen bedeutet dies Folgendes: 36

### I. Handeln der Unionsorgane oder ihrer Bediensteten in Ausübung ihrer Amtstätigkeit

Zunächst müssen die Unionsorgane oder Bediensteten der Union gehandelt haben. Wie ausgeführt (→ Rn. 12), ist der Begriff **„Organ"** im weiteren Sinne zu verstehen. Erfasst werden alle Einrichtungen oder Stellen der Europäischen Union einschließlich der verselbständigten Rechtssubjekte[105] wie der Europäischen Zentralbank (Art. 340 Abs. 3 AEUV).[106] Zu den **Bediensteten** sind nicht nur die Beamten, sondern alle Bediensteten der EU (→ Rn. 3) und darüber hinaus alle Personen zu verstehen, derer sich die Union zur Erfüllung der ihr übertragenen Aufgaben bedient.[107] Auf die Art des Handelns kommt es nicht an. So können nicht nur Rechtshandlungen, sondern auch **faktische Verhaltensweisen** eine Schadensersatzpflicht auslösen (→ Rn. 4). Ein **Unterlassen** vermag nur eine Haftung zu begründen, wenn eine Rechtspflicht zum Handeln verletzt worden ist.[108] Neben dem administrativen wird auch das normative und judikative Handeln erfasst (→ Rn. 15). **In Ausübung der Amtstätigkeit** wird gehandelt, wenn das Verhalten eine unmittelbare innere Beziehung zu den wahrzunehmenden Aufgaben aufweist.[109] Daran fehlt es, wenn die Schädigung nur bei Gelegenheit der Amtsausübung erfolgt (wie dies regelmäßig bei verschuldeten Verkehrsunfällen anlässlich der Durchführung einer Dienstreise in einem privaten Pkw angenommen wird[110]). Da ein Schaden nur durch ein Verhalten entstehen kann, das sich auf das Außenverhältnis zum Kläger ausgewirkt hat, sind lediglich interne Handlungsweisen im Rahmen des Art. 340 Abs. 2 und 3 AEUV nicht von Bedeutung. 37

---

[103] Vgl. EuG Urt. v. 11.7.1997 – T-267/94 – juris Rn. 20 – Oleifici Italiani; Urt. v. 17.12.2003 – T-146/01 – juris Rn. 71 – DLD Trading; Urt. v. 8.5.2007 – T-271/04 Rn. 159, BeckRS 2008, 70202 – Citymo.

[104] *Dörr/Lenz* Europäischer Verwaltungsrechtsschutz, Rn. 330.

[105] Zu den vielfach bestehenden speziellen Haftungsregelungen in den Gründungsrechtsakten der juristischen Personen des Unionsrechts vgl. → Rn. 13.

[106] Zum Europäischen Bürgerbeauftragten vgl. EuG Urt. v. 10.4.2002 – T-209/00 – juris – Lamberts.

[107] Vgl. EuGH Urt. v. 19.9.1985 – C-33/82 Rn. 34 f., BeckRS 2004, 70839 – Murri Frères; *Gellermann* in: Streinz, EUV/AEUV, Art. 340 AEUV Rn. 13.

[108] Vgl. EuGH Urt. v. 15.9.1994 – C-146/91 Rn. 58, BeckRS 2004, 74422 – KYDEP; EuG RIW 1998, 731 (734 f.) – Dubois et Fils.

[109] EuGH Urt. v. 10.7.1969 – C-9/69 Rn. 5/11, BeckRS 2004, 73871 – Sayag u. a.

[110] Vgl. *Jacob/Kottmann* in: Grabitz/Hilf/Nettesheim, EUV/AEUV, Art. 340 AEUV Rn. 74.

## II. Rechtsverletzung

38 **Fall 5:** Durch Verordnung hat die Union von den Milcherzeugern eine Abgabe für Milcherzeugnisse eingeführt, die eine bestimmte Referenzmenge überschreiten. Die Referenzmenge wurde nach einem Referenzjahr und der in diesem Jahr abgelieferten Milch berechnet. Nachdem G keine Referenzmenge zugeteilt wurde, weil er in Erfüllung einer gegenüber der Union eingegangenen Nichtvermarktungsverpflichtung im Referenzjahr keine Milch abgeliefert hat, erhob er in zulässiger Weise Schadensersatzklage nach Art. 268 AEUV.

39 Nach ständiger Rechtsprechung der Unionsgerichte setzt eine Haftung der Europäischen Union (bzw. ihrer Rechtssubjekte, → Rn. 13) ein hinreichend qualifiziertes rechtswidriges Verhalten voraus.[111] **Rechtswidrigkeit** ist gegeben, wenn gegen das Unionsrecht verstoßen wird.[112] Haftungsrelevant sind aber nur Verstöße gegen Normen (Regelungen[113]), welche dem Schutz der Interessen des Klägers (und nicht nur der Allgemeinheit) zu dienen bestimmt sind.[114] Der **Schutzzweck der Norm** (Regelung) wird methodisch ebenso wie im deutschen Recht[115] bestimmt. Doch wird tendenziell weitergehend als im deutschen Recht angenommen, dass eine Norm (Regelung) den Zweck verfolgt, dem „Einzelnen" Rechte zu verleihen.[116] So ist einer Norm auch dann Schutznormcharakter zuerkannt worden, wenn sie zwar in erster Linie Interessen allgemeiner Art, mittelbar aber auch individuelle Interessen schützen soll.[117] Zu den Schutznormen gehören etwa die Unionsgrundrechte, die Grundfreiheiten, die Diskriminierungsverbote, die Grundsätze der Verhältnismäßigkeit, des Vertrauensschutzes und der ordnungsgemäßen Verwaltung (wenn das Handeln oder Unterlassen erkennbar auf die Interessen Einzelner bezogen war[118]).[119] Dagegen vermag die unzulängliche Begründung eines Rechtsaktes[120] oder die Nichtbeachtung einer Zuständigkeitsverteilung[121] die Haftung nicht auszulösen. Wohl aber führt der Verstoß eines Unionsgerichts gegen seine Pflicht nach Art. 47 Abs. 2 GRCh, in den bei ihm anhängig gemachten Rechtssachen innerhalb einer angemessenen Frist zu entscheiden, zu einer Rechtsverletzung, die mit einer Schadensersatzklage verfolgt werden kann.[122] Ob auch eine Haftung wegen des Inhalts einer gerichtlichen Entscheidung der Unionsgerichtsbarkeit in Betracht kommt, ist bisher nicht entschieden. Allenfalls in Aus-

---

[111] Vgl. EuGH Urt. v. 4.7.2000 – C-352/98 P Rn. 43 f., BeckRS 2004, 76667 – Bergaderm u. a.; EuZW 2007, 434 (438) – Holcim (Deutschland); *Dörr* in: Sodan/Ziekow, VwGO, EVR Rn. 100.

[112] Dies trifft auch auf unmittelbar wirksame völkerrechtliche Verträge zu, die von der Union abgeschlossen worden sind.

[113] Auch der Verstoß gegen eine Einzelfallentscheidung der Kommission kann zur Haftung der Union führen.

[114] Vgl. EuGH Urt. v. 4.7.2000 – C-352/98 P Rn. 42, BeckRS 2004, 76667 – Bergaderm u. a.; Urt. v. 10.12.2002 – C-312/00 P Rn. 53, BeckRS 2004, 76253; EuG Urt. v. 6.12.2001 – T-43/98 – juris Rn. 59 f. – Emesa Sugar; Urt v. 6.12.2001 – T-196/99 – juris Rn. 42 f. – Area Cova u. a.

[115] Vgl. dazu *Scherzberg* in: Ehlers/Pünder, AllgVwR, § 12 Rn. 9 ff.

[116] Das Abstellen der Unionsgerichte auf den Einzelnen ist in sofern zu eng, als auch die Mitgliedstaaten Schadensersatzklage erheben können (→ Rn. 10).

[117] Vgl. EuGH Urt. v. 13.3.1992 – C-282/90 Rn. 19 ff., BeckRS 2004, 75967 – Vreugdenhil; *Berg* in: Schwarze, EU-Kommentar, Art. 340 AEUV Rn. 37; *Terhechte* in: Frankfurter Kommentar, Art. 340 AEUV Rn. 29.

[118] Vgl. EuG Urt. v. 9.7.1999 – T-231/97 Rn. 38 ff., BeckRS 2007, 70725 – New Europe Consulting u. a.; EuZW 2002, 186 (187) – max.mobil.

[119] Vgl. *Dörr/Lenz* Europäischer Verwaltungsrechtsschutz, Rn. 334.

[120] EuGH NJW 1991, 2471 (2472) – AERPO u. a; EuG NVwZ 1998, 601 (603) – Schröder u. a.

[121] EuGH Urt. v. 13.3.1992 – C-282/90 Rn. 20 ff., BeckRS 2004, 75967 – Vreugdenhil.

[122] EuGH EuZW 2014, 142 Rn. 83 – Groupe Gascogne; EuG Urt. v. 7.6.2017 – T-673/15, BeckRS 2017, 115135 – Guardian Europe; Urt. v. 1.2.2017 – T-725/14, BeckRS 2017, 102507 – Aalberts Industries; Urt. v. 10.1.2017 – T-577/14, BeckRS 2017, 100414 – Gascogne Sack Deutschland u. a.

nahmefällen, in denen ein schweres Justizversagen festzustellen wäre, könnte dies erwogen werden.[123]

40 Um der Komplexität der zu regelnden Sachverhalte, den Schwierigkeiten bei der Anwendung und Auslegung der Vorschriften des Unionsrechts und insbesondere dem Ermessensspielraum, über den der Urheber eines Rechtsaktes verfügt, Rechnung zu tragen, setzt die Entstehung der außervertraglichen Haftung der Union ferner einen **hinreichend qualifizierten Verstoß** gegen eine Rechtsnorm (Regelung) voraus. Das Kriterium des hinreichend qualifizierten Verstoßes bezieht sich nicht nur auf das **normative,** sondern auch auf das **einzelfallbezogene Handeln** der Union.[124] Ein Rechtsverstoß ist hinreichend qualifiziert, wenn das Unionsorgan oder seine Bediensteten die Grenzen ihrer Befugnisse offenkundig und erheblich überschritten haben.[125] Dies ist zu bejahen, wenn ein durchschnittlich umsichtig und sorgfältig Handelnder den Fehler nicht begangen hätte.[126] Wenn das Unionsorgan (Unionsrechtssubjekt, → Rn. 13) nur über einen erheblich verringerten oder gar auf null reduzierten Gestaltungsspielraum verfügte, kann die bloße Verletzung des Unionsrechts ausreichen, um einen hinreichend qualifizierten Verstoß anzunehmen.[127] Selbst wenn das handelnde Organ oder die handelnde juristische Person über keinerlei Wertungsspielraum verfügte, ergibt sich hieraus jedoch nicht zwingend das Vorliegen eines hinreichend qualifizierten Rechtsverstoßes.[128] Im Einzelnen kommt es maßgeblich auf die Bedeutung der verletzten Schutznorm, das Fehlen von Rechtfertigungsgründen,[129] die rechtliche und tatsächliche Komplexität des Sachverhalts, die Schwierigkeiten bei der Anwendung oder Auslegung der Vorschriften, das Bestehen oder Fehlen eines Präzedenzfalles,[130] die Betroffenheit einer klar abgrenzbaren Gruppe von Personen oder Unternehmen sowie den Eintritt eines über die wirtschaftlichen Risiken hinausgehenden Schadens an.[131] Anders als das deutsche Amtshaftungsrecht (vgl. § 839 Abs. 1 BGB) setzt Art. 340 Abs. 2 und 3 AEUV kein Verschulden voraus. Vielmehr sind die Aspekte, die in Deutschland das Verschulden betreffen, weitgehend bei der Prüfung zu berücksichtigen, ob eine hinreichend qualifizierte Verletzung des Unionsrechts vorliegt.[132]

41 Auch ein **rechtmäßiges Handeln** kann unter Umständen zu erheblichen Schädigungen führen. In den Mitgliedstaaten der Europäischen Union bezieht sich die Staatshaftung zum Teil[133] auch auf rechtmäßiges Handeln von Vertretern der Staatsgewalt. So wird in Deutschland aus dem Rechtsinstitut der Aufopferung, Gewohnheitsrecht oder Art. 14 Abs. 1 GG für Beeinträchtigungen des Eigentums, die als Nebenfolge rechtmäßigen Verwal-

---

[123] Vgl. EuG Beschl. v. 23.1.2018 – T-759/16, BeckRS 2018, 1133 Rn. 33 – Campailla; EuGH Beschl. v. 7.8.2018 – C-256/18 P, BeckRS 2018, 21670 Rn. 9 – Campailla. Näher zum Ganzen *Hellwig/Moos* JA 2011, 196.

[124] EuGH Urt. v. 4.7.2000 – C-352/98 Rn. 46, BeckRS 2004, 76667 – Bergaderm u. a.; Urt. v. 10.7.2003 – C-472/00 P, BeckRS 2003, 154209 Rn. 27 – Fresh Marine; EuZW 2007, 434 Rn. 47 ff. – Holcim (Deutschland).

[125] EuGH Urt. v. 4.7.2000 – C-352/98 Rn. 43, BeckRS 2004, 76667 – Bergaderm u. a.; Urt. v. 10.12.2002 – C-312/00 P Rn. 54, BeckRS 2004, 76253 –Camar u. a.; Urt. v. 10.7.2003 – C-472/00 P, BeckRS 2003, 154209 Rn. 26 – Fresh Marine.

[126] EuG Urt. v. 3.3.2010 – T-429/05, BeckRS 2010, 90268 Rn. 62 – Artegodan.

[127] EuGH Urt. v. 4.7.2000 – C-352/98 Rn. 43 f., BeckRS 2004, 76667 – Bergaderm u. a.; EuZW 2007, 434 (438) – Holcim (Deutschland).

[128] EuG Urt. v. 23.11.2011 – T-341/07 Rn. 57 f., BeckRS 2012, 81260 – Sison III; *Bülow* EuR 2013, 609 (614 f.).

[129] An einer Rechtfertigung fehlt es, wenn der Fehler vernünftigerweise nicht unterlaufen durfte oder wenn keine zwingenden Gründe des öffentlichen Interesses die Rechtswidrigkeit des Handelns ausschließen, vgl. EuGH NVwZ 1992, 1077 (1078) – Mulder u. a.

[130] Vgl. EuGH Urt. v. 23.11.2011 – T-341/07 Rn. 40, BeckRS 2012, 81260 – Sison III.

[131] Vgl. Schlussanträge des Generalanwalts van Gerven v. 28.1.1992 – C-104/89 u. 37/90 – juris (insoweit nicht abgedruckt in NVwZ 1992, 1077) – Mulder u. a.; *Gellermann* in: Streinz, EUV/AEUV, Art. 340 AEUV Rn. 23; *Ruffert* in: Calliess/Ruffert, EUV/AEUV, Art. 340 AEUV Rn. 19 f.

[132] *Hartmann* Öffentliches Haftungsrecht, 2013, S. 238 ff.

[133] Nach *Borchardt* Grundlagen der EU (Fn. 3), Rn. 706, trifft dies auf gut die Hälfte der mitgliedstaatlichen Rechtsordnungen zu.

tungshandelns eintreten und die Schwelle des enteignungsrechtlich Zumutbaren überschreiten, eine Haftung aus enteignendem Eingriff angenommen.[134] Entsprechend wird im Falle eines Eingriffs in die durch Art. 2 Abs. 2 GG geschützten Rechtsgüter eine Haftung bejaht, wenn dem Betroffenen ein besonderes Opfer zugunsten der Allgemeinheit auferlegt worden ist.[135] Gehaftet wird dann für Erfolgsunrecht statt für Handlungsunrecht.

42 Die Unionsgerichte haben zunächst auch eine **Haftung der Union für rechtmäßiges Handeln** für möglich gehalten, wenn Einzelne oder eine kleine Gruppe aufgrund eines ursächlichen Handelns der Union einen außergewöhnlichen und besonderen Schaden erlitten[136], d. h. ein **Sonderopfer** erbracht haben. Die Große Kammer des EuGH hat im Jahre 2008 zwar entschieden, dass bei derzeitigem Stand des Gemeinschaftsrechts (Unionsrechts) keine Haftungsregelung besteht, nach der eine Haftung der Gemeinschaft (Union) wegen eines Verhaltens im Bereich der Rechtsetzungstätigkeit ausgelöst werden kann, wenn dessen Rechtswidrigkeit nicht vor dem Gemeinschaftsrichter (Unionsrichter) geltend gemacht werden kann.[137] Doch ist damit einer Haftung für rechtmäßiges Verhalten keine endgültige Absage erteilt worden.[138] Art. 340 Abs. 2 und 3 AEUV steht einer solchen Haftung nicht entgegen, weil die Vorschrift kein auf die Rechtmäßigkeit des Handelns abstellendes Tatbestandsmerkmal enthält. Auch wenn man eine Haftung dem Grunde nach bejaht, kann es sich – ebenso wie im deutschen Recht – nur um seltene Ausnahmefälle handeln, weil jedenfalls Rechtsetzungsakte in Konstellationen, in denen unverhältnismäßige und besondere Schäden drohen, eine Härteregelung benötigen und andernfalls rechtswidrig sind.[139] Damit verbleibt für eine derartige Haftung nur ein enger Anwendungsbereich.[140] Trotz fehlender Rechtswidrigkeit wird eine Klage aber auch dann als zulässig erachtet, wenn die Klagegründe auf **ungerechtfertigte Bereicherung** oder **Geschäftsführung ohne Auftrag** gestützt worden sind (→ Rn. 2).

43 **Lösung zu Fall 5:** Die Schadensersatzklage des G ist begründet, wenn er nach Art. 340 Abs. 2 AEUV einen Schadensersatzanspruch gegen die Union hat. Dies setzt eine hinreichend qualifizierte Verletzung einer höherrangigen, dem Schutz des Einzelnen dienenden Rechtsnorm voraus. Das handelnde Organ müsste dann seine Befugnisse offenkundig und erheblich überschritten haben. Dieses Erfordernis ist hier gegeben, da die maßgebliche Verordnung unter Verletzung des Grundsatzes des Vertrauensschutzes erlassen wurde, bei dem es sich um einen höherrangigen allgemeinen Grundsatz des Unionsrechts handelt, der die Einzelnen schützen soll. Der Unionsgesetzgeber hat deshalb die Grenzen seines Ermessens offenkundig und erheblich überschritten und damit eine höherrangige Rechtsnorm hinreichend qualifiziert verletzt, weil er, ohne sich auf ein höheres öffentliches Interesse berufen zu können, die besondere Lage einer klar abgegrenzten Gruppe von Wirtschaftsteilnehmern völlig unberücksichtigt gelassen hat: nämlich die Lage der Erzeuger, die in Erfüllung einer ge-

---

[134] Vgl. BGHZ 91, 20 (26 f.) = NJW 1984, 1876 (1877); BGHZ 102, 350 (361) = NJW 1988, 478 (480); *Ossenbühl/Cornils* Staatshaftungsrecht, S. 325 ff.; *Grzeszick* in: Ehlers/Pünder, AllgVwR, § 45 Rn. 86 ff.

[135] Vgl. *Ossenbühl/Cornils* Staatshaftungsrecht, S. 124 ff.; *Grzeszick* in: Ehlers/Pünder, AllgVwR, § 45 Rn. 100 ff.

[136] EuGH Urt. v. 15.6.2000 – C-237/98 P – juris Rn. 17 ff. – Dorsch Consult; Beschl. v. 20.3.2007 – C-325/06 P – juris Rn. 76 – Galileo International Technologies u. a.; EuG Urt. v. 28.4.1998 – T-184/95 Rn. 59, 76, BeckRS 1998, 55207 – Dorsch Consult; Urt. v. 14.12.2005 – T-69/00 Rn. 160, BeckRS 2005, 70967 – FIAMM u. a.; Urt. v. 10.5.2006 – T-279/03 – juris Rn. 147 – Galileo International Technologies u. a.

[137] EuGH Urt. v. 9.9.2008 – C-120 u. 121/06 Rn. 176, BeckRS 2008, 70914 – FIAMM u. a. In dem Rechtsstreit ging es um das Begehren, die mangelnde unmittelbare Anwendbarkeit des WTO-Rechts im Unionsrecht durch Gewährung einer Rechtswidrigkeitshaftung zu kompensieren.

[138] Vgl. auch *Haack* EuR 2009, 667 (673 f.). Für eine derartige Haftung auch *Jacob/Kottmann* in: Grabitz/Hilf/Nettesheim, EUV/AEUV, Art. 340 AEUV Rn. 107 ff.

[139] Vgl. EuGH Urt. v. 26.11.1996 – C-68/95 Rn. 26 ff., BeckRS 9998, 94730 – T. Port; *Jacob/Kottmann* in: Grabitz/Hilf/Nettesheim, EUV/AEUV, Art. 340 AEUV Rn. 107; *Grzeszick* in: Ehlers/Pünder, AllgVwR, § 47 Rn. 10; *Böhm* in: Schulze/Janssen/Kadelbach, Europarecht, § 12 Rn. 41 f.

[140] Vgl. auch *Jacob/Kottmann* in: Grabitz/Hilf/Nettesheim, EUV/AEUV, Art. 340 AEUV Rn. 107.

genüber der Union eingegangenen Verpflichtung während des Referenzjahres keine Milch geliefert haben. Die genaue Höhe des Schadens stand im Zeitpunkt der Befassung der Unionsgerichtsbarkeit mit der Streitsache nicht fest. Der EuGH hat darauf hingewiesen, dass auch der entgangene Gewinn zu berücksichtigen ist und von dem geschuldeten Schadensersatzbetrag Verzugszinsen vom Tag der Verkündung des Urteils an zu zahlen sind. Im Übrigen hat er den Parteien aufgegeben, dem Gerichtshof binnen 12 Monaten ab Verkündung des Urteils mitzuteilen, auf welche zu zahlenden Beträge sie sich geeinigt haben. Werde eine Einigung nicht erzielt, so müssten die Parteien dem Gerichtshof binnen derselben Frist ihre bezifferten Anträge vorlegen.[141]

## III. Schaden

Der **Schaden** (zum Begriff → Rn. 15) muss **tatsächlich eingetreten** sein oder **unmittelbar bevorstehen** (→ Rn. 23). 44

## IV. Kausalität

Zwischen dem Verhalten und dem Schaden muss ein **unmittelbarer und ursächlicher Zusammenhang** bestehen.[142] Der Schadenseintritt muss bei gewöhnlichem Geschehensablauf[143] **objektiv vorhersehbar** gewesen sein[144] und auf der (rechtswidrigen) Amtshandlung beruhen (Rechtswidrigkeitszusammenhang).[145] An dem Kausalzusammenhang fehlt es, wenn der gleiche Erfolg auch ohne die Amtstätigkeit eingetreten wäre[146] oder wenn der Ursachenzusammenhang infolge eines Verhaltens des Geschädigten[147] oder eines Mitgliedstaats unterbrochen wird. Völkerrechtlich verbindliche Vorgaben des UN-Sicherheitsrates verhindern eine Zurechnung zu Lasten der Union,[148] nicht aber Strafzölle eines Drittstaates als Reaktion auf WTO-widrige Unionsrechtsakte.[149] 45

## V. Art und Umfang des Ersatzanspruchs

Zu ersetzen ist neben den materiellen und immateriellen Einbußen (→ Rn. 15) auch der **entgangene Gewinn** (→ Rn. 15).[150] Die Berechnung erfolgt nach der **Differenzhypothese.**[151] Dies bedeutet, dass der Betroffene die Differenz zwischen der sich ohne das schädigende Ereignis ergebenden hypothetischen Vermögenslage und dem tatsächlichen Zustand fordern kann. Zu der Art der Ersatzleistung (Zahlung von Geld, Naturalrestitution, Folgenbeseitigung) vgl. → Rn. 15. Ein **Mitverschulden** des Klägers ist zu berücksichtigen (→ Rn. 27). Der Geschädigte muss alle zumutbaren Maßnahmen zur Verhinderung des 46

[141] EuGH NVwZ 1992, 1077 (1079) – Mulder u. a.

[142] Vgl. EuGH Urt. v. 4.10.1979 – C-64 u. 113/76, 167 u. 239/78, 27, 28 u. 45/79, BeckRS 2004, 73473 Rn. 21 – Dumortier frères u. a.; EuG Urt. v. 13.9.2006 – T-226/01 Rn. 37, BeckRS 2006, 70686 – CAS Succhi di Frutta.

[143] Zur Maßstäblichkeit der Adäquanztheorie vgl. *Borchardt* in: Dauses/Ludwigs, Handbuch des EU-Wirtschaftsrechts, Stand März 2020 , P. I. Rn. 292.

[144] EuG Urt. v. 28.4.1998 – T-184/95 Rn. 72, BeckRS 1998, 55207 – Dorsch Consult.

[145] EuG Beschl v. 12.12.2000 – T-201/99 – juris Rn. 26 – Royal Olympic Cruises u. a.

[146] EuGH Urt. v. 4.2.1975 – C-169/73 Rn. 28/32, BeckRS 2004, 71920 – Compagnie Continentale France; Urt. v. 29.9.1982 – C-26/81 Rn. 22 ff., BeckRS 2004, 72723 – Oleifici Mediterranei.

[147] EuGH Urt. v. 29.9.1982 – C-26/81 Rn. 24, BeckRS 2004, 72723 – Oleifici Mediterranei; Urt. v. 16.3.2000 – C-284/98 Rn. 55 f., BeckRS 2004, 75988 – Parlament.

[148] EuG Urt. v. 28.4.1998 – T-184/95 Rn. 73 f., BeckRS 1998, 55207 – Dorsch Consult.

[149] Vgl. *Dörr/Lenz* Europäischer Verwaltungsrechtsschutz, Rn. 340.

[150] EuGH Urt. v. 4.10.1979 – C-238/78 Rn. 13 f., BeckRS 2004, 72525 – Ireks Arkady; NVwZ 1992, 1077 (1079) – Mulder u. a.

[151] Vgl. EuG Urt. v. 13.7.2005 – T-260/97 Rn. 97 ff., BeckRS 2005, 70519 – Camar.

Schadens und zur Schadensbegrenzung ergriffen haben. Der **Entschädigungsbetrag** ist zu **verzinsen,** sofern die Verzinsung beantragt wird. Hierbei greifen die Unionsgerichte in Bezug auf die Verzugszinsen zumeist auf den Zinssatz der Europäischen Zentralbank für die wesentlichen Refinanzierungsgeschäfte zuzüglich 2% zurück.[152] Die Verzinsung beginnt mit der Verkündung des Urteils.[153] Zusätzlich kann der Geschädigte für die Zeit vom Tag des Schadenseintritts bis zum Beginn des Zinsanspruchs einen Inflationsausgleich beanspruchen.[154] In der Praxis weist die Unionsgerichtsbarkeit die Parteien zumeist an, sich innerhalb einer vom Gericht festgesetzten Frist auf einen Betrag zu einigen. Nur wenn die Einigung nicht zustande kommt, entscheidet der EuGH selbst über den konkreten Schadensersatzbetrag.[155]

## D. Wirkungen des Urteils

47 Entscheidet das Gericht (oder der EuGH) nur über den Haftungsgrund, ergeht ein (nicht vollstreckbares) **Feststellungsurteil** (→ Rn. 23), bei Verurteilung zur Zahlung eines konkreten Betrages ein **Leistungsurteil.** Dieses ist als vollstreckbarer Titel i. S. d. Art. 280, 299 Abs. 2 bis 4 AEUV vollstreckbar. Nach Art. 1 S. 3 des Protokolls über die Vorrechte und Befreiungen der Europäischen Gemeinschaften vom 8.4.1965[156] dürfen die Vermögensgegenstände und Guthaben der Union ohne Ermächtigung des Gerichtshofs der EU nicht Gegenstand von Zwangsmaßnahmen sein. Die Ermächtigung kann in dem Schadensersatzurteil erteilt werden.[157] Ein erfolgreiches Urteil berührt oder beseitigt trotz impliziter Feststellung der Rechtswidrigkeit nicht den zugrunde liegenden Unionsrechtsakt[158] und wirkt nur inter partes.

---

[152] EuG Urt. v. 9.10.2002 – T-134/01 – juris Rn. 78 – Hans Fuchs; Urt. v. 10.2.2004 – T-215/01 Rn. 145, BeckRS 2004, 77964 – Calberson GE; Urt. v. 17.3.2005 – T-285/03 Rn. 55, BeckRS 2005, 70653 – Agraz u. a; *Ruffert* in: Callies/Ruffert, EUV/AEUV, Art. 340 AEUV Rn. 31.

[153] EuGH Urt. v. 4.10.1979 – C-238/78 Rn. 14, 20, BeckRS 2004, 72525 – Ireks Arkady.

[154] EuGH Urt. v. 3.2.1994 – C-308/87 Rn. 40, BeckRS 2004, 73113 – Grifoni; *Augsberg* in: v. d. Groeben/Schwarze/Hatje, Europäisches Unionsrecht, Art. 340 AEUV Rn. 72; *Jacob/Kottmann* in: Grabitz/Hilf/Nettesheim, EUV/AEUV, Art. 340 AEUV Rn. 133.

[155] *Pechstein* EU-Prozessrecht, Rn. 738.

[156] Protokoll Nr. 7 v. 16.12.2004, ABlEU Nr. C 310/261.

[157] In der Praxis geschieht dies nur, wenn das verurteilte Unionsorgan (bzw. das verselbständigte Rechtssubjekt der Union) gegen die Vollstreckung Einwände erhoben hat; vgl. EuGH Urt. v. 9.2.1988 – C-1/87, BeckRS 2004, 70575 Rn. 5 – Universe Tankship.

[158] Vgl. *Jacob/Kottmann* in: Grabitz/Hilf/Nettesheim, EUV/AEUV, Art. 268 AEUV Rn. 5.

# § 12. Das Vorabentscheidungsverfahren, Art. 267 AEUV

*Rainer Wernsmann*

**Übersicht**



**Schrifttum:** *Classen* § 13 Rechtsschutz in: Oppermann/Classen/Nettesheim, Europarecht, 8. Aufl. 2018; *Herdegen* Europarecht, 21. Aufl. 2019, § 9 System des Rechtsschutzes in der Europäischen Union; *Mächtle* Das Vorabentscheidungsverfahren, JuS 2015, 314; *Rodriguez Iglesias* Der EuGH und die Gerichte der Mitgliedstaaten – Komponenten der richterlichen Gewalt in der Europäischen Union, NJW 2000, 1889; *Streinz* Europarecht, 11. Aufl. 2019, Rn. 700 ff.; *Thiele* Europäisches Prozessrecht,

2. Aufl. 2014, § 9 Das Vorabentscheidungsverfahren; *Wegener* Kommentierung zu Art. 267 AEUV in: Calliess/Ruffert, EUV/AEUV, 5. Aufl. 2016.

## A. Funktion und Bedeutung im Rechtsschutzsystem der EU

1 Stellen sich in einem Verfahren vor einem nationalen Gericht unionsrechtliche Fragen, so kann das Gericht berechtigt oder sogar verpflichtet sein, den EuGH in einem *Zwischenverfahren* mit dieser für die Entscheidung des Falles erheblichen Vorfrage zu befassen. Dieses Zwischenverfahren ist seit Inkrafttreten des Vertrags von Lissabon in Art. 267 AEUV (früher: Art. 234 EG bzw. Art. 177 EGV a. F. bzw. Art. 177 EWGV) geregelt und wird als **Vorabentscheidungsverfahren** bezeichnet.

### I. Grundlagen

2 Im System des europäischen Rechtsschutzes erfüllt das Vorabentscheidungsverfahren eine **Doppelfunktion.** Dem Vorabentscheidungsverfahren kommt zunächst eine wesentliche Bedeutung für den **Individualrechtsschutz** in der EU zu.[1] Es dient in dieser Funktion der Durchsetzung von subjektiven Rechten, die das Unionsrecht dem Einzelnen verleiht, z. B. der Grundfreiheiten. Diese Funktion ist deshalb von besonderer Bedeutung, weil es keinen der Urteilsverfassungsbeschwerde vergleichbaren Rechtsbehelf im Unionsrecht gibt. Der Einzelne kann sich nicht selbst an den EuGH wenden, wenn die nationalen Gerichte seiner Meinung nach unionsrechtswidriges nationales Recht angewendet haben. Rechtsakte der EU sind im Wege der Nichtigkeitsklage (Art. 263 AEUV) nicht uneingeschränkt anfechtbar (→ *Ehlers* § 9 Rn. 4 ff.). Diese Rechtsschutzlücken werden dadurch geschlossen, dass die nationalen Gerichte die Ungültigkeit oder den Inhalt von Rechtsakten der EU in einem bei ihnen anhängigen Rechtsstreit inzident – d. h. als Vorfrage – berücksichtigen müssen.

3 Die Einschaltung des EuGH dient zudem der Wahrung der **Rechtseinheit und Rechtssicherheit** innerhalb der EU und damit auch der effektiven Durchsetzung des Unionsrechts in den Mitgliedstaaten. Es sichert die unionsweit einheitliche Auslegung des EU-Rechts und wirkt einer divergierenden Anwendung in den Mitgliedstaaten entgegen.[2] Indem Art. 267 AEUV dem EuGH das Verwerfungsmonopol für das (sekundäre) Unionsrecht zuweist (→ Rn. 49), schützt er zudem die **Autorität des Unionsrechtsetzers** vor dem Zugriff mitgliedstaatlicher Gerichte.[3] In seiner Funktion ist das Vorabentscheidungsverfahren somit den Richtervorlagen nach nationalem Recht (z. B. Art. 100 Abs. 1 GG) durchaus vergleichbar, es weist aber auch zahlreiche Unterschiede auf,[4] die schon damit beginnen, dass das vorlegende Gericht dem EuGH Fragen stellen kann, ohne sich selbst eine abschließende Rechtsauffassung bilden zu müssen.[5]

---

[1] *Wegener* in: Calliess/Ruffert, EUV/AEUV, Art. 267 AEUV Rn. 1.

[2] EuGH EuZW 2002, 476 Rn. 14 m. w. Nachw. – Lyckeskog.

[3] Vgl. zum Zweck des Schutzes des parlamentarischen Gesetzgebers nach Art. 100 Abs. 1 GG → § 19 Rn. 2. Während dieser Zweck bei Art. 100 Abs. 1 GG letztlich in der gesteigerten demokratischen Legitimation des Parlaments wurzelt, dient der Schutz des Unionsnormgebers durch die Monopolisierung der Normverwerfungskompetenz beim EuGH dem Interesse an der einheitlichen und effektiven Durchsetzung des Unionsrechts insgesamt.

[4] Nur hinsichtlich der Gültigkeitsvorlagen die Parallele zur konkreten Normenkontrolle als stimmig bezeichnend *v. Danwitz* in: Kube u. a., Leitgedanken des Rechts I, 2013, § 88 Rn. 3. Soweit freilich die Auslegungsvorlagen dem vorlegenden Gericht letztlich dazu dienen, beurteilen zu können, ob nationales Recht infolge des Anwendungsvorrangs des Unionsrechts außer Anwendung zu bleiben hat, kann auch von einer Parallele gesprochen werden, da es um die Auflösung von Widersprüchen verschiedener Normen unterschiedlichen Ranges geht, auch wenn insoweit der EuGH nicht über ein Verwerfungsmonopol verfügt und die niederrangige Norm nicht nichtig ist (→ Rn. 56).

[5] Zu weiteren Gemeinsamkeiten und Unterschieden vgl. *Wernsmann* in: Schenke/Suerbaum, Verwaltungsgerichtsbarkeit in der Europäischen Union, 2016, S. 147 (163 f.).

Art. 267 AEUV ist nicht als eigenständiges Klageverfahren, sondern als objektives **Zwischenverfahren** ohne eigene Antragsrechte der Parteien des Ausgangsverfahrens ausgestaltet. Dies führt zu einer „Verzahnung" der Gerichtsbarkeiten von EU und Mitgliedstaaten.[6] Der EuGH spricht davon, dass Art. 267 AEUV eine **„Zusammenarbeit"** zwischen EuGH und nationalen Gerichten geschaffen habe,[7] das BVerfG spricht von einem **„Kooperationsverhältnis"**.[8] Es bleibt Sache der Mitgliedstaaten, das – nach deutschem Verfassungsrecht über Art. 19 Abs. 4 GG bzw. Art. 20 Abs. 3 GG und durch Art. 47 GRCh auch unionsrechtlich garantierte – Recht auf effektiven gerichtlichen Rechtsschutz zu gewährleisten.[9] 4

## II. Fallkonstellationen

Das Vorabentscheidungsverfahren kennt drei Fallgruppen, die sich nach dem Gegenstand der Vorlage und der Vorlagefrage unterscheiden. Der EuGH entscheidet 5

(1) über die **Auslegung der Verträge** (Art. 267 Abs. 1 lit. a AEUV),
(2) über die **Gültigkeit der Handlungen der Organe,** Einrichtungen oder sonstigen Stellen der EU (Art. 267 Abs. 1 lit. b Alt. 1 AEUV),
(3) über die **Auslegung dieser Handlungen** (Art. 267 Abs. 1 lit. b Alt. 2 AEUV).

Die **Klärung von Auslegungsfragen** durch den EuGH soll es den nationalen Gerichten ermöglichen, die Vereinbarkeit einer nationalen Regelung mit dem Unionsrecht zu beurteilen, ohne dass der EuGH über die „Gültigkeit" oder die „Anwendbarkeit" des nationalen Rechtsakts[10] selbst befindet.[11] Der EuGH entscheidet also nicht über die Vereinbarkeit von Normen des innerstaatlichen Rechts mit dem Unionsrecht, sondern gibt dem nationalen Gericht lediglich Hinweise zur Auslegung des Unionsrechts, die es dem Gericht des Ausgangsverfahrens ermöglichen, über die Frage der Vereinbarkeit nationaler Rechtsnormen mit dem Unionsrecht zu entscheiden.[12] Hat ein nationales Gericht dem EuGH die Frage vorgelegt, ob eine Norm des nationalen Rechts mit dem Unionsrecht (z. B. den Grundfreiheiten) vereinbar sei, so ist die Vorlage nicht unzulässig, vielmehr formuliert der EuGH die Frage dann um.[13] 6

Dies trägt dem Umstand Rechnung, dass dem **EuGH** nach Art. 19 Abs. 1 i. V. m. Art. 13 Abs. 2 S. 1 EUV **keine Rechtsprechungskompetenz über das nationale Recht** der Mitgliedstaaten zukommt und Fragen des nationalen Rechts deshalb nicht Verfahrensge- 7

---

[6] *Classen* in: Oppermann/Classen/Nettesheim, Europarecht, § 13 vor Rn. 68.

[7] Z. B. EuGH EuZW 2018, 1048 Rn. 23 – Bauer. Vgl. auch *v. Danwitz* in: Kube u. a., Leitgedanken des Rechts I, 2013, § 88 Rn. 3 und *Kokott* in: Kube u. a., Leitgedanken des Rechts I, 2013, § 103 Rn. 8: richterlicher „Dialog".

[8] Z. B. BVerfGE 134, 366 Rn. 27 (insoweit nicht abgedruckt in NJW 2014, 907) → *Kingreen* JK 7/14, AEUV Art. 127/1 und → *Ruffert* JuS 2014, 373 sowie → JA 2014, 635 *(Hillgruber)* – OMT-Programm der EZB – st. Rspr.; BVerfGE 154, 17 Rn. 111 = NVwZ 2020, 857 = NJW 2020, 1647 → *Ruffert* JuS 2020, 574 spricht davon, dass die Pflicht des BVerfG, Rügen eines Ultra-vires-Handelns der EU nachzugehen, mit der Aufgabe des EuGH, die Verträge auszulegen und anzuwenden, zu „koordinieren" sei.

[9] Vgl. dazu EuGH NJW 2002, 2935 Rn. 40 f. – Unión de Pequeños Agricultores; dazu → *Ehlers* JK 2003, EGV Art. 230 Abs. 4/2.

[10] Die h. M. geht von einem Anwendungsvorrang, nicht Geltungsvorrang des Unionsrechts vor nationalem Recht aus. Unionsrechtswidriges nationales Recht bleibt also gültig, ist aber insoweit nicht anwendbar, als ihm im Einzelfall Unionsrecht entgegensteht; s. etwa *Ruffert* in: Calliess/Ruffert, EUV/AEUV, Art. 1 AEUV Rn. 18; *Streinz* in: Streinz, EUV/AEUV, Art. 4 EUV Rn. 35 ff.

[11] EuGH NJW 1994, 781 Rn. 8 – Hünermund; Urt. v. 15.7.1964 – C-100/63, BeckRS 2004, 70604 – van der Veen; NJW 2008, 2767 Rn. 19 – Feryn.

[12] EuGH EuZW 2006, 658 Rn. 34 f. – Wilson; NJW 2008, 743 Rn. 38 – Promusicae. Gleichwohl ist nicht zu verkennen, dass es praktisch keinen Unterschied macht, ob der EuGH eine Bestimmung des Unionsrechts in der Weise auslegt, dass sie einer nationalen Norm wie der im Ausgangsverfahren anzuwendenden entgegensteht, oder ob der EuGH entscheiden würde, dass die die im Ausgangsverfahren anzuwendende nationale Rechtsnorm wegen Verstoßes gegen Unionsrecht unanwendbar sei; ähnlich *Craig/de Búrca* EU Law, S. 493 f.

[13] EuGH IStR 2008, 78 Rn. 18, 20 f. – Hollmann; vgl. auch allg. EuGH NJW 2019, 3290 Rn. 40 (m. Anm. *Poelzig/Reimschüssel*) → *Gutzeit* JuS 2020, 68.

genstand sein können. Der Gerichtshof kann aber im Wege der Auslegung abstrakt beantworten, ob das Unionsrecht eine Maßnahme nach Art des im Ausgangsverfahren anzuwendenden nationalen Rechtsaktes verbietet.[14] Art. 267 AEUV will sicherstellen, dass sämtliche Rechtssätze des Unionsrechts Gegenstand von Auslegungsvorlagen sein können. Ein mitgliedstaatliches Gericht kann im Wege des Vorabentscheidungsersuchens dem EuGH auch die Frage vorlegen, ob Unionsrecht einer nationalen Regelung in einer bestimmten Auslegung durch ein nationales Gericht entgegensteht,[15] etwa weil eine Norm des nationalen Rechts nur in einer bestimmten Auslegungsvariante mit einer Richtlinie vereinbar ist.[16]

8 Fragen nach der **Gültigkeit** von Rechtsakten sind gemäß Art. 267 Abs. 1 lit. b AEUV auf das **sekundäre Unionsrecht** beschränkt. Insoweit kommt dem EuGH zur Wahrung der Rechtseinheit in der EU ein **Verwerfungsmonopol für sekundäres Unionsrecht**[17] zu. Das primäre Unionsrecht kann im Vorabentscheidungsverfahren nicht Prüfungsgegenstand des EuGH sein,[18] sondern ist – als das höherrangige Recht[19] – Prüfungsmaßstab für das sekundäre Unionsrecht. Zum primären Unionsrecht gehören vor allem die Verträge (insbesondere EUV und AEUV) sowie die ungeschriebenen Rechtsgrundsätze und die mittlerweile in der GRCh positivierten Unionsgrundrechte (vgl. Art. 6 EUV). Prüfungsmaßstab für das jeweilige nationale Zustimmungsgesetz zu einer Vertrags- (also Primärrechts-)Änderung ist hingegen die Verfassung des jeweiligen Mitgliedstaates, in Deutschland vor allem Art. 23 Abs. 1 GG; über die Verfassungsmäßigkeit des Zustimmungsgesetzes hat in Deutschland das BVerfG zu entscheiden.[20]

## III. Rechtstatsächliche Bedeutung

9 Das Vorabentscheidungsverfahren nach Art. 267 AEUV ist praktisch von **größter Bedeutung** und wird mit Recht als die wichtigste Verfahrensart vor dem EuGH angesehen.[21] Mehr als die Hälfte aller Entscheidungen des EuGH – häufig die wichtigsten[22] – ergehen im Vorabentscheidungsverfahren.[23] Ein früherer Präsident des EuGH hat es daher als „Eckpfeiler“ des unionsrechtlichen Gerichtssystems bezeichnet.[24] Ihm kommt „prägende Bedeutung“[25] zu. Wegen seiner zunächst gar nicht erwarteten überragenden Bedeutung für

---

[14] *Streinz* Europarecht, Rn. 633.

[15] Die Frage, ob eine Rechtsnorm nach den allgemein anerkannten Auslegungsmethoden unionsrechtskonform ausgelegt werden kann, stellt sich insbesondere bei Richtlinien, soweit diese nicht unmittelbar angewendet werden können. Dies ist vor allem im Verhältnis zwischen zwei Privaten der Fall. Näher dazu etwa *Ehlers* in: Ehlers/Pünder, AllgVwR, § 2 Rn. 113 und § 5 Rn. 15 m. w. Nachw. EuGH NJW 2019, 3290 Rn. 37 f. (m. Anm. *Poelzig/Reimschüssel*) → *Gutzeit* JuS 2020, 68 betont zwar, dass eine unionsrechtskonforme Auslegung nicht eine Auslegung contra legem ermögliche; die Rechtsprechung des BGH (→ Rn. 33 m. Fn. 75) kommt dem aber nahe, indem sie richterliche Rechtsfortbildung (teleologische Reduktion oder Analogie) für methodisch zulässig hält, wenn eine deutsche Norm im Hinblick auf das Unionsrecht zu weit oder zu eng geraten sei. Für planwidrig wird die Regelungslücke erachtet, weil der Gesetzgeber unbewusst diese Regelung unionsrechtswidrig ausgestaltet habe, weil er im Zweifel unionsrechtskonform habe handeln wollen. Damit werden freilich die Grenzen einer – zwischen Privaten grundsätzlich nicht möglichen – unmittelbaren Anwendung von Richtlinien und der unionsrechtskonformen Auslegung verwischt.

[16] Vgl. EuGH NJW 2008, 1433 Rn. 18 ff. → JuS 2008, 652 *(Faust)* – Quelle; NJW 2019, 3290 Rn. 37 f. (m. Anm. *Poelzig/Reimschüssel*) → *Gutzeit* JuS 2020, 68.

[17] Unionsrechtswidriges *nationales* Recht hat hingegen jedes Gericht und jede Behörde des Mitgliedstaates ohne weiteres außer Acht zu lassen; einer Vorlage nach Art. 100 Abs. 1 GG o. ä. bedarf es insoweit nicht. Dazu → Rn. 15, 20, 56.

[18] EuGH NVwZ 2013, 49 Rn. 33 → *Ehlers* JK 4/13, AEUV Art. 136/1 und → *Ruffert* JuS 2013, 278 – Pringle.

[19] Vgl. *Erichsen/Weiß* Jura 1990, 586 (590).

[20] Vgl. dazu *P. M. Huber* in: Streinz, EUV/AEUV, Art. 19 EUV Rn. 65 m. w. Nachw.

[21] *Classen* in: Oppermann/Classen/Nettesheim, Europarecht, § 13 Rn. 68.

[22] Vgl. *Ehlers* Jura 2007, 505 (508).

[23] Rechtsprechungsstatistik des EuGH für 2018, verfügbar unter: https://curia.europa.eu/jcms/upload/docs/application/pdf/2019-04/ra_pan_2018_de.pdf (zuletzt abgerufen am 30.11.2020).

[24] *Rodriguez Iglesias* NJW 2000, 1889 (1895).

[25] *V. Danwitz* in: Kube u. a., Leitgedanken des Rechts I, 2013, § 88 Rn. 3.

die Auslegung und das Verständnis des Unionsrechts und die Verzahnung mit dem Recht der Mitgliedstaaten wird das Vorabentscheidungsverfahren auch als „jewel in the Crown“[26] der Rechtsprechung des EuGH bezeichnet. Die durchschnittliche Verfahrensdauer beträgt aktuell knapp 16 Monate.[27]

## B. Zulässigkeit eines Vorabentscheidungsersuchens an den EuGH

**Fall 1:** Das Tribunal de première instance bezweifelt die Vereinbarkeit einer belgischen Rechtsnorm mit der Verordnung Nr. 1251/70, soweit jene belgische Rechtsnorm die Ausweisung von Familienangehörigen von EU-ausländischen Arbeitnehmern erlaubt. Die Verordnung gewährt diesem Personenkreis unter bestimmten Umständen ein Bleiberecht. (a) Kann das Gericht die Frage der Vereinbarkeit der nationalen Norm mit der Verordnung dem EuGH vorlegen? (b) Wie ist der Fall zu beurteilen, wenn Belgien die Regelungen der Verordnung auf die Familienangehörigen von belgischen Arbeitnehmern erstreckt hat?[28] 10

**Fall 2:** In einem Rechtsstreit um den Widerruf von Ausfuhrerstattungen hebt der BFH in der Revisionsinstanz das erstinstanzliche Urteil auf und verweist den Rechtsstreit an das Finanzgericht zurück. Im Gegensatz zum BFH geht das FG davon aus, dass die maßgebliche Verordnung unter den gegebenen Umständen einen Anspruch auf Ausfuhrerstattungen nicht vorsehe. (a) Kann das FG die Frage durch den EuGH klären lassen? (b) Muss das FG dem EuGH vorlegen?[29] 11

**Fall 3:** Ein Verband der Hersteller von sog. Nahrungsergänzungsmitteln wendet sich vor einem mitgliedstaatlichen Gericht gegen eine nationale Regelung, die das in der Richtlinie 2002/46/EG enthaltene Verbot, bestimmte Nahrungsergänzungsmittel zu vermarkten, umsetzt. Das Gericht sieht u. a. die Warenverkehrsfreiheit verletzt und hält die Richtlinie für unverhältnismäßig. Auch bezweifelt es, dass die Richtlinie ausreichend begründet wurde. Wie wird das Gericht entscheiden?[30] 12

**Fall 4:** Im August 2002 lieferte die Firma Quelle AG (Q) an Frau Brüning (B) ein „Herd-Set“ für ihren privaten Gebrauch. Anfang 2004 stellt B fest, dass das Gerät vertragswidrig war. Da eine Reparatur nicht möglich ist, gibt sie das Gerät an Q zurück. Q verlangt jedoch von B die Zahlung von 69 € als Ersatz für die Nutzungsvorteile. Der BGH führt in seinem Vorabentscheidungsersuchen an den EuGH aus, das BGB lasse nur die eine Auslegung zu, dass der Verkäufer im Fall der Ersatzlieferung für eine mangelhafte Sache Anspruch auf Wertersatz für die Vorteile habe, die der Käufer aus der Nutzung dieser Sache bis zu ihrem Austausch durch die neue Sache gezogen habe. Der BGH meint jedoch, dass Art. 3 der Richtlinie 1999/44/EG solch einen Anspruch auf Wertersatz für Nutzungsvorteile verbiete. Ist die Vorlage zulässig?[31] 13

---

[26] *Craig/de Búrca* EU Law, S. 460 f.

[27] Rechtsprechungsstatistik des EuGH für 2018 (→ Fn. 23). Nach Art. 267 Abs. 4 AEUV wird der EuGH „innerhalb kürzester Zeit“ entscheiden, wenn das Ausgangsverfahren eine inhaftierte Person betrifft. Gemeint ist, dass es um die Frage der Freiheitsentziehung im Ausgangsverfahren gehen muss.

[28] Vgl. EuGH EuZW 1991, 319 – Dzodi.

[29] Vgl. EuGH NJW 1974, 440 – Rheinmühlen Düsseldorf.

[30] Vgl. EuGH EuZW 2005, 598 – Alliance for Natural Health.

[31] Vgl. EuGH NJW 2008, 1433 → JuS 2008, 652 *(Faust)* – Quelle.

## I. Vorlageberechtigung

14 Nach Art. 267 Abs. 2 und 3 AEUV muss die Vorlagefrage durch das **Gericht eines Mitgliedstaates** gestellt sein. Der Begriff des Gerichts ist autonom unionsrechtlich zu interpretieren.[32] Nach den (nicht abschließenden) Kriterien des EuGH setzt er jedenfalls voraus, dass es sich um ein **unabhängiges Organ** handelt, das auf **Grundlage nationalen Rechts als streitentscheidende Institution** vorgesehen und ordnungsgemäß gebildet ist, **rechtsstaatlichen Verfahrensnormen** unterliegt und Entscheidungen trifft, denen die Rechtsordnung des jeweiligen Mitgliedstaates **bindende Kraft** beimisst.[33] Es muss auf **gesetzlicher Grundlage** eingerichtet sein, **ständigen Charakter** haben, unabhängig und obligatorisch sein, streitige Verfahren entscheiden und **Rechtsnormen anwenden.**[34] Die Unabhängigkeit setzt dabei voraus, dass die entscheidende Stelle nicht weisungsabhängig ist und dass die entscheidenden Personen grundsätzlich nicht absetzbar sind.[35] Diesen Anforderungen genügen die staatlichen Gerichte der Bundesrepublik Deutschland, soweit sie Aufgaben der Rechtspflege (Art. 92 GG) wahrnehmen.

15 **Keine Gerichte** sind jedenfalls die **Verwaltungsbehörden.** Hält ein Verwaltungsbeamter eine anzuwendende *Unions*rechtsnorm für rechtswidrig, trifft ihn (wegen Art. 20 Abs. 3 GG) eine Remonstrationspflicht. Teilen seine Vorgesetzten die Auffassung, wird letztlich der Bundesminister einen Beschluss der Bundesregierung anregen, eine entsprechende Nichtigkeitsklage zu erheben, sofern diese noch nicht verfristet ist. Hält eine Behörde hingegen eine **nationale Norm** für unionsrechtswidrig, so soll sie diese hingegen ohne weiteres selbst außer Anwendung lassen müssen.[36]

## II. Vorlagegrund

16 Die nationalen Gerichte können dem EuGH Fragen zur **Auslegung** des Unionsrechts (Art. 267 Abs. 1 lit. a, b Alt. 2 AEUV) oder zur **Gültigkeit** von sekundärem Unionsrecht (Art. 267 Abs. 1 lit. b Alt. 1 AEUV) vorlegen.

### 1. Entscheidung über die Auslegung der Verträge (Art. 267 Abs. 1 lit. a AEUV)

17 Zu den Verträgen i. S. d. Art. 267 Abs. 1 lit. a AEUV gehören alle Bestimmungen des **primären Unionsrechts.** Dazu zählen **EUV** und **AEUV** mit den zugehörigen Bestandteilen wie Anhängen, Zusatzprotokollen (vgl. Art. 51 EUV) und Beitrittsverträgen, aber auch die in der **GRCh** verbürgten Unionsgrundrechte, wie Art. 6 EUV explizit klarstellt. Daneben werden ungeschriebene Regeln erfasst, die denselben Rang wie das Vertragsrecht haben (allgemeine Rechtsgrundsätze des Unionsrechts sowie Unionsgewohnheitsrecht).

### 2. Entscheidung über Gültigkeit und Auslegung der Handlungen der Unionsorgane (Art. 267 Abs. 1 lit. b AEUV)

18 Organe der EU sind nach der abschließenden Aufzählung in Art. 13 Abs. 1 EUV das Europäische Parlament, der Europäische Rat, der Rat, die Kommission, der Gerichtshof

---

[32] *Wegener* in: Calliess/Ruffert, EUV/AEUV, Art. 267 AEUV Rn. 19.

[33] EuGH NJW 1997, 3365 Rn. 22 ff. (m. Bespr. *Boesen* NJW 1997, 3350) → JA 1998, 456 *(Fischer)* – Dorsch Consult (Gerichtsqualität des Vergabeüberwachungsausschusses des Bundes bejaht); NJW 2000, 2653 Rn. 28 ff. – Abrahamsson.

[34] EuGH WM 2020, 341 Rn. 51 ff. m. w. Nachw. – Banco de Santander.

[35] EuGH WM 2020, 341 Rn. 57 ff. – Banco de Santander.

[36] EuGH WM 2020, 341 Rn. 78 m. w. Nachw. – Banco de Santander; krit. etwa *Ehlers* in: Ehlers/Pünder, AllgVwR, § 2 Rn. 132 m. w. Nachw.; zu einer besonders sorgfältigen Prüfung mahnend, wenn Verwaltungsbehörden nationales Recht wegen Unionsrechtswidrigkeit außer Anwendung lassen wollen, *Streinz/Herrmann* BayVBl 2008, 1 (7 f.); *Streinz* Europarecht, Rn. 256.

der EU, die Europäische Zentralbank und der Rechnungshof. Gegenstand einer Vorlage nach Art. 267 AEUV können vor allem die in Art. 288 AEUV genannten Rechtsakte sein, also neben **Verordnungen** und **Beschlüssen** (in früheren Verträgen als „Entscheidungen" bezeichnet) auch die (grundsätzlich nicht unmittelbar geltenden) **Richtlinien** sowie die (unverbindlichen) **Empfehlungen und Stellungnahmen.** Vorgelegt werden können darüber hinaus Handlungen des Europäischen Systems der Zentralbanken.[37] Urteile des EuGH sind zwar Handlungen eines Unionsorgans (Art. 13 Abs. 1 EUV), jedoch kein tauglicher Vorlagegegenstand, weil dem ihre Rechtskraft entgegensteht.[38] Wohl aber kann die Verfahrensordnung des EuGH Gegenstand eines Vorabentscheidungsverfahrens sein.[39]

**Völkerrechtliche Abkommen** können Gegenstand der *Auslegung* sein, soweit diese auf der Grundlage der Verträge von der EU abgeschlossen worden sind oder für sie verbindlich sind (Beispiel: GATT).[40] Ob die von der EU geschlossenen völkerrechtlichen Verträge Gegenstand einer *Gültigkeits*vorlage sein können, ist zweifelhaft, weil dies die Wirksamkeit der eingegangenen Verpflichtungen in Frage stellt.[41] Jedenfalls kann der EuGH Rechtsakte der EU überprüfen, auch wenn deren Erlass auf völkerrechtliche Vereinbarungen zwischen der EU und einem Drittstaat zurückgeht. Dies gilt auch dann, wenn die Ungültigerklärung einer solchen unionalen Rechtsnorm im Verhältnis zu dem Drittstaat einen Verstoß gegen den völkerrechtlichen Vertrag bedeutet. 19

Normen des **nationalen Rechts** können vom EuGH weder ausgelegt noch auf ihre „Gültigkeit" oder „Anwendbarkeit" überprüft werden.[42] Soweit eine nationale Norm gegen Unionsrecht verstößt, müssen die mitgliedstaatlichen Gerichte sie aber wegen des **Anwendungsvorrangs des Unionsrechts** unangewendet lassen. Unionsrechtswidriges nationales Recht ist wegen des Anwendungsvorrangs des Unionsrechts ohne weiteres unanwendbar, einer Änderung der Norm durch den nationalen Gesetzgeber zur Durchsetzung des Anwendungsvorrangs bedarf es nicht.[43] 20

Folgt die Rechtswidrigkeit einer im Ausgangsverfahren entscheidungserheblichen **nationalen Norm** daraus, dass sie eine **Richtlinie umsetzt,** die ihrerseits mit primärem Unionsrecht (z. B. wegen fehlender Kompetenz der EU[44] oder wegen Verletzung von Grundfreiheiten oder Unionsgrundrechten) unvereinbar ist, muss die Gültigkeit der Richtlinie im Vorabentscheidungsverfahren geklärt werden. Stellt der EuGH die Ungültigkeit der Richtlinie fest, steht deren Unionsrechtswidrigkeit auch der Anwendung des nationalen Umsetzungsgesetzes entgegen, wenn die Richtlinie gegen Unionsgrundrechte verstößt und soweit das nationale Gesetz sich in der bloßen Umsetzung der zwingenden unionsrechtlichen Vorgaben erschöpft.[45] Einer weiteren Vorlage des deutschen Umsetzungsgesetzes an das BVerfG wegen Verstoßes gegen nationale Grundrechte nach Art. 100 Abs. 1 GG bedarf 21

---

[37] EuGH NJW 2019, 907 Rn. 23 m. w. Nachw. → *Ruffert* JuS 2019, 181 – Weiss.

[38] EuGH Beschl. v. 5.3.1986 – 69/85, BeckRS 2004, 73545 Rn. 16 – Wünsche.

[39] EuGH Urt. v. 1.3.1973 – 62/72, BeckRS 2004, 73442 – Bollmann.

[40] EuGH NJW 1974, 438 f. – Produktschap voor Groenten en Fruit.

[41] Eine ähnliche Problematik stellt sich bei der Normenkontrolle nach nationalem Recht (vgl. Art. 93 Abs. 1 Nr. 2 GG). Eine Vorlage für möglich haltend EuGH Urt. v. 30.4.1974 – 181/73, BeckRS 1974, 106490 – Haegeman; zustimmend *Ehricke* in: Streinz, EUV/AEUV, Art. 267 AEUV Rn. 21.

[42] EuGH NJW 1994, 781 Rn. 8 – Hünermund.

[43] Vgl. nur etwa EuGH NVwZ 1991, 461 Rn. 19 ff. – Nimz; EuZW 2007, 220 Rn. 68 f. – ITC. Gleichwohl kann der Gesetzgeber zur Zerstörung eines von einem gültigen nationalen Gesetz ausgehenden Rechtsscheins und zur Vermeidung von Verwirrung der Einzelnen verpflichtet sein, unionsrechtswidriges nationales Recht anzupassen; vgl. etwa EuGH NJW 1989, 1424 Rn. 12; *Schroeder* in: Streinz, EUV/AEUV, Art. 288 AEUV Rn. 43 f., 47 m. w. Nachw.

[44] Aus Art. 5 Abs. 1 und 2 EUV folgt das sog. Prinzip der begrenzten Einzelermächtigung. Die Verbands- und Organzuständigkeit (vgl. hinsichtlich letzterer auch Art. 13 Abs. 2 EUV) ist also nur gegeben, soweit der EU explizit durch die Verträge Kompetenzen durch die Mitgliedstaaten übertragen wurden.

[45] Dies meint wohl auch EuGH EuZW 2008, 439 Rn. 34 – The Queen: Die Vorlagefrage der Gültigkeit einer Richtlinie sei im Ausgangsverfahren entscheidungserheblich, weil die Gültigkeit der Richtlinie Voraussetzung für den Erlass nationaler Maßnahmen zur Umsetzung einer Richtlinie in innerstaatliches Recht sein könne.

es insoweit nicht;[46] mangels Entscheidungserheblichkeit wäre eine solche Vorlage an das BVerfG nach Art. 100 Abs. 1 GG sogar unzulässig (näher → § 19 Rn. 11).[47] Denn es steht fest, dass das Umsetzungsgesetz wegen Unionsrechtswidrigkeit ebenfalls nicht angewendet werden darf, da dem Unionsrecht insoweit Anwendungsvorrang vor dem nationalen Recht zukommt. Die **Unionsgrundrechte binden** insoweit gemäß Art. 51 Abs. 1 S. 1 GRCh auch unmittelbar den **nationalen Gesetzgeber,** soweit dieser Recht der Union „durchführt". Das ist der Fall, wenn er beabsichtigt, zwingende Vorgaben einer Richtlinie gemäß Art. 288 Abs. 3 AEUV in nationales Recht umzusetzen. Verstößt die Richtlinie gegen **Grundfreiheiten des AEUV,** schlägt dieser Verstoß ebenfalls unmittelbar auf die nationalen Umsetzungsakte durch. Ein Kompetenzverstoß der EU wirkt sich hingegen nicht unmittelbar auf die Rechtmäßigkeit des Umsetzungsaktes aus, da der Anwendungsvorrang des Unionsrechts (der im Falle eines Grundrechtsverstoßes aus Art. 51 Abs. 1 S. 1 GRCh und im Falle des Verstoßes gegen die Grundfreiheiten aus der Bindung sowohl der EU als auch der Mitgliedstaaten an diese[48] folgt) hier nicht automatisch dem nationalen Umsetzungsgesetz entgegensteht. Wird die Richtlinie wegen Kompetenzüberschreitung für nichtig erklärt, steht es dem nationalen Gesetzgeber aber frei, das Umsetzungsgesetz aufzuheben.

22 Die Auslegung des Unionsrechts steht nach h. M. auch dann in Frage, wenn im konkreten Rechtsstreit vor den nationalen Gerichten zwar Unionsrecht nicht zur Anwendung kommt, der Mitgliedstaat dessen Anwendung aber (etwa durch **„überschießende" Richtlinienumsetzung** oder **kraft Verweisung**) auf rein innerstaatliche Sachverhalte erstreckt hat.[49] Der EuGH bejaht in diesen Fällen ein Interesse der Union an einheitlicher Auslegung der aus dem Unionsrecht übernommenen Begriffe und Bestimmungen und erachtet eine Vorlage daher als zulässig.[50]

## III. Entscheidungserheblichkeit

### 1. Grundsatz: Maßgeblichkeit der Rechtsauffassung des vorlegenden Gerichts

23 Die dem Gerichtshof vorgelegte Frage der Auslegung oder Gültigkeit einer Unionsrechtsnorm ist dann entscheidungserheblich („zum Erlass des Urteils erforderlich", Art. 267 Abs. 2 AEUV), wenn sie für die Beurteilung des Rechtsstreits von Bedeutung ist. Maßgeblich ist dabei grundsätzlich die **Rechtsauffassung des vorlegenden Gerichts.**[51] Dies legt bereits der Wortlaut des Art. 267 Abs. 2 AEUV nahe, wonach *das vorlegende Gericht* die Klärung der Frage für erforderlich zum Erlass seiner Entscheidung halten muss.[52] Außerdem hängt es grundsätzlich von der rechtlichen Einschätzung des vorlegenden Gerichts, das auch über die größere Sachnähe verfügt, ab, ob es den Rechtsstreit ohne die Klärung der unionsrechtlichen Rechtsfrage durch den EuGH entscheiden kann. Schließlich ist der EuGH weder legitimiert (vgl. Art. 19 Abs. 1 EUV) noch in der Lage, über mitgliedstaatliches Recht zu entscheiden. Der EuGH spricht daher aus diesen Gründen auch von einer **„Vermutung der Entscheidungserheblichkeit",** die nur ausnahmsweise widerlegt werden könne.[53] Nicht entscheidungserheblich sind danach Fragen in einem abgeschlossenen, fiktiven, konstruierten oder aufgrund von Parteiabsprachen manipulierten Rechtsstreit

---

[46] A. A. BVerfGE 118, 79 (97) = NVwZ 2007, 937 (938) → *Ehlers* JK 1/08, ZuG § 12/1 und → JuS 2007, 1052 *(Murswiek)* unter Bezugnahme auf *Cremer* Die Verwaltung 37 (2004), 165 (186 f.); ebenfalls a. A. *Dederer* in: Maunz/Dürig, GG, Art. 100 GG Rn. 126; *Thiele* Europäisches Prozessrecht, § 9 Rn. 119.

[47] S. ferner *Wernsmann* Jura 2005, 328 (333); *Wernsmann/Behrmann* Jura 2006, 181 (183).

[48] Vgl. statt aller *Streinz* Europarecht, Rn. 874 m. w. Nachw.

[49] A. A. *Thiele* Europäisches Prozessrecht, § 9 Rn. 26.

[50] EuGH EuZW 1991, 319 = BeckRS 2004, 73015 Rn. 36 – Dzodi; NJW 1991, 1470 Rn. 25 f. – Gmurzynska-Bscher.

[51] EuGH EuZW 2020, 151 Rn. 18 f. (m. Anm. *Frohn*) m. w. Nachw. – Dobersberger; st. Rspr.

[52] Abweichend der Wortlaut des Art. 100 Abs. 1 S. 1 GG, wonach es (objektiv) auf die Verfassungsmäßigkeit der Norm im Ausgangsverfahren ankommen muss → § 19 Rn. 49.

[53] Z. B. EuGH NVwZ 2012, 1162 Rn. 18 – Garkalns.

sowie rein **hypothetische Fragestellungen,** die offensichtlich in keinem Zusammenhang mit dem Ausgangsverfahren stehen.[54] Gleiches gilt, wenn der EuGH nicht über die tatsächlichen oder rechtlichen Angaben verfügt, die für eine sachdienliche Beantwortung der Frage erforderlich sind.[55] Der Einwand, dass Unionsrecht auf die Konstellation des Ausgangsverfahrens nicht anwendbar sei, steht der Entscheidungserheblichkeit und damit der Zulässigkeit des Vorabentscheidungsersuchens nicht entgegen, wenn die Unanwendbarkeit nicht offensichtlich ist,[56] sondern gerade der inhaltlichen Klärung bedarf. Auch die Tatsache, dass der EuGH Bestimmungen, um deren Auslegung er ersucht wird, bereits ausgelegt hat, steht einer erneuten Befassung und Entscheidung des EuGH nicht entgegen.[57]

### 2. Kein Vorrang der Sachverhaltsaufklärung vor dem Zwischenverfahren

Die Vorlage an den EuGH kann in jedem Verfahren – also auch im einstweiligen Rechts- 24
schutz (dazu noch unten → Rn. 53)[58] oder im Normenkontrollverfahren – und in jedem Verfahrensstadium erfolgen.[59] Das Vorabentscheidungsverfahren ist nach Ansicht des EuGH bereits zulässig, bevor eine **Beweisaufnahme** stattgefunden hat und das mitgliedstaatliche Gericht den Sachverhalt vollständig ermittelt hat.[60] Er begründet das mit dem Wortlaut des Art. 267 Abs. 2 AEUV. Danach ist nur Voraussetzung der Zulässigkeit, dass das vorlegende Gericht eine Entscheidung des EuGH für erforderlich hält. Diese Rechtsprechung des EuGH erscheint nicht zweifelsfrei. Hat das vorlegende Gericht den Sachverhalt noch gar nicht aufgeklärt, also noch keine Beweisaufnahme durchgeführt, so erscheint es angesichts des auch unionsrechtlich verbürgten Anspruchs auf ein zügiges Verfahren und einer Verfahrensdauer vor dem EuGH von gegenwärtig durchschnittlich ca. 16 Monaten – jedenfalls wenn keine umfangreiche und außergewöhnlich aufwendige Beweisaufnahme durchzuführen ist – nur schwer vertretbar, die **Rechtsschutzgewährung** zum Nachteil der Parteien des Ausgangsverfahrens zu **verzögern,** wenn noch gar nicht feststeht, ob die Rechtsfrage wirklich beantwortet werden muss. Dies zu berücksichtigen fällt aber nach der Rechtsprechung des EuGH allein in den Verantwortungsbereich des nationalen Gerichts.

### 3. Parallele Vorlage an EuGH und BVerfG

Die Entscheidungserheblichkeit entfällt auch dann nicht, wenn das Fachgericht eine na- 25
tionale Norm sowohl für verfassungswidrig als auch für unionsrechtswidrig hält. Der EuGH hält explizit eine parallele Befassung von EuGH und BVerfG für zulässig.[61] Das Gericht des Ausgangsverfahrens kann also gleichzeitig ein **Vorabentscheidungsersuchen** nach Art. 267 AEUV an den EuGH und einen **Normenkontrollantrag** (Vorlage nach Art. 100 Abs. 1 GG) an das BVerfG richten. Auf die unionsrechtliche Frage kommt es erst dann nicht mehr an, wenn feststeht, dass sie nicht mehr Teil der nationalen Rechtsordnung ist, wenn das BVerfG sie also bereits gem. §§ 78 S. 1, 82 Abs. 1 BVerfGG für nichtig erklärt hat (vgl. → § 19 Rn. 11, 52).

---

[54] EuGH NJW 1996, 505 Rn. 61 (m. Bespr. *Schäfer* JA 2005, 947) → JuS 1996, 486 *(Hobe/Tietje)* und → JA 1996, 457 *(Trautwein)* – Bosman; NVwZ 2012, 1162 Rn. 18 – Garkalns.

[55] EuGH NJW 2019, 907 Rn. 165 → *Ruffert* JuS 2019, 181 – Weiss; BVerfGE 154, 17 Rn. 224 = NVwZ 2020, 857 = NJW 2020, 1647 → *Ruffert* JuS 2020, 574 entnimmt der Einordnung der von ihm gestellten Vorlagefrage als unzulässig einen „spezifisch materiell-rechtlichen Sinn".

[56] EuGH EuZW 2020, 151 Rn. 21 (m. Anm. *Frohn*) – Dobersberger.

[57] EuGH EuZW 2018, 1048 Rn. 21 (m. Anm. *Fuhlrott*) – Bauer.

[58] Zu Vorlagen nach Art. 100 Abs. 1 GG im Eilverfahren → § 19 Rn. 53.

[59] EuGH EuZW 2007, 480 Rn. 45 – A. G. M.-COS.MET.

[60] EuGH EuZW 2003, 592 Rn. 39 ff. (m. Anm. *Koch*) → *Schoch* JK 11/03, EGV Art. 28/3 und → JuS 2004, 429 *(Streinz)* sowie → JA 2004, 363 *(Trautwein)* – Schmidberger; EuZW 2008, 497 Rn. 28 ff. – Coleman. Dagegen ist eine konkrete Normenkontrolle nach Art. 100 Abs. 1 GG unzulässig, bevor nicht der entsprechende Sachverhalt feststeht. Dort sind also zunächst alle tatsächlichen Fragen zu klären, bevor das BVerfG eingeschaltet werden kann, um die die Rechtsfrage der Verfassungsmäßigkeit des Gesetzes zu prüfen → § 19 Rn. 51.

[61] EuGH NVwZ 2015, 1122 Rn. 29 ff. m. w. Nachw. – Kernkraftwerke Lippe-Ems.

#### 4. Bindungswirkung von Entscheidungen eines Obergerichts?

26 Die Entscheidungserheblichkeit einer Rechtsfrage ist auch dann zu bejahen, wenn ein Untergericht entgegen der Auffassung eines übergeordneten Gerichts[62] eine unionsrechtliche Norm für gültig hält oder eine mitgliedstaatliche Norm wegen Unionsrechtswidrigkeit außer Anwendung lassen will.[63] Zwar **binden** innerstaatliche Rechtsnormen (z. B. § 563 Abs. 2 ZPO, § 358 Abs. 1 StPO, § 126 Abs. 5 FGO, § 144 Abs. 6 VwGO) die **Untergerichte an die rechtlichen Beurteilungen des übergeordneten Gerichts.** Diese innerstaatlichen Rechtsnormen können aber nicht das Recht zur Vorlage nach Art. 267 Abs. 2 AEUV einschränken oder ausschließen.[64] Die Normenkollision ist nach allgemeinen Grundsätzen durch einen Anwendungsvorrang des Unionsrechts (konkret: des Art. 267 Abs. 2 AEUV) zu lösen.[65] Dass das Instanzgericht im Grundsatz nicht zur Vorlage verpflichtet ist, ändert daran nichts, weil Art. 267 Abs. 2 AEUV den mitgliedstaatlichen Gerichten das Recht zur Anrufung des EuGH einräumen will, um die einheitliche Anwendung des Unionsrechts auf allen Ebenen der Rechtsprechung zu gewährleisten (sog. effet utile).[66]

27 Das BVerfG sieht (hiervon abweichend) in nationalen Fällen die unteren Instanzen zwar gebunden mit der Folge, dass diese Gerichte nicht mehr nach Art. 100 Abs. 1 GG vorlegen dürfen, wenn das Berufungs- oder Revisionsgericht die Norm für verfassungsgemäß erachtet hat.[67] Indes ist zu beachten, dass der unterlegenen Partei in diesen Fällen immer noch die Möglichkeit verbleibt, selbst – im Wege der Verfassungsbeschwerde – das BVerfG anzurufen. Den EuGH kann die unterlegene Partei in den Fällen unionsrechtswidriger nationaler Normen indes nicht selbst befassen, so dass die **effektive Durchsetzung des Unionsrechts** für die Möglichkeit der Vorlage an den EuGH auch bei die Unionsrechtskonformität bejahenden obergerichtlichen Entscheidungen streitet.[68]

28 Aus denselben Gründen (Anwendungsvorrang des Art. 267 Abs. 2 AEUV vor Normen der nationalen Prozessordnungen) sind **Rechtsbehelfe gegen Vorlagebeschlüsse** eines Untergerichts an den EuGH richtiger Ansicht nach nicht statthaft,[69] selbst wenn nach allgemeinen Regeln die Beschwerde gegeben wäre. Auch wenn z. B. § 146 VwGO die Beschwerde gegen Beschlüsse des VG an sich zulässt, ist diese ausgeschlossen. Gegen Beschlüsse des OVG ist die Beschwerde ohnehin nicht statthaft (§ 152 VwGO).

29 **Lösung Fall 1 (Frage a):** (1) Vorlageberechtigung: Beim Tribunal de première instance handelt es sich um ein staatliches Gericht eines Mitgliedstaates und damit um eine vorlageberechtigte Stelle. (2) Vorlagegrund: Anders als die Auslegung einer Verordnung (vgl. Fall 2 → Rn. 11 und Lösung → Rn. 31, 51) und die Gültigkeit einer Richtlinie (vgl. Fall 3 → Rn. 12 und Lösung → Rn. 32, 42) ist die Frage nach der Vereinbarkeit einer innerstaatlichen Rechtsnorm mit Unionsrecht kein zulässiger Gegenstand eines Vorabentscheidungsverfahrens nach Art. 267 AEUV. Das nationale Gericht kann aber im Wege des Vorabentscheidungsverfahrens nach Art. 267 Abs. 1 lit. b (bzw. Art. 267 Abs. 1 lit. a) AEUV dem EuGH entscheidungserhebliche Fragen nach der Auslegung der maßgeblichen Norm des Unionsrechts vorlegen, aus der gegebenenfalls die Unionsrechtswidrigkeit der nationalen Norm folgt. Ergibt sich aus der Auslegung des Unionsrechts durch den EuGH, dass die nationale Norm unionsrechtswidrig ist, muss

---

[62] Zu den Folgen einer Verletzung der Vorlagepflicht durch das Obergericht → Rn. 59 ff.
[63] EuGH NJW 1974, 440 – Rheinmühlen-Düsseldorf I.
[64] *Wegener* in: Calliess/Ruffert, EUV/AEUV, Art. 267 AEUV Rn. 25; *Streinz* Europarecht, Rn. 636. Vgl. allgemein auch EuGH NVwZ 2015, 1122 Rn. 37 – Kernkraftwerke Lippe-Ems.
[65] *Wernsmann* in: Schulze/Janssen/Kadelbach, Europarecht § 31 Rn. 151 m. w. Nachw.
[66] EuGH NJW 1974, 440 – Rheinmühlen-Düsseldorf I.
[67] Grundlegend BVerfGE 2, 406 (411 ff.) (insoweit nicht abgedruckt in NJW 1953, 1385); st. Rspr.
[68] *Wernsmann/Behrmann* Jura 2006, 181 (184).
[69] H. M.: BFHE 132, 217 (218) = BeckRS 1981, 22005616; *Ehlers* Jura 2007, 505 (508); *Ehricke* in: Streinz, EUV/AEUV, Art. 267 AEUV Rn. 67; a. A. *Guckelberger* in: Sodan/Ziekow, VwGO, § 146 Rn. 38.

das nationale Gericht diese (wegen des Anwendungsvorrangs des Unionsrechts) außer Anwendung lassen. In ständiger Rechtsprechung entwickelt der EuGH die Auslegungsfrage selbst und formuliert dabei unzulässige Vorlagefragen um. Dem Gerichtshof steht es frei, aus dem gesamten dem Gericht vorgelegten Material diejenigen Elemente des Unionsrechts herauszuarbeiten, die unter Berücksichtigung des Gegenstands des Rechtsstreits einer Auslegung oder gegebenenfalls einer Beurteilung der Gültigkeit bedürfen.[70] Fragt das Gericht nach der Vereinbarkeit der innerstaatlichen Rechtsnorm mit dem Unionsrecht, so wird der EuGH die Vorlagefrage umformulieren; eine falsche Formulierung der Vorlagefrage hat nicht die Unzulässigkeit der Vorlage zur Folge. (3) Die Frage, ob die Verordnung einer Regelung wie der belgischen Rechtsnorm entgegensteht, ist auch entscheidungserheblich. Denn wenn die Verordnung einen anderen Inhalt hat als die nationale Rechtsnorm, geht sie ihr kraft des Anwendungsvorrangs vor und die Klage des Familienmitglieds, das ausgewiesen werden soll, hat dann Erfolg, während im anderen Fall die Klage abzuweisen ist.

**Lösung Fall 1 (Frage b):** Es könnte an der Entscheidungserheblichkeit fehlen, wenn es um die Ausweisung der Familienangehörigen *belgischer* Staatsangehöriger geht, für die die Verordnung nicht gilt. Wenn das belgische Recht die Geltung der Verordnung auch auf die Angehörigen von *Inländern* erstreckt und damit über den Regelungsgehalt der Verordnung hinausgeht, handelt es sich insoweit um einen rein innerstaatlichen Sachverhalt. Da aber ein Interesse an der einheitlichen Auslegung der Begriffe des Unionsrechts besteht, ist die Vorlage gleichwohl zulässig. 30

**Lösung Fall 2 (Frage a):** Das FG ist ein Gericht i. S. d. Art. 267 AEUV und damit vorlageberechtigt. Es stellt die Frage nach der Auslegung einer Verordnung i. S. d. Art. 288 AEUV; es geht also um die Auslegung einer Rechtsnorm des sekundären Unionsrechts (Art. 267 Abs. 1 lit. b AEUV). Der Frage nach der Auslegung der Verordnung könnte indes in dem Verfahren vor dem FG die Entscheidungserheblichkeit fehlen. Zwar kommt es grundsätzlich nur darauf an, ob das Ausgangsgericht selbst die Entscheidung des EuGH für erforderlich „hält" (Art. 267 Abs. 2 AEUV). Es stellt sich indes die Frage, ob § 126 Abs. 5 FGO das FG an die rechtliche Beurteilung des zurückverweisenden Urteils bindet. Weil Art. 267 Abs. 2 AEUV im Falle einer Normenkollision dem nationalen Recht vorgeht, ist das Gericht an der Vorlage jedoch nicht gehindert. Etwas anderes gilt nur, wenn der BFH die Rechtsfrage im konkreten Verfahren bereits vorgelegt hat und seinem Urteil die Entscheidung des EuGH zugrunde liegt. Dann steht auch die Bindungswirkung des EuGH-Urteils einer erneuten Vorlage durch das FG entgegen, so dass die Normenkollision entfällt. Die Vorlage ist also zulässig. 31

**Lösung Fall 3:** (1) Es handelt sich um ein Gericht, die Vorlageberechtigung (Art. 267 Abs. 2 AEUV) ist also gegeben. (2) Vorlagegrund ist die Frage nach der Gültigkeit der Richtlinie (Art. 267 Abs. 1 lit. b AEUV). Das vorlegende Gericht hat Zweifel daran, ob die Richtlinie (als eine Norm des Sekundärrechts) mit höherrangigem Recht vereinbar ist, und zwar mit der Warenverkehrsfreiheit nach Art. 34, 36 AEUV). (3) Entscheidungserheblichkeit: Es kommt auch auf die Unionsrechtskonformität der Richtlinie an. Ist die Richtlinie wegen Verstoßes gegen Grundfreiheiten primärrechtswidrig, gilt dies auch für die nationalen Umsetzungsakte, die dann ebenfalls wegen Unionsrechtswidrigkeit (Verstoßes gegen Grundfreiheiten) außer Anwendung gelassen werden müssten. Es kann also nicht argumentiert werden, dass selbst bei Primärrechtswidrigkeit 32

[70] EuGH NJW 1979, 1093 – Pigs Marketing Board.

immer noch der nationale Umsetzungsakt in der Welt sei und es deshalb nicht auf die Gültigkeit der Richtlinie ankomme. Das nationale Gericht wird also dem EuGH die Frage nach der Gültigkeit der Richtlinie gemäß Art. 267 Abs. 1 lit. b, Abs. 2 AEUV vorlegen. Da es sich um ein letztinstanzlich entscheidendes Gericht handelt, ist es sogar zur Vorlage verpflichtet (Art. 267 Abs. 3 AEUV) und hat keinerlei Ermessensspielraum.

33 **Lösung Fall 4:** (1) Der BGH ist ein mitgliedstaatliches Gericht und damit sowohl vorlageberechtigt als auch vorlageverpflichtet (Art. 267 Abs. 2, 3 AEUV). (2) Vorlagegrund ist die Auslegung der fraglichen Verbraucherschutz-Richtlinie gemäß Art. 267 Abs. 1 lit. b Alt. 2 AEUV). (3) Fraglich ist, ob es auf die Auslegung der Richtlinie ankommt (Art. 267 Abs. 2 AEUV). Die Frage, ob die Richtlinie es dem nationalen Gesetzgeber verbietet, dem Verkäufer einen Anspruch auf Wertersatz für gezogene Nutzungen aus einer mangelhaften Ware gegen den Käufer einzuräumen, müsste entscheidungserheblich sein. Der BGH hatte in seiner Vorlageentscheidung ausgeführt, dass das deutsche Recht (BGB) nach allgemein anerkannten Auslegungsmethoden (dazu zählen insbesondere Wortlaut, Entstehungsgeschichte, Systematik, Sinn und Zweck) keine Auslegung zulasse, wonach der Anspruch ausgeschlossen sei. Eine unionsrechtskonforme Auslegung des BGB war also nach dem Vorlagebeschluss ausgeschlossen. Sie setzt voraus, dass das nationale Recht mehrere Deutungsmöglichkeiten zulässt, was sich allein nach nationalen Regeln bestimmt.[71] Gleichwohl bejahte der EuGH die Entscheidungserheblichkeit. Richtigerweise hätte der EuGH hier prüfen müssen, ob eine unmittelbare Anwendung der Richtlinie in Betracht gekommen wäre, die sich kraft ihres Anwendungsvorrangs auch über nationales Recht hinwegsetzen kann, also ihre Grenze nicht in der Auslegbarkeit des nationalen Rechts findet. Bisher wird eine unmittelbare Wirkung von Richtlinien im Verhältnis zweier Privater untereinander (sog. Horizontalwirkung von Richtlinien) grundsätzlich abgelehnt, da sich die Richtlinie gemäß Art. 288 Abs. 3 AEUV nur an die Mitgliedstaaten richte;[72] im Verhältnis zweier Privater untereinander kommt nur eine unionsrechtskonforme (hier: richtlinienkonforme) Auslegung in Betracht.[73] Kommt eine unmittelbare Anwendbarkeit der Richtlinie zuungunsten von Q nicht in Betracht und ist eine unionsrechtskonforme Auslegung nicht möglich, dann wäre die Frage danach, wie die Richtlinie auszulegen ist, vorliegend nicht entscheidungserheblich gewesen.[74] Die Vorlage war bei Zugrundelegung der Begründung des Vorabentscheidungsersuchens richtiger Ansicht nach entgegen der Auffassung des EuGH unzulässig. Freilich geht die Rechtsprechung des BGH mittlerweile – methodisch sehr zweifelhaft – davon aus, dass eine unionsrechtskonforme Auslegung auch über eine teleologische Reduktion der nationalen Rechtsnormen über die Grenze der anerkannten Auslegungsmethoden hinaus erfolgen kann,[75] obwohl auch der EuGH eine unionsrechtskonforme „Auslegung" *contra legem* für unzulässig hält.[76]

---

[71] *Ehlers* in: Ehlers/Pünder, AllgVwR, § 2 Rn. 113 und § 5 Rn. 13, 16.

[72] H. M.: EuGH Urt. v. 26.2.1986 – C-152/84 – juris Rn. 48 – Marshall; NJW 1994, 2473 Rn. 20, 24 ff. → *Erichsen* JK 95, EWGV Art. 189 III/6 und → JuS 1996, 303 *(Gassner)* – Faccini Dori; NJW 1996, 1401 Rn. 15 ff. – El Corte Inglés; ebenso etwa *Ruffert* in: Calliess/Ruffert, EUV/AEUV, Art. 288 AEUV Rn. 57; *Herrmann* Richtlinienumsetzung durch die Rechtsprechung, 2003, S. 63, 86; *Craig/de Búrca* EU Law, S. 282 ff.; *Streinz* Europarecht, Rn. 447 ff.

[73] Statt aller *Ehlers* in: Ehlers/Pünder, AllgVwR, § 5 Rn. 15.

[74] B wäre auf Staatshaftung des Mitgliedstaates wegen nicht ordnungsgemäßer Umsetzung einer Richtlinie zu verweisen gewesen. Grundlegend EuGH NJW 1992, 165 → *Erichsen* JK 92, EGV Art. 189 III/3 – Francovich.

[75] BGH NJW 2009, 427 (428 f.) → JuS 2008, 652 *(Faust)* – Quelle; ablehnend *Ehlers* in: Ehlers/Pünder, AllgVwR, § 2 Rn. 113 und § 5 Rn. 16.

[76] Vgl. EuGH NJW 2019, 3290 Rn. 38 (m. Anm. *Poelzig/Reimschüssel*) → *Gutzeit* JuS 2020, 68.

### 5. Keine Präklusion

**Fall 5:** In einem an die Bundesrepublik Deutschland gerichteten Beschluss (frühere Terminologie: Entscheidung) stellte die Kommission die formelle und materielle Unionsrechtswidrigkeit einer gewährten Beihilfe fest. Der Bundesminister für Wirtschaft setzte die Beihilfeempfängerin B von der Entscheidung in Kenntnis und wies sie auf die Möglichkeit einer Nichtigkeitsklage gegen die Entscheidung nach Art. 263 Abs. 4 AEUV hin. Gegen den sechs Monate später erlassenen Rückforderungsbescheid des Bundesministers für Wirtschaft erhebt die Empfängerin Klage vor dem VG. Das VG hält den Beschluss der Kommission für primärrechtswidrig (vgl. Art. 108 Abs. 2 AEUV). Kann es die Frage nach der Gültigkeit des Beschlusses dem EuGH vorlegen? Wie wird das VG entscheiden?[77] 34

Ist die vorgelegte Handlung der EU im Wege der Nichtigkeitsklage gemäß Art. 263 AEUV angreifbar, stellt sich die Frage, ob auch im Vorabentscheidungsverfahren die **Präklusionswirkung des Art. 263 Abs. 5 AEUV** (→ *Ehlers* § 9 Rn. 56) zu beachten ist. Überschneidungen zwischen beiden Verfahrensarten sind denkbar, wenn sich die Vorlagefrage auf die Gültigkeit einer Rechtshandlung bezieht und Art. 263 AEUV der Partei des Ausgangsverfahrens, die sich auf die Ungültigkeit beruft, in Bezug auf derartige Rechtshandlungen eine Klagebefugnis einräumt. Die Frist des Art. 263 Abs. 5 AEUV soll verhindern, dass die Rechtswirkungen des Handelns der EU immer wieder in Frage gestellt werden. Weil durch eine Überprüfungsmöglichkeit im Vorabentscheidungsverfahren die mit Ablauf der Klagefrist *ihnen gegenüber* eintretende Bestandskraft des Unionsrechtsaktes[78] umgangen würde, schließt Art. 263 Abs. 5 AEUV auch eine Gültigkeitsvorlage „zugunsten“ der zur Nichtigkeitsklage Befugten aus. Die Funktion des Vorabentscheidungsverfahrens steht dem nicht entgegen,[79] da dieses zwar die einheitliche Rechtsanwendung in den Mitgliedstaaten, nicht aber gegenüber einzelnen Betroffenen gewährleisten soll. Rechtsakte, die der Bestandskraft nicht fähig sind, können auch nach Ablauf der Frist für eine Nichtigkeitsklage vorgelegt werden. 35

Aus Rechtsschutzgründen hat der EuGH die Unzulässigkeit der Vorlage auf die Fälle beschränkt, in denen eine **Nichtigkeitsklage offensichtlich zulässig** war.[80] Offensichtlich zulässig sind jedenfalls Nichtigkeitsklagen der privilegiert klagebefugten Mitgliedstaaten (Art. 263 Abs. 2 AEUV) sowie der Adressaten von Entscheidungen (Art. 263 Abs. 4 Alt. 1 AEUV).[81] Unklarheiten bestehen hinsichtlich der Klagebefugnis natürlicher und juristischer Personen gegen Entscheidungen, die nur formell als Verordnung ergangen sind (sog. Scheinverordnungen) oder an Dritte gerichtet sind (Art. 263 Abs. 4 Alt. 2 AEUV). Ihnen steht die Nichtigkeitsklage nur dann offen, wenn sie unmittelbar und individuell[82] betroffen sind, der Rechtsakt also keiner weiteren Durchführungsmaßnahme mehr bedarf und die Person wegen bestimmter persönlicher Eigenschaften oder besonderer, sie aus dem Kreis aller übrigen Personen heraushebender Umstände berührt und sie dadurch in ähnlicher Weise individualisiert wie einen Adressaten (sog. Plaumann-Formel).[83] Jedenfalls die Klagebefugnis eines Beihilfeempfängers gegen eine an einen Mitgliedstaat gerichtete Kommissionsentscheidung über die Rückforderung der Subvention hält der EuGH für „zweifelsfrei“ gegeben.[84] 36

---

[77] Leicht abgewandelt nach EuGH EuZW 1994, 250 – Textilwerke Deggendorf.
[78] Grundlegend EuGH Urt. v. 17.11.1965 – 20/65, BeckRS 2004, 72226 – Collotti.
[79] Differenzierend *Ehricke* in: Streinz, EUV/AEUV, Art. 267 AEUV Rn. 26 f.
[80] Z. B. EuGH NVwZ 2013, 49 Rn. 41 m. w. Nachw. → *Ehlers* JK 4/13, AEUV Art. 136/1 und → *Ruffert* JuS 2013, 278 – Pringle.
[81] *Pechstein* EU-Prozessrecht, Rn. 803; vgl. auch → *Ehlers* § 9 Rn. 33 und Rn. 35.
[82] Der EuGH hält am Merkmal der individuellen Betroffenheit fest, EuGH NJW 2002, 2935 ff. → JA 2003, 290 *(Trautwein)* – Unión de Pequeños Agricultores.
[83] EuGH NJW 1963, 2246 – Plaumann; dazu → *Ehlers* § 9 Rn. 46.
[84] Näher *Pechstein/Kubicki* NJW 2005, 1825 (1828); *Herdegen* Europarecht, § 10 Rn. 17 ff.

37 Durch Art. 263 Abs. 5 AEUV wird die **Klageerhebung vor dem innerstaatlichen Gericht** nicht gehindert, weil der Ausschluss der Nichtigkeitsklage zwar den Unionsrechtsakt, nicht aber den nationalen Vollzugsakt bestandskräftig werden lässt.[85] Das nationale Gericht muss bei seiner Sachentscheidung jedoch von der Gültigkeit des Unionsrechtsakts ausgehen.

38 **Lösung Fall 5:** Das VG kann dem EuGH die Frage nach der Gültigkeit der Kommissionsentscheidung vorlegen, wenn die Voraussetzungen des Art. 267 Abs. 1 und 2 AEUV vorliegen. (1) Das VG ist als Gericht gemäß Art. 267 Abs. 2 AEUV vorlageberechtigt. (2) Vorlagegrund ist gemäß Art. 267 Abs. 1 lit. b AEUV die Frage nach der Gültigkeit des Beschlusses i. S. d. Art. 288 Abs. 4 AEUV; der Beschluss könnte gegen Art. 108 Abs. 2 AEUV verstoßen. (3) Die Vorlagefrage müsste auch gemäß Art. 267 AEUV entscheidungserheblich sein. Grundsätzlich kommt es auf die Einschätzung des Ausgangsgerichts an. Indes könnte eine Entscheidung des EuGH über die Rechtmäßigkeit des Beschlusses der Kommission für die Entscheidung des Rechtsstreits vor dem VG offensichtlich bedeutungslos sein, wenn der Beschluss der B gegenüber bestandskräftig geworden wäre. Eine Nichtigkeitsklage der B wäre offensichtlich zulässig gewesen, weil die Empfängerin einer Beihilfe durch den Beschluss der Kommission unmittelbar und individuell i. S. d. Art. 263 Abs. 1, 4 letzte Alt. AEUV betroffen ist.[86] Ist die Frist für die Erhebung der Nichtigkeitsklage (zwei Monate ab Kenntniserlangung, Art. 263 Abs. 5 AEUV) verstrichen, ist der Beschluss der Kommission der Klägerin des Ausgangsverfahrens gegenüber bestandskräftig geworden. Wegen der Präklusionswirkung des Art. 263 Abs. 5 AEUV kommt eine Vorlage des VG mangels Entscheidungserheblichkeit nicht in Betracht, die Vorlage wäre unzulässig. Das VG wird die Anfechtungsklage als unbegründet abweisen.

## IV. Begründungserfordernisse

39 Die **Angaben in der Vorlageentscheidung** müssen nicht nur dem Gerichtshof sachdienliche Antworten ermöglichen, sondern auch den äußerungsberechtigten Regierungen der Mitgliedstaaten und den anderen Beteiligten die Möglichkeit geben, gemäß Art. 20 der Satzung des EuGH Erklärungen abzugeben.[87] Da den Beteiligten danach nur die Vorlageentscheidungen zugestellt werden, muss das nationale Gericht ein Mindestmaß an Erläuterungen zu den Gründen für die Wahl der Unionsrechtsnormen, um deren Auslegung es ersucht, und zu dem Zusammenhang geben, den es zwischen diesen Bestimmungen und den auf den Rechtsstreit anzuwendenden nationalen Rechtsvorschriften herstellt.[88] Das Ausgangsgericht muss nicht selbst einen bestimmten rechtlichen Standpunkt zur Auslegung oder Gültigkeit des Unionsrechts entwickeln und vertreten,[89] es muss aber darlegen, aus welchen Gründen die Auslegung oder Gültigkeit fraglich erscheint und warum es für die Entscheidung des Ausgangsverfahrens auf die Entscheidung des EuGH ankommt.[90] Außer-

[85] EuGH Urt. v. 21.11.1987 – 133/85, BeckRS 2004, 71549 – Rau.

[86] Vgl. dazu EuGH EuZW 1994, 250 Rn. 24 – Textilwerke Deggendorf.

[87] Z. B. EuGH NVwZ 2013, 49 Rn. 84 f. m. w. Nachw.→ *Ehlers* JK 4/13, AEUV Art. 136/1 und → *Ruffert* JuS 2013, 278 – Pringle.

[88] EuGH EuZW 2008, 19 Rn. 24 – Rampion. Der EuGH behandelt diese Begründungsanforderungen meist im Rahmen der Prüfung der Entscheidungserheblichkeit mit. Die Begründungserfordernisse können auch in einem eigenen Prüfungsgesichtspunkt angesprochen werden. In der universitären Prüfungspraxis wird die Frage der Begründungsanforderungen in der Regel keine Rolle spielen.

[89] Auch hierin unterscheidet sich das Vorabentscheidungsverfahren wiederum von der konkreten Normenkontrolle nach Art. 100 Abs. 1 GG. Dort reichen bloße Zweifel oder Bedenken des Fachgerichts hinsichtlich der Verfassungsmäßigkeit der Norm für die Zulässigkeit der Vorlage nicht aus, BVerfGE 1, 184 (188 f.) = NJW 1952, 497 (499); st. Rspr. → § 19 Rn. 52.

[90] EuGH Urt. v. 31.1.2008 – C-380/05, BeckRS 2008, 70175 Rn. 54, 57 – Centro Europa 7; vgl. ferner die Hinweise des EuGH zur Form von Vorabentscheidungsersuchen, ABlEU 2005 C 143/01.

dem muss auch der tatsächliche Rahmen erläutert werden, d. h. die Vorlage muss dem EuGH ausreichende Informationen über den Sachverhalt vermitteln.[91] Im Übrigen bestehen keine Formerfordernisse, wie das nationale Gericht sein Ersuchen um Vorabentscheidung dem EuGH vorlegen muss.[92] Es richtet sich nach dem nationalen Recht, ob das Vorabentscheidungsersuchen in Form eines Urteils oder eines Beschlusses ergeht; in Deutschland sieht das innerstaatliche Recht für die Aussetzung des Verfahrens und die Vorlage die Beschlussform vor.

## C. Sachentscheidung des EuGH

Ist die Vorlage zulässig, entscheidet der EuGH in der Sache;[93] sonst verwirft er die Vorlage 40
als unzulässig. Der EuGH entscheidet grundsätzlich durch Urteil, kann unter den Voraussetzungen des Art. 99 VerfO-EuGH[94] (klare Rechtslage) jedoch auch durch Beschluss entscheiden.

### I. Prüfungsinhalt und Tenor

Hat das Ausgangsgericht eine **Auslegungsfrage** mit Blick auf die Anwendbarkeit eines 41
nationalen Rechtsakts im Ausgangsverfahren gestellt, so erläutert der EuGH abstrakt, ob das Unionsrecht einem nationalen Rechtsakt wie demjenigen, um dessen Anwendung es im Ausgangsverfahren geht, entgegensteht. Der **Urteilstenor** enthält die **Antwort** auf diese abstrakte Auslegungsfrage. – **Ungültig** ist eine Handlung des sekundären Unionsrechts, wenn sie an einem der in Art. 263 Abs. 2 AEUV aufgezählten Rechtsmängel leidet. Art. 263 Abs. 2 AEUV gilt unmittelbar nur für die Nichtigkeitsklage, benennt aber die möglichen Fehlerquellen allgemein. Prüfungsmaßstab sind alle im Rahmen der Unionsrechtsordnung zu beachtenden Normen. Da es sich um ein objektives Verfahren handelt, kommt es grundsätzlich nicht darauf an, ob das vorlegende Gericht den durchgreifenden Ungültigkeitsgrund in seinem Vorlagebeschluss genannt hat.[95] Kann der Sekundärrechtsakt primärrechtskonform (also vertragskonform) ausgelegt werden, darf er nicht für ungültig erklärt werden. Kommt der EuGH zum Ergebnis, dass der vorgelegte Rechtsakt gegen primäres Unionsrecht verstößt, so stellt er dies im **Urteilstenor** fest. Demgegenüber wird die Gültigkeit einer Rechtsnorm nicht positiv ausgesprochen, weil nicht ausgeschlossen ist, dass unter anderen Gesichtspunkten Zweifel an der Gültigkeit auftreten können, die eine erneute Vorlage notwendig machen.

In **Fall 3** (→ Rn. 12 und Lösung → Rn. 32) waren die in Art. 34 AEUV normierte 42
Warenverkehrsfreiheit sowie das zu den ungeschriebenen Rechtsgrundsätzen gehörende Verhältnismäßigkeitsprinzip Gegenstand der materiellen Rechtmäßigkeitsprüfung

---

[91] EuGH NZBau 2007, 381 Rn. 32 – Asemfo; EuZW 2008, 86 Rn. 21 – United Pan-Europe Communications; *Craig/de Búrca* EU Law, S. 490 f.

[92] EuGH Urt. v. 6.4.1982 – 13/61, BeckRS 2004, 71489 – De Geus; NJW 2007, 2835 Rn. 36 – Dell'Orto.

[93] Terminologischer Hinweis: Da das vorlegende Gericht – anders als etwa im Fall der konkreten Normenkontrolle nach Art. 100 Abs. 1 GG – seine Vorlagefrage ergebnisoffen formulieren kann, empfiehlt es sich, den Begriff der „Begründetheit" zu vermeiden; so i. Erg. auch *Thiele* Europäisches Prozessrecht, § 9 Rn. 96. Das mitgliedstaatliche Gericht kann Fragen an den EuGH richten, ohne sich selbst zuvor eine bestimmte Meinung bilden zu müssen.

[94] https://curia.europa.eu/jcms/upload/docs/application/pdf/2012-10/rp_de.pdf (zuletzt abgerufen am 30.11.2020).

[95] Einschränkend *Thiele* Europäisches Prozessrecht, § 9 Rn. 35, der für eine Erweiterung der Prüfung über die als verletzt gerügten Maßstäbe hinaus nur dann plädiert, wenn sich weitere Ungültigkeitsgründe geradezu aufdrängen, da weder Mitgliedstaaten noch Unionsorgane sonst die Möglichkeit hätten, zu dieser Frage Stellung zu nehmen. Diesen Bedenken kann aber auch anders begegnet werden, etwa durch zusätzliche Hinweise seitens des EuGH.

der Richtlinie 2002/46/EG. In formeller Hinsicht war die Begründungspflicht für Rechtsakte nach Art. 296 AEUV zu beachten. Weil der EuGH keinen Rechtsverstoß feststellen konnte, entschied er, dass die „Prüfung [...] nichts ergeben (habe), was die Gültigkeit der Richtlinie [...] in Frage stellen könnte".[96]

## II. Entscheidungswirkungen

43 Das **Urteil des EuGH** – d. h. sein im Lichte der Entscheidungsgründe zu verstehender Tenor – bindet unmittelbar das vorlegende Gericht sowie alle anderen im Ausgangsverfahren entscheidenden Gerichte. Es wirkt damit zwischen den Parteien des Ausgangsverfahrens **(„inter partes")**. Nicht geklärt ist, inwiefern dem Urteil eine Bindungswirkung über das Ausgangsverfahren hinaus **(„erga omnes")** zukommt. Weil die *Auslegungs*entscheidung die Bedeutung der Norm klärt, die ihr von Anfang an zukam, müssen Gerichte und Behörden der Mitgliedstaaten sowie die Unionsorgane diese in der vorgegebenen Weise anwenden. Für die Entscheidung über die **Ungültigkeit sekundären Unionsrechts** fehlt ein ausdrücklicher Verweis auf Art. 264 AEUV, der die Nichtigerklärung von Handlungen der EU zum Gegenstand hat. Gleichwohl scheint der EuGH von einer allgemeinen Quasi-Bindungswirkung auszugehen,[97] indem er eine erneute Vorlage für den Fall verlangt, dass ein mitgliedstaatliches Gericht den Rechtsakt für gültig halten will.[98] Dies ist möglich, da der Entscheidung, die den Rechtsakt für ungültig hielt, keine erga-omnes-Wirkung zukommt.[99] Die ungültigen Rechtsakte sind jedoch von den nationalen Behörden und Gerichten sowie von den Unionsorganen nicht mehr anzuwenden;[100] die nationalen Gerichte sind von ihrer Vorlagepflicht entbunden. Zulässig bleibt eine Vorlage, die die Reichweite der Entscheidung betrifft.[101]

44 Entscheidungen des EuGH im Verfahren nach Art. 267 AEUV wirken grundsätzlich **ex tunc.** In Analogie zu Art. 264 Abs. 2 AEUV (der sich direkt nur auf die Nichtigkeitsklage und damit auf die Überprüfung von Rechtsakten des sekundären Unionsrechts bezieht) ist aber eine **zeitliche Begrenzung einer Ungültigkeitsentscheidung** möglich, wenn anderenfalls ein Zustand der Unsicherheit hervorgerufen und eine rückwirkende Überprüfung der in gutem Glauben begründeten Rechtsverhältnisse unbillig erscheinen würde.[102]

45 Auch die **zeitliche Wirkung von Auslegungsentscheidungen** – diese setzen den Vorrang des Unionsrechts vor nationalem Recht durch – kann der EuGH ausnahmsweise beschränken. Grundsätzlich ist nationales Recht jedoch auch für die Vergangenheit im Falle einer Kollision mit Unionsrecht unanwendbar. Die nationalen Gerichte können und müssen also die unionalen Rechtsnormen in der vom EuGH vorgenommenen Auslegung auch auf Rechtsverhältnisse anwenden, die vor Erlass der EuGH-Entscheidung entstanden sind.[103] Nur ganz ausnahmsweise kann der EuGH aus Gründen der Rechtssicherheit die Möglichkeit für alle Betroffenen einschränken, sich auf die vom EuGH vorgenommene Auslegung einer Bestimmung des Unionsrechts zu berufen.[104] Eine solche Einschränkung der zeitlichen Reichweite der Auslegungsentscheidung des EuGH kann aber aus Gründen der Gleichbehandlung der Mitgliedstaaten und der Einzelnen nur in der Auslegungsentscheidung des EuGH selbst erfolgen.[105]

---

[96] Ähnlich Entsch. v. 25.6.1997 – C-114/96, EuGH BeckRS 2004, 74165 – Kieffer (für eine Verordnung); s. ferner *Wegener* in: Calliess/Ruffert, EUV/AEUV, Art. 267 AEUV Rn. 50.

[97] EuGH NJW 1982, 1205 – International Chemical.

[98] EuGH NJW 1983, 1257 – C. I. L. F. I. T. Auch wenn der EuGH eine Handlung bereits für ungültig erklärt hat, soll er sie später noch als gültig ansehen können.

[99] Vgl. *Schwarze* in: Schwarze, EU-Kommentar, Art. 267 AEUV Rn. 69.

[100] *Herdegen* Europarecht, § 10 Rn. 38.

[101] EuGH Beschl. v. 5.8.1986 – 69/85, BeckRS 2004, 73545 Rn. 15 – Wünsche.

[102] Vgl. *Wegener* in: Calliess/Ruffert, EUV/AEUV Art. 267 AEUV Rn. 53 f.; ferner → *Ehlers* § 9 Rn. 86.

[103] EuGH NJW 2007, 1440 Rn. 34 m. w. Nachw. – Meilicke.

[104] EuGH Urt. v. 16.7.1992 – C-163/90, BeckRS 2004, 74582 Rn. 30 f. – Legros.

[105] EuGH NJW 2007, 1440 Rn. 35 f. – Meilicke.

## D. Vorlageberechtigung oder Vorlagepflicht?

**Fall 6:** Das Finanzgericht möchte einen auf eine Verordnung der EU gestützten Beschluss (früher: Entscheidung) der Kommission, der die Bundesrepublik zur Nacherhebung von Zöllen auf bestimmte Prismenferngläser verpflichtet, außer Anwendung lassen, weil es die Voraussetzungen eines Ausnahmefalls nach der einschlägigen Verordnung für gegeben hält. Wie wird das FG entscheiden?[106] 46

### I. Vorlagepflicht für letztinstanzliche Gerichte

Zur Vorlage verpflichtet sind nach Art. 267 Abs. 3 AEUV zunächst Gerichte, deren Entscheidungen selbst nicht mehr mit Rechtsmitteln des innerstaatlichen Rechts angefochten werden können (sog. letztinstanzliche Gerichte). Fraglich ist dabei, ob die Vorschrift nur solche Gerichte erfasst, die im jeweiligen Mitgliedsstaat **allgemein** als höchste Instanzen angesehen werden,[107] oder ob es darauf ankommt, dass die Entscheidung des Gerichts im **konkreten Einzelfall** nicht mehr anfechtbar ist. Der Wortlaut der Norm lässt die Frage offen, wenn auch die Verwendung des Plurals „Entscheidungen" (Art. 267 Abs. 3 AEUV) auf eine abstrakte Beurteilung hindeutet. Letztlich ist die Frage nach dem Sinn und Zweck des Vorabentscheidungsverfahrens zu beantworten: Im Hinblick auf die einheitliche Rechtsanwendung auf allen Stufen der Gerichtsbarkeit und einen effektiven Individualrechtsschutz sowie das Interesse an einer möglichst effektiven Durchsetzung des Unionsrechts (sog. **effet utile**) ist der konkreten Betrachtungsweise der Vorzug zu geben.[108] **Letztinstanzliches Gericht** ist damit auch das Amtsgericht, wenn eine Berufung gegen das jeweilige Urteil unzulässig ist (§ 511 ZPO). 47

Eine erstmalige oder erneute Befassung des EuGH kann jedoch „sinnlos" sein, wenn „bereits eine gesicherte Rechtsprechung" des EuGH vorliegt (es sich also um einen **acte éclairé,** d. h. einen bereits erhellten Rechtsakt handelt) oder wenn die richtige Anwendung des Unionsrechts „derart offenkundig" ist, dass „keinerlei Raum für einen vernünftigen Zweifel an der Entscheidung der gestellten Fragen bleibt" (sog. **acte clair,** offenkundiger Rechtsakt).[109] Der Wortlaut des Art. 267 Abs. 3 AEUV geht in diesen Fällen – gemessen an seinem Zweck, für Rechtseinheit in der EU zu sorgen – planwidrig zu weit und ist daher teleologisch dahingehend zu reduzieren, dass die Vorlage*pflicht* entfällt. Vom Fehlen eines vernünftigen Zweifels ist dann auszugehen, wenn nach der Überzeugung des entscheidenden Gerichts vor jedem anderen mitgliedstaatlichen Gericht und dem EuGH dieselbe Gewissheit darüber bestünde.[110] Die Vorlage*berechtigung* des mitgliedstaatlichen Gerichts bleibt freilich auch in den genannten Fällen erhalten, um dem EuGH eine Überprüfung seiner Rechtsprechung ermöglichen zu können. 48

---

[106] Nach EuGH NJW 1988, 1451 – Foto Frost.

[107] In der Bundesrepublik Deutschland sind dies die obersten Bundesgerichte, die Verfassungsgerichte der Länder sowie das BVerfG.

[108] Ebenso EuGH EuZW 2002, 476 Rn. 14 f. → JA 2003, 200 *(Rauer)* – Lyckeskog; BVerfGE 147, 364 Rn. 47 = NJW 2018, 686.

[109] Grundlegend EuGH NJW 1983, 1257 (1258) Rn. 13 ff. – C. I. L. F. I. T. Hieran anschließend BVerfGE 147, 364 Rn. 38 = NJW 2018, 686 m. w. Nachw.; E 152, 216 Rn. 70 = NVwZ 2020, 63 = NJW 2020, 314 → *Eifert* Jura (JK) 2020, 535 und → *Sachs* JuS 2020, 284 sowie → JA 2020, 237 *(Muckel)* – Recht auf Vergessen II.

[110] EuGH NJW 1983, 1257 Rn. 13 ff. – C. I. L. F. I. T. Mit Recht darauf hinweisend, dass diese Voraussetzungen bei allzu strenger Handhabung angesichts des derzeit erreichten Stands der Durchdringung des Rechts mit Unionsrecht kaum zu erfüllen wären, *Wegener* in: Calliess/Ruffert, EUV/AEUV, Art. 267 AEUV Rn. 33. *Kokott* in: Kube u. a., Leitgedanken des Rechts I, 2013, § 103 Rn. 7 sieht daher ein „gewisses Ermessen" der letztinstanzlichen nationalen Gerichte bei der Beurteilung dieser Frage.

## II. Vorlagepflicht bei Verwerfung sekundären Unionsrechts

49 Auch **nichtletztinstanzliche Gerichte** trifft eine Vorlage*pflicht,* wenn sie im Ausgangsverfahren entscheidungserhebliche Unionsrechtsakte für nichtig halten und deshalb unangewendet lassen wollen.[111] Zwar enthält Art. 267 Abs. 2 AEUV seinem Wortlaut nach („kann vorlegen") keine derartige Verpflichtung. Auch spricht die Normsystematik für eine abschließende Regelung der Vorlagepflichten in Art. 267 Abs. 3 AEUV. Jedoch zeigt die Zusammenschau mit Art. 263 und Art. 277 AEUV, dass das unionale Rechtsschutzsystem die Überprüfung der Rechtmäßigkeit von Handlungen der Organe dem EuGH vorbehalten wollte (sog. **Verwerfungsmonopol des EuGH für sekundäres Unionsrecht**). Dies entspricht dem Sinn des Vorabentscheidungsverfahrens: Könnten einzelstaatliche Gerichte Unionsrechtsakte außer Anwendung lassen, so wären Meinungsverschiedenheiten dieser Gerichte geeignet, die Einheit der unionalen Rechtsordnung aufs Spiel zu setzen und die Rechtssicherheit zu beeinträchtigen. Einzelstaatliche Gerichte haben hinsichtlich der Gültigkeit von Rechtsakten der EU zwar die Prüfungs-, nicht aber die Verwerfungskompetenz. Halten sie den Rechtsakt für ungültig, reduziert sich das ihnen durch Art. 267 Abs. 2 AEUV eingeräumte Vorlageermessen auf Null. Gehen sie von der Gültigkeit aus, trifft sie keine Vorlagepflicht, da dann die EU-weite Geltung des Unionsrechts nicht in Frage gestellt und gefährdet wird.

50 **Lösung Fall 6:** (1) Das FG ist ein Gericht und damit nach Art. 267 Abs. 2 AEUV vorlageberechtigt. Beim FG handelt es sich zwar nicht um ein letztinstanzliches Gericht i. S. d. Art. 267 Abs. 3 AEUV, da im konkreten Rechtsstreit gemäß § 115 FGO Revision (oder bei Nichtzulassung der Revision Beschwerde) zum BFH möglich ist. (2) Fraglich ist im Ausgangsverfahren jedoch die Gültigkeit eines Beschlusses (frühere Terminologie: Entscheidung) der Kommission (Art. 288 Abs. 4 AEUV); etwaiger Vorlagegrund ist damit die Gültigkeit eines Sekundärrechtsakts (Art. 267 Abs. 1 lit. b AEUV). (3) Die Frage nach der Gültigkeit des Beschlusses ist auch entscheidungserheblich nach Art. 267 Abs. 2 AEUV, da das Gericht im Falle der Ungültigkeit der Klage stattgeben wird, im Falle der Gültigkeit die Klage abweisen wird. (4) Fraglich ist aber, ob das FG verpflichtet ist, eine Vorabentscheidung des EuGH einzuholen oder ob es selbständig den Beschluss wegen Nichtigkeit außer Anwendung lassen darf. Grundsätzlich sind nicht-letztinstanzlich entscheidende Gericht nur zur Vorlage an den EuGH berechtigt, nicht aber verpflichtet (Art. 267 Abs. 2, 3 AEUV). Wenn das Gericht aber Sekundärrecht für ungültig hält und aus diesem Grund im Ausgangsverfahren unangewendet lassen möchte, trifft es (über den Wortlaut des Art. 267 Abs. 1 lit. b i. V. m. Abs. 2, 3 AEUV hinaus) eine Vorlagepflicht; das von Art. 267 Abs. 2 AEUV eingeräumte Ermessen ist insoweit auf Null reduziert. Nur so kann dem Interesse der EU an einheitlicher Anwendung ihrer Rechtsakte Rechnung getragen werden. Das FG *muss* dem EuGH also die Frage vorlegen, wenn es den Beschluss wegen Ungültigkeit außer Anwendung lassen will.

51 **Lösung Fall 2 (Frage b):** Es besteht keine Vorlage*pflicht* des FG, weil es nicht letztinstanzlich entscheidet (gegen das Urteil des FG ist auch nach Zurückverweisung nach den allgemeinen Regeln die Revision möglich) und es nicht gemäß Art. 267 Abs. 1 lit. b Alt. 1 AEUV um die Gültigkeit, sondern gemäß Art. 267 Abs. 1 lit. b Alt. 2 AEUV um die Auslegung einer Verordnung geht.

[111] Grundlegend EuGH NJW 1988, 1451 Rn. 15 – Foto Frost.

### III. Ausnahmsweise übergangsweise Anwendung unionsrechtswidrigen nationalen Rechts

52 Auch wenn nationales Recht unionsrechtswidrig ist, kann es unter strengsten Voraussetzungen ausnahmsweise aus Gründen der Rechtssicherheit geboten sein, die **zeitliche Wirkung** der EuGH-Entscheidung auf die Zukunft zu begrenzen. Dann wird der Anwendungsvorrang des Unionsrechts vor nationalem Recht für die Vergangenheit nicht durchgesetzt. Eine solche zeitliche Begrenzung der Entscheidungswirkungen ist allein dem EuGH vorbehalten (→ Rn. 43 ff.). Die Geltung bzw. Durchsetzung des Unionsrechts darf nur der EuGH in Frage stellen, nicht jedes mitgliedstaatliche Gericht, weil sonst der Charakter einer Rechtsgemeinschaft in Frage gestellt würde. Daher reduziert sich auch in solchen Fällen das Vorlageermessen nach Art. 267 Abs. 2 AEUV auf Null mit der Folge, dass auch nicht-letztinstanzlich entscheidende Gerichte der Mitgliedstaaten den EuGH anrufen müssen, wenn sie den Anwendungsvorrang des Unionsrechts übergangsweise in Frage stellen wollen.[112]

### IV. Vorlage im vorläufigen Rechtsschutz

53 Besonderheiten ergeben sich im Bereich des vorläufigen Rechtsschutzes. Stellt sich in einem solchen Verfahren eine **Auslegungsfrage,** so ist die Vorlage im Grundsatz zwar zulässig,[113] aber auch dann nicht erforderlich, wenn das Gericht letztinstanzlich entscheidet.[114] Denn den Parteien steht weiterhin die Möglichkeit offen, die Streitsache (mit entsprechender Vorlageverpflichtung des letztinstanzlichen Hauptsachegerichts) im Hauptsacheverfahren klären zu lassen.

54 Will das Gericht des vorläufigen Rechtsschutzes seine Entscheidung (etwa Aussetzung der Vollziehung oder Erlass einer einstweiligen Anordnung) auf die **Ungültigkeit von Normen des Sekundärrechts** stützen, ist es – trotz der Foto-Frost-Rechtsprechung – daran auch ohne Vorlage nicht gehindert. Es gelten aber **strenge Voraussetzungen:** Das nationale Gericht muss erhebliche Zweifel an der Gültigkeit der Handlung haben und muss dem EuGH die Gültigkeitsfrage unverzüglich vorlegen. Die Entscheidung im Eilverfahren muss außerdem in dem Sinne dringend sein, dass bei Nichtaussetzung dem Antragsteller ein schwerer und nicht wiedergutzumachender Schaden droht. Schließlich hat das Gericht das Interesse der EU an der praktischen Wirksamkeit des Unionsrechts zu berücksichtigen und insbesondere die vorhandene Rechtsprechung des EuGH und des EuG zu beachten.[115]

55 In **Fall 5** (→ Rn. 34 und Lösung → Rn. 38) hat der Rechtsbehelf der Subventionsempfängerin gegen den Rückforderungsbescheid gemäß § 80 Abs. 1 VwGO aufschiebende Wirkung. Jedoch verlangt der EuGH von den deutschen Behörden, die effektive Verwirklichung des Unionsrechts durch Anordnung der sofortigen Vollziehung nach § 80 Abs. 2, S. 1 Nr. 4 VwGO zu sichern.[116] Hat die Verwaltung die sofortige Vollziehung angeordnet, kann die Klägerin ihrerseits einen Antrag auf Aussetzung der Vollziehung stellen. Will das Gericht die Aussetzung mit der Ungültigkeit des Beschlusses der Kommission begründen, ist dies nur unter den genannten Voraussetzungen möglich.

---

[112] *Ehlers/Eggert* JZ 2008, 585 (587, 590 f.).
[113] EuGH NJW 1977, 1585 – Hoffmann-La Roche; NJW 1983, 2751 – Morson.
[114] EuGH NJW 1977, 1585 – Hoffmann-La Roche.
[115] EuGH NVwZ 1991, 460 – Zuckerfabriken Süddithmarschen; NJW 1996, 1333 Rn. 51 → *Erichsen* JK 96, EGV Art. 189/1 – Atlanta I; zu Einzelheiten → *Schoch* § 34 Rn. 140 f. und § 35 Rn. 52.
[116] EuGH LMRR 1990, 22 Rn. 25 f. – Kommission/Bundesrepublik Deutschland.

Jedenfalls muss es nach einer Aussetzung die Gültigkeitsfrage unverzüglich dem EuGH vorlegen.

## V. Kein Verwerfungsmonopol des EuGH für unionsrechtswidriges nationales Recht

56 Kein „Verwerfungs-"Monopol hat der EuGH für unionsrechtswidriges *nationales* Recht. Zum einen prüft er ohnehin nicht die **Vereinbarkeit des nationalen Rechts mit Unionsrecht,** sondern legt nur die unionalen Rechtsnormen aus, mit denen das Gericht eine Norm des nationalen Rechts in Konflikt sieht. Zum anderen bleibt eine unionsrechtswidrige nationale Norm wegen des Anwendungsvorrangs des Unionsrechts zwar im Einzelfall unangewendet, soweit sie gegen Unionsrecht verstößt, sie ist deshalb jedoch nicht nichtig. Die Autorität des nationalen parlamentarischen Gesetzgebers wird also zwar davor geschützt, dass jeder Richter seine Gesetze als verfassungswidrig außer Anwendung lassen kann (Art. 100 Abs. 1 GG vgl. → § 19 Rn. 2), nicht aber davor, dass er sie wegen Unionsrechtswidrigkeit nicht anwendet.

## VI. Vorlage-„Pflichten" mitgliedstaatlicher Gerichte kraft nationalen Verfassungsrechts?

57 Sekundäres Unionsrecht misst das BVerfG nicht an den Grundrechten des Grundgesetzes.[117] Zur Entscheidung der Frage, ob eine solche **Richtlinie oder Verordnung** mit den (Unions-)Grundrechten unvereinbar (und nichtig) ist, ist der **EuGH zuständig** (Art. 267 Abs. 1 lit. b Alt. 1 AEUV: „Gültigkeit"). In gleicher Weise entscheidet dann auch letztverbindlich der EuGH, ob Unionsrecht einer innerstaatlichen Rechtsnorm mit einem bestimmten Regelungsgehalt entgegensteht (Art. 267 Abs. 1 lit. a AEUV: „Auslegung"), die eine Richtlinie in deutsches Recht umsetzt, soweit das Unionsrecht keinen Umsetzungsspielraum belässt, sondern zwingende Vorgaben macht.[118] Das BVerfG hält Vorlagen eines Fachgerichts nach Art. 100 Abs. 1 GG für unzulässig, wenn das vorlegende Gericht nicht geklärt hat, ob das von ihm als verfassungswidrig beurteilte Gesetz dem **nationalen Gesetzgeber** noch **Umsetzungsspielräume** belässt. Vor einer Vorlage an das BVerfG *muss* das Fachgericht ein Vorabentscheidungsverfahren an den EuGH nach Art. 267 AEUV einleiten, auch wenn es dazu als nicht-letztinstanzliches Gericht nach Art. 267 Abs. 2, 3 AEUV nicht verpflichtet wäre.[119] Das nationale Verfassungsrecht kann die Vorgaben des Unionsrechts (Art. 267 Abs. 2, 3 AEUV) nicht modifizieren – was aber auch nicht der Fall ist. Das BVerfG geht nicht von einer Vorlage-„Pflicht" des nicht-letztinstanzlich entscheidenden Gerichts aus, sondern fordert nur als Zulässigkeitsvoraussetzung einer Vorlage nach Art. 100 Abs. 1 GG – die zu der üblichen Aufbereitung des Prozessstoffs vor der Befassung des BVerfG gehört – die dem Ausgangsgericht obliegende Klärung, ob noch ein Umsetzungsspielraum des nationalen Gesetzgebers vorhanden ist. Ist dieser Spielraum nicht vorhanden, bedarf es einer Entscheidung des BVerfG nicht: Scheiden die Grundrechte des Grundgesetzes als Prüfungsmaßstab aus, bedarf es keiner Entscheidung des BVerfG, die Frage der Verfassungsmäßigkeit des Gesetzes wäre dann im Verfahren nach Art. 100 Abs. 1 GG nicht entscheidungserheblich.

---

[117] Ob es dieses künftig – „in Kooperation mit dem EuGH" – an den Unionsgrundrechten misst, offen lassend BVerfGE 152, 216 Rn. 51 = NVwZ 2020, 63 = NJW 2020, 314 → *Eifert* Jura (JK) 2020, 535 und → *Sachs* JuS 2020, 284 sowie → JA 2020, 237 *(Muckel)* – Recht auf Vergessen II.

[118] BVerfGE 118, 79 (95 ff.) = NVwZ 2007, 937 (938) m. w. Nachw. → *Ehlers* JK 1/08, ZuG § 12/1 und → JuS 2007, 1052 *(Murswiek)*.

[119] BVerfGE 129, 186 (198 ff.) = NJW 2012, 45 (45 f.) → *Ehlers* JK 9/12, GG Art. 100 I 1/15 und → JA 2012, 77 *(Muckel)*.

## E. Rechtsfolgen eines Verstoßes gegen die Vorlagepflicht

**Fall 7:** Unter Berufung auf die (nicht fristgerecht umgesetzte) Sechste Umsatzsteuerrichtlinie begehrt die Klägerin des Ausgangsverfahrens Steuerfreiheit für Kreditvermittlungsumsätze. Die Vorlagefrage des Finanzgerichts, ob sich ein Kreditvermittler in der Position der Klägerin auf diese Richtlinie berufen könne, bejahte der EuGH. Das FG entsprach daraufhin dem Begehren der Klägerin. In der Revisionsinstanz hob der BFH die Entscheidung ohne erneute Vorlage auf und wies die Klage ab. Zur Begründung führte er an, der EU sei nicht das Recht übertragen, Rechtsvorschriften mit unmittelbarer Geltung im Bereich des Umsatzsteuerrechts zu erlassen, und das deutsche Umsatzsteuergesetz sehe keine Steuerbefreiung für Kreditvermittlungen vor. Was ist der Klägerin zu raten?[120] 58

### I. Rechtsschutz vor nationalen Gerichten

Verletzt ein Gericht seine Vorlage*pflicht* (→ Rn. 47 ff.), indem es z. B. unionsrechtswidriges nationales Recht anwendet oder sekundäres Unionsrecht außer Anwendung lässt, ohne die Frage nach der Auslegung der unionsrechtlichen Prüfungsmaßstäbe bzw. der Gültigkeit des Sekundärrechts dem EuGH vorzulegen, so kann sich die unterlegene Partei nicht unmittelbar mit einem der Urteilsverfassungsbeschwerde (Art. 93 Abs. 1 Nr. 4a GG, § 13 Nr. 8a, §§ 90 ff. BVerfGG) vergleichbaren Individualrechtsbehelf an den EuGH wenden. Die **Vorlagepflicht an den EuGH** kann jedoch unter bestimmten Voraussetzungen auf einem anderen Weg durchgesetzt werden: Die Nichtvorlage an den EuGH kann das grundrechtsgleiche Recht auf den gesetzlichen Richter nach Art. 101 Abs. 1 S. 2 GG verletzen. Der **EuGH** ist **gesetzlicher Richter** i. S. v. Art. 101 Abs. 1 S. 2 GG, weil er zur Entscheidung der in Art. 267 AEUV genannten Rechtsfragen berufen und funktional in die mitgliedstaatliche Gerichtsbarkeit eingegliedert ist.[121] Die Verletzung von Art. 101 Abs. 1 S. 2 GG kann von den Parteien des Ausgangsverfahrens gemäß Art. 93 Abs. 1 Nr. 4a GG im Wege der **Urteilsverfassungsbeschwerde zum BVerfG** (nach Erschöpfung des Rechtswegs, § 90 Abs. 2 BVerfGG) geltend gemacht werden. 59

Allerdings stellt nach der Rechtsprechung des BVerfG nicht jede Verletzung der Vorlagepflicht nach Art. 267 Abs. 3 AEUV einen Verstoß gegen Art. 101 Abs. 1 S. 2 GG dar. Das BVerfG sieht sich nicht als Zuständigkeitskontrollorgan, das jeden Fehler hinsichtlich Zuständigkeit und Verfahren der Gerichte beanstandet, insbesondere nicht als „oberstes Vorlagenkontrollgericht".[122] Vielmehr nimmt es eine Verletzung der Garantie des gesetzlichen Richters erst dann an, wenn die Auslegung und Anwendung der Normen über die gerichtliche Zuständigkeitsverteilung „bei verständiger Würdigung der das Grundgesetz bestimmenden Gedanken nicht mehr verständlich erscheinen und offensichtlich unhaltbar sind".[123] Einen gleichzeitigen Verstoß gegen Art. 101 Abs. 1 S. 2 GG nimmt das BVerfG nach diesen Prämissen auch bei einer Verletzung unionsrechtlicher Vorlagepflichten nach Art. 267 Abs. 3 AEUV erst dann an, wenn das Fachgericht seine **Vorlagepflicht,** die den Parteien den EuGH als zuständiges Gericht entzieht, **in offensichtlich unhaltbarer Wei-** 60

[120] Vgl. BVerfGE 75, 223 = NJW 1988, 1459.
[121] BVerfGE 75, 223 (233 ff.) = NJW 1988, 1459 (1459 f.); E 73, 339 (366 ff.) = NJW 1987, 577 (578) → JuS 1987, 487 *(Emmerich)* und → JA 1987, 451 *(Schmidt am Busch)* – Solange II; E 147, 364 Rn. 37 = NJW 2018, 686 m. w. Nachw.
[122] BVerfGE 147, 364 Rn. 40 = NJW 2018, 686.
[123] BVerfGE 147, 364 Rn. 39 = NJW 2018, 686.

**se gehandhabt** hat. Offensichtlich unhaltbar ist die Nichtvorlage nach den drei vom BVerfG entwickelten Fallgruppen,[124]

61 (1) wenn das Gericht seine Vorlagepflicht grundsätzlich verkennt, indem es trotz erkannter Entscheidungserheblichkeit der unionsrechtlichen Frage eine Vorlage nicht in Erwägung zieht, oder – „erst recht" – wenn sich das Gericht hinsichtlich des (materiellen) Unionsrechts nicht hinreichend kundig macht und/oder offenkundig einschlägige Rechtsprechung des EuGH nicht auswertet **(grundsätzliche Verkennung der Vorlagepflicht),**

(2) wenn es ohne erneute Vorlagebereitschaft bewusst von der Rechtsprechung des EuGH abweicht **(bewusstes Abweichen ohne Vorlagebereitschaft)** oder

(3) wenn es trotz fehlender oder nicht abschließender Rechtsprechung des EuGH **(Unvollständigkeit der Rechtsprechung)** seine Entscheidung auf eine unionsrechtliche Auffassung stützt, obwohl mögliche Gegenauffassungen eindeutig vorzuziehen sind und damit den vom BVerfG so bezeichneten „Beurteilungsrahmen" in unvertretbarer Weise überschreitet; dies ist jedenfalls dann der Fall, wenn das Gericht willkürlich einen Fall des „acte clair" oder des „acte éclairé" (vgl. → Rn. 48) bejaht.

62 Die **Rechtsprechung des BVerfG** war **nicht immer einheitlich.**[125] Aus unionsrechtlicher Perspektive wirkt die nur eingeschränkte Kontrolle der Einhaltung der Vorlagepflichten durch die Fachgerichte, auf die sich das BVerfG beschränkt, unbefriedigend. Zwar fordert das Effektivitätsgebot des Art. 4 Abs. 3 EUV eine innerstaatliche Kontrolle der Einhaltung unionsrechtlicher Vorlagepflichten nicht, sie ist aber jedenfalls nützlich,[126] zumal zwar auch ein Vertragsverletzungsverfahren gemäß Art. 258 AEUV wegen Nichtvorlage an den EuGH in Betracht kommt, dies aber im Hinblick auf die Unabhängigkeit der Justiz in der Praxis selten eingeleitet wird.

63 Soweit das BVerfG in **Fallgruppe (3)** (→ Rn. 61) früher eine Verletzung des Art. 101 Abs. 1 S. 2 GG bereits dann verneinte, wenn mögliche Gegenauffassungen zu der entscheidungserheblichen materiell-rechtlichen Frage des Unionsrechts gegenüber der vom Gericht vertretenen Meinung nicht eindeutig vorzuziehen waren,[127] überzeugte dies nicht im Hinblick auf den Zweck des Art. 267 AEUV, dass gerade der EuGH abschließend aus Gründen der Rechtseinheit über Gültigkeit und Auslegung des Unionsrechts befinden soll. Die Vorlagepflicht wird richtiger Ansicht nach auch dann schon unvertretbar und unhaltbar gehandhabt, wenn das Gericht sich – unter Umgehung des EuGH – allein auf seine eigene Rechtsauffassung zum Unionsrecht stützt, mag diese auch vertretbar erscheinen. Art. 101 Abs. 1 S. 2 GG wird damit durch die Fachgerichte bereits dann verletzt, wenn objektiv ernst zu nehmende Zweifel an der Auslegung des Unionsrechts bestehen und das letztinstanzlich entscheidende Fachgericht gleichwohl nicht dem EuGH vorlegt.[128] Denn anderenfalls besteht die Gefahr, dass unionsrechtswidriges nationales Recht durch die Fachgerichte weiter angewendet wird. Art. 267 Abs. 1 lit. a, Abs. 3 AEUV will dem EuGH die Möglichkeit geben, letztverbindlich und EU-weit die Fragen nach der Auslegung von Unionsrecht zu entscheiden. Damit verträgt es sich nicht, wenn einem letztinstanzlich entscheidenden nationalen Gericht ein „Beurteilungsrahmen" hinsichtlich der Auslegung und Anwendung materiellen Unionsrechts zuerkannt wird. Die **Vorlagepflicht** nach Art. 267 Abs. 3 AEUV greift aus Gründen des effet utile, der von Art. 4 Abs. 3 EUV gebotenen wirksamen Durchsetzung des Unionsrechts, bei Unvollständigkeit der Rechtsprechung des

---

[124] Zusammenfassend BVerfGE 147, 364 Rn. 40 ff. = NJW 2018, 686 m. w. Nachw. Hieran festhaltend BVerfGE 152, 216 Rn. 72 ff. = NVwZ 2020, 63 = NJW 2020, 314 → *Eifert* Jura (JK) 2020, 535 und → *Sachs* JuS 2020, 284 sowie → JA 2020, 237 *(Muckel)* – Recht auf Vergessen II.

[125] *Streinz* Europarecht, Rn. 727.

[126] BVerfGE 126, 286 (316) = NJW 2010, 3422 Rn. 89 f. → JA 2011, 78 *(Hillgruber)* – Honeywell unter Bezugnahme auf *Kokott/Henze/Sobotta* JZ 2006, 633 (635); s. ferner *Streinz* Europarecht, Rn. 727; zweifelnd *Ehlers* Jura 2007, 505 (509).

[127] BVerfGE 82, 159 (195 f.) = NVwZ 1991, 53 (58) → *Erichsen* JK 91, GG Art. 101 I 2/5.

[128] So auch *Müller-Terpitz* in: Schmidt-Bleibtreu/Hofmann/Hopfauf, GG, Art. 101 Rn. 21 f.

EuGH nicht erst dann ein, wenn der vom Ausgangsgericht vertretenen Meinung eine andere Auffassung eindeutig vorzuziehen ist, sondern schon dann, wenn die **unionsrechtliche Frage objektiv unklar** ist, weil es noch keine Rechtsprechung des EuGH zu dieser unionsrechtlichen Frage gibt und die unionsrechtliche Aussage auch nicht klar auf der Hand liegt. Dass (zumindest die ursprüngliche) Rechtsprechung des BVerfG zu eng war, wird auch daran deutlich, dass es das letztinstanzliche Fachgericht selbst dann nicht zur Vorlage zwingen wollte, wenn nachträglich ergangene Rechtsprechung des EuGH die Auslegung des Unionsrechts durch das Fachgericht zweifelhaft erscheinen lässt.[129] Es geht aber nicht um eine Verhaltensbewertung des Fachgerichts, sondern um die **wirksame Durchsetzung** des Unionsrechts, und die zwischenzeitlich ergangene Rechtsprechung des EuGH wird ein weiteres Indiz dafür sein, dass das Fachgericht zu Unrecht von einer Vorlage abgesehen hat.

Dem **EuGH,** den Art. 267 Abs. 1 lit. a, Abs. 3 AEUV in solchen Fragen für zuständig erklärt, soll die Gelegenheit gegeben werden, diese Frage letztverbindlich zu entscheiden. Das könnte ohne die Kooperationsbereitschaft der nationalen Gerichte vereitelt oder zumindest erschwert werden, weil dann einzig noch ein Vertragsverletzungsverfahren (Art. 258 AEUV) zur Durchsetzung des Unionsrechts in Betracht kommt, aber kein Individualrechtsschutz. In Fällen, in denen noch keine eindeutige Rechtsprechung des EuGH vorliegt (Unvollständigkeit der Rechtsprechung), führt der Verstoß des mitgliedstaatlichen letztinstanzlichen Gerichts gegen Art. 267 Abs. 3 AEUV gleichzeitig zu einer Verletzung des Art. 101 Abs. 1 S. 2 GG – so wie das BVerfG das im Übrigen auch für den Fall einer Verletzung der Vorlagepflicht nach Art. 100 Abs. 1 GG annimmt (→ § 19 Rn. 48). Trotz Verletzung der Vorlagepflicht hat die Verfassungsbeschwerde dann keinen Erfolg, wenn der EuGH die Rechtsfrage zwischenzeitlich in einem Parallelverfahren beantwortet hat und das Urteil des zur Vorlage verpflichteten Gerichts aufgrund dieser Entscheidung nicht anders hätte ausfallen können.[130] Dann liegt im Zeitpunkt der Entscheidung des BVerfG ein sog. acte éclairé vor. 64

**Lösung Fall 7:** Eine etwaige Verfassungsbeschwerde der Klägerin hat Erfolg, wenn sie zulässig und begründet ist. Durch die Nichtvorlage des BFH könnte die Klägerin in ihrem grundrechtsgleichen Recht auf den gesetzlichen Richter gemäß Art. 101 Abs. 1 S. 2 GG verletzt sein. Nach der Rechtsprechung des BVerfG setzt das voraus, dass das Fachgericht seine Vorlagepflicht in offensichtlich unhaltbarer Weise gehandhabt hat. Dies ist u. a. dann der Fall, wenn es eine in demselben Verfahren ergangene Vorabentscheidung des EuGH (ohne erneute Vorlage) unberücksichtigt lässt. Der BFH hat sich hier bewusst über eine Vorabentscheidung des EuGH hinweggesetzt und seine Vorlagepflicht daher in offensichtlich unhaltbarer Weise gehandhabt. Damit liegt eine Verletzung des Art. 101 Abs. 1 S. 2 GG durch den BFH vor und die Urteilsverfassungsbeschwerde wird Erfolg haben. Der Klägerin ist zu einer solchen Verfassungsbeschwerde zu raten. 65

## II. Vertragsverletzungsverfahren

Das Unionsrecht kennt keinen Individualrechtsbehelf zu den europäischen Gerichten wegen Verletzung der Vorlagepflicht. Im Verstoß gegen Art. 267 Abs. 3 AEUV (bzw. in der Überschreitung der Grenzen des in Art. 267 Abs. 2 AEUV eingeräumten Vorlageermessens) liegt aber eine Vertragsverletzung, so dass die Kommission gemäß Art. 258 AEUV oder ein Mitgliedstaat gemäß Art. 259 AEUV ein **Vertragsverletzungsverfahren** (→ *Ehlers* § 8) gegen den betreffenden Mitgliedstaat einleiten können. Der Einzelne kann allerdings bei Untätigkeit der Kommission keine Untätigkeitsklage erheben, da die Vertragsverletzungs- 66

---

[129] Vgl. BVerfG-K NJW 2008, 2325 Rn. 11 m. w. Nachw → JA 2009, 76 *(Muckel)*.
[130] BVerfG-K NJW 1997, 2512.

klage im Ermessen der Kommission steht (Art. 258 Abs. 2 AEUV) und das Unterlassen der Kommission daher regelmäßig den Vertrag nicht verletzt (Art. 265 Abs. 1 AEUV).

## III. Durchbrechung der Bestandskraft unionsrechtswidriger Verwaltungsakte

67 Hat ein letztinstanzlich entscheidendes nationales Gericht seine Vorlagepflicht verletzt und ist deshalb eine gerichtliche Entscheidung ergangen, aufgrund derer ein später als unionsrechtswidrig erkannter **Verwaltungsakt bestandskräftig** geworden ist, muss die Behörde den belastenden Verwaltungsakt zurücknehmen, wenn nach nationalem Recht eine Rücknahmemöglichkeit besteht und sich der Betroffene unmittelbar, nachdem er Kenntnis von der neuen Entscheidung des EuGH erlangt hat, an die Behörde gewendet hat.[131] Die Pflicht der Behörde zur Aufhebung des Verwaltungsakts setzt nicht voraus, dass der Betroffene sich in dem ursprünglichen gerichtlichen Verfahren auf die Unionsrechtswidrigkeit des Verwaltungsakts berufen hat.[132] In Deutschland ist die Rücknahme eines bestandskräftigen belastenden VA nach § 48 Abs. 1 VwVfG möglich. Die – sehr weitgehende – Pflicht zur **Durchbrechung der Bestandskraft** in solchen Fällen beruht darauf, dass die Verletzung der unionsrechtlichen Vorlagepflichten nach Art. 267 AEUV sanktioniert werden soll. Da dem Einzelnen nach der letztinstanzlichen Entscheidung des nationalen Gerichts kein der Urteilsverfassungsbeschwerde vergleichbarer Rechtsbehelf zur Verfügung steht, mit dem er die Unionsrechtswidrigkeit der gerichtlichen Entscheidung angreifen könnte, konnte er selbst keine Überprüfung der nationalen Gerichtsentscheidung durch den EuGH veranlassen. Insoweit stellt die sehr weitgehende Durchbrechung der Bestandskraft belastender unionsrechtswidriger Verwaltungsakte eine Sanktion für die Missachtung der Vorlagepflicht nach Art. 267 Abs. 3 AEUV dar. Nur deshalb erscheint es gerechtfertigt, der Rechtsrichtigkeit in solch weitem Umfang den Vorrang vor der Rechtssicherheit einzuräumen.

## IV. Staatshaftung der Mitgliedstaaten

68 Verletzt das Gericht eines Mitgliedstaates seine Vorlagepflicht, so können schließlich auch noch Staatshaftungsansprüche in Betracht kommen. Der Einzelne hat gegen den Mitgliedstaat einen **unionsrechtlich begründeten Haftungsanspruch,** wenn der Mitgliedstaat eine den Individualrechtsschutz bezweckende Norm des Unionsrechts verletzt, hierin ein hinreichend qualifizierter Verstoß liegt und dadurch dem Bürger unmittelbar ein Schaden entstanden ist, den dieser nicht anderweitig zumutbar abwenden konnte.[133] Ein Verstoß gegen Unionsrecht ist nur dann hinreichend qualifiziert, wenn das handelnde Organ des Mitgliedstaates offenkundig und in schwerwiegender Weise gegen Unionsrecht verstoßen hat.[134] Bei der Haftung für judikatives Unrecht liegt ein solch schwerwiegender Verstoß nur vor, wenn das Gericht offenkundig gegen geltendes Unionsrecht verstoßen hat, z. B. wenn es die einschlägigen Entscheidungen der europäischen Gerichte offenkundig verkannt hat.[135] Eine Haftung kommt also nicht in Betracht, wenn die Rechtsfrage nach den Normen des Unionsrechts und der bisherigen Rechtsprechung zweifelsfrei und eindeutig zu beantworten war. Zudem entfällt die Haftung auch wegen Mitverschuldens, wenn der Be-

---

[131] EuGH NVwZ 2004, 459 Rn. 23 ff. → *Ehlers* JK 9/04, EGV Art. 10/3 und → JuS 2004, 516 *(Streinz)* – Kühne & Heitz.

[132] EuGH NVwZ 2008, 870 Rn. 44 f. → *Ehlers* JK 10/08, EGV Art. 10/7 und → JuS 2008, 542 *(Streinz)* – Kempter.

[133] Zusammenfassend etwa *Grzeszick* in: Ehlers/Pünder, AllgVwR, § 47 Rn. 11 ff. m. w. Nachw.

[134] EuGH NJW 1996, 1267 Rn. 55 ff. → *Erichsen* JK 96, EGV Art. 5/1 und → JA 1997, 108 *(Trautwein)* – Brasserie du pêcheur; NJW 1996, 3141 Rn. 23, 25 → *Erichsen* JK 97, GG Art. 34/14 – Dillenkofer.

[135] EuGH NJW 2003, 3539 Rn. 51 ff. → *Schoch* JK 4/04, EGV Art. 10/2 und → JA 2004, 283 *(Schäfer)* – Köbler.

troffene mögliche und zumutbare Rechtsbehelfe, die den Eintritt des Schadens hätten verhindern können, nicht ergriffen hat.[136]

## F. Hinweise zur Falllösung

In der Fallbearbeitung sind Rechtsfragen des Vorabentscheidungsverfahrens in vielfältiger Form denkbar. Bearbeiter können aufgefordert sein, **aus Sicht des EuGH** die Zulässigkeit eines bereits gestellten Vorabentscheidungsersuchens zu beurteilen und in der Sache zu entscheiden. Ist nach der **Entscheidung eines mitgliedstaatlichen Gerichts** gefragt, muss dessen Recht und gegebenenfalls Pflicht zur Vorlage begutachtet werden. Die Probleme des Vorabentscheidungsverfahrens sind mit anderen (nationalen und unionsrechtlichen) Verfahrensarten kombinierbar. Die Verletzung der Vorlagepflicht eines mitgliedstaatlichen Gerichts kann Gegenstand einer auf Art. 101 Abs. 1 S. 2 GG gestützten Verfassungsbeschwerde oder eines Vertragsverletzungsverfahrens nach Art. 258 f. AEUV sein. Geht es um die Rechtmäßigkeit der Entscheidung eines Unionsorgans oder einer sog. Scheinverordnung, können im Hinblick auf Art. 263 Abs. 5 AEUV Rechtsfragen des Vorabentscheidungsverfahrens mit solchen der Nichtigkeitsklage verbunden werden. 69

## G. Aufbauschema – Entscheidung aus Sicht des EuGH 70

**I. Zulässigkeit**

1. Vorlageberechtigung: Gericht (Art. 267 Abs. 2 AEUV, ggf. Vorlagepflicht: Art. 267 Abs. 3 AEUV oder Fall der Ermessensreduzierung im Rahmen des Art. 267 Abs. 2 AEUV)
2. Vorlagegrund:
   a) Auslegung von Unionsrecht (Art. 267 Abs. 1 lit. a bzw. lit. b Alt. 2 AEUV)
   b) Gültigkeit von sekundärem Unionsrecht (Art. 267 Abs. 1 lit. b Alt. 1 AEUV)
3. Entscheidungserheblichkeit (Art. 267 Abs. 2 AEUV)
4. Begründungserfordernisse: Darlegung des Sachverhalts und Begründung der Entscheidungserheblichkeit

**II. Entscheidung in der Sache**[137]

1. bei Gültigkeitsvorlagen: Ist Sekundärrechtsakt gültig?
2. bei Auslegungsvorlagen: Sind die Verträge oder das Sekundärrecht so auszulegen, dass sie einer Rechtsnorm eines Mitgliedstaates entgegenstehen, die Inhalt x hat?

   Beachte: Die vom EuGH zu beantwortende Frage lautet nicht, ob eine mitgliedstaatliche Rechtsnorm mit Unionsrecht „vereinbar" ist; diese Konsequenz hat das mitgliedstaatliche Gericht zu ziehen (Anwendungsvorrang des Unionsrechts vor nationalem Recht).

---

[136] EuGH NJW 1996, 1267 Rn. 84 → *Erichsen* JK 96, EGV Art. 5/1 und → JA 1997, 108 *(Trautwein)* – Brasserie du pêcheur.

[137] Bei Vorabentscheidungsverfahren sollte man nicht von „Begründetheit" sprechen, da das vorlegende Gericht sich keinerlei Rechtsstandpunkt zu eigen machen muss, sondern offene Fragen an den EuGH richten kann. → Rn. 34.

# § 13. Vorläufiger Rechtsschutz im Europäischen Unionsrecht

*Friedrich Schoch*

**Übersicht**



**Schrifttum** (Aufsätze, Beiträge in Sammelwerken): *Classen* § 4 Rechtsschutz, in: Schulze/Janssen/Kadelbach (Hrsg.), Europarecht, 4. Aufl. 2020; *Glawe* Der Eilrechtsschutz im Europarecht – ein Überblick, JA 2013, 63; *Jaeger* Eilverfahren vor dem Gericht der Europäischen Union, EuR 2013, 3; *Richter* Der Maßstab der Dringlichkeit im Verfahren einstweiligen Rechtsschutzes – gerechtfertigte Strenge?, EuZW 2014, 416; *Wägenbaur* Die jüngere Rechtsprechung der Gemeinschaftsgerichte im Bereich des vorläufigen Rechtsschutzes, EuZW 1996, 327; *Wegener* § 19 Entscheidungen über die vorläufige Vollzugsvoraussetzung und § 20 Einstweilige Anordnungen, in: Rengeling/Middeke/Gellermann (Hrsg.), Handbuch des Rechtsschutzes in der Europäischen Union, 3. Aufl. 2014. – Speziell **Monographien:** *Estler* Zur Effektivität des einstweiligen Rechtsschutzes im Gemeinschaftsrecht, 2003; *Kaessner* Der einstweilige Rechtsschutz im Europarecht, 1996; *Lehr* Einstweiliger Rechtsschutz und Europäische Union, 1997; *Pechstein* EU-Prozessrecht, 4. Aufl. 2011, Rn. 907 ff.; *Richter* Einstweiliger Rechtsschutz vor dem Europäischen Gerichtshof, 2012; *Sladič* Einstweiliger Rechtsschutz im Gemeinschaftsprozessrecht, 2008; *Wiehe* Effektiver vorläufiger Rechtsschutz beim Vollzug von Gemeinschaftsrecht, 2000.

**Fall 1:** Die Bundesrepublik Deutschland hat eine Straßenbenutzungsgebühr für die in anderen EU-Mitgliedstaaten zugelassenen Kraftfahrzeugen eingeführt. Die EU-Kommission hat Klage erhoben, weil die Straßenbenutzungsgebühr mit Unionsrecht nicht vereinbar sei. Zugleich begehrt die Kommission mit einem Eilantrag beim EuGH die Aussetzung der Gebührenerhebung durch deutsche Behörden bis zur Entscheidung in der Hauptsache.[1] 1

**Fall 2:** Das Hochseetransportunternehmen CMN (Compagnie méridionale de navigation) bedient nach der erfolgreichen Teilnahme an einer Ausschreibung mehrere Routen zwischen dem französischen Festland und der Insel Korsika. Die Französische Republik unterstützt CMN durch die Zahlung von Ausgleichsleistungen. Die EU-Kommission sieht darin eine unzulässige staatliche Beihilfe (Art. 107 Abs. 1 AEUV) und fasst einen entsprechenden Beschluss (nebst einer Aufforderung zur Rückforderung geleisteter Zahlungen). Frankreich erhebt Klage auf Nichtigerklärung des Beschlusses; die EU-Kommission habe den Begriff der staatlichen Beihilfe verkannt, jedenfalls seien die Ausgleichszahlungen durch Art. 106 Abs. 2 AEUV legitimiert. Mit gesondertem Schriftsatz stellt Frankreich beim EuG einen Antrag auf Gewährung vorläufigen Rechtsschutzes, gerichtet auf Aussetzung der Vollziehung des Kommissionsbeschlusses bis zur Entscheidung in der Hauptsache. Die Eilentscheidung sei dringlich; es wäre widersinnig, wenn die Französische Republik geleistete Zahlungen von CMN zurückfordern müsse und damit das Unternehmen in wirtschaftliche Schwierigkeiten bringe, solange schwierige Rechtsfragen ungeklärt seien.[2] 2

**Fall 3:** Durch eine neue Marktordnung (Verordnung) für Bananen wird seitens der EU zur Stärkung des Bananenhandels im Binnenmarkt die Einfuhr von Bananen aus Drittländern ab einer bestimmten Menge mit einem hohen Zoll belastet. Die Bundesregierung lehnt diesen „EU-Protektionismus für Mitgliedstaaten mit Überseeprovinzen“ ab und befürchtet ein Ansteigen der Preise für Bananen sowie eine Verknappung des Angebots und den Verlust von Arbeitsplätzen. Die Bundesrepublik Deutschland beantragt beim EuGH, die Verordnung für nichtig zu erklären und beantragt zudem mit gesondertem Schriftsatz die vorläufige Gestattung, bis zur Entscheidung in der Hauptsache die Einfuhr von Bananen aus Drittländern jährlich in derselben Menge wie vor Inkrafttreten der Verordnung vornehmen zu dürfen.[3] 3

**Fall 4:** Nach einer unzulässigen Kartellbildung hatte die EU-Kommission gegen Hersteller eines bestimmten Produkts Bußgelder festgesetzt. Das entsprechende Verfahren war durch einen Kronzeugenantrag der Firma F ausgelöst worden, gegen die deswegen keine Geldbuße festgesetzt wurde. Die nicht vertrauliche Fassung ihrer Entscheidung veröffentlichte die Kommission auf ihrer Internetseite. Nun will die Kommission eine um 50 Seiten erweiterte Fassung ihrer Entscheidung veröffentlichen. F wendet ein, dass die neue Fassung vertrauliche Angaben und Geschäftsgeheimnisse sowie die Wiedergabe eines Teils ihrer Kronzeugenaussagen enthalte. Durch Beschluss hilft die Kommission den Einwänden nur teilweise ab. F erhebt beim EuG Nichtigkeitsklage und bean- 4

[1] Fall nach EuGH EuZW 1990, 349 (m. Anm. *v. Wilmowsky*).
[2] Fall nach EuGH EuZW 2014, 419 (m. Bespr. *Richter* EuZW 2014, 416).
[3] Fall nach EuGH EuZW 1993, 483.

tragt gesondert, die Vollziehung des Beschlusses auszusetzen und der Kommission die geplante Veröffentlichung bis zur Hauptsacheentscheidung zu untersagen.[4]

## A. Bedeutung des vorläufigen Rechtsschutzes im EU-Recht

5 Nach Art. 47 GRCh hat jede Person das Recht auf einen **wirksamen gerichtlichen Rechtsbehelf.** Normativ gewährleistet ist damit effektiver Rechtsschutz. Für eilbedürftige Fälle ist damit das Gebot zur Gewährung vorläufigen Rechtsschutzes verknüpft.[5] Denn die (zu) lange Dauer eines Hauptsacheverfahrens kann den gerichtlichen Rechtsschutz ineffektiv werden lassen. In einem gewissen Kontrast zu dem normativen Versprechen steht in der Praxis die geringe Erfolgsquote von Eilanträgen.[6] Dieser Befund ist weniger einer insuffizienten Rechtslage als vielmehr einer restriktiven Rechtsprechungspraxis geschuldet.[7] EuG und EuGH handhaben, wie zu zeigen sein wird, die materiellen Anforderungen für die Gewährung vorläufigen Rechtsschutzes (→ Rn. 41 ff.) in der Regel sehr streng.[8] Nicht selten wird der Prüfungsmaßstab um (politische) Zweckmäßigkeitserwägungen ergänzt (→ Rn. 39); das geschieht vornehmlich, wenn die Richter partout keinen vorläufigen Rechtsschutz (insbesondere *gegen* die EU) gewähren wollen (→ Rn. 60 ff.).

### I. Rechtsgrundlagen

6 Wenig übersichtlich sind die Rechtsgrundlagen zum vorläufigen Rechtsschutz im EU-Recht. Im **primären Unionsrecht** schließt Art. 278 S. 1 AEUV die aufschiebende Wirkung von Klagen beim EuGH aus;[9] gemäß Art. 278 S. 2 AEUV kann der EuGH jedoch, „wenn er dies den Umständen nach für nötig hält“, die Aussetzung der Vollziehung anordnen, indem er „die Durchführung der angefochtenen Handlung“ aussetzt. Nach Art. 279 AEUV kann der EuGH „in den bei ihm anhängigen Sachen die erforderlichen einstweiligen Anordnungen treffen“. Eine spezielle Regelung zum vorläufigen Rechtsschutz enthält Art. 299 Abs. 4 S. 1 AEUV; danach kann der EuGH die Zwangsvollstreckung aussetzen.

7 Detaillierte Regelungen zum gerichtlichen Eilverfahren finden sich im **sekundären Unionsrecht.** Die Verfahrensordnung des Gerichtshofs[10] (EuGH-VfO) normiert Vorschriften zur Aussetzung der Vollziehung und zu sonstigen einstweiligen Anordnungen (Art. 160 ff. EuGH-VfO). Ergänzende Bestimmungen trifft die Satzung des Gerichtshofs[11] (EuGH-Satzung); Art. 257 regelt das Rechtsmittel gegen Eilentscheidungen des EuG, Art. 60 normiert, dass Rechtsmittel unbeschadet der Art. 278, 279 AEUV keine aufschiebende Wirkung haben.

8 Art. 278, 279, 299 Abs. 4 AEUV erwähnen das EuG nicht; diese Vorschriften sind auch in Art. 256 („Zuständigkeiten des EuG“) nicht in Bezug genommen. Dennoch finden die für den EuGH konzipierten Regelungen zum vorläufigen Rechtsschutz im Eilverfahren beim

---

[4] Fall nach EuGH EuZW 2016, 314 (dazu Editorial von *Weitbrecht* EuZW 2016, 281).

[5] *Jaeger* EuR 2013, 3; *Jarass* GRCh, Art. 47 Rn. 36.

[6] Vgl. dazu Zahlenangaben bei *Wegener* in: Calliess/Ruffert, EUV/AEUV, Art. 278 AEUV Rn. 1.

[7] *Classen* in: Oppermann/Classen/Nettesheim, Europarecht, § 13 Rn. 87.

[8] *Soltész* EuZW 2019, 53 (59) konstatiert im Bereich des Beihilferechts „unerfüllbare Anforderungen“; *Mächtle* JuS 2015, 28 (32); *Berrisch* EuZW 2013, 39; *Richter* Einstweiliger Rechtsschutz, S. 30; a. A. EuG-Präsident *Jaeger* EuR 2013, 3 (25): keine „exzessive Strenge“ des EuG.

[9] Begründet wird dies mit der (aus innerstaatlicher Sicht befremdlich anmutenden) Erwägung, für EU-Rechtsschutz bestehe die Vermutung der Rechtmäßigkeit; EuG Beschl. v. 19.7.2016 – T-131/16 R, BeckRS 2016, 82080 Rn. 12; *Jaeger* EuR 2013, 3 (7).

[10] Abgedruckt in Sartorius Ergänzungsband Nr. 1006 und in Sartorius II Nr. 250.

[11] Abgedruckt in Sartorius II Nr. 245.

EuG Anwendung. Art. 57 Abs. 2 EuGH-Satzung setzt dies voraus. Detaillierte Bestimmungen zum Eilverfahren enthält die **Verfahrensordnung des Gerichts** (EuG-VfO);[12] Art. 156 EuG-VfO nimmt Art. 278, 279 AEUV in Bezug.

## II. System des vorläufigen Rechtsschutzes

Auf der Grundlage der maßgeblichen Normen (→ Rn. 6 ff.) kann zwischen drei Arten des vorläufigen Rechtsschutzes unterschieden werden:[13] 9

- Aussetzung der Vollziehung der angefochtenen Handlung (Art. 278 S. 2 AEUV);
- Aussetzung der Zwangsvollstreckung (Art. 299 Abs. 4 S. 1 AEUV);
- Erlass einer einstweiligen Anordnung (Art. 279 AEUV).

Art. 299 Abs. 4 S. 1 AEUV regelt einen Unterfall zur **Aussetzung der Vollziehung** und ist gegenüber Art. 278 S. 2 AEUV die speziellere Bestimmung; Art. 299 Abs. 4 S. 1 AEUV spielt in der Praxis kaum eine Rolle und bleibt nachfolgend unberücksichtigt. Art. 278 S. 2 AEUV erfasst Fallgestaltungen, in denen belastende (anfechtbare) Maßnahmen eines EU-Organs ergehen, deren Rechtswirkungen einstweilen ausgesetzt werden sollen. Darin kann ein Spezialfall der **einstweiligen Anordnung** gesehen werden;[14] die Kapitelüberschriften zu Art. 160 ff. EuGH-VfO und Art. 156 ff. EuG-VfO (jeweils: Aussetzung und „sonstige" einstweilige Anordnungen) bestätigen diese Kategorisierung (vgl. zum einheitlichen Prüfungsmaßstab → Rn. 16, 37). Art. 279 AEUV erfasst demnach alle von Art. 299 Abs. 4 S. 1 und Art. 278 S. 2 AEUV nicht geregelten Fälle des vorläufigen Rechtsschutzes.[15]

Mit Blick auf die **Klagearten im Hauptsacheverfahren** ergeben sich hieraus folgende Konsequenzen: Art. 278 S. 2 AEUV ist die richtige Verfahrensart, wenn in der Hauptsache eine Nichtigkeitsklage (Art. 263 AEUV) anhängig ist; weitere Beispiele sind die dienstrechtliche Klage (Art. 270 AEUV) und die Drittwiderspruchsklage (Art. 42 EuGH-Satzung, Art. 157 EuGH-VfO, Art. 167 EuG-VfO).[16] In den anderen Klageverfahren ist der Antrag auf Erlass einer einstweiligen Anordnung statthaft; das betrifft insbesondere das Vertragsverletzungsverfahren (Art. 258, 259 AEUV), die Untätigkeitsklage (Art. 265 AEUV) und die Amtshaftungsklage (Art. 268, 340 Abs. 2 AEUV).[17] Zulässig ist auch eine Kombination der Eilanträge: Aussetzung der Vollziehung *und* einstweilige Anordnung (vgl. Fall 3 → Rn. 3). Im **Vorabentscheidungsverfahren** (Art. 267 AEUV) kann der EuGH keinen vorläufigen Rechtsschutz gewähren. 10

Das *Eilverfahren* im Rahmen des vorläufigen Rechtsschutzes (Art. 278, 279 AEUV) ist vom **beschleunigten Verfahren** in der Hauptsache (Art. 23a EuGH-Satzung) zu unterscheiden. Dabei handelt es sich um ein Verfahren, bei dem die Art der Rechtssache eine rasche Erledigung erfordert; Voraussetzung ist der Antrag eines Beteiligten (Art. 133 EuGH-VfO, Art. 151 EuG-VfO). Daneben besteht das **beschleunigte Vorabentscheidungsverfahren** (Art. 105 ff. EuGH-VfO); dieses Verfahren vereinfacht und beschleunigt das Vorabentscheidungsverfahren gemäß Art. 267 AEUV.[18] Unabhängig davon kennt das EU-Prozessrecht auch das **abgekürzte Eilverfahren** (Art. 39 EuGH-Satzung). 11

---

[12] Abgedruckt in Sartorius II Nr. 252.

[13] *Pechstein* EU-Prozessrecht, Rn. 909; *Classen* in: Schulze/Janssen/Kadelbach, Europarecht, § 4 Rn. 83; *Ehricke* in: Streinz, EUV/AEUV, Art. 279 AEUV Rn. 2; *Richter* Einstweiliger Rechtsschutz, S. 22 ff.

[14] *Mächtle* JuS 2015, 28 (32); *Classen* in: Schulze/Janssen/Kadelbach, Europarecht, § 4 Rn. 83; *Wegener* in: Rengeling/Middeke/Gellermann, Rechtsschutz in der EU, § 19 Rn. 7; *Gaitanides* in: v. d. Groeben/Schwarze/Hatje, Europäisches Unionsrecht, Art. 279 AEUV Rn. 4.

[15] *Pechstein* EU-Prozessrecht, Rn. 914; *Kotzur* in: Geiger/Khan/Kotzur, EUV/AEUV, Art. 279 AEUV Rn. 2.

[16] *Wägenbaur* EuZW 1996, 327; *Pechstein* EU-Prozessrecht, Rn. 910.

[17] *Pechstein* EU-Prozessrecht, Rn. 914; *Gaitanides* in: v. d. Groeben/Schwarze/Hatje, Europäisches Unionsrecht, Art. 279 AEUV Rn. 7.

[18] Dazu *Kühn* EuZW 2008, 263; *Dörr* EuGRZ 2008, 349; *Karpenstein* in: Grabitz/Hilf/Nettesheim, EUV/AEUV, Art. 267 AEUV Rn. 90 ff.

## III. Funktionen des vorläufigen Rechtsschutzes

12 Der vorläufige Rechtsschutz nach Art. 278 S. 2 bzw. Art. 279 AEUV ist ein **Grundelement wirksamen Rechtsschutzes,** weil er gerichtliche Zwischenlösungen in dem Zeitraum bis zur Hauptsacheentscheidung ermöglicht.[19] Im Falle von Klagen, die sich gegen belastende und vollziehbare Maßnahmen eines EU-Organs richten, ist dies besonders bedeutsam, weil derartige Klagen – anders als im deutschen Recht (→ § 34 Rn. 17) – keine aufschiebende Wirkung haben (Art. 278 S. 1 AEUV). Folglich müssen jene Maßnahmen trotz Klageerhebung befolgt werden; Unionsorgane sind nicht gehindert, ihre Maßnahmen sogleich durchzusetzen.[20]

13 Vor diesem Hintergrund erfüllt der vorläufige Rechtsschutz zunächst eine **Sicherungsfunktion.** Das gilt primär für die Aussetzung der Vollziehung (Art. 278 S. 2 AEUV). Sie verhindert den Eintritt vollendeter Tatsachen, die durch ein stattgebendes Urteil in der Hauptsache nicht mehr rückgängig gemacht werden könnten, wodurch die Hauptsacheentscheidung entwertet würde.[21] Durch die Gewährung vorläufigen Rechtsschutzes kann das Hauptsacheverfahren offengehalten werden. Die Aussetzung der Vollziehung einer Maßnahme eines EU-Organs dient demnach der **praktischen Wirksamkeit der Hauptsacheentscheidung.**[22] Dasselbe gilt im Ergebnis für die einstweilige Anordnung (Art. 279 AEUV); in ihrem Anwendungsbereich (→ Rn. 10) ermöglicht sie nicht nur eine vorläufige Veränderung des status quo, sondern auch seine vorläufige Sicherung.[23] Der EuGH betont, der Zweck des Verfahrens des vorläufigen Rechtsschutzes bestehe darin, die volle Wirksamkeit des künftigen Endurteils zu gewährleisten, um eine Lücke in dem vom Gerichtshof gewährten Rechtsschutz zu verhindern.[24]

14 Noch nicht allgemein zur Kenntnis genommen haben Rechtsprechung und Schrifttum, dass jedem vorläufigen Rechtsschutz notwendigerweise eine **interimistische Befriedigungsfunktion** immanent ist (→ § 34 Rn. 15). Allein auf Grund des unaufhaltsam fortschreitenden und unumkehrbaren Zeitablaufs ist die getroffene oder nicht getroffene einstweilige Regelung als **Zwischenlösung bis zur Hauptsacheentscheidung** eine abschließende.[25] Demgegenüber behauptet die h. M., der vorläufige Rechtsschutz bezwecke *allein,* die volle Wirksamkeit der künftigen Hauptsacheentscheidung zu gewährleisten.[26] Übersehen wird, dass die Gewährung ebenso wie die Nichtgewährung vorläufigen Rechtsschutzes für den **Interimszeitraum** *endgültig* ist. Die spätere Hauptsacheentscheidung kann die Eilentscheidung (unabhängig von deren Inhalt) für Gegenwart und Zukunft revidieren, aber nicht für den abgelaufenen Zeitraum ungeschehen machen. Konsequenzen hat diese Einsicht für das – angebliche – Vorwegnahmeverbot der Hauptsache (→ Rn. 69).

15 **Zu den Fällen:** Typische Konstellationen für die Sicherungsfunktion des vorläufigen Rechtsschutzes bieten alle vier Fälle; jeweils geht es um die Aufrechterhaltung des sta-

---

[19] *Classen* in: Schulze/Janssen/Kadelbach, Europarecht, § 4 Rn. 82; *Wegener* in: Rengeling/Middeke/Gellermann, Rechtsschutz in der EU, § 19 Rn. 3 und § 20 Rn. 2.

[20] *Soltész* EuZW 2019, 53 (59); *Ehricke* in: Streinz, EUV/AEUV, Art. 279 AEUV Rn. 1; *Gaitanides* in: v. d. Groeben/Schwarze/Hatje, Europäisches Unionsrecht, Art. 279 AEUV Rn. 9; *Schwarze/Voet van Vormizeele* in: Schwarze, EU-Kommentar, Art. 278 AEUV Rn. 3.

[21] EuG EuR 2001, 891 Rn. 20; *Pechstein* EU-Prozessrecht, Rn. 910; *Lehr* Einstweiliger Rechtsschutz, S. 12 f.

[22] *Kaessner* Einstweiliger Rechtsschutz, S. 11; *Richter* Einstweiliger Rechtsschutz, S. 19.

[23] *Pechstein* EU-Prozessrecht, Rn. 914; *Wegener* in: Rengeling/Middeke/Gellermann, Rechtsschutz in der EU, § 20 Rn. 2.

[24] EuGH Beschl. v. 10.9.2013 – C-278/13 P(R), BeckRS 2013, 81848 Rn. 36; EuZW 2014, 419 Rn. 19; Beschl. v. 14.1.2016 – C-517/15 P-R, BeckRS 2016, 80312 Rn. 27; EuZW 2016, 314 Rn. 82.

[25] *Lehr* Einstweiliger Rechtsschutz, S. 13 f.

[26] EuGH Beschl. v. 10.9.2013 – C-278/13 P(R), BeckRS 2013, 81848 Rn. 53; Beschl. v. 14.1.2016 – C-517/15 P-R, BeckRS 2016, 80312 Rn. 56; EuZW 2016, 314 Rn. 93; *Jaeger* EuR 2013, 3 (6); *Glawe* JA 2013, 63 (64).

tus quo bis zur Hauptsacheentscheidung. Fall 3 verknüpft die Anfechtungssituation mit einer begehrten Regelungsanordnung, die auf die vorläufige Gewährung einer im geänderten EU-Recht vorgesehenen Leistung zielt.

Obwohl das EU-Recht mit der Aussetzung der Vollziehung und der einstweiligen Anordnung verschiedene Arten des vorläufigen Rechtsschutzes kennt, setzt sich der EuGH über diese Entscheidung hinweg. Der Gerichtshof trennt im Eilverfahren nicht konsequent zwischen Art. 278 S. 2 und Art. 279 AEUV, sondern unterwirft alle **Eilanträge** in der Regel einer **einheitlichen Prüfung,**[27] unabhängig davon, ob sie auf die gerichtliche Aussetzung der Vollziehung oder auf den Erlass einer einstweiligen Anordnung gerichtet sind.[28] Angesichts der eingefahrenen Praxis (näher → Rn. 37) wird diesem Muster hier gefolgt. 16

## B. Zulässigkeit des Eilantrags

Die Gewährung vorläufigen Rechtsschutzes nach Art. 278 S. 2, 279 AEUV setzt einen **Antrag** voraus („Eilantrag"). Er hat Erfolg, wenn er zulässig und begründet ist. Zulässigkeit und Begründetheit des Antrags sind getrennt zu untersuchen. Die **Zulässigkeitsvoraussetzungen** sind nach dem EU-Prozessrecht klar strukturiert; sie sind von Amts wegen zu prüfen.[29] Schwierige Rechtsfragen werden kaum aufgeworfen. Mitunter zieht die Rechtsprechung allerdings – zu Unrecht – Begründetheitsanforderungen heran, um einen Eilantrag als unzulässig zurückzuweisen.[30] 17

### I. Form und Inhalt des Eilantrags

Der Eilantrag ist mit **gesondertem Schriftsatz** einzureichen (Art. 160 Abs. 4 EuGH-VfO, Art. 156 Abs. 5 EuG-VfO). Unzulässig ist danach ein in der Klageschrift mit enthaltener Eilantrag.[31] Der gesonderte Schriftsatz muss nach den genannten Bestimmungen den Anforderungen der Art. 120 bis 122 EuGH-VfO bzw. Art. 76 und 78 EuG-VfO entsprechen; das bedeutet, dass der Eilantrag die formalen Erfordernisse der Klageschrift zu erfüllen hat. 18

In der Sache muss der Eilantrag den **Streitgegenstand** bezeichnen und die Umstände, aus denen sich die **Dringlichkeit** ergibt, sowie die den Erlass der beantragten einstweiligen Anordnung[32] dem ersten Anschein nach rechtfertigenden **Sach- und Rechtsgründe** anführen (Art. 160 Abs. 3 EuGH-VfO, Art. 156 Abs. 4 S. 1 EuG-VfO). Nach der Rechtsprechung muss der Eilantrag so klar und deutlich sein, dass er allein dem Antragsgegner die Stellungnahme und dem für die Gewährung vorläufigen Rechtsschutzes zuständigen Richter – gegebenenfalls auch ohne weitere Informationen – die Entscheidung über den Antrag ermöglicht; dabei müssen sich die entscheidungsrelevanten tatsächlichen und rechtlichen Umstände zusammenhängend und verständlich unmittelbar aus der Antragsschrift ergeben.[33] Zu den tatsächlichen Umständen genügt im Eilverfahren an sich deren *Glaubhaftma-* 19

[27] Typisch insoweit z. B. EuGH EuZW 1996, 628 Rn. 41 ff.; Beschl. v. 10.9.2013 – C-278/3 P(R), BeckRS 2013, 81848 Rn. 35; Beschl. v. 23.4.2015 – C-35/15 P(R), BeckRS 2015, 81410 Rn. 22.

[28] *Gaitanides* in: v. d. Groeben/Schwarze/Hatje, Europäisches Unionsrecht, Art. 279 AEUV Rn. 11; *Stoll/Rigod* in: Grabitz/Hilf/Nettesheim, EUV/AEUV, Art. 278 AEUV Rn. 5; *Wegener* in: Calliess/Ruffert, EUV/AEUV, Art. 278, 279 AEUV Rn. 3; ausführliche Analyse bei *Sladič* Einstweiliger Rechtsschutz, S. 67 ff.

[29] *Jaeger* EuR 2013, 3 (10).

[30] Vgl. etwa EuG EuZW 2013, 34 Rn. 21 (m. Anm. *Berrisch*): Unzulässigkeit eines Eilantrags, der die Hauptsache vorwegnehmen würde; gleichsinnig *Classen* in: Schulze/Janssen/Kadelbach, Europarecht, § 4 Rn. 84.

[31] *Pechstein* EU-Prozessrecht, Rn. 928; *Wägenbaur* EuGH VerfO, Art. 160 EuGH-VfO Rn. 15.

[32] Der Begriff „einstweilige Anordnung" ist umfassend zu verstehen (→ Rn. 9) und bezieht hier die „Aussetzung der Vollziehung" ein.

[33] EuGH Beschl. v. 7.3.2013 – C-551/12 P(R), BeckRS 2013, 80575 Rn. 39; Beschl. v. 22.11.2018 – C-315/18 P(R), BeckRS 2018, 30398 Rn. 55.

*chung* (→ § 35 Rn. 45). Das aktuelle EU-Prozessrecht akzentuiert etwas anders (→ Rn. 63 f.). Für das Eilverfahren beim EuG ist ausdrücklich angeordnet, dass der Antrag sämtliche verfügbaren **Beweise und Beweisangebote** enthalten muss, die dazu bestimmt sind, den Erlass der einstweiligen Anordnung zu rechtfertigen (Art. 156 Abs. 4 S. 2 EuG-VfO).[34] Der Gerichtshof postuliert diese Anforderung auch für das Eilverfahren beim EuGH und stützt sich dabei – ohne weitere Erläuterung – auf die „Natur" des vorläufigen Rechtsschutzverfahrens.[35]

## II. Zuständigkeit der Unionsgerichtsbarkeit

20 Rechtsstreitigkeiten um die „Durchführung des Unionsrechts" (Art. 197, 291 AEUV) können sowohl beim EuGH bzw. EuG als auch bei nationalen Gerichten ausgetragen werden. Beim vorläufigen Rechtsschutz gegen einen **Vollzugsakt** bestimmt sich die zuständige Gerichtsbarkeit nach dem handelnden **Vollzugsorgan;** gegen die Maßnahme einer innerstaatlichen Stelle ist der Eilantrag bei einem nationalen Gericht zu stellen, bei einem Vollzugsakt eines EU-Organs entscheidet die EU-Gerichtsbarkeit.[36] In Eilverfahren im Zusammenhang mit **Vertragsverletzungsverfahren** (Art. 258, 259 AEUV) entscheidet der EuGH; eine Zuständigkeit der nationalen Gerichtsbarkeit kommt von vornherein nicht in Betracht.

21 Rechtsfragen zur **zuständigen Gerichtsbarkeit** im Eilverfahren treten in der Praxis selten auf. Die Abgrenzung zwischen europäischer und nationaler Gerichtsbarkeit ist klar (→ Rn. 20). Zuständigkeitsfragen können sich für den EuGH auch in Bezug auf völkerrechtliche Streitigkeiten stellen. Ein Beispiel hierfür ist das Eilverfahren gemäß Art. 50 TRIPS;[37] der Gerichtshof hat in einem Rechtsstreit seine Zuständigkeit für den Erlass einstweiliger Maßnahmen bejaht.[38] Dabei handelt es sich indes um einen spezifischen vorläufigen Rechtsschutz nach Maßgabe Internationalen Rechts und nicht um ein Eilverfahren gemäß Art. 278, 279 AEUV.

## III. Sachliche Zuständigkeit

22 Die gerichtliche **Zuständigkeit im Eilverfahren** (EuGH oder EuG) folgt der Entscheidungszuständigkeit im anhängigen (→ Rn. 24) Hauptsacheverfahren.[39] Diese Akzessorietät des Eilantrags ergibt sich aus Art. 276, 279 AEUV. Die Aussetzung der Vollziehung steht in direktem Zusammenhang mit „Klagen bei dem Gerichtshof", eine einstweilige Anordnung kann der EuGH „in den bei ihm anhängigen Sachen" treffen.

23 Die **sachliche Zuständigkeit** des Gerichts folgt der Zuständigkeitsabgrenzung zwischen EuGH und EuG anhand des Art. 256 Abs. 1 S. 1 AEUV (→ *Ehlers* § 7 Rn. 23 ff.). Zu beachten ist, dass Art. 51 EuGH-Satzung davon abweichende Zuständigkeitsregelungen trifft (Grundlage: Art. 256 Abs. 1 S. 2 AEUV). Das EuG ist insbesondere für Eilanträge im Rahmen von Klagen natürlicher oder juristischer Personen gegen Unionsorgane zuständig.[40] Wird der Eilantrag irrtümlich beim unzuständigen Gericht gestellt, erfolgt eine Ver-

---

[34] Zur bloßen „Glaubhaftmachung" nach der VfO a. F. *Stoll/Rigod* in: Grabitz/Hilf/Nettesheim, EUV/AEUV, Art. 279 AEUV Rn. 28 f.

[35] EuGH Beschl. v. 22.11.2018 – C-315/18 P(R), BeckRS 2018, 30398 Rn. 56 (m. w. Nachw.).

[36] *Pechstein* EU-Prozessrecht, Rn. 916; *Richter* Einstweiliger Rechtsschutz, S. 63.

[37] Übereinkommen über handelsbezogene Aspekte der Rechte des geistigen Eigentums (TRIPS), abgedruckt in Sartorius II Nr. 514.

[38] EuGH EuZW 1998, 572 = NJW 1999, 2103 Rn. 22 ff. (m. Bespr. *v. Bogdandy* NJW 1999, 2088).

[39] *Pechstein* EU-Prozessrecht, Rn. 917; *Richter* Einstweiliger Rechtsschutz, S. 66; *Ehricke* in: Streinz, EUV/AEUV, Art. 279 AEUV Rn. 9; *Stoll/Rigod* in: Grabitz/Hilf/Nettesheim, EUV/AEUV, Art. 279 Rn. 4.

[40] *Gaitanides* in: v. d. Groeben/Schwarze/Hatje, Europäisches Unionsrecht, Art. 79 Rn. 13; *Wegener* in: Calliess/Ruffert, EUV/AEUV, Art. 278, 279 AEUV Rn. 5.

weisung der Rechtssache an das zuständige Gericht (Art. 54 EuGH-Satzung, Art. 127, 128 EuG-VfO).[41]

## IV. Anhängigkeit des Hauptsacheverfahrens

### 1. Akzessorietät zwischen Eilverfahren und Hauptsacheverfahren

24 Zwischen dem vorläufigen Rechtsschutz und dem Hauptsacherechtsschutz besteht nach dem EU-Prozessrecht eine **strenge Akzessorietät.**[42] Ein Eilantrag ist gemäß Art. 160 Abs. 1 und 2 EuGH-VfO, Art. 156 Abs. 1 und 2 EuG-VfO nur zulässig, wenn die Klage in der Hauptsache bereits anhängig ist[43] und der Eilantrag sich hierauf bezieht.[44] Demnach ist der Antrag unzulässig, solange es an der Hauptsacheklage fehlt. Der – gesonderte (→ Rn. 18) – Eilantrag kann mit der Klage oder später eingereicht werden.[45] Hat das Gericht die Klage zwischenzeitlich abgewiesen, wird der Eilantrag unzulässig.[46]

25 Die strenge Verknüpfung des Eilverfahrens mit dem Hauptsacheverfahren (→ Rn. 24) führt zu **Rechtsschutzdefiziten,** wenn (wie z. B. bei der Untätigkeitsklage gemäß Art. 265 Abs. 2 AEUV) vor Klageerhebung ein behördliches Vorverfahren (→ *Ehlers* § 8 Rn. 11 ff.) durchzuführen ist.[47] Für den Sonderfall dienstrechtlicher Klagen ist durch Art. 91 Abs. 4 EU-BeamtStat[48] im Wege einer Fiktion frühzeitig sichergestellt worden, dass ohne das Abwarten eines Vorverfahrens Klage erhoben und ein Eilantrag gestellt werden kann. Diese sehr spezielle Lösung (zur Abwehr des Rechtsschutzdefizits) für verallgemeinerungsfähig zu erklären,[49] ist weder methodisch noch dogmatisch korrekt. Es zeigt sich vielmehr, dass das EU-Prozessrecht entgegen Art. 47 GRCh nicht ausnahmslos einen wirksamen vorläufigen Rechtsschutz garantiert. Für den Fall des Vollzugs von Unionsrecht durch nationale Behörden hat der EuGH die Rechtsschutzlücke bei Untätigkeit eines EU-Organs hingenommen.[50]

### 2. Zulässigkeit der Hauptsacheklage

26 Nach h. M. ist im Eilverfahren die Zulässigkeit der Klage, auf die sich der Eilantrag bezieht (→ Rn. 24), grundsätzlich *nicht* zu prüfen, um der Entscheidung in der Hauptsache nicht vorzugreifen; etwas anderes soll gelten, wenn die **offensichtliche Unzulässigkeit** der Klage vom Antragsgegner geltend gemacht wird.[51] Die ausnahmsweise gebotene Prü-

---

[41] Näher dazu *Wägenbaur* EuGH VerfO, Art. 54 EuGH-Satzung Rn. 3.

[42] EuGH EuZW 2016, 314 Rn. 29; EuG EuZW 2013, 34 Rn. 20 (m. Anm. *Berrisch*).

[43] Zu Unrecht *Rechts*hängigkeit fordern *Ehricke* in: Streinz, EUV/AEUV, Art. 279 AEUV Rn. 11; *Wegener* in: Calliess/Ruffert, EUV/AEUV, Art. 278, 279 AEUV Rn. 8; rechtsnormativ gefordert ist durch die im Text zitierten Bestimmungen ausdrücklich ein *anhängiger* Rechtsstreit, vgl. etwa *Pechstein* EU-Prozessrecht, Rn. 918; *Wägenbaur* EuGH VerfO, Art. 160 EuGH-VfO Rn. 2 und Art. 156 EuG-VfO Rn. 2; *Kotzur* in: Geiger/Khan/Kotzur, EUV/AEUV, Art. 278 AEUV Rn. 3 und Art. 279 AEUV Rn. 3.

[44] EuGH EuZW 1993, 486 Rn. 4; EuZW 2002, 721 Rn. 32 (m. Anm. *Arhold*); *Jaeger* EuR 2013, 3 (6); *Sladič* Einstweiliger Rechtsschutz, S. 119 ff.

[45] *Wägenbaur* EuZW 1996, 327 (328); *Gaitanides* in: v. d. Groeben/Schwarze/Hatje, Europäisches Unionsrecht, Art. 279 AEUV Rn. 16.

[46] *Pechstein* EU-Prozessrecht, Rn. 918; *Schwarze/Voet van Vormizeele* in: Schwarze, EU-Kommentar, Art. 278 AEUV Rn. 9 und Art. 279 AEUV Rn. 6.

[47] *Wegener* in: Rengeling/Middeke/Gellermann, Rechtsschutz in der EU, § 19 Rn. 11; *ders.* in: Calliess/Ruffert, EUV/AEUV, Art. 278, 279 AEUV Rn. 8; *Ehricke* in: Streinz, EUV/AEUV, Art. 279 AEUV Rn. 12.

[48] VO 259/68/EWG/EAG/EGKS, ABlEU 1968 L 56/1.

[49] *Wegener* und *Ehricke* wie Fn. 47; *Richter* Einstweiliger Rechtsschutz, S. 59.

[50] EuGH NJW 1997, 1225 Rn. 53 ff., 62; zutreffende Kritik hierzu bei *Koenig* EuZW 1997, 206 und *Ohler/Weiß* NJW 1997, 221; vgl. ferner *Estler* Einstweiliger Rechtsschutz, S. 165 ff.

[51] EuGH Beschl. v. 16.10.1986 – C-221/86, BeckRS 2004, 72397 Rn. 19; *Jaeger* EuR 2013, 3 (10); *Glawe* JA 2013, 63 (64); *Wägenbaur* EuGH VerfO, Art. 160 EuGH-VfO Rn. 3; *Ehricke* in: Streinz, EUV/AEUV, Art. 279 AEUV Rn. 13; *Gaitanides* in: v. d. Groeben/Schwarze/Hatje, Europäisches Unionsrecht, Art. 279 AEUV Rn. 17 f.; *Schwarze/Voet van Vormizeele* in: Schwarze, EU-Kommentar, Art. 278 AEUV Rn. 10 und Art. 279 AEUV Rn. 7; *Stoll/Rigod* in: Grabitz/Hilf/Nettesheim, EUV/AEUV, Art. 279 AEUV Rn. 7; *Wegener* in: Calliess/Ruffert, EUV/AEUV, Art. 278, 279 AEUV Rn. 9.

fung der Zulässigkeit im Eilverfahren sei insbesondere geboten, wenn der Antragsteller die Nichtigerklärung einer Maßnahme mit allgemeiner Geltung begehre; denn im Eilverfahren dürfe nicht die Aussetzung der Vollziehung einer derartigen Maßnahme angeordnet werden, obgleich ihre Nichtigerklärung im späteren Hauptsacheverfahren wegen Unzulässigkeit der Klage abgelehnt werde.[52]

27 Bei einer offensichtlich unzulässigen Klage in der Hauptsache gibt es zugunsten des Antragstellers im Wege des vorläufigen Rechtsschutzes nichts zu sichern. Die Sicherungsfunktion des Eilverfahrens (→ Rn. 13) verlangt keine Gewährung vorläufigen Rechtsschutzes, wenn die Entscheidung in der Hauptsache wegen klar erkennbarer Unzulässigkeit der Klage gar nicht offengehalten werden muss. Diese Frage ist, wie sämtliche Zulässigkeitsvoraussetzungen (→ Rn. 17), **von Amts wegen** zu klären.[53] Ein Eilantrag ist unzulässig, wenn die Unzulässigkeit der Klage in der Hauptsache feststeht.[54] Dazu mag – einem gewissen Pragmatismus folgend – von einer eingehenden Prüfung im Eilverfahren abgesehen und die Klärung schwieriger Fragen dem Hauptsacheverfahren überlassen werden;[55] der „Einzelrichter" ist aber nicht daran gehindert, eine vertiefte Prüfung vorzunehmen.[56]

## V. Antragsgegenstand

28 Vor dem Hintergrund der Akzessorietät zwischen Eilverfahren und Hauptsacheverfahren (→ Rn. 24) muss zwischen dem Antragsgegenstand des Eilantrags und dem Streitgegenstand der Klage ein unmittelbarer inhaltlicher Zusammenhang bestehen. Die **Konnexität** zwischen Eilantrag und Hauptsacheklage markiert den statthaften **Antragsgegenstand.**[57] Zulässig ist danach nur ein solcher Eilantrag, der sich auf den Gegenstand der Hauptsache bezieht und nicht mehr sowie nichts anderes begehrt, als mit der Klage in der Hauptsache erreicht werden kann.[58]

29 Gegenstand des Eilantrags im **Aussetzungsverfahren** gemäß Art. 278 S. 2 AEUV können alle belastenden, anfechtbaren Maßnahmen der Unionsorgane sein, die Rechtswirkungen erzeugen und vollziehbar sind.[59] Typischerweise geht es insoweit um Rechtsakte, die der Nichtigkeitsklage (Art. 263 AEUV) unterliegen (vgl. Fall 2 → Rn. 2 und Fall 4 → Rn. 4). Ablehnungen beantragter begünstigender Entscheidung von Stellen der EU werden mangels Vollziehbarkeit von Art. 278 S. 2 AEUV nicht erfasst.[60]

30 Gegenstand des Eilantrags im **einstweiligen Anordnungsverfahren** gemäß Art. 279 AEUV sind alle Maßnahmen von Stellen der EU, die nicht von Art. 278 S. 2 AEUV erfasst werden (vgl. bereits → Rn. 9). Dies sind bei der *Sicherungsanordnung* richterliche Gebote oder Verbote, die der vorläufigen Wahrung des status quo dienen;[61] dabei geht es insbesondere um das Vertragsverletzungsverfahren gemäß Art. 258 AEUV (vgl. Fall 1 → Rn. 1).[62] Aus Gründen eines wirksamen Rechtsschutzes kann eine einstweilige Anordnung im Rahmen eines Feststellungsbegehrens (vgl. Art. 260 Abs. 1 AEUV ) beantragt und erlassen

[52] EuGH Beschl. v. 13.7.1988 – C-160/88, BeckRS 2004, 71863 Rn. 23.
[53] *Wägenbaur* EuZW 1996, 327 (329); *Kaessner* Einstweiliger Rechtsschutz, S. 90 f.
[54] EuGH EuZW 1993, 486 Rn. 4.
[55] EuG Beschl. v. 13.7.1996 – T-76/96 R – juris Rn. 70 f.
[56] *Jaeger* EuR 2013, 3 (11); zustimmend *Ehricke* in: Streinz, EUV/AEUV, Art. 279 AEUV Rn. 13.
[57] *Pechstein* EU-Prozessrecht, Rn. 922 und Rn. 924; *Wegener* in: Rengeling/Middeke/Gellermann, Rechtsschutz in der EU, § 19 Rn. 13 und § 20 Rn. 6.
[58] *Wägenbaur* EuZW 1996, 327 (329); *Gaitanides* in: v. d. Groeben/Schwarze/Hatje, Europäisches Unionsrecht, Art. 279 AEUV Rn. 23.
[59] *Glawe* JA 2013, 63 (64); *Pechstein* EU-Prozessrecht, Rn. 921; *Kaessner* Einstweiliger Rechtsschutz, S. 28, 42; *Wiehe* Vorläufiger Rechtsschutz, S. 127 ff.; *Richter* Einstweiliger Rechtsschutz, S. 71 ff.
[60] *Estler* Einstweiliger Rechtsschutz, S. 59; *Kaessner* Einstweiliger Rechtsschutz, S. 34; *Ehricke* in: Streinz, EUV/AEUV, Art. 279 AEUV Rn. 15; *Wegener* in: Calliess/Ruffert, EUV/AEUV, Art. 278/279 AEUV Rn. 10.
[61] *Wägenbaur* EuZW 1996, 327 (329); *Estler* Einstweiliger Rechtsschutz, S. 60; *Kaessner* Einstweiliger Rechtsschutz, S. 52 ff.; *Pechstein* EU-Prozessrecht, Rn. 923.
[62] EuGH EuZW 1990, 255 Rn. 20: Aufrechterhaltung des status quo sei geboten.

werden.[63] So kann etwa einem EU-Mitgliedstaat gerichtlich aufgegeben werden, unionsrechtswidrige Handlungen einstweilen zu unterlassen[64] (vgl. Fall 1 → Rn. 1). Gegenstand des Antrags auf Erlass einer *Regelungsanordnung* sind vorläufige Maßnahmen zur Gestaltung eines streitigen Rechtsverhältnisses; dabei geht es in der Regelung um die vorläufige Änderung eines bestehenden Zustands[65] (vgl. Fall 3 → Rn. 3).

Wirksamer Eilrechtsschutz kann in bestimmten Konstellationen **vorbeugenden vorläufigen Rechtsschutz** erfordern (vgl. zum deutschen Recht → § 35 Rn. 42). Da Art. 279 AEUV zum Erlass der „erforderlichen einstweiligen Anordnungen" ermächtigt, wäre eine entsprechende gerichtliche Eilentscheidung rechtlich gedeckt (und ggf. von Art. 47 GRCh gefordert). Dennoch hat das EuG in einer Fall 4 (→ Rn. 4) vergleichbaren Konstellation einen entsprechenden Eilantrag für unzulässig erklärt: Die gerichtliche Kontrolle im Eilverfahren beschränke sich auf die Prüfung der von der EU-Kommission bereits erlassenen Verwaltungshandlungen, erstrecke sich aber nicht auf bevorstehende Maßnahmen; die Gewährung vorläufigen Rechtsschutzes in einer derartigen Konstellation „wäre mit dem System der Zuständigkeitsverteilung zwischen der Kommission und den Gerichten der Europäischen Union unvereinbar".[66] Diese formalistische Argumentation nimmt die Sicherungsfunktion des vorläufigen Rechtsschutzes (→ Rn. 13) nicht ernst, blendet Art. 47 GRCh (→ Rn. 1) aus und macht den Rechtsschutzsuchenden bei drohenden irreversiblen administrativen Maßnahmen wie z. B. der Veröffentlichung bislang geheim gehaltener Informationen vom „guten Willen" der Kommission (d. h. vorläufige Unterlassung der Maßnahme) abhängig. Das Ergebnis einer solchen Judikatur ist ein unnötiges und unvertretbares **Rechtsschutzdefizit.** 31

## VI. Antragsbefugnis

Antragsbefugt im Eilverfahren sind Rechtssubjekte, die die akzessorische Hauptsacheklage (→ Rn. 24) erhoben haben; dabei entspricht die **Antragsbefugnis** beim vorläufigen Rechtsschutz der **Klagebefugnis** in der Hauptsache.[67] Danach ist zwischen privilegierten und nicht privilegierten Antragstellern zu unterscheiden. Als **privilegierte Antragsteller** können EU-Organe und Mitgliedstaaten – die Klageberechtigung im jeweiligen Hauptsacheverfahren (insbesondere Art. 258, 259, 263, 265 AEUV) vorausgesetzt – den Eilantrag unabhängig von der Verfolgung „eigener" Interessen stellen; sie können vorläufigen Rechtsschutz auch zum Schutz Dritter oder aus Gründen des Allgemeinwohls beantragen.[68] Die Antragsbefugnis der EU-Kommission im Rahmen eines von ihr initiierten Vertragsverletzungsverfahrens (→ *Ehlers* § 8 Rn. 6) liegt in der Natur der Sache. 32

**Hinweis zu Fall 3:** Ausdrücklich hat der EuGH betont, die Mitgliedstaaten hätten die – namentlich wirtschaftlichen und sozialen – Interessen zu vertreten, die auf nationaler Ebene als „Allgemeininteresse" betrachtet würden; daher seien die Mitgliedstaaten zur Verteidigung dieser Interessen klage- und antragsbefugt. Folglich können sie im 33

---

[63] *Kaessner* Einstweiliger Rechtsschutz, S. 73 ff.; *Wiehe* Vorläufiger Rechtsschutz, S. 130 ff.; *Stoll/Rigod* in: Grabitz/Hilf/Nettesheim, EUV/AEUV, Art. 279 AEUV Rn. 15; a. A. *Ehricke* in: Streinz, EUV/AEUV, Art. 279 AEUV Rn. 16: Die einstweilige Anordnung gewähre mehr als das im Vertragsverletzungsverfahren ergehende Feststellungsurteil.

[64] *Wiehe* Vorläufiger Rechtsschutz, S. 131 f.

[65] *Pechstein* EU-Prozessrecht, Rn. 923; *Classen* in: Schulze/Janssen/Kadelbach, Europarecht, § 4 Rn. 84; *Estler* Einstweiliger Rechtsschutz, S. 60 f.

[66] EuG Beschl. v. 16.11.2012 – T-345/12 R, BeckRS 2013, 80094 Rn. 17; gleichsinnig *Ehricke* in: Streinz, EUV/AEUV, Art. 279 AEUV Rn. 17; *Stoll/Rigod* in: Grabitz/Hilf/Nettesheim, EUV/AEUV, Art. 279 AEUV Rn. 13.

[67] *Pechstein* EU-Prozessrecht, Rn. 927; *Richter* Einstweiliger Rechtsschutz, S. 81 f.; *Wegener* in: Rengeling/Middeke/Gellermann, Rechtsschutz in der EU, § 19 Rn. 15 und § 20 Rn. 7.

[68] *Classen* in: Schulze/Janssen/Kadelbach, Europarecht, § 4 Rn. 85; *Stoll/Rigod* in: Grabitz/Hilf/Nettesheim, EUV/AEUV, Art. 279 AEUV Rn. 9.

Eilverfahren Schäden geltend machen, die einen gesamten Sektor ihrer Volkswirtschaft beträfen, insbesondere wenn die angegriffene Maßnahme nachteilige Auswirkungen auf das Beschäftigungsniveau und die Lebenshaltungskosten haben könne.[69]

34 Eilanträge **nicht privilegierter Antragsteller** (natürliche und juristische Personen) müssen besondere subjektive Voraussetzungen erfüllen. Vorläufiger Rechtsschutz ist diesen Personen nur zum Schutz eigener Interessen eröffnet. Im Aussetzungsverfahren (Art. 278 S. 2 AEUV) muss der Antragsteller darlegen, dass er durch die angefochtene Maßnahme des EU-Organs unmittelbar und individuell betroffen ist;[70] beim vorläufigen Rechtsschutz im Rahmen der Nichtigkeitsklage müssen folglich die Anforderungen gemäß Art. 263 Abs. 4 AEUV (→ *Ehlers* § 9 Rn. 36 ff.) erfüllt sein. Beim Antrag auf Erlass einer einstweiligen Anordnung (Art. 279 AEUV) besteht die Antragsbefugnis für den Eilantrag, wenn es um die vorläufige Sicherung oder Regelung eigener rechtlich geschützter Interessen des Antragstellers geht.[71] Wegen der Eilbedürftigkeit der beantragten gerichtlichen Maßnahme ist die **Darlegungslast** des Antragstellers keinen strengen Anforderungen unterworfen; es genügt, wenn die Antragsbefugnis nach dem Sachvortrag nicht offensichtlich („auf den ersten Blick") auszuschließen ist.[72]

## VII. Antragsfrist

35 Für den Eilantrag ist im EU-Prozessrecht eine **Antragsfrist** nicht vorgesehen. Auf Grund der Akzessorietät zwischen Eilverfahren und Hauptsacheverfahren (→ Rn. 24) kann vorläufiger Rechtsschutz frühestens mit der Klageerhebung begehrt werden. Auch während der Dauer des Hauptsacheverfahrens ist der Eilantrag zulässig. Nach der Entscheidung in der Hauptsache ist ein Eilantrag nicht mehr zulässig.

## VIII. Rechtsschutzbedürfnis

36 Liegen die erörterten Zulässigkeitsvoraussetzungen vor, ist das **Rechtsschutzbedürfnis des Antragstellers** an der vorläufigen Wahrung seiner Rechte in der Regel zu bejahen. Ausnahmsweise wird das Rechtsschutzbedürfnis für den Eilantrag verneint, wenn der erstrebte vorläufige Rechtsschutz zur Sicherung oder einstweiligen Regelung der geltend gemachten Rechtsposition nicht geeignet oder nicht erforderlich ist. Ist die angegriffene Maßnahme bereits vollzogen oder wieder aufgehoben worden, ist der Eilrechtsschutz zur Rechtswahrung nicht mehr geeignet; steht die Entscheidung in der Hauptsache unmittelbar bevor oder verzichtet das EU-Organ einstweilen auf die Vollziehung seiner Maßnahme, ist die Gewährung vorläufigen Rechtsschutzes nicht mehr erforderlich.[73] Das Rechtsschutzinteresse wird ferner negiert, wenn z. B. die Aussetzung der Vollziehung dem Antragsteller keinen unmittelbaren Vorteil verschaffen könne;[74] das ist nicht unproblematisch, weil von Amts wegen eine Einschätzung vorgenommen wird, die von „richterlichem Paternalismus" getragen sein könnte.

---

[69] EuGH EuZW 1993, 483 Rn. 27 (aufbaumäßig verfehlt, da die Antragsbefugnis im Rahmen der „Dringlichkeit" geprüft wird).

[70] *Pechstein* EU-Prozessrecht, Rn. 927; *Richter* Einstweiliger Rechtsschutz, S. 85; *Wegener* in: Rengeling/Middeke/Gellermann, Rechtsschutz in der EU, § 19 Rn. 16; *Ehricke* in: Streinz, EUV/AEUV, Art. 279 AEUV Rn. 19.

[71] *Wegener* in: Rengeling/Middeke/Gellermann, Rechtsschutz in der EU, § 20 Rn. 7; *Stoll/Rigod* in: Grabitz/Hilf/Nettesheim, EUV/AEUV, Art. 279 AEUV Rn. 8.

[72] EuGH Beschl. v. 16.10.1986 – C-221/86, BeckRS 2004, 72397 Rn. 19 f.; *Wegener* in: Calliess/Ruffert, EUV/AEUV, Art. 278, 279 AEUV Rn. 13.

[73] *Wägenbaur* EuZW 1996, 327 (330); *Pechstein* EU-Prozessrecht, Rn. 930; *Ehricke* in: Streinz, EUV/AEUV, Art. 279 AEUV Rn. 23.

[74] *Jaeger* EuR 2013, 3 (9).

# C. Begründetheit des Eilantrags

Die Voraussetzungen für die Begründetheit eines Eilantrags gelten als unklar, reichlich abstrakt und positivrechtlich unvollständig normiert.[75] In der Tat sind handhabbare **Entscheidungskriterien** durch das EU-Prozessrecht nicht vorgegeben. Die Aussetzung der Vollziehung einer angefochtenen Maßnahme kann erfolgen, wenn das Gericht (EuGH, EuG) „dies den Umständen nach für *nötig* hält" (Art. 278 S. 2 AEUV); eine einstweilige Anordnung kann getroffen werden, wenn diese in einer anhängigen Sache für *erforderlich* erachtet wird (Art. 279 AEUV). Der Präsident des EuG sieht in den rechtlichen Vorgaben **generalklauselartige Formulierungen,** die „dem Eilrichter die Hauptverantwortung im Bereich des vorläufigen Rechtsschutzes übertragen".[76] EuGH und EuG entziehen sich indessen der notwendigen Systembildung. Mehr noch, durch richterliche Rechtsschöpfung und mitunter sogar Beliebigkeit (vgl. etwa → Rn. 39, 40, 61) sind schon die Maßstäbe richterlicher Entscheidungsfindung Unsicherheiten ausgesetzt.[77] 37

## I. Maßstabsbildung

Eine rechtsdogmatisch abgesicherte und systematisch abgeleitete Maßstabsbildung lässt sich anhand des EU-Sekundärrechts entwickeln. Grundlage sind die notwendigen Angaben im Eilantrag (→ Rn. 19): Streitgegenstand, Dringlichkeit, die Eilentscheidung rechtfertigende Sach- und Rechtsgründe. Danach kann die Aussetzung der Vollziehung angeordnet oder eine (sonstige) einstweilige Anordnung erlassen werden, wenn dargetan ist (vgl. zu den Nachweispflichten → Rn. 63 f.), dass die Eilentscheidung in tatsächlicher und rechtlicher Hinsicht gerechtfertigt (fumus boni iuris) und dringlich in dem Sinne ist, dass es zur Verhinderung eines schweren und nicht wiedergutzumachenden Schadens für den Antragsteller die Eilentscheidung (zeitlich vor der Hauptsacheentscheidung) braucht.[78] Diese Anforderungen entsprechen der **Notwendigkeit** und der **Dringlichkeit** der gerichtlichen Eilanordnungen nach den früheren Verfahrensanordnungen von EuGH und EuG.[79] Die beiden Voraussetzungen müssen *kumulativ* vorliegen; fehlt eine Voraussetzung, ist der Eilantrag unbegründet.[80] 38

Das an sich klar strukturierte Prüfungsmodell (→ Rn. 38)[81] wird in der Praxis dadurch vernebelt, dass die Rechtsprechung die Eilentscheidung im Rahmen einer **„Gesamtprüfung"** gewinnen will, innerhalb derer der Richter über ein weites Ermessen bei der Bestimmung der Art und Weise, in der die verschiedenen Voraussetzungen zu prüfen seien, 39

---

[75] *Wägenbaur* EuZW 1996, 327 (330); *Lehr* Einstweiliger Rechtsschutz, S. 74; *Wegener* in: Rengeling/Middeke/Gellermann, Rechtsschutz in der EU, § 19 Rn. 21 und § 20 Rn. 9.

[76] So *Jaeger* EuR 2013, 3 (5).

[77] *Glawe* JA 2013, 63 (64) spricht von einer „schwer überschaubaren Rechtsprechungspraxis" zu den Voraussetzungen einer Eilentscheidung.

[78] EuGH Beschl. v. 14.1.2016 – C-517/15 P-R, BeckRS 2016, 80312 Rn. 21; EuZW 2016, 314 Rn. 21; EuG Beschl. v. 9.7.2016 – T-131/16 R, BeckRS 2016, 82080 Rn. 13; Beschl. v. 26.9.2019 – T-549/19 R, BeckRS 2019, 22776.

[79] EuGH EuZW 1990, 349 Rn. 19; EuZW 1993, 483 Rn. 18; EuZW 1996, 628 Rn. 42; EuZW 2014, 419 Rn. 18; EuG EuZW 1992, 485 Rn. 13; DVBl 2002, 249 Rn. 63; Beschl. v. 16.11.2012 – T-345/12 R, BeckRS 2013, 80094 Rn. 20.

[80] EuGH Beschl. v. 7.3.2013 – C-551/12 P(R), BeckRS 2013, 80575 Rn. 21; Beschl. v. 10.9.2013 – C-278/13 P(R), BeckRS 2013, 81848 Rn. 35; Beschl. v. 12.6.2014 – C-21/14 P-R, BeckRS 2014, 81247 Rn. 41; Beschl. v. 23.4.2015 – C-35/15 P(R), Rn. 22; Beschl. v. 14.1.2016 – C-517/15 P-R, BeckRS 2016, 80312 Rn. 21.

[81] Das Schrifttum folgt dem Modell; vgl. *Pechstein* EU-Prozessrecht, Rn. 931; *Wegener* in: Rengeling/Middeke/Gellermann, Rechtsschutz in der EU, § 19 Rn. 21 und § 20 Rn. 9; *ders.* in: Calliess/Ruffert, EUV/AEUV, Art. 278, 279 AEUV Rn. 17; *Ehricke* in: Streinz, EUV/AEUV, Art. 279 AEUV Rn. 24; *Gaitanides* in: v. d. Groeben/Schwarze/Hatje, Europäisches Unionsrecht, Art. 279 AEUV Rn. 29; *Kotzur* in: Geiger/Khan/Kotzur, EUV/AEUV, Art. 278 AEUV Rn. 6 f. und Art. 279 AEUV Rn. 6 f.; *Stoll/Rigod* in: Grabitz/Hilf/Nettesheim, EUV/AEUV, Art. 279 AEUV Rn. 19.

verfüge.[82] Davon wissen Art. 278, 279 AEUV sowie Art. 160 EuGH-VfO und Art. 156 EuG-VfO nun allerdings nichts. Eine folgenreiche Konsequenz dieses eigenmächtig kreierten richterlichen Ermessens ist die Schaffung einer **Interessenabwägung** als weiteres Entscheidungskriterium (→ Rn. 60).[83] Der systematische Standort im Entscheidungsmaßstab ist indessen unklar. So fungiert die „Interessenabwägung“ mitunter als *ein* Faktor innerhalb des Merkmals „Dringlichkeit“.[84] Teilweise wird die Eilentscheidung *allein* (oder vornehmlich) auf eine „Interessenabwägung“ gestützt.[85] Vermehrt wird die beantragte Eilentscheidung davon abhängig gemacht, dass sie notwendig und dringlich ist sowie *kumulativ* als Ergebnis der Interessenabwägung mehr für als gegen die vorläufige Maßnahme spricht;[86] dabei reklamiert die Rechtsprechung für sich, nur „gegebenenfalls“ eine Abwägung der konfligierenden Interessen vornehmen zu wollen.[87]

40 Zur **Prüfungsreihenfolge** hatte sich das sachgerecht und schlüssige Konzept etabliert, dass die „Notwendigkeit“ vor der „Dringlichkeit“ der beantragten Eilentscheidung zu prüfen ist.[88] Zunehmend wird das Entscheidungskonzept in das richterliche Belieben gestellt; die Prüfungsreihenfolge sei frei bestimmbar, da keine Vorschrift des Unionsrechts ein Prüfungsschema vorgebe.[89] Als Folge richterlicher Kreation wird bisweilen die „Dringlichkeit“ an die Spitze der Prüfung gestellt.[90] Demgegenüber steht mitunter die „Interessenabwägung“ am Anfang, gefolgt von der „Dringlichkeit“ und – vielleicht – dem „fumus boni iuris“.[91] Dieses Changieren ist Ausdruck richterlicher Willkür. Es ist bekannt, dass die (Er-)Kenntnis der Rechtslage Einfluss auf die Dringlichkeit einer Eilentscheidung haben kann (→ § 35 Rn. 54). Auch der EuGH sieht, dass der **fumus boni iuris** Einfluss auf die Würdigung der **Dringlichkeit** hat.[92] Dann jedoch ist jene Prüfungsreihenfolge aus systematischen Gründen – unabhängig von einem positivierten „Schema“ – zwingend. Die – in der Sache zu Unrecht postulierte zusätzliche – **Interessenabwägung** mag am Ende der Prüfung folgen; wie eine Abwägung an der Spitze der Prüfung – ohne Betrachtung der Sach- und Rechtslage und ohne Kenntnis der Dringlichkeit – juristischer Rationalität genügen soll, bleibt rätselhaft.

## II. Entscheidungskriterien

### 1. Sach- und Rechtsgründe für vorläufigen Rechtsschutz

41 Die nach der früheren Rechtslage (Art. 83 § 2 EuGH-VfO, Art. 104 § 2 EuG-VfO) geforderte *Notwendigkeit* der beantragten Anordnung war gegeben, wenn die Klage in der

---

[82] EuGH EuZW 1996, 628 Rn. 45; DVBl 1997, 655 Rn. 28; EuZW 2002, 721; Beschl. v. 10.9.2013 – C-278/13 P(R), BeckRS 2013, 81848 Rn. 22; EuG Beschl. v. 16.11.2012 – T-345/12 R, BeckRS 2013, 80094 Rn. 21; Beschl. v. 19.7.2016 – T-131/16 R, BeckRS 2016, 82080 Rn. 14; zustimmend *Richter* Einstweiliger Rechtsschutz, S. 96.

[83] EuGH EuZW 1996, 728 Rn. 44, bemerkte bereits: „ständige Rechtsprechung“.

[84] EuGH EuZW 2004, 177 Rn. 90; dazu ablehnend Anm. *Schroeder* EuZW 2004, 181: methodisch nicht sachgerecht, Vermischung der Argumentationsebenen. – „Interessenabwägung“ ebenfalls als Unterpunkt der „Dringlichkeit“ zuordnend z. B. *Pechstein* EU-Prozessrecht, Rn. 932; *Ehricke* in: Streinz, EUV/AEUV, Art. 279 AEUV Rn. 25.

[85] EuGH EuZW 1992, 485 Rn. 28; EuG Beschl. v. 16.11.2012 – T-345/12 R, BeckRS 2013, 80094 Rn. 24 ff.

[86] EuGH BayVBl 1995, 337 Rn. 24.

[87] EuGH EuZW 2004, 177 Rn. 30; EuZW 2014, 419 Rn. 18; EuZW 2016, 314 Rn. 21; EuG Beschl. v. 16.11.2012 – T-345/12 R, BeckRS 2013, 80094 Rn. 20; Beschl. v. 26.9.2019 – T-549/19 R, BeckRS 2019, 22776 Rn. 11.

[88] *Kaessner* Einstweiliger Rechtsschutz, S. 101 f.

[89] EuGH Beschl. v. 7.3.2013 – C-551/12 P(R), BeckRS 2013, 80575 Rn. 22; EuG Beschl. v. 16.11.2012 – T-345/12 R, BeckRS 2013, 80094 Rn. 21; Beschl. v. 19.7.2016 – T-131/16 R, BeckRS 2016, 82080 Rn. 14; *Jaeger* EuR 2013, 3 (7).

[90] EuG Beschl. v. 19.7.2016 – T-131/16 R, BeckRS 2016, 82080 Rn. 16.

[91] EuG EuZW 2013, 34 Rn. 19, 24, 25, 29; Beschl. v. 16.11.2012 – T-345/12 R, BeckRS 2013, 80094 Rn. 23.

[92] EuGH Beschl. v. 7.3.2013 – C-551/12 P(R), BeckRS 2013, 80575 Rn. 24; Beschl. v. 12.6.2014 – C-21/14 P-R, BeckRS 2014, 81247 Rn. 40. Vgl. ferner → Rn. 58, 59.

Hauptsache hinreichende Aussicht auf Erfolg hatte.[93] Vorzunehmen war eine am materiellen Recht ausgerichtete *summarische Prüfung* der Sach- und Rechtslage.[94] Nach geltendem Recht setzt die Begründetheit des Eilantrags dem ersten Anschein nach **rechtfertigende Sach- und Rechtsgründe** für die Eilentscheidung voraus (Art. 160 Abs. 3 EuGH-VfO, Art. 156 Abs. 4 S. 1 EuG-VfO). Nach der Rechtsprechung ist in diesem Sinne ein fumus boni iuris gegeben, wenn das Vorbringen des Antragstellers zumindest hinsichtlich eines einzigen Klagegrundes auf den ersten Blick erheblich und jedenfalls nicht ohne Grundlage erscheint; komplexe Rechtsfragen werden dem Hauptsacheverfahren zugewiesen.[95]

**Zu den Fällen:** In Fall 1 hatte der EuGH (→ Rn. 30) zur Notwendigkeit einer Aussetzung der Vollziehung festgestellt, die Rüge der Kommission – Verletzung des Art. 76 EWGV (= Art. 92 AEUV) durch die deutsche Straßenbenutzungsgebühr[96] – bilde „auf den ersten Blick eine ausreichende Grundlage für den Erlass der beantragten einstweiligen Anordnung". – In Fall 2 hat der EuGH zum fumus boni iuris nicht Stellung genommen, weil er die „Dringlichkeit" vorgezogen und verneint hat (→ Rn. 56). – In Fall 3 lehnte der EuGH eine vertiefte Prüfung der Sach- und Rechtslage ab und erklärte (→ Rn. 21), da die Klage komplexe Rechtsfragen aufwerfe, die eine eingehende Erörterung verdienten, fehle dem Eilantrag „nicht dem ersten Anschein nach jede Rechtfertigung", so dass er nicht aus diesem Grund zurückgewiesen werden könne. – Zur Problematik von Fall 4 hat der EuGH betont (→ Rn. 47), dass es um eine komplexe rechtliche Frage gehe, deren Lösung sich nicht einfach aufdränge und es folglich nicht offensichtlich sei, dass die betreffenden Informationen keinen vertraulichen Charakter hätten; ein fumus boni iuris sei nachgewiesen (→ Rn. 70). 42

In der Sache beschränkt sich die Rechtsprechung mittlerweile darauf, eine Art „fumus non mali iuris" der Klage zu untersuchen.[97] Dadurch kann eine offensichtlich falsche Eilentscheidung vermieden werden.[98] Die die Eilentscheidung dem ersten Anschein nach **rechtfertigenden Sach- und Rechtsgründe** mutieren zu einem groben Filter; der fumus boni iuris tritt in seiner Bedeutung hinter der *Dringlichkeit* der Eilentscheidung zurück.[99] 43

### 2. Dringlichkeit des vorläufigen Rechtsschutzes

Mit der Entwertung des fumus boni iuris (→ Rn. 41, 43) verlagert sich der Schwerpunkt der Prüfung im Eilverfahren auf die **Dringlichkeit des vorläufigen Rechtsschutzes.**[100] Hierzu praktiziert die Rechtsprechung eine strenge Prüfung.[101] Die Gewährung vorläufigen Rechtsschutzes wird von der Judikatur restriktiv gehandhabt.[102] Der Antragsteller ist 44

---

[93] EuGH EuZW 1990, 349 Rn. 20 ff.; *Classen* in: Schulze/Janssen/Kadelbach, Europarecht, § 4 Rn. 88; *Wegener* in: Rengeling/Middeke/Gellermann, Rechtsschutz in der EU, § 19 Rn. 22 und § 20 Rn. 10.

[94] Vgl. etwa EuGH EuZW 2001, 431 Rn. 76 ff.; EuZW 2002, 721 Rn. 62 ff. (m. Anm. *Arhold*); EuZW 2004, 177 Rn. 48 ff. (m. Anm. *Schroeder*); EuG DVBl 2002, 249 Rn. 166 ff.

[95] EuGH Beschl. v. 10.9.2013 – C-278/13 P(R), BeckRS 2013, 81848 Rn. 67; EuZW 2016, 314 Rn. 22.

[96] Zur Unionsrechtswidrigkeit (Verstoß gegen Art. 18, 34, 56, 92 AEUV) der jüngeren deutschen Pkw-Maut EuGH NVwZ 2019, 1023 (m. Anm. *Zabel*) = EuZW 2019, 688 (m. Anm. *Kröll*) → *Kingreen* Jura (JK) 2019, 1222 und → *Streinz* JuS 2019, 825 sowie → JA 2020, 74 *(Ogorek)*.

[97] *Gaitanides* in: v. d. Groeben/Schwarze/Hatje, Europäisches Unionsrecht, Art. 279 AEUV Rn. 39; *Schwarze/Voet van Vormizeele* in: Schwarze, EU-Kommentar, Art. 278 AEUV Rn. 23.

[98] *Kaessner* Einstweiliger Rechtsschutz, S. 120.

[99] *Ehricke* in: Streinz, EUV/AEUV, Art. 279 AEUV Rn. 25.

[100] *Wegener* in: Calliess/Ruffert, EUV/AEUV, Art. 278, 279 AEUV Rn. 21; *Richter* Einstweiliger Rechtsschutz, S. 103; *Kaessner* Einstweiliger Rechtsschutz, S. 128, spricht vom „Herzstück" des vorläufigen Rechtsschutzes.

[101] *Classen* in: Schulze/Janssen/Kadelbach, Europarecht, § 4 Rn. 87.

[102] Speziell der Aussetzung der Vollziehung (Art. 278 S. 2 AEUV) wird „Ausnahmecharakter" zugeschrieben; EuGH EuZW 2014, 419 Rn. 25; EuG Beschl. v. 19.7.2016 – T-131/16 R, BeckRS 2016, 82080 Rn. 12; Beschl. v. 26.9.2019 – T-549/19 R, BeckRS 2019, 22776 Rn. 9; *Jaeger* EuR 2013, 3 (6 f., 13, 18); *Glawe* JA 2013, 63 (65).

darlegungs- und beweispflichtig dafür, dass die Dringlichkeit der beantragten gerichtlichen Anordnung gegeben ist.[103] Die Zulässigkeitsanforderung an den Eilantrag (→ Rn. 19) mutiert zum entscheidenden Begründetheitselement. In der Praxis scheitern die meisten Begehren auf Gewährung vorläufigen Rechtsschutzes am Kriterium der „Dringlichkeit".[104]

45 **a) Begriffsbestimmung.** Weder Art. 278, 279 AEUV noch Art. 160 EuGH-VfO, Art. 156 EuG-VfO nehmen eine Begriffsbestimmung zur „Dringlichkeit" einer gerichtlichen Eilentscheidung vor. Das Verständnis dieser Begründetheitsvoraussetzung ist richterrechtlich geprägt. Nach der Rechtsprechung ist die **Dringlichkeit** des vorläufigen Rechtsschutzes danach zu beurteilen, ob die einstweilige Entscheidung notwendig ist, um zu verhindern, dass durch den sofortigen Vollzug der mit der Klage angefochtenen Maßnahme bzw. durch die sonstige sofortige Anwendung der Maßnahme (z. B. Vorenthaltung einer Begünstigung), die Gegenstand der Klage ist, dem Antragsteller ein **schwerer und nicht wiedergutzumachender Schaden** droht.[105] Relevant ist danach das im Zeitraum zwischen der Eilentscheidung und der Hauptsacheentscheidung zu erwartende Geschehen. Elemente der Prüfung sind die Schwere des Schadens (→ Rn. 47), die Irreversibilität des Schadens (→ Rn. 49) und die zeitliche Nähe eines drohenden Schadenseintritts (→ Rn. 55); zudem muss der vom Antragsteller beanstandete Rechtsakt die Ursache des geltend gemachten Schadens sein.[106]

46 Der für die „Dringlichkeit" maßgebende **Schadensbegriff** (→ Rn. 45) ist weit zu verstehen; er umfasst sowohl materielle Schutzgüter (→ Rn. 50) als auch immaterielle Schutzgüter (→ Rn. 53), denen durch die angegriffene Maßnahme Nachteile drohen.[107] Entsprechend den Anforderungen an die Antragsbefugnis (→ Rn. 32) verlangt der subjektive Rechtswidrigkeitszusammenhang bei natürlichen und juristischen Personen allerdings, dass der befürchtete Schaden *ihren* rechtlich geschützten Gütern bzw. Vermögenswerten droht; bei Unionsorganen und EU-Mitgliedstaaten als Antragstellern hingegen können auch Schäden Dritter sowie Nachteile für das Allgemeinwohl Berücksichtigung finden[108] (zur Parallele bei der Antragsbefugnis → Rn. 34).

47 **b) Schwere des Schadens.** Zur Präzisierung des unbestimmten Rechtsbegriffs „schwerer Schaden" fehlt es bislang an Konkretisierungen sowohl zum (notwendigen) **Schadensausmaß** als auch zur (erforderlichen) **Schadensintensität.** Es dominiert die Wertung im Einzelfall. Zu beachten sind drei Leitlinien: (1) Auf die absolute Schadenshöhe kommt es nicht an, maßgeblich sind vielmehr (2) die – nicht nur unwesentlichen – Nachteile für den Antragsteller (gemessen z. B. an seiner wirtschaftlichen Gesamtsituation)[109] oder (3) die Schwere des gerügten Rechtsverstoßes.[110] Der zuletzt genannte Gesichtspunkt ist vor allem beim vorläufigen Rechtsschutz im Rahmen von Vertragsverletzungsverfahren auf Antrag

[103] EuGH Beschl. v. 7.3.2014 – C-551/12 P(R), BeckRS 2013, 80575 Rn. 40; Beschl. v. 12.6.2014 – C-21/14 P-R, BeckRS 2014, 81247 Rn. 37, 42, 51; Beschl. v. 14.1.2016 – C-517/15 P-R, BeckRS 2016, 80312 Rn. 27; EuG Beschl. v. 19.7.2016 – T-131/16 R, BeckRS 2016, 82080 Rn. 22.

[104] *Wägenbaur* EuZW 1996, 327 (332); *Jaeger* EuR 2013, 3 (25); *Soltész* EuZW 2019, 53 (59).

[105] EuGH EuZW 1990, 349 Rn. 31; EuZW 1993, 483 Rn. 22; BayVBl 1995, 337 Rn. 26; EuZW 1996, 628 Rn. 82; EuZW 2001, 431 Rn. 99; Beschl. v. 14.1.2016 – C-517/15 P-R, BeckRS 2016, 80312 Rn. 27; EuZW 2016, 314 Rn. 82.

[106] *Jaeger* EuR 2013, 3 (14, 21); *Stoll/Rigod* in: Grabitz/Hilf/Nettesheim, EUV/AEUV, Art. 279 AEUV Rn. 25a; *Wägenbaur* EuGH VerfO, Art. 156 EuG-VfO Rn. 21.

[107] *Wiehe* Vorläufiger Rechtsschutz, S. 154 f.; *Richter* Einstweiliger Rechtsschutz, S. 104; *Pechstein* EU-Prozessrecht, Rn. 933; *Wegener* in: Rengeling/Middeke/Gellermann, Rechtsschutz in der EU, § 19 Rn. 25 und § 20 Rn. 12.

[108] *Kaessner* Einstweiliger Rechtsschutz, S. 143 ff.; *Lehr* Einstweiliger Rechtsschutz, S. 81 f.; *Ehricke* in: Streinz, EUV/AEUV, Art. 279 AEUV Rn. 26.

[109] EuGH Beschl. v. 7.3.2013 – C-551/12 P(R), BeckRS 2013, 80575 Rn. 31 f.; EuG Beschl. v. 19.7.2016 – T-131/16 R, BeckRS 2016, 82080 Rn. 35 f.

[110] *Estler* Einstweiliger Rechtsschutz, S. 74 ff.; *Kaessner* Einstweiliger Rechtsschutz, S. 157 ff.; *Sladič* Einstweiliger Rechtsschutz, S. 186 ff.; *Richter* Einstweiliger Rechtsschutz, S. 108; *Wegener* in: Rengeling/Middeke/Gellermann, Rechtsschutz in der EU, § 19 Rn. 27 und § 20 Rn. 13; *Gaitanides* in: v. d. Groeben/Schwarze/Hatje, Europäisches Unionsrecht, Art. 279 AEUV Rn. 33.

der EU-Kommission (Art. 258 AEUV) von Bedeutung; dabei geht es um die tatsächliche Wirksamkeit des Unionsrechts (Art. 4 Abs. 3 EUV, Art. 197 Abs. 1 und Art. 291 Abs. 1 AEUV). So hat der EuGH z. B. in der Missachtung einer Vergaberichtlinie „eine schwerwiegende Verletzung des Gemeinschaftsrechts" erblickt;[111] konsistent ist diese Rechtsprechung allerdings nicht.[112] Dasselbe gilt für die Bewertung der Veröffentlichung von Informationen seitens der EU-Kommission, die diese im Kartellrecht vertraulich im Rahmen der Kronzeugenregelung erlangt hat; mitunter verschiebt der EuGH die Problematik auf die Ebene der Irreversibilität des Schadens[113] (→ Rn. 49 ff.).

**Zu Fall 4:** In seiner Entscheidung ist der EuGH (→ Rn. 85) davon ausgegangen, dass die streitigen Informationen unter das Berufsgeheimnis fallen. Auf Grund dieser Prämisse nahm der Gerichtshof (→ Rn. 86) an, dass der Firma F durch die Offenlegung der Informationen zwangsläufig ein erheblicher Schaden entstünde. 48

**c) Irreversibilität des Schadens.** Nach dem maßgeblichen Schadensbegriff (→ Rn. 45) 49 muss der drohende Schaden nicht nur „schwer" sein, es muss sich zudem um einen **nicht wiedergutzumachenden Schaden** handeln. Das ist der Fall, wenn trotz erfolgreicher Hauptsacheklage ein späterer Ausgleich der dem Antragsteller drohenden Nachteile weder durch Naturalrestitution noch durch Schadenersatz in Geld möglich erscheint.[114] Zu klären ist, ob durch die sofortige Umsetzung der mit der Klage angegriffenen Maßnahme dem Antragsteller ein irreversibler Schaden zugefügt wird, weil eine Wiedergutmachung ausscheidet, selbst wenn die umstrittene Maßnahme durch die Hauptsacheentscheidung für ungültig erklärt wird.[115] Dieses Kriterium wird von der Rechtsprechung streng gehandhabt.[116] Nach der Judikatur muss der Antragsteller die Irreversibilität beweisen.[117] Keine „Dringlichkeit" ist anzunehmen, wenn einer Irreversibilität des Schadens vorgebeugt wird; das gilt etwa bei Stillhalteverpflichtungen der Verfahrensbeteiligten, Abreden über einen späteren Ausgleich im Falle einer Schädigung und Absicherungsmöglichkeiten des Antragstellers.[118] An der Irreversibilität des Schadens soll es ebenfalls fehlen, wenn der Schaden auch bei Erlass der beantragten Eilentscheidung eintreten würde;[119] das ist nicht unproblematisch, weil eine Zweifel ausschließende gerichtliche Prognosesicherheit fingiert wird.

**aa) Finanzieller Schaden.** Nicht selten werden vom Antragsteller im Eilverfahren dro- 50 hende wirtschaftliche (finanzielle) Einbußen geltend gemacht, falls der vorläufige Rechtsschutz versagt würde. In derartigen Konstellationen wird die Irreversibilität seitens der Rechtsprechung grundsätzlich verneint (zu Ausnahmen → Rn. 51). Ein **finanzieller Schaden** sei nicht als irreparabel anzusehen, da in der Regel ein Ersatz in Geld den Geschädigten wieder in die Lage versetzen könne, in der er sich vor Eintritt des Schadens befunden habe; dafür stehe insbesondere die **Schadenersatzklage** gemäß Art. 268 AEUV und Art. 340 AEUV zur Verfügung.[120] Auf die Erfolgsaussichten einer solchen Klage geht

---

[111] EuGH BayVBl 1995, 337 Rn. 31.

[112] Vgl. etwa EuGH Beschl. v. 23.4.2015 – C-35/15 P(R), BeckRS 2015, 81410 Rn. 43 ff.

[113] Typisch insoweit EuGH, Beschl. v. 10.9.2013 – C-278/13 P(R), BeckRS 2013, 81848 Rn. 40.

[114] *Wiehe* Vorläufiger Rechtsschutz, S. 155 f.; *Pechstein* EU-Prozessrecht, Rn. 935.

[115] EuGH EuZW 1991, 313 Rn. 29; EuZW 1995 Rn. 41; EuZW 2016, 314 Rn. 82, 90.

[116] *Pechstein* EU-Prozessrecht, Rn. 935; *Ehricke* in: Streinz, EUV/AEUV, Art. 279 AEUV Rn. 31; *Gaitanides* in: v. d. Groeben/Schwarze/Hatje, Europäisches Unionsrecht, Art. 279 AEUV Rn. 35.

[117] EuGH Beschl. v. 10.9.2013 – C-278/13 P(R), BeckRS 2013, 81848 Rn. 41; EuZW 2014, 419 Rn. 19; Beschl. v. 12.6.2014 – C-21/14 P-R, BeckRS 2014, 81247 Rn. 42.

[118] Vgl. etwa EuGH, Beschl. v. 22.11.2018 – C-315/18 P(R), BeckRS 2018, 30398 Rn. 35: Bildung von Rückstellungen, zur Verfügung stehende Kredite, finanzielle Unterstützung durch Mehrheitsaktionär eines Unternehmens.

[119] *Stoll/Rigod* in: Grabitz/Hilf/Nettesheim, EUV/AEUV, Art. 279 AEUV Rn. 23.

[120] EuGH EuZW 1995, 837 Rn. 41; EuZW 2001, 431 Rn. 103; Beschl. v. 10.9.2013 – C-278/13 P(R), BeckRS 2013, 81848 Rn. 50; Beschl. v. 23.4.2015 – C-35/15 P(R), BeckRS 2015, 81410 Rn. 24; Beschl. v. 14.1.2016 – C-517/15 P-R, BeckRS 2016, 80312 Rn. 53.

der EuGH nicht ein.[121] Sogar die drohende Insolvenz eines Unternehmens soll nicht zwangsläufig zur Bejahung der „Dringlichkeit" einer einstweiligen Anordnung führen.[122] Eine solche Auffassung kommt einer Rechtsschutzverweigerung gleich. Selbstverständlich zwingt eine **drohende Existenzgefährdung** zur Bejahung der „Dringlichkeit".[123] Inzwischen sieht der EuGH, dass die Bedrohung der finanziellen Lebensfähigkeit eines Unternehmens vor der Hauptsacheentscheidung ein nicht wiedergutzumachender Schaden sein kann.[124]

51 Neben der Existenzgefährdung (→ Rn. 50) wird ein finanzieller Schaden auch dann als **nicht wiedergutzumachend** angesehen, wenn er selbst bei seinem Eintritt nicht beziffert werden kann. Dann vermag der Schaden im Wege der Schadenersatzklage nicht kompensiert zu werden.[125] Das ist bei einer von der EU-Kommission geplanten Veröffentlichung geschäftlicher – tatsächlich oder angeblich vertraulicher – Informationen der Fall, die durch ein **Berufsgeheimnis** oder ein **Geschäftsgeheimnis** geschützt sind bzw. geschützt sein könnten (Kunden, Lieferketten, Preiskalkulation etc.); ein drohender Schaden lässt sich nach Art und Umfang nicht vorhersehen, weil das Gebrauchmachen von veröffentlichten Informationen (z. B. durch Wettbewerber, Kunden, Lieferanten, Finanzanalysten) und die daraus hervorgehenden wirtschaftlichen Folgen für das betroffene Unternehmen nicht eingeschätzt und beurteilt werden können.[126]

52 **Zu den Fällen:** In Fall 1 attestierte der EuGH (→ Rn. 39) der EU-Kommission den Nachweis zum Bestehen der Gefahr eines schweren und nicht wiedergutzumachenden Schadens. Zwar gehe es um einen bloßen finanziellen Schaden, die Wirkung der streitigen Gebühr auf die Rentabilität von Verkehrsunternehmen anderer EU-Mitgliedstaaten könne jedoch etliche von ihnen zur Einstellung ihrer Tätigkeit zwingen; zudem könne die Gebührenerhebung unumkehrbare Veränderungen bei der Verteilung der Marktanteile zwischen deutschen Verkehrsunternehmen und Unternehmen anderer Mitgliedstaaten nach sich ziehen. – In Fall 4 stellte der EuGH (→ Rn. 95) fest, dass sich ein der Firma F drohender Schaden nicht beziffern lasse. Es wäre später nicht möglich, Zahl und Eigenschaft derjenigen Personen festzustellen, die von den veröffentlichen Informationen Kenntnis erlangt hätten; folglich könnten die konkreten Auswirkungen einer Veröffentlichung auf die geschäftlichen und wirtschaftlichen Interessen der Firma F nicht beurteilt werden.

53 **bb) Immaterieller Schaden.** Zur rechtlichen Bewertung eines immateriellen Schadens im Eilverfahren ist die Rechtsprechung des EuGH inkonsistent und teilweise widersprüchlich. Tritt ein derartiger Schaden ein, ist er in der Regel irreversibel.[127] So kann z. B. ein Vergaberechtsverstoß durch einen EU-Mitgliedstaat nicht ungeschehen gemacht werden; der Schaden für die Unionsrechtsordnung und Nachteile für Bieter, die an eine Beteiligung am Wettbewerb um die öffentliche Ausschreibung gehindert worden sind, können

[121] Zutreffende Kritik dazu bei *Wegener* in: Calliess/Ruffert, EUV/AEUV, Art. 278, 279 AEUV Rn. 23.
[122] So EuGH EuZW 2002, 721 Rn. 56.
[123] *Arhold* EuZW 2002, 728; *Glawe* JA 2013, 63 (65); *Richter* Einstweiliger Rechtsschutz, S. 111 f.; *Ehricke* in: Streinz, EUV/AEUV, Art. 279 AEUV Rn. 32; *Wägenbaur* EuGH VerfO, Art. 160 EuGH-VfO Rn. 10 und Art. 156 EuG-VfO Rn. 29 f.
[124] EuGH Beschl. v. 7.3.2013 – C-551/12 P(R), BeckRS 2013, 80575 Rn. 54 (im konkreten Fall aber angesichts der Finanzstärke des EDF-Konzerns als Antragsteller abgelehnt, Rn. 57); EuGH Beschl. v. 12.6.2014 – C-21/14 P-R, BeckRS 2014, 81247 Rn. 46 (im konkreten Fall aber abgelehnt, da sich der Antragsteller erst vier Jahre nach Einführung des ihn belastenden Antidumpingzolls gerichtlich zur Wehr setzte, Rn. 53).
[125] EuGH Beschl. v. 14.1.2016 – C-517/15 P-R, BeckRS 2016, 80312 Rn. 54; EuZW 2016, 314 Rn. 46; EuG Beschl. v. 26.9.2019 – T-549/19 R, BeckRS 2019, 22776 Rn. 39.
[126] EuGH Beschl. v. 10.9.2013 – C-278/13 P(R), BeckRS 2013, 81848 Rn. 54 f.; EuZW 2016, 314 Rn. 94.
[127] Vorläufiger Rechtsschutz ist dann obsolet, es bleibt ggf. eine Kompensation durch finanziellen Ausgleich; *Wegener* in: Calliess/Ruffert, EUV/AEUV, Art. 278, 279 AEUV Rn. 23; a. A. *Wägenbaur* EuGH VerfO, Art. 156 EuG-VfO Rn. 42.

nicht mehr beseitigt werden.[128] Dasselbe gilt für die Veröffentlichung von Informationen über ein Unternehmen durch die EU-Administration; wird dadurch z. B. das Berufsgeheimnis (Art. 339 AEUV) verletzt, kann der Vorgang als solcher nicht revidiert werden.[129] Daraus hat das EuG den zutreffenden Schluss gezogen, dass der Erlass einer einstweiligen Anordnung bei einer **drohenden Grundrechtsverletzung** dringend geboten sei; andernfalls komme es zur völligen Aushöhlung des Schutzes des Berufsgeheimnisses (Art. 339 AEUV) und der Vertraulichkeit (Art. 7 GRCh, Art. 8 EMRK).[130] Der EuGH behauptet demgegenüber zu Unrecht, im Falle der Veröffentlichung liege ein nicht hinreichender *abstrakter* Grundrechtseingriff vor; der sich daraus ergebende *Schaden* müsse einen irreparablen Charakter haben.[131] Der Gerichtshof verkennt, dass es nicht um *finanzielle Folgeschäden* des Geheimnisbruchs geht, sondern der Grundrechtseingriff als solcher den **immateriellen Schaden** markiert; *diese* Beeinträchtigung ist nicht abstrakt, sondern sehr konkret.

Ist die Veröffentlichung einer Information irreversibel, wird dem Antragsteller mit der Verneinung der „Dringlichkeit" **wirksamer Rechtsschutz** verweigert. Ein späterer Erfolg im Hauptsacheverfahren kann die Veröffentlichung nicht ungeschehen machen; ist sie rechtswidrig gewesen, liegt eine bleibende Verletzung des Berufsgeheimnisses und der Vertraulichkeit vor. Deshalb wird durch eine Negierung der „Dringlichkeit" in derartigen Konstellationen das **Recht auf einen wirksamen Rechtsbehelf** (Art. 47 GRCh, Art. 6 EMRK) unwiederbringlich beeinträchtigt.[132] Diese Dimension des vorläufigen Rechtsschutzes ist dem EuGH bislang verborgen geblieben. 54

**d) Zeitliche Schadensnähe.** Eine „Dringlichkeit" ist nur anzunehmen, wenn der drohende Schaden zeitlich vor der Hauptsacheentscheidung eintreten kann. Die „Dringlichkeit" der Gewährung vorläufigen Rechtsschutzes setzt daher voraus, dass der schwere und irreversible Schaden unmittelbar bevorsteht.[133] Der Antragsteller muss die hierfür notwendigen Tatsachen darlegen und ggf. beweisen.[134] Dabei muss das **unmittelbare Bevorstehen des Schadens** nicht mit absoluter Sicherheit nachgewiesen werden; insbesondere wenn die Entstehung des Schadens vom Eintritt mehrerer Faktoren abhängt, genügt es, dass er mit einem hinreichenden Grad von Wahrscheinlichkeit vorhersehbar ist.[135] Lediglich potentielle Risiken sowie eine ungewisse und vom Zufall abhängige Gefahr des Schadenseintritts genügen für die Bejahung der notwendigen Schadensnähe nicht; unzureichend sind auch vage und rein hypothetische Behauptungen des Antragstellers.[136] 55

**Zu Fall 2:** In der zu Fall 2 ergangenen Entscheidung hat der EuGH die „Dringlichkeit" vorläufigen Rechtsschutzes verneint, weil der Beschluss der EU-Kommission noch nicht die Rückforderung der staatlichen Beihilfe darstelle; das sei erst bei einer verbindlichen Maßnahme der zuständigen nationalen Behörde der Fall, so dass CMN unmittelbar kein Schaden drohe (→ Rn. 22, 23). Der EuGH übersieht, dass sich mit der Rückforderung der Beihilfe durch die mitgliedstaatliche Behörde der Schaden bereits manifestiert; denn die Kommissionsentscheidung führt zwingend zur Rückforde- 56

---

[128] EuGH BayVBl 1995, 337 Rn. 31; daher effektiven vorläufigen Rechtsschutz im öffentlichen Auftragswesen propagierend EuGH Beschl. v. 23.4.2015 – C-35/15 P(R), BeckRS 2015, 81410 Rn. 30.

[129] EuGH Beschl. v. 10.9.2013 – C-278/13 P(R), BeckRS 2013, 81848 Rn. 46, 48.

[130] EuG EuZW 2013, 34 Rn. 28; Beschl. v. 16.11.2012 – T-345/12 R, BeckRS 2013, 80094 Rn. 33.

[131] EuGH Beschl. v. 10.9.2013 – C-278/13 P(R), BeckRS 2013, 81848 Rn. 40.

[132] EuG EuZW 2013, 34 Rn. 28; Beschl. v. 16.11.2012 – T-345/12 R, BeckRS 2013, 80094 Rn. 33.

[133] *Wägenbaur* EuZW 1996, 327 (331); *Pechstein* EU-Prozessrecht, Rn. 936; *Richter* Einstweiliger Rechtsschutz, S. 116; *Gaitanides* in: v. d. Groeben/Schwarze/Hatje, Europäisches Unionsrecht, Art. 279 AEUV Rn. 36.

[134] EuGH Beschl. v. 7.3.2013 – C-551/12 P(R), BeckRS 2013, 80575 Rn. 48; Beschl. v. 10.9.2013 – C-278/13 P(R), BeckRS 2013, 81848 Rn. 37.

[135] EuGH Beschl. v. 7.3.2013 – C-551/12 P(R), BeckRS 2013, 80575 Rn. 40; Beschl. v. 12.6.2014 – C-21/14 P-R, BeckRS 2014, 81247 Rn. 37; Beschl. v. 14.1.2016 – C-517/15 P-R, BeckRS 2016, 80312 Rn. 37.

[136] *Wägenbaur* EuZW 1996, 327 (331 f.); *ders.* EuGH VerfO, Art. 156 EuG-VfO Rn. 24.

rung der Beihilfe,[137] so dass der Schadenseintritt unmittelbar bevorsteht und die „Dringlichkeit" begründet.[138]

57 **Zu Fall 3:** Der EuGH (→ Rn. 32ff., 41, 45) verweist darauf, dass der Eintritt des von der Bundesrepublik Deutschland geltend gemachten drohenden Schadens (Preisanstieg für Bananen, Angebotsverknappung, Verlust von Arbeitsplätzen) von einer Reihe von Faktoren abhänge. Die Reaktion des Marktes auf die neue Marktordnung für Bananen sei kaum vorhersehbar; insbesondere sei nicht ersichtlich, weshalb es den betreffenden Importeuren nicht gelingen solle, sich mit AKP-Bananen[139] und Bananen aus Überseeprovinzen von EU-Mitgliedsländern einzudecken. Erweise sich die Einschätzung der EU als unrichtig, könnten die notwendigen Anpassungen später vorgenommen werden.

58 **e) Lockerung der Dringlichkeitsvoraussetzungen.** Liegt ein besonders ausgeprägter *fumus boni iuris* (→ Rn. 41) vor, kann eine **Lockerung der Anforderungen an die Dringlichkeit** in Betracht kommen. Anerkannt wurde diese Wechselwirkung zwischen der Beurteilung der Sach- und Rechtslage im Eilverfahren und der Dringlichkeit vorläufigen Rechtsschutzes zunächst im **öffentlichen Auftragswesen** (Vergaberecht) unter Hinweis auf das Gebot wirksamen Rechtsschutzes (Art. 47 GRCh): Von dem abgelehnten Bieter könne nicht der Nachweis verlangt werden, die Zurückweisung seines Eilantrags verursache bei ihm einen irreversiblen Schaden, weil ein solcher Nachweis als unverhältnismäßiger und ungerechtfertigter Eingriff in den effektiven gerichtlichen Rechtsschutz zu qualifizieren sei.[140]

59 Die Lockerung der für die Dringlichkeit geltenden Voraussetzungen ist – womit es aber sein Bewenden haben soll – auf zwei weitere Arten von Rechtsstreitigkeiten erstreckt worden: EU-Sanktionen und Zugang zu Dokumenten. Beim Streit um **EU-Sanktionen** (z. B. Einfrieren von Geldern im Außenhandelsrecht) könne die Dringlichkeit in der unabdingbaren Notwendigkeit bestehen, so schnell wie möglich einen offenkundigen und äußerst schwerwiegenden Rechtsverstoß zu beseitigen; beim **Zugang zu Dokumenten** könne sich der Eilrichter wegen der Irreversibilität der Informationserlangung zur Aussetzung der Vollziehung bzw. zu einer einstweiligen Anordnung veranlasst sehen, um die praktische Wirksamkeit der Entscheidung in der Hauptsache zu gewährleisten.[141] Die Begrenzung der Lockerung von Dringlichkeitsvoraussetzungen auf die drei Rechtsgebiete ist willkürlich „gegriffen". Verfügten EuGH und EuG über ein ausgeprägtes Bewusstsein zur Bedeutung wirksamen vorläufigen Rechtsschutzes (Art. 47 GRCh), erführe der fumus boni iuris eine substantielle Würdigung; die Sicherung des im konkreten Fall in Rede stehenden materiellen Rechts erhielte den notwendigen Stellenwert im Eilverfahren mit der Folge, dass die teilweise übertriebenen Anforderungen an die „Dringlichkeit" auf das rechte Maß abgebaut werden könnten.

### 3. Interessenabwägung

60 Droht dem Antragsteller ein schwerer und irreversibler Schaden, treten EuGH und EuG „gegebenenfalls" (→ Rn. 39) in eine **Interessenabwägung** ein, um über die Aussetzung der Vollziehung oder den Erlass einer einstweiligen Anordnung zu entscheiden. Abgewogen werden die dem Antragsteller im Falle der Ablehnung des Eilantrags drohenden Schäden

---

[137] Näher dazu *Schoch* in: Schoch/Schneider, VwVfG, § 48 Rn. 13 (m. w. Nachw.) und § 49a Rn. 10.
[138] *Richter* EuZW 2014, 416 (418).
[139] „AKP" umfasst Staaten Afrikas, der Karibik und des Pazifiks; vgl. dazu Hinweise in Sartorius II Nr. 315.
[140] EuGH Beschl. v. 23.4.2015 – C-35/15 P(R), BeckRS 2015, 81410 Rn. 41; *Wägenbaur* EuGH VerfO, Art. 156 EuG-VfO Rn. 23.
[141] EuG Beschl. v. 19.7.2016 – T-131/16 R, BeckRS 2016, 82080 Rn. 40 und Rn. 42.

mit den Nachteilen, die der Antragsgegner sowie eventuell betroffene Dritte bei Erlass der beantragten Eilmaßnahme zu gewärtigen haben.[142] Zur Gewährung des begehrten vorläufigen Rechtsschutzes müssen die Interessen des Antragstellers die gegenläufigen Interessen des Antragsgegners sowie ggf. Dritter überwiegen.[143]

Die „Interessenabwägung" ist – ohne Grundlage im primären oder sekundären Unionsrecht (→ Rn. 39) – eine **Kreation der Rechtsprechung.**[144] Klare Konturen hat die „Interessenabwägung" nicht gewonnen.[145] Die im Schrifttum eingeforderte Doppelhypothese (dazu → § 21 Rn. 41), um wenigstens die *Methode* der Entscheidungsfindung zu rationalisieren,[146] wird von der Rechtsprechung nur vereinzelt praktiziert.[147] Ein verallgemeinerungsfähiges Konzept hat die Judikatur nicht entwickelt. Es dominiert die fallbezogene Würdigung der richterlich für relevant erachteten konkreten Umstände.[148] „Interessen" sind keine objektiv vorfindlichen Größen, die es nur zu ermitteln gilt; es handelt sich um richterliche Zuschreibungen, die man teilen mag, vielfach aber auch ganz anders vornehmen könnte.[149] Der richterliche Dezisionismus ist mitunter stark rechtspolitisch inspiriert.[150] Mit der „Interessenabwägung" haben sich die Gerichte die Möglichkeit geschaffen, die Gewährung vorläufigen Rechtsschutzes selbst dann zu verweigern, wenn zuvor seine Rechtfertigung („Notwendigkeit") nach der Sach- und Rechtslage angenommen und die Dringlichkeit des Rechtsschutzes bejaht worden waren.[151] 61

**Zu Fall 3 und Fall 4:** Der EuGH stellte in der Entscheidung zu Fall 3 fest, selbst wenn der Bundesrepublik Deutschland ein irreversibler Schaden drohe, führe eine Abwägung der betroffenen Interessen dazu, dass Deutschland im Interesse des Funktionierens der neuen Marktordnung in deren unionsweite Anwendung einbezogen werden müsse (→ Rn. 49 ff.). – In der Entscheidung zu Fall 4 führte die Folgenabwägung zu der Einsicht, dass einem Aufhebungsurteil offenkundig die Wirksamkeit genommen würde, wenn der Eilantrag zurückgewiesen würde und die EU-Kommission die streitigen Informationen unmittelbar danach veröffentlichen könnte; dadurch verlören die Informationen unumkehrbar den ihnen durch das Berufsgeheimnis gewährten Schutz (→ Rn. 51). 62

### 4. Nachweispflichten des Antragstellers

Bis zur Reform der Verfahrensordnungen musste der Antragsteller die Notwendigkeit und die Dringlichkeit der begehrten Eilentscheidung „glaubhaft" machen (Art. 83 § 2 EuGH-VfO a. F., Art. 104 § 2 EuG-VfO a. F.). Nunmehr muss der Antragsteller diejenigen 63

---

[142] EuG WuW 1999, 289 Rn. 68 ff.; *Wägenbaur* EuZW 1996, 327 (332); *Jaeger* EuR 2013, 3 (22); *Glawe* JA 2013, 63 (66); *Estler* Einstweiliger Rechtsschutz, S. 82 ff.; *Wegener* in: Rengeling/Middeke/Gellermann, Rechtsschutz in der EU, § 19 Rn. 31 und § 20 Rn. 14; *Ehricke* in: Streinz, EUV/AEUV, Art. 279 AEUV Rn. 33.

[143] EuGH EuZW 2016, 314 Rn. 103; *Gaitanides* in: v. d. Groeben/Schwarze/Hatje, Europäisches Unionsrecht, Art. 279 AEUV Rn. 31.

[144] *Wägenbaur* EuGH VerfO, Art. 156 EuG-VfO Rn. 50. – *Richter* Einstweiliger Rechtsschutz, S. 119 f., meint, die Interessenabwägung ergebe sich aus dem Grundsatz der Verhältnismäßigkeit.

[145] *Kaessner* Einstweiliger Rechtsschutz, S. 190, 198.

[146] *Arhold* EuZW 2002, 729; *Pechstein* EU-Prozessrecht, Rn. 937.

[147] EuGH EuZW 2016, 314 Rn. 103 (Entscheidung zu Fall 4 → Rn. 4); zuvor EuG EuZW 2013, 34 Rn. 19 (m. Anm. *Berrisch*).

[148] *Wägenbaur* EuZW 1996, 327 (332) rühmt „ein hohes Maß an Einzelfallgerechtigkeit"; *ders.* EuGH VerfO, Art. 156 EuG-VfO Rn. 50, verweist darauf, dass Verhältnismäßigkeitsgesichtspunkte und Billigkeitserwägungen zum Tragen kämen.

[149] Das Bemühen der Rechtsprechung um einen „angemessenen Interessenausgleich" betonen *Wegener* in: Rengeling/Middeke/Gellermann, Rechtsschutz in der EU, § 19 Rn. 31 und *Ehricke* in: Streinz, EUV/AEUV, Art. 279 AEUV Rn. 36.

[150] *Jaeger* EuR 2013, 3 (23 f.): strikter Vorrang des Interesses der EU an der Durchsetzung ihrer Sanktionsmaßnahmen gegenüber Rechtsschutzinteressen Betroffener.

[151] Vgl. etwa EuGH EuZW 2001, 431 Rn. 111; EuG DVBl 2002, 249 Rn. 216 ff.

**Umstände anführen,** aus denen sich sowohl die Dringlichkeit ergibt als auch dem ersten Anschein nach die die beantragte richterliche Maßnahme rechtfertigenden Sach- und Rechtsgründe (Art. 160 Abs. 3 EuGH-VfO, Art. 156 Abs. 4 S. 1 EuG-VfO). Die praktischen Konsequenzen der Neuregelung sind signifikant.[152] Nach der Rechtsprechung muss der Antragsteller die **Tatsachen beweisen,** die die beantragte Eilentscheidung legitimieren; das betrifft insbesondere die – in der Regel von den Gerichten verneinte – „Dringlichkeit".[153]

64 Das von der Rechtsprechung geforderte **Beweismaß** geht deutlich über eine „Glaubhaftmachung" hinaus. Der Vortrag des Antragstellers muss dem zuständigen Gericht ohne weitere Informationen die Entscheidung über den Eilantrag ermöglichen.[154] Einen Anhaltspunkt für dieses strenge Regime bietet Art. 156 Abs. 4 S. 2 EuG-VfO; danach muss der Antrag auf vorläufigen Rechtsschutz sämtliche verfügbaren **Beweise und Beweisangebote** enthalten, die dazu bestimmt sind, den Erlass der einstweiligen Anordnung zu rechtfertigen. Die Möglichkeit einer **Beweisaufnahme** durch das Gericht (Art. 160 Abs. 6 EuGH-VfO, Art. 157 Abs. 3 EuG-VfO) wird in der Praxis nicht wahrgenommen; eine Amtsermittlung findet nicht statt.

## D. Entscheidung und Entscheidungsinhalt

### I. Zuständigkeit und Verfahren

65 Die Antragsschrift wird der Gegenpartei – mit der Möglichkeit zur Stellungnahme – zugestellt (Art. 160 Abs. 5 EuGH-VfO, Art. 157 Abs. 1 EuG-VfO). Dem Antrag kann ggf. stattgegeben werden, bevor die Stellungnahme eingeht (Art. 160 Abs. 7 S. 1 EuGH-VfO, Art. 157 Abs. 2 S. 1 EuG-VfO). Die **funktionelle Zuständigkeit** für die Eilentscheidung liegt beim Präsidenten des EuGH bzw. des EuG (Art. 161 Abs. 1 Alt. 1 EuGH-VfO, Art. 158 Abs. 1 S. 1 EuG-VfO). Der EuGH-Präsident hat seine Entscheidungszuständigkeit auf den Vizepräsidenten des Gerichtshofs übertragen (vgl. Art. 39 Abs. 2 EuGH-Satzung), so dass in der Praxis dieser entscheidet.[155] Beim EuGH erfolgt die Übertragung der Entscheidung auf den Gerichtshof (Art. 161 Abs. 1 Alt. 2 EuGH-VfO, wenn der Rechtssache grundsätzliche Bedeutung zukommt[156] oder wenn der (Vize-)Präsident – z. B. bei einem neuen Antrag (→ Rn. 79) oder einem Änderungsantrag (→ Rn. 76) – bereits in der betreffenden Rechtssache eine Eilentscheidung getroffen hat.[157]

66 Die Eilentscheidung ergeht durch **Beschluss;** dieser ist zu begründen und wird den Parteien umgehend zugestellt (Art. 162 Abs. 1 EuGH-VfO, Art. 158 Abs. 1 EuG-VfO). Im Eilverfahren ergehende Beschlüsse sind – sofern sie einen vollstreckungsfähigen Inhalt haben – vollstreckbar;[158] die **Vollstreckung des Beschlusses** kann von der Leistung einer Si-

---

[152] *Ehricke* in: Streinz, EUV/AEUV, Art. 279 AEUV Rn. 40, erkennt eine Herabsetzung der Anforderungen, richtig ist indes das Gegenteil (vgl. Text zu Fn. 149); vgl. auch *Stoll/Rigod* in: Grabitz/Hilf/Nettesheim, EUV/AEUV, Art. 279 AEUV Rn. 29.

[153] EuGH Beschl. v. 7.3.2013 – C-551/12 P(R), BeckRS 2013, 80575 Rn. 39, 48; Beschl. v. 10.9.2013 – C-278/13 P(R), BeckRS 2013, 81848 Rn. 36, 37, 41; Beschl. v. 12.6.2014 – C-21/14 P-R, BeckRS 2014, 81247 Rn. 42, 51, 53, 56; Beschl. v. 14.1.2016 – C-517/15 P-R, BeckRS 2016, 80312 Rn. 27, 37; EuG Beschl. v. 19.7.2016 – T-131/16 R, BeckRS 2016, 82080 Rn. 22, 23; EuG Beschl. v. 26.9.2019 – T-549/19 R, BeckRS 2019, 22776 Rn. 22 ff.

[154] EuGH Beschl. v. 7.3.2013 – C-551/12 P(R), BeckRS 2013, 80575 Rn. 39; EuG Beschl. v. 26.9.2019 – T-549/19 R, BeckRS 2019, 22776 Rn. 21; *Wägenbaur* EuGH VerfO, Art. 156 EuG-VfO Rn. 25.

[155] *Gaitanides* in: v. d. Groeben/Schwarze/Hatje, Europäisches Unionsrecht, Art. 279 AEUV Rn. 14; *Wägenbaur* EuGH VerfO, Art. 161 EuG-VfO Rn. 1.

[156] *Wägenbaur* EuZW 1996, 327 (333); *Ehricke* in: Streinz, EUV/AEUV, Art. 279 AEUV Rn. 43. – Beispiele hierfür sind die Entscheidungen zu Fall 2 (→ Rn. 2) und Fall 3 (→ Rn. 3).

[157] Beispiel: EuGH EuZW 1990, 255, nachfolgend die Entscheidung zu Fall 1 (→ Rn. 1).

[158] *Wägenbaur* EuZW 1996, 327 (334 f.); *Kaessner* Einstweiliger Rechtsschutz, S. 264.

cherheit durch den Antragsteller abhängig gemacht werden, deren Höhe und Art nach Maßgabe der Umstände festzusetzen sind (Art. 162 Abs. 2 EuGH-VfO, Art. 158 Abs. 2 EuG-VfO).[159] Eilentscheidungen des EuGH sind unanfechtbar (Art. 162 Abs. 1 S. 1 EuGH-VfO), Beschlüsse des EuG können mit einem Rechtsmittel angegriffen werden (→ Rn. 71). In dem Beschluss kann ein Zeitpunkt festgesetzt werden, zu dem die gerichtliche Anordnung außer Kraft tritt; geschieht dies nicht, tritt die Anordnung mit der Verkündung des Endurteils außer Kraft (Art. 162 Abs. 3 EuGH-VfO, Art. 158 Abs. 3 EuG-VfO).

## II. Entscheidungsinhalt

Nach Art. 278 S. 2 AEUV „kann" die Durchführung der angefochtenen Handlung ausgesetzt, nach Art. 279 AEUV „kann" eine einstweilige Anordnung getroffen werden. Diese „kann"-Bestimmungen stellen Kompetenzzuweisungen dar. Zum **Erlass der Eilentscheidung** besteht kein Ermessen: Liegen die Voraussetzungen für die Gewährung vorläufigen Rechtsschutzes nicht vor, muss der Eilantrag abgelehnt werden; sind die Voraussetzungen hingegen erfüllt, muss vorläufiger Rechtsschutz gewährt werden; bezüglich des „Ob" der Eilentscheidung besteht kein richterliches Ermessen.[160] 67

Wird vorläufiger Rechtsschutz gewährt, besteht zum „Wie" eine begrenzte gerichtliche Gestaltungsbefugnis („richterliches Ermessen"). Bei der **Aussetzung der Vollziehung** (Art. 278 S. 2 AEUV) ist der Inhalt der Eilentscheidung allerdings vorgezeichnet; das Gericht setzt die Durchführung der angefochtenen Handlung aus,[161] wobei auch eine teilweise Aussetzung in Betracht kommt.[162] Nicht vorgeprägt ist der Inhalt der **einstweiligen Anordnung** (Art. 279 AEUV); insoweit besteht eine richterliche Gestaltungsbefugnis, die mit Blick auf das Rechtsschutzziel auszuüben ist.[163] Der Anordnungsinhalt ist durch den Eilantrag vorbestimmt; das Gericht darf über den Antrag nicht hinausgehen.[164] Die Aussetzung der Vollziehung und die einstweilige Anordnung können mit Auflagen, Bedingungen oder Befristungen verknüpft werden; die Entscheidung hierüber liegt im pflichtgemäßen richterlichen Ermessen.[165] 68

Die gerichtliche Eilentscheidung stellt eine **einstweilige Regelung** dar und greift der Entscheidung in der Hauptsache nicht vor (Art. 39 Abs. 4 EuGH-Satzung, Art. 162 Abs. 4 EuGH-VfO, Art. 158 Abs. 4 EuG-VfO). Normiert ist damit die **Vorläufigkeit der Eilentscheidung.** Nach h. M. muss die gerichtlich angeordnete Maßnahme „vorläufig" in dem Sinne sein, dass sie den Rechts- und Tatsachenfragen der Klage nicht vorgreift und die praktische Wirksamkeit der Hauptsacheentscheidung nicht aufhebt bzw. sinnlos macht.[166] Abgeleitet wird daraus ein „Vorwegnahmeverbot der Hauptsache".[167] Ihm wird ein dreifacher Gehalt zugeschrieben: (1) keine Bindung im Hauptsacheverfahren an die Eilentschei- 69

---

[159] Dazu *Wegener* in: Rengeling/Middeke/Gellermann, Rechtsschutz in der EU, § 19 Rn. 22 und § 20 Rn. 17.

[160] *Estler* Einstweiliger Rechtsschutz, S. 93; *Kaessner* Einstweiliger Rechtsschutz, S. 99 f.; a. A. *Wegener* in: Rengeling/Middeke/Gellermann, Rechtsschutz in der EU, § 19 Rn. 40.

[161] Vgl. die Entscheidung zu Fall 4 (→ Rn. 4) EuGH EuZW 2016, 314 Rn. 116: Aussetzung des Vollzugs des streitigen Beschlusses und Untersagung der Veröffentlichung von Informationen seitens der EU-Kommission bis zum abschließenden Urteil in der Streitsache.

[162] *Ehricke* in: Streinz, EUV/AEUV, Art. 279 AEUV Rn. 47; *Gaitanides* in: v. d. Groeben/Schwarze/Hatje, Europäisches Unionsrecht, Art. 279 AEUV Rn. 48.

[163] *Stoll/Rigod* in: Grabitz/Hilf/Nettesheim, EUV/AEUV, Art. 279 AEUV Rn. 32.

[164] *Wägenbaur* EuZW 1996, 327 (334); zweifelnd *Estler* Einstweiliger Rechtsschutz, S. 93 f.

[165] EuGH Beschl. v. 12.6.2014 – C-21/14 P-R, BeckRS 2014, 81247 Rn. 17; *Pechstein* EU-Prozessrecht, Rn. 940.

[166] EuGH Beschl. v. 19.7.1995 – C-149/95 P(R), BeckRS 2004, 74444 Rn. 22; EuG DVBl 2002, 249 Rn. 64; EuZW 2013, 34 Rn. 20 f.; Beschl. v. 16.11.2012 – T-345/12 R, BeckRS 2013, 80094 Rn. 25; *Jaeger* EuR 2013, 3 (6, 23, 24 f.).

[167] *Wägenbaur* EuZW 1996, 327 (328, 332); *Gaitanides* in: v. d. Groeben/Schwarze/Hatje, Europäisches Unionsrecht, Art. 279 AEUV Rn. 50; *Schwarze/Voet van Vormizeele* in: Schwarze, EU-Kommentar, Art. 278 Rn. 28 und Art. 279 AEUV Rn. 21; *Wegener* in: Calliess/Ruffert, EUV/AEUV, Art. 278, 279 AEUV Rn. 31.

dung, (2) begrenzte Wirkungsdauer der Eilentscheidung bis zur Verkündung der Hauptsacheentscheidung und (3) keine faktische oder rechtliche Präjudizierung der Hauptsacheentscheidung durch (a) das Verbot der Maßnahmevorwegnahme und (b) das Verbot der Prüfungsvorwegnahme.[168] Die ersten beiden Elemente sind unproblematisch; damit könnte es sein Bewenden haben, um der Vorläufigkeit der Eilentscheidung Rechnung zu tragen. Dem **Verbot der Prüfungsvorwegnahme** kommt die Rechtsprechung automatisch dadurch nach, dass sie die „summarische Prüfung" der Sach- und Rechtslage entwertet hat (→ Rn. 41, 43). Das **Verbot der Maßnahmevorwegnahme** macht bei der Aussetzung der Vollziehung (Art. 278 S. 2 AEUV) wenig Sinn; mit der Beibehaltung des status quo erhält der Antragsteller, was er im Ergebnis mit der Hauptsacheentscheidung erreichen könnte, allerdings erfolgt dies mit der Eilentscheidung lege artis nur vorübergehend, eben „vorläufig".[169] Bei der einstweiligen Anordnung mag die Maßnahmevorwegnahme je nach Fallgestaltung Beachtung verdienen, doch müssen aus Gründen des wirksamen Rechtsschutzes (Art. 47 GRCh) Ausnahmen zugelassen werden.[170] Würden der Faktor „Zeitablauf" bedacht und die Interimsfunktion der einstweiligen Anordnung (→ Rn. 14) in Rechnung gestellt, würde erkannt, dass eine Maßnahmevorwegnahme sowohl bei der Gewährung als auch bei der Ablehnung vorläufigen Rechtsschutzes zwangsläufig stattfindet,[171] rechtlich also zur Begrenzung des Inhalts einer einstweiligen Anordnung wenig taugt, wenn das Gebot wirksamen Rechtsschutzes ernst genommen wird (vgl. zum deutschen Recht → § 35 Rn. 62 ff.).

70 **Zu Fall 1 und Fall 4:** In der Entscheidung zu Fall 1 ordnete der EuGH an, dass die Bundesrepublik Deutschland die Erhebung der Straßenbenutzungsgebühr bis zum Erlass des Urteils in der Hauptsache aussetzt. Die von Deutschland beantragte Sicherheitsleistung lehnte der EuGH ab, weil nicht zu befürchten sei, dass die EU einen eventuellen Schadenersatz nicht leisten könne (→ Rn. 47 ff.). – In der Entscheidung zu Fall 4 (→ Rn. 62) war die Aussetzung der Vollziehung vorgezeichnet. Mit dem Entscheidungsinhalt hatte der EuGH kein Problem; schließlich liefen die beantragten Anordnungen „lediglich auf eine Aufrechterhaltung des langjährigen status quo für einen begrenzten Zeitraum hinaus" (→ Rn. 14).

## E. Rechtsbehelfe

### I. Rechtsmittel

71 Eilentscheidungen des EuGH sind unanfechtbar (→ Rn. 66) und folglich mit ordentlichen Rechtsmitteln nicht angreifbar. Gegen Beschlüsse des EuG können die Parteien des Verfahrens binnen zwei Monaten nach Zustellung der Eilentscheidung ein **Rechtsmittel beim EuGH** einlegen (Art. 57 Abs. 2 EuGH-Satzung). Die Zulässigkeit des Rechtsmittels kann von der Gegenpartei in Zweifel gezogen werden, wird aber ohnehin von Amts wegen geprüft.[172]

72 Das Rechtsmittel hat einen **Devolutiveffekt;** durch die Anfallwirkung wird der EuGH zuständig. Das Zulassungsverfahren von Rechtsmitteln in bestimmten Fällen (Art. 58a EuGH-Satzung, Art. 170a und 170b EuGH-VfO) spielt im vorliegenden Zusammenhang keine Rolle. Dem Rechtsmittel kommt **kein Suspensiveffekt** zu, d. h. es hat keine auf-

---

[168] *Kaessner* Einstweiliger Rechtsschutz, S. 213 ff.

[169] EuGH Beschl. v. 12.6.2014 – C-21/14 P-R, BeckRS 2014, 81247 Rn. 16.

[170] EuGH DVBl 1997, 655 Rn. 36 ff.; *Kaessner* Einstweiliger Rechtsschutz, S. 218 ff.; *Wegener* in: Calliess/Ruffert, EUV/AEUV, Art. 278, 279 AEUV Rn. 31.

[171] Erkannt von EuG EuZW 1992, 485 Rn. 26.

[172] EuGH EuZW 2001, 431 Rn. 52; Beschl. v. 12.6.2014 – C-21/14 P-R, BeckRS 2014, 81247 Rn. 15 ff.; Beschl. v. 22.11.2018 – C-315/18 P(R), BeckRS 2018, 30398 Rn. 23 ff.

schiebende Wirkung (Art. 60 Abs. 1 EuGH-Satzung). Im Rahmen des Rechtsmittelverfahrens können jedoch beim EuGH die Aussetzung der Wirkungen einer vom EuG für nichtig erklärten Verordnung oder sonstige einstweilige Anordnungen beantragt werden (Art. 60 Abs. 2 Hs. 2 EuGH-Satzung); für die Entscheidung des EuGH gelten die allgemeinen Voraussetzungen für die Gewährung vorläufigen Rechtsschutzes.[173]

Eingelegt werden kann beim EuGH ein auf **Rechtsfragen beschränktes Rechtsmittel** (Art. 256 Abs. 2 AEUV, Art. 58 Abs. 1 S. 1 EuGH-Satzung). Zuständig für die Tatsachenfeststellung und Tatsachenwürdigung ist das EuG, sofern sich nicht aus den Prozessakten ergibt, dass dessen Sachverhaltsfeststellungen oder die Tatsachenbeurteilung sachlich falsch sind.[174] Statthafte Rechtsmittelgründe sind die prozessrechtlich festgeschriebenen Rügemöglichkeiten (Art. 58 Abs. 1 S. 2 EuGH-Satzung): Unzuständigkeit des EuG; Verfahrensfehler, durch die die Interessen des Rechtsmittelführers beeinträchtigt werden; Verletzung des – materiellen – Unionsrechts durch das EuG.[175] 73

Der EuGH prüft, ob einer der geltend gemachten **Rechtsmittelgründe** gegeben ist.[176] 74
In materieller Hinsicht wird in der Regel überprüft, ob das EuG die rechtliche Rechtfertigung (Notwendigkeit) und die Dringlichkeit des begehrten vorläufigen Rechtsschutzes zutreffend erkannt sowie ggf. die Interessenabwägung ordnungsgemäß durchgeführt hat. Hat das EuG rechtsfehlerfrei entschieden, wird das Rechtsmittel zurückgewiesen.[177] Liegt einer der geltend gemachten Rechtsmittelgründe vor, ist dem EuG ein Rechtsfehler unterlaufen und das Rechtsmittel ist begründet.[178] Dem zulässigen und begründeten Rechtsmittel wird vom EuGH stattgegeben, der angefochtene Beschluss wird aufgehoben (Art. 61 Abs. 1 S. 1 EuGH-Satzung). Erweist sich die Eilentscheidung des EuG indes aus anderen Rechtsgründen als richtig, wird die Entscheidung nicht aufgehoben, sondern auf die zutreffende Begründung gestützt.[179]

Zum **Fortgang des Eilverfahrens** bei einem erfolgreichen Rechtsmittel sieht das EU- 75
Prozessrecht zwei Möglichkeiten vor. Der EuGH kann nach der Aufhebung des angegriffenen Beschlusses (→ Rn. 74) die Sache zur Entscheidung an das EuG zurückverweisen (Art. 61 Abs. 1 S. 2 Alt. 2 EuGH-Satzung); dann muss das EuG erneut unter Beachtung der Rechtsauffassung des EuGH entscheiden.[180] Der EuGH kann den Rechtsstreit aber auch selbst endgültig entscheiden; Voraussetzung hierfür ist die Entscheidungsreife der Rechtssache (Art. 61 Abs. 1 S. 2 Alt. 1 EuGH-Satzung).[181] Für die funktionelle Zuständigkeit bezüglich der Rechtsmittelentscheidung gelten die allgemeinen Regeln (→ Rn. 65).

## II. Abänderungsverfahren

Das EU-Prozessrecht kennt – wie das deutsche Recht (→ § 34 Rn. 159 ff.) – das **Abän- 76
derungsverfahren** im System des vorläufigen Rechtsschutzes (Art. 163 EuGH-VfO,

---

[173] *Wägenbaur* EuZW 1996, 327 (335); *ders.* EuGH VerfO, Art. 60 EuGH-Satzung Rn. 4: fumus boni iuris, Dringlichkeit, ggf. Interessenabwägung.

[174] EuGH EuZW 2001, 431 Rn. 50; EuZW 2002, 721 Rn. 66.

[175] Näher dazu *Wägenbaur* EuGH VerfO, Art. 58 EuGH-Satzung Rn. 25 ff.

[176] Exemplarisch EuGH EuZW 2016, 314: Auflistung der drei Rechtsmittelgründe (Rn. 26) und anschließende schrittweise Prüfung (Rn. 27 ff.).

[177] EuGH EuZW 2014, 419 Rn. 28; Beschl. v. 22.11.2018 – C-315/18 P(R), BeckRS 2018, 30398 Rn. 61. – Ungenau EuGH Beschl. v. 14.1.2016 – C-517/15 P-R, BeckRS 2016, 80312 Rn. 60: „Der Antrag auf vorläufigen Rechtsschutz wird zurückgewiesen."; ebenso z. B. EuGH Beschl. v. 12.6.2014 – C-21/14 P-R, BeckRS 2014, 81247 Rn. 56.

[178] Vgl. etwa aus der Praxis EuGH EuZW 2001, 431 Rn. 56 f., 70: keine Beurteilung des fumus boni iuris durch das EuG, daher Aufhebung des angefochtenen Beschlusses, ohne dass weitere Rechtsmittelgründe zu prüfen wären; EuGH Beschl. v. 12.6.2014 – C-21/14 P-R, BeckRS 2014, 81247 Rn. 56: keine „Dringlichkeit", daher keine Notwendigkeit.

[179] EuGH Beschl. v. 10.9.2013 – C-278/13 P(R), BeckRS 2013, 81848 Rn. 45.

[180] EuGH DVBl 1997, 655 Rn. 20, 41 f.

[181] Aus der Praxis dazu z. B. EuGH Beschl. v. 7.3.2013 – C-551/12 P(R), BeckRS 2013, 80575 Rn. 36, 38; Beschl. v. 23.4.2015 – C-35/15 P(R), BeckRS 2015, 81410 Rn. 59, 60.

Art. 159 EuG-VfO). Auf **Antrag einer Partei** kann der Beschluss des EuG bzw. des EuGH jederzeit infolge einer Änderung der Umstände abgeändert oder wieder aufgehoben werden. Bei diesem Antrag handelt es sich um einen außerordentlichen Rechtsbehelf.[182] Der Antrag kann bis zum Erlass des Urteils in der Hauptsache gestellt werden.[183] Einen Devolutiveffekt (wie das Rechtsmittel → Rn. 72) hat der Antrag nicht; über ihn entscheidet der erkennende Spruchkörper selbst.[184]

77 Voraussetzung für eine gerichtliche Abänderungsentscheidung ist eine **Änderung der Umstände;** diese müssen zu einer von der früheren Eilentscheidung abweichenden Beurteilung führen. Veränderte Umstände sind sowohl neue tatsächliche Geschehnisse als auch eine neue Rechtslage im Unionsrecht.[185] Propagiert wird ein strenger Maßstab.[186] In der Praxis ist das Abänderungsverfahren nahezu bedeutungslos. Der Anwendungsbereich des Abänderungsverfahrens soll auf erfolgreiche Eilanträge begrenzt sein; im Falle der Zurückweisung eines Eilantrags müsse nach Art. 164 EuGH-VfO, Art. 160 EuG-VfO vorgegangen werden.[187] Für eine derartige Restriktion bietet das EU-Prozessrecht keinen Anhaltspunkt; zudem entstünde eine Rechtsschutzlücke, weil ein neuer Eilantrag nur dem (zunächst) unterlegenen Antragsteller zur Verfügung steht und nur auf neue Tatsachen gestützt werden kann (→ Rn. 79), während im vorliegenden Zusammenhang die Antragsberechtigung einer jeden Partei in Rede steht und auch Rechtsänderungen relevant sind.

78 Eine **von Amts wegen** ergehende Abänderungsentscheidung ist zulässig, wenn dem Eilantrag vor dem Eingehen der Stellungnahme der Gegenpartei stattgegeben worden ist (→ Rn. 65). In einem solchen Fall kann die betreffende Anordnung später *auch* von Amts wegen abgeändert oder aufgehoben werden (Art. 160 Abs. 7 S. 2 EuGH-VfO, Art. 157 Abs. 2 S. 1 EuG-VfO). Besondere Anforderungen hierfür bestehen nicht; die Abänderung oder Aufhebung der früheren Eilentscheidung kann jederzeit erfolgen.

## III. Neuer Eilantrag

79 Sowohl beim EuGH als auch beim EuG hindert die Zurückweisung eines Eilantrags den Antragsteller nicht, einen **weiteren Eilantrag** zu stellen; allerdings muss dieser Antrag auf **neue Tatsachen** gestützt sein (Art. 164 EuGH-VfO, Art. 160 EuG-VfO). Neue Tatsachen sind solche, die noch nicht Gegenstand des vorangegangenen Eilverfahrens gewesen sind.[188] Bedeutung wird dem weiteren Eilantrag auf Grund veränderter Tatsachen vor allem für eine andere Beurteilung der „Dringlichkeit" vorläufigen Rechtsschutzes beigemessen.[189] Der neue Eilantrag kann, da Fristen nicht normiert sind, jederzeit gestellt werden.[190] Ist der Antrag erfolgreich, hat der Antragsteller sein Rechtsschutzziel erreicht.

[182] *Pechstein* EU-Prozessrecht, Rn. 941.
[183] *Wägenbaur* EuZW 1996, 327 (335); *Estler* Einstweiliger Rechtsschutz, S. 112 f.
[184] *Pechstein* EU-Prozessrecht, Rn. 941; *Ehricke* in: Streinz, EUV/AEUV, Art. 279 AEUV Rn. 50.
[185] *Wägenbaur* EuGH VerfO, Art. 163 EuGH-VfO Rn. 2 und Art. 159 EuG-VfO Rn. 4.
[186] *Pechstein* EU-Prozessrecht, Rn. 941; *Ehricke* in: Streinz, EUV/AEUV, Art. 279 AEUV Rn. 50.
[187] So *Wägenbaur* EuGH VerfO, Art. 159 EuG-VfO Rn. 2 f.
[188] *Wegener* in: Rengeling/Middeke/Gellermann, Rechtsschutz in der EU, § 19 Rn. 46.
[189] *Wägenbaur* EuGH, VerfO, Art. 160 EuG-VfO Rn. 2 (mit Beispielen aus der Rechtsprechung).
[190] *Wägenbaur* EuZW 1996, 327 (335); *Wegener* in: Rengeling/Middeke/Gellermann, Rechtsschutz in der EU, § 19 Rn. 46.

# 4. Teil. Rechtsschutz im Verfassungsrecht

## § 14. Grundelemente des verfassungsgerichtlichen Rechtsschutzes

*Friedrich Schoch*

**Übersicht**



Der 4. Teil dieses Werkes ist dem **Rechtsschutz im Verfassungsrecht** gewidmet. Dieser Rechtsschutz wird vornehmlich vom BVerfG gewährt. Hierauf konzentrieren sich die nachfolgenden Ausführungen. Die Herausarbeitung der „Grundelemente“ dieses Rechtsschutzes bietet einen allgemeinen Überblick zu den wesentlichen, generalisierbaren Anforderungen der wichtigsten Verfahrensarten beim BVerfG (von der Individualverfassungsbeschwerde bis zum Eilverfahren). Soweit in diesem Zusammenhang auf das **EU-Recht** und auf das Recht der **EMRK** einzugehen ist, wird eine integrierende Darstellung gewählt; die Einwirkungen des supranationalen Unionsrechts auf das innerstaatliche Recht und die Orientierung des nationalen Rechts an den Standards des regionalen Völkerrechts werden nicht separat dargestellt, sondern problemorientiert aufgegriffen und analysiert. 1

## A. Bedeutung und Funktion der Verfassungsgerichtsbarkeit

### I. Rechtliche Stellung des BVerfG

2 Das BVerfG wird gemäß Art. 92 GG als „Gericht" und Teil der „rechtsprechenden Gewalt" ausgewiesen.[1] Nach § 1 Abs. 1 BVerfGG ist das BVerfG ein selbstständiger und unabhängiger **Gerichtshof des Bundes.** Damit ist seine rechtliche Stellung unzweideutig umrissen.[2]

3 Daneben wird das BVerfG auch als „Verfassungsorgan" (mit einem begrenzten Anteil an der obersten Staatsleitung) bezeichnet;[3] das Gericht selbst hebt seine **Stellung als Verfassungsorgan** hervor.[4] Auch wenn es dazu normative Grundlagen gibt,[5] dürfen aus dieser *statusmäßigen* Gleichstellung keine falschen Schlussfolgerungen gezogen werden; jene Begrifflichkeit erweitert weder die Kompetenzen noch die Befugnisse des BVerfG.[6] Seine Rechte ergeben sich aus dem Grundgesetz und dem Verfassungsprozessrecht (BVerfGG). Nichts anderes gilt für die Metapher vom BVerfG als **„Hüter der Verfassung";**[7] diese Funktion kommt jedem Verfassungsorgan (sowie jeder Stelle in Ausübung öffentlicher Gewalt) zu und findet ausschließlich im Rahmen rechtlich zugewiesener Kompetenzen statt (und nicht etwa „neben" oder „über" dem Recht).[8]

### II. Aufgaben des BVerfG

4 Die Verfassungsgerichtsbarkeit ist ein unverzichtbares **Element der Verfassungsstaatlichkeit.** Grundlagen sind die *Normativität* der Verfassung (in Abgrenzung zu Deklamation, Deklaration, politischem Programm) und der *Vorrang* der Verfassung (gegenüber sonstigem staatlichen Recht); die Verfassungsgerichtsbarkeit sichert die Normativität der Verfassung und setzt ihren Vorrang durch.[9] Aufgabe des BVerfG ist demnach die **Wahrung der Verfassung;** das gilt insbesondere im Bürger-Staat-Verhältnis (Grundrechtsschutz) sowie im Bund-Länder-Verhältnis (Kompetenzabgrenzung) und im Verhältnis zwischen Organen des Bundes (Kompetenzzuordnung).[10] Seine Rechtsprechung übt das BVerfG nach dem **Maßstab des Grundgesetzes** aus (zu Weiterungen → Rn. 32, 33); das Verfassungsprozessrecht positiviert dies.[11] Treffend formuliert das BVerfG, die Prüfung von Akten der deutschen öffentlichen Gewalt anhand des Grundgesetzes entspreche seiner Funktion; verfassungsgerichtliche Aufgabe sei die Wahrung des Grundgesetzes.[12]

---

[1] *Voßkuhle* in: v. Mangoldt/Klein/Starck, GG, Art. 93 Rn. 19.

[2] *Schlaich/Korioth* BVerfG, Rn. 35: Das BVerfG ist ein Gericht; es ist „zusätzlich nicht noch etwas anderes".

[3] *Hesse* Grundzüge des Verfassungsrechts, Rn. 669; *Detterbeck* in: Sachs, GG, Art. 93 Rn. 7 f.; *Bethge* in: Maunz/Schmidt-Bleibtreu/Klein/Bethge, BVerfGG, Vorb Rn. 5; *Volp* in: Barczak, BVerfGG, § 1 Rn. 39.

[4] BVerfGE 104, 151 (196) = NJW 2002, 1559 (1560) → JuS 2002, 807 *(Sachs)* und → JA 2002, 461 *(Rux)*.

[5] § 1 Abs. 1 BVerfGG reiht das BVerfG mit „allen übrigen Verfassungsorganen" ein; Art. 115g Abs. 1 S. 1 GG bringt die „verfassungsmäßige Stellung" des BVerfG zum Ausdruck.

[6] *Hillgruber* in: Hillgruber/Goos, Verfassungsprozessrecht, Rn. 8; *Voßkuhle* in: v. Mangoldt/Klein/Starck, GG, Art. 93 Rn. 28 f.; *Walter* in: Maunz/Dürig, GG, Art. 93 Rn. 94; *Wieland* in: Dreier, GG, Art. 93 Rn. 36; *W. Meyer* in: v. Münch/Kunig, GG, Art. 93 Rn. 13; *Kment* in: Jarass/Pieroth, GG, Art. 93 Rn. 3.

[7] So BVerfGE 119, 247 (258) = NVwZ 2007, 1396 (1397); ferner z. B. *Detterbeck* in: Sachs, GG, Art. 93 Rn. 5.

[8] *E. Klein* in: Benda/Klein, Verfassungsprozessrecht, Rn. 122; *Kment* in: Jarass/Pieroth, GG, Art. 93 Rn. 5; *W. Meyer* in: v. Münch/Kunig, GG, Art. 93 Rn. 12.

[9] *Wahl* JuS 2001, 1041 (1042, 1046 ff.); *Voßkuhle* in: v. Mangoldt/Klein/Starck, GG, Art. 93 Rn. 17.

[10] *Hesse* Grundzüge des Verfassungsrechts, Rn. 561.

[11] Dazu drei Beispiele: (1) Bei einer erfolgreichen Verfassungsbeschwerde stellt das BVerfG fest, welche „Vorschrift des Grundgesetzes" verletzt worden ist (§ 95 Abs. 1 S. 1 BVerfGG); (2) im Bund-Länder-Streit stellt das BVerfG fest, ob ein Verhalten des Antragsgegners gegen eine „Bestimmung des Grundgesetzes" verstößt (§ 69 i. V. m. § 67 S. 1 BVerfGG); (3) im Organstreit gilt dasselbe (§ 67 S. 1 BVerfGG).

[12] BVerfGE 152, 152 Rn. 47 = NVwZ 2020, 53. – Den Aspekt der Freiheitssicherung (gegenüber der Parlamentsmehrheit) akzentuierend *Voßkuhle* in: Münch/Kellermann, Die dritte Gewalt in Deutschland und Europa, 2020, S. 6 (8 f.).

Die **Wirksamkeit des verfassungsgerichtlichen Rechtsschutzes** setzt hinreichende Entscheidungskompetenzen des BVerfG voraus. Das gilt sowohl im Bereich des Staatsorganisationsrechts als auch beim Grundrechtsschutz.[13] Zwar gilt für die Zuständigkeit des BVerfG das Enumerationsprinzip (→ Rn. 7), jedoch stehen die notwendigen Verfahrensarten für die Austragung von verfassungsrechtlichen Streitigkeiten zur Verfügung. Der Rechtsvergleich zur Stellung der Verfassungsgerichtsbarkeit im verfassungsstaatlichen Gefüge zeigt, dass das Grundgesetz eine **starke Verfassungsgerichtsbarkeit** geschaffen hat;[14] als Indikatoren hierfür gelten die Ausgestaltung der *Normenkontrolle* (→ *Thiemann* § 17 zur abstrakten Normenkontrolle, → *Wernsmann* § 19 zur konkreten Normenkontrolle), die verfassungsgerichtliche Zuständigkeit in *Organstreitigkeiten* (→ *Ehlers* § 18) und die verfassungsprozessuale *Individualklagemöglichkeit* (→ *Scherzberg* § 15 zur Individualverfassungsbeschwerde).[15] So hat ein früherer Richter des BVerfG bereits vor geraumer Zeit davon gesprochen, das BVerfG sei „mit einer Kompetenzfülle ausgestattet, die in der Welt einzigartig ist".[16] 5

## B. Grundstrukturen des verfassungsgerichtlichen Rechtsschutzes

Die Unterscheidung zwischen der Zulässigkeit und der Begründetheit eines gerichtlichen Rechtsbehelfs (zum verwaltungsgerichtlichen Rechtsschutz → *Ehlers* § 25 Rn. 2) gilt auch im Verfassungsprozessrecht.[17] In den nachfolgenden Abschnitten dieses Werks (von der Individualverfassungsbeschwerde bis zur einstweiligen Anordnung) werden die jeweiligen Anforderungen entfaltet. Im vorliegenden Zusammenhang werden **grundlegende Strukturelemente** des verfassungsgerichtlichen Rechtsschutzes durch das BVerfG skizziert, die übergreifende Standards des Verfassungsprozessrechts markieren. Das sind zur Zulässigkeit (neben der Entscheidungszuständigkeit und der Justizförmigkeit des Verfahrens) vor allem die statthaften Kontroll- bzw. Prüfungsgegenstände sowie zur Begründetheit der Prüfungsmaßstab des BVerfG. 6

### I. Zuständigkeit des BVerfG

#### 1. Enumerationsprinzip

Die Zuständigkeit des BVerfG gründet nicht – dem Muster von § 13 GVG, § 40 Abs. 1 S. 1 VwGO folgend (→ *Ehlers* § 25 Rn. 60 ff.) – auf einer Generalklausel; es gilt vielmehr das **Enumerationsprinzip.**[18] Dazu trifft Art. 93 GG inhaltlich keine Vollregelung, sondern verweist einerseits auf die übrigen im Grundgesetz vorgesehenen Entscheidungszuständigkeiten des BVerfG (Art. 93 Abs. 1 Nr. 5 GG)[19] und ermächtigt andererseits den Bundesgesetzgeber zur Übertragung weiterer Kompetenzen auf das BVerfG (Art. 93 Abs. 3 GG).[20] Eine zusammenfassende Auflistung bietet **§ 13 BVerfGG.** Die Enumeration orientiert sich an bestimmten Verfahrensarten (→ Rn. 9). 7

Bei Art. 93 GG, § 13 BVerfGG handelt es sich um eine **abschließende Regelung** der Zuständigkeiten des BVerfG.[21] Eine Ausweitung der Kompetenzen über den Status des 8

---

[13] BVerfGE 152, 216 Rn. 58 = NVwZ 2020, 63 betont, die „Gewährleistung eines wirksamen Grundrechtsschutzes gehört zu den zentralen Aufgaben des BVerfG".

[14] *Wahl* JuS 2001, 1041 (1046) hebt hervor, das BVerfG sei „die wichtigste Innovation des GG".

[15] Umfassend zur Rechtsvergleichung *Walter* in: Maunz/Dürig, GG, Art. 93 Rn. 55 ff., mit Fazit Rn. 87 ff.

[16] *Friesenhahn* Jura 1982, 505.

[17] Zur Systematisierung vgl. *Urbaneck* JuS 2014, 896; ferner *E. Klein* in: Benda/Klein, Verfassungsprozessrecht, Rn. 271 ff.

[18] *Walter* in: Maunz/Dürig, GG, Art. 93 Rn. 185: verfassungsrechtliche Grundsatzentscheidung.

[19] Beispiele: Verwirkung von Grundrechten (Art. 18 S. 2 GG), Feststellung der Verfassungswidrigkeit politischer Parteien (Art. 21 Abs. 4 GG), Wahlprüfung (Art. 41 Abs. 2 GG), Präsidentenanklage (Art. 61 GG), Richteranklagen (Art. 98 Abs. 2 und 5 GG).

[20] Dazu *E. Klein* in: Benda/Klein, Verfassungsprozessrecht, Rn. 424.

[21] *Burkiczak* in: Burkiczak/Dollinger/Schorkopf, BVerfGG, § 13 Rn. 4; *Voßkuhle* in: v. Mangoldt/Klein/Starck, GG, Art. 93 Rn. 90.

Gerichts (→ Rn. 3) kommt nicht in Betracht;[22] auch eine Erweiterung im Wege der Analogie scheidet aus.[23] Damit hat das BVerfG keine lückenlose Befugnis zur Kontrolle der drei Staatsfunktionen anhand der Verfassung.[24] Selbst ein noch so dringendes rechtspolitisches Bedürfnis zur Einschaltung des BVerfG in einem verfassungsrechtlichen Konflikt vermag eine Zuständigkeit nicht zu begründen.[25] In der Sache kommen die dem BVerfG übertragenen Zuständigkeiten einer umfassenden Entscheidungskompetenz in verfassungsrechtlichen Streitigkeiten allerdings sehr nahe.[26] Die Verneinung der Entscheidungszuständigkeit tritt in der Praxis zwar auf, ist aber eher selten.[27]

9 Die dem BVerfG enumerativ zugewiesenen **Verfahrensarten** (§ 13 BVerfGG) folgen keinem einheitlichen Konzept.[28] Eine stringente und konsistente Systematisierung nach einem übergeordneten Kriterium (z. B. Verfahrenszweck, Verfahrensgegenstand, Antragsberechtigung) ist daher nicht möglich (für die Rechtsanwendung aber auch nicht nötig); entsprechend disparat sind die im Schrifttum angebotenen Kategorisierungen.[29] Für die Prüfung der Zulässigkeit eines Antrags beim BVerfG präjudiziert die einzelne Verfahrensart den **statthaften Verfahrensgegensand;** eine Unterscheidung zwischen *Rechtsweg* und *Klageart* wie im Verwaltungsprozess (→ *Ehlers* § 25 Rn. 9) existiert nicht.[30]

### 2. Abgrenzung zur Landesverfassungsgerichtsbarkeit

10 Nach Maßgabe der Homogenitätsklausel des Art. 28 Abs. 1 S. 1 GG verfügen die Länder über **Verfassungsautonomie.** Mittlerweile haben sämtliche Länder ein **Landesverfassungsgericht** (zum Teil als „Staatsgerichtshof" bezeichnet) eingerichtet.[31] Das jeweilige LVerfG genießt neben dem BVerfG eine *institutionelle* Selbstständigkeit.[32] Im Bundesstaat des Grundgesetzes kann es dennoch zu Zuständigkeitsüberlappungen kommen, so dass sich Fragen zur Abgrenzung der Kompetenzen von BVerfG und LVerfG stellen (→ Rn. 12). Das BVerfG betont, da die Verfassungsgerichtsbarkeiten des Bundes und der Länder selbstständig nebeneinander stünden, solle der Bereich der Verfassungsgerichtsbarkeit der Länder vom BVerfG möglichst unangetastet bleiben; die Landesverfassungsgerichtsbarkeit dürfe nicht in größere Abhängigkeit gebracht werden, als es nach dem Bundesverfassungsrecht unvermeidbar sei.[33]

11 Eine schlichte Abgrenzungsformel zur Zuständigkeit des BVerfG und eines LVerfG gibt es nicht. Zum Grundverständnis der jeweiligen Entscheidungskompetenz lassen sich jedoch

---

[22] *Walter* in: Maunz/Dürig, GG, Art. 93 Rn. 186: keine Selbstermächtigung des BVerfG.

[23] BVerfGE 121, 266 (290) = NVwZ 2008, 991 (992) → *Ehlers* JK 11/08, GG, Art. 38 I 1/17 und → JuS 2008, 1112 *(Sachs):* keine Vorlageberechtigung des Deutschen Bundestages analog Art. 100 Abs. 1 S. 1 GG im Wahlprüfungsverfahren (Art. 41 Abs. 1 S. 1 GG). – Zur Vorlageberechtigung nur von Gerichten → *Wernsmann* § 19 Rn. 16.

[24] *Schlaich/Korioth* BVerfG, Rn. 9 und Rn. 77.

[25] *E. Klein* in: Benda/Klein, Verfassungsprozessrecht, Rn. 423; *Bethge* in: Maunz/Schmidt-Bleibtreu/Klein/Bethge, BVerfGG, Vorb Rn. 47; *Voßkuhle* in: v. Mangoldt/Klein/Starck, GG, Art. 93 Rn. 91.

[26] *E. Klein* in: Benda/Klein, Verfassungsprozessrecht, Rn. 428; *Bethge* in: Maunz/Schmidt-Bleibtreu/Klein/Bethge, BVerfGG, Vorb Rn. 153.

[27] Ein Beispiel bietet BVerfG-K NVwZ 2002, 1499: keine Entscheidung des BVerfG zum verfassungsmäßigen Zustandekommen des Zuwanderungsgesetzes auf der Grundlage des Art. 17 GG als „zuständige Stelle".

[28] *Bethge* Jura 1997, 591. – Zu Verfahrensarten abseits der gängigen Konstellationen *Jäkel* JA 2018, 200.

[29] Vgl. etwa *E. Klein* in: Benda/Klein, Verfassungsprozessrecht, Rn. 430 ff.: eigentliche Verfassungsstreitigkeiten, objektive Rechtsfeststellung, Verfassungsbeschwerden, Verfassungsschutz, Rechtsschutz im Wahlrecht, sonstige Verfahren; *Schlaich/Korioth* BVerfG, Rn. 9: Organstreit, föderative Streitigkeiten, Normenkontrolle, Verfassungsbeschwerde, besondere Verfassungsschutzverfahren sowie Verfahren der Wahl- und Mandatsprüfung; *Voßkuhle* in: v. Mangoldt/Klein/Starck, GG, Art. 93 Rn. 93: föderative Streitigkeiten, Organstreitigkeiten, Normprüfungsverfahren, Verfassungsbeschwerde, „Verfassungsschutzverfahren", Wahlprüfungsverfahren; *Walter* in: Maunz/Dürig, GG, Art. 93 Rn. 188: Organstreitigkeiten, Normenüberprüfungs- und Verifikationsverfahren, föderative Streitigkeiten, Verfassungsbeschwerden, Verfahren der Verfassungsverteidigung, Wahlprüfungsverfahren.

[30] *Schlaich/Korioth* BVerfG, Rn. 77.

[31] Zu deren Wirken (mit kritischem Unterton) *Huber* ThürVBl 2003, 73 ff. und SächsVBl 2020, 205 (208 ff.).

[32] *Walter* in: Maunz/Dürig, GG, Art. 93 Rn. 136.

[33] BVerfGE 107, 1 (10) = NVwZ 2003, 850 (851).

Leitlinien formulieren.[34] Das BVerfG meint, die Landesverfassungsgerichtsbarkeit entscheide unter anderem über die Vereinbarkeit von Landesgesetzen mit der Landesverfassung; für ein LVerfG fungiere ausschließlich die Landesverfassung als Maßstab der Entscheidungsfindung.[35] So apodiktisch ist das nicht richtig; allerdings werden vom BVerfG zwei zentrale Strukturelemente hervorgehoben: **Verfahrensgegenstand** beim LVerfG kann nur ein Akt der *Landesstaatsgewalt* sein[36] (für die Einbeziehung von Maßnahmen des Bundes bedürfte es einer bundesrechtlichen Ermächtigung); **Entscheidungsmaßstab** ist für das BVerfG ausschließlich Bundes(verfassungs)recht und nicht auch noch die Landesverfassung,[37] während ein LVerfG ausweislich der Art. 1 Abs. 3, 20 Abs. 3, 100 Abs. 3 GG auch Bundes(verfassungs)recht zu beachten hat.[38]

Die Detailanalyse anhand des positiven Rechts zeigt, dass aus der Sicht des Bundesrechts 12
zwischen einer ausschließlichen und einer subsidiären Zuständigkeit des BVerfG zu unterscheiden ist; zudem gibt es parallele Zuständigkeiten zwischen BVerfG und LVerfG. Daraus ergibt sich folgende Abschichtung:

- Eine **ausschließliche Zuständigkeit des BVerfG** besteht in den ihm exklusiv durch das Grundgesetz zugewiesenen Fällen;[39] hinzu treten die auf das Staatsorganisationsrecht des Bundes bezogenen Materien wie der Organstreit zwischen obersten Bundesorganen (Art. 93 Abs. 1 Nr. 1 GG) und die Wahlprüfung nach einer BT-Wahl (Art. 41 Abs. 2 GG).
- Eine **subsidiäre Zuständigkeit des BVerfG** ist für öffentlich-rechtliche Streitigkeiten innerhalb eines Landes (Art. 93 Abs. 1 Nr. 4 Var. 3 GG, → *Pünder* § 20 Rn. 51 ff.) und bei der Kommunalverfassungsbeschwerde (Art. 93 Abs. 1 Nr. 4b GG) vorgesehen; bei diesem Rechtsbehelf macht das BVerfG allerdings von seiner Reservezuständigkeit auch dann Gebrauch, wenn die Garantie der kommunalen Selbstverwaltung nach der Landesverfassung hinter den Standards des Art. 28 Abs. 2 GG zurückbleibt (→ § 16 Rn. 18).
- Zwischen dem BVerfG und einem LVerfG bestehen **parallele Zuständigkeiten** zur Frage der Vereinbarkeit von Landesrecht mit Bundes(verfassungs)recht bei der konkreten Normenkontrolle (Art. 100 Abs. 1 GG, → *Wernsmann* § 19 Rn. 8 ff.) und ggf. auch bei der abstrakten Normenkontrolle (Art. 93 Abs. 1 Nr. 2 GG); zur Individualverfassungsbeschwerde wird die Zuständigkeitskonkurrenz (→ *Scherzberg* § 15 Rn. 5) durch § 90 Abs. 3 BVerfGG ausdrücklich positiviert.[40]

In den beiden letztgenannten Kategorien ist die **Letztentscheidungskompetenz des BVerfG** im Wesentlichen gesichert: bei der Kommunalverfassungsbeschwerde durch die erwähnte Heranziehung des Art. 28 Abs. 2 GG, bei der konkreten Normenkontrolle durch die Vorlagepflichten eines LVerfG gemäß Art. 100 Abs. 1 und 3 GG, bei der Individualverfassungsbeschwerde durch das Ergreifen dieses Rechtsbehelfs nach Art. 93 Abs. 1 Nr. 4a GG gegen die Entscheidung des LVerfG.[41] Bei der abstrakten Normenkontrolle entfällt allerdings das Klarstellungsinteresse (→ *Thiemann* § 18 Rn. 54 f.), wenn ein LVerfG die betreffende Norm für verfassungswidrig erklärt hat.[42]

---

[34] *Voßkuhle* in: v. Mangoldt/Klein/Starck, GG, Art. 93 Rn. 69 benennt acht allgemeine Grundsätze als „eine erste Orientierung"; *Bethge* in: Maunz/Schmidt-Bleibtreu/Klein/Bethge, BVerfGG, Vorb Rn. 242.

[35] BVerfGE 147, 185 Rn. 47 = NVwZ 2018, 140 (m. Anm. *Brüning*).

[36] *E. Klein* in: Benda/Klein, Verfassungsprozessrecht, Rn. 43; *Detterbeck* in: Sachs, GG, Art. 93 Rn. 21; *Kment* in: Jarass/Pieroth, GG, Art. 93 Rn. 8; a. A. *Goos* in: Hillgruber/Goos, Verfassungsprozessrecht, Rn. 1120.

[37] *Kment* in: Jarass/Pieroth, GG, Art. 93 Rn. 8.

[38] *Friedrich* Jura 2019, 812 (821); *Barczak* in: Barczak, BVerfGG, Einl Rn. 52 ff.; *Voßkuhle* in: v. Mangoldt/Klein/Starck, GG, Art. 93 Rn. 69; teilweise a. A. *Goos* in: Hillgruber/Goos, Verfassungsprozessrecht, Rn. 1124.

[39] Art. 18 S. 1, Art. 21 Abs. 2, Art. 61, Art. 93 Abs. 1 Nr. 3 sowie Nr. 4 Var. 1 und Var. 2, Art. 98 Abs. 2 und Abs. 5 GG.

[40] Dazu vor dem Hintergrund von Art. 142, 31 GG BVerfGE 96, 345 (363 ff.) = NJW 1998, 1296 → JuS 1999, 75 *(Sachs)* m. Bespr. *E. Klein/Haratsch* JuS 2000, 209; ferner *Enders* JuS 2001, 462; *Barczak* in: Barczak, BVerfGG, Einl Rn. 51.

[41] *Voßkuhle* in: v. Mangoldt/Klein/Starck, GG, Art. 93 Rn. 79; *Walter* in: Maunz/Dürig, GG, Art. 93 Rn. 137, 147.

[42] *Pestalozza* Verfassungsprozeßrecht, § 21 Rn. 7; *Schlaich/Korioth* BVerfGG, Rn. 348.

### 3. Verhältnis des BVerfG zu EuGH und EGMR

13 Das innerstaatliche Recht ist auf vielfältige Weise mit dem EU-Recht und dem Recht der EMRK vernetzt. Zum Unionsrecht ist dem **EuGH** die Aufgabe übertragen, die **Wahrung des Rechts** bei der Auslegung und Anwendung der Verträge zu sichern (Art. 19 Abs. 1 UAbs. 1 S. 2 EUV); dabei handelt es sich um eine ausschließliche Kompetenzzuweisung (Art. 344 AEUV, vgl. aber auch → *Ehlers* § 7 Rn. 15). Der **EGMR** nimmt als ständiger Gerichtshof die Aufgabe wahr, die **Einhaltung der Verpflichtungen** der Vertragsstaaten nach der EMRK und den Zusatzprotokollen sicherzustellen (→ *Kadelbach* § 6 Rn. 5). Der Metapher vom „europäischen Verfassungsgerichtsverbund"[43] ist in diesem Zusammenhang mit Zurückhaltung zu begegnen; der Begriff ist unpräzise und verdeckt Konflikte, ferner werden Vorrang- und Hierarchieansprüche nicht hinreichend gekennzeichnet.[44] Die Abgrenzung der Entscheidungszuständigkeiten muss anhand des positiven Rechts erfolgen.

14 Ein echter Zuständigkeitskonflikt wie im Verhältnis zwischen BVerfG und LVerfG (→ Rn. 12) kann zwischen dem BVerfG und dem EuGH bei Beachtung des geltenden Rechts kaum entstehen. Das **BVerfG** entscheidet am Maßstab des Bundes(verfassungs)-rechts über Akte der deutschen Staatsgewalt, der **EuGH** überprüft am Maßstab des Unionsrechts Akte der Unionsorgane (Art. 263 ff. AEUV) und Akte der Mitgliedstaaten (Art. 258 ff. AEUV). Damit existiert eine **eindeutige Kompetenzabgrenzung.**[45] Eine kompetentielle Verknüpfung besteht gemäß Art. 267 Abs. 3 AEUV; danach kann das BVerfG vorlageverpflichtet sein.[46] Die trotz unterschiedlicher Prüfungsmaßstäbe und zum Teil auch unterschiedlicher Prüfungsgegenstände auftretenden Kollisionsfälle basieren auf den Einwirkungen des Unionsrechts auf das innerstaatliche Recht; dabei handelt es sich um ein materiellrechtliches Phänomen,[47] auf das in anderem Zusammenhang einzugehen ist (→ Rn. 28 f.).

15 Strukturell anders gelagert ist das Verhältnis zwischen dem **BVerfG** und dem **EGMR.** Echte Zuständigkeitskonkurrenzen bestehen nicht. Da über denselben Fall mit überwiegend identischen Rechtsfragen zu entscheiden ist, kann von einem **rechtsmittelähnlichen Verhältnis** gesprochen werden.[48] Konventionsrechtlicher Ausweis hierfür ist das Erfordernis der Erschöpfung innerstaatlicher Rechtsbehelfe, bevor der EGMR angerufen werden kann (→ *Kadelbach* § 6 Rn. 47 ff.). Die Konflikte zwischen BVerfG und EGMR liegen – wie beim EuGH – auf der Ebene des materiellen Rechts und betreffen vornehmlich die innerstaatliche Rezeption der EMRK in Gestalt der Interpretation durch den EGMR (→ Rn. 36 f.).

## II. Justizförmigkeit des Verfahrens

### 1. Besonderheiten des Verfassungsprozessrechts

16 Als „Gericht" i. S. d. Art. 92 GG entscheidet das BVerfG in einem geordneten Verfahren. Das maßgebliche Prozessrecht ist im **BVerfGG** normiert; hinzu tritt die **GeschO** des BVerfG (§ 1 Abs. 3 BVerfGG).[49] Das positivierte Verfassungsprozessrecht gilt indessen als lückenhaft und fragmentiert.[50] Soweit das allgemeine gerichtliche Verfahrensrecht rezipiert

---

[43] *Voßkuhle* NVwZ 2010, 1; *ders.* in: v. Mangoldt/Klein/Starck, GG, Art. 93 Rn. 80; *ders.* in: Münch/Kellermann (Fn. 12), S. 6 (12 f.); *Barczak* in: Barczak, BVerfGG, Einl Rn. 46 (m. w. Nachw.). – BVerfGE 140, 317 Rn. 44 = NJW 2016, 1149 apostrophiert die EU als einen „Staaten-, Verfassungs-, Verwaltungs- und Rechtsprechungsverbund".

[44] *Walter* in: Maunz/Dürig, GG, Art. 93 Rn. 181.

[45] *Lechner/Zuck* BVerfGG, Einl Rn. 200; *Bethge* in: Maunz/Schmidt-Bleibtreu/Klein/Bethge, BVerfGG, Vorb Rn. 308.

[46] BVerfGE 152, 216 Rn. 69 = NVwZ 2020, 63.

[47] *Schlaich/Korioth* BVerfG, Rn. 358, mit Hinweis darauf, dass daraus allerdings ein institutioneller Konflikt entsteht.

[48] *Walter* in: Maunz/Dürig, GG, Art. 93 Rn. 172. – Im rechtstechnischen Sinne liegt kein Rechtsmittelzug vor, → *Kadelbach* § 6 Rn. 5.

[49] Die BVerfG-GeschO ist abgedruckt in Maunz/Schmidt-Bleibtreu/Klein/Bethge, BVerfGG, A 3.

[50] *E. Klein* in: Benda/Klein, Verfassungsprozessrecht, Rn. 206; *Barczak* in: Barczak, BVerfGG, Einl Rn. 96; *Wieland* in: Dreier, GG, Art. 93 Rn. 52.

wird (vgl. z. B. § 17 BVerfGG), ist die Lückenschließung präzise angeordnet. Unabhängig davon steht dem BVerfG keine Befugnis zur kreativen Lückenfüllung zu, wie die Selbsttitulierung „Herr des Verfahrens“[51] oder die Rede von der „Verfahrensautonomie“[52] vermuten lassen könnten. Die Lückenschließung erfolgt unter Rückgriff auf die anderen Prozessordnungen,[53] wobei die Besonderheiten des verfassungsgerichtlichen Verfahrens zu beachten sind.[54] Die Bilanz zeigt, dass das BVerfG bislang keine Verfahrens„autonomie“ als „Herr“ des Verfahrens hat walten lassen; vielmehr gilt die Einsicht, dass nur die **Justizförmigkeit des Verfahrens** Rationalität, Legitimation sowie Überzeugungskraft schafft und Akzeptanz der Entscheidung zu bewirken vermag.[55]

Die Einbettung des Verfassungsprozessrechts in das allgemeine gerichtliche Verfahrensrecht erweist sich anhand einiger elementarer Verfahrensgrundsätze. So gilt etwa im Verfahren beim BVerfG – wie im Zivilprozess und im Verwaltungsprozess die **Dispositionsmaxime**[56] (dazu auch → Rn. 19). Ausdrücklich gesetzlich angeordnet ist der **Untersuchungsgrundsatz** (§ 26 BVerfGG); speziell für die Vernehmung von Zeugen und Sachverständigen gelten die StPO bzw. die ZPO (§ 28 Abs. 1 BVerfGG). Auch der **Grundsatz mündlicher Verhandlung** ist – wie im sonstigen Prozessrecht[57] – gesetzlicher Regelfall (§ 25 Abs. 1 BVerfGG).[58] Der **Öffentlichkeitsgrundsatz** bestimmt sich gemäß § 17 BVerfGG nach den Regeln des GVG (dort: §§ 169 ff.), allerdings besteht für Ton- und Filmaufnahmen im Verfassungsprozess eine spezielle Vorschrift (§ 17a BVerfGG).[59] 17

### 2. Sachentscheidungsvoraussetzungen

Die **Zulässigkeit eines Antrags** beim BVerfG hängt von der Erfüllung bestimmter Sachentscheidungsvoraussetzungen ab (zur Parallele im Verwaltungsprozessrecht → *Ehlers* § 25 Rn. 7). Die Unterscheidung zwischen *allgemeinen* und *besonderen* **Sachentscheidungsvoraussetzungen** (→ *Ehlers* § 25 Rn. 9) kann auch im vorliegenden Zusammenhang getroffen werden.[60] Nachfolgend werden – außer der Zuständigkeit des BVerfG (→ Rn. 7 ff.) – fünf praktisch bedeutsame Anforderungen an die Zulässigkeit eines Antrags als *Strukturelemente* des verfassungsgerichtlichen Rechtsschutzes skizziert; die jeweiligen *inhaltlichen* Voraussetzungen ergeben sich aus der Verknüpfung mit der betreffenden Verfahrensart.[61] 18

Das verfassungsgerichtliche Verfahren wird durch einen **Antrag** eingeleitet.[62] Dazu stellt § 23 Abs. 1 BVerfGG bestimmte Anforderungen auf. Für die Verfassungsbeschwerden ergeben sich aus § 92 BVerfGG besondere Substantiierungslasten.[63] Das BVerfG (als „Hüter der 19

---

[51] BVerfGE 36, 342 (357); 60, 175 (213); abl. dazu *Kment* in: Jarass/Pieroth, GG, Art. 93 Rn. 4; *Voßkuhle* in: v. Mangoldt/Klein/Starck, GG, Art. 93 Rn. 29.

[52] *Detterbeck* in: Sachs, GG, Art. 93 Rn. 32; *v. Häfen* in: Burkiczak/Dollinger/Schorkopf, BVerfGG, § 17 Rn. 3.

[53] *Bethge* in: Maunz/Schmidt-Bleibtreu/Klein/Bethge, BVerfGG, Vorb § 17 Rn. 13 ff.; *E. Klein* in: Benda/Klein, Verfassungsprozessrecht, Rn. 210; differenzierend *Barczak* in: Barczak, BVerfGG, Einl Rn. 97 (auch eigenmächtiges Handeln des BVerfG akzeptierend).

[54] BVerfGE 103, 295 (296); *Lechner/Zuck* BVerfGG, Vorb § 17 Rn. 3.

[55] *E. Klein* in: Benda/Klein, Verfassungsprozessrecht, Rn. 209; *Schlaich/Korioth* BVerfG, Rn. 57.

[56] *Lechner/Zuck* BVerfGG, Vorb § 17 Rn. 8 ff.

[57] § 128 ZPO, § 101 VwGO, § 124 SGG, § 90 FGO.

[58] In der Praxis bildet das schriftliche Verfahren den Regelfall, *Wiedemann* in: Burkiczak/Dollinger/Schorkopf, BVerfGG, § 25 Rn. 6; zu Verfassungsbeschwerdeverfahren → *Scherzberg* § 15 Rn. 190.

[59] Zur Einführung des § 17a BVerfGG vgl. *Gündisch/Dany* NJW 1999, 256; *Barczak* in: Barczak, BVerfGG, Einl Rn. 130.

[60] *E. Klein* in: Benda/Klein, Verfassungsprozessrecht, Rn. 277.

[61] Die dazu gewonnenen Erkenntnisse können auf das Eilverfahren (§ 32 BVerfGG) übertragen werden → § 21 Rn. 20 ff.

[62] Zur Individualverfassungsbeschwerde → *Scherzberg* § 15 Rn. 8 ff.; zur kommunalen Verfassungsbeschwerde → § 16 Rn. 21 f.; zur abstrakten Normenkontrolle → *Thiemann* § 17 Rn. 59 ff.; zum Organstreit → *Ehlers* § 18 Rn. 5; zum Bund-Länder-Streit → *Pünder* § 20 Rn. 23.

[63] Zur Individualverfassungsbeschwerde → *Scherzberg* § 15 Rn. 11 ff.; zur kommunalen Verfassungsbeschwerde → § 16 Rn. 21.

Verfassung" → Rn. 3) hat kein Initiativrecht.[64] Das Antragsprinzip ist Ausdruck der Dispositionsmaxime. Da das BVerfG ex officio ein verfassungsrechtliches Verfahren nicht einleiten kann, stellt der Erlass einer einstweiligen Anordnung **von Amts wegen** eine Kompetenzanmaßung dar (→ § 21 Rn. 21).

20 Die **Antragsberechtigung** als solche ist bei allen Verfahren gefordert; wer in concreto antragsberechtigt ist, hängt von der Verfahrensart ab.[65] In kontradiktorischen Verfahren (Organstreit, Bund-Länder-Streit) ist auch der **Antragsgegner** zu ermitteln;[66] gemeinhin wird dem Antragsteller und dem Antragsgegner in *einer* Norm die Beteiligungsfähigkeit (Parteifähigkeit) verliehen (vgl. zum Organstreit § 63 BVerfGG, zu föderativen Streitigkeiten § 68 und § 71 BVerfGG).

21 Die **Antragsbefugnis** setzt die Möglichkeit des Antragstellers voraus, in *eigenen* Rechten verletzt zu sein.[67] Bei der Verfassungsbeschwerde handelt es sich terminologisch um die **Beschwerdebefugnis.**[68] Bei der abstrakten Normenkontrolle kann das Erfordernis mit dem Begriff **Antragsgrund** übersetzt werden (→ *Thiemann* § 17 Rn. 35 ff.). Die konkrete Normenkontrolle folgt ohnehin eigenen prozessualen Gesetzmäßigkeiten; im vorliegenden Zusammenhang geht es um den **Vorlagegrund,** der in der *Entscheidungserheblichkeit* der betroffenen Norm liegt (→ *Wernsmann* § 19 Rn. 52 ff.).

22 Für mehrere Verfahrensarten sieht das Gesetz eine **Antragsfrist** vor.[69] Dabei handelt es sich um eine *Ausschlussfrist;* wird die Frist nicht eingehalten, ist der Antrag unzulässig.[70]

23 Das **Rechtsschutzinteresse** ist als ungeschriebene allgemeine Sachentscheidungsvoraussetzung in allen Verfahrensarten vonnöten.[71] Es ist durch die Erfüllung der anderen Zulässigkeitsvoraussetzungen indiziert und entfällt nur ausnahmsweise, insbesondere wenn die Inanspruchnahme des BVerfG dem Antragsteller keine Verbesserung seiner Rechtsposition verspricht. Das Rechtsschutzinteresse erfährt in den einzelnen Verfahrensarten unterschiedliche Ausprägungen,[72] die den verschiedenartigen Verfahrensrationalitäten geschuldet sind;[73] gleichwohl ist der Terminus „Rechtsschutzinteresse" ein sinnvoller Oberbegriff zur Bündelung der Anforderungen an die Inanspruchnahme des BVerfG jenseits der sonstigen Zulässigkeitsvoraussetzungen.[74]

### 3. Entscheidungszwang des BVerfG

24 Sind die Zulässigkeitsvoraussetzungen erfüllt, muss das BVerfG eine **Sachentscheidung** treffen. Das Gericht steht unter Entscheidungszwang; es kann sich bei (hoch)politischen

---

[64] *Friesenhahn* Jura 1982, 505 (513); *Voßkuhle* BayVBl 2020, 577 (578); *ders.* in: v. Mangoldt/Klein/Starck, GG, Art. 93 Rn. 21.

[65] Zur Individualverfassungsbeschwerde → *Scherzberg* § 15 Rn. 22 ff. (Beteiligtenfähigkeit); zur kommunalen Verfassungsbeschwerde → § 16 Rn. 23 ff. (Beschwerdeberechtigung); zur abstrakten Normenkontrolle → *Thiemann* § 17 Rn. 18 ff.; zum Organstreit → *Ehlers* § 18 Rn. 11 ff. (Beteiligungsfähigkeit); zur konkreten Normenkontrolle → *Wernsmann* § 19 Rn. 16 (Vorlageberechtigung); zum Bund-Länder-Streit → *Pünder* § 20 Rn. 8 (Parteifähigkeit).

[66] *E. Klein* in: Benda/Klein, Verfassungsprozessrecht, Rn. 282.

[67] Zum Organstreit → *Ehlers* § 18 Rn. 44 ff.; zum Bund-Länder-Streit → *Pünder* § 20 Rn. 16 ff.

[68] Zur Individualverfassungsbeschwerde → *Scherzberg* § 15 Rn. 71 ff., zur kommunalen Verfassungsbeschwerde → § 16 Rn. 38 ff.

[69] Zur Individualverfassungsbeschwerde → *Scherzberg* § 15 Rn. 105 ff. (Beschwerdefrist); zur kommunalen Verfassungsbeschwerde → § 16 Rn. 49 f. (Beschwerdefrist); zum Organstreit → *Ehlers* § 18 Rn. 61 ff.; zum Bund-Länder-Streit → *Pünder* § 20 Rn. 25 f. – Auch das Wahlprüfungsverfahren (Art. 41 Abs. 2 GG) kennt eine Frist (§ 48 Abs. 1 BVerfGG).

[70] *O. Klein* in: Benda/Klein, Verfassungsprozessrecht, Rn. 223.

[71] *Lechner/Zuck* BVerfGG, Vorb § 17 Rn. 23.

[72] Zur Individualverfassungsbeschwerde → *Scherzberg* § 15 Rn. 115 ff.; zur kommunalen Verfassungsbeschwerde → § 16 Rn. 53; zur abstrakten Normenkontrolle → *Thiemann* § 17 Rn. 54 (objektives Klarstellungsinteresse); zum Organstreit → *Ehlers* § 18 Rn. 67; zur konkreten Normenkontrolle → *Wernsmann* § 19 Rn. 52 (Überzeugung von der Verfassungswidrigkeit des Gesetzes); zum Bund-Länder-Streit → *Pünder* § 20 Rn. 27.

[73] Beim Eilverfahren nach § 32 BVerfGG kommt der Zeitfaktor hinzu → § 21 Rn. 34.

[74] Skeptisch *E. Klein* in: Benda/Klein, Verfassungsprozessrecht, Rn. 283.

Streitigkeiten nicht etwa wie der US-amerikanische Supreme Court auf eine *„political question-doctrine"* zurückziehen und die Entscheidung verweigern, da das deutsche Recht eine solche Doktrin nicht kennt.[75] Davon losgelöst sind Fragen zur gerichtlichen Kontrolldichte zu klären. Die Respektierung außen- und verteidigungspolitischer Wertungen oberster Bundesorgane seitens des BVerfG beruht auf der fehlenden (engmaschigen) Normierung des Verfassungsrechts in derartigen Angelegenheiten und nicht etwa auf einer prinzipiellen Rechtsschutzverweigerung.[76]

## III. Prüfungsgegenstand und Prüfungsmaßstab des BVerfG

Zentrale Elemente des verfassungsgerichtlichen Rechtsschutzes sind der **Gegenstand der Kontrolle** in einem bestimmten Verfahren und der dem Gericht zur Verfügung stehende **Prüfungsmaßstab** für die Beurteilung der Verfassungsmäßigkeit der angegriffenen Maßnahme. Für die einzelnen Rechtsschutzkonstellationen ist auf die nachfolgenden Beiträge zu verweisen.[77] Im vorliegenden Zusammenhang wird aus einer übergreifenden Perspektive sowohl zum Prüfungsgegenstand als auch zum Prüfungsmaßstab auf „allgemeine Lehren" für das gerichtliche Verfahren aufmerksam gemacht; zum Verfassungsrecht geht es um einige Akzentuierungen, zum Unionsrecht ist in Bezug auf den Grundrechtsschutz ein Paradigmenwechsel (→ Rn. 33) zu notieren,[78] zu den Einwirkungen der EMRK ist eine konsolidierte Rechtslage zu skizzieren. 25

### 1. Gegenstand verfassungsgerichtlicher Prüfung

**a) Akte deutscher Staatsgewalt.** Verfahrensgegenstand beim BVerfG ist stets ein **Akt deutscher Staatsgewalt.** Bei Streitigkeiten im Binnenbereich des Staates (z. B. Bund-Länder-Streit, Organstreit) liegt dies auf der Hand. Aber auch Normen, die pauschal „die öffentliche Gewalt" zum Gegenstand eines Rechtsbehelfs erklären (Art. 93 Abs. 1 Nr. 4a GG, § 90 Abs. 1 BVerfGG), beziehen sich auf Maßnahmen der deutschen Staatsgewalt (→ *Scherzberg* § 15 Rn. 48). Ist der Rechtsakt einer innerstaatlichen Stelle (z. B. eines Gerichts) *unionsrechtlich* determiniert, handelt es sich dennoch um eine Maßnahme der *deutschen* öffentlichen Gewalt; den Anforderungen des EU-Rechts ist im Rahmen der materiellen Prüfung Rechnung zu tragen.[79] 26

Unter dem Vorzeichen der Gewaltenteilung (Art. 20 Abs. 2 S. 2 GG) übt das BVerfG seine Kontrolle über **alle drei Staatsfunktionen** aus. Die Beachtung der Grundrechte durch die Gesetzgebung, die vollziehende Gewalt und die Rechtsprechung (Art. 1 Abs. 3 GG) sowie die Einhaltung der verfassungsmäßigen Ordnung (Art. 20 Abs. 3 GG) werden vom BVerfG überwacht. Zur **Gesetzgebung** ist die Anerkennung von Gestaltungsbefugnissen 27

---

[75] *Friesenhahn* Jura 1982, 505 (515); *E. Klein* in: Benda/Klein, Verfassungsprozessrecht, Rn. 29; *Voßkuhle* in: v. Mangoldt/Klein/Starck, GG, Art. 93 Rn. 22, spricht in diesem Zusammenhang von einer „Pflicht zur Kompetenzausübung".

[76] Nach *Lechner/Zuck* BVerfGG, Einl Rn. 223, handelt es sich indessen um eine eigenständige political question-doctrine des deutschen Verfassungsprozessrechts.

[77] Zur Individualverfassungsbeschwerde → *Scherzberg* § 15 Rn. 47 ff. (Beschwerdegegenstand) und Rn. 118 ff. (Prüfungsmaßstab, Prüfungsumfang, Prüfungsdichte); zur kommunalen Verfassungsbeschwerde → § 16 Rn. 33 ff. (Beschwerdegegenstand) und Rn. 55 ff. (Prüfungsmaßstab, Prüfungsstruktur); zur abstrakten Normenkontrolle → *Thiemann* § 18 Rn. 26 ff. (Antragsgegenstand) und Rn. 62 (Begründetheit); zum Organstreit → *Ehlers* § 18 Rn. 31 ff. (Antragsgegenstand) und Rn. 71 f. (Begründetheit); zur konkreten Normenkontrolle → *Wernsmann* § 19 Rn. 18 ff. (Vorlagegegenstand) und Rn. 70 ff. (Begründetheit); zum Bund-Länder-Streit → *Pünder* § 20 Rn. 11 ff. (Statthaftigkeit der Verfahrensart) und Rn. 29 f. (Begründetheit, Prüfungsprogramm).

[78] Es geht im vorliegenden Zusammenhang um die Sicht des BVerfG; für den EuGH sind die Verhältnisse geklärt: Prüfungsgegenstände normieren Art. 258, 259, 267 AEUV, dem EU-Recht kommt ein absoluter Anwendungsvorrang zu; vgl. *Walter* in: Maunz/Dürig, GG, Art. 93 Rn. 155 ff.

[79] BVerfGE 152, 152 Rn. 39 = NVwZ 2020, 53; dazu *Neumann/Eichberger* JuS 2020, 502 (504 f.).

keine Frage der Kontrollkompetenz,[80] sondern der Kontrolldichte des BVerfG.[81] Beim Rechtsschutz gegen Maßnahmen der **Exekutive** scheidet die direkte Anrufung des BVerfG grundsätzlich aus, wenn es um *Verwaltungshandeln* geht, das bei der zuständigen Fachgerichtsbarkeit angegriffen werden kann;[82] *Regierungsakte* werden vom BVerfG auf Antrag kontrolliert[83] (insbesondere im Organstreitverfahren), Kontrollrestriktionen (z.B. in außen- und verteidigungspolitischen Angelegenheiten) beruhen auch hier auf einer zurückgenommenen Kontrolldichte des BVerfG.[84] Akte der **Rechtsprechung** können mit der sog. Urteilsverfassungsbeschwerde angegriffen werden; dieser außerordentliche Rechtsbehelf (→ *Scherzberg* § 15 Rn. 3) ist kein Rechtsmittel im Instanzenzug und das BVerfG daher kein „Superrevisionsgericht",[85] vielmehr ist das BVerfG bei der Kontrolle fachgerichtlicher Entscheidungen auf die Überprüfung einer Verletzung *spezifischen Verfassungsrechts* beschränkt (→ *Scherzberg* § 15 Rn. 122).

28 **b) Akte der Europäischen Union.** Rechtsakte der EU wirken mannigfach auf die mitgliedstaatliche Rechtsordnung ein. Das gilt sowohl für das primäre Unionsrecht (insbesondere EUV, AEUV, GRCh) als auch für das sekundäre Unionsrecht (Art. 288 AEUV: Verordnungen, Richtlinien, Beschlüsse). Vielfach bildet das EU-Recht die Grundlage für Umsetzungs- und Vollzugsakte (durch staatliches Gesetz sowie behördliche und gerichtliche Entscheidungen); mitunter zeitigt die Hoheitsgewalt der EU im innerstaatlichen Rechtskreis unmittelbar (also: unvermittelt durch die staatliche Hoheitsgewalt) Wirkungen. Dennoch kann ein **Akt der Unionsgewalt** als solcher *nicht* Verfahrensgegenstand beim BVerfG sein.[86] Das Grundgesetz bindet allein die **deutsche öffentliche Gewalt** (Art. 1 Abs. 3, 20 Abs. 3 GG); diese materielle Bindung an die Verfassung findet das prozessuale Gegenstück in Art. 93 Abs. 1 Nr. 2 und Nr. 4a sowie Art. 100 Abs. 1 GG.[87] Zutreffend hat das BVerfG zur Verfassungsbeschwerde betont, dass Maßnahmen von Organen, Einrichtungen und sonstigen Stellen der EU keine Akte deutscher öffentlicher Gewalt sind und daher auch nicht unmittelbarer Beschwerdegegenstand sein können.[88]

29 Ausnahmen von dieser klaren Zuordnung (→ Rn. 28) soll es nach überkommener Auffassung in drei Konstellationen geben: Die **grundrechtliche Kontrolle** von Maßnahmen der EU diene der Wahrung der grundgesetzlichen Grundrechtsstandards (Art. 23 Abs. 1 S. 1 GG), die **ultra vires-Kontrolle** sichere die Einhaltung der Grenzen bei der Ausübung der der Unionsgewalt übertragenen Hoheitsrechte (Art. 23 Abs. 1 S. 2 GG), die **Identitätskontrolle** gewährleiste die Beachtung der dem EU-Recht durch Art. 79 Abs. 3 GG gezogenen Grenzen (Art. 23 Abs. 1 S. 3 GG).[89] Diese „Reservezuständigkeiten" des BVerfG sind beim Grundrechtsschutz überholt (→ Rn. 33f.), in den beiden anderen Bereichen kompetenz-

[80] In Betracht kommende Verfahrensarten sind die Individualverfassungsbeschwerde (Art. 93 Abs. 1 Nr. 4a GG), die konkrete Normenkontrolle (Art. 100 Abs. 1 GG) und die abstrakte Normenkontrolle (Art. 93 Abs. 1 Nr. 2 GG.

[81] *Britz* Jura 2015, 319 (320ff.); *Bethge* in: Maunz/Schmidt-Bleibtreu/Klein/Bethge, BVerfGG, Vorb Rn. 160ff.

[82] Dazu gelten der Grundsatz der Rechtswegerschöpfung und die Subsidiarität der Verfassungsbeschwerde (→ *Scherzberg* § 15 Rn. 90ff. und Rn. 93ff.).

[83] *Walter* in: Maunz/Dürig, GG, Art. 93 Rn. 122: kein justizfreier Raum.

[84] *Voßkuhle* in: v. Mangoldt/Klein/Starck, GG, Art. 93 Rn. 53 (mit Praxisbeispielen).

[85] *Friesenhahn* Jura 1982, 505 (515); *Barczak* in: Barczak, BVerfGG, Einl Rn. 92a; *Detterbeck* in: Sachs, GG, Art. 93 Rn. 17.

[86] *Eifert/Gerberding* Jura 2016, 628 (635); *Friedrich* Jura 2019, 812 (818); *Hillgruber* in: Hillgruber/Goos, Verfassungsprozessrecht, Rn. 1185; *Schlaich/Korioth* BVerfG, Rn. 360d; *Bethge* in: Maunz/Schmidt-Bleibtreu/Klein/Bethge, BVerfGG, Vorb Rn. 354.

[87] Vgl. zur Individualverfassungsbeschwerde → *Scherzberg* § 15 Rn. 49; zur abstrakten Normenkontrolle → *Thiemann* § 17 Rn. 30; zur konkreten Normenkontrolle → *Wernsmann* § 19 Rn. 39.

[88] BVerfGE 142, 123 Rn. 97 = NJW 2016, 2473 (OMT-Programm der EZB) → *Kingreen* Jura (JK) 2016, 1225 und → *Ruffert* JuS 2016, 756.

[89] Überblick dazu bei *Wehmhörner* NVwZ 2020, 342 (343); *Calliess* Staatsrecht III, § 8 Rn. 74ff. (Grundrechtskontrolle), Rn. 78ff. (ultra vires-Kontrolle), Rn. 83ff. (Identitätskontrolle); *Kment* in: Jarass/Pieroth, GG, Art. 93 Rn. 20; *Walter* in: Maunz/Dürig, GG, Art. 93 Rn. 165ff.

rechtlich fragwürdig und in der Sache überflüssig: Ein Zustimmungsgesetz zu Verträgen ist am Maßstab des Art. 23 GG verfassungsgerichtlich überprüfbar (→ *Wernsmann* § 19 Rn. 36); beim EU-Sekundärrecht ist das Verhalten von Trägern deutscher öffentlicher Gewalt tauglicher Verfahrensgegenstand beim BVerfG, sei es in Befolgung und Anwendung eines Unionsrechtsaktes oder sei es als Unterlassen eines Hinwirkens auf die Einhaltung des der EU zur Verfügung stehenden Rechtsrahmens.[90] Das Unterlassen von Maßnahmen der Bundesregierung und des Bundestages in Ansehung rechtsbeeinträchtigender Akte von EU-Organen (Einrichtungen, Stellen) ist tauglicher Verfahrensgegenstand im Verfassungsgerichtsprozess.[91]

Über die Auslegung der Unionsverträge und des EU-Sekundärrechts sowie die Prüfung der Gültigkeit von Handlungen der Organe, Einrichtungen und sonstigen Stellen der EU steht dem **EuGH ein Entscheidungsmonopol** zu (Art. 19 Abs. 1 UAbs. 1 S. 2 EUV, Art. 263, 268 Abs. 1, 344 AEUV). Das hindert das BVerfG augenscheinlich nicht an der *indirekten* Kontrolle des Inhalts von EU-Maßnahmen. Das Gericht spricht von einer „Vorfrage" und reklamiert für sich die Prüfungsbefugnis, soweit EU-Akte entweder Grundlage von Handlungen deutscher Staatsorgane sind oder aus der Integrationsverantwortung folgende Reaktionspflichten deutscher Verfassungsorgane auslösen; insofern würden Maßnahmen der EU daraufhin überprüft, ob sie durch das deutsche Zustimmungsgesetz gedeckt seien oder gegen die der europäischen Integration durch das Grundgesetz sonst gezogenen Grenzen verstießen.[92] Dazu wird eine zurückhaltende Kontrolle versprochen (offensichtliche und strukturell bedeutsame Grenzüberschreitung der EU, Beeinträchtigung der Identität des Grundgesetzes[93]), eine allgemeine Rechtmäßigkeitskontrolle finde nicht statt.[94] Tatsächlich praktiziert das **BVerfG** – formal anknüpfend an Handlungen oder Unterlassungen deutscher Staatsorgane – überwiegend eine intensive **Kontrolle des EU-Rechtsakts** nicht etwa aus der Perspektive des Art. 23 Abs. 1 GG,[95] sondern am **Maßstab des EU-Primärrechts.**[96] Es wird gleichsam die Stellung des EuGH eingenommen. Die Einschaltung des EuGH über Art. 267 Abs. 3 AEUV[97] vermeidet das BVerfG, falls nicht erwünscht, dadurch, dass es – nach intensiver Prüfung komplexer Fragestellungen – erklärt, die Rechtslage (z. B. nach dem AEUV) sei von vornherein eindeutig („acte clair") oder durch die EuGH-Judikatur zweifelsfrei geklärt („acte éclairé").[98] 30

### 2. Maßstab verfassungsgerichtlicher Prüfung

**a) Deutsches Verfassungsrecht.** Das BVerfG kontrolliert zulässigerweise angegriffene Maßnahmen der deutschen Staatsgewalt in der Regel am **Maßstab des Grundgeset-** 31

---

[90] *Eifert/Gerberding* Jura 2016, 628 (636); *Schlaich/Korioth* BVerfG, Rn. 360d.

[91] BVerfGE 154, 17 Rn. 86, 89 = NVwZ 2020, 857 (Staatsanleihekaufprogramm „PSPP" der EZB) → *Ruffert* JuS 2020, 574.

[92] BVerfGE 142, 123 Rn. 98, 99 = NJW 2016, 2473 → *Kingreen* Jura (JK) 2016, 1225 und → *Ruffert* JuS 2016, 756; dazu *Kadelbach* Jura 2017, 940.

[93] BVerfG-K NVwZ 2020, 1263 Rn. 15 und Rn. 16 m. w. Nachw.

[94] Zusammenfassend dazu *Wehmhörner* NVwZ 2020, 342 (343).

[95] Strikt diese Perspektive einnehmend aber BVerfGE 153, 74 Rn. 141 ff. = EuZW 2020, 324 (Einheitliches Patentgericht) → *Payandeh* JuS 2020, 702 und → JA 2020, 878 *(Ogorek)*.

[96] Dazu zwei aktuelle Beispiele: BVerfGE 151, 202 Rn. 158 ff. und Rn. 231 ff. = NJW 2019, 3204 = EuZW 2019, 982 (m. Bespr. *U. Forsthoff* EuZW 2019, 977): Vereinbarkeit der Europäischen Bankenunion (SSM-VO) mit Art. 127 Abs. 6 AEUV und Art. 114 Abs. 1 AEUV; dazu *U. Karpenstein/Langner* EuZW 2020, 270 (271 ff.) und *Wehmhörner* NVwZ 2020, 342 (344 ff.). – BVerfGE 154, 17 Rn. 116 ff. = NVwZ 2020, 857 → *Ruffert* JuS 2020, 574: Unvereinbarkeit des EZB-Staatsanleihekaufprogramms „PSPP" mit Art. 5 Abs. 1 S. 2 und Abs. 4 EUV (ferner Rn. 180 ff.: Vereinbarkeit des EuGH-Urteils vom 11.12.2018 [Fn. 97] mit Art. 123 Abs. 1 AEUV); dazu *Haltern* NVwZ 2020, 817; *Kahl* NVwZ 2020, 824; *Callies* NVwZ 2020, 897; *Kube* DVBl 2020, 1161; *Nettesheim* NJW 2020, 1631.

[97] Dies erfolgte zum Staatsanleihekaufprogramm „PSPP" der EZB durch BVerfGE 146, 216 = NJW 2017, 2894 → *Kingreen* Jura (JK) 2018, 103 und → *Ruffert* JuS 2017, 1229; dazu EuGH NJW 2019, 907 = EuZW 2019, 162 (m. Anm. *Müller-Graff*) = JZ 2019, 296 (m. Anm. *Heide*) → *Ruffert* JuS 2019, 181: Vereinbarkeit der EZB-Beschlüsse mit EU-Recht.

[98] So BVerfGE 151, 202 Rn. 315 ff. = NJW 2019, 3204 = EuZW 2019, 982 zur Europäischen Bankenunion in Bezug auf Art. 127 Abs. 6 AEUV und Art. 114 Abs. 1 AEUV.

**zes.**[99] Das betrifft alle Verfahrensarten. Uneingeschränkt gilt dies in den Verfahren der abstrakten Normenkontrolle (→ *Thiemann* § 17 Rn. 62) und der konkreten Normenkontrolle (→ *Wernsmann* § 19 Rn. 71); diese beiden Verfahrensarten kennen sogar eine *Erweiterung* des Prüfungsmaßstabs (→ Rn. 32). In anderen Verfahrensarten ist in Bezug auf die Rechtsschutzkonstellation eine *Verengung* des Maßstabs vorgesehen. So bilden bei der Individualverfassungsbeschwerde Grundrechte und grundrechtsgleiche Rechte den Prüfungsmaßstab (→ *Scherzberg* § 15 Rn. 118). Die kommunale Verfassungsbeschwerde ist beim Prüfungsmaßstab auf das Recht der Selbstverwaltung nach Art. 28 GG fixiert, allerdings nimmt das BVerfG weitere Kontrollkriterien hinzu (→ § 16 Rn. 56 ff.). Beim Organstreit ist, ausgehend vom statthaften Antragsgegenstand, die Verletzung von Organrechten verfassungsgerichtlich zu beurteilen (→ *Ehlers* § 18 Rn. 31 ff., 71). Auch beim Bund-Länder-Streit ist der Prüfungsmaßstab durch den Verfahrensgegenstand geprägt; im Kern geht es um bundesstaatlich radizierte Kompetenzabgrenzungen (→ *Pünder* § 20 Rn. 29 f.).

32 Ergänzend ist auf zwei Extensionen hinzuweisen. Bei den Normenkontrollen wird bei der Überprüfung von *Landesrecht* der Maßstab des BVerfG erweitert. Bei der abstrakten Normenkontrolle prüft das BVerfG auch die Vereinbarkeit von Landesrecht mit **sonstigem Bundesrecht** (Art. 93 Abs. 1 Nr. 2 GG); bei der konkreten Normenkontrolle ist die Entscheidung des BVerfG auch dann einzuholen, wenn es um die Unvereinbarkeit eines Landesgesetzes mit einem **Bundesgesetz** geht (Art. 100 Abs. 1 S. 2 GG). Zum **Grundrechtsschutz** ist auf die umfassende Bindung der deutschen Staatsgewalt (unabhängig von bestimmten Funktionen, Handlungsformen, Gegenständen und unabhängig von Ort und Person) hinzuweisen: Die Grundrechtsbindung der deutschen Staatsgewalt gilt auch im Ausland und dort sogar bei einem Handeln gegenüber Ausländern; dementsprechend übt das BVerfG seine Kontrollkompetenz aus.[100]

33 **b) Unionsgrundrechte.** Zum Grundrechtsschutz bei Sachverhalten mit Unionsrechtsbezug im Anwendungsbereich des Art. 51 Abs. 1 S. 1 GRCh hat das BVerfG (Erster Senat) mit zwei Entscheidungen vom 6.11.2019 (für die Praxis) einen **Paradigmenwechsel** vollzogen. Das vormalige *Trennungsmodell* (Abgrenzung der Kompetenzbereiche von BVerfG und EuGH)[101] ist aufgegeben und durch ein *kooperatives Verflechtungsmodell* ersetzt worden.[102] Prozessrechtlich wird dadurch der **Prüfungsmaßstab bei der Verfassungsbeschwerde** geändert:

- In einem unionsrechtlich vollständig determinierten Bereich erfolgt die Prüfung nur noch anhand der *Unionsgrundrechte;*[103]
- in einem (für das nationale Recht) gestaltungsoffenen Bereich sind primär die *Grundrechte des Grundgesetzes* Prüfungsmaßstab, die GRCh soll jedoch als Auslegungshilfe Berücksichtigung finden.[104]

Danach gewinnt die Abgrenzung zwischen dem Bereich unionsrechtlich vollständig vereinheitlichter Regelungen und dem Bereich mit Gestaltungsspielräumen der EU-Mitglied-

[99] BVerfGE 152, 152 Rn. 42, 45 = NVwZ 2020, 53; *E. Klein* DÖV 2020, 341; *Voßkuhle* in: v. Mangoldt/Klein/Starck, GG, Art. 93 Rn. 24. – Nur am Rande sei erwähnt, dass Verfassungsrecht zwar „politisches Recht" sein mag und auf Grund seiner zum Teil weitmaschigen Formulierungen Interpretationsspielräume eröffnet, aber als *Recht* der Politik einen Rahmen setzt, so dass das BVerfG bei der Auslegung und Anwendung des Verfassungsrechts nicht etwa selbst *Politik* betreibt; eindrücklich dazu *Friesenhahn* Jura 1982, 505 (517 ff.); ferner *Hesse* Grundzüge des Verfassungsrechts, Rn. 568 ff.; zum Grundgesetz als stabile, aber nicht statische Verfassung *Voßkuhle* in: Münch/Kellermann (Fn. 12), S. 6 (9 f.).

[100] BVerfGE 154, 152 Rn. 90 ff. = NJW 2020, 2235 (Fernmeldeaufklärung nach dem BND-Gesetz) → *Ruffert* JuS 2020, 705 und → JA 2020, 631 *(Muckel);* dazu *Uerpmann-Wittzack* Jura 2020, 953; ferner *Aust* DÖV 2020, 715; *Gärditz* JZ 2020, 825; *Schmahl* NJW 2020, 2221.

[101] Knapper Überblick dazu bei *Eifert/Gerberding* Jura 2016, 628 (631 f.); *Walter* in: Maunz/Dürig, GG, Art. 93 Rn. 166 f.

[102] *Wendel* JZ 2020, 157 (160).

[103] BVerfGE 152, 216 Rn. 33 ff., 50, 52 = NVwZ 2020, 63 → *Eifert* Jura (JK) 2020, 535 und → *Sachs* JuS 2020, 284 sowie → JA 2020, 237 *(Muckel).*

[104] BVerfGE 152, 152 Rn. 45 ff., 61 = NVwZ 2020, 53 → *Eifert* Jura (JK) 2020, 411 und → *Sachs* JuS 2020, 282 sowie → JA 2020, 233 *(Muckel).*

staaten eine maßstabsbildende Funktion.[105] Soweit nur noch die Unionsgrundrechte als Prüfungsmaßstab vom BVerfG herangezogen werden, sollen allerdings die ultra vires-Kontrolle und die Identitätskontrolle (→ Rn. 29) unberührt bleiben.[106]

Die Einbeziehung der Unionsgrundrechte in den Prüfungsmaßstab der Verfassungsbeschwerde ist mit **Art. 93 Abs. 1 Nr. 4a GG** nicht vereinbar. Das BVerfG stützt die Veränderung des Maßstabs (unter ausdrücklicher Aufgabe der früheren Rechtsprechung) auf **Art. 23 Abs. 1 S. 1 GG;** dadurch nehme das Gericht seine *Integrationsverantwortung* wahr.[107] Das ist eine kühne These: Art. 93 Abs. 1 Nr. 4a GG normiert einen abschließenden Maßstab zur Entscheidung über Verfassungsbeschwerden;[108] Art. 23 Abs. 1 GG dient dem Schutz der deutschen Verfassungsordnung vor Akten der EU[109] (und nicht etwa der innerstaatlichen Entfaltung des EU-Rechts);[110] eine Schutzlücke besteht nicht, da die Fachgerichte die Geltung der Unionsgrundrechte in Deutschland über Art. 267 AEUV sichern;[111] angesichts der Aufgabe der bisherigen Rechtsprechung musste der Erste Senat das Plenum des BVerfG anrufen[112] (§ 16 Abs. 1 BVerfGG).[113] Das Ergebnis des Paradigmenwechsels mag rechtspolitisch sinnvoll sein, eine tragfähige Begründung im geltenden Recht findet es nicht. Kompetenzfragen sind Machtfragen, auch im Verhältnis zwischen Gerichten.[114] Der Dialog zwischen den Fachgerichten und dem EuGH über die innerstaatliche Entfaltung der Unionsgrundrechte hatte zu einem anhaltenden Bedeutungsverlust des BVerfG geführt; mit den Entscheidungen vom 6.11.2019 hat das Gericht innerstaatlich **Entscheidungsmacht** an sich gezogen.[115] 34

Für die Praxis bleibt die Folgefrage, ob die vom BVerfG vorgenommene **Maßstabserweiterung** (→ Rn. 33) auf den Grundrechtsschutz und die Verfassungsbeschwerde beschränkt bleibt[116] oder darüber hinausgeht. Kein tauglicher Ansatz für die Beantwortung der Frage ist die Erforschung des Individualrechtsschutzes in einzelnen Verfahrensarten.[117] Entscheidend ist der vom BVerfG verwendete „Hebel" des Art. 23 Abs. 1 S. 1 GG (→ Rn. 34), der nicht auf bestimmte Verfahrensarten ausgerichtet ist. Deshalb wäre die Übertragung des Prüfungsmaßstabs bezüglich der Unionsgrundrechte auf die **konkrete** 35

---

[105] Die kategoriale Unterscheidbarkeit bezweifelnd *Wendel* JZ 2020, 157 (164); da es um die Auslegung von EU-Sekundärrechtsakten geht, liegt die Letztentscheidungskompetenz beim EuGH, *U. Karpenstein/Kottmann* EuZW 2020, 185 (187 f.).

[106] BVerfGE 152, 216 Rn. 49 = NVwZ 2020, 63.

[107] BVerfGE 152, 216 Rn. 67 = NVwZ 2020, 63; zustimmend *Hoffmann* NVwZ 2020, 33 (34); *Wendel* JZ 2020, 157 (162); *U. Karpenstein/Kottmann* EuZW 2020, 185 (186 f.); *Thym* JZ 2020, 1017 (1019).

[108] *E. Klein* DÖV 2020, 341 (343); *Hillgruber* in: Hillgruber/Goos Verfassungsprozessrecht, Rn. 1172.

[109] BVerfGE 123, 267 (347 f.) = NJW 2009, 2267 Rn. 226 ff. („Lissabon-Vertrag") → *Ehlers* JK 10/09, GG Art. 38 I/18; E 134, 366 Rn. 49 = NVwZ 2014, 501 („OMT-Beschluss" der EZB) → *Kingreen* JK 7/14, AEUV Art. 127/1; E 142, 123 Rn. 120 = NJW 2016, 2473 („OMT-Programm" der EZB) → *Kingreen* Jura (JK) 2016, 1225 und → *Ruffert* JuS 2016, 756; E 151, 202 Rn. 144 ff. = NJW 2019, 3204 („Bankenunion") → *Ruffert* JuS 2019, 1033.

[110] *Kämmerer/Kotzur* NVwZ 2020, 177 (179, 180) mit der Titulierung des Art. 23 Abs. 1 GG als „Zauberkasten".

[111] *Edenharter* DÖV 2020, 349 (353 f.) unter Hinweis auf EU-Mitgliedstaaten ohne Verfassungsgericht (z. B. in Skandinavien). – Der EuGH ist „gesetzlicher Richter" i. S. d. Art. 101 Abs. 1 S. 2 GG, BVerfG-K NJW 2018, 2036 Rn. 35; *Kuck* Jura 2020, 228 (237); bei einem Verstoß gegen Art. 267 Abs. 3 AEUV steht die Urteilsverfassungsbeschwerde zur Verfügung.

[112] *Kämmerer/Kotzur* NVwZ 2020, 177 (183 f.); *Michl* Jura 2020, 479 (485).

[113] Die a. A. von BVerfGE 152, 216 Rn. 85 = NVwZ 2020, 63 basiert auf Erwägungen, die zeigen, dass der Erste Senat eine Anrufung des Plenums des BVerfG partout vermeiden wollte; *Kühling* NJW 2020, 275 (277 f.) meint, die Argumentation lasse sich „hören".

[114] *U. Karpenstein* EuZW 2019, 705 (706); *Wehmhörner* NVwZ 2020, 342 (347); *Calliess* Staatsrecht III, § 8 Rn. 69.

[115] *Kämmerer/Kotzur* NVwZ 2020, 177 (180 f.); *E. Klein* DÖV 2020, 341 (345); *ders.* in: Benda/Klein, Verfassungsprozessrecht, Rn. 109; *Edenharter* DÖV 2020, 349 (354). – Zu möglichen Folgen *Kingreen/Poscher* Grundrechte, Rn. 78: Verfahre das BVerfG nicht ebenso stringent nach Art. 267 AEUV wie die Fachgerichte, werde die Einheitlichkeit des Grundrechtsverständnisses in der EU gefährdet.

[116] In diesem Sinne *E. Klein* in: Benda/Klein, Verfassungsprozessrecht, Rn. 108; zweifelnd *ders.* DÖV 2020, 341 (346 f.).

[117] So aber *Kämmerer/Kotzur* NVwZ 2020, 177 (183): Individualrechtsschutz auch durch die konkrete Normenkontrolle; abl. dazu *Scheffczyk* NVwZ 2020, 977 (982).

**Normenkontrolle** (Art. 100 Abs. 1 GG) nur konsequent.[118] Dasselbe gilt – ungeachtet des Wortlauts von Art. 93 Abs. 1 Nr. 2 GG – für die **abstrakte Normenkontrolle,** sofern es um einen Verstoß gegen *Unionsgrundrechte* geht.[119] Ob es dabei sein Bewenden hat, ist fraglich. Schon wird bei einer von einem Fachgericht angenommenen Unvereinbarkeit eines Parlamentsgesetzes mit *Unionsrecht* ein analog Art. 100 Abs. 1 GG beim BVerfG konzentriertes Normenkontrollverfahren gefordert.[120] Setzt sich der Trend zur Sicherung von Entscheidungsmacht durch das BVerfG fort, wären tradierte Gewissheiten wie das Enumerationsprinzip (→ Rn. 7) und das Analogieverbot zu Zuständigkeitsregelungen (→ Rn. 8) verloren.

36 **c) EMRK.** Als regionales Völkerrecht nimmt die EMRK (→ *Kadelbach* § 6 Rn. 6 ff.) auf der Grundlage des Art. 59 Abs. 2 GG innerstaatlich den **Rang eines Bundesgesetzes** ein.[121] Danach fungiert die EMRK grundsätzlich[122] unmittelbar nicht als Prüfungsmaßstab des BVerfG im verfassungsgerichtlichen Verfahren.[123] Rechtlich gebunden an die EMRK sind gemäß Art. 20 Abs. 3 GG die Fachgerichte;[124] eine herausragende Bedeutung kommt dabei den Entscheidungen des EGMR (vgl. Art. 42, 44, 46 EMRK) zu (→ *Kadelbach* § 6 Rn. 32 ff.).

37 Trotz des innerstaatlich fehlenden Verfassungsrangs ist die EMRK als Element des verfassungsgerichtlichen Prüfungsmaßstabs nicht bedeutungslos. Auf der Ebene des Verfassungsrechts dient die EMRK (in Gestalt der Interpretation durch den EGMR) dem BVerfG als **Auslegungshilfe** (→ *Kadelbach* § 6 Rn. 33) für die Bestimmung von Inhalt und Reichweite der **Grundrechte** und der **rechtsstaatlichen Grundsätze** des Grundgesetzes.[125] Grundlage hierfür ist die Völkerrechtsfreundlichkeit des Grundgesetzes,[126] aus der generell die verfassungsrechtliche Pflicht zu konventionstreuem Verhalten abgeleitet werden kann (→ *Kadelbach* § 6 Rn. 35). Im Ergebnis wird die EMRK damit **mittelbarer Prüfungsmaßstab** des BVerfG.[127]

38 Die indirekte Mitprägung des verfassungsgerichtlichen Maßstabs kann im Einzelfall[128] folgenreich sein.[129] So hat das **allgemeine Persönlichkeitsrecht** (Art. 2 Abs. 1 i. V. m. Art. 1 Abs. 1 GG) durch die „Caroline-Rechtsprechung" des EGMR zu Art. 8 EMRK[130] in der Verfassungsgerichtsjudikatur gegenüber den Medienfreiheiten eine signifikante Stärkung erfahren;[131] das schließt nicht aus, dass der EGMR in concreto auch einmal die **Pres-**

---

[118] *Neumann/Eichberger* JuS 2020, 502 (504); gleichsinnig *H. Wendt* DVBl 2020, 549 (551), der jedoch (zu Unrecht) für eine Anwendung des erweiterten Prüfungsmaßstabs „kaum Raum" sieht.

[119] *E. Klein* DÖV 2020, 341 (346 f.), der diese Entwicklung sieht, aber nicht befürwortet.

[120] *Hillgruber* in: Hillgruber/Goos, Verfassungsprozessrecht, Rn. 1198; gleichsinnig *Detterbeck* in: Sachs, GG, Art. 93 Rn. 26.

[121] BVerfGE 111, 307 (316 f.) = NJW 2004, 3407 (3408) → *Ehlers* JK 3/05, GG Art. 20 III/39 und → JuS 2005, 164 *(Sachs);* E 128, 326 (367) = NJW 2011, 1931 Rn. 87; *Grabenwarter/Pabel* EMRK, § 3 Rn. 5.

[122] Ausnahme: Kontrolle der Vereinbarkeit von Landesrecht mit Bundesrecht (→ Rn. 32), *Friedrich* Jura 2019, 812 (819).

[123] BVerfG-K NJW 2009, 1133 Rn. 24; *Hillgruber* in: Hillgruber/Goos, Verfassungsprozessrecht, Rn. 1231.

[124] BVerfGE 111, 307 (325 f.) = NJW 2004, 3407 (3410) → *Ehlers* JK 3/05, GG, Art. 20 III/39 und → JuS 2005, 164 *(Sachs); Cammareri* JuS 2016, 791 (793).

[125] BVerfGE 148, 296 Rn. 128 = NVwZ 2018, 1121 (m. Anm. *Stuttmann*) = NJW 2018, 2695 (m. Bespr. *Haug* NJW 2018, 2674) → *Eifert* Jura (JK) 2018, 1067 und → *Hufen* JuS 2018, 1111 sowie → JA 2018, 634 *(Hebeler).*

[126] Vgl. dazu *Calliess* Staatsrecht III, § 4 Rn. 57 ff.; ferner → *Kadelbach* § 6 Rn. 16.

[127] *Calliess* Staatsrecht III, § 4 Rn. 49; *Bethge* in: Maunz/Schmidt-Bleibtreu/Klein/Bethge, BVerfGG, Vorb Rn. 375a; *Detterbeck* in: Sachs, GG, Art. 93 Rn. 29. – Zu einer „quasiverfassungsrechtlichen Stellung" der EMRK → *Kadelbach* § 6 Rn. 16.

[128] BVerfGE 148, 296 Rn. 135 = NVwZ 2018, 1121 = NJW 2018, 2695: keine unreflektierte Adaption völkerrechtlicher Begriffe.

[129] Vgl. auch den Überblick zu Verurteilungen der Bundesrepublik Deutschland durch den EGMR bei *Hillgruber* in: Hillgruber/Goos, Verfassungsprozessrecht, Rn. 1225; ferner → *Kadelbach* § 6 Rn. 24.

[130] EGMR NJW 2004, 2647 (m. Bespr. *Heldrich* NJW 2004, 2634 und Bespr. *Mann* NJW 2004, 3220) = JZ 2004, 1015 (m. Anm. *Stürner*) → *Ehlers* JK 4/05, EMRK Art. 8/4 und → JuS 2005, 160 *(Dörr)* sowie → JA 2005, 260 *(Lochen);* dazu *Bölke/Gostomzyk* Jura 2005, 336; ferner EGMR NJW 2012, 1053 → *Dörr* JuS 2012, 1046 und EGMR NJW 2014, 1645.

[131] BVerfGE 120, 180 = NJW 2008, 1793 → JuS 2008, 1107 *(Dörr)* und → JA 2009, 156 *(Muckel);* BVerfG-K NJW 2001, 740 → *Ehlers* JK 5/11, GG Art. 5 I/3 und → *Dörr* JuS 2011, 662; BVerfG-K NJW 2012, 756.

**sefreiheit** höher gewichtet als den Persönlichkeitsschutz.[132] Am Beispiel der polizeilichen Ingewahrsamnahme hat der EGMR zur **Freiheit der Person** gemäß Art. 5 EMRK Standards entwickelt,[133] die das BVerfG in seiner Rechtsprechung zu Art. 2 Abs. 2 S. 2, 104 GG berücksichtigt hat;[134] der EGMR seinerseits hat die ursprünglichen Anforderungen später jedoch modifiziert.[135] Die frühere Feuerschutzabgabepflicht für Männer (zwecks Ablösung der Feuerwehrdienstpflicht) war nach einer Entscheidung des EGMR zu Art. 14 i. V. m. Art. 4 Abs. 3 lit. d EMRK[136] wegen Verstoßes gegen das **Diskriminierungsverbot** (Art. 3 Abs. 3 S. 1 GG) innerstaatlich nicht mehr zu halten.[137] Die überlange Dauer von Gerichtsverfahren in Deutschland ist vom EGMR am Maßstab des Art. 6 Abs. 1 EMRK wiederholt moniert worden;[138] das BVerfG hat darauf reagiert und die Konventionswidrigkeit innerstaatlich als Verletzung des **Rechts auf wirkungsvollen Rechtsschutz** qualifiziert.[139]

Auf Grund ihrer Orientierungs- und Leitfunktion findet die EMRK als Auslegungshilfe 39
(→ Rn. 37) in der Interpretation des EGMR auch dann verfassungsrechtliche Aufmerksamkeit, wenn dessen Entscheidungen nicht denselben Streitgegenstand betreffen.[140] Dabei geht es stets um eine bloße **Berücksichtigung** (und nicht um eine strikte „Beachtung").[141] Das zwingt zur Einzelanalyse in Bezug auf das betroffene Konventionsrecht einerseits und das beeinträchtigte Grundrecht andererseits. Die Ergebnisse fallen unterschiedlich aus. So hat das BVerfG für die Beurteilung des pauschalen Kopftuchverbots für Lehrkräfte an öffentlichen Schulen Art. 9 EMRK und Art. 14 EMRK keine im Vergleich mit dem Grundgesetz höheren Schutzstandards entnommen.[142] Beim Streikverbot für Beamte auf Grund des Art. 33 Abs. 5 GG (i. S. einer Grundrechtsschranke für Art. 9 Abs. 3 GG) hat das BVerfG – durchaus zweifelhaft – nicht einmal eine Kollisionslage zwischen dem deutschen Recht und Art. 11 EMRK gesehen.[143] Bei der Rezeption der EMRK durch das BVerfG regiert der Einzelfall.

## C. Entscheidung des BVerfG und Entscheidungswirkungen

### I. Entscheidungsausspruch

Das BVerfG trifft – je nach dem Prüfungsergebnis zur Zulässigkeit bzw. Begründetheit 40
des Antrags – eine Prozessentscheidung oder eine Sachentscheidung.[144] Liegt eine Zulässig-

[132] EGMR NJW 2015, 1501 → *Eifert* Jura (JK) 2015, 664: Berichterstattung über „Russland-Engagement" („Gazprom") des ehemaligen Bundeskanzlers Schröder.

[133] EGMR NVwZ 2006, 797 Rn. 33 ff.; NVwZ 2012, 1089 Rn. 69 ff.; NVwZ 2014, 995 Rn. 63 ff. → *Kingreen* JK 6/14, EMRK Art. 5 I/1.

[134] Vgl. etwa BVerfG-K NVwZ 2016, 1079 Rn. 28 ff.

[135] EGMR NVwZ 2019, 135 Rn. 73 ff. → *Kingreen* Jura (JK) 2019, 683.

[136] EGMR NVwZ 1995, 365 → *Kunig* JK 95, EMRK Art. 14/1 und → JuS 1995, 927 *(Dörr)*.

[137] BVerfGE 92, 91 = NJW 1995, 1733 (Abweichung von E 13, 167 = NJW 1961, 2155) → JuS 1995, 736 *(Sachs)* und → JA 1996, 13 *(Winkler)*.

[138] Geradezu legendär EGMR EuGRZ 1978, 406: „Fall König"; ferner z. B. EGMR NJW 1997, 2809: konventionswidrige Verfahrensdauer beim BVerfG; ebenso z. B. EGMR NJW 2001, 213; NJW 2005, 41; bemerkenswert EGMR NJW 2010, 3355: Dauer von Gerichtsverfahren in Deutschland als strukturelles Problem.

[139] BVerfG-K NJW 1997, 2811 (2812); NJW 2003, 2225 (2226); JZ 2003, 999 (1000). – Zum Rechtsschutz bei überlangen Gerichtsverfahren (seit 2011) §§ 198 ff. GVG; dazu *Brummund* JA 2012, 213.

[140] BVerfGE 128, 326 (368) = NJW 2011, 1931 Rn. 89; *Uerpmann-Wittzack* Jura 2014, 916 (922).

[141] BVerfGE 148, 296 Rn. 132 = NVwZ 2018, 1121; *Cammareri* JuS 2016, 791 (793); *Grabenwarter/Pabel* EMRK, § 3 Rn. 10 f.

[142] BVerfGE 138, 296 Rn. 151 f. = NVwZ 2015, 884 → *Kingreen* Jura (JK) 2015, 769 und → *Sachs* JuS 2015, 571 sowie → JA 2015, 476 *(Muckel)*; dazu *Volkmann* Jura 2015, 1083.

[143] BVerfGE 148, 296 Rn. 172 ff. = NVwZ 2018, 1121 = NJW 2018, 2695 → *Eifert* Jura (JK) 2018, 1067 und → *Hufen* JuS 2018, 1111 sowie → JA 2018, 634 *(Hebeler)*; krit. dazu *Widmaier* DVBl 2020, 229.

[144] Die Entscheidung auf Grund mündlicher Verhandlung ergeht als Urteil und wird öffentlich verkündet (§ 25 Abs. 2, § 30 Abs. 1 S. 3 BVerfGG), ohne mündliche Verhandlung wird durch Beschluss, der den Beteiligten bekanntzugeben ist, entschieden (§ 25 Abs. 2, § 30 Abs. 3 BVerfGG).

keitsvoraussetzung nicht vor, ergeht eine **Prozessentscheidung;** der Antrag wird *verworfen* (im Eilverfahren *abgelehnt*).[145] Bei einem zulässigen Antrag hängt die **Sachentscheidung** davon ab, ob das Rechtsschutzbegehren begründet ist oder nicht. Der unbegründete Antrag wird *zurückgewiesen.*[146] Ist der Antrag begründet, erlangt der Antragsteller die begehrte Sachentscheidung; zum Entscheidungsinhalt kann eine generelle Aussage nicht getroffen werden (→ Rn. 41).

41 Der Entscheidungsausspruch hängt bei einem erfolgreichen Antrag von der Verfahrensart und dem Verfahrensgegenstand ab. In kontradiktorischen Streitigkeiten trifft das BVerfG eine **feststellende Entscheidung,** indem ausgesprochen wird, dass die beanstandete Maßnahme oder Unterlassung des Antragsgegners gegen eine Bestimmung des Grundgesetzes verstößt; das gilt etwa für den **Organstreit** (→ *Ehlers* § 18 Rn. 71 f.) und für den **Bund-Länder-Streit** (→ *Pünder* § 20 Rn. 29). Bei der erfolgreichen **Urteilsverfassungsbeschwerde** wird nicht nur festgestellt, welche Vorschrift des Grundgesetzes verletzt worden ist (§ 95 Abs. 1 S. 1 BVerfGG), das BVerfG trifft vielmehr eine **kassatorische Entscheidung** (§ 95 Abs. 2 BVerfGG); die fachgerichtliche Entscheidung wird aufgehoben, und die Sache wird in der Regel zurückverwiesen (→ *Scherzberg* § 15 Rn. 192). In den Konstellationen einer **Normenkontrolle** nimmt das BVerfG – unabhängig von der Verfahrensart[147] – unterschiedliche Tenorierungen vor:[148]

- Der „Normalfall" ist die **Nichtigerklärung** der Norm; mitunter besteht eine bloße Teilnichtigkeit.
- Die **verfassungskonforme Auslegung** dient der Normerhaltung und scheidet bestimmte Interpretationen wegen Unvereinbarkeit mit dem Grundgesetz aus.
- Die **Unvereinbarkeitserklärung** stellt die Verfassungswidrigkeit der Norm fest und verbindet damit (z. B. zwecks Vermeidung „verfassungsfernerer" Ergebnisse) die Anordnung der vorübergehenden Weitergeltung der Norm.
- Die **Appellentscheidung** erinnert den Gesetzgeber an Handlungsaufträge und Handlungspflichten; sie ist regelmäßig mit einer der anderen Entscheidungsvarianten verknüpft.

Im **Eilverfahren** nach § 32 BVerfGG besteht eine spezifische richterliche Gestaltungsbefugnis (→ § 21 Rn. 76 ff.), getroffene Anordnungen sind nur vorläufiger Natur (→ § 21 Rn. 80 ff.).

## II. Entscheidungswirkungen

42 Entscheidungen des BVerfG erwachsen – ebenso wie die Entscheidungen anderer Gerichte – in Rechtskraft.[149] Die **formelle Rechtskraft** geht von abschließenden Entscheidungen aus, „welche mit einem ordentlichen Rechtsmittel nicht mehr angefochten werden können" (so § 19 Abs. 1 EGZPO). Entscheidend ist die *Unanfechtbarkeit* einer Entscheidung; die Urteile und Beschlüsse des BVerfG erfüllen diese Voraussetzung.[150] Dem steht die Individualbeschwerde beim EGMR nach Art. 34 EMRK (→ *Kadelbach* § 6 Rn. 24) nicht entgegen; dabei handelt es sich nicht um ein „Rechtsmittel" innerhalb eines Instanzenzu-

[145] *E. Klein* in: Benda/Klein, Verfassungsprozessrecht, Rn. 1429.

[146] *Aust/Meinel* JuS 2014, 25 (28); *Schlaich/Korioth* BVerfG, Rn. 372. – In den Konstellationen des § 24 BVerfGG wird der Antrag „verworfen", der unbegründete Eilantrag wird „abgelehnt" (vgl. § 32 Abs. 3 S. 1 BVerfGG).

[147] Zu den im Text nachfolgenden Entscheidungsvarianten bei der Individualverfassungsbeschwerde → *Scherzberg* § 15 Rn. 192 ff., bei der kommunalen Verfassungsbeschwerde → § 16 Rn. 75, bei der abstrakten Normenkontrolle → *Thiemann* § 17 Rn. 65 ff., bei der konkreten Normenkontrolle → *Wernsmann* § 19 Rn. 73 ff.

[148] Näher dazu *Bethge* Jura 2009, 18 (20 ff.); *Aust/Meinel* JuS 2014, 113 (114 ff.); *Schlaich/Korioth* BVerfG, Rn. 378 ff.

[149] *Aust/Meinel* JuS 2014, 25; *E. Klein* in: Benda/Klein, Verfassungsprozessrecht, Rn. 1484; *Schlaich/Korioth* BVerfG, Rn. 476.

[150] Der „Widerspruch" gegen eine Eilentscheidung (→ § 21 Rn. 85) ist kein „Rechtsmittel" i. S. d. Prozessrechts, *Heusch* in: Burkiczak/Dollinger/Schorkopf, BVerfGG, § 31 Rn. 30.

ges[151] (→ Rn. 15 mit Fn. 48). Die **materielle Rechtskraft** manifestiert die inhaltliche Maßgeblichkeit der Entscheidung für die Verfahrensbeteiligten (d. h. Wirkung *inter partes*) und stellt ein Prozesshindernis dar, falls die formell rechtskräftig entschiedene Angelegenheit erneut vor das BVerfG gebracht werden würde.[152]

Die **Bindungswirkung nach § 31 Abs. 1 BVerfGG** geht über die (nur *inter partes* 43 wirkende) Rechtskraftbindung (→ Rn. 42) hinaus. Erweitert wird der Kreis der **Bindungsadressaten** um Träger öffentlicher Gewalt (Verfassungsorgane, Gerichte, Behörden); Privatrechtssubjekte (d. h. auch politische Parteien) werden nicht erfasst.[153] Der Gesetzgeber muss, je nach Entscheidungsausspruch (→ Rn. 41), ggf. normkorrigierend tätig werden, aus § 31 Abs. 1 BVerfGG ergibt sich allerdings kein generelles Normwiederholungsverbot für die Zukunft[154] (vgl. etwa eine veränderte Sachlage, neues EU-Recht, Änderung der Rechtsauffassung des BVerfG). Die Bindungswirkung geht von „Entscheidungen" des BVerfG aus;[155] damit meint § 31 Abs. 1 BVerfGG **Sachentscheidungen** (nicht Prozessentscheidungen).[156] Auch stattgebenden Kammerbeschlüssen (§ 93c Abs. 1 BVerfGG) kommt die Bindungswirkung zu.[157] Dasselbe gilt für Eilentscheidungen nach § 32 BVerfGG (→ § 21 Rn. 83).

Nach Art. 94 Abs. 2 S. 1 GG ist der Bundesgesetzgeber ermächtigt, Entscheidungen des 44 BVerfG **Gesetzeskraft** zuzuerkennen. Diese Option wird durch **§ 31 Abs. 2 BVerfGG** aufgegriffen und umgesetzt. Die Bestimmung orientiert sich an bestimmten Verfahrensarten. Nach dem gesetzlichen Regelungskonzept haben **Normenkontrollentscheidungen** des BVerfG Gesetzeskraft (§ 31 Abs. 2 S. 1 BVerfGG);[158] gleichgestellt sind **Verfassungsbeschwerden,** wenn das BVerfG ein Gesetz als mit dem Grundgesetz vereinbar oder unvereinbar oder für nichtig erklärt (§ 31 Abs. 2 S. 2 BVerfGG).[159] Gesetzeskraft erlangt nur die Entscheidungsformel.[160] Die Entscheidung des BVerfG hat – wie ein Gesetz – Allgemeinverbindlichkeit (Wirkung *inter omnes*).[161] Die Entscheidungsformel ist im Bundesgesetzblatt zu veröffentlichen (§ 31 Abs. 2 S. 3 BVerfGG). Die Regelungen des § 31 Abs. 2 BVerfGG gelten entsprechend, wenn im Eilverfahren mittels einstweiliger Anordnung der Vollzug eines Gesetzes vorläufig ausgesetzt wird (→ § 21 Rn. 83).

---

[151] *Bethge* in: Maunz/Schmidt-Bleibtreu/Klein/Bethge, BVerfGG, § 31 Rn. 41; *Lechner/Zuck* BVerfGG, § 31 Rn. 9.

[152] *Bethge* in: Maunz/Schmidt-Bleibtreu/Klein/Bethge, BVerfGG, § 31 Rn. 43; *E. Klein* in: Benda/Klein, Verfassungsprozessrecht, Rn. 1491; daraus ergibt sich zugleich eine rechtliche Bindung für das BVerfG selbst, *Lechner/Zuck* BVerfGG, § 31 Rn. 11.

[153] *Schlaich/Korioth* BVerfG, Rn. 482; *Bethge* in: Maunz/Schmidt-Bleibtreu/Klein/Bethge, BVerfGG, § 31 Rn. 81.

[154] *Aust/Meinel* JuS 2014, 25 (26 f.); *E. Klein* in: Benda/Klein, Verfassungsprozessrecht, Rn. 1532; zweifelnd *Heusch* in: Burkiczak/Dollinger/Schorkopf, BVerfGG, § 31 Rn. 61 ff.

[155] Der Umfang der Bindung erstreckt sich auf die Entscheidungsformel und die tragenden Gründe (str.); vgl. zur Diskussion *E. Klein* in: Benda/Klein, Verfassungsprozessrecht, Rn. 1518 ff.; *Schlaich/Korioth* BVerfG, Rn. 485 ff.

[156] *Bethge* in: Maunz/Schmidt-Bleibtreu/Klein/Bethge, BVerfGG, § 31 Rn. 82, 83; *Lechner/Zuck* BVerfGG, § 31 Rn. 28.

[157] BVerfG-K NVwZ 2020, 1744 Rn. 13; *E. Klein* in: Benda/Klein, Verfassungsprozessrecht, Rn. 1515; *Heusch* in: Burkiczak/Dollinger/Schorkopf, BVerfGG, § 31 Rn. 52.

[158] Vgl. zur abstrakten Normenkontrolle → *Thiemann* § 17 Rn. 65; zur konkreten Normenkontrolle → *Wernsmann* § 19 Rn. 73.

[159] Vgl. zur Individualverfassungsbeschwerde → *Scherzberg* § 15 Rn. 196 f.; zur kommunalen Verfassungsbeschwerde → § 16 Rn. 76.

[160] *Bethge* in: Maunz/Schmidt-Bleibtreu/Klein/Bethge, BVerfGG, § 31 Rn. 162; *Lechner/Zuck* BVerfGG, § 31 Rn. 37.

[161] *E. Klein* in: Benda/Klein, Verfassungsprozessrecht, Rn. 1507; *Heusch* in: Burkiczak/Dollinger/Schorkopf, BVerfGG, § 31 Rn. 73.

# § 15. Individualverfassungsbeschwerde

*Arno Scherzberg**

**Übersicht**



* Eine frühere Fassung dieses Beitrags wurde unter Mitarbeit von *Matthias Mayer* in Jura 2003, 373, 513 und 663 und JA 2004, 51 und 137 veröffentlicht.

**Schrifttum:** *Bryde/Kleindiek* Der allgemeine Gleichheitssatz, Jura 1999, 36; *R. Dreier* Zur Grundrechtssubjektivität juristischer Personen des öffentlichen Rechts, in: Festschrift für Hans Ulrich Scupin, 1973, S. 81; *Erichsen* Die Verfassungsbeschwerde, Jura 1991, 585; *Erichsen* Die Zulässigkeit der Verfassungsbeschwerde (II), Jura 1991, 638; *Erichsen* Die Verfassungsbeschwerde (Schluß), Jura 1992, 142; *Häberle* Die Wesensgehaltgarantie des Art. 19 Abs. 2 Grundgesetz, 1983; *Kempny/Lämmle* Der „allgemeine Gleichheitssatz" des Art. 3 I GG im juristischen Gutachen – Teil 1: Persönlicher Anwendungsbereich, JuS 2020, 22; *Klein/Sennekamp* Aktuelle Zulässigkeitsprobleme der Verfassungsbeschwerde, NJW 2007, 945; *Kreuder* Praxisfragen zur Zulässigkeit der Verfassungsbeschwerde, NJW 2001, 1243; *Lübbe-Wolff* Die Grundrechte als Eingriffsabwehrrechte: Struktur und Reichweite der Eingriffsdogmatik im Bereich staatlicher Leistungen, 1988; *Lübbe-Wolff* Substantiierung und Subsidiarität der Verfassungsbeschwerde, EuGRZ 2004, 669; *Möllers* Wandel der Grundrechtsjudikatur – Eine Analyse der Rechtsprechung des Ersten Senats des BVerfG, NJW 2005, 1973; *Mülder/Weitensteiner* Der allgemeine Gleichheitssatz (Art. 3 Abs. 1 GG), Jura 2019, 51; *Sachs/Jasper* Der allgemeine Gleichheitssatz – Das Eingriffsmodell zu Art. 3 I GG als Abwehrrecht, JuS 2016, 769; *Schaks* Die Wesensgehaltsgarantie, Art. 19 II GG, JuS 2015, 407; *Scherzberg* Grundrechtsschutz und „Eingriffsintensität", 1989; *Seegmüller* Praktische Probleme des Verfassungsbeschwerdeverfahrens, DVBl 1999, 738; *Sodan* Der Grundsatz der Subsidiarität der Verfassungsbeschwerde, DÖV 2002, 925; *Spranger* Die Verfassungsbeschwerde im Korsett des Prozeßrechts, AöR 127 (2002), 27; *Weber* Beschwerdebefugnis und Rechtswegerschöpfung bei der Rechtssatzverfassungsbeschwerde, JuS 1995, 114.

## A. Funktion und Bedeutung der Verfassungsbeschwerde

Als Verfassungsbeschwerde nach Art. 93 Abs. 1 Nr. 4a GG und § 90 Abs. 1 BVerfGG ist 1
die Anrufung des BVerfG mit der Behauptung zu verstehen, der Beschwerdeführer sei

durch die öffentliche Gewalt in einem seiner Grundrechte oder einem seiner in Art. 20 Abs. 4, Art. 33, 38, 101, 103 und 104 GG enthaltenen Rechte verletzt. Mit der Verfassungsbeschwerde steht einem Grundrechtsträger ein **besonderes Rechtsschutzinstrument** zur prozessualen Durchsetzung seiner Grundrechte und grundrechtsgleichen Rechte gegenüber Gesetzgebung, Verwaltung und Rechtsprechung zur Verfügung. Im Verfahren der Verfassungsbeschwerde kann er selbst als „Subjekt und Verteidiger" seiner individuellen verfassungsmäßigen Rechte tätig werden[1] und damit zugleich zur Durchsetzung des Regelungsanliegens des Grundgesetzes in der Wirklichkeit des Verfassungslebens beitragen.

2 Das im Jahre 1951 in den §§ 90 ff. BVerfGG eingeführte[2] und im Jahre 1969 in Art. 93 Abs. 1 Nr. 4a GG verfassungsrechtlich verankerte[3] Rechtsinstitut der Verfassungsbeschwerde dient diesem **doppelten Zweck:** der Verwirklichung der subjektiven Grundrechte des Beschwerdeführers und der Durchsetzung des objektiven Geltungsanspruchs der Verfassung.[4] Da die individuelle Rechtsverfolgung immer auch Anlass zur Klärung von Streitfragen über die Auslegung, Konkretisierung und gegebenenfalls Fortbildung der einschlägigen Verfassungsbestimmungen bietet, wird die Verfassungsbeschwerde auch als „spezifisches Rechtsschutzmittel des objektiven Verfassungsrechts" bezeichnet.[5]

3 Verfahrensrechtlich ist die Verfassungsbeschwerde nicht als Rechtsmittel im Sinne des Prozessrechts, sondern als **Rechtsbehelf eigener Art** ausgestaltet. So hat sie anders als die meisten Rechtsmittel keinen Suspensiveffekt[6] und die formelle Rechtskraft der angegriffenen Entscheidung ist nicht Hindernis, sondern Voraussetzung für die Zulässigkeit einer Urteilsverfassungsbeschwerde (→ Rn. 90 ff.). Auch die Beschränkung des Prüfungsumfangs auf „spezifisches Verfassungsrecht" (→ Rn. 122) verdeutlicht ihre Sonderstellung als „außerordentlicher Rechtsbehelf" zur Abwehr von Grundrechtsverletzungen der öffentlichen Gewalt.[7]

4 Die Verfassungsbeschwerde ist zahlenmäßig mit Abstand das **bedeutsamste Verfahren** vor dem BVerfG. Seit Errichtung des Gerichts im Jahre 1951[8] bis zum 31.12.2019 waren von insgesamt 240.022 erledigten Verfahren allein 231.757 Verfassungsbeschwerden, was einer Quote von 96,56 % entspricht. So hoch ihre Zahl, so gering ist aber auch ihre Erfolgsquote: im genannten Zeitraum waren nur 5.261 Verfahren erfolgreich, dies entspricht ca. 2,3 %.[9]

5 Neben der Verfassungsbeschwerde zum BVerfG besteht in **zehn Bundesländern** die Möglichkeit, Verfassungsbeschwerde wegen Verletzung von Landesgrundrechten durch die öffentliche Gewalt des jeweiligen Landes vor den Landesverfassungsgerichten zu erheben.[10] Dieses Recht bleibt gemäß § 90 Abs. 3 BVerfGG durch die Möglichkeit der Erhebung ei-

---

[1] *Bethge* in: Maunz/Schmidt-Bleibtreu/Klein/Bethge, BVerfGG, § 90 Rn. 8.

[2] Bundesverfassungsgerichtsgesetz vom 12.3.1951, BGBl I S. 243. – Abgedruckt in Sartorius I Nr. 40.

[3] Durch Gesetz vom 29.1.1969, BGBl I S. 97.

[4] BVerfGE 18, 315 (325) = NJW 1965, 435 (436 f.); E 49, 252 (258) = NJW 1979, 538; E 68, 376 (379 f.) = NJW 1985, 2249; E 94, 166 (213 f.) = NVwZ 1996, 678 (685); E 107, 395 (413) = NJW 2003, 1924 (1927) → JuS 2003, 914 *(Sachs)*.

[5] BVerfGE 33, 247 (258 f.) = NJW 1972, 1747 (1748); E 45, 63 (74) = NJW 1977, 1960; E 85, 109 (113) = NJW 1992, 818 (819); zur rechtsfortbildenden Funktion der Verfassungsbeschwerde *Rühl* KritV 1998, 156 (161 ff.); siehe auch *O. Klein* in: Benda/Klein, Verfassungsprozessrecht, Rn. 455; *Ruppert* in: Umbach/Clemens/Dollinger, BVerfGG, § 90 Rn. 13; *Bethge* in: Maunz/Schmidt-Bleibtreu/Klein/Bethge, BVerfGG, § 90 Rn. 9.

[6] BVerfGE 93, 381 (385) = NJW 1996, 1736; *Voßkuhle* in: v. Mangoldt/Klein/Starck, GG, Art. 93 Rn. 170.

[7] BVerfGE 18, 315 (325) = NJW 1965, 435 (436 f.); E 49, 252 (258) = NJW 1979, 538; E 68, 376 (379 f.) = NJW 1985, 2249; E 115, 81 (92) = NVwZ 2006, 922 (923) → *Ehlers* JK 1/07, BVerfGG § 90 II/9.

[8] Vgl. zur Geschichte des Bundesverfassungsgerichts und der Verfassungsbeschwerde *Bethge* in: Maunz/Schmidt-Bleibtreu/Klein/Bethge, BVerfGG, § 90 Entstehungsgeschichte S. 3 ff.

[9] Quelle: Statistik des Bundesverfassungsgerichts, zugänglich unter: https://www.bundesverfassungsgericht.de/DE/Verfahren/Jahresstatistiken/2019/gb2019/A-I-1.pdf?__blob=publicationFile&v=2 (zuletzt abgerufen am 30.11.2020).

[10] Vgl. dazu *Schlaich/Korioth* BVerfG, Rn. 347; zur Frage nach der Anwendbarkeit des Landesverfassungsrechts bei der Ausführung von Bundesrecht durch Landesorgane vgl. BVerfGE 96, 345 (351) = BeckRS 1998, 20544 Rn. 15 ff.

ner Verfassungsbeschwerde zum BVerfG unberührt. Beide Rechtsbehelfe können also nebeneinander eingelegt werden.[11]

## B. Zulässigkeit der Verfassungsbeschwerde

Über eine Verfassungsbeschwerde darf das BVerfG in der Sache nur entscheiden, wenn sie zulässig ist. Die Voraussetzungen dafür, also die **Sachentscheidungsvoraussetzungen,**[12] finden sich in § 13 Nr. 8a, §§ 23, 90 ff. BVerfGG.[13] Zu deren Auslegung hat sich in der Rechtsprechungspraxis eine umfangreiche Kasuistik entwickelt, ohne deren Kenntnis die Zulässigkeit einer Verfassungsbeschwerde nicht mehr zuverlässig beurteilt werden kann.[14] 6

### I. Ordnungsgemäßer Antrag

#### 1. Schriftform

**Fall 1:** B will gegen ein amtsgerichtliches Räumungsurteil Verfassungsbeschwerde erheben. Dazu sendet er per Computerfax zwei Wochen nach Zustellung des Urteils einen Schriftsatz an das BVerfG, in dem er eine Verletzung seines Eigentums rügt und vorträgt, dass er sich auch als Mieter auf Art. 14 GG berufen könne. Der Schriftsatz ist mit einer eingescannten Unterschriftsgrafik des B versehen. Sechs Wochen später rügt B zusätzlich, dass das Räumungsurteil auch sein Recht auf körperliche Unversehrtheit verletze, da er nunmehr unter schlechtesten hygienischen Umständen in einer Notunterkunft untergebracht und seitdem ständig krank sei. 7

Wie jedes andere Gericht wird auch das BVerfG nur auf Antrag tätig. **Verfahrenseinleitende Anträge** sind gemäß § 23 Abs. 1 S. 1 BVerfGG schriftlich zu stellen. Aus dem Schriftstück müssen die Person des Beschwerdeführers und sein Begehren hinreichend zuverlässig entnommen werden können. Die Beschwerdeschrift muss eine eigenhändige Unterschrift des Beschwerdeführers tragen. Nicht erforderlich ist, dass jedes Schriftstück selbst unterschrieben ist, sofern erkennbar wird, dass sich die Unterschrift des Beschwerdeführers auch auf die Anlagen zur Verfassungsbeschwerde bezieht.[15] Im Falle der Vertretung durch einen Anwalt muss gleichzeitig mit der Beschwerdeschrift die Vertretungsbefugnis angezeigt werden. Eine nachträgliche Bevollmächtigung reicht nicht aus,[16] jedoch darf eine vor Einlegung der Verfassungsbeschwerde erteilte Vollmacht nach Ablauf der Frist nachgereicht werden.[17] 8

Das **Schriftformerfordernis** ist – wie auch die übrigen den Zugang zum BVerfG regelnden Verfahrensbestimmungen – so auszulegen, dass die Gewährung von Rechtsschutz vor dem BVerfG nicht in unzumutbarer, aus Sachgründen nicht gebotener Weise erschwert wird. Daher wahrt auch die telegrafische Einlegung der Verfassungsbeschwerde die Schriftform,[18] und ist bei nicht unterschriebenen oder mit eingescannter Unterschrift versehenen Computerfaxen eine an den Umständen des Einzelfalls ausgerichtete Prüfung vorzunehmen, ob die Schreiben vom Beschwerdeführer herrühren und von ihm mit Wissen und 9

---

[11] Vgl. BVerfGE 60, 175 (208 f.) = NJW 1982, 1579 (1581 f.); BVerfG-K NJW 1996, 1463 (1464); *Schlaich/Korioth* BVerfG, Rn. 349.

[12] *Erichsen* Jura 1991, 585 f.

[13] Art. 93 Abs. 1 Nr. 4a GG stellt nur die verfassungsrechtliche Gewährleistung der Befugnis zur Erhebung der Verfassungsbeschwerde dar und weist dem BVerfG die Zuständigkeit zur Entscheidung über sie zu; vgl. *Erichsen* Jura 1991, 585 f.

[14] Vgl. *Seegmüller* DVBl 1999, 738 (739); *Spranger* AöR 127 (2002), 27 (29 f.).

[15] BVerfGE 15, 288 (290) = NJW 1963, 755.

[16] BVerfGE 8, 92 (94 f.) = BeckRS 1958, 103556; E 16, 190 (191) = NJW 1963, 1867 (1868).

[17] BVerfGE 50, 381 (383 f.) = NJW 1979, 1543.

[18] BVerfGE 4, 7 (12) = NJW 1954, 1235.

Wollen in den Verkehr gebracht wurden.[19] Bei elektronisch übermittelten Schreiben verneinen Literatur und Rechtsprechung[20] überwiegend die Wahrung der Schriftform, weil es an einem verkörperten Dokument fehle.[21] Fraglich ist zwar, ob dieser Einwand nicht auch gegenüber der Zulassung von Fax und Computerfax erhoben werden müsste. Auch insoweit geht beim BVerfG nur ein elektronischer Impuls ein. Der Gesetzgeber hat im Justizkommunikationsgesetz[22] allerdings für diverse Prozessordnungen die Zulassung der **elektronischen Form** gesondert vorgesehen, ohne dabei das BVerfGG einzubeziehen, und hat damit das tradierte Verständnis von § 23 Abs. 1 S. 1 BVerfGG bestätigt.

10 Da die Verfassungsbeschwerde zumindest auch dem Individualschutz dient, kann der Antrag grundsätzlich bis zum Abschluss des Verfahrens zurückgenommen werden, mit der Folge, dass damit die Grundlage für eine Entscheidung des BVerfG entfällt.[23] Angesichts der zugleich objektiven Funktion der Verfassungsbeschwerde (→ Rn. 2) hält das BVerfG eine **Rücknahme des Rechtsbehelfs** indes für unwirksam, wenn die Verfassungsbeschwerde wegen ihrer allgemeinen Bedeutung zur Entscheidung angenommen und über sie mündlich verhandelt wurde und die allgemeine Bedeutung in der Zeit bis zur Urteilsverkündung nicht entfallen ist.[24]

### 2. Substantiierungserfordernis

11 Der Antrag ist nach §§ 23 Abs. 1 S. 2, 92 BVerfGG zu begründen. Der Beschwerdeführer muss die aus seiner Sicht verletzten Grundrechte zwar nicht ausdrücklich benennen, aber zumindest sinngemäß bezeichnen und die Grundrechtsverletzung durch **Darlegung** des die Verletzung enthaltenden Vorgangs hinreichend deutlich und substantiiert behaupten.[25] Unzureichend ist also die pauschale Behauptung einer Grundrechtsverletzung. Der **Sachvortrag** muss vielmehr ergeben, inwiefern der beanstandete Hoheitsakt bestimmte Grundrechte verletzen soll[26] und sich dabei im Hinblick auf die aufgeworfenen Verfassungsfragen mit den dazu vom BVerfG gegebenenfalls entwickelten Maßstäben auseinandersetzen.[27] Die so geltend gemachte Verletzung des Grundrechts, auf das sich der Beschwerdeführer beruft, muss wenigstens möglich erscheinen.[28] Dabei muss der Beschwerdeführer so viel zu den Tatsachen und zur Rechtslage vorbringen, dass das BVerfG ohne weitere tatsächliche Ermittlungen seine Entscheidung über die Annahme der Verfassungsbeschwerde treffen kann (→ Rn. 188).[29]

12 Bei der Rüge eines Verstoßes gegen die Verpflichtung zur **Gewährung rechtlichen Gehörs** gemäß Art. 103 Abs. 1 GG muss der Beschwerdebegründung zu entnehmen sein, was bei ausreichender Gewährung rechtlichen Gehörs geltend gemacht worden wäre, damit sich feststellen lässt, ob die Entscheidung auf dem vermeintlichen Grundrechtsverstoß beruht.[30] Bei der **Rüge eines verfassungswidrigen Unterlassens** sind die konkreten Handlungen

---

[19] BVerfG-K NJW 2002, 3534 (3535). Diese Entscheidung erging zwar zum Zugang zu den Instanzgerichten, dies dürfte aber gleichermaßen für § 23 BVerfGG gelten. Siehe auch *O. Klein* in: Benda/Klein, Verfassungsprozessrecht, Rn. 660.

[20] HessVGH DÖV 2006, 438 (439); VG Sigmaringen VBlBW 2005, 154; *Goos* in: Hillgruber/Goos, Verfassungsprozessrecht, Rn. 121.

[21] VG Sigmaringen VBlBW 2005, 154 f.; *Hartmann* NJW 2006, 1390 (1391 f.); *Puttler* in: Umbach/Clemens/Dollinger, BVerfGG, § 23 Rn. 7.

[22] Gesetz über die Verwendung elektronischer Kommunikationsformen in der Justiz (Justizkommunikationsgesetz, JKomG) vom 22.3.2005, BGBl I S. 837.

[23] BVerfGE 85, 109 (113) = NJW 1992, 818 f.

[24] BVerfGE 98, 218 (242 f.) = NJW 1998, 2515 (2518); dazu *O. Klein* in: Benda/Klein, Verfassungsprozessrecht, Rn. 526; allgemein zur Rücknahmemöglichkeit *Menzel* JuS 1999, 339.

[25] BVerfGE 109, 279 (308) = NJW 2004, 999 (1000) → JA 2005, 16 *(Sauer)*; E 131, 66 (79) = NVwZ 2012, 1463 (1464); BVerfG-K NVwZ 2020, 622; NVwZ 2020, 876 Rn. 7 ff.

[26] BVerfG-K NVwZ 2004, 977 (978) → *Ehlers* JK 2/05, BVerfGG § 90 II /8; NVwZ-RR 2005, 217; NVwZ 2009, 1156 Rn. 12; vgl. auch *Lübbe-Wolff* EuGRZ 2004, 669 (678).

[27] BVerfGE 130, 1 (21) = NJW 2012, 907 (908); BVerfG-K NJW 2016, 2872 Rn. 12.

[28] BVerfGE 17, 252 (258) = NJW 1964, 1019; E 47, 182 (186 f.) = NJW 1978, 989; E 52, 303 (327 f.) = BeckRS 1979, 00812 Rn. 89; vgl. auch die Darstellung des Vortrages des Beschwerdeführers in BVerfGE 89, 155 (171 ff.) = NJW 1993, 3047.

[29] *Seegmüller* DVBl 1999, 738 (741 f.).

[30] BVerfGE 77, 275 (281); vgl. auch BVerfGE 81, 242 (248) = BeckRS 9998, 152169.

zu bezeichnen, auf deren Vornahme der Beschwerdeführer einen Anspruch zu haben meint. Die allgemeine Behauptung, er sei durch pflichtwidrige Unterlassung geschädigt, genügt nicht.[31] Der Beschwerdeführer muss deshalb ausführen, in welcher Situation welches Staatsorgan welche Handlung vorzunehmen gehabt hätte.[32]

Die **Aktenvorgänge,** auf die im Rahmen der Substantiierung Bezug genommen wird, 13
insbesondere angefochtene Gerichtsentscheidungen, sind „ihrem wesentlichen Inhalt nach" mitzuteilen.[33] Da der „wesentliche Inhalt" für den Beschwerdeführer nicht immer einfach zu bestimmen ist, empfiehlt sich die vollständige Vorlage vor allem der angegriffenen Entscheidungen. Dabei muss der Beschwerdeführer den Bezug der angegriffenen Elemente der Entscheidungen zur gerügten Grundrechtsverletzung deutlich machen, weshalb sich die Verweisungen in der Beschwerdeschrift auf konkrete Stellen beziehen und kennzeichnen müssen, welche dort zu findenden Informationen für welche Fragen relevant sind.[34] Das BVerfG zieht bei der Annahmeentscheidung in der Regel keine externen Akten bei und verlangt deshalb nicht nur die Wiedergabe bzw. Vorlage der angegriffenen Entscheidung, sondern auch die Präsentation anderer Dokumente, soweit sie in den zugrundeliegenden Verfahren eine Rolle gespielt haben und ihr Inhalt für die Beurteilung der Vereinbarkeit der angegriffenen Entscheidung mit den Grundrechten des Beschwerdeführers von Bedeutung sein kann.[35]

Die Voraussetzungen eines ordnungsgemäßen Antrags müssen innerhalb der Beschwerde- 14
frist des § 93 Abs. 1 BVerfGG (→ Rn. 103 ff.) erfüllt werden. Dies schließt nicht aus, die **Begründung der Verfassungsbeschwerde** nachträglich in tatsächlicher oder rechtlicher Hinsicht zu ergänzen. Ein neuer Sachverhalt oder eine anders geartete Grundrechtsverletzung können jedoch nach Fristablauf nicht mehr zum Gegenstand der Verfassungsbeschwerde gemacht werden.[36]

**Lösung zu Fall 1:** Die Schriftform gemäß § 23 Abs. 1 S. 1 BVerfGG ist gewahrt, da 15
sich aus dem Computerfax mit eingescannter Unterschrift mit hinreichender Sicherheit erkennen lässt, dass das Schriftstück wissentlich und willentlich vom Beschwerdeführer selbst in Umlauf gebracht wurde.[37] Die nachträgliche Erweiterung der Verfassungsbeschwerde auf die Rüge des Art. 2 Abs. 2 S. 1 GG durch die nunmehr behauptete Verletzung der körperlichen Unversehrtheit ist dagegen nicht zulässig. Dies ist keine Vertiefung der ursprünglichen Begründung, sondern ein neuer Sachvortrag, der nach Ablauf der Beschwerdefrist nicht mehr geltend gemacht werden darf.

## II. Zuständigkeit des Bundesverfassungsgerichts

Die Zuständigkeit des BVerfG für die Verfassungsbeschwerde ergibt sich aus § 13 Nr. 8a 16
BVerfGG und Art. 93 Abs. 1 Nr. 4a GG.

## III. Beteiligtenfähigkeit

**Fall 2:** Eine öffentlich-rechtliche Rundfunkanstalt lehnt es ab, der P-Partei Wahlwerbe- 17
zeiten zuzuweisen, weil der Inhalt der Werbespots volksverhetzend sei. Hiergegen erhebt die P-Partei Verfassungsbeschwerde mit der Begründung, sie werde gegenüber anderen

---

[31] BVerfGE 2, 287 (290) = NJW 1953, 1059; BVerfG-K NJW 2016, 2872 Rn. 11 ff. – Zu weiteren inhaltlichen Anforderungen an die Begründung vgl. *Kreuder* NJW 2001, 1243 (1246 ff.).
[32] *Gas* JA 2007, 378.
[33] BVerfGE 88, 40 (45); Beschl. v. 18.9.2018 – 2 BvR 745/18, BeckRS 2018, 25842 Rn. 24; *Seegmüller* DVBl 1999, 738 (741 f.); *Kreuder* NJW 2001, 1243 (1243 f., 1247); *Lübbe-Wolff* EuGRZ 2004, 669 (676).
[34] *Magen* in: Umbach/Clemens/Dollinger, BVerfGG, § 92 Rn. 52, 53.
[35] *Lübbe-Wolff* EuGRZ 2004, 669 (679).
[36] BVerfGE 18, 85 (89) = NJW 1964, 1715; E 84, 212 (223) = NJW 1991, 2549; *Bethge* in: Maunz/Schmidt-Bleibtreu/Klein/Bethge, BVerfGG, § 90 Rn. 124.
[37] Vgl. BVerfG-K NJW 2002, 3534 (3535).

Wahlbewerbern benachteiligt und dadurch in ihrem verfassungsrechtlichen Status verletzt.

18 **Fall 3:** S ist Sohn und Alleinerbe des vor Kurzem verstorbenen G. Nach einer erfolglosen Unterlassungsklage gegen die Veröffentlichung eines Romans, der in zwar künstlerisch verfremdeter, aber noch erkennbarer Weise die Lebensgeschichte seines Vaters zum Inhalt hat, erhebt er Verfassungsbeschwerde. S ist der Meinung, die ehrenrührige Darstellung des G verletze dessen Menschenwürde, die auch über den Tod hinaus zu schützen sei. Die Veröffentlichung des Romans müsse deshalb untersagt werden.

19 **Fall 4:** Die zu einhundert Prozent im Eigentum einer Gemeinde G befindliche „Stadtwerke AG" will gegen die Enteignung eines ihr gehörenden Grundstücks für den Bau einer Autobahn Verfassungsbeschwerde erheben.

20 **Fall 5:** Durch Gesetz sollen zwei benachbarte Universitäten zusammengelegt werden. Diese sehen darin einen Eingriff in ihre Wissenschaftsfreiheit und erheben gegen das Gesetz Verfassungsbeschwerde.

### 1. Begriff

21 „Beteiligtenfähigkeit" bezeichnet die Fähigkeit, selbst oder durch einen Vertreter Verfassungsbeschwerde zu erheben und **Beteiligter im Verfahren der Verfassungsbeschwerde** zu sein.[38] Das BVerfGG enthält anders als andere Prozessordnungen keine allgemeine Bestimmung über die Beteiligtenfähigkeit, sondern spricht ebenso wie Art. 93 Abs. 1 Nr. 4a GG in § 90 BVerfGG nur von „jedermann". Jedermann ist jedes Rechtssubjekt, das Träger eines der in § 90 Abs. 1 BVerfGG genannten Rechte sein kann und damit grundrechtsfähig ist.[39]

### 2. Natürliche Personen

22 Beteiligtenfähig ist zunächst jede **natürliche Person,**[40] unabhängig davon, ob die persönlichen Eigenschaften oder Verhältnisse es dem Grundrechtsträger ermöglichen, das Grundrecht auch tatsächlich auszuüben.[41]

23 Soweit Grundrechte geltend gemacht werden, die nur Deutschen zustehen, beschränkt sich die Beteiligtenfähigkeit auf **Deutsche** i. S. d. Art. 116 GG.[42] **Ausländer** sollen sich im Regelungsbereich von Deutschen-Grundrechten nach h. M. allerdings auf Art. 2 Abs. 1 GG berufen dürfen und insoweit beteiligtenfähig sein.[43] Zwar schließen die Deutschen-Grundrechte in ihrem personalen Schutzbereich eine Begünstigung von Ausländern aus; diese Entscheidung darf nicht dadurch überspielt werden, dass Ausländern über den Rück-

[38] *O. Klein* in: Benda/Klein, Verfassungsprozessrecht, Rn. 529. Teilweise ist auch von „Antragsberechtigung" (*Schlaich/Korioth* BVerfG, Rn. 206) oder „Parteifähigkeit" (*Bethge* in: Maunz/Schmidt-Bleibtreu/Klein/Bethge, BVerfGG, § 90 Rn. 125) die Rede. Zumindest der letztere Begriff ist untauglich, weil es sich bei der Verfassungsbeschwerde nicht um ein kontradiktorisches Verfahren handelt (→ Rn. 47), es also keinen Beschwerdegegner und keine Partei im prozessrechtlichen Sinne gibt, vgl. *Voßkuhle* in: v. Mangoldt/Klein/Starck, GG, Art. 93 Rn. 173.

[39] *Bethge* in: Maunz/Schmidt-Bleibtreu/Klein/Bethge, BVerfGG, § 90 Rn. 126; *O. Klein* in: Benda/Klein, Verfassungsprozessrecht, Rn. 529 *Ruppert* in: Umbach/Clemens/Dollinger, BVerfGG, § 90 Rn. 17.

[40] *Ruppert* in: Umbach/Clemens/Dollinger, BVerfGG, § 90 Rn. 19.

[41] *O. Klein* in: Benda/Klein, Verfassungsprozessrecht, Rn. 533. Letzteres ist gegebenenfalls eine Frage der Prozessfähigkeit, dazu unten → Rn. 8 ff.

[42] *O. Klein* in: Benda/Klein, Verfassungsprozessrecht, Rn. 532; *Ruppert* in: Umbach/Clemens/Dollinger, BVerfGG, § 90 Rn. 19.

[43] Vgl. BVerfGE 35, 382 (399) = NJW 1974, 227; E 78, 179 (196 f.) = NJW 1988, 2290 (2291); E 104, 337 (345 f.) = NJW 2002, 663; *Isensee* VVDStRL 32 (1974), 49 (80); *Kunig/Kämmerer* in: v. Münch/Kunig, GG, Art. 2 Rn. 10; *O. Klein* in: Benda/Klein, Verfassungsprozessrecht, Rn. 532.

griff auf Art. 2 Abs. 1 GG ein gleichwertiger Grundrechtsschutz eingeräumt wird.[44] Jedoch kann sich ein Ausländer im Rahmen des Art. 2 Abs. 1 GG nicht auf die stärkere Schutzwirkung der qualifizierten Gesetzesvorbehalte der Deutschen-Grundrechte aus Art. 8, Art. 9 und Art. 11 GG berufen und muss sich bei der Abwägung seines Freiheitsinteresses mit dem vom Gesetzgeber definierten „Eingriffsgut" auch entgegenhalten lassen, dass der Ausübung der allgemeinen Handlungsfreiheit ein geringeres Gewicht zukommt als der vergleichbaren, von einem speziellen Freiheitsrecht geschützten Betätigung.[45] Deshalb ist es vertretbar, wenn auch nicht zwingend, mit der h. M. die Beteiligtenfähigkeit von Ausländern im Regelungsbereich von Deutschen-Grundrechten aus Art. 2 Abs. 1 GG zu bejahen.[46]

Die Beteiligtenfähigkeit beginnt – wenn man den nasciturus mit einer heute vielfach ge- 24
teilten Meinung als Träger der Grundrechte aus Art. 1 Abs. 1, 2 Abs. 2 und 14 Abs. 1 GG anerkennt – bereits vor der Geburt[47] und endet mit dem Tod. Der **Tod des Beschwerdeführers** führt allerdings nicht notwendig zur Unzulässigkeit der Verfassungsbeschwerde. In der Regel können die Erben als Gesamtrechtsnachfolger analog § 239 ZPO in das Verfahren der Verfassungsbeschwerde eintreten[48] und sich auf den grundrechtlichen Schutz der ihnen zugewachsenen Güter und Interessen berufen.[49] Eine Prozessstandschaft für den Verstorbenen findet hingegen nicht statt.[50] Allerdings nimmt das BVerfG für sich die Befugnis in Anspruch, auch nach dem Tod des Beschwerdeführers in der Sache zu entscheiden, wenn die aufgeworfene Streitfrage entscheidungsreif und von allgemeiner verfassungsrechtlicher Bedeutung ist.[51] Nur im Falle einer strafgerichtlichen Verurteilung kann entsprechend § 361 Abs. 2 StPO der strafprozessual zur Wiederaufnahme berechtigte Ehegatte des Verstorbenen die Verfassungsbeschwerde fortführen.[52]

### 3. Juristische Personen

Nach Art. 19 Abs. 3 GG können sich auch **inländische juristische Personen** – also 25
solche, die ihren Sitz im Inland haben[53] – auf die Grundrechte berufen, sofern diese ihrem Wesen nach auf sie anwendbar sind.[54]

---

[44] Einem pauschalen Rückgriff auf Art. 2 Abs. 1 GG steht insoweit die Spezialität der Deutschen-Grundrechte entgegen; Art. 2 Abs. 1 GG hat keine generelle Auffangfunktion; dazu unten → Rn. 135.

[45] Vgl. *Pieroth* AöR 115 (1990), 33 (42); *Degenhart* JuS 1990, 161 f.; *Murswiek* in: Sachs, GG, Art. 2 Rn. 140; *Jarass* in: Jarass/Pieroth, GG, Art. 2 Rn. 6 ff.; wohl auch BVerfGE 78, 179 (196 f.) = NJW 1988, 2290 (2291); BVerwGE 74, 165 (173) = NJW 1986, 3037 (3039). Bedenklich deshalb BVerfGE 104, 337 (345 ff.) = NJW 2002, 663, wo bei der Gewichtung der Berufsfreiheit eines Ausländers im Rahmen des Art. 2 Abs. 1 GG, wohl wegen der dogmatisch ihrerseits zweifelhaften Verstärkung seiner Grundrechtsposition durch Art. 4 Abs. 1 und Abs. 2 GG, kein Unterschied zum Deutschen-Grundrecht aus Art. 12 Abs. 1 GG erkennbar wird; krit. dazu *Spranger* NJW 2002, 2074 (2075 f.); *Faller* KJ 2002, 227 (228 f.).

[46] *Cornils* in: HStR VII, § 168 Rn. 69; soweit Ausländer als Staatsangehörige eines Mitgliedstaates der EU wegen des Diskriminierungsverbotes des Art. 18 AEUV wie Inländer behandelt werden müssen, können sie sich auch auf die Deutschen-Grundrechte berufen; dazu näher *Spranger* AöR 127 (2002), 27 (44 f.); *Jarass* in: Jarass/Pieroth, GG, Art. 19 Rn. 11; kritisch *Kunig/Kämmerer* in: v. Münch/Kunig, GG, Art. 2 Rn. 11.

[47] *Spranger* AöR 127 (2002), 27 (31 f.), jeweils m. w. Nachw.; vgl. *Ruppert* in: Umbach/Clemens/Dollinger, BVerfGG, § 90 Rn. 20; *O. Klein* in: Benda/Klein, Verfassungsprozessrecht, Rn. 533 ff.; *Bethge* in: Maunz/Schmidt-Bleibtreu/Klein/Bethge, BVerfGG, § 90 Rn. 129.

[48] Zu § 239 ZPO vgl. *Hüßtege* in: Thomas/Putzo, ZPO, § 239 Rn. 1, Vorb § 50 Rn. 16 ff.

[49] BVerfGE 6, 389 (442) = NJW 1957, 865 (869); E 93, 165 (170) = DStR 1995, 1348 (1349); *O. Klein* in: Benda/Klein, Verfassungsprozessrecht, Rn. 538.

[50] Differenzierend *O. Klein* in: Benda/Klein, Verfassungsprozessrecht, Rn. 584 ff.; unklar insoweit BVerfGE 30, 173 (195) = NJW 1971, 1645 (1647); BVerfG-K NJW 1993, 1462 und NJW 1994, 783 sowie NJW 1994, 783 (784 f.), hinsichtlich des postmortalen Schutzes der Menschenwürde.

[51] BVerfGE 124, 300 (313) = NJW 2010, 47 (48) → JA 2010, 236 *(Muckel)*.

[52] BVerfGE 6, 389 (442) = NJW 1957, 865 (869); E 37, 201 (206) = NJW 1974, 1860 (1861 f.).

[53] Vgl. BVerfGE 21, 207 (208 f.) = BeckRS 1967, 487 Rn. 7; ungeklärt ist, ob dies auch gilt, wenn sämtliche Mitglieder der Vereinigung Ausländer sind oder diese von Ausländern beherrscht wird. Offengelassen in BVerfG-K NJW 2002, 1485. Dagegen lässt sich nicht anführen, dass die Ausländer als Kollektiv ansonsten Grundrechte geltend machen dürften, die ihnen individuell nicht zustehen (vgl. *Jarass* in: Jarass/Pieroth, GG, Art. 19 Rn. 21), da im vorliegenden Zusammenhang gerade nicht die Grundrechte der Mitglieder, sondern

26 Juristische Personen i. S. d. Art. 19 Abs. 3 GG sind nicht nur Rechtssubjekte, denen die förmliche Rechtsfähigkeit zukommt, sondern auch solche **teilrechtsfähigen Gebilde,** die, ohne Rechtsfähigkeit zu besitzen, Träger von Rechten und Pflichten sein können und zu einer einheitlichen Willensbildung und Willensverwirklichung in der Lage sind.[55] Das sind z. B. Gesellschaften bürgerlichen Rechts nach §§ 705 ff. BGB oder nichtrechtsfähige Vereine nach § 54 BGB.[56] Diese Vereinigungen können nach Art. 19 Abs. 3 GG nur die ihr als **Vereinigung zustehenden Grundrechte,** nicht aber die Grundrechte ihrer Mitglieder wahrnehmen. Nur soweit die Vereinigung behauptet, in ihren eigenen Grundrechten betroffen zu sein, kann sie Verfassungsbeschwerde einlegen.[57]

27 Voraussetzung für die Beteiligtenfähigkeit juristischer Personen ist, dass die Grundrechte ihrem **Wesen** nach auf sie anwendbar sind. Bei wirtschaftlich handelnden juristischen Personen ist das vor allem für das Eigentum und die wirtschaftliche Betätigungsfreiheit (Art. 14 Abs. 1, Art. 12 Abs. 1, Art. 2 Abs. 1 GG),[58] den allgemeinen Gleichheitssatz (Art. 3 Abs. 1 GG),[59] die Unverletzlichkeit der Wohnung (Art. 13 GG),[60] den Schutz des Brief- und Postgeheimnisses (Art. 10 Abs. 1 GG), die Freizügigkeit (Art. 11 Abs. 1 GG) sowie das Grundrecht auf effektiven Rechtsschutz (Art. 19 Abs. 4 GG) der Fall.[61] Presse- und Rundfunkunternehmen können sich auch auf Art. 5 Abs. 1 S. 2 GG stützen.[62] Grundsätzlich nicht in Betracht kommen dagegen die mit der Körperlichkeit und der personalen Individualität des Menschen verbundenen Grundrechte wie die Menschenwürde, das Recht auf Leben und Gesundheit oder das allgemeine Persönlichkeitsrecht und der daraus herzuleitende Anspruch auf Ehrschutz.[63] Religionsgesellschaften oder andere Vereinigungen, die der Pflege und Förderung eines religiösen Bekenntnisses ihrer Mitglieder dienen, können sich allerdings auf das personenbezogene Grundrecht der Glaubens- und Gewissensfreiheit aus Art. 4 Abs. 1, Abs. 2 GG berufen.[64]

28 Bei **politischen Parteien**[65] ergeben sich Zweifel an ihrer Qualifizierung als „jedermann" daraus, dass sie in den Bereich der verfassungsrechtlich organisierten Staatlichkeit

---

die Grundrechte der Vereinigung selbst in Frage stehen. – Kritisch zur Sitztheorie *Müller-Terpitz* JZ 2020, 1080 (1082 ff.): Der Marktort solle für das Merkmal „inländisch" entscheidend sein.

[54] Zu Art. 19 Abs. 3 GG *Tonikidis* Jura 2012, 517; *Ludwigs/Friedmann* JA 2018, 807; *U. Becker* Jura 2019, 496; *Muckel* JA 2020, 411.

[55] BVerfGE 3, 383 (391) = BeckRS 1954, 64 Rn. 37 f.; E 4, 7 (12) = NJW 1954, 1235; E 6, 273 (277) = NJW 1957, 665; E 82, 286 (295) = NJW 1991, 217 (218); BVerfG-K NJW 2018, 2392 Rn. 26 → *Sachs* JuS 2018, 1018.

[56] Vgl. *Jarass* in: Jarass/Pieroth, GG, Art. 19 Rn. 20 m. w. Beispielen.

[57] BVerfGE 13, 54 (89 f.) = NJW 1961, 1453 (1456); *O. Klein* in: Benda/Klein, Verfassungsprozessrecht, Rn. 539; *Schlaich/Korioth* BVerfG, Rn. 207.

[58] Vgl. BVerfGE 4, 7 (17) = NJW 1954, 1235 (1236); E 10, 89 (99) = NJW 1959, 1675; E 21, 261 (266) = NJW 1967, 974 (975), E 35, 348 (360) = NJW 1974, 229 (231); E 66, 116 (130) = NJW 1984, 1741; E 74, 129 (148 f.) = BeckRS 9998, 148996.

[59] Vgl. BVerfGE 3, 383 (390) = BeckRS 1954, 64 Rn. 36 ff.; E 4, 7 (12) = NJW 1954, 1235; BVerfG-K NJW 2016, 1436 Rn. 10 → *Ruffert* JuS 2016, 1044.

[60] Vgl. BVerfGE 42, 212 (219) = NJW 1976, 1735; E 76, 83 (88) = BeckRS 9998, 99420; BVerfG-K NVwZ 2007, 1047 (1048); NJW 2017, 2016 Rn. 19.

[61] BVerfG-K NVwZ 2017, 53 Rn. 19; *Bethge* in: Maunz/Schmidt-Bleibtreu/Klein/Bethge, BVerfGG, § 90 Rn. 140, 143; *O. Klein* in: Benda/Klein, Verfassungsprozessrecht, Rn. 543.

[62] Vgl. BVerfGE 20, 162 (171) = NJW 1966, 1603 (1604); E 21, 271 (277 f.) = NJW 1967, 976 f.; E 50, 234 (239) = NJW 1979, 1400; E 66, 116 (130) = NJW 1984, 1741; E 80, 124 (131) = NJW 1989, 2877; auch dann, wenn die Herausgabe einer Zeitung nicht der eigentliche Unternehmenszweck ist, BVerfGE 95, 28 (34) = NJW 1997, 386 (387).

[63] *O. Klein* in: Benda/Klein, Verfassungsprozessrecht, Rn. 542; vgl. auch die Nachweise bei *Ruppert* in: Umbach/Clemens/Dollinger, BVerfGG, § 90 Rn. 30 ff. und *Bethge* in: Maunz/Schmidt-Bleibtreu/Klein/Bethge, BVerfGG, § 90 Rn. 141 f.; allerdings offengelassen für das Persönlichkeitsrecht von BVerfGE 95, 220 (242) = NJW 1997, 1841 (1843).

[64] BVerfGE 19, 129 (132) = NJW 1965, 2339; E 24, 236 (246 f.) = GRUR 1969, 137 (139); E 70, 138 (161) = BeckRS 1985, 108897; E 99, 100 (118) = NVwZ 1999, 753.

[65] Zum Begriff der politischen Partei i. S. d. Art. 21 GG vgl. BVerfGE 24, 260 (263 f.) = BeckRS 1968, 103934; E 79, 379 (384) = NJW 1989, 1476; E 91, 262 (266 f.) = BeckRS 1994, 10948 Rn. 28 ff.; E 134, 124 Rn. 15 = NVwZ 2013, 1271 (m. Bespr. *Bechler/Neidhardt* NVwZ 2013, 1438) → *Sachs* JuS 2013, 1148; *Morlok* in: Dreier, GG, Art. 21 Rn. 28 ff.

hineinwirken.[66] Art. 21 GG stellt die politischen Parteien nicht in den systematischen Zusammenhang der Grundrechte, sondern in den Kontext der Staatsorganisation und erhebt sie wegen ihrer Bedeutung für die demokratische Willensbildung[67] in den Rang einer „verfassungsrechtlichen Institution".[68] Politischen Parteien steht deshalb nach Auffassung des BVerfG zur Durchsetzung ihrer Rechte primär das **Organstreitverfahren** zur Verfügung (→ *Ehlers* § 18 Rn. 24). Soweit eine politische Partei die Verletzung ihres verfassungsrechtlichen Status und der sich daraus ergebenden Rechte, insbesondere auch ihrer Chancengleichheit, durch ein anderes Verfassungsorgan geltend macht, ist hierfür das Organstreitverfahren als speziellere Rechtsschutzform einschlägig.[69] Im Organstreitverfahren sind allerdings nur Streitigkeiten zwischen Verfassungsorganen zu entscheiden.[70] Um eine **Verfassungsbeschwerde,** bei der die politische Partei als „jedermann" beteiligtenfähig ist, handelt es sich hingegen, wenn sie behauptet, durch die Maßnahme eines Hoheitsträgers, der selbst keine Organstreitfähigkeit besitzt, in ihren Grundrechten verletzt zu sein.[71] Auch ein **Parlamentsabgeordneter,** der seine Statusrechte gegenüber einem anderen Träger verfassungsrechtlicher Rechte und Pflichten geltend macht, agiert nicht als „jedermann"; für ihn kommt deshalb nur das Organstreitverfahren in Betracht (dazu → *Ehlers* § 18 Rn. 21).[72]

#### 4. Juristische Personen des öffentlichen Rechts

Umstritten ist, ob die Grundrechte ihrem Wesen nach auch auf juristische Personen des öffentlichen Rechts anwendbar sind. **Juristische Personen des öffentlichen Rechts** erfüllen die ihnen zugewiesenen Aufgaben nicht in Wahrnehmung unabgeleiteter, ursprünglicher Freiheiten, sondern aufgrund von Kompetenzen, die ihnen vom positiven Recht verliehen werden.[73] Die Grundrechte sollen nach Wortlaut, Systematik und Entwicklungsgeschichte der Gewährleistung individueller Freiheiten und Rechte und damit der Regelung der Rechtsbeziehungen zwischen Bürger und Staat, nicht aber der Abgrenzung der Befugnisse zwischen den staatlichen Gewalten und ihren einzelnen Funktionsträgern dienen. Deshalb können die Kompetenzen einer juristischen Person des öffentlichen Rechts nicht mit der Verfassungsbeschwerde durchgesetzt werden.[74] Dies gilt auch, soweit sich mehrere juristische Personen des öffentlichen Rechts zu einem **privatrechtlichen (Dach-)Verband** zusammenschließen[75] oder eine öffentliche Aufgabe in einer **privatisierten Rechtsform** wahrnehmen.[76] Die Grundrechte sind ihrem Wesen nach also grund- 29

[66] BVerfGE 20, 56 (100 f.) = NJW 1966, 1499 (1503); E 44, 125 (145 f.) = NJW 1977, 751 (753); E 52, 63 (82 f.) = NJW 1979, 1815; E 73, 1 (33) = NJW 1986, 2497 (2498).

[67] BVerfGE 85, 264 (285) = NJW 1992, 2545 (2546); E 111, 382 (395) = NVwZ 2004, 1473 → JA 2005, 574 *(Heinig)*.

[68] BVerfGE 41, 399 (416) = NJW 1976, 1193 (1194).

[69] BVerfGE 4, 27 (30 f.) = NJW 1955, 17; E 27, 10 (17) = BeckRS 1969, 476; E 57, 1 (8 f.) = NJW 1981, 1359 (1360); E 64, 301 (312) = NJW 1984, 165; vgl. auch E 85, 264 ff. = NJW 1992, 2545 f.: Zulässigkeit des Organstreits einer Partei gegen Bundestag und Bundesrat wegen Verletzung ihres Anspruchs auf Chancengleichheit aus Art. 21 Abs. 1 und Art. 3 Abs. 1 GG durch eine Änderung des Parteiengesetzes.

[70] Vgl. zur Parteifähigkeit im Organstreit → *Ehlers* § 18 Rn. 6 ff.

[71] BVerfGE 7, 99 (103) = NJW 1957, 1513; E 47, 198 (223) = BeckRS 1978, 00663 Rn. 131; jeweils wegen Zuteilung von Werbezeiten öffentlich-rechtlicher Rundfunkanstalten im Wahlkampf. – BVerfG-K NVwZ 2014, 1572 wegen Eröffnung eines Girokontos bei einer Sparkasse.

[72] Vgl. etwa BVerfGE 64, 301 (312 f.) = NJW 1984, 165; BVerfG-K NVwZ 2020, 1049 Rn. 22.

[73] BVerfGE 21, 362 (367 ff.) = NJW 1967, 1411 ff.; E 39, 302 (312 ff.) = BeckRS 1975, 105598; E 45, 63 (78 f.) = NJW 1977, 1960 (1961 f.); E 61, 82 (100 ff.) = NJW 1982, 2173 ff.; E 68, 193 (205 ff.) = NJW 1985, 1385; E 75, 192 (196) = NVwZ 1987, 879 (880); E 143, 246 Rn. 187 ff. = NJW 2017, 217; kritisch zur Ablehnung der Grundrechtsträgerschaft öffentlich-rechtlicher Sparkassen *Spranger* AöR 127 (2002), 27 (37 ff.). Vgl. zu weiteren Gegenstimmen aus der Literatur auch hinsichtlich anderer juristischer Personen des öffentlichen Rechts die Nachweise bei *Dreier* in: Dreier, GG, Art. 19 III Rn. 55 ff.

[74] BVerfGE 143, 246 Rn. 187 ff. = NJW 2017, 217; *Bethge* in: Maunz/Schmidt-Bleibtreu/Klein/Bethge, BVerfGG, § 90 Rn. 144.

[75] BVerfGE 68, 193 (211 ff.) = NJW 1985, 1385 (1386 f.).

[76] BVerfGE 45, 63 (79 f.) = NJW 1977, 1960 (1962); BVerfG-K NVwZ 2009, 1282 → *Schoch* JK 4/10, GG Art. 19 III/9 und → *Selmer* JuS 2010, 187 sowie → JA 2010, 837 *(Muckel)*; NVwZ-RR 2016, 242

sätzlich nicht auf juristische Personen des öffentlichen Rechts anwendbar, diese sind demnach im Verfahren der Verfassungsbeschwerde auch nicht beteiligtenfähig.[77]

30 Etwas anderes gilt jedoch für solche juristischen Personen des öffentlichen Rechts, die wegen der ihnen übertragenen Aufgaben „unmittelbar dem durch Grundrechte geschützten Lebensbereich zuzuordnen sind", wie dies für **Rundfunkanstalten** zu Art. 5 Abs. 1 S. 2 GG[78] sowie **Universitäten** und **Fakultäten** zu Art. 5 Abs. 3 GG gilt,[79] oder die kraft ihrer Eigenart einem bestimmten Grundrechtsbereich zugehören, wie **Kirchen** und sonstige **Religionsgemeinschaften,** die nach Art. 140 GG, 137 Abs. 5 WRV den Status einer Körperschaft des öffentlichen Rechts besitzen.[80] Diese juristischen Personen des öffentlichen Rechts sind beteiligtenfähig, weil ihre Errichtung der Verwirklichung der individuellen Grundrechte ihrer Angehörigen oder Mitglieder dient und sie deswegen als eigenständige, vom Staat unabhängige oder jedenfalls distanzierte Einrichtungen fungieren sollen.[81] Darüber hinaus soll sich eine juristische Person des öffentlichen Rechts ausnahmsweise auch insoweit auf Grundrechte berufen können, als sie neben der Wahrnehmung gesetzlich zugewiesener und geregelter öffentlicher Aufgaben auch als Instrument zur Verfolgung kollektiver privater Interessen dient und von dem beanstandeten Akt der öffentlichen Gewalt nicht als Teil der staatlichen Verwaltung, sondern als Interessenvertretung ihrer Mitglieder betroffen ist.[82]

31 Umstritten ist, ob eine weitere Ausweitung des Grundrechtsschutzes auf juristische Personen des öffentlichen Rechts vorzunehmen ist, wenn diese als **Träger privater Rechte** im Außenverhältnis einem anderen Hoheitsträger wie Privatpersonen unterworfen sind. Bei einem Eingriff in die privaten Rechte der juristischen Personen des öffentlichen Rechts könnte eine „grundrechtstypische Gefährdungslage"[83] bestehen, auf die die Grundrechte ihrem Wesen nach anwendbar sind.[84] Aber auch die Zuweisung von privaten Rechten an juristische Personen des öffentlichen Rechts erfolgt nicht zur Eröffnung einer Freiheit, sondern dient der Erfüllung ihrer von der **Kompetenzordnung** übertragenen Aufgaben. Die Ausübung privater Rechte bleibt deshalb immer öffentlich-rechtlich gesteuert und gebunden und die Berufung auf Privatautonomie dem Aufgabenträger versagt.[85] Dient also auch die Ausübung privater Rechte der Wahrnehmung öffentlicher Aufgaben und der Verfolgung öffentlicher Interessen, entspricht der Streit um den Eingriff eines anderen Trägers öffentlicher Gewalt in die Ausübung dieser Rechte nicht dem Muster eines Grundrechts-, sondern dem eines Kompetenzkonflikts. Die Grundrechte sind deshalb ihrem Wesen nach nicht anwendbar.[86] Einer von einem ausländischen Staat gehaltenen juristischen Person des Privatrechts, die ausschließlich als Wirtschaftssubjekt agiert, hat das BVerfG allerdings, weil ihr andernfalls Rechtsschutz gegenüber unmittelbaren gesetzlichen Eingriffe völlig versagt würde, Beteiligtenfähigkeit zugesprochen, jedenfalls wenn das Unternehmen einem EU-Mitgliedstaat gehört und ihm deshalb die Niederlassungsfreiheit des Art. 54 AEUV zusteht.[87]

---

Rn. 6. – Ebenso zu gemischtwirtschaftlichen Unternehmen, die von der öffentlichen Hand beherrscht werden, BVerfG-K NVwZ 2020, 1500 Rn. 8, 10.

[77] *Ruppert* in: Umbach/Clemens/Dollinger, BVerfGG, § 90 Rn. 41.

[78] BVerfGE 59, 231 (254) = NJW 1982, 1447; E 74, 297 (317 f.) = NJW 1987, 2987; BVerfG-K NJW 2011, 1859 Rn. 14 → *Schoch* JK 11/11, GG Art. 5 I 2/35.

[79] BVerfGE 15, 256 (261 f.); E 93, 85 (93) = NVwZ 1996, 709; E 111, 333 (352) = NVwZ 2005, 315; E 139, 148 Rn. 40 = NVwZ 2015, 1370.

[80] BVerfGE 19, 1 (5) = NJW 1965, 1427; E 19, 129 (132) = NJW 1965, 2339; E 42, 312 (321 ff.) = NJW 1976, 2123; E 53, 366 (386 ff.) = AP GG Art. 140 Nr. 6.

[81] BVerfGE 75, 192 (196 f.) = NVwZ 1987, 879 (880).

[82] BVerfGE 70, 1 (15 ff.) = BeckRS 1985, 5779 Rn. 66 ff. – Orthopädietechniker-Innungen (im Gegensatz zu anderen öffentlich-rechtlichen Innungen).

[83] *R. Dreier* FS Scupin, 1973, S. 81 (90): „grundrechtstypische Unterworfenheit"; *v. Mutius* in: BK, Art. 19 Abs. 3 Rn. 114.

[84] *R. Dreier* FS Scupin, 1973, S. 81 (90); *v. Mutius* in: BK, Art. 19 Abs. 3 Rn. 107 f.

[85] *Ehlers* in: Ehlers/Pünder, AllgVwR, § 3 Rn. 90.

[86] BVerfGE 143, 246 Rn. 190 = NJW 2017, 217; E 61, 82 (109) = NJW 1982, 2173 (2175) bringt dies auf die plakative Formel, Art. 14 GG schütze „nicht das Privateigentum, sondern das Eigentum Privater".

[87] BVerfGE 143, 246 Rn. 191 ff. = NJW 2017, 217 (219).

### 5. Ausländische juristische Personen

Ausländische juristische Personen, also solche, die ihren **Sitz im Ausland** haben, können sich nach Art. 19 Abs. 3 GG nicht auf Grundrechte berufen.[88] Etwas anderes gilt wegen des europarechtlichen Diskriminierungsverbotes aus Art. 18 AEUV, auf das sich gemäß Art. 54, 62 und 199 Nr. 4 AEUV auch juristische Personen berufen können, im Anwendungsbereich der EU-Verträge hinsichtlich solcher juristischer Personen, die ihren **Sitz in einem Mitgliedstaat** haben.[89] 32

### 6. Verfahrensgewährleistungen

Großzügiger ist die Rechtsprechung des BVerfG hinsichtlich der **grundrechtsähnlichen Verfahrensgewährleistungen** der Art. 101 Abs. 1 S. 2 und Art. 103 Abs. 1 GG. Diese Rechte kommen als objektive Verfahrensgrundsätze jedem zugute, der nach den Verfahrensnormen parteifähig ist oder von einem Verfahren unmittelbar betroffen wird.[90] Für die Beanspruchung dieser Rechte kommt es deshalb allein darauf an, ob der Beschwerdeführer im Ausgangsverfahren als Partei aufgetreten und damit wie jede andere Person richterlicher Hoheitsgewalt unterworfen ist.[91] Insoweit sind also sowohl juristische Personen des öffentlichen Rechts als auch ausländische juristische Personen beteiligtenfähig. Jedenfalls soweit juristische Personen des öffentlichen Rechts sich auf materielle Grundrechte berufen können, steht ihnen überdies der Schutz der Garantie effektiven Rechtsschutzes aus Art. 19 Abs. 4 GG zu;[92] das gilt etwa für Rundfunkanstalten, Universitäten und Kirchen (→ Rn. 30), nicht jedoch für Gebietskörperschaften.[93] 33

**Lösung zu Fall 2:** Ein Organstreit zur Geltendmachung des verfassungsrechtlichen Status der Partei aus Art. 21 Abs. 1 GG scheidet aus, da es sich bei der Rundfunkanstalt nicht um einen organstreitfähigen Gegner nach § 63 BVerfGG handelt. Die Verfassungsbeschwerde könnte deshalb als richtige Verfahrensart in Betracht kommen. Art. 21 Abs. 1 GG selbst ist allerdings kein beschwerdefähiges Recht i. S. d. § 90 Abs. 1 BVerfGG. Das hier in der Sache angeführte Gebot der Gleichbehandlung der Parteien im Wahlkampf ist aber nicht allein in Art. 21 Abs. 1 GG, sondern auch in Art. 3 Abs. 1 GG verfassungsrechtlich verankert und kann daher im Wege der Verfassungsbeschwerde geltend gemacht werden.[94] 34

**Lösung zu Fall 3:** Die Beteiligtenfähigkeit des S könnte sich daraus ergeben, dass er als Erbe für seinen verstorbenen Vater die über den Tod hinausgehende Verpflichtung der staatlichen Organe, die Würde auch von Verstorbenen zu schützen, geltend machen kann. Weder gehen aber die höchstpersönlichen Rechte des G auf S als Erben über, noch wäre deren Geltendmachung im Wege der Prozessstandschaft zulässig. Soweit die Würde des Verstorbenen als Gegenstand bestimmter rechtlich anerkannter Belange und 35

---

[88] BVerfGE 21, 207 (208) = BeckRS 1967, 487 Rn. 7; E 23, 229 (236) = BeckRS 1968, 103897; E 100, 313 (364) = NJW 2000, 55 (58); *Ruppert* in: Umbach/Clemens/Dollinger, BVerfGG, § 90 Rn. 25; *O. Klein* in: Benda/Klein, Verfassungsprozessrecht, Rn. 543. – Anders zur GRCh BVerfGE 152, 216 Rn. 104 = NVwZ 2020, 63: keine Unterscheidung zwischen inländischen und ausländischen juristischen Personen.

[89] BVerfGE 129, 78 (94 ff.) = NJW 2011, 3428 (3430 ff.) → *Ehlers* JK 2/12, GG Art. 19 III/10 und → *Sachs* JuS 2012, 379 sowie → JA 2012, 156 *(Muckel);* BVerfG-K NJW 2018, 239 Rn. 27 → *Sachs* JuS 2018, 1018; *Spranger* AöR 127 (2002), 27 (41 ff.). – Art. 2 Abs. 1 GG heranziehend, aber das Schutzniveau spezieller Freiheitsgrundrechte rezipierend BVerfG-K NJW 2016, 1436 Rn. 10 ff.

[90] BVerfGE 6, 45 (49 f.) = NJW 1957, 337; E 21, 362 (373) = NJW 1967, 1411 (1413); E 61, 82 (104) = NJW 1982, 2173 (2174); *O. Klein* in: Benda/Klein, Verfassungsprozessrecht, Rn. 543.

[91] Vgl. *Ruppert* in: Umbach/Clemens/Dollinger, BVerfGG, § 90 Rn. 27.

[92] BVerfGE 107, 299 (310) = NJW 2003, 1787 (1788) → JuS 2003, 1213 *(Sachs).*

[93] BVerfG-K NVwZ 2017, 53 Rn. 20; NVwZ 2019, 642 Rn. 20 f. → JA 2019, 633 *(Muckel).*

[94] Vgl. BVerfGE 7, 99 (103 ff.) = NJW 1957, 1513 (dort auf Art. 38 Abs. 1 GG abstellend); E 47, 198 (223 ff.) = BeckRS 1978, 00663 Rn. 131 ff.; *Schlaich/Korioth* BVerfG, Rn. 92.

Werthaltungen den Schutz der Rechtsordnung findet und die staatliche Gewalt die Verpflichtung trifft, dem Einzelnen Schutz gegen Angriffe auf seine Menschenwürde auch über den Tod hinaus zu gewähren,[95] handelt es sich um einen objektiv-rechtlichen Belang der Allgemeinheit, der nicht von Einzelnen, auch nicht den Erben des Verstorbenen, durchgesetzt werden kann.[96] Die Beteiligtenfähigkeit des S kann sich aber daraus ergeben, dass er die Verletzung seines eigenen von Art. 2 Abs. 1 GG gewährleisteten Rechts auf Totenfürsorge und auf Schutz seines eigenen sozialen Wert- und Achtungsanspruchs geltend macht.[97]

36 **Lösung zu Fall 4:** Eine auf Art. 14 Abs. 1 GG gestützte Verfassungsbeschwerde der „Stadtwerke AG" kommt nur in Betracht, wenn auf sie als juristische Person die Grundrechte ihrem Wesen nach anwendbar sind. Mit der „Stadtwerke AG" nimmt die Gemeinde G eine lediglich hinsichtlich der Organisationsform privatisierte öffentliche Aufgabe (Daseinsvorsorge) durch eine im städtischen Eigentum stehende AG wahr. Das Eigentum an dem Grundstück der AG dient damit der Wahrnehmung öffentlicher Aufgaben sowie der Verfolgung öffentlicher Zwecke und Interessen durch einen Hoheitsträger. Es handelt sich bei dem Grundstück zwar um Privateigentum, nicht aber um das „Eigentum Privater", das allein von Art. 14 Abs. 1 GG geschützt ist. Art. 14 Abs. 1 GG ist daher nicht auf die „Stadtwerke AG" anwendbar; diese kann somit nicht Beteiligte in einem um die Verletzung von Eigentumsrechten geführten Verfahren der Verfassungsbeschwerde sein.[98] Sofern sich die Gemeinde als Eigentümerin der Stadtwerke AG auf ihre durch die Selbstverwaltungsgarantie des Art. 28 Abs. 2 GG geschützte Finanzhoheit beruft, kann sie dies mittels der Kommunalverfassungsbeschwerde nach Art. 93 Abs. 1 Nr. 4b GG verfassungsprozessual geltend machen. Ob aus Art. 28 Abs. 2 GG auch ein Schutz einer einzelnen vermögenswerten Rechtsposition folgt, ist umstritten.[99]

37 **Lösung zu Fall 5:** Bei den Universitäten handelt es sich zwar um Körperschaften des öffentlichen Rechts, die vom Land gegründet und unterhalten werden und gegenüber ihren Mitgliedern Hoheitsgewalt ausüben. Sie werden aber gerade zur Gewährleistung freier Wissenschaft, also als organisatorische Grundlage für die Wahrnehmung des Grundrechts des Art. 5 Abs. 3 GG gebildet. Ihnen ist der in Art. 5 Abs. 3 GG geschützte Lebensbereich in spezifischer Weise zugeordnet. Dieses Grundrecht ist daher dem Wesen nach auf die Universitäten anwendbar, so dass diese im Verfahren der Verfassungsbeschwerde beteiligtenfähig sind.[100]

## IV. Prozessfähigkeit

38 **Fall 6:** Die 16-jährige Schülerin S sieht sich in ihrer negativen Glaubensfreiheit verletzt, da in ihrem Klassenraum in einer bayerischen Volksschule ein Holzkreuz an der Wand hängt und sie gezwungen wird, im Anblick dieses religiösen Symbols ihrer Schulpflicht nachzukommen. Sie möchte ohne Zustimmung ihres Vaters Verfassungsbeschwerde erheben.

---

[95] Vgl. BVerfGE 30, 173 (194) = NJW 1971, 1645 (1647).
[96] Vgl. *Enders* Die Menschenwürde in der Verfassungsordnung, 1997, S. 470 f.
[97] Vgl. BVerfG-K NJW 1994, 783 f.
[98] Vgl. BVerfGE 45, 63 (79 f.) = NJW 1977, 1960 (1962); E 61, 82 (100 ff.) = NJW 1982, 2173.
[99] Dagegen BVerfG-K NVwZ 1999, 520 (521); dafür *Ehlers* DVBl 2000, 1301 (1308 f.); ferner → *Schoch* § 16 Rn. 63.
[100] Vgl. BVerfGE 15, 256 (262).

Die Prozessfähigkeit bezeichnet die Fähigkeit, im eigenen Namen vor Gericht Verfahrenshandlungen vorzunehmen, also etwa eine Verfassungsbeschwerde einzulegen, sie zu begründen, Prozessanträge zu stellen, Richter abzulehnen oder die Verfassungsbeschwerde zurückzunehmen.[101] Das BVerfGG enthält keine allgemeine Regelung der **Prozessfähigkeit.** Wegen der besonderen Eigenart der verfassungsgerichtlichen Verfahren können die Bestimmungen anderer Verfahrensordnungen, die hinsichtlich der Prozessfähigkeit an die Geschäftsfähigkeit anknüpfen, nicht zur Lückenfüllung herangezogen werden.[102] Ausgangspunkt für die Bestimmung der Prozessfähigkeit ist vielmehr die Frage, ob der Beschwerdeführer nach der Rechtsordnung als reif angesehen wird, im Bereich der grundrechtlichen Freiheit Entscheidungen zu treffen oder Pflichten zu übernehmen.[103] Vielfach wird dies als „Grundrechtsmündigkeit" bezeichnet.[104] Anknüpfungspunkte dafür bietet die gesetzliche Ausgestaltung des jeweiligen Grundrechts.[105] Bejaht wurde die **Grundrechtsmündigkeit** von Personen, die wegen Geisteskrankheit oder -schwäche entmündigt waren, für Verfahren, in denen über Maßnahmen zu entscheiden ist, die wegen ihres Geisteszustandes zu treffen sind.[106] Bei Minderjährigen wurde die Prozessfähigkeit bejaht für das Verfahren über die Anerkennung als Kriegsdienstverweigerer oder sonstiger die Wehrpflicht betreffende Verfahren[107] und hinsichtlich Art. 4 GG, soweit das Gesetz über die religiöse Kindererziehung[108] für Minderjährige die freie Wahl des religiösen Bekenntnisses vorsieht.[109] 39

**Juristische Personen** werden im Verfahren der Verfassungsbeschwerde von ihren Organen vertreten.[110] 40

Von der Prozessfähigkeit zu unterscheiden ist die Frage, ob man im Verfahren der Verfassungsbeschwerde durch einen Anwalt vertreten sein muss, die sog. **Postulationsfähigkeit.** Allgemein besteht im Verfahren der Verfassungsbeschwerde vor dem BVerfG kein Anwaltszwang, vielmehr kann jeder Beteiligte im Rahmen seiner Prozessfähigkeit grundsätzlich selbst alle erforderlichen Verfahrenshandlungen vornehmen. Nur in einer mündlichen Verhandlung[111] muss sich der Beschwerdeführer gemäß § 22 Abs. 1 S. 1 BVerfGG durch einen an einem deutschen Gericht zugelassenen Anwalt oder einen Lehrer des Rechts an einer deutschen Hochschule vertreten lassen, um auf deren Ablauf Einfluss nehmen zu können. 41

**Lösung zu Fall 6:** Da das Gesetz über die religiöse Kindererziehung vorsieht, dass Jugendliche mit Vollendung des 14. Lebensjahres selbst über ihre religiöse Ausrichtung bestimmen können, kann die 16-jährige S (nach Erschöpfung des Rechtswegs) ohne ihren gesetzlichen Vertreter selbst Verfassungsbeschwerde erheben.[112] 42

---

101 *Spranger* AöR 127 (2002), 27 (46); *O. Klein* in: Benda/Klein, Verfassungsprozessrecht, Rn. 556; *Bethge* in: Maunz/Schmidt-Bleibtreu/Klein/Bethge, BVerfGG, § 90 Rn. 169; *Ruppert* in: Umbach/Clemens/Dollinger, BVerfGG, § 90 Rn. 49.

102 *Voßkuhle* in: v. Mangoldt/Klein/Starck, GG, Art. 93 Rn. 174.

103 *Erichsen* Jura 1991, 585 (587).

104 *Ruppert* in: Umbach/Clemens/Dollinger, BVerfGG, § 90 Rn. 49; *Bethge* in: Maunz/Schmidt-Bleibtreu/Klein/Bethge, BVerfGG, § 90 Rn. 171; *Schlaich/Korioth* BVerfG, Rn. 212; *O. Klein* in: Benda/Klein, Verfassungsprozessrecht, Rn. 557.

105 BVerfGE 1, 87 (88 f.) = NJW 1952, 177; E 28, 243 (254) = BeckRS 1970, 00581 Rn. 50 ff.

106 BVerfGE 10, 302 (306) = BeckRS 1960, 271 Rn. 11; E 19, 93 (100 f.) = NJW 1965, 2051 (2052); E 65, 317 (321) = NJW 1984, 1025.

107 BVerfGE 28, 243 (254 f.) = BeckRS 1970, 00581 Rn. 50 ff.

108 RelKErzG vom 15.7.1921, RGBl S. 939. – Das Gesetz ist abgedruckt in Schönfelder Ergänzungsband Nr. 45k.

109 BVerfGE 1, 87 (88 f.) = NJW 1952, 177.

110 *Pestalozza* Verfassungsprozeßrecht, § 12 Rn. 21.

111 Die in der Praxis des Verfassungsbeschwerdeverfahrens eine seltene Ausnahme ist, vgl. *O. Klein* in: Benda/Klein, Verfassungsprozessrecht, Rn. 560; dazu auch unten → Rn. 190.

112 Vgl. BVerfGE 1, 87 (89) = NJW 1952, 177.

## V. Beschwerdegegenstand

43 **Fall 7:** Rechtsanwalt R wird vom Vorstand der örtlichen Anwaltskammer wegen einiger Formulierungen in einem Schriftsatz gerügt, über die sich die Gegenseite beschwert hatte. Sein Verhalten sei standeswidrig und lasse sich nicht mit einer sachlichen Interessenvertretung vereinbaren. R wird aufgefordert, die beanstandeten Formulierungen in Zukunft nicht mehr zu gebrauchen. Kann er hiergegen mit der Verfassungsbeschwerde vorgehen?

44 **Fall 8:** Ein deutscher Bananen-Importeur sieht durch die europarechtlich vorgeschriebene Beschränkung von Bananenimporten aus bestimmten Ländern seine Berufsfreiheit verletzt, da er gerade mit Bananenproduzenten aus diesen Ländern in besonders intensivem Geschäftskontakt steht. Er ist der Auffassung, die entsprechende EU-VO sei nicht von den EU-Verträgen und damit auch nicht von den entsprechenden deutschen Zustimmungsgesetzen gedeckt. Kann er hiergegen Verfassungsbeschwerde erheben?

45 **Fall 9:** Gegen B wird von der Staatsanwaltschaft X beim zuständigen Haftrichter Haftbefehl beantragt. Noch vor der Entscheidung des Haftrichters erhebt B gegen den Antrag Verfassungsbeschwerde.

46 **Fall 10:** Nichtraucher B ist der Auffassung, der Gesetzgeber sei zum Schutz von Leben und Gesundheit verpflichtet, Rauchverbote in Gaststätten und öffentlichen Räumen zu erlassen. Kann er dies mit einer Verfassungsbeschwerde einfordern?

47 Das Verfahren der Verfassungsbeschwerde ist nicht als kontradiktorischer Rechtsstreit mit einem „Beschwerdegegner", sondern als ein **objektives Beanstandungsverfahren** ausgestaltet, bei dem ein bestimmtes staatliches Handeln oder Unterlassen auf seine Verfassungsmäßigkeit hin überprüft wird. Die fraglichen Handlungen oder Unterlassungen eines staatlichen Organs bilden als Akte der „öffentlichen Gewalt" gemäß § 90 Abs. 1 BVerfGG den **Beschwerdegegenstand.**[113] Die Bedeutung des Begriffs der öffentlichen Gewalt i. S. d. § 90 Abs. 1 BVerfGG, Art. 93 Abs. 1 Nr. 4a GG ist nicht mit der des gleichlautenden Art. 19 Abs. 4 GG identisch. Vielmehr können, obwohl nicht von der verfassungsrechtlichen Rechtsschutzgarantie gewährleistet, im Rahmen der Verfassungsbeschwerde auch Akte der Judikative und Legislative zur Überprüfung gestellt werden.[114] Als Beschwerdegegenstand kommen alle Maßnahmen oder Unterlassungen in Betracht, die einem Verpflichtungsadressaten des Art. 1 Abs. 3 GG zuzurechnen sind[115] und die unmittelbare innerstaatliche Wirkungen auslösen.[116]

### 1. Deutsche öffentliche Gewalt

48 Öffentliche Gewalt i. S. d. § 90 Abs. 1 BVerfGG ist grundsätzlich jede Maßnahme der **deutschen Staatsgewalt.**[117] Hoheitliches Handeln eines fremden Staates kann nicht am

[113] *O. Klein* in: Benda/Klein, Verfassungsprozessrecht, Rn. 536. Weil davon auszugehen ist, dass die staatliche Stelle, die den Beschwerdegegenstand zu verantworten hat, am Ausgang des Verfassungsbeschwerdeverfahrens interessiert ist, erhält sie zusammen mit weiteren von der Verfassungsbeschwerde Betroffenen Gelegenheit zur Stellungnahme, § 94 BVerfGG.
[114] So auch *Ruppert* in: Umbach/Clemens/Dollinger, BVerfGG, § 90 Rn. 53.
[115] *Voßkuhle* in: v. Mangoldt/Klein/Starck, GG, Art. 93 Rn. 175.
[116] Daran fehlt es etwa beim Abschluss völkerrechtlicher Verträge und bei der Mitwirkung deutscher Vertreter bei der Erzeugung von Unionsrecht in den Gremien der EU; vgl. BVerfGE 77, 170 (209 f.) = NJW 1988, 1651 (1652); BVerfG-K NJW 1990, 974; a. A. etwa *Herdegen* Europarecht, § 7 Rn. 35 ff.
[117] BVerfGE 1, 10 f. = NJW 1952, 20; E 22, 293 (295) = NJW 1968, 348; *Spranger* AöR 127 (2002), 27 (48 ff.); *O. Klein* in: Benda/Klein, Verfassungsprozessrecht, Rn. 536 ff.; *Schlaich/Korioth* BVerfG, Rn. 213.

Maßstab des Grundgesetzes gemessen werden und ist mit der Verfassungsbeschwerde nicht angreifbar.[118] Ebenso verhält es sich grundsätzlich mit Maßnahmen von Stellen der EU.[119]

Fraglich ist die Tragweite dieser Feststellungen angesichts der *innerstaatlichen* Wirkung bestimmter **Rechtsakte der Europäischen Union.**[120] Wurde eine Verfassungsbeschwerde gegen Rechtsakte des Unionsrechts zunächst für unzulässig gehalten, weil es sich bei der EU um eine gegenüber den Mitgliedstaaten selbständige öffentliche Gewalt handelt und ihre Hoheitsakte keine Akte deutscher öffentlicher Gewalt sind,[121] hielt das BVerfG die Überprüfung europarechtlicher Vorschriften an den Grundrechten später für möglich, solange das Unionsrecht keinen den Grundrechten des Grundgesetzes entsprechenden Grundrechtsschutz gewährleistet (Solange I).[122] Nachdem dieser Forderung durch die Fortentwicklung des europäischen Grundrechtsstandards zunächst in der Rechtsprechung des EuGH und später durch die Inkorporation der Europäischen Grundrechtecharta in Art. 6 EUV Rechnung getragen wurde, nimmt das BVerfG eine Prüfung von Unionsrecht am Maßstab des Grundgesetzes nicht mehr vor, solange der verfassungsrechtlich vorausgesetzte Grundrechtsschutz im Unionsrecht generell gewährleistet ist (Solange II).[123] Verfassungsbeschwerden gegen **Akte der Unionsgewalt** können danach nur noch zulässig sein, wenn der Beschwerdeführer hinreichend substantiiert darlegt, dass das europäische Recht den als unabdingbar anzusehenden Grundrechtsschutz in bestimmter Hinsicht generell verfehlt oder „ultra vires", d.h. außerhalb der den Unionsorganen zugewiesenen Kompetenzen ergangen ist.[124] Nicht ausreichend wäre demgegenüber die Behauptung, dass eine europarechtlich geregelte Maßnahme in einem konkreten Einzelfall grundrechtswidrig ist.[125] Gleiches gilt, wenn sich der Beschwerdeführer gegen eine von deutschen Behörden in **Vollzug von Unionsrechts** erlassene Maßnahme oder gegen ein **nationales Umsetzungsgesetz** wendet. Ein mit der Verfassungsbeschwerde angreifbarer Akt öffentlicher Gewalt läge insoweit allerdings vor, wenn der Beschwerdeführer geltend macht, in der Art und Weise des Vollzugs oder der Umsetzung liege eine selbständige, von der europarechtlichen Rechtslage unabhängige Grundrechtsverletzung, etwa weil der Gesetzgeber innerhalb eines ihm vom Unionsrecht eingeräumten Umsetzungsspielraums agiert hat.[126] Ausnahmsweise lässt das

[118] BVerfGE 57, 9 (23 f.) = NJW 1981, 1154 (1155); BVerfG-K NVwZ 2009, 1156 Rn. 16.

[119] BVerfG-K NJW 2017, 149 Rn. 16, 18.

[120] So gelten insbesondere Verordnungen der EU nach Art. 288 Abs. 2 AEUV unmittelbar und ohne nationalen Umsetzungsakt im nationalen Rechtskreis.

[121] BVerfGE 22, 293 (297) = NJW 1968, 348 (349); E 58, 1 (27 ff.) = NJW 1982, 507 (508).

[122] BVerfGE 37, 271 (284 f.) = NJW 1974, 1697 (1699) m. Anm. *Meier* (allerdings im Rahmen einer Normenkontrolle).

[123] BVerfGE 73, 339 (387) = NJW 1987, 577 (582); E 102, 147 (161 ff.) = EuZW 2000, 702 (703 f.). Zur Wirkung der Übertragung von Hoheitsgewalt *Bethge* in: Maunz/Schmidt-Bleibtreu/Klein/Bethge, BVerfGG, § 90 Rn. 333.

[124] BVerfGE 89, 155 (174 f.) = NJW 1993, 3047 (3049); zu Recht kritisch zu dieser Entscheidung *Schlaich/Korioth* BVerfG, Rn. 214, 358 ff. mit ausführlicher Darstellung des Streitstandes. Jüngst BVerfGE 154, 17 Rn. 119 ff. = NJW 2020, 1647 → *Ruffert* JuS 2020, 574 und → JA 2020, 795 *(Ogorek),* wo das Gericht aus Art. 5 Abs. 1 S. 2 und Art. 19 Abs. 1 S. 2 EUV konkrete Vorgaben für die Anwendung des Unionsrechts durch EZB und EuGH herleitet. Nicht jede fehlerhafte Rechtsanwendung von Seiten der Unionsorgane ist allerdings schon eine Kompetenzüberschreitung i. S. d. ultra vires-Gedankens. Es müsste sich vielmehr um einen Fehler handeln, der die Verbandskompetenz der Union zulasten der Mitgliedstaaten in unvertretbarer Weise ausweitet. Ob hierfür, wie das BVerfG meint, schon das Fehlen einer ausdrücklichen Abwägung der Wirkungen der fraglichen Maßnahme der EZB auf den Kompetenzbereich der Mitgliedstaaten ausreicht, scheint fraglich. Näher zum ultra vires-Aspekt *Haltern* NVwZ 2020, 817 (821 ff.); *Calliess* NVwZ 2020, 897 (901 f.); *Kube* DVBl 2020, 1161 (1165 f.); *Nettesheim* NJW 2020, 1631 (1633); ferner → *Schoch* § 14 Rn. 29.

[125] BVerfGE 102, 147 (164) = EuZW 2000, 702 (704); krit. dazu *Spranger* AöR 127 (2002), 27 (49 f.), da auch ein einzelnes Fehlurteil des EuGH geeignet sein könne, den geforderten unabdingbaren Grundrechtsschutz zu unterminieren.

[126] Vgl. BVerfGE 73, 339 (387 f.) = NJW 1987, 577 (582); E 125, 260 (306 f.) = NJW 2010, 833 Rn. 182 → *Ehlers* JK 8/10, GG Art. 10 I/5 und → *Sachs* JuS 2010, 747; E 129, 78 (90) = NJW 2011, 3428 Rn. 53 → *Ehlers* JK 2/12, GG Art. 19 III/10 und → *Sachs* JuS 2012, 379 sowie → JA 2012, 156 *(Muckel);* BVerfGE 151, 152 Rn. 39 = NVwZ 2020, 53 → *Eifert* Jura (JK) 2020, 411 und → *Sachs* JuS 2020, 282 sowie → JA 2020, 233 *(Muckel); Erichsen* Jura 1991, 585 (587).

BVerfG allerdings auch Verfassungsbeschwerden gegen Maßnahmen in Umsetzung zwingenden Sekundärrechts zu, wenn der Beschwerdeführer geltend macht, dass dieses gegen primärrechtliche Vorgaben wie die europäischen Grundrechte verstößt, denn dies könnte eine Vorlage durch das BVerfG an den EuGH zur Folge haben, im Zuge derer der EuGH die sekundärrechtliche Bestimmung für nichtig erklären könnte, was dem BVerfG wiederum eine Überprüfung der Maßnahmen anhand der Grundrechte eröffnen würde.[127]

### 2. Tun oder Unterlassen

50 Öffentliche Gewalt wird durch aktives Tun oder durch Unterlassen ausgeübt. Die Verfassungsbeschwerde kann sich daher, wie sich aus § 95 Abs. 1 BVerfGG ergibt, auch gegen eine **Unterlassung** richten.[128] Nicht gemeint ist damit das sog. unechte Unterlassen. Darum handelt es sich, wenn sich der Betroffene dagegen wendet, von einem Rechtsakt nicht oder nicht hinreichend berücksichtigt worden zu sein, etwa durch die Nichtgewährung der einem anderen Rechtssubjekt gewährten Begünstigung. Hier kann die Auswahl der Begünstigten – und damit positives Tun – als grundrechtswidrig gerügt werden.[129] Echtes Unterlassen ist hingegen dadurch gekennzeichnet, dass die öffentliche Gewalt überhaupt nicht tätig wird; nur in diesem Fall ist ein Unterlassen Gegenstand der Verfassungsbeschwerde.

51 Die allgemeine Behauptung, ein Unterlassen sei verfassungswidrig und schädige den Beschwerdeführer, eröffnet die Zulässigkeit der Verfassungsbeschwerde aber noch nicht.[130] Echtes Unterlassen ist nur dann als Akt der öffentlichen Gewalt beschwerdefähig, wenn sich der Beschwerdeführer auf einen konkreten **verfassungsrechtlichen Handlungsauftrag** beruft. So kann sich der Betroffene etwa gegen ein Unterlassen der Exekutive wenden, wenn diese eine gesetzliche Leistungspflicht unter Verletzung von Art. 3 Abs. 1 und 20 Abs. 3 GG missachtet.[131]

52 Auch gegen ein **gesetzgeberisches Unterlassen** kann die Verfassungsbeschwerde zulässig sein.[132] Hierfür ist ebenfalls erforderlich, dass ein grundrechtlicher Handlungsauftrag besteht, der Inhalt und Umfang der gebotenen Maßnahmen im Wesentlichen bestimmt.[133] Das ist etwa für Art. 6 Abs. 5 GG[134] und Art. 33 Abs. 5 GG[135] anerkannt. **Handlungspflichten des Gesetzgebers** können sich als Schutz- und Leistungspflichten aber auch aus den in den Grundrechten verkörperten Wertentscheidungen ergeben.[136] Die Verfassungsbeschwerde kann sich dann gegen die gänzliche Untätigkeit des Gesetzgebers oder gegen offensichtlich ungeeignete oder völlig unzulängliche Maßnahmen richten.[137] Sie kann aber auch darauf gestützt werden, dass der Gesetzgeber durch seine Untätigkeit die verfassungsrechtliche Pflicht zur Nachbesserung einer zunächst als verfassungskonform angesehenen

---

[127] BVerfGE 125, 260 (307) = NJW 2010, 833 Rn. 182 → *Ehlers* JK 8/10, GG Art. 10 I/5 und → *Sachs* JuS 2010, 747.

[128] *Ruppert* in: Umbach/Clemens/Dollinger, BVerfGG, § 90 Rn. 54.

[129] Vgl. BVerfGE 13, 284 (287) = BeckRS 1962, 103742; E 29, 268 (273) = BeckRS 1970, 104621.

[130] BVerfGE 2, 287 (290) = NJW 1953, 1059.

[131] *Bethge* in: Maunz/Schmidt-Bleibtreu/Klein/Bethge, BVerfGG, § 90 Rn. 207.

[132] *Bethge* in: Maunz/Schmidt-Bleibtreu/Klein/Bethge, BVerfGG, § 90 Rn. 218 f., mit umfassenden Nachweisen zu einzelnen Gesetzgebungsaufträgen des GG.

[133] BVerfGE 6, 257 (264 f.) = NJW 1957, 584; E 12, 139 (142) = NJW 1961, 772; E 56, 54 (70) = NJW 1981, 1655; BVerfG-K NJW 2009, 1805 Rn. 5; NVwZ 2018, 1635 Rn. 8 → *Sachs* JuS 2019, 279 und → JA 2018, 636 *(Muckel)*.

[134] BVerfGE 8, 210 (216 f.) = NJW 1958, 2059 f.; E 25, 167 (173 ff.) = NJW 1969, 597 f.

[135] BVerfGE 15, 167 (195 f.) = BeckRS 1962, 103768; *O. Klein* in: Benda/Klein, Verfassungsprozessrecht, Rn. 575.

[136] Vgl. BVerfGE 39, 1 (41 ff.) = NJW 1975, 573 (575 f.); E 49, 89 (141 f.) = NJW 1979, 359 (363); E 56, 54 (78 ff.) = NJW 1981, 1655; E 77, 170 (214 ff.) = NJW 1988, 1651 (1653 f.); E 79, 174 (201 f.) = NJW 1989, 1271 (1274); E 88, 203 (251 ff.) = NJW 1993, 1751 (1753 ff.). Zur Problematik der Zulässigkeit von Verfassungsbeschwerden bei Verletzung verfassungsrechtlicher Schutzpflichten durch den Gesetzgeber vgl. *Möstl* DÖV 1998, 1029 (1030 ff.).

[137] Vgl. BVerfGE 77, 170 (214 ff.) = NJW 1988, 1651 (1653 f.).

Regelung verletzt,[138] etwa weil sich ursprüngliche Einschätzungen oder Prognosen als unzutreffend erwiesen haben oder das Gesetz das erwartete und von der Verfassung geforderte Maß an Schutz nicht zu gewährleisten vermag.[139]

### 3. Legislative

Unter den Begriff der öffentlichen Gewalt fällt zunächst die Gesetzgebung.[140] **Bundes- und Landesgesetze** können zum Gegenstand der Verfassungsbeschwerde gemacht werden, sobald sie verkündet sind. Ihr Inkrafttreten ist nicht erforderlich. Vor **Abschluss des Gesetzgebungsverfahrens** liegt hingegen noch kein angreifbarer Akt öffentlicher Gewalt vor. Andernfalls könnte das dem Rechtsschutz gewidmete Beschwerdeverfahren zur Einflussnahme auf den parlamentarischen Entscheidungsprozess missbraucht werden.[141] Lediglich die sog. Vertragsgesetze, mit denen Bundestag und Bundesrat gemäß Art. 59 Abs. 2 GG ihre Zustimmung zu völkerrechtlichen Verträgen erteilen, können vor ihrer Verkündung durch den Bundespräsidenten Gegenstand eines verfassungsgerichtlichen Verfahrens sein, um das Eintreten völkerrechtlicher Verbindlichkeit zu verhindern.[142] 53

Keinen Akt der Rechtsetzung stellt die **(Neu-)Bekanntmachung** einer Regelung dar, wenn und soweit dabei Vorschriften inhaltlich unverändert erneut in den Willen des Gesetzgebers aufgenommen werden.[143] 54

### 4. Exekutive

Um Akte der vollziehenden Gewalt handelt es sich bei **Maßnahmen der Regierung und Verwaltung** von Bund und Ländern sowie der verselbständigten Verwaltungsträger wie Gemeinden, berufsständische Kammern, Rundfunkanstalten oder Beliehenen. Deshalb stellen neben Rechtsverordnungen der Regierung auch Satzungen öffentlich-rechtlicher Körperschaften beschwerdefähige **Akte der Exekutive** dar.[144] Auf die gewählte Handlungsform kommt es nicht an, so dass auch der privatrechtlich handelnde Staat öffentliche Gewalt i. S. d. § 90 Abs. 1 BVerfGG ausübt.[145] Die Allgemeinverbindlichkeitserklärung von Tarifverträgen nach § 5 TVG ist ebenfalls mit der Verfassungsbeschwerde angreifbar.[146] 55

Das BVerfG hält Maßnahmen der Exekutive allerdings nur für beschwerdefähig, wenn ihnen ein Entscheidungs- oder Regelungsgehalt und Außenwirkung zukommt.[147] **Unverbindliche Regelungen** ohne Rechtswirkung außerhalb des Behördenaufbaus sollen keinen Akt öffentlicher Gewalt i. S. d. § 90 BVerfGG darstellen.[148] Das gilt etwa für behördeninterne Erlasse und Schreiben,[149] allgemeine Verwaltungsvorschriften und Richtli- 56

[138] BVerfGE 56, 54 (70 ff.) = NJW 1981, 1655 f.; BVerfG-K NVwZ 2018, 1635 Rn. 8 → *Sachs* JuS 2019, 279 und → JA 2018, 636 *(Muckel)*.

[139] Vgl. BVerfGE 88, 203 (309 ff.) = NJW 1993, 1751 (1767).

[140] St. Rspr. seit BVerfGE 1, 97 (101) = NJW 1952, 297; vgl. auch E 12, 354 (361) = NJW 1961, 1107 (1108); E 70, 35 (49) = NJW 1985, 2315; *Bethge* in: Maunz/Schmidt-Bleibtreu/Klein/Bethge, BVerfGG, § 90 Rn. 208. Zu Sonderproblemen der Rechtssatzverfassungsbeschwerde *Weber* JuS 1995, 114.

[141] *O. Klein* in: Benda/Klein, Verfassungsprozessrecht, Rn. 569.

[142] BVerfGE 153, 74 Rn. 94 = EuZW 2020, 324 (m. Anm. *D. Möller*) → *Payandeh* JuS 2020, 702 und → JA 2020, 878 *(Ogorek)*; *O. Klein* in: Benda/Klein, Verfassungsprozessrecht, Rn. 570; *Bethge* in: Maunz/Schmidt-Bleibtreu/Klein/Bethge, BVerfGG, § 90 Rn. 209.

[143] BVerfGE 17, 364 (368 f.) = NJW 1964, 1363; E 43, 108 (115 f.); *Bethge* in: Maunz/Schmidt-Bleibtreu/Klein/Bethge, BVerfGG, § 90 Rn. 209.

[144] Vgl. die umfassenden Nachweise bei *Bethge* in: Maunz/Schmidt-Bleibtreu/Klein/Bethge, BVerfGG, § 90 Rn. 188; *O. Klein* in: Benda/Klein, Verfassungsprozessrecht, Rn. 562 f, 577.

[145] *Erichsen* Jura 1991, 585 (588); bei gemischtwirtschaftlichen Unternehmen kommt es darauf an, ob sie von Untergliederungen des Staates beherrscht werden; vgl. BVerfGE 128, 226 (244 f.) = NJW 2011, 1201 (1202) → *Ehlers* JK 7/11, GG Art. 1 III/8 und → *Sachs* JuS 2011, 665 sowie → JA 2011, 557 *(Muckel)*: Hausverbot durch die Fraport AG.

[146] BVerfGE 44, 322 (341, 347) = NJW 1977, 2255 (2256 f.); E 55, 7 (21) = NJW 1981, 215; *O. Klein* in: Benda/Klein, Verfassungsprozessrecht, Rn. 562.

[147] BVerfGE 33, 18 (20 f.) = BeckRS 1972, 104404.

[148] BVerfGE 33, 18 (20 f.) = BeckRS 1972, 104404.

[149] BVerfGE 33, 18 (20 f.) = BeckRS 1972, 104404.

nien,[150] mündliche Mitteilungen, die keine auf einen rechtlichen Erfolg zielenden Anordnungen enthalten,[151] sowie bloße Hinweise auf die Rechtslage.[152] Indes wird öffentliche Gewalt nicht nur durch Maßnahmen ausgeübt, die auf die Setzung einer Rechtsfolge gerichtet sind, sondern auch durch solche, die auf die **Herbeiführung eines tatsächlichen Erfolgs** zielen.[153] Kommt ihnen keine Außenwirkung zu, wird es allerdings meist an der Beschwerdebefugnis (→ Rn. 65 ff.) fehlen.[154] Kein tauglicher Beschwerdegegenstand sind „Stiftungsgespräche“ des BMI aus Anlass der Zuschussgewährung an parteinahe Stiftungen;[155] sie zielen nicht auf die Herbeiführung eines rechtlichen oder tatsächlichen Erfolgs.

57 Zweifelhaft ist, ob es sich bei **Gnadenentscheidungen** des Bundespräsidenten nach Art. 60 Abs. 2 GG (bzw. der Ministerpräsidenten der Länder) um die Ausübung öffentlicher Gewalt i. S. d. § 90 Abs. 1 BVerfGG handelt. Das BVerfG spricht hier von „Gestaltungsmacht besonderer Art“, die nicht zum Gegenstand einer Verfassungsbeschwerde gemacht werden könne, da es sich bei der Gnadenfunktion um eine rechtlich gerade nicht überprüfbare Entscheidung („Gnade vor Recht“) handele.[156] Diesem Verständnis des Gnadenrechts stehen aber Art. 1 Abs. 3 und Art. 20 Abs. 2 GG entgegen, wonach alle Staatsgewalt an die Grundrechte gebunden ist. Auch die Gnadenentscheidung ist Ausübung von Hoheitsgewalt und darf zumindest nicht willkürlich getroffen werden. Die Entscheidung über das Gnadenrecht mag keine in vollem Umfang rechtlich gebundene Entscheidung sein, sie ist aber ein durch das Grundgesetz reglementierter, grundrechtlich relevanter und deshalb auch einer Verfassungsbeschwerde zugänglicher Akt öffentlicher Gewalt.[157]

58 Verfassungsbeschwerden gegen Verwaltungsmaßnahmen sind, wie noch zu erörtern ist,[158] erst nach Erschöpfung des Rechtswegs zulässig. **Verfahrensgegenstand** sind dann sowohl die Maßnahme der Exekutive als auch die sie bestätigenden gerichtlichen Entscheidungen.[159]

### 5. Judikative

59 Anders als bei Art. 19 Abs. 4 GG fällt unter den Begriff der öffentlichen Gewalt in § 90 Abs. 1 BVerfGG, Art. 93 Abs. 1 Nr. 4a GG auch die Rechtsprechung. Gegenstand der Verfassungsbeschwerde kann daher generell jede **gerichtliche Entscheidung** sein.[160] Dies gilt grundsätzlich auch für die ein Verfahren nicht abschließenden Zwischenentscheidungen wie z. B. Durchsuchungs- oder Haftbefehle, bei denen es aber wegen der Subsidiarität der Verfassungsbeschwerde vielfach an einer weiteren Sachentscheidungsvoraussetzung fehlt.[161] Auch freisprechende Urteile können durch die Art ihrer Begründung Grundrechte verlet-

---

[150] BVerfGE 2, 237 (242 f.); *Bethge* in: Maunz/Schmidt-Bleibtreu/Klein/Bethge, BVerfGG, § 90 Rn. 192; *Ruppert* in: Umbach/Clemens/Dollinger, BVerfGG, § 90 Rn. 54; *O. Klein* in: Benda/Klein, Verfassungsprozessrecht, Rn. 563.

[151] BVerfGE 15, 256 (263).

[152] BVerfGE 16, 89 (93) = NJW 1963, 1819 (1820).

[153] *Erichsen* Jura 1991, 585 (588).

[154] *Erichsen* Jura 1991, 585 (588).

[155] BVerfG-K NVwZ 2019, 1034 Rn. 10; dazu Bespr. *Lenz* NVwZ 2019, 1016.

[156] BVerfGE 25, 352 (358 ff., 360 f.) = NJW 1969, 1895 f.; E 30, 108 (110) = NJW 1971, 795.

[157] Vgl. BVerfGE 25, 352 (363 ff.) = NJW 1969, 1895 (1896 f.); ebenso *Bethge* in: Maunz/Schmidt-Bleibtreu/Klein/Bethge, BVerfGG, § 90 Rn. 205, der zumindest bei einer Verrechtlichung von Gnadenentscheidungen in einem durch eine Gnadenordnung normierten Verfahren von der verfassungsgerichtlichen Nachprüfbarkeit ausgeht.

[158] Zur Sachentscheidungsvoraussetzung der Rechtswegerschöpfung unten → Rn. 90 f.

[159] Vgl. BVerfGE 3, 377 (379) = NJW 1954, 833; E 6, 386 (387) = NJW 1957, 1065; E 20, 257 (267) = NJW 1967, 339; E 84, 1 (3) = NVwZ 1991, 560; vgl. auch *O. Klein* in: Benda/Klein, Verfassungsprozessrecht, Rn. 578.

[160] *Bethge* in: Maunz/Schmidt-Bleibtreu/Klein/Bethge, BVerfGG, § 90 Rn. 233.

[161] *Ruppert* in: Umbach/Clemens/Dollinger, BVerfGG § 90 Rn. 56; vgl. dazu näher unten → Rn. 93 ff. – Zulässige Verfassungsbeschwerde BVerfG-K NJW 2019, 505 Rn. 8 ff.: Zwischenentscheidung bzgl. Richterablehnung; unzulässige Verfassungsbeschwerde BVerfG-K NVwZ-RR 2020, 617 Rn. 3 f.: Zwischenentscheidung zum Antrag auf Aufhebung eines Hauptverhandlungstermins.

zen und damit eine verfassungsrechtliche Beschwer enthalten.[162] Soweit es sich bei der Äußerung eines Gerichts nur um einen ergänzenden Hinweis zur Rechtslage und nicht um einen die Entscheidung tragenden Grund handelt (obiter dictum), kann daraus keine verfassungsrechtliche Beschwer hergeleitet werden.[163] Wird mit einer Urteilsverfassungsbeschwerde mittelbar eine gesetzliche Vorschrift angegriffen, kann diese Bestimmung nur insoweit Gegenstand der Verfassungsbeschwerde sein, als sie Grundlage des angegriffenen Urteils ist.[164]

**Entscheidungen des BVerfG** selbst sind im Wege der Verfassungsbeschwerde nicht an- 60
greifbar.[165] Allerdings besteht in Fällen groben prozessualen Unrechts die Möglichkeit einer Gegenvorstellung beim BVerfG gegen dessen eigene Entscheidung.[166] Auch eine Entscheidung des Gerichts, die nach § 31 Abs. 2 BVerfGG Gesetzeskraft besitzt (→ Rn. 196 f.), wird dadurch nicht zu einem mit der Verfassungsbeschwerde angreifbaren Gesetz.[167] Die Entscheidung des einen Senats ist für den anderen Senat unüberprüfbar, weil jeder Senat für sich „das Bundesverfassungsgericht" darstellt.[168] Gleiches gilt für die Kammern des Gerichts, gegen deren Entscheidung es keinen Rechtsbehelf an den Senat gibt.[169] Zur Sicherung der Einheitlichkeit der Rechtsprechung ordnet § 16 Abs. 1 BVerfGG die Entscheidung des Plenums an, wenn ein Senat von der in einer Entscheidung des anderen Senats enthaltenen Rechtsauffassung abweichen will.[170] Das Plenum stellt für den Rechtsuchenden selbst jedoch *keine* weitere, über den Senaten stehende Instanz dar.[171]

**Lösung zu Fall 7:** Fraglich ist, ob es sich bei dem Schreiben der Rechtsanwaltskam- 61
mer um einen Akt öffentlicher Gewalt handelt. Der Anwaltskammer ist die Überwachung der Einhaltung standesrechtlicher Berufsausübungsregelungen übertragen. Sie ist dazu gemäß § 62 BRAO als öffentlich-rechtliche Körperschaft organisiert. Als Körperschaft des öffentlichen Rechts übt die Anwaltskammer öffentliche Gewalt aus und ist durch Art. 1 Abs. 3 GG verpflichtet, die Grundrechte zu beachten.[172]

**Lösung zu Fall 8:** Eine Verfassungsbeschwerde wäre nur zulässig, wenn der Be- 62
schwerdeführer darlegen kann, dass ein dem Grundrechtsschutz des Grundgesetzes im wesentlichen gleichzuachtender Grundrechtsstandard durch den EuGH generell (und nicht nur im Einzelfall) nicht mehr gewährleistet ist. Da dies seit geraumer Zeit nicht der Fall ist, ist die Verfassungsbeschwerde unzulässig.[173]

**Lösung zu Fall 9:** Da es sich bei dem Haftbefehlsantrag lediglich um einen vorberei- 63
tenden Antrag der Staatsanwaltschaft handelt, über den erst noch der zuständige Haft-

---

162 BVerfGE 6, 7 (9) = NJW 1956, 1833; E 28, 151 (159) = BeckRS 2016, 40259.
163 Vgl. BVerfGE 80, 137 (149).
164 BVerfGE 80, 137 (149 f.) (insoweit nicht abgedruckt in NJW 1989, 2525): „mittelbare Gesetzesverfassungsbeschwerde".
165 BVerfGE 19, 88 (90) = NJW 1965, 1707; *Voßkuhle* in: v. Mangoldt/Klein/Starck, GG, Art. 93 Rn. 175.
166 BVerfGE 72, 84 (88) = NJW 1987, 486.
167 BVerfGE 1, 89 (90) = NJW 1952, 59; *Bethge* in: Maunz/Schmidt-Bleibtreu/Klein/Bethge, BVerfGG, § 90 Rn. 243.
168 BVerfGE 7, 17 (18) = NJW 1957, 1185.
169 Vgl. BVerfGE 7, 241 (243) = NJW 1958, 297; E 18, 440 f. = NJW 1965, 1014; E 19, 88 (90) = NJW 1965, 1707; alle noch zu den Vorprüfungsausschüssen als Vorgänger der Kammern; *Pestalozza* Verfassungsprozeßrecht, § 20 Rn. 52. – Zur Ausnahme bei Eilentscheidungen → *Schoch* § 21 Rn. 85 f.
170 Vgl. dazu den gerichtsinternen Konflikt in: BVerfGE 96, 375 (403 ff.) = NJW 1998, 519 (522 f.) und E 96, 409 = NJW 1998, 523.
171 BVerfGE 1, 89 (91) = NJW 1952, 59.
172 Vgl. BVerfGE 50, 16 (24 ff.) = NJW 1979, 1159 f.
173 Vgl. BVerfGE 102, 147 (164) = EuZW 2000, 702 (704).

richter entscheiden muss, geht von dem Antrag selbst noch keine selbständige Beschwer aus, so dass eine Verfassungsbeschwerde unzulässig ist.[174]

64 **Lösung zu Fall 10:** Die Zulässigkeit der Verfassungsbeschwerde gegen ein gesetzgeberisches Unterlassen setzt voraus, dass sich B auf einen konkreten verfassungsrechtlichen Handlungsauftrag beruft. Ein solcher kann sich hier aus der aus Art. 2 Abs. 2 S. 1 GG hergeleiteten Schutzpflicht für Leben und Gesundheit ergeben, die den staatlichen Organen auferlegt, sich schützend und fördernd vor die genannten Rechtsgüter zu stellen und sie vor rechtswidrigen Eingriffen anderer zu bewahren.[175] Allein die allgemeine Behauptung unzureichender Vorkehrungen zur Gesundheitsvorsorge kann für die Zulässigkeit der Verfassungsbeschwerde aber nicht genügen, hängt doch die Entscheidung, ob und in welcher Form Schutz zu gewähren ist, von vielen Erwägungen ab, die sich der Nachprüfung im Allgemeinen entziehen.[176] Angesichts des weiten Gestaltungsspielraums, der dem Gesetzgeber bei der Umsetzung grundrechtlicher Schutzpflichten zusteht, bedarf es besonderer Umstände, aus denen sich ergibt, dass sich der allgemeine Schutzauftrag der Grundrechte zu einer konkreten Handlungspflicht des Gesetzgebers verdichtet hat. B muss daher nicht nur darlegen, dass die Belästigungen durch Raucher in Gaststätten und öffentlichen Räumen ein Niveau erreicht haben, das eine konkrete Gesundheitsgefährdung nicht ausschließt, sondern auch, dass der Gesetzgeber zur Erfüllung der Schutzpflicht entweder völlig untätig geblieben ist oder die getroffenen Maßnahmen zur Erreichung des Schutzziels offensichtlich ungeeignet bzw. unzulänglich sind. Werden diese hohen Anforderungen nicht erfüllt, ist die Verfassungsbeschwerde gegen gesetzgeberisches Unterlassen unzulässig.[177]

## VI. Beschwerdebefugnis

65 **Fall 11:** H war bei der K-GmbH als Handelsvertreter beschäftigt. In dem Handelsvertretervertrag war vereinbart, dass bei Vertragsbeendigung aus von ihm verschuldetem wichtigem Grund jede Tätigkeit für ein Konkurrenzunternehmen zu unterlassen habe und ihm wegen des Wettbewerbsverbots keine Entschädigung gezahlt werden müsse. Nachdem H während der Laufzeit des Vertrages vertragswidrig für ein Konkurrenzunternehmen tätig wurde, kündigte ihm die K-GmbH und verklagte ihn auf Einhaltung des Wettbewerbsverbots. Gegen die der Klage stattgebende letztinstanzliche Entscheidung legte H Verfassungsbeschwerde ein.

66 **Fall 12:** Durch Änderung des Einkommensteuergesetzes wird die Abzugsfähigkeit von Parteispenden von 10.000 € auf bis zu 50.000 € erhöht und auch die Abzugsfähigkeit von Firmenspenden eingeführt. Partei X, die nur wenig Spenden von Firmen bekommt, sieht dadurch ihre Chancengleichheit verletzt. Kann sie gegen die Gesetzesänderung Verfassungsbeschwerde erheben?

67 **Fall 13:** In einem an den Mandanten des Anwalts B gerichteten gerichtlichen Beschluss wird B als Verteidiger in einem Strafprozess ausgeschlossen. B sieht darin eine Verletzung seiner Berufsfreiheit und wendet sich an das BVerfG.

---

[174] Vgl. BVerfGE 20, 162 (172) = NJW 1966, 1603 (1604).
[175] Vgl. BVerfGE 39, 1 (42) = NJW 1975, 573 (575); E 88, 203 (251) = NJW 1993, 1751 (1753).
[176] BVerfGE 56, 54 (70 f.) = NJW 1981, 1655.
[177] Vgl. BVerfGE 56, 54 (70 ff.) = NJW 1981, 1655 f.; E 77, 170 (214 ff.) = NJW 1988, 1651 (1653 f.).

**Fall 14:** Die Verwertungsgesellschaft für die Wahrnehmung urheberrechtlicher Rechte von Bildjournalisten (VG Bild) klagt gegen einige freiberufliche Ärzte wegen des Auslegens von Fotojournalen und Zeitschriften in ihren Wartezimmern auf Zahlung einer Vergütung gemäß § 27 Abs. 1 UrhG. Nach letztinstanzlicher Klageabweisung erhebt VG Bild unter Berufung auf Art. 14 Abs. 1 GG Verfassungsbeschwerde. 68

**Fall 15:** Durch Gesetz wird die Zulassung für Rechtsanwälte neu geregelt. Assessoren müssen nunmehr zunächst drei Jahre als angestellte Anwälte gearbeitet haben, bevor sie sich selbständig niederlassen dürfen. Rechtsreferendar B, der vorhat, sich später als Rechtsanwalt niederzulassen, sieht seine Berufsfreiheit verletzt und möchte gegen die Regelung Verfassungsbeschwerde erheben. 69

**Fall 16:** Durch Änderung des EStG wird die Abschreibungsfähigkeit von Ausgaben für Neubauwohnungen beschränkt. B, der gerade einen Wohnungskaufvertrag abgeschlossen hat, hält dies für verfassungswidrig und möchte hiergegen Verfassungsbeschwerde erheben. 70

### 1. Möglichkeit der Grundrechtsverletzung

Die Zulässigkeit einer Verfassungsbeschwerde setzt die substantiierte Behauptung des Beschwerdeführers voraus, durch die öffentliche Gewalt in einem seiner **Grundrechte** oder einem seiner sonstigen in § 90 Abs. 1 BVerfGG genannten **grundrechtsgleichen Rechte** verletzt zu sein.[178] Soweit sich der Prüfungsmaßstab des BVerfG auf **Unionsgrundrechte** erstreckt (→ Rn. 118), kann der Beschwerdeführer auch die Verletzung von Grundrechten der GRCh geltend machen.[179] Die zumindest sinngemäße Bezeichnung des angeblich verletzten Rechts ist eines der Mindesterfordernisse einer zulässigen Verfassungsbeschwerde (→ Rn. 11). Damit allein ist der dem Beschwerdeführer in § 90 Abs. 1 BVerfGG auferlegten **Behauptungslast** aber nicht genügt. Aus dem Sachvortrag des Beschwerdeführers muss sich ferner mit hinreichender Deutlichkeit ergeben, dass die Verletzung des Grundrechts, auf das er sich beruft, durch die angegriffene Maßnahme wenigstens möglich erscheint (→ Rn. 73).[180] Es darf also nicht ausgeschlossen erscheinen, dass 71
- die angegriffene Maßnahme den grundrechtlichen Schutzbereich nachteilig berührt,
- es sich um eine grundrechtlich relevante Beeinträchtigung handelt und
- diese Beeinträchtigung verfassungswidrig ist.

Dies ist etwa nicht der Fall, wenn der Beschwerdeführer nicht Träger des geltend gemachten Grundrechts sein kann, dieses nach seinem Sachvortrag nicht einschlägig ist oder kein Anhaltspunkt für einen Verfassungsverstoß besteht. Die **Prüfung der Beschwerdebefugnis** verlangt daher insbesondere eine Definition und Subsumtion des von der fraglichen Grundrechtsnorm erfassten Schutzgutes. Sie erfordert überdies die Prüfung, ob die angegriffene Maßnahme öffentlicher Gewalt überhaupt geeignet ist, die Rechtsposition des Beschwerdeführers zu seinem Nachteil zu verändern.[181] Bei nur mittelbaren Freiheitsbeeinträchtigungen, etwa durch staatliches Informationshandeln, ist zu fragen, ob das Grundrecht nach seinem Regelungszweck überhaupt den Schutz vor solcherart bewirkten Einbußen 72

---

[178] BVerfGE 49, 1 (8) = BeckRS 1978, 30421859; *Schlaich/Korioth* BVerfG, Rn. 215.

[179] BVerfGE 152, 216 Rn. 32, 83 = NVwZ 2020, 63 → *Eifert* Jura (JK) 2020, 535 und → *Sachs* JuS 2020, 284 sowie → JA 2020, 237 *(Muckel)*.

[180] BVerfGE 80, 137 (150); E 129, 78 (91) = NJW 2011, 3428 Rn. 55 → *Ehlers* JK 2/12, GG Art. 19 III/10 und → *Sachs* JuS 2012, 379 sowie → JA 2012, 156 *(Muckel)*.

[181] Daran fehlt es etwa, wenn die Maßnahme keine Außenwirkung hat, wie dies für unverbindliche Meinungsäußerungen, in der Regel für Verwaltungsvorschriften sowie für innerdienstliche Weisungen gilt; vgl. *Erichsen* Jura 1991, 638 (639); *Schlaich/Korioth* BVerfG, Rn. 227

umfasst.[182] Bei einer zivilgerichtlichen Entscheidung ist zu prüfen, ob die bei der Entscheidung eines zivilrechtlichen Rechtsstreits zu beachtende Ausstrahlungswirkung der Grundrechte verkannt sein kann.[183]

73 Die im Rahmen der Beschwerdebefugnis anzustellenden Überlegungen überschneiden sich insoweit mit denen zur Begründetheitsprüfung.[184] Für die Zulässigkeit der Verfassungsbeschwerde genügt indes die Feststellung, dass die **Möglichkeit der Grundrechtsverletzung** nicht ausgeschlossen ist. Im Rahmen der Beschwerdebefugnis muss jedes geltend gemachte Grundrecht oder grundrechtsgleiche Recht geprüft und die Zulässigkeit der Rüge festgestellt werden.[185] Soweit die Behauptung einer Grundrechtsverletzung die Beschwerdebefugnis nicht begründet, darf das betreffende Grundrecht nicht zum Gegenstand der Begründetheitsprüfung gemacht werden (→ Rn. 118f.).[186]

74 Wenn aufgrund des Sachvortrags die Möglichkeit der Verletzung des Schutzbereichs eines speziellen Freiheitsrechts ausgeschlossen erscheint, kann zur Begründung der Beschwerdebefugnis auf Art. 2 Abs. 1 GG zurückgegriffen werden. Die heute herrschende Meinung versteht Art. 2 Abs. 1 GG als **allgemeine Handlungsfreiheit** und damit als umfassendes, allerdings nur subsidiär anwendbares Freiheitsrecht.[187] Daraus wurde in der Literatur – in Anknüpfung an eine missverständliche Äußerung des BVerfG[188] – teilweise gefolgert, Art. 2 Abs. 1 GG begründe eine allgemeine „Freiheit von ungesetzlichen Nachteilen" und sei als umfassende Subjektivierung des in Art. 20 Abs. 3 GG enthaltenen Gesetzmäßigkeitsprinzips zu verstehen.[189] Danach würde bereits das Vorbringen einer dem Staat zurechenbaren rechtswidrigen Belastung des Beschwerdeführers in eigenen Interessen die Beschwerdebefugnis aus Art. 2 Abs. 1 GG begründen.[190] Wäre diesem Grundrecht ein allgemeiner Anspruch auf Gesetzmäßigkeit staatlichen Handelns zu entnehmen, käme allerdings jeder einfache Gesetzesverstoß als Gegenstand einer Grundrechtsrüge in Betracht und die von Art. 19 Abs. 4 GG vorgezeichnete und im materiellen öffentlichen Recht wie im Prozessrecht ausgeprägte Unterscheidung von objektivem Rechtsverstoß und subjektiver Rechtsverletzung würde überspielt. Zwar ist die Gesetzmäßigkeit der Maßnahme eine

---

[182] Im Rahmen der Beschwerdebefugnis genügt hierbei regelmäßig die Feststellung, dass sich das geltend gemachte Grundrecht nicht nur gegen rechtliche, sondern grundsätzlich auch gegen faktische und mittelbar-faktische Beeinträchtigungen der individuellen Freiheitsbetätigung wendet.

[183] St. Rspr. seit BVerfGE 7, 198 (204ff.) = NJW 1958, 257f.; ferner z. B. BVerfGE 81, 242 (253ff.) = NJW 1990, 1469f.; E 89, 214 (229f.) = NJW 1994, 36 (38); vgl. zur Problematik *Bäuerle* Vertragsfreiheit und Grundgesetz, 2001.

[184] *Schlaich/Korioth* BVerfG, Rn. 218; näher zu den Voraussetzungen einer Grundrechtsverletzung unten → Rn. 129ff.

[185] So z. B. BVerfGE 80, 137 (150): „Die einzelnen mit der Verfassungsbeschwerde erhobenen verfassungsrechtlichen Rügen sind [...] nur zum Teil zulässig."

[186] Das schließt nach der Rechtsprechung des BVerfG nicht aus, die Begründetheit einer zulässigen Verfassungsbeschwerde auf andere Gesichtspunkte als die gerügten Grundrechtsverletzungen zu stützen; dazu unten → Rn. 119. Das BVerfG nimmt für sich die Befugnis in Anspruch, die verfassungsrechtliche Unbedenklichkeit der angegriffenen Norm von Amts wegen „unter jedem in Betracht kommenden verfassungsrechtlichen Gesichtspunkt" zu prüfen; vgl. BVerfGE 42, 312 (325f.) = NJW 1976, 2123 (2124); E 53, 366 (390) = NJW 1980, 1895; E 57, 220 (241) = NJW 1981, 1829; E 70, 138 (162) = BeckRS 1985, 898.

[187] Vgl. BVerfGE 6, 32 (36f.) = NJW 1957, 297; E 54, 143 (144) = NJW 1980, 2572; E 59, 275 (278f.) = NJW 1982, 1276; E 80, 137 (152) = NJW 1989, 2525; E 97, 332 (340f.) = NJW 1998, 2128 (2129); BVerfG-K NJW 2002, 2378 → *Schoch* JK 11/02, GG Art. 2 I/36; NJW 2012, 1062 → *Schoch* JK 8/12, GG Art. 2 I/58 und → *Sachs* JuS 2012, 761 sowie → JA 2012, 312 *(Muckel)*; *Degenhart* JuS 1990, 161 (162f.); *Pieroth* AöR 115 (1990), 33ff.; *Dreier* in: Dreier, GG, Art. 2 I Rn. 27; dagegen: Sondervotum Grimm zu BVerfGE 80, 137 (168ff.) = NJW 1989, 2525 (2529); *Hesse* Grundzüge des Verfassungsrechts, Rn. 428; krit. auch *Schlaich/Korioth* BVerfG, Rn. 220.

[188] Art. 2 Abs. 1 GG umfasse den grundrechtlichen Anspruch, nicht „mit einem Nachteil belastet zu werden, der nicht in der verfassungsmäßigen Ordnung begründet ist."; vgl. BVerfGE 19, 206 (215) = NJW 1966, 147; E 29, 402 (408) = NJW 1971, 319; E 146, 164 Rn. 81 = NVwZ 2017, 1282 (m. Anm. *Wiemers*) → *Eifert* Jura (JK) 2017, 1455 und → *Sachs* JuS 2017, 1135 sowie → JA 2017, 878 *(Muckel)*.

[189] *Bernhardt* JZ 1963, 302 (306); *Zuleeg* DVBl 1976, 509 (514); *Lipphardt* EuGRZ 1986, 149 (161); vgl. dagegen BVerwGE 54, 211 (221) = NJW 1978, 554 (556).

[190] Krit. dazu bereits *Kahl* AöR 131 (2006), 579 (611ff.); *Scherzberg* Grundrechtsschutz und „Eingriffsintensität", 1989, S. 146ff.

der Voraussetzungen für die Verfassungsmäßigkeit einer Grundrechtsbeeinträchtigung (→ Rn. 121 f.); stets muss aber die weitere Voraussetzung dargetan sein, dass es sich um eine vom **Schutzzweck des Grundrechts** umfasste und daher „grundrechtsrelevante" Beeinträchtigung handelt. Bei der allgemeinen Handlungsfreiheit kommt dafür, wie bei den übrigen Freiheitsrechten, jede unmittelbare Minderung der Handlungsfreiheit durch Befehl oder Zwang oder eine mittelbar-faktische Beeinträchtigung in Betracht, die ein funktionales Äquivalent zur unmittelbaren Rechtsminderung darstellt (dazu allgemein → Rn. 139).[191]

### 2. Art der Betroffenheit

Nicht jede grundrechtliche Beschwer eröffnet die Verfassungsbeschwerde. Deren Zulässigkeit setzt vielmehr voraus, dass die angegriffene Maßnahme den Beschwerdeführer **selbst, gegenwärtig und unmittelbar** betrifft.[192] Diese ursprünglich nur für Verfassungsbeschwerden gegen Gesetze verwendete Formel hat sich in der Rechtsprechung des BVerfG inzwischen als Zulässigkeitsvoraussetzung jeder Verfassungsbeschwerde etabliert.[193] 75

**a) Selbstbetroffenheit.** Der Wortlaut des § 90 Abs. 1 BVerfGG verlangt, dass der **Beschwerdeführer** behaupten kann, in einem *seiner* Rechte verletzt zu sein; dies erfordert, dass der Beschwerdeführer durch den angegriffenen Hoheitsakt **selbst betroffen** ist und unterscheidet die Verfassungsbeschwerde des Grundgesetzes von der Popularklage und der abstrakten Normenkontrolle.[194] Nicht ausreichend ist also die Behauptung einer Verletzung fremder Rechte, unabhängig davon, ob der Beschwerdeführer berechtigt ist, diese im eigenen Namen geltend zu machen.[195] Im Verfassungsbeschwerdeverfahren gibt es grundsätzlich *keine Prozessstandschaft.*[196] Ausnahmen bestehen nur für die „Partei kraft Amtes"[197] und für vergleichbare Fälle, in denen sich der materiell Berechtigte zur Wahrnehmung seiner Rechte aufgrund gesetzlicher Vorschriften eines Dritten bedienen muss.[198] Auch Erben und Sonderrechtsnachfolger können das Verfahren fortführen oder einleiten, soweit es nicht um höchstpersönliche Rechte geht. Eine Fortführungsmöglichkeit liegt regelmäßig bei finanziellen Ansprüchen vor, die auch in der Person des Erben grundsätzlich geschützt sind.[199] Bei einer Verfassungsbeschwerde gegen eine Norm liegt **Selbstbetroffenheit** vor, wenn der Beschwerdeführer Adressat der angegriffenen Norm[200] oder von ihr mittelbar betroffen ist.[201] Entgegen der früheren Rechtsprechung des BVerfG ist es dafür unerheblich, ob diese 76

---

[191] Zu Art. 2 Abs. 1 GG näher *Lege* Jura 2002, 753; *Kahl* JuS 2008, 499 und 595; *Britz* NVwZ 2019, 672; *Kingreen/Poscher* Grundrechte, Rn. 455; *Cornils* in: HStR VII, § 168 Rn. 16.

[192] St. Rspr. seit BVerfGE 1, 97 (101 ff.) = NJW 1952, 297 f.; vgl. etwa BVerfGE 97, 157 (164) = NJW 1998, 1385; BVerfG-K NVwZ 2019, 1125 Rn. 4 → *Sachs* JuS 2019, 1133. – Teilweise werden einige dieser Kriterien in der Literatur dem Rechtsschutzbedürfnis bzw. der Subsidiarität der Verfassungsbeschwerde zugeordnet, vgl. BVerfG-K NVwZ-RR 2005, 217 (218); *Spranger* AöR 127 (2002), 27 (53); *Ruppert/Sperlich* in: Umbach/Clemens/Dollinger, BVerfGG, § 90 Rn. 72 ff., 90 ff., 131 ff.; zur dogmatischen Einordnung *Weber* JuS 1995, 114 (118 f.).

[193] Näher *Schlaich/Korioth* BVerfG, Rn. 231; *Voßkuhle* in: v. Mangoldt/Klein/Starck, GG, Art. 93 Rn. 178.

[194] BVerfGE 1, 97 (101 f.) = NJW 1952, 297 f.; E 13, 1 (9).

[195] *Erichsen* Jura 1991, 638 (639); *Voßkuhle* in: v. Mangoldt/Klein/Starck, GG, Art. 93 Rn. 183.

[196] Vgl. *Ruppert* in: Umbach/Clemens/Dollinger, BVerfGG, § 90 Rn. 82 f.; *Schlaich/Korioth* BVerfG, Rn. 233.

[197] Etwa den Vermögensverwalter im Rahmen einer Gesamtvollstreckung, vgl. BVerfGE 51, 405 (409) = NJW 1979, 2510; E 65, 182 (190) = NJW 1984, 475; E 95, 267 (299) = NJW 1997, 1975.

[198] Etwa die obligatorische Einschaltung zum Geltendmachen von Ansprüchen durch eine Verwertungsgesellschaft gemäß §§ 27 Abs. 3, 49 Abs. 1 S. 3, 54 lit. h UrhG; vgl. BVerfGE 77, 263 (269) = NJW 1988, 1371; E 79, 1 (19) = NJW 1992, 1303 (1304).

[199] BVerfGE 93, 165 (170); E 111, 191 (211) = NJW 2005, 45 (46).

[200] BVerfGE 97, 157 (164) = NJW 1998, 1385; E 108, 370 (384) = NVwZ 2004, 329.

[201] BVerfG-K NJW 2012, 1062 (1063) → *Schoch* JK 8/12, GG Art. 2 I/58 und → *Sachs* JuS 2012, 761 sowie → JA 2012, 312 *(Muckel):* Das Verbot der Nutzung öffentlich zugänglicher Solarien durch Minderjährige wendet sich zwar direkt nur an die Betreiber, wirkt sich aber mittelbar auch für die Minderjährigen als Eingriff aus. – BVerfG-K NVwZ-RR 2019, 1125 Rn. 5 → *Sachs* JuS 2019, 1133: Löschungs- und Sperrungspflichten nach dem NetzDG gegenüber Anbietern sozialer Netzwerke betreffen auch die Nutzer.

Betroffenheit eine unbeabsichtigte Reflexwirkung darstellt oder ob sie nach Bedeutung und Zielrichtung der Norm gerade ihm gegenüber beabsichtigt war (→ Rn. 140 ff.).[202] Gleichermaßen kann eine Gerichtsentscheidung auch andere als die Parteien und eine Verwaltungsmaßnahme andere als ihre Adressaten in Grundrechten beeinträchtigen.[203]

77 Rügt der Beschwerdeführer, eine Norm würde zu einer **verfassungswidrigen Ungleichbehandlung** führen, ist seine Betroffenheit nicht schon durch den Hinweis auf die Besserstellung eines Dritten in vergleichbarer Lage dargetan. Vielmehr muss der Beschwerdeführer vortragen, dass er durch die Nichtigerklärung der Norm eine Besserstellung erfahren würde, die über die Beseitigung der Begünstigung Dritter hinausgeht. Ihn müssen die Regelungswirkungen des beanstandeten Gesetzes also gerade auch „selbst“ nachteilig betreffen.[204] Das ist z. B. bei einer einen Konkurrenten begünstigenden und zugleich den Beschwerdeführer benachteiligenden wettbewerbsbeeinflussenden Regelung der Fall.[205]

78 **b) Gegenwärtige Betroffenheit.** Mit der **Gegenwärtigkeit der Betroffenheit** wird danach gefragt, ob der Beschwerdeführer zu dem Zeitpunkt betroffen ist, in dem die Verfassungsbeschwerde erhoben wird. Dies ist nicht der Fall, wenn er nicht mehr beschwert ist, weil sich sein Begehren erledigt hat, oder wenn die Beschwer noch nicht aktuell ist, weil sie erst irgendwann einmal in Zukunft eintritt.[206] Von einer **Rechtsnorm** gegenwärtig betroffen ist ein Beschwerdeführer nur, wenn ihn ihre Wirkungen aktuell und nicht nur potentiell treffen.[207] Das ist auch der Fall, wenn das Gesetz die Normadressaten mit Blick auf künftig eintretende Wirkungen bereits jetzt zu später nicht mehr korrigierbaren Entscheidungen zwingt[208] oder wenn bereits zum Zeitpunkt der Erhebung der Verfassungsbeschwerde sicher abzusehen ist, dass und auf welche konkrete Weise der Beschwerdeführer in der Zukunft von der Regelung betroffen sein wird.[209] **„Grundrechtsgefährdungen“,** bei denen lediglich eine gewisse Wahrscheinlichkeit für den Eintritt einer künftigen Grundrechtsverletzung besteht, begründen die Beschwerdebefugnis, wenn das Wahrscheinlichkeitsurteil auf einer hinreichend sicheren theoretischen oder empirischen Grundlage beruht und Anhaltspunkte dafür bestehen, dass ein weiteres Zuwarten die Verhinderung des Schadeneintritts erschwert.[210]

79 Eine **gerichtliche Entscheidung** trifft den Beschwerdeführer gegenwärtig, wenn sie zu einem aktuellen Eingriff in seine Rechtssphäre führt. Provoziert jedoch der Beschwerdeführer in einem Verwaltungs- oder Gerichtsverfahren eine (ablehnende) Entscheidung über eine ihn erst irgendwann zukünftig betreffende Regelung, um die Norm im Instanzenzug auf ihre Verfassungsmäßigkeit überprüfen zu lassen, fehlt es an der gegenwärtigen Betroffenheit.[211] Unselbständige Zwischenentscheidungen wie z. B. die Ablehnung eines Beweisantrages treffen den Beschwerdeführer nicht gegenwärtig, weil sie ihre Wirkungen nicht aktuell, sondern erst vermittelt durch die Endentscheidung entfalten. Anderes gilt für Entscheidungen in selbständigen Zwischenverfahren, die über eine für das weitere Verfahren wesentliche Rechtsfrage abschließend befinden und im weiteren Rechtszug nicht mehr

[202] Richtigerweise kommt diese Unterscheidung erst bei der Prüfung der Grundrechtsrelevanz der Beeinträchtigung zum Tragen; a. A. offenbar BVerfGE 6, 273 (277 f.) = NJW 1957, 665; E 34, 338 (340) = BeckRS 1973, 104787; BVerfG-K NVwZ-RR 2014, 537 Rn. 7.

[203] Vgl. BVerfGE 15, 283 (286) = BeckRS 1963, 103682; E 22, 114 (118) = NJW 1967, 2051; E 76, 1 (37) = NJW 1988, 626.

[204] BVerfGE 49, 1 (8 f.) = BeckRS 1978, 30421859.

[205] BVerfGE 18, 1 = NJW 1964, 1315.

[206] *Ruppert* in: Umbach/Clemens/Dollinger, BVerfGG, § 90 Rn. 97 ff.; *Goos* in: Hillgruber/Goos, Verfassungsprozessrecht, Rn. 269.

[207] BVerfGE 1, 97 (102) = NJW 1952, 297; E 72, 1 (5) = NJW 1986, 1742.

[208] Vgl. BVerfGE 45, 104 (118); E 58, 81 (107) = NJW 1982, 135.

[209] BVerfGE 58, 81 (107) = BeckRS 1981, 106162; E 74, 297 (320) = BeckRS 1987, 111170; E 97, 157 (164) = NJW 1998, 1385; E 114, 258 (274 f.) = NVwZ 2005, 1294 (1295) → JA 2006, 338 *(Hebeler)*; vgl. auch BVerfGE 60, 360 (372) = NJW 1982, 2551 (2552); E 65, 1 (37) = NJW 1984, 419 (420); E 75, 246 (263) = BeckRS 1987, 111193.

[210] BVerfGE 51, 324 (347) = NJW 1979, 2349 (2350).

[211] BVerfGE 72, 1 (5 ff.) = NJW 1986, 1742.

nachgeprüft werden können, wie dies bei der Entscheidung über die Ablehnung von Richtern wegen Befangenheit der Fall ist.[212]

**c) Unmittelbare Betroffenheit.** Das Merkmal der Unmittelbarkeit der Betroffenheit ist zumeist nur bei Verfassungsbeschwerden gegen Gesetze oder sonstige Rechtsnormen von praktischer Bedeutung.[213] Nur ausnahmsweise stellt sich auch bei der Urteilsverfassungsbeschwerde die Frage nach der Zumutbarkeit der vorherigen Durchführung eines (weiteren) fachgerichtlichen Verfahrens.[214] Bei **Verfassungsbeschwerden gegen Gesetze** steht dem Bürger regelmäßig Rechtsschutz gegen Umsetzungs- und Ausführungsakte zur Verfügung, in dessen Rahmen auch das Gesetz auf seine Verfassungsmäßigkeit überprüft werden kann. Eines Rechtsschutzes unmittelbar gegen das Gesetz bedarf es nur in Fällen der unmittelbaren Betroffenheit. Diese liegt vor, wenn die angegriffene Vorschrift die Rechtsstellung des Beschwerdeführers ohne weiteren Vollzugsakt verändert.[215] Das ist nur ausnahmsweise der Fall, etwa bei der gesetzlichen Festlegung einer Steuerschuld oder bei dem Verbot, einen Beruf künftig ohne Zulassung auszuüben.[216] 80

Ist ein **Vollzugsakt** nötig, so muss dieser zunächst abgewartet und sodann gegen diesen vorgegangen werden.[217] Anderes gilt, wenn andernfalls die Effektivität des verfassungsgerichtlichen Rechtsschutzes für den Beschwerdeführer unzumutbar herabgesetzt würde. Eine ausreichende unmittelbare Betroffenheit kann deshalb auch vor Erlass eines Vollzugsakts gegeben sein, wenn die Norm den späteren Vollzug bereits bis in die Einzelheiten festlegt[218] oder sie ihren Adressaten bereits vor dem Vollzug zu später nicht mehr korrigierbaren Dispositionen veranlasst.[219] Eine unmittelbare Betroffenheit ist auch dann zu bejahen, wenn es dem Beschwerdeführer faktisch unmöglich ist, von dem bevorstehenden Vollzugsakt zu erfahren. Dies ist typischerweise bei geheimen Datenerhebungen oder verdeckten Ermittlungsmaßnahmen der Fall; dabei kommt es nicht darauf an, ob nach der jeweils einschlägigen gesetzlichen Regelung eine nachträgliche Bekanntgabe vorgesehen ist, wenn von ihr aufgrund weit reichender Ausnahmetatbestände langfristig abgesehen werden kann.[220] In **Privatrechtsbeziehungen** liegt sie vor, wenn sich die Änderung der Rechtslage unmittelbar auf die Rechtsbeziehungen der Beteiligten auswirkt.[221] Systemwidrig hat das BVerfG die Verfassungsbeschwerde gegen das Volkszählungsgesetz vor dessen Vollziehung für zulässig erachtet, weil hierbei innerhalb eines kurzen Zeitraums mit einer Vielzahl von Ausführungsakten und einer großen Zahl dazu ergehender, sich möglicherweise widersprechender gerichtlicher Eilentscheidungen zu rechnen war und dies zu großer Rechtsunsicherheit hätte führen können.[222] 81

**Lösung zu Fall 11:** Es ist fraglich, ob die Grundrechte des H durch die Entscheidung des Zivilgerichts überhaupt verletzt werden konnten. Das Zivilgericht hat das zwischen 82

---

[212] BVerfGE 24, 56 (60 f.) = NJW 1968, 1621; *Sperlich* in: Umbach/Clemens/Dollinger, BVerfGG, § 90 Rn. 136.

[213] *Weber* JuS 1995, 114 (116); *Spranger* AöR 127 (2002), 27 (53); *Schlaich/Korioth* BVerfG, Rn. 238.

[214] Beispielsweise BVerfGE 140, 42 Rn. 46 = NJW 2016, 229.

[215] BVerfGE 65, 1 (37) = NJW 1984, 419; E 68, 143 (150) = NJW 1985, 1073; E 68, 319 (325) = NJW 1985, 2185; E 97, 157 (164) = NJW 1998, 1385; BVerfG-K NVwZ 2020, 1744 Rn. 6.

[216] BVerfGE 31, 314 (322 f.); E 46, 120 (135) = BeckRS 1977, 105978.

[217] BVerfG-K NJW 2001, 3402; NVwZ 2003, 1249; NVwZ-RR 2004, 890; NJW 2005, 1642 (1643); E 129, 208 (236) = NJW 2012, 833 Rn. 174; *Schlaich/Korioth* BVerfG, Rn. 238.

[218] Vgl. BVerfGE 70, 35 (50 ff.) = NJW 1985, 2315. Allerdings scheitert dann die Zulässigkeit regelmäßig an der fehlenden Erschöpfung des Rechtswegs, BVerfGE 71, 35 (53 ff.) = NJW 1985, 2315 (2316).

[219] BVerfGE 70, 35 (50 ff.) = NJW 1985, 2315; E 75, 246 (263) = BeckRS 1987, 111193; E 90, 128 (136) = NVwZ 1994, 889 (890).

[220] BVerfGE 30, 1 (16 f.) = NJW 1971, 275 (276); E 109, 279 (306 f.) = NJW 2004, 999 (1000) → JA 2005, 16 *(Sauer)*; E 113, 348 (362) = NJW 2005, 2603 → JA 2006, 179 *(Winkler)*; E 141, 220 Rn. 82 = NJW 2016, 1781 → *Sachs* JuS 2016, 662; *Klein/Sennekamp* NJW 2007, 945 (949).

[221] BVerfGE 68, 319 (325) = NJW 1985, 2185; E 97, 157 (164) = NJW 1998, 1385 m. w. Nachw.; verneint für das NetzDG von BVerfG-K NVwZ 2019, 1125 → *Sachs* JuS 2019, 1133.

[222] BVerfGE 65, 1 (37 f.) = NJW 1984, 419 (420 f.).

den Parteien geltende Recht anzuwenden. Seine Grundrechtsbindung aus Art. 1 Abs. 3 GG kann deshalb nicht weiter reichen als die Grundrechtsbindung der sich im Zivilprozess gegenüberstehenden Parteien. Die Verletzung eines Grundrechts des H kommt deshalb nur in Betracht, soweit dessen Grundrechte im Rechtsstreit mit der K-GmbH beachtlich sind. Grundrechte sind nach heute fast einhelliger Meinung in privaten Rechtsverhältnissen nicht unmittelbar anwendbar. Sie stellen allerdings nicht nur Abwehrrechte gegenüber staatlichen Eingriffen dar, sondern wirken als „objektive Wertentscheidungen" auch auf die zwischen Privatpersonen bestehenden Rechtsbeziehungen ein. Sie sind deshalb „mittelbar", d. h. über die Auslegung und Anwendung der einschlägigen zivilrechtlichen Normen, im zivilgerichtlichen Rechtsstreit zu beachten. Auch die Verkennung dieser Ausstrahlungswirkung auf das einfache Recht kann eine Verletzung des Grundrechts des Betroffenen begründen, so dass eine zivilgerichtliche Entscheidung als Akt der rechtsprechenden Gewalt insoweit verfassungsgerichtlicher Überprüfung unterliegen muss.[223] H muss also die Möglichkeit einer Verletzung der grundrechtlichen Ausstrahlungswirkung dartun. Diese kann sich hier daraus ergeben, dass das Zivilgericht bei der Auslegung und Anwendung der maßgeblichen zivilrechtlichen Vorschriften deren Bedeutung für seine von Art. 12 Abs. 1 GG geschützte Berufsfreiheit nicht hinreichend beachtet und gewürdigt hat. Die Möglichkeit einer Grundrechtsverletzung durch die zivilgerichtliche Entscheidung ist daher dargetan.

83 **Lösung zu Fall 12:** Das Einkommensteuergesetz wendet sich zwar nicht an die von der Abzugsfähigkeit der Parteispenden begünstigten Parteien, sondern an die steuerpflichtigen Personen. Die Regelung der steuerlichen Abzugsfähigkeit von Parteispenden hat aber unmittelbar erheblichen Einfluss auf die wirtschaftliche Basis und damit die Handlungsfähigkeit der politischen Parteien. Die X-Partei ist daher selbst durch das Gesetz betroffen.[224]

84 **Lösung zu Fall 13:** Der Ausschluss des Verteidigers richtet sich zwar unmittelbar gegen den Mandanten des Anwalts, der diesen nicht mehr als Verteidiger wählen kann. Er betrifft aber gleichermaßen auch den Anwalt selbst in seinem Grundrecht aus Art. 12 Abs. 1 GG, da er damit in der Ausübung seiner Anwaltstätigkeit beschränkt wird.[225]

85 **Lösung zu Fall 14:** Die Zulässigkeit der Verfassungsbeschwerde ist fraglich, da Inhaber des von Art. 14 Abs. 1 GG geschützten Vergütungsanspruchs allein der Urheber des geschützten Werkes ist und der Vergütungsanspruch durch die Verwertungsgesellschaft lediglich treuhänderisch geltend gemacht wird. Die Verfassungsbeschwerde kann aber nur auf die Verletzung eigener Rechte gestützt werden. Eine Prozessstandschaft ist demnach grundsätzlich unzulässig. Der urheberrechtliche Vergütungsanspruch steht zwar dem jeweiligen Urheber zu, kann aber nach § 27 Abs. 3 UrhG ausschließlich durch die Verwertungsgesellschaft geltend gemacht werden. Es handelt sich damit um einen Fall der obligatorischen Prozessstandschaft. Schlösse man für diesen Fall die Verfassungsbeschwerde aus, würde dies die verfassungsprozessuale Durchsetzung des Vergütungsanspruchs unmöglich machen. Damit wäre der eigentumsrechtliche Schutz des Urhebers unangemessen beschränkt. Um dies zu vermeiden, wird die Wahrnehmung der Eigentumsrechte des Urhebers eines geschützten Werkes im Wege der Verfassungs-

223 Vgl. BVerfGE 7, 198 (204 ff.) = NJW 1958, 257 f.; E 81, 242 (253 ff.) = NJW 1990, 1469 f.; E 89, 214 (229 f.) = NJW 1994, 36 (38).

224 Vgl. BVerfGE 6, 273 (277 f.) = NJW 1957, 665.

225 Vgl. BVerfGE 22, 114 (118) = NJW 1967, 2051.

beschwerde durch eine Verwertungsgesellschaft für zulässig erachtet. Die VG Bild ist deshalb beschwerdebefugt.[226]

**Lösung zu Fall 15:** Es steht noch nicht sicher fest, ob B seine Ausbildung erfolgreich abschließen und tatsächlich nach Abschluss seiner Ausbildung als Anwalt tätig werden wird. Allerdings konnte er nach der früheren Rechtslage bei Beginn des Referendariats berechtigterweise erwarten, sich nach dessen erfolgreichem Abschluss ohne weiteres als Anwalt niederlassen zu können. Dies reicht nach Auffassung des BVerfG aus, um seine gegenwärtige Betroffenheit zu begründen.[227] Allerdings: Solange B mit Blick auf eine sofortige Niederlassung keine besonderen Investitionen tätigt, dürfte „gegenwärtig" lediglich seine Erwartung und damit kein beschwerdefähiges Interesse verletzt sein. 86

**Lösung zu Fall 16:** Zur Umsetzung der einkommensteuerrechtlichen Vorschriften bedarf es zwar noch eines Steuerbescheides durch das Finanzamt, durch den die Steuerschuld für den abgelaufenen Veranlagungszeitraum festgesetzt wird. Da aber über steuerreduzierende Aufwendungen bereits vor der Festsetzung im laufenden Veranlagungszeitraum entschieden werden muss, führt die Änderung des EStG schon vor ihrem Vollzug zu später nicht mehr korrigierbaren Dispositionen und damit zu einer unmittelbaren Betroffenheit des B. 87

## VII. Rechtswegerschöpfung und Subsidiarität

**Fall 17:** B wurde die Zuteilung eines Standplatzes auf dem Weihnachtsmarkt in X verweigert. Sein Antrag auf einstweiligen Rechtsschutz wurde von VG und OVG ohne rechtliche Prüfung der Kriterien zur Schaustellerauswahl zurückgewiesen, da mittlerweile alle Standplätze an andere Schausteller vergeben seien und sein Begehren daher keinen Erfolg mehr haben könnte. Hiergegen erhebt B – noch vor der Entscheidung des VG in der Hauptsache – Verfassungsbeschwerde und beruft sich auf sein Verfahrensgrundrecht aus Art. 19 Abs. 4 GG. 88

**Fall 18:** Durch Gesetz wird das Züchten von bestimmten gefährlichen Hunderassen ohne spezielle Zusatzausbildung unter Strafandrohung verboten. Züchter B, der diese Ausbildung nicht besitzt, aber bereits jahrelange Erfahrung mit dem Züchten der betreffenden Hunderassen hat, sieht sich in seiner Berufsfreiheit verletzt und möchte gegen das Gesetz Verfassungsbeschwerde erheben. 89

### 1. Rechtswegerschöpfung

Nach § 90 Abs. 2 S. 1 BVerfGG darf die Verfassungsbeschwerde grundsätzlich erst dann erhoben werden, wenn ein bestehender Rechtsweg vorher erschöpft wurde. Die Verfassungsbeschwerde ist demnach die „ultima ratio des Grundrechtsschutzes".[228] **Rechtsweg** ist jede gesetzlich vorgesehene Möglichkeit der **Anrufung eines Gerichts,**[229] so dass sich 90

[226] Vgl. BVerfGE 77, 263 (269) = NJW 1988, 1371.
[227] Vgl. BVerfGE 26, 246 (251 f.) = BeckRS 1969, 104921.
[228] *Erichsen* Jura 1991, 638 (641); BVerfGE 1, 97 (103) = NJW 1952, 297 f.
[229] BVerfGE 67, 157 (170) = NJW 1985, 121 f.; E 122, 190 (203) = NJW 2009, 829 Rn. 39 → JuS 2009, 558 *(Sachs)*; BVerfG-K NVwZ 2011, 991 Rn. 47; *Sperlich* in: Umbach/Clemens/Dollinger, BVerfGG, § 90 Rn. 111 ff.; *Bethge* in: Maunz/Schmidt-Bleibtreu/Klein/Bethge, BVerfGG, § 90 Rn. 383.

Verfassungsbeschwerden in der Regel gegen letztinstanzliche, rechtskräftige Gerichtsentscheidungen richten.[230] Das Nebeneinander von verfassungs- und fachgerichtlichen Rechtsbehelfen wird damit vermieden.[231] Nicht zum Rechtsweg i. S. d. § 90 Abs. 2 BVerfGG gehört das Verfahren der Landesverfassungsbeschwerde.[232] Auch eine bei Gericht erhobene Gegenvorstellung eröffnet keinen „Rechtsweg" i. S. d. § 90 Abs. 2 S. 1 BVerfGG; es handelt sich nicht um einen gesetzlich geregelten Rechtsbehelf.[233]

91 Der Rechtsweg ist erschöpft, wenn der Beschwerdeführer alle **Instanzen** durchlaufen und alle gesetzlich vorgesehenen **Rechtsmittel** genutzt hat.[234] Das ist nicht der Fall, wenn gegen einen Widerspruchsbescheid keine Klage erhoben worden ist,[235] nach Klageerhebung die Entscheidung noch nicht ergangen ist,[236] die Sache an die Vorinstanz zurückverwiesen wurde,[237] von einem zulässigen Rechtsmittel kein Gebrauch gemacht wurde, der Beschwerdeführer dieses zurückgenommen hat oder ein eingelegtes Rechtsmittel aus formellen Gründen zurückgewiesen wurde.[238] Zum einzuschlagenden Rechtsweg gehören auch Rechtsbehelfe und Rechtsmittel, deren Zulässigkeit in der bisherigen fachgerichtlichen Rechtsprechung nicht eindeutig geklärt ist,[239] und die Nichtzulassungsbeschwerde, bei der erst geprüft wird, ob noch ein weiteres Rechtsmittel gegen ein Urteil gegeben ist.[240] Ferner gehören zum einschlägigen Rechtsweg auch solche Rechtsbehelfe, die keinen Devolutiveffekt haben; dazu zählen unter anderem der Antrag auf Wiedereinsetzung in den vorigen Stand[241] sowie die Einlegung eines Einspruchs gegen ein Versäumnisurteil oder gegen einen Haftbefehl.[242] Nach Einführung des Anhörungsrügengesetzes[243] garantieren die jeweiligen Verfahrensordnungen, wie etwa § 321a ZPO, §§ 33a, 356a StPO und § 152a VwGO, einen Rechtsbehelf auch bei Gehörsverletzungen durch die letzte Instanz. Diese **Anhörungsrüge** wegen Verletzung des Art. 103 Abs. 1 GG ist daher vor Erhebung der Verfassungsbeschwerde zwingend zu erheben.[244] Dies gilt selbst dann, wenn neben der Gehörsverletzung auch andere Grundrechtsverstöße geltend gemacht werden. Eine unmittelbare Abhilfe gegen die sonstigen Grundrechtsverstöße ist hier zwar nur schwerlich unmittelbar zu erreichen. Eine erfolgreiche Anhörungsrüge führt aber zur Fortsetzung des ursprünglichen Verfahrens, so dass dann jedenfalls die Möglichkeit der Heilung der anderen Grundrechtsverstöße bestünde.[245] Der Erschöpfung des Rechtswegs bedarf es ausnahmsweise nicht, wenn sie für den Beschwerdeführer unzumutbar ist; das wird etwa angenom-

---

230 *Spranger* AöR 127 (2002), 27 (53); *Schlaich/Korioth* BVerfG, Rn. 244.

231 Vgl. *Bethge* in: Maunz/Schmidt-Bleibtreu/Klein/Bethge, BVerfGG, § 90 Rn. 377 f.

232 Dazu bereits oben → Rn. 4.

233 BVerfGE 122, 190 (203) = NJW 2009, 829 Rn. 39 → JuS 2009, 558 *(Sachs)*.

234 Vgl. BVerfGE 1, 12 (13) = NJW 1952, 20; E 34, 204 (205) = BeckRS 1973, 435 Rn. 5; E 42, 252 (257) = NJW 1976, 1839 f.; BVerfG-K NJW 2015, 2175 Rn. 9, ferner E 122, 190 (197 f.) = NJW 2009, 829 Rn. 28 → JuS 2009, 558 *(Sachs)*: Entscheidung des Anwaltsgerichts über Rügebescheid (§ 74a Abs. 3 S. 4 BRAO).

235 BVerfG-K NJW 2005, 1642 (1643); NVwZ 2019, 1034 Rn. 7 (m. Bespr. *Lenz* NVwZ 2019, 1016).

236 BVerfG-K NJW 2003, 418.

237 BVerfG-K NJW 2001, 216 (217); NJW 2018, 1532 Rn. 11 f.

238 BVerfGE 1, 12 (14) = NJW 1952, 20; E 2, 123 (124) = NJW 1953, 499; E 21, 94 (96) = BeckRS 1967, 00483 Rn. 8; E 54, 53 (65) = NJW 1980, 759 (760); BVerfG-K NJW 2004, 3029; vgl. auch *Bethge* in: Maunz/Schmidt-Bleibtreu/Klein/Bethge, BVerfGG, § 90 Rn. 395.

239 BVerfG-K NJW 2015, 2175 Rn. 10; NJW 2019, 987 Rn. 6 f., 9.

240 BVerfGE 16, 1 (2) = NJW 1963, 1491; E 51, 386 (395 f.); vgl. auch *O. Klein* in: Benda/Klein, Verfassungsprozessrecht, Rn. 596.

241 BVerfGE 77, 275 (282) = NJW 1988, 1255; Beschl. v. 16.10.2014 – 2 BvR 718/14, BeckRS 2014, 59305 Rn. 3.

242 *Kreuder* NJW 2001, 1243 (1245).

243 Gesetz über die Rechtsbehelfe bei Verletzung des Anspruchs auf rechtliches Gehör (Anhörungsrügegesetz) vom 9.12.2004, BGBl I S. 3220.

244 BVerfG-K NJW 2005, 3059; E 122, 190 (198) = NJW 2009, 829 Rn. 30 → JuS 2009, 558 *(Sachs)*; E 134, 106 Rn. 22 = NJW 2013, 3506; BVerfG-K NJW 2014, 2635 Rn. 9; *Lübbe-Wolff* EuGRZ 2004, 669 (671 f.); *Zuck* NJW 2006, 1703 (1705).

245 *Lübbe-Wolff* AnwBl 2005, 509 (513); *Desens* NJW 2006, 1243 (1245), der zusätzlich nach der Teilbarkeit des Streitgegenstandes differenziert; *Klein/Sennekamp* NJW 2007, 945 (950).

men, wenn ein Rechtsmittel wegen entgegenstehender gefestigter höchstrichterlicher Rechtsprechung offensichtlich völlig aussichtslos ist.[246]

Da es gegen Gesetze und die meisten Rechtsverordnungen keinen Rechtsweg i. S. d. 92
§ 90 Abs. 2 BVerfGG gibt, läuft das Gebot der Rechtswegerschöpfung bei den **Verfassungsbeschwerden gegen Gesetze** leer. Die Verfassungsbeschwerde gegen eine Rechtsnorm wäre daher – bei Vorliegen der übrigen Sachentscheidungsvoraussetzungen, vornehmlich der Unmittelbarkeit der Beschwer (→ Rn. 80 f.) – ohne Weiteres zulässig. Dem ist das BVerfG durch die Entwicklung des Grundsatzes der Subsidiarität der Verfassungsbeschwerde (→ Rn. 93 ff.) entgegengetreten.[247] Im **gerichtlichen Eilverfahren** ist der Rechtsweg erschöpft, wenn gegen die zeitinstanzliche Entscheidung (z. B. OVG/VGH) kein Rechtsmittel gegeben ist (vgl. § 152 Abs. 1 VwGO);[248] die **Verfassungsbeschwerde gegen die Eilentscheidung** scheitert in der Regel am Subsidiaritätsgrundsatz (→ Rn. 94).

### 2. Subsidiarität

Der Grundsatz der **Subsidiarität der Verfassungsbeschwerde** ist das Ergebnis einer 93
am Regelungsgehalt des § 90 Abs. 2 S. 1 BVerfGG anknüpfenden, in seinen Wirkungen jedoch weit darüber hinausgehenden richterlichen Rechtsfortbildung.[249] Danach muss der Beschwerdeführer vor Erhebung der Verfassungsbeschwerde alle zur Verfügung stehenden *prozessualen* Möglichkeiten beschreiten, um den Verfassungsverstoß im Wege fachgerichtlichen Rechtsschutzes zu beseitigen bzw. ihn gar zu verhindern.[250] Dazu ist die **Zulässigkeit einfachrechtlicher Rechtsbehelfe** über die Rechtswegerschöpfung hinaus zu prüfen.[251] Subsidiär ist die Verfassungsbeschwerde z. B. gegenüber gerichtlichem vorläufigem Rechtsschutz,[252] Rechtsbehelfen nach der Grundbuchordnung,[253] Beweisanträgen im Strafprozess[254] oder der Geltendmachung eines Vermächtnisanspruchs im Rahmen einer Erbausei-

---

[246] Vgl. BVerfGE 6, 7 (9) = NJW 1956, 1833; E 21, 160 (167) = BeckRS 1967, 104139; E 28, 151 (159) = BeckRS 2016, 40259; E 61, 319 (341) = BeckRS 1982, 5972 Rn. 87; E 68, 143 (151 f.) = NJW 1985, 1073; E 68, 376 (380 f.) = NJW 1985, 2249; E 70, 180 (186) = NJW 1986, 371; E 78, 155 (160 f.) = NJW 1988, 2292; E 91, 93 (106 f.) = NJW 1994, 2817; für die Anhörungsrüge BVerfG Beschl v. 16.11.2018 – 2 BvR 2172/18, BeckRS 2018, 31137 Rn. 7; *Sodan* DÖV 2002, 925 (934). Zu der Frage, wann ein Rechtsmittel „offensichtlich unzulässig" ist, vgl. *Sperlich* in: Umbach/Clemens/Dollinger, BVerfGG, § 90 Rn. 125; krit. zu den damit verbundenen Problemen und Risiken *Spranger* AöR 127 (2002), 27 (54 ff.); *O. Klein* in: Benda/Klein, Verfassungsprozessrecht, Rn. 614 ff.

[247] *Schlaich/Korioth* BVerfG, Rn. 252, mit Kritik an der Ausdehnung des Subsidiaritätsgrundsatzes auf die Rechtssatzverfassungsbeschwerde in Rn. 247.

[248] BVerfGE 104, 65 (70) = NJW 2002, 741 → *Ehlers* JK 2/03, GG Art. 93 I/6; BVerfG-K NJW 2002, 3691; NJW 2007, 2685 Rn. 10.

[249] St. Rspr. seit BVerfGE 22, 287 (290 f.) = NJW 1968, 31; vgl. BVerfGE 79, 275 (278 f.) = NVwZ 1989, 451; E 80, 40 (45) = NVwZ 1989, 854 (855); E 81, 22 (27) = NVwZ 1990, 551; E 104, 65 (70 f.) = NJW 2002, 741; E 107, 257 (267) = NJW 2003, 3335 f.; BVerfG-K NJW 2010, 669 Rn. 7 → JA 2010, 557 *(Muckel);* NVwZ 2011, 911 Rn. 48; NVwZ-RR 2016, 1 Rn. 4; NJW 2018, 3504 Rn. 10; zur Herleitung *Sodan* DÖV 2002, 925 (927 f.); *E. Klein* FS Zeidler II, 1987, S. 1305; nicht geklärt ist, ob es sich dabei um einen Aspekt der Rechtswegerschöpfung oder um ein eigenständiges Kriterium handelt, vgl. *Spranger* AöR 127 (2002), 27 (58 f., 60 ff.) auch kritisch zur verfassungsrechtlichen Zulässigkeit der Einführung dieses Merkmals.

[250] BVerfGE 134, 106 Rn. 27 = NJW 2013, 3506; BVerfG-K NJW 2015, 2242 Rn. 8; NVwZ-RR 2016, 846 Rn. 7; NJW 2017, 147 Rn. 9; NJW 2018, 3504 Rn. 10; NVwZ 2020, 622 Rn. 12; NVwZ 2020, 1038 Rn. 6 → *Sachs* JuS 2020, 903. – Auf *außerordentliche* Rechtsbehelfe muss sich der Beschwerdeführer seit BVerfGE (Plenum) 107, 395 (417) = NJW 2003, 1924 (1928) → JuS 2003, 914 *(Sachs)* nicht mehr verweisen lassen, E 122, 190 (200) = NJW 2009, 829 Rn. 34.

[251] BVerfGE 68, 376 (379 ff.) = NJW 1985, 2249. Dies kann auch erfordern, im Wege der Nebenintervention einem Ausgangsverfahren beizutreten, an dem man bisher noch gar nicht beteiligt ist, BVerfG-K NJW 1998, 2663 (2664); vgl. zu weiteren Möglichkeiten *Sodan* DÖV 2002, 925 (929 ff.); *Schlaich/Korioth* BVerfG, Rn. 246; *Voßkuhle* in: v. Mangoldt/Klein/Starck, GG, Art. 93 Rn. 191.

[252] BVerfG-K NVwZ-RR 2002, 161; NVwZ 2003, 981; NJW 2015, 2242 Rn. 16 speziell bzgl. § 47 Abs. 6 VwGO BVerfG-K NVwZ 2020, 707 Rn. 9.

[253] BVerfG-K NJW 2003, 1176 (1177).

[254] BVerfG-K NJW 2005, 3769 (3770).

nandersetzung.[255] Auch bei der **Verfassungsbeschwerde gegen ein Gesetz** postuliert das BVerfG – obwohl gegen ein Gesetz fachgerichtlicher Rechtsschutz nicht zur Verfügung steht (→ Rn. 92) – die Subsidiarität der Verfassungsbeschwerde;[256] der von einer Rechtsnorm unmittelbar Betroffene soll durch Beschreiten des Rechtswegs eine inzidente Normenkontrolle initiieren.[257] Dazu kann von ihm gefordert sein, einen gesetzesvollziehenden Einzelakt zu provozieren oder vor Gericht zu erstreiten;[258] verwiesen wird insbesondere auf die Erhebung einer Feststellungsklage (§ 43 Abs. 1 VwGO) mit dem Rechtsschutzziel „Nichtbestehen eines Rechtsverhältnisses".[259] Dies gilt auch dann, wenn das angerufene Fachgericht gemäß Art. 100 Abs. 1 GG seinerseits zu einer Vorlage an das BVerfG verpflichtet wäre und der Grundrechtsverletzung selbst nicht abhelfen dürfte.[260] Eine **inzidente Normenkontrolle** durch die Fachgerichte ist auch zu initiieren, wenn sich die Beschwer aus einer *Rechtsverordnung* oder *Satzung* des Bundes ergibt; für die besonderen Fälle der Überprüfung der Verfassungsmäßigkeit untergesetzlicher Normen des Bundes ist bei den Verwaltungsgerichten im Hinblick auf die Rechtsschutzgarantie des Art. 19 Abs. 4 GG Individualrechtsschutz zu erlangen. Statthafte Klageart ist die **Feststellungsklage** i. S. v. § 43 Abs. 1 VwGO. Das Klagebegehren ist hierbei auf die Feststellung gerichtet, dass zwischen dem Kläger und dem beteiligten Hoheitsträger durch die für nichtig gehaltene Rechtsnorm kein Rechtsverhältnis begründet wird.[261] Ein ähnliches Problem stellt sich einem Beschwerdeführer, der den Erlass einer Rechtsnorm erzwingen will. Wegen der Rechtsschutzgarantie des Art. 19 Abs. 4 GG ist auch hier verwaltungsgerichtlicher Rechtsschutz eröffnet und daher vorrangig zu ergreifen. Ein Antrag auf Normenkontrolle nach § 47 VwGO kommt in diesen Fällen nicht in Betracht; die Vorschrift ist ausschließlich auf die Überprüfung der Gültigkeit bzw. Ungültigkeit bereits bestehender Rechtsnormen gerichtet (→ *Ehlers* § 32 Rn. 18, 23). Richtige Klageart ist vielmehr auch insoweit die **Feststellungsklage** nach § 43 Abs. 1 VwGO, da diese den geringsten Übergriff in die Kompetenzen des Verordnungsgebers zur Folge hat und diesem weiterhin einen eigenen Entscheidungsspielraum gewährt.[262]

94 Auch dem Grundsatz der Subsidiarität der Verfassungsbeschwerde sind **Grenzen** durch Gesichtspunkte der **Zumutbarkeit** gesetzt. Der Beschwerdeführer muss vor Erhebung der Verfassungsbeschwerde nicht zunächst gegen eine straf- oder bußgeldbewehrte Norm verstoßen, um im anschließenden Straf- oder Bußgeldverfahren die Verfassungswidrigkeit dieser Norm geltend machen zu können.[263] Allerdings kann auch hier die Erhebung einer (negativen) Feststellungsklage gegen die individuelle Verbindlichkeit der betreffenden Norm geboten sein.[264] In keinem Fall darf die Anwendung des Grundsatzes der Subsidiarität aller-

---

[255] BVerfG-K NJW 2018, 3504 Rn. 11.

[256] BVerfG-K NVwZ-RR 2001, 209; NVwZ 2004, 977 (979) → *Ehlers* JK 2/05, BVerfGG § 90 II/8; NVwZ 2011, 991 Rn. 48; NVwZ-RR 2014, 537 Rn. 12.

[257] BVerfGE 69, 122 (125 f.) = NVwZ 1986, 1007 (1008); E 74, 69 (74 ff.) = NVwZ 1987, 573 f.; E 79, 1 (20) = NJW 1992, 1303 (1304 f.); zur Subsidiarität bei der Rechtssatzverfassungsbeschwerde vgl. *Gerontas* DÖV 1982, 440 (442 f.); *Detterbeck* DÖV 1990, 558 (559); *Gersdorf* Jura 1994, 398 (401); *Weber* JuS 1995, 114 (116 ff.).

[258] BVerfGE 69, 122 (125 f.) = NVwZ 1986, 1007 (1008); E 74, 69 (74 ff.) = NVwZ 1987, 573 (574).

[259] BVerfG-K NVwZ 2004, 977 (979) → *Ehlers* JK 2/05, BVerfGG § 90 II/8; NVwZ-RR 2016, 1 Rn. 6; NJW 2019, 659 Rn. 5.

[260] BVerfG-K NVwZ 2011, 991 Rn. 48; NJW 2015, 2242 Rn. 8; NVwZ-RR 2016, 1 Rn. 10; NJW 2019, 659 Rn. 3.

[261] BVerfGE 115, 81 (91 ff.) = NVwZ 2006, 922 (924) → JA 2007, 76 *(Muckel);* BVerfG-K NVwZ 2005, 79; NVwZ-RR 2014, 537 Rn. 13; krit. *Rupp* NVwZ 2002, 286 (287 ff.).

[262] BVerwGE 80, 355 (365 f.) = NJW 1989, 1495 (1497); BVerfGE 115, 81 (91 ff.) = NVwZ 2006, 922 (924) → JA 2007, 76 *(Muckel);* zustimmend *Robbers* JuS 1990, 978 (980); *Pietzcker/Marsch* in: Schoch/Schneider, VwGO, § 42 Abs. 1 Rn. 160; dagegen *Köller/Haller* JuS 2004, 189 (191), welche die allgemeine Leistungsklage als richtige Klageart ansehen.

[263] BVerfGE 81, 70 (82 f.) = NJW 1990, 1349; E 97, 157 (165) = NJW 1998, 1385; E 138, 261 Rn. 23 = NVwZ 2015, 582 (m. Bespr. *Ulber* NVwZ 2015, 1026) → *Kingreen* Jura (JK) 2015, 770 und → *Sachs* JuS 2015, 765; BVerfG-K NVwZ 2020, 707 Rn. 9.

[264] BVerfGE 145, 20 Rn. 86 = NVwZ 2017, 1111; BVerfG-K NJW 2019, 659 Rn. 5.

dings dazu führen, dass **effektiver Grundrechtsschutz** nicht mehr gewährleistet ist, etwa weil die Norm zu später nicht mehr korrigierbaren Dispositionen veranlasst.[265] Auch besteht die Pflicht zur Anrufung der Fachgerichte ausnahmsweise nicht, wenn fachgerichtlicher Rechtsschutz offensichtlich sinn- und aussichtslos wäre oder der Sachverhalt allein spezifisch verfassungsrechtliche Fragen aufweist und die fachgerichtliche Prüfung keine verbesserten Entscheidungsgrundlagen erwarten ließe.[266] Generalklauselartig wird der fachgerichtliche Rechtsbehelf vor Erhebung der Verfassungsbeschwerde für entbehrlich erklärt, wenn er nicht zumutbar sei, etwa weil das offensichtlich sinn- und aussichtlos wäre.[267] Auch eine Analogie zu § 90 Abs. 2 S. 2 BVerfGG kommt in Betracht.[268] Wendet sich der Beschwerdeführer gegen eine das Verfahren nicht abschließende strafprozessuale Zwischenentscheidung, ist es ihm regelmäßig zuzumuten, das **anhängige Strafverfahren** zu durchlaufen und im Falle seiner Verurteilung fachgerichtlichen Rechtsschutz in Anspruch zu nehmen. Die Nachteile der Beendigung des laufenden Verfahrens und der drohenden Wiederholung der Hauptverhandlung wegen eines Verfahrensfehlers genügen für sich genommen nicht, die Unzumutbarkeit des fachgerichtlichen Verfahrens zu begründen. Die hierdurch entstehenden zeitlichen und finanziellen Belastungen sind grundsätzlich hinzunehmen.[269] Auch gegenüber der letztinstanzlichen Versagung vorläufigen Rechtsschutzes kann dem Beschwerdeführer unter dem Gesichtspunkt der Subsidiarität die sofortige Erhebung der Verfassungsbeschwerde verwehrt sein. Zwar sind **Verfahren des vorläufigen Rechtsschutzes** gegenüber dem Hauptsacheverfahren eigenständig,[270] dennoch wird der Beschwerdeführer auf die vorherige Durchführung des **Verfahrens in der Hauptsache** verwiesen, wenn dieses nach Art der gerügten Grundrechtsverletzung die Möglichkeit bietet, der verfassungsrechtlichen Beschwer abzuhelfen.[271] Das ist regelmäßig anzunehmen, wenn mit der Verfassungsbeschwerde ausschließlich Grundrechtsverletzungen gerügt werden, die sich auf die Hauptsache beziehen oder wenn die tatsächliche und einfachrechtliche Lage durch die Fachgerichte noch nicht ausreichend geklärt ist und dem Beschwerdeführer durch die Verweisung auf den Rechtsweg in der Hauptsache kein schwerer Nachteil entsteht.[272] Die vorherige Durchführung des Hauptsacheverfahrens wird hingegen als für den Beschwerdeführer unzumutbar erachtet, wenn er die Verletzung von Grundrechten durch die Eilentscheidung selbst geltend macht,[273] wenn die verwaltungsgerichtliche Entscheidung im Verfahren der einstweiligen Anordnung in ihrer Wirkung die Hauptsache vorwegnimmt oder wenn die im Eilverfahren und im Hauptsacheverfahren zu entscheidenden Rechtsfragen identisch sind und deshalb nicht damit gerechnet werden kann, dass das Hauptsacheverfahren der grundrechtlichen Beschwer abhilft.[274]

---

[265] BVerfGE 74, 69 (76 f.) = NVwZ 1987, 573 (574); E 77, 84 (100 f.) = BeckRS 1987, 6394 Rn. 71; BVerfG-K NJW 2003, 58; NVwZ-RR 2005, 217 (218).

[266] BVerfGE 123, 148 (167) = NVwZ 2009, 1217 (1218) → *Sachs* JuS 2010, 469; BVerfG-K NVwZ 2011, 991 Rn. 49; NJW 2017, 147 Rn. 10.

[267] BVerfG-K NJW 2015, 2242 Rn. 8; NJW 2019, 659 Rn. 4. – Vgl. etwa BVerfGE 134, 106 Rn. 28, 32 = NJW 2013, 3506: Unzumutbarkeit einer Anhörungsrüge; BVerfG-K NJW 2019, 505 Rn. 15: Unzumutbarkeit eines Rechtsbehelfs gegen Ablehnung eines Befangenheitsantrags gegen Richter; E 150, 309 Rn. 51 = NVwZ 2019, 398 (m. Anm. *Wiemers*) → *Sachs* JuS 2019, 730: Beschreitung des fachgerichtlichen Rechtswegs gegen Rechtsnorm zur Kfz-Kennzeichenkontrolle nicht zumutbar.

[268] BVerfG-K NVwZ-RR 2000, 473 (474); NVwZ 2000, 1407 (1408) → *Ehlers* JK 8/01, BVerfGG § 90 II/7; NVwZ 2005, 78.

[269] BVerfG-K Beschl. v. 9.8.2007 – 2 BvR 1277/07 – juris Rn. 6.

[270] Vgl. BVerfGE 51, 130 (138) = NVwZ 1979, 1541.

[271] BVerfGE 51, 130 (139 f.) = NVwZ 1979, 1541 (1542); BVerfG-K NVwZ 2001, 796 (Verweis auf Fortsetzungsfeststellungsklage); E 104, 65 (70 f.) = NJW 2002, 741 → *Ehlers* JK 2/03, GG Art. 93 I/6; BVerfG-K NVwZ 2002, 1230 (1231); NVwZ 2005, 78; NVwZ-RR 2016, 846 Rn. 7.

[272] BVerfGE 80, 40 (45) = NVwZ 1989, 854 (855); BVerfG-K NJW 2007, 2685 Rn. 11.

[273] BVerfGE 79, 275 (279) = NVwZ 1989, 451; BVerfG-K NVwZ 2002, 1230 (1231); NJW 2002, 3691; NJW 2011, 3706 Rn. 13.

[274] BVerfGE 47, 198 (224) = BeckRS 1978, 00663 Rn. 134; E 69, 257 (267); E 104, 65 (71) = NJW 2002, 741 → *Ehlers* JK 2/03, GG Art. 93 I/6; BVerfG-K NJW 2007, 2685 Rn. 13; *Sperlich* in: Umbach/Clemens/Dollinger, BVerfGG, § 90 Rn. 139.

95 Zur Begründung für die **Entwicklung des Subsidiaritätsgrundsatzes** weist das BVerfG auf die grundgesetzliche Aufgabenverteilung hin, wonach vorrangig die Fachgerichte Rechtsschutz gegen Verfassungsverletzungen gewähren und etwaige im Instanzenzug auftretende Fehler durch Selbstkontrolle beheben sollen.[275] Zudem werde dem BVerfG nur nach einer umfassenden fachgerichtlichen Vorprüfung der Beschwerdepunkte – gerade auch bei der Rechtssatzverfassungsbeschwerde – ein hinreichend aufbereitetes und geprüftes Tatsachenmaterial unterbreitet und die Fallanschauung und Rechtsauffassung insbesondere auch der obersten Bundesgerichte vermittelt.[276] Dies falle besonders dann ins Gewicht, wenn das mit der Verfassungsbeschwerde angegriffene Gesetz der Verwaltung oder den Gerichten einen Auslegungs- oder Entscheidungsspielraum lässt,[277] gelte aber auch, wenn ein solcher Spielraum fehle.[278] Bei der Kontrolle von Eilentscheidungen dürfe das BVerfG nicht gezwungen werden, verfassungsrechtliche Fragen allein aufgrund der summarischen Erwägungen in den Verfahren vorläufigen Rechtsschutzes und damit auf ungesicherter einfachrechtlicher Grundlage zu entscheiden und dabei auf die Entwicklung des einfachen Rechts womöglich in einer dem Vorrang der Fachgerichtsbarkeit nicht entsprechenden Weise Einfluss zu nehmen.[279] Im Gegenschluss wird die vorherige Anrufung der Fachgerichte nicht verlangt, wenn hiervon keine Vertiefung oder Verbreiterung des tatsächlichen und rechtlichen Materials zu erwarten ist, das für die Beurteilung durch das BVerfG bei der Entscheidung über die Verfassungsmäßigkeit des Gesetzes oder anderer Rechtsvorschriften von Bedeutung sein kann.[280]

96 Das BVerfG hat dem Grundsatz der Subsidiarität in früheren Entscheidungen die Forderung entnommen, dass eine im Verfahren der Verfassungsbeschwerde erhobene Rüge inhaltlich schon Gegenstand des Ausgangsverfahrens gewesen sein muss,[281] so dass die behauptete Grundrechtsverletzung grundsätzlich bereits dort fristgerecht geltend zu machen ist.[282] Damit würde die materielle Rügepflicht im einfachrechtlichen Verfahren über das nach dem dortigen Verfahrensrecht Erforderliche hinaus erweitert und eine **materielle Einwendungspräklusion** begründet.[283] Demgegenüber verlangt das Prozessrecht von den Parteien im fachgerichtlichen Verfahren keine (verfassungs)rechtliche Bewertung ihres Tatsachenvortrages. Während die Entwicklung des allgemeinen Subsidiaritätsgebots der Verfassungsbeschwerde zur Sicherung einer erschöpfenden Aufklärung der Sach- und Rechtslage und zur Wahrung der primären Zuständigkeit der Fachgerichte bei der Abhilfe von Rechts- und damit auch von Grundrechtsverletzungen eine hinreichende Grundlage in der Ordnung des bundesdeutschen Verfahrensrechts findet, würde die skizzierte weitergehende „Konstitutionalisierung" des Ausgangsverfahrens die Grundlagen dieses Prozessrechtssystems überschreiten.[284] Dieser Kritik hat das BVerfG Rechnung getragen und festgestellt: „Es ist durch das Gebot der Erschöpfung des Rechtswegs nicht gefordert, dass der Beschwerdeführer bereits das fachgerichtliche Verfahren auch als ‚Verfassungsprozess'

---

[275] BVerfGE 47, 144 (145) = NJW 1978, 1150 (1151); E 69, 122 (125) = NVwZ 1986, 1007 f.; vgl. hierzu auch die Berichte von *Alexy, Kunig, Heun* und *Hermes* in:VVDStRL 61 (2002).

[276] BVerfGE 68, 376 (380) = NJW 1985, 2249; E 69, 122 (125) = NVwZ 1986, 1007 f.; BVerfG-K NJW 2003, 58; NJW 2004, 1650; NVwZ 2011, 991 Rn. 48; NJW 2015, 2175 Rn. 9; NVwZ 2020, 622 Rn. 17; NVwZ 2020, 707 Rn. 11.

[277] BVerfG-K NVwZ 2004, 977 (978) → *Ehlers* JK 2/05, BVerfGG § 90 II/8.

[278] BVerfG-K NVwZ 2011, 991 Rn. 48; NJW 2015, 2242 Rn. 8; NJW 2019, 659 Rn. 3.

[279] BVerfGE 77, 381 (400 ff.) = DVBl 1988, 342; vgl. allg. zum Verhältnis von vorläufigem Rechtsschutz und Hauptsacheverfahren unter den Gesichtspunkten Rechtswegerschöpfung und Subsidiarität BVerfGE 59, 63 (82 ff.) = NJW 1982, 512 f. (m. w. Nachw.).

[280] BVerfGE 88, 384 (400) = BeckRS 1993, 120806; E 98, 218 (244) = NJW 1998, 2515 (2518); E 114, 258 (280) = NVwZ 2005, 1294 (1296) → JA 2006, 338 *(Hebeler)*.

[281] Vgl. BVerfGE 80, 137 (151); *Kreuder* NJW 2001, 1243 (1244 ff.) unterscheidet insoweit zwischen formeller und materieller Subsidiarität; ebenso *Sodan* DÖV 2002, 925 (931 f.).

[282] BVerfGE 54, 53 (65); E 84, 203 (208); BVerfG-K NJW 2003, 2538 (2539); *Sperlich* in: Umbach/Clemens/Dollinger, BVerfGG, § 90 Rn. 145 ff.

[283] *Kreuder* NJW 2001, 1243 (1246).

[284] *Spranger* AöR 127 (2002), 27 (57 f.); *Schlaich/Korioth* BVerfG, Rn. 249.

führt."[285] Der Beschwerdeführer müsse bei Erhebung der Verfassungsbeschwerde nicht darlegen, dass er von Beginn des fachgerichtlichen Verfahrens an verfassungsrechtliche Erwägungen und Bedenken vorgetragen hat. Lediglich der der Verfassungsbeschwerde unterliegende **Sachvortrag** muss demnach bereits Gegenstand des Ausgangsrechtsstreits gewesen sein, das Unterbleiben von Ausführungen zum Verfassungsrecht führt dagegen nicht zu einem Verstoß gegen den Subsidiaritätsgrundsatz.

### 3. Vorabentscheidung

Nach § 90 Abs. 2 S. 2 BVerfGG kann auch über eine vor Erschöpfung des Rechtswegs eingelegte Verfassungsbeschwerde entschieden werden, wenn sie von allgemeiner Bedeutung ist oder dem Beschwerdeführer bei Verweisung auf den Rechtsweg ein schwerer und unabwendbarer Nachteil entstünde. Diese Regelung bietet über ihren unmittelbaren Anwendungsbereich hinaus auch die Grundlage für eine Ausnahme vom soeben erörterten Grundsatz der Subsidiarität.[286] In jedem Fall muss die danach mögliche **Vorabentscheidung** die Ausnahme bleiben. Angesichts der Vielzahl der beim BVerfG anhängigen Verfassungsbeschwerden kommt sie nur in Betracht, wenn dies auch unter Berücksichtigung der Dringlichkeit der übrigen Verfahren „offensichtlich geboten" ist.[287] Sie setzt zudem voraus, dass eine vorherige fachgerichtliche Klärung der Sach- und Rechtslage nicht von Nöten ist[288] und die dem Beschwerdeführer drohenden Nachteile überhaupt noch abgewendet werden können[289] und der Rechtsweg grundsätzlich noch offen steht.[290] 97

Die Verfassungsbeschwerde hat **allgemeine Bedeutung,** wenn die Entscheidung des BVerfG geeignet ist, über den Einzelfall hinaus Klarheit in einer Vielzahl gleicher oder gleichgelagerter Fälle zu schaffen und damit Fragen von grundsätzlicher Bedeutung zu klären.[291] In diesem vom Begehren des Beschwerdeführers unabhängigen Tatbestandsmerkmal spiegelt sich die objektivrechtliche Wirkung der Verfassungsbeschwerde.[292] Allein die Tatsache, dass die angegriffene Maßnahme, gegen die sich die Verfassungsbeschwerde richtet, politisches Aufsehen erregt, genügt zur Bejahung der allgemeinen Bedeutung nicht.[293] 98

Ein **schwerer und unabwendbarer Nachteil** liegt vor, wenn ohne eine sofortige verfassungsgerichtliche Entscheidung eine nicht wiedergutzumachende Schädigung des Beschwerdeführers droht, er in seinen beschwerdefähigen Rechten besonders hart betroffen ist und ein schwerwiegender Grundrechtsverlust zu besorgen ist.[294] Wann dies der Fall ist, 99

---

[285] BVerfGE 112, 50 (60) = NJW 2005, 1413 f.

[286] BVerfG-K NVwZ-RR 2000, 473 (474); NVwZ 2000, 1407 (1408) → *Ehlers* JK 8/01, BVerfGG § 90 II/7; NVwZ 2005, 78; *Sodan* DÖV 2002, 925 (933).

[287] BVerfGE 8, 38 (40) = BeckRS 1958, 103553; *Bethge* in: Maunz/Schmidt-Bleibtreu/Klein/Bethge, BVerfGG, § 90 Rn. 397.

[288] BVerfG-K NVwZ 2005, 79; NJW 2005, 1642 (1643); NJW 2006, 895; NVwZ 2018, 1635 Rn. 19 → *Sachs* JuS 2019, 279 und → JA 2018, 636 *(Muckel)*.

[289] BVerfGE 14, 192 (194) = NJW 1962, 1387.

[290] BVerfGE 22, 349 (354 f.) = NJW 1968, 539; E 56, 54 (68 f.) = NJW 1981, 1655; dies gilt auch für Fälle von allgemeiner Bedeutung, BVerfGE 11, 244 f. = NJW 1960, 1447; *Sperlich* in: Umbach/Clemens/Dollinger, BVerfGG, § 90 Rn. 152; *O. Klein* in: Benda/Klein, Verfassungsprozessrecht, Rn. 587.

[291] BVerfGE 85, 167 (172) = LKV 1992, 95; E 68, 176 (184 f.) = NJW 1985, 423 (424); E 108, 370 (386) = NVwZ 2004, 329 (330); BVerfG-K NJW 2018, 1532 Rn. 15; NVwZ 2019, 1034 Rn. 8 (m. Bespr. *Lenz* NVwZ 2019, 1016) Rn. 8; *Sperlich* in: Umbach/Clemens/Dollinger, BVerfGG, § 90 Rn. 156; *O. Klein* in: Benda/Klein, Verfassungsprozessrecht, Rn. 610; vgl. auch die Fallbeispiele, in denen allgemeine Bedeutung angenommen wurde, bei *Bethge* in: Maunz/Schmidt-Bleibtreu/Klein/Bethge, BVerfGG, § 90 Rn. 398.

[292] *Sperlich* in: Umbach/Clemens/Dollinger, BVerfGG, § 90 Rn. 156.

[293] *Geiger* Gesetz über das Bundesverfassungsgericht, 1952, S. 285; *Bethge* in: Maunz/Schmidt-Bleibtreu/Klein/Bethge, BVerfGG, § 90 Rn. 398.

[294] Vgl. BVerfGE 7, 99 (105) = NJW 1957, 1513; E 14, 121 (130 f.) = NJW 1962, 1493; in beiden Fällen ging es um die Zuteilung von Wahlwerbezeiten im Rundfunk kurz vor einer Wahl; abgelehnt in einem Streit zur Dienstaufsicht über einen Richter von BVerG-K NJW 2018, 1532 Rn. 16; vgl. auch *Bethge* in: Maunz/Schmidt-Bleibtreu/Klein/Bethge, BVerfGG, § 90 Rn. 399.

richtet sich nach den Umständen des Einzelfalles.[295] Allgemeine Nachteile, wie sie mit jeder Rechtsverfolgung verbunden sind, genügen hierfür nicht.[296]

100 Auch wenn die Voraussetzungen des § 90 Abs. 2 S. 2 BVerfGG vorliegen, ist das BVerfG nicht verpflichtet, vorab zu entscheiden. Vielmehr steht die Entscheidung hierüber im (pflichtgemäßen) **Ermessen** des Gerichts.[297] Das BVerfG spricht von einer „Abwägung"; dabei spreche gegen eine Vorabentscheidung vor allem, wenn die einfachrechtliche Lage und die tatsächlichen Auswirkungen einer gesetzlichen Regelung noch nicht ausreichend vorgeklärt seien und das BVerfG daher weitreichende Entscheidungen auf ungesicherten Grundlagen treffen müsse.[298]

101 **Lösung zu Fall 17:** Auch soweit der Rechtsweg im einstweiligen Rechtsschutz erschöpft ist, verlangt der Grundsatz der Subsidiarität regelmäßig, vor der Verfassungsbeschwerde das Hauptsacheverfahren durchzuführen, um dort der verfassungsrechtlichen Beschwer abzuhelfen. Dies gilt allerdings nicht, wenn gerade die Verletzung von Grundrechten durch die Eilentscheidung selbst geltend gemacht wird. So liegt es in diesem Fall, wo die Ablehnung einstweiligen Rechtsschutzes durch die Verwaltungsgerichte allein mit der faktischen Erschöpfung der Platzkapazität begründet worden war. Demgegenüber hätte das Gebot der Gewährung effektiven Rechtsschutzes gemäß Art. 19 Abs. 4 GG eine zumindest summarische inhaltliche Prüfung der Auswahlkriterien im Eilverfahren erfordert.[299]

102 **Lösung zu Fall 18:** Würde B gegen die angegriffene Norm verstoßen und gegen ihn ein Strafverfahren durchgeführt, könnte die behauptete Verfassungswidrigkeit vor dem BVerfG geltend gemacht werden, indem entweder das Strafgericht die Norm nach Art. 100 Abs. 1 GG zur Prüfung vorlegt oder B letztlich gegen eine strafgerichtliche Verurteilung Verfassungsbeschwerde erhebt. B hätte aber das Risiko zu tragen, dass die Norm letztlich doch verfassungsgemäß ist und er zu Recht verurteilt würde. Dies ist nicht zumutbar. Er kann daher unmittelbar gegen die Norm Verfassungsbeschwerde erheben, ohne zunächst durch ein strafbewehrtes Verhalten eine inzidente Überprüfung der Norm vor den Fachgerichten veranlassen zu müssen.

## VIII. Frist

103 **Fall 19:** Drei Wochen nach Zurückweisung einer unzulässigen Beschwerde gegen die Nichtzulassung der Revision durch das BSG legt B Verfassungsbeschwerde gegen ein nunmehr über ein Jahr zurückliegendes Berufungsurteil ein. Fristgerecht? Kommt es darauf an, ob der Beschwerdeführer die Nichtzulassungsbeschwerde für zulässig halten konnte?

104 **Fall 20:** Gegen ein am 7.7.2019 verkündetes Gesetz, das rückwirkend zum 1.3.2019 in Kraft gesetzt wird, wird am 31.6.2020 Verfassungsbeschwerde erhoben. Fristgerecht?

---

295 *Sperlich* in: Umbach/Clemens/Dollinger, BVerfGG, § 90 Rn. 159.

296 BVerfGE 1, 69 f. = NJW 1952, 60; E 8, 222 (226) = NJW 1959, 29 (30).

297 Vgl. BVerfGE 8, 222 (226 f.) = NJW 1959, 29 (30); E 14, 192 (194) = NJW 1962, 1387; E 76, 248 (251 f.) = NJW 1987, 2288; *Bethge* in: Maunz/Schmidt-Bleibtreu/Klein/Bethge, BVerfGG, § 90 Rn. 397; *O. Klein* in: Benda/Klein, Verfassungsprozessrecht, Rn. 620; *Sperlich* in: Umbach/Clemens/Dollinger, BVerfGG, § 90 Rn. 161.

298 BVerfG-K NJW 2005, 1642 (1643); NJW 2006, 894 (895).

299 Vgl. BVerfG-K NJW 2002, 3691.

Bei der Verfassungsbeschwerde handelt es sich um einen grundsätzlich **fristgebundenen Rechtsbehelf.** Mit der Befristung soll gewährleistet werden, dass die Bestandskraft angegriffener Hoheitsakte nicht weiter eingeschränkt wird als dies das Rechtsschutzziel des Verfahrens erfordert.[300] 105

Gemäß § 93 Abs. 1 BVerfGG ist die Verfassungsbeschwerde gegen Hoheitsakte, gegen die ein Rechtsweg eröffnet ist oder die einen solchen abschließen,[301] binnen eines Monats seit Bekanntgabe oder Verkündung der Entscheidung zu erheben und zu begründen. Für Verfassungsbeschwerden gegen ein Gesetz oder einen sonstigen Hoheitsakt, gegen den ein Rechtsweg nicht offensteht, beträgt die Frist gemäß § 93 Abs. 3 BVerfGG ein Jahr. Für die **Fristberechnung** gelten § 222 ZPO und §§ 187ff. BGB.[302] Innerhalb der gesetzlichen Frist muss dem BVerfG nicht nur die Beschwerdeschrift übermittelt werden, sondern auch die dazugehörigen Anlagen und die Begründung. Die **Monatsfrist** des § 93 Abs. 1 BVerfGG ist eine echte *Ausschlussfrist.*[303] Die Einlegung eines offensichtlich unzulässigen Rechtsmittels beeinflusst den Lauf (und Ablauf) der Frist für die Erhebung der Verfassungsbeschwerde gegen die mit dem Rechtsmittel angefochtene Entscheidung nicht.[304] Die Frist wird also durch die Entscheidung über ein offensichtlich unzulässiges Rechtsmittel nicht erneut in Gang gesetzt. Allerdings darf eine eventuelle Unklarheit der Rechtslage nicht zu Lasten des Beschwerdeführers gehen, der auch nicht von der Obliegenheit entbunden ist, Abhilfe mit einem möglicherweise unzulässigen Rechtsmittel zu suchen (→ Rn. 91). Im Falle eines nicht offensichtlich unzulässigen Rechtsmittels beginnt die Frist für die Einlegung der Verfassungsbeschwerde erst mit dessen Zurückweisung.[305] 106

Schwierigkeiten bereitet die Fristgebundenheit der Verfassungsbeschwerde bei Maßnahmen, von denen der Betroffene (zunächst) nichts erfährt, wie dies bei verdeckten Ermittlungen, der Telefonüberwachung oder der Einbeziehung in eine Rasterfahndung der Fall ist. Hier kann der **Fristbeginn** erst angenommen werden, wenn die Maßnahme dem Beschwerdeführer nachträglich in den vorgeschriebenen Formen mitgeteilt wurde.[306] Ist eine solche Benachrichtigung nicht vorgesehen – wie dies nach § 12 Abs. 1 S. 3 G-10 möglich ist –, wird auf eine Frist ganz zu verzichten sein.[307] 107

Richtet sich eine Verfassungsbeschwerde gegen ein Unterlassen der öffentlichen Gewalt (→ Rn. 50ff.), greifen die Fristvorschriften des § 93 BVerfGG gleichfalls nicht.[308] Die Verfassungsbeschwerde bleibt zulässig, solange die **Unterlassung** andauert.[309] 108

Bei Gesetzen beginnt die **Jahresfrist** mit dem Inkrafttreten des Gesetzes, frühestens aber mit dem Tag der Verkündung, da es sich bei der Jahresfrist um eine echte *Überlegungsfrist* handelt.[310] Die Frist für eine Verfassungsbeschwerde gegen ein Gesetz wird durch ein Ände- 109

---

300 *Hömig* in: Maunz/Schmidt-Bleibtreu/Klein/Bethge, BVerfGG, § 93 Rn. 2.

301 Auch wenn gegen letztinstanzliche Gerichtsentscheidungen kein Rechtsweg (mehr) offensteht, findet hier Abs. 1 und nicht Abs. 3 Anwendung, vgl. *Heusch/Sennekamp* in: Umbach/Clemens/Dollinger, BVerfGG § 93 Rn. 83.

302 *O. Klein* in: Benda/Klein, Verfassungsprozessrecht, Rn. 631.

303 BVerfGE 9, 109 (114) = NJW 1959, 572; *Klein/Sennekamp* NJW 2007, 945.

304 BVerfGE 122, 190 (197) = NJW 2009, 829 Rn. 27 → JuS 2009, 558 *(Sachs).*

305 BVerfGE 16, 1 (3) = NJW 1963, 1491; E 17, 86 (91) = BeckRS 1963, 103704; E 48, 341 (344) = BeckRS 9998, 148113; E 52, 380 (387) = NJW 1980, 1153; E 91, 93 (106f.) = NJW 1994, 2817. Wegen verbleibender Unsicherheiten kann es sinnvoll sein, sowohl das weitere Rechtsmittel als auch die Verfassungsbeschwerde zu erheben und darauf hinzuweisen, dass die Entscheidung über die Verfassungsbeschwerde aus Sicht des Beschwerdeführers bis zum Abschluss des Rechtsmittelverfahrens zurückgestellt werden könne, *Seegmüller* DVBl 1999, 738 (745); *Heusch/Sennekamp* in: Umbach/Clemens/Dollinger, BVerfGG, § 93 Rn. 35.

306 Vgl. z. B. § 101 Abs. 4, 5 StPO.

307 Vgl. *Spranger* AöR 127 (2002), 27 (65 f.), der dies für sämtliche Geheimmaßnahmen so handhaben will.

308 BVerfGE 77, 170 (214) = NJW 1988, 1651 (1653); BVerfG-K NVwZ 2018, 1635 Rn. 8 → *Sachs* JuS 2019, 279 und → JA 2018, 636 *(Muckel).*

309 BVerfGE 10, 302 (308) = BeckRS 1960, 00271 Rn. 24.

310 BVerfGE 32, 157 (162) = NJW 1972, 285; E 64, 367 (376) = BeckRS 1983, 2207 Rn. 29; mit der Anknüpfung an das Inkrafttreten eines Gesetzes i. S. d. § 93 Abs. 3 BVerfGG wird nicht auf seine Rechtswirkungen abgestellt, die ggf. in die Vergangenheit zurückreichen, sondern auf den Zeitpunkt seines tatsächlichen Wirksamwerdens, der nicht vor dem Verkündungsdatum liegen kann.

rungsgesetz, welches den angegriffenen Teil dieser Regelung unberührt lässt, nicht erneut in Lauf gesetzt, auch wenn die angegriffene Vorschrift mit dem Änderungsgesetz erneut in den Willen des Gesetzgebers aufgenommen wurde.[311] Sie wird allerdings neu in Gang gesetzt, wenn ältere Vorschriften so in ein neues gesetzliches Umfeld eingebettet werden, dass von ihnen neue belastende Wirkungen ausgehen können.[312] Die Jahresfrist des § 93 Abs. 3 BVerfGG gilt gleichermaßen für Rechtsverordnungen.[313] Probleme bereitet die **Einhaltung der Jahresfrist** wegen der Subsidiaritätsanforderungen bei der Rechtssatzverfassungsbeschwerde (→ Rn. 93), wenn das Fachgericht das Begehren nach Ablauf der Frist gemäß § 93 Abs. 3 BVerfGG als unzulässig beurteilt. Das BVerfG bedient sich in solchen Fällen einer „rechtsschutzfreundlichen Auslegung": § 93 Abs. 3 BVerfGG kommt nicht zur Anwendung; hat der Rechtsschutzsuchende den fachgerichtlichen Rechtsschutz gegen das Gesetz innerhalb eines Jahres nach dessen Inkrafttreten anhängig gemacht, gilt – bezogen auf die abschließende fachgerichtliche Entscheidung – die Monatsfrist des § 93 Abs. 1 S. 1 BVerfGG für die Einlegung der Rechtssatzverfassungsbeschwerde entsprechend.[314]

110 Die in der Rechtsprechung des Gerichts ursprünglich nicht für zulässig erachtete Wiedereinsetzung in den vorigen Stand[315] ist nun ausdrücklich in § 93 Abs. 2 BVerfGG geregelt.[316] War der Beschwerdeführer unverschuldet verhindert, die Frist des § 93 Abs. 1 BVerfGG einzuhalten, ist ihm **Wiedereinsetzung** zu gewähren.[317] Erforderlich ist dafür allerdings eine substantiierte und schlüssige Darstellung der für die **unverschuldete Fristversäumnis** wesentlichen Tatsachen.[318] Verschulden liegt beispielsweise vor, wenn der Beschwerdeführer die Übermittlung seines Schriftsatzes mittels Telefax beim BVerfG nicht so rechtzeitig beginnt, dass unter gewöhnlichen Umständen mit dem Abschluss am Tage des Fristablaufs gerechnet werden kann.[319] Dabei ist zu beachten, dass eine Belegung des Empfangsgeräts des BVerfG kein einer technischen Störung gleich zu achtender Umstand ist, sondern ein gewöhnliches Ereignis, auf das sich der Rechtssuchende einstellen muss.[320] § 93 Abs. 2 BVerfGG gilt nicht für die Verfassungsbeschwerde gegen ein Gesetz i. S. d. § 93 Abs. 3 BVerfGG.[321]

111 **Lösung zu Fall 19:** Zwar steht mit der Zurückweisung der unzulässigen Nichtzulassungsbeschwerde fest, dass gegen das Berufungsurteil des LSG keine Revision mehr gegeben und damit der Rechtsweg schon seit nunmehr einem Jahr erschöpft war. Das wurde aber erst im Verfahren der Nichtzulassungsbeschwerde geprüft und festgestellt. Wenn deren Einlegung nicht als offensichtlich unzulässig zu beurteilen ist, darf sie dem Beschwerdeführer nicht unter dem Gesichtspunkt der Verfristung der Verfassungsbeschwerde vorgehalten werden. Andernfalls würde ihm das Risiko auferlegt, mit einer unmittelbar nach Erlass des Berufungsurteils eingelegten Verfassungsbeschwerde am Gebot der Rechtswegerschöpfung zu scheitern. Der Fristablauf beginnt daher erst mit

---

[311] BVerfGE 80, 137 (149); E 129, 208 (234) = NJW 2012, 833 Rn. 168; BVerfG-K NVwZ-RR 2017, 433 Rn. 6; *O. Klein* in: Benda/Klein, Verfassungsprozessrecht, Rn. 639.

[312] BVerfGE 45, 104 (119); E 100, 313 (356) = NJW 2000, 55 (56); BVerfG-K NVwZ-RR 2017, 433 Rn. 7; *Schlaich/Korioth* BVerfG, Rn. 243.

[313] BVerfGE 53, 1 (15) (insoweit nicht abgedruckt in NJW 1980, 929). Dies gilt allerdings nicht für Rechtsverordnungen, gegen die ein Rechtsweg gemäß § 47 VwGO eröffnet ist.

[314] BVerfGE 150, 309 Rn. 48 = NVwZ 2019, 398 (m. Anm. *Wiemers*) → *Sachs* JuS 2019, 730.

[315] BVerfGE 4, 309 (313 ff.) = NJW 1955, 1713 f.; E 78, 7 (15 f.).

[316] Eingeführt durch Gesetz über das Bundesverfassungsgericht (BVerfGG) v. 2.8.1993, BGBl I S. 1442; zu den Voraussetzungen der Wiedereinsetzung *Kreuder* NJW 2001, 1243 (1244); *O. Klein* in: Benda/Klein, Verfassungsprozessrecht, Rn. 637; *Hömig* in: Maunz/Schmidt-Bleibtreu/Klein/Bethge, BVerfGG, § 93 Rn. 40.

[317] BVerfGE 122, 190 (204) = NJW 2009, 829 Rn. 41 → JuS 2009, 558 *(Sachs)*; BVerfG-K Beschl. v. 7.3.2017 – 2 BvR 162/16 BeckRS 2017, 106848 Rn. 19.

[318] BVerfG-K Beschl. v. 4.6.2018 – 1 BvR 1180/17, BeckRS 2018, 15081 Rn. 7.

[319] BVerfG-K NJW 2006, 1505 (1506).

[320] BVerfG-K NJW 2000, 574; *Klein/Sennekamp* NJW 2007, 945 (955).

[321] BVerfG-K NVwZ 2004, 96.

der Entscheidung über die Nichtzulassung der Revision. Die Verfassungsbeschwerde ist fristgerecht eingelegt.[322]

**Lösung zu Fall 20:** Auch wenn das am 7.7.2019 verkündete Gesetz rückwirkend zum 1.3.2019 in Kraft gesetzt wurde, ist Anknüpfungspunkt für die Berechnung der Jahresfrist nach § 93 Abs. 3 BVerfGG der Zeitpunkt des Abschlusses des Gesetzgebungsverfahrens. Erst mit der Verkündung des Gesetzes können die Betroffenen von seinem Inhalt Kenntnis erlangen und die Erhebung der Verfassungsbeschwerde erwägen. Die Verfassungsbeschwerde ist deshalb fristgerecht.[323] 112

## IX. Einwand der Rechtskraft

Sachentscheidungen der Senate und stattgebende Kammerentscheidungen über Verfassungsbeschwerden erwachsen in **formelle und materielle Rechtskraft.**[324] Sie sind für das Gericht unwiderruflich und für die Parteien formell unanfechtbar und materiell bindend, so dass eine erneute Erhebung einer Verfassungsbeschwerde in derselben Sache unzulässig ist.[325] Nicht materiell rechtskraftfähig sind dagegen die Nichtannahmeentscheidungen der Kammern, selbst wenn sie Ausführungen zur Rechtslage enthalten.[326] Zur Verhinderung groben prozessualen Unrechts[327] lässt das BVerfG vereinzelt Ausnahmen von der Unanfechtbarkeit seiner Entscheidungen zu und setzt sich auf Antrag sachlich erneut mit einer bereits gefällten Entscheidung auseinander.[328] 113

## X. Allgemeines Rechtsschutzbedürfnis

**Fall 21:** Nach Durchführung einer staatsanwaltlich angeordneten Durchsuchung in den Redaktionsräumen des Nachrichtenmagazins S erhebt deren Herausgeber Verfassungsbeschwerde, da er meint, die Durchsuchung sei verfassungswidrig gewesen. Zudem fürchtet er, dass in ähnlich gelagerten Fällen wiederum mit Durchsuchungen zu rechnen sei. 114

Das allgemeine Rechtsschutzbedürfnis als in der Regel ungeschriebenes Erfordernis der Zulässigkeit jedes Rechtsbehelfs[329] (→ *Ehlers* § 25 Rn. 235) bezeichnet die Frage, ob ein Rechtsschutzsuchender tatsächlich ein **schutzwürdiges Interesse** an dem begehrten Rechtsschutz hat.[330] Dies ist bei Vorliegen der übrigen Sachentscheidungsvoraussetzungen regelmäßig zu bejahen, lassen sich diese doch als Konkretisierung des Grundgedankens begreifen, Rechtsschutz immer, aber auch nur dann zu gewähren, wenn dem Begehren ein 115

[322] Vgl. BVerfGE 91, 93 (105 ff.) = NJW 1994, 2817.
[323] Vgl. BVerfGE 1, 415 (416); E 62, 374 (382).
[324] Näher *Schlaich/Korioth* BVerfG, Rn. 476 ff.; ferner → *Schoch* § 14 Rn. 42.
[325] *Gusy* Die Verfassungsbeschwerde, 1988, Rn. 168; zur Wirkung der Entscheidungen des BVerfG vgl. *Pestalozza* Verfassungsprozeßrecht, § 20 Rn. 49 ff.
[326] *Umbach* in: Umbach/Clemens/Dollinger, BVerfGG, § 31 Rn. 40.
[327] Vgl. zu dieser Formel BVerfGE 63, 77 (78 f.) = NJW 1983, 1900; E 69, 233 (242) = NJW 1985, 2187 (2188).
[328] *O. Klein* in: Benda/Klein, Verfassungsprozessrecht, Rn. 655 ff.; vgl. BVerfGE 72, 84 ff. = BeckRS 1986, 05905; in diesem Fall hielt das Gericht einen Antrag auf Abänderung einer Entscheidung für zulässig, weil bei der Beratung ein versehentlich nicht zu den Akten genommener Schriftsatz des Beschwerdeführers nicht berücksichtigt wurde.
[329] Dazu *Erichsen* Jura 1991, 638 (642 f.); einige Autoren wie *Schlaich/Korioth* BVerfG, Rn. 256 und *Ruppert* in: Umbach/Clemens/Dollinger, BVerfGG, § 90 Rn. 90 sowie *O. Klein* in: Benda/Klein, Verfassungsprozessrecht, Rn. 593 sprechen vom Rechtsschutz*interesse,* ohne dass dies in der Sache etwas anderes bedeutet.
[330] *O. Klein* in: Benda/Klein, Verfassungsprozessrecht, Rn. 593.

schutzwürdiges Interesse des Beschwerdeführers zugrunde liegt.[331] Das Rechtsschutzinteresse an der Inanspruchnahme des BVerfG im Rahmen einer Verfassungsbeschwerde kann im Einzelfall fehlen, wenn der Bürger auf die **gerichtliche Hilfe** bei der Durchsetzung seines Anliegens nicht angewiesen ist, etwa weil er ohne Anrufung des Gerichts ebenso gut zum gewünschten Ziel kommen kann oder die angestrebte Entscheidung nicht geeignet ist, die geltend gemachte Beschwer zu beseitigen oder zu mildern.[332] Das Rechtsschutzbedürfnis muss noch im **Zeitpunkt der Entscheidung** des BVerfG gegeben sein.[333] Es ist entfallen, wenn sich die den angegriffenen Entscheidungen zugrundeliegende Rechtslage zwischenzeitlich grundlegend zugunsten der Rechtsposition des Beschwerdeführers geändert hat und dieser die Möglichkeit hat, auf der Grundlage der neuen Rechtslage eine erneute Entscheidung in der Sache ohne Inanspruchnahme des BVerfG herbeizuführen.[334]

116 Von besonderer Bedeutung ist die Prüfung des Rechtsschutzbedürfnisses, wenn sich das **Begehren** des Beschwerdeführers zwischenzeitlich **erledigt** hat.[335] In diesen Fällen besteht das Rechtsschutzbedürfnis nur fort, wenn die Klärung einer verfassungsrechtlichen Frage von grundsätzlicher Bedeutung andernfalls unterbliebe und der gerügte Grundrechtseingriff besonders belastend erscheint oder wenn eine Wiederholung der angegriffenen Maßnahme zu besorgen ist.[336] In Fällen besonders tief greifender und folgenschwerer Grundrechtsbeeinträchtigung ist das Gericht vom Fortbestehen des Rechtsschutzbedürfnisses auch dann ausgegangen, wenn die direkte Belastung durch den angegriffenen Hoheitsakt auf eine Zeitspanne beschränkt war, in welcher der Betroffene nach dem regelmäßigen Geschäftsgang eine Entscheidung des BVerfG kaum erlangen konnte; andernfalls würde der Grundrechtsschutz des Beschwerdeführers in unzumutbarer Weise verkürzt.[337]

117 **Lösung zu Fall 21:** Das Rechtsschutzinteresse besteht nach Abschluss der Durchsuchung fort, weil der Beschwerdeführer geltend macht, dass die fragliche Maßnahme mit einer tief greifenden Grundrechtsbeeinträchtigung verbunden war und sich auf einen Zeitraum beschränkte, in dem er keine Entscheidung des BVerfG erlangen konnte.[338] Auch die (näher darzulegende) Wiederholungsgefahr würde den Fortbestand des Rechtsschutzinteresses begründen.[339]

## C. Begründetheit der Verfassungsbeschwerde

### I. Prüfungsgegenstand und Prüfungsmaßstab

118 Die zulässige Verfassungsbeschwerde ist begründet, wenn der Beschwerdeführer in einem seiner **Grundrechte** oder in Art. 93 Abs. 1 Nr. 4a GG genannten **grundrechtsgleichen Rechten** verletzt ist. Das ist der Fall, wenn eines dieser Rechte durch die angegriffene Maßnahme beeinträchtigt, d. h. in grundrechtlich relevanter Weise nachteilig betroffen

---

331 *Erichsen* Jura 1991, 638 (643); *Schlaich/Korioth* BVerfG, Rn. 256.
332 *Ruppert* in: Umbach/Clemens/Dollinger, BVerfGG, § 90 Rn. 90 ff., 96.
333 BVerfGE 81, 138 (140) = NJW 1990, 1033 (1034).
334 BVerfG-K DVBl 2001, 275 (allerdings unter dem Stichwort Subsidiarität); NJW 2016, 2731 Rn. 9.
335 Vgl. *Spranger* AöR 127 (2002), 27 (63 f.); *Schlaich/Korioth* BVerfG, Rn. 256; *Bethge* in: Maunz/Schmidt-Bleibtreu/Klein/Bethge, BVerfGG, § 90 Rn. 442.
336 BVerfGE 33, 247 (257 f.) = NJW 1972, 1747 (1748). – BVerfG-K NJW 2016, 2731 Rn. 10: keine fortdauernde Beschwer, wenn bei Rechtssatzverfassungsbeschwerde das angegriffene Gesetz aufgehoben worden ist.
337 St. Rspr.; vgl. BVerfGE 81, 138 (140) = NJW 1990, 1033 (1034) m. umfangr. Nachw.; vgl. zu einzelnen Kriterien BVerfGE 3, 341 (352) = NJW 1991, 2623 (2624); E 91, 125 (133) = NJW 1995, 184 (185); E 96, 27 (40) = NJW 1997, 2163 (2164); BVerfG-K NJW 2002, 3691.
338 Vgl. BVerfGE 9, 89 (93 f.); E 20, 162 (173) = NJW 1966, 1603 (1604).
339 Vgl. BVerfG-K NJW 2002, 3691.

wurde und diese Beeinträchtigung verfassungswidrig ist.[340] In Änderung seiner früheren Rechtsprechung[341] bezieht das BVerfG **Unionsgrundrechte** in den Prüfungsmaßstab ein, soweit Gegenstand der Verfassungsbeschwerde ein Akt der deutschen Staatsgewalt in einem im konkreten Fall vollständig vereinheitlichten Rechtsgebiet ist.[342] Diese Maßstabserweiterung rechtfertigt das BVerfG mit einem ansonsten unvollständigen Grundrechtsschutz gegenüber der fachgerichtlichen Rechtsanwendung und stützt die Einbeziehung der Unionsgrundrechte auf Art. 23 Abs. 1 S. 1 GG (Mitwirkung an der Anwendung von Unionsrecht im Rahmen der Integrationsverantwortung).[343]

Das BVerfG ist bei seiner Prüfung nicht an die vom Beschwerdeführer erhobenen Grundrechtsrügen gebunden, sondern kann bei einer zulässigen Verfassungsbeschwerde umfassend untersuchen, ob ein **beschwerdefähiges Recht** verletzt ist.[344] Maßstab für die Frage der Verletzung eines Grundrechts sind nicht nur die aus diesem selbst folgenden Verhaltensregeln, sondern ist auch das gesamte übrige Verfassungsrecht.[345] Hierzu zählen insbesondere die Kompetenz- und Verfahrensvorschriften sowie die objektiv-rechtlich wirkenden Staatszielbestimmungen der Art. 20 Abs. 1, Art. 20a und 28 Abs. 1 S. 1 GG. 119

## II. Prüfungsumfang und Prüfungsdichte

Aus der Zweckbestimmung der Verfassungsbeschwerde als besonderer Rechtsbehelf zur Durchsetzung der Grundrechte[346] und aus der besonderen Stellung des BVerfG im Funktionengefüge des Grundgesetzes ergeben sich einige **Begrenzungen** des Umfangs und der Intensität der **verfassungsgerichtlichen Prüfung,** insbesondere bei der Kontrolle fachgerichtlicher Entscheidungen sowie gesetzgeberischer Wertungen und Prognosen. 120

### 1. Kontrolle gerichtlicher Entscheidungen

Grundrechte werden in aller Regel im Rahmen der Anwendung oder Anwendungskontrolle einfachen Rechts verletzt. Sie garantieren nach heute ganz überwiegender Auffassung auch die Gesetzmäßigkeit der den grundrechtlichen Schutzbereich beeinträchtigenden exekutiven und judikativen Rechtsanwendung. Das Gebot richtiger Rechtsanwendung ist demnach nicht nur ein in Art. 20 Abs. 3 GG verankerter Verfassungsgrundsatz. Gesetzmäßigkeit wird auch zu einer Bedingung für die Verfassungsmäßigkeit des Grundrechtseingriffs. Jede fehlerhafte, einen Grundrechtsträger in grundrechtlich geschützten Interessen beeinträchtigende **Gerichtsentscheidung** stellt daher eine Grundrechtsverletzung dar. Deshalb müsste die verfassungsgerichtliche Kontrolle auch die richtige Anwendung des 121

---

[340] *Erichsen* Jura 1992, 142.

[341] BVerfGE 110, 141 (154 f.) = NVwZ 2004, 597 (599) → JuS 2004, 714 *(Sachs):* Gemeinschaftsrechtlich begründete Rechte gehören nicht zu den Grundrechten oder grundrechtsgleichen Rechten, die nach Art. 93 Abs. 1 Nr. 4a GG, § 90 Abs. 1 BVerfGG mit der Verfassungsbeschwerde verteidigt werden können; bekräftigend BVerfGE 115, 276 (299) = NJW 2006, 1261 Rn. 77 → *Ehlers* JK 8/06, GG Art. 12/13.

[342] BVerfGE 152, 216 Rn. 42, 50, 52 = NVwZ 2020, 63 → *Eifert* Jura (JK) 2020, 535 und → *Sachs* JuS 2020, 284 sowie → JA 2020, 237 *(Muckel)* zu Art. 7, 8 GRCh in Bezug auf den Datenschutz nach der DSGVO; zustimmend *Wendel* JZ 2020, 157; *Karpenstein/Kottmann* EuZW 2020, 185; *Kühling* NJW 2020, 275. – Soweit das EU-Recht den Mitgliedstaaten Gestaltungsspielräume belässt, fungieren die Grundrechte des Grundgesetzes (bei Schutzlücken unter Rückgriff auf die GRCh) als Prüfungsmaßstab, BVerfGE 152, 152 Rn. 49 ff. = NVwZ 2020, 53 → *Eifert* Jura (JK) 2020, 411 und → *Sachs* JuS 2020, 282 sowie → JA 2020, 233 *(Muckel)* am Beispiel des Medienprivilegs im Datenschutzrecht (Art. 85 DSGVO).

[343] BVerfGE 152, 216 Rn. 60, 67 = NVwZ 2020, 63 → *Eifert* Jura (JK) 2020, 535 und → *Sachs* JuS 2020, 284 sowie → JA 2020, 237 *(Muckel);* zustimmend *Hoffmann* NVwZ 2020, 33 (34); krit. *Kämmerer/Kotzur* NVwZ 2020, 177 (179): Zauberkasten des Art. 23 Abs. 1 GG; ferner → *Schoch* § 14 Rn. 33 ff.

[344] BVerfGE 42, 312 (325 f.) = NJW 1976, 2123 (2124); E 76, 1 (74) = NJW 1988, 626 (634); ausführlich *Müller-Franken* DÖV 1999, 590 f.; vgl. auch *Kment* in: Jarass/Pieroth, GG, Art. 93 Rn. 60; hiervon machen die Senate des BVerfG allerdings in unterschiedlichem Umfang Gebrauch, s. *Görisch* NVwZ 2007, 1007 f.

[345] *Kingreen/Poscher* Grundrechte, Rn. 1336.

[346] Vgl. oben → Rn. 1.

einfachen Rechts durch Verwaltung und Fachgerichte umfassen.[347] Dies entspricht jedoch nicht der Stellung des BVerfG als eines speziell zur verfassungsrechtlichen Kontrolle eingerichteten Organs. Das Gericht ist keine „Superrevisionsinstanz",[348] welcher – vermittelt über Art. 20 Abs. 3 GG – auch die Überprüfung der Gesetzmäßigkeit der Anwendung und Fortbildung des einfachen Rechts übertragen wäre.[349]

122 Das BVerfG begrenzt die **Kontrolle fachgerichtlicher Entscheidungen** daher zu Recht auf die Prüfung, ob eine Verletzung „spezifischen Verfassungsrechts" vorliegt.[350] Die Feststellung und Würdigung des Sachverhaltes, die Auslegung der Gesetze und ihre Anwendung auf den einzelnen Fall seien allein Sache der dafür zuständigen Gerichte und der Nachprüfung durch das BVerfG entzogen: „[...] nur bei einer Verletzung von spezifischem Verfassungsrecht durch die Gerichte kann das BVerfG auf Verfassungsbeschwerde hin eingreifen. [...] Spezifisches Verfassungsrecht ist aber nicht schon dann verletzt, wenn eine Entscheidung, am einfachen Recht gemessen, objektiv fehlerhaft ist; der Fehler muss gerade in der Nichtbeachtung von Grundrechten liegen."[351] Damit ist indes noch keine befriedigende Abgrenzung des Prüfungsumfangs bei der Verfassungsbeschwerde gelungen. Die Grundrechte garantieren nämlich nicht nur die Gesetzmäßigkeit der ihren Schutzbereich berührenden Rechtsakte, sondern wirken nach heute allgemeiner Auffassung auch in verschiedener Weise – etwa durch die im Rahmen des Art. 5 Abs. 2 GG herzustellende Wechselwirkung zwischen Grundrecht und allgemeinem Gesetz, durch ihre Ausstrahlungswirkung auf die Auslegung und Anwendung des einfachen Rechts und durch das Gebot der verfassungskonformen Auslegung – auf das nachrangige Recht und seine Anwendung ein. Wegen dieser Verknüpfungen zwischen Verfassungsrecht und einfachem Recht sind die Grenzen des „spezifischen Verfassungsrechts" nur schwer zu definieren.[352] Als Anhaltspunkt für den **Umfang der Überprüfung fachgerichtlicher Entscheidungen** mag die Feststellung des Gerichts gelten, *spezifisches Verfassungsrecht* sei berührt, wenn die Auslegung und Anwendung des einfachen Rechts auf einer grundsätzlich unrichtigen Anschauung von der Tragweite und Bedeutung eines Grundrechts beruht oder sachlich schlechthin unhaltbar und damit willkürlich ist.[353] Bei der Anwendung dieser Formel hat das BVerfG den Umfang der verfassungsgerichtlichen Kontrolle vielfach nach Maßgabe der Intensität der Grundrechtsbeeinträchtigung abgestuft.[354]

### 2. Kontrolle von Rechtsverordnungen

123 Noch nicht eindeutig geklärt ist der Umfang der verfassungsgerichtlichen **Kontrolle von Rechtsverordnungen** im Hinblick auf die Frage, ob sich die Verordnung im Rahmen ihrer gesetzlichen Grundlage hält. Auch dies setzt eine den Fachgerichten vorbehaltene Auslegung und Anwendung des einfachen Rechts, hier der Reichweite und der Grenzen der Verordnungsermächtigung, voraus. Im Rahmen der abstrakten Normenkontrolle einer Verordnung

---

[347] Vgl. *Berkemann* DVBl 1996, 1028 (1029); *Schlaich/Korioth* BVerfG, Rn. 280 ff.

[348] BVerfGE 7, 198 (207) = BeckRS 9998, 181159; ferner → *Schoch* § 14 Rn. 27.

[349] *Hermes* VVDStRL 61 (2002), 119 (127 f., 141 f., 144 ff.); *Bryde* Verfassungsentwicklung, 1982, S. 313 ff.; *Kingreen/Poscher* Grundrechte, Rn. 1342.

[350] BVerfGE 18, 85 (92) = NJW 1964, 1715 (1716); E 49, 252 (258) = NJW 1979, 538; E 54, 117 (125) = NJW 1980, 1737 (1738); E 67, 90 (94 ff.) = NJW 1984, 2147 (2148); E 111, 54 (84) = NJW 2005, 126 (127) → JA 2005, 336 *(Heinig)*; BVerfG-K NVwZ 2007, 1049 (1050); NJW 2020, 2873 Rn. 15; siehe auch *Gusy* Verfassungsbeschwerde (Fn. 325), Rn. 78 ff.; *Pestalozza* Verfassungsprozeßrecht, § 12 Rn. 13 ff.; *Bethge* in: Maunz/Schmidt-Bleibtreu/Klein/Bethge, BVerfGG, § 90 Rn. 64.

[351] BVerfGE 18, 85 (92) = NJW 1964, 1715 (1716).

[352] Vgl. dazu *Berkemann* DVBl 1996, 1028; *Schlaich/Korioth* BVerfG, Rn. 281 ff.; zur Kritik an der Formel vom spezifischen Verfassungsrecht vgl. *Scherzberg* Grundrechtsschutz (Fn. 190), S. 28 ff.

[353] BVerfGE 18, 85 (92 f.) = NJW 1964, 1715 (1716); E 62, 338 (343) = NJW 1983, 1046; E 65, 317 (322) = NJW 1984, 1025; E 85, 248 (257 f.) = NJW 1992, 2341 (2342); BVerfG-K NJW 2020, 2873 Rn. 15; näher *Kment* in: Jarass/Pieroth, GG, Art. 93 Rn. 62.

[354] BVerfGE 18, 85 (93) = NJW 1964, 1715 (1716); E 42, 143 (149 f.) = NJW 1976, 1677; E 42, 163 (168) = NJW 1976, 1680 (1681); E 89, 214 (230) = NJW 1994, 36 (38); E 96, 375 (399) = NJW 1998, 519 (521); E 103, 89 (100) = NJW 2001, 957 (958); ferner *Scherzberg* Grundrechtsschutz (Fn. 190), S. 41 ff.

beschränkt das BVerfG seine Prüfung dennoch nicht auf „spezifisch" verfassungsrechtliche Fragen, sondern kontrolliert auch, ob die **Rechtsverordnung** inhaltlich mit dem zu ihrem **Erlass ermächtigenden Gesetz** vereinbar ist. Nur so sei festzustellen, ob überhaupt ein gültiger Verfahrensgegenstand vorliegt, da es im Fall der abstrakten Normenkontrolle nicht zu einer vorherigen fachgerichtlichen Klärung der Vorgaben des einfachen Rechts kommt.[355] Anders verhält es sich jedoch in der Regel bei der Verfassungsbeschwerde: Ergibt sich aus einer Verordnung die Ermächtigung zu einer Grundrechtsbeeinträchtigung, muss bei der der Verfassungsbeschwerde vorgeschalteten fachgerichtlichen Kontrolle der betreffenden Maßnahme (→ Rn. 88 ff.) die inhaltliche Vereinbarkeit der Verordnung mit ihrer gesetzlichen Grundlage geprüft und ggf. die Nichtigkeit der Verordnung festgestellt werden.[356] Daher dürfte bei einer **Urteilsverfassungsbeschwerde,** die sich mittelbar gegen eine Verordnung richtet, deren Vereinbarkeit mit ihrer fachgesetzlichen Ermächtigungsgrundlage nicht mehr vom BVerfG zu prüfen sein und sich die verfassungsgerichtliche Kontrolle wiederum auf die Verletzung „spezifischen Verfassungsrechts" beschränken.[357]

### 3. Kontrolle legislativer Prognosen und Wertungen

Fraglich ist auch der Umfang der verfassungsgerichtlichen Kontrolle der **Prognosen des** 124
**Gesetzgebers.** Im Zeitpunkt des Erlasses einer Norm kann dieser oftmals nicht sicher einschätzen, wie sich die für den Erlass maßgeblichen Umstände in der Zukunft entwickeln und wie sich die Norm auf künftige Lebenssachverhalte auswirken wird. Auch wenn die Richtigkeit der Prognose ungewiss bleibt, ist sie ein unabdingbares Element politischen Entscheidens.[358] Für ihre verfassungsgerichtliche Beurteilung hat das BVerfG differenzierte Maßstäbe aufgestellt: Die Ungewissheit über die Auswirkungen eines Gesetzes schließe zwar nicht die Befugnis des Gesetzgebers aus, auch weitreichende Gesetze zu erlassen, begründe aber auch keinen der verfassungsgerichtlichen Kontrolle generell unzugänglichen legislativen Spielraum. Die Reichweite der **Einschätzungsprärogative des Gesetzgebers** hänge ab „von der Eigenart des in Rede stehenden Sachbereichs, den Möglichkeiten, sich ein hinreichend sicheres Urteil zu bilden, und der Bedeutung der auf dem Spiele stehenden Rechtsgüter".[359] Die Beurteilung von Prognosen des Gesetzgebers durch das BVerfG reicht dementsprechend von einer bloßen Evidenzkontrolle[360] über eine Vertretbarkeitskontrolle[361] bis hin zu einer intensivierten inhaltlichen Kontrolle.[362] Dabei prüft das Gericht aus der ex-ante-Perspektive, in der sich der Gesetzgeber zum Zeitpunkt des Normerlasses befunden hat.[363] Eine aufgrund der tatsächlichen Entwicklung widerlegte

---

[355] Vgl. BVerfGE 101, 1 (30 f.) = NJW 1999, 3253.

[356] Mit der Folge, dass eine konkrete Normenkontrolle nach Art. 100 Abs. 1 GG unzulässig wäre, vgl. BVerfGE 2, 307 (320 f.) = NJW 1953, 1177 (1178).

[357] Hierzu scheint auch das BVerfG zu tendieren, vgl. BVerfGE 101, 1 (30 f.) = NJW 1999, 3253; die umfassende Prüfung der Vereinbarkeit der VO mit ihrer einfachgesetzlichen Ermächtigung in BVerfGE 62, 117 (148 ff.) = NVwZ 1983, 277 (278 ff.) und E 65, 248 (259 ff.) = NJW 1984, 861 f. dürfte dem Umstand geschuldet gewesen sein, dass eine Prüfung derselben im Ausgangsverfahren scheinbar nicht stattgefunden hat. Bei einer Verfassungsbeschwerde unmittelbar gegen eine selbstvollziehende Verordnung dürften dagegen die gleichen Maßstäbe gelten wie im Rahmen der abstrakten Normenkontrolle.

[358] *Ossenbühl* FS 25 Jahre BVerfG, 1976, S. 458 (501).

[359] BVerfGE 50, 290 (332 f.) = NJW 1979, 699 (701); vgl. auch BVerfGE 57, 139 (159) = NJW 1981, 2107 (2108); E 88, 203 (262) = NJW 1993, 1751 (1755 f.); E 90, 145 (173) = NJW 1994, 1577 (1578 f.); E 99, 367 (389 f.) = NJW 1999, 1535 (1536).

[360] Vgl. BVerfGE 36, 1 (17) = NJW 1973, 1539 (1540); E 37, 1 (20) = NJW 1974, 1317 (1319); E 40, 196 (223) = NJW 1976, 179 (180); E 99, 367 (389 f.) = NJW 1999, 1535 (1536).

[361] Vgl. BVerfGE 25, 1 (12 f., 17) = NJW 1969, 499 (499 f., 501); E 30, 250 (263) = NJW 1971, 1603; E 39, 210 (225 f.) = BeckRS 1975, 105631.

[362] BVerfGE 50, 290 (332 f.) = NJW 1979, 699 (701); vgl. auch E 57, 139 (159) = NJW 1981, 2107 (2108); E 88, 203 (262) = NJW 1993, 1751 (1756); E 90, 145 (173) = NJW 1994, 1577 (1579); E 99, 367 (389 f.) = NJW 1999, 1535 (1536).

[363] BVerfGE 30, 250 (264) = NJW 1971, 1603; E 113, 167 (234) = NVwZ 2006, 559 (565) → JuS 2006, 474 *(Ruland).*

Prognose zieht daher nicht die Verfassungswidrigkeit eines Gesetzes nach sich, soweit die an das Verfahren der Prognoseerstellung zu richtenden Rationalitätsanforderungen erfüllt sind.[364] Allerdings muss der Gesetzgeber seine auf falscher Prognose beruhende Entscheidung für die Zukunft korrigieren.[365] Diese **Nachbesserungspflicht** besteht auch dann, wenn es (noch) nicht zu einer verfassungsgerichtlichen Überprüfung eines Gesetzes gekommen ist. Je höher der Rang der betroffenen grundrechtlichen Schutzgüter ist, desto stärker ist der Gesetzgeber verpflichtet, die Auswirkungen seines gesetzlichen Konzepts in der sozialen Wirklichkeit nach Abschluss des Gesetzgebungsverfahrens zu beobachten.[366]

125 Soweit der **Gesetzgeber eine wertende Zuordnung** verschiedener grundrechtlich geschützter Rechtsgüter vornimmt oder diese nach selbst gesetzten Zwecken zu beschränken sucht, ist die dabei getroffene Abwägung verfassungsgerichtlich nur überprüfbar, soweit die Verfassung hierfür Maßstäbe zur Verfügung stellt. Dies ist angesichts der **Struktur des Grundgesetzes** als bewusst unvollständiger **Rahmenordnung des Staates**[367] nur begrenzt der Fall. Darüber dürfte heute weitgehende Einigkeit erzielt sein, auch wenn die Grenzen der verfassungsgerichtlichen Kontrolle des Gesetzgebers wohl immer eines der umstrittensten Probleme der Verfassungsrechtsdogmatik bleiben werden. Immerhin lassen sich dem Grundgesetz verschiedene Regelungen entnehmen, die die Ausfüllung verfassungsrechtlicher Spielräume dem Gesetzgeber übertragen und eine Anreicherung und Verdichtung im Wege der verfassungsgerichtlichen Verfassungsentwicklung ausschließen.[368] Darüber hinaus weist der allgemeine Vorbehalt des Gesetzes dem Gesetzgeber die Befugnis zur Erstinterpretation der Verfassung zu.[369] Das Grundgesetz legt seine gestaltende Umsetzung damit immer dann in parlamentarische Verantwortung, wenn ihm mit den bekannten Argumentationsformen der Verfassungsinterpretation keine hinreichend sicheren Maßstäbe für eine wertende Verfassungskonkretisierung entnommen werden können. Das BVerfG ist deshalb auf die Korrektur methodisch sicher falsifizierbarer Auslegungsergebnisse beschränkt (→ Rn. 159, 171).[370]

## III. Grundrechtsverletzung – Vorbemerkungen

126 Wenn die Begründetheit einer Verfassungsbeschwerde nach dem oben Gesagten voraussetzt, dass der Beschwerdeführer „in einem seiner Grundrechte […] verletzt ist" (Art. 93 Abs. 1 Nr. 4a GG), geht es dabei um die **Verletzung des Grundrechts** als eines subjektiv-öffentlichen Rechts.[371] Wenn § 95 Abs. 1 BVerfGG demgegenüber anordnet, das BVerfG habe bei der Stattgabe der Verfassungsbeschwerde festzustellen, „welche Vorschrift des Grundgesetzes […] verletzt ist", bezieht sich dies auf die betreffende Verfassungs- und gegebenenfalls auch Grundrechtsnorm in ihrem objektiv-rechtlichen Gehalt. Das Grundrecht als **subjektives Recht** und die Grundrechtsnorm als **objektive Regelungsanordnung** sind demnach offenbar zu unterscheiden.

[364] BVerfGE 50, 290 (332 f.) = NJW 1979, 699 (701); E 68, 193 (220) = NJW 1985, 1385 (1388); E 79, 311 (344) = NJW 1989, 2457 (2461); E 113, 167 (234) = NVwZ 2006, 559 (565) → JuS 2006, 474 *(Ruland)*.

[365] Vgl. BVerfGE 25, 1 (13) = NJW 1969, 499 (500); E 50, 290 (335) = NJW 1979, 699 (702); E 57, 139 (162) = NJW 1981, 2107 (2109); E 88, 203 (309) = NJW 1993, 1751 (1767); E 95, 267 (314) = NJW 1997, 1975 (1978).

[366] Vgl. BVerfGE 88, 203 (310) = NJW 1993, 1751 (1767); E 95, 267 (313) = NJW 1997, 1975 (1978); E 111, 333 (360) = NVwZ 2005, 315 (317 f.).

[367] BVerfGE 42, 312 (332) = NJW 1976, 2123 (2125); *Böckenförde* Staat, Verfassung, Demokratie, 1991, S. 17, 58, 86 f.

[368] *Scherzberg* DVBl 1999, 356 (363 ff.); im Ansatz auch *Meßerschmidt* Gesetzgebungsermessen, 2000, S. 101 ff., 400 f., 1043.

[369] *Kirchhof* NJW 1996, 1497 (1504); implizit BVerfG-K NJW 2003, 3111 (3116), wo das Gericht die verfassungsimmanenten Schranken der konkurrierenden vorbehaltlosen Freiheitsgarantien nicht abschließend selbst bestimmt, sondern ihre Konkretisierung einer (landes)gesetzlichen Regelung überträgt.

[370] Näher dazu *Scherzberg* DVBl 1999, 357 (365 f.).

[371] Zu Begriff und Funktion des subjektiven Rechts *Röhl* Allgemeine Rechtslehre, 2008, S. 325 ff.

127 Die Begriffe „subjektivrechtlich“ und „objektivrechtlich“ werden bezogen auf die Grundrechte aber häufig in anderer und missverständlicher Weise benutzt. So hat sich für die über die **Eingriffsabwehr** hinausgehenden Wirkungsweisen der Grundrechte – insbesondere ihre teilhaberechtliche und ihre schutzpflichtbegründende Dimension – offenbar wegen deren Herleitung aus der vom BVerfG in den Grundrechten erkannten sog. „objektiven Wertordnung“[372] – die Bezeichnung „objektiv-rechtliche Regelungsgehalte“ oder „objektiv-rechtliche Funktionen“ etabliert.[373] Dennoch sind nach Auffassung des BVerfG und der herrschenden Lehre auch die **Teilhabe- und Schutzpflichtfunktion der Grundrechte** grundsätzlich im Wege der Verfassungsbeschwerde durchsetzbar.[374] Auch insoweit begründen die Grundrechte also offenbar ein subjektives Recht. Objektivrechtliche Regelungsgehalte können sich aber schwerlich zu subjektiven Rechten verdichten. Die Rede vom „objektiv-rechtlichen Regelungsgehalt“ verkennt die aus der allgemeinen Rechtslehre stammende Unterscheidung von subjektivem und objektivem Recht.[375]

128 Wie jeder zwingende Rechtssatz begründet eine Grundrechtsnorm zunächst eine objektive Befolgungspflicht ihrer Regelungsadressaten. Sie kann darüber hinaus auch auf die Begründung eines subjektiven Rechts des von ihr begünstigten Personenkreises gerichtet sein. Das ist nach den allgemeinen Regeln über die **Begründung subjektiver Rechte** der Fall, wenn die Grundrechtsnorm den Grundrechtsträger zum Sachwalter eines durch sie geschützten Interesses bestimmt und ihm die Rechtsmacht zur Durchsetzung ihrer objektiven Verhaltensbefehle gegenüber dem Regelungsadressaten einräumt.[376] Dass die Grundrechte des Grundgesetzes diese Voraussetzungen erfüllen, ist heute im Grundsatz unbestritten. Sie weisen nach Wortlaut, Entstehungsgeschichte und Funktion als Bürger- und Menschenrechte den Begünstigten die Wahrnehmung selbst gewählter Interessen als eigene Angelegenheit zu und gewähren sie als Freiheit, die nur im Rahmen des verfassungsgemäßen Rechts begrenzt werden darf und gegen verfassungswidrige Übergriffe verteidigt werden kann. Die **Abwehrbefugnis des Grundrechtsträgers** bezieht sich auf alle, dem Schutz dieser Freiheit dienenden objektiv-grundrechtlichen Regelungsanordnungen. Sein Abwehrrecht bezieht sich deshalb nicht, wie in der Tradition der Jellinek'schen Statuslehre[377] heute vielfach noch behauptet,[378] auf die Verteidigung einer räumlich-gegenständlichen Freiheitssphäre, sondern auf die Abwehr von Verletzungen der (objektiven) Grundrechtsnorm.[379]

## IV. Prüfung der Grundrechtsverletzung

129 Aufbau und Inhalt der **Begründetheitsprüfung** sind von der Art der geltend gemachten Grundrechtsverletzung abhängig. Zu unterscheiden sind:

- Freiheitsbeeinträchtigungen mittels Befehl und Zwang oder durch mittelbar-faktische „Eingriffe“;
- Beeinträchtigungen „realer Freiheit“, etwa durch die Verletzung einer grundrechtlichen Schutzpflicht oder die Nichtgewährung von Teilhabe oder Leistungen;

---

[372] Zu dieser problematischen Rechtsfigur *Hesse* Grundzüge des Verfassungsrechts, Rn. 299 ff.; *Scherzberg* Grundrechtsschutz (Fn. 190), S. 155 ff.; Versuch einer Konkretisierung der grundrechtlichen Wertentscheidungen bei *Kingreen/Poscher* Grundrechte, Rn. 111 f.

[373] Vgl. *Böckenförde* Der Staat 29 (1990), 1 (13 ff.); *Alexy* Der Staat 29 (1990), 49; *Kingreen/Poscher* Grundrechte, Rn. 113, 115.

[374] Vgl. BVerfGE 33, 303 (332) = NJW 1972, 1561 (1564); E 48, 127 (161) = NJW 1978, 1245 (1246); E 53, 30 (57) = NJW 1980, 759 (761); E 76, 1 (49 ff.) = NJW 1988, 626 (628 f.); E 77, 170 (214 f.) = NJW 1988, 1651 (1653); E 79, 174 (201 f.) = NJW 1989, 1271 (1275 f.); E 115, 25 (49) = NJW 2006, 891 (894) (für den Sonderfall der Verknüpfung von Eingriff und Leistung bei der Pflichtversicherung); BVerfG-K JZ 2007, 576; NVwZ 2016, 841 Rn. 19 (m. Anm. *Penz*); *Jarass* in: Jarass/Pieroth, GG, Vorb Art. 1 Rn. 4, 9.

[375] Dazu zusammenfassend *Scherzberg* DVBl 1988, 129 (130).

[376] Dazu *Scherzberg* in: Ehlers/Pünder, AllgVwR, § 12 Rn. 9 ff.

[377] Dazu näher *Scherzberg* Grundrechtsschutz (Fn. 190), S. 214 ff.

[378] Siehe etwa *Schlink* EuGRZ 1984, 457 f.; *Kingreen/Poscher* Grundrechte, Rn. 118.

[379] *Scherzberg* DVBl 1989, 1128 (1135 f.); *ders.* Grundrechtsschutz (Fn. 190), S. 214 ff.; krit. zur tradierten Konzeption von Freiheitssphären auch *Hoffmann-Riem* Haben wir wirklich Recht?, 2004, S. 53 (57).

– gegen den Gleichheitssatz.

Soweit das BVerfG die Prüfung anhand der Unionsgrundrechte durchführt (→ Rn. 118), erfolgt dies „ohne Schwierigkeiten auf der Grundlage des geltenden Prozessrechts".[380]

### 1. Abwehr imperativer und mittelbar-faktischer Freiheitsbeeinträchtigungen („klassische" Eingriffsabwehr)[381]

130 **Fall 22:** Durch Bundesgesetz wird das Reiten im Walde nur auf bestimmten, als Reitwege gekennzeichneten Straßen und Wegen gestattet. Wanderwege dürfen nicht als Reitwege gekennzeichnet werden, damit Spaziergänger und Wanderer nicht durch Reitpferde gefährdet werden. Reiter R hält das Gesetz für eine unzulässige Beschränkung seiner grundrechtlichen Freiheit. Da ein Großteil der Waldwege als Wanderwege ausgewiesen sei, seien ausgedehnte Reitausflüge im Wald nicht möglich. Abgesehen davon, dass das Gesetz nicht ordnungsgemäß zustandegekommen sei, weil dem Bundesgesetzgeber die Gesetzgebungskompetenz fehle, stelle es auch eine unverhältnismäßige Freiheitsbeschränkung dar. Der Schutz von Fußgängern sei durch entsprechende Rücksichtnahmegebote und andere, seine Freiheit weniger beschränkende Maßnahmen möglich. Wird R mit seinen Einwänden gehört werden?[382]

131 **Fall 23:** In einer Antwort der Bundesregierung auf eine Anfrage zum Thema „Neuere Glaubens- und Weltanschauungsgemeinschaften" bezeichnete die Regierung die „B-Gemeinschaft" als eine pseudoreligiöse Psycho- und Jugendsekte, die ihre Mitglieder weitgehend unter Ausschluss der Öffentlichkeit manipuliere, destruktive religiöse Kulte anwende sowie Pseudoheilslehren verbreite. Verletzt dies die „B-Gemeinschaft" in ihren Grundrechten, wenn die Vorwürfe der Manipulation und Destruktion einer tatsächlichen Grundlage entbehren?[383]

132 Eine Grundrechtsverletzung durch Verstoß gegen die Pflicht zur Unterlassung von Beeinträchtigungen grundrechtlich geschützter Güter und Freiheiten liegt vor, wenn
– die angegriffene Maßnahme den grundrechtlichen Schutzbereich nachteilig berührt,
– es sich dabei um eine grundrechtlich erhebliche Beeinträchtigung handelt (sog. Eingriff) und
– diese Beeinträchtigung verfassungswidrig ist.[384]

133 **a) Bestimmung des Schutzbereichs.** Bei der Bestimmung des grundrechtlichen Schutzbereichs ist zu fragen, welche **Grundrechtsnorm** für den der Verfassungsbeschwerde zugrundeliegenden Sachverhalt in personeller und sachlicher Hinsicht einschlägig ist.[385] Während im Rahmen des personellen Schutzbereichs zu untersuchen ist, wer von dem Grundrecht geschützt ist,[386] geht es beim sachlichen Schutzbereich um die Feststellung, ob die in der Verfassungsbeschwerde geschilderten Verhaltensweisen, Befindlichkeiten, Interessen oder Rechtsgüter vom Grundrecht gegenüber staatlichen Beeinträchtigungen geschützt sind.

---

[380] So BVerfGE 152, 216 Rn. 67 = NVwZ 2020, 63 → *Eifert* Jura (JK) 2020, 535 und → *Sachs* JuS 2020, 284 sowie → JA 2020, 237 *(Muckel)*. In der Sache geht es um eine *materielle* Prüfung; dies muss richtigerweise anhand der vom EuGH für das betreffende Unionsgrundrecht entwickelten Auslegungsgrundsätze und Standards erfolgen.

[381] Berechtigte Einwände gegen die Bezeichnung dieser Grundrechtsfunktion als „klassisch" bei *Grimm* Die Zukunft der Verfassung, 1994, S. 224 ff.

[382] Fall nach BVerfGE 80, 137 = NJW 1989, 2525 → JuS 1990, 317 *(Sachs)*.

[383] Fall nach BVerfGE 105, 279 = NJW 2002, 2626 → *Ehlers* JK 1/03, GG Art. 4 I, II/23 und → JuS 2003, 186 *(Sachs)* sowie → JA 2003, 113 *(Winkler)*.

[384] Vgl. *Schoch* Übungen im Öffentlichen Recht I: Verfassungsrecht und Verfassungsprozessrecht, 2000, S. 19.

[385] *Dreier* in: Dreier, GG, Vorb Art. 1 Rn. 120.

[386] Dies korrespondiert mit der im Rahmen der Beteiligtenfähigkeit behandelten Frage, wer Träger eines Grundrechts i. S. d. § 90 Abs. 1 BVerfGG sein kann, vgl. oben → Rn. 21 ff.

Die Definition des **sachlichen Schutzbereichs** hat am Wortlaut des in Betracht kommenden Grundrechts anzusetzen. Dort enthaltene Begrenzungen des grundrechtlichen „Tatbestandes" sind zu berücksichtigen.[387] So schützt beispielsweise Art. 8 Abs. 1 GG nur das Recht, sich friedlich und ohne Waffen zu versammeln, so dass unfriedliche oder bewaffnete Versammlungen von vornherein nicht vom Schutzbereich dieser Norm erfasst werden.[388] Begrenzungen müssen aber nicht verfassungstextlich ausdrücklich benannt sein. Sie können sich auch aus systematischen Erwägungen ergeben. So wird eine Verfassung, die den Staat auf den Schutz von Leben, Gesundheit und Eigentum verpflichtet, nicht gleichzeitig die Tätigkeit eines Berufsverbrechers zum grundrechtlichen Schutzgut erheben. Im Rahmen des Art. 12 Abs. 1 GG ist deshalb nur die allgemein erlaubte Tätigkeit als Beruf geschützt, so dass dieses Grundrecht nur einschlägig ist, wenn eine Betätigung gerade wegen ihrer gewerblichen Ausübung bestimmten Verboten oder Beschränkungen unterliegt.[389] Grundrechte wie z. B. die Vereinigungsfreiheit oder die Religionsfreiheit, die das Recht auf einen spezifischen Freiheitsgebrauch gewähren, schützen auch die sog. „negative Freiheit", d. h. das Recht, von der fraglichen Freiheit gerade keinen Gebrauch zu machen.[390] 134

Besondere Freiheitsrechte schließen für den von ihnen erfassten Lebensbereich als speziellere Regelung die Anwendung des Art. 2 Abs. 1 GG aus.[391] Insbesondere kommt ein Rückgriff auf die **allgemeine Handlungsfreiheit** dann nicht in Betracht, wenn ein besonderes Freiheitsrecht thematisch einschlägig ist, aber im konkreten Fall keinen Schutz gewährt.[392] Ein weitergehendes Verständnis des Art. 2 Abs. 1 GG als „totales Auffanggrundrecht"[393] würde die grundgesetzlichen Differenzierungen der Freiheitsrechte mit ihren unterschiedlichen Schutzbereichsbegrenzungen und Gesetzesvorbehalten in bedenklicher Weise relativieren.[394] 135

Ist ein Lebenssachverhalt vom Schutzbereich mehrerer Grundrechte erfasst, stellt sich die Frage nach der **Grundrechtskonkurrenz.**[395] So kann die Arbeit eines Journalisten von Art. 12 Abs. 1 und Art. 5 Abs. 1 GG geschützt sein,[396] kann Satire der Kunstfreiheit nach Art. 5 Abs. 3 S. 1 GG oder der Meinungsfreiheit nach Art. 5 Abs. 1 S. 1 GG zugeordnet werden[397] und eine Fronleichnamsprozession sich als Versammlung nach Art. 8 Abs. 1 GG 136

---

[387] *Jarass* in: Jarass/Pieroth, GG, Vorb Art. 1 Rn. 20.

[388] BVerfGE 69, 315 (360) = BeckRS 1985, 108894.

[389] BVerfGE 7, 377 (397) = NJW 1958, 1035 (1306); E 78, 179 (193) = NJW 1988, 2290; E 81, 70 (85) = NJW 1990, 1349; E 113, 29 (48 f.) = NJW 2005, 1917 (1919); vgl. *Kingreen/Poscher* Grundrechte, Rn. 937; *Scholz* in: Maunz/Dürig, GG, Art. 12 Rn. 36 ff. Teilweise wird die Beschränkung auf eine erlaubte Tätigkeit auch abgelehnt, vgl. *Kahl* AöR 131 (2006), 579 (604); *Jarass* in: Jarass/Pieroth, GG, Art. 12 Rn. 8, oder durch den viel zu unbestimmten Ausschluss „gemeinschaftsschädlicher Tätigkeit" ersetzt, dazu *Kämmerer* in: v. Münch/Kunig, GG, Art. 12 Rn. 33; differenzierend *Lerche* FS Fikentscher, 1998, S. 541 (544 f., 552 f.).

[390] Vgl. *Dreier* in: Dreier, GG, Vorb Art. 1 Rn. 87 m. w. Nachw.

[391] Vgl. BVerfGE 33, 171 (191) = NJW 1972, 1509 (1512); E 38, 61 (79) = NJW 1975, 31; E 68, 193 (223 f.) = NJW 1985, 1385 (1389); *Cornils* in: HStR VII, § 168 Rn. 60.

[392] Strittig ist z. B., ob unfriedliche Versammlungen, die nicht unter Art. 8 Abs. 1 GG fallen, von der allgemeinen Handlungsfreiheit erfasst werden. Dies hängt letztlich vom Verständnis der Auffangfunktion des Art. 2 Abs. 1 GG ab; dazu *Gassner* Die Rechtsprechung zur Versammlungsfreiheit im internationalen Vergleich, 2012, S. 30; *Kahl* Die Schutzergänzungsfunktion von Art. 2 Abs. 1 GG, 2000, S. 19 f.; *Gas* Gemeinwohl und Individualfreiheit im nationalen Recht und Völkerrecht, 2017, S. 81 ff., 116 f.; *Cornils* in: HStR VII, § 168 Rn. 64 ff. Für den Rückgriff auf Art. 2 Abs. 1 GG: BVerfG-K NJW 1991, 971; *Kingreen/Poscher* Grundrechte, Rn. 395; *Jarass* in: Jarass/Pieroth, GG, Art. 8 Rn. 7; *Ernst* in: v. Münch/Kunig, GG, Art. 8 Rn. 54; dagegen: *Erichsen* in: HStR VI, 2. Aufl. 2001, § 152 Rn. 26; *Gusy* in: v. Mangoldt/Klein/Starck, GG, Art. 8 Rn. 92; widersprüchlich: *Schulze-Fielitz* in: Dreier, GG, Art. 8 Rn. 72.

[393] So aber *Di Fabio* in: Maunz/Dürig, GG, Art. 2 I Rn. 6, 8; *Dreier* in: Dreier, GG, Art. 2 I Rn. 22, 66; *Kingreen/Poscher* Grundrechte, Rn. 437 f.

[394] *Erichsen* in: HStR VI, 2. Aufl. 2001, § 152 Rn. 25 ff.; *Hoffmann-Riem* Haben wir wirklich Recht? (Fn. 379), S. 53 (73); vgl. auch *Hesse* Grundzüge des Verfassungsrechts, Rn. 300 ff. Zur Bedeutung des Art. 2 Abs. 1 GG als Auffanggrundrecht für Ausländer im Regelungsbereich von Deutschen-Grundrechten → Rn. 23.

[395] *Jarass* in: Jarass/Pieroth, GG, Vorb Art. 1 Rn. 17 f.; vgl. dazu umfassend *Heß* Grundrechtskonkurrenzen, 2000; *Resing* Die Grundrechtskonkurrenz, 2016.

[396] Vgl. *Kingreen/Poscher* Grundrechte, Rn. 389; *Schulze-Fielitz* in: Dreier, GG, Art. 5 I, II Rn. 318.

[397] Vgl. BVerfGE 86, 1 (9 ff.) = NJW 1992, 2073.

oder als Form der gemeinsamen Religionsausübung nach Art. 4 Abs. 2 GG darstellen.[398] Hier ist jeweils auf die Art der Beeinträchtigung abzustellen und zu prüfen, ob ein Grundrecht sich nach seinem Schutzzweck für diesen Typus von Freiheitsminderung als speziellere Norm erweist[399] oder ob das beeinträchtigte Verhalten gleichzeitig von mehreren Grundrechten geschützt wird. Sind verschiedene spezielle Freiheitsrechte einschlägig und lässt sich keines davon als sachnähere Norm identifizieren, muss sich die Beeinträchtigung an beiden Grundrechten messen lassen.[400]

137 In der Rechtsprechung des BVerfG ist eine Tendenz zur **Verengung grundrechtlicher Schutzbereiche** zu verzeichnen.[401] Was mit dem Ausschluss eigenmächtiger Inanspruchnahme fremden Eigentums aus der Kunstfreiheit begann,[402] fand seine Fortsetzung in der Osho-Entscheidung, derzufolge die Bezeichnung „Psychosekte" den Schutzbereich der Religionsfreiheit nicht berühre,[403] und in der Glykol-Entscheidung, welche eine informatorische Einflussnahme auf das Marktgeschehen nicht dem Schutzbereich des Art. 12 Abs. 1 GG unterwirft.[404] Paradigmatischer Höhepunkt des neuen Ansatzes ist die **Neuinterpretation der Versammlungsfreiheit** des Art. 8 Abs. 1 GG. Während früher als Versammlung jede Zusammenkunft galt, die durch die innere Verbindung der Versammlungsteilnehmer zu gemeinsamer Zweckverfolgung gekennzeichnet ist,[405] soll zur Eröffnung des Schutzbereichs des Art. 8 Abs. 1 GG nun die Ausrichtung der Versammlung auf eine *Teilhabe an der öffentlichen Meinungsbildung* erforderlich sein.[406] Zur Begründung weist der Erste Senat auf den engen Funktionszusammenhang zwischen Versammlungsfreiheit und Demokratieprinzip hin und stellt fest, in einem parlamentarischen Repräsentativsystem seien die kollektive Meinungskundgabe und der Minderheitenschutz von besonderer Bedeutung.[407] So richtig diese Feststellung ist, so bedenklich sind die daraus gezogenen Folgerungen. Der Erste Senat nimmt keine bloße Arrondierung des grundrechtlichen Schutzgehalts vor, sondern verabschiedet die Ursprünglichkeit der Grundrechtsfunktion des Freiheitsschutzes, die im Anerkenntnis der Subjektqualität des Menschen in Art. 1 Abs. 1 S. 1 GG wurzelt. Statt die dem Menschen seiner Natur nach innewohnende Fähigkeit zur **Selbstbestimmung als Selbstwert** zu schützen,

---

[398] Vgl. *Kingreen/Poscher* Grundrechte, Rn. 398; *Morlok* in: Dreier, GG, Art. 4 Rn. 87.

[399] *Jarass* in: Jarass/Pieroth, GG, Vorb Art. 1 Rn. 17 f.

[400] *Kingreen/Poscher* Grundrechte, Rn. 397.

[401] Ausführliche Diskussion dazu bei *Kahl* Der Staat 43 (2004), 167; *ders.* AöR 131 (2006), 579 (605 ff.); *Hoffmann-Riem* Der Staat 43 (2004), 203; *ders.* Haben wir wirklich Recht? (Fn. 379), S. 53 ff.; *Volkmann* JZ 2005, 261 (265 ff.); *Möllers* NJW 2005, 1973; *I. Augsberg/Unger* Basistexte: Grundrechtstheorie, 2012, S. 378 ff.; *Gas* Gemeinwohl und Individualfreiheit (Fn. 392), S. 81 ff.

[402] BVerfG (Vorprüfungsausschuss) NJW 1984, 1293; hierzu *v. Arnauld* in: HStR VII, § 167 Rn. 44.

[403] BVerfGE 105, 279 (294 f.) = NJW 2002, 2626 (2627); für einen engeren Schutzbereich des Art. 4 Abs. 1, 2 GG auch *Böckenförde* Der Staat 42 (2003), 165 (179 ff.); *Dreier* in: Dreier, GG, Vorb Art. 1 Rn. 128; krit. dazu unten Lösung zu Fall 23 (→ Rn. 165).

[404] BVerfGE 105, 252 (265) = NJW 2002, 2621 (2622); hierzu krit. *Möllers* NJW 2005, 1973 (1975); *Volkmann* JZ 2005, 261 (266). Eine stillschweigende Abkehr von der Verengung des Schutzbereichs bei Art. 12 Abs. 1 GG für staatliches Informationshandeln nunmehr bei BVerfGE 148, 40 Rn. 26 ff. = NVwZ 2018, 1056 (m. Anm. *Wiemers*) = NJW 2018, 2109 (m. Bespr. *Hamm* NJW 2018, 2099) = JZ 2018, 994 (m. Bespr. *F. Wollenschläger* JZ 2018, 980) → *Kingreen* Jura (JK) 2018, 1187 und → *Sachs* JuS 2018, 827 sowie → JA 2018, 638 *(Muckel)*.

[405] Vgl. *Schulze-Fielitz* in: Dreier, GG, Art. 8 Rn. 24 ff.; in diesem Sinne wohl auch BVerfGE 69, 315 (343) = BeckRS 1985, 108894.

[406] BVerfGE 104, 92 (104) = NJW 2002, 1031 (1032) [m. Bespr. *Mittelsdorf* JuS 2002, 1062 und *Heger* Jura 2003, 112]; E 111, 147 (154 f.) = NJW 2004, 2814 (2815) → *Schoch* JK 2/05 BVerfGG § 32/8 und → JuS 2004, 1095 *(Sachs)*; BVerfG-K NVwZ 2011, 422 Rn. 19 → JA 2011, 555 *(Muckel)*; NJW 2014, 2706 Rn. 15 → Kingreen Jura (JK) 2015, 883 und → JA 2015, 273 *(Muckel)*; NVwZ 2014, 1453 Rn. 11 → *Kingreen* Jura (JK) 2015, 1263 und → JA 2015, 157 *(Muckel)*; zur fachgerichtlichen Rezeption vgl. etwa BVerwGE 129, 42 Rn. 15 = NVwZ 2007, 1431 (m. Bespr. *Bredt* NVwZ 2007, 1358) → JuS 2008, 172 *(Waldhoff)*; E 160, 169 Rn. 25 = NJW 2018, 716 (m. Anm. *Roggan*) = JZ 2018, 457 (m. Anm. *Enders*) → *Kingreen* Jura (JK) 2018, 965 und → *Sachs* JuS 2018, 596 sowie → JA 2018, 476 *(Muckel)*; ferner z. B. *Enders* Jura 2003, 34 (37 f.); *Hoffmann-Riem* Der Staat 43 (2004), 203 (212 f.).

[407] BVerfG-K NJW 2001, 2459 (2460) → JuS 2001, 1223 *(Sachs)*; ebenso *Hoffmann-Riem* Der Staat 43 (2004), 203 (213). Zur Beschränkung des Schutzbereichs *Kahl* Der Staat 43 (2004), 167 (172); *ders.* AöR 131 (2006), 579 (605 ff.); *Möllers* NJW 2005, 1973 (1976 ff.); *Schulze-Fielitz* in: Dreier, GG, Art. 8 Rn. 16 f.

wird das Grundrecht auf Zubringerdienste für Staatsstrukturprinzipien beschränkt. Wortlaut, Entstehungs- und Entwicklungsgeschichte der Versammlungsfreiheit enthalten indes keinerlei Hinweis auf eine solche Indienstnahme. Die systematische Zusammenschau der Grundrechte mit kommunikativem und interaktivem Gehalt lässt vielmehr erkennen, dass das Grundgesetz einen auf selbstbestimmte Entfaltung gerichteten, **zweckunabhängigen Freiheitsschutz** konzipiert: Durch die Meinungs-, Presse- und Rundfunkfreiheit werden individuelle kommunikative Akte, durch die Vereinigungsfreiheit wird die soziale Gruppenbildung jeweils unabhängig von einer inhaltlichen Bewertung des verfolgten Zweckes geschützt.[408] Gemeinsamer Anknüpfungspunkt ist dabei das natürliche Bedürfnis des Menschen nach Interaktion als eine Voraussetzung persönlicher Entfaltung. In diesem Kontext steht auch die Versammlungsfreiheit. Sie gewährleistet die Freiheit gemeinschaftlicher Zweckverfolgung in einer Gruppe und trägt damit der Gemeinschaftsbezogenheit des Individuums, seiner vorfindlichen Sozialität, Rechnung.[409] Dieser Befund schließt nicht aus, bei der Abwägung grundrechtlich geschützter Interessen mit den der Grundrechtsausübung im Einzelfall entgegenstehenden Gütern neben dem individual-grundrechtlichen Belang auch ein besonderes, mit der Grundrechtsausübung verknüpftes objektives Gemeinwohlinteresse einzustellen.[410] Eine sich daraus eventuell ergebende Abstufung bei der Gewichtung verschiedener Formen der Grundrechtsbetätigung muss sich freilich vor der grundrechtlichen Systematik von Schranken und Schranken-Schranken bewähren, folgt mithin einem dogmatisch überprüfbaren Argumentationsmuster und nicht apriorischer verfassungsgerichtlicher Setzung.

Zu Unrecht mit der neueren Rechtsprechung des Ersten Senats in Verbindung gebracht 138
wird die terminologische Frage der Eignung des Begriffes des Schutzbereichs.[411] Da Grundrechte heute nicht mehr nur Schutz vor dem, sondern auch durch den Staat sowie Leistungs- und Teilhaberechte gewähren (→ Rn. 167 ff.), mag sich die Einführung des Begriffs **„Gewährleistungsgehalt“** durchaus empfehlen.[412] Diese terminologische Korrektur ändert aber den Umfang des Gewährten nicht.

**b) Grundrechtserheblichkeit der Beeinträchtigung (sog. Eingriff)**[413]**.** Nur eine 139
grundrechtserhebliche Beeinträchtigung des Schutzbereichs kann eine Grundrechtsverletzung auslösen. Grundrechtserheblich ist wegen der Beschränkung der Grundrechtsbindung auf **staatliche Organe** gemäß Art. 1 Abs. 3 GG zunächst nur deren Handeln. Hierzu zählen auch die Gerichte, so dass auch ein zivilgerichtliches Urteil, das den Streit zwischen zwei Privaten entscheidet, als Akt der Judikative grundrechtlichen Disziplinierungen unterliegt.[414] Da die Grundrechte in Privatrechtsbeziehungen nur im Rahmen ihrer Ausstrahlungswirkung gelten, ist die fachrichterliche Rechtsanwendung hier freilich in geringerem Umfang grundrechtlich determiniert.[415]

In den ersten Jahrzehnten der Grundrechtsdogmatik ist versucht worden, grundrechtser- 140
hebliche Beeinträchtigungen individueller Freiheit und Güter von nicht grundrechtserheblichen Störungen mit Hilfe des **„klassischen“ Eingriffsbegriffs** zu unterscheiden. Dieser war zunächst durch die Merkmale Finalität, Unmittelbarkeit, Rechtsförmigkeit und Zwang gekennzeichnet,[416] was dazu führte, dass bloß unbeabsichtigte Folgen einer auf andere Ziele

[408] Vgl. *Bauer* in: Dreier, GG, Art. 9 Rn. 19.

[409] Hierzu *Depenheuer* in: Maunz/Dürig, GG, Art. 8 Rn. 1.

[410] Die Anwendbarkeit des Verhältnismäßigkeitsgrundsatzes betont *Engel* VVDStRL 60 (2001), 635 (636).

[411] So aber *Kahl* Der Staat 43 (2004), 167 (190).

[412] Vgl. *Hoffmann-Riem* Der Staat 43 (2004), 203 (226 ff.); *St. Meyer* Gemeinwohlauftrag und föderatives Zustimmungserfordernis – eine Antinomie der Verfassung?, 2004, S. 35 f., 42 f.

[413] Zu den unterschiedlichen Bezeichnungen vgl. *Kingreen/Poscher* Grundrechte, Rn. 263 ff.; den Eingriffsbegriff völlig ablehnend und auf „Einwirkung“ abstellend *Ipsen* Staatsrecht II, Rn. 136 ff.

[414] BVerfGE 7, 198 (212) = GRUR 1958, 254 (257); E 81, 242 (253) = NJW 1990, 1469; E 82, 272 (280) = NJW 1991, 95 f.; E 86, 1 (10) = NJW 1992, 2073 (2074); E 89, 214 (229 f.) = NJW 1994, 36 (38); BVerfG-K JZ 2007, 576 (577 ff.).

[415] BVerfGE 66, 116 (135) = NJW 1984, 1741 (1742); näher dazu Fall 11 (→ Rn. 65).

[416] *Lübbe-Wolff* Grundrechte als Eingriffsabwehrrechte, 1988, S. 42 ff.; *Dreier* in: Dreier, GG, Vorb Art. 1 Rn. 124; *Kingreen/Poscher* Grundrechte, Rn. 292.

gerichteten Maßnahme oder lediglich mittelbar-faktische Wirkungen staatlichen Handelns grundrechtlich nicht erheblich und folglich auch nicht abzuwehren waren.[417]

141 Mit der Überführung des liberalen in einen sozialen Rechtsstaat durch Art. 20 Abs. 1 und Art. 28 Abs. 1 S. 1 GG hat das Grundgesetz den Staat allerdings umfassend zur Gestaltung des gesellschaftlichen Lebens und zur sozialen Absicherung der individuellen Freiheit ermächtigt und verpflichtet.[418] Diese Erweiterung des staatlichen Handlungsauftrages führt nicht nur zur Eröffnung neuer Freiheitschancen durch staatliche Fürsorge-, Planungs- und Lenkungsmaßnahmen, sondern bringt auch neue Formen der Beeinträchtigung der individuellen Lebensgestaltung mit sich. Eine auf die effektive Verwirklichung grundrechtlicher Freiheit zielende Verfassung muss den Staat nicht nur bei direktem Zugriff auf die individuelle Freiheitssphäre disziplinieren, sondern auch dann, wenn er durch Neuordnung der rechtlichen, wirtschaftlichen, sozialen oder sonstigen Rahmenbedingungen des Freiheitsgebrauchs mittelbar auf die tatsächlichen Entfaltungschancen des Einzelnen einwirkt. Gerade auch **mittelbar-faktische Beeinträchtigungen** der Grundrechtsausübung können deshalb grundrechtlich erheblich sein. Der Eingriffsbegriff als Chiffre für den Versuch, abstrakte Kriterien für die Grundrechtserheblichkeit einer Freiheitsminderung aufzustellen, ist damit überholt. Grundsätzlich kann jedes staatliche Handeln, das dem Einzelnen ein Verhalten, das in den Schutzbereich eines Grundrechts fällt, ganz oder teilweise unmöglich macht oder erschwert, grundrechtlich erheblich sein.[419]

142 Unstreitig ist das bei jeder Beeinträchtigung der Grundrechtsausübung durch Ge- und Verbote oder diesen gleichkommender körperlicher Gewalt („Befehl und Zwang") der Fall. Fraglich sind allein die Fälle einer bloß **mittelbaren Beeinträchtigung** der tatsächlichen Nutzbarkeit der grundrechtlich eröffneten Freiheitschancen („mittelbar-faktische Freiheitsbeeinträchtigung").[420] Hier sind grundrechtserhebliche Beeinträchtigungen von bloßen Belästigungen nach dem Schutzzweck der jeweils einschlägigen Grundrechtsbestimmung zu unterscheiden.[421] Soweit die Verfolgung bestimmter, mit der Grundrechtsausübung verbundener individueller Interessen durch staatliches Handeln beeinträchtigt werden, ist dies nur dann erheblich, wenn dieses Interesse typischerweise derart eng mit der grundrechtlichen Betätigung verknüpft ist, dass sich Freiheitsschutz und Interessenschutz praktisch decken. Das ist etwa bei der Rentabilität einer beruflichen Betätigung im Rahmen des Art. 12 Abs. 1 GG oder der Wahrnehmungsmöglichkeit einer Demonstration durch die Öffentlichkeit bei Art. 8 Abs. 1 GG der Fall.[422] Mittelbar-faktische Beeinträchtigungen der Berufsausübung sind nach Auffassung des BVerfG nur dann grundrechtlich relevant, wenn sie eine objektiv berufsregelnde Tendenz haben[423] oder im Schwerpunkt Tätigkeiten betreffen, die typischerweise beruflich ausgeübt werden.[424]

143 Allgemein stellen **mittelbar-faktische Nebenfolgen** staatlicher Maßnahmen nur dann abwehrrechtlich erhebliche Grundrechtsbeeinträchtigungen dar, wenn sie sich vor dem Hintergrund des Schutzzwecks des einschlägigen Grundrechts nach Zielsetzung und Wir-

---

[417] *Bleckmann/Eckhoff* DVBl 1988, 373 (374 f.); *Kingreen/Poscher* Grundrechte, Rn. 293.

[418] Vgl. *Scherzberg* Grundrechtsschutz (Fn. 190), S. 140 ff.; *Grimm* Zukunft der Verfassung (Fn. 381), S. 411 ff.

[419] Vgl. BVerfGE 105, 279 (299 ff.) = NJW 2002, 2626 (2629) – Osho; E 113, 63 (76 f.) = NJW 2005, 2912 (2913) → JA 2006, 96 *(Winkler); Lübbe-Wolff* Grundrechte (Fn. 416), S. 70 ff.; *Eckhoff* Der Grundrechtseingriff, 1992, S. 236 ff.; *Scherzberg* Grundrechtsschutz (Fn. 190), S. 145 f.; *Kingreen/Poscher* Grundrechte, Rn. 294; *Stern* Staatsrecht III/1, S. 1104; zum Charakter mittelbar-faktischer Freiheitsbeeinträchtigungen vgl. auch *Scherzberg* DVBl 1989, 1128.

[420] Zu Unrecht kritisch gegenüber diesem Begriff *Dreier*, in: Dreier, GG, Vorb Art. 1 Rn. 125; rechtliche Belastungen, auch wenn sie mittelbar bewirkt werden wie die Baugenehmigung an einen Nachbarn, sind immer grundrechtsrelevant.

[421] Vgl. BVerfGE 105, 252 (265 ff.) = NJW 2002, 2621 (2622) – Glykol; E 105, 279 (294 f.) = NJW 2002, 2626 (2627) – Osho; siehe auch *Dreier* in: Dreier, GG, Vorb Art. 1 Rn. 125 ff.

[422] Vgl. *Scherzberg* Grundrechtsschutz (Fn. 190), S. 150 f.

[423] BVerfGE 95, 267 (302) = NJW 1997, 1975; E 97, 228 (254) = NJW 1998, 1627 (1628); E 98, 218 (258) = NJW 1998, 2515 (2522).

[424] BVerfGE 97, 228 (254) = NJW 1998, 1627 (1628); E 113, 29 (48 f.) = NJW 2005, 1917 (1919) → JuS 2005, 934 *(Sachs)*.

kungen als **„funktionales Äquivalent"** eines Eingriffs durch Befehl und Zwang darstellen.[425] Bloße Bagatellen, alltägliche Lästigkeiten und subjektive Empfindlichkeiten sind regelmäßig nicht grundrechtserheblich.[426] Dies gilt insbesondere hinsichtlich des weiten Schutzbereichs der allgemeinen Handlungsfreiheit aus Art. 2 Abs. 1 GG.[427] Würde jede Belastung mit einem Nachteil im Rahmen des Art. 2 Abs. 1 GG grundrechtlich relevant,[428] würde dies, wie oben gezeigt (→ Rn. 74), zu einem vom Grundgesetz nicht intendierten allgemeinen Anspruch des Bürgers auf rechtmäßiges Verhalten des Staates führen. Deshalb sind die Kriterien des klassischen Eingriffsbegriffs für dieses Grundrecht mit Vorsicht auszuweiten: Nur Beeinträchtigungen durch Befehl und Zwang und solche mittelbar-faktischen Beeinträchtigungen, die dem nach Zielsetzung und Wirkung gleichkommen, sind als **grundrechtserhebliche Beeinträchtigung** der allgemeinen Handlungsfreiheit anzusehen.[429] An der „Eingriffäquivalenz" einer den Beschwerdeführer nur mittelbar betreffenden Belastung wird es im Rahmen des Art. 2 Abs. 1 GG regelmäßig fehlen, solange – etwa nach Stilllegung einer Straße oder Umwidmung eines bisherigen Naherholungsgebiets zum Baugebiet – zumutbare Alternativen oder Ausweichmöglichkeiten verbleiben.[430]

**c) Verfassungsmäßigkeit der Beeinträchtigung.** Die Feststellung der Grundrechts- 144
erheblichkeit einer Beeinträchtigung sagt noch nichts darüber aus, ob auch eine **Verletzung des Grundrechts** vorliegt. Die Beeinträchtigung muss dazu auch *verfassungswidrig* sein.[431]

**aa) Rechtsgrundlage der Grundrechtsbeeinträchtigung.** Jede Schutzbereichsbeein- 145
trächtigung muss durch die Verfassung selbst zugelassen sein und entweder auf einer ausdrücklichen oder auf einer der Verfassung durch Auslegung zu entnehmenden immanenten **Grundrechtsschranke** beruhen. Die Schrankensystematik des Grundgesetzes unterscheidet zwischen Grundrechten mit einfachem Gesetzesvorbehalt, solchen mit qualifiziertem Gesetzesvorbehalt und vorbehaltlos gewährleisteten Grundrechten. In jedem Fall bedarf die Beeinträchtigung grundrechtlich geschützter Freiheiten und Güter einer **gesetzlichen Grundlage,**[432] beinhaltet doch sowohl die Abwägung zwischen Grundrecht und „Eingriffsgut" als auch die wertende Zuordnung kollidierender Verfassungsgüter einen schöpferischen Akt der Verfassungsinterpretation, für den in der Demokratie des Grundgesetzes primär der Gesetzgeber berufen ist (→ Rn. 124 f.).[433] Das muss grundsätzlich auch für Beeinträchtigungen mittelbar-faktischer Art gelten; zu Recht stellt das BVerfG insoweit diffe-

---

[425] Vgl. BVerfGE 105, 252 (273) = NJW 2002, 2621 (2624); E 105, 279 (303) = NJW 2002, 2626 (2629); E 116, 202 (222) = NJW 2007, 51 (54) → JuS 2007, 575 *(Sachs);* E 118, 1 (20) = NJW 2007, 2098 (2100).

[426] *Kingreen/Poscher* Grundrechte, Rn. 301; *H. H. Klein* in: Merten/Papier, Hdb Grundrechte I, § 6 Rn. 58; a. A. *Stern* Staatsrecht III/2, S. 204 ff.

[427] Ausführlich dazu *Di Fabio* in: Maunz/Dürig, GG, Art. 2 I Rn. 49.

[428] So aber ausdrücklich BVerfGE 9, 83 (88) = NJW 1959, 523; dazu krit. *Dreier* in: Dreier, GG, Vorb Art. 1 Rn. 126.

[429] So im Ansatz auch *Lege* Jura 2002, 753 (760); *Di Fabio* in: Maunz/Dürig, GG, Art. 2 I Rn. 49; *Kingreen/Poscher* Grundrechte, Rn. 455; *Cornils* in: HStR VII, § 168 Rn. 16; *Dreier* in: Dreier, GG, Art. 2 I Rn. 49; ganz auf den klassischen Eingriffsbegriff abstellend dagegen etwa noch *Pietzcker* FS Bachof, 1984, S. 131 (145 ff.).

[430] Zum Schutz des Art. 2 Abs. 1 GG vor Umweltbelastungen *Hoppe/Beckmann/Kauch* Umweltrecht, 2. Aufl. 2000, § 4 Rn. 68 ff.

[431] Wegen der damit verbundenen Indizierung staatlichen Handelns im Grundrechtsbereich als potentiell rechtswidrig wird hier nicht nach der „verfassungsrechtlichen *Rechtfertigung*" (wie etwa *Kingreen/Poscher* Grundrechte, Rn. 304), sondern schlicht nach der Verfassungsmäßigkeit bzw. Verfassungswidrigkeit der Schutzbereichsbeeinträchtigung gefragt.

[432] Vgl. *Kingreen/Poscher* Grundrechte, Rn. 304 ff.; *Dreier* in: Dreier, GG, Vorb Art. 1 Rn. 134 ff.; *Jarass* in: Jarass/Pieroth, GG, Vorb Art. 1 Rn. 42 ff. Dieser Gesetzesvorbehalt hat sich vom Kriterium des „klassischen" Eingriffs losgelöst und wurde zum Parlamentsvorbehalt für alle grundrechtswesentlichen Fragen weiterentwickelt; vgl. BVerfGE 45, 400 (417 ff.) = NJW 1977, 1723 (1724); E 47, 46 (79 f.) = NJW 1978, 807 (810); E 49, 89 (126) = NJW 1979, 359 (363); E 58, 257 (268) = NJW 1982, 921 (922); siehe dazu auch *Eberle* DÖV 1984, 485 f.

[433] So für die Konkretisierung immanenter Schranken etwa BVerfG-K NZA 2007, 394 (395); siehe auch *H. H. Klein,* in: Merten/Papier, Hdb Grundrechte I, § 6 Rn. 59.

renzierend auf die Vorhersehbarkeit der Beeinträchtigung und die Normierbarkeit des Sachbereichs ab.[434]

146 Handelt es sich um ein Grundrecht mit **einfachem Gesetzesvorbehalt,** muss die grundrechtserhebliche Einwirkung durch ein Gesetz oder aufgrund eines kompetenzgerecht erlassenen und ordnungsgemäß zustande gekommenen Gesetzes erfolgen, das den Anforderungen der sog. Schranken-Schranken entspricht (→ Rn. 152 ff.).[435] Einfache Gesetzesvorbehalte finden sich etwa in Art. 2 Abs. 1, Art. 2 Abs. 2 S. 3, Art. 10 Abs. 2 S. 1 und Art. 14 Abs. 1 S. 2 GG.

147 Bei **qualifizierten Gesetzesvorbehalten** verlangt das Grundgesetz nicht nur eine wirksame gesetzliche Grundlage für die Beeinträchtigung des grundrechtlichen Schutzguts, sondern benennt die Rechtsgüter ausdrücklich selbst, denen Vorrang vor dem grundrechtlich geschützten Interesse eingeräumt werden darf. Dazu knüpft das Grundgesetz etwa in Art. 5 Abs. 2, Art. 11 Abs. 2 oder Art. 13 Abs. 2 bis 7 GG an bestimmte Situationen oder mit der Beeinträchtigung verfolgte Zwecke an oder schreibt bestimmte Mittel vor.[436] Sind die Anforderungen des qualifizierten Gesetzesvorbehalts nicht erfüllt, kann sich die Verfassungsmäßigkeit einer Grundrechtsbeeinträchtigung aber a maiore ad minus auch aus den für Grundrechte ohne Gesetzesvorbehalt geltenden Regeln ergeben.

148 Für **Grundrechte ohne Gesetzesvorbehalt**[437] sieht das Grundgesetz zwar keine ausdrückliche Beschränkung vor. Aber auch diese Grundrechte gewährleisten Freiheit nicht grenzenlos. Beschränkungen finden vielmehr ihren verfassungsmäßigen Grund in kollidierendem Verfassungsrecht. „Nur kollidierende Grundrechte Dritter und andere mit Verfassungsrang ausgestattete Rechtswerte sind mit Rücksicht auf die Einheit der Verfassung [...] ausnahmsweise imstande, auch uneinschränkbare Grundrechte in einzelnen Beziehungen zu begrenzen."[438] Allerdings erhält nicht jedes Schutzgut oder Interesse, das in der Verfassung Erwähnung findet, dadurch Verfassungsrang. Insbesondere ist kein Rückgriff auf die in qualifizierten Gesetzesvorbehalten anderer Grundrechte erwähnten Rechtsgüter zulässig, da dies einer unzulässigen Schrankenübertragung gleich käme.[439] Auch den in den Gesetzgebungskatalogen der Art. 73 ff. GG genannten Materien kommt allein durch ihre Aufnahme als Kompetenztitel des Bundes kein Verfassungsrang zu.[440]

149 Liegt ein gegenläufiges **Rechtsgut mit Verfassungsrang** vor, ist die Kollision mit dem vorbehaltlos gewährleisteten Grundrecht durch Herstellung „praktischer Konkordanz",[441] d. h. so aufzulösen, dass beide Verfassungsgüter ihre höchstmögliche Entfaltung erlangen. Kollidiert etwa die durch Art. 5 Abs. 3 GG vorbehaltlos gewährleistete Kunstfreiheit mit dem durch Art. 2 Abs. 1 i. V. m. Art. 1 Abs. 1 GG geschützten Persönlichkeitsrecht, ist zu

---

434 BVerfGE 105, 279 (303 ff.) = NJW 2002, 2626 (2629 f.). Die Einschlägigkeit des Gesetzesvorbehalts bei faktisch-mittelbaren Grundrechtsbeeinträchtigungen ist allerdings noch nicht überzeugend geklärt, vgl. *Volkmann* JZ 2005, 261 (269); *Hoffmann-Riem* AöR 130 (2005), 5 (42 ff.).

435 *Kingreen/Poscher* Grundrechte, Rn. 305; *Dreier* in: Dreier, GG, Vorb Art. 1 Rn. 136.

436 *Kingreen/Poscher* Grundrechte, Rn. 307 f.; *Dreier* in: Dreier, GG, Vorb Art. 1 Rn. 136.

437 Insbesondere Art. 5 Abs. 3 GG. Ob auch Art. 4 Abs. 1 und 2 GG ohne Gesetzesvorbehalt ist oder sich ein solcher aus Art. 140 GG i. V. m. Art. 136 Abs. 1 WRV ergibt, ist streitig; dazu *M. Mayer* NVwZ 1997, 561 (562 f.); *Kingreen/Poscher* Grundrechte, Rn. 635 ff. (m. w. Nachw.).

438 BVerfGE 28, 243 (261) = NJW 1970, 1729 (1730); E 81, 278 (292 ff.) = NJW 1990, 1982 (1983 f.); E 83, 130 (139) = NJW 1991, 1471; E 84, 212 (228) = NJW 1991, 2549 (2550); E 103, 293 (306) = NZA 2001, 777 (778 f.); BVerfG-K NZA 2007, 394 (395); vgl. *Dreier* in: Dreier, GG, Vorb Art. 1 Rn. 140 m. w. Nachw.

439 Vgl. *Jarass* in: Jarass/Pieroth, GG, Vorb Art. 1 Rn. 48.

440 BVerfGE 69, 1 (60) = NJW 1985, 1519 (1528) (Sondervotum *Mahrenholz/Böckenförde*): „Bundesstaatliche Kompetenzvorschriften haben den Sinn, die Handlungsbereiche von Bund und Ländern gegeneinander abzugrenzen. Sie legen nicht bestimmte Aufgabenbereiche als notwendige Staatsaufgaben fest, sondern bestimmen, für welche Handlungsbereiche der Bund [...] im Verhältnis zu den Ländern zuständig ist. Ihr normativer Gehalt liegt darin, dass in den von ihnen bezeichneten Bereichen das Handeln der Staatsgewalt des Bundes [...] erlaubt ist. Sie besagen damit auch, dass das Handeln in diesen Bereichen von der innerbundlichen Verfassungsordnung her nicht überhaupt ausgeschlossen ist. Sie erheben Gegenstände möglichen staatlichen Handelns aber nicht zu materiell-rechtlichen Handlungsaufträgen, -geboten oder sonstigen ‚Wert'-Entscheidungen, die anderweitig in der Verfassung festgelegte Modalitäten oder Begrenzungen staatlichen Handelns wieder aufheben oder einschränken."; *Kingreen/Poscher* Grundrechte, Rn. 387.

441 Zu diesem Begriff vgl. *Hesse* Grundzüge des Verfassungsrechts, Rn. 72, 317 f.; *Ossenbühl* in: Merten/Papier, Hdb Grundrechte I, § 15 Rn. 30.

klären, ob die Beeinträchtigung des Persönlichkeitsrechts so schwerwiegend ist, dass die Freiheit der Kunst zurückzutreten hat; dabei zieht die Kunstfreiheit ihrerseits dem Persönlichkeitsrecht Grenzen.[442] Die Kollision zwischen der Koalitionsfreiheit des Art. 9 Abs. 3 GG und den hergebrachten Grundsätzen des Berufsbeamtentums aus Art. 33 Abs. 5 GG im Hinblick auf das Streikverbot von Beamten hat das BVerfG zugunsten des Streikverbots aufgelöst.[443]

Uneinheitlich ist die dogmatische Erfassung dieser „verfassungsimmanenten Schranken".[444] 150
Teilweise werden sie als eine Form der Begrenzung des Schutzbereichs vorbehaltloser Grundrechte betrachtet, so dass der Gesetzgeber, soweit er die kollidierenden Verfassungsgüter im Wege praktischer Konkordanz zu einem angemessenen Ausgleich bringt, verfassungsunmittelbar bereits gezogene Grenzen lediglich nachvollzieht.[445] Demgegenüber dürfte vorzugswürdig sein, **verfassungsimmanente Schranken** als ungeschriebene, in besonderer Weise qualifizierte Gesetzesvorbehalte, als „Eingriffsermächtigung aufgrund kollidierenden Verfassungsrechts" zu deuten.[446] Eine Begrenzung bereits auf Schutzbereichsebene hieße, dass der grundrechtliche Schutzbereich einzelfallabhängig und damit nicht mehr abstrakt zu bestimmen ist.[447] Zudem unterläge die gesetzliche Regelung jenseits der Herstellung der „praktischen Konkordanz" keiner weiteren Prüfung von „Schranken-Schranken" (→ Rn. 152 ff.) und damit geringeren Anforderungen als sie für Grundrechtseinschränkungen aufgrund eines ausdrücklichen Gesetzesvorbehalts gelten. Dies dürfte der Intention des Verfassungsgebers zuwiderlaufen, den vorbehaltlosen Grundrechten einen besonders weitreichenden Schutz zu verleihen.[448]

Nicht um einen Gesetzesvorbehalt handelt es sich, wenn das grundrechtliche Schutzgut ei- 151
ner **gesetzlichen Ausformung** bedarf,[449] wie dies vor allem für das Eigentum in Art. 14 Abs. 1 GG, für die Gründung von Vereinen und Gesellschaften gemäß Art. 9 Abs. 1 GG und für das Rechtsinstitut der Ehe gemäß Art. 6 Abs. 1 GG gilt. Die Grundrechte knüpfen insoweit an ein unterverfassungsrechtliches Regelungsgefüge an, das die verfassungsrechtlich geschützten Institutionen und Gestaltungsmöglichkeiten überhaupt erst eröffnet und definiert. Diese Ausgestaltung ist nur in den Grenzen des Art. 19 Abs. 2 GG – etwa wenn die Verfassung erkennbar an bestimmte Traditionen anknüpft – verfassungsrechtlich determiniert (→ Rn. 160 ff.).[450] Allerdings kann sich die Änderung bestehender rechtlicher Regelungen für die Inhaber von nach altem Recht erworbenen Rechten oder Status als grundrechtserhebliche Beeinträchtigung darstellen.[451]

**bb) Schranken-Schranken.** Ein Gesetz, das zu grundrechtlich erheblichen Beeinträch- 152
tigungen führt und den Schrankenregelungen des Grundgesetzes entspricht, unterliegt wei-

---

442 BVerfGE 67, 213 (228) = NJW 1985, 261 (262); BVerfG-K NJW 2018, 1744 → *Hufen* JuS 2018, 1253 und → JA 2018, 474 *(Muckel);* BVerfG-K NJW 2019, 1277 → *Eifert* Jura (JK) 2020, 301; dass dabei unterschiedliche Konfliktlösungen verfassungskonform sein können, betont BVerfGE 108, 282 (301 ff.) = NJW 2003, 3111 (3113); krit. dazu *Sacksofsky* NJW 2003, 3297 (3300).

443 BVerfGE 148, 296 = NVwZ 2018, 1121 (m. Anm. *Stuttmann*) = NJW 2018, 2695 (m. Bespr. *Haug* NJW 2018, 2674) → *Eifert* Jura (JK) 2018, 1067 und → *Hufen* JuS 2018, 1111 sowie → JA 2018, 634 *(Hebeler);* krit. dazu *Jacobs/Payandeh* JZ 2019, 19 (20 f.).

444 *Dreier* in: Dreier, GG, Vorb Art. 1 Rn. 139.

445 BVerfGE 30, 173 (193) = NJW 1971, 1645 (1646); E 119, 1 (23) = NJW 2008, 39 (40) → JA 2008, 153 *(Muckel); Hesse* Grundzüge des Verfassungsrechts, Rn. 72, 312; *Kingreen/Poscher* Grundrechte, Rn. 380 ff.

446 *Herdegen* in: Maunz/Dürig, GG, Art. 1 III Rn. 42 ff.

447 *Dreier* in: Dreier, GG, Vorb Art. 1 Rn. 139 schlägt vor, die „verfassungsimmanenten Schranken" als der Verfassung *insgesamt,* nicht aber dem jeweiligen Schutzbereich als Schranke innewohnend aufzufassen.

448 Vgl. *Lege* DVBl 1999, 569 (572); *Lübbe-Wolff* Grundrechte (Fn. 416), S. 94 ff.

449 BVerfGE 112, 1 (21) = NVwZ 2005, 560 (561) → JuS 2005, 552 *(Sachs)* und → JA 2005, 847 *(Meljnik); Ipsen* Staatsrecht II, Rn. 162 ff.

450 Vgl. *Scherzberg* DVBl 1999, 356 (365); *Cornils* Die Ausgestaltung der Grundrechte, 2005, S. 633 ff.; krit. dazu *Kahl* AöR 131 (2006), 579 (603).

451 So stellt die generell-abstrakte Beschränkung der Nutzungsmöglichkeit des Eigentums durch eine Änderung des Denkmal- oder Umweltschutzrechts für den davon betroffenen Grundrechtsträger eine zwar grundrechtserhebliche Inhalts- und Schrankenbestimmung nach Art. 14 Abs. 1 S. 2 GG, aber keine Enteignung nach Art. 14 Abs. 3 GG dar, vgl. BVerfGE 70, 191 (200) = NVwZ 1986, 113; E 83, 201 (211 ff.) = NJW 1991, 1807 (1808); E 100, 226 (240) = NJW 1999, 2877 f.; zur Abgrenzung ausführlich BVerfGE 143, 246 Rn. 242 ff. = NJW 2017, 217 → JA 2017, 234 *(Muckel).*

teren verfassungsrechtlichen Anforderungen, für die sich der Begriff „Schranken-Schranken“ eingebürgert hat.[452]

153 **(1) Verbot des grundrechtseinschränkenden Einzelfallgesetzes, Art. 19 Abs. 1 S. 1 GG.** Das Gesetz muss gemäß Art. 19 Abs. 1 S. 1 GG allgemein sein und darf nicht nur für den Einzelfall gelten. Mit dieser Konkretisierung des allgemeinen Gleichheitssatzes[453] wird dem Gesetzgeber verboten, „aus einer Reihe gleichartiger Sachverhalte willkürlich einen Fall herauszugreifen.“[454] Daher liegt kein **Einzelfallgesetz** vor, wenn es nur eine Sachverhaltskonstellation der betroffenen Art gibt und deren besondere gesetzliche Behandlung sachlich angemessen erscheint[455] oder wenn eine Vorschrift zwar gegenwärtig nur einen Fall betrifft, es aber in der Zukunft weitere Anwendungsfälle geben kann.[456] Für den Fall der Legalenteignung wird das Verbot des Einzelfallgesetzes in Art. 19 Abs. 1 S. 1 GG durch Art. 14 Abs. 3 S. 1 GG als lex specialis verdrängt.[457]

154 **(2) Zitiergebot, Art. 19 Abs. 1 S. 2 GG.** Förmliche Gesetze, die ein Grundrecht einschränken oder dazu ermächtigen, müssen gemäß Art. 19 Abs. 1 S. 2 GG das Grundrecht unter Angabe des Artikels nennen. Mit diesem **Zitiergebot** soll erreicht werden, dass sich der Gesetzgeber die Auswirkungen seiner Regelungen für die betroffenen Grundrechte vergegenwärtigt.[458] Deshalb muss ein Änderungsgesetz, welches zu neuen Grundrechtseinschränkungen ermächtigt, auch dann die einzuschränkenden Grundrechte zitieren, wenn das geänderte Gesetz bereits eine Zitiervorschrift enthielt.[459] Das Zitiergebot dient neben seiner Signalfunktion gegenüber dem Gesetzgeber zugleich der Information der Gesetzesadressaten über die beabsichtigte Grundrechtsbeschränkung.[460] Es soll nach der Auffassung des BVerfG jedoch nur bei Grundrechten zur Anwendung kommen, „die aufgrund ausdrücklicher Ermächtigung vom Gesetzgeber eingeschränkt werden dürfen“,[461] und greift nur im Hinblick auf gezielte und unmittelbare Einwirkungen ein.[462] Keine Anwendung findet das Zitiergebot daher auf allgemeine Gesetze i.S.d. Art. 5 Abs. 2 GG,[463] den Regelungsvorbehalt des Art. 12 Abs. 1 S. 2 GG,[464] Inhalts- und Schrankenbestimmungen des Art. 14 Abs. 1 S. 2 GG[465] sowie bei Art. 16a Abs. 2, 3 GG.[466] Nicht erfasst werden zudem die ungeschriebenen Ausgestaltungsaufträge, etwa in Art. 6 Abs. 1 und Art. 9 Abs. 1 GG, sowie die auf verfassungsimmanente Schranken gestützten Gesetze bei vorbehaltlos gewährleisteten Grundrechten.[467] Auch bei vorkonstitutionellen Gesetzen findet das Zitiergebot keine Anwendung.[468]

---

[452] *Kingreen/Poscher* Grundrechte, Rn. 326 f.; krit. zu diesem Begriff *Ipsen* Staatsrecht II, Rn. 183.

[453] BVerfGE 25, 371 (399) = NJW 1969, 1203 (1205); vgl. *Dreier* in: Dreier, GG, Art. 19 I Rn. 16.

[454] BVerfGE 85, 360 (374) = NJW 1992, 1373 (1374); ausführlich *Krausnick* JuS 2007, 991.

[455] BVerfGE 25, 371 (399) = NJW 1969, 1203 (1204); E 85, 360 (374) = NJW 1992, 1373 (1374); vgl. auch *Kerkemeyer* in: v. Münch/Kunig, GG, Art. 19 Rn. 22 ff.

[456] BVerfGE 13, 225 (228 f.) = NJW 1962, 100 f.; E 24, 33 (52) = NJW 1968, 1467 (1470); E 99, 367 (400) = NJW 1999, 1535 (1539).

[457] BVerfGE 95, 1 (26) =NJW 1997, 383; *Kerkemeyer* in: v. Münch/Kunig, GG, Art. 19 Rn. 29.

[458] BVerfGE 64, 72 (79) = NJW 1983, 2869; E 85, 386 (403 f.) = NJW 1992, 1875 (1877); E 113, 348 (366 f.) = NJW 2005, 2603 (2604) → JA 2006, 179 *(Winkler)* und → JuS 2005, 1120 *(Sachs)*; *Remmert* in: Maunz/Dürig, GG, Art. 19 Abs. 1 Rn. 15 f.; *Dreier* in: Dreier, GG, Art. 19 I Rn. 31; ausführlich *Krausnick* JuS 2007, 1088.

[459] BVerfGE 113, 348 (367) = NJW 2005, 2603 (2604 f.) → JA 2006, 179 *(Winkler)* und → JuS 2005, 1120 *(Sachs)*.

[460] *Kerkemeyer* in: v. Münch/Kunig, GG, Art. 19 Rn. 33.

[461] BVerfGE 64, 72 (79) = NJW 1983, 2869; E 83, 130 (154) = NJW 1991, 1471 (1475); E 113, 348 (366) = NJW 2005, 2603 (2604) → JA 2006, 179 *(Winkler)* und → JuS 2005, 1120 *(Sachs)*; a. A. *Dreier* in: Dreier, GG, Art. 19 I Rn. 20; *Huber* in: v. Mangoldt/Klein/Starck, GG, Art. 19 Rn. 72.

[462] *Kerkemeyer* in: v. Münch/Kunig, GG, Art. 19 Rn. 35; *Jarass* in: Jarass/Pieroth GG, Art. 19 Rn. 5.

[463] BVerfGE 28, 282 (289) = NJW 1970, 1837; E 33, 52 (77 f.) = NJW 1972, 1934 (1939).

[464] BVerfGE 13, 97 (122) = NJW 1961, 2011 (2015); E 64, 72 (80 f.) = NJW 1983, 2869; a. A. *Manssen* in: v. Mangoldt/Klein/Starck, GG, Art. 12 Rn. 7.

[465] BVerfGE 21, 92 (93) = BeckRS 1967, 104137; E 24, 367 (398) = NJW 1969, 309 (311).

[466] *Jarass* in: Jarass/Pieroth, GG, Art. 16a Rn. 40.

[467] BVerfGE 83, 130 (154) = NJW 1991, 1471 (1475); *Jarass* in: Jarass/Pieroth, GG, Art. 19 Rn. 5.

[468] BVerfGE 2, 121 (122) = NJW 1953, 497; E 5, 13 (16) = NJW 1956, 986; E 28, 36 (46) = NJW 1970, 1268 f.; krit. zu der insgesamt sehr weitgehenden Einengung des Wirkungsbereichs des Zitiergebots *M. Mayer* JA 1998, 345 (349 f.); *Dreier* in: Dreier, GG, Art. 19 Rn. 26; *Remmert* in: Maunz/Dürig, GG, Art. 19 Abs. 1 Rn. 57.

**(3) Übermaßverbot.** Bedeutsamste Schranken-Schranke bei der Begrenzung von Grundrechten ist das Übermaßverbot,[469] in anderer Terminologie der Grundsatz der Verhältnismäßigkeit im weiteren Sinn,[470] das aus dem Rechtsstaatsprinzip,[471] Art. 19 Abs. 2 GG[472] und dem Wesen der Grundrechte abgeleitet wird.[473] Das **Übermaßverbot** besteht aus vier Teilgeboten: Die staatliche Maßnahme muss einen legitimen Zweck verfolgen sowie zur Erreichung dieses Ziels geeignet, erforderlich und angemessen sein.[474] 155

**(a) Legitimer Zweck.** Auch bei einer weitgehenden Zwecksetzungsbefugnis des Gesetzgebers sind Grundrechtseinschränkungen nur zulässig, wenn das gewählte Ziel nicht außerhalb des **verfassungsrechtlich Zulässigen** liegt.[475] Dementsprechend untersucht das BVerfG regelmäßig, ob der vom Gesetzgeber verfolgte Zweck verfassungsgemäß ist.[476] Damit darf jedoch die aus der grundsätzlichen Allzuständigkeit des Staates folgende Befugnis des Gesetzgebers zur Definition von (neuen) Staatsaufgaben nicht in Zweifel gezogen werden. Zu fragen ist deshalb nur, ob die Verfolgung des gewählten Zwecks nicht ausnahmsweise verfassungsrechtlich unzulässig ist. Maßstäbe dafür finden sich insbesondere in den Diskriminierungsverboten des Art. 3 Abs. 3, Art. 33 Abs. 2 und 3 GG, aber z. B. auch in Art. 26 und Art. 87a GG. 156

**(b) Geeignetheit.** Das Gebot der Geeignetheit schließt die zur **Erreichung des angestrebten Zwecks** untauglichen Maßnahmen als verfassungswidrig aus. Mangelnde Eignung ist allerdings nur zu konstatieren, wenn mit Hilfe des gewählten Mittels der gewünschte Zweck nicht gefördert werden kann oder die Möglichkeit der Zweckereichung schlechthin ausgeschlossen erscheint.[477] Unerheblich ist demgegenüber, ob es sich um das optimale Mittel handelt[478] oder es in jedem Einzelfall wirksam ist.[479] 157

**(c) Erforderlichkeit.** Die Erforderlichkeit verlangt, dass es **kein milderes Mittel** zur Erreichung des angestrebten Ziels gibt, kein Mittel also, welches **bei gleicher Effektivität** eine weniger intensive Grundrechtsbeeinträchtigung mit sich bringen würde.[480] Die Maßnahme ist nicht erforderlich, wenn ihr Zweck durch ein gleich wirksames, aber weniger belastendes Mittel erreicht werden kann.[481] Dabei ist nicht nur die Belastung des Beschwerdeführers, sondern auch diejenige Dritter und der Allgemeinheit einzubeziehen.[482] Bei der oft schwierigen Beurteilung des komplexen Bezuges von Eingriff und Eingriffs- 158

---

[469] Grundlegend *Lerche* Übermaß und Verfassungsrecht, 1961, S. 134 ff.; ferner *Alexy* FS Schmidt-Jortzig, 2011, S. 3; *Wahl* FS Würtenberger, 2013, S. 823; *Dumbs* DVBl 2016, 691; *Berkemann* DVBl 2018, 741.

[470] Vgl. zur uneinheitlichen Terminologie *Krebs* Jura 2001, 228 f.

[471] BVerfGE 19, 342 (348 f.) = NJW 1966, 243 (244); E 61, 126 (134) = NJW 1983, 559; E 69, 1 (35) = NJW 1985, 1519 (1523); E 76, 1 (50) = NJW 1988, 626; E 76, 256 (359) = NVwZ 1988, 329 (344); E 80, 109 (120) = NJW 1989, 2679 (2680); *Sobota* Das Prinzip Rechtsstaat, 1997, S. 234 ff., 253; *Stern* Staatsrecht III/2, S. 767 ff.

[472] *Erichsen* Jura 1988, 387 (388); *ders.* in: HStR VI, 2. Aufl 2001, § 152 Rn. 29.

[473] BVerfGE 19, 342 (348 f.) = NJW 1966, 243 (244); E 61, 126 (134) = NJW 1983, 559; E 76, 1 (50 f.) = NJW 1988, 626 (629); E 77, 308 (334) = NJW 1988, 1899 (1900 f.); *Kunig* Das Rechtsstaatsprinzip, 1986, S. 354 ff.; *Alexy* Theorie der Grundrechte, 1985, S. 100 ff. Zur verfassungsrechtlichen Verortung ausführlich *Krebs* Jura 2001, 228 (229).

[474] Vgl. *Reuter* Jura 2009, 511 (513); *Kluckert* JuS 2015, 116; *Ipsen* Staatsrecht II, Rn. 184.

[475] BVerfGE 30, 292 (316) = NJW 1971, 1255 (1256).

[476] Vgl. BVerfGE 13, 97 (107) = NJW 1961, 2011 (2012 f.); E 37, 1 (19 f.) = NJW 1974, 1317 (1319); E 65, 1 (54 f.) = NJW 1984, 419 (424); E 81, 156 (188 f.) = BeckRS 1990, 113211.

[477] BVerfGE 30, 292 (316) = NJW 1971, 1255 (1256); E 33, 171 (187) = NJW 1972, 1509 (1511); E 67, 157 (173 ff.) = NJW 1985, 121 (122 f.); E 96, 10 (23) = NVwZ 1997, 1109 (1111); E 111, 160 (175) = NVwZ 2005, 201 (203).

[478] *Stern* Staatsrecht III/2, S. 776 f.; *Sachs* in: Sachs, GG, Art. 20 Rn. 150.

[479] BVerfGE 67, 157 (175) = NJW 1985, 121 (123); *Schulze-Fielitz* in: Dreier, GG, Art. 20 Rn. 182.

[480] *Dreier,* in: Dreier, GG, Vorb Art. 1 Rn. 148; *Jarass* in: Jarass/Pieroth, GG, Art. 20 Rn. 119; BVerfGE 53, 135 (146) = NJW 1980, 1511 (1512); E 67, 157 (176 ff.) = NJW 1985, 121 (123); E 68, 193 (218 f.) = NJW 1985, 1385 (1388); E 92, 262 (274) = DtZ 1995, 323 (324); E 102, 197 (217) = NVwZ 2001, 790 (793).

[481] *Kingreen/Poscher* Grundrechte, Rn. 336; *Schulze-Fielitz* in: Dreier, GG, Art. 20 Rn. 183.

[482] Vgl. BVerfGE 77, 84 (110 f.) = NJW 1988, 1195 (1197); E 81, 70 (91 f.) = NJW 1990, 1349 (1351); *Manssen* Grundrechte, Rn. 204 f.; *Jarass* in: Jarass/Pieroth, GG, Art. 20 Rn. 119.

zweck kommt dem Gesetzgeber ein Einschätzungsspielraum hinsichtlich der Prognose der erwarteten Effekte sowohl im Hinblick auf die Erreichung der mit der Maßnahme beabsichtigten Ziele als auch hinsichtlich des Ausmaßes der zu erwartenden Grundrechtsbeeinträchtigung zu (→ Rn. 124 f.).[483]

159 **(d) Angemessenheit.** Das Übermaßverbot ist auch dann verletzt, wenn die Grundrechtsbeeinträchtigung nicht angemessen erscheint. Die Angemessenheit[484] der Maßnahme soll durch Abwägung zwischen der Schwere der grundrechtlichen Beeinträchtigung und dem Gewicht des mit der Maßnahme verfolgten Belanges bestimmt werden.[485] Genau genommen lassen sich freilich nicht **Zweck und Mittel,** sondern nur **Kosten und Nutzen** einer Grundrechtsbeeinträchtigung ins Verhältnis setzen, und ist dabei neben dem Gewicht von „Schutz- und Eingriffsgut" auch das Ausmaß ihrer Förderung bzw. Belastung durch die fragliche Regelung nebst weiteren Nebenfolgen einzustellen. Wegen der *Wertungsabhängigkeit* dieser Abwägung besteht allerdings die Gefahr, dass das BVerfG seine eigenen Maßstäbe an die Stelle derjenigen des Gesetzgebers setzt, ohne dies aus der Verfassung überzeugend herleiten zu können.[486] Insoweit ist zu vergegenwärtigen, dass das Grundgesetz immer dann, wenn es sich einer Gewichtung und Bewertung des Eingriffsgutes enthält, auch keine Maßstäbe für die Abwägung dieses Gutes mit dem beschränkten Freiheitsinteresse bietet. So weisen Grundrechte mit einfachem Gesetzesvorbehalt die Entscheidung über das Eingriffsziel und die Auswahl der Mittel zu dessen Verfolgung abschließend dem Gesetzgeber zu und verzichten insoweit auf eine verfassungseigene Determinierung.[487] Aber auch im Übrigen kommt dem Gesetzgeber bei der Gewichtung des verfolgten Regelungsziels und seiner Abwägung mit dem beeinträchtigten Grundrecht eine Einschätzungsprärogative zu.[488] Eine Verletzung der Angemessenheit lässt sich danach nur feststellen, wenn die Kosten der Maßnahme ihren Nutzen ersichtlich überwiegen.[489]

160 **(4) Wesensgehalts- und Institutsgarantie, Art. 19 Abs. 2 GG.** Nach Art. 19 Abs. 2 GG darf in keinem Fall ein Grundrecht in seinem **Wesensgehalt** angetastet werden.[490] Entgegen der Systematik des Art. 19 GG findet diese Vorschrift nach h. M. auf alle Grundrechte und grundrechtsgleichen Rechte Anwendung[491] und stellt eine „verfassungsrechtliche Minimalgarantie" für den Grundrechtsschutz auf.[492] Diese ist auch auf den Schutz des individuellen subjektiven Grundrechts bezogen, so dass eine Grundrechtsbeeinträchtigung

---

[483] BVerfGE 102, 197 (218) = NVwZ 2001, 790 (794); E 117, 163 (189) = NJW 2007, 979 Rn. 83 (m. Anm. *Johnigk*); *Kingreen/Poscher* Grundrechte, Rn. 333, 338; vgl. allgemein zur Kontrolle legislativer Prognosen *Ossenbühl* FS 25 Jahre BVerfG, 1976, S. 458 (501 ff.).

[484] Auch als Zumutbarkeit, Proportionalität oder Verhältnismäßigkeit i. e. S. bezeichnet, vgl. *Jarass* in: Jarass/Pieroth, GG, Art. 20 Rn. 120; *Dreier,* in: Dreier, GG, Vorb Art. 1 Rn. 149.

[485] Vgl. BVerfGE 65, 1 (58 f.) = NJW 1984, 419 (425 f.); E 68, 193 (219) = NJW 1985, 1385 (1388); E 76, 1 (51) = NJW 1988, 626 (629); E 80, 297 (312) = NJW 1989, 1983 (1984); E 83, 1 (19) = NJW 1991, 555 (557); E 90, 145 (173) = NJW 1994, 1577 (1579); E 92, 277 (327) = NJW 1995, 1811 (1814); E 102, 197 (220) = NVwZ 2001, 790 (794); *Daiber* JA 2020, 37; *Dreier,* in: Dreier, GG, Vorb Art. 1 Rn. 149; *Schulze-Fielitz* in: Dreier, GG, Art. 20 Rn. 184.

[486] Vgl. *Kahl* Der Staat 43 (2004), 167 (180 f.); *Martins* DÖV 2007, 456 (460); *Schlink* Abwägung im Verfassungsrecht, 1976, S. 78 f., 152 f.; prononciert *Hillgruber* JZ 2017, 153 (155): „Entmachtung des Gesetzgebers durch das BVerfG mit Hilfe einer unangemessenen Angemessenheitskontrolle gesetzgeberischer Freiheitseingriffe." – Vgl. *Kingreen/Poscher* Grundrechte, Rn. 344 f., die wegen fehlender rationaler und verbindlicher Maßstäbe in der Verfassung die Prüfung der Verhältnismäßigkeit i. e. S. gegenüber dem Gesetzgeber grundsätzlich ablehnen.

[487] *Scherzberg* DVBl 1999, 356 (364); das BVerfG steht insoweit vor den bereits oben (→ Rn. 123 f.) skizzierten Grenzen der verfassungsgerichtlichen Kontrolle.

[488] *Reuter* Jura 2009, 511 (515 f.); *Kluckert* JuS 2015, 116 (120 f.); *Ipsen* Staatsrecht II, Rn. 195; *Jarass* in: Jarass/Pieroth, GG, Art. 20 Rn. 122; *Sachs* in: Sachs, GG, Art. 20 Rn. 151.

[489] Vgl. BVerfGE 44, 353 (373) = NJW 1977, 1489 (1490).

[490] Vgl. grundlegend *Häberle* Die Wesensgehaltsgarantie des Art. 19 Abs. 2 GG, 3. Aufl. 1983.

[491] Vgl. die Nachweise bei *Schaks* JuS 2015, 407 (408) und *Dreier,* in: Dreier, GG, Art. 19 II Rn. 9; vgl. auch BVerfGE 61, 82 (113) = NJW 1982, 2173 (2176).

[492] *Scherzberg* Grundrechtsschutz (Fn. 190), S. 210.

verfassungswidrig ist, wenn der einzelne Grundrechtsträger von seinen Grundrechten keinen Gebrauch mehr machen kann.[493] Den verfassungsändernden Gesetzgeber bindet die Wesensgehaltsgarantie allerdings nicht.[494]

Der **Wesensgehalt eines Grundrechts** ist allerdings relativ in Bezug auf die Umstände des Einzelfalls zu bestimmen, so dass Art. 19 Abs. 2 GG jenseits eines letzten unantastbaren Kernbereichs privater Lebensgestaltung, der durch die unantastbare Würde des Menschen geschützt und der öffentlichen Gewalt schlechthin entzogen ist,[495] einem die individuelle Grundrechtsposition überwiegenden Allgemeininteresse Raum lässt[496] und die Wesensgehaltsgarantie im Ergebnis mit den Anforderungen des Übermaßverbots übereinstimmt.[497] 161

Art. 19 Abs. 2 GG ist auch Grundlage für eine nicht nur, aber vor allem bei normgeprägten Grundrechten zu beachtende weitere Schranken-Schranke, die sog. Institutsgarantie.[498] Als **Institutsgarantie** soll Art. 19 Abs. 2 GG sicherstellen, dass das Grundrecht auch nach seiner gesetzlichen Einschränkung oder Ausgestaltung „für das soziale Leben im Ganzen" noch Wirksamkeit entfaltet.[499] So ist die Verhängung einer lebenslangen Freiheitsstrafe gemäß § 211 StGB mit Art. 2 Abs. 2 i. V. m. Art. 19 Abs. 2 GG nur vereinbar, weil es in der Bundesrepublik Deutschland nur zu einer geringen Zahl derartiger Verurteilungen kommt.[500] Für die **normgeprägten Grundrechte,** deren Schutzgüter durch einfachgesetzliche Regelungen erst hervorgebracht und ausgestaltet werden, verlangt die Institutsgarantie den Fortbestand derjenigen Regeln, die für die Existenz und Funktionsfähigkeit der betreffenden Rechtsinstitute unabdingbar sind.[501] Sie gewährleistet also, dass diese auch nach einer gesetzlichen Neuordnung etwas umfassen, „was den Namen des Grundrechts noch verdient",[502] die Ehe beispielsweise als eine lebenslang gedachte Verbindung erhalten bleibt. Die bewahrende Kraft der Institutsgarantie ist allerdings begrenzt, muss doch auch das Institutionelle einer Anpassung an veränderte gesellschaftliche Rahmenbedingungen zugänglich sein.[503] 162

**(5) Sonstiges Verfassungsrecht, insbesondere Bestimmtheitsgrundsatz und Rückwirkungsverbot.** Auch aus übrigen Bestimmungen des Grundgesetzes können sich Anforderungen ergeben, die über die einschlägigen Grundrechte als Schranken-Schranken 163

---

[493] BVerfGE 32, 373 (379) = NJW 1972, 1123 (1124); E 45, 187 (270 f.) = NJW 1977, 1525 (1534); E 80, 367 (373) = NJW 1990, 563; vgl. auch *Dreier,* in: Dreier, GG, Art. 19 II Rn. 13 m. w. Nachw.; *Jarass* in: Jarass/Pieroth, GG, Art. 19 Rn. 9. Der Gesetzesvorbehalt zu Art. 2 Abs. 2 S. 1 GG, der einen das individuelle Leben des Einzelnen auslöschenden Eingriff in das Grundrecht auf Leben zulässt, ist lex specialis zu Art. 19 Abs. 2 GG, so dass in diesem Fall die Wesensgehaltsgarantie nicht durch die gezielte Tötung eines Einzelnen angetastet ist, vgl. *Kunig/Kämmerer* in: v. Münch/Kunig, GG, Art. 2 Rn. 152; *Dreier* in: Dreier, GG, Art. 19 II Rn. 14; a. A. *Erichsen* NJW 1976, 1721 (1724); *Brenner* Staat 32 (1993), 493 (504 ff.); *Herzog* FS Zeidler II, 1987, S. 1415 (1424).

[494] BVerfGE 109, 279 (310 f.) = NJW 2004, 999 (1001) → JuS 2004, 552 *(Sachs)* und → JA 2005, 16 *(Sauer); Krausnick* JuS 2007, 1088 (1091).

[495] BVerfGE 80, 367 (373 f.) = NJW 1990, 563.

[496] BVerfGE 109, 133 (156) = NJW 2004, 739 (741) → JuS 2004, 527 *(Sachs);* a. A. *Schaks* JuS 2015, 407 (409 f.); *Stern* Staatsrecht III/2, S. 865 ff.

[497] *Dreier,* in: Dreier, GG, Art. 19 II Rn. 16 f.

[498] *Häberle* Wesensgehaltsgarantie (Fn. 490), S. 236 ff.

[499] BVerfGE 2, 266 (285) = NJW 1953, 1057 (1059).

[500] *Erichsen* Jura 1992, 142 (147); zur Verfassungsmäßigkeit der lebenslangen Freiheitsstrafe BVerfGE 45, 187 (242 ff.) = NJW 1977, 1525 (1529 ff.); E 72, 105 (113) = NJW 1986, 2241.

[501] Für die Eigentumsgarantie vgl. *Bryde/Wallrabenstein* in: v. Münch/Kunig, GG, Art. 14 Rn. 61 ff.; ferner *Schaks* JuS 2015, 407 (409 f.).

[502] BVerfGE 24, 367 (389) = NJW 1969, 309 zu Art. 14 Abs. 1 GG; vgl. *Ipsen* Staatsrecht II, Rn. 166. Für Art. 6 Abs. 1 GG vgl. BVerfGE 10, 59 (66 f.) = NJW 1959, 1483; E 31, 58 (69 f.) = NJW 1971, 1509 f.; E 80, 81 (92) = NJW 1989, 2195 (2196); *Heiderhoff* in: v. Münch/Kunig, GG, Art. 6 Rn. 45. Für die Ausgestaltung der Vereinigungsfreiheit sind die Grenzen des Zulässigen enger, ohne dass dabei die Figur der Institutsgarantie begrifflich verwendet wird, vgl. *Jarass* in: Jarass/Pieroth, GG, Art. 9 Rn. 17; *Bauer* in: Dreier, GG, Art. 9 Rn. 53.

[503] Vgl. *Häberle* Wesensgehaltsgarantie (Fn. 490), S. 171; *Bryde* Verfassungsentwicklung, 1982, S. 20 f., spricht in etwas anderem Zusammenhang von „stillem Verfassungswandel".

subjektiviert sind.[504] Bei der damit aufgeworfenen Frage nach der „Verfassungsmäßigkeit im Übrigen" kann vor allem auf das Erfordernis rechtsstaatlicher Klarheit und Bestimmtheit und das Rückwirkungsverbot einzugehen sein, welches in Art. 103 Abs. 2 GG für Normen des Strafrechts eine besondere Ausprägung gefunden hat und im Übrigen auf dem Rechtsstaatsprinzip des Art. 20 Abs. 3 GG beruht.[505] Aber auch die Vereinbarkeit einer Regelung mit anderen Staatszielbestimmungen und sonstigem objektiven Verfassungsrecht kann im Einzelfall fraglich sein.

164 **Lösung zu Fall 22:** Da spezielle Freiheitsrechte nicht einschlägig sind, könnte sich R auf Art. 2 Abs. 1 GG berufen. Dieses Grundrecht schützt nach Auffassung des BVerfG und der h. M. die allgemeine Handlungsfreiheit im umfassenden Sinne und nicht nur einen begrenzten Bereich der Persönlichkeitsentfaltung, so dass auch das Reiten in den Schutzbereich des Art. 2 Abs. 1 GG fällt. Das Verbot, auf bestimmten Wegen zu reiten, stellt als rechtliche Beschränkung der Handlungsfreiheit auch eine grundrechtserhebliche Beeinträchtigung dar.[506] Die allgemeine Handlungsfreiheit ist aber nur in den Schranken des Art. 2 Abs. 1 GG gewährleistet und kann – nach heutigem Verständnis des Vorbehalts der verfassungsmäßigen Ordnung als eines einfachen Gesetzesvorbehalts[507] – durch oder aufgrund eines formell und materiell mit der Verfassung zu vereinbarenden Gesetzes eingeschränkt werden. Ein solches liegt nur vor, wenn die Kompetenz- und Verfahrensvorschriften sowie die verfassungsrechtlichen Schranken-Schranken beachtet wurden.[508] Die Gesetzgebungskompetenz des Bundes ergibt sich vorliegend aus Art. 74 Abs. 1 Nr. 29 Alt. 1 i. V. m. Art. 72 Abs. 1 GG. Fraglich ist, ob das Übermaßverbot verletzt wurde. Die Regelung verfolgt den legitimen Zweck, die freie Entfaltung und die Gesundheit von Wanderern zu schützen. Dazu sind gefährliche Begegnungen von Reitern und Wanderern zu verhindern. Deren Trennung auf verschiedenen Waldwegen ist dazu geeignet. Die Maßnahme ist erforderlich, da Rücksichtnahmegebote zugunsten der Wanderer schon mangels vollständiger Beherrschbarkeit von Tieren kein in gleicher Weise geeignetes Mittel wären, um Gefährdungen auszuschließen. Ob das Grundrecht angesichts seines einfachen Gesetzesvorbehalts überhaupt Maßstäbe für die Prüfung der Angemessenheit des Reitverbots bereithält, ist fraglich. Jedenfalls ergeben sich keine Anhaltspunkte für ein deutliches Missverhältnis zwischen dem Ausmaß der Beeinträchtigung der Reiter, die grundsätzlich, wenn auch

---

[504] Auch wenn dies in der Rechtsprechungspraxis des BVerfG vielfach im Kontext des Art. 2 Abs. 1 GG geprüft wird (vgl. etwa BVerfGE 69, 381 [385] = NJW 1986, 244, E 78, 123 [126] = NJW 1988, 2787; E 91, 335 [338 f.] = NJW 1995, 649), gilt das Erfordernis der „Verfassungsmäßigkeit im Übrigen" in gleicher Weise für die Beeinträchtigung der speziellen Freiheitsrechte, siehe etwa BVerwGE 19, 128 (131) = NJW 1965, 707 (708).

[505] *Kment* in: Jarass/Pieroth, GG, Art. 103 Rn. 74. – Zum **Bestimmtheitsgebot** BVerfGE 49, 168 (181) = NJW 1978, 2446 (2447); E 59, 104 (114) = NJW 1982, 1275; E 62, 169 (183) = NJW 1983, 2309; E 80, 103 (107 f.) = NJW 1989, 1985; E 110, 33 (53 ff.) = NJW 2004, 2213 (2215 f.) → JuS 2004, 910 *(Sachs);* E 110, 370 (396 f.) = NVwZ 2004, 1477 (1482) → JuS 2004, 931 *(Selmer);* E 113, 348 (375 f.) = NJW 2005, 2603 (2607) → JuS 2005, 1120 *(Sachs)* und → JA 2006, 179 *(Winkler);* E 128, 1 (59 f.) = NVwZ 2011, 94 → *Sachs* JuS 2011, 950; *Schulze-Fielitz* in: Dreier, GG, Art. 20 Rn. 289 ff.; *Jarass* in: Jarass/Pieroth, GG, Art. 20 Rn. 78. – Zum **Rückwirkungsverbot** BVerfGE 63, 343 (356 f.) = NJW 1983, 2757 (2758) → JuS 1984, 889 *(H. Weber);* E 97, 67 = NJW 1998, 1547 (m. Bespr. *Arndt/Schumacher* NJW 1998, 1538) → *Kunig* JK 98, GG Art. 20 III/37 und → JuS 1998, 1156 *(Selmer);* E 131, 20 = NVwZ 2012, 876 → JA 2012, 714 *(Muckel);* E 132, 302 = NJW 2013, 145 → *Ehlers* JK 6/13, GG Art. 20 III/47 und → *Selmer* JuS 2013, 477; E 135, 1 = NVwZ 2014, 577 → *Selmer* JuS 2014, 763; *Lepsius* Jura 2018, 577 und 695; *Schulze-Fielitz* in: Dreier, GG, Art. 20 Rn. 151 ff.; *Jarass* in: Jarass/Pieroth, GG, Art. 20 Rn. 96 ff.; *Kment* in: Jarass/Pieroth, GG, Art. 103 Rn. 76.

[506] Vgl. BVerfGE 80, 137 (152 ff.) = NJW 1989, 2525 ff.; a. A. Sondervotum *Grimm* BVerfGE 80, 137 (164 ff.) = NJW 1989, 2525 (2528 f.).

[507] BVerfGE 6, 32 (37 ff.) = NJW 1957, 297; E 91, 335 (338 f.) = NJW 1995, 649; *Kingreen/Poscher* Grundrechte, Rn. 476.

[508] Vgl. BVerfGE 80, 137 (153) = NJW 1989, 2525.

nur in beschränktem Umfang, weiterhin ihrem Sport nachgehen können und dem Nutzen der Maßnahme für die Gesundheit und Erholungsmöglichkeiten anderer Personen im Wald. Das Übermaßverbot ist mithin gewahrt.

**Lösung zu Fall 23:** Die Äußerungen der Bundesregierung greifen zwar nicht recht- 165
lich in die Religionsausübungsfreiheit der „B-Gemeinschaft" ein, da ihr nicht verboten wird, weiterhin tätig zu sein und neue Mitglieder zu werben und aufzunehmen. Sie enthalten aber eine deutliche Abwertung der „B-Gemeinschaft", können damit bei potentiellen Interessenten erhebliche Vorbehalte gegenüber dieser Vereinigung wecken und sind deshalb geeignet, deren grundrechtliche Betätigung mittelbar und faktisch zu beeinträchtigen. Diese Art der Beeinträchtigung kommt angesichts ihrer Zwecksetzung und Wirkungen einem rechtlichen Betätigungsverbot nahe und ist deshalb vom Schutzzweck des Grundrechts erfasst, also auch grundrechtserheblich.[509] Fraglich ist, ob sie dem – auch bei den vorbehaltlosen Grundrechten zu beachtenden (→ Rn. 145 ff.) – Gesetzesvorbehalt unterliegen. Das BVerfG hat dies im vorliegenden Fall verneint. Der Gesetzesvorbehalt erfasse mittelbar-faktische Grundrechtsbeeinträchtigungen nur dann, wenn der betroffene Sachbereich staatlicher Normierung zugänglich sei. Daran fehle es, wenn sie Folge eines komplexen Geschehensablaufs seien und vom Verhalten Dritter abhängen, welches der Staat nicht unmittelbar steuern könne. Dies sei bei der Informationstätigkeit der Bundesregierung vorliegend der Fall. Daher genüge hierfür die grundgesetzliche Zuweisung der Aufgabe, staatsleitend tätig zu sein.[510] Auch bei deren Umsetzung seien aber die Maßstäbe des *Übermaßverbots* zu beachten. Die Bezeichnung der „B-Gemeinschaft" als „destruktiv", „pseudoreligiös" und „manipulierend" sei diffamierend und unangemessen, nicht durch hinreichend gewichtige, durch Tatsachen gestützte Gründe getragen und deshalb verfassungswidrig.

Das BVerfG schränkt damit die Geltung des Gesetzesvorbehalts in dogmatisch nicht nach- 166
vollziehbarer Weise ein. **Staatliche Warnungen und Handlungsempfehlungen** zielen darauf ab, befolgt zu werden. Sie haben also steuernde Funktion und sind in ihren Wirkungen intendiert und vorhersehbar. Entsprechend absichtsvoll herbeigeführte Grundrechtsbeeinträchtigungen unterliegen nach den eigenen Maßstäben des Gerichts den **Anforderungen des Gesetzesvorbehalts.**[511] Das Fehlen einer gesetzlichen Grundlage lässt sich entgegen der Auffassung des BVerfG auch nicht mit dem Hinweis auf die Zuweisung der Aufgabe der Staatsleitung an die Bundesregierung kompensieren. Die Herleitung einer *Ermächtigung* zur Grundrechtsbeeinträchtigung aus einer bloßen *Aufgabenzuweisung* ist mit dem Stand der Entwicklung deutscher Rechtsstaatlichkeit unvereinbar.[512] Dies gilt umso mehr, als die Aufgabe „Staatsleitung" für die Bundesregierung im Grundgesetz weder erwähnt noch näher definiert ist und deshalb zweifelhaft bleibt, inwieweit sie überhaupt die Beobachtung und Kommentierung von Vorgängen aus dem gesellschaftlichen Bereich umfasst.[513]

---

[509] Vgl. BVerfGE 105, 279 (298 ff.) = NJW 2002, 2626 (2627 f.). Anders dort aber hinsichtlich der Begriffe „Sekte", „Jugendreligion", „Jugendsekte" und „Psychosekte": Diese enthielten keine diffamierenden oder verfälschenden Darstellungen, sondern bewegten sich im Rahmen einer sachlich geführten Informationstätigkeit und stellten schon daher *keine Beeinträchtigung* der Rechte der Beschwerdeführerin dar, BVerfGE 105, 279 (295 ff.) = NJW 2002, 2626 (2627 f.). Diese Einschätzung ist angesichts der mit dem Sektenbegriff im allgemeinen Sprachgebrauch verbundenen Herabwürdigung schon vom Tatsächlichen her kaum nachvollziehbar, angesichts des Gebots der religiös-weltanschaulichen Neutralität des Staates aber umso mehr als normativer Befund.

[510] BVerfGE 105, 279 (301 ff.) = NJW 2002, 2626 (2629).

[511] Vgl. allgemein zur Geltung des Gesetzesvorbehalts für staatliches Informationshandeln *Erichsen* Zur Umsetzung der Richtlinie des Rates über den freien Zugang zu Informationen über die Umwelt, 1992, S. 126 ff.

[512] Dazu nur *Schoch* DVBl 1991, 667 (668); *Möstl* in: Uhle, Information und Einflussnahme, 2018, S. 49 (68).

[513] Vgl. *Murswiek* NVwZ 2003, 1 (6 f.); zur Kritik auch *Huber* JZ 2003, 290 (292 ff.); *Ruge* ThürVBl 2003, 49 (51 ff.); *Barczak* NVwZ 2015, 1014 (1018).

### 2. Schutzpflichten

167 **Fall 24:** B wohnt in unmittelbarer Nähe zu einer Hochfrequenz-Mobilfunksendeanlage, die die auf Empfehlungen der Strahlenschutzkommission gesetzlich festgelegten Strahlengrenzwerte einhält. Weitergehende Schutzmaßnahmen wurden abgelehnt, weil sich deren Notwendigkeit nicht durch verlässliche wissenschaftliche Erkenntnisse belegen lasse. B hält die Genehmigung der Sendeanlage wegen der Ungewissheit über das Risikopotential derartiger Anlagen mit der staatlichen Schutzpflicht für Leben und Gesundheit für unvereinbar.[514]

168 Grundrechtsnormen begründen nicht nur Abwehrrechte des Einzelnen gegenüber staatlicher Grundrechtsbeeinträchtigung, sondern sind auch **Leitprinzipien für Normgebung und Rechtsanwendung,** in der Terminologie des BVerfG „Elemente objektiver Ordnung“,[515] die den staatlichen Organen die fortlaufende Verwirklichung des „Verfassungsziels Freiheit“ auch außerhalb imperativer Einwirkungen auf grundrechtliche Schutzgüter auferlegen. Als wesentliche, teilweise miteinander verknüpfte Facetten des „objektiven“ grundrechtlichen Freiheitsschutzes sind bislang vor allem die Ausstrahlungswirkung der Grundrechte auf Rechtsbeziehungen des Privatrechts,[516] die Verpflichtung des Gesetzgebers zu grundrechtsfreundlicher Ausgestaltung des grundrechtsrelevanten Organisations- und Verfahrensrechts,[517] das allgemeine Gebot zu freiheitsfördernder Aktivität des Staates, insbesondere zur Gewährung von Teilhabe an öffentlichen Einrichtungen,[518] sowie die Pflicht zur Bewahrung der grundrechtlichen Freiheitssphäre vor Beeinträchtigungen durch Dritte, die sog. **grundrechtlichen Schutzpflichten,** herausgearbeitet worden. Letztere sollen hier exemplarisch behandelt werden.

169 **a) Bestehen der Schutzpflicht.** Die Grundrechte begründen die Pflicht des Staates, das **grundrechtliche Schutzgut** vor rechtswidrigen Eingriffen von Seiten Dritter zu bewahren.[519] Das BVerfG hat dies vor allem für das Grundrecht auf Leben und Gesundheit aus Art. 2 Abs. 2 S. 1 GG herausgearbeitet,[520] aber auch bei anderen Grundrechten, wie der

[514] Fall nach BVerfG-K NJW 2002, 1638.

[515] Zur Kritik an dieser Begrifflichkeit oben → Rn. 126 f.

[516] BVerfGE 73, 261 (269) = NJW 1987, 827; E 81, 242 (253 ff.) = NJW 1990, 1469; E 89, 214 (229 f.) = NJW 1994, 36 (38) → *Kunig* JK 94, GG Art. 2 I/25 und → JuS 1994, 251 *(Emmerich);* E 148, 267 Rn. 32 ff. = NVwZ 2018, 813 (m. Anm. *Heldt*) = JZ 2018, 930 (m. Bespr. *Hellgardt* JZ 2018, 901 und *Michl* JZ 2018, 910) → *Kingreen* Jura (JK) 2018, 1065 und → *Sachs* JuS 2019, 89 sowie → JA 2018, 553 *(Muckel); Michl* Jura 2017, 1062; *Ruffert* JuS 2020, 1; *Lindner* Jura 2020, 9; dazu umfassend *Bäuerle* Vertragsfreiheit (Fn. 183), S. 280 ff.

[517] BVerfGE 46, 325 (334 f.) = NJW 1978, 368 (369); E 49, 220 (225) = NJW 1979, 534 f.; E 52, 380 (389 f.) = NJW 1980, 1153 f.; E 53, 30 (65 f.) = NJW 1980, 759 (763); E 57, 295 (320) = NJW 1981, 1774 (1775 f.); E 69, 315 (355 f.) = NJW 1985, 2395 (2399); *K. Hesse* EuGRZ 1978, 427 (434 ff.); *Bethge* NJW 1982, 1 f.; *Grimm* NVwZ 1985, 865 f.

[518] BVerfGE 33, 303 (330 ff.) = NJW 1972, 1561 (1564 f.); E 35, 79 (115 f.) = NJW 1973, 1176 (1177); E 75, 40 (62 ff.) = NJW 1987, 2359 (2360 ff.); vgl. auch *Heintschel v. Heinegg/Haltern* JA 1995, 333 (337); *Murswiek* in: HStR IX, § 192 Rn. 71 f.; *Siehr* FS Battis, 2014, S. 615 (631 ff.).

[519] Vgl. BVerfGE 39, 1 (41 f.) = NJW 1975, 573 (575); E 46, 160 (164) = NJW 1977, 2255 → JA 2005, 25 *(Burkiczak);* E 49, 24 (53) = NJW 1978, 2235 (2236); E 49, 89 (142) = NJW 1979, 359 (363); E 56, 54 (73) = NJW 1981, 1655 (1656); E 77, 170 (214) = NJW 1988, 1651 (1653); E 79, 174 (201 f.) = NJW 1989, 1271 (1274 f.); E 88, 203 (251) = NJW 1993, 1751 (1753); E 117, 202 (227, 229) = NJW 2007, 753 (754) → JuS 2007, 472 *(Wellenhofer);* E 121, 317 (356) = NJW 2008, 2409 (2413) → JuS 2008, 916 *(Sachs)* und → JA 2008, 906 *(Muckel);* BVerfG-K NVwZ 2018, 1224 Rn. 31 → *Kingreen* Jura (JK) 2019, 438 und → *Sachs* JuS 2018, 731; zur Schutzpflicht des Staates für nicht einsichtsfähige Betreute BVerfGE 142, 313 Rn. 66 ff. = NJW 2017, 53 (m. Anm. *Dodegge*) → *Kingreen* Jura (JK) 2017, 364 und → *Sachs* JuS 2016, 1147; vgl. zur dogmatischen Begründung der Schutzpflichten *Erichsen* Jura 1997, 85 (86); *Calliess* Rechtsstaat und Umweltstaat, 2000, S. 437 ff.

[520] Vgl. dazu grundlegend *Murswiek* Die staatliche Verantwortung für Risiken der Technik, 1985; *Hermes* Das Grundrecht auf Schutz von Leben und Gesundheit, 1987. – Aus der Rechtsprechung instruktiv BVerfG-K NVwZ 2009, 171 (172) → JuS 2009, 1113 *(Sachs);* NVwZ 2010, 114 (115); NVwZ 2010, 702 (703 f.) → *Murswiek* JuS 2010, 1038.

aus Art. 2 Abs. 1 GG folgenden Vertragsfreiheit,[521] der Berufsfreiheit aus Art. 12 GG[522] sowie der Koalitionsfreiheit aus Art. 9 Abs. 3 GG[523] von staatlichen Schutzpflichten gesprochen.[524] Spezielle Ausprägungen findet die Schutzpflicht in dem von Art. 1 Abs. 1 S. 2 GG geforderten Schutz der Menschenwürde und dem Schutzauftrag zugunsten der Mutter in Art. 6 Abs. 4 GG. Tendenziell erstreckt sich die **Schutzpflichtdimension der Grundrechte** auf alle Freiheitsrechte,[525] möglicherweise auch auf die Wahrung des Gleichbehandlungsgebots, jedenfalls soweit besondere Gleichheitsrechte in Frage stehen.[526]

**b) Schutzpflichtauslösende Gefährdungslage.** Die Schutzpflicht greift zunächst bei **konkret drohenden Schutzgutbeeinträchtigungen** durch Übergriffe Privater. Sie können nach allgemeiner Ansicht aber auch schon im Vorfeld drohender Schädigungen bei bloßen Grundrechtsgefährdungen ansetzen.[527] Insoweit stellt sich die Frage, welche Gefährdungslage und welches Gefährdungsniveau die staatliche Schutzpflicht auslösen.[528] Das lässt sich abstrakt schwer bestimmen. Immerhin wird man in Anlehnung an den polizeirechtlichen Gefahrenbegriff mit seiner Verknüpfung von Eintrittswahrscheinlichkeit und Schadensausmaß davon ausgehen können, dass die Grundrechte sowohl bei hoher Eintrittswahrscheinlichkeit eines Schadens als auch bei hohem Schadenspotential zu Maßnahmen des vorbeugenden Rechtsgüterschutzes verpflichten und das Maß der Wahrscheinlichkeit des Schadenseintritts, bei dem die Schutzpflicht ausgelöst wird, mit der Intensität des zu erwartenden Schadens und der Bedeutung des bedrohten Rechtsgutes abnimmt.[529] Jedoch spielt die Frage nach der **schutzpflichtauslösenden Gefährdungslage** nur bei völliger Untätigkeit des Staates eine Rolle. Hat der Staat bereits Schutzmaßnahmen getroffen, kommt es allein auf das erforderliche Maß der Schutzgewährung an.[530] 170

**c) Maß und Umfang der Schutzpflicht.** Wird eine die Schutzpflicht auslösende Gefährdungslage bejaht, ist die weitere Frage zu beantworten, welches **Maß an Schutz** die Verfassung fordert. Dem Wortlaut der Grundrechte lässt sich insoweit nichts entnehmen. Allerdings sprechen sowohl funktionell-rechtliche als auch systematische Erwägungen dafür, aus deren Schutzgedanken bindende Vorgaben an den Gesetzgeber nur behutsam abzuleiten. Das Grundgesetz entscheidet als konkretisierungsoffene und -bedürftige Rahmenordnung die in ihm geregelten Rechtsfragen nicht abschließend selbst, sondern weist die **wesentlichen Entscheidungen** über die Ausgestaltung der Rechtsordnung dem **Gesetzgeber** zu.[531] Dies muss besonders bei der Umsetzung der staatlichen Schutzpflicht gelten, für deren Erfüllung eine Vielzahl zulässiger Alternativen zu Verfügung steht, unter denen das Grundgesetz keine erkennbare Auswahl trifft.[532] Dementsprechend hat das 171

---

[521] BVerfGE 89, 214 (232) = NJW 1994, 36 (38); E 114, 1 (34 f.) = NJW 2005, 2363 (2365) → JuS 2005, 1026 *(Sachs)*.

[522] BVerfGE 81, 242 (255 f., 260 f.) = NJW 1990, 1469 (1470 f.) → *Erichsen* JK 90, GG Art. 1 III/5 und → JuS 1990, 930 *(Sachs)*; E 84, 133 (146 f.) = NJW 1991, 1667; E 92, 26 (46) = NJW 1995, 2339 (2341); E 92, 140 (150 ff.) = DtZ 1995, 277 (278); E 97, 169 (175 ff.) = NJW 1998, 1475 f.; E 128, 157 (177) = NJW 2011, 1427 Rn. 73 (m. Anm. *Dzida*); E 149, 126 Rn. 59 = NJW 2018, 2542 → *Boemke* JuS 2019, 397.

[523] BVerfGE 92, 26 (38 ff.) = NJW 1995, 2339 ff.

[524] Zu weiteren Grundrechten vgl. die Nachweise bei *Jarass* FS 50 Jahre BVerfG II, 2001, S. 35 (37 f.).

[525] *Dreier* in: Dreier, GG, Vorb Art. 1 Rn. 104.

[526] Vgl. BVerfGE 89, 276 (285 ff.) = NJW 1994, 647 f., wo das Gericht die grundrechtliche Schutzpflicht auf Art. 3 Abs. 2 GG bezieht; ebenso BVerfG-K NVwZ 2009, 171 (172) → JuS 2009, 1133 *(Sachs)*; vgl. auch *Erichsen* Jura 1997, 85 (87).

[527] BVerfGE 49, 89 (132) = NJW 1979, 359 (361); E 56, 54 (78) = NJW 1981, 1655 (1657).

[528] Vgl. hierzu *Hermes* Schutz von Leben und Gesundheit (Fn. 520), S. 226 ff.; *Scherzberg* Grundrechtsschutz (Fn. 190), S. 194 ff.

[529] *Hermes* Schutz von Leben und Gesundheit (Fn. 520), S. 236 f.

[530] Vgl. *Hermes* Schutz von Leben und Gesundheit (Fn. 520), S. 237 ff. zur Frage des hinzunehmenden Restrisikos bei zwar nur geringer Schadenseintrittswahrscheinlichkeit, aber hohem Schadenspotential.

[531] Vgl. *Scherzberg* DVBl 1999, 356 (363 ff.).

[532] *Grimm* Zukunft der Verfassung (Fn. 381), S. 436; vgl. auch BVerfG-K NJW 1997, 2509 (m. Bespr. *Determann* NJW 1997, 2501).

BVerfG betont, dass die Frage, wie der Staat seine Verpflichtung zu einem effektiven Grundrechtsschutz erfüllt, in erster Linie vom Gesetzgeber zu entscheiden ist. Ihm komme bei der Umsetzung der grundrechtlichen Schutzpflicht ein großer **Einschätzungs-, Wertungs- und Gestaltungsspielraum** zu, der auch Raum für die Berücksichtigung konkurrierender öffentlicher und privater Interessen lässt.[533] In der Zweiten Abtreibungsentscheidung hat das BVerfG die den Gesetzgeber treffenden Pflichten zutreffend als **Untermaßverbot**[534] charakterisiert, welches unter Berücksichtigung entgegenstehender Rechtsgüter einen auf sorgfältigen Tatsachenermittlungen und vertretbaren Einschätzungen beruhenden **Mindeststandard wirksamen Grundrechtsschutzes** verlange.[535] Hieraus wurden in der besagten Entscheidung dann allerdings detaillierte Anforderungen für die Ausgestaltung des Schutzes des nasciturus durch die Rechtsordnung abgeleitet und damit die sich aus dem grundrechtlichen Untermaßverbot ergebenden Anforderungen deutlich überspannt.[536]

172 **Lösung zu Fall 24:** Die staatliche Schutzpflicht für Leben und Gesundheit umfasst auch den Schutz vor den von Anlagen Privater ausgehenden ionisierenden Strahlen, soweit diese Gesundheitsgefahren begründen können. Allerdings ist fachwissenschaftlich nicht geklärt, ob und in welchem Ausmaß Gesundheitsbeeinträchtigungen durch Mobilfunksendeanlagen zu befürchten sind. Grundsätzlich müssen, wie das BVerwG im Zusammenhang mit § 7 Abs. 2 Nr. 3 AtG betont hat, auch solche Schadensmöglichkeiten in Betracht gezogen werden, „die sich nur deshalb nicht ausschließen lassen, weil nach dem derzeitigen Wissensstand bestimmte Ursachenzusammenhänge weder bejaht noch verneint werden können und daher noch keine Gefahr, sondern nur ein Gefahrenverdacht oder ‚Besorgnispotential' besteht."[537] In dieser Situation der Ungewissheit kommt dem Gesetzgeber bei der Einschätzung und Bewältigung der grundrechtlichen Gefährdungslage aber ein besonderer Beurteilungs- und Gestaltungsspielraum zu. Insbesondere besteht keine Pflicht zur Vorsorge gegen rein hypothetische Gefährdungen. Die Schutzpflicht verlangt daher nicht, Grenzwerte zum Schutz vor Immissionen aufzustellen oder zu verschärfen, soweit über deren gesundheitsschädigende Wirkungen keine verlässlichen wissenschaftlichen Erkenntnisse vorliegen. Es bleibt nach Auffassung des BVerfG deshalb allein der politischen Entscheidung überlassen, ob bei gebotener Beachtung konkurrierender Interessen Vorsorgemaßnahmen auf wissenschaftlich ungeklärter Tatsachengrundlage ergriffen werden sollen.[538] Ob der grundrechtliche Schutzauftrag im Fall des Gefahrenverdachts damit erschöpfend beschrieben ist, erscheint allerdings zweifelhaft.[539]

---

533 BVerfGE 39, 1 (44) = NJW 1975, 573 (576); BVerfG-K NJW 1998, 3264 (3265) → *Erichsen* JK 99, GG Art. 14/3; NVwZ 2000, 309 (310); NVwZ 2008, 780 Rn. 78; NVwZ 2011, 991 Rn. 38; NVwZ 2013, 502 Rn. 5; NVwZ 2016, 841 Rn. 19 (m. Anm. *Penz*); NVwZ 2018, 1555 Rn. 41.

534 Dazu schon vorher *Isensee* in: HStR V, 2. Aufl 2000, § 111 Rn. 165; *Scherzberg* Grundrechtsschutz (Fn. 190), S. 208 ff.

535 BVerfGE 88, 203 (254 f.) = NJW 1993, 1751 (1754); E 96, 409 (412) = NJW 1998, 523 (524); bekräftigend BVerfG-K NVwZ 2011, 991 Rn. 38.

536 Vgl. die aus der Schutzpflicht abgeleiteten konkreten Mindestanforderungen an die Rechtsordnung in BVerfGE 88, 203 (264 ff.) = NJW 1993, 1751 (1757); krit. hierzu *Hermes/Walther* NJW 1993, 2337; *Scherzberg* DVBl 1999, 356 (366).

537 BVerwGE 72, 300 (315) = NVwZ 1986, 208 (212).

538 Vgl. BVerfG-K NJW 2002, 1638 (1639).

539 Zumindest eine Verpflichtung des Staates zur Durchführung oder Veranlassung weiterer Sachaufklärung (Risikobegleitforschung) dürfte dem Grundrecht zu entnehmen sein; vgl. dazu *Di Fabio* DÖV 1995, 1 (7); auch *Köck* ZUR 2002, 349 (351); *Scherzberg* VVDStRL 63 (2004), 214 (243 ff.). – Die Rechtsprechung verpflichtet den Normgeber zur weiteren Beobachtung, ggf. entstehe eine Nachbesserungspflicht, BVerfG-K NJW 2002, 1638 (1639); NVwZ 2007, 805; NVwZ 2011, 991 Rn. 38; NVwZ 2018, 1555 Rn. 42.

### 3. Gleichheitsrechte

**Fall 25:** Durch das Transsexuellengesetz, mit dem der besonderen Situation Transsexueller im Namensrecht Rechnung getragen werden soll, ist geregelt, dass Personen, die sich aufgrund ihrer transsexuellen Prägung nicht mehr dem in ihrem Geburtseintrag angegebenen Geschlecht zugehörig fühlen, unter näher definierten Voraussetzungen ohne vorherigen geschlechtsanpassenden operativen Eingriff ihren Vornamen gerichtlich ändern lassen können, sofern sie mindestens 25 Jahre alt sind (sog. „kleine Lösung"). Namensänderungen nach geschlechtsanpassender Operation (sog. große Lösung) sind schon mit 18 Jahren möglich. Der 22-jährige transsexuelle B, bei dem die sonstigen Voraussetzungen für eine Namensänderung vorliegen, möchte ohne operativen Eingriff seinen Vornamen ändern lassen. Er hält die Altersgrenze bei der kleinen Lösung für unvereinbar mit Art. 3 Abs. 1 GG.[540] 173

Art. 3 Abs. 1 GG gebietet, Gleiches gleich und Ungleiches seiner Eigenart entsprechend verschieden zu behandeln.[541] Bei der Prüfung des Gleichheitssatzes ist stets an vorgängiges staatliches Verhalten anzuknüpfen und danach zu fragen, ob die mit der Verfassungsbeschwerde angegriffene Maßnahme im Vergleich dazu eine unzulässige (Un-)Gleichbehandlung von verschiedenen Personen oder Sachverhalten darstellt. Daher ist die **Prüfung der Gleichheitsrechte** zweistufig aufgebaut: Ausgangspunkt ist die Bestimmung eines geeigneten Vergleichspaares, also zweier Vergleichsobjekte, die in verfassungsrechtlich relevanter Weise gleich bzw. ungleich behandelt werden. Daran schließt sich die Frage an, ob diese Gleich- bzw. Ungleichbehandlung verfassungswidrig ist.[542] 174

**a) (Un-)Gleichbehandlung.** Typischer Ausgangspunkt der Prüfung des Art. 3 Abs. 1 GG ist die Feststellung einer Ungleichbehandlung. Verfassungsrechtlich relevant ist eine **Ungleichbehandlung** nur, wenn es sich um die unterschiedliche Behandlung zweier vergleichbarer Sachverhalte handelt. Vergleichbarkeit im Sinne von Art. 3 Abs. 1 GG liegt vor, wenn ein unter einen gemeinsamen Oberbegriff (genus proximum) fallendes, aber anhand eines speziellen Merkmals (differentia specifica) unterscheidbares Vergleichspaar gebildet werden kann.[543] Zur Bestimmung des gemeinsamen Oberbegriffs ist auf einer höheren Abstraktionsstufe nach einer verbindenden **Gemeinsamkeit der Vergleichsobjekte** zu suchen. Der Oberbegriff (z.B. Lebewesen, handelbare Ware, Fortbewegungsmittel) muss sich nach sachlichen Gesichtspunkten von anderen Oberbegriffen unterscheiden lassen. Keine Vergleichbarkeit besteht allein aufgrund der Zuordnung zu nicht oder kaum noch unterscheidbaren Begriffen wie Objekt, Phänomen oder Ding. 175

Die Ungleichbehandlung zweier Vergleichsobjekte ist verfassungsrechtlich nur relevant, wenn die verglichenen Maßnahmen der gleichen Rechtsetzungs- oder Vollzugsgewalt zuzurechnen sind. Art. 3 Abs. 1 GG bindet jeden **Träger öffentlicher Gewalt** nur in seinem **Zuständigkeitsbereich,**[544] so dass eine Verletzung des Gleichheitssatzes allein deshalb, weil 176

---

[540] Fall nach BVerfGE 88, 87 = NJW 1993, 1517.

[541] BVerfGE 122, 210 (230) = NJW 2009, 48 (49) → *Ehlers* JK 4/09, GG Art. 3 I/44 und → JuS 2009, 363 *(Selmer)*; E 126, 268 (277) → *Ehlers* JK 12/10, GG Art. 3 I/47; E 129, 49 (68) = NVwZ 2011, 1316 Rn. 76 → *Sachs* JuS 2012, 90; E 131, 239 (255) = NVwZ 2012, 1304 Rn. 54 → *Sachs* JuS 2013, 758; E 138, 136 Rn. 121 = NJW 2015, 303; E 148, 147 Rn. 94 = NVwZ 2018, 795 (m. Anm. *Wiemers*).

[542] *Mülder/Weitensteiner* Jura 2019, 51 (53); *Schoch* Übungen im Öffentlichen Recht I, S. 25 ff.; anders *Jarass* in: Jarass/Pieroth, GG, Art. 3 Rn. 10 f., der auch bei Gleichheitsrechten die für Freiheitsrechte entwickelte Prüfung von Schutzbereich, Eingriff und Rechtfertigung heranzieht; ebenso *Sachs/Jasper* JuS 2016, 769 f.

[543] *Kempny/Lämmle* JuS 2020, 22 (24 f.); *Kingreen/Poscher* Grundrechte, Rn. 520; bei fehlender Unterscheidbarkeit liegt keine Vergleichbarkeit, sondern Identität vor, vgl. *Heun* in: Dreier, GG, Art. 3 Rn. 22, 24.

[544] BVerfGE 21, 54 (68) = NJW 1967, 545 (547); E 76, 1 (73) = NJW 1988, 626 (634); E 79, 127 (158) = NVwZ 1989, 347 (351); E 113, 167 (182) = BeckRS 2006, 21608 Rn. 36 → JuS 2006, 474 *(Ruland)*; E 148, 147 Rn. 100 = NVwZ 2018, 795 (m. Anm. *Wiemers*); *Sachs/Jasper* JuS 2016, 769 (771); *Kempny/Lämmle* JuS 2020, 22 (23); *Boysen* in: v. Münch/Kunig, GG, Art. 3 Rn. 67.

ein anderer Hoheitsträger einen vergleichbaren Sachverhalt anders behandelt, nicht in Betracht kommt.[545]

177 **b) Verfassungsmäßigkeit der (Un-)Gleichbehandlung. Menschen** und **Sachverhalte** sind nie in allen ihren Aspekten gleich. Art. 3 Abs. 1 GG fordert deshalb Gleich- bzw. Ungleichbehandlung in **wesentlichen Merkmalen.**[546] Liegt eine Gleich- bzw. Ungleichbehandlung vergleichbarer Sachverhalte vor, ist deshalb danach zu fragen, ob diese in wesentlichen Merkmalen gleich bzw. ungleich sind.[547] Das beantwortet sich weder „aus der Natur der Sache" noch aus begrifflichen Überlegungen.[548] Maßstäbe hierfür können sich vielmehr aus der Verfassung selbst ergeben und in deren Grenzen durch den Gesetzgeber oder nach Maßgabe zulässiger Delegation von der Exekutive gesetzt werden.

178 Anzuknüpfen ist grundsätzlich an den **Regelungs- oder Maßnahmenzweck.** Die Anforderungen des allgemeinen Gleichheitssatzes bestimmen sich relativ in Bezug auf das mit der zu prüfenden Regelung oder Maßnahme verfolgte **Regelungsziel.**[549] Es ist daher zu prüfen, ob die betroffenen Personen oder Sachverhalte im Hinblick auf dieses Ziel als im Wesentlichen gleich oder ungleich zu beurteilen sind. Das erfordert eine wertende Zuordnung von Differenzierungsziel und -mittel. Diese steht im Mittelpunkt der Prüfung des Gleichheitssatzes im Rahmen der Verfassungsbeschwerde.

179 Teilweise nimmt die **Verfassung** diese Zuordnung ganz oder teilweise selbst vor. So bestimmt Art. 38 Abs. 2 GG das Alter zum zulässigen Unterscheidungskriterium für die Bestimmung der Wahlberechtigung, während Art. 33 Abs. 2 GG für den Zugang zu öffentlichen Ämtern eine Anknüpfung an andere Kriterien als die Eignung, Befähigung und fachliche Leistung verbietet.[550] Art. 3 Abs. 2 und Abs. 3 GG enthalten weitere Diskriminierungsverbote. Unterscheidet sich ein Vergleichspaar in einem der dort genannten Merkmale, ist dieser Unterschied von Verfassungs wegen nicht „wesentlich" und darf an ihn zur Begründung von Ungleichbehandlungen nicht angeknüpft werden.[551]

180 Auch aus **sonstigen Verfassungsbestimmungen,** etwa aus Art. 6 Abs. 1, 4 und 5,[552] Art. 9 Abs. 3,[553] Art. 28 Abs. 1,[554] Art. 33 Abs. 1 und 3[555] sowie Art. 38 Abs. 1 S. 1 GG[556] können sich Vorgaben für die Bestimmung dessen ergeben, was als wesentlich gleich bzw. ungleich anzusehen ist. So verbietet Art. 6 Abs. 1 GG, dass der Gesetzgeber Ehe und Familie gegenüber anderen Lebensgemeinschaften schlechter stellt und Verheiratete nur deshalb, weil sie verheiratet sind, beim Bezug staatlicher Leistungen gegenüber Ledigen benachteiligt.[557]

181 Soweit es an speziellen verfassungsrechtlichen Vorgaben fehlt, ist zu fragen, welche Anforderungen **Art. 3 Abs. 1 GG** an die von Gesetzgeber und Rechtsanwender getroffene Zuordnung von Differenzierungsziel und -mittel stellt. Wurde Art. 3 Abs. 1 GG ursprünglich als reines **Willkürverbot** verstanden, bei dem jeder sachliche Grund Differenzierungen wie

---

[545] BVerfGE 16, 6 (24) = NJW 1963, 1443 (1445 f.); E 42, 20 (27) = NJW 1976, 1835; E 52, 42 (57 f.) = NJW 1980, 33 (34); E 93, 319 (351) = NVwZ 1996, 469 (472 f.); E 106, 225 (241) = NVwZ 2003, 720 (723); *Mülder/Weitensteiner* Jura 2019, 51 (56); *Kingreen/Poscher* Grundrechte, Rn. 518.

[546] BVerfGE 71, 39 (53) = NVwZ 1986, 735 (736); E 81, 108 (117) = NJW 1990, 2053 (2054); E 98, 365 (385) = BeckRS 1998, 30019408; *Sachs/Jasper* JuS 2016, 769 (771); *Mülder/Weitensteiner* Jura 2019, 51 (54 f., 56); *Kempny/Lämmle* JuS 2020, 22 (25 f.) und JuS 2020, 113 f.

[547] Vgl. BVerfGE 49, 148 (165) = NJW 1979, 151 (153).

[548] So aber *Kingreen/Poscher* Grundrechte, Rn. 520, wonach für die Wesentlichkeit eines Merkmals ausreichen soll, dass sich zwei Vergleichsobjekte unter einen einheitlichen Oberbegriff fassen lassen; damit ist aber überhaupt erst Vergleichbarkeit hergestellt.

[549] BVerfGE 129, 49 (68) = NVwZ 2011, 1316 Rn. 77 → *Sachs* JuS 2012, 90; *Erichsen* Jura 1992, 142 (147).

[550] *Erichsen* Jura 1992, 142 (147).

[551] *Heun* in: Dreier, GG, Art. 3 Rn. 116.

[552] Vgl. *Kingreen/Poscher* Grundrechte, Rn. 553, 752; BVerfGE 84, 168 (184 f.) = DÖV 1991, 838 (840).

[553] BVerfGE 3, 225 (240) = NJW 1954, 65 (67).

[554] BVerfGE 3, 225 (240) = NJW 1954, 65 (67).

[555] Vgl. *Kingreen/Poscher* Grundrechte, Rn. 565 f., 572.

[556] Vgl. *Kingreen/Poscher* Grundrechte, Rn. 555 f.

[557] Vgl. BVerfGE 75, 382 (393) = NJW 1988, 403 (404); E 99, 216 (235 ff.) = NJW 1999, 557 (559).

Entdifferenzierungen trägt,[558] definiert das BVerfG die Anforderungen an die Verfassungsmäßigkeit einer (Un-)Gleichbehandlung in neuerer Zeit anhand der **Intensität,** mit der eine Ungleichbehandlung die Betroffenen trifft. Bei der Prüfung des Gleichheitssatzes sind nach seiner „neuen Formel"[559] je nach Regelungsgegenstand und Differenzierungsmerkmalen unterschiedliche Maßstäbe zu verwenden, die „vom bloßen Willkürverbot bis zu einer strengen Bindung an Verhältnismäßigkeitserfordernisse"[560] reichen können.

Ausgangspunkt für die Prüfung der **Verfassungsmäßigkeit einer Ungleichbehandlung** bleibt danach das Willkürverbot.[561] Danach ist die Ungleichbehandlung nur dann verfassungswidrig, wenn sich für sie kein **sachlich vertretbarer Grund** finden lässt und die Ungleichbehandlung deshalb als willkürlich angesehen werden muss.[562] Dem Gesetzgeber wird bei der Setzung und Zuordnung von Differenzierungsziel und -mittel weitgehende Gestaltungsmacht eingeräumt,[563] die nur auf die Einhaltung äußerster Grenzen zu überprüfen ist.[564] Die Unsachlichkeit der Differenzierung muss evident sein, um sie dem Gesetzgeber nach Art. 3 Abs. 1 GG entgegenhalten zu können.[565] 182

In bestimmten Fällen sollen nach der „neuen Formel" hingegen strengere Anforderungen gelten und soll eine erhöhte Kontrolldichte geboten sein.[566] Diese **strengere Prüfung** wird am Maßstab der **Verhältnismäßigkeit** durchgeführt, wonach der die Ungleichbehandlung rechtfertigende Grund in angemessenem Verhältnis zum Grad der Ungleichbehandlung stehen muss.[567] Art. 3 Abs. 1 GG ist danach verletzt, „wenn eine Gruppe von Normadressaten im Vergleich zu anderen Normadressaten anders behandelt wird, obwohl zwischen beiden Gruppen keine Unterschiede von solcher Art und solchem Gewicht bestehen, dass sie die ungleiche Behandlung rechtfertigen könnte."[568] 183

Schwierigkeiten bereitet die Frage, wann dieser strengere Maßstab an **gesetzliche Differenzierungen** zu stellen ist.[569] Teilweise wird darauf abgestellt, auf welchen Gründen die Ungleichbehandlung beruht, und zwischen internen, aus der Eigenart der Sachverhalte stammenden und externen, durch gesellschaftliche Nutzenerwägungen veranlassten Zwe- 184

---

[558] BVerfGE 139, 285 Rn. 70f. = NJW 2015, 3221 → *Selmer* JuS 2016, 191; BVerfG-K NVwZ 2016, 1553 Rn. 32 (m. Anm. *F. Becker*) → *Kingreen* Jura (JK) 2017, 118 und → *Waldhoff* JuS 2017, 286 sowie → JA 2016, 954 *(Muckel); Bryde/Kleindiek* Jura 1999, 36 (37f.); *Kempny/Lämmle* JuS 2020, 215 (216f.).

[559] Näher dazu *Wendt* FS Stern, 2012, S. 1553ff.; *Osterloh* FS Kloepfer, 2013, S. 139ff.; *Pietzcker* in: Hdb Grundrechte V, § 125 Rn. 43f.; *Britz* NJW 2014, 346 (347f.).

[560] BVerfGE 88, 87 (96) = NJW 1993, 1517; E 91, 389 (401) = NJW 1995, 1341; E 95, 267 (316) = NJW 1997, 1975 (1979); E 138, 136 Rn. 122 = NJW 2015, 303; E 149, 222 Rn. 64 = NJW 2018, 3223 → *Selmer* JuS 2018, 1255.

[561] *Bryde/Kleindiek* Jura 1999, 36 (37f.); a. A. *Zuck* MDR 1986, 723 (724) und *Leisner* NJW 1995, 1516, die zu Unrecht meinen, das BVerfG habe mit der „neuen Formel" den Maßstab des Willkürverbots gänzlich aufgegeben; in diesem Sinne auch *Britz* NJW 2014, 346 (347).

[562] BVerfGE 83, 1 (23) = NJW 1991, 555 (557f.); E 91, 118 (123) = NJW 1995, 581; E 97, 271 (291) = NJW 1998, 3109 (3111f.); E 122, 1 (23) = NVwZ-RR 2009, 655; E 139, 285 Rn. 69ff. = NJW 2015, 3221 → *Selmer* JuS 2016, 191; E 148, 147 Rn. 96 = NVwZ 2018, 795 (m. Anm. *Wiemers*); ferner E 148, 267 Rn. 45 = NVwZ 2018, 813 (m. Anm. *Heldt*) → *Kingreen* Jura (JK) 2018, 1065 und → *Sachs* JuS 2019, 89 sowie → JA 2018, 553 *(Muckel):* Gleichbehandlung im Privatrecht (Stadionverbot).

[563] BVerfGE 80, 109 (118) = NJW 1989, 2679; E 138, 136 Rn. 123, 125f. = NJW 2015, 303; E 139, 285 Rn. 72 = NJW 2015, 3221 → *Selmer* JuS 2016, 191.

[564] BVerfGE 18, 121 (124) = NJW 1964, 1848 (1849); E 50, 57 (77) = NJW 1979, 1151 (m. Anm. *Vogel*); E 74, 182 (200) = BeckRS 1987, 06390 Rn. 79.

[565] BVerfGE 55, 72 (90) = NJW 1981, 271 (272); E 88, 87 (97) = NJW 1993, 1517; E 89, 132 (142) = NJW 1994, 1465 (1466); E 99, 367 (389) = NJW 1999, 1535 (1536); E 118, 79 (102) = NVwZ 2007, 937 (940) → JuS 2007, 1052 *(Murswiek).*

[566] Vgl. *Hesse* AöR 109 (1984), 174 (188ff.); *Wendt* NVwZ 1988, 778 (781); *Britz* NJW 2014, 346 (349f.).

[567] BVerfGE 88, 87 (97) = NJW 1993, 1517; E 99, 165 (178) = NVwZ 1999, 517; E 102, 68 (87) = NJW 2000, 2730; E 138, 136 Rn. 133ff.= NJW 2015, 303.

[568] BVerfGE 55, 72 (88) = NJW 1981, 271f.; E 82, 60 (86) = NJW 1990, 2869 (2871f.); E 95, 39 (45) = NJW 1997, 1359; E 122, 39 (52f.) = NJW 2009, 209 Rn. 38 → JuS 2009, 455 *(Sachs);* E 130, 240 (253) = NJW 2012, 1711 Rn. 40 → *Ehlers* JK 12/12, GG Art. 3 I/49 und → *Sachs* JuS 2013, 89; E 133, 59 Rn. 72 = NJW 2013, 847 → JA 2013, 396 *(Muckel).*

[569] Vgl. zur bereichsspezifischen Abgrenzung zwischen Willkürprüfung und „neuer Formel" *Bryde/Kleindiek* Jura 1999, 36ff.; *Mülder/Weitensteiner* Jura 2019, 51 (56ff.); *Kempny/Lämmle* JuS 2020, 215 (216ff.).

cken differenziert.[570] Im letzteren Fall sei die Ungleichbehandlung nicht auf „Erwägungen der Gerechtigkeit“ oder die Natur der Sache gestützt und daher der strengeren Verhältnismäßigkeitsprüfung zu unterziehen.[571] Gesetzliche Regelungen sind jedoch häufig aus einer Gemengelage von unterschiedlichen Zielen motiviert und können auch bei der Verfolgung externer Zwecke nach internen Gerechtigkeitsmaßstäben differenzieren.[572]

185 In neuerer Zeit wird verstärkt auf das **Differenzierungsmerkmal** selbst abgestellt und danach gefragt, ob die Differenzierung anhand von in der Person des Normadressaten liegenden Merkmalen, wie etwa der sexuellen Orientierung oder der Staatsangehörigkeit begründet wird. Ist dies der Fall, soll eine strengere Prüfung indiziert sein, wenn sich dieses Merkmal den personenbezogenen Differenzierungsverboten des Art. 3 Abs. 3 GG annähert oder die Differenzierung mittelbar an von grundrechtlichen Freiheitsrechten geschützten Merkmalen der persönlichen Entfaltung ansetzt und sich deshalb auf die Ausübung der grundrechtlich geschützten Freiheit nachteilig auswirken kann.[573]

186 Bei der **Willkürkontrolle** verbleibt es hingegen, wenn der Ungleichbehandlung keine Differenzierung nach persönlichen Merkmalen zugrunde liegt. Sie greift nach Ansicht des BVerfG ferner für die Regelung von hochkomplexen Zusammenhängen Platz, bei denen vielfältige konfligierende Interessen berücksichtigt werden müssen und für die dem Gesetzgeber daher ein weiter Gestaltungsspielraum zusteht.[574] Auf eine Willkürkontrolle beschränkte sich das BVerfG deshalb bei der Überprüfung von Regelungen zur Sanierung des Staatshaushalts,[575] bei wirtschaftslenkenden und wirtschaftsordnenden Maßnahmen[576] sowie bei rechtsgestaltenden Maßnahmen zur Herstellung der Einigung Deutschlands.[577]

187 **Lösung zu Fall 25:** Gemeinsame Bezugsgruppe des Transsexuellengesetzes sind transsexuelle Personen ohne geschlechtsanpassende Operation. Wird einer solchen Person, soweit sie unter 25 Jahren ist, die Namensänderung verwehrt, könnte darin eine Ungleichbehandlung von wesentlich Gleichem liegen. Ausgangspunkt für die „Wesentlichkeit“ ist der Zweck des Gesetzes, jüngere Transsexuelle vor Fehlentscheidungen zu schützen. Fraglich ist, ob dieses Differenzierungsziel die vorgesehene Ungleichbehandlung trägt. Eine evidente Unsachlichkeit der Unterscheidung wird man angesichts des mit ihr verfolgten Zwecks nicht feststellen können. Indes knüpft die Differenzierung nach dem Alter an ein personenbezogenes Merkmal an und wirkt sich erheblich auf den vom allgemeinen Persönlichkeitsrecht aus Art. 2 Abs. 1 i. V. m. Art. 1 Abs. 1 GG umfassten Schutz der engeren Lebenssphäre, insbesondere des Intim- und Sexualbereichs aus. Daher ist auf der Grundlage der neueren Rechtsprechung des BVerfG nicht das Willkürverbot als Maßstab anzuwenden, sondern ist die Ungleichbehandlung der strengeren Prüfung anhand ihrer Verhältnismäßigkeit zu unterziehen. Der Zweck der Unterscheidung, nämlich jüngere Transsexuelle davor zu schützen, sich überstürzt und

---

[570] *Huster* Rechte und Ziele, 1993, S. 165 ff.

[571] *Huster* Rechte (Fn. 570), S. 225 ff.; *ders.* JZ 1994, 541 (543 f.); *Sachs* JuS 1997, 124 (129) bezeichnet diese nicht lediglich der Verschiedenheit der Regelungsgegenstände entsprechende Ungleichbehandlung als „Eingriff in das Gleichheitsgrundrecht“.

[572] Vgl. *Bryde/Kleindiek* Jura 1999, 36 (39).

[573] BVerfGE 129, 49 (69) = NVwZ 2011, 1316 Rn. 78 → *Sachs* JuS 2012, 90; E 131, 239 (256 f.) = NVwZ 2012, 1304 Rn. 58 ff. → *Sachs* JuS 2013, 758; E 133, 377 Rn. 77 = NJW 2013, 2257 → *Sachs* JuS 2013, 1146; E 138, 136 Rn. 122 = NJW 2015, 303; E 148, 147 Rn. 95 = NVwZ 2018, 795 (m. Anm. *Wiemers*); E 149, 222 Rn. 64 = NVwZ 2018, 1293 → *Selmer* JuS 2018, 1255; ausführlich *Jarass* in: Jarass/Pieroth, GG, Art. 3 Rn. 24 ff.

[574] *Bryde/Kleindiek* Jura 1999, 36 (44).

[575] BVerfGE 60, 16 (42 f.) = NJW 1982, 2599 (2600); E 61, 43 (63) = NVwZ 1983, 217 (219); E 64, 158 (169) = NVwZ 1983, 733.

[576] BVerfGE 18, 315 (331 f.) = NJW 1965, 435 (437); E 50, 290 (338) = NJW 1979, 699 (702).

[577] BVerfGE 84, 90 (130 f.) = NJW 1991, 1597 (1601 f.); E 95, 143 (157 f.) = DtZ 1997, 86 (87); E 102, 254 (299) = BeckRS 2000, 30144758; vgl. auch *Bryde/Kleindiek* Jura 1999, 36 (44); vgl. schon zuvor zu Fragen der Kriegsfolgenregelung BVerfGE 27, 259 (286) = NJW 1970, 799 (803); E 53, 164 (178) = NJW 1980, 1445 (1446); E 71, 66 (76) = NJW 1986, 1601 (1602).

vorzeitig auf das andere Geschlecht zu fixieren, wird mit der Altersgrenze für die kleine Lösung nicht mit hinreichender Sicherheit erreicht. Angesichts des Umstandes, dass ihnen die Möglichkeit der geschlechtsanpassenden Operation bereits mit 18 Jahren eröffnet ist, könnten sich jüngere Transsexuelle dazu entschließen, diesen irreversiblen Weg zu wählen, wenn sie nur so die Voraussetzungen für eine Vornamensänderung im Rahmen der großen Lösung schaffen können. Hier hätte eine frühzeitige Fehlentscheidung weit schwerwiegendere Folgen. Die Altersgrenze für die kleine Lösung hält einer Verhältnismäßigkeitskontrolle demnach nicht stand. Sie führt – am verfolgten Regelungsziel gemessen – zu einer Ungleichbehandlung im Wesentlichen gleicher Sachverhalte und ist deshalb verfassungswidrig.[578]

## D. Entscheidung des BVerfG

### I. Annahme der Verfassungsbeschwerde

Nach § 93a Abs. 1 BVerfGG bedarf die Verfassungsbeschwerde der **Annahme zur Entscheidung.**[579] Annahmefähigkeit ist kein Bestandteil der Zulässigkeit der Verfassungsbeschwerde; die Annahme stellt vielmehr eine eigenständige Entscheidung dar, für die neben der Begründetheit auch die Zulässigkeit der Verfassungsbeschwerde von Bedeutung ist. Diese ist nach § 93a Abs. 2 BVerfGG zur Entscheidung anzunehmen, wenn ihr entweder grundsätzliche verfassungsrechtliche Bedeutung zukommt (lit. a)[580] oder die Annahme zur Durchsetzung der Rechte des Beschwerdeführers angezeigt ist (lit. b).[581] In den beiden Annahmegründen spiegelt sich die Doppelfunktion der Verfassungsbeschwerde als Instrument des objektiven und des subjektiven Grundrechtsschutzes (→ Rn. 1 ff.).[582] Für die Prüfung der Annahme ist eine aus drei Richtern bestehende **Kammer**[583] des BVerfG zuständig. Diese kann durch einstimmigen Beschluss gemäß § 93b i. V. m. § 93d Abs. 3 BVerfGG die Annahme der Verfassungsbeschwerde ablehnen. Sie kann sie gemäß § 93b i. V. m. §§ 93c Abs. 1 S. 1, 93a Abs. 1 lit. b BVerfGG ebenfalls einstimmig zur Entscheidung annehmen und ihr stattgeben, wenn dies zur **Durchsetzung der Rechte des Beschwerdeführers** angezeigt ist, die für die Beurteilung der Verfassungsbeschwerde maßgebliche verfassungsrechtliche Frage durch das BVerfG bereits entschieden und die Verfassungsbeschwerde offensichtlich begründet ist. In Fällen **grundsätzlicher verfassungsrechtlicher Bedeutung** ist eine stattgebende Kammerentscheidung jedoch ausgeschlossen; Aufgabe der Kammern ist es lediglich, die bereits vorliegende Rechtsprechung des BVerfG nachzuvollziehen. Grundlegende und das Verfassungsrecht fortbildende Entscheidungen sind dem Senat vorbehalten.[584] Hat die Kammer die Annahme nicht abgelehnt oder liegen die Voraussetzungen für 188

[578] Vgl. BVerfGE 88, 87 (96 f.) = NJW 1993, 1517.

[579] Zum Annahmeverfahren und der gegenüber der Praxis des BVerfG geäußerten Kritik vgl. *O. Klein* in: Benda/Klein, Verfassungsprozessrecht, Rn. 463 ff.; krit. auch *Schlaich/Korioth* BVerfG, Rn. 258.

[580] Von grundsätzlicher verfassungsrechtlicher Bedeutung sind Fälle, in denen die Verfassungsbeschwerde eine verfassungsrechtliche Frage aufwirft, die sich nicht ohne Weiteres aus dem Grundgesetz beantworten lässt, in der verfassungsgerichtlichen Rechtsprechung noch ungeklärt oder durch veränderte Verhältnisse erneut klärungsbedürftig geworden ist und an deren Klärung ein über den Einzelfall hinausgehendes Interesse besteht, vgl. BVerfGE 90, 22 (24 f.) = NJW 1994, 993; E 96, 245 (248 f.) = NJW 1998, 443; BVerfG-K NJW 2018, 1532 Rn. 17.

[581] Beispiele: BVerfG-K NJW 2019, 505 Rn. 7; NJW 2020, 675 Rn. 31 → JA 2020, 399 *(Muckel)*.

[582] *Schlaich/Korioth* BVerfG, Rn. 263 f.

[583] Bei jedem Senat bestehen gemäß § 15a BVerfGG mehrere Kammern aus je drei Richtern, die für die Dauer eines Geschäftsjahres berufen werden.

[584] *Schlaich/Korioth* BVerfG, Rn. 265 f.: in der Praxis werden nur etwa 2% der Verfassungsbeschwerden durch einen Senat entschieden, vgl. BVerfG Jahresstatistik 2019, abrufbar unter: https://www.bundesverfassungsgericht.de/DE/Verfahren/Jahresstatistiken/2019/gb2019/A-I-5.pdf?__blob=publicationFile&v=3 (zuletzt abgerufen am 30.11.2020).

eine stattgebende Kammerentscheidung nach § 93c Abs. 1 BVerfGG nicht vor, entscheidet der **Senat** über die Annahme. Sie ist nach § 93d Abs. 3 S. 2 BVerfGG beschlossen, wenn ihr mindestens drei Richter zustimmen.[585]

## II. Sachentscheidung

### 1. Urteil oder Beschluss

189 Nach § 25 Abs. 2 BVerfGG ergeht die Entscheidung, wenn eine mündliche Verhandlung stattgefunden hat, als **Urteil,** ansonsten als **Beschluss.** Unterschiedliche Rechtsfolgen ergeben sich daraus nicht.

190 Entgegen der Regel des § 25 Abs. 1 BVerfGG entscheidet das BVerfG über die Verfassungsbeschwerde gemäß § 94 Abs. 5 S. 2 BVerfGG meist **ohne mündliche Verhandlung,** da von dieser regelmäßig keine weitere Förderung des Verfahrens zu erwarten ist und die beigetretenen Verfassungsorgane üblicherweise auf sie verzichten.[586] Allerdings kann bei Fragen von hoher politischer und/oder gesellschaftlicher Bedeutung ein starkes öffentliches Interesse an einer **mündlichen Verhandlung** bestehen, dem das Gericht trotz des höheren Zeitaufwands vielfach auch Rechnung trägt.[587] Kammerentscheidungen ergehen nach § 93d Abs. 1 S. 1 BVerfGG immer ohne mündliche Verhandlung als Beschluss.

### 2. Mehrheit, Sondervotum

191 Die Senate entscheiden nach § 15 Abs. 4 S. 2 BVerfGG mit **Mehrheit** der an der Entscheidung mitwirkenden Richter. Bei **Stimmengleichheit** kann gemäß § 15 Abs. 4 S. 3 BVerfGG ein Verstoß gegen das Grundgesetz nicht festgestellt werden, so dass die Verfassungsbeschwerde abzuweisen ist. Nach § 30 Abs. 2 BVerfGG können die Senate in ihren Entscheidungen das Stimmenverhältnis mitteilen und können die nicht mit der Entscheidung übereinstimmenden Richter ihre abweichende Meinung zu der Entscheidung oder zu deren Begründung in einem **Sondervotum** niederlegen, welches der Entscheidung anzufügen ist.[588]

### 3. Rechtsfolgenausspruch

192 **a) Nichtigkeitsausspruch bzw. Aufhebung.** Wendet sich der Beschwerdeführer gegen eine ihn belastende Einzelfallregelung der öffentlichen Gewalt, also eine „Entscheidung" i. S. d. § 92 Abs. 2 BVerfGG,[589] und gibt das BVerfG der Verfassungsbeschwerde statt, so hebt es diese Maßnahme gemäß § 95 Abs. 2 BVerfGG auf. **Gerichtsentscheidungen** werden aufgehoben und in der Regel zurückverwiesen.[590] Bei einer stattgebenden Ent-

---

[585] Zur Kritik am Annahmeverfahren *Schlaich/Korioth* BVerfG, Rn. 265.

[586] Vgl. *O. Klein* in: Benda/Klein, Verfassungsprozessrecht, Rn. 299 f.

[587] Zum Nutzen der mündlichen Verhandlung *O. Klein* in: Benda/Klein, Verfassungsprozessrecht, Rn. 303.

[588] Zur Bedeutung der Sondervoten vgl. *Voßkuhle* JZ 2009, 917 (922 f.); *Schlaich/Korioth* BVerfG, Rn. 51 ff. Etwa 7 % der Entscheidungen wurden Sondervoten beigefügt, vgl. *E. Klein* in: Benda/Klein, Verfassungsprozessrecht, Rn. 385. Ein besonders kurioses Beispiel findet sich in BVerfGE 32, 199 = NJW 1972, 25, wo alle sieben (!) an der Entscheidung mitwirkenden Richter ein Sondervotum angefügt haben, vgl. BVerfGE 32, 199 (227, 242, 249) = NJW 1972, 25 (29, 32, 34). Das wohl kürzeste Sondervotum hat der damalige Präsident des Gerichts *Zeidler* zu BVerfGE 77, 137 = NJW 1988, 1313 abgefasst: „Ich stimme dieser Entscheidung nicht zu.", BVerfGE 77, 137 (167) (insoweit nicht abgedruckt in NJW 1988, 1313).

[589] Vgl. *Hömig* in: Maunz/Schmidt-Bleibtreu/Klein/Bethge, BVerfGG, § 95 Rn. 19.

[590] BVerfGE 122, 190 (210) = NJW 2009, 829 Rn. 55 → JuS 2009, 558 *(Sachs)*; E 124, 199 (235) = NJW 2010, 1439 → *Ehlers* JK 7/10, GG Art. 3 I/46; E 133, 59 Rn. 109 = NJW 2013, 847 → JA 2013, 396 *(Muckel)*; E 133, 377 Rn. 114 = NJW 2013, 2257 → *Sachs* JuS 2013, 1146; E 134, 106 Rn. 20 = NJW 2013, 3506; ferner *Schlaich/Korioth* BVerfG, Rn. 374 ff., dort auch kritisch zur Praxis des BVerfG, bei Urteilsverfassungsbeschwerden gelegentlich abschließend selbst zu entscheiden, wenn aus seiner Sicht dem Fachgericht kein Spielraum bei seiner Entscheidung bliebe; vgl. etwa BVerfGE 35, 202 (244) = NJW 1973, 1226 (1233 f.); E 79, 69 (79) = NJW 1989, 827 (828).

scheidung gegen ein **Gesetz** ist dieses gemäß § 95 Abs. 3 S. 1 BVerfGG grundsätzlich für von Anfang an nichtig zu erklären.[591] Dies gilt auch, wenn eine nach Abs. 2 aufgehobene Entscheidung auf einem verfassungswidrigen Gesetz beruht.[592] Die auszusprechende **Nichtigkeitsfolge** bezieht sich dabei grundsätzlich nur auf den Teil der Norm, der verfassungswidrig ist. Wenn der verfassungswidrige Teil den verfassungsmäßigen allerdings derart dominiert oder mit ihm verwoben ist, dass dieser für sich allein keinen Sinn ergibt oder funktionslos wäre, ist das gesamte Gesetz für nichtig zu erklären. Dabei ist der Wille des Gesetzgebers soweit wie möglich zu wahren.[593] Das BVerfG erstreckt die Nichtigkeitserklärung über den Verfahrensgegenstand hinaus auf andere Bestimmungen desselben Gesetzes, wenn diese aus denselben Gründen mit dem Grundgesetz unvereinbar sind wie die zur Prüfung gestellte Norm.[594]

**b) Unvereinbarkeitserklärung.** Bei der Entscheidung über eine Verfassungsbeschwer- 193
de, die mittelbar oder unmittelbar eine *Normenkontrolle* impliziert, kann es angezeigt sein, entgegen der gesetzlichen Regel statt der Nichtigkeit lediglich die **Unvereinbarkeit der Norm mit dem Grundgesetz** festzustellen[595] (ferner → *Thiemann* § 17 Rn. 67f.). Dieser Entscheidungsausspruch, der im BVerfGG ursprünglich nicht vorgesehen war (nun: § 31 Abs. 2 S. 2 und 3 BVerfGG), wurde vom BVerfG unter weitgehender Billigung der Literatur im Wege richterlicher Rechtsfortbildung für Fälle entwickelt, in denen es erforderlich erschien, unerwünschte Rechtsfolgen der an sich gebotenen Nichtigkeitserklärung abzuwenden. Dies wird insbesondere angenommen, wenn der Ausspruch der Nichtigkeit zu einer schwer erträglichen Rechtsfolge führen würde, die noch weniger mit dem Grundgesetz vereinbar wäre als die für verfassungswidrig befundene Norm, also zu einem Zustand führte, „der der verfassungsmäßigen Ordnung noch ferner stünde als der jetzige",[596] oder wenn der Gesetzgeber mehrere Möglichkeiten hat, den verfassungswidrigen Zustand zu beseitigen. Letzteres kommt vor allem bei **Verletzungen des Gleichheitssatzes** in Frage, in denen der Gesetzgeber entweder die gleichheitswidrig von einer Begünstigung ausgeschlossenen Personen in die Begünstigung einbeziehen oder aber die Begünstigung gänzlich abschaffen kann.[597] Aber auch bei **Verstößen gegen ein Freiheitsrecht** oder den Eigentumsschutz kommt eine Unvereinbarkeitserklärung in Betracht.[598] Schließlich vermeidet das BVerfG eine Nichtigkeitserklärung auch in Fällen, in denen eine Rechtsnorm erst durch die Veränderung tatsächlicher Umstände in die Verfassungswidrigkeit hineingewachsen ist, sowie in Fällen, in denen die Entscheidung des Gerichts auf einer überraschenden Neuorientierung seiner Rechtsprechung beruht.[599]

---

591 Zur normativen Herleitung und zu den Auswirkungen der Nichtigkeitsfolge vgl. *E. Klein* in: Benda/Klein, Verfassungsprozessrecht, Rn. 1435 ff.

592 Vgl. allgemein *Ipsen* Rechtsfolgen der Verfassungswidrigkeit von Norm und Einzelakt, 1980.

593 BVerfGE 138, 136 Rn. 282 f. = NJW 2015, 303; *E. Klein* in: Benda/Klein, Verfassungsprozessrecht, Rn. 1457.

594 BVerfGE 91, 38 (41 f.) = BeckRS 1994, 120195.

595 Vgl. umfassend *E. Klein* in: Benda/Klein, Verfassungsprozessrecht, Rn. 1459 ff.; *Hömig* in: Maunz/Schmidt-Bleibtreu/Klein/Bethge, BVerfGG, § 95 Rn. 43 ff.; *Schlaich/Korioth* BVerfG, Rn. 395 ff.

596 BVerfGE 33, 303 (347) = NJW 1972, 1561 (1568); E 85, 386 (401) = NJW 1992, 1875 (1876); vgl. auch E 62, 256 (289) = BeckRS 1982, 30806384; E 83, 130 (154) = NJW 1991, 1471 (1475); E 138, 136 Rn. 288 ff. = NJW 2015, 303.

597 Vgl. BVerfGE 57, 335 (346) = NJW 1981, 2177 (2178); E 82, 126 (154 f.) = NJW 1990, 2246 (2248 f.); E 87, 114 (136) = NJW-RR 1993, 971; E 122, 210 (245 f.) = NJW 2009, 48 (54) → *Ehlers* JK 4/09, GG Art. 3 I/44 und → JA 2009, 395 *(Muckel)*; E 130, 240 (261) = NJW 2012, 1711 Rn. 58 → *Ehlers* JK 12/12, GG Art. 3 I/49 und → *Sachs* JuS 2013, 89; E 131, 239 (264 f.) = NVwZ 2012, 1304 Rn. 78 f. → *Sachs* JuS 2013, 758; E 133, 59 Rn. 106 = NJW 2013, 847 → JA 2013, 396 *(Muckel)*; E 133, 377 Rn. 104 f. = NJW 2013, 2257 → *Sachs* JuS 2013, 1146; E 139, 285 Rn. 88 = NJW 2015, 3221. In Fällen, in denen das BVerfG meint, mit Sicherheit annehmen zu können, dass der Gesetzgeber bei Beachtung des allgemeinen Gleichheitssatzes die nach der Nichtigerklärung verbleibende Regelung wählen würde, hält es sich ausnahmsweise doch zur Nichtigerklärung befugt, vgl. BVerfGE 88, 87 (101 f.) = NJW 1993, 1517 (1518).

598 BVerfGE 85, 226 (237) = BeckRS 9998, 21680; E 96, 260 (264) = BeckRS 1997, 14557 Rn. 21; E 99, 202 (215 f.) = NJW 1999, 935 (937); E 100, 226 (247) = NJW 1999, 2877 (2879).

599 BVerfGE 34, 9 (25); E 53, 257 (300) = NJW 1980, 692 (695); E 61, 319 (352 f.) = NJW 1983, 271 (273 f.).

194 Mit der Unvereinbarkeitserklärung wird das Gesetz nicht für von Anfang an *(ex tunc)* nichtig erklärt. Vielmehr trifft den Gesetzgeber die Pflicht zur Herstellung einer der Verfassung entsprechenden Gesetzeslage.[600] Das BVerfG benennt hierfür häufig eine **Übergangsfrist,** bis zu der der verfassungswidrige Zustand beseitigt sein muss.[601] Während dieser Übergangszeit ist die unvereinbare Norm regelmäßig nicht anwendbar, es sei denn, das BVerfG ordnet ihre vorläufige Anwendbarkeit ausdrücklich an.[602] In der Regel sind fachgerichtliche Entscheidungen daher bis zur Neuregelung durch den Gesetzgeber auszusetzen.[603]

195 **c) Appellentscheidung.** Als dritte Entscheidungsvariante hat das BVerfG die sog. **Appellentscheidung** entwickelt. In einer Appellentscheidung wird die Vereinbarkeit der geprüften Norm mit der Verfassung im Entscheidungszeitpunkt zwar für (gerade) noch gegeben angesehen, aber die Entwicklung der Norm wegen sich verändernder tatsächlicher Umstände in die Verfassungswidrigkeit hinein für sicher gehalten. Dem Gesetzgeber wird deshalb aufgegeben, die drohende Verfassungswidrigkeit durch das **Ergreifen legislativer Maßnahmen** abzuwenden.[604] Abgesehen davon, dass ein solcher Appell als obiter dictum (→ Rn. 197) den Gesetzgeber rechtlich nicht bindet, sind die Voraussetzungen und die Rechtsfolgen dieser Entscheidungsform äußerst zweifelhaft. Es ist ungeklärt, wann sich das BVerfG eines Appells bedienen, wann es einen Verfassungsauftrag zur Nachbesserung von Gesetzen erkennen und wann es diesen mit der Androhung der Nichtigkeit der geprüften Norm nach Ablauf einer vom Gericht gesetzten Frist verbinden darf. Das BVerfGG beschränkt das Gericht auf die Prüfung, ob eine Norm zum Entscheidungszeitpunkt verfassungswidrig ist oder nicht. Ist sie dies nicht, liegt es *nicht* in der **Kompetenz des Gerichts,** den möglicherweise zukünftig eintretenden Umschlag in die Verfassungswidrigkeit zu prognostizieren. Allenfalls darf das BVerfG darauf hinweisen, dass den Gesetzgeber auch bei verfassungsgemäßen Regelungen eine Beobachtungs- und gegebenenfalls Nachbesserungspflicht[605] treffen kann.[606]

### 4. Entscheidungswirkung

196 Entscheidungen des BVerfG über die Vereinbarkeit oder Unvereinbarkeit eines Gesetzes mit der Verfassung einschließlich der Feststellung der Nichtigkeit haben nach § 31 Abs. 2 S. 1 BVerfGG **Gesetzeskraft.** Diese Vorschrift bewirkt, dass die verfassungsgerichtliche

---

[600] BVerfGE 55, 100 (110) = NJW 1981, 445; E 81, 363 (384) = NVwZ 1990, 1061 (1063); E 85, 386 (402) = NJW 1992, 1875 (1877); E 129, 49 (76) = NVwZ 2011, 1316 Rn. 94 → *Sachs* JuS 2012, 90 und → JA 2011, 794 *(Muckel);* E 131, 239 (265 f.) = NVwZ 2012, 1304 Rn. 80 ff. → *Sachs* JuS 2013, 758.

[601] Vgl. BVerfGE 40, 296 (329) = NJW 1975, 2331 (2336); E 72, 330 (422) = NJW 1986, 2629 (2638); E 100, 104 (136) = NJW 1999, 2512 (2516); E 100, 226 (248) = NJW 1999, 2877 (2880); E 111, 191 (225) = NJW 2005, 45 (49); E 132, 179 Rn. 54 = NVwZ 2012, 1310 → JA 2012, 877 *(Muckel);* E 138, 136 Rn. 293 = NJW 2015, 303; E 148, 147 Rn. 167 = NVwZ 2018, 795 (m. Anm. *Wiemers*).

[602] BVerfGE 126, 400 (431 ff.) = NJW 2010, 2783 Rn. 116 ff.; E 129, 49 (75 ff.) = NVwZ 2011, 1316 Rn. 91 ff. → *Sachs* JuS 2012, 90 und → JA 2011, 794 *(Muckel); Schlaich/Korioth* BVerfGG, Rn. 413; ausführlich zu den Rechtsfolgen der Unvereinbarkeitserklärung BVerfGE 111, 191 (224) = NJW 2005, 45 (49); E 117, 1 (70) = NJW 2007, 573 Rn. 203 (m. Anm. *Meincke*) → JuS 2007, 767 *(Selmer); Schlaich/Korioth* BVerfGG, Rn. 401 ff.

[603] BVerfGE 133, 377 Rn. 113 = NJW 2013, 2257 → *Sachs* JuS 2013, 1146 und → JA 2013, 714 *(Muckel);* E 138, 136 Rn. 286 = NJW 2015, 303; *Schlaich/Korioth* BVerfGG, Rn. 413; eine Ausnahme von dieser Regel bildet z. B. BVerfGE 87, 234 (262 f.) = NJW 1993, 643 (645).

[604] Vgl. BVerfGE 33, 1 (12 f.) = NJW 1972, 811 (812); E 39, 169 (194 f.) = NJW 1975, 919 (922) m. Anm. *Zuck;* E 45, 187 (252) = NJW 1977, 1525 (1530 f.); E 54, 11 (37 ff.) = NJW 1980, 2569 (2571 f.); E 78, 249 (251) = NJW 1988, 2529; E 85, 80 (93) = NJW 1992, 1747 (1749); E 101, 158 (159 f., 237 f.) = NJW 2000, 1097 (1097, 1104); vgl. auch *Schlaich/Korioth* BVerfG, Rn. 431.

[605] Vgl. z. B. BVerfGE 50, 290 (335 f.) = NJW 1979, 699 (702); E 73, 118 (180) = NJW 1987, 239 (245 f.); E 87, 348 (358) = NJW 1993, 1057 (1058); E 88, 203 (309 ff.) = NJW 1993, 1751 (1767); E 92, 365 (401 f.) = NJW 1996, 185 (188).

[606] Vgl. zur Kritik an den Appellentscheidungen *E. Klein* in: Benda/Klein, Verfassungsprozessrecht, Rn. 1473 ff.; *Hömig* in: Maunz/Schmidt-Bleibtreu/Klein/Bethge, BVerfGG, § 95 Rn. 74.

Entscheidung über Gesetze nicht nur gegenüber den Staatsorganen nach § 31 Abs. 1 BVerfGG, sondern auch gegenüber jedermann verbindlich ist, und führt damit zu einer personellen Erstreckung der Bindungswirkung auf alle Bürger.[607]

Die Gesetzeskraft des § 31 Abs. 2 BVerfGG beschränkt sich nach Auffassung des BVerfG nicht auf den Entscheidungstenor, sondern bezieht auch die die Entscheidung „tragenden Gründe" mit ein.[608] Daher ist es oftmals notwendig zu ermitteln, welcher Teil der **Entscheidungsgründe** notwendige argumentative Stützen für das in der **Entscheidungsformel** zum Ausdruck gekommene Ergebnis enthält *(ratio decidendi)* und welche Begründungsteile nur „nebenbei gesagt" wurden *(obiter dicta)*. Letztere nehmen an der Gesetzeskraft nicht teil. Ob ein die Urteilsbegründung „tragender Grund" vorliegt, ist durch Auslegung der Entscheidungsgründe zu ermitteln[609] und kann nicht durch das Gericht selbst festgestellt werden.[610] 197

---

[607] Vgl. *Schlaich/Korioth* BVerfG, Rn. 486; ferner → *Schoch* § 14 Rn. 44.

[608] BVerfGE 1, 14 (37) = NJW 1951, 877; E 19, 377 (392) = NJW 1966, 723 (725); E 20, 56 (87) = NJW 1966, 1499 (1500); E 40, 88 (93 f.) = NJW 1975, 1355 (1356). Zur Kritik daran *Schlaich/Korioth* BVerfG, Rn. 485 m. w. Nachw.

[609] *E. Klein* in: Benda/Klein, Verfassungsprozessrecht, Rn. 1520 ff.

[610] So aber in BVerfGE 36, 1 (36) = NJW 1973, 1539 (1545) geschehen.

# § 16. Kommunale Verfassungsbeschwerde

*Friedrich Schoch*

**Übersicht**



**Schrifttum:** *Guckelberger* Verfassungsbeschwerden kommunaler Gebietskörperschaften, Jura 2008, 819; *Kettler* Zur Subsidiarität der Kommunalverfassungsbeschwerde nach Bundesrecht gegenüber der nach Landesrecht für Gemeinden in den neuen Bundesländern, LKV 1995, 132; *Kment* Verfassungsgerichtlicher Rechtsschutz von Gemeinden gegen Raumordnungspläne, DVBl 2004, 214; *Rennert* Die Klausur im Kommunalrecht, JuS 2008, 29; *Schmidt* Die Kommunalverfassungsbeschwerde, JA 2008, 763; *Starke* Grundfälle zur Kommunalverfassungsbeschwerde, JuS 2008, 319; *Wernsmann* Die Garantie der kommunalen Selbstverwaltung als Prüfungsmaßstab der kommunalen Verfassungsbeschwerde, in: Festschrift für Bethge, 2009, S. 601. – Speziell **Monographien:** *St. Bauer* Der Prüfungsmaßstab im Kommunalverfassungsbeschwerdeverfahren, 2013; *Lück* Der Beitrag der Kommunalverfassungsbeschwerde nach Art. 93 Abs. 1 Nr. 4b GG, § 91 BVerfGG zum Schutz der kommunalen Selbstverwaltung, 2014.

# A. Funktion und Bedeutung der kommunalen Verfassungsbeschwerde

## I. Die kommunale Verfassungsbeschwerde im System des verfassungsprozessualen Rechtsschutzes

**Fall 1:** Die Stadt Dresden will nach einem entsprechenden Bürgerentscheid eine Brücke über die Elbe bauen („Waldschlösschenbrücke"). Die UNESCO fordert im Interesse des Weltkulturerbes (Dresdner Elbtal), den Bau der Brücke zu stoppen. Der Stadtrat treibt die Planungen voran. Das zuständige Regierungspräsidium ergreift sofort vollziehbare kommunalaufsichtliche Maßnahmen; der hiergegen gerichtete verwaltungsgerichtliche Eilantrag der Stadt bleibt beim OVG erfolglos. Nun erhebt die Stadt Dresden beim BVerfG Verfassungsbeschwerde und rügt eine Verletzung der Grundrechte aus Art. 2 Abs. 1 GG und Art. 19 Abs. 4 GG.[1] 1

Das BVerfG entscheidet nach seinem Zuständigkeitskatalog unter anderem „über Verfassungsbeschwerden" (§ 13 Nr. 8a BVerfGG). Diese äußerst knapp formulierte Kompetenzzuweisung wird verfassungsrechtlich aufgefächert in die **Individualverfassungsbeschwerde** (Art. 93 Abs. 1 Nr. 4a GG), die Grundrechtsträgern zusteht (→ *Scherzberg* § 15 Rn. 1), und die **Kommunalverfassungsbeschwerde** (Art. 93 Abs. 1 Nr. 4b GG), die Gemeinden und Gemeindeverbänden zum Schutz ihres Rechts auf Selbstverwaltung gegen gesetzliche Eingriffe eröffnet ist. Die Individualverfassungsbeschwerde findet ihre verfassungsprozessuale Ausprägung in § 90 BVerfGG, die kommunale Verfassungsbeschwerde in § 91 BVerfGG. 2

Das BVerfG weist Art. 93 Abs. 1 Nr. 4b GG, § 91 BVerfGG die Funktion zu, eine möglichst **umfassende verfassungsgerichtliche Kontrolle** „von gesetzlichen Gestaltungen des kommunalen Selbstverwaltungsrechts" zu gewährleisten.[2] Das Verfahren ist indessen „in dreifacher Hinsicht speziell"[3]: 3
- *Beschwerdeführer* können nur „Gemeinden und Gemeindeverbände" sein (→ Rn. 23 ff.);
- *Beschwerdegegenstand* ist einzig ein „Gesetz" (→ Rn. 33 ff.);
- *Prüfungsmaßstab* ist lediglich das „Recht auf Selbstverwaltung" nach Art. 28 Abs. 2 GG (→ Rn. 56 ff.).

Das BVerfG räumt ein, dass Kommunen mit der Kommunalverfassungsbeschwerde nicht in demselben Umfang verfassungsgerichtlichen Rechtsschutz erhalten können wie Bürger mit der Individualverfassungsbeschwerde; dieser Unterschied zwischen den beiden Typen der Verfassungsbeschwerde[4] sei im System der Art. 93 Abs. 1 Nr. 4a, Nr. 4b GG, §§ 90, 91 BVerfGG angelegt.[5] Insbesondere die Ausprägung der Kommunalverfassungsbeschwerde als bloße Rechtssatzverfassungsbeschwerde – mit der Konsequenz einer fehlenden Angreifbarkeit gerichtlicher Entscheidungen (→ Rn. 35) – soll keine Rechtsschutzlücken hinterlassen.[6] Richtig ist demgegenüber, dass gewisse „Unzulänglichkeiten der Kommunalverfas- 4

[1] Fall nach BVerfG-K NVwZ 2007, 1176.
[2] BVerfGE 107, 1 (9) = NVwZ 2003, 850; E 147, 185 Rn. 51 = NVwZ 2018, 140 (m. Anm. *Brüning*).
[3] So *Pestalozza* Verfassungsprozeßrecht, § 12 Rn. 56.
[4] Der – unfruchtbare – Streit zur „Rechtsnatur" der kommunalen Verfassungsbeschwerde (Normenkontrolle, Parallele zum Bund-Länder-Streit etc.; dazu Überblick bei *Barczak* in: Barczak, BVerfGG, § 91 Rn. 9), kann auf sich beruhen; das positive Recht hat mit „Verfassungsbeschwerde" eine eindeutige Festlegung getroffen, die mit Blick auf das subjektive Rechtsschutzverfahren sachlich begründet ist; *Goos* in: Hillgruber/Goos, Verfassungsprozessrecht, Rn. 370; *O. Klein* in: Benda/Klein, Verfassungsprozessrecht, Rn. 664, 667, 669.
[5] BVerfG-K NVwZ 1987, 124 (125).
[6] BVerfG-K NVwZ 2016, 1630 Rn. 23 (unter Hinweis auf fachgerichtlichen Rechtsschutz und auf Art. 100 Abs. 1 GG).

sungsbeschwerde"[7] für Gemeinden und Gemeindeverbände selbstverständlich **Rechtsschutzlücken** verursachen (Fall 4 → Rn. 32 und Lösung → Rn. 36), nur sind diese Lücken *nicht planwidrig*, sondern vom Gesetzgeber bewusst in Kauf genommen.[8]

5 Kommunen (Gemeinden und Gemeindeverbände) sind **öffentlich-rechtliche Körperschaften.**[9] Die Grundrechtsfähigkeit gemäß Art. 19 Abs. 3 GG[10] ist ihnen (abgesehen von den Justizgrundrechten gemäß Art. 101 ff. GG) versagt;[11] eine der für bestimmte juristische Personen des Öffentlichen Rechts anerkannten Ausnahmen (→ *Scherzberg* § 15 Rn. 30) greift nicht ein. Verfassungsgerichtlicher Rechtsschutz nach Art. 93 Abs. 1 Nr. 4a GG, § 90 BVerfGG steht den Kommunen (grundsätzlich) nicht zur Verfügung.[12]

6 **Lösung zu Fall 1:** Die von der Stadt Dresden beim BVerfG erhobene (Individual-)Verfassungsbeschwerde ist unzulässig. Mangels Grundrechtsfähigkeit i. S. d. Art. 19 Abs. 3 GG fehlt der Stadt für die behauptete Verletzung der allgemeinen Handlungsfreiheit (Art. 2 Abs. 1 GG) die Beschwerdeberechtigung. Dasselbe gilt in Bezug auf Art. 19 Abs. 4 GG.[13] Das BVerfG betont, dass juristische Personen des Öffentlichen Rechts nach Art. 1 Abs. 3 GG grundrechtsverpflichtet sind und nicht etwa über Art. 19 Abs. 3 GG grundrechtsberechtigt.

7 Zu **anderen verfassungsgerichtlichen Verfahrensarten** steht die kommunale Verfassungsbeschwerde in keinem Konkurrenzverhältnis. Im Organstreit, im abstrakten Normenkontrollverfahren und im Bund-Länder-Streitverfahren fehlt Gemeinden und Gemeindeverbänden die Beteiligungsfähigkeit bzw. die Antragsberechtigung.[14]

## II. Abgrenzung zwischen Bundesrecht und Landesrecht

8 Die kommunale Selbstverwaltung ist nicht nur durch Art. 28 Abs. 2 GG, sondern ebenfalls durch das **Landesverfassungsrecht** geschützt.[15] Dadurch kommt im Bundesstaat die Verfassungsautonomie der Länder (vgl. Art. 28 Abs. 1 S. 1 GG) zum Ausdruck. Dasselbe gilt für die **Landesverfassungsgerichtsbarkeit.** Diese soll vom BVerfG möglichst unangetastet bleiben. Am Maßstab der Landesverfassung entscheidet das jeweilige Verfassungsgericht eines Landes (zum Teil als „Staatsgerichtshof" bezeichnet) – grundsätzlich ohne Kontrolle durch das BVerfG – über die Verfassungsmäßigkeit von Landesgesetzen.[16] Das gilt auch in Bezug auf die kommunale Verfassungsbeschwerde.

9 Bei der verfassungsgerichtlichen Kontrolle von *Landesrecht* auf Grund einer Kommunalverfassungsbeschwerde besteht eine **Zuständigkeitskonkurrenz** zwischen BVerfG und

---

[7] So *Guckelberger* Jura 2008, 819.

[8] *Barczak* in: Barczak, BVerfGG, § 91 Rn. 11.

[9] § 1 Abs. 4 GemO BW, § 1 Abs. 2 LKrO BW; Art. 1 S. 1 BayGO, Art. 1 S. 1 BayLKrO; § 1 Abs. 1 S. 3 und § 122 Abs. 1 BbgKVerf; Art. 143 Abs. 1, 144 BremLV; § 1 Abs. 2 HessGO, § 1 Abs. 1 S. 1 HessLKO; § 1 Abs. 2 S. 1 und § 88 Abs. 1 KV MV; § 2 Abs. 2, 3 und § 3 Abs. 1 NdsKomVG; § 1 Abs. 2 GO NW, § 1 Abs. 2 KrO NW; § 1 Abs. 2 S. 1 GemO RP, § 1 Abs. 1 S. 1 LKO RP; § 1 Abs. 2 und § 140 Abs. 1 S. 1 SaarlKSVG; § 1 Abs. 3 SächsGemO, § 1 Abs. 2 SächsLKrO; § 2 Abs. 2 und § 3 Abs. 1 KVG LSA; § 1 Abs. 2 GO SH, § 1 Abs. 1 KrO SH; § 1 Abs. 2 S. 1 und § 86 Abs. 1 S. 1 ThürKO.

[10] Dazu *Ludwigs/Friedmann* JA 2018, 807 (811 ff.); *U. Becker* Jura 2019, 496 (503 ff.); *Muckel* JA 2020, 411 (412 ff.).

[11] BVerfGE 61, 82 (105) = NJW 1982, 2173 (2174); BVerfG-K NVwZ 2005, 82 (83); NVwZ 2019, 642 Rn. 20 f.

[12] *Guckelberger* Jura 2008, 819 (820 ff.); *Burgi* Kommunalrecht, § 9 Rn. 3; *Geis* Kommunalrecht, § 26 Rn. 17; *Magen* in: Umbach/Clemens/Dollinger, BVerfGG, § 91 Rn. 43.

[13] Bekräftigend BVerfG-K NVwZ 2017, 54 Rn. 20.

[14] *Goos* in: Hillgruber/Goos, Verfassungsprozessrecht, Rn. 367; *Diehm* in: Burkiczak/Dollinger/Schorkopf, BVerfGG, § 91 Rn. 5.

[15] Art. 71 LV BW; Art. 10, 11, 83 BayVerf; Art. 97 BbgVerf; Art. 144 ff. BremLV; Art. 137 HessLV; Art. 72 LV MV; Art. 57 NdsLV; Art. 78 LV NW; Art. 49 LV RP; Art. 117 ff. SaarlVerf; Art. 84 ff. SächsVerf; Art. 87 Verf LSA; Art. 84 LV SH; Art. 91 ThürVerf.

[16] BVerfGE 147, 185 Rn. 47 = NVwZ 2018, 140 (m. Anm. *Brüning*).

LVerfG, die geklärt werden muss (→ Rn. 12ff.). Die anschließende Darstellung konzentriert sich auf das Bundesrecht (Art. 93 Abs. 1 Nr. 4b GG, § 91 BVerfGG). Die dazu gewonnenen Erkenntnisse können weitgehend auf das Landesrecht übertragen werden; auf Besonderheiten ist im Rahmen der Reservezuständigkeit des BVerfG einzugehen (→ Rn. 16ff.).

## B. Zulässigkeit der kommunalen Verfassungsbeschwerde

### I. Zuständigkeit des BVerfG

**Fall 2:** Nach dem neuen Gesetz über kommunale Gemeinschaftsarbeit (GKG) des Landes L können benachbarte Gemeinden zur Stärkung ihrer Verwaltungskraft eine Verwaltungsgemeinschaft bilden. Leitbild ist die Schaffung leistungsfähiger Verwaltungseinheiten auf Gemeindeebene mit mindestens 5.000 Einwohnern der Mitgliedsgemeinden. Das GKG enthält eine Verordnungsermächtigung zur zwangsweisen Bildung von Verwaltungsgemeinschaften. Davon macht das zuständige Landesinnenministerium gegenüber mehreren Gemeinden, die sich freiwillig nicht zusammenschließen, Gebrauch. Ein Normenkontrollverfahren der betroffenen Gemeinden beim OVG bleibt erfolglos, eine Kommunalverfassungsbeschwerde beim LVerfG wird als unzulässig verworfen, weil nur Parlamentsgesetze verfassungsgerichtlich angreifbar seien. Die Gemeinden erheben nun beim BVerfG eine kommunale Verfassungsbeschwerde gegen die Verordnung.[17] 10

**Fall 3:** Das Land L ändert sein Kinderförderungsgesetz. Die Förderung und Betreuung von Kindern in Tageseinrichtungen und Tagespflege wird von den bislang zuständigen kreisangehörigen Gemeinden auf die Landkreise und kreisfreien Städte als örtliche Träger der öffentlichen Jugendhilfe übertragen. Die hiergegen von betroffenen Gemeinden beim LVerfG erhobene Kommunalverfassungsbeschwerde bleibt erfolglos, weil das Landesverfassungsrecht ein Aufgabenverteilungsprinzip zu Gunsten der örtlichen Ebene nicht kenne. Gemeinde G erhebt beim BVerfG eine Kommunalverfassungsbeschwerde und macht geltend, das neue Kinderförderungsgesetz bedeute einen verfassungswidrigen Entzug von Aufgaben der örtlichen Gemeinschaft und somit eine Verletzung des Art. 28 Abs. 2 S. 1 GG.[18] 11

#### 1. Subsidiarität der Kommunalverfassungsbeschwerde beim BVerfG als Zuständigkeitsfrage

Als Rechtssatzverfassungsbeschwerde (→ Rn. 33) kann die kommunale Verfassungsbeschwerde beim BVerfG gegen ein Gesetz des Bundes oder des Landes erhoben werden (§ 91 S. 1 BVerfGG). Bei **Landesgesetzen** entscheidet das BVerfG über die Verfassungsbeschwerde nur, soweit nicht Beschwerde beim **LVerfG** erhoben werden kann (Art. 93 Abs. 1 Nr. 4b GG); andernfalls ist die kommunale Verfassungsbeschwerde beim BVerfG ausgeschlossen (§ 91 S. 2 BVerfGG). 12

Diese **Subsidiaritätsklausel** wird seitens der h. M. in einen Zusammenhang mit der Erschöpfung des Rechtswegs (→ Rn. 51) gestellt.[19] Dabei wird jedoch übersehen, dass unter 13

[17] Fall nach BVerfGE 107, 1 = NVwZ 2003, 850.
[18] Fall nach BVerfGE 147, 185 = NVwZ 2018, 140 (m. Anm. *Brüning*) = DVBl 2018, 35 (m. Anm. *Henneke*).
[19] *Schmidt* JA 2008, 763 (768); *Guckelberger* Jura 2008, 819 (825); *Goos* in: Hillgruber/Goos, Verfassungsprozessrecht, Rn. 399; *O. Klein* in: Benda/Klein, Verfassungsprozessrecht, Rn. 683; *Pestalozza* Verfassungsprozeßrecht, § 12 Rn. 61.

den Voraussetzungen von Art. 93 Abs. 1 Nr. 4b GG, § 91 S. 2 BVerfGG die **Zuständigkeit des BVerfG** von vornherein entfällt;[20] die Entscheidungskompetenz des BVerfG ist *generell* ausgeschlossen (→ Rn. 15). Es geht nicht wie in Bezug auf die Fachgerichtsbarkeit um ein Vorrang-Nachrang-Verhältnis zwischen einem anderen Gericht und dem BVerfG. Normiert ist vielmehr die *Alternativität* verfassungsgerichtlicher Rechtsbehelfe; gesetzlich geregelt ist die Kompetenzabgrenzung zwischen Bundes- und Landesverfassungsgerichtsbarkeit, so dass die **Entscheidungszuständigkeit** des BVerfG bzw. des LVerfG zu klären ist.[21]

### 2. Vorrang der Landesverfassungsgerichtsbarkeit

14 Die „soweit"-Regelung gemäß Art. 93 Abs. 1 Nr. 4b GG, § 91 S. 2 BVerfGG erklärt das BVerfG für unzuständig, falls wegen der behaupteten Verletzung des Rechts auf kommunale Selbstverwaltung Verfassungsbeschwerde beim LVerfG erhoben werden kann. Danach muss ein

- **Landesgesetz** Beschwerdegegenstand sein, gegen das beim
- **LVerfG** seitens der Gemeinden und Gemeindeverbände verfassungsgerichtlicher Rechtsschutz erlangt werden kann.[22]

Die kommunale Verfassungsbeschwerde (unter Berufung auf Art. 28 Abs. 2 GG) gegen ein *Bundesgesetz* fällt von vornherein nicht unter die Subsidiaritätsklausel; es bleibt bei der Zuständigkeit des BVerfG.[23] Das Landesrecht sieht mittlerweile ausnahmslos die kommunale Verfassungsbeschwerde[24] von Gemeinden und Gemeindeverbänden beim LVerfG vor.[25] **Prüfungsmaßstab** des LVerfG ist die landesverfassungsrechtliche Norm zur kommunalen Selbstverwaltung[26] und nicht etwa Art. 28 Abs. 2 GG[27] (zur Reservezuständigkeit des BVerfG → Rn. 16 ff.). In diesem System ist die Kommunalverfassungsbeschwerde beim BVerfG unzulässig, wenn eine Gemeinde Beschwerde wegen der Verletzung des Rechts auf Selbstverwaltung beim LVerfG erheben kann.[28]

15 Sind die Voraussetzungen der Subsidiaritätsklausel (→ Rn. 12, 14) erfüllt, tritt eine „rigide" Rechtsfolge ein; gemäß Art. 93 Abs. 1 Nr. 4b GG, § 91 S. 2 BVerfGG besteht eine **generelle Sperrwirkung,** die Zuständigkeit des LVerfG ist endgültig und absolut.[29] Zur An-

---

[20] *Bethge* in: Maunz/Schmidt-Bleibtreu/Klein/Bethge, BVerfGG, § 91 Rn. 75.

[21] *Barczak* in: Barczak, BVerfGG, § 91 Rn. 63; *Bethge* in: Maunz/Schmidt-Bleibtreu/Klein/Bethge, BVerfGG, § 91 Rn. 70; *Engels/Krausnick* Kommunalrecht, § 3 Rn. 60.

[22] *Lück* Kommunalverfassungsbeschwerde, S. 206 ff.; *Lenz/Hansel* BVerfGG, § 91 Rn. 33; *Magen* in: Umbach/Clemens/Dollinger, BVerfGG, § 91 Rn. 33, 39.

[23] BVerfGE 155, 310 Rn. 42 (insoweit nicht abgedruckt in NVwZ 2020, 1342); *Kment* DVBl 2004, 214 (219); *Lange* Kommunalrecht, Kap. 1 Rn. 145; *O. Klein* in: Benda/Klein, Verfassungsprozessrecht, Rn. 683; *Barczak* in: Barczak, BVerfGG, § 91 Rn. 58.

[24] Umfasst sind auch Verfahren wie die „kommunalrechtliche Normenkontrolle" (Baden-Württemberg) und die „Popularklage" (Bayern), *Lange* Kommunalrecht, Kap. 1 Rn. 146.

[25] Art. 76 LV BW, § 8 Abs. 1 Nr. 8 und § 54 VerfGHG BW (kommunalrechtliche Normenkontrolle); Art. 100 BbgVerf, § 12 Nr. 5 und § 51 VerfGGBbg; Art. 140 S. 1 BremLV, § 10 Nr. 2 und § 24 Abs. 1 StGHG; Art. 131 Abs. 1 und 3 HessLV, § 15 Nr. 5 und § 46 StGHG (kommunale Grundrechtsklage); Art. 53 Nr. 8 LV MV, § 11 Abs. 1 Nr. 10 und § 52 Abs. 2 LVerfGG MV; Art. 54 Nr. 5 NdsLV, § 8 Nr. 10 und § 36 NdsStGHG; Art. 75 Nr. 5b LV NW, § 12 Nr. 8 und § 52 VerfGHG NW; Art. 130 Abs. 1 S. 2 und Art. 135 Abs. 1 Nr. 1 LV RP, § 2 Nr. 1 lit. a und § 23 Abs. 1 VerfGHG RP; Art. 97 Nr. 4 und Art. 123 SaarlVerf, § 9 Nr. 13 und § 55 Abs. 2 VerfGHG; Art. 81 Abs. 1 Nr. 5 und Art. 90 SächsVerf, § 7 Nr. 8 und § 36 SächsVerfGHG; Art. 75 Nr. 7 Verf LSA, § 2 Nr. 8 und § 51 LVerfGG; Art. 51 Abs. 2 Nr. 4 LV SH, § 3 Nr. 4 und § 47 LVerfGG; Art. 80 Abs. 1 Nr. 2 ThürVerf, § 11 Nr. 2 und § 31 Abs. 2 ThürVerfGHG. – Das bayerische Landesrecht kennt keine kommunale Verfassungsbeschwerde, die Kommunen sind auf die Inanspruchnahme der Popularklage (Art. 98 S. 4 BayVerf, Art. 2 Nr. 7 und Art. 55 VerfGHG) verwiesen. – Knappe Erläuterungen zur landesrechtlichen Kommunalverfassungsbeschwerde bei *Geis* Kommunalrecht, § 26 Rn. 11 ff.; *Gern/Brüning* Deutsches Kommunalrecht, Rn. 366 ff.; *Barczak* in: Barczak, BVerfGG, § 91 Rn. 40 ff.; *Bethge* in: Maunz/Schmidt-Bleibtreu/Klein/Bethge, BVerfGG, § 91 Rn. 72.

[26] Vgl. Nachw. o. Fn. 15.

[27] *Lange* Kommunalrecht, Kap. 1 Rn. 146.

[28] BVerfG-K NVwZ 2004, 1349 (Kommunalverfassungsbeschwerde gegen eine Bestimmung der NdsGO).

[29] *Kment* DVBl 2004, 214 (219); *Barczak* in: Barczak, BVerfGG, § 91 Rn. 57; *Bethge* in: Maunz/Schmidt-Bleibtreu/Klein/Bethge, BVerfGG, § 91 Rn. 75 f.; *Magen* in: Umbach/Clemens/Dollinger, BVerfGG, § 91 Rn. 40.

wendung kommen exklusiv das Verfahrensrecht des Landes und die Prüfungsmaßstäbe der Landesverfassung in der Auslegung des LVerfG, selbst wenn dies aus der Sicht betroffener Kommunen zu unbefriedigenden Ergebnissen führt[30] (zu einer Ausnahme → Rn. 18). Ein Wahlrecht des Beschwerdeführers zwischen der Landesverfassungsbeschwerde und der Bundesverfassungsbeschwerde wie beim individuellen verfassungsgerichtlichen Rechtsschutz (§ 90 Abs. 3 BVerfGG)[31] besteht nicht.[32]

### 3. Reservezuständigkeit des BVerfG

Die Subsidiaritätsklausel nach Art. 93 Abs. 1 Nr. 4b GG, § 91 S. 2 BVerfGG greift nur, 16
*soweit* beim LVerfG kommunale Verfassungsbeschwerde erhoben werden kann. Diese Einschränkung vermeidet Rechtsschutzlücken. Nur im Falle eines *gleichwertigen* Rechtsschutzes beim LVerfG tritt die Entscheidungszuständigkeit des BVerfG zurück; andernfalls besteht eine **Reservezuständigkeit des BVerfG.**[33] Zu vermeiden sind *prozessuale* Rechtsschutzlücken und *materiellrechtliche* Minimierungen von Schutzstandards.[34] Daraus ergeben sich strukturell drei Konstellationen für eine Zuständigkeit des BVerfG bei der Kommunalverfassungsbeschwerde gegen ein Landesgesetz:

– Das Landesrecht sieht die kommunale Verfassungsbeschwerde nicht vor.
– Das Landesrecht beschränkt den statthaften Beschwerdegegenstand (→ Rn. 17).
– Die Landesverfassung bleibt hinter den Standards des Art. 28 Abs. 2 GG zurück (→ Rn. 18).

Die erste Variante war früher von Bedeutung, als einige Länder die kommunale Verfassungsbeschwerde zum LVerfG nicht vorgesehen hatten;[35] mittlerweile ist diese Konstellation Vergangenheit (→ Rn. 14).

Der **statthafte Beschwerdegegenstand** ist im Bundesrecht weit gefasst und erstreckt 17
sich auch auf untergesetzliche Rechtsvorschriften (→ Rn. 33). Im Landesrecht wird der zulässige Verfahrensgegenstand mitunter auf **Parlamentsgesetze** reduziert.[36] Das mag kritikwürdig sein,[37] ändert aber nichts an der in der Praxis auftretenden Rechtsschutzlücke im Landesrecht. Die danach nicht angreifbare Norm kann mit der kommunalen Verfassungsbeschwerde dem BVerfG zur Prüfung gestellt werden, wenn es sich um ein „Gesetz" i. S. d. Art. 93 Abs. 1 Nr. 4b GG, § 91 BVerfGG (→ Rn. 33) handelt.[38] Der Einwand, eine Rechtsschutzlücke bestehe nur, wenn ein Land von der Möglichkeit *verwaltungsgerichtlichen* Rechtsschutzes nach § 47 Abs. 1 Nr. 2 VwGO nicht Gebrauch gemacht habe,[39] verfängt nicht. Zu sichern ist die möglichst umfassende *verfassungsgerichtliche* Kontrolle der Beeinträchtigung des kommunalen Selbstverwaltungsrechts (→ Rn. 3). Das führt zu der etwas eigentümlichen Konsequenz, dass Kommunen in den betreffenden Ländern gegen förmliche Landesgesetze das LVerfG anrufen können, während sie sich beim Rechtsschutz gegen untergesetzliche Normen an das BVerfG wenden müssen.[40]

---

[30] BVerfG-K NVwZ 1994, 58 (59) in Bezug auf den BayVerfGH im Popularklageverfahren; BVerfG-K NVwZ-RR 1999, 353 (zu SaarlVerfGH NVwZ 1994, 481 → JuS 1994, 884 [*Sachs*] bei Verneinung der Beteiligtenfähigkeit einer aufgelösten Gemeinde durch das LVerfG).

[31] *Lechner/Zuck* BVerfGG, § 90 Rn. 189.

[32] *Geis* Kommunalrecht, § 26 Rn. 19.

[33] BVerfGE 107, 1 (10) = NVwZ 2003, 850 (851); *Kettler* LKV 1995, 132 f.; *Starke* JuS 2008, 319 (322); *Guckelberger* Jura 2008, 819 (825); *Lück* Kommunalverfassungsbeschwerde, S. 214; *Barczak* in: Barczak, BVerfGG, § 91 Rn. 57, 59; *Diehm* in: Burkiczak/Dollinger/Schorkopf, BVerfGG, § 91 Rn. 26.

[34] *Rennert* JuS 2008, 29 (31); *Magen* in: Umbach/Clemens/Dollinger, BVerfGG, § 91 Rn. 41.

[35] Zu Schleswig-Holstein BVerfG-K NVwZ 1987, 123; zu Niedersachsen BVerfGE 76, 107 (117) = NVwZ 1988, 47 → JuS 1988, 73 *(Brodersen)* und E 79, 127 (141) = NVwZ 1989, 347 → JuS 1990, 137 *(Brodersen)* sowie E 86, 90 (106) = NVwZ 1993, 262 (263) → *Erichsen* JK 93, GG Art. 28 II/20.

[36] Für Baden-Württemberg StGH BW DÖV 1977, 144 sowie NVwZ-RR 1994, 227 und VerfGH BW NVwZ 2020, 1107 Rn. 20; für Sachsen-Anhalt VerfG LSA LKV 1996, 413 (414) und BeckRS 2009, 33421.

[37] *Lange* Kommunalrecht, Kap. 1 Rn. 149.

[38] BVerfGE 107, 1 (9 f.) = NVwZ 2003, 850 (851); E 147, 185 Rn. 51 = NVwZ 2018, 140 (m. Anm. *Brüning*); *Rennert* JuS 2008, 29 (31); *Schmidt* JA 2008, 763 (569); *Barczak* in: Barczak, BVerfGG, § 91 Rn. 61.

[39] *Goos* in: Hillgruber/Goos, Verfassungsprozessrecht, Rn. 383, 396; zutreffende Kritik bei *Lück* Kommunalverfassungsbeschwerde, S. 208 f.

[40] *Rennert* JuS 2008, 29 (31 Fn. 12).

18 Der *gleichwertige* Schutz der kommunalen Selbstverwaltung (→ Rn. 16) war ursprünglich nicht in Zweifel gezogen worden, wenn die **materiellrechtliche Garantie kommunaler Selbstverwaltung** im Landesverfassungsrecht hinter den Anforderungen des Art. 28 Abs. 2 GG zurückbleibt.[41] Das Postulat einer *materiellen* Gleichwertigkeit der Standards[42] wird mit Hinweis auf die Verfassungsautonomie der Länder (→ Rn. 8) kritisch gesehen oder sogar zurückgewiesen.[43] Indes gehört Art. 28 Abs. 2 GG zu den für die Länder zwingenden Vorgaben der Bundesverfassung, so dass das Landesrecht keine Regelungen enthalten darf, die mit Art. 28 Abs. 2 GG nicht vereinbar sind; der Grundsatz der Subsidiarität der Kommunalverfassungsbeschwerde nach Art. 93 Abs. 1 Nr. 4b GG, § 91 S. 2 BVerfGG findet keine Anwendung, wenn die landesverfassungsrechtliche Garantie der kommunalen Selbstverwaltung hinter dem Gewährleistungsniveau des Art. 28 Abs. 2 GG zurückbleibt.[44]

19 **Lösung zu Fall 2:** Die beim BVerfG erhobene kommunale Verfassungsbeschwerde scheitert nicht an der Subsidiaritätsklausel gemäß Art. 93 Abs. 1 Nr. 4b GG, § 91 S. 2 BVerfGG. Gegen untergesetzliches Landesrecht gibt es für Kommunen im Land L keinen Rechtsschutz beim LVerfG. Die Reservezuständigkeit des BVerfG ist begründet.

20 **Lösung zu Fall 3:** Das Regel-Ausnahme-Verhältnis nach Art. 28 Abs. 2 S. 1 und S. 2 GG gilt als Aufgabenverteilungsprinzip zu Gunsten kreisangehöriger Gemeinden auch gegenüber den (Land-)Kreisen (→ Rn. 70); daraus folgt ein prinzipieller Vorrang der Gemeindeebene vor der Kreisebene bei der Aufgabenzuordnung und -wahrnehmung im lokalen Bereich.[45] Das Verfassungsrecht des Landes L enthält ein derartiges Aufgabenverteilungsprinzip (in der Auslegung der LV durch das LVerfG) nicht. Somit besteht im Vergleich mit Art. 28 Abs. 2 GG kein gleichwertiger verfassungsrechtlicher Schutz der gemeindlichen Selbstverwaltung, so dass auf Landesebene auch kein hinreichender Rechtsschutz gegen eine Verletzung der gemeindlichen Selbstverwaltungsgarantie vorhanden ist.[46] Das BVerfG ist für die Entscheidung über die Kommunalverfassungsbeschwerde der Gemeinde G zuständig.

## II. Ordnungsgemäßer Antrag

21 Das Verfahren der kommunalen Verfassungsbeschwerde wird durch einen **schriftlichen Antrag** beim BVerfG eingeleitet (§ 23 Abs. 1 S. 1 BVerfGG). Das allgemeine Begründungserfordernis (§ 23 Abs. 1 S. 2 BVerfGG) mündet in eine **Darlegungslast** (§ 92 BVerfGG), an der Anträge nicht selten scheitern. Der Beschwerdeführer muss die angegriffene(n) Bestimmung(en) genau bezeichnen und sich mit substantiierter Begründung mit dem als verfassungswidrig erachteten Rechtsakt detailliert auseinandersetzen.[47] Der Sache nach stellt

[41] BVerfG-K NVwZ 1994, 58 (59); zustimmend *Goos* in: Hillgruber/Goos, Verfassungsprozessrecht, Rn. 402.

[42] *Kettler* LKV 1995, 132 (133); *Bethge* in: Maunz/Schmidt-Bleibtreu/Klein/Bethge, BVerfGG, § 91 Rn. 80 ff., 89.

[43] *Lück* Kommunalverfassungsbeschwerde, S. 234 ff.; *O. Klein* in: Benda/Klein, Verfassungsprozessrecht, Rn. 684; *Barczak* in: Barczak, BVerfGG, § 91 Rn. 63.

[44] BVerfGE 147, 185 Rn. 54 ff., 61 = NVwZ 2018, 140 (m. Anm. *Brüning*); zustimmend *Lange* ZG 2018, 75 (81 ff.); *ders.* Kommunalrecht, Kap. 1 Rn. 146; *Ritgen* NVwZ 2018, 114 (116 ff.); *Lindner* DÖV 2018, 235 (237 ff.); analysierend *Heusch/Dickten* NVwZ 2018, 1265 f.

[45] BVerfGE 79, 127 (150 ff.) = NVwZ 1989, 347 (349 f.) → JuS 1990, 137 *(Brodersen);* E 110, 370 (400 f.) = NVwZ 2004, 1477 (1482 f.) → JuS 2004, 931 *(Selmer);* E 137, 108 Rn. 114 = NVwZ 2015, 136; E 138, 1 Rn. 41 = NVwZ 2015, 728 → *Waldhoff* JuS 2015, 190.

[46] BVerfGE 147, 185 Rn. 62 = NVwZ 2018, 140 (m. Anm. *Brüning*).

[47] BVerfGE 71, 25 (36 f.) = NVwZ 1986, 289 (verneint bzgl. der kommunalen Finanzhoheit); E 76, 107 (112 f.) = NVwZ 1988, 47 (verneint bzgl. der kommunalen Planungshoheit).

§ 92 BVerfGG Anforderungen an die Beschwerdebefugnis[48] und wird dort (mit)behandelt (→ Rn. 38 ff.).

22 Die Erhebung einer Kommunalverfassungsbeschwerde ist *kommunalrechtlich* kein „Geschäft der laufenden Verwaltung".[49] Der zur Außenvertretung der Gemeinde bzw. des Gemeindeverbandes befugte Hauptverwaltungsbeamte (→ Rn. 31) muss durch einen wirksamen Beschluss der kommunalen Vertretungskörperschaft entsprechend mandatiert sein. Fehlt es hieran, ist der **verfahrenseinleitende Antrag** – sofern nichts anderes bestimmt ist – dennoch wirksam gestellt, weil es *prozessual* nur auf die ordnungsgemäße Außenvertretung ankommt[50] (zur Prozessfähigkeit → Rn. 31).

## III. Beschwerdeberechtigung

23 Beschwerdeberechtigt (und damit beteiligungsfähig im Verfahren der Kommunalverfassungsbeschwerde) sind nach Art. 93 Abs. 1 Nr. 4b GG, § 91 BVerfGG **Gemeinden und Gemeindeverbände.** Dazu findet sich eine bundes(verfassungs)rechtliche Begriffsbestimmung nicht. Da die kommunale Organisationskompetenz den Ländern zusteht (Art. 30, 70 Abs. 1 GG), ist für das Verständnis jenes normgeprägten Begriffspaars das Landesrecht maßgeblich.[51] Der bundesrechtliche Rahmen wird durch die Vorgabe „Recht auf Selbstverwaltung" gesetzt; die betreffenden Rechtssubjekte müssen **Träger der Selbstverwaltungsgarantie** gemäß Art. 28 Abs. 2 S. 1 bzw. S. 2 GG sein können.[52]

### 1. Gemeinden

24 In Anknüpfung an die normative Prägung des Art. 28 Abs. 2 S. 1 GG (und der entsprechenden landesverfassungsrechtlichen Bestimmungen) sind **Gemeinden** rechtlich selbstständige sowie demokratisch verfasste und mit Verwaltungsautonomie ausgestattete Gebietskörperschaften der örtlichen Ebene (d. h. der untersten Verwaltungsstufe).[53] Dazu gehören sowohl die kreisangehörigen Gemeinden als auch die kreisfreien Städte (BW: Stadtkreise).[54] Das gilt auch dann, wenn die Gemeinde einer zwischen der Gemeindeebene und der Kreisebene angesiedelten Verwaltungseinrichtung (z. B. Amt, Samtgemeinde, Verbandsgemeinde) angehört,[55] die ihrerseits ein „Gemeindeverband" sein kann.[56] Auf die Bezeichnung (Stadt, Große Kreisstadt, Landeshauptstadt, Bundesstadt, Bad, Markt etc.) kommt es nicht an.[57]

25 Eine (z. B. durch eine kommunale Gebietsreform) **aufgelöste Gemeinde** verliert ihre rechtliche Existenz und damit auch ihr Selbstverwaltungsrecht. Im Kommunalverfassungsstreit um die Verfassungsmäßigkeit der Auflösung wird die Fortexistenz fingiert und die Beschwerdeberechtigung angenommen.[58] Andernfalls könnte eine Gemeinde ihre eigene

---

[48] *Bethge* in: Maunz/Schmidt-Bleibtreu/Klein/Bethge, BVerfGG, § 91 Rn. 42.

[49] Dazu *Röhl* in: Schoch, BesVwR, Kap. 2 Rn. 115.

[50] *Schmidt* JA 2008, 763 (765); *Magen* in: Umbach/Clemens/Dollinger, BVerfGG, § 91 Rn. 49; a. A. *Bethge* in: Maunz/Schmidt-Bleibtreu/Klein/Bethge, BVerfGG, § 91 Rn. 23.

[51] *Goos* in: Hillgruber/Goos, Verfassungsprozessrecht, Rn. 373; *O. Klein* in: Benda/Klein, Verfassungsprozessrecht, Rn. 675; *Bethge* in: Maunz/Schmidt-Bleibtreu/Klein/Bethge, BVerfGG, § 91 Rn. 23; *Diehm* in: Burkiczak/Dollinger/Schorkopf, BVerfGG, § 91 Rn. 6; a. A. *Lück* Kommunalverfassungsbeschwerde, S. 86; *Lenz/Hansel* BVerfGG, § 91 Rn. 6.

[52] *Magen* in: Umbach/Clemens/Dollinger, BVerfGG, § 91 Rn. 14; *Diehm* in: Burkiczak/Dollinger/Schorkopf, BVerfGG, § 91 Rn. 6.

[53] BVerfGE 107, 1 (12) = NVwZ 2003, 850 (851); *Lück* Kommunalverfassungsbeschwerde, S. 87; *Lechner/Zuck* BVerfGG, § 91 Rn. 4; *Magen* in: Umbach/Clemens/Dollinger, BVerfGG, § 91 Rn. 15.

[54] *Barczak* in: Barczak, BVerfGG, § 91 Rn. 20.

[55] BVerfGE 91, 228 (236) = NVwZ 1995, 677 → *Erichsen* JK 95, GG Art. 28 II/22 (zulässige Kommunalverfassungsbeschwerde einer amtsangehörigen Gemeinde).

[56] *Schmidt* JA 2008, 763 (764).

[57] *Goos* in: Hillgruber/Goos, Verfassungsprozessrecht, Rn. 375.

[58] *Schmidt* JA 2008, 763 (765); *Guckelberger* Jura 2008, 819 (824); *Lenz/Hansel* BVerfGG, § 91 Rn. 13; *Magen* in: Umbach/Clemens/Dollinger, BVerfGG, § 91 Rn. 17; *Diehm* in: Burkiczak/Dollinger/Schorkopf, BVerfGG, § 91 Rn. 9.

Auflösung verfassungsgerichtlich nicht überprüfen lassen. Sonstige rügefähige Rechtspositionen stehen der Gemeinde nicht zu.

26 Keine „Gemeinden“ i. S. d. Art. 93 Abs. 1 Nr. 4b GG, § 91 BVerfGG sind **unselbstständige Binnengliederungen** einer Gemeinde (z. B. Ortsteile, Ortschaften, Stadtbezirke).[59] Erst recht gilt dies – unabhängig von ihrer Rechtsfähigkeit – für **Einrichtungen der Gemeinde** (z. B. kommunale Unternehmen wie Eigenbetriebe und Eigengesellschaften, kommunale Anstalten wie etwa Sparkassen).[60]

### 2. Gemeindeverbände

27 Der Begriff **Gemeindeverband** ist ein – entwicklungsoffener – Sammelbegriff.[61] Nach der ratio von Art. 93 Abs. 1 Nr. 4b GG, § 91 BVerfGG muss es sich um (Gebiets-)Körperschaften – angesiedelt zwischen der Gemeindeebene und der Landesebene – handeln, die mit dem **Recht der Selbstverwaltung** ausgestattet sind.[62] Als „Gemeindeverbände“ können alle zur Erfüllung von kommunalen Selbstverwaltungsaufgaben gebildeten Selbstverwaltungskörperschaften mit einer aus allgemeinen Wahlen (un)mittelbar hervorgegangenen Volksvertretung qualifiziert werden.[63] Das sind in erster Linie die in Art. 28 Abs. 1 S. 2 GG erwähnten (Land-)Kreise. „Gemeindeverbände“ sind auch Samtgemeinden (§ 2 Abs. 3 NdsKomVG), Verbandsgemeinden (§ 64 Abs. 1 S. 1 GemO RP, § 89 Abs. 1 S. 1 KVG LSA), Bezirke (Art. 1 BayBezO, § 1 Abs. 1 S. 1 BezO für den Bezirksverband Pfalz) und Landschaftsverbände (§ 2 LVerbO NW).[64] Bei einem **aufgelösten Gemeindeverband** gelten die Grundsätze bezüglich der Gemeindeebene (→ Rn. 25) sinnentsprechend.

28 Keine „Gemeindeverbände“ i. S. d. Art. 93 Abs. 1 Nr. 4b GG, § 91 BVerfGG sind **kommunale Zweckverbände.**[65] Dasselbe gilt für **Verwaltungsgemeinschaften,** die die verwaltungstechnische Abwicklung von Aufgaben der Mitgliedsgemeinden erledigen.[66] Für **Ämter** hatte das BVerfG bereits vor geraumer Zeit erkannt, sie seien „zwar keine Schreibstuben der Gemeinden mehr“, das Schwergewicht ihrer Zuständigkeiten liege jedoch „weiterhin auf verwaltungstechnischem Gebiet“.[67] Keine Gemeindeverbände sind auch **Organisationen der funktionalen Selbstverwaltung** wie z. B. Wasserverbände.[68] **Regierungsbezirke** in Flächenstaaten sind staatliche Verwaltungsinstanzen und keine Gemeindeverbände.[69]

### 3. Stadtstaaten

29 Die **Stadtstaaten** (Berlin, Bremen, Hamburg), bei denen staatliche Ebene und kommunale Ebene zusammenfallen[70] (zu Differenzierungen bei Bremen → Rn. 30), haben nach

---

[59] *Lück* Kommunalverfassungsbeschwerde, S. 88; *Goos* in: Hillgruber/Goos, Verfassungsprozessrecht, Rn. 375; *Lechner/Zuck* BVerfGG, § 91 Rn. 5; *Diehm* in: Burkiczak/Dollinger/Schorkopf, BVerfGG, § 91 Rn. 9.

[60] *Barczak* in: Barczak, BVerfGG, § 91 Rn. 21; *Bethge* in: Maunz/Schmidt-Bleibtreu/Klein/Bethge, BVerfGG, § 91 Rn. 26.

[61] BVerfGE 52, 95 (111) = BeckRS 1979, 810 Rn. 86.

[62] *Sachs* Verfassungsprozessrecht, Rn. 566; *Magen* in: Umbach/Clemens/Dollinger, BVerfGG, § 91 Rn. 16.

[63] Vgl. dazu BVerfGE 52, 95 (109, 112); *Starke* JuS 2008, 319 (320); *Lechner/Zuck* BVerfGG, § 91 Rn. 6.

[64] *Starke* JuS 2008, 319 (320); *Sachs* Verfassungsprozessrecht, Rn. 566; *Barczak* in: Barczak, BVerfGG, § 91 Rn. 22; a. A. zu Landschaftsverbänden *Bethge,* in: Maunz/Schmidt-Bleibtreu/Klein/Bethge, BVerfGG, § 91 Rn. 28; *Lück* Kommunalverfassungsbeschwerde, S. 108 (fehlende unmittelbare demokratische Legitimation). – Nach Art. 78 LV NW sind Landschaftsverbände „Gemeindeverbände“ und befugt, beim LVerfG Kommunalverfassungsbeschwerde zu erheben, VerfGH NW NVwZ-RR 2001, 617.

[65] *Schmidt* JA 2008, 763 (764); *Magen* in: Umbach/Clemens/Dollinger, BVerfGG, § 91 Rn. 16.

[66] BVerfGE 107, 1 (17) = NVwZ 2003, 850 (853).

[67] So BVerfGE 52, 95 (121).

[68] BVerfGE 105, 59 (89) = NVwZ 2003, 974 (976) → *Ehlers* JK 10/03, GG Art. 20 II/3; dazu Bespr. *Jestaedt* JuS 2004, 649.

[69] *Barczak* in: Barczak, BVerfGG, § 91 Rn. 23; *Bethge* in: Maunz/Schmidt-Bleibtreu/Klein/Bethge, BVerfGG, § 91 Rn. 28.

[70] Art. 1 Abs. 1 Verf Bln; Art. 143 Abs. 1 BremLV; Art. 4 Abs. 1 HmbVerf. – Zu Berlin vgl. BVerwG NVwZ 2013, 662: keine Trennung von staatlicher und gemeindlicher Ebene.

ihrem Status primär Staatsqualität,[71] sind also keine Gemeinden oder Gemeindeverbände i. S. d. Art. 93 Abs. 1 Nr. 4b GG, § 91 BVerfGG.[72] In Berlin und in Hamburg sind die **Bezirke** keine Gemeinden; Bezirke sind keine Gebietskörperschaften, haben keine Rechtsfähigkeit und verfügen nicht über eine die gemeindliche Selbstverwaltung prägende Allzuständigkeit.[73]

In **Bremen** ist das **Land,** also die Freie Hansestadt Bremen, nicht beschwerdeberechtigt.[74] Die Stadt Bremen und die Stadt Bremerhaven bilden indessen jede für sich eine **Gemeinde** des bremischen Staates (Art. 143 Abs. 1 BremLV) und sind damit beschwerdeberechtigt.[75] 30

## IV. Prozessfähigkeit

Eine Gemeinde und ein Gemeindeverband sind als solche nicht handlungsfähig. Die **Vertretung** der Kommune nimmt das nach dem jeweiligen Kommunalrecht zur Außenvertretung berufene Organ vor. Das ist der **Hauptverwaltungsbeamte,** also bei Gemeinden/Städten der (Ober-)Bürgermeister und bei (Land-)Kreisen der Landrat. Die Erhebung einer kommunalen Verfassungsbeschwerde ist kein „Geschäft der laufenden Verwaltung“; es bedarf eines Beschlusses der kommunalen Vertretungskörperschaft (Gemeinderat/Stadtrat, Kreistag etc.). Das Fehlen eines solchen Beschlusses betrifft nur das kommunalrechtliche *Innenverhältnis* zwischen den Organen der Gemeinde bzw. des Gemeindeverbands; davon unberührt bleibt – abgesehen vom (eher theoretischen) Fall des Rechtsmissbrauchs – das prozessuale *Außenverhältnis,* in dem es für die **Prozessfähigkeit** nur auf die ordnungsgemäße Außenvertretung ankommt[76] (vgl. bereits → Rn. 22). 31

## V. Beschwerdegegenstand

**Fall 4:** Die Stadt S ist Inhaberin der Wegerechte an den öffentlichen Verkehrswegen im Stadtgebiet. Der mit dem privaten Energienetzbetreiber E-GmbH abgeschlossene Konzessionsvertrag über die Nutzung der öffentlichen Wege für die Verlegung und den Betrieb von Stromleitungen der allgemeinen Versorgung im Stadtgebiet läuft aus. S strebt die Rekommunalisierung des lokalen Energienetzes an und gründet die T-GmbH als Energienetzbetreiber, mit dem ein Konzessionsvertrag abgeschlossen wird. Das Bundeskartellamt erlässt auf Grund der §§ 19, 20 GWB wegen des Missbrauchs einer marktbeherrschenden Stellung im Zusammenhang mit dem Vertragsschluss nach § 46 EnWG[77] gegen S eine Untersagungsverfügung, gestützt auf eine „kanonisierte“ Rechtsprechung des BGH.[78] Die Beschwerde der Stadt S beim OLG Düsseldorf und die Rechtsbeschwerde beim BGH bleiben erfolglos. Nun erhebt S Kommunalverfassungsbeschwerde beim BVerfG und macht mit detaillierter Begründung eine Verletzung des gemeindlichen Selbstverwaltungsrechts auf dem Gebiet der Daseinsvorsorge geltend.[79] 32

[71] Art. 1 Abs. 2 Verf Bln; Art. 143 Abs. 1 BremLV; Art. 1 HmbVerf.
[72] *Sachs* Verfassungsprozessrecht, Rn. 565; *Lenz/Hansel* BVerfGG, § 91 Rn. 9; *Magen* in: Umbach/Clemens/Dollinger, BVerfGG, § 91 Rn. 15.
[73] BVerfGE 83, 60 (76) = NJW 1991, 159 → JuS 1991, 508 *(Sachs);* BVerwG NVwZ 2013, 662 Rn. 11.
[74] Nach Art. 143 Abs. 2 BremLV bildet die Freie Hansestadt Bremen einen aus den Gemeinden Bremen und Bremerhaven zusammengesetzten Gemeindeverband *höherer* Ordnung.
[75] *Lück* Kommunalverfassungsbeschwerde, S. 90; *Barczak* in: Barczak, BVerfGG, § 91 Rn. 21; *Lechner/Zuck* BVerfGG, § 91 Rn. 9a; *Lenz/Hansel* BVerfGG, § 91 Rn. 9.
[76] *Starke* JuS 2008, 319 (321); *Schmidt* JA 2008, 763 (765); *Sachs* Verfassungsprozessrecht, Rn. 568; *Lück* Kommunalverfassungsbeschwerde, S. 118 f.; *Barczak* in: Barczak, BVerfGG, § 91 Rn. 27.
[77] Das Energiewirtschaftsgesetz ist in Sartorius I 830 abgedruckt.
[78] BGH NVwZ 2014, 807 und 817.
[79] Fall nach BVerfG-K NVwZ 2016, 1630.

33 Die **Statthaftigkeit der Kommunalverfassungsbeschwerde** setzt einen tauglichen Beschwerdegegenstand voraus. Nach Art. 93 Abs. 1 Nr. 4b GG kann die Beschwerde nur gegen ein „Gesetz“ gerichtet werden; § 91 S. 1 BVerfGG präzisiert, dass ein „Gesetz des Bundes oder des Landes“[80] Angriffsgegenstand sein kann.[81] Die kommunale Verfassungsbeschwerde ist danach eine **Rechtssatzverfassungsbeschwerde.**[82] Zur Gewährleistung eines wirksamen Rechtsschutzes für die kommunale Selbstverwaltung gegenüber Eingriffsakten des Staates meint „Gesetz“ alle von Bund oder Land erlassenen Rechtsnormen, die Außenwirkung gegenüber einer Kommune haben.[83] Das sind neben Parlamentsgesetzen auch Rechtsverordnungen[84] und Satzungen (anderer Verwaltungsträger);[85] zudem sind (mit Blick auf die kommunale Planungshoheit) Raumordnungspläne – ungeachtet ihrer Rechtsform – als statthafter Beschwerdegegenstand anerkannt.[86]

34 Nach wie vor umstritten ist, ob **gesetzgeberisches Unterlassen** statthafter Angriffsgegenstand einer Kommunalverfassungsbeschwerde sein kann.[87] Der Wortlaut von Art. 93 Abs. 1 Nr. 4b GG, § 91 BVerfGG spricht dagegen; „Gesetz“ meint terminologisch gesetztes, positives Recht.[88] Soweit **unechtes Unterlassen** des Gesetzgebers als tauglicher Beschwerdegegenstand anerkannt wird,[89] richtet sich die kommunale Verfassungsbeschwerde nicht gegen die gesetzgeberische Untätigkeit, sondern gegen das vorhandene, aber inhaltlich als defizitär erachtete Gesetz. Dient die Kommunalverfassungsbeschwerde dem wirksamen Schutz der kommunalen Selbstverwaltung, ist **echtes Unterlassen** angreifbar, wenn der Gesetzgeber einer **verfassungsrechtlichen Handlungspflicht** nicht nachkommt;[90] im Landesrecht hat eine solche Konstellation praktische Bedeutung erlangt.[91]

35 Maßnahmen der vollziehenden Gewalt und Rechtsprechungsakte können angesichts des eindeutigen Wortlauts von Art. 93 Abs. 1 Nr. 4b GG, § 91 BVerfGG nicht Gegenstand der Kommunalverfassungsbeschwerde sein. Das gilt etwa für **Verwaltungsentscheidungen** und **Verwaltungsvorschriften** sowie andere administrative Maßnahmen (z. B. Aufsicht, Erlasse).[92] Immer wieder werden – unzulässigerweise – **Gerichtsentscheidungen** mit der kommunalen Verfassungsbeschwerde angegriffen.[93] Kontrovers wird die Statthaftigkeit einer Beschwerde gegen Gewohnheitsrecht und Richterrecht erörtert.[94] Nach h. L. kann **Ge-**

---

[80] Landesgesetz als tauglichen Beschwerdegegenstand eigens hervorhebend BVerfG-K NVwZ 2004, 1349. – Vorausgesetzt ist die Zuständigkeit des BVerfG → Rn. 16 ff.

[81] Rechtsakte der EU kommen nicht in Betracht, *Bethge* in: Maunz/Schmidt-Bleibtreu/Klein/Bethge, BVerfGG, § 91 Rn. 40.

[82] *Guckelberger* Jura 2008, 819 (824); *O. Klein* in: Benda/Klein, Verfassungsprozessrecht, Rn. 677.

[83] BVerfGE 76, 107 (114) = NVwZ 1988, 47 → *Erichsen* JK 88, BVerfGG § 91/1 und → JuS 1988, 735 *(Brodersen)*; E 137, 108 Rn. 63 = NVwZ 2015, 136; den Gleichlauf mit dem Gesetzesbegriff nach Art. 28 Abs. 2 GG betonend *Lück* Kommunalverfassungsbeschwerde, S. 123 f.

[84] BVerfGE 71, 25 (34) = NVwZ 1986, 289; E 107, 1 (8) = NVwZ 2003, 850; E 110, 370 (383) = NVwZ 2004, 1477 (1478) → JuS 2004, 931 *(Selmer)*; BVerfG-K NVwZ 2016, 1630 Rn. 18.

[85] BVerfGE 137, 108 Rn. 63 = NVwZ 2015, 136; *Lange* Kommunalrecht, Kap. 1 Rn. 139; *Lück* Kommunalverfassungsbeschwerde, S. 133.

[86] BVerfGE 76, 107 (114) = NVwZ 1988, 47 f. → JuS 1988, 73 *(Brodersen)*; *Kment* DVBl 2004, 214 (215 f.); *Lück* Kommunalverfassungsbeschwerde, S. 135 f.

[87] Unentschieden BVerfG-K NVwZ 2001, 66 (67) mit Tendenz zur Verneinung der Frage.

[88] *Schmidt* JA 2008, 763 (766); *Guckelberger* Jura 2008, 819 (824); *Fleury* Verfassungsprozessrecht, Rn. 378; *O. Klein* in: Benda/Klein, Verfassungsprozessrecht, Rn. 677; *Lechner/Zuck* BVerfGG, § 91 Rn. 15.

[89] *Starke* JuS 2008, 319 (321); *Goos* in: Hillgruber/Goos, Verfassungsprozessrecht, Rn. 386; *Bethge* in: Maunz/Schmidt-Bleibtreu/Klein/Bethge, BVerfGG, § 91 Rn. 40.

[90] *Lange* Kommunalrecht, Kap. 1 Rn. 140; *Barczak* in: Barczak, BVerfGG, § 91 Rn. 17; *Magen* in: Umbach/Clemens/Dollinger, BVerfGG, § 91 Rn. 30; *Lück* Kommunalverfassungsbeschwerde, S. 148 ff.

[91] VerfGH NW NVwZ 2015, 368 (unter Änderung der Rechtsprechung) zum Konnexitätsprinzip gemäß Art. 78 Abs. 3 LV NW.

[92] *Lück* Kommunalverfassungsbeschwerde, S. 136 f.; *Barczak* in: Barczak, BVerfGG, § 91 Rn. 12; *Bethge* in: Maunz/Schmidt-Bleibtreu/Klein/Bethge, BVerfGG, § 91 Rn. 36.

[93] Vgl. etwa BVerfG-K 1987, 125; NVwZ 1994, 58; NVwZ 2004, 1349; kritisch zur Gesetzeslage *Lange* Kommunalrecht, Kap. 1 Rn. 138.

[94] Bejahend z. B. *Voßkuhle* in: v. Mangoldt/Klein/Starck, GG, Art. 93 Rn. 198; verneinend z. B. *O. Klein* in: Benda/Klein, Verfassungsprozessrecht, Rn. 677.

**wohnheitsrecht** Beschwerdegegenstand sein, nicht hingegen **Richterrecht;**[95] das BVerfG sieht die Dinge genau umgekehrt.[96] Praktische Bedeutung hat der Disput kaum.[97]

**Lösung zu Fall 4:** Die Kommunalverfassungsbeschwerde der Stadt S ist unzulässig, sie wendet sich gegen Gerichtsentscheidungen (OLG, BGH) und damit gegen einen nicht statthaften Angriffsgegenstand. Das BVerfG betont, die angegriffenen Urteile beruhten auf einer Auslegung des § 46 EnWG und seien insofern in Anwendung bereits bestehenden Gesetzesrechts gefällt worden; daher komme ihnen die Qualität selbstständiger, im Wege der Kommunalverfassungsbeschwerde rügefähiger Rechtsnormen nicht zu. 36

## VI. Beschwerdebefugnis

**Fall 5:** Zur rechtlichen Stellung sog. Optionskommunen bei der Grundsicherung für Arbeitsuchende bestimmt § 6a Abs. 2 S. 3 SGB II[98] für die Zulassung kommunaler Träger: „Der Antrag bedarf in den dafür zuständigen Vertretungskörperschaften der kommunalen Träger einer Mehrheit von zwei Dritteln der Mitglieder …“. Landkreis K stellt einen Antrag auf Zulassung als Optionskommune, nachdem der Kreistag mit einer Mehrheit von 60% seiner Mitglieder hierfür votiert hatte. Der Antrag wird abgelehnt, weil die gesetzlich erforderliche Zwei-Drittel-Mehrheit im Kreistag verfehlt worden sei. K erhebt gegen § 6a Abs. 2 S. 3 SGB II form- und fristgerecht Kommunalverfassungsbeschwerde beim BVerfG.[99] 37

Die kommunale Verfassungsbeschwerde kann gemäß Art. 93 Abs. 1 Nr. 4b GG „wegen Verletzung des Rechts auf Selbstverwaltung nach Artikel 28“ erhoben werden. Daraus wird deutlich, dass die Beschwerde nur auf die Geltendmachung einer Verletzung des **Art. 28 Abs. 2 GG** (und nicht auch des Art. 28 Abs. 1 GG) gestützt werden kann.[100] Nach der Behauptungslast gemäß § 91 S. 1 BVerfGG muss der Beschwerdeführer einen Sachverhalt darlegen, auf Grund dessen der Schutzbereich des Art. 28 Abs. 2 GG[101] durch das angegriffene Gesetz betroffen sein kann.[102] Voraussetzungen der Beschwerdebefugnis sind demnach – kumulativ – die Möglichkeit einer Verletzung des kommunalen Selbstverwaltungsrechts *und* die Betroffenheit des Beschwerdeführers durch das Gesetz (und zwar: selbst, gegenwärtig, unmittelbar).[103] 38

### 1. Rügepotential: Recht auf Selbstverwaltung

Die **Möglichkeit der Rechtsverletzung** setzt den schlüssigen und substantiierten Vortrag des Beschwerdeführers voraus, dass er in seinem Selbstverwaltungsrecht nach Art. 28 Abs. 2 S. 1 (Gemeinden) oder S. 2 (Gemeindeverbände) GG verletzt sein könn- 39

[95] *Barczak* in: Barczak, BVerfGG, § 91 Rn. 16; *Bethge* in: Maunz/Schmidt-Bleibtreu/Klein/Bethge, BVerfGG, § 91 Rn. 37; *Kment* in: Jarass/Pieroth, GG, Art. 93 Rn. 128.

[96] BVerfG-K NVwZ 2016, 1630 Rn. 21: allenfalls Richterrecht (z. B. Arbeitskampfrecht).

[97] Zum Landesrecht *Lück* Kommunalverfassungsbeschwerde, S. 144.

[98] Das SGB II ist abgedruckt in Sartorius Ergänzungsband Nr. 402.

[99] Fall nach BVerfGE 137, 108 = NVwZ 2015, 136 (m. Bespr. *H. Meyer* NVwZ 2015, 116) = DVBl 2014, 1534 (m. Anm. *Henneke*) = JZ 2014, 1153 (m. Anm. *A. Berger*).

[100] *Lück* Kommunalverfassungsbeschwerde S. 159; *Barczak* in: Barczak, BVerfGG, § 91 Rn. 29; *Lenz/Hansel* BVerfGG, § 91 Rn. 19, 20.

[101] Art. 28 Abs. 2 GG ist kein Grundrecht, weist aber strukturelle Parallelen zu Grundrechten auf; *Schmidt* JA 2008, 763 (767); *Goos* in: Hillgruber/Goos, Verfassungsprozessrecht, Rn. 391.

[102] BVerfGE 107, 1 (8) = NVwZ 2003, 850.

[103] *Fleury* Verfassungsprozessrecht, Rn. 379; *Lück* Kommunalverfassungsbeschwerde, S. 156 f.; *Magen* in: Umbach/Clemens/Dollinger, BVerfGG, § 91 Rn. 19; *Diehm* in: Burkiczak/Dollinger/Schorkopf, BVerfGG, § 91 Rn. 16.

te.[104] Das angegriffene Gesetz muss entweder die kommunale **Aufgabengarantie** oder die **Eigenverantwortlichkeit** (Autonomie) der Kommune (näher zu diesen beiden Schutzelementen des Art. 28 Abs. 2 GG → Rn. 59f.) beeinträchtigen.[105] Ist dies von vornherein ausgeschlossen, ist die kommunale Verfassungsbeschwerde mangels Beschwerdebefugnis unzulässig.[106] Bisweilen begnügt sich das BVerfG mit eher knappen Hinweisen zur gesetzlichen Beeinträchtigung von Angelegenheiten der örtlichen Gemeinschaft[107] bzw. von Autonomierechten,[108] um die Beschwerdebefugnis zu bejahen.

40 Das BVerfG bezieht im Rahmen der Begründetheitsprüfung andere GG-Normen als Art. 28 Abs. 2 GG in den **Prüfungsmaßstab** ein, soweit diese Bestimmungen einen Bezug zu Art. 28 Abs. 2 GG aufweisen und auf Grund ihres normativen Gehalts das verfassungsrechtliche Bild der kommunalen Selbstverwaltung ergänzend prägen (→ Rn. 57). Diese Erweiterung des Prüfungsmaßstabs hat Vorwirkungen auf die **Beschwerdebefugnis.**[109] Jene anderen GG-Normen können allerdings nicht isoliert als verletzt gerügt werden, sie sind vielmehr im Rahmen der Kommunalverfassungsbeschwerde im Verhältnis zu Art. 28 Abs. 2 GG akzessorisch.[110] Auch bei dem erweiterten Prüfungsmaßstab basiert die Beschwerdebefugnis auf der möglichen Verletzung des kommunalen Selbstverwaltungsrechts.

41 Die Ausweitung des Prüfungsmaßstabs mit Vorwirkungen auf die Beschwerdebefugnis (→ Rn. 40) führt nicht zu einer Übernahme der **„Elfes-Konzeption“** zu Art. 2 Abs. 1 GG[111] in das Recht der Kommunalverfassungsbeschwerde.[112] Es findet keine generelle Versubjektivierung objektiven Verfassungsrechts im Rahmen von Art. 93 Abs. 1 Nr. 4b GG, § 91 BVerfGG statt; die Kommunalverfassungsbeschwerde mutiert nicht zu einer **abstrakten Normenkontrolle.**[113] Im Rahmen der kommunalen Verfassungsbeschwerde können sich Gemeinden und Gemeindeverbände nur begrenzt darauf berufen, dass die angegriffene gesetzliche Regelung über Art. 28 Abs. 2 GG hinaus auch sonstiges Verfassungsrecht verletzt.[114] Stets muss das kommunale Selbstverwaltungsrecht durch das angegriffene Gesetz beeinträchtigt sein.

### 2. Betroffenheit: selbst, gegenwärtig, unmittelbar

42 Der Beschwerdeführer muss durch die angegriffene(n) gesetzliche(n) Regelung(en) selbst, gegenwärtig und unmittelbar betroffen sein.[115] Dies muss vom Beschwerdeführer in einer der

---

[104] *Guckelberger* Jura 2008, 819 (824); *Goos* in: Hillgruber/Goos, Verfassungsprozessrecht, Rn. 389f.; *Lück* Kommunalverfassungsbeschwerde, S. 158.

[105] BVerfG-K NVwZ 1987, 123; *Gern/Brüning* Kommunalrecht, Rn. 394.

[106] BVerfGE 71, 25 (37) = NVwZ 1986, 289 (290): keine hinreichend substantiierte Darlegung der Beschwerdeführer, dass ihre Finanzausstattung infolge der angegriffenen gesetzlichen Regelungen die Grenzen der Angemessenheit unterschreite; ähnlich BVerfG-K NVwZ 1987, 123.

[107] BVerfGE 79, 127 (141): gesetzlicher Entzug von Aufgaben der Abfallbeseitigung.

[108] BVerfGE 76, 107 (116f.) = NVwZ 1988, 47 (48) → JuS 1988, 73 *(Brodersen):* Beeinträchtigung der gemeindlichen Planungshoheit durch Landes-Raumordnungsprogramm; BVerfGE 110, 370 (383) = NVwZ 2004, 1477 (1478) → JuS 2004, 931 *(Selmer):* Beitragspflicht der Gemeinden als Klärschlammerzeuger für Klärschlamm-Entschädigungsfonds; BVerfGE 119, 331 (351) = NVwZ 2008, 183 → *Ehlers* JK 10/08, GG Art. 28 II/30 und → JuS 2008, 367 *(Sachs)* sowie → JA 2008, 317 *(Wolff):* organisatorische Einbindung von Kommunen in Hartz IV-Arbeitsgemeinschaften.

[109] *Rennert* JuS 2008, 29 (31); *Guckelberger* Jura 2008, 819 (824).

[110] *Barczak* in: Barczak, BVerfGG, § 91 Rn. 30; *Lenz/Hansel* BVerfGG, § 91 Rn. 22.

[111] BVerfGE 6, 32 (37) = NJW 1957, 297.

[112] A. A. *Geis* Kommunalrecht, § 26 Rn. 21; *Lange* Kommunalrecht, Kap. 1 Rn. 144; *Wernsmann* FS Bethge, S. 601 (608ff.). – *Schmidt* JA 2008, 763 (767) meint, konsequent wäre die Übernahme der Lehre von der allgemeinen Handlungsfreiheit: jeder Verfassungsverstoß müsse rügefähig sein.

[113] BVerfGE 119, 331 (356) = NVwZ 2008, 183 Rn. 125; E 155, 310 = NVwZ 2020, 1342 Rn. 32; *O. Klein* in: Benda/Klein, Verfassungsprozessrecht, Rn. 673; *Barczak* in: Barczak, BVerfGG, § 91 Rn. 28; *Bethge* in: Maunz/Schmidt-Bleibtreu/Klein/Bethge, BVerfGG, § 91 Rn. 64; *Lenz/Hansel* BVerfGG, § 91 Rn. 22.

[114] BVerfGE 137, 108 Rn. 126 = NVwZ 2015, 136.

[115] BVerfGE 71, 25 (34) = NVwZ 1986, 289; E 79, 127 (141) = NVwZ 1989, 347; E 107, 1 (8) = NVwZ 2003, 850; E 147, 185 Rn. 43 = NVwZ 2018, 140; E 155, 310 = NVwZ 2020, 1342 Rn. 41; *Schmidt* JA 2008, 763 (767f.); *Guckelberger* Jura 2008, 819 (824); *Goos* in: Hillgruber/Goos, Verfassungsprozessrecht, Rn. 390, 393; *Lechner/Zuck* BVerfGG, § 91 Rn. 10.

**Darlegungslast** des § 92 BVerfGG genügenden Weise dargetan werden. Auch in diesem Punkt zeigt sich eine strukturelle Parallele zur Individualverfassungsbeschwerde. Besonderheiten gelten allerdings bei den Anforderungen zur unmittelbaren Betroffenheit (→ Rn. 45).

Die **Selbstbetroffenheit** des Beschwerdeführers verlangt, dass er eine *eigene* Rechtsposition der kommunalen Selbstverwaltungsgarantie des Art. 28 Abs. 2 GG geltend macht.[116] So ist die einzelne Gemeinde weder Vertreter der Gesamtheit der Kommunen noch Sachwalter der Rechte der Gemeindeeinwohner;[117] eine **Prozessstandschaft** kennt die kommunale Verfassungsbeschwerde nicht.[118] Der Einwand, im Unterschied zur Individualverfassungsbeschwerde (Art. 93 Abs. 1 Nr. 4a GG, § 90 BVerfGG) forderten die Bestimmungen zur Kommunalverfassungsbeschwerde nach dem Verfassungsrecht (Art. 93 Abs. 1 Nr. 4b GG, § 91 BVerfGG) gerade keine eigene Betroffenheit der den Rechtsbehelf erhebenden Kommune,[119] übersieht die *systematische* Einordnung der Kommunalverfassungsbeschwerde im Konzept des verfassungsprozessualen Rechtsschutzes: Sie ist gerade nicht als Normenkontrolle ausgeprägt (→ Rn. 41), sondern als Verfassungsbeschwerde ausgeformt (→ Rn. 4) und steht damit als „Popularrechtsbehelf" nicht zur Verfügung.[120] 43

Die **gegenwärtige Betroffenheit** grenzt von einer lediglich virtuellen Beschwer ab und setzt voraus, dass die Gemeinde bzw. der Gemeindeverband schon und auch noch durch die angegriffene Regelung betroffen ist.[121] Mit Blick auf die Vergangenheit ist das nicht der Fall, wenn das betreffende Gesetz (ohne weiterhin rechtliche Wirkungen zu erzeugen) außer Kraft getreten ist.[122] In Bezug auf die Gegenwart ist die aktuelle Geltung des Gesetzes maßgebend.[123] Bei der Einbeziehung der Zukunft ist zu beachten, dass es mitunter der administrativen Aktualisierung des Gesetzes bedarf (→ Rn. 47); insoweit genügt für die gegenwärtige Betroffenheit nicht, dass die Gemeinde oder der Gemeindeverband lediglich *potentieller* Adressat der angegriffenen Norm(en) ist,[124] die Gegenwärtigkeit ist jedoch zu bejahen, wenn bei Antragstellung absehbar ist, dass die **Aktualisierung der Norm** die beschwerdeführende Kommune treffen wird.[125] 44

Die **unmittelbare Betroffenheit** liegt vor, wenn die beschwerdeführende Kommune durch die angegriffene Regelung ohne weiteren (Vollziehungs-)Akt in ihrem Selbstverwaltungsrecht (Aufgabenbestand oder Autonomie) beeinträchtigt ist.[126] Diese Anforderung basiert nicht etwa im Gedanken der Subsidiarität der Kommunalverfassungsbeschwerde,[127] 45

---

[116] *O. Klein* in: Benda/Klein, Verfassungsprozessrecht, Rn. 679; *Barczak* in: Barczak, BVerfGG, § 91 Rn. 29; *Magen* in: Umbach/Clemens/Dollinger, BVerfGG, § 91 Rn. 20; *Diehm* in: Burkiczak/Dollinger/Schorkopf, BVerfGG, § 91 Rn. 18.

[117] BVerfGE 61, 82 (103 f.) = NJW 1982, 2173 (2174) → JuS 1983, 304 *(H. Weber)* und → JA 1982, 560 *(Pitschas);* E 125, 141 (174) = NVwZ 2010, 895 Rn. 108 → *Schoch* JK 10/10, GG Art. 28 II/34 und → *Selmer* JuS 2010, 755.

[118] *Barczak* in: Barczak, BVerfGG, § 91 Rn. 31; *Bethge* in: Maunz/Schmidt-Bleibtreu/Klein/Bethge, BVerfGG, § 91 Rn. 44; *Lechner/Zuck* BVerfGG, § 91 Rn. 10.

[119] *Lück* Kommunalverfassungsbeschwerde, S. 163 ff.

[120] *O. Klein* in: Benda/Klein, Verfassungsprozessrecht, Rn. 679.

[121] *Barczak* in: Barczak, BVerfGG, § 91 Rn. 33; *Bethge* in: Maunz/Schmidt-Bleibtreu/Klein/Bethge, BVerfGG, § 91 Rn. 45; *Diehm* in: Burkiczak/Dollinger/Schorkopf, BVerfGG, § 91 Rn. 20.

[122] BVerfGE 91, 228 (235) (insoweit nicht abgedruckt in NVwZ 1995, 677).

[123] Vgl. etwa BVerfGE 112, 216 (221) = NVwZ 2005, 679: anhaltende gesetzliche Verpflichtung der Gemeinden zur Erhebung der Gewerbesteuer mit einem Mindesthebesatz von 200 %.

[124] BVerfG-K NVwZ 1999, 520 → *Erichsen* JK 99, GG Art. 28 II/24 und → JA 1999, 930 *(Schliesky):* Gemeinde als lediglich potentielle Betreiberin einer TK-Anlage.

[125] *Magen* in: Umbach/Clemens/Dollinger, BVerfGG, § 91 Rn. 27; zustimmend *Lück* Kommunalverfassungsbeschwerde, S. 170.

[126] Vgl. etwa BVerfGE 79, 127 (141) = NVwZ 1989, 347 → JuS 1990, 137 *(Brodersen):* gesetzliche Hochzonung von Aufgaben der Abfallentsorgung von der Gemeindeebene auf die Kreisebene; E 86, 90 (106) = NVwZ 1993, 262 (263) → *Erichsen* JK 93, GG Art. 28 II/20: Gemeindegebietsreform durch Gesetz; E 110, 370 (382) = NVwZ 2004, 1477 (1478) → JuS 2004, 931 *(Selmer):* Beitragspflicht zum Klärschlamm-Entschädigungsfonds direkt kraft Gesetzes (Selbstveranlagung betroffener Kommunen); E 147, 185 Rn. 44 = NVwZ 2018, 140: Entziehung der Aufgabe der Kindertagesbetreuung direkt kraft Gesetzes (Fall 3 → Rn. 11 und Lösung → Rn. 20, 71).

[127] So aber z. B. BVerfGE 71, 25 (34 f.) = NVwZ 1986, 289; E 137, 108 Rn. 62 = NVwZ 2015, 136.

sondern ist ein genuines Element der Beschwerdebefugnis, die eine konkret betroffene subjektive Rechtsposition voraussetzt.[128] In der Sache kann die Gemeinde bzw. der Gemeindeverband bei vollzugsbedürftigen Gesetzen nicht auf den fachgerichtlichen Rechtsschutz gegen einen Vollziehungsakt verwiesen werden, weil mit der Rechtssatzverfassungsbeschwerde (→ Rn. 33) nur das Gesetz und nicht (auch) die Vollzugsmaßnahme angegriffen werden kann;[129] andernfalls liefen Art. 93 Abs. 1 Nr. 4b GG, § 91 BVerfGG weitgehend leer, es träte eine Verkürzung des Rechtsschutzes ein.[130] Deshalb wird das Unmittelbarkeitserfordernis bei der kommunalen Verfassungsbeschwerde abgeschwächt;[131] es genügt eine **abstrakte Betroffenheit** des Beschwerdeführers,[132] den (Einzel-)Vollzugsakt (vgl. auch → Rn. 47) muss er nicht abwarten, um gegen das zu Grunde liegende Gesetz vorzugehen.[133] Dadurch werden auch Probleme zur Jahresfrist (→ Rn. 49) vermieden.

46 Das abgeschwächte Unmittelbarkeitsmodell (→ Rn. 45) sieht sich Kritik ausgesetzt. Am strengen Unmittelbarkeitserfordernis sei festzuhalten, weil Gemeinden und Gemeindeverbände bei umsetzungsbedürftigen Gesetzen auf den **fachgerichtlichen Rechtsschutz** verwiesen werden könnten, innerhalb dessen ggf. das Verfahren nach Art. 100 Abs. 1 GG zu erfolgen habe; gegen Verletzungen der Vorlagepflicht könnten Kommunen unter Berufung auf Art. 101 Abs. 1 S. 2 GG mit der Individualverfassungsbeschwerde vorgehen.[134] Diese Konstruktion überzeugt wegen mannigfacher **Rechtsschutzdefizite** nicht:[135] Das Vorlageverfahren kann von einem Prozessbeteiligten nicht erzwungen werden (vgl. → *Wernsmann* § 19 Rn. 13), einen Verstoß gegen Art. 101 Abs. 1 S. 2 GG nimmt das BVerfG nur bei nicht vertretbarer (willkürlicher) Missachtung der Vorlagepflicht an,[136] die zeitliche Dauer des „Umwegs" über ein fachgerichtliches Verfahren nimmt dem Rechtsschutz von Kommunen zur Verteidigung ihres Selbstverwaltungsrechts die praktische Wirksamkeit.

47 Bedarf ein Gesetz einer **Konkretisierung durch Rechtsverordnung,** behält das Unmittelbarkeitserfordernis seine ursprüngliche Bedeutung. Die Gemeinde bzw. der Gemeindeverband muss den Erlass der Verordnung abwarten und kann gegen diesen Akt administrativer Rechtsetzung mit der Kommunalverfassungsbeschwerde vorgehen (→ Rn. 33); in diesem Rahmen erfolgt die verfassungsgerichtliche Überprüfung der gesetzlichen Ermächtigungsgrundlage.[137] Für ein Vorgehen direkt gegen das Parlamentsgesetz fehlt es an der unmittelbaren Beschwer.[138] Eine eventuelle Rechtsschutzmöglichkeit gegen die Verordnung nach § 47 VwGO ist keine Anforderung im Rahmen der Beschwerdebefugnis[139] (vgl. zur Problematik → Rn. 52).

48 **Lösung zu den Fällen 2 und 5:** In **Fall 2** haben die Gemeinden den Erlass der Verordnung abgewartet. Sie wurden durch die Verordnung einer Verwaltungsgemeinschaft zugeordnet, sind also durch die angegriffene Rechtsnorm selbst, gegenwärtig und un-

---

[128] *Magen* in: Umbach/Clemens/Dollinger, BVerfGG, § 91 Rn. 23; zustimmend *Lück* Kommunalverfassungsbeschwerde, S. 177; *Lechner/Zuck* BVerfGG, § 91 Rn. 11.

[129] *Lenz/Hansel* BVerfGG, § 91 Rn. 27.

[130] BVerfGE 137, 108 Rn. 62 = NVwZ 2015, 136.

[131] BVerfG-K NVwZ 1987, 123; E 76, 107 (113) = NVwZ 1988, 47 → JuS 1988, 73 *(Brodersen).*

[132] *Bethge* in: Maunz/Schmidt-Bleibtreu/Klein/Bethge, BVerfGG, § 91 Rn. 46; *Lenz/Hansel* BVerfGG, § 91 Rn. 28.

[133] Vgl. etwa BVerfGE 78, 331 (340) = NVwZ 1989, 45 → *Erichsen* JK 89, GG Art. 28 II/16: unmittelbare Betroffenheit von Gemeinden schon durch die gesetzliche Übertragung der staatlichen Aufsicht von den Bezirksregierungen auf die Landkreise.

[134] So *Goos* in: Hillgruber/Goos, Verfassungsprozessrecht, Rn. 395.

[135] Ablehnend auch *Lück* Kommunalverfassungsbeschwerde, S. 176 f.; *Barczak* in: Barczak, BVerfGG, § 91 Rn. 34.

[136] BVerfGE 138, 64 Rn. 71 = NVwZ 2015, 510 → *Sachs* JuS 2015, 472.

[137] BVerfGE 71, 25 (36) = NVwZ 1986, 289; E 76, 107 (113) = NVwZ 1988, 47 → JuS 1988, 73 *(Brodersen);* E 137, 108 Rn. 63 = NVwZ 2015, 136.

[138] BVerfGE 86, 90 (106) = NVwZ 1993, 262 (263) → *Erichsen* JK 93, GG Art. 28 II/20; *Geis* Kommunalrecht, § 26 Rn. 17; *Barczak* in: Barczak, BVerfGG, § 91 Rn. 35; *Lenz/Hansel* BVerfGG, § 91 Rn. 29.

[139] So aber *Bethge* in: Maunz/Schmidt-Bleibtreu/Klein/Bethge, BVerfGG, § 91 Rn. 46.

mittelbar betroffen. Da auch die Möglichkeit einer Verletzung ihres Rechts auf Selbstverwaltung nach Art. 28 Abs. 2 GG nicht ausgeschlossen ist, besteht die Beschwerdebefugnis. – In **Fall 5** ist der Landkreis K durch § 6a Abs. 2 S. 3 SGB II selbst, gegenwärtig und unmittelbar betroffen. K muss die Anforderungen der Bestimmung erfüllen, um überhaupt einen aussichtsreichen Antrag auf Zulassung als Optionskommune stellen zu können und hat die Anforderungen verfehlt. Angesichts der Möglichkeit einer Verletzung des Selbstverwaltungsrechts von K ist die Beschwerdebefugnis gegeben.

## VII. Beschwerdefrist

Verfassungsbeschwerden sind fristgebunden. Für die Kommunalverfassungsbeschwerde als Rechtssatzverfassungsbeschwerde (→ Rn. 33) gilt die **Jahresfrist** gemäß § 93 Abs. 3 BVerfGG.[140] Diese Bestimmung erfasst mit dem Begriff „Gesetz" nicht nur Parlamentsgesetze, sondern auch alle angreifbaren untergesetzlichen Rechtsnormen, selbst wenn hiergegen ein Rechtsweg zu Fachgerichten eröffnet ist[141] (dazu → Rn. 50). Der Lauf der Jahresfrist beginnt mit dem **Inkrafttreten des Gesetzes** (und nicht etwa mit dessen Verkündung).[142] Bei der Jahresfrist handelt es sich ausweislich des Wortlauts des § 93 Abs. 3 BVerfGG („nur binnen eines Jahres") und der systematischen Stellung nach Absatz 2 um eine **Ausschlussfrist;** im Falle der Fristversäumung kommt eine Wiedereinsetzung in den vorigen Stand nicht in Betracht.[143] Richtet sich die Kommunalverfassungsbeschwerde gegen echtes gesetzgeberisches Unterlassen (→ Rn. 34), läuft keine Frist, die Beschwerde ist zulässig, solange das Unterlassen andauert.[144] Bei der Beschwerde gegen unechtes Unterlassen läuft die Jahresfrist ab dem Inkrafttreten der nach Auffassung des Beschwerdeführers unzureichenden Rechtsnorm(en). 49

Ist vor Erhebung der Kommunalverfassungsbeschwerde fachgerichtlicher Rechtsschutz zulässig (z. B. nach § 47 VwGO), muss der Beschwerdeführer nach h. M. zunächst den **fachgerichtlichen Rechtsweg** erschöpfen, bevor er das BVerfG anrufen kann (→ Rn. 51). In einer derartigen Konstellation muss nach der Rechtsprechung das fachgerichtliche Verfahren innerhalb der für diesen Rechtsweg bestimmten Frist, jedenfalls innerhalb der für die Kommunalverfassungsbeschwerde geltenden Jahresfrist, eingeleitet werden.[145] Bewirkt wird damit eine **Unterbrechung der Jahresfrist** des § 93 Abs. 3 BVerfGG.[146] Mit Abschluss des fachgerichtlichen Verfahrens beginnt die **Jahresfrist gemäß § 93 Abs. 3 BVerfGG** zu laufen;[147] keine Anwendung findet die Monatsfrist des § 93 Abs. 1 BVerfGG,[148] weil nicht die fachgerichtliche Entscheidung angegriffen wird, sondern eine Rechtssatzverfassungsbeschwerde vorliegt.[149] Dasselbe gilt, wenn eine Kommune vom angerufenen BVerfG auf das Verfahren vor dem LVerfG verwiesen worden ist, dieses sich jedoch als insuffizient erwiesen hat (vgl. → Rn. 17, 18) und nach Abschluss jenes Verfahrens erneut kommunale Verfassungsbeschwerde beim BVerfG erhoben wird.[150] 50

---

[140] BVerfGE 107, 1 (8) = NVwZ 2003, 850; E 147, 185 Rn. 63 = NVwZ 2018, 140.

[141] *Rennert* JuS 2008, 29 (32); *Lück* Kommunalverfassungsbeschwerde, S. 190; *Magen* in: Umbach/Clemens/Dollinger, BVerfGG, § 91 Rn. 47.

[142] BVerfG-K NVwZ 1987, 124 f.; E 79, 127 (142) = NVwZ 1989, 347 → JuS 1990, 137 *(Brodersen);* E 110, 370 (382) = NVwZ 2004, 1477 (1478) → JuS 2004, 931 *(Selmer);* E 155, 310 Rn. 44 (insoweit in NVwZ 2020, 1342 nicht abgedruckt).

[143] *Schmidt* JA 2008, 763 (770); *Lück* Kommunalverfassungsbeschwerde, S. 196; *Barczak* in: Barczak, BVerfGG, § 91 Rn. 71.

[144] *Lück* Kommunalverfassungsbeschwerde, S. 192 f.; *Barczak* in: Barczak, BVerfGG, § 91 Rn. 71.

[145] BVerfGE 76, 107 (115 f.) = NVwZ 1988, 47 (48) → JuS 1988, 73 *(Brodersen);* dazu auch *Barczak* in: Barczak, BVerfGG, § 91 Rn. 73.

[146] *Rennert* JuS 2008, 29 (32); *Magen* in: Umbach/Clemens/Dollinger, BVerfGG, § 91 Rn. 48.

[147] BVerfGE 107, 1 (8) = NVwZ 2003, 850; E 147, 185 Rn. 63 = NVwZ 2018, 140.

[148] So aber *Goos* in: Hillgruber/Goos, Verfassungsprozessrecht, Rn. 405.

[149] *Barczak* in Barczak, BVerfGG, § 91 Rn. 73; *Magen* in: Umbach/Clemens/Dollinger, BVerfGG, § 91 Rn. 48.

[150] BVerfGE 147, 185 Rn. 63 (mit Erläuterungen in Rn. 64) = NVwZ 2018, 140.

## VIII. Rechtswegerschöpfung und Subsidiarität

51 Nach der systematischen Stellung des § 91 im 15. Abschnitt des BVerfGG sind §§ 92 bis 95 auf die Kommunalverfassungsbeschwerde anwendbar.[151] Das BVerfG erklärt – ohne Begründung – § 90 Abs. 2 S. 1 BVerfGG (→ *Scherzberg* § 15 Rn. 90 ff.) ebenfalls für anwendbar und postuliert damit das **Gebot der Rechtswegerschöpfung** vor Erhebung der Kommunalverfassungsbeschwerde;[152] die h. L. folgt der Judikatur.[153] Überzeugend ist das kaum, da § 91 BVerfGG zur Erschöpfung des Rechtswegs nichts sagt und gesetzessystematisch *nach* § 90 Abs. 2 BVerfGG eingeordnet ist.[154] Methodisch wird deshalb teilweise auf eine analoge Anwendung des § 90 Abs. 2 S. 1 BVerfGG ausgewichen.[155] Dagegen lässt sich einwenden, dass § 91 BVerfGG von vornherein auf die verfassungsgerichtliche Kontrolle von Gesetzen beschränkt ist und mit der Rechtssatzverfassungsbeschwerde fachgerichtliche Entscheidungen ohnehin nicht angegriffen werden können (→ Rn. 35), so dass ein Gebot der Rechtswegerschöpfung bei der Kommunalverfassungsbeschwerde wenig Sinn macht.[156]

52 Für die h. M. (→ Rn. 51) stellt sich die Frage nach der **Reichweite der gebotenen Rechtswegerschöpfung.** Außer Betracht bleibt insoweit von vornherein die Kommunalverfassungsbeschwerde gegen ein Parlamentsgesetz, weil gegen förmliche Gesetze ein fachgerichtlicher Rechtsweg nicht eröffnet ist.[157] Bei untergesetzlichen Rechtsnormen wird auf den Rechtsschutz nach § 47 VwGO verwiesen,[158] obwohl das verwaltungsgerichtliche Normenkontrollverfahren die von Art. 93 Abs. 1 Nr. 4b GG „geforderte verfassungsgerichtliche Kontrolle nicht ersetzen" kann.[159] Dieser Rechtsweg scheidet allerdings bei Rechtsverordnungen des Bundes aus[160] und steht in denjenigen Ländern ebenfalls nicht zur Verfügung, die von § 47 Abs. 1 Nr. 2 VwGO keinen Gebrauch gemacht haben; das Plädoyer für ein Ausweichen auf § 43 VwGO[161] bietet keinen adäquaten Rechtsschutz an.[162]

## IX. Rechtsschutzbedürfnis

53 Ungeschriebene Zulässigkeitsvoraussetzung der Kommunalverfassungsbeschwerde ist – wie bei der Individualverfassungsbeschwerde (→ *Scherzberg* § 15 Rn. 115) – das **allgemeine Rechtsschutzinteresse** (Rechtsschutzbedürfnis) des Beschwerdeführers.[163] Es ist durch

---

[151] *Lenz/Hansel* BVerfGG, § 91 Rn. 2; *Magen* in: Umbach/Clemens/Dollinger, BVerfGG, § 91 Rn. 44.

[152] BVerfGE 76, 107 (114 f.) = NVwZ 1988, 47 (48) → JuS 1988, 73 *(Brodersen);* E 107, 1 (8) = NVwZ 2003, 850.

[153] *Rennert* JuS 2008, 29 (32); *Starke* JuS 2008, 319 (322); *Guckelberger* Jura 2008, 819 (824 f.); *Goos* in: Hillgruber/Goos, Verfassungsprozessrecht, Rn. 396; *O. Klein* in: Benda/Klein, Verfassungsprozessrecht, Rn. 682; *Pestalozza* Verfassungsprozeßrecht, § 12 Rn. 58; *Geis* Kommunalrecht, § 26 Rn. 18; *Gern/Brüning* Kommunalrecht, Rn. 392; *Lange* Kommunalrecht, Kap. 1 Rn. 150; *Barczak* in: Barczak, BVerfGG, § 91 Rn. 64; *Bethge* in: Maunz/Schmidt-Bleibtreu/Klein/Bethge, BVerfGG, § 91 Rn. 47.

[154] *Lenz/Hansel* BVerfGG, § 91 Rn. 40; wenig überzeugende Kritik hiergegen bei *Barczak* in: Barczak, BVerfGG, § 91 Rn. 64.

[155] *Schmidt* JA 2008, 763 (769); *Sachs* Verfassungsprozessrecht, Rn. 573; *Lück* Kommunalverfassungsbeschwerde, S. 183; *Magen* in: Umbach/Clemens/Dollinger, BVerfGG, § 91 Rn. 45.

[156] *Lenz/Hansel* BVerfGG, § 91 Rn. 43.

[157] *Lück* Kommunalverfassungsbeschwerde, S. 184; *Magen* in: Umbach/Clemens/Dollinger, BVerfGG, § 91 Rn. 46.

[158] BVerfGE 76, 107 (114 f.) = NVwZ 1988, 47 (48) → JuS 1988, 73 *(Brodersen); Goos* in: Hillgruber/Goos, Verfassungsprozessrecht, Rn. 396; *O. Klein* in: Benda/Klein, Verfassungsprozessrecht, Rn. 682; *Barczak* in: Barczak, BVerfGG, § 91 Rn. 65 f.; *Bethge* in: Maunz/Schmidt-Bleibtreu/Klein/Bethge, BVerfGG, § 91 Rn. 48; *Diehm* in: Burkiczak/Dollinger/Schorkopf, BVerfGG, § 91 Rn. 28.

[159] So BVerfGE 107, 1 (10) = NVwZ 2003, 850 (851).

[160] *Geis* Kommunalrecht, § 26 Rn. 18.

[161] *Goos* in: Hillgruber/Goos, Verfassungsprozessrecht, Rn. 397; *Barczak* in: Barczak, BVerfGG, § 91 Rn. 67 f.

[162] *Lück* Kommunalverfassungsbeschwerde, S. 188; *Bethge* in: Maunz/Schmidt-Bleibtreu/Klein/Bethge, BVerfGG, § 91 Rn. 49; *Magen* in: Umbach/Clemens/Dollinger, BVerfGG, § 91 Rn. 48; *Diehm* in: Burkiczak/Dollinger/Schorkopf, BVerfGG, § 91 Rn. 28.

[163] BVerfGE 86, 90 (107) = NVwZ 1993, 262 (263) → *Erichsen* JK 93, GG Art. 28 II/20.

die anderen (spezielleren) Zulässigkeitsvoraussetzungen indiziert[164] und erlangt im vorliegenden Zusammenhang kaum eine eigenständige Bedeutung.

## C. Begründetheit der kommunalen Verfassungsbeschwerde

**Fall 6:** Nach § 68 Abs. 1 TKG (§ 150 Abs. 1 TKG a. F.)[165] ist der Bund befugt, öffentliche Verkehrswege in kommunaler Trägerschaft für TK-Linien unentgeltlich zu nutzen. Nach § 69 Abs. 1 TKG überträgt der Bund dieses Recht auf private Betreiber öffentlicher TK-Netze bzw. TK-Linien. Gemeinde N will mittels kommunaler Verfassungsbeschwerde klären lassen, ob die gesetzlich statuierte unentgeltliche Wegenutzung mit Art. 28 Abs. 2 GG vereinbar ist.[166] 54

Die Anforderungen für die Begründetheit der Kommunalverfassungsbeschwerde lassen sich in Anknüpfung an Art. 93 Abs. 1 Nr. 4b GG gewinnen, der von der **Verletzung des Rechts auf Selbstverwaltung** nach Artikel 28 spricht. Danach ist die kommunale Verfassungsbeschwerde begründet, wenn der Beschwerdeführer (Gemeinde, Gemeindeverband) durch das angegriffene Gesetz in seiner Selbstverwaltungsgarantie nach Art. 28 Abs. 2 GG verletzt ist.[167] Das setzt nach dem Normbereich eine geschützte Rechtsposition der Kommune voraus (→ Rn. 59 f.), sodann muss ein gesetzlicher Eingriff vorliegen (→ Rn. 61 f.), und dieser darf nicht gerechtfertigt sein (→ Rn. 64 ff.).[168] 55

### I. Prüfungsmaßstab

Als Prüfungsmaßstab umfasst **Art. 28 Abs. 2 GG** zwei Schutzelemente: die Aufgabengarantie (→ Rn. 59) und die Autonomie kommunalen Handelns (→ Rn. 60). Damit hat es jedoch nicht sein Bewenden; seit jeher bezieht das BVerfG im Rahmen der Kommunalverfassungsbeschwerde **andere Verfassungsnormen** als Art. 28 Abs. 2 GG[169] in den Prüfungsmaßstab ein, soweit diese ihrem Inhalt nach das verfassungsrechtliche **Bild der Selbstverwaltung** mitzubestimmen geeignet sind.[170] Das verlangt im konkreten Fall eine Analyse des Normgehalts der in Frage stehenden Verfassungsnorm. Zu betonen ist auch aus der Begründetheitsperspektive, dass eine Übernahme der „Elfes-Konzeption" zu Art. 2 Abs. 1 GG mit der Erweiterung des Prüfungsmaßstabs nicht verbunden ist (→ Rn. 41).[171] 56

Der Katalog der die kommunale Selbstverwaltung neben Art. 28 Abs. 2 GG mitprägenden Verfassungsnormen ist weder abschließend entwickelt noch in concreto unumstritten und reicht hin bis zu Art. 120 GG.[172] Im vorliegenden Zusammenhang genügt eine Kon- 57

---

[164] Vgl. auch *Bethge* in: Maunz/Schmidt-Bleibtreu/Klein/Bethge, BVerfGG, § 91 Rn. 55.

[165] Das Telekommunikationsgesetz ist abgedruckt in Sartorius Ergänzungsband Nr. 920.

[166] Fall nach BVerfG-K NVwZ 1999, 520 (m. Bespr. *Koenig/Siewer* NVwZ 2000, 609) = MMR 1999, 355 (m. Anm. *Müller-Terpitz*) → *Erichsen* JK 99, GG Art. 28 II/24 und → JA 1999, 930 *(Schliesky)*.

[167] *Burgi* Kommunalrecht, § 9 Rn. 3; *Gern/Brüning* Kommunalrecht, Rn. 395.

[168] *Rennert* JuS 2008, 29 (32 f.): Normbereich, Regelung im Normbereich, formelle und materielle Verfassungsmäßigkeit.

[169] Landesverfassungsrecht und Europarecht (EU-Recht, Recht des Europarates) spielen keine Rolle; *Barczak* in: Barczak, BVerfGG, § 91 Rn. 80.

[170] BVerfGE 71, 25 (37) = NVwZ 1986, 289 (290); E 91, 228 (242) = NVwZ 1995, 677 (679) → *Erichsen* JK 95, GG Art. 28 II/22; E 119, 331 (357) = NVwZ 2008, 183 Rn. 128 → *Ehlers* JK 10/08, GG Art. 28 II/30 und → JuS 2008, 367 *(Sachs)* sowie → JA 2008, 317 *(Wolff)*; E 155, 310 = NVwZ 2020, 1342 Rn. 28. – Ablehnend zur Konzeption des BVerfG *St. Bauer* Prüfungsmaßstab, S. 48 ff.

[171] *Lück* Kommunalverfassungsbeschwerde, S. 348 ff.

[172] Zusammenfassender Überblick bei *Lange* Kommunalrecht, Kap. 1 Rn. 143; *Barczak* in: Barczak, BVerfGG, § 91 Rn. 79 ff.; *Bethge* in: Maunz/Schmidt-Bleibtreu/Klein/Bethge, BVerfGG, § 91 Rn. 60; *Diehm* in: Burkiczak/Dollinger/Schorkopf, BVerfGG, § 91 Rn. 21; *Lechner/Zuck* BVerfGG, § 91 Rn. 28 ff.; ausführlich *Lück* Kommunalverfassungsbeschwerde, S. 289 ff.

zentration auf (auch) praktisch relevante Bestimmungen. Die Rechtsprechung des BVerfG wirkt um so überzeugender, je stärker die Rückanbindung der relevanten Einzelvorschriften an die Staatsstrukturmerkmale (Art. 20 Abs. 1 und 28 Abs. 1 S. 1 GG) beachtet wird; eine herausragende Bedeutung erlangt danach das bundesstaatliche Prinzip[173] (Gesetzgebungs- und Verwaltungskompetenzen). Es kann als gesichert gelten, dass folgende Normen(komplexe) in den Prüfungsmaßstab einzubeziehen sind:

- Die **Gesetzgebungskompetenzen** (Art. 70, 73, 74 GG) sind schon deshalb prägend für Art. 28 Abs. 2 GG, weil die Regelung kommunaler Angelegenheiten in die Gesetzgebungsbefugnis der Länder fällt und deshalb Eingriffe des Bundesgesetzgebers in das kommunale Selbstverwaltungsrecht von Verfassungs wegen grundsätzlich[174] ausgeschlossen sind.[175]
- Die **Verwaltungskompetenzen** (Art. 83 ff. GG) schützen als Ausformung des bundesstaatlichen Prinzips die Länder vor einem Eindringen des Bundes in den ihnen vorbehaltenen Bereich der Verwaltung und wirken auch zu Gunsten der staatsorganisationsrechtlich den Ländern zuzuordnenden Gemeinden und Gemeindeverbände;[176] evident ist die Mitprägung der kommunalen Selbstverwaltungsgarantie durch Art. 84 Abs. 1 S. 7 und 85 Abs. 1 S. 2 GG.[177]
- Die **Ertragshoheit bei Steuern** ist schon mit Rücksicht auf Art. 28 Abs. 2 S. 3 GG geeignet, das verfassungsrechtliche Bild der Selbstverwaltung mitzubestimmen; zum Prüfungsmaßstab bei der Kommunalverfassungsbeschwerde gehören daher Art. 106 Abs. 5 GG[178] und Art. 106 Abs. 6 S. 2 GG.[179]
- Das **Demokratieprinzip** (Art. 20 Abs. 1, 2 GG) prägt das Bild kommunaler Selbstverwaltung,[180] wie sich unschwer Art. 28 Abs. 1 S. 2 GG entnehmen lässt.
- Das **Willkürverbot,** verankert im Rechtsstaatsprinzip (nicht im Grundrecht des Art. 3 Abs. 1 GG), ist mit Blick auf jedweden Träger öffentlicher Gewalt zu berücksichtigen, bestimmt also auch die kommunale Selbstverwaltung mit.[181]

Die dem BVerfG mitunter vorgehaltene Begründungsschwäche[182] ließe sich überwinden, wenn die *institutionelle* Garantie kommunaler Selbstverwaltung stärker in das Bewusstsein rückte. Die Prägungen der Selbstverwaltung durch andere Verfassungsnormen als Art. 28 Abs. 2 GG ließen sich dann leichter nachvollziehen, ebenso die Ausgrenzungen.[183]

## II. Prüfungsstruktur

58 Die verfassungsgerichtliche Prüfung einer Verletzung des Rechts auf Selbstverwaltung folgt dem Muster von **„Schutzbereich/Eingriff/Rechtfertigung"** und entspricht damit

---

[173] BVerfGE 56, 298 (311) = NJW 1981, 1659 bezieht das Bundesstaatsprinzip als solches in den Prüfungsmaßstab ein.

[174] Ausnahme z. B. BVerfGE 77, 288 (298) = NVwZ 1988, 619 → *Erichsen* JK 88, GG Art. 72/2 und → JuS 1989, 58 *(Selmer):* Bundeskompetenz für die Bestimmung der Trägerschaft der Bauleitplanung (§ 2 Abs. 1 BauGB) gemäß Art. 74 Abs. 1 Nr. 18 GG (Bodenrecht) i. V. m. Art. 84 Abs. 1 GG a. F. (Einrichtung der Behörden).

[175] BVerfGE 56, 298 (310) = NJW 1981, 1659; E 137, 108 Rn. 127 = NVwZ 2015, 140; E 155, 310 = NVwZ 2020, 1342 Rn. 32; krit. *Wernsmann* FS Bethge, S. 601 (605 f.); abl. *Goos* in: Hillgruber/Goos, Verfassungsprozessrecht, Rn. 392; *St. Bauer* Prüfungsmaßstab, S. 64 ff.

[176] BVerfGE 119, 331 (364) = NVwZ 2008, 183 Rn. 151; analysierend *Lück* Kommunalverfassungsbeschwerde, S. 334 ff.

[177] BVerfGE 137, 108 Rn. 127 = NVwZ 2015, 140; E 155, 310 = NVwZ 2020, 1342 Rn. 33 f., 59 ff.

[178] BVerfGE 71, 25 (38) = NVwZ 1986, 289 (290).

[179] BVerfGE 125, 141 (158) = NVwZ 2010, 895 Rn. 64 → *Schoch* JK 10/10, GG Art. 28 II/34 und → *Selmer* JuS 2010, 755.

[180] BVerfGE 91, 228 (244) = NVwZ 1995, 677 (679) → *Erichsen* JK 95, GG Art. 28 II/22.

[181] BVerfG-K NVwZ 2019, 642 Rn. 25.

[182] *Lück* Kommunalverfassungsbeschwerde, S. 352; *Magen* in: Umbach/Clemens/Dollinger, BVerfGG, § 91 Rn. 54.

[183] Nicht prägend sind z. B. Art. 6 Abs. 2 GG, BVerfG-K NVwZ 1987, 42 (43); ferner Art. 19 Abs. 4 GG, BVerfG-K NVwZ 2019, 642 Rn. 20 f.; nach h. M. auch Art. 33 Abs. 2 GG, vgl. z. B. *Schmidt* JA 2008, 763 (767); *Lück* Kommunalverfassungsbeschwerde, S. 291 ff.; krit. *Wernsmann* FS Bethge, S. 601 (606 f., 609).

strukturell dem Schema der Individualverfassungsbeschwerde bei Freiheitsgrundrechten (→ *Scherzberg* § 15 Rn. 132). In der Sache kommt die **Dogmatik des Art. 28 Abs. 2 GG**[184] zur Anwendung. Zur Verdeutlichung der Distanz zu den Grundrechten wird bezüglich der Garantieebene nachfolgend von „Schutzgehalt" (und nicht von „Schutzbereich") gesprochen. Die in die Prüfung mit einzubeziehenden anderen Verfassungsnormen finden ihren systematischen Standort auf der Rechtfertigungsebene.

### 1. Schutzgehalt des Art. 28 Abs. 2 GG

Art. 28 Abs. 2 GG garantiert den Kommunen einen **Aufgabenbestand** und – der „Selbst"verwaltung (also: Autonomie) inhärent – die **Eigenverantwortlichkeit** der Aufgabenwahrnehmung. Den *Gemeinden* sind verfassungsunmittelbar alle **Angelegenheiten der örtlichen Gemeinschaft** zugeordnet (Art. 28 Abs. 2 S. 1 GG); das sind diejenigen Aufgaben, die das Zusammenleben und -wohnen der Menschen vor Ort betreffen oder einen spezifischen Bezug darauf haben.[185] Hinzu treten die den Gemeinden gesetzlich zugewiesenen Aufgaben.[186] Eine inhaltlich festgelegte Aufgabengarantie gibt es nicht. Eine (komplexe) Aufgabe (z. B. Abfallentsorgung) muss nicht hinsichtlich aller ihrer Teilaspekte eine örtliche Angelegenheit darstellen, sie kann auch überörtliche Aspekte aufweisen.[187] Den *Gemeindeverbänden* ist kein verfassungsrechtlich umrissener Aufgabenbestand zugeordnet, sie verfügen lediglich über einen **gesetzlich zugewiesenen Aufgabenbereich** (Art. 28 Abs. 2 S. 2 GG); dazu verfügt der Gesetzgeber über einen Gestaltungsspielraum.[188] 59

Die **Eigenverantwortlichkeit** (Autonomie) der Aufgabenwahrnehmung wird gemeinhin mit den „Hoheitsrechten" der Kommunen (Gebietshoheit, Organisationshoheit, Personalhoheit, Finanzhoheit, Planungshoheit, Satzungsautonomie etc.) umschrieben.[189] Allgemein charakterisiert das BVerfG das Recht zur eigenverantwortlichen Führung der Geschäfte im gegebenen Aufgabenbereich als „die Freiheit vor staatlicher Reglementierung hinsichtlich der Art und Weise der Aufgabenerledigung".[190] Anders als bei der Aufgabengarantie (→ Rn. 59) ist den Gemeindeverbänden der Schutz der eigenverantwortlichen Wahrnehmung der Aufgaben in gleichem Umfang gewährt wie den Gemeinden.[191] 60

### 2. Eingriff in das Selbstverwaltungsrecht

Der gesetzliche Eingriff in den kommunalen Aufgabenbestand stellt sich als **Aufgabenverlagerung** (von der kommunalen auf die staatliche Ebene oder innerhalb der kommunalen Ebene) dar.[192] Sowohl der *Entzug* von Aufgaben[193] als auch die *Zuweisung* von Aufgaben[194] kann in das Recht auf Selbstverwaltung eingreifen.[195] An sich ist die Aufgaben- 61

---

[184] Dazu (aus der Ausbildungsliteratur) *Schoch* Jura 2001, 121 (124 ff.); *Magen* JuS 2006, 404 (406 ff.); *Engels* JA 2014, 7 (8 ff.); *Brüning* Jura 2015, 592 (595 ff.).

[185] BVerfGE 138, 1 Rn. 45 = NVwZ 2015, 728 → *Waldhoff* JuS 2015, 190; E 147, 185 Rn. 70 = NVwZ 2018, 140.

[186] *Röhl* in: Schoch, BesVwR, Kap. 2 Rn. 31 ff.

[187] BVerfGE 110, 370 (401) = NVwZ 2004, 1477 (1483): Abwasserbeseitigung und Klärschlammentsorgung; BVerfGE 138, 1 Rn. 48, 62 ff. = NVwZ 2015, 728: Trägerschaft von Schulen.

[188] BVerfGE 119, 331 (352 f.) = NVwZ 2008, 183 Rn. 116.

[189] BVerfGE 155, 310 = NVwZ 2020, 1342 Rn. 51; *Gern/Brüning* Kommunalrecht, Rn. 99 ff.; *Lange* Kommunalrecht, Kap. 1 Rn. 55 ff.; *Röhl* in: Schoch, BesVwR, Kap. 2 Rn. 43 ff.

[190] BVerfGE 107, 1 (12 f.) = NVwZ 2003, 850 (851); E 119, 331 (362) = NVwZ 2008, 183 Rn. 146.

[191] BVerfGE 119, 331 (361) = NVwZ 2008, 183 Rn. 145.

[192] *Ziekow* VerwArch 110 (2019), 68 (73 ff., 86 ff.).

[193] BVerfGE 79, 127 (153) = NVwZ 1989, 347 (351): Abfallbeseitigung (Verlagerung von der Gemeindeebene auf die Kreisebene); zu Fall 3 (→ Rn. 11 und Lösung → Rn. 20, 71) E 147, 185 Rn. 125 = NVwZ 2018, 140: Hochzonung von Aufgaben der Kinderförderung von Gemeinden auf Landkreise (und kreisfreie Städte).

[194] BVerfGE 83, 363 (383) = NVwZ 1992, 365 (367): gesetzliche Verpflichtung von Landkreisen und kreisfreien Städten zur Versorgung der Bevölkerung mit leistungsfähigen Krankenhäusern; BVerfGE 155, 310 = NVwZ 2020, 1342 Rn. 58: „Kommunales Bildungspaket".

[195] BVerfGE 119, 331 (354) = NVwZ 2008, 183 Rn. 118.

zuweisung eine Stärkung der kommunalen Selbstverwaltung; wird damit jedoch eine Ausgabenbelastung verbunden, kann dadurch die Möglichkeit zur Wahrnehmung freiwilliger Selbstverwaltungsaufgaben eingeschränkt werden, so dass ein mittelbar-faktischer Eingriff vorliegt.[196]

62 Eine gesetzliche **Reglementierung der Eigenverantwortlichkeit** der Aufgabenerledigung von Gemeinden und Gemeindeverbänden lässt sich in der Regel unschwer als Eingriff in das Selbstverwaltungsrecht identifizieren. Das liegt bei einer kommunalen Gebietsreform für die *Gebietshoheit* auf der Hand.[197] Die *Planungshoheit* wird vielfach durch staatliche Regelungen beeinträchtigt.[198] Besonders betroffen durch staatliche Reglementierungen ist erfahrungsgemäß die kommunale *Organisationshoheit.*[199] Dagegen bleibt die durch Art. 28 Abs. 2 GG geschützte kommunale *Finanzhoheit* – nicht zu verwechseln mit der kommunalen Finanz*ausstattung* (→ Rn. 72) – in der Praxis eine Randerscheinung; geschützt ist nach der Rechtsprechung lediglich eine eigenverantwortliche Einnahmen- und Ausgabenwirtschaft der Kommunen.[200] Bleibt eine gesetzliche Regelung bezüglich der kommunalen Autonomie neutral, liegt kein Eingriff vor.[201]

63 **Lösung zu Fall 6:** In der Entscheidung zu Fall 6 hat das BVerfG angenommen, durch die gesetzliche Regelung einer unentgeltlichen Nutzungsberechtigung an öffentlichen Verkehrswegen werde die Selbstverwaltungsgarantie des Art. 28 Abs. 2 GG nicht berührt. Denn eine Aufgabe werde den Gemeinden nicht entzogen. Auch die Eigenverantwortlichkeit werde nicht tangiert; die Planungshoheit sei nicht betroffen und auch die Finanzhoheit bleibe unangetastet, weil den Kommunen das eigene Wirtschaften mit Einnahmen und Ausgaben nicht aus der Hand genommen werde. Das überzeugt nur begrenzt. Die kommunale Abgabenhoheit[202] hat das BVerfG ausgeblendet; daher bleibt unberücksichtigt, dass die den Gemeinden nach dem Landesstraßenrecht zustehenden Wegenutzungsentgelte durch §§ 68, 69 TKG bundesgesetzlich verdrängt werden,[203] worin ein Eingriff in die Abgabenhoheit gesehen werden kann.

### 3. Rechtfertigung des Eingriffs

64 Das gemeindliche Selbstverwaltungsrecht besteht „im Rahmen der Gesetze“ (Art. 28 Abs. 2 S. 1 GG). Die Gemeindeverbände haben „nach Maßgabe der Gesetze“ das Recht der Selbstverwaltung (Art. 28 Abs. 2 S. 2 GG). Die beiden Bestimmungen stellen Schrankenregelungen dar, die den **Vorbehalt des Gesetzes** zum Ausdruck bringen. Durch Gesetz oder auf Grund eines Gesetzes (insbesondere durch Rechtsverordnung) kann die Selbstverwaltungsgarantie eingeschränkt werden.[204] Der Gesetzesvorbehalt bezieht sich so-

[196] BVerfGE 155, 310 = NVwZ 2020, 1342 Rn. 58. – Konsequenz: Problemverlagerung hin zur Frage nach der kommunalen Finanzausstattung → Rn. 72.

[197] Vgl. BVerfGE 86, 90 (107) = NVwZ 1993, 262 (263) → *Erichsen* JK 93, GG Art. 28 II/20.

[198] Vgl. BVerfGE 76, 107 (118) = NVwZ 1988, 47 (48) → *Erichsen* JK 88, BVerfGG § 91/1 und → JuS 1988, 735 *(Brodersen).*

[199] BVerfGE 91, 228 (242) = NVwZ 1995, 677 (679): Pflicht zur Bestellung einer hauptamtlichen Gleichstellungsbeauftragten; E 107, 1 (16) = NVwZ 2003, 850 (852): zwangsweise Zuordnung von Gemeinden zu Verwaltungsgemeinschaften (Fall 2 → Rn. 10 und Lösung → Rn. 19, 48, 69, 74); E 137, 108 Rn. 128 = NVwZ 2015, 140: Reglementierung der Art und Weise der Willensbildung im Kreistag (Fall 5 → Rn. 37 und Lösung → Rn. 48, 66); E 138, 1 Rn. 49 = NVwZ 2015, 728: Eingriff in die kommunale Kooperationshoheit durch staatliche Schulnetzplanung; ebenso E 147, 185 Rn. 74 = NVwZ 2018, 140 (bzgl. Aufgabenwahrnehmung zur Kinderförderung).

[200] BVerfG-K NVwZ 1987, 123: kein Schutz der Kommunen vor der Auferlegung weiterer kostenträchtiger Aufgaben; bekräftigend BVerfG-K NVwZ 1999, 520 (521) → *Erichsen* JK 99, GG Art. 28 II/24 und → JA 1999, 930 *(Schliesky);* ferner BVerfGE 155, 310 = NVwZ 2020, 1342 Rn. 54, vgl. aber auch → Rn. 72.

[201] BVerfGE 78, 331 (340) = NVwZ 1989, 45 → *Erichsen* JK 89, GG Art. 28 II/16: gesetzliche Verlagerung der staatlichen Aufsicht über Gemeinden von den Bezirksregierungen auf die Landkreise.

[202] Dazu *Gern/Brüning* Kommunalrecht, Rn. 103 ff.

[203] *Axer* in: Schoch, BesVwR, Kap. 6 Rn. 136.

[204] *Burgi* Kommunalrecht, § 6 Rn. 35; *Lange* Kommunalrecht, Kap. 1 Rn. 82.

wohl auf die kommunale Aufgabenzuständigkeit als auch auf die Eigenverantwortlichkeit der Aufgabenerledigung.[205] Bei verfassungskonformer Ausübung des Vorbehalts (i. S. d. Maßstäblichkeit bei der Kommunalverfassungsbeschwerde → Rn. 56 f.) ist der Eingriff in das Selbstverwaltungsrecht gerechtfertigt.

**a) Formelle Verfassungsmäßigkeit des Gesetzes.** Gesetzgebungskompetenzen und Verwaltungskompetenzen gehören zu denjenigen verfassungsrechtlichen Materien, die das Bild der kommunalen Selbstverwaltung mitprägen (→ Rn. 57). Das der **Gesetzgebungsbefugnis der Länder** unterliegende Kommunalrecht (Art. 70 Abs. 1 GG) umfasst diejenigen Rechtssätze, die sich mit der Rechtsstellung, der Organisation, den Aufgaben und den Handlungsformen der kommunalen Körperschaften befassen; dazu gehört insbesondere das Kommunalverfassungsrecht, das vor allem die Art und Weise der internen Willensbildung regelt.[206] Nimmt der Bundesgesetzgeber hierauf Zugriff, benötigt er einen (sach)spezifischen Kompetenztitel. 65

**Lösung zu Fall 5:** § 6a Abs. 2 S. 3 SGB II regelt das Zustandekommen von Beschlüssen in Gemeinde- bzw. Stadträten sowie Kreistagen, reglementiert damit die interne Willensbildung in den Kommunen (d. h.: Eingriff in die kommunale Organisationshoheit) und normiert demnach Kommunalrecht. Auf Art. 74 Abs. 1 Nr. 7 GG kann § 6a Abs. 2 S. 3 SGB II nicht gestützt werden; „öffentliche Fürsorge" mag auf das Rechtsverhältnis im Zusammenwirken von Bund und Kommunen bei der Grundsicherung für Arbeitsuchende erstreckt werden (z. B. Antragsbefugnis), erfasst aber nicht die interne Willensbildung einer Kommune im Vorfeld des Zusammenwirkens. Das BVerfG verneint zutreffend auch eine Bundeskompetenz nach Art. 91e Abs. 3 GG (Rn. 141) und kraft Sachzusammenhang (Rn. 145). § 6a Abs. 2 S. 3 SGB II verletzt folglich Art. 28 Abs. 2 S. 1 und 2 GG i. V. m. Art. 70 GG und ist verfassungswidrig (Rn. 147). 66

**b) Materielle Verfassungsmäßigkeit des Gesetzes.** Der in das kommunale Selbstverwaltungsrecht eingreifende Gesetzgeber darf den **Kernbereich der Selbstverwaltung** nicht antasten; diese *Wesensgehaltsgarantie* bildet eine absolute Grenze, sie kann nicht überwunden werden, der Kernbereich ist jeglicher Abwägung entzogen.[207] Das gilt sowohl für die Aufgabengarantie als auch für die Autonomie (→ Rn. 68). Außerhalb des Kernbereichs ist der **Schutz des „Randbereichs" kommunaler Selbstverwaltung** zu beachten; Eingriffe in den Aufgabenbestand durch Entzug einer Aufgabe (→ Rn. 70) unterliegen den Anforderungen des Übermaßverbots (als Ausprägung des Rechtsstaatsprinzips),[208] zur Aufgabenzuweisung stellen sich mehrere Verfassungsrechtsfragen (→ Rn. 72), Reglementierungen der Eigenverantwortlichkeit müssen durch Gründe des Allgemeinwohls gedeckt sein (→ Rn. 73).[209] 67

**aa) Kernbereichsschutz.** Das verfassungsrechtliche Problem der Wesensgehaltsgarantie liegt in der Bestimmung des unantastbaren Kernbereichs.[210] Dabei ist zwar der geschichtlichen Entwicklung und den verschiedenen Erscheinungsformen Rechnung zu tragen, in Bezug auf die **Aufgabengarantie** zählt zum Kernbereich allerdings kein gegenständlich bestimmter oder nach feststehenden Merkmalen bestimmbarer Aufgabenkatalog, sondern – auf Gemeindeebene – lediglich die Befugnis, sich aller Angelegenheiten der örtlichen Ge- 68

---

[205] BVerfGE 107, 1 (12) = NVwZ 2003, 850 (851); *Gern/Brüning* Kommunalrecht, Rn. 118; *Röhl* in: Schoch, BesVwR, Kap. 2 Rn. 49.

[206] BVerfGE 137, 108 Rn. 132 = NVwZ 2015, 136.

[207] BVerfGE 125, 141 (167) = NVwZ 2010, 895 Rn. 91; E 147, 185 Rn. 88 = NVwZ 2018, 140; *Burgi* Kommunalrecht, § 6 Rn. 36; *Gern/Brüning* Kommunalrecht, Rn. 119.

[208] BVerfGE 138, 1 Rn. 55 = NVwZ 2015, 728; E 147, 185 Rn. 80 = NVwZ 2018, 140.

[209] BVerfGE 83, 363 (384 f.) = NVwZ 1992, 365 (367); E 107, 1 (14) = NVwZ 2003, 850 (852).

[210] Näher zu den unterschiedlichen Ansatzpunkten *Lange* Kommunalrecht, Kap. 1 Rn. 93 ff. – BVerfGE 107, 1 (12) = NVwZ 2003, 850 (851) weist zu Art. 28 Abs. 2 S. 1 GG auf die „identitätsbestimmenden Merkmale gemeindlicher Selbstverwaltung" hin.

meinschaft anzunehmen, die nicht anderen Verwaltungsträgern zugeordnet sind.[211] Den Gemeindeverbänden (insbesondere den Landkreisen) ist nur ein – nicht näher spezifizierter – Mindestbestand an echten Selbstverwaltungsaufgaben garantiert.[212] Zur **Eigenverantwortlichkeit** der Aufgabenwahrnehmung gehören die sog. Hoheitsrechte (→ Rn. 60) allein in ihrem Grundbestand, nicht in den Einzelausprägungen; Art. 28 Abs. 2 GG schützt im Kernbereich gegenüber gesetzlichen Reglementierungen, die die Autonomie der Kommunen „ersticken" würden.[213] Praktische Bedeutung hat die Wesensgehaltsgarantie allenfalls bei besonders rabiaten gesetzlichen Maßnahmen.[214] Beispiele finden sich – allerdings im Landesverfassungsrecht – bei einer Unterschreitung der finanziellen Mindestausstattung von Kommunen seitens des jeweiligen Landesgesetzgebers.[215]

69 **Lösung zu Fall 2:** Die identitätsbestimmenden Merkmale gemeindlicher Selbstverwaltung werden durch die Zuordnung der Gemeinden zur Verwaltungsgemeinschaft nicht tangiert. Die Verwaltungsgemeinschaft ist keine der Mitgliedsgemeinden übergeordnete staatliche Organisationseinheit mit Zugriffsrecht auf Angelegenheiten der örtlichen Gemeinschaft, vielmehr bleiben die betreffenden Gemeinden eigenständige Gebietskörperschaften; beeinträchtigt ist die administrative Seite gemeindlicher Selbstverwaltung, tangiert sind aber weder ihre politisch-demokratische Dimension noch die Universalität des gemeindlichen Wirkungskreises.[216] Auch die Eigenverantwortlichkeit der Gemeinden ist nicht im Kern beeinträchtigt. Die Übertragung der verwaltungsmäßigen Besorgung gemeindlicher Aufgaben führt nicht zu einer Aushöhlung des gemeindlichen Selbstverwaltungsrechts; gerade die Verlagerung der administrativen Tätigkeiten auf die Verwaltungsgemeinschaften ermöglicht es, die politisch-demokratische Eigenständigkeit und Identität kleiner Gemeinden zu bewahren.[217]

70 **bb) Schutz des Randbereichs.** Das BVerfG entnimmt der Garantie kommunaler Selbstverwaltung die grundgesetzliche Entscheidung für eine dezentral organisierte und bürgerschaftlich getragene Verwaltung.[218] Daraus resultiert in Bezug auf den **Aufgabenbestand** ein *verfassungsrechtliches Aufgabenverteilungsprinzip* zu Gunsten der Gemeindeebene (auch gegenüber der Kreisebene), das der Gesetzgeber zu berücksichtigen hat.[219] Eine Aufgabe mit relevantem örtlichen Bezug darf der Gesetzgeber den Gemeinden nur aus Gründen des Gemeinwohls entziehen, vor allem zwecks Sicherstellung der ordnungsgemäßen Aufgabenerfüllung; dagegen kann der **Aufgabenentzug** nicht allein mit Gründen der Verwaltungsvereinfachung, Zuständigkeitskonzentration oder der Wirtschaftlichkeit und Sparsamkeit legitimiert werden; dadurch würde die verfassungsrechtlich intendierte dezentrale Aufgabenzuordnung missachtet.[220] Die Hochzonung von Aufgaben mit örtlichen Bezügen ist nur auf der Grundlage von Sachgründen gerechtfertigt.[221]

---

[211] BVerfGE 79, 127 (146) = NVwZ 1989, 347 (348); E 138, 1 Rn. 59 = NVwZ 2015, 728; E 147, 185 Rn. 88 = NVwZ 2018, 140.

[212] BVerfGE 119, 331 (353) = NVwZ 2008, 183 Rn. 116, 117.

[213] So (am Beispiel der Organisationshoheit) BVerfGE 91, 228 (239) = NVwZ 1995, 677 (678); E 138, 1 Rn. 59 = NVwZ 2015, 728; E 147, 185 Rn. 88 = NVwZ 2018, 140.

[214] *Röhl* in: Schoch, BesVwR, Kap. 2 Rn. 50.

[215] Überblick zur Rechtsprechung der LVerfG/StGH bei *Schoch* ZG 2019, 114 (121 ff.).

[216] BVerfGE 107, 1 (17) = NVwZ 2003, 850 (852 f.).

[217] Ergänzend weist BVerfGE 107, 1 (20) = NVwZ 2003, 850 (853) darauf hin, dass der Verlust eigener Aufgabenerfüllung im Bereich der örtlichen Angelegenheiten durch effektive Weisungs- und Mitwirkungsrechte der Gemeinden auf der Ebene der Verwaltungsgemeinschaft kompensiert werde.

[218] BVerfGE 138, 1 Rn. 51 = NVwZ 2015, 728; E 147, 185 Rn. 76 = NVwZ 2018, 140.

[219] Grundlegend BVerfGE 79, 127 (150 f.) = NVwZ 1989, 347 (349 f.) – „Rastede"; bekräftigend z. B. BVerfGE 107, 1 (13) = NVwZ 2003, 850 (852); E 110, 370 (400) = NVwZ 2004, 1477 (1482 f.); E 138, 1 Rn. 54 = NVwZ 2015, 728; E 155, 310 = NVwZ 2020, 1342 Rn. 50.

[220] BVerfGE 79, 127 (153) = NVwZ 1989, 347 (350); E 147, 185 Rn. 84 = NVwZ 2018, 140.

[221] Instruktiv am Beispiel der Schulträgerschaft (Grund- und Hauptschulen) BVerfGE 138, 1 Rn. 78 ff. = NVwZ 2015, 728 → *Waldhoff* JuS 2015, 190: keine Rechtfertigung für Hochzonung der Schulnetzplanung.

**Lösung zu Fall 3:** Die Hochzonung der Aufgaben zur Förderung und Betreuung von Kindern in Tageseinrichtungen und Tagespflege ist nach den Feststellungen des BVerfG durch Sachgründe gedeckt; legitime Ziele seien vor allem die Stärkung der staatlichen Jugendämter i. V. m. einer kontinuierlichen Qualitätsentwicklung (Rn. 127 ff.).[222] An der Geeignetheit der Aufgabenverlagerung zur Zielverfolgung besteht kein Zweifel. Die Erforderlichkeit der Maßnahme sieht das BVerfG unter anderem deshalb gewahrt, weil die Beeinträchtigung der Gemeinden durch den Aufgabenentzug gering ausfalle; so könnten die Gemeinden auf Grund ihrer Allzuständigkeit freiwillig Kindertageseinrichtungen in eigener Trägerschaft errichten und betreiben (Rn. 138) oder örtlich ansässige freie Träger unterstützen (Rn. 140). Die Verhältnismäßigkeit (Angemessenheit) sei schon deshalb beachtet, weil der Substanzverlust für das kommunale Aufgabenfeld gering sei (Rn. 148). 71

Eine Aufgabenverlagerung durch gesetzliche **Aufgabenzuweisung** an Gemeinden und Gemeindeverbände wirft bei kostenträchtigen Aufgaben Fragen zur **kommunalen Finanzausstattung** auf. Verfassungsrechtliche Fragen stellen sich sowohl zur Aufgabenkompetenz als auch zur Finanzierungsverantwortung: 72

- Seit der Föderalismusreform 2006 ist der Bund nach dem *Durchgriffsverbot* gemäß Art. 84 Abs. 1 S. 7, 85 Abs. 1 S. 2 GG daran gehindert, Gemeinden und Gemeindeverbänden Aufgaben zu übertragen.[223]
- Fortbestand hat allerdings *früheres Bundesrecht,* das den Kommunen Aufgaben zugewiesen hat (Art. 125a Abs. 1 S. 1 GG).[224]
- Aufgaben können den Kommunen durch *Landesrecht* übertragen werden,[225] wobei im Falle der finanziellen Mehrbelastung nach dem *Konnexitätsprinzip* zugleich ein entsprechender Ausgleich geschaffen werden muss;[226] im Streitfall entscheidet das zuständige LVerfG.
- Das Konnexitätsprinzip gilt auch bei der bundesgesetzlichen Änderung (z. B. Erweiterung) kostenträchtiger *Sachaufgaben* bei landesgesetzlicher Normierung der *Aufgabenwahrnehmungskompetenz* von Gemeinden und Gemeindeverbänden (str.).[227]
- Ein Schutz der kommunalen Selbstverwaltung durch das BVerfG auf Grund einer Kommunalverfassungsbeschwerde kommt bei einem unzulässigen Durchgriff des Bundes auf die kommunale Ebene in Betracht (zur Erweiterung des Prüfungsmaßstabs → Rn. 57); Fragen zur konkreten Aufgabenfinanzierung bzw. zur kommunalen Finanzausstattung generell kann das BVerfG allenfalls im Rahmen seiner Reservezuständigkeit (→ Rn. 18) entscheiden.

Unabhängig davon hat das BVerwG (am Beispiel der Kreisumlage) erkannt, dass Art. 28 Abs. 2 S. 3 GG den Gemeinden das Recht auf eine **aufgabenadäquate Finanzausstattung** gewährleistet und die **finanzielle Mindestausstattung** für die Aufgabenwahrnehmung als absolute Grenze (Kernbereichsschutz) nicht unterschritten werden darf.[228] Mittlerweile sieht auch das BVerfG, dass Art. 28 Abs. 2 S. 3 GG eine Verknüpfung zwischen der Zuweisung von Aufgaben und der Zuweisung von Finanzmitteln statuiert; der Bestimmung

---

[222] §§ 79, 79a SGB VIII (abgedruckt in Schönfelder Ergänzungsband Nr. 46).

[223] Dazu *Schoch* DVBl 2007, 261 (262 ff.); *Pieroth* FS Schnapp, 2008, S. 213 ff.; *Huber/Wollenschläger* VerwArch 100 (2009), 305 (306 ff.).

[224] *Ingold* DÖV 2010, 134 ff. (zur Bauleitplanung) mit Erwiderung *Meßmann* DÖV 2010, 726 ff.; ferner *Kallerhoff* DVBl 2011, 6 ff.

[225] Näher dazu *Gern/Brüning* Kommunalrecht, Rn. 273 ff. (weisungsfreie Pflichtaufgaben) und Rn. 280 ff. (Pflichtaufgaben nach Weisung) sowie Rn. 285 ff. (Auftragsangelegenheiten).

[226] *Schoch* DVBl 2016, 1007 ff.

[227] *Wendt* DÖV 2017, 1 ff. mit Erwiderung *Edinger* DÖV 2017, 594 f. und Replik *Wendt* DÖV 2017, 595 ff.; *Schoch* ZG 2018, 97 (103 ff.).

[228] BVerwGE 145, 378 Rn. 11, 18 ff. = NVwZ 2013, 1078; E 152, 188 Rn. 28 = NVwZ 2016, 72; ferner *Schoch* ZG 2019, 114 (119 f., 127 f.).

liege „die Vorstellung einer aufgabengerechten kommunalen Finanzausstattung zu Grunde".[229]

73 Beim Schutz der kommunalen **Eigenverantwortlichkeit** im Randbereich meidet das BVerfG die Anwendung des Übermaßverbots und agiert mit juristisch nur schwer fassbaren „weichen" Formeln.[230] Gefordert ist in concreto eine Analyse des betroffenen kommunalen Hoheitsrechts.[231] Exemplarisch sei auf die *Organisationshoheit* hingewiesen. Im Falle einer gesetzlichen Reglementierung postuliert das BVerfG z.B. den Fortbestand einer gewissen Mitverantwortung der Kommunen bei der Aufgabenwahrnehmung,[232] den Gemeinden und Gemeindeverbänden müsse ein substantieller Spielraum bei der Aufgabenerledigung bleiben,[233] eine eigenständige organisatorische Gestaltungsfähigkeit der Kommunen dürfe nicht erstickt werden;[234] eine spezielle Ausprägung der Organisationshoheit ist die *Kooperationshoheit*.[235]

74 **Lösung zu Fall 2:** Das BVerfG sieht auch die Anforderungen des Art. 28 Abs. 2 S. 1 GG an die gesetzliche Gestaltungsbefugnis im Vorfeld des Kernbereichs (vgl. zum Kernbereich → Rn. 69) als gewahrt an. Der Zielkonflikt zwischen einer möglichst bürgernahen und einer möglichst wirtschaftlichen Selbstverwaltung sei durch eine Zwischenstufe in Form von Verwaltungsgemeinschaften vertretbar gelöst worden. In Wahrnehmung seiner Typisierungsbefugnis habe der Gesetzgeber die Leistungsfähigkeit bei der Bildung von Verwaltungsgemeinschaften mit einer Einwohnerzahl von 5.000 als gegeben ansehen dürfen. Als Alternative habe nur eine ansonsten unvermeidliche Gemeindegebietsreform mit Einheitsgemeinden zur Verfügung gestanden.

## III. Entscheidungsinhalt und Entscheidungswirkungen

75 Ist das angegriffene Gesetz mit Art. 28 Abs. 2 GG vereinbar, wird die kommunale Verfassungsbeschwerde vom BVerfG (als unbegründet) zurückgewiesen.[236] Wird dem Rechtsbehelf stattgegeben, richtet sich der Entscheidungsinhalt nach § 95 BVerfGG. Das BVerfG stellt fest, dass das angegriffene Gesetz Art. 28 Abs. 2 S. 1 oder S. 2 GG verletzt (§ 95 Abs. 1 S. 1 BVerfGG) und erklärt das Gesetz für nichtig (§ 95 Abs. 3 S. 1 BVerfGG).[237] Die **Nichtigerklärung** der angegriffenen Rechtsvorschrift(en) ist der gesetzlich vorgesehene Regelfall.[238] Davon weicht die verfassungsgerichtliche Praxis häufig ab und erklärt die grundgesetzwidrige(n) Norm(en) für mit der Verfassung unvereinbar, verbunden mit der Anordnung einer befristeten Fortgeltung der verfassungswidrigen Regelung.[239] Praxisbeispiele hierfür sind erfolgreiche Kommunalverfassungsbeschwerden gegen Bestimmungen des SGB II

---

229 BVerfGE 155, 310 = NVwZ 2020, 1342 Rn. 55.

230 *Röhl* in: Schoch, BesVwR, Kap. 2 Rn. 52.

231 Dazu *Burgi* Kommunalrecht, § 6 Rn. 45; ausf. *Lange* Kommunalrecht, Kap. 1 Rn. 110 ff.

232 BVerfGE 91, 228 (241) = NVwZ 1995, 677 (679): Pflicht von Kommunen zur Bestellung einer hauptamtlichen Gleichstellungsbeauftragten.

233 BVerfGE 83, 363 (387) = NVwZ 1992, 365 (368): staatliche Krankenhausbedarfsplanung und Krankenhausumlage.

234 BVerfGE 137, 108 Rn. 117 = NVwZ 2015, 136: Grundsicherung für Arbeitsuchende.

235 BVerfGE 119, 331 (362) = NVwZ 2008, 183 Rn. 146: Entscheidung darüber, ob eine bestimmte Aufgabe eigenständig oder gemeinsam mit anderen Verwaltungsträgern wahrgenommen wird und ob zu diesem Zweck gemeinsame Institutionen gegründet werden; daran anknüpfend BVerfGE 138, 1 Rn. 49, 74 = NVwZ 2015, 728: verfassungswidrige Zuweisung der Schulnetzplanung an die Kreisebene.

236 Vgl. z.B. BVerfGE 107, 1 = NVwZ 2003, 850 (Entscheidung zu Fall 2); E 125, 141 (142) = NVwZ 2010, 895 (896): Mindesthebesatz von 200 % für die Gewerbesteuer ist verfassungsgemäß.

237 Vgl. etwa BVerfGE 138, 1 = NVwZ 2015, 728 (729): § 23a Abs. 1 S. 1 und Abs. 3 S. 1 SächsSchulG ist mit Art. 28 Abs. 2 S. 1 GG unvereinbar und nichtig, soweit er die Schulnetzplanung für Grund- und Mittelschulen betrifft.

238 BVerfGE 119, 331 (382) = NVwZ 2008, 183 Rn. 203; E 137, 108 Rn. 148 = NVwZ 2015, 136.

239 *Barczak* in: Barczak, BVerfGG, § 91 Rn. 84, qualifiziert dies als Regelfall in der Praxis.

(Grundsicherung für Arbeitsuchende)[240] und des SGB XII („Kommunales Bildungspaket" im Rahmen der Sozialhilfe).[241] Die bloße **Unvereinbarkeitserklärung** (als Entscheidungsausspruch unterhalb der Schwelle der Nichtigerklärung) findet einen normativen Anknüpfungspunkt in § 31 Abs. 2 BVerfGG, die Anordnung zur Fortgeltung der verfassungswidrigen Regelung für eine Übergangszeit hat ihre Grundlage in § 35 BVerfGG.[242] Von dieser Option macht das BVerfG Gebrauch, um einen Zustand zu verhindern, der von der verfassungsmäßigen Ordnung noch weiter entfernt ist als der bisherige Zustand; ansonsten könnte durch die Nichtigerklärung ein rechtliches Vakuum auftreten, das sowohl bei Behörden als auch bei Rechtsunterworfen Unsicherheiten über die Rechtslage verursachte und der Rechtssicherheit (als Ausprägung des Rechtsstaatsprinzips) abträglich wäre. Dies entspricht der Entscheidungspraxis bei der abstrakten Normenkontrolle (→ *Thiemann* § 17 Rn. 68).

Die Entscheidung des BVerfG über die Vereinbarkeit oder Unvereinbarkeit des Gesetzes 76
mit dem Grundgesetz bzw. zur Nichtigkeit des Gesetzes erwächst in **Gesetzeskraft** (§ 31 Abs. 2 S. 2 BVerfGG); dies ergibt sich aus dem Verweis auf § 13 Nr. 8a BVerfGG der die Kommunalverfassungsbeschwerde umfasst.[243] Normverwerfungen mit Gesetzeskraft nach § 31 Abs. 2 BVerfGG sind dem (zuständigen) Senat vorbehalten, eine Kammerentscheidung ist insoweit ausgeschlossen (§ 93c Abs. 1 S. 3 BVerfGG). Der **Senatsvorbehalt** gilt nicht nur für Parlamentsgesetze, sondern für jede mit der Kommunalverfassungsbeschwerde angreifbare Rechtsnorm.[244]

---

[240] BVerfGE 119, 331 (383) = NVwZ 2008, 183 Rn. 204, 205; E 137, 108 Rn. 149 = NVwZ 2015, 136.
[241] BVerfGE 155, 310 = NVwZ 2020, 1342 Rn. 102 ff.
[242] *Bethge* in: Maunz/Schmidt-Bleibtreu/Klein/Bethge, BVerfGG, § 91 Rn. 96.
[243] *Barczak* in: Barczak, BVerfGG, § 91 Rn. 86.
[244] *Bethge* in: Maunz/Schmidt-Bleibtreu/Klein/Bethge, BVerfGG, § 91 Rn. 91.

# § 17. Abstrakte Normenkontrolle

*Christian Thiemann*

**Übersicht**



**Schrifttum:** *M. Graßhof* § 76 Zulässigkeit des Antrags, in: Burkiczak/Dollinger/Schorkopf, Bundesverfassungsgerichtsgesetz, 2015; *Heun* Normenkontrolle, in: Festschrift 50 Jahre BVerfG Band I, 2001, S. 615; *Hillgruber* § 6 Die abstrakten Normenkontrollverfahren (Art. 93 Abs. 1 Nr. 2, 2a, Abs. 2), in: Hillgruber/Goos, Verfassungsprozessrecht, 5. Aufl. 2020; *E. Klein* § 22 Abstraktes Normenkontrollverfahren, in: Benda/Klein, Verfassungsprozessrecht, 4. Aufl. 2020; *Lenz/Hansel* § 76 Zulässigkeit des Antrags und § 78 Nichtigerklärung von Gesetzen; Bundesverfassungsgerichtsgesetz, 3. Aufl. 2020, *Rozek* § 76 Abstrakte Normenkontrolle, in: Maunz/Schmidt-Bleibtreu/Klein/Bethge, Bundesverfassungsgerichtsgesetz, 52. EL Stand September 2017; *Voßkuhle* in: v. Mangoldt/Klein/Starck, Grundgesetz, 7. Aufl. 2018, Art. 93 Rn. 116ff.

## A. Bedeutung und Funktion der abstrakten Normenkontrolle

### I. Begriff der abstrakten Normenkontrolle

1 Das Verfahren nach Art. 93 Abs. 1 Nr. 2 GG, § 13 Nr. 6, §§ 76ff. BVerfGG wird üblicherweise als „abstrakte Normenkontrolle" bezeichnet. In den amtlichen Fassungen des Grundgesetzes und des BVerfGG findet sich dieser Begriff allerdings nicht.[1] In einem all-

[1] Der Klammerzusatz in den üblichen Textausgaben gehört nicht zur amtlichen Fassung, vgl. zu dieser Art. 1 Nr. 11 ÄndG zum BVerfGG v. 16.7.1998, BGBl I S. 1823.

gemeinen Sinn meint „Normenkontrolle" die Überprüfung einer Rechtsnorm auf ihre Vereinbarkeit mit höherrangigem Recht (→ *Ehlers* § 32 Rn. 1). Ein Unterfall der Normenkontrolle ist die Überprüfung eines Parlamentsgesetzes auf seine Vereinbarkeit mit der Verfassung. Im Ausgangspunkt ist der **Begriff der Normenkontrolle** allerdings nicht auf diese Fragestellung begrenzt, sondern umfasst jede Form der Überprüfung einer Norm am Maßstab höherrangigen Rechts, also etwa auch die Prüfung, ob eine Rechtsverordnung mit dem sonstigen höherrangigen Recht, d. h. den Parlamentsgesetzen, vereinbar ist.

Das **Verfahren der abstrakten Normenkontrolle** ermöglicht es bestimmten Antragstellern, die Durchführung einer Normenkontrolle für bestimmte Konstellationen (→ Rn. 36 ff.) beim BVerfG zu beantragen. Diese Normenkontrolle wird als „abstrakt" bezeichnet, weil die Vereinbarkeit der Norm mit höherrangigem Recht im Verfahren nach Art. 93 Abs. 1 Nr. 2 GG losgelöst von einem konkreten Fall geprüft wird.[2] Insofern unterscheidet sich die „abstrakte" Normenkontrolle insbesondere von der „konkreten" Normenkontrolle nach Art. 100 Abs. 1 GG, § 13 Nr. 11, §§ 80 ff. BVerfGG. Bei dieser geht es ebenfalls um die Vereinbarkeit einer Rechtsnorm mit höherrangigem Recht. Die Prüfung muss aber durch einen bestimmten Fall veranlasst sein, der vom vorlegenden Gericht zu entscheiden ist (→ *Wernsmann* § 19 Rn. 7). 2

Begrifflich kann weiter zwischen „prinzipalen" und „inzidenten" Normenkontrollen unterschieden werden. Als **„prinzipal"** bezeichnet man **Normenkontrollen,** bei denen die Normenkontrolle als solche Gegenstand des Verfahrens ist, wie dies auch auf das Verfahren der abstrakten Normenkontrolle nach Art. 93 Abs. 1 Nr. 2 GG zutrifft.[3] Von einer „inzidenten" Normenkontrolle spricht man dagegen, wenn die Vereinbarkeit einer Rechtsnorm mit höherrangigem Recht nur eine Vorfrage ist, deren Klärung im Rahmen der Überprüfung eines anderen Rechtsakts mit veranlasst ist. Zu einer solchen „inzidenten" Normenkontrolle kommt es etwa im Rahmen einer Verfassungsbeschwerde nach Art. 93 Abs. 1 Nr. 4a GG, § 13 Nr. 8a, §§ 90 ff. BVerfGG, wenn der Beschwerdeführer eine Grundrechtsverletzung durch eine Gerichtsentscheidung rügt, die entscheidende Vorfrage aber lautet, ob die Rechtsnorm, die das Gericht angewendet hat, mit dem Grundgesetz in Einklang steht. 3

Der Umstand, dass es ein (Verfassungs-)Gericht gibt, das im Rahmen verschiedener Verfahrensarten Normenkontrollen durchführt, erscheint heute als Selbstverständlichkeit. Verfassungsgeschichtlich hat sich die Idee, dass Parlamentsgesetze durch ein Gericht verworfen werden können, allerdings nur schrittweise durchgesetzt. Richtungweisend war die Entscheidung des U. S. Supreme Court in der Sache Marbury v. Madison aus dem Jahr 1803, in der erstmals ein Gericht eine Prüfungs- und Verwerfungskompetenz explizit für sich in Anspruch genommen hat.[4] Die materiell-rechtliche Grundlage der richterlichen Prüfungs- und Verwerfungskompetenz bildet der **Vorrang der Verfassung,** der für das Grundgesetz in Art. 20 Abs. 3 GG niedergelegt ist und für die Grundrechte in Art. 1 Abs. 3 GG nochmals betont wird. Die Zuweisung der Prüfungs- und Verwerfungskompetenz an die Gerichte, insbesondere an ein spezialisiertes Verfassungsgericht, beruht dabei auf der Einsicht, dass die aufgeworfenen Fragen, ungeachtet ihrer politischen Kontexte und etwaiger politischer Implikationen einer Streitentscheidung, im Kern **Rechtsfragen** sind, deren Beantwortung sinnvollerweise einer spezifisch darauf ausgerichteten, nach justiziellen Grundsätzen arbeitenden Institution überantwortet sein sollte.[5] 4

Trotz dieser vermeintlich klaren Ausgangslage ist die Einrichtung eines Verfassungsgerichts mit umfassenden Zuständigkeiten in der deutschen Verfassungstradition vergleichs- 5

---

[2] *Hillgruber* in: Hillgruber/Goos, Verfassungsprozessrecht, Rn. 495; *E. Klein* in: Benda/Klein, Verfassungsprozessrecht, Rn. 692; *Rozek* in: Maunz/Schmidt-Bleibtreu/Klein/Bethge, BVerfGG § 76 Rn. 1. – Grundlegend zum Begriff *Friesenhahn* in: Handbuch des Deutschen Staatsrechts II, 1932, S. 523 (526).

[3] *Heun* FS 50 Jahre BVerfG I, 2001, S. 615 (618); *Hillgruber* in: Hillgruber/Goos, Verfassungsprozessrecht, Rn. 645; *E. Klein* in: Benda/Klein, Verfassungsprozessrecht, Rn. 689 f.

[4] Näher *Brugger* JuS 2003, 320; *Frotscher/Pieroth* Verfassungsgeschichte, 18. Aufl. 2019, Rn. 43 ff.

[5] S. dazu auch *Heun* FS 50 Jahre BVerfG I, 2001, S. 615 (615 ff.).

weise neu.[6] In der Weimarer Reichsverfassung waren weder eine umfassende Verfassungsgerichtsbarkeit im heutigen Sinn noch eine allgemeine gerichtliche Normenkontrolle vorgesehen. Der **Staatsgerichtshof für das Deutsche Reich** (Art. 108 WRV) hatte nur eine sehr beschränkte Zuständigkeit insbesondere für föderale Streitigkeiten zwischen dem Reich und den Ländern (vgl. Art. 19 WRV). Explizit geregelt war die Möglichkeit einer Normenkontrolle nur, soweit es um die Vereinbarkeit einer landesrechtlichen Vorschrift mit dem Reichsrecht ging (Art. 13 Abs. 2 WRV). Zuständig für die Entscheidung war das Reichsgericht.[7] Erst mit dem **Grundgesetz** wurde das **BVerfG** als umfassend zuständiges Gericht für Verfassungsrechtsfragen geschaffen, das im Rahmen der entsprechenden Verfahrensarten auch zur Verwerfung von Parlamentsgesetzen befugt ist. Im Verfahren der abstrakten Normenkontrolle wird dieser Umstand besonders augenfällig, da es in diesem Verfahren ausschließlich um die Normenkontrolle als solche geht, deren Durchführung von bestimmten Antragsberechtigten verlangt werden kann, ohne dass subjektive Rechte in Rede stehen müssen.

## II. Varianten der abstrakten Normenkontrolle

### 1. Normenkontrolle zur Sicherung des Vorrangs des Grundgesetzes und des sonstigen Bundesrechts

6 Nach Art. 93 Abs. 1 Nr. 2 GG kann sich die abstrakte Normenkontrolle zum einen auf **Bundesrecht** beziehen. Darunter fallen alle vom Bundestag beschlossenen Gesetze, aber auch untergesetzliche Rechtsnormen, insbesondere Rechtsverordnungen des Bundes (→ Rn. 26). Prüfungsmaßstab ist die Vereinbarkeit mit dem Grundgesetz. Zum anderen kann **Landesrecht** jeder Rangstufe zur Überprüfung gestellt werden. Neben dem Grundgesetz ist in diesem Fall auch das sonstige Bundesrecht Prüfungsmaßstab, das nach Art. 31 GG dem Landesrecht vorgeht. Die abstrakte Normenkontrolle nach Art. 93 Abs. 1 Nr. 2 GG dient also der prozessualen Durchsetzung des Vorrangs des Grundgesetzes und des Vorrangs sonstigen Bundesrechts, wobei letzteres nur in Bezug auf Landesrecht eine Rolle spielt.

### 2. Kompetenzkontrolle zur Sicherung des Vorrangs der sog. Erforderlichkeitsklausel

7 Im Zuge der sog. Föderalismusreform sind durch Verfassungsänderung weitere Varianten der abstrakten Normenkontrolle eingeführt worden, die speziell der **Durchsetzung der sog. Erforderlichkeitsklausel** des Art. 72 Abs. 2 GG dienen sollen. Mit der Neufassung des Art. 72 Abs. 2 GG soll der Kompetenzbereich der Länder auf dem Gebiet der konkurrierenden Gesetzgebung gestärkt werden, indem für diejenigen Kompetenzen, deren Inanspruchnahme den besonderen Voraussetzungen des Art. 72 Abs. 2 GG unterliegt, ein schärferer Maßstab für die Bundesgesetzgebung etabliert worden ist.[8] Flankiert wird diese Regelung durch das besondere Verfahren nach Art. 93 Abs. 1 Nr. 2a GG, § 13 Nr. 6a, §§ 76 ff. BVerfGG, im Rahmen dessen speziell die Frage nach der Vereinbarkeit eines Bundesgesetzes mit der Erforderlichkeitsklausel des Art. 72 Abs. 2 GG zur Überprüfung gestellt werden kann. Das Verfahren wird deshalb auch als „Kompetenzkontrollverfahren“ bezeichnet.[9]

---

[6] Zu den Entwicklungslinien *Robbers* JuS 1990, 257; *E. Klein* in: Benda/Klein, Verfassungsprozessrecht, Rn. 1 ff.; *Schlaich/Korioth* BVerfG, Rn. 1 f.

[7] § 1 des Gesetzes zur Ausführung des Art. 13 Abs. 2 WRV v. 8.4.1920, RGBl S. 510.

[8] Neufassung des Art. 72 GG und Einfügung des Art. 93 Abs. 1 Nr. 2a GG durch ÄndG zum GG v. 27.10.1994, BGBl I S. 3146; Art. 72 Abs. 2 GG zuletzt geändert durch ÄndG zum GG v. 28.8.2006, BGBl I S. 2034. S. dazu auch BVerfGE 106, 62 (136 ff.) = NJW 2003, 41 (50 ff.).

[9] *E. Klein* in: Benda/Klein, Verfassungsprozessrecht, Rn. 693; *Rozek* in: Maunz/Schmidt-Bleibtreu/Klein/Bethge, BVerfGG, § 76 Rn. 76; *M. Graßhof* in: Burkiczak/Dollinger/Schorkopf, BVerfGG, § 76 Rn. 9.

Die spezifisch föderale, auf den **Schutz der Länderinteressen** bezogene Stoßrichtung dieser Variante der abstrakten Normenkontrolle zeigt sich insbesondere darin, dass der Antrag nicht nur von einer Landesregierung, sondern auch vom Bundesrat oder der Volksvertretung eines Landes, also etwa einem Landtag, gestellt werden kann. Die Landesregierungen sind sowohl im allgemeinen Normenkontrollverfahren nach Art. 93 Abs. 1 Nr. 2 GG als auch im Kompetenzkontrollverfahren nach Art. 93 Abs. 1 Nr. 2a GG antragsberechtigt. Beide Antragsberechtigungen stehen nebeneinander, d. h. schließen sich nicht wechselseitig aus. Eine Landesregierung, die ein Bundesgesetz zur Überprüfung stellen will, hat deshalb die Wahl, ob sie eine umfassende Überprüfung im Rahmen des Verfahrens nach Art. 93 Abs. 1 Nr. 2 GG beantragen will, die die Frage der Vereinbarkeit mit Art. 72 Abs. 2 GG einschließt, oder ob sie nur die Frage klären lassen will, ob das Bundesgesetz mit der Erforderlichkeitsklausel vereinbar ist.[10] 8

Weitere **Verfahrensvarianten** ergeben sich in diesem Zusammenhang aus dem Umstand, dass eine zunächst gegebene Erforderlichkeit i. S. d. Art. 72 Abs. 2 GG später wegfallen kann. Nach Art. 72 Abs. 4 GG gilt das Bundesgesetz in diesem Fall zwar fort, es kann aber durch Bundesgesetz bestimmt werden, dass es durch Landesrecht ersetzt werden kann (sog. **Freigabegesetz**). Dasselbe gilt für Bundesgesetze, die noch unter Geltung der sog. Bedürfnisklausel des Art. 72 Abs. 2 GG a. F. erlassen worden sind. Für den Fall, dass eine bundesgesetzliche Regelung unter Geltung der Erforderlichkeitsklausel nicht mehr möglich wäre, sieht Art. 125a Abs. 2 GG ebenfalls die Fortgeltung mit der Maßgabe vor, dass ein Bundesgesetz die Möglichkeit einer Ersetzung durch Landesrecht vorsehen kann. Nach Art. 93 Abs. 2 GG, § 13 Nr. 6b, § 96 BVerfGG kann die Frage, ob die Erforderlichkeit i. S. d. Art. 72 Abs. 2 GG entfallen ist bzw. für altes Bundesrecht nicht gegeben ist, im Rahmen eines darauf gerichteten Antrags überprüft werden.[11] Eine entsprechende Feststellung des BVerfG ersetzt nach Art. 93 Abs. 2 S. 2 GG die bundesgesetzliche Öffnungsklausel, d. h. ebnet den Ländern den Weg zur eigenen Gesetzgebung. Mit Blick darauf wird diese Variante auch als **„Kompetenzfreigabeverfahren“** bezeichnet.[12] Nach Art. 93 Abs. 2 S. 3 GG ist ein Antrag an das BVerfG aber nur zulässig, wenn zuvor eine Gesetzesvorlage, die eine Öffnung des betreffenden Regelungsbereichs für die Landesgesetzgebung vorsieht, erfolglos in den Bundestag bzw. Bundesrat eingebracht worden ist. 9

## III. Die abstrakte Normenkontrolle als „objektives Beanstandungsverfahren“

Für das Verfahren der abstrakten Normenkontrolle genügt es nach Art. 93 Abs. 1 Nr. 2 GG, wenn zweifelhaft ist, ob ein Bundesgesetz mit dem Grundgesetz vereinbar ist. § 76 Abs. 1 Nr. 1 BVerfGG variiert dieses Erfordernis dahingehend, dass der Antragsteller das Gesetz für nichtig halten, d. h. von seiner Verfassungswidrigkeit überzeugt sein muss. Unabhängig von der Frage, ob diese Verschärfung der Anforderungen des Art. 93 Abs. 1 Nr. 2 GG auch aus einer verfassungsrechtlichen Sicht maßgeblich ist (→ Rn. 40 ff.), kommt es nach beiden Normen nicht darauf an, dass der Antragsteller eine Verletzung eigener Rechte geltend macht. Mit Rücksicht darauf wird die abstrakte Normenkontrolle als **„objektives Beanstandungsverfahren“** gekennzeichnet.[13] 10

---

[10] *E. Klein* in: Benda/Klein, Verfassungsprozessrecht, Rn. 737; *Rozek* in: Maunz/Schmidt-Bleibtreu/Klein/Bethge, BVerfGG, § 76 Rn. 97.

[11] Einfügung des Art. 93 Abs. 2 GG durch ÄndG zum GG v. 28.8.2006, BGBl I S. 2034; dazu auch *Hillgruber* in: Hillgruber/Goos, Verfassungsprozessrecht, Rn. 724 f.

[12] *Rozek* in: Maunz/Schmidt-Bleibtreu/Klein/Bethge, BVerfGG, § 76 Rn. 77a.

[13] *Hillgruber* in: Hillgruber/Goos, Verfassungsprozessrecht, Rn. 643. – In gleichem Sinn ist von einem „objektiven Verfahren“ die Rede, vgl. z. B. BVerfGE 127, 165 (190) = NVwZ 2010, 1549 Rn. 76; *E. Klein* in: Benda/Klein, Verfassungsprozessrecht, Rn. 692; *Rozek* in: Maunz/Schmidt-Bleibtreu/Klein/Bethge, BVerfGG, § 76 Rn. 5. – Krit. *Voßkuhle* in: v. Mangoldt/Klein/Starck, GG, Art. 93 Rn. 119, mit dem Hinweis, dass mit dem Mittel der abstrakten Normenkontrolle i. d. R. „handfeste politische Konflikte“ ausgetragen werden, so dass sich das Verfahren „praktisch einem kontradiktorischen Verfahren annähere“.

11 Ihrer Struktur nach unterscheidet sich die abstrakte Normenkontrolle damit grundsätzlich von anderen Verfahrensarten, die, wie insbesondere das Organstreitverfahren und die Verfassungsbeschwerde, dem Schutz der verfassungsrechtlichen Rechte des Antragstellers dienen. Im Rahmen der abstrakten Normenkontrolle geht es dagegen ganz generell, unabhängig von einzelnen subjektiven Rechten, um die **Sicherung des Vorrangs der Verfassung** bzw. des sonstigen Bundesrechts. Der Antrag wirkt insofern nur „anstoßgebend".[14] Mit Abstrichen trifft diese Perspektive auch auf die Varianten der abstrakten Normenkontrolle im Rahmen der sog. Kompetenzkontrolle (→ Rn. 7 ff.) zu. Zwar besteht hier ein deutlicher Zusammenhang zwischen der spezifischen Zielsetzung des Verfahrens, dem Schutz der Länderkompetenz auf dem Feld der konkurrierenden Gesetzgebung, und dem Kreis der Antragsberechtigten.[15] Dennoch geht es auch in dieser Konstellation nicht im engen Sinn um die Geltendmachung eigener Rechte des Antragstellers, so dass es nicht unzutreffend ist, insofern ebenfalls von einem „objektiven Beanstandungsverfahren" zu sprechen.[16]

12 Die **Ausgestaltung der abstrakten Normenkontrolle** als objektives Beanstandungsverfahren wirkt sich in mehrfacher Hinsicht aus. Insbesondere kommt es nicht darauf an, dass der Antragsteller eine Verletzung eigener Rechte geltend macht. Es ist daher auch üblich, von der „Antragsberechtigung" (→ Rn. 16 ff.) und dem „Antragsgrund" (→ Rn. 33 ff.) zu sprechen und nicht etwa von einer „Beteiligtenfähigkeit" und einer „Antragsbefugnis". Der Umstand, dass es nicht um eine Verteidigung eigener Rechte geht, zeigt sich auch darin, dass es keinen Antragsgegner gibt.[17] Insofern unterscheidet sich die abstrakte Normenkontrolle insbesondere vom Organstreitverfahren, in dem der Antragsteller eine Verletzung seiner organschaftlichen Rechte durch den Antragsgegner geltend machen kann, weshalb insofern auch von einem „kontradiktorischen Verfahren" die Rede ist (→ *Ehlers* § 18 Rn. 1). Außerdem ist das Verfahren der abstrakten Normenkontrolle nicht fristgebunden, sondern die Antragsteller können ein objektives Kontrollinteresse jederzeit geltend machen. Schließlich kommt es nicht auf das Erfordernis eines „Rechtsschutzbedürfnisses" an. Stattdessen ist, der Natur der abstrakten Normenkontrolle entsprechend, vom Erfordernis eines **„objektiven Klarstellungsinteresses"** die Rede (→ Rn. 51 ff.).

## IV. Rechtstatsächliche Bedeutung der abstrakten Normenkontrolle

13 Den häufigsten Anwendungsfall der abstrakten Normenkontrolle bildet die Frage, ob eine Norm des Bundes- oder des Landesrechts mit dem Grundgesetz vereinbar ist. Die Frage, ob eine Norm des Landesrechts mit einfachem Bundesrecht vereinbar ist, kann zwar ebenfalls Gegenstand einer abstrakten Normenkontrolle sein. Praktisch ist diese Fragestellung aber wesentlich weniger bedeutsam. Dasselbe gilt für die verschiedenen Varianten der auf Art. 72 Abs. 2 GG bezogenen Kompetenzkontrolle. Hier ist nicht nur der Prüfungsmaßstab eng begrenzt. Auch in der verfassungsgerichtlichen Praxis hat dieses Verfahren bislang keine besondere Rolle gespielt.[18] Aus einer praktischen Sicht erscheint das Verfahren der abstrakten Normenkontrolle damit vor allem als ein Verfahren, in dem es darum geht, den

---

[14] Für diese Charakterisierung etwa BVerfGE 1, 208 (219) = BeckRS 1952, 191 Rn. 45; *E. Klein* in: Benda/Klein, Verfassungsprozessrecht, Rn. 664; *Rozek* in: Maunz/Schmidt-Bleibtreu/Klein/Bethge, BVerfGG, § 76 Rn. 7.

[15] Mit Blick darauf kennzeichnet *E. Klein* in: Benda/Klein, Verfassungsprozessrecht, Rn. 691, das Verfahren der sog. Kompetenzkontrolle als „hybrides Verfahren", „das weder ganz als Normenkontrolle, noch als Bund-Länder-Streitverfahren" eingestuft werden könne. Zu dieser Ambivalenz auch *Voßkuhle* in: v. Mangoldt/Klein/Starck, GG, Art. 93 Rn. 128.

[16] Wie hier *Rozek* in: Maunz/Schmidt-Bleibtreu/Klein/Bethge, BVerfGG, § 76 Rn. 76.

[17] Vgl. BVerfGE 1, 208 (219 f.) = BeckRS 1952, 191 Rn. 45 ff.; *E. Klein* in: Benda/Klein, Verfassungsprozessrecht, Rn. 694. Davon zu unterscheiden ist der Umstand, dass den an der Gesetzgebung beteiligten Organen nach § 77 BVerfGG ein Äußerungsrecht zusteht.

[18] Für diesen Befund auch *Rozek* in: Maunz/Schmidt-Bleibtreu/Klein/Bethge, BVerfGG, § 76 Rn. 73.

**Vorrang des Grundgesetzes** gegenüber dem Bundes- und dem Landesrecht zur Geltung zu bringen.

14 Nach den absoluten Zahlen sind die abstrakten Normenkontrollverfahren – erkennbar an dem Aktenzeichen **BvF** – eher selten. Mit weitem Abstand vorne liegen die Verfassungsbeschwerde (BvR) und die konkrete Normenkontrolle (BvL), was darin begründet ist, dass der Kreis der potentiellen Antragsteller hier deutlich größer ist.[19] Aus einer verfassungspolitischen Sicht sollte die **Bedeutung der abstrakten Normenkontrolle** allerdings dennoch nicht unterschätzt werden. Sie gehört neben Verfassungsbeschwerde, konkreter Normenkontrolle, Organstreitverfahren und Bund-Länder-Streitverfahren zu den wichtigsten Verfahren vor dem BVerfG, die seine Stellung im institutionellen Gefüge des Grundgesetzes maßgeblich bestimmen. Im Verfahren der abstrakten Normenkontrolle kommt in besonderer Weise die Rolle des **BVerfG als „Hüter der Verfassung"** zum Ausdruck sowie der Umstand, dass das Gericht als Verfassungsgericht insbesondere auch zur Verwerfung von Parlamentsgesetzen im Fall ihrer Verfassungswidrigkeit befugt ist. Diese Kompetenz kommt zwar, wie gesehen, auch im Rahmen anderer Verfahrensarten zum Tragen. Im Verfahren der abstrakten Normenkontrolle wird sie aber besonders gut sichtbar.

15 Mit dem Verfahren der abstrakten Normenkontrolle hat sich das Grundgesetz dafür entschieden, die spezifischen Kontrollinteressen, die es für den Kreis der Antragsteller vermutet, für die Durchsetzung des Vorrangs der Verfassung zu mobilisieren.[20] Besonders deutlich zeigt sich dies an dem Umstand, dass die abstrakte Normenkontrolle von einem Viertel der Mitglieder des Bundestages beantragt werden kann. Damit soll vor allem das Kontrollinteresse der Opposition aktiviert werden.[21] Tatsächlich haben die meisten Normenkontrollverfahren ihren Ausgangspunkt in einer politischen Kontroverse zwischen Regierungsmehrheit und Opposition.[22] Mit Blick darauf wird die abstrakte Normenkontrolle insbesondere als ein **Kontrollinstrument der Opposition** angesehen, wobei die Minderheit Anträge entweder als „Viertel der Mitglieder des Bundestages" stellen kann oder ggf. eine von ihr dominierte Landesregierung als Antragstellerin auftreten kann.[23] Die darin liegende Möglichkeit, eine politische Niederlage über den „Umweg" des BVerfG in einen rechtlichen Sieg umzumünzen, wird teils als verfassungspolitisch fragwürdig kritisiert.[24] Eine so negative Einschätzung erscheint aber nicht gerechtfertigt, wenn man berücksichtigt, dass es in Verfahren vor dem BVerfG nicht einfach um eine Fortsetzung der Politik „in anderem Gewand" geht, sondern um die Klärung verfassungsrechtlicher Zweifelsfragen und damit auch die Herstellung von Rechtsfrieden.[25] Zu bedenken ist außerdem, dass sich die Bedeutung des Verfahrens nicht darauf beschränkt, ein Kontrollinstrument der Opposition zu sein.

---

[19] Die Statistik des BVerfG weist für den Zeitraum von 1951 bis 2019 insgesamt 184 Anträge auf Durchführung einer abstrakten Normenkontrolle aus, während auf den gleichen Zeitraum 3.698 Richtervorlagen nach Art. 100 Abs. 1 GG und 235.057 Verfassungsbeschwerden entfallen, vgl. BVerfG Jahresstatistik 2019, S. 6, abrufbar unter: https://www.bundesverfassungsgericht.de/SharedDocs/Downloads/DE/Statistik/statistik_2019.pdf?__blob=publicationFile&v=4 (zuletzt abgerufen am 30.11.2020).

[20] Vgl. *Voßkuhle* in: v. Mangoldt/Klein/Starck, GG, Art. 93 Rn. 119, der insofern von einer „durch bestimmte politische Interessen geleiteten effektiven Kontrolle der Normsetzung" spricht. In die gleiche Richtung weist die vom BVerfG vorgenommene Charakterisierung der Antragsteller als „Garanten der verfassungsmäßigen Ordnung", vgl. z. B. BVerfGE 127, 165 (190) = NVwZ 2010, 1549 Rn. 76. Von einer „Wächterrolle" spricht *E. Klein* in: Benda/Klein, Verfassungsprozessrecht, Rn. 694, 699.

[21] *E. Klein* in: Benda/Klein, Verfassungsprozessrecht, Rn. 698.

[22] *Schlaich/Korioth* BVerfG, Rn. 124.

[23] Für diesen Zusammenhang BVerfGE 142, 25 Rn. 88 = NVwZ 2016, 922 (m. Anm. *Lassahn*) → *Eifert* JK 8/16, GG Art. 38 I 2 und → *Sachs* JuS 2016, 764 sowie → JA 2016, 638 *(Hillgruber)*; *Hillgruber* in: Hillgruber/Goos, Verfassungsprozessrecht, Rn. 646; *Rozek* in: Maunz/Schmidt-Bleibtreu/Klein/Bethge, BVerfGG, § 76 Rn. 7. S. auch *Schlaich/Korioth* BVerfG, Rn. 124: „Waffe der politischen Opposition".

[24] *Mahrenholz* ZRP 1997, 129 (132); *Landfried* BVerfG und Gesetzgeber, 1984, S. 175 ff. Für eine Abschaffung des Verfahrens auch *Rinken* in: AK-GG, vor Art. 93 Rn. 140 (Stand: Oktober 2001), mit der Überlegung, dass das BVerfG im Fall einer abstrakten Normenkontrolle „voraussetzungslos und distanzlos in die unmittelbare Konfrontation mit einem durch keinerlei fachgerichtliche Vorklärung gefilterten Rechtsstreit" gerate.

[25] Wie hier *E. Klein* in: Benda/Klein, Verfassungsprozessrecht, Rn. 753; *Rozek* in: Maunz/Schmidt-Bleibtreu/Klein/Bethge, BVerfGG, § 76 Rn. 7; *M. Graßhof* in: Burkiczak/Dollinger/Schorkopf, BVerfGG, § 76 Rn. 3 ff.

Gegenstand des Streits können auch Fragen des Bund-Länder-Verhältnisses wie z. B. die Ausgestaltung des sog. Finanzausgleichs nach Art. 106, 107 GG sein.[26] Schließlich gibt es Verfassungsrechtsfragen, mit denen das BVerfG ohne das Verfahren der abstrakten Normenkontrolle nicht befasst werden könnte, weil subjektive Rechte nicht betroffen sind.[27] Führt man sich dies vor Augen sowie den Umstand, dass es sich insgesamt um eher seltene Verfahren handelt, so dass von einer anlasslosen Überflutung des BVerfG mit Normenkontrollbegehren nicht die Rede sein kann, erscheint die verfassungspolitische Berechtigung des Verfahrens nicht ernsthaft zweifelhaft.

## B. Zulässigkeit der abstrakten Normenkontrolle

### I. Antragsberechtigung

16 **Fall 1:** Bundespräsident B hat Zweifel, ob ein vom Bundestag beschlossenes Gesetz verfassungsgemäß ist. Er überlegt daher, diese Frage vom BVerfG klären zu lassen, bevor er das Gesetz ausfertigt. Ist das möglich?

17 **Fall 2:** Die F-Fraktion stellt ein Drittel der Mitglieder des Deutschen Bundestages. Nachdem in der parlamentarischen Debatte erhebliche Zweifel an der Verfassungsmäßigkeit eines zuletzt im BGBl verkündeten Gesetzes laut geworden sind, beantragt der Vorsitzende der F-Fraktion „namens und in Vertretung" der Abgeordneten der Fraktion die Durchführung einer abstrakten Normenkontrolle. Ist der Antrag zulässig?

18 Der Antrag auf Durchführung einer abstrakten Normenkontrolle kann nach Art. 93 Abs. 1 Nr. 2 GG, § 76 Abs. 1 BVerfGG von der Bundesregierung, einer Landesregierung oder einem Viertel der Mitglieder des Bundestages gestellt werden. Es hat sich eingebürgert, insofern von der **„Antragsberechtigung"** zu sprechen.[28] Die Terminologie bringt zum Ausdruck, dass es sich um ein objektives Beanstandungsverfahren handelt (→ Rn. 10). Deswegen ist auch nicht, wie z. B. im Zusammenhang mit dem Organstreitverfahren, von der „Beteiligungsfähigkeit" die Rede (→ *Ehlers* § 18 Rn. 6 ff.). Die wirksame Stellung eines Antrags durch die Bundesregierung oder eine Landesregierung bedarf eines entsprechenden Kabinettsbeschlusses.[29] Das Quorum von einem Viertel der Mitglieder des Bundestages bezieht sich auf die gesetzliche Mitgliederzahl, wie sie sich aus dem BWahlG unter Berücksichtigung von Überhang- und Ausgleichsmandaten ergibt.[30]

19 Der **Kreis der Antragsberechtigten** ist in Art. 93 Abs. 1 Nr. 2 GG, § 76 Abs. 1 BVerfGG abschließend benannt. Eine Erweiterung im Wege der Analogie oder Rechtsfortbildung kommt nicht in Betracht.[31] Das ist darin begründet, dass das anlasslose, weil nicht

[26] Vgl. z. B. BVerfGE 101, 158 = NJW 2000, 1097 zum Finanzausgleichsgesetz. – Vgl. z. B. BVerfGE 119, 96 = NVwZ 2007, 1405 → JA 2008, 478 *(Wolff)* zum Bundeshaushaltsgesetz 2004 und den Grenzen der Neuverschuldung nach Art. 115 GG a. F.

[27] *M. Graßhof* in: Burkiczak/Dollinger/Schorkopf, BVerfGG, § 76 Rn. 5.

[28] Vgl. z. B. *Hillgruber* in: Hillgruber/Goos, Verfassungsprozessrecht, Rn. 648 ff.; *E. Klein* in: Benda/Klein, Verfassungsprozessrecht, Rn. 694 ff.; *Schlaich/Korioth* BVerfG, Rn. 125 ff. Die z. T. verwendete Terminologie „Antragsbefugnis" (so z. B. *Kment* in: Jarass/Pieroth, GG, Art. 93 Rn. 95 ff.) sollte dagegen besser vermieden werden, weil dieser Begriff typischerweise im Zusammenhang mit Verfahren zum Schutz subjektiver Rechte verwendet wird.

[29] *E. Klein* in: Benda/Klein, Verfassungsprozessrecht, Rn. 696 f.

[30] *Hillgruber* in: Hillgruber/Goos, Verfassungsprozessrecht, Rn. 648; *Rozek* in: Maunz/Schmidt-Bleibtreu/Klein/Bethge, BVerfGG, § 76 Rn. 11.

[31] BVerfGE 142, 25 Rn. 109 = NVwZ 2016, 922 (m. Anm. *Lassahn*) → *Eifert* JK 8/16, GG Art. 38 I 2 und → *Sachs* JuS 2016, 764 sowie → JA 2016, 638 *(Hillgruber); Hillgruber* in: Hillgruber/Goos, Verfassungsprozessrecht, Rn. 650.

auf die Geltendmachung eigener Rechte begrenzte Recht, eine Normenkontrolle zu beantragen, ein atypischer Ausnahmefall ist. Die Entscheidung des Grundgesetzes, nur den in Art. 93 Abs. 1 Nr. 2 GG Genannten ein solches Recht zuzuerkennen, ist als verfassungspolitische Grundentscheidung des Verfassungsgebers zu akzeptieren. Bedeutung entfaltet dieser Umstand insbesondere im Zusammenhang mit dem Antragsrecht, das einem **Viertel der Mitglieder des Bundestages** zusteht. Damit sind, wie gesehen, die Kontrollinteressen der Opposition angesprochen, die sich im parlamentarischen Prozess zwar möglicherweise nicht durchsetzen konnte, verfassungsrechtliche Zweifel an einer getroffenen Regelung aber gleichwohl durch das BVerfG klären lassen kann (→ Rn. 15). Zu beachten ist allerdings, dass die Antragsberechtigung nicht explizit als Oppositionsrecht ausgestaltet ist. Für das Vorliegen der Antragsberechtigung spielt es daher keine Rolle, wie sich das „Viertel" der Mitglieder des Bundestages zusammensetzt. Dass es sich in der Regel um die Abgeordneten einer oder mehrerer Oppositionsfraktionen handelt, ist ein zwar typischer, aber rechtlich nicht zwingender Zusammenhang.[32] Umgekehrt kann auch nicht eine Fraktion als solche die Durchführung einer abstrakten Normenkontrolle verlangen.[33] Maßgeblich ist der Wortlaut, der voraussetzt, dass der Antrag von mindestens einem Viertel der Mitglieder des Bundestages gestellt wird.

20 Das gilt auch, wenn die Regierungsfraktionen im Bundestag mehr als drei Viertel der Mitglieder stellen sollten (sog. qualifizierte große Koalition).[34] In dieser Konstellation haben die **Oppositionsfraktionen** nicht die Möglichkeit, aus eigener Kraft eine abstrakte Normenkontrolle zu initiieren. Das ist aber ausgehend vom Wortlaut hinzunehmen, weil die Antragsberechtigung nicht einer Fraktion oder einer Oppositionsfraktion zusteht, sondern das Grundgesetz davon ausgeht, dass ein Antrag an das BVerfG ein hinreichendes Kontrollinteresse nur dann indiziert, wenn er von mindestens einem Viertel der Mitglieder des Bundestages unterstützt wird. Auch mit Blick auf einen „verfassungsrechtlichen Grundsatz effektiver Opposition" besteht keine Pflicht, die maßgebliche Schwelle durch Anpassung des Grundgesetzes abzusenken.[35] Das gilt umso mehr, als die Regelung in Art. 93 Abs. 1 Nr. 2 GG selbst zum Verfassungsrecht zählt und deshalb einen solchen Grundsatz, falls er als Grundsatz mit eigenständigem normativem Gehalt überhaupt anzuerkennen ist, konkretisiert, so dass schon aus normenhierarchischen Gründen nicht die eine Grundentscheidung gegen die andere ausgespielt werden kann. Die Diskussion über eine weitere Absenkung des Quorums in Art. 93 Abs. 1 Nr. 2 GG oder eine Zuerkennung des Antragsrechts auch für Fraktionen als solche[36] bleibt daher eine verfassungspolitische.

21 Abweichend ausgestaltet ist die **Antragsberechtigung** im sog. Kompetenzkontrollverfahren nach Art. 93 Abs. 1 Nr. 2a, Art. 93 Abs. 2 S. 1 GG. Hier geht es speziell um die Frage, ob eine bundesgesetzliche Regelung, die in den Bereich der konkurrierenden Gesetzgebung fällt und den Voraussetzungen des Art. 72 Abs. 2 GG unterliegt, i. S. d. Norm „erforderlich" ist. Insofern stehen die **Interessen der Länder** in Rede, deren Kompetenzbereich durch das Erfordernis der Erforderlichkeit geschützt werden soll. Dementsprechend sind neben den Landesregierungen auch der Bundesrat und die Volksvertretungen in den Ländern antragsberechtigt. Den Landesregierungen, die sowohl im sog. Kompetenzkontrollverfahren als auch im allgemeinen Normenkontrollverfahren antragsberechtigt sind, kommt dabei ein Wahlrecht zu, von welcher Verfahrensart sie Gebrauch machen möchten. Eine umfassende Überprüfung der fraglichen Norm kann allerdings nur im Verfahren der abstrakten Normenkontrolle nach Art. 93 Abs. 1 Nr. 2 GG erreicht werden (→ Rn. 7 ff.).

---

[32] S. auch *E. Klein* in: Benda/Klein, Verfassungsprozessrecht, Rn. 699, für die Möglichkeit einer „fraktionsüberschreitenden Initiative zur Normüberprüfung".

[33] *Voßkuhle* in: v. Mangoldt/Klein/Starck, GG, Art. 93 Rn. 120.

[34] Für diesen Begriff *Cancik* NVwZ 2014, 18.

[35] BVerfGE 142, 25 Rn. 107 ff. = NVwZ 2016, 922 (m. Anm. *Lassahn*) → *Eifert* JK 8/16, GG Art. 38 I 2 und → *Sachs* JuS 2016, 764 sowie → JA 2016, 638 *(Hillgruber)*.

[36] Zu diesen Varianten *Cancik* NVwZ 2014, 18 (22); *Kämmerer* NVwZ 2014, 29 (32).

22 **Lösung zu Fall 1:** Nach h. M. kommt dem Bundespräsidenten ein sog. Prüfungsrecht zu, d. h. er kann die Ausfertigung eines Gesetzes (Art. 82 Abs. 1 S. 1 GG) zumindest unter bestimmten Voraussetzungen verweigern, wenn dieses nach seiner Überzeugung verfassungswidrig ist.[37] Der Bundespräsident hat allerdings keine Möglichkeit, die Frage der Verfassungsmäßigkeit zuvor vom BVerfG überprüfen zu lassen. Im Verfahren der abstrakten Normenkontrolle ist er nicht antragsberechtigt. Es fehlt zudem an einem tauglichen Antragsgegenstand, da eine Rechtsnorm erst mit ihrer Verkündung rechtlich existent ist (→ Rn. 28). Ein entsprechender Antrag des Bundespräsidenten wäre daher unzulässig.[38]

23 **Lösung zu Fall 2:** Die F-Fraktion als solche ist im Rahmen des Verfahrens der abstrakten Normenkontrolle nicht antragsberechtigt. Allerdings können die Abgeordneten der Fraktion in ihrer Gesamtheit den Antrag stellen. Hierzu müssen sie den Antrag einzeln unterschreiben oder gemeinsam einen Vertreter bevollmächtigen, der den Antrag in ihrem Namen stellt. Ohne gesonderte Bevollmächtigung ist aber z. B. der Vorsitzende der Fraktion nicht berechtigt, den Antrag einfach im Namen der Fraktionsmitglieder zu stellen.[39] Der Antrag ist daher unzulässig.

## II. Antragsgegenstand

24 **Fall 3:** Die Abgeordneten der A-Fraktion sind der Auffassung, dass der aktuelle Bundeshaushalt verfassungswidrig ist, weil die Grenzen einer Neuverschuldung (vgl. Art. 115 GG) überschritten sind. Ist eine abstrakte Normenkontrolle möglich?

25 **Fall 4:** Nach § 163 Abs. 1 S. 1 AO kann das Finanzamt auf die Festsetzung einer Steuer verzichten, wenn die Erhebung „nach Lage des einzelnen Falls unbillig wäre". Nach Auffassung des Bundesfinanzministers ist dies der Fall, wenn durch die Erhebung der Steuer die Existenz eines Unternehmens gefährdet ist. Er erlässt daher eine Verwaltungsvorschrift, in der geregelt wird, wann ein solcher Fall vorliegt und wann die Finanzämter deshalb auf die Besteuerung aus Gründen der Billigkeit verzichten sollen. Die Abgeordneten der A-Fraktion halten diese Praxis für rechtswidrig, weil über die Frage, ob Steuern erhoben werden oder nicht, allein der Bundestag zu entscheiden habe.[40] Kann das Handeln des Bundesfinanzministers im Wege der abstrakten Normenkontrolle überprüft werden?

26 Im Rahmen der abstrakten Normenkontrolle kann jede **Norm des „Bundesrechts" oder des „Landesrechts"** zur Überprüfung gestellt werden. Auf die Rangstufe kommt es nicht an. Neben Parlamentsgesetzen (Gesetzen im formellen Sinn) können deshalb auch Rechtsverordnungen oder Satzungen Gegenstand einer abstrakten Normenkontrolle sein.[41] Auch ein verfassungsänderndes Gesetz, d. h. ein Gesetz, das das Grundgesetz ändert, kann als Parlamentsgesetz im Wege der abstrakten Normenkontrolle überprüft wer-

---

[37] Näher *Schoch* Jura 2007, 354; krit. aber z. B. *H. Meyer* JZ 2011, 602.

[38] Zu der verfassungspolitischen Frage, ob dem Bundespräsidenten ein Antragsrecht eingeräumt werden sollte, *E. Klein* in: Benda/Klein, Verfassungsprozessrecht, Rn. 702.

[39] *Lenz/Hansel* BVerfGG, § 76 Rn. 15.

[40] Vgl. BFH (GrS) BStBl II 2017, 393 Rn. 88 ff. = DStR 2017, 305 zum sog. Sanierungserlass: Verstoß gegen den Grundsatz der Gesetzmäßigkeit der Verwaltung (Art. 20 Abs. 3 GG).

[41] *Hillgruber* in: Hillgruber/Goos, Verfassungsprozessrecht, Rn. 653; *E. Klein* in: Benda/Klein, Verfassungsprozessrecht, Rn. 706; ausführlich *Rozek* in: Maunz/Schmidt-Bleibtreu/Klein/Bethge, BVerfGG, § 76 Rn. 20 ff.

den.[42] Landesverfassungsrecht fällt unter den Begriff des „Landesrechts" und kann daher ebenfalls Gegenstand einer abstrakten Normenkontrolle sein, wenn es z. B. um die Frage der Vereinbarkeit einer landesverfassungsrechtlichen Regelung mit der sog. Homogenitätsklausel des Art. 28 Abs. 1 S. 1 GG geht.[43] Im Verfahren der sog. Kompetenzkontrolle nach Art. 93 Abs. 1 Nr. 2a, Art. 93 Abs. 2 S. 1 GG kann dagegen nur ein Bundesgesetz zur Überprüfung gestellt werden, da das Verfahren auf die Überprüfung der Erforderlichkeit i. S. d. Art. 72 Abs. 2 GG gerichtet ist und diese Fragegestellung schon begrifflich nur in Bezug auf Bundesgesetze aufgeworfen sein kann.

Der Umstand, dass im Rahmen der abstrakten Normenkontrolle **Rechtsnormen jeder** 27
**Rangstufe** zur Überprüfung gestellt werden können, unterscheidet diese von der konkreten Normenkontrolle nach Art. 100 Abs. 1 GG, im Rahmen derer nach Auffassung des BVerfG nur formelle, nachkonstitutionelle Gesetze vorgelegt werden können (→ *Wernsmann* § 19 Rn. 19). Diese Einschränkungen gelten für das Verfahren der abstrakten Normenkontrolle nicht. Insbesondere können auch **vorkonstitutionelle** Normen Gegenstand eines abstrakten Normenkontrollverfahrens sein.[44]

Die **Norm,** die zur Überprüfung gestellt werden soll, muss **rechtlich existent** sein, d. h. 28
das Gesetzgebungsverfahren muss bereits abgeschlossen sein. Bezogen auf Bundesgesetze bedeutet dies, dass die Verkündung im BGBl erfolgt sein muss (Art. 82 Abs. 1 S. 1 GG). Eine „präventive" Normenkontrolle während des noch laufenden Gesetzgebungsverfahrens ist unzulässig.[45] Auf das Inkrafttreten (vgl. für Bundesgesetze Art. 82 Abs. 2 GG) kommt es dagegen nicht an, denn eine Norm ist bereits mit ihrer Verkündung rechtlich existent. Die Frage, ab wann sie rechtliche Wirkungen entfaltet, ist davon zu unterscheiden und gehört zum Regelungsinhalt.[46]

Eine Ausnahme von dem Erfordernis, dass die Norm bereits verkündet sein muss, macht 29
das BVerfG für den Fall, dass es um ein **Zustimmungsgesetz zu einem völkerrechtlichen Vertrag** geht. Völkerrechtliche Verträge, die nach Art. 59 Abs. 2 S. 1 GG der Zustimmung bedürfen, dürfen von dem hierfür nach Art. 59 Abs. 1 S. 2 GG zuständigen Bundespräsidenten erst ratifiziert werden, wenn ein entsprechendes Zustimmungsgesetz in Kraft getreten ist.[47] Dieses hat zugleich die Wirkung, die Inhalte des völkerrechtlichen Vertrags in das innerstaatliche Recht zu transformieren.[48] Würde man eine abstrakte Normenkontrolle in Bezug auf das Zustimmungsgesetz erst dann für zulässig erachten, wenn dieses im BGBl verkündet ist, könnte es dazu kommen, dass die Bundesrepublik Deutschland, sobald der Bundespräsident den Vertrag ratifiziert, eine völkervertragliche Bindung eingegangen ist, die innerstaatlich nicht umsetzbar ist, wenn das BVerfG das Zustimmungsgesetz später für verfassungswidrig erklärt. Mit Rücksicht darauf hält das BVerfG eine „präventive" Kontrolle von Zustimmungsgesetzen für möglich, sobald der Bundestag das Gesetz beschlossen und das Gesetzgebungsverfahren im Bundesrat durchlaufen wurde.[49] Wenn in einem solchen Fall eine abstrakte Normenkontrolle beantragt wird, gebietet es der ungeschriebene **Grundsatz der Verfassungsorgantreue,** dass der Bundespräsident zunächst die Klärung

---

[42] Vgl. z. B. BVerfGE 34, 9 = JuS 1973, 111.

[43] BVerfGE 103, 111 (124) = NJW 2001, 1048 (1051); *Hillgruber* in: Hillgruber/Goos, Verfassungsprozessrecht, Rn. 653; *Rozek* in: Maunz/Schmidt-Bleibtreu/Klein/Bethge, BVerfGG, § 76 Rn. 28.

[44] BVerfGE 103, 111 (124) = NJW 2001, 1048 (1051).

[45] BVerfGE 1, 396 (405 ff.) = BeckRS 9998, 124428; *Hillgruber* in: Hillgruber/Goos, Verfassungsprozessrecht, Rn. 657; *E. Klein* in: Benda/Klein, Verfassungsprozessrecht, Rn. 712 f.; *Rozek* in: Maunz/Schmidt-Bleibtreu/Klein/Bethge, BVerfGG, § 76 Rn. 15 f.

[46] BVerfGE 104, 23 (29) = NJW 2001, 3253 (3254).

[47] BVerfGE 1, 396 (410 f.) = BeckRS 9998, 124428; *Kempen* in: v. Mangoldt/Klein/Starck, GG, Art. 59 Rn. 22, 81.

[48] BVerfGE 1, 396 (411) = BeckRS 9998, 124428; E 111, 307 (316 f.) = NJW 2004, 3407 (3408) → *Ehlers* JK 3/05, GG Art. 20 II/35 und → JA 2005, 576 *(Lochen)*; *Kempen* in: v. Mangoldt/Klein/Starck, GG, Art. 59 Rn. 82 ff.

[49] BVerfGE 1, 396 (410 ff.) = BeckRS 9998, 124428; E 36, 1 (15) = NJW 1973, 1539 (1540); *Hillgruber* in: Hillgruber/Goos, Verfassungsprozessrecht, Rn. 660; *E. Klein* in: Benda/Klein, Verfassungsprozessrecht, Rn. 714; *Rozek* in: Maunz/Schmidt-Bleibtreu/Klein/Bethge, BVerfGG, § 76 Rn. 17.

durch das BVerfG abwartet, bevor er das Zustimmungsgesetz ausfertigt und den völkerrechtlichen Vertrag ratifiziert.[50]

30 Nicht Gegenstand einer abstrakten Normenkontrolle können Rechtsnormen sein, die weder als Recht des Bundes noch als Recht eines Landes anzusehen sind. Das trifft insbesondere auf die **Normen des sekundären Unionsrechts,** also Verordnungen und Richtlinien der Europäischen Union zu.[51] Ein Gesetz des Bundes oder eines Landes, das eine Richtlinie der Europäischen Union umsetzt (vgl. Art. 288 Abs. 3 AEUV), kann dagegen als Bundes- oder Landesrecht grundsätzlich Antragsgegenstand sein.[52] Es ist allerdings zu beachten, dass das BVerfG seine Prüfungskompetenz zurückgenommen hat, soweit die Inhalte des nationalen Rechts unionsrechtlich vorgegeben sind. Eine Prüfung des nationalen Rechts am Maßstab des Grundgesetzes scheidet in diesem Fall grundsätzlich aus. Etwas anderes gilt nur, soweit die verfassungsrechtlichen Vorbehalte eingreifen, unter denen der Anwendungsvorrang des Unionsrechts nach Auffassung des BVerfG steht.[53] In diesen eng begrenzten Konstellationen kommt nach herkömmlicher Auffassung eine Überprüfung unionsrechtlich determinierten nationalen Rechts am **Maßstab des Grundgesetzes** in Betracht (kritisch → *Schoch* § 14 Rn. 28 ff.). Das ist mit Blick auf den vom Antragsteller vorzubringenden Antragsgrund (→ Rn. 33 ff.) sowie im Rahmen der Begründetheitsprüfung einschränkend zu berücksichtigen. Anders verhält es sich dagegen, wenn die Richtlinie für den betreffenden Bereich **Umsetzungsspielräume** lässt. Insofern ist der Anwendungsvorrang des Unionsrechts nicht ausgelöst, so dass eine Überprüfung des nationalen Rechts im Rahmen einer abstrakten Normenkontrolle ohne Weiteres möglich ist.

31 **Lösung zu Fall 3:** Der Bundeshaushalt wird nach Art. 110 Abs. 2 S. 1 GG durch Haushaltsgesetz festgestellt. Das Haushaltsgesetz ist als Parlamentsgesetz ein Gesetz im formellen Sinne. Sein Regelungsgehalt besteht darin, die Exekutive zu den im Haushaltsplan vorgesehenen Ausgaben sowie ggf. zur Aufnahme von Krediten zu ermächtigen (vgl. auch § 3 Abs. 1 BHO).[54] Insofern entfaltet das Haushaltsgesetz eine Regelungswirkung nur im Verhältnis von Exekutive und Parlament, nicht aber eine Außenwirkung im Verhältnis zum Bürger (vgl. auch § 3 Abs. 2 BHO). Das ändert aber nichts daran, dass es sich um „Recht" handelt, so dass das Haushaltsgesetz des Bundes als Bundesrecht Gegenstand einer abstrakten Normenkontrolle sein kann.[55] Fraglich ist allerdings, wie lange das für eine abstrakte Normenkontrolle vorausgesetzte objektive Klarstellungsinteresse (→ Rn. 54 f.) in Bezug auf die Überprüfung des Haushaltsgesetzes für ein bestimmtes Jahr besteht. Aus dem Umstand, dass Ermächtigungen zur Kreditaufnahme im Haushaltsgesetz nach § 18 Abs. 3 S. 1 BHO nur bis zum Ende des darauffolgenden Haushaltsjahres gelten, folgert das BVerfG, dass der Antrag auf Durchführung einer abstrakten Normenkontrolle spätestens bis zu diesem Zeitpunkt gestellt sein muss. Wenn dies der Fall ist, besteht ein objektives Klarstellungsinteresse allerdings auch über diesen Zeitraum hinaus und wird nicht hinfällig, weil sonst eine

[50] BVerfGE 36, 1 (15) = NJW 1973, 1539 (1540); *Streinz* in: Sachs, GG, Art. 59 Rn. 18.

[51] *E. Klein* in: Benda/Klein, Verfassungsprozessrecht, Rn. 710; *Rozek* in: Maunz/Schmidt-Bleibtreu/Klein/Bethge, BVerfGG, § 76 Rn. 36 f. – Ebenso zur Verfassungsbeschwerde BVerfGE 142, 123 Rn. 97 = NJW 2016, 2473. Nach z. T. vertretener Auffassung soll dagegen eine analoge Anwendung des Art. 93 Abs. 1 Nr. 2 GG auf sekundäres Unionsrecht in Betracht zu ziehen sein, soweit es um die Frage geht, ob dessen innerstaatliche Anwendung mit dem vom BVerfG statuierten Identitäts- und Ultra-vires-Vorbehalt vereinbar ist, vgl. z. B. *M. Graßhof* in: Burkiczak/Dollinger/Schorkopf, BVerfGG, § 76 Rn. 5; dagegen mit Recht *Rozek* in: Maunz/Schmidt-Bleibtreu/Klein/Bethge, BVerfGG, § 76 Rn. 37.

[52] *E. Klein* in: Benda/Klein, Verfassungsprozessrecht, Rn. 710; *M. Graßhof* in: Burkiczak/Dollinger/Schorkopf, BVerfGG, § 76 Rn. 22; *Rozek* in: Maunz/Schmidt-Bleibtreu/Klein/Bethge, BVerfGG, § 76 Rn. 38.

[53] Zur sog. Ultra-vires- und zur sog. Identitätskontrolle BVerfGE 142, 123 Rn. 121 ff. = NJW 2016, 2473; *Ehlers* Jura 2007, 187.

[54] BVerfGE 20, 56 (90) = NJW 1966, 1499 (1501); *Jarass* in: Jarass/Pieroth, GG, Art. 110 Rn. 14.

[55] BVerfGE 20, 56 (89 ff.) = NJW 1966, 1499 (1501); E 79, 311 (326 f.) (insoweit nicht abgedruckt in NJW 1989, 2457); E 119, 96 (117) = BeckRS 2007, 24661 → JA 2008, 478 *(Wolff)*.

verfassungsgerichtliche Kontrolle von Haushaltsgesetzen wegen Zeitablaufs regelmäßig praktisch ausfallen würde. Das entspräche nicht dem Sinn und Zweck von Art. 93 Abs. 1 Nr. 2 GG, eine effektive verfassungsgerichtliche Kontrolle von „Bundesrecht", zu dem auch das Haushaltsgesetz des Bundes zählt, zu ermöglichen.[56]

**Lösung zu Fall 4:** Verwaltungsvorschriften sind bloßes Verwaltungsinnenrecht. Es 32
handelt sich um abstrakt-generelle Anweisungen innerhalb der Verwaltung, die intern Vorgaben für die Rechtsanwendung machen,[57] hier in Bezug auf die Auslegung und Anwendung des Begriffs der „Unbilligkeit" in § 163 Abs. 1 S. 1 AO. Eine solche sog. norminterpretierende Verwaltungsvorschrift beansprucht im Außenrechtsverhältnis zwischen Staat und Bürger keine Verbindlichkeit. In ihr kommt lediglich die Rechtsauffassung der Verwaltung zu der Frage zum Ausdruck, wie eine bestimmte gesetzliche Regelung zu verstehen ist. Es handelt sich daher auch nicht selbst um „Recht" i. S. v. Art. 93 Abs. 1 Nr. 2 GG. Eine abstrakte Normenkontrolle in Bezug auf Verwaltungsvorschriften scheidet damit aus.[58]

## III. Antragsgrund

**Fall 5:** Nach dem Tierschutzgesetz, einem Gesetz des Bundes, müssen Tiere artgerecht 33
gehalten werden (vgl. § 2 TierSchG). § 2a Abs. 1 TierSchG ermächtigt den Bundeslandwirtschaftsminister, die Einzelheiten hierzu durch Rechtsverordnung zu regeln, wobei vor dem Erlass die „Tierschutzkommission", ein sachverständiges Gremium aus Wissenschaftlern und Vertretern verschiedener Interessenverbände, anzuhören ist (vgl. § 16b TierSchG). Bundeslandwirtschaftsminister B erlässt eine Verordnung, in der die Käfighaltung von Legehennen in Kleingruppen zugelassen wird. Die Tierschutzkommission ist zuvor nicht angehört worden. Die Regierung des Landes L ist der Auffassung, dass die Käfighaltung generell nicht artgerecht ist und beantragt mit dieser Begründung beim BVerfG die Durchführung eines abstrakten Normenkontrollverfahrens. Mit Erfolg?[59]

**Fall 6:** Nach § 219a Abs. 1 Nr. 1 StGB ist es strafbar, Dienste zur Vornahme eines 34
Schwangerschaftsabbruchs seines Vermögensvorteils wegen anzubieten. Der BGH entscheidet in einem Revisionsverfahren, dass die Norm mit Rücksicht auf das Grundrecht aus Art. 12 Abs. 1 GG restriktiv ausgelegt werden muss, so dass ein Arzt, der auf seiner Internetseite darauf hinweist, dass er unter gesetzlichen Voraussetzungen Schwangerschaftsabbrüche vornimmt, nicht strafbar ist.[60] Könnte einer der Antragsberechtigten im Wege der abstrakten Normenkontrolle die Frage prüfen lassen, ob tatsächlich eine Verletzung von Art. 12 Abs. 1 GG vorläge, wenn die Norm anders ausgelegt würde?

---

[56] BVerfGE 79, 311 (326 ff.) (insoweit nicht abgedruckt in NJW 1989, 2457); E 119, 96 (116 f.) = BeckRS 2007, 24661 → JA 2008, 478 *(Wolff)*.

[57] Näher *Maurer/Waldhoff* AllgVwR, § 24 Rn. 21 ff.

[58] *Hillgruber* in: Hillgruber/Goos, Verfassungsprozessrecht, Rn. 655; *E. Klein* in: Benda/Klein, Verfassungsprozessrecht, Rn. 708; *Rozek* in: Maunz/Schmidt-Bleibtreu/Klein/Bethge, BVerfGG, § 76 Rn. 43. – Zur Verfassungsbeschwerde BVerfGE 12, 180 (199) = NJW 1961, 598 (600).

[59] Fall nach BVerfGE 127, 293 = BeckRS 2010, 56424.

[60] Diese Auffassung ist zwar nicht in der Rspr., wohl aber z. T. in der Lit. vertreten worden, vgl. *Schweiger* ZRP 2018, 98 (99 f.). Mit der Einfügung von § 219a Abs. 4 Nr. 1 StGB durch Gesetz v. 22.3.2019, BGBl I S. 350, ist die Problematik allerdings entschärft worden.

35 Neben der Antragsberechtigung bildet der „Antragsgrund" eine zentrale Zulässigkeitsvoraussetzung. Mit seinem Antrag bringt der Antragsteller zum Ausdruck, dass ein Kontrollbedürfnis in Bezug auf die Vereinbarkeit der fraglichen Rechtsnorm mit höherrangigem Recht besteht. Ein **Antragsgrund** ist aber nur gegeben, wenn er sich hierfür auf Maßstäbe bezieht, die das BVerfG im Rahmen des Verfahrens der abstrakten Normenkontrolle prüft (→ Rn. 36 ff.). Anderenfalls wäre der Antrag unzulässig.[61] Außerdem stellt sich die Frage, inwieweit der Antragsteller eine Unvereinbarkeit mit einem der in Betracht kommenden Prüfungsmaßstäbe konkret behaupten und in seinem Antrag substantiieren muss (→ Rn. 40 ff.).

### 1. Prüfungsmaßstäbe des BVerfG im Verfahren der abstrakten Normenkontrolle

36 Ist der Antragsgegenstand ein vom Bundestag beschlossenes **Gesetz,** kommt als Prüfungsmaßstab aus normenhierarchischen Gründen nur das **Grundgesetz** in Betracht.[62] Zwar können durchaus auch Widersprüche zwischen zwei parlamentsgesetzlichen Normen auftreten. Bei deren Auflösung handelt es sich aber um ein gewöhnliches Auslegungsproblem, das nach der Lex-posterior- oder der Lex-specialis-Regel vom Rechtsanwender selbst bewältigt werden muss und dessen Klärung nicht Aufgabe des BVerfG ist.[63]

37 Anders verhält es sich mit **Rechtsverordnungen des Bundes,** die nur gültig sind, wenn sie sowohl mit dem höherrangigen formellen Bundesrecht, d. h. den Parlamentsgesetzen des Bundes, als auch mit dem Grundgesetz vereinbar sind. Nach Auffassung des BVerfG ist die Frage, ob eine Rechtsverordnung des Bundes mit dem formellen Bundesrecht vereinbar ist, im Rahmen einer abstrakten Normenkontrolle „als Vorfrage" zu klären, weil nur dann überhaupt eine wirksame Rechtsnorm als Antragsgegenstand vorliege.[64] Dagegen spricht allerdings, dass die **Prüfung von Bundesrecht** nach dem Wortlaut des Art. 93 Abs. 1 Nr. 2 GG auf seine „förmliche oder sachliche Vereinbarkeit mit dem Grundgesetz" beschränkt ist und auch § 78 S. 1 BVerfGG eine Nichtigkeitserklärung in Bezug auf Bundesrecht nur vorsieht, wenn dieses „mit dem Grundgesetz unvereinbar" ist. Angesichts dieser klaren Eingrenzung überzeugt es nicht, für Rechtsverordnungen des Bundes den Prüfungsumfang generell auszuweiten und auch sämtliche Parlamentsgesetze als Prüfungsmaßstab heranzuziehen.[65] Etwas anderes muss aber für die Frage gelten, ob die Rechtsverordnung ihre Grundlage in einer **parlamentsgesetzlichen Ermächtigungsnorm** findet, die den Anforderungen des Art. 80 Abs. 1 GG genügt und auf die der Erlass zurückgeführt werden kann. Diese Frage ist mit Rücksicht auf die spezifisch verfassungsrechtlichen Vorgaben des Art. 80 Abs. 1 GG für den Erlass von Rechtsverordnungen eine auch verfassungsrechtliche Frage, die vom BVerfG im Verfahren der abstrakten Normenkontrolle zu klären ist.[66]

---

[61] Vgl. BVerfGE 136, 69 Rn. 43 = NVwZ 2014, 1219 zur Unzulässigkeit einer abstrakten Normenkontrolle, soweit die Unvereinbarkeit mit Unionsrecht gerügt wird, weil dieses nicht zu den in Art. 93 Abs. 1 Nr. 2 GG genannten Prüfungsmaßstäben gehört.

[62] Durch BVerfGE 152, 216 Rn. 50 ff. = NVwZ 2020, 53 → *Eifert* Jura (JK) 2020, 535 und → JuS 2020, 284 *(Sachs)* sowie JA 2020, 237 *(Muckel)* ist außerdem die Frage aufgeworfen, ob auch die Unionsgrundrechte als Prüfungsmaßstab in Betracht kommen, wenn es sich um eine unionsrechtlich determinierte Rechtsnorm handelt, die mit Rücksicht auf den Anwendungsvorrang des Unionsrechts nicht an den Grundrechten des GG gemessen werden kann. Dazu mit Blick auf den klaren Wortlaut des Art. 93 Abs. 1 Nr. 2 GG kritisch → *Schoch* § 14 Rn. 33 ff., 35; *E. Klein* in: Benda/Klein, Verfassungsprozessrecht, Rn. 710.

[63] *Hillgruber* in: Hillgruber/Goos, Verfassungsprozessrecht, Rn. 681.

[64] BVerfGE 101, 1 (30 f.) = NJW 1999, 3253. Nach E 127, 293 (318 f.) = BeckRS 2010, 56424 → *Ehlers* JK 8/11, GG Art. 20a/1 und → *Sachs* JuS 2011, 572 sowie → JA 2011, 318 *(Hillgruber)* kann sich der Antragsteller im Rahmen des Antragsgrundes dagegen nur auf die Unvereinbarkeit mit dem Grundgesetz beziehen, wobei es aber „nicht ausgeschlossen" sei, dass das BVerfG „als Vorfrage" auch die Vereinbarkeit mit dem sonstigen Bundesrecht prüfe. Nach *M. Graßhof* in: Burkiczak/Dollinger/Schorkopf, BVerfGG, § 76 Rn. 49 f., soll es sich dabei um eine Kompetenz handeln, deren Inanspruchnahme im Ermessen des BVerfG steht.

[65] So auch *Hillgruber* in: Hillgruber/Goos, Verfassungsprozessrecht, Rn. 720; *E. Klein* in: Benda/Klein, Verfassungsprozessrecht, Rn. 681 f.; *Lenz/Hansel* BVerfGG, § 76 Rn. 8 ff.; *Rozek* in: Maunz/Schmidt-Bleibtreu/Klein/Bethge, BVerfGG, § 76 Rn. 67; *Voßkuhle* in: v. Mangoldt/Klein/Starck, GG, Art. 93 Rn. 126.

[66] Ebenso nunmehr auch BVerfGE 136, 69 Rn. 45 = NVwZ 2014, 1219: Die Frage, ob eine Verordnung von der Ermächtigungsgrundlage gedeckt sei, habe mit Blick auf Art. 80 Abs. 1 GG eine verfassungsrechtliche Relevanz „über ihre Bedeutung als Vorfrage der verfassungsgerichtlichen Prüfung hinaus". S. auch *Hill-*

Eine **Rechtsnorm des Landesrechts** ist im Verfahren der abstrakten Normenkontrolle nach Art. 93 Abs. 1 Nr. 2 GG sowohl auf ihre Vereinbarkeit mit dem Grundgesetz als auch auf ihre Vereinbarkeit mit dem „sonstigen Bundesrecht" zu überprüfen. Der im Vergleich zur Überprüfung von Bundesrecht ausgeweitete Prüfungsmaßstab zeigt, dass es bei der Prüfung von Landesrecht nicht lediglich um die Rolle des BVerfG als „Hüter des Grundgesetzes" geht, sondern allgemeiner um die „sich aus der bundesstaatlichen Struktur" ergebende „Gefahr", dass „Recht des Bundes durch Landesrecht beeinträchtigt wird".[67] Soweit neben dem Grundgesetz das einfache **Bundesrecht als Prüfungsmaßstab** herangezogen werden soll, ist seine Gültigkeit als Vorfrage ggf. mitzuprüfen, denn ungültiges Bundesrecht scheidet als Prüfungsmaßstab aus.[68] Denkbar ist auch eine Überprüfung von Landesrecht am **Maßstab der EMRK.** Infolge der mit der Zustimmung des Bundestages (Art. 59 Abs. 2 S. 1 GG) einhergehenden Transformation stehen die Gewährleistungen der EMRK innerstaatlich im Rang einfachen Bundesrechts[69] und kommen daher als Prüfungsmaßstab für Landesrecht im Rahmen der abstrakten Normenkontrolle in Betracht.[70] Kein Prüfungsmaßstab für das BVerfG ist dagegen das Landesrecht, insbesondere auch nicht das Landesverfassungsrecht.[71] Soweit es also z. B. um die Vereinbarkeit einer Norm des Landesrechts mit der Landesverfassung geht, ist das jeweilige LVerfG im Rahmen der nach Landesrecht geregelten Verfahrensarten zuständig. Insofern sind etwa, soweit im Landesrecht vorgesehen, die landesrechtlichen Verfahren der abstrakten Normenkontrolle einschlägig.[72] 38

Stark eingeschränkt ist der **Prüfungsumfang im sog. Kompetenzkontrollverfahren** nach Art. 93 Abs. 1 Nr. 2a GG bzw. Art. 93 Abs. 2 S. 1 GG, das lediglich die Frage zum Gegenstand hat, ob die zu überprüfende Norm des Bundesrechts mit der Erforderlichkeitsklausel des Art. 72 Abs. 2 GG vereinbar ist (→ Rn. 7 ff.). Es stellt sich allerdings die Frage, was gilt, wenn es nicht erst an der Erforderlichkeit i. S. d. Art. 72 Abs. 2 GG fehlt, sondern ein Kompetenztitel zugunsten des Bundes schon grundsätzlich nicht gegeben ist. Die Zielsetzung des Verfahrens, den Kompetenzbereich der Länder effektiver zu schützen, spricht dafür, dass sich die Prüfung des BVerfG auch auf diese Frage erstreckt. Hinzu kommt, dass eine Prüfung der Erforderlichkeit die Feststellung voraussetzt, dass im konkreten Fall überhaupt ein Titel aus dem Bereich der konkurrierenden Gesetzgebung einschlägig ist, der unter Art. 72 Abs. 2 GG fällt. Die Prüfung muss diese Vorfrage notwendigerweise mit umfassen.[73] Davon zu unterscheiden ist allerdings die Frage, welches Vorbringen im Rahmen des Art. 93 Abs. 1 Nr. 2a GG als Antragsgrund in Betracht kommt. Insofern kommt es richtigerweise darauf an, dass der Antragsteller eine Verletzung des Art. 72 Abs. 2 GG rügt. Sollte das BVerfG dann feststellen, dass zugunsten des Bundes ohnehin kein Kompetenztitel ein- 39

---

*gruber* in: Hillgruber/Goos, Verfassungsprozessrecht, Rn. 682; *E. Klein* in: Benda/Klein, Verfassungsprozessrecht, Rn. 721; *Rozek* in: Maunz/Schmidt-Bleibtreu/Klein/Bethge, BVerfGG, § 76 Rn. 67; *Voßkuhle* in: v. Mangoldt/Klein/Starck, GG, Art. 93 Rn. 126.

[67] So BVerfGE 1, 184 (195 f.) = NJW 1952, 497 f. Vgl.auch *Rozek* in: Maunz/Schmidt-Bleibtreu/Klein/Bethge, BVerfGG, § 76 Rn. 65, der von einem „umfassenden Schutz der Bundesrechtsordnung gegenüber dem Landesrecht" spricht.

[68] *E. Klein* in: Benda/Klein, Verfassungsprozessrecht, Rn. 720 m. Fn. 113; *M. Graßhof* in: Burkiczak/Dollinger/Schorkopf, BVerfGG, § 76 Rn. 51; *Rozek* in: Maunz/Schmidt-Bleibtreu/Klein/Bethge, BVerfGG, § 76 Rn. 66.

[69] BVerfGE 128, 326 (367) = NJW 2011, 1931 Rn. 87 → *Sachs* JuS 2011, 854.

[70] Für die Heranziehung als Prüfungsmaßstab bei einer gegen Landesrecht gerichteten Verfassungsbeschwerde auch BVerfGE 138, 296 Rn. 149 = NJW 2015, 1359 → *Kingreen* JK 7/15, GG Art. 4 I, II, 33 III 2 und → *Sachs* JuS 2015, 571 sowie → JA 2015, 476 *(Muckel); E. Klein* in: Benda/Klein, Verfassungsprozessrecht, Rn. 722; *Lenz/Hansel* BVerfGG, § 76 Rn. 12; *Rozek* in: Maunz/Schmidt-Bleibtreu/Klein/Bethge, BVerfGG, § 76 Rn. 65; *M. Graßhof* in: Burkiczak/Dollinger/Schorkopf, BVerfGG, § 76 Rn. 52; krit. aber *Hillgruber* in: Hillgruber/Goos, Verfassungsprozessrecht, Rn. 680, nach dessen Auffassung der in der Zustimmung liegende „Rechtsanwendungsbefehl" die EMRK nicht zu „Bundesrecht" i. S. d. Art. 93 Abs. 1 Nr. 2 GG macht.

[71] BVerfGE 2, 307 (336) (insoweit nicht abgedruckt in NJW 1953, 1177); E 96, 133 (138) = NJW 1998, 589 (590).

[72] Vgl. z. B. Art. 68 Abs. 1 Nr. 2 LV BW; Art. 75 Nr. 3 Verf NRW; Art. 103 Abs. 1 S. 1 Verf RP.

[73] So auch *Hillgruber* in: Hillgruber/Goos, Verfassungsprozessrecht, Rn. 721 f.; *Lenz/Hansel* BVerfGG, § 76 Rn. 35 f.; *Rozek* in: Maunz/Schmidt-Bleibtreu/Klein/Bethge, BVerfGG, § 76 Rn. 89 ff.; *Voßkuhle* in: v. Mangoldt/Klein/Starck, GG, Art. 93 Rn. 131; *M. Graßhof* in: Burkiczak/Dollinger/Schorkopf, BVerfGG, § 76 Rn. 64.

schlägig ist, so dass es auf die Voraussetzungen des Art. 72 Abs. 2 GG nicht ankommt, wird es die Norm mit Rücksicht auf den Sinn und Zweck des Verfahrens gleichwohl für nichtig erklären. Als unzulässig wäre aber ein Antrag nach Art. 93 Abs. 1 Nr. 2a GG anzusehen, wenn sich der Antragsteller von vornherein nur auf diesen Gesichtspunkt stützt, weil die Überprüfung sonstiger verfassungsrechtlicher Bedenken nur im Verfahren nach Art. 93 Abs. 1 Nr. 2 GG verlangt werden kann.

### 2. Darlegungslast des Antragstellers in Bezug auf die Unvereinbarkeit mit höherrangigem Recht

40 Hinsichtlich der Frage, inwieweit der Antragsteller eine Unvereinbarkeit der zu überprüfenden Norm mit den in Betracht kommenden Prüfungsmaßstäben darlegen muss, finden sich im Grundgesetz und im BVerfGG unterschiedliche Formulierungen. Art. 93 Abs. 1 Nr. 2 GG spricht davon, dass **„Meinungsverschiedenheiten oder Zweifel"** über die Vereinbarkeit mit dem Grundgesetz bzw. dem sonstigen Bundesrecht bestehen müssen. Das muss der Antragsteller im Rahmen seiner Antragsbegründung (§ 23 Abs. 1 S. 2 BVerfGG) darlegen. Er kann dies insbesondere tun, indem er selbst Zweifel an der Verfassungsmäßigkeit der Norm äußert. Ausreichend wäre es aber auch, wenn ein anderes Verfassungsorgan oder ein Teil eines Verfassungsorgans[74] Zweifel geäußert hat. Bloß akademische, in der rechtswissenschaftlichen Literatur geäußerte Zweifel genügen dagegen als solche nicht.[75] Allerdings kann sich der Antragsteller solche Zweifel zu eigen machen und sich dafür auf entsprechende Äußerungen beziehen. Demgegenüber ist § 76 Abs. 1 Nr. 1 BVerfGG deutlich enger gefasst und verlangt, dass „der Antragsteller" die Norm „für nichtig hält". Nach dieser Formulierung kommt es nicht nur darauf an, dass der Antragsteller selbst Zweifel äußert, sondern auch, dass sich diese Zweifel aus seiner Sicht zur Gewissheit verdichtet haben, die in der Antragsschrift entsprechend zum Ausdruck kommen muss.

41 Die Frage, ob der engere Maßstab des BVerfGG oder der weitere Maßstab des Grundgesetzes maßgeblich ist, hat in der Praxis in der Regel keine Bedeutung. Der gut beratene Antragsteller wird dafür Sorge tragen, dass in der Antragsschrift die eigene Überzeugung von der Nichtigkeit der Norm zum Ausdruck kommt, so dass den engeren Anforderungen des BVerfGG entsprochen ist. Verweist der Antragsteller dagegen nur auf „Zweifel", muss die Frage nach dem Verhältnis von Art. 93 Abs. 1 Nr. 2 GG zu § 76 Abs. 1 Nr. 1 BVerfGG entschieden werden. Da das Grundgesetz gegenüber dem BVerfGG den höheren Rang beansprucht, scheint die Antwort nur lauten zu können, dass sich die Formulierung des Grundgesetzes durchsetzt. Daraus kann man entweder die Konsequenz ziehen, dass § 76 Abs. 1 Nr 1 BVerfGG teilnichtig ist, soweit er **weitergehende Anforderungen** stellt.[76] Oder man geht davon aus, dass ein echter Widerspruch ohnehin nicht besteht, weil § 76 Abs. 1 Nr. 1 BVerfGG nur den typischen Fall von „Meinungsverschiedenheiten oder Zweifeln" beschreibt, das von Art. 93 Abs. 1 Nr. 2 GG Gemeinte also nur illustriert, aber nicht abschließend konkretisiert.[77] Zwingend ist diese Perspektive allerdings nicht. Berücksichtigt man, dass der Gesetzgeber nach Art. 94 Abs. 2 S. 1 GG befugt ist, die Einzelheiten des Verfahrens vor dem BVerfG zu regeln, kann darin eine Ausgestaltungsermächtigung gesehen werden, die ihn auch zur Präzisierung der Vorgaben des Art. 93 Abs. 1 Nr. 2 GG berechtigt. Die Verengung des Antragsgrundes in § 76 Abs. 1 Nr. 1 BVerfGG könnte damit gerade vom

---

[74] Vgl. BVerfGE 96, 133 (137) = NJW 1998, 589; E 127, 293 (319) = BeckRS 2010, 56424 → *Ehlers* JK 8/11, GG Art. 20a/1 und → *Sachs* JuS 2011, 572 sowie → JA 2011, 318 *(Hillgruber)*.

[75] *Rozek* in: Maunz/Schmidt-Bleibtreu/Klein/Bethge, BVerfGG, § 76 Rn. 44; a. A. *E. Klein* in: Benda/Klein, Verfassungsprozessrecht, Rn. 717, nach dessen Auffassung „ernst zu nehmende Zweifel in der wissenschaftlichen Literatur" ausreichen.

[76] So etwa *Heun* FS 50 Jahre BVerfG I, 2001, S. 615 (620); *Kment* in: Jarass/Pieroth, GG, Art. 93 Rn. 95; *Schlaich/Korioth* BVerfG, Rn. 130; *Voßkuhle* in: v. Mangoldt/Klein/Starck, GG, Art. 93 Rn. 123.

[77] So etwa *E. Klein* in: Benda/Klein, Verfassungsprozessrecht, Rn. 718; *Lechner/Zuck* BVerfGG, § 76 Rn. 30; *M. Graßhof* in: Burkiczak/Dollinger/Schorkopf, BVerfGG, § 76 Rn. 31; s. auch *Rozek* in: Maunz/Schmidt-Bleibtreu/Klein/Bethge, BVerfGG, § 76 Rn. 45 ff. m. w. Nachw. zur Streitfrage.

Grundgesetz gedeckt und deshalb auch allein maßgeblich sein, ohne dass dem normenhierarchische Bedenken aus dem Verhältnis von Grundgesetz und BVerfGG entgegenstünden.[78]

Überzeugend ist die zuletzt genannte Position allerdings nicht. Ein **Umkehrschluss** aus Art. 94 Abs. 2 S. 2 GG legt nahe, dass nur im dort genannten Fall der Verfassungsbeschwerde zusätzliche Zulässigkeitsvoraussetzungen statuiert bzw. bestehende Zulässigkeitshürden erhöht werden dürfen.[79] Das spricht dafür, dass mit der Wendung „Regelung des Verfahrens" in Art. 94 Abs. 2 S. 1 GG nicht die Regelung einzelner spezieller Zulässigkeitsvoraussetzungen gemeint ist, sondern die Normierung von Verfahrensvorschriften, die unabhängig von einer bestimmten Verfahrensart gelten. Es wäre auch kein sinnvolles Ergebnis, dem Antragsteller abzuverlangen, dass er sich im Zweifel lediglich rhetorisch an die Formulierung des § 76 Abs. 1 Nr. 1 BVerfGG anpassen muss, weil damit nichts gewonnen ist. Der Natur des abstrakten Normenkontrollverfahrens als eines objektiven Beanstandungsverfahrens (→ Rn. 10) entspricht vielmehr die Annahme, dass bereits der Antrag eines der Antragsberechtigten das Kontrollbedürfnis im Kern indiziert und es im Übrigen genügt, wenn **„Meinungsverschiedenheiten" oder „Zweifel"** in Bezug auf die Vereinbarkeit mit dem Grundgesetz erkennbar sind. In diesem Zusammenhang überzeugt am ehesten die Annahme, dass § 76 Abs. 1 Nr. 1 BVerfGG zwar den typischen Fall solcher Meinungsverschiedenheiten oder Zweifel kennzeichnet, aber von vornherein nicht als abschließende Konkretisierung gemeint ist. Der Widerspruch zwischen BVerfGG und Grundgesetz besteht deshalb bei näherem Hinsehen nicht. 42

**Lösung zu Fall 5:** Die Regierung des Landes L ist antragsberechtigt. Die Rechtsverordnung ist als „Bundesrecht" tauglicher Antragsgegenstand. Geht man richtigerweise davon aus, dass das BVerfG im Fall von Rechtsverordnungen des Bundes entsprechend dem Wortlaut des Art. 93 Abs. 1 Nr. 2 GG nur prüft, ob diese mit dem Grundgesetz vereinbar ist (→ Rn. 37), kann eine Verletzung der Vorgaben des TierSchG im Wege der abstrakten Normenkontrolle nicht ohne weiteres gerügt werden, sondern kommt es darauf an, dass ein Verfassungsverstoß geltend gemacht wird. Dieser kann sich hier daraus ergeben, dass die Normen des TierSchG den Verfassungsauftrag des Art. 20a GG konkretisieren, so dass eine Verletzung u. U. zugleich eine Verletzung des Grundgesetzes begründet. Davon ist das BVerfG in der Entscheidung, der das Beispiel nachgebildet ist, ausgegangen, soweit eine Anhörung der Tierschutzkommission unterblieben war.[80] Der Normenkontrollantrag war daher zulässig und begründet. Die Frage, ob eine Verletzung des Art. 20a GG auch wegen Zulassung einer nicht artgerechten Haltung vorlag, hat das BVerfG dagegen offengelassen, weil es ohne Stellungnahme der Tierschutzkommission an einer Grundlage für die Überprüfung der Abwägungsentscheidung des Verordnungsgebers fehlte.[81] 43

### 3. Antragsgrund im sog. Normbestätigungsverfahren

Nach § 76 Abs. 1 Nr. 2 BVerfGG kann der Antragsteller die abstrakte Normenkontrolle auch mit der Begründung beantragen, er halte die Norm für gültig, nachdem sie von einem Gericht, einer Verwaltungsbehörde oder einem Organ des Bundes oder eines Landes als verfassungswidrig angesehen und deshalb nicht angewendet worden ist (sog. **Normbestä-** 44

---

[78] So BVerfGE 96, 133 (137) = NJW 1998, 589; *Hillgruber* in: Hillgruber/Goos, Verfassungsprozessrecht, Rn. 668.

[79] *Rozek* in: Maunz/Schmidt-Bleibtreu/Klein/Bethge, BVerfGG, § 76 Rn. 47.

[80] BVerfGE 127, 293 (328 ff.) = BeckRS 2010, 56424 → *Ehlers* JK 8/11, GG Art. 20a/1 und → *Sachs* JuS 2011, 572 sowie → JA 2011, 318 *(Hillgruber)*.

[81] BVerfGE 127, 293 (330 f.) = BeckRS 2010, 56424 → *Ehlers* JK 8/11, GG Art. 20a/1 und → *Sachs* JuS 2011, 572 sowie → JA 2011, 318 *(Hillgruber)*.

**tigungsverfahren**).[82] In dieser Variante ist die Stoßrichtung des Verfahrens entgegengesetzt zur normalen Konstellation, denn der Antragsteller macht nicht verfassungsrechtliche Zweifel geltend, sondern hält umgekehrt die Norm für verfassungsgemäß. Die Meinungsverschiedenheiten in dieser Frage ergeben sich dabei aus dem Umstand, dass eine andere staatliche Stelle die Norm für verfassungswidrig gehalten hat. Soweit § 76 Abs. 1 Nr. 2 BVerfGG über den Wortlaut des Art. 93 Abs. 1 Nr. 2 GG hinaus fordert, dass es zu einer konkreten Nichtanwendung gekommen sein muss, kann dies als präzisierende Ausformung des allgemeinen Erfordernisses eines sog. objektiven Klarstellungsinteresses (→ Rn. 54) akzeptiert werden.[83] Dahinter steht die Überlegung, dass im Allgemeinen von einer **Gültigkeit der Rechtsnormen** auszugehen ist. Wenn der Antragsteller selbst keine Zweifel hinsichtlich der Vereinbarkeit mit höherrangigem Recht hat und er sich auch nicht auf Zweifel anderer Verfassungsorgane oder -organteile bezieht (→ Rn. 40), bedarf es deshalb zusätzlicher Anhaltspunkte, die eine Prüfung der Gültigkeit durch das BVerfG angezeigt erscheinen lassen. Insofern ist es eine naheliegende Eingrenzung, wenn § 76 Abs. 1 Nr. 2 BVerfGG nicht beliebige Zweifel genügen lässt, sondern davon ausgeht, dass ein Klarstellungsinteresse erst besteht, wenn z. B. ein Gericht die Norm in einem konkreten Verfahren wegen ihrer angeblichen Unvereinbarkeit mit höherrangigem Recht nicht angewendet hat.

45 Der genaue **Anwendungsbereich des Normbestätigungsverfahrens** ist allerdings umstritten. In erster Linie kommt die Konstellation in Betracht, dass z. B. ein Gericht eine untergesetzliche Rechtsnorm, d. h. eine Rechtsverordnung oder Satzung, als ungültig behandelt hat. Eine Nichtanwendung von Parlamentsgesetzen durch ein Gericht scheidet dagegen aus, weil ein Gericht eine im konkreten Fall entscheidungserhebliche Norm, die es für verfassungswidrig hält, nach Art. 100 Abs. 1 GG dem BVerfG vorlegen muss (→ *Wernsmann* § 19 Rn. 16). Bereits auf diesem Weg kommt es zu einer autoritativen Klärung der Gültigkeitsfrage, so dass für ein späteres Normbestätigungsverfahren kein Raum bleibt. In Bezug auf Parlamentsgesetze kann es deshalb grundsätzlich nur dann zu einem Normbestätigungsverfahren kommen, wenn ein Gericht Art. 100 Abs. 1 GG nicht beachtet und das Gesetz wegen verfassungsrechtlicher Bedenken unangewendet lässt, obwohl die Frage dem BVerfG hätte vorgelegt werden müssen.[84]

46 Es stellt sich allerdings die Frage, ob dem BVerfG nach Art. 93 Abs. 1 Nr. 2 GG, § 76 Abs. 1 Nr. 2 BVerfGG auch die Frage zur Prüfung unterbreitet werden kann, ob eine z. B. von einem Gericht vorgenommene **verfassungskonforme Auslegung** eines Parlamentsgesetzes verfassungsrechtlich akzeptabel ist. Diese Frage ist durchaus von Bedeutung, weil es vorkommen kann, dass z. B. ein oberstes Bundesgericht eine Rechtsnorm für verfassungswidrig hält, die Norm aber nicht nach Art. 100 Abs. 1 GG dem BVerfG vorlegt, sondern als „Ausweg" eine verfassungskonforme Auslegung vornimmt.[85] Aus einer verfassungsrechtlichen Sicht sind in dieser Konstellation zwei Aspekte angesprochen, nämlich zum einen, ob die Norm in dem vom Gericht als verfassungswidrig verworfenen Verständnis tatsächlich als verfassungswidrig anzusehen ist, und zum anderen, ob sich die verfassungskonforme Auslegung in den Grenzen des methodisch Vertretbaren gehalten hat und mit der Bindung der Gerichte an die Gesetze (Art. 20 Abs. 3 GG) vereinbar war.[86] Nach dem Wortlaut des § 76

[82] Für diesen Begriff z. B. *Hillgruber* in: Hillgruber/Goos, Verfassungsprozessrecht, Rn. 656; *E. Klein* in: Benda/Klein, Verfassungsprozessrecht, Rn. 719; *Rozek* in: Maunz/Schmidt-Bleibtreu/Klein/Bethge, BVerfGG, § 76 Rn. 50; *Schlaich/Korioth* BVerfG, Rn. 133; *Voßkuhle* in: v. Mangoldt/Klein/Starck, GG, Art. 93 Rn. 123.

[83] So auch die Einordnung in BVerfGE 96, 133 (137 f.) = NJW 1998, 589; s. auch *Hillgruber* in: Hillgruber/Goos, Verfassungsprozessrecht, Rn. 670 ff.; *Voßkuhle* in: v. Mangoldt/Klein/Starck, GG, Art. 93 Rn. 124.

[84] *Hillgruber* in: Hillgruber/Goos, Verfassungsprozessrecht, Rn. 656.

[85] Zur Problemlage *Voßkuhle* AöR 125 (2000), 177 (182 ff.). Beispiele für methodisch zumindest diskutable Formen der Vermeidung einer Vorlage an das BVerfG im Wege einer „verfassungskonformen Auslegung" lassen sich etwa im Steuerrecht finden, vgl. dazu *Drüen* StuW 2012, 269; *Thiemann* FS 100 Jahre BFH, 2018, S. 129 (149).

[86] Zur Frage, inwieweit das BVerfG die fachgerichtliche Rechtsanwendung mit Blick auf die Gesetzesbindung (Art. 20 Abs. 3 GG) nachprüft, s. BVerfGE 132, 99 Rn. 73 ff. = NJW 2012, 3081.

Abs. 1 Nr. 2 BVerfGG ist zweifelhaft, ob eine Überprüfung dieser Fragen im Wege der abstrakten Normenkontrolle erreicht werden kann. Das BVerfGG setzt voraus, dass z. B. ein Gericht die fragliche Rechtsnorm wegen ihrer angenommenen „Unvereinbarkeit" mit dem Grundgesetz „nicht angewendet" hat. Die verfassungskonforme Auslegung ist aber aus methodischer Sicht keine Form der Nichtanwendung einer Norm, sondern nur eine bestimmte Auslegungsmethode.[87] Es wird lediglich der Normgehalt, soweit mehrere Auslegungen vertretbar sind, mit Rücksicht auf die verfassungsrechtlichen Vorgaben bestimmt.

47 Das BVerfG geht allerdings davon aus, dass ein **Normbestätigungsverfahren** in dieser Konstellation dennoch zulässig ist. Zur Begründung führt das Gericht aus, dass in Fällen einer verfassungskonformen Auslegung, die die Grenzen des methodisch Vertretbaren überschreitet, „trotz des formalen Rekurses auf die Norm nicht mehr die vom Gesetzgeber verabschiedete und gewollte Regelung, sondern ein anderes, nämlich das durch die Deutung des Gerichts geschaffene Recht" angewendet werde. Darin liege ebenfalls eine „Nichtanwendung" der gesetzlichen Regelung i. S. d. § 76 Abs. 1 Nr. 2 BVerfGG. Im Rahmen seines Antrags muss der Antragsteller allerdings darlegen, dass er die Norm für verfassungskonform hält und das Gericht die **Grenzen verfassungskonformer Auslegung** überschritten und damit eine Vorlage nach Art. 100 Abs. 1 GG „umgangen" hat.[88] Nach diesem Verständnis kommt es zu einer durchaus bemerkenswerten Akzentverschiebung, denn in dieser Konstellation dient das Verfahren der abstrakten Normenkontrolle nicht nur der Prüfung der Verfassungsmäßigkeit einer Rechtsnorm, sondern auch dem Schutz des gesetzgeberischen Regelungswillens und der prozessualen Absicherung der Gesetzesbindung der Gerichte (Art. 20 Abs. 3 GG). Das Ergebnis verdient allerdings ausgehend vom Wortlaut des Art. 93 Abs. 1 Nr. 2 GG dennoch Zustimmung.[89] Letztlich geht es in dieser Fallgestaltung ebenfalls um die objektive Klärung verfassungsrechtlicher Zweifel hinsichtlich der Vereinbarkeit einer Norm mit dem Grundgesetz, auch wenn es gerade nicht der Antragsteller ist, der die Zweifel anmeldet, sondern er umgekehrt von ihrer Verfassungsmäßigkeit ausgeht.

48 **Lösung zu Fall 6:** Folgt man der zuletzt genannten Auffassung, kann im Rahmen eines sog. Normbestätigungsverfahrens nach Art. 93 Abs. 1 Nr. 2 GG, § 76 Abs. 1 Nr. 2 BVerfGG auch die Prüfung verlangt werden, ob ein von einem Gericht als verfassungswidrig verworfenes Normverständnis tatsächlich verfassungsgemäß wäre. Das allein genügt allerdings nicht, denn es ist grundsätzlich nicht Aufgabe des BVerfG, Fragen der Auslegung und Anwendung des einfachen Rechts zu entscheiden. Deswegen kommt es weiter darauf an, dass der Antragsteller in seinem Antrag darlegt, dass die vom Gericht vorgenommene Auslegung die verfassungsrechtlichen Grenzen der Auslegung, die sich aus Art. 20 Abs. 3 GG ergeben, überschritten hat. Erst insofern wird das Auslegungsproblem zum Verfassungsproblem und liegt eine „Nichtanwendung" der Norm i. S. d. § 76 Abs. 1 Nr. 2 BVerfGG vor. Die einfache Behauptung, dass ein verfassungsrechtliches Argument, das ein Gericht im Rahmen seiner Auslegung verwendet hat, nicht zutreffend ist, würde daher keinen hinreichenden Antragsgrund bilden.[90]

---

[87] Zur methodischen Einordnung etwa *Möllers* Juristische Methodenlehre, 2. Aufl. 2019, § 11 Rn. 50 f., der die verfassungskonforme Auslegung als „eigene Auslegungsfigur" ansieht.

[88] BVerfGE 119, 247 (258 f.) = NVwZ 2007, 1396 (1397) → JuS 2008, 548 *(Hufen)* und → JA 2008, 670 *(Wolff)*.

[89] So auch *E. Klein* in: Benda/Klein, Verfassungsprozessrecht, Rn. 719; *M. Graßhof* in: Burkiczak/Dollinger/Schorkopf, BVerfGG, § 76 Rn. 37; *Rozek* in: Maunz/Schmidt-Bleibtreu/Klein/Bethge, BVerfGG, § 76 Rn. 52; *Schlaich/Korioth* BVerfG, Rn. 133; *Voßkuhle* in: v. Mangoldt/Klein/Starck, GG, Art. 93 Rn. 123. Für eine analoge Anwendung des § 76 Abs. 1 Nr. 2 BVerfGG *Hillgruber* in: Hillgruber/Goos, Verfassungsprozessrecht, Rn. 673.

[90] *M. Graßhof* in: Burkiczak/Dollinger/Schorkopf, BVerfGG, § 76 Rn. 37; *Rozek* in: Maunz/Schmidt-Bleibtreu/Klein/Bethge, BVerfGG, § 76 Rn. 52 f.

### 4. Antragsgrund im sog. Kompetenzkontrollverfahren

49 Im **Kompetenzkontrollverfahren** nach Art. 93 Abs. 1 Nr. 2a GG muss sich der Antragsteller auf „Meinungsverschiedenheiten" hinsichtlich der Vereinbarkeit einer bundesgesetzlichen Norm mit der Erforderlichkeitsklausel des Art. 72 Abs. 2 GG beziehen. Auch hier ist der Wortlaut des BVerfGG enger: § 76 Abs. 2 Hs. 1 BVerfGG verlangt, dass „der Antragsteller" die Norm wegen einer Verletzung des Art. 72 Abs. 2 GG „für nichtig hält". Für das Verhältnis dieser Normen gilt das bereits Gesagte und kommt es nach hier für zutreffend gehaltener Auffassung allein auf den Wortlaut des Grundgesetzes an (→ Rn. 41 f.). Dieser unterscheidet sich allerdings insofern vom Wortlaut des Art. 93 Abs. 1 Nr. 2 GG, als Art. 93 Abs. 1 Nr. 2a GG nur von „Meinungsverschiedenheiten", nicht aber auch von „Zweifeln" spricht. Daraus und aus dem Umstand, dass es im sog. Kompetenzkontrollverfahren um eine „typische föderative Konfliktlage" geht, das Verfahren also stärker als das normale Normenkontrollverfahren kontradiktorische Züge aufweist (→ Rn. 11), wird zum Teil geschlossen, dass der Antragsteller selbst von der Unvereinbarkeit des Gesetzes mit Art. 72 Abs. 2 GG überzeugt sein muss. Die Formulierung des § 76 Abs. 2 Hs. 1 BVerfGG wäre danach als abschließende Konkretisierung zu verstehen.[91] Dem ist zuzugeben, dass es zwischen Art. 93 Abs. 1 Nr. 2 GG und Art. 93 Abs. 1 Nr. 2a GG einen sprachlichen Unterschied gibt. Nach der letztlich maßgeblichen Formulierung des Grundgesetzes genügt aber das **Bestehen von „Meinungsverschiedenheiten".** Diese können sich z. B. auch aus unterschiedlichen Äußerungen von Organen oder Organteilen ergeben, die am Gesetzgebungsverfahren beteiligt waren. Es kommt nicht zwingend darauf an, dass der Antragsteller darlegt, dass er selbst von der Unvereinbarkeit mit Art. 72 Abs. 2 GG überzeugt ist.[92] Insofern gilt auch hier, dass § 76 Abs. 2 Hs. 1 BVerfGG zwar den typischen Fall diesbezüglicher Meinungsverschiedenheiten umschreibt, aber nicht abschließend konkretisiert.

50 Für die **Kompetenzkontrolle** nach Art. 93 Abs. 2 S. 1 GG (→ Rn. 9) fehlt es an einer Präzisierung des Antragsgrundes im BVerfGG. Auch Art. 93 Abs. 2 GG enthält **keine speziellen Vorgaben.** Vorausgesetzt ist nach Art. 93 Abs. 2 S. 3 GG lediglich, dass zuvor ein Gesetzentwurf über ein Freigabegesetz i. S. d. Art. 72 Abs. 4 GG erfolglos in das Gesetzgebungsverfahren eingebracht worden ist, was der Antragsteller nach § 96 Abs. 1 BVerfGG darlegen muss. Aus dem Fehlen weitergehender Vorgaben ist zu folgern, dass es spezieller Ausführungen zum Wegfall der Voraussetzungen des Art. 72 Abs. 2 GG nicht bedarf. Es genügt daher, wenn der Antragsteller vom BVerfG die Überprüfung der Frage verlangt, ob die Erforderlichkeit i. S. d. Art. 72 Abs. 2 GG weiterhin besteht.[93] Eine Überzeugung vom Wegfall muss nicht zwingend dargelegt werden.

## IV. Objektives Klarstellungsinteresse

51 **Fall 7:** Der Bundestag beschließt ein Gesetz, das nach ordnungsgemäßer Beteiligung des Bundesrates zustande kommt. In der entscheidenden Bundesratssitzung stimmt der Vertreter des Landes L zu. Kann die Regierung des Landes L später dennoch die Überprüfung des Gesetzes im Wege einer abstrakten Normenkontrolle verlangen?

---

[91] *Rozek* in: Maunz/Schmidt-Bleibtreu/Klein/Bethge, BVerfGG, § 76 Rn. 84 f.

[92] So auch *E. Klein* in: Benda/Klein, Verfassungsprozessrecht, Rn. 734; *M. Graßhof* in: Burkiczak/Dollinger/Schorkopf, BVerfGG, § 76 Rn. 60; *Schlaich/Korioth* BVerfG, Rn. 132b; *Voßkuhle* in: v. Mangoldt/Klein/Starck, GG, Art. 93 Rn. 123.

[93] So auch *v. Coelln* in: Maunz/Schmidt-Bleibtreu/Klein/Bethge, BVerfGG, § 96 Rn. 29; *E. Klein* in: Benda/Klein, Verfassungsprozessrecht, Rn. 762. Nach a. A. muss der Antragsteller dagegen „substantiiert vortragen", dass die Erforderlichkeit i. S. d. Art. 72 Abs. 2 GG weggefallen ist, vgl. *Schlaich/Korioth* BVerfG, Rn. 132k; *Voßkuhle* in: v. Mangoldt/Klein/Starck, GG, Art. 93 Rn. 208, der dies aus der allgemeinen Begründungspflicht (§ 23 Abs. 1 BVerfGG) ableitet.

**Fall 8:** Der Landtag des Bundeslandes A beschließt ein Gesetz. Kann die Regierung des Bundeslandes B die Überprüfung des Gesetzes im Wege der abstrakten Normenkontrolle verlangen? 52

**Fall 9:** Die Regierung des Landes L erlässt eine Rechtsverordnung. Das OVG des Landes L hält die Verordnung für ungültig und wendet diese deshalb in einem von ihm zu entscheidenden Fall nicht an, weil sie von der Ermächtigungsnorm im zugrundeliegenden Landesgesetz nicht gedeckt und außerdem mit den Grundrechten des Grundgesetzes nicht vereinbar sei. Die Regierung des Landes L möchte vom BVerfG im Wege der abstrakten Normenkontrolle überprüfen lassen, ob ein Verstoß gegen das Grundgesetz tatsächlich vorliegt. Ist das möglich?[94] 53

Das BVerfG verlangt in ständiger Rechtsprechung, dass ein „objektives Interesse an der Klarstellung der Geltung der Norm“ bestehen muss, die der Antragsteller überprüft wissen will.[95] Zwar enthalten weder das Grundgesetz noch das BVerfGG explizit eine solche Vorgabe. Es entspricht aber der Struktur und Zielsetzung des Verfahrens der abstrakten Normenkontrolle, von einer solchen **ungeschriebenen Zulässigkeitsvoraussetzung** auszugehen. Dahinter steht die Überlegung, dass der Umstand, dass einer der Antragsberechtigten die Überprüfung der Norm verlangt und Zweifel hinsichtlich ihrer Verfassungsmäßigkeit bestehen, nach den im Grundgesetz und im BVerfGG genannten Zulässigkeitsvoraussetzungen zwar regelmäßig ein relevantes **Klarstellungsinteresse** begründet.[96] Es sind aber prinzipiell Konstellationen denkbar, in denen trotz des Vorliegens dieser Voraussetzungen ein Klarstellungsinteresse ausnahmsweise fehlt. 54

Dabei handelt es sich allerdings um seltene Fälle. Nach Auffassung des BVerfG fehlt das Klarstellungsinteresse lediglich dann, wenn von der fraglichen Norm „unter keinem denkbaren Gesichtspunkt mehr Rechtswirkungen ausgehen können“.[97] Das bloße Außerkrafttreten einer Rechtsnorm genügt nicht, denn regelmäßig erzeugt „Altrecht“ Rechtswirkungen zumindest noch in Bezug auf Altfälle, für die es weiterhin zur Anwendung kommt.[98] Vom **Fehlen eines Klarstellungsinteresses** ist das BVerfG aber z. B. in Bezug auf eine Verordnungsermächtigung i. S. d. Art. 80 Abs. 1 GG ausgegangen, die zeitlich begrenzt war und von der die zuständige Stelle keinen Gebrauch gemacht hatte.[99] Anders verhält es sich wiederum, wenn es um eine Verordnungsermächtigung geht, von der die zuständige Stelle bislang keinen Gebrauch gemacht hat, dies aber in Zukunft tun könnte. Die Ermächtigungsnorm besteht in dieser Konstellation fort und entfaltet als solche weiterhin Rechtswirkungen, so dass nicht von einem fehlenden Klarstellungsinteresse gesprochen werden kann.[100] 55

---

[94] Fall nach BVerfGE 96, 133 = NJW 1998, 589.

[95] Vgl. z. B. BVerfGE 119, 394 (409 f.) = BeckRS 2008, 31918; E 127, 293 (319) = BeckRS 2010, 56424 → *Ehlers* JK 8/11, GG Art. 20a/1 und → *Sachs* JuS 2011, 572 sowie → JA 2011, 318 *(Hillgruber)*. Aus der Lit. z. B. *Hillgruber* in: Hillgruber/Goos, Verfassungsprozessrecht, Rn. 664 ff.; *E. Klein* in: Benda/Klein, Verfassungsprozessrecht, Rn. 724; *Rozek* in: Maunz/Schmidt-Bleibtreu/Klein/Bethge, BVerfGG, § 76 Rn. 58 ff. Krit. aber *Lenz/Hansel* BVerfGG, § 76 Rn. 26: „rechtlich nicht begründbares Erfordernis“; *Löwer* in: HStR III, § 70 Rn. 61: „recht kühne Rechtsfortbildung“.

[96] *E. Klein* in: Benda/Klein, Verfassungsprozessrecht, Rn. 724. Das BVerfG spricht etwa davon, dass das objektive Klarstellungsinteresse durch die Antragstellung und den Antragsgrund „indiziert“ ist, vgl. z. B. BVerfGE 127, 293 (319) = BeckRS 2010, 56424 → *Ehlers* JK 8/11, GG Art. 20a/1 und → *Sachs* JuS 2011, 572 sowie → JA 2011, 318 *(Hillgruber)*.

[97] BVerfGE 127, 293 (319) = BeckRS 2010, 56424 → *Ehlers* JK 8/11, GG Art. 20a/1 und → *Sachs* JuS 2011, 572 sowie → JA 2011, 318 *(Hillgruber)*.

[98] Vgl. BVerfGE 127, 293 (319) = BeckRS 2010, 56424 → *Ehlers* JK 8/11, GG Art. 20a/1 und → *Sachs* JuS 2011, 572 sowie → JA 2011, 318 *(Hillgruber)*.

[99] BVerfGE 113, 167 (193 f.) = NVwZ 2006, 559 → JuS 2006, 474 *(Ruland)*.

[100] BVerfGE 100, 249 (257 f.) = NVwZ 1999, 977; E 113, 167 (193) = NVwZ 2006, 559 → JuS 2006, 474 *(Ruland)*.

56 **Lösung zu Fall 7:** Da die in Art. 93 Abs. 1 Nr. 1 GG, § 76 Abs. 1 Nr. 1 BVerfGG statuierten Zulässigkeitsvoraussetzungen vorliegen, könnte es allenfalls an dem ungeschriebenen Erfordernis eines „objektiven Klarstellungsinteresses" fehlen, weil die Regierung des Landes dem Gesetz im Bundesrat durch eines ihrer Mitglieder (vgl. Art. 51 Abs. 1 GG) zunächst zugestimmt hat. Ihr könnte deshalb widersprüchliches Verhalten vorzuwerfen sein. Mit Blick auf den Umstand, dass es im Verfahren der abstrakten Normenkontrolle nicht um den Schutz subjektiver Rechte geht, sondern es sich um ein objektives Beanstandungsverfahren handelt, hat das BVerfG diese Überlegung allerdings zu Recht für nicht durchgreifend gehalten. Der „objektive Charakter" des Verfahrens mache die Antragsbefugten „zu Garanten einer verfassungsmäßigen Rechtsordnung". Eine Landesregierung müsse sich deshalb nicht schon bei der Abstimmung im Bundesrat darüber schlüssig sein, ob sie später einen Antrag auf abstrakte Normenkontrolle stellen wolle.[101] Ein Antrag auf Durchführung einer abstrakten Normenkontrolle wäre daher zulässig.

57 **Lösung zu Fall 8:** Da die Antragsteller nach der Struktur des Verfahrens „Garanten der verfassungsmäßigen Ordnung" sind und es nicht darauf ankommt, dass der Antragsteller in eigenen Rechten betroffen ist, kann eine Landesregierung auch die Überprüfung des Gesetzes eines anderen Landes verlangen. Davon ist in einer solchen Konstellation auch das BVerfG ausgegangen, hat allerdings offengelassen, ob „ausnahmsweise" anderes gilt, wenn das fremde Landesgesetz „Belange des antragstellenden Landes unter keinen denkbaren Gesichtspunkt berühren kann".[102] Eine solche Einschränkung ist dem Verfahren der abstrakten Normenkontrolle allerdings fremd und sollte daher richtigerweise nicht gemacht werden.[103]

58 **Lösung zu Fall 9:** In Betracht kommt eine abstrakte Normenkontrolle nach Art. 93 Abs. 1 Nr. 2 GG in der Variante des sog. Normbestätigungsverfahrens nach § 76 Abs. 1 Nr. 2 BVerfGG. Es bestehen Meinungsverschiedenheiten im Hinblick auf die Vereinbarkeit der landesrechtlichen Rechtsverordnung mit dem Grundgesetz zwischen dem OVG einerseits und der Landesregierung andererseits. Damit liegen die Voraussetzungen des § 76 Abs. 1 Nr. 2 BVerfGG vor, die zwar über den Wortlaut des Grundgesetzes hinausgehen, insofern aber als präzisierende Ausformung des Erfordernisses eines „objektiven Klarstellungsinteresses" gerechtfertigt sind (→ Rn. 44). Das BVerfG ist allerdings davon ausgegangen, dass es an einem objektiven Klarstellungsinteresse fehlt, wenn das Gericht die Ungültigkeit sowohl mit einer Verletzung von höherrangigem Landesrecht als auch mit einer Verletzung von höherrangigem Bundesrecht begründet hat. In diesem Fall könne nämlich eine abschließende Klärung der Gültigkeitsfrage durch das BVerfG nicht erreicht und die Rechtsunsicherheit nicht ausgeräumt werden.[104] Folgt man dem, wäre eine abstrakte Normenkontrolle hier unzulässig.

## V. Antrag

59 Das BVerfG wird nur auf **Antrag** tätig, d. h. der Antragsteller muss die Durchführung einer Normenkontrolle schriftlich und begründet beantragen (§ 23 Abs. 1 BVerfGG). Der

[101] BVerfGE 127, 165 (190) = NVwZ 2010, 1549 Rn. 76.
[102] BVerfGE 83, 37 (49 f.) = NJW 1991, 162.
[103] So auch *Rozek* in: Maunz/Schmidt-Bleibtreu/Klein/Bethge, BVerfGG, § 76 Rn. 59. Konsequent BVerfGE 73, 118 (150) = NJW 1987, 239: Wenn die antragsberechtigten Mitglieder des Bundestages die Überprüfung eines Landesgesetzes verlangen, kommt es nicht darauf, ob das Landesgesetz „gesamtstaatliche Auswirkungen" hat.
[104] BVerfGE 96, 133 (138 f.) = NJW 1998, 589 (590).

Antrag ist nicht an eine Frist gebunden. Es kommt nur darauf an, dass die Norm schon rechtlich existent ist (→ Rn. 28) und von ihr noch Rechtswirkungen zumindest in der Vergangenheit ausgehen (→ Rn. 55). In der **Antragsschrift** muss der Antragsteller die zur Prüfung gestellte Rechtsnorm bezeichnen und Umstände darlegen, aus denen sich ergibt, dass ein hinreichender Antragsgrund besteht (→ Rn. 35 ff.). Aus einer praktischen Sicht ist es hier mit Blick auf den Streit um das Verhältnis von Art. 93 Abs. 1 Nr. 2 GG zu § 76 Abs. 1 BVerfGG empfehlenswert, „substantiiert" darzulegen, „aus welchen rechtlichen Erwägungen die angegriffene Norm mit welcher höherrangigen Norm unvereinbar ist".[105]

Nach Struktur und Funktion des Verfahrens der abstrakten Normenkontrolle hat der **Antrag eine anstoßgebende Funktion** (→ Rn. 11) und indiziert in Verbindung mit dem Verweis auf die verfassungsrechtlichen Zweifel das Bestehen eines objektiven Kontrollbedürfnisses. Mit Blick darauf hält das BVerfG eine Entscheidung in der Sache auch dann weiterhin für zulässig, wenn der Antragsteller seinen Antrag später zurücknimmt. Eine solche Entscheidung ergeht allerdings nur, wenn „Gründe des öffentlichen Interesses" für eine Fortführung des Verfahrens gegeben sind. Anderenfalls wird das Verfahren eingestellt. Nach der Praxis des BVerfG liegen Gründe des öffentlichen Interesses allerdings nicht schon darin, dass nach dem ursprünglichen Antrag Meinungsverschiedenheiten oder Zweifel hinsichtlich der Verfassungsmäßigkeit bestehen, sondern es müssen weitere Umstände hinzutreten, die ein besonderes Bedürfnis nach einer Entscheidung in der Sache begründen. Die **Antragsrücknahme** führt daher in der Regel zur Einstellung des Verfahrens.[106] 60

Aus dem Umstand, dass das BVerfG eine Normenkontrolle nur auf Antrag durchführt, folgt, dass der Antragsteller den **Prüfungsgegenstand** bestimmt. Insofern ist das BVerfG **an den Antrag gebunden.** Welche Normen der Antragsteller genau überprüft wissen will, muss allerdings ggf. im Wege der Auslegung des Antrags ermittelt werden. Im Zweifel kommt es nicht allein darauf an, welche Norm explizit im Antrag genannt wird, sondern darauf, was der Antragsteller bei verständiger Würdigung der Ausführungen in der Antragsschrift wollte.[107] 61

## C. Begründetheit der abstrakten Normenkontrolle

Im Rahmen der Begründetheit prüft das BVerfG, ob die Norm, deren Überprüfung der Antragsteller begehrt, mit dem Grundgesetz und ggf. den anderen in Betracht kommenden Prüfungsmaßstäben vereinbar ist. Die Nachprüfung ist nicht auf die im Antrag genannten rechtlichen Aspekte begrenzt. Das folgt aus Art. 93 Abs. 1 Nr. 2 GG, nach dem das Verfahren unter anderem dazu dient, die „förmliche und sachliche Vereinbarkeit" einer Norm „mit dem Grundgesetz" zu klären. Damit ist eine umfassende Prüfung der **formellen und der materiellen Verfassungsmäßigkeit** gemeint.[108] Wenn es sich um eine Norm des Landes- 62

---

[105] So die Umschreibung der Begründungsanforderungen in BVerfGE 128, 1 (32) = NVwZ 2011, 94 (97) → *Sachs* JuS 2011, 950.

[106] Vgl. z. B. BVerfGE 77, 345 = BeckRS 1988, 110825; E 115, 394 = BeckRS 2006, 23353; *E. Klein* in: Benda/Klein, Verfassungsprozessrecht, Rn. 743: Fortführung des Verfahrens trotz Antragsrücknahme nur, wenn „erhebliche, für die Verfassungsordnung wichtige Fragen" aufgeworfen sind. – Zur konkreten Normenkontrolle BVerfGE 142, 313 Rn. 63 f. = NJW 2018, 53 zur konkreten Normenkontrolle: Entscheidung in der Sache trotz Erledigung des Ausgangsverfahrens dann, wenn ein „gewichtiges objektives Bedürfnis an der Klärung der vorgelegten Verfassungsrechtsfrage" besteht. Krit. *Voßkuhle* in: v. Mangoldt/Klein/Starck, GG, Art. 93 Rn. 119, der sich für eine strikte Orientierung an der Dispositionsmaxime ausspricht mit der Folge, dass die Antragsrücknahme zwingend zur Einstellung des Verfahrens führen muss.

[107] Vgl. z. B. BVerfGE 119, 394 (409) = BeckRS 2008, 31918; *Voßkuhle* in: v. Mangoldt/Klein/Starck, GG, Art. 93 Rn. 125: Auslegung des Antrags „mit Rücksicht auf die einzelnen Rügen".

[108] BVerfGE 98, 169 (214) = NJW 1998, 3337 (3341); E 112, 226 (254) = NJW 2005, 493 (496 f.) → *Ehlers* JK 8/05, Art. 75 I 1/2 und → JuS 2005, 557 *(Sachs)* sowie → JA 2005, 770 *(v. Coelln); E. Klein* in: Benda/Klein, Verfassungsprozessrecht, Rn. 744; *Rozek* in: Maunz/Schmidt-Bleibtreu/Klein/Bethge, BVerfGG, § 76 Rn. 62.

rechts handelt, gehört zum Prüfungsumfang außerdem die Frage, ob die Norm mit dem „sonstigen Bundesrecht" vereinbar ist.

## D. Entscheidung des BVerfG

63 **Fall 10:** Der Übergang betrieblichen Vermögens ist mit Rücksicht auf den Erhalt der wirtschaftlichen Substanz der Unternehmen von der Erbschaftsteuer befreit. Das BVerfG kommt im Rahmen einer abstrakten Normenkontrolle zu dem Ergebnis, dass die hierfür geltenden Regeln aus verschiedenen Gründen gegen den allgemeinen Gleichheitssatz (Art. 3 Abs. 1 GG) verstoßen. Wie lautet der Entscheidungsausspruch?[109]

64 **Fall 11:** In Fall 5 (→ Rn. 33) kommt das BVerfG zu dem Ergebnis, dass die Rechtsverordnung, in der geregelt wird, unter welchen Bedingungen Legehennen gehalten werden dürfen, gegen Art. 20a GG verstößt (→ Rn. 43). Wie lautet der Entscheidungsausspruch?[110]

65 Von der Frage, ob ein Antrag nach Art. 93 Abs. 1 Nr. 2 GG „Erfolg" hat, d. h. zulässig und begründet ist, ist die Frage zu unterscheiden, welche Entscheidung das BVerfG trifft, d. h. wie der **Entscheidungsausspruch** (sog. Tenor) lautet. Wenn das BVerfG zu dem Ergebnis kommt, dass der Antrag unzulässig ist, wird er *„verworfen"*.[111] Das ist zwar weder im Grundgesetz noch im BVerfGG explizit geregelt, entspricht aber allgemeinen prozessrechtlichen Grundsätzen.[112] Ist die abstrakte Normenkontrolle zulässig und kommt das BVerfG zu der Überzeugung, dass die fragliche Norm mit dem Grundgesetz nicht vereinbar ist, erklärt es diese nach § 78 S. 1 BVerfGG *„für nichtig"*. Nach § 78 S. 2 BVerfGG darf das BVerfG dabei auch über den Antrag hinausgehen und weitere Bestimmungen des gleichen Gesetzes für nichtig erklären, wenn der verfassungsrechtliche Mangel diese Bestimmungen auch betrifft.[113] Die **Nichtigkeitserklärung** hat ausgehend von dem Dogma, dass eine verfassungswidrige Norm ohnehin von Anfang an („ex tunc") nichtig ist, nur eine deklaratorische Wirkung.[114] Zutreffend wird daher festgestellt, dass die Nichtigkeitserklärung nicht die Gültigkeit der fraglichen Norm, sondern nur den „Rechtsschein der Gültigkeit" beseitigt.[115] Nach § 31 Abs. 2 BVerfGG hat der Entscheidungsausspruch des BVerfG Gesetzeskraft und wird im BGBl veröffentlicht.

---

[109] Fall nach BVerfGE 138, 136 = NJW 2015, 303.

[110] Fall nach BVerfGE 127, 293 = BeckRS 2010, 56424 → *Ehlers* JK 8/11, GG Art. 20a/1 und → *Sachs* JuS 2011, 572 sowie → JA 2011, 318 *(Hillgruber)*.

[111] Vgl. z. B. BVerfGE 96, 133 = NJW 1998, 589; E 106, 244 = NVwZ 2003, 724. S. auch *Hillgruber* in: Hillgruber/Goos, Verfassungsprozessrecht, Rn. 685; *M. Graßhof* in: Burkiczak/Dollinger/Schorkopf, BVerfGG, § 78 Rn. 5.

[112] *Lenz/Hansel* BVerfGG, § 78 Rn. 4.

[113] Vgl. z. B. BVerfGE 132, 179 Rn. 41 = NVwZ 2012, 1310 Rn. 50 → JA 2012, 877 *(Muckel)*. Nach z. T. vertretener Auffassung ist § 78 S. 2 BVerfGG dagegen nichtig, weil der Umstand, dass der Antragsteller den Verfahrensgegenstand bestimme, ausweislich des Art. 93 Abs. 1 Nr. 2 GG Verfassungsrang habe, vgl. *Voßkuhle* in: v. Mangoldt/Klein/Starck, GG, Art. 93 Rn. 125; skeptisch auch *Bethge* in: Maunz/Schmidt-Bleibtreu/Klein/Bethge, BVerfGG, § 78 Rn. 40.

[114] *Heun* FS 50 Jahre BVerfG I, 2001, S. 615 (632 f.); *Bethge* in: Maunz/Schmidt-Bleibtreu/Klein/Bethge, BVerfGG, § 78 Rn. 7; *Schlaich/Korioth* BVerfG, Rn. 379 ff.; *Voßkuhle* in: v. Mangoldt/Klein/Starck, GG, Art. 93 Rn. 47. Nach a. A. soll der Entscheidungsausspruch des BVerfG dagegen konstitutive Bedeutung haben, d. h. das Gesetz erst durch die Nichtigkeitserklärung rückwirkend „vernichtet" werden (sog. Vernichtbarkeitslehre), vgl. zum Streitstand *M. Graßhof* in: Burkiczak/Dollinger/Schorkopf, BVerfGG, § 78 Rn. 15 f. m. w. Nachw.

[115] *Hillgruber* in: Hillgruber/Goos, Verfassungsprozessrecht, Rn. 690.

66 Wenn die Norm **mit dem Grundgesetz vereinbar** ist, stellt das BVerfG dies in seinem Entscheidungsausspruch fest.[116] Das folgt aus § 31 Abs. 2 S. 3 BVerfGG, der auch für diesen Fall eine Veröffentlichung der Entscheidungsformel im BGBl vorsieht. Eine **positive Feststellung** der Gültigkeit der Norm[117] ist dagegen nicht vorgesehen und könnte das BVerfG ohnehin nur in Bezug auf Bundesrecht treffen, weil bei Landesrecht die Frage, ob die Norm z. B. mit der jeweiligen Landesverfassung vereinbar ist, vom BVerfG nicht geprüft wird (→ Rn. 38). Unter Umständen kann das Ergebnis auch lauten, dass die Norm nur bei einer bestimmten Auslegung verfassungskonform ist, also eine verfassungskonforme Auslegung notwendig ist. In diesem Fall würde das BVerfG die Vereinbarkeit mit dem Grundgesetz „nach Maßgabe der Gründe" feststellen oder die maßgebliche Auslegung bereits im Tenor konkret benennen.[118]

67 Im Fall der Verfassungswidrigkeit kann das BVerfG auch davon absehen, die Norm für nichtig zu erklären und sich darauf beschränken, die **Unvereinbarkeit mit dem Grundgesetz** festzustellen. § 78 S. 1 BVerfGG enthält eine solche Differenzierung zwar nicht, wohl aber § 31 Abs. 2 S. 3 BVerfGG, der ausdrücklich davon spricht, dass die fragliche Norm „für unvereinbar" mit dem Grundgesetz „oder für nichtig" erklärt werden kann. Eine Unvereinbarkeitserklärung kommt insbesondere in Betracht, wenn eine Verletzung des allgemeinen Gleichheitssatzes (Art. 3 Abs. 1 GG) vorliegt. Da dieser nur die Gleichbehandlung verlangt, aber nicht vorgibt, in welcher Richtung die Gleichstellung erfolgt, kann der Gesetzgeber den Verfassungsverstoß auf unterschiedliche Weise beheben. Mit Rücksicht darauf erklärt das BVerfG eine gleichheitswidrige Norm deshalb in der Regel nicht für nichtig, sondern stellt nur ihre Unvereinbarkeit mit dem Gleichheitssatz fest (→ *Wernsmann* § 19 Rn. 74).[119] Der Gesetzgeber muss den Gleichheitsverstoß dann rückwirkend beseitigen. Bis zur Bereinigung der Rechtslage ist die fragliche Norm nicht anwendbar, so dass noch laufende Verfahren auszusetzen sind.[120] Das BVerfG kann aber auch anordnen, dass die gleichheitswidrige Norm bis zur Neuregelung anwendbar bleibt. Von dieser Möglichkeit macht das BVerfG insbesondere Gebrauch, wenn dies im Interesse einer „verlässlichen Finanz- und Haushaltsplanung" oder zur „Gewährleistung eines gleichmäßigen Verwaltungsvollzugs" geboten erscheint.[121] Ein Automatismus, dass etwa im Fall gleichheitswidriger belastender Steuernormen wegen deren Haushaltswirksamkeit stets eine weitere Anwendung angeordnet würde, existiert allerdings nicht. Es kommt immer auf eine Abwägung aller Umstände unter Einbeziehung der Folgen an.[122]

68 Eine **Unvereinbarkeitserklärung** kommt außerdem in Frage, wenn „der Zustand, der sich im Fall der Nichtigkeit ergäbe, der verfassungsmäßigen Ordnung noch ferner stünde als die befristete Weitergeltung der verfassungswidrigen Regelung".[123] Im Blick hat das BVerfG dabei insbesondere Konstellationen, in denen es um eine Regelung zum Schutz

---

[116] Vgl. z. B. BVerfGE 128, 1 = NVwZ 2011, 94; E 136, 69 = NVwZ 2014, 1219; *Bethge* in: Maunz/Schmidt-Bleibtreu/Klein/Bethge, BVerfGG, § 78 Rn. 112; *Lenz/Hansel* BVerfGG, § 78 Rn. 6; *M. Graßhof* in: Burkiczak/Dollinger/Schorkopf, BVerfGG, § 76 Rn. 9.

[117] So für den Fall, dass es sich um Bundesrecht handelt, *Hillgruber* in: Hillgruber/Goos, Verfassungsprozessrecht, Rn. 687; *Voßkuhle* in: v. Mangoldt/Klein/Starck, GG, Art. 93 Rn. 127. Ebenso auch noch BVerfGE 1, 14 (64) = NJW 1951, 877 (879).

[118] Vgl. z. B. BVerfGE 92, 365 = NJW 1996, 185; E 134, 33 = NJW 2013, 3151; *Lenz/Hansel* BVerfGG, § 78 Rn. 7; *M. Graßhof* in: Burkiczak/Dollinger/Schorkopf, BVerfGG, § 78 Rn. 11.

[119] BVerfGE 122, 210 (245 f.) = NJW 2009, 48 (54) m. Anm. *Müller-Franken* → *Ehlers* JK 4/09, GG Art. 3 I/44 und → JA 2009, 395 *(Muckel)*; E 138, 136 Rn. 286 = NVwZ 2015, 303; E 148, 147 Rn. 165 = NVwZ 2018, 795.

[120] BVerfGE 138, 136 Rn. 286 = NJW 2015, 303.

[121] Vgl. z. B. BVerfGE 138, 136 Rn. 287 ff. = NJW 2015, 303 zur befristeten Fortgeltung der gleichheitswidrigen Erbschaft- und Schenkungsteuer und E 148, 147 Rn. 169 ff. = NJW 2018, 1451 zur befristeten Fortgeltung der gleichheitswidrigen Grundsteuer.

[122] Vgl. z. B. BVerfGE 122, 210 (246 f.) = NJW 2009, 48 (54) m. Anm. *Müller-Franken* → *Ehlers* JK 4/09, GG Art. 3 I/44 und → JA 2009, 395 *(Muckel)* zur gleichheitswidrigen Kürzung der sog. Entfernungspauschale nach § 9 Abs. 1 S. 3 Nr. 4 EStG: keine befristete Weitergeltung, sondern Unanwendbarkeit bis zur Neuregelung.

[123] BVerfGE 133, 241 Rn. 51 = NVwZ 2013, 713.

bestimmter Rechtsgüter geht, der, würde diese für nichtig erklärt, bis zu einer Neuregelung nicht mehr hinreichend gewährleistet wäre, so dass die weitere Anwendung geboten erscheint.[124] Auf der Grundlage des § 35 BVerfGG kann das BVerfG dabei auch weitere Anordnungen treffen und das zunächst weiter anzuwendende Recht im Sinne eines verfassungsgemäßen Zustandes modifizieren, bis der **Gesetzgeber eine verfassungskonforme Neuregelung** getroffen hat.[125]

69 **Lösung zu Fall 10:** Da verschiedene Möglichkeiten bestanden, die festgestellten Gleichheitsverstöße zu beseitigen, hat das BVerfG von einer Nichtigkeitserklärung (§ 78 S. 1 BVerfGG) abgesehen und nur die Unvereinbarkeit mit Art. 3 Abs. 1 GG festgestellt (vgl. § 31 Abs. 2 S. 3 BVerfGG). Hinsichtlich der weiteren Folgen verweist das BVerfG auf die fiskalische Bedeutung der Erbschaftsteuer, die eine der wenigen Steuern sei, deren Aufkommen ausschließlich den Ländern zustehe (vgl. Art. 106 Abs. 2 Nr. 2 GG). Zu berücksichtigen sei außerdem das Interesse an einer rechtssicheren und verwaltungstechnisch praktikablen Erhebung der Erbschaftsteuer sowie das Interesse der Unternehmensinhaber an einer rechtssicheren Nachfolgeplanung. Das BVerfG hat daher die weitere Anwendung des verfassungswidrigen Rechts bis zur Neuregelung angeordnet.[126]

70 **Lösung zu Fall 11:** In der zugrundeliegenden Entscheidung hat das BVerfG darauf abgestellt, dass die Rechtsverordnung, die die Bedingungen für die Haltung von Legehennen regelt, der Umsetzung des Schutzauftrags aus Art. 20a GG dient, so dass eine Nichtigkeitserklärung zu einem Zustand führen würde, der „der verfassungsrechtlichen Ordnung noch ferner stünde als die befristete Weitergeltung". Zwar würden die allgemeinen Vorgaben des TierSchG ohne die Verordnung weiterhin Geltung beanspruchen. Im praktischen Gesetzesvollzug seien die Behörden aber auf hinreichend konkrete Vorgaben angewiesen. Mit Rücksicht darauf hat das BVerfG ein Nachbesserungsfrist gesetzt, innerhalb derer die Rechtsverordnung weiter anwendbar bleibt.[127]

---

[124] Vgl. z. B. BVerfGE 127, 293 (333 ff.) = BeckRS 2010, 56424 → *Ehlers* JK 8/11, GG Art. 20a/1 und → *Sachs* JuS 2011, 572 sowie → JA 2011, 318 *(Hillgruber)*; E 133, 277 Rn. 230 = NJW 2013, 1499 → *Ehlers* JK 12/13, GG Art. 2 I i. V. m. 1 I/58 und → *Sachs* JuS 2013, 952.

[125] Vgl. z. B. BVerfGE 128, 326 (405 ff.) = NJW 2011, 1931 Rn. 172 ff. → *Sachs* JuS 2011, 854; E 133, 277 Rn. 231 = NJW 2013, 1499 → *Ehlers* JK 12/13, GG Art. 2 I i. V. m. 1 I/58 und → *Sachs* JuS 2013, 952.

[126] BVerfGE 138, 136 Rn. 285 ff. = NJW 2015, 303.

[127] BVerfGE 127, 293 (333 ff.) = BeckRS 2010, 56424 → *Ehlers* JK 8/11, GG Art. 20a/1 und → *Sachs* JuS 2011, 572 sowie → JA 2011, 318 *(Hillgruber)*.

# § 18. Organstreitverfahren

*Dirk Ehlers*

**Übersicht**



**Schrifttum:** *Barczak/Görisch* Das Organstreitverfahren als subjektives Rechtsschutzverfahren, DVBl 2011, 332; *Engels* Die Zulässigkeitsprüfung im Organstreitverfahren vor dem Bundesverfassungsgericht, Jura 2010, 421; *Fuerst/Steffahn* Die Begründetheit des Organstreits vor dem Bundesverfassungsgericht in der Fallbearbeitung, Jura 2012, 90; *Geis/Meier* Grundfälle im Organstreitverfahren, Art. 93 I Nr. 1 GG, §§ 13 Nr. 5, 63 ff. BVerfGG, JuS 2011, 699; *Grote* Der Verfassungsorganstreit, 2010; *Nellesen/Pützer* Die Stellung des Bundestagsabgeordneten im Organstreitverfahren, JuS 2018, 429.

## A. Funktion und Bedeutung des bundesverfassungsgerichtlichen Organstreitverfahrens

1 Juristische Personen untergliedern sich in der Regel in mehrere Organe, die dazu berufen sind, nach innen und/oder nach außen die Aufgaben des Rechtsträgers wahrzunehmen. Zwischen den Organen kann es zu rechtlichen (und nicht nur politischen oder sonstigen) Streitigkeiten kommen. Das trifft namentlich auf **Staatsorgane** zu, weil es sich bei Staaten um Großgebilde mit einer besonders vielfältigen Organisationsstruktur handelt, die Zuweisung der Organkompetenzen dem im Gewaltenteilungsprinzip verankerten Grundsatz von „checks and balances" folgt und es oftmals um die rechtliche Entscheidung kontroverser Fragestellungen hochpolitischer Art sowie die Wahrung der Minderheitenrechte geht. Um in derartigen Fällen einen gerichtlichen Streitentscheid zu ermöglichen, schreibt **Art. 93 Abs. 1 Nr. 1 GG** vor, dass das BVerfG über die Auslegung des Grundgesetzes aus Anlass von Streitigkeiten über den Umfang der Rechte und Pflichten eines obersten Bundesorgans oder anderer Beteiligter entscheidet, die durch das Grundgesetz oder in der Geschäftsordnung eines obersten Bundesorgans mit eigenen Rechten ausgestattet sind. Mit dieser Bestimmung geht das Grundgesetz über Vorläuferbestimmungen und Regelungen in ande-

ren Staaten, die ein Organstreitverfahren zulassen, hinaus.[1] Es handelt sich bei dem in Art. 93 Abs. 1 Nr. 1 GG normierten, gemeinhin als Organstreit bezeichneten Verfahren um eine verfassungsgerichtliche **Innenrechtsstreitigkeit kontradiktorischer Art** zwischen (zumindest) einem Antragsteller und einem Antragsgegner.

2 Nach Art. 93 Abs. 1 Nr. 1 GG geht es nicht unmittelbar um die Entscheidung von Streitigkeiten zwischen den Beteiligten, sondern um die „Auslegung" des Grundgesetzes „aus Anlass von Streitigkeiten", also eine **prinzipale Verfassungsauslegung.**[2] Gleichwohl schreibt § 67 S. 1 BVerfGG vor, dass das BVerfG darüber befindet, ob die „beanstandete Maßnahme oder Unterlassung des Antragsgegners" gegen eine Bestimmung des Grundgesetzes verstößt. Die vorgelagerte Auslegungsfrage kann, muss aber nicht allgemein verbindlich mitentschieden werden (§ 67 S. 3 BVerfGG). Das BVerfG hält das Hinausgehen über Art. 93 Abs. 1 Nr. 1 GG für gerechtfertigt, weil die Grundgesetzbestimmung weder klar noch abschließend sei und eine Ausweitung des Prüfprogramms jedenfalls von Art. 93 Abs. 3, 94 Abs. 2 GG gedeckt werde.[3] Zahlenmäßig bleiben die Organstreitigkeiten weit hinter den Verfassungsbeschwerden (Art. 93 Abs. 1 Nr. 4a und 4b GG) und auch deutlich hinter den konkreten Normenkontrollverfahren (Art. 93 Abs. 1 Nr. 2, 100 Abs. 1 GG) zurück.[4] Doch hat das BVerfG im **Organstreitverfahren gewichtige Entscheidungen** getroffen (z. B. über die Rechtsstellung von Abgeordneten[5] und Fraktionen,[6] die Parteienfinanzierung[7] und Finanzierung parteinaher Stiftungen,[8] die Zulässigkeit von Sperrklauseln,[9] die Mitwirkung des Bundestages bei der Fortentwicklung des Europäischen Unionsrechts,[10] die Auflösung des Bundestages,[11] die Verfassungsmäßigkeit von Auslandseinsätzen der Bundeswehr,[12] die Rechtsstellung der Bundesversammlung[13] sowie die Befugnisse des Bundespräsidenten[14]).

3 Für Streitigkeiten über Rechte und Pflichten der **obersten Landesorgane** sehen die Landesverfassungen oder Verfassungsgerichtsgesetze der Länder in weitgehender Anlehnung an Art. 93 Abs. 1 Nr. 1 GG den Rechtsweg zu den **Landesverfassungsgerichten** vor. Über die verfassungsrechtlichen Organstreitigkeiten entscheidet auch in Schleswig-Holstein nicht mehr gemäß Art. 99 GG das BVerfG im Wege der Organleihe, da mit Wirkung zum 1.5.2008 das Schleswig-Holsteinische Landesverfassungsgericht seine Arbeit aufgenommen hat.[15] Ferner ist das BVerfG nach Art. 93 Abs. 1 Nr. 4 Var. 3 GG, § 71 Abs. 1 Nr. 3 BVerfGG für öffentlich-rechtliche Streitigkeiten (verfassungsrechtlicher Art) innerhalb eines Landes zuständig, soweit nicht ein anderer Rechtsweg gegeben ist (→ *Pünder* § 20 Rn. 51 ff.). Diese Voraussetzung liegt nicht nur vor, wenn das Landesverfassungsrecht keine Organisations-

---

[1] Vgl. *Pietzcker* FS 50 Jahre BVerfG I, 2001, S. 587; zur Paulskirchen-Verfassung vgl. § 126 lit. b, zur Weimarer Reichsverfassung Art. 19 Abs. 1 WRV, zum internationalen Vergleich *Grote* Der Verfassungsorganstreit, 2010, S. 311 ff.; *Barczak* in: Barczak, BVerfGG, § 63 Rn. 6 ff.

[2] *Schlaich/Korioth* BVerfG, Rn. 82.

[3] Vgl. BVerfGE 1, 208 (231 f.) = BeckRS 1952, 191 Rn. 78 ff.; E 2, 143 (155 ff.) = NJW 1953, 537 f.; krit. *Pestalozza* Verfassungsprozeßrecht, § 7 Rn. 5.

[4] Bis zum Jahre 2019 wurden 236 Organstreitverfahren geführt, dagegen sind im gleichen Zeitraum 235.257 Verfassungsbeschwerden und 3.698 konkrete Normenkontrollanträge beim BVerfG anhängig gemacht worden. Im Vergleich zu den abstrakten Normenkontrollen (Art. 93 Abs. 1 Nr. 2 GG) – 184 Eingänge – überwiegen die Organstreitverfahren, vgl.: https://www.bundesverfassungsgericht.de/DE/Verfahren/Jahresstatistiken/2019/gb2019/A-I-4.pdf?__blob=publicationFile&v=3 (zuletzt abgerufen am 30.11.2020).

[5] BVerfGE 80, 188 = NJW 1990, 373; E 94, 351 = NJW 1996, 2720; E 118, 227 = NJW 2007, 2977; E 134, 141 = NVwZ 2013, 1468 → *Eifert* JK 2/14, GG Art. 38 I 2/27 und → *Sachs* JuS 2014, 284.

[6] Z. B. BVerfGE 140, 1 = NVwZ 2015, 1361.

[7] BVerfGE 20, 134 = BeckRS 1966, 104351; E 52, 63 = NJW 1979, 1815; E 85, 264 = NJW 1992, 2545.

[8] BVerfGE 73, 1 = NJW 1986, 2497.

[9] BVerfGE 82, 322 = NJW 1990, 3001; E 135, 259 = NVwZ 2014, 439.

[10] BVerfGE 123, 267 (432 ff.) = NJW 2009, 2267 (2294 f.); E 142, 123 = NJW 2016, 2473 → *Kingreen* JK 10/16, GG Art. 23 I, 28 I 1, 79 III, AEUV Art. 119, 123, 127 I, II und → *Ruffert* JuS 2016, 756.

[11] BVerfGE 62,1 = NJW 1983, 735.

[12] BVerfGE 90, 286 = NJW 1994, 2207; E 118, 244 = NVwZ 2007, 1039; E 140, 160 = NVwZ 2015, 1593; E 141, 182 = BeckRS 2016, 43224.

[13] BVerfGE 136, 277 = NVwZ 2014, 1149.

[14] BVerfGE 136, 323 Rn. 16 = BeckRS 2014, 52021 Rn. 13.

[15] LVerfGG SH vom 10.1.2008, GVOBl SH 2008, S. 25.

streitverfahren vorsieht (was tatsächlich nicht der Fall ist), sondern auch dann, wenn die landesrechtliche Antragsbefugnis stärker als nach Art. 93 Abs. 1 Nr. 1 GG eingegrenzt ist, so dass im konkreten Fall keine Möglichkeit besteht, den Organstreit vor dem Landesverfassungsgericht auszutragen.[16] Andererseits lässt Art. 93 Abs. 1 Nr. 4 Var. 3 GG eine Erweiterung des gerichtlichen Rechtsschutzes über die Wahrung eigener Kompetenzen hinaus nicht zu, so dass für die Annahme einer Prozessstandschaft (z. B. einer Fraktion zur Wahrnehmung der Rechte des Landtages gegen die Landesregierung) anders als nach Bundesrecht[17] kein Raum ist.[18]

## B. Zulässigkeit des Antrags

Wie alle anderen Rechtsbehelfe ist auch ein Rechtsschutzantrag nach Art. 93 Abs. 1 Nr. 1 GG erfolgreich, wenn er zulässig und begründet ist. Die näheren Voraussetzungen ergeben sich teils aus dem Grundgesetz selbst, teils aus §§ 13 Nr. 5, 63 ff. BVerfGG. Zuständig in Organstreitverfahren ist gemäß § 14 Abs. 2 Alt. 1 BVerfGG der **Zweite Senat** des BVerfG. 4

### I. Ordnungsgemäßer Antrag

Gemäß § 23 Abs. 1 BVerfGG muss ein **Antrag,** der ein Verfahren vor dem BVerfG einleitet, bei diesem **schriftlich** und mit **Begründung** eingereicht werden. Der Antragsteller hat die Bestimmung des Grundgesetzes zu bezeichnen, gegen die durch die beanstandete Maßnahme oder Unterlassung des Antragsgegners verstoßen worden sein soll (§ 64 Abs. 2 BVerfGG). Erforderlich ist eine substantiierte, über die bloße Bezeichnung der Zulässigkeitsvoraussetzungen des § 64 Abs. 1 und 2 BVerfGG hinausgehende Begründung.[19] Bei der Bestimmung des prozessualen Begehrens ist das BVerfG nicht an die wörtliche Fassung der Anträge gebunden. Eine **Auslegung** unklarer Anträge[20] ist ebenso wie die Erfassung des „eigentlichen" Sinns des mit dem Antrag verfolgten Begehrens möglich.[21] Insbesondere ist bei der Auslegung die Antragsbegründung zu berücksichtigen.[22] Selbst die **Umdeutung** einer Verfassungsbeschwerde in einen Organantrag kommt in Betracht, vorausgesetzt, ein solcher Antrag ist zulässig.[23] Anträgen von Kollegialorganen muss ein Mehrheitsbeschluss zugrunde liegen.[24] Eine Rücknahme oder übereinstimmende Erledigungserklärungen führen zur Beendigung des Verfahrens. Nach einer mündlichen Verhandlung soll die Rücknahme der Zustimmung des Gerichts bedürfen und verweigert werden können, wenn öffentliche Interessen entgegenstehen (→ Rn. 70). 5

### II. Beteiligungsfähigkeit

**Fall 1:** Der Bundestag hat ein Gesetz ohne Zustimmung des Bundesrates verabschiedet. Was kann der Bundesrat unternehmen, wenn er das Gesetz für zustimmungspflichtig hält? 6

---

[16] Vgl. BVerfGE 4, 375 (377) = NJW 1956, 905; E 93, 195 (202) = NVwZ 1996, 1197 (1198); krit. *Zierlein* AöR 118 (1993), 66 (102).

[17] *Pestalozza* Verfassungsprozeßrecht, § 7 Rn. 32.

[18] Vgl. BVerfGE 60, 319 (326 f.) = NVwZ 1982, 430.

[19] Vgl. z. B. BVerfGE 24, 252 (258) = BeckRS 1968, 103917; E 134, 141 Rn. 161 = NVwZ 2013, 1468 → *Eifert* JK 2/14, GG Art. 38 I 2/27 und → *Sachs* JuS 2014, 284.

[20] Vgl. BVerfGE 68, 1 (68) (insoweit nicht abgedruckt in NJW 1985, 603); E 143, 101 Rn. 70 = NVwZ 2017, 137.

[21] BVerfGE 54, 53 (64) (insoweit nicht abgedruckt in NJW 1980, 2797); E 68, 1 (64) (insoweit nicht abgedruckt in NJW 1985, 603).

[22] BVerfGE 103, 242 (257) = NJW 2001, 1712; E 150, 194 Rn. 15 = NVwZ 2019, 159 → *Sachs* JuS 2019, 731 und → JA 2019, 315 (Hillgruber); E 151, 191 Rn. 13 = NVwZ 2019, 1196 → *Sachs* JuS 2019, 1228.

[23] BVerfGE 13, 54 (94 f.) = BeckRS 1961, 103726 Rn. 84; E 135, 317 Rn. 134 = NJW 2014, 1505 Rn. 134.

[24] *Hillgruber/Goos* Verfassungsprozessrecht, Rn. 435.

7 **Fall 2:** Der A-Partei, die mit 20 Abgeordneten im Bundestag vertreten ist, wird unter Hinweis auf § 10 GO BT der Fraktionsstatus vom Bundestag verweigert. Hat ein Organstreitverfahren der Abgeordneten der A-Partei Aussicht auf Erfolg?

8 **Abwandlung Fall 2:** Eine Anzahl von Bundestagsabgeordneten unterstützt das Anliegen der A-Partei und führt eine Bundestagsabstimmung herbei, unterliegt jedoch in der Abstimmung. Daraufhin stellen sie einen Antrag nach Art. 93 Abs. 1 Nr. 1 GG.

9 **Fall 3:** Der partei- und fraktionslose Abgeordnete des Bundestages B wird bei der Besetzung der Ausschüsse des Bundestages nicht berücksichtigt. Ist ihm zu einem Organstreitverfahren zu raten?

10 **Fall 4:** Kurz vor der Wahl des Bundestages versendet die Bundesregierung an alle Bürger ein Informationsblatt, in dem sie auf ihre Erfolge in der Legislaturperiode hinweist. Die Oppositionspartei C hält dies für eine unzulässige Wahlwerbung. Wäre ein Antrag nach Art. 93 Abs. 1 Nr. 1 GG zulässig?

11 Da das Organstreitverfahren ein kontradiktorisches Verfahren ist (→ Rn. 1), muss auf der **Aktiv- und Passivseite** mindestens jeweils ein Beteiligter den Rechtsstreit führen und zwischen den Beteiligten ein **Verfassungsrechtsverhältnis** bestehen. Die Beteiligungsfähigkeit beurteilt sich für beide Seiten grundsätzlich gleich (zu den Parteien vgl. aber → Rn. 24, zur passiven Prozessführungsbefugnis → Rn. 58). Derjenige, der aktiv beteiligungsfähig ist, besitzt in der Regel auch die passive Beteiligungsfähigkeit und umgekehrt. In concreto gilt Folgendes:

### 1. Oberste Bundesorgane

12 Nach Art. 93 Abs. 1 Nr. 1 GG steht das Organstreitverfahren zunächst den **obersten Bundesorganen** (nicht denjenigen des Landes)[25] zur Verfügung. Darunter sind diejenigen Organe zu verstehen, die von der Verfassung in Existenz, Status und wesentlichen Kompetenzen konstituiert werden, dem Staat durch Existenz und Funktion seine spezifische Gestalt verleihen und durch ihre Tätigkeit an der obersten Staatsleitung teilhaben.[26] § 63 BVerfGG nennt „nur" den Bundespräsidenten (Art. 54 GG), den Bundestag (Art. 38 ff. GG), den Bundesrat (Art. 50 ff. GG) und die Bundesregierung (Art. 62 ff. GG).[27] Die **Zahl** der obersten Bundesorgane wird indessen durch diese Aufzählung **nicht erschöpft.** So wird man jedenfalls die Bundesversammlung (Art. 54 GG)[28] und den Gemeinsamen Ausschuss (Art. 53a, 115e GG) – nicht dagegen die Bundesländer, das Staatsvolk, den Bundeswahlleiter, die einzelnen Staatsbürger[29] und die in Ausführung des Art. 10 Abs. 2 GG geschaffene, im Funktionsbereich der Exekutive tätig werdende G10-Kommission[30] – zu den obersten Bundesorganen zu zählen haben. Umstritten ist, ob dasselbe für den Wehrbeauftragen (Art. 45b GG), die Bundesbank (Art. 88 GG), den Bundesrechnungshof (Art. 114

---

[25] Vgl. demgegenüber Art. 93 Abs. 1 Nr. 2, 2a, Abs. 2 S. 1 GG.

[26] BVerfGE 143, 1 Rn. 31 = NVwZ 2016, 1701 → JuS 2017, 479 und → JA 2017, 477 *(Hillgruber)*.

[27] Ob der Bundeskanzler und die Bundesminister oberste Bundesorgane i. S. d. Art. 93 Abs. 1 Nr. 1 GG sind, ist umstritten (vgl. *Walter* in: BeckOK BVerfGG, § 63 Rn. 12. Nach der hier vertretenen Auffassung handelt es sich um Teile von Organen, vgl. → Rn. 16).

[28] Auch die einzelnen Mitglieder der Bundesversammlung sind als Organteile beteiligungsfähig; vgl. BVerfGE 136, 277 Rn. 61 = NVwZ 2014, 1149 → *Eifert* JK 11/14, GG Art. 54/1 und → *Sachs* JuS 2014, 860 sowie → JA 2014, 950 *(Hillgruber)*.

[29] Vgl. *Voßkuhle* in: v. Mangoldt/Klein/Starck, GG, Art. 93 Rn. 103.

[30] BVerfGE 143, 1 Rn. 42 ff. = NVwZ 2016, 1701 → *Sachs* JuS 2017, 479 und → JA 2017, 477 *(Hillgruber)*.

Abs. 2 GG)[31] und den Vermittlungsausschuss (Art. 77 Abs. 2 GG) gilt.[32] Das dürfte in allen Fällen zu bejahen sein.[33] Das BVerfG ist zwar oberstes Bundesorgan, kann aber nicht Richter in eigener Sache sein.

Da § 63 BVerfGG als einfaches Gesetz nicht Art. 93 Abs. 1 Nr. 1 GG beschränken, sondern lediglich wegen der nicht abschließenden Regelung erweitern kann (Art. 93 Abs. 3, 94 Abs. 2 S. 1 GG), muss die Bestimmung **verfassungskonform** dahingehend **ausgelegt** werden, dass über die genannten Parteien hinaus auch die anderen obersten Bundesorgane als Beteiligte in Betracht kommen.[34] Hält man eine verfassungskonforme Auslegung[35] wegen des Wortlauts des § 63 BVerfGG (können „nur" sein) nicht für zulässig, muss die gesetzliche Einschränkung der grundgesetzlichen Regelung als (teil-)nichtig angesehen werden,[36] so dass insoweit allein auf Art. 93 Abs. 1 Nr. 1 GG zurückzugreifen ist, was im Übrigen (vor allem im Hinblick auf die nur in § 64 Abs. 1 BVerfGG angesprochenen Teile von Organen) eine Gesamtschau beider Normen[37] nicht ausschließt. 13

**Lösung zu Fall 1:** Da Bundesrat und Bundestag (sowie der gemäß Art. 82 Abs. 1 GG für die Ausfertigung und Verkündung der Gesetze zuständige Bundespräsident) oberste Bundesorgane sind, ist für die Austragung des Streits, ob ein Gesetz der Zustimmung des Bundesrates bedarf, das Organstreitverfahren des Art. 93 Abs. 1 Nr. 1 GG eröffnet. 14

### 2. Andere Beteiligte

Beteiligungsfähig sind nach Art. 93 Abs. 1 Nr. 1 GG ferner **andere Beteiligte,** die durch das Grundgesetz oder in der Geschäftsordnung eines obersten Bundesorgans **mit eigenen Rechten** ausgestattet sind. Es muss sich um **ständige Gliederungen** der Bundesorgane handeln, welche die Arbeit der Organe ermöglichen oder erleichtern sollen.[38] Für die Frage, ob ein Beteiligter mit eigenen Rechten ausgestattet ist, kommt es grundsätzlich nicht auf den konkreten Streitfall, sondern auf die **abstrakte Betrachtungsweise** an (→ Rn. 44).[39] 15

Eine besondere Gruppe anderer Beteiligter stellen die in § 63 BVerfGG erwähnten **Organteile** dar, die im Grundgesetz, in der GO BT oder GO BR mit **eigenen Rechten** ausgestattet sind. Darunter fallen etwa der Bundeskanzler (Art. 63, 65 S. 1, 4 GG), die Bundesminister (Art. 65 S. 2 GG),[40] die Präsidenten und Präsidien des Bundestages[41] und Bundesrates,[42] die Regierungsmitglieder der Länder im Bundesrat,[43] die Ausschüsse des Bundestages und Bundesrates[44] – einschließlich der Untersuchungsausschüsse (Art. 44 GG), der Ausschuss für Angelegenheiten der Europäischen Union (Art. 45 GG), die Ausschüsse 16

---

[31] Zur Beteiligungsfähigkeit des Landesrechnungshofs im Organstreitverfahren eines Landes vgl. VerfGH NW NWVBl 2012, 107.

[32] Vgl. die Nachw. bei *Kment* in: Jarass/Pieroth, GG, Art. 93 Rn. 66.

[33] Teilweise a. A. *Sachs* Verfassungsprozessrecht, Rn. 302.

[34] Allg. Auffassung; vgl. statt vieler *Erichsen* Jura 1990, 670 (671); *Sachs* Verfassungsprozessrecht, Rn. 300.

[35] So z. B. *E. Klein* in: Benda/Klein, Verfassungsprozessrecht, § 28 Rn. 1026; *Lechner/Zuck* BVerfGG, § 63 Rn. 4.

[36] In diesem Sinne *Hillgruber/Goos* Verfassungsprozessrecht, Rn. 425; *Voßkuhle* in: v. Mangoldt/Klein/Starck, GG, Art. 93 Rn. 101; *Engels* Jura 2010, 421 (422).

[37] So *Barczak* in: Barczak, BVerfGG, § 63 Rn. 23.

[38] BVerfGE 2, 143 (160) = NJW 1953, 537 (538); E 117, 359 (367) = NVwZ 2007, 685 (686); → JuS 2008, 74 *(Sachs);* E 123, 267 (337) = BeckRS 2009, 35262 Rn. 200.

[39] Siehe zum Problem auch *E. Klein* in: Benda/Klein, Verfassungsprozessrecht, § 28 Rn. 1027.

[40] Vgl. etwa BVerfGE 45, 1 (29) (insoweit nicht abgedruckt in NJW 1977, 1387); E 90, 286 (338) = NJW 1994, 2207 (2208); NJW 2020, 2096 → *Sachs* JuS 2020, 803 und → JA 2020, 718 *(Hillgruber).*

[41] Zum Bundestagspräsidenten vgl. Art. 40 GG. Soweit der Bundestagspräsident von seinem Hausrecht (gegenüber Außenstehenden) Gebrauch macht (Art. 40 Abs. 2 S. 1 GG), übt er die Aufgaben eines Verwaltungsorgans aus, so dass im Streitfall (bei Zuordnung des Hausrechts zum öffentlichen Recht) der Verwaltungsrechtsweg gegeben ist. Zu dem Präsidium des Bundestages vgl. § 5 GO BT.

[42] Vgl. z. B. Art. 52 Abs. 2, 57 GG; §§ 5 f., 20 ff., 26 Abs. 2 GO BR.

[43] Vgl. z. B. Art. 43 Abs. 2, 51 Abs. 1 GG.

[44] Vgl. z. B. §§ 54 ff. GO BT; Art. 53 S. 1 GG; §§ 36 ff. GO BR.

für auswärtige Angelegenheiten und Verteidigung (Art. 45a GG), der Petitionsausschuss (Art. 45c GG), das parlamentarische Kontrollgremium (Art. 45d GG) und der Gemeinsame Ausschuss (Art. 53a GG) –, die Fraktionen im Bundestag[45] (einschließlich der Fraktionen im Ausschuss),[46] andere Zusammenschlüsse von Abgeordneten (§ 10 Abs. 4 GO BT) sowie qualifizierte Minderheiten im Bundestag[47] (vgl. Art. 39 Abs. 3, 42 Abs. 1 S. 2, 44 Abs. 1 S. 1,[48] 61 Abs. 1 S. 2 GG) und im Bundesrat (vgl. Art. 52 Abs. 2 S. 2, 61 Abs. 1 S. 2 GG).[49] Eine Absenkung der grundgesetzlich vorgesehenen Quoren ist unzulässig.[50]

17 Das Grundgesetz enthält zwar einen verfassungsrechtlichen Grundsatz effektiver **Opposition,**[51] die Opposition selbst ist aber nicht beteiligungsfähig. Ebenso begründet das Grundgesetz weder explizit spezifische Oppositions(Fraktions-) rechte, noch lässt sich ein Gebot der Schaffung solcher Rechte aus dem Grundgesetz ableiten.[52]

18 **Lösung zu Fall 2:** Das Recht, sich mit anderen Abgeordneten zu einer Fraktion zusammenzuschließen, findet seine verfassungsrechtliche Grundlage in Art. 38 Abs. 1 S. 2 GG. Daher sind die Abgeordneten beteiligungsfähig. Die auf § 10 Abs. 1 GO BT gestützte Vorenthaltung des Fraktionsstatus verletzt möglicherweise Art. 38 Abs. 1 S. 2 GG, so dass auch eine Antragsbefugnis (§ 64 BVerfGG) zu bejahen ist. Weitere Bedenken gegen die Zulässigkeit des Antrags bestehen nicht. Da die in § 10 Abs. 1 S. 1 GO BT geregelte Fraktionsmindeststärke von fünf vom Hundert der Mitglieder des Bundestages (derzeit 709[53]) nicht zu beanstanden ist, ist der Antrag der Abgeordneten aber unbegründet.[54]

19 Nicht beteiligungsfähig sind **Abstimmungsminderheiten** oder Abstimmungsmehrheiten.[55] Es handelt sich bei solchen von Fall zu Fall zusammenarbeitenden Gruppierungen nicht um mit eigenen Rechten ausgestattete Organteile.

20 **Lösung zur Abwandlung Fall 2:** Die das Anliegen der A-Partei unterstützenden Abgeordneten wollen nicht selbst als Fraktion anerkannt werden und stellen auch keine ständig vorhandene Gliederung des Parlaments (etwa nach Art von Fraktionen) dar. Es handelt sich um eine ad hoc-Gruppierung, die nur zahlenmäßig definiert ist und im Grundgesetz nicht mit besonderen Rechten ausgestattet sind. Ihnen fehlt die Qualität

---

[45] Zur Untergliederung des Bundestages in Fraktionen vgl. § 10 GO BT, zu der Vielzahl von Rechten z. B. §§ 57 Abs. 4, 59 Abs. 4, 61 Abs. 2, 64 Abs. 2 S. 3, 90 Abs. 2 GO BT.

[46] Vgl. BVerfGE 20, 56 (104) = NJW 1966, 1499 (1504); E 67, 100 (124) = NJW 1984, 2271 f.; E 105, 197 (220) = NJW 2002, 1936 → *Ehlers* JK 9/02, GG Art. 44/4 und → JuS 2002, 1120 *(Sachs)* sowie → JA 2002, 845 *(Hillgruber)*.

[47] A. A. z. B. *Pietzcker* FS 50 Jahre BVerfG I, 2001, S. 596; auch wenn man der hier vertretenen Ansicht folgt, sind die qualifizierten Minderheiten nur punktuell (im Rahmen der im Grundgesetz vorgegebenen Ausnahmefälle) beteiligungsfähig. Deshalb muss insoweit auf den konkreten Streitfall (und nicht auf die abstrakte Fähigkeit, Beteiligter sein zu können) abgestellt werden.

[48] Verteidigungsfähig ist die konkrete (konstituierte) oder sog. potenzielle Einsetzungsminderheit i. S. d. Art. 44 Abs. 1 S. 1 GG; vgl. BVerfGE 105, 191 (220, 224 f.) = NJW 2002, 1936 (1936 f.) → *Ehlers* JK 9/02, GG Art. 44/4 und → JuS 2002, 1120 *(Sachs)* sowie → JA 2002, 845 *(Hillgruber)*; E 143, 101 Rn. 76 f. = NVwZ 2017, 137. Mehrere Fraktionen sind in ihrer Gesamtheit beteiligungsfähig, wenn sie eine Antragsminderheit i. S. d. Art. 44 Abs. 1 GG bilden (BVerfGE 124, 78 (106 f.) = BeckRS 2009, 37695 Rn. 84).

[49] Näher zum Ganzen *Bethge* in: Maunz/Schmidt-Bleibtreu/Klein/Bethge, BVerfGG, § 63 Rn. 43 ff.; *Walter* in: BeckOK BVerfGG, § 63 Rn. 25.

[50] BVerfGE 142, 25 Rn. 107 = NVwZ 2016, 922 (m. Anm. *Lassahn*) → *Eifert* JK 8/16, GG Art. 38 I 2 und → *Sachs* JuS 2016, 764 sowie → JA 2016, 638 *(Hillgruber)*.

[51] BVerfGE 142, 25 Rn. 85 = NVwZ 2016, 922 (m. Anm. *Lassahn*) → *Eifert* JK 8/16, GG Art. 38 I 2 und → *Sachs* JuS 2016, 764 sowie → JA 2016, 638 *(Hillgruber)*.

[52] BVerfGE 142, 25 Rn. 91 = NVwZ 2016, 922 (m. Anm. *Lassahn*) → *Eifert* JK 8/16, GG Art. 38 I 2 und → *Sachs* JuS 2016, 764 sowie → JA 2016, 638 *(Hillgruber)*.

[53] Bezogen auf den Bundestag der 19. Wahlperiode.

[54] Vgl. BVerfGE 84, 304 (317 f., 326) = NJW 1991, 2474 (2475, 2476 f.).

[55] Vgl. BVerfGE 2, 143 (160 f.) = NJW 1953, 537 (538); *Kment* in: Jarass/Pieroth, GG, Art. 93 Rn. 65.

eines Organteils. Daher ist der Antrag der Abgeordneten mangels Beteiligungsfähigkeit unzulässig.

§ 63 BVerfGG bleibt auch im Hinblick auf die Aufzählung der anderen Beteiligten insofern hinter Art. 93 Abs. 1 Nr. 1 GG zurück, als nicht alle durch das Grundgesetz oder die Geschäftsordnung eines obersten Bundesorgans mit eigenen Rechten ausgestatteten Organe genannt werden. Dies gilt jedenfalls dann, wenn man der (keineswegs zweifelsfreien) Rechtsprechung des BVerfG folgt, wonach die **Abgeordneten** weder oberste Bundesorgane noch Organteile des Bundestages, sondern selbständige Funktionsträger sind, die durch Art. 38 Abs. 1 S. 2 GG mit eigenen Rechten (z. B. mit Teilnahme-, Rede-, Frage-[56] und Abstimmungsrechten[57]) ausgestattet sind.[58] Dementsprechend müssen sie im Wege einer verfassungskonformen Erweiterung des § 63 BVerfGG oder einer Gesamtschau der Regelungen als beteiligungsfähig angesehen werden. Im Organstreitverfahren dürfen sie aber nur die mit ihrem verfassungsrechtlichen Status verbundenen Rechte geltend machen.[59] Eine Berufung auf die Grundrechte ist ihnen im Organstreitverfahren nicht gestattet.[60] 21

Gegenüber der Verfassungsbeschwerde[61] ist das Organstreitverfahren der speziellere Rechtsbehelf,[62] selbst wenn der Abgeordnete zugleich eine Grundrechtsverletzung rügt. Ob eine Maßnahme, die auf den Status des Abgeordneten zielt, in besonderen Ausnahmefällen in dessen grundrechtlich geschützte Privatsphäre eingreifen kann, hat das BVerfG bisher offen gelassen.[63] Der **Vorrang des Organstreitverfahrens** gilt nur, soweit sich der Abgeordnete mit Organen oder Organteilen, mit denen er in einem dem Organstreitverfahren zugänglichen Verfassungsrechtsverhältnis steht, um seine Statusrechte streitet (→ *Scherzberg* § 15 Rn. 28). Soweit der Abgeordnete die Verletzung eines im fachgerichtlichen Verfahren zu berücksichtigenden subjektiven öffentlichen Rechts durch die öffentliche Gewalt rügt (z. B. die Rüge geltend macht, dass die Fachgerichte Art. 47 S. 2 GG verletzt haben), steht als verfassungsrechtlicher Rechtsbehelf nur die **Verfassungsbeschwerde** zur Verfügung.[64] Nichts anderes gilt, wenn die Abgeordneten subjektiv-öffentliche Rechte gegenüber anderen Trägern von Staatsgewalt geltend machen[65] oder (noch nicht gewählte) parteilose Abgeordnete den Gerichtsweg beschreiten.[66] 22

**Lösung zu Fall 3:** Die Beteiligtenfähigkeit des B ergibt sich aus Art. 38 Abs. 1 S. 2 GG i. V. m. Art. 93 Abs. 1 Nr. 1 GG und § 63 BVerfGG. Bedenken gegen die Zulässig- 23

[56] Vgl. BVerfGE 13, 123 (125) = NJW 1961, 1913; E 124, 161 (185) = BeckRS 2009, 36263.

[57] Vgl. *Jarass* in: Jarass/Pieroth, GG, Art. 38 Rn. 55 ff.

[58] Vgl. BVerfGE 62, 131 = NVwZ 1983, 277; E 90, 286 (343) = BeckRS 1994, 120211; E 114, 121 (146) = NJW 2005, 2669; E 117, 359 (367) = NVwZ 2007, 685 (686); E 123, 367 (337) = BeckRS 2009, 35262 Rn. 199 f.; *Umbach* in: Umbach/Clemens/Dollinger, BVerfGG, §§ 63, 64 Rn. 14; *Schlaich/Korioth* BVerfG, Rn. 91 *Geis/Meier* JuS 2011, 609 (702); von einer Doppelstellung der Abgeordneten (als andere Beteiligte i. S. d. Art. 93 Abs. 1 Nr. 1 GG und Organteile i. S. d. § 63 BVerfGG) geht *Pestalozza* Verfassungsprozeßrecht, § 7 Rn. 12 Fn. 58 aus.

[59] Vgl. BVerfGE 43, 142 (148 f.) = DVBl 77, 613; E 60, 374 (380) = NJW 1982, 2233 (2234); E 99, 19 (29) = NJW 1998, 3042. Näher dazu *Nellesen/Pützer* JuS 2018, 429.

[60] Vgl. BVerfGE 118, 277 (319 f.) = NVwZ 2007, 916 (918) (dazu Fall 13 → Rn. 59 mit Lösung → Rn. 63); E 94, 351 (365) = NJW 1996, 2720 (2721); E 99, 19 (29) = NJW 1998, 3042.

[61] Vgl. Art. 93 Abs. 1 Nr. 4a GG, der Art. 38 GG ausdrücklich nennt.

[62] BVerfGE 70, 324 (350) = BeckRS 1986, 109211 Rn. 99; E 80, 188 (208 f.) = NJW 1990, 373; E 94, 351 (365) = NJW 1996, 2720 (2721).

[63] BVerfGE 118, 277 (320) = NVwZ 2007, 916 (918).

[64] BVerfGE 108, 251 (267 f.) = NJW 2003, 3401 f. → *Schoch* JK 2/04, GG Art. 38 I S. 2/14 und → JuS 2004, 71 *(Sachs)*.

[65] BVerfGE 108, 251 (266 ff.) = NJW 2003, 3401 f.; E 134, 141 Rn. 84 ff. = NVwZ 2013, 1468 (1469) → *Eifert* JK 2/14, GG Art. 38 I 2/27 und → *Sachs* JuS 2014, 284; BVerfG-K NJW 2014, 3085 Rn. 26; *Pieroth* in: Jarass/Pieroth, 15. Aufl. 2018, GG, Art. 38 Rn. 62.

[66] BVerfGE 40, 296 (309) = NJW 1975, 2331; E 63, 230 (241 f.) = NJW 1983, 1105; E 64, 301 (313) = NJW 1984, 165; für Abgeordnete, die erst nach dem Ausscheiden aus dem Amt um Rechtsschutz nachsuchen, ist Entsprechendes anzunehmen.

keit eines Organstreitverfahrens bestehen nicht. Steht die Zahl der Abgeordneten einer entsprechend großen Zahl von Ausschusssitzen gegenüber, hat jeder einzelne Abgeordnete Anspruch darauf, in einem Ausschuss mit Rede- und Antragsrecht mitzuwirken; hingegen ist es verfassungsrechtlich nicht geboten, dem partei- und fraktionslosen Abgeordneten im Ausschuss ein – notwendigerweise überproportional wirkendes – Stimmrecht zu geben.[67]

24 In ständiger Rechtsprechung geht das BVerfG – beeinflusst durch die sogenannte Parteienstaatslehre des früheren Bundesverfassungsrichters Leibholz[68] – davon aus, dass auch die auf Bundesebene tätigen **politischen Parteien** – und deren Landesverbände[69] – immer Beteiligte sind, „wenn und soweit sie um Rechte kämpfen, die sich aus ihrem besonderen in Art. 21 GG umschriebenen Status ergeben."[70] Diese Auffassung überzeugt nicht, weil die grundrechtsberechtigten, nicht unmittelbar grundrechtsverpflichteten Parteien nicht Teil der Staatsorganisation, sondern der gesellschaftlichen Sphäre zuzurechnen sind.[71] Zudem steht den Parteien heute anders als in der Weimarer Zeit die Verfassungsbeschwerde zur Verfügung.[72] Des Weiteren spricht gegen die Beteiligungsfähigkeit, dass die Parteien zwar Antragsteller, nach allgemeiner Auffassung aber nicht Antragsgegner in einem Organstreitverfahren sein können.[73] Da die Rechtsprechung des BVerfG (und der dem Gericht folgenden Landesverfassungsgerichte) aber gefestigt ist, kann mit einer Änderung nicht gerechnet werden, so dass auch die Parteien Organstreitverfahren führen können. Tatsächlich treten die Parteien zu einem erheblichen Ausmaß in einem Organstreitverfahren als Antragsteller auf. Zu Recht abgelehnt worden ist die Beteiligungsfähigkeit von **Wählervereinigungen.**[74]

25 **Lösung zu Fall 4:** Die Zulässigkeit des Organstreitverfahrens hängt allein von der Beteiligungsfähigkeit der Partei ab. Folgt man der Rechtsprechung des BVerfG, ist die Beteiligungsfähigkeit gegeben, weil sich die Partei auf ihr durch Art. 21 GG garantiertes Recht auf Gleichheit aller Wahlen und Chancengleichheit im politischen Wettbewerb berufen kann.[75] Folgt man der Kritik, ist ein Organstreitverfahren unzulässig. Die Partei müsste vielmehr Klage vor dem Verwaltungsgericht erheben.

---

[67] Vgl. BVerfGE 80, 188 (224 f.) = NJW 1990, 373 (376 f.).

[68] Vgl. *Leibholz* Moderne Demokratie, 1974, S. 71 ff.; s. auch BVerfGE 1, 208 (225) = BeckRS 1952, 191 Rn. 59; krit. *Grimm* in: Benda/Maihofer/Vogel, Hdb Verfassungsrecht, § 14 Rn. 24 ff. m. w. Nachw.

[69] BVerfGE 6, 367 (372 f.) = NJW 1957, 985; E 13, 1 (9 f.) (insoweit nicht abgedruckt in VerwRspr 1961, 777).

[70] BVerfGE 24, 260 (263) = BeckRS 1968, 103934; vgl. auch BVerfGE 1, 208 (223 f.) = BeckRS 1952, 191 Rn. 55; E 60, 53 (61 f.) = NJW 1982, 1451 f.; E 84, 290 (299) = NJW 1991, 2472 (2473); E 121, 30 (57) = NVwZ 2008, 658 (662); E 138, 102 Rn. 23 = BeckRS 2014, 59289 Rn. 23; zur Unzulässigkeit des Antrags einer Partei im Organstreitverfahren gegen Mittelzuweisungen an Fraktionen vgl. E 140, 1 Rn. 69 ff. = NVwZ 2015, 1361 Rn. 69; zur Vertretung der Parteien im Organstreitverfahren VerfGH NW NVwZ-RR 2017, 753.

[71] Ebenso die wohl h. L., vgl. *Pietzcker* FS 50 Jahre BVerfG I, 2001, S. 595; *Schlaich/Korioth* BVerfG, Rn. 92; *Voßkuhle* in: v. Mangoldt/Klein/Starck, GG, Art. 93 Rn. 106; a. A. z. B. *Lorenz* FG 25 Jahre BVerfG, 1976, S. 225 (248 ff.); *Barczak* in: Barczak, BVerfGG, § 63 Rn. 60; vgl. auch BVerfG-K Beschl. v. 6.10.2013 – 2 BvQ 55/13, BeckRS 2013, 59251 Rn. 6 → *Sachs* JuS 2014, 381 (Parteien sind nicht Teil des Staates).

[72] Art. 21 GG wird zwar nicht in Art. 93 Abs. 1 Nr. 4a GG aufgeführt, doch können sich die Parteien auf Grundrechtspositionen i. V. m. Art. 21 GG berufen, insbesondere auf Art. 3 Abs. 1 GG. Näher dazu → *Scherzberg* § 15 Rn. 28; *Bethge* in: Maunz/Schmidt-Bleibtreu/Klein/Bethge, BVerfGG, § 63 Rn. 60; *Schlaich/Korioth* BVerfG, Rn. 92; a. A. *Hillgruber/Goos* Verfassungsprozessrecht, Rn. 465.

[73] Vgl. *Bethge* in: Maunz/Schmidt-Bleibtreu/Klein/Bethge, BVerfGG, § 63 Rn. 75; *Walter* in: BeckOK BVerfGG, § 63 Rn. 29.

[74] BVerfGE 51, 222 (233) = BeckRS 1979, 106457; E 74, 96 (101) = NJW 1987, 769 (770); E 79, 379 (383 ff.) = NJW 1989, 1476 → JuS 1990, 228 *(Sachs)*.

[75] Vgl. BVerfGE 44, 125 (127 ff.) (insoweit nicht abgedruckt in NJW 1977, 751).

### 3. Zeitpunkt der Beteiligungsfähigkeit

26 Maßgebend für die Beurteilung des **Zeitpunkts der Beteiligungsfähigkeit** (und Antragsbefugnis) ist grundsätzlich der Zeitpunkt, in dem der **Organstreit anhängig** gemacht worden ist.[76] Anderes gilt für die Bundesversammlung, deren Beteiligungsfähigkeit auch nach Beendigung bestehen bleibt, weil ansonsten ein Rechtsschutz kaum zu erreichen wäre.[77] Verliert der Antragsteller nach Antragstellung seine Eigenschaft als Organ oder Organteil (z. B. weil der antragstellende Abgeordnete nicht wiedergewählt worden ist), ändert dies grundsätzlich nichts an der Beteiligungsfähigkeit, da es auf den Zeitpunkt der Antragstellung ankommt.[78] Ungeachtet des Grundsatzes der Diskontinuität[79] wird die Organstellung eines Parlaments durch eine Neuwahl nicht berührt.[80] Ein bloßer Wechsel des Organwalters (z. B. des Bundespräsidenten oder des Bundestagspräsidenten) vermag ohnehin nichts an der Organstellung zu ändern. Allerdings können Veränderungen das Rechtsschutzbedürfnis entfallen lassen. Dies ist namentlich dann der Fall, wenn keine Wiederholungsgefahr besteht (→ Rn. 68).[81]

## III. Antragsgegenstand

27 **Fall 5:** Ein Abgeordneter wendet sich dagegen, dass ihm der Präsident des Bundestages wegen seiner Ausdrucksweise im Bundestag – unterhalb der Schwelle des förmlichen Ordnungsrufs (§ 36 Abs. 1 S. 2 GO BT) – gerügt hat.

28 **Fall 6:** Der Bundesinnenminister hat die – vom BVerfG nicht verbotene – Partei NPD in seinen Verfassungsschutzberichten als eine Partei mit verfassungsfeindlicher Zielsetzung und Betätigung gekennzeichnet. Hiergegen hat die Partei im Organstreitverfahren das BVerfG angerufen.

29 **Fall 7:** Eine Fraktion im Bundestag wendet sich vor dem BVerfG gegen die Weigerung der Bundesregierung, einen Bund-Länder-Streit (Art. 93 Abs. 1 Nr. 3 GG) gegen ein Land einzuleiten.

30 **Fall 8:** Eine Bundestagsfraktion möchte verfassungsgerichtlich feststellen lassen, dass die Bundesregierung die Rechte des Bundestages aus Art. 59 Abs. 2 GG dadurch verletzt hat, dass sie sich sowohl an der konsensualen Fortentwicklung des NATO-Vertrags als auch an der Erweiterung des ISAF-Mandats für Afghanistan (Beteiligung bewaffneter deutscher Streitkräfte an der International Security Assistance Force) durch Tornado-Aufklärungsflugzeuge beteiligt hat.

31 Gegenstand des Organstreitverfahrens ist nach den §§ 64 Abs. 2, 67 S. 1 BVerfGG die Feststellung, ob die vom Antragsteller beanstandete **Maßnahme oder Unterlassung des Antragsgegners** gegen eine Bestimmung des Grundgesetzes verstößt.[82] Im Falle der Be-

---

[76] BVerfGE 102, 224 (231) = NJW 2000, 3771; E 108, 251 (271) = NJW 2003, 3401 (3402); E 140, 115 Rn. 55, 75 = BeckRS 2015, 52250 Rn. 55, 75; E 147, 50 Rn. 162 = BeckRS 2017, 130229 Rn. 162.

[77] BVerfGE 136, 277 Rn. 60 = NVwZ 2014, 1149 Rn. 60.

[78] BVerfGE 4, 144 (152) = VerwRspr 1955, 769 (773); E 102, 224 (231) = NJW 2000, 3771; VerfGH NW DVBl 1997, 824.

[79] Vgl. *Magiera* in: Sachs, GG, Art. 39 Rn. 11 ff.

[80] BVerfGE 4, 144 (152) = VerwRspr 1955, 769 (773).

[81] Vgl. zum Ganzen *Grote* Verfassungsorganstreit (Fn. 1), S. 426 ff.

[82] Zum Erfordernis der Geltendmachung einer Rechtsverletzung, Pflichtverletzung oder unmittelbaren Gefährdung vgl. → Rn. 44 ff., 57.

antragung einer **Rechtsgestaltung** (kassatorische Aufhebung) wird der Antrag nicht nur als unbegründet (→ Rn. 72 f.), sondern auch als unzulässig angesehen.[83] Gleiches muss dann auch gelten, wenn der Antragsteller eine außenwirksame Feststellung, eine Nichtigerklärung oder eine Verpflichtung zu einem bestimmten Verhalten begehrt (→ Rn. 72), es sein denn, eine Umdeutung ist möglich.

32 Der Begriff der **Maßnahme** ist weit auszulegen. Abgesehen von dem Erlass von Einzelfallregelungen und Realakten kann sich das Verfahren auch gegen Normsetzungsakte (nicht gegen die Norm selbst)[84] richten. Wird eine prinzipale Normenkontrolle im Innenrechtsstreit angestrebt, muss ein abstrakter Normenkontrollantrag gestellt werden (→ *Thiemann* § 17). Jedoch kann die Prüfung, ob das zum Normerlass führende Handeln des Antragsgegners zu einer Verletzung der Rechte und Pflichten oder unmittelbaren Gefährdung des Antragstellers geführt hat, eine akzidentielle Normenkontrolle zur Folge haben.[85]

33 Da es um Rechtsstreitigkeiten (verfassungsrechtlicher Art) geht, muss die Maßnahme oder Unterlassung *rechtserheblich* sein[86] oder sich zumindest zu einem die Rechtsstellung des Antragstellers beeinträchtigenden, rechtserheblichen Verhalten verdichten können[87] (teilweise wird dies im Rahmen der Antragsbefugnis geprüft)[88]. Als **rechtserhebliche Maßnahme** kommt jedes Verhalten des Antragsgegners in Betracht, das geeignet ist, die Rechtsstellung des Antragstellers (konkret) zu beeinträchtigen.[89] Handlungen, die nur faktische,[90] vorbereitende, vorläufige oder bloß vollziehende Wirkungen haben, scheiden als Angriffsgegenstand im Organstreit aus.[91] An der Rechtserheblichkeit soll es z. B. bei bloßen Gesetzentwürfen,[92] gesetzlichen Bestimmungen, die noch einer Durchführung bedürfen,[93] vorläufigen Feststellungen im Rahmen der Abgeordnetenüberprüfung nach § 44b AbgG[94] und reinen Meinungsäußerungen (etwa im Rahmen der Beantwortung einer mündlichen Anfrage im Parlament)[95] fehlen. Durchführungen einer Norm sind nur dann rechtserheblich, wenn sie nicht lediglich die in einer Norm angelegten Vor- und Nachteile zur Wirkung bringen.[96] Ob dies auch gilt, wenn es den Antragsteller (z. B. eine Partei) zum Zeitpunkt des Normerlasses noch nicht gab, ist fraglich.

34 **Unterlassungen** haben nur rechtserhebliche Bedeutung, wenn eine **Pflicht zum Handeln** besteht oder jedenfalls nicht ausgeschlossen werden kann, dass der Antragsgegner zur Vornahme der Maßnahme von Verfassungs wegen verpflichtet ist.[97] Ob der Antragsteller

---

[83] Vgl. BVerfGE 1, 351 (371) = NJW 1952, 969 (970); E 124, 161 (188) = NVwZ 2009, 1092 Rn. 121; E 136, 277 Rn. 64 ff. = NVwZ 2014, 1149 Rn. 64 ff.; E 138, 125 Rn. 17 ff. = NVwZ 2015, 216 Rn. 17 ff.; E 151, 58 Rn. 14 = BeckRS 2019, 3735 Rn. 14; E 151, 191 Rn. 15 = NVwZ 2019, 1196 → *Sachs* JuS 2019, 1228.

[84] BVerfGE 141, 182 Rn. 17 = BeckRS 2016, 43224 Rn. 17; E 151, 58 Rn. 14 = BeckRS 2019, 3735.

[85] Vgl. *Bethge* in: Maunz/Schmidt-Bleibtreu/Klein/Bethge, BVerfGG, § 64 Rn. 35; *Hillgruber/Goos* Verfassungsprozessrecht, Rn. 480.

[86] BVerfGE 2, 143 (168) = NJW 1953, 537 (539); E 103, 164 (168 f.) = NVwZ 2002, 66; E 138, 45 Rn. 38 ff. = NVwZ 2015, 218 Rn. 38 ff.

[87] BVerfGE 57, 1, (4 f.) = NJW 1981, 1359; E 60, 374 (381) = NJW 1982, 2233 (2234); E 97, 408 (414) = NJW 1998, 3040 (3041; E 120, 82 (96) = NVwZ 2008, 407 (dazu Fall 13 → Rn. 59 mit Lösung → Rn. 63); E 138, 45 Rn. 27 = NVwZ 2015, 218.

[88] Vgl. z. B. *Hillgruber/Goos* Verfassungsprozessrecht, Rn. 474 f.

[89] BVerfGE 118, 277 (317) = NVwZ 2007, 916; E 138, 45 Rn. 38 = NVwZ 2015, 218.

[90] LVerfG MV 19/10, S. 8 ff. (bloße Meinungsäußerung), abrufbar unter: https://www.mv-justiz.de/static/MVJ/Gerichte/Landesverfassungsgericht/Entscheidungen/2011/Ano-Beschluss26.5.2011-LVerfG19-10.pdf (zuletzt abgerufen am 30.11.2020).

[91] BVerfGE 68, 1 (74 f.) = NJW 1985, 603; E 120, 82 (96) = NVwZ 2008, 407; E 138, 45 Rn. 27 = NVwZ 2015, 218.

[92] BVerfGE 80, 188 (212) = NJW 1990, 373; für noch nicht in Kraft getretene Gesetze vgl. E 92, 74 (79 f.) = NVwZ 1995, 888.

[93] BVerfGE 94, 351 (362 f.) = NJW 1996, 2720.

[94] BVerfGE 97, 408 (414 f.) = NJW 1998, 3040 (3041).

[95] BVerfGE 13, 123 (125 f.) = NJW 1961, 1913; E 57, 1 (5 ff.) = NJW 1981, 1359 f.; krit. *E. Klein* in: Benda/Klein, Verfassungsprozessrecht, § 28 Rn. 1068.

[96] Vgl. BVerfGE 92, 80 (88 f.) = NJW 1995, 2775 (2776) – Anwendung von Wahlgesetzen.

[97] Vgl. BVerfGE 96, 264 (277) (insoweit nicht abgedruckt in NJW 1998, 3037); E 104, 310 (324) = NJW 2002, 1111 (1112); VerfGH NW NWVBl 2001, 467 (470).

berechtigt ist, das Handeln zu verlangen, bedarf der Klärung im Rahmen der Antragsbefugnis (→ Rn. 44 ff.).[98] Insbesondere bei der Beantwortung parlamentarischer Anfragen lässt das BVerfG oftmals dahingestellt, ob es sich um eine Maßnahme in Form der Verweigerung einer hinreichenden Antwort oder um eine Unterlassung in Form einer pflichtwidrigen Nichtbeantwortung handelt.[99] Ein Unterlassen der Bundesregierung liegt etwa vor, wenn diese die Einholung einer konstitutiven Zustimmung des Parlaments zu außen- oder verteidigungspolitischen Maßnahmen versäumt hat.[100]

Das BVerfG hat bisher (zu Unrecht) offen gelassen, ob **Unterlassungen des Gesetzgebers** im Wege des Organstreitverfahrens angreifbar sind.[101] Da die Verfassung keine fortlaufende Kontrolle von Gesetzen verlangt, müssen die Umstände, welche eine rechtliche Überprüfungspflicht des Gesetzgebers ausgelöst haben sollen, jedenfalls substantiiert dargelegt werden.[102] Des Näheren unterscheidet das BVerfG zwischen einem schlichten und einem qualifizierten Unterlassen. Träten qualifizierte Umstände hinzu, weil der Gesetzgeber nicht vollständig untätig geblieben ist, liege in Wahrheit eine Maßnahme vor. So wird die Ablehnung eines Gesetzentwurfs dann nicht als schlichtes Unterlassen, sondern als rechtserhebliche Maßnahme angesehen, die dem Erlass eines Gesetzes gleichkommt, wenn sich das Parlament intensiv mit dem Gesetzentwurf befasst hat (qualifiziertes Unterlassen).[103] Auf die Unterscheidung eines einfachen oder qualifizierten Unterlassens kommt es indessen nicht an. Ist der Gesetzgeber verfassungsrechtlich zu einem Handeln verpflichtet oder kann eine solche Verpflichtung jedenfalls nicht ausgeschlossen werden, muss auch ein gesetzgeberisches Unterlassen als tauglicher Angriffsgegenstand angesehen werden.[104] Damit übereinstimmend gehen auch die Landesverfassungsgerichte davon aus, dass ein (einfaches) gesetzgeberisches Unterlassen Gegenstand eines landesverfassungsgerichtlichen Organstreitverfahrens sein kann.[105] 35

**Lösung zu Fall 5:** Das BVerfG[106] stuft die bloße Rüge des Präsidenten des Bundestages als nicht rechtserhebliche Maßnahme ein. Eine andere Auffassung lässt sich gut vertreten. 36

**Lösung zu Fall 6:** Das BVerfG hat (im Rahmen eines Organstreitverfahrens) dahingestellt sein lassen, ob der Antrag zulässig ist.[107] Auch wenn man den politischen Parteien die Stellung eines Beteiligten i.S.d. Art. 93 Abs. 1 Nr. 1 GG zubilligt (→ Rn. 24), dürfte eine verfassungsrechtliche Streitigkeit und damit eine Beteiligungsfähigkeit des Bundesinnenministers zu verneinen sein, weil es sich bei der Verfassungsschutzberichterstattung nicht um eine unmittelbar staatsleitende Tätigkeit handelt. Geht man gleichwohl von einer Beteiligungsfähigkeit aus, stellt sich die Frage, ob die Einstufung der Partei als verfassungs- 37

---

98 Vgl. *Engels* Jura 2010, 421 (425).

99 BVerfGE 96, 264 (277) (insoweit nicht abgedruckt in NJW 1998, 3037); E 137, 185 Rn. 106 = BeckRS 2014, 57205 Rn. 107; E 146, 1 Rn. 79 = BeckRS 2017, 117451 Rn. 79; E 147, 50 Rn. 165 = BeckRS 2017, 130229 Rn. 165.

100 *Barczak* in: Barczak, BVerfGG, § 64 Rn. 16.

101 BVerfGE 92, 80 (87) = NJW 1995, 2775; E 103, 81 (86) = NVwZ 2001, 667; E 103, 164 (169) = NVwZ 2002, 66; E 104, 310 (324) = NJW 2002, 1111 (1112) → *Ehlers* JK 5/02, GG Art. 46 Abs. 2/1 und → JuS 2002, 809 *(Sachs)* sowie → JA 2002, 552 *(Rux)*; E 107, 286 (294) = NVwZ 2003, 1372 (1373); E 110, 403 (405) = NVwZ 2004, 1224; E 120, 82 (97) = NVwZ 2008, 407 (dazu Fall 14 → Rn. 60 mit Lösung → Rn. 66).

102 Vgl. auch VerfGH NW NWVBl 2001, 467, 470.

103 BVerfGE 120, 82 (98 f.) = NVwZ 2008, 407 f. (dazu Fall 14 → Rn. 60 mit Lösung → Rn. 66).

104 Ebenso *Bethge* in: Maunz/Schmidt-Bleibtreu/Klein/Bethge, BVerfGG, § 64 Rn. 37 ff.; *Umbach* in: Umbach/Clemens/Dollinger, BVerfGG, §§ 63, 64 Rn. 141; *Walter* in: BeckOK BVerfGG, § 64 Rn. 26.

105 VerfGH NW NVwZ 2000, 666 (667); VerfG MV LKV 2001, 270 (271); ThürVerfGH LKV 2007, 175; s. dazu *Hillgruber/Goos* Verfassungsprozessrecht, Rn. 477.

106 BVerfGE 60, 374 (381 ff.) = NJW 1982, 2233 (2234). Zum Hausrecht des Bundestagspräsidenten vgl. → § 25 Rn. 134.

107 BVerfGE 40, 287 (290) = NJW 1976, 38 f.

feindlich eine reine Meinungsäußerung oder ein rechtserhebliches Verhalten ist. Im zuerst genannten Fall fehlt es an einem tauglichen Antragsgegenstand eines Organstreitverfahrens. Das BVerfG hat angenommen, dass an die Werturteile des Innenministers keinerlei rechtliche Auswirkungen geknüpft sind. Dies vermag nicht zu überzeugen.

38 **Lösung zu Fall 7:** Die Fraktion im Bundestag ist als anderer Beteiligter i. S. d. Art. 93 Abs. 1 Nr. 1 GG bzw. ein mit eigenen Rechten ausgestatteter Teil des Bundestages (§ 63 BVerfGG), die Bundesregierung als oberstes Bundesorgan beteiligungsfähig. Gerügt wird das Unterlassen der Bundesregierung, einen Bund-Länder-Streit zu führen. In dem konkreten Fall hat das BVerfG angenommen, dass das Unterlassen nicht rechtserheblich sei, weil zwischen dem Bund und dem Land keine konkreten Meinungsverschiedenheiten über grundgesetzliche Rechte und Pflichten bestünden.[108] Doch dürfte die Weigerung der Antragsgegnerin, ein Bund-Länder-Verfahren einzuleiten, deshalb rechtserheblich sein, weil damit das Zustandekommen eines verfassungsrechtlichen Prozessverhältnisses ausgeschlossen wird. Da die Antragstellerin im Bund-Länder-Streit nicht antragsbefugt ist, fehlt es ihr aber auch im Organstreitverfahren an der Antragsbefugnis.

39 **Lösung zu Fall 8:** Beteiligte eines Organstreitverfahrens können auch eine Bundestagesfraktion sowie die Bundesregierung sein. Als Antragsgegenstand kommt eine Maßnahme oder ein Unterlassen der Antragsgegnerin in Betracht. Soweit sich die Antragstellerin gegen die konsensuale Fortentwicklung des NATO-Vertrags wendet, ist dies nicht substantiiert genug. Das gerügte fortdauernde Unterlassen der Antragsgegnerin, sich gegen die NATO-Beschlüsse aus früheren Jahren zu wenden, ist nicht fristgemäß angegriffen worden (§ 64 Abs. 3 BVerfGG). Denn die Frist (→ Rn. 61 f.) beginnt im Falle eines Unterlassens mit der erkennbaren Weigerung, nach der aufgrund des verfassungsrechtlichen Rechtsverhältnisses gebotenen Weise tätig zu werden, zu laufen. Soweit sich der Antrag gegen den Beschluss der Antragsgegnerin zur Entsendung von (Tornado-)Aufklärungsflugzeugen nach Afghanistan richtet, liegt ein tauglicher Antragsgegenstand vor. Da die Antragstellerin geltend machen kann, dass der Bundestag durch das Verhalten der Antragsgegnerin in seinen Rechten verletzt worden ist (Art. 59 Abs. 2 i. V. m. Art. 24 Abs. 2 GG), ist auch eine Antragsbefugnis gegeben. Sonstige Bedenken gegen die Zulässigkeit des Antrags bestehen nicht.[109]

## IV. Antragsbefugnis

40 **Fall 9:** Die D-Partei wendet sich im Wege eines Organstreitverfahrens gegen den Bundestagspräsidenten, um die Erstattung von Wahlkampfkosten zu erreichen.

41 **Fall 10:** Abgeordneter E beantragt beim BVerfG die Feststellung, dass der Bundestag ihn durch die Aufhebung seiner Immunität in seinen Rechten verletzt hat.

42 **Fall 11:** Die Bundestagsabgeordneten F und G beantragen beim BVerfG festzustellen, dass die Anordnung des Bundespräsidenten, den Bundestag vorzeitig aufzulösen und Neuwahlen stattfinden zu lassen, gegen das Grundgesetz verstößt.

---

[108] BVerfGE 103, 81 (86 f.) = NVwZ 2001, 667 f. → *Ehlers* JK 12/01, BVerfGG § 64 Abs. 1/2 und → JuS 2001, 812 *(Sachs)* sowie → JA 2002, 837 *(Beaucamp)*.
[109] Vgl. BVerfGE 118, 244 ff. = NVwZ 2007, 1039.

**Abwandlung Fall 11:** Die bislang nicht im Bundestag vertretene H-Partei beantragt beim BVerfG die Feststellung, dass die Anordnungen des Bundespräsidenten, den Bundestag vorzeitig aufzulösen und Neuwahlen stattfinden zu lassen, gegen das Grundgesetz verstoßen. 43

Gemäß § 64 Abs. 1 BVerfGG ist ein Antrag im Organstreitverfahren nur zulässig, wenn der **Antragsteller** geltend macht, in **seinen Rechten (und Pflichten)** verletzt oder unmittelbar gefährdet zu sein. Während die Beteiligungsfähigkeit voraussetzt, dass der Antragsteller sowie der Antragsgegner abstrakt mit (Verfassungs-)Rechten ausgestattet sind[110] (→ Rn. 15) und der Antragsgegenstand eine rechtserhebliche Maßnahme oder Unterlassung erfordert (→ Rn. 33), verlangt die Antragsbefugnis (aktive Prozessführungsbefugnis) die Möglichkeit einer Verletzung oder unmittelbaren Gefährdung **im konkreten Fall.** Das Organstreitverfahren dient somit nicht dazu, abstrakt die Verfassungsmäßigkeit i. S. e. Rechtsgutachtens zu klären[111] oder die Verfassung – in vergleichbarer Weise wie dies Art. 267 Abs. 1 lit. a AEUV für das Vorabentscheidungsverfahren in Bezug auf das Unionsrecht vorsieht (→ *Wernsmann* § 12 Rn. 16 f.) – lediglich auszulegen. Dementsprechend sind Anträge unzulässig, wenn sie nur auf die Wahrung objektiven Rechts oder die Verpflichtung zu einer Handlung statt auf die Durchsetzung eigener Rechte abzielen.[112] 44

### 1. Eigene Rechte und Pflichten

Der Antragsteller muss sich nach § 64 Abs. 1 BVerfGG auf **eigene Rechte** (und Pflichten) berufen können. Unter Rechten sind nicht subjektive öffentliche Rechte des Außenrechtskreises,[113] sondern – den Charakter einer Innenrechtsstreitigkeit entsprechend – **wehrfähige organschaftliche Innenrechtspositionen** zu verstehen, die dem Antragsteller als Zurechnungsendsubjekt „zur ausschließlich eigenen Wahrnehmung oder zur Mitwirkung übertragen sind oder deren Beachtung erforderlich ist, um die Wahrnehmung seiner Kompetenzen und die Gültigkeit seiner Akte […] zu gewährleisten".[114] Eine wehrfähige Innenrechtsposition ist anzunehmen, wenn das objektive Recht im Funktionsinteresse der Staatsorganisation auch den Schutz des Innenrechtssubjekts bezweckt (zur Parallele beim verwaltungsgerichtlichen Organstreit → *Schoch* § 33 Rn. 96). Das Recht korrespondiert mit einer entsprechenden Pflicht, weil es um die Wahrnehmung von (Innenrechts-)Zuständigkeiten geht, die nicht in das Belieben der Funktionsträger gestellt sind. Die Wechselbezüglichkeit kommt auch dadurch zum Ausdruck, dass § 64 Abs. 1 BVerfGG von Rechten „und" (nicht: oder) Pflichten spricht. 45

Nach § 64 Abs. 1 BVerfGG müssen die Rechte und Pflichten durch das **Grundgesetz** übertragen worden sein. Dies kann auch der Fall sein, wenn dem Grundgesetz nicht ausdrücklich eine **organschaftliche Kompetenzzuweisung** zu entnehmen ist, es sich vielmehr um mitgeschriebene, dem Grundgesetz im Wege der Auslegung zu entnehmende Verfassungsrechte handelt,[115] wie etwa bei dem konstitutionellen Vorbehalt einer Zustimmung des Bundestages vor Auslandseinsätzen der Bundeswehr.[116] Dagegen reichen anders als für die Beteiligungsfähigkeit (→ Rn. 16) Geschäftsordnungsbefugnisse oder sonstige unterver- 46

[110] Vgl. *Grote* Verfassungsorganstreit (Fn. 1), S. 424.
[111] Vgl. BVerfGE 68, 1 (73) (insoweit nicht abgedruckt in NJW 1985, 603); E 90, 286 (338 f.) = NJW 1994, 2207 (2208); E 117, 359 (370) = NVwZ 2007, 685 (686 f.).
[112] BVerfGE 150, 194 Rn. 24 f. = NJW 2019, 213 Rn. 23 → *Sachs* JuS 2019, 731 und → JA 2019, 315 *(Hillgruber);* E 152, 8 Rn. 28 = NVwZ 2019, 1669.
[113] Z. B. Grundrechte oder grundrechtgleiche Rechte. Vgl. auch BVerfGE 94, 351 (365) = NJW 1996, 2720 (2721); E 99, 19 (29) = NJW 1998, 3042; E 118, 277 (320) = NVwZ 2007, 916 (918).
[114] BVerfGE 68, 1 (73) (insoweit nicht abgedruckt in NJW 1985, 603); vgl. ferner E 126, 55 (67 f.) = NVwZ 2010, 1091 Rn. 45.
[115] Allgemein dazu BVerfGE 6, 309 (328) = VerwRspr 1957, 525 (529 f.) (Bundestreue); *Ehlers* Jura 2000, 323 ff.
[116] Vgl. *Barczak* in: Barczak, BVerfGG, § 64 Rn. 20 a.

fassungsrechtliche Kompetenzzuweisungen, einschließlich der gesetzlichen, nicht aus.[117] So gesteht zwar § 2 Abs. 1 S. 2 GO BT jeder Fraktion zu, durch mindestens einen Vizepräsidenten oder eine Vizepräsidentin im Präsidium des Bundestages vertreten zu sein. Aus dem Grundgesetz dürfte sich dies aber kaum herleiten lassen, so dass der Fraktion insoweit die Antragsbefugnis fehlt.[118]

47 Die in § 64 Abs. 1 BVerfGG getroffenen, hinter die Zuerkennung der Beteiligungsfähigkeit zurückbleibende Bestimmung der Rechte und Pflichten („durch das Grundgesetz") ist mit der Verfassung vereinbar, weil sich Art. 93 Abs. 1 Nr. 1 GG unmittelbar nur auf die **Beteiligungsfähigkeit** bezieht, Art. 94 Abs. 2 GG einen geschriebenen Regelungsauftrag enthält und die geschäftsordnungsrechtlichen und sonstigen Kompetenzen der Organe in der Regel nur das Grundgesetz konkretisieren, so dass die Rechte und Pflichten zumeist auch auf das Grundgesetz gestützt werden können.

48 **Lösung zu Fall 9:** Bei der Entscheidung über die Erstattung von Wahlkampfkosten wird der Präsident des Bundestages auf der Grundlage des PartG als „mittelverwaltende Stelle" und nicht als Verfassungsorgan tätig.[119] Demgemäß kann sich auch eine politische Partei dem Präsidenten des Bundestages gegenüber mangels eines verfassungsrechtlichen Verhältnisses nicht auf ihren verfassungsrechtlichen Status berufen. Somit fehlt der Antragstellerin die Antragsbefugnis.[120]

49 Bei den **Rechten und Pflichten** muss es sich um **eigene** handeln.[121] So stehen den **Abgeordneten** des Bundestages etwa die Mitwirkungsrechte zu (→ Rn. 21).[122] Dagegen haben sie kein eigenes Recht auf Wahrung des institutionellen Gesetzesvorbehalts[123] oder der Kompetenzen des Bundestages gegenüber der Bundesregierung,[124] ferner kein Recht auf Einbringung einer Gesetzesinitiative[125] oder darauf, dass die Terminierung der 2. und 3. Lesung eines Gesetzes unterlassen wird.[126] Ebenso besteht kein Recht auf Verpflichtung des Bundespräsidenten zur Prüfung der Einhaltung der sich aus den §§ 44a, 44b AbgG ergebenden Anforderungen gegenüber einem anderen Abgeordneten.[127] Ein Wahlakt von Abgeordneten kann nur als Verletzung eines Statusrechts aus Art. 38 Abs. 1 S. 2 GG beanstandet werden, wenn dieser durch eine bewusste Falsch- oder Nichtinformation auch im parlamentarischen Binnenverhältnis in einem die Willensbildung zu verfälschen geeigneten Maß beeinflusst ist. Dazu bedarf es hinreichender konkreter Anhaltspunkte.[128] Der **Fraktion im Bundestag** stehen eigene Rechte „im innerparlamentarischen Raum, nicht aber im Verhältnis zwischen Parlament und Regierung"[129] zu. Dementsprechend hat eine Fraktion z. B. kein eigenes Recht auf Einhaltung der der Bundesregierung für den Aus-

[117] Vgl. BVerfGE 104, 151 (193 f.) = NJW 2002, 1559 f.; E 118, 277 (315) (insoweit nicht abgedruckt in NVwZ 2007, 916); E 131, 152 (191) = NVwZ 2012, 954 Rn. 80; E 142, 25 Rn. 79 = BeckRS 2016, 45454; E 143, 101 Rn. 86 = NVwZ 2017, 137.

[118] Für NW vgl. VerfGH NW NVwZ-RR 2017, 217 ff. Zum Recht, sich gegen eine Verkürzung von Fraktionsmitteln zu wenden, vgl. VerfG MV NVwZ 2015, 739.

[119] BVerfGE 28, 97 (103) = BeckRS 1970, 104604.

[120] Vgl. auch Fn. 69.

[121] Vgl. § 64 Abs. 1 BVerfGG („ihm […] übertragenen Rechten und Pflichten").

[122] Vgl. BVerfGE 147, 50 Rn. 167 = BeckRS 2017, 130229 Rn. 167 (Frage- und Informationsrecht gegenüber der Bundesregierung, auch wenn es um die unternehmerische Tätigkeit der Deutschen Bahn AG geht) → *Eifert* JK 4/18, GG Art. 20 II 2, 38 I 2, 42 I, 87e III, IV und → *Sachs* JuS 2018, 308 sowie → JA 2018, 238 *(Hillgruber)*.

[123] BVerfGE 80, 188 (215) = NJW 1990, 373 (374).

[124] BVerfGE 90, 286 (342 f.) = BeckRS 1994, 120211; E 117, 359 (368 f.) = NVwZ 2007, 685 (686).

[125] Vgl. § 76 GO BT.

[126] BVerfGE 112, 363 (366) = NJW 2005, 2059 (möglicherweise will das BVerfG bereits die Rechtserheblichkeit der Maßnahme verneinen).

[127] BVerfGE 151, 191 Rn. 29 = NVwZ 2019, 1196 → *Sachs* JuS 2019, 1128.

[128] BVerfGE 151, 191 Rn. 27 = NVwZ 2019, 1196 → *Sachs* JuS 2019, 1128.

[129] BVerfGE 100, 266 (270) = NJW 1999, 2030.

landseinsatz der Bundeswehr gezogenen Grenzen. In Betracht kommt aber eine Prozessstandschaft für den Bundestag (→ Rn. 55). Zu den eigenen Rechten einer Fraktion gehören insbesondere Informations- und Fragerechte,[130] die Minderheitenrechte[131] und der Anspruch auf spiegelbildliche Zusammensetzung der Ausschüsse.[132] Dagegen kann die Zuweisung von Entscheidungsbefugnissen an einen Ausschuss weder das Recht einer Fraktion noch das Recht des Bundestages verletzen, das die Fraktion im Wege der Prozessstandschaft (→ Rn. 55) geltend machen könnte.[133] Der **Deutsche Bundestag** hat z. B. ein Recht auf Einhaltung seiner haushaltspolitischen Gesamtverantwortung sowie auf Einhaltung des wehrverfassungsrechtlichen Parlamentsvorbehalts bei Einsätzen von Streitkräften im Ausland.[134] Die Fortentwicklung eines Systems gegenseitiger kollektiver Sicherheit unter Mitwirkung der Bundesregierung verletzt den Deutschen Bundestag aber nur dann in seinem Recht auf Teilhabe in der auswärtigen Gewalt aus Art. 24 Abs. 2 i. V. m. Art. 59 Abs. 2 S. 1 GG, wenn sie über die mit dem Zustimmungsgesetz erteilte Ermächtigung hinausgeht und damit ultra vires erfolgt.[135] Ist von Verfassung wegen für ein rechtserhebliches Handeln eine gesetzliche Ermächtigung erforderlich, wird ohne diese Ermächtigung die Gesetzgebungskompetenz des Bundestages verletzt.[136] Ein Recht des Bundestages, dass jedes verfassungswidrige Handeln der Bundesregierung unterbleibt, besteht dagegen nicht.[137]

Die **politischen Parteien** können sich auf Art. 21 GG und das Recht auf **Chancengleichheit** (nicht auf die Grundrechte) berufen.[138] Insbesondere erfordert der Grundsatz der Chancengleichheit – auch außerhalb der Wahlkampfzeiten – die Beachtung des Gebots staatlicher **Neutralität.** Dementsprechend hat die Bundesregierung, wenn sie von ihrer Befugnis zur Informations- und Öffentlichkeitsarbeit Gebrauch macht, das Gebot der Neutralität staatlicher Organe zu beachten.[139] Äußert sich ein Minister nachteilig über eine Partei, ist zu unterscheiden, ob er in amtlicher Eigenschaft oder als Privatperson respektive „Parteipolitiker" tätig geworden ist. Nur im zuerst genannten Fall greift das Neutralitätsgebot ein. Eine amtlicher Funktion ist stets anzunehmen, wenn der Minister auf Ressourcen zurückgegriffen hat, die ihm allein aufgrund des Regierungsamtes zur Verfügung stehen.[140] Ein Recht auf „Gegenschlag" dergestalt, dass staatliche Organe auf unsachliche oder diffamierende Angriffe in gleicher Weise reagieren dürfen, besteht nicht.[141] Ob die nicht am parlamentarischen Verfahren beteiligten politischen Parteien in einem Organstreitverfahren vor den Landesverfassungsgerichten die Antragsbefugnis besitzen, den Gesetzgeber zur 50

[130] Vgl. z. B. BVerfGE 146, 1 Rn. 80 ff. = BeckRS 2017, 117451 Rn. 80 ff.

[131] Zu Art. 44 Abs. 1 GG vgl. → Rn. 16.

[132] Vgl. BVerfGE 130, 318 (354) = NVwZ 2012, 495 Rn. 127; E 135, 317 Rn. 154 = NJW 2014, 1505 Rn. 154.

[133] BVerfGE 135, 317 Rn. 152 = NJW 2014, 1505 Rn. 152.

[134] BVerfGE 90, 286 (337, 351) = BeckRS 1994, 120211; E 118, 244 (255) = NVwZ 2007, 1039; E 123, 267 (338 f.) = BeckRS 2009, 35262 Rn. 204; E 135, 317 Rn. 150 = NJW 2014, 1505 Rn. 150; E 140, 160 Rn. 85= BeckRS 2015, 52303 Rn. 85; *Barczak* in: Barczak, BVerfGG, § 64 Rn. 22 m. w. Nachw.; zu den Rechten des Bundestages bei Bundeswehreinsätzen im Inland vgl. E 126, 55 (68 ff.) = NVwZ 2010, 1091 Rn. 46 ff.

[135] BVerfGE 152, 8 Rn. 36 = NVwZ 2019, 1669 m. w. Nachw. (keine Verletzung von Gesetzgebungsrechten des Bundestages durch den Auslandseinsatz der Bundeswehr im Antiterrorkampf gegen den sog. „Islamischen Staat").

[136] BVerfGE 104, 151 (194 f.) = NJW 2002, 1559; E 152, 8 Rn. 28 = NVwZ 2019, 1669.

[137] BVerfGE 126, 55 (67 f.) = NVwZ 2010, 1091 Rn. 45.

[138] BVerfGE 136, 323 Rn. 19 = BeckRS 2014, 52021 Rn. 16.

[139] BVerfGE 57, 1 (8) = NJW 1981, 1359 (1360); E 105, 252 (272) = NJW 2002, 2621 (2624); E 148, 11 Rn. 48 ff. = NJW 2018, 928 (931); NJW 2020, 2096 Rn. 43 ff. → *Sachs* JuS 2020, 803 und → JA 2020, 718 *(Hillgruber)*.

[140] Vgl. BVerfG NJW 2020, 2096 Rn. 90 ff.→ *Sachs* JuS 2020, 803 und → JA 2020, 718 *(Hillgruber)* (Veröffentlichung eines als Parteipolitiker gegebenen Interviews des Ministers auf der Homepage des Ministeriums, in dem einer Partei u. a. staatszersetzendes Verhalten vorgeworfen wird).

[141] BVerfGE 148, 11 Rn. 60 = NJW 2018, 928 Rn. 60 → *Eifert* JK 7/18, EMRK Art. 8, 10 und → *Sachs* JuS 2018, 404 sowie → JA 2018, 394 *(Muckel)*.

Überprüfung der Verfassungsmäßigkeit von Gesetzen zu verpflichten, wird von den Landesverfassungsgerichten unterschiedlich beurteilt.[142]

51 **Lösung zu Fall 10:** Der Antragsteller kann sich auf Art. 38 Abs. 1 S. 2 i. V. m. Art. 46 Abs. 2 GG berufen. Der Genehmigungsvorbehalt für die strafrechtliche Verfolgung von Parlamentariern dient zwar vornehmlich dem Bundestag als Ganzem und nicht seinen einzelnen Mitgliedern. Nach Sinn und Zweck der Immunität hat der einzelne Parlamentarier aber einen Anspruch darauf, dass sich der Bundestag bei der Entscheidung über die Aufhebung der Immunität nicht von sachfremden, willkürlichen Motiven leiten lässt.[143] Scheidet eine Verletzung dieser Grundsätze nicht eindeutig und offensichtlich aus, ist eine Antragsbefugnis zu bejahen.

52 **Lösung zu Fall 11:** Die Antragsteller sind in ihrer Rechtsstellung als Abgeordnete unmittelbar betroffen. Die in Art. 39 Abs. 1 S. 1 GG festgelegte Dauer der Wahlperiode soll dem Deutschen Bundestag die wirksame und kontinuierliche Erfüllung seiner Aufgabe ermöglichen. An dieser Gewährleistung hat der Status des einzelnen Abgeordneten teil. Die Antragsteller sind demnach antragsbefugt.[144]

53 **Lösung zur Abwandlung Fall 11:** Die mögliche Verletzung des Art. 68 GG durch den Bundespräsidenten kann keine Verletzung der Rechte der Antragstellerin darstellen. Art. 68 GG dient nicht dem Schutz der nicht im Bundestag vertretenen Parteien.[145] Ihnen wird durch Art. 68 GG auch nicht eine hinreichend lange Vorbereitungszeit gewährt. Eine Rechtsverletzung der Partei scheidet somit von vornherein aus.

### 2. Prozessstandschaft

54 **Fall 12:** Eine Fraktion des Bundestages beantragt die Feststellung der Verpflichtung des Bundestages, auf die Aufhebung des Beschlusses der Europäischen Zentralbank (EZB) zum Ankauf von Anleihen von börsennotierten Unternehmen, insbesondere von Staatsanleihen der Eurozone hinzuwirken.

55 Gemäß § 64 Abs. 1 BVerfGG darf ein Antragsteller – ausnahmsweise[146] – geltend machen, dass er „oder das Organ, dem er angehört“, in seinen Rechten und Pflichten verletzt oder unmittelbar gefährdet ist. Der Sache nach handelt es sich um einen Fall der **gesetzlich zugelassenen Prozessstandschaft,** weil dem Antragsteller gestattet wird, **im eigenen Namen fremde Rechte** geltend zu machen. Dies wird mit dem Interesse an einem Minderheitsschutz (auch gegen den Willen der Mehrheit oder des Organs selbst)[147] begründet. Anknüpfend an § 63 BVerfGG wird verlangt, dass es sich bei dem einem Organ angehörenden Antragsteller um ein ständig vorhandenes Organteil handeln muss.[148] Das

---

[142] Verneinend VerfGH SL Urt. v. 14.7.1998 – Lv 4/97 Rn. 18 ff. = LVerfGE 8, 257 (263 f.), abrufbar unter: http://www.verfassungsgerichtshof-saarland.de/verfghsaar/dboutput.php?id=113 (zuletzt abgerufen am 30.11.2020); ThürVerfGH LKV 2007, 175 f.; bejahend z. B. VerfGH NW NVwZ 1995, 579; NWVBl 1996, 58; NVwZ 2000, 666 f.; NVwZ-RR 2003, 83 (84); VerfG MV LKV 2001, 270 (272).

[143] BVerfGE 104, 310 (325) = NJW 2002, 1111 (1112).

[144] BVerfGE 114, 121 (146 f.) = NJW 2005, 2669 f.

[145] BVerfGE 114, 107 (114 f.) = NJW 2005, 2682 f.

[146] Zur Notwendigkeit einer ausdrücklichen gesetzlichen Zulassung vgl. BVerfGE 60, 319 (325) = NVwZ 1982, 430; E 90, 286 (343.) = BeckRS 1994, 120211.

[147] BVerfGE 123, 267 (338 f.) = BeckRS 2009, 35262 Rn. 205; E 132, 195 Rn. 125 = BeckRS 2012, 56667 Rn. 229; E 134, 366 (397) = NJW 2014, 907 (910); E 142, 25 Rn. 67 = BeckRS 2016, 45454 Rn. 67; a. A. *Schlaich/Korioth* BVerfG, Rn. 94; vgl. auch Fall 12, → Rn. 54 mit Lösung → Rn. 56.

[148] BVerfGE 117, 359 (367) = NVwZ 2007, 685 (686); E 129, 108 (123) = NVwZ 2011, 1512 Rn. 60.

trifft insbesondere auf die **Bundestagsfraktionen**[149] und die ständigen **Bundestagsausschüsse**[150] zu. Ferner sollen die in einem **Untersuchungsausschuss** ernannten Mitglieder, sofern diese mindestens ein Viertel der Mitglieder des Bundestages umfassen, die Rechte der Einsetzungsminderheit i. S. d. Art. 44 Abs. 1 S. 1 GG geltend machen können.[151] Für die einzelnen Abgeordneten des Bundestages wurde mangels einer – von der Rechtsprechung abgelehnten – Organstellung (→ Rn. 21)[152] und für eine Fraktion im Ausschuss wegen des Fehlens einer ständig verfestigten Untergliederung des Bundestages[153] eine Prozessstandschaft als unzulässig angesehen. Die Begrenzung der Prozessstandschaft ist teilweise als „zumindest nicht zwingend" kritisiert worden.[154] Unzulässig ist eine *gewillkürte* (d. h. auf einer Abrede beruhende) Prozessstandschaft.

**Lösung zu Fall 12:** Eine Fraktion des Deutschen Bundestages kann nach ständiger Rechtsprechung des BVerfG im eigenen Namen Rechte geltend machen, die dem Bundestag zustehen. Dies gilt auch, wenn die Fraktion Rechte und Pflichten des Bundestages gegenüber dem Bundestag durchsetzen will. Es ist gerade Sinn und Zweck der in § 64 Abs. 1 BVerfGG geregelten Prozessstandschaft, der Parlamentsminderheit die Befugnis zur Geltendmachung der Rechte des Bundestages auch dann zu erhalten, wenn die Mehrheit seiner Mitglieder sie, insbesondere im Verhältnis zu der von ihr getragenen Bundesregierung, nicht wahrnehmen will. Das gerügte Unterlassen des Bundestages wurde auch hinreichend konkretisiert, da zur Erreichung des von der Antragstellerin begehrten Ziels verschiedene Maßnahmen in Betracht kommen. Das Gericht hat deshalb den Antrag als zulässig – aber nicht begründet – angesehen.[155] 56

### 3. Geltendmachung einer Verletzung oder unmittelbaren Gefährdung

In zulässiger Ausformung des Art. 93 Abs. 1 Nr. 1 GG bestimmt § 64 Abs. 1 BVerfGG, 57
dass der Antragsteller eine **Verletzung seiner Rechte** (und Pflichten) geltend machen muss. Verletzt sind Rechte, wenn sie rechtswidrig beeinträchtigt worden sind. Die behauptete Verletzung muss Folge des Verhaltens des Antragsgegners sein. **Geltend gemacht** ist die Verletzung, wenn die **Möglichkeit** hinreichend substantiiert dargelegt worden ist, so dass „nicht von vornherein ausgeschlossen werden kann", dass der Antragsgegner aus dem verfassungsrechtlichen Rechtsverhältnis zwischen den Beteiligten erwachsende Rechte des Antragstellers durch die beanstandete rechtserhebliche Maßnahme verletzt hat.[156] Neben der Geltendmachung einer Verletzung reicht bereits die Geltendmachung einer **unmittelbaren Gefährdung** aus. Gefährdet ist ein Recht, wenn die Wahrscheinlichkeit einer Verlet-

---

[149] BVerfGE 2, 143 (160) = NJW 1953, 537 (538); E 90, 286 (336, 343 f.) = BeckRS 1994, 120211; E 118, 244 (254 f.) = NVwZ 2007, 1039. Ist eine andere Fraktion in einem ähnlichen Fall schon in Prozessstandschaft für den Bundestag aufgetreten, steht die Rechtskraft eines Urteils dem Organstreit nicht entgegen, weil eine generelle subjektive Rechtskrafterstreckung auf den Rechtsinhaber im Falle der Prozessstandschaft jedenfalls für den Organstreit über Rechte des Bundestages nicht anzuerkennen ist, vgl. BVerfGE 104, 151 (196 f.) = NJW 2002, 1559 (1560) → JuS 2002, 807 *(Sachs)* und → JA 2002, 461 *(Rux)*.

[150] BVerfGE 129, 108 (123) = NVwZ 2011, 1512 Rn. 60.

[151] BVerfGE 105, 197 (220 f.) = NJW 2002, 1936 → *Ehlers* JK 9/02, GG Art. 44/4 und → JuS 2002, 1120 *(Sachs)* sowie → JA 2002, 845 *(Hillgruber)*.

[152] BVerfGE 70, 324 (354) = BeckRS 1986, 109211 Rn. 114; E 90, 286 (343 f.) = BeckRS 1994, 120211; E 117, 359 (367) = NVwZ 2007, 685 (686); E 123, 267 (337) = BeckRS 2009, 35262 Rn. 200.

[153] BVerfGE 2, 143 (164 f.) = NJW 1953, 537 (538); E 67, 100 (126) = NJW 1984, 2271 (2272); E 105, 197 (221) = NJW 2002, 1936 → *Ehlers* JK 9/02, GG Art. 44/4 und → JuS 2002, 1120 *(Sachs)* sowie → JA 2002, 845 *(Hillgruber)*.

[154] Vgl. *Voßkuhle* in: v. Mangoldt/Klein/Starck, GG, Art. 93 Rn. 110; vgl. auch die Kritik von *E. Klein* in: Benda/Klein, Verfassungsprozessrecht, § 28 Rn. 1060; a. A. *Grote* Verfassungsorganstreit (Fn. 1), S. 431 f.

[155] BVerfGE 142, 123 (183 f.) = NJW 2016, 2473 Rn. 183 f.; vgl. auch BVerfGE 123, 267 (338 f.) = BeckRS 2009, 35262 Rn. 203 ff.

[156] BVerfGE 94, 351 (362 f.) = NJW 1996, 2720; E 99, 19 (28) = NJW 1998, 3042.

zung gegeben ist. Die Unmittelbarkeit setzt eine Sachlage voraus, die bei ungehindertem Geschehensablauf mit hoher Wahrscheinlichkeit zur Rechtsverletzung führt.[157] Dadurch werden die Anforderungen im Vergleich etwa zur Klagebefugnis des § 42 Abs. 2 VwGO (→ § 27 Rn. 50ff.) oder Behauptungslast nach § 90 Abs. 1 BVerfGG (→ *Scherzberg* § 15 Rn. 71ff.) geringfügig gesenkt. Nicht erforderlich ist, dass eine Maßnahme zielgerichtet gegen den Antragsteller gerichtet ist. Es reicht aus, wenn dieser zwangsläufig von der Maßnahme mitbetroffen ist.[158]

## V. Passive Prozessführungsbefugnis

58 Der Antragsbefugnis (d. h. aktiven Prozessführungsbefugnis) entspricht als Gegenstück die **passive Prozessführungsbefugnis.** Zulässiger Antragsgegner ist derjenige, bei dem nicht von vornherein ausgeschlossen werden kann, dass er für die beanstandete rechtserhebliche Maßnahme oder Unterlassung die **rechtliche Verantwortung** trägt.[159] Obwohl es sich nicht ausdrücklich aus dem Gesetz ergibt, soll also die **Möglichkeit** – der richtigen Inanspruchnahme – ausreichen. Allerdings ist die Rechtsprechung häufig nicht konsequent, weil sie im Rahmen der Zulässigkeit nicht selten zugleich prüft, wer passiv legitimiert (also in Wahrheit richtiger Antragsgegner) ist.[160] Dies ist beim Abstellen auf die bloße Möglichkeit indes eine Frage der Begründetheit. Eine Organzuständigkeit des Antragsgegners setzt eine Verbandszuständigkeit des Bundes voraus.[161] Richtet sich der Antrag gegen einen Gesetzesbeschluss, ist der Bundestag allein oder gemeinsam mit dem Bundesrat, nicht aber mit der Bundesregierung, passiv prozessführungsbefugt,[162] auch wenn die Regierung die Gesetzesvorlage eingebracht hat. Für Maßnahmen oder Unterlassungen der Mitglieder des Vermittlungsausschusses sind der Bundestag oder der Bundesrat mangels einer Bindung an Weisungen dieser Organe nicht verantwortlich.[163] Im Falle der Abberufung eines Abgeordneten des Bundestages aus einem Ausschuss durch seine Fraktion ist diese, nicht aber der Bundestag und dessen Präsident richtiger Antragsgegner. Eine **passive Prozessstandschaft** eines Organteils lässt weder Art. 93 Abs. 1 Nr. 1 GG noch § 64 BVerfGG zu.[164] Antragsgegner und damit verantwortlich kann nur das Organ selbst sein, das Organteil nur wegen seines eigenen Verhaltens.

## VI. Antragsfrist

59 **Fall 13:** Neun Bundestagsabgeordnete, die gleichzeitig als Rechtsanwälte, Unternehmer oder Handelsvertreter tätig sind, haben beim BVerfG die Feststellung beantragt, dass die Neuregelung des § 44a Abs. 1 Abgeordnetengesetz (AbgG), wonach die Ausübung des Mandats im Mittelpunkt der Tätigkeit eines Abgeordneten steht, die Freiheit des Mandats gemäß Art. 38 Abs. 1 S. 2, 48 Abs. 2 GG, hilfsweise die Grundrechte des Art. 2 Abs. 1 i.V.m. Art. 1 Abs. 1, 12 Abs. 1 GG, verletzt. Ein Verstoß gegen diese

---

[157] Vgl. zur Begriffsbestimmung im Polizei- und Ordnungsrecht statt vieler *Schoch* in: Schoch, BesVwR, Kap. 1 Rn. 301.

[158] BVerfGE 62, 1 (32) = NJW 1983, 735 (736); E 120, 82 (100) = NVwZ 2008, 407 (408).

[159] BVerfGE 62, 1 (33) = NJW 1983, 735 (736); E 94, 351 (362f.) = NJW 1996, 2720; E 140, 115 Rn. 74 = BeckRS 2015, 52250 Rn. 74.

[160] Vgl. BVerfGE 62, 1 (33) = NJW 1983, 735 (736); E 67, 100 (126) = NJW 1984, 2271 (2272); E 140, 115 Rn. 61 = BeckRS 2015, 52250.

[161] Dementsprechend kann sich das Frage- und Auskunftsrecht des Bundestages, seiner Abgeordneten und Fraktionen nur auf den Verantwortungsbereich des Bundes beziehen (BVerfGE 139, 194 Rn. 110ff. = NVwZ 2015, 1377).

[162] BVerfGE 73, 1 (30) (insoweit nicht abgedruckt in NJW 1986, 2497); E 82, 322 (336) = BeckRS 1990, 113203; E 123, 267 (336) = BeckRS 2009, 35262 Rn. 196.

[163] BVerfGE 140, 115 Rn. 63 = BeckRS 2015, 52250.

[164] BVerfGE 133, 273 (275) Rn. 3ff. = BeckRS 2013, 50056.

Vorschriften sehen sie zudem in den Neuregelungen über die Verpflichtung zur Anzeige und zur Veröffentlichung von Tätigkeiten und Einkünften neben dem Mandat (§§ 44a Abs. 4 S. 1, 44b AbgG i. V. m. §§ 1, 3 und 8 der Verhaltensregeln des Bundestages sowie der auf der Grundlage des § 1 Abs. 4 der Verhaltensregeln erlassenen Ausführungsbestimmungen des Bundestagspräsidenten) über die Sanktionierung von Verstößen (§§ 44a Abs. 4, 44b Nr. 5 AbgG i. V. m. § 8 der Verhaltensregeln). Die Neuregelung des AbgG wurde am 26.8.2005 verkündet. Als Zeitpunkt des Inkrafttretens wurde – ebenso wie für die Verhaltensregeln – der Tag der ersten Sitzung des 16. Bundestages (18.10.2005) bestimmt. Zwei Abgeordnete erhoben ihre Anträge erst am 12.4.2006.

**Fall 14:** Eine bisher nicht in den Parlamenten vertretene Partei hält die 5%-Sperrklausel des § 6 Abs. 3 BWahlG für verfassungswidrig und wendet sich in einem Organstreitverfahren dagegen, dass es der Bundesgesetzgeber unterlassen habe, diese Klausel zu streichen oder abzumildern. Unter anderem beruft sie sich auch auf eine vier Monate zurückliegende Ablehnung einer auf Änderung des § 6 Abs. 6 BWahlG abzielenden Petition. 60

Gemäß § 64 Abs. 3 BVerfGG muss der Antrag im Organstreitverfahren binnen **sechs Monaten** gestellt werden, nachdem die beanstandete Maßnahme oder Unterlassung dem Antragsteller bekannt geworden ist. Es handelt sich hierbei um eine der Rechtssicherheit dienende **Ausschlussfrist.**[165] Eine Verlängerung der Frist oder eine Wiedereinsetzung in den vorigen Stand ist – anders als nach § 93 Abs. 2 BVerfGG im Verfassungsbeschwerdeverfahren (→ *Scherzberg* § 15 Rn. 110) – nicht vorgesehen.[166] Ein späteres Nachschieben eines weiteren Angriffsgegenstandes, der mit dem ursprünglichen in einem Zusammenhang steht und innerhalb der für die später beanstandete Maßnahme geltenden Frist eingebracht wurde, ist zulässig (weil ein neues – weiteres – Organstreitverfahren eine bloße Förmelei wäre);[167] eine nachträgliche Änderung eines Streitgegenstandes nach Ablauf der Frist dagegen nicht.[168] 61

Maßgeblich für den **Fristbeginn** soll im Falle einer **beanstandeten Maßnahme** nicht die erstmalige positive Kenntnisnahme, sondern der Zeitpunkt sein, von dem an die Maßnahme beim Antragsteller eine aktuell rechtliche Betroffenheit auszulösen vermag[169] (was mit dem Wortlaut des § 64 Abs. 3 BVerfGG nicht ohne Weiteres in Einklang zu bringen ist). Geht es bei der beanstandeten Maßnahme um ein Gesetz (genauer: den Erlass eines Gesetzes), beginnt die Frist nach der Rechtsprechung des BVerfG mit der Verkündung des Gesetzes.[170] Für Gesetzesänderungen kommt es auf den Zeitpunkt der Verkündung des Änderungsgesetzes an, wenn sich aus der (unter Umständen nicht aus dem Wortlaut ergebenden)[171] Änderung die Belastung ergibt oder eine solche zumindest verstärkt wurde[172] (ansonsten gilt der Zeitpunkt des Ursprungsgesetzes). Dagegen hat das BVerfG bei Geschäftsordnungsverstößen nicht nur auf den Erlasszeitpunkt, sondern auch auf die „aktu- 62

[165] BVerfGE 24, 253 (258) = BeckRS 1968, 103917; E 45, 1 (30 f.) (insoweit nicht abgedruckt in NJW 1977, 1387); E 129, 356 (370 f.) = NVwZ 2012, 294 Rn. 33.

[166] Vgl. auch BVerfGE 109, 1 (12 f.) = NVwZ 2004, 468 (471); *Hillgruber/Goos* Verfassungsprozessrecht, Rn. 516 ff.

[167] BVerfGE 124, 76 (111 f.) = BeckRS 2009, 37695 Rn. 98.

[168] BVerfGE 68, 1 (63 f.) (insoweit nicht abgedruckt in NJW 1985, 603); E 134, 141 Rn. 149 = NVwZ 2013, 1468 (1476) → *Eifert* JK 2/14, GG Art. 38 I 2/27 und → *Sachs* JuS 2014, 284.

[169] BVerfGE 118, 277 (321) (insoweit nicht abgedruckt in NVwZ 2007, 916); E 134, 141 Rn. 153 = NVwZ 2013, 1468 (1476) → *Eifert* JK 2/14, GG Art. 38 I 2/27 und → *Sachs* JuS 2014, 284.

[170] BVerfGE 24, 252 (258) = BeckRS 1968, 103917; E 114, 107 (116) = NJW 2005, 2682 (283); E 134, 141 Rn. 184 = NVwZ 2013, 1468 (1476) → *Eifert* JK 2/14, GG Art. 38 I 2/27 und → *Sachs* JuS 2014, 284. Weigert sich der Bundespräsident, ein Gesetz auszufertigen (Art. 82 Abs. 1 S. 1 GG), beginnt die Frist mit der Weigerung und nicht bereits mit der Zuleitung des Gesetzes zu laufen.

[171] BVerfGE 131, 316 (332 ff.) = NVwZ 2012, 1101 Rn. 47 ff.

[172] BVerfGE 111, 382 (411) = NVwZ 2004, 1473 (1477).

elle Betroffenheit" abgestellt.[173] Dieser Zeitpunkt liegt später, wenn die Geschäftsordnungsbestimmung an rechtliche Voraussetzungen anknüpft, die sich beim Antragsteller erst später verwirklichen. Haben die in einem Ausschuss des Bundestages berufenen Mitglieder einer Parlamentsfraktion Kenntnis von einer Maßnahme oder Unterlassung, soll diese der Parlamentsfraktion zuzurechnen sein.[174] Die **unterschiedliche Bestimmung des Fristbeginns** ist dogmatisch schwer zu begründen.[175] Soweit die Durchführung einer Norm rechtserheblich ist (→ Rn. 32), kommt es für die Bestimmung der Frist auf den Zeitpunkt der Durchführung an.

63 **Lösung zu Fall 13:** Abgeordnete sind als durch das Grundgesetz (Art. 38 Abs. 1 S. 2) mit eigenen Rechten ausgestattete andere Beteiligte i. S. d. Art. 93 Abs. 1 Nr. 1 GG (→ Rn. 21), der Bundestag als oberstes Bundesorgan (→ Rn. 12) beteiligtenfähig. In Bezug auf die Ausführungsbestimmungen ist der Bundestagspräsident entweder als oberstes Bundesorgan (Art. 40 GG) oder anderer Beteiligter (→ Rn. 15) der richtige Antragsgegner, da er diese erlassen und somit zu verantworten hat. Eine rechtserhebliche Maßnahme i. S. d. § 64 Abs. 1 BVerfGG ist nicht nur im Erlass des AbgG, sondern auch in den Verhaltensregeln sowie in den Ausführungsbestimmungen zu sehen, weil diese die Pflichten des AbgG (verbindlich) konkretisieren. Ein Antrag ist nur zulässig, wenn der Antragsteller geltend macht, durch die beanstandete Maßnahme des Antragsgegners in seinen ihm durch das Grundgesetz übertragenen Rechten und Pflichten verletzt oder unmittelbar gefährdet zu sein. Hier kann eine Verletzung der Art. 38 Abs. 1 S. 2, 48 Abs. 2 GG nicht von vornherein ausgeschlossen werden. Ob die Maßnahmen möglicherweise auch Grundrechte der Antragsteller verletzen, kann dahinstehen, da Grundrechtsverletzungen im Organstreitverfahren nicht geltend gemacht werden können (→ Rn. 21 f.). Die Anträge von zwei Abgeordneten könnten in Bezug auf die Vorschriften des AbgG und die Verhaltensregeln aber nicht die Frist des § 64 Abs. 3 BVerfGG gewahrt haben, da diese mit der Verkündung beginnt und somit am 12.4.2006 abgelaufen war. Jedenfalls bei Geschäftsordnungen – dazu gehören die Verhaltensregeln (§ 18 GO BT) – hat das BVerfG aber als Fristbeginn den späteren Zeitpunkt der aktuellen Betroffenheit anerkannt.[176] Erst mit dem Beginn seiner Stellung als Abgeordneter, also mit der ersten Sitzung des 16. Bundestages am 18.10.2005, betreffen die gerügten Pflichten die Antragsteller unmittelbar, so dass die Frist erst am 18.4.2006 abläuft. Diese für Geschäftsordnungen geltende Besonderheit ist in diesem Fall auf das AbgG zu übertragen, da der Normgeber die Zusammengehörigkeit von AbgG und Verhaltensregeln durch das gleichzeitige Inkrafttreten verdeutlicht hat. Zudem wird so vermieden, dass gegen das Gesetz schon vorgegangen werden muss, obwohl die Zugehörigkeit zum Parlament und die rechtliche Betroffenheit noch nicht abzusehen ist. Da die Anträge vom 12.4.2006 demgemäß fristgerecht erhoben wurden, ist der Organstreit insgesamt zulässig.[177]

64 Bei beanstandeten **Unterlassungen** beginnt die **Frist** erst, wenn ein entsprechender Verstoß mit hinreichender Sicherheit feststeht oder sich der Antragsgegner erkennbar weigert, die Maßnahmen zu treffen, die der Antragsteller zur Wahrung der Rechte aus seinem verfassungsrechtlichen Status für erforderlich hält.[178] Wird ein Unterlassen der Bundesregierung beanstandet, kann die Frist jedenfalls nicht vor einer eindeutigen Weigerung des

---

[173] BVerfGE 80, 188 (209) (insoweit nicht abgedruckt in NJW 1990, 373); E 118, 277 (317) = NVwZ 2007, 916 (918) (dazu Fall 13 → Rn. 59 mit Lösung → Rn. 63).
[174] BVerfGE 129, 356 (371) = NVwZ 2012, 294 Rn. 35.
[175] *Walter* in: BeckOK BVerfGG, § 64 Rn. 40.
[176] BVerfGE 80, 188 (209) (insoweit nicht abgedruckt in NJW 1990, 373).
[177] Vgl. BVerfGE 118, 277 (316 ff.) = NVwZ 2007, 916 (918).
[178] BVerfGE 4, 250 (269) = VerwRspr 1956, 517 (521); E 92, 80 (89) = NJW 1995, 2775 (2776); E 134, 141 (193) Rn. 153 = NVwZ 2013, 1468 (1476) → *Eifert* JK 2/14, GG Art. 38 I 2/27 und → *Sachs* JuS 2014, 284.

zuständigen Ressortministers beginnen,[179] die grundsätzlich auch konkludent erfolgen kann.[180] Richtet sich der Antrag gegen eine Antwort der Bundesregierung auf eine parlamentarische Anfrage, beginnt die Frist mit Zuleitung der Antwort zu laufen.[181] Ein fortdauerndes, rechtserhebliches Unterlassen des Antragsgegners löst den Lauf der Antragsfrist jedenfalls dann aus, wenn er die Vornahme der begehrten Handlung erkennbar eindeutig verweigert hat.[182] Die Frist beginnt mit dem Zeitpunkt des konkreten Unterlassens zu laufen. Nicht angeknüpft werden darf daran, dass auch nach Ablauf der so bestimmten Frist noch eine allgemeine Unterlassung fortbestehen bleibt.[183]

Die **Fristberechnung** erfolgt für ein Haupt- und Hilfsantrag gesondert[184] und richtet 65
sich nach den §§ 187ff. BGB.

**Lösung zu Fall 14:** Bejaht man die vom BVerfG bisher offen gelassene Frage, ob sich 66
eine „Organklage" auch gegen ein Unterlassen des Gesetzgebers richten kann (→ Rn. 34f.), und hält man auch die nicht am parlamentarischen Verfahren beteiligten politischen Parteien für antragsbefugt (→ Rn. 24), wird auch bei fortdauerndem gesetzgeberischen Unterlassen die Frist spätestens dadurch in Lauf gesetzt, dass sich der Gesetzgeber erkennbar und eindeutig weigert, in der Weise tätig zu werden, die der Antragsteller zur Wahrung der Rechte in seinem verfassungsrechtlichen Status für erforderlich hält.[185] Hier hat sich der Gesetzgeber über Jahrzehnte hinweg für die Beibehaltung der 5%-Sperrklausel ausgesprochen,[186] so dass die Frist des § 64 Abs. 3 BVerfGG längst abgelaufen ist. Abschlägig beschiedene Petitionen berühren nicht den verfassungsrechtlichen Status der Parteien[187] und vermitteln daher nicht die Befugnis zur Durchführung eines Organstreitverfahrens,[188] so dass die negative Petitionsentscheidung nicht erneut eine Antragsfrist in Gang gesetzt hat. Auch wenn es sich um eine neu gegründete Partei handeln sollte, wird die Frist nicht erneut in Gang gesetzt, weil jedenfalls bei Wahlgesetzen auf den Zeitpunkt der Verkündung abzustellen ist. Somit ist der Antrag unzulässig.[189]

## VII. Rechtsschutzbedürfnis

Auch im Organstreitverfahren ist das **Rechtsschutzbedürfnis** grundsätzlich Voraus- 67
setzung für die Sachentscheidung.[190] Es setzt das Bestehen eines für den Antragsgegner

---

179 BVerfGE 21, 312 (319f.) = NJW 1967, 1956; E 131, 152 (191) = NVwZ 2012, 954 Rn. 83.

180 BVerfGE 103, 164 (170ff.) = NVwZ 2002, 66 (67ff.); E 129, 356 (373) = BeckRS 2011, 56911; E 134, 141 Rn. 153 = NVwZ 2013, 1468 → *Eifert* JK 2/14, GG Art. 38 I 2/27 und → *Sachs* JuS 2014, 284.

181 BVerfGE 134, 141 Rn. 152 = NVwZ 2013, 1468 (1476) → *Eifert* JK 2/14, GG Art. 38 I 2/27 und → *Sachs* JuS 2014, 284.

182 BVerfGE 92, 80 (89) = NJW 1995, 2775 (2776); E 118, 244 (256f.) = NVwZ 2007, 1039; E 129, 356 (371) = NVwZ 2012, 294 Rn. 34.

183 Vgl. BVerfGE 118, 244 (256) = NVwZ 2007, 1039 → *Ehlers* JK 2/08, GG Art. 59 Abs. 2/2 und → JuS 2008, 165 *(Sachs)*; krit. dazu in Bezug auf die Fortentwicklung völkerrechtlicher Verträge *Murswiek* NVwZ 2007, 1130 (1134).

184 BVerfGE 84, 304 (320) = NJW 1991, 2474 (2475); E 118, 277 (320) = NVwZ 2007, 916 (918).

185 BVerfGE 103, 164 (170f.) = NVwZ 2002, 66 (67ff.); E 110, 403 (405) = NVwZ 2004, 1224.

186 Vgl. BVerfGE 3, 383 (394) = BeckRS 1954, 64 Rn. 49; E 83, 322 (337ff.) (insoweit nicht abgedruckt in NJW 1991, 899); E 95, 408 (418f.) = NJW 1997, 1568f.

187 Soweit sich eine Partei nicht gegen das gesetzgeberische Unterlassen, sondern bloß allgemein gegen eine parlamentarische Überprüfung der 5 %-Sperrklausel richtet, ist schon zweifelhaft, ob sie als nicht direkt am parlamentarischen Verfahren Beteiligte überhaupt in ihren Rechten verletzt sein kann (verneint von ThürVerfGH LKV 2007, 175f.; a. A. VerfGH NW NVwZ-RR 2003, 83 (84).

188 VerfGH NW NWVBl 2003, 12f.

189 Anderes gilt, wenn nicht ein schlichtes Unterlassen des Gesetzgebers vorliegt, sondern sich der Antragsgegner (Parlament) mit der Beibehaltung der Sperrklausel inhaltlich befasst hat, vgl. BVerfGE 120, 82 (97) = NVwZ 2008, 407 → JuS 2008, 730 *(Sachs)* und → JA 2008, 746 *(Wolff)*.

190 BVerfGE 62, 1 (33) = NJW 1983, 735 (736); E 142, 25 Rn. 76 = BeckRS 2016, 45454 Rn. 76; E 147, 31 Rn. 17 = NVwZ 2018, 572; E 152, 35 Rn. 7 = NVwZ 2019, 1755 → *Sachs* JuS 2020, 187 und → JA 2020, 71 *(Hillgruber)*.

erkennbaren Konflikts voraus. Daher trifft bei vermeintlich oder tatsächlich unrichtig beantworteten parlamentarischen Fragen den Antragsteller vor Einleitung des Organstreitverfahrens eine **„Konfrontationsobliegenheit“.**[191] Der Regierung muss durch den Hinweis auf die mutmaßliche Unrichtigkeit bzw. Unvollständigkeit ihrer Antwort die Möglichkeit gegeben werden, die Sach- und Rechtslage ihrerseits zu prüfen und ihre Antwort gegebenenfalls zu berichtigen oder zu ergänzen. Ferner kann das Rechtsschutzbedürfnis fehlen, wenn der Antragsteller völlig untätig geblieben ist, obwohl er in der Lage gewesen wäre, die nunmehr gerügte Rechtsverletzung durch eigenes Handeln rechtzeitig zu vermeiden.[192] Hat der Sitzungspräsident des Bundestages eine parlamentarische Ordnungsmaßnahme verfügt, ist vom Antragsteller zu verlangen, dass er vor Anrufung des BVerfG zunächst erfolglos das von der Geschäftsordnung des Bundestages vorgesehene Einspruchsverfahren durchführt.[193] In der Regel wird das **Rechtsschutzbedürfnis** durch das Vorliegen der *Antragsbefugnis* **indiziert.** Es entfällt nicht schon deshalb, weil die geltend gemachte Rechtverletzung einen inzwischen abgeschlossenen Sachverhalt betrifft,[194] das angegriffene Gesetz im Wege der abstrakten Normkontrolle für nichtig erklärt wurde,[195] der Antragsteller andere parlamentarisch-politische Handlungsmöglichkeiten hatte oder noch hat,[196] respektive ihm zur Verfolgung des Prozessziels andere gleichwertige verfassungsgerichtliche Wege offen gestanden hätten oder noch stehen.[197] Einem Antrag der Fraktion auf Beschluss eines verfassungsändernden Gesetzentwurfs durch den Bundestag steht nicht entgegen, dass eine Änderung der Verfassung nach Art. 79 Abs. 2 GG zwingend der Mitwirkung des Bundesrates bedarf.[198] Soweit dem BGH Zuständigkeiten für Streitigkeiten in Bezug auf Untersuchungsausschüsse zugewiesen worden sind, bleibt Art. 93 Abs. 1 Nr. 1 GG unberührt, wie § 36 Abs. 1 PUAG klarstellt.[199] Dementsprechend ist auch das Organstreitverfahren vor dem BGH gemäß § 17 Abs. 4 PUAG wegen der einfachgesetzlichen Ausgestaltung nicht geeignet, das verfassungsrechtliche Organstreitverfahren zu verdrängen.[200] Anders als für die Verfassungsbeschwerde (→ *Scherzberg* § 15 Rn. 93 ff.) gilt nicht der Grundsatz der Subsidiarität.[201]

68 Verneint wurde das Rechtschutzbedürfnis, wenn weder ein **objektives Klarstellungsinteresse**[202] noch eine **Wiederholungsgefahr** besteht (z. B. weil der Antragsteller[203] oder die Antragsgegnerin[204] – Fraktion – aus dem Bundestag ausgeschieden sind). Eines über das Klarstellungsinteresse und/oder die Wiederholungsgefahr hinausgehenden Fortsetzungsfeststellungsinteresses bedarf es nicht.[205] Eine Wiederholungsgefahr ist nicht gegeben, wenn der

---

[191] BVerfGE 147, 31 Rn. 19 = NVwZ 2018, 572 Rn. 19; VerfGH NW NWVBl 2020, 366 (369 f.).

[192] BVerfGE 152, 35 Rn. 10 = NVwZ 2019, 1755 → *Sachs* JuS 2020, 187 und → JA 2020, 71 *(Hillgruber)*.

[193] BVerfGE 152, 35 Rn. 12 = NVwZ 2019, 1755 → *Sachs* JuS 2020, 187 und → JA 2020, 71 *(Hillgruber)*.

[194] BVerfGE 10, 4 (11) = BeckRS 1959, 200 Rn. 18; E 121, 135 (152) = NJW 2008, 2018 (2019); E 131, 152 (193) = NVwZ 2012, 954 Rn. 86 ff.; E 140, 115 Rn. 82 ff. = BeckRS 2015, 52250; E 148, 11 Rn. 35 = NJW 2018, 928 Rn. 35.

[195] BVerfGE 20, 134 (141) = BeckRS 1966, 104351.

[196] BVerfGE 90, 286 (338 f.) = BeckRS 1994, 120211; E 104, 151 (198) = NJW 2002, 1559 (1560); a. A. Sondervotum *Böckenförde/Kruis* E 90, 286 (353 ff.) = BeckRS 1994, 120211.

[197] BVerfGE 45, 1 (30) (insoweit nicht abgedruckt in NJW 1977, 1387); E 129, 356 (374) = NVwZ 2012, 294 Rn. 41 ff.

[198] BVerfGE 142, 25 Rn. 81 = BeckRS 2016, 45454 Rn. 81.

[199] Vgl. zu § 18 Abs. 3 PUAG BVerfGE 124, 78 (104 f.) = BeckRS 2009, 37695 Rn. 77 f.

[200] *Walter* in: BeckOK BVerfGG, § 64 Rn. 49.

[201] Vgl. *Barczak* in: Barczak, BVerfGG, § 64 Rn. 37.

[202] Vgl. BVerfGE 1, 372 (379) (insoweit nicht abgedruckt in NJW 1952, 970); E 121, 135 (152) = NJW 2008, 2018 (2019); E 131, 152 (194) = NVwZ 2012, 954 Rn. 88; E 137, 185 Rn. 127 = BeckRS 2014, 57205 Rn. 128. Da das Organstreitverfahren kontradiktorisch ausgestaltet ist, entfällt das objektive Klarstellungsinteresse auch, wenn nach einem Regierungswechsel keine diskursive Auseinandersetzung zwischen den Beteiligten mehr zu erwarten ist, LVerfG LSA NVwZ-RR 2018, 673 f.

[203] BVerfGE 87, 207 (209) = NVwZ 1993, 357; E 139, 239 Rn. 13 = BeckRS 2016, 42668 Rn. 13.

[204] BVerfGE 136, 190 Rn. 4 ff. = NVwZ 2014, 1159 Rn. 4 ff.

[205] Offen gelassen in BVerfGE 131, 152 (193 f.) = NVwZ 2012, 954 Rn. 88; E 148, 11 Rn. 35 = BeckRS 2018, 1876; für ein weitergehendes Fortsetzungsfeststellungsinteresse in ähnlicher Weise wie bei der verwaltungsgerichtlichen Fortsetzungsfeststellungsklage (→ § 31 Rn. 69 ff.) *Bethge* in: Maunz/Schmidt-Bleibtreu/Klein/Bethge, BVerfGG, § 64 Rn. 98 f.; *Umbach* in: Umbach/Clemens/Dollinger, BVerfGG, §§ 63, 64 Rn. 172.

Antragsgegner den Verfassungsverstoß eingeräumt und für die Zukunft ausgeschlossen hat.[206] Nicht ausreichend ist, wenn der Antragsgegner eine zunächst unterlassene Maßnahme vornimmt, aber gleichwohl an seiner im Streit stehenden Auffassung festhält.[207] Schließlich entfällt das Rechtsschutzbedürfnis bei einem Rechtsmissbrauch.[208]

## C. Verfahren

Für das **gerichtliche Verfahren** gelten die allgemeinen Bestimmungen (§§ 17 ff. BVerfGG). Dem Antragsteller und dem Antragsgegner können in jeder Lage des Verfahrens **andere Antragsberechtigte** i. S. d. § 63 BVerfGG **beitreten,** wenn die Entscheidung auch für die Abgrenzung ihrer Zuständigkeiten von Bedeutung ist (§ 65 Abs. 1 BVerfGG). Entsprechendes gilt für den ebenfalls kontradiktorischen Bund-Länder-Streit, § 69 BVerfGG (hierzu → *Pünder* § 20 Rn. 9). Dagegen sehen die sonstigen verfassungsrechtlichen Verfahren einen Beitritt auf Seiten des Antragstellers oder Antragsgegners nicht vor. Die **Zuständigkeiten des Beitretenden** müssen sich aus dem Grundgesetz (also nicht nur dem Unterverfassungsrecht) ergeben.[209] Von Bedeutung ist die gerichtliche Entscheidung (einschließlich der tragenden Gründe)[210] für die Abgrenzung der Zuständigkeiten, wenn sich diese auf die Zuständigkeitsverteilung – auch in Zukunft – auswirken kann. Die Geltendmachung einer Verletzung der grundgesetzlichen Rechte und Pflichten oder einer unmittelbaren Gefährdung bedarf es nicht.[211] Für **politische Parteien,** die keine Staatsorgane sind, und damit auch keine diesbezüglichen Zuständigkeiten besitzen (→ Rn. 24), muss die Entscheidung für die Abgrenzung ihres verfassungsrechtlichen Status von Bedeutung sein.[212] Da der Beitritt der Unterstützung des Antragstellers oder Antragsgegners dienen soll, muss er auf Seiten desjenigen Beteiligten erfolgen, dessen rechtliche (nicht notwendig politische) Interessen denen des Beitretenden entsprechen.[213] So dürfen in dem Streit einer politischen Partei gegen den Bundestag andere politische Parteien nicht auf Seiten des Bundestages, sondern nur auf Seiten der antragstellenden Partei, beitreten,[214] weil die Interessen einer Partei sich von denjenigen des Bundestages unterscheiden. Der Beitritt eines kollegialen Verfassungsorgans ist nur wirksam, wenn er vom Kollegium beschlossen wird.[215] Anträge der Beitretenden müssen mit dem Antrag des Antragstellers in einem inneren Zusammenhang stehen,[216] dürfen also dessen Prozessaussichten nicht zuwiderlaufen oder verschlechtern.[217] 69

Das BVerfG kann anhängige **Verfahren verbinden** oder verbundene **trennen** (§ 66 BVerfGG), was auch ohne ausdrückliche Regelung zulässig wäre. Bundespräsident, Bundestag, Bundesrat und Bundesregierung sind – falls nicht selbst am Verfahren beteiligt[218] – stets in Kenntnis zu setzen (§ 65 Abs. 2 BVerfGG), damit sie sich äußern können. Eine **Benachrichtigung** weiterer Organe ist nicht ausgeschlossen und nicht unüblich,[219] aber nicht verpflichtend.[220] Eine Antragsrücknahme ist zulässig, bedarf nach **mündlicher Verhandlung** aber der Zustimmung des Gerichts (→ Rn. 5). Diese kann verweigert werden, wenn öf- 70

---

206 *Walter* in: BeckOK BVerfGG, § 64 Rn. 53 Zum umgekehrten Fall (Festhalten an der beanstandeten Maßnahme), vgl. BVerfG NJW 2020, 2096 Rn. 41 → *Sachs* JuS 2020, 803 und → JA 2020, 718 *(Hillgruber)*.

207 BVerfGE 140, 115 Rn. 83 = BeckRS 2015, 52250 Rn. 83; vgl. ferner BVerfGE 137, 185 Rn. 126 = BeckRS 2014, 57205.

208 Vgl. *Voßkuhle* in: v. Mangold/Klein/Stark, GG III, Art. 93 Rn. 114.

209 *Barczak* in: Barczak, BVerfGG, § 65 Rn. 11.

210 BVerfGE 6, 309 (325 f.) = VerwRspr 1957, 525 (527 f.).

211 *Barczak* in: Barczak, BVerfGG, § 65 Rn. 11.

212 *Barczak* in: Barczak, BVerfGG, § 65 Rn. 13.

213 Vgl. BVerfGE 12, 308 (310 f.) = BeckRS 1961, 00388 Rn. 3 – für den Bund-Länder-Streit.

214 BVerfGE 20, 18 (23 ff.) = NJW 1966, 875 (876 f.); E 120, 82 (100) = NVwZ 2008, 407 (408).

215 BVerfGE 7, 282 (288 f.) = NJW 1958, 540.

216 BVerfGE 6, 309 (326) = VerwRspr 1957, 525 (528); E 20, 18 (25) = NJW 1966, 875 (877).

217 Vgl. auch *Umbach* in: Umbach/Clemens/Dollinger, BVerfGG, § 65 Rn. 14.

218 Vgl. BVerfGE 124, 267 (274) (insoweit nicht abgedruckt in NVwZ-RR 2010, 41).

219 Vgl. *Schorkopf* in: Burkiczak/Dollinger/Schorkopf, BVerfGG, § 65 Rn. 13.

220 Vgl. BVerfGE 67, 100 (119) = BeckRS 1984, 3747.

fentliche Interessen entgegenstehen.[221] In Abweichung von § 25 Abs. 1 BVerfGG bestimmt § 66a BVerfGG, dass das BVerfG auch ohne Verzicht der Beteiligten in Verfahren, die näher im Untersuchungsausschussgesetz (PUAG)[222] und in dem Gesetz über die parlamentarische Kontrolle nachrichtendienstlicher Tätigkeit des Bundes (PKGrG)[223] geregelt sind,[224] – zum Zwecke der Beschleunigung und/oder der Geheimhaltung – nach pflichtgemäßem (nicht überprüfbarem) Ermessen **ohne mündliche Verhandlung** entscheiden kann.

## D. Begründetheit des Antrags

71 Über Art. 93 Abs. 1 Nr. 1 GG hinausgehend (Auslegung des Grundgesetzes) stellt das BVerfG in seiner Entscheidung gemäß § 67 S. 1 BVerfGG fest, ob die beanstandete Maßnahme oder Unterlassung des Antragsgegners gegen eine Bestimmung des Grundgesetzes verstößt. Nicht vorgesehen ist die Feststellung, dass der Antragsteller dadurch in seinen Rechten und Pflichten verletzt ist. Dies deutet darauf hin, dass es sich bei dem Organstreitverfahren – ähnlich wie bei der Normkontrolle nach § 47 VwGO[225] – trotz des Erfordernisses einer subjektivierten Antragsbefugnis (§ 64 Abs. 1 BVerfGG) um ein **objektives** (nicht subjektives) **Rechtsschutzverfahren** handelt. Die Rechtsprechung des BVerfG ist zwar nicht eindeutig. Vereinzelt wird davon gesprochen, dass das Organstreitverfahren im Dienste objektiver Bewahrung des Verfassungsrechts steht,[226] demgegenüber wird aber ganz überwiegend vom **subjektiven Rechtsschutzcharakter** ausgegangen,[227] indem in begründeten Anträgen festgestellt wird, dass der Antragsteller durch die beanstandete Maßnahme oder Unterlassung in seinen grundgesetzlichen Rechten verletzt worden ist.[228] Eine Vollprüfung (wie bei der Verfassungsbeschwerde, vgl. → *Scherzberg* § 15 Rn. 118) lehnt das Gericht (zu Recht) ab. Vielmehr sei es – dem kontradiktorischen Charakter der Streitigkeit entsprechend (→ Rn. 1) – an die **Begrenzung des Streitstoffs** in dem durch den Antrag bestimmten Umfang gebunden.[229] Die Literatur ist gespalten. Teils wird eine objektive Rechtsschutzfunktion mit weitem Prüfungsumfang angenommen,[230] teils trotz des objektiven Charakters insoweit in Übereinstimmung mit dem BVerfG eine sich aus dem Antrag ergebende Begrenzung befürwortet,[231] im Übrigen eine Verletzung des Antragstellers in seinen subjektiven Rechten und Pflichten für erforderlich gehalten[232] oder eine Verschränkung der subjektiv- und objektivrechtlichen Elemente angenommen.[233]

[221] BVerfGE 24, 299 (300) = NJW 1969, 413 (LS) (m. Anm. *Rupprecht*); E 87, 207 (209) = NVwZ 1993, 357; offen gelassen in BVerfGE 139, 239 Rn. 13 = BeckRS 2016, 42668 Rn. 13.

[222] Gesetz v. 19.6.2001, BGBl I S. 1142.

[223] Gesetz v. 29.7.2009, BGBl I S. 2346.

[224] Krit. zu dem in § 14 PKGrG vorgesehenen Quorum einer Zwei-Drittel-Mehrheit *Hermes* in: Dreier, GG, Art. 45d Rn. 59; *Hempel* Der Bundestag und die Nachrichtendienste, 2014, S. 162 ff.; *Barczak* in: Barczak, BVerfGG, § 66a Rn. 12 f.

[225] Vgl. *Ehlers* FS Hoppe, 2000, S. 1043; → § 32 Rn. 1.

[226] BVerfGE 2, 79 (86) = NJW 1953, 17.

[227] Vgl. z. B. BVerfGE 126, 55 (68) = NVwZ 2010, 1091 Rn. 45 (Organstreit ist keine objektive Beanstandungsklage).

[228] Vgl. z. B. BVerfGE 85, 264 (266) = NJW 1992, 2545; E 124, 161 (162) = NVwZ 2009, 1092 (1093); E 137, 185 (187 f.) = BeckRS 2014, 57205 vor Rn. 1; E 139, 194 (195) = BeckRS 2015, 46434 vor Rn. 1.

[229] Vgl. BVerfGE 2, 347 (367 f.) = BeckRS 1953, 304; E 68, 1 (63) (insoweit nicht abgedruckt in NJW 1985, 603); E 73, 1 (28) (insoweit nicht abgedruckt in NJW 1986, 2497); E 126, 55 (68 ff.) = NVwZ 2010, 1091 Rn. 46 ff.; *Hillgruber/Goos* Verfassungsprozessrecht, Rn. 527 ff.

[230] Vgl. *Lepsius* Jura 2010, 527 (528 f.); *Barczak/Görisch* DVBl 2011, 332 ff.; *Barczak* in: Barczak, BVerfGG, § 67 Rn. 39 f.

[231] *Löwer* in: HStR III, § 70 Rn. 13 f.; *E. Klein* in: Benda/Klein, Verfassungsprozessrecht, § 28 Rn. 1089; *Voßkuhle* in: v. Mangoldt/Klein/Starck, GG, Art. 93 Rn. 115; vgl. auch *Detterbeck* Streitgegenstand und Entscheidungswirkungen im Öffentlichen Recht, 1995, S. 390.

[232] *Erichsen* Jura 1990, 670 (672); *Engels* Jura 2010, 421 f.; *Geis/Meier* JuS 2011, 699 (700, 703 f.); *Pietzcker* FS 50 Jahre BVerfG I, 2001, S. 587 ff.; *Fuerst/Steffhan* Jura 2012, 90 (91); *Bethge* in: Maunz/Schmidt-Bleibtreu/Klein/Bethge, BVerfGG, § 67 Rn. 6, 42.

[233] *Grote* Verfassungsorganstreit (Fn. 1), S. 394 ff., 446.

72 Da nur eine **Feststellung** erlaubt ist (→ Rn. 71), ist es dem BVerfG verwehrt, eine Maßnahme aufzuheben, für nichtig zu erklären oder den Antragsgegner zu einer Handlung zu verpflichten (→ Rn. 31).[234] In Sonderkonstellationen (Notwendigkeit einer künftigen Neuregelung) hat das Gericht dennoch für sich in Anspruch genommen, eine *Verpflichtung* auszusprechen.[235] Ferner kann das Gericht eine vorläufige Regelung treffen, wenn eine **einstweilige Anordnung** beantragt wurde (§ 32 BVerfGG).[236] Da der Erlass einer solchen Anordnung einen erheblichen Eingriff in die Autonomie und originäre Zuständigkeit anderer Verfassungsorgane bedeutet, ist bei der Prüfung der Voraussetzungen ein strenger Maßstab anzulegen.[237] Bei Zugrundelegung der ständigen Rechtsprechung durch das BVerfG haben die Gründe, die für die Verfassungswidrigkeit der angegriffenen Maßnahme vorgetragen werden, bei der Entscheidung über den Antrag auf Erlass außer Betracht zu bleiben, es sei denn, die in der Hauptsache begehrte Feststellung oder der in der Hauptsache gestellte Antrag erweist sich von vornherein als unzulässig oder offensichtlich unbegründet.[238] Bei offenem Ausgang des Hauptsacheverfahrens wägt das Gericht die Folgen ab, die eintreten würden, wenn einerseits eine einstweilige Anordnung nicht erginge, der Antrag in der Hauptsache aber Erfolg hätte, und andererseits die begehrte einstweilige Anordnung erlassen würde, dem Antrag in der Hauptsache aber der Erfolg zu versagen wäre.[239] Gegenstand eines Antrags auf Erlass einer einstweiligen Anordnung kann nur die vorläufige Sicherung des streitigen organschaftlichen Rechts sein, damit es nicht im Zeitraum bis zur Entscheidung in der Hauptsache durch die Schaffung vollendeter Tatsachen überspielt wird.[240] Eine Abweichung von dem Grundsatz, dass der Inhalt einer einstweiligen Anordnung nicht über die im Hauptsacheverfahren bewirkbaren Rechtsfolgen hinausgehen darf, soll allenfalls in Betracht kommen, wenn allein hierdurch die Schaffung vollendeter Tatsachen im Sinne einer endgültigen Vereitelung des geltend gemachten Rechts verhindert werden kann.[241]

73 **Erfolglose Anträge** in der Hauptsache werden als unzulässig oder unbegründet abgewiesen. Eine Feststellung, dass die beanstandete Maßnahme oder Unterlassung mit dem Grundgesetz vereinbar ist, dürfte zulässig, aber nicht verpflichtend sein.[242] Die Bestimmung des § 67 S. 3 BVerfGG ermöglicht es dem BVerfG in der Entscheidungsformel zugleich eine für die Auslegung der Maßstabsnorm des Grundgesetzes erhebliche Rechtsfrage zu entscheiden (→ Rn. 2), d. h. nach Ermessen eine über den Einzelfall hinausgehende abstrakte Feststellung zu treffen (wovon in der Praxis bislang kein Gebrauch gemacht wird). Gemäß § 31 Abs. 1 BVerfGG hat die Entscheidung des BVerfG **Bindungswirkung** (→ *Schoch* § 14 Rn. 43), nicht aber Gesetzeskraft. Art. 20 Abs. 3 GG und das Rechtsstaatsprinzip verpflichten den Antragsgegner dazu, aus der Feststellungsentscheidung die notwendigen Konsequenzen zu ziehen,[243] d. h. das grundgesetzwidrige Verhalten zu korrigieren und Wiederholungen zu vermeiden. Es wird erwartet, dass der Antragsgegner dem von sich aus nachkommt. Doch kann das BVerfG auch eine Vollstreckungsanordnung gemäß

---

[234] Vgl. BVerfGE 20, 119 (129) = BeckRS 1966, 104349 Rn. 35; E 136, 277 Rn. 64 = NVwZ 2014, 1149 Rn. 64; E 147, 50 Rn. 175 = BeckRS 2017, 130229 Rn. 175.

[235] Vgl. BVerfGE 112, 118 (145 ff.) = NJW 2005, 203 (207 f.); vgl. auch BVerfGE 124, 161 (188) = NVwZ 2009, 1092 Rn. 121; E 136, 277 Rn. 64 = NVwZ 2014, 1149 Rn. 64.

[236] *Grote* Verfassungsorganstreit (Fn. 1), S. 438 ff.; ferner → *Schoch* § 21 Rn. 15.

[237] BVerfGE 55, 1 (3) = NJW 1980, 2698; E 140, 211 Rn. 13 = NJW 2015, 3294; E 140, 225 Rn. 7 = NVwZ-RR 2016, 241; BVerfG-K NVwZ 2020, 1034 Rn. 25.

[238] BVerfGE 89, 38 (43 f.) = NJW 1993, 2038; E 140, 225 Rn. 7 = NVwZ-RR 2016, 241.

[239] BVerfGE 105, 365 (371) = NJW 2002, 2458; E 140, 225 Rn. 7 = NVwZ-RR 2016, 241; BVerfG-K NVwZ 2020, 1034 Rn. 25. Näher dazu krit. → *Schoch* § 21 Rn. 57 ff.

[240] BVerfGE 89, 38 (44) = NJW 1993, 2038; E 151, 58 Rn. 15 = NVwZ-RR 2019, 665 Rn. 15.

[241] BVerfG NVwZ 2020, 1422 Rn. 40.

[242] Krit. *Hillgruber/Goos* Verfassungsprozessrecht, Rn. 535; *Umbach* in: Umbach/Clemens/Dollinger, BVerfGG, § 67 Rn. 14 f.; wie hier *Walter* in: BeckOK BVerfGG, § 67 Rn. 4; *Barczak* in: Barczak, BVerfGG, § 67 Rn. 10.

[243] *Voßkuhle* in: v. Mangoldt/Klein/Starck, GG, Art. 93 Rn. 115; *E. Klein* in: Benda//Klein, Verfassungsprozessrecht, § 28 Rn. 1091.

§ 35 BVerfGG treffen.[244] Ein Beitritt (→ Rn. 69) führt zur Erweiterung der Rechtskraft der Entscheidung, eine Verfahrensverbindung (→ Rn. 70) lässt dagegen die jeweiligen Prozessverhältnisse unberührt.[245] Wird eine Entscheidung nach § 67 S. 3 BVerfGG getroffen, erwächst diese trotz des bloßen Vorfragencharakters als limitierte abstrakte Feststellung in Rechtskraft.[246]

74 Im Organstreitverfahren findet eine **Kostenerstattung** nur ausnahmsweise nach Maßgabe des § 34a Abs. 3 BVerfGG statt, wenn besondere Billigkeitsgründe dies geboten erscheinen lassen.[247]

---

[244] BVerfGE 147, 50 Rn. 176 = BeckRS 2017, 130229.

[245] Vgl. *Barczak* in: Barczak, BVerfGG, § 65 Rn. 21, § 66 Rn. 11.

[246] Ebenso *Schorkopf* in: Burkiczak/Dollinger/Schorkopf, BVerfGG, § 67 Rn. 5; a. A. *Detterbeck* Streitgegenstand (Fn. 231), S. 398.

[247] BVerfGE 20, 119 (133 f.) = BeckRS 1966, 104350; E 96, 66 (67) = NVwZ-RR 1997, 673; E 110, 407 (409) = BeckRS 2004, 30342534; NJW 2020, 2096 Rn. 97 → *Sachs* JuS 2020, 803 und → JA 2020, 718 *(Hillgruber)*.

# § 19. Konkrete Normenkontrolle (Art. 100 Abs. 1 GG)

*Rainer Wernsmann*

**Übersicht**



**Schrifttum:** *Erichsen* Die konkrete Normenkontrolle, Jura 1982, 88; *Heun* Normenkontrolle, in: Festschrift 50 Jahre Bundesverfassungsgericht, Band I, 2001, S. 615; Kommentare zu Art. 100 GG und §§ 80 ff. BVerfGG.

## A. Funktion und Bedeutung

Gesetze müssen den Anforderungen der Verfassung genügen. Art. 1 Abs. 3 und Art. 20 Abs. 3 GG ordnen den Vorrang der Verfassung vor den Gesetzen an. Diese Bindung des Gesetzgebers an die Verfassung droht indes leerzulaufen, wenn sie nicht auch gerichtlich überprüfbar wäre. Daher kommt den Gerichten das Recht (und die Pflicht) zu, Gesetze auf ihre Verfassungsmäßigkeit hin zu prüfen. Dieses sog. **richterliche Prüfungsrecht,** dessen Existenz unter Geltung der Weimarer Reichsverfassung äußerst umstritten war,[1] wird in Art. 100 Abs. 1 GG nunmehr vorausgesetzt und folgt auch aus Art. 19 Abs. 4 und Art. 1 Abs. 3, 20 Abs. 3 GG: Wer einen ihn belastenden Verwaltungsakt angreift, kann auch rügen, dass dieser Bescheid deshalb rechtswidrig ist, weil er auf einem verfassungswidrigen Gesetz beruht. Gäbe es Art. 100 Abs. 1 1

[1] Zur verfassungsgeschichtlichen Entwicklung *Dederer* in: Maunz/Dürig, GG, Art. 100 Rn. 1 ff.

GG nicht, so wäre jedes Gericht aufgerufen, verfassungswidrige Normen bei der Entscheidung des konkreten Rechtsstreits außer Anwendung zu lassen.

2 Eine solche Möglichkeit erscheint indes aus mehreren Gründen nicht wünschenswert: Die **Autorität** des unmittelbar demokratisch legitimierten **Parlaments** wäre gefährdet, wenn jedes Gericht Gesetze „beliebig" außer Anwendung lassen könnte. Die Gefahr der Missachtung des gesetzgeberischen Willens unter Berufung auf Verfassungswidrigkeit des Gesetzes ist besonders groß, da Verfassungsrecht in weitem Umfang auch offen für Wertungen und Abwägungen ist. Verfassungsrecht bedarf regelmäßig in größerem Umfang als sonstiges Recht der Konkretisierung durch die Rechtsprechung.[1a] Die Erfahrungen der Weimarer Republik, in der die Richter der jeweiligen Parlamentsmehrheit großteils grundsätzlich ablehnend gegenüberstanden,[2] bestätigen das Gefahrenpotential, wenn unter Berufung auf vermeintliche Verfassungsinhalte politische Gestaltungsvorstellungen des Parlaments konterkariert werden können.

3 Ruft die Verfassung die Gerichte zu einer Normenkontrolle auf, so bedeutet dies immer auch, dass diese das letzte Wort haben, ob ein Akt der Legislative auf den Einzelfall anzuwenden ist oder nicht. Die letztverbindliche Entscheidung, ob ein Gesetz tatsächlich gilt, liegt dann bei den Gerichten. Diese besonders verantwortungsvolle Aufgabe hat der Verfassungsgeber ausschließlich dem **BVerfG** zugewiesen. Es verfügt über das sog. **Verwerfungsmonopol,** die letztverbindliche Normenkontrolle ist ausschließlich seine Aufgabe.

4 Liegt der Hauptzweck des Art. 100 Abs. 1 GG im Schutz der Autorität des parlamentarischen Gesetzgebers[3], so sprechen für die Monopolisierung der Normverwerfung wegen Verfassungswidrigkeit außerdem **Rechtssicherheit und Rechtseinheitlichkeit**[4] sowie **Qualitätssteigerung** durch einen spezialisierten Spruchkörper. Diese Aspekte wären gefährdet, wenn in einer solch zentralen Frage wie der Verfassungsmäßigkeit von Gesetzen rechtskräftige Entscheidungen der Fachgerichte ergehen könnten, die einmal von der Verfassungsmäßigkeit, dann wieder von der Verfassungswidrigkeit einer Rechtsnorm ausgehen.

5 Aus diesen Gründen hat das Grundgesetz dem **BVerfG das Verwerfungsmonopol** für Gesetze zuerkannt: Solange das BVerfG nicht ein Gesetz für verfassungswidrig und ggf. nichtig (vgl. §§ 78, 82 Abs. 1 BVerfGG) erklärt hat, darf kein Gericht es wegen Verfassungswidrigkeit außer Anwendung lassen. Das ist die zentrale Aussage des Art. 100 Abs. 1 GG.

6 In ähnlicher Weise behält sich der **EuGH das Verwerfungsmonopol** hinsichtlich primärrechtswidrigen Sekundärrechts vor: Geht ein Gericht eines Mitgliedstaates davon aus, dass **sekundäres Unionsrecht** (insbesondere Verordnungen oder Richtlinien) gegen primäres Unionsrecht (etwa die Kompetenznormen der Verträge oder die Unionsgrundrechte; vgl. Art. 6 Abs. 2 EUV sowie die GRCh) verstößt, so *muss* dieses Gericht (entgegen Art. 267 Abs. 1 lit. b i. V. m. Abs. 2, 3 AEUV) aus Gründen der Einheitlichkeit des Unionsrechts die Frage dem EuGH vorlegen, auch wenn es nicht letztinstanzliches Gericht ist[5] (→ § 12 Rn. 42). Hält dagegen das Gericht eines Mitgliedstaates ein **nationales Gesetz** für unanwendbar wegen Verstoßes gegen Unionsrecht, so kann es die Frage nach der Auslegung des Unionsrechts dem EuGH vorlegen (Art. 267 Abs. 1 lit. a, Abs. 2, 3 AEUV), es kann aber auch – wenn die Rechtslage klar erscheint, weil der EuGH die zu entscheidende Rechtsfrage bereits in einem anderen Verfahren geklärt hat oder die richtige Auslegung des Unionsrechts derart offenkundig erscheint, dass keinerlei Raum für vernünftige Zweifel verbleibt – ohne weiteres (d. h. ohne Vorlage) die Norm wegen Unionsrechtswidrigkeit

---

[1a] Vgl. auch BVerfGE 10, 124 (128) = NJW 1959, 2108.

[2] Vgl. *Schlaich/Korioth* BVerfG, Rn. 116 m. w. Nachw.

[3] BVerfGE 1, 184 (197 f.) = NJW 1952, 497 (498); E 6, 55 (65) = NJW 1957, 417; E 42, 42 (49) = NJW 1976, 1446; E 138, 64 Rn. 78 = NVwZ 2015, 510 (514) m. w. Nachw.; st. Rspr.; ebenso *Dederer* in: Maunz/Dürig, GG, Art. 100 Rn. 23 m. w. Nachw.; krit. zur Hervorhebung dieses Gesichtspunkts durch das BVerfG etwa *Schlaich/Korioth* BVerfG, Rn. 138.

[4] Vgl. BVerfGE 138, 64 Rn. 78 = NVwZ 2015, 510 (514) → *Sachs* JuS 2015, 472 und → JA 2015, 634 *(Muckel)*.

[5] EuGH NJW 1988, 1451 – Foto-Frost.

außer Anwendung lassen.[6] Insofern gibt es kein „Verwerfungsmonopol“ für unionsrechtswidriges nationales Recht; dieses wird auch ohnehin nicht vom EuGH für nichtig erklärt, sondern bleibt – nach Auslegung der Verträge durch den EuGH – nur „unangewendet“.

## I. Arten der Normenkontrollverfahren

Das Grundgesetz kennt verschiedene sog. Normenkontrollverfahren. In diesen wird eine Norm auf ihre Vereinbarkeit mit höherrangigem Recht überprüft. Art. 93 Abs. 1 Nr. 2 und 2a GG, § 13 Nr. 6, 6a, §§ 76 ff. BVerfGG ermöglichen eine sog. **abstrakte Normenkontrolle** durch das BVerfG – „abstrakt“ deshalb, weil eine Rechtsnorm dem BVerfG zur Prüfung gestellt wird, ohne dass es auf deren Gültigkeit in einem Rechtsstreit zwischen zwei Rechtssubjekten ankommt (→ *Thiemann* § 17 Rn. 2). Art. 100 Abs. 1 GG, § 13 Nr. 11, §§ 80 ff. BVerfGG regeln die sog. **konkrete Normenkontrolle** – „konkret“ deshalb, weil sich die Frage der Vereinbarkeit der Norm mit höherrangigem Recht[7] in einem Rechtsstreit stellt, in dem es auf die Gültigkeit der Norm ankommt. Das Verfahren der konkreten Normenkontrolle wird deshalb auch als **Richtervorlage** bezeichnet. Es ist ein **Zwischenverfahren** im Ausgangsprozess. In diesem (objektiven) Zwischenverfahren entscheidet das BVerfG allein über die isolierte Rechtsfrage der Verfassungsmäßigkeit einer im Ausgangsverfahren entscheidungserheblichen Norm (§ 81 BVerfGG). 7

## II. Fallkonstellationen

Die konkrete Normenkontrolle nach Art. 100 Abs. 1 GG kennt vier Fallkonstellationen. Zu differenzieren ist nach **Prüfungsgegenstand** (Bundesgesetz/Landesgesetz) und **Prüfungsmaßstab** (Grundgesetz/einfaches Bundesrecht/Landesverfassung): 8

(1) Ein Gericht hält ein Bundesgesetz wegen Verletzung des Grundgesetzes für verfassungswidrig, Art. 100 Abs. 1 S. 1 Alt. 2 GG. (2) Ein Gericht hält ein Landesgesetz (oder die Landesverfassung) für grundgesetzwidrig, Art. 100 Abs. 1 S. 2 Alt. 1 GG. (3) Ein Gericht hält ein Landesgesetz (oder die Landesverfassung) für bundesrechtswidrig, Art. 100 Abs. 1 S. 2 Alt. 2 GG. (4) Ein Gericht hält ein Landesgesetz wegen Verletzung der Landesverfassung für verfassungswidrig, Art. 100 Abs. 1 S. 1 Alt. 1 GG.

In den Konstellationen (1) bis (3) ist die jeweilige Norm dem **BVerfG,** in Konstellation (4) ist die Norm dem jeweiligen **LVerfG**[8] vorzulegen. Art. 100 Abs. 1 S. 1 Alt. 1 GG enthält damit eine für die Länder verbindliche Normierung einer Verfahrensart vor dem jeweiligen LVerfG. Die Länder können die Vorlagepflicht zwar näher ausgestalten und auch erweitern und auf weitere Fälle erstrecken, nicht aber einschränken.[9]

Bisweilen kann fraglich sein, wie weit die **Prüfungskompetenz des BVerfG und des LVerfG** reicht. Fehlt etwa nach Auffassung eines Fachgerichts dem Land L für eine in einem Landesgesetz enthaltene Norm die Gesetzgebungskompetenz (Art. 70 ff. GG) und liegt außerdem auch ein Mangel im Gesetzgebungsverfahren vor (z. B. Art. 65 ff. LVerf NW), so muss das Fachgericht die Norm richtiger Ansicht nach (nacheinander oder auch parallel → Rn. 11) sowohl dem BVerfG gemäß Art. 100 Abs. 1 S. 2 Alt. 1 GG als auch dem jeweiligen LVerfG gemäß Art. 100 Abs. 1 S. 1 Alt. 1 GG vorlegen. Denn Normen der Landesverfassung sind kein Prüfungsmaßstab des BVerfG.[10] Allerdings beanspruchen auch – zu weit- 9

[6] Vgl. zuletzt die Rspr. des EuGH zusammenfassend BVerfGE 152, 216 Rn. 69 f. = NVwZ 2020, 63 → *Eifert* Jura (JK) 2020, 535 und → *Sachs* JuS 2020, 284 sowie → JA 2020, 237 *(Muckel)* – Recht auf Vergessen II.

[7] Zu den einzelnen Fallkonstellationen unten → Rn. 8 ff.

[8] Die Landesverfassungsgerichte heißen teils VerfGH (z. B. in Bayern und Nordrhein-Westfalen), teils StGH (z. B. in Hessen und Niedersachsen), teils LVerfG (z. B. in Brandenburg).

[9] *Pestalozza* Verfassungsprozeßrecht, § 13 Rn. 2 a. E.; s. auch BVerfGE 4, 178 (188 f.) = NJW 1955, 945.

[10] BVerfGE 6, 376 (382) = NJW 1957, 1025; E 11, 89 (94) = JZ 1960, 569; E 41, 88 (119) = NJW 1976, 952 (954); E 60, 175 (209) = NJW 1982, 1579 (1582).

gehend[11] – einige Landesverfassungsgerichte die Prüfungskompetenz hinsichtlich der **Gesetzgebungskompetenz des Landes.**[12] Die Gesetzgebungskompetenz werde zwar durch das Grundgesetz als Bundesverfassung verteilt (sog. Kompetenz-Kompetenz des Bundes), allerdings handele es sich bei den Regelungen der Art. 70ff. GG über die Verteilung der Gesetzgebungskompetenzen um in die Landesverfassung hineinwirkendes Bundesverfassungsrecht.[13] Dieses sei deshalb auch von den Landesverfassungsgerichten als Prüfungsmaßstab heranzuziehen und bei vom LVerfG verneinter Gesetzgebungskompetenz könne das LVerfG das Landesgesetz selbst für nichtig erklären.[14]

## III. Vorlagekonkurrenzen

10 Nimmt das Fachgericht an, dass ein Landesgesetz sowohl gegen das Grundgesetz als auch gegen die Landesverfassung verstößt (etwa weil sowohl das Grundgesetz als auch die jeweilige Landesverfassung Grundrechte gewährleisten, die das Gericht als verletzt ansieht; vgl. z. B. Art. 4 Abs. 1 LVerf NW), so kann es wählen, ob es dem BVerfG oder LVerfG vorlegt; auch eine Vorlage *zunächst* an das BVerfG ist zulässig.[15] Hält das **BVerfG** die Norm für vereinbar mit dem Grundgesetz, ist das LVerfG, wenn ihm danach die Norm vorgelegt wird, nicht gehindert, die (Landes-)Norm für landesverfassungswidrig zu halten, weil die Rechtskraft der Entscheidung des BVerfG (→ *Schoch* § 14 Rn. 42) sich nur auf die Vereinbarkeit der Norm mit dem **Grundgesetz** (nicht aber mit der Landesverfassung) erstreckt.[16]

Der folgenden Darstellung werden nur die Fallkonstellationen (1) und (2) (Vereinbarkeit eines Landes- oder Bundesgesetzes mit dem Grundgesetz) zugrunde gelegt, soweit nicht auf Besonderheiten der anderen Fallkonstellationen hinzuweisen ist.

11 Auch wenn das **Fachgericht** eine Norm sowohl für unionsrechtswidrig als auch für verfassungswidrig hält, hat es die **Wahl,** ob es zunächst eine Vorabentscheidung des EuGH nach Art. 267 Abs. 1 lit. a AEUV einholt oder die Norm dem BVerfG nach Art. 100 Abs. 1 S. 1 Alt. 2 GG vorlegt.[17] Der EuGH hat in einem solchen Fall sogar eine **parallele Befassung** von EuGH und BVerfG explizit für zulässig erachtet.[18] Erst nachdem feststeht, dass

---

[11] Zutreffend BVerfGE 103, 332 (357) = NVwZ-RR 2002, 81 (84) → JA 2002, 23 *(Winkler);* ausführlich *Wernsmann* ZG 2015, 79 m. w. Nachw.

[12] So z. B. VerfGH RP DVBl 2014, 842 (843f.); a. A. StGH Bremen Urt. v. 12.4.2013 – St 1/12, BeckRS 2013, 53208 → RÜ 2013, 519 (nur LS m. Anm. *Wüstenbecker*); HessStGH DVBl 2004, 1022 (1030f.); differenzierend BayVerfGH DVBl 2014, 848 Rn. 69.

[13] Generell krit. *Jarass* in: Jarass/Pieroth, GG, Art. 28 Rn. 2 m. w. Nachw.

[14] Explizit z. B. VerfGH NW NVwZ 1993, 57 (59).

[15] BVerfGE 2, 380 (388f.) = NJW 1953, 1137; E 69, 174 (182f.) = NJW 1985, 2522; *Schlaich/Korioth* BVerfG, Rn. 348 a. E. – Zum (komplizierteren) Verhältnis von Bundes- und Landesverfassungsbeschwerde (soweit die Landesverfassungen eine solche kennen) vgl. BVerfGE 96, 345 = NJW 1998, 1296 → *Erichsen* JK 98, GG Art. 31/1 und → JA 1998, 841 *(Winkler).*

[16] Offenlassend, ob es sich um ein mehrfach gewährleistetes Grundrecht oder um mehrere Grundrechte handelt, aber BVerfGE 96, 345 (368) = NJW 1998, 1296 (1299) m. w. Nachw. → *Erichsen* JK 98, GG Art. 31/1 und → JA 1998, 841 *(Winkler).* Auch eine Vorlagepflicht des jeweiligen LVerfG an das BVerfG nach Art. 100 Abs. 3 GG wird in diesen Fällen nur ausnahmsweise in Betracht kommen, wenn es nämlich darum geht, ob die Landesverfassung mit dem Grundgesetz vereinbar ist; zutreffend *Rozek* Das Grundgesetz als Prüfungs- und Entscheidungsmaßstab der Landesverfassungsgerichte, 1993, S. 53ff.; weitergehend BVerfGE 60, 175 (207) = NJW 1982, 1579 (1581); E 69, 112 (117) = NVwZ 1985, 647 (648) *Kment* in: Jarass/Pieroth, GG, Art. 100 Rn. 38. Nimmt das LVerfG einen Verstoß der Landesverfassung gegen das Grundgesetz an, so muss es schon nach Art. 100 Abs. 1 S. 2 Alt. 1 GG vorlegen; geht es selbst von Vereinbarkeit der Landesverfassung mit dem Grundgesetz aus, liegt aber abweichende Rechtsprechung des BVerfG oder eines anderen LVerfG zu der Rechtsfrage vor, muss es nach Art. 100 Abs. 3 GG vorlegen, auch wenn es selbst die Norm nicht für grundgesetzwidrig i. S. d. Art. 100 Abs. 1 GG „hält". Überschneiden sich die Voraussetzungen von Art. 100 Abs. 1 und 3 GG, so geht BVerfGE 36, 342 (356) = NJW 1974, 1181 von Wahlfreiheit des vorlegenden Gerichts aus.

[17] BVerfGE 116, 202 (214f.) = NJW 2007, 51 (52) → JuS 2007, 575 *(Sachs).*

[18] EuGH NVwZ 2015, 1122 Rn. 29ff. – Kernkraftwerke Lippe-Ems. Zustimmend *Sieckmann/Kessal-Wulf* in: v. Mangoldt/Klein/Starck, GG, Art. 100 Rn. 13. Ebenso für alle Vorlagekonkurrenzen *Dederer* in: Maunz/Dürig, GG, Art. 100 Rn. 51f.: „Doppelvorlage".

die Norm schon wegen Unionsrechtswidrigkeit nicht mehr angewendet werden darf, ist die konkrete Normenkontrolle mangels Entscheidungserheblichkeit unzulässig (→ Rn. 62).

### IV. Rechtstatsächliche Bedeutung und Aktenzeichen

Das BVerfG hat zahlreiche Senats- und Kammerentscheidungen im Verfahren der konkreten Normenkontrolle nach Art. 100 Abs. 1 GG gefällt.[19] Mittlerweile kann auch die (mit drei Richterinnen/Richtern des BVerfG besetzte) Kammer (§ 15a BVerfGG) einstimmig die Unzulässigkeit einer Richtervorlage feststellen (§ 81a S. 1 BVerfGG). Die Entscheidung bleibt jedoch dem (mit acht Richterinnen/Richtern besetzten) Senat vorbehalten, wenn die Vorlage von einem Landesverfassungsgericht oder einem obersten Gerichtshof des Bundes stammt (§ 81a S. 2 BVerfGG). 12

Das Verfahren der konkreten Normenkontrolle nach Art. 100 Abs. 1 GG ist das zahlenmäßig (allerdings mit weitem Abstand) zweithäufigste nach der Verfassungsbeschwerde. Konkrete Normenkontrollverfahren nach Art. 100 Abs. 1 GG tragen in der Mitte des Aktenzeichens stets die Buchstabenkombination „BvL“, vorangestellt wird die Senatsbezeichnung (1 oder 2) und es folgt die Eingangsziffer im jeweiligen Jahr. Beispiel: Das Aktenzeichen 2 BvL 1/20 bedeutet also, dass es sich um ein Verfahren der konkreten Normenkontrolle handelt, das beim Zweiten Senat des BVerfG anhängig ist und den ersten Eingang im Jahr 2020 darstellte. 13

## B. Zulässigkeit der konkreten Normenkontrolle

Das BVerfG entscheidet über die Verfassungsmäßigkeit des Gesetzes nur, wenn die Vorlage des Gerichts zulässig ist, d. h. wenn die **Sachentscheidungsvoraussetzungen** vorliegen. Das BVerfG ist für die konkrete Normenkontrolle nach Art. 100 Abs. 1 S. 1 Alt. 2, Abs. 1 S. 2 GG gemäß § 13 Nr. 11 BVerfGG zuständig. Die Richtervorlage ist unabhängig davon zulässig, ob einer der Prozessbeteiligten im Ausgangsverfahren die **Verfassungswidrigkeit** der Norm im Ausgangsverfahren **rügt** (deklaratorisch § 80 Abs. 3 BVerfGG). Wenn er die Verfassungswidrigkeit einer Norm in den Verfahren vor den Fachgerichten nicht rügt, kann aber später u. U. der Zulässigkeit einer Verfassungsbeschwerde gegen die gerichtliche Entscheidung, die auf dem möglicherweise verfassungswidrigen Gesetz beruht, der Grundsatz der Subsidiarität der Verfassungsbeschwerde (→ *Scherzberg* § 15 Rn. 93 ff.) entgegenstehen.[20] 14

### I. Vorlageberechtigung: Gericht

**Fall 1:** Der Finanzbeamte B soll nach einem Steuergesetz den Steuerpflichtigen S veranlagen. B hält das Gesetz für verfassungswidrig, da es eine unzulässige echte Rückwirkung entfalte. B meint, er könne es nicht verantworten, ein verfassungswidriges Gesetz anzuwenden. Kann B einen Antrag auf Normenkontrolle an das BVerfG stellen? Falls nicht: Was kann B tun? 15

---

[19] Ausführlich s. Jahresstatistik 2019, abrufbar unter www.bverfg.de.

[20] Zwar sind die Parteien des Ausgangsverfahrens grundsätzlich nicht gehalten, Rechtsausführungen zu machen. Daher muss der Beschwerdeführer nicht von Beginn des fachgerichtlichen Verfahrens an verfassungsrechtliche Erwägungen und Bedenken vortragen. Anderes gilt jedoch, wenn ein Klagebegehren nur Aussicht auf Erfolg haben kann, wenn verfassungsrechtliche Erwägungen in das fachgerichtliche Verfahren eingeführt werden. Dies ist insbesondere der Fall, soweit der Ausgang des Verfahrens von der Verfassungswidrigkeit einer Norm abhängt oder eine bestimmte Normauslegung angestrebt wird, die ohne verfassungsrechtliche Erwägungen nicht begründbar ist. Zusammenfassend BVerfGE 112, 50 (62) = NJW 2005, 1413 (1414) → JuS 2005, 764 *(Ruland)*.

16 Vorlageberechtigt (und ggf. – bei Vorliegen der weiteren Voraussetzungen – vorlageverpflichtet) sind nach Art. 100 Abs. 1 GG nur (staatliche) **Gerichte.** Gericht im Sinne dieser Regelung ist der erkennende Spruchkörper, der – ausgestattet mit richterlicher Unabhängigkeit – in einem Gesetz mit Aufgaben eines Gerichts betraut und als Gericht bezeichnet ist.[21] Die Vorlage*pflicht* trifft – anders als beim Vorabentscheidungsersuchen nach Art. 267 AEUV – nicht nur letztinstanzliche, sondern alle Gerichte. Keine Gerichte i. S. d. Art. 100 Abs. 1 GG sind danach etwa der Rechtspfleger (mangels richterlicher Unabhängigkeit), der Bundesrechnungshof (mangels Gerichtsstellung) oder Kirchen- und Vereinsgerichte. Wohl aber können auch Landesverfassungsgerichte vorlageverpflichtet sein.[22] Ebenfalls nicht vorlageberechtigt ist der Deutsche Bundestag im Verfahren der Wahlprüfungsbeschwerde nach Art. 41 GG;[23] allerdings kann ein Drittel der Mitglieder des Bundestags einen Antrag auf abstrakte Normenkontrolle nach Art. 93 Abs. 1 Nr. 2 GG stellen.

17 **Lösung zu Fall 1:** Nach Art. 100 Abs. 1 GG vorlegen kann weder eine Behörde noch ein einzelner Amtswalter. Hält ein Beamter eine Norm, die er anzuwenden hat, für verfassungswidrig, so kann er remonstrieren (§ 36 Abs. 2 BeamtStG und die entsprechenden Normen im BBG und im jeweiligen LBG). Teilt sein Vorgesetzter die Einschätzung, dass die Norm verfassungswidrig ist, so kann dieser seinerseits remonstrieren. Entweder übernimmt dann zuletzt der Minister die Verantwortung, oder dieser kann einen Beschluss der Landes- bzw. Bundesregierung anregen, einen Antrag auf abstrakte Normenkontrolle nach Art. 93 Abs. 1 Nr. 2 GG, § 13 Nr. 6, §§ 76 ff. BVerfGG beim BVerfG zu stellen.

## II. Vorlagegegenstand: Gesetz

18 Vorlagegegenstand kann nach Art. 100 Abs. 1 GG nur ein **Gesetz** sein. Dagegen kann sich der Grundrechtsberechtigte mit der Verfassungsbeschwerde nach Art. 93 Abs. 1 Nr. 4a GG, § 13 Nr. 8a, §§ 90 ff. BVerfGG gegen jeden Akt öffentlicher Gewalt (also Gesetze, Gerichtsentscheidungen und – nach Rechtswegerschöpfung, § 90 Abs. 2 BVerfGG – Maßnahmen der Verwaltung) wenden. Einen Verwaltungsakt, der zwar auf einem verfassungsmäßigen Gesetz, aber auf einer verfassungs- (z. B. grundrechts-)widrigen Ermessensausübung durch die Verwaltung im Einzelfall beruht und daher rechtswidrig ist, kann das VG selbst nach § 113 Abs. 1 S. 1 VwGO aufheben, ohne das BVerfG einschalten zu müssen.

### 1. Nur formelle nachkonstitutionelle Gesetze

19 Der Begriff des Gesetzes ist einschränkend auszulegen, so dass nur **formelle Gesetze** von der Vorlagepflicht erfasst werden, und teleologisch auf **nachkonstitutionelle Gesetze** zu reduzieren. Denn tragender Grund[24] der Vorlagepflicht nach Art. 100 Abs. 1 GG ist der Schutz der Autorität des parlamentarischen Gesetzgebers, über dessen Willen sich nicht jedes einzelne Gericht soll hinwegsetzen dürfen.[25] Daher müssen die Fachgerichte dem BVerfG nur formelle nachkonstitutionelle Gesetze vorlegen;[26] alle anderen Rechtsnormen kann (und muss) das jeweilige Fachgericht selbst außer Anwendung lassen. Es entscheidet dann inzident (als Vorfrage) über die Verfassungsmäßigkeit der Norm. Die Feststellung der

[21] BVerfGE 6, 55 (83) = NJW 1957, 417; E 30, 170 (171) = NJW 1971, 605.
[22] BVerfGE 69, 112 (117 f.) = NVwZ 1985, 647 (648).
[23] BVerfGE 121, 266 (290) = NVwZ 2008, 991 (992) → JuS 2008, 1112 *(Sachs)*.
[24] Ebenso *Dederer* in: Maunz/Dürig, GG, Art. 100 Rn. 84, 97; krit. etwa *Heun* FS 50 Jahre BVerfG I, S. 615 (622, 624).
[25] BVerfGE 1, 184 (197 f.) = NJW 1952, 497 (498); seither st. Rspr.; s. ferner z. B. BVerfGE 97, 117 (122) = NJW 1998, 1699; E 114, 303 (310) = NVwZ 2006, 322 (323) → JuS 2006, 263 *(Sachs)*.
[26] Für formelle Gesetze: BVerfGE 1, 184 (189 ff.) = NJW 1952, 497 (499); für nachkonstitutionelles Recht: E 2, 124 (128 ff.) = NJW 1954, 497; seitdem st. Rspr.

Verfassungswidrigkeit bzw. Annahme der Nichtigkeit erwächst in diesen Fällen als bloße Vorfrage nach allgemeinen Regeln nicht in Rechtskraft, und die Entscheidung wirkt auch nur zwischen den Parteien („inter partes"). Andere Gerichte können also die Verfassungsmäßigkeit der Norm später noch abweichend beurteilen.

Zwar würde eine Einbeziehung **untergesetzlicher Rechtsnormen** (Rechtsverordnungen und Satzungen) und vorkonstitutioneller Gesetze andere Zwecke der Entscheidungsmonopolisierung beim BVerfG (insbesondere die Rechtssicherheit und die Rechtseinheit durch Entscheidungskonzentration bei einem einzigen Gericht[27]) durchaus fördern.[28] Jedoch wollte der Verfassungsgeber mit Art. 100 Abs. 1 GG nur das in der Weimarer Republik umstrittene richterliche Prüfungsrecht absichern und damit (nur) den Konfliktfall zwischen dem parlamentarischen Gesetzgeber und der Rechtsprechung regeln.[29] Zudem würde die Befassung des BVerfG mit der Verfassungsmäßigkeit von z. B. Satzungen mit nur beschränkter örtlicher und sachlicher Reichweite die Arbeitsfähigkeit des BVerfG beeinträchtigen. Schließlich kann Rechtseinheit und Rechtssicherheit auch über höchstinstanzliche Entscheidungen der Fachgerichtsbarkeit hergestellt werden, und eine Klärung auch der Verfassungsmäßigkeit des nicht-formellen oder vorkonstitutionellen Gesetzes bleibt dann noch im Wege der Urteilsverfassungsbeschwerde möglich, sofern das letztinstanzliche Fachgericht von dessen Verfassungsmäßigkeit ausgegangen ist.[30] Halten die Fachgerichte eine Rechtsverordnung für verfassungswidrig, so kann z. B. die Bundes- oder eine Landesregierung im Wege der abstrakten Normenkontrolle (Art. 93 Abs. 1 Nr. 2 GG) ein sog. **Normbestätigungsverfahren** (→ *Thiemann* § 17 Rn. 44 ff.) einleiten mit dem Ziel, vom BVerfG letztverbindlich die Verfassungsmäßigkeit der Rechtsverordnung feststellen zu lassen. 20

**Formelle Gesetze** sind nur vom Parlament in dem von der Verfassung dafür bestimmten Verfahren beschlossene Gesetze. **Nicht** darunter fallen **Rechtsverordnungen** und **Satzungen.** Auch aus dem Landesrecht bedürfen nur formelle Gesetze der Vorlage an das BVerfG; der Wortlaut des Art. 100 Abs. 1 S. 2 Alt. 1 GG, der von Landes**recht** spricht, ist – gemessen an seinem Zweck – zu weit geraten[31] und daher teleologisch zu reduzieren. 21

Auch solche Bestimmungen in **Rechtsverordnungen, die das Parlament geändert hat,** sind aus Gründen der Normenklarheit und Normenwahrheit als Verordnungsrecht zu qualifizieren, da sonst nicht erkennbar wäre, welche Normen der Rechtsverordnung die Exekutive und welche die Legislative erlassen hat.[32] In einem solchen Fall, in dem sich der Gesetzgeber auf die Ebene der Verordnung begeben hat, hält das BVerfG ihn nicht für schutzwürdig und die Intention, seine Autorität durch das Verwerfungsmonopol des BVerfG zu wahren, für nicht tragfähig.[33] Da das Fachgericht das BVerfG nur anrufen darf, wenn seine eigene Prüfungszuständigkeit nicht ausreicht, um die Norm für die Entscheidung des konkreten Rechtsstreits außer Anwendung zu lassen,[34] ist die Vorlage auch solcher Bestandteile einer Rechtsverordnung, die der parlamentarische Gesetzgeber geändert hat, mangels tauglichen Vorlagegegenstands unzulässig. 22

---

[27] Diese erkennt auch das BVerfG als weitere Zwecke der Vorlagepflicht an; BVerfGE 63, 131 (141) = NJW 1983, 1179; E 96, 345 (360) = NJW 1998, 1296 (1297) → *Erichsen* JK 98, GG Art. 31/1 und → JA 1998, 841 *(Winkler).*

[28] Krit. zur restriktiven Rechtsprechung des BVerfG daher *Schlaich/Korioth* BVerfG, Rn. 138.

[29] *Wieland* in: Dreier, GG, Art. 100 Rn. 1, 5.

[30] Zutreffend *Maurer* Staatsrecht, § 20 Rn. 104. – Immer möglich bleibt auch die abstrakte Normenkontrolle nach Art. 93 Abs. 1 Nr. 2 und 2a GG, § 13 Nr. 6 und 6a, §§ 76 ff. BVerfGG (→ *Thiemann* § 17 Rn. 7 ff.). Hier kann formelles und materielles, vor- und nachkonstitutionelles Recht Prüfungsgegenstand sein, BVerfGE 2, 124 (131) = NJW 1953, 497 (498); E 24, 174 (179 f.); E 103, 111 (124) = NJW 2001, 1048 → JA 2001, 839 *(Winkler).*

[31] Vgl. *Erichsen* Jura 1982, 88 (90). Art. 100 Abs. 1 S. 2 Alt. 2 GG beschränkt den Vorlagegegenstand (auch im Wortlaut deutlich) konsequent wieder auf „Landesgesetze".

[32] BVerfGE 114, 196 = NVwZ 2006, 191 → JuS 2006, 175 *(Sachs)* und → JA 2006, 336 *(Winkler);* E 114, 303 (312) = NVwZ 2006, 322 (323) → JuS 2006, 263 *(Sachs).*

[33] BVerfGE 114, 303 (313) = NVwZ 2006, 322 (323) → JuS 2006, 263 *(Sachs).*

[34] BVerfGE 10, 124 (127) = NJW 1959, 2108.

23 **Nachkonstitutionell** sind nur solche **Gesetze,** die zeitlich **nach** der jeweiligen höherrangigen Norm, die als Prüfungsmaßstab dient, in Kraft getreten sind. Ist das Grundgesetz im Rahmen des Art. 100 Abs. 1 GG der Prüfungsmaßstab, so sind nachkonstitutionell grundsätzlich solche Gesetze, die nach dem 23.5.1949 verkündet worden sind;[35] ist die einschlägige Norm des Grundgesetzes später eingefügt oder entsprechend geändert worden, so kommt es grundsätzlich auf diesen Zeitpunkt an.[36] Lässt ein Fachgericht eine vorkonstitutionelle Norm unangewendet, so macht es dem parlamentarischen Gesetzgeber nicht den „Vorwurf", gegen das Grundgesetz verstoßen zu haben, und stellt dessen Autorität damit nicht in Frage. Eine Vorlage nach Art. 100 Abs. 1 GG ist in solchen Fällen also nicht geboten.[37]

24 *Beispiel:* DDR-Gesetze, die nach Art. 9 Abs. 2 des Einigungsvertrags (EV) fortgelten, ordnet das BVerfG nicht als vorzulegendes nachkonstitutionelles Recht ein.[38] Zwar sei das Zustimmungsgesetz der Bundesrepublik Deutschland zum Einigungsvertrag ein formelles nachkonstitutionelles Gesetz; Art. 9 Abs. 2 EV mache die Fortgeltung des dort genannten DDR-Rechts jedoch gerade ausdrücklich von dessen Vereinbarkeit mit dem Grundgesetz und dem Unionsrecht abhängig, so dass der nachkonstitutionelle parlamentarische (Bundes-)Gesetzgeber diese Bestimmungen nur „hingenommen", nicht aber in seinen Willen aufgenommen und inhaltlich bestätigt habe.

25 Bisweilen schwierig zu beurteilen ist die Frage, ob eine Norm nachkonstitutionell ist, wenn ein **vorkonstitutionelles Gesetz** unter der Herrschaft des Grundgesetzes **nur teilweise geändert oder ersetzt** wird. Dann ist zu prüfen, ob der nachkonstitutionelle Gesetzgeber auch die nicht geänderten Normen nunmehr anlässlich der Gesetzesänderung „in seinen Willen aufgenommen" und damit inhaltlich bestätigt hat;[39] in diesem Fall bliebe die Normverwerfung dem BVerfG vorbehalten. Eine solche Aufnahme einer vorkonstitutionellen Norm in den Willen des nachkonstitutionellen Gesetzgebers liegt etwa vor, wenn eine alte Norm als Gesetz neu verkündet wird, wenn eine neue Norm auf die alte verweist oder wenn ein begrenztes und überschaubares Rechtsgebiet durchgreifend geändert wird und veränderte und unveränderte Normen eng miteinander zusammenhängen.[40] Eine bloße Neubekanntmachung ist aber nicht ausreichend.

26 **Fall 2:** Nach § 828 Abs. 2 BGB in der damals geltenden Fassung hafteten Minderjährige, die das siebte, aber noch nicht das 18. Lebensjahr vollendet hatten, für einen Schaden, wenn sie bei der Begehung der Schädigungshandlung die zur Erkenntnis der Verantwortlichkeit erforderliche Einsicht hatten. Der 16-jährige M unternimmt mit seiner Freundin F eine „Spritztour", ohne im Besitz eines Führerscheins und ohne haftpflichtversichert zu sein. Dabei verunglücken beide; F ist querschnittsgelähmt. M würde bei Anwendung des § 828 Abs. 2 BGB sein Leben lang hochverschuldet sein. Das LG legt dem BVerfG § 828 Abs. 2 BGB in der damals geltenden Fassung mit der Begründung vor, dass eine solche unbegrenzte Haftung im Falle typischer Jugendverfehlungen gegen das allgemeine Persönlichkeitsrecht (Art. 2 Abs. 1 i. V. m Art. 1 Abs. 1 GG) verstoße. Zulässig?[41]

27 **Lösung zu Fall 2:** Tauglicher Vorlagegenstand i. S. d. Art. 100 Abs. 1 S. 1 Alt. 2 GG sind nur formelle nachkonstitutionelle Gesetze, da der tragende Grund für die Monopolisierung der Normverwerfung beim BVerfG im Schutz der Autorität des unter dem Grundgesetz handelnden parlamentarischen Gesetzgebers besteht. § 828 Abs. 2

---

[35] *Kment* in: Jarass/Pieroth, GG, Art. 100 Rn. 12.
[36] *Maurer* Staatsrecht, § 20 Rn. 104; *Stern* Staatsrecht II, S. 992.
[37] A. A. *Schlaich/Korioth* BVerfG, Rn. 141: Der parlamentarische Gesetzgeber sei generell vor der Verwerfung der von ihm erlassenen Rechtsnormen durch die Fachgerichte zu schützen.
[38] BVerfGE 97, 117 (123 f.) = NJW 1998, 1699.
[39] BVerfGE 6, 55 (65) = NJW 1957, 417; st. Rspr.
[40] BVerfG-K NJW 1998, 3557 → JA 1999, 355 *(Moritz).*
[41] Fall nach BVerfG-K NJW 1998, 3557 → JA 1999, 355 *(Moritz).*

BGB a. F. müsste also nachkonstitutionell sein. Der Titel über unerlaubte Handlungen (§§ 823 ff. BGB) war (im Zeitpunkt der Entscheidung des BVerfG) seit dem Inkrafttreten im Jahr 1900 nahezu unverändert geblieben; der nachkonstitutionelle Gesetzgeber hatte sich nie speziell mit der Minderjährigenhaftung befasst. Auch wenn der nachkonstitutionelle Gesetzgeber ein Gesetz wie das BGB mehrfach – auch teilweise tiefgreifend – geändert hatte, so war nicht davon auszugehen, dass er aus Anlass einzelner Änderungen jeweils das BGB und dessen Verfassungsmäßigkeit insgesamt geprüft und bejaht hatte.[42] Er hatte die Norm des § 828 Abs. 2 BGB a. F. also nie erkennbar bestätigt und damit in seinen Willen aufgenommen.[43] § 828 Abs. 2 BGB a. F. war somit ein vorkonstitutionelles Gesetz. Mangels tauglichen Vorlagegegenstands war die Vorlage des LG damit unzulässig.

28 Der Zweck der Vorlagepflicht (Schutz der Autorität des parlamentarischen Gesetzgebers) gilt auch bei der **Überprüfung von Landesrecht** am Maßstab des Bundesrechts (Fallkonstellation (3) oben → Rn. 8). Geht es darum, ob ein neues Landesgesetz gegen ein *früher* erlassenes (kompetenzmäßiges) Bundesgesetz verstößt, so stellt sich die Frage nach der Vereinbarkeit mit Art. 71 ff. GG. In diesem Fall muss das Gericht die Norm nach Art. 100 Abs. 1 GG vorlegen. Erlässt der Bund hingegen zeitlich *später* kompetenzgemäß ein Gesetz, so bricht dieses das vorher erlassene Landesrecht nach Art. 31 GG. Ein Außeranwendunglassen bedeutet im letztgenannten Fall keine „Missachtung" des Landesgesetzgebers durch das Gericht; eine Vorlage unterbleibt daher. Das Gericht kann selbst das Landesrecht wegen Bundesrechtswidrigkeit außer Anwendung lassen.[44] Eine Vorlage an das BVerfG nach Art. 100 Abs. 1 GG ist dann unzulässig.

29 Wendet ein Gericht, eine Verwaltungsbehörde oder ein Organ des Bundes oder eines Landes das Recht (z. B. Rechtsverordnungen oder Satzungen) wegen angeblicher Verfassungs- oder sonstiger Bundesrechtswidrigkeit nicht an, so können die Antragsberechtigten im Verfahren der abstrakten Normenkontrolle (z. B. Bundes- oder Landesregierungen) nach Art. 93 Abs. 1 Nr. 2 GG, § 13 Nr. 6, § 76 Abs. 1 Nr. 2 BVerfGG beantragen, dass das BVerfG die Gültigkeit der Norm feststellt (sog. **Normbestätigungsverfahren**)[45] (näher hierzu → *Thiemann* § 17 Rn. 44 ff.).

30 Auch **verfassungsändernde Gesetze** können Gegenstand der konkreten Normenkontrolle sein; Prüfungsmaßstab ist dann aber nur Art. 79 GG. Dagegen kann ursprüngliches Verfassungsrecht nicht verfassungswidrig sein;[46] die Widersprüche bestehen dann nämlich zwischen Normen gleichen Ranges und sind nach den allgemeinen Kollisionsregeln (z. B. „lex specialis derogat legi generali") aufzulösen. Ein formelles Gesetz i. S. d. Art. 100 Abs. 1 GG ist auch das Haushaltsgesetz (Art. 110 Abs. 2 GG); mangels Außenwirkung (z. B. § 3 BHO) verneint das BVerfG aber regelmäßig die Entscheidungserheblichkeit[47] (→ Rn. 51 ff.).

### 2. Normen des Unionsrechts und Zustimmungsgesetze zu völkerrechtlichen Verträgen

31 Auch **Zustimmungsgesetze zu Staatsverträgen** zwischen den Bundesländern und zu **völkerrechtlichen Verträgen** (auch z. B. zum EUV, AEUV) können Gegenstand der kon-

[42] BVerfGE 11, 126 (131) = NJW 1960, 1563 (1564); BVerfG-K NJW 1998, 3557 → JA 1999, 355 *(Moritz)*.

[43] Hinweis: Mittlerweile hat der Gesetzgeber § 828 BGB geändert; in dieser Fassung ist er nunmehr nachkonstitutioneller Natur.

[44] BVerfGE 10, 124 (127 f.) = NJW 1959, 2108; *Müller-Terpitz* in: Schmidt-Bleibtreu/Hofmann/Hopfauf, GG, Art. 100 Rn. 12; allgemein *Stern* Staatsrecht II, S. 992. A. A. *Schlaich/Korioth* BVerfG, Rn. 141.

[45] Praktische Beispiele: BVerfGE 83, 89 ff. = NJW 1991, 743 ff.; E 96, 133 ff. = NJW 1998, 589 f.; E 106, 244 ff. = NVwZ 2003, 724 f. → JuS 2003, 1032 *(Sachs)* – jeweils zu Beihilfeverordnungen.

[46] BVerfGE 3, 225 (232 f.) = NJW 1954, 65 hat erwogen, dass „theoretisch" auch ursprüngliches Verfassungsrecht verfassungswidrig sein könne; ablehnend *Wernsmann* Der Staat 2005, 43 (45 f.) m. w. Nachw. In Wahrheit meinte BVerfGE 3, 225 (232 f.) = NJW 1954, 65 nicht mehr „Verfassungsrecht" als Prüfungsmaßstab, sondern überverfassungsrechtliche (vorpositive) Gerechtigkeitsvorstellungen.

[47] BVerfGE 38, 121 (125) = NJW 1975, 254.

kreten Normenkontrolle sein.[48] Nimmt ein Gericht etwa an, dass die Inhalte des EUV oder AEUV gegen das Grundgesetz verstoßen, so kann es das jeweilige Zustimmungsgesetz zu den Verträgen dem BVerfG nach Art. 100 Abs. 1 GG vorlegen, nicht aber das primäre Unionsrecht (also vor allem EUV und AEUV) selbst.[49] Die Verfassungswidrigkeit des Zustimmungsgesetzes kann aber gerade aus dem Inhalt des Vertrags folgen; ist das Zustimmungsgesetz nichtig, so ist das primäre Unionsrecht mangels innerstaatlichen Rechtsanwendungsbefehls insoweit nicht anwendbar.

32 Dogmatisch sehr umstritten ist nach wie vor die Frage, ob sog. **sekundäres Unionsrecht,** also Recht, das auf die Verträge (EUV, AEUV) gestützt wird (Verordnungen, Richtlinien nach Art. 288 AEUV), Gegenstand einer Vorlage an das BVerfG gemäß Art. 100 Abs. 1 GG sein kann.

33 **Fall 3:** Eine Verordnung der EU führt dazu, dass Bananen aus Nicht-EU-Staaten nur noch in deutlich geringerem Umfang als bisher nach Deutschland importiert werden können. Nachdem das vom Importeur I angerufene VG dem EuGH nach Art. 267 AEUV (früher: Art. 234 EG) die Frage vorgelegt hat, ob die Verordnung mit den Unionsgrundrechten vereinbar ist, und der EuGH das bejaht hat, legt das VG nunmehr die Verordnung dem BVerfG nach Art. 100 Abs. 1 GG mit der Begründung vor, diese sei wegen Verstoßes gegen die Grundrechte des Grundgesetzes (Art. 12 Abs. 1, 3 Abs. 1 GG) verfassungswidrig. Zulässig?[50]

34 Zwei Fragen sind bei der Beurteilung, ob sekundäres Unionsrecht dem BVerfG nach Art. 100 Abs. 1 GG vorgelegt werden kann, auseinander zu halten: (1) Sind „Gesetze" i. S. d. Art. 100 Abs. 1 GG nur Akte der deutschen öffentlichen Gewalt, oder sind auch Rechtsnormen einer supranationalen Organisation wie der EU umfasst (→ Rn. 39)? (2) Sind die Grundrechte des Grundgesetzes Prüfungsmaßstab für sekundäres Unionsrecht, oder ist dieses nur an den Unionsgrundrechten zu messen, die Bestandteil des primären Unionsrechts sind (→ Rn. 35 ff.)?

35 **a) Grundrechte als Prüfungsmaßstab für sekundäres Unionsrecht.** Das Verhältnis zwischen nationalem Verfassungsrecht (insbesondere den Grundrechten des Grundgesetzes) und Unionsrecht ist zwischen EuGH und BVerfG umstritten. Dem europäischen **Unionsrecht** kommt der **Anwendungsvorrang vor dem nationalen Recht** zu, und zwar **auch vor nationalem Verfassungsrecht.**[51] Wenn Art. 23 Abs. 1 GG ausdrücklich die Übertragung von Hoheitsrechten auf zwischenstaatliche europäische Einrichtungen durch Gesetz erlaubt, sind Rechtsakte, die diese zwischenstaatliche Einrichtung erlässt, grundsätzlich anzuerkennen. Unionsrecht muss grundsätzlich einheitlich in allen Staaten gelten; ob es gültig ist, insbesondere mit den (Unions-)Grundrechten vereinbar ist, muss dann ebenfalls einheitlich (durch Organe der EU, hier: den EuGH) entschieden werden.

36 Auf Ebene der Mitgliedstaaten stellt sich nur die Frage, ob das **Zustimmungsgesetz** zu den Verträgen mit der Verfassung (insbesondere den Grenzen der Integrationsermächtigung nach Art. 23 GG) vereinbar ist.[52] Genügt jedoch das Zustimmungsgesetz den Anforderungen des Grundgesetzes, so kann sekundäres Unionsrecht (Richtlinien, Verordnungen) grundsätzlich nicht mehr durch das BVerfG am Maßstab des Grundgesetzes überprüft wer-

---

[48] BVerfGE 63, 131 (140) = NJW 1983, 1179; E 95, 39 (44) = NJW 1997, 1359.

[49] BVerfGE 52, 187 (199 f.) = NJW 1980, 519.

[50] Fall nach BVerfGE 102, 147 = NJW 2000, 3124 → JA 2001, 283 *(Odendahl)* – Bananenmarktordnung.

[51] EuGH NJW 1971, 343; EuGH NJW 1978, 1741; BVerfGE 129, 78 (97, 100) = NJW 2011, 3428 (3431 f.); E 142, 123 Rn. 118 = NJW 2016, 2473 Rn. 118 → *Ruffert* JuS 2016, 756; E 152, 216 Rn. 54 = NVwZ 2020, 63 → *Eifert* Jura (JK) 2020, 535 und → *Sachs* JuS 2020, 284 sowie → JA 2020, 237 *(Muckel)* – Recht auf Vergessen II. Den Anwendungsvorrang des Unionsrechts vor nationalem Recht betonend auch BVerfGE 73, 339 (375) = NJW 1987, 577 (580); E 75, 223 (244) = NJW 1988, 1459 (1462); E 85, 191 (204) = NJW 1992, 964.

[52] So auch BVerfGE 52, 187 (199) = NJW 1980, 519; E 75, 223 (242 f.) = NJW 1988, 1459 (1461 f.).

den. Das BVerfG stellt dies nur unter den **Identitätsvorbehalt,** d. h. das Unionsrecht darf nicht die von Art. 79 Abs. 3 GG für unverzichtbar erklärten Kerngehalte des Grundgesetzes (insbesondere die Menschenwürde nach Art. 1 Abs. 1 GG) verletzen. Zudem prüft das BVerfG, ob die EU *offensichtlich und strukturell bedeutsam* die ihr übertragenen Kompetenzen überschritten hat, so dass ihr Handeln nicht mehr vom nationalen Rechtsanwendungsbefehl, dem Zustimmungsgesetz nach Art. 23 Abs. 1 S. 2, 3 GG, mit dem die Kompetenzen auf die EU übertragen wurden, gedeckt wäre (sog. **Ultra-vires-Akte**).

Ebensowenig wie Bundesgesetze am Maßstab der Landesverfassungen überprüft werden können, kann **sekundäres Unionrecht** am Maßstab der mitgliedstaatlich verbürgten Grundrechte überprüft werden.[53] Gleiches gilt für **nationales Recht, das zwingende Vorgaben des Unionsrechts umsetzt.**[54] Weist Art. 267 Abs. 1 lit. b AEUV dem EuGH die Entscheidung darüber zu, ob sekundäres Unionsrecht gültig (d. h. mit dem – höherrangigen – primären Unionsrecht, insbesondere den Verträgen und den Unionsgrundrechten vereinbar) ist, so ist diese Kompetenz auf den EuGH „übertragen".[55] Der EuGH hat – im Wege des Vorabentscheidungsverfahrens nach Art. 267 Abs. 1 lit. b AEUV – zu prüfen, ob das sekundäre Unionsrecht kompetenzgemäß erlassen ist und den Unionsgrundrechten genügt (vgl. Art. 51 Abs. 1 GRCh). Jedenfalls in erster Linie der EuGH (und nicht das BVerfG) ist dann zuständig, die Grenzen des auf die EU Übertragenen zu bestimmen. Nationales Recht, das zwingende Vorgaben des Unionsrechts umsetzt, aber gegen die insoweit gemäß Art. 51 Abs. 1 GRCh anwendbaren Unionsgrundrechte verstößt, ist insoweit unanwendbar. 37

Über dies hinausgehend hält das **BVerfG** jedoch grundsätzlich **sekundäres Unionsrecht** am Maßstab der Grundrechte des Grundgesetzes für überprüfbar. Es sieht sich aber in einem „Kooperationsverhältnis" mit dem EuGH[56] und „übt" seine von ihm in Anspruch genommene Rechtsprechungszuständigkeit nicht „aus", solange der EuGH den für unabdingbar erachteten Mindestgrundrechtsschutz gegen Unionsrechtsakte gewährleistet.[57] Das BVerfG formuliert, die Grundrechte des Grundgesetzes blieben „dahinterliegend ruhend in Kraft".[58] Das BVerfG sieht derzeit die Grundrechte ausreichend durch den EuGH geschützt. Eine Aktivierung der Reservefunktion der Grundrechte des Grundgesetzes unterliege „hohen Substantiierungsanforderungen"[59]. In Anbetracht dessen ist derzeit kaum damit zu rechnen, dass das BVerfG Vorlagen von sekundärem Unionsrecht wegen vom Fachgericht angenommener Verstöße gegen Grundrechte des Grundgesetzes noch für zulässig erachten wird. 38

**b) Sekundäres Unionsrecht als Gesetz i. S. d. Art. 100 Abs. 1 GG? Gesetz** i. S. d. Art. 100 Abs. 1 GG sind richtiger Ansicht nach (→ *Schoch* § 14 Rn. 28 ff.) **nur deutsche Gesetze,**[60] ebenso wie Gegenstand der Verfassungsbeschwerde nur Akte deutscher öffentlicher Gewalt[61] sein können (→ *Scherzberg* § 15 Rn. 48). Eine direkte Anwendung des 39

---

[53] Zuletzt BVerfGE 152, 216 Rn. 42 ff. m. w. Nachw. = NVwZ 2020, 63 → *Eifert* Jura (JK) 2020, 535 und → *Sachs* JuS 2020, 284 sowie → JA 2020, 237 *(Muckel)* – Recht auf Vergessen II.

[54] Zusammenfassend BVerfGE 152, 216 Rn. 89 m. w. Nachw. = NVwZ 2020, 63 → *Eifert* Jura (JK) 2020, 535 und → *Sachs* JuS 2020, 284 sowie → JA 2020, 237 *(Muckel)* – Recht auf Vergessen II.

[55] Ebenso schon Sondervotum *Rupp/Hirsch/Wand* BVerfGE 37, 291 (291, 295 f.) = NJW 1974, 1700 – zu Solange I.

[56] BVerfGE 89, 155 (175 und LS 7) = NJW 1993, 3047 (3049 und LS 7).

[57] Zusammenfassend BVerfGE 102, 147 (161 ff.) = NJW 2000, 3124 → JA 2001, 283 *(Odendahl)* – Bananenmarktordnung; E 118, 79 (95) = NVwZ 2007, 937 (938) → *Ehlers* JK, 1/08, ZuG § 12/1 und → JuS 2007, 1052 *(Murswiek);* zuvor ferner vor allem BVerfGE 37, 271 ff. = NJW 1974, 1697 ff. – Solange I; E 73, 339 ff. = NJW 1987, 577 ff. – Solange II; E 89, 155 ff. = NJW 1993, 3047 ff. – Maastricht.

[58] BVerfGE 152, 216 Rn. 47 = NVwZ 2020, 63 → *Eifert* Jura (JK) 2020, 535 und → *Sachs* JuS 2020, 284 sowie → JA 2020, 237 *(Muckel)* – Recht auf Vergessen II.

[59] BVerfGE 152, 216 Rn. 47 f. = NVwZ 2020, 63 → Eifert Jura (JK) 2020, 535 und → *Sachs* JuS 2020, 284 sowie → JA 2020, 237 *(Muckel)* – Recht auf Vergessen II.

[60] Vgl. BVerfGE 118, 79 (95) = NVwZ 2007, 937 (938) → *Ehlers* JK, 1/08, ZuG § 12/1 und → JuS 2007, 1052 *(Murswiek).*

[61] So schon BVerfGE 22, 293 (295 ff.) = NJW 1968, 348 (348 f.); E 58, 1 (27) = NJW 1982, 507 (508); E 142, 123 Rn. 97 = NJW 2016, 2473 – OMT; *E. Klein* in: Benda/Klein, Verfassungsprozessrecht, Rn. 722, 809 ff.; *Hillgruber* in: Hillgruber/Goos Verfassungsprozessrecht Rn. 598; *Löwer* in: HStR III, § 70 Rn. 85, 87; *Streinz* Europarecht, Rn. 242; anders zwischenzeitlich BVerfGE 89, 155 (175 und LS 7) = NJW 1993, 3047 (3049 und LS 7).

Art. 100 Abs. 1 GG scheidet damit aus.[62] Aber auch die **analoge Anwendung** verfassungsrechtlicher Bestimmungen begegnet erheblichen Bedenken. Die Verfassung ist eine Rahmenordnung, die auch Zuständigkeiten abgrenzt. Eine analoge Anwendung von Verfassungsbestimmungen verträgt sich damit ohnehin schon schlecht.[63] Hielte man eine analoge Anwendung von Verfassungsrecht für zulässig, so fehlte es vorliegend jedenfalls spätestens an der Vergleichbarkeit des geregelten mit dem nicht geregelten Sachverhalt. Zielt die Vorlagepflicht nach Art. 100 Abs. 1 GG auf den Schutz der Autorität des parlamentarischen Gesetzgebers (→ Rn. 19), so ist nicht erkennbar, wieso die Einschaltung des BVerfG (und nicht des EuGH) zum **Schutz des Unionsgesetzgebers** nötig sein sollte.

40 **Lösung zu Fall 3:** Fraglich ist, ob die EU-Verordnung ein Gesetz i. S. d. Art. 100 Abs. 1 GG ist. Gegenstand der konkreten Normenkontrolle können richtiger Ansicht nach aus den oben genannten Gründen nur Akte des deutschen Gesetzgebers sein (str.). Danach liegt kein Gesetz vor. – Die Vorlage könnte auch noch aus anderen Gründen unzulässig sein. Wird dem BVerfG sekundäres Unionsrecht zur Prüfung am Maßstab des Grundgesetzes vorgelegt, so übt es seine Rechtsprechung nur aus, wenn im Einzelnen dargelegt ist, dass der EuGH den „jeweils als unabdingbar gebotenen Grundrechtsschutz **generell** nicht mehr gewährleistet".[64] Nicht ausreichend ist, dass der Grundrechtsschutz auf EU-Ebene im konkreten Fall unter dem Niveau des Grundgesetzes liegt. An dieser Darlegung fehlt es. Die Vorlage ist daher unzulässig. *Hinweis:* Die Frage, ob die Darlegungen des vorlegenden Gerichts den Anforderungen dafür genügen, dass das BVerfG die seiner Ansicht nach grundsätzlich gegebene Rechtsprechungszuständigkeit wieder ausübt, ist als zusätzlicher eigener Prüfungspunkt im Rahmen der Zulässigkeit abzuhandeln. Beim derzeitigen Stand der Rechtsprechung des EuGH ist nicht davon auszugehen, dass eine solche Vorlage zulässig sein kann.

41 **c) Innerstaatliche Umsetzungsakte von Unionsrecht (Richtlinien).** Sekundäres Unionsrecht (Verordnungen und Richtlinien) misst das BVerfG nicht an den Grundrechten des Grundgesetzes. Vielmehr ist für die Frage, ob eine solche Richtlinie oder Verordnung mit den (Unions-)Grundrechten vereinbar ist, der EuGH zuständig. Gleiches muss dann aber auch für eine **innerstaatliche Rechtsnorm** gelten, die eine Richtlinie in deutsches Recht umsetzt, soweit das **Unionsrecht** keinen Umsetzungsspielraum belässt, sondern **zwingende Vorgaben** macht.[65] Das Fachgericht muss die Frage der Vereinbarkeit der Richtlinie mit den Unionsgrundrechten dem EuGH nach Art. 267 Abs. 1 lit. b AEUV vorlegen (→ § 12 Rn. 46 ff.). Das BVerfG hält Vorlagen eines Fachgerichts nach Art. 100 Abs. 1 GG für unzulässig, wenn das vorlegende Gericht nicht geklärt hat, ob das von ihm als verfassungswidrig beurteilte Gesetz dem nationalen Gesetzgeber noch Umsetzungsspielräume belässt. Vor einer Vorlage an das BVerfG muss das Fachgericht aus Gründen des innerstaatlichen Rechts, damit den verfassungsprozessualen Anforderungen an eine hinreichende Aufbereitung des Prozessstoffs durch das Gericht des Ausgangsverfahrens genügt ist, dann ein Vorabentscheidungsersuchen an den EuGH nach Art. 267 AEUV richten, auch wenn es

[62] So offensichtlich auch BVerfGE 102, 147 (161) = NJW 2000, 3124 → JA 2001, 283 *(Odendahl)*, wo mehrfach von Vorlagen „entsprechend" Art. 100 Abs. 1 GG die Rede ist. Ebenfalls schon darauf hinweisend, dass allenfalls eine analoge Anwendung des Art. 100 Abs. 1 GG denkbar sei, Sondervotum BVerfGE 37, 291 (303 ff.) = NJW 1974, 1697 (1703 f.).

[63] Vgl. BVerfGE 67, 256 (288 f.) = NJW 1985, 37 (40); E 105, 185 (194) = NJW 2002, 2020 → JuS 2002, 1021 *(Selmer)*.

[64] BVerfGE 102, 147 (164 und LS 2) = NJW 2000, 3124 (3125 und LS 2) → JA 2001, 283 *(Odendahl)*. Hervorhebung nur hier.

[65] BVerfGE 118, 79 (95 ff.) = NVwZ 2007, 937 (938) m. w. Nachw. → *Ehlers* JK, 1/08, ZuG § 12/1 und → JuS 2007, 1052 *(Murswiek)*.

dazu als nicht-letztinstanzliches Gericht unionsrechtlich nach Art. 267 Abs. 2, 3 AEUV nicht verpflichtet wäre.[66]

Hält der EuGH die Richtlinie für vereinbar mit höherrangigem Unionsrecht (insbesondere den Unionsgrundrechten), so ist die Richtlinie gültig. Belässt diese Richtlinie den nationalen Gesetzgebern **keinerlei Umsetzungsspielräume,** dann müssen diese sie kraft Unionsrechts umsetzen. Das BVerfG kann das **nationale Gesetz** dann **nicht mehr am Maßstab der Grundrechte des Grundgesetzes überprüfen;** es sieht die von ihm noch beanspruchte Reservekompetenz erst dann wieder aufleben, wenn der EuGH den Schutz der Grundrechte generell nicht mehr gewährleisten würde.[67] 42

Hält der EuGH die **Richtlinie,** auf der das deutsche Umsetzungsgesetz beruht, hingegen für **primärrechtswidrig** (z. B. wegen Verstoßes gegen Unionsgrundrechte der GRCh oder die übrigen Verträge) und erklärt er die Richtlinie daher für nichtig[68], so verstoßen auch solche **nationalen Rechtsakte,** die ausschließlich der Umsetzung der Richtlinie dienen und bei deren Erlass der nationale Gesetzgeber über keinerlei Umsetzungsspielraum verfügte, *automatisch* **gegen Unionsrecht,** z. B. die Unionsgrundrechte. Dies bekräftigt Art. 51 Abs. 1 S. 1 GRCh, wonach die Unionsgrundrechte für die Mitgliedstaaten ausschließlich bei der Durchführung von Unionsrecht und damit bei der Umsetzung von Richtlinien gelten. Wenn also der EuGH die Unionsgrundrechte durch die Richtlinie verletzt sieht, steht gleichzeitig fest, dass nationales Recht, das ausschließlich diese umsetzt, wegen Unionsrechtswidrigkeit unanwendbar ist.[69] Eine Vorlage an das BVerfG nach Art. 100 Abs. 1 GG ist dann mangels Entscheidungserheblichkeit unzulässig, wenn feststeht, dass eine Norm wegen Unionsrechtswidrigkeit nicht angewendet werden kann.[70] Dagegen meint das BVerfG, dass das deutsche Umsetzungsgesetz nicht automatisch ebenfalls unbeachtlich werde, wenn der EuGH die Richtlinie für ungültig erklärt habe. Jedoch sei dann Raum für eine Prüfung an den deutschen Grundrechten und ggf. für eine Vorlage nach Art. 100 GG.[71] 43

Dies überzeugt indes nicht. Erstens ist der nationale Gesetzgeber bei der Umsetzung von Unionsrecht (soweit keine Spielräume bestehen) an die Unionsgrundrechte gebunden (Art. 51 Abs. 1 GRCh), und ein Gesetz, das sich ausschließlich in der **Umsetzung einer grundrechtswidrigen Richtlinie erschöpft,** verstößt seinerseits automatisch gegen die insoweit anwendbaren Unionsgrundrechte und hat wegen Unionsrechtswidrigkeit – ohne dass es noch einer Verwerfung durch das BVerfG bedürfte – wegen des Anwendungsvorrangs des Unionsrechts außer Anwendung zu bleiben. Und zweitens führt diese Sichtweise auch zu einer unzumutbaren **Rechtsschutzerschwerung** für den betroffenen Bürger, der dann gleich zwei Rechtsakte (die Richtlinie und den Umsetzungsakt) in zwei langwierigen Zwischenverfahren (zunächst beim EuGH und dann beim BVerfG) aus der Welt schaffen müsste. In der Literatur wird die Sichtweise des BVerfG teils mit dem Argument unterstützt, dass das deutsche Umsetzungsgesetz nicht mehr die vom EuGH wegen Grundrechtswidrigkeit ex tunc für nichtig erklärte Richtlinie gemäß Art. 51 Abs. 1 GRCh „umsetze“, wenn diese nicht mehr existiere.[72] Insoweit wird es aber ausreichen müssen, dass der deutsche Gesetzgeber die nationale Norm nur deshalb geschaffen hat, weil er seine unionsrechtlichen (Umsetzungs-)Verpflichtungen 44

---

[66] BVerfGE 129, 186 (198 ff.) = NJW 2012, 45 (45 f.) → JA 2012, 77 *(Muckel).*

[67] BVerfGE 118, 79 (95) = NVwZ 2007, 937 (938) → *Ehlers* JK, 1/08, ZuG § 12/1 und → JuS 2007, 1052 *(Murswiek).*

[68] Dem primären Unionsrecht kommt ein Geltungsvorrang vor sekundärem Unionsrecht zu, d. h. Richtlinien und Verordnungen, die gegen die Verträge oder die ungeschriebenen Rechtsgrundsätze des Unionsrechts verstoßen, sind nichtig (arg. e. Art. 267 Abs. 1 lit. b AEUV). Dagegen gilt im Verhältnis von Unionsrecht zu nationalem Recht nur ein Anwendungsvorrang, d. h. unionsrechtswidriges nationales Recht ist nicht nichtig, sondern bleibt nur außer Anwendung, soweit es gegen Unionsrecht verstößt.

[69] Wie hier *Müller-Terpitz* in: Schmidt-Bleibtreu/Hofmann/Henneke, GG, Art. 100 Rn. 19.

[70] Vgl. allgemein BVerfGE 85, 191 (203 ff.) = NJW 1992, 964; E 106, 275 (295) = NJW 2003, 1232. Dazu → Rn 57.

[71] BVerfGE 118, 79 (97) = NVwZ 2007, 937 (938 f.) unter Bezugnahme auf *Cremer* Die Verwaltung 37 (2004), 165 (186 f.).

[72] So *Dederer* in: Maunz/Dürig, GG, Art. 100 Rn. 126.

erfüllen wollte. Insoweit liegt ein hinreichend enger Zusammenhang mit dem Unionsrecht[73] vor, der die Anwendung der Unionsgrundrechte eröffnet. Richtiger Ansicht nach bedarf es daher einer Vorlage nach Art. 100 Abs. 1 GG nur, soweit der deutsche Gesetzgeber frei von unionsrechtlichen Vorgaben Recht gesetzt hat. Soweit die deutsche Rechtsnorm sich in der bloßen Umsetzung von zwingenden Vorgaben einer Richtlinie erschöpft, ist Rechtsschutz vor dem EuGH notwendig, aber auch ausreichend.

45 **Fall 4:** Angenommen, eine Anti-Diskriminierungs-Richtlinie der EU schreibt Privatpersonen vor, bei der Vergabe von Wohnraum nicht nach dem Alter zu differenzieren. Ein deutsches Anti-Diskriminierungs-Gesetz setzt diese Vorgaben exakt entsprechend den unionsrechtlichen Minimalforderungen um. Vermieterin V hat Wohnraum öffentlich angeboten, aber nur für „Mieterinnen und Mieter über 35", weil sie mit jüngeren Mietern schlechte Erfahrungen gemacht habe. Der abgewiesene 23-jährige Mietinteressent M klagt gegen V vor dem zuständigen Gericht auf Schadensersatz, wie Richtlinie und Gesetz das vorsehen. Das Gericht ist der Auffassung, dass die Richtlinie und das deutsche Umsetzungsgesetz sowohl Grundrechte des Grundgesetzes (allgemeine Handlungsfreiheit in Form der Vertragsfreiheit) als auch Unionsgrundrechte verletzen. Wie muss es entscheiden?

46 **Lösung zu Fall 4:** (1) Das Gericht könnte dem BVerfG die Norm des deutschen Umsetzungsgesetzes zur Prüfung nach Art. 100 Abs. 1 GG vorlegen. Dem Unionsrecht kommt jedoch der Anwendungsvorrang vor nationalem Recht zu. Ist die Richtlinie gültig, d. h. mit höherrangigem Unionsrecht (insbesondere der Kompetenzordnung des Vertrags und den Unionsgrundrechten) vereinbar, so sind die Mitgliedstaaten zur Umsetzung gemäß Art. 288 Abs. 3 AEUV verpflichtet, ohne dass die Umsetzungsakte dann noch am Maßstab der nationalen Grundrechte überprüft werden könnten. (2) Das Zivilgericht könnte dem EuGH die Richtlinie gemäß Art. 267 Abs. 2, 3 i. V. m. Abs. 1 lit. b AEUV vorlegen, wenn es meint, dass der EU für die Richtlinie die Kompetenz fehle oder diese gegen Unionsgrundrechte verstoße. Würde das Gericht direkt und allein dem EuGH die Frage vorlegen, ob die Richtlinie mit dem höherrangigen primären Unionsrecht vereinbar ist, und würde der EuGH diese Einschätzung teilen und die Richtlinie für nichtig erklären (Art. 267 Abs. 1 lit. b AEUV), so wäre allerdings immer noch das deutsche Umsetzungsgesetz „in der Welt", das die später für nichtig erklärte Richtlinie umgesetzt hat. Auch dieses würde dann aber – soweit es ausschließlich die Richtlinie umsetzt und keine weitergehenden Regelungen trifft – gegen die Unionsgrundrechte verstoßen. Auch die Mitgliedstaaten sind bei der Umsetzung von Richtlinien an die Unionsgrundrechte gebunden (Art. 51 Abs. 1 S. 1 GRCh). Dann wäre die nationale Norm wegen des Anwendungsvorrangs des Unionsrechts (hier: der Unionsgrundrechte) insoweit automatisch nicht anwendbar; einer weiteren Vorlage an das BVerfG gemäß Art. 100 Abs. 1 GG bedürfte es dann nicht.[74] Diese wäre richtiger Ansicht nach sogar unzulässig, da es auf die Vereinbarkeit des Gesetzes mit dem Grundgesetz nicht mehr ankäme (vgl. → Rn. 57). Geht das Gesetz hingegen über die bloße Umsetzung der Richtlinie hinaus, indem der deutsche Gesetzgeber ihm verbliebene Gestaltungsspielräume genutzt hat, so müsste die Norm dem BVerfG (wegen dessen Verwerfungsmonopols) insoweit nach Art. 100 Abs. 1 GG vorgelegt werden.[75]

---

[73] Zu den Anforderungen etwa *Jarass* GRCh, Art. 51 Rn. 23 ff. Vgl. jetzt auch BVerfGE 152, 152 Rn. 43 f. = NVwZ 2020, 53 → *Eifert* Jura (JK) 2020, 411 und → *Sachs* JuS 2020, 282 sowie → JA 2020, 233 *(Muckel)* – Recht auf Vergessen I.

[74] A. A. insoweit wohl BVerfGE 118, 79 (97) = NVwZ 2007, 937 (938 f.) → *Ehlers* JK, 1/08, ZuG § 12/1 und → JuS 2007, 1052 *(Murswiek)*.

[75] Vgl. BVerfGE 152, 152 Rn. 42 ff. m. w. Nachw. = NVwZ 2020, 53 → *Eifert* Jura (JK), 2020, 411 und → *Sachs* JuS 2020, 282 sowie → JA 2020, 233 *(Muckel)* – Recht auf Vergessen I.

### 3. Unterlassen und gleichheitswidriger Begünstigungsausschluss

**Fall 5:** Nach § 55 Abs. 5 S. 6 BBG (a. F.) erhalten Soldaten, die im Ausland in integrierten militärischen Stäben verwendet werden, einen erhöhten Auslandszuschlag, Beamte in gleicher Verwendung jedoch nicht. Beamter B klagt vor dem VG auf Gewährung des nur für Soldaten vorgesehenen Zuschlags. Das VG teilt im Hinblick auf den allgemeinen Gleichheitssatz (Art. 3 Abs. 1 GG) die verfassungsrechtlichen Bedenken des B und legt dem BVerfG § 55 Abs. 5 S. 6 BBG (a. F.) vor. Zulässig?[76] 47

Nicht vorlagefähig ist ein schlichtes (absolutes) völliges **Unterlassen des Gesetzgebers.**[77] Sieht etwa das Gesetz keinerlei Leistungen vor, obwohl (ausnahmsweise) aus der Verfassung ein entsprechender originärer Leistungsanspruch folgt (dies ist etwa beim Anspruch auf Sozialhilfe zur Sicherung eines menschenwürdigen Daseins der Fall), so kann keine Norm vorgelegt werden, da eine solche gerade nicht existiert. Der Grundrechtsberechtigte muss dann Verfassungsbeschwerde erheben.[78] Sofern allerdings bestehende Leistungsgesetze abgeschafft werden, kann der Betroffene gegen die ablehnenden Bescheide klagen und das Fachgericht könnte das Änderungsgesetz – also ein Tun des Gesetzgebers – vorlegen. 48

Ebenfalls nicht um ein Unterlassen handelt es sich in den Fällen des sog. **gleichheitswidrigen Begünstigungsausschlusses.** Bevorzugt das Gesetz eine Vergleichsgruppe und benachteiligt es die andere Vergleichsgruppe, indem es nur diese belastet (z. B. besteuert) oder indem es dieser eine Begünstigung (z. B. eine Subvention oder BAföG-Leistungen) vorenthält, so liegt ein aktives „Tun" des Gesetzgebers vor. Der gleichheitswidrige Begünstigungsausschluss kann gesetzestechnisch **ausdrücklich oder konkludent** erfolgen oder aus dem **Nebeneinander zweier Regelungssysteme** folgen. 49

*Beispiele:* Wenn C der Oberbegriff für A und B ist, so liegt ein ausdrücklicher Begünstigungsausschluss vor, wenn § 1 Gruppe C eine Begünstigung gewährt und § 2 Gruppe B ausdrücklich davon ausnimmt. Ein konkludenter Begünstigungsausschluss liegt vor, wenn es nur eine Norm (§ 1) gibt, die die Begünstigung nur A gewährt und B im Gesetz gar nicht erwähnt wird, sondern sich die Ausgrenzung dieser Gruppe aus einer Nichtregelung ergibt. Ungleichbehandlungen können sich auch daraus ergeben, dass zwei unterschiedliche Normen nebeneinanderstehen: § 1 sieht für A eine Leistung in Höhe von 200 € und § 2 sieht für B eine Leistung in Höhe von 100 € vor. 50

Abzustellen ist in keinem Fall auf ein „Unterlassen" der Belastung der anderen Gruppe oder der Begünstigung der Gruppe, der der Kläger angehört. Vielmehr liegt ein (ungleich behandelndes) **Gesetz** und damit ein tauglicher Prüfungsgegenstand auch im Falle des konkludenten Begünstigungsausschlusses vor.[79] 51

## III. Überzeugung von der Verfassungswidrigkeit des Gesetzes

Das Ausgangsgericht muss die Norm, die es vorlegen will, **für verfassungswidrig halten.** Bloße verfassungsrechtliche Zweifel reichen – anders als bei der abstrakten Normenkontrolle, Art. 93 Abs. 1 Nr. 2 GG (→ *Thiemann* § 17 Rn. 40ff.), und anders auch als beim Vorabentscheidungsersuchen an den EuGH nach Art. 267 Abs. 1 lit. a, b, Abs. 2, 3 AEUV – nicht aus. 52

Ist eine **verfassungskonforme Auslegung** möglich, weil eine Norm mehrere Auslegungsmöglichkeiten zulässt, von denen eine verfassungskonform ist, so ist die Richtervorla- 53

[76] Fall nach BVerfGE 93, 386 = NVwZ-RR 1996, 674.
[77] BVerfGE 142, 313 Rn. 54f. = NJW 2017, 53 Rn. 54f. → *Kingreen* (JK) 2017, 364 und → *Sachs* JuS 2016, 1147.
[78] BVerfGE 56, 54 (70) = NJW 1981, 1655.
[79] Vgl. auch BVerfGE 93, 386 (396) = NVwZ-RR 1996, 674.

ge unzulässig.[80] Ist umgekehrt eine verfassungskonforme Auslegung nicht möglich, nimmt das Fachgericht aber gleichwohl eine solche in methodisch unvertretbarer Weise vor und setzt es sich dadurch über den klar erkennbaren Willen des Gesetzgebers hinweg, so kann gegen eine solche letztinstanzliche fachgerichtliche Entscheidung erfolgreich (Urteils-)Verfassungsbeschwerde wegen Verletzung des Rechts auf den gesetzlichen Richter (Art. 101 Abs. 1 S. 2 GG) erhoben werden, weil das Fachgericht in einem solchen Fall dem BVerfG nach Art. 100 Abs. 1 GG hätte vorlegen müssen.[81] Die Verfassungsbeschwerde kann in einem solchen Fall sogar eine Behörde (bzw. deren Rechtsträger) oder juristische Person des öffentlichen Rechts zulässigerweise erheben (→ *Scherzberg* § 15 Rn. 33); sowohl Beschwerdeberechtigung als auch Beschwerdebefugnis sind in einem solchen Fall zu bejahen.[82]

## IV. Entscheidungserheblichkeit

### 1. Grundlagen

54 Gemäß Art. 100 Abs. 1 S. 1 GG muss es auf die **„Gültigkeit" des Gesetzes** bei der Entscheidung des Ausgangsgerichts ankommen, d. h. die Frage der Verfassungsmäßigkeit des Gesetzes muss **entscheidungserheblich** sein. Dies ist dann der Fall, wenn die Klärung der verfassungsrechtlichen Frage zur abschließenden Klärung des konkreten Falles unerlässlich ist und die Entscheidung des Ausgangsgerichts bei Verfassungsmäßigkeit des Gesetzes anders ausfällt als bei seiner Verfassungswidrigkeit. Mit der Entscheidung in diesem Sinne ist grundsätzlich der **Tenor** (d. h. der Entscheidungssatz, z. B.: „Die Klage wird abgewiesen.") gemeint. Allerdings kann es auf die Verfassungsmäßigkeit des Gesetzes auch dann ankommen, wenn der Tenor in beiden Fällen gleich ausfällt. So ist etwa die Abweisung einer Klage wegen Unzulässigkeit eine andere Entscheidung als die Abweisung der Klage wegen Unbegründetheit;[83] eine andere Entscheidung liegt auch dann vor, wenn in einem Fall die Klage wegen Nichtbestehens des Anspruchs, im anderen Fall wegen Erlöschens des Anspruchs infolge Aufrechnung abgewiesen wird.[84]

55 Grundsätzlich kommt es für die Beurteilung der Entscheidungserheblichkeit auf die **Einschätzung des vorlegenden Gerichts** an; das BVerfG hält sich an diese Beurteilung erst dann nicht mehr gebunden, wenn diese „offensichtlich unhaltbar" ist[85] (was es aber wiederum nicht selten annimmt[86]). Die tendenziell strenge Prüfung der Entscheidungserheblichkeit dient zum einen dem Schutz des BVerfG vor unnötiger Beanspruchung[87] und zum anderen dem effektiven Rechtsschutz des Bürgers,[88] der möglichst schnell zu seinem Recht kommen soll, was nur im Falle der zwingenden Notwendigkeit ein zur Verzögerung führendes Zwischenverfahren rechtfertigt. Die Verfassungsmäßigkeit der Norm muss im **Zeitpunkt** der Entscheidung des BVerfG noch entscheidungserheblich sein.[89] Die Entscheidungserheblichkeit entfällt daher, wenn mittlerweile die Unanwendbarkeit der Norm – z. B. wegen Unionsrechtswidrigkeit der Norm infolge einer zwischenzeitlich ergangenen Entscheidung des EuGH (→ Rn. 11, 57) – feststeht. Außer Kraft getretenes

---

[80] BVerfGE 138, 64 Rn. 75 = NVwZ 2015, 510 Rn. 75 → *Sachs* JuS 2015, 472 und → JA 2015, 634 *(Muckel)*.

[81] BVerfGE 138, 64 Rn. 66 ff. = NVwZ 2015, 510 Rn. 66 ff.

[82] BVerfGE 138, 64 Rn. 51 ff. = NVwZ 2015, 510 Rn. 51 ff.

[83] BVerfGE 19, 330 (336) = NJW 1966, 291 (292); E 35, 65 (72) = BeckRS 1973, 104801 Rn. 16.

[84] *Erichsen* Jura 1982, 88 (93).

[85] BVerfGE 20, 312 (316) = NJW 1966, 2305; E 141, 1 Rn. 22 = NJW 2016, 1295 → *Sachs* JuS 2016, 571; st. Rspr. Krit. zu dieser Einschränkung *Löwer* in: HStR III, § 70 Rn. 94, nach dessen Auffassung es stets auf die Sichtweise des vorlegenden Gerichts ankommt, da dieses die Entscheidung des BVerfG zur Entscheidung seines Falles benötige.

[86] Krit. dazu *Wieland* in: Dreier, GG, Art. 100 Rn. 19.

[87] BVerfGE 63, 1 (27) = NVwZ 1983, 537.

[88] Vgl. BVerfGE 78, 165 (171 ff.) = NJW 1988, 2293 (2294): Justizgewährungsanspruch.

[89] BVerfGE 85, 191 (203) = NJW 1992, 964.

Recht bleibt aber Prüfungsgegenstand, sofern es im Ausgangsverfahren noch darauf ankommt.[90]

Das Fachgericht darf nach allgemeinen Regeln nur Beweis erheben, wenn die streitige Tatsache beweisbedürftig ist; die Tatsache muss also ebenfalls beweisbedürftig (d. h. „entscheidungserheblich") sein. Das Gericht muss jedoch nach dem Grundgedanken der Subsidiarität der Verfassungsgerichtsbarkeit, bevor es dem BVerfG eine Norm vorlegt, eine **Beweisaufnahme** durchführen. Erst wenn sich danach herausstellt, dass es auf die Verfassungsmäßigkeit der Norm ankommt, kann das Gericht vorlegen. Eine Vorlage ist unzulässig, wenn sich das Gericht lediglich eine Beweisaufnahme ersparen will.[91] Eine Ausnahme ist nur in einem Fall von allgemeiner und grundsätzlicher Bedeutung für das Gemeinwohl und besonderer Dringlichkeit zu machen.[92] 56

## 2. Verhältnis zu anderen Vorlageverfahren

Steht bereits fest, dass eine (deutsche) Rechtsnorm **wegen entgegenstehenden Unionsrechts unanwendbar** ist, so kommt es auf die Frage der Verfassungsmäßigkeit im Ausgangsrechtsstreit nicht mehr an.[93] Die Entscheidung fällt bei Verfassungswidrigkeit der Norm nicht anders aus als bei Verfassungsmäßigkeit, weil die Norm schon aus unionsrechtlichen Gründen im Ausgangsverfahren außer Anwendung bleibt. Hält das Fachgericht eine Norm sowohl für verfassungs- als auch für unionsrechtswidrig, so hat es die Wahl, ob es zunächst dem BVerfG oder dem EuGH vorlegt;[94] der EuGH lässt sogar eine parallele Vorlage an EuGH und BVerfG zu (→ Rn. 11).[95] Die Vorlage an das BVerfG kann nicht mit der Begründung für unzulässig erklärt werden, dass die Notwendigkeit einer Entscheidung des BVerfG für die Entscheidung des Ausgangsverfahrens nicht feststehe, weil eine Vorlage an den EuGH in Betracht komme, aufgrund derer die Norm wegen Unionsrechtswidrigkeit außer Anwendung gelassen werden müsse.[96] Denn umgekehrt müsste sonst auch der EuGH im Vorabentscheidungsverfahren, das gemäß Art. 267 Abs. 1 AEUV ebenfalls die Entscheidungserheblichkeit der Vorlagefrage voraussetzt (→ § 12 Rn. 23 ff.), darauf verweisen, dass die Entscheidungserheblichkeit im Vorabentscheidungsverfahren nach Art. 267 Abs. 1 AEUV fehle, solange nicht feststehe, ob die Norm innerstaatlich gültig sei. 57

## 3. Vorlage in gerichtlichen Eilverfahren

**Vorläufigen Rechtsschutz** können die Fachgerichte – ohne Einschaltung des BVerfG – mit der Begründung gewähren, dass das jeweilige Gesetz verfassungswidrig ist.[97] Sofern die Hauptsache im Eilverfahren nicht vorweggenommen wird,[98] kommt es auf die Verfassungsmäßigkeit des Gesetzes „endgültig" erst im Hauptsacheverfahren an; erst dann ist nach Art. 100 Abs. 1 GG das Gesetz vorzulegen. Damit wird auch dem aus Art. 19 Abs. 4 GG folgenden Gebot effektiven Rechtsschutzes entsprochen (→ *Schoch* § 34 Rn. 139), weil das Fachgericht in angemessener Zeit das Eilverfahren abschließen kann. 58

---

[90] BVerfGE 108, 186 (209) (insoweit nicht abgedruckt in NVwZ 2003, 1241) → JA 2004, 280 *(Winkler)*.

[91] BVerfGE 11, 330 (335) = NJW 1961, 115; E 63, 1 (22) = NVwZ 1983, 537.

[92] BVerfGE 47, 146 (152 ff.) = NJW 1978, 1151 (1152) – Genehmigung eines Atomkraftwerks.

[93] BVerfGE 85, 191 (203 ff.) = NJW 1992, 964; E 106, 275 (295) = NJW 2003, 1232; E 116, 202 (214 f.) = NJW 2007, 51 (52) → JuS 2007, 575 *(Sachs)*; vgl. auch E 110, 141 (155 f.) = NVwZ 2004, 597 (599) → *Ehlers* JK 12/04, GG Art. 12 I/75 und → JuS 2004, 714 *(Sachs)* sowie → JA 2004, 870 *(Winkler)* für die Verfassungsbeschwerde.

[94] BVerfGE 116, 202 (214 f.) = NJW 2007, 51 (52) → JuS 2007, 575 *(Sachs)*. Offen gelassen noch von BVerfGE 106, 275 (295) = NJW 2003, 1232 → JuS 2003, 622 *(Ruland)*.

[95] EuGH NVwZ 2015, 1122 Rn. 29 ff. – Kernkraftwerke Lippe-Ems.

[96] Vgl. BVerfGE 148, 40 Rn. 22 = NJW 2018, 2109 Rn. 22 → *Kingreen* JK 11/18, GG Art. 12 I und → *Sachs* JuS 2018, 827 und → JA 2018, 638 *(Muckel)*.

[97] BVerfGE 86, 382 (389) = NJW 1992, 2749 (2750); a. A. *Erichsen* Jura 1982, 88 (95 f.).

[98] Vgl. BVerfGE 46, 43 (51) = NJW 1978, 37 (38); E 63, 131 (141) = NJW 1983, 1179; E 86, 382 (389) = NJW 1992, 2749 (2750).

### 4. Prognose der Fortgeltung einer verfassungswidrigen Norm

59 Das BVerfG verzichtet häufig in besonders haushaltswirksamen Rechtsgebieten (vor allem in massenwirksamen Bereichen des Steuer- und Sozialrechts) abweichend von §§ 78, 82 Abs. 1 BVerfGG auf die **Nichtigerklärung** der verfassungswidrigen Norm und ordnet an, dass verfassungswidriges Recht für eine Übergangszeit weiter fortgilt und erst ab einem bestimmten Zeitpunkt in der Zukunft durch eine verfassungskonforme Neuregelung ersetzt werden muss. Ist schon vorab erkennbar, dass das BVerfG in diesem Sinne im Falle der Verfassungswidrigkeit der Norm gleichwohl ihre **vorübergehende weitere Anwendung** anordnen wird, so ändert sich am Ausgang des Verfahrens vor dem Fachgericht nichts, und zwar unabhängig davon, ob die Norm verfassungswidrig ist oder nicht. Gleichwohl entfällt die Entscheidungserheblichkeit in diesen Fällen nicht.[99] Es käme sonst zu erheblichen Rechtsschutzdefiziten, wenn der in seinen Grundrechten verletzte Bürger nicht einmal erreichen könnte, dass der verfassungswidrige Zustand für die Zukunft nach einer Sachentscheidung des BVerfG beseitigt werden könnte. Im Rahmen der Zulässigkeit der Richtervorlage ist also keine Prognose über die **Tenorierung des BVerfG** bei etwaiger Verfassungswidrigkeit der Norm anzustellen.

### 5. Gleichheitswidriger Begünstigungsausschluss

60 In den Fällen des gleichheitswidrigen Begünstigungsausschlusses ist bei Verfassungsmäßigkeit der Norm die Klage des Benachteiligten abzuweisen. Ist die Norm hingegen verfassungswidrig, so erklärt das BVerfG sie regelmäßig nicht für nichtig, sondern stellt bloß die **Unvereinbarkeit mit dem Grundgesetz** fest. Die regelmäßige Rechtsfolge ist dann, dass der Gesetzgeber handeln und grundsätzlich auch für die Vergangenheit eine gleichheitskonforme Neuregelung treffen muss (→ Rn. 73ff.). In diesem Fall bleibt das Verfahren vor dem Fachgericht ausgesetzt, bis der Gesetzgeber eine Neuregelung getroffen hat. Auch das ist eine andere Entscheidung als die Klageabweisung,[100] so dass es auf die Verfassungsmäßigkeit der ungleich behandelnden Norm ankommt.

61 Die ältere Rechtsprechung nahm – ausgehend von der damaligen Prämisse, dass auch ein gleichheitswidrig begünstigendes Gesetz „nichtig" sei – an, dass es auf die Verfassungsmäßigkeit der drittbegünstigenden Norm in diesen Fällen nicht ankomme, da ja auch bei Verfassungswidrigkeit – und der daraus gefolgerten Nichtigkeit der Norm – der Ausgeschlossene nicht in den Genuss der Begünstigung komme, weil bei **Nichtigerklärung der Norm** „die Anspruchsgrundlage entfiele".[101] (Im Beispiel oben [→ Rn. 50] würde bei dieser Sichtweise im Falle des konkludenten Begünstigungsausschlusses die Begünstigung des A für nichtig erklärt, so dass auch B nach Nichtigerklärung nicht besser stünde als bei Bestätigung der Norm.) Diese ältere Rechtsprechung, die die Entscheidungserheblichkeit in Fällen gleichheitswidriger Begünstigungsausschlüsse zu eng fasste, ist überholt.

62 Eine gleichheitskonforme Lösung kann darin bestehen, dass die benachteiligte Gruppe N nunmehr ebenso wie die bevorzugte Gruppe V behandelt wird; denkbar ist zwar auch, dass V wie N behandelt wird oder beide auf eine dritte Weise (sog. **Ergebnisoffenheit des Gleichheitssatzes**[102]). Jedenfalls eröffnet die Feststellung der Verfassungswidrigkeit durch das BVerfG der benachteiligten Gruppe im Regelfall die Chance, eine für sie günstigere

[99] BVerfGE 72, 51 (62) = NJW 1986, 1802; E 87, 153 (180) = NJW 1992, 3153 (3157); E 93, 121 (131) = NJW 1995, 2615; E 117, 1 (28) = NJW 2007, 573 (574) → JuS 2007, 767 *(Selmer)*; E 138, 136 Rn. 104 = NJW 2015, 303; E 148, 147 Rn. 79 = NJW 2018, 1451; E 150, 204 Rn. 70 = NVwZ 2019, 875 → *Sachs* JuS 2019, 411; anders noch E 66, 100 (105) = NJW 1984, 1675; abweichend auch E 79, 245 (250) = DVBl 1989, 247 für den Fall, dass eine untergesetzliche Norm, die auf einer verfassungswidrigen Ermächtigungsgrundlage beruht, weiter anzuwenden sei.

[100] BVerfGE 93, 386 (394) = NVwZ-RR 1996, 674 m. w. Nachw.

[101] So BVerfGE 8, 28 (32f., 35f.) = NJW 1958, 1227; E 9, 250 (254f.) = NJW 1959, 981; E 14, 308 (311f.) = BeckRS 1962, 103761; E 15, 121 (125f.) = BeckRS 1962, 103767.

[102] BVerfGE 22, 349 (361f.) = NJW 1968, 539 (541).

Regelung durch den Gesetzgeber zu erreichen.[103] Auch hier sind im Rahmen der Entscheidungserheblichkeit (wie oben → Rn. 54) keine hypothetischen Erwägungen darüber anzustellen, ob das BVerfG nur die Unvereinbarkeit der Norm feststellen oder die drittbevorzugende Norm sogar für nichtig erklären wird.[104] Die Entscheidungserheblichkeit i. S. d. Art. 100 Abs. 1 GG (als Sachentscheidungsvoraussetzung) hängt nicht von einer **Prognose über den zu erwartenden Rechtsfolgenausspruch** ab. Ob der Kläger des Ausgangsverfahrens tatsächlich „politisch" eine Chance auf Einbeziehung in eine drittbegünstigende Regelung hat, hängt von Mutmaßungen zum hypothetischen Willen des Gesetzgebers ab, die nicht die Rechtsprechung anzustellen hat.[105]

Das BVerfG will die **Entscheidungserheblichkeit** jedoch dann verneinen, wenn der Gesetzgeber „aus Rechtsgründen oder aus offenkundigen tatsächlichen Gründen" gehindert ist, eine für den Kläger des Ausgangsverfahrens günstige Regelung zu schaffen.[106] Mit der Bezugnahme auf „offenkundige tatsächliche Gründe" stellt das BVerfG dann doch wieder auf die Chance zur Verbesserung der eigenen Rechtslage ab und verbannt lediglich die gröbsten Spekulationen aus der Prüfung der Entscheidungserheblichkeit; zudem berücksichtigt diese Rückausnahme für den Bereich des Eingriffsrechts nicht, dass auch die eigene Belastung gleichheitswidrig ist, solange Dritte gleichheitswidrig bevorzugt werden – unabhängig von der Frage, ob eine Chance auf Einbeziehung in deren Vergünstigung besteht.[107] Jedenfalls ist mittlerweile vom BVerfG explizit anerkannt, dass weitreichende Steuervergünstigungen für Dritte, die zu erheblichen Ausnahmen von der regulären Steuerbelastung führen, von den Nichtbegünstigten als gleichheitswidrig gerügt werden können und entsprechende Vorlagen von Fachgerichten an das BVerfG nicht an der Entscheidungserheblichkeit scheitern, wenn „nicht nur isolierbare Einzelpunkte eines Teilbereichs der Steuer betroffen" sind, sondern „die gerechte Erhebung der Steuer insgesamt in Frage gestellt" ist[108] oder – nach einer anderen Formulierung – „die Dritten gewährten Vergünstigungen für eine gleichheitsgerechte Belastung insgesamt übergreifende Bedeutung haben".[109] 63

**Lösung zu Fall 5:** (1) § 55 Abs. 5 S. 6 BBG a. F. müsste tauglicher Vorlagegegenstand sein. Es handelt sich um ein Gesetz, das eine bestimmte Gruppe begünstigt und eine andere nicht. Solche gleichheitswidrigen Begünstigungsausschlüsse sind nicht etwa – im Hinblick auf die nicht berücksichtigte Gruppe – als ein nicht vorlagefähiges Unterlassen des Gesetzgebers anzusehen, sondern als möglicherweise gleichheitswidriges Tun. § 55 Abs. 5 S. 6 BBG a. F. ist damit ein vorlagefähiges Gesetz i. S. d. Art. 100 Abs. 1 GG. (2) Die Vereinbarkeit des § 55 Abs. 5 S. 6 BBG a. F. mit Art. 3 Abs. 1 GG müsste auch entscheidungserheblich sein. Das ist dann der Fall, wenn das Gericht im Ausgangsverfahren bei Verfassungsmäßigkeit der Norm eine andere Entscheidung zu treffen hätte als bei Verfassungswidrigkeit. Im Falle der Verfassungsmäßigkeit der Norm ist die Klage im Ausgangsverfahren abzuweisen, im Falle der Verfassungswidrigkeit hat der Gesetzgeber eine gleichheitssatzkonforme Neuregelung zu treffen. Bis zur Neuregelung des Gesetzgebers, die entweder den Kläger des Ausgangsverfahrens mit der bisher begünstigten Gruppe gleichstellt oder die Begünstigung auch für die bisher privilegierte Gruppe abschafft oder beide auf eine dritte Weise behandelt, hat das Gericht das Ausgangsver- 64

[103] BVerfGE 93, 386 (395) = NVwZ-RR 1996, 674 m. w. Nachw.; st. Rspr.

[104] A. A. BVerfGE 74, 182 (195 f.); E 84, 233 (237 f.) = NJW 1991, 2133 (2134); E 98, 70 (81 f.) = NZA-RR 1999, 93 (94); *E. Klein* in: Benda/Klein, Verfassungsprozessrecht, Rn. 857.

[105] BVerfGE 121, 108 (116) = BeckRS 2008, 137579 → JuS 2008, 1017 *(Sachs)*.

[106] BVerfGE 121, 108 (116) = BeckRS 2008, 137579 → JuS 2008, 1017 *(Sachs)*.

[107] Näher *Wernsmann* Das gleichheitswidrige Steuergesetz – Rechtsfolgen und Rechtsschutz, 2000, S. 270 ff. m. w. Nachw. auch der Gegenauffassung. Krit. wie hier auch *Dederer* in: Maunz/Dürig, GG, Art. 100 Rn. 163; *Müller-Terpitz* in: Schmidt-Bleibtreu/Hofmann/Henneke, GG, Art. 100 Rn. 21.

[108] BVerfGE 148, 147 Rn. 79 = NJW 2018, 1451 – Grundsteuer.

[109] BVerfGE 138, 136 Rn. 97 f. = NJW 2015, 303 – Erbschaftsteuer.

fahren weiter auszusetzen, was ebenfalls zu einer anderen Entscheidung führt als im Falle der Verfassungsmäßigkeit der Norm. Es kommt daher im Ausgangsverfahren auf die Verfassungsmäßigkeit des § 55 Abs. 5 S. 6 BBG a. F. an.

65 **Fall 6:** Wie wäre Fall 5 (→ Rn. 47) zu beurteilen, wenn die Verwaltung den Soldaten S fälschlich als Beamten angesehen hätte, S jetzt auf den ihm nach dem Gesetz zustehenden Zuschlag für Soldaten klagt, aber das zuständige VG die Norm für verfassungswidrig hält, weil diese Soldaten ohne rechtfertigenden Grund gegenüber Beamten bevorzuge?

66 Es gibt Entscheidungen des BVerfG, die Vorlagen mangels Entscheidungserheblichkeit für unzulässig halten, wenn der Richter in einem Rechtsstreit „lediglich" beanstandet, dass der Gesetzgeber eine am Verfahren nicht beteiligte Personengruppe zu Unrecht bei der Gewährung einer Leistung außer Acht gelassen habe.[110] Diese Rechtsprechung überzeugt nicht. Bei der konkreten Normenkontrolle handelt es sich um ein **objektives Zwischenverfahren,** nicht um einen subjektiv-rechtlichen Rechtsbehelf zur Durchsetzung eigener Grundrechte.[111] Auch wenn der **Kläger des Ausgangsverfahrens** also nach Meinung des Fachgerichts **gleichheitswidrig begünstigt** wird, kommt es auf die Vereinbarkeit der Norm mit dem Gleichheitssatz an. Hier gilt nichts anderes, als wenn der Benachteiligte versucht, die ihm gleichheitswidrig vorenthaltene Begünstigung einzuklagen. Stets muss der Richter über seinen eigenen Prozess hinausdenken, indem er bei der Prüfung von möglichen Gleichheitsverstößen auch einbeziehen muss, wie das Gesetz Vergleichsgruppen behandelt.[112]

67 **Lösung zu Fall 6:** Fraglich ist, ob es auf die Vereinbarkeit der den Kläger des Ausgangsverfahrens begünstigenden Norm mit dem Gleichheitssatz (Art. 3 Abs. 1 GG) ankommt („Entscheidungserheblichkeit"). Dies ist dann der Fall, wenn das Gericht im Ausgangsverfahren bei Verfassungsmäßigkeit der Norm eine andere Entscheidung zu treffen hätte als bei Verfassungswidrigkeit. Bei Verfassungsmäßigkeit der Norm wäre der Klage des S stattzugeben, bei Verfassungswidrigkeit der Norm wäre das Verfahren auszusetzen, bis der Gesetzgeber eine gleichheitskonforme Neuregelung getroffen hat. Auch das ist eine andere Entscheidung als die Stattgabe der Klage bei Verfassungsmäßigkeit der Norm. Dass S möglicherweise aus Vertrauensschutzgründen für die Vergangenheit die Begünstigung zu belassen ist und dass deshalb das BVerfG möglicherweise bei Annahme der Verfassungswidrigkeit die weitere übergangsweise Fortgeltung der begünstigenden Norm anordnen könnte, steht der Entscheidungserheblichkeit jedenfalls nicht entgegen. Die Frage der Vereinbarkeit der Norm mit Art. 3 Abs. 1 GG ist daher entscheidungserheblich.

## V. Begründungserfordernisse (§ 80 Abs. 2 BVerfGG)

68 § 80 Abs. 2 BVerfGG fordert schließlich – die verfassungsrechtliche Regelung der konkreten Normenkontrolle nach Art. 100 Abs. 1 GG ausgestaltend –, dass das **vorlegende**

[110] So BVerfGE 66, 100 (105 ff.) = NJW 1984, 1675; E 67, 239 (243 f.) = NVwZ 1985, 481. Vgl. auch BVerfGE 66, 226 (231 f.) = BeckRS 2010, 46654; E 80, 68 (71) = BeckRS 1989, 110342. Implizit anders – ohne ausdrückliche Aufgabe der genannten Rechtsprechung – aber BVerfGE 99, 280 (288 f. i. V. m. 298 ff.) = NJW 1999, 1457 (1457, 1459 f.).

[111] Zutreffend *Aretz* JZ 1984, 918 (921 f.); *Sachs* DVBl 1985, 1106 (1107, 1111); ausführlich *Wernsmann* Das gleichheitswidrige Steuergesetz (Fn. 107), S. 273 ff.; *Löwer* in: HStR III, § 70 Rn. 93; *E. Klein* in: Benda/Klein, Verfassungsprozessrecht, Rn. 859; *Dederer* in: Maunz/Dürig, GG, Art. 100 Rn. 164.

[112] So auch *Schlaich/Korioth* BVerfG, Rn. 150.

**Gericht** sowohl die Entscheidungserheblichkeit als auch die Verfassungswidrigkeit der Norm **eingehend begründet.**[113] Dies umfasst auch die sorgfältige Darlegung, warum eine nahe liegende verfassungskonforme Auslegung der Norm (→ Rn. 53) nicht möglich ist.[114]

### VI. Kein Verfahrenshindernis

Schließlich ist – wenn der Fall dazu Anlass bietet – zu prüfen, ob der Vorlage ein **Verfahrenshindernis** entgegensteht. Hat das BVerfG die fragliche Norm bereits einmal auf ihre Verfassungsmäßigkeit geprüft und sie für *verfassungsgemäß* erachtet, so könnte einer erneuten Vorlage § 31 Abs. 1, 2 S. 1 BVerfGG entgegenstehen. Danach binden Entscheidungen des BVerfG alle Gerichte und Behörden des Bundes und der Länder, und ihnen kommt Gesetzeskraft zu. Die erneute Vorlage einer bereits früher auf ihre Verfassungsmäßigkeit geprüften Norm ist nicht ausgeschlossen, wenn das vorlegende Gericht von der früheren Entscheidung des BVerfG ausgeht und nach dieser Entscheidung tatsächliche oder rechtliche Veränderungen eingetreten sind, die deren Grundlage berühren und ihre Überprüfung nahelegen. Auch das hat das Gericht im Einzelnen darzulegen.[115] 69

## C. Begründetheit

Die Vorlage ist begründet,[116] wenn die zur Prüfung gestellte Norm tatsächlich gegen das Grundgesetz (Art. 100 Abs. 1 S. 1 Alt. 2 bzw. Abs. 1 S. 2 Alt. 1 GG) oder – in den Fällen des Art. 100 Abs. 1 S. 2 Alt. 2 GG (wenn Prüfungsgegenstand ein Landesgesetz ist) – gegen Bundesrecht[117] verstößt. Nimmt das vorlegende Gericht an, dass ein Landesgesetz gegen die Landesverfassung verstößt, so ist die Vorlage an das LVerfG begründet, wenn die zur Prüfung gestellte Norm tatsächlich gegen die Landesverfassung verstößt (Art. 100 Abs. 1 S. 1 Alt. 1 GG). 70

Ist die Vorlage zulässig, so ist das BVerfG bei seiner verfassungsrechtlichen Prüfung nicht auf die vom vorlegenden Gericht herangezogene Maßstabsnorm beschränkt. Die vorgelegte Norm ist vielmehr in allen ihren Rechtswirkungen und unter allen denkbaren Gesichtspunkten Gegenstand des Verfahrens.[118] Alle Verfassungsbestimmungen (nicht nur die subjektive Rechte vermittelnden) sind **Prüfungsmaßstab.** Das BVerfG kann – soweit dies nach den anerkannten Auslegungsmethoden möglich ist – die Norm auch selbst verfassungskonform auslegen. 71

*Hinweis für die Falllösung:* Zu beachten ist, dass das **Landesverfassungsrecht kein Prüfungsmaßstab für das BVerfG** ist. Falsch ist es deshalb, bei der Überprüfung eines Landesgesetzes durch das BVerfG in der Falllösung zu schreiben: „Mängel im Gesetzgebungsverfahren sind nicht ersichtlich.“ Denn das Gesetzgebungsverfahren richtet sich bei Landesgesetzen nach der jeweiligen Landesverfassung, die aber kein tauglicher Prüfungsmaßstab für das BVerfG ist, wie aus Art. 100 Abs. 1 GG deutlich wird. Richtig zu formulie- 72

---

[113] BVerfGE 79, 240 (243 f.) = NJW 1989, 893.

[114] BVerfGE 85, 329 (333) = NJW 1992, 1951.

[115] BVerfGE 70, 242 (249) = NJW 1986, 422; E 78, 38 (48) = NJW 1988, 1577; E 87, 341 (346) = BeckRS 1992, 118472; E 94, 315 (323) = NJW 1996, 2717.

[116] Das BVerfG vermeidet häufig bei Richtervorlagen den Begriff der Begründetheit und stellt eingangs des Begründetheitsteils schlicht fest, dass die Norm gegen den einschlägigen Prüfungsmaßstab verstößt oder nicht verstößt; vgl. z. B. BVerfGE 93, 386 (396) = NVwZ-RR 1996, 674. Es spricht aber nichts gegen eine Verwendung des Begriffs „Begründetheit“; ebenso BVerfGE 38, 348 (357) = NJW 1975, 727; *Erichsen* Jura 1982, 88 (93 mit Fn. 66); *Pestalozza* Verfassungsprozeßrecht, § 13 Rn. 26.

[117] Ist Prüfungsgegenstand ein (formelles nachkonstitutionelles) Landesgesetz, so ist Prüfungs*maßstab* das gesamte Bundesrecht (also auch Rechtsverordnungen); der Begriff des „Bundesgesetzes“ i. S. d. Art. 100 Abs. 1 S. 2 Alt. 2 GG ist weit zu verstehen; BVerfGE 1, 283 (292) = BeckRS 1952, 102645.

[118] BVerfGE 3, 187 (197) = NJW 1954, 28 (29); E 67, 1 (11) = NJW 1984, 2567; E 93, 121 (133) = NJW 1995, 2615 (2616).

ren ist deshalb: „Das Gesetzgebungsverfahren richtet sich nach den Bestimmungen der Landesverfassung. Diese ist jedoch vom BVerfG nach Art. 100 Abs. 1 GG nicht als Prüfungsmaßstab heranzuziehen."

## D. Entscheidung durch das BVerfG

73 Kommt das BVerfG im Verfahren der konkreten Normenkontrolle zu der Überzeugung, dass die **vorgelegte Norm verfassungswidrig** (bzw. bundesrechtswidrig) ist, so erklärt es sie gemäß §§ 82 Abs. 1, 78 S. 1 BVerfGG grundsätzlich für **nichtig.** Die Entscheidung hat nach § 31 Abs. 2 S. 1 BVerfGG i. V. m. § 13 Nr. 11 BVerfGG **Gesetzeskraft** und wirkt damit – über den Anlassfall hinaus – **erga omnes** und nicht nur inter partes, d. h. nicht nur zwischen den Parteien des Ausgangsverfahrens. Auch wenn die Frage der Verfassungsmäßigkeit des Gesetzes in dem Ausgangsverfahren nur Vorfrage für die Entscheidung des konkreten Rechtsstreits war, so ist die Nichtigerklärung allgemein verbindlich. Ob aus der Bindungswirkung (§ 31 Abs. 1 BVerfGG) auch ein **Normwiederholungsverbot** für den Gesetzgeber folgt, wenn das BVerfG eine Norm für nichtig erklärt hat, ist – auch zwischen den beiden Senaten des BVerfG – umstritten.[119] Richtigerweise wird man auch hier,[120] um einer Versteinerung sowohl der Rechtsordnung als auch der Rechtsprechung entgegenzuwirken, davon ausgehen müssen, dass bei **Änderung der tatsächlichen oder rechtlichen Verhältnisse** die Wiederholung einer früher einmal für verfassungswidrig erklärten Norm durch den Gesetzgeber jedenfalls nicht von vornherein ausgeschlossen ist (→ *Schoch* § 14 Rn. 23).

74 Die Nichtigerklärung eines Gesetzes hilft dem Kläger im Ausgangsverfahren in den Fällen des **gleichheitswidrigen Begünstigungsausschlusses** indes nicht weiter. Klagt in Fall 5 (→ Rn. 47, 64) ein Beamter vor dem VG unter Berufung auf den allgemeinen Gleichheitssatz (Art. 3 Abs. 1 GG) darauf, ebenfalls die Zulage zu erhalten, und legt das VG dem BVerfG die entsprechende Norm nach Art. 100 Abs. 1 GG vor, so wäre dem Beamten (also dem von der Begünstigung Ausgeschlossenen) mit einer Nichtigerklärung nicht gedient, weil dann zwar die Soldaten die Zulage nicht mehr bekommen könnten, Beamte aber auch nicht. In diesen Fällen erklärt das BVerfG das gleichheitswidrig Dritte begünstigende Gesetz nicht für nichtig, sondern stellt lediglich die **Unvereinbarkeit des Gesetzes mit dem Grundgesetz** fest.[121] In der Regel bleiben die Ausgangsverfahren dann ausgesetzt, bis der Gesetzgeber eine gleichheitskonforme Neuregelung getroffen hat (vgl. → Rn. 62 f.). Diese Tenorierungspraxis hat der Gesetzgeber im Jahr 1970 nachträglich legitimiert; §§ 31 Abs. 2 S. 1 und 3, 79 Abs. 1 BVerfGG setzen diese Tenorierungsform voraus. Sie trägt dem Umstand Rechnung, dass der Gleichheitssatz von seiner Rechtsfolge her „ergebnisoffen" ist (→ Rn. 62). Im Beispielsfall können gleichheitsgerecht die Beamten die gleiche Zulage erhalten, wie sie die Soldaten bisher schon erhielten; umgekehrt kann die Zulage auch für die Soldaten gestrichen werden mit der Folge, dass sie nun niemand mehr bekommt, oder sowohl die Soldaten als auch die Beamten bekommen eine Zulage, aber auf einem niedrigeren Niveau. Vor dem **Gleichheitssatz** sind alle Alternativen gleichermaßen zulässig, weil er **relativer Natur** ist, d. h. Rechtsverstöße nur aus der abweichenden Behandlung Dritter folgen. Absolute Grenzen können nur aus anderen Bestimmungen folgen, im Beispielsfall etwa aus Art. 33 Abs. 5 GG mit dem Gebot amtsangemessener Alimentation.

---

[119] Bejahend der Zweite Senat, BVerfGE 1, 14 (37 und LS 5) = BeckRS 1951, 226; E 69, 112 (115) = NVwZ 1985, 647 (648); verneinend der Erste Senat, BVerfGE 77, 84 (103 f.) = NJW 1988, 1195; dazu etwa *Schlaich/Korioth* BVerfG, Rn. 483 f.

[120] Zum umgekehrten Fall, dass eine für verfassungskonform erklärte Norm später nochmals dem BVerfG zur Überprüfung vorgelegt werden soll, siehe bereits oben → Rn. 69.

[121] Diese Tenorierungsform beruht in Wahrheit darauf, Rechtsschutz gegen gleichheitswidrige Begünstigungen zu ermöglichen, nicht in erster Linie auf der Rücksichtnahme auf die Gestaltungsbefugnis des Gesetzgebers, die aber immer wieder als Begründung für diese Tenorierungsform herangezogen wird; vgl. *Wernsmann* Das gleichheitswidrige Steuergesetz (Fn. 107), S. 92 ff., 95 ff.

Soweit es um **gleichheitswidrige Belastungen** geht (Beispiel: jemand wird aufgrund eines gleichheitswidrig ausgestalteten Steuergesetzes besteuert), kann das Rechtsschutzziel des Klägers im Ausgangsverfahren – anders als in den Fällen des gleichheitswidrigen Begünstigungsausschlusses – auch durch eine **Nichtigerklärung** nach §§ 82 Abs. 1, 78 S. 1 BVerfGG erreicht werden; die **Gestaltungsbefugnis des Gesetzgebers** bleibt gewahrt, da er die nichtige Regelung durch eine verfassungskonforme ersetzen kann. Daher bleibt es richtiger Ansicht nach entgegen h. M. in diesen Fällen beim Regelfall der Nichtigerklärung,[122] soweit nicht deshalb auf die Nichtigerklärung verzichtet werden muss, weil die Norm nur für die Zukunft korrigiert werden muss. 75

Bestandskräftige **Verwaltungsakte** und rechtskräftige **Entscheidungen** bleiben von der Normverwerfung durch das BVerfG grundsätzlich unberührt, §§ 82 Abs. 1, 79 Abs. 2 BVerfGG. Die Nichtig- bzw. Unvereinbarerklärung eines Gesetzes bildet jedoch im Strafverfahren einen Wiederaufnahmegrund, §§ 82 Abs. 1, 79 Abs. 1 BVerfGG. 76

## E. Aufbauschema

In universitären Übungsarbeiten spielt die Entscheidung der Kammer in aller Regel keine Rolle. Lautet die Fallfrage: „Wie wird das BVerfG entscheiden?“, so sind die Zulässigkeits- und Begründetheitsvoraussetzungen zu prüfen und abschließend der zu erwartende Entscheidungsausspruch zu nennen. Lautet die Fallfrage: „Hat der Antrag Erfolg?“, so ist nur auf Zulässigkeit und Begründetheit einzugehen. 77

A. Zulässigkeit
   I. Vorlageberechtigung: Gericht (Art. 100 Abs. 1 GG)
   II. Möglicher Vorlagegenstand: (formelles, nachkonstitutionelles) Gesetz (Art. 100 Abs. 1 GG)
   III. Entscheidungserheblichkeit der Verfassungsmäßigkeit der Norm im Ausgangsverfahren (Art. 100 Abs. 1 GG)
   IV. Überzeugung des Gerichts von der Verfassungswidrigkeit der Norm (Art. 100 Abs. 1 GG)
   V. Begründungserfordernisse (§ 80 Abs. 2 BVerfGG)
   (auch Ausschluss der Möglichkeit verfassungskonformer Auslegung, die das Fachgericht selbst vornehmen könnte)

B. Begründetheit
   I. In der Alternative des Art. 100 Abs. 1 S. 1 Alt. 2 sowie Abs. 1 S. 2 Alt. 1 GG:
   Vorlage ist begründet, wenn die vorgelegte Norm gegen eine Norm des Grundgesetzes verstößt
   Beachte bei Zugrundelegung der üblichen Schemata (formelle Verfassungsmäßigkeit des Gesetzes, materielle Verfassungsmäßigkeit des Gesetzes usw.: Gesetzgebungsverfahren von Landesgesetzen darf das BVerfG wegen des begrenzten Prüfungsmaßstabs nicht prüfen, da der Prüfungsmaßstab insoweit Landesverfassungsrecht betrifft!)
   II. In der Alternative des Art. 100 Abs. 1 S. 2 Alt. 2 GG:
   Vorlage ist begründet, wenn das Landesgesetz (oder die Landesverfassung) gegen Bundesrecht verstößt
   III. In der Alternative des Art. 100 Abs. 1 S. 1 Alt. 1 GG (Vorlage an das LVerfG):
   Vorlage ist begründet, wenn das vorgelegte Landesgesetz gegen die Landesverfassung verstößt

C. Entscheidungsausspruch (nur bei entsprechender Fallfrage „Wie wird das BVerfG entscheiden?“ mitzubehandeln)

---

[122] Ebenso *Dederer* in: Maunz/Dürig, GG, Art. 100 Rn. 244.

I. Regelfall: Nichtigerklärung, §§ 78, 82 BVerfGG
II. Ausnahmen insbesondere bei gleichheitswidrigen Begünstigungsausschlüssen beachten: in der Regel nur Unvereinbarerklärung

# § 20. Föderative Streitigkeiten vor dem Bundesverfassungsgericht

*Hermann Pünder*

**Übersicht**

**Literatur:** *Brechmann* Der Bund-Länder-Streit in der aktuellen Rechtsprechung des Bundesverfassungsgerichts, in: Aulehner u. a. (Hrsg.), Föderalismus – Auflösung oder Zukunft der Staatlichkeit?, 1997, S. 113; *Broß* Überlegungen zum „materiellen Verfassungsrechtsverhältnis" im Sinne des Staatsorganisationsrechts ausgehend vom Bund-Länder-Streitverfahren und damit zusammenhängenden Fragen, in: Festschrift Krämer, 2009, S. 3; *Hesse* Wandlungen der Bedeutung der Verfassungsgerichtsbarkeit für die bundesstaatliche Ordnung, in: FS Schindler, 1989, S. 723; *Kunig* Bund und Länder Streit im Streit vor dem Bundesverfassungsgericht, Jura 1995, S. 262; *Leisner* Der Bund-Länder-Streit vor dem Bundesverfassungsgericht – Prozeßregelungen für einen vergangenen Föderalismus, in: Festschrift 25 Jahre BVerfG Band I, S. 260; *Lerche* Fragen des Bund-Länder-Streits, in: Festschrift Selmer, 2004, S. 197; *Schultzky* Zulässigkeitsfragen im Bund-Länder-Streit, VerwArch 100 (2009), 552; *Selmer* Bund-Länder-Streit, in: Festschrift 50 Jahre BVerfG Band I, 563; *Zierlein* Die Ersatzzuständigkeit des Bundesverfassungsgerichts in landesverfassungsrechtlichen Organstreitverfahren, AöR 118 (1993), S. 66.

## A. Überblick und historischer Hintergrund

1 Der Föderalismus ist eine konfliktträchtige Staatsform. Vorkehrungen zur Wahrung des Friedens zwischen den Gliedern des Bundes sind unverzichtbar. Kommt es im Streit zu keiner Einigung, bedarf es einer letztentscheidenden Instanz. Das Grundgesetz weist die Entscheidung föderativer Auseinandersetzungen – zumindest subsidiär – dem BVerfG zu. Bei **Streitigkeiten zwischen** dem **Bund und** den **Ländern** ist zwischen grundgesetzbezogenen Konflikten (Art. 93 Abs. 1 Nr. 3 GG, → Rn. 3 ff.), für die das BVerfG innerhalb der Judikative ein Entscheidungsmonopol hat, und „anderen öffentlich-rechtlichen Streitigkeiten" (Art. 93 Abs. 1 Nr. 4 Var. 1 GG, → Rn. 31 ff.) zu unterscheiden, für die das Gericht nur zuständig ist, soweit nicht ein anderer Rechtsweg gegeben ist. Subsidiär ist auch die Entscheidungsbefugnis bei Streitigkeiten **zwischen** den **Ländern** (Art. 93 Abs. 1 Nr. 4 Var. 2 GG, → Rn. 42 ff.) und bei **landesinternen Konflikten** (Art. 93 Abs. 1 Nr. 4 Var. 3 GG, → Rn. 51 ff.), die freilich nur in einem weiteren Sinne zu den föderativen Streitigkeiten gehören.

2 Dass bundesstaatliche Konflikte *richterlich* entschieden werden, ist in historischer Perspektive nicht selbstverständlich.[1] Unter der **Reichsverfassung von 1871** oblag die Streitentscheidung dem Bundesrat, also einer politischen Instanz.[2] Eine Verfassungsgerichtsbarkeit war nicht vorgesehen.[3] Allerdings lässt sich die richterliche Schlichtung föderaler Auseinandersetzungen bis ins **Heilige Römische Reich Deutscher Nation** zurückverfolgen.[4] Hier gab es für Streitigkeiten zwischen den Reichsständen eine Entscheidungskompetenz der beiden Reichsgerichte (Reichskammergericht, Reichshofrat). Der „ewige Landfriede" sollte so durchgesetzt werden.[5] In dieser Tradition stand der von der Nationalversammlung von 1848 unternommene, freilich mit der **Paulskirchenverfassung von 1849** gescheiterte

[1] Näher *Hesse* FS Schindler, 1989, S. 723.

[2] Nach Art. 76 Abs. 1 der Verfassung des Deutschen Reichs v. 16.4.1871 wurden Streitigkeiten zwischen verschiedenen Bundesstaaten, die nicht privatrechtlicher Natur waren, „auf Anrufen eines Theils von dem Bundesrathe erledigt". Art. 76 Abs. 2 RV bestimmte: „Verfassungsstreitigkeiten in solchen Bundesstaaten, in deren Verfassung nicht eine Behörde zur Entscheidung solcher Streitigkeiten bestimmt ist, hat auf Anrufen eines Theils der Bundesrath gütlich auszugleichen oder, wenn das nicht gelingt, im Wege der Reichsgesetzgebung zur Erledigung zu bringen." Darüber hinaus beschloss der Bundesrat nach Art. 7 Nr. 3 RV „über Mängel, welche bei der Ausführung der Reichsgesetze [...] hervortreten". Art. 19 RV bestimmte: „Wenn Bundesglieder ihre verfassungsmäßigen Bundespflichten nicht erfüllen, können sie dazu im Wege der Exekution angehalten werden. Diese Exekution ist vom Bundesrathe zu beschließen und vom Kaiser zu vollstrecken." – Zum historischen Hintergrund *Stern* Staatsrecht II, S. 972. – Zum heutigen Mängelrügeverfahren im Bundesrat → Rn. 22.

[3] Man ging davon aus, dass die Entscheidung des Bundesrats über die Mängelrüge nach Art. 7 Nr. 3 RV eine Tätigkeit eines „obersten Bundesgerichts" ist. Vgl. *Löwer* in: HStR III, § 70 Rn. 42 mit Hinweis auf *Adolf Arndt* Verfassung des deutschen Reichs, 1913, Art. 36 Anm. 6.

[4] S. etwa *Löwer* in: HStR III, § 70 Rn. 28 m. w. Nachw.

[5] Ewiger Landfriede v. 7.8.1495, verkündet unter dem deutschen König und späteren Kaiser *Maximilian I.* (1459 – 1519), § 1 (Verweis auf das „Camergericht").

Versuch der Begründung einer Verfassungsgerichtsbarkeit für das Reich.[6] Unmittelbares Vorbild für die grundgesetzlichen Regelungen ist die Generalklausel des Art. 19 Abs. 1 der **Weimarer Reichsverfassung** von 1919.[7] Danach entschied der Staatsgerichtshof „über Verfassungsstreitigkeiten innerhalb eines Landes, in dem kein Gericht zu ihrer Erledigung besteht", sowie „über Streitigkeiten nicht privatrechtlicher Art zwischen verschiedenen Ländern oder zwischen dem Reich und einem Lande", „soweit nicht ein anderer Gerichtshof zuständig ist".[8] Zugrunde lag die Einschätzung, dass – wie *Kelsen* es ausdrückte – die politische Idee des Bundesstaates „rechtlich überhaupt erst mit der Institution des Verfassungsgerichts vollendet wird". Der Bundesstaat sei „stets ein Schauplatz leidenschaftlichster Kämpfe um die Kompetenz", die Wahrung der Kompetenzgrenzen eine „politische Lebensfrage" für den Bundesstaat, die eine „objektive Instanz, die diese Kämpfe auf friedlichem Wege schlichtet", verlange, ein „Forum, vor dem diese Streitigkeiten als Rechtsfragen aufgeworfen und als solche entschieden werden".[9] Schicksalhaft war das sog. **Preußenschlag-Urteil des Staatsgerichtshofs:** Am 20. Juli 1932 hatte die Reichsregierung *von Papen* die preußische Regierung *Braun* aufgrund einer Notverordnung des Reichspräsidenten abgesetzt. Dies wurde in einer spektakulären Entscheidung für rechtmäßig erklärt.[10]

## B. Grundgesetzbezogener Bund-Länder-Streit (Art. 93 Abs. 1 Nr. 3 GG)

Nach Art. 93 Abs. 1 Nr. 3 GG entscheidet das BVerfG „bei **Meinungsverschiedenheiten über Rechte und Pflichten des Bundes und der Länder,** insbesondere bei der Ausführung von Bundesrecht durch die Länder und bei der Ausübung der Bundesaufsicht". 3

### I. Funktion und Bedeutung

Der Bund-Länder-Streit nach Art. 93 Abs. 1 Nr. 3 GG nimmt unter den föderativen Streitigkeiten eine herausgehobene Stellung ein. Er gilt als das „Urbild der Verfassungsstreitigkeiten, jedenfalls für die deutsche Rechtsentwicklung".[11] Allerdings ist es bislang nur zu relativ **wenigen Verfahren** gekommen.[12] Dies liegt nicht nur daran, dass Bund und Länder – worauf etwa *Isensee* hinweist – nach wie vor dazu neigen, „Rechtsfragen politisch zu behandeln, sie politisch auszutragen und, je nach politischen Bedürfnissen, Konfrontation oder Verständigung suchen".[13] Die unter dem Stichwort **„kooperativer** 4

---

[6] Nach § 126 lit. a der Verfassung des Deutschen Reichs v. 28.3.1849 sollte das Reichsgericht für „Klagen eines Einzelstaats gegen die Reichsgewalt wegen Verletzung der Reichsverfassung durch Erlassung von Reichsgesetzen und durch Maaßregeln der Reichsregierung" sowie für „Klagen der Reichsgewalt gegen einen Einzelstaat wegen Verletzung der Reichsverfassung" zuständig sein.

[7] Verfassung des Deutschen Reichs v. 11.8.1919. – Zur Entstehungsgeschichte der grundgesetzlichen Vorgaben etwa *Stern* Staatsrecht II, S. 995 f.; *Lechner/Zuck* BVerfGG, Vorb § 68 ff. Rn. 2.

[8] Daneben gab es Spezialregelungen; vgl. *Anschütz* Die Verfassung des Deutschen Reichs vom 11. August 1919, 1933, S. 172 f.; *Triepel* FG Wilhelm Kahl, 1923, S. 14. – Umfassend zu „Wesen und Entwicklung der Staatsgerichtsbarkeit" *Triepel/Kelsen* VVDStRL 5 (1929), 2 ff. und 30 ff.

[9] *Kelsen* Wesen und Entwicklung der Staatsgerichtsbarkeit, VVDStRL 5 (1929), 81 f.

[10] RGZ 138, Anhang: Entscheidungen des Staatsgerichtshofs, S. 1; dazu *Grund* „Preußenschlag" und Staatsgerichtshof im Jahre 1932, 1976. – Zu den Prozessvertretern etwa *Pünder* Rechtstheorie 33 (2002), 22 f.

[11] So *Maunz* in: Maunz/Schmidt-Bleibtreu/Klein/Bethge, BVerfGG, § 13 Rn. 43 (Erstbearbeitung); ähnlich *E. Klein* in: Benda/Klein, Verfassungsprozessrecht, Rn. 1102; *Löwer* in: HStR III, § 70 Rn. 28; *Schlaich/Korioth* BVerfG, Rn. 103; *Voßkuhle* in: v. Mangoldt/Klein/Starck, GG, Art. 93 Rn. 133.

[12] Unter den 243.494 Eingängen beim Bundesverfassungsgericht bis Ende 2019 gab es lediglich 47 Bund-Länder-Streitverfahren. Vgl. die Jahresstatistik 2019 S. 1, 6 abrufbar unter: https://www.bundesverfassungsgericht.de/SharedDocs/Downloads/DE/Statistik/statistik_2019.pdf?__blob=publicationFile&v=4 (zuletzt abgerufen am 30.11.2020).

[13] *Isensee* FS 50 Jahre BVerfG II, 2001, S. 726.

**Föderalismus“** diskutierte Tendenz zur „Unitarisierung“, zur Kooperation und Politikverflechtung, kommt auch hier zum Tragen,[14] ein Befund, der den Hinweis erforderlich macht, dass eine – allerdings gerichtlich nicht einforderbare – bundesstaatliche Verfassungsrechtspflicht besteht, sich gegen einen „Kompetenzexzess“ der je anderen Seite zur Wehr zu setzen, selbst wenn er „als Wohltat daherkommt“.[15] Entscheidend aber ist, dass sich kompetenzrechtliche Streitigkeiten im Bund-Länder-Verhältnis zumeist am Erlass von Gesetzen entzünden. In diesen Fällen ist das Verfahren der **abstrakten Normenkontrolle** nach Art. 93 Abs. 1 Nr. 2 GG (→ *Thiemann* § 17) **attraktiver,**[16] weil – was im Folgenden vergleichend deutlich werden wird[17] – die Zulässigkeitsschwelle niedriger liegt (weiterer Kreis der Antragsberechtigten, Geltendmachung eigener verfassungsmäßiger Rechte nicht erforderlich, keine Frist); zudem ist die gerichtliche Kontrolle umfassender ausgestaltet (Prüfung auch am Maßstab der Grundrechte) und die Entscheidungswirkung ist weitreichender (Nichtigerklärung der Norm mit Gesetzeskraft nach § 31 Abs. 2 BVerfGG statt bloßer Feststellung der Verfassungswidrigkeit) ist.

5 Vor diesem Hintergrund halten manche Autoren die Entscheidung im Bund-Länder-Streitverfahren für eine „praktisch nahezu bedeutungslose Kompetenz“ des BVerfG.[18] Dem ist nicht zu folgen.[19] Im Bund-Länder-Streit wurde über **wichtige Fragen** entschieden. In der Anfangszeit der verfassungsgerichtlichen Rechtsprechung ging es etwa um die Bildung des Südweststaates (1951),[20] die bundesrechtlichen Vorgaben für die Beamtenbesoldung (1954),[21] die Gültigkeit des Reichskonkordats (1957),[22] die Zulässigkeit einer Volksbefragung zur Atombewaffnung (1958),[23] den Fernsehstreit (1961)[24] und um die Neugliederung des Bundesgebietes (1961).[25] Seit Beginn der 1990er Jahre hat die Zahl der Verfahren wieder zugenommen.[26] Entschieden wurde etwa über die Zulässigkeit atomrechtlicher Weisungen im Rahmen der Bundesauftragsverwaltung (1990, 1991, 2002),[27] die Sicherung der Rechte der Länder auf europäischer Ebene anlässlich der Umsetzung der Fernsehrichtlinie (1995)[28] und über die Beteiligung der Länder an den UMTS-Erlösen des Bundes (2002).[29] Im Jahr 2011 wurde der Antrag des schleswig-holsteinischen Landtages gegen die auch für die Länder geltende Schuldenbremse (Art. 109 Abs. 3 S. 1 und 5 GG) mangels Antragsbe-

---

[14] *Selmer* FS 50 Jahre BVerfG I, 2001, S. 563 (564); *Leisner* FS 25 Jahre BVerfG I, 1976, S. 260 (287 ff.); *Hesse* FS Schindler, 1989, S. 723.

[15] *Löwer* in: HStR III, § 70 Rn. 32.

[16] *Leisner* FS 25 Jahre BVerfG I, 1976, S. 260 (265 ff., 289 f.); *Selmer* FS 50 Jahre BVerfG I, 2001, S. 563 (565); *E. Klein* in: Benda/Klein, Verfassungsprozessrecht, Rn. 1103; *Goos* in: Hillgruber/Goos Verfassungsprozessrecht, Rn. 407; *Löwer* in: HStR III, § 70 Rn. 30; *Schlaich/Korioth* BVerfG, Rn. 104; *Voßkuhle* in: v. Mangoldt/Klein/Starck, GG, Art. 93 Rn. 135.

[17] Vgl. die Ausführungen zu den Antragsberechtigten im Bund-Länder-Streit (→ Rn. 8 ff.), zur Beschränkung des Verfahrensgegenstandes (→ Rn. 12 ff.) und zur Antragsbefugnis (→ Rn. 16 ff.), zur Antragsfrist (→ Rn. 25 f.) sowie zum Entscheidungsinhalt und zum Prüfprogramm (→ Rn. 29 f.).

[18] So *Leisner* FS 25 Jahre BVerfG I, 1976, S. 260 (287); ähnlich *Sachs* Verfassungsprozessrecht, Rn. 351; *Ipsen* Staatsrecht I, Rn. 901.

[19] *Brechmann* Bund-Länder-Streit, S. 113 f.; *Selmer* FS 50 Jahre BVerfG I, 2001, S. 563 (585); *Goos* in: Hillgruber/Goos Verfassungsprozessrecht, Rn. 408; *Schlaich/Korioth* BVerfG, Rn. 104; *Schorkopf* in: Umbach/Clemens/Dollinger, BVerfGG, Vorb §§ 68 ff. Rn. 21; *Stern* Staatsrecht II, S. 997 f.; *Voßkuhle* in: v. Mangoldt/Klein/Starck, GG, Art. 93 Rn. 135; *Wieland* in: Dreier, GG, Art. 93 Rn. 75.

[20] BVerfGE 1, 14 = NJW 1951, 877.

[21] BVerfGE 4, 115 = VerwRspr 1955, 897.

[22] BVerfGE 6, 309 = NJW 1957, 705.

[23] BVerfGE 8, 122 = NJW 1958, 1341.

[24] BVerfGE 12, 205 = NJW 1961, 547.

[25] BVerfGE 13, 54 = NJW 1961, 1453.

[26] *Brechmann* Bund-Länder-Streit, S. 113 f.; *Goos* in: Hillgruber/Goos Verfassungsprozessrecht, Rn. 408 („gewisse Renaissance des Verfahrens“); *Rinken* in: AK-GG, Art. 93 Rn. 33.

[27] BVerfGE 81, 310 = NVwZ 1990, 955 → JuS 1995, 1030 *(Dörr),* dazu Bespr. *Pechstein* Jura 1995, 581; → JuS 1991, 69 *(Sachs);* E 84, 25 = NVwZ 1991, 870 → *Erichsen* JK 93, GG Art. 85 III/1 und → JuS 1992, 153 *(Sachs); Brechmann* Bund-Länder-Streit, S. 115 ff.

[28] BVerfGE 92, 203 = NVwZ 1996, 1093; → JuS 1995, 1030 *(Dörr),* dazu Bespr. *Pechstein* Jura 1995, 581; *Brechmann* Bund-Länder-Streit, S. 124.

[29] BVerfGE 105, 185 = NJW 2002, 2020 → *Ehlers* JK 02, GG Art. 106 /1 und → JuS 2002, 1021 *(Selmer).*

rechtigung des Landtages als unzulässig verworfen (→ Rn. 10).[30] Der jüngste Bund-Länder-Streit betraf die Unterlassung des Bundes, eine Stellungnahme des Landes Nordrhein-Westfalens an den EuGH weiterzuleiten; das Verfahren wurde allerdings Ende 2017 nach Rücknahme des Antrags (→ Rn. 24) eingestellt.[31] Schließlich meinte *Di Fabio,* als es ab 2015 zur Flüchtlingskrise kam, der Freistaat Bayern könne im Bund-Länder-Streit eine wirksame Einreisekontrolle einklagen.[32] Diese Einschätzung hat in der Öffentlichkeit viel Aufmerksamkeit gefunden, wurde aber von der Bayerischen Staatsregierung nicht aufgegriffen. Ohnehin war zweifelhaft, ob das Land – was für die Antragsbefugnis erforderlich ist (→ Rn. 18) – geltend machen konnte, dass der Bund grundgesetzliche Länderrechte verletzt hat.[33] Unabhängig davon zeigt schon diese Zusammenstellung (vgl. auch → Rn. 19), dass der Bund-Länder-Streit einen bedeutenden **Beitrag zur Sicherung der föderalen Ordnung** leisten kann (und damit in der juristischen Ausbildung zu den prüfungsrelevanten Verfahrensarten gehört). In Zukunft könnte es beim Klimaschutz zu föderativen Streitigkeiten im Hinblick auf die Ausführung von Bundesgesetzen durch die Länder kommen.[34] Zudem könnte es um die Klärung von Fragen gehen, die sich innerstaatlich aus der Mitgliedschaft des deutschen Bundesstaates in der Europäischen Union ergeben, etwa wenn gegen Deutschland im Rahmen des Stabilitäts- und Wachstumspaktes eine monetäre Sanktion nach Art. 126 Abs. 11 AEUV oder wegen der Nichtumsetzung von Richtlinien ein Pauschalbeitrag oder ein Zwangsgeld nach Art. 260 Abs. 2 AEUV (hierzu näher → *Ehlers* § 8 Rn. 39 ff.) verhängt wird.[35] Die Frage, inwieweit der Bund berechtigt ist, für Zahlungen oder Erstattungen an die EU oder andere internationale Organisationen bei einem dafür verantwortlichen Land Rückgriff zu nehmen, war bereits Gegenstand bundesverfassungsgerichtlicher Verfahren.[36]

## II. Zulässigkeitsvoraussetzungen

Die **Zulässigkeitsvoraussetzungen** für den grundgesetzbezogenen Bund-Länder-Streit 6
ergeben sich aus Art. 93 Abs. 1 Nr. 3 GG und aus § 13 Nr. 7 i. V. m. den §§ 68 bis 70 BVerfGG, wobei § 69 BVerfGG anordnet, dass die Vorschriften über das **Organstreitverfahren** (§§ 64 bis 67 BVerfGG) **„entsprechend“** gelten. Liegen die Voraussetzungen nicht vor, wird der Antrag vom BVerfG als unzulässig „verworfen“.[37]

**Fall 1:** Seit Mitte der 1970er Jahre verfolgten der Bund und die Länder für die Be- 7
handlung radioaktiver Reststoffe das sog. integrierte Entsorgungskonzept. Danach soll-

[30] BVerfGE 129, 108 = NVwZ 2011, 1512 → *Schoch* JK 5/12, GG Art. 93 I Nr. 3/1 und → *Sachs* JuS 2012, 274 sowie → JA 2011, 955 *(Hillgruber).*

[31] BVerfG, Beschl. v. 21.11.2017 – 2 BvG 1/14, BeckRS 2017, 135908. Es ging um das (Vorabentscheidungs-)Verfahren vor dem EuGH in der Rechtsache C-549/13, Urt. v. 18.9.2014 = NZA 2014, 1129.

[32] *Di Fabio* Migrationskrise als föderales Verfassungsproblem, 2016, S. 107 ff., abrufbar unter: http://www.bayern.de/wp-content/uploads/2016/01/Gutachten_Bay_DiFabio_formatiert.pdf (zuletzt abgerufen am 30.11.2020).

[33] Vgl. etwa *Ewer/Thienel* NJW 2016, 376; in Form einer Fallbearbeitung *Hermann/Sauter* ZJS 2016, 450; *Ruffert/Löbel* JuS 2016, 1088.

[34] *Saurer* ZUR 2018, 679 (681).

[35] *Schorkopf* in: Umbach/Clemens/Dollinger, BVerfGG, Vorb §§ 68 ff. Rn. 10 m. w. Nachw. – Zu den Vorgaben des europäischen Unionsrechts für die Staatsverschuldung (Art. 126 ff. AEUV) und zu den Regelungen der Kostentragung im innerstaatlichen Recht (Art. 109 Abs. 5 GG) ausführlich *Pünder* in: HStR V, § 123 Rn. 102 ff., 116 ff.

[36] In BVerfGE 109, 1 = NVwZ 2004, 468 → *Ehlers* JK 04, BVerfGG §§ 69, 64 III/4 und → JuS 2004, 434 *(Sachs)* ging es um die Anlastung von Marktordnungsausgaben durch die EU; die Anträge des Landes Mecklenburg-Vorpommern wurden freilich wegen Fristversäumung (→ Rn. 25) verworfen. – In BVerfGE 116, 271 = NVwZ 2007, 190 → JA 2007, 555 *(Durner)* stritt man um die Rechtmäßigkeit einer Aufrechnungserklärung im Rahmen von unionsrechtlichen Rückforderungen an den Bund.

[37] Ein zwar zulässiger, aber unbegründeter Antrag wird „zurückgewiesen“. Zu den Folgen einer antragsabweisenden Prozessentscheidung *Bethge* in: Maunz/Schmidt-Bleibtreu/Klein/Bethge, BVerfGG, § 69 Rn. 183.

ten abgebrannte Brennelemente, soweit sie nicht wiederaufgearbeitet und wiederverwertet werden können, zunächst in Einrichtungen der Länder zwischengelagert und schließlich in einer Anlage des Bundes endgelagert werden. Als mögliches Endlager für radioaktive Abfälle erkundete der Bund den Salzstock in Gorleben. Hiervon rückte die rot-grüne Bundesregierung ab, ohne sich mit den Ländern ins Benehmen zu setzen. In einer Vereinbarung mit den Energieversorgungsunternehmen vom 14.6.2000 wurde festgelegt, dass die Erkundung des Salzstockes in Gorleben bis zur Klärung konzeptioneller und sicherheitstechnischer Fragen für mindestens drei, längstens jedoch zehn Jahre unterbrochen wird. Die Bayerische Staatsregierung war damit nicht einverstanden. War ein Antrag auf bundesverfassungsgerichtliche Entscheidung nach Art. 93 Abs. 1 Nr. 3 GG zulässig?[38]

### 1. Parteifähigkeit, Verfahrensbeitritt und Prozessfähigkeit

8 Die **Parteifähigkeit** im Bund-Länder-Streit ist in Art. 93 Abs. 1 Nr. 3 GG nicht ausdrücklich geregelt. In § 68 BVerfGG heißt es, dass Antragsteller und Antragsgegner für den Bund die Bundesregierung und für ein Land eine Landesregierung sind. Daraus kann man aber nicht den Schluss ziehen, dass die genannten Verfassungsorgane Parteien des Verfahrens sind.[39] Der Bund-Länder-Streit ist **kein Organstreitverfahren** (weshalb dessen Zulässigkeitsvoraussetzungen in den §§ 64ff. BVerfGG nach § 69 BVerfGG auch nur „entsprechend“ gelten)[40]. Es geht um föderative Verbandsstreitigkeiten. Die Parteistellung kommt dem **Bund** und den **Ländern** selbst zu.[41] Dabei kann es sich nur um einen Streit zwischen dem Bund und einem Land, nicht um einen Streit zwischen verschiedenen Ländern handeln,[42] weil hierfür Art. 93 Abs. 1 Nr. 4 Var. 2 GG einschlägig ist (→ Rn. 42ff.). Streitpartei können auch untergegangene Länder sein, die dann – worauf unten näher einzugehen ist (→ Rn. 46) – wegen des Wegfalls der Landesregierung durch die fortbestehenden obersten Gebietskörperschaften vertreten werden.[43]

9 § 69 BVerfGG erlaubt i. V. m. § 65 Abs. 1 BVerfGG einen **Verfahrensbeitritt anderer Antragsberechtigter.** Dies rechtfertigt sich aus der Bindungswirkung der Entscheidung nach § 31 Abs. 1 BVerfGG „für die Verfassungsorgane des Bundes und der Länder sowie für alle Gerichte und Behörden“.[44] Der „Prozesshelfer“ erlangt die Stellung einer Prozesspartei mitsamt den damit verbundenen prozessualen Rechten (Ladung, Zustellung von Schriftsätzen und Entscheidungen, Recht auf Stellung von Anträgen im prozessualen Sinne, Recht auf Richterablehnung, Akteneinsicht und Äußerungsrechte).[45] Für den Verfahrensbeitritt anderer Antragsberechtigter genügt es, dass „die Entscheidung auch für die Abgrenzung ihrer Zuständigkeiten von Bedeutung ist“ (§ 69 i. V. m. § 65 Abs. 1 BVerfGG). Eine **An-**

[38] BVerfGE 104, 238 = NVwZ 2002, 591 → JuS 2002, 806 *(Sachs)*.

[39] So aber *Degenhart* Staatsrecht I, Rn. 825.

[40] Vgl. *Selmer* FS 50 Jahre BVerfG I, 2001, S. 563 (577ff.); *Bethge* in: Maunz/Schmidt-Bleibtreu/Klein/Bethge, BVerfGG, § 69 Rn. 6ff.; *Schorkopf* in: Umbach/Clemens/Dollinger, BVerfGG, Vorb §§ 68ff. Rn. 6.

[41] *E. Klein* in: Benda/Klein, Verfassungsprozessrecht, Rn. 1072; *Bethge* in: Maunz/Schmidt-Bleibtreu/Klein/Bethge, BVerfGG, § 13 Rn. 68, § 68 Rn. 4, § 69 Rn. 7; *Goos* in: Hillgruber/Goos Verfassungsprozessrecht, Rn. 404; *Löwer* in: HStR III, § 70 Rn. 38.

[42] A. A. *Degenhart* Staatsrecht I, Rn. 824; *Fleury* Verfassungsprozessrecht, Rn. 434.

[43] BVerfGE 22, 221 (231) = BeckRS 1967, 104154; E 42, 345 (355) (insoweit nicht abgedruckt in NJW 1976, 2257); E 62, 295 (312) = NVwZ 1983, 467. Anträge können allerdings nicht von ehemaligen Ländern des Deutschen Reichs gestellt werden. Ein Antrag der „Länder“ Memelland, Ostpreußen, Danzig-Westpreußen, Pommern, Brandenburg, Nieder- und Oberschlesien, Sudetenland, Südböhmen und Südmähren, vertreten durch deren „Länderrat“, wurde abgelehnt, vgl. BVerfGE 33, 42 (43f.) = BeckRS 1972, 104420.

[44] Zur Bindungswirkung für die nicht am Verfahren beteiligten Bundesländer *Bethge* in: Maunz/Schmidt-Bleibtreu/Klein/Bethge, BVerfGG, § 69 Rn. 193.

[45] *Bethge* in: Maunz/Schmidt-Bleibtreu/Klein/Bethge, BVerfGG, § 69 Rn. 130. Die Anträge der Beitretenden müssen mit dem Antrag des Antragstellers in einem inneren Zusammenhang stehen. – Zur Frage, welche Fristen für selbstständige Anträge Beitretender gelten, s. BVerfGE 92, 203 (229) = NVwZ 1996, 1093 (1095) → JuS 1995, 1030 *(Dörr)*; *Goos* in: Hillgruber/Goos Verfassungsprozessrecht, Rn. 464.

**tragsbefugnis** i. S. d. § 69 i. V. m. § 64 Abs. 1 GG (→ Rn. 16) wird *nicht* vorausgesetzt.[46] Zudem haben andere Länder die Möglichkeit, ebenfalls zu klagen und auf eine **Klageverbindung** gemäß § 69 i. V. m. § 66 BVerfGG hinzuwirken.[47] Einem Land, das in einem Bund-Länder-Streit die Auffassung des Bundes teilt, bleibt allerdings nur die politische Unterstützung der Bundesregierung. Ein **Verfahrensbeitritt auf Seiten des Bundes** ist **ausgeschlossen.**[48] Die „Zwangssolidarität" unter den Ländern ist politisch wirklichkeitsfremd,[49] normativ aber unausweichlich, weil der Verfahrensbeitritt zur Stellung als Prozesspartei führt und für Streitigkeiten zwischen den Ländern das Verfahren nach Art. 93 Abs. 1 Nr. 4 Var. 2 GG vorgesehen ist.

§ 68 BVerfGG regelt bloß die **Prozessfähigkeit** im Sinne einer gesetzlichen Vertre- 10
tungsmacht, die nur den **Regierungen** (unabhängig von landesverfassungsrechtlichen Regelungen, wonach der Ministerpräsident das Land nach außen vertritt)[50] zukommt.[51] Die Regierungen handeln nicht in Prozessstandschaft.[52] Vielmehr werden in „organschaftlicher" Vertretung fremde Rechte (des Bundes bzw. des Landes) in fremdem Namen wahrgenommen.[53] Zur Antragstellung bedarf es eines **Kabinettsbeschlusses.** Dies ist von Amts wegen zu prüfen.[54] Dass – anders als im abstrakten Normenkontrollverfahren gemäß Art. 93 Abs. 1 Nr. 2, 2a und Abs. 2 GG (→ *Thiemann* § 17 Rn. 16 ff.) und auch beim Organstreit nach Art. 93 Abs. 1 Nr. 1 GG (→ *Ehlers* § 18 Rn. 11 ff.) – allein die jeweiligen Regierungen einen Antrag stellen dürfen, erstaunt, weil – wie der bereits erwähnte Antrag des schleswig-holsteinischen Landtags im Hinblick auf die Schuldenbremse zeigt (→ Rn. 5) – auch die **Parlamente** ein Interesse daran haben können, selbst einen Bund-Länder-Streit vor das Verfassungsgericht zu bringen.[55] Der Gesetzgeber hat dies nicht bedacht. Er hatte offensichtlich nur die Bundesaufsicht als Streitgegenstand im Blick; in der Gesetzesbegründung wird allein auf „Verfassungsstreitigkeiten zwischen Bund und Ländern auf dem Gebiet der Exekutive" verwiesen, um die Vertretungsbefugnis der Regierungen zu begründen.[56] Allerdings geht die restriktive Regelung über die Konkretisierungsermächtigung des Art. 94 Abs. 2 S. 1 GG nicht hinaus, da Bund und Länder im Grundsatz auch sonst zwischen- und innerstaatlich durch die Exekutive repräsentiert werden. Eine **„ergänzende" Auslegung** ist angesichts des eindeutigen Wortlauts nicht möglich und auch nicht nötig.[57] Dass die Beschränkung der Antragsberechtigung auf die jeweiligen Regierungen verfassungsrechtlich

---

[46] Zu weitgehend *Mayer/Müller/Wagner* VerwArch 94 (2003), 316 („ohne jede eigene Beschwer").

[47] Zur Verbindung und Trennung von Verfahren *Bethge* in: Maunz/Schmidt-Bleibtreu/Klein/Bethge, BVerfGG, § 69 Rn. 131 ff.; *Schorkopf* in: Umbach/Clemens/Dollinger, BVerfGG, §§ 68, 69 Rn. 32.

[48] BVerfGE 12, 308 (309 ff.) = BayVBl 61, 307 f.; E 42, 103 (118 f.) = NJW 1976, 1084 (1086); *E. Klein* in: Benda/Klein, Verfassungsprozessrecht, Rn. 1098; *Bethge* in: Maunz/Schmidt-Bleibtreu/Klein/Bethge, BVerfGG, § 69 Rn. 121; *Löwer* in: HStR III, § 70 Rn. 38; *Voßkuhle* in: v. Mangoldt/Klein/Starck, GG, Art. 93 Rn. 136.

[49] Krit. *Isensee* FS Helmrich, 1994, S. 229.

[50] *Leisner* FS 25 Jahre BVerfG I, 1976, S. 260 (265); *Schorkopf* in: Umbach/Clemens/Dollinger, BVerfGG, §§ 68, 69 Rn. 2.

[51] Vgl. BVerfGE 129, 108 (116 ff.) = NVwZ 2011, 1512 (1513 ff.) → *Schoch* JK 5/12, GG Art. 93 I Nr. 3/1 und → *Sachs* JuS 2012, 274 sowie → JA 2011, 955 *(Hillgruber).*

[52] So aber *Degenhart* Staatsrecht I, Rn. 825; *Leibholz/Rupprecht* BVerfGG, 1968, § 68; *Maunz* in: Maunz/Dürig, GG, Art. 93 Rn. 279 (Erstbearbeitung).

[53] *Kunig* Jura 1995, 262 (264 f.); *Bethge* in: Maunz/Schmidt-Bleibtreu/Klein/Bethge, BVerfGG, § 68 Rn. 5; *Goos* in: Hillgruber/Goos Verfassungsprozessrecht, Rn. 423 f.; *Löwer* in: HStR III, § 70 Rn. 38.

[54] S. etwa BVerfGE 6, 309 (323 f.) = VerwRspr 1957, 525 (526 f.); *Goos* in: Hillgruber/Goos Verfassungsprozessrecht, Rn. 426; *Schorkopf* in: Umbach/Clemens/Dollinger, BVerfGG, §§ 68, 69 Rn. 3.

[55] *Voßkuhle* in: v. Mangoldt/Klein/Starck, GG, Art. 93 Rn. 137.

[56] Im Entwurf (BT-Drs. 1/788, S. 32 f.) heißt es: „In diesen Fällen handelt es sich um Verfassungsstreitigkeiten zwischen Bund und Ländern auf dem Gebiet der Exekutive. In diesen Streitigkeiten wird der Bund von der Bundesregierung, das Land durch die Landesregierung repräsentiert. Diese allein können deshalb am Verfahren beteiligt sein.".

[57] Ebenso *Kunig* Jura 1995, 262 (265); *E. Klein* in: Benda/Klein, Verfassungsprozessrecht, Rn. 1075; *Bethge* in: Maunz/Schmidt-Bleibtreu/Klein/Bethge, BVerfGG, § 68 Rn. 6; *Goos* in: Hillgruber/Goos Verfassungsprozessrecht, Rn. 424; *S. Müller* in: Barczak, BVerfGG, § 68 Rn. 16; *Voßkuhle* in: v. Mangoldt/Klein/Starck, GG, Art. 93 Rn. 137; a. A. *Pestalozza* Verfassungsprozeßrecht, § 9 Rn. 9.

unbedenklich ist, hat das BVerfG in seiner Entscheidung über den Antrag des schleswig-holsteinischen Landtags gegen die grundgesetzliche Schuldenbremse (→ Rn. 5) ausführlich klargemacht.[58] Ob ein Antrag im Bund-Länder-Streit gestellt wird, bleibt in erster Linie dem politischen Prozess zwischen Regierung und Parlament überlassen. Meist stimmen Parlamentsmehrheit und Regierung politisch ohnehin überein. Ob es einen **Rechtsanspruch des Parlaments auf Verfahrenseinleitung** gibt, ist umstritten. Manche meinen, dass diese Entscheidung – was § 68 BVerfGG deutlich mache – ausschließlich im Verantwortungsbereich der Exekutive liege.[59] Demgegenüber ist das BVerfG in seiner Entscheidung zur Schuldenbremse zu Recht davon ausgegangen, dass das Parlament die Verpflichtung der Regierung zur Führung eines Bund-Länder-Streits mit einer Organklage durchsetzen kann.[60]

### 2. Statthaftigkeit der Verfahrensart

11 Gemäß § 69 i. V. m. § 67 S. 1 BVerfGG „stellt“ das BVerfG im Verfahren nach Art. 93 Abs. 1 Nr. 3 GG „fest“, ob „die beanstandete **Maßnahme oder Unterlassung des Antragsgegners gegen eine Bestimmung des Grundgesetzes verstößt**“. Demgemäß ist diese Verfahrensart nur statthaft, wenn der Antragsteller eine entsprechende **Feststellung** begehrt. Der Antragsteller entscheidet über die Verfahrensart mit seinem Vorbringen.[61] Wird die Nichtigerklärung einer Rechtsnorm verlangt, ist der Antrag zwar nicht im Bund-Länder-Streit, wohl aber im Verfahren der abstrakten Normenkontrolle statthaft (→ *Thiemann* § 17 Rn. 2, 33).

12 **a) Beschränkung auf grundgesetzbezogene föderative Verfassungsstreitigkeiten.** Dass es um **Verfassungsstreitigkeiten** gehen muss, ergibt sich nicht aus dem Wortlaut des Art. 93 Abs. 1 Nr. 3 GG, der bloß von „Meinungsverschiedenheiten über Rechte und Pflichten des Bundes und der Länder“ spricht. Vielmehr folgt aus der Zusammenschau mit dem in Art. 93 Abs. 1 Nr. 4 Var. 1 GG geregelten Verfahren zur Entscheidung über „andere öffentlich-rechtliche Streitigkeiten“ (→ Rn. 31 ff.), dass Art. 93 Abs. 1 Nr. 3 GG **nicht** dafür gedacht ist, **unterverfassungsrechtliche** – staatsvertragliche oder einfachgesetzliche – **Verpflichtungen von Bund und Ländern** zu klären.[62] Für verwaltungsrechtliche Fragen ist – worauf noch einmal einzugehen ist (→ Rn. 36) – gemäß § 40 Abs. 1 S. 1 i. V. m. § 51 Abs. 1 Nr. 1 VwGO das BVerwG zuständig, für sozialrechtliche Streitigkeiten gemäß § 39 Abs. 2 das BSG. Das BVerfG hat die einfachgesetzliche Vorgabe, dass es um „Bestimmungen des Grundgesetzes“ gehen muss, besonders ernst genommen und eine verfassungsrechtliche Streitigkeit aus dem Einigungsvertrag nach Art. 93 Abs. 1 Nr. 4 Var. 1 GG entschieden

---

[58] BVerfGE 129, 108 (117) = NVwZ 2011, 1512 (1513) → *Schoch* JK 5/12, GG Art. 93 I Nr. 3/1 und → *Sachs* JuS 2012, 274 sowie → JA 2011, 955 *(Hillgruber)*.

[59] *Goos* in: Hillgruber/Goos Verfassungsprozessrecht, Rn. 425a; *Schorkopf* in: Umbach/Clemens/Dollinger, BVerfGG, §§ 68, 69 Rn. 2; *S. Müller* in: Barczak, BVerfGG, § 69 Rn. 27.

[60] So auch schon *Pestalozza,* Verfassungsprozeßrecht, S. 136 f. Darüber hinaus verwies das Gericht auf die Möglichkeit, eine abstrakte Normenkontrolle zu beantragen; vgl. BVerfGE 129, 108 (117) = NVwZ 2011, 1512 (1513) → *Schoch* JK 5/12, GG Art. 93 I Nr. 3/1 und → *Sachs* JuS 2012, 274 sowie → JA 2011, 955 *(Hillgruber)*. – In seiner Entscheidung im Fall *Pofalla* hatte das Gericht noch offengelassen, ob es eine treuhänderische Pflicht der Bundesregierung gegenüber dem Bundestag zur Einleitung eines Bund-Länder-Streits gibt, wenn ein Land verfassungsmäßige Rechte des Bundestages verletzt, vgl. BVerfGE 103, 81 (86) = NVwZ 2001, 667 → *Ehlers* JK 01, BVerfGG § 64/2 und → JuS 2001, 812 *(Sachs)*.

[61] BVerfGE 4, 115 (122 f.) = VerwRspr 1955, 897 (900 f.); *Detterbeck* Streitgegenstand und Entscheidungswirkungen im Öffentlichen Recht, 1995, S. 414; *E. Klein* in: Benda/Klein, Verfassungsprozessrecht, Rn. 1103; *Goos* in: Hillgruber/Goos Verfassungsprozessrecht, Rn. 415; *Löwer* in: HStR III, § 70 Rn. 30.

[62] BVerfGE 1, 14 (30) = NJW 1951, 877; E 4, 115 (122) = VerwRspr 1955, 897 (900); E 13, 54 (72) = NJW 1961, 1453 (1454); E 21, 312 (326) = NJW 1967, 1956 (1959); E 41, 291 (303) = NJW 1976, 1443; E 99, 361 (365 f.) = NVwZ 1999, 865; E 109, 1 (6) = NVwZ 2004, 468 (469) → *Ehlers* JK 04, BVerfGG §§ 69, 64 III/4 und → JuS 2004, 434 *(Sachs); Kunig* Jura 1995, 262 (266); *Leisner* FS 25 Jahre BVerfG I, 1976, S. 260 (274 ff.); *Selmer* FS 50 Jahre BVerfG I, 2001, S. 563 (568 ff.); *Pestalozza* Verfassungsprozeßrecht, § 9 Rn. 6 (mit Hinweisen zur Entstehungsgeschichte in Fn. 21); *Pieroth* in: Jarass/Pieroth, GG, Art. 93 Rn. 52, 62; *Voßkuhle* in: v. Mangoldt/Klein/Starck, GG, Art. 93 Rn. 142.

(→ Rn. 35).[63] Art. 93 Abs. 1 Nr. 3 GG beschränkt sich danach auf grundgesetzbezogene Konflikte. Zudem ist das Verfahren nur statthaft, wenn es um die verfassungsrechtlichen Konkretisierungen des **Bundesstaatsprinzips** (Art. 20 Abs. 1 GG) – in den Worten des BVerfG: um ein „Bund und Land umschließendes materielles Verfassungsrechtsverhältnis"[64] – geht.[65] Diese Beschränkung ist zwar nirgendwo ausdrücklich geregelt, ergibt sich aber aus dem historischen Hintergrund des Bund-Länder-Streits als Verfahren zur Beilegung spezifisch föderaler Konflikte (→ Rn. 2).

**b) Abgrenzung zwischen verfassungsrechtlichen und nichtverfassungsrechtlichen Streitigkeiten.** Die Abgrenzung zwischen verfassungsrechtlichen und nichtverfassungsrechtlichen Streitigkeiten bereitet Probleme, die spiegelbildlich bei der Frage auftreten, ob der Verwaltungsrechtsweg nach § 40 Abs. 1 S. 1 VwGO eröffnet ist (→ *Ehlers* § 25 Rn. 77 ff.). Insofern geht die herrschende Meinung davon aus, dass Streitigkeiten dann als verfassungsrechtlich der Verwaltungsgerichtsbarkeit entzogen sind, wenn eine sog. doppelte Verfassungsunmittelbarkeit gegeben ist.[66] Im vorliegenden Zusammenhang kommt es – da das formelle Kriterium stets gegeben ist, weil im Verfahren nach Art. 93 Abs. 1 Nr. 3 GG Bund und Länder als Streitparteien ohne Weiteres „unmittelbar am Verfassungsleben beteiligt" sind[67] – nur darauf an, ob es **in materieller Hinsicht** um unmittelbar im Grundgesetz geregelte Rechte und Pflichten geht. Zwar stehen Bund und Länder im Bundesstaat stets in einem verfassungsrechtlichen Verhältnis zueinander, doch sind nicht alle Ansprüche zwischen ihnen verfassungsrechtlich fundiert.[68] Die Streitigkeit muss durch **Auslegung des Grundgesetzes** zu entscheiden sein. Es muss um die verfassungsrechtlichen Funktionen der Streitparteien gehen.[69] 13

Die Annahme einer verfassungsrechtlichen Streitigkeit ist unproblematisch nur in den Fällen, in denen es an unterverfassungsrechtlichen Konkretisierungen der Verfassungsvorgaben fehlt, die Parteien mithin allein um die Auslegung des Grundgesetzes streiten. Meist besteht eine **Gemengelage von Verfassungsrecht und einfachem Recht.** Dann kommt es – wie das BVerfG sagt – auf „die wirkliche Rechtsnatur des von den Antragstellern geltend gemachten Anspruchs" an.[70] Maßgeblich ist das **„verfassungsrechtliche Grundverhältnis"** zwischen Bund und Land.[71] In den Worten des BVerwG müssen die Streitigkeiten „entscheidend vom Verfassungsrecht geformt" sein.[72] Die vagen Begriffsbestimmungen zeigen, dass sich allgemeingültige abstrakte Definitionen kaum gewinnen lassen. Es kommt auf den Einzelfall an.[73] Wertungsspielräume für den Letztentscheider sind nicht zu verkennen. Die Vorstellungen des Antragstellers von der Rechtsnatur des Streitverhältnisses sind unmaßgeblich.[74] **Einfachgesetzliche Rechtsverstöße** des Antragsgegners können im Verfahren nach Art. 93 Abs. 1 Nr. 3 GG selbst dann *nicht* isoliert geltend ge- 14

---

[63] BVerfGE 94, 297 (309 ff.) = VIZ 1996, 384 (385); E 95, 250 (266) = NJW 1998, 219 → JuS 1998, 175 *(Sachs).*

[64] BVerfGE 81, 310 (329) = NVwZ 1990, 955 → JuS 1991, 69 *(Sachs);* E 92, 203 (226) = NVwZ 1996, 1093 (1095) → JuS 1995, 1030 *(Dörr).*

[65] *Selmer* FS 50 Jahre BVerfG I, 2001, S. 563 (574 ff.); *Lerche* FS Selmer, 2004, S. 197 (199 f.); *Bethge* in: Maunz/Schmidt-Bleibtreu/Klein/Bethge, BVerfGG, § 69 Rn. 21.

[66] Vgl. etwa *Ehlers/Schneider* in: Schoch/Schneider, VwGO, § 40 Rn. 136 ff., i. Erg. ablehnend, weil es auch verfassungsrechtliche Streitigkeiten zwischen Staat und Bürger geben kann, Rn. 143 ff.

[67] *Clemens* in: Umbach/Clemens, GG, 2002, Art. 93 Rn. 54.

[68] *Schorkopf* in: Umbach/Clemens/Dollinger, BVerfGG, Vorb §§ 68 ff. Rn. 10.

[69] *Schultzky* VerwArch 100 (2009), 552 (556 ff.); *Ehlers/Schneider* in: Schoch/Schneider, VwGO, § 40 Rn. 149, 156 („Inanspruchnahme des Verfassungsrechtssubjekts als solches").

[70] BVerfGE 42, 103 (110) = NJW 1976, 1084 (1085); ähnlich E 109, 1 (6) = NVwZ 2004, 468 (469) → *Ehlers* JK 04, BVerfGG §§ 69, 64 III/4 und → JuS 2004, 434 *(Sachs).*

[71] BVerfGE 109, 1 (6) = NVwZ 2004, 468 (469) → *Ehlers* JK 04, BVerfGG §§ 69, 64 III/4 und → JuS 2004, 434 *(Sachs).*

[72] BVerwGE 36, 218 (227 f.) m. w. Nachw. = VerwRspr 1971, 700 (707 f.); E 50, 124 (130) = VerwRspr 1977, 12 (16 f.); sowie E 117, 244 (246) = NVwZ 2003, 620; *Leisner* FS 25 Jahre BVerfG I, S. 260 (278 ff.).

[73] Ausführlich *Broß* FS Krämer, 2009, S. 3; vgl. auch die Zusammenstellung von *Ehlers/Schneider* in: Schoch/Schneider, VwGO, § 40 Rn. 157 ff.

[74] BVerfGE 42, 103 (110 f.) = NJW 1976, 1084 (1085); E 62, 295 (313) = NVwZ 1983, 467; E 109, 1 (6) = NVwZ 2004, 468 (469) → *Ehlers* JK 04, BVerfGG §§ 69, 64 III/4 und → JuS 2004, 434 *(Sachs).*

macht werden, wenn die Interessen von Bund und Land offensichtlich berührt sind.[75] Nichtverfassungsrechtlich sind z. B. Auseinandersetzungen über die Art der Verteilung von Haushaltsmitteln des Bundes, die für den Wohnungsbau in den Ländern zur Verfügung stehen, wenn streitig ist, ob die Verteilung durch den Bund im Widerspruch zu einer einfachgesetzlichen Vorschrift bzw. zu einer Bund-Länder-Vereinbarung steht.[76]

15 **c) Vorlagepflichten des BVerwG und des BSG.** Das Entscheidungsmonopol des BVerfG in Verfassungsstreitigkeiten wird durch **Vorlagepflichten** des **BVerwG** (§ 50 Abs. 3 VwGO) und des **BSG** (§ 39 Abs. 2 S. 2 und Abs. 3 SGG) gesichert, wenn zunächst eine Klage bei einem dieser obersten Bundesgerichte erhoben wurde.[77] Auf die damit verbundenen Fristfragen wird später eingegangen (→ Rn. 26). Wird dem **BVerfG** eine verfassungsrechtliche Streitigkeit vorgelegt, hat es die Befugnis zur **abschließenden Entscheidung,** damit der Streit zügig zu einem Ende kommt.[78]

### 3. Antragsbefugnis

16 Entgegen dem Wortlaut des Art. 93 Abs. 1 Nr. 3 GG genügen für die Einleitung des Bund-Länder-Streitverfahrens bloße „Meinungsverschiedenheiten" über Rechte und Pflichten der Länder nicht. Dies macht Art. 93 Abs. 1 Nr. 4 Var. 1 GG deutlich, der – dem Vorbild der Weimarer Reichsverfassung folgend (→ Rn. 2) – von „anderen Streitigkeiten" zwischen dem Bunde und den Ländern spricht (→ Rn. 31 ff.). Erforderlich ist auch beim Verfahren nach Art. 93 Abs. 1 Nr. 3 GG ein **konkreter,** d. h. auf einen bestimmten Sachverhalt bezogener **Streit** zwischen den Parteien über subjektive Berechtigungen oder Verpflichtungen.[79] Anders als im Verfahren der abstrakten Normenkontrolle nach Art. 93 Abs. 1 Nr. 2 GG, der auch von „Meinungsverschiedenheiten" spricht (→ *Thiemann* § 17 Rn. 40), genügt ein objektives Klarstellungsinteresse nicht.[80] Da das Verfahren nach Art. 93 Abs. 1 Nr. 3 GG einen **kontradiktorischen Charakter** hat,[81] gelten für die Antragsbefugnis gemäß § 69 BVerfGG die gleichen Anforderungen wie nach § 64 Abs. 1 BVerfGG für das Organstreitverfahren (→ *Ehlers* § 18 Rn. 44 ff.): Die antragstellende Regierung muss „geltend machen", dass der Bund bzw. das Land „durch eine Maßnahme oder Unterlassung des Antragsgegners in seinen ihm durch das Grundgesetz übertragenen Rechten und Pflichten verletzt oder unmittelbar gefährdet ist".

17 **a) Mögliche Verletzung oder Gefährdung von subjektiven Verfassungsrechten.** Die antragstellende Partei muss sich danach auf ein status- bzw. kompetenzrechtlich vermitteltes **subjektiv-öffentliches „Recht"** (gemeint sind Befugnisse, Kompetenzen oder Zuständigkeiten)[82] berufen, das – wie oben gesehen – seine Grundlage im spezifisch föderati-

---

[75] BVerfGE 95, 250 (261 f.) = NJW 1998, 218 (219 f.); E 103, 81 (88) = NVwZ 2001, 667 (668) → JuS 2001, 812 *(Sachs).*

[76] Vgl. BVerfGE 1, 299 (306) = NJW 1952, 737; E 42, 103 (112 f.) = NJW 1976, 1084 (1085); *Ehlers/Schneider* in: Schoch/Schneider, VwGO, § 40 Rn. 160.

[77] Vgl. *Pestalozza* Verfassungsprozeßrecht, § 9 Rn. 24 f.; *Lechner/Zuck* BVerfGG, Vorb §§ 71 ff. Rn. 10; *Löwer* in: HStR III, § 70 Rn. 36 f.

[78] BVerfGE 109, 1 (8 f.) = NVwZ 2004, 468 → *Ehlers* JK 04, BVerfGG §§ 69, 64 III/4 und → JuS 2004, 434 *(Sachs).*

[79] BVerfGE 2, 143 (155) = NJW 1953, 537; E 13, 54 (72 f.) = NJW 1961, 1453 (1454); E 20, 18 (23 f.) = NJW 1966, 875 (876); *Bethge* in: Maunz/Schmidt-Bleibtreu/Klein/Bethge, BVerfGG, § 69 Rn. 14; *Detterbeck* Streitgegenstand (Fn. 61), S. 405; *Kunig,* Jura 1995, 262 (265); *Meyer* in: v. Münch/Kunig, GG, Art. 93 Rn. 45 f.; *S. Müller* in: Barczak, BVerfGG, § 69 Rn. 5; *Voßkuhle* in: v. Mangoldt/Klein/Starck, GG, Art. 93 Rn. 134, 141.

[80] *Goos* in: Hillgruber/Goos Verfassungsprozessrecht, Rn. 155.

[81] BVerfGE 20, 18 (23 f.) = NJW 1966, 875 (876); *Mayer/Müller/Wagner* VerwArch 94 (2003), 295 (314); *Leisner* FS 25 Jahre BVerfG I, 1976, S. 260 (262 ff.); *Bethge* in: Maunz/Schmidt-Bleibtreu/Klein/Bethge, BVerfGG, § 69 Rn. 13; *Voßkuhle* in: v. Mangoldt/Klein/Starck, GG, Art. 93 Rn. 134; anders früher *Friesenhahn* DV 1949, 485.

[82] Hinsichtlich der Frage, ob staatliche Kompetenzen als „subjektiv-öffentliche Rechte" verstanden werden dürfen, besteht eine – freilich nur terminologische – Uneinigkeit; wie hier *Bauer* DVBl 1986, 208. – Zum Bund-Länder-Verhältnis *Bauer* Die Bundestreue, 1992, S. 282 ff., 288 ff.; anders etwa *Waechter* Die Verwaltung 29 (1996), 47 (70 f.); *Schorkopf* in: Umbach/Clemens/Dollinger, BVerfGG, Vorb §§ 68 ff. Rn. 6.

ven Verfassungsrecht hat.[83] Zudem muss das geltend gemachte Recht der antragstellenden **Partei selbst zustehen.**[84] Eine Prozessstandschaft ist nicht erlaubt. Weder können Bund und Länder für die jeweils andere Seite tätig werden, noch kann ein Land Rechtspositionen eines anderen Landes treuhänderisch geltend machen. Das BVerfG spricht von Ansprüchen, „die sich aus einem beide Teile umschließenden materiellen Verfassungsrechtsverhältnis ergeben".[85] Schließlich muss die Verletzung oder unmittelbare Gefährdung der gegenseitigen Rechte und Pflichten nach dem Vortrag des Antragstellers **möglich** erscheinen.[86] Eine Rechtsposition ist dann unmittelbar gefährdet, wenn deren Verletzung ohne prozessuale Gegenwehr wahrscheinlich ist.[87] Ebenso wie bei der Antragsbefugnis im Organstreit (→ *Ehlers* § 18 Rn. 44 ff.) bzw. der Beschwerdebefugnis im Verfahren der Verfassungsbeschwerde (→ *Scherzberg* § 15 Rn. 65 ff.) genügt die bloße Behauptung einer Rechtsverletzung oder -gefährdung nicht. Die Rechtsverletzung oder -gefährdung darf **nicht** von vornherein und nach jeder Betrachtung **ausgeschlossen** sein. Ob dem antragstellenden Land oder Bund die geltend gemachte Rechtsposition wirklich zusteht, ist eine Frage der Begründetheit.[88]

Die Antragsbefugnis kann sich aus jeder konkreten **„Maßnahme oder Unterlassung"** 18
ergeben, die der gegnerischen Partei zurechenbar ist.[89] Das Verhalten muss **rechtlich erheblich** sein, d. h. es muss sich eine Rechtsbeeinträchtigung der antragstellenden Partei ergeben können.[90] Wendet sich die Partei gegen eine Unterlassung, muss sie substantiiert darlegen, dass sie möglicherweise einen **verfassungsrechtlich fundierten Anspruch** darauf hat, dass der Streitgegner einer Handlungspflicht nachkommt.[91] Das war beim Streit um die Maßnahmen der Bundesregierung zur Bewältigung der Flüchtlingskrise zweifelhaft (→ Rn. 5). Das tatsächliche Bestehen einer Handlungspflicht ist ebenso eine Frage der Begründetheit wie ihre Verletzung. Das Spektrum der angreifbaren Handlungen und Unterlassungen ist weit.[92] Wie die Verfassungsrechtsprechung zeigt, kommen als Anlass für den Bund-Länder-Streit Weisungen im Rahmen der Bundesauftragsverwaltung,[93] Normsetzungsakte,[94] Kabinettsbeschlüsse über die Zustimmung zu europäischen Richtlinien,[95] die Gewährung von Finanzhilfen,[96] das Untätigbleiben der Länder im Bereich der Kommunalaufsicht[97] und die Klageerhebung im Falle einer Bund-Länder-Streitigkeit vor dem BVerwG[98] in Betracht. **Bloßen Meinungsäußerungen** öffentlich-rechtlicher Funktionsträger kommt dagegen in der Regel mangels rechtlicher Relevanz kein Maßnahmencharakter zu.[99] Maßnahmen oder Unterlassungen von **Kommunen**

---

[83] Vgl. nur etwa *Lerche* FS Selmer, 2004, S. 197 (198); *Voßkuhle* in: v. Mangoldt/Klein/Starck, GG, Art. 93 Rn. 142.

[84] Ausführlich *Bethge* in: Maunz/Schmidt-Bleibtreu/Klein/Bethge, BVerfGG, § 69 Rn. 80 ff.

[85] BVerfGE 13, 54 (72 f.) = NJW 1961, 1453 (1454).

[86] BVerfGE 21, 312 (319) = NJW 1967, 1956 (1957); E 41, 291 (303) = NJW 1976, 1443; E 81, 310 (329) = NVwZ 1990, 955 → JuS 1991, 69 *(Sachs);* E 92, 203 (226) = NVwZ 1996, 1093 (1095) → JuS 1995, 1030 *(Dörr); Selmer* FS 50 Jahre BVerfG I, 2001, S. 563 (578 f.).

[87] *Bethge* in: Maunz/Schmidt-Bleibtreu/Klein/Bethge, BVerfGG, § 69 Rn. 94.

[88] BVerfGE 81, 310 (329) = NVwZ 1990, 955 → JuS 1991, 69 *(Sachs).*

[89] *E. Klein* in: Benda/Klein, Verfassungsprozessrecht, Rn. 1084; *Schorkopf* in: Umbach/Clemens/Dollinger, BVerfGG, §§ 68, 69 Rn. 7; *Voßkuhle* in: v. Mangoldt/Klein/Starck, GG, Art. 93 Rn. 139.

[90] BVerfGE 109, 1 (10 f.) = NVwZ 2004, 468 (470) → *Ehlers* JK 04, BVerfGG §§ 69, 64 III/4 und → JuS 2004, 434 *(Sachs); Bethge* in: Maunz/Schmidt-Bleibtreu/Klein/Bethge, BVerfGG, § 69 Rn. 39.

[91] BVerfGE 104, 238 (245 ff.) = NVwZ 2002, 591 → JuS 2002, 806 *(Sachs); Goos* in: Hillgruber/Goos Verfassungsprozessrecht, Rn. 444; *Pieroth* in: Jarass/Pieroth, GG, Art. 93 Rn. 55; ausführlich zu den Unterlassungskonstellationen *Bethge* in: Maunz/Schmidt-Bleibtreu/Klein/Bethge, BVerfGG, § 69 Rn. 46 ff.

[92] Ausführlich *Bethge* in: Maunz/Schmidt-Bleibtreu/Klein/Bethge, BVerfGG, § 69 Rn. 37 ff.; *Selmer* FS 50 Jahre BVerfG I, 2001, S. 563 (579 ff.).

[93] BVerfGE 81, 310 (335 ff.) = NVwZ 1990, 955 (958) → JuS 1991, 69 *(Sachs);* E 84, 25 (31 ff.) = NVwZ 1991, 870 → *Erichsen* JK 93, GG Art. 85 III/1 und → JuS 1991, 69 *(Sachs).*

[94] BVerfGE 1, 14 (30) = NJW 1951, 877; E 4, 115 (122) = VerwRspr 1955, 897 (900); E 6, 309 (324) = VerwRspr 1957, 525 (526 f.); E 92, 80 (87) = NJW 1995, 2775.

[95] BVerfGE 92, 203 (226 ff.) = NVwZ 1996, 1093 (1095) → JuS 1995, 1030 *(Dörr).*

[96] BVerfGE 4, 115 (116 ff.) = VerwRspr 1955, 897.

[97] BVerfGE 8, 122 (129 ff.) = NJW 1958, 1341.

[98] BVerfGE 99, 361 (365 f.) = NVwZ 1999, 865.

[99] *Bethge* in: Maunz/Schmidt-Bleibtreu/Klein/Bethge, BVerfGG, § 69 Rn. 44.

können **nicht** Antragsgegenstand sein, weil es an der „Unmittelbarkeit" der Rechtsverletzung oder -gefährdung fehlt. Angegriffen werden kann nur das **Unterlassen** des Landes, gegen die Gemeinden aufsichtsrechtlich **einzuschreiten.**[100] Ähnliches gilt für Maßnahmen und Unterlassungen einzelner Bundes- oder Landesbehörden. Auch hier kommt nur das pflichtwidrige Unterlassen von Aufsichtsmaßnahmen als Angriffsgegenstand in Betracht.[101]

19 **b) In Betracht kommende Verfahrensgegenstände.** Unter den Verfahrensgegenständen werden in Art. 93 Abs. 1 Nr. 3 GG beispielhaft („insbesondere") die in den Art. 83 ff. GG geregelte **„Ausführung von Bundesrecht durch die Länder"**[102] und die in Art. 83 Abs. 3 und 4 GG für die Länderverwaltung „als eigene Angelegenheit" und in Art. 85 Abs. 4 GG für die Bundesauftragsverwaltung speziell normierte **„Ausübung der Bundesaufsicht"** erwähnt. Die Hervorhebung erklärt sich aus der Bedeutung der Reichsaufsicht unter der Weimarer Reichsverfassung.[103] Hinsichtlich der Kontrolle von **Weisungen im Rahmen der Bundesauftragsverwaltung** ist sorgfältig zu prüfen, ob die Streitigkeit verfassungsrechtlich ist. Das BVerfG betont, dass dem Land die sog. *Wahrnehmungskompetenz* zukommt. Das Handeln und die Verantwortlichkeit nach außen bleibe stets Landesangelegenheit. Ein Eintrittsrecht des Bundes sehe Art. 85 GG nicht vor. Anderes gelte für die Sachbeurteilung und Sachentscheidung. Zwar liege auch die sog. *Sachkompetenz* zunächst beim Land. Aber der Bund könne sie, indem er das ihm zuerkannte Weisungsrecht in Anspruch nimmt, nach eigener Entscheidung an sich ziehen.[104] Daraus folgt, dass die Länder durch eine Weisung des Bundes nur dann in ihrem Verfassungsrecht auf Wahrnehmung der eigenen Kompetenz verletzt sein können, „wenn gerade die Inanspruchnahme der Weisungsbefugnis – sei es als solche [...] oder in ihren Modalitäten [...] – gegen die Verfassung verstößt". Gegen eine seiner Meinung nach inhaltlich rechtswidrige Weisung könne sich ein Land im grundgesetzbezogenen Bund-Länder-Streitverfahren nicht zur Wehr setzen, da „in eine eigene Sachkompetenz der Länder nicht eingegriffen (wird)".[105] Anderes soll nur in dem „äußersten Fall" gelten, dass „eine zuständige oberste Bundesbehörde unter grober Missachtung der ihr obliegenden Obhutspflicht zu einem Tun oder Unterlassen anweist, welches im Hinblick auf die damit einhergehende allgemeine Gefährdung oder Verletzung bedeutender Rechtsgüter schlechterdings nicht verantwortet werden kann".[106] Grundsätzlich ist das BVerfG aber **kein „Superverwaltungsgericht".**[107]

20 Anlass für einen Bund-Länder-Streit können auch die Zuständigkeiten zur Gesetzgebung nach den **Art. 70 ff. GG** sein. Dem steht nicht entgegen, dass auch eine abstrakte Normenkontrolle (→ *Thiemann* § 17) erhoben werden kann. In Art. 93 Abs. 1 Nr. 3 GG findet sich – anders als in Art. 93 Abs. 1 Nr. 4 GG – keine Subsidiaritätsklausel. Art. 93 Abs. 1 Nr. 2 und Nr. 2a GG sind keine abschließenden Spezialregelungen.[108] Auch die von **Art. 20**

---

[100] BVerfGE 8, 122 (129) = NJW 1958, 1341; näher *Goos* in: Hillgruber/Goos Verfassungsprozessrecht, Rn. 435 m. Nachw. auch zur Gegenansicht.

[101] BVerfGE 21, 312 (328) = NJW 1967, 1956 (1959); näher *Goos* in: Hillgruber/Goos Verfassungsprozessrecht, Rn. 437.

[102] BVerfGE 11, 6 = NJW 1960, 907; E 21, 312 = NJW 1967, 1956.

[103] *Stern* Staatsrecht II, S. 998; *Voßkuhle* in: v. Mangoldt/Klein/Starck, GG, Art. 93 Rn. 132; zur heute geringen Bedeutung der Bundesaufsicht *Selmer* FS 50 Jahre BVerfG I, 2001, S. 563 (564).

[104] BVerfGE 81, 310 (332) = NVwZ 1990, 955 (957) → JuS 1991, 69 *(Sachs)*; näher *Brechmann* Bund-Länder-Streit, S. 116 f.

[105] BVerfGE 81, 310 (332 f.) = NVwZ 1990, 955 (957) → JuS 1991, 69 *(Sachs)* (wobei jedoch – insofern widersprüchlich – die Antragsbefugnis bejaht wurde, E 81, 310 [329 f.] = NVwZ 1990, 955 [957]). Im Ergebnis ebenso *Ossenbühl* Der Staat 28 (1989), 31 (42 ff.); *E. Klein* in: Benda/Klein, Verfassungsprozessrecht, Rn. 1081; *Goos* in: Hillgruber/Goos Verfassungsprozessrecht, Rn. 450; *Voßkuhle* in: v. Mangoldt/Klein/Starck, GG, Art. 93 Rn. 143; umfassend *Janz* Das Weisungsrecht nach Art. 85 Abs. 3 GG, 2003.

[106] BVerfGE 81, 310 (334) = NVwZ 1990, 955 (958) → JuS 1991, 69 *(Sachs)*; dazu *Löwer* in: HStR III, § 70 Rn. 44; ferner *Lerche* FS Selmer, 2004, S. 197 (201).

[107] *Bethge* in: Maunz/Schmidt-Bleibtreu/Klein/Bethge, BVerfGG, § 69 Rn. 28.

[108] BVerfGE 1, 14 (30) = NJW 1951, 877; E 20, 56 (95) = NJW 1966, 1499; sowie etwa *Detterbeck* Streitgegenstand (Fn. 61), S. 414; *Leisner* FS 25 Jahre BVerfG I, 1976, S. 260 (265 ff.); *Schorkopf* in: Umbach/Clemens/Dollinger, BVerfGG, Vorb §§ 68 ff. Rn. 14.

**Abs. 1 GG** garantierte Eigenstaatlichkeit der Länder kann als möglicherweise verletztes Recht in Betracht kommen.[109] Eine Verletzung von **Art. 30 GG,** wonach die „Ausübung der staatlichen Befugnisse" grundsätzlich „Sache der Länder" ist, kann im Raum stehen, wenn der Bund die Anwendung von Landesrecht durch Bundesbehörden billigt.[110] Denkbar ist auch, dass Länder Maßnahmen des Bundeszwangs nach **Art. 37 GG** angreifen.[111] Streitträchtig kann weiter die Finanzverfassung des Grundgesetzes sein,[112] weil die **Art. 104a ff. GG** ein „Spiegel und Bestandteil der bundesstaatlichen Ordnung" sind.[113] Schließlich können sich „Rechte und Pflichten" i. S. d. Art. 93 Abs. 1 Nr. 3 GG aus dem ungeschriebenen Verfassungsgebot der **Bundestreue** ergeben,[114] wonach sowohl der Bund als auch die Länder bei der Wahrnehmung ihrer Kompetenzen „die gebotene und ihnen zumutbare Rücksicht auf das Gesamtinteresse des Bundesstaates und auf die Belange der Länder" zu nehmen haben.[115] Ein Verstoß kann freilich nicht isoliert geltend gemacht werden. Der Grundsatz wird nur innerhalb besonderer Rechtsbeziehungen wirksam. Im grundgesetzbezogenen Bund-Länder-Streit kann sich die antragstellende Partei auf die Bundestreue nur im Rahmen eines verfassungsrechtlichen Verhältnisses berufen. Unterverfassungsrechtlich normierte Rechte und Pflichten werden durch den Verfassungsgrundsatz nicht auf Verfassungsniveau gehoben.[116]

**Kein** tauglicher Streitgrund sind die aus **Grundrechten** fließenden Staatspflichten, weil sie nicht das verfassungsrechtliche Rechtsverhältnis zwischen Bund und Ländern betreffen, sondern nur die Bürger als Träger der Grundrechte berechtigen.[117] Dies hat das BVerfG klagestellt,[118] nachdem es früher einmal – im sog. Fernsehstreit – wegen der „fundamentalen Bedeutung für das gesamte öffentliche, politische und verfassungsrechtliche Leben in den Ländern" auf die Rundfunkfreiheit (Art. 5 Abs. 1 S. 2 GG) abgestellt hatte.[119] Bund und Länder können im Verfahren nach Art. 93 Abs. 1 Nr. 3 GG auch nicht als **„Sachwalter des Einzelnen"** auftreten und die Verletzung oder Gefährdung seiner Grundrechte geltend machen.[120] Die objektiv-rechtliche Dimension der Grundrechte verschafft den Ländern keine Garantenstellung. Zweifelhaft ist freilich die Einschätzung des BVerfG, dass ein 21

---

[109] *Bethge* in: Maunz/Schmidt-Bleibtreu/Klein/Bethge, BVerfGG, § 69 Rn. 74.

[110] BVerfGE 21, 312 (328) = NJW 1967, 1956 (1959).

[111] *E. Klein* in: Benda/Klein, Verfassungsprozessrecht, Rn. 1093; *Löwer* in: HStR III, § 70 Rn. 45.

[112] BVerfGE 41, 291 (303 ff.) = NJW 1976, 1443; *Schultzky* VerwArch 100 (2009), 552 (562 f., 564 ff., 568 ff.).

[113] *Selmer* FS 50 Jahre BVerfG I, 2001, S. 563 (569); näher zu den Zahlungsansprüchen *Broß* FS Krämer, 2009, S. 3 (7 ff.).

[114] BVerfGE 8, 122 (131) = NJW 1958, 1341 (1342); E 13, 54 (75 f.) = NJW 1961, 1453 (1454); E 21, 312 (319, 326) = NJW 1967, 1956 (1957, 1959); E 42, 103 (117) = NJW 1976, 1084 (1086); E 81, 310 (337 f.) = NVwZ 1990, 955 (958) → JuS 1991, 69 *(Sachs);* E 104, 238 (248) = NVwZ 2002, 591 (592) → JuS 2002, 806 *(Sachs);* aus dem Schrifttum etwa *Mayer/Müller/Wagner* VerwArch 94 (2003), 303 ff.; *Schultzky* VerwArch 100 (2009), 552 (559 f.); *Leisner* FS 25 Jahre BVerfG I, 1976, S. 260 (280 ff.); *Selmer* FS 50 Jahre BVerfG I, 2001, S. 563 (570 ff.); *Lerche* FS Selmer, 2004, S. 197 (205); *E. Klein* in: Benda/Klein, Verfassungsprozessrecht, Rn. 1078; *Goos* in: Hillgruber/Goos Verfassungsprozessrecht, Rn. 453 f.; *Bethge* in: Maunz/Schmidt-Bleibtreu/Klein/Bethge, BVerfGG, § 69 Rn. 21 ff.; *Detterbeck* in: Sachs, GG, Art. 93 Rn. 65; *Löwer* in: HStR III, § 70 Rn. 35; *Schorkopf* in: Umbach/Clemens/Dollinger, BVerfGG, §§ 68, 69 Rn. 14; *Voßkuhle* in: v. Mangoldt/Klein/Starck, GG, Art. 93 Rn. 142.

[115] BVerfGE 81, 310 (337) = NVwZ 1990, 955 (958) → JuS 1991, 69 *(Sachs);* zu den konkurrierenden Begründungsansätzen *Bauer* Die Bundestreue, 1992, S. 234 ff.

[116] *Leisner,* FS 25 Jahre BVerfG I, 1976, S. 260 (280 ff.); *Voßkuhle* in: v. Mangoldt/Klein/Starck, GG, Art. 93 Rn. 142.

[117] *Schultzky* VerwArch 100 (2009), 552 (560 f.); *Selmer* FS 50 Jahre BVerfG I, 2001, S. 563 (575 ff.); *Lerche* FS Selmer, 2004, S. 197 (203 f.); *Meyer* in: v. Münch/Kunig, GG, Art. 93 Rn. 46; *Voßkuhle* in: v. Mangoldt/Klein/Starck, GG, Art. 93 Rn. 143; differenzierend *Bethge* Der Staat 10 (1971), 481; *Rupp* FS G. Müller, 1970, S. 341.

[118] BVerfGE 81, 310 (334) = NVwZ 1990, 955 (957) → JuS 1991, 69 *(Sachs);* E 104, 238 (246) = NVwZ 2002, 591 → JuS 2002, 806 *(Sachs).*

[119] BVerfGE 12, 205 (259) = NJW 1961, 547 (552); krit. *Detterbeck* Streitgegenstand (Fn. 61), S. 408; *Bethge* in: Maunz/Schmidt-Bleibtreu/Klein/Bethge, BVerfGG, § 69 Rn. 156; *E. Klein* in: Benda/Klein, Verfassungsprozessrecht, Rn. 1077.

[120] BVerfGE 81, 310 (333 f.) = NVwZ 1990, 955 (957) → JuS 1991, 69 *(Sachs).*

Verfassungsrechtsverhältnis „auch nicht aus dem Gebot föderaler Gleichbehandlung" abgeleitet werden kann,[121] und dass aus dem Grundsatz der Verhältnismäßigkeit und dem „damit verbundenen Denken in den Kategorien von Freiraum und Eingriff" keine „Schranken für die Kompetenzausübung in dem von Staatlichkeit und Gemeinwohlorientierung bestimmten Bund-Länder-Verhältnis gewonnen werden" können.[122] Auch wenn die Länder keine Grundrechtsträger sind, ergibt sich doch aus dem Grundsatz der **Bundestreue** die Pflicht des Bundes zu **willkürfreiem und nicht unverhältnismäßigem Verhalten.**[123] Sicher ist, dass **Art. 20 Abs. 3 GG** keine Rechte für den Bund-Länder-Streit vermittelt, da sonst jede mögliche Verletzung einfachgesetzlich begründeter Rechte genügen würde, um die Antragsbefugnis zu begründen.[124] Zudem scheidet die bloße Berufung auf **Staatszielbestimmungen und objektive Verfassungsprinzipien** – wie etwa Art. 20a GG oder das Rechtsstaatsprinzip – aus.[125]

### 4. Vorverfahren bei Streitigkeiten um die Ausführung von Bundesgesetzen

22 Die Zulässigkeit eines Antrags im Bund-Länder-Streitverfahren ist grundsätzlich nicht von der **Durchführung eines Vorverfahrens** abhängig. Die antragstellende Partei kann unmittelbar gegen Maßnahmen oder Unterlassungen des Antragsgegners vorgehen. Anderes gilt für einen Streit um die **Ausführung von Bundesgesetzen durch die Länder.** Hier muss zunächst das sog. **Mängelrügeverfahren** nach Art. 84 Abs. 4 S. 1 GG durchgeführt werden, wonach der **Bundesrat** auf Antrag der Bundesregierung oder des Landes beschließt, „ob das Land das Recht verletzt hat". In der vorgeschalteten Entscheidung eines *politisch* zusammengesetzten Gremiums (Art. 51 GG) scheint verfassungsgeschichtlich die Konzeption der Reichsverfassung von 1871 auf (→ Rn. 2). Allerdings kann gegen den Beschluss des Bundesrates gemäß Art. 84 Abs. 4 S. 2 GG das BVerfG angerufen werden.[126] Die Vorschaltung des Mängelrügeverfahrens ist zwingend.[127] Zwar ist der Wortlaut des Art. 84 Abs. 4 GG insofern nicht eindeutig. Doch verlangt schon das Gebot bundesfreundlichen Verhaltens, dass zunächst eine Bundesratsentscheidung herbeigeführt wird. In dem sich anschließenden Verfahren vor dem BVerfG richtet sich der Antrag nach dem Wortlaut des Art. 84 Abs. 4 S. 2 GG „gegen den Beschluss des Bundesrates". Entsprechend spricht § 70 BVerfGG von der Anfechtung des Bundesratsbeschlusses. Allerdings ist das Verfahren kein Organstreit zwischen dem Bundesrat und der unterlegenen Partei, sondern ein **Unterfall des Bund-Länder-Streits.**[128] Außerhalb des Anwendungsbereichs des Mängelrügeverfahrens ist ein Vorverfahren weder notwendig noch möglich.[129]

### 5. Ordnungsgemäße Antragstellung, Antragsrücknahme

23 Gemäß § 23 Abs. 1 BVerfGG ist der das Verfahren einleitende **Antrag schriftlich** zu stellen und zu **begründen.** Nach § 69 i. V. m. § 64 Abs. 2 BVerfGG ist im Antrag „die Be-

[121] BVerfGE 95, 250 (265) = NJW 1998, 219 (220) → JuS 1998, 175 *(Sachs); Selmer* FS 50 Jahre BVerfG I, 2001, S. 563 (576).

[122] BVerfGE 81, 310 (338) = NVwZ 1990, 955 (958 f.) → JuS 1991, 69 *(Sachs).*

[123] Vgl. zum Gleichheitssatz *Bethge* in: Maunz/Schmidt-Bleibtreu/Klein/Bethge, BVerfGG, § 69 Rn. 157.

[124] *Goos* in: Hillgruber/Goos Verfassungsprozessrecht, Rn. 457; *S. Müller* in: Barczak, BVerfGG, § 69 Rn. 11.

[125] BVerfGE 104, 238 (246) = NVwZ 2002, 591 → JuS 2002, 806 *(Sachs);* zweifelnd an der Restriktion anmeldend *Lerche* FS Selmer, 2004, S. 197 (199).

[126] Vgl. hinsichtlich einer Weisung des Bundes an ein Land zur Erteilung einer atomrechtlichen Weisung BVerfGE 81, 310 = NVwZ 1990, 955 → JuS 1991, 69 *(Sachs).*

[127] *Leisner* FS 25 Jahre BVerfG I, 1976, S. 260 (271); *E. Klein* in: Benda/Klein, Verfassungsprozessrecht, Rn. 1087; *Goos* in: Hillgruber/Goos Verfassungsprozessrecht, Rn. 459; *F. Kirchhof* in: Maunz/Dürig, GG, Art. 84 Rn. 213; *Stern* in: BK, Art. 93 Rn. 359; *Sachs* Verfassungsprozessrecht, Rn. 359; für Nachweise zur Gegenansicht s. *Löwer* in: HStR III, § 70 Rn. 42.

[128] *Detterbeck* Streitgegenstand (Fn. 61), S. 409; *Goos* in: Hillgruber/Goos Verfassungsprozessrecht, Rn. 460; *E. Klein* in: Benda/Klein, Verfassungsprozessrecht, Rn. 1088.

[129] *Leisner* FS 25 Jahre BVerfG I, 1976, S. 260 (272); *Pestalozza* Verfassungsprozeßrecht, § 9 Rn. 3; *Schorkopf* in: Umbach/Clemens/Dollinger, BVerfGG, Vorb §§ 68 ff. Rn. 12.

stimmung des Grundgesetzes zu bezeichnen, gegen die durch die beanstandete Maßnahme oder Unterlassung des Antragsgegners verstoßen wird". Darüber hinaus verlangt das BVerfG eine „nähere Substantiierung der Begründung".[130] Rügt der Antragsteller einen Verstoß gegen einen ungeschriebenen Grundsatz der Verfassung, so ist dieser zu nennen.[131]

Die **Rücknahme des Antrags** hat zur Folge, dass die Entscheidungszuständigkeit des BVerfG entfällt. Ein „objektiver Verfahrenszweck" steht dem nicht entgegen.[132] Das Verfahren muss beendet werden, weil der Verfahrensbeginn einen Antrag voraussetzt.[133] Der Zustimmung des Gerichts oder des Antragsgegners bedarf es nicht. Ob bereits mündlich verhandelt wurde, ist entgegen der Einschätzung des BVerfG unerheblich.[134] 24

### 6. Antragsfrist

Nach § 69 i. V. m. § 64 Abs. 3 BVerfGG muss der Antrag im Bund-Länder-Streit **binnen sechs Monaten** gestellt werden, nachdem die beanstandete Maßnahme oder Unterlassung dem Antragsteller – d. h. der jeweiligen Regierung (→ Rn. 10)[135] – **bekannt** geworden ist.[136] Wendet sich der Antragsteller gegen ein Unterlassen, beginnt die Frist erst zu laufen, wenn sich der Antragsgegner ernsthaft und eindeutig weigert, der Forderung des Antragstellers nachzukommen.[137] Eine Sonderregelung enthält § 70 BVerfGG für das **Mängelrügeverfahren** (→ Rn. 22). Danach kann der Bundesratsbeschluss nur **binnen eines Monats** nach Beschlussfassung angefochten werden. Jeweils handelt es sich um Ausschlussfristen.[138] Die Geltendmachung von Rechtsverletzungen wird durch die Fristversäumung „präkludiert"; der Antrag im Bund-Länder-Streit wird als unzulässig verworfen. Eine Wiedereinsetzung in den vorigen Stand ist – anders als bei der Verfassungsbeschwerde nach § 93 Abs. 2 BVerfGG (→ *Scherzberg* § 15 Rn. 110) – nicht vorgesehen und nicht möglich.[139] Für die **Fristberechnung** können die Vorschriften der §§ 187 ff. BGB herangezogen werden. Da Ziel der Fristbestimmung nur ist, zwischen Bund und Ländern möglichst bald Rechtsfrieden herzustellen, gilt die Frist nur für die Antragstellung, nicht für den Verfahrensbeitritt (→ Rn. 9). Dies dient dem Interesse einer möglichst umfassenden Darlegung und rechtlichen Bewertung des Streitgegenstandes.[140] 25

Wenn **unklar** ist, ob eine vom BVerfG zu entscheidende verfassungsrechtliche Bund-Länder-Streitigkeit vorliegt oder eine Streitigkeit nichtverfassungsrechtlicher Art, die gemäß § 50 Abs. 1 Nr. 1 VwGO vor dem **BVerwG** auszutragen ist (→ Rn. 12, 36), kann der Antragsteller zunächst den Verwaltungsrechtsweg beschreiten. Der Antragsteller muss nicht zur 26

---

[130] BVerfGE 24, 252 = DÖV 1969, 649; *Goos* in: Hillgruber/Goos Verfassungsprozessrecht, Rn. 416; *Pieroth* in: Jarass/Pieroth, GG, Art. 93 Rn. 15, 58.

[131] BVerfGE 6, 309 (328) = VerwRspr 1957, 525 (529); E 21, 312 (319) = NJW 1967, 1956 (1957); näher *Goos* in: Hillgruber/Goos Verfassungsprozessrecht, Rn. 416.

[132] So aber *E. Klein* in: Benda/Klein, Verfassungsprozessrecht, Rn. 1099; *Schorkopf* in: Umbach/Clemens/Dollinger, BVerfGG, §§ 68, 69 Rn. 34.

[133] *Goos* in: Hillgruber/Goos Verfassungsprozessrecht, Rn. 418 f.; *S. Müller* in: Barczak, BVerfGG, § 69 Rn. 29; *Voßkuhle* in: v. Mangoldt/Klein/Starck, GG, Art. 93 Rn. 134.

[134] Anders BVerfGE 85, 164 (165) = BeckRS 1991, 06897: „Im Verfahren nach Art. 93 Abs. 1 Nr. 3 GG [...] bedarf die Rücknahme des verfahrensleitenden Antrags vor mündlicher Verhandlung grundsätzlich weder der Einwilligung des Antragsgegners noch der Zustimmung des Gerichts."; ebenso *E. Klein* in: Benda/Klein, Verfassungsprozessrecht, Rn. 1099; *Pieroth* in: Jarass/Pieroth, GG, Art. 93 Rn. 59.

[135] Zur Wissenszurechnung *S. Müller* in: Barczak, BVerfGG, § 69 Rn. 53.

[136] Richtet sich der Antrag gegen einen Normsetzungsakt, kommt es für den Fristbeginn grundsätzlich auf den Verkündungszeitpunkt an, vgl. BVerfGE 92, 80 (87) = NJW 1995, 2775.

[137] BVerfGE 21, 312 (319 f.) = NJW 1967, 1956 (1957); *Schultzky* VerwArch 100 (2009), 576 f.; *E. Klein* in: Benda/Klein, Verfassungsprozessrecht, Rn. 1097; zur Frage des Fristbeginns bei einem legislatorischen Unterlassen *Goos* in: Hillgruber/Goos Verfassungsprozessrecht, Rn. 466.

[138] BVerfGE 80, 188 (210) = NJW 1990, 373; E 103, 164 (170) = NVwZ 2002, 66 f. → JuS 2002, 612 *(Sachs)*.

[139] *Schultzky* VerwArch 100 (2009), 552 (573 f.); *S. Müller* in: Barczak, BVerfGG, § 69 Rn. 52; *Schorkopf* in: Umbach/Clemens/Dollinger, BVerfGG, § 70 Rn. 6.

[140] BVerfGE 92, 203 (229) = NVwZ 1996, 1093 (1095); *Schorkopf* in: Umbach/Clemens/Dollinger, BVerfGG, §§ 68, 69 Rn. 21.

Sicherheit auch noch das BVerfG anrufen. Hält das BVerwG die Streitigkeit für verfassungsrechtlich, muss es die Sache dem **BVerfG,** das in verfassungsrechtlichen Streitigkeiten ein Entscheidungsmonopol hat, gemäß § 50 Abs. 3 VwGO zur Entscheidung **vorlegen** (→ Rn. 15). Damit die Antragsfrist nicht umgangen wird, verlangt das BVerfG, dass das BVerwG **binnen sechs Monaten angerufen** worden ist.[141] Entsprechendes muss für Verfahren vor dem **BSG** (§ 39 SGG) gelten (→ Rn. 12, 36).

### 7. Rechtsschutzbedürfnis

27 Für die Zulässigkeit eines Antrags im Bund-Länder-Streitverfahren ist schließlich – wie bei jedem Gesuch um gerichtlichen Rechtsschutz[142] – erforderlich, dass der Antragsteller ein **rechtlich geschütztes Interesse** an einer Entscheidung durch das BVerfG hat. Allerdings wird das Rechtsschutzbedürfnis durch das Vorliegen der normierten Zulässigkeitsvoraussetzungen indiziert.[143] Dass der Bund gegen ein Land auch im Wege des **Bundeszwangs** nach Art. 37 GG vorgehen kann, steht dem Rechtsschutzbedürfnis nicht entgegen, da der Bundeszwang die Zustimmung des Bundesrates voraussetzt und die Anrufung des BVerfG ein milderes Mittel ist.[144] Außerdem kann das betroffene Land gegen Maßnahmen des Bundeszwangs ohnehin das Verfassungsgericht anrufen. Dass eine Verletzungshandlung in der **Vergangenheit** liegt und abgeschlossen ist, führt nicht *per se* zu einem Wegfall des Rechtsschutzbedürfnisses.[145] Eine **Wiederholungsgefahr** muss vollständig ausgeschlossen sein. Eine bloße **Wohlverhaltenszusage,** die Versicherung des Antragsgegners, eine bestimmte Praxis nicht fortzuführen, beseitigt das Rechtsschutzbedürfnis jedenfalls so lange nicht, wie das Vorbringen des Antragsgegners die Deutung zulässt, er fühle sich im Recht und halte sein Vorgehen für zulässig.[146] Schließlich kann, wenn auch der Verwaltungsrechtsweg beschritten wurde, gegen das Rechtschutzbedürfnis nicht das Prozesshindernis der anderweitigen **Rechtshängigkeit** vorgebracht werden, da die Entscheidung über verfassungsrechtliche Streitigkeiten beim BVerfG monopolisiert ist (→ Rn. 15).[147]

28 **Lösung zu Fall 1:** Im Streit um die Aufgabe des sog. integrierten Entsorgungskonzepts waren der Bund und der Freistaat Bayern *parteifähig.* Die Bayerische Staatsregierung war gemäß § 68 Var. 2 BVerfGG ein tauglicher *Antragsteller,* die Bundesregierung gemäß § 68 Var. 1 BVerfGG der richtige *Antragsgegner.* In der Sachverhaltsdarstellung des Gerichts heißt es, dass die Hessische Landesregierung die Auffassung der Antragstellerin teilt.[148] Zu einem formellen *Verfahrensbeitritt* ist es aber *nicht* gekommen. Der Bund-Länder-Streit war nach Art. 93 Abs. 1 Nr. 3 GG *statthaft,* weil die Bayerische Staatsregierung die Feststellung beantragt hatte, dass der Bund durch die Unterbre-

---

[141] BVerfGE 109, 1 (10) = NVwZ 2004, 468 (470) → *Ehlers* JK 04, BVerfGG §§ 69, 64 III/4 und → JuS 2004, 434 *(Sachs); Schultzky* VerwArch 100 (2009), 552 (577 f.); *Goos* in: Hillgruber/Goos Verfassungsprozessrecht, Rn. 468; *Löwer* in: HStR III, § 70 Rn. 37; für die Annahme einer Fristhemmung bis zur Entscheidung des BVerwG *Schorkopf* in: Umbach/Clemens/Dollinger, BVerfGG, §§ 68, 69 Rn. 24.

[142] Vgl. BVerwGE 81, 164 (165) = NVwZ 1989, 673; *Ehlers/Schneider* in: Schoch/Schneider, VwGO, Vorb § 40 Rn. 74 f.

[143] Vgl. auch BVerwGE 81, 164 (165 f.) = NVwZ 1989, 673; *Löwer* in: HStR III, § 70 Rn. 46; *S. Müller* in: Barczak, BVerfGG, § 69 Rn. 60.

[144] *Goos* in: Hillgruber/Goos Verfassungsprozessrecht, Rn. 471.

[145] BVerfGE 1, 372 (379) = NJW 1952, 970; E 10, 4 (11) = NJW 1959, 1723; E 41, 291 (303 f.) = NJW 1976, 1443; *Goos* in: Hillgruber/Goos Verfassungsprozessrecht, Rn. 475; *Löwer* in: HStR III, § 70 Rn. 46; *Pieroth* in: Jarass/Pieroth, GG, Art. 93 Rn. 57, 27 f.; *Schorkopf* in: Umbach/Clemens/Dollinger, BVerfGG, §§ 68, 69 Rn. 19.

[146] BVerfGE 41, 291 (303 f.) = NJW 1976, 1443; *Mayer/Müller/Wagner* VerwArch 94 (2003), 316; *Selmer* FS 50 Jahre BVerfG I, 2001, S. 563 (580); *Goos* in: Hillgruber/Goos Verfassungsprozessrecht, Rn. 473.

[147] BVerfGE 84, 25 (30) = NVwZ 1991, 870 → *Erichsen* JK 93, GG Art. 85 III/1 und → JuS 1992, 153 *(Sachs); Goos* in: Hillgruber/Goos Verfassungsprozessrecht, Rn. 474; *Ehlers/Schneider* in: Schoch/Schneider, VwGO, § 40 Rn. 199.

[148] BVerfGE 104, 238 (245) = NVwZ 2002, 591 → JuS 2002, 806 *(Sachs).*

chung der Erkundung des Salzstockes Gorleben und die Aufgabe des Entsorgungskonzepts für radioaktive Abfälle ohne Beteiligung der Länder u. a. gegen die grundgesetzliche Kompetenzverteilung der Art. 83 ff. GG und den verfassungsrechtlichen Grundsatz des bundesfreundlichen Verhaltens – mithin gegen grundgesetzliche Vorgaben, die das Bund-Länder-Verhältnis konkretisieren – verstoßen hat.[149] Am Vorliegen eines formell *ordnungsgemäßen Antrags* bestanden keine Zweifel.[150] Da der Antrag am 13.12.2000 beim BVerfG eingegangen war, wurde die *Antragsfrist* von sechs Monaten gerade noch gewahrt, da die Bundesregierung die Entschließung zum Moratorium und zur Aufgabe des Entsorgungskonzepts am 14.6.2000 kenntlich gemacht hatte.[151] Allerdings hat das BVerfG die Anträge als unzulässig verworfen, weil die Bayerische Staatsregierung ihre *Antragsbefugnis* nicht darzulegen vermochte.[152] Es sei nichts dafür ersichtlich, dass dem Freistaat Bayern eine im Grundgesetz wurzelnde Rechtsposition auf zügige und kontinuierliche Erkundung des Endlagers Gorleben oder auf Beteiligung bei der Änderung des Entsorgungskonzepts gegenüber dem Bund zustehen könnte. Auf die Verletzung von Grundrechten sowie auf Art. 20a GG und Art. 20 Abs. 3 GG könne sich die Antragstellerin nicht berufen, „weil ein Land vom Bund nur die Achtung solcher Verfassungsnormen verlangen kann, die die Bundesgewalt in Auswirkung auf das Verfassungsleben der Länder beherrschen und damit eine rechtliche Beziehung zwischen Bundesgewalt und Landesgewalten herstellen". Die genannten Bestimmungen prägten nicht das föderative Bund-Länder-Verhältnis. Dass den Ländern eine verfassungsrechtliche Position bei der Regelung der Endlagerung auch nicht nach der Zuständigkeitsverteilung der Art. 83 ff. GG zukommt, begründete das BVerfG vor allem damit, dass Endlagerstätten auf der Grundlage des Art. 87 Abs. 3 S. 1 GG in bundeseigener Verwaltung erkundet werden. Der Bund könne durch die Errichtung einer Bundesoberbehörde, der er bestimmte Aufgaben zuweist (hier des Bundesamtes für Strahlenschutz), die Verwaltungszuständigkeit an sich ziehen und gleichzeitig insoweit die Verwaltungshoheit der Länder nach Art. 83 GG beenden. Auf den Grundsatz des bundesfreundlichen Verhaltens könne sich die Antragstellerin nicht berufen, weil der Grundsatz eine korrespondierende Rechtsposition der Länder voraussetze.

## III. Begründetheit

Ist der Antrag im Bund-Länder-Streit zulässig, „stellt" das BVerfG gemäß § 69 i. V. m. § 67 BVerfGG in Parallele zum Organstreit (→ *Ehlers* § 18 Rn. 71) „fest", „ob die beanstandete Maßnahme oder Unterlassung des Antragsgegners gegen eine Bestimmung des Grundgesetzes verstößt" (§ 67 Abs. 1 S. 1 BVerfGG).[153] Ist ein Antrag gemäß Art. 84 Abs. 4 S. 2 GG nach einem Mängelrügeverfahren (→ Rn. 22) begründet, ist der Beschluss des Bundesrates aufzuheben und in der Sache durch Feststellungsurteil zu entscheiden.[154] Ein Folgenbeseitigungsausspruch ist im Urteilstenor beim Bund-Länder-Streit nach Art. 93 Abs. 1 Nr. 3 GG – anders als im Verfahren nach Art. 93 Abs. 1 Nr. 4 Var. 1 und 2 GG (→ Rn. 42, 51), aber wie im Verfahren nach Art. 93 Abs. 1 Nr. 4 Var. 3 GG (→ Rn. 59) – nicht vorgesehen. Entscheidungen gestaltender und verpflichtender Art kommen nicht in Betracht.[155] Durch das bloße **Feststel-** 29

---

[149] Näher BVerfGE 104, 238 (242 ff.) = NVwZ 2002, 591 → JuS 2002, 806 *(Sachs).*
[150] BVerfGE 104, 238 (242) = NVwZ 2002, 591 → JuS 2002, 806 *(Sachs).*
[151] BVerfGE 104, 238 (245) = NVwZ 2002, 591 → JuS 2002, 806 *(Sachs).*
[152] BVerfGE 104, 238 (245 ff.) = NVwZ 2002, 591 → JuS 2002, 806 *(Sachs).*
[153] Zu den Folgen des Feststellungsurteils *Bethge* in: Maunz/Schmidt-Bleibtreu/Klein/Bethge, BVerfGG, § 69 Rn. 171 ff.; *Detterbeck* Streitgegenstand (Fn. 61), S. 410 ff.; *Goos* in: Hillgruber/Goos Verfassungsprozessrecht, Rn. 485 f.; *Löwer* in: HStR III, § 70 Rn. 47.
[154] Zur Notwendigkeit einer „kassatorischen" Entscheidung *Bethge* in: Maunz/Schmidt-Bleibtreu/Klein/Bethge, BVerfGG, § 70 Rn. 30 ff.; *Schorkopf* in: Umbach/Clemens/Dollinger, BVerfGG, § 70 Rn. 10.
[155] A. A. *Bethge* in: Maunz/Schmidt-Bleibtreu/Klein/Bethge, BVerfGG, § 69 Rn. 160.

**lungsurteil** unterscheidet sich der verfassungsrechtliche Bund-Länder-Streit vom Verfahren der abstrakten Normenkontrolle, in dem die angegriffene Norm ggf. für nichtig erklärt wird (→ *Thiemann* § 17 Rn. 63ff.). Gesetzeskraft haben Entscheidungen im Bund-Länder-Streit nicht (§ 31 Abs. 2 BVerfGG).[156]

30 Das Prüfungsprogramm wird durch die Anforderungen an den Streitgegenstand (→ Rn. 11ff.) und die Antragsbefugnis (→ Rn. 16ff.) bestimmt. Zu untersuchen ist lediglich, ob **gegen grundgesetzliche Konkretisierungen des Bundesstaatsprinzips verstoßen** wurde.[157] Grundrechte sind kein Prüfungsmaßstab (→ Rn. 21). Einfachgesetzliche Fragen werden nur insoweit beantwortet, als die Befassung damit ein notwendiger Bestandteil der verfassungsrechtlichen Prüfung ist. In der Fallbearbeitung ist bei der Bildung des Obersatzes zu berücksichtigen, dass der Bund-Länder-Streit **kein objektiv-rechtliches Beanstandungsverfahren** ist. Das BVerfG betont zwar den objektiven Verfahrenszweck des Bund-Länder-Streits.[158] Doch ist – in Entsprechung zur Antragsbefugnis auf der Zulässigkeitsebene (→ Rn. 16f.) – der Antrag nur begründet, wenn der Antragsgegner durch die Maßnahme oder Unterlassung grundgesetzliche, das Bundesstaatsprinzip konkretisierende **Rechte des Antragstellers verletzt.**[159]

## C. Sonstiger Bund-Länder-Streit (Art. 93 Abs. 1 Nr. 4 Var. 1 GG)

31 Nach Art. 93 Abs. 1 Nr. 4 Var. 1 GG entscheidet das BVerfG auch „in **anderen öffentlich-rechtlichen Streitigkeiten zwischen dem Bunde und den Ländern** [...], soweit nicht ein anderer Rechtsweg gegeben ist".

### I. Funktion und Bedeutung

32 Die Bedeutung des Bund-Länder-Streits nach Art. 93 Abs. 1 Nr. 4 Var. 1 GG ist gering. Da ausdrücklich festgelegt ist, dass es sich um „andere öffentlich-rechtliche Streitigkeiten" handeln muss, scheiden die von Art. 93 Abs. 1 Nr. 3 GG erfassten verfassungsrechtlichen Bund-Länder-Streitigkeiten (→ Rn. 12ff.) aus. Zudem ist regelmäßig ein „anderer Rechtsweg" zum BVerwG bzw. zum BSG gegeben (→ Rn. 36). Bei der Schaffung des Grundgesetzes ging es noch um eine unentbehrliche Lückenschließung im Gerichtsschutz.[160] Heute läuft Art. 93 Abs. 1 Nr. 4 Var. 1 GG praktisch leer.[161] Die Entscheidungskompetenz des BVerfG ruht. Bislang sind **nur wenige Entscheidungen** ergangen. In einem frühen Fall stritten sich Bayern und der Bund über die Verteilung von Mitteln für den sozialen Wohnungsbau und den Grundsatz der Bundestreue.[162] Damals gab es die verwaltungsgerichtliche Generalklausel des § 40 Abs. 1 S. 1 VwGO noch nicht. Heute wäre das BVerwG zuständig (→ Rn. 36). In einer anderen Entscheidung ging es – worauf gleich näher einzugehen ist (→ Rn. 34) – um einen Streit aus dem Einigungsvertrag (EV) zwischen dem Land Brandenburg und dem Bund.[163]

---

[156] *Bethge* in: Maunz/Schmidt-Bleibtreu/Klein/Bethge, BVerfGG, § 69 Rn. 194ff.

[157] *E. Klein* in: Benda/Klein, Verfassungsprozessrecht, Rn. 1099; *Pieroth* in: Jarass/Pieroth, GG, Art. 93 Rn. 60; *Voßkuhle* in: v. Mangoldt/Klein/Starck, GG, Art. 93 GG Rn. 148.

[158] BVerfGE 41, 291 (311) = NJW 1976, 1443 (1445); *Mayer/Müller/Wagner* VerwArch 94 (2003), 295 (314ff.).

[159] *Mayer/Müller/Wagner* VerwArch 94 (2003), 295 (315); *Gersdorf* Verfassungsprozessrecht, Rn. 137; etwas anders *Goos* in: Hillgruber/Goos Verfassungsprozessrecht, Rn. 480.

[160] Vgl. *Stern* Staatsrecht II, S. 1001.

[161] *Selmer* FS 50 Jahre BVerfG I, 2001, S. 563 (566); *Maurer* Staatsrecht I, § 20 Rn. 60; *E. Klein* in: Benda/Klein, Verfassungsprozessrecht, Rn. 1109; *Schlaich/Korioth* BVerfG, Rn. 106.

[162] BVerfGE 1, 299 (314ff.) = NJW 1952, 737.

[163] BVerfGE 94, 297 (309ff.) = VIZ 1996, 384 (385); vgl. auch E 95, 250 (266) = NJW 1998, 219 (221) → JuS 1998, 175 *(Sachs)*.

## II. Zulässigkeitsvoraussetzungen

Die **Zulässigkeitsvoraussetzungen** ergeben sich aus Art. 93 Abs. 1 Nr. 4 Var. 1 GG und den Konkretisierungen in § 13 Nr. 8 i. V. m. §§ 71 f. BVerfGG. 33

**Fall 2:** Nach den Richtlinien der Treuhandanstalt über die Verpachtung ehemals volkseigener landwirtschaftlicher Flächen sollten Opfer der besatzungsrechtlichen Bodenreform (1945–1949) oder ihre Erben bei der Verpachtung bevorzugt werden. Zudem sollten die Pachtverträge eine Kaufoption enthalten. Die Regierung des Landes Brandenburg wandte sich gegen die Regelungen mit der Begründung, dass der Einigungsvertrag verletzt werde, zu dessen Inhalt auch die „Gemeinsame Erklärung" der Bundesregierung und der Regierung der ehemaligen DDR gehört (Art. 41 EV), wonach „bei der Lösung der anstehenden Vermögensfragen [...] ein sozial verträglicher Ausgleich unterschiedlicher Interessen zu schaffen ist" und „die Enteignungen auf besatzungsrechtlicher bzw. besatzungshoheitlicher Grundlage (1945–1949) nicht mehr rückgängig zu machen (sind)". War der Bund-Länder-Streit zulässig?[164] 34

### 1. Statthaftigkeit der Verfahrensart und Subsidiarität des bundesverfassungsgerichtlichen Verfahrens

Vom Verfahren nach Art. 93 Abs. 1 Nr. 3 GG unterscheidet sich Art. 93 Abs. 1 Nr. 4 Var. 1 GG im Verfahrensgegenstand: erfasst werden „andere öffentlich-rechtliche Streitigkeiten". Vielfach wird gesagt, dass Art. 93 Abs. 1 Nr. 3 GG die verfassungsrechtlichen und Art. 93 Abs. 1 Nr. 4 Var. 1 GG die **nichtverfassungsrechtlichen Streitigkeiten** betreffe.[165] Dieser Beschränkung entspricht die Rechtsprechung des BVerfG nicht. Vielmehr hat das Gericht nach Art. 93 Abs. 1 Nr. 4 Var. 1 GG auch über einen (verfassungsrechtlichen) Streit aus dem **Einigungsvertrag** entschieden, der es in Art. 44 jedem der neuen Länder gestattet, Rechte geltend zu machen, die zugunsten der DDR oder zu ihren eigenen Gunsten unmittelbar in dem Vertrag begründet worden sind.[166] Danach erfasst Art. 93 Abs. 1 Nr. 4 Var. 1 GG neben den nichtverfassungsrechtlichen auch die **nicht grundgesetzbezogenen verfassungsrechtlichen Streitigkeiten,** die ihre Grundlage außerhalb der „formellen Verfassung" im bloß „materiellen Verfassungsrecht" haben.[167] Zwingend notwendig ist die Judikatur nicht.[168] Aus Gründen der klaren Trennung sollte Art. 93 Abs. 1 Nr. 4 Var. 1 GG auf öffentlich-rechtliche Streitigkeiten nichtverfassungsrechtlicher Art beschränkt werden und Art. 93 Abs. 1 Nr. 3 GG alle verfassungsrechtlichen Streitigkeiten erfassen. Die Abgrenzungsfrage ist nicht bedeutungslos,[169] da das BVerfG – worauf unten einzugehen ist (→ Rn. 41) – nach Art. 93 Abs. 1 Nr. 4 GG den Antragsgegner auch zur Vornahme oder Unterlassung einer Maßnahme verpflichten, also nicht nur wie bei Art. 93 Abs. 1 Nr. 3 GG (→ Rn. 29) bloß eine Feststellung treffen kann. Allerdings sind verfassungsrechtliche Streitigkeiten zwischen Bund und Ländern, die ihre Grundlage nicht im Grundgesetz (einschließlich seiner ungeschriebenen Grundsätze), sondern im **„extrakonstitutionellen Verfassungsrecht"** haben, eine seltene Ausnahme.[170] 35

---

164 Fall nach BVerfGE 94, 297 = VIZ 1996, 384; näher dazu etwa *Brechmann* Bund-Länder-Streit, S. 120 ff.

165 S. etwa *Stern* Staatsrecht II, S. 1001; *Pieroth* in: Jarass/ Pieroth, GG, Art. 93 Rn. 62; *Schlaich/Korioth* BVerfG, Rn. 106.

166 BVerfGE 94, 297 (309 ff.) = VIZ 1996, 384; ebenso *Wagner* Der Einigungsvertrag nach dem Beitritt, 1994, S. 268 ff.

167 *Detterbeck* Streitgegenstand (Fn. 61), S. 416 f.; *Sachs* Verfassungsprozessrecht, Rn. 370; *Voßkuhle* in: v. Mangoldt/Klein/Starck, GG, Art. 93 Rn. 154.

168 Krit. auch *Maurer* Staatsrecht I, § 20 Rn. 60; *E. Klein* in: Benda/Klein, Verfassungsprozessrecht, Rn. 1111; *Wieland* in: Dreier, GG, Art. 93 Rn. 79; positiver *Selmer* FS 50 Jahre BVerfG I, 2001, S. 563 (573).

169 So aber *Maurer* Staatsrecht I, § 20 Rn. 60.

170 *Sachs* Verfassungsprozessrecht, Rn. 370; *Voßkuhle* in: v. Mangoldt/Klein/Starck, GG, Art. 93 Rn. 154; vgl. zur Abgrenzung *Isensee* in HStR II, § 15 Rn. 188 ff.; krit. zu dieser Unterscheidung *Hesse* in: Benda/Maihofer/Vogel, Hdb Verfassungsrecht, § 1 Rn. 3 mit Fn. 4.

36 Manche Autoren meinen, dass Art. 93 Abs. 1 Nr. 4 Var. 1 GG von vornherein nur dieses „andere Verfassungsrecht“ erfasst.[171] Dem muss wegen der **Subsidiaritätsklausel** („soweit nicht ein anderer Rechtsweg gegeben ist“) nicht nachgegangen werden, da über „öffentlich-rechtliche Streitigkeiten **nichtverfassungsrechtlicher Art** zwischen dem Bund und den Ländern“ gemäß § 40 Abs. 1 S. 1 i.V.m. § 50 Abs. 1 Nr. 1 VwGO das **BVerwG** „im ersten und letzten Rechtszug“ bzw. bei sozialgerichtlichen Streitigkeiten (§ 51 SGG) gemäß § 39 Abs. 2 SGG das **BSG** zuständig ist. Dass die obersten Bundesgerichte verpflichtet sind, verfassungsrechtliche Streitigkeiten dem BVerfG vorzulegen, wurde bereits erwähnt (→ Rn. 15).

### 2. Sonstige Zulässigkeitsvoraussetzungen

37 Hinsichtlich der sonstigen Zulässigkeitsvoraussetzungen bestehen keine Besonderheiten. **Parteien** des Streitverfahrens können – wie beim grundgesetzbezogenen Bund-Länder-Streit (→ Rn. 8ff.) – nur der Bund und die Länder sein. **Vertretungsbefugt** sind gemäß § 71 Abs. 1 Nr. 1 BVerfGG erneut allein die Regierungen (→ Rn. 10). Im Falle des **Untergangs eines Landes** durch Eingliederung sollen die auf dem Territorium des untergegangenen Landes bestehenden obersten Selbstverwaltungskörperschaften handeln können.[172] Auf Details wird in anderem Zusammenhang eingegangen (→ Rn. 46). Einzelpersonen ist dieser Weg – unabhängig davon, ob sie als Abgeordnete demokratisch legitimiert sind oder nicht – versperrt.[173]

38 Für die **Antragsbefugnis** fehlt es an einer ausdrücklichen Regelung. In den §§ 71f. BVerfGG findet sich – anders als für den grundgesetzbezogenen Verfassungsstreit (§ 69 BVerfGG) – kein genereller Verweis auf das Organstreitverfahren (§§ 64 bis 67 BVerfGG).[174] Freilich muss es auch hier um „Streitigkeiten“ gehen (→ Rn. 16ff.). Der Konflikt muss einen „kontradiktorischen“ Charakter haben.[175] Die antragstellende Partei muss geltend machen, dass der Antragsgegner ihre Rechte möglicherweise verletzt oder unmittelbar gefährdet.[176]

39 Die **Formerfordernisse** sind in § 23 Abs. 1 BVerfGG geregelt. Die **Antragsfrist** beträgt gemäß § 71 Abs. 2 i.V.m. § 64 Abs. 3 BVerfGG sechs Monate, nachdem die beanstandete Maßnahme oder Unterlassung dem Antragsteller bekannt geworden ist.[177] Schließlich muss der Antragsteller wie im Fall der grundgesetzbezogenen Bund-Länder-Streitigkeit (→ Rn. 27) ein **Rechtsschutzinteresse** an der verfassungsgerichtlichen Streiterledigung haben.[178]

40 **Lösung zu Fall 2:** Im Rechtsstreit um die Bevorzugung der Opfer der Bodenreform hielt das BVerfG das Verfahren – ohne auf Art. 93 Abs. 1 Nr. 3 GG einzugehen – gemäß Art. 93 Abs. 1 Nr. 4 GG für *statthaft.* Betont wurde, dass „ein anderer Rechtsweg, etwa der zum BVerwG gemäß §§ 40 Abs. 1 S. 1, 50 Abs. 1 Nr. 1 VwGO, für einen solchen Rechtsstreit nicht gegeben (ist), weil es sich um materielles Verfassungsrecht han-

---

[171] *Voßkuhle* in: v. Mangoldt/Klein/Starck, GG, Art. 93 Rn. 154.

[172] *E. Klein* in: Benda/Klein, Verfassungsprozessrecht, Rn. 1107; *Pieroth* in: Jarass/ Pieroth, GG, Art. 93 Rn. 61; offengelassen in BVerfGE 49, 10 (15) = BayVBl 1978, 732f.

[173] BVerfGE 49, 10 (15) = BayVBl 1978, 732f.; *E. Klein* in: Benda/Klein, Verfassungsprozessrecht, Rn. 1107.

[174] Der fehlende Verweis auf § 64 Abs. 1 BVerfGG ist keine Nachlässigkeit, sondern wohlüberlegt. Denn § 64 Abs. 1 BVerfGG betrifft die Verletzung oder unmittelbare Gefährdung von „durch das Grundgesetz übertragenen Rechten und Pflichten“. Darum geht es bei Art. 93 Abs. 1 Nr. 4 Var. 1 GG jedoch gerade nicht. Vgl. *E. Klein* in: Benda/Klein, Verfassungsprozessrecht, Rn. 1108.

[175] *Leisner* FS 25 Jahre BVerfG I, 1976, S. 260 (263); *E. Klein* in: Benda/Klein, Verfassungsprozessrecht, Rn. 1108; *Voßkuhle* in: v. Mangoldt/Klein/Starck, GG, Art. 93 Rn. 155.

[176] *Pieroth* in: Jarass/Pieroth, GG, Art. 93 Rn. 63.

[177] *Umbach/Dollinger* in: Umbach/Clemens/Dollinger, BVerfGG, § 71 Rn. 23.

[178] *E. Klein* in: Benda/Klein, Verfassungsprozessrecht, Rn. 1112.

delt".[179] Allerdings wurde der Antrag des Landes Brandenburg wegen fehlender *Antragsbefugnis* als unzulässig verworfen. Eine Verpflichtung der Bundesrepublik Deutschland aus dem Einigungsvertrag, bei der Regelung offener Vermögensfragen einen sozial verträglichen Ausgleich unterschiedlicher Interessen zu schaffen und keine Rechtsvorschriften zu erlassen, die der Gemeinsamen Erklärung widersprechen, werde durch die Richtlinie der Treuhandanstalt „offensichtlich nicht verletzt". Das Gericht erklärte, dass „von einer generellen und sozial unverträglichen Bevorzugung der Bodenreformopfer oder ihrer Erben bei der Verpachtung von ehemals volkseigenen landwirtschaftlichen Flächen nicht die Rede sein (kann)".[180]

### III. Begründetheit

Hinsichtlich des Entscheidungsinhalts trifft § 72 BVerfGG eine Regelung, die über die Vorgaben für den Bund-Länder-Streit nach Art. 93 Abs. 1 Nr. 3 GG (→ Rn. 29 f.) und den Organstreit nach Art. 93 Abs. 1 Nr. 1 GG (→ *Ehlers* § 18 Rn. 71 f.) hinausgeht.[181] Danach kann das BVerfG in seiner Entscheidung nicht nur „auf die Zulässigkeit oder Unzulässigkeit einer Maßnahme erkennen" (§ 72 Abs. 1 Nr. 1 BVerfGG), also ein **Feststellungsurteil** erlassen, sondern den Antragsgegner auch zu einer **Leistung** (§ 72 Abs. 1 Nr. 3 BVerfGG) oder zu **sonstigem Verhalten** (§ 72 Abs. 1 Nr. 2 BVerfGG) **verpflichten.** 41

## D. Streit zwischen Bundesländern (Art. 93 Abs. 1 Nr. 4 Var. 2 GG)

Nach Art. 93 Abs. 1 Nr. 4 Var. 2 GG ist das BVerfG auch für **„öffentlich-rechtliche Streitigkeiten** [...] **zwischen verschiedenen Ländern"** zuständig, „soweit nicht ein anderer Rechtsweg gegeben ist". 42

### I. Funktion und Bedeutung

Dass das BVerfG – wie schon der Staatsgerichtshof in der Weimarer Republik (→ Rn. 2) – auch über Streitigkeiten zwischen den Bundesländern entscheiden kann, soll den **„Bundesfrieden"** sichern.[182] Allerdings wird der Anwendungsbereich des Zwischenländerstreitverfahrens durch die **Subsidiaritätsklausel** erheblich eingeschränkt. Da bei öffentlich-rechtlichen Streitigkeiten nichtverfassungsrechtlicher Art „ein anderer Rechtsweg" gegeben ist (→ Rn. 47), beschränkt sich der bundesverfassungsgerichtliche Zwischenländerstreit im Ergebnis auf **verfassungsrechtliche Streitigkeiten** (→ Rn. 47). In der Praxis ging es bislang vor allem um Streitigkeiten um die verfassungsrechtlichen Rechte von vorkonstitutionell durch Eingliederungsverträge untergegangenen Gliedstaaten.[183] Angesichts der stets latenten Diskussion um die Neugliederung des Bundesgebietes könnte die Judikatur wieder aktuell werden.[184] 43

---

[179] BVerfGE 94, 297 (309, 310) = VIZ 1996, 384 (385).

[180] BVerfGE 94, 297 (314) = VIZ 1996, 384 (386).

[181] Näher zum Entscheidungsinhalt und den Rechtsfolgen des Urteils *Umbach/Dollinger* in: Umbach/Clemens/Dollinger, BVerfGG, § 71 Rn. 4 ff., 11 ff.

[182] *E. Klein* in: Benda/Klein, Verfassungsprozessrecht, Rn. 1119; *Löwer* in: HStR III, § 70 Rn. 28; *Stern* Staatsrecht II, S. 996 f., 1003.

[183] BVerfGE 4, 250 (267 ff.) = VerwRspr 1956, 517 (520 ff.); E 22, 221 (231 ff.) = BeckRS 1967, 104154; BVerfGE 38, 231 (237) = BeckRS 1974, 104431; E 62, 295 (312 f.) = NVwZ 1983, 467; allgemein *Frowein* ZaÖRV 30 (1970), 1.

[184] Im Übrigen soll das Verfahren auch außerhalb von Staatsverträgen bei einem verfassungsrechtlichen Streit zwischen Ländern wichtig werden können, wenn mangels besonderer Vereinbarung subsidiär nach völkerrechtlichen Regelungen zu entscheiden ist; so *Umbach/Dollinger* in: Umbach/Clemens/Dollinger, BVerfGG, § 71 Rn. 39; *Voßkuhle* in: v. Mangoldt/Klein/Starck, GG, Art. 93 Rn. 156.

## II. Zulässigkeitsvoraussetzungen

44 Die Voraussetzungen für die **Zulässigkeit** einer bundesverfassungsgerichtlichen Entscheidung eines Streits zwischen Ländern ergeben sich aus Art. 93 Abs. 1 Nr. 4 Var. 2 GG, der durch § 13 Nr. 8 i. V. m. §§ 71 f. BVerfGG konkretisiert wird.

45 **Fall 3:** Der Freistaat Coburg wurde in den Freistaat Bayern durch einen am 1.7.1920 in Kraft getretenen Staatsvertrag zwischen beiden Ländern eingegliedert. Der Vertrag enthält u. a. Regelungen zur Wahrung der kulturellen Interessen Coburgs. Vor allem wurden die bestehenden Bildungsanstalten garantiert. Durch ein am 31.10.1962 verkündetes Gesetz wurde die Stadt Coburg verpflichtet, vorher nicht bestehende Lasten als Träger der betroffenen Schulen zu übernehmen. Wie konnte sie dagegen vorgehen?[185]

### 1. Parteifähigkeit und Vertretungsbefugnis

46 **Parteien** des Rechtsstreits sind die Länder selbst. **Vertretungsbefugt** sind gemäß § 71 Abs. 1 Nr. 2 BVerfGG erneut nur die Landesregierungen (→ Rn. 10). Probleme ergeben sich, wenn es um die Verletzung der Rechte eines **untergegangenen Landes** geht. Das BVerfG fingiert das untergegangene Land **„als fortbestehend"**, soweit Rechte geltend gemacht werden, die im unmittelbaren Zusammenhang mit seinem Untergang stehen.[186] Dahinter steht die Überlegung, dass Art. 93 Abs. 1 Nr. 4 GG einen lückenlosen Gerichtsschutz gewähren will. Außerdem gelten nach der Altrechtsklausel des Art. 123 Abs. 1 GG die Eingliederungsverträge als Recht aus der Zeit vor dem Zusammentritt des Ersten Bundestages fort, soweit sie dem Grundgesetz nicht widersprechen.[187] Da die Landesregierung als verfassungsmäßiges Vertretungsorgan nicht mehr besteht, sollen die auf dem Territorium bestehenden **obersten Selbstverwaltungskörperschaften** – in der Regel Landkreise oder kreisfreie Städte – „als Repräsentanten der Bevölkerung des untergegangenen Landes" den Antrag stellen können.[188] Nach anderer Auffassung können die Gebietskörperschaften in einer Prozessstandschaft die Rechte des untergegangenen Landes im eigenen Namen geltend machen.[189] Dagegen wird vorgebracht, dass die Prozessstandschaft als Ausnahmetatbestand einer ausdrücklichen gesetzlichen Zulassung bedürfe, die nicht besteht.[190] Der dogmatische Streit hat keine praktische Bedeutung. Jedenfalls müssen alle fortbestehenden Gebietskörperschaften grundsätzlich gemeinsam handeln. Anderes gilt nur, wenn einzelne Körperschaften sich der Rechtsverfolgung verweigern und damit die Gesamtbevölkerung schutzlos gestellt würde.[191]

### 2. Statthaftigkeit der Verfahrensart und Subsidiarität des bundesverfassungsgerichtlichen Verfahrens

47 Anders als es der Wortlaut des – insoweit redaktionell verunglückten[192] – Art. 93 Abs. 1 Nr. 4 GG nahelegt („*andere* öffentlich-rechtliche Streitigkeiten"), kann es im Streit zwi-

---

[185] BVerfGE 22, 221 = BeckRS 1967, 104154.

[186] BVerfGE 4, 250 (268) = VerwRspr 1956, 517 (520 f.); E 22, 221 (231) = BeckRS 1967, 104154; E 62, 295 (312) = NVwZ 1983, 467; unklar E 42, 345 (355) (insoweit nicht abgedruckt in DÖV 1977, 60).

[187] *Umbach/Dollinger* in: Umbach/Clemens/Dollinger, BVerfGG, § 71 Rn. 33.

[188] BVerfGE 4, 250 (267) = VerwRspr 1956, 517 (520); E 13, 54 (86) = NJW 1961, 1453 (1456); E 22, 221 (231, 233) = BeckRS 1967, 104154; E 42, 345 (355 f.) (insoweit nicht abgedruckt in DÖV 1977, 60); zum historischen Hintergrund der Rechtsprechung des Staatsgerichtshofs *Stern* in: BK, Art. 93 Rn. 390 ff.

[189] *E. Klein* in: Benda/Klein, Verfassungsprozessrecht, Rn. 1124; *Detterbeck* in: Sachs, GG, Art. 93 Rn. 64; *Umbach/Dollinger* in: Umbach/Clemens/Dollinger, BVerfGG, § 71 Rn. 38.

[190] *Bethge* in: Maunz/Schmidt-Bleibtreu/Klein/Bethge, BVerfGG, § 71 Rn. 108 m. w. Nachw.; *Voßkuhle* in: v. Mangoldt/Klein/Starck, GG, Art. 93 Rn. 157; *E. Klein* in: Benda/Klein, Verfassungsprozessrecht, Rn. 1125, halten dem das Gebot effektiven Rechtsschutzes entgegen.

[191] BVerfGE 22, 221 (231 ff.) = BeckRS 1967, 104154.

[192] Die Wendung „andere öffentlich-rechtliche Streitigkeiten" kann sich nur auf Art. 93 Abs. 1 Nr. 4 Var. 1 GG beziehen, da in keiner der vorangehenden Ziffern des Art. 93 Abs. 1 GG eine Zuständigkeit des BVerfG für Streitigkeiten zwischen den Ländern normiert ist; so auch *Stern* Staatsrecht II, S. 1003.

schen den Ländern grundsätzlich nicht nur um verwaltungsrechtliche, sondern auch um verfassungsrechtliche, mithin um **alle öffentlich-rechtlichen Streitigkeiten** gehen.[193] Dafür spricht neben dem Zweck der Regelung, den „Bundesfrieden" zu sichern (→ Rn. 43), die Entstehungsgeschichte. Das BVerfG steht insofern in der „staatsgerichtlichen" Tradition.[194] Nur privatrechtliche Verträge können – dem Vorbild der Weimarer Reichsverfassung entsprechend (→ Rn. 2) – kein Streitgegenstand sein.[195] Teile des Schrifttums[196] und – wenn auch nicht ganz widerspruchsfrei – das BVerfG[197] meinen, dass sich Art. 93 Abs. 1 Nr. 4 GG von vornherein ausschließlich auf materiell verfassungsrechtliche Streitigkeiten bezieht. Hierfür spricht, dass das BVerfG ein Spezialgericht für Verfassungsfragen ist. Der Streit hat freilich keine praktische Bedeutung, da bei den öffentlich-rechtlichen Streitigkeiten **nichtverfassungsrechtlicher Art** ohnehin **„ein anderer Rechtsweg"** eröffnet ist. „Funktionsfremde Aufgaben" werden dem Verfassungsgericht nicht aufgebürdet.[198] Wiederum entscheidet das BVerwG gemäß § 40 Abs. 1 S. 1 i. V. m. § 50 Abs. 1 Nr. 1 VwGO „im ersten und letzten Rechtszug" bzw. nach §§ 39 Abs. 1, 51 SGG das BSG. Damit beschränkt sich der bundesverfassungsgerichtliche Zwischenländerstreit im Ergebnis doch auf **verfassungsrechtliche Streitigkeiten.** Eine spezielle Kompetenzzuweisung an das BVerfG, die als ein anderer Rechtsweg den Zwischenländerstreit nach Art. 94 Abs. 1 Nr. 4 Var. 2 GG ausschließen würde, gibt es nicht. Die Jurisdiktionsgewalt der Landesverfassungsgerichte ist naturgemäß auf das jeweilige Landesgebiet beschränkt.[199] Ein „anderer Rechtsweg" ist – was freilich unwahrscheinlich ist – allenfalls bei einer entsprechenden Schiedsvereinbarung gegeben.[200] Ob **Staatsverträge** verfassungs- oder verwaltungsrechtlicher Natur sind, hängt vom Einzelfall ab.[201] So beurteilte das BVerfG den Staatsvertrag zwischen dem früheren Freistaat Coburg und dem Freistaat Bayern aus dem Jahre 1920 über die Eingliederung Coburgs in den Freistaat Bayern als verfassungsrechtlich,[202] den Staatsvertrag der Länder über die Vergabe von Studienplätzen hingegen als verwaltungsrechtlich.[203]

### 3. Sonstige Zulässigkeitsvoraussetzungen

Die – nicht explizit geregelte – **Antragsbefugnis** ist gegeben, wenn das antragstellende Land geltend macht, dass eigene Rechte durch das beklagte Land möglicherweise verletzt oder unmittelbar gefährdet werden.[204] Man mag § 64 Abs. 1 BVerfGG analog anwenden 48

[193] *E. Klein* in: Benda/Klein, Verfassungsprozessrecht, Rn. 1119; *Detterbeck* in: Sachs, GG, Art. 93 Rn. 72; *Pieroth* in: Jarass/Pieroth, GG, Art. 93 Rn. 66; *Schlaich/Korioth* BVerfG, Rn. 107; *Stern* in: BK, Art. 93 Rn. 380 ff.

[194] *Löwer* in: HStR III, § 70 Rn. 28, weist darauf hin, dass die ältere Doktrin bevorzugt von „Staatsgerichtsbarkeit" sprach, weil dieser Begriff auch die Staatengerichtsbarkeit nichtverfassungsrechtlichen Zuschnitts (verwaltungsrechtliche und sogar auch privatrechtliche Streitigkeiten) in sich aufnahm. – Zur Entstehungsgeschichte auch *Stern* in: BK, Art. 93 Rn. 381 f.

[195] BVerfGE 62, 295 (312 ff., 319 f.) = NVwZ 1983, 467 (zum Streit zwischen dem früheren Staat Waldeck-Pyrmont und seinem fürstlichen Haus); *P. Kirchhof* DÖV 1972, 109 (113).

[196] *Bethge* in: Maunz/Schmidt-Bleibtreu/Klein/Bethge, BVerfGG, § 71 Rn. 17 ff.; *Rinken* in: AK-GG, Art. 93 Rn. 35; *Umbach/Dollinger* in: Umbach/Clemens/Dollinger, BVerfGG, § 71 Rn. 8 ff.; *Voßkuhle* in: v. Mangoldt/Klein/Starck, GG, Art. 93 Rn. 151.

[197] BVerfGE 31, 371 (377) = BeckRS 1971, 103614; an anderer Stelle – BVerfGE 4, 250 (267) = VerwRspr 1956, 517 (520) – hat das BVerfG freilich dem „Sinnzusammenhang" der Art. 93 Abs. 1 Nr. 3 und 4 GG entnommen, „dass für alle öffentlich-rechtlichen Streitigkeiten aus dem föderalen Bereich, wenigstens subsidiär, der Rechtsweg an das BVerfG eröffnet werden sollte".

[198] So aber *Rinken* in: AK-GG, Art. 93 Rn. 35.

[199] *Detterbeck* Streitgegenstand (Fn. 61), S. 420.

[200] *Friesenhahn* FS 25 Jahre BVerfG I, 1976, S. 748, 786; *E. Klein* in: Benda/Klein, Verfassungsprozessrecht, Rn. 1120; *Pestalozza* Verfassungsprozeßrecht, § 10 Rn. 1; *Bethge* in: Maunz/Schmidt-Bleibtreu/Klein/Bethge, BVerfGG, § 71 Rn. 35; *Umbach/Dollinger* in: Umbach/Clemens/Dollinger, BVerfGG, § 71 Rn. 6; *Voßkuhle* in: v. Mangoldt/Klein/Starck, GG, Art. 93 Rn. 156.

[201] Zu den maßgeblichen Kriterien *Vedder* Interföderale Staatsverträge, 1996, S. 274 f.; *E. Klein* in: Benda/Klein, Verfassungsprozessrecht, Rn. 1102.

[202] BVerfGE 22, 221 (229 ff.) = BeckRS 1967, 104154.

[203] BVerfGE 42, 103 (110 ff.) = NJW 1976, 1084 (1085 ff.).

[204] *Pieroth* in: Jarass/ Pieroth, GG, Art. 93 Rn. 67.

(→ Rn. 16). Das Erfordernis einer Antragsbefugnis folgt aus dem kontradiktorischen Charakter der Streitigkeit.[205] § 23 Abs. 1 BVerfGG bestimmt die **Formerfordernisse.** Die sechsmonatige **Antragsfrist** ergibt sich aus §§ 71 Abs. 2, 64 Abs. 3 BVerfGG.[206]

49 **Lösung zu Fall 3:** Im bundesverfassungsgerichtlichen Streit um den Staatsvertrag zur Eingliederung des Freistaats Coburg in das Land Bayern stand die *Parteifähigkeit* des untergegangenen Landes in Frage. Das BVerfG betonte, dass der Freistaat Coburg für den Prozess als fortbestehend anzusehen ist. Daran könne der Umstand, dass zwischen dem Abschluss des Staatsvertrages und dem Anhängigwerden des Rechtsstreites zwei strukturelle Veränderungen stattgefunden haben – der Übergang zum Einheitsstaat nach 1933 und die Neubildung der Länder nach 1945 – nichts ändern.[207] Als *vertretungsbefugte Antragsteller* kamen die beiden kreisfreien Städte Coburg und Neustadt sowie der Landkreis Coburg als oberste Selbstverwaltungskörperschaften in Betracht. Dass nur die Städte den Antrag gestellt haben und sich der Landkreis nicht am Verfahren beteiligt hat, schadete nach Auffassung des BVerfG nicht, weil „andernfalls das untergegangene Land schutzlos und klaglos gestellt werden (würde)“. Das Gericht erklärte: „Es kann nicht rechtens sein, dass einer von mehreren in Betracht kommenden Klageberechtigten den Prozess an dieser prozessualen Frage soll scheitern lassen können, indem er aus teils unsachlichen, teils irrigen Erwägungen sich weigert beizutreten“.[208] Das Verfahren war nach Art. 93 Abs. 1 Nr. 4 Var. 2 GG *statthaft.* Das BVerfG betonte, dass einzelne Vereinbarungen des Staatsvertrages, wenn man sie isoliert betrachtet, auch Inhalt eines Verwaltungsabkommens zwischen zwei Staaten sein und dann unter Umständen dem Verwaltungsrecht angehören könnten. Die in Streit stehende Vereinbarung wurde jedoch als ein „rechtlich unlösbarer Teil des verfassungsrechtlichen Eingliederungsvorgangs“ angesehen. Sie bilde mit den übrigen Garantien und Zusicherungen nach der Eingliederung den letzten Rest von Staatlichkeit auf der Seite des aufgenommenen Landes.[209] Die *Antragsfrist* war gewahrt, weil das maßgebliche Gesetz am 31.10.1962 verkündet worden und der Antrag am 26.4.1963 eingegangen war. Die *Antragsbefugnis* war gegeben, weil nicht ausgeschlossen war, dass die gesetzlich zugewiesene Schulträgerlast die Rechte der Stadt Coburg aus dem Staatsvertrag verletzte.

### III. Begründetheit

50 Ein Antrag ist im bundesverfassungsgerichtlichen Zwischenländerstreit begründet, wenn das beklagte Land die Rechte des antragstellenden Landes verletzt. Der zulässige Entscheidungsinhalt ergibt sich auch aus § 72 Abs. 1 BVerfGG. Es kommt nicht nur ein **Feststellungsurteil,** sondern auch ein **Verpflichtungsurteil** (etwa die Verurteilung zu einer Leistung)[210] in Betracht.[211]

## E. Landesinterne Streitigkeiten (Art. 93 Abs. 1 Nr. 4 Var. 3 GG)

51 Nach Art. 93 Abs. 1 Nr. 4 Var. 3 GG entscheidet das BVerfG schließlich auch über **„öffentlich-rechtliche Streitigkeiten** […] **innerhalb eines Landes** […], soweit nicht ein anderer Rechtsweg gegeben ist“.

---

[205] *Voßkuhle* in: v. Mangoldt/Klein/Starck, GG, Art. 93 Rn. 158.
[206] *Umbach/Dollinger* in: Umbach/Clemens/Dollinger, BVerfGG, § 71 Rn. 23.
[207] BVerfGE 22, 221 (231) = BeckRS 1967, 104154.
[208] BVerfGE 22, 221 (233) = BeckRS 1967, 104154.
[209] BVerfGE 22, 221 (230) m. w. Nachw. = BeckRS 1967, 104154.
[210] BVerfGE 34, 217 (236 ff.) = NJW 1973, 609 (611 ff.).
[211] Zum Entscheidungsinhalt und zu den Rechtsfolgen der Entscheidung *Umbach/Dollinger* in: Umbach/Clemens/Dollinger, BVerfGG, § 71 Rn. 4 ff., 11 ff.

## I. Funktion und Bedeutung

Die von Art. 93 Abs. 1 Nr. 4 Var. 3 GG erfassten landesinternen Konflikte gehören an sich *nicht* zu den **föderativen Streitigkeiten;** denn hier wird nicht unmittelbar das bundesstaatliche Rechtsverhältnis berührt, sondern primär das Landesverfassungsrecht.[212] Allerdings ist ein Bezug zur Bundesstaatlichkeit gegeben, weil der Bund ein legitimes Interesse daran hat, dass landesinterne Konflikte wegen ihrer möglichen **Auswirkungen auf den Bundesbereich** gerichtlich bereinigt werden können.[213] Die Entscheidungsbefugnis des BVerfG fußt auf einer entsprechenden Regelung in der Weimarer Reichsverfassung (→ Rn. 2). Da dem Gericht Kompetenzen zugewiesen werden, die eigentlich auf die Landesebene gehören, versteht es sich von selbst, dass die Entscheidungsbefugnis aufgrund der Eigenstaatlichkeit der Länder nur **in Ausnahmefällen** zum Tragen kommen kann. 52

Dem Wortlaut des Art. 93 Abs. 1 Nr. 4 Var. 3 GG nach bezieht sich die Zuständigkeit des BVerfG auf alle landesinternen öffentlich-rechtlichen Streitigkeiten. Allerdings scheidet eine Entscheidung im nichtverfassungsrechtlichen Rechtsstreit schon wegen der Subsidiaritätsklausel aus, weil dann gemäß § 40 Abs. 1 S. 1 VwGO der Verwaltungsrechtsweg eröffnet ist. Im bundesverfassungsgerichtlichen Verfahren kann es mithin nur um **verfassungsrechtliche Streitigkeiten** gehen. Zum gleichen Ergebnis kommt das BVerfG mit einer teleologischen Reduktion des Art. 93 Abs. 1 Nr. 4 Var. 3 GG. Danach ist Zweck des Verfahrens von vornherein bloß die prozessuale Absicherung des Bundesfriedens durch Gewährleistung lückenlosen gerichtlichen Rechtsschutzes in *Verfassungs*streitigkeiten innerhalb der Länder.[214] Insofern wirkt allerdings die Subsidiaritätsklausel zugunsten einer **Landesverfassungsgerichtsbarkeit.** Vor diesem Hintergrund wird teilweise für eine Streichung von Art. 93 Abs. 1 Nr. 4 Var. 3 GG plädiert, um das BVerfG zu entlasten.[215] Nach der Wiedervereinigung hatte das Verfahren zwischenzeitlich an Bedeutung gewonnen, weil die Landesverfassungsgerichtsbarkeit in den neuen Ländern zu Beginn noch nicht funktionsfähig war.[216] Auch in den alten Ländern kam das Verfahren zum Tragen, weil es dort teilweise über einen langen Zeitraum hinweg Lücken bei der Eröffnung des Organstreits gab, die – worauf später näher einzugehen ist (→ Rn. 58) – durch das BVerfG geschlossen wurden. Nach alledem ist Art. 93 Abs. 1 Nr. 4 Var. 3 GG zwar nur, aber immerhin von **nachrangiger Bedeutung,** weil der „Reservekompetenz" des BVerfG im Notfall eine gewährleistende Funktion zukommt.[217] 53

## II. Zulässigkeitsvoraussetzungen

Die Voraussetzungen für die **Zulässigkeit** eines Antrags auf eine bundesverfassungsgerichtliche Entscheidung landesinterner Streitigkeiten ergeben sich aus Art. 93 Abs. 1 Nr. 4 Var. 3 GG und aus den Konkretisierungen in § 13 Nr. 8 i. V. m. §§ 71 f. BVerfGG. 54

55

**Fall 4:** Im Jahr 1994 setzte die Hamburgische Bürgerschaft einen Untersuchungsausschuss zu einem mutmaßlichen Fehlverhalten von Polizeibeamten während einer Kundgebung auf dem Hamburger Gänsemarkt ein. Der Untersuchungsausschuss beschloss, dass die Fraktionen je zwei Mitarbeiter und Mitarbeiterinnen benennen kön-

---

[212] *Stern* Staatsrecht II, S. 998.

[213] *Maurer* Staatsrecht I, § 20 Rn. 54.

[214] BVerfGE 27, 240 (245 ff.) = NJW 1970, 278 f.; E 60, 319 (325 f.) = NVwZ 1982, 430; E 93, 195 (202) = NVwZ 1996, 1197 (1198).

[215] So z. B. Bundesministerium der Justiz, Entlastung des BVerfG, Bericht der Kommission, 1998, S. 94; s. auch *Mahrenholz* ZRP 1997, 31 f.

[216] BVerfGE 102, 224 = NJW 2000, 3771 → JuS 2001, 392 *(Sachs); Detterbeck* in: Sachs, GG, Art. 93 Rn. 74; *Sachs* Verfassungsprozessrecht, Rn. 388.

[217] *Zierlein* AöR 118 (1993), 66 (105); *Hesse* JZ 1995, 265 (269); *E. Klein* in: Benda/Klein, Verfassungsprozessrecht, Rn. 1151; *Voßkuhle* in: v. Mangoldt/Klein/Starck, GG, Art. 93 Rn. 153.

nen, die an allen Sitzungen (auch den nichtöffentlichen) teilnehmen und Akteneinsichtsrecht haben. Die Fraktion der Grün-Alternativen Liste (GAL) benannte u. a. ihren Mitarbeiter M. Da dieser die Vorgänge auf dem Gänsemarkt beobachtet hatte und deswegen als Zeuge in Betracht kam, beschloss der Ausschuss, ihn von der weiteren Ausschussarbeit auszuschließen. Konnte die GAL-Fraktion dagegen mit einem Antrag an das BVerfG vorgehen?[218]

### 1. Parteifähigkeit

56 Im Verfahren zur bundesverfassungsgerichtlichen Entscheidung landesinterner Konflikte geht es – anders als bei den anderen föderativen Streitigkeiten – um einen **Organstreit.** Allerdings trifft Art. 93 Abs. 1 Nr. 4 Var. 3 GG keine Regelung zur **Parteifähigkeit.** Maßgeblich ist § 71 Abs. 1 Nr. 3 BVerfGG, wonach – in Anlehnung an die Vorgabe des § 63 BVerfGG zum Bundesorganstreit nach Art. 93 Abs. 1 Nr. 1 GG – „nur die obersten Organe des Landes und die in der Landesverfassung oder in der Geschäftsordnung eines obersten Organs des Landes mit eigenen Rechten ausgestatteten Teile dieser Organe" Antragsteller und Antragsgegner sein können, „wenn sie durch den Streitgegenstand in ihren Rechten oder Zuständigkeiten unmittelbar berührt sind".[219] Das BVerfG orientiert sich bei der Anwendung dieser Vorschrift an seiner Rechtsprechung zum Bundesorganstreit (→ *Ehlers* § 18 Rn. 11 ff.).[220] Danach kommt den **„Faktoren des Verfassungslebens"**[221] Parteifähigkeit zu. Dies gilt vor allem für Landesparlamente,[222] Landesregierungen,[223] Ministerpräsidenten und Minister.[224] Zum Kreis der Parteifähigen zählen aber auch einzelne Abgeordnete,[225] Parlamentsausschüsse, Fraktionen und konstituierte Minderheiten der Landesparlamente,[226] Landesverbände der politischen Parteien[227] und Landesrechnungshöfe.[228] Keine Verfassungsorgane und damit **nicht parteifähig** sind Kommunen,[229] einzelne Bürger[230] und – aufgrund ihrer richterlichen Funktion – die Landesverfassungsgerichte.[231] Schließlich wird auch dem „Staatsvolk", selbst wenn es landesverfassungsrechtlich mit Organrechten etwa im Gesetzgebungsverfahren (Volksbegehren, Volksentscheid) ausgestattet ist, die Parteifähigkeit abgesprochen.[232] Dies ist zwar umstritten,[233] aber zutreffend, weil dem Staatsvolk eine ausreichende Organisation und funktionsfähige Struktur fehlt.

---

[218] BVerfGE 93, 195 = NVwZ 1996, 1197.

[219] Zur Entstehungsgeschichte *Umbach/Dollinger* in: Umbach/Clemens/Dollinger, BVerfGG, § 71 Rn. 3.

[220] *Voßkuhle* in: v. Mangoldt/Klein/Starck, GG, Art. 93 Rn. 160.

[221] BVerfGE 1, 208 (221) = BeckRS 1952, 191 Rn. 49; E 27, 240 (246) = NJW 1970, 278.

[222] BVerfGE 62, 194 (200) = NVwZ 1983, 343.

[223] BVerfGE 60, 175 (203) = NJW 1982, 1579 → *v. Mutius* JK 82, GG Art. 93 I Nr. 4/2.

[224] *E. Klein* in: Benda/Klein, Verfassungsprozessrecht, Rn. 1141.

[225] BVerfGE 62, 194 (200) = NVwZ 1983, 343; E 64, 301 (312) = NJW 1984, 165; E 102, 224 (231) = NJW 2000, 3771 → JuS 2001, 392 *(Sachs).*

[226] BVerfGE 62, 194 (199 f.) = NVwZ 1983, 343; E 93, 195 (203) = NVwZ 1996, 1197 (1198).

[227] BVerfGE 66, 107 (115) = BeckRS 1984, 3710 Rn. 28 f.; E 67, 65 (69) = BeckRS 1984, 05457 Rn. 16; E 75, 34 (39) = BeckRS 1987, 6409 Rn. 19; *Stein* DÖV 2002, 713 (717 f.); *E. Klein* in: Benda/Klein, Verfassungsprozessrecht, Rn. 1141; *Umbach/Dollinger* in: Umbach/Clemens/Dollinger, BVerfGG, § 71 Rn. 43; a. A. *Ehlers/Schneider* in: Schoch/Schneider, VwGO, § 40 Rn. 153, 183.

[228] *Bethge* in: Maunz/Schmidt-Bleibtreu/Klein/Bethge, BVerfGG, § 71 Rn. 178.

[229] BVerfGE 27, 240 (246) = NJW 1970, 278 f.; sowie *E. Klein* in: Benda/Klein, Verfassungsprozessrecht, Rn. 1143 m. Nachw. zur Gegenauffassung.

[230] BVerfGE 60, 175 (200 ff.) = NJW 1982, 1579 (1580) → *v. Mutius* JK 82, GG Art. 93 Abs. 1 Nr. 4/2 m. w. Nachw.

[231] BVerfGE 60, 175 (202 f.) = NJW 1982, 1579 (1580) → *v. Mutius* JK 82, GG Art. 93 Abs. 1 Nr. 4/2; E 67, 65 (68) = BeckRS 1984, 05457 Rn. 12 ff.; BVerfG-K LKV 1996, 333; *E. Klein* in: Benda/Klein, Verfassungsprozessrecht, Rn. 1142; *Voßkuhle* in: v. Mangoldt/Klein/Starck, GG, Art. 93 Rn. 160.

[232] *E. Klein* in: Benda/Klein, Verfassungsprozessrecht, Rn. 1142; *Voßkuhle* in: v. Mangoldt/Klein/Starck, GG, Art. 93 Rn. 160.

[233] A. A. etwa *Pieroth/Kampmann* NWVBl 1987, 60; *Pieroth* in: Jarass/ Pieroth, GG, Art. 93 Rn. 69 f.

**2. Statthaftigkeit der Verfahrensart und Subsidiarität des bundesverfassungsgerichtlichen Verfahrens**

Wie erwähnt erfasst die Zuständigkeit des BVerfG – anders als es der Wortlaut von Art. 93 Abs. 1 Nr. 4 Var. 3 GG nahelegt – von vornherein oder aufgrund der Subsidiaritätsklausel nicht alle „öffentlich-rechtlichen Streitigkeiten" innerhalb eines Landes, sondern in Parallele zum Bundesorganstreit gemäß Art. 93 Abs. 1 Nr. 1 GG (→ *Ehlers* § 18 Rn. 1 ff.) nur die **verfassungsrechtlichen Organstreitigkeiten.**[234] Zudem wird das Verfahren wegen der Subsidiaritätsklausel durch im Landesrecht vorgesehene Zuständigkeiten der **Landesverfassungsgerichte** (Verfassungsgerichtshöfe, Staatsgerichtshöfe) verdrängt. Es wird eine Balance zwischen der „Bundessorge für das System der gewaltengeteilten Staatswillensbildung auch auf der Landesebene" auf der einen und des „verfassungsnotwendigen Respekts vor der ‚Landesverfassungsgerichtsbarkeit als Wesenselement des Föderalismus'" auf der anderen Seite hergestellt.[235] 57

Verfassungsgerichte gibt es mittlerweile in allen 16 Ländern.[236] Allerdings ist der **Umfang der Verdrängung** streitig. Um „einen lückenlosen Rechtsschutz für die am Verfassungsleben eines Landes Beteiligten gegen alle Verletzungen ihrer eigenen verfassungsmäßigen Rechte zu gewährleisten",[237] hält sich das BVerfG in **konkreter Betrachtungsweise** nicht nur dann für zuständig, „wenn das Landesrecht für Organstreitigkeiten überhaupt keine Zuständigkeit des Landesverfassungsgerichts vorsieht, sondern auch soweit das Landesrecht den Kreis der Antragsberechtigten enger zieht als nach Art. 93 Abs. 1 Nr. 4 GG i. V. m. § 71 Abs. 1 Nr. 3 BVerfGG".[238] Dies komme durch den Passus „*soweit* nicht ein anderer Rechtsweg gegeben ist" zum Ausdruck.[239] Das Gericht wird danach auch dann als „subsidiäres Landesverfassungsgericht" tätig, wenn **„keine ausreichende landesverfassungsgerichtliche Zuständigkeit"** gegeben ist.[240] Diese Einschätzung ist im Hinblick auf die Eigenstaatlichkeit und Verfassungsautonomie der Länder zweifelhaft. Die „Bundesgewährleistung des Landesverfassungsrechts"[241] findet ihre Grenze in Art. 28 Abs. 1 S. 1 GG, wonach die „verfassungsmäßige Ordnung" nur den „Grundsätzen" des „Rechtsstaates im Sinne dieses Grundgesetzes" entsprechen muss. Weil der Bund damit lediglich die notwendige Homogenität sichern, nicht Uniformität schaffen darf,[242] ist eine **abstrakte Betrachtungsweise** angebracht. Art. 93 Abs. 1 Nr. 4 Var. 3 GG hat nur die Aufgabe, die aus Gründen der bundesstaatlichen Struktur unerlässlichen Verfassungsgewährleistungen zu garantieren.[243] Danach schließt schon die Einrichtung eines landesrechtlichen Organstreitverfahrens den Gang zum BVerfG grundsätzlich – d. h., wenn das Organstreitverfahren „diesen Namen verdient", weil die Landesregelung 58

---

[234] BVerfGE 27, 240 (245 f.) = NJW 1970, 278; E 96, 231 (244) = NJW 1998, 293 (295); *Maurer* Staatsrecht I, § 20 Rn. 65.

[235] *E. Klein* in: Benda/Klein, Verfassungsprozessrecht, Rn. 1113; *Löwer* in: HStR III, § 70 Rn. 26.

[236] Zu den Landesverfassungsgerichten BVerfGE 102, 245 (250) = NVwZ 2001, 316 → JuS 2001, 604 *(Sachs);* E 109, 275 (278 f.) = NVwZ 2004, 850 (851) → JuS 2004, 915 *(Sachs); Scheffczyk* LKV 2017, 392. – Zur früheren Rechtslage (bis zum 1.5.2008) in Schleswig-Holstein (als das BVerfG gemäß Art. 99 GG noch als „Landesverfassungsgericht für das Land Schleswig-Holstein" agierte) BVerfGE 27, 44 = BeckRS 1969, 104925; E 60, 53 = NJW 1982, 1451; E 103, 332 (344 f.) = NVwZ-RR 2002, 81; *Löwer* in: HStR III, § 70 Rn. 53 f. – Zum Prüfungsumfang der Landesverfassungsgerichte *E. Klein* in: Benda/Klein, Verfassungsprozessrecht, Rn. 1137.

[237] BVerfGE 93, 195 (202) = NVwZ 1996, 1197 (1198); E 102, 224 (231) = NJW 2000, 3771 → JuS 2001, 392 *(Sachs);* E 102, 245 (250) = NVwZ 2001, 316 → JuS 2001, 604 *(Sachs).*

[238] BVerfGE 93, 195 (202) = NVwZ 1996, 1197 (1198); E 102, 245 (250) = NVwZ 2001, 316 → JuS 2001, 604 *(Sachs);* ebenso *E. Klein* in: Benda/Klein, Verfassungsprozessrecht, Rn. 1138; *Detterbeck* in: Sachs, GG, Art. 93 Rn. 75; *Pieroth* in: Jarass/Pieroth, GG, Art. 93 Rn. 71.

[239] BVerfGE 60, 175 (205) = NJW 1982, 1579 (1581) → *v. Mutius* JK 82, GG Art. 93 Abs. 1 Nr. 4/2 m. w. Nachw.

[240] BVerfGE 102, 245 (250) = NVwZ 2001, 316 → JuS 2001, 604 *(Sachs).* Ausführlich zur Handhabung der Auffangzuständigkeit in der bundesverfassungsgerichtlichen Praxis sowie zu den damit verbunden Auslegungsfragen *Zierlein* AöR 118 (1993), 66 (81 ff.).

[241] *Löwer* in: HStR III, § 70 Rn. 26.

[242] BVerfGE 9, 268 (279) = NJW 1959, 1171; E 36, 342 (360 f.) = NJW 1974, 1181 (1182).

[243] *Umbach/Dollinger* in: Umbach/Clemens/Dollinger, BVerfGG, § 71 Rn. 18.

nicht „ihrer Struktur nach mit dem Grundgesetz unverträglich erscheint" – aus.[244] Andernfalls würden die politischen Entscheidungen der Landesgesetzgeber zu Art und Umfang der verfassungsgerichtlichen Entscheidung verfassungsrechtlicher Konflikte entwertet. Neben der größtmöglichen Schonung der **Eigenstaatlichkeit der Länder** spricht der Gesichtspunkt der Entlastung des BVerfG für diese Einschätzung. Immerhin hat das BVerfG deutlich gemacht, dass die Antragsbefugnis entfällt, wenn während des Verfahrens das Landesrecht einen eigenen Rechtsweg zur Verfügung stellt.[245]

### 3. Sonstige Zulässigkeitsvoraussetzungen

59 Die **Antragsbefugnis** ergibt sich aus § 71 Abs. 1 Nr. 3 BVerfGG. Vorausgesetzt wird, dass die Verfahrensbeteiligten „durch den Streitgegenstand in ihren Rechten oder Zuständigkeiten unmittelbar berührt sind". Maßgeblich ist das Landesverfassungsrecht.[246] Der Antragsteller muss danach „schlüssig behaupten", dass „er und der Antragsgegner an einem verfassungsrechtlichen Rechtsverhältnis unmittelbar beteiligt sind und dass der Antragsgegner hieraus erwachsende eigene verfassungsmäßige Rechte und Zuständigkeiten des Antragstellers durch die beanstandete Maßnahme oder das Unterlassen verletzt oder unmittelbar gefährdet hat".[247] Vor diesem Hintergrund ist – anders im Bundesorganstreitverfahren nach § 64 Abs. 1 BVerfGG (→ *Ehlers* § 18 Rn. 55) – eine **Prozessstandschaft** von Organteilen für das Organ *nicht* zulässig.[248] Fraktionen, parlamentarische Minderheiten oder einzelne Abgeordnete können keine Rechte des Parlaments geltend machen. Der Gedanke des Minderheitenschutzes greift bei Art. 93 Abs. 1 Nr. 4 Var. 3 GG wegen der Eigenstaatlichkeit der Länder nicht durch.

60 Die **Formerfordernisse** ergeben sich aus § 23 Abs. 1 BVerfGG. Die **Antragsfrist** beträgt gemäß §§ 71 Abs. 2, 64 Abs. 3 BVerfGG sechs Monate, nachdem die beanstandete Maßnahme oder Unterlassung dem Antragsteller bekannt geworden ist. Wird die Entscheidungskompetenz des BVerfG erst dadurch begründet, dass ein Landesverfassungsgericht die Klage als unzulässig abgewiesen hat, gilt die Frist als gewahrt, wenn das Landesverfassungsgericht nach dem Landesrecht rechtzeitig angerufen wurde und der Antragsteller nach Urteilsverkündung unmittelbar das BVerfG angerufen hat.[249] Hinsichtlich des **Rechtsschutzbedürfnisses** muss betont werden, dass aus Respekt vor der Landesverfassungsgerichtsbarkeit eine besondere Zurückhaltung angebracht ist.[250]

61 **Lösung zu Fall 4:** Im Streit um die Mitwirkung von Fraktionsmitarbeitern im Untersuchungsausschuss war die GAL-Fraktion als *Antragstellerin* gemäß § 71 Abs. 1 Nr. 3 BVerfGG *parteifähig,* weil Fraktionen in der Geschäftsordnung der Hamburgischen Bürgerschaft mit eigenen Rechten ausgestattet sind. *Antragsgegnerin* war die Hamburgische Bürgerschaft. Sie war als oberstes Landesorgan *parteifähig.*[251] Der Antrag war gemäß Art. 93 Abs. 1 Nr. 4 Var. 3 GG *statthaft,* da es um die verfassungsrechtlichen Be-

---

[244] *Zierlein* AöR 118 (1993), 66 (96ff., 102ff.); *Voßkuhle* in: v. Mangoldt/Klein/Starck, GG, Art. 93 Rn. 159; im Ergebnis ebenso *Detterbeck* in: Sachs, GG, Art. 93 Rn. 75; *Rinken* in: AK-GG, Art. 93 Rn. 37; *Umbach/Dollinger* in: Umbach/Clemens/Dollinger, BVerfGG, § 71 Rn. 40ff.

[245] BVerfGE 102, 245 (251f.) = NVwZ 2001, 316 → JuS 2001, 604 *(Sachs).*

[246] BVerfGE 88, 63 (68) = LKV 1993, 233.

[247] S. etwa BVerfGE 62, 194 (201) = NVwZ 1983, 343; E 93, 195 (203) = NVwZ 1996, 1197 (1198); ferner *E. Klein* in: Benda/Klein, Verfassungsprozessrecht, Rn. 1144; *Voßkuhle* in: v. Mangoldt/Klein/Starck, GG, Art. 93 Rn. 161.

[248] BVerfGE 60, 319 (325f.) = NVwZ 1982, 430; E 62, 194 (201) = NVwZ 1983, 343; E 92, 130 (134) = LKV 1995, 293; *E. Klein* in: Benda/Klein, Verfassungsprozessrecht, Rn. 1145; *Schlaich/Korioth* BVerfG, Rn. 108; *Voßkuhle* in: v. Mangoldt/Klein/Starck, GG, Art. 93 Rn. 161.

[249] BVerfGE 4, 375 (379) = NJW 1956, 905; E 6, 367 (375f.) = NJW 1957, 985f.; *Umbach/Dollinger* in: Umbach/Clemens/Dollinger, BVerfGG, § 71 Rn. 24.

[250] BVerfGE 102, 224 (232f.) = NJW 2000, 3771f. → JuS 2001, 392 *(Sachs);* E 102, 245, 253 = NVwZ 2001, 316f. → JuS 2001, 604 *(Sachs); Pieroth* in: Jarass/Pieroth, GG, Art. 93 Rn. 73.

[251] BVerfGE 93, 195 (203) = NVwZ 1996, 1197 (1198).

ziehungen zwischen der Hamburgischen Bürgerschaft als Trägerin des Untersuchungsrechts und einer Fraktion der Bürgerschaft ging.[252] Die Antragsgegnerin trug vor, dass der Rechtsweg zum BVerfG nicht eröffnet sei, weil die Hamburgische Verfassung in Art. 65 Abs. 2 Nr. 1 HmbVerf einen anderen Rechtsweg zum Hamburgischen Verfassungsgericht vorsehe. Dem folgte das BVerfG nicht, weil das Hamburgische Verfassungsgericht damals nur von dem Senat oder einem Viertel der gesetzlichen Mitglieder der Bürgerschaft, d. h. von mindestens 30 Abgeordneten, nicht aber von der Antragstellerin angerufen werden konnte.[253] Mittlerweile hat sich die Rechtslage in Hamburg geändert.[254] Wäre dies während des Verfahrens geschehen, hätte der anhängige Antrag als unzulässig verworfen werden müssen. Zur damaligen Zeit war auch die *Antragsbefugnis* gegeben, da die GAL-Fraktion eine Verletzung des Grundsatzes der Fraktionsgleichheit schlüssig dargetan hatte.[255]

## III. Begründetheit

Der mögliche Entscheidungsinhalt ist in § 72 Abs. 2 BVerfGG festgelegt. Danach kommt 62
nur ein **Feststellungsurteil** des BVerfG darüber in Betracht, „ob die beanstandete Maßnahme oder Unterlassung des Antragsgegners gegen eine Bestimmung der Landesverfassung verstößt".[256] Bundesverfassungsrecht kann nur insoweit Prüfungsmaßstab sein, als es zur grundgesetzkonformen Anwendung des Landesverfassungsrechts notwendig ist.[257]

---

252 BVerfGE 93, 195 (203) = NVwZ 1996, 1197 (1198).

253 Vgl. BVerfGE 93, 195 (200 f., 202 f.) = NVwZ 1996, 1197 (1198).

254 Seit der Verfassungsreform von 1996 entscheidet das Hamburgische Verfassungsgericht nach Art. 65 Abs. 3 Nr. 2 n. F. auch „über die Auslegung der Verfassung aus Anlass von Streitigkeiten über den Umfang der Rechte und Pflichten eines Verfassungsorgans oder anderer Beteiligter, die durch die Verfassung mit eigenen Rechten ausgestattet sind."; vgl. dazu und zur Rechtslage vor der Reform *Thieme* Verfassung der Freien und Hansestadt Hamburg, 1998, Art. 65 Anm. 6; *David* Verfassung der Freien und Hansestadt Hamburg, 2004, Art. 65 Rn. 34 ff.; *Gündisch* FS Thieme, 1993, S. 1041 ff.

255 BVerfGE 93, 195 (203 f.) = NVwZ 1996, 1197 (1198).

256 Näher *Umbach/Dollinger* in: Umbach/Clemens/Dollinger, BVerfGG, § 71 Rn. 8 f.

257 BVerfGE 60, 175 (206 f.) = NJW 1982, 1579 (1582) → *v. Mutius* JK 82, GG Art. 93 Abs. 1 Nr. 4/2; E 88, 63 (68) = DVBl 1993, 384.

# § 21. Vorläufiger Rechtsschutz durch das Bundesverfassungsgericht

*Friedrich Schoch*

**Übersicht**

**Schrifttum:** *Bäcker* Die einstweilige Anordnung im Verfassungsprozessrecht, JuS 2013, 119; *Berkemann* Das „verdeckte" summarische Verfahren der einstweiligen Anordnung des Bundesverfassungsgerichts, JZ 1993, 161; *Karpen* Der einstweilige Rechtsschutz im Verfassungsprozeß, JuS 1984, 455; *Lantermann* Die Ablehnung der einstweiligen Anordnung nach § 32 BVerfGG, NVwZ 2018, 624; *Niesler* Die einstweilige Anordnung nach § 32 BVerfGG in der Fallbearbeitung, Jura 2007 362; *Schoch* Einstweilige Anordnung, in: Festschrift 50 Jahre Bundesverfassungsgericht Band I, 2001, S. 695; *Schoch/Wahl* Die einstweilige Anordnung des Bundesverfassungsgerichts in außenpolitischen Angelegenheiten, in: Festschrift für Benda, 1995, S. 265. – **Fallbearbeitungen** (Referendarexamensklausuren): *Molsberger* Der Anspruch auf Resozialisierung oder: Die Band und der böse Bube, JuS 2007, 560; *Stumpf* Ora et cena: Das (ge-)wichtige Recht der Religionsfreiheit, JuS 2014, 1110.

## A. Funktion und Bedeutung des verfassungsgerichtlichen vorläufigen Rechtsschutzes

**Fall 1:** Nach der letzten Bundestagswahl wird in der P-Partei über die Bildung einer Koalition mit der X-Partei diskutiert. Darüber sollen die Mitglieder der P-Partei entscheiden. Bürger B beantragt beim BVerfG, der P-Partei im Wege einer einstweiligen Anordnung die Abstimmung ihrer Mitglieder zu untersagen. Die geplante Abstimmung verstoße sowohl gegen das „freie Mandat" der BT-Abgeordneten (Art. 38 Abs. 1 GG) als auch gegen Art. 21 Abs. 1 GG, weil die Abgeordneten der P-Partei überwiegend von Nichtmitgliedern dieser Partei gewählt worden seien und daher nicht die Parteimitglieder über die Regierungsbildung entscheiden könnten.[1] 1

**Fall 2:** Die BT-Fraktion der G-Partei ist mit der Behandlung ihres Gesetzentwurfs zur Verbesserung der Situation gleichgeschlechtlicher Paare durch den BT-Rechtsausschuss unzufrieden („Verschleppungstaktik"). Die G-Fraktion beantragt beim BVerfG, den Ausschuss mittels einstweiliger Anordnung zu verpflichten, so über den Gesetzentwurf zu beschließen, dass eine Beschlussfassung des Deutschen Bundestages spätestens in seiner letzten planmäßigen Sitzung in der laufenden Wahlperiode ermöglicht wird.[2] 2

### I. Die einstweilige Anordnung im System des verfassungsgerichtlichen Rechtsschutzes

Vorläufiger Rechtsschutz durch das BVerfG wird im Wege der **einstweiligen Anordnung** gewährt. Als Rechtsgrundlage kommt § 32 BVerfGG eine überragende Bedeutung zu (→ Rn. 5). Ohne die Möglichkeit eines Eilverfahrens wäre der gerichtliche Rechtsschutz – schon mit Blick auf zum Teil langwierige Hauptsacheverfahren – unvollkommen. Im Unterschied zum ausdifferenzierten verwaltungsprozessualen Eilverfahren – Anordnung bzw. Wiederherstellung der aufschiebenden Wirkung eines Rechtsbehelfs (→ § 34 Rn. 91), einstweilige Anordnung in Gestalt einer Sicherungsanordnung oder einer Regelungsanordnung (→ § 35 Rn. 29f.) – begnügt sich das Verfassungsprozessrecht mit einem **Einheitsrechtsbehelf** zur Erlangung vorläufigen Rechtsschutzes.[3] Dabei geht es von vornherein um *gerichtlichen* Rechtsschutz. Die Rechtsschutzanträge im Hauptsacheverfahren (vgl. zu 3

[1] Fall nach BVerfG-K Beschl. v. 6.12.2013 – 2 BvQ 55/13, BeckRS 2013, 59251 → *Eifert* JK 4/14, GG Art. 38 I/27 und → *Sachs* JuS 2014, 381.
[2] Fall nach BVerfGE 145, 348 = NVwZ 2017, 1108 = JZ 2017, 887 (m. Anm. *Pilniok*) → *Sachs* JuS 2017, 803.
[3] *Barczak* in: Barczak, BVerfGG, § 32 Rn. 5.

den Verfahrensarten → Rn. 23) haben – anders als Widerspruch und Anfechtungsklage im Verwaltungsprozessrecht (§ 80 Abs. 1 VwGO) – keine aufschiebende Wirkung.[4] Die verfassungsgerichtliche einstweilige Anordnung ist im Arsenal der verfassungsprozessualen Rechtsschutzmöglichkeiten das maßgebliche Instrument des vorläufigen Rechtsschutzes.[5]

4 Für bestimmte Streitfälle sieht die Rechtsordnung **Spezialbestimmungen** für den Erlass einer einstweiligen Anordnung durch das BVerfG vor. Das gilt etwa für die Präsidentenanklage; nach Erhebung der Anklage kann das BVerfG durch einstweilige Anordnung bestimmen, dass der Bundespräsident an der Ausübung seines Amtes verhindert ist (Art. 61 Abs. 2 S. 2 GG, § 53 BVerfGG). Dasselbe gilt im Falle der Richteranklage gegen einen Bundesrichter (Art. 98 Abs. 2 GG, § 58 Abs. 1 BVerfGG). Der Sache nach deckt sich damit die Rechtslage bei der vorläufigen Amtsenthebung eines Richters des BVerfG (§ 105 Abs. 5 BVerfGG), obgleich das Gesetz den Begriff „einstweilige Anordnung" in diesem Zusammenhang nicht verwendet. Im Wahlprüfungsrecht kann das BVerfG eine einstweilige Anordnung erlassen, wenn der Bundestag über den Verlust der Mitgliedschaftsrechte eines Abgeordneten entschieden hat (§ 16 Abs. 3 WahlPrüfG). In diesen gesondert geregelten Konstellationen kommt § 32 BVerfGG nicht ergänzend zur Anwendung.[6] § 96a Abs. 3 BVerfGG schließt die Anwendung des § 32 BVerfGG in Verfahren nach Art. 93 Abs. 1 Nr. 4c GG, § 13 Nr. 3a BVerfGG ausdrücklich aus.

5 Die Spezialbestimmungen (→ Rn. 4) spielen in der Praxis kaum eine Rolle. Von herausragender Bedeutung ist hingegen **§ 32 BVerfGG.** Die Vorschrift findet ihre verfassungsrechtliche Grundlage in Art. 94 Abs. 2 GG. Der Wortlaut des § 32 Abs. 1 BVerfGG („im Streitfall") und der gesetzessystematische Standort der Regelung im Abschnitt der allgemeinen Vorschriften des BVerfGG zum verfassungsgerichtlichen Verfahren dokumentieren den **Anwendungsbereich;** umfasst sind alle Verfahrensarten, für die eine **Zuständigkeit des BVerfG** besteht.[7] Demnach ist § 32 BVerfGG für alle Hauptsacheverfahren im Rahmen der – dem Enumerationsprinzip folgenden (→ § 14 Rn. 7) – Rechtswegzuständigkeit des BVerfG (§ 13 BVerfGG) zur Gewährung vorläufigen Rechtsschutzes anwendbar.

## II. Funktionen der einstweiligen Anordnung

6 Der verfassungsgerichtliche vorläufige Rechtsschutz verfolgt zunächst eine **Sicherungsfunktion.**[8] Diese Funktion ist ein Element jeglichen vorläufigen Rechtsschutzes (vgl. zu § 80 VwGO → § 34 Rn. 15, zu § 123 VwGO → § 35 Rn. 7), steht in einem funktionalen Zusammenhang mit dem Hauptsacheverfahren und dient dazu, durch die **Verhinderung** des Eintritts **vollendeter Tatsachen** die Entscheidung in der Hauptsache offenzuhalten.[9] Ohne die Möglichkeit der Gewährung vorläufigen Rechtsschutzes käme die Hauptsacheentscheidung vielfach zu spät, um für einen wirksamen Rechtsschutz sorgen zu können. Allein durch Zeitablauf können irreversible Zustände entstehen, die einer späteren Hauptsacheentscheidung ihre praktische Wirksamkeit nehmen. Daher kann die einstweilige Anordnung als ein **Sicherungsinstrument** in Bezug auf die noch ausstehende Haupt-

---

[4] BVerfG-K NJW 2012, 3773 Rn. 6; *Bäcker* JuS 2013, 119; *Lenz/Hansel* BVerfGG, § 32 Rn. 4 (mit Hinweis auf Ausnahmen nach § 16 WahlPrüfG und § 96a i. V. m. § 18 Abs. 4a S. 2 BWahlG).

[5] BVerfG-K DVBl 1999, 163 (164); *Berkemann* JZ 1993, 161; *Niesler* Jura 2007, 362.

[6] *Barczak* in: Barczak, BVerfGG, § 32 Rn. 17.

[7] *Bäcker* JuS 2013, 119 (120); *Hillgruber* in: Hillgruber/Goos, Verfassungsprozessrecht, Rn. 998; *Schlaich/Korioth* BVerfG, Rn. 462; *Lechner/Zuck* BVerfGG, § 32 Rn. 17.

[8] BVerfGE 85, 36 (55 f.) = NVwZ 1992, 361 f.; E 91, 70 (76 f.) = LKV 1994, 291; E 96, 223 (229) = NJW 1997, 2873; BVerfG-K DVBl 1999, 163 (164); NJW 2001, 357; E 140, 211 Rn. 22 = NJW 2015, 3294; *Karpen* JuS 1984, 455 (456); *Hillgruber* in: Hillgruber/Goos, Verfassungsprozessrecht, Rn. 989 f.; *Sachs* Verfassungsprozessrecht, Rn. 580; *Barczak* in: Barczak, BVerfGG, § 32 Rn. 6; *Graßhof* in: Maunz/Schmidt-Bleibtreu/Klein/Bethge, BVerfGG, § 32 Rn. 1.

[9] BVerfG-K NJW 2014, 3771 Rn. 4; NVwZ 2019, 959 Rn. 12; *Rozek* DVBl 1997, 517 (523); *E. Klein* in: Benda/Klein, Verfassungsprozessrecht, Rn. 1378; *Lechner/Zuck* BVerfGG, § 32 Rn. 4.

sacheentscheidung qualifiziert werden.[10] Speziell zum *Organstreit* (Fall 2 → Rn. 2) betont das BVerfG, der Erlass einer einstweiligen Anordnung „kann allein der vorläufigen Sicherung des streitigen Rechts" des Antragstellers „dienen, damit es nicht im Zeitraum bis zur Entscheidung der Hauptsache durch Schaffung vollendeter Tatsachen überspielt wird".[11]

Die einstweilige Anordnung erfüllt zudem eine **interimistische Befriedungsfunktion.**[12] Schon wegen des unumkehrbaren Zeitablaufs wirkt die Eilentscheidung des BVerfG bis zur Hauptsacheentscheidung notwendigerweise endgültig (Einzelheiten → Rn. 60 ff.). In der Vergangenheit liegende rechtliche Zustände und faktische Lagen sind als solche irreparabel, allenfalls für die Zukunft können sie revidiert werden. Sowohl die Gewährung als auch die Ablehnung vorläufigen Rechtsschutzes stellen eine abschließende gerichtliche Regelung für den Interimszeitraum bis zur Hauptsacheentscheidung dar. Die Eilentscheidung ist die **endgültige Regelung eines vorläufigen Zustands.**[13] Das gilt für den *Erlass* der einstweiligen Anordnung ebenso wie für deren *Nichterlass;* denn auch die Ablehnung einer einstweiligen Anordnung zeitigt für den Interimszeitraum endgültige Wirkungen.[14] Das BVerfG nimmt die interimistische Befriedungsfunktion einer Eilentscheidung nach § 32 BVerfGG kaum[15] zur Kenntnis,[16] obwohl es für den verwaltungsgerichtlichen vorläufigen Rechtsschutz aus dem Blickwinkel des Art. 19 Abs. 4 GG frühzeitig auf diese Funktion hingewiesen hat.[17] 7

Da die Eilentscheidung für den Zeitraum bis zum Abschluss des Hauptsacheverfahrens eine endgültige ist (→ Rn. 7), verlangt Art. 20 Abs. 3 GG, den **Geltungsanspruch des materiellen Rechts** durch das Prozessrecht bereits im Interimszeitraum zu verwirklichen. Das kann nur gelingen, wenn sich die interimistische prozessuale Zwischenlösung (primär) am materiellen Recht orientiert.[18] Im Eilverfahren geht es – vor dem Hintergrund der ausstehenden Hauptsacheentscheidung – um die Verteilung, möglichst um die Minimierung und im optimalen Fall um die **Ausschaltung des Fehlentscheidungsrisikos.**[19] Das BVerfG blendet auch diesen Aspekt aus, was sich beim Entscheidungsmaßstab (→ Rn. 41) zeigt. Dem Ideal der Rechtsordnung entspricht eine Eilentscheidung, die als interimistische 8

---

[10] *Berkemann* in: Umbach/Clemens/Dollinger, BVerfGG, § 32 Rn. 11, spricht von der „Eigensicherung der künftigen Entscheidungseffektivität des BVerfG".

[11] BVerfGE 145, 348 Rn. 29 = NVwZ 2017, 1108 = JZ 2017, 887 (m. Anm. *Pilniok*) → *Sachs* JuS 2017, 803; E 150, 163 Rn. 10 = NVwZ-RR 2019, 89 → JA 2019, 235 *(Hillgruber);* E 151, 58 Rn. 15 = NVwZ-RR 2019, 665 → *Sachs* JuS 2019, 925; E 152, 55 Rn. 16 = NVwZ 2019, 1593; E 154, 1 Rn. 23 = NVwZ 2020, 1034 (m. Anm. *Lenz*); E 155, 357 Rn. 40 = NVwZ 2020, 1422.

[12] *Bäcker* JuS 2013, 119 (120); *Hillgruber* in: Hillgruber/Goos, Verfassungsprozessrecht, Rn. 992; *E. Klein* in: Benda/Klein, Verfassungsprozessrecht, Rn. 1379; *Graßhof* in: Maunz/Schmidt-Bleibtreu/Klein/Bethge, BVerfGG, § 32 Rn. 8; *Lechner/Zuck* BVerfGG, § 32 Rn. 5; *K. Schneider* in: Burkiczak/Dollinger/Schorkopf, BVerfGG, § 32 Rn. 8, 16.

[13] *Hillgruber* in: Hillgruber/Goos, Verfassungsprozessrecht, Rn. 994; *Barczak* in: Barczak, BVerfGG, § 32 Rn. 7; *Berkemann* in: Umbach/Clemens/Dollinger, BVerfGG, § 32 Rn. 13.

[14] Unzutreffend *Graßhof* in: Maunz/Schmidt-Bleibtreu/Klein/Bethge, BVerfGG, § 32 Rn. 10 f., mit der Behauptung, bei Nichterlass einer einstweiligen Anordnung sei im Falle eines späteren Hauptsacheerfolgs eine nachträgliche Korrektur der Rechtslage im Interimszeitraum möglich; diese These ignoriert den Faktor „Zeit", blendet die Sachlage aus und unterscheidet nicht zwischen *Irreparabilität* (d. h. unverrückbarer Zustand im abgelaufenen Zeitraum) und *Irreversibilität* (d. h. vollendete Tatsachen auch für die Zukunft), dazu → Rn. 80 ff.

[15] Andeutungsweise (im Eilverfahren gegen das Anleihekaufprogramm der EZB) BVerfGE 147, 39 Rn. 11 = NVwZ 2017, 1759: „durch den Erlass einer einstweiligen Anordnung soll lediglich ein Zustand vorläufig geregelt, nicht aber die Hauptsache präjudiziert werden"; ferner E 154, 1 Rn. 22 = NVwZ 2020, 1034 (m. Anm. *Lenz*): Der einstweiligen Anordnung sei „immanent […], dass sie einen Zustand vorläufig regelt" (zur Abberufung des Vorsitzenden des BT-Rechtsausschusses); zur rechtlichen Einordnung → Rn. 82.

[16] Treffende Kritik dazu bei *E. Klein* in: Benda/Klein, Verfassungsprozessrecht, Rn. 1379; *Berkemann* in: Umbach/Clemens/Dollinger, BVerfGG, § 32 Rn. 14 f.

[17] BVerfGE 46, 166 (178) = NJW 1978, 693: Überbrückung des Zeitraums bis zur endgültigen Entscheidung im Hauptsacheverfahren durch eine schnelle Zwischenregelung.

[18] *Hillgruber* in: Hillgruber/Goos, Verfassungsprozessrecht, Rn. 992.

[19] *Berkemann* in: Umbach/Clemens/Dollinger, BVerfGG, § 32 Rn. 16; *Lechner/Zuck* BVerfGG, § 32 Rn. 7.

Lösung zur Geltung bringt, was nach der Hauptsacheentscheidung zu gelten hat(te); dann hat sich das Fehlentscheidungsrisiko nicht verwirklicht.[20]

9 Das BVerfG behauptet, das Eilverfahren nach § 32 BVerfGG sei – anders als der von Art. 19 Abs. 4 GG geprägte vorläufige Rechtsschutz im fachgerichtlichen Verfahren – „nicht darauf angelegt, möglichst lückenlosen vorläufigen Rechtsschutz zu bieten“;[21] das gelte sogar beim drohenden Eintritt „endgültiger Folgen der sofortigen Vollziehung hoheitlicher Maßnahmen“.[22] Diese **Rechtsschutzrestriktion** wird „wegen der besonderen Funktion des BVerfG“ postuliert.[23] Das überzeugt nicht. Als *Gericht* (§ 1 Abs. 1 BVerfGG) ist das BVerfG in Ausübung seiner *rechtsprechenden Gewalt* (Art. 92 GG) selbstverständlich verpflichtet, jedenfalls im Rahmen der Verfassungsbeschwerde (Art. 93 Abs. 1 Nr. 4a GG, § 90 BVerfGG), die dem individuellen Schutz subjektiver Grundrechte dient (→ *Scherzberg* § 15 Rn. 2), bei einem Eilantrag nach § 32 BVerfGG wirksamen Rechtsschutz zu gewähren.[24] Innerhalb seiner Zuständigkeiten (→ Rn. 18) muss das BVerfG „lückenlosen“ Rechtsschutz bieten, weil nur dann wirksamer Rechtsschutz gewährleistet ist.[25]

## III. Bedeutung der einstweiligen Anordnung in der Praxis

10 Die praktische Bedeutung des Eilverfahrens nach § 32 BVerfGG kann kaum überschätzt werden. Nach der bloßen Zahl werden jedes Jahr mehrere Hundert Eilanträge beim BVerfG gestellt. Bemerkenswert ist unter juristischen Vorzeichen die Breite der Rechtsgebiete, auf denen beim BVerfG um vorläufigen Rechtsschutz mittels einstweiliger Anordnung nachgesucht wird. Nach einer gewissen Grobstrukturierung können zunächst Beispiele genannt werden, bei denen es um **Grundrechtsschutz** gegen Maßnahmen der öffentlichen Gewalt (in der Regel Verwaltungsmaßnahmen, bestätigt durch fachgerichtliche Eilentscheidungen) auf dem Gebiet des Öffentlichen Rechts geht. Ein besonderes Anwendungsfeld findet § 32 BVerfGG im **Versammlungsrecht,** insbesondere beim Eilrechtsschutz gegen behördliche Versammlungsverbote und Auflagen für Versammlungen;[26] beson-

---

[20] *Berkemann* in: Umbach/Clemens/Dollinger, BVerfGG, § 32 Rn. 328, erklärt die „Minderung des Fehlentscheidungsrisikos“ zur maßgebenden Richtschnur, so dass die interimistische Zwischenlösung gegenüber der Sicherungsfunktion der einstweiligen Anordnung Vorrang habe; a. A. *Graßhof* in: Maunz/Schmidt-Bleibtreu/Klein/Bethge, BVerfGG, § 32 Rn. 83: Die interimistische Regelung nach § 32 BVerfGG müsse nicht stets die Übereinstimmung mit der materiellen Verfassungsrechtslage anstreben; das überzeugt nicht, denn Art. 20 Abs. 3 GG gilt auch für das BVerfG.

[21] BVerfG-K NJW 2012, 3773 Rn. 4; NVwZ 2014, 882 Rn. 3; E 150, 163 Rn. 10 = NVwZ-RR 2019, 89 → JA 2019, 235 *(Hillgruber)*.

[22] BVerfGE 94, 166 (216) = NVwZ 1996, 678 (686)

[23] BVerfG-K NJW 2015, 465 Rn. 13.

[24] Sondervotum *Limbach/Böckenförde/Sommer* BVerfGE 94, 223 (226 f.) = NVwZ 1996, 687 f.

[25] Differenzierend *Barczak* in: Barczak, BVerfGG, § 32 Rn. 4: kein lückenloser Rechtsschutz bei rein staatsorganisationsrechtlichen Verfahren, anders hingegen wegen Art. 19 Abs. 4 GG bei Eilverfahren im Rahmen von Individualverfassungsbeschwerden.

[26] Vgl. etwa BVerfG-K NJW 2001, 1407: erfolgreicher Eilantrag der NPD gegen Versammlungsverbot; BVerfG-K NJW 2001, 1409 = JZ 2001, 651 (m. Anm. *Enders*) → *Schoch* JK 01, GG Art. 8/13: Bestätigung der Untersagung eines Aufzugs Rechtsextremer am Holocaust-Gedenktag; BVerfG-K NJW 2003, 3689: einstweilige Anordnung gegen Verbot der Versammlung „Gedenken an Rudolf Heß“; BVerfG-K NVwZ 2004, 1111: Bestätigung der sofortigen Vollziehbarkeit eines Verbots der Versammlung „Stoppt den Synagogenbau“; BVerfG-K NVwZ 2007, 574: einstweilige Anordnung gegen Demonstrationsverbot an Heiligabend; BVerfG-K NJW 2007, 2167 (m. Anm. *Battis/Grigoleit*) → *Schoch* JK 12/07, GG Art. 8/22: Bestätigung des Verbots eines „Sternmarschs“ zum G8-Gipfel nach Heiligendamm; BVerfG-K NVwZ-RR 2008, 73: keine einstweilige Anordnung gegen Verbot der rechtsextremen Versammlung „Gedenken an Rudolf Heß“; BVerfG-K NJW 2010, 141: Wiederherstellung der aufschiebenden Wirkung der Klage von „Autonomen Nationalisten“ gegen Versammlungsverbot, Zulassung behördlicher Auflagen; BVerfG-K NVwZ 2016, 244: Wiederherstellung der aufschiebenden Wirkung des Widerspruchs von „Bündnis Dresden Nazifrei“ gegen Versammlungsverbot in Gestalt einer Allgemeinverfügung (wegen angemeldeter Gegendemonstrationen rechter Gruppen); BVerfG-K NVwZ 2017, 1374 → *Sachs* JuS 2018, 187: Verpflichtung der Versammlungsbehörde zur Entscheidung über die Duldung eines „G20-Protestcamps“; BVerfG-K NVwZ 2020, 303: keine einstweilige Anordnung gegen räumliche Verlegung einer Demonstration (gegen „Rote Flora“ in Hamburg); BVerfG-K NVwZ 2020, 1505: einstweilige Anordnung zur Ermöglichung eines „Protestcamps“ gegen Autobahn(aus)bau (A 49 – Dannenröder Wald).

ders gefordert war das BVerfG in diesem Zusammenhang während der Corona-Pandemie im Jahr 2020.[27] Staatliche Maßnahmen nach dem **Infektionsschutzrecht** führten zu Beeinträchtigungen etlicher Grundrechte, die Eilverfahren gemäß § 32 BVerfGG nach sich zogen.[28] Beispiele aus dem sonstigen **Gefahrenabwehrrecht** (Polizei- und Ordnungsrecht) sind der Eilantrag gegen eine polizeiliche Wohnungsverweisung (wegen häuslicher Gewalt) mit Rückkehrverbot,[29] gegen Landes-Hundeverordnungen[30] und gegen die vorläufige Entziehung der Fahrerlaubnis.[31] Im **Ausländerrecht** dominiert der vorläufige Rechtsschutz gegen Abschiebungsmaßnahmen,[32] zu erwähnen sind aber auch der Streit um die Rückführung eines abgeschobenen Ausländers nach Deutschland[33] und die Erteilung eines Visums für den Familiennachzug.[34] Bemerkenswert ist ferner das Eilverfahren zur drohenden **Auslieferung** eines deutschen Staatsangehörigen nach Spanien auf Grund eines Europäischen Haftbefehls.[35]

Gegenstand im Eilverfahren nach § 32 BVerfGG sind immer wieder **sitzungspolizeiliche Verfügungen** (§ 176 GVG) gegen Vertreter der Medien insbesondere im Zusammenhang mit Fernsehaufnahmen anlässlich spektakulärer (Straf-)Prozesse;[36] die Zulassung ausländischer Medienvertreter als Prozessbeobachter im NSU-Prozess wurde im Verfahren nach § 32 BVerfGG erreicht,[37] ebenso die Zulassung von Übersetzungshilfen („Flüsterdolmetscher") für akkreditierte (ausländische) Medienvertreter im „Syrien-Folterprozess".[38] Gegenstand des Eilverfahrens sind nicht selten Maßnahmen von **Strafverfolgungsbehörden;** Beispiele sind die Beschlagnahme von Unterlagen anlässlich der Durchsuchung einer Rechtsanwaltskanzlei[39] und die vorläufige Untersagung der Auswertung von Beweisgegenständen im Ermittlungsverfahren.[40] Durch einstweilige Anordnung wurde ferner die **Zwangsbehandlung** einer Person im **Maßregelvollzug** untersagt.[41] 11

Auf etlichen Gebieten des Verwaltungsrechts, die mit § 32 BVerfGG nicht unbedingt in Verbindung gebracht werden müssen, hat die Vorschrift Bedeutung erlangt. Beispiele aus 12

---

[27] BVerfG-K NVwZ 2020, 709 → *Sachs* JuS 2020, 474: Wiederherstellung der aufschiebenden Wirkung eines Widerspruchs (dazu → Rn. 77) gegen Versammlungsverbot; BVerfG-K 2020, 711 → *Kingreen* Jura (JK) 2020, 1148: einstweilige Anordnung gegen Versammlungsverbot mit Möglichkeit der Versammlungsbehörde zu Neuentscheidung; BVerfG-K NVwZ-RR 2020, 761: erfolgloser Eilantrag gegen Auflage zur Beschränkung der Anzahl der Versammlungsteilnehmer; BVerfG-K NVwZ 2020, 1508 (m. Anm. *Berwanger*): Ablehnung eines Eilantrags gegen das Verbot einer Dauermahnwache zum Protest gegen staatliche Maßnahmen zur Bekämpfung der Covid-19-Pandemie.

[28] BVerfG-K 2020, 878: keine einstweilige Anordnung gegen Verbot religiöser Zusammenkünfte; BVerfG-K NVwZ 2020, 783: erfolgreicher Eilantrag gegen generelles Verbot von Gottesdiensten in Moscheen; BVerfG-K NVwZ 2020, 1040: Ablehnung eines Eilantrags gegen coronabedingte Beschränkungen des Schulbetriebs; BVerfG-K NVwZ 2020, 708: keine einstweilige Anordnung gegen Ausgangsbeschränkungen anlässlich der Corona-Pandemie; BVerfG-K NVwZ 2020, 1749: erfolgloser Eilantrag gegen Beherbergungsverbot in Schleswig-Holstein.

[29] BVerfG-K NJW 2002, 2225.

[30] BVerfG-K NVwZ 2000, 1408; NVwZ 2002, 592.

[31] BVerfG-K NJW 2001, 357.

[32] BVerfG-K DVBl 2009, 1304; NVwZ 2015, 810 und 896; NVwZ-RR 2017, 208; Beschl. v. 14.9.2017 – 2 BvQ 56/17, BeckRS 2017, 126071.

[33] BVerfG-K BayVBl 2018, 704.

[34] BVerfG-K NVwZ 2017, 1769.

[35] BVerfGE 112, 90 = NJW 2005, 2060.

[36] BVerfG-K NJW 2000, 2890; NJW 2002, 2021; NJW 2007, 672; NJW-RR 2007, 986; NJW 2009, 2117; NJW 2012, 2178; NJW 2014, 3013; Beschl. v. 17.8.2017 – 1 BvR 1741/17, BeckRS 2017, 123951 = K&R 2017, 713 (m. Anm. *Huff*); NJW 2020, 38.

[37] BVerfG-K 2013, 1293 (m. Anm. *Zuck*).

[38] BVerfG-K NJW 2020, 3166 (m. Bespr. *Bock/Wagner* NJW 2020, 3146).

[39] BVerfGE 104, 42 = NJW 2001, 2957: Anordnung der unverzüglichen Rückgabe; E 105, 365 = NJW 2002, 2458: vorläufige Sperrung des Datenbestands vor weiterer Verwendung; BVerfG-K NJW 2003, 3761: Anordnung der Hinterlegung sichergestellter Gegenstände beim Amtsgericht und Versiegelung von Computer und Datenträger.

[40] BVerfG-K NVwZ 2014, 1316; Beschl. v. 25.7.2017 – 2 BvR 1287/17 u.a., BeckRS 2017, 118431 (VW-Diesel-Skandal).

[41] BVerfG-K NJW 2009, 2804.

dem **Kommunalrecht** sind der Zugang zu einer gemeindlichen öffentlichen Einrichtung[42] und die Vollstreckung eines Beitragsbescheids.[43] Aus dem **Hochschul- und Prüfungsrecht** sei verwiesen auf den Streit um eine Studienplatzvergabe,[44] die Zulassung zur mündlichen Prüfung im Zweiten Juristischen Staatsexamen[45] und die Zusammenlegung von Hochschulen durch den Landesgesetzgeber (Brandenburg).[46] Im **Rundfunkrecht** sind der Streit um die Ausstrahlung eines Fernsehfilms („Contergan")[47] bemerkenswert (zum Privatrundfunk → Rn. 13) und die Auseinandersetzung um die Ausstrahlung einer Wahlwerbung.[48] Zum **Berufsrecht** sei verwiesen auf Eilverfahren im Falle des sofort vollziehbaren Widerrufs einer Approbation[49] und einer Anwaltszulassung;[50] im öffentlichen Sektor ist der Eilrechtsschutz in beamtenrechtlichen Konkurrentenstreitigkeiten von Interesse.[51] Zahlreiche weitere Beispiele ließen sich anführen, so etwa der Streit um die Pfanderhebungs- und Rücknahmepflicht nach der (früheren) **Verpackungsverordnung,**[52] um die Festsetzung einer **Altersgrenze für Fluglotsen,**[53] zum **Zensus 2011**[54] und zum **Zensus 2021**[55] sowie zur **Vorratsdatenspeicherung.**[56] Dieser stichwortartige Überblick dokumentiert die „Omnipräsenz" des § 32 BVerfGG im Öffentlichen Recht auf unterschiedlichsten Rechtsgebieten.

13 Die Bedeutung des § 32 BVerfGG in **privatrechtlichen Streitigkeiten** (i. w. S.) steht der praktischen Relevanz der Vorschrift im Öffentlichen Recht kaum nach. Überwiegend geht es um Eilanträge beim BVerfG gegen fachgerichtliche Eilentscheidungen (Hintergrund: mittelbare Drittwirkung der Grundrechte); eingeordnet werden hier auch Gesetzgebungsakte (dazu Art. 1 Abs. 3 GG: unmittelbare Grundrechtsbindung), die in der Sache privatrechtliche Sachverhalte regeln. Eine gewisse fachwissenschaftliche Aufmerksamkeit hat die einstweilige Anordnung gegen ein **Hausverbot** für einen „Bierdosen-Flashmob" (Fall 5 → Rn. 38) erregt.[57] Zum **Mietrecht** werden spektakuläre Eilanträge im Rahmen von Verfassungsbeschwerden gegen Gesetze gestellt; Beispiele sind die Einführung des „Bestellerprinzips" für Maklerprovisionen[58] und der „Berliner Mietendeckel".[59] Streitfälle aus dem **Familien- und Erbrecht** im verfassungsgerichtlichen Eilverfahren sind der Umgang eines Vaters mit seinem nichtehelichen Kind,[60] die Zuordnung des Sorgerechts für ein Kind (Pflegeeltern versus leibliche Eltern),[61] die teilweise Entziehung der elterlichen Sorge[62] und die Auseinandersetzung um die Zahlung des Pflichtteils im Erbrecht.[63] Das BVerfG musste

---

[42] BVerfG-K NVwZ 2018, 819 (m. Bespr. *Hecker* NVwZ 2018, 787); NVwZ-RR 2019, 537.
[43] BVerfG-K NVwZ 2014, 363.
[44] BVerfG-K NVwZ 2003, 857.
[45] BVerfG-K NVwZ 2014, 882.
[46] BVerfG-K NVwZ 2013, 1145.
[47] BVerfG-K NJW 2007, 3197.
[48] BVerfG-K NVwZ 2019, 963: erfolgreicher Eilantrag der NPD (Europawahl 2019).
[49] BVerfG-K NJW 2003, 3617 (Apothekerin); NVwZ-RR 2004, 545 (Zahnarzt).
[50] BVerfG-K NJW 2005, 1418.
[51] BVerfG-K NVwZ 2002, 1367; NVwZ 2004, 1109; bzgl. einer Notarstelle BVerfG-K NJW 2003, 3043.
[52] BVerfG-K NVwZ 2003, 725.
[53] BVerfG-K NVwZ 2007, 327.
[54] BVerfGE 140, 99 = NVwZ 2015, 1524: vorläufige Außervollzugsetzung des § 19 ZensG 2011 im Rahmen einer abstrakten Normenkontrolle; dazu Hauptsacheentscheidung BVerfGE 150, 1 = NVwZ 2018, 1703 (m. Anm. *Leischner/Weigelt*): Vereinbarkeit des § 19 ZensG mit dem Grundgesetz.
[55] BVerfG-K NVwZ 2019, 640: erfolgloser Eilantrag gegen testweise Datenübermittlung für Zensus 2021.
[56] BVerfGE 121, 1 = NVwZ 2008, 543 → *Ehlers* JK 4/09, GG Art. 10 I/4 und → JuS 2008, 737 *(Sachs)*; BVerfG-K NVwZ 2016, 1240.
[57] *Smets* NVwZ 2016, 35; *Schulenberg* DÖV 2016, 55; *Dietz* GewArch Beilage WiVerw 2/2020, 144; *Muckel* VVDStRL 79 (2020), 245 (275); *S. Schönberger* VVDStRL 79 (2020), 291 (293, 299); *Dietz* VVDStRL 79 (2020) (Diskussionsbeitrag), 329 (330).
[58] BVerfG-K NJW 2015, 1815.
[59] BVerfG-K Beschl. v. 13.2.2020 – 1 BvQ 12/20, BeckRS 2020, 1438; NJW 2020, 1202; Beschl. v. 28.10.2020 – 1 BvR 972/20, BeckRS 2020, 28278.
[60] BVerfG-K NJW 2002, 1863; NJW 2005, 1105.
[61] BVerfG-K NJW 2017, 465.
[62] BVerfG-K NVwZ 2020, 1743.
[63] BVerfG-K NJW 2001, 1484.

sich auch mit dem **Vollstreckungsschutz** nach der ZPO (§§ 765a, 850k) befassen.[64] Aus dem **Wirtschaftsrecht** (i. w. S.) sind zu erwähnen: die Bestellung eines Sonderprüfers nach Aktienrecht,[65] die Auseinandersetzung um den Insolvenzplan im Suhrkamp-Insolvenzverfahren,[66] die Verpflichtung der (Tabak-)Industrie zur Gestaltung von Verpackungen mit gesundheitsbezogenen Warnhinweisen[67] (dazu Fall 6 → Rn. 39) und die Preisansagepflicht von TK-Unternehmen bei Call-by-Call-Gesprächen.[68] Streitfälle aus dem **Medienrecht** sind die Durchsetzung des Rechts auf Gegendarstellung gegenüber einem Presseorgan,[69] die Verpflichtung zum Abdruck eines „Nachtrags" in einem Presseorgan[70] und der Disput um die Ausstrahlung einer Fernsehsendung (in RTL.1) wegen Beeinträchtigung des allgemeinen Persönlichkeitsrechts.[71] Interessant aus dem **Telemedienrecht** ist das Eilverfahren zur Löschung von Beiträgen und Sperrung eines Nutzeraccounts in einem sozialen Netzwerk.[72] Wichtige Eilverfahren zum **Arbeitsrecht** betreffen das Tarifeinheitsgesetz[73] (dazu Fall 4 → Rn. 37) und das Streikbrecherverbot im Arbeitnehmerüberlassungsgesetz.[74]

Zum **Parteienrecht** erlangt § 32 BVerfGG praktische Bedeutung vornehmlich in Streit- 14
fällen zur Parteienfinanzierung. Beispiele sind der Zahlungsanspruch des BT-Präsidenten gegen eine politische Partei wegen Unrichtigkeiten im Rechenschaftsbericht[75] und die Forderung einer Partei auf Abschlagszahlung ohne Verrechnung mit einer ihr auferlegten Zahlungsverpflichtung.[76] Die gesetzliche Änderung der Parteienfinanzierung hat ebenfalls zu einem Eilverfahren nach § 32 BVerfGG geführt.[77]

Im **Staatsorganisationsrecht** dominieren Eilanträge im Rahmen des **Organstreitver- 15
fahrens.** Anschauliche Streitfälle sind der Auslandseinsatz der Bundeswehr,[78] politisch einseitige öffentliche Stellungnahmen eines Bundesministeriums[79] (Fall 3 → Rn. 36), Interviewäußerungen eines Bundesministers zu einer Oppositionspartei,[80] die Behandlung einer Gesetzesvorlage im zuständigen BT-Ausschuss[81] (Fall 2 → Rn. 2), der Vorstoß zur Aussetzung der Vollziehung eines Gesetzes,[82] die ausbleibende staatliche Förderung einer parteinahen politischen Stiftung,[83] die Abberufung des Vorsitzenden eines BT-Ausschusses[84] und der Versuch zur Verhinderung einer Gesetzesausfertigung durch den Bundespräsidenten.[85] Auch mit einem Eilantrag im Rahmen der **Wahlprüfung** hatte sich das BVerfG zu befassen.[86]

Als eigenständige Kategorie (wegen des Prüfungsmaßstabs → Rn. 43) können **unions- 16
rechtliche und völkerrechtliche Streitfälle** angeführt werden. Etliche Eilverfahren las-

---

[64] BVerfG-K NJW 2014, 3771.
[65] BVerfG-K DVBl 2018, 172 (Hintergrund: Diesel-Skandal).
[66] BVerfG-K NJW 2015, 465.
[67] BVerfG-K NVwZ 2016, 1171.
[68] BVerfGE 131, 147 = NJW 2012, 1941 → *Schoch* JK 11/12, BVerfGG § 32/9.
[69] BVerfG-K NJW 2002, 356.
[70] BVerfG-K NJW 2017, 2671.
[71] BVerfG-K NJW-RR 2014, 60.
[72] BVerfG-K NVwZ 2019, 959 (m. Anm. *Seyderhelm*) → JA 2019, 710 *(Muckel)*.
[73] BVerfGE 140, 211 = NJW 2015, 3294; dazu → Rn. 54.
[74] BVerfG-K NZA 2019, 415.
[75] BVerfG-K NVwZ-RR 2013, 625.
[76] BVerfG-K Beschl. v. 11.11.2013 – 2 BvR 547/13, BeckRS 2013, 58078 → *Sachs* JuS 2014, 189.
[77] BVerfGE 151, 58 = NVwZ-RR 2019, 665 → *Sachs* JuS 2019, 925.
[78] BVerfGE 108, 34 = NJW 2003, 2373 (m. Bespr. *M. Nolte* NJW 2003, 2359) = JZ 2003, 897 (m. Anm. *Rupp*): Einsatz deutscher Soldaten in AWACS-Flugzeugen der NATO; E 117, 359 = NVwZ 2007, 685: Tornado-Einsatz in Afghanistan; E 118, 111 = NVwZ 2007, 687: Aufklärungs-Tornados in Afghanistan; weitere Beispiele bei *Schoch* FS 50 Jahre BVerfG I, 2001, S. 695 (696 f.).
[79] BVerfGE 140, 225 = NVwZ-RR 2016, 241; dazu → Rn. 53.
[80] BVerfGE 150, 163 = NVwZ-RR 2019, 89.
[81] BVerfGE 145, 348 = NVwZ 2017, 1108 = JZ 2017, 887 (m. Anm. *Pilniok*) → *Sachs* JuS 2017, 803.
[82] Vgl. Nachw. oben Fn. 72.
[83] BVerfGE 155, 357 = NVwZ 2020, 1422.
[84] BVerfGE 154, 1 = NVwZ 2020, 1034 (m. Anm. *Lenz*).
[85] BVerfGE 152, 55 = NVwZ 2019, 1593.
[86] BVerfGE 149, 374 = NVwZ 2018, 1634.

sen sich unter dem Sammelbegriff **„Euro-Rettung"** zusammengefassen.[87] Andere Eilanträge (im Rahmen sowohl eines Organstreitverfahrens als auch von Verfassungsbeschwerden) betrafen das **CETA-Abkommen** (Freihandelsabkommen der EU und ihrer Mitgliedstaaten mit Kanada).[88] Auch das **EUSFTA-Abkommen** (Freihandelsabkommen zwischen der EU und Singapur) war (im Rahmen einer Verfassungsbeschwerde) Gegenstand eines Verfahrens nach § 32 BVerfGG.[89] Ebenfalls im Rahmen einer Verfassungsbeschwerde wurden Eilanträge gegen die Zustimmung der Bundesregierung zum **UN-Migrationspakt** gerichtet.[90]

## B. Zulässigkeit des Eilantrags

17 Beim Eilantrag nach § 32 BVerfGG ist zwischen der **Zulässigkeit** des Begehrens und seiner **Begründetheit** zu unterscheiden.[91] Diese Differenzierung entspricht grundlegenden Standards der allgemeinen Prozessrechtslehre. Zweifel an der Abgrenzung zwischen Zulässigkeit und Begründetheit im Rahmen des § 32 BVerfGG (aus ehemaliger verfassungsrichterlicher Sicht[92]) sind unangebracht; die mit der Unterscheidung verbundene verfahrensrechtliche Disziplinierung und der Gewinn an Rechtssicherheit (z. B. bezüglich Bindungswirkung der Eilentscheidung und Zulässigkeit eines neuen Eilantrags → Rn. 83, 88)[93] sollten nicht aufgegeben werden.[94]

### I. Zuständigkeit des BVerfG („Rechtsweg")

18 Das BVerfG entscheidet nach § 32 Abs. 1 BVerfGG „im Streitfall". Danach kann das Gericht im Eilverfahren eine einstweilige Anordnung erlassen, soweit seine **Zuständigkeit im Hauptsacheverfahren** reicht.[95] Nach dem im Verfassungsprozessrecht geltenden Enumerationsprinzip (→ § 14 Rn. 7) ist der Zuständigkeitskatalog des § 13 BVerfGG maßgebend. Es besteht eine Zuständigkeitskongruenz zwischen Eilverfahren und Hauptsacheverfahren. In der Sache deckt sich der „Rechtsweg" mit der prinzipiellen Statthaftigkeit des Begehrens (→ Rn. 23). Bei fehlender Zuständigkeit des BVerfG ist der Eilantrag nach § 32 BVerfGG unzulässig.

19 Die Zuständigkeit des BVerfG für den Erlass einer einstweiligen Anordnung ist in der Regel unproblematisch. Abgrenzungsfragen zur **Landesverfassungsgerichtsbarkeit** stellen sich kaum, am ehesten bei der Kommunalverfassungsbeschwerde (→ Rn. 23). Im Verhältnis des BVerfG zur **Verwaltungsgerichtsbarkeit** ist insbesondere § 50 Abs. 1 Nr. 1 VwGO zu beachten. Über öffentlich-rechtliche Streitigkeiten nichtverfassungsrechtlicher Art zwischen Bund und Ländern sowie zwischen verschiedenen Ländern entscheidet im

---

[87] BVerfGE 126, 158 = NJW 2010, 2418: Euro-Stabilisierungsmechanismus-Gesetz; E 132, 195 = NJW 2012, 3145 (m. Anm. *Müller-Franken*) → *Ehlers* JK 1/13, GG Art. 38 I/26 und → *Ruffert* JuS 2012, 1050 sowie → JA 2013, 76 *(Hillgruber)*: ESM-Vertrag; BVerfG-K NVwZ 2013, 858: Zypern-Hilfe; E 147, 39 = NVwZ 2017, 1759: Anleihenkaufprogramm der EZB.

[88] BVerfGE 143, 65 = NVwZ 2016, 1799 (m. Bespr. *Grzeszick* NVwZ 2016, 1753) = EuZW 2016, 916 (m. Bespr. *Holterhus* EuZW 2016, 896) = NJW 2016, 3583 (m. Bespr. *Nettesheim* NJW 2016, 3567); E 144, 1 = BeckRS 2016, 112112.

[89] BVerfG-K Beschl. v. 7.11.2019 – 2 BvR 882/19, NVwZ 2020, 541.

[90] BVerfG-K NVwZ 2019, 161.

[91] BVerfGE 104, 23 (27) = NJW 2001, 3253; E 108, 34 (40, 41) = NJW 2003, 2373 (2374); *Niesler* Jura 2007, 362; *Berkemann* in: Umbach/Clemens/Dollinger, BVerfGG, § 32 Rn. 38.

[92] *Graßhof* in: Maunz/Schmidt-Bleibtreu/Klein/Bethge, BVerfGG, § 32 Rn. 37 ff.

[93] Dazu *Lantermann* NVwZ 2018, 624 (625 f.).

[94] *Barczak* in: Barczak, BVerfGG, § 32 Rn. 15; *Berkemann* in: Umbach/Clemens/Dollinger, BVerfGG, § 32 Rn. 40.

[95] *Hillgruber* in: Hillgruber/Goos, Verfassungsprozessrecht, Rn. 997 f.; *E. Klein* in: Benda/Klein, Verfassungsprozessrecht, Rn. 1389; *K. Schneider* in: Burkiczak/Dollinger/Schorkopf, BVerfGG, § 32 Rn. 21.

ersten und letzten Rechtszug das BVerwG;[96] folglich richtet sich der vorläufige Rechtsschutz insoweit nach der VwGO (→ § 34 Rn. 117 und → § 35 Rn. 37).

## II. Antragserfordernis und Antragsinhalt

Das Eilverfahren nach § 32 BVerfGG wird durch einen **schriftlichen Antrag** beim BVerfG eingeleitet (§ 23 Abs. 1 S. 1 BVerfGG). Der Antrag ist zu begründen, und die erforderlichen Beweismittel sind anzugeben (§ 23 Abs. 1 S. 2 BVerfGG). Gefordert ist die **substantiierte Darlegung** der Voraussetzungen für den Erlass einer einstweiligen Anordnung.[97] Das setzt nach der Rechtsprechung einen „schlüssigen Vortrag des die Rechtsverletzung enthaltenden Vorgangs voraus, damit das BVerfG die [...] erforderlichen Prüfungen selbstständig vornehmen kann".[98] Gelegentlich wird die Bindung des BVerfG an den Eilantrag hervorgehoben;[99] Konsequenzen zeigen sich bei der Statthaftigkeit des Antrags (→ Rn. 24) und beim Entscheidungsinhalt (→ Rn. 76). 20

Das BVerfG reklamiert für sich seit jeher – ohne Begründung[100] – die Befugnis, eine einstweilige Anordnung **von Amts wegen** erlassen zu können.[101] Diese Kompetenzanmaßung ist gesetzeswidrig. Die allgemeine Verfahrensvorschrift des § 23 Abs. 1 S. 1 BVerfGG gilt für das Eilverfahren; die konnexen Hauptsacheverfahren (→ Rn. 23) setzen ausnahmslos einen Antrag voraus, für das akzessorische Eilverfahren gibt es ohne Antrag keinen „Streitfall" i. S. d. § 32 Abs. 1 BVerfGG, so dass *vor* Einleitung des Hauptsacheverfahrens eine Eilentscheidung unzulässig ist.[102] Es gilt die **Dispositionsmaxime;** ohne Antrag darf das BVerfG keine einstweilige Anordnung erlassen. 21

Eine **Ausnahme vom Antragserfordernis** wird bei einem *anhängigen* Hauptsacheverfahren anerkannt, weil das BVerfG in diesem Fall einen Verfassungsrechtsstreit nicht aus eigener Initiative an sich ziehe.[103] Teilweise wird der Erlass einer einstweiligen Anordnung von Amts wegen in kontradiktorischen Verfahren abgelehnt und allenfalls im Verfahren der abstrakten Normenkontrolle wegen dessen objektiver Beanstandungsfunktion in Betracht gezogen.[104] Diese eher pragmatischen Überlegungen vermögen rechtsdogmatisch kaum zu überzeugen. Angesichts der durch § 23 Abs. 1 BVerfGG abgesicherten Dispositionsmaxime bedürfte es gemäß § 32 BVerfGG einer ausdrücklichen Ermächtigung für 22

---

[96] Dazu *Bier* in: Schoch/Schneider, VwGO, § 50 Rn. 6 ff.

[97] Wird § 23 Abs. 1 S. 2 BVerfGG nicht eingehalten, ist der Eilantrag unzulässig; BVerfG-K NJW 1999, 3036; NJW 2002, 2225 (2226); EuGRZ 2007, 391; DVBl 2018, 172 Rn. 10 f.; E 154, 1 Rn. 26 = NVwZ 2020, 1034 (m. Anm. *Lenz*).

[98] So BVerfG-K NVwZ-RR 2019, 537 Rn. 5 (m. w. Nachw.); ähnlich BVerfG-K Beschl. v. 13.2.2020 – 1 BvQ 12/20, BeckRS 2020, 1438; NVwZ 2020, 1749 Rn. 4.

[99] BVerfG-K NVwZ 2020, 541 Rn. 29.

[100] Kritisch dazu *Graßhof* in: Maunz/Schmidt-Bleibtreu/Klein/Bethge, BVerfGG, § 32 Rn. 29. – Im Sondervotum BVerfGE 94, 223 (235) = NVwZ 1996, 687 (690) wird das amtswegige Eilverfahren auf die „Verfassungsorganstreue" gestützt.

[101] BVerfGE 1, 74 (75) = NJW 1952, 177; E 1, 281 (283) = BeckRS 1952, 188 Rn. 7 f.; E 42, 103 (119 f.) = NJW 1976, 1084; E 46, 337 (338) = NJW 1978, 209; BVerfG-K NJW 1999, 634; E 140, 211 Rn. 22 = NJW 2015, 3294; zustimmend *K. Schneider* in: Burkiczak/Dollinger/Schorkopf, BVerfGG, § 32 Rn. 52 ff. – Im Fall einer vorangegangenen Ablehnung der einstweiligen Anordnung und dem Antragsteller drohenden Nachteilen BVerfGE 112, 284 (292 f.) = NJW 2005, 1179 (1180); dafür steht indes das Abänderungsverfahren (→ Rn. 87) zur Verfügung.

[102] *Friesenhahn* Jura 1982, 505 (513); *Niesler* Jura 2007, 362; *Bäcker* JuS 2013, 119 (120 f.); *Fleury* Verfassungsprozessrecht, Rn. 486; *Hillgruber* in: Hillgruber/Goos, Verfassungsprozessrecht, Rn. 1007 f.; *E. Klein* in: Benda/Klein, Verfassungsprozessrecht, Rn. 1382; *Sachs* Verfassungsprozessrecht, Rn. 582; *Schlaich/Korioth* BVerfG, Rn. 463; *Berkemann* in: Umbach/Clemens/Dollinger, BVerfGG, § 32 Rn. 63 ff.; *Graßhof* in: Maunz/Schmidt-Bleibtreu/Klein/Bethge, BVerfGG, § 32 Rn. 29.

[103] *Karpen* JuS 1984, 455 (457); *Niesler* Jura 2007, 363; *Bäcker* JuS 2013, 119 (121); *E. Klein* in: Benda/Klein, Verfassungsprozessrecht, Rn. 1383; *Schlaich/Korioth* BVerfG, Rn. 463; *Barczak* in: Barczak, BVerfGG, § 32 Rn. 19; *Graßhof* in: Maunz/Schmidt-Bleibtreu/Klein/Bethge, BVerfGG, § 32 Rn. 30 ff.; *Lenz/Hansel* BVerfGG, § 32 Rn. 147.

[104] *Hillgruber* in: Hillgruber/Goos, Verfassungsprozessrecht, Rn. 1008.

das Tätigwerden des BVerfG von Amts wegen.[105] Diese Vorschrift normiert entsprechende Befugnisse für bestimmte Konstellationen (vgl. § 32 Abs. 4 S. 2, Abs. 6 S. 2 BVerfGG), nicht jedoch für den erstmaligen Erlass einer einstweiligen Anordnung nach § 32 Abs. 1 BVerfGG.[106]

## III. Statthaftigkeit des Eilantrags

23 Erstreckt sich § 32 BVerfG auf alle Verfahrensarten im Zuständigkeitsbereich des BVerfG (→ Rn. 5) und besteht unter dem Vorzeichen des „Rechtswegs" (→ Rn. 18) eine Akzessorietät zwischen Eilverfahren und Hauptsacheverfahren,[107] ist ein **Eilantrag** nach § 32 Abs. 1 BVerfGG in **allen Verfahrensarten** statthaft, für die eine Zuständigkeit des BVerfG „im Streitfall" besteht. Das betrifft in erster Linie die Verfassungsbeschwerde (zu Praxisbeispielen → Rn. 10 ff.), und zwar sowohl gegen Einzelfallmaßnahmen als auch gegen Gesetze (dazu → Rn. 25), im Staatsorganisationsrecht den Organstreit (→ Rn. 15). Die Praxis kennt ferner Eilverfahren im Rahmen anderer Hauptsacheverfahren; Beispiele bieten die abstrakte Normenkontrolle[108] (dazu → *Thiemann* § 17) und der Bund-Länder-Streit[109] (dazu → *Pünder* § 20). Bei der Kommunalverfassungsbeschwerde (→ § 16) ist der Eilantrag nach § 32 Abs. 1 BVerfGG nur im Rahmen der Subsidiaritätsklausel (Art. 93 Abs. 1 Nr. 4b GG, § 91 BVerfGG) statthaft.[110] Bei einem Eilantrag im Verfahren der konkreten Normenkontrolle[111] (→ *Wernsmann* § 19) stellen sich Fragen zur Antragsberechtigung (→ Rn. 28) und zur Antragsbefugnis (→ Rn. 30).

24 Statthaft ist der Eilantrag im konkreten Fall nur bei einem **tauglichen Antragsgegenstand.** Richtet sich der Antrag gegen ein Gesetz,[112] muss dieses ausgefertigt und im Bundesgesetzblatt verkündet sein (Art. 82 Abs. 1 S. 1 GG). Das BVerfG hat allerdings aus Gründen eines effektiven Grundrechtsschutzes (dazu auch → Rn. 27) einen Eilantrag gegen ein vom Bundespräsidenten ausgefertigtes Gesetz schon vor dessen Verkündung für zulässig erklärt.[113] Bei einem Landesgesetz muss der Inhalt des Gesetzes fest- und seine Verkündung unmittelbar bevorstehen; dafür muss das Gesetzgebungsverfahren abgeschlossen sein.[114] Im Organstreit kann das BVerfG mangels Befugnis zu einer kassatorischen oder rechtsgestaltenden Entscheidung (→ *Ehlers* § 18 Rn. 72) keine Entscheidung über die Gültigkeit einer Norm treffen; daher ist der auf die vorläufige Unanwendbarkeit einer Norm zielende Eilantrag nicht statthaft;[115] dasselbe gilt für ein Leistungsbegehren.[116] Im Wahlprüfungsverfahren ist die Wahlprüfungsbeschwerde beim BVerfG gegen die Entscheidung des Bundestags über die Gültigkeit der Wahl zulässig (Art. 41

---

105 *Pestalozza* Verfassungsprozeßrecht, § 18 Rn. 4.

106 Das BVerfG kann einen Eilantrag anregen, *Lechner/Zuck* BVerfGG, § 32 Rn. 44.

107 *Barczak* in: Barczak, BVerfGG, § 32 Rn. 11, 14; *Lenz/Hansel* BVerfGG, § 32 Rn. 13.

108 BVerfGE 104, 23 = NJW 2001, 3253 → JuS 2002, 80 *(Sachs)*: Aussetzung des Inkrafttretens des Altenpflegegesetzes (Hauptsacheentscheidung: E 106, 62 = NJW 2003, 41 → *Schoch* JK 4/03, GG Art. 72/3 und → JuS 2003, 394 [*Sachs*]: Nichtigkeit wesentlicher Vorschriften des Gesetzes); E 104, 51 = NJW 2001, 2457: keine Aussetzung des Inkrafttretens des LPartDisBG (dazu Bespr. *Schoch* Jura 2001, 833); E 140, 99 = NVwZ 2015, 1524: vorläufige Außervollzugsetzung des § 19 ZensG 2011 (zur Hauptsacheentscheidung vgl. Nachw. Fn. 54); E 151, 152 = NVwZ-RR 2019, 705: Außervollzugsetzung der Regelung zu Wahlrechtsausschlüssen bei der Europawahl 2019.

109 BVerfGE 80, 74 (79) = NJW 1990, 974 (975).

110 BVerfGE 82, 310 (312) = NVwZ 1991, 259 (m. Bespr. *Kronisch* NVwZ 1991, 244); BVerfG-K NVwZ 2000, 789; NVwZ-RR 2014, 369 Rn. 14; *Guckelberger* Jura 2008, 819 (829).

111 Dazu *Lenz/Hansel* BVerfGG, § 32 Rn. 15 (mit – zweifelhaftem – Hinweis auf die Möglichkeit einer einstweiligen Anordnung von Amts wegen).

112 Zu gesetzgeberischem Unterlassen (bei Schutzpflicht des Staates) BVerfG-K NVwZ 2020, 1353 Rn. 6 (Regelung der Triage im Rahmen der Covid-19-Pandemie).

113 BVerfGE 131, 47 Rn. 20 = NJW 2012, 1941 → *Schoch* JK 11/12, BVerfGG § 32/9.

114 BVerfG-K Beschl. v. 13.2.2020 – 1 BvQ 12/20, BeckRS 2020, 1438 Rn. 6.

115 BVerfGE 151, 58 Rn. 14 = NVwZ-RR 2019, 665 → *Sachs* JuS 2019, 925.

116 BVerfGE 155, 357 Rn. 38, 39 = NVwZ 2020, 1422 (staatliche Förderung einer parteinahen Stiftung).

Abs. 2 GG, § 48 Abs. 1 BVerfGG); fehlt es (noch) an dem das Wahleinspruchsverfahren (§§ 2ff. WahlPrüfG) abschließenden BT-Beschluss (§ 13 WahlPrüfG), ist ein Eilantrag nicht statthaft.[117]

**Lösung zu Fall 1:** Der Antrag des B ist unzulässig; er richtet sich ebenso wie die akzessorische Verfassungsbeschwerde nicht gegen einen „Akt öffentlicher Gewalt" (dazu → *Scherzberg* § 15 Rn. 48ff.). Denn die Abstimmung der Mitglieder einer politischen Partei ist keine staatliche Maßnahme; Parteien nehmen eine Vermittlungsfunktion zwischen Gesellschaft und Staat wahr (Art. 21 Abs. 1 GG), sie sind aber nicht Teil des Staates und üben keine „öffentliche Gewalt" aus. 25

Mit Blick auf die **Funktionenordnung** ist gemäß § 32 Abs. 1 BVerfGG Eilrechtsschutz gegen Akte der Gesetzgebung, der vollziehenden Gewalt und der fachgerichtlichen Rechtsprechung statthaft; zu Streitfällen innerhalb der Staatsorganisation sind einstweilige Anordnungen insbesondere gegenüber Verfassungsorganen sowie im Bund-Länder-Verhältnis zulässig. Entsprechende Eilentscheidungen des BVerfG sind durch § 32 BVerfGG legitimiert; folglich besteht **kein Gewaltenteilungsproblem.**[118] Die vom BVerfG dennoch vorgenommenen Differenzierungen nach der Art von Streitfällen für die Anforderungen an den Erlass einer einstweiligen Anordnung (→ Rn. 43) sind rechtlich zweifelhaft. 26

Gemäß § 32 Abs. 1 BVerfGG kann, da ein bereits existenter „Streitfall" vorliegen muss, **vorbeugender vorläufiger Rechtsschutz** grundsätzlich nicht begehrt werden[119] (zum verwaltungsgerichtlichen Eilverfahren → § 35 Rn. 42). Das betrifft im Organstreit z.B. die Untersagung von vermuteten Äußerungen eines Bundesministers,[120] auch darf der Organstreit nicht über § 32 Abs. 1 BVerfGG zu einer präventiven Normenkontrolle umfunktioniert werden.[121] Ein Eilantrag im Rahmen einer Verfassungsbeschwerde gegen ein Gesetz ist grundsätzlich nicht vor dessen Verkündung statthaft.[122] Ausnahmsweise kommt vorbeugender Rechtsschutz in Betracht, wenn dem Antragsteller ohne eine vorbeugende Regelung **effektiver Rechtsschutz** nicht mehr gewährt werden könnte.[123] Im Eilverfahren geht es dabei höchst selten um ein Gesetz mit innerstaatlicher Wirkung vor dessen Verkündung;[124] dagegen ist der Eilantrag gegen ein Zustimmungsgesetz zu einem völkerrechtlichen Vertrag (Art. 59 Abs. 2 GG) vor dessen Geltung grundsätzlich statthaft, um eine sonst nur schwer revidierbare völkerrechtliche Bindung zu verhindern.[125] 27

## IV. Antragsberechtigung

Im Eilverfahren ist antragsberechtigt, wer beteiligungsfähig ist. Die **Beteiligungsfähigkeit** im Verfahren des § 32 BVerfGG deckt sich mit derjenigen des Hauptsacheverfahrens.[126] Dazu treten in der Praxis nur selten Probleme auf. Anlass zur Prüfung besteht mit- 28

---

[117] BVerfGE 149, 374 Rn. 7 = NVwZ 2018, 1634.
[118] Vgl. *E. Klein* in: Benda/Klein, Verfassungsprozessrecht, Rn. 1391, 1393.
[119] BVerfG-K EuZW 2020, 427 Rn. 19; *Barczak* in: Barczak, BVerfGG, § 32 Rn. 12.
[120] BVerfGE 150, 163 Rn. 11, 16 = NVwZ-RR 2019, 89.
[121] BVerfGE 152, 55 Rn. 21 = NVwZ 2019, 1593.
[122] BVerfG Beschl. v. 13.2.2020 – 1 BvQ 12/20, BeckRS 2020, 1438 Rn. 5.
[123] BVerfG-K NVwZ 2019, 161 Rn. 22 (m. w. Nachw.).
[124] Vgl. dazu → Rn. 24 Text zu Fn. 113.
[125] BVerfG-K EuZW 2020, 427 Rn. 21; *Lenz/Hansel* BVerfGG, § 32 Rn. 23. – Im Rechtsstreit zum Vertrag von Lissabon hatte der Bundespräsident auf Grund eines Eilantrags beim BVerfG erklärt, die Ratifikationsurkunde nicht auszufertigen, bis das BVerfG in der Hauptsache entschieden habe; BVerfGE 123, 267 (304) = NJW 2009, 2267 (2268).
[126] *Niesler* Jura 2007, 362 (363); *Bäcker* JuS 2013, 119 (121); *Hillgruber* in: Hillgruber/Goos, Verfassungsprozessrecht, Rn. 1015; *Barczak* in: Barczak, BVerfGG, § 32 Rn. 20.

unter bei einem Eilantrag im **Organstreitverfahren.**[127] Besonderheiten sind damit nicht verbunden; es treten zu § 63 BVerfGG diejenigen Fragen auf, die sich auch im Hauptsacheverfahren stellen (→ *Ehlers* § 18 Rn. 11 ff.). Beim Eilverfahren in der **konkreten Normenkontrolle** sind die gemäß § 82 Abs. 2 BVerfGG beitrittsberechtigten Verfassungsorgane nach ihrem Beitritt antragsberechtigt.[128]

## V. Antragsbefugnis

29 Die Antragsbefugnis für einen Eilantrag nach § 32 Abs. 1 BVerfGG setzt eine **materielle Beschwer** des Antragstellers voraus, die durch den Erlass einer einstweiligen Anordnung beseitigt werden kann.[129] Wird diese Zulässigkeitsvoraussetzung lege artis ermittelt, entspricht die Antragsbefugnis in Bezug auf den *Anordnungsanspruch* der Antrags- bzw. Beschwerdebefugnis im Hauptsacheverfahren; zum *Anordnungsgrund* muss geltend gemacht werden, dass einer der in § 32 Abs. 1 BVerfGG genannten (wichtigen) Gründe die einstweilige Anordnung erfordert.[130] In der Rechtsprechung verfängt diese Doktrin nicht, weil das BVerfG in der Begründetheitsprüfung dem nach Anordnungsanspruch und Anordnungsgrund unterscheidenden Prüfungskonzept nicht folgt (→ Rn. 41).

30 In der Praxis ist die Antragsbefugnis nur selten zweifelhaft. Substantiiert darzulegen ist vom Antragsteller die Möglichkeit der Verletzung durch den angegriffenen Akt öffentlicher Gewalt in eigenen Rechten. Beim Eilantrag im Rahmen der **Verfassungsbeschwerde** geht es um die Möglichkeit der Grundrechtsverletzung;[131] daran fehlt es bei einem nicht schlüssigen Vortrag.[132] Der Eilantrag im **Organstreitverfahren** muss die Möglichkeit der Verletzung eigener Organrechte des Antragstellers aufzeigen.[133] Im Verfahren der **konkreten Normenkontrolle** sind nur die gemäß § 82 Abs. 2 BVerfGG beitrittsberechtigten Verfassungsorgane antragsbefugt; die Beteiligten des Ausgangsverfahrens sind an dem Normenkontrollverfahren nicht beteiligt, sondern nach § 82 Abs. 3 BVerfGG lediglich äußerungsbefugt, so dass ihnen die Antragsbefugnis im Eilverfahren nach § 32 BVerfGG fehlt.[134]

31 **Lösung zu Fall 2:** Der im Rahmen eines Organstreits gestellte Eilantrag ist unzulässig; er erfüllt nicht die Anforderungen des § 64 Abs. 1 BVerfGG. Der Initiant eines Gesetzgebungsverfahrens hat nach Sinn und Zweck des Art. 76 Abs. 1 GG ein Recht auf Beratung und Beschlussfassung seiner Vorlage; der Befassungsanspruch richtet sich gegen den Bundestag als Beschlussorgan (Art. 77 Abs. 1 S. 1 GG). Die Beteiligung der BT-Ausschüsse am Gesetzgebungsverfahren ist durch bloßes parlamentarisches Binnenrecht geregelt (§ 80 GeschO BT[135]). Die G-Fraktion hat in keiner Weise dargetan, welche organschaftlichen Rechte durch den betreffenden BT-Ausschuss beeinträchtigt sein sollen.

---

[127] BVerfGE 79, 379 (383) = NJW 1989, 1476: keine Antragsberechtigung einer (vorgeblichen) politischen Partei; demgegenüber BVerfGE 113, 113 (120) = NJW 2005, 2537 (2538): Organklage einer BT-Fraktion in Prozessstandschaft für das Gesamtparlament.

[128] *Graßhof* in: Maunz/Schmidt-Bleibtreu/Klein/Bethge, BVerfGG, § 32 Rn. 26.

[129] *Berkemann* in: Umbach/Clemens/Dollinger, BVerfGG, § 32 Rn. 91.

[130] *Niesler* Jura 2007, 362 (363); Anordnungsanspruch akzentuierend *Hillgruber* in: Hillgruber/Goos, Verfassungsprozessrecht, Rn. 1017; Anordnungsgrund hervorhebend *Bäcker* JuS 2013, 119 (121).

[131] BVerfG-K NVwZ 2013, 1145 Rn. 13: zulässige Berufung von Hochschulfakultäten auf die Wissenschaftsfreiheit (Art. 5 Abs. 3 S. 1 GG).

[132] BVerfG-K BayVBl 2018, 704 Rn. 11, zu Art. 6 Abs. 1 GG (Rückführung eines abgeschobenen Ausländers nach Deutschland); BVerfG-K NVwZ-RR 2019, 537, zu Art. 3 Abs. 1 i. V. m. Art. 21 Abs. 1 GG (Überlassung einer ortsfremden öffentlichen Einrichtung für Wahlkampfveranstaltung).

[133] BVerfGE 113, 113 (121) = NJW 2005, 2537 (2538): Möglichkeit der Verletzung von Minderheitenrechten einer BT-Fraktion in einem Untersuchungsausschuss (Art. 44 GG).

[134] BVerfG-K NVwZ-RR 2014, 369 Rn. 12.

[135] Abgedruckt in Sartorius I Nr. 35.

## VI. Antragsfrist

Eine Antragsfrist schreibt § 32 BVerfGG nicht vor. Der Eilantrag kann auch schon **vor Anhängigkeit eines Hauptsacheverfahrens** gestellt werden.[136] Voraussetzung eines solchen isolierten Eilantrags ist, dass nachfolgend ein zulässiger Antrag zur Hauptsache gestellt werden kann.[137] Ist dies z.B. wegen des Ablaufs einer Rechtsbehelfsfrist (§ 64 Abs. 3, § 93 Abs. 1 S. 1 und Abs. 3 BVerfGG) nicht der Fall, ist der Eilantrag unzulässig.[138] Soweit vereinzelt gefordert wird, der Hauptsacheantrag dürfe auch nicht offensichtlich unbegründet sein,[139] findet diese These im Gesetz keine Grundlage. 32

## VII. Subsidiarität

Die Subsidiarität verfassungsgerichtlichen Rechtsschutzes kennzeichnet die Zulässigkeit der Verfassungsbeschwerde (→ *Scherzberg* § 15 Rn. 93ff.). Das BVerfG erstreckt diesen Topos auf den vorgelagerten Eilrechtsschutz.[140] Mittlerweile etabliert hat sich der Nachrang des § 32 BVerfGG gegenüber dem **fachgerichtlichen vorläufigen Rechtsschutz.**[141] Der Eilantrag gemäß § 32 BVerfGG setzt voraus, dass der Antragsteller die ihm zur Verfügung stehenden Möglichkeiten, fachgerichtlichen Eilrechtsschutz zu erlangen, ausgeschöpft hat[142] oder ein weiteres Zuwarten unzumutbar ist; andernfalls ist der Antrag unzulässig.[143] Das Kriterium der „Zumutbarkeit" beeinträchtigt die Rechtssicherheit; die auf Wertungen im Einzelfall zielende Judikatur lässt sich kaum abschätzen.[144] Das BVerfG postuliert zudem die Subsidiarität des verfassungsgerichtlichen Eilverfahrens gegenüber dem **fachgerichtlichen Hauptsacheverfahren.**[145] Das ist unter dem Aspekt der Dringlichkeit des Rechtsschutzes nicht unbedenklich und lässt sich nur halten, wenn Ausnahmen zugelassen werden, um den Rechtsschutz nicht leerlaufen zu lassen;[146] auch dazu sind die Annahmen des BVerfG kaum vorhersehbar.[147] 33

---

[136] BVerfGE 108, 34 (40) = NJW 2003, 2373 (2374); BVerfG-K NVwZ 2004, 1109; NVwZ 2013, 858 Rn. 20; Beschl. v. 6.12.2013 – 2 BvQ 55/13, BeckRS 2013, 59251 Rn. 3 → *Eifert* JK 4/14, GG Art. 38 I/27 und → *Sachs* JuS 2014, 381; NVwZ 2014, 882 Rn. 2; E 150, 163 Rn. 9 = NVwZ-RR 2019, 89; NVwZ 2019, 161 Rn. 12; E 152, 55 Rn. 16 = NVwZ 2019, 1593; BVerfG-K EuZW 2020, 427 Rn. 18.

[137] *Barczak* in: Barczak, BVerfGG, § 32 Rn. 22; *Graßhof* in: Maunz/Schmidt-Bleibtreu/Klein/Bethge, BVerfGG, § 32 Rn. 18.

[138] BVerfGE 122, 63 (74) = NVwZ 2009, 103 (104).

[139] BVerfGE 113, 113 (120) = NJW 2005, 2537 (2538); E 151, 152 Rn. 21 = NVwZ-RR 2019, 705.

[140] BVerfG-K Beschl. v. 11.11.2013 – 2 BvR 547/13, BeckRS 2013, 58078 Rn. 6 → *Sachs* JuS 2014, 189; NVwZ 2014, 882 Rn. 2; NVwZ 2020, 708 Rn. 3; NVwZ 2020, 1508 Rn. 3.

[141] *Barczak* in: Barczak, BVerfGG, § 32 Rn. 24f.; *Lenz/Hansel* BVerfGG, § 32 Rn. 29.

[142] BVerfG-K Beschl. v. 16.5.2020 – 1 BvQ 55/20, BeckRS, 8616 Rn. 4, 6 (Beschwerdemöglichkeit nach § 146 Abs. 4 VwGO); BVerfG-K NVwZ 2020, 1508 Rn. 7 (Abänderungsantrag nach § 80 Abs. 7 S. 2 VwGO sei vorrangig).

[143] BVerfG-K NVwZ-RR 2014, 369 Rn. 16: Schulnetzplanung des Landes, Möglichkeit betroffener Gemeinden als Schulträger, gegen die ablehnende Eilentscheidung des VG Beschwerde zum OVG zu erheben; BVerfG-K NVwZ 2014, 882 Rn. 3: Eilverfahren nach der VwGO als vorrangiger Rechtsschutz für die einstweilige Zulassung zu einer mündlichen Prüfung.

[144] BVerfG-K NVwZ 2020, 708 Rn. 4 erachtet es als „gegenwärtig unzumutbar", dem Antragsteller „abzuverlangen", gegen eine Verordnung über Ausgangsbeschränkungen anlässlich der Corona-Pandemie um fachgerichtlichen Eilrechtsschutz nachzusuchen; ähnlich zum Beherbergungsverbot in Schleswig-Holstein BVerfG-K NVwZ 2020, 1749 Rn. 6.

[145] BVerfG-K Beschl. v. 11.11.2013 – 2 BvR 547/13, BeckRS 2013, 58078 Rn. 7: Vorrang der Klage auf Abschlagszahlung zur Parteienfinanzierung gegenüber dem Eilantrag nach § 32 BVerfGG.

[146] *Barczak* in: Barczak, BVerfGG, § 32 Rn. 27ff.: Versagung vorläufigen Rechtsschutzes als Verstoß gegen Art. 19 Abs. 4 GG, Insuffizienz des Hauptsacheverfahrens, Unzumutbarkeit der Beschreitung des Rechtswegs in der Hauptsache.

[147] So verzichtet etwa BVerfG-K NJW 2020, 1202 Rn. 18 auf die vorherige Anrufung der Fachgerichte (mittels negativer Feststellungsklage gemäß § 43 VwGO) beim Rechtsschutz gegen den „Berliner Mietendeckel".

### VIII. Rechtsschutzbedürfnis

34 Sind die übrigen (d. h. die bislang erörterten) Zulässigkeitsvoraussetzungen erfüllt, ist das **allgemeine Rechtsschutzbedürfnis** indiziert.[148] Es entfällt ausnahmsweise, wenn die Inanspruchnahme vorläufigen Rechtsschutzes beim BVerfG nicht erforderlich ist, das Interesse des Antragstellers nicht schutzwürdig erscheint oder der Rechtsschutzzweck nicht (mehr) erreicht werden kann.[149] Entscheidet das BVerfG in der Hauptsache so rechtzeitig, dass hierdurch die dem Antragsteller drohenden schweren Nachteile vermieden werden können, bedarf es keiner Eilentscheidung.[150] Bei bloßer Wiederholung des (abgelehnten) Eilantrags in derselben Sache fehlt das Rechtsschutzbedürfnis ebenfalls; anderes gilt, wenn die Erneuerung des Antrags (→ Rn. 88) auf neue Gründe gestützt ist.[151] Kein Bedürfnis für eine einstweilige Anordnung besteht auch dann, wenn dem Begehren des Antragstellers bereits Rechnung getragen worden ist.[152] Verfehlt wird das Rechtsschutzziel mit einem Eilantrag, der auf die Verpflichtung der Bundesregierung gerichtet ist, eine bestimmte Rechtsauffassung des BVerfG in einem Vorabentscheidungsverfahren (Art. 267 AEUV) zu übernehmen.[153]

### IX. Vorwegnahmeverbot der Hauptsache

35 Nach h. M. ist ein Eilantrag unzulässig, wenn das Begehren die Hauptsache vorwegnimmt; eine Ausnahme von diesem **prozessualen Verbot der Vorwegnahme der Hauptsache** wird anerkannt, wenn die Hauptsacheentscheidung zu spät käme und in anderer Weise ausreichender Rechtsschutz nicht gewährleistet werden kann.[154] Unabhängig von der Richtigkeit jener These ist das Vorwegnahmeverbot rechtssystematisch dem *Inhalt* der Eilentscheidung zuzuordnen (→ Rn. 80 ff.), ist also im Rahmen der **Begründetheit des Eilantrags** zu prüfen.[155]

## C. Begründetheit des Eilantrags

36 **Fall 3:** Die A-Partei hat für den kommenden Samstag eine Versammlung in der Stadt S unter dem Motto „Rote Karte für die Bundesregierung – Asyl braucht Grenzen!“ angemeldet. Ministerin M veröffentlicht auf der Homepage des von ihr geführten Bundesministeriums folgende Pressemitteilung: „Die Rote Karte sollte der A-Partei und ihren Funktionären gezeigt werden; diese leisten der Radikalisierung in der Gesellschaft Vorschub und betreiben offen Volksverhetzung“. Mit einem Eilantrag beim BVerfG möchte die A-Partei erreichen, dass jene Pressemitteilung einstweilen von der Homepage entfernt wird.[156]

---

[148] *Bäcker* JuS 2013, 119 (122); *Barczak* in: Barczak, BVerfGG, § 32 Rn. 31.
[149] *Berkemann* in: Umbach/Clemens/Dollinger, BVerfGG, § 32 Rn. 127 ff.
[150] BVerfG-K NJW 2000, 1399 (1400). – Thematik zu Unrecht in der Begründetheit erörternd BVerfGE 108, 34 (41) = NJW 2003, 2373 (2374); E 113, 113 (124) = NJW 2005, 2537 (2539); E 118, 111 (123) = NVwZ 2007, 687 (688).
[151] BVerfGE 122, 120 (132) = NVwZ 2009, 96 Rn. 69.
[152] BVerfGE 150, 163 Rn. 15 = NVwZ-RR 2019, 89 → JA 2019, 235 *(Hillgruber)*: Entfernung eines Textes von der Homepage des BMI.
[153] BVerfGE 147, 39 Rn. 18 = NVwZ 2017, 1759: Anleihenkaufprogramm der EZB.
[154] BVerfGE 108, 34 (40) = NVwZ 2003, 2373 (2374); E 113, 113 (122) = NJW 2005, 2537 (2538 f.); E 131, 47 Rn. 23 f. = NJW 2012, 1941 → *Schoch* JK 11/12, BVerfGG § 32/9; E 147, 39 Rn. 11 = NVwZ 2017, 1759; BVerfG-K EuZW 2020, 427 Rn. 26; *Niesler* Jura 2007, 362 (363); *Bäcker* JuS 2013, 119 (122); *Fleury* Verfassungsprozessrecht, Rn. 490; *Hillgruber* in: Hillgruber/Goos, Verfassungsprozessrecht, Rn. 1027, 1030; *Berkemann* in: Umbach/Clemens/Dollinger, BVerfGG, § 32 Rn. 121; *Graßhof* in: Maunz/Schmidt-Bleibtreu/Klein/Bethge, § 32 Rn. 48; *Lenz/Hansel* BVerfGG, § 32 Rn. 32.
[155] *Barczak* in: Barczak, BVerfGG, § 32 Rn. 32.
[156] Fall nach BVerfGE 140, 225 = NVwZ-RR 2016, 241.

**Fall 4:** Das Entstehen immer neuer Spartengewerkschaften gefährdet nach Auffassung des Bundesgesetzgebers die Tarifeinheit in den Betrieben. Nach dem neuen Tarifeinheitsgesetz kann ein Arbeitgeber zwar an mehrere Tarifverträge unterschiedlicher Gewerkschaften gebunden sein, bei kollidierenden Tarifverträgen ist in einem Betrieb jedoch nur der Tarifvertrag derjenigen Gewerkschaft anwendbar, die im Betrieb die meisten Mitglieder hat. Hiergegen wendet sich die kleine Berufsgruppengewerkschaft B mit ihrer Verfassungsbeschwerde und beantragt beim BVerfG ferner den Erlass einer einstweiligen Anordnung gegen das unlängst in Kraft getretene Gesetz.[157] 37

**Fall 5:** K will übermorgen in der Zeit von 18.15 bis 18.30 Uhr eine stationäre öffentliche Versammlung auf dem zentral gelegenen N-Platz in der Stadt P durchführen. Der Platz steht im Eigentum der E-GmbH. Motto der Versammlung ist „Bierdosen-Flashmob für die Freiheit". Auf Kommando „Für die Freiheit – trinkt aus!" sollen die Teilnehmer jeweils eine Dose Bier öffnen und leertrinken; anschließend sind eine Rede und eine Diskussion geplant. Mit der Versammlung soll gegen „den zunehmenden Einsatz privater Sicherheitsdienste" und die „zunehmende Beschränkung von Freiheitsrechten" aufmerksam gemacht werden. Gegen das von der Platzeigentümerin ausgesprochene Hausverbot (wegen drohender Vermüllung des Platzes) beantragt K beim BVerfG den Erlass einer einstweiligen Anordnung, nachdem Eilanträge beim Amtsgericht und beim Landgericht erfolglos geblieben sind.[158] 38

**Fall 6:** Nach der EU-Tabakproduktrichtlinie müssen Zigarettenverpackungen mit gesundheitsbezogenen Warnhinweisen („Schockfotos") versehen werden. Die Vorgaben werden durch das Tabakerzeugnisgesetz in deutsches Recht umgesetzt. Firma Z sieht ihre Zigarettenproduktion durch das übergangslose Inkrafttreten der betreffenden Gesetzesbestimmungen im Kern beeinträchtigt; Produktionsumstellungen seien notwendig, derweil fielen ganze Produktlinien weg. Z erhebt Verfassungsbeschwerde und beantragt beim BVerfG zudem, das Inkrafttreten der angegriffenen Bestimmungen einstweilen auszusetzen.[159] 39

## I. Entscheidungsmaßstab: summarische Prüfung

Ein Entscheidungsmaßstab für die nach § 32 Abs. 1 BVerfGG zu treffende Eilentscheidung ist nicht ausdrücklich normiert. Der Gesetzestext und die Systematik des vorläufigen Rechtsschutzes verdeutlichen jedoch die maßgeblichen Strukturelemente: Ein Eilantrag ist begründet, wenn – in der Praxis: auf der Grundlage eines zumindest glaubhaft gemachten Sachverhalts (dazu auch → Rn. 42) – ein Anordnungsanspruch und ein Anordnungsgrund gegeben sind. Der **Anordnungsanspruch** wurzelt in dem Merkmal „Streitfall", womit das jeweilige Hauptsacheverfahren in Bezug genommen wird (→ Rn. 5, 18, 23); geprägt wird der Anordnungsanspruch folglich bei der Verfassungsbeschwerde durch das (Abwehr-)Recht (Grundrecht des Beschwerdeführers), beim Organstreit durch das organschaftliche (Innen-)Recht des Antragstellers, beim Bund-Länder-Streit durch Kompetenzzuweisungen, bei der abstrakten Normenkontrolle ebenso durch Kompetenzen sowie Vorschriften des Gesetzgebungsverfahrens und ggf. durch materielles 40

[157] Fall nach BVerfGE 140, 211 = NJW 2015, 3294.
[158] Fall nach BVerfG-K NJW 2015, 2485 (m. Bespr. *Smets* NVwZ 2016, 35) → *Kingreen* Jura (JK) 2016, 330 und → *Sachs* JuS 2015, 954.
[159] Fall nach BVerfG-K NVwZ 2016, 1171.

Verfassungsrecht (insbesondere Grundrechte). Der **Anordnungsgrund** markiert den Regelungsanlass für die Eilentscheidung (§ 32 Abs. 1 BVerfGG: Abwehr schwerer Nachteile, Verhinderung drohender Gewalt, anderer wichtiger Grund) und verlangt eine besondere Dringlichkeit für den Erlass der einstweiligen Anordnung (§ 32 Abs. 1 BVerfGG: zum gemeinen Wohl dringend geboten). Nach diesem Normprogramm hat eine summarische Prüfung der Erfolgsaussichten des Hauptsacherechtsbehelfs (nebst Ermittlung des Anordnungsgrundes) zu erfolgen.[160]

## II. BVerfG: Folgenabwägung mittels Doppelhypothese

41 Das BVerfG lehnt das Konzept der h. L. (→ Rn. 40) ab: In der Kürze der Zeit dürfe der Erlass einer einstweiligen Anordnung nicht von etwas Ungewissem, der summarischen Abschätzung der Erfolgschancen in der Hauptsache, abhängig gemacht werden;[161] wegen der Auswirkungen verfassungsgerichtlicher Entscheidungen sei ein summarisches Verfahren auf Ausnahmefälle, in denen anders eine befriedigende Regelung nicht zu erzielen sei, zu beschränken.[162] Statt dessen propagiert das Gericht ein **Modell der folgenorientierten Abwägung:** Bei der Entscheidung über die einstweilige Anordnung haben die Gründe, die für die Verfassungswidrigkeit der angegriffenen Maßnahme(n) vorgetragen werden, grundsätzlich außer Betracht zu bleiben, es sei denn, der Antrag in der Hauptsache erweist sich von vornherein als unzulässig oder offensichtlich unbegründet; bei offenem Ausgang des Hauptsacheverfahrens müssen die Folgen, die eintreten würden, wenn eine einstweilige Anordnung nicht erginge, der Rechtsbehelf in der Hauptsache aber Erfolg hätte, gegenüber den Nachteilen abgewogen werden, die entstünden, wenn die begehrte einstweilige Anordnung erlassen würde, der Hauptsacherechtsbehelf aber erfolglos bliebe.[163] Danach lässt sich die **Doppelhypothese** wie folgt strukturieren: (1) Erlass der einstweiligen Anordnung bei unterstelltem Misserfolg des Antragstellers im Hauptsacheverfahren versus (2) Ablehnung der einstweiligen Anordnung bei unterstelltem Hauptsacheerfolg und (3) auf beiden Hypothesen basierend Ermittlung sowie Bewertung und Gewichtung der jeweiligen Folgen mit anschließender Abwägung und Erzielung eines Abwägungsergebnisses nach Maßgabe der aus Sicht des BVerfG am ehesten hinnehmbaren Folgen (Auswirkungen) der Eilentscheidung.[164] Ausdrücklich betont das BVerfG, die Folgenabwägung löse sich von einer Prüfung des Rechts und stütze sich auf eine bloße **Einschätzung der Entscheidungswirkungen.**[165]

42 Das Eilverfahren gemäß § 32 BVerfGG wirft in der Praxis mitunter Besonderheiten in Bezug auf die **Sachverhaltsermittlung** auf. An sich gilt der Untersuchungsgrundsatz

---

[160] *Hillgruber* in: Hillgruber/Goos Verfassungsprozessrecht, Rn. 1065 ff., 1077; *Pestalozza* Verfassungsprozeßrecht, § 18 Rn. 13 ff.; *Schlaich/Korioth* BVerfG, Rn. 466 ff.; *Berkemann* in: Umbach/Clemens/Dollinger, BVerfGG, § 32 Rn. 151 ff.; *Lechner/Zuck* BVerfGG, § 32 Rn. 22 f. – *K. Schneider* in: Burkiczak/Dollinger/Schorkopf, BVerfGG, § 32 Rn. 70 ff., entwickelt ein „Nachteilskonzept", das auf der Judikatur beruhe, die von einer implizit vorliegenden Dogmatik geleitet sei.

[161] BVerfGE 71, 350 (352) = BeckRS 1986, 5906 Rn. 9; E 104, 23 = NJW 2001, 3253.

[162] BVerfGE 77, 130 (135) = BeckRS 1987, 06393 Rn. 16.

[163] BVerfGE 104, 23 (28) = NJW 2001, 3253; E 104, 51 (55) = NJW 2001, 2457; E 108, 45 (49) = NJW 2003, 2737 f.; E 112, 284 (291 f.) = NJW 2005, 1179; E 117, 126 (135) = NVwZ 20007, 325; E 132, 195 Rn. 87 = NJW 2012, 3145 Rn. 191; E 140, 99 Rn. 11 = NVwZ 2015, 1524; E 140, 211 Rn. 12 = NJW 2015, 3294; E 143, 65 Rn. 35 = NVwZ 2016, 1799; E 151, 58 Rn. 11 = NVwZ-RR 2019, 665; E 151, 152 Rn. 23 = NVwZ-RR 2019, 705; E 152, 55 Rn. 16 = NVwZ 2019, 1593; E 154, 1 Rn. 25 = NVwZ 2020, 1034; E 155, 357 Rn. 37 = NVwZ 2020, 1422. – Die Kammerrechtsprechung stimmt mit der Senatsrechtsprechung überein. Der Judikatur zustimmend (ehemalige Verfassungsrichterin) *Graßhof* in: Maunz/Schmidt-Bleibtreu/Klein/Bethge, BVerfGG, § 32 Rn. 87 ff., 108 ff.; *Lenz/Hansel* BVerfGG, § 32 Rn. 35; ferner *Fleury* Verfassungsprozessrecht, Rn. 495 f.

[164] *Berkemann* in: Umbach/Clemens/Dollinger, BVerfGG § 32 Rn. 180 ff.

[165] BVerfGE 94, 166 (217) = NVwZ 1996, 678 (686); BVerfG-K NJW 2015, 465 Rn. 13. – Demgegenüber meint *K. Schneider* in: Burkiczak/Dollinger/Schorkopf, BVerfGG, § 32 Rn. 375, das BVerfG blende das materielle Recht nicht aus.

(§ 26 Abs. 1 S. 1 BVerfGG).[166] Steht die Eilentscheidung unter großem Zeitdruck, kann das BVerfG eine Amtsermittlung praktisch kaum durchführen. Beispiele bietet insbesondere das Versammlungsrecht. Bei der Prüfung des Eilantrags legt das BVerfG die **Tatsachenfeststellungen** und **Tatsachenwürdigungen** in der angegriffenen fachgerichtlichen Entscheidung zu Grunde, es sei denn, die Tatsachenfeststellungen sind offensichtlich fehlsam oder die Tatsachenwürdigung trägt unter Berücksichtigung der betroffenen Grundrechtsnorm(en) offensichtlich nicht.[167] Dabei geht es in der Praxis vornehmlich um die Gefahrenprognose für ein Versammlungsverbot und die Anordnung von Auflagen gegenüber einer Versammlung.[168] Diese Rechtsprechung zur Tatsachenbasis im Eilverfahren ist nicht auf das Versammlungsrecht beschränkt.[169]

## III. Maßstabsverschärfung

Vielfach postuliert das BVerfG für § 32 Abs. 1 BVerfGG einen **„strengen Maßstab"**; 43
dieser Topos soll seine Rechtfertigung in den in der Regel weitreichenden Folgen einer einstweiligen Anordnung finden,[170] bisweilen wird auf Funktion und Organisation des BVerfG verwiesen.[171] Speziell zum Organstreitverfahren wird in diesem Zusammenhang betont, dass eine einstweilige Anordnung in die Autonomie eines anderen Verfassungsorgans eingreife.[172] Ein **„besonders strenger Maßstab"** soll bei einem Eilantrag gegen ein Gesetz gelten, weil der Erlass einer einstweiligen Anordnung einen erheblichen Eingriff in die Gestaltungsfreiheit des Gesetzgebers darstelle; der Vollzug eines Gesetzes dürfe nur dann vorläufig ausgesetzt werden, wenn die einstweilige Anordnung unabweisbar sei.[173] Diese Rechtsprechung ist auf die Verordnungsgebung übertragen worden.[174] Eine nochmalige **Verschärfung der Anforderungen** ergebe sich im Eilverfahren gegen Maßnahmen mit völkerrechtlichen oder außenpolitischen Auswirkungen.[175] Dasselbe gelte, wenn der Vollzug einer Rechtsnorm ausgesetzt werden solle, die zwingende Vorgaben des EU-Rechts in das deutsche Recht umsetze.[176]

Die vom BVerfG kreierten Maßstabsverschärfungen (→ Rn. 43) entbehren einer rechtli- 44
chen Grundlage und sind praktisch nicht handhabbar.[177] Es entspricht nicht der **Siche-**

---

[166] *Berkemann* in: Umbach/Clemens/Dollinger, BVerfGG § 32 Rn. 145 ff.

[167] BVerfG-K NVwZ-RR 2001, 353; NJW 2001, 1407 (1408); NJW 2001, 1409; NJW 2001, 2072 (2073); NJW 2001, 2078; NJW 2001, 2459 (2460); NVwZ 2004, 1111; NJW 2007, 2167 (2168) → Schoch JK 12/07, GG Art. 8/22; NJW 2010, 141 Rn. 8; NVwZ 2016, 244 Rn. 1; NVwZ 2020, 1505 Rn. 7.

[168] *Berkemann* in: Umbach/Clemens/Dollinger, BVerfGG, § 32 Rn. 149 f.

[169] Vgl. etwa BVerfG-K NJW 2007, 3197 (3198): Ausstrahlung eines Fernsehfilms zum Contergan-Skandal; BVerfG-K NVwZ 2014, 363 Rn. 4: Vollstreckungsmaßnahmen; BVerfG-K NJW 2015, 2485 Rn. 3: „Bierdosen-Flashmob" (dazu Fall 5 → Rn. 38).

[170] BVerfGE 126, 158 Rn. 27 = NJW 2010, 2418; E 131, 47 Rn. 27 = NJW 2012, 1941 → *Schoch* JK 11/12, BVerfGG § 32/9; E 140, 99 Rn. 12 = NVwZ 2015, 1524; E 140, 211 Rn. 13 = NJW 2015, 3294; BVerfG-K NVwZ 2017, 1374 Rn. 19; NVwZ 2017, 1699 Rn. 8; NVwZ 2020, 303 Rn. 6; NVwZ-RR 2020, 761 Rn. 2; NVwZ 2020, 1040 Rn. 15; NVwZ 2020, 1743 Rn. 7; NVwZ 2020, 1505 Rn. 2.

[171] BVerfG-K NJW 2012, 3773 Rn. 4; NJW 2015, 465 Rn. 13.

[172] BVerfGE 108, 34 (41) = NJW 2003, 2373 (2374); E 118, 111 (122) = NVwZ 2007, 687 f.; E 145, 348 Rn. 29 = NVwZ 2017, 1108 → *Sachs* JuS 2017, 803; E 150, 163 Rn. 10 = NVwZ-RR 2019, 89; E 152, 55 Rn. 16 = NVwZ 2019, 1593; E 154, 1 Rn. 25 = NVwZ 2020, 1034.

[173] BVerfGE 104, 23 (27) = NJW 2001, 3253 → JuS 2002, 80 *(Sachs)*; E 112, 284 (292) = NJW 2005, 1179; E 117, 126 (135) = NVwZ 2007, 324 (325); BVerfG-K NVwZ 2013, 1145 Rn. 15, 22; NJW 2015, 1815 Rn. 18; NVwZ 2016, 1240 Rn. 13; NVwZ 2019, 640 Rn. 11; NJW 2020, 1946 Rn. 10.

[174] BVerfG-K NVwZ 2000, 1408 (1409); NVwZ 2003, 725.

[175] BVerfGE 108, 34 (41) = NJW 2003, 2373 (2374); E 117, 359 (366) = NVwZ 2007, 685; E 118, 111 (122) = NVwZ 2007; 687 (688); E 126, 158 (167) = NJW 2010, 2418 Rn. 27; E 132, 195 Rn. 86 = NJW 2012, 3145 Rn. 190; E 143, 65 Rn. 34 = NVwZ 2016, 1799; BVerfG-K NVwZ 2020, 541 Rn. 16.

[176] BVerfGE 121, 1 (18) = NVwZ 2008, 543 Rn. 141 → *Ehlers* JK 4/09; GG Art. 10 I/4 und → JuS 2008, 737 *(Sachs)*; E 122, 120 (134) = NVwZ 2009, 96 Rn. 74; BVerfG-K NVwZ 2016, 1171 Rn. 36.

[177] *Bäcker* JuS 2013, 119 (123); *Berkemann* in: Umbach/Clemens/Dollinger, BVerfGG § 32 Rn. 160; *Lechner/Zuck* BVerfGG, § 32 Rn. 19.

**rungs- und Regelungsfunktion** der einstweiligen Anordnung (→ Rn. 6f.), wenn sich das BVerfG selbst eine zusätzliche Zurückhaltung auferlegt, obwohl eine solche Anordnung nur erlassen wird, wenn sie aus einem „wichtigen Grund zum gemeinen Wohl dringend geboten ist" (§ 32 Abs. 1 BVerfGG).[178] Die Kontrolle anderer Verfassungsorgane ist eine reguläre Aufgabe des BVerfG und ohne eine entsprechende gesetzliche Regelung keiner gesteigerten Zurückhaltung unterworfen. Das gilt auch gegenüber dem Gesetzgeber;[179] diesem wird vom Antragsteller gerade vorgeworfen, seine Gestaltungsbefugnisse verfassungswidrig überschritten zu haben, so dass eine Zurückhaltung des BVerfG unter Hinweis auf die gesetzgeberische Kompetenz ausscheidet.[180] Die Maßstabsverschärfung bei der Verordnungsgebung ist nicht haltbar, wie die fachgerichtliche Normverwerfungskompetenz (§ 47 Abs. 5 S. 2 VwGO) zeigt.[181] Prozessuale Besonderheiten gelten auch in außenpolitischen Angelegenheiten nicht; insoweit verfügt die Regierung zwar über weite Handlungs- und Gestaltungsspielräume, steht jedoch die Einhaltung der Kompetenzgrenzen an (und nur darum geht es im vorliegenden Zusammenhang), ist eine besondere Zurückhaltung des BVerfG rechtlich nicht angezeigt.[182]

## IV. Ausnahmen vom Abwägungsmodell: summarische Prüfung

45 Sein Modell der Folgenabwägung auf der Grundlage der Doppelhypothese (→ Rn. 41) hält das BVerfG nicht strikt durch, sondern anerkennt verschiedene Ausnahmen zu Gunsten der **summarischen Prüfung** der Erfolgsaussichten des Hauptsacherechtsbehelfs. Die erste Ausnahmekonstellation ist in dem Vorbehalt zur Folgenabwägung (→ Rn. 46) bereits angelegt.[183] Die Rechtsprechung hat schrittweise weitere Fallgruppen entwickelt und dem summarischen Verfahren zugeordnet. Dabei handelt es sich eher um ein kasuistisches als um ein systematisches Vorgehen. Eine Leitidee oder gar ein übergreifendes Konzept sind nicht erkennbar. Das erschwert die Strukturierung.[184]

### 1. Evidenzkontrolle zur Erfolgsaussicht des Hauptsacherechtsbehelfs

46 Im Abwägungsmodell des BVerfG bleibt die „Prüfung des Rechts" (→ Rn. 41 a. E.) dann nicht außer Betracht, wenn der Antrag zur Hauptsache von vornherein unzulässig oder offensichtlich unbegründet ist (zum Gegenstück → Rn. 47). In beiden Varianten geht es um den erfolglosen Eilantrag. Einer Folgenabwägung zur Entscheidungsfindung bedarf es nicht, wenn auf Grund einer Prüfung der Sach- und Rechtslage rasch geklärt werden kann, dass ein Sicherungsbedürfnis für die ausstehende Hauptsacheentscheidung nicht existiert.[185] Etliche Beispiele belegen, dass der **unzulässige Hauptsacherechtsbehelf** keine

---

[178] *Hillgruber* in: Hillgruber/Goos, Verfassungsprozessrecht, Rn. 1046.

[179] Vgl. zur Kritik am BVerfG auch *Berkemann* JZ 1993, 161 (164), zustimmend *Graßhof* in: Maunz/Schmidt-Bleibtreu/Klein/Bethge, BVerfGG, § 32 Rn. 139. – Terminologisch verfehlt ist die Zuweisung von Gestaltungs„freiheit" an den Gesetzgeber (→ Rn. 43), denn „Freiheit" steht den Grundrechtsberechtigten zu, nicht aber dem Gesetzgeber als Grundrechtsverpflichteten. Von einem Eingriff des BVerfG in die „originäre Zuständigkeit des Gesetzgebers" im vorliegenden Zusammenhang sprechend BVerfGE 140, 99 Rn. 12 = NVwZ 2015, 1524; E 140, 211 Rn. 13 = NJW 2015, 3294; BVerfG-K NVwZ 2016, 1171 Rn. 35; NVwZ 2017, 1769 Rn. 19; E 151, 58 Rn. 12 = NVwZ-RR 2019, 665; E 151, 152 Rn. 24 = NVwZ-RR 2019, 705.

[180] *Hillgruber* in: Hillgruber/Goos, Verfassungsprozessrecht, Rn. 1047.

[181] *Berkemann* in: Umbach/Clemens/Dollinger, BVerfGG § 32 Rn. 175.

[182] *Schoch/Wahl* FS Benda, S. 265 (276ff.). – *Barczak* in: Barczak, BVerfGG, § 32 Rn. 53, spricht von „Betriebsblindheit" und einer verselbstständigten „Selbstzitation des Gerichts".

[183] *Lenz/Hansel* BVerfGG, § 32 Rn. 37: rein negativ ausgestaltete summarische Prüfung der Erfolgsaussichten der Hauptsache.

[184] *Barczak* in: Barczak, BVerfGG, § 32 Rn. 40, entnimmt der Rechtsprechung ein dreistufiges Prüfprogramm: (1) summarische Prüfung nach Offensichtlichkeit, (2) Folgenabwägung, (3) bloße Vertretbarkeitskontrolle (dazu → Rn. 52).

[185] *Niesler* Jura 2007, 362 (365).

ganz seltene Erscheinung ist.[186] Verschiedentlich ist im Eilverfahren auch ein **offensichtlich unbegründeter Haupsacherechtsbehelf** identifiziert worden.[187]

Außerhalb der verfassungsgerichtlichen Formel zum Vorbehalt summarischer Prüfung (→ Rn. 41) liegt die Evidenzkontrolle in Bezug auf einen **offensichtlich begründeten Hauptsacherechtsbehelf.** Praktische Bedeutung hat diese Konstellation bei der Verfassungsbeschwerde: Deren erkennbaren Erfolgsaussichten seien im Eilverfahren zu berücksichtigen; bei einer offensichtlich begründeten Verfassungsbeschwerde läge in der Nichtgewährung von Eilrechtsschutz ein schwerer Nachteil für das gemeine Wohl i. S. d. § 32 Abs. 1 BVerfGG.[188] Aufgrund dieser Maxime sind einstweilige Anordnungen erlassen worden z. B. gegen ein fachgerichtlich bestätigtes sofort vollziehbares Versammlungsverbot[189] und sitzungspolizeiliche Anordnungen nach § 176 GVG;[190] Beispiele für Leistungsbegehren sind die im Eilverfahren angeordnete Zulassung des Antragstellers zu einer kommunalen öffentlichen Einrichtung[191] und die Verpflichtung einer öffentlich-rechtlichen Rundfunkanstalt zur Ausstrahlung des Wahlwerbespots einer politischen Partei.[192] 47

## 2. Prüfung des Anordnungsgrundes

Außerhalb seines Modells der Folgenabwägung mittels Doppelhypothese (→ Rn. 41) erhebt das BVerfG vielfach das Merkmal **„schwerer Nachteil"** gemäß § 32 Abs. 1 BVerfGG zum Prüfungsmaßstab und lehnt den Eilantrag ab, wenn ein derartiger Grund für den Erlass einer einstweiligen Anordnung nicht vorliegt.[193] Unter rechtsdogmatischen Vorzeichen bleibt der Eilantrag erfolglos, weil der **Anordnungsgrund** (→ Rn. 40) verneint wird.[194] Kein „schwerer Nachteil" i. S. d. § 32 Abs. 1 BVerfGG wurde im Rahmen von **Verfassungsbeschwerden** gesehen in der Pfanderhebungs- und Rücknahmepflicht nach der (ehemaligen) Verpackungsverordnung,[195] in einem vermögensrechtlichen Streit (mangels irreversibler Nachteile),[196] in der Einführung des „Bestellerprinzips" für Maklerprovisio- 48

---

[186] BVerfG-K NJW 2002, 2632: nicht statthafte Verfassungsbeschwerde gegen Urteil des BVerfG; E 117, 359 (366) = NVwZ 2007, 685 (686): fehlende Antragsberechtigung im Organstreit; E 122, 63 (74) = NVwZ 2009, 103 Rn. 92: verfristete Verfassungsbeschwerde; BVerfG-K NVwZ 2013, 858 Rn. 21, 23: fehlende Beschwerdebefugnis für Verfassungsbeschwerde; BVerfG-K Fn. 1 zu Fall 1 (→ Rn. 1): nicht statthafter Beschwerdegegenstand bei Verfassungsbeschwerde (→ Rn. 25), ebenso BVerfG-K NVwZ 2019, 161 Rn. 13 f.; BVerfG-K NJW 2015, 1815 Rn. 35: Begründungserfordernis für Verfassungsbeschwerde (§§ 92, 23 Abs. 1 S. 2 BVerfGG) nicht erfüllt, ebenso BVerfG-K Beschl. v. 14.9.2017 – 2 BvQ 56/17, BeckRS 2017, 126071 Rn. 11 ff.; BVerfG-K BayVBl 2018 Rn. 13: Unzulässigkeit der Verfassungsbeschwerde wegen Subsidiarität; E 149, 374 Rn. 7 = NVwZ 2018, 1634: unzulässige Wahlprüfungsbeschwerde vor Abschluss des Wahleinspruchsverfahrens; E 150, 163 Rn. 15 = NVwZ-RR 2019, 89: fehlendes Rechtsschutzbedürfnis im Organstreit nach Erledigung der Angelegenheit; BVerfGE Fn. 2 zu Fall 2 (→ Rn. 2): fehlende Antragsbefugnis im Organstreit (→ Rn. 31); E 155, 357 Rn. 38 = NVwZ 2020, 1422: unzulässiges Leistungsbegehren im Organstreitverfahren.

[187] BVerfG-K NJW 2002, 356: Verpflichtung eines Presseorgans zum Abdruck einer Gegendarstellung ist kein Verstoß gegen Art. 5 Abs. 1 S. 2 GG; BVerfG-K NJW 2014, 3013 Rn. 20 f.: kein Recht der Presse zur Benutzung von Aufnahmegeräten während einer Gerichtsverhandlung; BVerfGE Fn. 2 (Rn. 34 ff.) zu Fall 2 (→ Rn. 2): kein Recht des Gesetzesinitianten zur Behandlung einer Gesetzesvorlage innerhalb einer bestimmten Frist; BVerfG-K NJW 2019; 1592 Rn. 2: kein Recht einer politischen Partei auf Ausstrahlung eines volksverhetzenden Wahlwerbespots.

[188] BVerfGE 111, 147 (153) = NJW 2004, 2814 f. → *Schoch* JK 2/05, BVerfGG § 32/8; BVerfG-K NJW 2014, 3013 Rn. 10; NVwZ 2020, 711 Rn. 14 → *Kingreen* Jura (JK) 2020, 1148; NVwZ 2020, 783 Rn. 8; *Lenz/Hansel* BVerfGG § 32 Rn. 42.

[189] BVerfG-K NVwZ-RR 2002, 500; NJW 2010, 141 Rn. 10 ff. NVwZ 2020, 711 Rn. 17 ff. → *Kingreen* Jura (JK) 2020, 1148.

[190] BVerfG-K NJW 2014, 3013 Rn. 11 ff.; NJW 2020, 38 Rn. 10 ff.

[191] BVerfG-K NVwZ 2018, 819 Rn. 5 (dazu Bespr. *Hecker* NVwZ 2018, 787).

[192] BVerfG-K NVwZ 2019; 963 Rn. 9 ff.

[193] *Lenz/Hansel* BVerfGG, § 32 Rn. 39: Folgenabwägung findet nicht statt.

[194] Wird der Anordnungsgrund bejaht, reicht dies allein für den Erlass einer einstweiligen Anordnung nicht; so aber BVerfG-K NVwZ 2002, 983; ablehnend dazu *Graßhof* in: Maunz/Schmidt-Bleibtreu/Klein/Bethge, BVerfGG, § 32 Rn. 12.

[195] BVerfG-K NVwZ 2003, 725 (276).

[196] BVerfG-K NJW 2012, 3773 Rn. 5 f.

nen,[197] in der Vorratsdatenspeicherung (i. S. d. Speicherung als solcher),[198] in der Einsetzung eines Sonderprüfers nach Aktienrecht im Diesel-Skandal,[199] in einer versammlungsrechtlichen Auflage zur räumlichen Verlegung einer Demonstration[200] und in der Begrenzung von Mieteinnahmen durch den „Berliner Mietendeckel".[201] Auch beim **Organstreit** kann ein „schwerer Nachteil fehlen, so dass der Eilantrag mangels Anordnungsgrundes abgelehnt wird; Beispiele sind die Beteiligung deutscher Streitkräfte am Einsatz internationaler Truppen im Rahmen eines UN-Mandats,[202] Äußerungen des Bundespräsidenten im Vorfeld einer Bundestagswahl zu einer politischen Partei nach erfolgtem „Einlenken" des Staatsoberhaupts[203] und die bevorstehende Verkündung eines Gesetzes durch den Bundespräsidenten.[204]

### 3. Vorwegnahme der Hauptsache

49 Am Beispiel von Eilanträgen zur kurzfristigen Durchsetzung von Wahlwerbesendungen politischer Parteien im öffentlich-rechtlichen Rundfunk hat das BVerfG den Erlass einer einstweiligen Anordnung von der Prüfung der Erfolgsaussichten der Hauptsache abhängig gemacht, weil durch die Eilentscheidung eine **Vorwegnahme der Hauptsacheentscheidung** erfolge.[205] Da es nicht um ein Offenhalten des Hauptsacheverfahrens gehe, sondern um dessen vorweggenommene Durchsetzung, müsse das Fehlentscheidungsrisiko nach der maßgeblichen materiellen Rechtslage verteilt werden.[206] Bei einem reflektierten Verständnis zum Begriff der „Vorwegnahme der Hauptsache" und der Berücksichtigung des Zeitfaktors (d. h. Einsicht in die Unumkehrbarkeit der abgelaufenen Zeit) entpuppt sich jene Konstellation nicht etwa als „irregulär", sondern als unproblematisch (→ Rn. 65, 81). Eng damit verwandt ist der Eilrechtsschutz zur **Verhinderung vollendeter Tatsachen;** das BVerfG hält die summarische Prüfung für angezeigt, wenn die behauptete Rechtsverletzung im Falle der Versagung vorläufigen Rechtsschutzes nicht mehr rückgängig gemacht werden könne, die Entscheidung in der Hauptsache also zu spät käme.[207] Auch diese Einsicht beschreibt den Normalfall, wenn zwischen „Irreparabilität" und „Irreversibilität" unterschieden wird (→ Rn. 60 ff.).

### 4. Bereichsausnahme: Versammlungsrecht

50 Bei Eilverfahren zum Versammlungsrecht war über einen längeren Zeitraum hinweg in der Rechtsprechung eine Diskrepanz zwischen Theorie und Praxis zu beobachten. Das BVerfG kündigte verbal eine Folgenabwägung nach Maßgabe der Doppelhypothese an, in der Sache folgte indes eine materiell-rechtliche Prüfung.[208] Zögerlich wurde zunächst die Praktizierung einer **summarischen Prüfung** der Sach- und Rechtslage eingeräumt.[209] Eine Senatsentscheidung hat dann in Anknüpfung an allgemeine Überlegungen – Vorweg-

[197] BVerfG-K NJW 2015, 1815 Rn. 21 ff.
[198] BVerfG-K NVwZ 2016, 1240 Rn. 16 ff.
[199] BVerfG-K DVBl 2018, 172 Rn. 23 f.
[200] BVerfG-K NVwZ 2020, 303 Rn. 12.
[201] BVerfG-K Beschl. v. 28.10.2020 – 1 BvR 972/20, BeckRS 2020, 28278 Rn. 16 ff.
[202] BVerfGE 118, 111 (123 f.) = NVwZ 2007, 687 (688).
[203] BVerfGE 134, 138 Rn. 8 = BeckRS 2013, 56025. – Hauptsacheentscheidung: E 136, 323 = NVwZ 2014, 1156 → *Eifert* JK 11/14, GG Art. 21 I/7 und → *Sachs* JuS 2014, 956 sowie → JA 2014, 796 *(Hillgruber)*.
[204] BVerfGE 152, 55 Rn. 21 = NVwZ 2019, 1593.
[205] BVerfGE 63, 254 f. = BeckRS 1983, 2161; E 67, 149 (152) = NJW 1984, 2201; zustimmend *Bäcker* JuS 2013, 119 (122 f.). – Anders demgegenüber BVerfG-K NJW 1994, 40: Folgenabwägung.
[206] *Niesler* Jura 2007, 362 (365); *Graßhof* in: Maunz/Schmidt-Bleibtreu/Klein/Bethge, BVerfGG, § 32 Rn. 94.
[207] BVerfG-K NJW 2007, 672 (673); NJW 2014, 3013 Rn. 10.
[208] Vgl. etwa BVerfG-K NJW 2001, 1407; NJW 2001, 1409 → *Schoch* JK 01, GG Art. 8/13; NJW 2001, 2069; NJW 2001, 2072; NJW 2001, 2075; NJW 2001, 2078; NVwZ 2004, 90; NVwZ 2005, 1055.
[209] BVerfG-K NVwZ 2004, 90 (91).

nahme der Hauptsacheentscheidung, drohende vollendete Tatsachen (→ Rn. 49) – festgestellt, es widerspräche der Aufgabe des BVerfG, die Grundrechte im Verfahren der Verfassungsbeschwerde zu sichern, wenn deren erkennbaren **Erfolgsaussichten** im Eilverfahren nicht berücksichtigt würden, falls aus Anlass eines Versammlungsverbots über einen Eilantrag zu entscheiden sei und ein Abwarten bis zum Abschluss des Hauptsacheverfahrens den Versammlungszweck mit hoher Wahrscheinlichkeit vereitele.[210] Damit wird anstelle einer Folgenabwägung die summarische Prüfung der Sach- und Rechtslage eingefordert;[211] nicht alle Kammerentscheidungen folgen dieser Maxime, sondern halten an der Folgenabwägung fest.[212]

### 5. Zustimmungsgesetze zu völkerrechtlichen Verträgen

Wird im Hauptsacheverfahren das Zustimmungsgesetz zu einem völkerrechtlichen Vertrag angegriffen, kann nach der Rechtsprechung der Verzicht auf eine Folgenabwägung angezeigt sein, um bereits im Eilverfahren eine summarische Prüfung zur geltend gemachten **Verfassungswidrigkeit des Vertragsgesetzes** vorzunehmen. Nur so könnten grundgesetzwidrige völkerrechtliche Bindungen der Bundesrepublik Deutschland abgewendet und nicht mehr rückgängig zu machende mögliche Rechtsverletzungen bei Verweigerung vorläufigen Rechtsschutzes verhindert werden.[213] In derartigen Konstellationen käme – zumal nach Hinterlegung der Ratifikationsurkunde zu einem völkerrechtlichen Vertrag – die Entscheidung in der Hauptsache zu spät (dazu auch → Rn. 49). Das Gebot einer summarischen Prüfung hat das BVerfG auf **begleitende gesetzliche Regelungen** erstreckt, wenn ein enger Sachzusammenhang mit der völkerrechtlichen Vereinbarung besteht (z. B. bei notwendiger parlamentarischer Rückanbindung).[214] Dasselbe gilt mit Blick auf die abschließende **Zustimmung der Bundesregierung** zu einem Rechtsakt des Unionsrechts im **Rat der EU** (z. B. Freihandelsabkommen mit Drittstaaten).[215] 51

### 6. Reduktion der Prüfung: Vertretbarkeitskontrolle

Anträge nach § 32 Abs. 1 BVerfGG insbesondere gegen fachgerichtliche Eilentscheidungen können beim BVerfG so kurzfristig eingehen, dass sich das Gericht auf Grund der **Zeitnot** weder zu einer summarischen Prüfung noch zu einer ordnungsgemäßen Folgenabwägung in der Lage sieht. Beispiele bietet vor allem das Versammlungsrecht.[216] Darin erschöpft sich die Problematik nicht. Am Beispiel der Ausstrahlung einer Fernsehsendung (nach heimlich hergestellten und noch unbekannten Ton- und Bildaufzeichnungen) hat das BVerfG erklärt, angesichts der **Kürze der Zeit** im Eilverfahren eine eigene Abwägung nicht vornehmen zu können. Eine verantwortliche Abwägung sei nur in voller Kenntnis der hierfür maßgeblichen tatsächlichen Umstände möglich; fehle es hieran, könne nur überprüft werden, ob die angegriffene Entscheidung die **relevanten verfassungsrechtlichen Grundsätze** beachtet habe.[217] Danach wird der angegriffene Akt öffentlicher Gewalt 52

[210] BVerfGE 111, 147 (153) = NJW 2004, 2814 → *Schoch* JK 2/05, BVerfGG § 32/8.

[211] BVerfG-K NVwZ 2005, 1055; NJW 2007, 2167 (2168 ff.) → *Schoch* JK 12/07, GG Art. 8/22; NJW 2010, 141 Rn. 6; NVwZ 2020, 709 Rn. 9 → *Sachs* JuS 2020, 474; NVwZ 2020, 711 → *Kingreen* Jura (JK) 2020, 1148.

[212] Vgl. etwa BVerfG-K NJW 2005, 3204; NVwZ-RR 2008, 73 (74); NJW 2015, 2485 Rn. 7 (Entscheidung zu Fall 5 → Rn. 38, vgl. Fn. 146); NVwZ 2016, 244 Rn. 2; NVwZ 2017, 1374 Rn. 24 → *Sachs* JuS 2018, 187; NVwZ 2020, 303 Rn. 9; Beschl. v. 1.5.2020 – 1 BvR 1003/20, BeckRS 2020, 7211 Rn. 5 ff.; NVwZ 2020, 1505 Rn. 4 ff.

[213] BVerfGE 132, 195 Rn. 88 = NJW 2012, 3145 Rn. 192 (m. Nachw. Fn. 80); E 143, 65 Rn. 36 = NVwZ 2016, 1799 (m. Nachw. Fn. 81); BVerfG-K Beschl. v. 7.11.2019 – 2 BvR 882/19, Beck RS 2019, 27032 Rn. 18; ferner *Bäcker* JuS 2013, 119 (123); *Barczak* in: Barczak, BVerfGG, § 32 Rn. 46; *Lenz/Hansel* BVerfGG, § 32 Rn. 38.

[214] BVerfGE 132, 195 Rn. 89 = NJW 2012, 3145 Rn. 193.

[215] BVerfG-K Beschl. v. 7.11.2019 – 2 BvR 882/19, BeckRS 2019, 27032 Rn. 19.

[216] Näher dazu *Barczak* in: Barczak, BVerfGG, § 32 Rn. 57.

[217] BVerfG-K NJW-RR 2014, 60 (61).

im Verfahren gemäß § 32 Abs. 1 BVerfGG einer bloßen **Vertretbarkeitskontrolle** unterzogen.

53 **Lösung zu Fall 3:** Die Anwendung der Doppelhypothese führte zum Erlass einer einstweiligen Anordnung. Würde der Eilantrag abgelehnt und hätte der Antrag im Organstreit später Erfolg, wären mögliche Auswirkungen der ministeriellen Pressemitteilung auf die geplante Demonstration nicht mehr korrigierbar, die A-Partei wäre in ihren Rechten (Versammlungsfreiheit, gleichberechtigte Teilnahme am politischen Wettbewerb) nachhaltig und dauerhaft verletzt. Bei Erlass einer einstweiligen Anordnung und späterer Erfolglosigkeit der A-Partei im Organstreitverfahren könne das Ministerium seine Kritik zu einem späteren Zeitpunkt in der gewählten Form wiederholen. Die Gründe zu Gunsten der A-Partei überwögen.[218]

54 **Lösung zu Fall 4:** Das BVerfG skizzierte zwar die Anforderungen für die Außervollzugsetzung eines Gesetzes (→ Rn. 43), unterließ jedoch eine Folgenabwägung, weil gravierende und nur schwer revidierbare Nachteile für Spartengewerkschaften nicht erkennbar seien. Das angegriffene Gesetz untersage nicht die tarifpolitische Betätigung an sich, Nachteile im Einzelfall (z. B. Weigerung von Arbeitgebern zur Führung von Tarifverhandlungen unter Hinweis auf das Gesetz) müssten für einen begrenzten Zeitraum hingenommen werden. In der Sache beschränkt das BVerfG die Prüfung auf die Verneinung des Anordnungsgrundes (→ Rn. 48). Der somit erfolglose Eilantrag[219] könne bei einer erheblichen Änderung der tatsächlichen Umstände wiederholt werden (näher dazu → Rn. 88), notfalls könne eine einstweilige Anordnung von Amts wegen (dazu → Rn. 21) erlassen werden.

55 **Lösung zu Fall 5:** Das BVerfG sah bei einer Verweigerung vorläufigen Rechtsschutzes und später erfolgreicher Verfassungsbeschwerde in dem Hausverbot das faktische Verbot der Durchführung einer Versammlung; K könne dann von seinem Grundrecht auf Versammlungsfreiheit nicht in der gewünschten Weise Gebrauch machen. Auf der anderen Seite sei bei Erlass der einstweiligen Anordnung und nachfolgender Erfolglosigkeit der Verfassungsbeschwerde eine gleichwertige Beeinträchtigung von Eigentumsrechten nicht zu erkennen (kurze Dauer der Versammlung, stationär stattfindende Demonstration, Möglichkeit der Müllbeseitigung durch K und seine eingesetzten Ordner). Daher seien die angegriffenen Entscheidungen (Amtsgericht, Landgericht) mittels einstweiliger Anordnung aufzuheben.

56 **Lösung zu Fall 6:** Das BVerfG vermochte in den der Firma Z drohenden wirtschaftlichen Einbußen keinen besonders schwerwiegenden und irreparablen Nachteil zu erkennen, der den Erlass einer einstweiligen Anordnung rechtfertige. Der Sache nach wird ein Anordnungsgrund verneint (→ Rn. 48). Hinzu komme, dass eine einstweilige Anordnung die Umsetzung zwingender unionsrechtlicher Vorgaben zur Harmonisierung des Binnenmarkts (nebst Förderung des Gesundheitsschutzes) blockieren würde; bei Berücksichtigung dieser Auswirkungen habe der Eilantrag keinen Erfolg.[220]

---

[218] Auch der Antrag in der Hauptsache hatte Erfolg, BVerfGE 148, 11 = NVwZ 2018, 485 (m. Anm. *Michl*) = NJW 2018, 928 (m. Anm. *Friehe*) = JZ 2018, 403 (m. Anm. *Kuch*) → *Eifert* Jura (JK) 2018, 758 und → *Sachs* JuS 2018, 404 sowie → JA 2018, 394 *(Muckel)*.

[219] Auch der Antrag in der Hauptsache blieb erfolglos, BVerfGE 146, 71 = NJW 2017, 2523 (m. Bespr. *Wienbracke* NJW 2017, 2506) → *Kingreen* Jura (JK) 2017, 1240 und → JA 2017, 867 *(R. Schwarze)*.

[220] Zur Vereinbarkeit der Tabakproduktrichtlinie 2014/40/EU mit primärem EU-Recht EuGH Urt. v. 4.5.2016 – C-547/14, BeckRS 2016, 80849 Rn. 146 ff. und Urt. v. 4.5.2016 – C-358/14, BeckRS 2016, 80847 Rn. 71 ff. → *Kingreen* Jura (JK) 2016, 1085.

## V. Kritik am Abwägungsmodell des BVerfG

Die vom BVerfG propagierte und überwiegend auch praktizierte Folgenabwägung (mit ausdrücklicher Ausblendung des maßgeblichen Sachrechts → Rn. 41) stellt einen **gesetzes-inakzessorischen Entscheidungsmaßstab** dar.[221] Die vielfach aufgezeigten methodischen, rechtsdogmatischen und praktischen Mängel des Abwägungsmodells[222] lassen das BVerfG unbeeindruckt.[223] Der nachfolgenden kritischen Analyse der Judikatur geht es um die Fortentwicklung bereits vorhandener konstruktiver Lösungsansätze. 57

### 1. Methodensynkretismus: Abwägung ohne Rechtsmaßstab

Die Begründetheitsprüfung des BVerfG im Rahmen des § 32 Abs. 1 BVerfGG ist von zahlreichen Inkonsistenzen geprägt.[224] Ursache hierfür ist ein **Methodensynkretismus,** der an Stelle von Rechtsanwendungsgleichheit vielfach eher Beliebigkeit verheißt.[225] Das BVerfG hält sein Abwägungsmodell nicht durch, sondern kreiert ohne Gesetzesbezug (abschließende?) Ausnahmen (→ Rn. 45 ff.), deren Eigenrationalitäten sich keineswegs von selbst erschließen.[226] Häufig findet eine Folgenabwägung (trotz verbaler Aufbereitung der Doppelhypothese) gar nicht statt, sondern das BVerfG argumentiert eindimensional mit der Verneinung eines „schweren Nachteils" (→ Rn. 48, 54, 56) und bedient sich damit selektiv eines Elements des gesetzesorientierten Modells (→ Rn. 40). 58

Eine Abwägung ohne Rechtsmaßstab, d. h. unter bewusster Ausblendung des im konkreten Fall maßgeblichen Sachrechts, bleibt inhaltsleer, unkontrollierbar und gibt verfassungsrechtlich kaum fassbaren politischen Erwägungen Raum.[227] Ohne Orientierung an der Rechtsordnung verknüpft das BVerfG nach Belieben inkommensurable Größen (politische, soziale, ökonomische, fiskalische etc. Topoi), so dass eine rational nachvollziehbare Abwägung nicht selten ausbleibt. Am Ende steht die **richterliche Dezision.** Das zeigt sich besonders deutlich beim „Abwägungspatt". Beim Eilrechtsschutz gegen ein Gesetz hantiert das Gericht mit einer Art „Beweislastregel", wenn die jeweiligen Nachteile der abzuwägenden Folgenkonstellationen einander in etwa gleichgewichtig gegenüberstehen; die gegenüber der Gestaltungsfreiheit des Gesetzgebers notwendige Zurückhaltung des BVerfG verbiete es, das angegriffene Gesetz vor der Klärung seiner Verfassungsmäßigkeit bzw. Verfassungswidrigkeit auszusetzen.[228] Im Eilverfahren zu einem Organstreit bezüglich AWACS-Einsätzen deutscher Soldaten im Rahmen einer NATO-Aktion hat das BVerfG das „Abwägungspatt" dahingehend aufgelöst, dass dem „gesamtstaatlichen Interesse an der außen- und sicherheitspolitischen Verlässlichkeit Deutschlands" Vorrang gebühre.[229] Im konkreten Fall kann der richterliche Dezisionismus zu einer Rechtsschutzverweigerung führen. 59

---

[221] *Barczak* in: Barczak, BVerfGG, § 32 Rn. 40.

[222] Vgl. etwa *Berkemann* JZ 1993, 161 ff.; *ders.* in: Umbach/Clemens/Dollinger, BVerfGG, § 32 Rn. 237 ff.; *Schoch/Wahl* FS Benda, S. 291 (299 ff.); *Schoch* FS 50 Jahre BVerfG I, S. 695 (708 ff.); *Hillgruber* in: Hillgruber/Goos, Verfassungsprozessrecht, Rn. 1046 ff. – Gegen diese Kritik wendet sich *K. Schneider* in: Burkiczak/Dollinger/Schorkopf, BVerfGG, § 32 Rn. 345 ff.

[223] *Berkemann* in: Umbach/Clemens/Dollinger, BVerfGG, § 32 Rn. 238: „Das ‚offizielle' Selbstverständnis des BVerfG bleibt von dieser im Schrifttum geführten Kritik unberührt." Vgl. auch *Lechner/Zuck* BVerfGG, § 32 Rn. 22: Das BVerfG könne nicht sagen, worin die praktischen Vorzüge der Folgenabwägung gegenüber der summarischen Erfolgsprognose liegen sollen.

[224] Vgl. nur etwa → Rn. 49 Fn. 205 sowie → Rn. 50 Fn. 210, 211, 212.

[225] *Barczak* in: Barczak, BVerfGG, § 32 Rn. 39: keine klare Linie des BVerfG.

[226] *Hillgruber* in: Hillgruber/Goos, Verfassungsprozessrecht, Rn. 1073 ff.; *Schlaich/Korioth* BVerfG, Rn. 466.

[227] *E. Klein* FS 50 Jahre BVerfG, 2001, S. 507 (529 f.); *ders.* in: Benda/Klein, Verfassungsprozessrecht, Rn. 1414.

[228] BVerfG-K NJW 2015, 1815 Rn. 19; E 140, 99 Rn. 12 = NVwZ 2015, 1524; BVerfG-K NVwZ 2016, 1171 Rn. 35; NVwZ 2017, 1769 Rn. 19.

[229] BVerfGE 108, 34 (45) = NJW 2003, 2373 (2375).

### 2. Interimszeitraum: irreparable Zustände durch Zeitablauf

60 **a) Berücksichtigung der Dimension „Zeit".** Die korrekte Ermittlung der Anforderungen an den verfassungsgerichtlichen vorläufigen Rechtsschutz darf im Ausgangspunkt den **Faktor „Zeit"** nicht übersehen. Durch schlichten Zeitablauf entstehen auf Seiten des Antragstellers oder des Antragsgegners permanent nicht mehr ungeschehen zu machende Zustände.[230] Daran vermag die spätere Hauptsacheentscheidung (unabhängig von ihrem Ergebnis) nichts zu ändern. Die abgelaufene Zeit ist unumkehrbar. Ist sie aber unwiederbringlich, schafft jede einstweilige Anordnung ebenso wie ihre Ablehnung notwendigerweise **irreparable Zustände,** sei es bis zur Hauptsacheentscheidung (→ Rn. 62 ff.) oder sei es sogar für die weitere Zukunft, womit die **Irreversibilität eines Zustands** in den Blick gerät, was zum Topos „Vorwegnahmeverbot" führt (→ Rn. 80 ff.).

61 In seiner jüngeren Rechtsprechung betont das BVerfG, für die Folgenabwägung sei „von entscheidender Bedeutung, ob die Nachteile irreversibel oder nur sehr erschwert revidierbar sind";[231] das Gericht relativiert diese Aussage indessen.[232] Dafür gibt es gute Gründe. Nicht nur ist zwischen *„Irreparabilität"* (retrospektive Dimension) und *„Irreversibilität"* (prospektive Dimension) zu unterscheiden, vielmehr muss erkannt werden, dass die „Irreparabilität" eines Zustands ein ambivalenter Argumentationstopos ist. Ist z. B. im Eilverfahren über die Zulassung der Fernsehberichterstattung über ein Strafverfahren zu entscheiden, droht im Falle der Zulassung des Fernsehens eine irreparable Stigmatisierung des Angeklagten, bei Ablehnung der einstweiligen Anordnung tritt ein irreparabler Ausfall der Fernsehberichterstattung ein.[233] Wird zum begehrten Umgangsrecht eines Vaters mit seinem nichtehelichen Kind die einstweilige Anordnung abgelehnt, hat der Vater – unumkehrbar – für einen bestimmten Zeitraum keine Teilhabe an der Entwicklung des Kindes, bei Erlass der einstweiligen Anordnung und späterer Erfolglosigkeit der Verfassungsbeschwerde haben nicht mehr ungeschehen zu machende Umgangskontakte des Vaters (nebst Einflussnahmen) mit dem Kind stattgefunden.[234] Die Berücksichtigung des Faktors „Zeit" verdeutlicht, dass die **interimistische Befriedungsfunktion** der Eilentscheidung (→ Rn. 7) bedacht werden muss; das mit dem Eilverfahren verbundene Fehlentscheidungsrisiko ist tunlichst auszuschalten (→ Rn. 8).

62 **b) Eilentscheidung bei zeitlich verschiebbaren Maßnahmen.** Der beliebige Einsatz drohender Irreparabilität als Argumentationstopos im Eilverfahren zeigt sich zunächst bei **zeitlich verschiebbaren Maßnahmen** der *Exekutive.* Erfolgreichen Eilanträgen liegt nicht selten die Argumentation zu Grunde, der Abwendung vollendeter Tatsachen stehe auf Seiten des Antragsgegners lediglich eine zeitliche Verzögerung der beabsichtigten Hoheitsmaßnahme gegenüber; Beispiele sind der Widerruf einer Anwaltszulassung,[235] die Untersuchung der Dienstfähigkeit eines Beamten,[236] die Zwangsbehandlung eines Maßregelvollzugspatienten,[237] die Abschiebung von Ausländern,[238] die Vollstreckung eines Beitragsbescheids[239] und die Auswertung beschlagnahmter Beweisgegenstände in einem Er-

---

[230] Näher dazu *Schoch* FS 50 Jahre BVerfG I, S. 695 (706 ff.); dagegen *K. Schneider* in: Burkiczak/Dollinger/Schorkopf, BVerfGG, § 32 Rn. 363.

[231] So BVerfGE 140, 211 Rn. 13 = NJW 2015, 3294; bekräftigend BVerfG-K NVwZ 2016, 1171 Rn. 35; NVwZ 2016, 1240 Rn. 13; NVwZ 2019, 640 Rn. 11; NJW 2020, 1202 Rn. 21; JZ 2020, 1012 Rn. 10.

[232] BVerfG-K DVBl 2018, 172 Rn. 12. – Lehrreich zur Vorratsdatenspeicherung BVerfG-K NVwZ 2016, 1240: schwerwiegender und nicht mehr rückgängig zu machender Grundrechtseingriff (Rn. 21), dennoch keine einstweilige Anordnung (Rn. 24). – Krit. *Hillgruber* in: Hillgruber/Goos, Verfassungsprozessrecht, Rn. 1071: Argumentation mit „Irreversibilität als argumentatives Nullsummenspiel".

[233] BVerfG-K NJW 2009, 350 (351): Ablehnung des Eilantrags des privaten Fernsehsenders.

[234] BVerfG-K NJW 2005, 1105 (1107): Gewährung des Umgangs.

[235] BVerfG-K NJW 2005, 1418 (1419).

[236] BVerfG-K NVwZ-RR 2020, 713 Rn. 11, 14.

[237] BVerfG-K NJW 2009, 2804 Rn. 32.

[238] BVerfG-K DVBl 2009, 1304 Rn. 5; NVwZ 2015, 810 Rn. 8; NVwZ 2015, 896 Rn. 9; NVwZ-RR 2017, 208 Rn. 8 ff.

[239] BVerfG-K NVwZ 2014, 363 Rn. 9, 13, 14.

mittlungsverfahren.[240] Wird der zu Grunde liegende Argumentationstopos ernst genommen, handelt es sich um die richterliche Anerkennung der **aufschiebenden Wirkung** einer Verfassungsbeschwerde, die es gesetzlich nicht gibt (→ Rn. 3). Die Rechtsprechung liefert aber auch Gegenbeispiele, d. h. trotz des Eintritts irreparabler Zustände beim Antragsteller wird der Erlass einer einstweiligen Anordnung abgelehnt; erwähnt seien die (seinerzeit noch aktuelle) Einberufung zum Grundwehrdienst,[241] die Zusammenlegung von Hochschulen[242] und die Ausstrahlung einer Fernsehsendung.[243] Die Verschiebbarkeit jener Maßnahmen und Ereignisse spielte in den Eilentscheidungen keine Rolle.

Verschiedentlich haben Eilanträge in Gestalt von **Leistungsbegehren** trotz Aufschiebbarkeit Erfolg; Beispiele sind Abschlagszahlungen für eine politische Partei im Rahmen der staatlichen Parteienfinanzierung,[244] der Abdruck eines „Nachtrags" in einer Zeitschrift[245] und die Entsperrung des Nutzer-Accounts einer politischen Organisation in einem sozialen Netzwerk („Facebook").[246] Demgegenüber wurde der auf die vorläufige Erteilung von Visa zum Familiennachzug zu einem minderjährigen subsidiär Schutzbedürftigen gerichtete Eilantrag abgelehnt; zwar werde dadurch die Herstellung der familiären Lebensgemeinschaft für einen bestimmten Zeitraum endgültig vereitelt, jedoch könne die Gestaltung der Einreise nach Deutschland ebenfalls nicht mehr rückgängig gemacht werden.[247] 63

Die hier nur exemplarisch herangezogenen Beispiele zeigen, dass Topoi wie „vollendete Tatsachen", „irreparable Zustände", „unumkehrbare Lage" etc. deren Eintritt es im Eilverfahren zu verhindern gelte, nicht *per se* valide Argumente für oder gegen eine einstweilige Anordnung sind. Auf einer Seite entstehen immer unverrückbare nachteilige Fakten; der **Interimszeitraum** bis zur Hauptsacheentscheidung wird allemal endgültig und als solcher unumkehrbar geregelt. Es müssen also andere Erwägungen als die – vermeintliche – Abwehr „vollendeter Tatsachen" sein, die die Folgenabwägung bestimmen. 64

**c) Eilentscheidungen bei zeitlich gebundenen Ereignissen.** Noch deutlicher wird die **Ambivalenz** des Gedankens der **„Irreparabilität"** bei zeitlich gebundenen Ereignissen, Maßnahmen oder Veranstaltungen. Wird z. B. eine sitzungspolizeiliche Verfügung (§ 176 GVG) gegen Fernsehaufnahmen der Verfahrensbeteiligten anlässlich eines Strafverfahrens vom BVerfG nach § 32 Abs. 1 BVerfGG außer Kraft gesetzt,[248] ist die daraufhin erfolgende Anfertigung von Bild- und Fernsehaufnahmen als solche unumkehrbar; wird die Anordnung nach § 176 GVG, mit der die Anfertigung von Bildaufnahmen vom Geschehen im Sitzungssaal am Rande der Hauptverhandlung untersagt wird, vom BVerfG bestätigt,[249] ist die Beeinträchtigung der Pressefreiheit unumkehrbar. Auch die Eilentscheidungen des 65

[240] BVerfG-K NVwZ 2014, 1316 Rn. 9, 10; Beschl. v. 25.7.2017 – 2 BvR 1287/17 u. a., BeckRS 2017 118431 Rn. 20 f.

[241] BVerfG-K NJW 2004, 2297 (2299): Hinnahme eines irreversiblen Zustands zur Sicherung der Wehrfähigkeit Deutschlands.

[242] BVerfG-K NVwZ 2013, 1145 Rn. 23: keine endgültigen und nicht wiedergutzumachenden Schäden von besonderem Gewicht (ergänzend Rn. 35: Vermeidung einer Verzögerung der vom Landesgesetzgeber für dringend erforderlich gehaltenen Strukturentscheidungen).

[243] BVerfG-K NJW 2007, 3197 (3199): Zumutbarkeit einer Beeinträchtigung des allgemeinen Persönlichkeitsrechts; ferner BVerfG-K NJW-RR 2014, 60 (61): bloße Vertretbarkeitskontrolle der angegriffenen OLG-Entscheidung (→ Rn. 52).

[244] BVerfG-K NVwZ-RR 2013; 625 Rn. 10: ohne Abschlagszahlungen eintretende Rechtsbeeinträchtigungen könnten nicht mehr rückgängig gemacht werden.

[245] BVerfG-K NJW 2017, 2671 Rn. 19: ohne rasche Veröffentlichung nachträglich nicht heilbare Beeinträchtigung des Persönlichkeitsrechts.

[246] BVerfG-K NVwZ 2019, 959 Rn. 19: ansonsten vorläufig keine Möglichkeit zur Verbreitung politischer Botschaften über das soziale Netzwerk.

[247] BVerfG-K NVwZ 2017, 1769 Rn. 15 und Rn. 18.

[248] BVerfG-K NJW 2012, 2178 Rn. 12: ohne einstweilige Anordnung könnte die Berichterstattung nicht stattfinden.

[249] BVerfG-K Beschl. v. 17.8.2017 – 1 BvR 1741/17, BeckRS 2017, 123951 Rn. 14: kein schwerwiegender Nachteil für die Pressefreiheit.

BVerfG zur Teilnahme türkischer Medienvertreter am NSU-Prozess[250] und zur Zulassung von Übersetzungshilfen („Flüsterdolmetscher") für akkreditierte (ausländische) Medienvertreter im „Syrien-Folterprozess"[251] führten zu irreversiblen Fakten; dasselbe hätten gegenteilige Eilentscheidungen bewirkt. Die Zulassung von Wahlwerbung politischer Parteien im öffentlich-rechtlichen Rundfunk[252] schafft mit der Ausstrahlung vollendete Tatsachen; nicht anders ist es bei der Versagung der Wahlwerbung,[253] wenn der Wahltag verstrichen ist. Versammlungen (ohne „fixierten" Anlass) sind an sich verschiebbar, wegen des Selbstbestimmungsrechts des Grundrechtsträgers zu Zeit und Ort sind sie de iure **„Fixveranstaltungen".** Eilentscheidungen des BVerfG auf Grund einer Folgenabwägung (vgl. zum Maßstab → Rn. 50) zur Durchsetzung der Versammlungsfreiheit[254] führen zu unumkehrbaren Fakten, auch wenn sich später – falls es überhaupt zu einem Hauptsacheverfahren kommt – die Rechtmäßigkeit des behördlichen Verbots herausstellen sollte; ebenso irreparabel ist nach der Ablehnung des Eilantrags die Absage einer Versammlung[255] oder die Durchführung einer Demonstration nach Maßgabe einer an sich unerwünschten behördlichen Auflage.[256] Führt das coronabedingte Verbot religiöser Zusammenkünfte zum Verzicht auf die Feier von Gottesdiensten,[257] ist dies in Bezug auf die betroffenen Tage ebenso irreversibel wie die gerichtliche Suspendierung des Verbots von Zusammenkünften in Moscheen (unter Hinweis auf situationsbezogen geeignete Auflagen).[258]

66 Ebenfalls zeitlich gebunden sind die Folgen der auf einen **Zeitraum** bezogenen Eilentscheidungen; die von BVerfG erlaubten oder nicht erlaubten **Verhaltensweisen** können im Nachhinein nicht ungeschehen gemacht werden. Das zeigt die Entscheidung zum Umgangsrecht eines Vaters mit seinem nichtehelichen Kind (→ Rn. 61) ebenso wie die Entscheidung zur Ablehnung des Familiennachzugs (→ Rn. 63); wäre jeweils gegenläufig entschieden worden, wären für den betreffenden Zeitraum ebenfalls vollendete Tatsachen geschaffen worden. So verhält es sich auch in einem Sorgerechtsstreit; die Eilentscheidung zu Gunsten der Pflegeeltern für die Dauer von sechs Monaten[259] nimmt den leiblichen Eltern für diesen Zeitraum das Sorgerecht unwiederbringlich; im Falle einer gegenläufigen Entscheidung wäre dies zu Lasten der Pflegeeltern nicht anders gewesen. Vergleichbares gilt für die teilweise Entziehung der elterlichen Sorge.[260] Erfolglose Eilanträge gegen Maßnahmen anlässlich der Corona-Pandemie führen zum Eintritt unumkehrbarer Zustände für einen abgelaufenen Zeitraum; das gilt für Ausgangsbeschränkungen[261] ebenso wie für Beschränkungen des Schulbetriebs und des Betreuungsangebots in Kindertagesstät-

---

[250] BVerfG-K NJW 2013, 1293 Rn. 25 (m. Anm. *Zuck*): ohne einstweilige Anordnung blieben die Medienvertreter vom NSU-Prozess ausgeschlossen.

[251] BVerfG-K NJW 2020, 3166 (m. Bespr. *Bock/Wagner* NJW 2020, 3146).

[252] BVerfG-K NJW 1994, 40 → JuS 1994, 705 *(Dörr)*.

[253] BVerfG-K NVwZ-RR 2006, 369; NJW 2019, 1592.

[254] BVerfG-K NVwZ 2016, 244 Rn. 3: ohne einstweilige Anordnung wäre das Grundrecht „außer Kraft gesetzt"; BVerfG-K NVwZ 2017, 1374 Rn. 27 → *Sachs* JuS 2018, 187: ohne einstweilige Anordnung bliebe es den Demonstranten vollständig verwehrt, in der gewünschten öffentlichkeitswirksamen Weise von der gegen den G20-Gipfel gerichteten Versammlungsfreiheit Gebrauch zu machen; BVerfG-K NVwZ 2020, 711 Rn. 16 (→ *Kingreen* Jura [JK] 2020, 1148): ohne einstweilige Anordnung drohe dem Antragsteller ein nicht mehr korrigierbarer Rechtsverlust; ähnlich BVerfG-K NVwZ 2020, 1505 Rn. 17.

[255] Vgl. zum Verbot einer Mahnwache BVerfG-K NVwZ 2020, 1508 (m. Anm. *Berwanger*) Rn. 20.

[256] BVerfG-K NVwZ 2020, 303 (Demonstration gegen die „Rote Flora" in Hamburg): Endgültiger Verlust des gewählten Versammlungsorts (Rn. 10) sei nicht als schwerer Nachteil zu werten (Rn. 12); BVerfG-K NVwZ-RR 2020, 761 Rn. 9: Beschränkung der Anzahl der Versammlungsteilnehmer (zwecks Infektionsschutzes) falle nicht besonders ins Gewicht.

[257] BVerfG-K NVwZ 2020, 878 Rn. 12: irreversibler Eingriff in die Glaubens- und Bekenntnisfreiheit, gerechtfertigt durch die staatliche Schutzpflicht gemäß Art. 2 Abs. 2 S. 1 GG (Rn. 14).

[258] BVerfG-K NVwZ 2020, 783 Rn. 16: besondere Bedeutung des Freitagsgebets im Fastenmonat Ramadan.

[259] BVerfG-K NJW 2017, 465 Rn. 45.

[260] BVerfG-K NVwZ 2020, 1743 Rn. 11 (keine unumkehrbaren Fakten jedoch für die Zukunft).

[261] BVerfG-K NVwZ 2020, 708 (unter Einräumung des Eintritts irreversibler sozialer sowie kultureller und wirtschaftlicher Folgen, Rn. 9).

ten[262] sowie für die Schließung von Kinos und Gastronomiebetrieben,[263] bei gegenteiligen Entscheidungen hätte das BVerfG allerdings gleichfalls unumkehrbare Zustände geschaffen.

**d) Insbesondere: Zeitfaktor und Gesetzesgeltung.** Das *Gesetz* verlangt mit seinem Inkrafttreten Befolgung seitens der Adressaten. Die dadurch Tag für Tag ausgelösten **Verhaltensweisen** – sei es der Menschen unmittelbar oder sei es durch administrative Umsetzung – sind **unumkehrbar.** Nichts anderes gilt für die Folgen verfassungsgerichtlicher Eilentscheidungen. Das zeigen zunächst Beispiele zu *erfolgreichen* Eilanträgen. So hat das hinausgeschobene Inkrafttreten des § 66b Abs. 1 S. 1 TKG für einen bestimmten Zeitraum[264] die Preisansagepflicht für Call-by-Call-Gespräche in jenem Zeitraum unwiederbringlich nicht wirksam werden lassen. Die einstweilige Anordnung, mit der § 19 ZensG 2011 vorläufig außer Vollzug gesetzt worden ist,[265] hat (im Interesse betroffener Gemeinden) für den betreffenden Zeitraum durch das Verbot der Löschung unumkehrbar Daten vorrätig gehalten. Die Außervollzugsetzung von Wahlrechtsausschlüssen in § 6a EuWahlG zur Europawahl 2019[266] hat den irreversiblen Verlust des Wahlrechts Betroffener (Vollbetreute, schuldunfähig untergebrachte Straftäter) verhindert und ebenso unumkehrbar deren Teilnahme an der Wahl ermöglicht. Genauso ambivalent zeigt sich die Schaffung vollendeter Tatsachen in Konstellationen *erfolgloser* Eilanträge. Die Ablehnung des Eilantrags gegen das Tabakerzeugnisgesetz (→ Rn. 39, 56) hat die betroffenen Firmen sogleich zur Anbringung von „Schockfotos" auf Zigarettenverpackungen verpflichtet; dieses Verhalten hätte später nicht mehr ungeschehen gemacht werden können, irreparabel wäre bei einer gegenläufigen Eilentscheidung des BVerfG allerdings auch das Weglassen von Warnhinweisen in dem abgelaufenen Zeitraum gewesen. Der erfolglose Eilantrag gegen § 9a ZensVorbG 2021[267] hat die testweise Übermittlung personenbezogener Daten an das Statistische Bundesamt ermöglicht; die Vorgänge können im Nachhinein nicht ungeschehen gemacht werden, umgekehrt wären im Falle einer einstweiligen Anordnung nicht vorgenommene Tests als solche unverrückbare Tatsachen gewesen. Indem das Streikbrecherverbot im Arbeitnehmerüberlassungsgesetz vom BVerfG nicht außer Vollzug gesetzt worden ist,[268] war es Arbeitgebern verwehrt, während eines Streiks Leiharbeitskräfte auf unmittelbar streikbetroffenen Arbeitsplätzen einzusetzen; das sind „vollendete Tatsachen", die indessen umgekehrt genauso eingetreten wären, wenn es nach einem erfolgreichen Eilantrag im Arbeitskampf zum Einsatz von Streikbrechern gekommen wäre. 67

### 3. Gebot: rechtliche Bewertung irreparabler Zustände

Die Analyse zum Eintritt irreparabler Zustände allein durch Zeitablauf (→ Rn. 60 ff.) zeigt, dass auf stereotyp anmutende, austauschbar verwendbare und verwendete Argumentationsmuster[269] verzichtet werden sollte. Jede Eilentscheidung ist bis zur Hauptsacheentscheidung, falls es dazu kommt, als **Interimsregelung eine endgültige Entscheidung.** 68

[262] BVerfG-K NVwZ 2020, 1040 Rn. 17 (Folgen allerdings gerechtfertigt durch die staatliche Schutzpflicht gemäß Art. 2 Abs. 2 S. 1 GG, Rn. 19).

[263] BVerfG-K Beschl. v. 11.11.2020 – 1 BvR 2530/20, BeckRS 2020, 30293 Rn. 9 ff.: Untersagung der Berufsausübung, allerdings zeitlich befristet und Abwendung einer Existenzbedrohung durch staatliche Finanzhilfen.

[264] BVerfGE 131, 47 (48, 65) = NJW 2012, 1941 (vor Rn. 16, 60) → *Schoch* JK 11/12, BVerfGG § 32/9.

[265] BVerfGE 140, 99 vor Rn. 1 und Rn. 28 = NVwZ 2015, 1524 (vor Rn. 9 und Rn. 28).

[266] BVerfGE 151, 152 = NVwZ-RR 2019, 705.

[267] BVerfG-K NVwZ 2019, 640.

[268] BVerfG-K NZA 2019, 415.

[269] Signifikant ist auch der argumentative Umgang mit „wirtschaftlichen Nachteilen", die dem Antragsteller drohen. Derartige Nachteile gelten als kompensierbar (und damit nicht als schwerwiegend), BVerfGE 106, 351 (357) = NVwZ 2003, 979 (970) und E 108, 45 (50) = NJW 2003, 2737 (2738); demgegenüber stützen andere Eilentscheidungen gerade darauf den Erlass einer einstweiligen Anordnung, z. B. BVerfG-K NJW 2003, 3617; NVwZ-RR 2004, 545 (546); E 131, 47 Rn. 51, 53 = NJW 2012, 1941 → *Schoch* JK 11/12, BVerfGG § 32/9.

Folglich werden – auch durch die Hauptsacheentscheidung nicht mehr verrückbare – vollendete Tatsachen geschaffen, die sich für die Verfahrensbeteiligten vorteilhaft oder nachteilig auswirken können.[270] Treten durch Zeitablauf zu Lasten des Antragstellers oder zu Lasten des Antragsgegners notwendigerweise vollendete Tatsachen ein, kann es in einem Rechtssystem allein darauf ankommen, ob die infolge des Zeitablaufs unumkehrbaren Geschehnisse und Unterlassungen der **Rechtsordnung** entsprechen oder nicht. Vorläufiger Rechtsschutz nach § 32 Abs. 1 BVerfGG kann daher nicht unter Ausblendung des im konkreten Fall maßgeblichen Rechts gewährt werden; zu beachten ist vielmehr das **entscheidungserhebliche Sachrecht.** Auf diese Weise wird das Fehlentscheidungsrisiko minimiert (→ Rn. 8) und im Interimszeitraum normativ zur Geltung gebracht, was auf Grund der (ausstehenden) Hauptsacheentscheidung ohnehin zu gelten hat.

69 Die **Durchführung eines summarischen Verfahrens** gemäß § 32 Abs. 1 BVerfGG – ergänzt um die Ermittlung des Anordnungsgrundes (→ Rn. 40, 48) – ist nicht nur geboten, sondern auch leistbar. In der Mehrzahl der Fälle (Eilantrag gegen fachgerichtliche Eilentscheidung) wird nur gefordert, was den Gerichten im vorausgehenden fachgerichtlichen Eilverfahren abverlangt wird. Hinzu kommt, dass die meisten der aufgeworfenen Rechtsfragen (weitgehend) geklärt sind[271] oder im Eilverfahren geklärt werden können,[272] so dass es des – verbalen – Rückzugs auf die „Folgenabwägung" nicht bedarf.[273] Soweit das BVerfG auf „schwierige" und „nicht (abschließend) geklärte Rechtsfragen" verweist, die im Hauptsacheverfahren zu entscheiden seien,[274] ist dies oftmals eher ein „rhetorischer Kniff" als ein substanzielles Argument zur Vermeidung der summarischen Prüfung; die dieser Prüfung unterworfenen Eilverfahren in Konstellationen mit völkerrechtlichem und unionsrechtlichem Bezug (→ Rn. 51) sind in der Regel komplexer und schwieriger als rein innerstaatliche Fallgestaltungen und werden dennoch bewerkstelligt. Schließlich propagiert das BVerfG in zahllosen Fällen eine „Folgenabwägung", stellt dieser jedoch eine intensive Prüfung der Sach- und Rechtslage voran,[275] was auf eine Diskrepanz zwischen methodischem

---

[270] *Lechner/Zuck* BVerfGG, § 32 Rn. 7.

[271] Das betrifft etwa Eilentscheidungen zum Versammlungsrecht und zur Abschiebung von Ausländern (→ Rn. 10), zu sitzungspolizeilichen Verfügungen (→ Rn. 11), zum Presserecht (→ Rn. 13), zum Zugang zu kommunalen öffentlichen Einrichtungen (→ Rn. 12), zur Fernseh-Ausstrahlung von Wahlwerbung politischer Parteien in Wahlkampfzeiten (→ Rn. 12) und zur Parteienfinanzierung (→ Rn. 14), aber auch zu etlichen privatrechtlichen Streitigkeiten (→ Rn. 13).

[272] Exemplarisch und symptomatisch zugleich BVerfGE 151, 152 Rn. 34 = NVwZ-RR 2019, 705: Die Verfassungswidrigkeit der Wahlrechtsausschlüsse in § 6a EuWahlG dränge sich (nach den Erkenntnissen von BVerfGE 151, 1 = NJW 2019, 1201 zu Parallelbestimmungen in § 13 BWahlG) auf, um dann doch eine „Folgenabwägung" vorzunehmen (→ Rn. 36 ff.).

[273] Zu Fall 3 (→ Rn. 36) liegt dies geradezu auf der Hand, zur Publikumsinformation durch Amtsträger sind die wesentlichen Rechtsfragen geklärt, die „Folgenabwägung" (→ Rn. 53) ist entbehrlich.

[274] BVerfG-K NJW 2009, 2804 Rn. 31: Auslegung des § 6 Abs. 1 MaßregelvollzugsG RP; BVerfG-K NJW 2013, 1293 (m. Anm. *Zuck*), Rn. 22: Zugang ausländischer Medienvertreter zu Gerichtsverhandlungen; BVerfG-K NVwZ-RR 2013, 625 Rn. 9: Auslegung des § 31b S. 1 PartG; BVerfG-K NVwZ 2015, 896 Rn. 8: Vereinbarkeit einer Abschiebungsanordnung mit Art. 19 Abs. 4 GG; BVerfG-K NJW 2015, 1815 Rn. 16: Vereinbarkeit des Bestellerprinzips für Maklerprovisionen mit Art. 12 Abs. 1 GG; BVerfG-K NJW 2015, 2485 Rn. 7: Grundrechtsbindung Privater (Fall 5 → Rn. 38 und Lösung → Rn. 55); BVerfG-K NVwZ 2017, 1374 (→ *Sachs* JuS 2018, 187) Rn. 21: Schutzumfang des Art. 8 Abs. 1 GG zur Einrichtung von Protestcamps unter Inanspruchnahme öffentlicher Anlagen; BVerfG-K Beschl. v. 25.7.2017 – 2 BvR 1287/17 u. a., BeckRS 2017, 118431 Rn. 18: grundrechtlicher Schutz des Vertrauensverhältnisses zwischen Rechtsanwalt und Mandant; BVerfG-K NZA 2019, 415 Rn. 9: Vereinbarkeit des Streikbrecherverbots mit Art. 9 Abs. 3 und Art. 12 Abs. 1 GG; BVerfG-K NVwZ 2019, 959 Rn. 15, 17: Drittwirkung des Art. 3 Abs. 1 GG zwischen dem Betreiber eines sozialen Netzwerks und einem Nutzer; BVerfGE 154, 1 Rn. 32 = NVwZ 2020, 1034 (m. Anm. *Lenz*): Anforderungen an die Abberufung (Abwahl) des Vorsitzenden eines BT-Ausschusses; BVerfG-K Beschl. v. 11.11.2020 – 1 BvR 972/20, BeckRS 2020, 28278 Rn. 15: Gesetzgebungskompetenz des Landes Berlin zur Mietenbegrenzung im Wohnungswesen.

[275] Vgl. etwa BVerfGE 106, 51 (58 ff.) = NVwZ-RR 2003, 85 (86); E 108, 34 (42 ff.) = NJW 2003, 2373 (2374 f.); E 108, 238 (246 ff.) = NJW 2003, 2598 (2599 f.); BVerfG-K NJW 2003, 3617 f.; NJW 2005, 1105 ff.; E 117, 126 (135 ff.) = NVwZ 2007, 324 (325 f.); BVerfG-K NVwZ 2009, 441 (442 ff.); E 131, 47 Rn. 35 ff. = NJW 2012, 1941; BVerfG-K NVwZ 2013, 1145 Rn. 23 ff.

Anspruch und richterlicher Wirklichkeit hindeutet.[276] Angesichts nur seltener Abweichungen zwischen dem Ergebnis des Eilverfahrens und dem Resultat im Hauptsacheverfahren wird eine **„verdeckte" summarische Prüfung** seitens des BVerfG vermutet.[277] Das Gericht selbst hält sich dazu bedeckt.

## D. Entscheidung und Entscheidungsinhalt

### I. Erlass der Eilentscheidung und Zuständigkeit

Ist der Antrag auf Erlass einer einstweiligen Anordnung unzulässig oder unbegründet, 70
bleibt er erfolglos. Nach allgemeiner Prozessrechtslehre wird der unzulässige Eilantrag *verworfen,* der unbegründete Eilantrag wird *zurückgewiesen.*[278] Durchgesetzt hat sich in der Praxis die Tenorierung, dass der unbegründete Antrag abgelehnt wird.[279] Die nicht nach „unzulässig" oder „unbegründet" differenzierende **Ablehnung des Antrags** findet einen positivrechtlichen Anknüpfungspunkt in § 32 Abs. 3 S. 1 BVerfGG.[280] Bei einem unzulässigen Eilantrag finden sich in der Rechtsprechung allerdings beide Varianten; teilweise wird der Antrag *verworfen,*[281] nach der abweichenden Tenorierung wird der Antrag auf Erlass einer einstweiligen Anordnung *abgelehnt.*[282] Unter den Voraussetzungen des § 34 Abs. 2 BVerfGG kann eine Missbrauchsgebühr auferlegt werden.[283]

Ist der Eilantrag zulässig und begründet, wird ihm stattgegeben. Der auf den konkreten 71
Fall bezogene Inhalt der Eilentscheidung lässt sich nicht standardisieren; maßgebend sind der Gegenstand des Rechtsschutzbegehrens und das Rechtsschutzziel, das BVerfG verfügt über eine Gestaltungsbefugnis (→ Rn. 76). Zum „Ob" der **Stattgabe des Eilantrags** steht dem BVerfG kein „Entschließungsermessen" zu. Der Ausdruck „kann" in § 32 Abs. 1 BVerfGG stellt eine Kompetenzzuweisung dar; liegen die Voraussetzungen des § 32 Abs. 1 BVerfGG vor, ist das BVerfG verpflichtet, eine **einstweilige Anordnung** zu erlassen.[284]

Die **Entscheidungszuständigkeit** weist § 32 Abs. 1 BVerfGG dem „Bundesverfas- 72
sungsgericht" zu. Gerichtsintern ist derjenige Spruchkörper zuständig, der in der Hauptsache zu entscheiden hat. Nach § 14 BVerfGG ist dies der **zuständige Senat.** Soweit eine Kammerzuständigkeit (§ 15a BVerfGG) besteht (insbesondere § 93a BVerfGG), trifft die **zuständige Kammer** die Eilentscheidung; die Zuständigkeit erstreckt sich sowohl auf die Ablehnung als auch auf den Erlass der einstweiligen Anordnung.[285] Eine Anordnung, mit

---

[276] *Enders* JZ 2001, 625 (653); *E. Klein* in: Benda/Klein, Verfassungsprozessrecht, Rn. 1414; *Schlaich/Korioth* BVerfG, Rn. 466; *Berkemann* in: Umbach/Clemens/Dollinger, BVerfGG, § 32 Rn. 182.

[277] *Karpen* JuS 1984, 455 (459); *Hillgruber* in: Hillgruber/Goos, Verfassungsprozessrecht, Rn. 1076; *Barczak* in: Barczak, BVerfGG, § 32 Rn. 39; *Berkemann* in: Umbach/Clemens/Dollinger, BVerfGG, § 32 Rn. 238; *Lenz/Hansel* BVerfGG, § 32 Rn. 43. – Ausdrücklich a. A. *K. Schneider* in: Burkiczak/Dollinger/Schorkopf, BVerfGG, § 32 Rn. 342.

[278] *Berkemann* in: Umbach/Clemens/Dollinger, BVerfGG, § 32 Rn. 319; auch *Lenz/Hansel* BVerfGG, § 32 Rn. 149.

[279] Vgl. etwa BVerfGE 112, 284 (285) = NJW 2005, 1179; E 117, 359 (360) = NVwZ 2007, 685; E 118, 111 (112) = NVwZ 2007, 687; E 132, 195 (196) = NJW 2012, 3145; E 140, 211 (212) = NJW 2015, 3294; E 143 65 (66) = NVwZ 2016, 1799; E 144, 1 (2) = BeckRS 2016, 112112 vor Rn. 1; E 145, 348 (349) = NVwZ 2017, 1108; E 149, 374 (375) = NVwZ 2018, 1634; E 150, 163 (164) = NVwZ-RR 2019, 89.

[280] *Aust/Meinel* JuS 2014, 25 (29).

[281] BVerfGE 147, 39 (42) = NVwZ 2017, 1759; E 151, 58 (59) = NVwZ-RR 2019, 665; E 155, 357 = NVwZ 2020, 1422.

[282] BVerfG-K Beschl. v. 13.2.2020 – 1 BvQ 12/20, BeckRS 2020, 1438 vor Rn. 1.

[283] Aus der Praxis: BVerfG-K Beschl. v. 14.9.2017 – 2 BvQ 56/17, BeckRS 2017, 126071 Rn. 17.

[284] *E. Klein* in: Benda/Klein, Verfassungsprozessrecht, Rn. 1402; *Sachs* Verfassungsprozessrecht, Rn. 583; *Barczak* in: Barczak, BVerfGG, § 32 Rn. 77; *Berkemann* in: Umbach/Clemens/Dollinger, BVerfGG, § 32 Rn. 157.

[285] BVerfG-K NJW 2020, 1946 Rn. 9; *Graßhof* in: Maunz/Schmidt-Bleibtreu/Klein/Bethge, BVerfGG, § 32 Rn. 198; *Lenz/Hansel* BVerfGG, § 32 Rn. 11.

der die Anwendung eines Gesetzes ganz oder teilweise ausgesetzt wird, kann allerdings nur der Senat treffen (§ 93d Abs. 2 S. 2 BVerfGG). Bei besonderer Dringlichkeit kann unter den Voraussetzungen des § 32 Abs. 7 S. 1 BVerfGG ein **„Notsenat"** entscheiden;[286] dessen Beschluss tritt nach einem Monat außer Kraft (§ 32 Abs. 7 S. 2 BVerfGG), kann aber durch den Senat – für die Dauer von weiteren sechs Monaten – bestätigt werden.[287]

## II. Verfahren

73 Grundsätzlich entscheidet das BVerfG auf Grund **mündlicher Verhandlung** (§ 25 Abs. 1 BVerfGG). Die einstweilige Anordnung kann indessen **ohne mündliche Verhandlung** ergehen (§ 32 Abs. 2 S. 1 BVerfGG). Unerheblich ist insoweit, ob nach einer Folgenabwägung oder im Wege der summarischen Prüfung entschieden wird.[288] Ob eine mündliche Verhandlung anberaumt wird, liegt im pflichtgemäßen Ermessen des Gerichts.[289] In der Praxis ist die Eilentscheidung auf Grund mündlicher Verhandlung der Ausnahmefall;[290] schon wegen der Eilbedürftigkeit der Entscheidung wird von diesem Procedere in der Regel abgesehen.

74 Auch ohne mündliche Verhandlung muss im gerichtlichen Verfahren **rechtliches Gehör** gewährt werden (Art. 103 Abs. 1 GG). Den am Verfahren zur Hauptsache Beteiligten sowie den Beitrittsberechtigten und den Äußerungsberechtigten muss grundsätzlich **Gelegenheit zur Stellungnahme** gegeben werden; bei besonderer Dringlichkeit kann davon abgesehen werden (§ 32 Abs. 2 S. 2 BVerfGG).[291] Davon macht das BVerfG häufig Gebrauch.[292] Zutreffend ist der Hinweis, dass die Einräumung einer kurzen Äußerungsfrist gegenüber dem Verzicht auf die Gelegenheit zur Stellungnahme vorzugswürdig ist.[293]

75 Die Entscheidung auf Grund mündlicher Verhandlung ergeht als **Urteil,** die Entscheidung ohne mündliche Verhandlung ergeht als **Beschluss** (§ 25 Abs. 2 BVerfGG). Die Eilentscheidung ist unanfechtbar;[294] unberührt davon bleibt das Widerspruchsrecht (→ Rn. 85).

## III. Anordnung vorläufiger Maßnahmen

### 1. Richterliche Gestaltungsbefugnis

76 Wird dem Eilantrag stattgegeben, muss das BVerfG „einen Zustand [...] vorläufig regeln" (§ 32 Abs. 1 BVerfGG). Der Inhalt der Eilentscheidung ist mit dieser Vorgabe nur schwach determiniert. § 32 Abs. 1 BVerfGG stellt eine prozessrechtliche Ermächtigung für die **richterliche Gestaltungsbefugnis** dar (zur Parallele in der VwGO → § 35 Rn. 59 ff.). Die einstweilige Anordnung muss für den Zeitraum bis zur Hauptsacheentscheidung eine abschließende Interimsregelung treffen (→ Rn. 7 und → Rn. 60 ff.) und die noch ausstehende Entscheidung in der Hauptsache offen halten (→ Rn. 6). Die Auswahl der in Be-

---

[286] Beispiel (Entscheidung zu Fall 3, → Rn. 36): BVerfGE 140, 225 nach Rn. 16: drei Richter.
[287] *Barczak* in: Barczak, BVerfGG, § 32 Rn. 58: eigene Sachentscheidung des Senats, keine bloße „Bestätigung".
[288] *Barczak* in: Barczak, BVerfGG, § 32 Rn. 61; a A. *Lenz/Hansel* BVerfGG, § 32 Rn. 150: mündliche Verhandlung bei summarischer Prüfung.
[289] *Lechner/Zuck* BVerfGG, § 32 Rn. 32.
[290] Beispiele: BVerfGE 132, 195 Rn. 84 = NJW 2012, 3145 Rn. 188 (ESM-Vertrag); BVerfGE 151, 152 Rn. 20 = NVwZ-RR 2019, 705 (Wahlrechtsausschlüsse zur Europawahl 2019).
[291] Aus der Praxis z. B. BVerfGE 111, 147 (152) = NJW 2004, 2814: erfolgreicher Eilantrag gegen Versammlungsverbot; BVerfG-K NJW 2017, 465 Rn. 34: erfolgreicher Eilantrag in einem sorgerechtlichen Verfahren.
[292] So *Lenz/Hansel* BVerfGG, § 32 Rn. 153.
[293] *Barczak* in: Barczak, BVerfGG, § 32 Rn. 62.
[294] BVerfG-K Beschl. v. 17.8.2017 – 1 BvR 1741/17, BeckRS 2017, 123951 Rn. 17; Beschl. v. 14.9.2017 – 2 BvQ 56/17, BeckRS 2017, 126071 Rn. 19; NVwZ 2019, 161 Rn. 23; NVwZ 2020, 541 Rn. 35.

tracht kommenden Maßnahmen orientiert sich am Eilantrag (ohne an dessen Formulierung gebunden zu sein), also am **Rechtsschutzziel.**[295] Den konkreten Inhalt der Eilentscheidung bestimmt das BVerfG entsprechend dem Sicherungs- und Regelungszweck der einstweiligen Anordnung nach **richterlichem Ermessen.** Zulässig ist auch eine – gemessen an der zulässigen Hauptsacheentscheidung – „überschießende" einstweilige Anordnung.[296]

Der Gegenstand des Eilantrags, der Sicherungs- und Regelungszweck des Rechtsschutzbegehrens sowie die Umstände des Einzelfalles prägen den Anordnungsinhalt der Eilentscheidung. Richtet sich der Eilantrag gegen ein Gesetz, kann die **vorläufige Aussetzung des Gesetzesvollzugs** verfügt werden;[297] zulässig ist auch, die Anwendung des Gesetzes mit bestimmten Maßgaben zu erlauben.[298] Bei einem noch nicht in Geltung befindlichen Gesetz kann die **Aussetzung des Zeitpunkts des Inkrafttretens** des Gesetzes angeordnet werden.[299] Die vorläufige Aussetzung der Vollziehung eines Hoheitsakts ist auch bei Verwaltungsmaßnahmen zulässig[300] und kommt bei Gerichtsentscheidungen ebenfalls in Betracht.[301] Bei der einstweiligen Anordnung im Versammlungsrecht (gegen ein fachgerichtlich bestätigtes sofort vollziehbares Versammlungsverbot bzw. gegen eine Auflage) greift das BVerfG in der Regel zur **Wiederherstellung der aufschiebenden Wirkung** des verwaltungsprozessualen Rechtsbehelfs (§ 80 Abs. 5 S. 1 VwGO), bisweilen verbunden mit bestimmten Maßgaben (§ 80 Abs. 5 S. 4 VwGO).[302] 77

Soweit es um konkrete **Handlungsanweisungen** oder **Unterlassungsgebote** mittels einstweiliger Anordnung geht, hängt die vom BVerfG erlassene Maßnahme vom konkreten Fall ab; entsprechend heterogen ist das Arsenal an Anordnungen, wie einige Beispiele zeigen: Rückgabe einer beschlagnahmten EDV-Anlage,[303] Hinterlegung bestimmter Gegenstände durch die Ermittlungsbehörde und Versiegelung von Datenträgern,[304] Untersagung einer Zwangsbehandlung,[305] Nichtbesetzung bestimmter öffentlicher Stellen,[306] Untersagung der 78

---

[295] *Bäcker* JuS 2013, 119 (142); *Schlaich/Korioth* BVerfG, Rn. 459; *Barczak* in: Barczak, BVerfGG, § 32 Rn. 77; *Berkemann* in: Umbach/Clemens/Dollinger, BVerfGG, § 32 Rn. 322 ff.; *Lechner/Zuck* BVerfGG, § 32 Rn. 28.

[296] BVerfG-K NVwZ 2016, 1171 Rn. 38, bzgl. Eilentscheidung wider den Vollzug von EU-Recht; *Schlaich/Korioth* BVerfG Rn. 462: einstweilige Anordnung im Organstreit zur Durchführung einer bestimmten Maßnahme zwecks Sicherung der Entscheidung in der Hauptsache, obwohl diese auf eine bloße Feststellung beschränkt ist (§ 67 BVerfGG); zustimmend *E. Klein* in: Benda/Klein, Verfassungsprozessrecht, Rn. 1397; zurückhaltend BVerfGE 155, 357 Rn. 40 = NVwZ 2020, 1422; ferner *K. Schneider* in: Burkiczak/Dollinger/Schorkopf, BVerfGG, § 32 Rn. 409; a. A. *Barczak* in: Barczak, BVerfGG, § 32 Rn. 37: kein „Mehr" als in der Hauptsache; ähnlich bereits *Karpen* JuS 1984, 455 (461).

[297] BVerfGE 104, 23 f. = NJW 2001, 3253; E 117, 126 = NVwZ 2007, 324; E 140, 99 Rn. 28 = NVwZ 2015, 1524; E 151, 152 Rn. 53 = NVwZ-RR 2019, 705. – Zu einer Rechtsverordnung BVerfG-K NVwZ 2020, 783 Rn. 16.

[298] BVerfGE 121, 1 f. = NVwZ 2008, 543 → *Ehlers* JK 4/09, GG Art. 10 I/4 und → JuS 2008, 737 *(Sachs)*; E 142, 342 = NVwZ 2009, 441 (442) → *Schoch* JK 9/09, BayVersG Art. 9/1.

[299] BVerfGE 82, 310 = NVwZ 1991, 259; E 86, 390 (393) = NJW 1992, 2343; E 131, 47 (48) = NJW 2012, 1941 (1942) → *Schoch* JK 11/12, BVerfGG § 32/9.

[300] BVerfG-K NJW 2003, 3617 und NVwZ-RR 2004, 545: Aussetzung der sofortigen Vollziehbarkeit eines Verwaltungsakts.

[301] BVerfG-K NJW 2005, 1418 (1419): Aussetzung der Wirksamkeit eines BGH-Beschlusses bis zur Hauptsacheentscheidung; BVerfG-K NJW 2012, 2178 Rn. 22 und NJW 2014, 3013: einstweilige Aussetzung der Wirksamkeit sitzungspolizeilicher Anordnungen; NJW 2017, 465: einstweilige Aussetzung der Wirksamkeit eines OLG-Beschlusses.

[302] BVerfG-K NJW 2001, 1401; NJW 2001, 2069; NJW 2001, 2072; NJW 2001, 2078; NVwZ 2002, 983; NVwZ-RR 2002, 500; NJW 2003, 3689; NVwZ 2004, 90; E 111, 147 = NJW 2004, 2814 → *Schoch* JK 2/05, BVerfGG § 32/8; BVerfG-K NVwZ 2007, 574 (575); NJW 2010, 141; NVwZ 2016, 245 (246); NVwZ 2020, 709 vor Rn. 7 und Rn. 15; NVwZ 2020, 1505 Rn. 11, 19.

[303] BVerfGE 104, 42 (44) = NJW 2001, 2957.

[304] BVerfG-K NJW 2003, 3761; Beschl. v. 25.7.2017 – 2 BvR 1287/17 u. a., BeckRS 2017, 118431 vor Rn. 1.

[305] BVerfG-K NJW 2009, 2804.

[306] BVerfG-K NVwZ 2002, 1367: beamtenrechtliche Beförderungsstelle; BVerfG-K NJW 2003, 3043: Anwaltsnotarstelle.

Untersuchung der Dienstfähigkeit eines Beamten,[307] Unterbrechung eines Auslieferungsverfahrens,[308] Anordnung einer bestimmten Umgangsregelung zwischen einem Vater und seinem nichtehelichen Kind,[309] Erlaubnis zur Anfertigung von Lichtbildern im Gerichtssaal,[310] Verpflichtung des Fachgerichts zur Vergabe von Sitzplätzen im NSU-Prozess an ausländische Medienvertreter,[311] Verpflichtung des Bundestagspräsidenten im Rahmen der Parteienfinanzierung zur Leistung von Abschlagszahlungen an eine politische Partei,[312] Verpflichtung der Versammlungsbehörde zur Entscheidung über die Duldung eines Protestcamps („Antikapitalistisches Camp") beim G20-Gipfel in Hamburg nach Maßgabe der Entscheidungsgründe des BVerfG.[313] In einem Organstreitverfahren hat das BVerfG eine feststellende Eilentscheidung getroffen und mittels einstweiliger Anordnung vorläufig geklärt, dass eine Landesregierung nicht verpflichtet sei, bestimmte Akten dem Landtag vorzulegen.[314]

79 **Lösung zu Fall 3 und Fall 5:** Der erfolgreiche Eilantrag in Fall 3 (→ Rn. 53) führt zu der Anordnung, dass die angegriffene Pressemitteilung einstweilen von der Homepage des Ministeriums zu entfernen ist. – In der Entscheidung zu Fall 5 (→ Rn. 55) stellt das BVerfG fest, dass K den Platz für die Dauer des „Bierdosen-Flashmobs" betreten und zum Zweck der Durchführung der von ihm geleiteten Versammlung nutzen darf.

### 2. Vorläufigkeit der gerichtlichen Anordnung

80 Die einstweilige Anordnung gemäß § 32 Abs. 1 BVerfGG trifft de iure stets eine nur **vorläufige Regelung.** Die Hauptsacheentscheidung wird durch die Eilentscheidung in keiner Weise präjudiziert (→ Rn. 82). Diese Einsicht ändert aber nichts an der Erkenntnis (→ Rn. 7, 60 ff.), dass jede Eilentscheidung in dem Zeitraum bis zum Abschluss des Hauptsacheverfahrens wegen des unumkehrbaren Zeitablaufs die Hauptsacheentscheidung notwendigerweise vorwegnimmt.[315] Das ist weder rechtlich unzulässig noch in der Sache kritikwürdig. Im Gegenteil, wird auf Grund der **Prüfungsvorwegnahme** (summarische Prüfung der Erfolgsaussichten in der Hauptsache) schon im Eilverfahren das später im Hauptsacheverfahren ermittelte richtige Ergebnis gewonnen und durch die entsprechende **Maßnahmevorwegnahme** umgesetzt, hat sich – wie erwünscht (→ Rn. 8) – das Fehlentscheidungsrisiko nicht verwirklicht; das materielle Recht wird nicht erst auf Grund der Hauptsacheentscheidung später zur Geltung gebracht, sondern bereits im Zwischenzeitraum verwirklicht. Dem Ideal der Rechtsordnung ist entsprochen; Eilverfahren und Hauptsacheverfahren als prozessuale Instrumente der Rechtsverwirklichung zeichnen sich durch Konvergenz aus und vermeiden Diskrepanzen zu Lasten des Sachrechts.[316]

81 Eine im Rechtssinne echte **Vorwegnahme der Hauptsacheentscheidung** findet statt, wenn das Eilverfahren das Hauptsacheverfahren ersetzt. Das ist insbesondere bei zeitlich

---

[307] BVerfG-K NVwZ-RR 2020, 713.
[308] BVerfGE 112, 90 = NJW 2005, 2060.
[309] BVerfG-K NJW 2005, 1105.
[310] BVerfG-K NJW-RR 2007, 986.
[311] BVerfG-K NJW 2013, 1293 (m. Anm. *Zuck*).
[312] BVerfG-K NVwZ-RR 2013, 625, mit ausdrücklichem Hinweis darauf, dass die Zahlungen nicht von einer Sicherheitsleistung abhängig gemacht werden (Rn. 11).
[313] BVerfG-K NVwZ 2017, 1374 vor Rn. 17 und (Erläuterungen) Rn. 29 f.; ähnlich zu „Corona-Protesten" in Stuttgart BVerfG-K NVwZ 2020, 711 → *Kingreen* Jura (JK) 2020, 1148.
[314] BVerfGE 106, 51 (52) = NVwZ-RR 2003, 85 (Entscheidung nach Art. 99 GG zur LV SH).
[315] *Lechner/Zuck* BVerfGG, § 32 Rn. 6. – *Hillgruber* in: Hillgruber/Goos, Verfassungsprozessrecht, Rn. 994: Wird der grundrechtliche Unterlassungsanspruch durch einstweilige Anordnung vorläufig gesichert, führt dies im Interimszeitraum faktisch zur Befriedigung des Grundrechtsträgers, umgekehrt träte bei Versagung des vorläufigen Rechtsschutzes faktisch ein endgültiger Rechtsverlust ein.
[316] Verkannt z. B. von BVerfGE 147, 39 Rn. 12 = NVwZ 2017, 1759: Seien der beantragte Inhalt der einstweiligen Anordnung und das Rechtsschutzziel in der Hauptsache deckungsgleich oder vergleichbar, sei eine unzulässige Vorwegnahme der Hauptsache anzunehmen; bekräftigend BVerfG-K EuZW 2020, 427 Rn. 26.

gebundenen Ereignissen und Maßnahmen der Fall (→ Rn. 65). Durch Zeitablauf wird das Hauptsacheverfahren gleichsam überholt. Beispiele sind die an einem bestimmten Tag und an einem bestimmten Ort durchgeführte Versammlung, die im Rundfunk ausgestrahlte Wahlwerbung einer politischen Partei im Vorfeld einer Wahl, die Zulassung von gesetzlich nicht Wahlberechtigten zur Wahl, die Zulassung von Medienvertretern an einer Gerichtsverhandlung oder der Abdruck einer Gegendarstellung in einem Presseorgan. Die zu Grunde liegenden einstweiligen Anordnungen sind neben der (retrospektiv betrachtet) *Irreparabilität* der Geschehnisse zugleich (prospektiv gesehen) durch deren **Irreversibilität** gekennzeichnet. Dennoch fällt die Antwort der Rechtsordnung nicht schwer: Die ohnehin angezeigte summarische Prüfung prägt die **Prüfungsvorwegnahme** (→ Rn. 49), das Gebot wirksamen Rechtsschutzes legitimiert die **Maßnahmevorwegnahme.**[317]

Im Regelfall ist die **Gewährleistung der Vorläufigkeit** einer einstweiligen Anordnung – gerade auch unter Berücksichtigung ihrer endgültigen Wirkung für den Interimszeitraum – unproblematisch. Die einstweilige Anordnung ist *zeitlich* begrenzt (→ Rn. 84); sie gilt längstens bis zur Hauptsacheentscheidung. Inhaltlich geht von dem Eilverfahren *keine rechtliche Bindung* für das Hauptsacheverfahren aus; sein Ergebnis ist in keiner Weise präjudiziert. Die Eilentscheidung kann durch eine abweichende oder sogar gegenläufige Hauptsacheentscheidung **pro futuro** korrigiert werden.[318] Das gilt insbesondere bei Eilentscheidungen zu zeitlich verschiebbaren Maßnahmen (→ Rn. 62, 63) und für die auf einen Zeitraum bezogenen Eilentscheidungen (→ Rn. 66). 82

## E. Entscheidungswirkungen und Entscheidungsfolgen

### I. Bindungswirkung der Eilentscheidung

Die Eilentscheidung gemäß § 32 Abs. 1 BVerfGG ist rechtlich verbindlich; sie erwächst in **formelle und materielle Rechtskraft.**[319] Für die Geltungsdauer der einstweiligen Anordnung (→ Rn. 84) hat die Eilentscheidung **Bindungswirkung** nach § 31 Abs. 1 BVerfGG;[320] das Gesetz unterscheidet nicht zwischen Hauptsacheentscheidung und Eilentscheidung. Soweit der Vollzug eines Gesetzes vorläufig ausgesetzt oder sein Inkrafttreten einstweilen untersagt wird (→ Rn. 77), kommt der einstweiligen Anordnung **Gesetzeskraft** zu; § 31 Abs. 2 BVerfGG gilt entsprechend.[321] Die Entscheidungsformel ist im Bundesgesetzblatt zu veröffentlichen.[322] 83

---

317 Exemplarisch BVerfG-K NJW 2013, 1293 Rn. 27 (m. Anm. *Zuck*): Die Anordnung zur Vergabe von Sitzplätzen für ausländische Medienvertreter im NSU-Strafverfahren komme „zwar einer teilweisen Vorwegnahme der Hauptsache gleich“, in Ausnahmefällen sei dies jedoch „zulässig, wenn die Entscheidung in der Hauptsache zu spät ergehen würde und in anderer Weise ausreichender Rechtsschutz nicht mehr gewährt werden könnte“. Ferner BVerfGE 151, 152 Rn. 21 = NVwZ-RR 2019, 705: Zulassung von Vollbetreuten (etc.) zur Europawahl 2019 mittels einstweiliger Anordnung entscheide endgültig über die Teilnahme an der Wahl; Alternative jedoch: ohne einstweilige Anordnung wird das Wahlrecht irreversibel vorenthalten (Rn. 37).

318 *Hillgruber* in: Hillgruber/Goos, Verfassungsprozessrecht, Rn. 994.

319 *Hillgruber* in: Hillgruber/Goos, Verfassungsprozessrecht, Rn. 1090; *Pestalozza* Verfassungsprozeßrecht, § 18 Rn. 27; *Sachs* Verfassungsprozessrecht, Rn. 592; a. A. *Lechner/Zuck* BVerfGG § 32 Rn. 30: keine materielle Rechtskraft.

320 *Hillgruber* in: Hillgruber/Goos, Verfassungsprozessrecht, Rn. 1091; *E. Klein* in: Benda/Klein, Verfassungsprozessrecht, Rn. 1419; *Barczak* in: Barczak, BVerfGG, § 32 Rn. 84 f.; *Berkemann* in: Umbach/Clemens/Dollinger, BVerfGG, § 32 Rn. 366; a. A. *Lechner/Zuck* BVerfGG, § 32 Rn. 30; differenzierend *Graßhof* in: Maunz/Schmidt-Bleibtreu/Klein/Bethge, BVerfGG, § 32 Rn. 186 ff.: Bindungswirkung für Senatsentscheidungen, nicht für Kammerentscheidungen.

321 *Hillgruber* in: Hillgruber/Goos, Verfassungsprozessrecht, Rn. 1092; *Pestalozza* Verfassungsprozeßrecht, § 18 Rn. 28; *Berkemann* in: Umbach/Clemens/Dollinger, BVerfGG, § 32 Rn. 368; *Graßhof* in: Maunz/Schmidt-Bleibtreu/Klein/Bethge, BVerfGG, § 32 Rn. 190.

322 BVerfGE 86, 390 (393) = NJW 1992, 2343; E 88, 83 (86) = BeckRS 1993, 120795; E 104, 23 (24) = NJW 2001, 3253.

84 Die einstweilige Anordnung unterliegt einer **zeitlichen Befristung;** sie tritt nach sechs Monaten außer Kraft (§ 32 Abs. 6 S. 1 BVerfGG). Mit einer Mehrheit von zwei Dritteln der Stimmen kann die Anordnung wiederholt werden (§ 32 Abs. 6 S. 2 BVerfGG).[323] Für die **Wiederholung der einstweiligen Anordnung** müssen die Voraussetzungen für den erstmaligen Erlass der Anordnung gegeben sein.[324] Die mehrmalige Wiederholung ist zulässig.[325]

## II. Widerspruch gegen die Eilentscheidung

85 Wird eine einstweilige Anordnung durch *Beschluss* erlassen oder abgelehnt (→ Rn. 75), d. h. ohne mündliche Verhandlung (→ Rn. 73), kann gegen die Eilentscheidung **Widerspruch** erhoben werden (§ 32 Abs. 3 S. 1 BVerfGG). Der Widerspruch muss, wie jeder Rechtsbehelf, zulässig sein.[326] Ist über den Eilantrag auf Grund mündlicher Verhandlung durch *Urteil* entschieden worden, ist der Widerspruch nicht statthaft.[327] Von praktischer Bedeutung ist die Widerspruchsberechtigung. Sie ist nach h. M. auf die am verfassungsgerichtlichen Hauptsacheverfahren Beteiligten beschränkt.[328] Das hat Konsequenzen für das Widerspruchsverfahren im Rahmen des Eilverfahrens zu einer Verfassungsbeschwerde. Der Beschwerdeführer im Rahmen der Verfassungsbeschwerde ist kraft ausdrücklicher gesetzlicher Bestimmung nicht widerspruchsberechtigt (§ 32 Abs. 3 S. 2 BVerfGG). Dasselbe gilt für den Gegner des einer Verfassungsbeschwerde zu Grunde liegenden Ausgangsverfahrens; dieser ist zwar äußerungsberechtigt (§ 94 Abs. 3 BVerfGG), aber nicht Beteiligter des Hauptsacheverfahrens.[329]

86 Der Widerspruch gegen die einstweilige Anordnung hat **keine aufschiebende Wirkung,** allerdings kann das BVerfG die Vollziehung der einstweiligen Anordnung aussetzen (§ 32 Abs. 4 BVerfGG). Eine **Frist** für die Erhebung des Widerspruchs besteht nicht; der Rechtsbehelf ist zulässig, solange die einstweilige Anordnung besteht.[330] Die **Entscheidungszuständigkeit** liegt beim „Bundesverfassungsgericht", das nach mündlicher Verhandlung entscheidet (§ 32 Abs. 3 S. 3 BVerfG); gemeint ist damit der **zuständige Senat.**[331] Ein unzulässiger Widerspruch wird verworfen; bei einem zulässigen Widerspruch kann die Eilentscheidung (teilweise) bestätigt oder aufgehoben oder modifiziert werden.

## III. Abänderungsverfahren

87 Unabhängig vom Rechtsbehelfsverfahren nach § 32 Abs. 3 BVerfGG ist anerkannt, dass das BVerfG eine einstweilige Anordnung ändern oder aufheben kann, wenn ein Erkenntnisgewinn dazu veranlasst; Grundlage hierfür können auch Einwendungen eines zum Widerspruch nicht Berechtigten (→ Rn. 85) sein.[332] Das **Abänderungsverfahren** trägt insbe-

---

[323] Aus der Praxis z. B. BVerfGE 122, 120 = NVwZ 2009, 96 (Vorratsdatenspeicherung).

[324] BVerfGE 89, 113 (115 f.) = NJW 1993, 2523; BVerfG-K Beschl. v. 11.11.2013 – 2 BvR 547/13, BeckRS 2013, 58078 Rn. 6 → *Sachs* JuS 2014, 189.

[325] *Barczak* in: Barczak, BVerfGG, § 32 Rn. 87, plädiert für eine restriktive Handhabung.

[326] BVerfGE 89, 119 (120) = NJW 1994, 39 (40) → JuS 1994, 705 *(Dörr);* E 139, 378 Rn. 5 = BeckRS 2015, 51234.

[327] *Barczak* in: Barczak, BVerfGG, § 32 Rn. 65; *Lenz/Hansel* BVerfGG, § 32 Rn. 154.

[328] BVerfGE 31, 87 (90, 93) = NJW 1971, 1171; *Hillgruber* in: Hillgruber/Goos, Verfassungsprozessrecht, Rn. 1093; *E. Klein* in: Benda/Klein, Verfassungsprozessrecht, Rn. 1423; *Berkemann* in: Umbach/Clemens/Dollinger, BVerfGG, § 32 Rn. 376 ff.

[329] BVerfGE 89, 119 (120) = NJW 1994, 39 (40) → JuS 1994, 705 *(Dörr);* E 99, 49 (50) = BeckRS 1998, 12794; E 139, 378 Rn. 6 = BeckRS 2015, 51234: Die Stellung als Widerspruchsführer ist auf die in § 94 Abs. 1, 2 und 4 BVerfGG genannten Verfassungsorgane und Behörden beschränkt; krit. dazu *Barczak* in: Barczak, BVerfGG, § 32 Rn. 69; *Lechner/Zuck* BVerfGG § 32 Rn. 35.

[330] *Barczak* in: Barczak, BVerfGG, § 32 Rn. 87; *Lechner/Zuck* BVerfGG § 32 Rn. 35.

[331] BVerfGE 89, 119 (120) = NJW 1994, 39 (40) → JuS 1994, 705 *(Dörr); Hillgruber* in: Hillgruber/Goos, Verfassungsprozessrecht, Rn. 1095.

[332] BVerfGE 31, 87 (93) = NJW 1971, 1171; *Lenz/Hansel* BVerfGG, § 32 Rn. 156; *K. Schneider* in: Burkiczak/Dollinger, Schorkopf, BVerfGG, § 32 Rn. 433.

sondere veränderten tatsächlichen oder rechtlichen Verhältnissen Rechnung.[333] Dies stellt eine Parallele zum verwaltungsgerichtlichen vorläufigen Rechtsschutz dar (→ 34 Rn. 159 ff. und → § 35 Rn. 73).

Ein **erneuter Antrag** auf Erlass einer einstweiligen Anordnung – namentlich nach vorheriger Ablehnung des Eilantrags durch das BVerfG – wird bei einer (erheblichen) Änderung der tatsächlichen Umstände anerkannt.[334] Ohne eine solche Änderung steht das Rechtsschutzbedürfnis dem erneuten Eilantrag entgegen (→ Rn. 34). Jene Doktrin lässt das Verhältnis zur Bindungswirkung der getroffenen Eilentscheidung (→ Rn. 83) offen. Eine systemkonforme Einordnung kann erreicht werden, wenn das erneuerte Begehren als Antrag für ein Abänderungsverfahren (→ Rn. 87) qualifiziert wird. 88

---

[333] *Berkemann* in: Umbach/Clemens/Dollinger, BVerfGG, § 32 Rn. 70 und Rn. 365.

[334] BVerfGE 91, 83 (91) = NVwZ-RR 1994, 446 (447); E 140, 211 Rn. 22 = NJW 2015, 3294; *Hillgruber* in: Hillgruber/Goos, Verfassungsprozessrecht, Rn. 1040; *Barczak* in: Barczak, BVerfGG, § 32 Rn. 84. – *Lantermann* NVwZ 2018, 624 (625) nimmt eine – zweifelhafte – Differenzierung danach vor, ob der vormalige Eilantrag aus formellen oder aus inhaltlichen Gründen gescheitert war.

# 5. Teil. Rechtsschutz im Verwaltungsrecht

## § 22. Verfassungsrechtliche Anforderungen an den verwaltungsprozessualen Rechtsschutz

*Friedrich Schoch*

**Übersicht**



**Schrifttum** (Ausbildungsliteratur): *Bickenbach* Grundfälle zu Art. 19 IV GG, JuS 2007, 813 und 910; *Remmert* Die Rechtsschutzgarantie des Art. 19 IV 1 GG, Jura 2014, 906. – Im Übrigen sei auf die GG-Kommentare zu Art. 19 Abs. 4 GG verwiesen.

## A. Gerichtlicher Rechtsschutz als Element des Rechtsstaatsprinzips

**Fall 1:** Bei einer öffentlichen Ausschreibung (unterhalb der Schwellenwerte des GWB-Vergaberechts) hatte der Unternehmer U das wirtschaftlichste Angebot abgegeben. Wegen eines formalen Fehlers im Angebot wurde U durch die Vergabestelle (eine Landesbehörde) vom Vergabeverfahren ausgeschlossen. Den Zuschlag erhielt Konkurrent D. Der Nachprüfungsantrag (§§ 155 ff. GWB) von U blieb bei der Vergabekammer erfolglos, ebenso die sofortige Beschwerde beim zuständigen OLG (§§ 171 ff. GWB), weil der erforderliche Schwellenwert für die Nachprüfung der Auftragsvergabe nach dem GWB nicht erreicht worden sei. U fragt, ob er nun gerichtlichen Rechtsschutz 1 gegen die Auftragsvergabe unterhalb der Schwellenwerte, die mit dem Zuschlag wirksam wird, erreichen kann.[1]

## I. Rechtsschutzgarantie des Art. 19 Abs. 4 GG

2 Für den verwaltungsprozessualen Rechtsschutz stellt **Art. 19 Abs. 4 S. 1 GG** die verfassungsrechtliche „Zentralnorm" dar.[2] Gegenüber Maßnahmen der öffentlichen Gewalt (→ Rn. 12ff.) wird die nach dem Textbefund bestehende *Rechtsweg*garantie (→ Rn. 30) um die (nach Sinn und Zweck gebotene) *Rechtsschutz*garantie ergänzt (→ Rn. 33). „Rechtsweg" meint „Gerichtsweg". Art. 19 Abs. 4 S. 1 GG normiert das Recht auf **gerichtlichen Rechtsschutz** i. S. d. Art. 92, 97 GG.[3] Es geht um den Schutz gegen Maßnahmen der deutschen öffentlichen Gewalt durch die Anrufung deutscher Gerichte.[4]

3 Art. 19 Abs. 4 GG, Schlussbestimmung im Grundrechtsteil des Grundgesetzes, wird als **Verfahrensgrundrecht** bezeichnet.[5] Normiert wird kein eigenes materielles Recht, das Schutzgut in Gestalt eines subjektiven Rechts (→ Rn. 21) wird vielmehr vorausgesetzt.[6] Unabhängig davon hat Art. 19 Abs. 4 GG tiefer reichende Wurzeln: Die Garantie eines wirkungsvollen Rechtsschutzes gegenüber der öffentlichen Gewalt ist ein wesentlicher **Bestandteil des Rechtsstaates.**[7] Die Rechtsweggarantie sichert den Zugang zu einem Gericht und ermöglicht die Entscheidung eines unabhängigen Spruchkörpers über Rechte und Pflichten der Streitparteien.[8]

## II. Abgrenzung zum allgemeinen Justizgewährungsanspruch

4 Grundgesetzliche Rechtsweggarantien enthalten auch Art. 14 Abs. 3 S. 4 GG und Art. 34 S. 3 GG. Diese Bestimmungen eröffnen indes Rechtsschutzmöglichkeiten bei Zivilgerichten, können also bezüglich des verwaltungsprozessualen Rechtsschutzes außer Betracht bleiben. Von Bedeutung ist im vorliegenden Zusammenhang jedoch der **allgemeine Justizgewährungsanspruch;** er findet seine verfassungsrechtliche Grundlage in Art. 2 Abs. 1 GG i. V. m. dem Rechtsstaatsprinzip.[9] Art. 19 Abs. 4 GG gewährleistet den Rechtsweg nur gegenüber Maßnahmen der „öffentlichen Gewalt". Daraus zieht das BVerfG den Schluss, dass die nach Zivilrecht zu beurteilenden Streitigkeiten den Vorgaben des Art. 19 Abs. 4 GG nicht unterliegen, sondern vom allgemeinen Justizgewährungsanspruch erfasst werden.[10]

5 Die Abgrenzung zwischen Art. 19 Abs. 4 GG und dem allgemeinen Justizgewährungsanspruch nimmt das BVerfG vom Begriff „öffentliche Gewalt" her vor. Nach dem auf die „vollziehende Gewalt" beschränkten engen Verständnis (→ Rn. 15f., 18) umfasst der **all-**

[1] Fall nach BVerfGE 116, 135 = NVwZ 2006, 1396 (m. Bespr. *Knauff* NVwZ 2007, 546) = NJW 2006, 3701 (m. Bespr. *Niestedt/Hölzl* NJW 2006, 3680) → *Ehlers* JK 5/07, GG, Art. 20 III/43; dazu Bespr. *Gundel* Jura 2008, 288.

[2] *Schmidt-Aßmann/Schenk* in: Schoch/Schneider, VwGO, Einl Rn. 2.

[3] *Bosch/Schmidt/Vondung* Verwaltungsgerichtliches Verfahren, Rn. 7.

[4] *Schmidt-Aßmann* in: Maunz/Dürig, GG, Art. 19 Abs. 4 Rn. 45ff. (mit möglichen Weiterungen); ferner → Rn. 30.

[5] BVerfG-K DVBl 2002, 1200 (1201); NVwZ 2008, 547 (548).

[6] *Hufen* Verwaltungsprozessrecht, § 1 Rn. 21.

[7] BVerfGE 139, 321 Rn. 129 = NVwZ 2015, 1434 → *Eifert* Jura (JK) 2015, 1397 und → *Sachs* JuS 2015, 1048; *Schmidt-Aßmann* NVwZ 1983, 1; *Schmidt-Jortzig* NJW 1994, 2569.

[8] BVerfG (Plenum) E 107, 395 (402) = NJW 2003, 1924 → *Ehlers* JK 1/04, GG, Art. 103 I/4.

[9] BVerfGE 88, 118 (123) = NJW 1993, 1635; BVerfG-K NJW 2004, 835 (836); NJW-RR 2007, 1073; DVBl 2009, 41; NJW 2011, 2347 Rn. 12; NJW 2016, 2018 Rn. 38. – *Huber* in: v. Mangoldt/Klein/Starck, GG, Art. 19 Rn. 355 hebt hervor, dass die Justizgewährungspflicht eine Konsequenz des staatlichen Gewaltmonopols, des Selbsthilfeverbots und der allgemeinen Friedenspflicht der Bürger ist.

[10] BVerfGE 116, 135 (149f.) = NVwZ 2006, 1396 Rn. 50ff. – Zwingend ist das nicht, denn die Handlungs*form,* derer sich die Verwaltung bedient, besagt nicht per se, ob die „vollziehende Gewalt" handelt oder nicht.

**gemeine Justizgewährungsanspruch** zivilrechtliche Streitigkeiten[11] (auch bei Beteiligung einer Verwaltungsbehörde). Er bildet demnach eine Art **Auffangkategorie** für die verfassungsrechtliche Absicherung gerichtlichen Rechtsschutzes. Das BVerfG versichert die Wirksamkeit dieses Rechtsschutzes: Zugang zu den Gerichten und wirksame gerichtliche Kontrolle in einem förmlichen Verfahren mit einer innerhalb angemessener Zeit herbeizuführenden verbindlichen gerichtlichen Entscheidung.[12] Danach wäre bei der Qualität des Rechtsschutzes verfassungsrechtlich ein Gleichrang von Art. 19 Abs. 4 GG und dem allgemeinen Justizgewährungsanspruch gegeben;[13] die Wirksamkeit des gerichtlichen Rechtsschutzes hinge nicht von dem zu beschreitenden Rechtsweg (→ *Ehlers* § 25 Rn. 52ff.) ab.

**Lösung zu Fall 1:** Das BVerfG behauptet, die Vergabestelle habe nicht als Trägerin öffentlicher Gewalt i. S. d. Art. 19 Abs. 4 GG gehandelt.[14] Damit sei der allgemeine Justizgewährungsanspruch verfassungsrechtlich maßgebend.[15] Zwar solle der Eintritt vollendeter Tatsachen durch einen wirksamen gerichtlichen Rechtsschutz vermieden werden, hier sei jedoch ein Primärrechtsschutz gegen die umstrittene Vergabeentscheidung nach der Erteilung des Zuschlags an den Dritten (D) nicht mehr zulässig. Es liege in der Gestaltungskompetenz des Gesetzgebers, dem Interesse des Auftraggebers an einer zügigen Ausführung der Maßnahmen sowie dem Interesse des erfolgreichen Bieters an alsbaldiger Rechtssicherheit Vorrang gegenüber dem Interesse des erfolglosen Bieters an Primärrechtsschutz einzuräumen und Letzteren auf Sekundärrechtsschutz zu verweisen.[16] – *Hinweis:* Die Standards des Art. 19 Abs. 4 S. 1 GG ließen einen derart wenig wirksamen Rechtsschutz nicht zu[17] (→ Rn. 33ff.). 6

## III. Ergänzung durch Art. 47 GRCh

Das Gebot eines wirksamen gerichtlichen Rechtsschutzes ist als **allgemeiner Grundsatz des EU-Rechts** anerkannt.[18] An dessen Stelle ist **Art. 47 GRCh** getreten. Die EU-Grundrechtecharta ist zwar in erster Linie an die Organe, Einrichtungen und sonstigen Stellen der EU gerichtet, gilt aber auch für die Mitgliedstaaten „bei der Durchführung des Rechts der Union" (Art. 51 Abs. 1 S. 1 GRCh).[19] Soweit dies der Fall ist, sind die Rechtsschutzgarantien des Unionsrechts innerstaatlich zu beachten. Die Einwirkungsbereiche des EU-Rechts auf das nationale (Verwaltungs-)Prozessrecht sind vielfältig und reichen von der Rechtswegeröffnung über die Klagebefugnis sowie Rechtsbehelfsfristen bis hin zum vorläufigen Rechtsschutz.[20] Die **Europäisierung des Verwaltungsprozessrechts** wird in den nachfolgenden Paragraphen dieses Werks bereichsspezifisch aufgezeigt. 7

In der unionsrechtlichen Perspektive geht es vornehmlich um die wirksame Durchsetzung des supranationalen EU-Rechts durch die nationalen Gerichte.[21] Sie sind Teil des 8

[11] BVerfG (Plenum) E 107, 395 (406f.) = NJW 2003, 1924 (1926).
[12] BVerfG-K DVBl 2009, 41; NJW 2014, 3771 Rn. 5.
[13] *Zuck* NJW 2013, 1132; krit. *Huber* in: v. Mangoldt/Klein/Starck, GG, Art. 19 Rn. 358.
[14] BVerfGE 116, 135 (149f.) = NVwZ 2006, 1396 Rn. 52.
[15] Das ist alles andere als zwingend, fehlt doch Art. 1 Abs. 3 GG zur Grundrechtsbindung der vollziehenden Gewalt jeglicher Anknüpfungspunkt an bestimmte Handlungsmodalitäten der Verwaltung (→ Rn. 16); *Niestedt/Hölzl* NJW 2006, 3680 (3682); *Knauff* NVwZ 2007, 546 (547); *F. Wollenschläger* DVBl 2007, 589 (593f.); *Gundel* Jura 2008, 288 (289f.).
[16] BVerfGE 116, 135 (156f.) = NVwZ 2006, 1396 Rn. 74; zuvor bereits BVerfG-K NVwZ 2004, 1224 (1226).
[17] *Remmert* Jura 2014, 906 (914); zutr. Kritik ferner bei *Huber* in: v. Mangoldt/Klein/Starck, GG, Art. 19 Rn. 431; vgl. auch → Rn. 35.
[18] EuGH NJW 2007, 3555 Rn. 37 → *Schoch* JK 2/08, EUV Art. 6 II/2 und → JA 2007, 830 *(Gundel);* EuGH NVwZ 2010, 825 Rn. 73.
[19] Dazu (seine vorherige missverständliche Rechtsprechung präzisierend) EuGH NVwZ 2010, 575 Rn. 24ff.; ferner *Ruffert/Grischek/Schramm* JuS 2020, 1022 (1023f.).
[20] Vgl. Überblick bei *Schmidt-Aßmann/Schenk* in: Schoch/Schneider, VwGO, Einl Rn. 113.
[21] *Dörr/Lenz* Europäischer Verwaltungsrechtsschutz, Rn. 501ff.

durch Art. 19 Abs. 1 EUV konzipierten Rechtsprechungsverbundes und gewährleisten einen **wirksamen Rechtsschutz** in den vom Unionsrecht erfassten Bereichen. Im Rahmen der Verfahrensautonomie der Mitgliedstaaten kommen auch unter der Geltung des Art. 47 GRCh Sachentscheidungsvoraussetzungen des nationalen Rechts zur Entfaltung; das betrifft etwa die Notwendigkeit der Ausschöpfung verwaltungsverfahrensrechtlicher Rechtsbehelfe (Vorverfahren) vor Anrufung eines Gerichts.[22] Die Wirksamkeit des Rechtsschutzes gemäß Art. 47 GRCh im innerstaatlichen Prozessrecht hat der EuGH anhand interessanter Fallgestaltungen verdeutlicht: Recht auf Anfechtung eines Bußgeldbescheids,[23] gerichtliche Befugnis zur rückwirkenden Aufhebung der Entscheidung einer Regulierungsbehörde,[24] Gewährung von Prozesskostenhilfe;[25] im gerichtlichen Verfahren muss das Recht auf Einsicht in die Gerichtsakte (vgl. § 100 VwGO) grundsätzlich gewährleistet sein.[26]

## B. Tatbestand des Art. 19 Abs. 4 GG

9 **Fall 2:** Der Beamte B ist in ein noch nicht abgeschlossenes gerichtliches Verfahren verstrickt. Das mit der Sache befasste Gericht übermittelt der Dienstbehörde des B Bestandteile der Gerichtsakte (in Kopie). Als B davon erfährt, beantragt er beim zuständigen Gericht die Feststellung, dass die Weitergabe von Aktenbestandteilen rechtswidrig ist. Das Begehren wird als unzulässig abgewiesen; Rechtsschutz gegen das gerichtliche Handeln sei wegen der richterlichen Unabhängigkeit und Weisungsfreiheit nicht statthaft. Trifft dies zu?[27]

10 **Fall 3:** O ist Inhaber eines Omnibusunternehmens, das in der Stadt S eine bestimmte Buslinie bedient. Die bislang dafür zur Verfügung stehende T-Straße wird teilweise eingezogen und fortan auf den Fußgängerverkehr beschränkt; für die Buslinie wird eine alternative Routenführung eingerichtet. O ist nicht einverstanden und klagt gegen die Teileinziehungsverfügung. Die verwaltungsgerichtliche Klage bleibt erfolglos, weil O die Klagebefugnis fehle. O fragt, ob er dadurch nicht in seinem Recht auf einen wirksamen Rechtsschutz verletzt ist.[28]

11 Nach seiner **Normstruktur** weist Art. 19 Abs. 4 S. 1 GG einen Tatbestand (→ Rn. 12 ff.) und eine Rechtsfolge (→ Rn. 27 ff.) auf. Für den verwaltungsprozessualen Rechtsschutz sind in erster Linie die **Rechtsfolgen** des Art. 19 Abs. 4 S. 1 GG (→ Rn. 29 ff.) von Bedeutung. Diese werden hier jedoch nicht voraussetzungslos dargestellt. Zum vertieften Verständnis der verfassungsrechtlichen Rechtsschutzgarantie wird zunächst der Tatbestand skizziert. Im Normtext markiert die Formulierung „Wird jemand durch die öffentliche Gewalt in seinen Rechten verletzt" den **Tatbestand** der Rechtsschutzgarantie. Danach muss zunächst ein Akt (deutscher) „öffentlicher Gewalt" vorliegen; sodann muss der Betroffene in „seinen Rechten" beeinträchtigt sein; schließlich muss es sich für die Grundrechtsträgerschaft um „jemand" im verfassungsrechtlichen Sinne handeln.

[22] EuGH Urt. v. 27.9.2017 – C-73/16, BeckRS 2017, 126269 Rn. 56 ff.
[23] EuGH EuZW 2017, 654 Rn. 44 ff. (m. Anm. *Barbist/Kröll*).
[24] EuGH Urt. v. 13.10.2016 – C-231/15, BeckRS 2016, 82506 Rn. 19 ff.
[25] EuGH EuZW 2011, 137 Rn. 31 ff. → *Streinz* JuS 2011, 568.
[26] EuGH NVwZ 2013, 1139 Rn. 55 ff. (mit Ausnahme für den Fall einer Beeinträchtigung der nationalen Sicherheit).
[27] Fall nach BVerfGE 138, 33 = NJW 2015, 610.
[28] Fall nach BVerfG-K NVwZ 2009, 1426 → *Selmer* JuS 2010, 662.

## I. Akt öffentlicher Gewalt

Der Begriff **„öffentliche Gewalt"** wird im Grundgesetz nicht einheitlich verwendet. An sich umfasst der Terminus die Gesetzgebung, die vollziehende Gewalt und die Rechtsprechung; dem entsprechen die Grundrechtsbindung der drei Staatsfunktionen (Art. 1 Abs. 3 GG) und deren Bindung an die Verfassung sowie an Gesetz und Recht (Art. 20 Abs. 3 GG). Bei der Verfassungsbeschwerde erstreckt sich die „öffentliche Gewalt" (Art. 93 Abs. 1 Nr. 4a GG) auf Legislative, Exekutive und Judikative (→ *Scherzberg* § 15 Rn. 47). Zu Art. 19 Abs. 4 S. 1 GG vertritt die h. M. ein engeres Begriffsverständnis und will im Wesentlichen nur die vollziehende Gewalt dem Grundrechtstatbestand zuordnen. 12

### 1. Gesetzgebung

Nach dem Wortlaut des Art. 19 Abs. 4 S. 1 GG ist die Legislative von der Rechtsschutzgarantie nicht ausgeschlossen; der systematische Zusammenhang mit Art. 1 Abs. 3 GG und die Lückenlosigkeit des Rechtsschutzes (→ Rn. 33) sprechen für die Einbeziehung der **parlamentarischen Gesetzgebung**[29] in den Grundrechtstatbestand.[30] Das BVerfG lehnt dies seit jeher ab.[31] Maßgebend sind systematische Erwägungen: Aufgabe der Rechtsprechung ist gemäß Art. 20 Abs. 3, 97 Abs. 1 GG die Anwendung der Gesetze, für die Normenkontrolle stehen spezielle Verfahren zur Verfügung (Art. 93 Abs. 1 Nr. 2, Nr. 2a GG), die Verfassungsmäßigkeit eines Parlamentsgesetzes kann fachgerichtlich als Vorfrage aufgeworfen sein und kann in ein konkretes Normenkontrollverfahren (Art. 100 Abs. 1 GG) münden.[32] 13

Für das Verwaltungsprozessrecht hat jener Streit um die Deutung des Art. 19 Abs. 4 S. 1 GG kaum Auswirkungen; tangiert ist nur die Rechtswegfrage. Die abstrakte Normenkontrolle betrifft eine verfassungsrechtliche Streitigkeit, so dass der Verwaltungsrechtsweg nach § 40 Abs. 1 S. 1 VwGO nicht eröffnet ist (→ *Ehlers* § 25 Rn. 83). Leitet bei der konkreten Normenkontrolle ein Fachgericht die verfassungsrechtliche Überprüfung einer entscheidungserheblichen Norm ein, entscheidet das BVerfG verbindlich über die Wirksamkeit der Norm (→ *Wernsmann* § 19 Rn. 73). Wird als Handlungsform für die Regelung eines Einzelfalls das Gesetz statt einer Verwaltungsentscheidung gewählt,[33] ist für betroffene Individuen die Verfassungsbeschwerde der (einzige mögliche) Rechtsbehelf (→ *Scherzberg* § 15 Rn. 53), so dass auch insoweit verfassungsgerichtlich entschieden[34] wird.[35] Wird die parlamentarische Gesetzgebung in den Schutzbereich des Art. 19 Abs. 4 S. 1 GG einbezogen, ist der **Rechtsweg zur Verfassungsgerichtsbarkeit** eröffnet.[36] 14

### 2. Vollziehende Gewalt

In historischer Perspektive ist der gerichtliche Rechtsschutz gegen die staatliche Gewalt in erster Linie gegen **Maßnahmen der Exekutive** gerichtet.[37] Von Beginn an hat das 15

---

[29] Parlamentarische Akte außerhalb der Gesetzgebung werden von Art. 19 Abs. 4 S. 1 GG erfasst, *Schmidt-Aßmann/Schenk* in: Schoch/Schneider, VwGO, Einl Rn. 15.

[30] *Hufen* Verwaltungsprozessrecht, § 1 Rn. 21; *Huber* in: v. Mangoldt/Klein/Starck, GG, Art. 19 Rn. 435; *Ernst* in: v. Münch/Kunig, GG, Art. 19 Rn. 132; *Schmidt-Aßmann* in: Maunz/Dürig, GG, Art. 19 Abs. 4 Rn. 93; *Schulze-Fielitz* in: Dreier, GG, Art. 19 IV Rn. 50.

[31] BVerfGE 24, 33 (49) = NJW 1968, 1467 (1469); E 24, 367 (401) = NJW 1969, 309 (312); E 45, 297 (334) = NJW 1977, 2349 (2353); E 75, 108 (165) = NJW 1987, 3115 (3120).

[32] *Kingreen/Poscher* Grundrechte, Rn. 1161; *Sachs* in: Sachs, GG, Art. 19 Rn. 123.

[33] Signifikant: Planungsakte in Gesetzesform; dazu *Groß* JZ 2020, 76 (79 ff.).

[34] Das BVerfG verlangt unter dem Vorzeichen der Subsidiarität der Verfassungsbeschwerde allerdings den vorherigen Einsatz verwaltungsprozessualer Rechtsbehelfe (z. B. Feststellungsklage), um eine inzidente Normenkontrolle durch die Fachgerichte zu initiieren; näher dazu → *Scherzberg* § 15 Rn. 93 ff.

[35] BVerfGE 139, 321 Rn. 130 = NVwZ 2015, 1434 (→ *Eifert* Jura (JK) 2015, 1397 und → *Sachs* JuS 2015, 1048) räumt ein, dass die gerichtliche Kontrolle erheblich eingeschränkt sei, weil der Prüfungsmaßstab auf die Verletzung spezifischen Verfassungsrechts (dazu → *Scherzberg* § 15 Rn. 120 ff.) reduziert ist.

[36] *Bickenbach* JuS 2007, 913 (915); *Schmidt-Aßmann/Schenk* in: Schoch/Schneider, VwGO, Einl Rn. 15.

[37] BVerfG (Plenum) E 107, 395 (404 f.) = NJW 2003, 1924 (1925) unter Bezugnahme auf die Paulskirchen-Verfassung und die Weimarer Reichsverfassung.

BVerfG betont, Art. 19 Abs. 4 GG diene in erster Linie dazu, die „Selbstherrlichkeit" der vollziehenden Gewalt im Verhältnis zum Bürger zu beseitigen.[38] Darauf gründet die These, der Anwendungsbereich des Art. 19 Abs. 4 S. 1 GG sei auf die **vollziehende Gewalt** beschränkt.[39] Allerdings betont das BVerfG, dass der Begriff der öffentlichen Gewalt nicht auf die Exekutive im organisatorischen Sinne begrenzt sei; zur „Ausübung vollziehender Gewalt" gelte vielmehr ein **funktionales Begriffsverständnis.**[40]

16 Danach müsste die Exekutive umfassend dem Tatbestand des Art. 19 Abs. 4 S. 1 GG zuzuordnen sein.[41] Die **Handlungsformen der Verwaltung** wären unbeachtlich; nicht nur das Handeln durch Verwaltungsakt, sondern auch z. B. durch Verwaltungsvertrag, Realakt, Informationsmaßnahme und die administrative Rechtsetzung (Verordnungen, Satzungen) unterfielen Art. 19 Abs. 4 S. 1 GG.[42] Das BVerfG behauptet indessen, das formelle Hauptgrundrecht „soll Rechtsschutz dort gewähren, wo der Einzelne sich zu dem Träger staatlicher Gewalt in einem Verhältnis typischer Abhängigkeit und Unterordnung befindet".[43] Eine Konsequenz dieser Engführung könnte sein, dass zivilrechtliches Verwaltungshandeln nur im Bereich des Verwaltungsprivatrechts (i. e. S.), d. h. unmittelbare Erfüllung öffentlicher Aufgaben unter Nutzung des Zivilrechts, Art. 19 Abs. 4 S. 1 GG unterfällt, während dies bei fiskalischer Verwaltungstätigkeit (Bedarfsdeckung, öffentliches Vergabewesen) und erwerbswirtschaftlicher Betätigung der Verwaltung nicht der Fall ist.[44] Die fehlende Anwendbarkeit des Art. 19 Abs. 4 S. 1 GG führte zur Geltung des allgemeinen Justizgewährungsanspruchs.[45] Die skizzierten Restriktionen finden jedoch in Art. 19 Abs. 4 S. 1 GG keine Grundlage; die Bestimmung gilt uneingeschränkt für jedwedes Handeln der Verwaltung.[46] Diese Einsicht deckt sich mit der **umfassenden Grundrechtsbindung der vollziehenden Gewalt** nach Art. 1 Abs. 3 GG unabhängig von den gewählten Handlungsformen und den Zwecken, zu denen sie tätig wird; dabei ist unerheblich, ob die Verwaltung erwerbswirtschaftlich oder zur reinen Bedarfsdeckung (fiskalisches Handeln) agiert.[47] Da Art. 19 Abs. 4 S. 1 GG ein Grundrecht ist, ist das für Art. 1 Abs. 3 GG geltende Verständnis zur „öffentlichen Gewalt" in Bezug auf die Exekutive zwingend.[48]

### 3. Rechtsprechung

17 Der Wortlaut des Art. 19 Abs. 4 S. 1 GG, die Verfassungssystematik (Art. 1 Abs. 3, 20 Abs. 3 GG) sowie Sinn und Zweck der Rechtsweggarantie (Vermeidung von Rechtsschutzlücken → Rn. 33) sprechen dafür, die **Rechtsprechung** der „öffentlichen Gewalt" i. S. d. Art. 19 Abs. 4 S. 1 GG zuzuordnen.[49] Das BVerfG lehnt dies in st. Rspr. ab. Die Begründungen überzeugen kaum. Die These, Art. 19 Abs. 4 S. 1 GG gewähre Schutz durch den Richter, nicht gegen den Richter,[50] ist ein klassischer Zirkelschluss; das der Rechtssi-

---

[38] BVerfGE 10, 264 (267) = NJW 1960, 331; E 35, 263 (264) = NJW 1973, 1491.

[39] BVerfGE 112, 185 (207) = NJW 2005, 1999 (2001); E 122, 248 (270 f.) = NJW 2009, 1469 Rn. 67.

[40] BVerfG (Plenum) E 107, 395 (405 f.) = NJW 2003, 1924 (1925) mit Beispielen: Akte des Rechtspflegers, Justizverwaltungsakte der Kostenbeamten, Anordnungen der Staatsanwaltschaft als Strafverfolgungsbehörde.

[41] *Kingreen/Poscher* Grundrechte, Rn. 1162.

[42] *Schulze-Fielitz* in: Dreier, GG, Art. 19 IV Rn. 55; *Schmidt-Aßmann/Schenk* in: Schoch/Schneider, VwGO, Einl Rn. 10.

[43] So BVerfGE 116, 135 (149) = NVwZ 2006, 1396 Rn. 51.

[44] *Schmidt-Aßmann* in: Maunz/Dürig, GG, Art. 19 Abs. 4 Rn. 60, 64, 65; ferner z. B. *Jarass* in: Jarass/Pieroth, GG, Art. 19 Rn. 42; *Sachs* in: Sachs, GG, Art. 19 Rn. 118.

[45] *Schmidt-Aßmann/Schenk* in: Schoch/Schneider, VwGO, Einl Rn. 10.

[46] *Remmert* Jura 2014, 906 (910); *Huber* in: v. Mangoldt/Klein/Starck, GG, Art. 19 Rn. 429.

[47] So ausdrücklich BVerfG-K NVwZ 2016, 1553 Rn. 30 → *Kingreen* Jura (JK) 2017, 118 und → *Waldhoff* JuS 2017, 286 sowie → JA 2016, 954 *(Muckel)*.

[48] Zu den Konsequenzen für den Rechtsweg (§ 40 Abs. 1 S. 1 VwGO oder § 13 GVG) → *Ehlers* § 25 Rn. 108 ff., 112 f.

[49] *Huber* in: v. Mangoldt/Klein/Starck, GG, Art. 19 Rn. 442; *Schulze-Fielitz* in: Dreier, GG, Art. 19 IV Rn. 49; ausf. *Voßkuhle* Rechtsschutz gegen den Richter, 1993, S. 255 ff.; *Ernst* in: v. Münch/Kunig, GG, Art. 19 Rn. 135 will nach drei Modalitäten differenzieren.

[50] BVerfGE 138, 33 Rn. 17 = NJW 2015, 610 Rn. 18 (m. umfangr. Nachw.).

cherheit dienende Ziel, einen „endlosen Rechtsweg auszuschließen“,[51] kann durch den Gesetzgeber in den Prozessordnungen erreicht werden (→ Rn. 36 ff.), da Art. 19 Abs. 4 S. 1 GG keinen Instanzenweg garantiert (→ Rn. 32), ein Rechtsschutz ad infinitum mithin nicht droht.[52] Es ist eher die Rechtsprechungstradition, die das BVerfG veranlasst, Akte der Rechtsprechung dem Tatbestand des Art. 19 Abs. 4 S. 1 GG zu entziehen.[53]

Die Exemtion der Dritten Gewalt betrifft allerdings nur die **spruchrichterliche Tätigkeit** der Gerichte i. S. d. Art. 92 GG.[54] Handeln die Gerichte außerhalb dieses Bereichs, üben sie funktional „vollziehende Gewalt“ aus und sind deshalb „öffentliche Gewalt“ i. S. d. Art. 19 Abs. 4 S. 1 GG.[55] Ein typisches Beispiel stellen Richtervorbehalte (z. B. Art. 13 Abs. 2, 104 Abs. 2 GG) dar;[56] die Gerichte entscheiden in uneingeschränkter richterlicher Unabhängigkeit (Art. 97 Abs. 1 GG), treffen aber keine Streitentscheidung i. S. eines unbeteiligten Dritten und agieren damit nicht als Organ der Rechtsprechung. Ein anderes Beispiel sind richterliche Entscheidungen im Insolvenzverfahren; funktional werden in richterlicher Unabhängigkeit typische Verwaltungstätigkeiten wahrgenommen.[57] 18

**Lösung zu Fall 2:** Das BVerfG hat erkannt, dass es nicht um rechtsprechende Tätigkeit geht, da keine letztverbindliche Klärung der Rechtslage in einem Streitfall im Rahmen eines besonders geregelten Verfahrens vorliegt. Die richterliche Mitteilung von Informationen aus Gerichtsakten an nicht am Verfahren beteiligte Dritte ist – ungeachtet der richterlichen Unabhängigkeit und Weisungsfreiheit – funktional als Verwaltungstätigkeit zu qualifizieren. Damit handelt es sich um „öffentliche Gewalt“ i. S. d. Art. 19 Abs. 4 S. 1 GG, so dass der Rechtsweg beschritten und Rechtsschutz begehrt werden kann.[58] 19

Die das gerichtliche Verfahren betreffenden **Verfahrensgrundrechte** (insbesondere Art. 101 Abs. 1 und Art. 103 Abs. 1 GG) sind ausschließlich an die Gerichte adressiert, nur diese (und nicht auch Träger der vollziehenden Gewalt) können dagegen verstoßen. Dennoch sieht das BVerfG keinen Anlass, im Falle einer **originären richterlichen Grundrechtsbeeinträchtigung** einen Akt öffentlicher Gewalt i. S. d. Art. 19 Abs. 4 S. 1 GG anzunehmen. Zur Vermeidung einer Rechtsschutzlücke erklärt das Gericht den allgemeinen Justizgewährungsanspruch (→ Rn. 4) für anwendbar; zudem seien die Verfahrensordnungen so auszugestalten, dass einerseits effektiver Rechtsschutz gewährt und andererseits Rechtssicherheit hergestellt werde.[59] Verwaltungsprozessuales Ergebnis dieser Judikatur ist in Bezug auf das rechtliche Gehör die Anhörungsrüge nach § 152a VwGO. 20

---

[51] BVerfG (Plenum) E 107, 395 (408) = NJW 2003, 1924 (1926); zustimmend *Sachs* in: Sachs, GG, Art. 19 Rn. 120.

[52] *Huber* in: v. Mangoldt/Klein/Starck, GG, Art. 19 Rn. 443.

[53] Angedeutet durch BVerfG (Plenum) E 107, 395 (404 f.) = NJW 2003, 1924 (1925).

[54] Dazu BVerfG-K NJW 2004, 2725 (2726) → *Ehlers* JK 2/05, GG, Art. 19 IV 1/26: „Rechtsprechung“ als letztverbindliche, hoheitliche Streitbeilegung in einem besonders geregelten Verfahren (mit prozessualen Sicherungen) durch unabhängige Gerichte (d. h. der Rechtskraft fähigen Feststellung und Ausspruch dessen, was im konkreten Fall rechtens ist).

[55] BVerfG (Plenum) E 107, 395 (406) = NJW 2003, 1924 (1925) → *Ehlers* JK 1/04, GG, Art. 103 I/4; dazu Bespr. *O. Dörr* Jura 2004, 334; ferner *Voßkuhle* NJW 2003, 2193 und *Pache/Knauff* BayVBl 2004, 385.

[56] Zu Richtervorbehalten im Polizeirecht *Schoch* in: Schoch, BesVwR, Kap. 1 Rn. 592 ff. (polizeilicher Gewahrsam), Rn. 622 (Durchsuchung von Wohnungen), Rn. 731 (Informationserhebung in und aus Wohnungen), Rn. 744 (Telekommunikationsüberwachung), Rn. 747 (Online-Durchsuchung), Rn. 750 (Ausschreibung zur polizeilichen Beobachtung), Rn. 777 (Rasterfahndung).

[57] BVerfG-K NJW 2004, 2725 → *Ehlers* JK 2/05, GG, Art. 19 IV 1/26: Vorauswahl von Insolvenzverwalterkandidaten durch das Insolvenzgericht; BVerfGE 116, 1 (10) = NJW 2006, 2613 Rn. 25 (m. Bespr. *Vallender* NJW 2006, 2597) → *Ehlers* JK 4/07, GG, Art. 3 I/41: Nichtbestellung eines Rechtsanwalts zum Insolvenzverwalter; BGH NJW 2004, 2015 (2016): gerichtliche Ermächtigung eines Insolvenzverwalters zum Betreten von Wohn- und Geschäftsräumen des Schuldners zwecks Durchführung von Nachforschungen.

[58] Prozessrechtlich stellt sich die Frage nach dem zulässigen Rechtsweg; BVerfGE 138, 33 Rn. 25 = NJW 2015, 610 Rn. 26 verweist auf §§ 23 ff. EGGVG (allg. dazu → *Ehlers* § 25 Rn. 155, 159 f.).

[59] BVerfG (Plenum) E 107, 395 (407 f., 411) = NJW 2003, 1924 (1926, 1927).

## II. Systementscheidung für Individualrechtsschutz

21 Auf Grund der Formulierung „in seinen Rechten" eröffnet Art. 19 Abs. 4 S. 1 GG den Rechtsweg gegen jede behauptete Verletzung *subjektiver Rechte* durch eine Maßnahme öffentlicher Gewalt. Umfassender gerichtlicher Rechtsschutz ist danach nur für den Schutz subjektiver Rechte garantiert. Damit trifft das Grundgesetz eine **Systementscheidung für den Individualrechtsschutz.**[60] Geschützte Rechtspositionen können sich aus einem Grundrecht oder grundrechtsgleichen Recht ergeben oder durch Gesetz begründet sein; eine lediglich reflexartige Begünstigung des Einzelnen durch das objektive Recht genügt nicht.[61] Verwaltungsprozessual manifestiert sich die Systementscheidung in der **Klagebefugnis** (§ 42 Abs. 2 VwGO).[62]

22 Das dem subjektiven Rechtsschutz gewidmete Konzept des Art. 19 Abs. 4 S. 1 GG stellt eine **verfassungsrechtliche Mindestgarantie** dar. Der Gesetzgeber ist nicht gehindert, Klagerechte ohne die Beeinträchtigung eigener Rechtspositionen vorzusehen; Ausweis hierfür ist § 42 Abs. 2 Alt. 1 VwGO mit mannigfachen Konkretisierungen durch Verbandsklagen (→ *Ehlers* § 27 Rn. 85 ff.). Auf der anderen Seite ist geklärt, dass Art. 19 Abs. 4 S. 1 GG den Gesetzgeber nicht verpflichtet, die verwaltungsgerichtliche Normenkontrolle (§ 47 VwGO) generell einzuführen (→ *Ehlers* § 32 Rn. 2); den verfassungsrechtlichen Mindestanforderungen an einen wirksamen Rechtsschutz genügt die Inzidentprüfung von Rechtsnormen bei einer Klage gegen Vollzugsmaßnahmen.[63] Die Systementscheidung für den Individualrechtsschutz (→ Rn. 21) darf im Übrigen nicht in einen (schroffen) Gegensatz zur objektiven Rechtmäßigkeitskontrolle gestellt werden; **subjektiver Rechtsschutz** für den Einzelnen bedeutet immer auch **objektive Rechtskontrolle** der öffentlichen Hand.[64]

23 **Lösung zu Fall 3:** O mag betriebliche, wirtschaftliche Interessen am Fortbestand der bisherigen Routenführung haben, einen rechtlichen Schutz seiner Interessen kann er jedoch nicht geltend machen.[65] Das BVerfG betont, dass Art. 19 Abs. 4 GG dem Bürger keine allgemeine Rechtmäßigkeitskontrolle der Verwaltung garantiere und daher verwaltungsprozessual nicht die Möglichkeit einer Popularklage verlange. Verfassungsrechtlich sei nichts dagegen einzuwenden, dass die Verwaltungsgerichte (VG, OVG/VGH) bei der Prüfung der Voraussetzungen des § 42 Abs. 2 VwGO festgestellt hätten, dass O sich nicht auf ein subjektives Recht zur Abwendung der Teileinziehung der Straße berufen könne.

## III. Grundrechtsträger

24 Indem „jemand" der Rechtsweg offensteht, erscheint Art. 19 Abs. 4 S. 1 GG als „Jedermann-Grundrecht". In Bezug auf **natürliche Personen** sind Deutsche sowie Ausländer und Staatenlose grundrechtsberechtigt.[66] Bei **juristischen Personen** ist die Grundrechtsfähigkeit nach Art. 19 Abs. 3 GG zu beurteilen. Inländische juristische Personen des Privatrechts sind Grundrechtsträger. Gleichgestellt sind wegen Art. 18 AEUV (allgemeines Diskriminierungsverbot) juristische Personen mit Sitz in einem anderen EU-Mitgliedstaat; die Zuerkennung

---

[60] BVerfG-K NVwZ 2009, 240 (242) → *Schoch* JK 8/09, VwGO § 80a/6; BVerfG-K NVwZ 2009, 1426 (1427) → *Selmer* JuS 2010, 662; *Marxsen* Die Verwaltung 53 (2020), 215 (218 f.).

[61] BVerfGE 113, 273 (310) = NJW 2005, 2289; E 116, 1 (11) = NJW 2006, 2613 Rn. 29.

[62] Zur Anfechtungsklage → *Ehlers* § 27 Rn. 50 ff., zur Verpflichtungsklage → *Ehlers* § 28 Rn. 45 ff., zur allgemeinen Leistungsklage → *Ehlers* § 29 Rn. 42 ff., zur Feststellungsklage → *Ehlers* § 30 Rn. 60 ff., zur Fortsetzungsfeststellungsklage → *Ehlers* § 31 Rn. 63 f.

[63] BVerwG NVwZ-RR 2020, 236 Rn. 10 (m. w. Nachw.).

[64] *Bickenbach* JuS 2007, 913 (916); *Huber* in: v. Mangoldt/Klein/Starck, GG, Art. 19 Rn. 343.

[65] Zur (grundsätzlich) fehlenden Klagebefugnis gegen die (Teil-)Einziehung einer Straße *Axer* in: Schoch, BesVwR, Kap. 6 Rn. 73.

[66] *Remmert* Jura 2014, 906 (907); *Sachs* in: Sachs, GG, Art. 19 Rn. 113.

der Grundrechtsträgerschaft bei materiellen Grundrechten[67] führt konsequenterweise zur Grundrechtsberechtigung in Bezug auf Art. 19 Abs. 4 S. 1 GG.[68]

Die Grundrechtsfähigkeit **juristischer Personen des Öffentlichen Rechts** wird nach h. M. wegen deren Zugehörigkeit zur grundrechtsgebundenen öffentlichen Gewalt (Art. 1 Abs. 3 GG) seit jeher – abgesehen von Sonderfällen (z. B. Rundfunkanstalten bzgl. Art. 5 Abs. 1 S. 2 GG; Universitäten bzgl. Art. 5 Abs. 3 S. 1 GG) – verneint.[69] Das gilt auch für Art. 19 Abs. 4 S. 1 GG.[70] Nichts anderes kommt dann für gemischt-wirtschaftliche Unternehmen in Betracht; ihnen wird im Falle einer Beherrschung seitens der öffentlichen Hand die Grundrechtsfähigkeit versagt.[71] Das BVerfG hat auch Vertrauenspersonen eines Bürgerbegehrens die Berufung auf Art. 19 Abs. 4 S. 1 GG verweigert, da sie als „Organ" der Gemeinde nicht grundrechtsfähig seien;[72] diese Auffassung ist unzutreffend, weil sie die kommunalgesetzliche Zuordnung missachtet (→ § 33 Rn. 33). 25

Ein verfassungsrechtlich gewährleisteter wirkungsvoller gerichtlicher Rechtschutz wird juristischen Personen des Öffentlichen Rechts außerhalb des Anwendungsbereichs von Art. 19 Abs. 4 S. 1 GG im Rahmen des **allgemeinen Justizgewährungsanspruchs** (→ Rn. 4) zuerkannt. Als Grundlage fungiert die *rechtsstaatliche* Fundierung des Anspruchs. Das BVerfG betont, das Rechtsstaatsprinzip gelte für alle der staatlichen Justizgewalt unterworfenen Verfahrensbeteiligten, also auch zu Gunsten **juristischer Personen des Öffentlichen Rechts.**[73] Art. 19 Abs. 4 S. 1 GG ist Element des Rechtsstaatsprinzips (→ Rn. 3); deshalb bleibt die Frage, wieso dort (→ Rn. 25) für Verwaltungsträger etwas Anderes gilt. 26

## C. Rechtsfolge des Art. 19 Abs. 4 GG

**Fall 4:** V meldete eine Versammlung unter dem Thema „Herren im eigenen Land statt Knechte der Fremden" an. Die zuständige Behörde verbot die Versammlung unter Anordnung der sofortigen Vollziehung, weil durch eine aggressive Ausländerfeindlichkeit eine Störung der öffentlichen Ordnung zu befürchten sei. Dem Eilantrag des V wurde von dem angerufenen VG unter Auflagen entsprochen. Auf die Beschwerde der Behörde änderte der VGH die Eilentscheidung und lehnte den Antrag auf Wiederherstellung der aufschiebenden Wirkung ab, weil ein Verstoß gegen § 130 Abs. 1 Nr. 1 StGB zu erwarten sei, falls die Versammlung stattfinde. Das BVerfG stellte im Verfahren nach § 32 BVerfGG die Entscheidung des VG wieder her. Die Versammlung wurde zum vorgesehenen Zeitpunkt durchgeführt. Nun erhebt V eine Fortsetzungsfeststellungsklage, um – mit Blick auf zukünftige Versammlungen gleicher Art – gerichtlich klären zu lassen, dass das behördliche Versammlungsverbot rechtswidrig gewesen ist. Die Klage bleibt erfolglos, weil V kein Feststellungsinteresse habe; denn V habe Eilrechtsschutz erhalten, und eine neue Versammlung stehe unmittelbar nicht bevor. V fragt, ob er die Klageabweisung hinnehmen muss.[74] 27

---

[67] Vgl. etwa zu Art. 14 Abs. 1 GG BVerfGE 129, 78 (91) = NJW 2011, 3428 Rn. 57 → *Ehlers* JK 2/12, GG, Art. 19 III/10 und → *Sachs* JuS 2012, 379 sowie → JA 2012, 156 *(Muckel)*; zu Art. 12 Abs. 1 GG und Art. 2 Abs. 1 GG BVerfG-K NJW 2016, 1436 Rn. 10 ff.; allgemein zu den materiellen Grundrechten BVerfG-K NJW 2018, 2392 Rn. 27 → *Sachs* JuS 2018, 1018.

[68] *Huber* in: v. Mangoldt/Klein/Starck, GG, Art. 19 Rn. 386.

[69] BVerfG-K NVwZ 2007, 1176; NVwZ 2008, 778; E 143, 246 Rn. 187 f. = NJW 2017, 217; BVerfG-K NVwZ 2020, 1500 Rn. 9 (m. Anm. *Gundel*).

[70] BVerfG-K NVwZ 2017, 53 Rn. 20; *Remmert* Jura 2014, 906 (907 f.); *Würtenberger/Heckmann* Verwaltungsprozessrecht, Rn. 4; *Jarass* in: Jarass/Pieroth, GG, Art. 19 Rn. 48; *Sachs* in: Sachs, GG, Art. 19 Rn. 114; a. A. *Bickenbach* JuS 2007, 913 (914).

[71] BVerfG-K NVwZ 2009, 1282 → *Schoch* JK 4/10, GG, Art. 19 III/9 und → *Selmer* JuS 2010, 187 sowie → JA 2010, 837 *(Muckel)*; NVwZ-RR 2016, 242 Rn. 7; NVwZ 2020, 1500 Rn. 6 ff. (m. Anm. *Gundel*).

[72] BVerfG-K 2019, 642 Rn. 22; abl. dazu *Roth* NVwZ 2019, 1419.

[73] BVerfG-K DVBl 2019, 431 Rn. 9.

[74] Fall nach BVerfGE 110, 77 = NJW 2004, 2510 → *Ehlers* JK 12/04, VwGO § 113 I 4/19 und → JuS 2005, 173 *(Sachs)*.

28 **Fall 5:** Im Anschluss an eine Versammlung war C in polizeilichen Gewahrsam genommen worden. Grund war die Besetzung von Bahngleisen zur Verhinderung eines Transports von Atommüll in ein Brennelemente-Zwischenlager. Eine richterliche Entscheidung über die Zulässigkeit der polizeilichen Maßnahme war nicht herbeigeführt worden. Am Folgetag wurde C aus dem Gewahrsam entlassen. Gegen die Auferlegung von Gebühren klagte C erfolglos. VG und OVG erklärten, der Gebührenbescheid als solcher sei rechtmäßig, für die Prüfung der Rechtmäßigkeit der Ingewahrsamnahme sei das Amtsgericht zuständig. C sieht sich in seinem Recht auf wirksamen Rechtsschutz verletzt.[75]

29 Die Rechtsfolgeanordnung des Art. 19 Abs. 4 S. 1 GG ist an Schlichtheit kaum zu überbieten: Dem Grundrechtsträger steht der Rechtsweg offen. Dem Normtext lässt sich immerhin eine **Rechtsweggarantie** entnehmen. Da nach Sinn und Zweck des Zugangs zu einem Gericht wirksamer Rechtsschutz gefordert ist, statuiert Art. 19 Abs. 4 S. 1 GG auch eine **Rechtsschutzgarantie** (→ Rn. 33). Damit die Beschreitung des Rechtswegs und die Vermittlung von Rechtsschutz handhabbar werden, bedarf der verfassungsrechtliche Rahmen der Ausgestaltung durch die **Prozessordnungen;** Art. 19 Abs. 4 S. 1 GG kann demnach ein ungeschriebener Prozessrechtsvorbehalt zugeordnet werden.

## I. Zugang zu gerichtlichem Rechtsschutz

30 Die Rechtswegeröffnung i. S. d. Art. 19 Abs. 4 S. 1 GG bedeutet **Zugang** zu einem **deutschen staatlichen Gericht.**[76] Nicht garantiert ist damit – etwa mit Blick auf die Fachgerichtsbarkeiten (Art. 95 Abs. 1 GG) – ein bestimmter Rechtsweg.[77] Über die Rechtswegzuständigkeit entscheidet der Gesetzgeber. Verfassungsrechtlich gilt die **Gleichwertigkeit der Rechtswege.**[78] Die vielen abdrängenden Sonderzuweisungen (→ *Ehlers* § 25 Rn. 138 ff.) mögen zu einem großen Teil rechtspolitisch kritikwürdig sein, bei den gesetzlichen Rechtswegzuordnungen handelt es sich indes um geltendes Recht. Gehindert ist der Gesetzgeber am Ausschluss jeglichen Rechtsschutzes gegen einen Akt öffentlicher Gewalt i. S. d. Art. 19 Abs. 4 S. 1 GG. Dasselbe gilt für die Auslegung des Gesetzesrechts durch die Fachgerichtsbarkeit; die Prozessordnungen dürfen nicht so ausgelegt werden, dass im Ergebnis ein Rechtsweg gegen die öffentliche Gewalt nicht zur Verfügung steht.[79] Unabhängig davon trifft Art. 19 Abs. 4 S. 2 GG eine verfassungsrechtliche Vorkehrung gegen ein eventuelles Rechtswegdefizit. Dabei handelt es sich um eine **praktisch bedeutungslose Auffangregelung,** weil auf Grund der generalklauselartigen Rechtswegbestimmungen (§ 13 GVG, § 40 Abs. 1 S. 1 VwGO) der Fall eines fehlenden Rechtswegs in einer Rechtsstreitigkeit nicht eintreten kann.[80]

31 Eine **Rechtswegverweigerung** kann nur die Verfassung selbst vorsehen. Das ist gemäß Art. 19 Abs. 4 S. 3 i. V. m. Art. 10 Abs. 2 S. 2 GG erfolgt.[81] Die Verlagerung der Überprüfung von Einschränkungen des Brief-, Post- und Fernmeldegeheimnisses auf ein **Parlamentari-**

---

[75] Fall nach BVerfG-K NVwZ 2010, 1482 → *Ehlers* JK 4/11, GG, Art. 19 IV/30 und → *Sachs* JuS 2011, 187 sowie → JA 2011, 239 *(Muckel).*

[76] *Schmidt-Aßmann/Schenk* in: Schoch/Schneider, VwGO, Einl Rn. 24, 25.

[77] BVerfG-K NVwZ 2010, 1482 Rn. 48 → *Ehlers* JK 4/11, GG, Art. 19 IV/30.

[78] *Huber* in: v. Mangoldt/Klein/Starck, GG, Art. 19 Rn. 453.

[79] BVerfGE 138, 33 Rn. 26 = NJW 2015, 610 Rn. 27: am Beispiel von Fall 2 (→ Rn. 9 und Lösung → Rn. 19), nachdem das OLG den Rechtsweg gemäß §§ 23 ff. EGGVG verneint hatte, so dass jedwede Möglichkeit einer gerichtlichen Überprüfung der Rechtmäßigkeit der Datenübermittlung ausgeschlossen war.

[80] *Ernst/Kerkemeyer* in: v. Münch/Kunig, GG, Art. 19 Rn. 179; *Sachs* in: Sachs, GG, Art. 19 Rn. 150.

[81] Vgl. dazu *Schoch* Jura 2011, 194 (203 f.) – Art. 44 Abs. 4 S. 1 GG spielt im vorliegenden Zusammenhang keine Rolle.

**sches Kontrollgremium** (vgl. §§ 14ff. G 10) hat das BVerfG vor dem Hintergrund des Art. 79 Abs. 3 GG gebilligt.[82]

32 Art. 19 Abs. 4 S. 1 GG eröffnet keinen unbegrenzten Rechtsweg.[83] Der Rechtsweggarantie ist Genüge getan, wenn *eine* gerichtliche Instanz zur Verfügung steht.[84] Ein (bestimmter) **Instanzenzug** wird durch Art. 19 Abs. 4 S. 1 GG nicht gewährleistet.[85] Stellt der Gesetzgeber jedoch einen Instanzenzug zur Verfügung, darf das statthafte Rechtsmittel durch die Handhabung des Prozessrechts nicht ineffektiv gemacht werden (→ Rn. 40).

## II. Wirksamkeit des Rechtsschutzes

33 Art. 19 Abs. 4 S. 1 GG gewährleistet nicht nur formal die Möglichkeit, die Gerichte anzurufen, sondern garantiert auch einen **wirksamen Rechtsschutz;** der Einzelne hat einen Anspruch auf eine effektive gerichtliche Kontrolle (der vollziehenden Gewalt).[86] Denn die Rechtswegeröffnung ist nur sinnvoll, wenn der in seinen Rechten durch die öffentliche Gewalt Betroffene (bei Vorliegen der Voraussetzungen) tatsächlich gerichtlichen Schutz erhält.[87] Das setzt eine hinreichende richterliche Prüfungsbefugnis hinsichtlich der tatsächlichen und der rechtlichen Seite des Streitfalls voraus, damit einer Rechtsverletzung abgeholfen werden kann.[88] Verbunden damit ist das Postulat nach einem **möglichst lückenlosen gerichtlichen Schutz** gegen die Verletzung der Rechtssphäre des Einzelnen durch Eingriffe der öffentlichen Gewalt.[89]

34 Die Doktrin des wirksamen Rechtsschutzes (→ Rn. 33) fordert, dass der **Eintritt vollendeter Tatsachen** abgewehrt wird. Der gerichtliche Rechtsschutz muss soweit wie möglich der Schaffung irreparabler Fakten zuvorkommen, die nicht mehr rückgängig gemacht werden können, selbst wenn sich eine Maßnahme öffentlicher Gewalt nach richterlicher Prüfung als rechtswidrig erweist.[90] Insoweit kommt ein zeitliches Moment zum Tragen: Nur **rechtzeitiger gerichtlicher Rechtsschutz** ist wirksamer Rechtsschutz; folglich sind gerichtliche Verfahren zügig durchzuführen.[91] Doch auch bei Beachtung des Beschleunigungsgebots kann der Hauptsacherechtsschutz im Klageverfahren zu spät kommen; deshalb muss das Prozessrecht die Möglichkeit zur Erlangung vorläufigen Rechtsschutzes vorsehen (→ Rn. 42).

35 Die skizzierten Kernelemente des Effektivitätsgebots i. S. d. Art. 19 Abs. 4 S. 1 GG werden um weitere verfassungsrechtliche Anforderungen an einen wirksamen Rechtsschutz ergänzt. So zielt die Rechtsschutzgarantie auf die **Gewährung von Primärrechtsschutz;**[92] der Grundsatz „dulde und liquidiere" entspricht nicht den Vorgaben des Art. 19 Abs. 4 S. 1 GG. Weitere Facetten eines wirksamen Rechtsschutzes betreffen etwa Fragen zum vorbeugenden Rechtsschutz (→ Rn. 41) und zum Rechtsschutz gegen erledigtes Verwaltungshandeln (→ Rn. 43); darauf ist nachfolgend bei der prozessrechtlichen Ausgestaltung des verwaltungsgerichtlichen Rechtsschutzes einzugehen.

---

[82] BVerfGE 30, 1 (26ff.) = NJW 1971, 275 (276ff.).

[83] BVerfG (Plenum) E 107, 395 (401) = NJW 2003, 1924.

[84] *Huber* in: v. Mangoldt/Klein/Starck, GG, Art. 19 Rn. 475; *Schulze-Fielitz* in: Dreier, GG, Art. 19 IV Rn. 94.

[85] BVerfG-K NVwZ 1993, 465; NJW 2003, 1514 (1515); DVBl 2008, 38 Rn. 18; NVwZ 2010, 1482 Rn. 50; E 134, 106 Rn. 34 = NJW 2013, 3506; BVerfG-K NVwZ-RR 2020, 905 Rn. 16.

[86] BVerfGE 117, 244 (268) = NJW 2007, 1117 Rn. 68; BVerfG-K NVwZ-RR 2008, 507 (508); NVwZ 2010, 1482 Rn. 48; NVwZ 2016, 238 Rn. 33.

[87] *Schmidt-Aßmann* in: Maunz/Dürig, GG, Art. 19 Abs. 4 Rn. 229.

[88] BVerfG-K NJW 2004, 2725 (2726); NVwZ 2008, 547 (548); E 133, 1 Rn. 72 = NJW 2013, 1418.

[89] BVerfGE 101, 397 (407) = NJW 2000, 1709 (1710); BVerfG-K DVBl 2002, 1200 (1201); NJW 2003, 1514; NVwZ 2006, 579 (581); DVBl 2008, 38 Rn. 18.

[90] BVerfG-K NJW 1994, 3087 f.; NJW 2001, 3770; NVwZ 2007, 1176 (1177).

[91] *Remmert* Jura 2014, 906 (915); näher zum Beschleunigungsgebot *Schmidt-Aßmann/Schenk* in: Schoch/Schneider, VwGO, Einl Rn. 157 ff.

[92] BVerfG-K NVwZ 2004, 1224 (1226) zum Rechtsschutz im Vergaberecht! Nicht haltbar auch aus dieser Perspektive die Entscheidung zu Fall 1 (→ Rn. 1 und Lösung → Rn. 6).

## III. Ausgestaltung des Rechtsschutzes durch das Prozessrecht

### 1. Funktion des Prozessrechts

36 Die auf die Rechtswegeröffnung zielende Rechtsfolgeanordnung des Art. 19 Abs. 4 S. 1 GG impliziert die Ausgestaltung des (jeweiligen) Rechtswegs durch den Gesetzgeber. Von daher erklärt sich die Qualifizierung des Art. 19 Abs. 4 GG als **normgeprägtes Grundrecht.**[93] Die Prozessordnungen (und so auch die VwGO) treffen Vorkehrungen dafür, dass der Einzelne seine Rechte wirksam durchsetzen sowie insbesondere staatliche Eingriffe anfechten und fachgerichtlicher Prüfung überantworten kann; die **Prozessordnungen** stehen im Dienste des verfassungsrechtlich verbürgten wirksamen Rechtsschutzes.[94] Dessen Zugänglichkeit garantiert Art. 19 Abs. 4 S. 1 GG nicht voraussetzungslos (→ Rn. 37 f.). Allerdings darf der Zugang zu Gericht nicht in unzumutbarer, aus Sachgründen nicht zu rechtfertigender Weise erschwert werden.[95] Jenseits dieses Untermaßverbots wird die Zurverfügungstellung des Prozessrechts als *staatliche Leistung* qualifiziert, zu deren Ausgestaltung ein **gesetzgeberischer Spielraum** besteht.[96]

### 2. Zugang zu Gericht nach der VwGO

37 **a) Verfassungsmäßigkeit der Zulässigkeitsvoraussetzungen.** Eine Sachentscheidung wird im Verwaltungsprozess nur getroffen, wenn der Rechtsschutzantrag (i. d. R. „Klage", bei § 47 VwGO „Antrag") zulässig ist (→ *Ehlers* § 25 Rn. 3). An der Verfassungsmäßigkeit der Zulässigkeitsvoraussetzungen nach der VwGO besteht kein Zweifel. Das gilt für die **allgemeinen Sachentscheidungsvoraussetzungen** (→ *Ehlers* § 25 Rn. 9) ohnehin. Die **statthafte Klageart** knüpft an typisierte Formen des Verwaltungshandelns an und hängt vom Vorliegen bestimmter Rechtsschutzformvoraussetzungen ab. Daran schließen sich **besondere Sachentscheidungsvoraussetzungen** an.[97] Diese Anforderungen sind verfassungsrechtlich ebenfalls unkritisch. Das gilt etwa für das **Widerspruchsverfahren** (§§ 68 ff. VwGO) als gerichtliches Vorverfahren (→ § 23 Rn. 85 ff.) und für die im Dienste der Rechtssicherheit stehende **Klagefrist** (§ 74 VwGO).[98] Die Verknüpfung der **Klagebefugnis** (§ 42 Abs. 2 VwGO) mit subjektiven Rechten ist Ausdruck der verfassungsrechtlichen Systementscheidung für den Individualrechtsschutz (→ Rn. 21).

38 Das **allgemeine Rechtsschutzbedürfnis** (→ *Ehlers* § 25 Rn. 235 ff.) ist als Zulässigkeitsvoraussetzung verwaltungsgerichtlicher Klagen mit Art. 19 Abs. 4 S. 1 GG vereinbar. Es widerspricht nicht dem Gebot wirksamen Rechtsschutzes, die Rechtsschutzgewährung von einem vorhandenen und fortbestehenden Rechtsschutzinteresse abhängig zu machen; diese „allen Prozessordnungen gemeinsame Sachentscheidungsvoraussetzung wird abgeleitet aus dem auch im Prozessrecht geltenden Gebot von Treu und Glauben (§ 242 BGB), dem Verbot des Missbrauchs prozessualer Rechte sowie dem auch für die Gerichte geltenden Grundsatz der Effizienz staatlichen Handelns".[99]

39 **b) Verfassungskonforme Handhabung des Prozessrechts.** Die Verfassungsmäßigkeit des Prozessrechts garantiert im konkreten Verfahren noch keinen wirksamen Rechtsschutz. Vielmehr muss auch die **gerichtliche Handhabung der Prozessrechtsnormen** den

---

[93] *Remmert* Jura 2014, 906 (912); *Huber* in: v. Mangoldt/Klein/Starck, GG, Art. 19 Rn. 372.

[94] BVerfG-K NJW 2003, 1514 (1515); NVwZ 2006, 579 (581); DVBl 2008, 38 Rn. 18; NJW 2017, 545 Rn. 8.

[95] BVerfG-K EuGRZ 2010, 531 Rn. 27; E 133, 1 Rn. 69 = NJW 2013, 1418; BVerfG-K NVwZ 2016, 238 Rn. 35; NVwZ-RR 2020, 953 Rn. 10.

[96] BVerfG-K NVwZ 2010, 1482 Rn. 49 → *Ehlers* JK 4/11, GG, Art. 19 IV/30 und → *Sachs* JuS 2011, 187 sowie JA 2011, 239 *(Muckel)*; E 133, 1 Rn. 69 = NJW 2013, 1418; *Remmert* Jura 2014, 906; *Schulze-Fielitz* in: Dreier, GG, Art. 19 IV Rn. 84.

[97] *Huber* in: v. Mangoldt/Klein/Starck, GG, Art. 19 Rn. 501.

[98] *Remmert* Jura 2014, 906 (912 f.); *Sachs* in: Sachs, GG, Art. 19 Rn. 139.

[99] So BVerfG-K NJW 2003, 1514 (1515); ferner z. B. BVerfGE 117, 244 (268) = NJW 2007, 1117 Rn. 69.

Anforderungen des Art. 19 Abs. 4 S. 1 GG entsprechen.[100] So muss im Rahmen des § 88 VwGO zum Rechtsschutzziel des Klägers das wirkliche Begehren ermittelt werden (ggf. unter Rückgriff auf § 86 Abs. 3 VwGO); damit der Rechtsschutz nicht in unzumutbarer Weise erschwert wird, ist der Antrag so auszulegen, dass das Rechtsschutzziel erreicht werden kann.[101] Der vom Kläger begehrte Rechtsschutz gegen einen kommunalen Mietspiegel kann nicht mit der Erwägung negiert werden, eine Rechtsschutzform (Klageart) stehe nicht zur Verfügung;[102] das widerspricht dem Erfordernis eines lückenlosen Rechtsschutzes (→ Rn. 33) und ist mit Blick auf die Feststellungsklage (→ *Ehlers* § 30 Rn. 4ff.) auch in der Sache unzutreffend.[103] Die Restriktionen beim Rechtsschutz gegen behördliche Verfahrenshandlungen lassen sich bei einer verfassungskonformen Auslegung und Anwendung des § 44a VwGO mit Art. 19 Abs. 4 S. 1 GG in Einklang bringen.[104] Gesonderte Aufmerksamkeit verdient das Feststellungsinteresse gemäß § 113 Abs. 1 S. 4 VwGO (→ Rn. 43). Diese Beispiele zeigen, dass Art. 19 Abs. 4 S. 1 GG auch bei der Auslegung und Anwendung von Bestimmungen der VwGO Rechnung getragen werden muss.

Das **Rechtsmittelrecht** ist in besonderer Weise für Verstöße gegen Art. 19 Abs. 4 S. 1 40
GG anfällig. Zwar muss der Gesetzgeber einen Instanzenzug nicht vorsehen (→ Rn. 32), ein von der Prozessordnung dennoch eröffnetes Rechtsmittel darf aber von den Gerichten nicht ineffektiv gemacht werden, so dass es „leerlaufen" könnte.[105] Daraus ergeben sich konkrete Konsequenzen: Bei der Anwendung des § 124 Abs. 2 VwGO dürfen an die Darlegung der Zulassungsgründe (§ 124a Abs. 4 S. 4 VwGO) keine überspannten Anforderungen gestellt werden;[106] der Zugang zur Revisionsinstanz darf bei der Entscheidung über die (Nicht-)Zulassung der Revision nicht in sachlich unvertretbarer Weise eingeschränkt werden;[107] im verwaltungsgerichtlichen Eilverfahren darf der Zugang zum Rechtsbehelf der Beschwerde (§ 146 Abs. 4 VwGO) nicht in unzumutbarer und sachlich nicht zu rechtfertigender Weise erschwert werden (durch Verweis des OVG auf die – angebliche – Exklusivität des § 80 Abs. 7 VwGO).[108]

### 3. Vorbeugender, vorläufiger und nachträglicher Rechtsschutz

In seiner Grundausrichtung ist der verwaltungsgerichtliche Rechtsschutz *reaktiv* angelegt; 41
das gilt insbesondere in Bezug auf drohende Verwaltungsakte (→ *Ehlers* § 29 Rn. 37). Art. 19 Abs. 4 S. 1 GG kann indes **vorbeugenden Rechtsschutz** verlangen, um dem Effektivitätsgebot zu genügen.[109] Prozessrechtlich ist zu differenzieren: Die vorbeugende Unterlassungsklage gegen drohende Verwaltungsrealakte, amtliche Verlautbarungen etc. ist kein ungewöhnliches Rechtsschutzbegehren (→ *Ehlers* § 29 Rn. 34), die vorbeugende Unterlassungsklage gegen den bevorstehenden Erlass eines Verwaltungsakts ist hingegen die Ausnahme. Entscheidend für die Zulässigkeit vorbeugenden Rechtsschutzes ist ein **qualifiziertes Rechtsschutzbedürfnis,** das die Unterlassungsklage legitimiert (→ *Ehlers* § 25 Rn. 252).

Da wirksamer Rechtsschutz stets auch Rechtsschutz innerhalb angemessener Zeit be- 42
deutet (→ Rn. 34),[110] muss das Prozessrecht den Zugang zu einem **vorläufigen Rechts-**

---

[100] BVerfG-K NVwZ-RR 2020, 953 Rn. 10.
[101] BVerfG-K NVwZ 2016, 238 Rn. 37.
[102] So aber BVerwGE 100, 262 (264f., 269f.) = NJW 1996, 2046 und 2047 → JA 1997, 367 *(Pache).*
[103] *Huber* JZ 1996, 893 (895ff.); vgl. ferner *Hufen* Verwaltungsprozessrecht, § 13 Rn. 3; *Würtenberger/Heckmann* Verwaltungsprozessrecht, Rn. 3.
[104] *Stelkens/Schenk* in: Schoch/Schneider, VwGO, § 44a Rn. 5 und Rn. 25.
[105] BVerfG-K NJW 2003, 1514 (1515); NJW 2007, 1117 Rn. 68; DVBl 2008, 38 Rn. 18; NVwZ 2010, 1482, Rn. 50 → *Ehlers* JK 4/11, GG, Art. 19 IV/30 und → *Sachs* JuS 2011, 187 sowie → JA 2011, 239 *(Muckel).*
[106] BVerfG-K NVwZ 2009, 515 (516); E 134, 106 Rn. 34, 35ff. = NJW 2013, 3506; BVerfG-K NVwZ-RR 2020, 905 Rn. 17ff.; NVwZ 2020, 1661 Rn. 12ff.
[107] BVerfGE 134, 242 Rn. 238 = NVwZ 2014, 211 Rn. 239.
[108] BVerfG-K NVwZ-RR 2020, 953 Rn. 12. – Zu § 80 Abs. 7 VwGO → § 34 Rn. 159ff.
[109] *Huber* in: v. Mangoldt/Klein/Starck, GG, Art. 19 Rn. 467; *Sachs* in: Sachs, GG, Art. 19 Rn. 148.
[110] BVerfG-K NJW 2001, 3770 betont, die Angemessenheit der Dauer eines Verfahrens sei nach den besonderen Umständen des einzelnen Falles zu bestimmen.

**schutz** vorsehen.[111] In diesem Zusammenhang ist die Verhinderung des Eintritts vollendeter Tatsachen (→ Rn. 34) von Bedeutung. Unter dem Vorzeichen der Wirksamkeit des Rechtsschutzes betont das BVerfG seit jeher, Art. 19 Abs. 4 S. 1 GG gewährleiste die aufschiebende Wirkung von Rechtsbehelfen nicht schlechthin und verweist für die Konstellationen eines sofort vollziehbaren Verwaltungsakts auf das Aussetzungsverfahren nach § 80 Abs. 5 VwGO, um effektiven Rechtsschutz sicherzustellen.[112] Angesprochen ist damit der verfassungsrechtliche Rahmen im Anwendungsbereich der **aufschiebenden Wirkung** (→ § 34 Rn. 4 ff.). Nicht minder bedeutsam ist die Rechtsschutzeffektivität bei Vornahmesachen; insoweit geht es um die **einstweilige Anordnung,** die ebenfalls den Direktiven des Art. 19 Abs. 4 S. 1 VwGO unterliegt (→ § 35 Rn. 1 ff.).

43 In den Fällen sog. prozessualer Überholung muss gegen das erledigte Verwaltungshandeln **nachträglicher Rechtsschutz** zur Verfügung stehen. Bei tiefgreifenden Grundrechtseingriffen, in denen die Belastung durch den angegriffenen Hoheitsakt nach dem typischen Verfahrensablauf auf eine Zeitspanne beschränkt ist, in welcher der Betroffene den üblichen Rechtsschutz kaum erlangen kann, ist das **Rechtsschutzinteresse** durch Art. 19 Abs. 4 S. 1 GG vorgegeben (→ *Ehlers* § 31 Rn. 84, 85); typische Beispiele sind die Wohnungsdurchsuchung (Art. 13 Abs. 2 GG)[113] und die kurzfristige Freiheitsentziehung (Ingewahrsamnahme) im Polizeirecht.[114] Bei der Fortsetzungsfeststellungsklage (§ 113 Abs. 1 S. 4 VwGO) stellen sich Fragen zum **Feststellungsinteresse** (→ *Ehlers* § 31 Rn. 69 ff.); insoweit darf die Verwaltungsrechtsprechung keine übertriebenen Anforderungen postulieren (→ Rn. 44 zu Fall 4), doch kann nach Lage des Falles das Feststellungsinteresse ohne Verstoß gegen Art. 19 Abs. 4 S. 1 GG durchaus zu verneinen sein.[115]

44 **Lösung zu Fall 4:** Gerichtlicher Rechtsschutz im Versammlungsrecht wird vorwiegend in Gestalt des vorläufigen Rechtsschutzes gewährt (→ § 34 Rn. 6). Das BVerfG betont, Art. 19 Abs. 4 S. 1 GG gewähre einen Anspruch auf Rechtsschutz in der Hauptsache und nicht nur im Eilverfahren. Bei der Fortsetzungsfeststellungsklage auf dem Gebiet des Versammlungsrechts müssten die Besonderheiten der Versammlungsfreiheit bei der Ermittlung des Feststellungsinteresses berücksichtigt werden. Habe die Versammlung auf Grund gerichtlichen Eilrechtsschutzes wie geplant durchgeführt werden können, bestehe wegen des Grundrechtsschutzes kein Feststellungsinteresse. Für das Vorliegen einer Wiederholungsgefahr genügten der erkennbare Wille des Veranstalters zur Durchführung vergleichbarer Versammlungen in der Zukunft und Anhaltspunkte für ein ähnliches Vorgehen der Behörde. Das Rehabilitierungsinteresse des Betroffenen könne das Feststellungsinteresse insbesondere dann begründen, wenn der Verwaltungsakt diskriminierenden Charakter habe. Im konkreten Fall musste der VGH nach Auffassung des BVerfG bei hinreichender Berücksichtigung der sich aus Art. 19 Abs. 4 S. 1 und Art. 8 GG ergebenden Vorgaben an die Voraussetzungen eines Fortsetzungsfeststellungsinteresses zu einem anderen Ergebnis kommen; warum das so sein soll, erläutert das BVerfG nicht.

### 4. Prüfungsdichte und Prüfungsumfang

45 Die Wirksamkeit des gerichtlichen Rechtsschutzes hängt (bei einer zulässigen Klage) entscheidend von den **gerichtlichen Kontrollbefugnissen** gegenüber der Verwaltung ab.

---

[111] *Hummel* JuS 2011, 704 (705); *Schmidt-Aßmann* in: Maunz/Dürig, GG, Art. 19 Abs. 4 Rn. 273.

[112] BVerfG-K NJW 1994, 3087 (3088); NJW 2007, 1521 (1523); NVwZ 2007, 1176 (1177).

[113] BVerfGE 96, 27 (41 f.) = NJW 1997, 2163 (2164) → JuS 1998, 265 *(Sachs)* und → JA 1998, 281 *(Trautwein);* BVerfG-K NJW 1998, 2131 (2132) m. Bespr. *Achenbach* JuS 2000, 27; NJW 1999, 273; NJW 2003, 1514 (1515); NJW 2007, 1117 Rn. 70.

[114] BVerfG-K NJW 1999, 3773; NVwZ 2010, 1482 → *Ehlers* JK 4/11, GG, Art. 19 IV/30 und → *Sachs* JuS 2011, 187 sowie → JA 2011, 239 *(Muckel).*

[115] BVerfG-K NJW 2017, 545 → *Kingreen* Jura (JK) 2017, 993: kein Feststellungsinteresse eines Betroffenen bzgl. der medizinischen Meldung „nicht transplantabel" bzgl. einer Organtransplantation.

Die Direktiven des Art. 19 Abs. 4 S. 1 GG betreffen insbesondere – durchgängig – die Prüfungsdichte (Kontrollintensität) und – bereichsspezifisch – den Prüfungsumfang. Zu beiden Sektoren gibt es gesicherte Erkenntnisse, abgeschlossen ist die rechtliche Entwicklung jedoch nicht, wie Rechtsprechungsänderungen zeigen.

**a) Gerichtliche Prüfungsdichte.** Fragen zur richterlichen Kontrollintensität stellen sich vor allem bei unbestimmten Rechtsbegriffen, aber auch in Bezug auf das behördliche Ermessen und bei Planungsentscheidungen der Verwaltung. Nach dem durch Art. 19 Abs. 4 S. 1 GG garantierten möglichst lückenlosen Rechtsschutz (→ Rn. 33) ist die Konkretisierung **unbestimmter Rechtsbegriffe** grundsätzlich Sache der Gerichte (→ *Ehlers* § 27 Rn. 140); sie müssen die Gesetzesauslegung und Rechtsanwendung der Verwaltungsbehörden in der Regel uneingeschränkt nachprüfen.[116] Der unbestimmte Rechtsbegriff als solcher räumt der Behörde keinen Beurteilungsspielraum ein. Vollständiger gerichtlicher Kontrolle unterliegen demnach Verwaltungsentscheidungen z.B. zur „Zuverlässigkeit“ einer Person[117] und zur „Dienstfähigkeit“ eines Beamten,[118] insbesondere seiner „gesundheitlichen Eignung“;[119] ob „Gefahr in Verzug“ vorliegt, ist ebenfalls uneingeschränkter gerichtlicher Überprüfung zugänglich.[120] Diese Beispiele stehen lediglich exemplarisch für die Prüfungsdichte im Verwaltungsprozess.[121] 46

Art. 19 Abs. 4 S. 1 GG schließt *normativ* eröffnete **Beurteilungsspielräume der Verwaltung** nicht von vornherein aus. Die Befugnis einer Behörde zur Letztentscheidung auf Grund einer normativen Ermächtigung[122] gründet auf der Einsicht, dass die gerichtliche Kontrolle dort endet, wo das materielle Recht der Exekutive in verfassungsrechtlich unbedenklicher Weise Entscheidungen abverlangt, ohne dafür hinreichend bestimmte Entscheidungsprogramme vorzugeben.[123] Die Formel von den **Funktionsgrenzen der Rechtsprechung**[124] markiert den Befund. Die dazu entwickelte Typologie,[125] die als Indikator fungiert, umfasst zunächst Prüfungsentscheidungen und prüfungsähnliche Entscheidungen (→ *Ehlers* § 27 Rn. 146). Eine zweite Fallgruppe erstreckt sich auf dienstliche Beurteilungen;[126] als Unterfall hiervon gilt die Sicherheitsüberprüfung im öffentlichen Dienst.[127] Auch bestimmte Prognoseentscheidungen und Risikobewertungen (vor allem im Umwelt-, Wirtschafts- und Planungsrecht) können einen behördlichen Beurteilungsspielraum begründen.[128] Entscheidungen wertender Art durch pluralistisch mit (weisungsfreien) Sachverständigen bzw. Interessenvertretern zusammengesetzte Gremien entziehen sich mittlerweile einer einheitlichen Zuordnung; traditionell wird ein Beurteilungsspielraum anerkannt,[129] vormals zugestandene Einschätzungsprärogativen werden aber auch aberkannt[130] oder – 47

---

116 BVerfGE 129, 1 Rn. 68 = NVwZ 2011, 1062 → *Sachs* JuS 2012, 189; BVerwGE 154, 377 Rn. 22 = NVwZ 2016, 1247; E 167, 33 Rn. 12 = NVwZ 2020, 233 → *Eifert* Jura (JK) 2020, 639 und → *Hufen* JuS 2020, 1094; *Riese* in: Schoch/Schneider, VwGO, Vorb § 113 Rn. 18.

117 BVerwGE 121, 257 (261) = NVwZ 2005, 453 (454).

118 BVerwGE 150, 1 Rn. 17 = NVwZ 2014, 1319.

119 BVerwGE 147, 244 Rn. 24 ff. = NVwZ 2014, 300 → JA 2014, 716 *(Muckel)*.

120 BVerfGE 103, 142 (157) = NJW 2001, 1121 (1123) → JuS 2001, 701 *(Sachs)*; E 140, 160 Rn. 92 = NVwZ 2015, 1593.

121 Vgl. ferner *Huber* in: v. Mangoldt/Klein/Starck, GG, Art. 19 Rn. 512 ff.

122 Zur normativen Ermächtigungslehre *Schmidt-Aßmann* in: Maunz/Dürig, GG, Art. 19 Abs. 4 Rn. 185 ff.

123 BVerfG-K NVwZ 2010, 435 Rn. 54 → *Ehlers* JK 4/11, GG, Art. 19 IV/31.

124 BVerfGE 84, 34 (50) = NJW 1991, 2005 (2006) → JuS 1992, 252 *(Hufen)* und → JA 1991, 309 *(Rubel)*; BVerfG-K NVwZ 2002, 1368; E 129, 1 Rn. 74 = NVwZ 2011, 1062; dazu *Sachs* DVBl 2020, 311; krit. *Riese* in: Schoch/Schneider, VwGO, Vorb § 113 Rn. 26.

125 *Schoch* Jura 2004, 612 (616 ff.); *Maurer/Waldhoff* AllgVwR, § 7 Rn. 37 ff.

126 BVerfG-K NVwZ 2011, 1191 Rn. 10; BVerwGE 124, 356 (358) = NVwZ 2006, 465.

127 BVerwGE 153, 36 Rn. 26 = NVwZ 2016, 327 → *Waldhoff* JuS 2016, 860.

128 BVerfG-K NVwZ 2010, 435 Rn. 61 ff. → *Ehlers* JK 4/11, GG, Art. 19 IV/31.

129 BVerwGE 130, 180 Rn. 42 ff. = NJW 2008, 2135.

130 BVerwGE 167, 33 Rn. 16 ff. = NVwZ 2020, 233 (m. Anm. *Beisel*) = NJW 2020, 785 (m. Bespr. *Liesching* NJW 2020, 735) → *Eifert* Jura (JK) 2020, 639 und → *Hufen* JuS 2020, 1094 (zur Bundesprüfstelle für jugendgefährdende Medien); anders noch BVerwGE 91, 211 = NJW 1993, 1491; NJW 1997, 602.

umgekehrt – wird eine ehemalige gerichtliche Vollkontrolle durch die Zuerkennung eines Beurteilungsspielraums abgelöst.[131] Inzwischen werden außerdem *faktische* Grenzen der gerichtlichen Kontrolldichte anerkannt; das ist dort der Fall, wo das Gesetz an fachwissenschaftliche Kriterien anknüpft, die notwendigen fachwissenschaftlichen Erkenntnisse jedoch fehlen.[132]

48 Der Überblick zur Anerkennung von Beurteilungsspielräumen der Verwaltung (→ Rn. 47) ist nur bedingt zufriedenstellend; Ungewissheiten bestehen fort. Im Einzelfall muss durch Gesetzesauslegung ermittelt werden, ob das angerufene Gericht über eine uneingeschränkte Prüfungsdichte verfügt oder ob der Verwaltung ein Beurteilungsspielraum eingeräumt ist. Sollte dies der Fall sein, muss das Gericht nach einem **eingeschränkten Prüfprogramm** kontrollieren, ob die zuständige Stelle von einem unrichtigen Sachverhalt ausgegangen ist, ob sie den anzuwendenden Gesetzesbegriff oder den gesetzlichen Rahmen verkannt hat, ob sie allgemeingültige Beurteilungsmaßstäbe nicht beachtet hat, ob sachfremde Erwägungen angestellt worden sind oder ob gegen Verfahrensvorschriften verstoßen worden ist.[133] Die **Gesetzesauslegung,** also das Normverständnis der Verwaltung, ist stets voll nachprüfbar.[134]

49 Zum **behördlichen Ermessen** (§ 40 VwVfG) ist die gerichtliche Prüfungsdichte gesetzlich auf die Kontrolle von Ermessensfehlern beschränkt (§ 114 S. 1 VwGO).[135] Zweckmäßigkeitserwägungen hat die Rechtsprechung nicht anzustellen. Rechtlich relevant sind (bei der Anfechtungsklage) die Ermessensunterscheidung, der Ermessensfehlgebrauch und die Ermessensüberschreitung (→ *Ehlers* § 27 Rn. 147 ff.). Gegen die Zurücknahme der Prüfungsdichte ist aus Gründen des Art. 19 Abs. 4 S. 1 GG nichts einzuwenden. Erst recht gilt dies bei Leistungsbegehren, wenn das materielle Recht behördliches Ermessen vorsieht; nur bei einer Ermessensreduzierung auf Null ergeht ein Vornahmeurteil, andernfalls ist ein Bescheidungsurteil zu erlassen (zur Verpflichtungsklage → *Ehlers* § 28 Rn. 59, 61; zur allgemeinen Leistungsklage → *Ehlers* § 29 Rn. 60).

50 Ebenfalls mit Art. 19 Abs. 4 S. 1 GG vereinbar sind administrative Gestaltungsspielräume bei **planerischen Abwägungsentscheidungen** (→ *Ehlers* § 27 Rn. 150). Das gilt insbesondere für die Bauleitplanung (§ 1 Abs. 7 BauGB),[136] ebenso jedoch für die Fachplanung in Gestalt eines Planfeststellungsbeschlusses (§ 74 VwVfG).[137]

51 Für die Regulierungsverwaltung (z. B. im Telekommunikationsrecht und im Energiewirtschaftsrecht) wird in der Rechtsprechung – als eigenständige Kategorie administrativer Gestaltung – ein **Regulierungsermessen** (der Bundesnetzagentur) anerkannt.[138] Die gerichtliche Kontrolle insoweit ist auf Abwägungsfehler beschränkt (→ *Ehlers* § 27 Rn. 151). Die Ausweitung administrativer Entscheidungsspielräume ist in Teilbereichen der TK-Regulierung europarechtlich vorgegeben,[139] wird im Übrigen – nicht immer völlig überzeugend – mit der Komplexität der Sachlage und der Notwendigkeit ökonomischer Prognosen begründet.[140]

---

[131] BVerwGE 129, 27 (32 ff.) = NJW 2007, 2790 Rn. 25 ff. → *Schoch* JK 2/08, AllgVwR Beurteilungsspielraum/3 zur Prüfungskommission für Weinqualitätsprüfung; anders noch BVerwGE 94, 307 = NVwZ 1995, 707.

[132] BVerfGE 149, 407 Rn. 17 = NVwZ 2019, 52 (m. Anm. *Helmes,* ferner Bespr. *Eichberger* NVwZ 2019, 1560 und *Dolde* NVwZ 2019, 1567) → *Eifert* Jura (JK) 2019, 440 und → *Sachs* JuS 2019, 184 sowie → JA 2019, 156 *(Muckel):* Gefährdung des Rotmilans durch Windenergieanlagen.

[133] BVerwGE 153, 36 Rn. 31 = NVwZ 2016, 327 (m. Anm. *Warg)* → *Waldhoff* JuS 2016, 860; ausf. *Riese* in: Schoch/Schneider, VwGO, § 114 Rn. 98 ff.

[134] BVerfGE 88, 40 (56) = NVwZ 1993, 666 (668) → *Erichsen* JK 93, GG, Art. 19 IV/14 und → JuS 1994, 432 *(Hufen).*

[135] *Riese* in: Schoch/Schneider, VwGO, § 114 Rn. 51 ff.

[136] *Kersten* in: Schoch, BesVwR, Kap. 3 Rn. 146 ff.

[137] *Kümper* Die Verwaltung 53 (2020), 253 (278 ff.); *Kupfer* in: Schoch/Schneider, VwVfG, Vorb § 72 Rn. 17 ff.

[138] *Riese* in: Schoch/Schneider, VwGO, § 114 Rn. 78 ff.

[139] *Ludwigs* NVwZ 2015, 1327 (1330).

[140] *Gärditz* DVBl 2016, 399 (403) mit Kritik an dem zu weiten Rückzug des BVerwG.

**b) Gerichtlicher Prüfungsumfang.** Prägend für den gerichtlichen Prüfungsumfang im Verwaltungsprozessrecht ist die Systementscheidung für den Individualrechtsschutz (→ Rn. 21). Der **subjektive Rechtswidrigkeitszusammenhang** nach § 113 Abs. 1 S. 1 VwGO (→ *Ehlers* § 27 Rn. 122) ist eine Ausformung der verfassungsrechtlichen Weichenstellung.[141] Da Art. 19 Abs. 4 S. 1 GG eine Mindestgarantie statuiert (→ Rn. 22), kann der Gesetzgeber mit § 47 Abs. 5 S. 2 VwGO (→ *Ehlers* § 32 Rn. 65) weiter gehen; im Verfahren der verwaltungsgerichtlichen Normenkontrolle ist ein subjektiver Rechtswidrigkeitszusammenhang nicht zu beachten, es findet eine **objektive Rechtskontrolle** statt.[142] 52

Bei einer **Kette von Hoheitsakten,** die aufeinander aufbauen, kann Art. 19 Abs. 4 S. 1 GG den gerichtlichen Prüfungsumfang determinieren, ggf. zur inzidenten Prüfung der Rechtmäßigkeit einer der angegriffenen Verwaltungsentscheidung vorausliegenden Maßnahme zwingen (→ Rn. 54). Bei der Verwaltungsvollstreckung ist dies allerdings in Bezug auf eine noch nicht unanfechtbare (nicht bestandskräftige) Grundverfügung nach h. M. nicht der Fall; es soll bei der Rechtswirksamkeit der Verfügung sein Bewenden haben.[143] Bei der Freiheitsentziehung (Ingewahrsamnahme) im Polizeirecht mit anschließendem Kostenbescheid ist zu beachten, dass sich der Betroffene einer Rechtswegspaltung ausgesetzt sieht; über die präventivpolizeiliche Ingewahrsamnahme entscheidet das Amtsgericht, bei Erledigung der Maßnahme ist der nachträgliche Rechtsschutz in den meisten Ländern ebenfalls dem Amtsgericht und andernorts dem Verwaltungsgericht zugewiesen, gegen den Kostenbescheid ist der Verwaltungsrechtsweg eröffnet.[144] Fall 5 (→ Rn. 28 und Lösung → Rn. 54) veranschaulicht den Befund. 53

**Lösung zu Fall 5:** Das BVerfG erklärt, es sei mit Art. 19 Abs. 4 S. 1 GG nicht vereinbar, im Rahmen der Kontrolle des Kostenbescheids die inzidente Überprüfung der Rechtmäßigkeit der polizeilichen Ingewahrsamnahme zu verweigern.[145] Die Rechtswegspaltung stehe nicht entgegen, sondern könne durch § 83 S. 1 VwGO i. V. m. § 17 Abs. 2 S. 1 GVG überwunden werden. Dem Gebot effektiven Rechtsschutzes entspreche es, im Rahmen der Prüfung der Rechtmäßigkeit des staatlichen Zahlungsanspruchs in Form des Heranziehungsbescheids auch die Rechtmäßigkeit der zu Grunde liegenden Amtshandlung zu untersuchen. 54

[141] *Riese* in: Schoch/Schneider, VwGO, Vorb § 113 Rn. 36, mit Hinweisen in Rn. 37 zu europarechtlich bedingten Weiterungen.

[142] *Hufen* Verwaltungsprozessrecht, § 30 Rn. 1; *Schenke* Verwaltungsprozessrecht, Rn. 914; *Panzer* in: Schoch/Schneider, VwGO, § 47 Rn. 88.

[143] BVerfG-K 1999, 290 (292) → *Erichsen* JK 99, GG, Art. 19 IV/19; BVerwG NVwZ 2009, 122 (mit Kritik von *Enders* NVwZ 2009, 958).

[144] *Schoch* in: Schoch, BesVwR, Kap. 1 Rn. 597, 598, 602.

[145] Hintergrund: Kostenersatz kann nur für eine rechtmäßige Maßnahme verlangt werden; *Muckel* JA 2012, 355 (359); *Schenk* VBlBW 2018, 5 (9).

# § 23. Widerspruchsverfahren

*Friedrich Schoch*

**Übersicht**

**Schrifttum** (mit Schwerpunkt auf Ausbildungsliteratur): *Deckenbrock/Patzer* Grundfälle zu Widerspruchs- und Klagefrist im Verwaltungsprozess, Jura 2003, 476; *Engst* Das Widerspruchsverfahren als ein- oder zweistufiges Verwaltungsverfahren, Jura 2006, 166; *Geis/Hinterseh* Grundfälle zum Widerspruchsverfahren, JuS 2001, 1074 und 1176 sowie JuS 2002, 34; *Kahl/Hilbert* Die reformatio in peius, Jura 2011, 660; *Schenke* Die maßgebliche Sach- und Rechtslage bei der Entscheidung der Widerspruchsbehörde, Festschrift für Würtenberger, 2013, S. 1185; *Schoch* Entbehrlichkeit des Vorverfahrens nach der VwGO kraft Richterrechts, Festschrift für W.-R. Schenke, 2011, S. 1207.

## A. Rechtliche Grundlagen

### I. Das Widerspruchsverfahren als Verwaltungsverfahren und gerichtliches Vorverfahren

Nach § 68 Abs. 1 S. 1 VwGO sind vor Erhebung der *Anfechtungsklage* Rechtmäßigkeit und Zweckmäßigkeit des – angefochtenen – Verwaltungsakts in einem **Vorverfahren** nachzuprüfen. Dasselbe gilt gemäß § 68 Abs. 2 VwGO für die *Verpflichtungsklage,* wenn der Antrag auf Vornahme des – begehrten – Verwaltungsakts abgelehnt worden ist.[1] Mit diesen verwaltungsprozessualen Bestimmungen wird das Widerspruchsverfahren als „Voraussetzung der verwaltungsgerichtlichen Klage“ (vgl. § 77 Abs. 2 VwGO) angesprochen. In der Sache stellt das Widerspruchsverfahren indes ein **Verwaltungsverfahren** dar[2] (vgl. § 79 VwVfG). Es findet im Zuständigkeitsbereich von Verwaltungsbehörden statt (§§ 72, 73 Abs. 1 VwGO), ist auf eine Recht- und Zweckmäßigkeitskontrolle ausgerichtet (§ 68 Abs. 1 S. 1 VwGO)[3] und wird mit einem Verwaltungsakt (Abhilfebescheid → Rn. 56 oder Widerspruchsbescheid → Rn. 81) abgeschlossen.[4] 1

Die **Doppelfunktion des Widerspruchsverfahrens** – Verwaltungsverfahren und zugleich gerichtliches Vorverfahren – wirft in Bezug auf §§ 68 ff. VwGO Fragen zur **Gesetzgebungskompetenz des Bundes** auf. Die gesetzliche Regelung des Verwaltungsverfahrens für Landes- und Kommunalbehörden (sowie sonstige der Aufsicht des Landes unterstehende Verwaltungsträger) obliegt den Ländern (Art. 70 Abs. 1 GG). Der Bund verfügt über die konkurrierende Gesetzgebungsbefugnis für „das gerichtliche Verfahren“ (Art. 74 Abs. 1 Nr. 1 GG). Das BVerfG stützt darauf die Kompetenz des Bundesgesetzgebers „zur Einführung des Widerspruchsverfahrens als eines Vorverfahrens vor Erhebung der Anfechtungs- und Verpflichtungsklage im verwaltungsgerichtlichen Verfahren in § 68 VwGO […], da es die Voraussetzung für ein Sachurteil im verwaltungsgerichtlichen Verfahren ist“.[5] 2

Eine Bundeskompetenz für die in §§ 69 bis 73 VwGO getroffenen verwaltungsverfahrensrechtlichen Regelungen ergibt sich daraus nicht.[6] Die Gesetzgebungsbefugnis des Bundes lässt sich allenfalls mittels extensiver Deutung des **Art. 84 Abs. 1 GG**[7] oder durch Bejahung einer **Bundeskompetenz kraft Sachzusammenhangs**[8] oder durch Annahme einer **Annexkompetenz des Bundes**[9] begründen. Die sachliche Verwobenheit von ge- 3

[1] § 68 Abs. 2 VwGO erfasst die Versagungsgegenklage, nicht die Untätigkeitsklage gemäß § 75 VwGO; zur Unterscheidung → *Ehlers* § 28 Rn. 16 ff.

[2] BVerwGE 140, 245 Rn. 20 = NVwZ 2012, 506 → *Ehlers* JK 5/12, VwVfG § 35 S. 1/21 und → *Waldhoff* JuS 2012, 479; *H. Hofmann* FS Menger, 1985, S. 605 (610); *Porsch* in: Schoch/Schneider, VwGO, Vorb § 68 Rn. 2.

[3] Anders § 113 Abs. 1 S. 1 und Abs. 5 VwGO: bloße Rechtmäßigkeitskontrolle durch Gerichte.

[4] Anders §§ 107 ff. VwGO: gerichtliche Entscheidung durch Urteil oder Beschluss.

[5] BVerfGE 35, 65 (72) = NJW 1973, 1683; daran anschließend BVerwGE 61, 360 (362) = NJW 1982, 1113.

[6] A. A. *Porsch* in: Schoch/Schneider, VwGO, Vorb § 68 Rn. 10: „weite Auslegung des Art. 74 Abs. 1 Nr. 1 GG“; ähnlich *Funke-Kaiser* in: Bader/Funke-Kaiser/Stuhlfauth/v. Albedyll, VwGO, Vorb § 68 Rn. 5.

[7] BVerwGE 82, 336 (338 f.) = NVwZ 1990, 651 (652); *Glaser* in: Gärditz, VwGO, § 68 Rn. 18.

[8] *H. Hofmann* FS Menger, 1985, S. 605 (609); *Würtenberger/Heckmann* Verwaltungsprozessrecht, Rn. 407; *Rennert* in: Eyermann, VwGO, § 68 Rn. 7 (auch Annexkompetenz akzeptierend).

[9] *Erichsen* Jura 1992, 645 (646); *Lorenz* Verwaltungsprozeßrecht, § 19 Rn. 4.

richtlichem Verfahrensrecht und Verwaltungsverfahrensrecht im Widerspruchsverfahren zeigt sich an der Regelung zum anwendbaren Recht: Nach § 79 (L)VwVfG gelten für den Widerspruch (als dem maßgeblichen förmlichen Rechtsbehelf gegen einen Verwaltungsakt, § 77 VwGO) grundsätzlich die Vorschriften der VwGO (d. h. §§ 68 ff.), im Übrigen gelten die Vorschriften des (L)VwVfG (d. h. §§ 11 ff.).[10]

## II. Funktionen des Widerspruchsverfahrens

4 Dem Widerspruchsverfahren werden drei Funktionen zugeschrieben: Es dient dem Rechtsschutz des Einzelnen, der Selbstkontrolle der Verwaltung und der Entlastung der Gerichte.[11]

- Auf Grund der **Rechtsschutzfunktion** wird der angegriffene Verwaltungsakt in vollem Umfang zur behördlichen Nachprüfung gestellt. Die Rechtmäßigkeit und bei Ermessensentscheidungen auch die Zweckmäßigkeit des Verwaltungsakts werden von der Ausgangsbehörde (§ 72 VwGO) und ggf. von der Widerspruchsbehörde (§ 73 VwGO) überprüft.
- Die **Selbstkontrolle der Verwaltung** gibt der Ausgangsbehörde (§ 72 VwGO) und der Widerspruchsbehörde (§ 73 VwGO) Gelegenheit, die tatsächlichen Grundlagen des Verwaltungsakts und die rechtliche Würdigung des Sachverhalts zu überprüfen und Fehler zu korrigieren. Im Verwaltungsprozess ist der ursprüngliche Verwaltungsakt in der Gestalt, die er durch den Widerspruchsbescheid gefunden hat, Gegenstand der Anfechtungsklage (§ 79 Abs. 1 Nr. 1 VwGO).
- Die **Entlastung der Gerichte** tritt ein, wenn dem Widerspruch abgeholfen (→ Rn. 58) oder stattgegeben wird (→ Rn. 68); zu einem Verwaltungsprozess kommt es nicht. Bei einem erfolglosen Widerspruch kann die Begründung des Widerspruchsbescheids (§ 73 Abs. 3 S. 1 VwGO) so überzeugend sein, dass der Widerspruchsführer von der Erhebung einer Klage absieht.

Die drei Funktionen des Widerspruchsverfahrens stehen gleichwertig nebeneinander. Die Verwirklichung der Funktionen in der Verwaltungspraxis wird vielfach kritisch gesehen und hat in einigen Ländern zur weitgehenden Abschaffung des Widerspruchsverfahrens geführt (→ Rn. 97).

# B. Zulässigkeit des Widerspruchs

5 Der Widerspruch ist ein **förmlicher Rechtsbehelf.** Er hat Erfolg, wenn er zulässig und begründet ist. Wie bei der Klage ist die Zulässigkeit vor der Begründetheit zu prüfen. Einige **Zulässigkeitsvoraussetzungen** sind in der Praxis und in der Fallbearbeitung selten problematisch. So erfasst das Widerspruchsverfahren nach der VwGO nur Widersprüche („Vorverfahren"), die einem eventuellen gerichtlichen Verfahren bei der allgemeinen Verwaltungsgerichtsbarkeit (§ 40 Abs. 1 S. 1 VwGO) vorgeschaltet sind.[12] Ferner muss der Widerspruchsführer beteiligungsfähig, handlungsfähig und ggf. ordnungsgemäß vertreten sein (§ 79 i. V. m. §§ 11, 12, 14 VwVfG).[13] Derartige Zulässigkeitsvoraussetzungen sind nur zu prüfen, wenn der Sachverhalt dazu Anlass bietet.

---

[10] Zum anwendbaren Recht *Hufen* Verwaltungsprozessrecht, § 5 Rn. 13. – Schleswig-Holstein: § 119 Abs. 1 i. V. m. §§ 76 ff. LVwG.

[11] BVerfG-K NJW 2009, 3417 Rn. 46; BVerwGE 150, 190 Rn. 13 = NVwZ-RR 2014, 869 → *Eifert* Jura (JK) 2015, 772; *Steinbeiß-Winkelmann/Ott* NVwZ 2011, 914 (916); *Poschenrieder* Außergerichtliche Vorverfahren im Verwaltungsrecht, 2019, S. 50 ff.

[12] *Pietzner/Ronellenfitsch* Assessorexamen, Rn. 1061; *Gersdorf* Verwaltungsprozessrecht, Rn. 220: § 40 Abs. 1 S. 1 VwGO analog. Nicht erfasst werden z. B. das Rechtsbehelfsverfahren nach § 62 SGB X (dazu: §§ 51, 78 ff. SGG) und das Einspruchsverfahren im Abgabenrecht i. S. d. § 44 Abs. 1 FGO (dazu: §§ 347 ff. AO).

[13] *Hufen* Verwaltungsprozessrecht, § 6 Rn. 3 ff.; *Geis* in: Sodan/Ziekow, VwGO, § 69 Rn. 28 ff. – Schleswig-Holstein: §§ 76, 77, 79 LVwG.

## I. Ordnungsgemäße Erhebung des Widerspruchs

**Fall 1:** E ist mit einem ihn belastenden Verwaltungsakt nicht einverstanden. Er geht zu der zuständigen Behörde und trägt dort der Sachbearbeiterin M seine Einwendungen vor. M fertigt hierzu einen Aktenvermerk an. Hat E gegen den Verwaltungsakt Widerspruch erhoben?[14] 6

**Fall 2:** Gegen das Unternehmen U wird ein Beitragsbescheid erlassen. U will sich dagegen wehren. Auftragsgemäß fertigt der Verfahrensbevollmächtigte R ein Widerspruchsschreiben im pdf-Format an, versieht es mit einer qualifizierten elektronischen Signatur und versendet es als Anhang einer einfachen E-Mail an die in der Rechtsbehelfsbelehrung des Bescheids angegebene E-Mail-Adresse mit dem Hinweis, dass in der Anlage der Widerspruch gegen den Beitragsbescheid übersandt werde. Hat R den Widerspruch formgerecht erhoben?[15] 7

### 1. Widerspruchserhebung

Das Widerspruchsverfahren beginnt mit der **Erhebung des Widerspruchs** (§ 69 VwGO). Erhoben ist der Widerspruch (schriftlich oder zur Niederschrift bei der Behörde, § 70 Abs. 1 S. 1 VwGO → Rn. 11 ff.), wenn er der zuständigen Behörde zugeht, d. h. mit Wissen und Wollen des Widerspruchsführers in den Verfügungsbereich der Behörde gelangt.[16] Dies ist die Ausgangsbehörde (§ 70 Abs. 1 S. 1 VwGO); dem steht die Einlegung des Rechtsbehelfs bei der Widerspruchsbehörde gleich (§ 70 Abs. 1 S. 2 VwGO). Der Nachweis des Zugangs des Widerspruchsschreibens obliegt dem Widerspruchsführer; er kann durch die Wahl der entsprechenden Versendungsart die gesetzeskonforme Widerspruchserhebung sicherstellen.[17] In einer Klageerhebung liegt kein Widerspruch i. S. d. § 69 VwGO.[18] Dasselbe gilt für einen Eilantrag beim (Verwaltungs-)Gericht.[19] Selbst wenn die Klage oder der Eilantrag in Abschrift der zuständigen Behörde übermittelt wird, ist dies keine Erhebung des Widerspruchs.[20] Wird das Widerspruchsschreiben an einen (zur Entgegennahme weder ermächtigten noch verpflichteten) Verwaltungshelfer gerichtet, liegt ebenfalls keine wirksame Erhebung des Widerspruchs vor.[21] 8

Für die Erhebung des Widerspruchs gemäß § 69 VwGO kommt es auf die ausdrückliche **Bezeichnung „Widerspruch"** nicht an.[22] Für die Einlegung des Rechtsbehelfs genügt es, wenn der Betroffene deutlich macht, dass er sich durch den angegriffenen Verwaltungsakt beschwert fühlt, sich deshalb dagegen wehrt und die Überprüfung sowie Aufhebung des Verwaltungsakts begehrt.[23] Diese Anforderungen können auch Begriffe wie z. B. „Einspruch" oder „Beschwerde" erfüllen. Im Zweifelsfall erfolgt eine **Auslegung der Willenserklärung** des Betroffenen analog §§ 133, 157 BGB; dabei ist zu Gunsten des Bürgers davon auszugehen, dass er mit demjenigen Rechtsbehelf vorgehen will, der seinen Interessen 9

---

[14] Fall nach ThürOVG NVwZ-RR 2002, 408.
[15] Fall nach BVerwG NVwZ 2017, 967.
[16] VGH BW Urt. v. 10.12.2015 – 2 S 1516/14, BeckRS 2016, 40954 Rn. 52.
[17] OVG Hamburg NJW 2006, 2505 (2506); zustimmend VGH BW Urt. v. 10.12.2015 – 2 S 1516/14, BeckRS 2016, 40954 Rn. 48.
[18] OVG Hamburg NVwZ-RR 1996, 397 (398 f.); *Frank* VBlBW 2011, 174 (175 f.).
[19] HessVGH NVwZ-RR 2019, 376 Rn. 28.
[20] VGH BW NVwZ-RR 2002, 407; erläuternd dazu *Clausing* JuS 2003, 170 (174).
[21] VGH BW Urt. v. 10.12.2015 – 2 S 1516/14, BeckRS 2016, 40954 Rn. 52.
[22] BVerwGE 114, 350 (356) = NVwZ 2002, 97 (99).
[23] BVerwGE 63, 74 (76 f.) = BeckRS 1978, 00671 Rn. 14; OVG NW NVwZ 1990, 676; *Dolde/Porsch* in: Schoch/Schneider, VwGO, § 69 Rn. 4; *Funke-Kaiser* in: Bader/Funke-Kaiser/Stuhlfauth/v. Albedyll, VwGO, § 69 Rn. 5.

entspricht und den erkennbar angestrebten Erfolg erreichen kann.[24] Auszuschließen ist nur, dass es dem Betroffenen um einen nichtförmlichen Rechtsbehelf geht (z. B. Gegenvorstellung, Fachaufsichtsbeschwerde, Dienstaufsichtsbeschwerde, Petition).

10 **Lösung zu Fall 1:** E hat durch seinen Vortrag gegenüber M nach Auffassung des OVG keinen Widerspruch erhoben. Der von M angefertigte Aktenvermerk sei keine Widerspruchserhebung „zur Niederschrift" (§ 70 Abs. 1 S. 1 VwGO). Der Wille des E zur Einlegung eines förmlichen Rechtsbehelfs sei nicht hinreichend manifestiert worden; das Vorbringen könne auch eine spontane Unmutsäußerung gewesen sein. Es fehle (zu Beweiszwecken und aus Gründen der Rechtssicherheit) ein eindeutiger Nachweis zum „Widerspruch". – Zweifelsfrei ist diese Deutung nicht. E trug bei der zuständigen Behörde seine Einwendungen gegen den ihn belastenden Verwaltungsakt vor. Dies spricht für den Willen zur Widerspruchserhebung. Der von M angefertigte Aktenvermerk kann unschwer als „Niederschrift" gedeutet werden.

### 2. Form des Widerspruchs

11 Der Widerspruch ist schriftlich oder zur Niederschrift bei der Behörde zu erheben (§ 70 Abs. 1 S. 1 VwGO). Dem genügt ein *mündlich* erhobener Widerspruch nicht.[25] Dasselbe gilt für die *fernmündliche* Einlegung des Rechtsbehelfs, auch wenn dazu seitens der Behörde ein schriftlicher Vermerk angefertigt wird.[26] Denn **Schriftlichkeit** fordert grundsätzlich die eigenhändige Unterschrift unter das Schriftstück (§ 126 Abs. 1 BGB); Ausnahmen kommen in Betracht, wenn sich (z. B. bei der Kopie eines Schreibens mit Unterschrift) die Urheberschaft und der Rechtserklärungswille hinreichend sicher ohne eine Beweiserhebung feststellen lassen.[27] Der Schriftform stehen Telefax und Computerfax gleich.[28] Zur **Niederschrift bei der Behörde** wird der Widerspruch durch Protokollierung in Anwesenheit des Widerspruchsführers erhoben; das Protokoll muss (vor)gelesen und in der Regel mittels Unterschrift genehmigt werden.[29]

12 Die Schriftform kann durch die **elektronische Form** ersetzt werden (§ 79 i. V. m. § 3a Abs. 2 S. 1 VwVfG; § 119 Abs. 1 i. V. m. § 52a Abs. 1 S. 1 LVwG SH). Das betreffende Dokument muss allerdings – um gegen Manipulationen geschützt zu sein – mit einer **qualifizierten elektronischen Signatur** versehen sein (§ 3a Abs. 2 S. 2 VwVfG; § 52a Abs. 2 S. 2 LVwG SH).[30] Eine einfache E-Mail genügt diesen Anforderungen nicht.[31] Voraussetzung für die elektronische Kommunikation ist eine Zugangseröffnung nach § 3a Abs. 1 VwVfG (§ 52a Abs. 1 LVwG SH); objektiv muss bei dem Empfänger der Übermittlung eine technische Kommunikationseinrichtung vorhanden sein, subjektiv muss der Empfän-

---

[24] BVerwGE 115, 302 (307) = NJW 2002, 1137 (1139); VGH BW VBlBW 2014, 230; krit. bei anwaltlicher Vertretung des Widerspruchsführers *Clausing* JuS 2003, 170 (175 f.).

[25] VGH BW NVwZ-RR 1992, 184 (185); HessVGH NVwZ-RR 2019, 376 Rn. 31; OVG SL NVwZ 1986, 578.

[26] BVerwGE 17, 166 (169 f.) = NJW 1964, 831 (832); *Clausing* JuS 2003, 170 (173); *Bosch/Schmidt/Vondung* Verwaltungsgerichtliches Verfahren, Rn. 699.

[27] BVerwGE 91, 334 (337) = NJW 1993, 1874; NdsOVG NdsVBl 2014, 292; ThürOVG NVwZ-RR 2002, 408 (409); *Poschenrieder* Außergerichtliche Verfahren (Fn. 11), S. 144.

[28] GmS-OGB NJW 2000, 2340; gleichsinnig BGH NJW 2008, 2649 Rn. 16; VG Neustadt/Weinstr. NJW 2007, 619; *Geis/Hinterseh* JuS 2001, 1176 (1177); *Hufen* Verwaltungsprozessrecht, § 6 Rn. 23.

[29] ThürOVG NVwZ-RR 2002, 408 (409); *Clausing* JuS 2003, 170 (173); *Pietzner/Ronellenfitsch* Assessorexamen, Rn. 1124.

[30] Das vormals maßgebliche Signaturgesetz (§ 2 Nr. 3 SigG) ist mit Ablauf des 28.7.2017 außer Kraft getreten, Art. 12 Abs. 1 eiDAS-Durchführungsgesetz vom 18.7.2017, BGBl I S. 2745. Seither ist EU-Recht maßgeblich; nach Art. 25 Abs. 2 VO 910/2014/EU (über elektronische Identifizierung und Vertrauensdienste für elektronische Transaktionen im Binnenmarkt vom 23.7.2014, ABl L 257/73) hat eine elektronische Signatur die gleiche Rechtswirkung wie eine handschriftliche Unterschrift; dazu *Roßnagel* MMR 2016, 647 (648 f.).

[31] HessVGH NVwZ-RR 2019, 376 Rn. 26; OVG LSA NVwZ 2016, 1032 Rn. 5.

ger diesen Zugang durch Widmung für die Übermittlung elektronischer Dokumente eröffnet haben.[32]

13 **Lösung zu Fall 2:** Das den „Widerspruch" manifestierende Dokument ist mit einer qualifizierten elektronischen Signatur versehen, kann damit dem Widerspruchsführer zugeordnet werden und ist fälschungssicher. Die Nutzung einer einfachen E-Mail zur Übermittlung des Widerspruchs ändert daran nichts. Das BVerwG betont, Manipulationsmöglichkeiten an dem „Anhang" seien auf Grund der qualifizierten elektronischen Signatur grundsätzlich ausgeschlossen; das Risiko von Manipulationen sei nicht anders einzuschätzen als beim Computerfax mit eingescannter Unterschrift, das dem Schriftformerfordernis genüge (→ Rn. 11).

## II. Statthaftigkeit des Widerspruchs

14 Der Widerspruch nach § 68 VwGO ist statthaft, wenn er einer *Anfechtungsklage* vorgeschaltet ist oder einer *Verpflichtungsklage* in Gestalt der Versagungsgegenklage vorausgeht. Gegenstand des Widerspruchs ist demnach ein **Verwaltungsakt** oder die behördliche **Ablehnung eines Verwaltungsakts.** Nicht statthaft ist der Widerspruch, wenn die angegriffene Verwaltungsmaßnahme nicht als Verwaltungsakt zu qualifizieren ist; Praxisbeispiele sind die Eintragung im Verkehrszentralregister[33] und die schlichte behördliche Zahlungsaufforderung.[34] Nicht statthaft ist auch ein „vorbeugender Widerspruch", der den Erlass eines Verwaltungsakts zu verhindern sucht.[35] Soweit eine Teilanfechtung des Verwaltungsakts (z. B. bei Teilbarkeit oder in Bezug auf Nebenbestimmungen, § 36 VwVfG) in Betracht kommt (→ *Ehlers* § 27 Rn. 25 ff.), kann auch der Widerspruch nur gegen einen Teil des Verwaltungsakts bzw. gegen die Nebenbestimmung gerichtet werden. Hat die Behörde einen vorläufigen Verwaltungsakt erlassen (z. B. Bescheid über die Abschlagszahlung eines noch nicht endgültig berechneten Zahlungsbetrags), erstreckt sich der hiergegen erhobene Widerspruch nicht automatisch auf den endgültigen Verwaltungsakt; will sich der Betreffende auch hiergegen wehren, muss er gegen die abschließende Regelung eigens einen Widerspruch erheben.[36]

15 Bei *Erledigung* des Verwaltungsakts vor Klageerhebung, d. h. in der Situation der **Fortsetzungsfeststellungsklage** (§ 113 Abs. 1 S. 4 VwGO), ist der Widerspruch nach h. M. nicht statthaft; bei Erledigung des Verwaltungsakts nach Einlegung des Rechtsbehelfs müsse das Widerspruchsverfahren eingestellt werden.[37] Die Fortsetzungsfeststellungsklage sei ein Unterfall der allgemeinen Feststellungsklage (§ 43 VwGO), einen Fortsetzungsfeststellungswiderspruch sehe das Gesetz nicht vor, und die Zielsetzungen des Widerspruchsverfahrens (→ Rn. 4) könnten nicht mehr erfüllt werden.[38] Dem lässt sich entgegnen, dass die Fortsetzungsfeststellungsklage ausweislich ihres systematischen Standorts als „kupierte Anfechtungsklage" qualifiziert werden kann (vgl. zur Einordnung → *Ehlers* § 31 Rn. 2 f.), eine behördliche Feststellungsentscheidung nichts Ungewöhnliches ist (vgl. § 44 Abs. 5 VwVfG; § 113 Abs. 5 LVwG SH) und der Betroffene ein berechtigtes Interesse an der behördlichen Entscheidung über den Widerspruch haben kann (z. B. bei Wiederholungsgefahr).[39] Danach wäre ein Fortsetzungsfeststellungswiderspruch statthaft.

---

[32] BVerwG NVwZ 2017, 967 Rn. 19.
[33] BVerwGE 77, 268 (270) = NJW 1988, 87.
[34] BVerwGE 78, 3 (4) = NVwZ 1988, 51 (52).
[35] BVerwG NVwZ 1990, 59.
[36] VGH BW NVwZ-RR 2006, 154 (155).
[37] BVerwGE 81, 226 (229) = NJW 1989, 2486 (2487) → *Erichsen* JK 90, VwGO § 113 I 4/12 und → JA 1989, 531 *(B. Wolf);* VGH BW DVBl 1991, 60 (62).
[38] *Geis/Hinterseh* JuS 2001, 1074 (1077); *Deckenbrock/Patzer* Jura 2003, 476 (482 f.); *Hufen* Verwaltungsprozessrecht, § 6 Rn. 14; *Würtenberger/Heckmann* Verwaltungsprozessrecht, Rn. 422.
[39] *Dolde/Porsch* in: Schoch/Schneider, VwGO, § 68 Rn. 23; *Pietzner/Ronellenfitsch* Assessorexamen, Rn. 1102; *Schenke* Verwaltungsprozessrecht, Rn. 666.

16 Der **Widerspruchsbescheid** (§ 73 Abs. 1 S. 1 VwGO) stellt einen Verwaltungsakt dar. Dennoch ist ein Widerspruch hiergegen nicht statthaft. Andernfalls drohte (insbesondere in mehrpoligen Rechtsverhältnissen mit Drittbeteiligten) eine „Endlosschleife" sich wiederholender Widerspruchsverfahren; mit dem Abhilfebescheid (§ 72 VwGO) oder dem Widerspruchsbescheid (§ 73 Abs. 1 S. 1 VwGO) ist das Verwaltungsverfahren abgeschlossen.[40] Rechtsschutz kann, wie § 79 VwGO zeigt, im Klageverfahren begehrt werden. Folgerichtig gilt dasselbe für die im Widerspruchsbescheid getroffene **Kostenentscheidung** (§ 73 Abs. 3 S. 3 VwGO); als *Kostengrundentscheidung* kann sie nicht isoliert mit einem Widerspruch angegriffen werden.[41] Dagegen ist der *Kostenfestsetzungsbescheid,* d. h. die Entscheidung über die Kostenhöhe, nicht Teil des Widerspruchsbescheids; gegen die Kostenfestsetzung ist der Widerspruch statthaft.[42]

17 Unabhängig von der Klageart (→ Rn. 14) ist der Widerspruch statthaft (und vor Klageerhebung notwendig), wenn dies (fach)gesetzlich normiert ist. Das ist z. B. im **Beamtenrecht** der Fall. Nach § 126 Abs. 2 S. 1 BBG (für Bundesbeamte) und nach § 54 Abs. 2 S. 1 BeamtStG (für Landesbeamte sowie Kommunalbeamte und Beamte sonstiger der Aufsicht des Landes unterstehender Rechtsträger, § 1 BeamtStG) ist vor allen Klagen aus dem Beamtenverhältnis ein Vorverfahren nach §§ 68 ff. VwGO durchzuführen.[43] Danach ist ein Widerspruchsverfahren unabhängig von der Klageart (d. h. auch bei Leistungsklage und Feststellungsklage) und mithin unabhängig von dem behördlichen Handeln durch „Verwaltungsakt" vorgeschrieben; das gilt etwa für bedeutsame innerbehördliche Maßnahmen (z. B. Dienstpostenbewertung, Umsetzung eines Beamten, Änderung seines Aufgabenbereichs durch Organisationsverfügung)[44] und Schadenersatzforderungen (z. B. wegen Nichtberücksichtigung eines Beamten bei der Vergabe von Amtszulagen).[45] Ein Vorverfahren ist nicht erforderlich, wenn dies gesetzlich ausdrücklich bestimmt ist; für das Landesrecht enthält § 54 Abs. 2 S. 3 BeamtStG eine entsprechende Öffnungsklausel.[46]

## III. Widerspruchsbefugnis

18 **Fall 3:** Die Gemeinde G wendet sich mit einem Widerspruch gegen einen Bescheid der zuständigen Landesplanungsbehörde, mit dem zu Gunsten der Firma F für die Errichtung eines Geothermiekraftwerks im Gemeindegebiet von G die Abweichung von dem raumordnerischen Ziel „Vorranggebiet für die Landwirtschaft" zugelassen worden ist. G macht geltend, die Nutzung der Geothermie werde nicht prinzipiell abgelehnt, im konkreten Fall böten sich jedoch zweckmäßigere Lösungen an, die für die Gemeinde vorteilhafter seien. Ist G damit zum Widerspruch befugt?[47]

19 § 70 Abs. 1 S. 1 VwGO spricht von dem durch den Verwaltungsakt „Beschwerten". Danach ist ein „Popularwiderspruch" (ebenso wie eine Popularklage, → *Ehlers* § 27 Rn. 50) unzulässig. Dem Widerspruchsführer muss die **Widerspruchsbefugnis** zustehen. Das ist angesichts der Vorschaltfunktion des Widerspruchsverfahrens konsequent, da Anfechtungs- und Verpflichtungsklage eine Klagebefugnis (§ 42 Abs. 2 VwGO) voraussetzen. Zum Ausschluss des „Popularwiderspruchs" muss der Widerspruchsführer durch den angegriffenen Verwaltungs-

---

[40] BVerwGE 150, 190 Rn. 14 = NVwZ-RR 2014, 869 → *Eifert* Jura (JK) 2015, 772; NdsOVG DVBl 2019, 1073 Rn. 13.

[41] BVerwGE 150, 190 Rn. 16 = NVwZ-RR 2014, 869 → *Eifert* Jura (JK) 2015, 772; *Dolde/Porsch* in: Schoch/Schneider, VwGO, § 68 Rn. 26 (mit Hinweis auf § 79 Abs. 2 VwGO).

[42] NdsOVG DVBl 2019, 1073 Rn. 12.

[43] Die im Text genannten Bestimmungen gehen auf § 126 Abs. 3 BRRG zurück, der nach wie vor in Kraft ist (Art. 125a Abs. 1 GG, § 63 Abs. 3 S. 2 BeamtStG). – Das BRRG ist (auszugsweise) abgedruckt in Sartorius I Nr. 150a, das BBG in Sartorius I Nr. 160, das BeamtStG in Sartorius I Nr. 150.

[44] BVerwGE 114, 350 (354) = NVwZ 2002, 97 (98).

[45] BVerwG Urt. v. 30.10.2013 – 2 C 23/12, BeckRS 2014, 45317 Rn. 17.

[46] Dazu *Repkewitz/Waibel* NVwZ 2010, 813 (814).

[47] Fall nach OVG RP DVBl 2012, 511.

akt in einem **subjektiven öffentlichen Recht** beeinträchtig sein; eine Betroffenheit lediglich in wirtschaftlichen oder ideellen Interessen genügt nicht.[48] Der Drittwiderspruch (z. B. des Nachbarn im Baurecht) muss auf eine drittschützende Norm gestützt werden können.[49]

Die **Anforderungen an die Beschwer** des Widerspruchsführers hängen von der Art des Verwaltungsakts ab. Beim *gebundenen Verwaltungsakt* ist die Widerspruchsbefugnis in der Sache mit der **Klagebefugnis** (§ 42 Abs. 2 VwGO) identisch;[50] der Widerspruchsführer muss geltend machen können, durch den Verwaltungsakt oder dessen Ablehnung in seinen Rechten verletzt zu sein.[51] Diese Anforderung genügt auch beim *Ermessensverwaltungsakt;* zudem kann angesichts des Prüfungsmaßstabs „Zweckmäßigkeit“ (§ 68 Abs. 1 S. 1 VwGO) auch die **Unzweckmäßigkeit** des Verwaltungsakts gerügt werden.[52] Bei einer behördlichen Ermessensentscheidung (gleichgestellt: behördlicher Beurteilungsspielraum) ist die Widerspruchsbefugnis bereits gegeben, wenn der Widerspruchsführer durch den Verwaltungsakt in seinen Rechten beeinträchtigt wird und der Verwaltungsakt möglicherweise unzweckmäßig ist.[53] Die Betroffenheit in eigenen Rechten ist gleichermaßen Voraussetzung von Klagebefugnis und Widerspruchsbefugnis.[54] 20

**Lösung zu Fall 3:** Nach den Feststellungen des OVG war G durch die Entscheidung der Landesplanungsbehörde in einer subjektiven Rechtsstellung offensichtlich nicht berührt. G war weder in einem Beteiligungsrecht im Verwaltungsverfahren beeinträchtigt noch konnte G nach dem maßgeblichen Raumordnungsrecht verlangen, dass gemeindliche Belange bei der Entscheidung über die Zielabweichung vom Vorrang für die Landwirtschaft berücksichtigt werden. Danach fehlt G die Widerspruchsbefugnis. 21

## IV. Widerspruchsfrist

**Fall 4:** Die zuständige Bauaufsichtsbehörde erteilte B antragsgemäß die Genehmigung für einen Anbau an seinem Wohnhaus. Nachbar N, dem die Baugenehmigung nicht bekannt gegeben worden war, erhob drei Monate später, nach Beginn der Bauarbeiten, „Widerspruch gegen die Baumaßnahmen“; die von B gewählte Dachkonstruktion vermittele den Eindruck, dass eine baurechtswidrige Aufstockung des Hauses bevorstehe. Liegt ein zulässiger Widerspruch vor?[55] 22

**Fall 5:** In der Stadt S wurde vor 15 Jahren durch Zeichen 241 zu § 41 StVO ordnungsgemäß die Pflicht zur Benutzung eines Radwegs angeordnet. Gleichzeitig wurde wegen der Sturzgefahr für Radfahrer durch Straßenbahngleise ein Verbot für Radfahrer (Zeichen 254) bezüglich der betreffenden Straße verfügt. A, der unlängst nach S umgezogen ist, hält die verkehrsregelnden Maßnahmen für rechtswidrig und will dagegen als passionierter Radfahrer vorgehen. Sein Widerspruch wird von der zuständigen Behörde wegen Verfristung als unzulässig zurückgewiesen. Ist diese Entscheidung rechtmäßig?[56] 23

---

48 *Geis/Hinterseh* JuS 2002, 34 (37); *Würtenberger/Heckmann* Verwaltungsprozessrecht, Rn. 423.

49 *Lorenz* Verwaltungsprozeßrecht, § 19 Rn. 44; *Hüttenbrink* in: Posser/Wolff, VwGO, § 68 Rn. 15.

50 *Dolde/Porsch* in: Schoch/Schneider, VwGO, § 70 Rn. 42.

51 *Hufen* Verwaltungsprozessrecht, § 6 Rn. 20.

52 *Gersdorf* Verwaltungsprozessrecht, Rn. 223; *Hufen* Verwaltungsprozessrecht, § 6 Rn. 22; *Schenke* Verwaltungsprozessrecht, Rn. 649; *Pietzner/Ronellenfitsch* Assessorexamen, Rn. 1156; *Rennert* in: Eyermann, VwGO, § 70 Rn. 9; *W.-R. Schenke* in: Kopp/Schenke, VwGO, § 69 Rn. 6.

53 Vorausgesetzt ist die subjektiv-rechtliche Wirkung der Ermessensnorm; *Pietzner/Ronellenfitsch* Assessorexamen, Rn. 1157; *Dolde/Porsch* in: Schoch/Schneider, VwGO, § 70 Rn. 42.

54 OVG RP DVBl 2012, 511 (512); *Geis* in: Sodan/Ziekow, VwGO, § 69 Rn. 55.

55 Fall nach ThürOVG ThürVBl 2002, 256.

56 Fall nach BVerfG-K NJW 2009, 3642 (m. Bespr. *U. Stelkens* NJW 2010, 1184) → JA 2010, 394 *(Muckel)* und VGH BW VBlBW 2011, 275 → *Schoch* JK 12/11, VwGO § 70/7.

### 1. Lauf der Monatsfrist

24 **a) Bekanntgabe des Verwaltungsakts.** Nach § 70 Abs. 1 S. 1 VwGO muss der Widerspruch innerhalb eines Monats nach Bekanntgabe des Verwaltungsakts gegenüber dem Beschwerten erhoben werden. Der **Lauf der Widerspruchsfrist** wird nur durch eine **wirksame Bekanntgabe** des Verwaltungsakts in Gang gesetzt. „Bekanntgabe" ist die nach den jeweils maßgeblichen Vorschriften vorgesehene Art der amtlichen Verlautbarung des Verwaltungsakts.[57] Grundsätzlich genügt die Bekanntgabe nach § 41 VwVfG (§ 110 LVwG SH), also die zielgerichtete behördliche Mitteilung einer Verwaltungsentscheidung an die betreffende Person.[58] Der Zugang liegt vor, wenn der Verwaltungsakt derart in den Machtbereich des Adressaten gelangt, dass dieser unter normalen Umständen die Möglichkeit der Kenntnisnahme hat.[59] Für den Zugang des mittels einfachen Briefes per Post übersandten Verwaltungsakts gilt die Zugangsvermutung gemäß § 41 Abs. 2 VwVfG (§ 110 Abs. 2 LVwG SH). Dem steht ein „schlichtes Bestreiten" des Adressaten nicht entgegen.[60] Trägt der Betroffene jedoch substantiierte Einwendungen vor, die den Zugang ernsthaft in Zweifel ziehen, muss die Behörde den Zugang des Verwaltungsakts und seinen Zeitpunkt nachweisen (§ 41 Abs. 2 S. 3 VwVfG; § 110 Abs. 2 S. 3 LVwG SH); sie trägt das Risiko der Nichterweislichkeit des bestrittenen Zugangs.[61] Eine wirksame Bekanntgabe des Verwaltungsakts kann auch durch Übergabe des Bescheids erfolgen (Überbringung, Aushändigung durch Boten);[62] das gilt nicht, wenn besondere Bekanntgabevorschriften bestehen. Ist ein Verwaltungsakt mehreren Personen bekannt zu geben (oder zuzustellen → Rn. 25), muss jeder Adressat eine Ausfertigung des Bescheids erhalten.[63] Ohne Bekanntgabe des Verwaltungsakts beginnt der Lauf der Widerspruchsfrist nicht.[64]

25 Eine besondere Form der Bekanntgabe ist die **Zustellung eines Verwaltungsakts** (§ 41 Abs. 5 VwVfG; § 110 Abs. 5 LVwG SH). Sie erfolgt, soweit dies durch Rechtsvorschrift oder behördliche Anordnung bestimmt ist (§ 1 Abs. 2 VwZG bzw. Parallelvorschriften der Länder). „Zustellung" ist die Bekanntgabe eines schriftlichen oder elektronischen Dokuments in der gesetzlich bestimmten Form (§ 2 Abs. 1 VwZG). Beispiele sind die Zustellung durch die Post mit Zustellungsurkunde (§ 3 VwZG) oder mittels Einschreiben (§ 4 VwZG) sowie die elektronische Zustellung gegen Abholbestätigung über De-Mail-Dienste (§ 5a VwZG). Ausdrücklich vorgesehen ist die Zustellung an Bevollmächtigte (§ 7 VwZG).

26 Als Verwaltungsakt in Gestalt der Allgemeinverfügung (§ 35 S. 2 VwVfG; § 106 Abs. 2 LVwG SH) könnten **Verkehrszeichen** an sich gemäß § 41 Abs. 3 VwVfG (§ 110 Abs. 2 LVwG SH) öffentlich bekannt gegeben werden. Die Rechtsprechung sieht indes in §§ 39, 45 Abs. 4 StVO vorrangige Spezialbestimmungen, so dass durch die Aufstellung eines Verkehrszeichens dessen **öffentliche Bekanntgabe** erfolgt.[65] Dadurch wird der Lauf der Widerspruchsfrist jedoch nicht automatisch in Gang gesetzt (→ Rn. 34).

---

[57] BVerwG NVwZ 1989, 648 (649).

[58] Näher zu § 41 VwVfG *Schoch* Jura 2011, 23; *Baer* in: Schoch/Schneider, VwVfG, § 41 Rn. 21 ff.

[59] BayVGH BayVBl 2020, 26 Rn. 23; SächsOVG NVwZ-RR 2016, Rn. 6.

[60] NdsOVG NVwZ-RR 2016, 54 Rn. 4.

[61] HessVGH NVwZ-RR 2017, 76 Rn. 9; OVG MV NVwZ-RR 2018, 715 Rn. 7; NdsOVG NVwZ-RR 2007, 365 (366).

[62] OVG Bln-Bbg NVwZ 2004, 507 (zu § 122 AO).

[63] VGH BW VBlBW 1986, 183; OVG NW NVwZ-RR 1995, 623.

[64] ThürOVG ThürVBl 2002, 256 (257).

[65] BVerwGE 102, 316 (318) = NJW 1997, 1021 (1022) [m. Bespr. *Hansen/Meyer* NJW 1998, 284 und Erwiderung *Mehde* NJW 1999, 767] → *Erichsen* JK 97, VwVfG NW § 41/1 und → JuS 1998, 185 *(Osterloh)*, dazu Bespr. *Mehde* Jura 1998, 297; ferner VGH BW JZ 2009, 738 (m. Anm. *Bitter/Goos*) → *Waldhoff* JuS 2010, 91 und VBlBW 2011, 275 → *Schoch* JK 12/11, VwGO § 70/7; zur Bekanntgabe von Verkehrszeichen auch *Milker* Jura 2017, 271 (274 ff.). – Zu beachten ist bzgl. der Bekanntgabe der „Sichtbarkeitsgrundsatz"; BVerwGE 154, 365 Rn. 16 = NJW 2016, 2353 (m. Anm. *Kümper*) → *Waldhoff* JuS 2017, 9 und → JA 2016, 957 *(Hebeler)*: Verkehrszeichen muss von einem durchschnittlichen Kraftfahrer „mit einem raschen und beiläufigen Blick" erfasst werden können; *Baer* in: Schoch/Schneider, VwVfG, § 41 Rn. 114.

**b) Rechtsbehelfsbelehrung.** Ohne eine Bekanntgabe des Verwaltungsakts – sei es nach § 41 VwVfG (§ 110 LVwG SH) oder nach dem VwZG oder nach Spezialvorschriften – wird keine Rechtsbehelfsfrist in Gang gesetzt (vgl. § 57 Abs. 1 VwGO), auch nicht die Jahresfrist gemäß § 58 Abs. 2 VwGO. Der Lauf der Widerspruchsfrist setzt neben der Bekanntgabe des Verwaltungsakts (→ Rn. 24ff.) eine **ordnungsgemäße Rechtsbehelfsbelehrung** (vgl. § 37 Abs. 6 VwVfG; § 108 Abs. 5 LVwG SH) voraus (§ 70 Abs. 2 i. V. m. § 58 Abs. 1 VwGO). Der Betroffene muss über den gegen den Verwaltungsakt statthaften Rechtsbehelf, die Verwaltungsbehörde, bei der der Rechtsbehelf anzubringen ist, deren Sitz und die einzuhaltende Frist schriftlich oder elektronisch belehrt werden.[66] Eine Belehrung über den Fristbeginn ist nach § 58 Abs. 1 VwGO nicht erforderlich.[67] Bei einem Verwaltungsakt mit Drittwirkung bezieht sich die Rechtsbehelfsbelehrung auch auf den Drittbetroffenen und setzt, wenn ihm der Verwaltungsakt bekannt gegeben wird, ihm gegenüber die Widerspruchsfrist in Lauf.[68] Wird nicht darüber belehrt, dass der Widerspruch auch im Wege der elektronischen Kommunikation gemäß § 3a VwVfG (§ 52a LVwG SH) erhoben werden kann (→ Rn. 12), ist die Rechtsbehelfsbelehrung unrichtig und setzt die Widerspruchsfrist des § 70 Abs. 1 S. 1 VwGO nicht in Gang.[69] 27

Ist der Verwaltungsakt zwar gesetzeskonform bekannt gegeben worden, fehlt jedoch eine ordnungsgemäße Rechtsbehelfsbelehrung, gilt nach § 70 Abs. 2 VwGO die **Jahresfrist** des § 58 Abs. 2 S. 1 VwGO.[70] Diese Frist stellt eine Ausschlussfrist dar;[71] sie beginnt mit der ordnungsgemäßen Bekanntgabe des Verwaltungsakts. 28

**c) Besonderheiten beim Verwaltungsakt mit Drittwirkung.** Beim Verwaltungsakt mit Drittwirkung wird die Rechtsbehelfsfrist durch die ordnungsgemäße Bekanntgabe des Verwaltungsakts gegenüber dem Dritten in Lauf gesetzt. Enthält der Verwaltungsakt eine ordnungsgemäße Rechtsbehelfsbelehrung (§ 70 Abs. 2 i. V. m. § 58 Abs. 1 VwGO), läuft die reguläre **Widerspruchsfrist** gemäß § 70 Abs. 1 S. 1 VwGO.[72] Unterbleibt die Bekanntgabe des Verwaltungsakts an den Drittbetroffenen, läuft keine Rechtsbehelfsfrist; die zufällige Kenntnisnahme (z. B. des Nachbarn auf Grund einer Information seitens des Bauherrn) reicht nicht aus, um die Frist in Gang zu setzen.[73] Fehlt dem ordnungsgemäß bekannt gegebenen Verwaltungsakt mit Drittwirkung die ordnungsgemäße Rechtsbehelfsbelehrung, gilt die **Jahresfrist** nach § 70 Abs. 2 i. V. m. § 58 Abs. 2 S. 1 VwGO.[74] 29

Insbesondere im **Baunachbarrecht** unterbleibt die Bekanntgabe einer Baugenehmigung an Dritte (Nachbarn) nicht selten. Auf Grund der Rücksichtnahmepflichten im nachbarlichen Gemeinschaftsverhältnis wird die unterlassene amtliche Bekanntgabe des Verwaltungsakts durch die Erlangung zuverlässiger Kenntnis auf andere Weise mit der Folge ersetzt, dass der Widerspruch regelmäßig innerhalb der *Jahresfrist* (§ 70 Abs. 2 i. V. m. § 58 Abs. 2 S. 1 VwGO) zu erheben ist.[75] Gleichgestellt wird der Fall, dass Dritte (Nachbarn) auf Grund der Umstände zuverlässige Kenntnis von dem Verwaltungsakt (d. h. der Baugenehmigung) hätten haben müssen.[76] Grundlage hierfür ist der auch im Öffentlichen Recht anwendbare Grundsatz von **Treu und Glauben** (§ 242 BGB). Der Rückgriff hierauf führt 30

---

[66] OVG Bbg NVwZ-RR 2004, 315; OVG NW NJW 2009, 1832; *Schübel-Pfister* JuS 2019, 1075 (1076).

[67] BVerwG NVwZ-RR 2019, 885 Rn. 14.

[68] BVerwG NJW 2010, 1686 Rn. 16ff.; vgl. auch *Pleiner* NVwZ 2014, 776 (777).

[69] OVG RP Urt. v. 8.3.2012 – 1 A 11258/11, BeckRS 2012, 48956; a. A. OVG Bremen NVwZ-RR 2012, 950. – Zum Inhalt einer Belehrung über die elektronische Kommunikation *Beckermann* NVwZ 2017, 745.

[70] Aus der Praxis dazu OVG NW NJW 2009, 1832 (1833).

[71] *Meissner/Schenk* in: Schoch/Schneider, VwGO, § 58 Rn. 65.

[72] OVG RP DVBl 2009, 1526 (1527).

[73] VGH BW DVBl 2012, 1181.

[74] Dazu am Beispiel der Bekanntgabe der Baugenehmigung *Füßer* LKV 1996, 767.

[75] BVerwGE 78, 85 (89) = NJW 1988, 839 (840); VG Potsdam LKV 1999, 377. – VGH BW DVBl 2012, 1181 (1182) betont zudem die Erkennbarkeit der spezifischen Beeinträchtigungen für den Nachbarn.

[76] OVG Bbg LKV 2001, 466; ThürOVG ThürVBl 2002, 256 (257). – Zur Parallele beim Klagerecht OVG NW NWVBl 2018, 249 (250).

zu einer **Verwirkung des verfahrensrechtlichen Widerspruchsrechts.**[77] Auf dieser Basis kommt es allerdings nicht zu einer schematischen Anwendung der Jahresfrist; zu würdigen sind vielmehr die konkreten Umstände im Einzelfall. Danach kann nach den besonderen Verhältnissen des Falles der Verlust des Widerspruchsrechts *vor* Ablauf der Jahresfrist eintreten,[78] denkbar ist aber auch der Eintritt der Verwirkung erst *nach* Ablauf der Jahresfrist.

31 **Lösung zu Fall 4:** Mangels Bekanntgabe der Genehmigung an N lief für diesen die Monatsfrist (§ 70 Abs. 1 S. 1 VwGO) nicht. Die Jahresfrist (§ 70 Abs. 2 i. V. m. § 58 Abs. 2 S. 1 VwGO) war gewahrt. Besondere Umstände, nach denen N gemäß Treu und Glauben den Widerspruch (noch) früher hätte erheben müssen, konnte das OVG nicht feststellen. Der Widerspruch wurde fristgerecht und auch sonst zulässig erhoben.

32 **d) Wahrung der Frist durch den Widerspruchsführer.** Die Einhaltung der Rechtsbehelfsfrist obliegt dem Widerspruchsführer. Nur der ordnungsgemäß (unter Beachtung der Formerfordernisse → Rn. 11 f.) erhobene Widerspruch wahrt die Frist.[79] Fristgerecht eingelegt ist der Rechtsbehelf, wenn er mit Wissen und Wollen des Widerspruchsführers vor Ablauf der Frist in den Verfügungsbereich der zuständigen Behörde gelangt.[80] Im Streitfall hat der Widerspruchsführer den **Nachweis des Zugangs** seines Rechtsbehelfs zu führen.[81]

### 2. Berechnung der Frist

33 Steht fest, wann die Frist in Gang gesetzt wird, kann sie nach den gesetzlichen Vorgaben berechnet werden. Umstritten ist das dafür anwendbare Recht. Nach der **verwaltungsprozessualen Lösung** erfolgt die Berechnung der Widerspruchsfrist nach § 57 Abs. 2 VwGO, § 222 ZPO, §§ 187 ff. BGB,[82] die **verwaltungsverfahrensrechtliche Lösung** zieht §§ 79, 31 Abs. 1 VwVfG, §§ 187 ff. BGB heran.[83] Praktische Konsequenzen hat der Meinungsstreit nicht. In jedem Fall wird der Tag der Bekanntgabe des Verwaltungsakts nicht mitgezählt (§§ 187 Abs. 1, 188 Abs. 2 BGB). Fällt das Ende der Frist auf einen Sonntag, gesetzlichen Feiertag oder Sonnabend, endet die Frist mit Ablauf des nächsten Werktags (§ 222 Abs. 2 ZPO oder § 31 Abs. 3 S. 1 VwVfG).

34 Besonderheiten gelten zur Fristberechnung beim Widerspruch gegen eine verkehrsregelnde Anordnung in Gestalt eines Verkehrszeichens. Auf Grund der Judikatur zum **Wirksamwerden von Verkehrszeichen** (→ Rn. 26) herrschte die Auffassung vor, dass – mangels Rechtsbehelfsbelehrung – die einjährige Rechtsbehelfsfrist gilt (§ 70 Abs. 2 i. V. m. § 58 Abs. 2 S. 1 VwGO) und diese grundsätzlich mit dem Aufstellen des Verkehrszeichens gegenüber allen betroffenen Verkehrsteilnehmern in Gang gesetzt wird.[84] Diese These krankt an der fehlenden Unterscheidung zwischen der *äußeren* Wirksamkeit eines Verwaltungsakts (d. h. seiner Existenz, § 41 VwVfG bzw. §§ 39 Abs. 2 und 2a, 45 Abs. 4 StVO) und seiner *inneren* Wirksamkeit (§ 43 Abs. 1 VwVfG; § 112 Abs. 1 LVwG SH) mit der Pflicht des Adressaten zur Befolgung der Regelung. Das BVerfG hat in jener Rechtsprechung einen Verstoß gegen Art. 19 Abs. 4 GG gesehen und darauf hingewiesen, dass ein Verkehrsteilnehmer

[77] OVG MV NVwZ-RR 2003, 15 (16 f.); *H. Bauer* Die Verwaltung 23 (1990), 211 (221 f.). – BVerwG NVwZ-RR 2004, 314 betont, dass die Verwirkung Ausfluss des Grundsatzes von Treu und Glauben ist.

[78] BVerwG NVwZ 1991, 1182 (1184); OVG Bbg LKV 2001, 466 (467).

[79] NdsOVG NdsVBl 2014, 292.

[80] BVerwGE 91, 334 (336) = NJW 1993, 1874; ThürOVG ThürVBl 2011, 197 (198).

[81] VGH BW Urt. v. 10.12.2015 – 2 S 1516/14, BeckRS 2016, 40954 Rn. 48; ThürOVG ThürVBl 2011, 197 (198).

[82] VGH BW NJW 1987, 1353; VBlBW 1992, 137 (138); OVG Berlin NVwZ-RR 1998, 270; *Schenke* Verwaltungsprozessrecht, Rn. 673; *Pietzner/Ronellenfitsch* Assessorexamen, Rn. 1127; *Rennert* in: Eyermann, VwGO, § 70 Rn. 4.

[83] *Geis/Hinterseh* JuS 2001, 1176 (1178); *Hufen* Verwaltungsprozessrecht, § 6 Rn. 28; *Geis* in: Sodan/Ziekow, VwGO, § 70 Rn. 24; *Glaser* in: Gärditz, VwGO, § 70 Rn. 5; *Kothe* in: Redeker/v. Oertzen, VwGO, § 70 Rn. 2.

[84] HessVGH NJW 1999, 2057 → *Erichsen* JK 00, VwGO § 42 II/22; zustimmend VGH BW JZ 2009, 738 Rn. 5 (m. Anm. *Bitter/Goos*) → *Waldhoff* JuS 2010, 91.

von der Verkehrsregelung nur „betroffen" sein könne, wenn er sich dem Verkehrszeichen erstmals gegenübersieht.[85] Damit ist geklärt, dass die einjährige Widerspruchsfrist gegenüber dem Einzelnen nicht schon mit dem Aufstellen des betreffenden Verkehrszeichens zu laufen beginnt, sondern erst zu dem Zeitpunkt, in dem er erstmals auf das Verkehrszeichen trifft.[86]

**Lösung zu Fall 5:** Der Widerspruch des A erfolgte fristgemäß. Die Widerspruchsfrist wurde nicht bereits vor 15 Jahren mit dem Aufstellen der Verkehrszeichen in Gang gesetzt. Da A erst „unlängst" mit den Verkehrsregelungen konfrontiert wurde, ist der Widerspruch innerhalb der Jahresfrist erhoben worden. 35

### 3. Folgen des verfristeten Widerspruchs

**Fall 6:** K bestand die Prüfung für das künstlerische Lehramt an Gymnasien und wurde in das Beamtenverhältnis auf Probe berufen. K verbrachte alsbald – gegen den Willen der Schulleitung des Gymnasiums, an dem er beschäftigt war, jedoch mit Billigung des Kultusministeriums – auf Grund eines Sonderurlaubs einen Studienaufenthalt in England. Nach seiner Rückkehr an das Gymnasium war das Verhalten von K zunehmend zu beanstanden. Schließlich wurde K wegen mangelnder Bewährung von der zuständigen Schulbehörde aus dem Beamtenverhältnis auf Probe entlassen. Gegen den mit einer Rechtsbehelfsbelehrung versehenen und ordnungsgemäß zugestellten Bescheid erhob K sechs Wochen später Widerspruch. Als zuständige Widerspruchsbehörde wies das Kultusministerium den Widerspruch als unbegründet zurück. Kann K dagegen zulässigerweise klagen?[87] 36

**Fall 7:** Für ein Bauvorhaben auf seinem Grundstück erhielt E antragsgemäß unter Befreiung von nachbarschützenden Vorschriften eine Baugenehmigung; Nachbar N erhielt eine mit ordnungsgemäßer Rechtsbehelfsbelehrung versehene Ausfertigung. Zwei Monate später erhebt N Widerspruch gegen die Baugenehmigung. Der Widerspruch wird mit der Begründung zurückgewiesen, das Bauvorhaben des E beeinträchtige keine Belange von N. Kann N zulässigerweise klagen?[88] 37

**a) Zurückweisung des unzulässigen Widerspruchs.** Ist innerhalb der Widerspruchsfrist kein Widerspruch erhoben worden, wird der Verwaltungsakt bzw. seine Ablehnung bestandskräftig. Der **verfristete Widerspruch** ist als *unzulässig* zurückzuweisen.[89] Die Bestandskraft des Verwaltungsakts kann seitens der Behörde durch Rücknahme (§ 48 VwVfG; § 116 LVwG SH) oder Widerruf (§ 49 VwVfG; § 117 LVwG SH) überwunden werden. Der Betroffene kann, falls er unverschuldet die Widerspruchsfrist versäumt hat, die Wiedereinsetzung in den vorigen Stand (§ 70 Abs. 2 i. V. m. § 60 VwGO) anstreben.[90] 38

**b) Lehre von der behördlichen „Sachherrschaft".** Die h. M.[91] spricht der Widerspruchsbehörde die Befugnis zu, über den verspäteten Widerspruch auch *in der Sache* zu 39

---

[85] BVerfG-K NJW 2009, 3642 (m. Bespr. *U. Stelkens* NJW 2010, 1184) → JA 2010, 394 *(Muckel)*.

[86] BVerwGE 138, 21 Rn. 14 = NJW 2011, 246 = JZ 2011, 152 (m. Anm. *Ehlers*) → *Ehlers* JK 4/11, VwGO § 58 I/2 und → *Waldhoff* JuS 2011, 953 sowie → JA 2011, 477 *(Muckel);* VGH BW VBlBW 2011, 275 → *Schoch* JK 12/11, VwGO § 70/7; *Baer* in: Schoch/Schneider, VwVfG, § 41 Rn. 116.

[87] Fall nach BVerwG NVwZ 1983, 608 → *v. Mutius* JK 83, VwGO § 70/4.

[88] Fall nach BVerwG NVwZ 1983, 285 → *v. Mutius* JK 83, VwGO § 70/3 und → JuS 1983, 722 *(Osterloh)*.

[89] OVG RP DVBl 2009, 1526 (1527); *Pietzner/Ronellenfitsch* Assessorexamen, Rn. 1252.

[90] Dazu *Kahl/Bews* Jura 2018, 227 und 339.

[91] BVerwGE 15, 306 (310) = VerwRspr 1964, 746 (747); E 28, 305 (307 f.) = NJW 1968, 955 (956); E 57, 342 (344 f.) = NJW 1980 135 f.; NVwZ 1983, 608 → *v. Mutius* JK 83, VwGO § 70/4; NVwZ-RR 1989, 85 (86); LKV 2007, 178; BayVGH BayVBl 2013, 734 Rn. 13; *Deckenbrock/Patzer* Jura 2003, 476 (480); *Bosch/Schmidt/Vondung* Verwaltungsgerichtliches Verfahren, Rn. 782; *Hufen* Verwaltungsprozessrecht, § 6 Rn. 32.

entscheiden. Danach sei – trotz der Missachtung des § 70 Abs. 1 VwGO – eine verwaltungsgerichtliche Klage zulässig, und der Weg zur gerichtlichen Sachprüfung werde eröffnet. Begründet wird diese Auffassung unter Hinweis auf die **„Sachherrschaft der Behörde"**. Die Widerspruchsfrist diene vornehmlich dem Schutz der Behörde; ihr stehe es frei, sich entweder auf die Verfristung des Widerspruchs zu berufen und den Rechtsbehelf als unzulässig zurückzuweisen oder unter Außerachtlassung des Fristversäumnisses zur Sache zu entscheiden. Mitunter wird dem Widerspruchsführer sogar ein Anspruch auf fehlerfreie Ausübung des Ermessens zu beiden Entscheidungsvarianten zuerkannt.[92]

40 Eine „Sachherrschaft der Behörde", die gesetzliche Vorgaben missachten kann, kennt die Rechtsordnung nicht.[93] Ein wegen Verfristung unzulässiger Rechtsbehelf hat **keinen Devolutiveffekt** (→ Rn. 52), so dass die Widerspruchsbehörde schon keine Kompetenz hat, um über den Widerspruch zu entscheiden. Sodann hat die Widerspruchsbehörde **keine Dispositionsbefugnis** über die Fristbestimmungen des § 70 VwGO. Die Widerspruchsfrist dient auch dem **öffentlichen Interesse** an der Vermeidung unnötiger Prozesse, und speziell § 70 Abs. 1 VwGO schützt zudem die Ausgangsbehörde. Für den Fall der Verfristung sieht **§ 70 Abs. 2 i. V. m. § 60 VwGO** ein formalisiertes Verfahren vor, das die Widerspruchsbehörde nicht einfach ignorieren kann. Die **Bestandskraft des Verwaltungsakts** wird nach Maßgabe der §§ 48, 49, 51 VwVfG (§§ 116, 117, 118a LVwG SH) eingeschränkt. Diese gesetzlichen Regelungen werden umgangen, wenn die Widerspruchsbehörde ohne Bindung an das geltende Recht im Wege einer Ermessensentscheidung die Bestandskraft des Verwaltungsakts aufhebt.

41 **Lösung zu Fall 6:** Das BVerwG billigte das Vorgehen des Ministeriums. Auf Grund seiner „Sachherrschaft" (→ Rn. 39) habe es trotz des verspäteten Widerspruchs eine Entscheidung in der Sache treffen dürfen. Damit werde eine verwaltungsgerichtliche Klage zulässig.

42 Die OVG/VGH folgen dem BVerwG nicht ausnahmslos. So fehlt der Widerspruchsbehörde beim Widerspruch gegen den Verwaltungsakt einer **Gemeinde in Selbstverwaltungsangelegenheiten**[94] die vollständige Entscheidungskompetenz (→ Rn. 63); die staatliche Widerspruchsbehörde darf bei einem verfristeten Widerspruch nicht in der Sache entscheiden.[95] Für das Kommunalabgabenrecht ist erkannt worden, Abgabenbescheide unterlägen (gegenüber sonstigen Verwaltungsakten) einer erhöhten Bestandskraft; bei einem verfristeten Widerspruch könne die Widerspruchsbehörde nicht über die Unanfechtbarkeit disponieren und eine Sachentscheidung treffen.[96] Soweit das BVerwG einwendet, die dem Gemeinwohl und der Gesetzmäßigkeit verpflichtete Gemeinde genieße – anders als Privatrechtssubjekte – keinen Vertrauensschutz,[97] überzeugt das inhaltlich nicht;[98] in der Sache geht es bei der Einhaltung der Widerspruchsfrist nicht um Vertrauensschutz, sondern um die Gesetzmäßigkeit des Handelns der Widerspruchsbehörde.

---

[92] VGH BW VBlBW 1992, 96 (97); VBlBW 1993, 220 (221); *Bosch/Schmidt/Vondung* Verwaltungsgerichtliches Verfahren, Rn. 783 f.

[93] Ablehnend zur h. M. (→ Rn. 39) *Judik* NVwZ 1984, 356; *Erichsen* Jura 1992, 645 (649); *H. Hofmann* FS Menger, 1985, S. 605 (617); *Pietzner/Ronellenfitsch* Assessorexamen, Rn. 1257 ff.; *Schenke* Verwaltungsprozessrecht, Rn. 679 ff.; *Dolde/Porsch* in: Schoch/Schneider, VwGO, § 70 Rn. 40; *Funke-Kaiser* in: Bader/Funke-Kaiser/Stuhlfauth/v. Albedyll, VwGO, § 70 Rn. 25; *Geis* in: Sodan/Ziekow, VwGO, § 68 Rn. 42 ff.; *Rennert* in: Eyermann, VwGO, § 70 Rn. 11; *W.-R. Schenke* in: Kopp/Schenke, VwGO, § 70 Rn. 9.

[94] Vgl. dazu *Röhl* in: Schoch, BesVwR, Kap. 2 Rn. 68 ff.

[95] OVG SL NVwZ 1986, 578 (579); deutlich OVG RP NVwZ-RR 1994, 47: keine sachliche Bescheidung eines verfristeten Widerspruchs, wenn Ausgangs- und Widerspruchsbehörde verschiedenen Rechtsträgern angehören und die Widerspruchsbehörde (in gemeindlichen Selbstverwaltungsangelegenheiten) nur eine eingeschränkte Prüfungs- und Entscheidungskompetenz hat.

[96] VGH BW Urt. v. 10.12.2015 – 2 S 1516/14, BeckRS 2016, 40954 Rn. 83 f.

[97] BVerwG LKV 2007, 178.

[98] *Schoch* in: Schoch/Schneider, VwVfG, § 48 Rn. 143 f.

**c) Bestandskraft des Verwaltungsakts mit Drittwirkung.** Beim Verwaltungsakt mit Drittwirkung (z. B. Baugenehmigung im Baunachbarrecht) vermittelt die **Bestandskraft des Verwaltungsakts,** selbst wenn er rechtswidrig sein sollte, dem Begünstigten eine gesicherte Rechtsposition (vgl. § 48 Abs. 1 S. 2 VwVfG; § 116 Abs. 1 S. 2 LVwG SH). Die Begünstigung kann nur durch Maßgabe einer einschlägigen Rechtsgrundlage entzogen werden (z. B. § 48 oder § 49 VwVfG). §§ 68 ff. VwGO enthalten eine derartige Ermächtigungsgrundlage nicht. Folglich ist die Widerspruchsbehörde beim Verwaltungsakt mit Drittwirkung nicht befugt, über einen verfristeten Widerspruch in der Sache zu entscheiden, und auch dem angerufenen Verwaltungsgericht ist eine Sachentscheidung verwehrt.[99] Das gilt ebenso im beamtenrechtlichen Konkurrentenstreit; nach der bestandskräftigen Ablehnung der auf Ernennung gerichteten Bewerbung von Mitbewerbern hat der ausgewählte Bewerber eine gesicherte Rechtsposition, so dass über den verspäteten Widerspruch eines unterlegenen Konkurrenten in der Sache nicht entschieden werden darf.[100] 43

**Lösung zu Fall 7:** Wegen der durch die bestandskräftige Baugenehmigung dem E vermittelten gesicherten Rechtsposition durfte die Widerspruchsbehörde über den verfristeten Nachbarwiderspruch nicht entscheiden. Die dennoch ergangene Sachentscheidung hat keine „heilende Wirkung". Im Falle einer Klage des N ist dem VG ebenfalls eine Sachentscheidung verwehrt, die Klage ist unzulässig. 44

### V. Widerspruchsinteresse

Das Widerspruchsinteresse stellt die Parallele zum allgemeinen Rechtsschutzbedürfnis bei der Klage (→ *Ehlers* § 25 Rn. 235 ff.) dar. Gefragt ist nach dem **Sachbescheidungsinteresse** des Widerspruchsführers, das selten fehlt und in der Praxis kaum eine Rolle spielt.[101] Soweit in diesem Zusammenhang „Missbrauch" und „Verwirkung" thematisiert werden, geht es in der Regel um den verwirkten Nachbarwiderspruch (→ Rn. 30). Der *Verzicht* auf den Widerspruch ist allenfalls eine Randerscheinung.[102] 45

## C. Ablauf des Verfahrens und Entscheidung über den Widerspruch

Die Prüfung der **Begründetheit** eines zulässigen Widerspruchs erfolgt nach dem Maßstab des § 68 Abs. 1 S. 1 bzw. Abs. 2 VwGO („Rechtmäßigkeit und Zweckmäßigkeit des Verwaltungsakts"). Die gesetzlichen Vorgaben gelten für die Ausgangsbehörde im Abhilfeverfahren (→ Rn. 57, 58) und grundsätzlich (zu Ausnahmen → Rn. 63) auch für die Widerspruchsbehörde (→ Rn. 62). Die „Zweckmäßigkeit" des Verwaltungsakts ist von nachgeordneter Bedeutung. Der **Verfahrensablauf** berührt spezifische rechtliche Fragestellungen. 46

### I. Aufschiebende Wirkung und Devolutiveffekt

**Fall 8:** Landwirt B hat ohne die erforderliche Baugenehmigung auf der Grenze zum Grundstück des Nachbarn N einen Schuppen errichtet, in dem er Kühe und Kälber 47

---

[99] BVerwG NVwZ 1983, 285; NJW 2010, 1686 Rn. 21.
[100] HessVGH NVwZ-RR 2019, 376 Rn. 34 f.
[101] Vgl. zu Beispielen *Pietzner/Ronellenfitsch* Assessorexamen, Rn. 1159.
[102] Vgl. etwa VGH BW NJW 1992, 1582; OVG NW NVwZ 1983, 681.

hält. Die zuständige Bauaufsichtsbehörde ordnet die Beseitigung des Schuppens an. B erhebt ordnungsgemäß Widerspruch. Daraufhin hebt die Widerspruchsbehörde die Beseitigungsverfügung auf und untersagt B die Nutzung des Schuppens als Viehstall. Ist diese Entscheidung kompetenzgerecht?[103]

48 **Fall 9:** Grundstückseigentümer E wurde von der Gemeinde G satzungsgemäß zur Zahlung eines Beitrags von 3.300 Euro für die Herstellung der gemeindlichen Wasserversorgungsanlage herangezogen. Auf Grund eines Widerspruchs des E reduzierte G im Abhilfeverfahren den geforderten Beitrag auf 800 Euro. E verfolgt den Widerspruch, soweit er erfolglos geblieben ist, weiter. Das Landratsamt als Widerspruchsbehörde setzt im Widerspruchsbescheid einen Beitrag von 1.400 Euro fest. Besteht hierzu eine Entscheidungskompetenz?[104]

49 Mit der Erhebung des Widerspruchs sind wichtige **Rechtswirkungen** verknüpft: Der Eintritt der aufschiebenden Wirkung (§ 80 Abs. 1 VwGO) und – soweit keine Abhilfe erfolgt – der Devolutiveffekt (§§ 72, 73 Abs. 1 S. 1 VwGO). Die aufschiebende Wirkung erfüllt eine Rechtsschutzfunktion (→ Rn. 50). Der Devolutiveffekt wirkt für die Widerspruchsbehörde kompetenzbegründend (→ Rn. 51).

### 1. Aufschiebende Wirkung des Widerspruchs

50 Die auf Grund des Widerspruchs gemäß § 80 Abs. 1 S. 1 VwGO eintretende **aufschiebende Wirkung** dient der vorläufigen Sicherung des status quo; durch den „Suspensiveffekt" wird wirksamer Rechtsschutz nicht mittels Schaffung irreversibler Zustände unmöglich gemacht oder gefährdet. Die aufschiebende Wirkung tritt mit der Erhebung des Widerspruchs rückwirkend auf den Zeitpunkt des Erlasses des Verwaltungsakts ein. Eine aufschiebende Wirkung kommt nach § 80 Abs. 1 S. 1 VwGO (neben der Anfechtungsklage) dem **Anfechtungswiderspruch** (§ 68 Abs. 1 S. 1 VwGO) zu, nicht dem *Verpflichtungswiderspruch* (§ 68 Abs. 2 VwGO); die automatische vorläufige Einräumung einer begehrten Begünstigung infolge der Widerspruchserhebung ist im Gesetz nicht vorgesehen (zu Ausnahmen im Aufenthaltsrecht → § 34 Rn. 29). Die aufschiebende Wirkung erstreckt sich auch auf den Verwaltungsakt mit Drittwirkung, zudem sind der rechtsgestaltende und der feststellende Verwaltungsakt erfasst (§ 80 Abs. 1 S. 2 VwGO). Die Rechtsschutzfunktion des Widerspruchs ist somit umfassend angelegt (→ § 34 Rn. 38).

### 2. Devolutiveffekt des Widerspruchs

51 Der *Devolutiveffekt* des Widerspruchs begründet die **Entscheidungskompetenz der Widerspruchsbehörde.** Vorausgesetzt ist der Regelfall, in dem Ausgangsbehörde und Widerspruchsbehörde verschiedenen Rechtsträgern, die auf unterschiedlichen Verwaltungsebenen angesiedelt sind, angehören; danach ist die Widerspruchsbehörde i. S. d. § 73 Abs. 1 S. 2 Nr. 1 VwGO die „nächsthöhere Behörde". Dem Devolutiveffekt kommt eine **zuständigkeitsbegründende Anfallwirkung** zu.[105] Diese ist bedingt durch die Abhilfeverweigerung der Ausgangsbehörde (vgl. § 73 Abs. 1 S. 1 VwGO), beginnt mit dem Abschluss des Abhilfeverfahrens und endet mit der wirksamen Zustellung des Widerspruchsbescheids (§ 73 Abs. 3 S. 2 VwGO).[106] Der Devolutiveffekt hat keine die Abhilfebefugnis der Aus-

---

[103] Fall nach OVG SL DÖV 1983, 821.

[104] Fall nach BayVGH BayVBl 2006, 434 → *Schoch* JK 11/06, VwGO § 73/2.

[105] *Uhle* NVwZ 2003, 811 (815); *Pietzner/Ronellenfitsch* Assessorexamen, Rn. 1037.

[106] *H. Hofmann* FS Menger, 1985, S. 605 (618).

gangsbehörde beendende Wirkung.[107] Mangels Entscheidungsmonopols der Widerspruchsbehörde besteht für die Dauer des Devolutiveffekts eine Zuständigkeitskonkurrenz zwischen Ausgangsbehörde und Widerspruchsbehörde.[108] Daher kann die Ausgangsbehörde auch nach der Vorlage des Widerspruchs an die für den Erlass des Widerspruchsbescheids zuständige Behörde dem Rechtsbehelf nach § 72 VwGO abhelfen.[109]

Nur der *zulässige* Widerspruch löst den Devolutiveffekt aus, der die **Sachentscheidungsbefugnis der Widerspruchsbehörde** begründet.[110] Mit dem Abschluss des Widerspruchsverfahrens (→ Rn. 81 f.) endet diese Sachentscheidungsbefugnis.[111] Solange sie besteht, nimmt die Widerspruchsbehörde die Funktion der Ausgangsbehörde ein und hat grundsätzlich (zu Einschränkungen → Rn. 63) deren Entscheidungskompetenz. Die Widerspruchsbehörde kann den ursprünglichen Verwaltungsakt bestätigen, aufheben, abändern, durch einen anderen Verwaltungsakt ersetzen sowie (im Fall des § 68 Abs. 2 VwGO) den beantragten Verwaltungsakt erlassen; sie kann zudem die Begründung des Ausgangsbescheids einschließlich eventuell vorhandener Ermessenserwägungen modifizieren.[112] Der Devolutiveffekt hat auch eine **zuständigkeitsbegrenzende Wirkung.** Die Entscheidungskompetenz der Widerspruchsbehörde besteht nur im Rahmen des Devolutiveffekts; sie darf nicht über den Regelungsbereich des angegriffenen Verwaltungsakts hinausgehen, insbesondere kein ihr gesetzlich nicht zustehendes Selbsteintrittsrecht ausüben.[113] Im Einzelfall bedarf es für die Ermittlung des Umfangs des Devolutiveffekts bisweilen einer detaillierten Würdigung der konkreten Umstände des Streites.[114] 52

**Lösung zu Fall 8:** Die Ersetzung der von der Bauaufsichtsbehörde erlassenen Beseitigungsverfügung durch die Nutzungsuntersagung liegt noch innerhalb der Entscheidungskompetenz der Widerspruchsbehörde. Der Devolutiveffekt des Widerspruchs hat die umfassende Entscheidungsbefugnis der Widerspruchsbehörde begründet. Die Nutzungsuntersagung kann gegenüber der Beseitigungsverfügung als „Minusmaßnahme“ gedeutet werden. 53

**Lösung zu Fall 9:** Im Widerspruchsverfahren gegen einen kommunalen Abgabenbescheid, so der VGH, dürfe die Widerspruchsbehörde nur die darin festgesetzte Abgabe dem Grunde und der Höhe nach kontrollieren, ggf. mindern oder aufheben, nicht aber über die festgesetzte Abgabe hinausgehen. Andernfalls nehme die Widerspruchsbehörde ein ihr gesetzlich nicht zustehendes Selbsteintrittsrecht in Anspruch und verstoße bei einer Erhöhung der Abgabe gegen die kommunale Finanzhoheit. – Überzeugend ist das kaum. Der Vollzug der gemeindlichen Beitragssatzung ist *Rechtsanwendung* und steht der Widerspruchsbehörde auch in gemeindlichen Selbstverwaltungsangelegenheiten zu (→ Rn. 71 ff.); darauf geht der VGH nicht ein. 54

[107] *Geis/Hinterseh* JuS 2001, 1176 (1180); *Engst* Jura 2006, 166 (171); *Hufen* Verwaltungsprozessrecht, § 8 Rn. 4; a. A. *Pache* DÖV 2004, 656 (658).

[108] NdsOVG NVwZ-RR 2003, 326 (327); *Pietzner/Ronellenfitsch* Assessorexamen, Rn. 1036; *Geis* in: Sodan/Ziekow, VwGO, § 69 Rn. 15.

[109] BVerwGE 82, 336 (338) = NVwZ 1990, 651; VGH BW VBlBW 1989, 53 (54); BayVGH BayVBl 1987, 465; NdsOVG NVwZ-RR 2003, 326 (327).

[110] *H. Hofmann* FS Menger, 1985, S. 605 (617).

[111] BVerwGE 58, 100 (105) = NJW 1980, 1480; *Bosch/Schmidt/Vondung* Verwaltungsgerichtliches Verfahren, Rn. 744; *Porsch* in: Schoch/Schneider, VwGO, § 73 Rn. 43.

[112] BVerwGE 140, 245 Rn. 20 = NVwZ 2012, 506 → *Ehlers* JK 5/12, VwVfG § 35 S. 1/21 und → *Waldhoff* JuS 2012, 479;

[113] BayVGH BayVBl 2006, 434 (435) → *Schoch* JK 11/06, VwGO § 73/2.

[114] Vgl. etwa BayVGH BayVBl 2004, 149 → *Schoch* JK 9/04, VwGO § 68/9: Eine vom Nachbarn angegriffene Baugenehmigung dürfe von der Widerspruchsbehörde mit einer Befreiung nach § 31 Abs. 2 BauGB ergänzt werden, weil eine für den Erlass der Baugenehmigung erforderliche Befreiung von den Festsetzungen des Bebauungsplans im Bauantrag konkludent mitbeantragt sei, so dass die Entscheidung über die Befreiung integraler Bestandteil des Baugenehmigungsverfahrens sei.

## II. Abhilfeverfahren und Abhilfeentscheidung

55 **Fall 10:** E erhält antragsgemäß die Genehmigung für den Bau eines Satteldachs auf seinem Haus. Nachbar N erhebt ordnungsgemäß Widerspruch. Die Bauaufsichtsbehörde hilft dem Widerspruch nicht ab. Die Widerspruchsbehörde sieht die Genehmigung im Einklang mit Bauplanungsrecht, erkennt jedoch einen Verstoß gegen das bauordnungsrechtliche Verunstaltungsverbot, so dass die Genehmigung objektiv rechtswidrig sei. Daraufhin nimmt die Bauaufsichtsbehörde (ohne weitere eigene Prüfung) die Genehmigung zurück. N fragt nach der Erstattung seiner Kosten im Widerspruchsverfahren.[115]

### 1. Verfahren bei der Ausgangsbehörde

56 Hält die Ausgangsbehörde den Widerspruch für begründet, so hilft sie ihm ab und entscheidet über die Kosten (§ 72 VwGO). Selbstverständlich setzt die **Abhilfeentscheidung** auch die in § 72 VwGO nicht eigens erwähnte Zulässigkeit des Widerspruchs voraus.[116] Bei einem Drittwiderspruch (z.B. Nachbarwiderspruch gegen eine dem Bauherrn erteilte Baugenehmigung) ist der angegriffene Verwaltungsakt nur bezüglich drittschützender Vorschriften zu überprüfen; verstößt der Verwaltungsakt lediglich gegen objektives Recht, verletzt eine dennoch getroffene Abhilfeentscheidung die Rechtsstellung des Begünstigten (und ist auf dessen Anfechtungsklage hin aufzuheben).[117] Eine **„Abhilfe"** i.S.d. § 72 VwGO – vollständig oder teilweise – liegt vor, wenn die Ausgangsbehörde dem Rechtsbehelfsbegehren des Widerspruchsführers (ganz oder teilweise) entspricht, weil sie den Widerspruch für zulässig und begründet hält.[118] Eine dem Widerspruchsführer günstige Entscheidung *muss* getroffen werden, wenn und soweit der Widerspruch zulässig und begründet ist; *Ermessen* besteht nicht. Handelt es sich bei dem angegriffenen Verwaltungsakt um eine Ermessensentscheidung, wird *insoweit* das Ermessen erneut ausgeübt;[119] die Behörde muss aber nach dieser Prüfung abhelfen, wenn sie den Widerspruch (wegen eines festgestellten Ermessensfehlers) für begründet hält. Der **Abhilfebescheid** stellt einen Verwaltungsakt dar;[120] mit ihm endet das Widerspruchsverfahren.[121]

57 Das **Abhilfeverfahren** ist kein eigenständiges Verwaltungsverfahren, sondern **Teil des Widerspruchsverfahrens.** Die Abhilfeentscheidung der Ausgangsbehörde stellt eine das Widerspruchsverfahren abschließende Sachentscheidung dar (→ Rn. 56), der Abhilfebescheid ist aber kein Widerspruchsbescheid i.S.d. § 73 VwGO.[122] Die Durchführung des Abhilfeverfahrens ist obligatorisch; die Ausgangsbehörde muss eine Abhilfeprüfung durchführen.[123] § 72 VwGO ist eine „wesentliche Verfahrensvorschrift" i.S.d. § 79 Abs. 2 S. 2 VwGO;[124] entscheidet die Widerspruchsbehörde ohne Rücksicht auf ein zuvor durchgeführtes Abhilfeverfahren, liegt ein wesentlicher Verfahrensmangel vor.[125] Besondere Bedeutung hat das Abhilfeverfahren in den von § 73 Abs. 1 S. 2 Nr. 3, Abs. 1 S. 3 VwGO erfassten

[115] Fall nach BVerwGE 101, 64 = NVwZ 1997, 272 → JuS 1997, 662 *(Brodersen)*.

[116] BVerwG NVwZ 2000, 195 → *Ehlers* JK 9/00, VwGO § 72/2; VGH BW NVwZ-RR 2019, 669 Rn. 41; *Engst* Jura 2006, 166 (167).

[117] VGH BW NVwZ-RR 2019, 669 Rn. 41; dazu *Schübel-Pfister* JuS 2019, 1075 (1078 f.).

[118] BayVGH BayVBl 2004, 244 (245); OVG Hamburg NVwZ-RR 1999, 706 (707).

[119] *Geis/Hinterseh* JuS 2002, 34 (35); *Dolde/Porsch* in: Schoch/Schneider, VwGO, § 72 Rn. 11.

[120] BVerwGE 140, 245 Rn. 16 = NVwZ 2012, 506 → *Ehlers* JK 5/12, VwVfG § 35 S. 1/21 und → *Waldhoff* JuS 2012, 479.

[121] Zu differenzieren ist bei der nur teilweisen Abhilfe, *Dolde/Porsch* in: Schoch/Schneider, VwGO, § 72 Rn. 12: Erlass eines Teilabhilfebescheids, Eintritt des Devolutiveffekts im Übrigen.

[122] BayVGH BayVBl 2004, 244 (245).

[123] BayVGH NVwZ-RR 2019, 667 Rn. 15.

[124] *Happ* in: Eyermann, VwGO, § 79 Rn. 25; *Krausnick* in: Gärditz, VwGO, § 79 Rn. 40.

[125] *Geis/Hinterseh* JuS 2002, 34; *Schenke* Verwaltungsprozessrecht, Rn. 668.

Konstellationen; insoweit bietet nur das Verfahren nach § 72 VwGO die Möglichkeit einer erneuten **Zweckmäßigkeitsprüfung** i. S. d. § 68 Abs. 1 S. 1 VwGO (→ Rn. 63). Bei Identität von Ausgangs- und Widerspruchsbehörde (vgl. § 73 Abs. 1 S. 2 Nr. 2 VwGO) findet ein Abhilfeverfahren nicht statt; mangels Zweistufigkeit des Widerspruchsverfahrens wird sogleich durch Widerspruchsbescheid entschieden.[126]

58 Im Abhilfeverfahren ist § 71 VwGO zu beachten; insoweit gelten die für die Widerspruchsbehörde maßgebenden Standards (→ Rn. 76). In der Sache kann die Ausgangsbehörde nur die in § 72 VwGO vorgesehene **stattgebende Entscheidung** („Abhilfe") treffen. Der Widerspruch kann nicht etwa als unzulässig oder unbegründet zurückgewiesen werden.[127] Eine reformatio in peius (→ Rn. 71 ff.) kommt im Abhilfeverfahren ebenfalls nicht in Betracht. Im Falle der Nichtabhilfe muss der Widerspruch (mit den Akten und einer Stellungnahme der Ausgangsbehörde) der Widerspruchsbehörde vorgelegt werden.[128] Diese **„Abgabenachricht"** stellt im Rahmen des Widerspruchsverfahrens eine **unselbstständige Verfahrenshandlung** dar; mangels „Regelung" handelt es sich nicht um einen Verwaltungsakt.[129] Hilft die Ausgangsbehörde dem Widerspruch ab, muss sie gemäß § 72 VwGO eine Kostenentscheidung treffen. Dabei handelt es sich um eine **Kostengrundentscheidung** (synonym: Kostenlastentscheidung), deren Inhalt sich nach § 80 VwVfG (§ 120 LVwG SH) richtet.[130]

### 2. Wahlrecht zwischen Abhilfeentscheidung und Rücknahme des Verwaltungsakts

59 Ist der Widerspruch zulässig und begründet, hat die Ausgangsbehörde nach h. M. ein **Wahlrecht,** ob sie den angegriffenen Verwaltungsakt durch eine **Abhilfeentscheidung** (§ 72 VwGO) oder – außerhalb des Widerspruchsverfahrens – mittels einer **Rücknahme** (§ 48 Abs. 1 S. 1 VwVfG; § 116 Abs. 1 S. 1 LVwG SH) aufhebt;[131] das soll auch nach Abgabe des Widerspruchsvorgangs an die Widerspruchsbehörde gelten.[132] Im Falle der Rücknahme des Verwaltungsakts erhält der Widerspruchsführer – anders als bei der Abhilfe (→ Rn. 58) – keine Kostenerstattung; denn § 80 Abs. 1 S. 1 VwVfG (§ 120 Abs. 1 S. 1 LVwG SH) setzt einen erfolgreichen „Widerspruch" voraus.[133] Etwas anderes gilt nur in denjenigen Ländern, die eine Kostenentscheidung „nach billigem Ermessen" unter Berücksichtigung des bisherigen Sachstandes auch dann vorsehen, wenn sich der Widerspruch „auf andere Weise" (als z. B. durch Abhilfe) erledigt (z. B. durch Rücknahme des angegriffenen Verwaltungsakts).[134] Im Recht der meisten Länder und im Bundesrecht fehlt eine entsprechende Regelung.

60 Die „Wahlfreiheit" der Ausgangsbehörde zwischen *Abhilfe* und *Rücknahme* (→ Rn. 59) hat das BVerwG unter den Vorbehalt von **Treu und Glauben** gestellt. Das Absehen von

---

[126] BVerwGE 70, 4 (12) = NVwZ 1985, 577 (579); OVG NW NVwZ-RR 2003, 327 (328); *Engst* Jura 2006, 166 (172 f.).

[127] *Engst* Jura 2006, 166 (168).

[128] BayVGH NVwZ-RR 2019, 667 Rn. 15; *Dolde/Porsch* in: Schoch/Schneider, VwGO, § 72 Rn. 13.

[129] BVerwGE 140, 245 Rn. 16 = NVwZ 2012, 506 → *Ehlers* JK 5/12, VwVfG § 35 S. 1/21 und → *Waldhoff* JuS 2012, 479.

[130] BVerwGE 101, 64 (67) = NVwZ 1997, 272; *Seith* VBlBW 2015, 145 (147); *Pietzner/Ronellenfitsch* Assessorexamen, Rn. 1045.

[131] BVerwGE 101, 64 (69 f.) = NVwZ 1997, 272 (273) → JuS 1997, 662 *(Brodersen);* E 118, 84 (88 f.) = NVwZ-RR 2003, 871 (872) → *Ehlers* JK 3/04, VwVfG § 80/1; NJW 2009, 2968 Rn. 16 → *Schoch* JK 2/10, VwGO § 72/3; VGH BW NVwZ-RR 2019, 669 Rn. 34; NdsOVG NVwZ-RR 2003, 326 (327); *Exner/Richter-Hopprich* JuS 2015, 521 (524); *Sieweke* NVwZ 2015, 858; *Funke-Kaiser* in: Bader/Funke-Kaiser/Stuhlfauth/v. Albedyll, VwGO, § 72 Rn. 5; *Geis* in: Sodan/Ziekow, VwGO, § 72 Rn. 31 f.; *Glaser* in: Gärditz, VwGO, § 72 Rn. 8; *Rennert* in: Eyermann, VwGO, § 72 Rn. 11.

[132] NdsOVG NVwZ-RR 2003, 326 (327).

[133] BVerwGE 118, 84 (87) = NVwZ-RR 2003, 871 (872) → *Ehlers* JK 3/04, VwVfG § 80/1; OVG Hamburg NVwZ-RR 1999, 706 (707); *Wittmann* NWVBl 2010, 59 (61); *Exner/Richter-Hopprich* JuS 2015, 521.

[134] § 80 Abs. 1 S. 5 VwVfG BW (dazu VGH BW VBlBW 2005, 281 und Beschl. v. 4.2.2019 – 3 S 2494/18, BeckRS 2019, 1558); Art. 81 Abs. 1 S. 5 BayVwVfG; § 19 Abs. 1 S. 5 AGVwGO RP; § 80 Abs. 1 S. 5 SaarlVwVfG; § 80 Abs. 1 S. 6 ThürVwVfG; vgl. dazu *Skolik* ThürVBl 2013, 73 (75).

der Abhilfeentscheidung benötige einen „tragfähigen Grund"; die Wahl der Rücknahme zwecks Vermeidung der nach § 72 VwGO zu erwartenden Kostenlast sei kein tragfähiger Grund.[135] Indiziert sei vielmehr ein **Formenmissbrauch;** das Vorgehen nach § 48 VwVfG sei allerdings nur dann rechtsmissbräuchlich, wenn der Behörde „gute Gründe für diese Verfahrensweise nicht zur Seite stehen".[136] „Gute Gründe" gibt es jedoch kaum.[137] So soll die Wahl des § 48 VwVfG bei einem unzulässigen Widerspruch oder beim Drittwiderspruch im Falle einer fehlenden Verletzung drittschützender Vorschriften legitimiert sein;[138] insoweit liegt indes ein „Wahlrecht" nicht vor, weil die Abhilfe gemäß § 72 VwGO einen zulässigen und begründeten (Dritt-)Widerspruch voraussetzt[139] (→ Rn. 56). Beim Widerspruch eines Dritten soll die Ausgangsbehörde den „Vorteil" des § 50 VwVfG, insbesondere die Umgehung der Ausgleichspflicht nach § 48 Abs. 3 VwVfG, nutzen dürfen;[140] wenn die Vermeidung der Kostenlast gemäß § 72 VwGO kein tragfähiger Grund für das Absehen von der Abhilfeentscheidung ist, kann dies bei einer Umgehung des Vermögensausgleichs nach § 48 Abs. 3 VwVfG nicht anders sein.[141] Tragfähig soll das behördliche Ausweichen auf § 48 Abs. 1 S. 1 VwVfG ferner sein, wenn sich die Sachlage nach Erlass des angegriffenen Verwaltungsakts geändert habe;[142] dabei wird übersehen, dass maßgeblich für die Beurteilung der Sach- und Rechtslage ohnehin erst der Zeitpunkt der Entscheidung über den Widerspruch ist (→ Rn. 65). Bei wirklichkeitsnaher Betrachtung geht es der Ausgangsbehörde bei dem Ausweichen von § 72 VwGO auf § 48 Abs. 1 S. 1 VwVfG in der Regel selbstverständlich primär um die Vermeidung der Kostenlast.[143] Dieses rechtswidrige und unsachgemäße „Ausweichmanöver" kann im Rechtsstaat nicht akzeptiert werden; deshalb scheidet auch eine Umdeutung (§ 47 VwVfG; § 115a LVwG SH) der „Rücknahme" in eine „Abhilfe" aus,[144] und der Rücknahmebescheid ist entsprechend § 80 VwVfG um eine Kostenerstattungsregelung zu ergänzen.[145] Beim **Verpflichtungswiderspruch** kommt das „Wahlrecht" von vornherein nicht in Betracht; denn die Rücknahme des rechtswidrigen Ablehnungsbescheids ginge am Begehren des Widerspruchsführers bei einem zulässigen und begründeten Widerspruch vorbei.[146]

61 **Lösung zu Fall 10:** Die Ausgangsbehörde, so das BVerwG, habe im Zeitpunkt der Rücknahmeentscheidung keinen Anlass zu der Annahme gehabt, die Rechtsfragen seien abschließend zu Gunsten des N geklärt gewesen. Daher habe ein erkennbar zulässiger und begründeter Widerspruch nicht vorgelegen. Es sei deshalb nicht sachwidrig gewesen, keinen Abhilfebescheid zu erlassen. Eine Kostenerstattung im Widerspruchsverfahren steht folglich nicht zur Debatte. – Tragender wäre es gewesen, auf die nur objektivrechtliche Wirkung des Verunstaltungsverbots zu verweisen. Ein „Wahlrecht" bestand gar nicht, weil Zulässigkeit und Begründetheit des Nachbarwiderspruchs für eine Abhilfeentscheidung noch nicht geklärt waren.

---

[135] BVerwGE 101, 64 (71) = NVwZ 1997, 272 (273) → JuS 1997, 662 *(Brodersen).*

[136] So BVerwGE 118, 84 (89) = NVwZ-RR 2003, 871 (872) → *Ehlers* JK 3/04, VwVfG § 80/1.

[137] *Dolde/Porsch* in: Schoch/Schneider, VwGO, § 72 Rn. 16a; *Hüttenbrink* in: Posser/Wolff, VwGO, § 72 Rn. 12; a. A. *Baer* in: Schoch/Schneider, VwVfG, § 80 Rn. 29.

[138] BVerwGE 101, 64 (70 f.) = NVwZ 1997, 272 (273) → JuS 1997, 662 *(Brodersen); Rennert* in: Eyermann, VwGO, § 72 Rn. 11.

[139] *Dolde/Porsch* in: Schoch/Schneider, VwGO, § 72 Rn. 16a.

[140] BVerwGE 101, 64 (70 f.) = NVwZ 1997, 272 (273) → JuS 1997, 662 *(Brodersen).*

[141] *Pietzner/Ronellenfitsch* Assessorexamen, Rn. 1046 Fn. 30: Ausgangsbehörde kann sich ihrer Pflicht zum Erlass eines Abhilfebescheids nicht durch „Falschetikettierung" entziehen.

[142] BVerwGE 118, 84 (89 f.) = NVwZ-RR 2003, 871 (872) → *Ehlers* JK 3/04, VwVfG § 80/1; *Exner/Richter-Hopprich* JuS 2015, 521 (524).

[143] Anschaulich BVerwG NJW 2009, 2968 Rn. 18 → *Schoch* JK 2/10, VwGO § 72/3; VGH BW NVwZ-RR 2019, 669 Rn. 40; dazu *Schübel-Pfister* JuS 2019, 1075 (1078 f.); NdsOVG NVwZ-RR 2003, 326 (327).

[144] BVerwG NVwZ 2000, 195 (196) → *Ehlers* JK 9/00, VwGO § 72/2.

[145] *Rennert* in: Eyermann, VwGO, § 72 Rn. 11, verlangt dafür eine Klage des Widerspruchsführers.

[146] *Dolde/Porsch* in: Schoch/Schneider, VwGO, § 72 Rn. 16a.

## III. Entscheidung der Widerspruchsbehörde

### 1. Entscheidungsmaßstab

Die Widerspruchsbehörde überprüft gemäß § 68 Abs. 1 S. 1 VwGO (Anfechtungswiderspruch) bzw. § 68 Abs. 2 i. V. m. Abs. 1 S. 1 VwGO (Verpflichtungswiderspruch) die **Rechtmäßigkeit und Zweckmäßigkeit** des angegriffenen Verwaltungsakts. Auf Grund der durch den Devolutiveffekt gewonnenen vollen Entscheidungskompetenz der Widerspruchsbehörde (→ Rn. 51) werden der angefochtene Verwaltungsakt bzw. die angegriffene Ablehnungsentscheidung der Ausgangsbehörde einer umfassenden und grundsätzlich (zu Ausnahmen → Rn. 63) uneingeschränkten Überprüfung unterzogen.[147] Die Kontrolle seitens der Widerspruchsbehörde erstreckt sich auf die formelle und die materielle Rechtmäßigkeit der Ausgangsentscheidung, und zwar ohne Bindung an die Tatsachenermittlung der Ausgangsbehörde (§§ 24 ff. VwVfG; §§ 83 ff. LVwG SH).[148] Je nach dem Ergebnis der Überprüfung wird dem Widerspruch ganz oder teilweise stattgegeben (→ Rn. 68) oder er wird zurückgewiesen (→ Rn. 67); dabei können Verfahrensfehler der Ausgangsbehörde behoben werden (→ Rn. 66). Auch inhaltliche Mängel der Ausgangsentscheidung können bereinigt werden. Das betrifft nicht nur die Wahl der richtigen Rechtsgrundlage für den angegriffenen Verwaltungsakt und das Vorliegen der Voraussetzungen für den Verwaltungsakt **(Rechtmäßigkeitskontrolle),** sondern – im Falle behördlicher Entscheidungsspielräume – auch die Ausübung zutreffender Zweckmäßigkeitserwägungen **(Zweckmäßigkeitskontrolle);** in der Regel geht es dabei um die fehlerfreie Ermessensbetätigung (§ 40 VwVfG; § 73 LVwG SH), bei administrativen Beurteilungsermächtigungen (im Rahmen der Konkretisierung unbestimmter Rechtsbegriffe)[149] um den Beurteilungsvorgang bei der Ausgangsbehörde.[150] Aus verwaltungsprozessualer Sicht ist im Gerichtsverfahren als Gegenstand der Anfechtungsklage (§ 79 VwGO) der Widerspruchsbescheid die maßgebende Verwaltungsentscheidung (→ Rn. 65). 62

In **Selbstverwaltungsangelegenheiten** (§ 73 Abs. 1 S. 2 Nr. 3 VwGO)[151] ermächtigt § 68 Abs. 1 S. 2 vor Nr. 1 VwGO den (Landes-)Gesetzgeber nicht nur zum vollständigen Ausschluss des Widerspruchsverfahrens, sondern auch zur bloßen **Beschränkung der Prüfungskompetenz** der Widerspruchsbehörde.[152] Danach kann z. B. im Bereich der kommunalen Selbstverwaltung (Art. 28 Abs. 2 GG) die Widerspruchsbehörde auf eine *Rechtskontrolle* begrenzt sein, während die Nachprüfung des Verwaltungsakts unter dem Gesichtspunkt der **Zweckmäßigkeit** der Gemeinde vorbehalten bleibt.[153] Unter „Selbstverwaltungsangelegenheiten" sind nach einem engen Begriffsverständnis nur die *weisungsfreien* Angelegenheiten des eigenen kommunalen Wirkungskreises zu verstehen.[154] Maßgebend ist indes das Landes(verfassungs)recht, das im monistischen Aufgabenmodell (im Unterschied zu den „Auftragsangelegenheiten" im dualistischen Modell)[155] die Pflichtaufgaben zur *Er-* 63

---

[147] BVerwGE 140, 245 Rn. 20 = NVwZ 2012, 506 → *Ehlers* JK 5/12, VwVfG § 35 S. 1/21 und → *Waldhoff* JuS 2012, 479.

[148] *Engst* Jura 2006, 166 (168); *Hüttenbrink* in: Posser/Wolff, VwGO, § 73 Rn. 13.

[149] Dazu *Schoch* Jura 2004, 612; *Kment/Vorwalter* JuS 2015, 193 (195, 196 ff.); vertiefend *Thiemann* FS Ehlers, 2015, S. 257.

[150] BVerwGE 108, 274 (280) = NVwZ 2000, 329 (330): rechtswidriger Widerspruchsbescheid mangels Ausübung der Beurteilungsermächtigung bei der Kontrolle der Ausgangsentscheidung.

[151] Überblick dazu bei *Rennert* in: Eyermann, VwGO, § 73 Rn. 5: Gemeinden und (Land-)Kreise sowie Zweckverbände; Handwerkskammern sowie Industrie- und Handelskammern; Ärzte-, Apotheker- und Rechtsanwaltskammern; Universitäten (etc.).

[152] BVerwGE 140, 245 Rn. 22 = NVwZ 2012, 506 → *Ehlers* JK 5/12, VwVfG § 35 S. 1/21 und → *Waldhoff* JuS 2012, 479.

[153] Vgl. etwa § 17 Abs. 1 AGVwGO BW; Art. 119 Nr. 1 BayGO, Art. 105 Nr. 1 BayLKrO; § 6 Abs. 2 AGVwGO RP; § 8 Abs. 2 SaarlAGVwGO; § 27 Abs. 1 SächsJG; § 10 ThürAGVwGO.

[154] *Porsch* in: Schoch/Schneider, VwGO, § 73 Rn. 14; *Geis* in: Sodan/Ziekow, VwGO, § 73 Rn. 11; *Hüttenbrink* in: Posser/Wolff, VwGO, § 73 Rn. 6; *Kothe* in: Redeker/v. Oertzen, VwGO, § 73 Rn. 2; *Rennert* in: Eyermann, VwGO, § 73 Rn. 5.

[155] Dazu *Röhl* in: Schoch, BesVwR, Kap. 2 Rn. 68.

*füllung nach Weisung* einbezieht.[156] Unabhängig davon bleibt es dem Landesgesetzgeber unbenommen, die Kontrollrestriktion der Widerspruchsbehörde (d. h. bloße Rechtmäßigkeitskontrolle) auf weisungsfreie Angelegenheiten zu konzentrieren. Mitunter muss bei einheitlichen Lebenssachverhalten rechtlich differenziert werden; so wird die Gebührenerhebung seitens einer Gemeinde den Selbstverwaltungsangelegenheiten zugeordnet, falls das Gebührenaufkommen bei der Gemeinde verbleibt, auch wenn die gebührenpflichtige Amtshandlung keine (weisungsfreie) Selbstverwaltungsaufgaben ist.[157]

### 2. Maßgeblicher Zeitpunkt für die Widerspruchsentscheidung

64 **Fall 11:** B will die Verkaufsfläche seines im Industriegebiet der Stadt S angesiedelten Lebensmittelmarkts erweitern. Der Bauantrag beachtete alle maßgeblichen Vorschriften, wurde von S als zuständiger Bauaufsichtsbehörde mit Bescheid vom Dezember 2016 aber abgelehnt. Dagegen erhob B Widerspruch. Im September 2017 fasste S einen Änderungsbeschluss zum Bebauungsplan „Industriegebiet", wonach der Einzelhandel mit zentren- und nahversorgungsrelevanten Sortimenten ausgeschlossen werden soll; eine Bekanntmachung unterblieb zunächst. Gleichzeitig wurde eine Veränderungssperre beschlossen; deren Bekanntmachung erfolgte im Oktober 2017, der Änderungsbeschluss zum Bebauungsplan wurde im Mai 2019 bekannt gemacht. Mit Widerspruchsbescheid von Ende Januar 2017 war S seitens des Regierungspräsidiums als zuständiger Widerspruchsbehörde unter Hinweis auf die Unwirksamkeit der Veränderungssperre zur Erteilung der von B beantragten Baugenehmigung verpflichtet worden. Hiergegen hatte S Anfechtungsklage beim zuständigen VG erhoben. Während des Gerichtsverfahrens entschied S im September 2019 über die Verlängerung der Veränderungssperre, bevor im Juni 2020 der neue Bebauungsplan rechtswirksam beschlossen und bekannt gemacht wurde. Wie entscheidet das VG?[158]

65 Maßgeblicher Zeitpunkt für die Widerspruchsbehörde zur Beurteilung der Sach- und Rechtslage ist grundsätzlich der **Erlass der Widerspruchsentscheidung.**[159] Während des Widerspruchsverfahrens eintretende Änderungen der Sach- oder Rechtslage sind, sofern sich aus dem materiellen Recht nichts anderes ergibt, zu berücksichtigen.[160] Ausgangsverfahren und Widerspruchsverfahren bilden eine Einheit (→ Rn. 57), den Abschluss bildet der Widerspruchsbescheid:[161] er gibt dem Ausgangsbescheid seine endgültige und für die gerichtliche Beurteilung maßgebliche Gestalt (§ 79 Abs. 1 Nr. 1 VwGO). Eine Ausnahme wird seit jeher beim Drittwiderspruch gegen eine Baugenehmigung anerkannt; Rechtsänderungen, die während des Widerspruchsverfahrens zu Lasten des Bauherrn eintreten, werden wegen der ihm mit der Baugenehmigung eingeräumten Rechtsposition nicht berücksichtigt.[162]

66 Auf Grund der Maßgeblichkeit der Widerspruchsentscheidung und des zeitlichen Rahmens nach § 45 Abs. 2 VwVfG (§ 114 Abs. 2 LVwG SH) kann das Widerspruchsverfahren für die **Heilung von Verfahrensfehlern** im Ausgangsverfahren genutzt werden. Von Bedeutung sind vor allem die Beseitigung von Begründungsmängeln (§ 45 Abs. 1 Nr. 2

---

156 OVG NW NWVBl 2004, 109 (110); *Riotte/Waldecker* NWVBl 1995, 401 ff.; *Glaser* in: Gärditz, VwGO, § 73 Rn. 17.

157 VGH BW VBlBW 2005, 391 (394); VBlBW 2014, 306 (307): *Porsch* in: Schoch/Schneider, VwGO, § 73 Rn. 14.

158 Fall nach VGH BW VBlBW 2007, 20 und BVerwGE 130, 113 = NVwZ 2008, 437 = JZ 2008, 729 (m. Anm. *W.-R. Schenke*) → *Schoch* JK 7/08, VwGO § 113 I 1/23.

159 BVerwG DÖV 2007, 302; *Pietzner/Ronellenfitsch* Assessorexamen, Rn. 1209.

160 *Dolde/Porsch* in: Schoch/Schneider, VwGO, § 68 Rn. 65; *Geis* in: Sodan/Ziekow, VwGO, § 68 Rn. 196; *Kothe* in: Redeker/v. Oertzen, VwGO, § 73 Rn. 15; teilweise a. A. zum Anfechtungswiderspruch *W.-R. Schenke* FS Würtenberger, 2013, S. 1185 (1191 ff.).

161 BayVGH BayVBl 2012, 471 Rn. 15.

162 BVerwG NVwZ 1998, 1179; DÖV 2007, 302; *Pietzner/Ronellenfitsch* Assessorexamen, Rn. 1210; *Dolde/Porsch* in: Schoch/Schneider, VwGO, § 68 Rn. 46.

VwVfG; § 114 Abs. 1 Nr. 2 LVwG SH) im Ausgangsbescheid[163] und die Nachholung einer von der Ausgangsbehörde zu Unrecht unterlassenen Anhörung eines Beteiligten (§ 45 Abs. 1 Nr. 3 VwVfG; § 114 Abs. 1 Nr. 3 LVwG SH).[164] Die Heilungsbefugnis der Widerspruchsbehörde besteht angesichts ihrer umfassenden Sachentscheidungskompetenz (→ Rn. 51 und → Rn. 62) unabhängig davon, ob der verfahrensfehlerhafte Ausgangsbescheid eine gebundene Verwaltungsentscheidung zum Ausdruck bringt oder auf einer behördlichen Ermessensentscheidung beruht.[165] Das Widerspruchsverfahren bewirkt nicht automatisch („per se") eine Fehlerheilung; nach dem **Gebot realer Fehlerheilung** muss die Verfahrenshandlung funktionsgerecht nachgeholt werden, d. h. der Beteiligte muss in der Sache – lediglich zeitversetzt – so gestellt werden, wie er ohne den behördlichen Verfahrensverstoß stünde.[166] Das Widerspruchsverfahren steht als Heilungsinstrument dort nicht zur Verfügung, wo es abgeschafft worden ist (→ Rn. 93). Die im Widerspruchsverfahren selbst entstandenen Fehler werden prozessual nach § 79 Abs. 2 VwGO behandelt.

### 3. Entscheidung über den Widerspruch

Der **unzulässige Widerspruch** wird von der Widerspruchsbehörde zurückgewiesen.[167] 67
Das hat auch im Falle der Unzulässigkeit wegen Verfristung zu gelten; die Gegenauffassung (→ Rn. 39) ist gesetzeswidrig und daher abzulehnen (→ Rn. 40). Zurückzuweisen ist auch der **unbegründete Widerspruch,** sei es, dass der angegriffene Verwaltungsakt rechtmäßig und zweckmäßig oder zwar rechtswidrig bzw. unzweckmäßig ist, jedoch den Widerspruchsführer (z. B. beim Verwaltungsakt mit Drittwirkung) nicht in seinen Rechten verletzt bzw. beschwert.[168]

Dem (zulässigen und) **begründeten Widerspruch** ist stattzugeben; ist der Widerspruch 68
zum Teil begründet, wird ihm teilweise stattgegeben, teilweise wird er zurückgewiesen.[169] Beim begründeten **Anfechtungswiderspruch** steht fest, dass der angegriffene Verwaltungsakt rechtswidrig bzw. unzweckmäßig ist und den Widerspruchsführer dadurch in seinen Rechten verletzt bzw. beschwert. Im Interesse eines wirksamen Rechtsschutzes hebt die Widerspruchsbehörde den Ausgangsbescheid auf.[170] Soweit der Widerspruchsbehörde (auch) die verwaltungsinterne Anweisung (als Aufsichtsbehörde) gegenüber der Ausgangsbehörde zur Abhilfe (§ 72 VwGO) oder zur Rücknahme des Verwaltungsakts (→ Rn. 59) gestattet wird,[171] findet diese Auffassung in §§ 68, 73 VwGO keine Grundlage. Zwar lässt die VwGO das (Landes-)Organisations- und -verfahrensrecht unberührt, jedoch kann §§ 68, 73 VwGO keine Befugnis der *Widerspruchsbehörde* entnommen werden, in die Funktion der *Aufsichtsbehörde* zu wechseln und mit Weisungen zu agieren.[172] Gesetzlich nicht gedeckt von §§ 68, 73 VwGO ist insbesondere die Anweisung der Ausgangsbehörde zur

---

[163] BVerwG NVwZ 1993, 976 (977); BayVGH NVwZ 1995, 304 (307); HessVGH NVwZ-RR 2011, 492 (493).

[164] VGH BW VBlBW 2015, 389; BayVGH BayVBl 2004, 149 (150) → *Schoch* JK 9/04, VwGO § 68/8; OVG Bremen NVwZ-RR 2006, 643 (644); NdsOVG AfP 1997, 572 (573); OVG NW DVBl 2010, 1243; OVG RP NVwZ-RR 2003, 674; SächsOVG NVwZ-RR 2002, 53 (54).

[165] *Engst* Jura 2006, 166 (170); *Dolde/Porsch* in: Schoch/Schneider, VwGO, § 68 Rn. 43; a. A. *Kothe* in: Redeker/ v. Oertzen, VwGO, § 73 Rn. 14c.

[166] BVerwGE 137, 199 Rn. 37 = NVwZ 2011, 115; E 142, 205 Rn. 18 = NJW 2012, 2823 → *Ehlers* JK 3/13, VwVfG § 28/5; E 153, 367 Rn. 17 = NVwZ-RR 2016, 449; HessVGH NVwZ-RR 2012, 163 → *Schoch* JK 7/12, VwVfG § 45 I Nr. 3/1 und → *Waldhoff* JuS 2012, 671; DVBl 2015, 1067 Rn. 38; OVG NW DVBl 2010, 719 (720); NWVBl 2013, 37 (38).

[167] Das gilt auch im Falle der Unzulässigkeit wegen Abschaffung des Widerspruchsverfahrens, BayVGH BayVBl 2015, 826 Rn. 14.

[168] *Porsch* in: Schoch/Schneider, VwGO, § 73 Rn. 33.

[169] *Hufen* Verwaltungsprozessrecht, § 9 Rn. 11; *Geis* in: Sodan/Ziekow, VwGO, § 73 Rn. 34.

[170] *Engst* Jura 2006, 166 (169); *Hufen* Verwaltungsprozessrecht, § 9 Rn. 9; *Pietzner/Ronellenfitsch* Assessorexamen, Rn. 1260; *Porsch* in: Schoch/Schneider, VwGO, § 73 Rn. 34.

[171] OVG NW NVwZ-RR 1993, 289; *Geis* in: Sodan/Ziekow, VwGO, § 73 Rn. 35; *Glaser* in: Gärditz, VwGO, § 73 Rn. 8; *W.-R. Schenke* in: Kopp/Schenke, VwGO, § 73 Rn. 7.

[172] *Porsch* in: Schoch/Schneider, VwGO, § 73 Rn. 35.

Rücknahme des Verwaltungsakts *außerhalb* des Widerspruchsverfahrens, weil dadurch dem Widerspruchsführer eine das Widerspruchsverfahren abschließende Sachentscheidung und eine Kostenentscheidung vorenthalten wird.[173]

69 Ist der **Verpflichtungswiderspruch** (zulässig und) begründet, steht fest, dass der Widerspruchsführer einen Anspruch auf den beantragten und von der Ausgangsbehörde zu Unrecht abgelehnten Verwaltungsakt hat. Da die Sache „spruchreif" ist, erlässt die Widerspruchsbehörde den begehrten Verwaltungsakt durch den Widerspruchsbescheid.[174] Das propagierte „Wahlrecht", von der Sachentscheidung abzusehen und die Ausgangsbehörde zur Erteilung des beantragten Verwaltungsakts anzuweisen,[175] kennt § 73 VwGO nicht. Die Aufhebung des Ablehnungsbescheids und die Zurückweisung zur erneuten Entscheidung der Ausgangsbehörde kommen nur in Betracht, wenn die Widerspruchsbehörde wegen eingeschränkter Prüfungskompetenz (→ Rn. 63) nicht abschließend entscheiden kann.[176]

70 **Lösung zu Fall 11:** Das BVerwG billigte der Widerspruchsbehörde ein Wahlrecht zu, auf Grund der Nichtigkeit der Veränderungssperre[177] die Baugenehmigung selbst zu erteilen oder lediglich die Baugenehmigungsbehörde (Stadt S) zur Erteilung der Genehmigung zu verpflichten. Für die Beurteilung der Sach- und Rechtslage sei der Zeitpunkt der letzten mündlichen Gerichtsverhandlung maßgeblich. Dies ergebe sich bei der Anfechtungsklage einer Gemeinde gegen einen Widerspruchsbescheid aus dem materiellen Recht. Das Recht der Bauleitplanung (§ 1 Abs. 3, § 2 Abs. 1 S. 1, § 1 Abs. 2 BauGB) umfasse die Befugnis, das Gemeindegebiet nach eigenen gemeindlichen Vorstellungen zu überplanen und die planungsrechtlichen Grundlagen für die Zulässigkeit eines Vorhabens zu ändern. Im Zeitpunkt der mündlichen Verhandlung war die Veränderungssperre mit den Rechtswirkungen des § 14 Abs. 1 BauGB in Kraft getreten. Hier nun zeigt sich die streitentscheidende Bedeutung des Inhalts der Widerspruchsentscheidung: Hätte das Regierungspräsidium „durchentschieden" und B die beantragte Baugenehmigung Ende Januar 2017 erteilt, wären die nachfolgenden bauplanungsrechtlichen Aktivitäten von S für das Vorhaben des B wirkungslos geblieben (vgl. § 14 Abs. 3 BauGB[178]); da das Regierungspräsidium jedoch S nur zur Erteilung der Baugenehmigung anwies, habe B keine gegenüber nachträglichen Änderungen gesicherte Rechtsposition erhalten,[179] so dass die Anfechtungsklage von S begründet sei.

### 4. Insbesondere: reformatio in peius

71 **Fall 12:** Für die Entnahme von Grundwasser durch das Unternehmen U, das das Wasser als Kühlwasser verwendet, setzt die Stadt S als zuständige untere Wasserbehörde –

[173] *Rennert* in: Eyermann, VwGO, § 73 Rn. 14.

[174] *Engst* Jura 2006, 166 (169); *Hufen* Verwaltungsprozessrecht, § 9 Rn. 10; *Porsch* in: Schoch/Schneider, VwGO § 73 Rn. 39; *Hüttenbrink* in: Posser/Wolff, VwGO, § 73 Rn. 15; *Rennert* in: Eyermann, VwGO, § 73 Rn. 15.

[175] BVerwGE 130, 113 Rn. 10 = NVwZ 2008, 437 = JZ 2008, 729 (m. Anm. *W.-R. Schenke*) → *Schoch* JK 7/08, VwGO, § 113 I 1/23; *Würtenberger/Heckmann* Verwaltungsprozessrecht, Rn. 428; *Pietzner/Ronellenfitsch* Assessorexamen, Rn. 1268; *Geis* in: Sodan/Ziekow, VwGO, § 73 Rn. 35, 38; *Glaser* in: Gärditz, VwGO, § 73 Rn. 9.

[176] *Schenke* Verwaltungsprozessrecht, Rn. 686; *Porsch* in: Schoch/Schneider, VwGO, § 73 Rn. 39; *Rennert* in: Eyermann, VwGO, § 73 Rn. 15.

[177] BVerwGE 130, 113 Rn. 8 = NJW 2008, 437: fehlende Bekanntmachung des Änderungsbeschlusses zum Bebauungsplan, daher keine Rechtswirksamkeit; diese wiederum ist Voraussetzung einer wirksamen Veränderungssperre.

[178] BVerwGE 69, 1 (4) = NJW 1984, 1473: Das *genehmigte* Bauvorhaben wird von einem erlassenen Bebauungsplan nicht berührt.

[179] BVerwGE 130, 113 Rn. 12 = NVwZ 2008, 437: Die bloße Bescheidung durch Widerspruchsbescheid enthält keine feststellende, d. h. die planungsrechtliche Zulässigkeit treffende Regelung.

vorbehaltlich einer Nachprüfung – ein Wasserentnahmeentgelt von 1 Mio. Euro fest. Den Widerspruch von U weist das Regierungspräsidium, das auch Fachaufsichtsbehörde ist, zurück und setzt (nach Aufdeckung eines Berechnungsfehlers der Ausgangsbehörde) den Betrag – zur Überraschung von U – rechnerisch richtig auf 1,7 Mio. Euro fest. Ist dies rechtmäßig?[180]

72 **a) Zulässigkeit der reformatio in peius.** Der Widerspruchsbehörde obliegt grundsätzlich (Ausnahme: → Rn. 63) die vollständige Überprüfung der Rechtmäßigkeit und Zweckmäßigkeit des Verwaltungsakts bzw. seiner Ablehnung (→ Rn. 51 und → Rn. 62). Das Ergebnis der Kontrolle kann lauten, dass nach dem maßgeblichen materiellen Recht die Belastung des Widerspruchsführers (beim Anfechtungswiderspruch) höher bzw. stärker oder (beim Verpflichtungswiderspruch) eine von der Ausgangsbehörde zugesprochene Begünstigung niedriger ausfallen bzw. ganz entfallen muss. Kommt es danach auf Grund des erhobenen Widerspruchs zu einer Abänderung der angegriffenen Entscheidung der Ausgangsbehörde seitens der Widerspruchsbehörde zum Nachteil des Widerspruchsführers, liegt eine **reformatio in peius** („Verböserung") vor. Die reformatio in peius bezeichnet demnach im Widerspruchsverfahren die Abänderung des Verwaltungsakts der Ausgangsbehörde durch die Widerspruchsbehörde zu Lasten desjenigen, der den Rechtsbehelf eingelegt hat.[181]

73 Die **prinzipielle Zulässigkeit** der reformatio in peius ist kaum noch umstritten.[182] Verfassungsrechtlich (und unionsrechtlich)[183] ist die „Verböserung" nicht untersagt, sondern dem Gesetzgeber zur Entscheidung überlassen. Spezielle Regelungen gibt es nur vereinzelt.[184] Die VwGO (§§ 68ff.) beantwortet die Frage nicht.[185] §§ 71, 79 Abs. 1 Nr. 2 und Abs. 2 VwGO gehen von der *tatsächlichen* Möglichkeit einer zusätzlichen selbstständigen Beschwer durch den Widerspruchsbescheid aus, normieren aber nicht, dass dieser eine solche Beschwer enthalten *darf.*[186] Auch die Funktionen des Widerspruchsverfahrens (→ Rn. 4) vermitteln keine Antwort. Die **Rechtsschutzfunktion** spricht gegen die Zulässigkeit der reformatio in peius, die **Selbstkontrolle der Verwaltung** streitet dafür, um gesetzmäßige Zustände herstellen zu können (Art. 20 Abs. 3 GG). Verwiesen ist damit auf die sonstige Rechtsordnung: das Organisationsrecht, das Verfahrensrecht und das materielle Recht.[187] Ein generelles Verbot der reformatio in peius findet sich dort nicht. Eine „Verböserung" kommt allerdings nur im Rahmen des Verfahrensgegenstands in Betracht; das ist bei

---

[180] Fall nach VGH BW NVwZ-RR 2002, 3 → *Schoch* JK 1/02, VwGO § 71/3.

[181] Nicht der reformatio in peius unterfallen die Änderung der Begründung des Verwaltungsakts, die erstmalige Belastung eines Dritten durch den Widerspruchsbescheid und die Aufhebung eines begünstigenden Verwaltungsakts auf Grund eines Drittwiderspruchs; *Gersdorf* Verwaltungsprozessrecht, Rn. 233; *Schenke* Verwaltungsprozessrecht, Rn. 690; a. A. bzgl. einer Änderung der Begründung *Kahl/Hilbert* Jura 2011, 660 (661).

[182] Prinzipielle Bedenken äußert *Hufen* Verwaltungsprozessrecht, § 9 Rn. 17.

[183] EuGH NVwZ 2009, 168 sagt nichts zur reformatio in peius im Widerspruchsverfahren, *Lindner* DVBl 2009, 224 (227); *Gärditz* JuS 2009, 385 (393). – Näher zum EU-Recht *Dolde/Porsch* in: Schoch/Schneider, VwGO, § 68 Rn. 48.

[184] Zulässigkeit der „Verböserung" anerkennend § 367 Abs. 2 AO (von Bedeutung auch im Kommunalabgabenrecht); dazu BFH NVwZ-RR 2016, 835 Rn. 19ff.; *Poschenrieder* Außergerichtliche Vorverfahren (Fn. 11), S. 50f. – Gegenbeispiel ist § 42 Abs. 2 S. 1 BDG [Sartorius I Nr. 220]: In dem Widerspruchsbescheid darf die angefochtene Disziplinarentscheidung nicht zum Nachteil des Beamten geändert werden.

[185] A. A. unter Hinweis auf §§ 71, 78 Abs. 2, 79 Abs. 1 Nr. 2 und Abs. 2 S. 1 VwGO *Würtenberger/Heckmann* Verwaltungsprozessrecht, Rn. 435.

[186] BVerwGE 51, 310 (314) = NJW 1977, 1894 → JuS 1977, 692 *(Schulze-Osterloh); Lindner* DVBl 2009, 224 (225); *Kahl/Hilbert* Jura 2011, 660 (661); *Gersdorf* Verwaltungsprozessrecht, Rn. 234; *Dolde/Porsch* in: Schoch/Schneider, VwGO, § 68 Rn. 48; *Glaser* in: Gärditz, VwGO, § 68 Rn. 68; *W.-R. Schenke* in: Kopp/Schenke, VwGO, § 68 Rn. 10a.

[187] BVerwG NVwZ 1987, 215 → *Erichsen* JK 87, VwGO § 68/4 und → JuS 1987, 833 *(Osterloh)* sowie → JA 1987, 330 *(Petz);* E 115, 259 (265) = VIZ 2002, 211 (213); VGH BW NVwZ-RR 1991, 113 (114); NVwZ-RR 2002, 3 (4) → *Schoch* JK 1/02, VwGO § 71/3; OVG RP NVwZ 1992, 386 (387); *Meister* JA 2002, 567 (569); *Kingreen* DÖV 2003, 1 (2); *Kahl/Hilbert* Jura 2011, 660 (662); *Dolde/Porsch* in: Schoch/Schneider, VwGO, § 68 Rn. 49.

einem nur teilweise angegriffenen Verwaltungsakt, der teilweise in Bestandskraft erwächst, von Bedeutung.[188]

74 **b) Voraussetzungen der reformatio in peius.** Zunächst muss der Widerspruchsbehörde die **Entscheidungskompetenz** zur reformatio in peius zustehen. Diese Anforderung enthält zwei Elemente: die *Zuständigkeit* für den Erlass des Widerspruchsbescheids und die *Befugnis* zur inhaltlichen „Verböserung" der Verwaltungsentscheidung.[189] Die Entscheidungszuständigkeit folgt stets aus §§ 68, 73 VwGO.[190] Das Recht zur reformatio in peius setzt voraus, dass die Widerspruchsbehörde im konkreten Verfahren die gleiche Entscheidungsbefugnis wie die Ausgangsbehörde hat.[191] Unproblematisch ist dies im Falle der **Identität beider Behörden;** dann verfügt die Widerspruchsbehörde über die vollständige Sachentscheidungsbefugnis.[192] Sind Ausgangsbehörde und Widerspruchsbehörde nicht identisch und regelt die VwGO die Zulässigkeit der reformatio in peius nicht (→ Rn. 73), kann die Kompetenz zur „Verböserung" nicht auf den Devolutiveffekt des Widerspruchs (→ Rn. 51) gestützt werden.[193] Die gleiche Entscheidungsbefugnis wie die Ausgangsbehörde hat die Widerspruchsbehörde bei einem **fachaufsichtlichen Weisungsrecht.**[194] Das vielfach geforderte **Selbsteintrittsrecht** der Widerspruchsbehörde[195] ist nicht notwendig.[196] Dagegen kann nicht eingewendet werden, ein Weisungsrecht sei kein Entscheidungsrecht;[197] das ist an sich zutreffend, im vorliegenden Zusammenhang aber unerheblich, da nach der Sachentscheidungsbefugnis gefragt ist und nicht nach der Kompetenz zum außenwirksamen Handeln. Auch der Hinweis auf die Trennung von Sachkompetenz und Wahrnehmungskompetenz[198] verfängt nicht; verfügt die Widerspruchsbehörde fachaufsichtlich über die umfassende Sachkompetenz (nach Maßgabe des einschlägigen Fachrechts), so ist ihr die Wahrnehmungskompetenz ausdrücklich durch § 73 VwGO (außenwirksamer Widerspruchsbescheid) zugewiesen.[199]

75 Ist der Widerspruchsbehörde (insbesondere in kommunalen Selbstverwaltungsangelegenheiten) nur die **Kompetenz zur Rechtmäßigkeitskontrolle** zuerkannt (→ Rn. 63), ist eine reformatio in peius nach h. M. unzulässig, weil die Widerspruchsbehörde nicht über die gleiche Sachentscheidungsbefugnis wie die Ausgangsbehörde verfüge.[200] Dieser pauschale Ausschluss der „Verböserung" ist zu undifferenziert; eine reformatio in peius aus

---

[188] Dazu OVG NW NVwZ-RR 2013, 745 (746 f.): Verpflichtungswiderspruch eines Beamten gegen einen Teil eines Beihilfebescheids; wegen teilweise eingetretener Bestandskraft des Ausgangsbescheids sei keine „Verböserung" zulässig, d. h. unterhalb des im Ausgangsbescheid festgesetzten Endbetrags dürfe kein Betrag festgesetzt werden.

[189] *Kahl/Hilbert* Jura 2011, 660 (662); *Dolde/Porsch* in: Schoch/Schneider, VwGO, § 68 Rn. 51.

[190] BVerwG NVwZ 1987, 215 (216) → *Erichsen* JK 87, VwGO § 68 /4 und → JuS 1987, 833 *(Osterloh)* sowie → JA 1987, 330 *(Petz);* NVwZ-RR 1997, 26; VGH BW NVwZ-RR 2002, 3 (5) → *Schoch* JK 1/02, VwGO § 71/3.

[191] *Würtenberger/Heckmann* Verwaltungsprozessrecht, Rn. 436; *Hüttenbrink* in: Posser/Wolff, VwGO, § 68 Rn. 11.

[192] OVG RP NVwZ 1992, 386 (387); ThürOVG LKV 2011, 92 (95); *Kahl/Hilbert* Jura 2011, 660 (663); *Pietzner/Ronellenfitsch* Assessorexamen, Rn. 1232.

[193] *Kahl/Hilbert* Jura 2011, 660 (662); *Dolde/Porsch* in: Schoch/Schneider, VwGO, § 68 Rn. 51.

[194] VGH BW NVwZ-RR 2002, 3 (5) → *Schoch* JK 1/02, VwGO § 71/3; OVG RP NVwZ 1992, 386 (387); NVwZ-RR 2004, 723; ThürOVG LKV 2011, 92 (96). – Nach Bundesrecht werden gegen jene Rechtsprechung keine Einwände erhoben, BVerwG NVwZ 1987, 215 (216) → *Erichsen* JK 87, VwGO § 68/4 und → JuS 1987, 823 *(Osterloh)* sowie → JA 1987 330 *(Petz);* NVwZ-RR 1997, 26; gleichsinnig *Würtenberger/Heckmann* Verwaltungsprozessrecht, Rn. 436; *Dolde/Porsch* in: Schoch/Schneider, VwGO, § 68 Rn. 51; *Glaser* in: Gärditz, VwGO, § 68 Rn. 69.

[195] *Lindner* DVBl 2009, 224 (225); *Kahl/Hilbert* Jura 2011, 660 (663); *Gersdorf* Verwaltungsprozessrecht, Rn. 236; *Pietzner/Ronellenfitsch* Assessorexamen, Rn. 1233; *W.-R. Schenke* in: Kopp/Schenke, VwGO, § 68 Rn. 10b.

[196] BVerwG NVwZ-RR 1997, 26 m. w. Nachw.

[197] So *Lindner* DVBl 2009, 224 (225).

[198] So *Kahl/Hilbert* Jura 2011, 660 (663).

[199] *Dolde/Porsch* in: Schoch/Schneider, VwGO, § 68 Rn. 51: unproblematisch.

[200] BayVGH BayVBl 2006, 434 (435); ThürOVG LKV 2011, 92 (95); *Kahl/Hilbert* Jura 2011, 660 (663 f.); *Hüttenbrink* in: Posser/Wolff, VwGO, § 68 Rn. 11; *W.-R. Schenke* in: Kopp/Schenke, § 68 Rn. 10b.

*Zweckmäßigkeitsgründen* scheidet in der Tat aus;[201] bei der Rechtmäßigkeitsprüfung ist die Widerspruchsbehörde, wie auch Fall 12 zeigt (→ Rn. 78), nicht eingeschränkt. Auch den in einigen Ländern als Widerspruchsbehörde agierenden weisungsunabhängigen **(Kreis- und Stadt-)Rechtsausschüssen** spricht die h. M. die Kompetenz zur reformatio in peius ab, weil ein solcher Ausschuss als reine Rechtsbehelfsbehörde tätig werde.[202] Verfügt der Ausschuss (mangels Einschränkung durch das AGVwGO) über die volle Prüfungs- und Entscheidungskompetenz nach §§ 68, 73 VwGO, hat er indes ohne jede Einschränkung das geltende Recht korrekt anzuwenden; das kann zu einer „Verböserung" der Ausgangsentscheidung führen.[203] Dass der Ausschuss weisungsunabhängig ist, ist im vorliegenden Zusammenhang ohne Belang.

Die rechtmäßige Vornahme der reformatio in peius durch die Widerspruchsbehörde verlangt, dass das **Verwaltungsverfahren** ordnungsgemäß durchgeführt wird. Hervorzuheben ist die **Anhörung** gemäß § 71 VwGO. Nach dem weiten Verständnis der „Soll"-Vorschrift (→ Rn. 80) muss dem Widerspruchsführer im Regelfall vor der beabsichtigten „Verböserung" nicht nur bei objektiv neuen Tatsachen, sondern auch bei einer rechtlichen Neubewertung bekannter Umstände seitens der Behörde rechtliches Gehör gewährt werden.[204] Im Normalfall kommt dies der behördlichen Pflicht zur Unterrichtung des Widerspruchsführers über die bevorstehende reformatio in peius gleich.[205] Der Widerspruchsführer kann sich der „Verböserung" entziehen, indem er seinen Widerspruch zurücknimmt.[206] 76

Die **materielle Befugnis** der Widerspruchsbehörde zur reformatio in peius kann nicht allein nach den Grundsätzen von Rücknahme und Widerruf gewonnen werden.[207] §§ 48 ff. VwVfG (§§ 116 ff. LVwG SH) ermächtigen die *Ausgangs*behörde, so dass ohnehin nur eine entsprechende Anwendung jener Vorschriften durch die *Widerspruchs*behörde in Betracht kommt.[208] Da die Widerspruchsbehörde an den Maßstab von „Rechtmäßigkeit und Zweckmäßigkeit" gebunden ist (§ 68 Abs. 1 S. 1, Abs. 2 VwGO), wird primär das im konkreten Fall anwendbare Bundes- bzw. Landesrecht in Bezug genommen, so dass das maßgebliche **materielle Recht** (das schon von der Ausgangsbehörde hätte korrekt vollzogen werden müssen) nicht ausgeblendet werden kann.[209] Vor diesem Hintergrund ist zu differenzieren:[210] 77

- Besteht die reformatio in peius in der (teilweisen) Aufhebung einer dem Widerspruchsführer von der Ausgangsbehörde gewährten Begünstigung, fungieren §§ 48 ff. VwVfG (analog) als Rechtsgrundlage.
- Liegt die „Verböserung" in einer dem Ausgangsbescheid hinzugefügten Beschwer, bedarf es weder einer Rücknahme noch eines Widerrufs; Rechtsgrundlage für die zusätzliche Beschwer ist die bereits für die Ausgangsbehörde einschlägige Norm des materiellen Rechts (vgl. Fall 12 → Rn. 71 und Lösung → Rn. 78).

---

[201] *Dolde/Porsch* in: Schoch/Schneider, VwGO, § 68 Rn. 51.

[202] OVG RP NVwZ-RR 2004, 723; zustimmend *Kahl/Hilbert* Jura 2011, 660 (664); *Hufen* Verwaltungsprozessrecht, § 9 Rn. 18; *Schenke* JZ 2010, 992 (998); *ders.* Verwaltungsprozessrecht, Rn. 693; *Würtenberger/Heckmann* Verwaltungsprozessrecht, Rn. 436; *Glaser* in: Gärditz, VwGO, § 68 Rn. 69; *Rennert* in: Eyermann, VwGO, § 68 Rn. 18.

[203] *Schröder* NVwZ 2005, 1029 (1030); *Jutzi* LKRZ 2008, 212 (214).

[204] BVerwG NVwZ 1999, 1218 (1219) → *Ehlers* JK 6/00, VwGO § 71/2; E 115, 259 (266) = VIZ 2002, 211 (213); VGH BW NVwZ 1995, 1220 (1221) → *Erichsen* JK 96, VwVfG § 28 I/1; *Dolde/Porsch* in: Schoch/Schneider, VwGO, § 71 Rn. 5.

[205] VGH BW NVwZ-RR 2002, 3 (4) → *Schoch* JK 1/02, VwGO § 71/3.

[206] BVerwG NVwZ 1999, 1218 (1219) → *Ehlers* JK 6/00, VwGO § 71/2; *Pietzner/Ronellenfitsch* Assessorexamen, Rn. 1234.

[207] So aber BVerwGE 65, 313 (319) = NVwZ 1983, 354 → JA 1983, 154 *(Geiger)*; NVwZ-RR 1997, 26; *Schenke* Verwaltungsprozessrecht, Rn. 694; *ders.* in: Kopp/Schenke, VwGO, § 68 Rn. 10c; *Geis* in: Sodan/Ziekow, VwGO, § 68 Rn. 228, 231 ff.; *Kothe* in: Redeker/v. Oertzen, VwGO § 73 Rn. 20.

[208] *Dolde/Porsch* in: Schoch/Schneider, VwGO, § 68 Rn. 49; *Rennert* in: Eyermann, VwGO, § 68 Rn. 18.

[209] VGH BW NVwZ-RR 2002, 3 (4) → *Schoch* JK 1/02, VwGO § 71/3; OVG RP NVwZ 1992, 386 (387); *Meister* JA 2002, 567 (570); *Hüttenbrink* in: Posser/Wolff, VwGO, § 68 Rn. 12.

[210] In Anlehnung an *Kahl/Hilbert* Jura 2011, 660 (665).

– Ist eine Neuregelung Ausdruck einer reformatio in peius, wird der Ausgangsbescheid nach §§ 48 ff. VwVfG (analog) aufgehoben und nach Maßgabe des anwendbaren materiellen Rechts durch den Widerspruchsbescheid ersetzt.

Danach greifen die Vertrauensschutztatbestände der §§ 48, 49 VwVfG nur ein, wenn die „Verböserung" mit einer (teilweisen) Aufhebung des Ausgangsbescheids einhergeht. Im Übrigen findet die reformatio in peius eine rechtsstaatliche Grenze im unantastbaren **Kernbestand des Vertrauensschutzes** (sowie im Grundsatz von Treu und Glauben).[211] Die reformatio in peius darf nicht zu „untragbaren Ergebnissen" führen.

78 **Lösung zu Fall 12:** U war nicht angehört worden; darin liegt ein Verstoß gegen § 71 VwGO. Eine – wenig überzeugende – Rechtfertigung sieht der VGH darin, dass der Ausgangsbescheid unter dem Vorbehalt einer Nachprüfung ergangen sei.[212] In der Sache liegen die Voraussetzungen der reformatio in peius vor. Das Regierungspräsidium hat das Entgelt nach Maßgabe des materiellen Rechts korrekt errechnet. Da die Widerspruchsbehörde zugleich Fachaufsichtsbehörde ist, verfügt sie bezüglich der Rechtmäßigkeitsprüfung über die notwendige Sachentscheidungsbefugnis. Der richtige Betrag kann im Widerspruchsbescheid festgesetzt werden; einer vorherigen Aufhebung (Rücknahme) des Ausgangsbescheids bedarf es nicht, er erhält seine Gestalt durch den Widerspruchsbescheid.

### 5. Erlass des Widerspruchsbescheids

79 **a) Formelle Rechtmäßigkeitsanforderungen.** Der Widerspruchsbescheid ergeht nach einer Nichtabhilfe seitens der Ausgangsbehörde (§ 73 Abs. 1 S. 1 VwGO). Die **Zuständigkeit der Widerspruchsbehörde** ergibt sich aus § 73 Abs. 1 S. 2 VwGO. Grundsätzlich erlässt die nächsthöhere Behörde den Widerspruchsbescheid (Nr. 1), falls diese jedoch eine oberste Bundes- oder Landesbehörde ist, ist die Ausgangsbehörde zuständig (Nr. 2). Unabhängig davon kann gesetzlich bestimmt werden, dass die Ausgangsbehörde auch für die Entscheidung über den Widerspruch zuständig ist (§ 73 Abs. 1 S. 3 VwGO).[213] In Selbstverwaltungsangelegenheiten (→ Rn. 63) erlässt grundsätzlich die Selbstverwaltungsbehörde den Widerspruchsbescheid (Nr. 3). Soweit Ausschüsse und Beiräte gebildet sind[214] (z. B. Kreis- und Stadtrechtsausschüsse in Rheinland-Pfalz und im Saarland[215]), bleibt deren Zuständigkeit unberührt (§ 73 Abs. 2 VwGO).

80 Zum **Verwaltungsverfahren** bezüglich der Widerspruchsentscheidung enthalten §§ 68 ff. VwGO nur rudimentäre Regelungen. Das Procedere erfolgt – soweit nicht spezifische Bestimmungen getroffen sind (z. B. § 71 VwGO, Ausführungsgesetze des Landesrechts) – nach § 79 i. V. m. §§ 11 ff. VwVfG (§ 119 i. V. m. §§ 76 ff. LVwG SH). Von besonderer Bedeutung im Widerspruchsverfahren ist das **rechtliche Gehör;** § 71 VwGO setzt eine „erstmalige Beschwer" voraus. Sinn und Zweck der Anhörung ist die Vermeidung einer Überraschungsentscheidung. In der Regel geht es um Fälle der reformatio in peius (→ Rn. 71 ff.). Auf Grund seiner Schutzfunktion findet § 71 VwGO in vergleichbaren Fällen entsprechende Anwendung, so z. B. wenn zur Legalisierung einer nach § 30 Abs. 1 BauGB rechtswidrigen Baugenehmigung im Widerspruchsverfahren eine Befreiung gemäß § 31 Abs. 2 BauGB nachgeschoben wird.[216] Eine derartige Maßnahme steht der „erstmaligen Beschwer" i. S. d. § 71 VwGO gleich.

---

[211] BVerwGE 51, 310 (315) = NJW 1977, 1894 → JuS 1977, 692 *(Schulze-Osterloh),* mit Kritik *Lindner* DVBl 2009, 224 (225 f.).

[212] Kritik dazu bei *Ehlers* Die Verwaltung 37 (2004), 255 (286).

[213] Dazu *Rennert* in: Eyermann, VwGO, § 73 Rn. 6a.

[214] Überblick dazu bei *Pietzner/Ronellenfitsch* Assessorexamen, Rn. 1184.

[215] Näher dazu *Porsch* in: Schoch/Schneider, VwGO, § 73 Rn. 22 f.

[216] BayVGH BayVBl 2004, 149 (150) → *Schoch* JK 9/04, VwGO § 68/8 (mit Hinweis darauf, dass das Nachschieben einer Befreiung materiell einer reformatio in peius entspreche).

Seiner **Rechtsform** nach stellt der Widerspruchsbescheid einen **Verwaltungsakt** dar. Vorgeschrieben ist eine **Begründung** des Bescheids (§ 73 Abs. 3 S. 1 VwGO). Ferner ist der Widerspruchsbescheid mit einer Rechtsbehelfsbelehrung (§ 37 Abs. 6 VwVfG, § 108 Abs. 5 LVwG SH) zu versehen (§ 73 Abs. 3 S. 1 VwGO); die ordnungsgemäße Belehrung ist von Bedeutung für die Widerspruchsfrist (→ Rn. 27).[217] Die Bekanntgabe des Widerspruchsbescheids erfolgt durch **Zustellung** von Amts wegen (§ 73 Abs. 3 S. 2 VwGO); dieser Vorgang hat rechtliche Konsequenzen für die Klagefrist (§ 74 VwGO).[218] Zu entscheiden ist auch über die **Kostentragung** (§ 73 Abs. 3 S. 3 VwGO); es geht – wie beim Abhilfebescheid (→ Rn. 58) – um die Kostenlast (d. h. um die Kostentragung dem Grunde nach),[219] während sich der Inhalt der Kostenentscheidung nach § 80 VwVfG (§ 120 LVwG SH) bestimmt.[220] 81

Der Widerspruchsbescheid schließt das (Vor-)Verfahren ab.[221] Dazu kommt es im Falle der **Erledigung des Widerspruchs** (z. B. durch Zurücknahme des Rechtsbehelfs, Vergleich, spätere Abhilfeentscheidung, Zeitablauf)[222] nicht. Die rechtswirksame **Zurücknahme des Widerspruchs** kann – ohne behördliche Zustimmung und ohne Zustimmung eines beteiligten Dritten – nach h. M. bis zur Zustellung des Widerspruchsbescheids erfolgen.[223] Nach der Gegenauffassung ist die Zurücknahme auch nach Erlass des Widerspruchsbescheids zulässig, solange seine Unanfechtbarkeit noch nicht eingetreten ist;[224] danach kommt die Zurücknahme des Widerspruchs noch während eines verwaltungsgerichtlichen Verfahrens in Betracht.[225] Im Falle der Erledigung ist das Widerspruchsverfahren einzustellen.[226] In den Ländern, die für derartige Konstellationen eine Kostenregelung getroffen haben (→ Rn. 59), sind die Kosten des Widerspruchsverfahrens regelmäßig demjenigen aufzuerlegen, der sie bei einer Sachentscheidung über den Widerspruch hätte tragen müssen.[227] 82

**b) Anspruch auf Erlass eines Widerspruchsbescheids.** Für den Erlass des Widerspruchsbescheids normiert § 73 Abs. 1 S. 1 VwGO eine gebundene Verwaltungsentscheidung; die Bestimmung stellt eine Regelung des objektiven Rechts dar. Ein (einklagbares, dazu → Rn. 84) **subjektives Recht auf Erlass eines Widerspruchsbescheids** wird vielfach – abgesehen vom Widerspruch gegen einen Verwaltungsakt mit Drittwirkung (z. B. im Baunachbarrecht) – abgelehnt; aus kompetenzrechtlichen Gründen normierten §§ 68 ff. VwGO nur eine prozessuale Verpflichtung der Widerspruchsbehörde, § 79 Abs. 2 VwGO sehe nur die isolierte Anfechtung des Widerspruchsbescheids vor und nicht zusätzlich eine Verpflichtungsklage auf Erlass des Widerspruchsbescheids, § 75 VwGO verweise bei Untä- 83

---

[217] Dazu aus der Praxis z. B. OVG RP NVwZ-RR 2020, 91: Belehrung zur Klageerhebung „schriftlich, in elektronischer Form oder zur Niederschrift des Urkundsbeamten der Geschäftsstelle" ohne Angabe der E-Mail-Adresse des VG ist rechtens. – SächsOVG NVwZ-RR 2017, 320: Hinweis in der Rechtsbehelfsbelehrung nur auf die „Anfechtbarkeit des Widerspruchsbescheids" ist unrichtig; dagegen Ordnungsmäßigkeit bei Identität von Ausgangsbehörde und Widerspruchsbehörde anerkennend SächsOVG SächsVBl 2018, 15.

[218] Der Nachweis der Zustellung obliegt der Behörde; BayVGH NVwZ 2013, 526; NVwZ-RR 2013, 789.

[219] Erfasst ist nur das *isolierte* Widerspruchsverfahren; kommt es zu einem Verwaltungsprozess, wird gerichtlich auch über die Kosten des Vorverfahrens entschieden (§§ 161 Abs. 1, 162 Abs. 1 VwGO).

[220] Dazu *Wittmann* NWVBl 2010, 59 (61 ff.); *Seith* VBlBW 2015, 145 (146 ff.). – In der Praxis geht es häufig um die Notwendigkeit der Hinzuziehung eines Rechtsanwalts im Widerspruchsverfahren; vgl. BVerwG NVwZ 2008, 324; VGH BW VBlBW 2018, 471; SächsOVG SächsVBl 2008, 189; OVG LSA NVwZ-RR 2008, 738; NVwZ-RR 2018, 797; LKV 2018, 568; *Baer* in: Schoch/Schneider, VwVfG, § 80 Rn. 57 ff.

[221] BayVGH BayVBl 2012, 471 Rn. 15.

[222] Näher dazu *Exner/Richter-Hopprich* JuS 2015, 521 ff.

[223] BVerwGE 44, 64 (66) unter Hinweis auf abweichende Bestimmungen zur Zurücknahme der Klage (§ 92 Abs. 1 S. 1 VwGO), der Berufung (§ 126 Abs. 1 S. 1 VwGO) und der Revision (§ 140 Abs. 1 S. 1 VwGO); ferner BVerwG NVwZ 1999, 1218 (1219) → *Ehlers* JK 6/00, VwGO § 71/2; *Geis/Hinterseh* JuS 2002, 34 (35 f.); *Hufen* Verwaltungsprozessrecht, § 8 Rn. 22; *Pietzner/Ronellenfitsch* Assessorexamen, Rn. 1168.

[224] *Schildheuer* NVwZ 1997, 637; *Allesch* NVwZ 2000, 1227; *Bienert* SächsVBl 2003, 29.

[225] NdsOVG NVwZ 1993, 1214; krit. dazu *Artzt* NVwZ 1995, 666.

[226] *Hufen* Verwaltungsprozessrecht, § 8 Rn. 24.

[227] VGH BW Beschl. v. 4.2.2019 – 3 S 2494/18, BeckRS 2019, 1558 Rn. 8.

tigkeit der Widerspruchsbehörde auf die unmittelbare gerichtliche Geltendmachung des materiellen Rechts ohne Durchführung eines Widerspruchsverfahrens.[228] Diese Auffassung ist zu undifferenziert. Bei hinreichender Beachtung der **Rechtsschutzfunktion des Widerspruchsverfahrens** (→ Rn. 4) lässt sich aus § 68 Abs. 1 S. 1 VwGO („sind … nachzuprüfen") i. V. m. § 73 Abs. 1 S. 1 VwGO („so ergeht") unschwer ein Anspruch des Widerspruchführers ableiten.[229] Damit wird (bei behördlichen Spielräumen) das Recht auf Überprüfung der Zweckmäßigkeit des angegriffenen Verwaltungsakts bzw. der Einhaltung einer administrativen Beurteilungsermächtigung gewahrt.

84 Bei der **klageweisen Geltendmachung** des subjektiven Rechts (→ Rn. 83) ist zu unterscheiden. In den Fällen einer *gebundenen* Verwaltungsentscheidung fehlt wegen § 75 VwGO das Rechtsschutzbedürfnis für die Klage auf Erlass eines Widerspruchsbescheids; es kann unmittelbar auf Aufhebung des belastenden Verwaltungsakts bzw. auf Erlass des begehrten begünstigenden Verwaltungsakts geklagt werden.[230] Bei behördlichen *Ermessens- oder Beurteilungsspielräumen* hingegen kann das Rechtsschutzinteresse nicht verneint werden; insoweit bietet § 68 Abs. 1 S. 1 VwGO ein „Mehr" gegenüber § 114 VwGO, so dass die isolierte Verpflichtungsklage auf Erlass eines Widerspruchsbescheids zulässig ist.[231]

## D. Das Widerspruchsverfahren als gerichtliche Sachentscheidungsvoraussetzung

### I. Widerspruchsverfahren als gerichtliches Vorverfahren

85 Da vor Erhebung der Anfechtungsklage (§ 68 Abs. 1 S. 1 VwGO) und vor Erhebung der Verpflichtungsklage in Form der Versagungsgegenklage (§ 68 Abs. 2 VwGO) der Verwaltungsakt bzw. seine Ablehnung seitens der Verwaltung nochmals zu überprüfen ist, fungiert das Widerspruchsverfahren aus prozessrechtlicher Perspektive als **verwaltungsgerichtliches Vorverfahren** (→ *Ehlers* § 27 Rn. 41 ff. und → *Ehlers* § 28 Rn. 40 ff.). Seine erfolglose Durchführung vor Klageerhebung ist eine *von Amts wegen* zu prüfende Sachentscheidungsvoraussetzung.[232] Ohne das erforderliche Vorverfahren ist die Klage unzulässig. Dies gilt auch bei spezialgesetzlich angeordneter Notwendigkeit des Vorverfahrens im Falle der allgemeinen Leistungsklage oder der Feststellungsklage (§ 126 Abs. 2 S. 1 BBG, § 54 Abs. 2 S. 1 BeamtStG, § 126 Abs. 3 BRRG; dazu bereits → Rn. 17).[233] Dabei genügt es nicht, dass das Vorverfahren im Ergebnis erfolglos war; es muss zudem *ordnungsgemäß* in dem Sinne durchgeführt worden sein, dass der Widerspruchsführer die an ihn adressierten Vorschriften (§§ 68 bis 70 VwGO) eingehalten hat.[234]

86 Der Widerspruch muss demzufolge insbesondere formgerecht und fristgemäß erhoben werden. Vor allem die Wahrung der **Widerspruchsfrist** ist nicht nur eine Zulässigkeitsvoraussetzung des Widerspruchs (→ Rn. 22 ff.), sondern ebenso eine **Zulässigkeitsvoraus-**

---

[228] VGH BW NVwZ 1995, 280 → *Erichsen* JK 95, VwGO § 75/2; NdsOVG NVwZ-RR 2009, 663 (664); OVG LSA NVwZ-RR 2016, 717 Rn. 5; *Hain* DVBl 1999, 1544 (1549).

[229] *v. Schledorn* NVwZ 1995, 250 f.; *Schenke* DÖV 1996, 529 (531 ff.); *ders.* Verwaltungsprozessrecht, Rn. 683; *ders.* in: Kopp/Schenke, VwGO, Vorb § 68 Rn. 13; *Porsch* in: Schoch/Schneider, VwGO, Vorb § 68 Rn. 15; *Glaser* in: Gärditz, VwGO, § 73 Rn. 6; *Rennert* in: Eyermann, VwGO, § 73 Rn. 16 f.

[230] *Porsch* in: Schoch/Schneider, VwGO, Vorb § 68 Rn. 15; *Hüttenbrink* in: Posser/Wolff, VwGO, § 73 Rn. 17.

[231] BayVGH BayVBl 2013, 734 Rn. 12; HessVGH NVwZ-RR 2014, 159 Rn. 16.

[232] BVerwG NVwZ 1987, 412 (413); E 138, 1 Rn. 18 = NVwZ 2011, 501 (m. Anm. *Schoch*) → *Schoch* JK 4/11, VwGO § 68/11; VGH BW NVwZ-RR 2006, 154; *Geis/Hinterseh* JuS 2001, 1074 (1075).

[233] BVerwGE 114, 350 (354) = NVwZ 2002, 97 (98).

[234] VG Düsseldorf NWVBl 1998, 286 (287); *Geis/Hinterseh* JuS 2001, 1074 (1076). – Ein Verstoß der Behörde gegen die an die Verwaltung adressierten Vorschriften (§§ 71 bis 73 VwGO) kann zur Begründetheit der Klage führen.

**setzung der Klage.**[235] Diese gesetzliche Anforderung wird von der Rechtsprechung unterlaufen, soweit sie der Verwaltung auf Grund deren „Sachherrschaft" die Befugnis zugesteht, bei einem verfristeten Widerspruch eine Sachentscheidung zu treffen und dadurch den Weg zum Gericht wieder zu eröffnen (→ Rn. 39). Als Sachentscheidungsvoraussetzung kann das Vorverfahren bis zur gerichtlichen Entscheidung über die Klage nachgeholt werden.[236]

Bei **berufsbezogenen Prüfungen** muss wegen des Grundrechtsschutzes gemäß Art. 12 87
Abs. 1 GG – als Ausgleich für den Beurteilungsspielraum der Prüfer und die damit verbundene Reduktion der verwaltungsgerichtlichen Kontrolle von Prüfungsentscheidungen[237] – vor Klageerhebung ein **verwaltungsinternes Kontrollverfahren** durchgeführt werden. Prüflinge müssen die Möglichkeit haben, in einem solchen Verfahren auf (tatsächliche oder vermeintliche) Irrtümer und Fehler bei der Bewertung von Prüfungsleistungen rechtzeitig und wirkungsvoll hinzuweisen und damit ein Überdenken zu erreichen.[238] Dieses **prüfungsrechtliche Überdenkungsverfahren**[239] kann das Widerspruchsverfahren nach §§ 68 ff. VwGO sein, es genügt aber auch ein anderes wirkungsvolles Kontrollverfahren.[240] Ist das verwaltungsinterne Kontrollverfahren nicht fachspezifisch geregelt (für Juristen z. B. im JAG oder in der JAPO), findet es im Rahmen des Widerspruchs statt.[241] Die angegriffene Prüfungsentscheidung ist von der Kontrollinstanz (Widerspruchsbehörde) keiner vollständigen Nachprüfung zu unterziehen; wie von den Gerichten im Verwaltungsprozess ist der Beurteilungsspielraum bezüglich der prüfungsspezifischen Bewertungen (nicht: fachwissenschaftlichen Beurteilungen[242]) zu beachten.[243] Wird das Überdenkungsverfahren aus dem Widerspruchsverfahren ausgegliedert (oder ist das Widerspruchsverfahren durch Landesrecht – weitgehend – abgeschafft → Rn. 93), hat der Normgeber Gestaltungsbefugnisse zur Formung des fachspezifischen Kontrollverfahrens.[244]

## II. Entbehrlichkeit des Vorverfahrens

**Fall 13:** A, Lehrkraft im Angestelltenverhältnis, beantragt die Übernahme in das Be- 88
amtenverhältnis. Die zuständige Behörde lehnt ab, weil die Voraussetzungen nicht vorlägen. Auf den Widerspruch des A wird der Ablehnungsbescheid durch den Widerspruchsbescheid aufgehoben und A zugesichert, dass er kurzfristig in das Beamtenverhältnis auf Probe übernommen werde. Nach erneuter Prüfung der Sach- und Rechtslage hebt die Widerspruchsbehörde ihren stattgebenden Widerspruchsbescheid und die darin enthaltene Zusicherung auf und weist den Widerspruch des A mit einem neuen Widerspruchsbescheid zurück. Kann A hiergegen unmittelbar Klage erheben?[245]

---

[235] BVerwG NJW 1983, 1923; NVwZ 1989, 648 (649); OVG NW NVwZ-RR 1995, 623.
[236] BVerwG NVwZ 1984, 507; *Porsch* in: Schoch/Schneider, VwGO, Vorb § 68 Rn. 3.
[237] BVerwG NJW 2018, 2142 Rn. 8 ff.; BayVGH BayVBl 2012, 214 Rn. 8; OVG Bln-Bbg NVwZ 2018, 347 Rn. 20 (m. Bespr. *Hein/Schröder* NVwZ 2018, 302); OVG Bremen NVwZ-RR 2012, 438 (439); NdsOVG NVwZ-RR 2015, 299 (300).
[238] BVerfGE 84, 34 (48) = NJW 1991, 2005 (2006) → JuS 1992, 252 *(Hufen)* und → JA 1991, 309 *(Rubel)*, dazu *Gusy* Jura 1991, 633; *Muckel* JuS 1992, 201.
[239] Näher dazu BVerwGE 165, 202 Rn. 22 ff. = NJW 2019, 2871; *Ehrlich/Schilderoth* NJOZ 2020, 33; *Fischer* in: Niehues/Fischer/Jeremias, Prüfungsrecht, 7. Aufl. 2018, Rn. 791 ff.
[240] BVerwGE 92, 132 (136 f.) = NVwZ 1993, 681 (683) (krit. dazu *P. Becker* NVwZ 1993, 1129 [1135]: Widerspruchsverfahren ist notwendig); NVwZ 2013, 83 Rn. 3.
[241] VGH BW VBlBW 2005, 100 (101); *Fischer* Prüfungsrecht (Fn. 239), Rn. 799.
[242] BVerwG NJW 2018, 2142 Rn. 9.
[243] *Engst* Jura 2006, 166 (169); *Fischer* Prüfungsrecht (Fn. 239), Rn. 794.
[244] BVerwG NVwZ 2013, 83 Rn. 6; OVG MV LKV 2003, 565; OVG RP NJW 2003, 3073 (3074).
[245] Fall nach BVerwG NVwZ 2009, 924 → *Schoch* JK 12/09, VwGO § 68/10; ferner dazu *Schübel-Pfister* JuS 2009, 999.

### 1. Ausnahmen unmittelbar nach § 68 VwGO

89 Vor Klageerhebung muss ein erfolglos gebliebenes Widerspruchsverfahren nicht durchgeführt werden, wenn das Vorverfahren gesetzlich ausgeschlossen wird. Das ist zunächst beim Verwaltungsakt einer **obersten Bundes- oder Landesbehörde** grundsätzlich der Fall (§ 68 Abs. 1 S. 2 Nr. 1 VwGO). Insoweit fehlt der „Instanzenzug", der ein Widerspruchsverfahren als sinnvoll oder gar notwendig erscheinen lässt. Etwas anderes gilt kraft gesetzlicher Anordnung.[246] Bekannte Beispiele finden sich im Beamtenrecht[247] und im Informationsfreiheitsrecht;[248] zu dieser relativ jungen Materie sollen oberste Bundes- und Landesbehörden aus der Praxis des Widerspruchsverfahrens Erfahrungswissen sammeln können.[249]

90 Nach § 68 Abs. 1 S. 2 Nr. 2 VwGO ist das Vorverfahren entbehrlich, wenn der Abhilfebescheid oder der Widerspruchsbescheid **erstmalig eine Beschwer** enthält. Wichtige Anwendungsfälle sind entsprechende Verwaltungsentscheidungen beim Verwaltungsakt mit Drittwirkung und die reformatio in peius.[250] In derartigen Konstellationen würde ein nochmaliger Widerspruch kaum Sinn machen; ein Widerspruchsverfahren hat bereits stattgefunden, und den Interessen des Betroffenen wird durch § 71 VwGO Rechnung getragen (→ Rn. 58 und → Rn. 76).[251]

91 Eine beim Ausgangsbescheid **fehlende Rechtsbehelfsbelehrung** macht das Vorverfahren *nicht* entbehrlich. Die Folgen ergeben sich aus § 58 Abs. 2 VwGO; der Wegfall des Vorverfahrens ist dort nicht bestimmt. Deshalb bleibt es im Falle einer fehlenden (oder unrichtigen) Rechtsbehelfsbelehrung bei der Notwendigkeit des Verfahrens nach §§ 68 ff. VwGO.[252]

92 **Lösung zu Fall 13:** Die Klage ist ohne (erneutes) Widerspruchsverfahren zulässig, weil das Vorverfahren gemäß § 68 Abs. 1 S. 2 Nr. 2 VwGO entbehrlich ist. Die Widerspruchsbehörde hat ihren stattgebenden Bescheid durch einen ablehnenden Widerspruchsbescheid ersetzt. Damit geht für A erstmalig eine Beschwer durch den Widerspruchsbescheid einher, so dass kein weiteres Widerspruchsverfahren stattfindet und A unmittelbar klagen kann.

### 2. Gesetzlicher Ausschluss des Vorverfahrens

93 Der gesetzliche Ausschluss des Vorverfahrens nach § 68 Abs. 1 S. 2 vor Nr. 1 VwGO wirkt für das Bundesrecht auf Grund der lex specialis-Regel deklaratorisch.[253] Für das Landesrecht fungiert jene Bestimmung als gesetzliche Ermächtigung für den Ausschluss des Vorverfahrens. Davon haben die Länder – abgesehen von fachgesetzlichen Regelungen – im jeweiligen AGVwGO bzw. JustizG (etc.) unterschiedlich Gebrauch gemacht:[254]

- Die weitgehende **Abschaffung des Vorverfahrens** hat Nordrhein-Westfalen vorgenommen (§ 110 JustizG).[255]

---

[246] Dazu *Dolde/Porsch* in: Schoch/Schneider, VwGO, § 68 Rn. 15.
[247] § 126 Abs. 2 S. 2 BBG; § 54 Abs. 2 S. 2 BeamtStG; § 126 Abs. 3 Nr. 1 BRRG.
[248] Bundesrecht: § 9 Abs. 4 S. 2 IFG, § 6 Abs. 2 UIG, § 5 Abs. 5 VIG; Parallelbestimmungen finden sich in den Landes-IFG (IZG, TranspG, AIG) und den Landes-UIG (BW: § 32 Abs. 2 UmwVwG).
[249] Näher dazu *Schoch* IFG, 2. Aufl. 2016, § 9 Rn. 81.
[250] Auch die Kostenentscheidung enthält „erstmalig eine Beschwer" (BVerwGE 150, 190 Rn. 14 = NVwZ-RR 2014, 869), jedoch entfällt das Vorverfahren kraft telelogischer Reduktion → Rn. 16.
[251] *Pietzner/Ronellenfitsch* Assessorexamen, Rn. 1095.
[252] BVerwGE 138, 1 Rn. 19 = NVwZ 2011, 501 (m. Anm. *Schoch*) → *Schoch* JK 4/11, VwGO § 68/11.
[253] Beispiele zum Ausschluss des Vorverfahrens: § 70, § 74 Abs. 1 S. 2 und Abs. 6 S. 3 VwVfG; § 83 Abs. 2 AufenthG; § 11 AsylG; § 137 Abs. 2 TKG.
[254] Vgl. Überblick bei *Glaser* in: Gärditz, VwGO, § 68 Rn. 37 ff.
[255] *Wienbracke* NWVBl 2015, 248 (249 ff.); *Schwander/Weidemann* NWVBl 2017, 241.

- Eine Kombination aus **teilweiser Abschaffung** und **fakultativem Vorverfahren** (d. h. Wahlmöglichkeit für den Betroffenen) findet sich in Bayern (Art. 15 AGVwGO)[256] und in Mecklenburg-Vorpommern (§§ 13a, 13b AGGerStrG).[257]
- Niedersachsen hat das **Behördenoptionsmodell** eingeführt (§ 80 JustizG); grundsätzlich findet ein Vorverfahren nicht statt, seine Erforderlichkeit kann aber durch Verwaltungsakt angeordnet werden.[258]
- Etliche Länder haben das Vorverfahren für einzelne **Sachbereiche** und bestimmte **Verwaltungsentscheidungen** abgeschafft;[259] grundsätzlich bleibt es bei der in § 68 VwGO getroffenen Regelung.

Die anderen Länder (und der Bund) haben sich für die (weitgehende) Beibehaltung des Vorverfahrens entschieden.[260] In allen Ländern ist gewährleistet, dass das Widerspruchsverfahren durchgeführt wird, wenn Bundesrecht oder EU-Recht dies vorschreibt oder wenn es (mangels fachspezifischer Regelungen) um Rechtsschutz bei berufsbezogenen Prüfungen (→ Rn. 89) geht (exemplarisch: § 110 Abs. 2 S. 1 Nr. 1 und 2 JustizG NW).

Die – weitgehende oder partielle – Abschaffung des Vorverfahrens ist rechtspolitisch umstritten. Befürworter verweisen auf Bürokratieabbau, Verfahrensbeschleunigung, Kostensenkung und vor allem auf Defizite bei der Selbstkontrolle der Verwaltung.[261] Andere treten für die Beibehaltung des Widerspruchsverfahrens und seine Reform ein.[262] Die **Verfassungsmäßigkeit** der (teilweisen) Abschaffung ist gerichtlich ausnahmslos bestätigt worden.[263] Die Kompetenz des Landesgesetzgebers ist nicht zweifelhaft (vgl. § 68 Abs. 1 S. 2 vor Nr. 1 VwGO); in der Sache gebietet keine Verfassungsvorschrift die grundsätzliche verwaltungsinterne Nachprüfung eines Verwaltungsakts in einem gerichtlichen Vorverfahren. 94

### 3. Richterliche Ausnahmen

**Fall 14:** P beantragte beim Bundesministerium der Justiz (BMJ) nach dem IFG Zugang zu einer Weisung des BMJ an den Generalbundesanwalt (GBA) beim BGH zu einem bestimmten Ermittlungsverfahren. Der Antrag wurde abgelehnt, weil das IFG im Falle des GBA nicht anwendbar sei. P erhebt eine verwaltungsgerichtliche Klage. Wegen des fehlenden Vorverfahrens macht das BMJ die Unzulässigkeit der Klage geltend, hilfsweise die Unbegründetheit; zu Recht?[264] 95

**Fall 15:** K verlangt von der zuständigen Steuerberaterkammer, Körperschaft des Öffentlichen Rechts, die Festsetzung einer Vergütung i. H. v. 131.000 Euro für die Abwicklung der Praxis des verstorbenen Steuerberaters X. Die Kammer lehnt ab; K stehe keine Vergütung zu. Daraufhin bittet das Landesfinanzministerium (als Rechtsaufsichtsbehörde) die Steuerberaterkammer, eine „angemessene Vergütung" (nach dem Maßstab 96

---

[256] *Unterreitmeier* BayVBl 2007, 609; *Heiß/Schreiner* BayVBl 2007, 616; *Geiger* BayVBl 2008, 161; *Holzner* DÖV 2008, 217 (219 ff.).

[257] *Glaser* in: Gärditz, VwGO, § 68 Rn. 44.

[258] *Beckermann* NVwZ 2017, 1431.

[259] § 15 AGVwGO BW; § 12 AZG Bln; Art. 8 BremAGVwGO; § 6 HmbAGVwGO; § 16a HessAGVwGO; § 8a AGVwGO LSA; §§ 8a, 8b, 8c, 9, 9a ThürAGVwGO. – Zu Bremen *Külpmann/Brandes* NordÖR 2011, 378; zu Sachsen-Anhalt *P. Schneider* LKV 2004, 207.

[260] Eher marginal ist der Ausschluss des Vorverfahrens durch § 18a AGVwGO RP.

[261] *Allesch* GS Kopp, 2007, S. 16 (29 f.); *Kamp* NWVBl 2008, 41 (44 f.); *Kallerhoff* NWVBl 2008, 334 (336); *Schönenbroicher* NVwZ 2009, 1144 (1145 f.).

[262] *Vaagt* ZRP 2011, 211 (213 f.); *Hanschel* FS Schenke, 2011, S. 777; *Steinbeiß-Winkelmann/Ott* NVwZ 2011, 914 (919); *Moench* FS Battis, 2014, S. 449.

[263] BVerwG Urt. v. 13.12.2012 – 1 C 20/11, BeckRS 2013, 46726 Rn. 34 (zu § 15 AGVwGO BW); BayVerfGH NVwZ 2009, 716 (m. Bespr. *Steinbeiß-Winkelmann* NVwZ 2009, 686) → *Schoch* JK 11/09, VwGO § 68/9 (zu Art. 15 BayAGVwGO); NdsOVG NdsVBl 2010, 247 (zu § 8a AGVwGO a. F.); OVG NW NWVBl 2015, 310 (zu § 110 JustizG für den Hochschulbereich).

[264] Fall nach BVerwG NVwZ 2018, 1229; dazu *Schenk* NVwZ 2018, 1763 (1765).

der Durchschnittsmonatsvergütung eines angestellten Steuerberaters) festzusetzen. Die Kammer bestimmt eine Vergütung i. H. v. 30.000 Euro. K klagt und beantragt beim zuständigen VG die Verpflichtung der Steuerberaterkammer auf Festsetzung einer Vergütung i. H. v. 131.000 Euro. Die Steuerberaterkammer rügt das Fehlen des Vorverfahrens und macht die Unzulässigkeit der Klage geltend; das Widerspruchsverfahren biete die Gelegenheit zur abermaligen Erörterung der Sache. Ist die Klage zulässig?[265]

97 Soweit das Widerspruchsverfahren gesetzlich ausgeschlossen ist (→ Rn. 89 f., 93), ist das Vorverfahren bei Anfechtungs- und Verpflichtungsklage keine Sachentscheidungsvoraussetzung.[266] Ein dennoch erhobener Widerspruch ist nicht statthaft und daher unzulässig.[267] Hinzu treten **richterrechtliche Ausnahmen** vom Erfordernis des Vorverfahrens (→ Rn. 98, 100); diese bewirken nicht die Unzulässigkeit, wohl aber die **Entbehrlichkeit des Widerspruchs.**[268]

98 Die Rechtsprechung (vor allem des BVerwG) lässt praeter legem et contra legem aus **Gründen der Prozessökonomie** neben § 68 Abs. 1 S. 2 VwGO weitere Ausnahmen vom Erfordernis eines Vorverfahrens vor Klageerhebung zu. Der wichtigste Anwendungsfall ist die rügelose Einlassung auf die Sache. Beantragt die Behörde trotz Fehlens des Vorverfahrens die Abweisung der *unzulässigen* Klage als *unbegründet,* sei infolge der **rügelosen Sacheinlassung** die gesetzlich gebotene Durchführung des Vorverfahrens entbehrlich.[269] Das soll sogar dann gelten, wenn die Behörde das Fehlen des Vorverfahrens gerügt und sich lediglich hilfsweise auf die Sache eingelassen und die Klageabweisung auch aus Sachgründen beantragt hat;[270] die hierzu ergangene abweichende obergerichtliche Rechtsprechung[271] hat das BVerwG nicht akzeptiert.[272] Die höchstrichterliche Judikatur ist indessen gesetzeswidrig. § 68 VwGO steht *nicht* zur **Disposition der Beteiligten.**[273] Die rügelose Einlassung auf die Sache kann das gesetzlich vorgeschriebene Vorverfahren daher nicht entbehrlich machen.[274] Erst recht gilt dies bei der nur hilfsweisen Sacheinlassung der Behörde; das ist eine ihr zustehende reguläre Strategie im Verwaltungsprozess.

99 **Lösung zu Fall 14:** Das BVerwG betont, der Zweck des Vorverfahrens sei erfüllt, wenn die Widerspruchsbehörde selbst am Verfahren beteiligt sei und nach einer Sachprüfung zum Ausdruck bringe, sie würde einen (künftigen) Widerspruch zurückwei-

[265] Fall nach BVerwGE 138, 1 = NVwZ 2011, 501 (m. Anm. *Schoch*) → *Schoch* JK 4/11, VwGO § 68/11.
[266] Im Modell des fakultativen Vorverfahrens (→ Rn. 93) ist der Widerspruch nicht ausgeschlossen (BayVGH BayVBl 2014, 699 Rn. 24 und Urt. v. 2.8.2016 – 9 BV 15.1034, BeckRS 2016, 53249 Rn. 25, 27), allerdings kann der Betroffene sogleich Klage erheben (BVerwG NVwZ 2009, 1314).
[267] BVerwGE 150, 190 Rn. 15 = NVwZ-RR 2014, 869 → *Eifert* Jura (JK) 2015, 772; BayVGH BayVBl 2015, 826 Rn. 13; *Schübel-Pfister* JuS 2009, 999 (1000).
[268] *Schenke* Verwaltungsprozessrecht, Rn. 661; *Pietzner/Ronellenfitsch* Assessorexamen, Rn. 1094; *Rennert* in: Eyermann, VwGO, § 68 Rn. 30; *W.-R. Schenke* in: Kopp/Schenke, VwGO, § 68 Rn. 22.
[269] BVerwG NVwZ 1984, 507; BayVBl 1990, 667 (668); NVwZ 1995, 76 (77); NVwZ 2009, 924 Rn. 11; → *Schoch* JK 12/09, VwGO § 68/10; E 148, 127 Rn. 38 = NVwZ 2014, 676 (668); NVwZ 2019, 978 Rn. 11; VGH BW VBlBW 2004, 187; BayVGH BayVBl 1983, 309; OVG MV LKV 1995, 255; ThürOVG NVwZ-RR 1999, 488; VG Weimar ThürVBl 2009, 92. – Anders beim Verwaltungsakt mit Drittwirkung HessVGH NVwZ-RR 2019, 376 Rn. 36.
[270] BVerwG NVwZ 1984, 507; NVwZ 1986, 374.
[271] VGH BW Urt. v. 4.3.2009 – 9 S 371/08, BeckRS 2009, 32469 Rn. 35; OVG NW Urt. v. 24.10.2012 – 1 A 1938/10, BeckRS 2012, 59459 Rn. 50 ff.; gleichsinnig z. B. *Schenke* Verwaltungsprozessrecht, Rn. 664; *ders.* in: Kopp/Schenke, VwGO, § 68 Rn. 28; *Pietzner/Ronellenfitsch* Assessorexamen, Rn. 541; *Funke-Kaiser* in: Bader/Funke-Kaiser/Stuhlfauth/v. Albedyll, VwGO, § 68 Rn. 33, nennt die Rspr. des BVerwG „indiskutabel".
[272] BVerwGE 148, 217 Rn. 37 = NVwZ 2014, 676.
[273] BVerwGE 66, 342 (345) = NJW 1983, 2276; E 150, 190 Rn. 13 = NVwZ-RR 2014, 869 → *Eifert* Jura (JK) 2015, 772.
[274] *H. Hofmann* FS Menger, 1985, S. 605 (615 f.); *Schenke* JZ 2010, 992 (997); *ders.* in: Kopp/Schenke, VwGO, § 68 Rn. 28; *Pietzner/Ronellenfitsch* Assessorexamen, Rn. 544; *Schoch* FS Schenke, 2011, S. 1207 (1214); *Dolde/Porsch* in: Schoch/Schneider, VwGO, § 68 Rn. 29; *Rennert* in: Eyermann, VwGO, § 68 Rn. 29.

sen. Vorliegend habe sich das BMJ abschließend festgelegt, dass das IFG nicht anwendbar sei (wegen Vorrangs der §§ 474ff. StPO). Daher sei das Widerspruchsverfahren – trotz des § 9 Abs. 4 IFG – entbehrlich.

Die **Entbehrlichkeit wegen Zweckverfehlung** wird angenommen, wenn der Zielsetzung des Vorverfahrens bereits Rechnung getragen sei oder der Zweck des Vorverfahrens nicht mehr erreicht werden könne; dann sei das Verfahren sinnlos (geworden), seine Durchführung sei reiner (nicht zu rechtfertigender) Formalismus.[275] Einschränkend wird mitunter die Identität von Ausgangs- und Widerspruchsbehörde postuliert.[276] Das Vorverfahren sei regelmäßig nicht entbehrlich, wenn Ausgangs- und Widerspruchsbehörde nicht identisch seien oder gar unterschiedlichen Rechtsträgern angehörten; dasselbe gelte wegen des „Mehrwerts" des Verfahrens gegenüber § 114 VwGO, wenn die Widerspruchsbehörde einen Ermessens- oder Beurteilungsspielraum wahrzunehmen habe.[277] Entscheidende Überlegung ist danach, ob und inwieweit eine **abschließende Festlegung der Widerspruchsbehörde** anzunehmen ist.[278] 100

Die **Prognose zum Verhalten der Widerspruchsbehörde** markiert ein kaum auflösbares Dilemma. In Anlehnung an die ratio legis insbesondere des § 68 Abs. 1 S. 2 Nr. 2 VwGO (→ Rn. 90) kann ein Absehen vom Vorverfahren praeter legem in eng begrenzten Ausnahmefällen in Betracht gezogen werden. Das trifft etwa bei der Abänderung, Ersetzung oder Wiederholung eines Verwaltungsakts, der bereits Gegenstand eines Widerspruchsverfahrens gewesen ist, bei gleichbleibender Sach- und Rechtslage zu;[279] das mag selbst bei einem Ermessensverwaltungsakt angenommen werden, falls die Widerspruchsbehörde (z. B. wegen Bindung durch Verwaltungsvorschrift) über kein eigenes Ermessen verfügt.[280] Auch der Erwerber eines die Klagebefugnis gegen einen Verwaltungsakt vermittelnden Gegenstands (Grundstücks) muss vor Klageerhebung kein Widerspruchsverfahren durchführen, wenn der Rechtsvorgänger dies bereits getan hatte; insoweit rückt der Rechtsnachfolger in die Verfahrensposition seines Rechtsvorgängers.[281] Bei mehreren Klägern (z. B. Eheleuten) kann es ebenfalls genügen, wenn – unterschiedliche Umstände ausgeschlossen – einer der Kläger das Vorverfahren durchgeführt hat.[282] Auch die Kostenentscheidung des Widerspruchsbescheids (→ Rn. 81) kann ohne vorheriges Vorverfahren gerichtlich angegriffen werden[283] (vgl. bereits → Rn. 16). 101

Die Rechtsprechung ist deutlich „großzügiger",[284] behauptet vielfach die (tatsächliche oder vermeintliche) **Aussichtslosigkeit des Widerspruchs** und erklärt auf Grund dieser Annahme das Vorverfahren für entbehrlich.[285] Ein anschauliches Beispiel hierfür bietet die Entscheidung zu Fall 15 (→ Rn. 103). Die Judikatur behauptet sogar bei einem bloßen **Irrtum der Behörde,** das Vorfahren sei als Sachentscheidungsvoraussetzung verzicht- 102

---

[275] BVerwGE 138, 1 Rn. 24 = NVwZ 2011, 501 (m. Anm. *Schoch*) → *Schoch* JK 4/11, VwGO § 68/11; E 148, 217 Rn. 35 = NVwZ 2014, 676; NVwZ 2019, 978 Rn. 11; VGH BW NVwZ-RR 2019, 669 Rn. 29; *Mann/Wahrendorf* Verwaltungsprozessrecht, Rn. 261; *Rennert* in: Eyermann, VwGO, § 68 Rn. 30.

[276] BVerwGE 138, 1 Rn. 26 = NVwZ 2011, 501 (m. Anm. *Schoch*) → *Schoch* JK 4/11, VwGO § 68/11.

[277] BVerwGE 148, 217 Rn. 36 = NVwZ 2014, 676.

[278] BVerwG NVwZ 2018, 1229 Rn. 20; *Schenk* NVwZ 2018, 1763 (1765).

[279] *H. Hofmann* FS Menger, 1985, S. 605 (616); *Schenke* Verwaltungsprozessrecht, Rn. 662; *Gersdorf* Verwaltungsprozessrecht, Rn. 38; *Pietzner/Ronellenfitsch* Assessorexamen, Rn. 541; *Dolde/Porsch* in: Schoch/Schneider, VwGO, § 68 Rn. 24.

[280] BVerwGE 85, 163 (167) = NJW-RR 1990, 1351 → JuS 1991, 427 *(Osterloh)* und → JA 1991, 69 *(Rubel)*.

[281] BVerwG NVwZ 2006, 1072 Rn. 7; zustimmend *Schenke* JZ 2010, 992 (997).

[282] BVerwG DÖV 1976, 353 (354); VGH BW VBlBW 1981, 225 (226); krit. *Bosch/Schmidt/Vondung* Verwaltungsgerichtliches Verfahren, Rn. 691: Eintritt der Unanfechtbarkeit des Verwaltungsakts ohne Widerspruchserhebung des anderen Klägers.

[283] BVerwGE 150, 190 Rn. 12ff. = NVwZ-RR 2014, 869 → *Eifert* Jura (JK) 2015, 772.

[284] Überblick dazu bei *W.-R. Schenke* in: Kopp/Schenke, VwGO, § 68 Rn. 27ff.

[285] BVerwGE 138, 1 Rn. 32ff. = NVwZ 2011, 501 (m. Anm. *Schoch*) → *Schoch* JK 4/11, VwGO § 68/11; E 148, 217 Rn. 39 = NVwZ 2014, 676; NVwZ 2018, 1229 Rn. 20; VGH BW NVwZ-RR 2019, 669 Rn. 29, dazu *Schübel-Pfister* JuS 2019, 1075 (1078f.).

bar;[286] das ist nicht nur eine These contra legem, sondern negiert zudem die Lösung derartiger Fallkonstellationen gemäß § 75 VwGO.[287]

103 **Lösung zu Fall 15:** Der VGH hatte zutreffend erkannt, dass das Vorverfahren nicht ausnahmsweise (kraft Richterrechts) entbehrlich gewesen ist; die Behörde habe ausdrücklich am Widerspruchsverfahren festhalten wollen und sich nur hilfsweise auf die Sache eingelassen; zur streitigen Höhe der Vergütung habe die Steuerberaterkammer keine Vorfestlegung getroffen, die das Vorverfahren als sinnlos erscheinen lasse.[288] Demgegenüber deutet das BVerwG die Bitte des Landesfinanzministeriums als verbindliche Weisung, so dass das Vorverfahren seine Funktionen nicht mehr erfüllen könne; die Selbstkontrolle der Verwaltung sei nicht mehr erreichbar gewesen, da das Ministerium einen handhabbaren Berechnungsmaßstab vorgegeben habe.[289] Das überzeugt nicht.[290] Das Widerspruchsverfahren kann – bei ergebnisoffener Gestaltung – sehr wohl zur Konkretisierung des offenen Rechtsbegriffs „angemessene Vergütung" beitragen (Selbstkontrolle der Verwaltung), wird damit seiner Rechtsschutzfunktion gerecht und kann zudem – im Falle einer Verständigung zwischen der Behörde und dem Betroffenen – zur Entlastung der Verwaltungsgerichtsbarkeit beitragen.[291]

---

[286] BVerwGE 39, 261 (265) = DÖV 1973, 95 (96); zustimmend *Pietzner/Ronellenfitsch* Assessorexamen, Rn. 541.

[287] *Dolde/Porsch* in: Schoch/Schneider, VwGO, § 68 Rn. 34; *W.-R. Schenke* in: Kopp/Schenke, VwGO, § 68 Rn. 33.

[288] VGH BW Urt. v. 4.3.2009 – 9 S 371/08, BeckRS 2009, 32469 Rn. 35, 40.

[289] BVerwGE 138, 1 Rn. 31 ff. = NVwZ 2011, 501 (m. Anm. *Schoch*) → *Schoch* JK 4/11, VwGO § 68/11.

[290] *Dolde/Porsch* in: Schoch/Schneider, VwGO, § 68 Rn. 32; *Rennert* in: Eyermann, VwGO, § 68 Rn. 31; *W.-R. Schenke* in: Kopp/Schenke, VwGO, § 68 Rn. 32.

[291] Zusammenfassung der Kritik am BVerwG bei *Schoch* FS Schenke, 2011, S. 1207 (1220 ff.).

# § 24. Grundelemente des verwaltungsgerichtlichen Rechtsschutzes

*Dirk Ehlers*

**Übersicht**



**Schrifttum:** *Fritzsche-Brandt* Die zivil-, verwaltungs- und strafprozessualen Verfahrensgrundsätze im Überblick, JA 2009, 625; *Koehl* Die Sachverhaltsfeststellung im Verwaltungsprozess, JA 2017, 541; *Müller* Der Amtsermittlungsgrundsatz in der öffentlich-rechtlichen Gerichtsbarkeit, JuS 2014, 324; *Schoch* Gerichtliche Verwaltungskontrollen in: Hoffmann-Riem/Schmidt-Aßmann/Voßkuhle (Hrsg.), Grundlagen des Verwaltungsrechts Band III, 2. Aufl. 2013, § 50.

## A. Strukturen der allgemeinen Verwaltungsgerichtsbarkeit

1 Die gerichtliche Kontrolle der Verwaltung obliegt im Falle der Anwendung öffentlichen Rechts im Streitfall nicht nur, aber vor allem der **(allgemeinen) Verwaltungsgerichtsbarkeit**[1] sowie der Sozial- und Finanzgerichtsbarkeit (die als besondere Verwaltungsgerichtsbarkeiten tätig werden).[2] Sieht man von spezialgesetzlichen Bestimmungen ab, ist das Verfahren bei der allgemeinen Verwaltungsgerichtsbarkeit primär in der Verwaltungsgerichtsordnung (VwGO)[3] und ferner in den Ausführungsgesetzen oder sonstigen Gerichtsgesetzen der Länder geregelt worden. Bei den Landesgesetzen handelt es sich um das AGVwGO BW in der Fassung vom 14.10.2008,[4] BayAGVwGO in der Fassung vom 20.6.1992,[5] AGVwGO Berlin in der Fassung vom 22.2.1977,[6] BbgVwGG in der Fassung vom 22.11.1996,[7] AGVwGO Bremen in der Fassung vom 15.3.1960;[8] HmbAGVwGO in der Fassung vom 21.1.1960,[9] HessAGVwGO in der Fassung vom 27.10.1997,[10] Gerichtsstrukturgesetz MV in

[1] Allgemein dazu *Schoch* in: GVwR III, § 50; *Schmidt-Aßmann/Schenk* in: Schoch/Schneider, VwGO, Einl.

[2] Vgl. Sozialgesetzbuch und Finanzgerichtsordnung. Näher zu den abdrängenden Sonderzuweisungen öffentlich-rechtlicher Streitigkeiten an andere als die allgemeinen Verwaltungsgerichte → § 25 Rn. 138 ff. Die Disziplinargerichtsbarkeit ist funktional gesehen eine besondere Verwaltungsgerichtsbarkeit, die aber der allgemeinen Verwaltungsgerichtsbarkeit übertragen worden ist (§ 45 BDG, § 187 VwGO). Vgl. *Schoch* in: GVwR III, § 50 Rn. 72; *Ehlers/Schneider* in: Schoch/Schneider, VwGO, § 40 Rn. 54 f. Zur Frage, ob eine Präsidentschaft in mehreren Gerichtszweigen zulässig ist, vgl. BFHE 263, 317 = NJW 2019, 1326 (wonach es auf die Verteilung der Arbeit im Geschäftsverteilungsplan ankommt); *Trossen* jM 2019, 251 ff.

[3] Ausfertigung vom 21.1.1960 (BGBl I S. 17), neu bekannt gemacht am 19.3.1991 (BGBl I S. 686), zuletzt geändert durch Art. 4 des Gesetzes v. 15.8.2019 (BGBl I S. 1294). Zu den aufdrängenden Sonderzuweisungen vgl. → § 25 Rn. 55 ff.

[4] Gesetz v. 14.10.2008, GVBl S. 343.

[5] Gesetz v. 20.6.1992, GVBl S. 162.

[6] Gesetz v. 22.2.1977, GVBl S. 557.

[7] Gesetz v. 22.11.1996, GVBl I S. 317.

[8] Gesetz v. 15.3.1960, GBl S. 25.

[9] Gesetz v. 21.1.1960, GVBl S. 291.

der Fassung der Bekanntmachung vom 7.4.1998[11] und AG des Gerichtsstrukturgesetz in der Fassung vom 10.6.1992,[12] NdsJG in der Fassung vom 16.12.2014,[13] JustG NW in der Fassung vom 26.1.2010,[14] AGVwGO RP in der Fassung vom 5.12.1977,[15] SaarlAGVwGO in der Fassung vom 5.7.1960,[16] SächsJG in der Fassung vom 24.11.2000,[17] AGVwGO LSA in der Fassung vom 28.1.1992[18] sowie das ThürAGVwGO vom 15.12.1992.[19] Die Verwaltungsgerichtsordnung nimmt zum Teil ausdrücklich Bezug auf das Landesrecht (zum Beispiel in den §§ 47 Abs. 1 Nr. 2, 61 Nr. 3, 78 Abs. 1 Nr. 2 VwGO). Entsprechende Anwendung finden das Gerichtsverfassungsgesetz und die Zivilprozessordnung in einer Vielzahl von Fällen (vgl. z. B. §§ 4, 55, 62 Abs. 4, 98, 105, 152a Abs. 5 S. 4, 153 Abs. 1, 167 Abs. 1 S. 1, 173 S. 1 VwGO), vgl. → § 26 Rn. 2.[20]

2 In Deutschland gibt es derzeit **51 Verwaltungsgerichte,** 15 Oberverwaltungsgerichte[21] sowie das auf Bundesebene bereits durch Art. 95 Abs. 1 GG garantierte BVerwG. Anfang 2018 waren 338.075 Verfahren bei den Kammern der Verwaltungsgerichte anhängig. Im Laufe des Jahres kamen 199.170 neue Verfahren hinzu (vor allem das Asyl- und Flüchtlingsrecht betreffend). Demgegenüber konnten 220.802 Verfahren erledigt werden, sodass sich die Zahl der anhängigen Verfahren am Ende des Jahres auf 316.576 reduzierte.[22] Die Zahl der Verfahren bei den Oberverwaltungsgerichten (1.394 erstinstanzliche Verfahren, 15.321 Rechtsmittelverfahren zu Jahresbeginn 2018) und dem BVerwG (685 Verfahren anhängig am Jahresende) bleiben dahinter naturgemäß deutlich zurück. Ende 2018 waren 2.343 Richterinnen und Richter in der Verwaltungsgerichtsbarkeit beschäftigt. Hinzu kamen 5 Vertreterinnen oder Vertreter des öffentlichen Interesses (§§ 35 f. VwGO).[23]

3 Die Verwaltungsgerichte entscheiden durch **Urteil** (§ 107 VwGO), Gerichtsbescheid (§ 84 Abs. 1 S. 1 VwGO) oder Beschluss (→ Rn. 11). Soweit nichts anderes bestimmt ist, wird durch Urteil entschieden. Dieses ergeht im Gegensatz zu den **Gerichtsbescheiden** – wenn die Sache keine besondere Schwierigkeit tatsächlicher oder rechtlicher Art aufweist und der Sachverhalt geklärt ist (§ 84 Abs. 1 S. 1 VwGO) – nach mündlicher Verhandlung (→ Rn. 11). Haben Gerichtsbescheide dieselbe Wirkung wie Urteile, kann eine mündliche Verhandlung (→ Rn. 11) beantragt werden (§ 84 Abs. 2 Nr. 2, 4, 5 VwGO). Soweit dies gesetzlich angeordnet worden ist, entscheidet das Gericht durch **Beschluss** (wie namentlich im vorläufigen Rechtschutzverfahren nach den §§ 47 Abs. 6, 80 Abs. 7, 123 Abs. 4 VwGO; vgl. ferner § 122 VwGO). Prozesshandlungen des Gerichts in Gestalt von **Verfügungen** (→ § 25 Rn. 7) – insbesondere zur Vorbereitung des Verfahrens (§§ 87 Abs. 1, 87a, 87b VwGO)[24] – werden zumeist vom Vorsitzenden oder Berichterstatter erlassen.

4 Die allgemeine Verwaltungsgerichtsbarkeit (§ 1 VwGO) ist **dreistufig** aufgebaut: nämlich in Verwaltungsgerichte, je einem Oberverwaltungsgericht respektive Verwaltungsgerichtshof

---

[10] Gesetz v. 27.10.1997, GVBl I S. 381.
[11] Gesetz v. 7.4.1998, GVOBl S. 444.
[12] Gesetz v. 10.6.1992, GVOBl S. 314.
[13] Gesetz v. 16.12.2014, GVBl S. 436.
[14] Gesetz v. 26.1.2010, GV S. 30.
[15] Gesetz v. 5.12.1977, GVBl S. 451.
[16] Gesetz v. 5.7.1960, ABl S. 558.
[17] Gesetz v. 24.11.2000, GVBl S. 482.
[18] Gesetz v. 28.1.1992, GVBl S. 36.
[19] Gesetz v. 15.12.1992, GVBl S. 576.
[20] Vgl. dazu *Nolte* Die Eigenart des verwaltungsgerichtlichen Rechtsschutzes – Grund und Grenzen der Anwendung des Zivilprozessrechts im Verwaltungsprozessrecht, 2015.
[21] Jedes Bundesland hat ein Oberverwaltungsgericht, Berlin und Brandenburg haben ein gemeinsames.
[22] Statistisches Bundesamt, Fachserie 10, Reihe 2.4, 2018, abrufbar unter: https://www.destatis.de/DE/Themen/Staat/Justiz-Rechtspflege/Publikationen/Downloads-Gerichte/verwaltungsgerichte-2100240187004.pdf?__blob=publicationFile (abgerufen am 1.4.2020).
[23] Richterstatistik 2018 des Bundesamts für Justiz, abrufbar unter: https://www.bundesjustizamt.de/DE/Shared-Docs/Publikationen/Justizstatistik/Richterstatistik_2018.pdf;jsessionid=811753DDD69FDDC7394CF894C395C422.1_cid394?__blob=publicationFile&v=3 (zuletzt abgerufen am 30.11.2020).
[24] Zur weiten Auslegung des Begriffs des vorbereitenden Verfahrens vgl. BVerwG NVwZ 2019, 1364.

in den Ländern sowie dem BVerwG im Bund. Gegen Urteile und Gerichtsbescheide (§ 84 VwGO)[25] kann **Berufung** eingelegt werden, wenn sie zugelassen worden ist (§§ 46 Nr. 1, 84 Abs. 1 Nr. 1, 124a Abs. 2 S. 1 VwGO). Ansonsten kann eine Zulassung beantragt werden (§§ 84 Abs. 2 Nr. 34, 132 Abs. 1, 133 VwGO). Gegen Urteile und Gerichtsbescheide steht den Beteiligten die **Revision** zum BVerwG zu, wenn sie zugelassen wurde oder einer Nichtzulassungsbeschwerde stattgegeben wurde (§§ 84 Abs. 2 Nr. 34, 132 Abs. 1, 133 VwGO). Zudem können eine Sprung- oder eine Ersatzrevision in Betracht kommen (§§ 134 f. VwGO). Teilweise – insbesondere wenn es um Normenkontrollanträge oder bestimmte Planfeststellungsverfahren geht – entscheidet das Oberverwaltungsgericht erstinstanzlich (§§ 47, 48 VwGO), teilweise – vor allem wenn es um große Infrastrukturvorhaben geht – das BVerwG erst- und letztinstanzlich (§ 50 VwGO). Die Infrastrukturverfahren (§ 50 Abs. 1 Nr. 6 VwGO) – zum Beispiel die Verfahren zur A20, zur Leverkusener Rheinbrücke oder zur Weser- und Elbvertiefung, zu denen im Jahre 2017 42 neue Hauptsache- und elf Eilverfahren ergangen sind[26] – haben zusammen mit den Klagen gegen Vereinsverbote (§ 50 Abs. 1 Nr. 2 VwGO) und den sog. Gefährder-Abschiebungen nach § 58a AufenthG (§ 50 Abs. 1 Nr. 3 VwGO) nach Angaben des Präsidenten des BVerwG etwa ein Drittel der richterlichen Arbeitskraft in Anspruch genommen.[27] Auch das BVerwG ist somit nicht nur Rechtsmittel-, sondern auch Tatsacheninstanz.[28] Da Art. 19 Abs. 4 GG nicht mehr als eine gerichtliche Instanz garantiert,[29] ist die Beschränkung des Rechtsschutzes auf einen einstufigen Rechtszug nicht verfassungswidrig. Im Asyl- und Flüchtlingsrecht sind sogar Urteile des Verwaltungsgerichts bei Abweisung der Klage als offensichtlich unzulässig oder offensichtlich unbegründet unanfechtbar, um eine zeitnahe rechtskräftige Entscheidung zu gewährleisten (§ 78 Abs. 1 S. 1 AsylG).[30] Gegen Beschlüsse kann Beschwerde eingelegt werden (§ 146 VwGO).

Die Verwaltungsgerichte entscheiden durch **Kammern** in der Besetzung von drei Richtern und zwei ehrenamtlichen Richtern oder durch einen **Einzelrichter** (§ 5 Abs. 3 S. 1, § 6 VwGO).[31] Die Übertragung bedarf der vorherigen Anhörung der Prozessbeteiligten. Sie wird erst wirksam, wenn sie den Beteiligten bekannt gegeben worden ist.[32] Bei Beschlüssen außerhalb der mündlichen Verhandlung und bei Gerichtsbescheiden (§ 84 VwGO) wirken die ehrenamtlichen Richter nicht mit (§ 5 Abs. 3 S. 2 VwGO).[33] Für die Oberverwaltungsgerichte werden **Senate** je nach Landesrecht in der Besetzung von drei Berufsrichtern, fünf Berufsrichtern, drei Berufs- und zwei ehrenamtlichen Richtern oder (im ersten Rechtszug) fünf Berufs- und zwei ehrenamtlichen Richtern tätig (§ 9 Abs. 3 VwGO).[34] Das BVerwG gliedert sich in Senate, die in der Besetzung von fünf Richtern, bei Beschlüssen außerhalb der mündlichen Verhandlung in der Besetzung von drei Richtern entscheiden (§ 10 Abs. 3 VwGO). 5

## B. Prozessmaximen

Das gerichtliche Verfahren wird vor allem durch den Dispositionsgrundsatz, den Amtsbetriebsgrundsatz, die richterlichen Hinweispflichten, den Untersuchungsgrundsatz, die 6

[25] Vgl. auch § 93a Abs. 2 S. 5 VwGO (Beschluss im Musterverfahren).
[26] *Bick* jM 2018, 371 (375).
[27] Pressemitteilung des BVerwG Nr. 12/2018 v. 7.3.2018.
[28] Zur verfassungsrechtlichen Zulässigkeit vgl. BVerwGE 120, 87 = NVwZ 2004, 722 (723); E 131, 274 = NVwZ 2009, 302.
[29] BVerfGE 87, 48 (61) = NVwZ 1992, 1182 (1183); E 92, 365 (410) = NJW 1996, 185 (190); BVerwGE 120, 87 (93) = NVwZ 2004, 722 (723).
[30] Krit. *Berlit* InfAuslR 2018, 309 (314); *ders.* DVBl 2015, 657 (659 f.).
[31] Zu den Beratungsanforderungen (im Falle nachgelassener Schriftsätze) vgl. BVerwG NVwZ 2018, 176.
[32] OVG NW Beschl. v. 2.11.2017 – 4 B 891/17, BeckRS 2017, 130587. Der Beschluss zur Übertragung des Rechtsstreits auf Einzelrichter muss vor der Sachentscheidung durch den Einzelrichter wirksam werden, vgl. VGH BW Beschl. v. 11.4.2016 – 11 S 393/16, BeckRS 2016, 45162 Rn. 9 ff.
[33] Zu Besonderheiten vgl. §§ 46 Abs. 1 S. 1, 47 BDG; § 66 Abs. 3 ZDG.
[34] Vgl. auch § 51 Abs. 1 BDG.

Grundsätze der Öffentlichkeit, des rechtlichen Gehörs und der Mündlichkeit sowie den Effektivitätsgrundsatz und den Grundsatz der Gewährung des Rechtsschutzes innerhalb angemessener Zeit geprägt.[35] Verwaltungsgerichtlicher Rechtsschutz wird nicht von Amts wegen gewährt. Vielmehr gilt – im Gegensatz zum Offizialprinzip (Entscheidung durch das Gericht oder ein staatlich bestelltes Organ wie die Staatsanwaltschaft) – der **Dispositionsgrundsatz** (Verfügungsgrundsatz). Danach hat es der Kläger (Antragsteller) in der Hand, ob er ein verwaltungsgerichtliches Verfahren einleiten und gegebenenfalls vorzeitig – durch Klagerücknahme (§ 92 VwGO) oder durch übereinstimmende (nicht einseitige) Erledigungserklärungen (§ 161 Abs. 2 VwGO) – beenden will (vgl. zur Beendigung auch → § 25 Rn. 4).[36] Die Parteien können oder müssen sich nach Maßgabe des § 67 VwGO vertreten lassen. Vor dem Oberverwaltungsgericht und Bundesverwaltungsgericht besteht außer im Prozesskostenhilfeverfahren Vertretungszwang (§ 67 Abs. 4 S. 1 VwGO; → § 25 Rn. 201). Für die privaten Beteiligten (im Gegensatz zu den Behörden oder juristischen Personen des öffentlichen Rechts) sind grundsätzlich nur Anwälte oder Rechtslehrer vertretungsbefugt (§ 67 Abs. 4 S. 3 i. V. m. Abs. 2 S. 1 VwGO).[37] Der Betrieb des Prozesses liegt in den Händen der Verwaltungsgerichtsbarkeit **(Grundsatz des Amtsbetriebes).** Diese und nicht die Beteiligten sind für die Zustellung der Klagen, Anträge, Anordnungen, Entscheidungen, Beschlüsse und Urteile, Terminierung, Ladung etc. von Amts wegen zuständig.[38] Um den Beteiligten Hilfestellung bei der Rechtsverfolgung zu leisten, treffen den Vorsitzenden nach § 86 Abs. 3 VwGO **Hinweispflichten,** um darauf hinzuwirken, dass Formfehler beseitigt, unklare Anträge erläutert, sachdienliche Anträge gestellt, ungenügende tatsächliche Angaben ergänzt, ferner alle für die Feststellung und Beurteilung des Sachverhalts wesentlichen Erklärungen abgegeben werden. Damit sollen einer Unbeholfenheit und rechtlichen Unkenntnis der Beteiligten entgegengewirkt, ihre Mitwirkung effektuiert und Überraschungsentscheidungen vermieden werden.[39] Das Ausmaß der Hinweispflichten hängt auch davon ab, ob eine Partei anwaltlich vertreten ist. Bei Hinweisen an die Verwaltung haben die Gerichte darauf zu achten, dass sie sich nicht durch Empfehlungen zur Fehlerbehebung zum Berater einer Behörde machen.[40] Seine Grenzen findet die Hinweispflicht im Verbot der Rechtsberatung.[41]

7 Im Gegensatz zu dem im Zivilprozessrecht vorherrschenden Verhandlungs- oder Beibringungsgrundsatz gilt im Verwaltungsprozess der **Untersuchungsgrundsatz** (§ 86 Abs. 1 S. 1 VwGO).[42] Das erkennende Gericht erforscht den Sachverhalt **von Amts wegen.** Es muss grundsätzlich in der mündlichen Verhandlung[43] selbst Beweis erheben (§§ 96, 98 VwGO)[44]: etwa Augenschein einnehmen, Zeugen, Sachverständige und Beteiligte vernehmen und Urkunden heranziehen. An das Vorbringen und die Beweisanträge der Beteiligten ist das Gericht nicht gebunden (§ 86 Abs. 1 S. 2 VwGO).[45] Doch sind die Beteiligten her-

---

[35] Näher dazu *Fritzsche-Brandt* JA 2009, 625; *Schenke* Verwaltungsprozessrecht, Rn. 18 ff.; *Hufen* Verwaltungsprozessrecht, § 35; *Schoch* in: GVwR III, § 50 Rn. 234 ff.

[36] Näher dazu *Schenke* Verwaltungsprozessrecht, Rn. 1098 ff.

[37] *Schoch* in: Schoch/Schneider, VwGO, § 67 Rn. 77 ff.

[38] Vgl. z. B. §§ 56 Abs. 2, 102 VwGO.

[39] Vgl. *Dawin* in: Schoch/Schneider, VwGO, § 86 Rn. 131. Zum Verbot von Überraschungsentscheidungen BVerfGE 84, 188 = NJW 1991, 2823; BVerfG-K NJW 1996, 45; BVerwG NVwZ 2010, 845 (847); NVwZ 2011, 372 (373).

[40] BVerwG NVwZ 2018, 181 Rn. 6

[41] *Wimmer* in: Gärditz, VwGO, § 86 Rn. 84.

[42] Vgl. dazu *Müller* JuS 2014, 324; *Koehl* JA 2017, 541; *Geismann* Sachverhaltsaufklärung im Verwaltungsprozess, 2021. Näher zur Wirkungsweise des Zivilprozessrechts im verwaltungsgerichtlichen Verfahren *Nolte* Die Eigenart des verwaltungsgerichtlichen Rechtsschutzes (Fn. 20). Vgl. ferner *Scholz* Verwaltungszivilprozessrecht, 2013.

[43] Vgl. aber auch § 96 Abs. 2 (vorherige Beweiserhebung durch einen beauftragten Richter oder ein anderes Gericht), § 102a VwGO (Videoübertragung).

[44] Zu den Anforderungen für die Feststellung einer begründeten Furcht vor Verfolgung im Asylrecht vgl. z. B. BVerwG Urt. v. 4.7.2019 – 1 C 31.18, BeckRS 2019, 19691 Rn. 20 ff.

[45] Vgl. dazu *Müller* JuS 2014, 324. Näher zum Ganzen *Geismann* Sachverhaltsaufklärung im Verwaltungsprozess, 2021.

anzuziehen (§ 86 Abs. 1 S. 1 Hs. 2 VwGO). Die Behörden sind zur Vorlage von Urkunden oder Akten, zur Übermittlung elektronischer Dokumente und zu Auskünften verpflichtet (§ 99 Abs. 1 S. 1 VwGO), es sei denn, das Wohl des Bundes oder Landes beziehungsweise Geheimhaltungsgründe stehen ausnahmsweise entgegen (§ 99 Abs. 1 S. 2 VwGO). Die behördliche Berechtigung zur Verweigerung der Vorlage der begehrten Verwaltungsinformation kann in einem – auch auf die Verfahren nach dem Informationsfreiheitsgesetz Anwendung findenden[46] – „in camera"-Verfahren nachgeprüft werden (§ 99 Abs. 2 VwGO).[47] Hierüber entscheiden die bei den Oberverwaltungsgerichten und dem BVerwG gebildeten Fachsenate (§ 189 VwGO). Die Rechtsprechung sieht die prozessrechtliche Regelung als Spezialnorm an.[48] Näher liegt es, die fachgesetzlichen Geheimhaltungstatbestände von vornherein in § 99 Abs. 1 S. 2 VwGO hineinzulesen. Rechtspolitisch spricht vieles dafür, das „in camera"-Verfahren in das Hauptsacheverfahren (anstatt in ein gesondertes Zwischenverfahren) zu integrieren.[49] Kommen die Beteiligten einer Mitwirkungspflicht nicht nach, kann dies für sie negative Konsequenzen haben (vgl. §§ 87b, 92 Abs. 2 VwGO). Im Übrigen gilt der Grundsatz der **freien Beweiswürdigung** (§ 108 Abs. 1 S. 1 VwGO). Bei Unerweislichkeit muss eine Tatsache als nicht vorhanden betrachtet werden. Dies führt (insoweit ähnlich wie im Zivilprozess) dazu, dass der fehlende Beweis für die rechtsbegründenden Tatsachen den Antragsteller, für rechtshindernde, rechtsvernichtende oder rechtshemmende Tatsachen den Antragsgegner trifft.[50]

Neben dem gerichtlichen Verfahren (auch der echten Schiedsgerichte i. S. d. § 173 S. 1 8
VwGO i. V. m. den §§ 1025 ff. ZPO aufgrund einer Schiedsvereinbarung gemäß § 1029 ZPO)[51] kommen anderweitige, auf Konsens angelegte Konfliktschlichtungsverfahren in Betracht. Die im Mediationsgesetz[52] geregelte außergerichtliche **Mediation** kann nach den §§ 173 S. 1 VwGO, 278a Abs. 1 ZPO den Parteien auch im gerichtlichen Verfahren vorgeschlagen werden.[53] Gemäß § 173 S. 1 VwGO i. V. m. § 278 Abs. 5 ZPO ist das Verwaltungsgericht ferner befugt, die Parteien für einen Güteversuch auf einen hierfür bestimmten, nicht entscheidungsbefugten Richter **(Güterichter)** zu verweisen. Der Güterichter kann, muss sich aber nicht in dem nicht öffentlichen, der Verschwiegenheit unterliegenden, gerichtskostenfreien Güteverfahren der Methode der Mediation bedienen. Er ist im Falle einer Einigung der Parteien nach § 105 VwGO i. V. m. § 159 Abs. 2 S. 2 ZPO zur Niederschrift (Protokollierung) eines gerichtlichen Vergleichs befugt.[54] Kommt es nicht zu einer Einigung, wird das streitige Verfahren fortgesetzt.

Dass mündliche Verhandlungen vor den Verwaltungsgerichten grundsätzlich **öffentlich** 9
sind – einschließlich der Verkündung der Urteile und Beschlüsse (§ 116 Abs. 1 VwGO)[55] sowie im Berufungsverfahren – ergibt sich nicht nur aus § 55 VwGO i. V. m. § 169 Abs. 1 GVG, sondern folgt bereits aus dem Demokratie- und Rechtsstaatsprinzip[56] und ferner aus Art. 47 S. 2 GRCh sowie Art. 6 Abs. 1 S. 1 EMRK (soweit diese Bestimmungen für die Verwaltungsgerichtsbarkeit von Bedeutung sind[57]). Öffentlichkeit bedeutet, dass im Rahmen der verfügbaren Kapazität prinzipiell jedermann (und damit zum Bespiel auch die

---

[46] *Schoch* Informationsfreiheitsgesetz, 2. Aufl. 2016, § 9 Rn. 100.

[47] Näher dazu *Rudisile* in: Schoch/Schneider, VwGO, § 99 Rn. 31 ff. Zur verfassungsrechtlichen Notwendigkeit einer gerichtlichen Nachprüfung BVerfGE 101, 106 = NJW 2000, 1175.

[48] BVerwG NVwZ 2005, 334 (335); OVG NW NVwZ 2015, 1549.

[49] Vgl. *Schoch* Informationsfreiheitsgesetz (Fn. 46), § 9 Rn. 103, 107.

[50] Vgl. näher dazu *Dawin* in: Schoch/Schneider, VwGO, § 108 Rn. 96 ff.; *Unger* in: Gärditz, VwGO, § 108 Rn. 33 ff.

[51] → § 25 Rn. 231.

[52] Gesetz v. 21.7.2012, BGBl I S. 1577.

[53] Vgl. dazu *Steinbeiß-Winkelmann* in: Schoch/Schneider, VwGO, § 173 Rn. 211.

[54] Vgl. näher dazu *Fehling* in: Fehling/Kastner/Störmer, VwR, § 106 VwGO Rn. 10; *Schübel-Pfister* in: Eyermann, VwGO, § 1 Rn. 26 f.; *W.-R. Schenke* in: Kopp/Schenke, VwGO, § 173 Rn. 4a ff.

[55] Nach Abs. 2 der Vorschrift ist statt der Verkündung die Zustellung des Urteils zulässig, wobei das Urteil binnen zwei Wochen nach der mündlichen Verhandlung der Geschäftsstelle zu übermitteln ist.

[56] Vgl. *Jarass* in: Jarass/Pieroth, GG, Art. 20 Rn. 19.

[57] Vgl. für die EUGRCh Art. 51 Abs. 1 S. 1 GRCh; zu Art. 6 EMRK *Ehlers* DVBl 2004, 1441 (1447).

Presse) Zutritt zu dem Verhandlungsraum hat. Dadurch soll eine der öffentlichen Kontrolle entzogene Geheimjustiz verhindert werden.[58] Im Falle einer Verhandlung im Gerichtsgebäude muss die Ladung, der Ort, genaue Räumlichkeit und die Zeit nicht nur den Beteiligten, sondern ebenfalls den unbeteiligten Personen bekannt gegeben werden.[59] In bestimmten Fällen kann die Öffentlichkeit ganz oder teilweise ausgeschlossen werden (§ 55 VwGO i. V. m. §§ 171a ff. GVG) oder Personen mit den Mitteln der Sitzungspolizei entfernt werden (§ 55 VwGO i. V. m. §§ 176, 177 S. 1 GVG). Ist ein Richter vor der mündlichen Verhandlung mit der Beweiserhebung beauftragt oder ein anderes Gericht um Beweisaufnahme ersucht worden, gilt nur der Grundsatz der Parteiöffentlichkeit (§§ 96 Abs. 2, 97 VwGO). Zur Zulässigkeit von Ton-, Fernseh-, Rundfunk- und Filmaufnahmen vgl. § 55 VwGO i. V. m. § 169 GVG.

10 Stets muss den Beteiligten **rechtliches Gehör** gewährt werden (Art. 103 Abs. 1 GG). Der Einzelne soll nicht nur Objekt richterlicher Entscheidungen sein, sondern vor einer Entscheidung, die seine Rechte betrifft, zu Wort kommen, und als Subjekt Einfluss auf das Verfahren und sein Ergebnis nehmen können.[60] Dies setzt eine Information des Gerichts über den entscheidungserheblichen Rechtsstoff voraus.[61] Dementsprechend darf das Urteil (oder ein Gerichtsbescheid nach § 84 VwGO) nicht auf Tatsachen oder Beweisergebnisse gestützt werden, zu denen sich die Beteiligten nicht äußern konnten (§ 108 Abs. 2 VwGO). Sie können oder müssen sich hierbei von Prozessbevollmächtigten (insbesondere Rechtsanwälten oder Rechtslehrern an einer staatlichen oder staatlich anerkannten Hochschule) vertreten lassen (→ Rn. 6). Zudem haben sie ein Akteneinsichtsrecht (§ 100 VwGO).[62] Eine Verletzung des rechtlichen Gehörs wird überaus häufig gerügt. Gehörverstöße stellen Verfahrensmängel i. S. d. §§ 124 Abs. 2 Nr. 5, 132 Abs. 2 Nr. 3 VwGO sowie einen absoluten Revisionsgrund (§ 138 Nr. 3 VwGO) dar. Ist ein Rechtsmittel oder anderer Rechtsbehelf nicht gegeben, kann gemäß § 152a VwGO innerhalb von zwei Wochen nach Kenntniserlangung **Anhörungsrüge** erhoben werden.[63] Bleibt diese erfolglos, kommt eine Verfassungsbeschwerde wegen Verletzung des grundrechtsgleichen Rechts[64] des Art. 103 Abs. 1 GG in Betracht. Werden neben der Gehörsverletzung materielle Grundrechtsverstöße gerügt, soll das Unterlassen der Gehörsrüge die Verfassungsbeschwerde insgesamt unzulässig machen. Dies gilt jedenfalls, wenn sich die behauptete Gehörsverletzung auf den gesamten Streitgegenstand des fachgerichtlichen Verfahrens bezieht.[65] Nicht statthaft soll die Erhebung der Anhörungsrüge sein, wenn sie offensichtlich aussichtslos wäre. In diesem Fall soll die Verfassungsbeschwerdefrist (für die Geltendmachung materieller Grundrechtsverstöße) bereits mit der verwaltungsgerichtlichen Ausgangsentscheidung zu laufen beginnen.[66]

11 Soweit nichts anderes bestimmt ist, entscheidet das Verwaltungsgericht aufgrund **mündlicher Verhandlung** (§ 101 Abs. 1 VwGO) und nicht nur im schriftlichen Verfahren durch Urteil (→ Rn. 3). Dies schließt eine Verhandlung mittels Videoübertragung nicht aus (§ 102a VwGO). Mit Einverständnis der Beteiligten kann ohne mündliche Verhand-

---

[58] BAG NJW 2016, 3611.

[59] Vgl. *Hufen* Verwaltungsprozessrecht, § 37 Rn. 10.

[60] BVerfGE 107, 395 (409) = NJW 2003, 1924 (1926).

[61] *Unger* in: Gärditz, VwGO, § 108 Rn. 54 ff.

[62] Ob das Übergehen eines Antrags auf Akteneinsicht das Recht der betroffenen Beteiligten auf rechtliches Gehör verletzt, ist aufgrund einer umfassenden Prüfung anhand der Umstände des Einzelfalls zu beurteilen. Erkennt ein anwaltlich vertretener Prozessbeteiligter, dass das Gericht seinen Antrag auf Akteneinsicht unberücksichtigt lässt, muss er das Übergehen rügen und dem Gericht Gelegenheit geben, zu dem Versäumnis Stellung zu nehmen und den Antrag zu bescheiden. Vgl. BVerfG-K NVwZ 2010, 954 Rn. 45; BVerwG Urt. v. 17.6.2020 – 10 C 22.19, BeckRS 2020, 23128 Rn. 13.

[63] Die Anhörungsrüge geht auf BVerfGE 107, 395 = NJW 2003, 1924 zurück. Vgl. dazu *Pache/Knauff* BayVBl 2004, 385 ff.; *Guckelberger* NVwZ 2005, 11.

[64] Vgl. Art. 93 Abs. 1 Nr. 4a GG.

[65] Vgl. BVerfG-K NJW 2005, 3059 f.

[66] Näher zum Ganzen *Rudisile* in: Schoch/Schneider, VwGO, § 152a Rn. 35b und c; *Schübel-Pfister* in: Gärditz, VwGO, § 152a Rn. 46 ff.

lung entschieden werden (§ 101 Abs. 2 VwGO). Entscheidungen des Gerichts, die nicht Urteile sind – insbesondere Beschlüsse – können ohne mündliche Verhandlung ergehen, soweit nichts anderes bestimmt ist (§ 101 Abs. 3 VwGO). Ohne mündliche Verhandlung darf das Gericht ferner durch Gerichtsbescheid entscheiden, wenn die Sache keine besondere Schwierigkeit tatsächlicher oder rechtlicher Art aufweist und der Sachverhalt geklärt ist (→ Rn. 3). Doch können die Beteiligten innerhalb eines Monats nach Zustellung des Gerichtsbescheids eine mündliche Verhandlung beantragen. Der Gerichtsbescheid gilt dann als nicht ergangen (§ 84 Abs. 2 Nr. 2, Abs. 3 VwGO). Auch wenn die dem Gerichtsbescheid nachfolgende Entscheidung zumeist in derselben Besetzung ergeht, dürfte dies den Anforderungen des § 6 Abs. 1 EMRK gerecht werden.[67] Ergeht ein Urteil aufgrund einer mündlichen Verhandlung, ist die Verletzung der Vorschriften über die Öffentlichkeit des Verfahrens ein absoluter Revisionsgrund (§ 138 Nr. 5 VwGO).

Sowohl Art. 19 Abs. 4 S. 1 GG[68] als auch Art. 19 Abs. 1 UAbs. 2 EUV, Art. 47 S. 1, 2 GRCh und Art. 6 Abs. 1 S. 1, 13 EMRK garantieren dem Rechtsschutzsuchenden einen **effektiven Gerichtsschutz** (→ § 7 Rn. 1 f.), das heißt eine tatsächlich wirksame Gerichtskontrolle (näher dazu → *Schoch* § 22).[69] Dem dient bereits der **Konzentrationsgrundsatz,** wonach der Rechtstreit möglichst in einer mündlichen Verhandlung zu erledigen ist.[70] Der Vorsitzende oder Berichterstatter der Kammer des Verwaltungsgerichts kann zum Zwecke der Beschleunigung nach Maßgabe der §§ 86 Abs. 4, 87 vorbereitende Anordnungen treffen, ein vorbereitendes Verfahren durchführen (§ 87a VwGO) oder Fristen setzen (§§ 87b, 92 Abs. 2 VwGO). Um Massenverfahren mit einer Vielzahl von Beteiligten zügig und effektiv durchführen zu können, dürfen besondere Anordnungen getroffen werden (§§ 56a, 65 Abs. 3, 67a VwGO). Auch ist das Gericht befugt, Musterverfahren vorzuziehen (§ 93a VwGO). 12

Wirksam ist nur ein **Rechtsschutz,** der **innerhalb angemessener Zeit** gewährt wird.[71] Vielfach ist es nicht möglich, im Hauptsacheverfahren zeitgerechten Gerichtsschutz zu erlangen. Von Verfassungs wegen[72] (dazu → *Schoch* § 22 Rn. 42) und auch nach dem Europäischen Unionsrecht[73] (dazu → *Schoch* § 13 Rn. 5 ff.) und der Europäischen Menschenrechtskonvention[74] muss für diese Fälle ein **vorläufiger Rechtsschutz** (Eilrechtsschutz) zur Verfügung gestellt werden. Die Verwaltungsgerichtsordnung kommt dem in den Vorschriften §§ 80 Abs. 5, 80a Abs. 3, 80b Abs. 3 VwGO nach (ausführlich dazu → *Schoch* § 34, → *Schoch* § 35). Zum einen geht es darum, der Schaffung vollendeter Tatsachen zuvorzukommen, die nicht rückgängig gemacht werden können, selbst wenn sich eine Maßnahme bei endgültiger richterlicher Prüfung als rechtswidrig erweist.[75] Zwar haben Widerspruch und Anfechtungsklage grundsätzlich aufschiebende Wirkung (§ 80 Abs. 1 VwGO). Wenn diese jedoch entfällt (§ 80 Abs. 2 VwGO),[76] kann das Verwaltungsgericht auf Antrag die aufschiebende Wirkung anordnen oder wiederherstellen (§ 80 Abs. 5 S. 1 VwGO), die Aufhebung der Vollziehung anordnen (§ 80 Abs. 5 S. 3)[77] oder dessen faktischem Vollzug entgegenwirken (→ *Schoch* § 34 Rn. 96 ff.). Umgekehrt ist das Gericht zur Wahrung der Interessen des Begünstigten im Falle von Verwaltungsakten mit Drittwirkung befugt und 13

---

[67] Str., vgl. *Clausing* in: Schoch/Schneider, § 84 Rn. 6; *Ehlers* DVBl 2004, 1441 (1447).

[68] Vgl. BVerfGE 93, 1 (13) = NJW 1995, 2477; E 112, 185 (207) = NJW 2005, 1999 (2001); E 113, 273 (310) = NJW 2005, 2289 (2294 f.); E 117, 244 (268) = NJW 2007, 1117 (1120).

[69] Vgl. statt Vieler *Schmidt-Aßmann/Schenk* in: Schoch/Schneider, VwGO, Einl Rn. 152 ff.

[70] *Schenke* Verwaltungsprozessrecht, Rn. 27.

[71] Vgl. BVerfGE 55, 349 (369) = NJW 1981, 1499 (1500); E 60, 253 (269) = NJW 1982, 2425 (2426); E 93, 1 (13) = NJW 1995, 2477; *Schulze-Fielitz* in: Dreier, GG I, Art. 19 Abs. 4 Rn. 111.

[72] Vgl. z. B. BVerfGE 93, 1 (13 f.) = NJW 1995, 2477; E 126, 1 (27) = NVwZ 2010, 1285 Rn. 64; E 143, 216 (232) = NVwZ 2017, 305 Rn. 37.

[73] Grdl. EuGH NJW 1991, 2271 – Factortame; ferner EuGH EuZW 2007, 247 Rn. 67 – Unibet.

[74] EGMR NJW 2010, 3355 Rn. 50 ff. – Rumpf; *Grabenwarter/Struth* in: Ehlers, EuGR, § 6 Rn. 55, *Grabenwarter/Pabel* EMRK, § 24 Rn. 81 ff.

[75] BVerfGE 37, 150 (153) = NJW 1974, 1079; NVwZ 2014, 62 (63).

[76] Vgl. auch § 80a Abs. 1 Nr. 1, Abs. 2, § 80b Abs. 1 VwGO.

[77] Vgl. auch 80a Abs. 3 S. 2 i. V. m. § 80 Abs. 5 S. 3 VwGO.

gegebenenfalls verpflichtet, einen sofortigen Vollzug anzuordnen (§ 80a Abs. 3 S. 1 i. V. m. Abs. 1 Nr. 1, Abs. 2 VwGO). Zum anderen kann das Gericht – auch schon vor Klageerhebung – eine einstweilige Sicherungsanordnung (§ 123 Abs. 1 S. 1 VwGO) oder einstweilige Regelungsanordnung (§ 123 Abs. 1 S. 2 VwGO) treffen (→ *Schoch* § 35).

14 Da es trotzdem immer wieder zu überlangen Gerichtsverfahren gekommen ist und weiterhin kommt, hat der EGMR dem deutschen Gesetzgeber in einem Piloturteil (Art. 61 VerfO EGMR) aufgegeben, einen oder mehrere **Rechtsbehelfe gegenüber langen Gerichtsverfahren** – auch in Bezug auf die Verwaltungsgerichtsbarkeit – zu schaffen.[78] Der Gesetzgeber ist dem durch die Einfügung der §§ 198 ff. in das Gerichtsverfassungsgesetz nachgekommen. Die Vorschriften, die für die Verwaltungsgerichtsbarkeit entsprechend gelten (§ 173 S. 2 VwGO), unterscheiden zwischen dem präventiven und repressiven Rechtsschutz. Präventiv kann ein Verfahrensbeteiligter **Verzögerungsrüge** bei dem in der Sache befassten Gericht erheben, wenn Anlass zur Besorgnis besteht, dass das Verfahren nicht in angemessener Zeit abgeschlossen wird (§ 198 Abs. 3 S. 1, 2 GVG). Repressiv kann frühestens sechs Monate nach Erhebung der Verzögerungsrüge (§ 198 Abs. 5 GVG) gerichtlich eine **Entschädigung** für den erlittenen Nachteil geltend gemacht werden (§ 198 Abs. 1 S. 1, Abs. 3 S. 1 GVG). Zuständig ist bei Verzögerungen des Verwaltungsgerichts und des Oberverwaltungsgerichts Letzteres, bei Verzögerung auf Bundesebene das BVerwG (§ 173 S. 2 VwGO).[79]

## C. Vorgehensweise

15 Im Folgenden wird – neben der aufschiebenden Wirkung von Widerspruch und Anfechtungsklage (→ *Schoch* § 34) – schwerpunktmäßig nur auf die Zulässigkeit und Begründetheit der verwaltungsgerichtlichen Rechtsbehelfe eingegangen. Auf das Rechtsmittelverfahren nach Erlass einer Gerichtsentscheidung wird zwar in den jeweils maßgeblichen Fällen hingewiesen. Es wird aber nicht vertiefend behandelt, auch weil es in der Ausbildung eher am Rande steht.

[78] EGMR NJW 2010, 3355 – Rumpf.
[79] Vgl. dazu *W.-R. Schenke* NVwZ 2012, 257.

# § 25. Allgemeine Sachentscheidungsvoraussetzungen verwaltungsgerichtlicher Rechtsschutzanträge

*Dirk Ehlers*

**Übersicht**

**Schrifttum:** *Bethge* Das Phantom der doppelten Verfassungsunmittelbarkeit, JuS 2001, 1100; *ders.* Die materielle Verfassungsstreitigkeit zwischen Verfassungsgerichtsbarkeit und Fachgerichtsbarkeit in: Festschrift Schenke, 2011, S. 61; *Christonakis* Das verwaltungsprozessuale Rechtsschutzinteresse, 2004; *Ehlers* Rechtsprobleme der Nutzung kommunaler Einrichtungen – Teil II, Jura 2012, 849; *Fischer* Zulässigkeit der Klage und Zulässigkeit des Rechtswegs, Jura 2003, 748; *Haensle* Das Schriftformgebot bei Erhebung der verwaltungsprozessualen Klage (§ 81 Abs. 1 S. 1 VwGO) im digitalen Zeitalter – Wahrung auch durch E-Mail?, VerwArch 2013, 208; *Koehl* Die Klageerhebung und -zustellung im Verwaltungsprozess, NVwZ 2017, 1089; *Krüger* Die Eröffnung des Verwaltungsrechtswegs, JuS 2013, 598; *Leifer* Die Eröffnung des Verwaltungsrechtswegs als Problem des Klausuraufbaus, JuS 2004, 956; *Schoch* Rechtsschutz gegen polizeiliche Maßnahmen, Jura 2001, 628; *ders.* Doppelfunktionale Maßnahmen der Polizei, Jura 2013, 1115; *Schübel-Pfister* Aktuelles Verwaltungsprozessrecht, JuS 2017, 1078; *Ulrich/Schmieder* Die elektronische Einreichung in der Praxis, NJW 2019, 113.

## A. Unterscheidung von Zulässigkeit und Begründetheit

### I. Erforderlichkeit der Unterscheidung

**Fall 1:** Nachbar A wendet sich nach erfolglosem Widerspruchsverfahren mit einer verwaltungsgerichtlichen Klage gegen die dem Bauherrn erteilte Baugenehmigung, weil er den geplanten Bau als überaus hässlich empfindet und befürchtet, dass darunter seine eigene Wohnqualität leiden wird. Wie wird das Verwaltungsgericht entscheiden? 1

**Förmliche Rechtsbehelfe,** d. h. Klagen (§ 81 VwGO) oder prozessuale Rechtsmittel respektive außergerichtliche (wie der Widerspruch nach § 69 VwGO) oder gerichtliche Rechtsbehelfsanträge (wie die Anträge nach den §§ 47, 80 Abs. 5, 80a Abs. 3, 123 VwGO), können – im Gegensatz zu den nichtförmlichen Rechtsbehelfen wie Gegenvorstellungen, Aufsichtsbeschwerden oder den sich gegen das persönliche Verhalten eines Verwaltungsbediensteten richtenden Dienstaufsichtsbeschwerden[1] – nur Erfolg haben, wenn sie zulässig und begründet sind. Sinn der **Unterscheidung** von **Zulässigkeit** und **Begründetheit** ist es, das Vorliegen der Prozessvoraussetzungen (Zulässigkeitsvoraussetzungen) vorab zu klären.[2] Die Unterscheidung von Zulässigkeit und Begründetheit liegt nicht nur der ZPO,[3] sondern auch der VwGO zugrunde, wie sich etwa aus den §§ 42 Abs. 2, 75, 91 Abs. 1, 109, 142 Abs. 1, 146 Abs. 4 S. 4 VwGO einerseits sowie aus der – Begründetheitsanforderungen normierenden – Bestimmung des § 113 VwGO andererseits ergibt. 2

Nicht zu folgen ist der Ansicht, dass die Eröffnung des Rechtswegs vor der Zulässigkeit und Begründetheit des Rechtsschutzbegehrens (d. h. der Klage oder des Rechtsschutzantrags) zu prüfen ist,[4] so dass statt einem **zwei**- somit ein drei**stufiger Prüfungsaufbau** gewählt werden muss oder sollte. Die Ansicht von der Notwendigkeit eines dreistufigen Prüfungsaufbaus wird darauf gestützt, dass bei Nichteröffnung des Rechtswegs oder fehlender (sachlicher, örtlicher respektive instanzieller) Zuständigkeit das Gericht die Klage nicht als unzulässig abweisen darf, sondern gemäß den § 173 S. 1 VwGO, § 17a Abs. 2 S. 1 GVG ggf. i. V. m. § 83 S. 1 VwGO an „das zuständige Gericht des zulässigen Rechtsweges" respektive an das zuständige Gericht von Amts wegen (und nicht nur auf Antrag) verweisen muss.[5] Das angerufene Gericht hat jedoch nicht allgemein über die Zulässigkeit einer erhobenen Klage, sondern nur darüber zu entscheiden, ob die bei ihm anhängig gemachte Klage zulässig ist. Falls der Rechtsweg nicht eröffnet oder die Zuständigkeit des Gerichts nicht gegeben ist, fehlt es an einer **Sachentscheidungs**- und damit an einer Zulässigkeits**voraussetzung:** d. h. an einer Bedingung, die erfüllt sein muss, damit das angerufene Gericht über das Rechtsschutzbegehren in der Sache verhandeln, Beweis erheben und entscheiden darf. Zudem wäre eine Vorabprüfung des Rechtsweges und der Zuständigkeit des Gerichts auch deshalb verfehlt, weil andere Zulässigkeitsvoraussetzungen (wie das Bestehen der deutschen Gerichtsbarkeit) vorrangig sein können und weil eine Verweisung nach § 17a Abs. 2 S. 1 GVG z. B. auch beim Vorliegen einer verfassungsrechtlichen Streitigkeit i. S. d. § 40 Abs. 1 S. 1 VwGO oder bei der Erhebung einer Normenkontrolle nicht in Betracht kommt. 3

---

[1] Bei den nichtförmlichen Rechtsbehelfen handelt es sich um Fallgestaltungen des durch Art. 17 GG garantierten Petitionsrechts. Näher dazu vgl. *Schenke* Verwaltungsprozessrecht, Rn. 2 ff.

[2] Zum Verhältnis von Prozessrecht und materiellem Recht vgl. *P. Reimer* Die Verwaltung 50 (2017), 395.

[3] Vgl. *Philipp/Rotherme* Jura 2016, 232.

[4] Vgl. *Hufen* Verwaltungsprozessrecht, § 10 Rn. 1; ferner *Ipsen* AllgVwR, Rn. 1165; *Schmitt Glaeser/Horn* Verwaltungsprozeßrecht, Rn. 237; *Schübel-Pfister* JuS 2017, 1078 (1079).

[5] Schon der Sprachgebrauch des § 17a Abs. 2 S. 1 GVG („Ist der beschrittene Rechtsweg unzulässig …") deutet darauf hin, dass der Gesetzgeber die Eröffnung des Rechtswegs als Zulässigkeitsvoraussetzung angesehen hat. Im Ergebnis wie hier *Fischer* Jura 2003, 748 m. w. Nachw.; *Leifer* JuS 2004, 956.

4 **Zulässigkeitsvoraussetzungen** sind **vorrangig** zu prüfen.[6] Es ist daher dem Verwaltungsgericht zumindest grundsätzlich auch dann nicht erlaubt, Zulässigkeitsfragen offen zu lassen, wenn der Rechtsschutzantrag offensichtlich unbegründet ist. Ist etwa der Rechtsweg nicht gegeben, widerspräche eine Sachentscheidung dem Recht auf den gesetzlichen Richter (Art. 101 Abs. 1 S. 2 GG). Auch kann es für die Rechtskraft einen Unterschied ausmachen, ob eine Klage durch Prozessurteil (als unzulässig) oder durch Sachurteil (als unbegründet) abgewiesen wird. Dementsprechend ist es auch nicht statthaft, eine Klage als unzulässig und unbegründet abzuweisen.[7] Allenfalls wenn keine Konsequenzen davon abhängen, ob ein Rechtsbehelf als unzulässig oder unbegründet abgewiesen wird, und es Schwierigkeiten bereitet zu entscheiden, ob der Rechtsbehelf bereits unzulässig oder nur unbegründet ist, könnte daran gedacht werden, die Frage der Zulässigkeit dahingestellt sein zu lassen.[8] Auf die Zulässigkeit kommt es ausnahmsweise nicht an, wenn das Rechtsschutzverfahren durch Erklärung eines Beteiligten oder beider Beteiligten in der Hauptsache beendet worden ist: z. B. durch Klagerücknahme (§ 92 VwGO), Prozessvergleich (§ 106 VwGO) oder übereinstimmende Erledigungserklärung (§ 161 Abs. 2 VwGO).[9]

5 **Lösung zu Fall 1:** Da die Baugenehmigung ein Verwaltungsakt ist, hat A eine verwaltungsgerichtliche Anfechtungsklage erhoben. Ob die Zulässigkeit der Klage einer erfolglosen Einlegung eines Widerspruchs bedarf, hängt gemäß § 68 Abs. 1 S. 2 VwGO von dem einschlägigen Landesrecht ab (→ § 27 Rn. 42). Dies kann hier dahingestellt bleiben, da jedenfalls Widerspruch eingelegt wurde und dieser erfolglos geblieben ist. Unter anderem setzt die Zulässigkeit der Anfechtungsklage aber gemäß § 42 Abs. 2 VwGO weiter voraus, dass der Kläger geltend machen kann, in seinen Rechten verletzt zu sein. Dies zu beurteilen, kann unter Umständen Schwierigkeiten bereiten. Vielleicht steht aber fest, dass die Baugenehmigung rechtmäßig ist. Dann könnte das Gericht daran denken, die Klage als unbegründet abzuweisen. Indessen darf nicht zur Begründetheitsprüfung „durchgestartet" werden. Gemäß § 42 Abs. 2 VwGO ist die Klage, soweit gesetzlich nichts anderes bestimmt ist, „nur zulässig", wenn die Klagebefugnis gegeben ist. Erst wenn die Zulässigkeit feststeht, stellt sich die Begründetheitsfrage. § 42 Abs. 2 VwGO verlangt die Möglichkeit einer Rechtsverletzung. A müsste sich daher auf ein subjektives öffentliches Recht berufen können, das möglicherweise verletzt ist. Ein subjektives Recht ist nur gegeben, wenn eine Regelung auch den Interessen der Nachbarn zu dienen bestimmt ist. Solche Normen sind hier nicht ersichtlich. Bauästhetische Vorschriften dienen – von Fällen besonderer Rücksichtslosigkeit abgesehen – nicht dem Schutz der Nachbarn.[10] Auf Art. 14 Abs. 1 GG kann sich A nicht stützen, weil der Inhalt des Eigentums durch die Gesetze bestimmt wird (Art. 14 Abs. 1 S. 2 GG), eine gesetzliche Position hier aber nicht vorhanden ist. Somit ist die Klage wegen fehlender Klagebefugnis unzulässig. Das Verwaltungsgericht darf sich mit der Frage, ob die Baugenehmigung rechtmäßig oder rechtswidrig ist, nicht befassen.

## II. Arten der Zulässigkeitsvoraussetzungen

6 **Fall 2:** Gemeinde B wurde durch rechtskräftiges Urteil verpflichtet, die beantragte Windenergieanlage des Klägers zu genehmigen. In der Zwischenzeit hat B durch ei-

---

[6] H. M., statt vieler *Stern/Blanke* Verwaltungsprozessrecht, Rn. 129 f.; a. A. z. B. *Rimmelspacher* Zur Prüfung von Amts wegen im Zivilprozeß, 1966, S. 92 ff., 136, 143 f.

[7] Vgl. auch *Laubinger* FS Hufen, 2015, S. 609 (622); anders BVerwG Buchholz 310 § 113 VwGO Nr. 237.

[8] Vgl. BVerwG DÖV 1968, 214; BFH BayVBl 1988, 219; *Sendler* DVBl 1982, 923 (929); *Schenke* Verwaltungsprozessrecht, Rn. 64 (für das Rechtsschutzbedürfnis).

[9] Vgl. *Ehlers* in: Schoch/Schneider, VwGO, Vorb § 40 Rn. 5. Im Falle einer Vorabentscheidung (wie nach § 17a GVG) braucht die Zulässigkeit noch nicht abschließend geklärt zu werden (→ Rn. 172).

[10] Vgl. z. B. OVG Bremen NVwZ-RR 2002, 488.

nen neuen Flächennutzungsplan an anderer Stelle als im Bereich des Vorhabens des Klägers einen Windpark ausgewiesen. Als der Kläger die Vollstreckung des verwaltungsgerichtlichen Urteils einleitet, erhebt B verwaltungsgerichtliche Klage.

Die Zulässigkeitsvoraussetzungen lassen sich in echte Prozessvoraussetzungen, Sachent- 7
scheidungsvoraussetzungen und Prozesshindernisse einteilen. Fehlt eine **echte Prozessvoraussetzung,** kommt von vornherein kein Prozessrechtsverhältnis zustande. Dies ist nur der Fall, wenn sich eine Eingabe beim Gericht nicht als sinnhafter Rechtsschutzantrag darstellt (etwa, weil sie offensichtlich nicht ernstlich gemeint ist, wie im Falle der Klage eines Karnevalvereins gegen den Oberbürgermeister wegen Humorlosigkeit). Das Ersuchen bedarf dann keiner förmlichen Abweisung durch Prozessurteil, sondern ist von vornherein unbeachtlich und braucht nicht bearbeitet zu werden.[11] In der Regel stellen sich die Zulässigkeitsvoraussetzungen als **Sachentscheidungsvoraussetzungen** dar (→ Rn. 3). Bei den **Prozesshindernissen** handelt es sich um negative Sachentscheidungsvoraussetzungen. Dazu gehören die Erfordernisse „keine anderweitige Rechtshängigkeit" (§ 17 Abs. 1 S. 2 GVG), „keine schiedsvertraglichen Vereinbarungen" (§ 173 S. 1 VwGO i. V. m. § 1032 ZPO), „keine rechtskräftige Entscheidung in derselben Sache" (§ 121 VwGO),[12] „kein Ausschluss des Rechtsschutzes durch § 44a VwGO" und „kein Rechtsschutzverzicht". Nicht zu den Zulässigkeitsvoraussetzungen (Sachentscheidungsvoraussetzungen) gehören die **Prozesshandlungsvoraussetzungen.** Prozesshandlungen der Beteiligten, die das gerichtliche Verfahren bestimmen oder gestalten (z. B. Klageänderung [§ 91 VwGO], Klagehäufung [§ 44 VwGO], Prozessvertretung [§ 67 VwGO] oder Verzögerungsrüge [§ 173 S. 2 VwGO i. V. m. § 198 Abs. 3 GVG]), betreffen in der Regel nicht das ganze Verfahren, sondern lediglich bestimmte Aspekte. Anderes gilt z. B. für die Klagerücknahme (§ 92 VwGO), weil diese gemäß § 173 S. 1 VwGO i. V. m. § 269 Abs. 3 S. 1 ZPO die Rechtshängigkeit ex tunc entfallen lässt. Prozesshandlungen des Gerichts (z. B. Beweisaufnahme [§ 96 VwGO], Beiladung [§ 65 VwGO], Verfügungen des Vorsitzenden oder Berichterstatters[13] oder Urteilsverkündung [§ 116 Abs. 1 VwGO ]) können schon deshalb keine Sachentscheidungsvoraussetzungen darstellen, weil diese nicht vom Rechtsschutzsuchenden zu erfüllen sind.

**Lösung zu Fall 2:** Fraglich ist, welche Klageart in Betracht kommt. Da nach der 8
Generalklausel des § 40 Abs. 1 S. 1 VwGO i. V. m. Art. 19 Abs. 4 S. 1 GG grundsätzlich alle öffentlich-rechtlichen Streitigkeiten nichtverfassungsrechtlicher Art justiziabel sind (→ Rn. 60), ist die Statthaftigkeit einer bestimmten Rechtsschutzform zwar an sich keine Sachentscheidungsvoraussetzung.[14] Doch hängen von der Bestimmung der Rechtsschutzform weitere Zulässigkeitsvoraussetzungen ab, so dass die Frage nicht offen gelassen werden kann. Eine Leistungsklage auf Unterlassung der Vollstreckung wäre unzulässig, weil das rechtskräftige Urteil des Verwaltungsgerichts einen vollstreckbaren Titel gemäß § 168 Abs. 1 Nr. 1 VwGO darstellt. Die verwaltungsgerichtliche Feststellungsklage (§ 43 VwGO) ist subsidiär (§ 43 Abs. 2 S. 1 VwGO). Bei Zugrundelegung der VwGO kommt keine andere Klageart in Betracht. Doch ist gemäß § 167 Abs. 1 S. 1 VwGO die Vollstreckungsabwehrklage nach § 767 ZPO entsprechend im Verwaltungsprozess anwendbar. Die Vollstreckungsabwehrklage zielt auf die Erklärung der Unzulässigkeit der

---

[11] Vgl. BSG Beschl. v. 12.2.2015 – B 10 ÜG 8/14 B, BeckRS 2015, 67445 Rn. 7; VGH BW NVwZ-RR 2017, 4.

[12] Zur Unzulässigkeit einer neuen Klage bei identischem Streitgegenstand (ne bis in idem) vgl. BVerwGE 73, 348 f. = BeckRS 1982, 31319631; E 79, 33 (35 f.) = NVwZ 1988, 627; BGHZ 35, 338 (341) = NJW 1961, 1969; Z 117, 1 (7) = NJW 1992, 1172; *Clausing/Kimmel* in: Schoch/Schneider, VwGO, § 121 Rn. 21 ff.; *Rennert* in: Eyermann, VwGO, § 121 Rn. 9; a. A. *v. Nicolai* in: Redeker/v. Oertzen, VwGO, § 121 Rn. 5 (nur Abweichungsverbot).

[13] Vgl. §§ 82 Abs. 2, 87 Abs. 1 S. 1, 87a, 87b VwGO.

[14] Vgl. auch *Schenke* Verwaltungsprozessrecht, Rn. 64.

Zwangsvollstreckung aus einem vollstreckbaren Titel durch das Gericht ab. Ein stattgebendes Urteil stellt nicht das Nichtbestehen eines Anspruchs fest und beseitigt nicht den Vollstreckungstitel selbst, wohl aber seine Vollstreckbarkeit.[15] Deshalb stellt die Klage nach § 767 ZPO eine prozessuale Gestaltungsklage dar, die einer Klage auf Feststellung der Unzulässigkeit einer Vollstreckung vorgeht. § 767 ZPO ist nur anwendbar, wenn der Vollstreckungsabwehrkläger Einwendungen geltend macht, die den durch das Urteil festgestellten Anspruch selbst betreffen. Dies ist nach Auffassung des BVerwG vorliegend der Fall.[16] Eine Einwendung i. S. d. § 767 ZPO lasse sich auf alle Gründe stützen, die den zuerkannten Anspruch untergehen lassen oder in seiner Durchsetzbarkeit hemmen. Dies könne etwa eine Gesetzesänderung sein, sofern sich daraus unmittelbare Rechtsfolgen für den titulierten Anspruch ergeben. Einer Gesetzesänderung gleichzusetzen ist der Erlass eines Flächennutzungsplans (obwohl der Flächennutzungsplan nicht als Satzung bekannt gemacht und nach seinem materiellen Gehalt nicht als Außenrechtsnorm anzusehen ist). Entscheidend sei allein, dass sich aus dem Erlass oder der Änderung eines Flächennutzungsplans rechtliche Folgen für den zuerkannten Anspruch ergeben können, wie dies aufgrund von § 35 Abs. 3 Nr. 1 BauGB der Fall ist. Unerheblich sei, dass sich ein bestandskräftiger Bauvorbescheid, der die bauplanungsrechtliche Zulässigkeit des Vorhabens bescheinigt,[17] gegenüber nachfolgenden Rechtsänderungen durchsetzt. Dem Vorliegen eines Verwaltungsakts könne nicht der Fall gleichgesetzt werden, dass eine Behörde zum Erlass eines Verwaltungsakts verpflichtet worden ist, ihn aber noch nicht erlassen hat. Eine rechtsstaatlich bedenkliche Durchbrechung der Rechtskraft des vorliegenden verwaltungsgerichtlichen Urteils liege nicht vor, weil die Rechtskraft nicht berührt, vielmehr allein die Vollstreckbarkeit des Titels beseitigt werde. Im Hinblick auf ein möglicherweise schützenswertes Vertrauen des Anlagenbetreibers verweist das BVerwG auf die Möglichkeit einer Entschädigung gemäß § 42 BauGB. Zuständig für die Vollstreckungsabwehrklage ist gemäß § 767 Abs. 1 ZPO das Prozessgericht des ersten Rechtszuges, hier also das Verwaltungsgericht. Sonstige Bedenken gegen die Zulässigkeit der Klage (Sachentscheidungsvoraussetzungen) bestehen nicht.

## III. Einteilung der Sachentscheidungsvoraussetzungen

9 Die Sachentscheidungsvoraussetzungen lassen sich in verschiedener Weise einteilen, z. B. danach, ob sie das **Gericht** betreffen (etwa Bestehen der deutschen Gerichtsbarkeit, internationale Zuständigkeit, Eröffnung des Rechtsweges, Zuständigkeit des Gerichts, keine anderweitige Rechtshängigkeit), die **Beteiligten** (etwa Beteiligungsfähigkeit, Prozessfähigkeit, Klagebefugnis, berechtigtes Feststellungsinteresse, richtiger Klagegegner) oder den **Streitgegenstand** (etwa Rechtsschutzform, Bezeichnung des Gegenstandes des Klagebegehrens). Empfehlenswert dürfte es sein, zwischen **allgemeinen** (rechtsschutzformunabhängigen) **Sachentscheidungsvoraussetzungen,** der Rechtsschutzform und den **besonderen** (rechtsschutzformabhängigen) **Sachentscheidungsvoraussetzungen** zu unterscheiden. Strikt durchhalten lässt sich (auch) diese Unterscheidung nicht. Z. B. können allgemeine Sachentscheidungsvoraussetzungen wie die Beteiligungsfähigkeit (§ 47 Abs. 2 S. 1 Alt. 2 VwGO) oder die (örtliche) Zuständigkeit des Gerichts (z. B. § 52 Nr. 2 und 3 VwGO) von der Rechtsschutzart abhängen (näher dazu → § 26 Rn. 2 ff.). Auch sollte das (eine allgemeine Sachentscheidungsvoraussetzung darstellende) Rechtsschutzbedürfnis wegen des Auffangcharakters dieses Erfordernisses am Ende der Zulässigkeit geprüft werden (zur Prü-

---

[15] Vgl. BGHZ 118, 229 (231) = NJW 1992, 2160 (2161).

[16] BVerwGE 117, 44 = NVwZ 2003, 214.

[17] Vgl. § 57 LBO BW; Art. 71 BayBO; § 74 BauO Bln; § 75 BbgBO; § 75 LBO Bremen; § 63 HmbBauO; § 76 HessBO; § 75 LBauO MV; § 73 NdsBauO; § 77 BauO NW; § 72 LBauO RP; § 76 LBO SL; § 66 SächsBO; § 74 BauO LSA; § 66 LBO SH; § 74 ThürBO.

fung des berechtigten Feststellungsinteresses → § 30 Rn. 45 ff.; → § 31 Rn. 65 ff.). Legt man die genannte Unterscheidung dennoch zugrunde, bietet sich folgender Aufbau für die hauptsächlichen Rechtsschutzbegehren an:

**I. Allgemeine Sachentscheidungsvoraussetzungen**
1. Ordnungsgemäße Klageerhebung bzw. Antragstellung (§§ 81 f. VwGO ggf. i. V. m. §§ 55a, 123 Abs. 3 VwGO, § 920 Abs. 1 ZPO)
2. Deutsche Gerichtsbarkeit
3. Internationale Zuständigkeit
4. Eröffnung des Verwaltungsrechtswegs
5. Zuständigkeit des Verwaltungsgerichts (§§ 45 ff., 52 f. VwGO, ggf. nach Feststellung der Rechtsschutzform)
6. Beteiligungsfähigkeit (§ 61 VwGO)
7. Prozessfähigkeit (§§ 62, 67 VwGO)
8. Keine anderweitige Rechtshängigkeit (§ 17 Abs. 1 S. 2 GVG)
9. Keine rechtskräftige Entscheidung (§ 121 VwGO)
10. Kein Ausschluss des Rechtsschutzes nach § 44a VwGO
11. Keine schiedsvertragliche Vereinbarung (§ 173 S. 1 VwGO i. V. m. § 1032 ZPO)
12. Kein Rechtsschutzverzicht

**II. Rechtsschutzarten**
1. Anfechtungsklage (§ 42 Abs. 1 Alt. 1 VwGO)
2. Verpflichtungsklage (§ 42 Abs. 1 Alt. 2 VwGO)
3. Allgemeine Leistungsklage
4. Feststellungsklage (§ 43 VwGO)
5. Fortsetzungsfeststellungsklage (§ 113 Abs. 1 S. 4 VwGO)
6. Normenkontrolle (§ 47 VwGO)
7. Sonstige Rechtsschutzformen (z. B. Vollstreckungsabwehrklage gemäß § 167 Abs. 1 VwGO i. V. m. § 767 ZPO)

**III. Besondere Sachentscheidungsvoraussetzungen**
1. Anfechtungsklage
   a) Ggf. örtliche Zuständigkeit (§ 52 Nr. 2 und 3 VwGO)
   b) Ggf. Erfolglosigkeit des Widerspruchs (§ 68 Abs. 1 VwGO) bzw. Untätigkeit der Behörde (§ 75 VwGO)
   c) Klagebefugnis (§ 42 Abs. 2 VwGO)
   d) Richtiger Klagegegner (§ 78 VwGO)
   e) Wahrung der Klagefrist (§§ 74 Abs. 1, 75 S. 2 VwGO)
2. Verpflichtungsklage
   a) Ggf. örtliche Zuständigkeit (§ 52 Nr. 2 S. 2, Nr. 3 S. 5 VwGO)
   b) Ggf. Erfolglosigkeit des Widerspruchs (§ 68 Abs. 2 VwGO) bzw. Untätigkeit der Behörde (§ 75 VwGO)
   c) Klagebefugnis (§ 42 Abs. 2 VwGO)
   d) Richtiger Klagegegner (§ 78 VwGO)
   e) Wahrung der Klagefrist (§§ 74 Abs. 2, 75 S. 2 VwGO)
3. Allgemeine Leistungsklage
   a) Ggf. Erfolglosigkeit des Widerspruchs (in Ausnahmefällen z. B. § 54 Abs. 2 BeamtStG)
   b) Analoge Anwendung der Klagebefugnis (§ 42 Abs. 2 VwGO)
   c) Richtiger Klagegegner
   d) Wahrung der Klagefrist (in Ausnahmefällen z. B. § 54 Abs. 2 BeamtStG i. V. m. § 74 VwGO) oder keine Verwirkung
4. Feststellungsklage
   a) Erfolglosigkeit des Widerspruchs (in Ausnahmefällen z. B. § 54 Abs. 2 BeamtStG)

b) Analoge Anwendung der Klagebefugnis (§ 42 Abs. 2 VwGO)
c) Berechtigtes Feststellungsinteresse (§ 43 Abs. 1 VwGO)
d) Richtiger Klagegegner
e) Wahrung der Klagefrist (in Ausnahmefällen z. B. § 54 Abs. 2 BeamtStG i. V. m. § 74 VwGO) oder keine Verwirkung

5. Fortsetzungsfeststellungsklage
a) Erfolglosigkeit des Widerspruchs (entfällt nach h. M.)
b) Klagebefugnis
c) Berechtigtes Feststellungsinteresse
d) Richtiger Klagegegner
e) Wahrung der Klagefrist (§ 74 VwGO) oder keine Verwirkung

6. Normenkontrolle
a) Antragsbefugnis (§ 47 Abs. 2 S. 1 VwGO)
b) Richtiger Antragsgegner (§ 47 Abs. 2 S. 2 VwGO)
c) Wahrung der Antragsfrist (§ 47 Abs. 2 S. 1 VwGO)

**IV. Rechtsschutzbedürfnis**

10 Für den vorläufigen gerichtlichen Rechtsschutz (Eilrechtsschutz) gelten weithin dieselben Regeln. Näher dazu sowie zu einigen Besonderheiten → *Schoch* § 34 Rn. 95 ff.; → *Schoch* § 35 Rn. 80 ff.

11 Die hier vorgeschlagene Prüfungsreihenfolge der Sachentscheidungsvoraussetzung ist **zu einem** erheblichen **Teil logisch** bedingt. So kann die Zuständigkeit des Verwaltungsgerichts erst bejaht werden, wenn feststeht, dass der Rechtsstreit der deutschen Gerichtsbarkeit unterfällt und der Rechtsweg zu der allgemeinen Verwaltungsgerichtsbarkeit gegeben ist. Auch ergibt die Prüfung der besonderen Sachentscheidungsvoraussetzungen keinen Sinn, wenn die Rechtsschutzform nicht vorher bestimmt worden ist. In solchen Fällen ist die Prüfungsreihenfolge der Sachentscheidungsvoraussetzungen zwingend. Doch kann sich die Lage anders darstellen. So ist es vertretbar, die Sachentscheidungsvoraussetzungen „Ordnungsgemäße Klageerhebung" und „Beteiligungsfähigkeit" an späterer Stelle als hier vorgeschlagen zu prüfen (→ Rn. 15). Ohnehin nehmen die Gerichte für sich in Anspruch, nicht an eine bestimmte Reihenfolge der Prüfung der Sachentscheidungsvoraussetzungen gebunden zu sein, sondern ein Abweisen des Prozessurteils auf den am leichtesten und schnellsten feststellbaren Zulässigkeitsmangel stützen zu dürfen.[18] Dies gilt aber nicht ausnahmslos. Beispielsweise lässt sich der Regelung des § 17a GVG entnehmen, dass die Frage der Rechtswegzuständigkeit in einem möglichst frühen Zeitpunkt des Verfahrens zu prüfen ist. Weist ein Verwaltungsgericht eine verwaltungsgerichtliche Klage wegen Verfristung ab, ohne die Rechtswegzuständigkeit zuvor bejaht zu haben, kann darin ein Verstoß gegen das Recht auf den gesetzlichen Richter (Art. 101 Abs. 1 S. 2 GG) liegen.

12 Die einzelnen Zulässigkeitsvoraussetzungen sind zwar jeweils zu prüfen. Erweisen sie sich aber als völlig **unproblematisch,** bedürfen sie **keiner Erwähnung.** Regelmäßig sollte jedoch (zumindest kurz) zur Rechtswegzuständigkeit, zur Rechtsschutzform und ggf. zu den besonderen Sachentscheidungsvoraussetzungen der in Anspruch genommenen Rechtsschutzform Stellung genommen werden.

## IV. Behandlung der Zulässigkeitsvoraussetzungen

13 Sowohl die echten Prozessvoraussetzungen (→ Rn. 7) als auch die Sachentscheidungsvoraussetzungen sind **von Amts wegen** zu prüfen.[19] Dagegen ist eine schiedsvertragliche Vereinbarung nur auf eine prozessuale Einrede hin zu berücksichtigen, wie sich aus § 173 VwGO i. V. m. § 1032 Abs. 1 ZPO ergibt. Maßgeblicher Zeitpunkt für die Beurteilung der

[18] Vgl. *Stern/Blanke* Verwaltungsprozessrecht, Rn. 133; *Seiler* in: Thomas/Putzo, ZPO, Vorb § 253 Rn. 14.
[19] Vgl. BVerfGE 40, 356 (361) = NJW 1976, 283; BVerwGE 40, 25 (32) = MDR 1972, 717 (719).

Zulässigkeitsvoraussetzungen ist der Zeitpunkt der letzten mündlichen Verhandlung oder, wenn eine solche nicht stattfindet, der Zeitpunkt des Erlasses der gerichtlichen Entscheidung. Ob eine bei Einreichung des Rechtsschutzantrags fehlende Zulässigkeitsvoraussetzung noch nachträglich herbeigeführt werden kann, hängt von der jeweiligen Voraussetzung ab; z. B reicht es aus, wenn die Prozessfähigkeit (§ 62 VwGO) im Laufe des Prozesses erworben wird.[20] In bestimmten Fällen müssen die Zulässigkeitsvoraussetzungen bereits im Zeitpunkt des Eingangs der Klage (bzw. des Rechtsschutzantrags) bei Gericht vorliegen. So sind eine Anfechtungsklage und ein Normenkontrollantrag nach § 47 VwGO nur zulässig, wenn bereits bei Einreichung des Rechtsschutzantrags ein Verwaltungsakt respektive eine untergesetzliche Norm vorliegt.[21] Terminologisch wird in solchen Fällen von Zugangsvoraussetzungen gesprochen.[22] Auch wenn die Erfüllung einer Sachentscheidungsvoraussetzung während des Rechtsstreits wegfällt, reagiert das Prozessrecht hierauf unterschiedlich. Z. B. zieht der Wegfall eines Beteiligten wegen Versterbens bei höchstpersönlichen Rechten oder Pflichten eine Erledigung, ansonsten ggf. eine Unterbrechung oder Aussetzung des Prozesses nach sich (vgl. § 173 S. 1 VwGO i. V. m. §§ 239, 246 ZPO), wohingegen die Zulässigkeit des beschrittenen Rechtsweges durch eine nach Rechtshängigkeit eintretende Veränderung der sie begründenden Umstände nicht berührt wird (§ 17 Abs. 1 S. 1 GVG). Unzulässige Klagen sind durch Prozessurteil abzuweisen. Entsprechend ist bei sonstigen Rechtsbehelfsanträgen zu verfahren (Abweisung als unzulässig).

## B. Ordnungsgemäße Klageerhebung

**Fall 3:** C hat per E-Mail verwaltungsgerichtliche Klage bei einem Verwaltungsgericht erhoben. Ist die Klage zulässig? 14

15 Ein Verfahren vor der Verwaltungsgerichtsbarkeit wird durch eine Klage respektive einen Antrag (z. B. Normenkontrollverfahren nach § 47 Abs. 1 VwGO oder im vorläufigen Rechtsschutzverfahren nach den §§ 80 Abs. 5, 80a Abs. 3, 123 VwGO) in Gang gebracht.[23] Welche Anforderungen an die Klage zu stellen sind, ist in den **§§ 81, 82 VwGO** geregelt. Die Vorschriften sind zwar nur anwendbar, wenn der Verwaltungsrechtsweg (z. B. nach § 40 VwGO) gegeben ist. Doch sind sie Ausdruck allgemeiner Grundsätze des deutschen Prozessrechts, so dass es vertretbar (und zweckmäßig) erscheint, ihre Erhebung vor der Entscheidung über die Eröffnung des Verwaltungsrechtswegs zu prüfen.[24] Ist statt einer Klage ein Antrag einzureichen, eine Prozesshandlung vorzunehmen (z. B. eine Klagerücknahme nach § 92 VwGO außerhalb der mündlichen Verhandlung)[25] oder wird Berufung bzw. Revision eingelegt,[26] gilt § 81 VwGO entsprechend. Teilweise greifen spezialgesetzliche Normen ein. So soll das Gesuch auf Erlass einer einstweiligen Anordnung nach § 123 Abs. 3 VwGO i. V. m. § 920 Abs. 1 und 3 ZPO die Bezeichnung des Anordnungsanspruchs und des Anordnungsgrundes enthalten und auch vor der Geschäftsstelle zu Protokoll erklärt werden können. Im Einzelnen normieren die §§ 81, 82 VwGO **vier Voraussetzungen:** sie erfordern die Erhebung einer Klage (I.), die Einhaltung einer bestimmten Form (II.), die Bezeichnung des Klägers und Beklagten (III.) sowie die Bezeichnung des Gegenstandes des Klagebegehrens (IV.). Entspricht die Klage nicht den Anforderungen des § 82 Abs. 1 S. 1

---

[20] Der Mangel zuvor vorgenommener Prozesshandlungen kann durch nachträgliche Genehmigung geheilt werden. Vgl. *Bier/Steinbeiß-Winkelmann* in: Schoch/Schneider, VwGO, § 62 Rn. 22.
[21] Vgl. auch *Schenke* Verwaltungsprozessrecht, Rn. 181, 877.
[22] Vgl. BayVGH BayVBl 1992, 148; NVwZ-RR 1994, 127.
[23] Vgl. auch *Schenke* Verwaltungsprozessrecht, Rn. 70.
[24] Vgl. auch *Erichsen* Jura Extra, 1983, S. 172 (173).
[25] Vgl. auch § 106 S. 2 VwGO (zur schriftlichen Annahme eines Vergleichsvorschlags des Gerichts).
[26] Vgl. die Verweisungsnorm der §§ 125 Abs. 1, 141 S. 1 VwGO.

VwGO, kann dem Kläger eine Ausschlussfrist gesetzt werden (§ 82 Abs. 2 S. 2 VwGO). Wird die Frist nicht genutzt, ist die Klage unzulässig. Im Übrigen normieren die §§ 81, 82 VwGO weitere Sollensanforderungen (V.).

## I. Erhebung einer Klage

16 Nach § 81 Abs. 1 S. 1 VwGO ist die Klage „bei dem Gericht [...] zu erheben". Die **Erhebung** ist eine Prozesshandlung, welche die Streitsache rechtshängig macht (§ 90 Abs. 1 VwGO). Sie muss bedingungs- und vorbehaltlos sein, dem **Gericht** zugehen (d. h. in dessen Machtbereich gelangen) und ein ernsthaft gemeintes Rechtsschutzbegehren enthalten.[27] Irrt der Kläger über die Zuständigkeit des Gerichts, ändert dies nichts an der Rechtshängigkeit der eingelegten Klage (§ 90 VwGO) (noch vor Verweisung an das zuständige Gericht gemäß § 83 VwGO i. V. m. §§ 17 ff. GVG). Dagegen ist die Klage nicht erhoben, wenn dem Kläger ein tatsächlicher Irrtum unterlaufen ist (z. B. versehentlicher Einwurf in einen anderen als den Gerichtsbriefkasten)[28]. Unzuständige Gerichte haben die Klage an das zuständige Gericht weiterzuleiten (§ 83 VwGO i. V. m. §§ 17 ff. GVG). Die Einlegung bei einer Behörde reicht nicht aus. Ist der Schriftsatz aber an das Gericht adressiert worden, hat die Behörde ihn weiterzuleiten.[29] Für die Erhebung der Klage müssen gemäß §§ 81, 82 VwGO teils zwingende Anforderungen gewahrt werden (→ Rn. 17 ff.), teils handelt es sich um Sollensanforderungen (→ Rn. 29). Für die Erfordernisse des § 82 Abs. 1 S. 1 VwGO kann der Vorsitzende oder der nach der spruchkörperinternen Geschäftsverteilung gemäß § 21g GVG bestimmte Berichterstatter dem Kläger eine Frist mit ausschließender Wirkung setzen (§ 82 Abs. 2 VwGO). Kommt der Kläger dem nicht nach, ist die Klage unzulässig.

## II. Form der Klageerhebung

17 § 81 Abs. 1 VwGO verlangt eine **schriftliche** Erhebung der Klage.[30] Wird die Klage beim Verwaltungsgericht (und nicht beim Oberverwaltungsgericht oder Bundesverwaltungsgericht) eingelegt, kann sie auch zu **Protokoll** des Urkundsbeamten der Geschäftsstelle erhoben werden (§ 81 Abs. 1 S. 2 VwGO).[31] Das Schriftformerfordernis (oder die Erhebung der Klage zu Protokoll) ist zwingend, wie sich aus einem Umkehrschluss zu § 82 Abs. 2 VwGO ergibt. Es ist grundsätzlich erfüllt, wenn die Klageschrift entweder vom Kläger oder seinem Prozessbevollmächtigten handschriftlich unterschrieben ist.[32] Verfahrensvorschriften dienen aber keinem Selbstzweck, sondern der Wahrung der materiellen Rechte der Prozessbeteiligten und müssen dementsprechend ausgelegt werden.[33] Da es sich bei der Klageerhebung um eine Prozesshandlung und nicht um eine (privatrechtliche) Willenserklärung handelt, ergeben sich die Anforderungen an die Schriftlichkeit nicht zwingend aus § 126 BGB (eigenhändige Namensunterschrift des Ausstellers auf der Urkunde, es sei denn, § 126 Abs. 3 BGB ist einschlägig). Zweck des prozessualen Schriftformerfordernisses ist es, die Rechtssicherheit und Verlässlichkeit der Eingaben zu gewährleisten[34] sowie die Urheberschaft und den Rechtsverkehrswillen feststellen zu können.[35] Insbesondere muss die Identität des Klägers, der Inhalt der Erklärung und die Ernsthaftigkeit der abgegebenen

---

[27] Vgl. *Riese* in: Schoch/Schneider, VwGO, § 81 Rn. 4 ff.
[28] Vgl. *Schübel-Pfister* in: Gärditz, VwGO, § 81 Rn. 15.
[29] Näher dazu *Koehl* NVwZ 2017, 1089 (1090).
[30] Zur verfassungsrechtlichen Zulässigkeit vgl. BVerfGE 15, 288 (291) = NJW 1963, 755; BVerfG-K NJW 2002, 3534; zum Europäischen Recht: *Schübel-Pfister* in: Gärditz, VwGO, § 81 Rn. 7.
[31] Wegen der Verweisung des § 173 S. 1 VwGO auf § 129a ZPO dürfte auch eine Erhebung bei der Geschäftsstelle eines anderen Verwaltungsgerichts oder eines Amtsgerichts in Betracht kommen.
[32] BVerwGE 81, 32 (33) = NJW 1989, 1175 f.
[33] GmS-OGB BVerwGE 58, 359 (365) = NJW 1980, 172 (174).
[34] GmS-OGB BVerwGE 111, 377 (382) = NJW 2000, 2340 (2341).
[35] Vgl. BVerwGE 81, 32 (33) = NJW 1989, 1175 f.

Erklärung (im Gegensatz zu einem bloßen Entwurf) feststehen. Doch bedarf es nach der Rechtsprechung dazu nicht unbedingt einer eigenhändigen Unterschrift des Klägers oder seines Prozessbevollmächtigten.[36] Lassen sich Identität und Wille auf andere Weise zuverlässig klären, ist die Klage trotz fehlender Unterschrift wirksam erhoben.[37] Zulässig sein soll auch eine Klageerhebung durch Telegramm (Telegrafie),[38] Fernschreiben (Telex),[39] Telebrief[40] und sogar Computerfax mit eingescannter Unterschrift.[41]

Darüber hinaus ergibt sich aus den **§§ 55a, 81 Abs. 2 VwGO,** dass auch eine **elektronische Einreichung** zulässig ist. Hierfür stehen zwei Alternativen zur Verfügung. Entweder wird die Klage als elektronisches Dokument – in der Regel als pdf-Datei[42] – mit einer qualifizierten elektronischen Signatur der verantwortenden Person versehen und eingereicht (§ 55a Abs. 3 Var. 1 VwGO) oder das elektronische Dokument wird von der verantwortenden Person (einfach) signiert und auf einem „sicheren Übermittlungsweg" eingereicht (§ 55a Abs. 3 Var. 2 VwGO). Zum sicheren Übermittlungsweg zählt nach § 55a Abs. 4 Nr. 2 VwGO das besondere elektronische Anwaltspostfach „beA" (§ 31a BRAO). Weitere sichere Übermittlungswege sind die De-Mail bei bestätigter sicherer Anmeldung i. S. v. §§ 4 Abs. 1 S. 2, § 5 Abs. 5 De-Mail-Gesetz (§ 55a Abs. 4 Nr. 1 VwGO) und das besondere Behördenpostfach „beBPo" (§ 55a Abs. 4 Nr. 3 VwGO).[43] Zudem enthält die VwGO eine Öffnungsklausel (§ 55a Abs. 4 Nr. 4 VwGO).[44] Gemäß § 4 Abs. 2 ERVV dürfen mehrere elektronische Dokumente nicht mit einer gemeinsamen qualifizierten elektronischen Signatur übermittelt werden (sog. Containersignatur). Verlangt wird eine jeweils gesonderte elektronische Signatur.[45] Die Heilung eines Übermittlungsmangels ist nach § 55a Abs. 6 S. 2 VwGO nicht möglich, weil sich dessen Anwendungsbereich auf die Bearbeitungsmöglichkeit des Dokuments beschränkt.[46] Unter Umständen kommt wegen eines dem Kläger nicht anzurechnenden Verschuldens des Verteidigers aber eine Wiedereinsetzung in den vorigen Stand in Betracht.[47] Es ist davon auszugehen, dass die elektronische Einreichung in Zukunft an Bedeutung zunehmen wird, nicht zuletzt deshalb, weil insbesondere Rechtsanwälte ab dem 1.1.2022 dazu verpflichtet sind, vorbereitende Schriftsätze und deren Anlagen sowie schriftlich einzureichende Anträge und Erklärungen als elektronische Dokumente zu übermitteln (§ 55d VwGO).[48] 18

**Eingegangen** ist ein elektronisches Dokument, sobald es auf der für den Empfang bestimmten Einrichtung des Gerichts gespeichert ist (§ 55a Abs. 5 S. 1 VwGO). Stets muss das elektronische Dokument für die Bearbeitung durch das Gericht geeignet sein (§ 55a Abs. 2 S. 1 VwGO). Ist dies nicht der Fall, muss dies dem Absender unverzüglich mitgeteilt werden (§ 55a Abs. 6 VwGO). Ein Verfahren, dass die zentralen Schriftformfunktionen – Sicherstel- 19

---

[36] Vgl. auch bereits GmS-OGB BVerwGE 58, 359 (364 f.) = NJW 1980, 172 (174).

[37] VGH BW Beschl. v. 13.8.2018 – 12 S 1476/18, BeckRS 2018, 23542 Rn. 6.

[38] BVerwGE 1, 103 (104) = NJW 1954, 1135 (fernmündliche Durchsage eines Telegramms); E 3, 56 (57) = NJW 1956, 605.

[39] BVerfGE 74, 228 (235) = NJW 1987, 2067; BVerwGE 81, 32 (34 f.) = NJW 1989, 1175 (1176); BGHZ 79, 314 (316) = NJW 1981, 1618 (1619); Z 87, 63 (64 f.) = NJW 1983, 1498.

[40] Vgl. BVerfG-K NJW 1996, 2857; BFHE 136, 38 (41) = NJW 1982, 2520. Zur Notwendigkeit einer Unterschrift auf der Fernkopie vgl. BGH NJW 1994, 2097; SächsOVG Beschl. v. 18.12.2017 – 5 A 955/17.A, BeckRS 2017, 138706 Rn. 3.

[41] GmS-OGB BVerwGE 111, 377 = NJW 2000, 2340; vgl. auch BVerfG-K NJW 2002, 3534 (3535); krit. *Riese* in: Schoch/Schneider, VwGO, § 81 Rn. 8d.

[42] Vgl. § 2 Abs. 1 S. 1 Elektronischer-Rechtsverkehr-Verordnung (ERVV) v. 24.11.2017, BGBl I S. 3803; vgl. ferner die Änderungs-Verordnung v. 9.2.2018, BGBl I S. 200.

[43] Vgl. z. B. *Ulrich/Schmieder* NJW 2019, 113; s. ferner *Schübel-Pfister* JuS 2017, 1078 (1081).

[44] *Ulrich* in: Schoch/Schneider, VwGO, § 55a Rn. 92.

[45] BVerwG NVwZ 2018, 1880 (1881); *Radke* JM 2019, 189.

[46] Vgl. auch BSG NJW 2018, 2222 (2223).

[47] Vgl. BVerwG NVwZ 2018, 1880 (1881).

[48] Sog. aktive Nutzungspflicht. Seit dem 1.1.2018 besteht bereits eine „passive Nutzungspflicht" hinsichtlich der Inhaber eines besonderen elektronischen Anwaltspostfachs (beA), da diese verpflichtet sind, die für dessen Nutzung erforderlichen technischen Einrichtungen vorzuhalten sowie Zustellungen und den Zugang von Mitteilungen über das beA zur Kenntnis zu nehmen (§ 31a Abs. 6 BRAO).

lung der Identität des Erklärenden und Authentizität der Erklärung – für den Masseneinsatz ausreichend bequem elektronisch abbildet, gibt es bisher nicht.[49] Doch ist damit zu rechnen, dass die Entwicklung weitergeht. Fehlt es an der Einreichung einer Vollmacht bei Klageerhebung durch den Bevollmächtigten, kann der Mangel durch Genehmigung des Vertretenden nachträglich geheilt werden, wenn noch kein Prozessurteil ergangen ist.[50]

20 Die Erhebung der Klage zu **Protokoll** dient der Rechtsschutzerleichterung (insbesondere um rechts- oder schreibunkundigen Parteien den Zugang zum Gericht nicht zu versperren). Der Urkundsbeamte hat ein von ihm unterschriebenes Protokoll nach Maßgabe der § 173 S. 1 VwGO i. V. m. § 162 Abs. 1 S. 1 ZPO zu erstellen. Da die **Gerichtssprache** deutsch ist (§ 55 VwGO i. V. m. § 184 GVG), muss die Erhebung der Klage in dieser Sprache abgefasst sein.[51] Bei Fristversäumung wegen der Einreichung einer fremdsprachigen Klageschrift kommt eine Wiedereinsetzung nach § 60 VwGO nicht in Betracht, wenn der Ausländer bewusst entgegen der von ihm verstandenen Rechtsmittelbelehrung gehandelt hat.[52] Nicht zur Erhebung der Klage gehört die **Zustellung** an den Beklagten und ggf. auch die Beigeladenen (§ 65 VwGO) oder den Vertreter des öffentlichen Interesses (§§ 35, 36 VwGO). Diese ist vielmehr vom Gericht zu verfügen (§ 85 VwGO). Erfüllt eine Klageschrift die Anforderungen des § 81 Abs. 1 VwGO nicht, ist die Klage nicht wirksam erhoben worden. Der Mangel kann nur durch Nachholung während des Laufes der Klagefrist geheilt werden.[53] Unter Umständen kann eine Wiedereinsetzung gemäß § 60 VwGO in Betracht kommen.

21 **Lösung zu Fall 3:** Gemäß § 81 Abs. 1 VwGO ist eine verwaltungsgerichtliche Klage schriftlich (oder zur Niederschrift) zu erheben. Aus §§ 55a, 81 Abs. 2 VwGO lässt sich entnehmen, dass auch eine Klageerhebung durch Übermittlung eines elektronischen Dokuments in Betracht kommen kann. Doch muss das Dokument nach § 55a Abs. 3 VwGO mit einer qualifizierten Signatur der verantwortenden Person versehen sein oder von der verantwortenden Person signiert und auf einem sicheren Übermittlungsweg eingereicht worden sein. Eine Klageerhebung mittels einer einfachen E-Mail (bei der keine sichere Rückverfolgung möglich ist) reicht somit nicht aus. Hat das Gericht allerdings dem Kläger zugesagt, die E-Mail auszudrucken, soll das Gericht nach der Rechtsprechung gemäß Art. 19 Abs. 4 S. 1 GG i. V. m. dem Grundsatz des Vertrauensschutzes verpflichtet sein, dies als formgerecht anzuerkennen.[54] Bei einem „E-Mail-to-Fax" Schreiben kann nichts anderes gelten als für das Computerfax (→ Rn. 17).[55] Schließlich dürfte ein Schreiben, das in ein elektronisches Dokument im pdf-Format umgewandelt und mit einer qualifizierten elektronischen Signatur versehen wurde, das Schriftformerfordernis wahren, wenn für Schriftformdokumente ein Zugang eröffnet worden ist.[56] Da hier nur Klage per E-Mail erhoben wurde, ist diese unzulässig.

## III. Bezeichnung des Klägers und des Beklagten

22 Nach § 82 Abs. 1 S. 1 VwGO „muss" die Klage den Kläger und den Beklagten bezeichnen. Kläger und Beklagter ist grundsätzlich, wer als solcher bezeichnet wurde.[57] Auf die

[49] *Prell* NVwZ 2018, 1255 (1257).
[50] OLG Hamm Urt. v. 19.11.2018 – 8 U 41/18, BeckRS 2018, 31292 Rn. 44 ff.
[51] Zur Vereinbarkeit mit dem Verfassungs- und Europarecht vgl. *Schübel-Pfister* in: Gärditz, VwGO, § 81 Rn. 8.
[52] Vgl. BVerwG NJW 1990, 3103.
[53] Für eine Hinweispflicht gegenüber dem nicht anwaltlich vertretenen Kläger *Riese* in: Schoch/Schneider, VwGO, § 81 Rn. 9.
[54] Vgl. BGH NJW 2008, 2649 (2650); NJW-RR 2009, 357 (358).
[55] *Haensle* VerwArch 2013, 208 (231 ff.).
[56] Vgl. BVerwG NVwZ 2017, 967 (betreffend das Schriftformerfordernis des § 70 Abs. 1 S. 1 VwGO).
[57] Vgl. dazu auch *Clausing* JuS 1998, 919 (921).

Frage, ob die Genannten beteiligungsfähige oder richtige Subjekte der streitigen Rechtsbeziehungen sind, kommt es für die ordnungsgemäße Klageerhebung nicht an. Die Zulässigkeit der Klage kann dann aber an anderen Sachentscheidungsvoraussetzungen (Beteiligungsfähigkeit, Klagebefugnis, richtiger Klagegegner) scheitern. Wie sich aus § 173 S. 1 VwGO i. V. m. § 130 Nr. 1 ZPO ergibt, muss die Klageschrift grundsätzlich eine ladungsfähige **Anschrift** des Klägers enthalten (in der Regel Wohnungsanschrift oder Sitz), um diesen eindeutig identifizieren und erreichen zu können (auch wenn der Kläger einen Bevollmächtigten hat). Die Anschrift „postlagernd" reicht nicht aus.[58] Wohnt der Kläger im Ausland, ist auf Verlangen ein Zustellungsbevollmächtigter zu bestellen (§ 56 Abs. 3 VwGO). Ausnahmsweise entbehrlich ist die Angabe der ladungsfähigen Anschrift, wenn die Erfüllung dieser Pflicht unmöglich oder unzumutbar ist (z. B. wegen Obdachlosigkeit oder eines Geheimhaltungsinteresses) oder sich die ladungsfähige Anschrift aus den Akten ergibt oder sich auf andere Weise ohne Schwierigkeiten ermitteln lässt.[59] Auch ist die Bezeichnung der Beteiligten auslegungsfähig. Nach **§ 78 Abs. 1 Nr. 1 Hs. 2 VwGO** genügt für die Bezeichnung eines beklagten Verwaltungsträgers die Angabe der Behörde. Dies gilt entsprechend, wenn nicht eine Anfechtungs- oder Verpflichtungsklage, sondern eine andere Klage erhoben worden ist. Hat der Kläger den Verwaltungsträger anstelle der (nach § 78 Abs. 1 Nr. 2 VwGO zu verklagenden) Behörde genannt, ist es gemäß **§ 86 Abs. 3 VwGO** Aufgabe des Vorsitzenden des Gerichts, auf eine Richtigstellung hinzuwirken. Fehlt eine Angabe, ist dies unschädlich, wenn eindeutig erkennbar ist, gegen wen sich die Klage richten soll.

Treten auf Seiten des Klägers oder des Beklagten mehrere Beteiligte auf **(subjektive Klagehäufung),** finden über § 64 VwGO die Vorschriften der §§ 59 ff. ZPO über die **Streitgenossenschaft** Anwendung (→ Rn. 176). Die Zulassung einer einfachen Streitgenossenschaft bezweckt aus Gründen der Prozessökonomie, mehrere Prozesse bei einheitlichem Prozessstoff zusammenzufassen (um Wiederholungen zu vermeiden, einzelne Streitpunkte besser beurteilen zu können, Kosten zu sparen und eine erhöhte Rechtssicherheit zu gewährleisten), wohingegen bei einer notwendigen Streitgenossenschaft das streitige Rechtsverhältnis allen Streitgenossen gegenüber nur einheitlich festgestellt werden kann.[60] Ein Auswechseln des Beklagten kann unter Umständen auch nach Ablauf der Klagefrist zulässig sein, z. B. wenn der angefochtene oder erstrebte Verwaltungsakt eindeutig bezeichnet wird.[61] 23

## IV. Bezeichnung des Gegenstandes des Klagebegehrens

In sachlicher Hinsicht muss die Klageschrift gemäß § 82 Abs. 1 S. 1 VwGO den Gegenstand des Klagebegehrens bezeichnen. Damit ist nicht der prozessuale Streitgegenstand (i. S. d. § 121 VwGO),[62] sondern die **Präzisierung** des **Klagebegehrens** (das tatsächliche Klageziel) gemeint (z. B. die Angabe, welcher Verwaltungsakt angefochten werden soll). Ggf. ist der Gegenstand durch Auslegung des Vorbringens zu ermitteln. Hierbei ist das Gericht nicht an die Fassung des Klageantrags gebunden (§ 88 VwGO). Vielmehr ist das wirkliche Rechtsschutzziel maßgebend, wie es sich aus dem gesamten Parteivorbringen, insbesondere der Klagebegründung, erschließt. Um dem wirklichen Begehren des Klägers Rechnung tragen zu können, muss eine ausdrücklich gewählte Klageart unter Umständen umgedeutet 24

---

[58] OVG NW NVwZ-RR 1994, 124 (125).

[59] Vgl. BVerwG NJW 1999, 2608 (2609); NJW 2012, 1527.

[60] Vgl. auch *Bier/Steinbeiß-Winkelmann* in: Schoch/Schneider, VwGO, § 64 Rn. 3.

[61] BVerwG Beschl. v. 20.1.1993 – 7 B 158.92, BeckRS 1993, 31284462.

[62] Die VwGO bezieht sich in mehreren Vorschriften auf den Begriff des Streitgegenstandes (§§ 110, 121, 123 Abs. 1 VwGO), doch wird der Begriff sinnvariierend verwendet. Zu der (schwierigen) Bestimmung des Streitgegenstandes vgl. BVerwGE 52, 247 (249 f.) = NJW 1978, 717; E 70, 110 (112) = NJW 1985, 280; E 96, 24 (25) = NVwZ 1994, 1115; *Detterbeck* Streitgegenstand und Entscheidungswirkungen im Öffentlichen Recht, 1995, S. 61 f.; *Kaniess* Der Streitgegenstandsbegriff in der VwGO, 2012, S. 12 ff.; *Clausing/Kimmel* in: Schoch/Schneider, VwGO, § 121 Rn. 54 ff.; *Rennert* in: Eyermann, VwGO, § 121 Rn. 23 f.

werden.[63] Ist der Kläger anwaltlich vertreten, kommt zwar der Antragsformulierung gesteigerte Bedeutung für die Ermittlung des tatsächlich Gewollten zu. Selbst dann ist aber dem wirklichen Klageziel Rechnung zu tragen, sofern dies eindeutig von der Antragsfassung abweicht.[64] In keinem Fall darf das Gericht über das Klagebegehren hinausgehen (§ 88 VwGO).

25 Gemäß § 44 VwGO können vom Kläger in einer Klage auch mehrere Klagebegehren zusammen verfolgt werden, wenn sie sich gegen denselben Beklagten richten, im Zusammenhang stehen und dasselbe Gericht zuständig ist **(objektive Klagehäufung).** Der Zusammenhang kann rechtlicher oder tatsächlicher Art sein, d.h. aus demselben Tatbestand abzuleiten sein[65] oder einen einheitlichen Lebenssachverhalt betreffen[66]. Eine solche Klagehäufung liegt namentlich vor, wenn der Kläger mehrere prozessuale Ansprüche geltend macht **(kumulative Klagehäufung)** oder Haupt- und Hilfsbegehren miteinander verbindet **(eventuale Klagehäufung),** sei es, dass über die Hilfsklage nur bei Misserfolg der Hauptklage (sog. eigentliche eventuale Klagehäufung) oder bei erfolgreicher Hauptklage (sog. uneigentliche eventuale Klagehäufung oder Stufenklage)[67] entschieden werden soll. **Nicht** um eine objektive Klagehäufung handelt es sich bei der **alternativen Klage,** mit der der Kläger den einen oder anderen prozessualen Anspruch geltend macht.[68] Eine solche Klage ist mangels Bestimmtheit unzulässig, es sei denn, dass sie in eine Eventualhäufung umgedeutet werden kann.[69]

26 Unberührt bleibt das Recht des Klagegegners **Widerklage** zu erheben (§ 89 Abs. 1 VwGO).[70] Der Gegenanspruch muss dann mit dem in der Klage geltend gemachten Anspruch oder mit den gegen ihn vorgebrachten Verteidigungsmittel zusammenhängen, zwischen Klage und Gegenklage also Konnexität bestehen. Dies ist jedenfalls der Fall, wenn Anspruch und Gegenanspruch aus demselben Rechtsverhältnis abgeleitet werden,[71] dürfte aber auch dann zutreffen, wenn ein zusätzlicher tatsächlicher Zusammenhang besteht.[72] Die Zulassung einer Widerklage vor demselben Gericht dient der Prozessökonomie und privilegiert den Widerkläger insofern, als er – mit Ausnahme des § 52 Nr. 1 VwGO – die Vorschrift über die örtliche Zuständigkeit nicht beachten muss (Gegenschluss zu § 89 Abs. 1 S. 2 VwGO). Handelt es sich bei der Hauptklage um eine Anfechtungs- oder Verpflichtungsklage, ist eine Widerklage ausgeschlossen (§ 89 Abs. 2 VwGO).[73]

27 Nach erhobener Klage ist eine **Änderung** nur zulässig, wenn die übrigen Beteiligten einwilligen oder das Gericht die Änderung für sachdienlich hält (§ 91 Abs. 1 VwGO). Eine Klageänderung liegt vor, wenn sich entweder der Streitgegenstand ändert **(objektive Klageänderung),** der durch das im Klageantrag zum Ausdruck kommende Klagebegehren und den ihm zugrunde gelegten Sachverhalt (Klagegrund) bestimmt wird,[74] oder ein Parteiwechsel respektive ein Parteibeitritt auf Seiten des Klägers oder Beklagten stattfindet **(subjektive Klageänderung).** Eine objektive Klageänderung liegt insbesondere vor, wenn das Klagebegehren erweitert wird (es sei denn, es liegt eine sukzessive Klagehäufung nach § 44a VwGO vor)[75] oder sich der Kläger auf einen neuen Lebenssachverhalt stützt (im Ge-

---

[63] BVerfG-K NVwZ 2016, 238 (241).
[64] BVerwG NVwZ 2012, 375 (376).
[65] Vgl. *Terhechte* in: Fehling/Kastner/Störmer, VwR, § 44 VwGO Rn. 13; *Glaser* in: Gärditz, VwGO, § 44 Rn. 15.
[66] Vgl. *Buchheister* in: Schoch/Schneider, VwGO, § 44 Rn. 7.
[67] Vgl. § 173 S. 1 VwGO i. V. m. § 254 ZPO.
[68] Vgl. *Schenke* Verwaltungsprozessrecht, Rn. 75.
[69] *Terhechte* in: Fehling/Kastner/Störmer, VwR, § 44 VwGO Rn. 10.
[70] Der Kläger muss dies nicht tun, er kann auch gesondert Klage erheben.
[71] *W.-R. Schenke* in: Kopp/Schenke, VwGO, § 89 Rn. 5.
[72] Vgl. *Kothe* in: Redeker/v. Oertzen, VwGO, § 89 Rn. 4; *Porz* in: Fehling/Kastner/Störmer, VwR, § 89 VwGO Rn. 3.
[73] Zum Sinn dieser Regelung vgl. *Riese* in: Schoch/Schneider, VwGO, § 89 Rn. 12f.
[74] BVerwG Urt. v. 26.4.2018 – 3 C 11.16, BeckRS 2018, 16069 Rn. 17. Zur Bestimmung des Streitgegenstandes vgl. → Fn. 62.
[75] Vgl. *Rennert* in: Eyermann, VwGO, § 91 Rn. 4.

gensatz etwa zum Nachschieben von Gründen → § 27 Rn. 164ff.). Wird bei einer Anfechtungsklage der angegriffene Verwaltungsakt durch einen neuen ersetzt, liegt darin eine Änderung. Dagegen bleibt das Verpflichtungsbegehren dasselbe, wenn nur der Versagungsbescheid durch einen neuen ersetzt und in den Prozess einbezogen wird.[76] Reduziert der Kläger sein Begehren, liegt eine teilweise **Klagerücknahme** (§ 92 VwGO), keine Klageänderung vor. Nicht als Klageänderung anzusehen sind gemäß § 173 S. 1 VwGO i.V.m. § 264 ZPO ferner eine Ergänzung oder Berichtigung der tatsächlichen oder rechtlichen Ausführungen, die Erweiterung oder Beschränkung des Klageantrags in der Hauptsache oder in Bezug auf Nebenforderungen sowie die Forderung eines anderen Gegenstandes oder Interesses wegen einer später eingetretenen Veränderung (z.B. der Übergang von der Anfechtungsklage zu einer Fortsetzungsfeststellungsklage nach Erledigung des Verwaltungsakts).[77] Die subjektive Klagehäufung liegt nur im Falle eines gewillkürten Parteiwechsels vor, nicht bei einem gesetzlichen Wechsel (§ 173 S. 1 VwGO i.V.m. §§ 239ff., 265f. ZPO).

Für die Zulässigkeit einer Klageänderung kommt es zum einen auf die ggf. konkludente **Einwilligung** (§ 91 Abs. 2 VwGO) der übrigen Beteiligten i.S.d. § 63 VwGO,[78] zum anderen auf die **Sachdienlichkeit** an. Der Begriff der Sachdienlichkeit ist ein Rechtsbegriff. Sachdienlichkeit ist anzunehmen, wenn der Streitstoff im Wesentlichen derselbe bleibt und die Klageänderung die endgültige Beilegung des Streites fördert.[79] Die Rechtsprechung sieht die Entscheidung über die Zulässigkeit der Klageänderung als Ermessensentscheidung an.[80] Richtiger dürfte es sein, von einem Beurteilungsspielraum zu sprechen,[81] der vom Revisionsgericht nur daraufhin zu überprüfen ist, „ob das Tatsachengericht den Rechtsbegriff der Sachdienlichkeit verkannt und damit die Grenzen seines Ermessens überschritten hat"[82]. Im Falle einer Unzulässigkeit der Klageänderung dürfte davon auszugehen sein, dass der ursprüngliche Antrag im Zweifelsfall noch hilfsweise gestellt worden ist.[83] 28

## V. Sollensanforderungen der §§ 81, 82 VwGO

Die §§ 81, 82 VwGO normieren des Weiteren eine Reihe von Sollensanforderungen. 29
Insbesondere „soll" die Klage nur einen bestimmten **Antrag** enthalten (§ 82 Abs. 1 S. 2 VwGO). Ausnahmsweise – insbesondere bei Leistungsklagen – darf auf eine Bestimmung verzichtet werden, wenn diese dem Kläger nicht möglich oder zumutbar ist (→ § 29 Rn. 9), wie etwa die genaue Bezifferung eines immateriellen Schadens. Ferner sollen vorbehaltlich des § 55a VwGO Abschriften beigefügt werden (§ 81 Abs. 2 VwGO), Tatsachen und Beweismittel angegeben sowie eine angefochtene Verfügung und ein Widerspruchsbescheid beigefügt werden (§ 82 Abs. 1 S. 3 VwGO). Die Nichteinhaltung der Sollensanforderungen macht die Einreichung der Klage nicht unwirksam. Gerade bei der Stellung von Anträgen ist oftmals die Mithilfe des an die Fassung von Anträgen nicht gebundenen Gerichts (§ 88 VwGO) geboten (§ 86 Abs. 3 VwGO). Spätestens in der mündlichen Verhandlung (§ 103 Abs. 3 VwGO) oder – bei Fehlen einer mündlichen Verhandlung – vor Erlass der Gerichtsentscheidung (§ 101 Abs. 2 VwGO) ist, ggf. nach Aufforderung des Vorsitzenden oder Berichterstatters (§ 82 Abs. 2 S. 1 VwGO i.V.m. § 21g GVG), aber ein Antrag zu stellen, soll die Klage nicht unzulässig werden.[84] Erfüllt der Kläger die Sollensanforderungen

---

[76] BVerwG DVBl 1987, 1004.
[77] Vgl. dazu *Riese* in: Schoch/Schneider, VwGO, § 91 Rn. 26ff.
[78] Nach h.M. soll die Begrenzung auf den Beklagten in § 91 Abs. 2 VwGO ein redaktionelles Versehen sein. Vgl. *Portz* in: Fehling/Kastner/Störmer, VwR, § 91 VwGO Rn. 12; *Haack* in: Gärditz, VwGO, § 91 Rn. 20.
[79] *W.-R. Schenke* in: Kopp/Schenke, VwGO, § 91 Rn. 19.
[80] BVerwG Buchholz 310 § 91 VwGO Nr. 22; NJW 1983, 638.
[81] Vgl. *Schenke* Verwaltungsprozessrecht, Rn. 80.
[82] BVerwG DBVl 1980, 598 (599); Beschl. v. 11.12.2003 – 6 B 60/03, BeckRS 2004, 21034; E 124, 132 (136) = NVwZ 2006, 87 (88).
[83] BGH NJW 1988, 128.
[84] Vgl. *Aulehner* in: Sodan/Ziekow, VwGO, § 82 Rn. 27; *Riese* in: Schoch/Schneider, VwGO, § 82 Rn. 24.

des § 81 Abs. 2 VwGO nicht, kann das Gericht die Abschrift auf Kosten des Klägers selbst anfertigen.[85] Kommt der Kläger nicht der Aufforderung des Vorsitzenden oder Berichterstatters nach, die **Tatsachen** und **Beweismittel** anzugeben (§ 82 Abs. 1 S. 3, Abs. 2 S. 1 VwGO), kann dies unter Umständen zwar zu einer Präklusion führen (§ 87b Abs. 3 VwGO), doch wird die Zulässigkeit der Klage dadurch nicht berührt. Spezialgesetzliche Präklusionsbestimmungen im Falle der Nichteinhaltung von Anforderungen an die Klageerhebung enthalten das Umwelt-Rechtsbehelfsgesetz, das Asylgesetz und das Fachplanungsrecht.[86]

## C. Deutsche Gerichtsbarkeit

30 Rechtsschutzanträge, die bei einem deutschen Verwaltungsgericht gestellt werden, sind nur zulässig, wenn deutsche Gerichtsgewalt gegeben ist. Dies ist von Amts wegen zu prüfen.[87] Ob deutsche Gerichtsgewalt vorliegt, richtet sich primär nach **völkerrechtlichen Grundsätzen** mit innerstaatlicher Wirkung. Fehlt es an konkreten völkerrechtlichen Bestimmungen (Vereinbarungen), gelten die nach Art. 25 GG, § 20 Abs. 2 GVG als Bundesrecht geltenden allgemeinen Regeln des Völkerrechts (→ Rn. 38). In der Vergangenheit hat das Bestehen der deutschen Gerichtsgewalt im Verwaltungsprozess kaum eine Rolle gespielt. Dies hat sich im Zuge der Internationalisierung und Europäisierung zahlreicher Lebensbereiche aber grundlegend geändert, auch weil die Staaten auf ihrem Territorium die alleinige Souveränität verloren haben. Dementsprechend kommt es auf eigenem Staatsgebiet oftmals zur Ausübung von Hoheitsgewalt durch internationale Organisationen, die Europäische Union, supranationale Einrichtungen oder ausländische Staaten.

### I. Räumlicher Bereich der deutschen Gerichtsbarkeit

31 **Fall 4:** Der in einer niederländischen Grenzgemeinde wohnende Niederländer D erhebt Klage vor einem deutschen Verwaltungsgericht gegen eine Genehmigung, die das Kernkraftwerk Emsland betrifft. Ist die Klage zulässig?

32 **Fall 5:** Geschäftsmann E fliegt an Bord eines Flugzeuges einer deutschen Fluggesellschaft von Düsseldorf nach Madrid. Während des Flugs tauscht er über französischem Territorium via Mobiltelefon Daten mit seinem Büro aus. Als er sich weigert, einer Bitte der Stewardess nachzukommen, die Benutzung des elektronischen Geräts einzustellen, weil der Betrieb den Navigationsempfänger des Flugzeugs störe, nimmt der Flugkapitän ihm das Mobiltelefon weg. E hat in Düsseldorf verwaltungsgerichtliche Klage erhoben und die Feststellung beantragt, dass die Maßnahme des Flugkapitäns rechtswidrig gewesen ist.

33 In räumlicher Hinsicht erstreckt sich die deutsche Gerichtsbarkeit allein auf das deutsche **Staatsgebiet,** einschließlich des sich darunter befindlichen Erdraums, des Luftraums, des Küstenmeeres und der inländischen Luftfahrzeuge und Schiffe unter inländischer Flagge, solange sich diese nicht in einem fremden Hoheitsgebiet befinden.[88] Die räumliche Beschränkung der Gerichtsbarkeit bedeutet, dass ein deutsches Verwaltungsgericht im Ausland

[85] Vgl. *Schübel-Pfister* in: Gärditz, VwGO, § 81 Rn. 37.
[86] Vgl. *Schübel-Pfister* in: Gärditz, VwGO, § 82 Rn. 21.
[87] BVerfGE 46, 342 (359) = NJW 1978, 485 (486); BGHZ 18, 1 (5 f.) = GRUR 1955, 575 (576 f.) m. Anm. *Lindenmaier;* BAG NZA-RR 2016, 325 Rn. 17.
[88] Vgl. *Ehlers* in: Schoch/Schneider, VwGO, Vorb. § 40 Rn. 28.

ohne Zustimmung des ausländischen Staates grundsätzlich keine gerichtlichen Handlungen (etwa Zustellungen, Beweisaufnahmen oder Vollstreckungsmaßnahmen) vornehmen darf. Gerichtliche Verfügungen oder Ladungen gegenüber gerichtsbefreiten Personen oder der Immunität unterstehenden Staaten sollen aber insoweit zulässig sein, als sie allein dem Zweck dienen, die streitige Frage der Gerichtsbarkeit festzustellen.[89]

**Lösung zu Fall 4:** Eine nach dem deutschen Atomgesetz erteilte Genehmigung gilt zwar nur innerhalb der Grenzen der Bundesrepublik Deutschland, entfaltet also keine darüber hinausgehenden Wirkungen in dem Sinne, dass sie in einem anderen Staat verbindlich ist. Das sagt aber noch nichts über den Rechtsschutz von Ausländern aus, die im Ausland wohnen. Ein Zuwiderhandeln gegen völkerrechtliche Grundsätze hätte eine solche Öffnung des Rechtsschutzes nicht zur Folge. Daher ist deutsche Gerichtsgewalt gegeben. Es fehlt auch nicht an der internationalen Zuständigkeit des deutschen Verwaltungsgerichts (→ Rn. 47 ff.), weil über deutsches öffentliches Recht gestritten wird. Fraglich ist somit nur, ob ein im Ausland lebender Ausländer gemäß § 42 Abs. 2 VwGO geltend machen kann, durch die atomrechtliche Genehmigung in seinen Rechten verletzt zu sein. Dies hängt allein davon ab, ob bei der Genehmigung Rechtsvorschriften beachtet werden müssen, die auch den Schutz ausländischer Kläger bezwecken. Dies hat das BVerwG bejaht.[90] 34

**Lösung zu Fall 5:** Fraglich ist, ob deutsche Gerichtsgewalt und die internationale Zuständigkeit des Verwaltungsgerichts Düsseldorf gegeben ist. Deutsche Gerichtsgewalt besteht jedenfalls, wenn um Gerichtsschutz in Deutschland nachgesucht wird und die Beteiligten der deutschen Gerichtsgewalt unterliegen. Die zuerst genannte Voraussetzung ist unproblematisch. An der zweiten könnte es deshalb fehlen, weil die angegriffenen Maßnahmen des Flugkapitäns über französischem Territorium erfolgt sind. Ein Flugzeug ist nicht ein „beweglicher Teil" seines Flaggenstaates.[91] Jedoch ist der Flugkapitän (in einem in Deutschland registrierten Luftfahrzeug) unter Inanspruchnahme von Befugnissen des deutschen Luftrechts (§ 12 LuftSiG) und nicht etwa des Rechts anderer Staaten oder internationaler Organisationen tätig geworden. Ein Fall von Immunität ist nicht gegeben. Somit unterfällt der Streit der deutschen Gerichtsbarkeit. Bei Fällen mit Auslandsberührung bestimmt das deutsche Kollisionsrecht, ob und inwieweit Gerichtsschutz gewährt (und damit eine internationale Zuständigkeit der deutschen Gerichte begründet) werden soll. Da sich nur der Ort der Handlung im Ausland befunden hat, hier aber über die Anwendung deutschen Rechts zwischen inländischen Rechtssubjekten vor einem deutschen Gericht gestritten werden soll, ist bereits fraglich, ob ein relevanter Auslandsbezug i. S. d. deutschen Gerichtsbestimmungen vorliegt. Jedenfalls ist dem LuftSiG nicht zu entnehmen, dass der Weg zur deutschen Verwaltungsgerichtsbarkeit in solchen Fällen versperrt sein soll. 35

## II. Personeller Bereich der deutschen Gerichtsbarkeit

**Fall 6:** F, ein deutsches Unternehmen der Flugtouristik, G, ein deutscher Lehrer an den Europäischen Schulen, und H, ein deutscher Bewerber für eine Stelle als Patentprüfer bei dem Europäischen Patentamt, haben verwaltungsgerichtliche Klage in 36

[89] BGH NJW-RR 2003, 1218 (1220) m. w. Nachw.

[90] BVerwGE 75, 285 = NJW 1987, 1154; vgl. zu grenzüberschreitenden Lärmimmissionen BVerwGE 132, 151 = NVwZ 2009, 452.

[91] Vgl. BT-Drs. 14/1454 S. 1; *Schwenk/Giemulla* Handbuch des Luftverkehrsrechts, 5. Aufl. 2018, Kap. 1 Rn. 198 f.

Deutschland erhoben. F wendet sich gegen eine Gebührenforderung der Europäischen Organisation zur Sicherung der Luftfahrt (Eurocontrol), G klagt auf Auszahlung von Dienstbezügen und H greift die Ablehnung seiner Einstellung als Patentprüfer aus gesundheitlichen (nicht fachlichen) Gründen an.

37 In personeller Hinsicht unterliegen grundsätzlich alle Personen – inländischer oder ausländischer Herkunft – der deutschen Gerichtsgewalt. Doch können sie nach Maßgabe des innerstaatlich beachtlichen Völkerrechts, supranationalen Rechts (insbesondere der Europäischen Union) oder staatlichen Rechts von ihr befreit sein. Zu den einschlägigen völkerrechtlichen Verträgen gehören das **Übereinkommen der Vereinten Nationen** über die **Immunität** der Staaten und ihres Vermögens von der Gerichtsbarkeit[92] – das zwar noch nicht in Kraft getreten ist und auch in Deutschland noch nicht ratifiziert wurde, wohl aber vom IGH[93] und EGMR[94] herangezogen wird – sowie das **Europäische Übereinkommen** über die **Staatenimmunität**[95].

38 Aufgrund des Völkergewohnheitsrechts, das zu den allgemeinen Regeln des Völkerrechts i. S. d. Art. 25 S. 1 GG zählt (→ Rn. 30),[96] genießen fremde Staaten (einschließlich ihrer hoheitlichen Untergliederungen[97]) **Immunität** (Extraterritorialität), unterliegen also nicht der innerstaatlichen Gerichtsbarkeit, wenn sich der Rechtsschutz gegen ihr hoheitliches Handeln **(acta iure imperii)** – im Gegensatz zu einem privatrechtlichen Handeln **(acta iure gestionis)** – richtet.[98] Soweit das Völkergewohnheitsrecht keine präziseren Kriterien enthält, bestimmt sich die Abgrenzung des hoheitlichen Bereichs von dem privatrechtlichen nach der lex fori, d. h. dem nationalen Recht des Gerichtsstaates. Die Heranziehung der nationalen Regelung zur Unterscheidung von öffentlich-rechtlichen und privatrechtlichen Handlungen findet erst dort ihre Grenze, wo der unter den Staaten allgemein anerkannte Bereich hoheitlicher Tätigkeit berührt wird (etwa Betätigung der auswärtigen oder militärischen Gewalt, Gesetzgebung, Ausübung von Polizeigewalt, Rechtspflege).[99] Des Näheren wird zwischen der Immunität im Erkenntnisverfahren und im Vollstreckungsverfahren unterschieden. Im **Erkenntnisverfahren** kommt es auf die Natur der staatlichen Handlung,[100] im **Vollstreckungsverfahren** auf die Zwecke an, die von den fremden Staaten mit den betroffenen Vermögensgegenständen verfolgt werden.[101] Den Staaten bleibt es unbenommen, auf ihre Immunität zu verzichten und sich damit einer fremden Gerichtsgewalt zu unterwerfen.[102] Der **Verzicht** ist eine unwiderrufliche prozessuale Willenserklä-

---

[92] ILM 44 (2005) 803.

[93] IGH, Jurisdictional Immunities of the State (Germany/Italy: Greece intervening), Judgement v. 3.2.2012, ICJ Reports 2012, 99 (102).

[94] Vgl. EGMR, Urt. v. 23.3.2010 – Nr. 15869/02 Rn. 64 ff.

[95] Gesetz v. 22.1.1990, BGBl II S. 34.

[96] *Jarass* in: Jarass/Pieroth, GG, Art. 25 Rn. 8; *Streinz* in: Sachs, GG, Art. 25 Rn. 32.

[97] *Ehlers* in: Schoch/Schneider, VwGO, Vorb § 40 Rn. 43; vgl. aber auch BVerfGE 64, 1 (23) = NJW 1983, 2766 (2767).

[98] Vgl. IGH, Jurisdictional Immunities of the State (Germany/Italy: Greece intervening), Judgement v. 3.2.2012, ICJ Reports 2012, 99 (124); EuGH EuZW 2007, 252 (254) – Lechouritou; EGMR EuGRZ 2011, 477 – zur staatlichen Immunität in zivilrechtlichen Verfahren für Kriegshandlungen deutscher Soldaten im zweiten Weltkrieg. Zur Verantwortlichkeit bei militärischen Einsätzen in internationalen oder nicht internationalen Konflikten BVerfGE 117, 141 (153) = NJW 2007, 2605 (2607); BVerfG-K NJW 2014, 1723 (1724); *Surholt* Amtshaftung für Handlungen in Auslandseinsätzen der Bundeswehr, 2014, S. 404 ff. Näher zum Ganzen *Dahm/Delbrück/Wolfrum* Völkerrecht I, 1989, S. 456 ff.; *Herdegen* Völkerrecht, 19. Aufl. 2020, § 37 Rn. 5 ff. Vgl. aber auch BGHZ 155, 279 = NJW 2003, 3488 (keine Durchbrechung der Staatenimmunität bei Verstößen gegen ius cogens).

[99] BVerfGE 16, 27 (63) = NJW 1963, 1732 (1735); E 46, 342 (394) = NJW 1978, 485 (492 f.); BVerfG-K NJW 2014, 1723 (1724).

[100] Vgl. BVerfGE 16, 27 (61) = NJW 1963, 1732 (1735) – Reparatur einer Heizungsanlage.

[101] Vgl. BVerfGE 46, 342 (392 ff.) = NJW 1978, 485 (492 f.); E 64, 1 (23 ff.) = NJW 1983, 2766 (2767 ff.); E 117, 141 = NJW 2007, 2605.

[102] BVerfGE 117, 141 (154) = NJW 2007, 2605 (2607); BVerfG-K NJW 2014, 1723 (1724); vgl. *Doehring* Völkerrecht, 2004, Rn. 668; *Epping* in: Ipsen, Völkerrecht, 2018, § 7 Rn. 272.

rung.[103] An die Annahme eines Verzichts sind strenge Anforderungen zu stellen,[104] was einen konkludenten Verzicht (z. B. durch rügelose Einlassung des ausländischen Staates zur Sache) nicht ausschließt.[105]

Für die **internationalen Organisationen** respektive **zwischenstaatlichen Einrichtungen** (Art. 24 Abs. 1 GG)[106] gilt Entsprechendes wie für die Staaten.[107] Die Immunität ergibt sich vielfach bereits aus den Gründungsverträgen,[108] im Übrigen aus Gewohnheitsrecht.[109] Oftmals wird entgegen der hier vertretenen Ansicht aber angenommen, dass sich die Immunität auch auf das privatrechtliche Organisationshandeln erstreckt.[110] Eine Übertragung von Hoheitsrechten nach Art. 24 Abs. 1, 1a GG darf zwar dazu genutzt werden, die Rechtsprechung der supranationalen Einrichtung zu überantworten und den Zugang zu den deutschen Gerichten insoweit auszuschließen. Können die internationalen Organisationen oder zwischenstaatlichen Einrichtungen Hoheitsgewalt mit Wirkung für das deutsche Staatsgebiet ausüben, ist eine Übertragung nach der Rechtsprechung des BVerfG aber nur zulässig, wenn die sich aus Art. 19 Abs. 4 S. 1 GG und Art. 2 Abs. 1 GG i. V. m. dem **Rechtsstaatsprinzip** ergebenden Rechtsschutzanforderungen nicht generell und offenkundig unterschritten werden.[111] Der Zugang zu einer gerichtlichen Entscheidung in der Sache darf nicht ausgeschlossen, faktisch unmöglich gemacht oder in unzumutbarer Weise erschwert werden.[112] Der Rechtsschutz kann sowohl durch eigene Gerichte der internationalen/zwischenstaatlichen Einrichtung als auch durch Gerichte eines anderen Mitgliedstaates gewährt werden.[113] In Betracht kommt ferner eine Verweisung des originären Rechts der internationalen Organisationen oder zwischenstaatlichen Einrichtungen an die nationalen Gerichte.[114] Inhaltlich ist die Gewährleistung des vom Grundgesetz geforderten Minimums an Grundrechtsschutz nicht nur bei der Übertragung der Hoheitsrechte, sondern auch beim Vollzug zu beachten. Ein zunächst verfassungsmäßiges Übertragungsgesetz kann daher durch eine verfassungswidrige Anwendungspraxis nachträglich verfassungswidrig werden, wenn dadurch ein strukturbedingtes normatives Regelungsdefizit zum Ausdruck kommt.[115] 39

Für den Rechtsschutz in Bezug auf die **Europäische Union** gilt im Grundsatz nichts anderes als für den Rechtsschutz gegen internationale Organisationen oder zwischenstaatliche Einrichtungen (→ § 7 Rn. 9 ff.). Kooperieren die Verwaltungen der Mitgliedstaaten der Europäischen Union, gilt, auch wenn das Handeln transnationale Bedeutung hat, grundsätzlich das **Trennungsprinzip,** so dass inländischer Rechtsschutz nur gegen den nationalen Handlungsbeitrag zu erlangen ist (näher dazu → § 7 Rn. 64 ff.).[116] Nicht mit Art. 4 Abs. 3 EUV sowie Art. 267, 344 AEUV vereinbar ist es, den Investitionsschutz innerhalb der EU einem Schiedsgericht zu übertragen (→ § 7 Rn. 4, 12). 40

---

[103] *Kissel/Mayer* GVG, § 18 Rn. 23.
[104] BGH RIW 2013, 307 (309); NJW 2013, 3184 (3186).
[105] BVerfG-K NJW 2014, 1723 (1724).
[106] Zum Begriff vgl. *Streinz* in: Sachs, GG, Art. 24 Rn. 19 f.
[107] Vgl. *Ehlers* in: Schoch/Schneider, VwGO, Vorb § 40 Rn. 47; zum Kreis der internationalen Organisationen vgl. die Zusammenstellung bei *Kissel/Mayer* GVG, § 20 Rn. 16 ff.
[108] Z. B. Art. 105 Abs. 1 UN-Charta.
[109] Vgl. *Herdegen* Völkerrecht (Fn. 98), § 10 Rn. 21 f.
[110] Vgl. *Damian* Staatenimmunität und Gerichtszwang, 1985, S. 84 ff.; *Wenckstern* Buch des internationalen Zivilverfahrensrechts II/1: Die Immunität internationaler Organisationen, 1994, S. 130 ff.; *Seidl-Hohenveldern/Loibel* Das Recht der internationalen Organisationen einschließlich der supranationalen Gemeinschaften, 2000, Rn. 1908; *Schmahl* in: Vitzthum/Proelß, Völkerrecht, 4. Abschnitt, Rn. 106 ff.
[111] Grundlegend zum Rechtsschutz vgl. BVerfGE 149, 346 = NVwZ 2018, 1549 Rn. 23 ff. (m. Anm. *Gruber*) → *Ruffert* JuS 2018, 1249 – Europäische Schule; ferner BVerfGE 73, 339 (375 f.) = NJW 1987, 577 (580) – Solange II; BVerfG-K NJW 2001, 2705 (2706); NVwZ 2006, 1403.
[112] BVerfG NVwZ 2018, 1549 Rn. 34 (m. Anm. *Gruber*) → *Ruffert* JuS 2018, 1249.
[113] Vgl. BVerfGE 58, 1 (29) = NJW 1982, 507 (509); E 59, 63 (85) = NJW 1982, 512 (513); E 149, 346 = NVwZ 2018, 1549 (m. Anm. *Gruber*) → *Ruffert* JuS 2018, 1249; BVerwGE 54, 291 (301) = NJW 1978, 1759 (1761).
[114] Vgl. BVerwGE 91, 126 = NJW 1993, 1409.
[115] BVerfGE 149, 346 = NVwZ 2018, 1549 (m. Anm. *Gruber*) → *Ruffert* JuS 2018, 1249.
[116] *Ehlers* DVBl 2004, 1441 (1444).

41 Im Falle **grenznachbarschaftlicher Einrichtungen** (Art. 24 Abs. 1a GG)[117] kommt es darauf an, ob diese selbst eigenständiges Recht setzen, die Anwendbarkeit einer nationalen Rechtsordnung vereinbart wurde oder (wie im Regelfall) die Einrichtungen auf die Rechtsordnung aller beteiligten Staaten verweisen. Im ersten Fall ist eine deutsche Gerichtsgewalt (bei Wahrung des verfassungsrechtlich unabdingbaren Mindeststandards) nicht, im zweiten und dritten Fall dann gegeben, wenn und soweit deutsches Recht anwendbar ist.[118] Letzteres trifft regelmäßig zu, wenn die grenznachbarschaftlichen Einrichtungen auf deutschem Territorium tätig werden.[119]

42 Mitglieder **diplomatischer** und **konsularischer Vertretungen** genießen nach Maßgabe der Wiener Diplomatenrechtskonvention[120] (Art. 31 f.) und Wiener Konsularrechtskonvention[121] (Art. 43, 45) sowie der §§ 18 ff. GVG Immunität und sind insoweit auch nicht der Verwaltungsgerichtsbarkeit unterworfen. Die Immunität der Angehörigen und Bediensteten der in Deutschland stationierten NATO-Truppen ist durch das **NATO-Truppenstatut** (NTS) nebst Zusatzabkommen[122] geregelt. Für Schadenersatzansprüche Dritter wegen unerlaubter Handlungen der Streitkräfte gilt gemäß Art. 8 NTS die deutsche Gerichtsbarkeit, wobei die Klage gegen die Bundesrepublik Deutschland als gesetzliche Prozessstandschafterin des Entsendestaates (Art. 12 Abs. 2, 25 NTS-AusfG) zu richten ist.

43 Im Widerspruch zum Grundsatz der Immunität ergangene Gerichtsentscheidungen sind **nichtig.** Dies gilt auch für die Erteilung einer Vollstreckungsklausel für ein solches Urteil.[123] Zudem können die von der nationalen Gerichtsbarkeit Befreiten (die ausländischen Staaten) Verfassungsbeschwerde wegen Verletzung des grundrechtsgleichen Rechts des Art. 101 Abs. 1 S. 2 GG (Garantie des gesetzlichen Richters) erheben. Jedenfalls bei grundlegender Verkennung der Grundsätze der Immunität ist die Verfassungsbeschwerde begründet.[124]

44 **Lösung zu Fall 6:** Fraglich ist in allen Fällen, ob die deutsche Gerichtsbarkeit gegeben ist. Sowohl im Falle von Eurocontrol[125] als auch im Falle der Europäischen Schulen[126] und der Europäischen Patentorganisation, deren Organ das Europäische Patentamt ist,[127] handelt es sich um zwischenstaatliche Einrichtungen i. S. v. Art. 24 Abs. 1 GG. Das hoheitliche Handeln zwischenstaatlicher Einrichtungen unterfällt nicht der deutschen Gerichtsgewalt. Zwar öffnet Art. 24 Abs. 1 GG (ebenso wie Art. 23 GG) nicht den Weg, die Grundstruktur der Verfassung zu ändern. Zu den unaufgebbaren grundrechtlichen Bestandteilen des GG[128] gehören auch die sich aus Art. 19 Abs. 4 GG und Art. 2 Abs. 1 GG i. V. m. dem Rechtsstaatprinzip ergebenden Rechtsschutzanforderungen. Jedoch wird nur verlangt, dass das vom Grundgesetz geforderte Ausmaß an Rechtsschutz nicht generell und offenkundig unterschritten wird. Das Vorliegen dieser Voraussetzungen ist hier nicht dargelegt worden und auch nicht ersichtlich. Im Falle von G und H haben die Gerichte sogar angenommen, dass die Maßnahmen der zwischenstaatlichen Einrichtungen keine Wirkungen in den mitgliedstaatlichen Rechtsordnungen entfalten, sondern im innerorganisatorischen Bereich verbleiben.[129] Selbst wenn das Grundgefüge des Grundgesetzes durch Preisgabe der zwingend erforderli-

---

117 Vgl. *Rennert* FS Böckenförde, 1995, S. 199.
118 Vgl. *Ehlers* Die Europäisierung des Verwaltungsprozessrechts, 1999, S. 28.
119 Vgl. auch *Rennert* in: Eyermann, VwGO, Vorb §§ 40–53 Rn. 6.
120 Sartorius II Nr. 325.
121 Sartorius II Nr. 326.
122 Vgl. Gesetz v. 18.8.1961, BGBl II S. 1183; Gesetz v. 29.11.1966, BGBl I S. 653.
123 BVerfG-K NJW 2014, 1723 (1725); BGH Beschl. v. 22.9.2016 – V ZB 125/15 BeckRS 2016, 20152 Rn. 8 ff.
124 Vgl. BVerfG-K NJW 2014, 1723 (1725).
125 Vgl. BVerfGE 58, 1 = NJW 1982, 507.
126 Vgl. BVerwGE 91, 126 = NJW 1993, 1409.
127 Vgl. BVerfG-K NVwZ 2006, 1403.
128 Vgl. BVerfGE 73, 339 (375 f.) = NJW 1987, 577 (580).
129 Vgl. BVerwGE 91, 126 (128) = NJW 1993, 1409; BVerfG-K NVwZ 2006, 1403.

chen Rechtsschutzanforderungen angetastet wird, folgt daraus noch nicht eine Auffangzuständigkeit der deutschen Verwaltungsgerichte.[130]

## D. Internationale Zuständigkeit

**Fall 7:** Die Republik Türkei klagt vor einem deutschen Verwaltungsgericht gegen einen in Deutschland lebenden Türken, der seine Steuer in der Türkei nicht gezahlt hat. Ist die Klage zulässig? 45

**Fall 8:** Ein deutscher Tourist hat aus Griechenland illegal Kulturgut nach Deutschland gebracht, um es hier zu verkaufen. Die Republik Griechenland hat Klage vor einem deutschen Verwaltungsgericht auf Rückgabe erhoben. Ist die Klage zulässig? 46

Auch wenn das Völkerrecht der Gewährung inländischen Rechtsschutzes im Falle ausländischer Sachverhalte nicht grundsätzlich entgegensteht (→ Rn. 30 ff.), wird weiter verlangt, dass ein **genuine link** zum inländischen Territorium und/oder zum Handeln inländischer Personen respektive Organ- oder Amtswalter gegeben ist.[131] Liegt diese Voraussetzung vor, stellt sich in Fällen mit Auslandsberührung die Frage, ob und in welchem Umfang ein solcher Gerichtsschutz tatsächlich gewährt werden soll. Dies ist nur der Fall, wenn die inländischen Gerichte eine internationale Zuständigkeit besitzen.[132] Maßgebend ist grundsätzlich das **nationale Recht.** Für Streitigkeiten in Zivil- und Handelssachen gilt in der EU, von Ausnahmen abgesehen, (insbesondere) die Verordnung über die gerichtliche Zuständigkeit und die Anerkennung und Vollstreckung von Entscheidungen in Zivil- und Handelssachen.[133] Ob eine Zivil- oder Handelssache vorliegt, bestimmt sich nach den Maßstäben des EU-Rechts, auch wenn innerstaatlich eine öffentlich-rechtliche Streitigkeit anzunehmen ist. Fehlt es an ausdrücklichen Regelungen, wird für zivilgerichtliche Streitigkeiten angenommen, dass sich die internationale Zuständigkeit deutscher Gerichte nach den Vorschriften über die örtliche Zuständigkeit dieser Gerichte beurteilt (Grundsatz der Doppelfunktionalität).[134] 47

Auf Streitigkeiten über **ausländisches öffentliches Recht** lassen sich diese Grundsätze wegen der anderen Interessenlagen aber nur eingeschränkt übertragen.[135] Die Zuständigkeit deutscher Gerichte in öffentlich-rechtlichen Angelegenheiten hängt davon ab, ob das fremde öffentliche Recht durch **innerstaatlichen Rechtsanwendungsbefehl** auch im innerstaatlichen Rechtskreis für anwendbar erklärt worden ist.[136] Dies ist dem **Sachrecht** (mate- 48

---

[130] Vgl. BVerfG NJW 1982, 507 (509); NJW 1987, 577 (579).

[131] Vgl. *E. Reimer* in: BeckOK VwGO, § 40 Rn. 12.

[132] Näher dazu *Ehlers* in: Schoch/Schneider, VwGO, Vorb § 40 Rn. 52; *ders.* Europäisierung (Fn. 118), S. 31 ff.; *Feldmüller* Die Rechtsstellung fremder Staaten und sonstiger juristischer Personen des ausländischen öffentlichen Rechts im deutschen Verwaltungsprozessrecht, 1999, S. 74 ff.

[133] VO 1215/2012/EU v. 12.12.2012, ABlEU Nr. L 351/1. Nach Art. 7 Nr. 2 der VO kann im Falle einer unerlaubten Handlung die Person vor dem Gericht des Ortes verklagt werden, an dem das schädigende Ereignis eingetreten ist oder einzutreten droht. Nach der Rspr. des EuGH kann ein Automobilhersteller, der unzulässige Manipulationen in anderen Mitgliedstaaten in den Verkehr gebrachten Fahrzeugen vornimmt, in den zuletzt genannten Mitgliedstaaten verklagt werden, EuGH C-343/19, BeckEuRS 2019, 605997 – Verein für Konsumenteninformationen.

[134] Vgl. BGHZ 94, 156 (157) = NJW 1985, 2090; Z 115, 90 (92) = NJW 1991, 3092 (3093); Z 119, 392 (393) = NJW 1993, 385 (386); Z 120, 335 (337) = NJW 1993, 1073; *Linke/Hau* Internationales Zivilverfahrensrecht, 8. Aufl. 2021, Rn. 4.2 f.; *Geimer* Internationales Zivilprozessrecht, 8. Aufl. 2020, Rn. 946 ff.; *Heinrich* in: Musielak/Voit, ZPO, § 12 Rn. 17.

[135] Tendenziell a. A. *Ruthig* in: Kopp/Schenke, VwGO, § 40 Rn. 37 f; vgl. auch *Kment* Grenzüberschreitendes Verwaltungshandeln, 2010 S. 157.

[136] Ausführlich dazu *Feldmüller* Rechtsstellung fremder Staaten (Fn. 132), S. 82 ff.; ferner *Rennert* in: Eyermann, VwGO, Vorb §§ 40–53 Rn. 10. Zum internationalen Verwaltungsrecht vgl. *Ehlers* in: Ehlers/Pünder, AllgVwR, § 4.

riellen Recht) in der Regel im Wege der Auslegung zu entnehmen. Grundsätzlich ist fremdes öffentliches Recht im innerstaatlichen Bereich nicht anwendbar. Anderes gilt für das Europäische Unionsrecht, weil dieses ungeachtet des Umstandes, dass es sich um eine eigene Rechtsordnung handelt, die ohne weiteren mitgliedstaatlichen Akt eo ipso in den Mitgliedstaaten gilt und dort – von der Grenze des Nichtübertragenen und Nichtübertragbaren – abgesehen, grundsätzlich anwendbar ist und im Regelfall auch von den Mitgliedstaaten vollzogen wird.[137] Gleichwohl ist die Zuständigkeit deutscher Gerichte ausgeschlossen, wenn der Gerichtshof der Europäischen Union (Art. 19 Abs. 1 S. 1 EUV) ausschließlich zuständig ist (vgl. Art. 274, 344 AEUV, näher dazu→ § 7 Rn. 10). So obliegt die Beurteilung der Gültigkeit des Unionsrechts allein der Unionsgerichtsbarkeit.[138] Ferner dürfen beispielsweise Vertragsverletzungsklagen der EU-Kommission oder anderer Mitgliedstaaten (Art. 258f. AEUV i. V. m. Art. 256 AEUV) allein vor dem EuGH anhängig gemacht werden (→ § 8 Rn. 5). Ein anderer Mitgliedstaat der EU kann somit nicht die Bundesrepublik Deutschland vor einem deutschen Verwaltungsgericht wegen Verletzung der EU-Verträge verklagen. Wohl aber darf eine natürliche oder juristische Person z. B. Ansprüche aus einer Verordnung der Europäischen Union vor einem innerstaatlichen Gericht geltend machen.

49 Stets zuständig sind die deutschen (Verwaltungs-)Gerichte, wenn **inländische Hoheitsgewalt** ausgeübt wird respektive sich der Rechtsschutzsuchende auf deutsches öffentliches Recht oder die Anwendung fremden öffentlichen Rechts durch eine deutsche Behörde beruft. Dies gebietet sowohl Art. 19 Abs. 4 S. 1 GG als auch § 40 Abs. 1 S. 1 VwGO. Inländische Hoheitsgewalt wird auch ausgeübt, wenn die deutschen Behörden einem ausländischen Staat, einer supranationalen Gemeinschaft (wie der Europäischen Union) oder einer internationalen Organisation Amts- und Vollstreckungshilfe leisten.[139] Nicht entscheidend ist, ob der **Rechtsschutzsuchende** In- oder **Ausländer** ist, respektive seinen Sitz im In- oder Ausland hat. Ferner ist die Zuständigkeit deutscher Gerichte immer gegeben, wenn deutsches Recht gegen Ausländer in der Bundesrepublik Deutschland angewendet werden soll. Wehrt sich ein Ausländer etwa gegen die Abschiebung in einen Staat, in dem er sein Leben oder seine Freiheit wegen seiner Rasse, Religion, Nationalität, seiner Zugehörigkeit zu einer bestimmten sozialen Gruppe oder wegen seiner politischen Überzeugung als bedroht ansieht, kann er sich auf die in innerstaatliches Recht umgesetzte Genfer Flüchtlingskonvention,[140] die EMRK (Art. 3) sowie auf weitere Vorschriften des nationalen Rechts (§ 60 AufenthG und/oder § 4 AsylG) berufen.[141]

50 **Lösung zu Fall 7:** Die deutsche Gerichtsbarkeit ist gegeben, weil die Republik Türkei selbst als Klägerin auftritt und damit ihre Immunität nicht berührt wird.[142] Fraglich ist allein, ob die internationale Zuständigkeit sowie der Rechtsweg nach § 40 Abs. 1 S. 1 VwGO gegeben ist. Dies ist zu verneinen, weil es an einer Norm des innerstaatlichen Rechts fehlt, wonach türkisches öffentliches Recht auch in Deutschland anwendbar ist. Will die Republik Türkei einen Titel erlangen, muss sie die eigene Gerichtsbarkeit bemühen. Die Durchsetzung eines ausländischen Titels im Inland

---

[137] Vgl. EuGH NJW 1963, 974 – Van Gend & Loos; ausführlich dazu *Ehlers* in: Schulze/Janssen/Kadelbach, Europarecht, § 11 Rn. 18 ff.

[138] Vgl. EuGH NJW 1988, 1451 – Foto-Frost; → § 7 Rn. 10 m. Fn. 28.

[139] Vgl. auch *E. Reimer* in: BeckOK VwGO, § 40 Rn. 18.

[140] Gesetz v. 1.9.1953, BGBl II S. 560.

[141] BVerwGE 111, 223 = NVwZ 2000, 1302; E 146, 12 Rn. 12 ff. = NVwZ 2013, 1167; *Kluth* in: Kluth/Hund/Maaßen, Handbuch Zuwanderungsrecht, § 5 Rn. 144, 213 f., § 9 Rn. 131 ff.; *Hailbronner* in: Hailbronner, Ausländerrecht, Ordner 2, § 60 AufenthG Rn. 117 f., 168 ff.; *Hailbronner* Asyl- und Ausländerrecht, 2017, Rn. 1399.

[142] Zum umgekehrten Fall (keine deutsche Gerichtsbarkeit im Falle der Entscheidung über die Einbehaltung einer ausländischen Steuer gegenüber einem im Inland lebenden Ausländer) vgl. BVerfG-K NJW 2014, 1723.

richtet sich nach den Grundsätzen der internationalen Rechts- und Vollstreckungshilfe.[143]

**Lösung zu Fall 8:** Gegen die Zulässigkeit der Klage der Republik Griechenland bestehen keine Bedenken, weil nach § 63 des Kulturgutschutzgesetzes,[144] das die auf einem UNESCO-Übereinkommen[145] beruhenden Richtlinie der Europäischen Union[146] umsetzt, andere Mitgliedstaaten (oder Vertragsstaaten) ihren hoheitlichen Anspruch auf Rückgabe illegal verbrachten Kulturguts vor deutschen Verwaltungsgerichten durchsetzen dürfen.[147] 51

## E. Eröffnung des Verwaltungsrechtswegs

Der Rechtsweg zu den allgemeinen Verwaltungsgerichten ist eröffnet, wenn eine **aufdrängende** Sonderzuweisungsnorm dies vorsieht (I.) oder wenn die Voraussetzungen der **Generalklausel** des § 40 Abs. 1 S. 1 VwGO gegeben sind (II.) und keine **abdrängende** Sonderzuweisungsnorm an eine andere Gerichtsbarkeit existiert (III.). Aufdrängende Sonderzuweisungsnormen gehen als spezialgesetzliche Regelungen der Generalklausel vor und verdrängen diese. Fehlt es an einer aufdrängenden Vorschrift, kann statt der Generalklausel des § 40 Abs. 1 VwGO auch zunächst geprüft werden, ob eine abdrängende Sonderzuweisungsnorm einschlägig ist. Zwar setzen abdrängende Rechtswegzuweisungen an sich voraus, dass eine öffentlich-rechtliche Streitigkeit nichtverfassungsrechtlicher Art vorliegt. Doch kann die Ermittlung der Voraussetzungen des § 40 Abs. 1 S. 1 VwGO erhebliche Schwierigkeiten bereiten. Zudem ist es im Falle der Einschlägigkeit einer speziellen Zuweisung an eine andere als die allgemeine Verwaltungsgerichtsbarkeit unerheblich, ob es sich um eine „abdrängende" Zuweisung handelt. Dennoch wird im Folgenden an der in § 40 Abs. 1 S. 1 VwGO zugrunde gelegten Reihenfolge der Tatbestandsmerkmale (insoweit) festgehalten. Unter bestimmten Voraussetzungen dürfen die Verwaltungsgerichte ferner auch über **rechtswegfremde Rechtsschutzbegehren** mitentscheiden (IV.). Gesonderter Betrachtung bedürfen die **Rechtswegentscheidung** und **Rechtswegverweisung** (V.). 52

### I. Aufdrängende Rechtswegzuweisungen

**Fall 9:** Die Kommunalaufsichtsbehörde rügt einen Beschluss des Stadtrates der nordrhein-westfälischen Stadt I, in welcher die Außenpolitik der Bundesregierung kritisiert wird. Der Rat möchte dies nicht auf sich beruhen lassen und fragt, welche Gerichtsbarkeit für eine Klage zuständig ist. 53

**Fall 10:** Der Antrag der ausgebildeten Grundschullehrerin J auf Einstellung in den Schuldienst wird abgelehnt, weil die Bewerberin darauf beharrt, aus religiösen Gründen ein Kopftuch zu tragen. K hat mit dem Land einen Arbeitsvertrag zwecks Einstel- 54

---

[143] Vgl. dazu BVerfG-K JZ 2007, 1046 (m. Anm. *Stadler*); E 108, 238 (247 f.) = NJW 2003, 2598 (2599); E 91, 335 = NJW 1995, 649; ferner *Idziok* Die Vollstreckungshilfe nach deutschem Recht und europäischem Gemeinschaftsrecht, 1997, S. 152 ff.

[144] Gesetz v. 31.7.2016, BGBl I S. 1914.

[145] Übereinkommen über Maßnahmen zum Verbot und zur Verhütung der rechtswidrigen Einfuhr, Ausfuhr und Übereignung von Kulturgut, Gesetz v. 20.4.2007, BGBl II S. 626, 627.

[146] Art. 6 RL 2014/60/EU v. 14.5.2014, ABlEU Nr. L 159/1.

[147] Vgl. dazu auch *Ehlers* in: Grabitz/Hilf, Das Recht der Europäischen Union V, 40. Aufl. 2009, E 17 Rn. 14.

lung auf unbestimmte Zeit abgeschlossen. In einer Nebenabrede wurde vereinbart, dass K spätestens nach vier Jahren in das Beamtenverhältnis auf Probe übernommen wird. Vor welchen Gerichten können J und K klagen?

55 Dem **Bund** bleibt es unbenommen, der Verwaltungsgerichtsbarkeit Rechtsstreitigkeiten durch spezialgesetzliche Regelungen zuzuweisen. Die Generalklausel des § 40 Abs. 1 S. 1 VwGO gelangt dann nicht zur Anwendung. Da der Bundesgesetzgeber mit Erlass des § 40 VwGO für den Bereich der Rechtswegbestimmung von seiner konkurrierenden Gesetzgebungskompetenz für das gerichtliche Verfahren (Art. 74 Abs. 1 Nr. 1 GG) prinzipiell abschließend Gebrauch gemacht hat, bleibt für aufdrängende **landesrechtliche Rechtswegzuweisungen** an die allgemeinen Verwaltungsgerichte dagegen grundsätzlich **kein Raum.** Anderes gilt, wenn Bundesrecht die Länder ermächtigt, den Gerichten der Verwaltungsgerichtsbarkeit Aufgaben zu übertragen. Eine diesbezügliche Regelung trifft bereits § 187 Abs. 1 VwGO für die Disziplinar- und Schiedsgerichtsbarkeit. Die Länder haben von dieser Ermächtigung für die Disziplinargerichtsbarkeit umfassend, für die Schiedsgerichtsbarkeit nur in einigen Ländern Gebrauch gemacht.[148] Nicht zulässig ist es, die Berufsgerichte an die Verwaltungsgerichte zu übertragen, weil § 187 Abs. 1 Hs. 2 VwGO nur eine Angliederung zulässt. Eine Ermächtigung der Länder außerhalb der VwGO enthalten z. B. die § 6 Abs. 5 UIG, § 106 BPersVG. Zahlreiche Landesgesetze verweisen Rechtsstreitigkeiten an die Verwaltungsgerichtsbarkeit, obwohl es an einer Ermächtigungsnorm des Bundes fehlt (und der Verwaltungsrechtsweg schon nach § 40 Abs. 1 S. 1 VwGO eröffnet wäre) – so namentlich auf dem Gebiet des Kommunalrechts,[149] des Polizei- und Ordnungsrechts[150] und des Kirchensteuerrechts[151]. Die Bestimmungen werden von der h. M. als deklaratorisch oder ungültig angesehen respektive anders interpretiert (dazu Fall 9 → Rn. 53 und Lösung → Rn. 56). Nach der hier vertretenen Auffassung handelt es sich um normkonkretisierende Landeszuweisungen, welche die Generalklausel des § 40 Abs. 1 S. 1 VwGO in zulässiger Weise präzisieren.[152]

56 **Lösung zu Fall 9:** Als aufdrängende Sonderzuweisungsnorm für die Verwaltungsgerichtsbarkeit könnte § 126 GO NW in Betracht kommen. Nach dieser Norm können Maßnahmen der Aufsichtsbehörde unmittelbar mit der Klage im Verwaltungsstreitverfahren angefochten werden.[153] Fraglich ist aber, ob die Länder überhaupt aufdrängende Rechtswegzuweisungsnormen erlassen dürfen. Nach h. M.[154] ist dies nicht der Fall, weil der Bund mit Erlass des § 40 VwGO von seiner konkurrierenden Gesetzgebungskompetenz abschließend Gebrauch gemacht hat. Deshalb wird angenommen, dass § 126 GO NW nicht den Rechtsweg betrifft, sondern nur die Entbehrlichkeit des Widerspruchsverfahrens anordnet. Folgt man dieser Auffassung, ergibt sich die Eröffnung des Verwaltungsrechtswegs aus § 40 Abs. 1 S. 1 VwGO. Geht man entgegen der h. M. davon aus, dass § 40 Abs. 1 S. 1 VwGO Landeszuweisungen, welche die Generalklausel

---

[148] Vgl. *Ehlers/Schneider* in: Schoch/Schneider, VwGO, § 40 Rn. 30. Zum Bundesdisziplinarrecht vgl. § 45 S. 1 BDG.

[149] Vgl. z. B. § 27 HessKWG; § 41 KWG NW; § 51 S. 1 KWG RP.

[150] Vgl. z. B. Art. 90 Abs. 2 BayPAG; § 65 Hs. 2 ASOG Berlin; § 42 Abs. 2 BbgOBG; § 70 Hs. 2 HessSOG; § 86 Hs. 2 NdsSOG; § 67 PolG NW i. V. m. § 43 Abs. 2 OBG NW; § 74 Hs. 2 POG RP; § 74 Hs. 2 SaarlPolG; § 75 Hs. 2 SOG LSA; § 52 ThürOBG i. V. m. § 74 Hs. 2 ThürPAG.

[151] Vgl. z. B. § 14 Abs. 1 KiStG BW; § 13 Abs. 1 S. 1 HessKiStG; § 9 Abs. 1 S. 1 KiStG LSA. Teilweise ist der Finanzrechtsweg gegeben; vgl. z. B. § 14 Abs. 4 S. 1 KiStG NW.

[152] Vgl. *Ehlers/Schneider* in: Schoch/Schneider, VwGO, § 40 Rn. 35; ebenso *Sodan* in: Sodan/Ziekow, VwGO, § 40 Rn. 139 f.

[153] Gleichlautende Bestimmungen enthalten die § 125 GemO BW; § 142 HessGO; § 126 GemO RP. Vgl. aber auch die anderen Formulierungen der § 119 BbgKVerf; § 85 KV MV; § 154 KVG LSA; § 136 KSVG SL; § 154 KVG LSA.

[154] Vgl. z. B. *Schnapp/Rawert* JuS 1986, 631 (634); *v. Mutius* Kommunalrecht, 1996, Rn. 868 f.; *Schönenbroicher* in: BeckOK KommunalR NW, § 126 GO NW Rn. 1.

bereichsspezifisch präzisieren (ohne von ihr abzuweichen), nicht ausschließen will,[155] handelt es sich bei § 126 GO NW um eine aufdrängende Sonderzuweisungsnorm.

Die aufdrängenden **Sonderzuweisungsnormen des Bundes** beziehen sich vor allem auf Klagen, die Personen in einem öffentlich-rechtlichen Dienst- und Treueverhältnis betreffen.[156] Die größte Bedeutung kommt hierbei **§ 54 Abs. 1 BeamtStG** für Beamte des Landes, der Kommunen und andere der Aufsicht des Landes unterliegenden Rechtsträger des öffentlichen Rechts sowie **§ 126 Abs. 1 BBG** für Beamte des Bundes zu, wonach für alle Klagen aus dem Beamtenverhältnis und für Klagen des Dienstherrn der Verwaltungsrechtsweg gegeben ist.[157] Die Vorschriften sind weit zu interpretieren, weil „alle" Klagen beamtenrechtlicher Art erfasst werden und die Vorschriften nicht nur Beamte, sondern auch Nichtbeamte (frühere Beamte, Hinterbliebene) einbeziehen. Ausreichend ist, wenn der geltend gemachte Anspruch seine Grundlage im Beamtenrecht findet. Selbst Klagen vorbeamtlicher Art sind hierzu zu rechnen.[158] Weitere Sonderzuweisungen finden sich z. B. im öffentlichen Wirtschaftsrecht[159] und in § 54 BAföG. Im Einzelnen können sich bei der Zuordnung eines Sachverhalts zu den Sonderzuweisungsnormen oder der Generalklausel des § 40 Abs. 1 VwGO Abgrenzungsprobleme ergeben. Wird etwa ein Anspruch gegen die Bundesanstalt für Finanzdienstleistungsaufsicht auf Informationszugang nach § 1 Abs. 1 IFG geltend gemacht, ergibt sich der Rechtsweg zu den Verwaltungsgerichten aus § 40 Abs. 1 S. 1 VwGO. Die (abdrängende) Sonderzuweisung nach § 48 Abs. 1, 4 WpÜG an das zuständige Oberlandesgericht erfasst diesen Anspruch nicht.[160] 57

**Lösung zu Fall 10:** Der Rechtsweg zu den Verwaltungsgerichten könnte sich aus § 54 Abs. 1 BeamtStG ergeben. Danach ist der Verwaltungsrechtsweg für alle Klagen aus dem Beamtenverhältnis gegeben. J ist noch keine Beamtin. Doch gehören wegen der Notwendigkeit, § 54 Abs. 1 BeamtStG weit zu interpretieren, zu den Klagen aus dem Beamtenverhältnis auch Klagen vorbeamtenrechtlicher Art, wie die Klage auf Einstellung.[161] Der von K mit dem Land geschlossene Arbeitsvertrag gehört dem Privatrecht an. Doch kann die Nebenabrede eines privatrechtlichen Vertrages selbständigen Charakter haben und einen vom öffentlichen Recht geordneten Sachbereich betreffen (vgl. → Rn. 122 f.). Hiervon dürfte in dem gegebenen Fall auszugehen sein, weil sich die Nebenabrede auf das Beamtenrecht bezieht. Daher sind die Voraussetzungen des § 54 Abs. 1 BeamtStG gegeben.[162] 58

## II. Generalklausel des § 40 Abs. 1 S. 1 VwGO

**Fall 11:** Der volljährige deutsche Staatsangehörige L möchte an der Bundestagswahl teilnehmen, ist aber nicht in das Wählerverzeichnis eingetragen und hat auch keinen 59

[155] Vgl. Fn. 152.

[156] Vgl. die § 82 Abs. 1 SG; § 32 WPflG; § 78 Abs. 2 ZDG; § 43 des Gesetzes über den Zivilschutzkorps; §§ 46, 71 Abs. 3 DRiG; §§ 83, 106 BPersVG. Weitere Beispiele bei *Ehlers/Schneider* in: Schoch/Schneider, VwGO, § 40 Rn. 91.

[157] Das früher geltende Beamtenrechtsrahmengesetz ist zwar weithin außer Kraft getreten. Das gilt aber nicht für Kapitel II und damit die Rechtswegbestimmung des § 126 BRRG, die inhaltlich den § 54 Abs. 1 BeamtStG, § 126 Abs. 1 BBG entspricht. Die Vorschriften sind deshalb parallel anzuwenden (strittig, vgl. *Ehlers/Schneider* in: Schoch/Schneider, VwGO, § 40 Rn. 40 f.). Vgl. auch § 191 Abs. 2 VwGO (zu § 127 BRRG).

[158] Vgl. zu den Einzelheiten *Rennert* in: Eyermann, VwGO, § 40 Rn. 164 ff.; *Ehlers/Schneider* in: Schoch/Schneider, VwGO, § 40 Rn. 42 ff.

[159] Vgl. z. B. §§ 8 Abs. 4, 12 HwO; § 22 Abs. 3 BörsG; § 35 SchfHwG.

[160] BVerwG NVwZ 2012, 1563.

[161] Vgl. BVerwGE 26, 31 (33) (insoweit nicht abgedruckt in NJW 1967, 1434).

[162] Vgl. auch BVerwG NVwZ-RR 2003, 874; DVBl 2005, 516 (517).

Wahlschein erhalten.[163] Zwei Tage vor der Bundestagswahl beantragt er beim Verwaltungsgericht im Wege des Erlasses einer einstweiligen Anordnung die zuständige Behörde zu verpflichten, ihn in das Wählerverzeichnis einzutragen.

60 Gemäß § 40 Abs. 1 S. 1 VwGO ist der Verwaltungsrechtsweg in allen öffentlich-rechtlichen Streitigkeiten nichtverfassungsrechtlicher Art gegeben, soweit die Streitigkeiten nicht durch Bundesgesetz einem anderen Gericht ausdrücklich zugewiesen sind. Die Vorschrift ist eine (wenn nicht sogar die) Schlüsselnorm[164] des Verwaltungsprozessrechts. Sie eröffnet für die genannten Streitigkeiten den **Zugang zu** einem staatlichen **Gericht** und löst damit einerseits die sich aus Art. 19 Abs. 4 S. 1 GG oder der allgemeinen Justizgewährungspflicht[165] ergebenden Rechtsschutzgarantien ein, geht andererseits aber noch darüber hinaus. So kann die Verwaltungsgerichtsbarkeit anders als nach der Garantie des Art. 19 Abs. 4 S. 1 GG nicht nur von Grundrechtsträgern, sondern auch von der Verwaltung angerufen werden. Auch wird die Justiziabilität von staatlichen **Innenrechtsstreitigkeiten** (→ Rn. 68f.) weder von Art. 19 Abs. 4 S. 1 GG noch von der allgemeinen Justizgewährungspflicht des Staates garantiert. Des Weiteren wird die Beurteilungskompetenz zur Entscheidung der erfassten Streitigkeiten nicht in die Hände der allgemeinen, d. h. „ordentlichen", Gerichte gelegt, sondern einer **Fachgerichtsbarkeit** (nämlich der allgemeinen Verwaltungsgerichtsbarkeit) anvertraut. Zum Teil abweichend von früheren Rechtswegklauseln[166] gilt nicht ein Enumerationsprinzip,[167] vielmehr werden mittels einer **Generalklausel** grundsätzlich alle öffentlich-rechtlichen Streitigkeiten nichtverfassungsrechtlicher Art erfasst. Falls die Tatbestandsmerkmale der Generalklausel erfüllt werden, heißt dies noch nicht, dass ein verwaltungsgerichtlicher Rechtsschutz zulässig ist. Z. B. kann es mangels des Bestehens subjektiver Rechte des Rechtsschutzsuchenden an der Klagebefugnis (§ 42 Abs. 2 VwGO) fehlen oder es kann die Klagefrist des § 74 VwGO abgelaufen sein. Doch ist ein kategorialer Ausschluss des Rechtsschutzes mit § 40 Abs. 1 VwGO unvereinbar, es sei denn, dass sich ausnahmsweise aus dem Europäischen Unionsrecht, dem Verfassungsrecht oder einem mit Art. 19 Abs. 4 S. 1 GG respektive der staatlichen Justizgewährungspflicht konformen späteren Bundesgesetz etwas anderes ergibt (vgl. Fall 11 → Rn. 59 und Lösung → Rn. 63).

61 § 40 VwGO bezieht sich nur auf das **Erkenntnis**-, nicht auf das Vollstreckungs**verfahren.** Wie sich der § 40 VwGO verdrängenden Vorschrift des § 168 VwGO entnehmen lässt, bestimmt im Vollstreckungsrecht die Herkunft des Titels – und nicht die Rechtsnatur des titulierten Anspruchs – den Rechtsweg. Geht es um verwaltungsgerichtliche Titel, ist stets der Verwaltungsrechtsweg gegeben[168] (auch wenn z.B. ein verwaltungsgerichtlicher Vergleich über privatrechtliche Forderungen geschlossen wird), in allen anderen Fällen gerichtlicher Vollstreckung ist dies nicht der Fall.

62 Im Einzelnen normiert § 40 Abs. 1 S. 1 VwGO vier Voraussetzungen, nämlich das Erfordernis einer **Streitigkeit** (1.), einer **„Rechts"**-Streitigkeit (2.), einer **„nichtverfassungsrechtlichen"** Streitigkeit (3.) und einer **„öffentlich-rechtlichen"** Streitigkeit (4.). Die Generalklausel spricht zwar von öffentlich-rechtlichen Streitigkeiten nichtverfassungsrecht-

---

[163] Zu den Voraussetzungen der Ausübung des Wahlrechts vgl. § 14 BWahlG (Sartorius Nr. 30).

[164] Zum Ausdruck vgl. *Hufen* Verwaltungsprozessrecht, § 11 Rn. 4.

[165] Das BVerfG leitet die allgemeine Justizgewährungspflicht, die auch öffentlich-rechtliche Streitigkeiten betrifft (z. B. wenn ein Verwaltungsträger ein Leistungsbegehren gerichtlich verfolgen will), in st. Rspr. aus dem Rechtsstaatsprinzip i. V. m. Art. 2 Abs. 1 GG her. Vgl. BVerfGE 93, 99 (107) = NJW 1995, 3173; E 107, 395 (401 ff.) = NJW 2003, 1924; E 116, 135 (150) = NJW 2006, 3701 Rn. 53 f. → JuS 2007, 166 *(Sachs)*.

[166] Näher dazu *Ehlers/Schneider* in: Schoch/Schneider, VwGO, § 40 Rn. 1 ff.; *Sydow* Die Verwaltungsgerichtsbarkeit des ausgehenden 19. Jahrhunderts, 2000.

[167] Insbesondere wird die Eröffnung des Verwaltungsrechtswegs nicht von dem Vorliegen eines Verwaltungsakts abhängig gemacht.

[168] Vgl. BVerwG NVwZ 2007, 845; *Pietzner/Möller* in: Schoch/Schneider, VwGO, § 168 Rn. 2, 23 f.; zur Frage des Rechtswegs bei der Vollstreckung notarieller Urkunden (§ 794 Abs. 1 Nr. 5 ZPO) vgl. *dies.* in: Schoch/Schneider, VwGO, § 168 Rn. 24.

licher Art, erwähnt also das Erfordernis einer nichtverfassungsrechtlichen Streitigkeit am Schluss. In der Regel wirft die Feststellung des verfassungsrechtlichen oder nichtverfassungsrechtlichen Charakters einer Streitigkeit aber keine Probleme auf, so dass sich eine Vorabprüfung empfiehlt.

**Lösung zu Fall 11:** Bei Zugrundelegung der h. M.[169] ist ein verwaltungsgerichtlicher Rechtsschutz des L ausgeschlossen. Dies wird damit begründet, dass nach Art. 41 GG i. V. m. § 49 BWG, §§ 1 ff. WahlprüfG,[170] §§ 13 Nr. 3, 48 BVerfGG etwaige Wahlfehler gerichtlich nur nach Maßgabe des Wahlprüfungsverfahrens (nach vorheriger Entscheidung des Bundestages) vor dem BVerfG geltend gemacht werden können. Doch ist der genannten Ansicht nicht zu folgen.[171] Das Wahlprüfungsverfahren stellt ein objektivrechtliches, an einschränkende Voraussetzungen gebundenes,[172] nachträgliches Verfahren dar und dient damit nicht der Durchsetzung des individuellen Wahlrechts (vor der Wahl). Da die Voraussetzungen des § 40 Abs. 1 S. 1 VwGO vorliegen (insbesondere keine verfassungsrechtliche Streitigkeit gegeben ist), das Ziel des Art. 41 GG (eine termingerechte und einheitliche Durchführung der Wahl sicherzustellen) durch den Antrag des L nicht in Frage gestellt wird und die Ablehnung individuellen Rechtsschutzes zudem Art. 19 Abs. 4 S. 1 GG widerspricht, ist der Verwaltungsrechtsweg eröffnet. 63

### 1. Erfordernis einer Streitigkeit

§ 40 Abs. 1 S. 1 VwGO setzt zunächst das Vorliegen einer Streitigkeit voraus. Eine solche liegt nur vor, wenn mindestens zwei rechtsfähige oder teilrechtsfähige Subjekte (Personen) eine **Kontroverse** austragen. An der Personenmehrheit fehlt es, wenn der Rechtsschutzsuchende Rechtsschutz gegen sich selbst begehrt. Dies schließt allerdings Innenrechtsstreitigkeiten innerhalb ein und derselben juristischen Person nicht aus (→ Rn. 68 f.). Von einer Kontroverse kann z. B. nicht gesprochen werden, wenn es dem Rechtsschutzsuchenden um die gutachterliche Klärung einer abstrakten Rechtsfrage geht. 64

### 2. Erfordernis einer Rechtsstreitigkeit

**Fall 12:** Strafgefangener M schreibt regelmäßig Briefe an seine Familie. Die Leitung der Strafvollzugsanstalt befürchtet, dass darin Pläne für einen Ausbruch geschmiedet werden und öffnet die Briefe. M erhebt dagegen verwaltungsgerichtliche Klage. 65

**Fall 13:** N ist Pfarrer einer als Körperschaft des öffentlichen Rechts organisierten Kirche und wurde von dieser wegen theologischer Irrlehren entlassen. Daraufhin hat N gegen seine Entlassung und wegen der nach seiner Auffassung zu Unrecht zurückbehaltenen Gehaltszahlungen verwaltungsgerichtliche Klage erhoben. 66

§ 40 Abs. 1 S. 1 VwGO begründet ferner eine Rechtswegzuständigkeit der allgemeinen Verwaltungsgerichte nur für (öffentlich-)**rechtliche Streitigkeiten.** Da die Setzung des Rechts – jedenfalls in der westlichen Welt – den Staaten respektive supranationalen oder internationalen Organisationen obliegt, muss es sich um staatliches Recht, supranationales 67

---

169 Vgl. insbesondere BVerfGE 22, 277 (281) = BeckRS 1967, 00492 Rn. 13 f.; E 46, 196 (198) = BeckRS 1977, 105981; E 66, 232 (234) = BeckRS 1984, 5455 Rn. 6; *Schreiber* BWahlG, § 49 Rn. 4; *Badura* in: BK, Anh. zu Art. 38: BWahlG Rn. 81. Zum Verwaltungsrechtsschutz im kommunalrechtlichen Wahlprüfungsverfahren vgl. *Gärditz* NWVBl 2019, 177 ff.

170 Sartorius Nr. 32.

171 Vgl. auch *Ehlers/Schneider* in: Schoch/Schneider, VwGO, § 40 Rn. 182; *Ruthig* in: Kopp/Schenke, VwGO, § 40 Rn. 32k; *Schenke* Verwaltungsprozessrecht, Rn. 132.

172 Vgl. § 48 Abs. 1 BVerfGG.

Recht bzw. Völkerrecht oder jedenfalls um Regelungen handeln, die von diesen Hoheitsträgern anerkannt werden.[173] Da der Staat ein rechtlich konstituiertes und bestimmtes Gebilde ist, handelt es sich bei einem Streit um Aufgaben, Befugnisse oder Verpflichtungen des Staates immer um Rechtsstreitigkeiten. Das schließt **justizfreie Hoheitsakte** des Staates kraft ausdrücklichen Ausschlusses eines Rechtsschutzes[174] oder wegen des Nichteingreifens einer Gerichtsbarkeit[175] bzw. des Fehlens anderer Sachentscheidungsvoraussetzungen[176] zwar nicht aus, ändert aber nichts an dem Vorliegen einer Rechtsstreitigkeit.

68 Anders als dies früher oftmals vertreten wurde, handelt es sich auch bei einem Streit über Maßnahmen in (früher sog.) besonderen Gewaltverhältnissen, staatlichen Innenrechtsmaßnahmen, Regierungsakten und Petitionen um Rechtsstreitigkeiten. In der konstitutionell-monarchischen Ära sind die **besondere**n **Gewaltverhältnisse** im Staat – z. B. diejenigen, in denen sich die Beamten, Soldaten, Studierenden, Schüler oder (sonstigen) Anstaltsnutzer befinden – nur dem als impermeabel angesehenen Innenbereich des Staates (im Gegensatz zum Staat-Bürger-Verhältnis) zugeordnet worden.[177] Dieser Bereich wurde wegen der Verengung des Rechtssatzbegriffes auf die Abgrenzung selbständiger Willenssphären verschiedener Rechtssubjekte (Jellinek; Laband) oder die Regelung von Eingriffen in Freiheit und Eigentum (Anschütz; Thoma) aus dem Recht ausgeklammert. Eine solche Auffassung ist mit dem geltenden Verfassungsrecht nicht mehr vereinbar.[178] Deshalb wird zu Recht nicht mehr von besonderen Gewaltverhältnissen, sondern von Sonderverbindungen[179] oder Sonderstatusverhältnissen[180] gesprochen. Streitigkeiten über Sonderstatusverhältnisse sind Rechtsstreitigkeiten.[181] Dies gilt auch dann, wenn nicht um Maßnahmen des Grund-, sondern des Betriebsverhältnisses gestritten wird,[182] es sich also nicht um einen Außenrechtsstreit handelt.

69 Nichts anderes gilt für (die sonstigen) **Innenrechtsstreitigkeiten** (auch Organstreitigkeiten genannt), wie z. B. die Kommunalverfassungsstreitigkeiten (etwa Streitigkeiten zwischen dem Rat einer Gemeinde und dem Bürgermeister oder zwischen Ratsmitgliedern und dem Rat, dazu näher → *Schoch* § 33).[183] Unter Innenrechtsstreitigkeiten sind Streitigkeiten zwischen Funktionssubjekten einer Organisation über die Ausübung von Zuständigkeiten zu verstehen. Da der Binnenbereich staatlicher Organisationen und deren Untergliederung rechtlich strukturiert ist, stellen sich diesbezügliche Auseinandersetzungen ebenfalls als Rechtsstreitigkeiten dar. § 40 Abs. 1 S. 1 VwGO erstreckt sich auf alle Rechtsstreitigkeiten, unabhängig davon, ob sie dem Innen- oder dem Außenrecht zuzuordnen sind. Die Zulässigkeit von Innenrechtsstreitigkeiten im staatlichen Binnenbereich hängt daher nicht von § 40 Abs. 1 VwGO, sondern von anderen Sachentscheidungsvoraussetzungen ab:[184] vor

---

[173] In Betracht kommt neben dem geschriebenen Recht auch Gewohnheitsrecht (das eine von der Rechtsüberzeugung getragene lang andauernde Übung voraussetzt).

[174] Vgl. Art. 10 Abs. 2 S. 2, 44 Abs. 4 S. 1 GG. Zur Reichweite des Rechtsschutzausschlusses durch § 13 des Gesetzes zur Beschränkung des Brief-, Post- und Fernmeldegeheimnisses (Art. 10-Gesetz-G 10) vgl. BVerwGE 149, 359 Rn. 15 ff. = NVwZ 2014, 1666 → *Eifert* JK 1/15, § 43 I VwGO und → *Hufen* JuS 2015, 670.

[175] Handelt es sich um eine verfassungsrechtliche Streitigkeit, ist diese nur justiziabel, wenn eine Zuständigkeit des Verfassungsgerichts besteht.

[176] Z. B. sind verwaltungsgerichtliche Anträge vorbehaltlich einer anderweitigen gesetzlichen Bestimmung unzulässig, wenn der Kläger nicht gemäß oder entsprechend §§ 42 Abs. 2, 47 Abs. 2 S. 1 VwGO geltend machen kann, in seinen Rechten verletzt zu sein.

[177] Vgl. z. B. *Laband* Staatsrecht II, 1911, S. 181.

[178] Grundlegend BVerfGE 33, 1 = NJW 1972, 811 (Strafgefangenenentscheidung).

[179] Vgl. *Loschelder* Vom besonderen Gewaltverhältnis zur öffentlich-rechtlichen Sonderverbindung, 1982.

[180] Vgl. z. B. *Rennert* in: Eyermann, VwGO, § 40 Rn. 10.

[181] Vgl. *Schmidt-Aßmann* in: Maunz/Dürig, GG, Art. 19 Abs. 4 Rn. 84 ff.

[182] Vgl. zu dieser (holzschnittartigen) Unterscheidung *Ule* VVDStRL 15 (1957), 133 (152); vgl. auch BVerwGE 60, 144 = NJW 1981, 67; *Rennert* in: Eyermann, VwGO, § 40 Rn. 10; *Ehlers* in: Steinbach, Verwaltungsrechtsprechung, S. 99 ff.

[183] Näher dazu *Erichsen* FS Menger, 1985, S. 211; *Schoch* JuS 1987, 783; *Ehlers* NVwZ 1990, 105; *Bethge* in: Mann/Püttner, Handbuch der kommunalen Wissenschaft und Praxis I, 2007, § 28.

[184] Anders *Haack* in: Gärditz, VwGO, § 40 Rn. 14, und *Rennert* in: Eyermann, VwGO, § 40 Rn. 15, die im Rahmen des § 40 Abs. 1 VwGO auf das Vorliegen von Organfunktionen abstellen.

allem davon, ob sich der Rechtsschutzsuchende auf eine wehrfähige Innenrechtsposition berufen kann (→ Rn. 193).

Auch wenn zwischen Regierung und Verwaltung zu unterscheiden ist,[185] handelt es sich bei den **Regierungsakten** (d. h. den staatsleitenden Akten oberster Staatsorgane) um Rechtsakte[186] (die im Einzelfall Rechte von Staatsbürgern tangieren können)[187]. Vielfach fehlt Klägern gegen Regierungsakte mangels des Bestehens subjektiver Rechte allerdings die Klagebefugnis. 70

Macht der Einzelne von seinem **Petitionsrecht** (Art. 17 GG) Gebrauch, hat er zwar keinen Anspruch auf Erfüllung eines materiellen Sachbegehrens,[188] wohl aber ein Recht auf Entgegennahme der Petition, sachliche Prüfung und Bescheidung.[189] Da die Petitionsausschüsse des Bundestags und der Landtage dem Bürger gegenüber in derselben oder in ähnlicher Weise wie eine Verwaltungsbehörde tätig werden, sind die Verwaltungsgerichte auch für den Rechtsschutz gegen Petitionsbescheide zuständig.[190] 71

Nach wie vor umstritten ist die Justiziabilität von **Gnadenentscheidungen.**[191] Da Gnade „vor Recht" ergehe, wird in der Rechtsprechung vielfach die Meinung vertreten, dass es sich bei Gnadenentscheidungen um außerhalb der Rechtsordnung stehende justizfreie Hoheitsakte handelt.[192] Demgegenüber soll gegen den Widerruf begünstigender Gnadenentscheidungen der Rechtsweg gewährleistet sein, weil sich die dem Verurteilten zuvor im Gnadenwege eingeräumte Rechtsstellung verschlechtert.[193] Da die Exekutive immer an die durch Art. 1 Abs. 3, 20 Abs. 3 GG gezogenen Grenzen gebunden ist, so dass beispielsweise stets das Willkürverbot beachtet werden muss, vermag die teilweise Verweigerung eines Rechtsschutzes nicht zu überzeugen.[194] Jedoch ist gegen Gnadenentscheidungen nicht der Verwaltungsrechtsweg gegeben, soweit es sich bei den Begnadigungen (in Bezug auf Straftaten oder Ordnungswidrigkeiten) um Akte auf dem Gebiet der Staatsrechtspflege handelt, für die gemäß §§ 23 ff. EGGVG der ordentliche Rechtsweg eröffnet ist.[195] 72

Rechtserhebliche Maßnahmen sind nach allgemeiner Auffassung auch die Verleihung (oder Nichtverleihung) von **Titeln, Orden** und **Ehrenzeichen.**[196] 73

Schließlich sind früher Rechtsschutzanträge **gegen religiöse** (kirchliche) **Körperschaften** des öffentlichen Rechts[197] weithin als unzulässig abgewiesen worden, weil sich der Staat wegen des in Art. 140 GG i. V. m. Art. 137 Abs. 3 WRV garantierten Selbstbestimmungsrecht der Religionsgemeinschaften nicht in innerkirchliche Angelegenheiten einmischen dürfe.[198] Diese Rechtsprechung ist in der Literatur seit langem auf Kritik gesto- 74

---

[185] Vgl. BVerfGE 105, 279 = NJW 2002, 2626 → *Ehlers* JK 1/03, GG Art. 4 I, II/23 und → JuS 2003, 186 *(Sachs)* sowie → JA 2003, 113 *(Winkler)* – Warnung vor Jugendsekten; *Ehlers* in: Ehlers/Pünder, AllgVwR, § 1 Rn. 9.

[186] So beurteilt sich die Anordnung militärischen Bereitschaftsdienstes gemäß § 6 Abs. 7 WPflG a. F. (heute Abs. 6) nicht nur nach politischem Ermessen (so aber BVerwGE 15, 63 = BeckRS 1962, 103592). Wie hier *W.-R. Schenke* Verwaltungsprozessrecht, Rn. 92. Vgl. aber auch BVerfGE 15, 46 (66) = NJW 1963, 900 (LS 3).

[187] BVerfGE 105, 252 (273) = NJW 2002, 2621 (2624); E 105, 279 (299) = NJW 2002, 2626 (2628) → *Ehlers* JK 1/03, GG Art. 4 I, II/23 und → JuS 2003, 186 *(Sachs)* sowie → JA 2003, 113 *(Winkler)* – Warnung vor Jugendsekten; BVerwGE 82, 76 (79) = NJW 1989, 2272 (2273).

[188] BVerfGE 2, 225 (230) = NJW 1953, 817; BVerwG NJW 1977, 118.

[189] Vgl. statt vieler *Würtenberger* in: BK, Art. 45c, Rn. 189 f.

[190] Vgl. auch BVerfG-K DVBl 1993, 32; BVerwG NJW 1991, 936 (937).

[191] Vgl. für den Bund Art. 60 Abs. 2, 3 GG, für die Länder z. B. Art. 59 Verf NW; ferner § 452 StPO.

[192] BVerfGE 25, 352 (358 ff.) = NJW 1969, 1895; BVerfG-K NJW 2001, 3771; BVerwG NJW 1983, 187.

[193] BVerfGE 30, 108 (110 f.) = NJW 1971, 795.

[194] So auch die h. L.; vgl. statt vieler *Schenke* in: BK, Art. 19 Abs. 4 Rn. 414 ff.; *Schmidt-Aßmann* in: Maunz/Dürig, GG, Art. 19 Abs. 4 GG Rn. 80.

[195] Da das Gnadenrecht delegiert werden kann (und weitgehend delegiert worden ist), stellt seine Ausübung keine staatsleitende Tätigkeit dar, so dass Streitigkeiten gegen die Ablehnung oder den Widerruf von Gnadenentscheidungen nichtverfassungsrechtlicher Art sind.

[196] Vgl. *Ehlers/Schneider* in: Schoch/Schneider, VwGO, § 40 Rn. 122.

[197] Für Klagen von Religionsgemeinschaften des öffentlichen Rechts ist inkonsequenter Weise zumeist anderes angenommen worden.

[198] Vgl. statt vieler *Ehlers* JuS 1989, 364 m. w. Nachw.

ßen.[199] Die neuere Rechtsprechung der Fachgerichte hat sich zu Recht – anders als das BVerfG[200] – der Auffassung der Literatur angeschlossen. Aus der Justizgewährungspflicht folge, dass die staatlichen Gerichte grundsätzlich zur Entscheidung aller Rechtsfragen berufen sind, deren Beurteilung sich nach staatlichem Recht richtet.[201] Das Selbstbestimmungsrecht der Religionsgemeinschaften schränke nicht die Justizgewährungspflicht des Staates, sondern wegen der Notwendigkeit, das Selbstbestimmungsrecht der Religionsgemeinschaften zu beachten, nur das Maß der Justiziabilität ein (dazu Fall 13 → Rn. 66 und Lösung → Rn. 76). Steht ein von der Religionsgemeinschaft eröffneter interner Rechtsweg zur Verfügung, soll der staatliche Rechtsschutz allerdings nur subsidiär zulässig sein (→ Rn. 253).

75 **Lösung zu Fall 12:** Der Verwaltungsrechtsweg ist gemäß § 40 Abs. 1 S. 1 VwGO nur eröffnet, wenn eine Streitigkeit öffentlich-rechtlicher Art vorliegt. Früher wurden die sog. besonderen Gewaltverhältnisse in den Einrichtungen des Staates aus dem Recht ausgeklammert, was zur Folge hatte, dass ein Strafgefangener mit Eintritt in die staatliche Einrichtung (jedenfalls weitestgehend) seine Rechtssubjektivität verlor. Diese Auffassung ist heute nicht mehr vertretbar.[202] Da sich M auf seine Grundrechte berufen kann, ist eine (Außen-)Streitigkeit gegeben. Jedoch greift die Sonderzuweisung des § 109 StVollzG i. V. m. § 78a Abs. 1 S. 2 Nr. 2 GVG ein, so dass der Rechtsstreit an die Strafvollstreckungskammer des Landgerichts zu verweisen ist (§ 17a Abs. 2 S. 1 GVG).

76 **Lösung zu Fall 13:** Soweit N Klage gegen seine Entlassung erhoben hat (sog. Statusklage), war diese nach früherer Ansicht des BVerwG[203] unzulässig, weil es sich um eine innerkirchliche Maßnahme handele, für die das für alle geltende Gesetz (Art. 140 GG i. V. m. Art. 137 Abs. 3 S. 1 WRV) nicht gelte, so dass staatlicher Rechtsschutz nicht in Betracht komme. Für Gehaltsklagen wurde zumeist anderes angenommen.[204] Diese Auffassung hat das BVerwG aufgegeben.[205] Der Rechtsweg zu den staatlichen Gerichten ist immer gegeben, wenn sich der Kläger auf eine Verletzung staatlich gewährter Rechtspositionen beruft und eine solche Position zumindest denkbar erscheint. Letzteres trifft nicht nur auf Gehaltsklagen, sondern auch auf Entlassungen der Bediensteten zu. Beispielsweise können allgemein zu respektierende Mindesterfordernisse der staatlichen Rechtsordnung unter Umständen einer sofortigen Entlassung entgegenstehen. Da Pfarrer öffentlich-rechtlicher organisierter Religionsgemeinschaften in einem öffentlich-rechtlichen Dienst- und Treueverhältnis stehen, ist auch der Verwaltungsrechtsweg gegeben. Ob die Klage im Übrigen zulässig ist, bestimmt sich nach anderen Sachentscheidungsvoraussetzungen; z. B. muss der Kläger klagebefugt sein (was nicht der Fall ist, wenn das staatliche Recht eine Rechtsposition der behaupteten Art nicht kennt). Ferner soll bei Zugrundelegung der Auffassung der Rechtsprechung für die Anrufung staatlicher Gerichte das Rechtsschutzbedürfnis fehlen, wenn die Möglichkeit besteht, die Streitigkeiten durch Anrufung kircheneigener Gerichte oder Schlichtungsgremien beizulegen (→ Rn. 74, 253).

---

[199] Vgl. etwa *v. Campenhausen* AöR 112 (1987), 623; *v. Campenhausen/de Wall* Staatskirchenrecht, 2006, S. 309 ff.; *Kästner* Staatliche Justizhoheit und religiöse Freiheit, 1991, S. 101 ff.; *Ehlers* in: Sachs, GG, Art. 140 GG/137 WRV Rn. 16 f.

[200] BVerfG-K NJW 2009, 1195 f. → JA 2009, 555 *(Muckel)*.

[201] BVerwGE 149, 139 Rn. 12 = NVwZ 2014, 1101 Rn. 12; E 153, 282 Rn. 12 = NVwZ 2016, 453 Rn. 12; BGH NJW 2000, 1555 (1556); BGHZ 154, 306 (310) = BeckRS 2003, 3646.

[202] Grundlegend BVerfGE 33, 1 = NJW 1972, 811 (Strafgefangenenentscheidung).

[203] BVerwGE 117, 145 = NJW 2003, 2112; vgl. aber auch E 116, 86 (88) = NVwZ 2002, 987.

[204] BGHZ 154, 306 = NJW 2003, 2112.

[205] Vgl. BVerwGE 149, 139 Rn. 12 ff. = NVwZ 2014, 1101.

### 3. Erfordernis einer nichtverfassungsrechtlichen Streitigkeit

Die Eröffnung des Verwaltungsrechtswegs setzt nach der Generalklausel des § 40 Abs. 1 S. 1 VwGO des Weiteren das Vorliegen einer Streitigkeit nichtverfassungsrechtlicher Art voraus. Sinn der Ausklammerung verfassungsrechtlicher Streitigkeiten ist es, die verwaltungsgerichtlichen Zuständigkeiten auf die Gewährung von **Rechtsschutz in Verwaltungsangelegenheiten** zu beschränken, die Einmischung in die Willensbildung und Betätigung oberster Staatsorgane dagegen dem qualifizierten Entscheidungsvorbehalt verfassungsgerichtlicher Erkenntnis zu unterstellen.[206] 77

**Fall 14:** Bürger O wendet sich im Wege der Erhebung einer verwaltungsgerichtlichen Klage gegen die Auflösung eines Landtags, die Ladung eines Untersuchungsausschusses des Bundestages, die Warnung der Bundesregierung vor Jugendsekten und die Allgemeinverbindlichkeitserklärung eines Tarifvertrages, Bundestagsabgeordneter P gegen einen ihn betreffenden Ordnungsruf des Bundestagspräsidenten während der Bundestagssitzung sowie gegen die zu niedrige Festsetzung seiner (gesetzlich geregelten) Abgeordnetendiäten und die Zuweisung eines Büros mit Blick nach Norden (statt nach Süden). 78

Einigkeit besteht darüber, dass eine Streitigkeit nicht schon dann verfassungsrechtlicher Art i. S. d. § 40 Abs. 1 S. 1 VwGO ist, wenn über **Verfassungsrecht** gestritten wird. Abgesehen davon, dass das Verwaltungsrecht weithin konkretisiertes Verfassungsrecht ist[207] und fast jede öffentlich-rechtliche Streitigkeit auch ein Streit über Verfassungsrecht ist (z. B. über das Gesetzmäßigkeitsprinzip, die Wahrung des Verhältnismäßigkeitsgebots oder die Beachtung der Grundrechte), so dass bei einem Abstellen auf das Verfassungsrecht für eine eigene Verwaltungsgerichtsbarkeit kaum noch Raum bliebe, zeigen das Gebot der Rechtswegerschöpfung des § 90 Abs. 2 BVerfGG sowie die Subsidiarität der Verfassungsbeschwerde (dazu → *Scherzberg* § 15 Rn. 88 ff.),[208] dass nicht alle Streitigkeiten über Bundes- oder Landesverfassungsrecht als verfassungsrechtliche Streitigkeiten i. S. d. § 40 Abs. 1 S. 1 VwGO angesehen werden können. 79

Nicht gefolgt werden kann auch der Ansicht,[209] dass unter verfassungsrechtlichen Streitigkeiten i. S. v. § 40 Abs. 1 S. 1 VwGO die den **Verfassungsgerichte**n vorbehaltenen Streitigkeiten zu verstehen sind. Abgesehen davon, dass § 40 Abs. 1 S. 1 VwGO bewusst[210] nicht auf die Nachprüfbarkeit durch ein Verfassungsgericht abstellt, wäre eine solche Gleichsetzung auch ohne eigenständige Bedeutung, weil der Verwaltungsrechtsweg für die ausdrücklich den Verfassungsgerichten zugewiesene Streitigkeiten nichtverfassungsrechtlicher Art schon nach § 40 Abs. 1 S. 1 Hs. 2 VwGO ausscheidet, das Kriterium „Streitigkeiten nichtverfassungsrechtlicher Art" also keinen Sinn ergäbe. Kommt es nicht nur auf die Rechtswegzuweisung an die Verfassungsgerichte an, kann es verfassungsrechtliche Streitigkeiten geben, die nicht justiziabel sind, weil die enumerativ festgelegten Zuständigkeiten der Verfassungsgerichte nicht berührt werden.[211] 80

Abzulehnen ist auch die weit verbreitete Meinung, dass sich Streitigkeiten i. S. d. § 40 Abs. 1 S. 1 VwGO dadurch auszeichnen, dass sich Verfassungsorgane über Verfassungsrecht streiten (sog. **doppelte Verfassungsunmittelbarkeit**).[212] Die Anwendung dieser „Faustformel" kommt zwar in vielen Fällen zu zutreffenden Ergebnissen, versagt aber gerade in 81

---

[206] Vgl. auch *Löwer* in: HStR III, § 70 Rn. 6.

[207] Vgl. *Werner* DVBl 1959, 527; ferner *Ehlers* in: Ehlers/Pünder, AllgVwR, § 6 Rn. 2; krit. *Masing* in: GVwR I, § 7 Rn. 63.

[208] Vgl. z. B. BVerfGE 86, 382 f. = NJW 1992, 2749; BVerfG-K NVwZ 2000, 1407 f.; BayVerfGH BayVBl 1992, 526; *Goos* in: Hillgruber/Goos, Verfassungsprozessrecht, Rn. 285, 290 ff., 299 ff.

[209] Vgl. *Wertenbruch* DÖV 1959, 506 (507).

[210] Zur Entstehungsgeschichte vgl. BT-Drs. 3/55 S. 30.

[211] Vgl. auch BVerfGE 13, 54 (96 f.) = NJW 1961, 1453 (1456); *Bethge* JuS 2001, 1100.

[212] Vgl. etwa BVerwG NJW 1976, 637 (638); BayVerfGH DÖV 1992, 967; *Frenz* JA 2011, 433 (434); *Schmitt Glaeser/Horn* Verwaltungsprozeßrecht, Rn. 56; *Hufen* Verwaltungsprozessrecht, § 11 Rn. 49 ff.; *Stern/Blanke* Verwaltungsprozessrecht, Rn. 188 f.; *Würtenberger/Heckmann* Verwaltungsprozessrecht, Rn. 213 f.; vgl. auch *v. Nicolai* in: Redeker/v. Oertzen, VwGO, § 40 Rn. 3.

den problematischen. Z. B. unterliegt es keinem Zweifel, dass die Klage eines Bürgers auf Erlass oder Aufhebung eines Parlamentsgesetzes bzw. prinzipale Rechtssatzkontrolle eines solchen Gesetzes eine verfassungsrechtliche Streitigkeit betrifft, für welche die Verwaltungsgerichte nicht zuständig sind (obwohl der Bürger kein Verfassungsrechtssubjekt ist, also nicht auf beiden Seiten des Streites am Verfassungsleben beteiligte Subjekte stehen).[213]

82 Der Begriff der nichtverfassungsrechtlichen Streitigkeiten i. S. d. § 40 Abs. 1 S. 1 VwGO ist **materiell** zu bestimmen. Die Rechtsprechung stellt zu recht zumeist darauf ab, ob das Rechtsverhältnis maßgeblich durch das Verfassungsrecht geprägt wird.[214] Offen bleibt, wann dies anzunehmen sein soll. Falls es sich um einen kontradiktorischen Streit handelt und damit ein Rechtsschutzgegner (anders als etwa bei einer abstrakten Normenkontrolle nach Art. 93 Abs. 1 Nr. 2 GG) vorhanden ist, liegt nach der hier vertretenen Ansicht eine verfassungsrechtliche Streitigkeit i. S. d. § 40 Abs. 1 S. 1 VwGO vor, wenn der **Rechtsschutzgegner** ein **Verfassungsrechtssubjekt** ist, das **als solches** verpflichtet werden soll.[215] Unter Verfassungsrechtssubjekten sind Stellen und Personen der Staatsorganisation zu verstehen, die durch das Verfassungsrecht errichtet und organisiert werden. Auf den Rechtsschutzgegner kommt es maßgeblich an, weil die Ausklammerung der verfassungsrechtlichen Streitigkeiten aus dem Anwendungsbereich des § 40 Abs. 1 VwGO diesen vor einer gerichtlichen Kontrolle seiner verfassungsrechtlichen Kompetenzen durch die Verwaltungsgerichte schützen will.[216] Stets muss es um das rechtliche Können, Dürfen oder Müssen eines Verfassungsrechtssubjekts als solches gehen, d. h. um dessen (materielle) verfassungsrechtliche Funktionen. An dieser Voraussetzung fehlt es, wenn ein Handeln, Dulden oder Unterlassen verlangt wird, das nicht notwendigerweise einem Verfassungsrechtssubjekt vorbehalten ist (sondern auch von einem Verwaltungsrechtssubjekt verlangt werden kann).

83 Verfassungsrechtlicher Art sind z. B. Präsidentenanklagen (Art. 61 GG), Immunitätsentscheidungen (Art. 46 Abs. 2, Abs. 3 GG), Streitigkeiten i. S. d. **Art. 93 Abs. 1 Nr. 1, 2, 2a, 4a, 4b, 4c GG** oder Normenverifikationen (Art. 100 Abs. 2 GG),[217] nichtverfassungsrechtlicher Art dagegen Klagen auf Erlass untergesetzlicher (d. h. exekutiver) Normen[218] (z. B. auf Erlass einer Verordnung oder einer Satzung, zur Klageart → § 29 Rn. 19), auf Erlass von Gnadenentscheidungen (→ Rn. 72), auf Erstattung von Wahlkampfkosten[219] oder Klagen gegen Prüfungsberichte der Rechnungshöfe[220] bzw. Verfassungsschutzberichte.[221] Ggf. ist zu differenzieren. So kommt es für Bund-Länder-Streitigkeiten (Art. 93 Abs. 1 Nr. 3 GG, § 50 Abs. 1 Nr. 1 VwGO) oder andere föderative Streitigkeiten (Art. 93 Abs. 1 Nr. 4 GG) darauf an, ob der Klageanspruch seine Grundlage im verfassungsrechtlichen Grundverhältnis oder

---

[213] Auch das BVerwG hält verfassungsrechtliche Streitigkeiten zwischen Staat und Bürger für möglich; vgl. z. B. BVerwGE 51, 69 (71) = NJW 1976, 1648 f.; NJW 1985, 2344 (2346); ferner *Sodan* NVwZ 2000, 601 (607); *ders.* FS Schenke, 2011, S. 1259 (1265 ff.); *Bethge* JuS 2001, 1100 (1101); *ders.* FS Schenke, 2011, S. 61 (76 f); *Haack* DBVl 2014, 1566 (1567); *Kraayvanger* Der Begriff der verfassungsrechtlichen Streitigkeit im Sinne des § 40 Abs. 1 S. 1 VwGO, 2004, S. 39 ff.; *W.-R. Schenke* Verwaltungsprozessrecht, Rn. 128.

[214] BVerwGE 128, 99 Rn. 15 = NVwZ 2007, 1315; NVwZ 2017, 56 Rn. 18.

[215] *Ehlers/Schneider* in: Schoch/Schneider, VwGO, § 40 Rn. 144; zustimmend *Rennert* in: Eyermann, VwGO, § 40 Rn. 21; *Sodan* in: Sodan/Ziekow, VwGO, § 40 Rn. 210 ff.; *Unruh* in: Fehling/Kastner/Störmer, VwR, § 40 VwGO Rn. 161; teilw. abweichend *Ruthig* in: Kopp/Schenke, VwGO, § 40 Rn. 32d (wonach es darauf ankommen soll, ob eine Streitigkeit aufgrund verfassungsgesetzlicher Zuständigkeitsvorschriften grds. den Verfassungsgerichten vorbehalten ist). Nicht ausreichend ist z. B., dass über ein auswärtiges Tätigwerden der Bundesrepublik gestritten wird, vgl. OVG NW DVBl. 2019, 1138 Rn. 92.

[216] Vgl. aber auch *Haack* in: Gärditz, VwGO, § 40 Rn. 118, wonach es nicht darauf ankommen könne, ob ein Subjekt des Verfassungsrechts als Kläger oder Beklagter auftritt.

[217] Zu diesen und weiteren Einzelfällen *Ehlers/Schneider* in: Schoch/Schneider, VwGO, § 40 Rn. 153 ff.; *Ruthig* in: Kopp/Schenke, VwGO, § 40 Rn. 33 ff.

[218] Zweifelnd *Schenke* Verwaltungsprozessrecht, Rn. 131.

[219] Der Bundespräsident wird in solchen Fällen nur als mittelverwaltende Stelle nach Maßgabe des § 19a oder des § 20 ParteiG tätig. Dementsprechend handelt der Bundestagspräsident im Falle einer Rückforderung wegen unrichtiger Festsetzung „durch VA“ (§ 31a Abs. 3 S. 1 ParteiG). Vgl. auch BVerfGE 27, 152 (157) = BeckRS 1969, 104929; E 28, 97 (102 f.) = BeckRS 1970, 104604; BVerwGE 111, 175 = NJW 2000, 3728.

[220] *Ehlers/Schneider* in: Schoch/Schneider, VwGO, § 40 Rn. 186.

[221] Teilweise a. A. *Gusy* NVwZ 1986, 6 (11).

in einem engeren Rechtsverhältnis hat, das durch Normen des einfachen Rechts geregelt ist (→ *Pünder* § 20 Rn. 11 ff.).[222] Als nichtverfassungsrechtlich hat das OVG NW geeignete Maßnahmen der Bundesregierung angesehen, mit denen sie sich zu vergewissern hat, dass Drohnenangriffe der Vereinigten Staaten von Amerika von der Air Base Ramstein aus mit dem Völkerrecht im Einklang stehen.[223] Weisungen des Bundes nach Art. 84 Abs. 5, 85 Abs. 3 GG sind verfassungsrechtlicher Art, wenn es um das Ob der Weisungsbefugnis geht.[224] Dagegen haben Streitigkeiten nichtverfassungsrechtlichen Charakter, wenn über die Vereinbarkeit von Weisungen mit dem einfachen Gesetzesrecht gestritten wird.[225]

**Lösung zu Fall 14:** Für die Klage des O gegen die Auflösung des Landtages ist der Verwaltungsrechtsweg nicht eröffnet, weil es um die spezifische Position eines Verfassungsrechtssubjekts als solche geht (Landtag).[226] Im Hinblick auf die Klage gegen die Ladung des Untersuchungsausschusses ist zwar mangels Eingreifens des (nur den Abschlussbericht betreffenden) Art. 44 Abs. 4 S. 1 GG der Rechtsweg nicht ausgeschlossen. Es handelt sich auch um eine nichtverfassungsrechtliche Streitigkeit, weil der Untersuchungsausschuss wie eine Verwaltungsbehörde tätig wird. Doch ist gemäß § 36 Abs. 1 PUAG[227] nur die Zuständigkeit des BGH eröffnet, weil es um die verfahrensrechtliche Überprüfung der Ausschussarbeit und nicht um die grundsätzlichen Rechte und Pflichten des Untersuchungsausschusses geht.[228] Bei der Warnung der Bundesregierung vor Jugendsekten soll es sich nach dem BVerfG zwar um eine Regierungstätigkeit (im Gegensatz zur Verwaltungstätigkeit) handeln.[229] Dies ändert aber nichts daran, dass eine Warnung von allen Verwaltungsbehörden ausgesprochen werden kann, die Regierung also nicht gerade als solche in Anspruch genommen wird.[230] Da kein Sachzusammenhang zum Privatrecht gegeben ist, liegt auch eine öffentlich-rechtliche Streitigkeit vor. Allgemeinverbindlichkeitserklärungen sind zwar Akte der Rechtsetzung, gehören gemäß § 5 TVG aber nicht der parlamentarischen Rechtsetzung an, so dass sie nichtverfassungsrechtlichen Charakter i. S. d. § 40 Abs. 1 S. 1 VwGO haben.[231] Da der Bundestagspräsident beim Ordnungsruf im Bundestag gerade als Verfassungsrechtssubjekt als solches tätig wird (vgl. § 36 GO BT), scheidet insoweit der Verwaltungsrechtsweg aus. P hat nur die Möglichkeit, einen Antrag nach Art. 93 Abs. 1 Nr. 1 GG zu stellen.[232] Im Übrigen ist für die Klagen des P der Verwaltungsrechtsweg eröffnet. Sowohl bei der Festsetzung der Abgeordnetendiäten[233] als auch bei der Zuweisung von Büroraum geht es nicht um die Verfassungsorganstellung der Abgeordneten als solche. Demgemäß wird der Bundestagspräsident als Verwaltungsbehörde tätig. 84

[222] BVerwGE 128, 99 Rn. 15 = NVwZ 2007, 1315; NVwZ 2017, 56 Rn. 18.

[223] OVG NW Urt. v. 19.3.2019 – 4 A 1361/15, BeckRS 2019, 5666 Rn. 47 ff.

[224] Vgl. dazu auch BVerfGE 81, 310 = NVwZ 1990, 955; E 84, 25 (30) = NVwZ 1991, 870; E 104, 249 = NVwZ 2002, 585; BVerwG NVwZ 1998, 500.

[225] Vgl. *Ehlers/Schneider* in: Schoch/Schneider, VwGO, § 40 Rn. 196.

[226] Selbst ein Abgeordneter könnte nicht vor dem VG klagen, sondern müsste einen Antrag beim Verfassungsgericht im Organstreitverfahren stellen. Vgl. auch *Schenke* Verwaltungsprozessrecht, Rn. 130.

[227] Sartorius Nr. 6.

[228] Vgl. BVerfGE 138, 45 Rn. 37 f. = NVwZ 2015, 218 Rn. 36 ff.; ferner *Kingreen* Jura 2018, 880 (895) (Unterscheidung zwischen dem Ob und Wie der Beweiserhebung und -erzwingung eines Untersuchungsausschusses).

[229] Vgl. BVerfGE 105, 279 = NJW 2002, 2626 → *Ehlers* JK 1/03, GG Art. 4 I, II/23 und → JuS 2003, 186 *(Sachs)* sowie → JA 2003, 113 *(Winkler)* – Warnung vor Jugendsekten.

[230] Vgl. auch BVerwGE 82, 76 (79 ff.) = NJW 1989, 2272 (2273 f.); *Ruthig* in: Kopp/Schenke, VwGO, § 40 Rn. 35; *Sodan* in: Sodan/Ziekow, VwGO, § 40 Rn. 224.

[231] Vgl. *Ehlers/Schneider* in: Schoch/Schneider, VwGO, § 40 Rn. 155.

[232] Vgl. BVerfGE 60, 374 (378) = NJW 1982, 2233. Zum Erfordernis der Rechtserheblichkeit → § 18 Rn. 33.

[233] Vgl. auch BVerwG NJW 1985, 2344; NJW 1990, 462. Eine verfassungsrechtliche Streitigkeit liegt vor, wenn der Abgeordnete höhere als die vorgesehenen Diäten verlangt, weil dann über den zugrundeliegenden Parlamentsbeschluss gestritten wird. Vgl. BVerfGE 80, 180 (208) (insoweit nicht abgedruckt in NJW 1989, 3211); *Rennert* in: Eyermann, VwGO, § 40 Rn. 24.

### 4. Erfordernis einer öffentlich-rechtlichen Streitigkeit

85 Von zentraler Bedeutung für die Eröffnung des Verwaltungsrechtswegs ist das Erfordernis einer öffentlich-rechtlichen Streitigkeit. Das Tatbestandsmerkmal dient der **Abgrenzung** zu den **bürgerlichen Rechtsstreitigkeiten,** für die nach **§ 13 GVG** die ordentlichen Gerichte zuständig sind. Die Unterscheidung dieser beiden Arten von Streitigkeiten gehört zu den am meisten erörterten und diffizilsten Problemen des Prozessrechts. Einer ausführlichen Erörterung bedarf es nur, wenn Anlass dazu besteht.

86 Zunächst stellt sich die Frage, auf welchen Bezugspunkt der Qualifizierung der Streitigkeit abzustellen ist (a). Sodann ist das Augenmerk auf die Unterscheidung (b) und Geltung (c) von öffentlichem und privatem Recht sowie auf die an das Rechtsschutzvorbringen zu stellenden Anforderungen (d) zu richten. Einige problematische Abgrenzungsfälle sollen der Verdeutlichung dienen (e).

#### a) Bezugspunkt des Charakters der Streitigkeit

87 **Fall 15:** Gemeinde X veranstaltet ein nach Maßgabe der GewO festgesetztes Volksfest. Die Standplätze werden privatrechtlich vermietet. Q erhält keinen Stand zugewiesen. R wird aufgegeben, seinen Stand den Gepflogenheiten anzupassen. Q und R erwägen eine Klage. Welche Gerichtsbarkeit ist zuständig?

88 **Fall 16:** Die S-Partei möchte in der von der stadteigenen Gesellschaft der Stadt Y betriebenen Stadthalle ihren Bundeskongress durchführen. Die Gesellschaft weigert sich, einen Mietvertrag abzuschließen. Kann die S die Gesellschaft auf Vertragsabschluss oder Y auf Zugang zu der Stadthalle vor dem Verwaltungsgericht verklagen?

89 **Fall 17:** Der Kreisverband T einer politischen Partei hat unter Berufung auf § 5 Abs. 1 S. 1 PartG verwaltungsgerichtliche Klage gegen eine Sparkasse erhoben, weil diese die Einrichtung eines Girokontos abgelehnt hat.

90 **aa) Maßgeblichkeit einer eindeutigen Rechtswahl der verklagten Verwaltung.** Eines näheren Eingehens auf die Abgrenzung von öffentlich-rechtlichen und bürgerlich-rechtlichen Streitigkeiten bedarf es dann nicht, wenn sich ein Rechtsschutzsuchender gegen ein Handeln der Verwaltung wendet und die Verwaltung durch rechtsgeschäftliche Erklärung (z. B. durch Erlass eines Verwaltungsakts) **eindeutig** zu erkennen gegeben hat, auf welches Rechtsregime sie sich gestützt hat. Wurde seitens des Verwaltungsträgers eine eindeutige Formenwahl getroffen, gilt das gewählte Rechtsregime unabhängig davon, ob das öffentliche respektive private Recht gewählt werden durfte. Rechtmäßigkeit und Rechtsnatur einer Maßnahme müssen auseinandergehalten werden. Entscheidend für die Rechtsnatur ist nur, was der Verwaltungsträger getan hat, nicht, was er hätte tun müssen oder dürfen.[234] Dementsprechend ist z. B. ohne Weiteres eine öffentlich-rechtliche Streitigkeit gegeben, wenn sich der Kläger gegen einen mit Rechtsmittelbelehrung i. S. d. VwGO versehenen Leistungsbescheid (Verwaltungsakt) der Verwaltung wendet, auch wenn die Verwaltung eine privatrechtliche Forderung geltend macht, also gar nicht zum Erlass des Verwaltungsakts befugt war.[235] Für den Prüfungsaufbau bedeutet dies, dass das Vorliegen einer eindeutigen Rechtswahl der Verwaltung im Falle ihrer gerichtlichen Inanspruchnahme zunächst zu untersuchen ist.

---

[234] *Ehlers* in: Ehlers/Pünder, AllgVwR, § 3 Rn. 54.

[235] Vgl. auch BVerwGE 105, 302 = BeckRS 9998, 173442; OVG NW NVwZ-RR 2010, 587; *Krüger* JuS 2013, 598; *Druschel* Die Verwaltungsaktbefugnis, 1999, S. 112 f.

**bb) Maßgeblichkeit der Rechtsnatur des Rechtsverhältnisses.** Ob eine Streitigkeit öffentlich-rechtlich oder bürgerlich-rechtlich ist, richtet sich nach ständiger **Rechtsprechung** (und auch hier vertretener Auffassung), wenn eine ausdrückliche Rechtswegzuweisung des Gesetzgebers fehlt, (im Übrigen) nach der **Natur des Rechtsverhältnisses,** aus dem der Klageanspruch hergeleitet wird.[236] Der Charakter des Rechtsverhältnisses bestimmt sich nach dem Rechtsschutzbegehren und des zu seiner Begründung vorgetragenen Sachverhalts.[237] Maßgeblich sei allein die tatsächliche Natur des Rechtsverhältnisses, nicht die rechtliche Einordnung durch den Kläger selbst.[238] Öffentlich-rechtlich ist ein Rechtsverhältnis, wenn die maßgeblichen Normen dem öffentlichen Recht angehören, bürgerlich-rechtlich, wenn das Rechtsverhältnis Normen des Privatrechts unterliegt. Beruft sich der Kläger auf eine rechtsgeschäftliche Verpflichtung, kommt es auf deren Rechtsnatur an, die sich regelmäßig nach ihrem Gegenstand bestimmt (→ Rn. 123).[239] 91

Offen bleibt zumeist, was die Rechtsprechung in diesem Zusammenhang unter einem Rechtsverhältnis versteht. Der Begriff wird sinnvariierend im Rechtsleben gebraucht (→ § 30 Rn. 5 f.). Im **engeren Sinne** sind unter einem Rechtsverhältnis die sich aus einer Regelung ergebenden rechtlichen Beziehungen zu verstehen. Hierauf wird zumeist bei der Erhebung von Feststellungsklagen gemäß § 43 VwGO (gerichtet auf Feststellung des Bestehens oder Nichtbestehens eines Rechtsverhältnisses) oder bei der Beantragung von Regelungsanordnungen gemäß § 123 Abs. 1 S. 2 VwGO (gerichtet auf Regelung eines vorläufigen Zustandes in Bezug auf ein streitiges Rechtsverhältnis; näher dazu → *Schoch* § 35 Rn. 32)[240] abgestellt. Im **weiteren Sinne** besteht ein Rechtsverhältnis aus der Gesamtheit einander zweckhaft zugeordneter Rechtsbeziehungen. So wird z. B. von einem Sozial-, Subventions- oder Beamtenverhältnis gesprochen. Lassen sich mehrere Rechtsverhältnisse unterscheiden, orientiert sich die Rechtsprechung bei der Rechtswegabgrenzung grundsätzlich an dem Rechtsverhältnis im weiteren Sinne (nicht an einzelnen Berechtigungen oder Verpflichtungen aus dem Rechtsverhältnis). 92

Regelmäßig soll es darauf ankommen, ob die Beteiligten zueinander in einem hoheitlichen Verhältnis der Über- und Unterordnung stehen und sich der Träger hoheitlicher Gewalt der besonderen Rechtssätze des öffentlichen Rechts bedient.[241] Eine öffentlich-rechtliche Streitigkeit könne allerdings auch auf einem Gleichordnungsverhältnis beruhen. Gleichordnungsverhältnisse seien öffentlich-rechtlich, wenn die das Rechtsverhältnis beherrschenden Rechtsnormen nicht für jedermann gelten, sondern Sonderrechte oder Sonderpflichten des Staates oder sonstiger Träger öffentlicher Aufgaben sind und sich die Rechtsnormen zumindest auf einer Seite nur an Hoheitsträger wenden.[242] 93

Diese Art der Abgrenzung hat vor allem im Falle eines Handelns der **privatrechtlich tätig werdenden Verwaltung** Bedeutung. Die Rechtsprechung stellt in solchen Fällen auf das **Basisrecht**[243] (nicht die streitentscheidende Norm) ab. Dies bedeutet, dass die gerichtliche Kontrolle an die privatrechtliche Handlungsform des Handelns „angeseilt" wird.[244] Z. B. soll für Streitigkeiten über die Vergabe von öffentlichen Aufträgen mit einem Auftragswert 94

---

[236] Vgl. BVerwGE 89, 281 (282) = NJW 1992, 1641; E 129, 9 = NJW 2007, 2275; E 156, 320 Rn. 5 = NVwZ 2017, 329 (m. Anm. *Scholtka/Keller-Herder*); GmS-OGB BSGE 37, 292 = NJW 1974, 2087; GmS-OGB BGHZ 97, 312 (313 f.) = NJW 1986, 2359; Z 102, 280 (283) = NJW 1988, 2295 (2296); Z 108, 284 (286) = BeckRS 9998, 153484; Z 108, 284 (286) = BeckRS 9998, 153484; NVwZ-RR 2010, 502. Bei einer negativen Feststellungsklage ist die Natur des vom Beklagten beanspruchten Rechts entscheidend; vgl. BVerwGE 161, 255 Rn. 7 = NVwZ 2018, 993.

[237] VGH BW NJW 2018, 2583 Rn. 20.

[238] VGH BW NJW 2018, 2583 Rn. 20.

[239] BVerwG NVwZ 2018, 993 Rn. 7.

[240] Vgl. dazu *Schoch* in: Schoch/Schneider, VwGO, § 123 Rn. 73 ff.

[241] BVerwGE 129, 9 = NJW 2007, 2275; GmS-OGB BGHZ 97, 312 (314) = NJW 1986, 2359; Z 102, 280 (283) = NJW 1988, 2295 (2296).

[242] BVerwG NJW 2006, 2568; E 129, 9 = NJW 2007, 2275 → JuS 2007, 958 *(Hufen)*; GmS-OGB BGHZ 108, 284 (286 f.) = BeckRS 9998, 153484.

[243] *Pietzcker* NVwZ 1983, 121 (124).

[244] Vgl. auch *Burmeister* DÖV 1975, 695 (698).

unterhalb der Schwellenwerte (§ 106 GWB)[245] wegen der privatrechtlichen Rechtsnatur der Vergabeverträge[246] nicht der Rechtsweg zu den Verwaltungsgerichten, sondern der ordentliche Rechtsweg gegeben sein, selbst wenn nur über das Gleichbehandlungsgebot des Art. 3 Abs. 1 GG (also eine Norm des öffentlichen Rechts) gestritten wird.[247] Die ordentlichen Gerichte seien befugt und verpflichtet, im Rahmen ihrer Zuständigkeit nach § 13 GVG über die öffentlich-rechtlichen Bindungen eines privatrechtlichen Verwaltungshandelns mitzuentscheiden.[248] Insbesondere wenn Privatrechtssubjekte (z. B. die Eigengesellschaft eines Verwaltungsträgers und ein Privater) miteinander streiten, sollen grundsätzlich nur die ordentlichen Gerichte zuständig sein,[249] mag es auch insoweit nur um Normen des öffentlichen Rechts wie die Grundrechte gehen.

95 Die **Rechtsprechung** verfährt jedoch **vielfach inkonsequent.** So werden die Nutzungsverhältnisse der kommunalen öffentlichen Einrichtungen in der Regel privatrechtlich ausgestaltet,[250] weil sich die Kommunen respektive ihre wirtschaftlichen Unternehmen bei der Teilnahme am Wirtschaftsleben zumeist privatrechtlicher Handlungsformen bedienen. Dennoch werden Streitigkeiten zwischen Einwohnern und einer Kommune über den Zugang zu einer kommunalen öffentlichen Einrichtung[251] sowie zwischen den privaten Konkurrenten kommunalwirtschaftlicher Unternehmen und einer Kommune über die Zulässigkeit eines Marktzutritts der Kommune[252] nahezu einhellig als öffentlich-rechtliche Streitigkeiten angesehen. Statt auf das (durch die Verwendung der privatrechtlichen Handlungsformen der Verwaltung bestimmte) Basisrecht wird in solchen Fällen also doch (nur) auf die Anspruchsgrundlage – streitentscheidende (Bindungs-)Norm der privatrechtlich tätig werdenden Verwaltung – abgestellt. Dies erscheint nur folgerichtig, wenn das Rechtsverhältnis entweder i. S. d. **Zweistufenlehre** (d. h. öffentlich-rechtliche Entscheidung über das Grundverhältnis und privatrechtliche Abwicklung) aufgespalten wird oder zwischen verschiedenen Rechtsverhältnissen (etwa privatrechtliches Rechtsverhältnis zu den Leistungsempfängern und öffentlich-rechtlichem Rechtsverhältnis zu den Konkurrenten) differenziert werden könnte und müsste.[253] Doch ist jedenfalls die Zugrundelegung der Zweistufenlehre im Normalfall nicht gerechtfertigt, weil die Gemeindeordnungen die

---

[245] Erreichen die Aufträge die Schwellenwerte oder überschreiten sie diese, bestimmt sich der gerichtliche Rechtsschutz (nach einem vorgehenden verwaltungsrechtlichen Nachprüfungsverfahren) nach den §§ 155, 156 Abs. 2, 171 Abs. 3 GWB (Zuständigkeit der OLG).

[246] Vgl. *Ehlers* in: Ehlers/Pünder, AllgVwR, § 3 Rn. 49; *Gurlit* in: Ehlers/Pünder, AllgVwR, § 30 Rn. 6.

[247] BVerwGE 129, 9 = NJW 2007, 2275; VGH BW NJOZ 2007, 4981 f.; NJW 2018, 2583 Rn. 23 f. (zugleich mit als möglich angesehenen Ausnahmen); a. A. z. B. *Rennert* in: Eyermann, VwGO, § 40 Rn. 49. Soweit es um öffentlich-rechtliche Konzessionsverträge (i. S. d. § 105 Abs. 2 GWB) geht, wird anderes angenommen; vgl. auch NdsOVG Beschl. v. 29.10.2018 – 10 ME 363/18, BeckRS 2018, 27393 Rn. 6 ff.; ferner BGH NVwZ-RR 2010, 502 Rn. 18 (Wahrnehmung der rettungsdienstlichen Notfallversorgung).

[248] Vgl. BVerwG NVwZ 1991, 59.

[249] Vgl. BVerwG NVwZ 1991, 59; NJW 2006, 2568; vgl. auch BGH NJW 2000, 1042; Z 155, 166 = NJW 2003, 2451.

[250] Die Kommunen haben die Regimewahlkompetenz, können also die Rechtsverhältnisse öffentlich-rechtlich, zweistufig oder privatrechtlich ausgestalten. Fehlt es an einer eindeutigen Wahl, bedarf die Annahme öffentlich-rechtlicher-Verhältnisse einer satzungsmäßigen Grundlage. A. A. OVG RP NVwZ 2020, 170 f. → *Kingreen* Jura (JK) 2020, 637, wonach eine Unterstellung des Benutzungsverhältnisses einer öffentlichen Einrichtung unter das Privatrecht trotz öffentlich-rechtlichen Zulassungsanspruchs nur vorgenommen werden kann, wenn die Rechtsbeziehungen zwischen der öffentlichen Einrichtung und den Benutzern eine „eindeutige" privatrechtliche Ausgestaltung erfahren haben. Erfolgt die Gewährung und Inanspruchnahme der Leistung faktisch (wie bei der Benutzung von Kinderspielplätzen), spricht die Vermutung für öffentliches Recht. Vgl. *Ehlers* in: Ehlers/Pünder, AllgVwR, § 3 Rn. 64.

[251] Vgl. statt vieler BVerwG NJW 1990, 134 f.; OVG SL Beschl. v. 28.3.2018 – 2 E 120/18, BeckRS 2018, 4647 Rn. 3 ff.; *Röhl* in: Schoch, BesVwR, Kap. 1 Rn. 164; *Burgi* Kommunalrecht, § 16 Rn. 34.

[252] Vgl. z. B. OVG NW DVBl 2003, 133; DVBl 2004, 1500; HessVGH NVwZ 2003, 238 f. (wonach für das Rechtsschutzbegehren eines privaten Kfz-Schilderprägebetriebs gegen die privatrechtliche Vergabe von Räumen im Gebäude einer amtlichen Kfz-Zulassungsstelle der Verwaltungsrechtsweg gegeben ist).

[253] Grundlegend *Ipsen* FS Wacke, 1972, S. 139 ff.; vgl. auch BVerwGE 32, 333 = BeckRS 1969, 30439797; NJW 1990, 134 f.; NVwZ 1991, 59; BayVGH NVwZ-RR 2002, 465; zu weiteren Nachw. vgl. *Ehlers/Schneider* in: Schoch/Schneider, VwGO, § 40 Rn. 260 ff.; vgl. ferner *Hufen* Verwaltungsprozessrecht § 11 Rn. 33 (Zweistufentheorie ist heute allgemein anerkannt).

Kommunen nicht auf eine zweistufige Verfahrensweise festlegen und die Verwaltung (bei Verwendung privatrechtlicher Handlungsformen) regelmäßig nicht zweistufig verfährt.[254] Außerdem beurteilt sich das Verhältnis der öffentlichen Hand zu den Konkurrenten (Wettbewerbern) auch nach dem Kartellrecht. Dieses Verhältnis soll nach der Rechtsprechung aber grundsätzlich privatrechtlich zu beurteilen sein.[255]

**Lösung zu Fall 15:** Stellt man auf das Rechtsverhältnis ab, aus dem der Klageanspruch hergeleitet wird, müsste wegen des privatrechtlichen Charakters des Mietverhältnisses eine bürgerlich-rechtliche Streitigkeit angenommen werden. Demgegenüber geht die h. M. aber davon aus, dass für Klagen auf Teilnahme an Volksfesten, die von einer Gemeinde (statt von einem Privaten) veranstaltet und festgesetzt werden, in der Regel zumeist der Verwaltungsrechtsweg gegeben ist.[256] Dies lässt sich nur mit einer Aufspaltung des Rechtsverhältnisses nach Maßgabe der Zweistufenlehre respektive dem Abstellen auf die streitentscheidende Norm (§ 60b Abs. 2 GewO i. V. m. § 70 Abs. 1 GewO) – statt auf das Rechtsverhältnis – begründen. § 70 Abs. 1 GewO berechtigt und verpflichtet jedermann (was auf Privatrechtsnormen zutrifft), hat aber einen „ambivalenten" Charakter,[257] gilt also sowohl im privaten als auch im öffentlichen Recht,[258] weil die Vorschrift auf die „für alle Veranstaltungsteilnehmer geltenden Bestimmungen abstellt". Ist die Kommune Veranstalterin, kann § 70 GewO als Konkretisierung und Modifizierung des (öffentlich-rechtlichen) kommunalrechtlichen Benutzungsanspruchs angesehen werden. Sie ermächtigt dann auch zu einer zweistufigen Verfahrensweise. Diese kann aber nicht einfach unterstellt werden.[259] Somit ist nach der hier vertretenen Ansicht entgegen der h. M. nur im Falle des Nachweises einer mehrphasigen (zweistufigen) Aufgabenwahrnehmung (mit öffentlich-rechtlicher Vorabentscheidung) der Verwaltungsrechtsweg für die Klage des Q gegeben. Demgegenüber geht es R nicht um die Teilnahme, sondern um die Art und Weise der vertraglichen Gestaltung im Rahmen der Teilnahme. Diesbezügliche Streitigkeiten sind wegen des privatrechtlichen Charakters des Vertrages in jedem Falle bürgerlich-rechtlicher Art, so dass die ordentliche Gerichtsbarkeit gemäß § 13 GVG zuständig ist. 96

**Lösung zu Fall 16:** Stellt man mit der h. M. auf das Rechtsverhältnis ab, aus dem der Klageanspruch hergeleitet wird, ist für die Klage gegen die Gesellschaft wegen des lediglich privatrechtlichen Tätigwerdens der Gesellschaft und damit des privatrechtlichen Rechtsverhältnisses der Verwaltungsrechtsweg nicht gegeben, selbst wenn S ihr Begehren nur auf eine Norm des öffentlichen Rechts (z. B. den auch Eigengesellschaften bindenden Gleichheitssatz des Art. 3 Abs. 1 GG) stützt.[260] Zu einem anderen Ergebnis kann man kommen, wenn man auf die streitentscheidende Norm abstellt 97

---

[254] Näher zum Ganzen *Ehlers* Jura 2012, 692 (696); *ders.* Jura 2012, 849 (854 f.). Vgl. auch *Schoch* NVwZ 2016, 257 (265); krit. zum häufig fiktiven Charakter der Zweistufen-„Lehre" sowie den damit heraufbeschworenen Komplikationen *Ehlers* in: Ehlers/Pünder, AllgVwR, § 3 Rn. 42; *Maurer/Waldhoff* AllgVwR, § 17 Rn. 14 ff.; *v. Nicolai* in: Redeker/v. Oertzen, VwGO, § 40 Rn. 23.

[255] Vgl. GmS-OGB BGHZ 102, 280 = NJW 1988, 2295; BGHZ 66, 229 = NJW 1976, 1794; Z 67, 81 = NJW 1976, 1941; Z 82, 375 = NJW 1982, 2117; Z 121, 126 (128 f.) = NJW 1993, 1659.

[256] Vgl. *Ehlers* in: Ehlers/Fehling/Pünder, BesVwR I, § 18 Rn. 88; *Schönleiter* in: Landmann/Rohmer, Gewerbeordnung I, 1992, § 70 Rn. 27; *Ennuschat/Wank/Winkler* Gewerbeordnung, 9. Aufl. 2020, § 70 Rn. 66; *Wagner* in: Friauf, Gewerbeordnung, 314. EL (Stand 1.5.2019), § 70 Rn. 62.

[257] Vgl. *Ennuschat/Wank/Winkler* GewO (Fn. 256), § 70 Rn. 61; *Wagner* in: Friauf, GewO (Fn. 256), § 70 Rn. 61.

[258] Näher zum gemeinsamen Recht, das keine dritte Kategorie zwischen dem privaten und dem öffentlichen Recht ist, sondern je nach Sachzusammenhang, in dem es im Einzelfall aktuell wird, entweder dem privaten oder dem öffentlichen Recht zuzuordnen ist, → Rn. 110.

[259] Vgl. *Ennuschat/Wank/Winkler* GewO (Fn. 256), § 70 Rn. 63; *Wagner* in: Friauf, GewO (Fn. 256), § 70 Rn. 62.

[260] Vgl. BVerwG NVwZ 1991, 59.

(→ Rn. 101 ff.). Als streitentscheidende Normen kommen sowohl Normen des öffentlichen Rechts (Art. 3 Abs. 1 GG, § 5 Abs. 1 PartG, kommunalrechtlicher Benutzungsanspruch) als auch Normen des Privatrechts (§§ 19, 20 GWB, § 826 BGB) in Betracht, so dass sich S den Rechtsweg aussuchen kann. Über den rechtswegfremden Anspruch ist gemäß § 17 Abs. 2 S. 1 GVG mitzuentscheiden. Streitigkeiten zwischen Privaten und einer Gemeinde über den Zugang zu einer gemeindlichen Einrichtung werden von der Rechtsprechung auch dann als öffentlich-rechtliche Streitigkeiten angesehen, wenn die Gemeinde die Einrichtung durch eine juristische Person des Privatrechts betreiben lässt.[261] Insoweit wird also nicht auf das Rechtsverhältnis (zwischen dem Privaten und der Gesellschaft), sondern nur auf die Rechtsbeziehung zwischen der Gemeinde und den Privaten abgestellt. Diese Beziehung wird wegen des öffentlich-rechtlichen Charakters des kommunalrechtlichen Benutzungsanspruchs und des Art. 3 Abs. 1 GG dem öffentlichen Recht unterstellt. Die Rechtsprechung lässt die Klage auch nicht am Rechtsschutzbedürfnis scheitern. Dies vermag nicht zu überzeugen, weil die öffentlich-rechtlichen Bindungsnormen auch die Eigengesellschaft verpflichten und es somit einen einfacheren Weg gibt (Klage gegen die Gesellschaft).[262]

98 **Lösung zu Fall 17:** Öffentlich-rechtliche Sparkassen sind als rechtsfähige Anstalten des öffentlichen Rechts organisiert, werden gegenüber den Kunden aber privatrechtlich tätig. Stellt man auf das privatrechtliche Basisrecht ab, ist der Verwaltungsrechtsweg nicht eröffnet. Dagegen hat der VGH BW[263] – zu Unrecht – unter Anwendung der Zweistufenlehre eine öffentlich-rechtliche Streitigkeit angenommen, weil § 5 Abs. 1 S. 1 PartG eine Norm des öffentlichen Rechts sei und es um das „Ob" der Kontoeröffnung gehe. Hätte sich die Partei gegen die Kündigung einer zuvor bestehenden Kontobeziehung gewehrt oder sich auf das Zahlungskontengesetz[264] berufen (mit ausdrücklicher Zuweisung an das Landgericht gemäß § 51 Abs. 3 ZKG), läge nach allgemeiner Auffassung keine öffentlich-rechtliche Streitigkeit vor.

#### cc) Maßgeblichkeit des Rechtsschutzbegehrens bzw. der Rechtsnatur der streitentscheidenden Norm (Regelung)

99 **Fall 18:** Rechtsanwalt U klagt vor dem Landgericht gegen eine Fachhochschule auf Unterlassung der Verleihung des akademischen Grades „Diplom-Wirtschaftsjurist" für die Absolventen des von der Fachhochschule eingerichteten Studienganges „Wirtschaftsrecht".

100 **Fall 19:** V wendet sich gegen eine baden-württembergische Polizeiverordnung, die das Betteln verbietet und zugleich vorsieht, dass Zuwiderhandlungen mit einem Bußgeld belegt werden können.

101 Nach einer gelegentlich in der Rechtsprechung[265] und sehr verbreitet in der **Literatur**[266] vertretenen Auffassung kommt es für die Abgrenzung von öffentlich-rechtlichen und bürgerlich-rechtlichen Streitigkeiten entgegen der ganz herrschenden Rechtsprechung nicht

---

[261] BVerwG NJW 1990, 134 f.

[262] *Ehlers* Jura 2012, 849 (854 ff.); *Schoch* NVwZ 2016, 257 (263).

[263] VGH BW NVwZ-RR 2017, 215; zustimmend *Schübel-Pfister* JuS 2017, 1078 f.; ebenso OVG NW NVwZ-RR 2004, 795.

[264] Gesetz v. 11.4.2016, BGBl I S. 720.

[265] Vgl. BGH NVwZ 2002, 1535 (1536 f.); BayVGH NVwZ-RR 2004, 224 (225 f.); OVG NW NVwZ-RR 2010, 587.

[266] So auch *Ehlers/Schneider* in: Schoch/Schneider, VwGO, § 40 Rn. 208; *Stelkens* Verwaltungsprivatrecht, 2005, S. 1024 ff., *E. Reimer* in: BeckOK VwGO, § 40 Rn. 41 ff.

auf die Natur des Gesamtrechtsverhältnisses, sondern nur darauf an, ob das (Klage- bzw. Antrags-)Begehren des Rechtsschutzsuchenden öffentlich-rechtlicher oder privatrechtlicher Art ist.[267] Sofern dies begründet wird, stellt man zum einen darauf ab, dass in den § 40 Abs. 1 S. 1 VwGO, § 13 GVG von einem Rechtsverhältnis nicht die Rede ist und oftmals eine Vielzahl unterschiedlicher Rechtsverhältnisse in Betracht kommen. Zum anderen knüpften auch die §§ 82 Abs. 1 S. 1, 88 VwGO und die Klagearten an das Klagebegehren an. Nichts anderes ergäbe sich aus § 17 Abs. 2 S. 1 GVG, der – im Falle einer Kumulation von Klagegründen – voraussetzt, dass für ein und denselben prozessualen Rechtsstreit verschiedene Gerichtszweige zuständig sein können (→ Rn. 169). Dann aber könne es nicht auf das Rechtsverhältnis insgesamt, sondern nur auf das Klagebegehren ankommen.

Legt man diese Art der Abgrenzung zugrunde, bestimmt sich der Rechtsweg danach, ob das Begehren des Rechtsschutzsuchenden öffentlich-rechtlicher oder privatrechtlicher Art ist. Dies richtet sich nach der „wahren“ Rechtsnatur des geltend gemachten materiellrechtlichen Klagegrundes – anders ausgedrückt nach der Rechtsnatur der **streitentscheidenden Norm** (Regelung) –, so dass statt auf den Rechtscharakter des Rechtsschutzbegehrens auch sogleich auf den Rechtscharakter der streitentscheidenden Norm (Regelung) abgestellt werden kann. Im Falle der Erhebung von Anfechtungs-, Verpflichtungs- und Leistungsklagen ist der Verwaltungsrechtsweg gegeben, wenn sich der Kläger auf eine öffentlich-rechtliche Anspruchsgrundlage beruft. Begehrt der Rechtsschutzsuchende die Feststellung des Bestehens oder Nichtbestehens eines Rechtsverhältnisses (§ 43 Abs. 1 VwGO), sind die Verwaltungsgerichte zuständig, wenn das konkret bezeichnete Rechtsverhältnis (in diesem Falle nicht notwendigerweise das Basisverhältnis) wegen des öffentlich-rechtlichen Charakters der zugrundeliegenden Regelung öffentlich-rechtlich ist. Wurde ein Normkontrollantrag nach § 47 VwGO gestellt, ist der Verwaltungsrechtsweg nur eröffnet, wenn die Verwaltungsgerichte für die Überprüfung der Norm, aus deren Anwendung sich Gerichtsstreitigkeiten ergeben können, zuständig sind (dazu Fall 19→ Rn. 100 und Lösung → Rn. 105; vgl. auch → § 32 Rn. 6).[268] 102

**Kumulieren öffentlich-rechtliche** und **privatrechtliche Ansprüche** – etwa weil sich der geltend gemachte Anspruch auf Abschluss eines privatrechtlichen Vertrages mit der Verwaltung sowohl aus Art. 3 Abs. 1 GG als auch einer Vorschrift des Privatrechts (wie z. B. §§ 19, 20 GWB oder § 826 BGB) ergeben kann – hat der Rechtsschutzsuchende nach dieser Ansicht allerdings die Möglichkeit, zwischen dem Verwaltungsrechtsweg und dem Rechtsweg zu den ordentlichen Gerichten zu wählen, wobei das zuerst angerufene Gericht gemäß § 17 Abs. 2 S. 1 GVG den Rechtsstreit unter allen in Betracht kommenden rechtlichen Gesichtspunkten zu entscheiden hat. Eine solche Lage dürfte bei der privatrechtlich handelnden Verwaltung häufig gegeben sein. Kommt von vornherein nur ein Rechtsverhältnis (d. h. eine Rechtsbeziehung zwischen Rechtsschutzsuchenden und Rechtsschutzgegner) in Betracht, führen das Abstellen auf das Rechtsverhältnis oder das Rechtsschutzbegehren respektive den Rechtscharakter der streitentscheidenden Norm (Regelung) zum selben Ergebnis. 103

**Lösung zu Fall 18:** Nach ständiger Rechtsprechung[269] ist im Falle des öffentlich-rechtlichen Handelns eines Verwaltungsträgers mit wettbewerbsrechtlichen Auswirkungen zwischen den öffentlich-rechtlichen Beziehungen des Verwaltungsträgers und dem 104

[267] Die verschiedenen Anknüpfungspunkte für die Bestimmung der Streitigkeit werden in Rechtsprechung und Literatur oftmals nicht problematisiert. Bei einem Abstellen auf die streitentscheidende Norm wäre z. B. entgegen der Ansicht des BVerwG (BVerwGE 129, 9 = NJW 2007, 2275) der Verwaltungsrechtsweg gegeben, wenn der Kläger die Feststellung begehrt, dass die Vergabe eines öffentlichen Auftrags mit einem Auftragswert unterhalb der in der Vergabeverordnung genannten Schwellenwerte Art. 3 Abs. 1 GG verletzt (→ Rn. 94).

[268] Es reicht also nicht aus, dass die angegriffene Norm dem öffentlichen Recht angehört. Vielmehr müssen sich aus der zur Überprüfung gestellten Rechtsvorschrift auch im Einzelfall öffentlich-rechtliche Streitigkeiten nichtverfassungsrechtlicher Art ergeben können.

[269] Vgl. auch die Nachw. in Fn. 255.

privatrechtlichen Wettbewerbsverhältnis zu unterscheiden.[270] Hier steht die öffentlich-rechtlich tätig werdende Fachhochschule nach Ansicht des BGH[271] aber nicht in einem Wettbewerb zu privaten Anbietern, die vergleichbare Leistungen anbieten. Zudem sei die in Rede stehende öffentlich-rechtliche Befugnis der Fachhochschule zur Graduierung nicht auf das Verhältnis zu den Absolventen beschränkt, vielmehr vermittele die Satzung der Fachhochschule die auch gegenüber Dritten geltende Berechtigung, die Berufsbezeichnung zur Führung im Rechtsverkehr zu verleihen. Liegt eine öffentlich-rechtliche Streitigkeit vor, muss das Landgericht den Rechtsstreit gemäß § 17a Abs. 2 GVG an das zuständige Verwaltungsgericht verweisen.

105 **Lösung zu Fall 19:** Da das Oberverwaltungsgericht (VGH BW) gemäß § 47 Abs. 1 VwGO „im Rahmen seiner Gerichtsbarkeit“ zu entscheiden hat, reicht es nicht aus, dass die angegriffenen Normen dem öffentlichen Recht angehören. Vielmehr müssen sich aus den zur Überprüfung gestellten Rechtsvorschriften auch im Einzelfall öffentlich-rechtliche Streitigkeiten nichtverfassungsrechtlicher Art ergeben können (→ § 32 Rn. 6). Soweit das Verbot des Bettelns als solches angegriffen wird, ist dies der Fall. Dagegen ist ein Normenkontrollantrag gegen die in der Verordnung mit enthaltene Bußgeldvorschrift unzulässig, weil gegen die auf die genannte Norm gestützten Bußgeldbescheide der Verwaltungsbehörde nur die ordentlichen Gerichte angerufen werden können (§ 68 OWiG), der Rechtsweg insoweit also nicht eröffnet ist.[272]

106 **dd) Unmaßgebliche Gesichtspunkte.** Übereinstimmung besteht darüber, dass es für die Qualifizierung von Streitigkeiten nicht auf die **Bewertung** durch die klagende Partei (sondern die wahre Rechtsnatur) ankommt (→ Rn. 91).[273] Nicht entscheidend ist ferner, welchem Rechtsgebiet die **Vorfragen** unterfallen und welche Rechtsfolgen ein erfolgreicher Rechtsschutzantrag auslöst. Wendet sich ein Kläger etwa gegen die Ausübung des gemeindlichen Vorkaufsrechts (§ 24 BauGB), weil kein Kaufvertrag zustande gekommen ist, ändert die privatrechtlich zu beurteilende Vorfrage nichts an dem öffentlich-rechtlichen Charakter der Streitigkeit.[274] Ebenso ist für eine Verpflichtungsklage auf Erlass eines privatrechtsgestaltenden Verwaltungsakts[275] der Verwaltungsrechtsweg eröffnet, mögen sich die Wirkungen des Verwaltungsakts auch im Privatrecht zeigen. Schließlich kommt es nicht zwangsläufig auf die **Rechtsnatur des begehrten Handelns oder Unterlassens** an.[276] Verlangt etwa ein Privater aufgrund einer Vereinbarung mit einem anderen Privaten die Zurücknahme eines eingelegten verwaltungsgerichtlichen Rechtsbehelfs,[277] richtet sich das Begehren zwar auf Vornahme einer öffentlich-rechtlichen Handlungsweise, wird aber aus einem privatrechtlichen Rechtsverhältnis respektive einer privatrechtlichen Anspruchsgrundlage hergeleitet. Dementsprechend ist der Verwaltungsrechtsweg nicht eröffnet.[278] Schließlich beziehen sich die zur Abgrenzung von öffentlichem und privatem Recht entwickelten **Theorien**[279]

---

[270] Krit. zu solchen Doppelqualifikationen *Ehlers* in: Ehlers/Pünder, AllgVwR, § 3 Rn. 51.

[271] BGH NJW 1998, 546 f.

[272] VGH BW DÖV 1998, 1015; OVG SH Urt. v. 4.12.2014 – 4 KN 3/13, BeckRS 2015, 51517; VGH BW NJW 2018, 2583 Rn. 20.

[273] Vgl. z. B. BVerwG NVwZ 2018, 993 Rn. 7; BGHZ 121, 367 (372 f.) = NJW 1993, 1799 (1800).

[274] Zur Zuordnung des Vorkaufsrechts zum öffentlichen Recht vgl. *Stock* in: Ernst/Zinkahn/Bielenberg/Krautsberger, Baugesetzbuch, 140. EL (Stand Oktober 2020), § 24 BauGB Rn. 3.

[275] Zu einem Beispielsfall (postalische Entgeltgenehmigungen) vgl. BVerwG Urt. v. 27.5.2020 – 6 C 1.19, BeckRS 2020, 17299 Rn. 19.

[276] Vgl. BVerwGE 87, 115 (119) = NVwZ 1991, 774 (775).

[277] Vgl. BGHZ 79, 131 (135 f.) = NJW 1981, 824.

[278] Wird dagegen eine öffentlich-rechtliche Forderung (z. B. an ein Kreditinstitut) abgetreten, ändert dies nichts an der Rechtsnatur der abgetretenen Forderung. Wird die abgetretene Forderung eingeklagt, ist der Verwaltungsrechtsweg gegeben, auch wenn der Abtretung ein bürgerlich-rechtliches (Kausal-)Geschäft zugrunde liegt, BGHZ 198, 105 Rn. 9 f. = NVwZ 2013, 1630 Rn. 9 f.

[279] Vgl. die folgenden Ausführungen.

nicht auf die Qualifizierung von Streitigkeiten, sondern nur auf diejenige von Rechtssätzen.

### b) Unterscheidung des öffentlichen und privaten Rechts

**Fall 20:** Bundesbeamter W kandidiert für den Bundestag und macht gemäß § 3 AbgG im Klagewege einen Anspruch auf Wahlvorbereitungsurlaub gegen seinen Dienstherrn geltend. 107

Wird für die Abgrenzung der Rechtswege in erster Linie auf das Rechtsverhältnis abgestellt (→ Rn. 91 ff.), aus dem der Klageanspruch hergeleitet wird, muss dieses dem öffentlichen oder privaten Recht zugeordnet werden. Dies bestimmt sich nach dem Charakter der für das Rechtsverhältnis maßgebenden Normen (Regelungen).[280] Diese kennzeichnen das Rechtsverhältnis und nicht umgekehrt das Rechtsverhältnis das anzuwendende Recht.[281] Hält man das Rechtsschutzbegehren für maßgebend (→ Rn. 101 ff.), kommt es nur auf den Charakter der streitentscheidenden Normen (Regelungen) an, auf die das Rechtsschutzbegehren gestützt wird. In jedem Falle entscheidet somit die Rechtsnatur der für maßgeblich angesehenen Normen (Regelungen) darüber, ob eine Streitigkeit öffentlich-rechtlicher oder bürgerlich-rechtlicher Art ist. Zur Unterscheidung von öffentlich-rechtlichen und privatrechtlichen Normen sind zahlreiche **Theorien** entwickelt worden.[282] Die bekanntesten sind die Interessentheorie, die Subordinationstheorie und die Subjektstheorie.[283] 108

Die **Interessentheorie** qualifiziert Rechtssätze, die dem öffentlichen Interesse dienen, als öffentliches Recht, wohingegen die sonstigen Rechtssätze dem Privatrecht zugeordnet werden. Doch ist das öffentliche Interesse schwer zu bestimmen. Auch kann das Privatrecht ebenfalls öffentlichen Interessen dienen. Zudem sind öffentliche und private Interessen keine unbedingten Gegensätze. Als alleiniger Ansatz wird die Interessentheorie daher kaum noch vertreten. Nach der (insbesondere von der Rechtsprechung oftmals herangezogenen) **Subordinationstheorie** sind Rechtssätze, die das Verhalten von Hoheitsträgern regeln, dann öffentlich-rechtlich, wenn sie ein Über- bzw. Unterordnungsverhältnis betreffen. Doch wäre die Über- bzw. Unterordnung erst die Folge der Anwendung öffentlichen Rechts, setzt also letzteres voraus. Ferner führt dieser Ansatz nicht weiter, wenn es auch im Privatrecht Über- und Unterordnung gibt (wie im Arbeitsrecht oder bei der Ausübung des Hausrechts) sowie wenn es um die Qualifizierung von Organisationsmaßnahmen oder Realakten geht. Die **Subjektstheorie** wird in einer formalen und materiellen Spielart vertreten. Nach der **formale**n Subjektstheorie ist öffentliches Recht der Inbegriff derjenigen Rechtssätze, deren berechtigtes oder verpflichtetes Zuordnungssubjekt ausschließlich ein Träger hoheitlicher Gewalt ist.[284] Nach der **materielle**n Subjektstheorie ist öffentliches Recht die Gesamtheit jener Rechtssätze, bei denen zumindest ein Zuordnungssubjekt **Träger von Staatsgewalt als solcher** ist (weil es als solches berechtigt, verpflichtet oder organisiert wird).[285] Als solche sprechen Rechtssätze die Träger von Staatsgewalt an, wenn 109

[280] Es muss sich nicht in jedem Fall um Rechtsnormen (i. S. v. Gesetzen) handeln. In Betracht kommen auch rechtsgeschäftliche Regelungen; z. B. kann der Kläger einen vertraglichen Anspruch geltend machen. Es kommt dann darauf an, ob der Vertrag dem öffentlichen oder dem privaten Recht zuzuweisen ist.

[281] OVG Bln-Bbg NVwZ-RR 2015, 437.

[282] Überblick bei *Stelkens* Verwaltungsprivatrecht (Fn. 266), S. 328 ff.; *Burgi* in: GVwR I, § 18 Rn. 19 ff.; *Sodan* in: Sodan/Ziekow, VwGO, § 40 Rn. 287 ff; *Rennert* in Eyermann, VwGO, § 40 Rn. 41 ff.; *Krüger* JuS 2013, 598 (599 f.).

[283] Zur sog. Zweiebenentheorie (*Stelkens* Verwaltungsprivatrecht [Fn. 266], S. 991 ff.) vgl. *Ehlers/Schneider* in: Schoch/Schneider VwGO, § 40 Rn. 265; *Ehlers* in: Ehlers/Pünder, AllgVwR, § 3 Rn. 40.

[284] Vgl. *Wolff/Bachof* VwR I, 1974, § 22 Abs. 2 C (abweichend *Wolff/Bachof/Stober/Kluth* VwR I, § 22 Rn. 28 f.); ähnlich *Erichsen* Jura 1982, 537 (540); *Schenke* Verwaltungsprozessrecht, Rn. 104; *Ruthig* in: Kopp/Schenke, VwGO, § 40 Rn. 11.

[285] Vgl. BVerwGE 156, 320 Rn. 5 = NVwZ 2017, 329 (m. Anm. *Scholtka/Keller-Herder*); BVerwG Urt. v. 26.5.2020 – 10 B 1/20, BeckRS 2020, 16271 Rn. 6, wonach auch gegenüber einer juristischen Person des Privatrechts der Verwaltungsrechtsweg eröffnet ist, wenn diese als Behörde gilt (wie nach § 2 Abs. 3 Hs. 2 HmbTG, vgl. ebenda Rn. 7 ff.); *Ehlers* in: Ehlers/Pünder, AllgVwR, § 3 Rn. 28 ff.; *Haack* in: Gärditz, VwGO, § 40 Rn. 38; *Rennert* in: Eyermann. VwGO, § 40 Rn. 44.

diese nicht wie ein Jedermann (als Privatrechtssubjekt) auftreten, sondern das Amtsrecht des Staates als Sonderrecht in Anspruch nehmen sollen.

110 Nach der hier vertretenen und mittlerweile vorherrschenden Ansicht ist primär die **materielle Subjektstheorie** der Abgrenzung von öffentlichem und privatem Recht zugrunde zu legen. Da zur Klärung der Frage, wann ein Träger von Staatsgewalt als solcher angesprochen wird, auf materielle Kriterien abgestellt werden muss, kommt insoweit aber auch eine Kombination dieser Theorie mit anderen Theorieansätzen (insbesondere denen der Subordinationstheorie) in Betracht. Rechtssätze wenden sich in der Regel nur dann an die Verwaltung lediglich in deren Eigenschaft als Privatrechtssubjekte (und nicht als Träger von Staatsgewalt als solcher), wenn sie die **Bedarfsdeckung, Vermögensverwertung** oder **Teilnahme am allgemeinen Wirtschaftsverkehr** betreffen.[286] Ferner können Rechtssätze zwar an Jedermann adressiert sein, aber nicht nur dem Privatrecht, sondern auch dem öffentlichen Recht angehören. Dies ist der Fall, wenn sie in beiden Rechtsgebieten gemeinsam gelten (wie dies etwa auf § 242 BGB zutrifft). Sind gleiche Regelungen im privaten und im öffentlichen Recht angezeigt, ist der Gesetzgeber nicht verpflichtet, inhaltsgleiche Normen des privaten oder öffentlichen Rechts zu schaffen. Er kann es vielmehr bei einem Rechtssatz belassen. Dieser gehört dann beiden Rechtskreisen gemeinsam an. Das **gemeinsame Recht** wird nicht einer Kategorie zwischen dem privaten und öffentlichen Recht, sondern je nach Sachzusammenhang, in dem es im Einzelfall aktuell wird, entweder dem privaten oder öffentlichen Recht zugeordnet (dazu Fall 20→ Rn. 107 und Lösung → Rn. 111).[287]

111 **Lösung zu Fall 20:** Wegen der gebotenen weiten Auslegung des § 126 Abs. 1 BBG (→ s. zur Parallelnorm für Beamte der Länder und Kommunen § 54 Abs. 2 BeamtStG → Rn. 57 f.) ergibt sich die Eröffnung des Verwaltungsrechtswegs aus dieser Norm. In der Begründetheit stellt sich die Frage, wie § 3 AbgG einzuordnen ist. Die Norm berechtigt jeden Bewerber und verpflichtet jeden Arbeitgeber. Beamte stehen in einem öffentlich-rechtlichen Dienst- und Treueverhältnis. Einen privatrechtlichen Anspruch auf Freistellung von einem öffentlich-rechtlichen Dienstverhältnis kann es nicht geben. Doch gilt § 3 AbgG sowohl im privaten als auch im öffentlichen Recht, gehört also zu dem beiden Rechtskreisen gemeinsamen Recht (→ Rn. 110),[288] sodass keine Bedenken bestehen, den Anspruch gegen den Dienstherrn durchgreifen zu lassen.

112 **c) Geltung des öffentlichen und privaten Rechts.** Die Unterscheidung des öffentlichen und privaten Rechts sagt noch nichts über die Geltung der beiden Rechtskreise aus. So gehören die Vertragsbestimmungen des BGB dem privaten Recht, die §§ 54 ff. VwVfG dem öffentlichen Recht an. Im Streitfall stellt sich aber gerade die Frage, ob die einen oder anderen Vorschriften für den mit der Verwaltung abgeschlossenen Vertrag maßgebend sind. Problematisch ist die Geltung des öffentlichen oder privaten Rechts nur, wenn keine abschließenden spezialgesetzlichen Normierungen vorliegen und **beide Rechtssatzgruppen Regelungen** enthalten. Das ist normalerweise nur der Fall, wenn die Verwaltung leistend oder zum Zwecke der Bedarfsdeckung, Vermögensverwaltung oder Teilnahme am allgemeinen Wirtschaftsverkehr tätig wird, während der mit Eingriffsmitteln arbeitenden Verwaltung in aller Regel nur öffentlich-rechtliche Normen zu Verfügung stehen. Nach h. M. genießt die nichteingreifend tätig werdende Verwaltung grundsätzlich **Formenwahl-**

---

286 *Ehlers* Verwaltung in Privatrechtsform, 1984, S. 201 ff.; *ders.* in: Ehlers/Pünder, AllgVwR, § 3 Rn. 30.

287 Strittig, vgl. *Ehlers* VVDStRL 79 (2020) 104 f.; *ders.* in: Ehlers/Pünder, AllgVwR, § 3 Rn. 25.

288 Vgl. krit. *Burgi* in: GVwR I, § 18 Rn. 62 m. Fn. 171, wonach die maßgebliche Vorschrift des AbgG so zu lesen ist, dass der Anspruch nach Maßgabe der für das jeweilige Beschäftigungsverhältnis maßgeblichen Vorschriften zu erfüllen ist. Was das anderes sein soll als gemeinsames Recht, ist nicht ersichtlich. Vgl. auch Fall 15 → Rn. 87 und Lösung → Rn. 96.

**freiheit** (besser Regimewahlkompetenz),[289] d. h. sie soll sich sowohl der Organisations- als auch der Handlungsformen des öffentlichen oder privaten Rechts bedienen dürfen.[290] Gleichzeitig soll sich die Zuordnung eines Verwaltungsvertrages zum öffentlichen oder privaten Recht nach dem Gegenstand des Vertrages – also einem objektiven Abgrenzungskriterium – bestimmen (vgl. Rn. 123).[291] Ferner wird besonders auf dem Gebiet des Subventionswesens [292] und der Nutzung öffentlicher Einrichtungen die **Zweistufenlehre** herangezogen (→ Rn. 95). Dies läuft darauf hinaus, bestimmte Entscheidungen der Leistungsverwaltung (nämlich die Entscheidungen über das Ob einer Gewährung) entgegen dem Grundsatz der Formenwahlfreiheit (Regimewahlkompetenz) grundsätzlich immer dem öffentlichen Recht zu unterstellen, das Abwicklungsverhältnis dagegen dem Privatrecht zuzuweisen.[293] Die verschiedenen Ansätze lassen sich kaum miteinander in Einklang bringen. Dementsprechend kann die Rechtswegabgrenzung unter Umständen zu einem Lotteriespiel werden.

Nach der hier vertretenen, nicht h. M. unterfällt das Handeln öffentlich-rechtlich organisierter Träger von Staatsgewalt immer dem öffentlichen Recht, es sei denn, dass sich aus dem **positiven Recht** oder aus **Gewohnheitsrecht** etwas anderes ergibt oder die Verwaltung zum Zweck der **Bedarfsdeckung, Vermögensverwaltung** oder **Teilnahme am allgemeinen Wirtschaftsverkehr** tätig wird.[294] In den zuletzt genannten Fallgestaltungen muss sich die (nur mittelbar Staatsaufgaben erfüllende) Verwaltung des Privatrechts bedienen, es sei denn, aus dem Gesetz oder Gewohnheitsrecht ergibt sich Abweichendes. Das Handeln privatrechtlich organisierter Verwaltungsträger ist grundsätzlich privatrechtlich zu qualifizieren, weil den privatrechtlich verselbständigten Verwaltungsträgern die Befugnis fehlt, sich der Handlungsformen des öffentlichen Rechts zu bedienen. Anders ist die Rechtslage nur, wenn den Privatrechtssubjekten durch Gesetz Hoheitsbefugnisse übertragen worden sind. 113

### d) Anforderungen an das Rechtsschutzvorbringen

**Fall 21:** X und Y verklagen einen Verwaltungsträger vor dem Verwaltungsgericht auf Widerruf einer ehrkränkenden Äußerung. Es ist unbestritten, dass sich die Behörde des Verwaltungsträgers gegenüber X nur öffentlich-rechtlich geäußert hat. Es steht aber nicht fest, ob ehrkränkende Äußerungen tatsächlich getätigt wurden. Im Falle Y steht zwar die Ehrkränkung fest, doch ist streitig, ob sie im Zusammenhang mit der öffentlich-rechtlichen oder privatrechtlichen Wahrnehmung von Verwaltungsaufgaben erfolgt ist. 114

Für die Bestimmung des streitigen Rechtsverhältnisses bzw. des Rechtsschutzbegehrens kommt es grundsätzlich allein auf das tatsächliche Vorbringen des Rechtsschutzsuchenden und die **wahre Rechtsnatur** des geltend gemachten Anspruchs, nicht auf die rechtliche Bewertung des Rechtsschutzsuchenden an (→ Rn. 91, 106). Nur bei einer negativen Feststellungsklage, die sich gegen eine entsprechende Berühmung des Rechtsschutzgegners richtet, ist dessen Vortrag heranzuziehen, um zu klären, welcher Natur die von ihm beanspruchten Rechte sind.[295] Beruft sich der Rechtsschutzsuchende auf eine Regelung des 115

[289] *Burgi* in: GVwR I, § 18 Rn. 56 ff.; *Ehlers/Schneider* in: Schoch/Schneider, VwGO, § 40 Rn. 243.

[290] Vgl. z. B. BVerwGE 92, 56 (61 ff.) = NJW 1993, 2695 (2696 f.); E 94, 229 = NJW 1994, 1169; BGHZ 37, 1 (27) = GRUR 1962, 470 (477) (m. Anm. *Kleine*); Z 91, 84 (86) = NJW 1985, 197; Z 115, 311 (313) = NJW 1992, 171 (172).

[291] Krit. *Burgi* in: GVwR I, § 18 Rn. 61 ff. m. Fn. 171.

[292] BVerwGE 1, 308 (310) = NJW 1955, 437 (438); E 7, 180 (183) = NJW 1958, 2128 (2130); E 45, 13 (14) = BeckRS 1974, 104250; DVBl 2006, 118; BGH NVwZ 1988, 472; *Rennert* in: Eyermann, VwGO, § 40 Rn. 50; krit. *Ehlers* DVBl 2014, 1 (7); *Kühling* in: Ehlers/Fehling/Pünder, BesVwR I, § 30 Rn. 21 ff.

[293] Einheitlich dem öffentlichen Recht zugeordnet werden verlorene Zuschüsse. Vgl. BVerwG NJW 1977, 1838; NJW 2006, 2568; BGH NVwZ 1985, 517.

[294] Vgl. *Ehlers* Verwaltung (Fn. 286), S. 194 ff.

[295] Vgl. BVerwG NVwZ 2018, 993 Rn. 7; GmS-OGB BGHZ 102, 280 (284) = NJW 1988, 2295 (2296).

öffentlichen Rechts, muss die Rechtsordnung zum einen eine solche Regelung kennen und diese Regelung zum anderen im konkreten Streitfall zumindest möglicherweise anwendbar sein.[296] Verklagt z. B. ein Privater einen anderen Privaten unter Berufung auf Art. 3 Abs. 1 GG auf Abschluss eines privatrechtlichen Vertrages, ist zwar der öffentlich-rechtliche Charakter des Art. 3 Abs. 1 GG nicht streitig. Doch ist die Norm bei Zugrundelegung der h. M.[297] auf Rechtsbeziehungen zwischen Privaten offensichtlich nicht anwendbar. Macht dagegen ein Privater einen kommunalrechtlichen Anspruch auf Benutzung der öffentlichen Einrichtung einer Kommune geltend, muss und darf nicht bereits im Rahmen der Rechtswegbestimmung geprüft werden, ob wirklich eine öffentliche Einrichtung der Kommune vorliegt.[298] Stützt der Rechtsschutzsuchende sein Begehren auf mehrere materielle Anspruchsgrundlagen, die der Rechtswegzuständigkeit verschiedener Gerichte unterfallen – sog. „et-et" Konstellation – und betreffen diese denselben Streitgegenstand mit identischem Lebenssachverhalt, greift **§ 17 Abs. 2 S. 1 GVG** ein. Dem Kläger steht dann ein Wahlrecht zwischen den Gerichtszweigen zu. Anderes gilt, wenn nur der öffentlich-rechtliche oder privatrechtliche Anspruch durchgreifen kann – sog. „aut-aut" Konstellation – (→ Rn. 169).

116 Kommt es auf das tatsächliche Vorbringen sowohl für die Rechtswegbestimmung als auch für die Begründetheit an (sog. **doppelt relevante Tatsachen**), kommt aber von vornherein nur ein Rechtsweg in Betracht – sog. „sic-non" Konstellation –, ist der Rechtsweg gegeben, wenn sich dieser **schlüssig** aus dem Vorbringen ergibt.[299] Ist das tatsächliche Vorbringen für die Rechtswegabgrenzung von Bedeutung[300] (etwa, weil es darauf ankommt, wie sich das Geschehen abgespielt hat, weil sich der Klageanspruch je nachdem entweder aus einem öffentlich-rechtlichen oder privatrechtlichen Vertrag ergibt), hat das Verwaltungsgericht im Zweifelsfall wegen des Amtsermittlungsgrundsatzes **Beweis** zu **erheben.**[301]

117 **Lösung zu Fall 21:** Für die Klage des X ist der Verwaltungsrechtsweg nach § 40 Abs. 1 S. 1 VwGO eröffnet, da ein anderer Rechtsweg nicht in Betracht kommt (sog. sic-non-Fall). Ob die Äußerungen getätigt wurden, ist eine Frage der Begründetheit. Im Falle von Y muss bei Zugrundelegung der Beweiserhebungstheorie (vgl. → Rn. 116) – im Gegensatz zur Schlüssigkeitstheorie – Beweis erhoben werden, weil der Sachverhalt rechtswegrelevant ist (Verwaltungsrechtsweg bei Ehrkränkung im Zusammenhang mit der öffentlich-rechtlichen Wahrnehmung von Aufgaben, Rechtsweg zu den ordentlichen Gerichten bei Ehrkränkung im Zusammenhang mit der privatrechtlichen Wahrnehmung von Verwaltungsaufgaben).

118 **e) Einzelfälle.** Auf eine Aufzählung der zahllosen Streitigkeiten, deren Zuordnung zum öffentlichen oder privaten Recht umstritten ist, muss hier verzichtet werden. Im Folgenden wird nur auf einige **immer wiederkehrende Streitfragen** eingegangen.

---

[296] Vgl. BVerwG NVwZ 1993, 359; BGH NVwZ 1990, 1103; HessVGH NVwZ 2003, 238; OVG NW NVwZ-RR 2004, 795; *Ehlers* in: Schoch/Schmidt-Aßmann/Pietzner, VwGO, 16. EL März 2008, § 40 Rn. 216 f. (mit näherer Differenzierung zwischen abstrakter und konkreter Rechtsanwendung).

[297] Vgl. *Kingreen/Poscher* Grundrechte Staatsrecht II, Rn. 239.

[298] A. A. OVG NW NJW 1976, 820 (821); NdsOVG NJW 1985, 2347; BayVGH NVwZ-RR 1988, 71. Wie hier z. B. *Schoch* FS Menger, 1985, S. 305 (333 f.).

[299] Str. Vgl. zur Schlüssigkeitstheorie BVerfGE 42, 103 (110) = NJW 1976, 1084 (1085); E 62, 295 (313) = NVwZ 1983, 467; BVerwGE 89, 281 (283) = NJW 1992, 1641; BGHZ 121, 367 (372) = NJW 1993, 1799 (1800); *Kluth* NJW 1999, 342 ff.; *Schenke* FG 50 Jahre BGH III, 2000, S. 45 (49). Zur ebenfalls vertretenen Möglichkeitstheorie vgl. *Ehlers/Schneider* in: Schoch/Schneider, VwGO, § 40 Rn. 213.

[300] „Aut-aut-Konstellation". Zur Abgrenzung von den „et-et" Fällen (in denen der Rechtschutzsuchende sein denselben Streitgegenstand betreffendes Begehren auf mehrere materielle Anspruchsgrundlagen stützen kann, die der Rechtswegzuständigkeit verschiedener Gerichte unterfallen) vgl. *Sodan* in: Sodan/Ziekow, VwGO, § 40 Rn. 282.

[301] A. A. wohl die h. M., die auch insoweit auf Schlüssigkeit abstellt. Wie hier *Schenke* Verwaltungsprozessrecht, Rn. 85 m. w. Nachw.; *Ehlers/Schneider* in: Schoch/Schneider, VwGO, § 40 Rn. 213; *Sodan* in: Sodan/Ziekow, VwGO, § 40 Rn. 281 ff.; a. A. *Haack* in: Gärditz, VwGO, Nach § 40 VwGO Rn. 14.

### aa) Klagen aus Vertrag

**Fall 22:** Die Stadt Z hat M ein Grundstück für den Bau eines Hauses verkauft. M hat sich nicht nur zur Zahlung des Kaufpreises, sondern auch dazu verpflichtet, die Bauplanung und Bauausführung unabhängig vom Baugenehmigungsverfahren mit Z abzustimmen. Da die Ausführung nicht den Vorgaben von Z entspricht, klagt die Stadt vor dem Landgericht auf Vornahme baulicher Veränderungen. 119

**Fall 23:** A möchte einen Baudispens gemäß § 31 BauGB bekommen. Die zuständige Behörde signalisiert Wohlwollen, wenn A sich verpflichtet, einen Geldbetrag von 10.000 € zur Förderung der kommunalen Infrastruktur zu leisten. Daraufhin wird ein entsprechender, einseitig verpflichtender Vertrag abgeschlossen. A möchte nunmehr das Geld zurückbekommen und fragt, an welches Gericht er sich wenden kann. 120

**Fall 24:** Künstler B ist die Teilnahme an einer aus öffentlichen Mitteln finanzierten Kunstausstellung der Stadt H im Ausland zugesagt worden. Nachdem er ein Bild eingereicht hat, das einen bekannten Politiker in sitzender Haltung vor einem Hakenkreuz zeigt, entschließt sich H, das Bild nicht auszustellen. Daraufhin erhebt B vor dem Verwaltungsgericht Klage auf Feststellung, dass die Entfernung des Bildes rechtswidrig gewesen ist. 121

Werden vertragliche Ansprüche eingeklagt, hängt der Rechtsweg davon ab, ob es sich um einen öffentlichen oder privatrechtlichen Vertrag handelt. Die **Rechtsnatur** eines Vertrages kann nur **einheitlich** bestimmt werden.[302] Gemischt öffentlich-rechtliche und privatrechtliche Verträge sind nicht anzuerkennen (dazu Fall 22 → Rn. 119 und Lösung → Rn. 125).[303] Dies schließt **zusammengesetzte Verträge** (mehrere vertragliche Abmachungen, die zwar in einem Vertragswerk getroffen werden, aber in keinem untrennbaren inneren Zusammenhang stehen) nicht aus. In Wahrheit handelt es sich dann aber um unterschiedliche Verträge in einer Vertragsurkunde, wobei diese teils dem öffentlichen, teils dem privaten Recht unterfallen können (dazu Fall 10 → Rn. 54 und Lösung → Rn. 58). Besteht zwischen mehreren vertraglichen Abreden, von denen eine als öffentlich-rechtlich zu qualifizieren ist, ein untrennbarer Zusammenhang, sind die Abreden insgesamt als öffentlich-rechtlich zu beurteilen.[304] 122

Für die Zuordnung der Verträge zum öffentlichen oder privaten Recht stellt die h. M. auf den **Gegenstand** des Vertrages ab (also auf ein objektives Abgrenzungskriterium).[305] Gehören die durch Vertrag begründeten, geänderten oder aufgehobenen Rechte und Pflichten dem öffentlichen Recht an, weil auf von der gesetzlichen Ordnung öffentlich-rechtlich geregelte Sachverhalte eingewirkt wird, ist auch der Vertrag öffentlich-rechtlicher Natur. Dies ist (zugleich) immer der Fall, wenn mindestens ein Zuordnungssubjekt des Gegenstandes der vertraglichen Rechtsbeziehung nur ein Träger von Staatsgewalt als solcher (und nicht nur als Privatrechtssubjekt) sein kann (etwa weil der Erlass eines Verwaltungsakts oder einer Verordnung versprochen wird).[306] Bestreitet der Kläger das Bestehen einer rechtsgeschäftlichen Verpflichtung (und erhebt er deshalb eine negative Feststellungsklage), kommt es darauf an, welche Rechtsnatur die Verpflichtung hätte, wenn sie bestünde.[307] Sog. **hin-** 123

[302] BVerwGE 84, 183 (186) = NJW 1990, 1679 (1680); *Gurlit* in: Ehlers/Pünder, AllgVwR, § 30 Rn. 5.
[303] OLG Schleswig NJW 2004, 1052; *Gurlit* in: Ehlers/Pünder, AllgVwR, § 30 Rn. 5.
[304] BayVGH Beschl. v. 10.11.2016 – 22 C 16.757, BeckRS 2016, 54932.
[305] BVerwGE 161, 255 Rn. 18 = NVwZ 2018, 993; GmS-OGB BGHZ 97, 312 (314) = NJW 1986, 2359; BGHZ 116, 339 (342) = NJW 1992, 1237 (1238); OVG NW NWVBl 2020, 509; *Maurer/Waldhoff* AllgVwR, § 14 Rn. 12; *Gurlit* in: Ehlers/Pünder, AllgVwR, § 30 Rn. 3.
[306] Vgl. *Haack* in: Gärditz, VwGO, § 40 Rn. 87.
[307] BVerwG NVwZ 2018, 993 Rn. 7.

**kende Austauschverträge,** in denen eine öffentlich-rechtlich normierte Leistung nicht unmittelbar Vertragsgegenstand, sondern Zweck oder Bedingung für das Leistungsversprechen des Bürgers ist, werden ebenfalls dem öffentlichen Recht zugeordnet (dazu Fall 23 → Rn. 120 und Lösung → Rn. 126).[308] Als öffentlich-rechtlich angesehen werden etwa Folgekostenverträge (§ 11 Abs. 1 Nr. 3 BauGB), Enteignungsverträge (§§ 110, 111 BauGB), Erschließungsverträge (§ 124 BauGB), Ablösungsverträge (§ 133 Abs. 3 S. 5 BauGB) und Sanierungsverträge (§§ 157 Abs. 1 S. 2, 158 BauGB). Dem Privatrecht unterliegen z. B. Konzessionsverträge auf der Grundlage des § 45 EnWG[309] oder Straßennutzungsverträge nach § 8 Abs. 10 FStrG.[310]

124 Qualifikationsprobleme ergeben sich, wenn der Gegenstand des Vertrages **nicht normativ** durch Außenrechtssätze **vorgeordnet** ist (dazu Fall 24 → Rn. 121 und Lösung → Rn. 127). Dies ist bei Subventionsverträgen weithin der Fall. Die Folgerung, solche Verträge mangels einer gesetzlichen Vorordnung dem Privatrecht zu unterstellen, wird nicht gezogen.[311] Vielmehr soll es darauf ankommen, ob der Vertrag nach seinem Zweck in einer engen und unlösbaren Beziehung zur Erfüllung öffentlicher Aufgaben steht.[312] Dies geht in die richtige Richtung. Doch darf die Verwaltung nur öffentliche (staatliche) Aufgaben erfüllen. Auch bleibt offen, wann eine enge Zweckbeziehung gegeben sein soll. Im Schrifttum wird zudem vielfach auf die **Wahlfreiheit** (Regimewahlkompetenz) der Verwaltung abgestellt[313] (womit entgegen dem Ansatz der Gegenstandslehre gerade auf eine objektive Abgrenzung verzichtet wird). Hat die Verwaltung zu erkennen gegeben, dass sie sich nur öffentlich-rechtlich binden will, liegt zwar ein verwaltungsrechtlicher Vertrag vor. Ob die Verwaltung sich zu Recht des öffentlichen Rechts bedient hat, steht damit aber nicht fest (→ Rn. 90). Ein normativ nicht abgeleitetes Selbstqualifikationsrecht der Verwaltung ist abzulehnen. Zudem fehlt es in der Praxis zumeist an einer eindeutigen Rechtswahl der Verwaltung. Teilweise wird die **Zweistufenlehre** bemüht[314] oder es wird von der **Vermutung** ausgegangen, dass die Verwaltung sich zur Erledigung öffentlicher Aufgaben des öffentlichen Rechts bedienen will.[315] Nach der hier vertretenen Auffassung sind nicht gesetzesakzessorische Verträge der Verwaltung immer dem öffentlichen Recht zuzuordnen, es sei denn, dass die Verwaltung nur mittelbar Verwaltungsaufgaben wahrnimmt, d. h. zur Bedarfsdeckung, Vermögensverwaltung oder allgemeinen Teilnahme am Wirtschaftsverkehr (etwa zum Zwecke der Wettbewerbsbeeinflussung) tätig wird.[316] Folgt man dieser Ansicht, haben Subventionsverträge stets öffentlich-rechtlichen Charakter,[317] es sei denn, aus einer eindeutigen entgegenstehenden Rechtswahl der Verwaltung, sich nur privatrechtlich binden zu wollen,[318] dem Gesetz oder Gewohnheitsrecht ergibt sich anderes.

125 **Lösung zu Fall 22:** Eine bürgerlich-rechtliche Streitigkeit i. S. d. § 13 GVG ist gegeben, wenn Z privatrechtliche Ansprüche geltend macht. Dies richtet sich nach der

[308] Vgl. BVerwGE 42, 331 (333) = NJW 1973, 1895 f.; E 96, 326 (330 f.) = NJW 1995, 1104 (1105); E 111, 162 (165) = NVwZ 2000, 1285 (1286) → JA 2001, 200 *(Hermans);* BGHZ 56, 365 = NJW 1971, 1842; *Stelkens* DÖV 2009, 850; *Maurer/Waldhoff* AllgVwR, § 14 Rn. 16; *Gurlit* in: Ehlers/Pünder, AllgVwR, § 30 Rn. 4.

[309] Vgl. BVerwGE 156, 320 = NVwZ 2017, 329 (m. Anm. *Scholtka/Keller-Herder*).

[310] Näher zum ganzen *Ehlers/Schneider* in: Schoch/Schneider, VwGO, § 40 Rn. 355 ff.

[311] Vgl. aber auch *Stelkens* Verwaltungsprivatrecht (Fn. 266), S. 745 f., der solche Verwaltungsverträge i. d. R. als privatrechtliche Verträge qualifiziert.

[312] Vgl. BVerwG NVwZ-RR 2009, 308; E 161, 255 Rn. 18 = NVwZ 2018, 993; BGHZ 162, 78 (80) = NVwZ 2006, 243 f.

[313] Näher dazu *Ehlers* in: Ehlers/Pünder, AllgVwR, § 3 Rn. 35 ff.; *Rennert* in: Eyermann, VwGO, § 40 Rn. 70.

[314] Krit. *Maurer/Waldhoff* AllgVwR, § 17 Rn. 16 ff.; *Gurlit* in: Ehlers/Pünder, AllgVwR, § 30 Rn. 6 f.

[315] Vgl. *Gurlit* in: Ehlers/Pünder, AllgVwR, § 30 Rn. 4. Die Verwaltung hätte es dann jederzeit in der Hand, die Vermutung zu widerlegen. Krit. zu Recht *Scherzberg* JuS 1992, 205 (207 f.).

[316] Vgl. *Ehlers* in: Ehlers/Pünder, AllgVwR, § 3 Rn. 59.

[317] Zur öffentlich-rechtlichen Qualifizierung vgl. z. B. auch BGHZ 57, 130 (133 f.) = NJW 1972, 210 (211 f.); NJW 2003, 3767; BVerwGE 84, 236 = NVwZ 1990, 665; mit krit. Anm. *Ehlers* JZ 1990, 594 f.

[318] Auch dann stellt sich die Frage, ob die Wahl rechtmäßig ist.

Rechtsnatur des mit M abgeschlossenen Vertrages. Der Vertrag hat privatrechtliche und öffentlich-rechtliche Elemente. Nach h. M. kann es nicht gemischte Verträge geben, weil ein Vertrag nur ein Rechtsverhältnis begründen, ändern oder aufheben kann. Da die Bauplanungs- und Bauausführungsabsprache öffentlich-rechtlicher Natur ist (nicht zweifelsfrei) und auch ein zusammengesetzter Vertrag nicht in Betracht kommt, ist nach dieser Auffassung der Verwaltungsrechtsweg gemäß § 40 Abs. 1 S. 1 VwGO eröffnet (weil jeder Vertrag, der ein öffentlich-rechtliches Element enthält, dem öffentlichen Recht zugeordnet werden muss). Nach anderer Auffassung kommt es für die Rechtswegeröffnung auf den Vertragsteil an, dem der jeweilige Streitgegenstand angehört.[319] Vorliegend käme diese Ansicht ebenfalls zur Eröffnung des Verwaltungsrechtswegs. Demgegenüber hat der BGH darauf abgestellt, wo der Schwerpunkt der Vereinbarung liegt. Da es sich schwerpunktmäßig um einen Grundstückskaufvertrag handelt, wurde der Rechtsweg zu den ordentlichen Gerichten bejaht.[320]

**Lösung zu Fall 23:** Der Verwaltungsrechtsweg ist gemäß § 40 Abs. 1 S. 1 VwGO eröffnet, wenn A einen öffentlich-rechtlichen Erstattungsanspruch hat. Ein solcher kommt nur in Betracht, wenn der Vertrag als öffentlich-rechtlicher (verwaltungsrechtlicher) Vertrag zu qualifizieren ist. Dies richtet sich nach dem Gegenstand des Vertrages. Ausdrücklich regelt der Vertrag nur die Pflicht des A zur Zahlung von Geld und betrifft damit einen Sachverhalt, für den es an einer öffentlich-rechtlichen Vorordnung fehlt. Ziel des Vertrages und Zweck der Leistungsverpflichtung war jedoch die Erreichung eines Baudispenses. Es handelt sich deshalb um einen sog. hinkenden Austauschvertrag, in dem die Leistung der Verwaltung zwar nicht zum Gegenstand der vertraglichen Regelung, aber zur Geschäftsgrundlage gemacht worden ist. Ist ein hinkender Austauschvertrag auf die Gestaltung öffentlich-rechtlich geregelter Sachverhalte gerichtet (hier: Baudispens), hat er öffentlich-rechtlichen Charakter, so dass ein Erstattungsanspruch in Betracht kommt und der Verwaltungsrechtsweg eröffnet ist. 126

**Lösung zu Fall 24:** Der Verwaltungsrechtsweg ist gemäß § 40 Abs. 1 S. 1 VwGO gegeben, wenn sich B auf einen öffentlich-rechtlichen (genauer: verwaltungsrechtlichen) Vertrag berufen kann. Dies bestimmt sich nach dem Gegenstand des Vertrages. Da es an Rechtsnormen fehlt, die das Vertragsverhältnis prägen, hat das BVerwG[321] eine bürgerlich-rechtliche Streitigkeit angenommen. Geht man davon aus, dass Leistungsverwaltung (Kunstförderung und nicht nur ein Geschäft der Bedarfsdeckung) vorliegt und die Leistungsverwaltung grundsätzlich öffentlich-rechtlich tätig wird, kommt man zu einem anderen Ergebnis (Bejahung der Voraussetzungen des § 40 Abs. 1 S. 1 VwGO). 127

**bb) Rechtsgeschäftsähnliche Handlungen.** Unter rechtsgeschäftsähnlichen Handlungen sind Erklärungen zu verstehen, die auf die Herbeiführung von Rechtswirkungen gerichtet sind (wie etwa Mahnungen oder Fristsetzungen), wobei diese Wirkungen anders als bei den finalen Rechtshandlungen unabhängig von einem darauf gerichteten Willen des Handelnden allein nach der **objektive**n **Rechtsordnung** eintreten. Dementsprechend beurteilt sich die Zuordnung zum öffentlichen oder privaten Recht nach der objektiven Rechtsordnung.[322] Für die Abgrenzung von öffentlich-rechtlicher und privatrechtlicher **Geschäftsführung ohne Auftrag** kommt es nicht auf die Rechtsnatur der vom Ge- 128

[319] OVG SH NVwZ-RR 2002, 793; *Pietzner/Ronellenfitsch* Assessorexamen, § 5 Rn. 156.
[320] BGH NVwZ 2004, 253 (Vorinstanz OLG Schleswig NJW 2004, 1052).
[321] BVerwG VerwRspr 1977, 283 (284 ff.); a. A. *Schwarze* JuS 1978, 94.
[322] *Ehlers/Schneider* in: Schoch/Schneider, VwGO, § 40 Rn. 457.

schäftsführer ergriffenen Maßnahmen, sondern darauf an, welchen Charakter das Geschäft gehabt hätte, wenn es vom Geschäftsherrn selbst ausgeführt worden wäre.[323]

### cc) Klagen gegen Realakte der Verwaltung oder auf Erlass von Realakten

129 **Fall 25:** C wehrt sich mit einer verwaltungsgerichtlichen Klage gegen den Betrieb einer Feueralarmsirene auf dem benachbarten Feuerwehrgerätehaus, D gegen die von einem benachbarten Zeltplatz ausgehenden Geräusch- und Geruchsimmissionen. Der Zeltplatz wird von einem Landkreis betrieben. Mit den Benutzern werden privatrechtliche Verträge abgeschlossen.

130 Unter Realakten (Tathandlungen) sind Handlungen zu verstehen, die nicht final auf die Wirkung bestimmter Rechtsfolgen, sondern auf die Herbeiführung eines tatsächlichen Erfolges gerichtet sind, wie z. B. **Erklärung**en **ohne Regelungscharakter** (Auskünfte) oder **Verrichtungen** (z. B. Baumaßnahmen der Verwaltung). Diesen Handlungsformen sind auch **Immissionen** der Verwaltung zuzurechnen. Zwar handelt es sich bei ihnen nicht um Handlungen, sondern um die Folgen von Handlungen. Dies ändert aber nichts an der Notwendigkeit einer Zuordnung zum öffentlichen oder privaten Recht. Abzustellen ist auf das verursachende Handeln oder Unterlassen. Werden solche Akte in Vollziehung einer Rechtsnorm vorgenommen, teilen sie die Rechtsnatur dieser Norm.[324] Schwierigkeiten bereitet erneut die Zuordnung der nicht gesetzesakzessorischen Akte zum öffentlichen oder privaten Recht.

131 Nach der hier vertretenen Ansicht sind Realakte der öffentlich-rechtlich organisierten Verwaltung immer als öffentlich-rechtlich zu qualifizieren, sofern sie nicht in einem engen inneren und äußeren **Zusammenhang** mit der Wahrnehmung privatrechtlich zu erfüllender Aufgaben stehen.[325] Ein Zusammenhang zum Privatrecht ist z. B. zu bejahen, wenn sich die Klage gegen **ehrkränkende Äußerung**en eines Amtswalters richtet und die Äußerungen sich auf das Verhalten eines Bieters bei der staatlichen Auftragsvergabe beziehen. Der privatrechtliche Charakter der Vergabeverträge[326] färbt dann auf die Erklärung ab. Richtet sich die Klage gegen **Immissionen** aus öffentlichen Einrichtungen (etwa der Kommunen), ist ein Zusammenhang zum Privatrecht gegeben, wenn die Einrichtungen privatrechtlich benutzt werden.[327] Die Teilnahme eines Amtswalters am **Straßenverkehr** wird als öffentlich-rechtlicher Realakt eingestuft, wenn die Zielsetzung den öffentlich-rechtlich wahrzunehmenden Aufgaben zuzurechnen ist und zwischen Handlung und Zielsetzung ein enger innerer und äußerer Zusammenhang besteht.[328] De lege ferenda sollte die Teilnahme dem Privatrecht unterstellt werden, sofern nicht Sonderrechte i. S. v. § 35 StVO in Anspruch genommen werden.[329] Umstritten ist die Qualifizierung der **Rundfunk- und Fernsehsendungen** der öffentlich-rechtlich organisierten Rundfunkanstalten. Nach h. M. gehören diejenigen Normen, welche die Erfüllung des Versorgungsauftrags der öffentlich-rechtlichen Rundfunkanstalten gewährleisten sollen, dem öffentlichen Recht an.[330] Soweit es um Werbefunk oder Werbefernsehen respektive um private Äußerungen geht, handelt es sich

---

[323] BGH NVwZ 2016, 870.

[324] Vgl. z. B. OVG Bln-BbG NVwZ-RR 2015, 437 (Verwaltungsrechtsweg für Streitigkeiten von Mitgliedern der Industrie- und Handelskammer über den Umfang der sich aus § 1 Abs. 1 IHKG ergebenden Grenzen zulässiger Äußerungen und Stellungnahmen).

[325] Vgl. *Ehlers* in: Ehlers/Pünder, AllgVwR, § 3 Rn. 61.

[326] Vgl. die Nachw. in Fn. 246.

[327] A. A. *Würtenberger/Heckmann* Verwaltungsprozessrecht, Rn. 188, der mit einer in der Rechtsprechung nicht selten vertretenen Auffassung darauf abstellt, ob die Einrichtungen der Erfüllung öffentlicher Aufgaben dienen (das ist immer der Fall) und in einem öffentlich-rechtlichen Planungs- und Funktionszusammenhang stehen. Weitere Beispiele zu Nachbarrechtsverhältnissen mit Verwaltungsbeteiligung *Stelkens* Verwaltungsprivatrecht (Fn. 266), S. 465 ff.

[328] Ausführlich *Ehlers/Schneider* in: Schoch/Schneider, VwGO, § 40 Rn. 440 ff.

[329] Vgl. auch *Ossenbühl/Cornils* Staatshaftungsrecht, S. 37 f.; *Ehlers* in: Ehlers/Pünder, AllgVwR, § 3 Rn. 62.

[330] Vgl. statt vieler BVerwG NVwZ 2015, 991 Rn. 16; *Ruthig* in: Kopp/Schenke, VwGO, § 40 Rn. 28b.

um Privatrecht.[331] Zieht die Verwaltung zur Ausführung der ihnen obliegenden Realakte außenstehende **Privatpersonen** heran, ohne diesen öffentlich-rechtliche Befugnisse im Wege der Beleihung zu übertragen, kommt es darauf an, ob die Einschaltung des Privaten nur interne Bedeutung hat (wie bei der Verwaltungshilfe) oder der Private nach außen hin selbständig tätig wird. Im zuerst genannten Fall ändert sich an der Rechtsnatur des Realaktes durch die Heranziehung des Privaten nichts. Dementsprechend ist das Abschleppen von Fahrzeugen durch einen von der Polizei beauftragten Unternehmer ungeachtet des privatrechtlichen Rechtsverhältnisses zwischen Polizei und Unternehmer dem öffentlichen Recht zuzuordnen.[332] Liegt ein selbständiges Handeln vor, wird der Private privatrechtlich tätig.[333]

**Lösung zu Fall 25:** Da der Betrieb einer Feuersirene nicht im Sachzusammenhang mit einer privatrechtlichen Handlungsweise steht, ist für die Klage des C gemäß § 40 Abs. 1 S. 1 VwGO der Verwaltungsrechtsweg gegeben.[334] Dagegen besteht im Zeltplatzfall ein solcher Zusammenhang, weil die Benutzung des Zeltplatzes privatrechtlich geordnet ist.[335] Somit wird das Verwaltungsgericht die Klage des D gemäß § 17a Abs. 2 GVG an das zuständige ordentliche Gericht verweisen. 132

### dd) Klagen gegen behördliche Hausrechtsmaßnahmen

**Fall 26:** Nachdem der Arbeitslose E bei mehreren Vorsprachen im Arbeitsamt zwecks Empfang von Leistungen massiv den Dienstbetrieb gestört hat, hat die Behördenleitung gegen ihn ein Hausverbot verhängt und gleichzeitig die sofortige Vollziehung angeordnet. E hat gegen das Hausverbot verwaltungsgerichtliche Klage erhoben. 133

Soweit **spezialgesetzliche Normen** nach Art des Art. 40 Abs. 2 S. 1 GG oder der Be- 134
stimmungen der Gemeindeordnungen über die Ausübung des Hausrechts während der Ratssitzungen existieren,[336] teilen Hausrechtsmaßnahmen wegen des öffentlich-rechtlichen Charakters der Normen deren öffentlich-rechtliche Natur.[337] Auch der Bundestagspräsident wird bei Ausübung des Hausrechts (gegenüber Außenstehenden) – anders als bei Ordnungsmaßnahmen gegenüber den Parlamentariern nach Maßgabe der Geschäftsordnung des Bundestages – als Verwaltungsbehörde und nicht als Verfassungsorgan tätig, so dass im Streitfall eine öffentlich-rechtliche Streitigkeit nichtverfassungsrechtlicher Art gemäß § 40 Abs. 1 S. 1 VwGO – und nicht ein Organstreitverfahren gemäß Art. 93 Abs. 1 Nr. 1 GG (→ § 18) wie im Falle von Ordnungsmaßnahmen – vorliegt.[338] Hausverbote stellen sich dann als Verwaltungsakte dar, die mit der verwaltungsgerichtlichen Anfechtungsklage angegriffen werden können.

---

[331] Vgl. auch *Schenke* FG BGH III, 2000, S. 45 (63 ff.); *Maurer/Waldhoff* AllgVwR, § 3 Rn. 33; a A. z. B. *Rennert* in: Eyermann, VwGO, § 40 Rn. 85 (unterschiedslos Privatrecht).

[332] Vgl. auch BGHZ 121, 161 (167) = NJW 1993, 1258 (1259); Z 161, 6 (10 f.) = NJW 2005, 286 (287) → Jus 2006, 570 *(Waldhoff)* und → JA 2005, 246 *(Krauss)*.

[333] A. A. BGH NVwZ-RR 2010, 502 (wonach die Wahrnehmung der rettungsdienstlichen Notfallversorgung durch ein privatrechtliches, gemeinnütziges Rettungsdienstunternehmen öffentlich-rechtlicher Natur ist).

[334] Vgl. BVerwGE 79, 254 = NJW 1988, 2396 (ohne Ausführungen zum Rechtsweg); ausführlich dazu *Ehlers* in: Steinbach, Verwaltungsrechtsprechung (Fn. 182), S. 11 ff.

[335] Vgl. BGHZ 121, 248 = NJW 1993, 1656 (ohne Ausführungen zum Rechtsweg).

[336] Vgl. § 36 Abs. 1 GemO BW; Art. 36, 53 BayGO; § 45 Abs. 1 BbgGO; §§ 58 Abs. 4, 60 HessGO; § 29 Abs. 1 S. 5 KV MV; § 63 Abs. 1 NdsKomVG; § 51 Abs. 1 GO NW; §§ 36 Abs. 2, 38 GemO RP; § 43 KSVG SL; § 38 Abs. 1 SächsGemO; § 57 KVG LSA; §§ 37, 42 GO SH; § 41 ThürKO.

[337] Vgl. zum Hausrecht des Bürgermeisters während der Ratssitzungen *Ehlers* in Mann/Pünder, Hdb kommunale Wissenschaft (Fn. 183), § 21 Rn. 90. Zum Hausrecht des Schulleiters vgl. z. B. OVG NW NWVBl 2006, 101.

[338] Vgl. *Klein* in: Maunz/Dürig, GG, Art. 40 Rn. 139, 145; a. A. z. B. *Pieroth* in: Jarass/Pieroth, GG, 15. Aufl. 2018, Art. 40 Rn. 14 (privatrechtliche Befugnis). S. zum Haus- sowie zum Ordnungsrecht des Bundespräsidenten auch §§ 7 Abs. 2, 38 Abs. 1 GO BT.

135 **Fehlt es an spezialgesetzlichen Normen,** differenziert die (wohl noch h.M.) hinsichtlich der behördlichen Hausrechtsmaßnahmen nach den von den Besuchern verfolgten Zwecken. Geht es dem Adressaten eines Hausverbots um die Erledigung öffentlich-rechtlicher Angelegenheiten, soll das Verbot öffentlich-rechtlichen Charakter haben. Erfolgt es im Rahmen privatrechtlicher Rechtsbeziehungen, wird es dem Privatrecht unterstellt.[339] Angeknüpft wird also an die Rechtsnatur des Hauptaktes. Diese Ansicht vermag nicht zu überzeugen. **Zweck** des **Behördenhausrechts** ist es, die Aufgabenstellung der Verwaltung zu sichern. In Behördengebäuden geht es der Verwaltung unabhängig von der Rechtsnatur des allgemeinen Handelns nach außen (also auch dann, wenn sich die Verwaltung privatrechtlicher Handlungsformen bedient) immer nur um den Schutz der öffentlich-rechtlichen Aufgabenstellung. Die Anknüpfung an die Zwecke des (störenden) Besuchers hilft zudem nicht weiter, wenn dieser keine Zwecke gegenüber der Behörde verfolgt (sich z.B. im Behördengebäude nur aufwärmen möchte) oder sowohl öffentlich-rechtlich als auch privatrechtliche Angelegenheiten erledigen will. Zudem kann ein öffentlich-rechtliches Zugangsrecht bestehen (etwa ein Recht zur Benutzung der kommunalen öffentlichen Einrichtungen), das durch ein privatrechtliches Verbot nicht zum Wegfall gebracht werden kann. Mit der neueren Rechtsprechung[340] und der überwiegenden Meinung des Schrifttums[341] ist daher davon auszugehen, dass Hausverbote von Behörden in den genannten Fällen zumindest grundsätzlich öffentlich-rechtlichen Charakter haben.

136 Anders zu beurteilen sind Hausverbote, die von **Privatrechtssubjekte**n (z.B. Eigengesellschaften der Verwaltung oder gemischt zusammengesetzten Gesellschaften[342]) ausgesprochen werden oder sich lediglich auf **Sachen des Finanzvermögens** (z.B. vermietete Häuser) beziehen.[343] Streitig ist die Rechtsnatur von Hausrechtsmaßnahmen korporierter Religionsgemeinschaften. Öffentlich-rechtlichen Charakter dürften sie haben, wenn sie sich auf sakrale Räumlichkeiten beziehen oder die Religionsgemeinschaft die Rechtsverhältnisse öffentlich-rechtlich ausgestaltet hat. Im Übrigen handelt es sich um privatrechtliche Maßnahmen (so Hausverbote in Bezug auf kirchliche Kindergärten mit privatrechtlicher Benutzungsregelung).[344]

137 **Lösung zu Fall 26:** Es liegt eine öffentlich-rechtliche Streitigkeit (nichtverfassungsrechtlicher Art) vor. Der öffentlich-rechtliche Charakter ergibt sich bereits aus dem Umstand, dass sich die Behörde eindeutig der Mittel des öffentlichen Rechts bedient hat (Anordnung der sofortigen Vollziehung nach § 80 Abs. 2 Nr. 4 VwGO). Im Übrigen haben nach der hier vertretenen Ansicht behördliche Hausverbote immer öffentlich-rechtlichen Charakter. Stellt man demgegenüber darauf ab, welchen Zweck der Außenstehende, demgegenüber das Hausverbot ergeht, verfolgt, ergibt sich hier nichts anderes, weil E das Arbeitsamt zwecks Empfang von Leistungen nach dem SGB III-Arbeitsförderung aufsuchte und es ihm damit um die Erledigung öffentlich-rechtlicher Angelegenheiten ging. Statt des Verwaltungsrechtswegs könnte hier allerdings gemäß § 40 Abs. 1 S. 2 Hs. 2 VwGO i.V.m. § 51 Abs. 1 Nr. 4 SGG eine abdrängende Sonderzuweisung zu den Sozialgerichten gegeben sein. Nach dieser Vorschrift ist der Weg zu den Sozialgerichten für öffentlich-rechtliche Streitigkeiten in Angelegenheiten der Ar-

---

[339] Vgl. BVerwGE 35, 103 = DVBl 1971, 111; BGHZ 33, 230 (231) = NJW 1961, 308; NJW 1967, 1911 f.; vgl. auch OVG NW NJW 1995, 1573; NJW 1998, 1426 f.; NVwZ-RR 1998, 595 (596).

[340] Vgl. z.B. BayVGH 1982, 1717; OVG NW NVwZ-RR 1989, 316; NJW 2011, 2379; OVG Bln-BbG NJW 2011, 1093; OVG RP Beschl. v. 14.3.2014 – 7 D 10039/14.OVG, BeckRS 2014, 48995; OVG LSA NVwZ-RR 2018, 134 Rn. 5.

[341] *Würtenberger/Heckmann* Verwaltungsprozessrecht, Rn. 194 ff.; *Hufen* Verwaltungsprozessrecht, § 11 Rn. 38; *Maurer/Waldhoff* AllgVwR, § 3 Rn. 35; *v. Nicolai* in: Redeker/v. Oertzen, VwGO, § 40 Rn. 28. Zu den in Betracht gezogenen Ausnahmen vom Grundsatz der Zuordnung zum öffentlichen Recht vgl. *Kalscheuer/Jacobsen* NVwZ 2020, 370.

[342] Vgl. BGH NJW 2006, 1054.

[343] Vgl. auch *Rennert* in: Eyermann, VwGO, § 40 Rn. 66.

[344] Vgl. auch *Ehlers/Schneider* in: Schoch/Schneider, VwGO, § 40 Rn. 478 m. Fn. 2008.

beitsförderung einschließlich der übrigen Aufgaben der Bundesagentur für Arbeit gegeben. Das Hausrecht findet seine materiell-rechtliche Grundlage aber weder im Recht der Arbeitsförderung noch in den sonstigen Rechtsgebieten, die der Bundesagentur ausdrücklich durch Gesetz, Verordnung oder in sonstiger Weise zugewiesen worden sind. Vielmehr geht es um die Wahrung des allgemeinen Behördenhausrechts. Daher greift die Sonderzuweisung des § 51 Abs. 1 SGG nicht ein.[345] E hat zu Recht Klage beim VG erhoben.

## III. Keine abdrängenden Sonderzuweisungsnormen

### 1. Allgemeine Grundsätze

Wenn der Bund gemäß **Art. 95 Abs. 1 GG** für das Gebiet der Verwaltungsgerichtsbarkeit ein BVerwG errichten muss (→ § 24 Rn. 2), verpflichtet ihn dies, eine Verwaltungsgerichtsbarkeit mit einem adäquaten Aufgabenbestand vorzusehen. Dies gebietet aber nicht, alle öffentlich-rechtlichen Streitigkeiten der Beurteilungskompetenz der allgemeinen Verwaltungsgerichte zu unterstellen. In Betracht kommt vor allem eine Sonderzuweisung an die ordentliche Gerichtsbarkeit, die Finanz-, Arbeits- oder Sozialgerichtsbarkeit (Art. 95 Abs. 1 GG). Doch dürfen nach **Art. 101 Abs. 2 GG** für besondere Sachgebiete auch speziellere Gerichte errichtet werden. Teilweise schreibt bereits die **Verfassung** eine andere Zuweisung vor. So muss gemäß Art. 14 Abs. 3 S. 4 GG wegen der Höhe der Enteignungsentschädigung im Streitfall der Rechtsweg vor den ordentlichen Gerichten offenstehen. Gleiches gilt für Entschädigungen im Falle einer Sozialisierung (Art. 15 S. 2 GG). Nach Art. 19 Abs. 4 S. 2 GG ist der ordentliche Rechtsweg gegeben, soweit eine andere Zuständigkeit nicht begründet ist. Ferner darf der ordentliche Rechtsweg für einen Amtshaftungsanspruch und für den Rückgriff nach Art. 34 S. 3 GG nicht ausgeschlossen werden. 138

Fehlt es an speziellen verfassungsrechtlichen Vorgaben, steht die Zuweisung von öffentlich-rechtlichen Streitigkeiten an andere Gerichte im Ermessen des jeweils zuständigen Gesetzgebers. **§ 40 Abs. 1 S. 1 Hs. 2, S. 2 VwGO** lässt abdrängende Sonderzuweisungen durch **Bundesgesetz** oder **Landesgesetz** zu. Aus dem Erfordernis einer gesetzlichen Regelung ergibt sich zunächst, dass es im Gegensatz zu früher nicht möglich ist, kraft Parteivereinbarung, bloßer Tradition oder Gewohnheitsrecht die Zuständigkeit einer anderen Gerichtsbarkeit zu begründen. Da die Rechtswegabgrenzung die Verwirklichung von Grundrechten wesentlich betrifft, muss es sich um ein formelles Gesetz (Parlamentsgesetz) handeln.[346] Vorkonstitutionelle Bundesgesetze reichen aus.[347] Dagegen ergibt sich aus der zukunftsgerichteten Fassung des § 40 Abs. 1 S. 2 VwGO, dass Landesgesetze nach Inkrafttreten der VwGO erlassen sein müssen oder frühestens in Kenntnis der VwGO mit ihrem Inkrafttreten selbst in Kraft getreten sein dürfen.[348] Im Interesse der Rechtsklarheit und der möglichst eindeutigen Bestimmbarkeit des gesetzlichen Richters (Art. 101 Abs. 1 S. 2 GG) verlangt § 40 Abs. 1 S. 1 VwGO eine **„ausdrücklich(e)" Zuweisung** an eine andere Gerichtsbarkeit. Für Landesgesetze kann nichts anderes angenommen werden. 139

In Rechtsprechung und Literatur[349] wird vielfach die Auffassung vertreten, dass die Gerichte im Falle eines **Sachzusammenhangs**[350] oder des Bestehens einer besonderen Sach- 140

---

[345] Vgl. OVG NW NVwZ-RR 1998, 594; NJW 2011, 2379; OVG Hamburg NJW 2014, 1196 (1197); a. A. BSG Beschl. v. 1.4.2009 – B 14 SF 1/08 R, BeckRS 2009, 62466.

[346] *Stern/Blanke* Verwaltungsprozessrecht, Rn. 189; *Lorenz* Verwaltungsprozeßrecht, § 11 Rn. 56; *Bosch/Schmidt/Vondung* Praxis des verwaltungsgerichtlichen Verfahrens, Rn. 264; *Schmitt Glaeser/Horn* Verwaltungsprozeßrecht, Rn. 61.

[347] GmS-OGB BVerwGE 37, 369 (370) = BeckRS 1971, 103433.

[348] Vgl. *Rennert* in: Eyermann, VwGO, § 40 Rn. 102.

[349] Vgl. *Ruthig* in: Kopp/Schenke, VwGO, § 40 Rn. 49c; *Rosenberg/Schwab/Gottwald* ZPO, § 9 Rn. 22.

[350] Vgl. z. B. GmS-OGB NJW 1974, 2087 (2088); BVerwGE 37, 231 (238 f.) = BeckRS 1971, 30430395; E 40, 254 (255) = BeckRS 1972, 30439527; E 75, 362 (364) = NJW 1987, 2758; NJW 1984, 191; BGHZ 43, 34 (40 f.) = NJW 1965, 442 (443).

kunde[351] oder Sachnähe[352] zur Vermeidung einer doppelten Inanspruchnahme von Gerichtsbarkeiten (also aus prozessökonomischen Gründen) auch für – isoliert gesehen – rechtswegfremde Ansprüche zuständig sind. So sollen die ordentlichen Gerichte nicht nur über öffentlich-rechtliche Schadenersatzansprüche (§ 40 Abs. 2 S. 1 Var. 3 VwGO), sondern auch über die Hilfs- und Nebenansprüche (z. B. auf Auskunftserteilung oder Abgabe einer eidesstattlichen Versicherung zur Vorbereitung eines Amtshaftungsprozesses)[353] entscheiden dürfen. Eine Bestimmung des Rechtswegs mittels prozessökonomischer Erwägung ist jedoch nicht mit dem Ausdrücklichkeitsgebot des § 40 Abs. 1 Hs. 2 VwGO sowie dem Ausnahmecharakter von Sonderzuweisungen vereinbar. Entscheidend ist allein die Auslegung der Sonderzuweisungsnormen.[354] Nur wenn diese weit ausgelegt werden können und müssen, darf die Zuweisung einer Rechtsmaterie in ihrer Gesamtheit an einen anderen Gerichtszweig bejaht werden. Auch § 17 Abs. 2 S. 1 GVG hat die Rechtsprechung zur Rechtswegabgrenzung kraft Sachzusammenhangs nicht legalisiert.[355] Die Vorschrift bezieht sich nur auf ein und denselben prozessualen Anspruch, der auf Anspruchsgrundlagen des öffentlichen oder privaten Rechts gestützt werden kann (→ Rn. 169). Dagegen stellen (unechte) Schiedsgerichte, denen die Streitigkeit verbindlich durch Parlamentsgesetze übertragen worden sind, besondere Gerichte – der Länder[356] – i. S. d. Art. 101 Abs. 2 GG dar.[357] Zu (echten) Schiedsgerichten, die nach einer Schiedsvereinbarung angerufen werden müssen, den Verwaltungsrechtsweg aber nicht ausschließen, sondern lediglich eine prozesshindernde Einrede begründen vgl. → Rn. 231.

141 Die **Kompetenz** für den Erlass abdrängender Sonderzuweisungsnormen bestimmt sich nach der Gesetzgebungskompetenz. Abdrängende landesgesetzliche Zuweisungen müssen öffentlich-rechtliche Streitigkeiten auf dem Gebiet des Landesrechts betreffen. Schließlich kann der Verwaltungsrechtsweg nur durch die Zuweisung an ein anderes staatliches Gericht ausgeschlossen werden. Eine Verweisung z. B. an ein (nicht der staatlichen Gerichtsbarkeit unterfallendes) Kirchengericht oder an unabhängige Verwaltungsstellen reicht nicht aus.

### 2. Sonderzuweisungen an die ordentlichen Gerichte

142 Zahlreiche öffentlich-rechtliche Streitigkeiten sind den ordentlichen Gerichten (§ 12 GVG) zugewiesen worden. Viele der Zuweisungen erscheinen heute **nicht mehr zeitgemäß,** weil die gerichtliche Zuständigkeit genauso gut oder besser bei den Verwaltungsgerichten angesiedelt werden kann und abdrängende punktuelle Zuweisungen die Gefahr einer Zweigleisigkeit und Unübersichtlichkeit des Rechtsschutzes heraufbeschwören.[358] Das ändert prinzipiell nichts an ihrer Gültigkeit.[359] Da Art. 19 Abs. 4 S. 1 GG einen effekti-

---

[351] Z. B. BGHZ 67, 81 (87) = NJW 1976, 1941 (1943), Z 89, 250 (252) = NJW 1984, 1820; Z 103, 255 (259) = NJW 1988, 1731 (1732).

[352] Z. B. BVerwG NJW 1989, 412 (413); BGHZ 43, 34 (40) = NJW 1965, 442 (443); NJW 1994, 2620; vgl. auch OVG NW DVBl 2013, 131 Rn. 27 (enger Bezug zu einem Amtshaftungsanspruch).

[353] Vgl. BGHZ 78, 274 (276 ff.) = NJW 1981, 675; vgl. auch BVerwGE 37, 231 (236 f.) = BeckRS 1971, 30430395; E 40, 254 (255 f.) = BeckRS 1972, 30439527; GrSen BGHZ 67, 81 (90 f.) = NJW 1976, 1941 (1943); *Ruthig* in: Kopp/Schenke, VwGO, § 40 Rn. 73.

[354] Vgl. auch *Rennert* in: Eyermann, VwGO, § 40 Rn. 100; *Sodan* in: Sodan/Ziekow, VwGO, § 40 Rn. 490 ff.

[355] A. A. offenbar *Hufen* Verwaltungsprozessrecht, § 11 Rn. 76; *Schenke* Verwaltungsprozessrecht, Rn. 150 („Der Rechtsweg kraft Sachzusammenhangs" [§ 17 Abs. 2 GVG]).

[356] Vgl. Art. 92 Hs. 2 GG; § 187 Abs. 1 VwGO.

[357] Vgl. *Ehlers/Schneider* in: Schoch/Schneider, VwGO, § 40 Rn. 723 f.

[358] So ist gegenüber Regulierungsentscheidungen in den Bereichen Telekommunikation, Post und Eisenbahninfrastruktur der Verwaltungsrechtsweg gegeben, wohingegen im Energierecht der Rechtsschutz grds. bei der ordentlichen Gerichtsbarkeit angesiedelt ist (§ 75 Abs. 4 S. 1 EnWG). Krit. zu Sonderzuweisungen öfffentlich-rechtlicher Streitigkeiten an andere als die Verwaltungsgerichte *Rennert* in: Eyermann, VwGO, § 40 Rn. 100.

[359] Zu den prozessualen Konsequenzen einer effektiven Durchsetzung subjektiv-öffentlicher Rechte im Zivilprozess vgl. *Scholz* Verwaltungszivilprozessrecht, 2013, S. 183 ff. Vgl. auch *Franke* Die Verwaltung 49 (2016), 25 (51), wonach die Sonderregelungen für das kartellgerichtliche Verfahren (§§ 63 ff. GWB, §§ 75 ff. EnWG) spezifische prozessuale Rahmenbedingungen für die Kontrolle behördlicher Entscheidungen gewährleisten.

ven Rechtsschutz gewährleistet, dürfen Rechtswegspaltungen aber nicht zu einer unzumutbaren Erschwerung des Rechtsschutzes – insbesondere bei Vorliegen einer Kette von Hoheitsakten – führen. Ggf. darf es einem angerufenen Verwaltungsgericht nicht verwehrt werden, **Vorfragen** zu prüfen, die, wären sie Hauptfrage, in den Zuständigkeitsbereich einer anderen Gerichtsbarkeit fielen.[360] Soweit sich die Zuständigkeit der ordentlichen Gerichte bereits aus dem Verfassungsrecht ergibt oder auf Verfassungsrecht beruht, bedürfte die Aufhebung der abdrängenden Sonderzuweisungsnormen einer Verfassungsänderung. Im Folgenden kann nur auf die Zuweisungen eingegangen werden, denen in der Ausbildung besondere Bedeutung zukommt.[361]

**a) Verfassungsrechtliche Zuweisungen.** Eine verfassungsrechtliche Zuweisung an die ordentlichen Gerichte findet sich in **Art. 14 Abs. 3 S. 4 GG**[362] in Bezug auf die Höhe der Enteignungsentschädigung.[363] Mangels Vorliegen einer Enteignung werden z.B. Entschädigungen wegen enteignenden oder enteignungsgleichen Eingriffen nicht erfasst (→ Rn. 147).[364] Wird nicht nur auf Entschädigung, sondern auf Schadenersatz geklagt, gilt § 40 Abs. 2 S. 1 Var. 1 VwGO.[365] Für Klagen gegen Enteignungsmaßnahmen selbst oder Klagen auf Rückübertragung des Eigentums bleiben die Verwaltungsgerichte oder (im Falle einer Legalenteignung) die Verfassungsgerichtsbarkeit zuständig.[366] In der Regel enthalten die einfachgesetzlichen Enteignungsbestimmungen inhaltsgleiche Rechtswegzuweisungen wie Art. 14 Abs. 3 S. 4 GG (so dass nicht auf das Verfassungsrecht zurückgegriffen werden muss). Teilweise gehen die einfachgesetzlichen Rechtswegzuweisungen über Art. 14 Abs. 3 S. 4 GG hinaus.[367] Dagegen stellt **Art. 19 Abs. 4 S. 2 GG** nur eine Auffangvorschrift dar, die nicht zum Zuge kommt, solange die Generalklausel des § 40 Abs. 1 S. 1 VwGO bestehen bleibt. **Art. 34 S. 3 GG** wendet sich an den Gesetzgeber (der dem Verfassungsgebot in § 40 Abs. 2 S. 1 Var. 3 VwGO Rechnung getragen hat), nimmt die Zuweisung an die ordentlichen Gerichte also nicht selbst vor. 143

**b) Zuweisungen des § 40 Abs. 2 VwGO**

**Fall 27:** F hat eine Baugenehmigung beantragt. Stattdessen schlägt ihm die Gemeinde den Abschluss eines öffentlich-rechtlichen Vertrages vor. Im Vertrauen darauf, dass es zu einem solchen Vertragsabschluss kommt, hat F erhebliche Aufwendungen gemacht. Als sich die Gemeinde weigert, den Vertrag abzuschließen, verlangt F mit einer verwaltungsgerichtlichen Klage Ersatz seiner Aufwendungen. 144

**Fall 28:** Auf den Antrag eines Nachbarn des G hin hat das VG einer Gemeinde im einstweiligen Rechtsschutzverfahren gemäß § 123 VwGO aufgegeben, gegenüber G eine einstweilige Einstellungsverfügung im Hinblick auf die begonnenen Bauarbeiten zu erlassen. Im Hauptsacheverfahren stellt sich später heraus, dass die Durchführung der 145

---

[360] BVerfG-K NVwZ 2010, 1482.

[361] Näher zum Ganzen *Ehlers/Schneider* in: Schoch/Schneider, VwGO, § 40 Rn. 497 ff.; *Sodan* in: Sodan/Ziekow VwGO, § 40 Rn. 502 ff.; vgl. ferner z. B. die §§ 63 Abs. 4 S. 1, 171 Abs. 3 GWB; § 75 Abs. 4 EnWG; § 48 Abs. 4 WpÜG; § 208 Abs. 1 BEG; § 2 LwVfG; § 22 Abs. 1 GrdstVG; §§ 13 Abs. 1, 44 Abs. 1 S. 1, 61 Abs. 1 IRG; § 2 Abs. 1 InsO; § 112a Abs. 3 BRAO; § 111 Abs. 3 BNotO; Art. 11 § 1 Abs. 2 KostÄndG a. F.

[362] Keine praktische Bedeutung kommt dagegen Art. 15 S. 2 GG zu.

[363] Im Rahmen eines Streits über die Höhe der Entschädigung haben die ordentlichen Gerichte als Vorfrage auch darüber zu entscheiden, ob überhaupt eine Enteignung vorliegt.

[364] Zur Unterscheidung vgl. *Grzeszick* in: Ehlers/Pünder, AllgVwR, § 45 Rn. 62 ff., 86 ff.; zum Rechtsweg *Ehlers/Schneider* in: Schoch/Schneider, VwGO, § 40 Rn. 526 ff.

[365] *Rennert* in: Eyermann, VwGO, § 40 Rn. 104.

[366] Vgl. demgegenüber aber BGHZ 76, 365 (367 f.) = NJW 1980, 1571.

[367] Vgl. etwa für das Bauplanungsrecht § 217 Abs. 1 BauGB. Zuständig sind die speziellen Spruchkammern der Landgerichte (§ 220 BauGB) darstellenden Kammern für Baulandsachen (§§ 217 Abs. 1 S. 4, 232 BauGB).

Bauarbeiten rechtmäßig gewesen ist. Wegen der Unterbrechung der Arbeit und des dadurch entstandenen Schadens verklagt G den Nachbarn vor dem Zivilgericht auf Schadenersatz.

146 Nach **§ 40 Abs. 2 S. 1 VwGO** sind die ordentlichen Gerichte für Ansprüche aus Aufopferung (Var. 1), öffentlich-rechtlicher Verwahrung (Var. 2) sowie Schadenersatzansprüche aus der Verletzung öffentlich-rechtlicher Pflichten, die nicht auf einem öffentlich-rechtlichen Vertrag beruhen (Var. 3), zuständig. Die Norm ist wegen ihres Ausnahmecharakters eng auszulegen und erfasst unter Zugrundelegung der Entstehungsgeschichte und des systematischen Zusammenhangs mit den Amtshaftungsansprüchen nur **Ansprüche gegen den Staat**[368] (nicht Ansprüche des Staates gegen den Bürger) sowie Ansprüche auf **Geldleistung**[369] (oder auf Leistung anderer vertretbarer Sachen), nicht dagegen auf Folgenbeseitigung oder Naturalrestitution. **§ 40 Abs. 2 S. 2 VwGO** stellt nur klar, dass die aufdrängende Sonderzuweisungen durch Normen wie § 54 Abs. 2 BeamtStG und § 126 Abs. 1 BBG (ebenso wie diejenigen anderer Dienst- und Treueverhältnisse) unberührt bleiben (→ Rn. 57, 152). Gleiches gilt für die (mittlerweile gestrichene) Vorschrift des § 48 Abs. 6 VwVfG.

147 **aa) Ansprüche aus Aufopferung, § 40 Abs. 2 S. 1 Var. 1 VwGO.** Die bereits aus den Freiheitsgrundrechten ableitbaren,[370] jedenfalls aber gewohnheits- oder richterrechtlich anerkannten Ansprüche aus **Aufopferung** für das gemeine Wohl (§ 40 Abs. 2 S. 1 Var. 1 VwGO) setzen einen hoheitlichen Eingriff in die durch Art. 2 Abs. 2 GG geschützten Rechte voraus.[371] Erfasst werden z. B. Impfschäden oder Schädigungen Nichtverantwortlicher von Polizeieinsätzen (wie in Fällen eines versehentlichen Querschlägers bei einer Verbrecherjagd). Die Rechtsprechung hat es bisher abgelehnt, weitere immaterielle Rechtsgüter (wie das Persönlichkeitsrecht) in das Haftungsinstitut einzubeziehen.[372] Der Anspruch soll auch nichtvermögensrechtliche Nachteile (Schmerzensgeld) umfassen.[373] Den rechtmäßigen werden die rechtswidrigen (aufopferungsgleichen) Eingriffe häufig gleichgestellt.[374] Dies vermag ebenso wenig zu überzeugen wie die Ansicht des BGH, wonach auch Entschädigungsansprüche für Eingriffe in vermögenswerte Rechte als Aufopferungsansprüche i. S. d. § 40 Abs. 2 S. 1 Var. 1 VwGO anzusehen sind.[375] Der Ersatz bestimmt sich in diesen Fällen nach § 40 Abs. 2 S. 1 Var. 3 VwGO. Die Haftung für **enteignungsgleiche Ansprüche** (rechtswidrige öffentlich-rechtliche Eingriffe in eigentumsmäßig geschützte Positionen) richtet sich nach § 40 Abs. 2 S. 1 Var. 3 VwGO (→ Rn. 149).[376] Nichts anderes gilt für **Ansprüche aus enteignendem Eingriff** (sofern man darunter nur Beeinträchtigungen des Eigentums durch Zufalls- und Unfallschäden fasst), weil es sich nur um eine Modalität des enteignungsgleichen Eingriffs handelt (Haftung für Erfolgsunrecht).[377] In Bezug auf Ansprüche aus **ausgleichspflichtigen Inhalts- und Schrankenbestimmungen** des Eigentums (die vielfach – zu Unrecht – als Aufopferungsansprüche angesehen wurden)[378] ist nach der ausdrücklichen Regelung des § 40 Abs. 2 S. 1 Hs. 2 VwGO nicht der ordentliche

---

[368] Vgl. BVerwGE 18, 72 (78) = BeckRS 9998, 181485; E 37, 231 (236) = BeckRS 1971, 30430395.

[369] Vgl. BGHZ 34, 99 (105 f.) = NJW 1961, 658 (660); Z 67, 92 (100) = NJW 1976, 2303 (2305). A. A. die h. M. im Hinblick auf die öffentlich-rechtliche Verwahrung (vgl. → Rn. 148).

[370] Vgl. *Ehlers* VVDStRL 51 (1992), 211 (243 f.); *Maurer/Waldhoff* AllgVwR, § 28 Rn. 3; *Grzeszick* in: Ehlers/Pünder, AllgVwR, § 45 Rn. 100 ff.

[371] Vgl. BGHZ 9, 83 (89) = NJW 1953, 857 (858); *Ossenbühl/Cornils* Staatshaftungsrecht, S. 134.

[372] Vgl. etwa BGHZ 111, 349 = NJW 1990, 3260; anders *Papier/Shirvani* in: Maunz/Dürig, GG, Art. 34 Rn. 57.

[373] BGH NJW 2017, 3384.

[374] Vgl. z. B. BGHZ 45, 58 (77) = NJW 1966, 1021 (1026); *Haack* in: Gärditz, VwGO, § 40 Rn. 135; krit. *Schmitt-Kammler* JuS 1995, 473 (476 ff.).

[375] BGHZ 128, 204 (207) = NJW 1995, 964 (965); NJW 2011, 3157 Rn. 13; *Rinne* DVBl 1994, 23 (25 f.); *Schenke* Verwaltungsprozessrecht, Rn. 145; *Rennert* in: Eyermann, VwGO, § 40 Rn. 107; krit. *Ehlers/Schneider* in: Schoch/Schneider, VwGO, § 40 Rn. 527 f.

[376] Vgl. *Schoch* Jura 1990, 140 (150 m. Fn. 182); *ders.* FS Menger, 1985, S. 305 (335); *Papier/Shirvani* in: Maunz/Dürig, GG, 82. EL 2018, Art. 14 Rn. 723.

[377] A. A. *Schoch* FS Menger, 1985, S. 305 (333 f.); *Papier/Shirvani* in: Maunz/Dürig, GG, Art. 14 Rn. 819.

[378] Wie hier BVerwGE 94, 1 = NJW 1993, 2949.

Rechtsweg gegeben. Für die meisten Aufopferungslagen existieren heute spezialgesetzliche Vorschriften mit (zum Teil von § 40 Abs. 2 S. 1 Var. 1 VwGO abweichenden) ausdrücklichen Rechtswegbestimmungen.[379]

148 **bb) Ansprüche aus öffentlich-rechtlicher Verwahrung, § 40 Abs. 2 S. 1 Var. 2 VwGO.** Zu den vermögensrechtlichen Ansprüchen aus öffentlich-rechtlicher **Verwahrung** (§ 40 Abs. 2 S. 1 Var. 2 VwGO) gehören Ansprüche des Bürgers gegen den Staat (→ Rn. 146; nicht Ansprüche des Staates), die auf einer öffentlich-rechtlichen Inbesitznahme von Sachen beruhen. Dieses trifft z. B. auf die Beschlagnahme oder Sicherstellung von Gegenständen im Rahmen einer Strafverfolgung oder nach Maßgabe des Polizei- und Ordnungsrechts zu, auch wenn die Behörde die Sache bei einem Privaten in Verwahrung gibt (z. B. bei einem Abschleppunternehmer). Unerheblich ist die Rechtmäßigkeit der Verwahrung. Die Rechtswegzuweisung der die Variante drei verdrängenden Variante zwei greift auch ein, wenn das Verwahrungsverhältnis auf einem öffentlich-rechtlichen Vertrag basiert. Nach h. M. soll sich die Rechtswegverweisung neben Geldleistungsansprüchen auch auf sonstige Ansprüche wegen Verletzung von Verwahrungspflichten beziehen (z. B. Ansprüche auf Rückgewähr oder Auskunft).[380]

149 **cc) Schadenersatzansprüche aus der Verletzung öffentlich-rechtlicher Pflichten, § 40 Abs. 2 S. 1 Var. 3 VwGO.** Die weitaus größte Bedeutung kommt § 40 Abs. 2 S. 1 Var. 3 VwGO zu, weil nach dieser Vorschrift für sämtliche **Schadenersatzansprüche aus der Verletzung öffentlich-rechtlicher Pflichten,** die nicht auf einem öffentlich-rechtlichen Vertrag beruhen, der ordentliche Rechtsweg gegeben ist. Damit werden insbesondere alle Amtshaftungsansprüche[381] (auch wegen Verletzung des Europäischen Unionsrechts),[382] ferner auch die Ansprüche aus enteignungsgleichem, enteignendem und aufopferungsgleichem Eingriff erfasst (→ Rn. 147).[383] Dagegen fehlt es für Ansprüche aus öffentlich-rechtlicher Gefährdungshaftung an einer Pflichtverletzung, so dass der Verwaltungsrechtsweg gegeben ist.[384] Vertragliche Ansprüche kumulieren vielfach mit deliktischen Ansprüchen. Die Verwaltungsgerichte sind zwar für alle Schadenersatzansprüche aus öffentlich-rechtlichem Vertrag, nicht aber für die Amtshaftungsansprüche zuständig (§ 40 Abs. 2 S. 1 Var. 3 VwGO i. V. m. § 17 Abs. 2 S. 2 GVG).[385] Dagegen haben die Zivilgerichte neben den Amtshaftungsansprüchen nach § 17 Abs. 2 S. 1 GVG auch über die gleichgerichteten

---

[379] Vgl. z. B. für die Impfschäden und Gesundheitsschäden durch andere Maßnahmen der spezifischen Prophylaxe § 68 Abs. 2 IfSG i. V. m. §§ 60 bis 63 Abs. 1 IfSG (Rechtsweg vor den Sozialgerichten); für weitere Entschädigungsansprüche vgl. § 68 Abs. 1 IfSG (ordentlicher Rechtsweg); zu den sich auch auf Aufopferungsansprüche beziehenden Rechtswegbestimmungen des Polizei- und Ordnungsrechts vgl. *Kingreen/Poscher* Polizei- und Ordnungsrecht, 11. Aufl. 2020, § 26 Rn. 37, zu weiteren Spezialnormen (auch für vermögensrechtliche Ansprüche) *Ehlers/Schneider* in: Schoch/Schneider, VwGO, § 40 Rn. 569 ff.; *Rennert* in: Eyermann, VwGO, § 40 Rn. 110 ff.

[380] Vgl. NdsOVG NVwZ-RR 2015, 760; KG NJW 2015, 2437; *Schenke* Verwaltungsprozessrecht, Rn. 146; *Rennert* in: Eyermann, VwGO, § 40 Rn. 123; *v. Nicolai* in: Redeker/v. Oertzen, VwGO, § 40 Rn. 44. Krit. dazu *Ehlers/Schneider* in: Schoch/Schneider, VwGO, § 40 Rn. 538; *Haack* in: Gärditz VwGO, § 40 Rn. 138.

[381] Nach st. Rspr. des BGH (BGHZ 9, 373 [387 ff.] = NJW 1953, 1297 [1298]; Z 112, 74 [75] = NJW 1991, 33 [34]; Z 121, 367 [375] = NJW 1993, 1799 [1801]) ist die Verletzung der Verkehrssicherungspflicht von Verwaltungsträgern nur dann als Amtspflichtverletzung anzusehen, wenn die Wahrnehmung der Verkehrssicherungspflicht durch gesetzliche Regelung oder Organisationsakt öffentlich-rechtlich ausgestaltet wurde. Krit. statt vieler *Bartlsperger* DVBl 1973, 465.

[382] Dies gilt auch dann, wenn man (zu Unrecht) annimmt, dass die Haftung der Mitgliedstaaten wegen Verletzung des Unionsrechts ihre Grundlage im Unionsrecht findet (so BGHZ 134, 30 [36] = NJW 1997, 123 [125 f.]), das Unionsrecht also nicht nur eine durch die Amtshaftung eingelöste Vorgabe für die mitgliedstaatliche Haftung enthält.

[383] Strittig, näher zum Streitstand *Ehlers/Schneider* in: Schoch/Schneider, VwGO, § 40 Rn. 525 ff., 548.

[384] Strittig, a. A. z. B. BVerwGE 75, 362 (364) = NJW 1987, 2758; *Rennert* in: Eyermann, VwGO, § 40 Rn. 120. – wegen des engen Zusammenhangs mit der Aufopferung und Amtshaftung. Vgl. aber auch *Sodan* in: Sodan/Ziekow, VwGO, § 40 Rn. 570 ff.

[385] Besteht ein „aktueller" Zusammenhang mit dem Amtshaftungsanspruch, soll nach BVerwGE 37, 231 (238) = BeckRS 1971 30430395 – entgegen dem klaren Wortlaut des § 40 Abs. 2 S. 1 Var. 3 VwGO – auch für einen vertraglichen Anspruch der ordentliche Rechtsweg gegeben sein.

rechtswegfremden öffentlich-rechtlichen Vertragsansprüche mitzuentscheiden. Obwohl somit vor den Zivilgerichten umfassenderer Rechtsschutz erlangt werden kann, hindert dies den Rechtsschutzsuchenden (auch wegen des Ausnahmecharakters des § 17 Abs. 2 S. 2 GVG) nicht, sich an die Verwaltungsgerichtsbarkeit wegen eines Schadenersatzanspruchs aus öffentlich-rechtlichem Vertrag zu wenden.

150 Den vertraglichen Schadenersatzansprüchen werden wegen ihres vertragsähnlichen Charakters teilweise die Schadenersatzansprüche aus **verwaltungsrechtlichem Schuldverhältnis**[386] gleichgestellt[387] (z. B. Schadenersatzansprüche wegen Verletzung eines durch Rechtsnorm, Verwaltungsakt oder tatsächlicher Inanspruchnahme begründeten öffentlich-rechtlichen Benutzungsverhältnisses einer öffentlichen Einrichtung oder Ansprüche aus einer öffentlich-rechtlichen Geschäftsführung ohne Auftrag). Doch ist dies mit dem klaren Wortlaut des § 40 Abs. 2 S. 1 Var. 3 VwGO und dem Ausnahmecharakter des Vertragsvorbehalts nicht mehr vereinbar, weil es sich gerade nicht um Vertragsansprüche handelt.[388]

151 Auch die Regelung des § 40 Abs. 2 S. 1 VwGO gilt nur, soweit **nicht spezialgesetzlich** anderes vorgeschrieben ist. Wird z. B. wegen einer **überlangen Dauer** eines verwaltungsgerichtlichen **Verfahren**s – nach einer Verzögerungsrüge (§ 173 S. 1 VwGO i. V. m. § 198 Abs. 3 GVG) – Entschädigung verlangt,[389] ist hierfür – abweichend von § 40 Abs. 2 S. 1 Alt. 3 VwGO und § 201 GVG – gemäß § 173 S. 2 VwGO i. V. m. § 201 GVG das OVG (bei Klagen gegen das Land) und das BVerwG (bei Klagen gegen den Bund) zuständig, so dass der Verwaltungsrechtsweg gegeben ist.

152 **dd) Klarstellung des § 40 Abs. 2 S. 2 VwGO.** Nach **§ 40 Abs. 2 S. 2 VwGO** bleiben die besonderen Vorschriften des Beamtenrechts unberührt (→ Rn. 57, 146). Verlangt der Kläger Schadenersatz wegen der Verletzung der beamtenrechtlichen Fürsorgepflicht und wegen einer Amtspflichtverletzung, ist für die Klage aus dem Beamtenverhältnis wegen der aufdrängenden Sonderzuweisung des Beamtenrechts der Verwaltungsrechtsweg, im Übrigen der ordentliche Rechtsweg gegeben.[390] Während der Verweis in § 48 Abs. 6 VwVfG hinfällig geworden ist (→ Rn. 146), so dass für Ausgleichsansprüche im Falle der Rücknahme von Verwaltungsakten (§ 48 Abs. 3 VwVfG) der Verwaltungsrechtsweg gegeben ist, obliegt es der ordentlichen Gerichtsbarkeit nach § 49 Abs. 6 S. 3 VwVfG Streitigkeiten über Entschädigungsansprüche im Falle des Widerrufs von Verwaltungsakten zu entscheiden.[391]

153 **Lösung zu Fall 27:** F macht einen Anspruch aus culpa in contrahendo (c. i. c) bei der Anbahnung eines öffentlich-rechtlichen Vertrages geltend (§ 62 S. 2 VwVfG i. V. m. § 311 Abs. 2 Nr. 1 BGB). Nach Ansicht des BVerwG[392] sind für c. i. c-Ansprüche, die typischerweise auch Gegenstand eines Amtshaftungsanspruchs sein können, die ordentlichen Gerichte, für Ansprüche neben vertraglichen Ansprüchen die Verwaltungsgerichte zuständig. Dieser Auffassung ist nicht zu folgen, weil es nach § 40 Abs. 2 S. 1 VwGO auf die Gattung des geltend gemachten Anspruchs und nicht den Sachzusammenhang im Einzelfall ankommt. Vielfach werden c. i. c-Ansprüche wegen der Vertragsähnlichkeit wie vertragliche Ansprüche behandelt.[393] Doch beruhen Ansprüche

[386] Vgl. zu dieser Rechtsfigur *Remmert* in: Ehlers/Pünder, AllgVwR, § 18 Rn. 13.
[387] BVerwG NVwZ 2003, 1383. Vgl. auch BGH NVwZ 2007, 1221; a. A. *Rennert* in: Eyermann, VwGO, § 40 Rn. 121. Vgl. die Nachw. bei *Ehlers/Schneider* in: Schoch/Schmidt-Aßmann/Pietzner, VwGO, 16. EL März 2008, § 40 Rn. 545.
[388] So auch die h. M., vgl. z. B. BGHZ 59, 303 (305) = NJW 1972, 2300; *Schoch* FS Menger, 1985, S. 305 (324 f.); *Ruthig* in: Kopp/Schenke, VwGO, § 40 Rn. 72.
[389] Näher dazu *Schenke* NVwZ 2012, 257.
[390] OVG NW Beschl. v. 20.9.2018 – 3 B 345/18, BeckRS 2018, 29739.
[391] Entsprechendes gilt für § 21 Abs. 6 BImSchG; zur Verfehltheit der Regelungen vgl. *Rennert* in: Eyermann, VwGO, § 40 Rn. 113.
[392] BVerwG NJW 2002, 2894; NVwZ 2003, 1383; vgl. auch BGHZ 43, 34 (40 f.) = NJW 1965, 442 (443); Z 71, 386 = NJW 1978, 1802; Z 76, 343 = NJW 1980, 1683; NJW 1986, 1109.
[393] ThürOVG NJW 2002, 386; *Hufen* JuS 2002, 718; *Rennert* in: Eyermann, VwGO, § 40 Rn. 121; *Ruthig* in: Kopp/Schenke, VwGO, § 40 Rn. 71.

aus c. i. c gerade nicht auf einem Vertrag, sondern auf einem gesetzlichen Schuldverhältnis, so dass bei Ansprüchen aus c. i. c bei Zugrundelegung der hier vertretenen Ansicht nach § 40 Abs. 2 S. 1 Var. 3 VwGO immer der ordentliche Rechtsweg gegeben ist.[394]

**Lösung zu Fall 28:** Ein Schadenersatzanspruch des G kann sich aus § 123 Abs. 3 VwGO i. V. m. § 945 ZPO ergeben. Nach Auffassung des BGH handelt es sich wegen der vollkommenen Gleichstellung der Parteien im Prozessrechtsverhältnis um einen bürgerlich-rechtlichen Anspruch, so dass der Rechtsweg zu den ordentlichen Gerichten nach § 13 GVG eröffnet ist.[395] Diese Ansicht stößt auf Bedenken, weil die Regelung des § 123 Abs. 3 VwGO (ebenso wie die VwGO selbst) öffentlich-rechtlichen Charakter hat. § 40 Abs. 2 S. 1 Var. 3 VwGO ist nicht einschlägig, da keine Pflichtverletzung der Gemeinde vorliegt. Somit ist § 40 Abs. 1 S. 1 VwGO einschlägig. Das Zivilgericht hat den Rechtsstreit gemäß § 17a Abs. 2 S. 1 GVG an das zuständige Verwaltungsgericht zu verweisen. Im Ergebnis ist ein Schadenersatzanspruch nicht gegeben, da nur der Antragsgegner (die Gemeinde und nicht der Nachbar) anspruchsberechtigt ist, die Gemeinde aber keinen Schaden erlitten (und auch keinen Ersatzanspruch gestellt) hat. 154

**c) Zuweisungen der § 23 EGGVG, §§ 109 f. StVollzG.** Eine erhebliche Bedeutung 155
kommt ferner den abdrängenden Sonderzuweisungen der **§ 23 EGGVG** (Entscheidungszuständigkeit der ordentlichen Gerichte für die sog. Justizverwaltungsakte) und der **§§ 109 f. StVollzG** zu.[396] Da die eine Zuständigkeit der ordentlichen Gerichte begründende Rechtswegklausel des § 23 EGGVG insbesondere auch das Handeln der Polizei betrifft, wird hierauf in den → Rn. 156 ff. eingegangen. Hinsichtlich der §§ 109 f. StVollzG kann auf den Fall 12 (→ Rn. 65 und Lösung → Rn. 75) verwiesen werden.

**d) Zuweisungen in Bezug auf polizeiliche Maßnahmen**

**Fall 29:** Nach Durchsuchung einer Drogenberatungsstelle werden H und I erkennungsdienstlich behandelt (Aufnahme von Lichtbildern und Herstellung von Fingerabdrücken). H ist Leiter der Drogenberatungsstelle und steht im Verdacht, den Konsum von Rauschgiften in den Diensträumen der Drogenberatungsstelle geduldet zu haben. Der Drogensüchtige I soll eines Einbruchs überführt werden. Das Strafverfahren gegen I wird später eingestellt (§ 170 Abs. 2 StPO). H und I klagen vor dem Verwaltungsgericht auf Vernichtung der erkennungsdienstlichen Unterlagen. 156

**Fall 30:** J ist wegen des Verdachts des sexuellen Missbrauchs an einer 12-jährigen Schülerin von Polizeibeamten festgenommen worden. Dabei wurde er durchsucht. Außerdem kam es zur Beschlagnahme von Schriftstücken als Beweismittel. Später wurde das Ermittlungsverfahren eingestellt. J beantragt bei einem ordentlichen Gericht die Feststellung der Rechtswidrigkeit seiner vorläufigen Festnahme und der Beschlagnahme. 157

Besondere Rechtswegprobleme können sich beim Rechtsschutz gegen **polizeiliche** 158
**Maßnahmen** stellen. Streitigkeiten diesbezüglicher Art stellen sich in der Regel als öffentlich-rechtliche Streitigkeiten nichtverfassungsrechtlicher Art dar. Wird die Polizei zum

[394] Vgl. *Ehlers* JZ 2003, 209; krit. *Schoch* VBlBW 2013, 361 (362); a. A. *Würtenberger/Heckmann* Verwaltungsprozessrecht, Rn. 237.

[395] BGHZ 78, 127 = NJW 1981, 349. Näher dazu *Ehlers/Schneider* in: Schoch/Schneider, VwGO, § 40 Rn. 550 ff.; ferner → *Schoch* § 35 Rn. 74 f.

[396] Speziellere Regelungen enthalten z. B. die §§ 30a, 35 ff. EGGVG; §§ 573, 766 ZPO; § 11 RPflG; § 107 Abs. 5 bis Abs. 7 FamFG.

Zwecke der Gefahrenabwehr **präventiv**-polizeilich tätig (in der Regel nach Maßgabe von Befugnisnormen des einschlägigen Polizeigesetzes), ergibt sich die Zuständigkeit der Verwaltungsgerichte grundsätzlich aus der Generalklausel des § 40 Abs. 1 S. 1 VwGO. Doch können die Gesetze anderes vorsehen. So stehen Wohnungsdurchsuchungen oder Ingewahrsamnahmen durch die Polizei bereits nach den grundgesetzlichen Vorgaben (Art. 13 Abs. 2, 104 Abs. 2 S. 1 GG) grundsätzlich unter Richtervorbehalt. Nach den Polizeigesetzen i. V. m. dem Gesetz über das gerichtliche Verfahren bei Freiheitsentziehung[397] entscheiden die Amtsgerichte.[398] Geht es um **repressives** Handeln der Polizei zum Zwecke der Strafverfolgung, ist Rechtsschutz zumeist nur nach Maßgabe des § 23 EGGVG oder der StPO-Vorschriften vor den ordentlichen Gerichten zu erlangen.

159 **§ 23 Abs. 1 EGGVG** erfasst zwar nur Maßnahmen, die von „Justizbehörden" auf den genannten Gebieten (des bürgerlichen Rechts, der freiwilligen Gerichtsbarkeit oder Strafrechtspflege) getroffen werden. Es besteht jedoch Einigkeit darüber, dass der Begriff nicht organisatorisch, sondern funktional (im Gegensatz zur rechtsprechenden Tätigkeit) zu verstehen ist.[399] Obwohl die Polizei organisatorisch nicht zur Justizverwaltung gehört, wird das polizeiliche Handeln folglich von der Vorschrift erfasst, wenn die Polizei auf dem Gebiet der Strafrechtspflege – d. h. wie die Staatsanwaltschaft zur Ermittlung und Erforschung strafbarer Handlungen respektive der Durchführung des Strafverfahrens oder im Strafvollzug – repressiv tätig wird (vgl. auch § 163 StPO). Man spricht in solchen Fällen auch von **Justizverwaltungsakten.** Doch erfasst § 23 EGGVG jedes öffentlich-rechtliche Tun, Dulden oder Unterlassen der Polizei auf dem Gebiet der Strafrechtspflege,[400] also z. B. auch das Handeln durch Realakt (im Gegensatz zum Verwaltungsakt). Nicht dazu gehören sachgebietsübergreifende Maßnahmen der Gerichtsverwaltungen oder der Behörden der Justizverwaltung, wie etwa die Beeidigung von Dolmetschern und die Ermächtigung von Übersetzern.[401]

160 **Lösung zu Fall 29:** Zwar liegt eine öffentlich-rechtliche Streitigkeit nichtverfassungsrechtlicher Art vor. Der Verwaltungsrechtsweg ist aber gemäß § 40 Abs. 1 S. 1, 2 VwGO nur eröffnet, wenn die Streitigkeit nicht einer anderen Gerichtsbarkeit zugewiesen worden ist. In Betracht kommt eine Zuweisung an die ordentlichen Gerichte gemäß § 23 Abs. 1 EGGVG. Handelt die Polizei auf dem Gebiet der Strafrechtspflege, wird sie als Justizbehörde i. S. d. Vorschrift tätig. Hier könnte sich die Polizei auf § 81b Alt. 1 StPO gestützt haben. Indessen bedurfte es für die Durchführung eines Strafverfahrens gegen H von vornherein keiner erkennungsdienstlichen Behandlung, zumal die Identität des H feststand. Es ist daher anzunehmen, dass die Maßnahme nur den Zwecken des Erkennungsdienstes (§ 81b Alt. 2 StPO) diente.[402] Hierbei handelt es sich um Gefahrenabwehr, so dass § 23 Abs. 1 EGGVG nicht einschlägig ist. Im Falle von I hat die Polizei zunächst auf der Grundlage des § 81b Alt. 1 StPO strafrechtliche Ermittlungen angestellt und zu diesem Zwecke erkennungsdienstliche Maßnahmen vorgenommen. Nach Einstellung des Strafverfahrens dient die Aufbewahrung der Unterlagen des Beschuldigten aber nur der Gefahrenabwehr oder der Strafverfolgungsvorsorge.[403] Somit ist sowohl für das Begehren des H als auch des I der Verwaltungsrechtsweg eröffnet.

---

[397] Sartorius Nr. 617.

[398] Vgl. die Nachw. bei *Schenke* Polizei- und Ordnungsrecht, 10. Aufl. 2018, Rn. 146 m. Fn. 372.

[399] Vgl. BVerwGE 47, 255 (259 f.) = NJW 1975, 893; E 69, 192 (195) = NJW 1984, 2233 (2234); BGHZ 105, 395 (399) = NJW 1989, 587 (588); *Schoch* Jura 2001, 628 (630).

[400] Dies lässt sich etwa § 28 EGGVG entnehmen.

[401] Vgl. BVerwG GewArch 2007, 237 (238).

[402] Zur (umstrittenen) Verfassungsmäßigkeit der Vorschrift und zu dem Verhältnis zu den polizeigesetzlichen Regelungen über erkennungsdienstliche Maßnahmen vgl. BVerfGE 113, 348 (368 ff.) = NJW 2005, 2603 (2605). Krit. mit weiterem Hinweis zum Streitstand *Kingreen/Poscher* Polizei- und Ordnungsrecht (Fn. 379), § 13 Rn. 62; vgl. ferner *Schoch* in: Schoch, BesVwR, Kap. 1 Rn. 523.

[403] Vgl. BVerwGE 66, 192 (195 f.) = BeckRS 1982, 106515; DÖV 1990, 117; NVwZ-RR 2011, 710 → JA 2011, 959 *(Hebeler)*; BayVGH NJW 1984, 2235; HessVGH NVwZ-RR 1994, 652 (653); *Würtenberger/Heckmann* Verwaltungsprozessrecht, Rn. 229.

Nach § 23 Abs. 3 EGGVG gilt die – i. V. m. § 25 EGGVG eine Zuständigkeit der Oberlandesgerichte begründende – Rechtswegbestimmung der Vorschrift nur, soweit die ordentlichen Gerichte nicht bereits aufgrund anderer Vorschriften angerufen werden können. Spezialregelungen enthalten insbesondere die §§ 98 Abs. 2, 101 Abs. 7 S. 2, 111j Abs. 2 S. 3, 128 Abs. 1, 147 Abs. 5, 161a Abs. 3, 163a Abs. 3 S. 3, 406e Abs. 4, 475,[404] 478 Abs. 3 StPO. Danach stehen zwar viele strafprozessuale Maßnahmen unter **Richtervorbehalt,** für den regelmäßig die Amtsgerichte zuständig sind. Doch sind die (Staatsanwaltschaft und ihre) Ermittlungspersonen (d. h. die Beamten des Polizeidienstes)[405] bei Gefahr im Verzug (ebenso wie im Polizeirecht) vielfach zu einem Eingreifen befugt. So dürfen die Polizeibeamten in ihrer Eigenschaft als Ermittlungspersonen der Staatsanwaltschaft bei Gefahr im Verzug nach § 98 Abs. 1 S. 1 StPO eine Beschlagnahme anordnen. Der Betroffene kann dann jederzeit eine richterliche Entscheidung des Amtsgerichts beantragen **(§ 98 Abs. 2 S. 2 StPO).** Diese Art des Rechtsschutzes bezieht sich an sich nur auf die Anordnung der Maßnahme selbst, nicht auf die Art und Weise der Durchführung (was namentlich bei Freiheitsentziehung von Bedeutung ist). Außerdem entscheidet der Amtsrichter nach § 98 Abs. 2 S. 2 StPO nicht über die ursprüngliche Rechtmäßigkeit der Maßnahme, sondern trifft eine Entscheidung über ihre Aufrechterhaltung für die Zukunft. Nicht geregelt ist ferner, wie im Falle der **Erledigung** entschieden werden soll (bevor der Amtsrichter eingeschaltet worden ist). In vielen Fällen ist zudem ein Rechtsschutz gegen die Maßnahmen der Staatsanwaltschaft oder der Ermittlungspersonen der Staatsanwaltschaft in der StPO nicht vorgesehen. Der BGH wendet in diesen Fällen **§ 98 Abs. 2 S. 2 StPO analog** oder (wegen der fehlenden Rechtsschutzmöglichkeit) doppelt analog an.[406] Dies ist problematisch, weil es wegen der Regelung des § 23 EGGVG an einer Regelungslücke fehlt.[407] Der BGH begründet die analoge Anwendung des § 98 Abs. 2 S. 2 StPO im Wesentlichen mit der Verhinderung einer Rechtswegspaltung innerhalb der ordentlichen Gerichtsbarkeit sowie der Schwerfälligkeit und Unübersichtlichkeit des Verfahrens nach den §§ 23 ff. EGGVG. De lege ferenda sind eindeutige und klare Rechtswegabgrenzungen im Hinblick auf die Maßnahmen der (Staatsanwaltschaft und) Polizei (in der StPO und bei präventivem Handeln der Polizei unter Richtervorbehalt auch in den Polizeigesetzen) zu fordern. 161

**Lösung zu Fall 30:** Die Tatbestandsvoraussetzungen des § 23 Abs. 1 EGGVG sind erfüllt (Handeln einer „Justizbehörde" auf dem Gebiet der Strafrechtspflege). Doch gilt die Vorschrift nur subsidiär (§ 23 Abs. 3 EGGVG). Hier hat der BGH[408] eine Zuständigkeit des Amtsgerichts in (mehrfach) analoger Anwendung des § 98 Abs. 2 S. 2 StPO wegen des Gebots eines wirksamen Rechtsschutzes zwecks Vermeidung einer Zersplitterung von Zuständigkeiten[409] angenommen (sowohl im Hinblick auf erledigte Fallgestaltung als auch im Hinblick auf andere Maßnahmen als eine Beschlagnahme). 162

Vielfach ist zweifelhaft, ob die Polizei präventiv oder repressiv tätig wird; z. B. kann eine polizeiliche Observation,[410] Identitätsfeststellung,[411] Durchsuchung, Beschlagnahme oder Ingewahrsamnahme entweder der Gefahrenabwehr oder der Strafverfolgung dienen. Im 163

[404] Vgl. BGH NJW 2018, 3123.

[405] Vgl. § 152 GVG i. V. m. § 161 Abs. 1 S. 2 StPO.

[406] Vgl. für Durchsuchungen und körperliche Untersuchungen BGHSt 28, 57 (58) = NJW 1978, 1815; St 28, 160 (161) = NJW 1979, 881; NJW 1978, 1013; für die sonstigen Fallkonstellationen BGHSt 44, 171 = NJW 1998, 3653; näher zum Ganzen *Amelung* FG 50 Jahre BGH IV, 2000, S. 911 (921 ff.).

[407] Näher zum Ganzen *Schoch* FS Stree/Wessels, 1993, S. 1095; *ders.* Jura 2001, 628 (630 f.); *Schenke* NJW 2011, 2838 ff.; *Ehlers/Schneider* in: Schoch/Schneider, VwGO, § 40 Rn. 593.

[408] BGHSt 44, 171 = NJW 1998, 3653.

[409] Vgl. auch BVerfGE 96, 44 (49 f.) = NJW 1997, 2165 (mit der Feststellung, dass Rechtsmittel gegen Durchsuchungsmaßnahmen „nach geltendem Recht in schwer zu durchschauender Weise mehrfach gespalten [sind] und […] von den Fachgerichten uneinheitlich gehandhabt" werden).

[410] Zur Videoüberwachung vgl. BGH NJW 1991, 2651.

[411] Vgl. NdsOVG NVwZ-RR 2014, 552.

ersten Fall richtet sich der Rechtsweg nach § 40 Abs. 1 S. 1 VwGO, im zweiten nach § 23 Abs. 1 S. 1 EGGVG (soweit nicht wegen bestehender Richtervorbehalte etwas anderes gilt). Denkbar ist auch, dass die Polizei sowohl präventive als auch repressive Zwecke verfolgt. Die h. M. entscheidet die Rechtswegfrage in solchen Fällen generalisierend danach, wo der **Schwerpunkt** der polizeilichen Tätigkeit liegt.[412] Dadurch soll eine Doppelung des Rechtswegs vermieden werden. Bei der Schwerpunktbestimmung wird überwiegend darauf abgestellt, wie sich die Maßnahme für einen objektiven Beobachter ihrem Gesamteindruck nach darstellt.[413] Nach einer gegenteiligen Ansicht liegen bei doppelfunktionalen Maßnahmen in Wahrheit zwei Akte vor, so dass sowohl der Verwaltungsrechtsweg als auch der Rechtsweg nach § 23 EGGVG beschritten werden muss, um vollständigen Rechtsschutz zu erlangen.[414]

164 Beide Auffassungen stoßen auf Bedenken. Zunächst liegt eine **doppelfunktionale Maßnahme** nicht vor, wenn sich der Geschehensablauf in verschiedene Handlungen aufspalten lässt, die eindeutig der Gefahrenabwehr oder der Strafverfolgung zugeordnet werden können. So dient die Räumung eines besetzen Hauses der Gefahrenabwehr, die nachfolgende Identitätsfeststellung oder Festnahme der Strafverfolgung. Ein und dieselbe Maßnahme lässt sich dagegen nicht in verschiedene Akte aufspalten. Die Polizei verfügt über die Entscheidungsbefugnis, ob sie präventiv oder repressiv handeln will. Jedoch muss dies vor dem Tätigwerden feststehen. Fehlt es an einer entsprechenden Festlegung, kommt es auf die objektive Zwecksetzung an.[415] Werden sowohl Ziele der Gefahrenabwehr als auch der Strafverfolgung verfolgt, ist es der Polizei nicht verwehrt, eine derartige Handlung auf verschiedene Rechtsgrundlagen zu stützen. Es liegt dann sowohl eine Maßnahme der Gefahrenabwehr als auch der Strafverfolgung vor. Dies bedeutet zugleich, dass sowohl das Gefahrenabwehrrecht als auch die StPO beachtet werden muss.[416] Dementsprechend kann sowohl die Verwaltungs- als auch die ordentliche Gerichtsbarkeit angerufen werden.[417] Eine Rechtsschutzverdopplung findet gleichwohl nicht statt, weil das angerufene Gericht gemäß **§ 17 Abs. 2 S. 1 GVG** den Rechtsstreit unter allen in Betracht kommenden rechtlichen Gesichtspunkten zu entscheiden hat.[418]

### 3. Zuweisungen an die Arbeitsgerichte

165 Die Arbeitsgerichtsbarkeit ist zwar aus der ordentlichen Gerichtsbarkeit hervorgegangen, doch handelt es sich bei ihr um eine eigene Gerichtsbarkeit.[419] Die Rechtswegklauseln für die Arbeitsgerichtsbarkeit finden sich in den **§§ 2 ff. ArbGG.** Die Frage der Abgrenzung des Arbeitsrechtsweges gegenüber dem Verwaltungsrechtsweg stellt sich vor allem im Hinblick auf die Beschäftigungsverhältnisse im öffentlichen Dienst. Während für Fragen aus dem Beamtenverhältnis der Verwaltungsrechtsweg gegeben ist (→ Rn. 57), sind für Streitigkeiten zwischen Angestellten und Arbeitern im öffentlichen Dienst und ihren Dienstherren wegen der privatrechtlichen Natur der Rechtsbeziehungen in der Regel die Arbeitsgerichte zuständig.[420] Zum Teil sind aber auch öffentlich-rechtliche Streitigkeiten den Arbeitsge-

---

[412] Vgl. BVerwGE 47, 255 (264 f.) = NJW 1975, 893 (894 f.); VGH BW NVwZ-RR 2005, 540; BayVGH BayVBl 1993, 429 (430); OVG NW NJW 1980, 855; *Kingreen/Poscher* Polizei- und Ordnungsrecht (Fn. 379), § 2 Rn. 14; *Haack* in: Gärditz, VwGO, § 40 Rn. 147.

[413] Vgl. z. B. *Würtenberger* in: Ehlers/Fehling/Pünder, BesVwR III, 3. Aufl. 2013, § 69 Rn. 137.

[414] *Schoreit* NJW 1985, 169 (172); *Götz* JuS 1985, 869 (872); *Schenke* Verwaltungsprozessrecht, Rn. 140.

[415] Vgl. *Schoch* in: Schoch, BesVwR, Kap. 1 Rn. 21.

[416] *Schoch* in: Schoch, BesVwR, Kap. 1 Rn. 21.

[417] OVG NW NWVBl 2012, 364; vgl. auch *Schenke* NJW 2011, 2838 (2841 ff.); *Schoch* Jura 2013, 1115 (1122); *Würtenberger/Heckmann* Verwaltungsprozessrecht, Rn. 224, 248; *Ehlers/Schneider* in: Schoch/Schneider, VwGO, § 40 Rn. 607; *Sodan* in: Sodan/Ziekow, VwGO § 40 Rn. 618; a. A. *Haack* in: Gärditz, VwGO, § 40 Rn. 149.

[418] BayVGH DÖV 2010, 239; a. A. *Schenke* Polizei- und Ordnungsrecht (Fn. 398), Rn. 424 wegen der Annahme zweier verschiedener Handlungen; wohl auch *Schoch* in: Schoch, BesVwR, Kap. 1 Rn. 22 (prozessual zwei verschiedene Streitgegenstände).

[419] Vgl. BAG NZA 1992, 954 (955); NZA 1993, 31 (32).

[420] Vgl. statt vieler BAGE 1, 85 (86) = NJW 1955, 157 (158).

richten zugewiesen worden: so Angelegenheiten des BetrVG (auch wenn es sich um solche des öffentlichen Rechts handelt, § 2a Abs. 1 Nr. 1 ArbGG), Angelegenheiten betreffend die Rechtsstellung einer Vertrauensperson der Schwerbehinderten (auch wenn Personalratsmitglieder betroffen sind, § 2a Abs. 1 Nr. 3a ArbGG) oder die Entscheidung über die Allgemeinverbindlichkeitserklärung von Tarifverträgen (§ 2a Abs. 1 Nr. 5 ArbGG).

### 4. Zuweisungen an die Sozial- und Finanzgerichte

Im Interesse einer Spezialisierung der Gerichtsbarkeit sind in weitem Umfang ferner öffentlich-rechtliche Streitigkeiten nichtverfassungsrechtlicher Art den besonderen Verwaltungsgerichten der Sozialgerichtsbarkeit und Finanzgerichtsbarkeit zugewiesen worden. Die einschlägigen Rechtswegbestimmungen finden sich (vor allem) in den **§ 51 SGG, § 33 Abs. 1 FGO.** Die Sozialgerichte sind insbesondere für Angelegenheiten der Sozialversicherungen (wie der Renten-, Kranken-, Pflege- und Unfallversicherung, vgl. § 51 Abs. 1 Nr. 1 bis 3 SGG) und der Arbeitsförderung einschließlich der übrigen Aufgaben der Bundesagentur für Arbeit sowie der Grundsicherung der Arbeitssuchenden (§ 51 Abs. 1 Nr. 4, 4a SGG) zuständig (einschließlich bestimmter privatrechtlicher Streitigkeiten in Angelegenheiten der Krankenversicherung und Pflegeversicherung, vgl. § 51 Abs. 2 SGG)[421]. Darüber hinaus entscheiden sie seit dem 1.1.2005 an Stelle der Verwaltungsgerichte auch in Angelegenheiten der Sozialhilfe und des Asylbewerberleistungsgesetzes (§ 51 Abs. 1 Nr. 6a SGG). Dadurch haben die Verwaltungsgerichte der ersten Instanz rund 10 bis 15% ihrer Eingänge verloren.[422] Die Finanzgerichte entscheiden insbesondere in öffentlich-rechtlichen Streitigkeiten über Abgabeangelegenheiten (§ 33 Abs. 1 Nr. 1 FGO). Doch müssen die Abgaben der Gesetzgebungskompetenz des Bundes und der Verwaltungskompetenz der Bundes- und Landesfinanzbehörden unterfallen. Daher bleibt es bei der Zuständigkeit der Verwaltungsgerichtsbarkeit, wenn Rechtsschutz gegen die Erhebung kommunaler Abgaben (insbesondere Steuern wie der Grund- und Gewerbesteuer[423], Gebühren und Beiträge) begehrt wird (unabhängig davon, ob die Rechtsgrundlage bundes-, landes- oder ortsrechtlicher Natur ist). Als eine in die Zuständigkeit der Finanzgerichtsbarkeit fallende Abgabeangelegenheit wird auch die Gewährung von Einsicht in Steuerakten und die Auskunft über steuerliche Daten sowie der Einsichtsanspruch nach dem IFG angesehen, sofern die Bekanntgabe im Steuerrechtsverhältnis wurzelt.[424] 166

### 5. Zuweisungen an Sondergerichtsbarkeiten

Weiterhin existieren zahlreiche abdrängende Rechtswegzuweisungen an Sondergerichtsbarkeiten wie die Bundespatentgerichtsbarkeit,[425] die Wehrdienstgerichte,[426] die Richterdienstgerichte[427] und die Berufsgerichte. Die **Disziplinarangelegenheiten** sind durch Sondergesetz (nicht durch § 40 Abs. 1 S. 1 VwGO) der allgemeinen Verwaltungsgerichtsbarkeit übertragen worden.[428] **Berufsgerichte** hat der Bund für die Rechtsanwälte, Patentanwälte, Notare, Steuerberater und -bevollmächtigten sowie Wirtschafts- und Buchprüfer eingerichtet, wohingegen die Länder Berufsgerichte für die Heilberufe (z. B. Ärzte, Zahn- 167

---

[421] Nicht im Grundsatz im Sozialgesetzbuch geregelt und daher nicht von § 51 SGG erfasst ist z. B. die Festsetzung von Krankentransportentgelten, so dass für Streitigkeiten (in Berlin) der Verwaltungsrechtsweg gegeben ist. Vgl. BVerwG Beschl. v. 7.5.2020 – 3 B 2.20, BeckRS 2020, 13813.

[422] Vgl. *Hien* DVBl 2004, 464 (466).

[423] Vgl. Art. 106 Abs. 6 GG.

[424] BVerwG Beschl. v. 17.9.2018 – 7 B 7.18, BeckRS 2018, 24351.

[425] Das Bundespatentgericht wurde auf der Grundlage des Art. 96 Abs. 1 GG errichtet. Zum Rechtsweg vgl. (vor allem) § 65 Abs. 1 PatG.

[426] Vgl. §§ 17, 21, 22 WBO, §§ 42 Nr. 4 u. 5, 68 ff. WDO.

[427] Zum Dienstgericht des Bundes vgl. § 61 Abs. 1 DRiG (besonderer Senat des BGH), zu den Dienstgerichten der Länder §§ 77 ff. DRiG.

[428] Zu den Disziplinargerichten der Länder (§ 187 Abs. 1 VwGO) vgl. *Sodan* in Sodan/Ziekow, VwGO, § 40 Rn. 105; *Heckmann* in: Sodan/Ziekow, VwGO, § 187 Rn. 11. Zur Disziplinargerichtsbarkeit des Bundes vgl. § 45 BDG (Sartorius Nr. 220 – Gerichte der Verwaltungsgerichtsbarkeit).

ärzte, Tierärzte, Apotheker) und andere freie Berufe wie die Ingenieure oder Architekten installiert haben.[429] So entscheiden in anwaltsgerichtlichen Verfahren die Anwaltsgerichte, Anwaltsgerichtshöfe (beim Oberlandesgericht) oder der Bundesgerichtshof in Anwaltssachen.[430]

## IV. Zuständigkeit der Verwaltungsgerichtsbarkeit für rechtswegfremde Ansprüche

168 **Fall 31:** K hat verwaltungsgerichtliche Klage gegen den Bund auf Auszahlung eines durch Verwaltungsakt bewilligten Subventionsbetrags erhoben. Der Bund stellt den Anspruch des K auf Zahlung des Subventionsbetrages nicht in Abrede, rechnet aber mit einer von K bestrittenen privatrechtlichen Gegenforderung auf. Wie wird das Verwaltungsgericht entscheiden?

169 Gemäß § 173 S. 1 VwGO i. V. m. **§ 17 Abs. 2 S. 1 GVG** entscheidet ein zulässigerweise angerufenes Verwaltungsgericht „den Rechtsstreit unter allen in Betracht kommenden rechtlichen Gesichtspunkten". Da Art. 14 Abs. 3 S. 4 und Art. 34 S. 3 GG unberührt bleiben (§ 17 Abs. 2 S. 2 GVG), gilt dies nicht für Ansprüche über die Höhe einer Enteignungsentschädigung sowie für Amtshaftungsansprüche (über die stets nur die ordentlichen Gerichte entscheiden dürfen). Erfasst wird von § 17 Abs. 2 S. 1 GVG nur der Fall, dass **ein prozessualer Anspruch** mit identischem Lebenssachverhalt **kumulativ** auf **mehrere** materiellrechtliche **Gründe** gestützt wird, für die isoliert gesehen verschiedene Gerichtsbarkeiten zuständig sind.[431] Von der Kumulation von Ansprüchen zu unterscheiden ist der Fall rechtlicher Alternativität (z. B. wenn die Beteiligten darüber streiten, ob der zwischen ihnen abgeschlossene Vertrag, aus dem der Klageanspruch hergeleitet wird, öffentlich-rechtlich oder privatrechtlich zu qualifizieren ist).[432] Nicht anwendbar ist § 17 Abs. 2 S. 1 GVG ferner, wenn mehrere prozessuale Ansprüche geltend gemacht werden. Dies ist etwa bei einer objektiven Klagehäufung (§ 44 VwGO), einer subjektiven Klagehäufung (§ 64 VwGO i. V. m. §§ 59 ff. ZPO),[433] der Erhebung einer Widerklage (§ 89 VwGO) oder einer Änderung des Streitgegenstands durch Klageänderung (§ 91 VwGO) der Fall. Werden mehrere prozessuale Ansprüche als Haupt- und Hilfsansprüche rechtshängig gemacht, bestimmt sich der Rechtsweg zunächst allein nach dem Hauptanspruch. Wegen des Eventualverhältnisses darf auf den Hilfsantrag erst eingegangen werden, wenn der Hauptantrag nicht durchgreift. Bei Unzulässigkeit des Rechtswegs für den Hauptantrag hat das Gericht nach **§ 17a Abs. 2 GVG** den Rechtsstreit ohne Rücksicht auf den Hilfsantrag zu verweisen. Ist der Rechtsweg für den Hauptantrag gegeben, der Antrag aber nicht begründet, muss das Gericht den Rechtsstreit nach Ausspruch über den Hauptantrag an das für den Hilfsantrag zuständige Gericht des zulässigen Rechtswegs **verweisen.**[434] Nicht anwendbar ist § 17 Abs. 2 S. 1 GVG ferner auf Stufenklagen (z. B. nach § 173 S. 1 VwGO i. V. m. § 254 ZPO), weil dann in Wahrheit mehrere prozessuale Ansprüche im Wege einer objektiven Klagehäufung geltend gemacht werden. Unberührt bleibt die Kompetenz der Verwaltungsgerichtsbarkeit, auch über solche Vorfragen zu entscheiden, die, wären sie Hauptfragen, in die Zuständigkeit eines anderen Gerichts fallen würden.[435] (→ Rn. 142).

---

[429] Näher dazu *Ehlers/Schneider* in: Schoch/Schneider, VwGO, § 40 Rn. 702 f.
[430] §§ 92 ff., 100 ff., 106 ff., 112a ff., 116 ff. BRAO.
[431] BVerwG NVwZ 2017, 242 (243).
[432] BVerwGE 161, 255 Rn. 13 = NVwZ 2018, 993; *Ehlers* in: Schoch/Schneider, VwGO, § 41/§ 17 GVG Rn. 20 ff.
[433] Anderes gilt, wenn ein Fall notwendiger Streitgenossenschaft vorliegt.
[434] Vgl. BVerwG Buchholz 300 § 17a GVG Nr. 8; VGH BW NJW 1993, 3344; BayVGH NVwZ-RR 2004, 224 (225); OVG NW NWVBl 1994, 109 (111 f.); v. *Albedyll* in: Bader/Funke-Kaiser/Stuhlfauth/v. Albedyll, VwGO, § 41 Rn. 12; teilweise a. A. *Kissel/Mayer* GVG, § 17 Rn. 55.
[435] BVerwGE 10, 209 (211) = NJW 1960, 1634; NJW 2013, 2298; BVerwGE 151, 102 Rn. 16 = NVwZ 2015, 830; GemS-OGB BGHZ 102, 280 (283) = NJW 1988, 2295 (2296). Hat ein Amtsgericht über eine

**Lösung zu Fall 31:** Ob § 17 Abs. 2 S. 1 GVG den Gerichten erlaubt, über die Aufrechnung mit einer rechtswegfremden Forderung zu entscheiden, ist umstritten. Die Zulässigkeit wird teilweise deshalb bejaht, weil es sich bei der Aufrechnung um einen rechtlichen Gesichtspunkt i. S. d. Vorschrift handle, über die auch aus prozessökonomischen Gründen als Vorfrage mit entschieden werden dürfe.[436] Dieser Ansicht ist in Übereinstimmung mit der wohl h. M.[437] nicht zu folgen. § 17 Abs. 2 S. 1 GVG setzt voraus, dass ein prozessualer Anspruch auf mehrere Gründe gestützt wird. Dies trifft auf die Aufrechnung mit einer rechtswegfremden Forderung nicht zu, weil dem durch Klageantrag und Lebenssachverhalt bestimmten Streitgegenstand ein weiterer hinzugefügt wird. Im Gegensatz zur gerichtlichen Beantwortung einer Vorfrage erwächst zudem die Entscheidung, dass eine Gegenforderung nicht besteht, gemäß § 173 S. 1 VwGO i. V. m. § 322 Abs. 2 ZPO regelmäßig in Rechtskraft. Schließlich tritt für die zur Aufrechnung gestellte Forderung im Gegensatz zur Rechtslage bei der Kumulation von Ansprüchen keine Rechtshängigkeit ein,[438] so dass eine Forderung parallel auf mehreren Gerichtswegen geltend gemacht werden dürfte. Auch dies liefe der Intention des § 17 Abs. 2 S. 1 GVG zuwider. Allerdings wird eine Aufrechnung mit einer rechtswegfremden Forderung dann zugelassen, wenn die Gegenforderung bereits rechtskräftig oder bestandskräftig festgestellt wurde oder nicht bestritten wird.[439] Da K die Forderung des Bundes bestreitet, hat das Verwaltungsgericht entweder den Rechtsstreit gemäß § 94 VwGO auszusetzen, bis das ordentliche Gericht über den Bestand der zur Aufrechnung gestellten rechtswegfremden Gegenforderung entschieden hat, oder ein Vorbehaltsurteil gemäß § 173 S. 1 VwGO i. V. m. § 302 ZPO zu erlassen. 170

## V. Rechtswegentscheidung und Rechtswegverweisung

Rechtswegstreitigkeiten sind als Erbübel des deutschen Prozesses bezeichnet worden.[440] 171
Dem in Art. 19 Abs. 4 S. 1 GG und dem Rechtsstaatsprinzip enthaltenen Gebot einer Gewährleistung wirkungsvollen Rechtsschutzes läuft es aber zuwider, solche Schwierigkeiten auf dem Rücken des Rechtsschutzsuchenden auszutragen.[441] Die gemäß § 173 S. 1 VwGO auch auf die Verwaltungsgerichtsbarkeit entsprechend anwendbaren §§ 17 bis 17b GVG versuchen, diesem Übel abzuhelfen, soweit dies auf der Grundlage verschiedener Rechtswege möglich ist. Neben einer Konzentration des Rechtsschutzes nach Möglichkeit bei einer Gerichtsbarkeit **(§ 17 Abs. 2 GVG)** und der Vereinheitlichung der Rechtswegabgrenzung wird eine Beschleunigung der verbindlichen Entscheidung über den Rechtsweg angestrebt. Hat ein Gericht den Rechtsweg rechtskräftig für zulässig erklärt, sind die ande-

---

Ingewahrsamnahme entschieden, steht dies einer Inzidentprüfung durch die Verwaltungsgerichtsbarkeit im Rahmen der Überprüfung des Kostenbescheides nicht entgegen, weil das Amtsgericht nur über die Zulässigkeit der Haft und nicht die Rechtmäßigkeit des später erlassenen Kostenbescheides entschieden hat, NdsOVG NordÖR 2020, 96 (97).

[436] Vgl. *Ruthig* in: Kopp/Schenke, VwGO, § 40 Rn. 45 (m. umfangreichen Nachw. in Fn. 287). Ferner *Kissel/Mayer* GVG, § 17 Rn. 58; *Haack* in: Gärditz, VwGO, Nach § 40 VwGO Rn. 30 f.

[437] BAG NJW 2002, 317; BFHE 198, 55 = NJW 2002, 3126; BFH/NV 2007, 968; *Ehlers* in: Schoch/Schneider, VwGO, § 41/§ 17 GVG Rn. 28 ff.; *Ziekow* in: Sodan/Ziekow, VwGO, § 17 GVG Rn. 46 ff.; *Rennert* in: Eyermann, VwGO, § 41/§§ 17–17b GVG Rn. 19.

[438] Insoweit ebenso *Schenke/Ruthig* NJW 1992, 2505 (2511 f.).

[439] Vgl. BVerwGE 77, 19 (24) = NJW 1987, 2530 (2532); BFH/NV 2005, 1759; *Ehlers* JuS 1990, 777 (782).

[440] *Kissel* NJW 1991, 945 (947).

[441] Vgl. BVerfGE 57, 9 (21 f.) = NJW 1981, 1154; BVerfG-K NJW 2017, 545 Rn. 18 → *Kingreen* Jura (JK) 2017, 993. Zu den Schwierigkeiten, den Rechtsweg im Transplantationsrecht zu bestimmen, vgl. *Höfling/Lang* NJW 2014, 3398 (3401 f.).

ren Gerichte im Hinblick auf den konkreten Streitgegenstand daran gebunden (§ 17a Abs. 1, 3, 5 GVG). Ein unanfechtbarer Beschluss über die Zulässigkeit des Verwaltungsrechtswegs (§ 17a Abs. 3 S. 1 GVG) kann allenfalls dann analog § 53 Abs. 1 Nr. 4 VwGO vom BVerwG korrigiert werden, wenn er sich hinsichtlich desselben Streitgegenstandes über die bereits eingetretene Bindungswirkung der gegenteiligen Rechtswegbestimmung eines anderen Gerichts hinwegsetzt.[442] Im Falle der Unzulässigkeit des beschrittenen Rechtswegs **verweist** das Gericht den Rechtsstreit bei fortdauernder Rechtshängigkeit (§ 17b Abs. 1 S. 2 GVG) **von Amts wegen** durch Beschluss an das zuständige Gericht des zulässigen Rechtswegs **(§ 17a Abs. 2 S. 1 GVG),** wobei dieses Gericht (nach Rechtskraft, vgl. § 17a Abs. 4 GVG) auch bei Fehlerhaftigkeit des gerichtlichen Verfahrens oder inhaltlicher Unrichtigkeit „hinsichtlich des Rechtsweges" (im Gegensatz zur sachlichen, örtlichen oder instanziellen Zuständigkeit des Gerichts) an die Verweisung gebunden ist (§ 17a Abs. 2 S. 3 GVG). Bei offensichtlicher Gesetzwidrigkeit oder willkürlichen Verweisungen (also extremen Verstößen) wird eine Bindungswirkung ungeachtet des in § 17a Abs. 4 GVG bereitgestellten **Überprüfungsverfahren**s zum Teil zumeist verneint.[443] Bei einem rechtswegübergreifenden negativen Kompetenzkonflikt soll (im Falle der Verwaltungsgerichtsbarkeit in analoger Anwendung des § 53 Abs. 1 Nr. 5 VwGO) derjenige oberste Gerichtshof des Bundes zuständig sein, der einem der beteiligten Gerichte übergeordnet ist und zuerst angegangen wird.[444]

172 Hält das Gericht den Rechtsweg für zulässig, kann oder muss es (bei Rüge einer Partei) eine **Vorabentscheidung** treffen (§ 17a Abs. 3 GVG), ohne das die Frage der Zulässigkeit der Klage im Übrigen der Klärung bedarf.[445] Hat das Verwaltungsgericht trotz Rüge eines Verfahrensbeteiligten und damit fehlerhaft nicht vorab durch Beschluss über die Zulässigkeit des Rechtswegs (sondern unmittelbar durch Urteil) entschieden, ist das Rechtsmittelgericht entgegen **§ 17a Abs. 5 GVG** nicht daran gebunden.[446] Andernfalls würde die in § 17a Abs. 4 S. 3 GVG vorgesehene Möglichkeit, die Frage der Zulässigkeit des Rechtswegs im Beschwerderecht prüfen zu lassen, aufgrund eines Verfahrensfehlers des erstinstanzlichen Gerichts abgeschnitten. Im Übrigen dürfen Verweisungen und Vorabentscheidungen nur im Beschwerdeverfahren nach § 17a Abs. 4 GVG angegriffen werden. Neben der sofortigen Beschwerde (§ 17a Abs. 4 S. 3 GVG) ist eine weitere Beschwerde nur zulässig, wenn es sich bei dem Beschwerdegericht um ein oberes Landesgericht handelt (in der Verwaltungsgerichtsbarkeit: Oberverwaltungsgericht) und die Beschwerde in dem Beschluss zugelassen worden ist (§ 17a Abs. 4 S. 4 GVG). Auf das **gerichtliche Eilverfahren** (§§ 80 Abs. 5, 80a Abs. 3, 123 VwGO) finden die §§ 17 ff. GVG entsprechende Anwendung (→ *Schoch* § 35 Rn. 26).[447] Dasselbe trifft zu, wenn die sachliche und/oder örtliche **Zuständigkeit des Gerichts** in Frage steht (§ 83 VwGO). Auch insoweit sollen die – unter Umständen schwierige Rechtsfragen aufwerfenden – Zuständigkeitsabgrenzungen nicht zu Lasten des Klägers gehen. Dagegen findet im isolierten Prozesskostenhilfeverfahren eine Rechtswegverweisung nicht statt.[448]

---

[442] BVerwG NVwZ-RR 2020, 956.

[443] Vgl. BVerwG NVwZ 1995, 372; BAG NJW 1993, 1878; a. A. *Rennert* in: Eyermann, VwGO, § 41/§§ 17–17b GVG Rn. 27. Vgl. ferner auch BGHZ 144, 21 (24) = NJW 2000, 1343 (1344) (Bindungswirkung bei gesetzwidriger Rückverweisung); BGH NJW 2003, 2990 (Bindungswirkung der Verweisung auch bei Verletzung des Anspruchs auf rechtliches Gehör). Da bei Verweisungen lediglich wegen sachlicher oder örtlicher Unzuständigkeit kein Rechtszug besteht (§ 83 S. 2 VwGO), werden insoweit weitreichende Ausnahmen gemacht (BVerwGE 79, 110 [113] = NJW 1988, 2752 [2753]; NVwZ 2004, 1124).

[444] BVerwG NJW 2019, 2112 Rn. 5; NVwZ 2008, 917; BGH NJW 2001, 3631 (3632).

[445] BVerwG NJW 2001, 1513; NVwZ-RR 2016, 579; VGH BW NVwZ-RR 2017, 215 (216).

[446] BVerwG BayVBl 1998, 603.

[447] H. M., vgl. BVerwG Buchholz 310 § 40 VwGO Nr. 286; HessVGH DÖV 2007, 263; OVG RP DVBl 2005, 988; a. A. *Ruthig* in: Kopp/Schenke, VwGO, Anh. § 41 Rn. 2a.

[448] Strittig, vgl. VGH BW NJW 1995, 1915 (1916); OVG NW NJW 1993, 2766; *Ehlers* in: Schoch/Schneider, VwGO, § 41/Vorb § 17 GVG Rn. 20; vgl. auch OVG NW NWVBl 2018, 351; a. A. z. B. SächsOVG NJW 1999, 517; *Rennert* in: Eyermann, VwGO, § 41/§§ 17–17b GVG Rn. 4; *Ziekow* in: Sodan/Ziekow, VwGO, § 17 GVG Rn. 12 f.

## F. Zuständigkeit des Verwaltungsgerichts

173 Während die Rechtswege die Kompetenzen der verschiedenen Gerichtsbarkeiten voneinander abgrenzen, geht es bei der Sachentscheidungsvoraussetzung „Zuständigkeit des Verwaltungsgerichts" um die Bestimmung, welches **Verwaltungsgericht im konkreten Streitfall** die Gerichtsbarkeit auszuüben hat. Dies dient der Präzisierung des gesetzlichen Richters (Art. 101 Abs. 1 S. 2 GG). Eine Prorogation, d. h. Parteivereinbarung über die Gerichtszuständigkeit oder Begründung einer Zuständigkeit durch rügelose Verhandlung zur Hauptsache, ist – im Gegensatz zum Zivilprozessrecht – nicht zulässig. Die VwGO unterscheidet zwischen sachlicher, örtlicher und instanzieller Zuständigkeit.

174 Die **sachliche Zuständigkeit** bezieht sich auf die erstinstanzlichen Entscheidungskompetenzen des Gerichts. Grundsätzlich sind die Verwaltungsgerichte sachlich zuständig (§ 45 VwGO), in einigen Fällen (wie der verwaltungsgerichtlichen Normenkontrolle, im Falle besonders bedeutsamer Angelegenheiten oder Großvorhaben) aber auch die Oberverwaltungsgerichte (§§ 47, 48 VwGO) oder das BVerwG (§ 50 Abs. 1 VwGO,[449] hierzu auch → § 24 Rn. 4). Die **örtliche Zuständigkeit** legt fest, welches Gericht innerhalb derselben Instanz zu entscheiden hat. Vorrangig bestimmt sich dies nach § 52 Nr. 1 VwGO (Belegenheit einer Sache), sodann jeweils unter dem Gesichtspunkt der Spezialität nach § 52 Nr. 4 VwGO (dienstrechtliche Streitigkeiten), § 52 Nr. 2, 3 VwGO und (falls die genannten Zuweisungen nicht eingreifen) nach § 52 Nr. 5 VwGO (Auffangzuständigkeit). Kommt es auf § 52 Nr. 2 oder Nr. 3 VwGO an, muss zunächst die Klageart bestimmt werden (→ Rn. 9). Teilweise gelten Spezialvorschriften.[450] Da im Verfahren des vorläufigen Rechtsschutzes das Gericht der Hauptsache entscheidet (§§ 80 Abs. 5, 7, 123 Abs. 2 VwGO), gelten die Zuständigkeitsbestimmungen auch für dieses Verfahren. Hält sich das angerufene Verwaltungsgericht für sachlich oder örtlich unzuständig, hat es den Rechtsstreit gemäß § 83 VwGO entsprechend den §§ 17 bis 17b GVG von Amts wegen an das zuständige Gericht zu verweisen. Auch insoweit sollen die – unter Umständen schwierige Rechtsfragen aufwerfenden – Zuständigkeitsabgrenzungen nicht zu Lasten des Klägers gehen. Entsprechend § 83 VwGO i. V. m. § 17a Abs. 3 GVG kann oder muss das Gericht seine sachliche und/oder örtliche Zuständigkeit vorab durch Beschluss aussprechen. Im Falle der Unzuständigkeit ist zu verweisen. Beschlüsse über die sachliche und örtliche Zuständigkeit sind gemäß § 83 S. 2 VwGO unanfechtbar. Eine Möglichkeit zur Überprüfung durch das Rechtsmittelgericht besteht anders als bei Rechtswegbeschlüssen (→ Rn. 171 f.) nicht. Die **instanzielle Zuständigkeit** regelt die Zuständigkeit eines Gerichts im Instanzenzug als Berufungs-, Revisions- oder Beschwerdegericht.[451] Für das Oberverwaltungsgericht greift § 46 VwGO, für das BVerwG § 49 VwGO ein (→ § 24 Rn. 4). In den Fällen des § 53 VwGO entscheidet das nächsthöhere Gericht oder das BVerwG.

## G. Beteiligungsfähigkeit

### I. Beteiligte des Rechtsstreits

175 **Fall 32:** Ausländer L hat gegen seine Ausweisung aus der Bundesrepublik Deutschland verwaltungsgerichtliche Anfechtungsklage erhoben. Muss das VG die deutsche Ehefrau des L beiladen?

[449] Zur Abgrenzung von öffentlich-rechtlichen Streitigkeiten zwischen Bund und Ländern i. S. d. § 50 Abs. 1 Nr. 1 VwGO von verfassungsrechtlichen Bund-Länder-Streitigkeiten vgl. BVerfGE 22, 221 = BeckRS 1967, 104154; → *Pünder* § 20 Rn. 12 ff.; zur Abgrenzung von sonstigen öffentlich-rechtlichen Streitigkeiten zwischen Bund und Ländern BVerfGE 109, 1 = NVwZ 2004, 468; BVerwGE 116, 234 = NVwZ 2002, 1127.

[450] Vgl. *Kraft* in: Eyermann, VwGO, § 52 Rn. 6.

[451] Vgl. *Würtenberger/Heckmann* Verwaltungsprozessrecht, Rn. 258.

176 An einem verwaltungsgerichtlichen Rechtsstreit sind mindestens zwei Personen, nämlich der **Kläger** und der **Beklagte** (respektive Antragsteller oder Antragsgegner) beteiligt (§ 63 Nr. 1, 2 VwGO). Nach Maßgabe des § 64 VwGO i. V. m. §§ 59 ff. ZPO können auch mehrere Personen klagen oder verklagt werden, also beteiligt sein. Es gelten dann die Vorschriften über die **Streitgenossenschaft** (→ Rn. 23). Im Falle einer (der Prozessökonomie dienenden) einfachen Streitgenossenschaft (§§ 59, 60 ZPO) – z. B. von Miteigentümern oder mehreren Berechtigten respektive Verpflichteten eines verwaltungsrechtlichen Vertrages – stehen die Streitgenossen selbständig nebeneinander (§ 61 ZPO), was gemeinsame Ladungen nicht ausschließt (§ 63 ZPO). Kann das streitige Rechtsverhältnis nur einheitlich festgestellt werden (sog. unechte prozessrechtlich-notwendige Streitgenossenschaft, etwa im Falle der Klage eines Testamentsvollstreckers oder des Erben) oder ist die Streitgenossenschaft aus einem sonstigen (materiell-rechtlichen) Grund eine notwendige (sog. echte notwendige Streitgenossenschaft, z. B. im Falle der Klage einer Gesamthand, vgl. § 62 ZPO), werden die Streitgenossen, die einen Termin oder eine Frist versäumen, durch die nichtsäumigen Streitgenossen vertreten.

177 Als weitere Beteiligte kommen gemäß § 63 Nr. 3 und 4 VwGO zudem der **Beigeladene** (§ 65 VwGO) sowie der Vertreter des Bundesinteresses (§ 35 VwGO) oder nach Maßgabe des Landesrechts der Vertreter des öffentlichen Interesses (§ 36 VwGO)[452] in Betracht.[453] Der Rechtsschutzsuchende hat keinen Einfluss darauf, ob weitere Beteiligte (anders als bei der Streitgenossenschaft nicht als Hauptbeteiligte, sondern Dritte) einbezogen werden. Daraus lässt sich aber nicht der Schluss ziehen, dass eine weitere Beteiligung für den Rechtsschutzsuchenden ohne Belang ist. Zum einen können sich die Vertreter des Bundesinteresses und des öffentlichen Interesses jederzeit im Verfahren äußern (§§ 35 Abs. 2, 36 Abs. 2 VwGO) und die Beigeladenen dürfen selbständige Angriffs- und Verteidigungsmittel geltend machen sowie alle Verfahrenshandlungen wirksam vornehmen (wobei die einfach Beigeladenen i. S. d § 65 Abs. 1 VwGO im Gegensatz zu den notwendig Beigeladenen i. S. d. § 65 Abs. 2 VwGO nach § 66 VwGO keine abweichenden Sachanträge stellen dürfen). Zum zweiten werden, von den Besonderheiten des Normenkontrollverfahrens nach § 47 Abs. 5 S. 2 Hs. 2 VwGO abgesehen (→ § 32 Rn. 73), nur die Beteiligten (und ihre Rechtsnachfolger) – sowie die Nichtantragsteller des § 65 Abs. 3 VwGO – an Gerichtsentscheidungen rechtskräftig gebunden (§ 121 VwGO). Zum dritten muss der Rechtsschutzsuchende für den Fall des Vorliegens der Voraussetzungen einer **notwendigen Beiladung** daran interessiert sein, dass die Beiladung nicht unterbleibt. So entfaltet das Gestaltungsurteil einer stattgebenden **Anfechtungsklage** beim Unterlassen einer notwendigen Beiladung keinerlei Wirkungen, weil der Schutz des Dritten anders nicht sichergestellt werden kann und die Aufhebung eines Verwaltungsakts nur gegenüber bestimmten Beteiligten keinen Sinn ergibt. Bei der Stellung von **Verpflichtungs-, Leistungs- oder Feststellungsanträgen** wirkt die Gerichtsentscheidung nur gegenüber den Hauptbeteiligten, wohingegen sie gegenüber den nicht beigeladenen, aber notwendig beizuladenden Dritten unwirksam bleibt.[454] Ist etwa einer Verpflichtungsklage stattgegeben worden und hat die Verwaltungsbehörde daraufhin den erstrittenen Verwaltungsakt erlassen, wird der Rechtsschutz des nicht an das Urteil gebundenen Dritten, der notwendig beizuladen gewesen wäre, aber nicht beigeladen wurde, dadurch gewahrt, dass er Anfechtungsklage gegen den Verwaltungsakt erheben kann. Eine Beiladung kann in den vorläufigen Rechtsschutzverfahren oder Normenkontrollverfahren (→ § 32 Rn. 76) zulässig oder geboten sein.[455]

---

[452] Zur rechtspolitischen Einschätzung der §§ 35, 36 VwGO vgl. *Steinbeiß-Winkelmann* in: Schoch/Schneider, VwGO, § 35 Rn. 13, § 36 Rn. 11.

[453] Bei der „Beiladung“ nach § 99 Abs. 2 S. 6 VwGO handelt es sich nicht um eine solche i. S. d. § 65 Abs. 2 VwGO, sondern um eine besondere Art der Behördenbeteiligung im „in camera“-Verfahren (BVerwGE 117, 42 = NVwZ 2002, 1504; vgl. dazu → § 24 Rn. 7).

[454] Vgl. *Bier/Steinbeiß-Winkelmann* in: Schoch/Schneider, VwGO, § 65 Rn. 41 f.; *Czybulka* in: Sodan/Ziekow, VwGO, § 65 Rn. 187.

[455] Im Normenkontrollverfahren kommt nur eine einfache Beiladung in Betracht (vgl. § 47 Abs. 2 S. 4 VwGO).

Die verfassungsrechtlich nicht erforderliche **einfache Beiladung** zielt darauf ab, diejenigen von Amts wegen oder auf Antrag zu beteiligen, deren rechtliche Interessen durch die Entscheidung des Gerichts berührt werden. Dies ist der Fall, wenn die Möglichkeit einer Verbesserung oder Verschlechterung der Rechtslage besteht.[456] So kann ein Nachbar beigeladen werden, wenn der Bauherr Verpflichtungsklage auf Erlass einer Baugenehmigung erhoben hat. Da es um Interessenwahrung, Prozessökonomie und möglichst umfassende Sachaufklärung geht,[457] sind keine erheblichen Anforderungen zu stellen. Anders als nach § 42 Abs. 2 VwGO (→ § 27 Rn. 50 ff.) wird insbesondere nicht verlangt, dass der Beigeladene eine Rechtsverletzung geltend machen kann. Die einfache Beiladung steht immer im Ermessen des Gerichts. **Notwendig** ist eine **Beiladung,** wenn an dem streitigen Rechtsverhältnis Dritte derart beteiligt sind, dass die Entscheidung auch ihnen gegenüber nur einheitlich ergehen kann (§ 65 Abs. 2 VwGO). Dies ist der Fall, wenn unmittelbar Rechte des Dritten gestaltet, bestätigt, festgestellt, verändert oder aufgehoben werden.[458] Ist der aus prozessualen Gründen notwendige Streitgenosse nicht als Kläger oder Beklagter beteiligt (→ Rn. 176), muss er notwendig beigeladen werden.[459] Kommt eine notwendige Beiladung von mehr als 50 Personen in Betracht, „kann" das Gericht nach Maßgabe des § 65 Abs. 3 VwGO eine solche anordnen. Die praktische Bedeutung der Vorschrift ist gering, weil auch in Massenverfahren eine so große Anzahl notwendig Beizuladender selten vorkommt.[460] 178

Den wichtigsten Anwendungsfall der **notwendigen Beiladung** bildet die **Anfechtungsklage** gegen einen Verwaltungsakt mit drittbelastender Doppelwirkung (Begünstigung einer Person, Belastung einer anderen). Greift etwa ein Nachbar eine Baugenehmigung vor dem Verwaltungsgericht an, muss der (durch die Genehmigung begünstigte) Bauherr beigeladen werden. Bei **Verpflichtungsklagen** ist die Notwendigkeit einer einheitlichen Entscheidung dann gegeben, wenn Adressat des vom Kläger beantragten Verwaltungsakts ein Dritter ist (z. B. Klage des Nachbarn auf Erlass eines Verwaltungsakts gegenüber dem Anlagenbetreiber) oder die stattgebende Entscheidung zugleich die Aussage enthält, dass der für den ablehnenden Bescheid maßgebliche Mitwirkungsakt eines Dritten rechtswidrig ist (wie dies auf die Versagung des Einvernehmens durch die Gemeinde gemäß § 36 BauGB zutrifft).[461] Im Falle der Erhebung einer allgemeinen **Leistungsklage** in Gestalt einer Unterlassungsklage ist eine Beiladung notwendig, wenn die Leistung an einen bestimmten Dritten unterbleiben soll. Bei **Feststellungsklagen** greift § 65 Abs. 2 VwGO ein, wenn ein Dritter an dem Rechtsverhältnis, um dessen Feststellung gestritten wird, unmittelbar beteiligt ist (so z. B. wenn die Feststellung beantragt wird, dass ein Vertrag, der zwischen der Verwaltung und einem Konkurrenten abgeschlossen wurde, ungültig ist). Entsprechendes gilt für die Nichtigkeitsfeststellungsklage. 179

Die Entscheidung über die Beiladung erfolgt durch **Beschluss** (§ 65 Abs. 4 S. 1 VwGO). 180
Der notwendig beizuladende Dritte hat einen Anspruch auf Beiladung.[462] Der Beiladungsbeschluss ist allen Beteiligten zuzustellen (§ 65 Abs. 4 S. 1 VwGO). Die Beiladung ist **unanfechtbar** (§ 65 Abs. 4 S. 3 VwGO). Gegen die Ablehnung kann aber Beschwerde eingelegt werden (§§ 146 ff. VwGO). Ferner kann das Gericht die Beiladung ex nunc aufheben, wenn die Voraussetzungen nicht vorgelegen haben oder nicht mehr gegeben sind.[463] Die **Rechtskraftbindung** von Urteilen erstreckt sich gemäß § 121 Nr. 1 VwGO auf alle Beteiligten und damit sowohl auf die einfach als auch auf die notwendig Beigeladenen. Im Falle

---

[456] Vgl. *Hoppe* in: Eyermann, VwGO, § 65 Rn. 10.
[457] Vgl. zu den Normzwecken des § 65 VwGO *Bier/Steinbeiß-Winkelmann* in: Schoch/Schneider, VwGO, § 65 Rn. 4 ff.
[458] Vgl. BVerwGE 18, 124 (126) = BeckRS 1964, 30431765; E 51, 268 (275) = BeckRS 1976, 30425683; E 55, 8 (11) = BeckRS 1977, 105785; *W.-R. Schenke* in: Kopp/Schenke, VwGO, § 65 Rn. 14.
[459] *Hoppe* in: Eyermann, VwGO, § 65 Rn. 4.
[460] *W.-R. Schenke* in: Kopp/Schenke, VwGO, § 65 Rn. 26.
[461] Näher dazu *Bier/Steinbeiß-Winkelmann* in: Schoch/Schneider, VwGO, § 65 Rn. 24 ff.
[462] *Hoppe* in: Eyermann, VwGO, § 65 Rn. 31.
[463] *Bier/Steinbeiß-Winkelmann* in: Schoch/Schneider, VwGO, § 65 Rn. 34.

des § 65 Abs. 3 VwGO werden ebenfalls diejenigen gebunden, die einen Antrag auf Beiladung nicht oder nicht fristgerecht gestellt haben (§ 121 Nr. 2 VwGO).

181 Die Beteiligung oder Nichtbeteiligung betrifft **weder** die **Zulässigkeit noch** die **Begründetheit** einer Klage (bzw. eines Antrags). Da die Beachtung des § 65 Abs. 2 VwGO für den Kläger (Antragsteller) aber von größtem Interesse ist (→ Rn. 177), weil sich ein obsiegendes Urteil ansonsten als nutzlos erweisen kann, ist es erforderlich, in einem Rechtsgutachten die Frage der notwendigen Beiladung zu prüfen. Dies kann entweder zwischen Zulässigkeit und Begründetheit oder nach der Begründetheitsprüfung geschehen. Ersteres ist empfehlenswert.

182 **Lösung zu Fall 32:** Nach § 65 Abs. 2 VwGO sind Dritte notwendig beizuladen, wenn sie an dem Rechtsverhältnis derart beteiligt sind, dass die Entscheidung auch ihnen gegenüber nur einheitlich ergehen kann. Streitiges Rechtsverhältnis ist der von L geltend gemachte Anspruch auf Aufhebung der Ausweisungsverfügung. Die Ehefrau kann durch die Ausweisung ebenfalls in ihren durch Art. 6 Abs. 1 GG geschützten Rechten verletzt sein. Sie ist klagebefugt und kann daher einen Anspruch gleichen Inhalts wie ihr Mann haben. Hieraus ergibt sich nach Auffassung der Rechtsprechung[464] aber noch nicht, dass die Ehefrau derart an dem Rechtsverhältnis beteiligt ist, dass die Entscheidung auch ihr gegenüber nur einheitlich ergehen kann. Daher scheidet eine notwendige Beiladung aus. In Betracht kommt jedoch eine einfache Beiladung (§ 65 Abs. 1 VwGO).

## II. Anforderungen an die Beteiligtenstellung

183 **Fall 33:** M ist der vom Promotionsausschuss der Rechtswissenschaftlichen Fakultät der Universität Freiburg verliehene Doktorgrad entzogen worden, weil es sich bei der Dissertation um ein Plagiat gehandelt habe. Er möchte wissen, ob eine verwaltungsgerichtliche Klage gegen die Rechtswissenschaftliche Fakultät in Betracht kommt.

184 **Fall 34:** Bürgerinitiative N sammelt in einer nordrhein-westfälischen Gemeinde Unterschriften, um ein Bürgerbegehren gegen den drohenden Verkauf der Stadtwerke zu initiieren und die Bürger anschließend über den Verkauf entscheiden zu lassen. Da der Abschluss entsprechender Verträge droht, beantragen drei Vertreter des Bürgerbegehrens im Wege des einstweiligen verwaltungsgerichtlichen Rechtsschutzes, der Gemeinde zu untersagen, die Verträge abzuschließen.

185 Die Beteiligten (Kläger und Beklagte bzw. Antragsteller oder Antragsgegner) müssen – jedenfalls im Zeitpunkt der letztmöglichen Verhandlung (oder Gerichtsentscheidung) – die Fähigkeit besitzen, **Subjekt** eines **Prozessrechtsverhältnisses** sein zu können. Eine diesbezügliche Regelung trifft **§ 61 VwGO.** Doch gehen spezialgesetzliche Regelungen vor.[465] Erhebt ein nicht beteiligungsfähiges Subjekt eine Klage, ist es zwar an dem durch die Klage ausgelösten Prozess beteiligt; die Klage ist aber wegen mangelnder Beteiligungsfähigkeit unzulässig.[466] Im Streit um die von Amts wegen zu prüfende Beteiligungsfähigkeit (ein-

[464] Vgl. BVerwG NJW 1977, 1603; E 55, 8 (11) = BeckRS 1977, 105785. Vgl. auch BVerwG NVwZ 1997, 1116.

[465] Vgl. §§ 124 Abs. 1, 161 Abs. 2 HGB (offene Handelsgesellschaft und Kommanditgesellschaft); § 10 Abs. 6 S. 5 WEG (Wohnungseigentümergesellschaft, dazu BVerwG NVwZ 2019, 1597 Rn. 12); § 3 PartG (wonach eine Partei und deren Gebietsverbände unabhängig von ihrer Rechtsfähigkeit unter ihrem Namen klagen oder verklagt werden können); § 46 Abs. 2 AbgG (Fraktionen); § 2 Abs. 11 BörsG (Börse); § 4 Abs. 1 BEZNG (Bundeseisenbahnvermögen).

[466] *Schenke* Verwaltungsprozessrecht, Rn. 455.

schließlich der Rechtsmittelverfahren gegen Prozessurteile, die wegen Fehlens der Beteiligungsfähigkeit ergangen sind) ist derjenige, dessen Beteiligungsfähigkeit fraglich ist, deshalb als beteiligtenfähig anzusehen.[467] Ebenso ist eine **aufgelöste juristische Person** (z. B. eine nach einer kommunalen Gebietsreform in eine andere Kommune eingegliederte Gemeinde[468] oder ein verbotener Verein[469]) beteiligungsfähig, wenn gerade um die Auflösung oder das Verbot gestritten wird. Fraktionen verlieren mit Ablauf der Legislaturperiode ihre Existenz. Doch sollen Nachfolgefraktionen den Rechtsstreit weiterführen können.[470] Im Falle des **Tod**es **einer natürlichen Person** tritt bei höchstpersönlichen Rechten und Pflichten Erledigung der Hauptsache ein,[471] ansonsten wird das Verfahren nach § 173 S. 1 VwGO i. V. m. § 239 ZPO unterbrochen und ggf. durch den Rechtsnachfolger oder dessen Gegner wieder aufgenommen. Fand eine Vertretung durch einen Prozessbevollmächtigten statt, tritt eine Unterbrechung nicht ein. Doch kann der Bevollmächtigte oder Gegner gemäß § 173 S. 1 VwGO i. V. m. § 246 ZPO eine Aussetzung beantragen. Fehlt einem Beigeladenen die Beteiligungsfähigkeit, erstreckt sich die Rechtskraft nicht auf diesen.[472]

### 1. Natürliche und juristische Personen

Greifen keine spezielleren Normen ein (→ Rn. 185), bestimmt sich die Beteiligungsfähigkeit nach § 61 VwGO, für die verwaltungsgerichtliche Normenkontrolle nach § 47 Abs. 2 S. 1, 2 VwGO. Danach kommt es grundsätzlich auf die Rechtsfähigkeit an.[473] Demgemäß sind natürliche oder juristische Personen (des öffentlichen oder privaten Rechts) stets beteiligungsfähig **(§ 61 Nr. 1 VwGO).** 186

**Lösung zu Fall 33:** Die Zulässigkeit der Klage setzt unter anderem voraus, dass die Rechtswissenschaftliche Fakultät beteiligungsfähig ist und richtiger Beklagter des Verwaltungsrechtsstreits sein kann. Fraglich ist, ob die Beteiligten- und Beklagtenstellung der Fakultät oder der Universität zukommt. Nach § 22 Abs. 1 LHG BW gliedern sich die Universitäten in Fakultäten, bei denen es sich um (teilrechtsfähige) Vereinigungen i. S. d. § 61 Nr. 2 VwGO handelt. Die Fakultäten führen auch Prüfungen durch (§§ 32 Abs. 1 S. 1, Abs. 5, 38 Abs. 4 S. 1 LHG BW i. V. m. § 22 Abs. 1 LHG BW). Zuständig für die Promotionsprüfungen und damit auch für den actus contrarius der Verleihung des Doktortitels ist gemäß § 8 Abs. 2 S. 1 LHG BW (auf der Grundlage der Promotionsordnung, § 38 Abs. 4 S. 1 LHG BW) der Promotionsausschuss der Rechtswissenschaftlichen Fakultät.[474] Da das Promotionsrecht in BW aber bei der Universität liegt (§ 38 Abs. 1 S. 1 LHG BW), handelt der Promotionsausschuss für die Universität, nicht für die Fakultät. Mangels einer Bestimmung i. S. d. §§ 61 Nr. 3, 78 Abs. 1 Nr. 2 VwGO kann die Klage auch nicht gegen den Prüfungsausschuss als Behörde gerichtet werden. Somit muss die Universität verklagt werden.[475] Eine Klage gegen die Fakultät ist unzulässig. 187

**Lösung zu Fall 34:** Mangels aufdrängender oder abdrängender Sonderzuweisungen richtet sich der Rechtsweg nach § 40 Abs. 1 S. 1 VwGO. Die Zulässigkeit von Bürger- 188

---

[467] Vgl. *Bier/Steinbeiß-Winkelmann* in: Schoch/Schneider, VwGO, § 61 Rn. 13; *Czybulka/Siegel* in: Sodan/Ziekow, VwGO, § 61 Rn. 8.

[468] Vgl. z. B. VGH BW DÖV 1979, 605; VerfG Bbg SächsVBl 1995, 204.

[469] BVerwGE 1, 266 (267 f.) = NJW 1955, 565 (566); vgl. auch § 6 VereinsG.

[470] Vgl. *Bier/Steinbeiß-Winkelmann* in: Schoch/Schneider, VwGO, § 61 Rn. 11.

[471] Es bedarf dann einer Kostenentscheidung nach § 161 Abs. 2 VwGO gegenüber dem Erben.

[472] Vgl. *W.-R. Schenke* in: Kopp/Schenke, VwGO, § 61 Rn. 2.

[473] Keine Beteiligungsfähigkeit kann somit Tieren oder der Natur als solcher zukommen (zur Klage von bedrohten Seehunden vgl. VG Hamburg NVwZ 1988, 1058).

[474] Vgl. VGH BW DVBl 2014, 1189 Rn. 8.

[475] I. d. S. auch (ohne Problematisierung) VGH BW Urt. v. 19.4.2000 – 9 S 2435/99, BeckRS 2000, 21248; vgl. ferner VBl BW 2012, 180 (181).

begehren und Bürgerentscheiden auf kommunaler Ebene ist in den Gemeindeordnungen, also Normen des öffentlichen Rechts,[476] geregelt, so dass eine öffentlich-rechtliche Streitigkeit anzunehmen ist. Diese müsste des Weiteren nichtverfassungsrechtlicher Art sein. Ziel der Bürgerinitiative ist es, die Bürger (also das Gemeindevolk) anstelle des Rates entscheiden zu lassen. Beim Gemeindevolk könnte es sich um ein Verfassungsorgan handeln, als deren Organteile oder Organwalter die Initiatoren tätig werden. Indessen ist die Gemeinde ein Verwaltungsträger, der Rat (an dessen Stelle die Bürger entscheiden wollen) ein Verwaltungsorgan. Zudem geht es im Rechtsstreit nicht unmittelbar um einen Bürgerentscheid, sondern um die vorläufige Untersagung eines Vertragsabschlusses. Somit liegt keine verfassungsrechtliche Streitigkeit i. S. d. § 40 Abs. 1 S. 1 VwGO vor. Eine Bürgerinitiative ist mangels Rechtsfähigkeit nicht beteiligungsfähig. Wird ein Volksbegehren auf staatlicher Ebene für unzulässig erklärt, sehen die Verfassungsgerichte die Vertrauenspersonen des Volksbegehrungszulassungsantrags als beteiligungsfähig an.[477] Ebenso schreibt § 26 Abs. 2 S. 2 GO NW vor, dass ein Bürgerbegehren drei Bürger benennen muss, die berechtigt sind, die Unterzeichnenden zu vertreten.[478] Nach Ansicht des BVerfG[479] sind die den Vertrauenspersonen eines Bürgerbegehrens durch das Kommunalrecht zugewiesenen Rechte Teil der kommunalen Willensbildung. Sie beträfen die politische Willensbildung in der Gemeinde und begrenzten zugleich die Rechte der Gemeindevertretung. Ein zugelassenes Bürgerbegehren sei deshalb Teil des institutionellen Gefüges der Gemeinde, mit dem die Bürgerschaft an der politischen Willensbildung in der Gemeinde teilhabe. Sinngemäß nähmen die Vertrauensleute insoweit eine organschaftliche Funktion wahr. Folgt man dieser Auffassung, handelt es sich um eine kommunalverfassungsrechtliche Streitigkeit. Die Beteiligungsfähigkeit der Vertrauensperson ergäbe sich aus § 61 Nr. 2 VwGO. Doch stößt diese Ansicht auf Bedenken. Da die Bürgerinitiative kein „Kommunalverfassungsorgan" ist und die die Bürgerinitiative unterstützenden Bürger ebenso wie bei der Ausübung des Kommunalwahlrechts von ihren staatsbürgerlichen Mitwirkungsrechten Gebrauch machen wollen, handelt es sich nicht um einen Innen-, sondern um einen Außenrechtsstreit.[480] Die den Vertrauenspersonen gewährten Rechte dienen allein dazu, die Verfahrensrechte hinsichtlich des Bürgerbegehrens auf diese Personen zu konzentrieren und damit die Gruppe der Unterzeichner des Bürgerbegehrens handlungsfähig zu machen. Sie zielen nicht auf eine Integration der Bürger in die Organstruktur einer Gemeinde ab.[481] Dementsprechend sind die Vertreter des Bürgerbegehrens nach der hier vertretenen Ansicht in ihrer Eigenschaft als natürliche Person im Streit um die Nichtzulassung eines Bürgerentscheids gemäß § 61 Nr. 1 VwGO beteiligungsfähig.[482] Hier ist es zwar noch nicht zu einem Bürgerbegehren gekommen (weil das Quorum noch nicht erreicht wurde und es zunächst nur um die Verhinderung vollendeter Tatsachen geht). Doch kann für das Vorstadium des plebiszitären Verfahrens nichts anderes gelten. Da eine Gemeinde eine juristische Person (nämlich Gebietskörperschaft des öffentlichen Rechts) ist, ergibt sich deren Beteiligungsfähigkeit ebenfalls aus § 61 Nr. 1 VwGO.

---

[476] Vgl. für NW § 26 GO NW.

[477] Vgl. z. B. BVerfGE 96, 139 = NVwZ 1998, 167; VerfGH NW NVwZ 1982, 188.

[478] Vgl. auch § 26 Abs. 6 S. 3 GO NW, wonach nur die Vertreter des Bürgerbegehrens einen Rechtsbehelf gegen die Entscheidung des Rates, dass ein Bürgerbegehren unzulässig ist, einlegen können. Näher dazu OVG NW NVwZ-RR 1999, 136.

[479] Vgl. BVerfG-K NVwZ 2019, 642 (643).

[480] Strittig, wie hier BayVGH NVwZ-RR 1998, 256 (257); OVG NW DVBl 1998, 785; a. A. teilweise OVG LSA NVwZ-RR 1998, 253 (254); OVG RP NVwZ-RR 1995, 411 (412); NdsOVG NdsVBl 1998, 240.

[481] *Heusch/Dickten* NVwZ 2019, 1238 (1244). Strittig wie hier BayVGH NVwZ-RR 1998, 256 (257); OVG NW DVBl 1998, 785; vgl. auch OVG NW NWVBl 2019, 459 (460 f.).

[482] Geht man dem gegenüber von § 61 Nr. 2 VwGO aus (z. B. *Schenke* Verwaltungsprozessrecht, Rn. 462), hätte dies erhebliche Konsequenzen, z. B. für die Kostentragung.

## 2. Vereinigungen

**Fall 35:** Der Polizeivollzugsbeamte O wendet sich nach erfolgloser Einlegung von Widersprüchen mit einer verwaltungsgerichtlichen Klage gegen die Umsetzung auf einen anderen Dienstposten seiner Behörde sowie die Anordnung des Dienstvorgesetzten, seine Haare höchstens in Hemdkragenlänge zu tragen. 189

**Fall 36:** Die Ratsfraktion P des Rates der Stadt X sowie deren Vorsitzender in seiner Eigenschaft als einfaches Ratsmitglied haben verwaltungsgerichtliche Klage erhoben und die Feststellung beantragt, dass der beklagte Rat sie durch Ausschluss der Öffentlichkeit bei der Beratung eines Tagesordnungspunktes in ihren organschaftlichen Rechten verletzt hat. 190

Über § 50 ZPO hinausgehend spricht ferner **§ 61 Nr. 2 VwGO** den (nicht rechtsfähigen) Vereinigungen Beteiligungsfähigkeit zu, soweit ihnen ein Recht zustehen kann. Vereinigungen sind Personenmehrheiten, denen ein Mindestmaß an Organisation zukommt.[483] Ferner müssen den Vereinigungen selbst (und nicht nur ihren Mitgliedern) Rechte (oder Pflichten) zustehen können. Dies trifft z. B. auf BGB-Gesellschaften[484] und nichtrechtsfähige Vereine, nicht dagegen auf Bruchteilsgemeinschaften[485] (§§ 741 ff. BGB) oder Aufsichtsorgane einer Stiftung[486] zu.[487] Für offene Handelsgesellschaften und Kommanditgesellschaften ergibt sich die Beteiligungsfähigkeit bereits aus den spezialgesetzlichen Normierungen der §§ 124 Abs. 1, 161 Abs. 2 HGB).[488] 191

Nicht ausreichend ist, dass der Vereinigung irgendein Recht zustehen kann. Vielmehr muss ihr das **Recht** gerade **im Hinblick auf den konkreten Streitgegenstand** zustehen können.[489] Das Recht muss sich (wenn auch nicht zwingend aus der Regelung, auf die sich der Beteiligte beruft, so doch zumindest) aus dem prozessrelevanten Normenkomplex ergeben.[490] Die Prüfung des § 42 Abs. 2 VwGO wird damit nicht hinfällig. Die Vorschrift verlangt zum einen die Geltendmachung einer klagefähigen (subjektiv öffentlich-rechtlichen) Position, zum anderen die Geltendmachung einer Rechtsverletzung, d. h. der Rechtswidrigkeit der Rechtsbeeinträchtigung.[491] 192

Über den Wortlaut hinausgehend ist **§ 61 Nr. 2 VwGO analog,**[492] im Wege der Rechtsfortbildung[493] oder der Interpretation im Lichte des § 40 Abs. 1 VwGO[494] auf alle teilrechtsfähigen Subjekte anwendbar, soweit diesen ein Recht zustehen kann. Dies hat vor 193

---

[483] BVerwG NVwZ 2004, 887; *Redeker* in: Redeker/v. Oertzen, VwGO, § 61 Rn. 4.

[484] Die partielle Rechtsfähigkeit von BGB-Gesellschaften ist gewohnheits- oder richterrechtlich begründet worden; vgl. dazu BVerfG-K NJW 2002, 3533; BGHZ 146, 341 (343 ff.) = NJW 2001, 1056; zur Behandlung im Verwaltungsprozess *Pache/Knauff* BayVBl 2003, 168.

[485] Wohnungseigentümergemeinschaften werden dagegen kraft der spezialgesetzlichen Ausprägung nach § 10 Abs. 6 S. 5 WEG als beteiligungsfähig angesehen; vgl. BGHZ 163, 154 = NJW 2005, 2061; *Bier/Steinbeiß-Winkelmann* in: Schoch/Schneider, VwGO, § 61 Rn. 4, 6; anders noch BVerwG NJW 1993, 79.

[486] OVG Berlin NVwZ-RR 2003, 323; *Suerbaum* NVwZ 2005, 161.

[487] Vgl. zu weiteren Beispielen *Krausnick* in: Gärditz, VwGO, § 61 Rn. 17.

[488] Vgl. bereits → Rn. 185 m. Fn. 465.

[489] BVerwGE 31, 359 (365) = BeckRS 1969, 30433238; E 32, 333 (334) = BeckRS 1969, 30439797; E 45, 39 (42) = DÖV 1974, 493 (494); E 56, 56 (57) = NJW 1978, 1937; *Ehlers* NVwZ 1990, 105 (110); a. A. *Czybulka/Siegel* in: Sodan/Ziekow, VwGO, § 61 Rn. 29 (abstrakte, nicht konkrete Betrachtungsweise mit nicht weiterführenden Hinweis auf BVerwGE 90, 304 [305] = NVwZ 1993, 174), vgl. auch *Schenke* Verwaltungsprozessrecht, Rn. 462a.

[490] *W.-R. Schenke* in: Kopp/Schenke, VwGO, § 61 Rn. 8; *Hoppe* in: Eyermann, VwGO, § 61 Rn. 7.

[491] Vgl. *Ehlers* NVwZ 1990, 105 (110).

[492] Vgl. z. B. *Dolde* FS Menger, 1985, S. 433 (436 f.); *Bier/Steinbeiß-Winkelmann* in: Schoch/Schneider, VwGO, § 61 Rn. 7.

[493] Vgl. *Schoch* JuS 1987, 783 (787); *Erichsen* FS Menger, 1985, S. 211 (223 f.).

[494] Vgl. *Ehlers/Schneider* in: Schoch/Schneider, VwGO, § 40 Rn. 130.

allem für Innenrechtssubjekte Bedeutung.[495] **Innenrechtssubjekte** (wie z. B. der Gemeinderat, eine Ratsfraktion oder der Allgemeine Studentenausschuss einer Universität)[496] sind beteiligungsfähig, wenn und soweit sie sich auf eine **wehrfähige Rechtsposition** berufen können. Von einer solchen Position ist nach der hier vertretenen Auffassung dann auszugehen, wenn dem Innenrechtssubjekt im Funktionsinteresse der juristischen Person des öffentlichen Rechts oder der teilrechtsfähigen Außenrechtsvereinigung Zuständigkeiten zur eigenständigen Wahrnehmung zugewiesen sind, kein Interessenausgleich möglich ist und das objektive Recht im Interesse einer Optimierung der Entscheidung auch den Schutz des Innenrechtssubjekts bezweckt. Das Innenrechtssubjekt ist dann Endsubjekt rechtlicher Zuordnung und nicht nur Subjekt einer transitorischen Wahrnehmungszuständigkeit (Durchgangssubjekt).[497] Ist dies der Fall, besteht Beteiligungsfähigkeit auch dann, wenn es sich bei dem Innenrechtssubjekt um ein monokratisches Organ respektive einen Organteil oder einen Amtswalter handelt; z. B. kann ein Ratsmitglied entsprechend § 61 Nr. 2 VwGO gegen seinen Ausschluss aus dem Rat klagen.

194 **Lösung zu Fall 35:** Die Beteiligungsfähigkeit des O könnte sich aus § 61 Nr. 1 VwGO ergeben. Dann müsste er in seiner Eigenschaft als natürliche Person klagen. Die Umsetzungsverfügung betrifft den O jedoch nur als Amtswalter. Demgemäß kann er allenfalls entsprechend § 61 Nr. 2 VwGO beteiligungsfähig sein. Zwar können auch Amtswalter als Vereinigungen in analoger Anwendung der Vorschriften anzusehen sein. Doch müsste dem O dann eine wehrfähige Rechtsposition gerade im Hinblick auf den konkreten Streitgegenstand zustehen. Ein Recht auf Beibehaltung eines Dienstpostens gibt es grundsätzlich nicht.[498] Da ein Ausnahmefall nicht ersichtlich ist, muss nach hier vertretener Ansicht die Klage als unzulässig abgewiesen werden. Dennoch hat das BVerwG in einem ähnlichen Fall die Klage nur als unbegründet angesehen.[499] Die Anordnung, die Haare nur bis zu einer bestimmten Länge zu tragen, ist zwar ebenfalls eine verwaltungsinterne Maßnahme, weil sie dazu bestimmt ist, den Beamten nicht als Träger subjektiver Rechte, sondern als Amtswalter und Glied der Verwaltung anzusprechen (Erscheinungsbild im Dienst).[500] Auch der gemäß § 54 Abs. 2 BeamtStG ergangene Widerspruchsbescheid ändert nichts am verwaltungsinternen Charakter der angegriffenen Maßnahme. Jedoch können auch solche Maßnahmen nichtintendierte Außenwirkungen haben. Dies ist bei der Regelung über die Gestaltung der Haartracht der Fall, weil solche Regelungen zwangsläufig auch die private Lebensführung beeinflussen, also das Persönlichkeitsrecht verletzen können. Demgemäß ergibt sich die Beteiligungsfähigkeit des O insoweit aus § 61 Nr. 1 VwGO, weil K als natürliche Person klagt.

195 **Lösung zu Fall 36:** Da es sich sowohl bei der Ratsfraktion als auch bei dem Ratsmitglied um Innenrechtssubjekte handelt,[501] beurteilt sich die Beteiligungsfähigkeit entsprechend § 61 Nr. 2 VwGO. Die entsprechend auch auf monokratische Stellen anwendbare Vorschrift verlangt, dass den Beteiligten ein Recht gerade im Hinblick auf den konkreten Streitgegenstand zustehen kann. Vielfach wird ein wehrfähiges Recht

---

[495] Näher dazu *Franz* Jura 2005, 156 (160); *Bethge* in: Mann/Püttner, Hdb kommunale Wissenschaft (Fn. 183), § 28.

[496] Näher dazu *Bier/Steinbeiß-Winkelmann* in: Schoch/Schneider, VwGO, § 61 Rn. 7.

[497] Vgl. *Erichsen* FS Menger, 1985, S. 211 (215 ff.).

[498] Ausnahmen können für Wahlbeamte gelten (die für ein konkretes Amt im funktionellen Sinne gewählt worden sind) oder für Professoren (zum Ausschluss eines Theologieprofessors aus der Theologenausbildung vgl. BVerwGE 124, 310 = NJW 2006, 1015).

[499] Vgl. BVerwGE 60, 144 = NJW 1981, 67. Ausführlich dazu *Ehlers* in: Steinbach, Verwaltungsrechtsprechung (Fn. 182), S. 99 ff.

[500] Vgl. BVerwGE 125, 85 = NVwZ-RR 2007, 781.

[501] Vgl. zur Fraktion *Ehlers* in: Mann/Pünder, Hdb kommunale Wissenschaft (Fn. 183), § 21 Rn. 55 m. w. Nachw.

von Ratsmitgliedern auf Wahrung des Grundsatzes der Öffentlichkeit von Ratssitzungen abgelehnt.[502] Eine andere Ansicht vertreten aber das OVG NW und der HessVGH, weil die Öffentlichkeit auch auf Antrag des Ratsmitglieds ausgeschlossen werden könne, die Verschwiegenheitspflicht über nichtöffentliche Sitzungen in Konflikt mit dem Recht auf freie Mandatsausübung gerate und der den Bürgern zugutekommende Schutzzweck des Grundsatzes der Öffentlichkeit zeige, dass es nicht nur um objektives Recht gehe.[503] Ebenso müsse der Ratsfraktion ein wehrfähiges Recht auf Wahrung des Grundsatzes der Sitzungsöffentlichkeit zugestanden werden. Folgt man der Ansicht dieser Gerichte, sind Fraktion und Ratsmitglied beteiligungsfähig. Die Beteiligungsfähigkeit des verklagten Rates ergibt sich ebenfalls aus entsprechender Anwendung des § 61 Nr. 2 VwGO.

### 3. Behörden

Da Behörden Organe von Rechtsträgern oder teilrechtsfähigen Personen, aber nicht selbst rechtsfähig sind, können sie grundsätzlich nicht Beteiligte eines Rechtsstreits sein. Jedoch ermächtigt § 61 Nr. 3 VwGO die Länder dazu, Behörden durch Landesrecht (Gesetz oder Verordnung) für beteiligungsfähig zu erklären. Der Behördenbegriff wird in der VwGO nicht definiert. An den Begriff des § 1 Abs. 4 BVwVfG oder den inhaltsgleichen Begriff der Landesverwaltungsverfahrensgesetze kann (unabhängig von der Frage, ob der Landesgesetzgeber befugt ist, früheres Bundesrecht – nämlich § 61 Nr. 3 VwGO – zu definieren) nicht angeknüpft werden, weil dieser Begriff (der auf jegliche Aufgabenwahrnehmung der öffentlichen Verwaltung abstellt) für das Prozessrecht zu weit geraten ist. Unter Behörden i. S. d. VwGO sind nur Stellen eines Verwaltungsträgers mit Außenzuständigkeit zu verstehen.[504] Die Ermächtigung bezieht sich nur auf **Landesbehörden,** nicht auf Bundesbehörden.[505] Doch kann der Bund mangels einer Selbstbindung des Gesetzgebers auch eine Beteiligungsfähigkeit von Bundesbehörden nach Art. 74 Abs. 1 Nr. 1 GG anordnen. Eine bundeseinheitliche Spezialregelung für die Antragstellung im verwaltungsgerichtlichen Normenkontrollverfahren enthält § 47 Abs. 2 S. 1 VwGO (→ § 32 Rn. 55). Sind die Behörden beteiligungsfähig, werden sie im Wege der **Prozessstandschaft** für den Rechtsträger tätig, dem sie angehören. Von der Ermächtigung des § 61 Nr. 3 VwGO haben die Länder Brandenburg, Mecklenburg-Vorpommern, Niedersachsen, Rheinland-Pfalz, das Saarland, Sachsen-Anhalt und Schleswig-Holstein in unterschiedlichem Umfang Gebrauch gemacht.[506] Für Normenkontrollverfahren sieht § 47 Abs. 2 S. 1 VwGO bundeseinheitlich eine Beteiligungsfähigkeit behördlicher Antragsteller vor. Sofern eine Beteiligungsfähigkeit der Behörden gegeben ist, sind Behörden, wenn sich der Rechtsschutz gegen sie richtet, auch richtiger Klagegegner (bzw. Antragsgegner) i. S. d. § 78 Abs. 1 Nr. 2 VwGO, falls die Gesetze dies bestimmen. 196

## H. Prozessfähigkeit

**Fall 37:** Rechtsanwalt Q, der gleichzeitig Mitglied des Rates der Stadt X ist, hat im Auftrag eines Mandanten Anfechtungsklage gegen eine Ordnungsverfügung der Stadt 197

[502] VGH BW NVwZ-RR 1992, 373; *Schnapp* VerwArch 78 (1987), 407 (428 ff.); *Erichsen* Kommunalrecht des Landes Nordrhein-Westfalen, 2. Aufl. 1997, S. 154 f.

[503] HessVGH NVwZ-RR 2009, 531; OVG NW DVBl 2001, 1281.

[504] Hierfür spricht auch die Entstehungsgeschichte der Norm (*Erichsen* FS Menger, 1985, S. 211 [222]), der Sachzusammenhang mit den Bestimmungen der §§ 62 Abs. 3 (der von gesetzlichen Behördenvertretern spricht), 78 Abs. 1 Nr. 2 VwGO sowie die sich aus § 61 Nr. 2 VwGO ergebenden Sperrwirkungen für Innenrechtsstreitigkeiten. Anders wohl *W.-R. Schenke* in: Kopp/Schenke, VwGO, § 61 Rn. 13.

[505] BVerwGE 14, 330 (331) = VerwRspr 1963, 630 (631); E 72, 165 (167) = NVwZ 1986, 555; vgl. aber auch a. A. *Dolde* FS Menger, 1985, S. 433 (434); *Stern/Blanke* Verwaltungsprozessrecht, Rn. 239.

[506] Vgl. § 8 Abs. 1 BbgVwGG; § 14 Abs. 1 AGGerStrG MV; § 79 Abs. 1 NdsNJG; § 17 Abs. 2 AGVwGO RP; § 19 Abs. 1 AGVwGO SL; § 8 S. 1 AG VwGO LSA; § 69 Abs. 1 LJG SH. In Nds, LSA und SH gilt die Beteiligungsfähigkeit nur für landesunmittelbare Behörden, in RP nur für die Aufsichts- und Dienstleistungsdirektionen im Falle einer Klage nach § 16 Abs. 7 AGVwGO RP.

X erhoben. Darf oder muss das Verwaltungsgericht Q als Bevollmächtigten zurückweisen?

198 Unter Prozessfähigkeit ist die Befugnis zu verstehen, selbst oder durch einen Bevollmächtigten wirksam Prozesshandlungen vornehmen oder entgegennehmen zu können. **§ 62 Abs. 1 Nr. 1 VwGO** verknüpft die Prozessfähigkeit mit der **Geschäftsfähigkeit** des bürgerlichen Rechts. Prozessfähig sind die Volljährigen (d. h. die Personen, die das 18. Lebensjahr vollendet haben, vgl. § 2 BGB), prozessunfähig die Geschäftsunfähigen, d. h. die Kinder bis zur Vollendung des siebten Lebensjahres und die dauerhaft Geistesgestörten (§ 104 Nr. 1 u. 2 BGB). Die nur beschränkt Geschäftsfähigen (d. h. vor allem die Minderjährigen nach Vollendung des siebten Lebensjahres, vgl. §§ 106 ff. BGB) sind nicht (generell) beschränkt prozessfähig, sondern grundsätzlich prozessunfähig. Sie werden durch ihre gesetzlichen Vertreter – und ggf. einen Prozesspfleger[507] – vertreten. Soweit sie durch Vorschriften des bürgerlichen oder öffentlichen Rechts für den Gegenstand des Verfahrens als geschäfts- bzw. handlungsfähig i. S. d. § 12 VwVfG anerkannt sind, kommt ihnen nach **§ 62 Abs. 1 Nr. 2 VwGO** allerdings partiell volle Prozessrechtsfähigkeit zu. Z. B. sind Minderjährige in den Fällen der §§ 112, 113 BGB für die dort genannten Geschäfte prozessfähig. In religiösen Fragen sind Kinder ab 14 Jahren religionsmündig[508] und damit auch prozessfähig.[509]

199 Unter Umständen kann sich die Prozessfähigkeit auch aus den **Grundrechte**n ergeben.[510] Kann ein Minderjähriger „nach dem Ausmaß der im jeweiligen Kontext zu fordernden Einsichtsfähigkeit“ Verfassungsbeschwerde einlegen, liegt es nahe, auch die verwaltungsgerichtliche Prozessfähigkeit zu bejahen.[511] Je nach materiellem Recht (z. B. **Eltern**recht) können auch die gesetzlichen Vertreter für oder neben dem beschränkt Geschäftsfähigen prozessfähig sein. Bei **Betreuung** oder **Pflegschaft** richtet sich die Prozessfähigkeit nach **§ 62 Abs. 2 VwGO** i. V. m. § 1903 BGB und § 62 Abs. 4 VwGO i. V. m. § 53 ZPO, bei **Ausländer**n nach § 62 Abs. 4 VwGO i. V. m. § 55 ZPO. Betreute sind im Grundsatz selbst prozessfähig. Anderes gilt, wenn sie durch einen Betreuer oder Pfleger im Rechtsstreit vertreten werden oder der Einwilligungsvorbehalt des § 1903 BGB eingreift. Die Prozessfähigkeit von Ausländern richtet sich nach dem Heimatstaat, es sei denn, das deutsche Recht sieht Prozessfähigkeit vor.

200 Für Vereinigungen (d. h. **juristische Personen,**[512] **teilrechtsfähige Vereinigungen**) sowie **Behörden** handeln gemäß **§ 62 Abs. 3 VwGO** ihre gesetzlichen Vertreter und Vorstände. Aus dem Umstand, dass juristische Personen und teilrechtsfähige Vereinigungen durch Organe handeln, wird von einer Mindermeinung angenommen, dass auch juristische Personen geschäftsfähig und damit prozessfähig i. S. d. § 62 Abs. 1 Nr. 1 VwGO sind.[513] Doch würde dann § 62 Abs. 3 VwGO weitgehend leerlaufen. Vertreter des Staates ist in der Regel der zuständige Minister, Vertreter eines mittelbaren Trägers der Staatsverwaltung der jeweils zuständige Behördenleiter und Vertreter einer Gemeinde der Bürgermeister. Unberührt bleibt das Recht, rechtsgeschäftlich andere Vertreter zu bestel-

---

[507] Näher dazu § 62 Abs. 4 VwGO i. V. m. § 57 ZPO; *Bier/Steinbeiß-Winkelmann* in: Schoch/Schneider, VwGO, § 62 Rn. 16.

[508] Vgl. § 5 des Gesetzes über die religiöse Kindererziehung (KErzG v. 15.7.1921, RGBl I S. 939). Vgl. dazu BVerwG NVwZ 2012, 162 Rn. 15 → *Ehlers* JK 7/12, GG Art. 4 I, II/41 und → *Hufen* JuS 2012, 663 sowie → JA 2012, 235 *(Muckel)*.

[509] Weitere öffentlich-rechtliche Regelungen der beschränkten Handlungsfähigkeit und damit der partiellen Prozessfähigkeit enthalten z. B. die § 80 AufenthG; § 12 AsylVfG; § 36 SGB I; § 11 SGB X.

[510] Näher zur Problemstellung *v. Mutius* Jura 1987, 272; *Meier* Die Stellung der Minderjährigen im öffentlichen Recht, 1988, S. 107 ff.; *Roth* Die Grundrechte Minderjähriger im Spannungsfeld selbständiger Grundrechtsausübung, elterlichen Erziehungsrechts und staatlicher Grundrechtsbindung, 2003, S. 164 ff.

[511] So *Bier/Steinbeiß-Winkelmann* in: Schoch/Schneider, VwGO, § 62 Rn. 10.

[512] Der Wortlaut des § 62 Abs. 3 VwGO (Vereinigungen) muss entsprechend der Zweckbestimmung der Vorschrift erweiternd ausgelegt werden.

[513] Vgl. *Erichsen* Jura Extra (Fn. 24), S. 172 (184).

len.[514] Gemäß **§ 67 Abs. 2 S. 2 Nr. 1 VwGO** können sich die Behörden und juristischen Personen des öffentlichen Rechts auch durch Beschäftigte anderer Behörden oder juristischen Personen des öffentlichen Rechts vertreten lassen. Das Gericht hat die Prozessfähigkeit in jedem Stadium **von Amts wegen** zu prüfen, vgl. § 62 Abs. 4 VwGO i. V. m. § 56 ZPO. In dem Streit um die Prozessfähigkeit gilt der Betroffene als prozessfähig.[515]

Die Prozessfähigkeit ist von der Prozessführungsbefugnis, der Postulationsfähigkeit und Prozessvertretung zu unterscheiden. Die **Prozessführungsbefugnis** bezieht sich auf die Frage, ob über das im Prozess streitige Recht im eigenen Namen ein Rechtsstreit geführt werden darf. Dies beurteilt sich im Verwaltungsprozess auf der Klägerseite nach § 42 Abs. 2 VwGO (Klagebefugnis oder aktive Prozessführungsbefugnis), auf der Beklagtenseite – für Anfechtungs- und Verpflichtungsklagen – nach § 78 VwGO,[516] im Übrigen (immer) nach dem Rechtsträgerprinzip oder (bei Innenrechtsstreitigkeiten) dem Verwaltungsorganisationsrecht (Beklagtenbefugnis oder passive Prozessführungsbefugnis). Unter der nur als Prozesshandlungsvoraussetzung (→ Rn. 7), nicht Sachentscheidungsvoraussetzung, einzustufende **Postulationsfähigkeit** ist die Befugnis zu verstehen, selbst und nicht nur durch einen Prozessvertreter (Bevollmächtigten) Prozesshandlungen vornehmen zu können.[517] Vor dem Verwaltungsgericht bedarf es keiner **Prozessvertretung,** jedoch kann sich der Beteiligte in jeder Lage durch einen Bevollmächtigten vertreten lassen (§ 67 Abs. 2 VwGO) oder sich eines Beistands (Unterstützers) in der mündlichen Verhandlung bedienen (vgl. § 67 Abs. 7 VwGO). Als Bevollmächtigte kommen Rechtsanwälte oder Rechtslehrer an einer staatlichen oder staatlich anerkannten Hochschule[518] (auch aus der Europäischen Union, dem Europäischen Wirtschaftsraum oder der Schweiz), welche die Befähigung zum Richteramt besitzen, in Betracht (§ 67 Abs. 2 S. 1 VwGO). Darüber hinaus dürfen nur bestimmte sachkundige Personen mit einer Nähe zu den vertretenen Beteiligten als Bevollmächtigte auftreten (§ 67 Abs. 2 S. 2 VwGO).[519] Bevollmächtigte, die keine natürlichen Personen sind, handeln durch ihre Organe und ihre mit der Prozessvertretung beauftragten Vertreter (§ 67 Abs. 2 S. 3 VwGO). Vor dem BVerwG und Oberverwaltungsgericht müssen sich die Beteiligten – außer im Prozesskostenhilfeverfahren – grundsätzlich durch einen Rechtsanwalt oder Rechtslehrer vertreten lassen (§ 67 Abs. 4 S. 1 bis 3 VwGO). Für Behörden und juristische Personen des öffentlichen Rechts (sog. Behördenprivileg nach § 67 Abs. 4 S. 4 VwGO) sowie für einzelne Streitgegenstände teilweise auch andere Personen oder Organisationen gelten nach § 67 Abs. 4 S. 5 bis 8 VwGO Ausnahmen. Nicht vertretungsberechtigte Bevollmächtigte sind vom Gericht zurückzuweisen (§ 67 Abs. 3 S. 1 VwGO), unfähigen Bevollmächtigten kann die weitere Vertretung untersagt werden (§ 67 Abs. 3 S. 3 VwGO). Der Nachweis der Vollmacht kann nachgereicht werden (§ 67 Abs. 6 S. 2 VwGO). Ein Mangel ist von Amts wegen zu berücksichtigen (§ 67 Abs. 6 S. 4 VwGO) und kann von jedem Beteiligten gerügt werden (§ 67 Abs. 6 S. 3 VwGO). In bestimmten Fällen kann ein gemeinsamer Bevollmächtigter bestellt werden (§ 67a VwGO). Ein nicht ordnungsgemäß vertretener Beteiligter kann zwar keine wirksamen Prozesshandlungen vornehmen. Dies schließt aber nicht aus, dass er zur Mitwirkung an der gerichtlichen Ermittlung des Sachverhalts (§ 86 Abs. 1 S. 1 VwGO) herangezogen werden kann.[520] 201

[514] *Krausnick* in: Gärditz, VwGO, § 62 Rn. 20.

[515] *Krausnick* in: Gärditz, VwGO, § 62 Rn. 26.

[516] Anders als vielfach vertreten handelt es sich bei § 78 VwGO um eine Sachentscheidungsvoraussetzung, nicht um eine Begründetheitsfrage → § 27 Rn. 109.

[517] Vgl. *Schenke* Verwaltungsprozessrecht, Rn. 483.

[518] Hierzu zählen auch Juniorprofessoren, außerordentliche, emeritierte, pensionierte sowie Honorarprofessoren und Privatdozenten, nicht dagegen Wissenschaftliche Assistenten und Lehrbeauftragte. Vgl. *Hoppe* in: Eyermann, VwGO, § 67 Rn. 5.

[519] Steuerberater sind vor den Verwaltungsgerichten und Oberverwaltungsgerichten auch in Beitragsstreitigkeiten nach § 67 Abs. 2 S. 2 Nr. 3, Abs. 4 S. 7 VwGO zur Vertretung befugt, vgl. BVerwG NVwZ-RR 2016, 394.

[520] BVerwG Beschl. v. 16.1.2019 – 4 BN 20.18, BeckRS 2019, 1756 Rn. 22.

202 **Lösung zu Fall 37:** Nahezu alle Gemeindeordnungen schreiben vor, dass Ratsmitglieder Ansprüche eines anderen gegen die Gemeinde nicht geltend machen dürfen, es sei denn, dass sie als gesetzliche Vertreter gehandelt haben.[521] Die Rechtsprechung geht davon aus, dass die Vertretungsverbote Rechtsgrundlage für den Ausschluss im gerichtlichen Verfahren sein können.[522] Dieser Auffassung kann nicht gefolgt werden.[523] Da den Rechtsanwälten gemäß § 3 Abs. 2 BRAO[524] das Recht zusteht, in Rechtsangelegenheiten aller Art vor Gericht oder Behörden aufzutreten, und dieses Recht nur durch Bundesgesetz beschränkt werden darf, steht dem Landesgesetzgeber nicht die Gesetzgebungskompetenz zu, das Tätigwerden der Rechtsanwälte zu regeln. Folgt man dieser Ansicht, darf Q nicht mangels einer Vertretungsbefugnis zurückgewiesen werden.

## I. Keine anderweitige Rechtshängigkeit

203 Gemäß § 173 S. 1 VwGO i. V. m. **§ 17 Abs. 1 S. 2 GVG** kann während der Rechtshängigkeit eine Streitsache ferner von keiner anderen Partei anderweitig anhängig gemacht werden. Damit sollen die Beteiligten und Gerichte vor doppelten Prozessen in derselben Angelegenheit geschützt werden. Im Verwaltungsprozessrecht tritt Rechtshängigkeit bereits mit Erhebung der Klage (Eingang der Klageschrift bei dem Gericht) ein (§ 90 VwGO i. V. m. § 81 Abs. 1 VwGO), während im Zivilprozessrecht die Klage zugestellt sein muss (§ 261 Abs. 1 ZPO i. V. m. § 253 Abs. 1 ZPO). Die Rechtshängigkeit endet durch Klagerücknahme (§ 92 VwGO), Prozessvergleich (§ 106 VwGO), übereinstimmende Erledigungserklärung[525] oder Eintritt der Rechtskraft der Entscheidung (→ Rn. 207 ff.). Die Rechtshängigkeit ist von Amts wegen in jeder Lage des Prozesses zu berücksichtigen. Das später angerufene Gericht muss die (doppelte) Klage (bzw. den doppelten Antrag) als unzulässig abweisen. Eine Verweisung an das zuerst angerufene Gericht ist nicht statthaft, da sonst eine doppelte Rechtshängigkeit eintreten würde.[526] Dies gilt bei identischem Streitgegenstand auch dann, wenn ebenfalls eine andere Gerichtsbarkeit zuständig gewesen wäre. Wird ein Amtshaftungsanspruch im ordentlichen Rechtsweg eingeklagt, greift § 173 S. 1 VwGO i. V. m. § 17 Abs. 2 S. 1 GVG ein, wenn der Kläger zusätzlich Schadenersatz wegen Verletzung der beamtenrechtlichen Fürsorgepflicht verlangt (Entscheidung über alle in Betracht kommenden Gesichtspunkte). Wurde zuerst das Verwaltungsgericht angerufen, greift die Rechtswegsperre des § 17 Abs. 2 S. 2 GVG ein. Das Verwaltungsgericht darf somit über Amtshaftungsansprüche nicht entscheiden, doch kann eine Amtshaftungsklage später noch anhängig gemacht werden.[527] Im Falle der Erhebung einer Anfechtungsklage ist auch die Nichtigkeitsfeststellungsklage (§ 43 Abs. 1 Var. 3 VwGO) rechtshängig gemacht worden, nicht aber umgekehrt.[528] Ergeht trotz bereits bestehender Rechtshängigkeit ein Urteil, ist es nicht nichtig, aber auf Rechtsmittel hin aufzuheben.[529] Die Zulässigkeit des beschrittenen Rechtsweges wird durch eine nach Rechtshängigkeit eintretende Veränderung der sie begründenden Umstände nicht berührt (§ 173 S. 1 VwGO i. V. m. § 17 Abs. 1 S. 1 GVG).

---

[521] Vgl. die Nachw. bei *Ehlers* in: Mann/Pünder, Hdb kommunale Wissenschaft (Fn. 183), § 21 Rn. 27.
[522] Vgl. BVerfGE 41, 231 (241 f.) = NJW 1976, 954 (955); E 52, 42 (53 ff.) = NJW 1980, 33 f.; ferner E 61, 68 (72) = NJW 1982, 2177 (2178); BVerfG-K NJW 1988, 694 f. Ein Ausschlusszwang lässt sich (inkonsequenterweise) der Rspr. bisher nicht entnehmen.
[523] Vgl. *Schoch* Das kommunale Vertretungsverbot, 1981, S. 238 ff.; *ders.* JuS 1989, 531 (533).
[524] Schönfelder (E) Nr. 98.
[525] Strittig, vgl. *Pietzner/Ronellenfitsch* Assessorexamen, § 17 Rn. 577.
[526] BVerwG NVwZ 2015, 991.
[527] Vgl. *Ehlers* in: Schoch/Schneider, VwGO, § 41/§ 17 GVG Rn. 10.
[528] *Rennert* in: Eyermann, VwGO, § 41/§§ 17–17b GVG Rn. 14.
[529] Vgl. *Ehlers* in: Schoch/Schneider, VwGO, § 41/§ 17 GVG Rn. 15.

## J. Keine rechtskräftige Entscheidung

**Fall 38:** R hat erfolgreich Anfechtungsklage gegen die Untersagung eines Gebrauchtwagenmarktes an Sonntagen erhoben. Nachdem das BVerwG[530] in einem anderen Verfahren entschieden hat, dass keine Gebrauchtwagenmärkte an Sonntagen durchgeführt werden dürfen, erließ die zuständige Behörde erneut eine Untersagungsverfügung, gegen die R ebenfalls Anfechtungsklage erhoben hat. 204

**Fall 39:** Das VG hat die Androhung einer Abschiebung des Asylbewerbers S aufgehoben. Später erließ die zuständige Behörde eine neue Abschiebungsverfügung, weil Abschiebungshindernisse aufgrund neuerer Auskünfte nicht mehr vorlägen. Dagegen hat S wiederum verwaltungsgerichtliche Anfechtungsklage erhoben. 205

**Fall 40:** T und U sind Adressaten eines Beitragsbescheides. T hat den Beitragsbescheid bestandskräftig werden lassen. Die Anfechtungsklage des U gegen den Beitragsbescheid wurde als unbegründet abgewiesen. Nunmehr haben T und U beim LG Amtshaftungsklage wegen falscher Berechnung des Beitrages erhoben. Darf das LG die Rechtmäßigkeit der Beitragsbescheide überprüfen? 206

Aus Sinn und Zweck der Rechtskraftregelungen ergibt sich, dass eine Klage (Rechtsschutzantrag) ferner unzulässig ist, wenn über den Streitgegenstand zwischen den Beteiligten bereits rechtskräftig entschieden wurde. **Formell rechtskräftig** ist eine Gerichtsentscheidung,[531] wenn sie nicht mehr mit ordentlichen Rechtmitteln angefochten werden kann (vgl. § 173 S. 1 VwGO i. V. m. § 705 ZPO): sei es, dass ein Rechtsmittel nicht (mehr) gegeben ist, die Rechtsmittelfristen für die Beteiligten abgelaufen sind, auf das Rechtsmittel verzichtet wurde, das Rechtsmittel nach Ablauf der Frist zurückgenommen worden ist[532] oder der Rechtsmittelantrag abgelehnt wurde[533]. Kein ordentliches, der Rechtskraft entgegenstehendes Rechtsmittel ist der Antrag auf Wiedereinsetzung in den vorigen Stand (§ 60 VwGO), die Erhebung einer Nichtigkeitsklage oder Restitutionsklage zwecks Wiederaufnahme des Verfahrens (§ 153 Abs. 1 VwGO i. V. m. §§ 579, 580 ZPO), die Einlegung einer Verfassungsbeschwerde oder die Erhebung einer Beschwerde vor dem **EGMR.** Im Verletzungsfall wird die Rechtskraft in den drei zuerst genannten Fällen aber rückwirkend beseitigt.[534] Dagegen haben Urteile des EGMR grundsätzlich nur feststellende Wirkung.[535] Doch kann gegen rechtskräftige konventionswidrige nationale Gerichtsentscheidungen Restitutionsklage erhoben werden (§ 153 Abs. 1 VwGO i. V. m. § 580 Nr. 8 ZPO), so dass die Rechtskraft wiederum zurücktritt. Das **Europäische Unionsrecht** respektiert im Grundsatz ebenfalls rechtskräftige nationale Gerichtsentscheidungen, auch wenn sich in einem Verfahren vor dem Gerichtshof der Europäischen Union (Art. 19 Abs. 1 S. 1 EUV) später herausstellt, dass diese auf einer Unionsrechtswidrigkeit beruhen.[536] Doch kann anderes gelten. So hat der EuGH entschie- 207

---

[530] BVerwGE 79, 118 = NJW 1988, 2254.

[531] D. h. ein Urteil – auch ein Zwischen- oder Teilurteil nach den §§ 109, 110 VwGO –, ein Gerichtsbescheid (§ 84 Abs. 1 VwGO) oder ein Beschluss (§§ 80 Abs. 5, 123, 146 VwGO).

[532] §§ 126 Abs. 3, 140 Abs. 2 VwGO.

[533] Vgl. §§ 124a Abs. 5 S. 4, 133 Abs. 5 S. 3 VwGO.

[534] *Rennert* in: Eyermann, VwGO, § 121 Rn. 1.

[535] Vgl. Art. 41 EMRK; *Ehlers* Europäische Grundrechte und Grundfreiheiten, § 2 Rn. 121.

[536] Vgl. zur Gewährleistung des Rechtsfriedens und der Beständigkeit rechtlicher Beziehungen sowie einer geordneten Rechtspflege nach Ausschöpfung des Rechtswegs EuGH NJW 2003, 3539 (3540) → *Schoch* JK, 4/04, EGV Art. 10/2 und → JuS 2004, 425 *(Streinz)* sowie → JA 2004, 283 *(Schäfer)*– Köbler; NJW 2006, 1577 (1578) → *Schoch* JK, 8/06, EGV Art. 10/4 und → JuS 2006, 637 *(Streinz)* – Kapferer.

den, dass eine nationale Rechtsvorschrift, in welcher der Grundsatz der Rechtskraft niedergelegt ist, mit dem Effektivitätsgrundsatz des Unionsrechts nicht vereinbar ist, wenn aufgrund einer rechtskräftigen Entscheidung ein nationales Gericht in einem späteren Rechtsstreit, das nicht denselben Gegenstand hatte, daran gehindert wird, (erstmalig) die Konsequenzen aus einem Beihilfeverstoß zu ziehen.[537] In Betracht gezogen wird eine Durchbrechung der Rechtskraft insbesondere, wenn die Aufrechterhaltung einer rechtskräftigen Entscheidung schlechthin untragbar wäre und unter Verletzung einer Vorlagepflicht nach Art. 267 Abs. 3 AEUV ergangen ist.[538] Wird eine Berufung oder Revision nur teilweise zugelassen, erwächst das Urteil im Übrigen in Rechtskraft.[539] Über den Eintritt der formellen Rechtskraft wird auf Antrag ein Zeugnis erteilt (§ 173 S. 1 VwGO i. V. m. § 706 ZPO).

208 Die (eine formelle Rechtskraft voraussetzende) **materielle Rechtskraft** bezieht sich auf die inhaltliche Bindung an die Gerichtsentscheidung.[540] Gemäß **§ 121 VwGO** binden rechtskräftige Urteile die Beteiligten, ihre Rechtsnachfolger sowie im Falle des § 65 Abs. 3 VwGO auch Personen, die einen Antrag auf Beiladung nicht oder nicht fristgemäß gestellt haben, „soweit über den Streitgegenstand entschieden worden ist“. Der materiellen Rechtskraft fähig sind grundsätzlich alle formell rechtskräftigen gerichtlichen Entscheidungen, Zwischenentscheidungen aber nur eingeschränkt.[541] Nach der herrschenden **prozessualen Rechtskrafttheorie** lässt die Gerichtsentscheidung die materielle Rechtslage unberührt,[542] enthält aber das Verbot, über den Streitgegenstand erneut zu verhandeln und erneut zu entscheiden (ne bis in idem), sowie ein Abweichungsverbot (auch rechtswegübergreifende Präjudizialität, soweit sich die entschiedene Rechtsfrage in einem späteren Verfahren mit anderem Streitgegenstand als Vorfrage stellt[543]). Nachträgliche Einwände tatsächlicher oder rechtlicher Art, welche die Entscheidungsgrundlage betreffen, sind präkludiert.[544]

209 Wie sich aus § 121 VwGO ergibt („soweit […] entschieden worden ist“) erwächst nur der Entscheidungssatz **(Tenor)** selbst in Rechtskraft, nicht z. B. die die Entscheidung tragenden Gründe, die festgestellten Tatsachen oder die mitentschiedenen Vorfragen.[545] Ist der Tenor der Entscheidung nicht eindeutig, müssen zu seiner Auslegung aber alle Entscheidungselemente (insbesondere die tragenden Gründe der Entscheidung) mit herangezogen werden.[546] So muss insbesondere bei abweisenden Entscheidungen auf die Gründe zurückgegrif-

---

[537] EuGH EuZW 2016, 57 Rn. 45 f. (m. Anm. *Weiß*) → *Ruffert* JuS 2016, 660 – Klausner. Näher dazu → § 7 Fall 5 Rn. 57 und Lösung Rn. 59 f.

[538] Näher zum Ganzen *Germelmann* Die Rechtskraft von Gerichtsentscheidungen in der Europäischen Union, 2009; *Clausing/Kimmel* in: Schoch/Schneider, VwGO, § 121 Rn. 116a ff. Zum Anspruch des Wiederaufgreifens des Verwaltungsverfahrens und zur Rücknahme eines rechtswidrigen Verwaltungsakts in solchen Fällen vgl. EuGH EuR 2004, 590 Rn. 28 i. V. m. LS – Kühne & Heitz; BVerwGE 121, 226 (228 f.) = BeckRS 2004, 25337; NVwZ 2007, 709.

[539] *Rennert* in: Eyermann, VwGO, § 121 Rn. 2.

[540] Die Rechtskraft ist von der Tatbestands- und Feststellungswirkung von Gerichtsentscheidungen zu unterscheiden. Bei der Tatbestandswirkung knüpft das materielle Recht an die Existenz einer Gerichtsentscheidung an (z. B. § 41 Abs. 1 BBG), bei der Feststellungswirkung entfalten die in den Gerichtsentscheidungen getroffenen Feststellungen ausnahmsweise kraft gesetzlicher Anordnung Bindungswirkungen (z. B. § 35 Abs. 3 GewO). Vgl. *Clausing/Kimmel* in: Schoch/Schneider, VwGO, § 121 Rn. 38 f.; *Schenke* Verwaltungsprozessrecht, Rn. 632 ff.

[541] Vgl. *Schenke* Verwaltungsprozessrecht, Rn. 618, mit Hinweis auf § 173 S. 1 VwGO i. V. m. §§ 318, 512, 557 Abs. 2 ZPO.

[542] A. A. die sog. materiellrechtliche Rechtskrafttheorie. Näher zum Ganzen *Clausing/Kimmel* in: Schoch/Schneider, VwGO, § 121 Rn. 19 ff. m. w. Nachw.

[543] BVerwGE 156, 159 Rn. 10 = NVwZ-RR 2017, 148 (mit Hinweis darauf, dass die inhaltliche Bindungswirkung aus § 121 VwGO nur die Entscheidung über den Streitgegenstand selbst, nicht die hierzu vorgreiflichen Rechtsverhältnisse oder Vorfragen erfasst. Letztere könnten nur durch ein Zwischenfeststellungsurteil materielle Bindungswirkungen erlangen); *Rennert* in: Eyermann, VwGO, § 121 Rn. 11.

[544] Vgl. *Rennert* in: Eyermann, VwGO, § 121 Rn. 14. Ausführlich zu den Wirkungen *Clausing* in: Schoch/Schneider, VwGO, § 121 Rn. 21 ff.; *Germelmann* in: Gärditz, VwGO, § 121 Rn. 44 ff.

[545] Im Falle der Aufrechnung erstreckt sich die Rechtskraft dagegen auch auf die Verneinung oder – über den Wortlaut des § 322 Abs. 2 ZPO i. V. m. § 173 S. 1 VwGO hinausgehend – Bejahung der Gegenforderung; vgl. BGHZ 36, 316 (319) = NJW 1962, 907.

[546] Vgl. *Rennert* in: Eyermann, VwGO, § 121 Rn. 21.

fen werden. Im Falle eines Prozessurteils erwächst beispielsweise die Entscheidung nur im Hinblick auf die nicht als gegeben erachteten Sachentscheidungsvoraussetzungen in Rechtskraft.[547]

Der Umfang der Rechtskraft bestimmt sich nach dem „Streitgegenstand“, dieser nach 210
dem Klageantrag (genauer Klagebegehren i. S. d. § 88 VwGO oder Klageanspruch) und Klagegrund (Lebenssachverhalt, aus dem sich die erstrebte Rechtsfolge ergeben soll) – sog. **zweigliedriger Streitgegenstandsbegriff.**[548] Streitgegenstand der **Anfechtungsklage** ist der Anspruch des Klägers auf Aufhebung des Verwaltungsakts (§ 42 Abs. 1 Alt. 1 VwGO) sowie die Rechtsbehauptung des Klägers, dass der Verwaltungsakt ihn in seinen Rechten verletzt (§ 113 Abs. 1 S. 1 VwGO),[549] Streitgegenstand der **Verpflichtungsklage** der Anspruch auf Erlass des Verwaltungsakts (§ 42 Abs. 1 Alt. 2 VwGO) oder Neubescheidung (§ 113 Abs. 5 S. 2 VwGO) sowie die Rechtsbehauptung des Klägers, dass die Ablehnung oder Unterlassung ihn in seinen Rechten verletzt.[550]

Im Falle der Erhebung einer allgemeinen **Leistungsklage** ist der prozessuale Anspruch auf 211
Leistung, im Falle einer **Feststellungsklage** der prozessuale Anspruch auf Feststellung des Bestehens oder Nichtbestehens des im Antrag bezeichneten Rechtsverhältnisses bzw. der Nichtigkeit des Verwaltungsakts,[551] im Falle der **Fortsetzungsfeststellungsklage** der Anspruch auf Feststellung, dass der erledigte Verwaltungsakt rechtswidrig gewesen ist und der Kläger dadurch in seinen Rechten verletzt wurde,[552] als Streitgegenstand anzusehen. Gegenstand einer **Normenkontrolle** ist der prozessuale Anspruch auf Feststellung der behaupteten Ungültigkeit (im Falle der Unionsrechtswidrigkeit: Unanwendbarkeit) der angegriffenen Norm.

Die materielle Rechtskraft kann nicht nur vielfältige,[553] sondern auch unterschiedliche 212
Auswirkungen haben. So schließt eine erfolgreiche **Anfechtungsklage** den Erlass eines inhaltsgleichen neuen Verwaltungsakts nicht aus, wenn das Verwaltungsgericht die Begründetheit nur auf einen formellen Fehler oder Ermessensfehler gestützt hat. Ist der Tatbestand der Ermächtigungsnorm für nicht gegeben erachtet worden, besteht dagegen ein Wiederholungsverbot.[554] Wird dennoch ein inhaltsgleicher Verwaltungsakt erlassen, liegt grundsätzlich ein neuer Streitgegenstand vor.[555] Dieser kann auch zum Gegenstand eines neuen gerichtlichen Verfahrens gemacht werden. Die Nichtbeachtung der Rechtskraft steht der Zulässigkeit der neuen Anfechtungsklage nicht entgegen. Vielmehr ist die Klage begründet, ohne dass die Rechtmäßigkeit des Verwaltungsakts ein weiteres Mal überprüft werden darf. Vorgreifliche Rechtsverhältnisse oder Vorfragen erwachsen nicht in Rechtskraft. Sie können nur durch ein Zwischenfeststellungsurteil materielle Bindungswirkung erlangen.[556]

**Lösung zu Fall 38:** Die Anfechtungsklage des R gegen den neuen Verwaltungsakt ist 213
nicht nur zulässig, sondern auch begründet, weil es der im Vorprozess unterlegenen Behörde verwehrt ist, bei unveränderter Sach- und Rechtslage gegen denselben Betroffenen einen neuen Verwaltungsakt aus den vom Gericht in einer rechtskräftigen

---

547 Vgl. *Rennert* in: Eyermann, VwGO, § 121 Rn. 22.

548 Vgl. BVerwGE 52, 247 (249) = NJW 1978, 717; E 70, 110 (112) = NJW 1985, 280; E 96, 24 (25) = NVwZ 1994, 1115; NVwZ-RR 2017, 148 Rn. 10; BGHZ 117, 1 (5) = NJW 1992, 1172 (1173); Z 132, 240 (243) = NJW 1996, 1743; *Detterbeck* Streitgegenstand (Fn. 62), S. 46; *Rosenberg/Schwab/Gottwald* ZPO, § 93 Rn. 11.

549 Vgl. zum Letzteren BVerwGE 91, 256 (257) = NVwZ 1993, 672 (673). Näher zum Ganzen statt vieler *Schenke* Verwaltungsprozessrecht, Rn. 610.

550 Letzteres ist streitig. Wie hier BVerwGE 89, 354 = NVwZ 1992, 563; *Rennert* in: Eyermann, VwGO, § 121 Rn. 28; anders *Clausing/Kimmel* in: Schoch/Schneider, VwGO, § 121 Rn. 63. Vgl. auch *Schenke* Verwaltungsprozessrecht, Rn. 611, der für diese Fälle einen Fortsetzungsfeststellungsantrag verlangt. Zur Feststellungwirkung von Anfechtungs- und Verpflichtungsurteilen vgl. auch → § 27 Rn. 175; → § 28 Rn. 77.

551 Vgl. jeweils *Clausing/Kimmel* in: Schoch/Schneider, VwGO, § 121 Rn. 66 f.

552 Strittig; wie hier *Schenke* Verwaltungsprozessrecht, Rn. 611. Zur Begründetheit der Fortsetzungsfeststellungsklage → § 31 Rn. 94 ff.

553 Vgl. → Fn. 548.

554 Vgl. BVerwGE 156, 159 Rn. 11 = NVwZ-RR 2017, 148.

555 *Clausing/Kimmel* in: Schoch/Schneider, VwGO, § 121 Rn. 22.

556 BVerwGE 140, 290 Rn. 22 = BeckRS 2011, 55445; E 156, 159 Rn. 10 = NVwZ-RR 2017, 148.

Entscheidung missbilligten Gründen zu erlassen. Die Rechtskraftwirkung tritt auch bei sachlicher Unrichtigkeit des rechtskräftigen Urteils ein. Es ist daher unerheblich, dass die Unrichtigkeit später höchstrichterlich bestätigt wurde.[557]

214 **Lösung zu Fall 39:** Gegen die Zulässigkeit der Anfechtungsklage bestehen keine Bedenken. Die Rechtskraft des erfolgreichen Anfechtungsurteils steht dem neuen Verwaltungsakt nur dann nicht entgegen, wenn sich die Sach- oder Rechtslage nachträglich verändert hat. Der Zeitablauf allein stellt keine wesentliche Änderung der Sachlage dar. Mit zunehmender Dauer der seit dem rechtskräftigen Urteil verstrichenen Zeit besteht zwar in asylrechtlichen Streitigkeiten Grund für die Annahme, dass sich die entscheidungserhebliche Sachlage geändert haben könnte. Doch müssen sich dann die nach dem rechtskräftigen Urteil eingetretenen Tatsachen so wesentlich von den früher maßgeblichen Umständen unterscheiden, dass auch unter Berücksichtigung des Zwecks der Rechtskraft eines Urteils eine erneute Sachentscheidung gerechtfertigt ist. Ob diese Voraussetzungen gegeben sind, ist eine Frage des Einzelfalles.[558]

215 **Lösung zu Fall 40:** Nach ständiger, in der Literatur[559] vielfach angegriffener Rechtsprechung des BGH[560] darf die Rechtmäßigkeit bestandskräftiger Verwaltungsakte im Amtshaftungsprozess überprüft werden. Dem ist nach der hier vertretenen Ansicht beizupflichten, weil die Rechtmäßigkeit Voraussetzung, nicht aber Gegenstand der Regelung eines Verwaltungsakts ist.[561] Somit hängen die Erfolgsaussichten der Klage des T von den Amtshaftungsvoraussetzungen ab.[562] Dagegen ist im Falle von U die Rechtmäßigkeit des Beitragsbescheides rechtskräftig festgestellt worden. Hieran ist das LG gebunden, so dass die Amtshaftungsklage ohne weiteres als unbegründet abgewiesen werden muss.

216 Die bindende Wirkung der Rechtskraft entfällt, wenn sich die entscheidungserhebliche **Sach- oder Rechtslage** nach Erlass des rechtskräftigen Urteils (oder der Gerichtsentscheidung) **ändert.** Es liegt dann ein neuer Streitgegenstand vor. Die Rechtskraft einer vorangegangenen Gerichtsentscheidung steht einem Wiederaufgreifen des Verwaltungsverfahrens nicht entgegen, auch wenn nur ein Wiederaufnahmegrund i. S. v. § 51 Abs. 1 Nr. 2 oder Nr. 3 VwVfG (statt Nr. 1) gegeben ist.[563] Ändert sich die Sach- oder Rechtslage nach Eintritt der Rechtskraft, aber vor der Vollstreckung, kommt eine Vollstreckungsabwehrklage nach § 167 Abs. 1 VwGO i. V. m. § 767 ZPO in Betracht (hierzu Fall 2 → Rn. 6 und Lösung → Rn. 8). Liegt eine Verurteilung zu künftig fällig werdenden wiederkehrenden Leistungen vor, ist nach Maßgabe des § 173 S. 1 VwGO i. V. m. § 323 ZPO eine Abänderungsklage statthaft.

217 Eine Änderung der **Sachlage** liegt vor, wenn sich die für die rechtskräftige Entscheidung maßgeblichen Tatsachen ändern. Eine Änderung der **Rechtslage** setzt voraus, dass sich das vom Gericht in der rechtskräftig gewordenen Entscheidung berücksichtigte materielle Recht gewandelt hat. Keine Änderung der Rechtslage stellt eine Änderung der höchstrichterlichen Rechtsprechung dar.[564]

---

[557] Vgl. BVerwGE 91, 256 = NVwZ 1993, 672.
[558] Vgl. BVerwGE 115, 118 (120 ff.) = NVwZ 2002, 345 f.
[559] Vgl. z. B. *Gerhardt* in: Schoch/Schmidt-Aßmann/Pietzner, VwGO, 13. EL 2008, Vorb § 113 Rn. 16; *Stuttmann* NJW 2003, 1432.
[560] Vgl. grundlegend BGHZ 113, 17 = NJW 1991, 1168 m. w. Nachw.
[561] Vgl. *Ehlers* Liber amicorum Erichsen, 2004, S. 1 (16).
[562] Auch wenn der Verwaltungsakt vom LG als rechtswidrig angesehen wird, scheidet eine Ersatzpflicht wegen § 839 Abs. 3 BGB zumeist ganz oder teilweise aus.
[563] *Clausing/Kimmel* in: Schoch/Schneider, VwGO, § 121 Rn. 78; *Rennert* in: Eyermann, VwGO, § 121 Rn. 34.
[564] Vgl. BVerwGE 28, 122 (127) = NJW 1968, 315 (316); E 95, 86 (89 f.) = NVwZ 1995, 388; *Ruffert* in: Ehlers/Pünder, AllgVwR, § 26 Rn. 6; *Germelmann* in: Gärditz, VwGO, § 121 Rn. 140.

## K. Kein Ausschluss des Rechtsschutzes durch § 44a VwGO

**Fall 41:** V hat erfahren, dass die zuständige Behörde entschieden hat, ein Verwaltungsverfahren auf Entzug seines Führerscheins durchzuführen. Um planen zu können, erhebt er verwaltungsgerichtliche Klage auf Gewährung von Akteneinsicht. Bauantragsteller W klagt gegen die Gemeinde gegen die Verweigerung ihres Einvernehmens i. S. d. § 36 Abs. 1 BauGB mit der Erteilung einer Baugenehmigung, Gemeinde X gegen die Ersetzung des Einvernehmens nach § 36 Abs. 2 S. 3 BauGB. Y wehrt sich vor dem VG (nach wieder eingeführter Wehrpflicht) gegen die Anordnung, zur Musterung zu erscheinen. 218

§ 44a VwGO normiert nach der hier vertretenen Ansicht eine **eigenständige Sachentscheidungsvoraussetzung** in Gestalt einer Verfahrenskonkurrenzregelung oder einer negativen Sachentscheidungsvoraussetzung.[565] Vielfach wird in ihr nur eine Ausprägung des allgemeinen **Rechtsschutzbedürfnis**ses gesehen.[566] Im Ergebnis wirken sich diese Meinungsunterschiede nicht aus. In jedem Fall ist eine Klage unzulässig, wenn eine Fallgestaltung des § 44a S. 1 VwGO vorliegt. Nach der Vorschrift können Rechtsbehelfe gegen behördliche Verfahrenshandlungen nur gleichzeitig mit den gegen die Sachentscheidung zulässigen Rechtsbehelfen geltend gemacht werden, es sei denn, die behördlichen Verfahrenshandlungen können vollstreckt werden oder ergehen gegen einen Nichtbeteiligten. **Zweck** der – rechtspolitisch umstrittenen,[567] aber bei der gebotenen verfassungskonformen Auslegung de constitutione lata gültigen – Vorschrift[568] ist es, eine Verzögerung des Verwaltungsverfahrens durch Anrufung der Gerichte zu vermeiden und zum Zwecke der Prozessökonomie den Gerichtsschutz schwerpunktmäßig auf die Überprüfung der Sachentscheidung (also das Ergebnis der behördlichen Handlung und nicht nur die Vorbereitung)[569] auszurichten. Die Zulässigkeit eines nur nachträglichen (statt begleitenden) gerichtlichen Verfahrensrechtsschutzes steht in einem engen Zusammenhang mit den Heilungsvorschriften des § 45 VwVfG und den Fehlerfolgenregelungen der §§ 46, 75 Abs. 1a S. 2 VwVfG, die deutlich machen, dass das Verfahren zwar einen Eigenwert,[570] aber keinen Selbstzweck[571] und in diesem Sinne nur eine dienende Funktion für die Durchsetzung des materiellen Rechts hat. Dies hat einerseits zur Folge, dass isolierte Verfahrensfehler in weitem Umfang sanktionslos bleiben (weil sie nach § 45 Abs. 2 VwVfG selbst im gerichtlichen Verfahren noch geheilt werden können[572] oder eine Aufhebung des Verfahrensfehlers ausgeschlossen ist[573]).[574] Andererseits steht zum Zeitpunkt der Verfahrenshandlungen noch nicht fest, welche Auswirkungen diese auf die Sachentscheidung haben (so dass ein verfahrensbegleitender Gerichtsschutz als verfrüht erscheint). 219

[565] Vgl. *Stelkens/Schenk* in: Schoch/Schneider, VwGO, § 44a Rn. 20; vgl. *Schenke* Verwaltungsprozessrecht, Rn. 566.

[566] So *Stern/Blanke* Verwaltungsprozessrecht, Rn. 254; *Hufen* Verwaltungsprozessrecht, § 23 Rn. 20; *Würtenberger/Heckmann* Verwaltungsprozessrecht, Rn. 312 ff.; *Ziekow* in: Sodan/Ziekow, VwGO, § 44a Rn. 13 ff.

[567] Vgl. zur Kritik *Stelkens/Schenk* in: Schoch/Schneider, VwGO, § 44a Rn. 5.

[568] Eine inhaltsgleiche Regelung trifft § 56a SGG.

[569] Vgl. BVerwG NVwZ 2017, 489 Rn. 17.

[570] Vgl. *Gurlit* VVDStRL 70 (2011), 227 (234); *Fehling* VVDStRL 70 (2011), 278 (286); *Ehlers* Jura 2016, 603.

[571] *Gärditz* in: Gärditz, VwGO, § 44a Rn. 4.

[572] Krit. dazu *Schoch* Jura 2007, 28 (31); *Gurlit* VVDStRL 70 (2011), 227 (263); *Fehling* VVDStRL 70 (2011), 278 (326); *Hufen/Siegel* Fehler im Verwaltungsverfahren, 2018, Rn. 956.

[573] Dies ist nach § 46 VwVfG der Fall, wenn die Verletzung von Vorschriften über das Verfahren offensichtlich die Entscheidung einer Sache nicht beeinflusst hat. Dies wird bei gebundenen Entscheidungen angenommen. Bei Ermessens- oder Beurteilungsspielräumen gelangt § 46 VwVfG nach h. M. zur Anwendung, wenn der Einfluss des Verfahrensfehlers auf das Entscheidungsergebnis ausgeschlossen werden kann. Vgl. statt vieler *Pünder* in: Ehlers/Pünder, AllgVwR, § 14 Rn. 85 f.

[574] Krit. statt vieler *Ziekow* in: Sodan/Ziekow, VwGO, § 44a Rn. 9.

220 Den behördlichen **„Verfahrenshandlungen"** i. S. d. § 44a VwGO sind alle verwaltungsgerichtlich überprüfbaren[575] behördlichen Maßnahmen zuzuordnen, die im Zusammenhang mit einem schon begonnenen und noch nicht abgeschlossenen Verwaltungsverfahren[576] der **Vorbereitung** einer **Sachentscheidung** (materiell-rechtliche Entscheidung) dienen[577] oder jedenfalls in Bezug auf eine Sachentscheidung ergehen. Auf die Verfahrensart (z. B. Verfahren i. S. d. § 9 VwVfG, formlose Verfahren, förmliche Verfahren, Planfeststellungsverfahren oder Rechtsbehelfsverfahren)[578] kommt es nicht an.[579] Bei den Verfahrenshandlungen kann es sich um in den allgemeinen Verfahrensgesetzen geregelte (z. B. Entscheidungen über die Befangenheit, Beratung, Auskunft, Anhörung oder Akteneinsicht)[580] oder um solche Maßnahmen handeln, die auf sondergesetzlicher Grundlage ergehen (etwa Ladung zu einer Prüfung, Aufforderung zur Beibringung eines ärztlichen Attestes, Untersuchungsanordnung zur Feststellung der Dienstfähigkeit,[581] Anordnung der Vorlage von Urkunden).[582] Auch das UmwRG lässt § 44a unberührt, vgl. § 1 Abs. 1 S. 3 Nr. 1 UmwRG. Die Verfahrenshandlungen dürfen nicht selbst Sachentscheidung sein, also ihrerseits in materielle Rechtspositionen eingreifen.[583] Das ist der Fall, wenn sie verselbständigte Entscheidungsgegenstände – z. B. Auskunftsansprüche nach dem IFG, UWG, BVerfSchG oder Mitteilungen nach § 24 Abs. 4 AsylG – betreffen.[584] Auch die Anordnung eines frequenzrechtlichen Vergabeverfahrens, die Bestimmung der Vergabe und die Festlegung der Vergabebedingungen im Telekommunikationsrecht sollen selbständig anfechtbare Verwaltungsakte sein.[585]

221 **Unerheblich** ist die **Rechtsnatur** der vorbereitenden Maßnahme.[586] Daher kommt es z. B. nicht darauf an, ob die Verfahrenshandlungen selbst Verwaltungsakte sind (wie z. B. die Entscheidung, ein Verwaltungsverfahren nach § 51 Abs. 1 VwVfG nicht wieder aufzugreifen – sog. wiederholende Verfügung[587]). Entgegen einer vor allem früher oft vertretenen Ansicht[588] werden alle Verwaltungsverfahren erfasst, die einer Überprüfung im Verwaltungsrechtsweg zugänglich sind, nicht nur die auf Erlass eines Verwaltungsakts gerichteten Ver-

---

575 Zur entsprechenden Anwendung des § 44a VwGO in anderen Verfahren vgl. BGH NJW 2018, 162 Rn. 13. Zur analogen Anwendung in finanzgerichtlichen Verfahren BFH Urt. v. 11.4.2012 – I R 63/11, BeckRS 2012, 95284 Rn. 12, 14.

576 Vgl. aber auch OVG NW DVBl 2000, 572 (573); *W.-R. Schenke* in: Kopp/Schenke, VwGO, § 44a Rn. 12; *Posser* in: BeckOK VwGO, § 44a Rn. 14; *Pünder* in: Ehlers/Pünder, AllgVwR, § 14 Rn. 9; *Gärditz* in: Gärditz, VwGO, § 44a Rn. 11, wonach § 44a VwGO auch für künftige und abgeschlossene Verwaltungsverfahren gelten soll. Ist das Verfahren abgeschlossen, fehlt es regelmäßig jedenfalls an einem Rechtsschutzbedürfnis. Vgl. auch *Stelkens/Schenk* in: Schoch/Schneider, VwGO, § 44a Rn. 18.

577 Vgl. BVerwG NVwZ-RR 2017, 423; NVwZ 2017, 489 Rn 19. Ein Beamter oder Richter, der für die Wahl zum Richter an einem obersten Gerichtshof des Bundes vorgeschlagen, aber nicht gewählt worden ist, und der die Stellungnahme des Präsidialrats des obersten Gerichtshofs für rechtswidrig hält, kann nach § 44a S. 1 VwGO diese Stellungnahme nicht isoliert gerichtlich angreifen, sondern nur im Rahmen eines Antrags auf vorläufigen Rechtsschutz gegen die Ernennung der vom Richterwahlausschuss gewählter Kandidaten vorgehen, weil die Präsidialratsstellungnahme allein der Vorbereitung der Entscheidung zur Bundesrichterwahl dient und damit eine der Sachentscheidung vorgelagerte behördliche Verfahrenshandlung ist, vgl. BVerwG NVwZ-RR 2020, 604 Rn. 19 ff.

578 Vgl. §§ 10, 63, 72, 79 f. VwVfG.

579 *Pünder* in: Ehlers/Pünder, AllgVwR, § 14 Rn. 91.

580 §§ 20 f., 25, 28, 29 VwVfG.

581 BVerwG Beschl. v. 14.3.2019 – 2 VR 5.18, BeckRS 2019, 6003.

582 Vgl. *W.-R. Schenke* in: Kopp/Schenke, VwGO, § 44a Rn. 5.

583 BVerwGE 134, 368 Rn. 21 = NVwZ 2009, 1558 (1560).

584 Vgl. *Hoppe* in: Eyermann, VwGO, § 44a Rn. 6; *Gärditz* in: Gärditz, VwGO, § 44a Rn. 8; *Posser* in: BeckOK VwGO, § 44a Rn. 15.

585 BVerwGE 134, 368 Rn. 22 ff. = NVwZ 2009, 1558 (1560 f.); BVerwG NVwZ 2020, 1672 Rn. 15; a. A. *Ehlers* K&R 2001, 1 (10).

586 BVerwG NVwZ 2017, 489 Rn. 19.

587 Vgl. *Ruffert* in: Ehlers/Pünder, AllgVwR, § 21 Rn. 29, § 26 Rn. 2.

588 Vgl. *Eichberger* Die Einschränkung des Rechtsschutzes gegen behördliche Verfahrenshandlungen, 1986, S. 173; *Stelkens/Schenk* in: Schoch/Schneider, VwGO, § 44a Rn. 9 ff.; *v. Nicolai* in: Redeker/v. Oertzen, VwGO, § 44a Rn. 2; *W.-R. Schenke* in: Kopp/Schenke, VwGO, § 44a Rn. 3; *Pünder* in: Ehlers/Pünder, AllgVwR, § 14 Rn. 91.

waltungsverfahren.[589] Für die Gleichsetzung der Sachentscheidungen i. S. d. § 44a VwGO mit Verwaltungsakten bietet der Wortlaut der Bestimmung keine Anhaltspunkte.

Wenn geltend gemacht wird, dass die ratio des § 44a VwGO nicht auf öffentlich-rechtliche **Verträge** passt, da Verträge dem Bürger nicht aufgezwungen werden können,[590] wird nicht berücksichtigt, dass solche Verträge in die Rechte eines Dritten eingreifen können (wie z. B. Subventionsverträge), Rechtsbehelfe gegen Verträge auch im Übrigen in Betracht kommen können (etwa weil der Vertragspartner der Behörde den Vertrag nicht mehr akzeptiert) und wegen der erhöhten Fehlerimmunität von verwaltungsrechtlichen Verträgen (§ 59 VwVfG) ein Bedürfnis nach gerichtlicher Überprüfung der einem Vertragsschluss vorausgehenden Verfahrensakte bestehen kann.[591] Letzteres ist z. B. der Fall, wenn die Behörde einem Bürger den Abschluss eines Vergleichsvertrages (§ 55 VwVfG) anbietet, die Gewährung von Akteneinsicht (§ 29 VwVfG) aber verweigert. Somit erfasst § 44a VwGO auch Verfahrenshandlungen vor Abschluss von verwaltungsrechtlichen Verträgen und ebenso vor dem Erlass von **Verwaltungsrechtsnormen** (Verordnungen, Satzungen), öffentlich-rechtlich zu beurteilenden **Realakten**[592] oder Innenrechtsmaßnahmen der Verwaltung[593]. Ferner werden auch und gerade Negativakte (wie die bereits angesprochene Verweigerung der Akteneinsicht nach § 29 VwVfG) von § 44a S. 1 VwGO erfasst.[594] 222

Unter **„behördlichen"** Verfahrenshandlungen i. S. d. § 44a VwGO sind Handlungen von Verwaltungsbehörden im Gegensatz zu Verfahrenshandlungen von Bürgern einerseits sowie von Parlamenten oder Gerichten (in einem rechtsetzenden bzw. kontradiktorischen Verfahren) andererseits zu verstehen. Im Falle der Amtshilfe zählen auch die von der ersuchten Behörde vorgenommenen Handlungen dazu.[595] 223

§ 44a S. 1 VwGO setzt voraus, dass ein **Rechtsbehelf gleichzeitig** mit den gegen die Sachentscheidung zulässigen Rechtsbehelfen erhoben wird, somit Rechtsschutz in diesem Gerichtsverfahren erlangt werden kann. Als Rechtsbehelf kommen sämtliche förmliche Rechtsbehelfe (→ Rn. 2) in Betracht: sowohl Widersprüche als auch sämtliche verwaltungsprozessuale Klagen, ein Normenkontrollverfahren oder ein vorläufiges Rechtsschutzverfahren.[596] Falls es sich bei der Verfahrenshandlung um einen Verwaltungsakt handelt, kann dieser mangels einer isolierten Rechtsschutzmöglichkeit nicht in Bestandskraft erwachsen.[597] Vielmehr ist er im Rahmen des Sachentscheidungsverfahrens inzident auf seine Rechtmäßigkeit hin zu überprüfen, ohne dass es einer gesonderten Anfechtung bedarf.[598] 224

Gemäß **§ 44a S. 2 VwGO** gilt der Ausschluss von Rechtsbehelfen gegen behördliche Verfahrenshandlungen nicht, wenn diese **vollstreckt** werden können oder gegen einen Nichtbeteiligten ergehen. Wegen der Notwendigkeit einer verfassungskonformen Auslegung (vgl → Rn. 228 f.) und der Einbeziehung von Verfahrenshandlungen, die sich nicht als Verwaltungsakt darstellen, greift der Begriff der Vollstreckbarkeit über die Vollstreckung i. S. d. Verwaltungsvollstreckungsgesetze hinaus. [599] Selbständige Vollstreckungsakte im gestreckten Verwaltungsvollstreckungsverfahren (wie die Androhung, Festsetzung von Zwangsmitteln oder Verhängung von Zwangsgeld) sind ohnehin anfechtbare Sachentschei- 225

[589] Vgl. auch *Ziekow* in: Sodan/Ziekow, VwGO, § 44a Rn. 27 ff.

[590] Vgl. *Stelkens/Schenk* in: Schoch/Schneider, VwGO, § 44a Rn. 10; *W.-R. Schenke* in: Kopp/Schenke, VwGO, § 44a Rn. 3; a. A. zu Recht BVerwGE 156, 193 Rn. 14 = NVwZ-RR 2017, 423.

[591] Vgl. auch *Ziekow* in: Sodan/Ziekow, VwGO, § 44a Rn. 29.

[592] BVerwG NVwZ 2017, 489 Rn. 19; VGH BW Urt. v. 30.8.2018 – 7 S 2513/16, BeckRS 2018, 23545 Rn. 17.

[593] Ebenfalls § 44a VwGO nach Sinn und Zweck entspr. anzuwenden; a. A. *Hoppe* in: Eyermann, VwGO, § 44a Rn. 7.

[594] BVerwGE 115, 373 (377) = NVwZ 2002, 984; NVwZ 2017, 489 Rn. 19.

[595] BVerwG Buchholz 310 § 44a VwGO Nr. 3.

[596] BVerwG NVwZ-RR 1997, 663.

[597] Krit. *Stelkens/Schenk* in: Schoch/Schneider, VwGO, § 44a Rn. 22 f.

[598] *Hoppe* in: Eyermann, VwGO, § 44a Rn. 7.

[599] Ebenso *Stelkens/Schenk* in: Schoch/Schneider, VwGO, § 44a Rn. 27; *Ziekow* in: Sodan/Ziekow, VwGO, § 44a Rn. 61; *Hoppe* in: Eyermann, VwGO, § 44a Rn. 19.

dungen i. S. d. § 44a S. 1 VwGO.[600] Erfasst werden von § 44a S. 2 VwGO alle **zwangsweise durchsetzbaren Maßnahmen** (wie z. B. eine polizeiliche Durchsuchung und die Beschlagnahme eines Briefes zum Zwecke der Verwertung als Beweismittel[601]). Auch die Sicherstellung der Befolgung einer innerdienstlichen Anordnung mittels des konkret in Aussicht genommenen Rückgriffs auf das Disziplinarrechts dürfte dazu gehören.[602]

226 **Nichtbeteiligte** i. S. d. § 44a S. 2 VwGO sind Personen (respektive Organ- oder Amtswalter), die in einem Verfahren nicht mit eigenen Rechten (etwa nach Maßgabe des § 13 VwVfG oder entsprechenden Vorschriften) beteiligt sind.[603] Dazu gehören z. B. Zeugen, Sachverständige, Bevollmächtigte oder Personen, die vergeblich eine Hinzuziehung zum Verfahren nach § 13 Abs. 2 VwVfG beantragt haben,[604] nicht dagegen Nachbarn in einem Baugenehmigungsverfahren oder Einwender in einem Planfeststellungsverfahren mit eigenem Anfechtungsrecht (§ 73 Abs. 4 VwVfG).[605] Die Ausklammerung von Nichtbeteiligten ist verfassungsrechtlich geboten, weil diesen Personen ein Rechtsschutz gegen die Sachentscheidung nicht zusteht, ihnen somit ansonsten jeglicher Rechtsschutz genommen würde und irreparable Zustände geschaffen werden könnten. Die Zulassung des Rechtsschutzes sagt noch nichts über die Begründetheit der Rechtsschutzanträge aus.

227 Über die in § 44a S. 2 VwGO ausdrücklich genannten Fälle hinausgehend ist Satz 1 der Vorschrift wegen des Vorrangs des höherrangigen Rechts nicht anwendbar, wenn das Europäisches Unionsrecht oder das Verfassungsrecht die selbständige Geltendmachung von Verfahrensrechten verlangen. So garantiert das **Europäische Unionsrecht** in größerem Ausmaße als traditioneller Weise das deutsche Recht selbständig einklagbare Verfahrenspositionen (→ § 7 Rn. 52). Beispielsweise gewährt die EG-Umweltinformationsrichtlinie[606] grundsätzlich jedermann einen verfahrensunabhängigen Anspruch auf freien Zugang zu den bei der Behörde gespeicherten Informationen über die Umwelt. Dementsprechend kann der Umweltinformationsanspruch nach § 3 Abs. 1 UIG selbständig eingeklagt werden (ohne dass ein rechtliches Interesse dargelegt werden muss).[607] In solchen Fällen kommt es nicht zu einem Konflikt mit § 44a S. 1 VwGO, weil die Verfahrenshandlung als Sachentscheidung i. S. d. Vorschrift zu qualifizieren ist. Anders stellt sich dies dar, wenn das nationale Recht keine Nachprüfbarkeit vorsieht oder Verfahrenshandlungen der nationalen Behörden aufgrund ihrer inhaltlichen Bindungswirkung die Entscheidung der Europäischen Kommission oder der Europäischen Agenturen präjudizieren. Rechtsschutz gegen die nationalen Teilakte ist dann nicht vor der Unionsgerichtsbarkeit, sondern nur vor der nationalen Gerichtsbarkeit zu erlangen. Der EuGH fordert in solchen Fällen zur Gewährung effektiven Rechtsschutzes unter Verdrängung nationaler Verfahrensvorschriften nach Art des § 44a S. 1 VwGO eine direkte Klagemöglichkeit vor den mitgliedstaatlichen Gerichten (→ § 7 Rn. 68).

228 **Verfassungsrechtlich** kann die Verschiebung des Rechtsschutzes auf den Zeitpunkt eines zulässig geltend gemachten Rechtsbehelfs gegen die Sachentscheidung zu einer Verletzung der Grundrechte oder der Rechtsschutzgarantie des Art. 19 Abs. 4 S. 1 GG führen. Dies ist anzunehmen, wenn die vorbereitende Handlung oder ihre Unterlassung einen rechtlichen Nachteil zur Folge hat, der sich in einem die abschließende Entscheidung betreffenden Verfahren nicht oder jedenfalls nicht vollständig beheben lässt.[608] Ob in solchen

---

[600] *Wysk* in: Wysk, VwGO, § 44a Rn. 12.
[601] Vgl. *W.-R. Schenke* in: Kopp/Schenke, VwGO, § 44a Rn. 8.
[602] Strittig; vgl. BVerwG DVBl 1993, 51; *W.-R. Schenke* in: Kopp/Schenke, VwGO, § 44a Rn. 8; krit. *Gärditz* in: Gärditz, VwGO, § 44a Rn. 16.
[603] Vgl. auch *Ziekow* in: Sodan/Ziekow, VwGO, § 44a Rn. 64 f.
[604] *Hoppe* in: Eyermann, VwGO, § 44a Rn. 21.
[605] Strittig; vgl. BVerwG NVwZ-RR 1997, 663 (664); ferner *W.-R. Schenke* in: Kopp/Schenke, VwGO, § 44a Rn. 11; *Ziekow* in: Sodan/Ziekow, VwGO, § 44a Rn. 68; *Gärditz* in: Gärditz, VwGO, § 44a Rn. 18. Für eine generelle Zuordnung der Einwender zu den Beteiligten z. B. *Hoppe* in: Eyermann, VwGO, § 44a Rn. 21.
[606] Art. 3 RL 2003/4/EG v. 28.1.2003, ABlEU Nr. L 41/26.
[607] Wird der Antrag auf Zugang zu Umweltinformationen nach § 5 UIG abgelehnt, kann verwaltungsgerichtliche Verpflichtungsklage erhoben werden.
[608] Vgl. BVerwG NVwZ 2017, 489 Rn. 25 m. w. Nachw.

Fällen § 44a S. 1 VwGO restriktiv zu interpretieren[609] bzw. teleologisch zu reduzieren ist oder ob § 44a S. 2 VwGO erweiternd auf alle Verfahrenshandlungen ausgelegt werden muss, bei denen ein Rechtsbehelf zusammen mit dem Rechtsbehelf gegen die Sachentscheidung zu spät käme und dadurch ein Recht des Betroffenen vereitelt oder wesentlich erschwert werden würde,[610] macht im Ergebnis keinen Unterschied aus.

Die **Grundrechte** gewähren nicht nur Schutz vor Sachentscheidungen, welche Freiheit 229
und Eigentum rechtswidrig beschränken oder das Gleichbehandlungsgebot missachten, sie müssen auch „im" Verwaltungsverfahren beachtet werden. Beispielsweise dürfen nicht Betriebsgeheimnisse durch das öffentliche Auslegen von Unterlagen verletzt,[611] rechtswidrige ärztliche Untersuchungen vorgenommen[612] oder Prüfungen durch befangene Prüfer angeordnet werden[613]. In solchen Fällen entfalten die Verfahrenshandlungen unmittelbare Rechtswirkungen zu Lasten der Betroffenen über das Verfahren hinaus. Daher muss isolierter Rechtsschutz erlangt werden können. Ferner können die Grundrechte nicht nur den Schutz „im" Verfahren, sondern auch den Schutz „durch" Verfahren gebieten. So ist etwa aus Art. 14 Abs. 1 GG abgeleitet worden, dass einem Schuldner die Möglichkeit bleiben muss, in einem zwangsvollstreckungsrechtlichen Verfahren gegenüber einer unverhältnismäßigen Verschleuderung seines Grundvermögens um Rechtsschutz nachzusuchen.[614] Entsprechende Fallgestaltungen sind auch im Verwaltungsprozessrecht denkbar.

**Lösung zu Fall 41:** Da die Gewährung von Akteneinsicht nach Maßgabe des § 29 230
VwVfG ein Verfahrensrecht darstellt und Rechtsbehelfe gegen behördliche Verfahrenshandlungen nach § 44a S. 1 VwGO nur gleichzeitig mit den gegen die Sachentscheidung zulässigen Rechtsbehelfe geltend gemacht werden können, ist die Klage des V unzulässig. V muss warten, bis ein Verwaltungsakt ergeht (Einziehung des Führerscheins). Er kann dann den Verwaltungsakt angreifen und in diesem Zusammenhang seinen Anspruch auf Akteneinsicht durchsetzen. Auch die Klage des W ist unzulässig. Das Einvernehmen der Gemeinde stellt im Verhältnis zum Bauantragsteller nach der Rechtsprechung eine (verwaltungsinterne) Verfahrenshandlung dar.[615] Ob dies die Klage nach § 44a S. 1 VwGO unzulässig macht, wird unterschiedlich beurteilt.[616] Jedenfalls steht der Zulässigkeit der Klage die fehlende Klagebefugnis des W (§ 42 Abs. 2 VwGO) entgegen. Die Klage der Gemeinde scheitert nicht an § 44a S. 1 VwGO, weil die Ersetzung des Einvernehmens als (kommunal-)aufsichtliche Maßnahme[617] nicht nur eine verfahrensrechtliche, sondern eine materiell-rechtliche, in die Planungshoheit der Gemeinde eingreifende Bedeutung hat.[618] Als zulässig anzusehen ist auch die Klage des Y, da die Musterungsanordnung gemäß § 44 Abs. 2 WPflG zwangsweise durchgesetzt werden kann, also einen Vollstreckungsakt i. S. d. § 44a S. 2 VwGO darstellt.

---

[609] So z. B. *Hoppe* in: Eyermann, VwGO, § 44a Rn. 5 (Verhinderung unzumutbarer Nachteile).

[610] Vgl. *Stelkens/Schenk* in: Schoch/Schneider, VwGO, § 44a Rn. 30.

[611] *Rossnagel* JuS 1994, 927 (929). Vgl. ferner BVerfGE 77, 121 = NJW 1982, 2177; *W.-R. Schenke* in: Kopp/Schenke, VwGO, § 44a Rn. 10; *Ziekow* in: Sodan/Ziekow, VwGO, § 44a Rn. 74.

[612] Z. B. BVerwG NVwZ-RR 1993, 252; HessVGH NVwZ 1995, 47 (48).

[613] Vgl. BVerwGE 70, 143 = NVwZ 1985, 187.

[614] Vgl. BVerfGE 46, 325 (334 f.) = NJW 1978, 368 (369).

[615] Vgl. BVerwGE 22, 342 (344 f.) = NJW 1966, 513 f.; E 28, 145 (146 ff.) = NJW 1968, 905 (906); BayVGH DÖV 2001, 257; *Hellermann* Jura 2002, 589 (591); a. A. *Budroweit* Die Mitwirkung der Gemeinde bei baurechtlichen Entscheidungen, 2004, S. 122 ff.

[616] Für die Einbeziehung von Innenrechtsmaßnahmen vgl. → Rn. 222; a. A. BVerwG NVwZ-RR 2017, 423 Rn. 14 (Dienstpostenbewertung) – Ausschluss verwaltungsinterner Maßnahmen aus dem Begriff der Verfahrenshandlung i. S. d. § 44a S. 1 VwGO.

[617] Zum VA-Charakter vgl. BayVGH NVwZ-RR 2001, 364 (365); *Lasotta* BayVBl 1998, 609 (615); *Hellermann* Jura 2002, 589 (593).

[618] Wie hier *Lasotta* BayVBl 1998, 609 (615); *Dippel* NVwZ 1999, 921 (925); a. A. *Hellermann* Jura 2002, 589 (594); *Möstl* BayVBl 2003, 225; *Budroweit* Mitwirkung der Gemeinde (Fn. 615), S. 284 ff.; *Schenke* Verwaltungsprozessrecht, Rn. 567.

## L. Keine schiedsvertragliche Vereinbarung

231 Gemäß § 173 S. 1 VwGO i. V. m. § 1032 ZPO ist eine Klage in einer Angelegenheit, die Gegenstand einer Schiedsvereinbarung (→ § 24 Rn. 8) ist,[619] als unzulässig abzuweisen (→ Rn. 140), sofern der Beklagte dies vor Beginn der mündlichen Verhandlung zur Hauptsache rügt, es sei denn, das Gericht stellt fest, dass die Schiedsvereinbarungen nichtig, unwirksam oder undurchführbar sind. Diesbezügliche Fallgestaltungen sind im Verwaltungsprozess eine Seltenheit.

## M. Kein Rechtsschutzverzicht

232 **Fall 42:** Grundstückseigentümer Z hatte einen Normenkontrollantrag gegen einen vorhabenbezogenen Bebauungsplan (Post-Tower in Bonn) eingelegt. Später verzichtete er gegen Zahlung eines Millionenbetrages gegenüber dem Bauherrn auf alle öffentlich-rechtlichen Abwehrrechte. Als der Bauherr ohne Baugenehmigung eine von einem Künstler konzipierte Fassadenbeleuchtung anbringen ließ, beantragte Z beim VG, der Bauaufsichtsbehörde im Wege einer einstweiligen Anordnung aufzugeben, dem Bauherrn das Anbringen der Lichtanlage, hilfsweise die Inbetriebnahme der Lichtanlage, zu untersagen.

233 Verzichtet der Rechtsschutzsuchende (Kläger) auf Rechtsschutz, ist ein Rechtsschutzantrag (Klage) unzulässig, wenn er gleichwohl gestellt wird. Der **prozessuale Verzicht** auf Rechtsschutz ist von dem Verzicht auf den prozessualen Anspruch[620] sowie auf den materiell-rechtlichen Anspruch zu unterscheiden. Diese führen nicht zur Unzulässigkeit, sondern zur Unbegründetheit des Rechtsschutzantrags. Vielfach wird der Rechtsschutzverzicht nicht als gesonderte negative Sachentscheidungsvoraussetzung,[621] sondern als Unterfall des allgemeinen Rechtsschutzbedürfnisses angesehen[622]. Rechtskonsequenzen hängen von der unterschiedlichen prozessualen Einordnung nicht ab. Ein Rechtsschutzverzicht kann **gegenüber dem Gericht** oder dem Gegner erklärt und darüber hinaus rechtsgeschäftlich vereinbart werden.[623] Im zuerst genannten Fall ist der Verzicht von Amts wegen, ansonsten nur auf Einrede zu berücksichtigen. Die Wirksamkeit des prozessualen Verzichts bestimmt sich allein nach dem Prozessrecht. Der Verzicht muss eindeutig sein und darf nicht auf unzulässige Beeinflussung (seitens des Gerichts oder der Behörde) beruhen. Ein Verzicht auf Rechtsmittel ist als bedingungsfeindliche Prozesshandlung (anders als ein Verzicht auf materielle Rechte) erst nach Ergehen der gerichtlichen Entscheidung wirksam. Ein rechtsgeschäftlicher Verzicht soll nach der Rechtsprechung auch dann wirksam sein, wenn er durch finanzielle Leistung eines Verfahrensbeteiligten „erkauft" wurde.[624]

---

[619] Zu Unrecht sieht *Treffer* NWVBl 2019, 234, Schiedsklauseln i. S. d. VwGO, die in einem Vertrag enthalten sind, deren Partei die Verwaltung ist, als grds. europarechtswidrig an.

[620] Vgl. § 173 S. 1 VwGO i. V. m. § 306 ZPO; ferner §§ 81, 83 ZPO.

[621] So aber BVerwGE 55, 355 (357) (insoweit nicht abgedruckt in NJW 1978, 2408); *Stein* Die Sachentscheidungsvoraussetzung des allgemeinen Rechtsschutzbedürfnisses im Verwaltungsprozessrecht, 2000, S. 86 ff. (zur Abgrenzung zum widersprüchlichen Verhalten, S. 217 ff.); *Würtenberger/Heckmann* Verwaltungsprozessrecht, Rn. 303.

[622] Vgl. z. B. *Schmitt Glaeser/Horn* Verwaltungsprozeßrecht, Rn. 135; *Schenke* Verwaltungsprozessrecht, Rn. 590; *Rennert* in: Eyermann, VwGO, Vorb §§ 40–53 Rn. 24.

[623] Vgl. *Ehlers* in: Schoch/Schneider, VwGO, Vorb § 40 Rn. 111 ff.

[624] Vgl. BGHZ 79, 131 = NJW 1981, 824 (vertraglich vereinbarte Rücknahme eines Widerspruchs gegen Zahlung von Geld); krit. *Ehlers* Verwaltung (Fn. 286), S. 446.

**Lösung zu Fall 42:** Nach Ansicht des OVG NW[625] ist der Antrag zulässig, jedoch nach § 123 VwGO unbegründet, weil der von Z geltend gemachte Abwehranspruch wegen des „Verkaufs" der Abwehrrechte nach dem auch im öffentlichen Recht geltenden Grundsatz von Treu und Glauben eine unzulässige Rechtsausübung gegenüber dem beigeladenen Bauherrn darstellt. Diese Ansicht ist zutreffend, wenn Z nur auf materielle Ansprüche und nicht auf den Rechtsschutz verzichtet hat (vorausgesetzt, es scheidet nicht bereits die Antragsbefugnis aus). Hierfür spricht, dass der Verzicht nur gegenüber dem Bauherrn (nicht dem Gericht) erklärt wurde. 234

## N. Allgemeines Rechtsschutzbedürfnis

### I. Inhalt und Rechtsgrundlage

Unter dem Rechtsschutzbedürfnis ist das Interesse eines Rechtsschutzsuchenden zu verstehen, zur Erreichung des begehrten Rechtsschutzes ein Gericht in Anspruch nehmen zu dürfen.[626] Eine Ausprägung des allgemeinen Rechtsschutzbedürfnisses stellt das **berechtigte Feststellungsinteresse** dar, dass gemäß den §§ 43 Abs. 1, 113 Abs. 1 S. 4 VwGO für die Erhebung einer Feststellungs- und Fortsetzungsfeststellungsklage erforderlich ist (→ § 30 Rn. 46 ff.; → § 31 Rn. 69 ff.). Da sich das berechtigte Feststellungsinteresse in den genannten Fällen mit dem allgemeinen Rechtsschutzbedürfnis deckt, bedarf letzteres nicht einer zusätzlichen Prüfung. Sieht man von Regelungen nach Art der §§ 43 Abs. 1, 113 Abs. 1 S. 4 VwGO ab, fehlt es sowohl in der VwGO als auch in den anderen Prozessordnungen an Normierungen des Rechtsschutzbedürfnisses. Dennoch setzt nach allgemeiner Auffassung jede an einen Antrag gebundene gerichtliche Entscheidung ein Rechtsschutzbedürfnis voraus.[627] Seinen Geltungsgrund findet das Rechtsschutzbedürfnis in einem das gesamte Prozessrecht beherrschenden allgemeinen Rechtsgrundsatz, der in den §§ 43 Abs. 1, 113 Abs. 1 S. 4 VwGO zum Ausdruck kommt, sowie in dem **Grundsatz von Treu und Glauben,** der einen Missbrauch prozessualer Rechte verbietet.[628] Beide Grundsätze gelten **gewohnheitsrechtlich** und sind sowohl mit Art. 19 Abs. 4 S. 1 GG als auch mit der verfassungsrechtlichen Justizgewährungspflicht[629] vereinbar.[630] Das Rechtsschutzinteresse wird grundsätzlich indiziert, wenn die sonstigen Sachentscheidungsvoraussetzungen vorliegen, insbesondere auch weil die Rechtsmacht zur gerichtlichen Durchsetzbarkeit zum Inhalt eines subjektiven Rechts gehört. Auch wenn das Rechtsschutzbedürfnis in jedem Stadium des Prozesses von Amts wegen zu prüfen ist, bedarf das Vorliegen somit im Regelfall keiner Begründung. Eine Auseinandersetzung ist nur erforderlich, wenn besondere Umstände dies erfordern.[631] Bietet das Verhalten eines Rechtsschutzsuchenden Anlass zu der Annahme, dass ihm an einer Sachentscheidung des Gerichts nicht mehr gelegen ist, dürfte zumeist eine Fallgestaltung i. S. d. § 92 Abs. 2 VwGO vorliegen. Ist das angerufene Gericht nicht zuständig, ist der Rechtsstreit auch nach Wegfall des Rechtsschutzbedürfnisses an das zuständige Gericht zu verweisen.[632] 235

---

[625] GewArch 2003, 331.
[626] Vgl. BGH NJW-RR 1989, 263 (264).
[627] Vgl. BVerfGE 61, 126 (135) = NJW 1983, 559; BVerwGE 81, 164 = NVwZ 1989, 673; näher dazu *Stein* Sachentscheidungsvoraussetzung (Fn. 621), S. 18 ff.; *Christonakis* Rechtsschutzinteresse, S. 33 ff.
[628] Strittig, vgl. zu den verschiedenen Begründungsansätzen *Stein* Sachentscheidungsvoraussetzung (Fn. 621), S. 34 ff.; *Christonakis* Rechtsschutzinteresse, S. 69 ff.; vgl. auch *Sodan* in: Sodan/Ziekow, VwGO, § 42 Rn. 335. Zur Herleitung aus dem Verstoß gegen Treu und Glauben vgl. auch BVerwG Urt. v. 10.10.2019 – 10 C 2.19, BeckRS 2019, 31827 Rn. 17.
[629] Vgl. BVerfGE 85, 337 (345) = NJW 1992, 1673; E 107, 395 (401) =NJW 2003, 1924.
[630] Vgl. BVerfGE 96, 27 (39 f.) = NJW 1997, 2163 (2164); E 104, 220 (232) = NJW 2002, 2456.
[631] Vgl. auch BVerwGE 153, 99 Rn. 19 = NVwZ 2016, 316.
[632] BVerwG NVwZ-RR 2016, 579 Rn. 6.

## II. Abgrenzung zu anderen Rechtsinstituten

236 Das Rechtsschutzbedürfnis ist von der Klagebefugnis (§ 42 Abs. 2 VwGO) und den Verfahrenskonkurrenzregelungen[633] der §§ 43 Abs. 2 S. 1 und 44a VwGO zu unterscheiden. Die (die Geltendmachung einer Rechtsverletzung voraussetzende) **Klagebefugnis** (→ § 27 Rn. 50ff.) stellt nach vorherrschender und zutreffender, aber nicht unbestrittener Auffassung eine Ausprägung der aktiven Prozessführungsbefugnis[634] und nicht des Rechtsschutzbedürfnisses[635] dar. Das Erfordernis einer Klagebefugnis dient in erster Linie dem Schutz des Klagegegners (der grundsätzlich nicht mit Popular- oder bloßen Interessentenklagen überzogen werden soll), das Rechtsschutzbedürfnis dient vor allem dem Schutz des Gerichts vor unnötiger Inanspruchnahme. Dementsprechend ist es für das Bestehen einer Klagebefugnis unerheblich, ob es andere Möglichkeiten der Konfliktlösung gibt. Die **Subsidiaritätsregelung des § 43 Abs. 2 S. 1 VwGO** (nach der eine Feststellung nicht begehrt werden kann, soweit der Kläger seine Rechte durch Gestaltungs- oder Leistungsklage verfolgen kann oder hätte verfolgen können) betrifft die Statthaftigkeit der Feststellungsklage (→ § 30 Rn. 36ff.), so dass sich die Frage, ob im Falle eines Eingreifens der Subsidiaritätsklausel ein Rechtsschutzbedürfnis für die Erhebung der Feststellungsklage besteht, nicht mehr stellt. Die **Bestimmung** des **§ 44a VwGO,** die isolierte Rechtsbehelfe gegen behördliche Verfahrenshandlungen grundsätzlich ausschließt, normiert eine eigenständige Sachentscheidungsvoraussetzung (→ Rn. 219ff.). Sieht man entgegen der hier vertretenen Ansicht die Vorschriften der §§ 42 Abs. 2, 43 Abs. 2 S. 1, 44a VwGO als Ausprägung des allgemeinen Rechtsschutzinteresses an, ergeben sich daraus keine anderen Konsequenzen.

## III. Fallgestaltungen fehlenden Rechtsschutzbedürfnisses

237 Im Folgenden wird nur auf die hauptsächlichen Fälle fehlenden Rechtsschutzbedürfnisses eingegangen.

### 1. Ineffektivität des Rechtsschutzes

238 Das allgemeine Rechtsschutzbedürfnis für die Inanspruchnahme der (Verwaltungs-)Gerichtsbarkeit fehlt, wenn der Rechtsschutzsuchende sein Ziel sachgerechter – insbesondere einfacher, umfassender, schneller oder billiger – erreichen kann.[636] Dies kann unter anderem der Fall sein, wenn die Anrufung der Gerichte entbehrlich ist (a), die falsche Gerichtsbarkeit in Anspruch genommen wurde (b) oder der Rechtsschutzsuchende die falsche Rechtsschutzform gewählt hat (c).

239 **a) Entbehrlichkeit des gerichtlichen Rechtsschutzes.** Erhebt ein Verwaltungsträger verwaltungsgerichtliche (Leistungs-)Klage, ist ein Rechtsschutzbedürfnis zu verneinen, wenn der Anspruch bereits in einem **Verwaltungsakt** tituliert worden ist,[637] der Gegner sich gemäß § 61 VwVfG der sofortigen Vollstreckung unterworfen hat[638] oder der Verwaltungsträger einen Verwaltungsakt erlassen müsste[639] respektive erlassen könnte[640]. Steht der Erlass eines Verwaltungsakts im Ermessen der Behörde, soll die Verwaltung demgegenüber nach einer vielfach vertretenen Auffassung zwischen dem Erlass des Verwaltungsakts oder der Erhebung einer

633 *Schenke* Verwaltungsprozessrecht, Rn. 565f.
634 Vgl. *Schoch* JuS 1987, 783 (790); *Ehlers* NVwZ 1990, 105 (111).
635 Vgl. demgegenüber aber BVerwGE 60, 144 (150) = VerwRspr 1981, 37 (41); *Schmitt Glaeser/Horn* Verwaltungsprozeßrecht, Rn. 173.
636 Vgl. BGHZ 55, 201 (206) = NJW 1971, 656 (657).
637 Vgl. auch VGH BW NVwZ-RR 2004, 473.
638 Vgl. auch *Schmitt Glaeser/Horn* Verwaltungsprozeßrecht, Rn. 121.
639 Etwa nach § 49a Abs. 1 S. 2 VwVfG.
640 So z.B. im Falle der Möglichkeit eines kommunalaufsichtlichen Einschreitens gegen eine Gemeinde, vgl. VGH BW NVwZ 1993, 393.

Leistungsklage wählen dürfen;[641] jedenfalls, wenn ohnehin mit einem Rechtsstreit zu rechnen wäre[642] (weil der Betroffene den Verwaltungsakt voraussichtlich nicht akzeptieren wird). Dieser Auffassung ist nicht zu folgen, weil es der Inanspruchnahme der Gerichtsbarkeit nicht bedarf, wenn die Verwaltung die Möglichkeit hat, ihr Recht auf einfachere Weise durchzusetzen (zumal ansonsten das Verwaltungs- und unter Umständen auch Vorverfahren umgangen und der Betroffene in die Rolle des Beklagten gedrängt wird).[643] Diskutabel ist die Zulassung des gerichtlichen Rechtsschutzes nur, wenn ernsthafte Zweifel an der Verwaltungsaktbefugnis der Verwaltungsbehörde bestehen. Stellt eine Behörde gemäß § 47 Abs. 2 S. 1 VwGO einen Normenkontrollantrag, fehlt das Rechtsschutzbedürfnis, wenn sie die Norm ohne Inanspruchnahme der Gerichtsbarkeit selbst aufheben könnte (→ § 32 Rn. 64).

240 Soweit das Prozessrecht nichts anderes vorsieht,[644] braucht sich ein Rechtsschutzsuchender vor Anrufung der Gerichte nicht **vergeblich an** den **Rechtsschutzgegner** gewandt zu haben. So setzt die Erhebung einer Nichtigkeitsfeststellungsklage (§ 43 Abs. 1 Var. 3 VwGO) nicht voraus, dass der Kläger zuvor einen Antrag nach § 44 Abs. 5 VwVfG gestellt hat (→ § 30 Rn. 58). Auch hängt die Zulässigkeit eines Normenkontrollantrags nach § 47 VwGO nicht davon ab, dass sich der Antragsteller zunächst bei der Verwaltung um die Aufhebung der Norm bemüht hat (hierzu → § 32 Rn. 64). Nicht zu folgen ist schließlich der Ansicht, dass Leistungsansprüche erst eingeklagt werden dürfen, wenn der Rechtsschutzgegner zuvor vergeblich zur Leistung aufgefordert worden ist.[645] Hat der Beklagte durch sein Verhalten keine Veranlassung zur Erhebung der Klage gegeben, kann er den Anspruch sofort anerkennen, mit der Folge, dass die Prozesskosten gemäß § 156 VwGO dem Kläger zur Last fallen. Da die sofortige Anerkennung voraussetzt, dass die Klage zulässig ist, ergibt sich aus der genannten Regelung, dass die VwGO das Unterlassen einer vorherigen Antragstellung nicht als Fall mangelnden Rechtsschutzbedürfnisses ansieht.[646] Rechtspolitisch wäre eine andere Lösung angezeigt (Erfordernis einer vorherigen Antragstellung).

241 **b) Inanspruchnahme der falschen Gerichtsbarkeit.** Kein Rechtsschutzbedürfnis ist des Weiteren grundsätzlich dann gegeben, wenn in einer anderen Gerichtsbarkeit **umfassenderer Rechtsschutz** erlangt werden kann. Z. B. begründet die Absicht, eine Amtshaftungsklage zu erheben, kein berechtigtes Interesse an der Erhebung einer Fortsetzungsfeststellungsklage, wenn der Antrag auf verwaltungsgerichtliche Entscheidung erst nach Erledigung des Verwaltungsakts gestellt wird (→ § 31 Rn. 78). Vielmehr muss sogleich eine Schadenersatzklage beim Landgericht eingereicht werden (→ Rn. 149).[647] Nach Ansicht des BFH fehlt dem Kläger einer finanzgerichtlichen Klage auf Feststellung der Rechtswidrigkeit einer Mitteilung von Steuerrückständen an die Gewerbeüberwachungsbehörde das Rechtsschutzbedürfnis, wenn das Rechtsschutzziel nur die Aufhebung der auf die Mitteilung gestützten (vor den Verwaltungsgerichten angreifbaren) Gewerbeuntersagung ist.[648] Ebenso soll nach Auffassung des BVerwG einer verwaltungsgerichtlichen Klage gegen die behördliche Genehmigung privat-

---

[641] BVerwGE 25, 280 (281 ff.) = NJW 1967, 946 f.; E 28, 153 (154 f.) = BeckRS 1967, 103958.

[642] BVerwGE 29, 310 (312) = DÖV 1968, 729; E 58, 316 (318) = VerwRspr 1980, 859 (860); *Stein* Sachentscheidungsvoraussetzung (Fn. 621), S. 116 ff.; *Schenke* Verwaltungsprozessrecht, Rn. 592.

[643] Wie hier *Ehlers* in: Schoch/Schneider, VwGO, Vorb § 40 Rn. 85; *Rennert* in: Eyermann, VwGO, Vorb §§ 40–53 Rn. 13.

[644] Dies trifft etwa auf die Verpflichtungsklage zu, die nur statthaft ist, wenn der Kläger zuvor einen Antrag auf Erlass des Verwaltungsaktes gestellt hat (§§ 42 Abs. 1, 68 Abs. 2, 75 VwGO). Vgl. BVerwGE 130, 39 Rn. 22, 26 = NVwZ 2008, 575 (577); NJW-RR 2010, 1504 Rn. 17.

[645] So für Leistungsklagen Privater aber BVerwG DVBl 1978, 607 (608); *Pietzcker/Marsch* in: Schoch/Schneider, VwGO, § 42 Abs. 1 Rn. 156; *Schmitt Glaeser/Horn* Verwaltungsprozeßrecht, Rn. 388; *Hufen* Verwaltungsprozessrecht, § 17 Rn. 11; *Rennert* in: Eyermann, VwGO, Vorb § 40–53 Rn. 13. Vgl. auch VGH BW NVwZ-RR 1990, 566.

[646] Vgl. auch BVerwGE 114, 350 (354) = NVwZ 2002, 97 (98) (für den Fall einer beamtenrechtlichen Leistungsklage); *Sodan* in: Sodan/Ziekow, VwGO, § 42 Rn. 45; *Schenke* Verwaltungsprozessrecht, Rn. 363; andererseits bedarf es laut BVerwG einer vorherigen Geltendmachung für Ansprüche, deren Festsetzung und Zahlung sich nicht unmittelbar aus den Gesetz ergeben, vgl. BVerwG NVwZ 2019, 1217 Rn. 33.

[647] Vgl. § 40 Abs. 2 S. 1 Var. 3 VwGO; § 71 Abs. 2 Nr. 2 GVG.

[648] BFHE 173, 201 = DVBl 1994, 803.

rechtlicher Rechtsgeschäfte das Rechtsschutzbedürfnis abzusprechen sein, wenn die Zivilgerichte dasselbe wie die Verwaltungsgerichte zu prüfen haben und darüber hinaus weitere Fragen (wie die der Gültigkeit des privatrechtlichen Rechtsgeschäftes) zu entscheiden sind.[649] Die Literatur steht zu Recht weithin auf einem anderen Standpunkt, weil die Schutz- und Streitgegenstände unterschiedlich sind, es keinen Vorrang eines Gerichtszweiges gibt und die Genehmigung unter Umständen bestandskräftig werden kann.[650] Unproblematisch ist das Rechtsschutzbedürfnis, wenn gegen die Versagung einer Genehmigung geklagt wird.[651]

242 Lässt sich ein Klageziel in verschiedenen Gerichtsbarkeiten in **gleicher Weise** erreichen, bleibt die Auswahl des Rechtswegs dem Rechtsschutzsuchenden überlassen. So darf einer verwaltungsgerichtlichen Klage auf polizeiliches Einschreiten gegen einen „Störer"[652] das Rechtsschutzbedürfnis nicht deshalb abgesprochen werden, weil der Kläger im Zivilrechtsweg vor dem ordentlichen Gericht unmittelbar gegen den Störer vorgehen könnte.[653] Zwar obliegt der Schutz privater Rechte den Polizeibehörden nur, wenn gerichtlicher Schutz nicht rechtzeitig zu erlangen ist und wenn ohne behördliche Hilfe die Verwirklichung des Rechts vereitelt oder wesentlich erschwert werden würde.[654] Hierbei handelt es sich aber nur um eine Regelung des materiellen Rechts (nicht des Prozessrechts). Kumuliert ein nur in der ordentlichen Gerichtsbarkeit durchsetzbarer Amtshaftungsanspruch mit einem vor dem Verwaltungsgericht einklagbaren Schadens- oder Entschädigungsanspruchs, hindern § 40 Abs. 2 S. 1 Var. 3 VwGO, § 71 Abs. 2 Nr. 2 GVG den Kläger nicht daran, verwaltungsgerichtliche Klage zu erheben.[655]

243 **c) Wahl der falschen Rechtsschutzform.** Das Rechtsschutzbedürfnis ist ferner zu verneinen, wenn mit einer anderen Rechtsschutzform ein weitergehender Rechtsschutz erlangt werden kann. So sind sog. **isolierte Anfechtungsklagen** gegen die Ablehnung eines begünstigenden Verwaltungsakts (statt einer Verpflichtungsklage auf den Erlass des Verwaltungsakts) grundsätzlich unzulässig (→ § 27 Rn. 32f.). Wendet sich ein Konkurrent gegen die einem Mitbewerber durch Verwaltungsakt gewährte Vergünstigung und strebt er diese Vergünstigung für sich selbst an, fehlt der alleinigen Erhebung einer Anfechtungsklage gegen einen Ablehnungsbescheid das Rechtsschutzbedürfnis. Vielmehr muss sowohl Anfechtungs- als auch Verpflichtungsklage erhoben werden (strittig → § 28 Rn. 34).

### 2. Nutzlosigkeit des Rechtsschutzes

244 **Fall 43:** A hat gegen einen ihn belastenden Leistungsbescheid der zuständigen Verwaltungsbehörde in Höhe von 5.000 € in zulässiger Weise Widerspruch eingelegt. Ohne vorherige Anhörung setzt die Widerspruchsbehörde 7.500 € fest. Daraufhin hat A verwaltungsgerichtliche Anfechtungsklage gegen den Widerspruchsbescheid erhoben.

245 Das Rechtsschutzbedürfnis fehlt auch, wenn der angestrebte Rechtsschutz im Falle seines Erfolges die **Rechtsstellung** des Rechtsschutzsuchenden **nicht verbessern** würde.[656] Das trifft jedenfalls zu, wenn die Klage dem Kläger offensichtlich keinen rechtlichen oder tat-

[649] Grundlegend zum Fall sog. akzessorischer Verwaltungsakte BVerwGE 4, 317 = NJW 1957, 1530 (Unzulässigkeit der Anfechtungsklage eines Kleingartenpächters gegen die Genehmigung der Kündigung eines Kleingartenpachtverhältnisses wegen Fehlens des erforderlichen Rechtsschutzbedürfnisses). Vgl. auch bereits BVerwGE 1, 134 = NJW 1954, 1858.

[650] Vgl. *Stein* Sachentscheidungsvoraussetzung (Fn. 621), S. 125ff.; *Christonakis* Rechtsschutzinteresse, S. 276; a. A. *Lorenz* Verwaltungsprozeßrecht, § 13 Rn. 14.

[651] BVerwGE 4, 332 (333f.) = NJW 1957, 1533.

[652] Da das Polizeirecht Gefahrenabwehrrecht ist, wäre es zutreffender, i. S. d. neuen Polizeigesetze von Verantwortlichkeit zu sprechen (weil der Eintritt von Störungen gerade verhindert werden soll).

[653] Vgl. *Steinberg* NJW 1984, 457 (464); *Rennert* in: Eyermann, VwGO, Vorb §§ 40–53 Rn. 14.

[654] So die sog. Privatrechtsklauseln des Polizeirechts. Vgl. die Nachw. bei *Kingreen/Poscher* Polizei- und Ordnungsrecht (Fn. 379), § 3 Rn. 41.

[655] *Christonakis* Rechtsschutzinteresse, S. 279ff.

[656] Allg. Auffassung. Vgl. z. B. BVerwGE 153, 99 Rn. 19 = NVwZ 2016, 316.

sächlichen Vorteil bringen kann.[657] Die Nutzlosigkeit muss rechtlich oder tatsächlich außer Zweifel stehen.[658] Ein Rechtsschutzbedürfnis für verwaltungsgerichtliche Klagen oder Anträge wurde etwa in folgenden Fällen verneint: Klage auf Erteilung einer Baugenehmigung, obwohl dem Bauvorhaben nicht ausräumbare zivilrechtliche Hindernisse entgegenstehen;[659] Klage gegen eine Bebauungsgenehmigung (Bauvorbescheid), wenn die später erteilte Baugenehmigung unanfechtbar geworden ist;[660] Klage auf Notenverbesserung, wenn die Note keinen Einfluss auf die Versetzung oder das Bestehen der Prüfung hat;[661] Klage auf Anerkennung als Kriegsdienstverweigerer, wenn feststeht, dass der Kläger dauernd wehrdienstunfähig ist;[662] Klage gegen einen Verwaltungsakt, von dem die Wirksamkeit eines privatrechtlichen Geschäfts abhängt, wenn eindeutig feststeht, dass das Rechtsgeschäft ohnehin unwirksam ist;[663] Beantragung einer Normenkontrolle nach § 47 VwGO gegen einen Bebauungsplan, obwohl der durch den Bebauungsplan ermöglichte Bau aufgrund einer bestandskräftigen Baugenehmigung bereits errichtet worden ist[664] oder Normenkontrollantrag gegen eine untergesetzliche Rechtsvorschrift, die nur eine gesetzliche Norm inhaltlich wiederholt, so dass die Regelung auch im Falle der Nichtigerklärung vom Antragsteller beachtet werden müsste.[665] Bejaht wurde demgegenüber ein Rechtsschutzbedürfnis etwa, wenn der Kläger Asyl begehrt, obwohl er ein Aufenthaltsrecht hat,[666] oder wenn eine Gaststättenerlaubnis angestrebt wird und die ebenfalls erforderliche Baugenehmigung zwar bereits bestandskräftig versagt wurde, ein erneuter Antrag aber möglich und nicht aussichtslos ist[667]. Richtet sich eine Anfechtungsklage gegen einen erledigten Verwaltungsakt, scheitert die Klage nicht erst am fehlenden Rechtsschutzbedürfnis,[668] sondern bereits an der Unstatthaftigkeit der Klage (→ § 27 Rn. 19). In solchen Fällen kommt aber eine Fortsetzungsfeststellungsklage in Betracht. Bei der verwaltungsgerichtlichen Normenkontrolle reicht der Umstand, dass auf der Basis der Norm ein Verwaltungsakt ergangen und dieser bestandskräftig geworden ist, noch nicht aus, um das Rechtsschutzbedürfnis zu verneinen (weil z. B. weitere Verwaltungsakte ergehen können oder der Verwaltungsakt unter Umständen noch nicht vollzogen worden ist).

**Lösung zu Fall 43:** Nach § 79 Abs. 2 S. 1 VwGO kann der Widerspruchsbescheid alleiniger Gegenstand der Anfechtungsklage sein, wenn und soweit er gegenüber dem ursprünglichen Verwaltungsakt eine zusätzliche selbständige Beschwer enthält. Als zusätzliche Beschwer ist die Erhöhung der verlangten Leistung anzusehen (Verböserung). Kraft ausdrücklicher Bestimmung gilt auch die Verletzung einer wesentlichen Verfahrensvorschrift als eine zusätzliche Beschwer, sofern der Widerspruchsbescheid auf dieser Verlet- 246

---

[657] BVerwGE 143, 1 Rn. 15 = BeckRS 2012, 51024.

[658] BVerwGE 121, 1 = NVwZ-RR 2004, 855.

[659] BVerwGE 48, 242 (247) = VerwRspr 1976, 575 (578); E 61, 128 (130 f.) = NJW 1981, 2426; NVwZ 1994, 482.

[660] BVerwGE 68, 241 (245) = NJW 1984, 1474 (1475).

[661] BVerwG DÖV 1983, 819 (zweifelhaft, weil die Note immer die weitere Schullaufbahn beeinflussen kann). Zur Frage nach der Rechtsschutzform vgl. Fall 1→ § 27 Rn. 5 und Lösung → § 27 Rn. 12.

[662] Anderes gilt, wenn der Wehrpflichtige wegen besonderer Härte, zeitweilig fehlender Wehrdiensttauglichkeit, eingeschränkter Tauglichkeit, Überschreitung der Altersgrenze oder aus ähnlichen Gründen nicht einberufen worden ist. Vgl. zusammenfassend BVerwGE 74, 342 (345 ff.) = NVwZ 1987, 417 f.; E 82, 154 f. = NVwZ 1990, 68.

[663] OVG NW NWVBl 1989, 378 (379).

[664] BVerwGE 78, 85 (91 ff.) = NJW 1988, 839 (841); NVwZ 1989, 653; NVwZ 1998, 732 (733).

[665] BVerwG NVwZ 2002, 869 f. Eine Nutzlosigkeit nimmt die Rspr. auch an, wenn bei einem Erfolg der Normenkontrolle ein für den Antragsteller ungünstiger Bebauungsplan wieder in Kraft tritt (BVerwG Beschl. v. 25.3.2003 – 4 BN 11/03, BeckRS 2003, 23272). Vgl. aber auch BVerwG NVwZ 2002, 1126 (Rechtsschutzbedürfnis, wenn zwar ein alter Bebauungsplan wieder in Kraft tritt, sich aber nicht ausschließen lässt, dass die Gemeinde einen neuen Bebauungsplan mit möglicherweise für den Antragsteller günstigeren Festsetzungen aufstellen wird).

[666] BVerwGE 75, 304 (305 ff.) = NVwZ 1987, 505 f.

[667] BVerwGE 84, 11 (12) = NVwZ 1990, 559.

[668] So aber BVerwGE 26, 161 (163) = BeckRS 1967, 103941; *Rennert* in: Eyermann, VwGO, Vorb §§ 40–53 Rn. 16.

zung beruht (§ 79 Abs. 2 S. 2 VwGO). Als wesentliche Verfahrensvorschrift kommt hier § 71 VwGO in Betracht. Danach soll der Betroffene gehört werden, wenn die Aufhebung oder Änderung eines Verwaltungsakts im Widerspruchsverfahren erstmalig mit einer Beschwer verbunden ist. Zwar liegt hier nicht eine erstmalige, sondern eine zusätzliche Beschwer vor (vgl. zur Differenzierung einerseits § 79 Abs. 1 Nr. 2 VwGO, andererseits § 79 Abs. 2 VwGO). Doch ist § 71 VwGO auch auf diesen Fall anwendbar, eine Anhörung also geboten, es sei denn, es liegt ein Ausnahmefall vor. Letzteres ist hier nicht ersichtlich. Trotzdem hat das BVerwG[669] das Rechtsschutzbedürfnis für die isolierte Aufhebung des Widerspruchsbescheides gemäß § 79 Abs. 2 S. 2 VwGO verneint, weil im Falle der gerichtlichen Aufhebung des Widerspruchsbescheides die Rücknahme des Ausgangsbescheides und Festsetzung eines Betrages in Höhe von 7.500 € unabweisbar gewesen wäre und der angestrebte Rechtsschutz daher die Rechtsstellung des Rechtsschutzsuchenden nicht verbessere. Dieser Argumentation kann nicht gefolgt werden. Das Rechtsschutzbedürfnis für eine Anfechtungsklage fehlt nicht deshalb, weil damit zu rechnen ist, dass der rechtswidrige Verwaltungsakt durch einen neuen, dieses Mal rechtmäßigen Verwaltungsakt gleichen Inhalts ersetzt wird. Selbst wenn der Behörde ausnahmsweise kein Ermessen für die Rücknahme des begünstigenden (eine höhere Abgabe als 5.000 € ausschließenden) Teils des Ausgangsbescheides zustehen sollte, ist die Aufhebung des erlassenen Widerspruchsbescheides schon deshalb für den Kläger günstiger, weil die Zahlungspflicht eines neuen Bescheides später einsetzen würde.

### 3. Verbot eines Rechtsmissbrauchs

247 **Fall 44:** Naturschutzverband B wendet sich mit einer verwaltungsgerichtlichen Klage gegen einen Planfeststellungsbeschluss für eine Bundesautobahn. E ist Eigentümer eines als Streuobstwiese genutzten Grundstücks, das für den Autobahnbau in Anspruch genommen werden soll. Das Grundstück erwarb B unentgeltlich aufgrund eines Überlassungsvertrags. Der Veräußerer behielt sich ein im Grundbuch an erster Rangstelle eingetragenes unentgeltliches Nießbrauchrecht vor. Für den Fall einer Enteignung des Grundstücks soll B verpflichtet sein, eine etwaige Entschädigung an den Veräußerer auszuzahlen. Erfolgt keine Enteignung, soll das Grundstück unentgeltlich zurück übertragen werden. Für den Fall, dass B das Grundstück ohne Zustimmung des Veräußerers an Dritte weiter veräußert, hat er dem Veräußerer den Verkaufserlös zuzüglich einer Schadenersatzleistung zu zahlen.

248 Kein Rechtsschutzbedürfnis besteht ferner, wenn der Rechtsschutzsuchende objektiv erkennbar missbilligenswerte Ziele verfolgt,[670] etwa wenn die Ausübung des Rechts nur dem Zweck dient, einem anderen Schaden zuzufügen (Schikaneverbot[671]).[672] Eine Annahme missbilligenswerter Ziele kommt nur in krassen **Ausnahmefällen** in Betracht, weil es grundsätzlich nicht darauf ankommt, aus welchen Gründen ein Rechtsschutzsuchender sein Recht durchsetzen will. Als Kompensation für den Wegfall der materiellen Präklusion im unionsrechtlich determinierten Verfahren des Umweltrechts (→ § 27 Rn. 69) wurde eine Missbrauchsklausel in das **Umwelt-Rechtsbehelfsgesetz** eingefügt, wonach Einwendungen, die eine Person oder eine Vereinigung erstmals im Rechtsbehelfsverfahren erhebt, unberücksichtigt bleiben, wenn die erstmalige Geltendmachung im Rechtsbehelfsverfahren

[669] BVerwG NVwZ 1999, 1218.

[670] Näher dazu BVerwG Urt. v. 15.12.2020 – 10 C 24.19, BeckRS 2020, 43121 Rn. 11 ff.; *Kröpil* DVBl 2000, 686 ff.; *Stein* Sachentscheidungsvoraussetzung (Fn. 621), S. 202 ff.

[671] Vgl. zum materiellen Recht § 226 BGB.

[672] Fehlt es an einem sinnhaften und ernst zu nehmenden Begehren, soll nach dem VGH BW (NVwZ-RR 2017, 4) in Ausnahmefällen eine bloße Nichtbearbeitung und schlichtes Austragen in Betracht kommen. In solchen Fällen fehlt es an einer echten Prozessvoraussetzung (→ Rn. 7).

missbräuchlich oder unredlich ist (§ 5 UmwRG).[673] Auch dieser Missbrauchsklausel dürfte eher geringe praktische Relevanz zukommen.[674] Ebenso fehlt das Rechtsschutzbedürfnis, wenn die Klageerhebung gegen den **Grundsatz der Organtreue** verstößt. Nach diesem Grundsatz muss der Kläger vor Erhebung einer Klage im Falle einer Innenrechtsstreitigkeit das beabsichtigte, für rechtswidrig gehaltene Verfahren gegenüber dem Organ selbst rechtzeitig gerügt haben. Ansonsten handelt der Kläger gegenüber dem Organ treulos und damit rechtsmissbräuchlich.[675]

**Lösung zu Fall 44:** Die Zulässigkeit einer statthaften Anfechtungsklage setzt unter anderem voraus, dass der Kläger klagebefugt ist (§ 42 Abs. 2 VwGO). Hier hat sich B auf sein Grundrecht aus Art. 14 Abs. 1 S. 1 GG (i. V. m. § 903 BGB) berufen (also sog. Verbandsverletztenklage erhoben)[676]. Dies reicht in der Regel aus, um die Möglichkeit einer Rechtsverletzung i. S. d. § 42 Abs. 2 VwGO darzutun. Anderes soll nach Ansicht des BVerwG[677] gelten, wenn die Eigentümerstellung rechtsmissbräuchlich begründet worden ist. Allein der Erwerb eines sog. **Sperrgrundstücks** reicht nicht aus, um Rechtsmissbrauch anzunehmen.[678] Als Missbrauch sieht das BVerwG es aber an, wenn der Erwerb eines Sperrgrundstücks allein dem Zweck der einem Eigentümer vorbehaltenen Prozessführung dient. Ein solcher Fall ist nach Ansicht des Gerichts gegeben, weil B lediglich eine Rechtsstellung übertragen worden sei, die auf eine formale Hülle ohne substantiellen Gehalt hinauslaufe (z. B. bestehendes Nießbrauchrecht des Veräußerers, ggf. Auszahlung des Enteignungserlöses, ansonsten kostenlose Rückübertragung des Grundstücks, Zahlung des Verkaufserlöses an den Veräußerer zuzüglich eines „Schadenersatzes" im Falle der Weiterveräußerung).[679] Das BVerwG hat daher die Klagebefugnis verneint. Bejaht man einen Rechtsmissbrauch i. S. d. materiellen Rechts, dürfte dieser wegen fehlender Offensichtlichkeit und Eindeutigkeit erst der Begründetheit der Klage und nicht bereits der Klagebefugnis entgegenstehen. Jedoch könnte bei Zugrundelegung der Ansicht des BVerwG auch Missbrauch i. S. d. Prozessrechts anzunehmen sein, so dass sich die Unzulässigkeit der Klage dann bereits aus dem fehlenden Rechtsschutzbedürfnis ergibt. 249

### 4. Verfrühter Rechtsschutz

**Fall 45:** Mit einer verwaltungsgerichtlichen Klage wendet sich der ehemalige Bundeskanzler gegen die Zugänglichmachung ihn betreffender Unterlagen des Staatssicherheitsdienstes der ehemaligen DDR für die Forschung, politische Bildung oder für die 250

---

[673] Zur Unzulässigkeit einer materiellen Präklusion im Anwendungsbereich der Rechtsschutzbestimmungen der UVP-Richtlinie (RL 2011/92/EU v. 13.12.2011, ABlEU 2013 Nr. L 26/1) und der Richtlinie über Industrieemission (RL 2010/75/EU v. 24.11.2010, ABlEU Nr. L 334/17) vgl. EuGH NVwZ 2015, 1665 – Deutschland. Zur Zulässigkeit, Verfahrensvorschriften vorzusehen, nach denen ein missbräuchliches oder unredliches Vorbringen unzulässig ist, EuGH NVwZ 2015, 1665 Rn. 81.

[674] *Schlacke* in: Gärditz, VwGO, § 5 UmwRG Rn. 11. Vergleichend lässt sich darauf hinweisen, dass das BVerfG bei missbräuchlicher Einlegung einer Verfassungsbeschwerde gem. § 34 Abs. 2 BVerfGG eine Gebühr auferlegen kann.

[675] OVG NW NWVBl 2012, 116.

[676] Vgl. *Wahl/Schütz* in: Schoch/Schneider, VwGO, § 42 Abs. 2 Rn. 230.

[677] BVerwGE 112, 135 = NVwZ 2001, 427; E 131, 274 = NVwZ 2009, 302 Rn. 42 f.; NVwZ 2012, 567 Rn. 16; NVwZ-RR 2019, 1027 Rn. 18.

[678] Mit dem Erwerb des Grundstückseigentums wird grundsätzlich die uneingeschränkte Rechtsstellung eines Eigentümers erlangt. Als solcher kann er sich auf den Schutz des Grundrechts aus Art. 14 GG berufen und insbesondere beanspruchen, nur durch eine den Anforderungen des Art. 14 Abs. 3 GG genügende Enteignung den Verlust des Eigentums hinnehmen zu müssen, BVerfGE 143, 242 Rn. 157 = NVwZ 2014, 211. Näher dazu *Ehlers* in: Schoch/Schneider, VwGO, Vorb § 40 Rn. 98.

[679] Dient das durch eine Bürgerinitiative erworbene Grundeigentum allein als Mittel, um eine Interessentenklage im Gewand der Verletztenklage zu erheben, soll dies nach BVerwG NVwZ 2012, 567 Rn. 14 ff., den Vorwurf der unzulässigen Rechtsausübung auch dann rechtfertigen, wenn die Bürgerinitiative Volleigentum und nicht nur eine formale Hülse erworben hat. Dies vermag nicht zu überzeugen. Krit. zur Rechtsprechung zu den Sperrgrundstücken *Masing* NVwZ 2002, 810; *Gärditz* in: Gärditz, VwGO, § 42 Rn. 117.

Verwendung seitens der Medien, Bürger C gegen die bevorstehende Aufstellung eines Schildes „Tempo 30", Geschäftsführer D einer Gaststätte gegen die auf die Unzuverlässigkeit gestützte Drohung mit einer gaststättenrechtlichen Untersagungsverfügung und Gemeinde E gegen die drohende Bauleitplanung einer Nachbargemeinde.

251 **Fall 46:** F ist als Pfarrer einer evangelischen Kirche für die Dauer von zehn Jahren in ein Kirchenbeamtenverhältnis berufen worden. Nach Auslaufen der Frist klagt er vor dem VG auf Weiterbeschäftigung.

252 Ein Rechtsschutzbedürfnis fehlt auch, wenn der Rechtsschutzsuchende verfrüht die Gerichte anruft. Da die VwGO vom Grundsatz eines nachträglichen Rechtsschutzes ausgeht und solcher wegen der Möglichkeit, vorläufigen Rechtsschutz nach den §§ 80 Abs. 5, 80a Abs. 3, 123, 47 Abs. 6 VwGO (dazu → *Schoch* §§ 34, 35) zu erlangen, dem sich aus Art. 19 Abs. 4 S. 1 GG ergebenden Gebot effektiven Rechtsschutzes[680] in der Regel gerecht wird, bedürfen **Unterlassungsklagen** eines mehr oder weniger **qualifizierten Rechtsschutzbedürfnisses.** Ist ein Eingriff schon erfolgt, muss nur dargelegt werden, dass er andauert oder Wiederholungsgefahr besteht. Ein qualifiziertes Rechtsschutzbedürfnis ist notwendig, wenn eine vorbeugende Unterlassungsklage erhoben wurde. So kann der sich gegen den Erlass einer Rechtsnorm oder eines Verwaltungsakts wendende Leistungskläger normalerweise auf den nachträglichen vorläufigen Rechtschutz verwiesen werden. Anders ist die Rechtslage, wenn Rechtsverletzungen drohen[681] und die Verweisung auf den nachträglichen Rechtsschutz **nicht zumutbar** ist. Ein qualifiziertes Rechtsschutzbedürfnis ist insbesondere in den Fällen zu bejahen, in denen vollendete Tatsachen oder irreparable Schäden drohen.[682] Wendet sich ein Kläger gegen den Erlass eines Verwaltungsakts, ist ein solches Rechtsschutzbedürfnis jedenfalls anzunehmen, wenn ein Verwaltungsakt aus rechtlichen oder tatsächlichen Gründen nicht mehr aufgehoben werden könnte,[683] ein schon getätigtes Verhalten durch den drohenden Verwaltungsakt mit Strafe oder Bußgeld belegt werden soll,[684] eine Vielzahl von Verwaltungsakten angegriffen werden müsste[685] oder die Verzögerung eines angekündigten Verwaltungsakts zu einer nicht hinnehmbaren Unsicherheit der Rechtslage führt. In Fällen der Eilbedürftigkeit kann der Rechtsschutzsuchende auch ein berechtigtes Interesse an einem **vorläufigen vorbeugenden Rechtsschutz** nach § 123 Abs. 1 VwGO haben (einstweilige Anordnung gegen den Erlass eines Verwaltungsaktes). Begehrt ein ausländischer Kläger Abschiebungsschutz in Bezug auf einen in einer Abschiebungsandrohung nicht genannten Zielstaat, differenziert die Rechtsprechung zwischen dem ausländerrechtlichen und asylrechtlichen Anfechtungsschutz. Für einen vorbeugenden ausländerrechtlichen Abschiebungsschutz fehle das Rechtsschutzbedürfnis.[686] Dagegen wird für

[680] BVerfGE 109, 279 f. = NJW 2004, 999.

[681] Zur Gefahr, rechtswidrig zu handeln und mit einer Ordnungsverfügung belegt zu werden, vgl. BVerwGE 71, 318 Rn. 15 = BeckRS 1985, 30436595.

[682] Näher zu den Einzelheiten *Ehlers* in: Schoch/Schneider, VwGO, Vorb § 40 Rn. 101; *Pietzcker/Marsch* in: Schoch/Schneider, VwGO, § 42 Abs 1 Rn. 165 ff.; *Schenke* Verwaltungsprozessrecht, Rn. 356 ff.

[683] Z. B. soll nach der Rechtsprechung die beamtenrechtliche Ernennung eines Konkurrenten grds. nicht mehr anfechtbar sein. Vgl. BVerfG NJW 1990, 501; BVerwGE 118, 370 = NJW 2004, 870; E 138, 102 Rn. 29 ff. = NJW 2011, 695, Rechtsschutz ist dann nur vorbeugend zu erlangen (dazu Fall 12 → § 27 Rn. 53 und Lösung → § 27 Rn. 66); *Rennert* in: Eyermann, VwGO, Vorb §§ 40–53 Rn. 25. Aus tatsächlichen Gründen nicht aufhebbar ist ein Verwaltungsakt, wenn er sich nach seinem Erlass sofort oder kurzfristig erledigt (wie häufig im Polizei- und Ordnungsrecht), so dass vorläufiger Rechtsschutz nicht weiterhilft.

[684] Weitergehend *Schenke* Verwaltungsprozessrecht, Rn. 361, wonach eine vorbeugende Unterlassungsklage gegen einen mit Strafe oder Geldbuße oder mit sonstigen Sanktionen bewehrten Verwaltungsakt immer zulässig ist.

[685] Vgl. auch *Pietzcker/Marsch* in: Schoch/Schneider, VwGO, § 42 Abs. 1 Rn. 166: Die vorbeugende Unterlassungsklage ist in Fällen zulässig, in denen eine Vielzahl gleichartiger Verwaltungsakte teils schon ergangen ist und teils noch zu ergehen droht.

[686] BVerwGE 115, 267 (270 f.) = NVwZ 2002, 855 (856).

einen vorbeugenden asylrechtlichen Abschiebungsschutz wegen der asylrechtlichen Gesetzeslage anderes angenommen.[687] Richtet sich die vorbeugende Klage gegen einen drohenden, den Kläger belastenden behördlichen Realakt, ist ein qualifiziertes Vorbeugungsinteresse regelmäßig gegeben.[688]

Verfrüht ist ein verwaltungsgerichtlicher Rechtsschutz ferner, wenn dieser **subsidiär** ist 253
und die vorrangige Gerichtsbarkeit zuvor nicht angerufen wurde. So soll die Anrufung der staatlichen Gerichte, soweit die **Religionsgemeinschaften** einen internen Rechtsweg zur Verfügung stellen, wegen der verfassungsrechtlich geschuldeten Rücksichtnahme auf das Selbstbestimmungsrecht der Religionsgemeinschaften nur subsidiär, also nach Ausschöpfung des internen Rechtswegs, zulässig sein (→ Rn. 74; dazu auch Fall 46 → Rn. 251 und Lösung → Rn. 255).[689] Doch muss die Verweisung auf den religionsgemeinschaftlichen Rechtsschutz zumindest zumutbar sein.[690]

**Lösung zu Fall 45:** Die Unterlassungsklage des ehemaligen Bundeskanzlers[691] ist zuläs- 254
sig (und begründet),[692] weil sich mit einem nachträglichen Rechtsschutz eine Verletzung des Persönlichkeitsrechts nicht verhindern lässt und einmal in die Öffentlichkeit gelangte Informationen dieser nicht mehr entzogen werden können. Dagegen fehlt C das Rechtsschutzbedürfnis, weil ihm zugemutet werden kann, Widerspruch und Anfechtungsklage einzulegen bzw. einen Antrag nach § 80 Abs. 5 VwGO zu stellen.[693] Das Begehren des D geht nicht dahin, den drohenden Verwaltungsakt, sondern bereits die Drohung selbst abzuwehren, da sie den Arbeitgeber bereits zu einer Kündigung veranlassen kann. Somit ist ihm das Rechtsschutzbedürfnis für die Erhebung einer Klage nicht abzusprechen.[694] Folgt man der Rechtsprechung des BVerwG, ist eine vorbeugende (nach nicht überzeugender Ansicht des BVerwG auf Feststellung gerichtete) Klage der Gemeinde E gegen die Bauleitplanung der Nachbargemeinde zulässig.[695] Grundsätzlich kann es einer Gemeinde aber zugemutet werden, den Erlass des Bebauungsplans abzuwarten und dann ggf. von § 47 Abs. 6 VwGO Gebrauch zu machen. Anderes gilt, wenn die Gemeinde geltend machen kann, durch die drohende Bauleitplanung unter Verletzung des Abstimmungsgebots (§ 2 Abs. 2 S. 1 BauGB) in ihrer Planungshoheit verletzt zu sein.

**Lösung zu Fall 46:** Der Rechtsweg zu der staatlichen Verwaltungsgerichtsbarkeit[696] 255
ist gegeben, wenn und soweit der Kläger eine Verletzung staatlichen Rechts geltend macht (→ Rn. 74). Hier könnte eine Verletzung elementarer staatlicher Schutzpflichten in Betracht kommen.[697] Doch soll nach der Rechtsprechung die verfassungsrechtlich geschuldete Rücksichtnahme auf das Selbstbestimmungsrecht der Religionsgemeinschaften (Art. 140 GG i. V. m. Art. 137 Abs. 3 WRV) jedenfalls in innerkirchlichen Angelegenheiten[698] gebieten, einer bestehenden innerkirchlichen Gerichtsbarkeit den

---

687 BVerwGE 122, 376 = NVwZ 2005, 1087.
688 Vgl. auch BVerwGE 34, 69 (73) = VerwRspr 1970, 269 (270); E 71, 183 (188 f.) = NJW 1985, 2774 (2775); *Rennert* in: Eyermann, VwGO, Vorb §§ 40–53 Rn. 25.
689 BVerfG-K NJW 1999, 349 (350); BVerwGE 149, 139 Rn. 27 = NVwZ 2014, 1101 → *Sachs* JuS 2014, 1148; E 153, 282 Rn. 20 = NVwZ 2016, 453; NVwZ-RR 2017, 399; BGHZ 154, 306 (312) = BeckRS 2003, 3646; *Magen* NVwZ 2002, 897 (903).
690 Näher dazu *Ehlers* ZevKR 61 (2016), 313 (317).
691 Vgl. VG Berlin NJW 2001, 2988.
692 BVerwGE 116, 104 = NJW 2002, 1815.
693 Vgl. auch VGH BW NVwZ 1994, 801.
694 Vgl. auch BayVGH NJW 1986, 3221.
695 BVerwGE 40, 323 = BeckRS 1972, 30443217.
696 Da die evangelischen Kirchen als Körperschaft des öffentlichen Rechts organisiert sind, liegt eine öffentlich-rechtliche Streitigkeit vor (dazu Fall 13 → Rn. 66 und Lösung → Rn. 76).
697 Vgl. BVerwGE 149, 139 Rn. 23 = NVwZ 2014, 1101.
698 Vgl. NdsOVG NordÖR 2017, 260 Rn. 8. Krit. zur Unterscheidung von inneren und äußeren Angelegenheiten der Religionsgemeinschaften *Ehlers* in: Sachs, GG, Art. 140/137 WRV Rn. 12.

Vorrang vor der Anrufung staatlicher Gerichte zu geben.[699] Da das evangelische Kirchenrecht eine kirchliche Verwaltungsgerichtsbarkeit kennt, wäre die Klage wegen der Subsidiarität des staatlichen Rechtsschutzes mangels eines Rechtsschutzbedürfnisses unzulässig, wenn F nicht zuvor erfolglos die kirchliche Verwaltungsgerichtsbarkeit angerufen hat.

### 5. Prozessuale Verwirkung

256 Eine weitere Fallgestaltung fehlenden Rechtsschutzbedürfnisses stellt schließlich die **verspätete** gerichtliche **Geltendmachung** eines Rechts dar.[700] Die Rechtsschutzgarantie des Art. 19 Abs. 4 S. 1 GG steht der Annahme einer Verwirkung nicht entgegen.[701] Eine Verwirkung setzt voraus, dass seit der Möglichkeit der Geltendmachung des Klageanspruchs längere Zeit verstrichen ist (sog. **Zeitmoment**) und der Berechtigte unter Umständen untätig bleibt, unter denen vernünftiger Weise etwas zur Wahrung des Rechts unternommen zu werden pflegt (sog. **Umstandsmoment**).[702] Erst dadurch wird eine Situation geschaffen, auf die ein Beteiligter vertrauen, sich einstellen und einrichten darf (sog. **Vertrauensmoment**). [703] Neben der Vertrauensgrundlage des Rechtsschutzgegners, dass der Berechtigte sein Recht nicht mehr geltend macht, kommt es also maßgeblich darauf an, dass sich der Rechtsschutzgegner auch tatsächlich durch seine Vorkehrungen und Maßnahmen so eingerichtet hat, dass ihm durch die verspätete Durchsetzung des Rechts ein unzumutbarer Nachteil entstehen würde **(Vertrauensbetätigung).**[704]

257 Aus der Sicht des Berechtigten stellt sich die Verwirkung oftmals als Unterfall des Verbots widersprüchlichen Verhaltens dar (venire contra factum proprium).[705] Grundsätzlich muss dem Berechtigten die Möglichkeit einer Klageerhebung (Antragstellung) bewusst gewesen sein. Der positiven **Kenntnis** steht es gleich, wenn der Berechtigte von der ihn belastenden Maßnahme zuverlässig Kenntnis hätte haben müssen, weil sich ihm deren Vorliegen hätte aufdrängen müssen und es ihm möglich und zumutbar war, sich über die getroffene Maßnahme Gewissheit zu verschaffen.[706] Darüber hinaus dürfte Verwirkung auch dann anzunehmen sein, wenn das **öffentliche Interesse** an der Erhaltung des Rechtsfriedens gebietet, die Anrufung des Gerichts nach langer Zeit als unzulässig anzusehen.[707] Mit dem Gebot effektiven Rechtsschutzes ist es grundsätzlich vereinbar, ein Rechtsschutzinteresse nur so lange als gegeben anzusehen, wenn ein gerichtliches Verfahren dazu dienen kann, eine gegenwärtige Beschwer auszuräumen, einer Wiederholungsgefahr zu begegnen oder einer fortwirkenden Beeinträchtigung durch einen an sich beendeten Eingriff zu beseitigen. Das Grundrecht auf effektiven Rechtsschutz gebietet aber, die Möglichkeit einer gerichtlichen Klärung in Fällen gewichtiger, allerdings in tatsächlicher Hinsicht überholter Grundrechtseingriffe zu eröffnen, wenn die direkte Belastung durch den angegriffenen Hoheitsakt sich nach dem typischen Verfahrensablauf auf eine Zeitspanne beschränkt, in welcher der Betroffene eine gerichtliche Entscheidung kaum erlangen kann (zur Fortsetzungsfeststellungsklage vgl. → § 31 Rn. 82).[708] Das Recht des in einem Beförderungsverfahren nicht berücksichtigten Beamten, eine Verletzung seines

---

[699] BVerfG NJW 1999, 349 Rn. 28f.; BVerwGE 149, 139 Rn. 27 = NVwZ 2014, 1101; E 153, 282 Rn. 15 = NVwZ 2016, 453 Rn. 20; BGHZ 154, 306 Rn. 8 = NJW 2003, 2112.

[700] BVerwGE 44, 294 (298ff.) = NJW 1974, 1260 (1261); NVwZ 1991, 1182; NVwZ 2001, 206.

[701] BVerfGE 32, 305 (308) = BeckRS 1972, 30421760.

[702] BVerwG Beschl. v. 31.1.2019 – 4 B 31.18, BeckRS 2019, 2740 Rn. 5; Urt. v. 10.10.2019 – 10 C 2.19, BeckRS 2019, 31827 Rn. 17.

[703] BVerwG Beschl. v. 31.1.2019 – 4 B 31.18, BeckRS 2019, 2740 Rn. 5.

[704] Vgl. BVerwGE 44, 339 (343) = BeckRS 2014, 48803; E 91, 276 (279) = NVwZ-RR 1993, 644; E 108, 93 (96) = BeckRS 1998, 30038101; NVwZ 2001, 206 (auch bei einer gescheiterten Zustellung)

[705] Vgl. BVerwGE 44, 339 (343) = BeckRS 2014, 48803.

[706] BVerwG NVwZ 2001, 206.

[707] Strittig, wie hier BVerwGE 44, 294 (300) = NJW 1974, 1260 (1262).

[708] St. Rspr., vgl. BVerfGE 110, 77 (85f.) = NJW 2004, 2510 (2511); BVerfG-K NJW 2017, 545f.

Bewerbungsverfahrensanspruchs durch Anfechtung der Ernennung des ausgewählten Beamten geltend zu machen, unterliegt der Verwirkung, wenn der Beamte hinreichende Kenntnis vom Umstand regelmäßig stattfindender Beförderungen in seinem Verwaltungsbereich hatte. Einer positiven Kenntnis steht es gleich, wenn sich ihm eine solche Kenntnis hätte aufdrängen müssen und er etwa fehlendes Wissen durch Nachfrage beim Dienstherrn hätte erlangen können. Die **zeitliche Grenze,** ab der das Anfechtungsrecht in derartigen Fallkonstellation verwirkt sein kann, setzt das BVerwG in Anlehnung an die gesetzliche Wertung in § 58 Abs. 2 S. 1 VwGO regelmäßig mit einem Jahr ab der jeweiligen Ernennung an.[709] Zur Verwirkung der Befugnis, einen vorläufigen Bescheid durch einen endgültigen zu ersetzen vgl. → § 28 Rn. 33.

Die von der Verwirkung des materiellen Rechts[710] (d. h. dem Rechtsverlust) zu unterscheidende **prozessuale Verwirkung** kommt in der Regel nur in Betracht, wenn keine Rechtsbehelfsfristen laufen: sei es, dass keine Fristen gelten (wie für die Leistungs- und Feststellungsklage) oder dass es an einer Bekanntgabe respektive Zustellung des angegriffenen Verwaltungsakts oder Widerspruchs gerade gegenüber dem Kläger fehlt (wie nicht selten im Falle der Erhebung von Nachbar- oder Konkurrentenklagen). Die Verwirkung setzt stets eine längere Dauer der Untätigkeit des Berechtigten voraus. Hierbei kommt es auf die Umstände des Einzelfalls an. Erhebt ein Nachbar gegen eine ihm nicht bekannt gegebene Baugenehmigung des Bauherrn Anfechtungsklage, muss die Verwirkungsfrist deutlich länger als die Monatsfrist des § 70 VwGO i. V. m. § 58 Abs. 1 VwGO sein. Vielfach wird sich eine **Orientierung** an der **Jahresfrist** des § 58 Abs. 2 VwGO anbieten (beginnend mit dem Zeitpunkt, in dem der Nachbar zuverlässig Kenntnis erlangt hat oder hätte erlangen müssen, weil sich ihm das Vorliegen einer Baugenehmigung aufdrängen musste oder es ihm möglich und zumutbar war, sich hierüber Gewissheit zu verschaffen).[711] Doch kann die Verwirkung je nach Umständen des Einzelfalls auch bereits vor Ablauf der Jahresfrist des § 58 Abs. 2 VwGO[712] oder später anzunehmen sein. In den Fällen des vorläufigen Rechtsschutzes tritt Verwirkung wegen der besonderen Eilbedürftigkeit und der damit einhergehenden Obliegenheit des Antragstellers zu einem unverzüglichen Handeln wesentlich schneller ein.[713] Geht eine prozessuale Verwirkung mit einer materiellen einher, fehlt es bei offensichtlicher und eindeutiger Verwirkung des materiellen Rechts bereits an der Klagebefugnis (Antragsbefugnis).[714] Keine Frage der Verwirkung – sondern der Klagebefugnis – ist nach der hier vertretenen Ansicht die Präklusion verspäteten Vorbringens (→ § 27 Rn. 68). 258

[709] BVerwG NVwZ 2018, 1866; ebenso OVG NW NWVBl 2020, 241 (242 f.).

[710] Vgl. z. B. VGH BW Urt. v. 12.7.2018 – 2 S 143/18, BeckRS 2018, 17752 (Treuwidrigkeit der Festsetzung eines Abwasserbeitrags nach mehr als zwei Jahrzehnten).

[711] Für die Bemessung des Zeitmoments im Rahmen der Verwirkung des Rechts zur Überprüfung einer dienstlichen Beurteilung in Anlehnung an § 58 Abs. 2 S. 1 VwGO vgl. OVG NW NWVBl 2020, 29 f.

[712] Vgl. BVerwG NVwZ 1991, 1182 (1184); OVG MV NVwZ-RR 2003, 15 (16).

[713] Vgl. *Stein* Sachentscheidungsvoraussetzung (Fn. 621), S. 238 f.

[714] *Schenke* Verwaltungsprozessrecht, Rn. 590.

# § 26. Systematik der verwaltungsgerichtlichen Klagetypen, Klagearten und Entscheidungsvarianten

*Dirk Ehlers*

**Übersicht**



**Schrifttum:** *Hufen* Das System der Klagearten im Verwaltungsprozess, Ad Legendum 2017, 96; *Seibert* Ermittlung der statthaften Klageart und richterliche Hinweispflicht im Verwaltungsprozess, JuS 2017, 122; *Schmidt* Das System der verwaltungsgerichtlichen Klagearten, DÖV 2011, 169; *Schoch* Gerichtliche Verwaltungskontrollen in: Hoffmann-Riem/Schmidt-Aßmann/Voßkuhle (Hrsg.), Grundlagen des Verwaltungsrechts Band III, 2. Aufl. 2013, § 50.

## A. Klagetypen

1 Ist der Verwaltungsrechtsweg eröffnet (→ § 25 Rn. 52ff.), muss es für den Rechtsschutzsuchenden bei Vorliegen der sonstigen Zulässigkeitsvoraussetzungen die Möglichkeit geben, eine gerichtliche Sachentscheidung zu erlangen. Das Begehren des Klägers (Antragstellers) kann sich auf drei verschiedene Formen gerichtlicher Aussprüche richten: nämlich auf **Rechtsgestaltung** durch das Gericht, auf gerichtliche Verurteilung des Klage- (Antrags-) Gegners zur Erbringung einer **Leistung** oder auf eine gerichtliche **Feststellung.**[1] Die Leistungsbegehren zielen auf ein bestimmtes Verhalten ab. Hierbei kann es sich nicht nur um ein Tun oder Dulden (z. B. Erlass eines Verwaltungsaktes oder eines Realaktes), sondern auch um ein Unterlassen handeln. Um den verschiedenen Rechtsschutzbegehren Rechnung tragen zu können, stellt das staatliche Prozessrecht entsprechende konkrete Rechtsschutzformen in Gestalt von Klagearten (Antragsarten) zur Verfügung. Das Gericht ist zwar nach § 88 VwGO an das Klagebegehren (nicht aber die Fassung der Anträge) gebunden (→ § 25 Rn. 24, 29), hat gemäß § 86 Abs. 3 VwGO aber darauf hinzuwirken, dass Unklarheiten beseitigt und sachdienliche Anträge gestellt werden.[2]

## B. Klagearten

### I. Gesetzliche Regelungen

2 Die VwGO enthält Regelungen über die Anfechtungs- (→ § 27), Verpflichtungs- (→ § 28), Feststellungs- (→ § 30) und Fortsetzungsfeststellungsklage (→ § 31). Die allge-

[1] Vgl. auch *Schmidt* DÖV 2011, 169 (170ff.); *Hufen* Ad Legendum 2017, 96; *Schoch* in: GVwR III, § 50 Rn. 184.
[2] Vgl. dazu *Seibert* JuS 2017, 122.

meine Leistungsklage (→ § 29) wird in verschiedenen Vorschriften der VwGO erwähnt. Eine nähere Regelung ist zwar unterblieben. Gleichwohl ist allgemein anerkannt, dass die allgemeine Leistungsklage zu den statthaften Klagearten gehört und es Leistungsklagen schon nach Art. 19 Abs. 4 S. 1 GG,[3] der allgemeinen staatlichen Justizgewährungspflicht[4] sowie § 40 Abs. 1 VwGO geben muss. Somit lassen sich **fünf** verschiedene **Klagearten** nach der VwGO unterscheiden. Hinzu kommen Regelungen über die verwaltungsgerichtliche **Normenkontrolle** (→ § 32) sowie den vorläufigen Rechtsschutz (→ § 24 Rn. 13), bei dem es sich entweder um das verwaltungsgerichtliche Aussetzungsverfahren (§§ 80 Abs. 5 bis 8, 80a Abs. 3 VwGO) oder eine verwaltungsgerichtliche einstweilige Anordnung (§ 123 VwGO) handeln kann (→ *Schoch* § 34 und → § 35). Schließlich werden kraft der mehrfachen Verweisung auf die ZPO (§§ 153, 167 Abs. 1, 173 S. 1) die in der VwGO ausdrücklich geregelten Klage-(Antrags-)Arten durch spezielle Rechtsschutzformen ergänzt (→ § 24 Rn. 1): nämlich die auf eine Wiederaufnahme des abgeschlossenen gerichtlichen Verfahrens gerichtete Nichtigkeits- und Restitutionsklage,[5] die das Vollstreckungsrecht betreffende Vollstreckungsabwehrklage, Drittwiderspruchsklage und Klage auf vorzugsweise Befriedigung,[6] die (eine Rechtskraftdurchbrechung ermöglichende) Abänderungsklage[7] sowie die Klage auf Aufhebung eines Schiedsspruchs.[8]

Ob die von der VwGO in Verbindung mit den Verweisungen auf die ZPO geregelten 3
Klage- bzw. Antragsarten **abschließend** sind, ist umstritten. In zweifacher Hinsicht sind in der Literatur weitere Rechtsschutzformen oder solche sui generis[9] für zulässig oder notwendig erachtet worden. Zum einen bedürfe es einer allgemeinen **Gestaltungsklage** in Ergänzung der Anfechtungsklage[10] insbesondere für **Innenrechtsstreitigkeiten,**[11] zum anderen der Anerkennung einer **Normenerlassklage**[12] oder Normenabänderungs- respektive -ergänzungsklage, gerichtet auf den Erlass, die Abänderung oder Ergänzung untergesetzlicher Vorschriften als actio contraria zu § 47 VwGO. Die heutige Rechtsprechung und die herrschende Lehre lehnen eine solche Erweiterung zu Recht ab (→ § 27 Rn. 4).[13] Es ist bereits äußerst zweifelhaft, ob die Annahme zusätzlicher Rechtsschutzformen de lege lata überhaupt zulässig ist. Das BVerfG hat schon in einer früheren Entscheidung (im Hinblick auf die Gesetzgebungskompetenzen der Länder) davon gesprochen, dass die Bestimmungen der VwGO eindeutig erkennen lassen, dass das Gesetz eine erschöpfende Regelung des verwaltungsgerichtlichen Verfahrens vornimmt (so dass es den Ländern verwehrt ist, weitere Klagearten vorzusehen).[14] Eine erweiternde Auslegung des § 42 Abs. 1 Alt. 1 VwGO schei-

---

[3] Zur Einbeziehung von Leistungsansprüchen, die durch Nichterfüllung verletzt werden, vgl. *Sachs* in: Sachs, GG, Art. 19 Rn. 133, 140.

[4] Zu dem aus dem Rechtsstaatsprinzip ableitbaren allgemeinen Justizgewährungsanspruch, vgl. z. B. BVerfGE 58, 337 (345) = NJW 1982, 745 (751); E 107, 395 (401) = NJW 2003, 1924 → JuS 2003, 914 *(Sachs); Schmidt-Aßmann* in: Maunz/Dürig, GG, Art. 19 Abs. 4 Rn. 16.

[5] §§ 579, 580 ZPO.

[6] §§ 767, 771, 805 ZPO.

[7] § 323 ZPO.

[8] § 173 S. 1 VwGO i. V. m. § 1059 ZPO.

[9] Vgl. BayVGH BayVBl 1988, 16; OVG Lüneburg OVGE 2, 225 = DÖV 1951, 589; E 22, 508 (509); E 27, 351 (352) = DÖV 1971, 280; DÖV 1961, 548; OVG NW OVGE 17, 261 (265) = VerwRspr 1966, 949 (950); E 27, 258 (260); E 28, 208 (210). Anders die neuere Rspr., etwa OVG NW OVGE 32, 192 (193 f.); OVG NW NJW 1979, 1726; DVBl 1983, 53 (54). Für die Anerkennung einer Klageart sui generis, deren Zulässigkeitsvoraussetzungen sich an die prinzipale Normenkontrolle des § 47 VwGO anlehnen, wenn die Vorschrift nicht anwendbar ist, *Ellerbrok* Die öffentlich-rechtliche Satzung, 2020, S. 397.

[10] *Felix/Schwarplys* ZBR 1996, 33; *Grupp* FS Lüke, 1997, S. 207 ff.

[11] *Schmidt* DÖV 2011, 169 (173); *Hufen* Verwaltungsprozessrecht, § 22 Rn. 1.

[12] *Schmidt* DÖV 2011, 169 (172 f.); *Lorenz* Verwaltungsprozessrecht, § 26 Rn. 29 ff. Nach *Schenke* Verwaltungsprozessrecht, Rn. 1083 soll eine prinzipale Entscheidung der Verwaltungsgerichte für das Bestehen eines Rechtsanspruchs auf Normerlass nicht in Betracht kommen.

[13] Vgl. statt vieler *Schoch* in: GVwR III, § 50 Rn. 185; *Pietzcker/Marsch* in: Schoch/Schneider, VwGO, Vorb § 42 Abs. 1 Rn. 16; *Stern/Blanke* Verwaltungsprozessrecht in der Klausur, 9. Aufl. 2008, Rn. 542, 553. Unberührt bleibt die Möglichkeit des Bundesgesetzgebers, spezialgesetzliche Vorschriften zu schaffen.

[14] BVerfGE 20, 238 (249, 251) = NJW 1967, 435 (437).

tert am eindeutigen Wortlaut („Verwaltungsakt"). Ferner greifen verwaltungsprozessuale Gestaltungsklagen in den verfassungsrechtlich geschützten Funktionsbereich der Exekutive ein und können daher nur kraft Gesetzes und nicht kraft richterlicher Fortbildung als zulässig angesehen werden.[15] Des Weiteren müsste nachgewiesen werden, dass es weiterer Klagearten (Antragsarten) bedarf. Ein solcher Nachweis ist bisher nicht geführt worden und dürfte sich auch in Zukunft nicht erbringen lassen. Die geregelten Klage-(Antrags-) Arten reichen aus, um den erforderlichen verwaltungsgerichtlichen Rechtsschutz allumfassend zu gewährleisten. So bedarf es keiner Kassation, um Innenrechtsstreitigkeiten auszutragen (→ § 27 Rn. 4). Statt einer verwaltungsgerichtlichen Aufhebung von Innenrechtsakten (etwa von Ratsbeschlüssen) kann es mit einer Leistungs- oder einer Feststellungsklage[16] sein Bewenden haben (→ § 29 Rn. 22; → § 30 Rn. 15). Für die Klage auf Erlass, Abänderung oder Ergänzung untergesetzlicher Normen steht ebenfalls die Leistungsklage oder Feststellungsklage zur Verfügung (→ § 29 Rn. 18f.; → § 30 Rn. 71, 73 (Fall 14); → 32 Rn. 23).

4 Allerdings bedarf es in bestimmten Fällen einer **analogen Anwendung** der geregelten Klagearten. So ist die Fortsetzungsfeststellungsklage nach ganz herrschender Meinung auf die Fallgestaltungen der Erledigung eines Verwaltungsaktes vor Erhebung einer Anfechtungsklage sowie auf die Erledigung vor oder nach Erhebung einer Verpflichtungsklage analog anwendbar (→ § 31 Rn. 26ff., 38ff.). Weitere Analogieschlüsse sind denkbar.[17] Da die Analogie nicht zu Lasten des Rechtsschutzsuchenden wirkt, bestehen gegen diese Art der Lückenfüllung keine verfassungsrechtlichen Bedenken.

## II. Einteilung der Klagearten nach dem Klagebegehren

5 Die Klage-(Antrags-)Arten lassen sich nach verschiedenen Gesichtspunkten systematisieren. Naheliegend ist die Anknüpfung an das **Klage**-(Antrags-)**Begehren.**

6 Auf **Rechtsgestaltung** unmittelbar durch das Verwaltungsgericht gerichtet ist insbesondere die (auf Aufhebung eines Verwaltungsakts abzielende) Anfechtungsklage (→ § 27 Rn. 2). Nichts anderes gilt für das gerichtliche Aussetzungsverfahren nach den §§ 80 Abs. 5 bis 8, 80a Abs. 3 VwGO (→ *Schoch* § 34). Ferner ist mit der (ganz oder teilweise auf Aufhebung von Gerichtsentscheidungen verbundenen) Nichtigkeits-, Restitutions- und Abänderungsklage (→ Rn. 2) eine Rechtsgestaltung verbunden. Entsprechendes trifft auf die vollstreckungsrechtlichen Klagen in Gestalt der Vollstreckungsabwehrklage, der Drittwiderspruchsklage und Abänderungsklage zu (→ Rn. 2). In Betracht kommt in bestimmten Fällen nicht nur die Aufhebung von Entscheidungen durch das Verwaltungsgericht, sondern auch eine positive richterliche Rechtsgestaltung. So kann das Gericht gemäß §§ 80 Abs. 5 S. 3, 80a Abs. 3 S. 1 i. V. m. Abs. 1 Nr. 1 VwGO Maßnahmen selbst treffen. Nach der spezialgesetzlichen Regelung des § 16 Abs. 1 S. 1 VereinsG, hängt das Wirksamwerden eines Verbotes bestimmter Vereine von einer gerichtlichen Bestätigung ab. Versagt das Gericht die Bestätigung, hebt es zugleich das Verbot (oder die Verfügung) auf (§ 16 Abs. 3 VereinsG). Gestaltenden und nicht nur eine vorangegangene behördliche Entscheidung genehmigenden Charakter haben auch Richtervorbehalte (z. B. nach Art. 13 Abs. 2 oder Art. 104 Abs. 2 S. 1 GG).[18] Doch entscheidet in solchen Fällen die ordentliche und nicht die Verwaltungsgerichtsbarkeit.

7 Eine **Leistungsklage** stellt neben der allgemeinen Leistungsklage auch die (auf den Erlass eines abgelehnten oder unterlassenen Verwaltungsakts gerichtete) Verpflichtungsklage dar (→ § 28 Rn. 5). Zudem zielen die Anträge auf Erlass einer einstweiligen Anordnung

---

[15] Vgl. *Schmidt-Aßmann* FS Menger, 1985, S. 107 (116); *Ehlers* NVwZ 1990, 105 (106).

[16] Vgl. aber auch Fn. 11.

[17] Für eine analoge Anwendung der Fortsetzungsfeststellungsklage in bestimmten Rechtsstreitigkeiten *Ehlers* NVwZ 1990, 105 (107ff.); a. A. h. M. → § 31 Rn. 51.

[18] Vgl. *Schoch* BesVwR, Kap. 1 Rn. 595, 622.

nach §§ 123, 47 Abs. 6 VwGO auf eine Leistung (unter Umständen auch den Erlass eines befristeten oder vorläufigen Verwaltungsaktes) ab (→ *Schoch* § 35).

8 Die allgemeine verwaltungsgerichtliche **Feststellungsklage** ist in § 43 VwGO geregelt (→ § 30). Auf eine Feststellung ist aber auch die Fortsetzungsfeststellungsklage des § 113 Abs. 1 S. 4 VwGO (→ § 31) und das Normenkontrollverfahren des § 47 VwGO (→ § 32) gerichtet. Im Gegensatz zu Leistungsurteilen (bzw. entsprechenden Gerichtsentscheiden oder Beschlüssen) sind gerichtliche Feststellungsentscheidungen nicht vollstreckbar (→ § 30 Rn. 1).

9 In vielfältiger Weise **überschneiden sich** die Klage- (Antrags-) Arten, soweit auf die verschiedenen Klage- (Antrags-) **Begehren** abgestellt wird. So kann etwa eine Anfechtungsklage gemäß § 113 Abs. 1 S. 2, Abs. 4 VwGO mit Leistungsanträgen verbunden werden (→ § 27 Rn. 38, 176). Eine erfolgreiche Verpflichtungsklage in Gestalt der Versagungsgegenklage hebt mit der Verurteilung zum Erlass des beantragten Verwaltungsaktes zugleich den ablehnenden Verwaltungsakt auf (→ § 28 Rn. 18), kombiniert also den Leistungsausspruch mit einer Rechtsgestaltung. Im Falle einer (drohenden) faktischen Vollziehung eines Verwaltungsaktes ist es entsprechend § 80 Abs. 5 VwGO zulässig, einen Antrag auf gesetzliche Feststellung des Eintritts der aufschiebenden Wirkung zu stellen (→ *Schoch* § 34 Rn. 99 f.). Unberührt bleibt zudem eine Klagehäufung nach Maßgabe des § 44 VwGO (→ § 25 Rn. 25).

### III. Einteilung der Klagearten nach der Handlungsform der Verwaltung

10 Obwohl die Eröffnung des verwaltungsgerichtlichen Rechtsschutzes nicht von der Handlungsform der Verwaltung abhängt, lässt sich zwischen **Verwaltungsaktklagen** (Anträgen) und **sonstigen Rechtsschutzformen** unterscheiden. Erstere standen historisch gesehen zunächst im Vordergrund. Zudem gelten zum Teil besondere Sachentscheidungsvoraussetzungen. Zum Beispiel kann es eines Vorverfahrens oder der Einhaltung einer Klagefrist bedürfen.[19] Neben der Anfechtungs- und Verpflichtungsklage sowie dem verwaltungsgerichtlichen Aussetzungsverfahren des § 80 Abs. 5, 80a Abs. 3 VwGO knüpft auch die Nichtigkeitsfeststellungsklage (→ § 30 Rn. 31) sowie die Fortsetzungsfeststellungsklage (→ § 31) an das Vorliegen eines Verwaltungsakts oder (im Falle einer analogen Anwendung der Fortsetzungsfeststellungsklage auf Verpflichtungsklagen) an den begehrten Erlass eines Verwaltungsakts an (vgl. → § 31 Rn. 38 ff.).

## C. Entscheidungsvarianten

11 Auch wenn alle Sachentscheidungsvoraussetzungen gegeben sind, müssen die Verwaltungsgerichte **nicht zwangsläufig** sogleich eine **Endentscheidung** treffen. Beispielsweise kann eine Aussetzung des Verfahrens gemäß § 94 VwGO, ein Zwischenurteil (etwa aufgrund eines Leistungsanspruchs nach § 111 VwGO oder nach § 173 S. 1 VwGO i. V. m. § 303 ZPO), ein Teilurteil (§ 110 VwGO) oder ein Vorbehaltsurteil (im Falle einer Aufrechnung mit einer Gegenforderung gemäß § 173 S. 1 VwGO i. V. m. § 302 Abs. 1 ZPO) in Betracht kommen.

[19] Vgl. für die Anfechtungsklage → § 27 Rn. 41 ff., 113 ff.

# § 27. Verwaltungsgerichtliche Anfechtungsklage

*Dirk Ehlers*

**Übersicht**



**Schrifttum:** *Axer* Nebenbestimmungen im Verwaltungsrecht, Jura 2001, 748; *Baumeister* Der maßgebliche Zeitpunkt im Verwaltungsrecht und Verwaltungsprozessrecht, Jura 2005, 655; *Barczak* Typologie des Verwaltungsakts, JuS 2018, 238; *Deckenbrock/Patzer* Grundfälle zur Widerspruchs- und Klagefrist im Verwaltungsprozess, Jura 2003, 476; *Frenz* Die Anfechtungsklage, JA 2011, 433; *Gärditz/Orth* Der maßgebliche Zeitpunkt für die Beurteilung der Sach- und Rechtslage im Verwaltungsprozess, Jura 2013, 1100; *Kahl* Der Verwaltungsakt – Bedeutung und Begriff, Jura 2001, 505; *Kahl/Ohlendorf* Das subjektive öffentliche Recht – Grundlagen und aktuelle Entwicklungen im nationalen Recht, JA 2010, 872; *Rozek* Verwirrspiel um § 78 VwGO? – Richtiger Klagegegner, passive Prozessführungsbefugnis und Passivlegitimation, JuS 2007, 601; *ders.* Die Klagebefugnis (§ 42 II VwGO), JURA 2021, 30; *Schaks/Friedrich* Verwaltungsaktsbezogener Rechtsschutz: Die Zulässigkeitsprüfung, JuS 2018, 860; *dies.* Verwaltungsaktsbezogener Rechtsschutz: Die Begründetheitsprüfung, JuS 2018, 954; *Schenke* Der maßgebliche Zeitpunkt für die Beurteilung von Verwaltungsakten im Rahmen der Anfechtungsklage, JuS 2019, 833; *ders.* Nachschieben von Ermessenserwägungen im verwaltungsgerichtlichen Verfahren, DVBl 2014, 285; *Schlette* Die Klagebefugnis – § 42 II VwGO, Jura 2004, 90; *Schmitz* Klagefrist und Fristversäumnis bei der Anfechtungsklage, JuS 2015, 895; *Schoch* Nachbarschutz im öffentlichen Baurecht, Jura 2004, 317; *ders.* Die Allgemeinverfügung (§ 35 S. 2 VwVfG), Jura 2012, 26.

## A. Funktion und Bedeutung der verwaltungsgerichtlichen Anfechtungsklage

Nach wie vor stellt der Verwaltungsakt die dominierende Handlungsform der (öffentlich-rechtlich tätig werdenden) Verwaltung dar. Ist der Adressat eines Verwaltungsakts oder ein Drittbetroffener mit diesem nicht einverstanden und wird – gegebenenfalls nach erfolgloser Einlegung eines Widerspruchs oder eines außerordentlichen Rechtsbehelfs – deshalb das Verwaltungsgericht angerufen, kommt als Klageart in erster Linie die verwaltungsgerichtliche Anfechtungsklage (§ 42 Abs. 1 Alt. 1 VwGO) in Betracht. Auch wenn keine umfassenden Statistiken geführt werden, dürfte es sich bei der Anfechtungsklage um die in der Praxis (und im Studium) am **häufigste**n vorkommende **verwaltungsgerichtliche Klage** handeln. Dementsprechend ist die Anfechtungsklage – zusammen mit der Verpflichtungsklage als weiterer „Verwaltungsakt-Klage"[1] – sehr viel detaillierter als die anderen Rechtsschutzformen (die Leistungs-, Feststellungs- und Fortsetzungsfeststellungsklage sowie die Normenkontrollverfahren) in der VwGO geregelt worden. 1

Begehrt der Kläger vor dem Verwaltungsgericht die **Aufhebung eines Verwaltungsakts,** könnte zunächst an eine Verpflichtungsklage (§ 42 Abs. 1 Alt. 2 VwGO) gedacht werden. Die Verpflichtungsklage kann sich auf Aufhebung (Rücknahme gemäß § 48 VwVfG oder Widerruf gemäß § 49 VwVfG) des Verwaltungsakts durch die Verwaltung – unter Umständen verknüpft mit einem vorherigen Wiederaufgreifen des Verfahrens (§ 51 Abs. 1 VwVfG) – richten.[2] Ist der Verwaltungsakt jedoch noch nicht bestandskräftig geworden, verdrängt die Anfechtungsklage als speziellere Klageart die Verpflichtungsklage. Da im Falle der Anfechtungsklage das **Gericht** den Verwaltungsakt **selbst** aufhebt und damit unmittelbar die Rechtslage gestaltet, unterscheidet sie sich deutlich von den sonstigen in den §§ 42 ff. VwGO angesprochenen Klagearten oder dem Normenkontrollverfahren. Gleichwohl stellt die Anfechtungsklage nicht die einzige Form einer verwaltungsgerichtlichen **Gestaltungsklage** dar. So kommt der (auf Beseitigung der Vollstreckbarkeit eines Titels gerichteten) Vollstreckungsabwehrklage (§ 167 Abs. 1 S. 1 VwGO i. V. m. § 767 ZPO) ebenfalls gestaltende Wirkung zu (vgl. Fall 2 → § 25 Rn. 6 und Lösung → Rn. 8; zu weiteren Fallgestaltungen → § 26 Rn. 6). Auch die Verpflichtungsklage in Gestalt der Versagungsgegenklage (§ 42 Abs. 1 Alt. 2 Var. 1 VwGO) weist insofern gestalterische Elemente auf, als die Verurteilung zum Erlass eines Verwaltungsakts die (selbst einen Verwaltungsakt darstellende) Ablehnung des Verwaltungsakts aufhebt (→ Rn. 32 f.). Als Gestaltungsurteile sind Anfechtungsurteile weder einer Vollstreckung bedürftig noch zugänglich. 2

---

[1] *Pietzcker* in: Schoch/Schneider, VwGO, § 42 Abs. 1 Rn. 1.

[2] Vgl. zu den Rechtsschutzmöglichkeiten im Falle eines Wiederaufgreifens *Sachs* in: Stelkens/Bonk/Sachs, VwVfG, § 51 Rn. 68 ff.; *Ruffert* in: Ehlers/Pünder, AllgVwR, § 26 Rn. 11; *Maurer/Waldhoff* AllgVwR, § 11 Rn. 79 ff.

## B. Zulässigkeit der verwaltungsgerichtlichen Anfechtungsklage

3 Wie allen Rechtsbehelfen kann auch einer Anfechtungsklage nur Erfolg beschieden sein, wenn sie zulässig und begründet ist. Zulässig ist die Anfechtungsklage, wenn die allgemeinen **Sachentscheidungsvoraussetzungen** vorliegen (→ § 25), die Rechtsschutzform der Anfechtungsklage statthaft ist (I.) und die besonderen (rechtsschutzformabhängigen) Sachentscheidungsvoraussetzungen erfüllt sind (II.).

### I. Statthaftigkeit der Anfechtungsklage

4 Gemäß § 42 Abs. 1 Alt. 1 VwGO ist die Anfechtungsklage die richtige Klageart, wenn sich das Begehren auf **Aufhebung (1)** eines **Verwaltungsakts (2) durch das Verwaltungsgericht (3)** richtet. Entscheidend ist das objektive (und nicht nur behauptete) Vorliegen eines Verwaltungsakts (→ Rn. 6 ff.). Übersieht der Kläger, dass es sich um einen Verwaltungsakt handelt und begehrt er eine Leistung, die ohne Aufhebung des Verwaltungsakts nicht gewährt werden kann, muss der gestellte Antrag, um dem wirklichen Rechtsschutzbegehren Rechnung tragen zu können (→ § 25 Rn. 24), so ausgelegt werden, dass das Rechtsschutzziel erreicht werden kann.[3] Teilweise ist in Rechtsprechung[4] und Literatur[5] eine gerichtliche Kassation auch dann für notwendig erachtet worden, wenn kein Verwaltungsakt gegeben ist. So sollen rechtswidrige Innenrechtsakte – wie der unberechtigte Ausschluss eines Ratsmitglieds aus der gemeindlichen Volksvertretung – vom Gericht aufzuheben sein. Dieser Auffassung ist jedoch mit der herrschenden Meinung nicht zu folgen (→ § 26 Rn. 3.). Eine allgemeine Gestaltungsklage kennt die VwGO gerade nicht. Auch lässt sich kein Bedürfnis nach Anerkennung einer solchen Klage feststellen, weil die geregelten Klagearten ausreichen.[6]

#### 1. Vorliegen eines Verwaltungsakts

#### a) Gesetzliche Tatbestandsmerkmale des § 35 VwVfG

5 **Fall 1:** A hat verwaltungsgerichtliche Anfechtungsklage gegen die öffentlich-rechtliche Aufrechnung eines Verwaltungsträgers gegen eine von ihm gestellte Forderung, B gegen die Aufstellung eines Verkehrszeichens durch ein Straßenbauunternehmen, C gegen die Benotung einer versetzungserheblichen Klausur im Schulfach Biologie, die nordrhein-westfälische kreisfreie Stadt D gegen die bauaufsichtliche Anweisung der Bezirksregierung, E gegen die von einer Gemeinde erlassene Baugenehmigung eines eigenen Bauvorhabens der Gemeinde auf dem Nachbargrundstück, Polizeibeamter F gegen die Anordnung, seine Haare höchstens in Hemdkragenlänge zu tragen, G gegen das im kommunalen Amtsblatt veröffentlichte Verbot eines Mitführens und Benutzens von Glasbehältern für die bevorstehenden Karnevalstage und H gegen die Umbenennung seiner Wohnstraße erhoben. Sind die Anfechtungsklagen statthaft?

6 Was die **VwGO** unter einem Verwaltungsakt versteht, ergibt sich heute – vorbehaltlich abweichender (aber bislang fehlender) Regelungen – aus **§ 35 VwVfG** (auch wenn die VwGO früher erlassen wurde). Die Länder sind nicht befugt, mit prozessualer Wirkung

[3] BVerfG-K NVwZ 2016, 238 (241).
[4] Vgl. BayVerfGH BayVBl 1997, 753; BayVBl 1988, 16.
[5] Z. B. *Hufen* Verwaltungsprozessrecht, § 22 Rn. 1.
[6] Vgl. *Pietzcker/Marsch* in: Schoch/Schneider, VwGO, Vorb § 42 Abs. 1 Rn. 19 f.; → § 26 Rn. 3.

einen abweichenden Begriff zu verwenden,[7] zumal dies ansonsten zur Folge hätte, dass sie über den Umfang der bundesrechtlich geregelten Anfechtungsklage je nach Landesrecht disponieren könnten.[8] Auch das BVerwG nimmt von jeher für sich in Anspruch, den Begriff des Verwaltungsakts als bundesrechtlich geprägten prozessualen Begriff auch dann nachzuprüfen, wenn das anzuwendende materielle Recht Landesrecht ist.[9] Tatsächlich enthalten die Verwaltungsverfahrensgesetze der Länder mit § 35 VwVfG übereinstimmende Vorschriften oder verweisen auf das VwVfG.

**§ 35 S. 1 VwVfG** enthält im Wesentlichen **sieben Tatbestandsmerkmale:** nämlich 7
Maßnahme, Behörde, hoheitlicher Charakter, auf dem Gebiet des öffentlichen Rechts, Regelung, Einzelfallregelung, Außenwirkung. Unter einer **Maßnahme** ist ein zielgerichtetes Verhalten zu verstehen. Der **Behörde**nbegriff des § 1 Abs. 4 (B)VwVfG wird mit Blick auf die Amtshilfevorschriften denkbar weit definiert und teilweise sinnvariierend verwendet.[10] Im Verwaltungsprozessrecht kommt es darauf an, dass die Stelle der Verwaltung zur Wahrnehmung von Außenzuständigkeiten befugt ist (→ § 25 Rn. 196). Trotz fehlenden behördlichen Handelns liegt ein Verwaltungsakt auch vor, wenn die Genehmigungsfiktion des § 42a VwVfG (oder entsprechender Vorschriften) eingreift (was eine Anordnung durch Rechtsvorschrift und eine hinreichende Bestimmtheit des Antrags voraussetzt). Ferner kann ein Verwaltungsakt nach § 35a VwVfG auch vollständig durch automatische Einrichtungen erlassen werden, sofern dies durch Rechtsvorschrift zugelassen ist und weder ein Ermessen noch ein Beurteilungsspielraum besteht.11 Im Falle einer Beleihung werden auch Private als Behörden tätig (Fall 18 → Rn. 106 und Lösung → Rn. 111).[12] **Hoheitlich**en Charakter hat eine Maßnahme, wenn sie einseitig verbindlich ist.[13] Ob die Verwaltung auf dem **Gebiet des öffentlichen Rechts** handelt, bestimmt sich nach dem Geltungsbereich des öffentlichen und privaten Rechts und der zur Unterscheidung der beiden Rechtskreise vertretenen Abgrenzungstheorien (→ § 25 Rn. 108 ff. zu privatrechtsgestaltenden Verwaltungsakten vgl. → § 25 Rn. 106).

Eine **Regelung** ist anzunehmen, wenn die Maßnahme nach ihrem objektiven Erklä- 8
rungsgehalt final auf die Bewirkung einer Rechtsfolge gerichtet ist. Für das Vorliegen einer Regelung kommt es nicht darauf an, ob diese Verhaltenspflichten konkretisiert, das Recht gestaltet[14] oder nur einen verbindlich feststellenden Inhalt hat.[15] Ebenso ist unerheblich, ob der Regelungsgehalt beschränkt ist: beispielsweise nur ein Vorbescheid,[16] eine Teilgenehmigung,[17] eine vorläufige Regelung[18] (unter dem Vorbehalt einer späteren behördlichen Überprüfung) oder eine vorsorgliche Regelung (unter dem Vorbehalt, dass eine Voraussetzung noch von einer anderen Behörde festgestellt wird)[19] vorliegt.[20] Keinen Regelungscharakter haben Realakte und Nichtakte. Zu den **Realakte**n sind tatsächliche Verrichtungen (z. B. Infrastrukturmaßnahmen wie der Bau einer Straße oder die Anwendung von Verwal-

---

[7] *Schaks/Friedrich* JuS 2018, 860 (862); a. A. *Rusteberg* ZJS 2012, 449. Näher zum Begriff des Verwaltungsakts *Müller-Franken* VerwArch 90 (1999), 552; *Kahl* Jura 2001, 505 (506 ff.); *Barczak* JuS 2018, 238 ff.; *Stelkens* in: Stelkens/Bonk/Sachs, VwVfG, § 35 Rn. 12, 15, 363 ff.; *Schenke* Verwaltungsprozessrecht, Rn. 187 ff.

[8] Krit. zu Recht *Schenke* Verwaltungsprozessrecht, Rn. 185.

[9] BVerwGE 18, 154 = DVBl 1964, 669.

[10] So soll nach (nicht überzeugender) Ansicht des BVerwG in BVerwGE 70, 356 (364) = NJW 1985, 819 (821), unter der Behörde i. S. d. § 48 Abs. 4 VwVfG nur der zuständige Amtswalter der Behörde zu verstehen sein.

[11] Vgl. näher dazu *Bull* DVBl 2017, 409 ff.; *Stelkens* in: Stelkens/Bonk/Sachs, VwVfG, § 35a Rn. 1 ff.

[12] Zu Aufrechnungserklärungen vgl. Fall 1 → Rn. 5 und Lösung → Rn. 12. *Burgi* in: Ehlers/Pünder, AllgVwR, § 10 Rn. 29.

[13] Das trifft auf behördliche Aufrechnungserklärungen nicht zu. Vgl. BVerwGE 66, 218 (220) = NJW 1983, 776; E 132, 250 = NJW 2009, 1099; *Ehlers* JuS 1990, 777 f.

[14] Begründung, Veränderung oder Beseitigung eines Rechts.

[15] Zu den verschiedenen Arten des Verwaltungsakts vgl. *Schoch* Jura 2010, 670 (674 ff.).

[16] Z. B. § 9 BImSchG.

[17] Z. B. § 8 BImSchG.

[18] Vgl. z. B. BVerwGE 67, 99 = NJW 1983, 2043; GewArch 2017, 351.

[19] Vgl. BVerwGE 81, 84 = DVBl 1989, 574.

[20] Vgl. dazu *Barczak* JuS 2018, 238 (240 f.).

tungszwang im Wege des Sofortvollzugs[21]) sowie Erklärungen ohne Regelungs- bzw. Rechtsbindungswillen zu verstehen. Hierzu gehören etwa bloße Auskünfte oder Mitteilungen, dass die Behörde gegen ein bestimmtes Verhalten keine rechtlichen Bedenken hat oder nicht beabsichtigt, eine rechtsverbindliche Maßnahme zu ergreifen.[22] Für die Annahme eines Verwaltungsakts in Abgrenzung zu einem **Nichtakt** (Scheinverwaltungsakt) ist dann, wenn die betreffende Maßnahme eine Behörde als Entscheidungsträger ausweist, sie intern jedoch ein Privater getroffen hat, erforderlich, aber auch genügend, dass die nach außen in Erscheinung tretende Behörde das Tätigwerden des Privaten als Geschäftsbesorger veranlasst hat (zum Rechtsschutz gegen Nichtakte vgl. → Rn. 22).[23]

9 Mit dem Kriterium der **Einzelfallregelung** wird das Vorgehen der Verwaltung durch Verwaltungsakt von der Rechtsetzung abgegrenzt. Inhaltlich unterscheiden sich Rechtsnormen und Einzelfallregelungen dadurch, dass erstere typischerweise abstrakt-generelle, letztere konkret-individuelle Regelungen treffen. Mit der Bezugnahme auf den (Einzel-) Fall stellt der Gesetzestext des § 35 S. 1 VwVfG zwar nur auf den Regelungsgegenstand (Lebenssachverhalt) und nicht den Regelungsadressaten ab. Jedoch lässt sich das Merkmal des Einzelfalls nicht ohne Heranziehung der angesprochenen Adressaten präzisieren, weil die Zahl der Lebenssachverhalte von der Zahl der Adressaten abhängt. Ein Verwaltungsakt liegt nur vor, wenn sich die Regelung an eine Person wendet (was ein Bündel einzelner Verwaltungsakte in einem Sammelbescheid nicht ausschließt). Abstrakt-individuelle Regelungen – z. B. die an den Hauseigentümer gerichtete Anordnung, jedes Mal wenn es schneit, den Bürgersteig zu fegen – sind ebenfalls als Einzelfallregelungen anzusehen. Bei konkret-generellen Regelungen kommt es darauf an, ob ein Fall des § 35 S. 2 Var. 1 VwVfG vorliegt (Regelungen, die sich an einen nach allgemeinen Merkmalen bestimmten oder bestimmbaren Personenkreis richten). Die Vorschrift, welche § 35 S. 1 VwVfG erweitert, wird großzügig ausgelegt.[24] So sind zahlreiche, sich an eine Vielzahl von Personen richtende Ge- und Verbote zur Bekämpfung der Corona-Pandemie auf der Grundlage des § 28 IfSG (neben Verordnungen der Landesregierung auf der Grundlage des § 32 IfSG) erlassen worden. Als **Allgemeinverfügung** und damit als Verwaltungsakt angesehen wird auch die sogenannte sachbezogene Allgemeinverfügung i. S. d. § 35 S. 2 Var. 2 VwVfG (adressatenlose Verfügung) sowie die Benutzungsregelung i. S. d. § 35 S. 2 Var. 3 VwVfG.[25] Typisches Beispiel einer sachbezogenen Allgemeinverfügung ist die Widmung einer öffentlichen Straße, typisches Beispiel einer Benutzungsregelung die Regelung des Verkehrs durch ein gebietendes oder verbietendes Verkehrszeichen.

---

[21] Vgl. z. B. § 55 Abs. 2 VwVG NW. Abzulehnen ist die Auffassung, dass ein Sofortvollzug mit einer Duldungsverfügung verbunden werden müsse (weil der Adressat vielfach gerade nicht anwesend ist und eine Duldung nicht mit einer Ersatzvornahme vollzogen werden kann) oder einen Verwaltungsakt nach Durchführung eines Sofortvollzugs aus Rechtsschutzgründen zu erlassen ist (weil dies weder einen Sinn ergibt noch im Gesetz eine Stütze findet). Rechtsschutz kann über die Leistungsklage erlangt werden. Zur Frage, ob den polizeilichen oder ordnungsbehördlichen Standardmaßnahmen wie Durchsuchung, Ingewahrsamnahme, Sicherstellung und Beschlagnahme ein konkludenter Duldungsbefehl zugrunde zu legen ist, vgl. *Frenz* JA 2011, 433 (435); *Schoch* BesVwR, Kap. 1 Rn. 490; *Kingreen/Poscher* Polizei- und Ordnungsrecht, 11. Aufl. 2020, § 11 Rn. 10.

[22] BVerwGE 75, 109 (113) = NVwZ 1987, 315; E 159, 148 Rn. 12 = NVwZ 2017, 1786 Rn. 12 → JA 2018, 399 *(Hebeler)*.

[23] BVerwGE 140, 245 = NVwZ 2012, 506 → *Waldhoff* JuS 2012, 479 und → JA 2012, 479 *(Hebeler)*. Der Verwaltungsakt ist materiell rechtswidrig, wenn ihn die Verwaltungsbehörde nur formal erlassen hat, die Vorbereitung, Erstellung und Versendung aber ganz in den Händen eines Privaten liegt; vgl. ThürOVG ThürVBl 2010, 110 → *Ehlers* JK 5/10, VwVfG § 35/8.

[24] Vgl. VG München NVwZ 2020, 651 Rn. 23; *Siegel* NVwZ 2020, 577 (579); *Kießling,* Infektionsschutzgesetz, 2020, § 32 Rn. 9 ff. Allgemein zur Problematik *Ehlers* DVBl 1987, 972 ff.

[25] Vgl. auch *Schoch* Jura 2012, 26. Einzelfallgesetze können gegen Art. 19 Abs. 1 GG, den Grundsatz der Gewaltenteilung (Art. 20 Abs. 2 S. 2 GG), das Gebot effektiven Rechtsschutzes verstoßen (vgl. BVerfGE 24, 367 = NJW 1969, 309; E 95, 1 = NJW 1997, 383; E 139, 321 = NVwZ 2015, 1434) sowie u. U. nicht mit dem Europäischen Unionsrecht vereinbar sein, weil nur der Rechtsbehelf der Verfassungsbeschwerde und nicht der Zugang zur Verwaltungsgerichtsbarkeit zur Verfügung steht. Zur Frage, ob das Maßnahmengesetzvorbereitungsgesetz (MgvG, Gesetz v. 22.3.2020, BGBl I S. 640), dessen Gegenstand es ist, ein Verfahren zu schaffen, um anschließend den Neu- oder Ausbau sowie die Änderung von Verkehrsinfrastruktur durch Gesetz anstelle eines Verwaltungsakts zulassen können, mit dem Unionsrecht vereinbar ist, vgl. BT-Drs. 19/16405 S. 1 f.

Schließlich muss ein Verwaltungsakt auf **unmittelbare Wirkung nach außen** gerichtet sein. Damit werden Verwaltungsakte von den innerdienstlichen Einzelmaßnahmen abgegrenzt. Entscheidend ist die Regelungsintention einer Maßnahme. Sie ist auf Außenwirkung gerichtet, wenn sie nach ihrem objektiven Sinngehalt dazu bestimmt ist. Dagegen kommt es nicht darauf an, ob eine Maßnahme Rechtswirkung im Außenverhältnis hat. Um Innen- und Außenrecht voneinander abgrenzen zu können, bedient sich die Rechtsprechung im Beamtenrecht der Amtsbegriffe. Maßnahmen, die das Amt im statusrechtlichen Sinne (Laufbahngruppe) oder das funktionelle Amt im abstrakten Sinne (d. h. den der Rechtstellung des Amtswalters entsprechenden Aufgabenkreis) betreffen, haben Verwaltungsaktcharakter, Maßnahmen, die auf das funktionelle Amt im konkreten Sinne abzielen (den Dienstposten), dagegen nicht.[26] Bei Anordnungen im Verhältnis von Staat und Kommune kommt es darauf an, ob es sich bei der kommunalen Aufgabenwahrnehmung um Auftragsangelegenheiten (wegen der Zugehörigkeit zum Innenrecht kein Verwaltungsaktcharakter), um Pflichtaufgaben zur Erfüllung nach Weisung (Verwaltungsaktcharakter)[27] oder um klassische Selbstverwaltungsangelegenheiten (Verwaltungsaktcharakter) handelt .[28] 10

Zwischen der Rechtsnatur einer Maßnahme und ihrer Rechtmäßigkeit ist zu unterscheiden (→ § 25 Rn. 90). Hat sich die Verwaltung eindeutig der **Form des Verwaltungsakts** bedient, handelt es sich auch dann um einen solchen, wenn in rechtmäßiger Weise nur ein Privatrechtsakt oder eine Rechtsnorm hätte erlassen werden dürfen. Umgekehrt behalten Verordnungen oder Satzungen auch dann ihren Charakter, wenn die Regelungen inhaltlich alle Merkmale des § 35 VwVfG erfüllen. Bei einer Divergenz von Form und Inhalt ist somit jedenfalls im Falle eindeutiger Formenwahl nur an die Form anzuknüpfen.[29] 11

**Lösung zu Fall 1:** Eine Anfechtungsklage ist nur statthaft, wenn ein Verwaltungsakt vorliegt. Das setzt u. a. eine hoheitliche Regelung voraus. Hierunter ist die einseitige Setzung von Rechtsfolgen zu verstehen, die – vorbehaltlich ihrer Aufhebung im gerichtlichen Verfahren – unabhängig von Rechtsfehlern verbindlich sind. Dies trifft auf eine Aufrechnungserklärung, deren Voraussetzungen in den §§ 387ff. BGB geregelt und damit von dem Vorliegen dieser Voraussetzung abhängig sind, nicht zu.[30] A kann mittels Erhebung einer Leistungsklage seine Forderung einklagen. Ein Verkehrszeichen in Gestalt eines Ge- oder Verbots wird heute zwar als Verwaltungsakt i. S. d. § 35 S. 2 Alt. 3 VwVfG angesehen.[31] Doch setzt dies eine behördliche Maßnahme voraus. Straßenbauunternehmer dürfen als technische Ausführungsorgane der anordnenden Behörde tätig werden (§ 45 StVO).[32] Weicht die Aufstellung des Verkehrszeichens durch den Unternehmer wesentlich von der behördlichen Anordnung ab, liegt in Wahrheit kein Verwaltungsakt, sondern ein Nichtakt vor. In diesem Falle kann B nur Feststellungsklage erheben (→ § 30 Rn. 32). Nicht versetzungsrelevanten Schulnoten wird von der Rechtsprechung teilweise der Regelungscharakter abgesprochen (unselbständiger Bestandteil einer Gesamtbeurteilung), teilweise wird die unmittelbare Außenwir- 12

---

[26] Vgl. *Ehlers* in: Steinbach, Verwaltungsrechtsprechung, S. 99 (101 f.).

[27] Vgl. *Burgi* in: Ehlers/Pünder, AllgVwR, § 8 Rn. 52ff.; *Frenz* JA 2011, 433 (436).

[28] Zur Verwaltungsaktsbefugnis gegenüber anderen Behörden vgl. BVerwGE 117, 1 = NVwZ 2003, 346 → *Ehlers* JK 2/03, BImSchG § 24/3 und → JA 2003, 544 *(Aulehner);* NVwZ 2009, 588 → *Ehlers* JK 9/09, GG Art. 74 I Nr. 21/3; *Schoch* Jura 2010, 670 (676).

[29] Vgl. *Ehlers* Verwaltung in Privatrechtsform, 1984, S. 434; tendenziell a. A. *Frenz* JA 2011, 433 (434); *Schenke* Verwaltungsprozessrecht, Rn. 231ff., der aber zu Recht ein Wahlrecht des Rechtsschutzsuchenden nach Maßgabe der im Rechtsmittelrecht vertretenen Theorie der Meistbegünstigung ablehnt.

[30] Vgl. BVerwGE 66, 218 (220) = NJW 1983, 776; BFHE 149, 482 = NVwZ 1987, 1118; OVG LSA NVwZ-RR 2002, 907 → *Ehlers* JK 5/03, VwGO § 123/3; *Ehlers* JuS 1990, 777.

[31] Vgl. BVerwGE 97, 323 (328) = NJW 1995, 1977 (1978); E 102, 316 (318) = NJW 1997, 1021 (1022) → *Erichsen* JK 97, VwVfG NW § 41/1; zur Wehrbeschwerde gegen die Regelung zur Haartracht von Soldaten (§ 17 Abs. 1 S. 1 WBO i. V. m. § 21 Abs. 2 S. 1 WBO) vgl. BVerwGE 164, 304 = NVwZ 2019, 1291 → *Eifert* Jura (JK) 2019, 1126 und → *Sachs* JuS 2019, 1222 sowie → JA 2019, 635 *(Muckel).*

[32] Vgl. BVerwGE 35, 334 (336) = NJW 1970, 2075 f.; OVG NW NWVBl 2001, 184.

kung verneint (keine über den Schulbereich hinausgehende unmittelbare Rechtswirkung und keine Bedeutung für die weitere Schullaufbahn).[33] Folgt man dieser nicht zweifelsfreien Beurteilung, muss C Leistungs- statt Anfechtungsklage erheben. Die den Bauaufsichtsbehörden obliegenden Aufgaben gelten in NW als solche der Gefahrenabwehr, bei denen es sich um Pflichtaufgaben zur Erfüllung nach Weisung handelt.[34] Die Weisung der Bezirksregierung an die Stadt D ist gemäß § 35 S. 1 VwVfG nur dann auf unmittelbare Rechtswirkung nach außen gerichtet, wenn die Pflichtaufgaben zurErfüllung nach Weisung als Selbstverwaltungsangelegenheiten (besonderer Art) und nicht nur als staatliche Auftragsangelegenheiten zu qualifizieren sind. Hiervon ist nach der hier vertretenen Ansicht auszugehen.[35] Die Anfechtungsklage des E ist nur statthaft, wenn die Genehmigung eines eigenen Vorhabens trotz Identität der handelnden und begünstigten Person (Gemeinde) Verwaltungsaktcharakter hat. Dies wird von der Rechtsprechung bejaht, auch weil die Baugenehmigung im Verhältnis zu Dritten – und damit nach außen – den Inhalt des jeweiligen Eigentums bestimmen soll.[36] Dagegen zielt die an den Polizeibeamten F gerichtete Anordnung, seine Haare höchstens in Hemdkragenlänge zu tragen, ihrem objektiven Sinngehalt nur auf eine organisationsinterne Wirkung ab, weil sie dazu bestimmt ist, den Beamten nicht als Träger subjektiver Rechte, sondern als Amtswalter und Glied der Verwaltung anzusprechen. Dass sie den Beamten außerdienstlich in seiner allgemeinen Handlungsfreiheit einschränkt und somit auch Außenwirkung hat, ändert daran nichts. Hat F Widerspruch eingelegt, führt auch der Erlass eines Widerspruchsbescheides nicht zur Zulässigkeit der Anfechtungsklage, weil sich die Klage gegen die Anordnung richtet und es auch vor Erhebung von Leistungs- und Feststellungsklagen gemäß § 54 Abs. 2 BeamtStG eines Vorverfahrens bedarf, es sei denn das entsprechende Bundesland hat eine abweichende Regelung getroffen (wie z. B. NW in § 103 Abs. 1 S. 1 LBG). Somit ist die allgemeine Leistungsklage die richtige Klageart.[37] Das Verbot des Mitführens und Benutzens von Glasbehältern ist weder ein Verwaltungsakt i. S. d. § 35 S. 1 VwVfG, weil es sich nicht nur an eine Person wendet, noch ein Sammelverwaltungsakt (Bündel einzelner Verwaltungsakte), weil die Adressaten im Zeitpunkt des Erlasses nicht individuell bestimmt waren. Wohl aber liegt nach überwiegender Auffassung eine adressatenbezogene Allgemeinverfügung i. S. d. § 35 S. 2 Alt. 1 VwVfG vor, weil der betroffene Personenkreis gattungsmäßig bekannt und damit objektiv bestimmbar war. Zwar werden auch Personen erfasst, die erst nach Bekanntgabe in den Wirkungskreis der behördlichen Anordnung treten. Doch sollen die Zu- (und Ab-)Gänge des Adressatenkreises im Zeitpunkt des Erlasses der Maßnahme jedenfalls in etwa überschaubar.[38] Bei der Straßenumbenennung handelt es sich um einen Verwaltungsakt i. S. d. § 35 S. 2 Alt. 2VwVfG,[39] so dass die Anfechtungsklage des H statthaft ist.

**b) Rechtliche Existenz (äußere Wirksamkeit) eines Verwaltungsakts**

13 **Fall 2:** I betreibt ein genehmigtes Zementwerk. Mit Inkrafttreten des (damaligen) Treibhausgas-Emissionshandelsgesetzes (TEHG) am 15.7.2007 sind nach § 4 Abs. 7 S. 1 TEHG die Anforderungen der §§ 5, 6 TEHG als Bestandteil der vorhandenen immis-

---

[33] Näher dazu *Ramsauer* in: Kopp/Ramsauer, VwVfG, § 35 Rn. 101a.

[34] Vgl. §§ 57 Abs. 1 S. 1 Nr. 3, 58 Abs. 1 BauO NW i. V. m. §§ 3 Abs. 1, 9 Abs. 1, 2 OBG NW.

[35] Str., vgl. BbgVerfG NVwZ-RR 1997, 352; VerfGH NW DVBl 1985, 685; OVG NW NWVBl 1995, 300 (301); näher zum Ganzen *Brüning* in: Ehlers/Fehling/Pünder, BesVwR III, § 64 Rn. 71; *Burgi* Kommunalrecht, § 8 Rn. 21 ff.

[36] Vgl. BVerwG NVwZ 1998, 737 (738) → *Ehlers* JK 99, BauO NW § 75/1 (krit.).

[37] Vgl. BVerwGE 125, 85 = NVwZ-RR 2007, 781→ *Ehlers* JK 3/07, GG Art. 2 I/42; dazu Fall 35 → § 25 Rn. 189 und Lösung → Rn. 194.

[38] Vgl. OVG NW NWVBl 2010, 360; NVwZ-RR 2012, 470; → JA 2010, 398 *(Durner)*.

[39] Vgl. OVG NW NJW 1987, 2695; NVwZ-RR 2008, 487; *Ennuschat* NWVBl 1992, 337 ff.; *Brugger* JuS 1999, 625. Zur Änderung der Hausnummer einer Straße vgl. OVG NW NVwZ-RR 2012, 541.

sionsschutzrechtlichen Genehmigung von I anzusehen. Gegen diese Änderung der immissionsschutzrechtlichen Genehmigung hat I Anfechtungsklage erhoben. Ist diese statthaft?

**Fall 3:** Die zuständige Behörde hat dem J einen Abgabenbescheid durch die Post übermittelt. Der Brief ist am Montag zur Post aufgegeben worden und dem J am gleichen Tag zugegangen. Am Dienstag hat J Anfechtungsklage erhoben. Ist diese statthaft? 14

**Fall 4:** Der Hilfe zum Lebensunterhalt beziehende K ist durch Verwaltungsakt verpflichtet worden, gemeinnützige Arbeit zu leisten. Er hat hiergegen am 1.2. Anfechtungsklage erhoben. Obwohl die beklagte Behörde dem K am 1.9. mitgeteilt hat, dass sie ihm keine Arbeitsmöglichkeit mehr zur Verfügung stellen kann, hält K die Anfechtungsklage aufrecht. 15

**Fall 5:** Die Regulierungsbehörde für Telekommunikation und Post will Telekommunikationslizenzen im Wege der Versteigerung vergeben lassen und hat durch Verfügung zunächst bekannt gegeben, welcher regulatorische Rahmen für das Versteigerungsverfahren gilt. Können die betroffenen Telekommunikationsunternehmen J die Verfügung mit Aussicht auf Erfolg durch eine Anfechtungsklage angreifen? 16

Rechtliche Existenz oder sogenannte **äußere Wirksamkeit**[40] erlangt ein Verwaltungsakt 17 erst, wenn er bekannt gegeben worden ist (§ 41 VwVfG). Die Bekanntgabe an eine Person reicht aus, so dass Dritte (z. B. Nachbarn oder Konkurrenten) auch dann Anfechtungsklage erheben können, wenn ihnen gegenüber keine Bekanntgabe erfolgt ist.[41] Ob die Rechtsordnung bestimmen kann, dass eine Maßnahme gegenüber einer Person ein Verwaltungsakt und gegenüber einer anderen Person eine Handlung von anderer Rechtsqualität ist, ist zweifelhaft. **Relative Verwaltungsakte** sind wegen der unterschiedlichen Wirksamkeitsvoraussetzungen und Fehlerfolgen nicht sinnvoll und daher in der Rechtsordnung kaum anzutreffen.[42] So ist die Anfechtungsklage eines Bürgers gegen die Genehmigung einer kommunalen Satzung durch die staatliche Aufsichtsbehörde nicht deshalb unzulässig, weil die Genehmigung kein Verwaltungsakt ist, sondern weil dem Bürger die Klagebefugnis fehlt.[43] Rechtlich existent ist ein Verwaltungsakt auch dann, wenn der Gesetzgeber das Vorliegen eines solchen fingiert hat (→ Rn. 7).[44]

**Lösung zu Fall 2:** Sieht man in der Bestimmung des § 4 Abs. 4 S. 1 TEHG einen 18 unmittelbaren gesetzlichen Zugriff auf den Regelungsgehalt erteilter Genehmigungen, scheidet eine Anfechtungsklage von vornherein aus, da ein Verwaltungsakt definitionsgemäß die „Regelung einer Behörde“ voraussetzt. Um einen fingierten Verwaltungsakt annehmen zu können, bedürfte es eines willensgetragenen Verhaltens der immissionsschutzrechtlichen Genehmigungsbehörde, an das die Fiktion anknüpfen kann. Die Pflichten nach den §§ 5, 6 TEHG treffen den Verantwortlichen aber unmittelbar kraft Gesetzes, gleichgültig, ob sie in die Genehmigung aufgenommen worden sind (dann

---

[40] Zur Frage, ob sich zwischen rechtlicher Existenz und äußerer Wirksamkeit unterscheiden lässt, vgl. *Ehlers* Liber amicorum Erichsen, 2004, S. 1 (2 f.); näher zur äußeren Wirksamkeit *Ruffert* in: Ehlers/Pünder, AllgVwR, § 22 Rn. 15; *Maurer/Waldhoff* AllgVwR, § 9 Rn. 72.

[41] Vgl. § 43 Abs. 1 S. 1 VwVfG: Wirksamkeit eines Verwaltungsakts gegenüber demjenigen, für den er bestimmt ist „oder von ihm betroffen wird“.

[42] Vgl. auch krit. VGH BW NVwZ 1998, 416; *Laubinger* VerwArch 77 (1986), 421 (431); *Schenke* VerwArch 104 (2013), 486; vgl. dem gegenüber aber auch BVerwG NVwZ 1990, 260 (261), wonach die unterschiedliche Einordnung von Behördenentscheidungen sinnvoll und systemgerecht sein kann.

[43] Vgl. *Happ* in: Eyermann, VwGO, § 42 Rn. 10.

[44] Zutreffend *Schenke* Verwaltungsprozessrecht, Rn. 182; *Hufen* Verwaltungsprozessrecht, § 14 Rn. 10, zu zahlreichen Beispielen einer Fiktion vgl. *Stelkens* in: Stelkens/Bonk/Sachs, VwVfG, § 35 Rn. 66 ff.

bloße Hinweisfunktion) oder nicht. Somit ist die Anfechtungsklage mangels Vorliegen eines Verwaltungsakts nicht statthaft.[45] In Betracht kommt nur eine Feststellungsklage.

19 Der **Verwaltungsakt** muss im Zeitpunkt der Klageerhebung bereits **erlassen** worden sein[46] und zum Zeitpunkt der gerichtlichen Beurteilung noch **existieren.** Das ist nicht der Fall, wenn er durch Rücknahme, Widerruf oder anderweitig aufgehoben worden ist respektive sich erledigt hat. Die Gleichstellung der **Erledigung** mit der Aufhebung ergibt sich aus § 113 Abs. 1 S. 4 VwGO und § 43 Abs. 2 VwVfG. Eine Klage gegen einen erledigten Verwaltungsakt ist daher unstatthaft (und scheitert nicht erst am fehlenden Rechtsschutzbedürfnis).[47] In Betracht kommt im Falle der Erledigung aber eine Fortsetzungsfeststellungsklage nach § 113 Abs. 1 S. 4 VwGO.[48] Hat sich ein Verwaltungsakt nicht ex tunc, sondern ex nunc erledigt bzw. ist der Verwaltungsakt nur mit Wirkung ex nunc aufgehoben worden, bleibt er bis zum Zeitpunkt der Erledigung respektive Aufhebung bestehen. Soll der Verwaltungsakt auch mit Wirkung für die Vergangenheit durch das Gericht beseitigt werden, ist die Anfechtungsklage statthaft.

20 **Lösung zu Fall 3:** Die Anfechtungsklage ist nur statthaft, wenn im Zeitpunkt der Klageerhebung ein Verwaltungsakt vorliegt. Als bekannt gegeben gilt ein durch Post übermittelter Verwaltungsakt gemäß § 41 Abs. 2 S. 1 VwVfG mit dem dritten Tag nach der Aufgabe zur Post (Donnerstag). Ob die Zugangsfiktion auch zu Lasten des Empfängers greift (Bekanntgabe erst nach Ablauf der Dreitagesfrist), ist umstritten.[49] Im Falle des amtlich veranlassten tatsächlich früheren Zugangs eines Verwaltungsakts wird man jedenfalls von einem tauglichen Angriffsobjekt für eine Anfechtungsklage und damit von der Statthaftigkeit derselben ausgehen müssen.

21 **Lösung zu Fall 4:** Die Anfechtungsklage könnte unstatthaft geworden sein, weil sich die Verpflichtung zur Leistung gemeinnütziger Arbeit erledigt hat. Doch ist die Erledigung erst am 1.9. eingetreten. Daher kann die Aufhebung des Verwaltungsakts für die Zeit bis zum 1.9. verlangt werden. Für die Zeit danach hätte K einen Fortsetzungsfeststellungsantrag gemäß § 113 Abs. 1 S. 4 VwGO stellen müssen.

22 Unerheblich ist, ob dem Verwaltungsakt **innere Wirksamkeit** zukommt, d. h. ob er Regelungswirkungen entfaltet.[50] Wie sich aus § 43 Abs. 2 S. 2 VwGO ergibt, kann auch ein **nichtiger Verwaltungsakt** Gegenstand einer Anfechtungsklage sein (weil auch ein nichtiger Verwaltungsakt einen Rechtsschein zu erzeugen vermag und die Zulassung der Anfechtungsklage neben der Nichtigkeitsfeststellungsklage verhindert, dass die Wahl des richtigen Rechtsbehelfs von der ganz unsicheren Prognose der Fehlerfolgen – bloße Rechtswidrigkeit oder Nichtigkeit – abhängt).[51] In der Regel dürfte die Anfechtungsklage für den Kläger günstiger als die Feststellungsklage sein. Zwar müssen gegebenenfalls das Vorverfahrenserfordernis und die Fristen beachtet werden. Die Aufhebung eines nichtigen Verwaltungsakts wirkt aber inter omnes und nicht nur inter partes (wie bei der Feststellungsklage).[52] Zudem dürfte in der Anfechtungsklage bei Auslegung des Klagebegehrens als minus der Feststellungsantrag enthalten sein

---

[45] Vgl. BVerwGE 124, 47 = ZUR 2005, 601 → JuS 2006, 280 *(Murswiek)* und → JA 2006, 182 *(Holtwisch);* RL 2003/87/EG v. 13.10.2003, ABlEU Nr. L 275/32.
[46] *R. P. Schenke* in: Kopp/Schenke, VwGO, § 42 Rn. 3.
[47] Vgl. *Schenke* Verwaltungsprozessrecht, Rn. 246.
[48] Vgl. hierzu sowie zur Zulässigkeit einer Fortsetzungsfeststellungsklage bei Erledigung vor Erhebung der Anfechtungsklage → § 31 Rn. 5 ff., 26 ff.
[49] Ablehnend *Stelkens* in: Stelkens/Bonk/Sachs, VwVfG, § 41 Rn. 125; a. A. *Liebetanz* in: Obermayer/Funke-Kaiser, VwVfG, § 41 Rn. 34.
[50] Das ist z. B. nicht der Fall, wenn eine aufschiebende Bedingung noch nicht eingetreten ist.
[51] H. M., vgl. z. B. *Lorenz* Verwaltungsprozeßrecht, § 17 Rn. 43, § 22 Rn. 34 f.; a. A. z. B. *Würtenberger/Heckmann* Verwaltungsprozessrecht, Rn. 324; *Hufen* Verwaltungsprozessrecht, § 14 Rn. 11; *Gärditz* in: Gärditz, VwGO, § 42 Rn. 14.
[52] *R. P. Schenke* in: Kopp/Schenke, VwGO, § 42 Rn. 3.

(aber nicht umgekehrt im Falle einer beantragten Feststellung die Aufhebung).[53] Von dem nichtigen Verwaltungsakt sind **Nichtakte** zu unterscheiden (z. B. die sich als Verwaltungsakt gerierenden Anordnungen eines Karnevalsprinzen nach Übernahme des Rathauses).[54] Sofern überhaupt eine öffentlich-rechtliche Streitigkeit vorliegt, soll gegen Nichtakte nur eine Feststellungsklage i. S. d. ersten Alternative des § 43 Abs. 1 VwGO (Bestehen oder Nichtbestehen eines Rechtsverhältnisses) zulässig sein (→ § 30 Rn. 32).[55]

Entfaltet ein Verwaltungsakt **Regelungswirkungen,** kommt es für die Statthaftigkeit nicht darauf an, welcher **Art** diese sind (→ Rn. 8). So differenziert § 42 Abs. 1 Alt. 1 VwGO nicht zwischen belastenden und begünstigenden Verwaltungsakten. Daher kann auch ein begünstigender Verwaltungsakt Gegenstand einer Anfechtungsklage sein. Das gilt selbst dann, wenn der Verwaltungsakt von dem Adressaten und nicht von einem belasteten Dritten angegriffen wird.[56] Ob die Anfechtungsklage zulässig ist, hängt dann im Wesentlichen von der Klagebefugnis und dem Rechtsschutzbedürfnis ab. Auch der Rechtsschutz gegen Verwaltungsverfahrensakte – etwa wiederholende Verfügungen (d. h. Ablehnungen einer erneuten Überprüfung) – scheitert nicht an § 42 Abs. 1 Alt. 1 VwGO. Wohl aber sind § 44a VwGO (→ § 25 Rn. 219 ff.) und das grundsätzliche Verbot einer isolierten Anfechtungsklage (→ Rn. 32 ff.) zu beachten. 23

**Lösung zu Fall 5:** Bei der Verfügung der Behörde handelt es sich um einen verfahrensgestaltenden Verwaltungsakt und damit um eine Verfahrenshandlung i. S. d. § 44a VwGO. Die Anfechtungsklage ist zwar statthaft, ihre Zulässigkeit scheitert aber an § 44a VwGO.[57] 24

### 2. Teilaufhebung eines Verwaltungsakts

**Fall 6:** L hat eine Baugenehmigung für die Errichtung einer Holzlagerhalle beantragt. Die Genehmigung wurde ihm unter der Maßgabe erteilt, dass eine sich auf dem Nachbargrundstück befindende Pipeline feuerhemmend zu ummanteln sei. Nachdem L gegen den lästigen Zusatz erfolglos Widerspruch eingelegt hat, erhebt er verwaltungsgerichtliche Anfechtungsklage. Wird diese erfolgreich sein? 25

Wie sich der Formulierung des § 113 Abs. 1 S. 1 VwGO entnehmen lässt („Soweit der Verwaltungsakt rechtswidrig [...] ist"),[58] ist auch die Anfechtung eines Teils eines Verwaltungsakts statthaft. Das setzt **Teilbarkeit** voraus. Regelmäßig gilt ein Verwaltungsakt als teilbar, wenn nach erfolgreicher Anfechtung des rechtswidrigen Teils der verbleibende Rest als selbständiger Verwaltungsakt bestehen bleiben kann, ohne zum aliud zu werden.[59] 26

Ob und wann dies zutrifft, ist seit jeher umstritten.[60] Dies wirkt sich insbesondere im Falle von **Nebenbestimmungen** aus. Im Wesentlichen werden **sieben Auffassungen** hierzu vertreten. Nach Meinung 1 sind Nebenbestimmungen immer isoliert anfechtbar.[61] Meinung 2 differenziert zwischen den nicht für anfechtbar gehaltenen Nebenbestimmungen i. S. d. § 36 Abs. 2 Nr. 1 bis 3 VwVfG und den stets für anfechtbar erachteten Nebenbestimmungen gemäß 27

---

[53] BayVerfGH NJW 1984, 626; *Pietzcker/Marsch* in: Schoch/Schneider, VwGO, § 42 Abs. 1 Rn. 18.

[54] Näher dazu *Ehlers* Die Lehre von der Teilrechtsfähigkeit juristischer Personen des öffentlichen Rechts und die Ultra-vires-Doktrin des öffentlichen Rechts, 2000.

[55] Vgl. BVerwG NVwZ 1987, 330. → § 30 Rn. 32.

[56] Z. B. könnte sich ein Adressat gegen einen nicht beantragten Leistungsbescheid mit der Begründung wenden, dass er nichts geschenkt haben möchte.

[57] Vgl. zum Ganzen *Ehlers* in: Piepenbrock/Schuster, UMTS-Lizenzvergabe, 2001, S. 141 ff.; *Holznagel/Schulz* NWVBl 2003, 400; wohl anderer Auffassung *Stelkens* in: Stelkens/Bonk/Sachs, VwVfG, § 35 Rn. 266.

[58] Vgl. demgegenüber § 42 Abs. 1 VwGO (Aufhebung eines VA).

[59] BVerwG DVBl 1993, 152; *Pietzcker/Marsch* in: Schoch/Schneider, VwGO, § 42 Abs. 1 Rn. 13; *Happ* in: Eyermann, VwGO, § 42 Rn. 17.

[60] Vgl. die Übersicht bei *Axer* Jura 2001, 748 (751 ff.). Ferner *Frenz* JA 2011, 433 (437).

[61] Vgl. *Laubinger* VerwArch 73 (1982), 345 (357 ff.).

§ 36 Abs. 2 Nr. 4, 5 VwVfG.[62] Meinung 3 stellt darauf ab, ob eine gebundene Entscheidung (§ 36 Abs. 1 VwVfG) oder eine Ermessensentscheidung (§ 36 Abs. 2 VwVfG) vorliegt.[63] Im zuerst genannten Fall soll die Nebenbestimmung immer, im zuletzt genannten niemals anfechtbar sein. Meinung 4 stellt ähnlich wie im Fall des § 44 Abs. 4 VwVfG darauf ab, ob die Behörde den Verwaltungsakt bei Kenntnis der Rechtswidrigkeit der Nebenbestimmung ohne Nebenbestimmung erlassen hätte.[64] Meinung 5 will eine Anfechtungsklage nur zulassen, wenn der Rest-Verwaltungsakt der Rechtsordnung entspricht.[65] Meinung 6 schränkt dies weitergehend dahin ein, dass ein Anfechtungskläger einen Anspruch auf einen uneingeschränkten Verwaltungsakt haben muss.[66] Schließlich wird von Meinung 7 die Ansicht vertreten, dass Rechtsschutz gegen belastende Nebenbestimmungen wegen der vom Kläger erstrebten Erweiterung seines Rechtskreises allein mit der Verpflichtungsklage zu erlangen ist.[67]

28 Gegen die ersten drei Ansichten wird geltend gemacht, dass eine isolierte Anfechtung Suspensiveffekte auslöst und nach erfolgreicher Aufhebung der Nebenbestimmung ein **rechtswidriger Rest-Verwaltungsakt** zurückbleiben kann.[68] Selbst wenn es noch möglich sei, den verbleibenden Verwaltungsakt aufzuheben, könnten bis dahin irreparable Zustände hervorgerufen werden. Das Abstellen auf den Willen der Behörde ist spekulativ (zumal die Behörde zum Ausdruck gebracht hat, dass sie keinen Verwaltungsakt ohne Nebenbestimmung erlassen wollte). Meinung 5 und 6 würden dazu führen, dass bereits im Rahmen der Prüfung der Zulässigkeit der Klage intensiv auf Begründetheitsfragen eingegangen werden müsste. Meinung 7 wird vorgehalten, dass sie nicht genügend berücksichtige, dass ein Verwaltungsakt auch teilrechtswidrig sein kann.

29 Das BVerwG hat sich seit dem Jahre 2000 weitgehend auf die zuerst genannte Ansicht festgelegt.[69] Danach soll eine **Nebenbestimmung grundsätzlich immer isoliert angefochten** werden dürfen. Anderes gilt nur, wenn eine isolierte Aufhebung der Nebenbestimmung offenkundig von vornherein ausscheidet. Dagegen betreffe die Frage, ob der begünstigende Verwaltungsakt ohne die Nebenbestimmung „sinnvoller- und rechtmäßigerweise" bestehen bleiben könne, die Begründetheit und nicht die Zulässigkeit des Anfechtungsbegehrens. Auch der Umstand, dass bei Vorliegen einer einheitlichen Ermessensentscheidung jegliche Aufhebung einer rechtswidrigen Nebenbestimmung eine Begünstigung zurücklasse, welche die Behörde so nicht habe gewähren wollen, rechtfertige nicht, den Betroffenen die Anfechtung vorzuenthalten. Vielmehr könne die Behörde von den bestehenden Widerrufsmöglichkeiten Gebrauch machen, um den nach erfolgreicher isolierter Anfechtung von Nebenbestimmungen verbleibenden, mit der Rechtsordnung nicht übereinstimmenden Verwaltungsakt aufzuheben.[70] Ob ein nach Aufhebung einer belastenden Nebenbestimmung verbleibender begünstigender Verwaltungsakt rechtmäßigerweise bestehen bleiben könne, beurteile sich danach, ob der verbleibende Verwaltungsakt „für sich genommen" rechtmäßig ist (nicht danach, ob er gerade durch die Aufhebung der belassenen Nebenbestimmungen rechtswidrig wird).[71] Teilt man diesen Standpunkt, ist dem eine Nebenbestimmung angreifenden Kläger prinzipiell zu raten, **Anfechtungsklage** zu erheben. Gleichzeitig empfiehlt es sich aber, neben dem Anfechtungsantrag **hilfsweise einen Ver-**

---

62 Vgl. BVerwGE 29, 261 (265) = NJW 1968, 1842 (1843); *Pietzcker* NVwZ 1995, 15 (17 ff.); *Axer* Jura 2001, 748 (752).

63 Vgl. zu dieser Differenzierung *Maurer/Waldhoff* AllgVwR, § 12 Rn. 25.

64 Vgl. BVerwGE 60, 269 (277 f.) = BeckRS 1980, 30439284; s. auch *Schenke* JuS 1983, 182 (184).

65 Vgl. BVerwG NVwZ 1984, 366 f.

66 *Meyer/Borgs* VwVfG, 1982, § 36 Rn. 41 ff.

67 Vgl. *Fehn* DÖV 1988, 202; *Stadie* DVBl 1991, 613; *Labrenz* NVwZ 2007, 161.

68 Krit. *Schenke* Verwaltungsprozessrecht, Rn. 298, wonach der Suspensiveffekt auch die schwebende Unwirksamkeit der Begünstigung nach sich zieht. Vgl. zur Frage der Suspensivwirkung ferner *Pietzcker* NVwZ 1995, 15 (19 f.).

69 Vgl. BVerwGE 112, 221 = NVwZ 2001, 429 → *Ehlers* JK 5/02, VwVfG § 36 II/2 und → *Hufen* JuS 2001, 926; Urt. v. 6.11.2019 – 8 C 14.18, BeckRS 2019, 37695 Rn. 14, 15; krit. *Happ* in: Eyermann, VwGO, § 42 Rn. 50 f.; vgl. auch *Störmer* DVBl 1996, 81.

70 BVerwGE 65, 139 (141 f.) = NJW 1982, 2269; Urt. v. 6.11.2019 – 8 C 14.18, BeckRS 2019, 37695 Rn. 14.

71 BVerwG Urt. v. 6.11.2019 – 8 C 14.18, BeckRS 2019, 37695 Rn. 19.

**pflichtungsantrag** gerichtet auf uneingeschränkte Vergünstigung für den Fall zu stellen, dass eine isolierte Aufhebbarkeit der Nebenbestimmung offenkundig von vornherein ausscheidet. Erweist sich von vornherein, dass der Kläger keinen Anspruch auf einen uneingeschränkten Verwaltungsakt hat (weil dieser der Rechtsordnung widerspräche), ist ihm zur Vermeidung einer kostenpflichtigen Teilabweisung der Klage zu raten, den Verpflichtungsantrag in Form eines Antrags auf Neubescheidung zu stellen.

**Lösung zu Fall 6:** Geht man mit der jüngeren Rechtsprechung des BVerwG davon aus, dass die Frage der Teilbarkeit eines Verwaltungsakts in der Regel nur die Begründetheit betrifft, spricht dies für die Statthaftigkeit der Anfechtungsklage. Anderes gilt, wenn man annimmt, dass eine isolierte Anfechtung „offenkundig von vornherein" nicht in Betracht kommt. Da eine isolierte Aufhebung der hier angefochtenen Nebenbestimmung mit dem materiellen Recht nicht vereinbar ist,[72] ist die Anfechtungsklage in jedem Falle unbegründet. Daher ist dem L zu raten, (zumindest hilfsweise) einen Verpflichtungsantrag in Form eines Antrags auf Neubescheidung zu stellen. Sollte der Zusatz, die Pipeline auf dem Nachbargrundstück zu ummanteln, rechtswidrig sein, wird das Verwaltungsgericht ein Bescheidungsurteil erlassen und den Klagegegner verpflichten, den Kläger unter Beachtung der Rechtsauffassung des Gerichtes neu zu bescheiden (§ 113 Abs. 5 S. 2 VwGO). 30

### 3. Isolierte Anfechtungsklage

**Fall 7:** Der in Deutschland geborene M, Kind abgelehnter Asylbewerber aus Aserbaidschan, wendet sich gegen die behördliche Einleitung eines Asylverfahrens nach § 14a Abs. 2 AsylG und begehrt mittels Erhebung einer verwaltungsgerichtlichen Anfechtungsklage die Aufhebung des in diesem Verfahren ergangenen negativen Bescheids des zuständigen Bundesamts (Ablehnung des als gestellt geltenden Antrags auf Anerkennung als Asylberechtigter). 31

Von einer isolierten Anfechtungsklage wird gesprochen, wenn der Kläger – statt eine Verpflichtungsklage zu erheben – **nur die Aufhebung der Ablehnung eines beantragten Verwaltungsakts begehrt.**[73] Über die Zulässigkeit der isolierten Anfechtungsklage besteht Meinungsstreit.[74] Soweit sie für zulässig erachtet wird, beruft man sich vor allem darauf, dass von einem Hoheitsträger erwartet werden könne, die aus einem bloßen Aufhebungsurteil gebotenen Folgerungen zu ziehen,[75] und es Sache des Klägers sei, seine prozessualen Ziele eigenverantwortlich festzulegen.[76] Vielfach wird eine isolierte Anfechtungsklage als unzulässig erachtet. 32

Richtigerweise ist zu differenzieren. Da die Ablehnung eines beantragten Verwaltungsakts selbst ein Verwaltungsakt ist, muss die isolierte Anfechtungsklage als statthaft angesehen werden. Regelmäßig fehlt dem Kläger aber das **Rechtsschutzbedürfnis** für eine isolierte Anfechtungsklage. Wie sich z. B. aus § 43 Abs. 2 S. 1 VwGO (sogenannte Subsidiarität der Feststellungsklage) ableiten lässt, darf sich der Kläger nicht mit einem Weniger an Rechtsschutz zufrieden geben, wenn er die Möglichkeit hat, ein Mehr zu erreichen (dazu → § 25 Rn. 243). Hebt das Gericht etwa die Ablehnung des beantragten Verwaltungsakts wegen eines beachtlichen Verfahrensfehlers auf, bleibt nach wie vor offen, ob der Kläger einen An- 33

---

[72] Eine Baugenehmigung ohne Feuerschutz entspräche nicht der Rechtsordnung, vgl. BVerwG NVwZ 1984, 366 (367).
[73] Vgl. *Laubinger* FS Menger, 1985, S. 443.
[74] Vgl. *Pietzcke/Marsch* in: Schoch/Schneider, VwGO, § 42 Abs. 1 Rn. 107 ff.
[75] BVerwGE 38, 99 (101 f.) = NJW 1971, 2004.
[76] *Laubinger* FS Menger, 1985, S. 453 (457); vgl. auch *Sodan* in: Sodan/Ziekow, VwGO, § 42 Rn. 344 ff.; *Happ* in: Eyermann, VwGO, § 42 Rn. 18 ff.

spruch auf Erlass des Verwaltungsakts hat. Dies zeigt zugleich, dass bei der isolierten Anfechtung ablehnender Verwaltungsakte regelmäßig die Gefahr einer doppelten Inanspruchnahme des Gerichts besteht. Der Kläger ist deshalb gehalten, Verpflichtungsklage in Gestalt der Versagungsgegenklage zu erheben (§ 42 Abs. 1 Alt. 2 Var. 1 VwGO). Die Verurteilung zum Erlass eines Verwaltungsakts schließt die Aufhebung der Ablehnungsentscheidung ein (ferner → Rn. 2; → § 28 Rn. 18).[77] Ein Rechtsschutzbedürfnis für die Erhebung isolierter Anfechtungsklagen ist nur in Ausnahmefällen anzuerkennen (z. B. wenn sich das Verpflichtungsbegehren erledigt hat oder der Kläger den Verwaltungsakt nicht mehr erstrebt, die Ablehnung aber eine selbständige Beschwer enthält).[78]

34 **Lösung zu Fall 7:** In einem Asylprozess wird mit dem Klageantrag grundsätzlich der weitestgehende Schutz vor den geltend gemachten Gefahren im Heimatstaat, nämlich die behördliche Anerkennung als Asylberechtigter bzw. Flüchtling, begehrt. Prozessual ist dies mit der Verpflichtungsklage zu verfolgen. Eine isolierte Anfechtung ist zulässig, wenn an einem positiven Asylbescheid des Bundesamtes kein Interesse besteht oder Gründe für die Zuerkennung für Asyl oder Abschiebungsschutz auch nach Auffassung des Ausländers nicht vorhanden sind, mittels einer isolierten Anfechtung aber die nachteiligen Folgen eines negativen Bescheides des Bundesamtes beseitigt werden können.[79]

### 4. Anfechtung des Abhilfe- oder Widerspruchsbescheides

35 **Fall 8:** Die zuständige Behörde hat einen Leistungsbescheid gegen N in Höhe von 3.000 € erlassen. Auf den Widerspruch des N hin reduziert die Ausgangsbehörde den Bescheid auf 1.000 €. Die Widerspruchsbehörde setzt gegenüber N einen Betrag in Höhe von 2.000 € fest. N hat gegen den Widerspruchsbescheid Anfechtungsklage erhoben.

36 Wird ein **Verwaltungsakt** vor Erhebung der Anfechtungsklage zum Gegenstand eines Widerspruchsverfahrens gemacht, ist er gemäß § 79 Abs. 1 Nr. 1 VwGO in der **Gestalt,** die er durch den **Widerspruchsbescheid** gefunden hat, Gegenstand der Anfechtungsklage. Ausnahmsweise kann der Abhilfebescheid (§ 72 VwGO) und Widerspruchsbescheid (§ 73 Abs. 1 S. 1 VwGO) aber auch alleiniger Gegenstand der Anfechtungsklage sein. Dies ist der Fall, wenn die Bescheide erstmalig eine Beschwer enthalten (§ 79 Abs. 1 Nr. 2 VwGO). Beim Widerspruchsbescheid reicht auch eine zusätzliche selbständige Beschwer aus (§ 79 Abs. 2 VwGO).

37 **Lösung zu Fall 8:** Die Anfechtungsklage ist nur statthaft, wenn der Widerspruchsbescheid alleiniger Gegenstand der Klage sein kann. Dies trifft gemäß § 79 Abs. 2 S. 1 VwGO auf die von N erhobene Klage zu, wenn und soweit der Widerspruchsbescheid gegenüber dem ursprünglichen Verwaltungsakt eine zusätzliche selbständige Beschwer enthält. In Bezug auf die Ursprungsfassung des Ausgangsbescheides ist dies nicht der Fall, wohl aber im Vergleich zu dessen Gestalt in der Abhilfeentscheidung (§ 72 VwGO). Letzteres reicht aus, jedenfalls, wenn die Widerspruchsbehörde außerhalb des Devolutiveffektes entschieden hat.[80] Die Klage des N ist gemäß § 115 VwGO i. V. m.

[77] Vgl. statt vieler *Schenke* Verwaltungsprozessrecht, Rn. 263.

[78] *Ehlers* in: Schoch/Schneider, VwGO, Vorb § 40 Rn. 91; *Pietzcker/Marsch* in: Schoch/Schneider, VwGO, § 42 Abs. 1 Rn. 112; vgl. auch BVerwGE 127, 161 f. = NVwZ 2007, 465.

[79] Vgl. zu den negativen Folgen einer bestandskräftigen Ablehnung § 71 Abs. 1 AsylG. Näher dazu BVerwGE 127, 161 f. = NVwZ 2007, 465 (466 f.).

[80] Vgl. BayVGH BayVBl 2006, 434 → *Schoch* JK 11/06, VwGO § 73/2.

§ 113 Abs. 1 S. 1 VwGO begründet, wenn der Widerspruchsbescheid rechtswidrig oder unzweckmäßig ist und der Widerspruchsführer dadurch in seinen Rechten beeinträchtigt wurde. Die Rechtswidrigkeit könnte sich daraus ergeben, dass die Widerspruchsbehörde aus Kompetenzgründen die Rechtmäßigkeit des ursprünglichen Bescheids nicht mehr prüfen durfte, nachdem die Ausgangsbehörde durch den Teilabhilfebescheid die Heranziehung auf 1.000 € reduziert hatte. Die Entscheidungskompetenz der Widerspruchsbehörde wird mit dem Devolutiveffekt des Widerspruchs begründet (→ *Schoch* § 23 Rn. 51). Hilft die Ausgangsbehörde dem Widerspruch nicht ab, erhält die Widerspruchsbehörde die volle Sachentscheidungskompetenz. Dabei soll es nach einer im Schrifttum vertretenen Auffassung auch bei einem bloßen Teilabhilfebescheid der Ausgangsbehörde bleiben.[81] Nach der Gegenauffassung tritt der Devolutiveffekt nicht ein, soweit dem Widerspruch im Wege der Teilabhilfe abgeholfen worden ist. Gegenstand des Widerspruchsverfahrens sei nur noch die Forderung in der Höhe, die sie durch den Abhilfebescheid gefunden hat (§ 72 VwGO).[82] Schließt man sich der letzteren Auffassung an, ist die Anfechtungsklage begründet.

### 5. Verbindung des Anfechtungsantrags mit weiteren Anträgen

Der vom Kläger zu stellende Antrag auf Aufhebung des Verwaltungsakts kann mit weiteren Anträgen verbunden werden. Ist der Verwaltungsakt schon vollzogen, kann das Gericht auf Antrag auch aussprechen, dass und wie die Verwaltungsbehörde die Vollziehung rückgängig zu machen hat **(§ 113 Abs. 1 S. 2 VwGO).** Hierbei handelt es sich um die gesetzliche Anordnung einer Stufenklage. Geht es nicht um die Rückgängigmachung des Vollzugs, sondern um die Gewährung sonstiger Leistungen nach Aufhebung des Verwaltungsakts (z. B. Gehaltsnachzahlung an einen Beamten nach erfolgreicher Anfechtung der Entlassung), kann der Kläger einen Antrag nach **§ 113 Abs. 4 VwGO** stellen. Solche Anträge haben für den Kläger den Vorteil, dass nicht zunächst die Rechtskraft des Anfechtungsurteils abgewartet werden muss. Bei Geldleistungs-Verwaltungsakten kann eine Betragsänderung begehrt werden.[83] Das Gericht darf (auch wegen § 88 VwGO) den Verwaltungsakt aber nur durch einen Verwaltungsakt ersetzen, der den Anfechtungskläger weniger belastet (z. B. Reduzierung des Abgabenbetrages von 1000 € auf 500 €).[84] Der Sache nach besteht zwischen einer **Teilaufhebung** (Kassation) und **Abänderung** kein Unterschied. Gemäß § 113 Abs. 2 S. 2 VwGO darf das Gericht im Falle eines nicht unerheblichen Aufwands die Ermittlungsarbeit der Behörde überlassen. 38

Schließlich kann es notwendig sein, den **Anfechtungsantrag** mit einem durch eine **andere Klageart** zu verbindenden Antrag zu **verbinden.** Wendet sich der Kläger z. B. gegen die einem anderen durch Verwaltungsakt gewährte Begünstigung (z. B. einen Subventionsbescheid), weil er die Begünstigung für sich selbst anstrebt (Konkurrentenverdrängungsklage), muss er den begünstigenden Verwaltungsakt zunächst aufheben lassen, um die Begünstigung wieder für sich verfügbar zu machen (→ § 28 Rn. 34). Deshalb ist in solchen Fällen sowohl ein Anfechtungsantrag (im Beispielsfall auf Aufhebung des den Konkurrenten begünstigenden Subventions-Verwaltungsakt) als auch ein Verpflichtungsantrag (auf Erlass eines neuen, den Kläger begünstigenden Verwaltungsakt) zu stellen. Eine Anfechtungsklage reicht aus, wenn über den neu zu erlassenden begünstigenden Verwaltungsakt zunächst in einem weiteren Verwaltungsverfahren entschieden werden muss. 39

---

[81] Vgl. *Engst* Jura 2006, 166 (168); *Geis* in: Sodan/Ziekow, VwGO, § 72 Rn. 22.

[82] So VGH BW VBlBW 1982, 13 (14); BayVGH BayVBl 2006, 434 → *Schoch* JK 11/06, VwGO § 73/2; *Dolde/Porsch* in: Schoch/Schneider, VwGO, § 72 Rn. 12.

[83] Zur Notwendigkeit einer Antragsstellung vgl. *Riese* in: Schoch/Schneider, VwGO, § 113 Rn. 190. Zur Frage, ob § 113 Abs. 4 VwGO analog auf Verpflichtungsbegehren anwendbar ist, vgl. bejahend BVerwG NVwZ 2000, 818; *Decker* in: Posser/Wolff, BeckOK VwGO, § 113 Rn. 64 ff.; *Bamberger* in: Wysk, VwGO, § 113 Rn. 51; verneinend *Riese* in: Schoch/Schneider, VwGO, § 113 Rn. 191.

[84] Vgl. *Schübel-Pfister* in: Eyermann, VwGO, § 113 Rn. 13.

## II. Besondere Sachentscheidungsvoraussetzungen der Anfechtungsklage

### 1. Erfolglose, form- und fristgerechte Widerspruchserhebung

40 **Fall 9:** Die Widerspruchsbehörde hat den gegen eine Baugenehmigung nach Ablauf der Widerspruchsfrist eingelegten Nachbarwiderspruch des O unter Zurückweisung des Widerspruchs sachlich entschieden. Ist die von O eingelegte Anfechtungsklage zulässig (wenn es keine einschlägigen Gesetze i. S. d. § 68 Abs. 1 S. 2 VwGO gibt)?

41 Gemäß § 68 Abs. 1 S. 1 VwGO sind „vor Erhebung der Anfechtungsklage" **Rechtmäßigkeit und Zweckmäßigkeit** des Verwaltungsakts in einem **Vorverfahren** (Widerspruchsverfahren) nachzuprüfen.[85] Das Vorverfahren ist zweigeteilt. Zunächst ist über die Abhilfe zu entscheiden (§ 72 VwGO). Wird abgeholfen, weil die Behörde den Widerspruch für begründet hält, ist über die Kosten zu entscheiden.[86] Falls die Behörde dem Widerspruch nicht abhilft, ergeht ein Widerspruchsbescheid (§ 73 Abs. 1 S. 1 VwGO). Ein Vorverfahren ist nicht Sachentscheidungsvoraussetzung, wenn eine der Fallgestaltungen des § 68 Abs. 1 S. 2 VwGO vorliegt: d. h. ein Gesetz bestimmt, dass es eines Widerspruchsverfahrens nicht bedarf (1), der Verwaltungsakt von einer obersten Bundes- oder Landesbehörde erlassen wurde (etwa der Regierung oder einem Ministerium),[87] es sei denn, eine Nachprüfung ist vorgeschrieben (2), oder wenn der Abhilfe- oder Widerspruchsbescheid erstmalig eine Beschwer enthält (3).[88] Teilweise enthalten die Gesetze Gegenausnahmen. So ist in beamtenrechtlichen Streitigkeiten ein Vorverfahren (grundsätzlich) auch dann durchzuführen, wenn die Maßnahme von der obersten Dienstbehörde getroffen worden ist.[89]

42 Große Bedeutung kommt insbesondere der zuerst genannten Einschränkung gemäß § 68 Abs. 1 S. 2 VwGO zu (**Ausschluss** des Widerspruchsverfahrens **kraft Gesetzes**). Die Rechtslage ist diesbezüglich außerordentlich unübersichtlich geworden (→ *Schoch* § 23 Rn. 93). Die **Bundesgesetze** haben verschiedentlich[90] – so in den §§ 70, 74 Abs. 1 S. 2, Abs. 6 S. 3 VwVfG – eine Nachprüfung im Widerspruchsverfahren ausgeschlossen. Noch unterschiedlichere Wege sind die **Länder** gegangen. Teilweise ist das Widerspruchsverfahren grundsätzlich abgeschafft worden (so in Bayern,[91] Niedersachsen und Nordrhein-West-

---

[85] Eine Automatisierung des Widerspruchsverfahrens ist ausgeschlossen, vgl. zur Problematik *Martini/Nink* DVBl 2018, 1128 (1131 ff.); *Guckelberger* VVDStRL 78 (2019), 235 (272 ff.).

[86] Die Ausgangsbehörde, die ihre mit Widerspruch angegriffene Maßnahme als rechtswidrig erkennt, hat grds. die Wahl zwischen Abhilfe und Rücknahme (in einem eigenständigen Verwaltungsverfahren außerhalb des Widerspruchsverfahrens) nach pflichtgemäßem Ermessen. Sie darf von der Abhilfe aber nicht nur deswegen absehen, um dem zu erwartenden Kostenanspruch des Widerspruchsführers zu entgehen (BVerwG NJW 2009, 2968 → *Schoch* JK 2/10, VwGO § 72/3). Unterlässt die Behörde treuwidrig die Abhilfeentscheidung, ist die behördliche Formwahl unbeachtlich und die Behörde im Hinblick auf die Kosten so zu stellen, als wäre eine Abhilfeentscheidung ergangen. Im Regelfall kann eine Abhilfeentscheidung nicht in eine (im Ermessen der Verwaltung stehende) Rücknahme umgedeutet werden (BVerwG ZfBR 1999, 353 → *Ehlers* JK 00, VwGO § 72/2).

[87] Keine obersten Behörden sind die Oberbehörden, die zwar für das ganze Land zuständig sind, aber einer obersten Behörde unmittelbar unterstehen.

[88] Ein Widerspruch gegen den Widerspruchsbescheid – oder auch nur die dazu getroffene Kostenentscheidung – ist nicht statthaft. Vgl. BVerwGE 150, 190 = NVwZ-RR 2014, 869 (870) → *Eifert* Jura (JK) 2015, 772.

[89] Vgl. § 126 Abs. 2 S. 2 BBG; § 126 Abs. 3 Nr. 1 BRRG; § 54 Abs. 2 S. 2 BeamtStG. Siehe aber auch § 54 Abs. 2 S. 3 BeamtStG (Nichterforderlichkeit eines Vorverfahrens, wenn ein Landesgesetz dieses ausdrücklich bestimmt); → § 29 Rn. 39.

[90] Vgl. etwa § 11 AsylG; § 15a Abs. 4 S. 7 AufenthG; §§ 65 Abs. 2 S. 2, 66 Abs. 2 DRiG; § 44 Abs. 1 ElektroG; §§ 10 Abs. 8, 16 Abs. 7 GenTG; § 25 Abs. 4 S. 2 JuSchG; § 31 Abs. 1 S. 3 StUG; § 36 Abs. 4 S. 1 VermG.

[91] Zur Vereinbarkeit mit der Bayerischen Verfassung vgl. BayVerfGH NVwZ 2009, 716 → *Schoch* JK 11/09, VwGO § 68/9.

falen), teilweise ist es grundsätzlich erforderlich (so z. B. in Berlin, Brandenburg, Hamburg, Rheinland-Pfalz, Saarland, Sachsen, Sachsen-Anhalt und Schleswig-Holstein). Andere Länder sehen in der Regel ein Widerspruchsverfahren vor, lassen aber zum Teil umfangreiche Ausnahmen zu (so z. B. Baden-Württemberg, Bremen, Hessen, Mecklenburg-Vorpommern, Thüringen). In Bayern ist zudem ein fakultatives Widerspruchsverfahren eingeführt worden, das dem Betroffenen die Wahl lässt, Widerspruch einzulegen oder Klage zu erheben.[92] Wird kein Widerspruch eingelegt, ist die Klage somit nicht deshalb unzulässig. Der Ausschluss eines Widerspruchsverfahrens oder die Entbehrlichkeit vor Erhebung der Anfechtungsklage wurde mit der Verfahrensvereinfachung und -beschleunigung begründet, geht aber zu Lasten der mit dem Widerspruchsverfahren verfolgten **Ziele** (Selbstkontrolle der Verwaltung, Entlastung der Gerichte, schneller, kostengünstiger und umfassender Rechtsschutz zugunsten der Adressaten und Betroffenen eines Verwaltungsakts). So entfällt z. B. jede Zweckmäßigkeitskontrolle.[93]

Da § 68 Abs. 1 S. 1 VwGO von dem Regelfall eines Vorverfahrens ausgeht, ist der **Ausschluss rechtfertigungsbedürftig.**[94] Der Prüfung bedarf, ob sich aus dem Europäischen Unionsrecht oder dem Verfassungsrecht das Erfordernis einer vorherigen Nachprüfung im Vorverfahren ergibt. So hat das BVerfG angenommen, dass berufsbezogene **Prüfungsverfahren** so gestaltet sein müssen, dass Prüflingen das Recht eingeräumt wird, Einwände gegen ihre Abschlussnoten wirksam vorzubringen. Die Eröffnung einer **zweiten Verwaltungsinstanz** (mit einer vollständigen Neubewertung umstrittener Prüfungsleistungen) sei allerdings nicht geboten.[95] Wird ein Nachprüfungsverfahren außerhalb der §§ 68 ff. VwGO gewählt, ist die Durchführung dieses Verfahrens somit keine Sachentscheidungsvoraussetzung im Prozess.[96] Näher zum Ganzen → *Schoch* § 23 Rn. 94. 43

Da sich prozessuale Sachentscheidungsvoraussetzungen nur auf Anforderungen beziehen können, die der Rechtsschutzsuchende durch eigenes Verhalten zu erfüllen vermag, kommt es im Falle der Erforderlichkeit eines Vorverfahrens nicht auf das ordnungsgemäße Durchlaufen des Widerspruchsverfahrens, sondern nur darauf an, dass die §§ 68 bis 70 VwGO eingehalten worden sind, das Widerspruchsverfahren durchgeführt wurde und der **Widerspruch erfolglos** geblieben ist. Entscheidet z. B. entgegen § 73 Abs. 1 S. 2 Nr. 1 VwGO die Ausgangsbehörde über den Widerspruch oder wird zu Unrecht von einer Anhörung gemäß § 71 VwGO abgesehen, berührt dies nicht die Zulässigkeit der Anfechtungsklage (weil es die Verwaltung nicht in der Hand hat, durch rechtswidriges Verhalten die Unzulässigkeit der Klage herbeizuführen). Ist über einen Widerspruch ohne zureichenden Grund in angemessener Frist sachlich nicht entschieden worden, ist die Klage gemäß § 75 VwGO abweichend von § 68 VwGO zulässig (→ Rn. 119). 44

Nach den §§ 68 Abs. 1 S. 1, 70 Abs. 1 S. 1 VwGO muss der Kläger den Widerspruch vor Erhebung der Anfechtungsklage **form- und fristgerecht** (d. h. schriftlich,[97] in elektronischer Form[98] oder zur Niederschrift innerhalb eines Monats nach Bekanntgabe[99]) einlegen. 45

**Über** die **gesetzlich geregelten Fälle hinaus** soll ein Vorverfahren nach herrschender Meinung jedoch **entbehrlich** sein, wenn dem Zweck des Vorverfahrens bereits Rechnung getragen ist oder der Zweck des Vorverfahrens ohnehin nicht mehr erreicht werden 46

---

[92] Näher zu den Einzelheiten *Glaser* in: Gärditz, VwGO, § 68 Rn. 37 ff.; *Geis* in: Sodan/Ziekow, VwGO, § 68 Rn. 131 ff.

[93] Krit. *Härtel* VerwArch 98 (2007), 54; *Müller-Grune/Grune* BayVBl 2007, 65 (70 ff.); *Steinbeiß-Winkelmann* NVwZ 2009, 686; *Ehlers* Jura 2016, 603 (611 f.); a. A. *Schönenbroicher* NVwZ 2009, 1144.

[94] *Rennert* in: Eyermann, VwGO, § 68 Rn. 24.

[95] BVerfGE 84, 34 (46) = NJW 1991, 2005 (2006); BVerwGE 92, 132 (136) = NVwZ 1993, 681 (683).

[96] Vgl. *Rennert* in: Eyermann, VwGO, § 74 Rn. 5.

[97] Fehlt es an der Vollmacht, kann der Mangel nachträglich geheilt werden. Vgl. (zur Klageschrift) BVerwG Beschl. v. 2.1.2017 – 5 B 8.16, BeckRS 2017, 101058.

[98] §§ 3a, 70 VwVfG. Vgl. dazu *Hüttenbrink* in: Posser/Wolff, BeckOK VwGO, § 70 Rn. 11.

[99] Zur grds. Vereinbarkeit der Monatsfrist mit dem Europäischen Unionsrecht vgl. BayVGH NVwZ-RR 2002, 807 → *Ehlers* JK 6/03, VwGO § 70/5.

kann.[100] Insbesondere wenn sich der Beklagte, ohne dass Widerspruch erhoben worden ist, auf die Klage einlässt,[101] einen verspäteten Widerspruch in der Sache bescheidet[102] oder die Ausgangsbehörde (die zugleich Widerspruchsbehörde ist) den Verwaltungsakt aufgrund einer sie bindenden Weisung der Aufsichtsbehörde erlassen hat, soll nach der Rechtsprechung des BVerwG[103] und eines großen Teils der Literatur[104] die Klage gleichwohl zulässig sein, es sei denn, dass ein **Verwaltungsakt mit Doppelwirkung** vorliegt und ein Dritter bereits eine unanfechtbare Rechtsposition erlangt hat (dazu Fall 9 → Rn. 40 und Lösung → Rn. 47).[105] Dies wird vor allem damit begründet, dass das Widerspruchsverfahren in erster Linie dem Schutz der Verwaltung diene und die Ausgangsbehörde jederzeit auch einen Zweitbescheid erlassen könne. Zudem wird der Grundsatz der Prozessökonomie herangezogen. Indessen ist dieser Auffassung nicht zu folgen.[106] Das Vorverfahren ist in der VwGO, abgesehen von den abschließend normierten Ausnahmen, zwingend angeordnet worden, steht als Sachentscheidungsvoraussetzung nicht zur Disposition der Beteiligten (zumal es nicht nur um die Selbstkontrolle der Verwaltung, sondern auch um die Entlastung der Gerichte geht, und eine sich über den Ablauf der Widerspruchsfrist hinwegsetzende Widerspruchsbehörde oftmals gar nicht an dem gerichtlichen Verfahren beteiligt ist). Es darf wegen des Gesetzmäßigkeitsprinzips nicht richterrechtlich überspielt werden.

47 **Lösung zu Fall 9:** Die Anfechtungsklage ist nach Ablauf der Widerspruchsfrist (§ 70 Abs. 1 VwGO) erhoben worden. Hält man die Fristbestimmung mit der hier vertretenen Auffassung für zwingend, ist die Anfechtungsklage von vornherein unzulässig. Nichts Anderes gilt, wenn man der Rechtsprechung folgt, weil es sich hier um einen Verwaltungsakt mit Doppelwirkung handelt. Verwaltungsakte mit Doppelwirkung, die den einen begünstigen und den anderen belasten, erwachsen nach Ablauf der Frist des § 70 VwGO in Bestandskraft. Diese Bestandskraft vermittelt dem durch den Verwaltungsakt Begünstigten eine gesicherte Rechtsposition. Diese darf nur dann entzogen werden, wenn hierfür eine besondere Ermächtigungsgrundlage besteht. Weder die §§ 68ff. VwGO noch sonstige Bestimmungen enthalten eine solche Ermächtigungsgrundlage. Darf nach alledem die Widerspruchsbehörde wegen der durch die Bestandskraft der Baugenehmigung vermittelten gesicherten Rechtspositionen des Bauherren nicht über den verspäteten Widerspruch des Nachbarn sachlich entscheiden, kommt auch einer gleichwohl ergehenden Sachentscheidung keine die Fristversäumung heilende Wirkung zu.[107]

48 Ob sich die **Widerspruchsfrist** nach § 57 Abs. 2 VwGO i. V. m. den § 222 Abs. 1, 2 ZPO, §§ 187 Abs. 1, 188 Abs. 2, 3 BGB oder nach den §§ 79, 31 VwVfG i. V. m. den §§ 187 Abs. 1, 188 Abs. 2, 3 BGB bestimmt[108] (weil § 70 VwGO nicht auf § 57 verweist), macht im Ergebnis keinen Unterschied. Die Widerspruchsfrist endet danach mit demjenigen Tag des der Bekanntgabe des Verwaltungsakts folgenden Monats, der durch seine Zahl dem Anfangstag, also dem Tag der Bekanntgabe entspricht bzw. ihm am nächsten kommt (z. B. Bekanntgabe 2.3., Fristablauf 2.4., es sei denn, es handelt sich am 2.4. um einen Sonntag, ei-

[100] BVerwG NVwZ 2011, 501 Rn. 24 m. w. Nachw. → *Schoch* JK 4/11, VwGO § 68/11 und → *Hufen* JuS 2012, 276; NVwZ 2019, 1217 Rn. 30. Zur Verpflichtungsklage vgl. BVerwG NVwZ 2018, 1229.
[101] St. Rspr. seit BVerwGE 1, 247 (249) = NJW 1955, 317.
[102] BVerwGE 28, 305 (308) = NJW 1968, 955 (956).
[103] Vgl. die Nachw. in BVerwG NVwZ 2011, 501 Rn. 24ff. → *Schoch* JK 4/11, VwGO § 68/11 und → *Hufen* JuS 2012, 276.
[104] Vgl. z. B. *Hufen* Verwaltungsprozessrecht, § 14 Rn. 113; ausführlich zum Meinungsstand *Dolde/Porsch* in: Schoch/Schneider, VwGO, § 68 Rn. 28f., 35; *Rennert* in: Eyermann, VwGO, § 68 Rn. 28ff.
[105] BVerwG DÖV 1982, 940 (941).
[106] Grundlegend *v. Mutius* Das Widerspruchsverfahren der VwGO als Verwaltungsverfahren und Prozessvoraussetzung, 1969, S. 175ff.; vgl. auch *Meier* Die Entbehrlichkeit des Widerspruchsverfahrens, 1992, S. 72ff.
[107] BVerwG DÖV 1982, 940 (941).
[108] Vgl. *Schenke* Verwaltungsprozessrecht, Rn. 673.

nen Feiertag oder einen Sonnabend, dann endet gemäß § 222 Abs. 2 ZPO bzw. § 31 Abs. 3 VwVfG[109] die Frist mit dem Ablauf des nächsten Werktages).[110] Fehlt bei einer nach Monaten bestimmten Frist in dem letzten Monat der für ihren Ablauf maßgebende Tag, so endet die Frist mit dem Ablauf des letzten Tages dieses Monats[111] (z.B. Bekanntgabe 31.1., Fristablauf 28. oder 29.2.).

Die Frist beginnt nur zu laufen, wenn der Verwaltungsakt dem Kläger bekannt gegeben worden ist und eine ordnungsgemäße **Rechtsbehelfsbelehrung** vorliegt (§ 70 Abs. 2 VwGO i.V.m. § 58 Abs. 1 VwGO). Die Bekanntgabe richtet sich nach § 41 VwVfG, bei elektronischen Verwaltungsakten nach den §§ 35a, 41 Abs. 2a VwVfG. Ist eine Bekanntgabe unterblieben, greifen die Grundsätze der **Verwirkung** ein (→ § 25 Rn. 258).[112] Der Kläger muss über den Rechtsbehelf (Klage), das Gericht, bei dem der Rechtsbehelf anzubringen ist, den Sitz und die einzuhaltende Frist schriftlich oder elektronisch belehrt worden sein. Gemäß § 37 Abs. 6 S. 2 VwVfG ist die Rechtsbehelfsbelehrung auch der schriftlichen oder elektronischen Bestätigung eines Verwaltungsakts und der Bescheinigung nach § 42a Abs. 3 VwVfG beizufügen. § 58 Abs. 1 VwGO verlangt nach der (zweifelhaften) Rechtsprechung keine Belehrung über den Beginn der einzuhaltenden Frist.[113] Nicht erforderlich ist nach § 58 Abs. 1 VwGO ferner eine Belehrung über die Form des Rechtsbehelfs.[114] Weitere Hinweise sind aber zulässig (und i.S.e. Bürgerfreundlichkeit erwünscht), dürfen jedoch nicht unrichtig oder irreführend sein und dadurch den Adressaten davon abhalten, den Rechtsbehelf überhaupt, rechtzeitig oder in der richtigen Form einzulegen.[115] Unrichtig ist eine Belehrung z.B., wenn eine Vier-Wochen-Frist statt der vorgesehenen Monatsfrist angegeben worden ist. Zur Frage, ob im Falle einer Belehrung über die Form des Rechtsbehelfs alle Möglichkeiten, den Formerfordernissen zu genügen, aufgeführt werden müssen (einschließlich der elektronischen Einreichung), vgl. → Rn. 117. Maßgebend ist allein, ob eine Rechtsbehelfsbelehrung vorliegt und objektiv richtig ist, nicht ob das Fehlen oder die Unrichtigkeit kausal für das Unterbleiben oder die Verspätung des Rechtsbehelfs war.[116] Bei fehlender Belehrung gilt die Jahresfrist des § 58 Abs. 2 VwGO. Im Falle einer Fristversäumung kann eine Wiedereinsetzung in den vorigen Stand in Betracht kommen (§ 70 Abs. 2 VwGO i.V.m. § 60 VwGO). 49

### 2. Klagebefugnis

Soweit gesetzlich nichts anderes bestimmt ist, ist eine Anfechtungsklage gemäß § 42 Abs. 2 VwGO nur zulässig, wenn der **Kläger geltend macht, durch den Verwaltungsakt in seinen Rechten verletzt zu sein.**[117] Mit dem Erfordernis der Geltendmachung einer eigenen Rechtsverletzung sollen sowohl **Popularklagen** als auch **Interessentenklagen** bloß tatsächlich beschwerter Personen ausgeschlossen werden.[118] Da in einem subjektiv-rechtlich ausgerichteten Rechtsschutzsystem[119] der Erfolg einer Klage in jedem Fall von dem Vorliegen einer eigenen Rechtsverletzung abhängt, hat die Klagebefugnis nur die Bedeutung, bestimmte Merkmale der Rechtsverletzung bereits im Rahmen der Zulässigkeit 50

---

[109] Vgl. aber auch § 31 Abs. 3 S. 2 VwVfG (Mitteilung eines bestimmten Tages als Ende der Frist).
[110] Näher zum Ganzen *Deckenbrock/Patzer* Jura 2003, 476.
[111] Vgl. § 57 Abs. 2 VwGO i.V.m. § 222 Abs. 1 ZPO, § 188 Abs. 3 BGB respektive § 79, 31 Abs. 1 VwVfG, § 188 Abs. 3 BGB.
[112] Vgl. BVerwGE 44, 294 (300) = NJW 1974, 1260 (1262); E 78, 85 (88) = NJW 1988, 839 (840).
[113] BVerwG NVwZ-RR 2019, 885.
[114] Vgl. BVerwGE 50, 248 (250ff.) = NJW 1976, 1332; E 57, 188 (190) = NJW 1979, 1670; *Schmitz* JuS 2015, 895 (897); *Kluckert* in: Sodan/Ziekow, VwGO, § 58 Rn. 61; *Meissner/Schenk* in: Schoch/Schneider, VwGO, § 58 Rn. 43; *Krausnick* in: Gärditz, VwGO, § 58 Rn. 18; a.A. *W.-R. Schenke* in Kopp/Schenke, VwGO, § 58 Rn. 10; *Redeker* in: Redeker/v. Oertzen, VwGO, § 58 Rn. 9.
[115] Vgl. auch BVerwG NVwZ 2015, 1699.
[116] Vgl. BVerwG NJW 2009, 2322f.
[117] Vgl. dazu *Schlette* Jura 2004, 90.
[118] Vgl. – auch zur Kritik – *Ehlers* VerwArch 84 (1993), 139 (172ff.).
[119] Zu § 47 VwGO → § 32 Rn. 1.

zu prüfen. Doch kann die Abgrenzung der Zulässigkeits- und Begründetheitsanforderungen Schwierigkeiten bereiten.[120] Zudem dürfte es für die Abschreckung von Popularklägern und bloß faktisch betroffenen Interessenten in der Regel unerheblich sein, ob eine Klage wegen Fehlens einer Klagebefugnis als unzulässig oder wegen mangelnder Rechtsverletzung als unbegründet abgewiesen wird.[121] Liegt eine **anderweitige Bestimmung** i. S. d. § 42 Abs. 2 Hs. 1 VwGO vor, ist eine Rechtsverletzung – anders als in § 113 Abs. 1 S. 1 VwGO vorgesehen – nicht erforderlich.

#### a) Erfordernis der Geltendmachung einer eigenen Rechtsverletzung

51 **Fall 10:** Die Freie und Hansestadt Hamburg stellte entlang einer Straße das Verkehrszeichen 237 (Radfahrer) i. S. d. § 41 Abs. 2 StVO auf. Es verpflichtet Radfahrer, die mit dem Zeichen 237 gekennzeichneten Radwege zu benutzen (§ 2 Abs. 4 S. 2 StVO). P erhebt Klage gegen die Radweg-Benutzungspflicht, obwohl er mittlerweile in ein anderes Bundesland verzogen ist und das betreffende Straßenstück nur noch sehr gelegentlich befährt. Ist P klagebefugt?

52 **Fall 11:** In der kreisfreien Stadt M ist eine Straße umbenannt worden, weil es bereits seit längerem eine Straße gleichen Namens in der Stadt gibt. Ist Anwohner Q, der sich gegen die Umbenennung „seiner" Straße wendet (vgl. Fall 1 → Rn. 5 und Lösung → Rn. 12), klagebefugt?

53 **Fall 12:** R und S haben sich um eine ausgeschriebene Beamtenstelle beworben. Als R erfährt, dass S ernannt worden ist, erhebt er Anfechtungs- und Verpflichtungsklage (auf Aufhebung der Ernennung des S und eigene Ernennung), weil er der Meinung ist, dass er eine sehr viel bessere Eignung als S für die Beamtenstelle mitbringt.

54 **aa) Subjektive Rechte.** Unter „Rechten" i. S. d. § 42 Abs. 2 VwGO sind **subjektive öffentliche Rechte** zu verstehen, d. h. öffentlich-rechtliche Regelungen, die nicht ausschließlich dem öffentlichen Interesse, sondern zumindest auch dem Schutz der Interessen der Regelungsadressaten bzw. Betroffenen zu dienen bestimmt sind **(Schutznormlehre).**[122] Bei den Regelungen braucht es sich nicht nur um **gesetzliche Bestimmungen** zu handeln. Vielmehr reichen **rechtsgeschäftliche Regelungen** (z. B. ein Verwaltungsakt, eine Zusicherung oder ein öffentlich-rechtlicher Vertrag) aus. Kommen mehrere Regelungen unterschiedlicher Rangordnung in Betracht (z. B. Parlamentsgesetz und Zusicherung, Parlamentsgesetz und Verordnung, Verfassungsrecht und Parlamentsgesetz, primäres und sekundäres Unionsrecht), gilt grundsätzlich der Anwendungsvorrang der niederrangigen Regelung,[123] weil diejenige Rechtsquelle anzuwenden ist, die dem zu entscheidenden Fall

---

[120] Die Gerichte nehmen deshalb bei Klageabweisung wegen fehlender Rechtsverletzung häufig keine klare Stellung zur Zulässigkeit der Klage.

[121] Auch die Rechtskrafterstreckung ist in dem einen oder anderen Fall keine wesentlich andere. Vgl. *Ehlers* VerwArch 84 (1993), 139 (172). Solange die VwGO an § 42 Abs. 2 VwGO festhält, muss das Vorliegen der Voraussetzungen dieser Vorschrift aber gesondert überprüft werden (→ § 25 Rn. 4).

[122] Näher dazu *Scherzberg* in: Ehlers/Pünder, AllgVwR, § 12 Rn. 11 ff., wonach die Norm den Schutz eines bestimmten Rechtsguts oder Interesses als Regelungsziel verfolgen muss, es sich also nicht um eine beiläufig eintretende Nebenfolge handelt (Schutzziel), sie eine über die objektive Rechtsbindung und deren verwaltungsinterne Sicherung hinausgehende Durchsetzung dieses Regelungsziels anordnet (Durchsetzungsanordnung) und dazu einen bestimmten Adressatenkreis die dazu erforderliche Rechtsmacht zuweist (Rechtsmachtzuweisung). Ferner z. B. *Kahl/Ohlendorf* JA 2010, 872; *Gärditz* in: Gärditz, VwGO, § 42 Rn. 52 ff.; *Rozek,* Jura 2021, 30 f.; zur Kritik vgl. *Wahl* in: Schoch/Schneider, VwGO, Vorb § 42 Abs. 2 Rn. 96 f.; allgemein krit. zum Konzept der subjektiven Rechte *Fischer-Lescano/Franzki/Horst,* Gegenrechte, 2018.

[123] Zum Unterschied von Geltungsvorrang und Anwendungsvorrang vgl. statt vieler *Ehlers* in: Ehlers/Pünder, AllgVwR, § 2 Rn. 98; *Maurer/Waldhoff* AllgVwR, § 4 Rn. 59.

am nächsten steht, und das niederrangige Recht konkreter bestimmt, was rechtens sein soll. Jedoch ist das niederrangige Recht im Lichte des höherrangigen zu interpretieren (wenn ein Auslegungsspielraum besteht).

Besondere Bedeutung kommt den – klassische subjektive öffentliche Rechte verkör- 55
pernden – **Grundrechtsbestimmungen** zu. Vielfach entfalten sie **norminterne Wirkungen,** weil sie auf die Auslegung des einfachen Rechts ausstrahlen. So ist nach den Generalklauseln des Polizei- und Ordnungsrechts die zuständige Behörde zu einem Handeln befugt, um Gefahren für die „öffentliche" Sicherheit (oder Ordnung) abzuwehren. Gleichwohl haben nach heute allgemeiner Auffassung die Generalklauseln zwecks Durchsetzung des aus den Grundrechten resultierenden staatlichen Schutzpflichten auch einen drittschützenden Charakter, soweit es um die Abwehr von Gefahren für die Rechtsgüter des Einzelnen geht. Sie vermitteln diesem dann einen Anspruch auf ermessensfehlerfreie Entscheidung.[124] Sieht das einfache Recht eine Subjektivierung nicht vor, kann vorbehaltlich einer nach Art. 100 Abs. 1 GG gebotenen Vorlage an das BVerfG unmittelbar auf die Grundrechte rekurriert werden, denen insoweit eine **normexterne Wirkung** zukommt.[125] Besonderheiten gelten für das normgeprägte Grundrecht des Art. 14 Abs. 1 GG. Da der Inhalt des verfassungsrechtlich geschützten Eigentums durch die Gesetze bestimmt wird (Art. 14 Abs. 1 S. 2 GG), ist es nicht angängig, Rechte verfassungsunmittelbar aus dieser Vorschrift herzuleiten.[126] Wohl aber gebietet es die Institutsgarantie des Eigentums (Art. 14 Abs. 1 S. 1 GG), dass der Gesetzgeber für einen wirksamen Eigentumsschutz sorgt.[127] Ist ein privater Kläger Adressat eines in seine Rechtssphäre eingreifenden Verwaltungsakts, kommt jedenfalls immer eine Verletzung der in Art. 2 Abs. 1 GG garantierten allgemeinen Handlungsfreiheit in Betracht.[128] Es kann dann dahinstehen, ob auch andere subjektive öffentliche Rechte verletzt sein können. Von einer **Adressatentheorie** sollte gleichwohl nicht gesprochen werden, weil § 42 Abs. 2 VwGO nicht auf Theorien, sondern auf das Recht abstellt und die Adressatentheorie in Drittbeteiligungsfällen (z. B. Nachbar- oder Konkurrentenklagen) sowie im Falle einer Klage durch eine juristische Person des öffentlichen Rechts ohnehin nicht weiterhilft.

Eine gesetzliche Vorschrift hat Schutznormcharakter, wenn sie einen **Anspruch** nor- 56
miert:[129] also ein Recht von einem anderen ein Tun, Dulden oder Unterlassen verlangen zu können (§ 194 Abs. 1 BGB). Ihr mangelt diese Eigenschaft, wenn ein solcher Anspruch ausgeschlossen wird.[130] Vielfach fehlt es indessen an **ausdrücklichen Regelungen.** Den Vorschriften muss dann im Wege einer **Auslegung** entnommen werden, ob und gegebenenfalls in welchem Umfang sie Schutznormcharakter haben sollen. Im Falle von Ermessensentscheidungen kommt es darauf an, ob ein Anspruch auf fehlerfreien Ermessensgebrauch besteht. Bei den einschlägigen Bestimmungen kann es sich sowohl um solche des Verfahrensrechts als auch des materiellen Rechts handeln. Im Falle von Verfahrensrechten (etwa dem Recht auf Beteiligung am Verfahren, auf Auskunft oder auf Anhörung) sind die § 44a VwGO (→ § 25 Rn. 219 ff.) und § 46 VwVfG zu berücksichtigen. Absolute Verfahrensrechte (wie z. B. § 36 BauGB[131] oder Informationsansprüche i. S. v. § 4 Abs. 1 UIG) vermitteln stets eine eigenständige Klagebefugnis. Unerheblich für die Bejahung oder Verneinung einer Klagebefugnis ist, ob der Verwaltung ein Beurteilungs-, Abwägungs- oder Er-

---

[124] Vgl. *Schoch* in: Schoch, BesVwR, Kap. 1 Rn. 332; *Kingreen/Poscher* Polizei- und Ordnungsrecht (Fn. 21), § 3 Rn. 51 ff.; *Würtenberger* in: Ehlers/Fehling/Pünder, BesVwR III, § 69 Rn. 177 ff.

[125] Näher zu dieser Unterscheidung *Schmidt-Aßmann* in: Maunz/Dürig, GG, Art. 19 Abs. 4 Rn. 125; *Wahl/Schütz* in: Schoch/Schneider, VwGO, § 42 Abs. 2 Rn. 58 f.

[126] Vgl. BVerfGE 53, 257 (292) = NJW 1980, 692 (693); E 101, 364 (373) = NVwZ 1997, 384 (386); E 106, 228 (234) = NVwZ 1998, 842 (844) → JA 1999, 458 *(Erdemir);* a. A. noch BVerwGE 32, 173 (178 f.) = NJW 1969, 1787 (1788 f.); E 72, 362 = NJW 1986, 2126.

[127] Vgl. *Ehlers* VVDStRL 51 (1992), 211 (216).

[128] Vgl. zur allgemeinen Handlungsfreiheit BVerfGE 6, 32 (37) = NJW 1957, 297 – Elfes.

[129] So z. B. § 1 Abs. 1 IFG; § 1 BAföG.

[130] Vgl. etwa § 1 Abs. 3 S. 2 BauGB; § 3 Abs. 2 BHO.

[131] Vgl. BVerwG NVwZ 2008, 1347; *Schoch* NVwZ 2012, 777 (780).

messensspielraum zukommt. In solchen Fällen ist zwar der Kontrollmaßstab und damit die Kontrolldichte gemindert (→ Rn. 139 ff.).[132] Bezwecken die Normen, bestimmte Personen zu schützen, obliegt es der angerufenen Verwaltungsgerichtsbarkeit aber, über die Einhaltung der Vorgaben (Grenzen) zu entscheiden. Mit einem Ermessen kann z. B. ein Anspruch auf ermessensfehlerfreie Entscheidung korrespondieren (vgl. bereits → Rn. 55).

57 Vielfach wird versucht, den Schutzzweck einer Norm davon abhängig zu machen, ob der Einzelne oder jedenfalls ein **bestimmter Personenkreis** geschützt wird. Kommen die Wirkungen einer Norm der Allgemeinheit oder einem nicht abgegrenzten Personenkreis zugute, soll ein „Individualrechtsschutz" und damit die Klagebefugnis zu verneinen sein.[133] Indessen hängt der subjektiv-rechtliche Charakter einer Norm nicht zwangsläufig von der Anzahl der Begünstigten ab (Fall 10 → Rn. 51 und Lösung → Rn. 64). Ist ein „Individualbezug" gewollt, kommt es auf die Abgrenzbarkeit der Gruppe nicht an.[134] Zu Recht hat das BVerwG seine frühere Rechtsprechung[135] aufgegeben, wonach ein subjektiv öffentlichrechtlich geschützter Personenkreis räumlich durch Gebietsbezug oder in ähnlicher Weise identifiziert werden können muss.[136] Auch endet der Schutz einer Norm nicht notwendig an der Staatsgrenze (Fall 4 → § 25 Rn. 31 und Lösung → Rn. 34).

58 Die Schutznormlehre ist primär auf das **bipolare Staat-Bürger-Verhältnis** (einschließlich des Verhältnisses zu den privaten juristischen Personen oder teilrechtsfähigen Rechtssubjekten) zugeschnitten. Zum einen stehen aber auch den **staatliche**n **Rechtsträger**n Rechte gegenüber den Bürgern oder anderen staatlichen Rechtsträgern (wie etwa einer Selbstverwaltungskörperschaft gegenüber dem Staat) zu.[137] Kann oder muss die Verwaltung diese Rechte von sich aus durchsetzen, wird von Befugnissen gesprochen.[138] Doch können die Verwaltungsträger ebenso auf gerichtlichen Rechtsschutz angewiesen sein (zum Rechtsschutzbedürfnis → § 25 Rn. 235 ff.): z. B. wenn der administrative Partner eines öffentlichrechtlichen Vertrages eine Forderung nicht begleicht. Ob man die Rechte der Verwaltung als „subjektive" Rechte bezeichnet, ist eine Frage der terminologischen Verständigung. Um ermitteln zu können, ob der Verwaltung die Befugnis zusteht, das Verwaltungsgericht anzurufen, steht nichts im Wege, sich der Kriterien der Schutznormlehre zu bedienen.[139] Eine andere Alternative ist nicht ersichtlich.

59 Zum anderen spielen die **multipolare**n **Rechtsverhältnisse** im Rechtsleben eine herausragende Rolle. In solchen Fällen kollidieren die Interessen des einen (etwa eines Bauherrn oder Anlagenbetreibers) häufig mit denjenigen eines anderen (insbesondere des Nachbarn). Die im zweistufigen Rechtsverhältnis vertraute Regelung „in dubio pro cive" kann dann nicht zum Zuge kommen, weil unklar bleibt, wer begünstigt und wer belastet werden darf.[140] In der Literatur ist zur Lösung solcher Konstellationen eine Konfliktschlichtungsformel entwickelt worden, wonach ein subjektiv-öffentliches Recht vorliegen soll, wenn eine „Ordnungsnorm die kollidierenden Privatinteressen in ihrer Gegensätzlichkeit und Verflochtenheit wertet, begrenzt, untereinander gewichtet und derart in ein normatives Konfliktschlichtungsprogramm einordnet, dass die Verwirklichung des Interesses des einen

---

[132] Vgl. *Jestaedt* in: Ehlers/Pünder, AllgVwR, § 11 Rn. 38.

[133] Vgl. z. B. NdsOVG NVwZ-RR 2007, 28 (wonach § 42 Abs. 2 VwGO im Interesse einer klaren Abgrenzbarkeit und damit der Rechtssicherheit im Falle einer einem Dritten erteilten Genehmigung ein besonderes Verhältnis zum Genehmigungsgegenstand i. S. e. räumlichen und zeitlichen Beziehung voraussetzt, so dass die Anwohner einer Transportstrecke von Castorbehältern nicht klagebefugt sind). Ebenso NdsOVG DVBl 2011, 1487 (1488 f.); ähnlich *Happ* in: Eyermann, VwGO, § 42 Rn. 101.

[134] Vgl. *Schoch* VBlBW 2013, 361 (365); *Gärditz* in: Gärditz, VwGO, § 42 Rn. 61 f.

[135] Vgl. BVerwGE 27, 29 (33) = NJW 1967, 1770 (1771 f.); E 32, 173 (177) = NJW 1969, 1787 (1788); BGHZ 40, 306 (307) = NJW 1964, 396 (397); zur zeitlichen Beziehung zum Einwirkungsbereich einer Anlage vgl. BVerwG NJW 1983, 1507 (1508).

[136] BVerwG NVwZ 1987, 409; vgl. aber auch BVerwG NVwZ 2019, 163 Rn. 14 → *Hufen* JuS 2019, 606 (Personenkreis, der sich von der Allgemeinheit hinreichend unterscheidet).

[137] Vgl. auch BGH DVBl 2019, 431 (432).

[138] *Ehlers* in: Ehlers/Pünder, AllgVwR, § 1 Rn. 45.

[139] Wie hier *Scherzberg* in: Ehlers/Pünder, AllgVwR, § 12 Rn. 27 m. w. Nachw.

[140] Vgl. *Schmidt-Aßmann/Schenk* in: Schoch/Schneider, VwGO, Einl Rn. 193.

Privaten notwendig auf Kosten des anderen geht".[141] Hieran kann angeknüpft werden. Doch handelt es sich nur um Auslegungsregeln, welche die Schutznormlehre nicht ersetzen, sondern sie konkretisieren.[142] Zudem muss wiederum die Einwirkung der Grundrechte beachtet werden. Eine Schutznorm ist stets anzunehmen, wenn die Regelung den Schutzbereich von Grundrechten des Dritten berührt.[143]

**bb) Eigene Rechte.** § 42 Abs. 2 Hs. 2 VwGO verlangt die Geltendmachung einer Verletzung des Klägers in „seinen" Rechten. Dies schließt – anders als im Zivilprozessrecht[144] – eine gewillkürte (im Gegensatz zur gesetzlichen) **Prozessstandschaft**[145] aus. Macht ein Verband die Verletzung eigener Rechte geltend – z. B. wenn sich ein Verein gegen ein Vereinsverbot wendet[146] oder in seiner Eigenschaft als Eigentümer eines Grundstücks klagt – ergeben sich keine Besonderheiten (sogenannte **Verbandsverletztenklage;** → § 25 Rn. 247 ff. vgl. aber auch Fall 44 → § 25 Rn. 247 mit Lösung Rn. 249). Dagegen ist sowohl die Geltendmachung von Mitgliederrechten (sogenannte juristische Verbandsklage) als auch von ausschließlich öffentlichen Interessen (sogenannte altruistische Verbandsklage) unzulässig,[147] es sei denn, es liegt ein Fall einer gesetzlichen Prozessstandschaft i. S. d. § 42 Abs. 2 Hs. 1 VwGO vor (→ Rn. 85 ff.). Gleichwohl hat das BVerwG[148] die Klagebefugnis eines nicht nach dem UmwRG anerkannten und nicht in eigenen Rechten verletzten Umweltverbandes „nach einem an unionsrechtlichen Vorgaben orientierten Verständnis" gemäß § 42 Abs. 2 Hs. 2 VwGO anerkannt, soweit der Verband die Verletzung von unionsrechtlich bedingtem Umweltrecht rügt, und damit eine über die Schutznormlehre hinausgehende Art einer Interessenklage kreiert.[149] Mittlerweile hat aber der Gesetzgeber auf diese Konstellation reagiert und die Fallgestaltungen in dem eine anderweitige gesetzliche Bestimmung i. S. d. § 42 Abs. 2 Hs. 1 VwGO darstellenden UmwRG (→ Rn. 92) geregelt (§ 1 Abs. 1 S. 1 Nr. 4 bis 6). 60

Wehrt sich eine **Gemeinde** gegen die Planung einer Fernstraße, kann sie die Verletzung ihres Selbstverwaltungsrechts in Gestalt der Planungshoheit (Art. 28 Abs. 2 GG) – nicht aber die Gefährdung der Umwelt – geltend machen. Eine **Universität** kann sich gegen eine staatliche Anordnung auf die Verletzung der Wissenschaftsfreiheit (Art. 5 Abs. 3 GG) – nicht aber auf eine Gesundheitsgefährdung der Studenten – berufen.[150] Einem **Bürgen** fehlt für die Anfechtung eines Bescheides, mit dem der Hauptschuldner zur Rückzahlung einer Subvention verpflichtet wird, die Klagebefugnis, weil es keine Vorschrift des einfachen Gesetztes- oder Verfassungsrechts gibt, mit Gestaltungsrechten das zwischen dem Hauptschuldner und dem Gläubiger bestehende Rechtsverhältnis zu verändern.[151] 61

---

[141] *Schmidt-Preuß* Kollidierende Privatinteressen im Verwaltungsrecht, 2005, S. 247 f., 713 f.; *ders.* FS Schenke, 2011, S. 1167 (1177).

[142] Vgl. auch *Schmidt-Aßmann/Schenk* in: Schoch/Schneider, VwGO, Einl Rn. 194.

[143] *Huber* Konkurrentenschutz im Verwaltungsrecht, 1991, S. 281 f.

[144] Vgl. BGHZ 96, 151 (152 f.) = NJW 1986, 850.

[145] Unter Prozessstandschaft versteht man das Recht, im eigenen Namen – d. h. als Partei – über ein fremdes Recht oder eine fremde Verbindlichkeit zu prozessieren. Vgl. *Jauernig* Zivilprozessrecht, § 22 Abs. 3, 4.

[146] Vgl. z. B. BVerwG NVwZ 1995, 595. Einzelne Personen, die sich gegen ein Vereinsverbot wenden, können nur geltend machen, dass es sie in ihrer von Art. 2 Abs. 1 GG geschützten Betätigungsfreiheit verletzt. Hierzu müssen sie darlegen, dem als Verbot verbotenen Personenzusammenschluss anzugehören und durch das Verbot gehindert zu werden, ihre bisherige Betätigung im Rahmen des vom Verbot aufgelösten Zusammenschlusses auch in Zukunft fortsetzen zu können. Sie können nur rügen, dass das Vereinsgesetz als Rechtsgrundlage des Verbots keine Anwendung findet und kein Verein i. S. d. § 2 Abs. 1 VereinsG vorliegt. Vgl. BVerwG NVwZ-RR 2020, 738 (Rn. 22).

[147] Die Terminologie ist uneinheitlich. Näher zu den verschiedenen Formen der Verbandsklagen *Rehbinder* in: Kimminich/v. Lersner/Storm, Handwörterbuch des Umweltrechts, 1994, S. 2559; *Wahl/Schütz* in: Schoch/Schneider, VwGO, § 42 Abs. 2 Rn. 228 ff.; *Koch/Hofmann/Reese* Handbuch Umweltrecht, 5. Aufl. 2018, § 7 Rn. 164 ff.

[148] BVerwGE 147, 312 = NVwZ 2014, 64.

[149] Vgl. *Schlacke* DVBl 2015, 929.

[150] Vgl. zur ersten Fallkonstellation BVerwGE 100, 388 = NVwZ 1997, 169 → JA 1997, 280 *(Aulehner);* NVwZ 2001, 1160, zur zweiten *Hufen* Verwaltungsprozessrecht, § 14 Rn. 94.

[151] Vgl. VG Berlin Urt. v. 10.1.2012 – VG 20 K 408.09, BeckRS 2012, 46243.

62 **cc) Erfordernis der Geltendmachung.** § 42 Abs. 2 Hs. 2 VwGO erfordert nicht, dass der Kläger tatsächlich in seinen Rechten verletzt ist (dann würde sich eine Begründetheitsprüfung erübrigen). Vielmehr bedarf es nur der Geltendmachung einer eigenen Rechtsverletzung. Die bloße Behauptung einer Rechtsverletzung ist nicht ausreichend. Andererseits kann auch nicht die Schlüssigkeit der Behauptung einer Rechtsverletzung oder jedenfalls Rechtsbeeinträchtigung verlangt werden.[152] Vielmehr besteht seit langem Einigkeit darüber, dass der Kläger nur die **Möglichkeit** einer eigenen Rechtsverletzung darlegen muss.[153] Nach einer vom BVerwG vielfach verwendeten Formel fehlt es hieran, wenn offensichtlich und eindeutig nach keiner Betrachtungsweise die vom Kläger behaupteten Rechte bestehen oder ihm zustehen können.[154] Diese Auffassung bedarf der Präzisierung, da sie offen lässt, ob auf das abstrakte oder konkrete Recht (im Einzelfall) abzustellen ist. Nach der hier vertretenen Auffassung muss der Nachweis erbracht werden, dass es ein subjektives Recht der behaupteten Art in abstracto gibt, und das in abstracto bestehende Recht auch den Personenkreis schützt, dem sich der Kläger zurechnet (z. B. Nachbarn oder Konkurrenten). Sodann muss der Kläger die Verletzung eines eigenen subjektiven Rechts in concreto plausibel machen können. Insoweit (aber auch nur insoweit) reicht die Möglichkeit aus.[155] Würde man die bloße Möglichkeit eines irgendwie gearteten Drittschutzes oder eines Schutzes des Personenkreises, dem der Rechtsschutzsuchende angehört, ausreichen lassen, käme § 42 Abs. 2 Hs. 2 VwGO eine geringe Sperrwirkung zu.[156]

63 Die Möglichkeit, dass der Kläger „durch den Verwaltungsakt" in seinen Rechten verletzt ist, besteht, wenn der Kläger einen **Anspruch auf Aufhebung** des **Verwaltungsakts** geltend machen kann. Der Anspruch kann sich nur aus dem von der Verwaltung zu beachtenden Recht, nicht aus dem Prozessrecht ergeben. Die in § 42 Abs. 2 VwGO genannten Rechte sind mit dem Aufhebungsanspruch nicht vollkommen identisch, da der Aufhebungsanspruch erst aus der Rechtsverletzung resultiert. Jedoch ergibt sich aus den subjektiven öffentlichen Rechten im Falle einer Verletzung regelmäßig auch ein Anspruch auf Folgenbeseitigung und damit auf Aufhebung rechtswidriger Beeinträchtigungen. Das gilt nicht nur für die Grundrechtsbestimmungen,[157] sondern auch für die sonstigen subjektiv-rechtlich unterfangenen Rechtspositionen. Daher ist der Kläger im Falle der Möglichkeit einer eigenen Rechtsverletzung immer klagebefugt.

64 **Lösung zu Fall 10:** P ist gemäß § 42 Abs. 2 VwGO klagebefugt, wenn er geltend machen kann, durch das Radweg-Benutzungsgebot in seinen Rechten verletzt zu sein. Dazu ist erforderlich, dass das Klagevorbringen es zumindest als möglich erscheinen lässt, dass die angefochtene Maßnahme eigene Rechte verletzt.[158] Ist jemand Adressat eines ihn belastenden Verwaltungsakts, kommt zumindest eine Verletzung der allgemeinen Handlungsfreiheit gemäß Art. 2 Abs. 1 GG in Betracht. Die Klagebefugnis erscheint auch nicht deshalb als ausgeschlossen, weil P nach dem Umzug nicht mehr nachhaltig bzw. regelmäßig von der Verkehrsregelung betroffen wird und damit die Einräumung eines Anfechtungsrechts der Zulassung einer unzulässigen Popularklage gleichkommt. Das Erfordernis nachhaltiger oder regelmäßiger Betroffenheit lässt sich § 42 Abs. 2 VwGO nicht entnehmen. Ist eine Rechtsverletzung möglich, besteht die Klagebefugnis unab-

---

[152] Vgl. demgegenüber aber z. B. *Ule* Verwaltungsprozessrecht, 1987, § 33 Abs. 2 m. w. Nachw.

[153] Vgl. statt vieler *Lorenz* Verwaltungsprozeßecht, § 18 Rn. 11; *Schmitt Glaeser/Horn* Verwaltungsprozeßrecht, Rn. 155.

[154] BVerwG DVBl 1964, 191; E 18, 154 (157) = VerwRspr 1964, 938 (940); E 36, 192 (199 f.) = BeckRS 1970 30423607; E 44, 1 (2 f.) = VerwRspr 1974, 545 (546).

[155] Vgl. auch *Ehlers* VerwArch 84 (1993), 139 (148).

[156] Für den Fall einer Konkurrentenklage BayVGH Urt. v. 1.6.2011 – 11 B 11.332, BeckRS 2011, 32243 Rn. 42.

[157] Zur Fundierung des Folgenbeseitigungsanspruches in den Grundrechten vgl. BVerwGE 82, 76 (95) = NJW 1989, 2272 (2277) → JuS 1990, 630 *(Meyn)*; *Schoch* VerwArch 79 (1988), 1 (34 f.); *Ossenbühl/Cornils* Staatshaftungsrecht, 360 ff.

[158] Vgl. nur BVerwGE 92, 32 (35) = NJW 1993, 1729 (1730).

hängig davon, ob es sich um eine einmalige oder wiederholte Rechtsverletzung handelt. Schon nach Art. 19 Abs. 4 S. 1 GG kann es dem Bürger nicht zugemutet werden, vereinzelte Rechtsverletzungen zu erdulden, ohne dagegen gerichtlichen Rechtsschutz in Anspruch nehmen zu können. Dass verkehrsbeschränkende Anordnungen von vielen Verkehrsteilnehmern angefochten werden können, liegt in ihrer Natur als Massenverwaltungsakte begründet und hat mit der Popularklage nichts zu tun. Nach alledem ist P klagebefugt, obwohl er mittlerweile nicht mehr in Hamburg wohnt und das fragliche Straßengrundstück nur noch gelegentlich befährt.[159]

**Lösung zu Fall 11:** Eine Straßenumbenennung enthält zwei verschiedene Verwaltungsakte: die Beseitigung der bisherigen Benennung und die Neubenennung. Falls das Straßenrecht eine einschlägige Regelung enthält,[160] kann sich Q nicht darauf berufen, weil diesbezügliche Regelungen nur dem öffentlichen Interesse der ordnungsrechtlich motivierten Identifizierbarkeit und Unterscheidbarkeit der Straßen und der gemeindlichen Selbstdarstellung dienen.[161] § 49 Abs. 2 VwVfG kann nicht verletzt sein, weil es in einer Gemeinde nicht zwei Straßen gleichen Namens geben darf und somit die später nochmals verwendete Straßenbezeichnung rechtswidrig gewesen ist. § 48 VwVfG begründet einen Anspruch auf fehlerfreie Ermessensausübung nur bei begünstigenden Verwaltungsakten i. S. d. § 48 Abs. 1 S. 2 VwVfG, was auf sachbezogene Regelungen nicht zutrifft. Art. 14 Abs. 1 GG schützt nur vermögenswerte Positionen des öffentlichen Rechts, die auf einer eigenen Leistung beruhen (was hier nicht zutrifft), nicht das Vermögen als solches. Da sich der Straßenname von den persönlichen Namen unterscheidet, ist das Persönlichkeitsrecht (Art. 2 Abs. 1 GG i. V. m. Art. 1 Abs. 1 GG) nicht berührt. Eine Verletzung der allgemeinen Handlungsfreiheit (Art. 2 Abs. 1 GG) oder des Willkürverbotes (Art. 3 Abs. 1 GG) ist nicht ersichtlich. Dennoch hat das OVG NW[162] im Einklang mit einer auch in der Literatur vielfach vertretenen Auffassung[163] – nach der hier vertretenen Auffassung zu Unrecht[164] – eine Klagebefugnis bejaht, weil der Anlieger in einem besonderen Näheverhältnis zur Straße stehe und daher seine rechtlich geschützten Belange berücksichtigt werden müssen, namentlich im Hinblick auf die Folgen tatsächlicher Art (z. B. Benachrichtigung Dritter, Änderungen auf Briefköpfen) oder rechtlicher Art (z. B. Meldepflichten) einer Umbenennung. 65

**Lösung zu Fall 12:** Nach der vom BVerfG[165] im Grundsatz gebilligten langjährigen Rechtsprechung des BVerwG[166] konnte eine einmal erfolgte Beamtenernennung im Interesse des Vertrauensschutzes sowie wegen der Ämterstabilität und der eine rechtswidrige Beamtenernennung abschließend regelnden (sich nicht auf den Fall des Art. 33 Abs. 2 GG beziehenden) beamtenrechtlichen Rücknahmebestimmungen nicht aufgehoben werden. Folgt man dieser Ansicht, müsste die Klage des R an der Klagebefugnis scheitern, weil das behauptete Recht dem R offensichtlich und eindeutig nach keiner Betrachtungsweise zustehen kann. Indessen vermochte die traditionelle Auffassung des BVerwG von jeher nicht zu überzeugen. Vertrauensschutz kann erst nach Bestandskraft eintreten, der ungeschriebene Grundsatz der Ämterstabilität vermag nicht Art. 33 66

---

159 Vgl. BVerwG DÖV 2004, 166 f. → *Ehlers* JK 8/04, VwGO § 42 II/26 und → JuS 2004, 634 *(Hufen)*. Vgl. auch NdsOVG NZV 2020, 145 → *Eifert* Jura (JK) 2020, 1000.

160 Vgl. BayVGH BayVBl 2010, 599 → *Schoch* JK 3/11, VwVfG § 35 S. 2/10.

161 Vgl. OVG NW DÖV 2008, 296 → *Schoch* JK 8/08, VwVfG § 35 S. 2/9.

162 OVG NW DÖV 2008, 296 → *Schoch* JK 8/08, VwVfG § 35 S. 2/9.

163 *Sennekamp* in: Fehling/Kastner/Störmer, VwR, § 42 VwGO Rn. 159.

164 Vgl. auch BayVGH BayVBl 2010, 509 → *Schoch* JK 3/11, VwVfG § 35 S. 2/10.

165 BVerfG-K NJW 1990, 501 → JuS 1990, 756 *(Hufen)*; DVBl 2002, 1633 → JA 2003, 370 *(Sattler)*.

166 BVerwGE 80, 127 (129 f.) = NVwZ 1989, 158; E 118, 370 (372 f.) = NJW 2004, 870 → *Ehlers* JK 9/04, GG Art. 19 IV/25 und → JA 2004, 520 *(Hermanns)*.

Abs. 2 GG auszuhebeln und die Frage der Rücknehmbarkeit von Ernennungen durch die Verwaltung hat nichts mit der gerichtlichen Anfechtung nicht bestandskräftiger Verwaltungsakte zu tun.[167] Zu Recht verlangt daher das BVerfG seit längerem, dass der unterlegene Bewerber um eine beamtenrechtliche Stelle nach Art. 19 Abs. 4 S. 1 GG innerhalb einer für seine Rechtsschutzentscheidung ausreichenden Zeitspanne vor der Ernennung des Mitbewerbers durch eine Mitteilung Kenntnis vom Ausgang des Auswahlverfahrens erlangen muss, damit er dagegen im Wege des vorläufigen Rechtsschutzes vorgehen kann.[168] Die neuere Rechtsprechung des BVerwG ist dem gefolgt. Auch sie geht nunmehr davon aus, dass die Ernennung des in einem Stellenbesetzungsverfahren erfolgreichen Bewerbers ein Verwaltungsakt mit Drittwirkung ist, der in die Rechte des unterlegenen Bewerbers aus Art. 33 Abs. 2 GG eingreift. Der Grundsatz der Ämterstabilität stehe der Aufhebung der Ernennung auf Klage eines unterlegenen Bewerbers nicht entgegen, wenn dieser daran gehindert worden ist, die Rechtsschutzmöglichkeiten zur Durchsetzung des Bewerbungsverfahrensanspruchs vor Ernennung auszuschöpfen.[169] Da dem R nicht die Gelegenheit gegeben wurde, die Verwaltungsgerichtsbarkeit rechtzeitig vor Ernennung des S anzurufen und keine Hinweise auf eine Verwirkung vorliegen (→ § 25 Rn. 256 ff.), ist er zur Erhebung der Anfechtungsklage befugt.[170]

#### dd) Wegfall subjektiv öffentlich-rechtlicher Positionen

67 **Fall 13:** T wendet sich mit einer verwaltungsgerichtlichen Anfechtungsklage gegen einen Planfeststellungsbeschluss. Er beruft sich ausschließlich auf Einwendungen, die er erst 2 Monate nach Auslegung des Plans bei der Gemeinde erhoben hat.

68 Umstritten ist, ob und gegebenenfalls wann eine **Präklusion** die Klagebefugnis entfallen lässt. Unter Präklusion versteht man den Ausschluss von Einwendungen oder Rechten. Zu unterscheiden ist zwischen formeller und materieller Präklusion.[171] Im Falle einer lediglich **formell**en Präklusion hat der Ausschluss verspätet geltend gemachter Äußerungen oder Einwendungen nur verwaltungsverfahrensrechtliche Bedeutung. Die Verwaltungsbehörde darf oder braucht die verspäteten Äußerungen respektive Einwendungen nicht mehr erörtern bzw. berücksichtigen.[172] Das kann sowohl Individuen als auch gleichgestellte private Rechtsträger als auch Behörden[173] oder Verbände[174] betreffen. Dagegen zeichnet sich eine **materiell**e Präklusion[175] dadurch aus, dass sie Einwendungen oder Rügemöglichkeiten und damit materielle Abwehransprüche des Betroffenen nicht nur für das Verwaltungsverfahren, sondern auch für das gerichtliche Verfahren ausschließt. Die materielle Präklusion wird teils als Rechtsuntergang, teils als Rechtslähmung gedeutet.[176] Im Hinblick auf die

---

[167] Vgl. statt vieler *Schenke* Verwaltungsprozessrecht, Rn. 524. Näher zum Ganzen *Thal* Das Dogma rechtsschutzverkürzender Ämterstabilität, 2016, S. 303 ff.

[168] BVerfG-K NJW 1990, 501 f.; DVBl 2002, 1633 → JA 2003, 370 *(Sattler)*.

[169] BVerwGE 138, 102 = NVwZ 2011, 358 → *Hufen* JuS 2011, 957.

[170] Die frühere Rspr. (BVerwGE 118, 370 = NJW 2004, 870 → *Ehlers* JK 9/04, GG Art. 19 IV/25 und → JA 2004, 520 [*Hermanns*]), wonach in den Fällen der Rechtsschutzverhinderung zwar die Ernennung rechtsbeständig sei, jedoch der Bewerbungsverfahrensanspruch des unterlegenen Bewerbers mit verändertem Inhalt fortbestehe (weil eine weitere Planstelle geschaffen werden könne) hat das Gericht in BVerwGE 138, 102 Rn. 40 = NJW 2011, 695 Rn. 40 → *Hufen* JuS 2011, 957 aufgegeben.

[171] Näher dazu statt vieler *Brandt* NVwZ 1997, 233; *Siegel* NVwZ 2016, 337 f.; *Ramsauer* in: Kopp/Ramsauer, VwVfG, § 9 Rn. 25c, 26; *Kallerhoff-Fellenberg* in: Stelkens/Bonk/Sachs, VwVfG, § 26 Rn. 54 f.

[172] Vgl. z. B. § 73 Abs. 6 S. 1 VwVfG; § 10 Abs. 3 S. 5 BImSchG; § 3 Abs. 2 S. 2 BauGB; § 7 Abs. 1 S. 2 AtVfV. Für den Fall der sog. Behördenpräklusion: § 73 Abs. 3a S. 2 VwVfG.

[173] Vgl. § 73 Abs. 3a VwVfG; zur Öffentlichkeitsbeteiligung vgl. § 4a BauGB.

[174] Vgl. § 73 Abs. 4 S. 5 u. 6 VwVfG.

[175] Vgl. z. B. § 73 Abs. 4 S. 3 bis 6 VwVfG.

[176] Vgl. *Brandt* NVwZ 1997, 233 (235); *Oexle* Das Rechtsinstitut der materiellen Präklusion in den Zulassungsverfahren des Umwelt- und Baurechts, 2000, S. 19 ff.

Sachentscheidungsvoraussetzungen wird sie der Klagebefugnis zugeordnet,[177] als Unterfall der Verwirkung und damit des Rechtsschutzbedürfnisses angesehen[178] oder als eigenständige negative Sachentscheidungsvoraussetzung (Prozesshindernis)[179] qualifiziert. Nach der hier vertretenen Ansicht kann der Kläger im Falle einer offensichtlich eindeutigen Präklusion keine mögliche Rechtsverletzung i. S. d. § 42 Abs. 2 VwGO mehr geltend machen. Im Übrigen muss im Rahmen der Begründetheit der Anfechtungsklage geprüft werden, ob die (eine Rechtsverletzung ausschließenden) tatbestandlichen Voraussetzungen für den Eintritt der normativ angeordneten materiellen Präklusionen gegeben sind.[180]

Wie die formelle, bedarf die **materielle Präklusion** einer gesetzlichen Grundlage und muss sowohl dem Maßstab des Art. 19 Abs. 4 S. 1 GG als auch dem des Europäischen Unionsrechts gerecht werden.[181] Nach der **Grundsatzentscheidung** des **EuGH** vom 15.10. 2015[182] ist die Annahme von Einwendungsrechten im Anwendungsbereich der Umweltverträglichkeitsprüfungsrichtlinie[183] sowie der Industrieemissionsrichtlinie[184] im gerichtlichen Verfahren nicht zulässig. Die materiellen Präklusionsregelungen seien nicht mit dem Erfordernis eines weiten Zugangs der Öffentlichkeit zu den Gerichten i. S. d. Art. 11 UVP-Richtlinie und Art. 25 IE-Richtlinie vereinbar.[185] Der Gesetzgeber hat daraufhin die sondergesetzliche materielle Präklusionsregelung des § 2 Abs. 3 UmwRG gestrichen und in § 7 Abs. 4 UmwRG die Nichtanwendung des § 73 Abs. 4 S. 3 bis 6 VwVfG im „Rechtsbehelfsverfahren" (im Gegensatz zum Verwaltungsverfahren) angeordnet.[186] Ferner wurde die materielle Präklusionsanordnung des § 47 Abs. 2a VwGO aufgehoben. Somit ist insoweit grundsätzlich nur noch eine formelle Präklusion gestattet.[187] Jedoch dürfen Einwendungen von Personen oder Vereinigungen im Falle eines missbräuchlichen oder unredlichen Verhaltens weiterhin im Rechtsbehelfsverfahren unberücksichtigt bleiben.[188] Ferner hat der Gesetzgeber eine zehnwöchige Begründungsfrist für umweltrechtliche Klagen – als **innerprozessuale Präklusionsregelung**[189] – eingeführt (§ 6 UmwRG).[190] Die Regelung ist in andere Gesetzeswerke übernommen worden.[191] Ausgeschlossen ist eine materielle Präklusion (vom Fall des § 5 UmwRG abgesehen) des Weiteren für die Verfahren in Bezug auf Bebauungspläne.[192] Im Übrigen ist es bei den materiellen Präklusionsregelungen geblieben. 69

Die Klagebefugnis für eine Anfechtungsklage fehlt zudem, wenn dem Rechtsschutzsuchenden zwar ein subjektiv-öffentliches Recht zusteht, die Berufung auf dieses aber nicht mehr zulässig ist, weil über das Recht in einem **vorgelagerten Verwaltungsakt** (materiell) **bestandskräftig** entschieden wurde. Dies ist typischerweise in gestuften Verfahren der Fall, wenn ein Vorbescheid oder eine Teilgenehmigung ergangen ist.[193] So können bei Vorliegen 70

---

[177] Vgl. *Steinberg/ Wickel/ Müller* Fachplanung, 4.Aufl. 2012, § 6 Rn.282; *Wahl/Schütz* in: Schoch/Schneider, VwGO, § 42 Abs.2 Rn.107; *Kuhla/Hüttenbrink* Der Verwaltungsprozess, 3.Aufl. 2002, Kap.D Rn.80; *Würtenberger/ Heckmann* Verwaltungsprozessrecht, Rn.350; *Jarass* BImSchG, 13.Aufl. 2020, § 10 Rn.94; *Frenz* JA 2011, 433 (438).

[178] Vgl. *Schmidt-Aßmann* in: Maunz/Dürig, GG, Art. 19 Abs. 4 Rn. 234, 260.

[179] *Oexle* Präklusion (Fn. 176), S. 29.

[180] Vgl. auch BVerwGE 66, 99 (106 f.) = NJW 1984, 1250 (1251).

[181] Vgl. *Ramsauer* in: Kopp/Ramsauer, VwVfG, § 9 Rn. 26 f.

[182] EuGH NVwZ 2015, 1665 Rn. 78 ff. – Deutschland.

[183] UVP RL 2011/92/EU v. 13.12.2011.

[184] IE RL 2010/75/EU v. 24.11.2010.

[185] Vgl. auch EuGH NVwZ 2011, 673 Rn. 45 ff – Lesoochranárske zoskupenie.

[186] Zur Frage, ob § 7 Abs. 3 UmwRG dem Unionsrecht genügt vgl. krit. *Schlacke* NVwZ 2017, 905 (912); *Franzius* NVwZ 2018, 219 (222).

[187] Vgl. *Neumann/Külpmann* in: Stelkens/Bonk/Sachs, VwVfG, § 73 Rn. 88b.

[188] Vgl. § 5 UmwRG; → § 25 Rn. 248; zur unionsrechtlichen Zulässigkeit vgl. EuGH NVwZ 2015, 1665 Rn. 81 – Deutschland.

[189] Vgl. *Gärditz* Eildienst LKT NW 2018, 224.

[190] Näher zur Klagebegründungsfrist vgl. BVerwGE 163, 380 Rn. 12 ff. = NVwZ 2019, 1202. Krit. *Schlacke/Römling* in: Schlacke/Schrader/Bunge, Aarhus-Handbuch, § 3 Rn. 144. Näher zu den Einzelheiten *Schlacke* NVwZ 2019, 1392 (1395 f.).

[191] Vgl. z. B. § 17e Abs. 5 FStrG; § 18e Abs. 5 AEG; § 14e Abs. 5 WaStrG.

[192] § 7 Abs. 3 S. 2 UmwRG.

[193] Vgl. *Happ* in: Eyermann, VwGO, § 42 Rn. 135 f.; *Schenke* Verwaltungsprozessrecht, Rn. 502g ff.

dieser Voraussetzungen nach § 11 BImSchG in weiteren Verfahren Einwendungen nicht mehr aufgrund von Tatsachen erhoben werden, die im vorhergehenden Verfahren fristgerecht vorgebracht worden sind oder nach den ausgelegten Unterlagen hätten vorgebracht werden können.[194] Ist über die bauplanerische Zulässigkeit eines Bauvorhabens in einem Vorbescheid (Bebauungsgenehmigung) entschieden worden,[195] hat dies Bindungswirkung für eine spätere Anfechtungsklage gegen die Baugenehmigung. Wird die Anfechtungsklage gegen die Baugenehmigung nur darauf gestützt, dass entgegen dem Bauvorbescheid das Vorhaben doch bauplanungsrechtlich zulässig ist, fehlt die Klagebefugnis.[196] Ferner sehen viele Fachplanungsgesetze eine enteignungsrechtliche Vorwirkung mit der Folge vor, dass der festgestellte oder genehmigte Plan in dem Enteignungsverfahren zugrunde zu legen und für die Enteignungsbehörde bindend ist.[197]

71 **Lösung zu Fall 13:** Ein Planfeststellungsbeschluss ist anders als ein Bebauungsplan (§ 10 Abs. 1 BauGB) ein Verwaltungsakt,[198] so dass eine verwaltungsgerichtliche Anfechtungsklage in Betracht kommt. Der Nachprüfung in einem Vorverfahren bedarf es nicht (§ 74 Abs. 1 S. 2 VwVfG i. V. m. § 70 VwVfG). Die Einwendungen des T sind mit Ablauf der 2-Wochen-Frist (§ 73 Abs. 4 S. 1 VwVfG) aber materiell präkludiert (§ 73 Abs. 4 S. 3 VwVfG), d. h. mit Wirkung für das gerichtliche Verfahren ausgeschlossen. Die einer materiellen Präklusion entgegenstehende Vorschrift des § 7 Abs. 4 UmwRG findet im konkreten Fall keine Anwendung. Die Anfechtungsklage kann somit keinen Erfolg haben. Da nur über das präkludierte Vorbringen gestritten wird und die Präklusion offensichtlich und eindeutig ist, fehlt nach der hier vertretenen Auffassung die Klagebefugnis (nach anderer Auffassung ist die Klage wegen fehlenden Rechtsschutzbedürfnisses oder wegen eines Prozesshindernisses abzuweisen).

**ee) Einzelfälle**

72 **Fall 14:** U, der auf der Grundlage einer bestandskräftigen immissionsschutzrechtlichen Genehmigung in einem faktischen Baugebiet (Mischgebiet) im nichtqualifiziert beplanten Innenbereich einer Gemeinde ein Chemiewerk betreibt, wendet sich mit der Anfechtungsklage gegen eine dem beigeladenen X erteilte Baugenehmigung für die Errichtung eines Wohngebäudes auf einem ca. 300 Meter vom Betriebsgelände des U entfernt und in einem anderen faktischen Baugebiet (allgemeines Wohngebiet) liegenden Grundstücks, weil er fürchtet, dass X nach Errichtung des Wohngebäudes gegen den vom Chemiewerk ausgehenden Gewerbelärm vorgehen wird.

73 Als problematisch kann sich die Klagebefugnis in der Ausbildung insbesondere im Falle der Erhebung von **Nachbar-, Konkurrenten-** und **Wirtschaftsklagen** gegen den Staat sowie **Umweltklagen** erweisen.

74 **(1) Nachbarklagen. Nachbar** ist jeder, der zum Kreis der normgeschützten Personen zählt (und nicht zwingend nur die Angrenzer).[199] Im **Baunachbarrecht** werden dazu die Eigentümer und sonstigen dinglich Berechtigten am Grundstück, nicht jedoch die Mieter oder Pächter gezählt.[200] Die Bestimmungen des **Bauordnungsrechts** sind jedenfalls nachbarschüt-

---

[194] Die Präklusion des § 11 BImSchG ist auch materiell-rechtlicher Natur. Vgl. *Jarass* BImSchG (Rn. 177), § 11 Rn. 10.

[195] Vgl. z. B. § 77 BauO NW.

[196] Vgl. *Schenke* Verwaltungsprozessrecht, Rn. 502g.

[197] Vgl. z. B. § 19 Abs. 2 FStrG; § 22 Abs. 2 AEG; § 28 Abs. 2 LuftVG.

[198] BVerwGE 29, 282 (283) = NJW 1968, 1736; E 38, 152 (156) = VerwRspr 1972, 339 (342).

[199] Vgl. zum materiellen Nachbarbegriff *Kaiser* in: Ehlers/Fehling/Pünder, BesVwR II, § 41 Rn. 162; *Kersten* in: Schoch, BesVwR, Kap. 3 Rn. 293.

[200] Vgl. *Schoch* Jura 2004, 317 (318). Wohnungseigentümer sind in ihrer Eigenschaft als Sondereigentümer (und nicht nur als Miteigentümer an Gemeinschaftseigentum, vgl. § 1 Abs. 2 WEG) für die Geltendmachung subjektiv-öffentlicher Nachbarrechte prozessführungsbefugt (vgl. § 10 Abs. 1 WEG), die Wohnungseigentü-

zend, wenn sie die Abstandsflächen sowie den Brand- und Immissionsschutz betreffen. Anderes gilt grundsätzlich für die Vorschriften über die bauliche Gestaltung.[201] Zum Anspruch des Nachbarn auf Erteilung einer Abrissverfügung (vgl. Fall 11 → § 28 Rn. 45 und Lösung → Rn. 49). Den Festsetzungen eines **Bebauungsplan**s kommen nachbarschützende Wirkungen zu, wenn sich dies aus dem Willen der Gemeinde ableiten lässt. Als generell nachbarschützend angesehen werden die Bestimmungen über die **Art der baulichen Nutzung** (§§ 1ff. BauNVO),[202] weil die Eigentümer insoweit in einer Schicksalsgemeinschaft miteinander verbunden sind, unabhängig von tatsächlichen Beeinträchtigungen also ein absoluter Schutz besteht.[203] Dies muss dann auch für den nichtqualifiziert beplanten (d. h. eines Bebauungsplans i. S. d. § 30 Abs. 1 BauGB entbehrenden) Innenbereich gelten, weil die Regelungen über den Bebauungsplan nach § 34 Abs. 2 BauGB entsprechende Anwendungen finden.[204] Für Regelungen über das **Maß der baulichen Nutzung** (§§ 16ff. BauNVO) kommt es auf den Willen der Gemeinde als Plangeber an. Wollte der Plangeber die Planbetroffenen mit den Festsetzungen über das Maß der baulichen Nutzung in ein wechselseitiges nachbarliches Austauschverhältnis einbinden, sind die Festsetzungen selbst dann auch nachbarschützend, wenn der Plangeber die nachbarschützende Wirkung im Zeitpunkt der Planaufstellung noch nicht in seinen Willen aufgenommen hatte.[205] Zudem wird der Vorschrift des **§ 15 Abs. 1 BauNVO** (die in Satz 2 unzumutbare Belästigungen und Störungen anspricht) als Ausdruck des Rücksichtnahmegebotes nachbarschützende Wirkung beigemessen.[206] Gegen eine auf § 31 Abs. 1 BauGB gestützte Ausnahmegenehmigung oder eine Befreiung gemäß § 31 Abs. 2 BauGB kann sich ein Nachbar wehren, wenn von einer drittschützenden Festsetzung abgewichen werden soll.[207]

Im Falle einer Befreiung von nicht nachbarschützenden Vorschriften sowie der Beurteilung 75 von Vorhaben, die von dem den unbeplanten Innen- und Außenbereich betreffenden Regelungsbereich der §§ 34 Abs. 2, 35 Abs. 1, 2 BauGB erfasst werden, besteht Nachbarschutz nur (ausnahmsweise) nach Maßgabe des drittschützenden **Gebot**s **der Rücksichtnahme.** Zwar stellt dieses Gebot kein generelles Rechtsprinzip oder eine allgemeine Härteregelung dar, sondern gilt nur, wenn es den Vorschriften (des Baurechts) als Tatbestandsmerkmal entnommen werden kann.[208] Dies trifft jedoch auf die §§ 31 Abs. 2 Nr. 3 (Würdigung nachbarlicher Interessen), 34 Abs. 1 (Einfügen in die Eigenart der näheren Umgebung), 35 Abs. 2, 3 S. 1 Nr. 3 BauGB (öffentliche Belange, schädliche Umwelteinwirkungen) zu.[209] Ziel des Gebots der Rücksichtnahme ist es, eine unzumutbare Beeinträchtigung nachbarschaftlicher Belange zu vermeiden. Das Gebot wirkt nur relativ bzw. situativ. Welche Anforderungen es begründet, hängt von den jeweiligen Umständen ab. Je empfindlicher und schutzwürdiger die Stellung derer ist, denen die Rücksichtnahme im gegebenen Zusammenhang zugutekommt, umso mehr kann an Rücksichtnahme verlangt werden. Je verständlicher und unabweisbarer die mit dem Vorhaben

---

mergemeinschaft dagegen, wenn ihr diese Rechte durch Beschluss der Eigentümer zur Ausübung übertragen wurden (§ 10 Abs. 6 S. 5 i. V. m. S. 3 Hs. 2 WEG, vgl. dazu BVerwGE 165, 192 = NVwZ 2019, 1597). Miteigentum soll dem Miteigentümer keine öffentlich-rechtliche Rechtsposition im Baugenehmigungsverfahren vermitteln, vgl. OVG NW NWVBl 2019, 324.

[201] Näher zum Ganzen *Kaiser* in: Ehlers/Fehling/Pünder, BesVwR II, § 41 Rn. 163 ff.; *R. P. Schenke* in: Kopp/Schenke, VwGO, § 42 Rn. 102.

[202] Nach § 1 Abs. 3 S. 2 BauNVO werden die Regelungen der §§ 2–14 BauNVO grds. Bestandteile des Bebauungsplans.

[203] Vgl. BVerwGE 94, 151 (155) = NJW 1994, 1546 f.

[204] Vgl. *Schoch* Jura 2004, 317 (321); *Kersten* in: Schoch, BesVwR, Kap. 3 Rn. 337.

[205] BVerwGE 162, 363 Rn. 14 ff. = NVwZ 2018, 1808 Rn. 14 ff. → *Eifert* Jura (JK) 2019, 349 und → *Hufen* JuS 2019, 509 sowie → JA 2019, 239 *(Muckel);* OVG Hamburg NVwZ 2019, 1365 → JA 2020, 316 *(Muckel).*

[206] Vgl. BVerwGE 67, 334 (339) = NJW 1984, 138 (139); ferner statt vieler *Wickel* in: Ehlers/Fehling/Pünder, BesVwR II, § 40 Rn. 262.

[207] Vgl. BVerwG NJW 1983, 1574; NVwZ 1987, 409; E 82, 343 (344 f.) = NJW 1990, 1192 f.

[208] BVerwG NVwZ 2018, 509 Rn. 10 → JA 2018, 79 *(Muckel).*

[209] Vgl. zu § 31 Abs. 2 BauGB: BVerwGE 67, 334 (338 f.) = NJW 1984, 138 (139); E 101, 364 (380 f.) = NVwZ 1997, 384 (388); zu § 34 Abs. 1 BauGB: BVerwG NVwZ 1987, 128 (129); E 94, 151 (156 ff.) = NJW 1994, 1546 (1547 f.); zu § 35 BauGB: BVerwGE 52, 122 (130 f.) = NJW 1978, 62 (64); NVwZ 1983, 609 (610). Allgemein zu § 35 BauGB *Herbolsheimer/Krüper* Jura 2020, 23.

verfolgten Interessen sind, umso weniger braucht derjenige, der das Vorhaben verwirklichen will, Rücksicht nehmen.[210] Dem zunächst nur objektiv-rechtlichen Ausgleichsgebot soll nach der Rechtsprechung erst dann drittschützender Charakter zukommen, wenn in qualifizierter und zugleich individualisierter Weise auf schutzwürdige Interessen eines erkennbar abgegrenzten Kreises Dritter (vgl. dazu aber → Rn. 57) Rücksicht zu nehmen ist.[211]

76 In ähnlicher Weise wie im Baurecht kommt das Gebot der Rücksichtnahme auch in anderen Rechtsgebieten zur Anwendung, sofern diese den wechselseitigen Ausgleich konkurrierender Nutzungsinteressen regeln.[212] Das **planungsrechtliche Abwägungsgebot** hat drittschützenden Charakter hinsichtlich solcher privaten Belange, die für die Abwägung erheblich sind.[213] Dies vermittelt auch Anwohnern in der Nachbarschaft eines räumlichen Plangebiets eigentumsrechtlichen Drittschutz gegenüber planbedingten Beeinträchtigungen, die in einem adäquat-kausalen Zusammenhang mit der Planung stehen und mehr als geringfügig sind.[214]

77 **Lösung zu Fall 14:** Die Zulässigkeit der Klage hängt davon ab, ob U gemäß § 42 Abs. 2 VwGO klagebefugt ist. Dann müsste er sich auf ein subjektives Recht berufen können. Im Bauplanungsrecht wird der Festsetzung eines B-Plans über die *Art* der baulichen Nutzung **generell** eine nachbarschützende Funktion zu Gunsten der Planbetroffenen zuerkannt (→ Rn. 74).[215] Ein solcher genereller Gebietserhaltungsanspruch steht gemäß § 34 Abs. 2 BauGB i. V. m. der BauNVO auch dem Nachbarn eines nicht (qualifiziert) beplanten Innenbereichs zu.[216] Ferner kann sich U auf das sich aus den § 34 Abs. 2 BauGB, § 4 BauNVO (allgemeines Wohngebiet) i. V. m. § 15 Abs. 1 S. 2 BauNVO – ansonsten aus § 34 Abs. 1 S. 1 BauGB („einfügen") – ergebende drittschützende[217] Gebot der Rücksichtnahme berufen (**relativer** Nachbarschutz).[218] Da sowohl der Gebietswahrungsanspruch als auch das Gebot der Rücksichtnahme möglicherweise verletzt wurden, ist U klagebefugt. Der BayVGH hat die Klage aber als unbegründet abgewiesen, weil der Gebietswahrungsanspruch einem Eigentümer, dessen Grundstück sich außerhalb des Baugebiets befindet, nicht zusteht und weil die Zumutbarkeitsgrenze in Gestalt der Richtwerte der TA-Lärm für das allgemeine Wohngebiet, in dem X bauen möchte, eingehalten worden ist.[219]

78 **(2) Konkurrentenklagen.** Wird eine verwaltungsgerichtliche **Konkurrentenklage** erhoben (→ § 28 Rn. 34), ist zu berücksichtigen, dass grundsätzlich weder das einfache Recht noch die Grundrechte vor Konkurrenz schützen. So wird die Freiheit des einen nicht dadurch angetastet, dass auch einem anderen die gleiche Freiheit zugestanden wird. Ein Anspruch, andere von der Wahrnehmung der Freiheitsrechte auszuschließen, besteht selbst dann nicht, wenn der Konkurrent durch die Zulassung des Mitbewerbers (etwa eines neuen Gastwirts) wirtschaftlich ruiniert wird. Anderes gilt, wenn der **Staat** die **Wettbewerbslage** zwischen den Wettbewerbern **verändert** und dies erhebliche Nachteile für den Konkurrenten zu Folge hat.[220] Dies kann etwa der Fall sein, wenn der Staat nur bestimmte

[210] So BVerwGE 52, 122 (126) = NJW 1978, 62 f.
[211] BVerwGE 52, 122 (131) = NJW 1978, 62 (64).
[212] *Gärditz* in: Gärditz, VwGO, § 42 Rn. 95 m. w. Nachw.
[213] BVerwG NJW 1999, 592.
[214] So BVerwGE 116, 144 = NVwZ 2002, 1509.
[215] *Schoch* Jura 2004, 317 (319).
[216] Grundlegend BVerwGE 94, 151 (156) = NJW 1994, 1546 f.
[217] Nach BVerwGE 82, 343 (347) = NJW 1990, 1192 (1193) → JuS 1990, 767 *(Selmer)*, kommt dem Gebot der Rücksichtnahme drittschützende Wirkung zu, soweit in qualifizierter und zugleich individualisierter Weise auf schutzwürdige Interessen eines erkennbar abgegrenzten Kreises Dritter Rücksicht zu nehmen ist. Vgl. auch BVerwGE 67, 334 (339) = NJW 1984, 138 (139); NVwZ 2007, 587 → JA 2008, 79 *(Mager)*.
[218] Näher zum Gebot der Rücksichtnahme *Schoch* Jura 2004, 317 (320 ff.).
[219] BayVGH BauR 2007, 505 → *Schoch* JK 8/07, BauGB § 34 II/2.
[220] Vgl. auch BVerfGE 34, 252 (256) = NJW 1973, 499; E 116, 135 (151 f.) = NJW 2006, 3701 Rn. 60 ff. → JuS 2007, 166 *(Sachs)*; JZ 2012, 621 Rn. 19 (vgl. dazu die Anm. *Ehlers* JZ 2012, 623 [624]); Urt. v. 24.10.2019 – 3 C 4.18, BeckRS 2019, 33744 = NVwZ 2020, 551 → *Hufen* JuS 2020, 583 (Klagebefugnis

Wettbewerber subventioniert. Fehlt es an einfachgesetzlichen Bestimmungen mit drittschützender Wirkung (wie in der Regel im Subventionsrecht), kann sich der Konkurrent auf die Grundrechte, namentlich Art. 12 Abs. 1 GG, berufen. Zu restriktiv ist es, wenn das BVerwG die Anfechtungsmöglichkeit eines Konkurrenten von der Geltendmachung einer willkürlichen Vernachlässigung schutzwürdiger Interessen abhängig macht.[221] Ein Eingriff in das Grundrecht der Berufsfreiheit des nicht bedachten Konkurrenten liegt nach der hier vertretenen Auffassung bereits dann vor, wenn die Möglichkeit des privaten Konkurrenten, sich als verantwortlicher Unternehmer wirtschaftlich zu betätigen, in einem erheblichen Maße eingeschränkt wird.[222] Nach dem **Europäischen Unionsrecht** ist jeder Verstoß gegen die Notifizierungspflicht von Beihilfen sowie das Durchführungsverbot nach Art. 108 Abs. 3 S. 3 AEUV drittschützend.[223]

Drittschutz ist ferner gegeben, wenn der **Staat marktregulierend** respektive **kontingentierend** i. S. e. Begrenzung der zugelassenen Wirtschaftsteilnehmer tätig geworden ist 79
und der nichtberücksichtigte Bewerber die eigene Vergünstigung anstelle eines Dritten begehrt (wie dies etwa im Falle von Linienverkehrsgenehmigungen, Taxengenehmigungen oder der Vergabe von Frequenzen im Telekommunikationsrecht zutrifft).[224] Die Vorschriften über die Auswahlentscheidung bezwecken den Schutz aller Bewerber. Diese können sich zugleich auf Art. 3 Abs. 1 GG und die vor erheblichen mittelbaren Nachteilszufügungen schützenden Freiheitsrechte (wie insbesondere Art. 12 Abs. 1 GG) berufen. Ist den Altunternehmern – ausnahmsweise – in rechtlich zulässiger Weise ein Vorrang eingeräumt worden, können sich diese umgekehrt gegen die Zulassung neuer Bewerber gerichtlich wehren.[225] Ebenso ist niedergelassenen Vertragsärzten wegen des gesetzlich angeordneten Vorrangs im Lichte des Grundrechts aus Art. 12 Abs. 1 GG vor dem Hintergrund restriktiver Bedarfsplanung und limitierter Gesamtvergütungen die Befugnis zugestanden worden, die Teilnahme von Krankenhausärzten an der vertragsärztlichen Versorgung gerichtlich anzufechten.[226] Dagegen soll die Klage eines Plankrankenhauses gegen die Aufnahme eines anderen Krankenhauses in den Krankenhausplan mangels einer Klagebefugnis unzulässig sein.[227]

**(3) Klagen gegen wirtschaftliche Betätigung des Staates.** Konkurrentenschutzprobleme können sich des Weiteren einstellen, wenn es um den **Zugang zum Staat** (bzw. 80
seinen Einrichtungen) oder das wettbewerblich geprägte **Verhältnis zum Staat** selbst (und nicht primär um das Wettbewerbsverhältnis von Privaten) geht. So spielen Rechtsschutzanträge von Konkurrenten im **Beamtenrecht**[228] eine zunehmend größere Rolle (dazu Fall 12 → Rn. 53 und Lösung → Rn. 66). Ist eine Kommune Veranstalterin einer festgesetzten Veranstaltung nach § 69 Abs. 1 GewO (gegebenenfalls i. V. m. § 60b GewO), können sich alle potentiellen Veranstaltungsteilnehmer auf die drittschützende Bestimmung

für eine arzneimittelrechtliche Drittanfechtungsklage); BVerwG Urt. v. 3.11.2020 – 9 A 13.19, BeckRS 2020, 37192 Rn. 12 (Unzulässigkeit eines Wettbewerbers gegen Schaffung einer Konkurrenzverbindung).

221 BVerwGE 30, 191 (197) = NJW 1969, 522 (523).

222 Vgl. zu diesem Kriterium *Ehlers* DVBl 2019, 397 (399); *ders.* in: Wurzel/Schraml/Becker, Rechtspraxis der kommunalen Unternehmen, 3. Aufl. 2015, Kap. B Rn. 73 ff.; zum Ganzen auch *Schenke* Verwaltungsprozessrecht, Rn. 523; *Huber/Unger* in: Schoch, BesVwR, Kap. 4 Rn. 373; vgl. *Ruthig/Storr* Öffentliches Wirtschaftsrecht, 4. Aufl. 2015, Rn. 822 f.

223 Vgl. EuGH NJW 1993, 49 (50) – FNCE; EuZW 2004, 87 Rn. 53 – van Calster u. Openbaar Slachthuis; EuZW 2008, 145 Rn. 39 – CELF u. a.; vgl. auch *Ehlers* DVBl 2014, 1 (5 f.); ferner z. B. BGHZ 188, 329 Rn. 14 = EuZW 2011, 440 Rn. 14 (m. Anm. *Petzold/Fiebelkorn*); dazu *Ehlers/Scholz* JZ 2011, 585.

224 Vgl. § 13 Abs. 2, Abs. 4, Abs. 5 PBefG; §§ 55 Abs. 9, 57, 61 TKG; ausführlich dazu m. w. Beispielen *Rennert* DVBl 2009, 1333.

225 Dies hat die Rspr. für die Altunternehmer im Linienverkehr nach § 13 Abs. 2 PBefG angenommen, für die Altunternehmer im Taxengewerbe gemäß § 13 Abs. 4 PBefG dagegen verneint. Vgl. einerseits BVerwGE 2, 141 = NJW 1955, 1453; E 9, 340 = NJW 1960, 548; E 30, 347 = NJW 1969, 708, andererseits BVerwGE 16, 187 (188) = NJW 1964, 72 (73); näher dazu *Wahl/Schütz* in: Schoch/Schneider, VwGO, § 42 Abs. 2 Rn. 315 ff.

226 BVerfG-K NJW 2005, 273 → JuS 2005, 364 *(Sachs)*.

227 Vgl. BVerwGE 132, 64 = NVwZ 2009, 525 → JuS 2009, 1140 *(Hufen)*; bestätigt durch BVerfG-K NVwZ 2009, 977.

228 Zur Zuteilung von Notariatsstellen vgl. §§ 4, 6b BNotO.

des **§ 70 GewO** berufen. Bei Kapazitätserschöpfung muss gegebenenfalls die öffentlich-rechtliche Zulassung eines Konkurrenten angegriffen und eine eigene Zulassung gerichtlich beantragt werden (→ § 28 Rn. 34). Kaum eine Rolle spielen Anfechtungsklagen in regulären Hochschulzulassungsverfahren, weil angenommen wird, dass eine Studienplatzvergabe nicht rückgängig gemacht werden kann.[229] Statt eine Vergabe an einen anderen Studienplatzbewerber anzugreifen, ist der abgewiesene Bewerber daher darauf angewiesen, eine außerkapazitäre Vergabe mit einem Antrag nach § 123 Abs. 1 S. 2 VwGO oder der Verpflichtungsklage zu verfolgen.[230]

81 Vergibt die staatliche Verwaltung **Aufträge,** ist sie an den Gleichheitssatz des Art. 3 Abs. 1 GG gebunden. Allerdings soll nach der (nicht überzeugenden) Ansicht des BVerfG ein Primärrechtsschutz im unterschwelligen Bereich nicht erforderlich sein, weil die Möglichkeit Schadensersatz zu erlangen, genüge.[231] Zudem wird angenommen, dass für abgeschlossene Verträge der Grundsatz pacta sunt servanda gilt. Bei Erreichen der von der Europäischen Union vorgegebenen Schwellenwerte wird auch für das gerichtliche Verfahren an die Antragsbefugnis ein Beschwerdeverfahren angeknüpft.[232] Dies bedarf hier keiner Vertiefung, weil der Rechtsschutz im Vergabeverfahren (jedenfalls grundsätzlich) der ordentlichen Gerichtsbarkeit obliegt (→ § 25 Rn. 94).

82 Betätigt sich der **Staat eigenwirtschaftlich,** kann sich ein Konkurrentenschutz privatwirtschaftlicher Wettbewerber aus dem einfachen Recht oder den auch vor mittelbar-faktischen Nachteilszufügungen schützenden Grundrechten ergeben. So binden alle **Gemeindeordnung**en die Kommunalwirtschaft an das Erfordernis einer öffentlichen Zwecksetzung.[233] Zudem enthalten sie Bestimmungen, die das Verhältnis von Kommunal- und Privatwirtschaft regeln (teils in Gestalt von Funktionssperren, wonach sich die Gemeinden nur wirtschaftlich betätigen dürfen, wenn der öffentliche Zweck nicht besser und wirtschaftlicher durch einen anderen erfüllt wird oder erfüllt werden kann, teils in Gestalt von echten – wenn auch zumeist limitierten – Subsidiaritätsklauseln, wonach kommunale Unternehmen nur dann betrieben werden dürfen, wenn der öffentliche Zweck nicht ebenso gut und wirtschaftlich durch einen anderen erfüllt wird oder erfüllt werden kann).[234]

83 Während die Verwaltungsgerichtsbarkeit früher einen Konkurrentenschutzcharakter verneint hat,[235] vertritt die neuere Rechtsprechung zu Recht zumeist eine andere Auffassung.[236] Aus den **Grundrechte**n (namentlich Art. 12 Abs. 1 GG) soll sich nach der Rechtsprechung erst dann ein Abwehranspruch ergeben, wenn private Konkurrenz unmöglich oder unzumutbar gemacht wird oder eine Monopolstellung der öffentlichen Hand erreicht wird.[237] Dies läuft auf eine weitgehende Zurücknahme des Grundrechtsschutzes hinaus. Verlangt man ein Überschreiten der Zumutbarkeitsgrenze, werden zudem der Schutzbereich der Berufsfreiheit, das Vorliegen eines Grundrechtseingriffs und die Rechtfertigungsprüfung zudem in eins gesetzt (weil das Ergebnis bei Unzumutbarkeit feststeht).[238] Nach der hier vertretenen Auffassung

---

[229] Vgl. BVerwGE 60, 25 (38 f.) = NJW 1980, 2766 (2768); BVerwG NVwZ-RR 1991, 362.

[230] Näher dazu *Wollenschläger* in: Gärditz, VwGO, § 123 Rn. 232 ff.

[231] BVerfGE 116, 135 (159 ff.) = NJW 2006, 3701 Rn. 83 ff.; krit. zu Recht *Pünder* in: Ehlers/Fehling/Pünder, BesVwR I, § 17 Rn. 202.

[232] Vgl. §§ 160 Abs. 2, 171 Abs. 1 GWB.

[233] Vgl. z. B. § 107 Abs. 1 S. 1 Nr. 1 GO NW.

[234] Vgl. zu den Vorschriften *Suerbaum* in: Ehlers/Fehling/Pünder, BesVwR I, § 16 Rn. 65 ff.; *Röhl* in: Schoch, BesVwR, Kap. 2 Rn. 186 ff.

[235] Vgl. BVerwGE 39, 329 (336) = MDR 1972, 804; DVBl 1996, 152 (153).

[236] VerfGH RP DVBl 2000, 992 (995) → *Schoch* JK 00, GG Art. 28 II 1/25; OVG NW DVBl 2004, 133 → *Ehlers* JK 6/04, GO NW § 107 I/2; VGH BW NVwZ-RR 2006, 714; *Rennert* JuS 2008, 211 (216); *Ehlers,* Gutachten E zum 64. DJT, 2002, E 84; *Suerbaum* in: Ehlers/Fehling/Pünder, BesVwR I, § 16 Rn. 75 ff. Zur Frage, ob ein Verstoß gegen Vorschriften, die der „erwerbswirtschaftlichen" Tätigkeit der Gemeinden Grenzen setzen, zugleich als unlauterer Wettbewerb angesehen werden kann, vgl. BGHZ 150, 343 = GRUR 2002, 825 → *Ehlers* JK 12/02, UWG § 1/1 und → JuS 2002, 1233 *(Emmerich); Ehlers* JZ 2003, 318. A. A. OVG SL Beschl. v. 22.10.2008 – 3 B 279/08, BeckRS 2008, 40151.

[237] BVerwG DVBl 1978, 639; NJW 1995, 2938 → JA 1996, 927 *(Erdemir);* DVBl 1996, 152 (153).

[238] Vgl. *Ehlers* JZ 2012, 623 (624).

ist wiederum darauf abzustellen, ob die Möglichkeit eines privaten Konkurrenten sich als verantwortlicher Unternehmer wirtschaftlich zu betätigen, in einem erheblichen Maße eingeschränkt wird (→ Rn. 78). Auch wenn man Drittschutz bejaht, ist jedoch zu berücksichtigen, dass ein Unterlassungsanspruch geltend gemacht wird, so dass nicht eine Anfechtungsklage, sondern eine allgemeine Leistungsklage in Betracht kommt.

**(4) Umweltklagen.** Im **Umweltrecht** wird zwischen Gefahrenabwehr (z. B. § 5 Abs. 1 Nr. 1 BImSchG) und Gefahrenvorsorge (z. B. § 5 Abs. 1 Nr. 2 BImSchG) – sowie z. T. Risikovorsorge[239] – unterschieden. Vorschriften der Abwehr von Gefahren für Menschen werden allgemein als drittschützend angesehen, Vorsorgebestimmungen dagegen nicht.[240] Dient eine Vorsorgebestimmung der Umsetzung des Europäischen Unionsrechts, gilt zumeist anderes (→ Rn. 100). Zunehmend wird angenommen, dass auch nach deutschem Recht Vorsorgebestimmungen subjektiv-rechtlich bewehrt sein können, wenn sie nicht nur die Allgemeinheit, sondern auch den Einzelnen schützen.[241] 84

**b) Vorbehalt anderweitiger gesetzlicher Bestimmungen. aa) Allgemeines.** Nach **§ 42 Abs. 2 Hs. 1 VwGO** muss der Kläger eine Verletzung in seinen Rechten nur geltend machen, soweit gesetzlich nicht anderes bestimmt ist. Wird von der Möglichkeit, abweichende Regelungen zu erlassen, Gebrauch gemacht, ermöglicht dies eine objektive Rechtskontrolle. Dies wirkt sich auf die **Begründetheitsprüfung** der Anfechtungsklage nach § 113 Abs. 1 S. 1 VwGO aus (→ Rn. 122 ff.). Notwendig sind Regelungen des parlamentarischen Gesetzgebers. Die Ermächtigung zu abweichenden Regelungen richtet sich nicht nur an den Bundesgesetzgeber (der ohnehin durch die früher erlassene VwGO nicht gebunden wird), sondern auch an die Landesgesetzgeber.[242] Ferner können auch die Vorschriften des Unionsrechts unter Umständen als andere gesetzliche Regelungen eigenständige, von materiellen Berechtigungen losgelöste Klagerechte vermitteln (→ Rn. 103).[243] Da objektive Kontrollrechte i. d. R. eine grundrechtsrelevante Drittbelastung mit sich bringen, sind sie rechtfertigungsbedürftig.[244] In keinem Fall darf der „normale" individuelle Rechtsschutz beeinträchtigt (nur anderweitiger Rechtsschutz zugelassen) werden. 85

Anderweitige gesetzliche Bestimmungen sind zwecks **Durchsetzung gemeinwohlbezogener Interessen** erlassen worden, deren Sicherstellung in einem subjektiven Rechtsschutzsystem nicht hinreichend gewährleistet erscheint. Die Gemeinwohldurchsetzung soll durch einen „überindividuellen" Rechtsschutz erreicht werden[245] (wenngleich auch der subjektive Rechtsschutz nicht nur Individuen zugutekommt). Die Träger der Rechtsbehelfsbefugnis werden auf gesetzlicher Grundlage **kraft Amtes** oder nach Maßgabe einer **behördlichen Anerkennung** bestimmt. Bei den Beteiligten kraft Amtes kann es sich um behördliche Beauftragte, eine Behörde oder eine juristische Person handeln. So haben Bund und Länder **Gleichstellungsbeauftragte** bestellt, die bei erfolglosem Einspruch (Widerspruch) das Verwaltungsgericht anrufen können, wenn sie geltend machen, dass ihre Rechte verletzt sind oder ein Gleichstellungsplan nicht den Vorgaben entspricht.[246] In einigen Ländern sind sogenannte **Aufsichtsklagen** von Behörden gegen Widerspruchsbescheide bei Geltendmachung einer 86

---

[239] Vgl. *Ehlers* in: Ehlers/Pünder, AllgVwR, § 1 Rn. 53; *Scherzberg* in: Ehlers/Pünder, AllgVwR, § 12 Rn. 20.

[240] Vgl. einerseits z. B. BVerwGE 61, 256 (264) = NJW 1981, 1393 (1394), andererseits BVerwGE 65, 313 (320) = NVwZ 1983, 32 (34); Beschl. v. 16.1.2009 – 7 B 47/08, BeckRS 2009, 31222 Rn. 11; näher zum Ganzen *Klöpfer* in: Ehlers/Fehling/Pünder, BesVwR II, § 44 Rn. 49 ff.; *Wahl/Schütz* in: Schoch/Schneider, VwGO, § 42 Abs. 2 Rn. 151 ff.; nicht zum Umweltschutz gehört z. B. der Tierschutz (i. S. d. Schutzes bedrohter Arten). Auch nach dem VIG besteht kein Anspruch auf Zugang zu Informationen zu Verstößen gegen tierschutzrechtliche Vorschriften, da diese nicht zum Lebensmittelrecht gehören. Vgl. BVerwG NVwZ 2020, 880.

[241] Vgl. *Scherzberg* in: Ehlers/Pünder, AllgVwR, § 12 Rn. 20; *Eifert* in: Schoch, BesVwR, Kap. 5 Rn. 188; *Happ* in: Eyermann, VwGO, § 42 Rn. 102; *Gärditz* in: Gärditz, VwGO, § 42 Rn. 99.

[242] Vgl. BVerfGE 20, 238 (255 f.) = NJW 1967, 435 (438); BVerwGE 35, 173 (174) = BeckRS 1970 30434616.

[243] BVerwGE 147, 312 Rn. 26 = NVwZ 2014, 64 Rn. 26.

[244] *Gärditz* NVwZ 2014, 1 (8), zur Verbandsklage.

[245] *Schlacke* Überindividueller Rechtsschutz, 2008; *dies.* in: Gärditz, VwGO, nach § 42 VwGO Rn. 1 f.

[246] Vgl. z. B. § 34 BGleiG; § 19a LGG NW.

Rechtswidrigkeit zugelassen worden.[247] Ebenso kann eine **Handwerks-** oder **Industrie-** und **Handelskammer** unter bestimmten Voraussetzungen gegen Ausnahmen zur Eintragung in die Handwerksrolle,[248] die Eintragung in die Handwerksrolle[249] oder die Untersagung der Fortsetzung des Handwerksbetriebes[250] klagen. Auch bei der gerichtlichen Überprüfung der Gültigkeit einer Wahl[251] handelt es sich um ein objektives Verfahren.[252]

87 Zumeist beziehen sich die anderweitigen Klagerechte aber auf private **Verbände,** denen nach behördlicher Prüfung die Anerkennung zur Einlegung von Rechtsbehelfen auf gesetzlicher Grundlage erteilt worden ist.[253] Die Verbände können dann zumeist eine sogenannte **altruistische Verbandsklage** erheben (→ Rn. 60), machen also insoweit nicht eine eigene Rechtsverletzung geltend, sondern von der Befugnis Gebrauch, die Klage wegen einer Verletzung bestimmter Vorschriften des objektiven Rechts (oder gegebenenfalls auch der subjektiven Rechte anderer) einzulegen. Angestrebt wird dann eine Urteilsrichtigkeit inter omnes.[254] Solche Klagerechte sind etwa den Behinderten-, Naturschutz-, Tierschutz- und (sonstigen) Umweltverbänden eingeräumt worden. Vereine, die sich der Verbraucheraufklärung und -beratung zum Ziel gesetzt haben, dürfen nach § 4 Abs. 2 S. 1 UKlaG nur dann in die vom Bundesamt für Justiz geführte Liste qualifizierter Einrichtungen eingetragen werden, wenn sie nicht gewerbsmäßig tätig werden. Letzteres trifft z. B. nicht auf eine Rechtsanwaltskanzlei zu, deren Tätigkeit darauf gerichtet ist, Mandanten zu gewinnen.[255] Zur zivilprozessualen Musterfeststellungsklage vgl. das Gesetz vom 12.7.2018.[256]

### bb) Einzelne Verbandsklagen

88 **Fall 15:** Der bundesweit tätige Verein „Deutsche Umwelthilfe" hat verwaltungsgerichtliche Klage erhoben und begehrt die Fortschreibung des Luftreinhalteplans für die beigeladenen Städte Stuttgart und Düsseldorf, um Maßnahmen zur Einhaltung von Immissionsgrenzwerten für Stickstoffdioxid durchzusetzen (Verkehrsverbote für bestimmte Dieselfahrzeuge in der Umweltzone).

89 **(1) Klage von Behindertenverbänden.** Nach § 15 Abs. 1 des Gesetzes zur Gleichstellung von Menschen mit Behinderungen **(BGG)**[257] kann ein anerkannter Behindertenverband Klage wegen Verstoßes gegen das Benachteiligungsverbot für Träger öffentlicher Gewalt, die Vorschriften zur Herstellung der Barrierefreiheit oder andere Kommunikationshilfen erheben, ohne in seinen Rechten verletzt zu sein. Die Anerkennung hängt unter anderem von der Verfolgung gemeinnütziger Zwecke, der Zusammensetzung der Mitglieder sowie der Dauer des Bestehens ab (§ 15 Abs. 3 BGG). Viele Länder haben entsprechende Verbandsklagebefugnisse geschaffen.[258] Nach § 85 SGB IX können Behindertenverbände auch an Stelle der Behinderten mit deren Einverständnis klagen.

90 **(2) Klage von Naturschutzvereinigungen.** Anerkannten Naturschutzvereinigungen ist bundesrechtlich[259] und landesrechtlich[260] ein Recht auf Mitwirkung nach naturschutz-

---

[247] Vgl. § 17 AGVwGO RP; § 17 AGVwGO SL.
[248] § 8 Abs. 4 HwO.
[249] § 12 HwO.
[250] § 16 Abs. 10 S. 4 HwO i. V. m. § 12 HwO.
[251] Vgl. z. B. Art. 41 Abs. 2 GG; § 48 BVerfGG.
[252] Vgl. *Schmidt-Bleibtreu* in: Maunz/Schmidt-Bleibtreu/Klein/Bethge, BVerfGG, § 48 Rn. 25; zur Klagebefugnis von Parteien und Wählergruppen, die an einer Kommunalwahl teilgenommen haben, vgl. BVerwG NVwZ 2012, 969 Rn. 19.
[253] Nach § 2 Abs. 2 UmwRG sind auch noch nicht anerkannte Umweltverbände klagebefugt, sofern sie die Voraussetzungen einer Anerkennung erfüllen.
[254] Vgl. *Rennert* DVBl 2015, 793 (799).
[255] BVerwG WM 2019, 1208.
[256] Gesetz v. 12.7.2018, BGBl I S. 1151.
[257] Gesetz v. 27.4.2002, BGBl I S. 1467 (1468).
[258] Vgl. z. B. Art. 15 BayBGG; § 12 BbgBGG.
[259] § 63 Abs. 1 BNatSchG.
[260] Vgl. z. B. § 66 LNatSchG NW.

rechtlichen Verfahren eingeräumt worden. Ist dem nicht oder nur unzureichend Rechnung getragen worden, kann – ohne dass § 44a VwGO dem entgegensteht[261] – sogenannte **partizipatorische Verbandsklage** erhoben werden.[262] Diese richtet sich während des laufenden Verwaltungsverfahrens auf Erzwingung der erforderlichen Beteiligung (in der Regel mittels Leistungsklage), nach Erlass der Sachentscheidung auf Aufhebung des Verwaltungsakts (mittels Anfechtungsklage)[263] oder im Falle eines Planfeststellungsbeschlusses auf Planergänzung (mittels Verpflichtungsklage).[264] Ohne in eigenen Rechten verletzt zu sein, können anerkannte Naturschutzvereinigungen ferner **altruistische Verbandsklage** gegen Entscheidungen erheben, wenn sie eine Verletzung von naturschutzrechtlichen Bestimmungen geltend machen, in ihren satzungsmäßigen Aufgaben berührt sind und ein Beteiligungsrecht bestand (§ 64 BNatSchG). Die Länder hatten zumeist schon vor dem Bundesgesetzgeber naturschutzrechtliche Verbandsklagerechte kreiert. Sie können in allen Fällen, in denen ihnen ein Mitwirkungsrecht eingeräumt worden ist, Klagerechte von Naturschutzvereinigungen zulassen[265] und haben dies auch getan.[266] Unberührt bleibt das Recht der Vereinigungen, sich ein Sperrgrundstück zu verschaffen und Eigentumsverletzungsklage gemäß § 42 Abs. 2 Hs. 2 VwGO zu erheben (Fall 44 → § 25 Rn. 247 und Lösung Rn. 249).

**(3) Klage von Tierschutzvereinigungen.** Darüber hinaus haben verschiedene **Bundesländer** Verbandsklagerechte zugunsten anerkannter Tierschutzvereinigungen eingeführt, um einen Beitrag zur Verwirklichung des in Art. 20a GG und in vielen Landesverfassungen verankerten Staatsziels Tierschutz zu leisten.[267] 91

**(4) Verbandsklagen nach dem UmwRG.** Überaus große Bedeutung kommt schließlich der Umweltverbandsklage nach dem Umwelt-Rechtsbehelfsgesetz (UmwRG) zu. Das im Jahre 2006 erlassene,[268] in der Fassung vom 23.8.2017 geltende[269] und mehrfach geänderte[270] UmwRG setzt die völkerrechtliche, von der Europäischen Union und der Bundesrepublik Deutschland ratifizierte[271] **Aarhus-Konvention** auf der Grundlage von Richtlinien der Europäischen Union[272] und der dazu ergangenen Rechtsprechung des EuGH[273] um.[274] Nach § 2 UmwRG sind anerkannte in- oder ausländische Vereinigungen (§ 3 Abs. 1 UmwRG) unter bestimmten Voraussetzungen befugt, gerichtliche Rechtsbehelfe gegen Entscheidungen nach § 1 Abs. 1 S. 1 UmwRG einzulegen,[275] ohne die Verletzung eigener Rechte geltend machen zu müssen.[276] Damit werden sowohl Entscheidungen erfasst, die 92

---

[261] *Gellermann* in: Landmann/Rohmer, Umweltrecht IV, 90. EL (Stand: Juni 2019), BNatSchG, § 64 Rn. 37.

[262] *Rehbinder* NVwZ 1982, 666 (667).

[263] Vgl. BVerwGE 105, 348 = NVwZ 1998, 395.

[264] Vgl. BVerwGE 102, 358 (364 f.) = NVwZ 1997, 905 (907).

[265] § 64 Abs. 3 BNatSchG.

[266] Vgl. z. B. § 46 NatSchG Berlin; § 68 LNatSchG NW; § 34 SächsNatSchG.

[267] Vgl. z. B. § 3 TierSchMVG BW; § 1 TSVbklG Bremen; § 1 HmbTierSchVKG; § 3 TierSchLMVG RP; § 1 SaarlTSVKG. Näher zum Ganzen *Ley* Das Instrument der Tierschutz-Verbandsklage, 2018.

[268] BGBl I S. 2816.

[269] BGBl I S. 3290.

[270] Grds. Änderungen gab es in den Jahren 2013 (Gesetz v. 21.1.2013, BGBl I S. 95), 2015 (Gesetz v. 20.11.2015, BGBl I S. 2069) und 2017 (Gesetz v. 23.8.2017, BGBl I S. 3290).

[271] Vgl. ABlEU Nr. L 264/13 v. 25.9.2006; Gesetz v. 09.12.2006, BGBl II S. 1251.

[272] Vgl. insbes. RL 2003/35/EG v. 26.5.2003, ABlEU Nr. L 156/17; ferner RL 2001/42/EG v. 27.6.2001, ABlEU Nr. L 197/30; RL 2003/4/EG v. 28.1.2003, ABlEU Nr. L 41/26; RL 2004/35/EG v. 21.4.2004, ABlEU Nr. L 143/56.

[273] Vgl. namentlich EuGH NVwZ 2011, 801 – Trianel; NVwZ 2014, 49 – Altrip; NVwZ 2011, 673 – Slowakischer Braunbär.

[274] Auch für Rechtsbehelfe von Vereinigungen gegen eine Entscheidung oder das Unterlassen einer Entscheidung der zuständigen Behörde nach dem USchadG (Gesetz v. 10.5.2007, BGBl I S. 666) gilt nach § 11 Abs. 2 USchadG das UmwRG.

[275] Krit. zum Listenprinzip *Schlacke* in: Faßbender/Köck, Die jüngste Novellierung des UmwRG zur Umsetzung der Vorgaben der Aarhus-Konvention, 2019, S. 21, 30 ff.

[276] Für die gerichtliche Zuständigkeit vgl. § 7 Abs. 2 UmwRG.

Gärditz DV 19, 259 (288)

Industrieanlagen und Infrastrukturzulassungen betreffen[277] als auch weitere umweltbezogene Entscheidungen (insbesondere Vorhaben, für die nach dem UVP-Gesetz eine Pflicht zur Durchführung einer **Umweltverträglichkeitsprüfung** oder eine Pflicht zur Durchführung einer **Strategischen Umweltprüfung** besteht [278]). Es muss sich um einen Verwaltungsakt oder öffentlich-rechtlichen Vertrag handeln. Plant die Gemeinde dagegen z. B. einen Baum zu fällen, handelt es sich um einen Realakt und somit keine Regelung i. S. d. UmwRG.[279] Die Vereinigung ist nach § 2 Abs. 1 UmwRG rechtsbehelfsbefugt, wenn sie
- einen Widerspruch gegen Rechtsvorschriften i. S. d. § 1 Abs. 1 S. 1 Nr. 1 u. 2 UmwRG oder § 1 Abs. 1 S. 1 Nr. 2a bis 6 UmwRG sowie (im letzteren Fall) zusätzlich eine Verletzung umweltbezogener Rechtsvorschriften (§ 2 Abs. 1 S. 1 Nr. 1, S. 2) und
- eine Berührung ihres satzungsmäßigen Aufgabenbereichs (§ 2 Abs. 1 S. 1 Nr. 2 UmwRG) geltend macht sowie
- ein Beteiligungsrecht (i. S. d. § 2 Abs. 1 S. 1 Nr. 3 UmwRG) bestand.

93 Werden **Verfahrensfehler** gerügt, ist zwischen **absolut**en (§ 4 Abs. 1 UmwRG) und **relativ**en (§ 4 Abs. 1a UmwRG) zu unterscheiden.[280] Ist der Kläger nach materiellem Recht klagebefugt, reicht die Geltendmachung einer Verletzung von Verfahrensfehlern i. S. d. § 4 Abs. 1 UmwRG nicht aus. Vielmehr bedarf es insoweit der Geltendmachung einer Verletzung subjektiver Rechtspositionen.[281] Im Falle absoluter Fehler kann die Aufhebung der Entscheidung über die Zulässigkeit eines Vorhabens verlangt werden, sofern die Verletzung der Verfahrensvorschrift nicht durch Entscheidungsergänzung oder ein ergänzendes Verfahren behoben werden kann (§ 4 Abs. 1b S. 1 UmwRG). Liegt ein nach Art und Schwere damit nicht vergleichbarer Verfahrensfehler vor, gilt gemäß § 4 Abs. 1a S. 1 UmwRG die um eine Vermutungsregel ergänzte Bestimmung des § 46 VwVfG.

94 **Lösung zu Fall 15:** Bei dem Kläger handelt es sich um eine nach § 3 UmwRG anerkannte Umweltvereinigung. Diese kann gemäß § 2 Abs. 1 Nr. 1 UmwRG geltend machen, dass eine Entscheidung nach § 1 Abs. 1 S. 1 UmwRG Rechtsvorschriften widerspricht, die für die Entscheidung von Bedeutung sein können. Von § 1 Abs. 1 S. 1 Nr. 4 UmwRG werden auch Luftreinhaltepläne i. S. d. § 47 BImSchG erfasst. Somit ist eine Klagebefugnis gegeben. In der Sache hat das BVerwG[282] entschieden, dass Verkehrsverbote für bestimmte Fahrzeuge in rechtlich zulässiger Weise zur schnellstmöglichen Einhaltung der Stickstoffdioxid-Grenzwerte angeordnet werden dürfen. Zwar ließen die Regelungen des BImSchG für sich genommen derartige Verkehrsverbote nicht zu. Ihre Zulässigkeit ergebe sich aber unter Berücksichtigung des Unionsrechts. Jedoch müsse die Anordnung des Verkehrsverbotes dem Grundsatz der Verhältnismäßigkeit entsprechen.

### c) Einwirkung des Europäischen Rechts

95 **Fall 16:** Der über die Luftqualität in seiner Umgebung besorgte Einwohner V hat verwaltungsgerichtliche Klage erhoben, weil er der Meinung ist, dass die in der Richtlinie 2008/50/EG vorgesehenen Probenahmestellen zur Messung der Schadstoffwerte in der Luft nicht an der richtigen Stelle platziert worden sind und es für die Überschreitung der Grenzwerte ausreiche, wenn nur an einer Probestelle die zugelassenen Werte überschritten werden.

---

277 § 1 Abs. 1 S. 1 Nr. 1 u. 2 UmwRG.
278 Vgl. § 1 Abs. 1 S. 1 Nr. 1 und Nr. 4 UmwRG.
279 Vgl. OVG NW NWVBl 2019, 297.
280 Vgl. Keller NVwZ 2017, 1080 (1082 f.).
281 OVG NW ZUR 2018, 165 (165 f.).
282 BVerwGE 161, 201 = NVwZ 2018, 883 (890 ff.) → *Ruffert* JuS 2018, 824.

**Fall 17:** Für den Betrieb eines Steinbruchs der A-AG wurde ein Rahmenbetriebsplan gemäß § 57a BBergG durch die zuständige Behörde planfestgestellt, ohne dass die notwendige Umweltverträglichkeitsprüfung gemäß den Anforderungen der Richtlinie 85/337/EWG (nunmehr Richtlinie 2011/92/EU) durchgeführt wurde. W hat gegen den Planfeststellungsbeschluss verwaltungsgerichtliche Anfechtungsklage erhoben. 96

Werden Verwaltungsakte von nationalen Behörden erlassen, richtet sich die Zulässigkeit einer Anfechtungsklage zwar nach der VwGO. Doch hängt im Falle der Einschlägigkeit europäischen Rechts die Interpretation der Zulässigkeitsvoraussetzungen auch von den europarechtlichen Vorgaben ab. Dies kann sich namentlich auf die Klagebefugnis auswirken (→ § 7 Rn. 52). So verleihen die in Deutschland im Rang eines einfachen Bundesgesetzes[283] geltenden Vorschriften der **Europäischen Menschenrechtskonvention** und ihrer Zusatzprotokolle den geschützten Personen subjektive Rechte, die vor den nationalen Gerichten eingeklagt werden können. Zudem müssen die Grundrechte des Grundgesetzes im Rahmen des methodisch Zulässigen völkerrechtsfreundlich im Lichte der Konventionsrechte und der dazu ergangenen Rechtsprechung des EGMR ausgelegt werden.[284] 97

Weitaus größere Bedeutung kommt in diesem Zusammenhang dem vorrangig geltenden[285] **Europäischen Unionsrecht** zu. Findet das Unionsrecht unmittelbare Anwendung – weil sich der Kläger z. B. auf eine Grundfreiheit des Unionsrechts, ein Unionsgrundrecht, eine Verordnung der Europäischen Union oder eine unmittelbar anwendbare Richtlinie berufen kann – beurteilt sich ausschließlich nach dem Unionsrecht, ob dieses dem Kläger eine Klagebefugnis verleiht. Sind deutsche Umsetzungsnormen erlassen worden, müssen diese unionsrechtskonform interpretiert werden.[286] Nach ständiger Rechtsprechung des EuGH haben die Gerichte den Mitgliedstaaten gemäß den in Art. 4 Abs. 3 EUV aufgestellten Grundsatz der loyalen Zusammenarbeit den gerichtlichen Schutz der Rechte zu gewährleisten, die dem Einzelnen aus dem Unionsrecht erwachsen. Ebenso verlangt Art. 47 Abs. 1 EU-GRCh i. V. m. Art. 51 Abs. 1 S. 1 EU-GRCh, dass jede Person, deren durch das Recht der Union garantierten Rechte oder Freiheiten bei der Durchführung des Unionsrechts verletzt worden sind, die Möglichkeit haben müssen, einen wirksamen Rechtsbehelf einzulegen. Mit Art. 19 Abs. 1 UAbs. 2 EUV wird den Mitgliedstaaten zudem aufgegeben, die erforderlichen Rechtsbehelfe zu schaffen, damit ein wirksamer Rechtsschutz in den vom Unionsrecht erfassten Bereichen gewährleistet ist (→ § 7 Rn. 2).[287] 98

Auf welchem Wege eine unionsrechtlich geforderte Klagebefugnis in der nationalen Gerichtsbarkeit zur Geltung gebracht wird, überlässt das Unionsrecht dem mitgliedstaatlichen Prozessrecht, sofern effektiver Rechtsschutz gewährleistet wird (→ § 7 Rn. 48 ff.). In der Mehrzahl der EU-Mitgliedstaaten dominiert das Modell eines Interessenrechtsschutzes.[288] 99

---

[283] Vgl. BVerfGE 74, 358 (370) = NJW 1987, 2427; E 82, 106 (120) = NJW 1990, 2741 (2742 f.); E 111, 307 (317) = NJW 2004, 3407 (3408) → *Ehlers* JK 3/05, GG Art. 20 III/39 und → JuS 2005, 164 *(Sachs)* sowie → JA 2005, 576 *(Lochen);* E 128, 326 (367) = NJW 2011, 1931 (1935) → *Satzger* JK 11/11, StGB § 67d III/1.

[284] Vgl. BVerfGE 6, 309 (362 f.) = VerwRspr 1957, 525 (550 f.); E 74, 358 (370) = NJW 1987, 2427; E 111, 307 (317) = NJW 2004, 3407 (3408) → *Ehlers* JK 3/05, GG Art. 20 III/39 und → JuS 2005, 164 *(Sachs)* sowie → JA 2005, 576 *(Lochen);* E 128, 326 (366 f.) = NJW 2011, 1931 (1935) → *Satzger* JK 11/11, StGB § 67d III/1; NJW 2016, 1295 Rn. 65 und → *Sachs* JuS 2016, 571.

[285] Vgl. EuGH NJW 1964, 2371 – Costa/ENEL; NJW 1971, 343 – Internationale Handelsgesellschaft; NJW 1978, 1741 – Simmenthal II; aus neuerer Zeit EuGH BeckEuRS 2015, 487206 – Naderhirn; BVerfGE 123, 267 = NJW 2009, 2267 → *Ehlers* JK 10/09, GG Art. 38 I/18.

[286] Vgl. z. B. EuGH NJW 1984, 2021 – von Colson u. a.; NZA 1984, 157 – Harz; EuR 1988, 391 – Kolpinghuis Nijmegen.

[287] EuGH NVwZ 2015, 419 Rn. 52 – ClientEarth; EuGH EuZW 2019, 833 Rn. 31 – Craeynest.

[288] Vgl. *Calliess* NVwZ 2006, 1 (2); *Epiney* NVwZ 2014, 465 (467 ff.); *Wegener* Rechte des Einzelnen, 1998, S. 157 f.; *Schlacke/Römling* in: Schlacke/Schrader/Bunge, Aarhus-Handbuch (Fn. 190), § 3 Rn. 2.

Entgegen einer früher in der Literatur vertretenen Ansicht[289] erfordert das Unionsrecht aber weder generell Interessentenklagen noch gar Popularklagen zur Einklagbarkeit des objektiven Unionsrechts. Vielmehr lässt es einen **subjektiven Rechtsschutz** nach Art des deutschen Verwaltungsprozessrechts zu.[290]

100 Allerdings ist der EuGH bei der Zuerkennung subjektiver Rechte tendenziell großzügiger als das deutsche Recht: auch weil stärker als in Deutschland berücksichtigt wird, dass die Wirksamkeit von Rechtsnormen – und die einheitliche Anwendung (im Unionsraum) – nicht zuletzt von ihrer Einklagbarkeit abhängt. Der Einzelne wird somit nicht nur als Träger subjektiver Rechte angesehen, sondern zugleich instrumentell als „Vehikel zur Durchsetzung von Allgemeininteressen"[291] in den Dienst genommen. Beispielsweise hat der EuGH im Umweltrecht Grenzwertbestimmungen zum Schutz der menschlichen Gesundheit als klagefähige Rechte eingestuft,[292] die in Deutschland zumeist den nicht als Drittschutz angesehenen Vorsorgebestimmungen zugeordnet werden (→ Rn. 84). Demgemäß lässt sich bei der Anwendung des Unionsrechts von einer **unionsrechtlich aufgeladenen Schutznormlehre** sprechen (→ § 7 Rn. 52).[293] Für die Verwaltungsgerichte bedeutet dies, dass Klagen wegen der Vergrößerung der Rechtsmasse und der Vermehrung subjektiver Rechte zunehmen. Insbesondere verbürgt das Unionsrecht in größerem Ausmaße als das deutsche Recht Verfahrensrechte, die selbständig geltend gemacht werden dürfen.[294] Beispielhaft kann auf die Umweltinformationsrichtlinie verwiesen werden,[295] die in Deutschland durch das Umweltinformationsgesetz umgesetzt worden ist und grundsätzlich jedermann einen verfahrensunabhängigen Anspruch auf freien Zugang zu Umweltinformationen gewährt (§ 3 UIG).

101 Sind grenzüberschreitende mehrstufige Verwaltungsverfahren durchzuführen, hängt die Zulässigkeit von Rechtsbehelfen gegen die getroffene behördliche Verfahrenshandlung von den Umständen des Zusammenwirkens ab (→ § 7 Rn. 61 ff.; → § 25 Rn. 40 ff.). Präjudizieren Verfahrenshandlungen der nationalen Behörden aufgrund ihrer Amtshandlung und ihrer inhaltlichen Bindungswirkung die endgültige Entscheidung der EU-Kommission oder einer EU-Agentur, verlangt der EuGH zur Gewährung effektiven Rechtsschutzes unter Verdrängung nationaler Verfahrensvorschriften nach Art des § 44a VwGO eine direkte Klagemöglichkeit vor den mitgliedstaatlichen Gerichten (→ § 7 Rn. 68).[296]

102 Gewährt das Unionsrecht dem Einzelnen weitergehende Rechtspositionen als das deutsche Recht und muss letzteres deshalb unionsrechtskonform ausgelegt werden, handelt es sich um Rechte i. S. d. **§ 42 Abs. 2 Hs. 2 VwGO,** aber nicht um anderweitige gesetzliche Bestimmungen i. S. d. Vorschrift.[297] Zum einen sind subjektive Rechte des Unionsrechts nicht anders zu behandeln als solche des nationalen Rechts. Zum anderen kann auch in solchen Fällen grundsätzlich kein objektiver Rechtsschutz erlangt werden. So ist eine An-

---

[289] Vgl. die Meinungsübersicht bei *Ehlers* Die Europäisierung des Verwaltungsprozessrechts, 1999, S. 48 ff.; *Dünchheim* Verwaltungsprozessrecht unter europäischem Einfluss, 2003, S. 167; *Gellermann* in: Rengeling/Middeke/Gellermann, Hdb Rechtschutz EU, § 37 Rn. 20 ff.

[290] Vgl. z. B. EuGH NVwZ 2011, 801 Rn. 45 → *Murswiek* JuS 2011, 1147 – Bund für Umwelt und Naturschutz Deutschland; *Schoch* NVwZ 1999, 457 (464); *Ehlers* DVBl 2004, 1441 (1445); *Gärditz* JuS 2009, 385 (389); *Rennert* DVBl 2017, 857; *Dörr/Lenz* Europäischer Verwaltungsrechtsschutz, 2. Aufl. 2019, Rn. 511 f.

[291] *Gärditz* in: Gärditz, VwGO, § 42 Rn. 72.

[292] EuGH NVwZ 1991, 973 (973 ff.) → JuS 1992, 428 *(Murswiek)* – Deutschland; NVwZ 1991, 866 (867 ff.); NVwZ 1991, 868 – Deutschland; NVwZ 1992, 459 – Deutschland; zum Anspruch auf die Erstellung von Aktionsplänen zur Luftreinhaltung vgl. EuGH NVwZ 2008, 984 (985) → *Ehlers* JK 12/08, BImSchG § 47 II/1 und → JuS 2009, 74 *(Murswiek)* – Janecek.

[293] *Dörr* DVBl 2008, 1401 (1405); *ders.* in: Sodan/Ziekow, VwGO, EVR, Rn. 234; vgl. auch *Steinbeiß-Winkelmann* NJW 2010, 1233 (1234 f.); *Hong* JZ 2012, 380.

[294] Vgl. z. B. OVG NW DVBl 2015, 993; *Ziekow* NuR 2014, 229 (234).

[295] RL 2003/4/EG v. 28.1.2003, ABlEU Nr. L 41/26.

[296] Vgl. EuGH Urt. v. 3.12.1992 – C-97/91, BeckRS 2004, 77939 Rn. 10 ff. – Borelli.

[297] Vgl. *Ehlers* Europäisierung des Verwaltungsprozessrecht (Fn. 289), S. 61 f.; *Dörr* Der europäisierte Rechtsschutzauftrag deutscher Gerichte, 2003 S. 189 ff., 219 f.; *Gärditz* in: Gärditz, VwGO, § 42 Rn. 71; a. A. *Wahl* in: Schoch/Schneider, VwGO, Vorb § 42 Abs. 2 Rn. 127 f.; *Rozek*, Jura 2021, 30 (37).

fechtungsklage nur begründet, wenn der Kläger in seinen Rechten verletzt ist. Anderweitige Bestimmungen i. S. d. § 42 Abs. 2 Hs. 1 VwGO sind nur prozessuale Normen des Unionsrechts, die Klagen ohne Geltendmachung einer eigenen Rechtsverletzung ermöglichen (wie im Falle von Verbandsklagen, → Rn. 92 ff.; → § 7 Rn. 52). Lässt sich dem Unionsrecht nichts für die Einräumung subjektiver Rechtspositionen entnehmen, muss gleichwohl der **Äquivalenzgrundsatz** des Unionsrechts beachtet werden (→ § 7 Rn. 48). Dies bedeutet, dass der Gerichtsschutz nicht weniger günstig ausgestaltet sein darf als bei entsprechenden innerstaatlichen Klagen. Das hat auch grundrechtliche Auswirkungen. So darf der nationale Grundrechtsschutz unbeschadet der Inländerklauseln der Art. 12 Abs. 1, 19 Abs. 3 GG privaten Personen aus dem EU-Ausland nicht vorenthalten werden, so dass eine Klagebefugnis auf diese Normen gestützt werden kann.[298]

Einen „Megabereich" des Verwaltungsrechtsschutzes[299] stellt schließlich der vom Europäischen Unionsrecht in erheblichem Ausmaße geforderte objektive – „überindividuelle" – Rechtsschutz dar. Insoweit geht es nicht um die Geltendmachung einer eigenen Rechtsverletzung, sondern um einen anderweitigen Rechtsschutz i. S. d. **§ 42 Abs. 2 Hs. 1 VwGO,** mit dem insbesondere das Vollzugsdefizit im Umweltrecht bekämpft werden soll. Als Instrument dient dem in nationales Recht umzusetzende Unionsrecht vor allem die Zulassung altruistischer Verbandsklagen (→ Rn. 92 ff.). Klagebefugt sind Vereinigungen, die als private Sachwalter des Gemeinwohls auftreten.[300] 103

**Lösung zu Fall 16:** Die in der Richtlinie 2008/50/EG eingeführten Regelungen über die Qualität der Umgebungsluft konkretisieren die Schutzpflichten der Union im Bereich des Schutzes der Umwelt und der öffentlichen Gesundheit. Die praktische Wirksamkeit der Richtlinie wäre abgeschwächt, wenn sich die Bürger nicht vor Gericht auf die Schutzpflichten berufen könnten. Wie der EuGH[301] entschieden hat, ist auf den Antrag Einzelner auch zu prüfen, ob die Probenahmestellen gemäß den vorgegebenen Kriterien eingerichtet wurden. Für die Feststellung einer Überschreitung genüge es, wenn an nur einer Probenahmestelle ein über den zugelassenen Wert begrenzter Verschmutzungsgrad gemessen wird. Da es (jedenfalls primär) um die richtige Platzierung der Probenahmestelle geht, ist allerdings die verwaltungsgerichtliche Leistungs- und nicht die Anfechtungsklage die richtige Klageart. 104

**Lösung zu Fall 17:**[302] Die Klage des W kann nur zulässig sein, wenn W klagebefugt ist. Das BVerwG hat es (ursprünglich) abgelehnt, Verstößen, gegen die auf die Richtlinie zur Umweltverträglichkeitsprüfung (UVP-Richtlinie)[303] zurückgehenden UVP-Vorschriften,[304] über die Durchführung einer Umweltverträglichkeitsprüfung drittschützenden Charakter beizumessen. Verstöße könnten nur vor Gericht angegriffen 105

[298] Ob sich natürliche Personen aus dem EU-Ausland auf Art. 12 Abs. 1 GG oder auf Art. 2 Abs. 1 GG mit dem Schutzniveau des Art. 12 Abs. 1 GG berufen können, ist streitig. Vgl. BVerfG-K NJW 2016, 1436 Rn. 12 → *Ruffert* JuS 2016, 1044; *Jarass* in: Jarass/Pieroth, GG, Art. 12 Rn. 12; zu Art. 19 Abs. 3 GG vgl. BVerfGE 129, 78 (94 ff.) = NJW 2011, 3428 Rn. 68 ff. (m. Anm. *Ritter*) → *Sachs* JuS 2012, 379 und → JA 2012, 156 *(Muckel);* WM 2018, 1373; zu staatlichen Unternehmen aus dem EU-Ausland „ausnahmsweise" BVerfGE 143, 246 Rn. 196 = NJW 2017, 217 Rn. 196 → JA 2017, 234 *(Muckel);* näher zum Ganzen *Ehlers* DVBl 2019, 394 (405 f.).

[299] *Gärditz* Verhandlungen des 71. DJT I, 2016, Gutachten D.

[300] *Calliess* NJW 2003, 97 (100 ff.); *Schlacke/Römling* in: Schlacke/Schrader/Bunge, Aarhus-Handbuch, § 3 Rn. 3; vgl. aber auch *Rennert* DVBl 2015, 793 (798), wonach eine effektivere Verwaltungskontrolle „wohl nur mit Einschränkungen in Kontrolldichte und Kontrollgenauigkeit erkauft werden könnte und sich damit per Saldo gar nicht als Kontrolleffektuierung erweist".

[301] EuGH EuZW 2019, 833 Rn. 31 ff. – Craeynest.

[302] Vgl. zu einer ähnlichen Fallgestaltung EuGH NVwZ 2004, 593 – Wells.

[303] RL 85/337/EWG v. 27.6.1985, ABlEU Nr. L 175/40; nunmehr RL 2011/92/EU v. 13.12.2011, ABlEU Nr. L 26/1.

[304] Gesetz v. 24.2.2010, BGBl I S. 94.

werden, wenn die konkrete Möglichkeit besteht, dass ohne den Verfahrensfehler die Entscheidung anders ausgefallen wäre.[305] Doch ist das nationale Recht unionsrechtskonform zu interpretieren. Die Umweltverträglichkeitsprüfung dient dem Schutz der Gesundheit und des Eigentums der Betroffenen, somit Rechtsgütern des Individualrechtsschutzes, die nach den unionsrechtlichen Vorgaben effektiv durchgesetzt werden können müssen. Dies spricht dafür, die wesentlichen Verfahrensbestimmungen des UVP-Gesetzes als absolute Verfahrensrechte anzusehen, die auch von dem von einem Vorhaben möglicherweise Betroffenen geltend gemacht werden dürfen.[306]

### 3. Richtiger Klagegegner

106 **Fall 18:** Wer ist richtiger Klagegegner einer verwaltungsgerichtlichen Anfechtungsklage, wenn der Verwaltungsakt von einer auf der Grundlage des § 44 Abs. 3 Bundeshaushaltsordnung (BHO) tätig gewordenen juristischen Person des privaten Rechts erlassen wurde oder sich die Klage gegen die Baugenehmigung sowie einen im Wege der Ersatzvornahme erlassenen Verwaltungsakt eines bayerischen Landrats richtet?

107 Nach § 78 Abs. 1 VwGO ist die Anfechtungsklage gegen den Bund, das Land respektive die Körperschaft, deren Behörden den angefochtenen Verwaltungsakt erlassen hat (Nr. 1), oder – sofern das Landesrecht dies bestimmt – gegen die Behörde selbst zu richten, die den angefochtenen Verwaltungsakt erlassen hat (Nr. 2). Der Begriff der Körperschaft ist in einem weiten Sinne zu verstehen.[307] Er umfasst alle juristischen Personen und teilrechtsfähigen Vereinigungen (→ § 25 Rn. 189ff.) des öffentlichen Rechts (wie z.B. auch Anstalten und Stiftungen). Somit gilt bei Einschlägigkeit des § 78 Abs. 1 Nr. 1 VwGO das **Rechtsträgerprinzip,**[308] bei Eingreifen des § 78 Abs. 1 Nr. 2 VwGO das **Behördenprinzip.** Hat der Bund gehandelt, ist immer das Rechtsträgerprinzip maßgebend, weil die Länder nicht die Rechtsmacht haben, Bestimmungen darüber zu treffen, wer für den Bund (passiv) prozessführungsbefugt sein soll.[309] Von der Ermächtigung des § 78 Abs. 1 Nr. 2 VwGO haben ganz oder teilweise die Länder Brandenburg, Mecklenburg-Vorpommern, Niedersachsen, das Saarland, Sachsen-Anhalt und Schleswig-Holstein Gebrauch gemacht.[310] Die Behörden werden in passiver Prozessführungsbefugnis für den Rechtsträger tätig.[311] Rechtspolitisch ist es wenig sinnvoll, anders als bei der Leistungs- und Feststellungsklage sowie dem Normenkontrollverfahren zwischen Rechtsträgern und den Behörden als Klagegegner eines verwaltungsgerichtlichen Rechtsstreits zu differenzieren.[312]

108 Da Gegenstand der Anfechtungsklage gemäß § 79 Abs. 1 Nr. 1 VwGO grundsätzlich der ursprüngliche Verwaltungsakt in der Gestalt ist, die er durch den Widerspruchsbescheid gefunden hat, ist der **Rechtsträger der Ausgangsbehörde** respektive die **Ausgangsbehörde** selbst und nicht der Rechtsträger der Widerspruchsbehörde oder die Widerspruchsbehörde selbst in aller Regel richtiger Klagegegner. Wird der Widerspruchsbescheid isoliert

---

[305] Vgl. BVerwGE 98, 339 (361 f.) = NVwZ 1996, 381 (387); E 100, 238 (252) = NVwZ 1996, 788 (792); E 104, 236 (241) = NVwZ 1998, 508 (509); OVG NW NVwZ-RR 2004, 408 (409); NWVBl 2006, 334 (336); OVG SL LKRZ 2008, 74.

[306] Anders BVerwGE 98, 339 (362) = NVwZ 1996, 381 (387); E 100, 238 (252) = NVwZ 1996, 788 (792); vgl. demgegenüber BVerwGE 134, 308 Rn. 24 = BeckRS 2009, 37830; DVBl 2018, 1426; OVG NW DVBl 2015, 993; *Schoch* in: Hoffmann-Riem/Schmidt-Aßmann/Voßkuhle, Grundlagen VwR III, § 50 Rn. 173; *Gärditz* in: Gärditz, VwGO, § 42 Rn. 84.

[307] Vgl. *Brenner* in: Sodan/Ziekow, VwGO, § 78 Rn. 22 f.

[308] Zur Bundesauftragsverwaltung vgl. *Schmitt/Wohlrab* NVwZ 2015, 193.

[309] Vgl. *Ehlers* FS Menger, 1985, S. 379 (391).

[310] Vgl. § 8 Abs. 2 BbgVwGG; § 14 Abs. 2 AGGerStrG MV; § 79 Abs. 2 NdsJG; § 19 Abs. 2 AGVwGO SL; § 8 S. 2 AGVwGO LSA; § 69 Abs. 2 LJG SH.

[311] BVerwGE 152, 308 = NVwZ 2015, 1777 Rn. 13; *Meissner/Schenk* in: Schoch/Schneider, VwGO, § 78 Rn. 13.

[312] Vgl. auch *Klenke* NWVBl 2004, 85; *Desens* NVwZ 2013, 471.

angegriffen, weil dieser erstmalig (§ 78 Abs. 2 VwGO) oder zusätzlich (§ 79 Abs. 2 S. 3 VwGO i. V. m. § 78 Abs. 2 VwGO) eine Beschwer enthält, gilt anderes. Ist der Verwaltungsakt zunächst in vollem Umfang in der Gestalt, die er durch den Widerspruchsbescheid gefunden hat, angefochten worden, beschränkt der Kläger aber die Klage später auf die erst durch den Widerspruchsbescheid auferlegte zusätzliche Beschwer, soll nach Ansicht des BVerwG[313] der Rechtsträger der Ausgangsbehörde (respektive die Ausgangsbehörde selbst) richtiger Beklagter bleiben. Dieser Ansicht kann nicht gefolgt werden,[314] weil durch die teilweise Rücknahme des Klagebegehrens der Ausgangsbescheid bestandskräftig wird und damit dieselbe Situation eintritt, die bestanden hätte, wenn der Kläger sich von Anfang an darauf beschränkt hätte, nur den verbösernden Widerspruchsbescheid anzufechten. Ob der Austausch des Klagegegners rechtmäßig ist, beurteilt sich nach § 91 VwGO (Klageänderung).

In Rechtsprechung und Literatur wird vielfach die Auffassung vertreten, § 78 VwGO regele nicht die Zulässigkeit **(passive Prozessführungsbefugnis),** sondern die Begründetheit **(Passivlegitimation)** der Klage (d. h. die Frage, gegen wen sich der Aufhebungsanspruch richtet).[315] Dieser Auffassung ist nicht zu folgen.[316] Schon die prozessuale Fassung der Norm spricht dafür, dass es sich um eine Sachentscheidungsvoraussetzung handelt. Statt von einem Anspruchsgegner (wie bei einer Regelung der Passivlegitimation zu erwarten gewesen wäre) ist lediglich die Rede davon, gegen wen die Klage zu richten ist. Ferner steht § 78 VwGO in einem Abschnitt der VwGO, der sich mit Sachentscheidungs- und nicht mit Begründetheitsvoraussetzungen befasst. Auch ist nicht ersichtlich, warum die VwGO, die keine Regelung der Aktivlegitimation enthält, die Passivlegitimation regeln sollte. Dem Bundesgesetzgeber steht nicht die Befugnis zu, Regelungen darüber zu treffen, wer richtiger Anspruchsgegner i. S. d. Landesrechts ist. Ferner sind Behörden nur Organe des Rechtsträgers, nicht aber selbst Rechtsträger und materiell Verpflichtete. Sie können also (nicht generell) passiv legitimiert sein (Anspruchsgegner). Ist § 78 Abs. 1 Nr. 2 VwGO als Regelung der passiven Prozessführungsbefugnis anzusehen (und nicht der Passivlegitimation),[317] kann für § 78 Abs. 1 Nr. 1 VwGO nichts anderes gelten.[318] Eine Differenzierung zwischen § 78 Abs. 1 Nr. 1 VwGO (Zuordnung zur Passivlegitimation) und § 78 Abs. 1 Nr. 2 VwGO (Zuordnung zur passiven Prozessführungsbefugnis)[319] – in ein und derselben Vorschrift –, wäre mehr als ungewöhnlich. Hat der verklagte Rechtsträger den angefochtenen Verwaltungsakt nicht erlassen, kann der Kläger zwar keinen Anspruch auf Aufhebung gegen ihn haben. Damit ist aber noch keine Aussage über die Zulässigkeit der Klage getroffen. Sinn und Zweck des § 78 Abs. 1 VwGO ist es gerade, die Beklagtenbefugnis zu regeln. Dass es sich im Falle des § 78 Abs. 1 VwGO nicht um eine Regelung der Passivlegitimation handeln kann, tritt noch klarer zutage, wenn eine Verpflichtungsklage erhoben worden ist. Wurde der Verwaltungsakt bei einem unzuständigen Rechtsträger oder einer unzuständigen Behörde beantragt, müsste das Verständnis des § 78 Abs. 1 (auch der Nr. 1) VwGO als Regelung der Passivlegitimation zu dem untragbaren Ergebnis führen, dass die unzuständige 109

---

[313] BVerwG NVwZ 1987, 215.

[314] Vgl. *Meissner/Schenk* in: Schoch/Schneider, VwGO, § 78 Rn. 48.

[315] Vgl. BVerwG NVwZ-RR 1990, 44; NVwZ 1999, 296; BVerwGE 140, 64 = NVwZ 2011, 1340 Rn. 9; BayVGH BayVBL 1990, 312; *Schmitt Glaeser/Horn* Verwaltungsprozessrecht, Rn. 238; *Happ* in: Eyermann, VwGO, § 78 Rn. 2a, 5; *Kothe/Redeker* in: Redeker/v. Oertzen, VwGO, § 78 Rn. 11.

[316] Vgl. *Ehlers* FS Menger, 1985, S. 381; *Jestaedt* NWVBl 1989, 45 (47 f.); *Stern/Blanke* Verwaltungsprozessrecht, Rn. 242; *W.-R. Schenke* in: Kopp/Schenke, VwGO, § 78 Rn. 1; *Krausnick* in: Gärditz, VwGO, § 78 Rn. 15.

[317] So auch BVerwGE 152, 308 = NVwZ 2015, 1777 Rn. 13; VG München Urt. v. 28.9.2016 – M 23 K 16.330, BeckRS 2016, 121035.

[318] A. A. *Meissner/Schenk* in: Schoch/Schneider, VwGO, § 78 Rn. 12 einerseits, Rn. 13 andererseits. Wenn demgegenüber in Rn. 20 die Ansicht vertreten wird, dass § 78 Abs. 1 Nr. 1 VwGO nicht die Sachlegitimation als solche regeln würde, sondern sich vielmehr zu den prozessualen Folgen ihres Fehlens äußere, sagt dies nichts über die prozessuale Behandlung als Zulässigkeits- oder Begründetheitsprüfung aus.

[319] So z. B. *Rozek* JuS 2007, 601 (603); *Würtenberger/Heckmann* Verwaltungsprozessrecht, Rn. 684; *Brenner* in: Sodan/Ziekow, VwGO, § 78 Rn. 4, 5; *Meissner/Schenk* in: Schoch/Schneider, VwGO, § 78 Rn. 12 f.

Stelle nunmehr passivlegitimiert, d.h. sachlich zuständig ist. Richtet sich die Klage gegen den falschen Beklagten, ist die Klage bereits unzulässig.

110 Hat der Kläger zu Unrecht die Behörde als Beklagte angegeben, ist dies gemäß § 78 Abs. 1 Nr. 1 Hs. 2 VwGO unschädlich. Für den umgekehrten Fall (**Bezeichnung** des Rechtsträgers statt der Behörde) gilt im Ergebnis regelmäßig nichts anderes, weil der Vorsitzende jeweils gemäß § 86 Abs. 3 VwGO verpflichtet ist, den Kläger darauf hinzuweisen, wer der richtige Beklagte ist (falls nicht eine entsprechende Anwendung des § 78 Abs. 1 Nr. 1 Hs. 2 VwGO in Betracht kommen sollte).

111 **Lösung zu Fall 18:** Eine juristische Person des privaten Rechts, die nach Maßgabe des § 44 Abs. 3 BHO tätig wird, handelt als Beliehene. Nach herrschender Meinung kommt dem Beliehenen sowohl die Stellung eines Verwaltungsträgers als auch einer Behörde zu.[320] Zu verklagen ist dann stets der Beliehene selber.[321] Nach einer beachtlichen Mindermeinung ist der Beliehene nur als Behörde des beleihenden Verwaltungsträgers anzusehen.[322] Bei Zugrundelegung dieser Auffassung ist bei Einschlägigkeit des § 78 Abs. 1 Nr. 1 VwGO der beleihende Verwaltungsträger (Bund oder bundesmittelbare „Körperschaft") zu verklagen. Da in Bayern von § 78 Abs. 1 Nr. 2 VwGO kein Gebrauch gemacht wurde und der Landrat eine Doppelstellung innehat (sowohl Behörde des Landkreises als auch untere staatliche Verwaltungsbehörde) kommt es darauf an, ob er staatliche Aufgaben oder Landkreisaufgaben wahrgenommen hat. Die Aufgaben der Bauaufsichtsbehörde sind in Bayern Staatsaufgaben.[323] Daher ist die Klage gegen die Baugenehmigung gegen den Freistaat zu richten. Bei einer kommunalen Ersatzvornahme wird die kommunale Aufsichtsbehörde „anstelle" der Kommune tätig. Hieraus zieht die wohl herrschende Meinung den Schluss, dass die ersatzweise getroffene Maßnahme im Außenverhältnis der Kommune zuzurechnen ist.[324] Richtiger Klagegegner ist dann die Gemeinde. Nach einer vielfach vertretenen gegenteiligen Auffassung soll es dagegen auf die handelnde Behörde bzw. deren Rechtsträger ankommen.[325] In Bayern wäre danach der Landkreis zu verklagen.

### 4. Klagefrist

112 **Fall 19:** Die Widerspruchsbehörde hat einen am 5.3. verfassten und an A adressierten Abgabenbescheid mittels eingeschriebenen Briefes dem Rechtsanwalt X des A zugestellt. Der Bescheid ist am Samstag, dem 8.3., in das Postfach des X gelegt worden. Da X am Samstag nicht arbeitet, wurde das Schreiben erst am Montag, den 10.3. dem Postfach entnommen. Am 9.4. erhebt X im Auftrag des A Klage. Ist die Klagefrist gewahrt worden?

113 Die Anfechtungsklage muss gemäß § 74 Abs. 1 VwGO **innerhalb eines Monats** nach Zustellung des **Widerspruchsbescheid**s (§ 73 Abs. 3 S. 2 VwGO i.V.m. dem VwZG des Bundes) oder (wenn ein Widerspruchsbescheid nicht erforderlich ist) innerhalb eines Monats nach **Bekanntgabe** des **Verwaltungsakts** (§ 41 VwVfG) erhoben werden.[326] Maßge-

---

[320] Vgl. *Burgi* in: Ehlers/Pünder, AllgVwR, § 10 Rn. 29; *Maurer/Waldhoff* AllgVwR, § 23 Rn. 58.

[321] Vgl. *Ehlers* FS Menger, 1985, S. 379 (387f.).

[322] *Stelkens* NVwZ 2004, 304 (306ff.).

[323] Art. 54 Abs. 1 BayBO.

[324] BayVGH BayVBl 1976, 48f.; VG Sigmaringen Urt. v. 12.8.2003 – 4 K 1737/02, BeckRS 2003, 24277; *Knapp/Rawert* JuS 1986, 631 (638); *Diewald* BayVBl 2006, 40 (42ff.).

[325] OVG NW NVwZ-RR 1991, 331 (332); ThürOVG DÖV 2004, 256f.; *Würtenberger/Heckmann* Verwaltungsprozessrecht, Rn. 687 (mit der pragmatischen Erwägung, dass eine Gemeinde im Prozess kein großes Interesse zeigen wird, den ihr durch Ersatzvornahme aufgedrängten Verwaltungsakt zu verteidigen); *Schenke* Verwaltungsprozessrecht, Rn. 549.

[326] Die Aushändigung eines Planfeststellungsbeschlusses stellt noch keine die Klagefrist in Lauf setzende Zustellung des Planfeststellungsbeschlusses dar. Vgl. BVerwG NVwZ 2015, 1070 Rn. 14.

bend ist der Eingang der Klage beim Gericht. **Verkehrszeichen** werden bekannt gegeben, wenn sie so aufgestellt oder angebracht werden, dass sie ein durchschnittlicher Kraftfahrer bei Einhaltung der nach § 1 StVO erforderlichen Sorgfalt mit einem raschen und beiläufigen Blick erfassen kann, gleichgültig, ob der Verkehrsteilnehmer das Verkehrszeichen tatsächlich wahrnimmt oder nicht.[327] Dies wird als besondere Form der öffentlichen Bekanntgabe gemäß §§ 39 Abs. 1, 45 Abs. 4 StVO angesehen.[328] Trotzdem soll die (mangels einer Rechtsbehelfsbelehrung einjährige) Klagefrist nicht mit der öffentlichen Bekanntgabe, sondern erst zu dem Zeitpunkt zu laufen beginnen, an dem der Verkehrsteilnehmer erstmals auf das Verkehrszeichen trifft.[329] Dies vermag nicht zu überzeugen.[330] Durch Bundesrecht kann eine abweichende Frist bestimmt werden. Doch darf diese nicht unangemessen kurz sein, damit das Recht, den Rechtsweg zu beschreiten, nicht ausgehöhlt wird.[331] § 74 Abs. 1 AsylG sieht für Klagen nach dem Asylgesetz eine Frist von nur zwei Wochen (bei Vorliegen der Voraussetzungen des § 74 Abs. 1 Hs. 2 AsylG von einer Woche) vor.[332] Dies lässt sich nur mit den Besonderheiten des Asylrechts rechtfertigen.

Die Monatsfrist ist sowohl mit dem **Europäischen Unionsrecht**[333] als auch mit Art. 6 **114**
Abs. 1 S. 1 und Art. 13 **EMRK** (sofern diese Vorschriften überhaupt für den Verwaltungsprozess von Bedeutung sind)[334] vereinbar. Kann sich der Einzelne auf den Schutz des (in nationales Recht umzusetzenden) Unionsrechts berufen, soll die Klagefrist allerdings erst in dem Zeitpunkt zu laufen beginnen, in dem das Unionsrecht ordnungsgemäß in nationales Recht umgesetzt wurde (weil der Einzelne erst dann in die Lage versetzt wird, in vollem Umfang von seinen Rechten Kenntnis zu erlangen).[335] Der EuGH hat jedoch deutlich gemacht, dass diese Rechtsprechung auf Besonderheiten eines Einzelfalls beruhte.[336] Jedenfalls wenn der Kläger nicht wegen der fehlenden Umsetzung, sondern aus anderen Gründen die Klagefrist versäumt hat und ihm nach Verstreichen der Frist weitere rechtliche Möglichkeiten verbleiben (z. B. Anspruch auf behördliche Aufhebung des Verwaltungsakts oder auf staatshaftungsrechtliche Ansprüche), soll es bei dem Ablauf der Frist bleiben.[337]

Im Falle einer **erstmalige**n oder **zusätzliche**n **Beschwer** durch einen Abhilfebescheid **115**
(§ 72 VwGO), läuft die Klagefrist ab Bekanntgabe, bei erstmaliger oder zusätzlicher Beschwer durch einen Widerspruchsbescheid ab dessen Zustellung (§ 73 Abs. 3 S. 1 VwGO).[338] Beim Tod des Widerspruchsführers endet die Klagefrist des § 74 VwGO gemäß § 173 VwGO i. V. m. § 239 Abs. 1 ZPO oder beginnt nicht zu laufen, sofern kein Prozess-

---

[327] BVerwGE 102, 316 (318 f.) = NJW 1997, 1021 (1022).

[328] BVerwGE 154, 365 Rn. 16 = NJW 2016, 2353 → *Waldhoff* JuS 2017, 91 und → JA 2016, 957 *(Hebeler)*.

[329] BVerwGE 138, 21 Rn. 15 = NJW 2011, 246 → *Waldhoff* JuS 2011, 953; OVG NW Beschl. v. 27.8.2019 – 8 A 2923/18, BeckRS 2019, 23459.

[330] *Ehlers* JZ 2011, 155 (mit Hinweis darauf, dass der Verkehrsteilnehmer nach Ablauf der Anfechtungsfrist ggf. einen Antrag nach § 51 VwVfG stellen kann); a. A. *Maurer* FS Schenke, 2011, S. 1013. Ist ein ursprünglich erlaubt geparktes Fahrzeug aus einer nachträglich eingerichteten Halteverbotszone abgeschleppt worden, soll der Verkehrsteilnehmer die Kosten nur zu tragen haben, wenn das Verkehrszeichen mit einer Vorlaufzeit von mindestens drei vollen Tagen aufgestellt wurde, BVerwGE 162, 146 = NJW 2018, 2910 → JA 2019, 398 *(Hebeler)*.

[331] BVerfGE 8, 240 (247) = NJW 1959, 139; E 77, 275 (285) = NJW 1988, 1255 (1256).

[332] Näher dazu mit weiteren Beispielen *Meissner/Schenk* in: Schoch/Schneider, VwGO, § 74 Rn. 19, 21.

[333] *Ehlers* Europäisierung des Verwaltungsprozessrechts (Fn. 289), S. 75 f.; *Gellermann* in: Rengeling/Middeke/Gellermann, Hdb Rechtschutz EU, § 37 Rn. 35.

[334] Zu Art. 6 Abs. 1 S. 1 EMRK vgl. EGMR NVwZ 2000, 661 Rn. 60 ff. – Pellegrin; NJW 2002, 3087 (3089) – Volkmer; *Schmidt-Aßmann* FS Schmitt-Glaeser, 2003, S. 317 (328 f.); zur Bedeutung des Art. 13 EMRK für das gerichtliche Verfahren, EGMR EuGRZ 1975, 91 Rn. 33 – Golder; *Grabenwarter/Pabel* EMRK, § 24 Rn. 183.

[335] Grundlegend EuGH Urt. v. 25.7.1991 – C-208/90, BeckRS 2004, 74972 Rn. 20 ff. – Emmott.

[336] Vgl. EuGH EuZW 1995, 92 Rn. 26 – Johnson; NJW 2001, 741 (743) – Roquette Frères; vgl. auch BVerwG NVwZ 2000, 193.

[337] EuGH NVwZ 2009, 771 Rn. 53 ff. – Danske Slagterier; *Krausnick* in: Gärditz, VwGO, § 74 Rn. 21.

[338] *Rennert* in: Eyermann, VwGO, § 74 Rn. 4.

bevollmächtigter (auch für das Klageverfahren) bestellt ist.[339] In Prüfungsangelegenheiten, in denen zwar ein verwaltungsinternes Nachprüfungsverfahren, aber kein förmliches Vorverfahren vorgeschrieben ist (→ Rn. 43), beginnt die Frist ab Bekanntgabe des Prüfungsergebnisses zu laufen. Der Prüfling muss also gegebenenfalls Klage vor Abschluss des Nachprüfungsverfahrens erheben. Das Verwaltungsgericht ist in einem solchen Fall verpflichtet, auf einen Antrag des Klägers hin gemäß § 94 VwGO den Prozess auszusetzen, um vorrangig die Durchführung und den Abschluss des verwaltungsinternen Nachprüfungsverfahrens zu ermöglichen.[340] Hat der Rechtsvorgänger die Frist des § 74 VwGO versäumt, muss sich dies der Nachfolger zurechnen lassen. Bei materiell notwendigen Streitgenossen genügt die Klage eines Beteiligten, bei einfachen oder prozessual notwendigen Streitgenossen dagegen nicht (→ § 25 Rn. 176).[341] Im Falle einer subjektiven oder objektiven Klageänderung (→ § 25 Rn. 27) kommt es darauf an, wann Rechtshängigkeit eingetreten ist (§ 90 VwGO). Wurde der Gegenstand des Klagebegehrens eindeutig bezeichnet (§ 82 Abs. 1 S. 1 VwGO), soll die Umstellung auf den richtigen Beklagten unschädlich sein, wohingegen Verfristung angenommen wird, wenn der Kläger einen teilbaren Verwaltungsakt erst nach Ablauf der Frist in vollem Umfang angefochten hat.[342]

116 Wird die Klage vor Ablauf der Monatsfrist bei einem Gericht einer **unzuständigen Gerichtsbarkeit** oder einem sachlich oder örtlich **unzuständigen Verwaltungsgericht** eingelegt (§ 83 S. 1 VwGO i. V. m. § 17b Abs. 1 S. 2 GVG), ist die Frist gewahrt worden, wenn an das zuständige Gericht (sei es auch erst nach Fristablauf) verwiesen wurde.[343] Dies gilt auch nach Verweisung des Rechtsstreits an das zuständige Oberverwaltungsgericht. Der Vertretungszwang vor dem Oberverwaltungsgericht (§ 67 Abs. 4 S. 1 VwGO) steht der Wahrung der Klagefrist nicht entgegen, auch wenn die Klage beim sachlich unzuständigen Verwaltungsgericht nicht durch einen Prozessbevollmächtigten erhoben worden ist.[344] Geht die an das zuständige Gericht adressierte Klage beim unzuständigen Gericht (also gewissermaßen zufällig) ein, wird durch ein Weiterleiten an das zuständige Gericht nach einem Monat die Klagefrist nicht gewahrt.[345] Bei einem wirksamen prozessualen Verzicht (→ § 25 Rn. 233) wird die Klage unzulässig, auch wenn die Klagefrist noch läuft.

117 Für die **Berechnung** der **Klagefrist** gelten dieselben Grundsätze wie für die Widerspruchsfrist (→ Rn. 48 f.). Maßgebend ist der Eingang der Klage beim Gericht. Die Frist beginnt erst nach der Rechtsbehelfsbelehrung zu laufen (§ 58 Abs. 1 VwGO). Im Falle einer unterbliebenen oder unrichtigen Belehrung gilt die Jahresfrist (§ 58 Abs. 2 S. 1 VwGO). Nach § 58 Abs. 1 VwGO muss über den Rechtsbehelf, das Gericht, bei dem der Rechtsbehelf einzulegen ist, den Sitz und die einzuhaltende Frist schriftlich oder elektronisch belehrt werden, **nicht** dagegen über den **Beginn der Frist**[346] und über die **Form** der Einlegung des Rechtsbehelfs (hier Klage). Sind gleichwohl entsprechende Hinweise gegeben worden, dürfen diese nicht unrichtig oder irreführend sein (→ Rn. 49). Unrichtig ist eine Belehrung, wenn diese z. B. nur auf die schriftliche Einlegung der Klage, nicht aber die Möglichkeit einer Einlegung zur Niederschrift hingewiesen wird.[347] Dagegen macht der Hinweis, dass die Klage in deutscher Sprache abgesetzt sein muss, die Rechtsbehelfsbelehrung nicht unrichtig.[348] Umstritten ist, ob bei einem Zusatz über die Form der Klageerhebung auch über die **Möglichkeit einer elektronischen Einreichung** (→ § 25 Rn. 18) informiert werden muss. Vielfach wird dies verneint, weil diese Form bisher wenig verbreitet sei, besonderen Voraussetzungen unterliege und deshalb kein leicht zugänglicher und unkontrol-

[339] BVerwG NVwZ 2001, 319.
[340] BVerwGE 92, 132 (145) = NVwZ 1993, 681 (685).
[341] *Rennert* in: Eyermann, VwGO, § 74 Rn. 10.
[342] *Rennert* in: Eyermann, VwGO, § 74 Rn. 11.
[343] Vgl. *Koehl* VR 2018, 217 (220).
[344] BVerwG Urt. v. 19.12.2019 – 7 C 12.18, BeckRS 2019, 37270.
[345] *Meissner/Schenk* in: Schoch/Schneider, VwGO, § 74 Rn. 32.
[346] Str., vgl. VGH BW Urt. v. 23.1.2018 – 8 S 1295/17, BeckRS 2018, 1071 Rn. 18 ff.
[347] Vgl. BVerwGE 57, 188 (190) = NJW 1979, 1670; NordÖR 2008, 549 (550).
[348] BVerwGE 163, 26 = NJW 2019, 247.

lierter Weg zur Klageerhebung sei.[349] Dem ist nicht zu folgen.[350] Wenn Auskunft über die Form der Klageerhebung gegeben wird, muss diese vollständig sein. Anders als im Falle von Berufungen und Revisionen (§§ 124a Abs. 3 S. 1, 5, 139 Abs. 3 S. 1 VwGO) bedarf es keiner Belehrung über die Begründungsfrist (z. B. § 6 UmwRG), weil diese Frist nicht als Sachentscheidungsvoraussetzung, sondern als prozessuale Präklusionsvorschrift für Tatsachen und Beweisantritte ausgestaltet ist.[351]

Mit Fristablauf wird der Verwaltungsakt bestandskräftig. War der Kläger ohne Verschulden verhindert, die gesetzliche Frist einzuhalten, ist ihm nach Maßgabe des § 60 VwGO **Wiedereinsetzung in den vorigen Stand** zu gewähren. Zwischen dem unverschuldeten Hindernis und der Fristversäumung muss ein Kausalzusammenhang bestehen.[352] Fehlt einem Verwaltungsakt die erforderliche Begründung oder ist die erforderliche Anhörung eines Beteiligten vor Erlass des Verwaltungsakts unterblieben und ist dadurch die rechtzeitige Anfechtung des Verwaltungsakts versäumt worden, gilt die Versäumung der Rechtsbehelfsfrist gemäß § 45 Abs. 3 S. 1 VwVfG als nicht verschuldet. Maßgeblich ist im gerichtlichen Verfahren nicht die in § 45 Abs. 3 S. 2 VwVfG in Bezug genommene Vorschrift des § 32 VwVfG, sondern § 60 VwGO.[353] Beruht die Versäumung der Frist auf einem Verhalten des Prozessbevollmächtigten, muss sich der Kläger dies zurechnen lassen.[354] Das Verwaltungsgericht ist gemäß § 60 Abs. 4 VwGO zur Entscheidung über einen Antrag auf Wiedereinsetzung in die versäumte Klagefrist auch dann zuständig, wenn der Antrag nach Abweisung der Klage und vor Einlegung des Rechtsmittels gestellt wurde. Das Rechtsmittelgericht ist nicht verpflichtet, die Sache wegen eines von der Vorinstanz übergangenen Wiedereinsetzungsantrags zurückzuweisen, wenn eine positive Entscheidung über den Antrag wegen seiner Unzulässigkeit von vornherein ausscheidet.[355] Fehlt es an einer ordnungsgemäßen Zustellung des Widerspruchsbescheids oder ist der Widerspruchsbescheid bzw. Verwaltungsakt einem hierdurch belasteten Dritten nicht mitgeteilt worden, bestimmt sich die Rechtzeitigkeit der Klageerhebung mangels Laufs einer Klagefrist nach den Grundsätzen der **Verwirkung,** es sei denn, es liegt ein Fall der Heilung vor (§ 8 VwZG). Die Bestimmung der Verwirkung orientiert sich im Großen und Ganzen an der Jahresfrist des § 58 Abs. 2 VwGO. Doch kann je nach Umständen des Einzelfalls eine kürzere oder längere Zeitdauer anzunehmen sein (→ § 25 Rn. 258). Für Umweltverbände sieht § 2 Abs. 3 S. 1 UmwRG bei fehlender Bekanntgabe jedenfalls die Frist von einem Jahr vor, nach dem die Vereinigung von der Entscheidung Kenntnis erlangt hat oder hätte erlangen können. Spätestens binnen zweier Jahre muss die Klage erhoben werden (§ 2 Abs. 3 S. 2 UmwRG). 118

Ist über den **Widerspruch** ohne zureichenden Grund in angemessener **Frist sachlich nicht entschieden** worden, richtet sich die Zulässigkeit der Klage nach **§ 75 VwGO** (→ § 28 Rn. 42). Keine sachliche Entscheidung liegt vor, wenn die Widerspruchsbehörde keine Regelung in Bezug auf den erhobenen Widerspruch getroffen hat (z. B. untätig geblieben ist oder nur auf eine frühere Entscheidung bzw. den Sachstand verwiesen wurde). 119

---

349 Vgl. OVG Bremen NVwZ-RR 2012, 950 (951); VG Hamburg Urt. v. 6.3.2018 – 11 K 6685/16 – juris Rn. 53 ff.; *Meissner/Schenk* in: Schoch/Schneider, VwGO, § 58 Rn. 44; differenzierend zwischen Widerspruchserhebung (Belehrung erforderlich) und Klageerhebung (Belehrung nicht erforderlich) *Hoppe* in: Eyermann, VwGO, § 58 Rn. 22 ff.

350 Vgl. auch OVG RP NVwZ-RR 2012, 457 (Rechtsbehelfsbelehrung, dass der Widerspruch auch im Wege der elektronischen Kommunikation gemäß § 3a VwVfG eingelegt werden kann, ist unrichtig); *Beckermann* NVwZ 2017, 745; *W.-R. Schenke* in: Kopp/Schenke, VwGO, § 58 Rn. 12; *Kastner* in: Fehling/Kastner/Störmer, VwR, § 58 VwGO Rn. 15.

351 BVerwG Urt. v. 27.11.2018 – 9 A 8.17, BeckRS 2018, 43249 Rn. 15.

352 BVerwG NVwZ-RR 2016, 805; BGH NJW 2012, 2041. Zur Frage, ob und wann ein Verschulden vorliegt, wenn ein säumiger Beteiligter innerhalb der Frist Prozesskostenhilfe beantragt hat, vgl. *Bier/Steinbeiß-Winkelmann* in: Schoch/Schneider, VwGO, § 60 Rn. 17.

353 Vgl. *Pünder* Jura 2015, 1307 (1312).

354 Vgl. BGH NJW-RR 2017, 1142 (m. Hinweis darauf, dass ein seiner Partei anzulastendes Organisationsverschulden des Prozessbevollmächtigten vorliegt, wenn bei Urlaubsabwesenheit eine Vertretung durch einen anderen Rechtsanwalt nicht geregelt ist).

355 BVerwG Beschl. v. 12.6.2020 – 8 B 8.20, BeckRS 2020, 17224 Rn. 8.

Dagegen ist eine sachliche Entscheidung gegeben, wenn der Widerspruch als unzulässig zurückgewiesen worden ist. Der Kläger muss im Falle der Nichtentscheidung eine angemessene Frist abwarten. Die Angemessenheit bestimmt sich nach einer Abwägung zwischen der Dringlichkeit der Sachentscheidung aus der Sicht des Klägers und den Gründen für das Abwarten der Widerspruchsbehörde (z. B. Schwierigkeiten der Fallgestaltung, Ermittlungsaufwand und/oder vorübergehende Überlastung der Widerspruchsbehörde).[356] Grundsätzlich muss eine Frist von drei Monaten abgewartet werden. Wird verfrüht Klage erhoben, ist die Klage an sich unzulässig. Doch soll der Verstoß nach der (zweifelhaften) Auffassung der Rechtsprechung[357] durch Zeitablauf heilbar sein, so dass die Klage nicht als unzulässig abgewiesen werden darf. Im Falle besonderer Umstände kann eine kürzere Frist geboten sein.

120 Die Klage muss gegen die Ausgangsbehörde bzw. deren Rechtsträger (nicht die Widerspruchsbehörde respektive deren Rechtsträger) gerichtet werden (→ Rn. 108). Liegt ein **zureichender Grund** dafür vor, dass über den Widerspruch **noch nicht entschieden** wurde, setzt das Gericht eine Frist, die verlängert werden kann (§ 75 S. 3 VwGO). Wird dem Widerspruch innerhalb der vom Gericht gesetzten Frist stattgegeben, ist die Hauptsache für erledigt zu erklären (§ 75 S. 4 VwGO). Durfte der Kläger mit der Bescheidung vor Klageerhebung rechnen, fallen die Kosten „stets" (also auch im Falle eines negativen Widerspruchsbescheides) dem Beklagten zur Last (§ 161 Abs. 3 VwGO). Ist der Widerspruch zurückgewiesen worden oder entscheidet die Behörde außerhalb der gesetzten Nachfrist, ist (vorbehaltlich des Vorliegens der sonstigen Zulässigkeitsvoraussetzungen) die gerichtliche Sachentscheidung zu treffen.

121 **Lösung zu Fall 19:** Gemäß § 74 Abs. 1 VwGO beginnt die Klagefrist mit Zustellung des Widerspruchsbescheids zu laufen. Ist ein Bevollmächtigter bestellt worden, kann ihm gegenüber zugestellt werden (§ 7 Abs. 1 S. 1 VwZG). Der Zeitpunkt der Zustellung richtet sich nach § 4 Abs. 2 S. 2 VwZG. Danach gilt bei der Zustellung durch die Post mittels eingeschriebenen Briefes ein Verwaltungsakt grundsätzlich mit dem dritten Tage nach der Aufgabe zur Post als zugestellt. Demnach wäre die Zustellung 3 Tage nach dem 5.3., also am Samstag, dem 8.3., erfolgt. § 222 Abs. 2 ZPO (i. V. m. § 57 Abs. 2 VwGO), wonach eine Frist nicht an einem Samstag, sondern erst am nächsten Werktag endet, dürfte nicht entsprechend anwendbar sein, weil es hier nicht um das Ende einer Frist, sondern den Beginn geht.[358] Die Dreitagesfiktion des § 4 Abs. 2 S. 2 VwZG gilt nicht, wenn der Verwaltungsakt nicht oder zu einem späteren Zeitpunkt zugegangen ist. Hier wurde der Bescheid am Samstag in das Postfach des X gelegt. Der Zeitpunkt des Zugangs bemisst sich nach den Grundsätzen, wie sie für den Zugang von (privatrechtlichen) Willenserklärungen nach § 130 BGB aufgestellt worden sind. Danach ist eine Willenserklärung zugegangen, wenn sie so in den Machtbereich des Empfängers gelangt ist, dass unter gewöhnlichen Umständen nach der Verkehrsauffassung mit Kenntnisnahme zu rechnen ist. Hier ist der Bescheid am Samstag in den Machtbereich des X gelangt. Problematisch ist jedoch, ob mit einer Kenntnisnahme am Samstag zu rechnen war. Dies dürfte zu verneinen sein, da Rechtsanwälte zwar oftmals samstags arbeiten, eine samstägliche Leerung des Postfaches aber nicht die Regel ist.[359] Der Zugang erfolgte dann erst am Montag, dem 10.3. Bei Zugrundelegung dieser Ansicht war die Monatsfrist am 9.4. noch nicht abgelaufen (vergleiche § 57 Abs. 2 VwGO, § 222 Abs. 1 ZPO, §§ 187 Abs. 1, 188 Abs. 2 BGB).[360]

---

[356] Vgl. *Rennert* in: Eyermann, VwGO, § 75 Rn. 9.
[357] BVerwGE 23, 135 (137) = NJW 1966, 750; E 42, 108 (110) = VerwRspr 1974, 1003 (1004).
[358] OVG NW NVwZ 2001, 1171 → *Ehlers* JK 02, VwVfG § 41 II/1.
[359] Vgl. *Lechleitner* AnwBl 2002, 725; a. A. OVG NW NVwZ 2001, 1171 → *Ehlers* JK 02, VwVfG § 41 II/1.
[360] Vgl. OVG NW NVwZ 2001, 1171 → *Ehlers* JK 02, VwVfG § 41 II/1.

## C. Begründetheit der verwaltungsgerichtlichen Anfechtungsklage

### I. Allgemeines

Nach § 113 Abs. 1 S. 1 VwGO hebt das Gericht den angefochtenen Verwaltungsakt (und etwaigen Widerspruchsbescheid) auf, „soweit der Verwaltungsakt rechtswidrig und der Kläger dadurch in seinen Rechten verletzt ist".[361] Da eine Rechtsverletzung immer Rechtswidrigkeit voraussetzt, ist nicht ohne Weiteres ersichtlich, welchen Sinn die gesonderte Erwähnung der Rechtswidrigkeit neben der Rechtsverletzung haben soll. Möglicherweise handelt es sich um Nachwehen der im 19. Jahrhundert mit Nachdruck ausgetragenen Kontroverse, ob der Verwaltungsrechtsschutz auf objektive Rechtskontrolle ausgerichtet sein soll (so zunächst das preußische System)[362] oder der Durchsetzung subjektiven Rechts zu dienen bestimmt ist (so die Tendenz in den süddeutschen Ländern).[363] Geht man davon aus, dass die Vorschrift nicht tautologisch formuliert ist, wird man zwischen objektiver und subjektiver Rechtswidrigkeit zu unterscheiden haben.[364] Das Tatbestandsmerkmal, dass der erlassene Verwaltungsakt rechtswidrig sein muss, ist dann im Sinne der objektiven Rechtwidrigkeit zu verstehen. **Objektiv rechtswidrig** ist ein Verwaltungsakt, der gegen eine Vorschrift des objektiven Rechts (d. h. eine Norm der bestehenden Rechtsordnung) verstößt. Unter **subjektiver Rechtswidrigkeit** ist demgegenüber die auf das subjektive Recht (bzw. die subjektive Rechtsstellungsgarantie) des Klägers bezogene Rechtswidrigkeit zu verstehen, die erst bei Verletzung des subjektiven Rechts eintritt (→ Rn. 50). Somit ist die **subjektive Rechtswidrigkeit** mit der **Rechtsverletzung** gleichzusetzen. 122

Nicht jede objektive Rechtswidrigkeit führt zur Rechtsverletzung. So sind **Nachbar-** und **Konkurrentenklagen** nicht schon begründet, wenn der Verwaltungsakt rechtswidrig ist. Vielmehr müssen die Kläger durch die Rechtsverletzung in ihren Rechten verletzt sein. Selbst wenn die rechtlich geschützten Interessen des Klägers beeinträchtigt werden, hat ein objektiv-rechtswidriges Verhalten der Verwaltung keineswegs ausnahmslos eine Rechtsverletzung zur Folge. Trotz Beeinträchtigung zieht die objektive Rechtswidrigkeit z. B. keine Rechtsverletzung nach sich, wenn die Rechtswidrigkeit des Verhaltens keinerlei Auswirkungen auf die geschützte Rechtsposition des Klägers hat (etwa weil sich die Rechtswidrigkeit nur auf das Innen- oder Völkerrecht bezieht). Orientiert sich das Verwaltungsgericht am Wortlaut des § 113 Abs. 1 S. 1 VwGO und prüft es zuerst die Rechtswidrigkeit, darf der **Rechtswidrigkeitszusammenhang** („dadurch" in seinen Rechten verletzt) nicht aus den Augen verloren werden. Das Gericht ist nicht befugt, sich zu Rechtsfragen zu äußern, die erkennbar keine Auswirkung auf die geschützte Rechtsposition des Klägers haben können. Insofern sind der objektiven Rechtskontrolle in einem subjektiv-rechtlich ausgerichteten Rechtsschutzverfahren deutliche Grenzen gesetzt. 123

Soweit gesetzlich anderes i. S. d. **§ 42 Abs. 2 Hs. 1 VwGO** bestimmt ist, kommt es nicht auf die Rechtsverletzung, sondern nur die **objektive Rechtswidrigkeit** des Verwaltungsakts an. Dies führt zu einer erheblichen Erweiterung der gerichtlichen Kontrolle. Erwogen wird zwecks Einhaltung der Leistungsgrenzen eines Verwaltungsprozesses dafür die – auch 124

---

[361] Zur Vereinbarkeit mit dem Europäischen Unionsrecht vgl. EuGH NJW 2015, 3495 Rn. 29 ff., 63 ff. → *Ruffert* JuS 2015, 1138 – Deutschland.

[362] Vgl. *Erichsen* Verfassungs- und verwaltungsgeschichtliche Grundlagen der Lehre vom fehlerhaften belastenden Verwaltungsakt und seine Aufhebung im Prozess, 1971, S. 275 ff.; *Rüfner* in: Jeserich/Pohl/v. Unruh, Deutsche Verwaltungsgeschichte III, 1984, S. 909 (912).

[363] Vgl. *v. Sarwey* Das öffentliche Recht und die Verwaltungsrechtspflege, 1880, S. 405 f.; *Sydow* Die Verwaltungsgerichtsbarkeit des ausgehenden 19. Jahrhunderts, 2000, S. 96 ff. Ausführlich *Sommermann/Schaffarzik* Handbuch der Geschichte der Verwaltungsgerichtsbarkeit in Deutschland und Europa I-III, 2019.

[364] Vgl. zum folgenden bereits *Ehlers* VerwArch 84 (1993), 139 (174 f.).

im internationalen Vergleich – überaus intensive verwaltungsgerichtliche Kontrolldichte des subjektiven Rechtsschutzes zurück zu nehmen. Doch dürfte eine generelle Zurücknahme der Prüfungsdichte weder mit den gesetzlichen Vorgaben noch mit dem Effektivitätsgebot des Europäischen Unionsrechts in dessen Anwendungsbereich (→ § 7 Rn. 48) und dem verfassungsrechtlichen Justizgewährungsanspruch vereinbar sein. Vielmehr kommt es darauf an, die tatbestandlichen Grenzen der anderweitigen Bestimmungen im Blick zu behalten[365] und gegebenenfalls die Reichweite der anderweitigen Klagebefugnisse zu beschränken.

## II. Aufbaufragen

125 **Fall 20:** Nachbar Y, der im sogenannten unbeplanten Innenbereich (§ 34 BauGB) wohnt, wendet sich mit einer verwaltungsgerichtlichen Klage gegen die dem Bauherrn erteilte rechtswidrige Baugenehmigung.

126 **Fall 21:** Das zuständige Ministerium hat einen den Z begünstigenden Verwaltungsakt ohne Anhörung des Z zurückgenommen. Auf die verwaltungsgerichtliche Anfechtungsklage des Z hin beschränkt sich das Ministerium darauf, neue Gründe für die Rücknahme darzulegen, ohne sich mit den von Z vorgebrachten Gegenargumenten auseinanderzusetzen. Wie hat das Verwaltungsgericht zu entscheiden, wenn es davon ausgeht, dass die Begünstigung des Z rechtswidrig war?

127 Aus den vorstehenden Ausführungen ergibt sich bereits, dass die **Reihenfolge** der Begründetheitsprüfung einer Anfechtungsklage unterschiedlich ausfallen kann.

### 1. Klassischer Aufbau

128 Anders als bei der Verpflichtungsklage (§ 113 Abs. 5 VwGO) stellen Rechtsprechung und Literatur üblicherweise nicht primär auf die Rechtsverletzung des Klägers oder seinen (Aufhebungs-)Anspruch, sondern – mit leichten Modifikationen – auf den **Wortlaut des § 113 Abs. 1 S. 1 VwGO** ab.[366] Es empfiehlt sich dann folgendes Schema:

(1) In Betracht kommende Ermächtigungsgrundlage
(2) Rechtmäßigkeit des Verwaltungsakts in formeller Hinsicht
  (a) Zuständigkeit
  (b) Verfahren
  (c) Form des Verwaltungsakts
  (d) Formell ausreichende Begründung (§ 39 VwVfG)
(3) Rechtmäßigkeit in materieller Hinsicht
(4) Rechtsverletzung
(5) Kein Ausschluss der gerichtlichen Aufhebung (str.)

129 Ohne vorherige Bestimmung der **in Betracht kommenden Ermächtigungsgrundlage** kann die formelle Rechtsmäßigkeit des Verwaltungsakts (insbesondere die Zuständigkeit) nicht überprüft werden.[367] Fehlt einem eingreifenden Verwaltungsakt die gesetzliche Ermächtigungsgrundlage, ist die Anfechtungsklage wegen Verstoßes gegen das Prinzip des

---

[365] So sind etwa anerkannte Umweltverbände nach § 2 UmwRG nicht generell klagebefugt, sondern nur bei Vorliegen der in § 2 Abs. 1 genannten Voraussetzungen (→ vgl. Rn. 92).

[366] Vgl. z. B. *Schenke* Verwaltungsprozessrecht, Rn. 730; *Hufen* Verwaltungsprozessrecht, § 25 Rn. 1 ff. m. w. Nachw.; *Schaks/Friedrich* JuS 2018, 954 (955).

[367] Bei mehreren in Betracht kommenden Ermächtigungsgrundlagen ist zwar eine Festlegung auf die tatsächlich Einschlägige vor Prüfung der formellen Erfordernisse des Verwaltungsakts nicht zwingend erforderlich, aber zweckmäßig.

Vorbehaltes des Gesetzes begründet. Einer Ermächtigungsgrundlage bedarf es sowohl im Hinblick auf die Verwendung des Verwaltungsakts als Handlungsform[368] als auch im Hinblick auf den Inhalt des Verwaltungsakts. Stützt sich der Verwaltungsakt auf eine untergesetzliche Norm (Verordnung oder Satzung) und diese auf ein Gesetz, sollten von vornherein beide Bestimmungen genannt werden. Ob es sich empfiehlt, die Vereinbarkeit der Ermächtigungsgrundlage mit höherrangigem Recht (Parlamentsgesetz, Verfassungsrecht, EU-Recht) bereits an dieser Stelle oder erst im Zusammenhang mit der Erörterung der materiellen Rechtmäßigkeit des Verwaltungsakts zu überprüfen, ist eine Zweckmäßigkeitsfrage, die von Fall zu Fall beantwortet werden sollte. Im Zweifelsfall dürfte es angeraten sein, die Gültigkeitsfrage vorab zu klären.

Die sachliche **Zuständigkeit** der Verwaltungsbehörde ergibt sich aus dem Organisa- 130
tionsrecht oder dem Sachgesetz, die örtliche Zuständigkeit bei Fehlen spezialgesetzlicher Regelungen aus § 3 VwVfG. Eine Prüfung der Passivlegitimation neben der Zuständigkeit der Verwaltungsbehörde ergibt keinen Sinn.[369] Im Rahmen der Prüfung, ob die **Verfahrens**bestimmungen eingehalten wurden, ist insbesondere § 28 VwVfG zu beachten. Falls nichts anderes vorgeschrieben ist, gilt für die **Form** des Verwaltungsakts § 37 Abs. 2 S. 1 VwVfG. Liegt ein Verfahrens- oder Formverstoß vor, ist dieser unbeachtlich, wenn er geheilt worden ist (§ 45 Abs. 1 VwVfG) oder bis zum Abschluss der letzten Tatsacheninstanz des verwaltungsgerichtlichen Verfahrens nachgeholt wird (§ 45 Abs. 2 VwVfG).[370] Verfahrens- oder Formfehler führen zur formellen Rechtswidrigkeit (vgl. § 59 Abs. 2 Nr. 3 VwVfG). Ob der Fehler die Aufhebung des Verwaltungsakts gemäß § 46 VwVfG ausschließt, ist erst im Rahmen der Prüfung der Rechtsverletzung bzw. des Ausschlusses der gerichtlichen Aufhebung zu erörtern. Die Vorschrift des § 39 VwVfG bezieht sich nur auf das formelle Erfordernis einer **Begründung,** nicht darauf, ob die Begründung inhaltlich zutrifft (→ Rn. 164 ff.).

In materieller Hinsicht ist ein (belastender) Verwaltungsakt nur rechtmäßig, wenn er auf 131
eine (gültige) gesetzliche **Ermächtigungsgrundlage** gestützt werden kann (und nicht gegen sonstiges Recht verstößt). Stets muss der Rechtswidrigkeitszusammenhang beachtet werden (→ Rn. 123). Hat die Verwaltung einen Gestaltungs- (d. h. Beurteilungs- oder Ermessens-) Spielraum, ist die Kontrolldichte des Verwaltungsgerichts beschränkt (→ Rn. 140 ff.). Zur materiellen Rechtmäßigkeit des Verwaltungsakts gehört auch die inhaltliche Bestimmtheit (§ 37 Abs. 1 VwVfG).[371]

Die Begründetheit der Anfechtungsklage hängt entscheidend davon ab, ob der **Kläger** 132
**in seinen Rechten verletzt** ist. Die Frage der Rechtsverletzung stellt sich bei Zugrundelegung des klassischen Aufbaus allerdings nur, wenn zuvor die Rechtswidrigkeit des Verwaltungsakts festgestellt wurde. Ob eine Anfechtungsklage trotz Rechtsverletzung unbegründet sein kann, ist umstritten. Nach wohl herrschender Meinung[372] soll dies der Fall sein, weil § 113 Abs. 1 S. 1 VwGO teleologisch reduziert werden müsse, wenn der Kläger nicht die **Aufhebung des Verwaltungsakts** beanspruchen kann. Dies wird etwa in den Fällen des § 46 VwVfG angenommen oder wenn die isolierte Aufhebung einer Nebenbestimmung ausscheidet (und dies nicht von vornherein offensichtlich war)[373]. Die besseren Gründe sprechen dafür, § 113 Abs. 1 S. 1 VwGO als abschließend anzusehen, zumal das Landesrecht

---

[368] Vgl. BVerwGE 119, 123 (124 f.), eine Ermächtigungsgrundlage muss nicht ausdrücklich vorliegen. Es genügt, wenn sie durch Auslegung des Gesetzes ermittelt werden kann (BVerwGE 114, 226 (227 f.)). Vgl. zum Meinungsstand auch *Ruffert* in: Ehlers/Pünder, AllgVwR, § 22 Rn. 28 f.

[369] A. A. z. B. *Hufen* Verwaltungsprozessrecht, § 25 Rn. 2.

[370] Krit. dazu sowie zur mangelnden Unionsrechtskonformität im Falle des Vollzugs vom Europäischen Unionsrecht statt vieler *Pünder* Jura 2015, 1307 (1310 f.).

[371] *Schenke* Verwaltungsprozessrecht, Rn. 731; *Stelkens* in: Stelkens/Bonk/Sachs, VwVfG, § 37 Rn. 1; *Ruffert* in: Ehlers/Pünder, AllgVwR, § 22 Rn. 37.

[372] Grundlegend *Schenke* DÖV 1986, 305; vgl. ferner *W.-R. Schenke/R. P. Schenke* in: Kopp/Schenke, VwGO, § 113 Rn. 55, 108 m. w. Nachw.

[373] Dann ist bei Zugrundelegung der neueren Rspr. die Anfechtungsklage nicht mehr statthaft (→ Rn. 29 f.).

(wie § 46 LVwVfG) nicht Bundesrecht (§ 113 Abs. 1 S. 1 VwGO) reduzieren kann.[374] Folgt man dieser Betrachtungsweise, entfällt die Erörterung des Punktes „Kein Ausschluss der gerichtlichen Aufhebung". Vielmehr ist das Problem einer ausgeschlossenen Aufhebbarkeit des Verwaltungsakts im Zusammenhang mit der Prüfung der Rechtsverletzung (nicht etwa der formellen oder materiellen Rechtmäßigkeit) zu erörtern.

133 Eine Rechtsverletzung i. S. d. § 113 Abs. 1 S. 1 VwGO liegt nur vor, wenn der Kläger einen **Anspruch** auf **Aufhebung** des **Verwaltungsakt**s hat. Diese Voraussetzung ist bei lediglich verfahrens- oder formfehlerhaften Verwaltungsakten nicht gegeben, wenn § 46 VwVfG eingreift, also offensichtlich ist, dass die Verletzung die Entscheidung in der Sache nicht beeinflusst hat. Ausgewirkt hat sich ein Fehler, wenn die konkrete Möglichkeit besteht, dass auch eine andere Entscheidung getroffen worden wäre.[375] Die Vorschrift ist restriktiv auszulegen. Die Behörde trägt die Darlegungs- und Beweislast.[376] Ferner ist Offensichtlichkeit nur gegeben, wenn die mangelnde Kausalität eindeutig zu erkennen war. Ein Zuwiderhandeln gegen die Verbandskompetenz oder die instanzielle sowie sachliche Zuständigkeit ist stets beachtlich. Ebenso ist der Verwaltungsakt bei absoluten Verfahrensfehlern aufzuheben.[377] Im Falle von Beurteilungs- und Ermessensspielräumen (→ Rn. 142 ff.) spricht die Vermutung dafür, dass sich ein Verfahrens- oder Formfehler auf die Sachentscheidung ausgewirkt hat.

### 2. Subjektiv-rechtlich orientierter Aufbau

134 Hängt die Begründetheit der Anfechtungsklage allein entscheidend von der Rechtsverletzung ab, stellt sich die Frage, warum nicht von vornherein nur hierauf abgestellt wird.[378] Geht man mit der hier vertretenen Ansicht davon aus, dass eine **Rechtsverletzung** i. S. d. § 113 Abs. 1 S. 1 VwGO gegeben ist, wenn der Kläger einen Anspruch auf Aufhebung des Verwaltungsakts hat, so wäre es ebenso möglich, sogleich diesen Anspruch in den Blick zu nehmen. Die Formulierung könnte dann etwa lauten: „Nach § 113 Abs. 1 S. 1 VwGO ist die Anfechtungsklage begründet, soweit der Verwaltungsakt rechtswidrig und der Kläger dadurch in seinen Rechten verletzt ist. Diese Voraussetzungen liegen vor, wenn der Kläger einen **Anspruch auf Aufhebung des Verwaltungsakts** hat." Teilt man die Auffassung, dass trotz einer Rechtsverletzung die gerichtliche Aufhebung des Verwaltungsakts ausgeschlossen sein kann (→ Rn. 132), empfiehlt es sich erst recht, nicht die Rechtsverletzung in den Vordergrund zu stellen, sondern danach zu fragen, ob die Aufhebung des Verwaltungsakts beansprucht werden kann. Der Aufhebungsanspruch ergibt sich aus dem materiellen Recht (Sachrecht), nicht aus dem Prozessrecht: z. B. im Falle des Zuwiderhandelns gegen eine Zusicherung aus dieser, im Falle eines beachtlichen Anhörungsmangels aus § 28 VwVfG oder im Falle einer rechtswidrigen Beeinträchtigung der allgemeinen Handlungsfreiheit aus Art. 2 Abs. 1 GG.

135 Für ein Abstellen nur auf die Rechtsverletzung oder auf den Aufhebungsanspruch spricht auch, dass bei der **Verpflichtungsklage** von der ganz herrschenden Meinung strukturell nicht anders verfahren wird. Insoweit besteht nämlich weitgehende Einigkeit darüber, dass eine Begründetheitsprüfung „entlang dem Wortlaut" des § 113 Abs. 5 VwGO (Rechtswidrigkeit der Ablehnung oder Unterlassung des Verwaltungsakts, Rechtsverletzung des Klägers, Spruchreife) nicht zweckmäßig erscheint. Vielmehr wird zugleich danach gefragt, ob der Kläger einen Anspruch auf Erlass des Verwaltungsakts hat (→ § 28 Rn. 54 ff.).[379] Auch im

---

[374] Grundlegend *Krebs* DVBl 1984, 109.

[375] BVerwG NVwZ 2018, 1804 Rn. 36; BVerfG-K, NVwZ 2018, 573 Rn. 46.

[376] *Pünder* in: Ehlers/Pünder, AllgVwR, § 14 Rn. 86; *Sachs* in: Stelkens/Bonk/Sachs, VwVfG, § 46 Rn. 2, 80a.

[377] Vgl. statt vieler *Pünder* in: Ehlers/Pünder, AllgVwR, § 14 Rn. 84.

[378] Vgl. demgegenüber *Weyreuther* FS Menger, 1985, S. 681 (692 m. Fn. 44), der ein Vorgehen, bei dem die Prüfung der objektiven Rechtswidrigkeit der Prüfung der subjektiven Rechtswidrigkeit vorausgeht, für verbindlich hält und nur bei gegebenen Anlässen dem Vorrang der Frage nach der objektiven Rechtswidrigkeit durch eine Unterstellung Rechnung tragen will.

[379] Vgl. *Schenke* Verwaltungsprozessrecht, Rn. 841 (bei Spruchreife); a. A. z. B. *Hufen* Verwaltungsprozessrecht, § 26 Rn. 1 ff.

Rahmen der Begründetheitsprüfung der allgemeinen Leistungsklage wird nur erörtert, ob ein Anspruch auf das begehrte Tun, Dulden oder Unterlassen besteht. Da § 113 Abs. 1 S. 1 VwGO das Modell des subjektiven Rechtsschutzes nicht lupenrein verwirklicht hat, ist es gleichwohl nicht falsch (und gängige Praxis), das klassische Aufbauschema zugrunde zu legen.

**Lösung zu Fall 20:** Da die Baugenehmigung rechtswidrig ist, liegt die erste Voraussetzung des § 113 Abs. 1 S. 1 VwGO vor. Die Klage ist aber nur begründet, wenn Y in seinen Rechten verletzt ist (zweite Voraussetzung des § 113 Abs. 1 S. 1 VwGO) bzw. Y einen Anspruch auf Aufhebung des Verwaltungsakts hat. Dies setzt die Missachtung eines öffentlichen Nachbarrechts voraus (für die Klagebefugnis reicht gemäß § 42 Abs. 2 VwGO ein Geltendmachen der Rechtsverletzung aus). Der Nachbar hat zum einen generellen Gebietserhaltungsanspruch. Zum anderen kann er sich auf das sich aus § 34 Abs. 2 BauGB i. V. m. § 15 Abs. 1 S. 1 BauNVO sowie aus § 34 Abs. 1 BauGB („sich einfügen") ergebende Gebot der Rücksichtnahme berufen (→ Rn. 75). Nachbarschützende Wirkung hat das Gebot der Rücksichtnahme nur, soweit in qualifizierter und zugleich individualisierter Weise auf schutzwürdige Interessen des Nachbarn Rücksicht zu nehmen ist (ferner → Rn. 75).[380] Von dem Vorliegen der genannten Voraussetzungen hängt der Erfolg der Klage ab. 136

**Lösung zu Fall 21:** Der Rücknahme-Verwaltungsakt des Ministeriums ist wegen des (nicht geheilten) Anhörungsmangels (§ 28 Abs. 1 VwVfG i. V. m. § 13 Abs. 1 Nr. 2 VwVfG) jedenfalls formell rechtswidrig. Da der Beteiligte durch die Anhörung gerade die Möglichkeit erhalten soll, die Willensbildung der Behörde zu beeinflussen, wäre die Behörde bei ordnungsgemäßer Anhörung verpflichtet gewesen, die Ausführungen des Z zur Kenntnis nehmen und bei ihrer Entscheidung einzubeziehen.[381] Ob Z in seinen Rechten verletzt ist (bzw. einen Aufhebungsanspruch hat), hängt davon ab, ob der Anhörungsmangel nach § 46 VwVfG beachtlich ist. Da es sich bei der Rücknahme gemäß § 48 Abs. 1 VwVfG um eine Ermessensentscheidung handelt und nicht offensichtlich ist, dass die Verletzung die Entscheidung in der Sache nicht beeinflusst hat, ist hiervon auszugehen und der Anfechtungsklage stattzugeben. 137

### 3. Objektiv-rechtlich orientierter Aufbau

Wie sich bereits aus den zuvor gemachten Ausführungen ergibt (→ Rn. 124), kommt es 138
bei Vorliegen anderer Bestimmungen i. S. d. § 42 Abs. 2 Hs. 1 VwGO im Rahmen der Begründetheit ganz oder teilweise nur auf die **objektive Rechtswidrigkeit** des Verwaltungsakts an. Die Verwaltungsgerichte haben demgemäß im Falle der Zulässigkeit der Anfechtungsklage ganz oder teilweise eine Vollprüfung vorzunehmen und den Verwaltungsakt auch dann aufzuheben, wenn nicht Rechte des Klägers verletzt werden. Objektiv rechtswidrig sind alle Verwaltungsakte, die gegen den Vorbehalt und Vorrang des Gesetzes verstoßen.[382] Liegt eine gültige Ermächtigungsgrundlage vor, kommt es darauf an, ob sich der Verwaltungsakt auf diese stützen lässt. Dies ist nicht der Fall, wenn entweder das Recht falsch ausgelegt bzw. konkretisiert wurde[383] oder die Rechtsanwendung – Tatsachenfeststellung oder Subsumtion (Bezugnahme von Rechtsnorm und Sachverhalt) – fehlerhaft ist. Auch die objektive Rechtskontrolle ist häufig beschränkt. So sind etwa Umweltrechtsbehelfe von Vereinigungen nach § 2 Abs. 4 UmwRG nur begründet, wenn einer der dort genannten Verstöße vorliegt.

[380] Vgl. BVerwGE 52, 122 (131) = NJW 1978, 62.
[381] BVerwGE 66, 111 (114) = NVwZ 1983, 284.
[382] Vgl. *Ruffert* in: Ehlers/Pünder, AllgVwR, § 24 Rn. 4.
[383] Vgl. *Ehlers* in: Ehlers/Pünder, AllgVwR, § 2 Rn. 15.

## III. Gerichtliche Kontrolldichte

139 **Fall 22:** Eine Lehrerin wurde nach Berufung in das Beamtenverhältnis auf Probe zur Studienassessorin wegen mangelhafter Bewährung im Unterricht entlassen. Nach erfolglosem Vorverfahren (§ 54 Abs. 2 S. 1 BeamtStG i. V. m. § 68 Abs. 1 S. 1 VwGO) hat sie verwaltungsgerichtliche Anfechtungsklage erhoben, weil es über das Verfahren zur Feststellung der Bewährung keine Vorschriften gebe und weil sie sich tatsächlich bewährt habe.

140 Aus Art. 19 Abs. 4 S. 1 GG sowie den §§ 40 Abs. 1 S. 1, 113 Abs. 1 S. 1 VwGO ergibt sich eine Verpflichtung der Verwaltungsgerichte zur **grundsätzlich vollständigen Nachprüfung** eines angefochtenen Verwaltungsakts in rechtlicher und tatsächlicher Hinsicht am Maßstab des Rechts.[384] Nach dem Prinzip vom Vorbehalt des Gesetzes müssen die aus der Sicht des Demokratie- und Rechtsstaatsgebots – und insbesondere der Grundrechte – wesentlichen Entscheidungen als Parlamentsgesetz getroffen worden sein.[385] Im Übrigen darf auf das untergesetzliche Recht (Verordnungen und Satzungen) – und auch Verwaltungsvorschriften[386] – verwiesen werden. Einer vollständigen gerichtlichen Nachprüfung bedarf es prinzipiell auch dann, wenn die zugrunde liegende Regelung außerrechtliche faktische Beurteilungen erfordert (etwa auf die allgemein anerkannten Regeln der Technik, den Stand der Technik oder den Stand von Wissenschaft und Technik verwiesen wird).[387]

141 Stößt eine juristische Kontrolle allerdings an die Grenze des Erkenntnisstandes der Wissenschaft und Praxis, ist es den Gerichten erlaubt, die plausible Einsetzung der Behörde zu der fachlichen Frage zugrunde zu legen. Da sich dies aus der faktischen **Grenze verwaltungsgerichtlicher Kontrolle** (und nicht einer der Verwaltung eingeräumten Einschätzungsprärogative) ergibt, soll insoweit eine gesetzliche Ermächtigung nicht erforderlich sein. In grundrechtsrelevanten Bereichen dürfe der Gesetzgeber die Verwaltung und Gerichte aber nicht ohne weitere Maßnahmen auf Dauerentscheidungen in einem fachwissenschaftlichen „Erkenntnisvakuum" übertragen, sondern müsse jedenfalls auf längere Sicht für eine zumindest untergesetzliche Maßstabbildung sorgen.[388] Die **Unbestimmtheit** eines gesetzlichen Tatbestandsmerkmals berechtigt als solche nicht dazu, von dem Grundsatz der vollständigen Rechtskontrolle abzuweichen.[389] Da es gemäß der sogenannten **normativen Ermächtigungslehre** im Rahmen der rechtsstaatlichen Ordnung des Grundgesetzes Aufgabe des Gesetzgebers ist, unter Beachtung der Grundrechte die Rechtspositionen zuzuweisen und auszugestalten, die Art. 19 Abs. 4 S. 1 GG voraussetzt und deren gerichtlichen Schutz er gewährleistet,[390] darf der Gesetzgeber jedoch bestimm-

[384] BVerfGE 129, 1 (20) = NVwZ 2011, 1062 Rn. 66 → *Ehlers* JK 11/12, GG Art. 19 IV/32 und → *Sachs* JuS 2012, 189.

[385] Vgl. BVerfGE 40, 237 (249) = NJW 1976, 34 (35); E 98, 218 (251 f.) = NJW 1998, 2515 (2520) → *Erichsen* JK 99, GG Art. 6/13; E 108, 282 (311) = NJW 2003, 3111 (3116) → *Ehlers* JK 4/04, GG Art. 4 I, II/29; *Ehlers* in: Ehlers/Pünder, AllgVwR, § 2 Rn. 44 ff.

[386] BVerfGE 129, 1 (21) = NVwZ 2011, 1062 Rn. 69.

[387] Vgl. *Ehlers* in: Ehlers/Fehling/Pünder, BesVwR I, § 1 Rn. 22; zur Einwirkung der Ökonomie auf die Rechtsanwendung im öffentlichen Wirtschaftsrecht *ders.* in: Ehlers/Fehling/Pünder, BesVwR I, § 1 Rn. 73 ff.

[388] Vgl. zum Ganzen BVerfG NVwZ 2019, 52 → JA 2019, 156 *(Muckel)*. Im konkreten Fall ging es um die Frage, ob eine immissionsschutzrechtliche Genehmigung für Windenergieanlagen wegen des möglicherweise bestehenden Tötungsrisikos für Rotmilane untersagt werden darf. Vgl. auch BVerwG Urt. v. 3.11.2020 – 9 A 13.19, BeckRS 2020, 37192, wonach neue Erkenntnisse, die nach Erlass eines Planfeststellungsbeschlusses auftreten, nicht ohne Weiteres zu einer Rechtswidrigkeit führen.

[389] BVerwGE 94, 307 (309) = NVwZ 1995, 707 (708); *Schmidt-Aßmann/Schenk* in: Schoch/Schneider, VwGO, Einl Rn. 183.

[390] BVerwGE 94, 307 (309 f.) = NVwZ 1995, 707 (708).

te Kontrollbegrenzungen (bei Bewahrung der Eigenständigkeit der Exekutive unter Umständen auch Kontrollverschärfungen)[391] vornehmen.[392]

Die Freistellung der Rechtsanwendung von gerichtlicher Kontrolle bedarf stets eines hinreichend gewichtigen, am Grundsatz wirksamen Rechtsschutzes ausgerichteten Sachgrundes. Nicht zulässig sind behördliche Letztentscheidungsbefugnisse für ganze Rechtsgebiete oder Sachbereiche.[393] Herkömmlicherweise wird zwischen der **Tatbestand**s- und der **Rechtsfolge**nebene von Rechtsnormen unterschieden.[394] Hat der Gesetzgeber der Verwaltung auf der Tatbestandsebene ein Letztentscheidungsrecht eingeräumt, kann sich dies nur auf die konkrete Rechtsanwendung – die Subsumtion, nicht auf die Beurteilung der rechtlichen Maßstäbe (d.h. deren Auslegung und Rechtmäßigkeit) – beziehen.[395] Im Hinblick auf die Tatbestandsseite einer Ermächtigungsnorm kommt der Verwaltung nur ausnahmsweise ein die gerichtliche Kontrolle einschränkender **Beurteilungsspielraum** zu. Dagegen ist die Einräumung von **Ermessensspielräume**n auf der Rechtsfolgenseite einer gesetzlichen Regelung sehr viel häufiger anzutreffen (z.B. wenn die Regelung davon spricht, dass die Verwaltung etwas tun kann, tun darf, tun soll oder dass sie befugt ist, etwas zu tun). 142

Die Unterscheidung von Tatbestands- und Rechtsfolgenseite und damit von Beurteilungs- und Ermessensspielraum ist häufig aber nur eine Frage der in concreto gewählten Gesetzesformulierung. Z.B. macht es keinen wesentlichen Unterschied aus, ob der Gesetzgeber eine Gefahrenabwehrregelung zugunsten der Volksgesundheit als Beurteilungsermächtigung (z.B.: „Wenn die Volksgesundheit gefährdet ist und Schutzimpfungen erfolgversprechend erscheinen, hat die Behörde Impfpflichten festzusetzen") oder als Ermessensnorm (z.B.: „Wenn die Volksgesundheit gefährdet ist, kann die Behörde Impfpflichten festsetzen") ausgestaltet hat.[396] Auch lassen sich kategoriale **Unterschiede** zwischen dem Beurteilungsspielraum und dem Ermessensspielraum nicht feststellen.[397] Hinzu kommt, dass sowohl der Gerichtshof der Europäischen Union als auch der Europäische Gerichtshof für Menschenrechte nicht zwischen unbestimmten Rechtsbegriffen wie Beurteilungsspielraum, Ermessensspielraum und sonstigen Ermessensspielräumen und sonstigen Rechtsbindungen differenzieren, selbst wenn die Begriffe gelegentlich genannt werden.[398] Gleichwohl grenzt das Gesetz Ermessensermächtigungen von den sonstigen Letztentscheidungen der Verwaltung ab, wie die § 40 VwVfG und **§ 114 VwGO** zeigen. Die Unterscheidung von Beurteilungs- und Ermessensspielräumen liegt deshalb auch der ständigen Kontrollpraxis zugrunde. 143

Im Falle von (in der Praxis häufig vorkommenden) **Kopplungsvorschriften** (Kombination von unbestimmten Rechtsbegriffen und Ermessen bzw. Gestaltungsspielräumen auf der Tatbestands- oder Rechtsfolgenseite) ist denkbar, dass je nach Gesetzeslage nur für die eine oder andere Seite Raum ist.[399] Z.B. können Bauvorhaben nach § 35 Abs. 2 BauGB zugelassen werden, wenn öffentliche Belange nicht beeinträchtigt werden. Stehen öffentliche Belange aber nicht entgegen, ist nicht ersichtlich, wie sich die Versagung der Genehmigung noch rechtfertigen ließe, so dass ein Ermessen entfällt.[400] Andererseits ist eine Rege- 144

---

[391] Vgl. *Schmidt-Aßmann/Schenk* in: Schoch/Schneider, VwGO, Einl Rn. 184.

[392] BVerfGE 84, 34 (51ff.) = NJW 1991, 2005 (2006ff.); BVerwGE 94, 307 (309) = NVwZ 1995, 707 (708); E 100, 221 (225) = NVwZ 1997, 179 (180); vgl. auch *Schoch* Jura 2004, 462 sowie *ders.* Jura 2004, 612.

[393] BVerfGE 129, 1 (22f.) = NVwZ 2011, 1062 Rn. 73 → *Sachs* JuS 2012, 189.

[394] Bei der Feststellung der Tatbestandsmäßigkeit geht es um einen kognitiven Akt, wohingegen die Bestimmung der Rechtsfolge im Falle der Einräumung eines Ermessens voluntativer Art ist. Vgl. *Rennert* in: Eyermann, VwGO, § 114 Rn. 55.

[395] BVerfG-K 16, 418 = NVwZ 2010, 435 → *Ehlers* JK 4/11, GG Art. 19 IV/31.

[396] Vgl. zu dem Beispiel *Starck* FS Sendler, 1991, S. 167 (168); näher zum Ganzen *Jestaedt* in: Ehlers/Pünder, AllgVwR, § 11 Rn. 12ff.

[397] *Jestaedt* in: Ehlers/Pünder, AllgVwR, § 11 Rn. 27ff.

[398] Vgl. *Rubel* Entscheidungsfreiräume in der Rechtsprechung des Europäischen Gerichtshofs für Menschenrechte und des Europäischen Gerichtshofs, 2005, S. 26ff., 159ff.; vgl. auch → § 9 Rn. 78.

[399] Vgl. *Maurer/Waldhoff* AllgVwR, § 7 Rn. 49f.

[400] Vgl. BVerwGE 18, 247 (250) = NJW 1964, 1973 (1974).

lung, wonach Abgaben erlassen werden können, wenn ihre Einziehung unbillig wäre, so gedeutet worden, dass der Begriff „unbillig" kein Tatbestandsmerkmal sei, sondern nur das Ermessen prägen soll.[401]

145 **Beurteilungsspielräume** bei der Auslegung oder Konkretisierung von Tatbestandsmerkmalen einer Norm[402] hat die Rechtsprechung im Falle von Prüfungsentscheidungen,[403] beamtenrechtlichen Beurteilungen (dazu Fall 22 → Rn. 139),[404] Wertungen, die das Gesetz sachverständigen oder pluralistisch zusammengesetzten Gremien anvertraut hat,[405] prognostischen Entscheidungen mit politischem Einschlag[406] sowie planerisch gestaltenden Entscheidungen[407] anerkannt.[408] Doch ist aus rechtsstaatlichen Gründen – namentlich bei Grundrechtsbeschränkungen – große Zurückhaltung im Hinblick auf die Anerkennung von Beurteilungsspielräumen geboten. Solche Spielräume sind nur dann anzuerkennen, wenn sie im Gesetz angelegt sind, sich durch einen gewichtigen sachlichen Grund rechtfertigen lassen und den Gerichten die Möglichkeit einer substanziellen Kontrolle des Verwaltungshandelns verbleibt.[409] Dies ist (jedenfalls) der Fall, wenn sich die Entscheidungssituation im gerichtlichen Verfahren nicht rekonstruieren lässt (wie etwa bei mündlichen Prüfungen) oder wenn der unbestimmte Rechtsbegriff in besonderem Maße Wertungskriterien enthält, für deren Ausfüllung die Verwaltung über Entscheidungsressourcen verfügt, die denen der Gerichte eindeutig überlegen sind.[410]

146 Die Reichweite des Beurteilungsspielraums ist beschränkt. So erstreckt sich der Spielraum der Behörde bei **Prüfungsentscheidungen** zwar auf die prüfungsspezifischen Wertungen, nicht aber auf die fachlichen Fragen, die den Gegenstand der Prüfung bilden[411] (auch weil das fachspezifische Wissen losgelöst von der nur begrenzt rekonstruierbaren Prüfungssituation notfalls durch Heranziehung von Sachverständigen durch die Gerichte ermittelt werden kann)[412]. Überschritten bzw. fehlerhaft angewendet worden ist ein Beurteilungsspielraum, wenn Verfahrensfehler begangen worden sind, das anzuwendende Recht verkannt wurde, von einem unrichtigen oder unvollständigen Sachverhalt ausgegangen worden ist, allgemeine Bewertungsgrundsätze verletzt wurden (Willkürkontrolle) oder sich die Verwaltung von sachfremden Erwägungen hat leiten lassen.[413] Lässt sich etwa im Prüfungsrecht die Richtigkeit oder Angemessenheit von Lösungen wegen der Eigenart der Prüfungsfrage nicht eindeutig bestimmen, ist dem Prüfer zwar ein Beurteilungsspielraum, dem Prüfling aber auch ein Antwortspielraum zuzugestehen.[414]

147 Soweit die Verwaltungsbehörde – bei der Bestimmung der Rechtsfolgen – ermächtigt ist, nach ihrem **Ermessen** zu handeln, prüft das Verwaltungsgericht gemäß § 114 S. 1 VwGO

---

[401] Vgl. GmS-OGB NJW 1972, 1411; BVerwGE 39, 355 (363 ff.) = NJW 1972, 1411 (1413 f.).

[402] Zur Unterscheidung vgl. *Ehlers* in: Ehlers/Pünder, AllgVwR § 2 Rn. 14 f.

[403] Vgl. BVerwGE 70, 143 (145 f.) = NVwZ 1985, 187 (188); NJW 2018, 2142 (2143).

[404] BVerwGE 60, 245 = DVBl 1981, 497; E 61, 176 (185 f.) = NJW 1981, 1386 (1388); E 80, 224 (225 f.) = NJW 1989, 1297.

[405] Vgl. z. B. § 20 Abs. 3 JMStV; ferner BVerfGE 143, 22 = NVwZ 2017, 313 → *Sachs* JuS 2017, 89 – Richterwahl; BVerwGE 129, 27 Rn. 33 f. = NJW 2007, 2790 (2792) – Weinprüfungskommission; anders z. B. BVerfGE 83, 130 (145, 148) = NJW 1991, 1471 (1473, 1474) – Schutz vor jugendgefährdenden Schriften; BVerwG NJW 2020, 785 (787 f.) – Indizierung jugendgefährdender Medien; BayVerfGH NJW 2011, 2678 – Kommission für Jugendmedienschutz.

[406] Vgl. BVerwGE 64, 238 (242) = NJW 1982, 1168 (1169); E 79, 208 (213) = NJW 1988, 3221 (3222).

[407] BVerwGE 48, 56 (59) = NJW 1975, 1373 (1374).

[408] Vgl. BVerwG NVwZ 1991, 268 (269); näher zum Ganzen *Jestaedt* in: Ehlers/Pünder, AllgVwR, § 11 Rn. 45 ff.

[409] BVerfGE 84, 34 (49 f.) = NJW 1991, 2005; E 129, 1 (22 ff.) = NVwZ 2011, 1062 → *Sachs* JuS 2012, 189; BVerwGE 156, 75 Rn. 32 = NVwZ 2017, 557; NJW 2020, 785 Rn. 14.

[410] Vgl. *Thiemann* Liber amicorum Ehlers, 2015, S. 257 (278).

[411] Vgl. BVerfGE 84, 34 (50 f.) = NJW 1991, 2005 (2007); s. auch E 88, 40 (56 ff.) = NVwZ 1993, 666 (669); BVerwG NJW 2018, 2142 (2143); zur Unterscheidung vgl. auch *Kingreen* DÖV 2003, 1 (3).

[412] Vgl. *Schenke* Verwaltungsprozessrecht, Rn. 765.

[413] Vgl. auch *Niehues/Fischer/Jeremias* Schul- und Prüfungsrecht, 7. Aufl. 2018, Rn. 846 ff.; vgl. auch BVerfGK 16, 418 = NVwZ 2010, 435 → *Ehlers* JK 4/11, GG Art. 19 IV/31.

[414] Vgl. BVerfGE 84, 34 (55) = NJW 1991, 2005 (2008).

auch, ob der Verwaltungsakt deshalb rechtswidrig ist, weil die gesetzlichen Grenzen des Ermessens überschritten sind oder von dem Ermessen in einer dem Zweck der Ermächtigung nicht entsprechenden Weise Gebrauch gemacht worden ist. Somit ist das Verwaltungsgericht nur zur Ermessenskontrolle, nicht aber zur eigenen Ermessensausübung anstelle der Verwaltung ermächtigt.[415] Die Beschränkung der gerichtlichen Überprüfung bezieht sich sowohl auf das „Ob“ des Handelns (Entschließungsermessen) als auch auf das „Wie“ (Auswahlermessen). Üblicherweise wird davon gesprochen, dass die gerichtlichen Nachprüfungen sich darauf beschränken, ob das Ermessen rechtmäßig ausgeübt wurde, wohingegen die Beurteilung der Zweckmäßigkeit der Verwaltung überlassen bleibt.[416] Die auch in § 68 Abs. 1 S. 1 VwGO angelegte Unterscheidung von Rechtmäßigkeit und **Zweckmäßigkeit** darf indessen nicht dahin missverstanden werden, dass die Zweckmäßigkeitsentscheidungen der Verwaltung außerhalb des Rechts anzusiedeln sind. Freie (Beurteilungs- und) Ermessensspielräume kann es im Rechtsstaat nicht geben.[417] Die Verwaltung muss sich stets zu derjenigen Entscheidung durchringen, die sie in Anbetracht der verbindlichen Normzwecke für die richtige bzw. die beste hält. Sie darf sich also nicht mit der zweitbesten Lösung zufriedengeben oder durch Los entscheiden. Eine zweckwidrige Verwaltungsentscheidung verstößt deshalb nicht nur gegen metajuristische Maßstäbe, sondern auch gegen den das Verwaltungshandeln regelnden Rechtssatz selbst. Wenn § 40 VwVfG bestimmt, dass das Ermessen einer Verwaltungsbehörde entsprechend dem Zweck der Ermächtigung ausgeübt werden muss, impliziert dies zugleich, dass eine zweckwidrige Entscheidung rechtswidrig ist. Mit der gewählten Terminologie (Rechtmäßigkeit oder Zweckmäßigkeit) soll nur zum Ausdruck gebracht werden, dass die gerichtliche Kontrolldichte in solchen Fällen gemindert ist.[418]

Ein von den Verwaltungsgerichten zu berücksichtigender **Ermessensfehler** liegt im Falle eines Nichtgebrauchs, einer Unterschreitung, einer Überschreitung oder eines Fehlgebrauchs des Ermessens vor. Beim **Nichtgebrauch** ist es zu keiner Abwägung gekommen. Dies ist unschädlich, wenn eine Ermessensreduzierung auf Null gegeben war (im Einzelfall also kein Ermessen vorlag). Nach der Rechtsprechung sollen fehlende Ermessenserwägungen auch im Falle von Soll-Vorschriften oder sonstigen Fällen eines sogenannten intendierten Ermessens im Normalfall nicht zu beanstanden sein.[419] Ein **intendiertes Ermessen** nimmt die Rechtsprechung an, wenn eine ermesseneinräumende Vorschrift dahin auszulegen ist, dass sie für den Regelfall von einer Ermessensentscheidung in einem bestimmten Sinne ausgeht. Es müssten dann besondere Gründe vorliegen, um eine gegenteilige Entscheidung zu rechtfertigen. Liege kein vom Regelfall abweichender Sachverhalt vor, wird das Ermessen wie eine gebundene Entscheidung behandelt.[420] Es bedürfe dann auch keiner Begründung nach § 39 Abs. 1 S. 3 VwVfG.[421] So soll sich aus den haushaltsrechtlichen Grundsätzen der Wirtschaftlichkeit und Sparsamkeit ergeben, dass eine Subventionsbewilligung bei Zweckverfehlung widerrufen werden 148

---

[415] Das schließt ein gerichtliches Ermessen aus prozessrechtlichen Gründen (vgl. z. B. §§ 109, 110, 123 Abs. 3 VwGO i. V. m. § 938 Abs. 1 ZPO) sowie u. U. ausnahmsweise auch aus Gründen des materiellen Rechts (vgl. z. B. BVerwGE 147, 146 Rn. 68 f. = NJW 2014, 96 Rn. 68 f. → JA 2014, 319 *(Hebeler)* – Entschädigung wegen einer unangemessenen Dauer des Gerichtsverfahrens) nicht gänzlich aus. Vgl. *Heydemann* Liber amicorum Ehlers, 2015, S. 453.

[416] BVerwGE 11, 95 (97) = NJW 1961, 793; E 19, 149 (153) = BeckRS 1964, 30439577.

[417] Vgl. bereits *Bernatzik* Rechtsprechung und materielle Rechtskraft, 1964, S. 41.

[418] Vgl. zum Ganzen *Krebs* Kontrolle in staatlichen Entscheidungsprozessen, 1984, S. 79; *Ehlers* in: Ehlers/Pünder, AllgVwR, § 1 Rn. 66.

[419] Vgl. zum intendierten Ermessen bereits BVerwGE 72, 1 (6) = NJW 1986, 738 (739 f.); E 105, 55 (57 f.) = NJW 1998, 2233 (2234) → JA 1998, 453 *(Michaelis);* krit. *Sachs* in: Stelkens/Bonk/Sachs, VwVfG, § 40 Rn. 28 ff.; *Maurer/Waldhoff* AllgVwR, § 7 Rn. 12.

[420] Vgl. BVerwGE 72, 1 (6) = NJW 1986, 738 (739 f.); E 105, 55 (57 f.) = NJW 1998, 2233 (2234) → JA 1998, 453 *(Michaelis);* krit. *Sachs* in: Stelkens/Bonk/Sachs, VwVfG, § 40 Rn. 28 ff.; *Maurer/Waldhoff* AllgVwR, § 7 Rn. 12.

[421] BVerwGE 105, 55 (57 f.) = NJW 1998, 2233 (2234); E 116, 332 (337) = NVwZ 2003, 221 (223); *Stelkens* in: Stelkens/Bonk/Sachs, VwVfG, § 39 Rn. 70.

muss.[422] Ferner lenke § 48 Abs. 2 S. 4 VwVfG das der Behörde nach § 48 Abs. 1 S. 1 VwVfG zustehende Rücknahmeermessen, in dem es für die Fälle des Satzes 3 die Rücknahme des Verwaltungsakts mit Wirkung für die Vergangenheit als Regel festlege.[423]

149 Eine **Ermessensunterschreitung** liegt vor, wenn die Behörde hinter der gesetzlichen Rechtsfolge zurückbleibt (z. B. Erhebung einer Gebühr von 100 €, obwohl das Gesetz 150 bis 200 € vorschreibt). Bei einer **Ermessensüberschreitung** wird der gesetzlich vorgegebene Ermessensrahmen überschritten (z. B. Gebühr in Höhe von 200 €, obwohl nur 100 bis 150 € zulässig sind). Im Falle eines **Ermessensfehlgebrauch**s ist das Ermessen aus sonstigen Gründen rechtsfehlerhaft ausgeübt worden. Es kann sich um prinzipiell dieselben Fehler wie beim Fehlgebrauch eines Beurteilungsspielraums handeln (→ Rn. 146). Neben den aus der Regelung oder der ratio legis resultierenden Ermessensdirektiven muss die Verwaltung vor allem auch die verfassungsrechtlichen Grundsätze wie den Gleichheitssatz (Selbstbindung der Verwaltung),[424] das Koppelungsverbot (als Element des Rechtsstaatsprinzips), die Grundrechte und insbesondere den Verhältnismäßigkeitsgrundsatz beachten.[425] Im Ergebnis kommt es nicht auf die terminologisch umstrittenen Unterscheidungen (zwischen Ermessensunterschreitung, -überschreitung und -fehlgebrauch), sondern nur darauf an, dass in den zuvor genannten Fallgestaltungen ein vom Gericht zu beachtender Ermessensfehler anzunehmen ist. Das Prüfprogramm unterscheidet sich nicht von demjenigen der Nachprüfung von Planungsentscheidungen (→ Rn. 150). Zum Nachschieben von Gründen vgl. → Rn. 164 ff.

150 Soweit die Verwaltung **planerisch** tätig wird, müssen (jedenfalls im Außenverhältnis zum Bürger) die öffentlichen und privaten Belange gegeneinander und untereinander gerecht abgewogen werden.[426] Der Verwaltung kommt hierbei ein Gestaltungsspielraum zu. Einerseits zeichnet sich dieser durch finale (nicht konditionale) Programmierung, andererseits auch und gerade durch die Bestimmung der Rechtsfolgen aus, so dass die Zuordnung zur Unterscheidung von Beurteilungs- und Ermessensspielraum nicht eindeutig getroffen werden kann.[427] Doch wird zu Recht zumeist von einem Verwaltungsermessen eigener Art gesprochen.[428] Verletzt ist das Gebot gerechter Abwägung, wenn eine Abwägung nicht stattfindet **(Abwägungsausfall)**, wenn in die Abwägung nicht eingestellt wurde, was nach Lage der Dinge eingestellt werden muss **(Abwägungsdefizit)**, die Bedeutung der betroffenen privaten Belange verkannt worden ist **(Abwägungsfehleinschätzung)** oder der Ausgleich unter den von der Planung berührten öffentlichen Belange in einer Weise vorgenommen wurde, die zur objektiven Gewichtung der einzelnen Belange außer Verhältnis steht **(Abwägungsdisproportionalität)**.[429] Bei der Bestimmung des Rangs der Belange wird zwischen strikt beachtlichen Regelungen (Planungsleitsätzen)[430] und überwindbaren Optimierungsgeboten unterschieden. Bedient sich die Verwaltung der Handlungsform des Verwaltungsakts – in Gestalt eines Planfeststellungsbeschlusses (§ 74 Abs. 1 S. 1 VwVfG) oder einer Plangenehmigung (§ 74 Abs. 6 VwVfG) – führt eine fehlerhafte Planung grundsätzlich zur Rechtswidrigkeit. Doch sind bestimmte Fehler unbeachtlich (§ 75 Abs. 1a S. 1

---

[422] BVerwGE 105, 55 (57 f.) = NJW 1998, 2233 (2234) → JA 1998, 453 *(Michaelis)*.

[423] BVerwG Urt. v. 23.5.1996 – 3 C 13/94, BeckRS 1996, 31225696; vgl. auch OVG NW Beschl. v. 23.6.2015 – 7 B 351/15, BeckRS 2015, 48044 (intendiertes Ermessen bei Entscheidung über die Festsetzung eines Zwangsgeldes).

[424] Einen Verstoß gegen die Selbstbindung der Verwaltung nimmt die Rspr. z. B. an, wenn sie nicht gegen bestimmte Schwarzbauten eingeschritten ist. Vgl. *Schoch* in: Burgi, Zur Lage der Verwaltungsrechtswissenschaft, 2017, S. 11 ff.

[425] *Jestaedt* in: Ehlers/Pünder, AllgVwR, § 11 Rn. 63.

[426] Vgl. (auch zum Folgenden) *Ehlers* in: Ehlers/Pünder, AllgVwR, § 1 Rn. 74 f.

[427] Vgl. auch *Ramsauer* in: Kopp/Ramsauer, VwVfG, § 40 Rn. 149.

[428] Vgl. *Gerhardt* in: Schoch/Schneider, VwGO, 35. EL 2018, § 114 Rn. 29; *Neumann/Külpers* in: Stelkens/Bonk/Sachs, VwVfG, § 74 Rn. 26 ff.

[429] Grundlegend BVerwGE 34, 301 (309) = VerwRspr 1970, 571 (576 f.) – zur Bauleitplanung. Zur Übertragbarkeit auch auf das Fachplanungsrecht vgl. BVerwGE 61, 295 (301) = NJW 1981, 2137 (2138); E 64, 270 (272 f.) = NJW 1982, 1473; *Wickel* in: Ehlers/Fehling/Pünder, BesVwR II, § 39 Rn. 71.

[430] Vgl. BVerwGE 48, 56 (59) = NJW 1975, 1373 (1374).

VwVfG). Auch ist eine Aufhebung des Planfeststellungsbeschlusses oder der Plangenehmigung ausgeschlossen, wenn die Mängel durch Planergänzung oder durch ein ergänzendes Verfahren behoben werden können (§ 75 Abs. 1a S. 2 VwVfG).

Vielfach ähnlich wie im Bereich der Planung stellt sich die Rechtslage auf dem Gebiet 151
der – insbesondere von der Bundesnetzagentur für Elektrizität, Gas, Telekommunikation, Post und Eisenbahnen wahrgenommenen – **Regulierungsverwaltung** dar (die darauf ausgerichtet ist, nicht nur einen funktionierenden Wettbewerb sicherzustellen, sondern auch positive Effekte – wie etwa flächendeckende, angemessene und ausreichende Dienstleistungen[431] – zu erreichen). Auch insoweit geht es zumeist um eine Kombination von finaler Programmierung und Setzung von im Wege der Abwägung zu bestimmenden Rechtsfolgen mit Letztentscheidungsbefugnissen der Verwaltung. Dementsprechend wird ebenso wie im Planungsrecht von (Regulierungs-)Ermessen gesprochen.[432] Doch bestehen nicht nur erhebliche Unterschiede zwischen den verschiedenen Gebieten der Regulierungsverwaltung,[433] sondern zum Teil auch innerhalb ein und desselben Rechtsgebiets. So wird der Bundesnetzagentur im Telekommunikationsrecht bei der Marktdefinition und Marktanalyse ein Beurteilungsspielraum zuerkannt,[434] wohingegen bei der Auferlegung von Zugangsverpflichtungen und der Entscheidung zwischen einer Entgeltgenehmigungspflicht oder nachträglichen Entgeltkontrolle von Regulierungsermessen gesprochen wird.[435] Die gerichtliche Kontrolle der Ausübung des regulierungsbehördlichen Letztentscheidungsrechts ist – wie im Planungsrecht (→ Rn. 150) auf Abwägungsfehler beschränkt: also auf das Vorliegen eines Abwägungsausfalls, eines Abwägungsdefizits, einer Abwägungsfehleinschätzung oder einer Abwägungsdisproportionalität.[436] In anderen Fällen wird im Telekommunikationsrecht zwischen einer gerichtlichen Vollkontrolle und eingeschränkten Kontrollen differenziert,[437] so dass die behördlichen Entscheidungsspielräume nur im Wege der einzelnen Normanalyse bestimmt werden können.[438]

**Lösung zu Fall 22:** Die Anfechtungsklage ist gemäß § 113 Abs. 1 S. 1 VwGO be- 152
gründet, wenn die Entlassung rechtswidrig ist und die Klägerin in ihren Rechten verletzt. Alle Beamtengesetze sehen vor, dass Beamtinnen und Beamte auf Probe entlassen werden können, wenn sie sich in der Probezeit nicht bewährt haben (vgl. z. B. § 23 Abs. 3 Nr. 2 BeamtStG). Da die Feststellung der Bewährung nicht auf einer förmlichen Prüfung beruht, hält das BVerwG[439] eine gesetzliche Regelung des Verfahrens für nicht erforderlich. Die Beurteilung der Bewährung ist ihrem Inhalt nach auf die Bewertung persönlicher Merkmale, ihrem Ziel nach auf die Zukunft und ihrem Maßstab nach auf Aufgaben ausgerichtet, die in der Regel der Dienstherr nach seinem Organisationsermessen für das Amt im statusrechtlichen Sinne wahrnimmt. Die Entscheidung über die Bewährung macht der Gesetzgeber somit teils von wertenden und teils von prognostischen Entscheidungen des Dienstherrn abhängig. Mithin ist der Verwaltung die Subsumtion des Sachverhaltes unter dem Begriff der „Bewährung" überlassen. Die

[431] Art. 87f Abs. 1 GG; § 1 TKG; § 1 PostG.

[432] Näher zum Ganzen *Franzius* DVBl 2009, 409; *Gärditz* NVwZ 2009, 1005; *Ludwigs* JZ 2009, 290; *Schneider* in: Fehling/Ruffert, Regulierungsrecht, 2010, S. 1207 ff.; *Ruffert* in: Ehlers/Fehling/Pünder, BesVwR I, § 22 Rn. 38; *Eifert* in: Steinbach, Verwaltungsrechtsprechung, S. 134 ff.

[433] Zu den Unterschieden im Telekommunikations- und Energierecht vgl. *Sachs/Jasper* NVwZ 2012, 649; *Franke* Die Verwaltung 49 (2016), 25.

[434] Vgl. BVerfGE 143, 216 = NVwZ 2017, 305; BVerwGE 130, 39 Rn. 18, 28 = NVwZ 2008, 575; E 131, 41 Rn. 15, 47 = NVwZ 2008, 1359; E 151, 56 Rn. 30 ff. = NVwZ 2015, 967.

[435] Vgl. BVerwGE 130, 39 Rn. 29 = NVwZ 2008, 575; E 131, 41 Rn. 29 = NVwZ 2008, 1359 (zu § 30 Abs. 1 TKG a. F.).

[436] Vgl. BVerwG NVwZ 2019, 549 Rn. 45 m. zahlreichen Nachw.

[437] Vgl. BVerwGE 153, 265 Rn. 15 = NVwZ 2016, 387; NVwZ 2017, 557 Rn. 13.

[438] *Ludwigs* in: Gärditz, VwGO, Anh. I Regulierungsrecht, Rn. 46; *Schoch* in: Hoffmann-Riem/Schmidt-Aßmann/Voßkuhle, Grundlagen VwR III, § 50 Rn. 291 ff.

[439] BVerwGE 106, 263 = NVwZ 1999, 75 → *Erichsen* JK 99, GG Art. 19 IV/18.

Entscheidung der Verwaltung unterliegt deshalb nur im Hinblick darauf der verwaltungsgerichtlichen Überprüfung, „ob der gesetzliche Begriff der Bewährung und ob die gesetzlichen Grenzen der Beurteilungsermächtigung anerkannt worden sind, ob der Beurteilung ein unrichtiger Sachverhalt zugrunde liegt und ob allgemeine Wertungsmaßstäbe nicht beachtet oder sachfremde Erwägungen angestellt worden sind (vgl. BVerwG DVBl 1984, 440; BVerwGE 85, 177 [180] = NVwZ 1991, 170 f.)". Da Umstände dieser Art nicht ersichtlich sind, ist davon auszugehen, dass die Entlassung wegen zulässiger Ausfüllung des Beurteilungsspielraums rechtmäßig erfolgte und die Klage unbegründet ist.[440]

## IV. Maßgeblicher Zeitpunkt für die Beurteilung des angefochtenen Verwaltungsakts

153 **Fall 23:** Dem A ist die Ausübung seines Gewerbes wegen finanzieller Unzuverlässigkeit (Nichtabführung von Sozialversicherungsbeiträgen und Steuern) gemäß § 35 Abs. 1 S. 1 GewO untersagt worden. Im Laufe des Anfechtungsprozesses überwindet A seine finanziellen Schwierigkeiten. Wie wird das Gericht entscheiden?

154 **Fall 24:** Studienrat B wurde neben seinem Gehalt eine befristete Zulage für die Durchführung von Lehrerseminaren als Fachleiter gewährt. Mit Wirkung zum 1.1.2018 wurde B an ein anderes Gymnasium versetzt. Aufgaben eines Fachleiters sind ihm nicht mehr zugewiesen worden. Die Zulage erhielt B aber weiter. Im Juli 2018 bemerkte die zuständige Behörde die Weiterzahlung der Zulage und widerrief diese ab dem 1.1.2018. Hiergegen hat B Anfechtungsklage erhoben. Ist diese begründet?

155 **Fall 25:** C erhebt Klage gegen einen an ihn adressierten Abgabenbescheid, der auf eine nichtige Abgabensatzung gestützt worden ist. Im Laufe des Prozesses wird eine nicht auf den Erlasszeitpunkt zurückwirkende Abgabensatzung nachgeschoben.

156 Als Zeitpunkt für die Beurteilung der Rechtmäßigkeit des Verwaltungsakts und der Rechtsverletzung kommt der Abschluss des Verwaltungsverfahrens – d. h. der Erlasszeitpunkt des Verwaltungsakts oder des Widerspruchsbescheides (§ 79 Abs. 1 VwGO) – oder der Zeitpunkt der letzten mündlichen Verhandlung vor dem Verwaltungsgericht respektive der Zeitpunkt der gerichtlichen Entscheidung in Betracht. Zu unterscheiden ist zwischen dem Klageantrag sowie dem prozessrechtlich und dem materiellrechtlich maßgebenden Zeitpunkt.[441] Der **Kläger** bestimmt mit seinem Begehren bzw. Antrag (§§ 82 Abs. 1 S. 2, 88 VwGO) den Gegenstand des Rechtsstreits (z. B. Aufhebung des Verwaltungsakts ex tunc oder ex nunc oder für einen bestimmten Zeitraum in der Vergangenheit). Das **Gericht** entscheidet ungeachtet des nur den Gegenstand der Anfechtungsklage betreffenden § 79 Abs. 1 Nr. 1 VwGO im Zeitpunkt der letzten mündlichen Verhandlung oder seiner Entscheidung über die (Zulässigkeits- und) Begründetheitsvoraussetzungen der Klage **(prozessrechtlicher Zeitpunkt).**[442] Die Streitsache ist tatsächlich und rechtlich zu erörtern

---

[440] Vgl. BVerwGE 106, 263 = NVwZ 1999, 75 → *Erichsen* JK 99, GG Art. 19 IV/18.

[441] Vgl. *Scherzberg* BayVBl 1992, 426; *Baumeister* Jura 2005, 655; *Gärditz/Orth* Jura 2013, 1100; *Schübel-Pfister* in: Eyermann, VwGO, § 113 Rn. 55 ff.; *Wolff* in: Sodan/Ziekow, VwGO, § 113 Rn. 90 ff.; *Schenke* Verwaltungsprozessrecht, Rn. 782 ff.; ausführlich zum Ganzen *ders.* JuS 2019, 833. Krit. *Hufen* Verwaltungsprozessrecht, § 24 Rn. 7.

[442] *Schenke* Verwaltungsprozessrecht, Rn. 794. A. A. *Würtenberger/Heckmann* Verwaltungsprozessrecht, Rn. 697 f., wonach nachträgliche Veränderungen des Verwaltungsakts nach Erlass des Widerspruchsbescheides im Rahmen der Anfechtungsklage nicht mehr berücksichtigt werden dürfen.

(§ 104 Abs. 1 VwGO). Die Entscheidung darf nur auf Tatsachen und Beweisergebnisse gestützt werden, zu denen die Beteiligten sich äußern konnten (§ 108 Abs. 2 VwGO). Findet keine mündliche Verhandlung statt (§ 101 Abs. 2, 3 VwGO), kommt es auf den Zeitpunkt der Entscheidung, ansonsten auf den Zeitpunkt der mündlichen Verhandlung an. Eine diesbezügliche ausdrückliche Regelung trifft § 77 Abs. 1 AsylG. Nach Schluss der mündlichen Verhandlung können Angriffs- und Verteidigungsmittel nicht mehr vorgebracht werden (§ 173 S. 1 VwGO i. V. m. § 296a S. 1 ZPO). Teilweise wird die Auffassung vertreten, dass immer der Zeitpunkt der gerichtlichen Entscheidung maßgebend ist.[443] Doch ist im Falle einer entscheidungsrelevanten Veränderung der Sach- oder Rechtslage nach Durchführung einer mündlichen Verhandlung eine Wiedereröffnung gemäß § 104 Abs. 3 S. 2 VwGO geboten, wenn das Gericht auf die veränderten Umstände abstellen will oder muss.[444] Im Falle einer materiellen oder innerprozessualen Präklusion (→ Rn. 68 f.) kann sich der Kläger nicht mehr auf ein verspätet vorgetragenes Vorbringen berufen. Ansonsten dürfen auch im Rechtsmittelverfahren (Berufungs- und Beschwerdeverfahren nach § 146 Abs. 1 VwGO) noch bereits im Ausgangsverfahren bekannte Tatsachen erstmalig vorgetragen werden.[445]

Ob der Verwaltungsakt rechtswidrig, der Kläger dadurch in seinen Rechten verletzt ist 157
und deshalb einen Anspruch auf Aufhebung des Verwaltungsakts hat, bestimmt sich nicht nach § 113 Abs. 1 S. 1 VwGO, sondern nach den **Maßstabsnormen des materiellen Rechts.**[446] Das Prozessrecht dient nur der Durchsetzung des materiellen Rechts. Deshalb entscheidet das materielle Recht darüber, ob es für die Beurteilung der Rechtmäßigkeit des Verwaltungsakts auf den Abschluss des Verwaltungsverfahrens oder auf einen anderen Zeitpunkt (spätestens den Zeitpunkt der letzten mündlichen Verhandlung vor Gericht oder der Entscheidung des Gerichts) ankommt.[447] Wie sich namentlich aus den §§ 48, 49, 51 VwVfG (die auf der Vorstellung beruhen, dass ein Verwaltungsakt nur dann als rechtswidrig zu qualifizieren ist, wenn „das im Zeitpunkt des Erlasses geltende Recht unrichtig angewendet wird")[448] und aus Vorschriften nach Art des § 17 BImSchG (nachträgliche Anordnungen) ergibt, bestimmt sich die Normkonformität eines Verwaltungsakts in der Regel nach der **Sach- und Rechtslage** zur **Zeit** seines **Erlasses.**[449] Ist z. B. eine Baugenehmigung rechtmäßig erteilt worden oder eine Abschlussprüfung rechtmäßig für nicht bestanden erklärt worden, ändert sich hieran nicht dadurch etwas, dass im Laufe des Anfechtungsprozesses ein das Bauen verbietender Bebauungsplan erlassen worden ist oder der Prüfling seinen Wissensstand verbessert hat.

Anderes gilt, wenn es ausnahmsweise kraft gesetzlicher Regelung auf eine während des 158
gerichtlichen Verfahrens eintretende **Veränderung der Sach- oder Rechtslage** ankommt. So hat das BVerwG angenommen, dass eine ursprünglich rechtmäßige Ausweisung eines Ausländers nach der Gesetzeslage (i. V. m. dem Unionsrecht) rechtswidrig werden kann (und sogar mit Wirkung ex tunc aufgehoben werden müsse), wenn sich im Zeitpunkt der letzten mündlichen Verhandlung vor Gericht herausstellt, dass die Gefahr einer Wiederholung von Straftaten nicht mehr besteht.[450] Aus materiell-rechtlichen Gründen treffe die Ausländerbehörde die Pflicht zur ständigen verfahrensbegleitenden Kontrolle der Recht-

---

443 *Baumeister* Jura 2005, 655 (659).

444 Vgl. auch *W.-R. Schenke/R. P. Schenke* in: Kopp/Schenke, VwGO, § 113 Rn. 33 m. Fn. 43.

445 Vgl. für das Berufungsverfahren BVerwG NVwZ-RR 2002, 894; für das Beschwerdeverfahren *Gärditz/Orth* Jura 2013, 1100 (1102); *Guckelberger* in: Sodan/Ziekow, VwGO, § 146 Rn. 81 ff.

446 St. Rspr. vgl. BVerwGE 78, 243 (244) = NVwZ 1988, 260 (261); E 92, 32 (35) = NJW 1993, 1729 (1730); E 130, 20 Rn. 13 = NVwZ 2008, 434.

447 Vgl. BVerwG NVwZ 1991, 360; E 130, 113 = NVwZ 2008, 437 → *Schoch* JK 7/08, VwGO § 113 I 1/23 und → JA 2009, 316 *(Wolff)*.

448 BT-Drs. 7/910 S. 68.

449 BVerwG NVwZ 1990, 653; *Lehner* Die Verwaltung 26 (1993), 183; *Ruffert* in: Ehlers/Pünder, AllgVwR, § 22 Rn. 38; *Maurer/Waldhoff* AllgVwR, § 11 Rn. 18 f.; a. A. z. B. BVerwGE 82, 98 (99) = NVwZ 1990, 70 (71); *Schenke* DVBl 1989, 433; *ders.* BayVBl 1990, 107.

450 BVerwGE 144, 230 Rn. 20 = NVwZ 2013, 361 Rn. 20.

mäßigkeit ihrer Verfügung, so dass sie nachträglich eingetretene Umstände berücksichtigen müsse.[451] Ferner gebietet es das verfassungsrechtliche Übermaßverbot, eine rechtmäßig erlassene baurechtliche Abrissverfügung als rechtmäßig zu behandeln, wenn während des gerichtlichen Verfahrens ein neuer Bebauungsplan erlassen wurde, der das Bauen nunmehr erlaubt.[452] Ähnliche Konsequenzen können sich aus dem Europäischen Unionsrecht ergeben.[453] Noch seltener kommt ein nachträgliches Rechtmäßigwerden rechtswidrig erlassener Verwaltungsakte in Betracht. Dass die Verwaltung einen inhaltsgleich neuen Verwaltungsakt erlassen könnte, reicht nicht aus (dazu Fall 25 → Rn. 155 und Lösung → Rn. 162). Falls ein solcher Verwaltungsakt erlassen worden ist und in das gerichtliche Verfahren einbezogen werden soll, liegt eine Klageänderung vor, deren Zulässigkeit sich nach § 91 VwGO beurteilt (→ § 25 Rn. 27). Ausnahmsweise kann ein rechtswidriger Verwaltungsakt rechtmäßig werden, wenn das Gesetz eine echte Rückwirkung vorsieht, eine Ergänzung der Ermessenserwägung nach § 114 S. 2 VwGO den Fehler korrigiert, sich die Rechtswidrigkeit aus einem anderen Verwaltungsakt ergibt, der während des gerichtlichen Verfahrens von der Verwaltung rückwirkend aufgehoben worden ist, oder ein gemäß § 46 VwVfG beachtlicher Verfahrens- oder Formfehler mit Wirkung ex nunc[454] bis zum Abschluss der letzten Tatsacheninstanz des verwaltungsgerichtlichen Verfahrens geheilt wird (§ 45 Abs. 2 VwVfG).[455] Der Kläger kann dann die Klage nach § 92 Abs. 1 VwGO zurücknehmen, wobei über die Kosten nach § 155 Abs. 4 VwGO zu entscheiden ist.

159 Grundsätzlich anders kann sich die Rechtslage insbesondere bei **Verwaltungsakten mit Dauerwirkung** darstellen. Hierunter sind Verwaltungsakte zu verstehen, die auf Dauer angelegte Rechtsverhältnisse zur Entstehung bringen und sich so ständig neu aktualisieren.[456] Regelmäßig wird dann für die Beurteilung der materiellen Rechtmäßigkeit des Verwaltungsakts auf die Sach- und Rechtslage zum Zeitpunkt der letzten tatsachengerichtlichen Verhandlung abgestellt.[457] Doch kann auch insoweit anderes gelten (dazu Fall 23 → Rn. 153 und Lösung → Rn. 160). Ein Dauerverwaltungsakt kann für die gesamte Dauer seiner Wirkung und damit auch für vergangene Zeiträume angefochten werden. Entfällt nur für die Vergangenheit die Beschwer, kann Fortsetzungsfeststellungsklage erhoben und lediglich eine Aufhebung des Verwaltungsakts ex nunc begehrt werden.[458] Im Falle des Erlasses von Verkehrsverboten durch Verkehrszeichen soll es auf den Zeitpunkt der jeweiligen Bekanntgabe an den Verkehrsteilnehmer ankommen (→ Rn. 113). Bei rückwirkenden Änderungen des Rechts stellt sich die Frage der Änderung des Prüfungsmaßstabes nicht (weil rückwirkend von Anfang an der neue Maßstab gilt). Dies setzt voraus, dass die Rückwirkung zulässig ist.[459]

160 **Lösung zu Fall 23:** Maßgeblicher Zeitpunkt ist nach der zutreffenden Auffassung des BVerwG[460] der Erlasszeitpunkt des Verwaltungsakts. Zwar wird die Gewerbeuntersagung als Dauerverwaltungsakt angesehen. Jedoch ist die Wiedergestattung der Gewerbeausübung gemäß § 35 Abs. 6 S. 1 GewO von einem an die Behörde zu richtenden

---

[451] BVerwGE 130, 20 Rn. 14, 20 = NVwZ 2008, 434 f.
[452] *Schenke* Verwaltungsprozessrecht, Rn. 801a.
[453] Vgl. *Gärditz/Orth* Jura 2013, 1100 (1107).
[454] Str., vgl. *Pünder* in: Ehlers/Pünder, AllgVwR, § 14 Rn. 80.
[455] Vgl. *Schenke* Verwaltungsprozessrecht, Rn. 804a; *ders.* JuS 2019, 833 (839 ff.). Vgl. aber auch *Hufen* Verwaltungsprozessrecht, § 24 Rn. 8.
[456] *Ruffert* in: Ehlers/Pünder, AllgVwR, § 22 Rn. 38.
[457] BVerwGE 92, 32 (35) = NJW 1993, 1729 (1730); E 97, 214 (221) = NJW 1995, 1371 (1373); E 138, 21 Rn. 21 = NJW 2011, 246 Rn. 22; NVwZ-RR 2018, 12 Rn. 8; *Hufen* Verwaltungsprozessrecht, § 24 Rn. 9; a. A. *Gärditz/Orth* Jura 2013, 1100 (1106) m. Hinw. darauf, dass auch bei Dauerverwaltungsakten nur ein Anspruch auf Widerruf im Rahmen der §§ 51, 49 Abs. 1 VwVfG besteht.
[458] BVerwG NVwZ 2012, 510.
[459] Vgl. *Sachs* in: Sachs, GG, Art. 20 Rn. 132 ff.; *Jarass* in: Jarass/Pieroth, GG, Art. 20 Rn. 96 ff.
[460] BVerwGE 65, 1 (2 f.) = NVwZ 1982, 503 f.; *Ehlers* in: Ehlers/Fehling/Pünder, BesVwR I, § 18 Rn. 67.

schriftlichen Antrag abhängig. Das Antragserfordernis schließt eine Berücksichtigung der für die Wiedergestattung relevanten Umstände im laufenden Anfechtungsprozess aus.[461]

**Lösung zu Fall 24:** Als Ermächtigungsgrundlage für die Aufhebung der Gewährung der Zulage kommt § 48 oder § 49 VwVfG in Betracht. Die Rücknahmebestimmung des § 48 VwVfG bezieht sich auf rechtswidrige Verwaltungsakte. Fraglich ist, welcher Zeitpunkt für die Beurteilung der Rechtmäßigkeit des Verwaltungsakts maßgebend ist. Nach einer im konkreten Fall vom BVerwG bestätigten Ansicht des OVG NW[462] bezieht sich § 48 VwVfG auch auf Verwaltungsakte, die im Zeitpunkt ihres Erlasses rechtmäßig waren, später jedoch rechtswidrig geworden sind. Dieser Ansicht widerspricht nicht nur die Entstehungsgeschichte der §§ 48, 49 VwVfG, sondern auch die Normierung des § 49 Abs. 2 S. 1 Nr. 3 und 4, Abs. 3 VwVfG, weil nachträgliche Veränderungen dem § 49 und nicht dem § 48 VwVfG zugeordnet werden. Andernfalls lassen sich die §§ 48 und 49 VwVfG auch kaum auseinanderhalten. Die Voraussetzungen des § 49 Abs. 3 VwVfG liegen nicht vor, da dem A die Zulage nicht zur Erfüllung eines bestimmten Zwecks gewährt wurde oder hierfür Voraussetzung ist. Vielmehr durfte A das Geld für beliebige Zwecke verwenden. Demgemäß greift nur § 49 Abs. 2 Nr. 3 VwVfG ein. Diese Vorschrift ermöglicht aber nur einen Widerruf für die Zukunft. Die Aufhebung des Zulagebescheides ist daher insoweit rechtswidrig, als sie auch für die Vergangenheit erfolgt ist. 161

**Lösung zu Fall 25:** Im Zeitpunkt seines Erlasses war der auf eine nichtige Satzung gestützte Abgabenbescheid rechtswidrig. Gleichwohl soll nach Ansicht des BVerwG[463] die Anfechtungsklage keinen Erfolg haben, weil die nachgeschobene Satzung (die einen Verwaltungsakt gleichen Inhalts ermöglicht) den Aufhebungsanspruch entfallen lässt. Dieser Ansicht ist nicht zu folgen.[464] Die nachgeschobene, nicht rückwirkende Satzung vermag den grundrechtlichen Abwehranspruch des C nicht zu beseitigen. Auch scheitert die Klage nicht gemäß dem Grundsatz „dolo agit, qui petit, quod statim redditurus est" am fehlenden Rechtsschutzbedürfnis oder an der fehlenden Rechtsverletzung (§ 113 Abs. 1 S. 1 VwGO), weil das Beharren auf die Herstellung rechtskonformer Zustände nicht rechtsmissbräuchlich ist. Zumindest müsste der Abgabenbescheid für den Zeitraum zwischen seinem Ergehen und dem Inkrafttreten der neuen Satzung aufgehoben werden. 162

## V. Zulässigkeit eines Nachholens oder Nachschiebens von Begründungen

**Fall 26:** Die Einbürgerung von D ist nach vorheriger Anhörung des D und ausführlicher Erörterung der Rechtslage ohne Begründung von der zuständigen Behörde zurückgenommen worden (§ 35 Abs. 1 StAG). Bei dem im Rahmen der Anhörung ge- 163

[461] A. A. *Schenke* WiVerw 1988, 145 (166 ff.); anders nunmehr *ders.* Verwaltungsprozessrecht, Rn. 801, der allein aus dem Antragserfordernis nicht auf die Notwendigkeit eines Verwaltungsverfahrens schließen will (obwohl nach § 35 Abs. 6 GewO die Behörde – und nicht das Gericht – die Ausübung des Gewerbes zu gestatten hat). Lagen die Voraussetzungen für eine Gewerbeuntersagung nach § 35 Abs. 1 GewO zum Zeitpunkt der letzten Verwaltungsentscheidung noch nicht vor, ist dies aber zum Zeitpunkt der letzten gerichtlichen Verhandlung der Fall, soll die Anfechtungsklage nach NdsOVG NVwZ 1995, 185 erfolglos bleiben. § 35 Abs. 6 GewO verbiete lediglich die Berücksichtigung einer späteren positiven Entwicklung im Anfechtungsstreit.

[462] OVG NW NVwZ-RR 1988, 1 (2).

[463] BVerwGE 64, 218 (221) = NVwZ 1982, 375 (376); BVerwG NVwZ 1991, 360 f.

[464] Wie hier *Scherzberg* BayVBl 1992, 426.

führten Gespräch hat sich die Behörde darauf berufen, dass D die Einbürgerung wegen bestimmter Straftaten erschlichen hat. Nachdem der Widerspruch des D ohne zureichenden Grund nicht in angemessener Frist beschieden wurde (§ 75 VwGO), erhebt D verwaltungsgerichtliche Anfechtungsklage. Im Prozess begründet die Behörde die Rücknahme der Einbürgerung mit anderen Straftaten des D.

164 Ist ein Verwaltungsakt **nicht, unvollständig oder unzutreffend begründet** worden, stellt sich die Frage, welche prozessuale Bedeutung dies hat und ob der Mangel noch im Prozess korrigiert werden kann. Ob Verwaltungsakte einer Begründung bedürfen, ergibt sich (vorbehaltlich inhaltsgleicher oder entgegenstehender Regelungen) aus § 39 VwVfG. Fehlt eine Begründung oder ist die Begründung, gemessen an den Erfordernissen des § 39 Abs. 1 S. 2, 3 VwVfG, unvollständig, stellt dies einen Verfahrensfehler dar, der aber gemäß § 45 Abs. 1 Nr. 2, Abs. 2 VwVfG bis zum Abschluss der letzten Tatsacheninstanz des verwaltungsgerichtlichen Verfahrens noch mit heilender Wirkung nachgeholt werden kann. Kommt es nicht zur Nachholung, ist die Anfechtungsklage wegen fehlender Rechtsverletzung – bzw. Aufhebbarkeit des Verwaltungsakts (→ Rn. 132) – gleichwohl unbegründet, wenn § 46 VwVfG eingreift (d. h. offensichtlich ist, dass die Verletzung die Entscheidung in der Sache nicht beeinflusst hat).

165 Von dem formellen Erfordernis der Begründungspflicht zu unterscheiden ist die materiellrechtlich zu klärende Frage, ob **inhaltlich fehlerhafte oder unzureichende Begründungen** eines Verwaltungsakts durch „Nachschieben" neuer den Verwaltungsakt stützender Gründe ersetzt respektive ergänzt werden können.[465] Die traditionelle Auffassung bejaht dies, wenn die von der Verwaltung nachgeschobenen Gründe schon beim Erlass des Verwaltungsakts vorlagen, der Verwaltungsakt keine Wesensveränderung erleidet und der Kläger durch das Nachschieben nicht unzulässig in seiner Rechtsverteidigung beeinträchtigt wird.[466]

166 Die **zeitliche Begrenzung** (Vorliegen der Gründe bei Erlass des Verwaltungsakts) ist zu starr. Soweit Veränderungen der Sach- und Rechtslage nach Abschluss des Verwaltungsverfahrens noch im verwaltungsgerichtlichen Verfahren zu berücksichtigen sind (→ Rn. 156 ff.), muss grundsätzlich auch ein Nachschieben von Gründen zulässig sein.[467]

167 Statt von einer **Wesensänderung** sollte besser von einer Änderung der Identität des Verwaltungsakts gesprochen werden.[468] Bleibt es bei dem Regelungsgehalt und der Adressatenstellung, ändert sich bei rechtlich gebundenen Verwaltungsakten durch die Beifügung einer anderen Begründung nichts an der Identität des Verwaltungsakts (weil das Gericht nicht an die Auffassung der Behörde gebunden ist, im Rahmen seiner Pflicht zur Erforschung des Sachverhalts von Amts wegen – § 86 VwGO[469] – alle verfügbaren Erkenntnismöglichkeiten auszuschöpfen hat[470] und ein identischer Verwaltungsakt erneut erlassen werden müsste).[471] Es gilt dann der Grundsatz, dass Reparatur vor Kassation geht.[472] Bei Entscheidungen mit **Beurteilungsspielräumen** und **Ermessensentscheidungen** stellt sich die Rechtslage prinzipiell anders dar. Die Identität eines Verwaltungsakts ändert sich,

---

[465] Vgl. dazu *Schoch* DÖV 1984, 401; *Horn* Die Verwaltung 25 (1992), 203; *Schenke* VerwArch 90 (1999), 232.

[466] Vgl. BVerwGE 22, 215 (218) = VerwRspr 1966, 936 (937); E 38, 191 (195) = VerwRspr 1972, 446 (448); E 85, 163 (166) = NJW-RR 1990, 1351 (1352); E 105, 55 (59) = NJW 1998, 2233 (2234); E 147, 81 Rn. 32 = NVwZ 2014, 151; *Maurer/Waldhoff* AllgVwR, § 10 Rn. 65; krit. *Schenke* Verwaltungsprozessrecht, Rn. 813 ff.

[467] Ebenso *Schenke* VerwArch 90 (1999), 232 (248 f.); vgl. aber auch *Rennert* in: Eyermann, VwGO, § 114 Rn. 91, der terminologisch zwischen Nachschieben von Gründen und dem Reagieren auf nachträglich veränderte Umstände unterscheidet.

[468] Vgl. BVerwG NVwZ 1993, 976; *Gerhardt* in: Schoch/Schmidt-Aßmann/Pietzner, VwGO, 16. EL März 2008, § 113 Rn. 21.

[469] Vgl. BVerwGE 161, 180 Rn. 35 = NVwZ 2018, 1804.

[470] BVerwGE 161, 180 Rn. 35 = NVwZ 2018, 1804.

[471] *Rennert* in: Eyermann, VwGO, § 114 Rn. 90. Zu möglichen (sich aus dem Fachrecht ergebenden) Ausnahmen vgl. *Schenke* VerwArch 90 (1999), 232 (252 ff.).

[472] *Gerhardt* in: Schoch/Schmidt-Aßmann/Pietzner, VwGO, 16. EL März 2008, § 113 Rn. 28.

wenn die ihm zugrunde liegenden Beurteilungs- oder Ermessenserwägungen im Kern ausgetauscht werden.[473] Dies kommt in der Regel dem Neuerlass des Verwaltungsakts gleich.[474] Eine Änderung der Identität ist ferner gegeben, wenn sich die Behörde ursprünglich (zu Unrecht) für gebunden gehalten hat, nunmehr nachträglich aber eine Beurteilungs- oder Ermessensentscheidung trifft.[475] Geschieht dies im gerichtlichen Verfahren, kommt hinzu, dass die Gefahr besteht, dass die Verwaltungsbehörde ihren Gestaltungsspielraum nicht mehr ergebnisoffen ausübt, sondern die Vermeidung einer Niederlage vor Gericht ihr Handeln bestimmt. Fehlt einer Entscheidung, die in das Ermessen der Behörde gestellt ist, die erforderliche Begründung, bedarf es einer einzelfallbezogenen Prüfung, ob das Fehlen von Ermessenserwägungen auf einem Ermessensnichtgebrauch beruht. In diesem Fall ist eine nachgeholte Begründung nicht zuzulassen. Ergibt die einzelfallbezogene Prüfung hingegen, dass die Behörde das ihr zustehende Ermessen erkannt und ausgeübt, aber lediglich die getroffene Entscheidung nicht schriftlich begründet hat, ist die nachgeschobene Begründung im Laufe des Klageverfahrens zu berücksichtigen.[476]

Anders kann sich die Rechtslage jedoch darstellen, wenn es für die Beurteilung der Rechtmäßigkeit des Verwaltungsakts nicht auf die Rechtslage im Zeitpunkt der letzten Behördenentscheidung, sondern auf den **Zeitpunkt** der mündlichen Verhandlung vor Gericht oder **der gerichtlichen Entscheidung** ankommt (→ Rn. 158). Die Verwaltungsbehörde ist dann verpflichtet, die Rechtmäßigkeit des Verwaltungsakts verfahrensbegleitend zu kontrollieren und auf veränderte Umstände zu reagieren.[477] Ebenso muss das Tatsachengericht im Rahmen seiner Aufklärungspflicht auch neue entscheidungserhebliche Umstände, die nach der behördlichen Entscheidung eintreten oder bekannt geworden sind, umfassend ermitteln und würdigen.[478] **168**

Kommt es zu keiner Änderung des Regelungsgehalts und der Adressatenstellung, kann die Einbeziehung der veränderten Umstände rechtmäßig sein.[479] So hat das BVerwG entschieden, dass es im Rechtsstreit um die Ausweisung eines Ausländers zulässig ist, eine behördliche Ermessensentscheidung erstmals im gerichtlichen Verfahren zu treffen und zur gerichtlichen Prüfung zu stellen, wenn sich aufgrund neuer Umstände (wie der Einwirkung des Unionsrechts) die Notwendigkeit einer Ermessensausübung erst nach Klageerhebung ergibt.[480] Der Verwaltungsakt wird dann nicht in seinem Wesen (Identität) geändert, vorausgesetzt, die Behörde hält die Entscheidung trotz der neuen Umstände aufrecht.[481] Trifft Letzteres zu, dient das Abstellen auf die veränderten Umstände gerade nicht der Reparatur eines ursprünglich rechtswidrigen, sondern der Aufrechterhaltung eines ursprünglich rechtmäßigen Verwaltungsakts.[482] Ebenso soll bei **Verwaltungsakten mit Dauerwirkung** (→ Rn. 159) ein Austausch wesentlicher Ermessenserwägungen für die Zukunft (nicht für bereits abgelaufene Zeiträume) statthaft sein, wenn es auf den Zeitpunkt der gerichtlichen Entscheidung ankommt. Führt die Änderung der Begründung mit Wirkung für **169**

---

[473] Vgl. BVerwG NVwZ 2007, 470; BayVGH BayVBl. 1999, 627 f.; *Rennert* in: Eyermann, VwGO, § 114 Rn. 90.

[474] *Schenke* Verwaltungsprozessrecht, Rn. 815.

[475] BVerwG NVwZ 2007, 470 Rn. 22; E 129, 367 Rn. 30 = NVwZ 2008, 326; zur Frage, ob dies auch dann gilt, wenn die Ausgangsbehörde und Widerspruchsbehörde identisch sind und ein Ausfall der Zweckmäßigkeitsprüfung durch die Widerspruchsbehörde deshalb nicht zu befürchten ist, vgl. *Schoch* DÖV 1984, 401 (410).

[476] OVG NW NWVBl. 2018, 208 (210).

[477] BVerwGE 141, 253 Rn. 10 = NVwZ 2012, 698 → *Schoch* JK 9/12, VwGO § 114/4.

[478] BVerwGE 130, 20 Rn. 18 = NVwZ 2008, 434; E 141, 253 Rn. 10 = NVwZ 2012, 698 → *Schoch* JK 9/12, VwGO § 114/4.

[479] Vgl. auch *Rennert* in: Eyermann, VwGO, § 114 Rn. 91.

[480] Vgl. BVerwGE 121, 297 (308 f.) = NVwZ 2005, 220 (222) = JZ 2008, 514 (m. krit. Anm. *Hailbronner*); E 130, 20 = NVwZ 2008, 434; E 133, 329 Rn. 42 = NVwZ 2010, 262; E 141, 253 Rn. 8 ff. = NVwZ 2012, 698 → *Schoch* JK 9/12, VwGO § 114/4; krit. *Kluckert* DVBl 2013, 355 (358 f.); *Schenke* DVBl 2014, 285 (292 ff.).

[481] BVerwGE 121, 297 (309 f.) = NVwZ 2005, 220 (223); E 141, 253 Rn. 15 = NVwZ 2012, 698 → *Schoch* JK 9/12, VwGO § 114/4; ausführlich zum Ganzen *Kluckert* DVBl 2013, 355.

[482] Vgl. zum Ganzen auch *Rennert* in: Eyermann, VwGO, § 114 Rn. 91.

die Zukunft dazu, dass die bisherigen Erfolgsaussichten der Klage entfallen, stehe es dem Kläger frei, den Rechtsstreit durch Erledigungserklärung ohne eigene Kostenbelastung zu beenden (§ 161 Abs. 2 VwGO), sofern er den Verwaltungsakt nicht für die Vergangenheit anfechten oder (im Falle der Erledigung) Fortsetzungsfeststellungsklage erheben will.[483]

170 **§ 114 S. 2 VwGO** gestattet es der Verwaltungsbehörde, ihre Ermessenserwägungen hinsichtlich des Verwaltungsakts auch noch im verwaltungsgerichtlichen Verfahren zu ergänzen. Damit wird jedoch nur die prozessrechtliche Seite des Nachschiebens von Gründen bei dem Vorliegen eines Ermessens-Verwaltungsakts geregelt (keine Klageänderung, kein weiteres Vorverfahren).[484] Die Frage, wann ein Verwaltungsakt rechtmäßig ist, beurteilt sich nach dem materiellen Recht, nicht nach dem Prozessrecht (→ Rn. 157). Der VwGO-Gesetzgeber (Bund) wäre auch nicht befugt, über die Rechtmäßigkeit von Verwaltungsakten zu entscheiden, die auf dem Landesverwaltungsrecht beruhen.

171 Jedoch ist auch nach materiellem Recht zwischen (zulässiger) **Ergänzung** und (unzulässiger) **Ersetzung** (vollständige Nachholung oder Auswechselung) von Ermessenserwägungen zu unterscheiden. Von einer Ergänzung kann nur gesprochen werden, wenn die Behörde im Kern an ihren bisherigen Ermessenserwägungen festhält und das materielle Recht (in der Regel) nicht schlechthin eine spätere „Anreicherung" (Verdeutlichung, Klarstellung, Komplettierung, Vertiefung) von Ermessenserwägungen ausschließt. Ein Widerspruch zum materiellen Recht ergibt sich dann nicht. Soweit ein Austausch wesentlicher Ermessenserwägungen oder eine erstmalige Ermessensbetätigung während des gerichtlichen Verfahrens als zulässig angesehen werden (→ Rn. 169), kann allerdings nicht mehr von bloßer Ergänzung gesprochen werden. Entweder muss § 114 S. 2 VwGO dann teleologisch reduziert[485] oder angenommen werden, dass die Vorschrift diese Fallgestaltung nicht erfasst. Zulässig sollen ergänzende Erwägungen im gerichtlichen Verfahren auch sein, wenn die Verwaltung von einem intendierten Ermessen ausgegangen ist (→ Rn. 148), und sich der Kläger nach Erlass des Verwaltungsakts auf einen atypischen Sachverhalt berufen hat.[486]

172 Dagegen scheidet ein Nachschieben von Gründen regelmäßig im Falle einer **Kollegialentscheidung** aus.[487] Entsprechendes dürfte für rückwirkende Ermessenserwägungen in Bezug auf erledigte Verwaltungsakte anzunehmen sein. Im verwaltungsgerichtlichen Revisionsverfahren ist auch im Falle der Beurteilung von Verwaltungsakten mit Dauerwirkung nur eine Ergänzung (nicht ein Austausch von Ermessenserwägungen) zulässig, wie sich aus § 137 Abs. 2 VwGO entnehmen lässt.[488] Die auch für Verpflichtungsklagen geltende Bestimmung des § 114 S. 2 GGO findet auf Beurteilungsspielräume entsprechende Anwendung. Ein Nachschieben von Gründen nicht reproduzierbarer Entscheidungen (wie mündlicher Prüfungen) ist ausgeschlossen.[489]

173 In seiner **Rechtsverteidigung** durch das Nachschieben von Gründen unzulässig beeinträchtigt wird ein Kläger im Falle von **Überraschungsentscheidungen** (vgl. § 108 Abs. 2 VwGO) und im Falle einer Verletzung des Grundsatzes des rechtlichen Gehörs (Art. 103 Abs. 1 GG).[490] Sowohl bei der Ergänzung als auch erst recht bei der (ausnahmsweise) zulässigen

[483] BVerwGE 147, 81 Rn. 32 ff. = NVwZ 2014, 151.

[484] BVerwGE 147, 81 Rn. 34 = NVwZ 2014, 151; NVwZ-RR 2014, 657 Rn. 11; OVG NW NWVBl 2019, 302 (303); a. A. *Hufen* Verwaltungsprozessrecht, § 24 Rn. 20.

[485] Vgl. BVerwGE 106, 351 (364) = NVwZ 1999, 425 (428); E 147, 81 Rn. 34 = NVwZ 2014, 151, wonach der Zweck des § 114 S. 2 VwGO nur die Klarstellung sei, dass ein materiell- und verwaltungsverfahrensrechtlich zulässiges Nachholen von Ermessensentscheidungen nicht an prozessualen Hindernissen scheitert.

[486] BVerwGE 105, 55 (59) = NJW 1998, 2233 (2234).

[487] *Rennert* in: Eyermann, VwGO, § 114 Rn. 90.

[488] Vgl. *Eggert* Liber Amicorum Ehlers, 2015, S. 551.

[489] *Rennert* in: Eyermann, VwGO, § 114 Rn. 90.

[490] Vgl. auch *Schenke* VerwArch 90 (1999), 232 (250). Überschreiten die nachträglichen Erwägungen den Rahmen des zulässigen Nachschiebens, sind sie im Prozess zunächst unbeachtlich. Hat die Behörde in Wahrheit einen neuen Verwaltungsakt erlassen (und damit den alten aufgehoben) kann der Kläger die Hauptsache für erledigt erklären oder einen Fortsetzungsfeststellungsantrag gemäß § 113 Abs. 1 S. 4 VwGO stellen und

Nachholung einer behördlichen Ermessensentscheidung im gerichtlichen Verfahren stellt das BVerwG strenge Anforderungen an Form und Handhabung. Die Verwaltungsbehörde müsse klar und eindeutig zu erkennen geben, mit welchen neuen Begründungen die behördliche Entscheidung aufrechterhalten bleiben soll, da nur dann der Betroffene wirksam seine Rechte verfolgen und die Gerichte die Rechtmäßigkeit der Verfügung überprüfen könnten. Daher müsse die Behörde zugleich deutlich machen, welche ihre ursprünglichen Erwägungen weiterhin aufrecht erhalten bleiben und welche durch die neuen Entscheidungen gegenstandslos werden sollen. Aus Gründen der Rechtsklarheit und -sicherheit habe die Nachholung der Ermessenserwägung grundsätzlich schriftlich zu erfolgen. Außerdem müsse dem Kläger zunächst Gelegenheit gegeben werden, sich zu den neuen Tatsachen zu äußern.[491]

**Lösung zu Fall 26:** Obwohl die Rücknahme der Einbürgerung[492] nicht begründet wurde, liegt keine Verletzung des § 39 VwVfG vor, weil dem D wegen des im Rahmen der Anhörung geführten Rechtsgesprächs die Auffassung der Behörde über die Sach- und Rechtslage bereits bekannt war (§ 39 Abs. 2 Nr. 2 VwVfG). Da sich die Behörde im Prozess aber auf ganz andere Straftaten und damit auf ganz andere Gründe beruft, hat sie ihre Ermessenserwägungen nicht ergänzt (i. S. v. § 114 S. 2 VwGO), sondern ersetzt. Bei der Rücknahme handle es sich auch nicht um einen Dauerverwaltungsakt oder um einen Verwaltungsakt, dessen Rechtmäßigkeit erst auf einen nach seinem Erlass gelegenen Zeitpunkt zu beurteilen ist. Das Nachschieben von Gründen im gerichtlichen Verfahren war daher unzulässig, weil es der Verwaltung nicht gestattet ist, den angefochtenen Verwaltungsakt durch einen anderen (wenn auch vom Tenor her inhaltsgleichen) zu ersetzen. Daher ist die Anfechtungsklage des D begründet. 174

## VI. Entscheidungen der Verwaltungsgerichte

Ist eine Anfechtungsklage begründet, hebt das Gericht den Verwaltungsakt und den etwaigen Widerspruchsbescheid auf (§ 113 Abs. 1 S. 1 VwGO), ansonsten weist es die Klage – als unbegründet – ab. Ist der Verwaltungsakt teilbar, kann eine Teilaufhebung in Betracht kommen (→ Rn. 26). Auch kann die Aufhebung zeitlich, räumlich, personell oder inhaltlich beschränkt sein.[493] Wie in der Aufhebung des Verwaltungsakts enthält das stattgebende Urteil zugleich die implizite Feststellung, dass der Verwaltungsakt rechtswidrig war und den Kläger in seinen Rechten verletzt hat. Der Behörde ist es verboten, in derselben Sache gegenüber demselben Beteiligten erneut eine entsprechende Verfügung zu erlassen **(Widerspruchs- und Wiederholungsverbot).**[494] Die Verpflichtung zur Spruchreifemachung (§ 86 Abs. 1 S. 1 VwGO i. V. m. § 113 Abs. 1 S. 1 VwGO) bezieht sich auch darauf, dass die Verwaltungsgerichte grundsätzlich selbst zu ermitteln und zu prüfen haben, ob ein Geldleistungsverwaltungsakt zumindest hinsichtlich eines Teilbetrags in bestimmter Höhe („soweit") aufrechterhalten bleiben kann.[495] Im Fall der Aufhebung eines nichtigen Verwaltungsakts ist die Nichtigkeit des Verwaltungsakts nur festzustellen.[496] 175

Zusätzlich können weitere Entscheidungen in Betracht kommen: nämlich eine Verurteilung zur Rückgängigmachung der Vollziehung des Verwaltungsakts **(§ 113 Abs. 1 S. 2 VwGO)** oder zu einer Leistung **(§ 113 Abs. 4 VwGO)** (→ Rn. 38). Kommt die Behörde der Pflicht zur 176

---

seine Anfechtungsklage nunmehr gegen den neuen Bescheid richten. Vgl. *Rennert* in: Eyermann, VwGO, § 114 Rn. 90.

491 BVerwGE 141, 253 Rn. 18 f. = NVwZ 2012, 698.

492 Zu der Frage, ob und wann die Rücknahme einer durch Täuschung erschlichenen Einbürgerung ungeachtet der Art. 16 Abs. 1 GG zulässig ist, vgl. BVerfGE 116, 24 = NVwZ 2006, 807.

493 *Schübel-Pfister* in: Eyermann, VwGO, § 113 Rn. 12.

494 BVerwGE 91, 256 (257) = NVwZ 1993, 672 (673); E 156, 159 Rn. 11 = NVwZ-RR 2017, 148.

495 BVerwG NVwZ 2009, 253.

496 *Knauff* in: Gärditz, VwGO, § 113 Rn. 24.

Rückgängigmachung nicht nach, kann das Gericht des ersten Rechtszugs auf Antrag unter Fristsetzung gegen sie ein Zwangsgeld bis zu 10.000 € durch Beschluss androhen, nach fruchtlosem Fristablauf festsetzen und von Amts wegen vollstrecken (§ 172 VwGO). An sich ist das Gericht verpflichtet, den Sachverhalt von Amts wegen zu erforschen (§ 86 Abs. 1 S. 1 VwGO). Ist der Verwaltungsakt auf unzureichende Tatsachen gestützt (und deshalb rechtswidrig) und hält das Gericht eine weitere Sachaufklärung für erforderlich, kann es im Interesse der zügigen Erledigung des Rechtsstreits unter bestimmten Voraussetzungen auch ohne Herbeiführung der Spruchreife den Verwaltungsakt oder den Widerspruchsbescheid binnen sechs Monaten nach Eingang der Behördenakten bei Gericht aufheben **(§ 113 Abs. 3 VwGO).** Ebenso kann das Gericht in bestimmten Fällen die Neuberechnung von Geldleistungs-Verwaltungsakten der Verwaltung überlassen **(§ 113 Abs. 2 S. 2 VwGO).** Dagegen muss bei mangelnder Spruchreife auf den Ausspruch, dass und wie die Verwaltungsbehörde die Vollziehung des Verwaltungsakts rückgängig zu machen hat, verzichtet werden (§ 113 Abs. 1 S. 3 VwGO). Die praktische Bedeutung der genannten Bestimmungen ist gering.

# § 28. Verwaltungsgerichtliche Verpflichtungsklage

*Dirk Ehlers*

**Übersicht**



**Schrifttum:** *Frenz* Die Verpflichtungsklage, JA 2011, 917; *Hödl-Adick* Die Bescheidungsklage als Erfordernis eines interessengerechten Rechtsschutzes, 2001; *Leisner* Die untätige Behörde – Zum „zureichenden Grund" der Entscheidungsverzögerung bei der Untätigkeitsklage, VerwArch 2000, 227; *Meyer* Rechtswidrigkeits- oder Anspruchsaufbau bei der Verpflichtungsklage?, Jura 2020, 211.

## A. Funktion und Bedeutung der verwaltungsgerichtlichen Verpflichtungsklage

Ebenso wie bei der verwaltungsgerichtlichen Anfechtungsklage (→ § 27) handelt es sich bei der verwaltungsgerichtlichen Verpflichtungsklage um eine **„Verwaltungsakt-Klage"**, weil auch diese Klageart auf die Verwendung der Handlungsform des Verwaltungsakts durch die Verwaltung bezogen ist. Da der Verwaltungsakt die gebräuchlichste (verbindliche) Handlungsform der Verwaltung ist, kommt der Verpflichtungsklage eine ähnlich große Bedeutung wie der Anfechtungsklage zu. 1

Von dieser unterscheidet sie sich in zweifacher Hinsicht: Zum einen stellt die Verpflichtungsklage im Gegensatz zur Anfechtungsklage **keine Gestaltungsklage** dar, weil das Gericht die Rechtslage nicht selbst gestaltet, sondern dem Beklagten die vollstreckbare (§ 172 S. 1 VwGO) Verpflichtung zum Erlass eines Verwaltungsakts auferlegt. Soweit der Erlass eines abgelehnten Verwaltungsakts begehrt worden ist, enthält sie allerdings insofern ein gestalterisches Element,[1] als der Ablehnungsbescheid – eo ipso – aufgehoben wird[2] (→ Rn. 18), was zur Folge hat, dass er nicht bestandskräftig werden kann. Da das Gericht, abgesehen von diesem Fall, die Rechtslage nicht selbst gestaltet, ist die Verpflichtungsklage 2

[1] Vgl. auch *Gärditz* in: Gärditz, VwGO, § 42 Rn. 37.
[2] A. A. offenbar *Hufen* Verwaltungsprozessrecht, § 15 Rn. 4.

weniger rechtsschutzintensiv. Zum anderen richtet sich die Verpflichtungsklage nicht auf Aufhebung, sondern auf den Erlass eines Verwaltungsakts. Ihrer Eigenart nach stellt sich die Verpflichtungsklage somit als Unterfall der **Leistungsklage** dar. Wegen ihrer Bezogenheit auf den Verwaltungsakt weicht die Verpflichtungsklage aber erheblich von der insbesondere in den §§ 43 Abs. 2, 111, 113 Abs. 4 VwGO erwähnten, aber nicht näher geregelten allgemeinen Leistungsklage (→ § 29) ab (die auf ein sonstiges Tun respektive Dulden oder Unterlassen gerichtet ist). So hängt die Zulässigkeit der Verpflichtungsklage anders als diejenige der allgemeinen Leistungsklage (im Falle der Ablehnung des beantragten Verwaltungsakts) grundsätzlich von der erfolglosen Einlegung eines Widerspruchs (§ 68 Abs. 2 VwGO) sowie von der Wahrung einer Klagefrist (§ 74 Abs. 2 VwGO) ab.

3 Ihre Wirkung entfaltet die Verpflichtungsklage in der Regel in der **Ordnungs- und Leistungsverwaltung.** Andere Rechtsordnungen kennen oftmals keine der Verpflichtungsklage entsprechende Klageart (d. h. keine Rechtsschutzform, welche auf die Verurteilung der Verwaltung zum Erlass eines Hoheitsaktes abzielt). Wird Rechtsschutz gegen die Europäische Union begehrt, kann zwar gemäß Art. 265 AEUV auch eine Untätigkeitsklage erhoben werden (→ § 10). Diese führt im Falle des Erfolges aber nur zu der Feststellung, dass die verklagte Einrichtung oder Stelle der Union durch seine Untätigkeit eine unionsrechtliche Handlungspflicht verletzt hat. Die Verurteilung zu einem bestimmten Handeln ermöglicht das Unionsrecht anders als das deutsche Verwaltungsprozessrecht somit nicht.

## B. Zulässigkeit der verwaltungsgerichtlichen Verpflichtungsklage

4 Die Verpflichtungsklage ist zulässig, wenn die **allgemeinen** **Sachentscheidungsvoraussetzungen** gegeben sind[3] (→ § 25), die **Rechtsschutzform** statthaft ist (I.) und die **besonderen Sachentscheidungsvoraussetzungen** der Verpflichtungsklage vorliegen (II.).

### I. Statthaftigkeit der Verpflichtungsklage

5 Gemäß § 42 Abs. 1 Alt. 2 VwGO kann durch Klage die Verurteilung zum **Erlass** eines abgelehnten oder unterlassenen **Verwaltungsakts** begehrt werden. Die Statthaftigkeit der Verpflichtungsklage hängt somit von **vier Voraussetzungen** ab, nämlich davon, dass sich das Begehren auf die Verpflichtung der Verwaltung (1) zum Erlass eines Verwaltungsakts (2) nach Ablehnung oder Unterlassung (3) durch das Verwaltungsgericht (4) bezieht.

#### 1. Verwaltungsaktqualität des begehrten Behördenhandelns

6 **Fall 1:** Nachdem der gemäß § 12 Abs. 2 S. 1 BauGB gestellte Antrag des Vorhabenträgers A über die Einleitung eines Bebauungsplanverfahrens zwecks Erschließung eines neuen Baugebiets von der Gemeinde nicht beschieden worden ist, hat A verwaltungsgerichtliche Verpflichtungsklage auf Entscheidung erhoben.

7 **Fall 2:** Zeitungsverlag B hat bei der zuständigen Behörde einen Antrag auf Erteilung von Umweltinformationen über Abwassereinleitungen eines Chemiewerks gestellt, der unter Hinweis auf ein noch laufendes strafrechtliches Verfahren (§ 8 Abs. 1 Nr. 3 UIG)

[3] Das Rechtsschutzbedürfnis für die Erhebung einer Verpflichtungsklage fehlt, wenn die Klage dem Kläger offensichtlich keinerlei rechtliche oder tatsächliche Vorteile bringen kann, BVerwGE 121, 1 (LS 1) = NVwZ-RR 2004, 855. Zu Einzelfällen vgl. etwa BVerwGE 115, 267 = NVwZ 2002, 855 (Klage auf Feststellung von Abschiebungshindernissen) und Beschl. v. 16.9.2015 – 1 B 36.15, BeckRS 2015, 52992 (Asylanerkennung).

abschlägig beschieden wurde. Daraufhin klagt B vor dem Verwaltungsgericht auf Erteilung von Auskunft.

**Fall 3:** Der Antrag des C auf Erteilung einer Baugenehmigung wird zu Unrecht abgelehnt. Nach erfolglosem Vorverfahren wird der Bebauungsplan zu Ungunsten des C geändert. C möchte Klage beim Verwaltungsgericht erheben und fragt, welchen Antrag er stellen soll. 8

Die Klage muss sich auf den **Erlass eines Verwaltungsakts** richten. Was die Verwaltungsgerichtsordnung unter einem Verwaltungsakt versteht, bestimmt sich nach § 35 VwVfG (→ § 27 Rn. 6 ff.). Die früher gelegentlich vertretene Auffassung[4], dass unter den Begriff des Verwaltungsakts i. S. d. § 42 Abs. 1 VwGO jede Amtshandlung zu subsumieren ist, weil § 113 Abs. 4 S. 1 VwGO (heute § 113 Abs. 5 S. 1 VwGO) diesen Begriff verwendet, hat sich zu Recht nicht durchgesetzt.[5] § 113 Abs. 5 S. 1 VwGO knüpft an § 42 Abs. 1 VwGO an und setzt auch selbst voraus, dass ein Verwaltungsakt abgelehnt oder unterlassen worden ist. Es kann auch nicht davon ausgegangen werden, dass für die Anfechtungs- und Verpflichtungsklage ein unterschiedlicher Verwaltungsaktsbegriff gelten soll. Gründe für eine Abweichung von § 35 VwVfG sind nicht ersichtlich, zumal die allgemeine Leistungsklage einen Rechtsschutz auf Vornahme von Handlungen ermöglicht, die keine Verwaltungsakte sind (der Begriff des Verwaltungsakts also nicht zur Schließung einer Rechtsschutzlücke ausgeweitet zu werden braucht). 9

**Lösung zu Fall 1:** Die Verpflichtungsklage setzt die Verurteilung zum Erlass eines Verwaltungsakts voraus. Da durch § 12 Abs. 2 S. 1 BauGB ein Recht des Vorhabenträgers weder begründet noch festgestellt wird, ist die Entscheidung über die Einleitung eines Bebauungsplanverfahrens mangels einer Regelung (Setzung einer Rechtsfolge) kein Verwaltungsakt. Somit ist die Verpflichtungsklage unzulässig. 10

Die Verpflichtungsklage betrifft **alle Arten** von Verwaltungsakten[6] (z. B. neben rechtskonkretisierenden und gestaltenden auch feststellende[7] Verwaltungsakte). Unerheblich für die Klageart ist, ob der Adressat des beantragten Verwaltungsakts der Kläger selbst oder ein Dritter (wie im Falle des Verlangens eines polizeilichen Einschreitens gegen den Verantwortlichen) sein soll und ob der Verwaltungsakt von Amts wegen oder auf Antrag zu erlassen ist.[8] Ohne Bedeutung ist ferner, auf welcher Rechtsgrundlage der Verwaltungsakt beruht. So ist die Verpflichtungsklage auch dann einschlägig, wenn sich die Behörde in einem verwaltungsrechtlichen Vertrag zum Erlass eines Verwaltungsakts verpflichtet hat.[9] 11

Begehrt der Kläger eindeutig die Verpflichtung der Behörde, durch Verwaltungsakt zu entscheiden, ist die Verpflichtungsklage selbst dann statthaft, wenn nicht durch Verwaltungsakt entschieden werden darf.[10] Die Klage scheitert dann erst an der Klagebefugnis, dem 12

---

[4] *Bettermann* NJW 1960, 649; *ders.* DVBl 1969, 703 (705).

[5] BVerwGE 31, 301 (303 f.) = NJW 1969, 1131; *Erichsen* Jura Extra 1983, 172 (187 f.).

[6] BVerwGE 90, 265 (269) = NVwZ 1993, 270 (272); zur Verpflichtungsklage auf Erlass eines rückwirkenden Feststellungsverwaltungsakts vgl. SächsOVG Urt. v. 5.9.2013 – 3 A 793/12, BeckRS 2014, 45207.

[7] BVerwG NVwZ 1991, 267.

[8] *Happ* in: Eyermann, VwGO, § 42 Rn. 27; *Pietzcker/Marsch* in: Schoch/Schneider, VwGO, § 42 Abs. 1 Rn. 114.

[9] Vgl. *Pietzcker/Marsch* in: Schoch/Schneider, VwGO, § 42 Abs. 1 Rn. 99; *R. P. Schenke* in: Kopp/Schenke, VwGO, § 42 Rn. 43 m. Nachw. auch der Gegenmeinung.

[10] Vgl. *Happ* in: Eyermann, VwGO, § 42 Rn. 28; a. A. *Hufen* Verwaltungsprozessrecht, § 15 Rn. 3, der eine Verpflichtungsklage auf Erteilung einer Genehmigung (offenbar stets) für nicht statthaft hält, wenn das Vorhaben genehmigungsfrei ist; *Gärditz* in: Gärditz, VwGO, § 42 Rn. 39, wonach die Verpflichtungsklage auf Erlass eines feststellenden Verwaltungsakts nur statthaft sein soll, wenn eine spezifische behördliche Feststellung zugleich Voraussetzung weiterer Maßnahmen oder Rechtsfolgen ist und nicht durch eine gerichtliche Feststellung ersetzt werden kann. Zwischen der Statthaftigkeit einer Klage und dem Vorliegen eines Rechtsschutzbedürfnisses ist zu unterscheiden.

Rechtsschutzbedürfnis oder der Begründetheit. Im Zweifelsfall ist das Klagebegehren (§ 88 VwGO) aber dahingehend auszulegen, dass der Kläger die richtige Klageart in Anspruch nehmen will. Hierauf hat das Gericht im Rahmen seiner Aufklärungspflicht (§ 86 Abs. 3 VwGO) hinzuwirken. Wird ein **Realakt** (z. B. Auskunftserteilung, Gewährung von Akteneinsicht oder Herausgabe bzw. Vernichtung von Unterlagen) begehrt, hängt die Bestimmung der Klageart – im Falle des Fehlens einer eindeutigen Wahl der Rechtsschutzform und eines Beharrens auf diese Rechtsschutzform – davon ab, ob die Entscheidung der Behörde über die Vornahme des Realakts durch Verwaltungsakt zu treffen ist. Dies beurteilt sich nach dem materiellen Recht. Fehlt es an eindeutigen Anhaltspunkten, kann nicht von einer Entscheidung durch Verwaltungsakt ausgegangen werden.[11] Richtige Klageart ist dann (nur) die allgemeine Leistungsklage (→ § 29). Wie sich aus der Soweit-Klausel des § 113 Abs. 5 S. 1 VwGO ergibt, kann der Kläger nicht nur den erstmaligen Erlass eines Verwaltungsakts oder weiterer Verwaltungsakte, sondern auch eine Ergänzung oder Erweiterung der durch Verwaltungsakt getroffenen Regelung begehren.

13 **Lösung zu Fall 2:** Die Erteilung einer Auskunft ist ein Realakt, der nur mit der allgemeinen Leistungsklage durchgesetzt werden kann. Das Begehren des B dürfte sich in Wahrheit aber darauf richten, eine positive Entscheidung über das Auskunftsbegehren zu treffen. Ob die Entscheidung in solchen Fällen ein Verwaltungsakt ist, beurteilt sich nach der Rechtsprechung unterschiedlich. Handele es sich bei der Auskunftserteilung um eine Routineangelegenheit, könne ein Verwaltungsakt in der Regel nicht angenommen werden. Liege der rechtliche Schwerpunkt dagegen nicht in der Erteilung oder Versagung der Auskunft als solcher, sondern in der hierdurch zum Ausdruck gebrachten Ermessensentscheidung der Behörde, müsse von einem Verwaltungsakt ausgegangen werden.[12] Diese Differenzierung vermag nicht zu überzeugen (→ § 29 Rn. 27). Maßgebend kann nur sein, ob das materielle Recht eine vorgeschaltete verbindliche Entscheidung durch Verwaltungsakt vorsieht. Dies trifft auf den Umweltinformationsanspruch zu, weil die Ablehnung des Informationsantrags gemäß §§ 5, 6 Abs. 2 UIG als Verwaltungsakt ausgestaltet ist (→ § 29 Rn. 20).[13] B kann daher nur Auskunft erlangen, wenn zunächst der ablehnende Bescheid aufgehoben und durch einen positiven Bescheid ersetzt wird. Die richtige Klageart hierfür ist die Verpflichtungsklage.

14 Da der **Widerspruchsbescheid** ebenfalls ein Verwaltungsakt ist, kann auch eine auf Erlass oder Änderung eines Widerspruchsbescheids gerichtete Verpflichtungsklage in Betracht kommen.[14] Das trifft insbesondere zu, wenn der Widerspruchsbehörde ein Gestaltungsspielraum zukommt.[15] Allerdings dürfte einer solchen Klage wegen der Möglichkeit der Erhebung einer isolierten Anfechtungsklage (§ 79 Abs. 2 VwGO) oder einer auf den Erlass des begehrten Verwaltungsakts gerichteten Verpflichtungsklage oftmals das Rechtsschutzbedürfnis fehlen.[16] Ist der Antrag auf Erlass eines Verwaltungsakts abgelehnt oder unterlassen worden und **erledigt** sich der Erlass nunmehr (z. B. wegen Änderung der Rechtslage), ist die Verpflichtungsklage zwar nicht unstatthaft. Doch fehlt es dem Verpflichtungskläger entweder an der Klagebefugnis oder die Verpflichtungsklage ist unbegründet. In Betracht kommt in solchen Fällen aber eine Fortsetzungsfeststellungsklage analog § 113 Abs. 1 S. 4 VwGO (→ § 31 Rn. 38 ff.) oder eine Feststellungsklage (→ § 30).

---

[11] Strittig, vgl. zum Meinungsstand *U. Stelkens* in: Stelkens/Bonk/Sachs, VwVfG, § 35 Rn. 99 ff.

[12] BVerwGE 31, 301 = NJW 1969, 1131.

[13] Vgl. auch *Karg* in: Gersdorf/Paal, BeckOK Informations- und Medienrecht, 25. Edition (Stand: 1.2.2019), § 6 UIG Rn. 4.

[14] Entscheidet die Widerspruchsbehörde nicht über den gegen eine Baugenehmigung eingelegten Nachbarwiderspruch, kann der Bauherr Verpflichtungsklage auf Zurückweisung des Widerspruchs erheben (VGH BW NVwZ 1994, 507).

[15] *Schenke* Verwaltungsprozessrecht, Rn. 262.

[16] Vgl. *Pietzcker* in: Schoch/Schneider, VwGO, § 79 Rn. 17; *Schenke* Verwaltungsprozessrecht, Rn. 262.

**Lösung zu Fall 3:** Eine Verpflichtungsklage verspricht nunmehr keinen Erfolg mehr, da es hierbei auf den Zeitpunkt der letzten mündlichen Verhandlung vor Gericht respektive den Zeitpunkt der gerichtlichen Entscheidung (→ Rn. 64) ankommt und C nunmehr keinen Anspruch auf eine Baugenehmigung mehr hat. In Betracht kommt eine Fortsetzungsfeststellungsklage aufgrund einer doppelt analogen Anwendung des § 113 Abs. 1 S. 4 VwGO (Erledigung vor Klageerhebung, Anwendung auf die Verpflichtungsklage). Die Fortsetzungsfeststellungsklage ist allerdings wegen fehlenden Feststellungsinteresses unzulässig, wenn es dem C nur noch auf Schadensersatz ankommt. In diesem Falle kann gleich vor dem Zivilgericht geklagt werden (→ § 31 Rn. 78). 15

### 2. Unterscheidung von Versagungsgegenklage und Untätigkeitsklage

16 § 42 Abs. 1 VwGO erfasst sowohl den Fall eines abgelehnten als auch eines unterlassenen Verwaltungsakts. Im ersten Fall wird von einer **Versagungs- oder Weigerungsgegenklage,** im zweiten von einer **Untätigkeitsklage** gesprochen. Die Untätigkeitsklage ist keine eigene Klageart, sondern ein Unterfall der Verpflichtungsklage, für die § 75 VwGO Ausnahmen vom Erfordernis eines Widerspruchsverfahrens vorsieht.

17 Beide Formen der Verpflichtungsklage setzen einen **vorherigen,** bei der Verwaltung gestellten **Antrag** auf Vornahme des Verwaltungsakts voraus (auch wenn dieser ohne Antrag ergehen kann oder von Amts wegen erlassen werden muss).[17] Für die Versagungsgegenklage versteht sich dies wegen der Anknüpfung an eine Ablehnung von selbst,[18] für die Untätigkeitsklage folgt das Antragerfordernis aus § 75 S. 1 VwGO.[19] Bei dem Antragerfordernis handelt es sich um eine Klagevoraussetzung und nicht um eine Sachentscheidungsvoraussetzung, die erst im Zeitpunkt der abschließenden gerichtlichen Entscheidung vorliegen muss.[20] Dementsprechend kommt auch eine Heilung gemäß § 45 Abs. 1 Nr. 1, Abs. 2 VwVfG nicht in Betracht, zumal sich die Vorschrift ohnehin auf eine andere Fallgestaltung (Verfahrens- oder Formfehler der Verwaltung) bezieht.[21] Keines Antrags soll es ausnahmsweise bedürfen, wenn das einschlägige materielle Bundesrecht eine andere Entscheidung getroffen hat,[22] wiederkehrende Leistungen verlangt werden und die Behörde zu erkennen gegeben hat, dass sie diese auch künftig nicht gewähren will[23] oder die Behörde bereits mit dem Sachverhalt befasst war,[24] nicht aber wenn der Verwaltungsakt schon von Amts wegen zu erlassen ist.

18 Die Versagungsgegenklage richtet sich **nicht** gegen die **Ablehnung** des Verwaltungsakts, sondern auf die **Verpflichtung zum Erlass** des beantragten Verwaltungsakts. Die Ablehnung ist selbst ein Verwaltungsakt, der in der Regel aber mangels Rechtsschutzbedürfnisses keiner isolierten Anfechtung zugänglich ist (→ § 27 Rn. 33), weil das Leistungsbegehren der Versagungsgegenklage die Anfechtung der Leistungsversagung (in der Gestalt, die sie

---

[17] Nach der st. Rspr. des Bundesverwaltungsgerichts bedürfen Ansprüche, deren Festsetzung und Zahlung sich nicht unmittelbar aus dem Gesetz ergeben, in jedem Falle einer vorherigen Geltendmachung, vgl. BVerwG NVwZ 2019, 1217; E 143, 381 Rn. 27 = NVwZ-RR 2012, 972 Rn. 27; NVwZ-RR 2017, 703 (LS) = BeckRS 2017, 117180 Rn. 15.

[18] Vgl. auch § 68 Abs. 2 VwGO (Antrag auf Vornahme des Verwaltungsakts).

[19] Strittig, vgl. BVerwGE 99, 158 (160) = NJW 1996, 1977. Das BVerwG beruft sich auch darauf, dass es nach dem Grundsatz der Gewaltenteilung zunächst Sache der Verwaltung sei, sich mit Ansprüchen des Einzelnen zu befassen. Vgl. aber auch § 156 VwGO (Kosten bei sofortigem Anerkenntnis bei fehlender Veranlassung zu Erhebung der Klage) → § 25 Rn. 240.

[20] BVerwGE 99, 158 (160) = NJW 1996, 1977 f.; *Porsch* in: Schoch/Schneider, VwGO, § 75 Rn. 5; a. A. BVerwGE 57, 204 (209 f.) = BeckRS 1978, 30426710; offen gelassen in BVerwG NJW-RR 2010, 1504.

[21] Vgl. *Riese* in: Schoch/Schneider, VwGO, § 113 Rn. 207.

[22] BVerwGE 69, 198 (200) = NVwZ 1985, 35 (36); E 130, 39 Rn. 24 = NVwZ 2008, 575 (577).

[23] BVerwG Beschl. v. 23.1.2017 – 6 B 43.16, BeckRS 2017, 102440.

[24] *Riese* in: Schoch/Schneider, VwGO, § 113 Rn. 206.

durch den Widerspruchsbescheid erfahren hat) einschließt.[25] Eines gesonderten Anfechtungs- oder Aufhebungsantrags bedarf es nicht.[26] Die Ablehnung wird aber nur insoweit aufgehoben, als sie dem Verpflichtungsausspruch entgegensteht. Verlangt der Kläger eine darüber hinausgehende Aufhebung (z. B. nicht nur Aufhebung zum Zeitpunkt der letzten mündlichen Verhandlung des Gerichts,[27] sondern Aufhebung ex tunc), muss (insoweit) Anfechtungsklage erhoben werden.

### 3. Unterscheidung von Vornahmeklage und Bescheidungsklage

19 **Fall 4:** Telekommunikationsunternehmen D hat einen Verpflichtungsanspruch auf Genehmigung höherer Entgelte vor dem Verwaltungsgericht geltend gemacht und Neubescheidung i. S. d. § 113 Abs. 5 S. 2 VwGO begehrt. In der mündlichen Verhandlung begehrt D nunmehr eine Neubescheidung aus anderen Gründen nach einer anderen Vorschrift des TKG. Darf das Verwaltungsgericht die Klage wegen Unzulässigkeit der Klageänderung (§ 91 VwGO) abweisen?

20 Gemäß § 113 Abs. 5 VwGO kann sich die Verpflichtungsklage auf den Erlass eines Verwaltungsakts oder auf Bescheidung richten. Da der Kläger bei fehlender Spruchreife (§ 113 Abs. 5 S. 2 VwGO) nicht den Erlass eines Verwaltungsakts erreichen kann, muss es ihm gestattet werden, nicht nur einen **Vornahmeantrag** (§ 113 Abs. 5 S. 1 VwGO), sondern auch einen Antrag auf Neubescheidung (§ 113 Abs. 5 S. 2 VwGO) zu stellen. Ein **Bescheidungsurteil** kommt insbesondere in Betracht, wenn die Ablehnung oder Unterlassung des Verwaltungsakts zwar rechtswidrig war, die Verwaltung aber noch über Ermessen oder einen Beurteilungsspielraum verfügt. Unter Umständen darf aber auch bei gebundenen Verwaltungsakten im Hinblick auf die Notwendigkeit weiterer Sachverhaltsermittlungen der Verwaltung ausnahmsweise ein Bescheidungsurteil ergehen (→ Rn. 58, 71).

21 Wird die Verpflichtung zum Erlass eines Verwaltungsakts begehrt, enthält dieser Antrag als Minus in der Regel zwar auch einen Bescheidungsantrag.[28] Um sicher zu gehen, ist der Kläger aber gut beraten, in Zweifelsfällen **sowohl** einen **Vornahmeantrag als auch** (hilfsweise) einen **Bescheidungsantrag** zu stellen. Da der Streitgegenstand einer Vornahme- und einer Bescheidungsklage im Wesentlichen identisch ist, stellt der Übergang von einem Vornahme- zu einem Bescheidungsantrag keine Klageänderung dar.[29] Ist auf Vornahme (Verpflichtung zum Erlass des Verwaltungsakts) geklagt worden und ergeht ein Bescheidungsurteil, ist die Klage teilweise unbegründet. Ebenso unterliegt der Kläger teilweise, wenn er zwar nur einen Bescheidungsantrag gestellt hat, das Gericht jedoch in seinem Bescheidungsurteil mit seiner Rechtsauffassung eine geringere Bindung des Beklagten für dessen erneute Entscheidung bewirkt, als der Kläger sie mit seiner Klage angestrebt hat.[30]

22 Das teilweise Unterliegen hat an sich zur Folge, dass der Kläger gemäß § 155 Abs. 1 S. 1 VwGO auch einen Teil der **Kosten** zu tragen hat. Die Praxis bewertet ein derartiges Teilunterliegen je nach Sachlage zwischen $1/3$ und $1/10$.[31] Doch erscheint es unbillig, dem Kläger die Kosten aufzuerlegen, wenn z. B. die Ablehnung des beantragten Verwaltungsakts ermessensfehlerhaft war, der Kläger aber nicht vorhersehen konnte, ob die Voraussetzungen einer Ermessensreduzierung auf Null vorlagen. Um den Prognoseschwierigkeiten Rechnung zu tragen, wird man die Gerichte für verpflichtet halten müssen, entweder am Ende der mündlichen Verhandlung gemäß § 86 Abs. 3 VwGO eine dem Ergebnis entsprechende

[25] Vgl. *Schenke* Verwaltungsprozessrecht, Rn. 263, 851; näher zur isolierten Anfechtungsklage → § 27 Rn. 31 ff.
[26] NdsOVG NVwZ-RR 2010, 861; *R. P. Schenke* in: Kopp/Schenke, VwGO, § 42 Rn. 29.
[27] Zum maßgeblichen Zeitpunkt für die gerichtliche Beurteilung der Verpflichtungsklage → Rn. 64 ff.
[28] Vgl. BVerwG NVwZ-RR 1997, 271 (273).
[29] BVerwG NVwZ 2007, 104 f. → *Ehlers* JK 7/07, VwGO § 113 V 2/21.
[30] BVerwGE 135, 34 Rn. 67 = NVwZ 2010, 189.
[31] *Rennert* in: Eyermann, VwGO, § 155 Rn. 3.

Fassung anzuregen[32] oder, wenn ein Hinweis unterblieben ist, von § 155 Abs. 4 VwGO (Auferlegung verschuldeter Kosten) – gegebenenfalls auch durch entsprechende Anwendung der Vorschrift – großzügig Gebrauch zu machen (Kostentragungspflicht der Verwaltung).[33]

**Lösung zu Fall 4:** Eine Klageänderung (i. S. d. § 91 VwGO) ist nur bei Veränderung des Streitgegenstandes gegeben. Der Streitgegenstand einer Bescheidungsklage ist der prozessuale Anspruch des Klägers auf Neubescheidung. Das Verwaltungsgericht ist bei seiner Entscheidungsfindung an das im Streitgegenstand zum Ausdruck kommende Klagebegehren gebunden (§ 88 VwGO), nicht jedoch an die Klagegründe.[34] Es prüft die Rechtslage von Amts wegen und richtet den Inhalt seiner Entscheidung an dem Ergebnis dieser Prüfung aus. Somit kann und muss gegebenenfalls der Klage im Rahmen des Streitgegenstands auch aus anderen Gründen stattgegeben werden, als die vom Kläger geltend gemacht werden. Demgemäß stellt die Änderung der von D vorgebrachten und vertretenen Rechtsauffassung keine Klageänderung dar.[35] 23

### 4. Abgrenzung zu anderen Klagearten

**Fall 5:** E ist Adressat eines bestandskräftig gewordenen Gebührenbescheids. Nachdem das BVerwG in einem anderen Verfahren entschieden hat, dass die dem Gebührenbescheid zugrundeliegende Gebührenverordnung mit höherrangigem Recht unvereinbar ist, die Behörde ein Wiederaufgreifen des Verwaltungsverfahrens aber abgelehnt hat, erhebt E verwaltungsgerichtliche Klage, um einen günstigeren Gebührenbescheid zu erstreiten. Er möchte wissen, welchen Klageantrag er stellen soll. 24

**Fall 6:** Obwohl die Bauaufsichtsbehörde dem Nachbarn F die Einhaltung des objektiven Baurechts zugesichert hat, erteilt sie dem Bauherrn die beantragte Genehmigung. F hält dies für rechtswidrig. Welche Klage kann F erheben? 25

**Fall 7:** G hat sich mit der Anfechtungsklage gegen die Entscheidung des für das Land Nordrhein-Westfalen handelnde Justizprüfungsamtes gewandt, wonach er die staatliche Pflichtfachprüfung nicht bestanden habe, weil er nach seinem Vortrag das Gerichtsgebäude verlassen und sich nicht wieder rechtzeitig zum Prüfungsgespräch eingefunden habe (vgl. § 20 Abs. 1 Nr. 3 Var. 3 JAG NW). 26

**Fall 8:** In der Stadt X sind 30 neue Genehmigungen für den Verkehr mit Taxen erteilt worden. Bewerber H wurde nicht berücksichtigt und erhebt deshalb Verpflichtungsklage. 27

**Fall 9:** Dem ausländischen Ehemann der I wurde die Verlängerung der Aufenthaltserlaubnis versagt. Daraufhin hat I gegen diesen Bescheid Anfechtungsklage erhoben. 28

---

[32] Jegliches Risiko können die nicht letztinstanzlich entscheidenden Gerichte dem Rechtsschutzsuchenden nicht abnehmen, weil sich nicht ausschließen lässt, dass das Rechtsmittelgericht anders entscheiden wird.

[33] Vgl. *Pietzcker/Marsch* in: Schoch/Schneider, VwGO, § 42 Abs. 1 Rn. 102; *W.-R. Schenke/Haug* in: Kopp/Schenke, VwGO, § 155 Rn. 20; anders z. B. BVerwGE 135, 34 Rn. 67 = NVwZ 2010, 189.

[34] Vgl. BVerwGE 111, 318 (320) = NVwZ 2001, 200 (201).

[35] Vgl. BVerwG NVwZ 2007, 104 (106) → *Ehlers* JK 7/07, VwGO § 113 V 2/21.

29 Probleme kann insbesondere die Abgrenzung des Anwendungsbereichs von Anfechtungs- und Verpflichtungsklage aufwerfen. Da die **Anfechtungsklage** grundsätzlich rechtsschutzintensiver ist (→ Rn. 2) und dem Kläger in der Regel das Rechtsschutzbedürfnis fehlt, wenn er eine weniger intensive Rechtsschutzform wählt,[36] geht die Anfechtungsklage prinzipiell vor (→ § 25 Rn. 243). Ist z. B. eine Baugenehmigung noch nicht bestandskräftig geworden, muss der damit nicht einverstandene Nachbar Anfechtungs- statt Verpflichtungsklage – gerichtet auf Rücknahme der Genehmigung – erheben. Wendet sich der Kläger gegen die Rücknahme eines begünstigenden Verwaltungsakts, weil er die Wiederherstellung des ursprünglichen begünstigenden Zustands begehrt, ist ebenfalls nur eine Anfechtungsklage zulässig.[37]

30 Nach Bestandskraft eines Verwaltungsakts kommt nur noch ein **Wiederaufgreifen des Verwaltungsverfahrens** im engeren Sinne (§ 51 Abs. 1 VwVfG) oder im weiteren Sinne[38] (§ 51 Abs. 5 VwVfG i. V. m. §§ 48 Abs. 1, 49 Abs. 1 VwVfG) in Betracht (→ Rn. 60). Trotz der gebotenen Zweistufigkeit (zunächst verfahrensrechtliche Entscheidung über das Wiederaufgreifen, sodann gegebenenfalls neue Sachentscheidung) richtet sich das Begehren im ersten Fall (§ 51 Abs. 1 VwVfG) nur auf Erlass eines Zweitbescheides[39] (nicht lediglich auf Wiederaufgreifen oder auf Wiederaufgreifen und Erlass eines Zweitbescheides[40]), im zweiten (§ 51 Abs. 5 VwVfG) nur auf Rücknahme oder Widerruf.[41] Die zutreffende Rechtsschutzform ist stets die Verpflichtungsklage. Beruht die Unanfechtbarkeit des Verwaltungsakts auf einer rechtskräftigen gerichtlichen Entscheidung, steht die Rechtskraft einem Wiederaufgreifen nicht entgegen, weil es sich um einen anderen Streitgegenstand handelt. Ob der Kläger einen Anspruch auf Wiederaufgreifen geltend machen kann bzw. ob ihm ein solcher Anspruch zusteht, beurteilt sich nach der Klagebefugnis und Begründetheit der Klage.

31 **Lösung zu Fall 5:** Da zwischen dem Wiederaufgreifen des Verfahrens und der Sachentscheidung (hier Ersetzung oder Aufhebung des Gebührenbescheids) zu trennen und die Entscheidung über das Wiederaufgreifen von der Behörde zu treffen ist, wird vielfach angenommen, dass zunächst auf Wiederaufgreifen geklagt werden muss.[42] Demgegenüber vertritt das BVerwG[43] die Auffassung, dass nicht lediglich auf Wiederaufgreifen geklagt und vom Gericht isoliert über die Frage, ob wieder aufzugreifen ist, entschieden werden darf. Für die Auffassung des BVerwG spricht – neben prozessökonomischen Gründen – der Rechtsgedanke des § 44a S. 1 VwGO (→ § 25 Rn. 219 ff.), wonach ein reiner Verfahrensrechtsschutz grundsätzlich ausgeschlossen wird,[44] mag die Vorschrift auch nur Rechtsbehelfe „gegen" behördliche Verfahrenshandlungen betreffen. Da in jedem Fall die Verpflichtungsklage die richtige Klageart ist, betrifft der Mei-

[36] Vgl. auch den Rechtsgedanken des § 43 Abs. 2 S. 1 VwGO (Subsidiarität der Feststellungsklage).

[37] *Frenz* JA 2011, 917 (918).

[38] *Maurer/Waldhoff* AllgVwR, § 11 Rn. 81 ff.; krit. zur Rechtsfigur eines Wiederaufgreifens im weiteren Sinne *Ruffert* in: Ehlers/Pünder, AllgVwR, § 26 Rn. 12.

[39] Strittig, vgl. Fall 5 → Rn. 24 und Lösung → Rn. 31.

[40] In Betracht würde dann eine Stufenklage kommen.

[41] Teilweise wird entgegen der h. M. angenommen, dass auch nach einem Wiederaufgreifen des Verwaltungsverfahrens i. S. d. § 51 Abs. 1 VwVfG die Entscheidung nach den §§ 48 Abs. 1, 49 Abs. 1 VwVfG zu treffen ist (z. B. *Maurer/Waldhoff* AllgVwR, § 11 Rn. 87). Dieser Ansicht ist nicht zu folgen. Vielmehr wird das Verfahren in die Lage vor der letzten Verwaltungsentscheidung versetzt, so dass eine Entscheidung nach materiellem Recht zu treffen ist. Vgl. BVerwG NJW 1982, 2204; E 70, 110 (115) = NJW 1985, 280 (281); *Ehlers* Die Verwaltung 37 (2004), 255 (284); *Kopp/Ramsauer* VwVfG, § 51 Rn. 20; *Sachs* in: Stelkens/Bonk/Sachs, VwVfG, § 51 Rn. 30 ff.; zur Entscheidung nach dem § 51 Abs. 5 VwVfG i. V. m. den §§ 48, 49 VwVfG vgl. BVerwGE 113, 322 (326) = NVwZ 2000, 202 (203).

[42] Vgl. *Sachs* in: Stelkens/Bonk/Sachs, VwVfG, § 51 Rn. 69; *Ruffert* in: Ehlers/Pünder, AllgVwR, § 26 Rn. 11.

[43] BVerwGE 106, 171 (173) = NVwZ 1998, 861 (862); vgl. auch *Clausing* JuS 1999, 474 (475); *Hödl-Adick* Die Bescheidungsklage, S. 282 ff.; *Schenke* Verwaltungsprozessrecht, Rn. 278 f., 567.

[44] Sowohl bei dem Wiederaufgreifen des Verfahrens als auch bei der Ablehnung eines Wiederaufgreifens handelt es sich um verfahrensgestaltende Verwaltungsakte. Vgl. auch *Maurer/Waldhoff* AllgVwR, § 11 Rn. 80.

nungsstreit nicht die Statthaftigkeit der Klage, sondern andere Sachentscheidungsvoraussetzungen. Dem Rechtsschutzsuchenden bleibt es unbenommen, statt auf Vornahme nur auf Bescheidung zu klagen (weil nach materiellem Recht[45] respektive dem § 48 Abs. 1 VwVfG eine Ermessensentscheidung zu treffen ist).

Wendet sich der Kläger nur gegen die einem Verwaltungsakt beigefügte **Nebenbestimmung,** soll nach der (umstrittenen) Rechtsprechung des BVerwG grundsätzlich eine Anfechtungsklage zu erheben sein, weil die Frage der Teilbarkeit des Verwaltungsakts eine Begründetheitsfrage sei. Anders stelle sich die Rechtslage dar, wenn eine isolierte Aufhebbarkeit „offenkundig von vornherein" ausscheidet, weil der Verwaltungsakt nicht „sinnvoller- und rechtmäßiger Weise" bestehen bleiben kann (→ § 27 Rn. 29). Dann sei nur die Verpflichtungsklage statthaft. Folgt man dieser Weichenstellung, empfiehlt es sich für den Kläger im Normalfall, neben dem Anfechtungsantrag hilfsweise einen Verpflichtungsantrag (gerichtet auf uneingeschränkte Vergünstigung) für den Fall zu stellen, dass sich im Rahmen der Begründetheitsprüfung erweist, dass eine isolierte Aufhebbarkeit nicht rechtmäßig ist (→ § 27 Rn. 29). 32

Ist dem Kläger ein **vorläufiger begünstigender Verwaltungsakt** erteilt worden und wird dieser durch einen hinter dem vorläufigen Bescheid zurückbleibenden endgültigen Verwaltungsakt ersetzt, hat sich der vorläufige Verwaltungsakt erledigt (so dass eine Anfechtungsklage gegen die Aufhebung des vorläufigen Verwaltungsakts nicht statthaft ist). Will der Kläger einen günstigeren endgültigen Bescheid erstreiten, muss er Verpflichtungsklage erheben.[46] 33

Wurde einer anderen Person eine Vergünstigung durch Verwaltungsakt eingeräumt (z. B. eine Subventionsgewährung) und strebt der Kläger eine entsprechende Vergünstigung (etwa unter Berufung auf Art. 3 Abs. 1 GG) auch für sich selbst an, ist die Verpflichtungsklage die richtige Klageart (sogenannte **Konkurrentengleichstellungsklage** oder positive Konkurrentenklage). Kann der Kläger die (mittels eines Verwaltungsakts gewährte) Vergünstigung nur erreichen, wenn sie mindestens einer anderen Person zuvor genommen wird, weil das zutreffend ermittelte Kontingent erschöpft ist (sogenannte **Konkurrentenverdrängungsklage** oder negative Konkurrentenklage), muss sowohl Anfechtungsklage erhoben werden (um die Vergünstigung wieder verfügbar zu machen) als auch Verpflichtungsklage (gerichtet auf Selbstbegünstigung → § 27 Rn. 39). Nur über die Verpflichtungsklage kann Rechtsschutz nicht erlangt werden, weil es einen (grundrechtlich fundierten) Folgenbeseitigungsanspruch zu Lasten Dritter nicht gibt und § 113 Abs. 5 VwGO im Gegensatz zu § 113 Abs. 1 S. 1 VwGO eine Rechtsgestaltung des Gerichts zum Zwecke der Gewährung von Rechtsschutz mit Ausnahme einer Aufhebung des an den Kläger adressierten Ablehnungsbescheides nicht erlaubt.[47] 34

Da die Verpflichtungsklage nur auf den Erlass eines Verwaltungsakts abzielt, kann mit ihr nicht die Verurteilung zur **Unterlassung eines Verwaltungsakts** erreicht werden. Die richtige Klageart ist in solchen Fällen die allgemeine Leistungsklage. Diese ist in der Regel allerdings unzulässig, weil der Kläger bei vorbeugendem Rechtsschutz eines qualifizierten Rechtsschutzbedürfnisses bedarf und es – auch wegen § 80 Abs. 1, 5 VwGO – grundsätzlich zumutbar ist, zunächst den Erlass des Verwaltungsakts abzuwarten (→ § 25 Rn. 252; → § 29 Rn. 36 f.). Zur Umstellung auf eine Fortsetzungsfeststellungsklage im Falle einer Erledigung vor oder nach Erhebung einer Verpflichtungsklage vgl. → § 31 Rn. 38 ff. 35

---

[45] Vgl. *Ehlers* Die Verwaltung 37 (2004), 255 (284).

[46] Grundlegend BVerwGE 67, 99 = NJW 1983, 2043. Die Befugnis der Zuwendungsbehörde, aufgrund eines vorläufigen Bewilligungsbescheides die endgültige Höhe der Förderung in einem Schlussbescheid festzusetzen, unterliegt als Gestaltungsrecht der Verwaltung nicht der Verjährung. Nicht zu überzeugen vermag die Ansicht des BVerwG (NVwZ 2017, 1893), wonach eine Verwirkung erst anzunehmen ist, wenn dreißig Jahre seit Erlass des vorläufigen Bewilligungsbescheides vergangen sind. Zum vorsorglichen (statt vorläufigen) Verwaltungsakt vgl. BVerwGE 81, 84 = NVwZ 1989, 1172.

[47] A. A. *Schenke* Verwaltungsprozessrecht, Rn. 276 f.; vgl. auch *ders.* FS Maurer, 2001, S. 723 ff.; ferner *Frenz* JA 2011, 917 (919) (Unzumutbarkeit); *Hufen* Verwaltungsprozessrecht, § 15 Rn. 7 (überflüssiger Formalismus).

36 **Lösung zu Fall 6:** Grundsätzlich kommt nur eine Anfechtungsklage des F in Betracht. Kann sich F aber erfolgreich nur auf die Zusicherung (und nicht auf – sonstige – Nachbarrechte) berufen, soll die unter Verletzung der Zusicherung erteilte Baugenehmigung nach Ansicht des BVerwG[48] nicht mit der Anfechtungsklage, sondern nur mit der auf Rücknahme der Baugenehmigung gerichteten Verpflichtungsklage angreifbar sein (die Zusicherung wird als rechtmäßig angesehen, richte sich aber nur gegen die Behörde und wandle sich nach Erteilung der Baugenehmigung in einen Anspruch auf Rücknahme der Baugenehmigung um, wenn Vertrauensschutzgesichtspunkte des Bauherrn nicht entgegenstehen).

37 **Lösung zu Fall 7:** Der Anfechtungsklage fehlt das Rechtsschutzbedürfnis, wenn wegen des Begehrens, mit der staatlichen Pflichtfachprüfung fortfahren zu dürfen, Verpflichtungsklage zu erheben gewesen wäre. Wird indes eine negative Prüfungsentscheidung durch eine erfolgreiche Anfechtungsklage beseitigt, leben das Prüfungsrechtsverhältnis und der Prüfungsanspruch wieder auf. Die Prüfung ist dann in dem Stand, in dem sie sich vor dem Ergehen des Verwaltungsakts befand, fortzusetzen.[49] Somit fehlt der Anfechtungsklage nicht das Rechtsschutzbedürfnis.

38 **Lösung zu Fall 8:** Geht man (zu Unrecht)[50] von der Verfassungsmäßigkeit und Konformität des § 13 Abs. 4 PBefG mit dem Europäischen Unionsrecht und dem Grundgesetz sowie von einer Kapazitätserschöpfung aus, müsste H an sich zunächst Anfechtungsklage (gegen eine, mehrere oder alle Genehmigungen) und sodann Verpflichtungsklage (auf Erteilung einer an ihn adressierten Genehmigung) erheben. Das BVerwG[51] hat es in einem ähnlichen Fall (GüKG a. F.) – wohl um dem Kläger eine Vielzahl von Klagen zu ersparen – aber für zulässig erachtet, wenn der im Auswahlverfahren erfolglose Bewerber nur auf Neubescheidung klagt. Im Falle des Erfolgs der Klage müsse die Behörde neben einer erneuten Bescheidung des rechtswidrig übergangenen Klägers zugleich prüfen, ob sie eine rechtswidrig erteilte Genehmigung zurücknehme und die dadurch freiwerdende Genehmigung dem Kläger zuteile. Nach *Schenke*[52] muss der Kläger auf Erteilung der Genehmigung, nicht lediglich auf erneute Bescheidung klagen, da die Behörde wegen des Bestehens eines grundrechtlich fundierten Beseitigungsanspruchs ohne Anfechtung verpflichtet sei, einen noch nicht bestandskräftigen, den Konkurrenten in seinen Rechten verletzenden Verwaltungsakt aufzuheben und damit den auf die Begünstigung gerichteten Anspruch zu erfüllen. Beide Auffassungen stoßen auf Bedenken. Die Verpflichtungsklage kann (auch als Bescheidungsklage) bei begrenzter Kapazität nur erfolgreich sein, wenn feststeht, dass zumindest einem anderen Bewerber zu Unrecht die Genehmigung erteilt wurde.[53] Eine Ausklammerung der anderen Bewerber aus dem gerichtlichen Verfahren ist somit nicht

---

[48] BVerwGE 80, 270 ff. = NJW 1989, 1749.

[49] Vgl. BVerwGE 99, 208 (213) = NVwZ 1997, 181 (183); OVG NW NWVBl 2019, 275 (279); *Niehues/Fischer/Jeremias* Prüfungsrecht, 7. Aufl. 2018, Rn. 13 ff., 166 ff., 813, 821, 824.

[50] Vgl. *Badarsky* Objektive Marktzugangsbeschränkungen im Taxengewerbe aus verfassungsrechtlicher und europarechtlicher Sicht, 1998; *Ehlers* in: Ehlers/Fehling/Pünder, BesVwR I, § 1 Rn. 68.

[51] BVerwGE 49, 244 (251 f.) = NJW 1976, 303 (305).

[52] *Schenke* Verwaltungsprozessrecht, Rn. 276 f.

[53] Anders wäre die Rechtslage, wenn der Kläger unabhängig von den gegenüber anderen getroffenen Entscheidungen einen Anspruch auf Erlass des Verwaltungsakts oder jedenfalls Neubescheidung hätte. Vgl. auch BVerwGE 132, 64 Rn. 22 = NVwZ 2009, 525 (527 f.) → JuS 2009, 1140 *(Hufen)*, wonach eine Verpflichtungsklage auch bei fehlerhafter Auswahlentscheidung selten zum vollen Erfolg führt, weil regelmäßig eine neue Auswahlentscheidung zu treffen sei und dies zu erheblichen Veränderungen führe, so dass einer zusätzlichen Anfechtungsklage (gegen den Verwaltungsakt zu Gunsten eines anderen Neubewerbers) das Rechtsschutzbedürfnis nicht abzusprechen sei.

möglich. Zur Aufhebung eines Verwaltungsakts ist das Verwaltungsgericht im Rahmen des § 113 Abs. 5 VwGO nicht befugt. Auch kann mit einem bloßen Verpflichtungsantrag nicht verhindert werden, dass die den Mitbewerbern erteilten Genehmigungen bestandskräftig werden. Daher muss H sowohl Anfechtungs- als auch Verpflichtungsklage erheben. Es reicht aus, wenn ein begünstigender Verwaltungsakt angefochten wird. Die Behörde ist verpflichtet, dem unterlegenen Bewerber (im Beispielsfall H) Auskunft darüber zu erteilen, warum die Begünstigung den Konkurrenten und nicht ihm gewährt wurde, so dass der unterlegene Bewerber denjenigen Verwaltungsakt anfechten kann, der seine Rechte „am ehesten" verletzt.

**Lösung zu Fall 9:** Bei der Klage der I könnte es sich um eine unzulässige isolierte Anfechtungsklage handeln. Doch erschöpft sich die Anfechtung des Versagungsbescheides nicht in der Aufhebung der Ablehnung einer Vergünstigung. Beantragt ein Ausländer die Verlängerung seines Aufenthaltstitels, gilt der bisherige Aufenthaltstitel gemäß § 81 Abs. 4 S. 1 AufenthG bis zur Entscheidung der Ausländerbehörde als fortbestehend. Lehnt die Behörde die Verlängerung des Aufenthaltstitels ab, wird nicht nur eine Vergünstigung vorenthalten, sondern zugleich der Status quo des Ausländers (und damit zugleich seiner Ehefrau) wegen des Wegfalls der Fiktionswirkung des § 81 Abs. 4 S. 1 AufenthG verschlechtert. Daher darf sich I darauf beschränken, Anfechtungsklage gegen die Ablehnung der Verlängerung der Aufenthaltserlaubnis zu erheben (weil dies im Erfolgsfall wiederum die Fiktionswirkungen des § 81 Abs. 4 S. 1 AufenthG auslösen würde).[54] 39

## II. Besondere Sachentscheidungsvoraussetzungen der Verpflichtungsklage

### 1. Erfolglose, form- und fristgerechte Widerspruchserhebung

**Fall 10:** J hat drei Monate nach Stellung eines Antrags auf Erteilung einer Auskunft nach dem UIG Untätigkeitsklage erhoben. Nachdem das Gericht das Verfahren ausgesetzt und die Behörde den Erlass des beantragten Verwaltungsakts abgelehnt hat, stellt sich J die Frage, ob er nunmehr noch Widerspruch einlegen muss. 40

Gemäß **§ 68 Abs. 2 VwGO** i. V. m. **Abs. 1 VwGO** bedarf es auch vor Erhebung von Versagungsgegenklagen – wenn der Antrag auf Vornahme des Verwaltungsakts abgelehnt worden ist –, der erfolglosen, form- und fristgerechten Einlegung eines Widerspruchs, sofern nicht die Ausnahmevoraussetzungen des § 68 Abs. 1 S. 2 VwGO vorliegen (→ § 27 Rn. 41 f.). Ergibt sich aus § 68 Abs. 1 S. 2 VwGO nichts anderes, gilt § 68 Abs. 2 VwGO auch, wenn der Erlass eines Verwaltungsakts aufgrund eines Vertrages oder einer Zusicherung begehrt wird.[55] Die an die Erhebung des Widerspruchs zu stellenden Anforderungen entsprechen denjenigen im Anfechtungsverfahren (→ § 27 Rn. 44 f.). Wie sich aus § 80 Abs. 1 VwGO ergibt, hat der Widerspruch gegen die Ablehnung auf Vornahme des Verwaltungsakts anders als im Anfechtungsverfahren keine aufschiebende Wirkung, so dass vorläu- 41

---

[54] Vgl. *Kluth* in: Kluth/Heusch, Ausländerrecht, 2019, § 81 Rn. 53; *Sennekamp* in: Fehling/Kastner/Störmer, VwR, § 42 Rn. 32 m. Fn. 82. Zum vorläufigen Rechtsschutz vgl. VGH BW NVwZ-RR 1992, 509 ff. (zum früheren Ausländerrecht); OVG SL Beschl. v. 10.11.2010 – 2 B 302/10, BeckRS 2010, 56205; Beschl. v. 10.7.2019 – 2 B 36/19, 2 D 37/19, BeckRS 2019, 14560; BayVGH Beschl. v. 12.3.2019 – 19 CS 18.2641, BeckRS 2019, 12143.

[55] A. A. HessVGH DÖV 1964, 462 f.; *Pietzner/Ronellenfitsch* Assessorexamen, § 31 Rn. 10; *Geis* in: Sodan/Ziekow, VwGO, § 68 Rn. 94. Wie hier *Dolde/Porsch* in: Schoch/Schneider, VwGO, § 68 Rn. 8.

figer Rechtsschutz nur über die einstweilige Anordnung gemäß § 123 Abs. 1 VwGO zu erlangen ist.

42 Das Erfordernis der Widerspruchserhebung gilt nicht, wenn die Behörde **untätig** geblieben ist, d. h. über den Antrag auf Vornahme des Verwaltungsakts ohne zureichenden Grund in angemessener Frist sachlich nicht entschieden hat (**§ 75** S. 1 **VwGO**).[56] Was angemessen ist, bestimmt sich nach einer Abwägung zwischen der Dringlichkeit der Sachentscheidung für den Kläger und den Gründen für die Bearbeitungsdauer bei der Behörde (→ § 27 Rn. 119). Als zureichender Grund für eine Nichtentscheidung sind z. B. eine vorübergehende Antragsflut oder Anlaufschwierigkeiten im Zuge des Aufbaus der Verwaltung, nicht hingegen Urlaub, Krankheit oder eine längerfristige Überlastung der Verwaltung anzusehen.[57] Die Klage darf dann gemäß § 75 S. 2 VwGO[58] nach Ablauf einer Sperre von drei Monaten seit dem Antrag auf Vornahme des Verwaltungsakts erhoben werden, außer wenn wegen besonderer Umstände des Falles (insbesondere Dringlichkeit des Verwaltungsakts) eine kürzere Frist geboten ist (→ Rn. 51). Liegt ein zureichender Grund dafür vor, dass der beantragte Verwaltungsakt noch nicht erlassen worden ist, setzt das Verwaltungsgericht das Verfahren bis zum Ablauf einer von ihm bestimmten Frist, die verlängert werden kann, aus (§ 75 S. 3 VwGO). Hat das Gericht keine Frist gesetzt[59] oder die Behörde nicht innerhalb der gesetzten Nachfrist entschieden, kommt dem Kläger die Vergünstigung des § 75 S. 1 VwGO zugute. Der **Erhebung eines Widerspruches** bedarf es in diesem Falle selbst dann nicht, wenn die Behörde den Kläger während des Rechtsstreits doch noch ablehnend bescheidet.[60] Wird der Verwaltungsakt innerhalb der gesetzten Frist erlassen, ist die Hauptsache für erledigt zu erklären (§ 75 S. 4 VwGO).

43 Ist gegen die Ablehnung des beantragten Verwaltungsakts Widerspruch eingelegt, aber dieser nicht beschieden worden, kann ebenfalls nach Maßgabe des § 75 VwGO Untätigkeitsklage erhoben werden. Ausnahmsweise ist auch eine **„isolierte“ Verpflichtungsklage** auf Erlass eines Widerspruchsbescheides zulässig, wenn der Kläger dadurch ein Mehr an Rechtsschutz erlangen kann. Dies ist jedenfalls dann anzunehmen, wenn der Widerspruchsbehörde ein Beurteilungs- oder Ermessensspielraum zukommt.[61]

44 **Lösung zu Fall 10:** Ist die Untätigkeitsklage zulässigerweise erhoben worden und lehnt die Behörde innerhalb der ihr vom Gericht gesetzten Frist die Vornahme des beantragten Verwaltungsakts ab, soll nach dem BVerwG[62] die gerichtliche Sachentscheidung erst nach Durchführung des Widerspruchsverfahrens zulässig sein. Einer ausdrücklichen Einlegung des Widerspruchs bedürfe es aber nicht. Der Widerspruch sei mit der Untätigkeitsklage antizipiert. Dieser Auffassung ist nicht zu folgen,[63] weil sie den Rechtsschutz des Untätigkeitsklägers weiter hinauszögert[64] und ein Widerspruch nur nach Ergehen des Verwaltungsakts möglich ist.[65] Konsequenterweise müsste dann jedenfalls gesondert Widerspruch eingelegt werden. Geht man demgegenüber von der Entbehrlichkeit eines Widerspruchs als Sachentscheidungsvoraussetzung im vorliegen-

[56] Da die § 126 Abs. 2 BBG, § 126 Abs. 3 BRRG, § 54 Abs. 2 BeamtStG auf den 8. Abschnitt der VwGO verweisen, wird damit auch § 75 VwGO in Bezug genommen. Nichts anders gilt für die §§ 212, 217 BauGB. Vgl. *Rennert* in: Eyermann, VwGO, § 75 Rn. 1.

[57] Vgl. BVerwGE 162, 331 = NVwZ 2018, 1875 Rn. 16; OVG Hamburg NJW 1990, 1379 (1380); *Porsch* in: Schoch/Schneider, VwGO, § 75 Rn. 8; *Rennert* in: Eyermann, VwGO, § 75 Rn. 9; ausführlich zum zureichenden Grund einer Entscheidungsverzögerung *Leisner* VerwArch 2000, 227 (240 ff.).

[58] Vgl. auch § 14a BImSchG.

[59] Vgl. BVerwGE 100, 221 (224) = NVwZ 1997, 179 (180).

[60] BVerwGE 66, 342 (344) = NJW 1983, 2276 (2277).

[61] Vgl. HessVGH NVwZ-RR 2014, 159 Rn. 16; *v. Schledorn* NVwZ 1995, 250; *Pietzner/Ronellenfitsch* Assessorexamen, § 24 Rn. 18.

[62] BVerwGE 42, 108 (112) = VerwRspr 1974, 1003 (1005 f.); E 66, 342 (344) = NJW 1983, 2276 (2277); NVwZ 2018, 1229 Rn. 12.

[63] Vgl. *Ehlers* DVBl 1976, 71 (72).

[64] *Pietzner/Ronellenfitsch* Assessorexamen, § 31 Rn. 1100.

[65] *Ehlers* DVBl 1976, 71; *Rennert* in: Eyermann, VwGO, § 75 Rn. 14.

den Fall aus, darf der Kläger gleichwohl Widerspruch erheben, um eine Zweckmäßigkeitsprüfung zu erreichen.

### 2. Klagebefugnis

**Fall 11:** K verlangt von der Bauaufsichtsbehörde ein Einschreiten dagegen, dass auf dem Nachbargrundstück ohne die erforderliche Baugenehmigung und unter Verletzung des Abstandsflächenrechts ein Gebäude errichtet worden ist. Er erhebt deshalb Verpflichtungsklage auf Erlass einer Abrissverfügung. 45

Soweit gesetzlich nichts anderes bestimmt ist, ist eine Verpflichtungsklage gemäß § 42 Abs. 2 VwGO nur zulässig, wenn der Kläger geltend macht, durch die Ablehnung oder Unterlassung des Verwaltungsakts in seinen Rechten verletzt zu sein. Der Kläger wird dann durch die Ablehnung oder Unterlassung in seinen Rechten verletzt, wenn er einen **Anspruch auf Erlass des Verwaltungsakts** (Vornahme) oder auf (Neu-)**Bescheidung** hat (→ Rn. 20, 53). Dies setzt zunächst voraus, dass die Behörde verpflichtet oder befugt ist, einen Verwaltungsakt zu erlassen. Sodann kommt es darauf an, ob die Verpflichtung oder Befugnis einem subjektiven Recht des Klägers entspricht. 46

Anders als bei der Anfechtungsklage geht es nicht um einen Abwehr-, sondern um einen Leistungsanspruch (→ Rn. 2). Da sich den Grundrechten – von Art. 3 GG abgesehen – in der Regel keine unmittelbaren Leistungsansprüche entnehmen lassen,[66] können sich diese im Falle der Nichtanwendbarkeit des Gleichheitssatzes grundsätzlich nur aus einfachem Recht oder aus den rechtsgeschäftlichen Erklärungen der Verwaltung (z. B. einem verwaltungsrechtlichen Vertrag oder einer Zusicherung) ergeben. Bei der Interpretation des einfachen Rechts ist indessen das Gebot verfassungskonformer Auslegung zu berücksichtigen. So sind **präventive Verbote** mit Erlaubnisvorbehalt in der Ordnungsverwaltung prinzipiell nur grundrechtskonform, wenn der Einzelne im Falle des Vorliegens der gesetzlichen Voraussetzungen einen Anspruch auf Erteilung der Erlaubnis (etwa zum Bauen oder zur Ausübung eines Gewerbes) hat. Bei **repressiven** **Verboten** mit Befreiungsvorbehalt muss dem Einzelnen in der Regel zumindest ein Anspruch auf ermessensfehlerfreie Entscheidung über die Befreiungsvoraussetzungen eingeräumt werden.[67] Ist der Kläger nicht Adressat des erstrebten Verwaltungsakts, hängt die Klagebefugnis davon ab, dass er sich auf eine drittschützende Regelung berufen kann.[68] 47

Da vom Kläger nur die **„Geltendmachung“** einer Rechtsverletzung durch Ablehnung oder Unterlassung des Verwaltungsakts verlangt wird und hierfür die Möglichkeit ausreicht (→ § 27 Rn. 62), muss der Kläger den Anspruch nicht schlüssig darlegen. Andererseits reicht der Hinweis darauf, dass er mit seinem Antrag nicht oder nicht vollständig durchgedrungen ist, nicht aus. Die Klage wäre ansonsten auch zulässig, wenn der Kläger offensichtlich keinen Rechtsanspruch auf den Verwaltungsakt hat.[69] Zudem erfordert die Zulässigkeit der Verpflichtungsklage ohnehin einen Antrag und im Falle der Versagungsgegenklage eine Ablehnung (→ Rn. 17 f.), so dass der Klagebefugnis keine eigenständige Bedeutung zukäme.[70] Zu verlangen ist, dass sich der Verpflichtungskläger auf eine Anspruchsgrundlage des öffentlichen Rechts berufen kann, die zumindest auch dazu bestimmt ist, den Personenkreis zu schützen, dem sich der Kläger zurechnet, und die dem Kläger möglicherweise den begehrten Anspruch auf Erlass des Verwaltungsakts oder jedenfalls auf Bescheidung zuspricht 48

---

[66] Vgl. aber z. B. BVerwG NJW 2003, 2696 (verfassungsunmittelbarer Auskunfts- und Informationsanspruch gegen die Verwaltung gemäß Art. 12 Abs. 1 GG) → *Ehlers* JK /04, GG Art. 12 I/71 und → JuS 2003, 1241 *(Selmer)* sowie → JA 2004, 281 *(Oberrath)*.

[67] Vgl. zum Ganzen auch *Ehlers* in: Ehlers/Pünder, AllgVwR, § 1 Rn. 50 ff.

[68] Vgl. auch OVG LSA LKV 2017, 42 ff.

[69] *Hufen* Verwaltungsprozessrecht, § 15 Rn. 17.

[70] *Wahl/Schütz* in: Schoch/Schneider, VwGO, § 42 Abs. 2 Rn. 71.

(vgl. auch → § 27 Rn. 62). Wird der Erlass eines feststellenden Verwaltungsakts begehrt, muss die Möglichkeit bestehen, dass die Behörde aufgrund einer Rechtsgrundlage verpflichtet ist, den Feststellungsbescheid zu erlassen, wobei sich die Rechtsgrundlage aus dem Normzweck ergeben kann.[71] Außerdem darf nicht ausgeschlossen sein, dass der Kläger die Feststellung verlangen kann.

49 **Lösung zu Fall 11:** Im Polizei- und Ordnungsrecht ist anerkannt, dass der Einzelne nach Maßgabe der Generalklauseln einen Anspruch auf ermessensfehlerfreie Entscheidung auf Einschreiten gegen einen Dritten hat, wenn eine Gefahr für das Rechtsgut des Einzelnen besteht (→ § 27 Rn. 55).[72] Auch nach den bauordnungsrechtlichen Generalklauseln können die Bauaufsichtsbehörden zur Wahrnehmung ihrer Aufgaben die erforderlichen Maßnahmen und damit auch Beseitigungsanordnungen treffen.[73] Da das Abstandsflächenrecht nachbarschützenden Charakter hat (→ § 27 Rn. 74),[74] kann K jedenfalls einen Anspruch auf ermessensfehlerfreie Entscheidung über das bauaufsichtsrechtliche Einschreiten geltend machen. Ob er einen Anspruch auf Erlass der begehrten Abrissverfügung hat, ist eine Begründetheitsfrage. In der Regel ist eine Ermessensreduzierung auf Null nicht gegeben.[75] Unter Umständen kann auch die Möglichkeit eines zivilrechtlichen Vorgehens gegen den Bauherrn ein beachtlicher Ermessensgesichtspunkt (für ein Nichteinschreiten der Behörde) sein.[76]

### 3. Richtiger Klagegegner

50 Wie bei der Anfechtungsklage bestimmt sich auch bei der Verpflichtungsklage der Klagegegner nach **§ 78 Abs. 1 VwGO.** Die Vorschrift regelt nur die Zulässigkeit der Klage **(passive Prozessführungsbefugnis),** nicht die Begründetheit (Passivlegitimation, mit anderen Worten die Frage des Anspruchsgegners). Das ist für die Verpflichtungsklage noch eindeutiger als für die Anfechtungsklage, weil ansonsten die Beantragung des Verwaltungsakts bei einem unzuständigen Rechtsträger oder einer unzuständigen Behörde zur Folge hätte, dass diese(r) für den Erlass des Verwaltungsakts nunmehr sachlich zuständig wäre (→ § 27 Rn. 109). Ausdrücklich normiert § 78 Abs. 1 VwGO nur, gegen wen die Klage zu richten ist, wenn die Behörde den beantragten Verwaltungsakt unterlassen hat **(Untätigkeitsklage).** Nicht erwähnt wird der viel häufigere Fall der **Versagungsgegenklage.** Doch besteht Übereinstimmung darüber, dass insoweit keine andere Regelung gilt.[77] Somit ist die Verpflichtungsklage gegen den Bund zu richten, wenn der Erlass eines Verwaltungsakts durch eine Bundesbehörde begehrt wird. Ist der Antrag auf Vornahme eines Verwaltungsakts bei einer Landesbehörde gestellt worden, kommt es darauf an, ob Landesrecht i. S. d. § 78 Abs. 1 Nr. 2 VwGO existiert. In diesem Falle ist die Behörde, ansonsten der Rechtsträger zu verklagen. Wegen der Einzelheiten kann auf die Anfechtungsklage verwiesen werden (→ § 27 Rn. 107 ff.).

[71] BVerwG NVwZ 1991, 267.

[72] Im Wirtschafts- und besonderem Ordnungsrecht ist die Ausgangslage vielfach eine andere. So vermittelt das KrWG dem öffentlich-rechtlichen Entsorgungsträger keine Klagebefugnis für eine auf die Untersagung einer gewerblichen Sammlung durch die Abfallbehörde gerichteten Verpflichtungsklage, vgl. BVerwG NVwZ 2019, 163 → *Eifert* Jura (JK), 2019, 1313 und → *Hufen* JuS 2019, 606.

[73] Vgl. die Auflistung der landesrechtlichen Vorschriften bei *Kersten* in: Schoch, BesVwR, Kap. 3 Rn. 443 m. Fn. 1546, Rn. 448 m. Fn. 1571; *Kaiser* in: Ehlers/Fehling/Pünder, BesVwR II, § 41 Rn. 110, 125 ff., 135 ff.

[74] Vgl. BVerwGE 88, 191 (195 f.) = NJW 1991, 3293 (3294); OVG NW BauR 2004, 314 (315); *Schoch* Jura 2004, 317 (323).

[75] Strittig, vgl. BVerwG NVwZ 1998, 395; a. A. z. B. OVG NW NVwZ-RR 2000, 205; näher dazu *Schoch* Jura 2004, 317 (324 f.).; *Kaiser* in: Ehlers/Fehling/Pünder, BesVwR II, § 41 Rn. 182 ff.

[76] Strittig, vgl. (für die Fälle der hier nicht einschlägigen Genehmigungsfreistellung) *Seidel* NVwZ 2004, 139 (142); *Muckel/Ogorek* Öffentliches Baurecht, 2018, § 10 Rn. 67.

[77] Vgl. *Schmitt Glaeser/Horn* Verwaltungsprozessrecht, Rn. 301; *Meissner/Schenk* in: Schoch/Schneider, VwGO, § 78 Rn. 22, 32; *Kothe* in: Redeker/v. Oertzen, VwGO, § 78 Rn. 1; *Brenner* in: Sodan/Ziekow, VwGO, § 78 Rn. 10.

#### 4. Klagefrist

Die Verpflichtungsklage muss nach **§ 74 Abs. 2 VwGO innerhalb eines Monats** erhoben werden, wenn der Antrag auf Vornahme des Verwaltungsakts abgelehnt worden ist. Die Frist beginnt mit Zustellung des Widerspruchsbescheids oder, wenn ein Widerspruchsbescheid nicht erforderlich ist, mit Bekanntgabe der Ablehnung des Verwaltungsakts zu laufen (§ 74 Abs. 2 i. V. m. Abs. 1 VwGO). Ist eine Rechtsbehelfsbelehrung unterblieben oder unrichtig erteilt worden (→ § 27 Rn. 117), gilt gem. § 70 Abs. 2 i. V. m. § 58 Abs. 2 VwGO die Jahresfrist. Für die Berechnung der Frist sind dieselben Grundsätze maßgebend, wie bei der Anfechtungsklage (→ § 27 Rn. 117). Ist über einen (zulässigerweise eingelegten) Widerspruch nicht entschieden worden oder hat es die Behörde unterlassen, über den Antrag auf Erlass des Verwaltungsakts zu entscheiden, bestimmt sich der frühestmögliche Zeitpunkt der Klageerhebung nach **§ 75 VwGO** (→ § 27 Rn. 119). Grundsätzlich ist die dreimonatige Sperrfrist des § 75 S. 2 VwGO abzuwarten. Doch kann in dringenden Fällen eine kürzere Frist geboten sein (§ 75 S. 2 VwGO), umgekehrt bei zureichendem Grund eine längere Frist festgesetzt werden (§ 75 S. 3 VwGO).[78] Nicht geregelt wird in § 75 VwGO, wie lange die Klage erhoben werden kann, wenn über den Widerspruch oder den Antrag auf Vornahme eines Verwaltungsakts ohne zureichenden Grund in angemessener Zeit sachlich nicht entschieden wurde. Insoweit greift der Gedanke der Verwirkung ein, wobei sich primär eine Orientierung an der Jahresfrist des § 58 Abs. 2 VwGO anbietet (→ § 25 Rn. 257 f.). Insbesondere wenn der Erlass eines Verwaltungsakts gegen einen Dritten begehrt wird (z. B. ordnungsbehördliches Einschreiten gegen den Verantwortlichen), kann wegen des Vertrauensschutzes des Dritten die Verwirkung zu einem früheren Zeitpunkt in Betracht kommen. Voraussetzung ist, dass der Dritte darauf vertrauen durfte, dass das Klagerecht nicht mehr geltend gemacht wird und tatsächlich darauf vertraut hat (etwa, weil er schwer rückgängig zu machende Dispositionen getroffen hat). 51

## C. Begründetheit der verwaltungsgerichtlichen Verpflichtungsklage

### I. Aufbaufragen

**Fall 12:** Winzer L wollte einen Spätburgunder Rotwein als „Qualitätswein" mit Prädikat (Spätlese) bezeichnen dürfen, wozu nach § 19 Abs. 1 WeinG die Zuteilung einer amtlichen Prüfnummer erforderlich ist. Nach der einschlägigen Durchführungsverordnung ist diese zu erteilen, wenn der Wein nach einer Sinnenprüfung durch eine Sachverständigenkommission „in Aussehen, Geruch und Geschmack frei von Fehlern ist". Die zuständige Behörde hat die Erteilung der Prüfnummer abgelehnt, nachdem die Kommission den Wein nicht als fehlerfrei bewertet hat. L hat nach erfolglosem Widerspruchsverfahren verwaltungsgerichtliche Klage erhoben. 52

Nach § 113 Abs. 5 S. 1 VwGO ist die Verpflichtungsklage in Gestalt der **Vornahmeklage** begründet, wenn die Ablehnung oder Unterlassung des Verwaltungsakts rechtswidrig und der Kläger dadurch in seinen Rechten verletzt ist sowie Spruchreife besteht. Bei der **Bescheidungsklage** (§ 113 Abs. 5 S. 2 VwGO) kommt es nur auf die beiden zuerst genannten Voraussetzungen an. Nicht erforderlich ist eine Rechtsverletzung, wenn der Rechtsschutz nach § 42 Abs. 2 Var. 1 VwGO (anderweitige Bestimmung) nicht der Durchsetzung subjektiver Rechte, sondern derjenigen des objektiven Rechts dient. 53

[78] Zur verfrühten Klageerhebung und zur Kostenregelung des § 161 Abs. 3 VwGO vergleiche → § 27 Rn. 119 f.

54 Die Frage, ob die durch den Wortlaut des § 113 VwGO nahe gelegte **Prüfungsreihenfolge**[79] sinnvoll ist, stellt sich bei der Verpflichtungsklage in noch stärkerem Maße als bei der Anfechtungsklage (→ § 27 Rn. 127 ff.). So kommt es (vorbehaltlich des Fehlens abweichender Bestimmungen i. S. d. § 42 Abs. 2 Alt. 1 VwGO) auf die Rechtswidrigkeit der Ablehnung oder Unterlassung des Verwaltungsakts nicht an, wenn der Kläger nicht in seinen Rechten verletzt ist. In seinen Rechten verletzt sein kann der Kläger aber nur, wenn er nach dem materiellen Recht einen Anspruch auf Erlass des Verwaltungsakts oder zumindest auf Neubescheidung hat. Deshalb geht die ganz herrschende Meinung[80] zu Recht davon aus, dass es sich – jedenfalls bei der Verpflichtungsklage – empfiehlt, von vornherein **anspruchsbezogen** zu prüfen. Dies entspricht der gerichtlichen Praxis, führt allerdings dazu, dass das Verwaltungshandeln nur insoweit kontrolliert wird, als es für den Ausgang des Prozesses darauf ankommt. Hat der Verpflichtungskläger z. B. einen Anspruch auf Erlass des beantragten Verwaltungsakts, ist unerheblich, ob die Ablehnungsentscheidung der Behörde formell rechtmäßig war. Entsprechendes gilt, wenn ein solcher Anspruch nicht besteht. Für eine nur auf Mängel des Verfahrens gestützte Bescheidungsklage besteht regelmäßig kein Rechtsschutzbedürfnis.[81] Dementsprechend ist eine nicht auf die Entscheidung über den materiellen Anspruch, sondern auf reine verfahrensrechtliche Bescheidung durch die Verwaltung gerichtete Untätigkeitsklage unzulässig.[82] Richtet man die Begründetheitsprüfung der Verpflichtungsklage entgegen der herkömmlichen Betrachtungsweise am Wortlaut des § 113 Abs. 5 VwGO aus, darf der Rechtswidrigkeitszusammenhang („dadurch" in seinen Rechten verletzt) nicht aus den Augen verloren werden.[83] Das Gericht ist nicht befugt, sich zu Rechtsfragen zu äußern, die für die Begründetheit der Klage erkennbar keine Bedeutung haben (→ § 27 Rn. 123).

55 Folgt man – mit der auch hier vertretenen Ansicht – einem anspruchsbezogenen Aufbau, erscheint folgendes Schema zweckmäßig:

(1) Die in Betracht kommende Anspruchsgrundlage
(2) Das Vorliegen der Anspruchsvoraussetzungen im Falle einer gebundenen Entscheidung
  (a) Anspruchsvoraussetzungen in personeller Hinsicht
  (b) Anspruchsvoraussetzungen in sachlicher Hinsicht
  (c) Spruchreife
(3) Das Vorliegen der Entscheidungsvoraussetzungen im Falle eines Beurteilungs- oder Ermessensspielraums der Verwaltung
  (a) Rechtswidrigkeit der Ablehnung oder Unterlassung in formeller Hinsicht
  (b) Rechtmäßigkeit in materieller Hinsicht
  (c) Rechtsverletzung

56 Einer Vorabfestlegung der **in Betracht kommenden Anspruchsgrundlage** bedarf es zwar nicht zwangsläufig, doch empfiehlt sich diese Prüfung aus denselben Gründen wie bei der Anfechtungsklage (→ § 27 Rn. 129) zumindest dann, wenn der Kläger nur ein Bescheidungsurteil erlangen kann. Zudem bereitet die Erörterung dieses Punktes in der Regel keine Schwierigkeiten, weil bereits im Rahmen der Klagebefugnis geprüft worden ist, auf welche Anspruchsgrundlage sich der Kläger berufen kann. Im Falle eines Beurteilungs- und Ermessensspielraums kommt es darauf an, ob der Kläger einen Anspruch auf ermessensfehlerfreie Entscheidung hat (→ Rn. 59).

---

[79] Für Einhaltung dieser Prüfungsreihenfolge *Würtenberger/Heckmann* Verwaltungsprozessrecht, Rn. 402, 406; *Meyer* Jura 2020, 211.

[80] Vgl. *Lorenz* Verwaltungsprozeßrecht, § 16 Rn. 32; *Mann/Wahrendorf* Verwaltungsprozessrecht, § 16 Rn. 242; a. A. wohl *Hufen* Verwaltungsprozessrecht, § 26 Rn. 1; vgl. auch *Schmitt Glaeser/Horn* Verwaltungsprozessrecht, Rn. 302, die zwar prüfen, ob die Ablehnung des begehrten Verwaltungsakts rechtswidrig ist, eine Rechtswidrigkeit aber nur annehmen, wenn der Kläger einen Anspruch auf Erlass des begehrten Verwaltungsakts hat.

[81] BVerwG Beschl. v. 21.11.1983 – 9 B 10044.820, BeckRS 1983, 31250950.

[82] BayVGH NVwZ 2017, 335.

[83] Vgl. auch *Riese* in: Schoch/Schneider, VwGO, § 113 Rn. 212; *Meyer* Jura 2020, 211 (215).

57 Stets begründet ist die Verpflichtungsklage, wenn die Anspruchsvoraussetzungen für den Erlass des beantragten Verwaltungsakts vorliegen. Dies ist nur der Fall, wenn die **Verwaltung gebunden** ist, also keinen Gestaltungsspielraum (d. h. keine administrative Letztentscheidungskompetenz) hat. Von einer Bindung der Verwaltung ist auch im Falle der Reduzierung eines Beurteilungs- oder Ermessensspielraums auf Null auszugehen. Maßgebend ist allein das materielle Recht. Zu unterscheiden ist zwischen den personellen und sachlichen Anspruchsvoraussetzungen. In personeller Hinsicht muss der Kläger den Erlass des Verwaltungsakts beanspruchen können (Aktivlegitimation) und der Beklagte zum Erlass des Verwaltungsakts verpflichtet sein (Passivlegitimation). Letzteres ist z. B. nicht der Fall, wenn der Verwaltungsakt bei einer unzuständigen Behörde beantragt worden ist (etwa Beantragung einer Gaststättenerlaubnis beim Rektor einer Universität). In sachlicher Hinsicht müssen die (sonstigen) Tatbestandsvoraussetzungen der Anspruchsnorm erfüllt sein. So dürfen im Falle einer beantragten Baugenehmigung öffentlich-rechtliche Vorschriften dem Bauvorhaben nicht entgegenstehen (z. B. § 74 Abs. 1 BauO NW). Bei einer immissionsschutzrechtlichen Genehmigung müssen die Anforderungen des § 5 BImSchG eingehalten worden sein. Wie sich aus der Soweit-Klausel des § 113 Abs. 5 S. 1 VwGO ergibt, ist die Verpflichtungsklage nur teilweise begründet, wenn nur teilweise ein Anspruch auf Erlass des Verwaltungsakts besteht. Das setzt Teilbarkeit voraus. Insbesondere bei Geldleistungsverwaltungsakten kann eine Reduzierung des begehrten Geldbetrages in Betracht kommen.[84] Dagegen sind Inhaltsbestimmungen in aller Regel nicht abtrennbar.

58 **Spruchreife** ist gegeben, wenn dem Erlass des Verwaltungsakts sowohl in tatsächlicher als auch in rechtlicher Hinsicht keine Hindernisse entgegenstehen.[85] Nach dem Untersuchungsgrundsatz (§ 86 Abs. 1 VwGO; → § 24 Rn. 7) muss das Gericht bei **gebundenen Entscheidungen** durch eine umfassende Sachverhaltsaufklärung grundsätzlich selbst die Spruchreife herbeiführen.[86] Auch eine unterbliebene Anhörung im Verwaltungsverfahren entbindet das Tatsachengericht nicht von der Pflicht, die Sache spruchreif zu machen, zumal sich der Kläger in der mündlichen Verhandlung äußern kann (§ 101 Abs. 1 VwGO).[87] Ausnahmsweise kann nach der Rechtsprechung trotz Unanwendbarkeit des § 113 Abs. 3 VwGO[88] aus tatsächlichen oder rechtlichen Gründen anderes gelten. Dies soll etwa der Fall sein, wenn es zur Beurteilung komplexer technischer Sachverhalte oder Risikobewertungen noch weiterer Sachaufklärung bedarf, aus Gründen des materiellen Rechts zwingend ein spezifisches Verwaltungsverfahren vor Erlass des Verwaltungsakts durchzuführen ist oder der Erlass des begünstigenden Verwaltungsakts noch von Voraussetzungen abhängt, deren Herbeiführung zum Gegenstand einer Nebenbestimmung gemacht werden kann.[89] Ferner bejaht die Rechtsprechung im **Asylrecht** wegen der Besonderheiten des behördlichen Asylverfahrens eine Beschränkung auf ein Bescheidungsurteil, wenn eine Klage mit dem Ziel erhoben wird, das Bundesamt für Migration und Flüchtlinge zu einer Anhörung zu verpflichten.[90]

59 Vor allem aber ist keine Spruchreife gegeben, wenn der Verwaltung ein **Beurteilungs- oder Ermessensspielraum** zukommt. Der Kläger kann dann allenfalls ein Bescheidungsurteil erlangen. Dieses setzt voraus, dass die Ablehnung oder Unterlassung des Verwaltungsakts rechtswidrig gewesen ist und der Kläger dadurch in seinen Rechten (d. h. in seinem

---

[84] Vgl. auch *Knauff* in: Gärditz, VwGO, § 113 Rn. 98.
[85] Vgl. auch *Knauff* in: Gärditz, VwGO, § 113 Rn. 99.
[86] BVerwGE 90, 18 (25 f.) = NVwZ-RR 1993, 69 (70 f.); E 150, 383 Rn. 47 = NVwZ 2015, 675.
[87] BVerwG NVwZ 2017, 335 f.
[88] Vgl. BVerwGE 107, 128 (130) = NVwZ 1999, 65 (66); E 117, 200 (206 f.) = NVwZ 2003, 1130 (1131 f.); *W.-R. Schenke/R. P. Schenke* in: Kopp/Schenke, § 113 Rn. 166; *Riese* in: Schoch/Schneider, VwGO, § 113 Rn. 175.
[89] Vgl. BVerwGE 41, 220 = DVBl 1973, 413; E 44, 17 = NJW 1974, 158; E 44, 278 (283) = BeckRS 1974, 30428398; E 61, 45 = NJW 1981, 1683; NVwZ 2017, 335; ferner (z. T. kritisch) *W.-R. Schenke/R. P. Schenke* in: Kopp/Schenke, VwGO, § 113 Rn. 197 ff.; *Riese* in: Schoch/Schneider, VwGO, § 113 Rn. 222 ff.; *Schübel-Pfister* in: Eyermann, VwGO, § 113 Rn. 47 f.; *Wolff* in: Sodan/Ziekow, VwGO, § 113 Rn. 430 f.
[90] BVerwGE 162, 331 = NVwZ 2018, 1875.

Anspruch auf fehlerfreie Entscheidung) verletzt wurde. Es empfiehlt sich dann, insoweit den klassischen Aufbau der Begründetheitsprüfung einer Anfechtungsklage zugrunde zu legen (→ § 27 Rn. 128 ff.), also zunächst zu prüfen, ob das Handeln (oder Unterlassen) der Verwaltung rechtmäßig war und anschließend auf die Frage der Rechtsverletzung einzugehen. Formell rechtswidrig ist die Ablehnung eines Verwaltungsakts z. B., wenn der Kläger nicht angehört worden ist und man entgegen der Rechtsprechung[91] davon ausgeht, dass § 28 Abs. 1 VwVfG auch diesen Fall erfasst (Eingriffsakt). Ob der (nicht geheilte) Fehler beachtlich ist, bestimmt sich dann nach § 46 VwVfG. Eine materielle Rechtswidrigkeit ist anzunehmen, wenn die Behörde von ihrem Beurteilungs- oder Ermessensspielraum nicht ordnungsgemäß Gebrauch gemacht hat (→ § 27 Rn. 142 ff.). Liegt ein Unterlassen vor und hat der Kläger mit zureichendem Grund Untätigkeitsklage erhoben, liegt allein in der Säumnis der Verwaltung eine materielle Rechtswidrigkeit. Eine Rechtsverletzung setzt voraus, dass der (im Rahmen der Klagebefugnis und der in Betracht kommenden Anspruchsgrundlage bereits „vorab" zu prüfende) Anspruch auf fehlerfreie Entscheidung (→ Rn. 56) wirklich dem Kläger zusteht und dass der Kläger den Antrag bei der zuständigen Behörde bzw. dem zuständigen Rechtsträger gestellt hat. Statt des klassischen Prüfungsschemas einer Anfechtungsklage könnte auch im Rahmen der Begründetheitsprüfung einer Bescheidungsklage von vorneherein auf den Anspruch auf neue bzw. erstmalige Bescheidung abgestellt werden (zur Anfechtungsklage → § 27 Rn. 134 ff.).

60 Geht es um das **Wiederaufgreifen des Verwaltungsverfahrens** (→ Rn. 30), hat der Kläger bei Vorliegen der Voraussetzungen des § 51 Abs. 1 VwVfG einen Anspruch auf Neubescheidung, im Falle des Wiederaufgreifens im weiteren Sinne (§ 51 Abs. 5 VwVfG) nur einen Anspruch auf fehlerfreie Ermessensausübung. Die Behörde handelt grundsätzlich ermessensfehlerfrei, wenn sie im Hinblick auf die Bestandskraft oder Rechtskraft der Verwaltungsentscheidung in den früheren Verwaltungsverfahren ein Wiederaufgreifen ablehnt.[92] Ein Anspruch auf Rücknahme des Verwaltungsakts besteht ausnahmsweise, wenn dessen Aufrechterhaltung „schlechthin unerträglich" wäre, was von den Umständen des Einzelfalls und einer Gewichtung der einschlägigen Gesichtspunkte (etwa Änderung der höchstrichterlichen Rechtsprechung) abhängt.[93]

61 Hat der Kläger einen Antrag auf Erlass eines Verwaltungsakts gestellt, kommt aber nur ein **Bescheidungsurteil** in Betracht, ist die Klage teilweise unbegründet (→ Rn. 21). Eine Umstellung des Antrags während des Gerichtsverfahrens ist keine Klageänderung und kommt daher weiterhin in Betracht.[94] Wurde umgekehrt nur Neubescheidung beantragt, kommt aber ein **Vornahmeurteil** in Betracht, ist das Gericht wegen § 88 VwGO daran gebunden und muss die Klage mangels Vorliegen eines Rechtsschutzbedürfnisses abweisen.[95] Das Gericht ist aber gemäß § 86 Abs. 3 VwGO verpflichtet, darauf hinzuwirken, dass der Kläger sachdienliche Anträge stellt.

62 **Lösung zu Fall 12:** Die zulässige Verpflichtungsklage ist begründet, wenn L einen Anspruch auf Erteilung der amtlichen Prüfnummer hat.[96] Die Prüfnummer ist zu erteilen, wenn der Wein in Aussehen, Geruch und Geschmack frei von Fehlern ist. Hierbei handelt es sich um einen unbestimmten Rechtsbegriff, welcher grundsätzlich der vollständigen gerichtlichen Kontrolle unterliegt.[97] Doch könnte der Behörde ein Beur-

---

[91] BVerwGE 66, 184 (186) = NJW 1983, 2044 (2045) → *v. Mutius* JK 83, VwVfG § 28/2; zum Meinungsstand vgl. *Ehlers* Jura 1996, 617 (618 f.); *Pünder* in: Ehlers/Pünder, AllgVwR, § 14 Rn. 33.

[92] Vgl. statt vieler OVG NW Beschl. v. 10.1.2019 – 11 A 2560/16, BeckRS 2019, 168 Rn. 15.

[93] Vgl. BVerwGE 95, 86 (92) = NVwZ 1995, 388 (389); NVwZ 2007, 709 Rn. 13 → JuS 2008, 266 *(Waldhoff)*; NWVBl 2019, 62 Rn. 31.

[94] *Knauff* in: Gärditz, VwGO, § 113 Rn. 104.

[95] So auch *Riese* in: Schoch/Schneider, VwGO, § 113 Rn. 221.

[96] Vgl. zur Fallgestaltung BVerwGE 129, 27 = NJW 2007, 2790 → *Schoch* JK 2/08, Allg. VerwR Beurteilungsspielraum/3.

[97] Vgl. *Schoch* Jura 2004, 612 (615).

teilungsspielraum einzuräumen sein. Eine normative Beurteilungsermächtigung an die Verwaltung kommt in Betracht, wenn ein unbestimmter Rechtsbegriff wegen hoher Komplexität (oder besonderer Dynamik der geregelten Materie) so vage und bezüglich der Konkretisierung im Nachvollzug der Verwaltungsentscheidung so schwierig ist, dass die gerichtliche Kontrolle an die Funktionsgrenzen der Rechtsprechung stößt.[98] Das BVerwG räumt der Verwaltung unter anderem dann eine Beurteilungsermächtigung ein, wenn der zu treffenden Entscheidung in hohem Maße wertende Elemente anhaften und das Gesetz für sie deshalb ein besonderes Verwaltungsorgan für zuständig erklärt, das weisungsfrei ist, mit besonderer fachlicher Legitimation und in einem besonderen Verfahren entscheidet. Diese Kriterien sieht das BVerwG bei einer behördlichen Weinprüfung als gegeben an.[99] Die Entscheidung, ob Wein die sensorischen Voraussetzungen für einen Qualitätswein erfüllt, erfordere hohe Sachkunde, die nur durch fachliche Schulung sowie langjährige Erfahrung gewonnen werden könne. Deshalb lasse sie sich regelmäßig nicht ohne Hinzuziehung von Sachverständigen treffen. Da auch Sachverständige ihre Beurteilungen nicht völlig von subjektiv-wertenden Elementen freihalten könnten, sei die Prüfung hier nicht einem einzelnen Sachverständigen überlassen, sondern einem mehrköpfigen Gremium anvertraut worden. Dies alles rechtfertige die Annahme eines Beurteilungsspielraums. Sei die gerichtliche Überprüfung der behördlichen Subsumtion des Sachverhaltes unter § 19 Abs. 1 WeinG demnach eingeschränkt, hat das Gericht nur zu überprüfen, ob die gültigen Verfahrensbestimmungen eingehalten worden sind, ob die Behörde bzw. ihre Prüfungskommission von einem richtigen Verständnis des anzuwendenden Gesetzesbegriffs ausgegangen ist, ob sie ferner den erheblichen Sachverhalt vollständig und zutreffend ermittelt hat, ob sie sich des Weiteren bei der eigentlichen Beurteilung an allgemein gültige Wertmaßstäbe gehalten und schließlich das Willkürverbot nicht verletzt hat. Sind diese Vorgaben beachtet worden, wird das Gericht die Klage abweisen.

## II. Maßgeblicher Zeitpunkt für die Beurteilung des Verpflichtungsbegehrens

**Fall 13:** M hat nach nicht bestandener juristischer Staatsprüfung und erfolglosem Vorverfahren Verpflichtungsklage mit dem Antrag erhoben, die Prüfung für bestanden zu erklären, weil eine Klausur besser als mit 0 Punkten hätte bewertet werden müssen. 63

Einer Verpflichtungsklage darf nur stattgegeben werden, wenn der Kläger zum **Zeitpunkt der letzten mündlichen Verhandlung** (falls eine solche nicht stattfindet, zum Zeitpunkt der **Entscheidung des Gerichts;** vergleiche dazu → § 27 Rn. 156) einen Anspruch auf Vornahme des Verwaltungsakts bzw. auf **Bescheidung** hat **(prozessrechtlicher Zeitpunkt).**[100] Ob ein solcher Anspruch besteht, beurteilt sich nach materiellem Recht **(materiell-rechtlicher Zeitpunkt).**[101] Da es (auch bei Bescheidungsklagen) um ein noch zu erfüllendes Leistungsbegehren geht, muss auf das zum prozessrechtlichen Zeitpunkt maßgebende materielle Recht abgestellt werden. Hatte der Kläger bei Klageerhebung kei- 64

[98] Vgl. BVerfGE 84, 34 (50) = NJW 1991, 2005 (2006); BVerfG-K DVBl 2002, 1203 (1204); BVerwGE 106, 263 (267) = NVwZ 1999, 75 (76) → *Erichsen* JK 99, GG Art 19 IV/18.

[99] A. A. noch BVerwGE 94, 307 (309) = NVwZ 1995, 707 (708) → *Kunig* JK 95, Allg.VerwR/Beurteilungsspielraum/2.

[100] BVerwGE 84, 157 (160) (letzte Tatsacheninstanz) = NJW 1990, 2700 (2701); E 137, 113 Rn. 23 = NJW 2011, 405 (406).

[101] BVerwGE 97, 79 (81 f.) = NJW 1995, 3067 (3068); E 121, 140 (143) = NJW 2004, 3581 (3582); E 124, 268 (270) = NJW 2006, 1079 (1080); E 142, 59 Rn. 11 f. = NVwZ 2012, 880; E 156, 180 Rn. 13 f. = NVwZ 2017, 481 → *Hufen* JuS 2017, 1041.

nen Anspruch auf Erlass des Verwaltungsakts oder auf Bescheidung, steht ihm nunmehr aber dieser Anspruch zu, wirkt sich dies zu seinen Gunsten aus.

65 Ist während des Gerichtsverfahrens eine **Rechtsänderung** zu Ungunsten des Klägers eingetreten, kommt es darauf an, ob die Neufassung des Gesetzes einen durch das alte Recht begründeten Anspruch des Klägers beseitigt, verändert oder unberührt gelassen hat.[102] Fehlen besondere Anhaltspunkte im Gesetz, muss von einer Beseitigung ausgegangen werden.[103] Hatte der Kläger etwa zum Zeitpunkt der Klageerhebung einen Anspruch auf Erteilung einer Baugenehmigung, aber nicht mehr zum Zeitpunkt der letzten mündlichen Verhandlung vor dem Verwaltungsgericht, ist die Klage abzuweisen.[104] Ändert sich die **Sachlage** während des gerichtlichen Verfahrens zu Ungunsten des Klägers (etwa weil der eine gewerberechtliche Erlaubnis anstrebende Kläger unzuverlässig wird), geht dies zu seinen Lasten.

66 Zumeist stellt das **materielle Recht** (anders als bei der Anfechtungsklage, → § 27 Rn. 157) auf die Umstände des im Prozessrecht maßgeblichen Zeitpunkts ab.[105] Anderes wird von der Rechtsprechung insbesondere angenommen, wenn der Verwaltung ein Gestaltungsspielraum (Beurteilungs- oder Ermessensspielraum) zukommt. Da die Entscheidung der Verwaltung dann nur eingeschränkt überprüfbar ist, wird in der Regel auf den Zeitpunkt der Behördenentscheidung abgestellt.[106] Doch gilt dies nur für das Erkenntnismaterial, welches der Behörde im Zeitpunkt der Entscheidung vorlag. Geht es um die Beurteilung gesetzlicher Tatbestandsmerkmale, ist wiederum der Zeitpunkt der letzten mündlichen Verhandlung (oder der Gerichtsentscheidung) maßgebend.[107] Das materielle Recht kann aber anderes vorsehen. Das ist der Fall, wenn die Behörde den Gestaltungsspielraum auch während des gerichtlichen Verfahrens unter Kontrolle halten muss (→ § 27 Rn. 158 f.).[108] Wird z. B. auf Erteilung oder Verlängerung einer Aufenthaltserlaubnis geklagt, ist deshalb auf den Zeitpunkt der mündlichen Verhandlung (Gerichtsentscheidung) der Tatsacheninstanz abzustellen, auch wenn es sich um eine Ermessensentscheidung handelt.[109]

67 **Nicht** auf den **Zeitpunkt** der letzten **mündlichen** **Verhandlung** (bzw. der Entscheidung des Gerichts der Tatsacheninstanz), sondern auf einen davor liegenden Zeitpunkt haben die Gerichte etwa im Berufszulassungsrecht sowie bei Zeitpunkt- und Zeitabschnitts- oder ähnlichen Gesetzen abgestellt: z. B. bei der Zulassung von Rechtsanwälten (Zeitpunkt der Antragstellung),[110] der Zulassung zum Studium (Zeitpunkt des Bewerbungssemesters),[111] der Gewährung von Wohngeld (Zeitpunkt der Antragstellung),[112] der Bewilligung von Investitionszulagen (Zeitpunkt der Antragstellung),[113] der Ergänzung eines Planfeststellungsbegehrens (Zeitpunkt des Planfeststellungsbeschlusses)[114] oder der Zulässigkeit eines Bürgerbegehrens (Zeitpunkt der Unterzeichnung des Bürgerbegehrens)[115].[116]

---

[102] BVerwGE 61, 1 (2) (insoweit nicht abgedruckt in NJW 1981, 835); E 84, 157 (161) = NJW 1990, 2700 (2701); E 100, 346 (348) = ThürVBl 1997, 11.

[103] Wie hier *Gerhardt* in: Schoch/Schmidt-Aßmann/Pietzner, VwGO, 16. EL März 2008, § 113 Rn. 66 m. Fn. 307.

[104] *Gerhardt* in: Schoch/Schmidt-Aßmann/Pietzner, VwGO, 16. EL März 2008, § 113 Rn. 66 m. Fn. 307; vgl. auch *Schenke* Verwaltungsprozessrecht, Rn. 850.

[105] *Schenke* Verwaltungsprozessrecht, Rn. 849.

[106] Vgl. BVerwGE 61, 176 (191 ff.) = NJW 1981, 1386 (1390); E 121, 140 (143) = NJW 2004, 3581 (3582).

[107] BVerwGE 121, 140 (143) = NJW 2004, 3581 (3582).

[108] Vgl. auch *Riese* in: Schoch/Schneider, VwGO, § 113 Rn. 276.

[109] Vgl. BVerfGE 162, 349 Rn. 13 = NVwZ 2019, 486; BVerwGE 133, 329 Rn. 37, 40 = NVwZ 2010, 262; NVwZ 2016, 161 Rn. 11. Zu weiteren Einzelheiten der Rspr. zum Aufenthaltsrecht vgl. *Riese* in: Schoch/Schneider, VwGO, § 113 Rn. 271.

[110] BVerwG NJW 1961, 1275.

[111] BVerwGE 42, 296 (300) = NJW 1973, 1812.

[112] BVerwGE 84, 278 (285 f.) = NVwZ 1990, 1078 (1080).

[113] BVerwGE 48, 211 (213) = NJW 1975, 1850 f.

[114] BVerwGE 51, 15 (25 f.) = NJW 1976, 1760 (1762); E 80, 7 (13) = NVwZ 1989, 253 (254 f.).

[115] OVG NW Beschl. v. 30.10.2008 – 15 A 2027/08, BeckRS 2008, 40610.

[116] Zu weiteren Beispielen vgl. *W.-R. Schenke/R. P. Schenke* in: Kopp/Schenke, VwGO, § 113 Rn. 220 ff.; *Riese* in: Schoch/Schneider, VwGO, § 113 Rn. 269 ff.

**Lösung zu Fall 13:** Im Prüfungsrecht kommt es darauf an, ob der Prüfling im Zeitpunkt der Prüfung die Anforderungen erfüllt. Daher ist nur auf diesen Zeitpunkt und nicht darauf abzustellen, welche Kenntnisse zum Zeitpunkt der mündlichen Verhandlung vor dem Verwaltungsgericht vorhanden sind. 68

## III. Zulässigkeit eines Nachholens oder Nachschiebens von Begründungen

Ein Nachschieben von Gründen scheidet aus, wenn es die Verwaltung unterlassen hat, einen Verwaltungsakt zu erlassen **(Untätigkeitsklage).** Insoweit kommt es nur darauf an, ob der Kläger im prozessrechtlich maßgeblichen Zeitpunkt (→ Rn. 64) einen Anspruch auf Erlass des Verwaltungsakts oder auf Bescheidung hat. Hat sich der Antrag auf Erlass oder Bescheidung erledigt, ist die Feststellungsklage gegen die untätig gebliebene Verwaltung zu erheben respektive im Fall der Erledigung nach Klageerhebung die Verpflichtungsklage in eine Feststellungsklage zu ändern (→ § 31 Rn. 43, 45). Hat die Verwaltung den beantragten Verwaltungsakt abgelehnt, gelten für die **Versagungsgegenklage** dieselben Grundsätze wie bei der Anfechtungsklage (→ § 27 Rn. 164ff.). Abzustellen ist auf die Maßstabsnormen des materiellen Rechts. Bei gebundenen Entscheidungen ist die Begründung der Verwaltung für die Gerichtsbarkeit grundsätzlich unerheblich. Im Falle von Beurteilungs- oder Ermessensspielräumen kommt es vor allem darauf an, ob das Nachholen von Gründen die Identität der ablehnenden Entscheidung wahrt und bis zu welchem Zeitpunkt ein Nachschieben von Gründen noch zulässig ist. § 114 S. 2 VwGO findet auf Verpflichtungsklagen ebenfalls Anwendung (→ § 27 Rn. 170f.).[117] Erledigt sich nach Ablehnung der begehrte Erlass des Verwaltungsakts, kommt nur noch eine Fortsetzungsfeststellungsklage analog § 113 Abs. 1 S. 4 VwGO in Betracht (→ § 31 Rn. 38ff.). 69

## IV. Entscheidung des Verwaltungsgerichts

**Fall 14:** N hat beim zuständigen nordrhein-westfälischen Kreis eine Baugenehmigung für ein Vorhaben im Außenbereich beantragt. Obwohl planungsrechtliche Bedenken dem Vorhaben nicht entgegenstehen, verweigert die Gemeinde ihr Einvernehmen nach § 36 BauGB. Der Kreis, vertreten durch den Landrat, hat daraufhin dem N wegen des fehlenden Einvernehmens einen abschlägigen Bescheid erteilt. Nach erfolglosem Vorverfahren erhebt N verwaltungsgerichtliche Verpflichtungsklage gegen den Kreis. 70

Ist die Verpflichtungsklage zulässig, erlässt das Verwaltungsgericht ein **Vornahmeurteil** (§ 113 Abs. 5 S. 1 VwGO), ein **Bescheidungsurteil** (§ 113 Abs. 5 S. 2 VwGO) oder weist die Klage (als unbegründet) ab.[118] Ob eine Vornahme oder eine Bescheidung in Betracht kommt, hängt vom Klagebegehren (Klageantrag) sowie dem Vorliegen oder Nichtvorliegen einer Spruchreife ab (→ Rn. 58f.). Ein Vornahmeurteil setzt Spruchreife voraus. Dies beurteilt sich nach materiellem Recht. Bei gebundenen Entscheidungen ist das Gericht zu umfassenden Sachverhaltsaufklärungen (§ 86 Abs. 1 VwGO) und damit zur Herbeiführung der Spruchreife verpflichtet (→ Rn. 58). Dies gilt auch, wenn Untätigkeitsklage (→ Rn. 16) erhoben worden ist.[119] Ausnahmsweise kann es gerechtfertigt sein, ein Beschei- 71

[117] *Rennert* in: Eyermann, VwGO, § 114 Rn. 87; *Knauff* in: Gärditz, VwGO, § 114 Rn. 41; a. A. *W.-R. Schenke/R. P. Schenke* in: Kopp/Schenke, VwGO, § 113 Rn. 232.

[118] Soweit das Gericht nicht durch Urteil, sondern durch Beschluss (z. B. § 130a VwGO) oder Gerichtsbescheid (z. B. § 84 VwGO) entscheidet (→ § 24 Rn. 3), gelten die folgenden Ausführungen auch für diese gerichtlichen Entscheidungsformen.

[119] Vgl. *Hufen* Verwaltungsprozessrecht, § 26 Rn. 17.

dungsurteil zu erlassen, damit die Verwaltung die fehlenden Ermittlungen nachholen kann (→ Rn. 58).[120] Keine Spruchreife ist insbesondere gegeben, wenn der Verwaltung noch ein Beurteilungs- oder Ermessensspielraum zukommt. Hat sich der Rechtsstreit erledigt (etwa weil der begehrte Verwaltungsakt während des gerichtlichen Verfahrens erlassen worden ist oder ein Erlass wegen der Änderung der Rechtslage nunmehr nicht in Betracht kommt), kann der Kläger in analoger Anwendung des § 113 Abs. 1 S. 4 VwGO (→ § 31 Rn. 38 ff.) auch dann noch einen Fortsetzungsfeststellungsantrag stellen, wenn im Zeitpunkt des erledigenden Ereignisses keine Spruchreife bestand. In einem derartigen Fall hat das Verwaltungsgericht grundsätzlich die Spruchreife herzustellen.[121]

72 Das stattgebende (Vornahme-)Urteil ist auf die Verpflichtung der Behörde gerichtet, den Verwaltungsakt zu erlassen. Die **Aufhebung** eines **ablehnenden Bescheides** (gegebenenfalls in der Gestalt des Widerspruchsbescheids) ist üblich und empfehlenswert, allerdings nicht zwingend erforderlich (weil das Verpflichtungsurteil den Versagungsbescheid auch ohne ausdrückliche Aufhebung „konsumiert" (→ Rn. 2, 18). Erlässt das Gericht ein **Bescheidungsurteil,** verpflichtet es die Behörde im Tenor, über den Antrag des Klägers unter Beachtung der Rechtsauffassung des Gerichts (erneut oder erstmalig) zu entscheiden. Das Gericht hat hierbei deutlich zu machen, welche Gesichtspunkte die Behörde ihrer Abwägung zugrunde legen muss. Hat der Kläger Vornahme begehrt, wird die Klage beim Bescheidungsurteil insoweit abgewiesen (zu den kostenrechtlichen Konsequenzen → Rn. 22). Für die Aufhebung eines ablehnenden Bescheides gilt dasselbe wie bei der Vornahmeklage.

73 **Lösung zu Fall 14:** Bedenken gegen die Zulässigkeit der Verpflichtungsklage bestehen nicht. Da in NW von § 78 Abs. 1 Nr. 2 VwGO (anders als früher) kein Gebrauch mehr gemacht wurde, ist der Kreis richtiger Klagegegner. Die Begründetheit der Klage kann nur an dem fehlenden Einvernehmen der Gemeinde scheitern, weil sonstige Bedenken dem Bauvorhaben des N nicht entgegenstehen. Jedoch soll das gemeindliche Einvernehmen nach ständiger Rechtsprechung im Fall der nicht gerechtfertigten Verweigerung des Einvernehmens vom Verwaltungsgericht ersetzt werden.[122] Diese Auffassung ist deshalb problematisch, weil die Verpflichtungsklage (von der Aufhebung ablehnender Bescheide abgesehen) keine Gestaltungsklage ist. Prozessual könnte an eine Verpflichtung der Bauaufsichtsbehörde (bzw. ihres Rechtsträgers) gedacht werden, die begehrte Baugenehmigung nach der gesetzlich gebotenen Erteilung des Einvernehmens der Gemeinde zu erlassen. Als notwendig Beigeladene wäre die Gemeinde dann gemäß § 121 Nr. 1 VwGO i. V. m. § 63 Nr. 3 VwGO an den Tenor dieser Entscheidung gebunden und müsste das Einvernehmen erteilen.

## V. Rechtskraft des Verpflichtungsurteils

74 **Fall 15:** Nach Ablehnung seines Antrags auf Anerkennung als Flüchtling hat der aus dem Kosovo stammende O verwaltungsgerichtliche Verpflichtungsklage erhoben. Im Mai 1999 verpflichtete das Verwaltungsgericht den Bund zur Gewährung asylrechtlichen Abschiebungsschutzes, weil albanische Volkszugehörige im Kosovo verfolgt würden. Das Urteil wurde rechtskräftig. Anfang 1999 wurde der Kosovo-Konflikt beendet. Ende Juni 1999 erteilte das Bundesamt für Migration und Flüchtlinge (§ 5 Abs. 1 AsylVfG) unter Hinweis auf die Gerichtsentscheidung einen Anerkennungsbescheid als

[120] Vgl. BVerwG NVwZ 1990, 257; NVwZ-RR 1999, 74; NVwZ-RR 2003, 719; näher zum Ganzen *Hödl-Adick* Bescheidungsklage, S. 92 ff.; *Bickenbach* Das Bescheidungsurteil als Ergebnis einer Verpflichtungsklage, 2006, S. 112 ff.
[121] Vgl. BVerwGE 106, 295 = NVwZ 1998, 1295.
[122] Vgl. BVerwG NVwZ-RR 2003, 719, m. w. Nachw.; OVG MV LSK 2011, 100477.

Flüchtling. Im Jahre 2000 widerrief das Bundesamt die Anerkennung. O begehrt vor dem Verwaltungsgericht die Aufhebung dieses Widerrufsbescheides.

75 Wird ein stattgebendes Verpflichtungsurteil rechtskräftig (§ 121 VwGO), ist die Behörde gehalten, den Verwaltungsakt zu erlassen oder den Kläger neu bzw. erstmalig zu bescheiden. Die Verpflichtung zum Erlass eines Verwaltungsakts umfasst auch die Verpflichtung zu dessen **Vollstreckung** durch die Behörde.[123] Kommt die Behörde der ihr im Urteil auferlegten Verpflichtung nicht nach, kann das Gericht des ersten Rechtszugs auf Antrag unter Fristsetzung gegen sie ein Zwangsgeld bis zehntausend Euro durch Beschluss androhen, nach fruchtlosem Fristablauf festsetzen und von Amts wegen vollstrecken (§ 172 S. 1 VwGO).

76 Nachträgliche Änderungen der Sach- und Rechtslage werden von der Rechtskraftwirkung nicht erfasst. Sie müssen mit der Vollstreckungsgegenklage geltend gemacht werden.[124] Lehnt die Behörde den Antrag des Klägers, ihm in Erfüllung eines rechtskräftigen Bescheidungsurteils den beantragten Verwaltungsakt zu erteilen, förmlich ab, darf der Kläger den geltend gemachten „Erfüllungsanspruch" mit einer Verpflichtungsklage weiter verfolgen. Er muss sich nicht auf einen Vollstreckungsantrag gemäß § 172 VwGO verweisen lassen.[125] Wurde der Verwaltungsakt erlassen, schließt dies einen späteren **Widerruf** wegen Änderung der Sach- oder Rechtslage nach dem prozessrechtlich maßgeblichen Zeitpunkt nicht aus (dazu Fall 15 → Rn. 74 und Lösung → Rn. 78).

77 Ob die Rechtskraft eines Verpflichtungsurteils auf Erlass eines begünstigenden Verwaltungsakts die Behörde hindert, dem Verwaltungsakt belastende **Nebenbestimmungen** beizufügen, lässt sich nicht rechtsgrundsätzlich beurteilen, sondern hängt von der Reichweite der Rechtskraft des Urteils im Einzelfall ab.[126] Wie das Anfechtungsurteil (→ § 27 Rn. 175) enthält auch das Verpflichtungsurteil zugleich eine Feststellung in Bezug auf die Rechtmäßigkeit einer abgelehnten oder unterlassenen Handlung. Nach rechtskräftiger Abweisung der Verpflichtungsklage steht einem erneuten Antrag bei gleichbleibender Sach- und Rechtslage daher die materielle Rechtskraft des bindenden Feststellungsteils des Urteils entgegen.[127]

78 **Lösung zu Fall 15:** Die Anfechtungsklage des O ist begründet, wenn der Widerruf rechtswidrig ist und O dadurch in seinen Rechten verletzt wird (§ 113 Abs. 1 S. 1 VwGO). Nach § 73 Abs. 1 S. 1 AsylVfG ist die Zuerkennung der Flüchtlingseigenschaft unverzüglich zu widerrufen, wenn die Voraussetzungen für sie nicht mehr vorliegen. In Betracht kommt hier nur eine Änderung der Sachlage wegen Beendigung des Kosovo-Konflikts. Da der Anerkennungsbescheid des Bundesamtes nach Beendigung des Kosovo-Konflikts erlassen wurde, ist fraglich, ob eine Änderung angenommen werden kann. Das BVerwG[128] hat dies bejaht, weil maßgeblich für die Prüfung der Voraussetzungen des Widerrufs von Verwaltungsakten, die in Erfüllung eines rechtskräftigen Verpflichtungsurteils ergangen sind, nicht der Zeitpunkt des Ergehens des Verwaltungsakts, sondern die Sachlage ist, die in dem rechtskräftig gewordenen Verpflichtungsurteil zugrunde gelegt wurde. Auch wenn das Verpflichtungsurteil die Behörde zum Erlass des Verwaltungsakts verpflichtet, schließt dies somit ein Reagieren auf spätere

---

[123] NdsOVG DVBl 1965, 777; OVG NW NVwZ-RR 1992, 518; OVG SL NVwZ 2011, 698; *Kraft* in: Eyermann, VwGO, § 172 Rn. 13.

[124] BVerwG NVwZ-RR 2002, 314; OVG NW NVwZ-RR 2010, 750; *Kraft* in: Eyermann, VwGO, § 172 Rn. 12, 20.

[125] BVerwG Beschl. v. 1.6.2007 – 4 B 13/07, BeckRS 2007, 24332; BayVGH NVwZ-RR 2007, 736 ff. (auch zur Frage, wie sich eine nachträgliche Änderung der Rechtslage durch das Inkrafttreten einer Veränderungssperre oder eines Bebauungsplans auf die Verpflichtung der Behörde aus einem rechtskräftigen Bescheidungsurteil auswirkt).

[126] BVerwG Beschl. v. 26.3.2014 – 4 B 3.14, BeckRS 2014, 50980 Rn. 16; VGH BW NVwZ 1991, 1197.

[127] BVerwGE 48, 271 (275 f.) = NJW 1976, 340; E 156, 159 Rn. 13 = NVwZ-RR 2017, 148.

[128] BVerwGE 118, 174 f. = NVwZ 2004, 113 → *Ehlers* JK 5/04, AsylVfG § 73 I/1.

Veränderungen nicht aus. Da das Bundesamt nicht verpflichtet war, eine Vollstreckungsabwehrklage gemäß § 167 VwGO i. V. m. § 767 ZPO zu erheben, durfte sie die Anerkennung als Flüchtling wegen Änderung der Sachlage (Beendigung des Kosovo-Konflikts) widerrufen.

# § 29. Allgemeine verwaltungsgerichtliche Leistungsklage

*Dirk Ehlers*

**Übersicht**



**Schrifttum:** *Frenz* Die allgemeine Leistungs(vornahme)klage, JA 2010, 328; *Geis/Meier* Grundfälle zur allgemeinen Leistungsklage, JuS 2013, 28; *Hufen* Eine Brücke über die Lücke: Die Normerlassklage im System verwaltungsgerichtlicher Klagearten, in: Festschrift Würtenberger, 2013, S. 873.

## A. Funktion und Bedeutung der allgemeinen verwaltungsgerichtlichen Leistungsklage

1 Anders als die Anfechtungs-, Verpflichtungs-, Feststellungs- und Fortsetzungsfeststellungsklage wird die allgemeine Leistungsklage in der VwGO zwar erwähnt (vgl. §§ 43 Abs. 2, 111, 113 Abs. 4 VwGO), aber nicht näher geregelt.[1] Die **Notwendigkeit** der Anerkennung einer allgemeinen Leistungsklage ergibt sich bereits aus **§ 40 Abs. 1 S. 1 VwGO.**[2] Liegt eine öffentlich-rechtliche Streitigkeit nichtverfassungsrechtlicher Art vor, muss es die Möglichkeit geben, diese vor einem Verwaltungsgericht auszutragen. Zudem gebietet Art. 19 Abs. 4 S. 1 GG unabhängig von der Rechtsform staatlichen Handelns ein Rechtsschutz gegen die öffentliche Gewalt, wenn ein Grundrechtsträger möglicherweise in seinen Rechten verletzt ist. Kommt keine andere Klageart in Betracht, erfüllt die allgemeine Leistungsklage eine Auffangfunktion.

2 Von der Anfechtungs-, Verpflichtungs- und Fortsetzungsfeststellungsklage unterscheidet sich die allgemeine Leistungsklage dadurch, dass es sich bei ihr **nicht** um eine **„Verwaltungsakt-Klage“** handelt. Anders als die Anfechtungsklage stellt die Leistungsklage auch

---

[1] Vgl. ferner die §§ 169 Abs. 2, 170 VwGO sowie die Verweise des § 173 S. 1 VwGO auf die ZPO (mit den dort geregelten Leistungsklagen); krit. *Gärditz* in: Gärditz, VwGO, § 42 Rn. 43f., der die Zulässigkeit der allgemeinen Leistungsklage aus dem materiellen Recht ableitet.

[2] Vgl. auch BVerwGE 77, 268 (274f.) = NJW 1988, 87 (89).

keine Gestaltungsklage dar. Das Verwaltungsgericht verurteilt den Klagegegner zu einer Leistung, gestaltet die Rechtslage aber nicht selbst. Die Verpflichtungsklage ist zwar ebenfalls eine Leistungsklage (→ § 28 Rn. 2), richtet sich aber nur auf den Erlass eines Verwaltungsakts. Im Vergleich zur Feststellungs- und Fortsetzungsfeststellungsklage gewährt die allgemeine Leistungsklage weitergehenden Rechtsschutz, weil sie auf Verurteilung zu einem bestimmten Verhalten abzielt und die gerichtliche Entscheidung vollstreckt werden kann.

3 Nach der Rechtsprechung des Bundesverwaltungsgerichts soll die Möglichkeit, eine allgemeine Leistungsklage gegen die Verwaltung zu erheben, ungeachtet der Subsidiaritätsklausel des § 43 Abs. 2 S. 1 VwGO eine verwaltungsgerichtliche Feststellungsklage gleichwohl nicht ausschließen.[3] Begründet wird die **Wahlmöglichkeit** zwischen allgemeinen **Leistungs**- und **Feststellungsklage**n vor allem damit, dass die Verwaltung rechtskräftig festgestellte Leistungsverpflichtungen aufgrund ihrer verfassungsmäßigen Bindung an Gesetz und Recht erfüllen werde. Sinn des § 43 Abs. 2 S. 1 VwGO sei es, nur zu verhindern, dass die für Anfechtungs- und Verpflichtungsklagen geltenden Sonderregelungen für Fristen und (gegebenenfalls)[4] für das Vorverfahren unterlaufen werden (näher dazu → § 30 Rn. 36).

4 Diese Auffassung kann schon deshalb nicht überzeugen, weil sie dem klaren Wortlaut des § 43 Abs. 2 S. 1 VwGO widerspricht.[5] Zudem hält sich die Verwaltung nicht immer an Gerichtsentscheidungen. Ist eine Vollstreckung entbehrlich, hätte es des § 170 VwGO nicht bedurft. Des Weiteren ist es auch möglich, dass sich die feststellende Entscheidung des Gerichts nur auf Teilelemente des Leistungsanspruchs bezieht, was einer vollständigen Klärung der Rechtslage entgegenstünde.[6] Kann ein Kläger ein **Mehr an Rechtsschutz** mittels Erhebung einer allgemeinen Leistungsklage erlangen, darf er sich nach alledem nicht mit dem Weniger einer bloßen Feststellung zufrieden geben.

5 Da als Leistungskläger sowohl Private als auch staatliche Verwaltungsträger in Betracht kommen und mit der allgemeinen Leistungsklage neben einem Tun auch ein Dulden und Unterlassen begehrt werden kann, ist sie (sieht man von dem militärischen Sprachgebrauch ab) nicht zu Unrecht als **„prozessuale Mehrzweckwaffe"** bezeichnet worden.[7] Der Verbreitungsgrad der allgemeinen Leistungsklage hängt in erster Linie davon ab, in welchem Ausmaß das Verwaltungshandeln als Verwaltungsakt eingestuft wird. Ende des 19. Jahrhunderts und Anfang des 20. Jahrhunderts hing die Eröffnung des gerichtlichen Verwaltungsrechtsschutzes zum Teil von dem Vorliegen eines Verwaltungsakts ab.[8] Obwohl seit Langem umfassender Verwaltungsrechtsschutz gewährt wird, lässt sich wohl wegen des Nachwirkens dieser Tradition auch heute noch eine Neigung feststellen, einzelfallbezogenes Verwaltungshandeln nach Möglichkeit selbst dann als Verwaltungsakt zu qualifizieren, wenn ein Regelungscharakter nicht feststellbar ist.

## B. Zulässigkeit der allgemeinen verwaltungsgerichtlichen Leistungsklage

6 Die verwaltungsgerichtliche Leistungsklage ist zulässig, wenn die **allgemeinen Sachentscheidungsvoraussetzungen** gegeben sind (→ § 25), die allgemeine Leistungsklage

---

[3] Vgl. BVerwGE 36, 179 (181 f.) = NJW 1971, 1284; E 51, 69 (75) = NJW 1976, 1648 (1650); E 77, 207 (211) = NVwZ 1988, 430 (431); NJW 1997, 2534 (2535); *Möstl* in: Posser/Wolff, BeckOK VwGO, § 43 Rn. 15.

[4] Zur weitgehenden Abschaffung des Vorverfahrens → § 27 Rn. 42.

[5] Vgl. auch BayVGH Urt. v. 17.11.1990 – 22 B 99.1063, BeckRS 1999, 23428 → *Ehlers* JK 00, GG Art. 2 I/32; *Schenke* Verwaltungsprozessrecht, Rn. 420; *Hufen* Verwaltungsprozessrecht, § 18 Rn. 6. Näher dazu → § 30 Rn. 43.

[6] Vgl. BVerwGE 111, 306 = NVwZ 2000, 1411→ *Ehlers* JK 01, VwGO § 43/12.

[7] *Steiner* JuS 1984, 853.

[8] Vgl. *Ehlers/Schneider* in: Schoch/Schneider, VwGO, § 40 Rn. 1, 14; → § 25 Rn. 60.

die **statthafte Rechtsschutzform** ist (I.) und die **besonderen Sachentscheidungsvoraussetzungen** der allgemeinen Leistungsklage vorliegen (II.). Besondere Bedeutung kommt dem Vorliegen des allgemeinen **Rechtsschutzbedürfnis**ses zu (III.).

## I. Statthaftigkeit der allgemeinen Leistungsklage

**Fall 1:** Ein Landkreis betreibt einen Zeltplatz. Die Nutzungsverhältnisse sind öffentlich-rechtlich geregelt. Der in der Nachbarschaft wohnende A fühlt sich durch die Geräusch- und Geruchsimmissionen, die von dem Zeltplatz ausgehen, gestört. Er klagt vor dem Verwaltungsgericht auf Unterlassung. 7

Mit der allgemeinen Leistungsklage kann ein bestimmtes Verhalten (Tun, Dulden oder Unterlassen) begehrt werden, wenn es nicht um die Aufhebung oder den Erlass eines Verwaltungsakts geht. Hinsichtlich der Bestimmtheit ist zu berücksichtigen, dass eine verwaltungsgerichtliche Klage nach § 82 Abs. 1 S. 2 VwGO nur einen bestimmten Antrag enthalten „soll". Gleichwohl muss das **Klagebegehren** (§ 82 Abs. 1 S. 1 VwGO) grundsätzlich **bestimmt** oder jedenfalls bestimmbar sein. 8

Z. B. müssen eingeklagte **Geldforderungen** grundsätzlich beziffert werden.[9] Doch kann keine Bezifferung verlangt werden, wenn die Schwierigkeit, den Klageantrag hinreichend genau zu bestimmen, durch außerhalb der Klägersphäre liegende Umstände verursacht wird.[10] Dies gilt für eine Klage auf Zahlung einer Entschädigung für immaterielle Nachteile wegen einer überlangen gerichtlichen Verfahrensdauer nach den gem. § 173 S. 1 VwGO im Verwaltungsprozessrecht entsprechend anwendbaren Vorschriften des § 198 Abs. 1 S. 1 i. V. m. § 198 Abs. 2 GVG jedenfalls deshalb, weil sie eine Ermessensentscheidung des Gerichts nach § 198 Abs. 2 S. 4 GVG erfordert.[11] Wie das Beispiel zeigt, ist bei Gestaltungsspielräumen des Rechtsschutzgegners ein Bescheidungsantrag zu stellen (→ Rn. 60 und → § 28 Rn. 20). 9

Im Falle **vorbeugender Unterlassungsklagen** (→ Rn. 35) muss deutlich gemacht werden, gegen welche drohende Maßnahme sich der Kläger konkret wenden will. Auch insoweit kann es aber Spielräume geben. So hat das Bundesverwaltungsgericht den gegen die Studentenschaft einer Universität gerichteten Antrag auf Unterlassung allgemeinpolitischer Stellungnahmen, die nicht hochschulbezogene Angelegenheiten betreffen, als hinreichend bestimmt angesehen, weil andernfalls in der Regel nur die nachträgliche Feststellung der Rechtswidrigkeit bleibe, die im Hinblick auf die Sanktionslosigkeit keinen wirksamen Rechtsschutz biete.[12] 10

**Lösung zu Fall 1:** Für die Unterlassungsklage des A ist gemäß § 40 Abs. 1 S. 1 VwGO der Verwaltungsrechtsweg eröffnet, weil die Nutzung des Zeltplatzes öffentlich-rechtlich geordnet ist. Als Klageart kommt die allgemeine Leistungsklage in Betracht. Fraglich ist, ob der gestellte Antrag zu unbestimmt ist und der Kläger nicht auf Vornahme bestimmter Maßnahmen hätte klagen müssen. In einem vergleichbaren (allerdings von den Zivilgerichten zu beurteilenden) Fall (vgl. auch Fall 25 → § 25 Rn. 129 und Lösung → § 25 Rn. 132) hat der BGH[13] angenommen, dass wegen der Besonderheiten von immissionsschutzrechtlichen Unterlassungsklagen Klageanträge zulässig seien, wonach allgemeine Störungen bestimmter Art, beispielsweise Geräusche und Gerüche, zu unterlassen seien. In solchen Fällen schulde der Klagegegner keine konkreten 11

---

[9] Vgl. BVerwG NVwZ-RR 2015, 641 Rn. 15; OVG MV NJW 2011, 3383.
[10] BVerwG NVwZ 1990, 162.
[11] BVerwG NVwZ-RR 2015, 641 Rn. 15.
[12] BVerwGE 34, 69 (73 f.) (insoweit nicht abgedruckt in NJW 1970, 292).
[13] BGHZ 121, 248 = NJW 1993, 1656 f.

Maßnahmen, sondern einen konkreten Erfolg. Da es für den Kläger unmöglich sei, mit Worten das Maß zulässiger Einwirkungen so zu bestimmen, dass ein hinlänglicher Schutz entstehe und der Titel nicht schon bei tatsächlichen Veränderungen gegenstandslos werde, könne von ihm nicht die Angabe hinreichend präziser Emissionsrichtwerte verlangt werden.

12 Da sich die Leistungsklage auf ein Tun oder ein Untätigbleiben bezieht, kann (typologisch) zwischen **Vornahme- und Unterlassungsklagen** unterschieden werden.

### 1. Vornahmeklage

13 Im Falle der Erhebung einer Vornahmeklage wird ein bestimmtes Tun begehrt. Verlangt werden kann die Abgabe einer **Erklärung** – sei es mit, sei es ohne Regelungscharakter (mit Ausnahme von Verwaltungsakten) – oder die Vornahme einer (sonstigen) **Verrichtung.** In Betracht kommt auch eine Klage auf künftige oder wiederkehrende Leistungen (§ 173 S. 1 VwGO i. V. m. §§ 257 f. ZPO). Ist der Leistungsanspruch in der Vergangenheit erloschen, muss verwaltungsgerichtliche Feststellungsklage erhoben werden.

#### a) Erklärungen mit Regelungscharakter

14 **Fall 2:** Durch Rechtsverordnung wird die Kostenentschädigung der Gerichtsvollzieher geregelt (vgl. § 49 Abs. 1 BBesG). Mit einer verwaltungsgerichtlichen Leistungsklage begehrt der Gerichtsvollzieher B die Kostenregelung den heutigen Verhältnissen anzupassen.

15 Zielt die verwaltungsgerichtliche Klage auf Verurteilung zum Erlass, zur Änderung oder zur Aufhebung einer Regelung ab – d. h. einer **Willenserklärung,** die final auf Bewirkung bestimmter Rechtsfolgen gerichtet ist –, muss differenziert werden:

16 Erstrebt der Kläger den Erlass, die Änderung (bzw. Ergänzung) oder Aufhebung (respektive Feststellung der Unwirksamkeit) eines **Parlamentsgesetzes,** ist eine verwaltungsgerichtliche Leistungsklage schon deshalb unzulässig, weil der Verwaltungsrechtsweg wegen des Vorliegens einer verfassungsrechtlichen Streitigkeit i. S. d. § 40 Abs. 1 S. 1 VwGO nicht eröffnet ist (→ § 25 Rn. 81).[14] In Betracht kommt in solchen Fällen nur eine Verfassungsbeschwerde.[15]

17 Dagegen handelt es sich bei einem Streit um den Erlass, die Änderung (bzw. Ergänzung) oder Aufhebung (respektive Feststellung der Unwirksamkeit) einer **untergesetzlichen Norm** der Verwaltung (insbesondere einer Verordnung oder Satzung) um eine nichtverfassungsrechtliche Streitigkeit.[16] Da eine Norm nur aufgehoben oder ihre Unwirksamkeit nur festgestellt werden kann, wenn sie (inter omnes) ungültig ist, die prinzipale Beurteilung der Gültigkeit einer untergesetzlichen Norm sich aber ausschließlich nach **§ 47 VwGO** richtet (→ § 32 Rn. 2, 26), sind auf die **Aufhebung** (oder Feststellung der Unwirksamkeit) von untergesetzlichen Normen gerichtete verwaltungsgerichtliche Klagen

---

[14] Vgl. BVerwGE 75, 330 (334) = NJW 1987, 2315 (2316); E 80, 355 (358) = NJW 1989, 1495; krit. *Hufen* FS Würtenberger, 2013, S. 873 (877).

[15] Vgl. BVerfGE 11, 255 (261 f.) (insoweit nicht abgedruckt in NJW 1960, 1756); E 12, 139 (142) = NJW 1961, 772; E 23, 242 (249) (insoweit nicht abgedruckt in NJW 1968, 1715); E 56, 54 (70 f.) = NJW 1981, 1655; E 75, 40 (66) = NJW 1987, 2359 (2361); *Eisele* Subjektive öffentliche Rechte auf Normerlass, 1999, S. 108 ff.

[16] Vgl. BVerfGE 68, 319 (325 f.) = NJW 1985, 2185; E 71, 305 (343) = NJW 1986, 1483 (1485); BVerwGE 80, 355 (361) = NJW 1989, 1495 (1496); NVwZ 2002, 1505 → *Ehlers* JK 6/03, VwGO § 43/13; HessVGH Urt. v. 31.10.2013 – 8 C 127/13.N, BeckRS 2013, 57843 → *Kingreen* JK 6/14, VwGO § 47/33; *Würtenberger* Verwaltungsprozessrecht, Rn. 786. Anders *Schenke* VerwArch 82 (1991), 307 (336), wonach sämtliche Normensetzungen verfassungsrechtlichen Charakter haben; *ders.* Rechtsschutz bei normativem Unrecht, 1979, S. 333. Vgl. nunmehr aber *Schenke* Verwaltungsprozessrecht, Rn. 347, 1087.

unstatthaft.[17] In Betracht kommen kann aber eine Feststellungsklage gerichtet auf die inter partes wirkende Feststellung, dass die Norm auf den Rechtsschutzsuchenden nicht anwendbar ist (→ § 30 Rn. 13; → § 32 Rn. 2). Macht der Rechtsschutzsuchende geltend, dass eine Norm gegen den Gleichheitssatz verstößt, kommt es darauf an, ob sich sein Rechtsschutzbegehren auf die Feststellung der Ungültigkeit der Norm oder auf die Erstreckung der Norm auf ihn selbst richtet. Im zuerst genannten Fall ist nur ein Normenkontrollantrag nach § 47 VwGO, im zuletzt genannten eine Normerlassklage (→ Rn. 18) zulässig.[18]

Die Änderung (bzw. Ergänzung) von Rechtsnormen bestimmt sich nach denselben Maßstäben wie der Erlass. Anders als früher[19] werden grundsätzliche Bedenken gegen **Normerlassklagen** nicht mehr erhoben.[20] Hat der Kläger ein subjektiv-öffentliches Recht auf Begünstigung und lässt sich dieser Anspruch nur durch den Erlass (bzw. Änderung oder Ergänzung) einer untergesetzlichen Vorschrift erfüllen, muss es einen entsprechenden verwaltungsgerichtlichen Rechtsschutz geben. Beispielsweise hat eine Tarifvertragspartei nach § 5 TVG einen vor der Verwaltungsgerichtsbarkeit durchsetzbaren Anspruch auf ermessensfehlerfreie Entscheidung über die Allgemeinverbindlichkeitserklärung eines Tarifvertrages im Wege untergesetzlicher Rechtsetzung.[21] 18

Fraglich ist die Rechtsschutzform. Für eine analoge Anwendung des § 47 VwGO[22] (mit der Folge, dass das Oberverwaltungsgericht zuständig wäre) oder die Kreierung einer Klage sui generis fehlt es an einer Rechtsschutzlücke.[23] Als **Klageart** soll nach einer in der Rechtsprechung und Literatur vielfach vertretenen Auffassung – nur, primär oder jedenfalls auch – die allgemeine **Feststellungsklage** in Betracht kommen.[24] Die Verfolgung des Klagebegehrens durch eine Feststellungsklage trage eher als eine Leistungsklage dem Gewaltenteilungsprinzip Rechnung, weil auf die Entscheidung des rechtsetzenden Organs gerichtlich nur in dem für den Rechtsschutz des Bürgers unumgänglichen Umfang eingewirkt werde.[25] Dem ist wegen der Subsidiarität der Feststellungsklage (§ 43 Abs. 2 S. 1 VwGO) nicht zu folgen (→ Rn. 1; näher dazu → § 30 Rn. 364 ff.). Richtige Klageart einer auf Erlass (Änderung bzw. Ergänzung) einer untergesetzlichen Norm gerichteten Klage ist (jedenfalls grundsätzlich) die allgemeine Leistungsklage.[26] 19

Geht es dem Kläger um die Aufhebung oder den Erlass (respektive die Änderung) eines **Verwaltungsakts** (einschließlich der Zusicherung), kommt nicht die allgemeine Leistungsklage, sondern nur die Anfechtungs- respektive die Verpflichtungsklage in Betracht.[27] Zur Frage, wann sich die Ablehnung eines Realaktes (z. B. einer Auskunft) als Verwaltungsakt darstellt vgl. → § 28 Rn. 12 f. 20

---

[17] A. A. *Gärditz* in: Gärditz, VwGO, § 42 Rn. 45.

[18] Zur sog. unechten Normerlassklage vgl. *Möstl* in: Posser/Wolff, BeckOK VwGO, § 43 Rn. 34; *Hufen* FS Würtenberger, 2013, S. 873 (878).

[19] Vgl. HessVGH NJW 1983, 2895; NVwZ 1992, 68.

[20] *Würtenberger* AöR 105 (1980), 370 (389 ff.); *Lorenz* Verwaltungsprozeßrecht, § 26 Rn. 31.

[21] BVerwGE 80, 355 (LS 2) = NJW 1989, 1495.

[22] BayVGH BayVBl 1980, 209 (211); VGH BW DVBl 1986, 630.

[23] Vgl. auch *Hufen* FS Würtenberger, 2013, S. 873 (878).

[24] Vgl. BVerwGE 80, 355 (363) = NJW 1989, 1495 (1497); E 111, 276 (278) = NJW 2000, 3584; VGH BW NVwZ-RR 2012, 965; *Sodan* NVwZ 2000, 601 (608) – Feststellungsklage; *Würtenberger/Heckmann* Verwaltungsprozessrecht, Rn. 790; *Schmitt Glaeser/Horn* Verwaltungsprozessrecht, Rn. 312; *Sodan* in: Sodan/Ziekow, VwGO, § 42 Rn. 49.

[25] BVerwG NVwZ 1990, 162; E 111, 276 (279) = NJW 2000, 3584; NVwZ 2002, 1505 → *Ehlers* JK 6/03, VwGO § 43/13; NVwZ 2008, 423 (424).

[26] Vgl. auch VGH BW DÖV 2000, 784 → *Schoch* JK 01, VwGO § 42/23; *Duken* NVwZ 1993, 546 (548); *Hufen* Verwaltungsprozessrecht, § 20 Rn. 8; *Happ* in: Eyermann, VwGO, § 42 Rn. 63. Lässt sich ein bestimmter Leistungsantrag wegen des Gestaltungsspielraums des Normgebers nicht formulieren, kommt ein Bescheidungsantrag in Betracht (vgl. auch *Pietzcker* in: Schoch/Schneider, VwGO, § 42 Abs. 1 Rn. 160, der aber zugleich eine Feststellungsklage zulassen will). Reicht die Leistungsklage als Klageart aus (ansonsten die Feststellungsklage), besteht kein Bedürfnis, die Normerlassklage gesetzlich zu regeln. A. A. *Würtenberger* AöR 105 (1980), 370 (382 ff.).

[27] Ist ein begünstigender Verwaltungsakt erlassen worden, wurde die Begünstigung aber nicht gewährt, kann eine Leistungsklage erhoben werden. Vgl. auch *Happ* in: Eyermann, VwGO, § 42 Rn. 62.

21 Richtet sich die Klage gegen eine tatsächliche Handlung, die einen Verwaltungsakt vollzieht, reicht eine allgemeine Leistungsklage nicht aus. Vielmehr muss der Verwaltungsakt zuvor angefochten werden. Da die Folgeansprüche (z. B. Rückgabe eines Führerscheins nach Anfechtung der Einziehungsverfügung) bei Zugrundelegung der herrschenden Meinung erst mit formeller Rechtskraft des Anfechtungsurteils entstehen,[28] müssten sie grundsätzlich in einem separaten Verfahren geltend gemacht werden. Aus Gründen der Prozessökonomie und Rechtsschutzeffektivität gestatten jedoch **§ 113 Abs. 1 S. 2 VwGO** für den Vollzugsfolgenbeseitigungsanspruch sowie allgemein **§ 113 Abs. 4 VwGO** die Verbindung des sich anschließenden Leistungsbegehrens mit dem Anfechtungsbegehren in einer Klage (→ § 27 Rn. 38, 176). Es handelt sich dann um eine objektive Klagehäufung i. S. d. § 44 VwGO. Im Wege der Auslegung kann sich ergeben, dass mit der Klage auf Rückgängigmachung der Vollziehungshandlung gleichzeitig die Anfechtung des zugrunde liegenden Verwaltungsakts begehrt wird.[29] Ist nach der Gesetzeslage der begehrten Leistung ein Verwaltungsakt vorgeschaltet (z. B. Ausgleich des Vermögensnachteils nach Rücknahme des Verwaltungsakts gemäß § 48 Abs. 3 S. 4 VwVfG), kann mit der zu erhebenden Verpflichtungsklage das Leistungsbegehren (nach Erlass des Verwaltungsakts) analog § 113 Abs. 1 S. 2 VwGO verbunden werden.[30]

22 Die Leistungsklage ist ferner die richtige Klageart, wenn Private oder Verwaltungsträger auf Abschluss oder Anpassung eines **verwaltungsrechtlichen Vertrags**[31] oder Organ- respektive Amtswalter auf Vornahme eines **Innenrechtsakts**[32] (etwa die Rückgängigmachung des Ausschlusses eines Ratsmitglieds von künftigen Gemeinderatssitzungen[33] oder die Aufhebung eines Rauchverbots in Ratssitzungen, vgl. Fall 9 → Rn. 52 und Lösung → Rn. 55) klagen. Die Rechtsprechung neigt bei Innenrechtsstreitigkeiten dazu, allgemein die Feststellungsklage als richtige Klageart anzusehen. Dem kann aus den genannten Gründen (Subsidiarität der Feststellungsklage) nicht gefolgt werden.

23 **Lösung zu Fall 2:** Der Verwaltungsrechtsweg ist für die Klage des B gemäß § 126 Abs. 1 BBG, § 126 Abs. 1 BRRG oder (wenn die aufdrängende Sonderzuweisungsnorm – zu Unrecht – als nicht durchgreifend erachtet werden kann, jedenfalls nach) § 40 Abs. 1 S. 1 VwGO eröffnet, weil das auf Änderung einer Rechtsnorm im Rang unterhalb eines förmlichen Gesetzes gerichtete Klagebegehren nichtverfassungsrechtlicher Art ist. Als Klageart kommt die Leistungsklage in Betracht. Demgegenüber hat das BVerwG die Feststellungsklage für zulässig erachtet.[34]

### b) Erklärungen ohne Regelungscharakter

24 **Fall 3:** C hat mehrere verwaltungsgerichtliche Leistungsklagen erhoben. Er begehrt nach Ablehnung zuvor gestellter Anträge von der informationspflichtigen Stelle Auskunft über Umweltinformationen nach § 3 Abs. 1, Abs. 2 S. 1 UIG, vom Bundesamt für Verfassungsschutz die Preisgabe des Namens eines Informanten, der Anschuldigung gegenüber ihm erhoben hat, vom Bundesamt für Justiz Auskunft über den ihn betreffenden Inhalt des Gewerbe- und Zentralregisters nach § 150 GewO und von der zustän-

[28] *W.-R. Schenke/R. P. Schenke* in: Kopp/Schenke, VwGO, § 113 Rn. 84; *Gerhardt* in: Schoch/Schmidt-Aßmann/Pietzner, VwGO, 16. EL März 2008, § 113 Rn. 57; *Riese* in: Schoch/Schneider, VwGO, § 113 Rn. 194; wird ein Verwaltungsakt nach den §§ 48, 49 VwVfG aufgehoben, entfaltet die Aufhebungsentscheidung gem. § 43 VwVfG mit der Bekanntgabe sofortige Wirkung (und nicht erst nach Bestandskraft).

[29] *Schenke* Verwaltungsprozessrecht, Rn. 347.

[30] *Schenke* Verwaltungsprozessrecht, Rn. 347.

[31] Zur Klage auf Zustimmung zur Abänderung eines (einen öffentlich-rechtlichen Vertrag darstellenden) Prozessvergleichs vgl. BVerwG NVwZ 2013, 209.

[32] Zum Rechtsweg und zur Beteiligungsfähigkeit → § 25 Rn. 60, 193; vgl. ferner → *Schoch* § 33 Rn. 45.

[33] Vgl. *Schoch* JuS 1987, 783 (788); *Ehlers* NVwZ 1990, 105 (106 f.).

[34] Vgl. BVerwG NVwZ 2002, 1505 → *Ehlers* JK 6/03, VwGO § 43/13.

ständigen Behörde Aus-kunft über die ihn in einem laufenden Verwaltungsverfahren zustehenden Rechte nach § 25 Abs. 1 S. 2 VwVfG.

25 **Fall 4:** Der Beamte D hat gegen die Anordnung seines Dienstherrn, sich zur Klärung seiner Dienstfähigkeit amtsärztlich untersuchen zu lassen, verwaltungsgerichtliche Klage erhoben.

26 In vielen Fällen ist Streitgegenstand einer allgemeinen Leistungsklage ein **Informationsbegehren des Klägers** (z. B. auf Beratung und Auskunft,[35] auf Benennung eines Beamten zur Vorbereitung einer Schadensersatzklage gegen denselben,[36] auf Ermittlung von Daten,[37] auf Erfüllung des presserechtlichen Informationsanspruchs[38] oder auf Bescheidung einer Petition[39]). Es kommt dann darauf an, ob der Informationsgewährung ein Verwaltungsakt vorauszugehen hat oder ein gestellter Antrag auf Informationsgewährung zu Unrecht durch Verwaltungsakt abgelehnt wurde. Im ersten Fall müsste statt der Leistungsklage eine (vorrangige) Verpflichtungsklage (→ § 28 Rn. 12 f.), im zweiten Fall eine (vorrangige) Anfechtungsklage erhoben werden. Unter Umständen kommt auch eine Kombination der Verwaltungsaktklagen mit der Erhebung einer allgemeinen Leistungsklage in Betracht.

27 Die Rechtsprechung geht dann vom Vorliegen eines Verwaltungsakts aus, wenn die Behörde eine Entscheidung getroffen hat, der **Schwerpunkt** behördlichen Handelns in der Rechtsentscheidung über die Erteilung oder Versagung der Auskunftserteilung liegt oder schwierige **Ermessenserwägungen** anzustellen sind (→ § 28 Rn. 13). Diesen Auffassungen ist nicht zu folgen, auch weil nahezu jedem tatsächlichen Handeln eine Entscheidung zugrunde liegt, Kriterien für eine Schwerpunktbestimmung fehlen und das Bestehen eines Ermessens nichts über die Handlungsform aussagt. Nur wenn sich ausdrücklich oder im Wege der Auslegung aus dem **Gesetz** respektive aus Gewohnheitsrecht ergibt, dass die Behörde durch Verwaltungsakt zu entscheiden hat, ist es der Behörde gestattet, sich dieses Mittels zu bedienen.[40] Hat die Behörde allerdings einen Antrag auf Erlass einer Erklärung ohne Regelungsgehalt eindeutig durch Verwaltungsakt abgelehnt, handelt es sich auch dann um einen solchen, wenn die Inanspruchnahme der Form des Verwaltungsakts fehlerhaft war (→ § 27 Rn. 11).

28 Neben einem Informationsbegehren und der Abgabe sonstiger Erklärungen ohne Regelungscharakter kann mit der Leistungsklage auch der **Widerruf** von **Äußerungen** der Verwaltung begehrt werden.[41] Rechtsgrundlage ist (im Falle der Zuordnung zum öffentlichen Recht)[42] der (Folgen-)Beseitigungsanspruch (→ Rn. 48).

29 **Lösung zu Fall 3:** Die Ablehnung eines Antrags auf Zugang zu Umweltinformationen ist ein Verwaltungsakt, wie sich unter anderem aus dem (sonst überflüssigen) § 5 Abs. 1 S. 4 UIG und § 6 Abs. 2 UIG (Widerspruchsverfahren) ergibt.[43] Das BVerwG hat auch die Bescheidung eines Antrags auf Preisgabe des Namens eines Informanten durch ein Verfassungsschutzamt als Verwaltungsakt angesehen, sich hierbei aber auf die

---

[35] Vgl. z. B die § 25 VwVfG u. § 1 IFG.
[36] BVerwGE 10, 274 f. = NJW 1960, 1538; vgl. auch Fall 3 → Rn. 24 und Lösung → Rn. 29.
[37] OVG Berlin NJW 1978, 1644.
[38] Z. B. OVG NW NJW 1995, 2741; *Frenz* JA 2010, 328 (330).
[39] BVerwG NJW 1977, 118.
[40] Vgl. *Pietzcker* in: Schoch/Schneider, VwGO, § 42 Abs. 1 Rn. 156 (Ablehnung einer schlichten Leistung nur bei eindeutiger Formenwahl Verwaltungsakt).
[41] Z. B. BVerwG NJW 1989, 412 (Presseerklärung der Staatsanwaltschaft).
[42] Zur Zuordnung ehrkränkender Äußerungen eines Beamten zum öffentlichen oder privaten Recht vgl. *Ehlers* in: Steinbach, Verwaltungsrechtsprechung, S. 21 (25 ff.).
[43] Vgl. auch BVerwGE 108, 369 f. = NVwZ 1999, 1220; E 110, 17 (19) = NVwZ 1999, 436 (437); zur Nichtanwendung des § 44a VwGO → § 25 Rn. 227; vgl. auch Fall 2 → § 28 Rn. 7 und Lösung → § 28 Rn. 13.

zuvor abgelehnten Kriterien (Ermessensausübung durch eingehende Prüfung der Behörde) berufen.[44] Ob Auskünfte über Registereintragungen Verwaltungsakte sind, ist umstritten. Die wohl herrschende Meinung stuft die Ablehnung einer Auskunft über den Inhalt des Gewerbezentralregisters als Verwaltungsakt ein.[45] Folgt man diesen Ansichten, sind die drei zuerst genannten Leistungsklagen des C unzulässig, weil C Verpflichtungsklage hätte erheben müssen. Nach der hier vertretenen Ansicht trifft dies auf die begehrte Auskunft vom Verfassungsamt und vom Bundesamt für Justiz mangels des Vorliegens eines Verwaltungsakts nicht zu, so dass die Leistungsklage als statthafte Klageart anzusehen ist. Ferner stellt die Ablehnung einer Auskunft nach § 25 Abs. 1 S. 2 VwVfG keinen Verwaltungsakt dar. Doch steht einer isolierten Klage auf Erteilung einer Auskunft § 44a VwGO entgegen (→ § 25 Rn. 219 ff.).

30 **Lösung zu Fall 4:** Nach der Rechtsprechung soll es sich bei der beamtenrechtlichen Anordnung, sich untersuchen zu lassen, nicht um einen Verwaltungsakt handeln. Vielmehr ziele die Maßnahme nach ihrem objektiven Sinngehalt auf eine organisationsinterne Wirkung ab, weil sie dazu bestimmt sei, den Beamten nicht als Träger subjektiver Rechte, sondern als Amtswalter und Glied der Verwaltung anzusprechen. Die Aufforderung zur Untersuchung regele lediglich einen einzelnen Schritt in einem gestuften Verwaltungsverfahren, das bei Feststellung der Dienstunfähigkeit mit der Zurruhesetzung ende.[46] Folgt man dieser (nicht zweifelsfreien) Auffassung, ist die Leistungsklage statthaft. Trotz der internen Zielsetzung der Anordnung ist die Klagebefugnis gegeben, weil D eine Verletzung des Art. 2 Abs. 2 S. 1 GG geltend machen kann. § 44a S. 1 VwGO steht der Zulässigkeit der Klage nicht entgegen, weil die Nichtbefolgung der Anordnung mit disziplinarischen Mitteln verfolgt und daher i. S. d. § 44a S. 2 VwGO vollstreckt werden kann.[47]

### c) Verrichtungen

31 **Fall 5:** Wohnungseigentümer E will mittels einer verwaltungsgerichtlichen Leistungsklage von der Ordnungsbehörde die Räumung seiner Wohnung erzwingen, da sich die Zwangseinweisung eines Obdachlosen wegen des in der Verfügung vorgesehenen Zeitablaufs erledigt habe, der Obdachlose aber gleichwohl die Wohnung nicht verlasse.

32 Des Weiteren kann sich die allgemeine Leistungsklage auf Vornahme von Verrichtungen des **Außen- oder Innenrechtskreises** jeglicher Art richten: z. B. auf eine Geldzahlung der Verwaltung oder des Bürgers wegen einer vertraglichen Forderung oder eines öffentlich-rechtlichen Erstattungsanspruchs,[48] die Fortsetzung eines beamtenrechtlichen Auswahlver-

[44] Vgl. BVerwGE 31, 301 (306 f.) = NJW 1969, 1131 (1132 f.); vgl. auch E 84, 375 f. = NJW 1990, 2761; zu § 15 BVerfSchG vgl. BVerfG NVwZ 2001, 185 f.

[45] Z. B. *Ennuschat* in: Tettinger/Wank/Ennuschat, GewO, 9. Aufl. 2020, § 150 Rn. 1; a. A. *Ehlers* in: Ehlers/Fehling/Pünder, BesVwR III, § 18 Rn. 96.

[46] BVerwGE 125, 85 Rn. 14 = NVwZ-RR 2007, 781 (782).

[47] VGH BW Urt. v. 22.7.2014 – 4 S 1209/13, BeckRS 2014, 54890 Rn. 19 ff.

[48] Vgl. auch BVerwGE 85, 24 (29) = NJW 1991, 651 (652); VGH BW VBlBW 1991, 263 (264); Beschl. v. 3.12.2010 – 1 S 1877/09, BeckRS 2010, 142083; OVG NW DVBl 1992, 444 (447 f.). Zur Zahlung von Prozesszinsen vgl. OVG Bln-Bbg Urt. v. 15.2.2018 – OVG 6 B 7.17, BeckRS 2018, 2571. Zur Unstatthaftigkeit einer Leistungsklage auf Gewährung von Besoldungsleistungen, die sich nicht aus den Besoldungsgesetzen i. V. m. dem Verordnungsrecht ergeben, vgl. VGH BW Urt. v. 8.3.2016 – 4 S 758/15, BeckRS 2016, 44915. Soweit der Erstattungsanspruch nicht spezialgesetzlich geregelt ist (vgl. z. B. § 12 BBesG, § 50 Abs. 1 S. 1 SGB X, § 49a Abs. 1 S. 1 VwVfG), ergibt sich die Geltung aus einem gewohnheitsrechtlich geltenden Grundsatz des allg. Verwaltungsrechts. Vgl. auch BVerwGE 71, 85 (88 f.) = NJW 1985, 2436; NVwZ 2008, 212 (213); E 131, 153 Rn. 13 = NVwZ 2008, 1369; *Ehlers* in: Ehlers/Pünder, AllgVwR, § 2 Rn. 12.

fahrens,[49] die Reparatur einer Straße,[50] die Errichtung einer Parallelklasse in einer öffentlichen Schule,[51] die Gewährung von Akteneinsicht für eine Ratsminderheit[52] oder die Einwirkung einer Stadt auf ihre Stadthallen-GmbH zwecks Abschluss eines Mietvertrages für die Durchführung eines Parteitags.[53] Voraussetzung ist wiederum jeweils, dass es nicht vorab des Erlasses eines Verwaltungsakts bedarf. Wird etwa auf Subventionsgewährung geklagt, ist eine Leistungsklage unzulässig, wenn über das „Ob" der Subventionsgewährung durch Verwaltungsakt zu entscheiden ist (→ § 25 Rn. 112). In einem solchen Fall muss Verpflichtungsklage erhoben werden. Auch im Falle einer begehrten Beseitigung (Rückgängigmachung) von Verrichtungen ist die Leistungsklage die richtige Klageart[54] (gegebenenfalls in Verbindung mit einer Anfechtungsklage, wenn es um den Vollzug eines Verwaltungsakts geht, der sich noch nicht erledigt hat).

**Lösung zu Fall 5:** Eine bloße auf Räumung gerichtete verwaltungsgerichtliche Leistungsklage des E ist nicht statthaft, weil die Räumung (Exmittierung) durch die Verwaltung zuvor den Erlass einer Ausweisungsverfügung voraussetzt. Daher muss zunächst mittels einer Verpflichtungsklage auf Erlass einer Ausweisungsverfügung geklagt werden.[55] Das zusätzliche Leistungsbegehren (Räumung) kann analog § 113 Abs. 1 S. 2 VwGO mit der Verpflichtungsklage verbunden werden. 33

### 2. Unterlassungsklage

Im Gegensatz zu der auf ein Handeln abzielenden Vornahmeklage richtet sich die Unter- 34
lassungsklage auf ein Untätigbleiben (Dulden oder Unterlassen), verfolgt also **präventive Zwecke.** Daher kommt die Unterlassungsklage nicht in Frage, wenn Beseitigung verlangt wird. Die Abgrenzung zwischen **Beseitigungs**handlungen (die mit einer Vornahmeklage gerichtlich geltend gemacht werden können) und **Unterlassungen** kann sich als problematisch erweisen. Die Beseitigung einer eingetretenen Beeinträchtigung führt dazu, dass die mit einer Beeinträchtigung verbundenen Dauerwirkungen entfallen, so dass es in solchen Fällen einer (gegebenenfalls zusätzlichen) Unterlassungsklage nicht bedarf. Ist unsicher, ob ein Beseitigungsanspruch (z.B. auf Abbau einer Feuerwehrsirene) besteht, kann es sich empfehlen, zusätzlich auf Unterlassung (z.B. des künftigen Betriebs der Feuerwehrsirene) zu klagen (vgl. Fall 10 → Rn. 59 mit Lösung → Rn. 64). Verbunden werden muss ein Beseitigungs- mit einem Unterlassungsantrag auch, wenn die Beseitigung der eingetretenen Beeinträchtigung (z. B. der Widerruf einer ehrverletzenden Äußerung) künftige Beeinträchtigungen (z. B. Wiederholungen der ehrverletzenden Äußerung) nicht auszuschließen vermag. Da sowohl die Beseitigung als auch die Unterlassung eine Leistung darstellt, kommt der Abgrenzung für die Bestimmung der Klageart keine ausschlaggebende Bedeutung zu (wohl aber unter Umständen für die an das Rechtsschutzbedürfnis zu stellenden Anforderungen, die Bestimmung der Anspruchsgrundlage sowie die Tenorierung und die Vollstreckung des Urteils der Leistungsklage).

Unterlassungsklagen zielen darauf ab, künftiges Handeln zu unterbinden und sind deshalb 35
stets vorbeugend. Doch hat sich eingebürgert, zwischen **allgemeinen Unterlassungsklagen,** die nach schon erfolgter Beeinträchtigung zukunftsgerichtet weitere Beeinträchtigungen

[49] HessVGH LKRZ 2013, 437 Rn. 4.
[50] Vgl. auch *Hufen* Verwaltungsprozessrecht, § 17 Rn. 3.
[51] Vgl. BayVGH BayVBl 1980, 244 (245).
[52] OVG NW NWVBl 1998, 110 (111).
[53] Vgl. BVerwG NJW 1990, 134. Der Anspruch gegen die Stadt auf Einwirkung auf die Eigengesellschaft ist öffentlich-rechtlicher Natur, auch wenn die Einwirkung selbst regelmäßig auf privatrechtlichem Wege erfolgen dürfte (etwa unter Inanspruchnahme der Rechte aus dem Gesellschaftsvertrag). Auch ist die Leistungsklage die richtige Klageart. Nach der hier vertretenen Ansicht fehlt der Klage aber das Rechtsschutzbedürfnis, weil die GmbH selbst verklagt werden kann. Vgl. *Ehlers* Jura 2012, 849 (855 f.).
[54] Vgl. z. B. VGH BW DVBl 1984, 881; OVG RP NJW 1986, 953.
[55] Vgl. *W. R. Schenke* in: Kopp/Schenke, VwGO, § 42 Rn. 10; *Geis/Meier* JuS 2013, 28 (30).

abwehren sollen, und **vorbeugenden Unterlassungsklagen** im engeren Sinne, die auf Verhinderung erstmals drohender Beeinträchtigungen gerichtet sind, zu unterscheiden.[56]

36 Grundsätzliche Bedenken gegen die **Statthaftigkeit** der (einen oder anderen) Unterlassungsklage bestehen nicht. Die vorbeugende Unterlassungsklage kann sich sowohl gegen drohende Realakte als auch gegen drohende untergesetzliche Rechtsnormen,[57] Verwaltungsakte oder verwaltungsrechtliche Verträge (mit drittbelastender Wirkung) richten.[58] Soweit vereinzelt vorbeugender Rechtsschutz gegen untergesetzliche Rechtsnormen stets für unzulässig erachtet wird, weil der Verwaltungsrechtsweg nicht gegeben ist,[59] oder nur die Feststellungsklage als richtige Klageart angesehen wird,[60] ist dem aus den genannten Gründen nicht zu folgen (zur Normerlassklage → Rn. 19).

37 Entsprechendes gilt für den Vorschlag, Unterlassungsklagen gegen drohende Verwaltungsakte die Statthaftigkeit „wegen einer dem Klagesystem der VwGO immanenten Verfahrenskonkurrenzregelung" grundsätzlich abzusprechen.[61] Es ist zwar richtig, dass die Verwaltungsgerichtsordnung von einem grundsätzlich repressiven (nachträglichen) Rechtsschutz gegen Verwaltungsakte oder Ablehnungen von Verwaltungsakten ausgeht. Ein solcher Rechtsschutz ist in der Regel wegen der aufschiebenden Wirkung von Widerspruch und Anfechtungsklage (§ 80 Abs. 1 VwGO) oder dem vorläufigen Gerichtsschutz (nach den §§ 80 Abs. 5, 80a Abs. 3 oder 123 Abs. 1 VwGO) auch ausreichend. Doch gilt dies nicht ausnahmslos (→ § 25 Rn. 252). Zudem betrifft die Zulässigkeit einer zeitlichen Vorverlegung des Rechtsschutzes nicht die Klageart, sondern das Rechtsschutzbedürfnis (→ § 25 Rn. 252). In besonderen Fällen kommt auch ein vorläufiger vorbeugender Rechtsschutz in Betracht.[62]

## II. Besondere Sachentscheidungsvoraussetzungen der allgemeinen Leistungsklage

### 1. Erfolglose, form- und fristgerechte Widerspruchserhebung

38 **Fall 6:** F schloss mit dem Land Nordrhein-Westfalen einen Arbeitsvertrag ab, durch den er als Angestellter auf unbestimmte Zeit eingestellt wurde. In einer Nebenabrede wurde vereinbart, dass das Arbeitsverhältnis mit dem Ziel einer späteren Übernahme in das Beamtenverhältnis nach 4 Jahren geschlossen wird. Für diese Zusicherung verpflichtete sich F zu einer Gegenleistung in Höhe von 200 € monatlich. Als F in das Beamtenverhältnis berufen wird, begehrt er Rückzahlung der inzwischen geleisteten Beträge.

39 Nach **§ 68 Abs. 1 S. 1, Abs. 2 VwGO** sind vor Erhebung einer Anfechtungsklage und einer Verpflichtungsklage in Gestalt einer Versagungsgegenklage (→ § 28 Rn. 16) Recht- und Zweckmäßigkeit des Verwaltungsakts oder der Ablehnung des Verwaltungsakts in einem Vorverfahren nachzuprüfen, soweit gemäß § 68 Abs. 1 S. 2 VwGO nichts anderes gilt.[63] Da das Widerspruchsverfahren auf die Kontrolle von Verwaltungsakten zugeschnitten ist, lässt sich das Erfordernis eines Vorverfahrens nicht auf die allgemeine Leistungsklage übertragen. Anderes gilt nur, wenn Sondergesetze des Bundes Regelungen nach Art der § 68 ff.

---

[56] Vgl. *Pietzcker* in: Schoch/Schneider, VwGO, § 42 Abs. 1 Rn. 162; *Geis/Meier* JuS 2013, 28 (30).

[57] I. d. R. fehlt für Klagen gegen den Erlass einer Norm bereits die Klagebefugnis (→ Rn. 44 ff.), weil keine Anspruchsgrundlage besteht, oder der Vollzug der Norm abgewartet werden kann, sofern diese nicht „self-executing" ist. Gegen die Zulässigkeit von Unterlassungsklagen gegen Normen *v. Albedyll* in: Bader/Funke-Kaiser/Stuhlfauth/Albedyll, VwGO, § 42 Rn. 139.

[58] Nach *Pietzcker* in: Schoch/Schneider, VwGO, § 42 Abs. 1 Rn. 167, können auch Drohungen selbst abgewehrt werden. Doch müssen sich diese immer auf ein Handeln beziehen.

[59] So die (früher) vertretene Auffassung von *W.-R. Schenke;* vgl. → Fn. 16.

[60] *Sodan* in: Sodan/Ziekow, VwGO, § 42 Rn. 60.

[61] Vgl. *Schenke* Verwaltungsprozessrecht, Rn. 355.

[62] Vgl. *Schoch* in: Schoch/Schneider, VwGO, § 123 Rn. 45.

[63] Insbesondere die Länder haben vielfach in einem weiten Umfang das Widerspruchsverfahren ausgeschlossen → *Schoch* § 23 Rn. 93; → § 27 Rn. 42.

VwGO treffen. So schreibt **§ 126 Abs. 2 BBG** vor, dass die Vorschriften des 8. Abschnitts der VwGO (§§ 68ff. VwGO) für alle Klagen, und damit auch für Leistungs- (und Feststellungs-)klagen von Beamten des Bundes aus dem Beamtenverhältnis gelten. Für Klagen der Beamten des Landes, der Kommunen und anderer Körperschaften des öffentlichen Rechts findet sich eine entsprechende Regelung in **§ 54 Abs. 2 BeamtStG.** Gemäß § 54 Abs. 2 S. 3 BeamtStG können Landesgesetze aber bestimmen, dass ein Vorverfahren nicht erforderlich ist (vgl. Fall 6 → Rn. 38 und Lösung → Rn. 41).[64] Es ist daher anhand des entsprechenden Landesrechts zu untersuchen, ob ein Beamter vor Erhebung einer Leistungsklage grundsätzlich form- und fristgerecht ohne Erfolg einen Widerspruch eingelegt haben muss. Gibt es im entsprechenden Bundesland diesbezüglich keine Regelung, ist die Einlegung eines Widerspruchs grundsätzlich notwendig (vgl. auch § 126 Abs. 3 BRRG).

Ist ein ablehnender **Widerspruchsbescheid** vor einer Klage „aus dem Beamtenverhältnis" ergangen, führt dies nicht dazu, dass neben der Leistungs- auch Anfechtungsklage (gerichtet auf Aufhebung des Widerspruchsbescheids) erhoben werden muss. Der Widerspruchsbescheid ändert nicht den Charakter der den Klagegegenstand bildenden Maßnahme.[65] Eine Änderung der Rechtsnatur durch den Widerspruchsbescheid kommt allenfalls in Betracht, wenn ansonsten die Gewährung effektiven Rechtsschutzes gemäß Art. 19 Abs. 4 S. 1 GG nicht ermöglicht werden kann.[66] Für Leistungsklagen des Dienstherrn gilt § 54 Abs. 2 BeamtStG von vornherein nicht. 40

**Lösung zu Fall 6:**[67] Nach der aufdrängenden Sonderzuweisungsnorm des § 54 Abs. 1 BeamtStG ist der Verwaltungsrechtsweg für alle klagenden Beamten aus dem Beamtenverhältnis gegeben. Die Vorschrift ist weit auszulegen und umfasst auch alle Klagen, die im Zusammenhang mit der Begründung eines Beamtenverhältnisses stehen. Als Anspruchsgrundlage kommt ein öffentlich-rechtlicher Erstattungsanspruch[68] oder ein privatrechtlicher Bereicherungsanspruch in Betracht. Als Kehrseite des Leistungsanspruchs teilen die genannten Ansprüche dessen Rechtsnatur. Daher kommt es darauf an, ob die zugrundeliegende Nebenabrede dem öffentlichen oder privaten Recht zuzuordnen ist. Der zwischen den Parteien geschlossene Arbeitsvertrag gehört dem Privatrecht an (vgl. auch Fall 10 bei → § 25 Rn. 54 und Lösung → § 25 Rn. 58). Ein Vertrag kann nicht sowohl öffentlich-rechtlicher als auch privatrechtlicher Natur sein (→ § 25 Rn. 122). Doch kann die Nebenabrede selbständigen Charakter haben und einen vom öffentlichen Recht geordneten Sachbereich betreffen. Hierfür spricht der Umstand, dass die Zahlungsverpflichtung des F als Gegenleistung für eine Zusicherung vereinbart wurde. Die Zusicherung bezieht sich auf das Beamtenrecht. Daher sind die Voraussetzungen aus § 54 Abs. 1 BeamtStG gegeben. Da eine Geldzahlung verlangt wird, ist die allgemeine Leistungsklage die statthafte Klageart. Gemäß § 54 Abs. 2 BeamtStG müsste auch bei einer allgemeinen Leistungsklage ein Vorverfahren durchgeführt werden. In NW wurde jedoch in § 103 Abs. 1 LBG eine abweichende Regelung i. S. d. § 54 Abs. 2 S. 3 BeamtStG getroffen. Außer bei Maßnahmen, denen eine Bewertung einer Leistung im Rahmen einer berufsbezogenen Prüfung zugrunde liegt, sowie für Maßnahmen in besoldungs-, versorgungs-, beihilfe-, heilfürsorge-, reisekosten-, trennungsentschädigungs- und umzugskostenrechtlichen Angelegenheiten bedarf es keines Widerspruchsverfahrens. Die vorliegende Streitigkeit ist keinem der in § 103 Abs. 1 S. 2 LBG NW ge- 41

[64] Diesbezügliche Regelungen sind etwa in NW in § 103 Abs. 1 LBG und in Nds in § 105 Abs. 1 NBG getroffen worden, vgl. Fall 6 → Rn. 38 und Lösung → Rn. 41.

[65] BVerwGE 125, 85 Rn. 11 = NVwZ-RR 2007, 781 (782) → *Ehlers* JK 3/07, GG Art. 2 I/42.

[66] Vgl. BVerwGE 78, 3 (5) = NVwZ 1988, 51 (52).

[67] Vgl. zur Fallgestaltung BVerwG DVBl 2003, 1550 (mit weitgehend anderem Lösungsweg) → *Ehlers* JK 12/03, VwVfG § 59 II/1. Anderes gilt, wenn die Gegenleistung allein für die Versorgungsanwartschaft gezahlt wurde. Zur Zuständigkeit der Arbeitsgerichtsbarkeit in diesem Fall vgl. BVerfG-K NVwZ 2008, 1111 → *Ehlers* JK 3/09, VwVfG § 59 II/2; BAG NZA 2006, 684; NdsOVG NdsVBl 2007, 169.

[68] Zur Rechtsgrundlage vgl. → Fn. 48.

nannten Bereiche zuzuordnen. Eine besoldungsrechtliche Streitigkeit liegt nicht vor, da es um die Rückzahlung von Geldern geht, die F als Angestellter geleistet hat. Da F möglicherweise einen Anspruch auf eine öffentlich-rechtliche Erstattung hat,[69] ist er auch klagebefugt. Sonstige Bedenken gegen die Zulässigkeit der Klage bestehen nicht.

### 2. Klagebefugnis

42 **Fall 7:** G wendet sich mit einer verwaltungsgerichtlichen Leistungsklage gegen Immissionen, die durch den Betrieb öffentlicher Einrichtungen (Bolzplatz, Jugendhaus) auf dem benachbarten Grundstück verursacht werden.

43 **Fall 8:** Nachdem der nordrhein-westfälische Gesetzgeber (inzwischen wieder aufgehobene) Studienabgaben eingeführt hat, verlangt die Studierendenschaft H (eine rechtsfähige Gliedkörperschaft der Hochschule), welche die Rechtsgrundlage der Beitragserhebung für unwirksam hält, mit einer verwaltungsgerichtlichen Klage aus abgetretenem Recht einer bei der beklagten Universität eingeschriebenen Studentin die Erstattung des im vergangenen Semester gezahlten Studienbeitrags.

44 Umstritten ist, ob **§ 42 Abs. 2 VwGO analog** auf die allgemeine Leistungsklage angewendet werden muss. Die Analogie setzt eine Regelungslücke, die Planwidrigkeit der Lücke und eine vergleichbare Interessenlage voraus. Soweit bereits eine **Lücke** verneint wird, weil über die Verweisungsnormen des § 173 S. 1 VwGO die Grundsätze der zivilprozessualen Prozessführungsbefugnis zur Geltung gelangen,[70] ist dem entgegenzuhalten, dass (1) § 173 VwGO nur subsidiär zum Zuge kommt (wenn die Verwaltungsgerichtsordnung keine Bestimmungen enthält), (2) die Verweisung sich nur auf das Verfahren i. S. d. §§ 54 ff. VwGO (und nicht auf §§ 42 ff. VwGO) beziehen soll, (3) die Prozessführungsbefugnis in der ZPO nicht geregelt ist, (4) die zivilprozessualen Grundsätze der Prozessführungsbefugnis speziell für den Zivilprozess (nicht das weitergehende Anforderung stellende Verwaltungsgerichtsverfahren) entwickelt worden sind und (5) die Sachentscheidungsvoraussetzungen der allgemeinen Leistungsklage in der Verwaltungsgerichtsordnung nicht normiert wurden.

45 Die bestehende Lücke ist auch **planwidrig,** weil bei jeder in der Verwaltungsgerichtsordnung geregelten Rechtsschutzform – selbst dem auf objektive Rechtskontrolle abzielenden Normenkontrollverfahren (§ 47 Abs. 2 S. 1 VwGO) – grundsätzlich (d. h. vorbehaltlich anderweitiger gesetzlicher Bestimmungen i. S. d. § 42 Abs. 2 VwGO) eine besondere „Subjektivierung" vom Kläger als Sachentscheidungsvoraussetzung verlangt wird und es der Konzeption der VwGO widersprechen würde, nur im Falle der allgemeinen Leistungsklage hiervon abzusehen.

46 Schließlich entspricht es der **Interessenlage,** die planwidrige Regelungslücke i. S. d. § 42 Abs. 2 VwGO zu schließen, da auch die eine Klagebefugnis erfordernde Verpflichtungsklage nur eine besondere Leistungsklage ist, unterschiedliche Anforderungen für die Verpflichtungs- und die Leistungsklage sich (insoweit) also nicht begründen lassen.[71] Nach alledem ist mit der Rechtsprechung[72] und der wohl herrschenden Lehre[73] von einer analo-

---

[69] Tatsächlich ist der öffentlich-rechtliche Vertrag über die Zusicherung gem. § 59 Abs. 2 Nr. 4 i. V. m. § 56 Abs. 1 S. 2 VwVfG sowie § 59 Abs. 2 Nr. 1 i. V. m. § 44 Abs. 1 VwVfG nichtig.

[70] Vgl. etwa *Erichsen* Verwaltungsrecht und Verwaltungsgerichtsbarkeit I, 1984, S. 47.

[71] Näher zum Ganzen *Ehlers* NVwZ 1990, 105 (109 f.); *ders.* VerwArch 84 (1993), 139 (143).

[72] Z. B. BVerwGE 36, 192 (199) = BeckRS 1970, 30423607; E 60, 144 (150) =BeckRS 9998, 181499; E 99, 64 (66) = NJW 1996, 139; E 100, 262 (271) = NJW 1996, 2046 (2048); NVwZ 2008, 423 (424); OVG NW Urt. v. 16.2.2018 – 1 A 1911/16, BeckRS 2018, 3710 Rn. 36.

[73] Vgl. z. B. *Schenke* Verwaltungsprozessrecht, Rn. 363; *Hufen* Verwaltungsprozessrecht, § 17 Rn. 8; *Schmitt Glaeser/Horn* Verwaltungsprozessrecht, Rn. 387; *Stern/Blanke* Verwaltungsprozessrecht, Rn. 490; *Sodan* in: Sodan/Ziekow, VwGO, § 42 Rn. 371; a. A. z. B. *Achterberg* DVBl 1981, 278 (279); *Schoch* JuS 1987, 783 (790); *Erichsen* Jura 1989, 220 (221) und *ders.* Jura 1992, 384 (386) sowie *ders.* Jura 1994, 385 (386); *v. Nicolai* in: Redeker/v. Oertzen VwGO, § 42 Rn. 153.

gen Anwendung des § 42 Abs. 2 VwGO auf die Leistungsklage auszugehen.[74] Dies bedeutet, dass der Leistungskläger geltend machen muss, einen Anspruch auf die begehrte Leistung oder Unterlassung (Duldung) zu haben. Dies ist der Fall, wenn er sich auf eine Anspruchsgrundlage des öffentlichen Rechts berufen kann, die zumindest auch den Personenkreis zu schützen bestimmt ist, dem sich der Kläger zurechnet, und die Anspruchsgrundlage dem Kläger möglicherweise den begehrten Anspruch auf das Tun, Dulden oder Unterlassen zuspricht (zur parallelen Rechtslage im Falle der Erhebung einer Verpflichtungsklage → § 28 Rn. 46 ff.).

Als **Anspruchsgrundlage** kommen nicht nur einfachgesetzliche Bestimmungen, die Grundrechte oder Europäisches Unionsrecht (z. B. ein Unionsgrundrecht, eine Grundfreiheit, eine Verordnung, eine unmittelbar anwendbare Richtlinie oder ein an bestimmte Adressaten gerichteter Beschluss[75]), sondern auch rechtsgeschäftliche Erklärungen (z. B. begünstigende Verwaltungsakte, Auflagen[76], Zusagen[77] oder verwaltungsrechtliche Verträge) in Betracht. Ansprüche auf (Folgen-)Beseitigung oder Unterlassung sind nur selten ausdrücklich normiert worden. Teils wird § 1004 BGB analog angewendet, teils werden Art. 19 Abs. 4 S. 1 GG, das Rechtsstaats- bzw. Gesetzmäßigkeitsprinzip oder Gewohnheitsrecht herangezogen.[78] Nach der hier vertretenen Auffassung wurzeln die Ansprüche in den **subjektiv-öffentlichen Rechten**[79], insbesondere in den Freiheitsgrundrechten. 47

Der **Folgenbeseitigungsanspruch** bezieht sich auf die Beseitigung der Folgen eines rechtswidrigen hoheitlichen Eingriffs in ein subjektiv-öffentliches Recht, wobei vorausgesetzt wird, dass der rechtswidrige Zustand andauern und eine Beseitigung nicht unmöglich sowie zumutbar ist. Ein öffentlich-rechtlicher **Unterlassungsanspruch** setzt voraus, dass von einer (bereits ergriffenen oder zu erwartenden) hoheitlich-rechtlichen Maßnahme die rechtswidrige Beeinträchtigung rechtlich geschützter Interessen konkret droht. Originäre Leistungsansprüche lassen sich aus den **Grundrechten** grundsätzlich nicht herleiten. Wohl aber kann sich ein Anspruch auf ein Tun, Dulden oder Unterlassen aus Art. 3 Abs. 1 GG ergeben. Wird auf Schadensersatz oder Entschädigung geklagt, bestimmt sich die Anspruchsgrundlage nach dem Haftungsrecht. Doch sind für solche Klagen in weitem Umfang die Zivilgerichte zuständig (→ § 25 Rn. 146). 48

Auch bei **staatlichen** Kompetenzen und **Befugnisse**n kann es sich um subjektiv-öffentliche Rechte handeln (→ § 27 Rn. 58), so dass Forderungen von Verwaltungsträgern gegen andere Verwaltungsträger oder Private vor den Verwaltungsgerichten einklagbar sind (sofern die Handlungsform eines Verwaltungsaktes nicht zur Verfügung steht). Dagegen haben Private z. B. keinen Anspruch auf verwaltungsinterne Maßnahmen[80] oder auf Aufstellung von Bauleitplänen und städtebauliche Satzungen (§ 1 Abs. 3 S. 2 BauGB). Keine Besonderheiten gelten für **Innenrechtsstreitigkeiten.** Entscheidend ist, ob das klagende Innenrechtssubjekt die Verletzung einer wehrfähigen Innenrechtsposition geltend machen kann (→ § 25 Rn. 193; → *Schoch* § 33 Rn. 95). Soweit **anderweitige Bestimmungen** i. S. d. § 42 Abs. 2 Hs. 1 VwGO erlassen wurden, kommt es auf die Geltendmachung einer Verletzung in eigenen Rechten nicht an. So sind Umweltvereinigungen nach § 2 Abs. 1 49

[74] Vgl. auch die eine Klagebefugnis für die allgemeine Leistungsklage fordernden § 40 Abs. 2 FGO, § 54 Abs. 5 SGG. Generell gegen eine analoge Anwendung *Gärditz* in: Gärditz, VwGO, § 42 Rn. 44.

[75] Art. 288 AEUV.

[76] Zu planfestgestellten Lärmschutzauflagen vgl. OVG Bln-Bbg Urt. v. 9.4.2019 – OVG 6 A 4.17, BeckRS 2019, 8334 Rn. 11.

[77] Im Gegensatz zu Zusicherungen i. S. v. § 38 VwVfG beziehen sich (normale) Zusagen nicht auf den Erlass oder das Unterlassen eines späteren Verwaltungsakts.

[78] Näher zum Ganzen m. umfangreichen Nachw. *Mehde* Jura 2017, 783 ff.; *Ossenbühl/Cornils* Staatshaftungsrecht, S. 351 ff.; *Maurer* in: Maurer/Waldhoff, AllgVwR, § 30 Rn. 5; *Grzeszick* in: Ehlers/Pünder, AllgVwR, § 45 Rn. 111 ff.

[79] Vgl. auch *Schoch* Jura 1993, 478 ff.; *ders.* Die Verwaltung 44 (2011), 397 (398); *Ehlers* VVDStRL 51 (1992), 211 (243); *Ehlers/Stadermann* in: Hoeren/Sieber/Holznagel, Handbuch Multimedia-Recht, 51. EL Februar 2020, Teil 18.3 Rn. 22 ff., 33 ff.

[80] Zur Meldung und Rücknahme von Meldungen für „FFH-Gebiete" an die EU-Kommission vgl. BVerwG NVwZ 2008, 1011.

UmwRG i. V. m. § 1 Abs. 1 Nr. 5 UmwRG auch in Bezug auf in öffentlich-rechtlichen Verträgen geregelte Vorhaben sowie auf deren Unterlassen rechtsbehelfsbefugt.

50 **Lösung zu Fall 7:** Die Leistungsklage ist nur zulässig, wenn G klagebefugt ist. Ob sich G auf § 22 BImSchG berufen kann, ist umstritten. Zu Recht wird die Ansicht vertreten, dass diese Vorschrift nur das Verhältnis Behörde-Betreiber, nicht das Nachbarschaftsverhältnis Störer-Gestörter regelt.[81] Jedenfalls kommt aber eine Berufung auf Art. 2 Abs. 2 GG (körperliche Unversehrtheit) und auf das durch Art. 14 Abs. 1 GG geschützte Eigentum (i. V. m. den §§ 903 bis 906 BGB sowie den Ausstrahlungswirkungen des § 22 BImSchG) in Betracht. Aus den genannten Normen ergibt sich ein Unterlassungsanspruch. Da sich nicht ausschließen lässt, dass dem G ein solcher Unterlassungsanspruch zusteht, ist G klagebefugt.

51 **Lösung zu Fall 8:** Bei der Klage der H handelt es sich um eine Leistungsklage. Da sich H den Erstattungsanspruch der mit dem Semesterbeitrag belasteten Studentin nach § 1 Abs. 2 StBAG NW i. V. m. § 21 Abs. 1 GebG NW wirksam hat abtreten lassen und auch kein missbräuchlicher Erwerb der Klagebefugnis in Anbetracht der der H in § 53 Abs. 2 S. 2 Nr. 5 HG NW zugewiesenen Aufgabe, die fachlichen, wirtschaftlichen und sozialen Belange ihrer studentischen Mitglieder wahrzunehmen (welche die Führung eines Musterprozesses zur Klärung der Rechtmäßigkeit von Studienbeiträgen umfasst) vorliegt, fehlt es H nicht an der erforderlichen Klagebefugnis. Jedoch haben die Gerichte entschieden, dass die zulässige Klage unbegründet ist, weil der Landesgesetzgeber die Studienabgabe als im Grunde und der Höhe nach sachlich gerechtfertigte Vorzugslast kompetenzgerecht eingeführt (inzwischen aber wieder abgeschafft) hat.[82]

### 3. Richtiger Klagegegner

52 **Fall 9:** Nachdem Ratsmitglied I mehrfach erfolglos die Anordnung eines Rauchverbots in den Ratssitzungen beantragt hat, verklagt er den Gemeinderat auf Erlass eines solchen Verbots.

53 Beklagter in einem verwaltungsgerichtlichen Verfahren ist derjenige, den der Kläger nach § 82 Abs. 1 S. 1 VwGO als solchen **bezeichnet** hat (selbst wenn er nicht beteiligungsfähig oder das richtige Subjekt der streitigen Beziehung ist → § 25 Rn. 22).[83] Ob der Beklagte beteiligungsfähig ist, bestimmt sich nach § 61 VwGO, ob er richtiger Klagegegner ist, bei Anfechtungs- und Verpflichtungsklagen nach Maßgabe des § 78 VwGO (gegebenenfalls i. V. m. dem Landesrecht). Entgegen einer vielfach vertretenen Ansicht regelt § 78 VwGO nicht die – die Begründetheit der Klage betreffende – Passivlegitimation (d. h. die Frage des richtigen Anspruchsgegners), sondern die passive Prozessführungsbefugnis, also eine Zulässigkeitsvoraussetzung (→ § 27 Rn. 109; → § 28 Rn. 50).

54 Sind die Voraussetzungen des § 78 Abs. 1 Nr. 2 VwGO gegeben, ist bei Anfechtungs- und Verpflichtungsklagen nicht der Rechtsträger, sondern die Behörde zu verklagen. Diese ge-

[81] BVerwGE 79, 254 (257) = NJW 1988, 2396; vgl. auch E 81, 197 (211 f.) = NJW 1989, 1291 (1294); VGH BW NVwZ-RR 2014, 724 Rn. 22 f.; BayVGH Urt. v. 6.2.2015 – 22 B 12.269, BeckRS 2015 42130 Rn. 28; *Sachs* NVwZ 1988, 127; *Laubinger* VerwArch 80 (1989), 261 (265); *Ehlers* in: Steinbach, Verwaltungsrechtsprechung, S. 11 (15); a. A. BVerwGE 74, 315 (327) = NJW 1987, 1713 (1716); E 101, 157 (164) = NVwZ 1997, 276 (277); vgl. auch *Jarass* BImSchG, 12. Aufl. 2017, § 22 Rn. 67.

[82] Vgl. OVG NW DVBl 2007, 1442 → *Ehlers* JK 4/08, GG Art. 12 I/86. Die zulässige Revision gegen das Urteil hat das BVerwG (E 134, 1 = NVwZ 2009, 1562 → *Ehlers* JK 9/10, GG Art. 12 I/94) als unbegründet zurückgewiesen. Die hiergegen erhobenen Verfassungsbeschwerden hat das BVerfG nicht zur Entscheidung angenommen (1 BvR 3100/09 u. 1 BvR 1710/09).

[83] Vgl. *Ehlers* FS Menger, 1985, S. 379.

setzliche Regelung hat Ausnahmecharakter und lässt sich nicht auf die allgemeine Leistungsklage (gegen die Verwaltung) übertragen. Richtiger Klagegegner einer Leistungsklage sind somit stets **nur rechtsfähige oder teilrechtsfähige Personen** (also natürliche und juristische Personen sowie Subjekte, die trotz fehlender Rechtsfähigkeit selbständig rechtlich handeln, klagen und verklagt werden können[84]). Anderes gilt für Innenrechtsstreitigkeiten. In solchen Fällen ist schon die Beteiligungsfähigkeit nur gegeben, wenn die verklagte Stelle Zuordnungssubjekt des Innenrechtsstreits sein kann (→ § 25 Rn. 193). Trifft dies zu, ist das als Klagegegner bezeichnete Innenrechtssubjekt richtiger Klagegegner (möglicherweise aber nicht richtiger Anspruchsgegner).[85]

**Lösung zu Fall 9:** Da sich der Rat auf wehrfähige Innenrechtspositionen berufen kann,[86] ist er beteiligungsfähig und richtiger Klagegegner. Die Klage des I ist aber nicht begründet, weil nur der Bürgermeister Inhaber der Ordnungsgewalt ist, und das Rauchverbot daher nicht vom Rat, sondern vom Bürgermeister zu erlassen gewesen wäre.[87] 55

#### 4. Klagefrist

Die Monatsfrist des § 74 VwGO dient der Herbeiführung und Sicherstellung der Bestandskraft von Verwaltungsakten. Sie lässt sich daher vorbehaltlich anderweitiger gesetzlicher Bestimmungen nicht auf die Leistungs- (Untätigkeits- und Feststellungs-)klage übertragen. Nach dem auch im öffentlichen Recht geltenden Grundsatz von Treu und Glauben[88] (§ 242 BGB) führt aber eine unangemessene Verzögerung der Klageerhebung zur **Verwirkung** des Klagerechts.[89] Wann Verwirkung eintritt, bestimmt sich nach den Umständen des Einzelfalls und dem Rechtsgebiet. Die Jahresfrist des § 58 Abs. 2 VwGO vermag allenfalls einen groben Anhaltspunkt zu liefern. Z. B. ist es Innenrechtssubjekten zuzumuten, in erheblich kürzerer Zeit die Klage einzureichen. Bei Klagen aus dem Beamtenverhältnis gilt § 74 VwGO wegen der Verweisung der § 126 Abs. 2 S. 1 BBG, § 54 Abs. 2 S. 1 BeamtStG auf den 8. Abschnitt der VwGO.[90] Soweit gleichzeitig die Aufhebung eines Widerspruchsbescheides begehrt wird, ergibt sich dies auch daraus, dass es sich insoweit um einen Verwaltungsakt handelt.[91] 56

## III. Allgemeines Rechtsschutzbedürfnis

Während in der Regel im Falle der Beantragung verwaltungsgerichtlichen Rechtsschutzes von dem Vorliegen eines allgemeinen Rechtsschutzbedürfnisses ausgegangen werden kann, bedarf dieses bei Erhebung einer Leistungsklage vielfach der näheren Prüfung. Das gilt insbesondere, wenn Unterlassung begehrt wird. Erforderlich ist ein **qualifiziertes Rechtsschutzbedürfnis.** Bei allgemeinen Unterlassungsklagen (→ Rn. 35) muss Wiederholungsgefahr bestehen, bei vorbeugenden Unterlassungsklagen eine konkrete Eintrittsgefahr, die ein Abwarten als unzumutbar erscheinen lässt (etwa weil ein Schaden droht, sodass ein nachträglicher Rechtsschutz zu spät käme).[92] (Näher dazu → § 25 Rn. 252). 57

---

[84] So z. B. für die OHG und KG, vgl. § 124 Abs. 1 HGB, näher dazu → § 25 Rn. 191.
[85] Vgl. auch → *Schoch* § 33 Rn. 107.
[86] Ausführlich dazu *Ehlers* in: Mann/Püttner, Handbuch der kommunalen Wissenschaft und Praxis I, 2007, § 21 Rn. 125 ff.
[87] Vgl. OVG NW DVBl 1983, 53 (54); zum Rauchverbot siehe auch OVG NW NWVBl 1991, 16 f.
[88] BVerwGE 108, 93 (96) = BeckRS 1998, 30038101.
[89] Allg. Meinung, vgl. z. B. *Schenke* Verwaltungsprozessrecht, Rn. 704; → 25 Rn. 256 ff.
[90] Zu § 126 Abs. 2 BRRG siehe BVerwG VwRspr 27, 951 (955); *Meissner/Schenk* in: Schoch/Schneider, VwGO, § 74 Rn. 10.
[91] Vgl. auch *Rennert* in: Eyermann, VwGO, § 74 Rn. 1.
[92] Vgl. auch *Geis/Meier* JuS 2013, 28 (32).

58 Der Leistungsklage eines Verwaltungsträgers gegen einen Privaten fehlt das Rechtsschutzbedürfnis, wenn das zugrunde liegende materielle Recht die Behörde zum Erlass eines Verwaltungsakts verpflichtet.[93] Dagegen soll nach der Rechtsprechung ein Rechtsschutzbedürfnis für die Leistungsklage gegeben sein, wenn der Erlass eines Leistungsbescheides jedenfalls kein gegenüber der Leistungsklage einfacherer Weg zur Inanspruchnahme des Beklagten gewesen wäre, weil ohnehin mit einer gerichtlichen Auseinandersetzung zu rechnen gewesen wäre.[94] (kritisch → § 25 Rn. 239).

## C. Begründetheit der allgemeinen verwaltungsgerichtlichen Leistungsklage

59 **Fall 10:** Der in Nordrhein-Westfalen wohnende J klagt unter Berufung auf Gesundheitsbeeinträchtigungen in erster Linie auf Beseitigung einer Feuerwehrsirene auf dem benachbarten Feuerwehrhaus, hilfsweise auf Unterlassung ihrer Betätigung.

60 Die Leistungsklage ist begründet, wenn der Kläger einen **Anspruch** auf die begehrte Leistung (Tun, Dulden oder Unterlassen) hat. Das beurteilt sich nach der jeweils einschlägigen Anspruchsgrundlage (→ Rn. 47 ff.).

Hat ein Privater Leistungsklage erhoben, besteht ein **Rechtsanspruch** auf die begehrte Leistung nur, wenn die Verwaltung gebunden ist, also keinen Gestaltungsspielraum im Sinne eines nicht auf Null reduzierten Beurteilungs- oder Ermessensspielraums hat. Doch steht beispielsweise der Erlass oder Nichterlass einer untergesetzlichen Norm zumeist im Ermessen der zuständigen Behörde. Kommt der Verwaltung ein Gestaltungsspielraum zu, kann der Kläger allenfalls ein **Bescheidungsurteil** erlangen.[95] Beispielsweise hat ein Schüler der fünften Klasse einer öffentlichen Schule, der sich mit einer Leistungsklage gegen die (nicht als Verwaltungsakt einzustufende) Benotung einer Klassenarbeit wendet (→ § 25 Rn. 245), wegen des Beurteilungsspielraums des Lehrers im günstigsten Fall einen Anspruch auf Neubewertung, nicht auf Vergabe einer bestimmten Note (sofern überhaupt eine Klagebefugnis gegeben ist und ein Rechtsschutzbedürfnis besteht).[96] Für die Neubescheidung gelten dieselben Grundsätze wie für die Verpflichtungsklage (→ § 28 Rn. 20 ff.).

61 Hat ein Privater einen Antrag gestellt, der von der Verwaltung abgelehnt oder nicht beschieden worden ist, empfiehlt es sich im Falle eines Gestaltungsspielraums der Verwaltung zu prüfen, ob die Ablehnung oder Unterlassung rechtswidrig gewesen ist und der Kläger dadurch in seinen Rechten verletzt wird. § 114 VwGO ist auf die allgemeine Leistungsklage entsprechend anzuwenden.[97] Auch die Bestimmung des **Zeitpunkts** für die gerichtliche Beurteilung des Leistungsanspruchs bemisst sich nach denselben Maßstäben wie bei der Verpflichtungsklage (→ § 28 Rn. 64 ff.). Der Kläger muss zum Zeitpunkt der letzten mündlichen Verhandlung (ansonsten der Entscheidung des Gerichts) nach materiellem Recht einen Anspruch auf Leistung bzw. auf Bescheidung haben.[98] Ist ein in der Vergangenheit bestehender Leistungsanspruch aufgrund einer Änderung der Sach- oder Rechtslage zum Zeitpunkt der letzten mündlichen Verhandlung respektive der Entscheidung entfallen, kann das frühere Bestehen des Anspruchs durch Klage nach § 43 VwGO (nicht durch

---

[93] BVerwGE 58, 316 (318) = NJW 1980, 852; BayVGH DVBl 2011, 426 Rn. 7.

[94] BVerwGE 80, 164 (165 f.) = NJW 1989, 53; Urt. v. 29.8.2008 – 6 B 49/08, BeckRS 2008, 39565 Rn. 4; BayVGH Urt. v. 5.11.2001 – 7 B 00.3347, BeckRS 2001, 28678.

[95] Das gilt auch, wenn der Kläger ein Verwaltungsträger ist und dem beklagten Verwaltungsträger ein Gestaltungsspielraum zukommt.

[96] Zur Justiziabilität in solchen Fällen vgl. *Niehues/Fischer/Jeremias,* Prüfungsrecht, 7. Aufl. 2018, Rn. 804 ff.

[97] Vgl. BVerwGE 36, 352 (356) = NJW 1971, 532; *Rennert* in: Eyermann, VwGO, § 114 Rn. 6; *W.-R. Schenke/Ruthig* in: Kopp/Schenke, VwGO, § 114 Rn. 2.

[98] Vgl. auch BVerwGE 97, 79 (81 f.) = NJW 1995, 3067 (3068).

Fortsetzungsfeststellungsklage in analoger Anwendung des § 113 Abs. 1 S. 4 VwGO) festgestellt werden (→ § 31 Rn. 47).[99] Legt ein Beigeladener Berufung gegen ein Leistungsurteil ein, muss er durch das Urteil in seinen Rechten verletzt sein.[100]

62 Die **Vollstreckung** von Leistungsurteilen richtet sich nach den §§ 167 ff. VwGO i. V. m. den §§ 704 ff. ZPO. Hat der Kläger etwa eine Stadt zum Zwecke der Einwirkung auf ihre Eigengesellschaft verklagt (→ Rn. 32), ist das Leistungsurteil gemäß § 888 ZPO zu vollstrecken[101] (weil eine nicht vertretbare Handlung vorliegt), wobei nur die Verhängung eines Zwangsgelds und nicht eine Zwangshaft in Betracht kommen dürfte. Im Falle einer Verurteilung zu einem behördlichen Unterlassen richtet sich die Vollstreckung nach § 890 ZPO (Ordnungsgeld). Die Höhe des Zwangsgeldes (Ordnungsgeldes) ist an dem in § 172 VwGO genannten Rahmen zu orientieren.[102] Analog § 167 Abs. 2 VwGO sind auch Leistungsklagen nicht vorläufig vollstreckbar, soweit es um die Vornahme oder Unterlassung hoheitlicher Regelungen (und nicht nur um Geldleistungen, schlicht hoheitliche Maßnahmen oder Kostenerstattungen) geht.[103]

63 **Lösung zu Fall 10:** Für die von J erhobene Klage ist gemäß § 40 Abs. 1 S. 1 VwGO der Verwaltungsrechtsweg eröffnet, da eine Feuerwehranlage öffentlich-rechtlich betrieben wird, dementsprechend auch die Immissionen als öffentlich-rechtlich zu qualifizieren sind und damit eine öffentlich-rechtliche Streitigkeit vorliegt. Im Hinblick auf das Unterlassungsbegehren ist dem J ein Rechtsschutzbedürfnis nicht abzusprechen, weil ein nachträglicher Rechtsschutz auf Feststellung der Rechtswidrigkeit (jedes Mal, wenn die Sirene betätigt wurde) ineffektiv und damit nicht zumutbar ist. Sonstige Bedenken gegen die Zulässigkeit bestehen nicht. Bei der Begründetheit ist zu differenzieren. Ein (Folgen-)Beseitigungsanspruch setzt voraus, dass durch einen hoheitlichen Eingriff in ein subjektives Recht ein rechtswidriger Zustand geschaffen wurde, der noch andauert. Ein solcher Anspruch scheidet hier schon deshalb aus, weil die Installation der Anlage nicht Grundrechte des J (Art. 2 Abs. 2, 14 Abs. 1 GG) oder einfachgesetzlich gewährte Rechtspositionen beeinträchtigt. Eine Unterlassungsklage ist einschlägig, wenn die Gefahr künftiger Grundrechtsverletzungen besteht. In Betracht kommt vor allem eine Verletzung der durch Art. 2 Abs. 2 GG geschützten körperlichen Unversehrtheit. Sollte der Lärmpegel so stark sein, dass die Eingriffsschwelle der mittelbar-faktischen Grundrechtsbeeinträchtigungen überschritten wird, bedürfen die künftig zu erwartenden Grundrechtseingriffe einer gesetzlichen Ermächtigungsgrundlage. Zudem müssten sie dem Übermaßverbot genügen. Ob als Ermächtigungsgrundlage § 22 BImSchG in Betracht kommt, ist streitig. Nach der hier vertretenen Ansicht ist dies nicht der Fall, weil die Vorschrift nur das Verhältnis Behörde-Betreiber, nicht das Nachbarschaftsverhältnis Störer-Gestörter betrifft (vgl. → Fn. 82; vgl. Lösung zu Fall 7 → Rn. 50). Doch kann sich die Gemeinde auf § 24 BHKG NW berufen, wonach der Grundstückseigentümer zur Anbringung von Sirenen auf seinem Grundstück verpflichtet ist (entsprechende Vorschrift gibt es auch in anderen Bundesländern). Im Wege des Erst-Recht-Schlusses muss der Grundstückseigentümer dann auch die Anbringung und den Betrieb von Sirenen auf einem benachbarten Feuerwehrhaus dulden. Bei der Berücksichtigung des Übermaßverbotes müssen die Wertungen der § 22 BImSchG und § 906 BGB berücksichtigt werden. Die Betätigung der Alarmsirene dient dem Brandschutz und damit einer legitimen Zielsetzung. Sie dürfte zur Erfüllung dieses Zwecks auch geeignet und erforderlich sein. Problematischer ist die Angemes-

[99] Vgl. *Schenke* Verwaltungsprozessrecht, Rn. 868.
[100] VGH BW Urt. v. 8.6.2017 – 5 S 2030/16, BeckRS 2017, 150743 Rn. 24.
[101] Vgl. auch VGH BW NVwZ-RR 2004, 459.
[102] So ThürOVG ThürVBl 2010, 230.
[103] Str., wie hier *W.-R. Schenke* in: Kopp/Schenke, VwGO, § 167 Rn. 11; *Kraft* in: Eyermann, VwGO, § 167 Rn. 26. Weitergehend z. B. *Pietzner/Möller* in: Schoch/Schneider, VwGO, § 167 Rn. 135.

senheit. Das Bundesverwaltungsgericht hat sich für eine Duldungspflicht ausgesprochen, wenn die Belastung durch den Einbau von durch die Verwaltung zu bezahlenden Lärmschutzfenstern auf ein erträgliches Maß gemildert wird.[104]

[104] Vgl. BVerwGE 79, 254 ff. = NJW 1988, 2396 f.; ausführlich dazu *Ehlers* in: Steinbach, Verwaltungsrechtsprechung, S. 11 ff.

# § 30. Verwaltungsgerichtliche Feststellungsklage

*Dirk Ehlers*

**Übersicht**



**Schrifttum:** *Engels* Die Feststellungsklage – Entgrenzungen einer Klageart am Beispiel der atypischen Feststellungsklage, NVwZ 2018, 1001; *Geis* Die Feststellungsklage als Normenkontrolle zwischen suchender Dialektik und dogmatischer Konsistenz, in: FS Schenke, 2011, S. 709; *Geis/Schmidt* Grundfälle zur verwaltungsprozessualen Feststellungsklage (§ 43 VwGO), JuS 2012, 599; *Krumm* Verwaltungsrechtsschutz gegen materielle Rechtsnormen – Zum feststellungsfähigen Rechtsverhältnis und zur Subsidiarität der Feststellungsklage in Ansehung der Allgemeinverbindlicherklärung von Tarifverträgen, DVBl 2011, 1008; *Pils* Rechtsschutz gegen self-executing Normen, JA 2011, 113; *Schoch* Gerichtliche Verwaltungskontrollen in: Hoffmann-Riem/Schmidt-Aßmann/Voßkuhle, Grundlagen des Verwaltungsrechts III, 2. Aufl. 2013, § 50; *Sodan/Kluckert* Die verwaltungsprozessuale Feststellungsfähigkeit von vergangenen und zukünftigen Rechtsverhältnissen. Dargestellt unter besonderer Berücksichtigung der Rechtsprechung des Bundesverwaltungsgerichts, VerwArch 94 (2013), 3; *Wöckel* Das Rechtsverhältnis im Sinne von § 43 I VwGO, JA 2015, 205.

## A. Funktion und Bedeutung der verwaltungsgerichtlichen Feststellungsklage

Neben der eine Gestaltungsklage darstellenden Anfechtungsklage (→ § 27) sowie der 1
Leistungsklage in Gestalt der Verpflichtungs- (→ § 28) und der allgemeinen Leistungsklage

(→ § 29) kennt die Verwaltungsgerichtsordnung als **dritte hauptsächliche Rechtsschutzart** die Feststellungsklage.[1] Anders als ein Anfechtungs- und Leistungsurteil führt ein Feststellungsurteil weder zu einer Rechtsänderung noch zu einem – auf ein Tun, Dulden oder Unterlassen gerichteten – vollstreckbaren Titel. Nach herrschender Meinung dient die Feststellungsklage auch nicht der prozessualen Durchsetzung eines materiell-rechtlichen Anspruchs des Klägers gegen den Beklagten, sondern stellt ein rein **prozessuales Instrument** zur verbindlichen Feststellung des Rechts dar.[2] Sie ist insofern deklaratorisch, als sie nicht selbst gestaltet,[3] geht aber darüber hinaus, weil sie die Rechtslage konkretisiert. In der Regel erstrebt der Kläger eine gerichtliche Feststellung, weil die Rechtslage unklar ist und eine autoritative Klarstellung verhaltenssteuernde Wirkung hat. Die Feststellungsklage hat ihre Regelung im Wesentlichen in § 43 VwGO gefunden. Unabhängig davon, ob man die auf Feststellung der Rechtswidrigkeit eines erledigten Verwaltungsaktes gerichtete Fortsetzungsfeststellungsklage (§ 113 Abs. 1 S. 4 VwGO) in erster Linie als „amputierte Anfechtungsklage" oder als besondere Feststellungsklage ansieht (→ § 31 Rn. 2), weisen Feststellungsklage und Fortsetzungsfeststellungsklage die gleiche Struktur auf. Zudem ergänzen sich beide Klagearten, weil § 113 Abs. 1 S. 4 VwGO einen besonderen Fall der gerichtlichen Feststellung regelt. Gewisse Ähnlichkeit mit der Feststellungsklage hat auch die auf Klärung der Unwirksamkeit oder Unanwendbarkeit abzielende verwaltungsgerichtliche Normenkontrolle (→ § 32 Rn. 73) gemäß § 47 VwGO, obwohl es sich hierbei um ein objektives Rechtsschutzverfahren handelt (→ § 32 Rn. 1). Wird dem im Rahmen einer allgemeinen Feststellungsklage gestellten Antrag auf Feststellung, dass eine untergesetzliche Norm keine Anwendung auf den Kläger findet,[4] mit inter partes-Wirkung stattgegeben, enthält die Entscheidung zwar keine Feststellung über die Gültigkeit der Norm (→ Rn. 13), wohl aber wird über die Gültigkeit als Vorfrage entschieden (so dass von einer inzidenten Normenkontrolle gesprochen werden kann). Erklärt dagegen das OVG eine Norm im Normenkontrollverfahren für unwirksam, handelt es sich um eine gemäß § 47 Abs. 5 S. 2 VwGO allgemein verbindliche Feststellung, die allerdings nicht konstitutiv, sondern nur deklaratorisch wirkt (weil rechtswidrige Normen von Anfang an unwirksam sind, vgl. → § 32 Rn. 73). Eine Sonderform der Feststellungsklage ist die (einen entsprechenden Antrag voraussetzende) **Zwischenfeststellungsklage** gemäß § 173 S. 1 VwGO i. V. m. § 256 Abs. 2 ZPO zur Feststellung eines im Laufe des Prozesses streitig gewordenen Rechtsverhältnisses, von dessen Bestehen oder Nichtbestehen die Entscheidung des Rechtsstreits ganz oder zum Teil abhängt. Das Verhältnis muss für die Hauptsache vorgreiflich, darf aber nicht mit ihr identisch sein.[5] Im Falle einer **einseitigen Erledigungserklärung**[6] des Klägers tritt ein Wechsel vom ursprünglichen Klageantrag zum Erledigungsfeststellungsantrag ein.[7] Teilweise ist die Feststellungsklage **spezialgesetzlich** normiert worden.[8] Zu gerichtlichen Feststellungen im vorläufigen Rechtsschutz vgl. → *Schoch* § 34 Rn. 99; → *Schoch* § 35 Rn. 21.

2 Da nach § 43 Abs. 2 S. 1 VwGO eine verwaltungsgerichtliche Feststellung nicht begehrt werden kann, soweit der Kläger seine Rechte durch Gestaltungs- oder Leistungsklage verfolgen kann oder hätte verfolgen können, kommt der Feststellungsklage – abgesehen von dem in § 43 Abs. 2 S. 2 VwGO geregelten Fall der Nichtigkeitsfeststellung – an sich nur eine **Auffangfunktion** zu. Ungeachtet dessen ist die Bedeutung der Feststellungsklage

---

[1] Zur geschichtlichen Entwicklung vgl. *Glaser* in: Gärditz, VwGO, § 43 Rn. 10 ff.

[2] Vgl. *Pietzcker* in: Schoch/Schneider, VwGO, § 43 Rn. 1; *Happ* in: Eyermann, VwGO, § 43 Rn. 3; *Terhechte* in: Fehling/Kastner/Störmer, VwR, § 43 VwGO Rn. 1.

[3] *Wahl/Schütz* in: Schoch/Schneider, VwGO, § 42 Abs. 2 Rn. 25.

[4] Etwa weil die Norm ein subjektives öffentliches Recht des Klägers verletzt.

[5] Vgl. BVerwGE 39, 135 (138) = BeckRS 1971, 103444.

[6] Zur beiderseitigen Erledigung vgl. § 161 Abs. 2 VwGO.

[7] BVerwGE 82, 41 = NVwZ 1989, 862.

[8] Zu der speziellen Feststellungsklage gem. § 16 Vereinsgesetz vgl. *Terhechte* in: Fehling/Kastner/Störmer, VwR, § 43 VwGO Rn. 71; zur Verbandsklage gem. § 15 Behindertengleichstellungsgesetz (BGG): *W.-R. Schenke* in: Kopp/Schenke, VwGO, § 43 Rn. 9.

keineswegs gering zu veranschlagen. So kommen eine Gestaltungs- oder eine Leistungsklage von vornherein nicht in Betracht, wenn sie nicht dem – auf Erlangung effektiven Rechtsschutzes gerichteten – Interesse des Klägers entsprechen. Beispielsweise lässt sich mit der Feststellungsklage anders als mit der Anfechtungs- oder Leistungsklage eine Klärung der Rechtslage im Hinblick auf zahlreiche Rechte und Pflichten erreichen (wie etwa beim Streit über das Bestehen eines vielerlei Rechte und Pflichten auslösenden Beamtenverhältnisses oder beim Streit über Rechte und Pflichten, die sich in Zukunft wiederholt ergeben können).[9] Ferner kann nicht ganz selten nur mit der verwaltungsgerichtlichen Feststellungsklage Rechtsschutz gegen Normen des nationalen Rechts oder des Europäischen Unionsrechts erlangt werden (dazu Fall 6 → Rn. 34 und Lösung → Rn. 41). Hinzu kommt des Weiteren, dass die Rechtsprechung dazu tendiert, die Subsidiaritätsklausel des § 43 Abs. 2 S. 1 VwGO zu relativieren und eine Feststellungsklage insbesondere auch dann zuzulassen, wenn eine Leistungsklage statthaft gewesen wäre (kritisch → Rn. 43; → § 29 Rn. 3f.).

## B. Zulässigkeit der verwaltungsgerichtlichen Feststellungsklage

Eine verwaltungsgerichtliche Feststellungsklage ist nur zulässig, wenn die **allgemeine**n **Sachentscheidungsvoraussetzungen** verwaltungsgerichtlicher Klagen gegeben sind (→ § 25),[10] die Klage **statthaft** ist (I.) und die **besondere**n **Sachentscheidungsvoraussetzungen** der Feststellungsklage vorliegen (II.). Kurz einzugehen ist gesondert auf das allgemeine **Rechtsschutzbedürfnis** (III). 3

### I. Statthaftigkeit der Feststellungsklage

§ 43 Abs. 1 VwGO regelt **zwei verschiedene Gegenstände** der Feststellungsklage. Zum einen geht es um die Feststellung des Bestehens oder Nichtbestehens eines Rechtsverhältnisses (1.), zum anderen um die Feststellung der Nichtigkeit eines Verwaltungsaktes (2.). Im zuerst genannten Fall muss zudem die Subsidiaritätsklausel des § 43 Abs. 2 S. 1 VwGO beachtet werden (3.). 4

#### 1. Bestehen oder Nichtbestehen eines Rechtsverhältnisses

**a) Begriff des Rechtsverhältnisses.** Der Begriff des Rechtsverhältnisses[11] wird im Rechtsleben in einem weiteren und einem engeren Sinne verwendet.[12] Das Rechtsverhältnis **im weiteren Sinne** lässt sich als die Gesamtheit einander zweckhaft zugeordneter Rechtsbeziehungen, also als ein Bündel von Rechten und Pflichten, umschreiben.[13] So stellt etwa das Sozial-, das Subventions- oder das Beamtenverhältnis ein verwaltungsrechtliches Schuldverhältnis in diesem Sinne mit einer Vielzahl von Berechtigungen und Verpflichtungen dar. Dagegen sind unter einem Rechtsverhältnis **im engeren Sinne** die sich aus **eine**r rechtlichen **Regelung ergebenen rechtlichen Beziehungen** zu verstehen. Das Rechtsverhältnis kann punktbezogen oder dauerhafter Art sein und bi- oder polygonalen 5

---

[9] Vgl. *Happ* in: Eyermann, VwGO, § 43 Rn. 2; → Rn. 36.

[10] Relativ häufig betreffen Feststellungsklagen Innenrechtsstreitigkeiten. Zur Beteiligungsfähigkeit vgl. → § 25 Rn. 193.

[11] Die h. M. stellt bereits bei der Bestimmung des Rechtsweges im Rahmen der Prüfung, ob eine öffentlich-rechtliche Streitigkeit i. S. d. § 40 Abs. 1 S. 1 VwGO vorliegt, auf die Natur des dem Rechtsstreit zugrunde liegenden Rechtsverhältnisses ab (→ § 25 Rn. 91).

[12] Vgl. *Ehlers* DVBl 1986, 912 (914). Ferner z. B. OVG NW NWVBl 2016, 202 Rn. 90 (Gegenstand einer Feststellungsklage können auch einzelne, sich aus einem Rechtsverhältnis ergebenen Rechte und Pflichten sein).

[13] *Wöckel* JA 2015, 205 (206). *Pietzcker* in: Schoch/Schneider, VwGO, § 43 Rn. 7, bezeichnet solche (in einem gewissen Maße verselbständigte Bündel von Rechtsbeziehungen) anders als hier als engere Rechtsverhältnisse.

Charakter haben.[14] Statt der hier zugrunde gelegten Definition verwenden Rechtsprechung und Literatur zumeist **ausführlichere** Umschreibungen des Rechtsverhältnisses im engeren Sinne. So unterfallen nach dem **BVerwG** einem Rechtsverhältnis i. S. d. § 43 Abs. 1 VwGO diejenigen rechtlichen Beziehungen, die sich aus einem konkreten Sachverhalt aufgrund einer diesen Sachverhalt betreffenden öffentlich-rechtlichen Norm für das Verhältnis mehrerer Personen untereinander oder einer Person zu einer Sache ergeben.[15] Wie sich zeigen wird (→ Rn. 19 ff.), ist diese ausführlichere Umschreibung zum Teil tautologisch, zum Teil zu eng geraten.

6 In der **Regel** kommt es nur auf das **Rechtsverhältnis im engeren Sinne** an (näher dazu → § 25 Rn. 92). Will der Kläger durch den Richterspruch Klarheit über eine Vielzahl von Rechtsbeziehungen erzielen, reicht es normalerweise aus, auf Feststellung des Bestehens oder Nichtbestehens des Grundverhältnisses zu klagen. Da Grundverhältnisse fast immer durch „eine" Regelung begründet werden[16] (z. B. durch die Begründung einer Sozialversicherung, den Erlass eines Subventions-Verwaltungsakts, den Abschluss eines Subventionsvertrages oder die Ernennung eines Beamten), wird auch in solchen Fällen um ein Rechtsverhältnis im engeren Sinne gestritten. Werden mehrere Rechtsbeziehungen zum Gegenstand eines Feststellungsbegehrens gemacht, handelt es sich um eine (objektive und gegebenenfalls auch subjektive) Klagehäufung (→ § 25 Rn. 23, 25).

**aa) Vorliegen einer rechtlichen Regelung**

7 **Fall 1:** A ist Eigentümer eines Mietshauses in M. Er beantragt beim VG die Feststellung, dass der Mietspiegel der Stadt M unwirksam ist, weil die ortsübliche Vergleichsmiete falsch berechnet wurde.

8 Rechtsverhältnisse bestehen aus rechtlichen Beziehungen (→ Rn. 5). Solche Beziehungen kann es nur auf der Grundlage des Rechts geben: genauer gesagt auf der Grundlage von rechtlichen Regelungen, d. h. von Maßnahmen, die auf Setzung einer Rechtsfolge gerichtet sind.[17] Zu den rechtlichen Regelungen gehören alle wirksamen **Rechtsnormen** (z. B. Vorschriften des Europäischen Unionsrechts oder des Verfassungsrechts, Parlamentsgesetze, Verordnungen, Satzungen, Verwaltungsvorschriften,[18] Gewohnheitsrecht) als auch alle wirksamen rechtsgeschäftlichen – d. h. final auf Bewirkung von Rechtsfolgen gerichtete – **Willenserklärungen**[19] (z. B. Verwaltungsakte, Zusicherungen, Zusagen und vertragliche Willenserklärungen). Von den Willenserklärungen zu unterscheiden sind die rechtsgeschäftsähnlichen Handlungsweisen (etwa Mahnungen oder Fristsetzungen; → § 25 Rn. 128) und Realhandlungen (→ § 25 Rn. 130).[20] Nur wenn solche Handlungsweisen der Verwirklichung von Tatbestandsmerkmalen einer Regelung dienen, können Rechtsverhältnisse entstehen.[21] Z. B. kann unter Umständen allein durch den Zugang zu der öffentlichen Ein-

---

[14] Vgl. *Maurer* in: Maurer/Waldhoff, AllgVwR, § 8 Rn. 22 ff.

[15] Vgl. BVerwGE 89, 327 (329) = LMMR 1992, 4; NVwZ-RR 2005, 711; E 136, 54 Rn. 24 = NVwZ 2010, 1300 Rn. 24; E 160, 157 Rn. 10 = NJW 2018, 325; ferner *Happ* in: Eyermann, VwGO, § 43 Rn. 12; *Terhechte* in: Fehling/Kastner/Störmer, VwR, § 43 VwGO Rn. 40; *W.-R. Schenke* in: Kopp/Schenke, VwGO, § 43 Rn. 11; *Wöckel* JA 2015, 205 ff. (mit Beispielen). Vgl. demgegenüber *Engels* NVwZ 2018, 1001 (1004 f.).

[16] So orientiert sich die h. M. bei der Bestimmung des Rechtsverhältnisses im Rahmen der Prüfung des § 40 Abs. 1 S. 1 VwGO an der Handlungsform der Verwaltung, also zumeist einer Regelung.

[17] Das Recht besteht nicht nur aus Regelungen, sondern kann auch einen anderen Inhalt – beispielsweise nur einen empfehlenden Charakter – haben. Vgl. *Ehlers* in: Ehlers/Pünder, AllgVwR, § 2 Rn. 4. Zum Begriff der Regelung *Ruffert* in: Ehlers/Pünder, AllgVwR, § 21 Rn. 24.

[18] Zu denen nur teilweise Außenwirkung zukommenden Flächennutzungsplänen (§ 5 BauGB) vgl. → § 32 Rn. 32.

[19] Vgl. auch BVerwGE 100, 83 (90) = NJW 1997, 71 (72).

[20] Vgl. *Ellenberger* in: Palandt, BGB, 79. Auflage 2020, Überblick vor § 104 Rn. 6 ff. Um einen Realakt handelt es sich z. B. auch im Falle der Anwendung unmittelbaren Zwangs (str., vgl. *Kingreen/Poscher* Polizei- und Ordnungsrecht, § 27 Rn. 42 ff.).

[21] Vgl. *Remmert* in: Ehlers/Pünder, AllgVwR, § 18 Rn. 3 (Grundlage ist jeweils die Regelung, die auf den fraglichen Realakt reagiert); a. A. *Maurer* in: Maurer/Waldhoff, AllgVwR, § 8 Rn. 18.

richtung einer Gemeinde (etwa ein Kinderspielplatz) ein Benutzungsverhältnis zustande kommen.[22] Dagegen löst die Warnung einer Verwaltungsbehörde vor gesundheitsgefährdenden Produkten eines Lebensmittelherstellers als solche mangels Setzung einer Rechtsfolge noch keine rechtlichen Beziehungen aus. Wohl aber wird um ein Rechtsverhältnis gestritten, wenn der Lebensmittelhersteller die Feststellung begehrt, dass die Warnung Art. 12 Abs. 1 GG verletzt.

**Lösung zu Fall 1:** Da die Aufstellung und Veröffentlichung eines örtlichen Mietspiegels durch eine Gemeinde nach § 558c BGB öffentlich-rechtlichen Charakter hat, ist zwar der Verwaltungsrechtsweg gemäß § 40 Abs. 1 S. 1 VwGO eröffnet. Die Aufstellung des Mietspiegels stellt jedoch keine Regelung, sondern einen Realakt dar. Dieser begründet keine Rechtsbeziehung. Mangels einer Klagebefugnis kann A auch nicht die Feststellung begehren, dass die Stadt ihre gesetzliche Aufgabe wegen der fehlerhaften Berechnung des Mietspiegels rechtswidrig wahrgenommen hat. Eine Klagebefugnis ist nur gegeben, wenn der Kläger an dem festzustellenden Rechtsverhältnis selbst beteiligt ist oder wenn von dem Rechtsverhältnis eigene Rechte abhängen (→ Rn. 65). Ersteres scheidet von vornherein aus. Letzteres ist schon deshalb nicht der Fall, weil die Aufstellung kommunaler Mietspiegel von Gesetzes wegen nur zur Erleichterung zivilrechtlicher Mieterhöhungsverlangen vorgesehen ist. Daher hat das BVerwG die Klage im Ergebnis zu Recht als unzulässig abgewiesen.[23] 9

### bb) Vorliegen rechtlicher Beziehungen

**Fall 2:** Arbeitgeber B wendet sich mit der verwaltungsgerichtlichen Feststellungsklage gegen eine Verordnung des Bundes, mit der höhere Mindestlöhne für den Bereich der Briefdienstleistungen für allgemein verbindlich erklärt werden, weil die Erklärung wegen einer eingegangenen anderweitigen Tarifbindung seine subjektiven öffentlichen Rechte (Art. 9 Abs. 3, 12 Abs. 1 GG) verletze. 10

Gegenstand der Feststellungsklage sind die sich aus einer rechtlichen Regelung ergebenden rechtlichen Beziehungen.[24] Solche Beziehungen können sich bereits mit der Existenz bzw. dem **äußeren Wirksamwerden** einer Regelung ergeben,[25] mag die Regelung wie bei einer aufschiebenden Befristung oder Bedingung auch erst später innere Wirksamkeit entfalten. Rechtsbeziehungen bestehen zwischen Rechtssubjekten. Um die **sachenrechtlichen Regelungen** erfassen zu können, werden vielfach auch die Beziehungen zwischen einer Person und einer Sache als Rechtsverhältnisse angesehen.[26] So handelt es sich etwa bei der straßenrechtlichen Widmung nicht um eine adressaten-, sondern um eine sachbezogene Allgemeinverfügung i. S. d. § 35 S. 2 Var. 2 VwVfG (→ § 27 Rn. 9). Wird darüber gestritten, ob eine Widmung auch Wirkung gegenüber einer bestimmten Person entfaltet, könnte ein Streit zwischen einer Person und einer Sache angenommen werden. Doch stellen sich sachenrechtliche Rechtsbeziehungen aufgrund einer Zustandsregelung als bloß rechtstechnische Verkürzung einer Vielzahl personaler Rechtsbeziehungen in Ansehung der Sache dar. In Wahrheit geht es stets um rechtliche Beziehungen zwischen Personen in Bezug auf eine Sache.[27] Auch aus dem Umstand, dass Feststellungsklagen ebenso wie andere Klagen stets gegen einen Beklagten zu richten sind, ergibt sich, dass sachbezogene Rechts- 11

---

[22] Vgl. auch *Maurer* in: Maurer/Waldhoff, AllgVwR, § 8 Rn. 20.
[23] Vgl. BVerwGE 100, 262 = NJW 1996, 2046 (mit ausführlicher und teilweise auch auf andere Gesichtspunkte abstellender Begründung).
[24] Ebenso *Remmert* in: Ehlers/Pünder, AllgVwR, § 18 Rn. 2.
[25] Zum Sprachgebrauch vgl. *Ehlers* FS Erichsen, 2004, S. 1 (2 f.).
[26] Vgl. BVerwGE 89, 327 (329) = LMMR 1992, 4.
[27] Vgl. *Ehlers* DVBl 1986, 912 (913); *Schenke* Verwaltungsprozessrecht, Rn. 378.

verhältnisse in solche zwischen Klägern und Beklagten umformuliert werden (können und) müssen.[28]

12 **Unterscheidung von Beziehungen, Regelungen und Handlungen:** Besteht ein Rechtsverhältnis aus Rechtsbeziehungen, kann eine **Regelung als solche** niemals selbst Gegenstand einer Feststellungsklage i. S. d. § 43 Abs. 1 Alt. 1 VwGO sein. Die Regelung begründet, verändert oder beendet ein Rechtsverhältnis, stellt aber nicht selbst ein Rechtsverhältnis dar. Deshalb ist es wegen des Fehlens eines Rechtsverhältnisses z. B. nicht möglich, die Ungültigkeit (Nichtigkeit) einer Rechtsnorm,[29] einer Wahl,[30] eines Vertrages oder einer verwaltungsinternen Anordnung respektive die Rechtswidrigkeit eines Verwaltungsakts feststellen zu lassen. Klagen auf Feststellung der Rechtswidrigkeit eines erledigten Verwaltungsakts (§ 113 Abs. 1 S. 4 VwGO) oder der Nichtigkeit eines Verwaltungsakts (→ Rn. 31) sind zwar zulässig, unterfallen aber gerade nicht der ersten Alternative des § 43 Abs. 1 VwGO, sondern speziellen gesetzlichen Normierungen (§§ 113 Abs. 1 S. 4, 43 Abs. 1 Alt. 2 VwGO). Dasselbe wie für Regelungen gilt auch für sonstige Handlungen der Verwaltung oder von Privaten.

13 **Normative Beziehungen:** Rechtsschutz gegen auf einen Vollzug angelegte Normen, kann bei Vorliegen der sonstigen Sachentscheidungsvoraussetzungen durch Feststellungsklage erlangt werden, die sich gegen den Vollzug richtet. Ist streitig, ob sich aus einer Norm (des Europäischen Unionsrechts oder nationalen Rechts) unmittelbar, selbst und gegenwärtig Rechte oder Pflichten ergeben und ist ein Vollzug weder vorgesehen noch möglich, kann der Betroffene (zwar nicht auf Feststellung der Ungültigkeit der Norm,[31] wohl aber) auf Feststellung des Bestehens oder Nichtbestehens der **normativen** **Rechte** oder Pflichten ihm gegenüber klagen (z. B. auf das Nichtbestehen eines normativen Eingriffsrechts oder die Verletzung subjektiver Rechte des Klägers durch eine Norm[32]). § 47 VwGO entfaltet außerhalb des Anwendungsbereichs dieser Norm keine Sperrwirkung für die gerichtliche Überprüfung der gesetzlichen Rechtssetzungsakte.[33] Verfehlt ist es, in solchen Fällen von einer atypischen Feststellungsklage zu sprechen.[34] Auch wenn eine als ungültig angesehene untergesetzliche Norm eine Vielzahl von Rechtsbeziehungen begründet, die in einem untrennbaren Zusammenhang stehen (wie etwa bei der Festlegung von Flugrouten),[35] bleibt es dabei, dass **nicht** auf das Nichtbestehen eines **Normgebungsrecht**s (als solchem), sondern nur darauf geklagt werden kann, ob die (erlassene) Norm Rechte des Klägers verletzt.[36] Der

---

[28] *Pietzcker* in: Schoch/Schneider, VwGO, § 43 Rn. 5.

[29] Zur Nichtigkeitsklage in Bezug auf Verwaltungsvorschriften vgl. BVerwGE 100, 262 (268) = NJW 1996, 2046 (2047).

[30] Vgl. *Laubinger* VerwArch 82 (1991) 459, 486 ff.

[31] BVerwGE 129, 199 Rn. 20 = NVwZ 2007, 1428.

[32] Gegen ein Rechtsverhältnis zwischen Normgeber und Normadressat *Geis* FS Schenke, 2011, S. 709 (716 – Taschenspielertrick); *Schoch* in: Hoffmann-Riem/Schmidt-Aßmann/Voßkuhle, GVwR III, § 50 Rn. 202 (Feststellungsklage wird als verwaltungsprozessuale Auffangklage missbraucht). Näher zum Ganzen *Engels* NVwZ 2018, 1001 (der davon ausgeht, dass nicht das Fortbestehen eines subjektiven Rechts, sondern das Nichtbestehen eines Rechts des beklagten Normgebers im Mittelpunkt steht, S. 1007). Vgl. auch *W.-R. Schenke* in: Kopp/Schenke, VwGO, § 43 Rn. 8c. Zur Zulässigkeit einer Feststellungsklage gegen Normen vgl. BVerfG-K NVwZ 1998, 169 (170); NVwZ 2000, 1407 → *Ehlers* JK 8/01, BVerfGG § 90 II/7; NVwZ 2004, 977 → *Ehlers* JK 2/05, BVerfGG § 90 II/8; E 115, 81 = NVwZ 2006, 922 → *Ehlers* JK 1/07, BVerfGG § 90 II/9 und → JuS 2006, 1012 *(Sachs)* sowie → JA 2007, 76 *(Muckel)*; BVerwGE 111, 276 = NJW 2000, 3584 → *Schoch* JK 01, VwGO § 43/11 und → JuS 2001, 406 *(Hufen)* sowie → JA 2001, 291 (Aulehner).

[33] BVerwGE 136, 54 Rn. 25 = NVwZ 2010, 1300 → *Ehlers* JK 3/11, GG Art. 9 III/14 und → *Hufen* JuS 2011, 668; NVwZ 2020, 554 Rn. 21 ff. Vgl. auch *Pils* JA 2011, 113 (114 f.).

[34] Vgl. demgegenüber z. B. *W.-R. Schenke* in: Kopp/Schenke, VwGO, § 43 Rn. 8m ff.; zur Begrifflichkeit *Geis* FS Schenke, 2011, S. 709 f. Im Ergebnis wie hier *Pils* JA 2011, 113 (115).

[35] BVerwGE 111, 276 (279 ff.) = NJW 2000, 3584 (3585).

[36] Vgl. demgegenüber *Schenke* NVwZ 2016, 720, der eine atypische prinzipale, auf Feststellung des Nichtbestehens eines Normsetzungsrechts gerichtete Klage befürwortet, die allerdings nur Rechtskraft inter partes entfalten soll. Ferner *W.-R. Schenke* in: Kopp/Schenke, VwGO, § 43 Rn. 80; im Ergebnis ähnlich *Möstl* in: Posser/Wolff, VwGO, § 43 Rn. 30 ff; vgl. auch *Terhechte* in: Fehling/Kastner/Störmer, VwR, § 43 VwGO Rn. 18; vgl. aber auch → Rn. 67 und → Rn. 72.

Kläger muss sogar Feststellungsklage erheben, wenn anderweitiger Rechtsschutz nicht zu erlangen ist.[37] Da es um die Anwendung einer Norm auf einen konkreten Sachverhalt geht, handelt es sich selbst im Falle von Parlamentsgesetzen um eine nichtverfassungsrechtliche Streitigkeit i. S. d. § 40 Abs. 1 S. 1 VwGO (→ § 25 Rn. 77 ff.). Die Art. 263 AEUV, Art. 93 Abs. 1 Nr. 4a, 4b GG und § 47 VwGO entfalten schon deshalb keine Sperrwirkung, weil es bei der Feststellungsklage nicht um eine prinzipale Normenkontrolle geht, sondern die Rechtmäßigkeit der Norm nur als Vorfrage zu prüfen ist (vgl. auch → Rn. 1). Zur Frage, ob der Normgeber oder die mit der Anwendung der Norm befasste Stelle an dem Rechtsverhältnis beteiligt ist vgl. → Rn. 67. Wird der Erlass eines Parlamentsgesetzes begehrt, liegt eine verfassungsrechtliche Streitigkeit vor (→ § 25 Rn. 81). Dagegen ist eine verwaltungsrechtliche Streitigkeit gegeben, wenn ein Anspruch auf Erlass einer untergesetzlichen Norm geltend gemacht wird. In solchen Fällen stellt sich nur die Frage, ob die Feststellungsklage gegenüber der Leistungsklage subsidiär ist (→ § 29 Rn. 3 f.).

**Lösung zu Fall 2:** Der Rechtsweg zu der Verwaltungsgerichtsbarkeit ist gemäß § 40 Abs. 1 S. 1 VwGO eröffnet.[38] Da es nicht um die Feststellung der Gültigkeit oder Ungültigkeit einer Norm, sondern um die Anwendung der Norm auf B geht, entfaltet § 47 VwGO keine Sperrwirkung. Dass das Recht zur Verweigerung der Zahlung des Mindestlohns nur gegenüber den Arbeitnehmern bestünde, schließt das Bestehen eines öffentlich-rechtlichen Rechtsverhältnisses zum Normanwender oder Normgeber nicht aus.[39] Die Subsidiaritätsklausel des § 43 Abs. 2 VwGO steht der Zulässigkeit der Feststellungsklage nicht entgegen. Zwar kann der Arbeitgeber in einem arbeitsgerichtlichen Rechtsstreit inzident die Rechtmäßigkeit der Allgemeinverbindlichkeitserklärung u. U. überprüfen lassen. Doch setzt dies zunächst voraus, dass sich ein streitbarer Arbeitnehmer findet. Zudem ist der Verwaltungsrechtsstreit rechtsschutzintensiver, weil er einer Vielzahl von möglichen Rechtsstreitigkeiten entgegen wirkt.[40] Zur Frage, wer richtiger Klagegegner ist, vgl. Fortsetzung Fall 2 → Rn. 66 und Lösung → Rn. 68. 14

**Außen- und Innenrechtsbeziehungen:** Unerheblich für das Vorliegen eines Rechtsverhältnisses ist, ob es sich um Außenrechtsverhältnisse (zwischen Staat und Bürger bzw. verschiedenen Verwaltungsträgern) oder um verwaltungsrechtliche Innenrechtsverhältnisse handelt. Da die Verwaltungsträger rechtlich untergliederte juristische Personen oder teilrechtsfähige Rechtssubjekte sind, gibt es auch **intrapersonale Streitigkeiten** (→ *Schoch* § 33) zwischen verwaltungsrechtlichen Innenrechtssubjekten (Organen, Organwaltern, Ämtern oder Amtswaltern), die zum Gegenstand einer Feststellungsklage gemacht werden können.[41] Soweit keine wehrfähige Innenrechtsposition besteht (wie im Verhältnis von weisungsunterworfenen Amtswaltern zu ihren Vorgesetzten), fehlt die Beteiligungsfähigkeit (→ § 25 Rn. 193) und gegebenenfalls auch die Klagebefugnis (→ Rn. 62) oder das berechtigte Feststellungsinteresse (→ Rn. 46).[42] Ausnahmsweise kommen auch öffentlichrechtliche Beziehungen zwischen Privaten in Betracht.[43] 15

---

[37] Zur Frage, ob Art. 19 Abs. 4 S. 1 GG den Rechtsweg gegen Parlamentsgesetze umfasst, vgl. bejahend *Schenke* NJW 2017, 1062 (1065 ff.); *Huber* in: v. Mangoldt/Klein/Starck, GG, Art. 19 Rn. 435; verneinend (nur Rechtsschutz gegen die vollziehende Gewalt) *Möstl* in: Posser/Wolff, VwGO, § 43 Rn. 29; *Glaser* in: Gärditz, VwGO, § 43 Rn. 22. Greift § 47 VwGO nicht ein, könnte eine Verfassungsbeschwerde in Betracht kommen, doch ist diese gegenüber der Feststellungsklage subsidiär (→ Rn. 39).

[38] Vgl. BVerwG NVwZ-RR 2015, 69.

[39] Vgl. BVerwGE 136, 54 = NVwZ 2010, 1300 → *Ehlers* JK 3/11, GG Art. 9 III/14 und → *Hufen* JuS 2011, 668.

[40] Vgl. zum Ganzen *Krumm* DVBl 2011, 1008 (1013).

[41] Allgemeine Auffassung: vgl. *Happ* in: Eyermann, VwGO, § 43 Rn. 14; *W.-R. Schenke* in: Kopp/Schenke, VwGO, § 43 Rn. 10.

[42] Dagegen soll nach *Schenke* Verwaltungsprozessrecht, Rn. 390, kein feststellungsfähiges Rechtsverhältnis gegeben sein.

[43] Vgl. *Ehlers/Schneider* in: Schoch/Schneider, VwGO, § 40 Rn. 285.

16 **Inhalt der Beziehungen:** Inhalt der zwischen Rechtssubjekten bestehenden Beziehungen sind Rechte und Pflichten (oder Obliegenheiten).[44] Die Pflichten (oder Obliegenheiten) sind stets die Kehrseite subjektiver Berechtigungen, sei es von privaten Personen oder den Trägern von Staatsgewalt. Auch unverbindliche behördliche Äußerungen können Rechte verletzen und daher ein Rechtsverhältnis begründen.[45] Feststellungsfähig sind auch (und gerade) **Teile** umfassender **Rechtsbeziehungen.** So sind bei einem aus einem Bündel von Rechten und Pflichten bestehenden Rechtsverhältnis im weiteren Sinne (→ Rn. 5) oftmals nur einzelne Rechtsbeziehungen im Streit: z. B. nicht alle Pflichten eines Beamten, sondern nur die Pflicht zur Tragung einer Dienstkleidung.[46] Eine **einzelne Rechtsbeziehung** stellt ein Rechtsverhältnis (im engeren Sinne) dar.[47] Als nicht feststellungsfähig angesehen werden dagegen häufig bloße **Elemente,** Tatbestandsmerkmale oder Vorfragen eines Rechtsverhältnisses:[48] wie z. B. die Eigenschaften einer Person (etwa die gewerberechtliche Zuverlässigkeit)[49] oder einer Sache[50] (etwa die Bebaubarkeit eines Grundstücks).[51] Dies ist insofern zutreffend, als es auf Beziehungen und nicht auf isolierte Elemente, Tatbestandsmerkmale oder Eigenschaften ankommt. Doch kann der Klageantrag in aller Regel in einen zulässigen Feststellungsantrag umformuliert werden. So bleibt es dem Kläger unbenommen, statt auf Feststellung der gewerberechtlichen Zuverlässigkeit oder des Vorliegens eines Bebauungsgrundstückes die Feststellung zu begehren, dass sich der Kläger gewerblich betätigen respektive sein Grundstück bebauen darf. Inwieweit die sich aus einer rechtlichen Regelung ergebenden Beziehungen aufgesplittert werden dürfen, ist oft eine Frage, die das berechtigte Feststellungsinteresse (→ Rn. 46), und unter Umständen auch die Klagebefugnis (→ Rn. 62), aber nicht das Rechtsverhältnis betrifft.[52] Kann der Kläger ein Mehr an Rechtsschutz durch eine gebotene Ausweitung des Feststellungsantrags erlangen, muss er sich darauf verweisen lassen. Im Falle wiederkehrender Leistungspflichten ist es zulässig, die Feststellung lediglich auf den (allein) streitigen Grund des Anspruchs zu beziehen.[53]

17 **Gestufte Rechtsverhältnisse:** Bestehen mehrere Rechtsverhältnisse, kommt es darauf an, in welchem Verhältnis diese zueinander stehen. Wird ein Rechtsverhältnis durch eine vom Kläger nicht akzeptierte rechtsgeschäftliche Willenserklärung begründet, stellt sich die Frage, ob der Kläger auch auf das **vor- oder nachgelagerte Rechtsverhältnis** zurückgreifen darf. Dies wäre etwa der Fall, wenn der an ihn adressierte belastende Verwaltungsakt nicht angefochten wird, sondern der Kläger die Feststellung begehrt, dass der Verwaltungsakt ihm gegenüber nach der Gesetzeslage nicht hätte erlassen werden dürfen (vorgelagertes Rechtsverhältnis) respektive, dass dem als rechtswidrig angesehenen Verwaltungsakt keine Folge geleistet werden muss (nachgelagertes Rechtsverhältnis). Indessen bestimmt ein Verwaltungsakt, solange er Bestand hat und nicht nichtig ist, allein, was rechtens ist, so dass kein Raum für ein Zurückgreifen auf das dem Verwaltungsakt vorgelagerte Rechtsverhältnis bleibt.[54] Wenn sich ein noch nicht bestandskräftig gewordener Verwaltungsakt erledigt hat, ist Fortsetzungsfeststellungsklage zu erheben, vgl. → § 31 Rn. 6 ff., 26 ff. Dem Abstellen auf das nachgelagerte Rechtsverhältnis steht die Subsidiaritätsklausel des § 43 Abs. 2 S. 1 VwGO entgegen (vgl. auch → § 31 Rn. 32). Richtet sich die Feststellungsklage gegen einen In-

---

[44] Zum Begriff vgl. *Grüneberg* in: Palandt, BGB (Fn. 20), Einl v. § 241 Rn. 13.
[45] *Happ* in: Eyermann, VwGO, § 43 Rn. 17.
[46] Vgl. BVerwGE 67, 222 (228) = NJW 1983, 2589.
[47] *Sodan* in: Sodan/Ziekow, VwGO, § 43 Rn. 27.
[48] BVerwGE 136, 75 Rn. 32 = NZA 2010, 1137 (dazu Fall 2 → Rn. 10 und Lösung → Rn. 14).
[49] Vgl. *Pietzcker* in: Schoch/Schneider, VwGO, § 43 Rn. 16.
[50] Näher dazu (mit Relativierungen) *Sodan* in: Sodan/Ziekow, VwGO, § 43 Rn. 28 ff.; krit. *Pietzcker* in: Schoch/Schneider, VwGO, § 43 Rn. 16.
[51] Vgl. BVerwG BRS 32 Nr. 149; *Geis/Schmidt* JuS 2012, 599 (600).
[52] Ebenso *Pietzcker* in: Schoch/Schneider, VwGO, § 43 Rn. 16.
[53] *Happ* in: Eyermann, VwGO, § 43 Rn. 20.
[54] Vgl. *Siemer* Normenkontrolle durch Feststellungsklage?, 1971, S. 44; *Erichsen* Verwaltungsrecht und Verwaltungsgerichtsbarkeit I, 2. Aufl. 1984, S. 141.

nenrechtsakt (z. B. den Ausschluss eines Ratsmitglieds von künftigen Ratssitzungen), dürfte im Ergebnis nichts anderes gelten, weil Leistungsklage erhoben werden kann. Doch lässt die Rechtsprechung in solchen Fällen stattdessen auch die Feststellungsklage zu.[55] Hat sich ein Innenrechtsakt erledigt und soll dessen Rechtswidrigkeit festgestellt werden, ist nach der hier vertretenen, aber nicht herrschenden Meinung § 113 Abs. 1 S. 4 VwGO entsprechend heranzuziehen (→ § 31 Rn. 51).

**Auslegung des Klageantrags:** Ist der gestellte Antrag wegen Fehlens eines Rechtsverhältnisses nicht statthaft, bedeutet dies noch nicht, dass die Klage unzulässig ist. Vielmehr kann im Rahmen des § 88 VwGO eine Auslegung oder Umdeutung in Betracht kommen. Auch ist das VG gemäß **§ 86 Abs. 3 VwGO** verpflichtet, auf die Stellung sachdienlicher Anträge hinzuwirken. Wird etwa die Feststellung der Nichtigkeit eines Vertrages beantragt, ist es Sache des Vorsitzenden darauf hinzuweisen, dass nur die Feststellung begehrt werden kann, der Kläger werde durch den Vertrag nicht verpflichtet. 18

**b) Entbehrlichkeit weiterer Begriffsmerkmale.** Nach einer in Rechtsprechung und Literatur häufig vertretenen Auffassung reicht es für die Bejahung eines Rechtsverhältnisses nicht aus, auf das Vorliegen sich aus einer rechtlichen Regelung ergebenden rechtlichen Beziehung abzustellen. Vielmehr soll es **weiterer Voraussetzungen** bedürfen (→ Rn. 5). 19

**aa) Vorliegen öffentlich-rechtlicher Beziehungen.** Soweit verlangt wird, dass sich die rechtlichen Beziehungen aus öffentlich-rechtlichen Regelungen (Normen) ergeben müssen[56] respektive nur öffentlich-rechtliche Rechtsverhältnisse nichtverfassungsrechtlicher Art in Betracht kommen,[57] ist dies zwar im Ergebnis (im Falle des Fehlens anderweitiger aufdrängender Sonderzuweisungsnormen) zutreffend. Doch ergibt sich das Erfordernis nicht aus § 43 Abs. 1 VwGO, sondern bereits aus **§ 40 Abs. 1 S. 1 VwGO** (→ § 25 Rn. 91 ff.). 20

**bb) Vorliegen eines Meinungsstreits.** Nach Ansicht des BVerwG setzt ein feststellungsfähiges Rechtsverhältnis ferner einen Meinungsstreit zwischen den Beteiligten über Rechte oder Pflichten voraus.[58] Indessen handelt es sich nicht um eine erstmals zu prüfende Zulässigkeitsvoraussetzung. Fehlt es an einem Meinungsstreit (d. h. dem Verlangen einer Partei, ein bestimmtes Tun oder Unterlassen von der anderen Seite verlangen zu können),[59] liegt schon keine Streitigkeit i. S. d. **§ 40 Abs. 1 S. 1 VwGO** vor (→ § 25 Rn. 64). Außerdem würde es dem Kläger am berechtigten Feststellungsinteresse fehlen.[60] 21

**cc) Vorliegen eines konkreten Sachverhalts**

**Fall 3:** Handwerksmeister C streitet seit Jahren mit der Handwerkskammer darüber, ob die in einer Verordnung festgesetzten Lehrzeiten durch Vereinbarung mit Lehrlingen in dem der Handwerkskammer zur Einreichung in die Lehrlingsrolle einzureichenden Lehrvertrag verlängert werden dürfen. Er beantragt vor dem VG die Feststellung dieser Berechtigung. 22

Nahezu einhellig wird darauf hingewiesen, dass die rechtlichen Beziehungen einen bestimmten oder konkreten Sachverhalt betreffen müssen.[61] Dadurch soll verhindert werden, 23

---

55 Allgemein zum Verhältnis von Feststellungs- und Leistungsklage auch → § 29 Rn. 2.

56 BVerwGE 89, 327 (329) = LMMR 1992, 4; NVwZ-RR 2005, 711.

57 *v. Nikolai* in: Redeker/v. Oertzen, VwGO, § 43 Rn. 11.

58 Vgl. BVerwGE 16, 92 (93) = VerwRspr 1964, 106 (107); E 38, 346 (347) = VerwRspr 1972, 948 (949); E 100, 262 (265) = NJW 1996, 2046; E 136, 54 Rn. 24 = NVwZ 2010, 1300; NVwZ 2014, 1666 (1668); *Kunig* Jura 1997, 326 (327); *Schmitt Glaeser/Horn* Verwaltungsprozessrecht, Rn. 329.

59 Vgl. *Wysk* in: Wysk, VwGO, § 43 Rn. 10; *Glaser* in: Gärditz, VwGO, § 43 Rn. 40.

60 Vgl. auch *Happ* in: Eyermann, VwGO, § 43 Rn. 25; *Sodan* in: Sodan/Ziekow, VwGO, § 43 Rn. 55.

61 Vgl. BVerwGE 14, 235 (236) = NJW 1962, 1690; E 77, 207 (211) = NVwZ 1988, 430 (431); NVwZ 1990, 1173 (1174); NVwZ 2018, 1476 Rn. 53; OVG SH Urt. v. 21.2.2019 – 3 LB 7/16, BeckRS 2019, 18299; *Pietzcker* in: Schoch/Schneider, VwGO, § 43 Rn. 17; *Glaser* in: Gärditz, VwGO, § 43 Rn. 36; *Schenke* Verwaltungsprozessrecht, Rn. 382.

dass bloße abstrakte Rechtsfragen aufgrund eines nur erdachten oder eines solchen Sachverhalts zum Gegenstand einer Feststellungsklage gemacht werden, dessen Eintritt noch ungewiss ist. Die Feststellungsklage sei keine allgemeine Auskunftsklage über die Rechtslage ohne konkreten Anlass.[62] Auch dieser Ansicht ist zwar im Ergebnis zuzustimmen. Doch setzt schon der **Begriff der rechtlichen Beziehungen** einen hinreichend konkreten Sachverhalt (respektive eine konkret festzustellende Rechtserheblichkeit) voraus.[63] So liegt mit der Verwirklichung der Tatbestandsmerkmale einer Rechtsnorm oder nach dem Vorliegen eines Rechtsgeschäfts (etwa dem Erlass eines Verwaltungsakts oder dem Abschluss eines öffentlich-rechtlichen Vertrages) die geforderte Konkretisierung bereits vor. Nichts anderes gilt, wenn der Kläger geltend macht, dass eine Regelung auf ihn nicht angewendet werden darf. Im Übrigen scheitert die Klärung abstrakter Rechtsfragen zumeist bereits am Fehlen einer Streitigkeit (→ § 25 Rn. 64), jedenfalls aber am berechtigten Feststellungsinteresse (→ Rn. 52).[64] Lässt sich die Möglichkeit einer persönlichen rechtlichen Betroffenheit nicht ausschließen, dürfte dies für den erforderlichen Konkretisierungsgrad ausreichen. Dagegen soll nach Ansicht des Bundesverwaltungsgerichts die Feststellungsklage als Klageart nicht in Betracht kommen, wenn nicht zur Überzeugung des Gerichts festgestellt werden kann, dass der Kläger mit der Regelung tatsächlich erfasst wird.[65] Begründet wird dies damit, dass Popularklagen verhindert werden sollen. Indessen ist dies eine Frage der Klagebefugnis. Falls auch diese zu bejahen sein sollte, ist im Rahmen der Begründetheitsprüfung zu klären, ob eine rechtliche Beziehung tatsächlich besteht oder nicht. Widersprüchlich ist es, wenn man nur konkrete Rechtsbeziehungen als Rechtsverhältnis qualifiziert und für die Zulässigkeit einer Feststellungsklage außerdem eine Konkretisierung des Rechtsverhältnisses fordert. Geht man von letzterem aus,[66] kann die Konkretisierung keine Frage des Bestehens eines Rechtsverhältnisses sein.

24 **Lösung zu Fall 3:** Da es um die Berechtigung der eine Körperschaft des öffentlichen Rechts darstellenden Handwerkskammer geht (§ 90 Abs. 1 HwO), die Eintragung in die Lehrlingsrolle zu versagen, ist gemäß § 40 Abs. 1 S. 1 VwGO der Verwaltungsrechtsweg eröffnet. Das BVerwG prüft, ob die Feststellungsklage deshalb unzulässig ist, weil nur die Klärung einer abstrakten Rechtsfrage aufgrund eines nur erdachten oder eines solchen Sachverhalts erreicht werden soll, dessen Eintritt noch ungewiss ist. Dies wird verneint, weil angesichts der jahrelangen Streitigkeiten vom Vorliegen eines konkreten Rechtsverhältnisses ausgegangen werden müsse.[67] Nach der hier vertretenen Auffassung betrifft die Prüfung das berechtigte Feststellungsinteresse. Ein solches Interesse ist wegen des andauernden Streits und des Umstands, dass C auch künftig verlängerte Lehrverträge abschließen will, anzunehmen. Die Subsidiaritätsklausel des § 43 Abs. 2 S. 1 VwGO kommt trotz der Möglichkeit, Verpflichtungsklage zwecks Eintragung in die Lehrlingsrolle zu erheben, nicht zum Zuge, weil C eine generelle Klärung und nicht nur die Regelung eines Einzelfalls anstrebt.

25 **dd) Vorliegen subjektiver Berechtigungen.** Des Weiteren wird darauf hingewiesen, dass Rechtsverhältnisse subjektive Rechte und Pflichten (oder Obliegenheiten) voraussetzen müssen.[68] Jedoch wird dadurch nur der **Begriff der rechtlichen Beziehung**en präzi-

[62] Vgl. BVerwGE 100, 262 = NJW 1996, 2046 Rn. 17 (Unzulässigkeit einer allgemeinen verwaltungsgerichtlichen Überprüfung des kommunalen Mietspiegels; dazu auch Fall 1 → Rn. 7 und Lösung → Rn. 9; *Hufen* Verwaltungsprozessrecht, § 18 Rn. 11.

[63] Vgl. auch *Happ* in: Eyermann, VwGO, § 43 Rn. 12.

[64] Vgl. auch *Siemer* Normenkontrolle (Fn. 54), S. 34 f.

[65] BVerwGE 149, 359 = NVwZ 2014, 1666 → *Hufen* JuS 2015, 670; krit. *Gärditz* JZ 2014, 998; vgl. auch BVerwG NVwZ 2017, 1546 Rn. 12, 18 ff.

[66] Vgl. BVerwGE 12, 261 (262) = NJW 1961, 1989; krit. zur Konkretheit des Rechtsverhältnisses auch *Erichsen* JK 96, VwGO § 43/9.

[67] Vgl. BVerwG NJW 1962, 1690.

[68] Vgl. *Sodan* in: Sodan/Ziekow, VwGO, § 43 Rn. 9 ff.; *Schenke* Verwaltungsprozessrecht, Rn. 380.

siert, da Gegenstand rechtlicher Beziehungen (i. d. R.) subjektive Rechte (Ansprüche) und korrespondierend dazu (→ Rn. 16) Pflichten (oder Obliegenheiten) zwischen Rechtssubjekten (auch staatlicher Provenienz oder des Innenrechts → § 25 Rn. 68f., 193) sind.[69] Zudem ist ein Rechtsschutzsuchender, der einen Feststellungsantrag gestellt hat, nur klagebefugt, wenn er sich auf ein subjektives Recht berufen kann (→ Rn. 62). Anderes gilt, wenn § 42 Abs. 2 Hs. 1 VwGO eingreift (anderweitige gesetzliche Bestimmungen). In solchen Fällen müssen zwar ebenso Rechtsbeziehungen zwischen Kläger und Beklagten bestehen. Doch geht es dann um das Recht der nicht subjektiv-rechtlich unterfangenen Interessenvertretung gegenüber dem Beklagten (zur Verbandsklage vgl. → Rn. 65).

#### ee) Vorliegen rechtlicher Beziehungen zwischen Kläger und Beklagten

**Fall 4:** Die beklagte Stadt X hat dem Beigeladenen in einem Subventionsvertrag ein zinsloses Darlehen für den Bau und den Betrieb eines Hotels gewährt. D, der ein konkurrierendes Hotel betreibt, begehrt vor dem VG die Feststellung, dass der Vertrag unwirksam ist. 26

Der Begriff des Rechtsverhältnisses sagt noch nichts darüber aus, welche Personen an dem Rechtsverhältnis beteiligt sein müssen. Die Rechtsprechung nimmt einerseits an, dass der Kläger nicht unmittelbar selbst an dem streitigen Rechtsverhältnis beteiligt sein muss.[70] Das Rechtsverhältnis könne auch zwischen dem Beklagten und einem **Dritte**n bestehen.[71] Die Einbeziehung des Dritten kann über die Beiladung gemäß § 65 VwGO erfolgen (→ § 25 Rn. 177f.). Andererseits soll nur ein (konkretisiertes) Rechtsverhältnis zwischen Kläger und Beklagtem zum Gegenstand einer Feststellungsklage gemacht werden können.[72] Letzteres ist insofern zutreffend, als das Feststellungsinteresse gerade gegenüber dem Beklagten bestehen und der Kläger diesem gegenüber eine Klagebefugnis besitzen muss. Ferner müssen von dem festzustellenden Rechtsverhältnis eigene Rechte des Klägers abhängen. Schließlich kann nur derjenige richtiger Klagegegner einer Feststellungsklage sein, demgegenüber das behauptete Rechtsverhältnis besteht. Doch handelt es sich hierbei nicht um Anforderungen, die sich aus dem Begriff des Rechtsverhältnisses, sondern aus den besonderen Sachentscheidungsvoraussetzungen der Feststellungsklage ergeben.[73] 27

**Lösung zu Fall 4:** Gegenstand einer Feststellungsklage kann auch ein Rechtsverhältnis zwischen dem Beklagten und einem Dritten sein. Da die Subvention bereits vergeben wurde und damit eine allgemeine Leistungsklage in Gestalt einer Unterlassungsklage ausscheidet, greift auch die Subsidiaritätsklausel des § 43 Abs. 2 S. 1 VwGO nicht ein. Ein berechtigtes Feststellungsinteresse ist (jedenfalls deshalb) gegeben, weil die wirtschaftlichen Interessen des in einem Konkurrenzverhältnis zum Beigeladenen stehenden D berührt werden und ein Feststellungsinteresse gerade gegenüber der Beklagten besteht. D ist ferner klagebefugt, weil er geltend machen kann, dass das zwischen dem Beklagten und dem Beigeladenen bestehende Rechtsverhältnis seine Rechte be- 28

---

[69] Vgl. auch *Remmert* in: Ehlers/Pünder, AllgVwR, § 18 Rn. 7.

[70] BVerwGE 39, 247 (248) (insoweit nicht abgedruckt in: NJW 1972, 784); vgl. auch BVerwG NJW 1970, 2260; E 50, 60 (62) = VerwRspr 1976, 1002 (1004); NJW 1997, 3257f.; E 117, 93 (116) = NVwZ 2003, 605 (611).

[71] Vgl. BVerwGE 156, 199 Rn. 13 = EuZW 2017, 355; OVG NW NVwZ 1984, 522 (523); DVBl 1993, 60 (61); VGH BW VBlBW 1998, 101 (103); *Glaser* in: Gärditz, VwGO, § 43 Rn. 58; *Schübel-Pfister* JuS 2018, 441 (442).

[72] Vgl. BVerwGE 124, 47 = ZUR 2005, 601 → *Ehlers* JK 6/06, EG RL 2003/87/EG/1 und → JuS 2006, 280 *(Murswiek)* sowie → JA 2006, 182 *(Holtwisch)*.

[73] *Schenke* Verwaltungsprozessrecht, Rn. 409, folgert dies aus dem Telos der Feststellungsklage (Beschränkung der Rechtskraftwirkung auf die Prozessbeteiligten, so dass das Bestehen oder Nichtbestehen des Rechtsverhältnisses die Prozessbeteiligten entweder unmittelbar als Beteiligte dieses Rechtsverhältnisses berührt oder zumindest präjudizielle Bedeutung für ein zwischen ihnen bestehendes Rechtsverhältnis besitzen muss).

rührt. Zum einen kann sich D auf § 58 Abs. 1 VwVfG (wonach ein öffentlichrechtlicher Vertrag, der in Rechte eines Dritten eingreift, erst wirksam wird, wenn der Dritte schriftlich zustimmt), zum anderen auf Art. 12 Abs. 1 GG berufen. Zu Recht hat deshalb auch das OVG NWdie Klage für zulässig erachtet.[74]

29 **ff) Zeitlicher Bezug des Rechtsverhältnisses.** Bei den Rechtsverhältnissen i. S. d. § 43 Abs. 1 VwGO kann es sich nicht nur um gegenwärtige, sondern auch um vergangene[75] oder zukünftige[76] handeln. In Rechtsprechung und Literatur wird die Überprüfungsfähigkeit **vergangener** oder **zukünftiger Rechtsverhältnisse** zum Teil begrenzt. So sollen vergangene Rechtsverhältnisse (die sich zum Zeitpunkt der gerichtlichen Entscheidung erledigt haben) nur Gegenstand einer Feststellungsklage sein können, wenn sie andauernde Wirkungen entfalten.[77] Zukünftige Rechtsverhältnisse, die sich aus einem künftigen oder noch nicht abgeschlossenen Sachverhalt ergeben, sollen zumindest „übersehbar" sein.[78] Dies wird aus dem Erfordernis der Konkretheit des Rechtsverhältnisses gefolgert.[79] Indessen ist schon ausgeführt worden, dass es sich hierbei nicht um ein Merkmal des Rechtsverhältnisses handelt. Ob vergangene oder zukünftige Rechtsverhältnisse feststellungsfähig sind, beurteilt sich daher nach anderen Sachentscheidungsvoraussetzungen, nämlich nach der Subsidiaritätsklausel, dem berechtigten Feststellungsinteresse und gegebenenfalls auch der Klagebefugnis (→ Rn. 36, 46 ff., 62, 65).

30 **c) Unterscheidung zwischen Bestehen und Nichtbestehen eines Rechtsverhältnisses.** Nach § 43 Abs. 1 VwGO kann sowohl die Feststellung des Bestehens als auch des Nichtbestehens eines Rechtsverhältnisses begehrt werden. Im ersten Fall lässt sich von einer **positiven,** im zweiten von einer **negativen Feststellungsklage** sprechen. Abzustellen ist jeweils auf den Kläger. Zwar handelt es sich bei dieser Unterscheidung nur um verschiedenartige Sichtweisen in Bezug auf dasselbe Problem.[80] Ist ein Rechtsverhältnis im Streit, wird jeweils ein Beteiligter das Bestehen, ein anderer das Nichtbestehen behaupten. Doch ist die Unterscheidung von positiver und negativer Feststellungsklage für die **Beweislastverteilung** von Bedeutung (→ § 24 Rn. 7).[81] Das Verwaltungsprozessrecht kennt zwar wegen des Untersuchungsgrundsatzes (§ 86 Abs. 1 VwGO) keine Beweisführungslast.[82] Es ist Aufgabe des Gerichts, den Sachverhalt zu ermitteln. Bleibt eine Tatfrage jedoch unaufklärbar (non liquet) und enthält das materielle Recht keine Verteilungsanordnung, muss nach allgemeinen, prinzipiell auch im Verwaltungsprozessrecht geltenden Grundsätzen[83] jede Partei diejenigen Tatsachen beweisen, aus denen sich ihr Recht herleitet (Günstigkeitsprinzip). Die Nichterweislichkeit von Tatsachen, aus denen eine Partei ihr günstige Rechtsfolgen herleitet, geht zu ihren Lasten.[84] Der „Anspruchsteller" trägt somit die Beweislast für die ihn günstigen rechtsbegründenden Tatsachen,[85] der „Anspruchsgegner" für die günstigen rechtshindernden, rechtsver-

[74] OVG NW NVwZ 1984, 522 f.
[75] BVerwGE 92, 172 (174) = NJW 1994, 2430; E 129, 199 Rn. 21 = NVwZ 2007, 1428; E 149, 359 Rn. 20 = NVwZ 2014, 1666 → *Hufen* JuS 2015, 670.
[76] *Sodan* in: Sodan/Ziekow, VwGO, § 43 Rn. 20 ff.; *Terhechte* in: Fehling/Kastner/Störmer, VwR, § 43 VwGO Rn. 48; *Möstl* in: Posser/Wolff, VwGO, § 43 Rn. 8.
[77] Vgl. BVerwGE 2, 229 (230) = NJW 1956, 36; BVerwGE 61, 164, (169) = BeckRS 1980 30424776.
[78] Vgl. BVerwGE 124, 47 (54) = NVwZ 2005, 1178 (1180) → JuS 2006, 280 *(Murswiek)* und → JA 2006, 182 *(Holtwisch)*.
[79] Vgl. OVG NW NWVBl 2018, 35 (36); *Pietzcker* in: Schoch/Schneider, VwGO, § 43 Rn. 21; *Terhechte* in: Fehling/Kastner/Störmer, VwR, § 43 VwGO Rn. 48.
[80] *Sodan* in: Sodan/Ziekow, VwGO, § 43 Rn 45.
[81] Vgl. zum Folgenden BGH NJW 1993, 1716 (1717); *Schmitt Glaeser/Horn* Verwaltungsprozessrecht, Rn. 327; *Würtenberger/Heckmann* Verwaltungsprozessrecht, Rn. 462; *Greger* in: Zöller, ZPO, § 256 Rn. 18; a. A. *Pietzcker* in: Schoch/Schneider, VwGO, § 43 Rn. 6.
[82] Vgl. statt vieler *Kraft* in: Eyermann, VwGO, § 108 Rn. 50.
[83] Vgl. BVerwGE 18, 168 (170 f.) = VerwRspr 1966, 120 (122 f.); E 47, 330 (339) = NJW 1975, 1135 (1138); E 78, 367 (370) = NVwZ 1988, 434 (435); E 80, 290 (296 f.) = NVwZ 1989, 370 (372).
[84] BVerwGE 3, 110 (115) = ZBR 1956, 127; E 109, 174 (179 f.) = NVwZ 2000, 81 (83).
[85] Vgl. BGHZ 113, 222 (225) = NJW 1991, 1052 (1053).

nichtenden oder rechtshemmenden Tatsachen.[86] Demgemäß muss der Kläger in solchen Fällen bei einer positiven Feststellungsklage die tatsächlichen Voraussetzungen des behaupteten Bestehens eines Rechtsverhältnisses beweisen. Dagegen trägt bei einer negativen Feststellungsklage der Beklagte die Beweislast für das Bestehen des von ihm behaupteten Rechtsverhältnisses. Bleibt unklar, ob das Rechtsverhältnis besteht, dessen sich der Feststellungsbeklagte berühmt,[87] muss einer auf Negation gerichteten Feststellungsklage stattgegeben werden.

### 2. Nichtigkeit eines Verwaltungsaktes

Obwohl ein nichtiger Verwaltungsakt keine innere Wirksamkeit (d.h. keine Regelungs- 31
wirkungen) entfaltet, kann er einen **Rechtsschein** erzeugen. Um dem entgegentreten zu können, muss es gemäß Art. 19 Abs. 4 S. 1 GG, § 40 Abs. 1 S. 1 VwGO einen Gerichtsschutz auch gegen nichtige Verwaltungsakte geben. Mit einer auf Feststellung des Nichtbestehens eines Rechtsverhältnisses gerichteten negativen Feststellungsklage kann die Feststellung der Nichtigkeit eines Verwaltungsakts nicht erreicht werden, weil der Verwaltungsakt selbst kein Rechtsverhältnis darstellt (→ Rn. 12). Möglich wäre nur die Feststellung, dass der Verwaltungsakt kein Rechtsverhältnis (z.B. keine Pflichten des Klägers) begründet hat. Doch lässt **§ 43 Abs. 1 Alt. 2 VwGO** – wohl nicht zuletzt wegen der plastischeren Tenorierung[88] – ausdrücklich auch die Feststellung der Nichtigkeit eines Verwaltungsakts als Sonderfall neben der Feststellung von Rechtsverhältnissen zu. Ob es ein Bedürfnis für die Aufhebung nichtiger Akte im Allgemeinen gibt,[89] kann dahinstehen, da sich jedenfalls aus einem Gegenschluss zu § 43 Abs. 2 S. 2 VwGO ergibt, dass die Verwaltungsgerichtsordnung auch eine **Anfechtungsklage** gegen nichtige Verwaltungsakte zulässt. Damit soll vermieden werden, dass der Kläger bei der Wahl der Klageart mit dem Risiko einer falschen Prognose der **Fehlerfolge** (Rechtswidrigkeit oder Nichtigkeit des Verwaltungsakts) belastet wird. Tatsächlich bedeutet dies, dass der Kläger ein **Wahlrecht** hat. Die Subsidiaritätsklausel des § 43 Abs. 2 S. 1 VwGO kommt nicht zum Zuge (→ Rn. 43). In der Regel dürfte die Anfechtungsklage (→ § 27 Rn. 1) vorzuziehen sein. So ist die Feststellungsklage zwar nicht unzulässig,[90] im Gegensatz zur Anfechtungsklage wohl aber unbegründet,[91] wenn sich herausstellt, dass der Verwaltungsakt nur rechtswidrig (und nicht nichtig) war. Des Weiteren handelt es sich bei der Anfechtungsklage auch im Falle der Nichtigkeit des Verwaltungsakts (wegen der Vernichtung des Rechtscheins) um eine Gestaltungsklage.[92] Wird der Verwaltungsakt aufgehoben, hat dies allgemeine Wirkung und nicht nur (wie bei der Feststellungsklage) für die Beteiligten. Auch ist in der Anfechtungsklage bei Auslegung des Klagebegehrens als Minus ein Feststellungsantrag enthalten (so dass der Kläger jederzeit Feststellung statt Anfechtung begehren kann). Dagegen lässt sich ein auf Nichtigkeitsfeststellung gerichteter Klageantrag nicht in einen weitergehenden, auf Gestaltung der Rechtslage abzielenden Anfechtungsantrag umdeuten (→ § 27 Rn. 22).[93] Schließlich kommt hinzu, dass das der Anfechtungsklage oftmals vorgelagerte Widerspruchsverfahren eine Klage ent-

---

[86] Vgl. auch *Unger* in: Gärditz, VwGO, § 108 Rn. 33; *Darwin* in: Schoch/Schneider, VwGO, § 108 Rn. 96.

[87] Im Hinblick auf das Berühmen bleibt die Beweislast des Klägers bestehen, vgl. BGH NJW 1993, 1716 (1717).

[88] Vgl. *Happ* in: Eyermann, VwGO, § 43 Rn. 27.

[89] Vgl. *Ehlers* NVwZ 1990, 105 (108).

[90] So aber *Hufen* Verwaltungsprozessrecht, § 18 Rn. 28, wonach eine Nichtigkeitsfeststellungsklage gegen rechtswidrige Verwaltungsakte an der Subsidiarität des § 43 Abs. 2 S. 1 VwGO scheitern soll.

[91] *Kunig* Jura 1997, 326 (328); *Wolff* in: Wolff/Decker, VwGO/VwVfG, § 43 Rn. 44; *Schenke* Verwaltungsprozessrecht, Rn. 413.

[92] BVerwGE 18, 154 (155) = VerwRspr 1964, 938 (939); *Schnapp* DVBl 2000, 247 (249); *Bosch/Schmidt/Vondung* Einführung in die Praxis des verwaltungsgerichtlichen Verfahrens, Rn. 417; *Lorenz* Verwaltungsprozeßrecht, § 17 Rn. 14 und § 22 Rn. 34; *Stern/Blanke* Verwaltungsprozessrecht, Rn. 330; a. A. *Pietzcker* in: Schoch/Schneider, VwGO, § 42 Abs. 1 Rn. 18 und § 43 Rn. 27; *Sodan* in: Sodan/Ziekow, VwGO, § 43 Rn. 68 (wonach der Kläger auf einen entsprechenden Hinweis des Gerichtsvorsitzenden nach § 86 Abs. 3 VwGO zur Nichtigkeitsfeststellungsklage übergehen muss); *Hufen* Verwaltungsprozessrecht, § 18 Rn. 27.

[93] A. A. z.B. *Würtenberger/Heckmann* Verwaltungsprozessrecht, Rn. 473; *Pietzcker* in: Schoch/Schneider, VwGO, § 43 Rn. 27; *v. Nicolai* in: Redeker/v. Oertzen, VwGO, § 43 Rn. 16.

behrlich machen kann. Unzulässig ist eine Anfechtungsklage allerdings, wenn die Widerspruchs- und Klagefrist versäumt wurde. Wegen der Identität des Streitgegenstandes darf gegen einen als nichtig angesehenen Verwaltungsakt nicht sowohl eine Anfechtungs- als auch eine negative Feststellungsklage erhoben werden.[94] Unbenommen bleibt es dem Kläger aber, einen Haupt- und Hilfsantrag zu stellen.[95] Auch kann eine Klageänderung gemäß § 91 VwGO in Betracht kommen (Übergang vom Feststellungsantrag zum Anfechtungsantrag). Zur Feststellung der Rechtswidrigkeit eines (erledigten) Verwaltungsaktes vgl. → § 31.

32 Die Nichtigkeitsfeststellungsklage setzt die **Existenz** oder **äußere Wirksamkeit** eines Verwaltungsakts voraus. Hierbei kann es sich auch um einen Widerspruchsbescheid handeln.[96] Von nichtigen Verwaltungsakten sind **Nichtakte** (z. B. nicht bekannt gegebene Verwaltungsakte) zu unterscheiden (→ § 27 Rn. 22). Rechtsschutz gegen Nichtakte kann nur über die erste Alternative des § 43 Abs. 1 VwGO erlangt werden.[97] Für eine analoge Anwendung des § 43 Abs. 1 Alt. 2 VwGO besteht schon wegen des Fehlens einer Rechtsschutzlücke kein Bedürfnis. Aus dem gleichen Grunde kann eine Klage auf Feststellung der Wirksamkeit eines Verwaltungsakts nicht mit der Nichtigkeitsfeststellungsklage gleichgestellt werden.[98] Gegenstand einer Nichtigkeitsfeststellungsklage können auch Teile eines Verwaltungsakts sein (z. B. eine als nichtig angesehene Nebenbestimmung).[99] Ist die Ablehnung eines Verwaltungsakts nichtig, muss Verpflichtungsklage erhoben werden, es sei denn, dass ausnahmsweise eine isolierte Anfechtungsklage → § 27 Rn. 32 f. – hier gerichtet auf Feststellung der Nichtigkeit der Ablehnung – zulässig ist.

### 3. Subsidiarität der Feststellungsklage

#### a) Grundsatz

33 **Fall 5:** E ist zwei Jahre lang von einem verdeckten Ermittler des Landeskriminalamts beobachtet worden und klagt nunmehr vor dem VG auf Feststellung der Rechtswidrigkeit der Beobachtung.

34 **Fall 6:** Die Fischerei-Reederei F möchte sich vor Gericht gegen eine Verordnung der Europäischen Union wenden, nach der bestimmte Fangmethoden verboten sind, und bittet um Auskunft, was sie unternehmen kann.

35 **Fall 7:** Landwirt G hat eine Verfassungsbeschwerde beim BVerfG gegen eine Bundes-Verordnung und ein Parlamentsgesetz erhoben. Durch die Verordnung ist G in eine für die Gewährung von Ausgleichszahlungen ungünstige Erzeugerregion eingestuft worden. Das Parlamentsgesetz verbietet G zur Bekämpfung der Tierseuche BSE bestimmte Futtermittel zu verwenden.

36 Gemäß **§ 43 Abs. 2 S. 1 VwGO** kann eine Feststellung nicht begehrt werden, soweit der Kläger seine Rechte durch Gestaltungs- oder Leistungsklage verfolgen kann oder hätte verfolgen können.[100] Somit ist die Feststellungsklage (grundsätzlich) subsidiär. Kommt die Sub-

---

[94] Vgl. BayVGH BayVBl. 1990, 370.
[95] Vgl. z. B. *Pietzcker* in: Schoch/Schneider, VwGO, § 43 Rn. 27.
[96] BayVGH BayVBl. 1990, 370.
[97] BVerwG NVwZ 1987, 330; BFHE 143, 491 = NVwZ 1986, 156; *Kunig* Jura 1997, 326 (328); a. A. *Wolff* in: Wolff/Decker, VwGO/VwVfG, § 43 Rn. 46.
[98] *Selb* Die verwaltungsgerichtliche Feststellungsklage, 1998, S. 126 f.; *Würtenberger/Heckmann* Verwaltungsprozessrecht, Rn. 474 f.; a. A. *Schenke* Verwaltungsprozessrecht, Rn. 412; *ders.* in: Kopp/Schenke, VwGO, § 43 Rn. 7b.
[99] Vgl *Hufen* Verwaltungsprozessrecht, § 18 Rn. 28.
[100] Zu einem Beispielsfall (Klage gegen Einführung eines Dosenpfands, vgl. BVerwG DVBl 2003, 544 → *Ehlers* JK 9/03, VwGO § 43/14).

sidiaritätsklausel zum Zuge, ist die Feststellungsklage nicht statthaft.[101] Sinn der Klausel ist es, den Rechtsschutzsuchenden auf die Rechtsschutzform zu verweisen, mit der er sein Begehren am wirkungsvollsten durchsetzen kann. Kann eine Rechtsgestaltung oder eine Verurteilung zur Leistung erreicht werden, gibt es keinen Grund dafür, sich mit einem Weniger an Rechtsschutz (d. h. einer nicht vollstreckbaren Feststellung) zufrieden zu geben, zumal die Gerichte dann u. U. doppelt in Anspruch genommen werden müssen. Nach der Rechtsprechung soll § 43 Abs. 2 S. 1 VwGO insbesondere verhindern, dass die für Anfechtungs- und Verpflichtungsklagen in Gestalt der Versagungsgegenklage geltenden Fristen unterlaufen werden.[102] Doch wird der Verwaltungsakt dann ohnehin (formell und materiell) bestandskräftig.[103] Die Subsidiaritätsklausel gilt **rechtswegübergreifend,** also auch dann, wenn die Gestaltungs- oder Leistungsklage vor einem anderen als dem (allgemeinen) VG erhoben werden kann.[104] Für die Beurteilung der Subsidiarität kommt es grundsätzlich auf den **Zeitpunkt** der Erhebung der Feststellungsklage an.[105] Eine zulässigerweise erhobene Feststellungsklage bleibt zulässig, auch wenn später eine Gestaltungs- oder Leistungsklage hätte erhoben werden können. Anderes soll gelten, wenn die Feststellungsklage noch nicht begründet wurde.[106] Steht der Feststellungsklage in Folge einer Änderung der Rechtslage erst nachträglich die Subsidiarität nicht mehr entgegen, kommt es dagegen auf den Zeitpunkt der letzten mündlichen Verhandlung respektive der Entscheidung des Gerichts an, da es „prozessökonomisch" nicht vertretbar wäre, den Kläger auf die Erhebung einer neuen Feststellungsklage zu verweisen.[107] Ist im Zeitpunkt der Erhebung der Feststellungsklage eine Gestaltungs- oder Leistungsklage nicht mehr zulässig (etwa weil die **Fristen versäumt** wurden), hätte aber früher Gestaltungs- oder Leistungsklage erhoben werden können, kann die Feststellung nicht begehrt werden. § 43 Abs. 2 S. 1 VwGO kommt nur zur Anwendung, wenn die Gestaltungs- oder Leistungsklage in Reichweite und Effektivität mindestens **gleichwertigen Rechtsschutz** wie die Feststellungsklage bietet.[108] Daher ist die Feststellungsklage nicht subsidiär, wenn es nicht um Einzelakte, sondern um ein ganzes **Bündel** von Verpflichtungen oder **Berechtigungen** geht (→ Rn. 2), das Rechtsverhältnis über den Einzelfall hinaus in gleichgelagerten Fällen auch künftig wieder von Bedeutung ist oder eine Gestaltungs- respektive Leistungsklage das Anliegen des Klägers nur als bloße, nicht der Rechtskraft fähigen Vorfrage erfassen würde.[109] Bestreitet z. B. jemand Mitglied einer öffentlich-rechtlichen Körperschaft zu sein, kann er Feststellungsklage erheben, ohne darauf angewiesen zu sein, jeden einzelnen Beitragsbescheid angreifen zu müssen.[110] Kein Fall der Subsidiarät ist ferner gegeben, wenn sich der Kläger nicht gegen einen Verwaltungsakt wendet, sondern nur bestreitet, dass sich aus dem Verwaltungsakt ihm gegenüber Rechte ergeben.[111]

**Lösung zu Fall 5:** Da die Beobachtung keinen Verwaltungsakt darstellt, ist nicht die Fortsetzungsfeststellungsklage, sondern die allgemeine Feststellungsklage gemäß § 43 Abs. 1 VwGO die richtige Klageart. Die Subsidiaritätsklausel des § 43 Abs. 2 S. 1 VwGO findet keine Anwendung, wenn durch die Feststellungsklage effektiverer Rechtsschutz gewährt werden kann. Dies hat das BVerwG[112] im vorliegenden Fall an- 37

[101] Ebenso *Kunig* Jura 1997, 326 (327 f.); *Sodan/Kluckert* VerwArch 94 (2003) 3, 17.
[102] BVerwGE 77, 207 (211) = NVwZ 1988, 430 (431); NJW 1997, 2534 → JA 1998, 286 *(Hobe).*
[103] Vgl. auch *Happ* in: Eyermann, VwGO, § 43 Rn. 42.
[104] BVerwG NVwZ 1987, 216 (217); E 111, 306 (308 f.) = NVwZ 2000, 1411 (1412) → *Ehlers* JK 01, VwGO § 43/12 und → JuS 2001, 514 *(Hufen).*
[105] BVerwGE 54, 177 (179) = BeckRS 1977, 31266375.
[106] Vgl. BVerwG, Buchholz 310, § 113 VwGO Nr. 282, 18 f.
[107] BVerwG NVwZ 2007, 1311 (1312).
[108] BVerwGE 32, 333 (335) = BeckRS 1969, 30439797; E 90, 112 (115) = NJW 1992, 2496 (2497) → JuS 1993, 245 *(Sachs);* NJW 1997, 2534 (2535) → JA 1998, 286 *(Hobe).*
[109] Vgl. *Happ* in: Eyermann, VwGO, § 43 Rn. 41 m. w. Nachw.
[110] BVerwG DÖV 1983, 548 (549); vgl. auch HessVGH NJW 2007, 457.
[111] *Schenke* Verwaltungsprozessrecht, Rn. 426.
[112] BVerwG NJW 1997, 2534.

genommen. Zwar könne E im Wege der Leistungs- (oder bei vorgeschaltetem Verwaltungsakt Verpflichtungs-)Klage Auskunft über die von ihm gespeicherten personenbezogenen Daten und deren Löschung sowie die Vernichtung der dazugehörenden Unterlagen verlangen und dabei als Vorfrage die Rechtswidrigkeit der Datenerhebung geltend machen. Doch kann er mit der Feststellung der Rechtswidrigkeit des Einsatzes verdeckter Ermittler weitergehenden Rechtsschutz erlangen, nämlich Genugtuung für den mit der Verletzung seiner Privatsphäre verbundenen Eingriff in sein Persönlichkeitsrecht. Es stünde mit der Gewährleistung effektiven Grundrechtsschutzes jedoch nicht im Einklang, die dem Betroffenen durch die gerichtliche Feststellung der Rechtswidrigkeit zukommende Genugtuung dadurch zu entwerten, dass sie in einem Leistungs- (Verpflichtungs-)Urteil als nicht tenorierte Entscheidung über eine Vorfrage gewissermaßen versteckt wird. Mithin ist die Feststellungsklage nicht als subsidiär und damit als statthaft angesehen worden. Obwohl sich die Beobachtung erledigt hat, besitzt E wegen des (schwerwiegenden) Grundrechtseingriffs auch ein Rehabilitationsinteresse und damit ein berechtigtes Feststellungsinteresse (→ Rn. 46 ff.).

38 Wie sich schon aus den zuvor getroffenen Ausführungen ergibt (→ Rn. 2, 36), ist die Feststellungsklage dann nicht gegenüber der **Anfechtungsklage** subsidiär, wenn sich mit ihr eine Vielzahl von Anfechtungsprozessen vermeiden lässt.[113] Gleiches gilt, wenn über die Reichweite der Bindungswirkungen eines Verwaltungsakts gestritten wird.[114] Erledigt sich ein Verwaltungsakt oder der Antrag auf Erlass eines Verwaltungsakts nach Erhebung einer Anfechtungs- respektive Verpflichtungsklage, muss der Kläger gemäß (respektive entsprechend) § 113 Abs. 1 S. 4 VwGO einen **Fortsetzungsfeststellungsantrag** stellen. Tritt Erledigung vor der Erhebung der Anfechtungs- oder Verpflichtungsklage ein, findet nach herrschender, aber nicht unumstrittener[115] Ansicht § 113 Abs. 1 S. 4 VwGO analoge Anwendung (→ § 31 Rn. 26 ff., 38 ff.), so dass der Rückgriff auf § 43 Abs. 1 VwGO gesperrt ist. Wurde der Antrag auf Erlass eines Verwaltungsakts, der sich erledigt hat, nicht beschieden, ist dagegen die Feststellungsklage die richtige Klageart (→ § 31 Rn. 43 ff.). Die **Verpflichtungsklage** verdrängt die Feststellungsklage nur, wenn beide Klagen auf dasselbe Ziel gerichtet sind. Ist der Kläger z. B. der Auffassung, dass er keiner Baugenehmigung bedarf, entspräche eine Verpflichtungsklage auf Erteilung der Genehmigung von vornherein nicht seinem Klageziel. Wohl aber kommt eine Klage auf Feststellung der Genehmigungsfreiheit in Betracht.[116] Ebenso darf der Kläger die Feststellung des generellen Bestehens eines Wahlrechts beantragen, wenn es ihm nicht nur auf die Verpflichtung zur Eintragung in das Wählerverzeichnis für eine bestimmte Wahl ankommt.[117] Kann der Erlass eines feststellenden Verwaltungsakts durch die Verpflichtungsklage erzwungen werden, ist die Feststellungsklage unstatthaft.[118] Zum Verhältnis von Feststellungs- und **Leistungsklage** vgl. → Rn. 43, zu vorbeugenden Feststellungsklagen → Rn. 55.

39 Da § 43 Abs. 2 S. 1 VwGO nur die Gestaltungs- und Leistungsklage, nicht die **Normenkontrolle** erwähnt und **§ 47 VwGO** für den Kläger nicht ein Mehr an Rechtsschutz bietet, ist eine Feststellungsklage auch dann statthaft, wenn ein Normenkontrollantrag nach dieser Vorschrift in Betracht gekommen wäre.[119] Soweit der Kläger die Feststellung des Bestehens oder Nichtbestehens eines Rechtsverhältnisses im Verhältnis zu ihm erstrebt (und nicht eine prinzipale Erklärung), handelt es sich zudem um einen unterschiedlichen Streit-

---

[113] Vgl BVerwGE 121, 152 (156) = NVwZ 2004, 1229 (1230).
[114] Vgl. *Schenke* Verwaltungsprozessrecht, Rn. 426.
[115] BVerwGE 109, 203 (208 f.) = NVwZ 2000, 63 (64); a. A. *Glaser* NJW 2009, 1043 ff.
[116] Vgl. auch BVerwGE 39, 247 (249) = BeckRS 9998, 161088.
[117] Vgl. *Schenke* Verwaltungsprozessrecht, Rn. 419.
[118] Vgl. *Sodan* in: Sodan/Ziekow, VwGO, § 43 Rn. 132.
[119] Vgl. in Bezug auf einen Bebauungsplan BayVGH BayVBl. 1972, 443; *Dageförde* VerwArch 79 (1988) 123, 135; *Ziekow* in: Sodan/Ziekow, VwGO, § 47 Rn. 26; eine gegenteilige Auffassung (Spezialität des § 47 VwGO auch wegen der Rechtsschutzkonzentration bei dem OVG) lässt sich gut vertreten.

gegenstand, auch wenn sich der Kläger auf die Nichtigkeit der zugrundeliegenden Norm stützt.[120] Zum Zuge kommt die Subsidiaritätsklausel des § 43 Abs. 2 S. 1 VwGO ferner dann nicht, wenn der Kläger die Feststellung begehrt, dass eine sekundär- oder tertiärrechtliche Norm des **Unionsrechts** (dazu Fall 6 → Rn. 34 und Lösung → Rn. 41) oder eine nicht nach **§ 47 VwGO** angreifbare gesetzliche Bestimmung (→ § 32 Rn. 2) auf ihn keine Anwendung findet. Da sich die Subsidiaritätsklausel nur auf den nationalen Rechtsschutz bezieht, entfaltet sie selbst dann keine Sperrwirkungen, wenn eine Nichtigkeitsklage gegen eine gesetzgeberische Handlung der Europäischen Union vor dem (europäischen) Gericht (in erster Instanz) gemäß Art. 263 Abs. 4 AEUV erhoben werden kann (vgl. auch → § 9 Rn. 26, 52, 55). Ist eine Norm nicht nach § 47 VwGO angreifbar (weil es sich um ein Parlamentsgesetz handelt, das Land von § 47 Abs. 1 Nr. 2 VwGO keinen Gebrauch gemacht hat oder es um eine von § 47 Abs. 1 Nr. 1 VwGO erfasste Rechtsverordnung des Bundes geht), kommt zwar grundsätzlich eine **Verfassungsbeschwerde** in Betracht. Doch ist diese nach ständiger Rechtsprechung des Bundesverfassungsgerichts gegenüber verwaltungsgerichtlichen Feststellungsklagen prinzipiell **subsidiär** (und nicht umgekehrt).[121]

Letzteres wird auch dann angenommen, wenn der Rechtsschutzsuchende selbst, gegen- 40
wärtig und unmittelbar durch ein Parlamentsgesetz betroffen ist, es sei denn, dass er **nicht** in **zumutbar**er Weise Rechtsschutz durch Anrufung der **Fachgerichte** erlangen kann.[122] Da die Verwaltungsgerichte nicht selbst über die Gültigkeit von Parlamentsgesetzen entscheiden können, sind sie zwar im Falle der Annahme einer Verfassungswidrigkeit nach Art. 100 Abs. 1 GG gezwungen, die Verfassungsgerichtsbarkeit anzurufen (→ *Wernsmann* § 19 Rn. 3f.). Doch ist eine fachgerichtliche Vorprüfung nach der Rechtsprechung regelmäßig geboten, um zu vermeiden, dass die Verfassungsgerichtsbarkeit ohne die Fallanschauung der Fachgerichte auf ungesicherter Tatsachen- und Rechtsgrundlage weitreichende Entscheidungen fällen muss.[123] Eine Pflicht zur Anrufung der Fachgerichte (hier Verwaltungsgerichte) besteht ausnahmsweise nicht, wenn die angegriffene Regelung den Rechtsschutzsuchenden zu Dispositionen zwingt, die später nicht mehr korrigiert werden können,[124] wenn es offensichtlich sinn- und aussichtslos und daher unzumutbar wäre, die Fachgerichte anzurufen, oder wenn ein Sachverhalt allein spezifische verfassungsrechtliche Fragen aufwirft, welche die Verfassungsgerichtsbarkeit letztlich zu beantworten hat, ohne dass von einer vorausgegangenen fachgerichtlichen Prüfung verbesserte Entscheidungsgrundlagen zu erwarten wären.[125] Es ist ferner unzumutbar, vor Erhebung einer Verfassungsbeschwerde gegen eine straf- und bußgeldbewehrte Rechtsnorm verstoßen zu müssen und sich dem Risiko einer Ahndung auszusetzen, um dann im Straf- oder Bußgeldverfahren die Verfassungswidrigkeit der Norm geltend machen zu können.[126] Doch genügt eine Verfassungsbeschwerde nicht dem Grundsatz der Subsidiarität, wenn die Möglichkeit besteht, fachgerichtlichen Rechtsschutz außerhalb eines Straf- oder Bußgeldverfahrens zu erlangen.[127] Nach dem Grundsatz der Subsidiarität der Verfassungsbeschwerde obliegt es dem Beschwerdeführer nicht nur, alle gegen den angegriffenen Hoheitsakt zur Verfügung stehenden Rechtsmittel zu ergreifen, sondern diese auch sorgfältig zu führen. Daran fehlt

---

[120] Vgl. BVerwG NJW 1983, 2208; Urt. v. 12.9.2019 – 3 C 3.18, BeckRS 2019, 29632 Rn. 20ff.; wohl auch OVG NW NVwZ-RR 1995, 138; *Pietzcker* in: Schoch/Schneider, VwGO, § 43 Rn. 25.

[121] Vgl. BVerfGE 115, 81 = NVwZ 2006, 921 → *Ehlers* JK 1/07 BVerfGG § 90 II/9; BVerfG-K NVwZ 1998, 169 (170); NVwZ 2000, 1407ff. → *Ehlers* JK 8/01, BVerfGG § 90 II/7.

[122] BVerfGE 120, 274 (300) = NJW 2008, 822 (823) → JA 2008, 475 *(Kudlich);* E 123, 148 (172) = NVwZ 2009, 1217 (1218) → *Sachs* JuS 2010, 469; BVerfG-K NVwZ 2004, 977 → *Ehlers* JK 2/05, BVerfGG § 90 II/8; NVwZ-RR 2016, 1ff.; NVwZ 2019, 302 Rn. 3.

[123] BVerfGE 79, 1 (20) = NJW 1992, 1303 (1304f.); E 97, 157 (165) = NJW 1998, 1385f.; E 123, 148 (173) = NVwZ 2009, 1217 (1218) → *Sachs* JuS 2010, 469; BVerfG-K NVwZ 2019, 302 Rn. 3.

[124] BVerfGE 60, 360 (372) = NJW 1982, 2551 (2552).

[125] BVerfGE 123, 148 (172f.) = NVwZ 2009, 1217 (1218); BVerfG-K NVwZ 2019, 302 Rn. 4.

[126] BVerfGE 81, 70 (82f.) = NJW 1990, 1349; E 97, 157 = NJW 1998, 1385; E 138, 261 Rn. 23 = BeckRS 2015, 42395. Vgl. zur sog. Damokles-Rechtsprechung auch *W.-R. Schenke* in: Kopp/Schenke, VwGO, § 43 Rn. 24.

[127] BVerfGE 145, 20 Rn. 85 = NVwZ 2017, 1111 → JA 2017, 791 *(Muckel).*

es, wenn der mit der Verfassungsbeschwerde behauptete Mangel im gerichtlichen Verfahren deshalb nicht nachgeprüft werden konnte, weil er nicht oder nicht in ordnungsgemäßer Form gerügt worden ist.[128] Zum vorrangigen fachgerichtlichen Rechtsschutz außerhalb eines Straf- oder Bußgeldverfahrens zählt die – gegebenenfalls mit einem Antrag auf Gewährung einstweiligen Rechtsschutzes verbundene – vorbeugende negative Feststellungsklage gemäß § 43 Abs. 1 VwGO gegen die individuelle Verbindlichkeit normativer Verbote oder Verpflichtungen.[129] Auch die **kommunale Verfassungsbeschwerde** soll wegen Verstoßes gegen den Grundsatz der Subsidiarität unzulässig sein, wenn der Beschwerdeführer in zumutbarer Weise durch Anrufung der Fachgerichte (hier Verwaltungsgerichtsbarkeit) die Möglichkeit hat, wirksamen Rechtsschutz über die Feststellungsklage zu erlangen.[130]

41 **Lösung zu Fall 6:** Eine Nichtigkeitsklage vor dem EuG (vgl. Art. 256 AEUV) kommt mangels einer an den Kläger gerichteten oder ihn unmittelbar und individuelle betreffenden Handlung gemäß Art. 263 Abs. 4 Var. 3 AEUV nur in Betracht, wenn sich die Klage gegen einen Rechtsakt mit Verordnungscharakter wendet, welche den Kläger unmittelbar betrifft und keine Durchführungsmaßnahmen nach sich zieht. Dies trifft nach der Rspr. des Europäischen Gerichtshofs nur auf eine Verordnung zu, die nicht als Gesetzgebungsakt erlassen worden ist (→ § 9 Rn. 25, 52 ff.). Letzteres ist hier nicht der Fall. Vielmehr liegt ein Gesetzgebungsakt gemäß Art. 288 Abs. 2 i. V. m. Art. 289 Abs. 3 AEUV vor. Somit scheidet eine Nichtigkeitsklage aus (→ § 9 Rn. 25 ff., 52 ff.). Deutsche Gerichte sind wegen des Fehlens deutscher Gerichtsgewalt nicht befugt, über die Gültigkeit des EU-Rechts zu entscheiden.[131] In Betracht kommt aber eine verwaltungsgerichtliche Feststellungsklage,[132] mit der die Feststellung begehrt werden kann, dass die EU-Verordnung auf den Kläger nicht angewendet werden darf (→ § 9 Rn. 26).[133] Will das nationale VG (auch der ersten Instanz)[134] dem folgen, hat es eine Vorabentscheidung des EuGH nach Art. 267 AEUV über die Gültigkeit der Verordnung einzuholen. Auch wenn das Gericht nur Zweifel an der Gültigkeit der Verordnung hat, ist ein Vorabentscheidungsersuchen zulässig.[135] Richtiger Klagegegner ist der nationale Rechtsträger, dessen Behörde das Verbot bestimmter Fangmethoden durchzusetzen hat (→ Rn. 67).

42 **Lösung zu Fall 7:** Das BVerfG hat in beiden Fällen die Verfassungsbeschwerde als unzulässig zurückgewiesen.[136] Das sich aus § 90 Abs. 2 BVerfGG ergebende Erfordernis der Rechtswegerschöpfung ist zwar nicht missachtet worden, weil es weder einen prinzipalen verwaltungsgerichtlichen Rechtsschutz gegen (nicht dem Bauplanungsrecht unterfallenden) Bundesverordnungen noch gegen Parlamentsgesetze gibt. Wohl aber muss der vom BVerfG (in seiner Eigenschaft als Verfassungsorgan) entwickelte Grundsatz der Subsidiarität der Verfassungsbeschwerde beachtet werden. Die Verfassungsbeschwerde eines von der angegriffenen Rechtsnorm selbst, gegenwärtig und unmittelbar betroffenen Grundrechtsträgers ist dann unzulässig, wenn er in zumutbarer Weise Rechtsschutz durch die Anrufung der Fachgerichte erlangen kann. In Betracht

[128] Vgl. BVerfGE 107, 257 (267) = NJW 2003, 3335; VerfGH NW NWVBl 2020, 160.
[129] BVerfGE 145, 20 Rn. 86 = NVwZ 2017, 1111; BVerfG-K NVwZ 2019, 302 Rn. 5.
[130] VerfG Bbg NVwZ-RR 2019, 7.
[131] Vgl. *Ehlers* DVBl 2004, 1441 (1443 f.).
[132] Vgl. statt vieler *Dörr* Der europäisierte Rechtsschutzauftrag deutscher Gerichte, 2003, S. 220 f.
[133] Art. 47 Abs. 1 GRCh gebietet einen, gegebenenfalls nationalen, Rechtsschutz, wenn durch das Recht der Union garantierte Rechte oder Freiheiten verletzt worden sind. Vgl. statt vieler *Glaser* in: Gärditz, VwGO, § 43 Rn. 27 ff.
[134] Vgl. *Ehlers* Die Europäisierung des Verwaltungsprozessrechts, 1999, S. 114 ff.
[135] Vgl. *Michl* NVwZ 2014, 841 (845).
[136] Vgl. BVerfGE 115, 81 = NVwZ 2006, 922 → *Ehlers* JK 1/07, BVerfGG § 90 II/9 und → JuS 2006, 1012 *(Sachs)* sowie → JA 2007, 76 *(Muckel)*; NVwZ 2004, 977 → *Ehlers* JK 2/05, BVerfGG § 90 II/8.

kommt in beiden Fällen eine verwaltungsgerichtliche Feststellungsklage. G kann die Feststellung begehren, dass er durch die Verordnung in seinen Grundrechten verletzt ist und dass er ungeachtet des In-Kraft-Tretens des Parlamentsgesetzes weiterhin seine Futtermittel verwenden darf. Die Subsidiaritätsklausel des § 43 Abs. 2 VwGO kommt nicht zum Zuge, weil es keinen anderweitigen effektiven verwaltungsgerichtlichen Rechtsschutz gibt. Hält das VG das Parlamentsgesetz für verfassungswidrig, muss die Entscheidung der Verfassungsgerichtsbarkeit gemäß Art. 100 Abs. 1 GG eingeholt werden (→ *Wernsmann* § 19).

**b) Ausnahmen.** Kraft ausdrücklicher Bestimmung des § 43 Abs. 2 S. 2 VwGO findet die Subsidiaritätsklausel dann keine Anwendung, wenn die Feststellung der **Nichtigkeit eines Verwaltungsakts** begehrt wird. Dies gilt auch für die nach Ablauf der Anfechtungsfrist erhobene Feststellungsklage. Richtet sich die **Feststellungsklage gegen die öffentliche Hand,** soll nach ständiger Rechtsprechung der Grundsatz der Subsidiarität der Statthaftigkeit auch dann nicht entgegenstehen, wenn der Kläger die Möglichkeit gehabt hätte, effektiven Rechtsschutz über die allgemeine Leistungsklage zu erlangen (→ § 29 Rn. 3f.). Begründet wird die Wahlmöglichkeit zwischen Feststellungs- und Leistungsklage mit der Homogenität des Prozessrechts (weil die zivilprozessuale Rechtsprechung seit langem von der Zulässigkeit der Feststellungsklage anstelle der Leistungsklage ausgeht, wenn sich diese gegen juristische Personen des öffentlichen Rechts richtet),[137] mit der Erwartung, dass die öffentliche Hand auch bloße Feststellungsurteile respektieren und die daraus gebotenen Konsequenzen ziehen werde sowie mit dem Zweck des § 43 Abs. 2 S. 1 VwGO (lediglich eine Umgehung der für Anfechtungs- und Verpflichtungsklagen geltenden Bestimmungen über Fristen und das Vorverfahren zu verhindern).[138] Diese Auffassung ist mit der in der Literatur nahezu einhellig vertretenen Lehre[139] schon wegen der Unvereinbarkeit mit dem klaren Wortlaut des § 43 Abs. 2 S. 1 VwGO abzulehnen (→ § 29 Rn. 4). Im Übrigen kennt § 256 ZPO eine dem § 43 Abs. 2 S. 1 VwGO entsprechende Vorschrift gerade nicht. Kann von der öffentlichen Hand immer erwartet werden, Feststellungsurteile zu respektieren und daraus Konsequenzen zu ziehen, hätte es der §§ 170, 172 VwGO nicht bedurft. Schließlich ist bereits ausgeführt worden, dass § 43 Abs. 2 S. 1 VwGO nicht nur darauf abzielt, das Vorverfahren und die Fristeinhaltung zu sichern. Vielmehr soll erreicht werden, dass ein Kläger sich nicht mit einem Weniger an Rechtsschutz zufrieden gibt, wenn er die Möglichkeit hat, ein Mehr zu erlangen (→ Rn. 36). In Sonderfällen nimmt auch die Rechtsprechung eine Subsidiarität der verwaltungsgerichtlichen Feststellungsklage gegen öffentlich-rechtliche Körperschaften an.[140] 43

## II. Besondere Sachentscheidungsvoraussetzungen der Feststellungsklage

### 1. Erfolglose, form- und fristgerechte Widerspruchserhebung

Gemäß § 68 VwGO bedarf es grundsätzlich nur vor Erhebung einer Anfechtungs- oder Verpflichtungsklage in Form der Versagungsgegenklage der vorherigen Durchführung eines Vor- 44

---

[137] Vgl. RGZ 129, 31 (34); BGHZ 28, 123 (126) = NJW 1958, 1681; NJW 1984, 1118 (1119); BAGE 12, 290 (292) (insoweit nicht abgedruckt in: BeckRS 9998, 114811).

[138] Vgl. BVerwGE 36, 179 (181 f.) = NJW 1971, 1284; E 40, 323 (327 f.) = BeckRS 1972 30443217; E 51, 69 (75) = NJW 1976, 1648 (1650); E 77, 207 (211) = NVwZ 1988, 430 (431); NJW 1997, 2534 (2535).

[139] Vgl. *Kunig* Jura 1997, 326 (328); *Würtenberger/Heckmann* Verwaltungsprozessrecht, Rn. 479; a. A. *Lorenz* Verwaltungsprozeßrecht, § 22 Rn. 31.

[140] Vgl. OVG NW Urt. v. 19.3.2019 – 4 A 1072/16, BeckRS 2019, 5665 Rn. 63 ff. = DVBl 2019, 1138 (Feststellung, dass es die Bundesrepublik unterlassen hat, gegenüber den USA auf eine Unterbindung bewaffneter Drohneneinsätze hinzuwirken).

verfahrens.[141] Doch können Sondergesetze etwas anderes bestimmen. Dies trifft nach § 126 Abs. 2 BBG für Klagen von **Beamte**n des Bundes aus dem Beamtenverhältnis zu, so dass Feststellungsklagen gegen den Dienstherrn nur zulässig sind, wenn zuvor form- und fristgerecht ohne Erfolg Widerspruch eingelegt worden ist. Das gleiche gilt gemäß § 54 Abs. 2 BeamtStG für Beamte der Länder, der Kommunen und anderer Körperschaften des öffentlichen Rechts, es sei denn das Land hat gemäß § 54 Abs. 2 S. 3 BeamtStG bestimmt, dass es keines Vorverfahrens bedarf (→ § 29 Rn. 39). Auch wenn die Feststellung der Nichtigkeit eines Verwaltungsaktes begehrt wird (→ Rn. 31), bedarf es keines vorgelagerten Verfahrens (→ Rn. 58).

### 2. Berechtigtes Feststellungsinteresse

#### a) Allgemeine Anforderungen

45 **Fall 8:** H begehrt mit einer gegen das Land unmittelbar nach Inkrafttreten des Treibhausgas-Emissionshandelsgesetzes[142] gerichteten verwaltungsgerichtlichen Klage die Feststellung, dass er beim Betrieb seines Zementwerks nicht verpflichtet ist, die Anforderungen der §§ 4, 5 und 6 TEHG einzuhalten.

46 Die sich auf beide Alternativen der Vorschrift beziehende Bestimmung des § 43 Abs. 1 VwGO lässt eine Feststellungsklage nur zu, wenn der Kläger ein berechtigtes Interesse an der baldigen Feststellung hat. Das berechtigte Feststellungsinteresse ist eine Ausprägung des (allgemeinen) **Rechtsschutzbedürfnisses** (→ § 25 Rn. 235 ff.), dessen Vorliegen der Kläger darzulegen hat.[143] Bezweckt wird ein Schutz der Gerichte vor einer unnötigen Inanspruchnahme.[144] Anders als § 256 ZPO verlangt § 43 Abs. 1 VwGO kein rechtliches, sondern nur ein berechtigtes Interesse. Darunter wird allgemein jedes schutzwürdige Interesse rechtlicher, wirtschaftlicher oder ideeller Art verstanden.[145] **Schutzwürdig** ist ein Interesse nur, wenn gerichtlicher Klärungsbedarf besteht. Die gerichtliche Entscheidung muss geeignet sein, die Rechtsposition des Klägers zu verbessern.[146] **Rechtliche Interessen** zeichnen sich dadurch aus, dass sie in der Rechtsordnung Anerkennung gefunden haben. **Wirtschaftliche Interessen** müssen sich ökonomisch rechtfertigen lassen, **ideelle Interessen** sind im subjektiven Bereich des Klägers anzusiedeln.[147] Nach der Rechtsprechung soll § 43 Abs. 1 VwGO höhere Anforderungen an das berechtigte Feststellungsinteresse als § 113 Abs. 1 S. 4 VwGO stellen, weil im letzten Fall der bereits betriebene Prozessaufwand (zulässige Erhebung einer Klage) berücksichtigt werden müsse.[148] Doch kommt eine Fortsetzungsfeststellungsklage auch dann in Betracht, wenn Erledigung vor Klageerhebung eingetreten ist (→ § 31 Rn. 26 ff., 38 ff.). Umgekehrt können Feststellungsanträge gemäß § 43 Abs. 1 VwGO in Fortsetzung oder Erweiterung anderweitiger Klagen gestellt werden (z. B.

[141] Abgesehen von dem in § 68 Abs. 1 S. 2 Nr. 1 u. 2 normierten Ausnahmen bedarf es in vielen Ländern auch vor Erhebung einer Anfechtungs- und Versagungsgegenklage zumeist keiner Durchführung eines Vorverfahrens mehr. Vgl. → *Schoch* § 23 Rn. 93 f.; → § 27 Rn. 42.

[142] TEHG, Gesetz v. 21.7.2011, BGBl. I S. 1475.

[143] BVerwG DÖV 1992, 265; E 112, 253 (255) = NVwZ 2001, 564 (565); *Pietzcker* in: Schoch/Schneider, VwGO, § 43 Rn. 32.

[144] *Ehlers* NVwZ 1990, 105 (111).

[145] BVerwGE 36, 218 (226) = VerwRspr 1971, 700 (706 f.); E 74, 1 (4) = BeckRS 1986 30431498; OVG NW NJW 1997, 1176 (1177); *Schmitt Glaeser/Horn* Verwaltungsprozessrecht, Rn. 341.

[146] BVerwGE 113, 158 = NVwZ 1998, 403 (404); *Geis/Schmidt* JuS 2012, 599 (601). Schutzwürdig ist ein Interesse, z.B. wenn dem Kläger ein Straf- oder Ordnungswidrigkeitsverfahren droht oder er mit verwaltungsgerichtlichen Sanktionen rechnen muss (BVerwG Urt. v. 5.11.2020 – 3 C 7.19, BeckRS 2020, 41986 Rn. 11).

[147] Vgl. auch *Sodan* in: Sodan/Ziekow, VwGO, § 43 Rn. 78. Nach HessVGH NJW 2007, 4457 ist ein Interesse ideeller Natur insbesondere in Fällen von tiefgreifenden Grundrechtseingriffen zu bejahen. Ein solcher Fall sei gegeben, wenn jemand Feststellung begehrt, durch den Zuzug in eine Stadt nicht Mitglied einer jüdischen Gemeinde geworden zu sein.

[148] Vgl. BVerwGE 80, 355 (365 f.) = NJW 1989, 1495 (1497); E 81, 226 (228) = NJW 1989, 2486 (2487); NJW 1997, 3257 (3258).

wenn sich die auf Vornahme eines Realakts gerichtete Leistungsklage erledigt hat oder eine Fortsetzungsfeststellungsklage mit einer Feststellungsklage verbunden wird[149]). Dies zeigt, dass der Begriff des berechtigten Feststellungsinteresses es zwar erfordert, der jeweiligen prozessualen Situation Rechnung zu tragen,[150] es aber nicht gerechtfertigt ist, von vornherein unterschiedliche Anforderungen im Rahmen des § 43 Abs. 1 und des § 113 Abs. 1 S. 4 VwGO zu stellen. In jedem Fall muss das Feststellungsinteresse gerade gegenüber der beklagten Partei bestehen (→ Rn. 27).[151] Im Rahmen der Prüfung, ob ein Interesse als berechtigt anzusehen ist, greifen Rechtsprechung und Literatur zu Unrecht oftmals auf Kriterien zurück, die anderen Sachentscheidungsvoraussetzungen zuzuordnen sind (z. B. Abstellen auf die Konkretisierung und Streitigkeit des Rechtsverhältnisses, Subsidiarität der Feststellungsklage, Berücksichtigung subjektiv-rechtlicher Anforderungen).[152]

**Lösung zu Fall 8:** Das BVerwG[153] prüft zunächst, ob ein konkretes feststellungsfähiges Rechtsverhältnis vorliegt, weil die Klage unmittelbar nach Inkrafttreten des TEHG erhoben wurde und es Schwierigkeiten bereiten könnte, ein bereits zu diesem Zeitpunkt existierendes, hinreichend konkretes Rechtsverhältnis auszumachen. Jedoch wird ein bestimmter, übersehbarer (nicht bloß erdachter) Sachverhalt jedenfalls deshalb bejaht, weil sich das Land vor Gericht zur Sache eingelassen und spätestens damit seinen Rechtsstandpunkt klargestellt hat. Das auf die Pflicht zur Befolgung der Gesetzesbefehle konkretisierte Rechtsverhältnis besteht nach Ansicht des BVerwG jedoch nur in dem Umfang zu dem Beklagten, in dem dessen Behörden zum Vollzug der in Rede stehenden Pflichten berufen sind. Dies trifft nur auf die §§ 4 und 5 TEHG zu, weil nur insoweit die nach Landesrecht zuständige Behörde entscheidet. Da demgegenüber die Pflicht aus § 6 Abs. 1 TEHG lediglich gegenüber dem Umweltbundesamt besteht (§ 20 Abs. 1 S. 2 TEHG) und diesbezüglich der Bund zu verklagen gewesen wäre, ist das Feststellungsbegehren in diesem Umfang als unzulässig erachtet worden.[154] Der Entscheidung des BVerwG lässt sich nicht exakt entnehmen, welche Sachentscheidungsvoraussetzung (teilweise) verneint werden soll. Nach der hier vertretenen Ansicht fehlt insoweit das berechtigte Feststellungsinteresse, als H mit der gegen das Land gerichteten Klage auch eine Klärung der Beziehungen zum Bund verlangt. 47

#### b) Zeitliche Komponente

**Fall 9:** Die Vereinigung I, die eine öffentliche Versammlung mit dem Motto „Düsseldorfer gegen Islamisierung des Abendlandes" angemeldet hat, wendet sich nach Durchführung der Veranstaltung mit einer verwaltungsgerichtlichen Feststellungsklage gegen die Erklärung des Oberbürgermeisters der Stadt Düsseldorf „Lichter aus! Düsseldorf setzt Zeichen gegen Intoleranz" sowie gegen den Aufruf zur Teilnahme an einer Gegendemonstration. 48

**Fall 10:** J betreibt ein Datenverarbeitungsprogramm für Arztpraxen. Die beklagte Landeskirche berichtete hierüber kritisch und bezeichnete J als Psychosekte. Dies veranlasste die Geschäftspartner des J, die Geschäftsbeziehung mit ihm zu kündigen. Daraufhin hat J Klage beim VG gegen die Landeskirche mit dem Antrag erhoben, die Wiederholung der Äußerung zu untersagen. Gleichzeitig beantragte er mit einer zivil- 49

---

[149] BVerwGE 109, 74 (80) = NVwZ 1999, 1105 (1106).
[150] Zur Notwendigkeit einer Einzelfallbetrachtung vgl. auch BVerwG NVwZ 2018, 739 Rn. 9; NVwZ-RR 2019, 686 Rn. 8.
[151] BVerwG NJW 1997, 3257.
[152] Vgl. statt vieler *Pietzcker* in: Schoch/Schneider, VwGO, § 43 Rn. 32.
[153] BVerwGE 124, 47 = ZUR 2005, 601 → *Ehlers* JK 6/06, EG RL 2003/87/EG/1 und → JuS 2006, 280 *(Murswiek)* sowie → JA 2006, 182 *(Holtwisch)*.
[154] Für das nunmehr geltende TEHG vgl. die Zuständigkeitsregelung des § 19 Abs. 1 Nr. 2 und 3.

gerichtlichen Klage, die Landeskirche auf Schadensersatz zu verurteilen. Nach Einstellung seines Geschäftsbetriebes begehrt er nunmehr vor dem VG die Feststellung, dass die Äußerungen der Landeskirche rechtswidrig gewesen sind.

50 § 43 Abs. 1 VwGO verlangt, dass der Kläger ein berechtigtes Interesse an der „baldigen" Feststellung hat. Das berechtigte Interesse muss spätestens zum Zeitpunkt der **Entscheidung des Gerichts** vorliegen. Auf **baldige Feststellung** ist das Interesse gerichtet, wenn es Anlass für das Klagebegehren zum Zeitpunkt der gerichtlichen Entscheidung gibt.[155] Gehört ein Rechtsverhältnis der **Vergangenheit** an, besteht ein berechtigtes Interesse nur, wenn es auch noch in der Gegenwart Rechtswirkungen entfaltet. Die Rechtsprechung bejaht dies, wie im Falle des § 113 Abs. 1 S. 4 VwGO, wenn **Wiederholungsgefahr** besteht, der Kläger ein **Rehabilitationsinteresse** hat oder ein **Schadensersatz**- respektive Entschädigungsprozess vorbereitet werden soll (→ § 31 Rn. 73). In Fällen tiefgreifender Grundrechtseingriffe gebietet Art. 19 Abs. 4 S. 1 GG nach dem Bundesverfassungsgericht die Bejahung eines berechtigten Interesses auch dann, wenn sich die direkte Belastung durch den Angriff nach dem typischen Verfahrensablauf auf eine Zeitspanne beschränkt, in welcher der Betroffene die gerichtliche Entscheidung in der von der Prozessordnung gegebenen Instanz kaum erlangen kann (Fall 9 → Rn. 48 und Lösung → Rn. 51).[156] Es bedarf dann keiner konkreten Darlegung fortdauernder Nachteile. Kann kein gerichtlicher Rechtschutz wegen der sofortigen oder alsbaldigen Erledigung erlangt werden, kann es entgegen der (jedenfalls früheren) Ansicht des Bundesverfassungsgerichts für die Annahme eines berechtigten Feststellungsinteresses nicht darauf ankommen, ob die Grundrechte „tiefgreifend" verletzt worden sind.[157]

51 **Lösung zu Fall 9:** Da die Parteien darüber streiten, ob rechtswidrig in die Grundrechte der Klägerin eingegriffen worden ist, liegt ein feststellungsfähiges Rechtsverhältnis vor. Erledigen sich Maßnahmen typischerweise kurzfristig, so dass sie ohne Zulassung der Feststellungsklage keiner gerichtlichen Überprüfung zugeführt werden können, ist ein berechtigtes Feststellungsinteresse auch für das vergangene Rechtsverhältnis nach Art. 19 Abs. 4 S. 1 GG zu bejahen. Da möglicherweise Grundrechte der Klägerin verletzt werden (Art. 5 Abs. 1, 8 Abs. 1 GG), ist auch eine Klagebefugnis gegeben. In der Sache hat das BVerwG deshalb der Klage stattgegeben.[158]

52 Will der Kläger einen Schadensersatz- oder Entschädigungsprozess vorbereiten, wird verlangt, dass der Ersatzanspruch jedenfalls nicht offensichtlich aussichtslos ist.[159] Jedoch steht grundsatzlich schon die Subsidiaritätsklausel des § 43 Abs. 2 S. 1 VwGO der Feststellungsklage entgegen (weil der Kläger zugleich auf Schadensersatz oder Entschädigung klagen kann). Dagegen ist ein berechtigtes Feststellungsinteresse vorhanden, wenn zunächst verwaltungsgerichtliche Leistungsklage erhoben wurde, sich diese im Laufe des Prozesses (wegen Veränderung der Sach- oder Rechtslage) erledigt hat und der Kläger nunmehr zwecks Vorbereitung eines Schadensersatz- respektive Entschädigungsprozesses Feststellung beantragt, um sich die Früchte des bisherigen Prozesses zu erhalten.[160] Anderes gilt, wenn gleichzeitig

[155] BVerwGE 92, 172 (174) = NJW 1994, 2430; E 129, 199 Rn. 19 = NVwZ 2007, 1428; *Sodan* in: Sodan/Ziekow, VwGO, § 43 Rn. 73; *Terhechte* in: Fehling/Kastner/Störmer, VwR, § 43 VwGO Rn. 61.

[156] Vgl. BVerfGE 96, 27 (39 f.) = NJW 1997, 2163 (2164); vgl. auch BVerwG NJW 1997, 2534 ff.; näher zur Bestimmung eines „tiefgreifenden Eingriffs" BVerfG E 117, 244 (270 f.) = NJW 2007, 1117 (1121).

[157] Vgl. auch BVerwGE 130, 180 Rn. 26 = NJW 2008, 2135 (2136); NJW 2018, 716 Rn. 20 (m. Anm. *Roggan*) → *Sachs* JuS 2018, 596 und → JA 2018, 476 *(Muckel)*; NdsOVG NVwZ-RR 2019, 464 Rn. 8; *Sodan/Kluckert* VerwArch 94 (2003) 3, 14 f.; *Sodan* in: Sodan/Ziekow VwGO, § 43 Rn. 100.

[158] BVerwGE 159, 327 = NVwZ 2018, 433 → *Waldhoff* JuS 2018, 409. Vgl. ferner die Anmerkung von *Stuttmann* NVwZ 2018, 436 f.

[159] BVerwGE 92, 172 (175) = NJW 1994, 2430; E 100, 83 (91 f.) = NJW 1997, 71 (73); NVwZ-RR 2019, 235 Rn. 11.

[160] BVerwGE 100, 83 (91 f.) = NJW 1997, 71 (73).

Leistungs- und Schadensersatzklage erhoben wurde.[161] Die **gegenwärtigen Rechtsverhältnisse** werfen in zeitlicher Hinsicht keine besonderen Probleme auf. Gegenwärtig sind auch aufschiebend oder auflösend befristete oder bedingte Rechtsverhältnisse. Ferner ist ein gegenwärtiges Rechtsverhältnis gegeben, wenn der Kläger feststellen lassen will, dass er sich nicht strafbar oder ordnungswidrig verhält. Liegt eine Rechtsstreitigkeit vor, kann entgegen der sogenannten Damokles-Rechtsprechung[162] ein Feststellungsinteresse nicht erst dann bejaht werden, wenn die Behörde mit einer Strafanzeige oder einem Ordnungswidrigkeitenverfahren gedroht hat.[163] Es reicht aus, dass eine begründete Besorgnis besteht.[164] Dem Kläger ist es nicht zuzumuten, die Klärung verwaltungsrechtlicher Zweifelsfragen von der Anklagebank aus betreiben zu müssen.[165] Ist ein Straf- oder Ordnungswidrigkeitenverfahren bereits anhängig, scheidet eine vergangenheitsbezogene Feststellungsklage aus, sofern nicht der Straf- oder Ordnungswidrigkeitenprozess gerade zur verwaltungsgerichtlichen Klärung ausgesetzt wird oder die zukünftige Beachtung noch im Streit steht.[166] **Zukünftig** ist ein Rechtsverhältnis, wenn sich der Kläger auf einen möglicherweise eintretenden Sachverhalt bezieht, der den Tatbestand einer Regelung erfüllt und Rechtsbeziehungen auslöst. Dies ist etwa der Fall, wenn ein Beamter festgestellt haben möchte, ob seine Frau nach seinem Tode Ansprüche auf Versorgungsbezüge besitzt.[167] Zukünftige Rechtsverhältnisse sind feststellungsfähig, doch bedarf das Interesse an einer „baldigen" Feststellung (auch wegen des grundsätzlichen Vorrangs nachträglichen Rechtsschutzes) stets besonderer Prüfung. Da kein berechtigtes Interesse an der Klärung abstrakter Rechtsfragen besteht (→ Rn. 23), muss der Sachverhalt zumindest überschaubar sein.

**Lösung zu Fall 10:** Der Streit über die Äußerungen der Beklagten ist eine öffentlich-rechtliche Streitigkeit (nichtverfassungsrechtlicher Art) i. S. d. § 40 Abs. 1 S. 1 VwGO, weil es sich um eine typische Lebensäußerung der öffentlich-rechtlich organisierten Kirche handelt.[168] Da sich das Leistungsbegehren (Untersagung von Äußerungen) nach Erhebung der verwaltungsgerichtlichen Klage wegen Einstellung des Betriebes erledigt hat, könnte eine Fortsetzungsfeststellungsklage analog § 113 Abs. 1 S. 4 VwGO in Betracht kommen. Doch fehlt es in solchen Fällen bereits an einer Regelungslücke, weil Rechtschutz ohne Weiteres über die allgemeine Feststellungsklage erlangt werden kann und zudem die Fortsetzungsfeststellungsklage verwaltungsaktsbezogen ist (→ § 31 Rn. 47). Die Feststellungsklage ist daher die richtige Klageart. Statthaft ist sie aber nur, wenn § 43 Abs. 2 S. 1 VwGO beachtet wurde. Wegen der prinzipiellen Gleichwertigkeit der Rechtswege gilt die Subsidiaritätsklausel auch rechtswegübergreifend. Hier geht es J nur noch darum, Schadensersatz zu erlangen. Eine Schadensersatzklage ist bereits bei dem zuständigen ordentlichen Gericht anhängig. Dennoch könnte ausnahmsweise die Subsidiarität nicht durchgreifen. Wie im Falle der Fortsetzungsfeststellungsklage nach § 113 Abs. 1 S. 4 VwGO verlangt der dem Subsidiaritätsgrundsatz des § 43 Abs. 2 S. 1 VwGO zu Grunde liegende Gedanke der Prozessökonomie dann eine Fortsetzung des verwaltungsgerichtlichen Verfahrens, wenn sich das anfängliche Rechtsschutzbegehren durch eine nachträgliche Veränderung der Sach- oder Rechtslage erledigt hat und der 53

[161] BVerwGE 111, 306 = NVwZ 2000, 1411 → *Ehlers* JK 01, VwGO § 43/12 und → JuS 2001, 514 *(Hufen)*.
[162] Vgl. BVerwGE 77, 207 (213) = NVwZ 1988, 430 (431); E 89, 327 = LMRR 1992, 4; NVwZ 2009, 1170 Rn. 21.
[163] Vgl. *Schenke/Roth* WuV 1997, 81 (84 ff.).
[164] *W.-R. Schenke* in: Kopp/Schenke, VwGO, § 43 Rn. 24.
[165] BVerfG-K NVwZ 2003, 856 (857); BVerwG Urt. v. 12.9.2019 – 3 C 3.18, BeckRS 2019, 29632 Rn. 29.
[166] *Pietzcker* in: Schoch/Schneider, VwGO, § 43 Rn. 54; a. A. *Happ* in: Eyermann, VwGO, § 43 Rn. 34.
[167] Vgl. BVerwGE 38, 346 = VerwRspr 1972, 948; weitere Beispiele bei *Sodan* in: Sodan/Ziekow, VwGO, § 43 Rn. 22 f.; vgl. auch BVerwGE 114, 226 (228) = NVwZ-RR 2001, 664 (665).
[168] BVerwGE 68, 62 (64 f.) = NJW 1984, 989 f. ;(m. Anm. Schatzschneider) BGHZ 148, 307 (312 f.) = NJW 2001, 3537 (3538); näher dazu ausführlich *Ehlers* in: Sachs, GG, Art. 140 GG/137 WRV Rn. 23.

Kläger ein Schadensersatzinteresse (und somit berechtigtes Feststellungsinteresse) besitzt. In einem solchen Fall sollen die Früchte des Verfahrens nicht verloren gehen. Hier ist dagegen gleichzeitig mit der Unterlassungsklage und damit unabhängig von einem erledigenden Ereignis auch eine Klage auf Schadensersatz erhoben worden. Ein Übergang zu einer Feststellungsklage verbietet sich in einem solchen Fall, weil ansonsten der durch § 43 Abs. 2 S. 1 VwGO bestimmte Vorrang der Leistungs- vor der Feststellungsklage in sein Gegenteil verkehrt würde. Zudem ist die Rechtmäßigkeit der Äußerungen bereits Gegenstand des zivilgerichtlichen Verfahrens. Auf die Frage, ob das verwaltungsgerichtliche Verfahren zum Erledigungszeitpunkt bereits weiter fortgeschritten war als das zivilgerichtliche Verfahren, kommt es nicht an. Somit ist die Feststellungsklage unzulässig.[169]

**c) Vorbeugende Feststellungsklage**

54 **Fall 11:** K importiert tiefgefrorenes Schlachtgeflügel und veräußert die Ware an Betriebe. Seiner Ansicht nach bestehen Unklarheiten über den Umfang der ihn als Importeur treffenden Untersuchungspflichten des Fleisches. Er erhebt deshalb verwaltungsgerichtliche Klage, mit der er den Umfang seiner lebensmittelrechtlichen Warenuntersuchungspflichten feststellen lassen will, um Maßnahmen der Lebensmittelbehörde vorzubeugen.

55 Mit einer vorbeugenden Feststellungsklage wehrt sich der Kläger gegen ein bevorstehendes Handeln (etwa den drohenden Erlass einer belastenden Rechtsnorm, eines belastenden Verwaltungsakts oder eines belastenden Realaktes). Zwar geht es in diesen Fällen um die Feststellung eines gegenwärtigen Rechtsverhältnisses (weil der Kläger sofortige Unterlassung verlangt). Doch sind vorbeugende Feststellungsklagen nach der hier vertretenen Ansicht schon deshalb regelmäßig unzulässig, weil die Subsidiaritätsklausel des **§ 43 Abs. 2 S. 1 VwGO** wegen der Möglichkeit der Erhebung einer vorbeugenden Leistungsklage Sperrwirkungen entfaltet (→ Rn. 36 ff.). Im Übrigen bedarf es für die Erhebung vorbeugender Unterlassungsklagen stets eines qualifizierten Rechtschutzbedürfnisses, das in der Regel deshalb nicht gegeben ist, weil der Kläger den Erlass der Maßnahme abwarten und sodann vorläufigen Rechtschutz beanspruchen kann (→ § 25 Rn. 252; → § 29 Rn. 37). Ein Interesse an der Gewährung vorbeugenden Rechtsschutzes ist demgemäß nur gegeben, wenn die Verweisung auf den von der VwGO im Normalfall vorgesehenen nachrangigen Rechtsschutz unzumutbar ist.[170] Anders ist die Rechtslage z. B., wenn mit der Einleitung eines Bußgeld- oder Strafverfahrens gerechnet werden muss (→ Rn. 52).[171]

56 **Lösung zu Fall 11:** Da es K darum geht, Maßnahmen der Lebensmittelbehörde vorzubeugen, kommt als Klageart die Leistungsklage in Gestalt einer Unterlassungsklage in Betracht. Demgegenüber greift die in § 43 Abs. 2 S. 1 VwGO angeordnete Subsidiarität der Feststellungsklage nach der Rechtsprechung des Bundesverwaltungsgerichts bei gegen den Staat gerichteten Klagen nur dort ein, wo ohne Beachtung dieser Subsidiarität die für Anfechtungs- und Verpflichtungsklagen geltenden Sonderregelungen unterlaufen würden. Folgt man dieser nicht überzeugenden Ansicht, ist die Feststellungsklage statthaft. Das BVerwG verneint aber das berechtigte Feststellungsinteresse,

---

[169] So auch BVerwGE 111, 306 = NVwZ 2000, 1411 → *Ehlers* JK 01, VwGO § 43/12 und → JuS 2001, 514 *(Hufen)*.

[170] BVerwG NVwZ 2015, 906 Rn. 17; NVwZ-RR 2019, 686 Rn. 8.

[171] Bestehen Zweifel über die Auslegung einer in einer Ordnungswidrigkeitsnorm in Bezug genommenen verwaltungsrechtlichen Vorschrift und droht bis zum Abschluss eines zu deren Klärung angestrengten verwaltungsgerichtlichen Verfahrens nicht die Einleitung eines Bußgeldverfahrens durch die Verwaltungsbehörde, ist nach Ansicht des BVerfG-K NVwZ 2007, 1172 (1174 f.), die Durchführung eines fachgerichtlichen Rechtsschutzverfahrens im Hinblick auf die Subsidiarität der Verfassungsbeschwerde geboten. Vgl. dazu auch *Vetter* NVwZ 2007, 1377 (1380).

weil keine konkrete Beanstandung der Lebensmittelbehörde vorgelegen und diese auch weder mit einer lebensmittelrechtlichen Verwaltungsmaßnahme noch mit der Einleitung eines Straf- oder Bußgeldverfahrens gedroht habe.[172] Nach der hier vertretenen Ansicht ist zu differenzieren. Soweit Verwaltungsmaßnahmen vorgebeugt werden soll, fehlt K das qualifizierte Feststellungsinteresse, weil der Erlass der Maßnahmen abgewartet und nachträglich vorläufiger Rechtsschutz in Anspruch genommen werden kann. Dagegen ist das Interesse des K, sein „Strafbarkeits- und Ordnungswidrigkeitsrisiko" so gering wie möglich zu halten, als berechtigt anzusehen, sofern zwischen Kläger und Beklagtem Meinungsstreit besteht. Nicht notwendig ist, dass die Verfolgungsbehörde bereits ein Verfahren eingeleitet hat.[173]

**d) Negative Feststellungsklage.** Geht es dem Kläger um die Feststellung, dass er zu 57
einem bestimmten Handeln oder Unterlassen nicht verpflichtet ist, besteht das negative Feststellungsinteresse grundsätzlich nur so lange, bis keine auf die **Durchsetzung** des Handelns oder Unterlassens gerichtete Maßnahmen getroffen wurden.[174]

**e) Nichtigkeitsfeststellungsklage.** Im Falle der Erhebung einer Nichtigkeitsfeststel- 58
lungsklage wird ein Feststellungsinteresse vielfach verneint, wenn der Kläger nicht zuvor erfolglos einen Antrag auf Feststellung der Nichtigkeit des Verwaltungsakts gemäß **§ 44 Abs. 5 VwVfG** gestellt hat.[175] Doch würde der Kläger dann gezwungen werden, ein für die Nichtigkeitsfeststellungsklage nicht vorgesehenes „Quasi-Vorverfahren" durchzuführen (und dies, obwohl der Landesgesetzgeber das Widerspruchsverfahren in einem weiten Umfange abgeschafft hat).[176] Das Feststellungsinteresse entfällt daher nur, wenn der Kläger bereits einen Antrag nach § 44 Abs. 5 VwVfG gestellt hat und eine angemessene Entscheidungsfrist noch nicht abgelaufen ist oder die Behörde tatsächlich eine Nichtigkeitsfeststellung getroffen hat.[177] Unberührt bleibt das Recht, statt der Feststellungsklage eine Verpflichtungsklage auf Erlass eines die Nichtigkeit feststellenden Verwaltungsakts zu stellen.

**f) Feststellungsklagen von Verwaltungsträgern und Verwaltungsorganen.** Hat 59
oder kann ein Verwaltungsträger einen **feststellenden Verwaltungsakt** erlassen, fehlt diesem bei einer gleichwohl von ihm erhobenen Feststellungsklage entgegen der Rechtsprechung des Bundesverwaltungsgerichts[178] das berechtigte Feststellungsinteresse (vgl. → § 25 Rn. 239). An der Austragung einer **Innenrechtsstreitigkeit** besteht kein berechtigtes Feststellungsinteresse, wenn eine übergeordnete Stelle den Konflikt entscheiden kann.[179] Doch dürfte es in solchen Fällen ohnehin mangels einer wehrfähigen Rechtsposition an der Beteiligungsfähigkeit (sowie der Klagebefugnis) fehlen (→ § 25 Rn. 193).

### 3. Klagebefugnis

**Fall 12:** Der in der Stadt Y wohnende, der evangelischen Kirche angehörende L be- 60
gehrt vor dem VG die Feststellung, dass die Evangelische Wohltätigkeitsstiftung nicht wie bisher von der Stadt Y, sondern von der Evangelischen Kirche verwaltet wird.

---

172 BVerwGE 77, 207 (211 ff.) = NVwZ 1988, 430 (431).
173 Vgl. auch Fn. 171; ferner *Sodan* in: Sodan/Ziekow, VwGO, § 43 Rn. 89.
174 Vgl. näher dazu BGH NJW 1984, 1556 (1557); BGHZ 99, 340 (342) = NJW 1987, 2680 (2681).
175 *Hufen* Verwaltungsprozessrecht, § 18 Rn. 32; *Schmitt Glaeser/Horn* Verwaltungsprozessrecht, Rn. 342; *Würtenberger/Heckmann* Verwaltungsprozessrecht, Rn. 484.
176 Vgl. auch *Geis/Schmidt* JuS 2012, 599 (601).
177 *Schenke* Verwaltungsprozessrecht, Rn. 415; *Sodan* in: Sodan/Ziekow, VwGO, § 43 Rn. 109.
178 Vgl. BVerwGE 28, 153 (154 f.) = MDR 1968, 347; BVerwGE 29, 166 (172) = NJW 1968, 1251 (1252).
179 Vgl. auch BVerwG NJW 1992, 927.

61 **Fall 13:** Flughafenanwohner M beantragt vor dem OVG die Feststellung, dass die Verlegung einer Abflugstrecke durch Verordnung des Luftfahrt- und Bundesamtes ihn in seinen Rechten verletzt.

62 Umstritten ist, ob **§ 42 Abs. 2 VwGO entsprechend** auf die Feststellungsklage anzuwenden ist. Eine in der Literatur weit verbreitete Ansicht verneint dies, weil es wegen des Erfordernisses des berechtigten Feststellungsinteresses an einer Regelungslücke fehle und die Feststellungsklage durch die Verwaltungsgerichtsordnung wegen des Erfordernisses eines berechtigten Feststellungsinteresses bewusst als Interessentenklage ausgestaltet worden sei.[180] Dagegen nimmt die ständige Rspr. an, dass § 42 Abs. 2 VwGO „zur Vermeidung der dem Verwaltungsprozess fremden Popularklage" auch für die Feststellungsklage gilt.[181] Im Ergebnis ist der Rechtsprechung zu folgen. Da die Sachentscheidungsvoraussetzung des (berechtigten) Feststellungsinteresses ebenso wie im Zivilprozessrecht[182] nicht die Klage- (respektive Prozessführungs-)Befugnis, sondern das Rechtschutzbedürfnis betrifft, enthält **§ 43 VwGO keine Aussage** zu der (insbesondere auch die Interessen des Beklagten schützenden) Klagebefugnis. Dann muss jedoch aus den gleichen Gründen wie bei der Leistungsklage (→ § 29 Rn. 44 ff.) eine analoge Anwendung des § 42 Abs. 2 VwGO für notwendig erachtet werden. Da derjenige, der ein berechtigtes Feststellungsinteresse hat, nicht als quivis ex populo angesehen werden kann, bedürfte es einer analogen Anwendung des § 42 Abs. 2 VwGO zwar dann nicht, wenn Sinn und Zweck dieser Vorschrift lediglich darin bestünde, die Popularklage auszuschließen. Doch stellt § 42 Abs. 2 VwGO auf die Geltendmachung der Verletzung von Rechten ab. Ausgeschlossen werden damit auch bloße Interessentenklagen (ohne dass die Interessen rechtlich geschützt sind). Wollte man sich bei der Feststellungsklage allein mit einem berechtigten Feststellungsinteresse des Klägers zufrieden geben, müssten für diese Klageart völlig andere Maßstäbe als für alle sonstigen prozessualen Rechtsschutzformen gelten (weil bloß wirtschaftliche oder ideelle Interessen ausreichen). Selbst für die auf eine objektive Rechtskontrolle abzielende Normenkontrolle bedarf es nach § 47 Abs. 2 S. 1 VwGO einer Antragsbefugnis. Ferner setzt auch die Fortsetzungsfeststellungsklage sowohl ein berechtigtes Feststellungsinteresse (§ 113 Abs. 1 S. 4 VwGO) als auch eine Klagebefugnis voraus (→ § 31 Rn. 63 f.). Wertungswidersprüche ergeben sich ferner, wenn zwar das Bestehen eines subjektiven Rechts als Voraussetzung für die Annahme eines Rechtsverhältnisses angesehen wird (→ Rn. 25), eine mögliche Verletzung in der Zulässigkeitsprüfung aber nicht für erforderlich gehalten wird. Zudem vermag es nicht zu überzeugen, wenn viele Autoren, die grundsätzlich eine analoge Anwendung des § 42 Abs. 2 VwGO auf die Feststellungsklage ablehnen, in Ausnahmefällen (wie den Innenrechtsstreitigkeiten, den Klagen auf Bestehen oder Nichtbestehen eines Drittrechtsverhältnisses oder den gegen Verwaltungsakte gerichteten Nichtigkeitsfeststellungsklagen)[183] doch eine Klagebefugnis für erforderlich halten.

---

[180] Vgl. (teilweise mit Modifikationen) *Laubinger* VerwArch 82 (1981) 459, 494; *Schoch* JuS 1987, 783 (789 ff.); *Hipp/Hufeld* JuS 1998, 802; *Knöpfle* FS Lerche, 1993, S. 771 (777); *Selb* Feststellungsklage (Fn. 98), 164 ff.; *Würtenberger/Heckmann* Verwaltungsprozessrecht, Rn. 489 ff.; *Wahl/Schütz* in: Schoch/Schneider, VwGO, § 42 Abs. 2 Rn. 23 ff.; *Hufen* Verwaltungsprozessrecht, § 18 Rn. 26; *Schenke* Verwaltungsprozessrecht, Rn. 410; *Sodan* in: Sodan/Ziekow, VwGO, § 42 Rn. 372 ff.

[181] Vgl. BVerwGE 99, 64 (66) = NJW 1996, 139; ferner z. B. E 100, 262 (271 f.) = NJW 1996, 2046 (2048) → JA 1997, 367 *(Pache)*; E 114, 356 (360) = NVwZ 2001, 1396 (1397) → JA 2002, 370 *(Häußler)*; E 130, 52 Rn. 14 = NVwZ 2008, 423 (424); NVwZ 2019, 69 Rn. 21 → *Hufen* JuS 2019, 831; für Nichtigkeitsfeststellungen: BVerwG NJW 1982, 2205; für kommunalverfassungsrechtliche Streitigkeiten OVG RP NVwZ 1985, 283; VGH BW NVwZ-RR 1994, 229; für Drittrechtsverhältnisse OVG NW NVwZ 1984, 522. Vgl. auch *Ehlers* NVwZ 1990, 105 (110 f.); *Happ* in: Eyermann, VwGO, § 43 Rn. 4.

[182] Vgl. statt vieler *Reichold* in: Thomas/Putzo, ZPO, § 256 Rn. 13.

[183] Vgl. statt vieler *Würtenberger/Heckmann* Verwaltungsprozessrecht, Rn. 490 ff. Zu einem Beispielfall vgl. OVG NW KommJur 2017, 465 Rn. 33 (mögliche Verletzung der organschaftlichen Rechte eines Ratsmitglieds durch einen Ordnungsruf des Ratsvorsitzenden) → *Kingreen* Jura (JK) 2018, 756.

**Lösung zu Fall 12:** Nach der zutreffenden Ansicht des Bundesverwaltungsgerichts[184] ist § 42 Abs. 2 VwGO entsprechend auf die verwaltungsgerichtliche Feststellungsklage anzuwenden. Da durch einen (behaupteten) rechtswidrigen Eingriff des Staates in die Verwaltung einer mit eigener Rechtspersönlichkeit ausgestalteten konfessionellen Einrichtung das einzelne Kirchenmitglied nicht in seiner Religionsausübungsfreiheit beeinträchtigt wird, kann L nicht geltend machen, dass von dem Rechtsverhältnis eigene (subjektive öffentliche) Rechte abhängen. Somit ist die Feststellungsklage unzulässig. 63

**Lösung zu Fall 13:** Die Zulässigkeit des Rechtswegs ergibt sich aus § 40 Abs. 1 S. 1 VwGO, die instanzielle und örtliche Zuständigkeit des Oberverwaltungsgerichts aus den §§ 48 Abs. 1 Nr. 6, 52 Nr. 1 VwGO. Als richtige Klageart hat das BVerwG die Feststellungsklage angesehen. Die Leistungsklage wird unter anderem deshalb als unstatthaft betrachtet, weil die Aufhebung einer Norm ins Leere liefe. Entsprechend § 42 Abs. 2 VwGO besitzt der Kläger nur eine Klagebefugnis, wenn es ihm um die Verwirklichung seiner Rechte geht, sei es, dass er an dem festzustellenden Rechtsverhältnis selbst beteiligt ist, sei es, dass von dem Rechtsverhältnis eigene Rechte des Klägers abhängen. Dies hat das BVerwG bejaht, weil der Kläger geltend machen kann, dass die Festlegung von Abflugstrecken dem rechtsstaatlichen Abwägungsgebot unterliegen, welches ihm ein subjektives öffentliches Recht auf gerechte Abwägung seiner rechtlich geschützten Interessen (Art. 2 Abs. 2, 14 Abs. 1 GG) vermittelt.[185] 64

Welche genauen Anforderungen sich aus der entsprechenden Anwendung des § 42 Abs. 2 VwGO für den Feststellungskläger ergeben, bleibt häufig unklar. Da § 43 Abs. 1 VwGO berechtigte (im Gegensatz zu rechtlichen) Interessen ausreichen lässt und die Feststellungsklage ein rein prozessuales Instrument zur verbindlichen Feststellung des Rechts darstellt (→ Rn. 1), muss der Kläger nicht einen (nur aus dem materiellen Recht) ableitbaren Anspruch auf Feststellung oder gar auf Feststellung einer Rechtsverletzung[186] geltend machen. Vielmehr bedarf es nur der Geltendmachung, dass von dem festzustellenden Rechtsverhältnis respektive von dem nichtigen Verwaltungsakt **eigene Rechte des Klägers** abhängen und möglicherweise verletzt sind.[187] Ist der Kläger an einem Rechtsverhältnis beteiligt, schließt dies die plausible Berufung auf den eigenen Rechtskreis regelmäßig ein. Genauerer Prüfung bedarf das Bestehen eigener Rechte aber, wenn es sich **um eine Innenrechtsstreitigkeit** handelt, oder das Rechtsverhältnis zwischen einer Partei des Rechtsstreits und einem Dritten besteht. Keiner Geltendmachung einer eigenen Rechtsverletzung bedarf es, wenn gemäß **§ 42 Abs. 2 Hs. 1 VwGO** gesetzlich anderes bestimmt ist, wie im Falle der Zulassung von altruistischen Verbandsklagen (→ Rn. 25). Eine anerkannte inländische oder ausländische Vereinigung kann nach § 2 Abs. 1 S. 1 UmwRG, ohne eine Verletzung in eigenen Rechten geltend machen zu müssen, Rechtsbehelfe nach Maßgabe der Verwaltungsgerichtsordnung unter den dort genannten Voraussetzungen einlegen (→ § 27 Rn. 92). Der Verweis auf die Verwaltungsgerichtsordnung schließt ein, auch eine Feststellungsklage erheben zu können. 65

---

[184] BVerwG NVwZ 1991, 470 (471).

[185] BVerwGE 111, 276 (279 ff.) = NJW 2000, 3584 (3585) → JuS 2001, 406 *(Hufen)* und → JA 2001, 291 *(Aulehner)*; vgl. aber auch E 119, 245 (255 f.) = NVwZ 2004, 473 (474) → JA 2004, 607 *(Buchinger)*.

[186] Vgl. auch BVerwGE 114, 356 (360) = NVwZ 2001, 1396 (1397) → JA 2002, 370 *(Häußler)*.

[187] Nach dem BVerwG ist die Feststellung des Bestehens oder Nichtbestehens eines Rechtsverhältnisses gerichtete Klage nur zulässig, „wenn es dem Kläger dabei um die Verwirklichung seiner Rechte geht, sei es, dass er an dem festzustellenden Rechtsverhältnis selbst beteiligt ist, sei es, dass von dem Rechtsverhältnis immerhin eigene Rechte des Klägers abhängen", s. BVerwGE 99, 64 (66) = NJW 1996, 139; vgl. auch E 111, 276 (279) = NJW 2000, 3584 → JuS 2001, 406 *(Hufen)* und → JA 2001, 291 *(Aulehner)*. Vgl. aber auch BVerwGE 100, 262 (271) = NJW 1996, 2046 → JA 1997, 367 *(Pache)*, dort wird auch die Geltendmachung einer Rechtsverletzung erwähnt.

### 4. Richtiger Klagegegner

66 **Fortsetzung Fall 2:** Arbeitgeber B, der sich mit der verwaltungsgerichtlichen Feststellungsklage gegen eine durch Verordnung des Bundes erklärte Allgemeinverbindlichkeit eines anderen Tarifvertrages gewandt hat, möchte wissen, wen er verklagen kann.

67 Da § 78 Abs. 1 Nr. 2 VwGO nur für Anfechtungs- und Verpflichtungsklagen gilt, kann richtiger Klagegegner einer Feststellungsklage grundsätzlich nur ein **Rechtsträger** oder ein teilrechtsfähiges Rechtssubjekt (nicht eine Behörde) sein (zur Leistungsklage vgl. → § 29 Rn. 54). Wegen des Ausnahmecharakters der genannten Vorschrift lässt sich diese auch nicht analog auf den Fall einer Feststellung der Nichtigkeit eines Verwaltungsaktes anwenden.[188] Steht mit der Frage nach dem Bestehen oder Nichtbestehen eines Rechtsverhältnisses auch die Frage nach der **Gültigkeit einer Rechtsnorm** im Raum, besteht das Rechtsverhältnis – selbst wenn die Norm „self-executing" ist, also sich aus ihr unmittelbar Rechte und Pflichten ergeben – grundsätzlich nicht zwischen **Normgeber** und dem **Normadressaten,** sondern zwischen dem Rechtsträger der **Vollzugsbehörde,** die als Normanwender die im Streit stehende Rechtsnorm durchzusetzen oder ihre Befolgung zu überwachen hat, und dem **Normadressaten** (weil es nicht unmittelbar um die behauptete Ungültigkeit der Norm geht). Richtiger Beklagter ist dann der Rechtsträger der Vollzugsbehörde. Kommt eine Vielzahl von Normvollzugsverhältnissen und damit Normanwender in Betracht, ist auf das berechtigte Feststellungsinteresse nach Art der Betroffenheit abzustellen.[189] Der Normgeber ist zu verklagen, wenn die Rechtsnorm unmittelbar Rechte oder Pflichten des Normadressaten begründet,[190] ohne dass eine Konkretisierung oder Individualisierung durch den Verwaltungsvollzug vorgesehen oder möglich ist, und effektiver Rechtsschutz für den Normadressaten nur im Verhältnis zwischen ihm und dem Normgeber gewährt werden kann.[191] Ebenso ist der Normgeber richtiger Klagegegner, wenn der Rechtsschutzsuchende aus Anlass eines konkreten Sachverhalts eine Änderung der Norm anstrebt.[192] Je mehr eine Norm eine Vielzahl von Personen erfasst, die in einem untrennbaren Zusammenhang stehen (→ Rn. 13), desto eher sollte nach der hier vertretenen Auffassung der Normgeber als richtiger Klagegegner angesehen werden, um der mit dem Individualrechtsschutz in einem solchen Fall notwendig verbundenen Breitenwirkung gerecht werden zu können. Streitgegner einer Feststellungsklage soll auch ein an dem streitigen Rechtsverhältnis nicht beteiligter Dritter sein können, wenn gerade diesem gegenüber ein Feststellungsinteresse besteht.[193] Geht es um die Anwendbarkeit einer Unionsrechtsnorm, ist stets derjenige nationale Rechtsträger (nicht dagegen der unionsrechtliche Normsetzer) zu verklagen, dessen Behörde für die Durchsetzung oder Überwachung prinzipiell zuständig ist.[194] Ersucht die Polizei im Rahmen einer Gefahrbekämpfungsmaßnahme eine andere Behörde um Amtshilfe, sind ihr die Amtshilfehandlungen der ersuchten Behörde i. d. R. zuzuordnen, sofern diese den Rahmen des Amtshilfeersuchens nicht eindeutig überschreitet.[195] Zu ver-

[188] Wie hier *W.-R. Schenke in:* Kopp/Schenke, VwGO, § 78 Rn. 2; *Meissner/Schenk* in: Schoch/Schneider, VwGO, § 78 Rn. 26. Nicht eindeutig *Schmitt Glaeser/Horn* Verwaltungsprozessrecht, Rn. 351; a. A. *Würtenberger/Heckmann* Verwaltungsprozessrecht, Rn. 493.

[189] Vgl. dazu BVerwG NVwZ 2007, 1311.

[190] Vgl. aber auch OVG NW NWVBl 1993, 265.

[191] BVerwGE 129, 199 Rn. 21 ff. = NVwZ 2007, 1311; E 136, 54 Rn. 28 = NVwZ 2010, 1300 → *Ehlers* JK 3/11, GG Art. 9 III/14 und → JuS 2011, 668 *(Hufen)* (dazu Fortsetzung Fall 2 → Rn. 66 und Lösung → Rn. 68); E 160, 157 Rn. 11 = NJW 2018, 325; OVG NW Urt. v. 17.9.2018 – 13 A 1328/15, BeckRS 2018, 23847 Rn. 26; krit. *Krumm* DVBl 2011, 1008 (1012 ff.); *Geis* FS Schenke, 2011, S. 709 (716); vgl. auch *Pietzcker* in: Schoch/Schneider, VwGO, § 43 Rn. 25a.

[192] BVerwGE 166, 265 (268 f.) = NVwZ 2020, 554 Rn. 10, 14.

[193] Vgl. OVG NW NWVBl. 1993, 265.

[194] Näher dazu *Michl* NVwZ 2014, 841 (843 f.).

[195] BVerwGE 160, 169 Rn. 17 = NJW 2018, 716 (m. Anm. *Roggan*) → *Sachs* JuS 2018, 596 und → JA 2018, 476 *(Muckel)* (Zulässigkeit einer Feststellungsklage gegen das Land Mecklenburg-Vorpommern wegen Tiefflug eines Tornadokampfflugzeugs der Bundeswehr über ein Demonstranten-Camp).

klagen ist dann der Rechtsträger der ersuchenden Behörde. Bei Innenrechtsstreitigkeiten ist diejenige Stelle Klagegegner, die der Kläger bezeichnet hat und die nach internem Organisationsrecht Zuordnungssubjekt einer Innenrechtsstreitigkeit sein kann (→ *Schoch* § 33 Rn. 107).

**Lösung zu Fortsetzung Fall 2:** Im Regelfall ist ein Rechtsverhältnis zwischen Nor- 68
manwender und Normadressaten, nicht zwischen Normgeber (hier Bund) und Normadressaten gegeben. Die Anwendung der Bundesgesetze obliegt nach Art. 83 GG grundsätzlich den Ländern. Doch kommt eine Feststellungsklage ausnahmsweise gegen den Normgeber (Bund) in Betracht, wenn die Rechtsverordnung unmittelbar Rechte und Pflichten des Betroffenen begründet, ohne dass eine Konkretisierung oder Individualisierung durch Verwaltungsvollzug vorgesehen oder ermöglicht ist. Dies hat das Bundesverwaltungsgericht[196] hier angenommen, weil die Erstreckung tarifvertraglicher Regelungen die erfassten Arbeitgeber unmittelbar in die Pflicht nimmt und die Koalitionsfreiheit des Arbeitgebers (sowie des ebenfalls als Kläger auftretenden Arbeitgeberverbandes) – möglicherweise – unmittelbar beeinträchtigt wird.

#### 5. Klagefrist

Anders als für Anfechtungs- und Verpflichtungsklagen (§ 74 VwGO) gelten für die (all- 69
gemeine) Feststellungsklage **keine Klagefristen.** Unzulässig ist eine Klageerhebung aber, wenn das Klagerecht durch unangemessene Verzögerung **verwirkt** worden ist (→ § 25 Rn. 256 ff.).

### III. Allgemeines Rechtsschutzbedürfnis

Rechtsschutzanträge sind nur zulässig, wenn der Rechtsschutzsuchende ein Rechts- 70
schutzbedürfnis besitzt (→ § 25 Rn. 235 ff.). Das allgemeine Rechtsschutzbedürfnis ist eine allgemeine Sachentscheidungsvoraussetzung. Jedoch sind alle Gesichtspunkte des Rechtsschutzinteresses bereits im Rahmen der Prüfung des berechtigten Feststellungsinteresses zu berücksichtigen. Neben dem berechtigten Feststellungsinteresse muss daher **nicht zusätzlich** ein allgemeines Rechtsschutzbedürfnis gegeben sein.[197]

## C. Begründetheit der verwaltungsgerichtlichen Feststellungsklage

**Fall 14:** Die klagende Stadt N hält das beklagte Land für verpflichtet, ihr durch 71
Rechtsverordnung die Erschließungsaufgabe und Befugnis zur Erhebung von Erschließungsbeiträgen für auf dem Gebiet der beigeladenen Nachbargemeinde liegende Grundstücke zu übertragen, die an eine von ihr hergestellte, überwiegend auf ihrem eigenen Gemeindegebiet liegende Straße angrenzen. N hatte mit der Nachbargemeinde eine Zweckvereinbarung über die Befugnis zur Erhebung der Erschließungsbeiträge auf den streitgegenständlichen Grundstücken geschlossen, der die Aufsichtsbehörde aber die Genehmigung versagt hat, ohne dass N dagegen etwas unternommen hat. Nunmehr hat sie verwaltungsgerichtliche Feststellungsklage erhoben.

---

[196] BVerwGE 136, 54 = NVwZ 2010, 1300 → *Ehlers* JK 3/11, GG Art. 9 III/14 und → *Hufen* JuS 2011, 668.

[197] Vgl. *Ehlers* in: Schoch/Schneider, VwGO, Vorb § 40 Rn. 79; a. A. z. B. *v. Nicolai* in: Redeker/v. Oertzen, VwGO, § 43 Rn. 19; *Hufen* Verwaltungsprozessrecht, § 23 Rn. 11.

72 Ein Feststellungsurteil stellt verbindlich die Rechtslage fest (→ Rn. 1). Eine positive Feststellungsklage ist begründet, wenn das behauptete **Rechtsverhältnis** besteht, eine negative, wenn das Rechtsverhältnis nicht besteht, eine **Nichtigkeitsfeststellungsklage,** wenn der Verwaltungsakt nichtig ist. Dies setzt grundsätzlich die (ggf. bevorstehende) Verletzung der subjektiv-öffentlichen Rechte des Klägers voraus,[198] wohingegen es im Falle der Einschlägigkeit des § 42 Abs. 2 Hs. 1 VwGO einer solchen Rechtsverletzung nicht bedarf (→ Rn. 65). Der **Kläger** bestimmt mit seinem Begehren oder Antrag, für welchen Zeitpunkt er das Bestehen oder Nichtbestehen eines Rechtsverhältnisses oder die Nichtigkeit eines Verwaltungsakts feststellen lassen will (z. B. ob es um ein gegenwärtiges oder vergangenes Rechtsverhältnis gehen soll). Die maßgebliche Rechtslage bestimmt sich nach dem **materiellen Recht,** das auf das zu beurteilende Rechtsverhältnis respektive den zu beurteilenden Verwaltungsakt anzuwenden ist.[199] **Prozessrechtlich** maßgeblich ist der **Zeitpunkt** der letzten mündlichen Verhandlung (respektive der Gerichtsentscheidung, sofern keine mündliche Verhandlung stattfindet).[200] Bindungswirkungen erzeugt die gerichtliche Entscheidung nur inter partes. Sie ist (mit Ausnahme der Kostenentscheidung) nicht vollstreckbar (→ Rn. 1). Die unterlegene Partei hat aber aus der autoritativen gerichtlichen Klarstellung der Rechtslage die gebotenen Konsequenzen zu ziehen. Im Falle einer erfolgreichen Feststellungsklage gegen den Normgeber (→ Rn. 67) können sich daraus Rückwirkungen für andere Personen ergeben: z. B. Nichtanwendung der implizit für ungültig angesehenen Norm auf andere Personen, wenn zwischen den betroffenen Normadressaten ein untrennbarer Zusammenhang besteht (wie bei einer Flugroutenfestlegung). Hat der Kläger statt seines ursprünglichen Klageantrags einen Erledigungsfeststellungsantrag gestellt (→ Rn. 1), soll die sachliche Berechtigung in der Begründetheit zu prüfen sein.[201]

73 **Lösung zu Fall 14:** Bei der Klage handelt es sich um eine Normenerlassklage, gerichtet auf den Erlass einer untergesetzlichen Rechtsnorm. Nach Ansicht der Rspr. ist die Feststellungsklage (und nicht die allgemeine Leistungsklage) zutreffende Klageart für derartige Normenerlassklagen (kritisch → § 29 Rn. 18 f.). N ist entsprechend § 42 Abs. 1 VwGO auch klagebefugt, weil das Land möglicherweise gemäß § 203 BauGB verpflichtet ist, eine zuständigkeitsverändernde Rechtsverordnung zu erlassen und in die Vorschrift des § 203 Abs. 1 BauGB das Gebot der Rücksichtnahme auf die Selbstverwaltungsbelange nicht nur der abgebenden, sondern auch der übernehmenden Gemeinde zwecks Sicherung der kommunalen Planungs- und Finanzhoheit dieser Gemeinde hineinzulesen ist, so dass N einen Anspruch auf Erlass der Verordnung geltend machen kann. Sonstige Bedenken gegen die Zulässigkeit der Klage bestehen nach Ansicht des Bundesverwaltungsgerichts nicht.[202] Da N die Eigentümer gemeindegebietsfremder Grundstücke, die von einer Erschließungsanlage erschlossen werden, nicht zu Erschließungsbeiträgen heranziehen kann und die Nachbargemeinde mangels eines Erschließungsaufwandes ebenfalls nicht zur Erhebung von Beiträgen befugt ist, liegen an sich die Anspruchsvoraussetzungen für den Erlass der begehrten Rechtsverordnung vor. Doch nimmt das BVerwG an, dass eine Normenerlassklage besonderen Voraussetzungen unterliegt. Diese ergäben sich aus der Natur des geltend gemachten Anspruchs auf Tätigwerden des Normengebers und dessen Entscheidungsfreiheit als Ausprägung des auch mit Rechtssetzungsakten der Exekutive typischerweise verbundenen normativen Ermessens. Dieses werde erst dann rechtswidrig ausgeübt, wenn die getroffene Entscheidung in Anbetracht des Zwecks der Ermächtigung schlechthin unvertretbar

[198] Vgl. zum Letzteren BVerwG NVwZ 2015, 656 Rn. 62 m. w. Nachw.
[199] Vgl. BVerwG NVwZ-RR 1996, 566.
[200] Vgl. auch *Schenke* Verwaltungsprozessrecht, Rn. 870. Allgemein zum Klageantrag sowie zum prozessrechtlichen und materiell-rechtlichen maßgebenden Zeitpunkt → § 27 Rn. 156 ff.
[201] Vgl. BVerwGE 82,41 = NVwZ 1989, 862.
[202] BVerwGE 130, 52 Rn. 14 ff. = NVwZ 2008, 423 (424).

oder unverhältnismäßig ist. Eine solche Unvertretbarkeit oder Unverhältnismäßigkeit verneint das Bundesverwaltungsgericht, weil N (Widerspruch und) Verpflichtungsklage gegen die Versagung der Genehmigung der Zweckvereinbarung mit der Nachbargemeinde hätte erheben können.[203] Nach der hier vertretenen Auffassung, ist die Klage indessen nicht erst unbegründet, sondern bereits unzulässig, weil die Subsidiarität der Feststellungsklage (§ 43 Abs. 2 S. 1 VwGO) missachtet worden ist (Möglichkeit der Erhebung einer Verpflichtungsklage).

---

[203] BVerwGE 130, 52 Rn. 32 ff. = NVwZ 2008, 423 (426).

# § 31. Verwaltungsgerichtliche Fortsetzungsfeststellungsklage

*Dirk Ehlers*

**Übersicht**



**Schrifttum:** *Bühler/Brönnecke* Die Fortsetzungsfeststellungsklage: Dogmatik und Fallbearbeitung, Jura 2017, 34; *Bünnigmann* Aus der Praxis: Erledigung ist nicht gleich Erledigung, JuS 2017, 650; *Decker* Die Fortsetzungsfeststellungsklage in der Situation der Verpflichtungsklage, JA 2016, 241; *Fechner* Die Rechtswidrigkeitsfeststellungsklage, Sachentscheidungsvoraussetzungen verwaltungsrichterlichen Rechtsschutzes gegen Verwaltungsakte, die sich vor Klageerhebung erledigt haben, NVwZ 2000, 121; *Funke/Stocker* Die Statthaftigkeit der Fortsetzungsfeststellungsklage bei vorprozessualer Erledigung, JuS 2019, 979; *Göpfert* Die Rechtswidrigkeitsfeststellungsklage – eine eigenständige Klageart?, BayVBl 2000, 300; *Ingold* Die Fortsetzungsfeststellungsklage in der Fallbearbeitung, JA 2009, 711; *Lindner* Die Kompensationsfunktion der Fortsetzungsfeststellungsklage nach § 113 I 4 VwGO, NVwZ 2014, 180;

*Pünder* BVerwG, NVwZ 2009, 122 (Urt. v. 25.9.2008; Az. 7 C 5.08), Verwaltungsvollstreckung: Rechtswidrigkeit im Zusammenhang zwischen Grundverfügung, Vollstreckungsmaßnahme und Kostenentscheidung? in: Steinbach (Hrsg.), Verwaltungsrechtsprechung, 2017, S. 227; *Rozek* Neues zur Fortsetzungsfeststellungsklage: Fortsetzung folgt? – BVerwGE 109, 203, JuS 2000, 1162; *R. P. Schenke* Neue Wege im Rechtsschutz gegen vorprozessual erledigte Verwaltungsakte?, NVwZ 2000, 1255; *ders.* Die Neujustierung der Fortsetzungsfeststellungsklage, JuS 2007, 697; *Thiele* Das Fortsetzungsfeststellungsinteresse bei Grundrechtseingriffen in der neueren Rechtsprechung des BVerwG, DVBl 2015, 954; *W.-R. Schenke* Die Erledigung eines Verwaltungsakts im Sinne des § 43 Abs. 2 VwVfG, in: FS Peine, 2016, S. 503.

## A. Funktion und Bedeutung der verwaltungsgerichtlichen Fortsetzungsfeststellungsklage

1 Hat sich ein Verwaltungsakt nach Erhebung einer verwaltungsgerichtlichen Anfechtungsklage durch Zurücknahme oder anders erledigt, so spricht das Gericht auf Antrag gemäß **§ 113 Abs. 1 S. 4 VwGO** durch Urteil aus, dass der Verwaltungsakt rechtswidrig gewesen ist, wenn der Kläger ein berechtigtes Interesse an dieser Feststellung hat. Rechtsprechung und Schrifttum sprechen in diesem Falle von einer Fortsetzungsfeststellungsklage.[1] Einerseits geht es darum, den Kläger nicht um die Früchte seiner bisherigen Prozessführung zu bringen. Andererseits soll seinem Rechtsschutzinteresse Genüge getan werden. Damit wird der Garantie des Art. 19 Abs. 4 S. 1 GG auf effektiven Rechtsschutz Rechnung getragen.[2]

2 Hinsichtlich der **Rechtsnatur** der Fortsetzungsfeststellungsklage werden unterschiedliche Auffassungen vertreten. Teilweise wird davon ausgegangen, dass es sich um eine **Anfechtungsklage** (→ § 27) handelt, weil jede Anfechtungsklage auch das Begehren auf Feststellung der Rechtswidrigkeit des Verwaltungsakts enthalte. Nach Erledigung des Verwaltungsakts beschränke sich das Begehren hierauf, so dass sich die Fortsetzungsfeststellungsklage als amputierte, kupierte oder reduzierte Anfechtungsklage darstelle.[3] Nach anderer Auffassung handelt es sich bei der Fortsetzungsfeststellungsklage nicht um eine eigene Klageart, sondern um einen Fall der (allgemeinen) **Feststellungsklage** (→ § 30) i. S. d. § 43 VwGO. § 113 Abs. 1 S. 4 VwGO weise nur (deklaratorisch) auf die Möglichkeit einer Klageänderung hin.[4] Hierfür spreche auch die Stellung des § 113 Abs. 1 S. 4 VwGO im 10. statt im 6. Abschnitt der VwGO, der allein Regelungen über die Klageart treffe.

3 Die verschiedenen dogmatischen Einordnungen können zu praktischen Konsequenzen führen, weil sich die Sachentscheidungsvoraussetzungen einer Anfechtungs- von denen einer Feststellungsklage unterscheiden. Auch wenn die beiden genannten Auffassungen einen zutreffenden Kern enthalten, ist ihnen im Ergebnis nicht zu folgen. Um eine bloße Unterart der Anfechtungsklage kann es sich bei der Fortsetzungsfeststellungsklage schon deshalb nicht handeln, weil dem Urteil keine gestaltende Wirkung zukommt, die Feststellung vielmehr auf ein (wenn auch denselben Streitgegenstand betreffendes)[5] Minus gerichtet ist (→ Rn. 22) und auch die Fälle der Erledigung vor Klageerhebung (→ Rn. 26 ff.)

---

[1] Vgl. *Bühler/Brönnecke* Jura 2017, 34; *Geis/Schmidt* JuS 2012, 599 (603); *Hufen* Verwaltungsprozessrecht, § 18 Rn. 36 ff.; *Würtenberger/Heckmann* Verwaltungsprozessrecht, Rn. 724 ff.; *Schenke* Verwaltungsprozessrecht, Rn. 307; *Schmitt Glaeser/Horn* Verwaltungsprozeßrecht, Rn. 352 ff. – jeweils m. Nachw.

[2] *Knauff* in: Gärditz, VwGO, § 113 Rn. 35.

[3] Vgl. dazu BayVGH BayVBl 1993, 429 (430); OVG RP NJW 1982, 1301 (1302); *Kopp* DVBl 1992, 1492 f.; *W.- R. Schenke* FS Menger, 1985, S. 461 (467); *Dolde/Porsch* in: Schoch/Schneider, VwGO, § 68 Rn. 23; *R. P. Schenke* NVwZ 2000, 1255 (1258). Vgl. auch *Schübel-Pfister* in: Eyermann, VwGO, § 113 Rn. 88 (transformierte Anfechtungsklage in Gestalt einer besonderen Feststellungsklage).

[4] BayVGH DVBl 1992, 1492 (1493); *Lüke* ZZP 107 (1994), 145 (159); *Willmer* Die sog. „Fortsetzungsfeststellungsklage" – ein rechtliches Nullum?!, 1994, S. 129 f. (155, 170); *Wolff* in: Sodan/Ziekow, VwGO, § 113 Rn. 239 f. Vgl auch *Riese* in: Schoch/Schneider, VwGO, § 113 Rn. 107, wonach eine interessengerechte Auslegung von § 43 Abs. 1 VwGO zum selben Ergebnis wie § 113 Abs. 1 S. 4 VwGO führen würde. Kritisch zur Auffassung von *Willmer* (zu Recht) *Göpfert* BayVBl 2000, 300 (303 f.).

[5] Dazu Fall 10 → Rn. 93 und Lösung → Rn. 97; *Riese* in: Schoch/Schneider, VwGO, § 113 Rn. 97.

nicht erfasst werden könnten. Mit der allgemeinen Feststellungsklage lässt sich nicht die gerichtliche Feststellung der Rechtswidrigkeit eines Verwaltungsakts erreichen (→ Rn. 29). Zudem steht die Fortsetzungsfeststellungsklage in einem Abhängigkeitsverhältnis zur Anfechtungsklage oder (bei analoger Anwendung des § 113 Abs. 1 S. 4 VwGO) der Verpflichtungsklage (→ Rn. 38), einerseits wegen der Verwaltungsabhängigkeit, andererseits weil sie nur zulässig ist, wenn im Zeitpunkt des erledigenden Ereignisses noch eine Anfechtungs- (oder Verpflichtungs-)Klage erhoben werden konnte (→ Rn. 55). Somit ist – in Übereinstimmung mit der wohl herrschenden Meinung[6] – davon auszugehen, dass es sich bei der Fortsetzungsfeststellungsklage um eine **eigenständige Klage**art handelt.

## B. Zulässigkeit der verwaltungsgerichtlichen Fortsetzungsfeststellungsklage

4 Wie alle anderen verwaltungsgerichtlichen Rechtsbehelfe, ist die Fortsetzungsfeststellungsklage nur zulässig, wenn die **allgemeinen** **Sachentscheidungsvoraussetzungen** gegeben sind (→ § 25), die **Rechtsschutzform** statthaft ist (I.) und die **besonderen Sachentscheidungsvoraussetzungen** der Rechtsschutzform vorliegen (II.).

### I. Statthaftigkeit der Klage

#### 1. Erledigung des Verwaltungsakts nach Erhebung einer Anfechtungsklage

5 **Fall 1:** Die zuständige Behörde hat einen sofort vollziehbaren Beitragsbescheid erlassen, wonach A 1.000 € zu zahlen hat. Nach erfolgloser Einlegung eines Widerspruchs erhebt A Anfechtungsklage. Da er die Vollstreckung des Bescheides fürchtet, zahlt er im Laufe des Prozesses den geforderten Geldbetrag und begehrt nunmehr anstatt der Aufhebung die Feststellung, dass der Beitragsbescheid rechtswidrig gewesen ist.

6 **a) Voraussetzungen.** Der in § 113 Abs. 1 S. 4 VwGO geregelte Fall der Fortsetzungsfeststellungsklage stellt auf **drei Voraussetzungen** ab: das Vorliegen eines Verwaltungsakts (→ § 27 Rn. 6 ff.) (1), sowie die Erledigung des Verwaltungsakts (2) nach Erhebung der Anfechtungsklage (3). Gegenstand einer Fortsetzungsfeststellungsklage können lediglich ein Verwaltungsakt oder ein selbständig anfechtbarer Teil (vgl. auch → § 27 Rn. 26) hiervon sein, nicht aber einzelne Begründungselemente (oder Vorfragen) der damit getroffenen Regelung.[7] Erfasst werden von § 113 Abs. 1 S. 4 VwGO – insofern ist der Anwendungsbereich enger als der des § 43 Abs. 2 VwGO – nur belastende Verwaltungsakte[8]. Da sich **nichtige Verwaltungsakte** nicht erledigen können und die Feststellung der Nichtigkeit mit der Feststellungsklage begehrt werden kann (→ § 30 Rn. 31), darf es sich nicht um einen nichtigen Verwaltungsakt handeln. Nicht endgültig geklärt ist, was unter Erledigung zu verstehen ist.

7 Gemäß § 43 Abs. 2 VwVfG tritt **Erledigung** durch Zeitablauf oder auf andere Weise ein. Die Vorschrift stellt den Fall der Erledigung mit der Aufhebung eines Verwaltungsakts (durch Rücknahme, Widerruf oder auf andere Weise[9]) gleich. Hieraus folgt, dass die Erledigung wie eine Aufhebung wirkt. Während die Aufhebung von außen erfolgt, ist die Erledigung ein in der intendierten Regelung des Verwaltungsakts selbst angelegter Grund für den Wirksamkeitsverlust.[10] Erledigung i. S. d. § 43 Abs. 2 VwVfG ist somit anzunehmen, wenn

[6] Vgl. etwa *Rozek* JuS 1995, 414 f.; *Fechner* NVwZ 2000, 121 (125 ff.).
[7] BVerwG NVwZ-RR 2020, 533 Rn. 15 → *Eifert* Jura (JK) 2020, 880.
[8] Vgl. auch *W.-R. Schenke* FS Peine, 2016, S. 503.
[9] D. h. im Widerspruchsverfahren sowie durch gerichtliche oder gesetzliche Aufhebung.
[10] Vgl. auch *Steinweg* Regelungsgehalt des Verwaltungsaktes, 2006, S. 165 f.

der Verwaltungsakt nicht länger auf die Herbeiführung einer Rechtsfolge gerichtet ist. § 113 Abs. 1 S. 4 VwGO stellt zudem darauf ab, dass sich der Verwaltungsakt „vorher" durch Zurücknahme oder anders erledigt hat.[11]

8 Nach alledem wird die **Aufhebung** eines Verwaltungsakts als Unterfall der Erledigung verstanden. Bei der Aufhebung hat sich der Verwaltungsakt durch Beseitigung seiner Existenz (äußeren Wirksamkeit) erledigt.[12] Im Übrigen tritt Erledigung durch **Wegfall** des **Regelungsgehalt**s der dem Verwaltungsakt innewohnenden Regelungsintention ein. Möglich ist auch eine Teilerledigung.[13]

9 Ein spezieller Fall der Aufhebung ist die Ersetzung eines **vorläufigen Verwaltungsakts** durch einen endgültigen,[14] sowie die Überholung[15] eines Verwaltungsakts. In der Regel geht es dann um die Aufhebung begünstigender Verwaltungsakte. Bleibt der Zweitbescheid hinter dem klägerischen Begehren zurück, ist Rechtsschutz mit der Verpflichtungsklage und nach Erledigung des klägerischen Begehrens im Falle der Versagungsgegenklage mit der Fortsetzungsfeststellungsklage zu erlangen (→ Rn. 38f.). Im Falle des Vorliegens von **Vorbescheiden** und **Teilgenehmigungen** ist zu differenzieren. So regelt ein bestandskräftiger Bauvorbescheid zur bauplanerischen Zulässigkeit eines Bauvorhabens diese mit feststellender Wirkung abschließend und verbindlich.[16] Der Inhalt des Vorbescheids wird nur redaktionell noch einmal in die Baugenehmigung aufgenommen. Vorbescheid und Regelung stehen vollständig nebeneinander. Liegt noch keine Bestandskraft des Vorbescheids vor, soll nach der (nicht überzeugenden) Rechtsprechung des BVerwG[17] der Inhalt des Vorbescheids in der Baugenehmigung erneut geregelt werden, so dass im Hinblick auf den Vorbescheid ein Zweitbescheid vorliegt.[18] Auch dann hat sich der Vorbescheid aber nicht erledigt.[19] Die Bindungswirkung der (bauplanerischen) Feststellung des Vorbescheids bleibt bestehen. Da die rechtsgestalterische Wirkung der Baufreigabe (Aufhebung des Bauverbots)[20] der Baugenehmigung vorbehalten ist, muss ein klagender Nachbar sowohl Anfechtungsklage gegen die bauplanerische Regelung des Bauvorbescheids als auch gegen die Verfügungswirkung der Baugenehmigung erheben.[21] Liegt eine Teilgenehmigung vor, kann diese ohnehin nicht durch andere Teilgenehmigungen überholt werden.

10 Seine auf Herbeiführung einer Rechtsfolge gerichtete (Regelungs-)Intention verliert der Verwaltungsakt vor allem, wenn der **Regelungsadressat** oder das **Regelungsobjekt** wegfallen.[22] Ersteres ist etwa der Fall, wenn der höchstpersönlich angesprochene Betroffene eines (Dauer-)Verwaltungsakts stirbt (eine Rechtsnachfolge also nicht in Betracht kommt). Gleich zu behandeln ist der Fortfall persönlicher Eigenschaften, auf die der Verwaltungsakt abgestellt hat. Letzteres trifft zu, wenn sich die durch den Verwaltungsakt geregelte Sachlage

---

[11] Vgl. grundlegend dazu *Huxholl* Die Erledigung eines Verwaltungsaktes im Widerspruchsverfahren, 1995, S. 42ff., der aber (anders als hier, vgl. → Rn. 21) davon ausgeht, dass § 113 Abs. 1 S. 4 VwGO in Wahrheit nicht die Erledigung des Verwaltungsaktes, sondern die Erledigung der Hauptsache regelt, S. 88f.; zust. *Sachs* in: Stelkens/Bonk/Sachs,VwVfG, § 43 Rn. 204.

[12] Zur Frage, ob sich zwischen rechtlicher Existenz und äußerer Wirksamkeit eines Verwaltungsaktes unterscheiden lässt, vgl. *Ehlers* Liber amicorum Erichsen, 2004, S. 1 (2ff.).

[13] *W.-R. Schenke* FS Peine, 2016, S. 503 (512).

[14] Grundlegend zum vorläufigen Verwaltungsakt BVerwGE 67, 99 = NJW 1983, 2043, vgl. → § 28 Rn. 33.

[15] Z. B. wenn eine Tauglichkeitsfeststellung durch eine neue Tauglichkeitsregelung ersetzt wird (BVerwGE 51, 97 = BeckRS 1976, 30441312). Zu weiteren Fallgestaltungen vgl. *W.-R. Schenke/R. P. Schenke* in: Kopp/Schenke,VwGO, § 113 Rn. 103; *Schübel-Pfister* in: Eyermann,VwGO, § 113 Rn. 102ff.

[16] Vgl. auch *Ruffert* in: Ehlers/Pünder, AllgVwR, § 21 Rn. 58.

[17] BVerwG NVwZ 1989, 863 → JuS 1990, 422 *(Selmer)*.

[18] *Kaiser* in: Ehlers/Fehling/Pünder, BesVwR II, § 41 Rn. 62.

[19] BVerwG NVwZ 1995, 894 (895) – mit der Einschränkung, dass sich aus Landesrecht anderes ergeben kann; a. A. *Schübel-Pfister* in: Eyermann,VwGO, § 113 Rn. 104.

[20] Vgl. zu den Gestaltungswirkungen der Baugenehmigung *Ehlers* FS Bartlsperger, 2006, S. 463 (465).

[21] *Kaiser* in: Ehlers/Fehling/Pünder, BesVwR II, § 41 Rn. 62.

[22] Zur Kasuistik vgl. *Steinweg* Regelungsgehalt (Fn. 10), S. 175ff.; *Ramsauer* in: Kopp/Ramsauer, VwVfG, § 43 Rn. 41a; *Sachs* in: Stelkens/Bonk/Sachs, VwVfG, § 43 Rn. 209ff.; *Riese* in: Schoch/Schneider, VwGO, § 113 Rn. 115ff.

ändert, etwa ein in eine Denkmalliste eingetragenes Denkmal zerstört wird oder der Betriebsinhaber, dem durch Verwaltungsakt betriebliche Rechte gewährt respektive Pflichten auferlegt worden sind, seinen Betrieb einstellt.[23] Dagegen lässt eine **Änderung der Rechtslage** den Verwaltungsakt bestehen. Kann wegen einer solchen Änderung nicht mehr die Aufhebung des ursprünglich rechtswidrigen, nunmehr rechtmäßigen Verwaltungsakts verlangt werden, hat der Kläger die Möglichkeit, den Rechtsstreit für erledigt zu erklären (→ Rn. 20f.), um eine Abweisung der Klage als unbegründet zu vermeiden.

11 Weitere Fälle der Erledigung sind der **Zeitablauf** oder der Eintritt einer **auflösenden Bedingung** bzw. **Befristung.** So wird ein durch Verwaltungsakt geregeltes Verbot mit Dauerwirkung insoweit durch Zeitablauf gegenstandslos, als es nicht rückwirkend befolgt oder durchgesetzt werden kann.[24] Der Kläger kann dann in Ansehung der vergangenen Zeiträume von der Anfechtungs- zur Fortsetzungsfeststellungsklage übergehen, wenn hierfür ein Fortsetzungsfeststellungsinteresse besteht. Zugleich kann die Aufhebung des Verwaltungsakts ex nunc begehrt werden.[25] Das BVerwG nimmt eine Erledigung ferner an, wenn alle Beteiligten einen Verwaltungsakt als obsolet ansehen.[26] Allein der Umstand, dass der Kläger kein Interesse an der weiteren Rechtsverfolgung hat, reicht für die Annahme einer Erledigung jedoch nicht aus.[27]

12 Ob die **Erfüllung** eines **Handlungsgebot**es eines Verwaltungsakts zur Erledigung führt, hängt von den jeweiligen Umständen ab. Grundsätzlich tritt keine vollständige Erledigung ein, wie § 113 Abs. 1 S. 2 VwGO zeigt[28] und sich auch aus dem Umstand ergibt, dass ein Folgenbeseitigungsanspruch die Aufhebung des Verwaltungsakts voraussetzt. Zahlt etwa ein Bürger den in einem Abgabenbescheid geforderten Geldbetrag, bildet der Verwaltungsakt noch den Rechtsgrund für das Behaltendürfen der Leistung.[29] Doch muss die Erfüllung der Pflicht noch reversibel sein. Dagegen kann ein irreparabler Zustand nicht rückgängig gemacht werden. Demgemäß erledigen sich mit dem Abbruch eines Hauses durch den Bauherrn[30] oder der Ableistung des Grundwehrdienstes durch den Wehrpflichtigen[31] die Abbruchverfügung respektive der Einberufungsbescheid (jedenfalls ex nunc). Nichts anderes gilt, wenn der Kläger das ihm auferlegte Gebot einer Abgabe von Unterlagen nachgekommen ist.[32]

13 Ein Verwaltungsakt kann mit Wirkung für die Vergangenheit oder die Zukunft aufgehoben werden.[33] Ebenso kommt der Eintritt einer „anderen" Erledigung i. S. d. § 113 Abs. 1 S. 4 VwGO **ex tunc** oder **ex nunc** in Betracht.[34] Z. B. kann eine auflösende Bedingung entweder rückwirkend oder mit dem Zeitpunkt des Eintritts der Bedingung die Regelungswirkungen des Verwaltungsakts entfallen lassen.[35] Hat sich der Verwaltungsakt ex nunc erledigt, kommt es darauf an, ob er bis zu diesem Zeitpunkt Regelungswirkungen entfaltet hat, die noch fortdauern und sich nur durch Aufhebung – Anfechtung – beseitigen lassen (sofern der Verwaltungsakt noch nicht bestandskräftig geworden ist).

---

[23] Vgl. zum letzteren Fall BVerwG NVwZ 1991, 570 (571).

[24] BVerwGE 146, 303 Rn. 18 = NVwZ 2013, 1481.

[25] BVerwG NVwZ 2012, 510.

[26] BVerwG NVwZ 1998, 729 (730); vgl. auch *Hufen* Verwaltungsprozessrecht, § 18 Rn. 40; *Sachs* in: Stelkens/Bonk/Sachs, VwVfG, § 43 Rn. 209a; krit. *Ruffert* BayVBl 2003, 33 (39f.); *Ehlers* Verw 37 (2004), 255 (274); *Steinweg* Regelungsgehalt (Fn. 10), S. 184ff.

[27] BVerwGE 46, 81 (83) = BeckRS 1973, 31327391; E 73, 312 (313f.) = BeckRS 1981, 31323208; NVwZ 1991, 570 (571); OVG Bln-Bbg Beschl. v. 13.10.2009 – 3 N 39/08, BeckRS 2009, 40110.

[28] Vgl. auch § 49a Abs. 1 VwVfG.

[29] BVerwG DÖV 1983, 980, dazu Fall 1 → Rn. 5 und Lösung → Rn. 24.

[30] Vgl *Steinweg* Regelungsgehalt (Fn. 10), S. 193.

[31] BVerwG NVwZ-RR 1996, 122.

[32] OVG LSA Urt. v. 24.11.2010 – 3 L 91/10, BeckRS 2010, 56933.

[33] Vgl. nur die §§ 48 Abs. 1 S. 1, 49 Abs. 2 S. 1, Abs. 3 VwVfG. Grundlegend zur Unterscheidung zwischen dem Zeitpunkt, in dem eine Rechtsfolge eintritt und dem Zeitraum, für den eine Rechtsfolge eintritt, *Steinweg* Regelungsgehalt (Fn. 10), S. 31ff.

[34] Die Fälle einer rückwirkenden (nicht auf die Aufhebung des Verwaltungsaktes zurückgehenden) Erledigung betreffen den Fortfall des tatbestandsmäßigen Sachverhalts ex tunc und sind in der Praxis sehr selten. Näher dazu *Steinweg* Regelungsgehalt (Fn. 10), S. 164ff.

[35] Vgl. *Sachs* in: Stelkens/Bonk/Sachs, VwVfG, § 43 Rn. 207.

Abgrenzungsfragen stellen sich insbesondere, wenn das Handlungsgebot des Verwaltungsakts weggefallen ist, der Verwaltungsakt aber Grundlage eines Gebührenanspruchs, einer Vollstreckungsmaßnahme (z. B. der Androhung einer Ersatzvornahme oder eines Zwangsgeldes) oder einer Bewehrung mit Geldbuße oder Strafe ist respektive sein kann. Die herrschende Meinung geht in diesen Fällen von der Statthaftigkeit der Anfechtungsklage und damit zugleich der Unzulässigkeit der Fortsetzungsfeststellungsklage aus, weil sich der Verwaltungsakt nicht vollständig erledigt habe,[36] eine Aufhebung nicht „sinnlos" geworden, vielmehr erforderlich geblieben sei, um die **Folgemaßnahmen angreifen** zu können,[37] also der Verwaltungsakt noch Auswirkungen zeige.[38] Dies soll jedenfalls dann gelten, wenn die Folgemaßnahmen nicht an die Rechtmäßigkeit, sondern an das Bestehen des Verwaltungsakts anknüpfen. 14

Nach der hier vertretenen Ansicht beurteilt sich die Frage der Erledigung ausschließlich nach der Regelungsintention des Verwaltungsakts.[39] Hat die Verwaltungsbehörde eine Verfügung und einen darauf bezogenen **Gebührenbescheid** erlassen, muss der die Rechtmäßigkeit der Verfügung bestreitende Adressat gegen beide Verwaltungsakte Anfechtungsklage erheben. Hat er nur die Verfügung angefochten und erledigt sich diese im Laufe des Prozesses, kann er einen Fortsetzungsfeststellungsantrag stellen. Unberührt bleibt die Notwendigkeit, Anfechtungsklage gegen den Gebührenbescheid zu erheben, um diesen nicht bestandskräftig werden zu lassen. Ist der Gebührenbescheid noch nicht erlassen worden und erledigt sich das Gebot der Verfügung während der Dauer des Anfechtungsprozesses (ex nunc), ist die Fortsetzungsfeststellungsklage die richtige Rechtsschutzform. Da das Gebührenrecht die Rechtmäßigkeit der zugrunde liegenden Amtshandlung voraussetzt,[40] bedarf es nicht der Aufhebung der Verfügung, um den Rechtsgrund eines späteren Gebührenbescheides zu beseitigen. 15

Im **Verwaltungsvollstreckungsrecht** ist nach herrschender und zutreffender Meinung – abgesehen von den Fällen des Sofortvollzugs[41] – lediglich das Bestehen einer bestandskräftigen oder sofort vollziehbaren Grundverfügung, nicht deren Rechtmäßigkeit Vollstreckungsvoraussetzung,[42] weil die Verwaltungsvollstreckungsgesetze des Bundes und der Länder einen Verwaltungszwang zulassen, wenn der Grundverwaltungsakt unanfechtbar ist, sein sofortiger Vollzug angeordnet wurde oder ein Rechtsmittel keine aufschiebende Wirkung hat.[43] Auch wenn die Grundverfügung vor Eintritt der Bestandskraft vollstreckt wird, wirkt sie als Voraussetzung der Vollstreckungsmaßnahmen (z. B. der Androhung der Ersatzvornahme) und der Kosten der Vollstreckungsmaßnahmen (z. B. der Kosten der Ersatzvornahme) fort. Hieraus wird zumeist gefolgert, dass es an einer Erledigung auch dann fehlt, wenn das Gebot einer Grundverfügung mittlerweile weggefallen ist (z. B. weil der befohlene Abriss eines Bauwerks seitens der Verwaltung vollzogen wurde). 16

Aus § 113 Abs. 1 S. 2 VwGO ergebe sich, dass eine Aufhebung des Verwaltungsakts auch nach Vollziehung möglich sei.[44] Der Vollzug eines Handlungspflichten auferlegenden Verwaltungsakts müsse selbst dann nicht bereits zu dessen Erledigung führen, wenn irreversible 17

---

[36] *Steinweg* Regelungsgehalt (Fn. 10), S. 163, 193.

[37] *Rozek* JuS 1995, 414 (417); *Schenke* Verwaltungsprozessrecht, Rn. 314 ff.; *W.-R. Schenke/R. P. Schenke* in Kopp/Schenke, VwGO, § 113 Rn. 102; *Pietzner/Ronellenfitsch* Assessorexamen, § 11 Rn. 335.

[38] Näher zum Ganzen *Riese* in: Schoch/Schneider, VwGO, § 113 Rn. 119; *Wolff* in: Sodan/Ziekow, VwGO, § 113 Rn. 257 ff.; *Emmenegger* in: Fehling/Kastner/Störmer, VwR, § 113 VwGO Rn. 94 – jeweils m. w. Nachw. Eine gute Übersicht bietet auch die Entscheidung VGH BW NVwZ 1994, 1130.

[39] Im Ergebnis ebenso *Gerhardt* in: Schoch/Schmidt-Aßmann/Pietzner, VwGO, 16. EL März 2008, § 113 Rn. 82.

[40] Vgl. etwa VGH BW NVwZ 1985, 202 (204).

[41] Vgl. z. B. § 6 Abs. 2 VwVG des Bundes.

[42] Vgl. BVerwG NJW 1984, 2591 (2592); E 122, 293 (296 f.) = NVwZ 2005, 819 f.; NVwZ 2009, 122 → *Schoch* JK 9/09, VwVfG § 43/5 und → JuS 2009, 368 *(Waldhoff)*; *Schweikert* Der Rechtswidrigkeitszusammenhang im Verwaltungsvollstreckungsrecht, 2013, S. 54 ff.; *Pünder* in: Steinbach, Verwaltungsrechtsprechung, S. 227 (229); *Kingreen/Poscher* Polizei- und Ordnungsrecht, § 24 Rn. 32 f.

[43] Vgl. z. B. § 6 Abs. 1 VwVG des Bundes.

[44] *Büllingmann* JuS 2017, 650 (652).

Tatsachen geschaffen wurden. Die Erledigung eines Verwaltungsakts trete vielmehr erst ein, wenn dieser nicht mehr geeignet ist, rechtliche Wirkung zu erzeugen oder wenn die Steuerungsfunktion, die ihm ursprünglich innewohnte, nachträglich entfallen ist. Ein Verwaltungsakt, der Handlungspflichten auferlege, äußere aber auch nach Vollstreckung weiterhin rechtliche Wirkung für das Vollstreckungsverfahren. Denn er bilde zugleich die Grundlage für den Kostenbescheid. Diese **Titelfunktion des Grundverwaltungsakts** dauere an.[45] Um erfolgreich gegen die Vollstreckungsakte und die darauf gerichteten Kostenbescheide vorgehen zu können, muss danach zunächst die Grundverfügung angefochten werden.[46] Die Fortsetzungsfeststellungsklage scheide aus. Auch die Anfechtungsklage dürfte in der Regel unzulässig sein, weil die Grundverfügung bereits bestandskräftig geworden ist, wenn sich der Adressat erst nach Erlass eines Kostenbescheides dagegen wehrt.

18 Der genannten **Betrachtungsweise ist nicht zu folgen.** Will der Adressat einer Verwaltungszwangsmaßnahme gegen diese oder den darauf gestützten Kostenbescheid gerichtlich vorgehen, weil er die Grundverfügung für rechtswidrig hält, kann er sich zwar nicht darauf beschränken, sondern muss (zuvor oder gleichzeitig) die Grundverfügung angreifen.[47] Dies besagt aber noch nichts über die Rechtsschutzform (Anfechtungs- oder Fortsetzungsfeststellungsklage). Stellt man auf die Regelungsintention der Grundverfügung ab, hat sich jedenfalls das Gebot eines Tuns, Duldens oder Unterlassens mit dem Wegfall erledigt. Die vollstreckungsrechtliche Funktion der Grundverfügung ergibt sich aber nicht aus dieser selbst, sondern aus den Vollstreckungsgesetzen[48] (zumal die Behörde über das Ob und Wie einer Vollstreckung erst entscheiden kann, wenn der Adressat einer Grundverfügung dem ihm auferlegten Tun, Dulden oder Unterlassen nicht nachgekommen ist). Wie ausgeführt (→ Rn. 16), kommt es nach der eindeutigen Gesetzeslage für die Rechtmäßigkeit der Vollstreckungsmaßnahme abgesehen von der Rechtmäßigkeit des Vollstreckungsakts nur auf die Wirksamkeit der Grundverfügung an. Auch die Kostentragungspflicht setzt nur voraus, dass die Grundverfügung zu dem Zeitpunkt der Vollstreckung wirksam war, verlangt also nicht dessen Rechtmäßigkeit oder Wirksamkeit zum Zeitpunkt des Kostenbescheids.[49] Verfehlt sind die Versuche, das Erfordernis der Rechtmäßigkeit oder Wirksamkeit der Grundverfügung zum Zeitpunkt der Kostenentscheidung als ungeschriebenes Tatbestandsmerkmal oder im Wege der Billigkeitserwägungen in die Vollstreckungsnormen oder Kostenbestimmungen hineinzulesen.[50] Daher kann nur angenommen werden, dass sich mit einer nicht rückgängig zu machenden Vollstreckung die Grundverfügung (vollständig) erledigt hat.[51] Gleichwohl ermöglicht die – nicht an eine Klagefrist gebundene (→ Rn. 90 f.) – **Fortsetzungsfeststellungsklage** einen effektiven Rechtsschutz gegen die Vollstreckungsakte und Kostenentscheidung. Wie noch zu zeigen sein wird (→ Rn. 97), hat nämlich die gerichtliche Feststellung der Rechtswidrigkeit eines Verwaltungsakts dieselbe Wirkung wie eine Anfechtungsklage respektive eine Nichtigkeitsfeststellung. Nichtige Verwaltungsakte stellen jedoch keine taugliche Grundlage einer Verwaltungsvollstreckung dar. Somit könnte sich der Kläger im Falle einer erfolgreichen Fortsetzungsfeststellungsklage auch gegen spätere Vollstreckungsakte und die hierauf bezogenen Kostenfestsetzungsbescheide noch mit der Begründung wenden, dass die Vollstreckungsvoraussetzungen wegen der gerichtlich festgestellten Rechtswidrigkeit der Grundverfügung fehlen.

---

[45] Vgl BVerwG NVwZ 2009, 122 m. w. Nachw → JuS 2009, 368 *(Waldhoff)*.

[46] Vgl nur *Poscher* FS Stürner II, 2013, S. 1941 (1949 ff.); *Schenke* Verwaltungsprozessrecht, Rn. 318; *W.-R. Schenke/R. P. Schenke* in: Kopp/Schenke, VwGO, § 113 Rn. 102; *Sachs* in: Stelkens/Bonk/Sachs, VwVfG, § 43 Rn. 215.

[47] Anders z. B. *Enders* NVwZ 2009, 958 (960); *Bull/Mehde* Allgemeines Verwaltungsrecht und Verwaltungslehre, 2015, Rn. 984; *Würtenberger* in: Ehlers/Fehling/Pünder, BesVwR III, § 69 Rn. 389, 453.

[48] Vgl *Ehlers* Liber amicorum Erichsen, S. 1 (12); vgl. auch *Schübel-Pfister* in: Eyermann, VwGO, § 113 Rn. 107.

[49] *Wolff* in: Sodan/Ziekow, VwGO, § 113 Rn. 258; *Riese* in: Schoch/Schneider, VwGO, § 113 Rn. 119.

[50] So aber *Jäckel* NVwZ 2014, 1625 (1626 ff.) m. w. Nachw.

[51] Ebenso *Schweikert* Rechtswidrigkeitszusammenhang (Fn. 42), S. 169, 173 f.; *Pünder* in: Steinbach, Verwaltungsrechtsprechung, S. 227 (235).

19 Wird ein mit **Geldbuße oder Strafe bewehrter Verwaltungsakt** nach Zuwiderhandlung des Klägers mit Wirkung für die Zukunft zurückgenommen oder widerrufen, kommt es auf die diesbezügliche Erledigung nicht an, wenn nur der Ungehorsam gegen eine sofort vollziehbare Anordnung mit Geldbuße oder Strafe sanktioniert wird (die Aufhebung des Verwaltungsakts also nicht dazu führen würde, dass die Geldbuße respektive Strafe entfällt).[52] Es muss dann Anfechtungsklage erhoben werden, um eine Aufhebung des Verwaltungsakts ex tunc zu erreichen. Setzt die Sanktionierung mit Geldbuße oder Strafe das Vorliegen eines rechtmäßigen Verwaltungsakts voraus, bedarf es nicht der Anfechtungsklage, sondern der Fortsetzungsfeststellungsklage.[53] Ist entscheidend, ob ein Verwaltungsakt bestanden hat oder nicht, entspricht die Rechtslage derjenigen im Verwaltungsvollstreckungsrecht (→ Rn. 16ff.).

20 **b) Antrag.** Der Übergang zum Feststellungsbegehren setzt einen Antrag des Klägers voraus, der auch konkludent gestellt werden kann.[54] Erledigt sich ein Verwaltungsakt nach Auffassung des Klägers, hat dieser die Möglichkeit die Klage zurückzunehmen (wozu er in der Regel nicht bereit sein wird, weil dies gemäß § 155 Abs. 2 VwGO eine Kostentragungspflicht nach sich zieht) oder den **Rechtsstreit in der Hauptsache** für **erledigt** zu erklären.

21 Schließt sich der Beklagte der Erledigungserklärung in der Hauptsache an, hat dies analog § 92 Abs. 3 VwGO prozessbeendende Wirkung, so dass nur noch gemäß **§ 161 Abs. 2 VwGO** nach billigem Ermessen unter Berücksichtigung des bisherigen Sach- und Streitstandes über die Kosten zu entscheiden ist.[55] Dies schließt eine Fortsetzungsfeststellungsklage aus.[56] Unerheblich ist, ob sich die Hauptsache tatsächlich erledigt hat.[57] Die **Erledigung des Rechtsstreits** ist nicht mit der Erledigung des Verwaltungsakts gleichzustellen. Z. B. bleibt ein rechtswidriger bei der Anfechtungsklage angefochtener Verwaltungsakt, dem nachträglich im Wege der Rechtsänderung eine ausreichende Rechtsgrundlage vermittelt worden ist, nunmehr in rechtmäßiger Weise bestehen. In solchen Fällen bietet es sich aber an, den Rechtsstreit für erledigt zu erklären.[58] Auch eine übereinstimmende Erledigungserklärung lässt die materielle Rechtslage unberührt. Anderes soll gelten, wenn die Verfahrensbeteiligten bei der Abgabe der Erledigungserklärung übereinstimmend davon ausgehen, der Verwaltungsakt sei obsolet und sich auch in der Folgezeit daran orientieren.[59] **Widerspricht der Beklagte** der Erledigungserklärung (weil er den Rechtsstreit nicht für erledigt hält), mündet das Verfahren in einen **Erledigungsstreit** (Änderung des Streitgegenstands).[60]

22 Stattdessen oder wenn der Beklagte der abgegebenen Erledigungserklärung noch nicht zugestimmt hat,[61] kann der Kläger einen **Antrag** nach § 113 Abs. 1 S. 4 VwGO stellen.

---

[52] Vgl. BGHSt 23, 86 (93) = NJW 1969, 2023 (2015f.). Krit. *W.-R. Schenke* Jura 1980, 133 (135). Vgl. auch BVerfGE 87, 399 (411) = NJW 1993, 581 (582) (wonach nur die rechtmäßige Auflösung einer Versammlung strafbewehrt ist).

[53] Vgl. *Gerhardt* in: Schoch/Schneider/Bier, VwGO, 32. EL Oktober 2016, § 113 Rn. 82.

[54] So BVerwGE 62, 86 (90) = BeckRS 1981 30433107; der Antrag muss sich mit hinreichender Deutlichkeit dem Vorbringen des Klägers entnehmen lassen. Vgl. *Bamberger* in: Wysk, VwGO, § 113 Rn. 57; *Schübel-Pfister* in: Eyermann, VwGO, § 113 Rn. 91.

[55] Abzustellen ist in erster Linie auf die Erfolgsaussichten der Klage. Näher zum Ganzen *Clausing* in: Schoch/Schneider, VwGO, § 161 Rn. 22ff.

[56] BVerwG Buchholz 310 § 113 VwGO Nr. 121; OVG Hamburg Beschl. v. 30.11.2010 – 2 Bf 93/09, BeckRS 2011, 45598; *Wolff* in: Sodan/Ziekow, VwGO, § 113 Rn. 246.

[57] *Wolff* in: Sodan/Ziekow, VwGO, § 113 Rn. 246.

[58] Näher zum Ganzen *Riese* in: Schoch/Schneider, VwGO, § 113 Rn. 116f.

[59] Vgl. OVG Bln-Bbg Beschl. v. 29.11.2016 – OVG 11 S 42.16, BeckRS 2016, 55568 Rn. 7; *Clausing* in: Schoch/Schneider, VwGO, § 161 Rn. 17; *Bünnigmann* JuS 2017, 650.

[60] Auf die Begründetheit der ursprünglichen Klage kommt es grundsätzlich nicht an. Strittig ist, ob die Klage zulässig gewesen sein muss. Die Frage ist (anders als im Zivilprozessrecht) grundsätzlich zu verneinen. Näher zum Ganzen *Schenke* Der Erledigungsrechtsstreit im Verwaltungsprozess, 1996, S. 73ff; *Cormann* Die Erledigung im Verwaltungsprozess, 1997, S. 39f., 193ff.; *Clausing* in: Schoch/Schneider, VwGO, § 161 Rn. 27ff.; *Schübel-Pfister* in: Eyermann, VwGO, § 113 Rn. 142ff.

[61] Vgl. BVerwG NVwZ 1982, 560f.; *Schübel-Pfister* in: Eyermann, VwGO, § 113 Rn. 86f. A. A. *Schenke* Verwaltungsprozessrecht, Rn. 1114, wonach eine beiderseitige Erledigungserklärung einen Fortsetzungsfeststellungsantrag nicht ausschließt.

Damit soll ihm die Möglichkeit eingeräumt werden, die Früchte des bisherigen Prozesses zu behalten (→ Rn. 1).[62] Der Sache nach handelt es sich um einen Fall der gesetzlich zugelassenen **Klagebeschränkung** i. S. d. § 173 S. 1 VwGO, § 264 Nr. 2 ZPO,[63] weil sich die Fortsetzungsfeststellungsklage als Minus zur Anfechtungsklage darstellt.[64] Einer Zustimmung des Beklagten bedarf es nicht.[65] Der Antrag darf auch gestellt werden, wenn Erledigung erst im **Berufungs- oder Revisionsverfahren** eintritt.[66] Eine nach Ablauf der Begründungsfrist für die Berufungszulassung eingetretene Erledigung darf bei der Entscheidung über die Zulassung der Berufung nicht mehr berücksichtigt werden.[67] Wird der Fortsetzungsfeststellungsantrag im Berufungsverfahren gestellt, steht einer Entscheidung durch Beschluss (§ 130a VwGO) das Gebot mündlicher Verhandlung gemäß Art. 6 EMRK entgegen, wenn neue Rechtsfragen oder Tatsachen entscheidungserheblich werden.[68] Das Verbot einer Klageänderung im Revisionsverfahren gemäß § 142 Abs. 1 S. 1 VwGO steht ebenfalls nur einer Änderung des Streitgegenstandes, nicht jedoch dem Übergang von einem Anfechtungs- zu einem Fortsetzungsfeststellungsantrag entgegen.[69] Ferner können Sach- und Fortsetzungsfeststellungsantrag auch hilfsweise nebeneinander gestellt werden.[70]

23 Nach der Rechtsprechung soll nach der Erledigungserklärung des Klägers auch der **Beklagte** einen Feststellungsantrag entsprechend § 113 Abs. 1 S. 4 VwGO stellen dürfen (soweit er ein berechtigtes Interesse an der Feststellung der Rechtmäßigkeit seiner Maßnahme geltend machen kann), um eine gerichtliche Sachentscheidung erlangen zu können.[71] Nach anderer Ansicht soll der Beklagte befugt sein, eine Feststellungswiderklage gemäß § 89 VwGO zu erheben.[72] Diese Auffassungen überzeugen nicht, weil eine Widerklage bei Anfechtungs- und Verpflichtungsklagen unzulässig ist (§ 89 Abs. 2 VwGO), der ursprüngliche klägerische Sachantrag nach Erledigungserklärung und tatsächlicher Erledigung nicht mehr zur Entscheidung steht, Art. 19 Abs. 4 S. 1 GG der Verwaltung nicht zugutekommt und sich die Behörde ihrer Verantwortung für die Rechtmäßigkeit späterer Entscheidungen ohnehin nicht entziehen kann.[73] Auch wenn der Kläger statt eines Fortsetzungsfeststellungsantrags eine einseitige Erledigungserklärung abgegeben hat und sich im Erledigungsstreit (→ Rn. 21) herausstellt, dass die Hauptsache erledigt ist, fehlt die Rechtsgrundlage für eine Sachprüfung der ursprünglichen Klage auf Antrag des Beklagten nach Maßgabe dessen Feststellungsinteresses.[74]

24 **Lösung zu Fall 1:** Durch die freiwillige Befolgung des Beitragsbescheides ist keine Erledigung eingetreten, weil der Beitragsbescheid als Rechtsgrundlage für das Behaltendürfen der Geldzahlung fortwirkt, der Bescheid noch aufgehoben und die Erfül-

---

[62] BVerwGE 81, 226 (228) = NJW 1989, 2486 f.

[63] *W.-R. Schenke/R. P. Schenke* in: Kopp/Schenke, VwGO, § 113 Rn. 121; krit. *Bühler/Brönnecke* Jura 2017, 34 (35).

[64] BVerwGE 151, 36 Rn. 13 = NVwZ 2015, 986; *Decker* in: Posser/Wolff, BeckOK VwGO, § 113 Rn. 81.1.

[65] BVerwG Urt. v. 2.4.2008 – 8 C 7/07, BeckRS 2008, 35452 Rn. 18.

[66] Vgl. BVerwG Buchholz 310, § 161 VwGO Nr. 106. Gibt der Kläger weder eine Erledigungs- noch eine Fortsetzungsfeststellungserklärung in der Rechtsmittelinstanz ab, muss die Klage mangels Rechtsschutzbedürfnisses als unzulässig abgewiesen werden. Zur Tenorierung vgl. *Schübel-Pfister* in: Eyermann, VwGO, § 113 Rn. 96.

[67] *Riese* in: Schoch/Schneider, VwGO, § 113 Rn. 106.

[68] Vgl. BVerwG NVwZ 2015, 600 Rn. 7 f.

[69] BVerwGE 146, 303 Rn. 19 = NVwZ 2013, 1481.

[70] Vgl. BVerwGE 61, 128 (134) = NJW 1981, 2426 (2427); E 73, 312 (314) = BeckRS 1981, 31323208.

[71] Vgl. BVerwGE 31, 318 = NJW 1969, 1789; E 87, 62 (67 ff.) = NVwZ 1991, 162 (163). Zustimmend *Kothe* in: Redeker/v. Oertzen, VwGO, § 107 Rn. 21a. Vgl. ferner *Schübel-Pfister* in: Eyermann, VwGO, § 113 Rn. 98 f.

[72] *Schenke* Erledigungsrechtsstreit (Fn. 60), S. 250 f.

[73] Vgl. zum Ganzen *Pietzner* VerwArch 77 (1986), 299 (319 ff.); *Burgi* DVBl 1991, 193 (200); *Göpfert* Die Fortsetzungsfeststellungsklage: Versuch einer Neuorientierung, 1998, S. 52 ff.; *Würtenberger/Heckmann* Verwaltungsprozessrecht, Rn. 731; *Clausing* in: Schoch/Schneider, VwGO, § 161 Rn. 32 f.

[74] Zur abweichenden Rspr. vgl. *W.-R. Schenke/R. P. Schenke* in: Kopp/Schenke, VwGO, § 113 Rn. 120, § 161 Rn. 23.

lungshandlung wieder rückgängig gemacht werden kann. Daher ist der Fortsetzungsfeststellungsantrag unzulässig.

## 2. Erledigung des Verwaltungsakts vor Erhebung einer Anfechtungsklage

**Fall 2:** Pressefotograf B hat fristgerecht Widerspruch gegen die Beschlagnahme eines Films durch die Baden-Württembergische Polizei erhoben. Während des Widerspruchsverfahrens wurde die Beschlagnahme aufgehoben. Die beantragte Feststellung, dass die Anordnung der Beschlagnahme rechtswidrig gewesen ist, lehnt die Widerspruchsbehörde ab. Zwei Monate später erhebt der Fotograf Fortsetzungsfeststellungsklage. 25

Nach § 113 Abs. 1 S. 4 VwGO muss sich der Verwaltungsakt **„vorher"** erledigt haben. 26
Da sich § 113 Abs. 1 VwGO auf eine bereits erhobene Anfechtungsklage bezieht, bedeutet dies, dass eine Anfechtungsklage rechtshängig gewesen sein muss (§ 90 VwGO)[75] und Erledigung vor der gerichtlichen Entscheidung eingetreten ist. Somit erfasst die Vorschrift nicht den Fall einer Erledigung vor Klageerhebung. Doch könnte insoweit eine **analoge Anwendung** in Betracht kommen. Das setzt eine Regelungslücke, deren Planwidrigkeit sowie eine vergleichbare Interessenlage voraus.

**a) Bestehen einer Regelungslücke.** Eine Regelungslücke wäre zu verneinen, wenn 27
das Klagebegehren in Form einer anderen Klageart verfolgt werden könnte. Eine **Anfechtungsklage** kommt von vornherein nicht in Betracht. Ein erledigter Verwaltungsakt kann nicht aufgehoben werden (→ § 27 Rn. 19). Zudem würde einer Anfechtungsklage gegen erledigte Verwaltungsakte immer das Rechtsschutzbedürfnis fehlen.[76]

Somit ist allenfalls an die **allgemeine Feststellungsklage** gemäß § 43 Abs. 1 VwGO zu 28
denken. Eine Nichtigkeitsfeststellungsklage (§ 43 Abs. 2 S. 2 VwGO) scheidet aus mehreren Gründen aus. Zunächst setzt sie die Existenz oder äußere Wirksamkeit eines Verwaltungsakts voraus (→ § 30 Rn. 32). Ist ein Verwaltungsakt aber aufgehoben worden oder hat er sich anders erledigt i. S. d. § 113 Abs. 1 S. 4 VwGO, ist ein Verwaltungsakt gerade nicht mehr vorhanden. Sodann müsste der – später erledigte – Verwaltungsakt nichtig gewesen sein (§ 44 VwVfG). Dies trifft aber nur in Ausnahmefällen und gerade nicht auf die Rechtswidrigkeitsfeststellung zu. Soll § 43 Abs. 1 Alt. 1 VwGO einschlägig sein, müsste es bei der Feststellung der Rechtswidrigkeit des Verwaltungsakts somit um die Feststellung des Bestehens oder Nichtbestehens eines Rechtsverhältnisses gehen. In der Literatur wird dies bei vorprozessualer Erledigung vielfach angenommen.[77] Auch das BVerwG hat in einer (vereinzelt gebliebenen) Entscheidung aus dem Jahr 1999 eine Feststellungsklage in einem obiter dictum befürwortet, ohne abschließend zu entscheiden.[78] Diesen Ansichten ist jedoch in

---

[75] Ganz h. M.; vgl. BVerwGE 26, 161 (165) = BeckRS 1967, 103941; *Schmitt Glaeser/Horn* Verwaltungsprozeßrecht, Rn. 352, 354; a. A. *Göpfert* Fortsetzungsfeststellungsklage (Fn. 73), S. 40; *ders.* ThürVBl 1999, 182 f., wonach der Terminus „vorher" gleichbedeutend sein soll mit „vor Erlass des Urteils", so dass § 113 Abs. 1 S. 4 VwGO auch unmittelbare Anwendung findet, wenn sich der Verwaltungsakt vor Klageerhebung erledigt hat.

[76] Allgemeine Auffassung vgl. *Ehlers* NVwZ 1990, 105 (107).

[77] Vgl. z. B. BVerwGE 26, 161 (165) = BeckRS 1967, 103941; E 81, 226 (227) = NJW 1989, 2486; E 151, 36 Rn. 21 = NVwZ 2015, 986; *Pietzner* VerwArch 84 (1993), 261 (280 ff.); *Fechner* NVwZ 2000, 121 (127 ff.); *Clausing* JuS 2000, 688 (689 f.); *Wehr* DVBl 2001, 785 (787 ff.); *Lange* SächsVBl 2002, 53 (57 ff.); *Finger* Verwaltungsrundschau 2004, S. 145 ff. (analoge Anwendung des § 43 Abs. 1 Alt. 2 VwGO); *Glaser* NJW 2009, 1043; *Pietzcker/Marsch* in: Schoch/Schneider, VwGO, § 42 Abs. 1 Rn. 86; *Schübel-Pfister* in: Eyermann, VwGO, § 113 Rn. 97. *Wolff* in: Sodan/Ziekow, VwGO, § 113 Rn. 262; *Emmenegger* in: Fehling/Kastner/Störmer, VwGO, § 113 Rn. 117. Teilweise wird ein Fortsetzungsfeststellungswiderspruch für erforderlich gehalten, *Pietzner/Ronellenfitsch* Assessorexamen, § 11 Rn. 340, § 17 Rn. 563.

[78] Vgl. Fall 2 → Rn. 25 und Lösung → Rn. 36 mit dem dort angegebenen Nachweisen. Krit. *Rozek* JuS 2000, 1162 (1165 ff.); *R. P. Schenke* NVwZ 2000, 1255 (1257); *ders.* JuS 2007, 697 (699 f.); *W.-R. Schenke/R. P. Schenke* in: Kopp/Schenke, VwGO, § 113 Rn. 99; *Schenke* Verwaltungsprozessrecht, Rn. 325; *Hufen* Verwaltungsprozessrecht, § 18 Rn. 43.

Übereinstimmung mit der herrschenden Meinung[79] (einschließlich der späteren Rechtsprechung des BVerwG)[80] nicht zu folgen.

29 Unter einem **Rechtsverhältnis** sind die sich aus einer rechtlichen Regelung ergebenden Beziehungen zu verstehen (→ § 30 Rn. 5 ff.). Ein Verwaltungsakt kann zwar auf einem Rechtsverhältnis beruhen oder ein solches begründen, stellt aber (ebenso wie jede andere Regelung) niemals selbst ein feststellungsfähiges Rechtsverhältnis dar, weil zwischen Regelung und den von einer Regelung ausgehenden Beziehungen zu unterscheiden ist.[81] Mit einer Feststellungsklage kann daher niemals die Feststellung der Rechtswidrigkeit eines Verwaltungsakts (oder einer anderen Regelung) begehrt werden.

30 Jedoch ließe sich daran denken, die Feststellungsklage auf das dem Verwaltungsakt vor- oder nachgelagerte Rechtsverhältnis zu beziehen. Aber abgesehen davon, dass dies gerade nicht dem gestellten Klageantrag entspricht, dürfte eine Klageänderung oder Umdeutung des Klageantrags auch aus anderen Gründen kaum in Betracht kommen. Soweit der Kläger die Feststellung begehrt, dass die Behörde nach der Gesetzeslage nicht zum Erlass des Verwaltungsakts berechtigt war, ist zwar ein **vorgelagertes Rechtsverhältnis** vorhanden. Dies erlaubt aber gerade keinen zwingenden Schluss auf die Rechtmäßigkeit oder Rechtswidrigkeit des erledigten Verwaltungsakts. Z. B. kann es sein, dass die Behörde zwar zum Erlass eines Verwaltungsakts berechtigt war, der konkret erlassene Verwaltungsakt aber wegen Verstoßes gegen Form- oder Verfahrensvorschriften bzw. wegen fehlerhafter Ermessensausübung rechtswidrig ist.[82]

31 Stellt man auf die **Berechtigung zum Erlass** des **konkreten,** nunmehr erledigten **Verwaltungsakt**s ab,[83] dürfte dies am Ergebnis nichts ändern. Zwar regelt der Verwaltungsakt nicht, dass er rechtmäßig erlassen worden ist,[84] denn die Rechtmäßigkeit ist Voraussetzung des Handelns, nicht Gegenstand der getroffenen Regelung.[85] Doch ist die Feststellungsklage gegenüber der Anfechtungsklage gemäß § 43 Abs. 2 S. 1 VwGO subsidiär (→ § 30 Rn. 36), wird also von der Anfechtungsklage verdrängt, solange der Verwaltungsakt noch besteht. Lässt sich der Anspruch auf Aufhebung eines rechtswidrigen Verwaltungsakts wegen Erledigung nicht mehr durchsetzen, tritt die Fortsetzungsfeststellungsklage als eigene, aber in einem Abhängigkeitsverhältnis zur Anfechtungsklage stehende Klageart (→ Rn. 3) an die Stelle der Anfechtungsklage. Der VwGO-Gesetzgeber hat sich in § 113 Abs. 1 S. 4 VwGO gerade nicht mit einer Verweisung auf § 43 Abs. 1 VwGO begnügt. Hieraus dürfte der Schluss zu ziehen sein, dass § 43 Abs. 1 VwGO nicht die Beurteilung der Rechtmäßigkeit von Verwaltungsakten erfassen soll. Auch der Umstand, dass sich der Verwaltungsakt erledigt hat, erlaubt dann nicht den Rückgriff auf das vorgelagerte Rechtsverhältnis. Zum Erlasszeitpunkt war nämlich noch keine Erledigung eingetreten.

32 Knüpft man an das durch den Verwaltungsakt begründete – also **nachgelagerte** – **Rechtsverhältnis** an, kommt zunächst ein Antrag auf Feststellung in Betracht, dass dem (mittlerweile erledigten) Verwaltungsakt nicht Folge geleistet werden musste. Insoweit ist jedoch zu bedenken, dass der Verwaltungsakt unabhängig von seiner Rechtmäßigkeit bereits dann Wirkungen entfaltet, wenn er rechtswirksam ist. Im Rahmen einer auf das Bestehen

---

[79] Vgl. z. B. *Ronellenfitsch* in: Steinbach, Verwaltungsrechtsprechung, S. 266 (270); *Kramer* in: Steinbach, Verwaltungsrechtsprechung, S. 302 (306); *Knauff* in: Gärdiz, VwGO, § 113 Rn. 44; *Schübel-Pfister* in: Eyermann, VwGO, § 113 Rn. 90.

[80] Vgl. z. B. BVerwG NVwZ 2008, 571 Rn. 11 f.; NVwZ 2009, 588 Rn. 14; E 151, 36 Rn. 21 = NVwZ 2015, 986 → *Hufen* JuS 2016, 189.

[81] Allgemeine Auffassung vgl. *Laubinger* VerwArch 82 (1991), 459 (487); *Schoch* Übungen im Öffentlichen Recht II: Verwaltungsrecht und Verwaltungsprozessrecht, 1992, S. 243; *Fechner* NVwZ 2000, 121 (127).

[82] *Schoch* Übungen im Öffentlichen Recht II (Fn. 81), S. 244; *Fechner* NVwZ 2000, 121 (127); vgl. auch *Kramer* in: Steinbach, Verwaltungsrechtsprechung, S. 302 (306).

[83] So *R. P. Schenke* NVwZ 2000, 1255 (1257).

[84] *Ehlers* Liber amicorum Erichsen, S. 1 (16); *Steinweg* Regelungsgehalt (Fn. 10), S. 73 ff.

[85] Gegen die Annahme, dass jeder Verwaltungsakt auch die Feststellung seiner eigenen Rechtmäßigkeit enthält, spricht z. B. die Regelung des § 48 VwVfG (die eine Rücknahme rechtswidriger Verwaltungsakte nach Unanfechtbarkeit zulässt).

oder Nichtbestehen eines solchen Rechtsverhältnisses gerichteten Klage können demgemäß keine Aussagen über das gebotene Tun, Dulden oder Unterlassen getroffen werden.[86] Begehrt der Kläger die Feststellung, dass der konkrete Verwaltungsakt ihn in seinen Rechten verletzt hat oder er einen Anspruch auf Aufhebung dieses Verwaltungsakts hatte, gilt das bereits Gesagte (→ Rn. 30f.). Erfasst § 43 Abs. 2 S. 1 VwGO nicht den Fall erledigter Verwaltungsakte, ist bei vorprozessualer Erledigung nach alledem eine „teleologische Lücke" gegeben.[87]

Will der Kläger festgestellt wissen, dass die Verwaltung **heute** einen entsprechenden Verwaltungsakt nicht mehr erlassen darf, handelt es sich um einen anderen Streitgegenstand. Zudem würde es sich um eine vorbeugende Klage handeln, für die nur ausnahmsweise ein Rechtsschutzbedürfnis gegeben ist (→ § 25 Rn. 252).[88] 33

**b) Planwidrigkeit der Lücke.** Die Planwidrigkeit der Lücke folgt aus **§ 40 Abs. 1 S. 1 VwGO** sowie aus **Art. 19 Abs. 4 S. 1 GG.** Handelt es sich um öffentlich-rechtliche Streitigkeiten nichtverfassungsrechtlicher Art, muss es zumindest im Falle fortdauernder Rechtswirkungen eine Möglichkeit geben, den Streit in Gestalt einer bestimmten Rechtsschutzform austragen zu können. Ferner gewährleistet auch Art. 19 Abs. 4 S. 1 GG (bei entsprechendem Interesse) Rechtsschutz gegenüber erledigten Akten der öffentlichen Gewalt.[89] 34

**c) Vergleichbare Interessenlage.** Schließlich müsste die Interessenlage bei Erledigung des Verwaltungsakts vor Klageerhebung mit derjenigen bei Erledigung nach Klageerhebung vergleichbar sein. Aus der Sicht des Klägers ist es **unerheblich,** ob sich der Verwaltungsakt **vor oder nach Klageerhebung** erledigt. Die Klagemöglichkeit kann nicht von dem – oft zufälligen – Zeitpunkt der Erledigung abhängen.[90] Deshalb findet § 113 Abs. 1 S. 4 VwGO auf die Erledigung des Verwaltungsakts vor Erhebung der Anfechtungsklage analoge Anwendung. 35

**Lösung zu Fall 2:** Das BVerwG[91] hat die Anordnung der Beschlagnahme des Films (i. S. d. § 33 Abs. 1 Nr. 1, Abs. 2 S. 2 PolG BW) als Verwaltungsakt qualifiziert, der durch Einbehalten des Films sofort vollzogen wurde. Wegen der Aufhebung der Beschlagnahme im Widerspruchsverfahren hat sich der Verwaltungsakt allerdings nicht nach, sondern vor Klageerhebung erledigt. Wie auf die Erledigung im Widerspruchsverfahren zu reagieren ist (→ Rn. 62), kann dahinstehen, weil die Frage nicht die Statthaftigkeit der Fortsetzungsfeststellungsklage betrifft. Bei Zugrundelegung der hier und früher allgemein in der Rspr. vertretenen Ansicht ist die Fortsetzungsfeststellungsklage analog § 113 Abs. 1 S. 4 VwGO gegeben. Dagegen hat das BVerwG auch eine Feststellungsklage für möglich gehalten, ohne sich abschließend festzulegen. Einer Feststellungsklage soll jedenfalls nicht entgegenstehen, dass es sich bei der Rechtswidrigkeit eines Verwaltungsakts nicht um ein feststellungsfähiges Rechtsverhältnis handeln würde.[92] Dieser Ansicht ist aus den genannten Gründen mit der inzwischen einhelligen Rspr. des BVerwG (→ Rn. 28) nicht zu folgen. Zur Klagefrist vgl. → Rn. 92. 36

---

[86] Vgl. *Schoch* Übungen im Öffentlichen Recht II (Fn. 81), S. 243.

[87] Vgl. auch *R. P. Schenke* NVwZ 2000, 1255 (1257), der allerdings auf die Sachentscheidungsvoraussetzungen abstellt. Dies ist problematisch, weil nicht vom Ergebnis auf die Voraussetzungen geschlossen werden darf und sich die Sachentscheidungsvoraussetzungen der Fortsetzungsfeststellungsklage (bei vorprozessualer Erledigung) und der allgemeinen Feststellungsklage kaum unterscheiden.

[88] Vgl. *Schmitt Glaeser/Horn* Verwaltungsprozeßrecht, Rn. 313.

[89] BVerfGE 96, 27 (39f.) = NJW 1997, 2163 (2164) → JA 1998, 281 *(Trautwein);* BVerwGE 62, 317 (322) = NJW 1982, 536 (537).

[90] Ganz h. M.; vgl. dazu BVerwGE 26, 161 (165) = BeckRS 1967, 103941; *R. P. Schenke* JuS 2007, 697 (700).

[91] BVerwGE 109, 203 (206) = NVwZ 2000, 63f. → JuS 2000, 720 *(Hufen).*

[92] BVerwGE 109, 203 (209) = NVwZ 2000, 63 (64) → JuS 2000, 720 *(Hufen).*

### 3. Erledigung vor oder nach Erhebung einer Verpflichtungsklage in Form einer Versagungsgegenklage

37 **Fall 3:** Der Antrag des C auf Erteilung einer Baugenehmigung für die Errichtung eines Lebensmittelmarktes im unbeplanten Innenbereich wird abgelehnt. Nach Zurückweisung des fristgerecht eingelegten Widerspruchs erhebt C verwaltungsgerichtliche Verpflichtungsklage auf Erlass der Baugenehmigung. Während des Prozesses beschließt die Gemeinde die Aufstellung eines Bebauungsplans und setzt eine Veränderungssperre gemäß § 14 BauGB in Kraft. Daraufhin stellt C einen Fortsetzungsfeststellungsantrag.

38 Nach ganz herrschender Meinung findet § 113 Abs. 1 S. 4 VwGO auch auf die Verpflichtungsklage (analoge) Anwendung.[93] Dieser Ansicht ist nur für den Fall der **Versagungsgegenklage** (Weigerungsgegenklage → § 28 Rn. 16) zuzustimmen. Ist der Antrag auf Erlass eines Verwaltungsakts abgelehnt worden und erledigt sich der begehrte Erlass[94] (z. B. weil der Zeitraum abgelaufen ist, für den der Verwaltungsakt begehrt wurde, das Leistungsbegehren – etwa durch Anerkenntnis – erfüllt wurde[95] oder neue Rechtsvorschriften dem Begehren entgegenstehen), kommt eine gerichtliche Verurteilung zum Erlass des Verwaltungsakts mangels eines objektiven Rechtsschutzbedürfnisses oder eines materiellen Anspruchs[96] nicht mehr in Betracht. Der Kläger muss dann wegen des nach § 40 Abs. 1 S. 1 VwGO, Art. 19 Abs. 4 S. 1 GG, Art. 47 Abs. 1 GRCh gebotenen Rechtsschutzes aber jedenfalls die Möglichkeit einer gerichtlichen Rechtswidrigkeitsfeststellung haben.

39 Da die Ablehnung des Verwaltungsakts selbst Verwaltungsaktscharakter hat und dieser Verwaltungsakt auch im Falle der Rechtswidrigkeit die Rechtslage bestimmt, kann ebenso wie bei der Anfechtungsklage (→ Rn. 30) nicht auf das vorgelagerte Gesetz zurückgegriffen werden, so dass eine allgemeine Feststellungsklage (gerichtet auf die Feststellung, dass die Verwaltung nach der Gesetzeslage zum Erlass des Verwaltungsakts verpflichtet war) ausscheidet. Ein nachgelagertes Rechtsverhältnis gibt es ohnehin nicht. Die Rechtsschutzlücke ist daher in analoger Anwendung des § 113 Abs. 1 S. 4 VwGO zu schließen. Einer **doppelt analogen Anwendung** der Vorschrift bedarf es, wenn **Erledigung vor Erhebung** der Verpflichtungsklage eingetreten ist.[97]

40 Der Übergang von der Verpflichtungs- zur Fortsetzungsfeststellungsklage ist jedoch nur zulässig, wenn der **Streitgegenstand** nicht ausgewechselt oder erweitert wurde. Streitgegenstand der Verpflichtungsklage ist der **Anspruch** des Klägers **auf Erlass** des ihn begünstigenden Verwaltungsakts oder auf Neubescheidung (→ § 28 Rn. 54), nicht auf Rechtmäßigkeit oder Rechtswidrigkeit des versagenden Verwaltungsakts. Deshalb kommt es nicht auf die Erledigung des versagenden Verwaltungsakts, sondern auf die Erledigung des Verpflichtungsanspruchs an.[98] Im Zeitpunkt unmittelbar vor Eintritt des erledigenden Ereignisses muss der Kläger einen Anspruch auf Erlass des Verwaltungsakts oder Neubescheidung gehabt haben. Stellt der Kläger auf einen anderen Zeitpunkt oder Zeitraum ab oder begehrt er die Feststellung, dass der Verwaltungsakt rechtswidrig gewesen ist, handelt es sich

---

[93] Vgl. z. B. BVerwGE 28, 233 = NJW 1968, 1442; E 52, 313 (316) (insoweit nicht abgedruckt in: NJW 1977, 1837); E 81, 365 (367) = NJW 1990, 335; *Ingold* JA 2009, 711 (715); *Hufen* Verwaltungsprozessrecht, § 18 Rn. 43; *Schenke* Verwaltungsprozessrecht, Rn. 330; *Schmitt Glaeser/Horn* Verwaltungsprozeßrecht, Rn. 359; *W.-R. Schenke/R. P. Schenke* in: Kopp/Schenke, VwGO, § 113 Rn. 109; *Redeker* in: Redeker/v. Oertzen, VwGO, § 113 Rn. 64; *Knauff* in: Gärditz, VwGO, § 113 Rn. 44 – jeweils m. w. Nachw.

[94] Da es auf den angestrebten Verwaltungsakt und nicht die Ablehnung des Verwaltungsakts ankommt, kann sich nur der Erlass erledigen (→ Rn. 40).

[95] Auch in solchen Fällen muss zwischen dem Erstrebten und Erreichten Identität bestehen (→ Rn. 40). Vgl. OVG NW Beschl. v. 30.1.2002 – 19 A 2524/01, BeckRS 2002, 21243.

[96] U. U. fehlt bereits die Klagebefugnis.

[97] Vgl. z. B. BVerwGE 52, 313 (316 f.) (insoweit nicht abgedruckt in: NJW 1977, 1837); *Rozek* JuS 1995, 414 (415).

[98] *Decker* JA 2016, 241 (244); a. A. *Knauff* in: Gärditz, VwGO, § 113 Rn. 43.

um einen anderen Streitgegenstand. Der Kläger kann dann sein Begehren nur im Wege der allgemeinen Feststellungsklage gemäß § 43 VwGO nach einer Klageänderung verfolgen.[99]

**Lösung zu Fall 3:** C kann sein Verpflichtungsbegehren weiterverfolgen, wenn er die Veränderungssperre für unwirksam hält. Bezweifelt er dagegen nicht die Gültigkeit der Veränderungssperre, bietet die Verpflichtungsklage keine Erfolgsaussichten mehr, weil es auf den Zeitpunkt der letzten mündlichen Verhandlung ankommt und die Veränderungssperre dem Anspruch auf Erlass der Genehmigung dann entgegensteht. Die Änderung der Rechtslage hat erledigende Wirkung. Es fällt nicht die innere Wirksamkeit der Ablehnungsentscheidung weg, sondern es erledigt sich das Verpflichtungsbegehren. Entsprechend § 113 Abs. 1 S. 4 VwGO kann C daher den Antrag stellen, festzustellen, dass zum Zeitpunkt des erledigenden Ereignisses (Veränderungssperre) ein Anspruch auf Erteilung der Baugenehmigung bestand.[100] Vgl. auch → Rn. 80. 41

### 4. Erledigung vor oder nach Erhebung einer Verpflichtungsklage in Form einer Untätigkeitsklage

**Fall 4:** Eine in Vereinsform organisierte Umweltvereinigung D hat beantragt, für den 18.5. eine öffentliche Versammlung unter freiem Himmel in dem befriedeten Bezirk für den Deutschen Bundestag gemäß § 3 BefBezG (Sartorius Nr. 434) zuzulassen. Am 20.5. teilt das Bundesministerium des Inneren telefonisch mit, dass sich die Angelegenheit mittlerweile ja erledigt habe. Man gedenke daher nicht mehr, zu entscheiden. Ende August erhebt D verwaltungsgerichtliche Klage mit dem Antrag auf Feststellung, dass sie einen Anspruch auf Zulassung der Versammlung gehabt hat. 42

Nach **herrschender Meinung**[101] soll **§ 113 Abs. 1 S. 4 VwGO** auch dann **entsprechend anwendbar** sein, wenn der Antrag auf Erlass eines Verwaltungsakts, der sich erledigt hat, nicht beschieden wurde und deshalb die Vornahme des Verwaltungsakts unterlassen worden ist. Dieser Auffassung ist nicht zu folgen.[102] Hat sich der Erlass des Verwaltungsakts vor Erhebung der Untätigkeitsklage (§ 75 VwGO) erledigt, kann und muss der Antragsteller (allgemeine) Feststellungsklage gemäß § 43 Abs. 1 VwGO erheben. 43

Das Begehren richtet sich darauf, festzustellen, dass der Verwaltungsträger zum Erlass des Verwaltungsakts (oder jedenfalls zur Bescheidung) verpflichtet war. Für eine **analoge Anwendung** des § 113 Abs. 1 S. 4 VwGO ist **kein Raum.** Einerseits fehlt es an einer Rechtsschutzlücke, andererseits ist mangels eines „aufsaugenden" (für die Feststellungsklage Sperrwirkungen entfaltenden) Verwaltungsakts keine Rechtsähnlichkeit mit dem in § 113 Abs. 1 S. 4 VwGO geregelten Fall gegeben. Zur Prüfung steht nicht die Rechtmäßigkeit eines (ablehnenden) Verwaltungsakts oder ein anderes, an den Verwaltungsakt anknüpfendes Rechtsschutzbegehren, sondern ein Untätigbleiben der Verwaltung. 44

Die (allgemeine) Feststellungsklage ist im Falle eines Unterlassens der Verwaltung auch dann die richtige Klageart, wenn die **Erledigung nach Klageerhebung** eingetreten ist (weil der Erlass des Verwaltungsakts nunmehr nicht mehr möglich oder sinnvoll ist). Die Änderung der Klage ist stets sachdienlich i. S. d. § 91 Abs. 1 VwGO. Anders ist die Rechtslage, wenn die Vornahme des Verwaltungsakts abgelehnt wurde und nur über den Wider- 45

---

[99] Vgl. zum Ganzen grundlegend BVerwGE 151, 36 Rn. 21, 23 = NVwZ 2015, 986 → *Hufen* JuS 2016, 189; SächsVBl 2015, 164; *Decker* JA 2016, 241.

[100] Vgl. BVerwG NVwZ 1999, 523; ferner z. B. VGH BW BauR 2003, 1345 → *Schoch* JK 1/04, VwGO § 113 I 4/18.

[101] Vgl. BVerwGE 106, 295 = NVwZ 1998, 1295; *W.-R. Schenke/R. P. Schenke:* in: Kopp/Schenke, VwGO, § 113 Rn. 109; *Schübel-Pfister* in: Eyermann, VwGO, § 113 Rn. 127. Zur Fortsetzungsfeststellungsklage nach unzulässiger Untätigkeitsklage vgl. VGH BW BauR 2003, 1345 → *Schoch* JK 1/04, VwGO § 113 I 4/18.

[102] Im Ergebnis wie hier BayVGH BayVBl 2003, 273 (275); *Göpfert* Fortsetzungsfeststellungsklage (Fn. 73), S. 44 f.

spruch in angemessener Frist sachlich nicht entschieden worden ist. In diesem Falle bedarf es wegen des Vorliegens eines ablehnenden Verwaltungsakts im Falle der Erledigung einer analogen Heranziehung des § 113 Abs. 1 S. 4 VwGO.

46 **Lösung zu Fall 4:** Der Antrag der D hat sich durch Zeitablauf erledigt. Das OVG NW hat deshalb (in einem ähnlichen Fall) § 113 Abs. 1 S. 4 VwGO analog angewendet.[103] Jedoch fehlt es an den Analogievoraussetzungen. Zum einen ist § 43 Abs. 1 VwGO einschlägig. Zum anderen kommt die Subsidiarität der Feststellungsklage (§ 43 Abs. 2 S. 1 VwGO) nicht zum Tragen, da eine andere in der VwGO geregelte Klageart nicht eingreift. Somit ist das Klagebegehren in Form einer allgemeinen Feststellungsklage zu verfolgen. Ein berechtigtes Fortsetzungsfeststellungsinteresse liegt vor (vgl. Fall 9 → Rn. 68 und Lösung → Rn. 88). Die Klage ist aber nur zulässig, wenn nicht Verwirkung vorliegt (→ Rn. 91), was nach gut drei Monaten nicht anzunehmen ist.

### 5. Erledigung eines Realakts oder eines beantragten Vertragshandelns

47 Des Öfteren wird eine analoge Anwendung des § 113 Abs. 1 S. 4 VwGO auch befürwortet, wenn sich ein nach öffentlichem Recht zu beurteilender Realakt erledigt hat und somit eine auf ein öffentlich-rechtliches Tun, Dulden oder Unterlassen gerichtete allgemeine verwaltungsgerichtliche **Leistungsklage** keinen Erfolg mehr haben kann.[104] Doch fehlt es in solchen Fällen wiederum bereits an einer Regelungslücke, weil Rechtsschutz ohne weiteres über die (allgemeine) **Feststellungsklage** erlangt werden kann.[105] Zudem ist die Fortsetzungsfeststellungsklage grundsätzlich[106] verwaltungsaktbezogen. Ist die Erledigung nach Erhebung der Leistungsklage eingetreten, muss die Klageänderung (Übergang zur Feststellungsklage) als sachdienlich (§ 91 Abs. 1 VwGO) angesehen werden, um dem Kläger die Früchte der bisherigen Prozessführung zu erhalten. Jedoch ist die Feststellung unzulässig, wenn mit ihr mehr erreicht werden würde als mit dem ursprünglichen Leistungsantrag.[107] Nicht anders ist die Rechtslage, wenn der Kläger den Abschluss eines öffentlich-rechtlichen Vertrags erreichen wollte, ein Vertragsabschluss sich aber erledigt hat.

### 6. Erledigung eines Feststellungsbegehrens

48 Ist eine verwaltungsgerichtliche **Feststellungsklage** auf Bestehen oder Nichtbestehen eines bestimmten Rechtsverhältnisses erhoben worden und erledigt sich dieses Klagebegehren (z. B. weil das zur Feststellung gestellte Rechtsverhältnis nicht mehr besteht), kann der Kläger bei fortdauernden Wirkungen seinen Feststellungsantrag umstellen. Es bleibt aber bei der Feststellungsklage gemäß § 43 Abs. 1 VwGO. Eine entsprechende Anwendung des § 113 Abs. 1 S. 4 VwGO kommt nicht in Betracht.

### 7. Erledigung einer Norm

49 Erledigt sich eine untergesetzliche Norm (bevor oder nachdem ein Normenkontrollantrag i. S. d. § 47 VwGO gestellt worden ist) oder ein Anspruch auf Erlass einer untergesetzlichen Norm,[108] schließt dies eine **Feststellungsklage** nach § 43 Abs. 1 VwGO oder **Nor-**

---

[103] Vgl. OVG NW DVBl 1994, 541.

[104] Vgl. BayVGH NVwZ-RR 1991, 519; BayVBl 1992, 310; *Hufen* Verwaltungsprozessrecht, § 18 Rn. 44 f.; a. A. *Pietzcker/Marsch* in: Schoch/Schneider, VwGO, § 42 Abs. 1 Rn. 169a; *Redeker* in: Redeker/v. Oertzen, VwGO, § 113 Rn. 36; *Schübel-Pfister* in: Eyermann, VwGO, § 113 Rn. 137.

[105] H. M.; vgl. z. B. *Erichsen* Jura 1989, 49 (52); *Rozek* JuS 1995, 414 (416); *W.-R. Schenke/R. P. Schenke* in: Kopp/Schenke, VwGO, § 113 Rn. 116; *Schübel-Pfister* in: Eyermann, VwGO, § 113 Rn. 137.

[106] Zu einem möglichen Ausnahmefall → Rn. 51.

[107] HessVGH NVwZ-RR 1993, 277 (Unzulässigkeit einer Feststellung, wenn auf Vornahme einer Leistung geklagt wurde, der Behörde aber ein Ermessen eingeräumt wurde und dieses nicht auf Null geschrumpft ist).

[108] Zur Rechtsschutzform vgl. → § 29 Rn. 19; *Würtenberger/Heckmann* Verwaltungsprozessrecht, Rn. 515, 787 ff.

**menkontrolle** nach § 47 VwGO nicht aus.[109] Eine entsprechende Anwendung der Vorschriften über die Fortsetzungsfeststellungsklage kommt wegen des Nichtvorliegens eines Verwaltungsakts nicht in Betracht (→ § 32 Rn. 20).[110]

### 8. Erledigung eines Innenrechtsaktes

**Fall 5:** Gemeinderatsmitglied E ist wegen Befangenheit von einer Ratssitzung ausgeschlossen worden. Er stellt beim VG den Antrag, festzustellen, dass der Ausschluss rechtswidrig gewesen ist, weil er nicht befangen war. 50

Eine analoge Anwendung des § 113 Abs. 1 S. 4 VwGO auf erledigte Innenrechtsakte 51 wird von der ganz herrschenden Auffassung abgelehnt. Stattdessen wird die **allgemeine Feststellungsklage** für die richtige Rechtsschutzform gehalten.[111] Handelt es sich um einen verwaltungsinternen Regelungsakt, dürfte ein anderes Ergebnis angezeigt sein, wenn sich der Nachweis erbringen lässt, dass verwaltungsinterne Regelungen im Falle eines Rechtsverstoßes grundsätzlich nur rechtswidrig, nicht nichtig sind. Es spricht dann vieles dafür, aus denselben Gründen wie beim Vorliegen eines Verwaltungsakts, nicht auf das vor- oder nachgelagerte Rechtsverhältnis abzustellen, sondern § 113 Abs. 1 S. 4 VwGO entsprechend heranzuziehen.[112] Folgt man dem nicht, wäre eine Feststellungsklage (gerichtet darauf, dass der Innenrechtsakt nicht erlassen werden durfte) anzunehmen (vgl. auch → *Schoch* § 33 Rn. 74, 77).

**Lösung zu Fall 5:** Es handelt sich bei dem Ausschluss aus dem Rat um einen Rege- 52 lungsakt, der sich mit Beendigung der Ratssitzung erledigt hat. Nur wenn man entgegen der herrschenden Auffassung annimmt, dass die allgemeine Feststellungsklage aus den erwähnten Gründen ausscheidet, ist der Kommunalverfassungsstreit entsprechend § 113 Abs. 1 S. 4 VwGO auszutragen.

### 9. Erledigung eines Verfahrens auf Gewährung vorläufigen Rechtsschutzes

Erledigt sich ein Verfahren auf Gewährung vorläufigen Rechtsschutzes nach den §§ 80 53 Abs. 5, 80a Abs. 3, 123 VwGO, kann das Rechtsschutzbegehren **nicht** in Form eines **Fortsetzungsfeststellungsantrages** weiterverfolgt werden. Einerseits kann das Eilverfahren seine Sicherungsfunktion in Bezug auf das Hauptverfahren nicht mehr erfüllen, andererseits soll die Rechtslage der Fortsetzungsfeststellung endgültig und nicht nur zwischenzeitlich geklärt werden. Die Rechtskraftwirkung des § 121 VwGO lässt sich mit einer Eilentscheidung entsprechend § 113 Abs. 1 S. 4 VwGO nicht erreichen.[113] Der Rechtsschutzsuchende muss sein Begehren in einem Hauptsacheverfahren geltend machen.

---

[109] Tritt eine Norm während eines anhängigen Normenkontrollverfahrens außer Kraft, geht das BVerwG (E 68, 12 [13 ff.] = NJW 1984, 881) zu Recht davon aus, dass der Antragsteller unmittelbar auf der Grundlage des § 47 VwGO vom OVG (nicht VG) die Feststellung begehren kann, dass die Norm ungültig war.

[110] Näher zur Erledigung im Normenkontrollverfahren *Ziekow* in: Sodan/Ziekow, VwGO, § 47 Rn. 300 f.

[111] Vgl. etwa *Schoch* JuS 1987, 783 (788); *Rozek* JuS 1995, 414 (416); *Hufen* Verwaltungsprozessrecht, § 21 Rn. 12; *Schübel-Pfister* in: Eyermann, VwGO, § 113 Rn. 140. Nach *Schenke* Verwaltungsprozessrecht, Rn. 338 scheitert der Rückgriff auf § 113 Abs. 1 S. 4 VwGO, weil bei Zugrundelegung der h. M. kein Verwaltungsakt vorliege. Bei Erhebung einer Untätigkeitsklage will *W.-R. Schenke* dagegen § 113 Abs. 1 S. 4 VwGO entsprechend heranziehen (*Schenke* Verwaltungsprozessrecht, Rn. 330), obwohl ebenfalls kein Verwaltungsakt vorliegt.

[112] Näher dazu *Ehlers* NVwZ 1990, 105; *Stumpf* BayVBl 2000, 103 (107); ebenso *Hufen* Verwaltungsprozessrecht, § 21 Rn. 12.

[113] Vgl. BVerwG NVwZ 1995, 586 (587); OVG NW Urt. v. 19.2.2013 – 12 B 1259/12, BeckRS 2013, 48639; *Bühler/Brönnecke* Jura 2017, 34 (37); *Knauff* in: Gärditz, VwGO, § 113 Rn. 51; *Riese* in: Schoch/Schneider, VwGO, § 113 Rn. 104 m. w. Nachw.; *Stuhlfauth* in: Bader/Funke/Kaiser/Stuhlfauth/v. Abedyll, VwGO, § 113 Rn. 50. Für eine Anwendung des § 113 Abs. 1 S. 4 VwGO in Ausnahmefällen *Schübel-Pfister* in: Eyermann, VwGO, § 113 Rn. 139.

### 10. Analoge Anwendung des § 113 Abs. 1 S. 4 VwGO in sonstigen Fällen

54 Eine entsprechende Anwendung des § 113 Abs. 1 S. 4 VwGO könnte schließlich auch in weiteren Fällen in Betracht kommen. So soll die Vorschrift nach einer in der Literatur vertretenen Auffassung[114] auch auf **Verwaltungsakte** anzuwenden sein, die sich zwar nicht erledigt haben, deren **Aufhebung** aber trotz Rechtswidrigkeit ausnahmsweise **ausgeschlossen** ist (z. B. nach § 46 oder § 75 Abs. 1a S. 1 VwVfG).[115] Indessen fehlt es an einer planwidrigen Regelungslücke, weil der gesetzliche Ausschluss eines Aufhebungsrechts nicht mit der Erledigung gleichgesetzt werden kann. Die Fortsetzungsfeststellungsklage ist zwingend auf eine Veränderung der Lage durch Erledigung zugeschnitten. Eine Aufhebung des Verwaltungsakts wäre aber von Anfang an nicht in Betracht gekommen. Zudem würde die eine Rechtsverletzung voraussetzende (→ Rn. 94) Fortsetzungsfeststellungsklage keinen Erfolg haben können, wenn man davon ausgeht, dass die Nichtaufhebbarkeit des Verwaltungsakts eine Rechtsverletzung ausschließt (→ § 27 Rn. 132 f.). Darf ein Verwaltungsakt nicht aufgehoben werden, weil die Mängel durch ein ergänzendes Verfahren (z. B. Planergänzung i. S. d. § 75 Abs. 1a S. 2 VwVfG) behoben werden können, hätte das Gericht zwar die Möglichkeit, die Rechtswidrigkeit des angefochtenen Verwaltungsakts und dessen Nichtvollziehbarkeit festzustellen.[116] Doch handelt es sich, anders als im Falle des § 113 Abs. 1 S. 4 VwGO, nicht um den Übergang zu einer anderen Klageart (Fortsetzungsfeststellungsklage), sondern um eine die Kassation vermeidende, mildere (Begründetheits-)Variante des § 113 Abs. 1 S. 1 VwGO.

## II. Besondere Sachentscheidungsvoraussetzungen der Fortsetzungsfeststellungsklage

55 Die besonderen Sachentscheidungsvoraussetzungen der Fortsetzungsfeststellungsklage sind nur lückenhaft im Gesetz geregelt. Da an eine ursprünglich erhobene oder möglich gewesene **Anfechtungs-** bzw. **Verpflichtungsklage** angeknüpft wird, gelten grundsätzlich die Sachentscheidungsvoraussetzungen dieser Klagen (→ § 27 Rn. 41 ff.; → § 28 Rn. 41 ff.). Insbesondere muss zum Zeitpunkt des erledigenden Ereignisses eine Anfechtungs- oder Verpflichtungsklage **zulässig gewesen** sein.[117] Auf die Begründetheit kommt es nicht an. Da es sich bei der Fortsetzungsfeststellungsklage aber um eine eigene Klageart in Gestalt einer besonderen Feststellungsklage handelt (→ Rn. 3), sind die Sachentscheidungsvoraussetzungen der Anfechtungs- und Verpflichtungsklage zu ergänzen und zu modifizieren.

### 1. Erfolglose Erhebung eines Widerspruchs

56 **a) Erledigung nach Klageerhebung.** Erledigt sich der angefochtene Verwaltungsakt oder der Antrag auf Verurteilung zum Erlass eines abgelehnten Verwaltungsakts nach Erhebung der Anfechtungs- oder Verpflichtungsklage und bedurfte es eines Widerspruchsverfahrens (→ *Schoch* § 23 Rn. 88 f.), macht die Nichteinlegung oder verspätete Einlegung des Widerspruchs die Anfechtungs- oder Verpflichtungsklage **unzulässig.** Die Unzulässigkeit wirkt sich auf die Fortsetzungsfeststellungsklage aus, da eine unzulässige Klage nicht fortgeführt werden darf. War die Widerspruchsfrist bei Klageerhebung noch nicht abgelaufen, soll das Vorverfahren noch während des gerichtlichen Verfahrens **nachgeholt** werden können.[118]

---

[114] *R. P. Schenke* JuS 2007, 697 (701); ebenso *Schenke* Verwaltungsprozessrecht, Rn. 326 ff.; *W.-R. Schenke/R. P. Schenke* in: Kopp/Schenke, VwGO, § 113 Rn. 107 f.

[115] Krit. *Schübel-Pfister* in: Eyermann, VwGO, § 113 Rn. 140; *Wolff* in: Sodan/Ziekow, VwGO, § 113 Rn. 321; *Knauff* in: Gärditz, VwGO, § 113 Rn. 42; *Riese* in: Schoch/Schneider, VwGO, § 113 Rn. 101.

[116] BVerwGE 100, 370 (372) = NVwZ 1996, 1016 f.

[117] Vgl. etwa BVerwGE 26, 161 (167) = BeckRS 1967, 103941; OVG NW NWVBl 1996, 441; VGH BW Urt. v. 8.9.1998 – 3 S 87/96, BeckRS 2005, 29554.

[118] BVerwG NVwZ 1984, 507.

Folgt man dieser (nicht überzeugenden)[119] Ansicht, ist auch eine Fortsetzungsfeststellungsklage noch möglich, wenn die nach Klageerhebung weiterlaufende Widerspruchsfrist im Zeitpunkt der Erledigung noch nicht abgelaufen war. Ob es dann noch der Erhebung des Widerspruchs bedarf, hängt davon ab, ob nach Erledigung ein Widerspruchsverfahren durchzuführen ist (vgl. die folgenden Ausführungen).

**b) Erledigung vor Klageerhebung.** Tritt Erledigung vor Klageerhebung, aber **nach** 57
**Ablauf der** versäumten **Widerspruchsfrist** (oder Klagefrist) ein, ist eine Fortsetzungsfeststellungsklage nach dem Gesagten unzulässig. Bescheidet die Widerspruchsbehörde einen Widerspruch trotz Verfristung in der Sache, soll nach der Rechtsprechung der Weg zur gerichtlichen Sachprüfung frei werden (→ *Schoch* § 23 Rn. 39ff.; → § 27 Rn. 46).[120] Entsprechendes könnte gelten, wenn die Widerspruchsbehörde über einen zunächst bestandskräftig gewordenen und schon erledigten Verwaltungsakts eine nachträgliche Sachentscheidung trifft.[121] Die Bescheidung des verspäteten Widerspruchs wäre dann in der Lage, auch nach Erledigung noch die Bestandskraft zu durchbrechen und die Fortsetzungsfeststellungsklage (wieder) zulässig zu machen. Doch ist der Konstruktion einer Neueröffnung der Klagemöglichkeit schon im Ansatz nicht zu folgen, weil Prozessvoraussetzungen nicht disponibel sind (→ *Schoch* § 23 Rn. 40). Erst recht fehlt der Widerspruchsbehörde (die häufig noch nicht einmal am Prozess beteiligt ist) die Befugnis, sich mit gerichtlich bindender Wirkung über die Bestandskraft erledigter Verwaltungsakte hinwegzusetzen.[122]

Erledigt sich der Verwaltungsakt oder das Verpflichtungsbegehren **während des Wi-** 58
**derspruchsverfahrens** (so Fall 2 → Rn. 25 und Lösung → Rn. 36), muss der Widerspruchsführer grundsätzlich Erledigung erklären, wenn er eine Zurückweisung des Widerspruchs mangels Vorliegens eines weiterhin angreifbaren Verwaltungsakts respektive eines noch möglichen Verwaltungsakts nach Ablehnung verhindern will. Das Widerspruchsverfahren ist dann ohne Sachentscheidung einzustellen.[123] Fraglich ist, ob der Widerspruch nach Erledigung als Fortsetzungsfeststellungswiderspruch aufrecht erhalten bleiben darf. Dies wird vielfach abgelehnt.[124] Doch sprechen die besseren Gründe dafür, dem Widerspruchsführer das Recht zuzugestehen, im Widerspruchsverfahren einen Fortsetzungsfeststellungsantrag entsprechend § 113 Abs. 1 S. 4 VwGO zu stellen,[125] um ihm die Früchte des Verfahrens zu erhalten und ein gerichtliches Verfahren gegebenenfalls überflüssig zu machen. Wählt der Widerspruchsführer diesen Weg, ist die Erfolglosigkeit des Antrags Sachentscheidungsvoraussetzung der Fortsetzungsfeststellungsklage (weil sich der Kläger ansonsten nicht verbessern und damit ein berechtigtes Feststellungsinteresse fehlen würde, vgl. → Rn. 69).[126]

Heftig umstritten ist, ob es noch eines Widerspruchs bedarf, wenn sich der Verwaltungs- 59
akt oder der Anspruch auf Erlass des abgelehnten Verwaltungsakts **vor Widerspruchseinlegung und vor Ablauf der Widerspruchsfrist** erledigt hat. Die Rechtsprechung hält einen Fortsetzungsfeststellungswiderspruch weder für erforderlich noch für statthaft.[127]

---

[119] Gemäß § 68 Abs. 1 S. 1 VwGO muss Widerspruch „vor" der Erhebung der Klage eingelegt werden. Verzichtet man hierauf, wird die Entlastungsfunktion des Vorverfahrens und die abschließende Regelung des § 75 VwGO durchkreuzt. Näher dazu → § 27 Rn. 46.

[120] Vgl. z. B. BVerwGE 15, 306 (310) = BeckRS 9998, 181609; E 28, 305 (308) = NJW 1968, 955 (956); NVwZ-RR 1989, 85 (86). Anderes soll bei Verwaltungsakten mit Drittwirkung gelten, vgl. BVerwGE 78, 85 = NJW 1988, 839; NVwZ 1983, 285; NVwZ-RR 1989, 85 (86).

[121] Dafür aber BayVGH DVBl 1992, 1492 (1493).

[122] *Rozek* JuS 1995, 697 (699).

[123] BVerwG NVwZ 2001, 1288.

[124] Vgl. etwa BVerwGE 26, 161 (167) = BeckRS 1967, 103941; NVwZ 2001, 1288; *Rozek* JuS 2000, 1162 (1163); *Wolff* in: Sodan/Ziekow, VwGO, § 113 Rn. 318.

[125] So auch *Pietzner/Ronellenfitsch* Assessorexamen, § 31 Rn. 30, § 42 Rn. 33.

[126] Einer rechtskräftigen, über die Bindungswirkung einer Verwaltungsentscheidung hinausgehenden, Gerichtsentscheidung bedarf es in einem solchen Falle nicht.

[127] Vgl. grundlegend BVerwGE 26, 161 (165ff.) = BeckRS 1967, 103941; E 81, 226 (229) = NJW 1989, 2486f.; ferner BVerwGE 109, 203 (209) = NVwZ 2000, 63 → JuS 2000, 720 *(Hufen)*; *Erichsen* Jura 1989, 49 (51); *Rozek* JuS 2000, 1162 (1163); *Huxholl* Erledigung (Fn. 11), S. 410ff.; *Hufen* Verwaltungsprozessrecht, § 18 Rn. 55; *Knauff* in: Gärditz, VwGO, § 113 Rn. 64.

Die §§ 68 ff. VwGO beträfen nur Anfechtungs- und Verpflichtungsklagen. Das Vorverfahren sei auf die Aufhebung oder den Erlass von Verwaltungsakten, nicht auf die verbindliche Feststellung der Rechtmäßigkeit oder Rechtswidrigkeit erledigter Verwaltungsakte zugeschnitten (zumal die Bindungswirkung des § 121 VwGO nicht erreicht werden könne).

60 Ein beachtlicher Teil der Literatur[128] hält dem entgegen, dass dem Zusammenhang zwischen der Anfechtungs- bzw. Verpflichtungsklage und der Fortsetzungsfeststellungsklage Rechnung getragen werden müsse und die **Zwecke des Vorverfahrens** (umfassender Rechtsschutz, Entlastung der Gerichte, Selbstkontrolle der Verwaltung → § 27 Rn. 42) auch im Fortsetzungsfeststellungswiderspruchsverfahren noch erreicht werden könnten. Die Bindungswirkung eines feststellenden Widerspruchsbescheides bleibe nicht hinter der eines in der Sache stattgebenden Entscheides zurück.

61 Für die Ansicht der Rechtsprechung spricht, dass die §§ 68 ff. VwGO prozessual gesehen als Sachentscheidungsvoraussetzungen der Anfechtungs- und Verpflichtungsklage konzipiert worden sind und bei Erledigung vor Klageerhebung von vornherein nur eine gerichtliche Feststellung, nicht dagegen die gerichtliche Aufhebung des Verwaltungsakts oder die Verurteilung zum Erlass eines Verwaltungsakts in Betracht kommt. Auch dürfte mit der Anerkennung der Unzweckmäßigkeit des erledigten Verwaltungsakts durch die Widerspruchsbehörde unter Umständen nicht viel gewonnen sein, weil die Verwaltung ihre Meinung jederzeit ändern kann. Schließlich ist bei der Annahme von Analogieschlüssen zu Ungunsten des Bürgers (hier Erschwerung des Rechtsschutzes) Vorsicht geboten.[129] Deshalb ist mit der Rechtsprechung davon auszugehen, dass der Fortsetzungsfeststellungswiderspruch **keine Sachentscheidungsvoraussetzung** für die Erhebung der Fortsetzungsfeststellungsklage ist. Muss ein solcher **Widerspruch** nicht erhoben werden, heißt dies indessen **nicht,** dass ein gleichwohl eingelegter Widerspruch **unzulässig** ist oder dass es der Verwaltung untersagt ist, in einem weiteren Verwaltungsverfahren (z. B. analog § 44 Abs. 5 VwVfG) Feststellungen über die Rechtswidrigkeit eines erledigten Verwaltungsakts zu treffen.[130] Dies hätte für den Betroffenen den Vorteil, dass er nicht nur einen schnellen, unkomplizierten und billigen Rechtsschutz, sondern auch eine Zweckmäßigkeitsüberprüfung erreichen kann.

62 Im Fall 2 (→ Rn. 25 und Lösung → Rn. 36) hat sich der Verwaltungsakt vor Ablauf der Widerspruchsfrist erledigt. Bei Zugrundelegung der Ansicht der Rspr. hätte es der Einlegung eines Widerspruchs nicht bedurft. Vielmehr hätte B abwarten und nach Erledigung sogleich eine Fortsetzungsfeststellungsklage erheben dürfen. Die Einlegung des Widerspruchs ist aber unschädlich. Ebenso hindert der im Widerspruchsverfahren gestellte Antrag auf Feststellung, dass die Anordnung der Beschlagnahme rechtswidrig gewesen ist, nicht die Fortsetzungsfeststellungsklage, da der Antrag nicht erfolgreich gewesen ist.

### 2. Klagebefugnis

63 Ist es wegen des Abhängigkeitsverhältnisses zur Anfechtungs- und Verpflichtungsklage nicht Sinn der Fortsetzungsfeststellungsklage, grundsätzlich von den Zulässigkeitsvoraussetzungen der Anfechtungs- oder Verpflichtungsklage zu dispensieren und mehr zu erreichen, als mit diesen Klagen ohne Erledigung möglich gewesen wäre,[131] muss auch der Fortsetzungsfeststellungskläger **entsprechend § 42 Abs. 2 VwGO** im Zeitpunkt der Erledigung[132]

---

[128] Vgl. z. B. *Schoch* Übungen im Öffentlichen Recht II (Fn. 81), S. 247 ff.; *Dolde/Porsch* in: Schoch/Schneider, VwGO, § 68 Rn. 23; *Schenke* Verwaltungsprozessrecht, Rn. 666.

[129] Für ein Analogieverbot zu Ungunsten des Bürgers z. B. BVerfG-K NJW 1996, 3146; krit. *Schwabe* DVBl 1997, 352 f. Näher zum Ganzen *Ehlers* in: Ehlers/Pünder, AllgVwR, § 2 Rn. 12.

[130] Vgl. hierzu *Dreier* NVwZ 1987, 474 (477 ff.); *Ehlers* NWVBl 1988, 122 (123); *Pietzner/Ronellenfitsch* Assessorexamen, § 31 Rn. 30.

[131] *Schübel-Pfister* in: Eyermann, VwGO, § 113 Rn. 94.

[132] *Riese* in: Schoch/Schneider, VwGO, § 113 Rn. 147.

klagebefugt sein, soweit gesetzlich nichts anderes bestimmt ist.[133] Nichts anderes kann bei einer Erledigung vor Klageerhebung gelten.[134]

Zum einen bekennt sich die VwGO grundsätzlich zu einem **System des subjektiven Rechtsschutzes.** Der durch § 42 Abs. 2 VwGO bezweckte Ausschluss der Popular- und Interessentenklage (→ § 27 Rn. 50) ist auch dann zu berücksichtigen, wenn sogleich Fortsetzungsfeststellungsklage erhoben wird. Hinzu kommt, dass selbst Normenkontrollanträge nach § 47 Abs. 2 S. 1 VwGO eine Antragsbefugnis voraussetzen, obwohl es sich beim Normenkontrollverfahren um ein objektives Beanstandungsverfahren handelt (→ § 32 Rn. 1). Zum anderen vermag das Erfordernis eines berechtigten Feststellungsinteresses die Klagebefugnis nicht zu ersetzen, weil die Geltendmachung bloßer Interessen etwas anderes ist als die Geltendmachung einer Rechtsverletzung.[135] Daher ist § 42 Abs. 2 VwGO auch auf die allgemeine Feststellungsklage entsprechend anwendbar (→ § 30 Rn. 62). Keiner Geltendmachung einer eigenen Rechtsverletzung bedarf es, wenn gesetzlich anderes bestimmt ist (§ 42 Abs. 2 Hs. 1 VwGO). 64

### 3. Berechtigtes Fortsetzungsfeststellungsinteresse

**Fall 6:** F hat Anfechtungsklage gegen die Nichtversetzung in die Jahrgangsstufe 11 der öffentlichen Schule erhoben und nach erfolgreicher Wiederholung der Klasse einen Fortsetzungsfeststellungsantrag gestellt. Mittlerweile hat F die Reifeprüfung bestanden. 65

**Fall 7:** G hat als Versammlungsleiter die Durchführung einer politischen Kundgebung beantragt. Die zuständige Behörde verbietet die Versammlung unter Anordnung der sofortigen Vollziehung. Das VG gab dem Antrag auf Wiederherstellung der aufschiebenden Wirkung unter Hinzufügung bestimmter Auflagen statt (§ 80 Abs. 5 S. 1 Alt. 2, 4 VwGO). Die Versammlung wurde daraufhin unter Beachtung der Auflagen durchgeführt. Nunmehr hat G Fortsetzungsfeststellungsklage erhoben, um die Rechtswidrigkeit der Auflagen klären zu lassen. 66

**Fall 8:** H hat Anfechtungsklage gegen das Verbot der Veranstaltung von Sportwetten erhoben. Nach Abweisung der Klage durch das VG und anschließender Berufung, hat er in der Berufungsinstanz das Klagebegehren bis zur Berufungsentscheidung auf einen Fortsetzungsfeststellungsantrag umgestellt. 67

**Fall 9:** Am 3.6. verbietet die zuständige Verwaltungsbehörde der I-Partei die Abhaltung ihres vom 5. bis 6.6. geplanten Bundesparteitags. Am 2.7. erhebt die I-Partei Fortsetzungsfeststellungsklage. 68

**a) Allgemeines.** Wie § 43 Abs. 1 VwGO verlangt § 113 Abs. 1 S. 4 VwGO ein von Amts wegen zu prüfendes[136] berechtigtes Interesse an der Feststellung, anders als die zuerst genannte Vorschrift aber kein Interesse an einer baldigen Feststellung. Es handelt sich bei dem auch mit dem Europäischen Unionsrecht zu vereinbarenden[137] Erfordernis um einen Unterfall des **Rechtsschutzbedürfnisses** (→ § 25 Rn. 235) und damit um eine Sachentscheidungs-, nicht eine Begründetheitsvoraussetzung. Wie bei der Feststellungsklage 69

---

[133] Vgl. BVerwG NJW 1982, 2513 (2514); *Lorenz* Verwaltungsprozeßrecht, § 22 Rn. 60; *Hufen* Verwaltungsprozessrecht, § 18 Rn. 54; *Würtenberger/Heckmann* Verwaltungsprozessrecht, Rn. 735.

[134] A. A. *Knauff* in: Gärditz, VwGO, § 113 Rn. 55.

[135] Vgl *Ehlers* NVwZ 1990, 105 (111).

[136] BVerfGE 110, 77 (90) = NJW 2004, 2510 (2512) → JuS 2005, 173 *(Sachs)* und → JA 2005, 98 *(Aulehner)*.

[137] BayVGH Beschl. v. 5.4.2018 – 1 ZB 16.2598, BeckRS 2018, 7004 Rn. 44 ff.

(→ § 30 Rn. 46) kommen alle schutzwürdigen **rechtlichen, wirtschaftlichen** oder **ideellen Belange** in Betracht, welche die Position des Klägers verbessern[138] und über das bloße Interesse an der Klärung der Rechtswidrigkeit des Verwaltungsakts hinausgehen.[139] Dass es sich um einen Ausnahmefall handeln muss,[140] kann der Vorschrift nicht entnommen werden. Der Kläger hat die Umstände darzutun, aus denen er ein Feststellungsinteresse ableitet.[141] Das Interesse muss objektiv und nicht nur nach der Beurteilung des Klägers schutzwürdig sein.[142]

70 Bei Erledigung **nach Klageerhebung** sollen nach Ansicht des BVerwG wegen des „Fortsetzungsbonus" **geringere Anforderungen** als im Falle des § 43 Abs. 1 VwGO oder der Erledigung vor Klageerhebung gestellt werden.[143] Doch kommt es ohnehin auf die jeweilige prozessuale Situation an (näher dazu → § 30 Rn. 46). Da es sich um eine Sachentscheidungsvoraussetzung handelt, ist für die Beurteilung des Fortsetzungsfeststellungsinteresses der **Zeitpunkt** der letzten mündlichen gerichtlichen Verhandlung oder (bei Entscheidung ohne mündliche Verhandlung) der Zeitpunkt der Gerichtsentscheidung, nicht derjenige des Eintritts der Erledigung, entscheidend.[144] Ist die Rechtswidrigkeit nicht bestritten (z. B. weil der Verwaltungsakt ex tunc zurückgenommen wurde), scheidet in der Regel ein Feststellungsinteresse aus.[145]

71 Hat sich in einem **Konkurrentenstreit** sowohl die Verpflichtungsklage des Klägers (Erlass eines begünstigenden Verwaltungsakts) als auch die Drittanfechtungsklage (gegen die Bevorzugung des Dritten) erledigt, soll eine Fortsetzungsfeststellungsklage nur im Hinblick auf die Weiterführung der Verpflichtungsklage, nicht aber im Hinblick auf die Weiterführung der Anfechtungsklage geltend gemacht werden können.[146]

72 **Lösung zu Fall 6:** Das berechtigte Interesse des F an der Feststellung der Rechtswidrigkeit seiner Nichtversetzung in die Jahrgangsstufe 11 könnte deshalb entfallen sein, weil F bereits die Reifeprüfung bestanden hat. Doch genügt für ein berechtigtes Interesse jedes schutzwürdige Interesse rechtlicher, wirtschaftlicher oder auch ideeller Art. Die Nichtversetzung eines Schülers verzögert nicht nur die Ausbildung, sondern kann unter Umständen darüber hinaus den Betroffenen in seiner Ausbildung und zukünftigen beruflichen Entwicklung benachteiligen. Das BVerwG[147] hat ein berechtigtes Interesse an der Feststellung der Rechtswidrigkeit einer Nichtversetzung schon dann angenommen, wenn im Einzelfall nachteilige Auswirkungen auf die weitere schulische oder berufliche Laufbahn des Schülers nicht ausgeschlossen werden können. Der das Feststellungsinteresse begründende Nachteil muss weder unmittelbar bevorstehen, noch sich bereits konkretisiert haben. Ein solches Interesse kann auch dann gegeben sein, wenn der Schüler nach erfolgreicher Wiederholung der Klassenstufe weiter versetzt wird. Selbst nach bestandener Reifeprüfung ist es nicht ohne Aussagewert, ob der Betreffende sie nach „glatt" durchlaufender Schulzeit oder erst nach Wiederholung einer Klassenstufe abgelegt hat. Gerade weil der Einfluss einer Nichtversetzung auf die

---

[138] BVerwGE 53, 134 (137) = BeckRS 2014, 57530; E 61, 164 (165 f.) = BeckRS 1980, 30424776; NVwZ 2007, 227 (228) → JuS 2007, 680 *(Hufen);* E 146, 303 Rn. 20 = NVwZ 2013, 1481.

[139] BVerwGE 146, 303 Rn. 30 = NVwZ 2013, 1481; *Schübel-Pfister* in: Eyermann, VwGO, § 113 Rn. 108.

[140] BVerwGE 146, 303 Rn. 30 = NVwZ 2013, 1481.

[141] BVerwGE 53, 134 (137) = BeckRS 2014, 57530.

[142] BayVGH Beschl. v. 21.12.2010 – 22 ZB 10.2414, BeckRS 2011, 47126 Rn. 9.

[143] BVerwGE 61, 128 (135) = NJW 1981, 2426 (2427); E 80, 355 (366) = NJW 1989, 1495 (1497); E 81, 226 (228) = NJW 1989, 2486 f.; NJW 1997, 3257 (3258); krit. *Schenke* Verwaltungsprozessrecht, Rn. 579.

[144] BVerwGE 106, 295 (299) = NVwZ 1998, 1295 (1296); E 146, 303 Rn. 20 = NVwZ 2013, 1481; *Riese* in: Schoch/Schneider, VwGO, § 113 Rn. 152; a. A. VGH BW NVwZ 1997, 198 (200).

[145] Vgl. BVerwG NVwZ 1985, 266; *Riese* in: Schoch/Schneider, VwGO, § 113 Rn. 123. Abzulehnen BVerwGE 89, 327 (329) = NVwZ 1993, 64 f., wonach bei fehlendem Meinungsstreit kein Rechtsverhältnis i. S. d. § 43 Abs. 1 VwGO bestehen soll. Tatsächlich fehlt nur das Feststellungsinteresse.

[146] BayVGH NVwZ-RR 2015, 929.

[147] BVerwGE 56, 155 (156 f.) = NJW 1979, 229; NVwZ 2007, 227 (228) → JuS 2007, 680 *(Hufen).*

Lebens- und Berufschancen von der künftigen Entwicklung abhängt, die im Zeitpunkt der Entscheidung des Gerichts über die Fortsetzungsfeststellungsklage typischerweise nicht abzusehen ist, muss es für das Feststellungsinteresse regelmäßig ausreichen, dass sich die angegriffene Entscheidung auf die weitere Laufbahn nachteilig auswirken kann, solche Nachteile also nach gegenwärtigem Kenntnisstand jedenfalls nicht auszuschließen sind. Demgemäß hat das BVerwG[148] das Fortsetzungsfeststellungsinteresse bejaht.

Des Näheren hat die Rechtsprechung vor allem **drei Fallgruppen** des berechtigten 73
Feststellungsinteresses herausgearbeitet: nämlich das **Präjudizinteresse** für einen zivilgerichtlichen Schadensersatz- oder Entschädigungsprozess, das **Wiederholungsvorbeugungsinteresse** und das **Rehabilitationsinteresse.** Doch sind die Fallgruppen nicht abschließend. Ein berechtigtes Interesse kann auch aus den Umständen des Einzelfalls hergeleitet werden, sofern die gerichtliche Entscheidung geeignet ist, die klägerische Position in rechtlicher, wirtschaftlicher oder ideeller Hinsicht zu verbessern.[149] Z. B. kann das Fortsetzungsfeststellungsinteresse auch gegeben sein, wenn die Feststellung für ein anderes Rechtsverhältnis, insbesondere ein anderes Verfahren, vorgreiflich ist und es sich um eine Vorfrage handelt, deren rechtskräftige Klärung im verwaltungsgerichtlichen Verfahren die Rechtsposition des Klägers in einem anderen Rechtsstreit verbessern könnte.[150] Ferner ist ein Fortsetzungsfeststellungsinteresse zu bejahen, wenn eine gerichtliche Entscheidung aufgrund von Verzögerungen, die der Justiz anzulasten sind, nicht vor Erledigung des ursprünglichen Rechtsschutzbegehrens zustande kommt.[151]

**b) Präjudizinteresse für einen zivilgerichtlichen Schadensersatz- oder Ent- 74
schädigungsprozess.** Tritt Erledigung **nach Klageerhebung** ein, begründet die ernstliche Absicht des Klägers,[152] einen nachfolgenden Schadensersatz- oder Entschädigungsprozess vor den Zivilgerichten zu führen, wegen der präjudiziellen, das Zivilgericht gemäß § 121 VwGO bindenden Feststellung der Rechtswidrigkeit ein berechtigtes Feststellungsinteresse.[153] Dies leuchtet ohne weiteres ein, wenn es dem Kläger darum geht, die Früchte des bisherigen Prozesses zu erhalten, und ist zudem prozessökonomisch sinnvoll. Der Schadensersatz- oder Entschädigungsprozess muss sich auf denselben Sachverhalt beziehen.[154]

Auch wenn der Verwaltungsprozess **noch nicht** richtig **in Gang gekommen** ist (z. B. 75
weil das erledigende Ereignis alsbald nach Klageerhebung eintrat), gilt nach der zutreffenden Ansicht des BVerwG[155] aber nichts anderes. Um den Eintritt der Bestandskraft zu verhindern, sei der Kläger gezwungen gewesen, die Verwaltungsgerichtsbarkeit anzurufen. Der bereits getätigte Aufwand (auch an Kosten und Zeit) müsse ihm erhalten bleiben, selbst wenn die bisherige Prozessführung noch nicht Früchte getragen habe (zumal kaum be-

---

[148] BVerwG NVwZ 2007, 227 (228) → JuS 2007, 680 *(Hufen)*. Zu weit geht es, ein Fortsetzungsfeststellungsinteresse in einem Rechtsstreit um die Verwendung eines Lesebuchs auch dann zu bejahen, wenn der Schüler inzwischen volljährig geworden ist und das Lesebuch inhaltlich geändert wurde (a. A. BVerwGE 61, 164 = BeckRS 1980, 30424776).

[149] BVerwGE 158, 301 Rn. 29 = NVwZ 2017, 1466; Beschl. v. 4.12.2018 – 6 B 55.18, BeckRS 2018, 37910 Rn. 9. Zum Rechtsschutz im Falle erledigter richterlicher Anordnungen vgl. *Schübel-Pfister* in: Eyermann, VwGO, § 113 Rn. 141.

[150] BVerwG Buchholz 451.65 Börsenrecht Nr. 7 Rn. 28; NVwZ-RR 2019, 443 Rn. 13; *Wolff* in: Sodan/Ziekow, VwGO, § 113 Rn. 284.

[151] BVerfGK 10, 129 (131 f.) = NVwZ 2007, 807 f.

[152] Vgl. HessVGH NVwZ 2012, 1350 (1351).

[153] Vgl. z. B. BVerwGE 61, 128 (135 f.) = NJW 1981, 2426 (2427 f.); E 72, 38 (42) = NJW 1986, 796. Vgl auch BVerwGE 117, 50 (51) = NVwZ 2003, 478 → *Schoch* JK 9/03, BauGB § 31 II/3 und → JuS 2003, 929 *(Selmer)*. Zur Fortsetzungsfeststellungsklage nach unzulässiger Untätigkeitsklage vgl. VGH BW BauR 2003, 1345 → *Schoch* JK 1/04, VwGO § 113 I 4/18.

[154] Zur Rechtslage im Falle einer möglicherweise in Betracht kommenden Verpflichtungsklage vgl. *Schübel-Pfister* in: Eyermann, VwGO, § 113 Rn. 135.

[155] BVerwGE 106, 295 (297 ff.) = NVwZ 1998, 1295 f.; a. A. VGH BW VBlBW 1994, 23 (26 f.); NVwZ 1997, 198; *Göpfert* Fortsetzungsfeststellungsklage (Fn. 73), S. 84 ff.

stimmbar ist, wie vieler Früchte es bedarf, und zudem der Kläger keinen Einfluss darauf hat, wie schnell das Gericht arbeitet). Auch die Erforderlichkeit noch zu leistender zeit- und kostenintensiver **Aufklärungsmaßnahmen** soll die Fortsetzungsfeststellungsklage nicht entfallen lassen. Ob dies auch dann gilt, wenn ein Sachverständigengutachten notwendig wird, hat das BVerwG dahingestellt sein lassen.

76 Allerdings besteht Einigkeit darüber, dass ein Schadensersatz- oder Entschädigungsprozess **nicht offensichtlich aussichtslos** sein darf.[156] An das Vorliegen einer Offensichtlichkeit ist ein strenger Maßstab anzulegen. Der Schadensersatz- oder Entschädigungsanspruch darf unter keinem rechtlichen Gesichtspunkt bestehen. Dies muss sich auch ohne eine ins Einzelne gehende Würdigung aufdrängen.[157] Ein Amtshaftungsprozess wird mangels Vorliegen eines Verschuldens als offensichtlich aussichtslos angesehen, wenn ein Kollegialgericht den Verwaltungsakt als rechtmäßig eingestuft hat.[158] Das hat zur Folge, dass eine Berufung gegen ein Fortsetzungsfeststellungsurteil eines Verwaltungsgerichts zwecks Vorbereitung eines Amtshaftungsprozesses grundsätzlich aussichtslos ist, wenn eine Kammer des Verwaltungsgerichts den erledigten Verwaltungsakt für rechtmäßig gehalten hat. Anderes soll gelten, wenn eine kollegialgerichtliche Entscheidung nicht auf eingehende Prüfung beruht, sondern wesentliche rechtliche Gesichtspunkte unberücksichtigt gelassen hat.[159] Zudem kann es (in eher seltenen Fällen) auch eine staatliche Unrechtshaftung ohne Verschulden geben.[160] Der Schadens- oder Entschädigungsprozess ist offensichtlich aussichtslos, wenn feststeht, dass es der Kläger schuldhaft unterlassen hat, den Schaden durch Gebrauch eines Rechtsmittels – auch im Wege vorläufigen Rechtsschutzes – abzuwenden.[161] Im Falle von als rechtswidrig angesehenen Ermessensabwägungen der Verwaltungsbehörde ist ein Schadens- oder Entschädigungsprozess nur offensichtlich aussichtslos, wenn geschlossen werden kann, dass auch eine rechtmäßige Ermessensausübung den Schaden verursacht hätte.[162]

77 Ein Präjudizinteresse fehlt ferner, wenn ein **Schadensprozess** nicht nur anhängig ist, sondern bereits **vor** dem **Zivilgericht** betrieben wird.[163] Rechtsschutz kann dann nur vor der Zivilgerichtsbarkeit erlangt werden. Hat das Zivilgericht den Prozess bis zur rechtskräftigen Entscheidung im Verwaltungsrechtsstreit ausgesetzt (§ 148 ZPO) ergibt sich daraus keine strikte Bindungswirkung für die Verwaltungsgerichtsbarkeit. Das Präjudizinteresse darf (wiederum) verneint werden, wenn wegen relevanter Veränderungen (z. B. höchstrichterliche Klärung der Staatshaftung in der Zwischenzeit) ein Schadensersatzprozess nunmehr als offensichtlich aussichtslos anzusehen ist.[164]

78 In keinem Falle besteht ein berechtigtes Feststellungsinteresse unter dem Aspekt der Präjudizwirkung, wenn **Erledigung vor Klageerhebung** eingetreten ist. Hier bedarf es keines Rechtsschutzes durch die Verwaltungsgerichte, weil der Betroffene sogleich das (auch für die Klärung öffentlich-rechtlicher Vorfragen zuständige) Zivilgericht anrufen kann und er sich auch aus prozessökonomischen Erwägungen hierauf verweisen lassen muss.[165]

---

[156] BVerwGE 61, 128 (135 f.) = NJW 1981, 2426 (2427 f.); E 72, 38 (42) = NJW 1986, 796; E 100, 83 (92) = NJW 1997, 71 (73); E 146, 303 Rn. 44 = NVwZ 2013, 1481.

[157] BVerwG NVwZ 2014, 151 Rn. 18 m. w. Nachw.

[158] Vgl. BVerwG NJW 1985, 876; NVwZ 1985, 267 (268). Krit. zur Kollegialitätsgerichts-Rspr. *Ehlers* JZ 2000, 1007 (1008 f.).

[159] BVerwGE 124, 99 (106 f.) = NVwZ 2006, 212 (213); NVwZ-RR 2014, 465 Rn. 31.

[160] Vgl. *W.-R. Schenke/R. P. Schenke* in: Kopp/Schenke, VwGO, § 113 Rn. 137; *Grzeszick* in: Ehlers/Pünder, AllgVwR, § 45 Rn. 62 ff.

[161] Vgl. BVerwGE 145, 185 Rn. 9 = NVwZ 2013, 955; *Riese* in: Schoch/Schneider, VwGO, § 113 Rn. 133.

[162] Dagegen verneint das BVerwG unter Berufung auf den BGH ein zur Amtshaftung führendes Verschulden, wenn „nicht ausgeschlossen werden kann", dass auch bei fehlerfreier Rechtsanwendung dieselbe zum Schaden führende Entscheidung getroffen worden wäre. Vgl. BVerwGE 146, 303 Rn. 50, 52 = NVwZ 2013, 1481; krit. *W.- R. Schenke/R. P. Schenke* in: Kopp/Schenke, VwGO, § 113 Rn. 137.

[163] BVerwGE 111, 306 = NVwZ 2000, 1411; E 156, 272 Rn. 16 = NVwZ-RR 2017, 381.

[164] BVerwG Beschl. v. 17.12.2015 – 8 B 10.15, BeckRS 2016, 42181.

[165] BVerwGE 81, 226 (227 f.) = NJW 1989, 2486; E 92, 172 (175 f.) = NJW 1994, 2430 f.; E 106, 295 (298) = NVwZ 1998, 1295 (1296).

Hat die Behörde den angefochtenen **Verwaltungsakt aufgehoben,** soll ein damit verbundenes Anerkenntnis seiner Rechtswidrigkeit jedenfalls dann nicht das Präjudizinteresse für die Umstellung auf eine Fortsetzungsfeststellungsklage ausschließen, wenn das Anerkenntnis nicht unmissverständlich und vorbehaltlos auch bezüglich des Staatshaftungsprozesses erklärt wurde.[166] Einer ausdrücklichen Erklärung für den Staatshaftungsprozess bedarf es nicht. Vielmehr ist eine unmissverständliche und vorbehaltslose Anerkennung ausreichend. 79

Geht es C im Fall 3 (→ Rn. 37 und Lösung → Rn. 41) um die Vorbereitung eines Amtshaftungsprozesses, besteht bei Zugrundelegung der Ansicht des BVerwG selbst dann ein berechtigtes Feststellungsinteresse, wenn die Erledigung unmittelbar nach Klageerhebung eingetreten ist und die Beurteilung der Rechtmäßigkeit und der Ablehnung weitere Ermittlungen des Gerichts voraussetzt. 80

**c) Wiederholungsvorbeugungsinteresse.** Nach allgemeiner Auffassung begründet die Annahme einer Wiederholungsgefahr ein berechtigtes Feststellungsinteresse.[167] Unerheblich ist, ob in zukünftigen Fällen Eilrechtsschutz in Anspruch genommen werden kann (→ Rn. 86).[168] An die Wiederholungsgefahr dürfen **keine strikten Anforderungen** gestellt werden. Es genügt, wenn der Kläger aufgrund gewisser Anhaltspunkte[169] in absehbarer Zeit mit im Wesentlichen gleichen tatsächlichen und rechtlichen Verhältnissen rechnen muss.[170] So darf für die Bejahung des Feststellungsinteresses eines sich gegen eine Auflage wendenden Versammlungsleiters nicht verlangt werden, dass die möglichen weiteren Versammlungen unter gleichen Umständen, mit einem identischen Motto und am selben Ort durchgeführt werden.[171] Jedoch entfällt das Feststellungsinteresse wegen drohender Wiederholungsgefahr, wenn eine Behörde verbindlich erklärt, an der dem Verwaltungsakt zugrundeliegenden Rechtsauffassung zukünftig nicht mehr festzuhalten.[172] Für die Beurteilung des Interesses ist nicht die Rechtmäßigkeit, sondern die Rechtswidrigkeit des angegriffenen Bescheides zu unterstellen.[173] Die Feststellung der Voraussetzung einer Wiederholungsgefahr erfolgt im Zuge der **Amtsermittlung** durch das Gericht.[174] 81

**d) Rehabilitationsinteresse.** Schließlich ist ein berechtigtes Interesse zu bejahen, wenn der Betroffene ein Rehabilitationsinteresse hat. Dies ist nach der Rechtsprechung anzunehmen, wenn der erledigte Verwaltungsakt **diskriminierend** (ehrenrührig, stigmatisierend[175]) gewirkt hat (z. B. bekannt gewordene Anordnung einer psychiatrischen Untersuchung, [176] publikumswirksame Identitätsfeststellung, Herabwürdigung des beruflichen Ansehens wegen des bekannt gewordenen Vorwurfes der Unzuverlässigkeit, Abqualifizierung künstlerischer Arbeiten)[177] oder wenn **tiefgreifend in die Grundrechte** (auch der 82

---

[166] BVerwG NVwZ 2015, 600 Rn. 15.

[167] Vgl. z. B. BVerwG NVwZ 1994, 282.

[168] BVerfGE 110, 77 = NJW 2004, 2510 → *Ehlers* JK 12/04, VwGO § 113 I 4/19 und → JuS 2005, 173 *(Sachs)* sowie → JA 2005, 98 *(Aulehner).*

[169] Das BVerwG (NVwZ 1990, 360; E 146, 303 Rn. 21 = NVwZ 2013, 1481) spricht von einer konkreten Gefahr.

[170] BVerwGE 146, 303 Rn. 21 = NVwZ 2013, 1481; NVwZ-RR 2020, 533 Rn. 15 → *Eifert* Jura (JK) 2020, 880; *Rozek* JuS 1995, 598.

[171] BVerfGE 110, 77 (90 f.) = NJW 2004, 2510 (2512); BVerfG-K NVwZ-RR 2011, 405 Rn. 23.

[172] BVerfGE 110, 77 (91) = NJW 2004, 2510 (2512); BVerfG-K NVwZ-RR 2011, 405 Rn. 23; BayVGH BayVBl 2007, 373 → *Schoch* JK 11/07, VwGO § 113 I 4/22. Das BVerwG (BayVBl 2007, 505) hat das Urteil des BayVGH aufgehoben, da ein Rehabilitationsinteresse des Klägers bestand.

[173] BVerwG NVwZ 1994, 282 (283).

[174] BVerfGE 110, 77 (90) = NJW 2004, 2510 (2512) → *Ehlers* JK 12/04, VwGO § 113 I 4/19 und → JuS 2005, 173 *(Sachs)* sowie → JA 2005, 98 *(Aulehner); Ehlers* in: Schoch/Schneider, VwGO, Vorb § 40 Rn. 16

[175] BVerwGE 146, 303 Rn. 28 = NVwZ 2013, 1481 Rn. 25.

[176] Vgl. BVerwG Urt. v. 23.10.1980 – 2 A 4.78, BeckRS 1980, 31296231.

[177] Vgl. zu diesen und weiteren Beispielen in der Rspr. *W.-R. Schenke/R. P. Schenke* in: Kopp/Schenke, VwGO, § 113 Rn. 142; *Schübel-Pfister* in: Eyermann, VwGO, § 113 Rn. 119.

EMRK oder der Unionsgrundrechte[178]) eingegriffen worden ist.[179] Nach der hier vertretenen Ansicht ist ein (tiefgreifender) Grundrechtseingriff somit ein Unterfall des Rehabilitationsinteresses.[180]

83 Nicht ausreichend ist, dass der Betroffene die beanstandete Maßnahme als diskriminierend empfunden hat. Vielmehr soll es darauf ankommen, ob bei **objektiver** und vernünftiger Betrachtungsweise abträgliche Nachwirkungen der Maßnahme fortbestehen, denen durch eine gerichtliche Feststellung der Rechtswidrigkeit des Verwaltungshandelns wirksam begegnet werden könne.[181] So soll die Aufforderung der Fahrerlaubnisbehörde zur Beibringung eines medizinisch-psychologischen Gutachtens noch kein Rehabilitationsinteresse begründen.[182] Voraussetzung für ein Rehabilitationsinteresse sei, dass Dritte Kenntnis nehmen können.[183] Demgemäß müsse eine **Stigmatisierung Außenwirkung** erlangt haben (Herabsetzung des Ansehens in der Öffentlichkeit oder im sozialen Umfeld) und in der Gegenwart noch andauern.[184] Doch muss eine gewichtige (etwa beleidigende) Persönlichkeitsrechtsverletzung auch ohne eine solche Außenwirkung als ausreichend angesehen werden.[185] Der Vorwurf objektiver Strafbarkeit des untersagten Verhaltens soll nicht ausreichen. Die Schwelle zu einem ethischen Unwerturteil werde erst mit dem konkreten, personenbezogenen Vorwurf eines schuldhaft-kriminellen Verhaltens überschritten (dazu Fall 8 → Rn. 67 und Lösung Rn. → 87).[186] Auch damit werden zu weitgehende Anforderungen gestellt.

84 Große Bedeutung kommt der Fallgruppe eines Rechtsschutzes gegen **tiefgreifende Grundrechtseingriffe** zu. Nicht zuzustimmen ist der Ansicht des BVerwG, wonach es auf einen Eingriff in die Grundrechte (oder Grundfreiheiten des Europäischen Unionsrechts) nicht ankommt und selbst schwere Eingriffe kein Fortsetzungsfeststellungsinteresse begründen, vielmehr über die einfach-rechtlich konkretisierten Fallgruppen des berechtigten rechtlichen, ideellen oder wirtschaftlichen Interesses hinaus nur Eingriffe erfasst werden, die sich typischerweise so **kurzfristig** endgültig **erledigen,** dass sie sonst nicht gerichtlich in einem Hauptsacheverfahren zu überprüfen wären.[187] Sowohl Art. 19 Abs. 4 S. 1 GG als auch die (materiellen) Grundrechte stehen einer Hinnahme rechtswidriger Grundrechtsbeeinträchtigungen ohne jegliche Kompensationsmöglichkeit im Falle der Erledigung entgegen. Grundrechtseingriffe erfordern von Verfassung wegen die Möglichkeit einer gerichtlichen Überprüfung, auch wenn sie sich nicht kurzfristig erledigen.[188] Umgekehrt folgt aus dem Umstand, dass nach Art. 19 Abs. 4 S. 1 GG der Rechtsschutz nicht von der Schwere einer möglichen Rechtsverletzung abhängig ist, Art. 1 Abs. 3 GG nicht zwischen schweren und einfachen Grundrechtsbeeinträchtigungen differenziert und sich tiefgreifende und sonstige Grundrechtseingriffe ohnehin schwer unterscheiden lassen, entgegen einer in der Literatur[189] vielfach vertretenen Auffassung noch nicht, dass ein berechtigtes Fortsetzungsfeststellungsinteresse auch dann stets zu bejahen ist, wenn die Grundrechtsbeeinträchtigung

---

[178] Vgl. BVerwGE 146, 303 Rn. 36 ff. = NVwZ 2013, 1481.

[179] BVerfGE 96, 27 (39 f.) = NJW 1997, 2163 (2164) → JA 1998, 281 *(Trautwein);* E 110, 77 (86) = NJW 2004, 2510 (2511) → *Ehlers* JK 12/04, VwGO § 113 I 4/19 und → JuS 2005, 173 *(Sachs)* sowie → JA 2005, 98 *(Aulehner);* E 117, 244 Rn. 69 = NJW 2007, 1117 → *Ehlers* JK 9/07, GG Art. 5 I2/31; NVwZ 1999, 991; BVerfG-K NJW 2017, 545 Rn. 11.

[180] Für eine Unterscheidung von Rehabilitationsinteresse und nachhaltigem Grundrechtsschutz *Knauff* in: Gärditz, VwGO, § 113 Rn. 60.

[181] BVerwG NVwZ 2000, 574; NVwZ 2013, 1550 Rn. 15.

[182] BVerwG NVwZ 2013, 1550.

[183] *Knauff* in: Gärditz, VwGO, § 113 Rn. 59.

[184] BVerwGE 146, 303 Rn. 25 = NVwZ 2013,1481; E 156, 272 Rn. 21 = NVwZ-RR 2017, 381; Beschl. v. 10.5.2019 – 6 B 20.19, BeckRS 2019, 11427 Rn. 8.

[185] Ebenso *Riese* in: Schoch/Schneider, VwGO, § 113 Rn. 138.

[186] Krit. dazu *Huber* NVwZ 2013, 1488.

[187] BVerwGE 146, 303 Rn. 20 ff. = NVwZ 2013, 1481; *Riese* in: Schoch/Schneider, VwGO, § 113 Rn. 143 f.; krit. *Thiele* DVBl 2015, 954 (956 ff.).

[188] *Knauff* in: Gärditz, VwGO, § 113 Rn. 60.

[189] *Sodan* in: Sodan/Ziekow, VwGO, § 43 Rn. 100; *Lindner* NVwZ 2014, 180 (182 ff.).

nicht tiefgreifend ist. Jede staatliche Freiheitsbeeinträchtigung greift zumindest in die durch Art. 2 Abs. 1 GG geschützte allgemeine Handlungsfreiheit ein. Ließe man dies allein ausreichen, würde das Erfordernis eines berechtigten Fortsetzungsfeststellungsinteresses leerlaufen, weil bereits die Klagebefugnis (→ Rn. 63) regelmäßig (soweit gesetzlich nichts anderes bestimmt ist) eine mögliche Rechtsverletzung voraussetzt. Art. 19 Abs. 4 S. 1 GG und die materiellen Grundrechte gebieten aber nicht, in den Fällen eines an sich beendeten Eingriffs generell ein Fortsetzungsfeststellungsinteresse zu bejahen.[190] Daher muss die Grundrechtsbeeinträchtigung entweder fortdauern oder der Kläger ein schutzwürdiges Interesse an der Klärung der Rechtmäßigkeit besitzen.[191] Letzteres setzt **in der Regel** eine **gewisse Intensität** der (erledigten) Grundrechtsbeeinträchtigung voraus. Liegt ein – inzwischen erledigter – tiefgreifender Eingriff in die materiellen Grundrechte vor, ist stets ein berechtigtes Fortsetzungsfeststellungsinteresse gegeben. Die Anforderungen sind tendenziell eher niedrig zu bemessen. So ist ein solcher Eingriff etwa bei Anordnungen zu bejahen, die das Grundgesetz vorbeugend dem Richter vorbehalten hat[192] (z. B. Durchsuchung von Wohn- und Geschäftsräumen aufgrund richterlicher Durchsuchungsanordnung einschließlich der in diesem Rahmen erfolgenden Beschlagnahmeanordnungen).[193] Ebenso ist die einem Rechtsreferendar auferlegte, in Art. 4 Abs. 1 und 2 GG eingreifende Pflicht, bei Tätigkeiten, bei denen er als Repräsentant des Staates wahrgenommen wird oder werden könnte, die eigene Zugehörigkeit zu einer Religionsgemeinschaft nicht durch das Befolgen von religiös begründeten Bekleidungsregeln sichtbar werden zu lassen, auch dann als tiefgreifend anzusehen, wenn sich die Auflage nur an einem Tag für kurze Zeit ausgewirkt hat.[194]

Stets wird ein Rehabilitationsinteresse angenommen, wenn sich die Belastung durch den 85
angegriffenen Hoheitsakt nach dem typischen Verfahrensablauf auf eine Zeitspanne beschränkt, in welcher der Betroffene die gerichtliche Entscheidung in der von der Prozessordnung gegebenen Instanz kaum erlangen kann **(kurzfristige Erledigung).** Ob es sich um eine eigenständige Fallgruppe[195] oder einen Unterfall des Rehabilitationsinteresses bzw. eines tiefgreifenden Grundrechtseingriffs handelt, macht im Ergebnis keinen Unterschied aus. Für letzteres spricht, dass auch Art. 19 Abs. 4 S. 1 GG ein Grundrecht darstellt und die Effektivität des durch die Vorschrift garantierten Rechtsschutzes[196] es gebietet, dass bei kurzfristiger Erledigung der Betroffene Gelegenheit erhält, die Berechtigung des Grundrechtseingriffs gerichtlich klären zu lassen. Liegt eine kurzfristige Erledigung vor, kommt es entgegen der Auffassung des BVerfG[197] nicht mehr darauf an, ob ein „gewichtiger" Grund-

---

[190] Vgl. auch BVerfGE 117, 244 Rn. 69 = NJW 2007, 1117 → *Ehlers* JK 9/07, GG Art. 5 I 2/31. Ferner *R. P. Schenke* JuS 2007, 697 (698); *Unterreitmeier* NVwZ 2015, 25; *Schenke* Verwaltungsprozessrecht, Rn. 586.

[191] Vgl. auch BVerfGE 110, 77 (89) = NJW 2004, 2510 (2512) (anerkennenswertes Interesse) → *Ehlers* JK 12/04, VwGO § 113 I 4/19 und → JuS 2005, 173 *(Sachs)* sowie → JA 2005, 98 *(Aulehner).*

[192] Entsprechende Maßnahmen sind häufig schon vor möglicher gerichtlicher Überprüfung beendet.

[193] BVerfGE 117, 244 = NJW 2007, 1117 → *Ehlers* JK 9/07, GG Art. 5 I 2/31. In solchen Fällen obliegt der Rechtsschutz allerdings in der Regel nicht den Verwaltungsgerichten, sondern den ordentlichen Gerichten.

[194] A. A. BayVGH BayVBl 2018, 672 Rn. 32 ff. = BeckRS 2018, 7009. Wegen der grundsätzlichen Bedeutung der Rechtssache wurde die Revision zur Klärung der Frage zugelassen, ob die Feststellung einer möglichen Diskriminierung durch die Nichtanwendung des Gleichbehandlungsgrundsatzes auch dann zulässig ist, wenn das Verhältnis, während dessen die Diskriminierung vorgekommen sein soll, bereits beendet ist, BVerwG Beschl. v. 24.4.2019 – 2 B 47/18, BeckRS 2019, 9634 Rn. 2. Zur Sachentscheidung vgl. BVerfG NJW 2020, 1049 → *Kingreen* Jura (JK), 2020, 770 und → *Sachs* JuS 2020, 992 sowie → JA 2020, 555 *(Muckel)* (Verfassungsmäßigkeit eines Kopftuchverbots für Rechtsreferendarinnen).

[195] Ablehnend *Knauff* in: Gärditz, VwGO, § 113 Rn. 61.

[196] Vgl. statt vieler BVerfGE 96, 27 (39) = NJW 1997, 2163 (2164); BVerfG-K NJW 2017, 545 Rn. 8 ff.

[197] BVerfGE 96, 27 (39 f.) = NJW 1997, 2163 (2164); E 117, 244 = NJW 2007, 1117 → *Ehlers* JK 9/07, GG Art. 5 I 2/31; BVerfG-K NJW 2017, 545 Rn. 11 (das BVerfG nimmt in seiner Rspr. [naturgemäß] nur zum Grundrecht auf effektiven Rechtsschutzstellung Stellung [nicht zum einfachen Recht]); BVerwGE 160, 169 Rn. 20 = NJW 2018, 716 → *Sachs* JuS 2018, 596 und → JA 2018, 476 *(Muckel).* Bei tiefgreifenden Grundrechtseingriffen entscheidet das BVerfG auch über erledigte Verfassungsbeschwerden (vgl. BVerfG JZ 2016, 796).

rechtseingriff vorliegt.[198] Die genannte Konstellation ist typischerweise im Polizei- und Ordnungsrecht,[199] besonders im Versammlungsrecht anzutreffen (→ Fall 9 → Rn. 68 und Lösung → Rn. 88). Ferner kann z. B. für eine Feststellung der Rechtswidrigkeit einer Speicherung personenbezogener Daten in einem vergangenen Zeitraum und des damit verbundenen Eingriffs in das Persönlichkeitsrecht (Art. 2 Abs. 1 GG i. V. m. Art. 1 Abs. 1 GG) ein berechtigtes Interesse anzuerkennen sein, wenn sich das Rechtsschutzziel nicht in gleicher Weise durch die Geltendmachung eines Löschungsanspruchs erreichen lässt.[200]

86 **Lösung zu Fall 7:** Auf dem Gebiet des Versammlungsrechts ist ein Fortsetzungsfeststellungsinteresse zu bejahen, wenn die angegriffene Maßnahme die Versammlungsfreiheit „schwer" beeinträchtigt, die Gefahr einer Wiederholung besteht oder zur Rehabilitierung ein rechtlich anerkennenswertes Interesse an der Klärung der Rechtmäßigkeit angenommen werden kann.[201] Im Falle schwerer Beeinträchtigungen spielt es keine Rolle, ob vergleichbare Versammlungen in Zukunft stattfinden sollen. Die Bedeutung der Versammlungsfreiheit in einer Demokratie gebietet stets die Möglichkeit nachträglichen Rechtsschutzes, wenn die Grundrechtsausübung durch ein Versammlungsverbot unterbunden und die Versammlung aufgelöst worden ist. Derartige Eingriffe sind die schwerste mögliche Beeinträchtigung der Versammlungsfreiheit und begründen stets ein Fortsetzungsfeststellungsinteresse. Schwer kann die Beeinträchtigung aber auch sein, wenn die Versammlung zwar durchgeführt werden konnte, aber von versammlungsbehördlichen Auflagen abhängig gemacht wurde, die ihren spezifischen Charakter verändert, insbesondere die Verwirklichung ihres kommunikativen Anliegens wesentlich erschwert haben. Demgegenüber ist ein Fortsetzungsfeststellungsinteresse nicht gegeben, wenn die Abweichungen bloße Modalitäten der Versammlungsdurchführung beinhalten. Das Erfordernis der Wiederholungsgefahr setzt zum einen die Möglichkeit einer erneuten Durchführung einer vergleichbaren Versammlung durch den Kläger voraus, zum anderen, dass die Behörde voraussichtlich auch zukünftig an ihrer Rechtsauffassung festhalten wird. Das auf eine Wiederholungsgefahr gegründete Rechtsschutzinteresse entfällt nicht deshalb, weil der Kläger in zukünftigen Fällen Eilrechtsschutz in Anspruch nehmen kann. Im Eilverfahren erreichbarer Schutz entspricht nicht dem Rechtsschutz, der im Hauptsacheverfahren erlangt werden kann. Dies zeigt schon die Begrenzung der im Eilverfahren erfolgenden Prüfung der in der behördlichen Verfügung zu erfüllenden Rechtmäßigkeitsanforderungen. Auch kann es dem Veranstalter einer Versammlung nicht zugemutet werden, den durch Art. 19 Abs. 4 S. 1 GG garantierten Rechtsschutz stets nur vorläufig und mit Unsicherheit für die Behandlung zukünftiger Fälle erlangen zu können. Dies wäre auch dem Freiheitsrecht des Art. 8 GG abträglich und könnte sich langfristig auf die Funktionsweise der Demokratie (Art. 20 Abs. 1 GG) auswirken. Von einem Rehabilitationsinteresse ist in versammlungsrechtlichen Streitigkeiten auszugehen, wenn die beschränkenden Maßnahmen diskriminierend wirken (insbesondere, wenn sie Ausführungen über die Persönlichkeit des Veranstalters oder zu seinem erwarteten kriminellen Verhalten auf Versammlungen enthalten). Vorliegend hat das BVerfG[202] dahingestellt sein lassen, ob das Fortsetzungsfeststellungsinteresse schon wegen eines gewichtigen Eingriffs in die Versammlungsfreiheit zu bejahen ist. Jedenfalls liege eine Wiederholungsgefahr vor, da G künftig ähnliche Demonstrationen durchzuführen beabsichtige und mit Verbotsverfügungen respektive Auflagen rechnen müsse.

---

[198] Ebenso *Riese* in: Schoch/Schneider, VwGO, § 113 Rn. 144. Vgl. auch *Bamberger* NVwZ 2017, 1346.
[199] BVerwG Beschl. v. 25.6.2019 – 6 B 154.18, 6 PKH 8.18, BeckRS 2019, 14111 Rn. 5.
[200] BVerwGE NVwZ 2018, 739 Rn. 14.
[201] So BVerfGE 110, 77 (89) = NJW 2004, 2510 (2512) → *Ehlers* JK 12/04, VwGO § 113 I 4/19; BVerfG-K NVwZ-RR 2011, 405 Rn. 22 f. → *Schoch* JK 10/11, VwGO § 113 I 4/24.
[202] BVerfGE 110, 77 (92 f.) = NJW 2004, 2510 (2513) → *Ehlers* JK 12/04, VwGO § 113 I 4/19.

**Lösung zu Fall 8:** Da es sich bei dem Verbot um einen Verwaltungsakt mit Dauerwirkung handelt, der sich fortlaufend für den jeweils abgelaufenen Zeitraum erledigt, ist die Umstellung auf einen Feststellungsantrag für die Vergangenheit zulässig (→ Rn. 11). Das BVerwG hat jedoch das berechtigte Feststellungsinteresse verneint.[203] Ein Präjudizinteresse für den angestrebten Staatshaftungsprozess habe nicht bestanden, weil eine solche Klage selbst bei Rechtswidrigkeit der Untersagung mangels Vorliegen der Voraussetzung für eine Amtshaftung (fehlendes Verschulden nach Entscheidung des Verwaltungsgerichts als Kollegialgericht) und der unionsrechtlichen Staatshaftung (mangels einer qualifizierten Unionsrechtsverletzung) offensichtlich aussichtslos gewesen sei. Eine Wiederholungsgefahr wurde verneint, weil die Rechtslage nach Inkrafttreten eines neuen Staatsvertrages nicht im Wesentlichen unverändert geblieben sei und daher nicht die „konkrete Gefahr" eines vergleichbaren Verwaltungsakts bestanden habe. Schließlich soll ein Rehabilitationsinteresse nicht bestanden haben. Der Vorwurf objektiver Strafbarkeit des untersagten Verhaltens (nach § 284 Abs. 1 StGB) reiche nicht aus, weil eine Stigmatisierung erst vorliege, wenn dem Kläger ein schuldhaft kriminelles Verhalten vorgeworfen werde (was hier nicht der Fall war). Damit werden nach der hier vertretenen Auffassung die Anforderungen überspannt.[204] Die polizeiliche Schließung des Wettlokals hat zwar Außenwirkung, nach Ansicht des BVerwG aber keinen diskriminierenden Charakter. Auf die Frage, ob ein tiefgreifender Grundrechtseingriff vorliegt, soll es nicht ankommen (krit. → Rn. 84). Da die Untersagungsverfügung ein Dauerverwaltungsakt sei, liege auch kein Verwaltungsakt vor, der sich typischerweise kurzfristig erledigt. Art. 19 Abs. 4 S. 1 GG erfordere daher nicht die Annahme eines Fortsetzungsfeststellungsinteresses, um wirksamen Rechtsschutz erlangen zu können. Auch der gerichtlichen Überprüfung von Dauerverwaltungsakten, die sich erledigt haben, kann jedoch nicht generell das Fortsetzungsfeststellungsinteresse abgesprochen werden.[205] 87

**Lösung zu Fall 9:** Die I-Partei kann sich auf Art. 8 Abs. 1 GG i. V. m. Art. 19 Abs. 3 GG berufen. Da das Verbot eines Bundesparteitags einen tiefgreifenden Grundrechtseingriff darstellt und in der kurzen Spanne zwischen Verbotsverfügung und Terminierung des Parteitags eine gerichtliche Entscheidung kaum zu erlangen war, ist ein Rehabilitationsinteresse gegeben. 88

### 4. Richtiger Klagegegner

Wird eine Anfechtungs- oder Verpflichtungsklage erhoben, bestimmt sich der richtige Klagegegner nach **§ 78 VwGO** (gegebenenfalls i. V. m. den landesrechtlichen Ausführungsbestimmungen). Stellt der Kläger im Laufe des Prozesses einen Fortsetzungsfeststellungsantrag, ändert sich nichts an der Beklagtenstellung. Dies spricht dafür, § 78 VwGO auch bei Erledigung vor Klageerhebung anzuwenden.[206] Bestimmt dies das Landesrecht (§ 78 Abs. 1 Nr. 2 VwGO, → § 27 Rn. 107), ist somit die Behörde, ansonsten (wie stets bei der Feststellungsklage, → § 30 Rn. 67) der Rechtsträger zu verklagen. 89

### 5. Klagefrist

Tritt Erledigung nach Klageerhebung ein, ist die Fortsetzungsfeststellungsklage zulässig, wenn die Anfechtungs- oder Verpflichtungsklage fristgerecht erhoben worden war. Liegt das 90

[203] BVerwGE 146, 303 = NVwZ 2013, 1481.
[204] Allerdings hat der Vorwurf objektiver Strafbarkeit in dem entschiedenen Fall keine Außenwirkung erlangt (BVerwGE 146, 303 Rn. 26 = NVwZ 2013, 1481).
[205] Krit. zur Unterscheidung von Kurz- und Dauerverwaltungsakten *Thiele* DVBl 2015, 954 (955 f.).
[206] Vgl. *Meissner/Schenk* in: Schoch/Schneider, VwGO, § 78 Rn. 50.

erledigende Ereignis vor Klageerhebung und wurde die (Widerspruchs- oder) Klagefrist vor Erhebung der Anfechtungs- oder Verpflichtungsklage versäumt, ist die Fortsetzungsfeststellungsklage unzulässig, weil eine unzulässig gewordene Anfechtungs- oder Verpflichtungsklage – auch nicht durch eine Feststellungsklage – fortgesetzt werden darf. Ist die (Widerspruchs- und) Klagefrist zum Zeitpunkt der Erledigung noch nicht abgelaufen, sollen nach einer vielfach vertretenen Ansicht die **§§ 74, 58 Abs. 2 VwGO** entsprechende Anwendung finden.[207] Fehlt bei vorprozessual erledigten Verwaltungsakten (einschließlich der Ablehnung des Antrags auf Vornahme) eine Rechtsbehelfsbelehrung oder enthält die Rechtsbehelfsbelehrung keinen Hinweis auf die Fortsetzungsfeststellungsklage, beläuft sich die Klagefrist dann auf ein Jahr.[208] Die Geltung der Fristbestimmung wird mit dem engen Bezug der Fortsetzungsfeststellungsklage zur Anfechtungs- und Verpflichtungsklage sowie mit dem auch gegenüber einem erledigten Verwaltungsakt bestehenden Interesse an Rechtssicherheit begründet.

91 Dieser Auffassung ist das **BVerwG** zu Recht entgegengetreten.[209] Habe sich ein Verwaltungsakt vor Eintritt der Bestandskraft erledigt, laufe keine Frist, weil die Fortsetzungsfeststellungsklage ihrer Rechtsnatur nach eine Feststellungsklage sei und der Gesichtspunkt der Rechtssicherheit nach Erledigung in den Hintergrund trete (da ein erledigter Verwaltungsakt nicht bestandskräftig werden kann). Zwar liege es auch bei Erledigung im Interesse der Verwaltung, nach einer bestimmten Frist keinen Ansprüchen mehr ausgesetzt zu sein. Das Rechtsschutzsystem der VwGO sei aber vornehmlich zur Wahrung der Interessen des Bürgers geschaffen worden. Diesem könne eine fristgebundene Klage gegen einen Verwaltungsakt, der seine Regelungswirkung verloren habe, nicht zugemutet werden, zumal auch § 113 Abs. 1 S. 4 VwGO für den Übergang von der Anfechtungs- zur Fortsetzungsfeststellungsklage keinerlei Frist vorsehe. Gehe es darum, etwaige Lücken des Rechtsschutzsystems zu schließen, dürften die Interessen der Verwaltung nicht allein ausschlaggebend sein. Vor Klagen, die noch Jahre nach der Erledigung des Verwaltungsakts erhoben werden, sei die Verwaltung zudem hinreichend durch das Erfordernis eines berechtigten Feststellungsinteresses (→ Rn. 69) sowie durch das Institut der **Verwirkung** (→ § 25 Rn. 256 ff.) geschützt.

92 Im Fall 2 (→ Rn. 25 und Lösung → Rn. 36) hat B zwar erst zwei Monate nach Eintritt des erledigenden Ereignisses Fortsetzungsfeststellungsklage erhoben. Die Erledigung ist aber vor Bestandskraft eingetreten. Schließt man sich der Auffassung an, dass in solchen Fällen die Fristen der §§ 74, 58 Abs. 2 VwGO nicht gelten, kann keine Verfristung eingetreten sein. Ferner liegen nicht die Voraussetzungen einer (prozessualen) Verwirkung vor.

## C. Begründetheit der verwaltungsgerichtlichen Fortsetzungsfeststellungsklage

93 **Fall 10:** Der Beigeordnete J einer nordrhein-westfälischen Stadt ist von seinem Amt abberufen worden und damit in den einstweiligen Ruhestand getreten. Auf die von

[207] Vgl. etwa BayVGH BayVBl 1993, 429 (430); VGH BW DVBl 1998, 835 (836); OVG RP NJW 1982, 1301 (1302); *R. P. Schenke* NVwZ 2000, 1255 (1257); *ders.* JuS 2007, 697 (700); *W.-R. Schenke* in: Kopp/Schenke, VwGO, § 74 Rn. 2; *W. R. Schenke/R. P. Schenke* in: Kopp/Schenke, VwGO, § 113 Rn. 128. *Meissner/Schenk* in: Schoch/Schneider, VwGO, § 74 Rn. 11 ff.; vgl. ferner demgegenüber aber auch *Würtenberger/Heckmann* Verwaltungsprozessrecht, Rn. 742; *Rennert* in: Eyermann, VwGO, § 74 Rn. 2.

[208] A. A. *Funke/Stocker* JuS 2019, 979 (982), wonach der Hinweis auf die Anfechtungsmöglichkeit die Fortsetzungsfeststellungsklage umfasst, so dass die gewöhnliche Klagefrist von einem Monat gilt. Entsprechendes müsste dann auch für die Verpflichtungsklage (in Gestalt der Versagungsgegenklage) gelten. Abzulehnen ist die Auffassung des VGH BW, wonach sich das Erfordernis der Rechtsmittelbelehrung nicht auf den Verwaltungsakt, sondern die Mitteilung, dass sich der Verwaltungsakt erledigt hat, bezieht (BeckRS 1997, 23425).

[209] BVerwGE 109, 203 (207 f.) = NVwZ 2000, 63 (64) → *Erichsen* JK 00, VwGO § 113 I 4/16 und → JuS 2000, 720 *(Hufen)*. Vgl. auch bereits BayVGH, DVBl 1992, 1492 (1493); *Rozek* JuS 1995, 697 (700); *Detterbeck* Streitgegenstand und Entscheidungswirkungen im Öffentlichen Recht, 1995, S. 292 f.; ferner *Wolff* in: Sodan/Ziekow, VwGO, § 113 Rn. 289; *Knauff* in: Gärditz, VwGO, § 113 Rn. 66.

ihm erhobene Fortsetzungsfeststellungsklage hin stellt das VG rechtskräftig fest, dass der Bescheid rechtswidrig gewesen ist. Daraufhin wurden J die Dienstbezüge nachbezahlt und weitere Dienstbezüge gewährt, so als sei er nicht abberufen worden. Nunmehr fordert die Stadt die geleisteten Beträge von J zurück. Hiergegen hat J nach erfolglosem Vorverfahren verwaltungsgerichtliche Klage erhoben.

Entgegen der missverständlichen Formulierung des § 113 Abs. 1 S. 4 VwGO ist eine Fortsetzungsfeststellungsklage nicht schon im Falle der Rechtswidrigkeit des erledigten Verwaltungsakts begründet. Vielmehr muss der Kläger durch den Verwaltungsakt auch **in seinen Rechten verletzt** sein. Das ergibt sich aus dem engen Zusammenhang zwischen Satz 1 und Satz 4 des § 113 Abs. 1 VwGO.[210] Ferner spricht das Erfordernis der Klagebefugnis (→ Rn. 63f.) für die Notwendigkeit einer Rechtsverletzung.[211] Anders ist die Rechtslage, wenn eine andere Bestimmung i. S. d. § 42 Abs. 2 Hs. 1 VwGO vorliegt. 94

Tritt die Fortsetzungsfeststellungsklage an die Stelle der **Anfechtungsklage,** kommt es (abgesehen von der Antragstellung) darauf an, ob die Klage im **Zeitpunkt** (unmittelbar vor) **der Erledigung** begründet gewesen ist.[212] Dies bestimmt sich nach dem materiellen Recht. Materiell-rechtlich ist der Zeitpunkt der letzten Behördenentscheidung für die Beurteilung der Rechts- und Sachlage maßgebend, wenn das Gericht auch ohne Erledigung hierauf abzustellen hat (→ § 27 Rn. 157).[213] Kommt es auf den Zeitpunkt der letzten mündlichen Verhandlung oder der Gerichtsentscheidung an, ist jedenfalls dann, wenn der Kläger nichts anderes beantragt hat, auf den Erledigungszeitpunkt abzustellen.[214] Änderungen der Sach- oder Rechtslage nach Eintritt des erledigenden Ereignisses bleiben außer Betracht, weil der Verwaltungsakt seine Wirksamkeit verloren hat.[215] Erledigt sich das **Verpflichtungsbegehren,** kommt es entsprechend § 113 Abs. 1 S. 4 VwGO i. V. m. § 113 Abs. 5 VwGO darauf an, ob der Kläger zu diesem Zeitpunkt (unmittelbar vor Erledigung) einen Anspruch auf Erlass des Verwaltungsakts oder auf erneute Bescheidung hatte.[216] Die Sach- und Rechtslage bei Erlass des versagenden Bescheides ist nicht entscheidend.[217] Der für die Beurteilung maßgebliche Zeitpunkt muss sich mit dem des ursprünglichen Begehrens decken.[218] Soll nicht nur die Rechtslage zum Zeitpunkt der Erledigung, sondern auch ein davor liegender Zeitpunkt erfasst werden, kann aber eine Klageerweiterung im Wege der Klageänderung gemäß § 91 Abs. 1 VwGO in Betracht kommen.[219] 95

Ist die Klage begründet, soll nicht nur die Feststellung der Rechtswidrigkeit des Verwaltungsakts, sondern auch die **Feststellung der Erledigung** in **Rechtskraft** erwachsen.[220] Ein Verwaltungsakt, dessen Rechtswidrigkeit durch rechtskräftiges Urteil nach § 113 Abs. 1 96

---

[210] BVerwGE 65, 167 (170f.) = NJW 1982, 2513 (2515); E 77, 70 (73) = NVwZ 1987, 494 (495); BayVGH, BayVBl 1990, 178; *Wolff* in: Sodan/Ziekow, VwGO, § 113 Rn. 301; *Riese* in: Schoch/Schneider, VwGO, § 113 Rn. 152.

[211] Zwingend ist das Argument nicht. So ist ungeachtet der Notwendigkeit einer Antragsbefugnis § 47 VwGO auf eine objektive Kontrolle ausgerichtet, vgl. *Ehlers* in: FS Hoppe, 2000, S. 1041 (1043).

[212] Vgl. BVerwGE 77, 70 (73) = NVwZ 1987, 494 (495); *Decker* JA 2016, 241 (243); *Riese* in: Schoch/Schneider, VwGO, § 113 Rn. 152.

[213] Vgl. auch *Knauff* in: Gärditz, VwGO, § 113 Rn. 68.

[214] Vgl *Rozek* JuS 1995, 697 (700); *W.-R. Schenke/R. P. Schenke* in: Kopp/Schenke, VwGO, § 113 Rn. 147. Die Rechtslage ist insoweit anders als bei der Beurteilung des Fortsetzungsfeststellungsinteresses (→ Rn. 70).

[215] Im Ergebnis ebenso *W.-R. Schenke/R. P. Schenke* in: Kopp/Schenke, VwGO, § 113 Rn. 147; *Riese* in: Schoch/Schneider, VwGO, § 113 Rn. 152.

[216] *Decker* JA 2016, 241 (246); *Riese* in: Schoch/Schneider, VwGO, § 113 Rn. 153; *Knauff* in: Gärditz, VwGO, § 113 Rn. 68.

[217] *Riese* in: Schoch/Schneider, VwGO, § 113 Rn 153.

[218] Vgl. BVerwGE 89, 354 = NVwZ 1992, 563; DVBl 2000, 120. Weitergehend *Schenke* Verwaltungsprozessrecht, Rn. 863, 865.

[219] BVerwGE 109, 74 (78ff.) = NVwZ 1999, 1105 (1106) → JA 2000, 197 *(Aulehner)*. Gedacht wird bei der Klageänderung an eine allgemeine Feststellungsklage, nicht an eine Fortsetzungsfeststellungsklage.

[220] So BVerwGE 105, 370 (373) = NVwZ 1998, 734. Die Auffassung ist streitig, vgl. auch → Rn. 79; krit. z. B. *W.- R. Schenke* FS Peine, 2016, S. 503 (508).

S. 4 VwGO festgestellt worden ist, entfaltet keine Regelungswirkung (Fall 10 → Rn. 93 und Lösung → Rn. 97). Eine Vollstreckung der Fortsetzungsfeststellungsklage kommt ebenso wie bei der Feststellungsklage (→ § 30 Rn. 1, 72) nicht in Betracht.[221]

97 **Lösung zu Fall 10:** Gemäß § 113 Abs. 1 S. 1 VwGO ist die Anfechtungsklage begründet, wenn der Verwaltungsakt rechtswidrig und der Kläger dadurch in seinen Rechten verletzt ist. Die Rückerstattung zuviel gezahlter Beträge richtet sich gemäß § 15 Abs. 2 S. 1 LBesG NW nach den Vorschriften des Bürgerlichen Gesetzbuches über die Herausgabe einer ungerechtfertigten Bereicherung, soweit gesetzlich nichts anderes bestimmt ist (entsprechende Regelungen enthalten auch die anderen Landesgesetze). Das LBesG NW gilt gemäß § 1 Abs. 1 LBesG NW auch für die Beamten der Gemeinden. Die Ermächtigung des Dienstherrn, die überbezahlte Besoldung durch Verwaltungsakt zurückzufordern, lässt sich den Beamtengesetzen im Wege der Auslegung entnehmen. Nach den Bestimmungen der Gemeindeordnung und des Landesbeamtengesetzes (§ 71 Abs. 7 S. 1 GO NW; § 119 Abs. 3 LBG NW) endet das Beamtenverhältnis kommunaler Wahlbeamter unter anderem durch Abberufung. Zu fragen ist demnach, ob der Abberufungsbescheid noch Regelungswirkungen entfaltet. Gemäß § 43 Abs. 1 S. 1 VwVfG wird ein Verwaltungsakt mit Bekanntgabe wirksam. Nicht wirksam ist dagegen gemäß § 43 Abs. 3 VwVfG ein nichtiger Verwaltungsakt. Da Anhaltspunkte für eine Nichtigkeit des Abberufungsbescheides nicht ersichtlich sind, war J gehalten, eine Aufhebung des Verwaltungsakts im Widerspruchsverfahren oder durch Anfechtungsklage herbeizuführen. Vorliegend ist jedoch nur ein Fortsetzungsfeststellungsurteil ergangen, in dem gemäß § 113 Abs. 1 S. 4 VwGO festgestellt wurde, dass der Abberufungsbescheid rechtswidrig gewesen ist. Eine Aufhebung des Bescheides ist mit dieser Feststellung nicht verbunden. Dennoch hat das BVerwG[222] entschieden, dass der Abberufungsbescheid keine Regelungswirkung mehr entfaltet. Zwar hänge die Wirksamkeit eines Verwaltungsakts nicht prinzipiell von seiner Rechtmäßigkeit ab. Auf die Geltung dieser Entscheidung könne aus Gründen der Rechtssicherheit aber nur so lange vertraut werden, als der Verwaltungsakt lediglich potenziell rechtswidrig ist und sich nicht aufgrund einer Prüfung durch ein Gericht als rechtswidrig erwiesen hat. Die Wirksamkeit eines rechtswidrigen Verwaltungsakts sei deshalb im Falle seiner späteren Beanstandung als rechtswidrig durch ein Gericht von vornherein nur eine vorläufige. Stehe aufgrund einer rechtskräftigen gerichtlichen Entscheidung fest, dass der Verwaltungsakt rechtswidrig ist, sei für die Annahme, er sei dennoch wirksam und habe folglich Regelungswirkungen, kein Raum mehr. Nach der Verfassungsordnung des GG obliege es vorrangig den Gerichten, die Rechtsordnung durch die letztverbindliche Entscheidung dessen, was im konkreten Fall rechtens ist, zu sichern. Sinn der materiellen Rechtskraft sei es, in den sachlichen und zeitlichen Grenzen des Entscheidungsgegenstandes Rechtsfrieden zwischen den Beteiligten zu stiften. Für verwaltungsgerichtliche Urteile bedeutet dies, dass ihre materielle Rechtskraft gemäß § 121 VwGO auch das Verhalten des Hoheitsträgers für die Zukunft bindet. Der Rechtsschutz mittels eines Urteils nach § 113 Abs. 1 S. 4 VwGO sei funktionsgleich mit dem Rechtsschutz, der mit einem Aufhebungsurteil nach § 113 Abs. 1 S. 1 VwGO erreicht wird. Daher mache es keinen Unterschied aus, ob ein Verwaltungsakt nach § 113 Abs. 1 S. 1 VwGO kassiert wird oder nach § 113 Abs. 1 S. 4 VwGO seine Rechtswidrigkeit festgestellt wird. Die Bindung der Verwaltung an Gesetz und Recht nach Art. 20 Abs. 3 GG bewirke im Fall der Feststellung, dass aus dem rechtswidrigen Verwaltungsakt keinerlei für die Betroffenen belastenden Folgen hergeleitet werden dürfen. Im Ergebnis bedeutet dies, dass ein Verwaltungsakt, dessen Rechtswidrigkeit durch ein rechtskräftiges Fortsetzungsfeststel-

[221] Vgl. statt vieler *Knauff* in: Gärditz, VwGO, § 113 Rn. 69.

[222] BVerwGE 116, 1 = NVwZ 2002, 853 → *Ehlers* JK 12/02, VwGO § 113 I 4/17. Vgl. zu dieser Entscheidung auch *W.-R. Schenke* JZ 2003, 31 ff.; *Steinweg* Regelungsgehalt (Fn. 10), S. 268 ff.

lungsurteil festgestellt worden ist, keine Regelungswirkung mehr entfaltet (also wie ein nichtiger Verwaltungsakt zu behandeln ist). Dahingestellt sein lassen hat das BVerwG, ob sich die Unwirksamkeit des Verwaltungsakts ferner daraus herleiten lässt, dass Gegenstand der rechtskräftigen Feststellung nach § 113 Abs. 1 S. 4 VwGO auch die Erledigung des angefochtenen Verwaltungsakts ist, so dass auch diese und damit gemäß § 43 Abs. 2 VwVfG die Unwirksamkeit des Verwaltungsakts mit Maßgeblichkeit feststeht.[223] Das BVerwG gibt zu bedenken, dass die Erledigung des Verwaltungsakts Sachentscheidungsvoraussetzung für ein Urteil nach § 113 Abs. 1 S. 4 VwGO sei. Die Rechtskraft eines Sachurteils erstrecke sich aber gewöhnlich nicht auf das Vorliegen der Sachentscheidungsvoraussetzungen. Erwachse die Feststellung der Erledigung eines Verwaltungsakts nicht in Rechtskraft (vgl. dem gegenüber → Rn. 96), stehe nicht mit verbindlicher Wirkung fest, dass der Verwaltungsakt wegen Erledigung unwirksam ist. Folgt man dem BVerwG, ist aufgrund der rechtskräftigen Feststellung der Rechtswidrigkeit des Abberufungsbescheids die Rechtslage maßgebend, die ohne diesen Bescheid gegeben war. Danach bestand das Beamtenverhältnis zwischen den Parteien fort, so dass J einen Besoldungsanspruch hatte. Die Zahlung der Bezüge erfolgte daher nicht ohne rechtlichen Grund. Mangels eines Rückzahlungsanspruchs ist der Leistungsbescheid auf Rückzahlung der gewährten Bezüge rechtswidrig. Das BVerwG hat daher der Anfechtungsklage stattgegeben.

---

[223] In diesem Sinne BVerwGE 105, 370 (373) = NVwZ 1998, 734. Vgl. dazu → Rn. 96.

# § 32. Verwaltungsgerichtliche Normenkontrolle

*Dirk Ehlers*

**Übersicht**




**Schrifttum:** *Beaucamp* Die Funktionslosigkeit von Bauleitplänen als rechtsmethodisches Problem, in: FS Erbguth, 2019, S. 347; *Ehlers* Die Befugnis natürlicher und juristischer Personen zur Beantragung einer verwaltungsgerichtlichen Normenkontrolle, in: FS Hoppe, 2000, S. 1041; *Ellerbrok* Die öffentlich-rechtliche Satzung, 2020; *Kintz* Die Normenkontrolle nach § 47 VwGO, JuS 2000, 1099; *Schoch* Gerichtliche Verwaltungskontrollen, in: Hoffmann-Riem/Schmidt-Aßmann/Voßkuhle, Grundlagen des Verwaltungsrechts III, 2. Aufl. 2013, § 50; *Steiner* Der sog. funktionslose Bebauungsplan im Rechtsschutzkonzept des § 47 VwGO, in: FS Würtenberger, 2013, S. 911; *Zimmermann* Die Folgen der Rechtswidrigkeit von Rechtsnormen, JA 2018, 249.

## A. Funktion und Bedeutung der verwaltungsgerichtlichen Normenkontrolle

Gerichtliche Normenkontrollen dienen der Überprüfung der Gültigkeit von Rechtsnormen durch die Judikative. Ist die Überprüfung der Norm unmittelbar Gegenstand des gerichtlichen Verfahrens und nicht nur Vorfrage für die Beurteilung einer (auf die Norm gestützten) Maßnahme, handelt es sich um eine **prinzipale Normenkontrolle** (im Gegensatz zur inzidenten). Zweck der prinzipalen Normenkontrolle ist es, den Normunterworfenen mittels unmittelbarer Überprüfung der Gültigkeit von Normen einen effektiven Rechtsschutz zur Verfügung zu stellen, durch Herbeiführung einer allgemein verbindlichen Entscheidung (vgl. § 47 Abs. 5 S. 2 Hs. 2 VwGO) eine Vielzahl von Einzelprozessen mit Inkaufnahme einer unterschiedlichen Rechtsprechung zu vermeiden und damit zugleich zur Rechtsklarheit beizutragen.[1] Da die Rechtsnormen (ebenso wie im Verfahren gemäß Art. 93 Abs. 1 Nr. 2 GG oder bei Verfassungsbeschwerden gegen ein Gesetz) im Falle eines Vorgehens nach § 47 VwGO[2] unabhängig vom Einzelfall überprüft werden, lässt sich die Kontrolle als **abstrakt** einstufen (im Gegensatz zur konkreten – auf den Einzelfall bezogenen – Kontrolle des Art. 100 Abs. 1 GG). Das Normenkontrollverfahren des § 47 VwGO steht in erster Linie im Dienste der Wahrung des **objektiven Rechts,** enthält aber auch eine subjektive Rechtsschutzkomponente.[3] Der objektive Charakter kommt dadurch zum Ausdruck, dass das Gesetz von einem Antrag statt von einer Klage spricht (§ 47 Abs. 1 VwGO), auch Behörden Normenkontrollanträge stellen können (§ 47 Abs. 2 S. 1 VwGO), wegen des Fehlens von Bestimmungen nach Art des § 113 Abs. 1 oder Abs. 5 VwGO der Gegenstand der Begründetheitsprüfung nicht auf die Verletzung subjektiver Rechte beschränkt ist, sondern sich auf die vollständige Überprüfung der Norm richtet (→ Rn. 66 ff.), und die Entscheidung des Gerichts im Falle der Unwirksamkeitsfeststellung „erga omnes“ wirkt (§ 47 Abs. 5 S. 2 Hs. 2 VwGO). Um die Durchsetzung subjektiver Rechte geht es insofern, als die objektive Kontrolle **auch** dem **Individualrechtsschutz** dient und natürliche oder juristische Personen, die einen Antrag gestellt haben, eine Rechtsverletzung geltend machen müssen (§ 47 Abs. 2 S. 1 VwGO). 1

**Verfassungsrechtliche Bedenken** gegen die Zulässigkeit einer verwaltungsgerichtlichen Normenkontrolle **bestehen nicht.** Gründe der Gewaltenteilung (Funktionsgliederung) – etwa mit der Erwägung, dass es sich bei der Normenkontrolle um eine negative Gesetzgebung handelt[4] – stehen einer Gerichtskontrolle nicht entgegen. Zwar lässt sich den Art. 93 Abs. 1 Nr. 2, 100 Abs. 1 GG sowie § 93 Abs. 3 BVerfGG entnehmen, dass die Feststellung der Nichtigkeit von (nachkonstitutionellen[5]) Parlamentsgesetzen nur den Verfassungsgerichten obliegt (→ § 25 Rn. 81). Im Falle der Anwendung des § 47 VwGO geht es aber lediglich um die Kontrolle der – rechtsetzenden – Exekutive. Diese darf selbst dann der Verwaltungsgerichtsbarkeit anvertraut werden, wenn man davon ausgeht, dass die Rechtsschutzgarantie des Art. 19 Abs. 4 S. 1 GG weder die formelle (parlamentarische) noch die materielle (hier exekutivische) Gesetzgebung erfasst.[6] Andererseits ist eine prinzi- 2

---

[1] Vgl. *Unruh* in: Fehling/Kastner/Störmer, VwR, § 47 VwGO, Rn. 7; *Wedel/Klenke/Hollands* NVwZ 2019, 125 (127) mit Hinweis auf LT NW Drs. 17/3580 S. 7.

[2] Eine parallele Bestimmung für die Sozialgerichtsbarkeit enthält § 55a SGG.

[3] Vgl. BVerwGE 82, 225 (230, 232) = NVwZ 1990, 157 (158 f.) – „eine doppelte Funktion als subjektives Rechtsschutzverfahren und objektives Prüfungsverfahren“; *Schmitt Glaeser/Horn* Verwaltungsprozessrecht, Rn. 405. Zu den Vor- und Nachteilen eines (hauptsächlich) subjektivrechtlich ausgestalteten Kontrollzugangs und eines objektiven Kontrollumfangs vgl. auch *Schoch* in: GVwR III, § 50 Rn. 207.

[4] Vgl. *Stern* Staatsrecht II, 1980, § 44 I 5b.

[5] Vgl. bereits: BVerfGE 2, 124 (128) = NJW 1953, 497 (499); E 4, 331 (339 ff.) = NJW 1956, 137; s. auch → *Wernsmann* § 19 Rn. 19.

[6] Für eine Ausklammerung der formellen Gesetzgebung BVerfGE 24, 33 (49 f.) = NJW 1968, 1467 (1469); E 45, 297 (334 f.) = NJW 1977, 2349 (2352); E 139, 321 Rn. 130 = NVwZ 2015, 1434. A. A. z. B.

pale Normenkontrolle nach Art des § 47 VwGO **nicht von Verfassung wegen geboten.**[7] Art. 19 Abs. 4 S. 1 GG und die sich aus dem Grundgesetz ergebende Justizgewährungspflicht des Staates[8] verlangen nur, dass im Falle der Gewährung subjektiver Rechte überhaupt Rechtsschutz gewährt wird. Dies kann z. B. auch durch eine inzidente Normenkontrolle respektive durch eine Feststellungsklage gegen die Anwendung der Norm (→ § 30 Rn. 13) geschehen. Daher verstößt es nicht gegen das Grundgesetz, das Europäische Unionsrecht oder die Europäische Menschrechtskonvention, wenn das Bundesrecht und zum Teil auch das Landesrecht (vgl. § 47 Abs. 1 Nr. 2 VwGO) keine prinzipale verwaltungsgerichtliche Normenkontrolle bundes- oder landesrechtlicher Vorschriften kennen.[9] Rechtspolitisch wäre wegen der Vorzüge einer prinzipalen Normenkontrolle jedoch deren generelle Zulassung äußerst wünschenswert.[10] Die Verfassungsbeschwerde gemäß Art. 93 Abs. 1 Nr. 4a GG ist nicht für eine generelle Kontrolle verwaltungsrechtlicher Normen gedacht. Soweit eine verwaltungsgerichtliche Feststellungsklage gegen die Anwendung der Norm in Betracht kommt, ist die Erhebung einer Verfassungsbeschwerde mangels Rechtswegerschöpfung (bzw. wegen deren Subsidiarität) demgemäß unzulässig.[11]

3 Bei Erlass der Verwaltungsgerichtsordnung enthielt § 47 Abs. 1 VwGO nur eine Ermächtigung an den **Landesgesetzgeber,** eine Normenkontrolle einzuführen. Durch Bundesgesetz vom 24.8.1976[12] wurde die verwaltungsgerichtliche Normenkontrolle auf alle Satzungen nach dem (damaligen) Bundesbaugesetz erstreckt. Mittlerweile können auch Rechtsverordnungen aufgrund des § 246 Abs. 2 BauGB auf die Gültigkeit hin überprüft werden. Auch darüber hinaus ist die Vorschrift verschiedentlich verändert worden, zuletzt durch Art. 5 des Gesetzes vom 29.5.2017.[13]

4 Verwaltungsgerichtliche Normenkontrollen spielen vor allem im **Baurecht** eine bedeutende Rolle. Im Übrigen richtet sich die Relevanz danach, ob **landesrechtlich** von der Vorschrift des § 47 Abs. 1 Nr. 2 VwGO Gebrauch gemacht wurde, was weitestgehend geschehen ist (→ Rn. 35). Vergleichend kann darauf hingewiesen werden, dass das Europäische Unionsrecht nur einen eingeschränkten Individualrechtsschutz gegen normatives Unrecht kennt (→ § 9 Rn. 25 ff.).

## B. Zulässigkeit der verwaltungsgerichtlichen Normenkontrolle

5 Für Normenkontrollanträge gelten grundsätzlich die für verwaltungsgerichtliche Klagen geltenden **allgemeinen Sachentscheidungsvoraussetzungen** (→ § 25). So bedarf es eines (entsprechend § 81 Abs. 1 S. 1 VwGO zu stellenden) Antrags (§ 47 Abs. 1 VwGO), der wegen des **Postulationszwangs** (§ 67 Abs. 4 S. 1 VwGO) von einem Rechtsanwalt oder

*Schmidt-Aßmann* in: Maunz/Dürig, GG, Art. 19 IV Rn. 93; *Schenke* Verwaltungsprozessrecht, Rn. 1063. Zur Einbeziehung der materiellen Normsetzung durch die Exekutive (insbesondere in Gestalt des Erlasses von Verordnungen oder Satzungen) vgl. BVerfGE 115, 81 (92) = NVwZ 2006, 922; BVerwGE 80, 355 (361) = NJW 1989, 1495 (1496).

[7] BVerfGE 31, 364 (369 f.) = VerwRspr 1972, 641 (643); BVerwGE 69, 30 (33) = NVwZ 1984, 237; NVwZ-RR 2013, 1014 Rn. 7; *Pils* JA 2011, 113 (114 f.).

[8] BVerfGE 93, 99 (107) = NJW 1995, 3173 (3174); E 107, 395 (401 f.) = NJW 2003, 1924 → *Ehlers* JK 1/04, GG Art. 103 I/4 und → JuS 2003, 914 *(Sachs).*

[9] BVerfGE 31, 364 (370) = VerwRspr 1972, 641 (643); BVerwG NVwZ-RR 1991, 54 (55); NVwZ-RR 2020, 236 Rn. 10 ff.; *Ziekow* in: Sodan/Ziekow, VwGO, § 47 Rn. 22 ff.; a. A. *Hufen* Verwaltungsprozessrecht, § 19 Rn. 3; *Schoch* in: GVwR III, § 50 Rn. 202; *Ellerbrok* Die öffentlich-rechtliche Satzung, 2020, S. 394.

[10] So ist der Erlass von Verordnungen auch auf der Bundesebene eine viel genutzte Handlungsform (vgl. beispielsweise zu den Regelungen auf dem Gebiet des Energierechts *Franke* FS Danner, 2019, S. 361 ff.). Es ist erstrebenswert, diese einer prinzipalen verwaltungsgerichtlichen Kontrolle unterziehen zu können.

[11] Vgl. statt vieler z. B. SächsVerfGH Beschl. v. 25.10.2019 – Vf. 80-IV-19, BeckRS 2019, 27116 Rn. 7; BbgVerfG NVwZ-RR 2019, 7 Rn. 21 f. (Subsidiarität der kommunalen Verfassungsbeschwerde).

[12] Gesetz v. 24.8.1976, BGBl I S. 2437.

[13] Gesetz v. 29.5.2017, BGBl I S. 1298.

Rechtslehrer (§ 67 Abs. 4 S. 3 i. V. m. Abs. 2 S. 1 VwGO) eingereicht werden muss. Der Antrag hat sich auf die Feststellung der Ungültigkeit – respektive Unwirksamkeit, Nichtigkeit oder Unanwendbarkeit (→ Rn. 73) – der Norm zu richten. Auf die genaue Bezeichnung kommt es nicht an. Die nähere Formulierung liegt in der Dispositionsbefugnis des Antragstellers. Z. B. kann auch nur die Feststellung einer Teilnichtigkeit beantragt werden (→ Rn. 70).

Sachlich zuständig für die Normenkontrolle ist abweichend von § 45 VwGO das Oberverwaltungsgericht (§ 47 Abs. 1 VwGO), das in vielen Ländern Verwaltungsgerichtshof (VGH) genannt wird (§ 184 VwGO). Im Falle der Einreichung des Antrags bei einem Verwaltungsgericht, hat dieses den Rechtsstreit entsprechend § 83 VwGO i. V. m. § 17a Abs. 2 GVG an das OVG zu verweisen.[14] Das **OVG** darf nur **„im Rahmen seiner Gerichtsbarkeit"** entscheiden (§ 47 Abs. 1 VwGO). Dies bedeutet, dass der Verwaltungsrechtsweg eröffnet sein muss. Zulässig ist nur die Überprüfung von Normen, aus deren Anwendung sich im Einzelfall Rechtsstreitigkeiten ergeben können, für die der Verwaltungsrechtsweg gegeben ist (→ § 25 Rn. 105).[15] Damit soll verhindert werden, dass Gerichte anderer Gerichtszweige für Streitigkeiten präjudiziert werden, zu deren Entscheidung im Einzelfall sie sonst ausschließlich zuständig sind.[16] Demgemäß können Straf- oder Bußgeldbestimmungen untergesetzlicher verwaltungsrechtlicher Normen nicht mit der verwaltungsgerichtlichen Normenkontrolle angegriffen werden, weil der Verwaltungsgerichtsbarkeit nicht die Überprüfung der Verhängung von Strafen und Bußgeldern obliegt (Fall 19 → § 25 Rn. 100 und Lösung → § 25 Rn. 105). Die Gerichtsbarkeitsklausel des § 47 Abs. 1 VwGO ist nicht auf Klagen zur Feststellung der subjektiv-öffentlichen Rechte durch Normen nach § 43 Abs. 1 VwGO übertragbar, weil die Entscheidung über Feststellungsklagen nicht allgemein verbindlich sind, sondern nur inter partes wirken.[17] In der Regel kommt es für die Bestimmung der Gerichtsbarkeit des § 47 Abs. 1 VwGO auf die Generalklausel des § 40 Abs. 1 S. 1 VwGO an. Da die Entscheidung über die Rechtsgültigkeit von Parlamentsgesetzen der Verfassungsgerichtsbarkeit vorbehalten ist (→ Rn. 2), muss eine verwaltungsgerichtliche Normenkontrolle gegen ein Parlamentsgesetz bereits wegen Nichteröffnung des Rechtsweges als unzulässig angesehen werden. 6

Als **Antragsteller** kommen grundsätzlich **natürliche** oder **juristische Personen** (auch solche des öffentlichen Rechts, unabhängig davon, ob sie öffentlich-rechtlich oder privatrechtlich tätig werden) einschließlich teilrechtsfähiger Rechtssubjekte **sowie jede Behörde** in Betracht (§ 47 Abs. 2 S. 1 VwGO). Die Beteiligungsfähigkeit der natürlichen und juristischen Personen richtet sich nach § 61 VwGO (→ § 25 Rn. 186 ff.). Ob eine juristische Person des öffentlichen Rechts als solche oder eine Behörde dieses Trägers den Antrag gestellt hat, ist im Einzelfall zu klären. Die Unterscheidung ist deshalb wichtig, weil es nur im zuerst genannten Fall nach § 47 Abs. 2 S. 1 VwGO einer Antragsbefugnis bedarf (→ Rn. 38, 55). Bei dem **Antragsgegner** muss es sich um eine juristische Person des öffentlichen Rechts handeln (§ 47 Abs. 2 S. 2 VwGO), die bzw. deren Organ die Rechtsvorschrift erlassen hat (→ Rn. 56). Zur Justiziabilität von Innenrechtsstreitigkeiten und der sich daraus ergebenen Konsequenzen für die Beteiligungsfähigkeit von Antragstellern vgl. → Rn. 17, 56. Die Prozessfähigkeit richtet sich nach den allgemeinen Regeln (§ 62 VwGO), die Postulationsfähigkeit nach § 67 Abs. 4 VwGO (→ Rn. 5). 7

Liegen die allgemeinen Sachentscheidungsvoraussetzungen vor, ist der Normenkontrollantrag zulässig, wenn er **statthaft** ist (I.) und die **besonderen Sachentscheidungsvoraussetzungen** vorliegen (II.) Das Vorliegen eines (zu den allgemeinen Sachentscheidungsvoraussetzungen zu rechnenden) Rechtsschutzbedürfnisses (→ § 25 Rn. 235 ff.), bedarf besonderer Betrachtung (III.) (→ Rn. 64). 8

---

[14] Vgl. BVerwG ZfBR 2015, 379 Rn. 7 f.; *v. Nicolai* in: Redeker/v. Oertzen, VwGO, § 83 Rn. 1; *Hoppe* in: Eyermann, VwGO, § 47 Rn. 61.

[15] Vgl. BVerwGE 99, 88 (96) = NVwZ 1996, 63 (65).

[16] BVerwG NVwZ-RR 2015, 69 Rn. 7.

[17] BVerwG NVwZ-RR 2015, 69 Rn. 7.

## I. Statthaftigkeit der Normenkontrolle

### 1. Rechtsvorschriften

9 **Fall 1:** Das Land X hat auf der Grundlage seines Landesplanungsgesetzes einen Landesentwicklungsplan im Rang einer Verordnung erlassen. Durch Gesetz werden sowohl das Landesplanungsgesetz als auch der Landesentwicklungsplan geändert. In den Landesentwicklungsplan wird ein neues Planungsziel eingefügt. Für den geänderten Landesentwicklungsplan sieht das Gesetz die Rückkehr zum einheitlichen Verordnungsrang vor. A wendet sich im Wege der verwaltungsgerichtlichen Normenkontrolle gegen das geänderte Planungsziel.

10 **Fall 2:** Der in Baden-Württemberg wohnende B wendet sich im Verfahren nach § 47 VwGO erstens gegen einen Bebauungsplan, den der Gemeinderat beschlossen, aber noch nicht bekannt gemacht hat, weil bereits der Plan eine Rechtsgrundlage für die Genehmigung nach § 33 BauGB sein soll, zweitens gegen den Beschluss des Gemeinderates, mit dem ein anderer Bebauungsplan für nichtig erklärt wurde, und drittens gegen eine Verordnung über die Erklärung eines sich auf drei Landkreise erstreckenden Waldes zum Bannwald, wobei die Verordnung wegen Meinungsverschiedenheiten in einem Landkreis noch nicht bekannt gemacht worden ist.

11 **Fall 3:** Die Gemeinde C hat im Jahre 2018 beschlossen, einen Bebauungsplan für Windenergieanlagen aufzustellen und erließ gleichzeitig eine Veränderungssperre (§ 14 BauGB), die von C in einem Normenkontrollverfahren angegriffen wird. Vor der Entscheidung des Oberverwaltungsgerichts wird die Veränderungssperre Anfang 2020 verlängert.

12 **Fall 4:** Nach Wegfall der gesetzlichen Ermächtigungsgrundlage greift D mit einem verwaltungsgerichtlichen Normenkontrollantrag eine hessische Verordnung an.

13 **Fall 5:** E ist Gerichtsvollzieher in Bayern. Wegen der gestiegenen Kosten verlangt er die Erhöhung der durch Landes-Verordnung geregelten Gebühren und erhebt nach Widerspruch Klage vor dem VG auf Feststellung, dass der Freistaat Bayern verpflichtet ist, die Gebühr den heutigen Verhältnissen anzupassen.

14 **a) Begriff der (untergesetzlichen) Rechtsvorschrift.** Die Normenkontrolle bezieht sich auf die Überprüfung der Gültigkeit von Rechtsvorschriften.[18] Diese zeichnen sich regelmäßig dadurch aus, dass sie **Regelungen abstrakt-genereller Art** treffen (→ § 27 Rn. 9). Doch sind hierzu auch Hoheitsakte zu zählen, die zwar eine Einzelfallregelung treffen, aber in Form einer Rechtsvorschrift gekleidet sind.[19] Ebenso kommt es auf die Form und nicht den Inhalt an, wenn die Verwaltung einen Verwaltungsakt erlassen hat, der eine rechtsnormative (abstrakt-generelle) Regelung trifft. Der Rechtsschutz bestimmt sich dann nach § 42 Abs. 1 VwGO (Anfechtungsklage, streitig → § 27 Rn. 11). Die Rechtsprechung verfährt oftmals anders.[20] In Betracht kommen nur Vorschriften des nationalen Rechts

---

[18] Zum Charakter einer allgemeinen Verbindlichkeitserklärung von Tarifverträgen nach § 5 TVG als Rechtsnorm vgl. BVerwGE 80, 355 ff. = NJW 1989, 1495 ff.

[19] Str. Näher zum Ganzen *Ziekow* in: Sodan/Ziekow, VwGO, § 47 Rn. 93 ff.; a. A. z. B. *Schenke* Verwaltungsprozessrecht, Rn. 880. Wie hier *Ehlers* in: Ehlers/Pünder, AllgVwR, § 2 Rn. 7.

[20] Vgl. *Ziekow* in: Sodan/Ziekow, VwGO, § 47 Rn. 95. Vgl. auch *dens.*, Rn. 103 (wonach Rechtsvorschriften i. S. d. § 47 Abs. 1 VwGO auch abstrakt-generelle Regelungen sind, die – ohne formelle Rechtsvorschriften zu sein – mit dem Anspruch auf Verbindlichkeit zu einer Vielzahl von Einzelstreitigkeiten führen können).

(nicht z. B. des Völkerrechts oder des Europäischen Unionsrechts – supranationalen Rechts –, weil insoweit schon die deutsche Gerichtsbarkeit nicht gegeben ist, vgl. → § 7 Rn. 10 zum Unionsrecht und → § 25 Rn. 37 ff. zum Völkerrecht). Wie sich aus § 47 Abs. 1 Nr. 1 und 2 VwGO ergibt, muss es sich bei den Rechtsvorschriften zum einen um **untergesetzliche,** zum anderen um solche des **Landesrechts** – unter Umständen auf bundesgesetzlicher Grundlage (vgl. z. B. § 47 Abs. 1 Nr. 1 VwGO) – handeln. Damit scheiden von vornherein Parlamentsgesetze (→ Rn. 2) und Vorschriften des Bundesrechts (gleich welcher Art) aus. Der Normkontrolle gemäß § 47 VwGO sollen nach der nicht überzeugenden[21] Rechtsprechung des BVerfG jedoch Bebauungspläne unterfallen, die ausnahmsweise nicht in Form einer Satzung (§ 10 Abs. 1 BauGB), sondern (wie in Hamburg) in Form eines Parlamentsgesetzes beschlossen werden (§ 246 Abs. 2 BauGB).[22] Ferner vertritt das BVerfG die Auffassung, dass die (in der Praxis nicht selten vorkommenden) **Änderungen** oder Ergänzungen von Verordnungen **durch förmliche Gesetze** nichts an dem Verordnungscharakter der Bestimmungen ändern. Die Normklarheit gebiete es, der geänderten oder ergänzten Verordnung einen einheitlichen Rang zuzuweisen und diesen insgesamt als Verordnung zu qualifizieren. Dies soll allerdings nur gelten, wenn der Gesetzgeber die Verordnung „in den generellen Grenzen einer Verordnungsermächtigung" geändert oder neue Regelungen in die Verordnung eingefügt hat.[23] Bei der Änderung von Verordnungsrecht bestehe eine Bindung des Gesetzgebers an das Verfahren nach Art. 76 ff. GG und an die Grenzen der Ermächtigungsgrundlage (Art. 80 Abs. 1 S. 2 GG). Die Zustimmungsbedürftigkeit richte sich nach § 80 Abs. 2 GG.[24] Die gesetzlichen Einfügungen sollen künftig wieder durch Rechtsverordnung geändert werden können (sog. **Entsteinerungsklausel**).[25] Die Konstruktion eines im parlamentarischen Gesetzgebungsverfahren geschaffenen Verordnungsrechts begegnet Bedenken, weil es nach der hier vertretenen Auffassung für die Qualifizierung der Rechtsnatur eines Rechtssatzes auf den Akteur ankommt.[26] Folgt man demgegenüber der Ansicht des BVerfG, stellt eine durch Parlamentsgesetz vorgenommene Änderung oder Ergänzung einer Verordnung einen geeigneten Antragsgegenstand i. S. d. § 47 Abs. 1 Nr. 2 VwGO dar. Dies dürfte auch dann gelten, wenn sich erweist, dass der Gesetzgeber nicht die „generellen Grenzen einer Verordnungsermächtigung" eingehalten hat, weil der Rechtsschutz ansonsten von Umständen abhängen würde, die der Rechtsschutzsuchende nicht kennt respektive vorhersehen kann.[27] Zudem spricht die Subsidiarität der Verfassungsbeschwerde (→ *Scherzberg* § 15 Rn. 93 f.) dafür, die gerichtliche Kontrolle im Zweifelsfall den Fachgerichten (hier Oberverwaltungsgerichten) zu überantworten. Neben dem geschriebenen Recht kann auch **Gewohnheitsrecht** trotz des fehlenden Bekanntmachungsakts (§ 47 Abs. 2 S. 1 VwGO) tauglicher Gegenstand einer Normenkontrolle sein.[28] Ferner sollen auch rechtsetzende Vereinbarungen hierzu gezählt werden können.[29]

---

[21] Vgl. *Schenke* DVBl 1985, 1367 (1368); *Kosmider* JuS 1988, 447 (450).

[22] BVerfGE 70, 35 (57) = NJW 1985, 2315 (2317). Vgl. dazu *Henseler* Jura 1986, 249.

[23] Vgl. BVerfGE 114, 196 (234 ff.) = NVwZ 2006, 191 (196); E 33, 303 (311 ff.) = NJW 1972, 1561; BayVGH DÖV 2007, 79.

[24] BVerfGE 114, 196 (238 ff.) = NVwZ 2006, 191 (194 f.) → JuS 2006, 175 *(Sachs)* und → JA 2006, 336 *(Winkler)*.

[25] BVerwGE 117, 313 = NVwZ 2003, 730 (731) → *Schoch* JK 10/03, VwGO § 47/25. Vgl. zum Ganzen auch *Külpmann* NJW 2002, 3436; *Bauer* FS Rainer Schmidt, 2006, S. 237; *Brosius-Gersdorf* ZG 2007, S. 305.

[26] Vgl. auch die von der Senatsmehrheit abweichende Stellungnahme der Bundesverfassungsrichter *Osterloh* und *Gerhardt* BVerfGE 114, 196 (250 ff.) = NVwZ 2006, 191 (199 ff.).

[27] Alternativ könnte daran gedacht werden, die im Rechtsmittelrecht entwickelte Theorie der Meistbegünstigung zur Anwendung gelangen zu lassen und sowohl eine Normenkontrolle nach § 47 Abs. 1 VwGO, als auch eine Verfassungsbeschwerde zum BVerfG zuzulassen. Doch bestehen gegen ein solches Wahlrecht Bedenken. Vgl. dazu → § 27 Rn. 11 m. Fn. 29.

[28] Str. Wie hier *Panzer* in: Schoch/Schneider, VwGO, § 47 Rn. 27. A. A. *Schenke* Verwaltungsprozessrecht, Rn. 879; *Hoppe* in: Eyermann, VwGO, § 47 Rn. 21; *Ziekow* in: Sodan/Ziekow, VwGO, § 47 Rn. 113 (unter Berufung darauf, dass § 47 Abs. 5 S. 2 Hs. 2 VwGO eine bekanntmachungsfähige Rechtsvorschrift voraussetzt).

[29] BVerwG NVwZ 1988, 1119 (1120).

15 **Lösung zu Fall 1:** Da die Änderung des Planungsziels im Landesentwicklungsplan durch Parlamentsgesetz herbeigeführt wurde, richtet sich der Antrag gegen ein solches Gesetz. Die prinzipale Überprüfung und Verwerfung von Parlamentsgesetzen obliegt der Verfassungsgerichtsbarkeit, so dass an sich der Verwaltungsrechtsweg nicht eröffnet ist. Doch erkennt die Rspr. Ausnahmefälle an. Im vorliegenden Fall hat das BVerwG[30] eine verwaltungsgerichtliche Normenkontrolle für zulässig erachtet (ohne die Rechtswegproblematik zu erörtern). Unter Umständen könne auch eine Rechtsvorschrift, die als formelles Landesgesetz erlassen worden ist, der verwaltungsgerichtlichen Normenkontrolle unterliegen. Dies gelte insb. im Fall der Änderung einer Verordnung durch formelles Gesetz, wenn dieses zugleich bestimme, dass auch die gesetzlichen Einfügungen künftig durch Verordnung geändert werden können (sog. Entsteinerungsklausel). Eine durch Gesetz geänderte Verordnungsnorm mit Entsteinerungsklausel unterscheide sich in ihrer Qualität vom Regelfall eines förmlichen Gesetzes. Ihr komme ein minderer Rang zu. Das in Art. 100 Abs. 1 GG verankerte Verwerfungsmonopol des BVerfG werde nicht betroffen, weil die Gesetzesform nur das Mittel sei, um zügig eine Änderung des materiellen Rechts vornehmen zu können. Folgt man der Ansicht des BVerwG, ist ein Normenkontrollantrag zulässig.

16 Gegen die von § 47 VwGO nicht erfassten, unmittelbar in die eigene Rechtssphäre eingreifenden **Rechtsvorschriften des Bundes** und der Länder (die von § 47 Abs. 1 Nr. 2 VwGO keinen Gebrauch gemacht haben) kann sich der Betroffene mittels einer (auf Nichtanwendung im Einzelfall gerichteten) **Feststellungsklage** vor dem VG wehren[31] (allgemein zum Verhältnis von Normenkontrolle und Feststellungsklage → § 30 Rn. 13, 39).

17 Grundsätzlich keine Rechtsvorschriften i. S. d. § 47 VwGO sollen **Innenrechtssätze** (Verwaltungsvorschriften) sein.[32] Anderes ist für Verwaltungsvorschriften angenommen worden, denen die Rechtsordnung gesetzesähnliche unmittelbare verbindliche Außenwirkungen gegenüber den Bürgern beigelegt hat.[33] Ferner ist § 47 Abs. 1 VwGO entsprechend auf Innenrechtsvorschriften angewendet worden, die **organschaftliche Rechte** (z. B. der Gemeindevertretung und ihre Untergliederungen) regeln[34], so z. B. für Geschäftsordnungen kommunaler Vertretungsorgane[35] und **Geschäftsverteilungspläne** von Gerichten.[36] Überwiegend wird angenommen, dass es sich bei Geschäftsverteilungsplänen um solche der Verwaltungsgerichte handeln müsse (weil andernfalls das OVG den Gerichten anderer Gerichtsbarkeiten übergeordnet wäre).[37] Diese Art der Differenzierung überzeugt nicht. Zu

---

[30] BVerwGE 117, 313 = NVwZ 2003, 730 → *Schoch* JK 10/03, VwGO § 47/25 und → JA 2003, 754 *(Meister);* krit. (nach hier vertretener Ansicht zu Recht) *Uhle* DVBl 2004, 1272 ff.

[31] Vgl. BVerfG-K NVwZ 1998, 169 (170); 2004, 977 (979) – Feststellung, dass ein Parlamentsgesetz keine Verbotswirkung für den Kläger entfaltet → *Ehlers* JK 2/05, BVerfGG § 90 II/8; BVerwG NJW 2000, 3584 → *Schoch* JK 01, VwGO § 43/11 und → JuS 2001, 406 *(Hufen)* sowie → JA 2001, 291 *(Aulehner).*

[32] Vgl. BVerwGE 75, 109 (117) = NVwZ 1987, 315 (317); E 94, 335 (337) = NVwZ 1994, 1213; E 122, 264 = NVwZ 2005, 602 (603); *Hufen* Verwaltungsprozessrecht, § 19 Rn. 14; *Schenke* Verwaltungsprozessrecht, Rn. 881. Zum Rechtscharakter von Luftreinhalteplänen, die ihrer Rechtsnatur nach ähnlich wie Verwaltungsvorschriften angesehen werden, vgl. BVerwGE 128, 278 (288 Rn. 27) = NVwZ 2007, 695 (696) → JuS 2008, 270 *(Murswiek),* zur Zulässigkeit von Normenkontrollen gegen Raumordnungspläne (für die teilweise keine Rechtssatzform vorgegeben ist) *Schoch* in: GVwR III, § 50 Rn. 212.

[33] BVerwGE 100, 262 (269) = NJW 1996, 2046 (2047). Für eine großzügige Anwendung des § 47 VwGO *Mehde* VVDStRL 71 (2012), 418 (448). Zum Rechtsnormcharakter von Beihilfevorschriften, die als Verwaltungsvorschriften erlassen worden sind, vgl. BVerwGE 72, 119 (121 f.) = NVwZ 1986, 298 (299).

[34] BVerwG 162, 284 = NVwZ 2018, 1656 Rn. 19 m. Nachw. → *Waldhoff* JuS 2019, 286.

[35] BVerwG NVwZ 1988, 1119; VGH BW NVwZ-RR 2003, 56 (57). Vgl. auch VGH BW NVwZ 2017, 1068 Rn. 10 (wonach die für Geschäftsordnungen geltenden Grundsätze auch für die Regelungen im vom Gemeinderat beschlossenen Redaktionsstatut für das Amtsblatt gelten soll).

[36] A. A. NdsOVG NJW 1984, 627.

[37] Vgl. *Ruthig* in: Kopp/Schenke, VwGO, § 4 Rn. 10; *W.-R. Schenke/R. P. Schenke* in: Kopp/Schenke, VwGO, § 47 Rn. 20; *Ziekow* in: Sodan/Ziekow, VwGO, § 47 Rn. 51. A. A. *Panzer* in: Schoch/Schneider, VwGO, § 47 Rn. 33 (generelle Zuständigkeit der Verwaltungsgerichtsbarkeit für gerichtliche Geschäftsverteilungspläne).

unterscheiden ist zwischen der Nr. 1 und der Nr. 2 des § 47 Abs. 1 VwGO. Die Bestimmung des § 47 Abs. 1 Nr. 1 VwGO betrifft nur Satzungen oder Verordnungen, die nach den Vorschriften des BauGB erlassen worden sind. Da das BauGB Satzungen oder Verordnungen, die nur das Innenrecht der Verwaltung betreffen, nicht kennt, können insoweit Innenrechtsnormen nicht unmittelbar Gegenstand einer allgemeinen Normenkontrolle nach § 47 VwGO sein (zur analogen Anwendbarkeit der Vorschrift auf bestimmte Flächennutzungspläne vgl. aber → Rn. 32). Anders zu beurteilen sind Rechtsvorschriften i. S. d. § 47 Abs. 1 Nr. 2 VwGO. Da § 40 Abs. 1 VwGO auch Innenrechtsstreitigkeiten erfasst (→ § 25 Rn. 64, 68 f), ist davon auszugehen, dass § 47 Abs. 1 Nr. 2 VwGO auch Innenrechtsvorschriften einbezieht, sofern der Landesgesetzgeber von der Ermächtigung des § 47 Abs. 1 Nr. 2 VwGO Gebrauch gemacht hat. In aller Regel ist ein Normenkontrollantrag gegen Innenrechtssätze jedoch aus anderen Gründen unzulässig. So fehlt Privatpersonen, welche Verwaltungsvorschriften oder Haushaltssatzungen[38] (etwa der Kommunen) angreifen, die Antragsbefugnis, weil solche Vorschriften nicht ihre Rechte verletzen können. Anderes kann für die sogenannten normkonkretisierenden (d. h. eine gewisse Außenwirkung entfaltenden) Verwaltungsvorschriften[39] (nach Art der z. B. auf § 48 BImSchG gestützten Verwaltungsvorschrift TA Luft)[40] gelten[41] (sofern die schillernde Rechtsfigur überhaupt anerkannt wird). Für Anträge von Behörden dürfte zumeist das Rechtsschutzbedürfnis fehlen (→ Rn. 64).

**b) Vorliegen einer Norm.** Mittels der Normenkontrolle kann die Gültigkeit einer Norm nur überprüft werden (→ Rn. 26), wenn eine Norm vorhanden ist oder jedenfalls gewesen ist (→ Rn. 67 f.). Zwar muss die **Vorschrift** bei Antragstellung noch nicht in Kraft getreten, wohl aber **erlassen** (verkündet) worden sein.[42] Eine Norm ist i. S. d. § 47 VwGO erlassen, wenn sie aus der Sicht des Normgebers bereits Geltung für sich in Anspruch nimmt. Dementsprechend ist ein Normenkontrollantrag auch dann statthaft, wenn gerade strittig ist, ob die Norm formell rechtsgültig erlassen wurde (z. B. die Bekanntmachung den Anforderungen einer ordnungsgemäßen Bekanntmachung entspricht[43]). Im Übrigen ist ein Antrag gegen eine noch nicht erlassene Norm unzulässig. Auch eines **„nachträglichen Hineinwachsen in die Zulässigkeit"** aus prozessökonomischen Gründen bedarf es nicht. Dem Antragsteller bleibt es unbenommen, nach Inkrafttreten der Norm einen Antrag zu stellen. Ist innerhalb der Jahresfrist des § 47 Abs. 2 S. 1 VwGO ein den Anforderungen der §§ 81, 82 VwGO entsprechender Schriftsatz eingereicht worden, aus dem sich ergibt, dass sich der verfrühte erhobene Antrag auf die zwischenzeitlich bekannt gegebene in Kraft getretene Norm erstrecken soll, liegt in Wahrheit ein neuer (zulässiger) Antrag vor.[44] 18

**Lösung zu Fall 2:** Ein Normenkontrollantrag nach § 47 VwGO gegen einen als Satzung beschlossenen, aber noch nicht bekannt gemachten Bebauungsplan ist auch dann nicht statthaft, wenn der Planentwurf Grundlage für die Genehmigung nach § 33 BauGB sein kann. Etwas anderes kommt allenfalls in Betracht, wenn der Antragsteller 19

---

[38] Vgl. VGH BW KommJur 2018, 218 (219).

[39] Vgl. dazu BVerwGE 72, 300 (320 f.) = NVwZ 1986, 208 (213) → *Erichsen* JK 99, BImSchG § 5 I/3; E 107, 338 (340 ff.) = NVwZ 1999, 1114 (1115) → *Ehlers* JK 99, Allg. VerwR Normkonkretisierende Verw.vorschr./1; *Jarass* JuS 1999, 105 (107 ff.); *Remmert* Jura 2004, 728 (731 ff.); *Ehlers* in: Ehlers/Pünder, AllgVwR, § 2 Rn. 70 ff.; *Möstl* in: Ehlers/Pünder, AllgVwR, § 19 Rn. 29, § 20 Rn. 18 ff.

[40] Vgl. BVerwGE 110, 216 (218) = NVwZ 2000, 440; E 114, 342 ff. = NVwZ 2001, 1165 f. Krit. → *Ehlers* JK Allg. VerwR/1 und → JuS 2002, 94 *(Murswiek)*. Vgl. aber auch § 49a BImSchG (Rechtsverordnung über Emissionswerte und Immissionswerte).

[41] Näher dazu *Panzer* in: Schoch/Schneider, VwGO, § 47 Rn. 25 f.

[42] Vgl. BVerwG NVwZ 1992, 1088; BayVGH BayVBl 2020, 24 Rn. 17; *Schenke* Verwaltungsprozessrecht, Rn. 877.

[43] Vgl. BVerwG NVwZ 1992, 1088; E 120, 82 = NVwZ 2004, 620 → JA 2004, 795 *(Meister)*; NVwZ 2004, 1122; OVG NW NWVBl 2007, 305 (306).

[44] Vgl. BayVGH Urt. v. 3.11.2010 – 15 N 08.185, BeckRS 2010, 36942 Rn. 13; BayVBl 2020, 24 Rn. 19; *Schübel-Pfister* JuS 2020, 420 (422).

durch Nachbarklagen gegen derartige Baugenehmigungen keinen hinreichenden Rechtsschutz erlangen könnte. Somit ist der Normenkontrollantrag unzulässig.[45] Gleiches gilt für den Antrag, die Nichtigkeit des Ratsbeschlusses feststellen zu lassen, da es sich beim Ratsbeschluss nicht um einen im förmlichen Aufhebungsverfahren getroffenen Satzungsbeschluss gemäß § 10 BauGB handelt.[46] Dagegen kann die Bannwald-Verordnung angegriffen werden, selbst wenn noch keine Bekanntgabe in einem Landkreis vorgelegen haben sollte, weil gerade strittig ist, ob die Verordnung formell rechtsgültig erlassen wurde.[47]

20 Ferner darf die Norm grundsätzlich **nicht außer Kraft** getreten sein, es sei denn, es ist gerade streitig, ob dies der Fall ist (zu den in Betracht kommenden Konstellationen → Rn. 67). Anderes gilt, wenn sie noch Rechtswirkungen entfaltet (→ Rn. 68). Wird während des Normenkontrollverfahrens eine Norm durch eine andere ersetzt, kommt eine Antragsänderung (entsprechend § 91 VwGO) oder die Abgabe einer Erledigungserklärung und die Stellung eines neuen Antrags in Betracht. Werden Normen (z. B. nach Maßgabe des § 214 Abs. 4 BauGB) während des Gerichtsverfahrens rückwirkend geändert, bilden sie in der ergänzten Form den Verfahrensgegenstand (vgl. auch Fall 3 → Rn. 11 und Lösung → Rn. 21).[48] Zur Erledigung einer Norm vergleiche ferner → Rn. 49.

21 **Lösung zu Fall 3:** Da Veränderungssperren gemäß § 16 Abs. 1 BauGB in Form einer Satzung beschlossen werden, können sie nach § 47 Abs. 1 Nr. 1 VwGO Gegenstand einer verwaltungsgerichtlichen Normenkontrolle sein. Der Normenkontrollantrag ist jedoch möglicherweise wegen Erledigung durch Zeitablauf unzulässig geworden. Gemäß § 17 Abs. 1 S. 1 BauGB sind Veränderungssperren auf zwei Jahre begrenzt, so dass die streitige Sperre inzwischen außer Kraft getreten sein könnte. Die Gemeinde hat jedoch von der Möglichkeit des § 17 Abs. 1 S. 3 BauGB Gebrauch gemacht und die Geltungsdauer der Veränderungssperre um ein weiteres Jahr verlängert. Die Verlängerung erfolgte zwar nach der Regel des § 16 Abs. 1 BauGB in Form einer Satzung. Es handelt sich bei ihr jedoch nicht um eine selbstständige Veränderungssperre, sondern um die Verlängerung der Geltungsdauer der ursprünglichen Veränderungssperre. Diese bleibt als Gegenstand des Normenkontrollverfahrens erhalten. Materiell und prozessual sind die ursprüngliche Veränderungssperre und ihre Verlängerung als Einheit anzusehen. Ohne die ursprüngliche Veränderungssperre wäre die neue Satzung nicht lebensfähig. Wenn die ursprüngliche Sperre an einem Rechtsfehler leidet, ist die Verlängerungssatzung schon aus diesem Grunde unwirksam. Deshalb liegt in der Einbeziehung der Verlängerung keine unzulässige Antragsänderung.[49]

22 **Lösung zu Fall 4:** Die Frage, ob die Verordnung nach Wegfall der Ermächtigungsgrundlage gültig bleibt, betrifft nicht die Zulässigkeit, sondern die Begründetheit des Antrags. Nach herrschender Meinung berührt der Fortfall der Ermächtigungsvorschrift nicht die Rechtswirksamkeit der Verordnung.[50] Gemäß der beachtlichen Gegenmeinung bilden Gesetz und Verordnung eine normative Einheit, so dass letztere nicht ohne die gesetzliche Ermächtigungsgrundlage bestehen kann.[51]

---

[45] Vgl. BVerwG NVwZ-RR 2002, 256.
[46] HessVGH DÖV 1987, 450.
[47] Vgl. BVerwG NVwZ 1992, 1088.
[48] BVerwG NVwZ 2003, 1259; BVerwGE 133, 98 Rn. 22 = NVwZ 2009, 1103; BVerwG NVwZ 2010, 782 Rn. 15; *Hoppe* in: Eyermann, VwGO § 47 Rn. 15.
[49] Vgl. BVerwGE 120, 138 = NVwZ 2004, 858 → *Ehlers* JK 1/05, BauGB § 14/2.
[50] Grundlegend BVerfGE 9, 3 (12) (insoweit nicht abgedruckt in: NJW 1959, 91).
[51] Näher dazu *Rütz* Jura 2005, 821 ff.

Gegen ein (echtes) **Unterlassen** des Normgebers ist eine Normenkontrolle unzulässig.[52] Erstrebt der Rechtsschutzsuchende den Erlass einer Norm, muss eine verwaltungsgerichtliche Leistungs- oder Feststellungsklage erhoben werden.[53] Statthaft ist es dagegen, die Ungültigkeit einer erlassenen Norm im Verfahren nach § 47 VwGO mit der Begründung anzugreifen, dass sie bestimmte Regelungen nicht enthält und die Unvollständigkeit die Norm unwirksam macht (teilweise auch relatives oder unechtes Unterlassen genannt).[54] Demgegenüber sind beanstandete Ergänzungen einer Norm, welche die Wirksamkeit nicht berühren, kein Gegenstand der Normenkontrolle.[55] Um **vorbeugenden Rechtsschutz** zu erlangen, bedarf es der Erhebung einer verwaltungsgerichtlichen Leistungs- oder Feststellungsklage (→ § 29 Rn. 34ff.; → § 30 Rn. 55). Regelmäßig wird eine solche Klage allerdings wegen fehlenden Rechtsschutzbedürfnisses (→ Rn. 64) unzulässig sein, weil den Rechtsschutzsuchenden zugemutet werden kann, den Erlass der Rechtsnorm abzuwarten. 23

**Lösung zu Fall 5:** Dahingestellt bleiben kann, ob sich die Eröffnung des Rechtswegs nach § 54 Abs. 1 BeamtStG richtet (da E Beamter ist) oder nach § 40 Abs. 1 S. 1 VwGO. In jedem Falle müsste es sich um eine nichtverfassungsrechtliche Streitigkeit handeln. Gegenstand des Klagebegehrens ist die Änderung einer Norm (Verordnung) im Range unterhalb eines förmlichen Gesetzes. Beim Erlass solcher Rechtsnormen wird auch ein Minister nicht als Verfassungsorgan, sondern als Exekutivorgan tätig. Der Streit um die Verpflichtung zur Änderung (bzw. zum Erlass) einer untergesetzlichen Rechtsnorm ist folglich nichtverfassungsrechtlicher Art. Da § 47 VwGO nur die Überprüfung bestehender Rechtsvorschriften betrifft, kann mit der Normenkontrolle keine Verpflichtung der Exekutive zum Erlass oder zur Änderung von Rechtsvorschriften verlangt werden. Die unterbliebene Gebührenerhöhung macht die Verordnung auch nicht nachträglich unwirksam. Daher ist ein Normenkontrollantrag unzulässig. Nach Ansicht des BVerwG[56] ist die verwaltungsgerichtliche Feststellungsklage im vorliegenden Fall die richtige Rechtsschutzform. Die Möglichkeit der Erhebung einer allgemeinen Leistungsklage schließe das Feststellungsbegehren nicht aus. Letzteres überzeugt nicht, weil die Feststellungsklage subsidiär ist (§ 43 Abs. 2 S. 1 VwGO) und E die Möglichkeit hat, mit der Leistungsklage ein Mehr an Rechtsschutz (einen vollstreckungsfähigen Titel) zu erlangen (vgl. → § 29 Rn. 3f.). 24

### 2. Überprüfung der Gültigkeit oder Unanwendbarkeit der Normen

**Fall 6:** F hat einen Normenkontrollantrag gegen eine Verordnung des Freistaates Sachsen gestellt, weil er davon ausgeht, dass die Verordnung mit dem Europäischen Unionsrecht kollidiert. 25

Der Normenkontrollantrag muss sich gemäß § 47 Abs. 1 VwGO auf die Überprüfung der „Gültigkeit" einer untergesetzlichen Vorschrift richten (vgl. auch § 47 Abs. 1, 4, 5 S. 2 VwGO). Anders als für den Verwaltungsakt gelten für Normen prinzipiell keine unterschiedlichen Fehlerfolgen (d.h. es wird nicht zwischen Rechtswidrigkeit und Nichtigkeit differenziert). **Rechtswidrige Normen** sind grundsätzlich eo ipso **ungültig** (bzw. nichtig oder unwirksam,[57] vgl. → Rn. 66f.). Ungültigkeit setzt voraus, dass die Norm dem höher- 26

[52] BVerwGE 40, 323 (327) = VerwRspr 1974, 47; E 54, 211 (214f.) = NJW 1978, 554.
[53] BVerwG NVwZ-RR 2010, 578 Rn. 18; VGH BW DVBl. 2014, 119. → § 29 Rn. 19; Fall 14 → § 30 Rn. 71 und Lösung → § 30 Rn. 73.
[54] Vgl. *Hoppe* in: Eyermann, VwGO, § 47 Rn. 16; *Schenke* Verwaltungsprozessrecht, Rn. 877; *Schoch* in: GVwR III, § 50 Rn. 226.
[55] BVerwGE 152, 55 Rn. 5 = NVwZ 2015, 984 → *Hufen* JuS 2016, 287.
[56] BVerwG DGVZ 2002, 151 → *Ehlers* JK 6/03, VwGO § 43/13; vgl. auch *Hufen* Verwaltungsprozessrecht, § 20 Rn. 7.
[57] Näher zu den Folgen der Rechtswidrigkeit von Rechtsnormen *Zimmermann* JA 2018, 249.

rangigen Recht widerspricht (ausführlich dazu → Rn. 66 ff.). Ausnahmsweise kann eine Norm lediglich **unvereinbar** mit dem höherrangigen Recht sein. Die Frage, ob dann eine andere Tenorierung in Betracht kommt, betrifft die Begründetheit des Normenkontrollantrages (→ Rn. 74), nicht die Zulässigkeit, weil es für die Zulässigkeit nur darauf ankommt, dass der Antrag auf negative statt auf positive Feststellung der Gültigkeit (i. S. d. vorläufigen Weitergeltung) gerichtet ist. Dagegen führt ein Verstoß gegen das supranationale Recht (insbesondere das Europäische Unionsrecht) prinzipiell nur zur **Unanwendbarkeit** und nicht zur Ungültigkeit des nationalen Rechts.[58] Insoweit muss es dem Antragsteller gestattet sein, von vornherein nur die Unanwendbarkeit zur Prüfung zu stellen (Fall 6 → Rn. 25 und Lösung → Rn. 31).[59] Bleibt die Norm außerhalb des Anwendungsbereichs des supranationalen Rechts (Unionsrechts) gültig und anwendbar, ist dies in der Tenorierung zum Ausdruck zu bringen.[60]

27 **Lösung zu Fall 6:** Da das Europäische Unionsrecht im Kollisionsfall nur Anwendungsvorrang vor dem nationalen Recht genießt,[61] darf das OVG nicht über die Gültigkeit, sondern nur über die Anwendbarkeit der gesetzlichen Norm auf Sachverhalte mit Unionsrechtsbezug entscheiden. Doch stellt die Unanwendbarkeitserklärung ein Minus zur Unwirksamkeitserklärung dar. Der mit der Normenkontrolle verfolgte Zweck erfasst auch diesen Fall. Mag das Unionsrecht auch keine Normenkontrolle gebieten (→ Rn. 2), würde es gegen das Äquivalenzprinzip[62] (→ § 7 Rn. 48) verstoßen, wenn bei der Überprüfung von Normen im Normenkontrollverfahren am Maßstab höherrangigen Rechts allein das Unionsrecht ausgeblendet wird.

### 3. Vorschriften aufgrund des BauGB

28 **Fall 7:** G wendet sich mit einem Normenkontrollantrag gegen einen Bebauungsplan, weil dieser das planungsrechtliche Abwägungsgebot verletzt. Tatsächlich ist der Bebauungsplan in der Praxis nicht beachtet worden.

29 Bundesweit können Satzungen nach dem **BauGB** und Rechtsverordnungen aufgrund des § 246 Abs. 2 BauGB zum Gegenstand der Normenkontrolle gemacht werden. Hierbei kann es sich um Bebauungspläne (§ 10 Abs. 1 BauGB) und Veränderungssperren (§ 16 Abs. 1 BauGB), aber auch um Satzungen nach den § 22 Abs. 1 BauGB (Sicherung von Gebieten mit Fremdenverkehrsfunktionen), § 25 Abs. 1 BauGB (Begründung eines Vorkaufsrechts), § 34 Abs. 4 BauGB (Abrundungssatzungen), § 35 Abs. 6 BauGB (Außenbereichssatzungen), § 132 BauGB (Erschließungssatzungen), § 135c (naturschutzrechtliche Ausgleichssatzungen), § 142 Abs. 3 S. 1 BauGB (Sanierungssatzungen), § 165 Abs. 6 (Entwicklungssatzungen), § 171d (Stadtumbausatzungen), § 172 BauGB (Erhaltungssatzungen) oder § 205 Abs. 1 S. 2 (Satzungen über Planungsverbände) handeln. Nicht ausreichend sind z. B. Umlegungsbeschlüsse (§ 47 BauGB) oder Umlegungspläne (§ 66 BauGB). Zu den Bebauungsplänen in Form von Gesetzen → Rn. 14, zu Flächennutzungsplänen → Rn. 32.

---

58 EuGH Urt. v. 15.7.1964 – C-6/64, BeckRS 1964, 105086 Rn. 47 ff. – Costa/ENEL; NVwZ 1991, 461 Rn. 19 ff. – Nimz; BVerfGE 75, 223 (244) = NJW 1988, 1459; E 85, 191 (204) = NJW 1992, 964; E 123, 267 (354) = NJW 2009, 2267; ausführlich dazu *Ehlers* in: Schulze/Kadelbach/Janssen, Europarecht, § 11 Rn. 52 ff.

59 Vgl. *Ehlers* DVBl 2004, 1441 (1443); *Ziekow* in: Sodan/Ziekow, VwGO, Rn. 353a; *W.-R. Schenke/R. P. Schenke* in: Kopp/Schenke, VwGO, § 47 Rn. 99. Teilweise a. A. *Jeremias* NVwZ 2014, 495.

60 A. A. *Hoppe* in: Eyermann, VwGO, § 47 Rn. 31 (wonach das Unionsrecht nur dann als Prüfungsmaßstab im Rahmen des § 47 VwGO herangezogen werden kann, wenn es generell, in jeder von der Norm abgedeckten Fallkonstellation zur Anwendung berufen ist).

61 Vgl. → Fn. 58.

62 Vgl. EuGH NVwZ 1999, 633 Rn. 25 – Dilexport.

**Lösung zu Fall 7:** Zweifel an der Zulässigkeit der Normenkontrolle bestehen deshalb, weil diese grundsätzlich nur gegen geltendes Recht statthaft ist (vgl. → Rn. 18, 67), Bebauungspläne nach der Rspr. aber nicht nur durch Aufhebung, sondern auch durch derogierendes Gewohnheitsrecht oder wegen Funktionslosigkeit außer Kraft treten können (hier: Nichtberücksichtigung des Bebauungsplanes in der Praxis; → Rn. 67). Letzteres steht hier aber gerade nicht fest. Gegenstand eines Normenkontrollverfahrens kann auch die Entscheidung über die Gültigkeit eines Bebauungsplanes im Hinblick auf die Frage eines Außerkrafttretens wegen entgegenstehenden Gewohnheitsrechts oder Funktionslosigkeit sein.[63] 30

#### 4. Analoge Anwendung des § 47 Abs. 1 Nr. 1 VwGO

**Fall 8:** H hat eine immissionsschutzrechtliche Genehmigung für den Bau von fünf Windkraftanlagen im Gebiet der in NW gelegenen kreisfreien Stadt M beantragt. Die Behörde lehnte den Antrag ab, da die gewünschten Standorte nicht innerhalb der im Flächennutzungsplan von M vorgesehenen Konzentrationsfläche liegen. Daraufhin hat H Antrag auf Normenkontrolle beim OVG mit Hinweis darauf gestellt, dass die Konzentrationsfläche nur 0,3 Promille des Stadtgebiets umfasst und mit drei Windkraftanlagen bereits vollständig bebaut ist. 31

Da Flächennutzungspläne (§ 1 Abs. 2 BauGB) anders als Bebauungspläne (§ 10 Abs. 1 BauGB) keinen Satzungs- oder gar Verordnungs-Charakter haben, unterfallen sie nicht § 47 Abs. 1 Nr. 1 BauGB und wegen des bundesrechtlich abschließend ausgestalteten Rechtsschutzes im Bereich des Städtebaurechts auch nicht § 47 Abs. 1 Nr. 2 BauGB. Doch können Flächennutzungspläne entsprechend § 47 Abs. 1 Nr. 1 VwGO der (prinzipalen) verwaltungsgerichtlichen Normenkontrolle unterliegen. Zwar entfalten Flächennutzungspläne anders als Satzungen oder Verordnungen nach § 47 Abs. 1 Nr. 1 VwGO aus sich heraus keine unmittelbare rechtliche Bindungswirkungen gegenüber privaten Dritten.[64] Doch ist der Gesetzgeber nicht gehindert, den Darstellungen eines Flächennutzungsplanes unmittelbare Bedeutung für die Vorhabenzulassung im Einzelfall beizulegen. So bestimmt **§ 35 Abs. 3 S. 3 BauGB,** dass öffentliche Belange einem Vorhaben nach Abs. 1 Nr. 2 bis 6 BauGB in der Regel auch dann entgegenstehen, soweit hierfür durch Darstellung im Flächennutzungsplan (oder als Ziele der Raumordnung) eine Ausweisung an anderer Stelle erfolgt ist. Insoweit kommt dem Flächennutzungsplan Außenwirkung gegenüber Bauantragstellern und Vorhabenträgern zu. Damit hat sich eine planwidrige Rechtsschutzlücke aufgetan. Erfüllt der Flächennutzungsplan im Anwendungsbereich des § 35 Abs. 3 S. 3 BauGB eine dem Bebauungsplan vergleichbare Funktion, ist es gerechtfertigt, § 47 Abs. 1 Nr. 1 VwGO im Wege der Analogie insoweit auf Darstellungen des Flächennutzungsplans zu erstrecken.[65] Dagegen ist die Darstellung von Konzentrationsflächen für privilegierte Vorhaben im Flächennutzungsplan für sich genommen kein möglicher Gegenstand einer verwaltungsgerichtlichen Normenkontrolle analog § 47 Abs. 1 Nr. 1 VwGO. Voraussetzung der im § 35 Abs. 3 S. 3 BauGB geregelten Ausschlusswirkung ist, dass die Ausweisung an anderer Stelle erfolgt ist. Nur dann kommt auch eine analoge Anwendung des § 47 Abs. 1 Nr. 1 VwGO in Betracht. Falls keine andere Fläche ausgewiesen wurde, sondern im Flächennutzungsplan z. B. Höhenbegrenzungen für Windener- 32

[63] BVerwGE 108, 71 = NVwZ 1999, 986 f.
[64] BVerwGE 124, 132 (141) = NVwZ 2006, 87.
[65] BVerwGE 128, 382 = NVwZ 2007, 1081 f. → *Schoch* JK 1/08, VwGO § 47/30 und → JuS 2008, 926 *(Hufen)*. Zum praktischen Vorteil einer bundesweit anerkannten analogen Anwendung, die nicht davon abhängt, dass landesrechtlich vom Vorbehalt des § 47 Abs. 1 Nr. 2 VwGO Gebrauch gemacht worden ist, *Schoch* in: GWvR III, § 50 Rn. 210.

gieanlagen normiert worden sind, ist eine Normenkontrolle i. S. d. § 47 VwGO nicht statthaft.[66]

33 **Lösung zu Fall 8:** Die Ausweisung von Flächen für die Nutzung der Windenergie durch Windkraftanlagen kommt von vornherein nur im Außenbereich in Betracht und unterfällt daher § 35 Abs. 3 S. 3 BauGB i. V. m. § 35 Abs. 1 Nr. 5 BauGB. Der Flächennutzungsplan erfüllt aufgrund der Regelung des § 35 Abs. 3 S. 3 BauGB insoweit eine dem Bebauungsplan vergleichbare Funktion. Aufgrund dessen ist § 47 Abs. 1 Nr. 1 VwGO auf den angegriffenen Flächennutzungsplan analog anwendbar. Der Normenkontrollantrag ist auch begründet. Angesichts des geringen Zuschnitts der Konzentrationsfläche spricht vieles bereits dafür, dass eine mit § 1 Abs. 3, 6, 7 BauGB nicht vereinbare Negativplanung oder (auf eine verkappte Verhinderung der Planung hinauslaufende) „Feigenblatt"-Planung vorliegt. Jedenfalls muss die konzentrationsbezogene Fläche in Relation zur Gemeindegröße stehen.[67] Da hier keine Möglichkeit mehr besteht, Windkraftanlagen zu errichten, und die ausgewiesene Fläche im Vergleich zur Gemeindegröße minimal ist, muss die diesbezügliche Festsetzung des Flächennutzungsplans als abwägungsfehlerhaft und damit unwirksam angesehen werden.[68]

### 5. Andere untergesetzliche Landesvorschriften

34 **Fall 9:** Hundehalter I wendet sich mit einer vor dem BVerfG erhobenen Verfassungsbeschwerde gegen eine hamburgische Hundeverordnung, wonach das Halten bestimmter Hunde erlaubnispflichtig ist und für diese Hunde ein Leinen- und Maulkorbzwang gilt.

35 Andere unter dem Landesgesetz stehende Rechtsvorschriften (wie beispielsweise die Corona-Verordnungen der Länder) können nur dann Gegenstand einer verwaltungsgerichtlichen Normenkontrolle sein, wenn der Landesgesetzgeber von der Ermächtigung des § 47 Abs. 1 Nr. 2 VwGO Gebrauch gemacht hat. Dies ist in Baden-Württemberg (§ 4 AGVwGO), Brandenburg (§ 4 Abs. 1 BbgVwGG), Bremen (Art. 7 BremAGVwGO), Hessen (§ 15 HessAGVwGO), Mecklenburg-Vorpommern (§ 13 AGGerStrG), Niedersachsen (§ 75 NJG), Nordrhein-Westfalen (§ 109a JustG), Saarland (§ 18 AGVwGO), Sachsen (§ 24 Abs. 1 SächsJG), Sachsen-Anhalt (§ 10 AGVwGO), Schleswig-Holstein (§ 67 LJG) und Thüringen (§ 4 ThürAGVwGO) uneingeschränkt, in Bayern (Art. 5 AGVwGO) und Rheinland-Pfalz (§ 4 AGVwGO) in beschränktem Umfange geschehen. **Keinen Gebrauch** von der Ermächtigung des § 47 Abs. 1 Nr. 2 VwGO haben nur **Berlin und Hamburg** gemacht (zur Verfassungsmäßigkeit → Rn. 2). Ob eine landesrechtliche Rechtsvorschrift vorliegt, beurteilt sich nicht danach, ob diese auf einer landesgesetzlichen Ermächtigungsgrundlage beruht. Maßgeblich ist vielmehr, ob sie von einem Träger unmittelbarer oder mittelbarer Landesverwaltung erlassen wurde.[69] Zu den untergesetzlichen Normen sind primär die landesrechtlichen Verordnungen und Satzungen zu zählen. Zu den Innenrechtsvorschriften (Verwaltungsvorschriften) vgl. → Rn. 17.

36 **Lösung zu Fall 9:** Eine Landesverfassungsbeschwerde gibt es in Hamburg nicht. Nach § 90 Abs. 2 S. 1 BVerfGG soll eine Verfassungsbeschwerde zum BVerfG erst nach

---

[66] BVerwGE 146, 40 = NVwZ 2013, 1011 → *Schoch* JK 12/13, VwGO § 47/32; BVerwG Beschl. v. 16.1.2019 – 4 BN 12.18, BeckRS 2019, 1605.

[67] Vgl. BVerwGE 117, 287 (295) = NVwZ 2003, 733.

[68] Vgl. BVerwGE 128, 382 = NVwZ 2007, 1081 ff. → *Schoch* JK 1/08, VwGO § 47/30.

[69] *Schenke* Verwaltungsprozessrecht, Rn. 879. Bestimmt das Recht des Landes, dass das OVG über die Gültigkeit von im Rang unter den Landesgesetzen stehende Rechtsvorschriften entscheidet, sind nur Vorschriften des Landes erfasst. Dies gilt auch dann, wenn die untergesetzliche Vorschrift auch in einem anderen Land anzuwenden ist. Vgl. BVerwGE 154, 247 = NVwZ 2016, 938.

Erschöpfung des Rechtsweges erhoben werden. I wendet sich unmittelbar gegen die Verordnung. Da Hamburg von § 47 Abs. 1 Nr. 2 VwGO keinen Gebrauch gemacht hat, ist ein Normenkontrollverfahren nicht statthaft. Sonstige verwaltungsgerichtliche Rechtsschutzmöglichkeiten unmittelbar gegen die Verordnung bestehen nicht. Mit der verwaltungsgerichtlichen Feststellungsklage (§ 43 Abs. 1 VwGO) kann nicht die Gültigkeit einer Norm überprüft werden (→ § 30 Rn. 1, 13). Eine Norm vermag zwar ein Rechtsverhältnis zu begründen, zu ändern oder aufzuheben, stellt aber nicht selbst ein Rechtsverhältnis dar. Eine Nichtigkeitsfeststellung kommt ebenfalls nicht in Betracht, weil es sich bei einer Norm nicht um einen Verwaltungsakt handelt. Jedoch scheitert die Verfassungsbeschwerde am Grundsatz der Subsidiarität der Verfassungsbeschwerde (→ *Scherzberg* § 15 Rn. 93). Der Grundsatz besagt, dass der Beschwerdeführer vor einer Anrufung des BVerfG im Rahmen des Zumutbaren alle ihm zur Verfügung stehenden Möglichkeiten, Rechtsschutz bei den Fachgerichten zu suchen, ausgeschöpft haben muss. Deshalb kann I auf die verwaltungsgerichtliche Feststellungsklage verwiesen werden, weil ihm auch geholfen ist, wenn er auf Feststellung der Erlaubnisfreiheit seiner Hundehaltung oder des Nichtbestehens eines Leinen- und Maulkorbzwangs ihm gegenüber klagen kann. Zwar richtet sich eine solche Klage nicht unmittelbar gegen die Verordnung, sondern gegen die Anwendung der Verordnung auf den Einzelfall. Mittelbar kann der Beschwerdeführer auf diese Weise aber zugleich eine Überprüfung der Verordnung erreichen, weil das VG inzident die Rechtmäßigkeit der Verordnung überprüfen muss.[70]

#### 6. Ausnahmeregelungen

§ 47 Abs. 1 VwGO gilt nur, soweit der Bundesgesetzgeber nichts anderes geregelt hat. Eine solche Regelung ist insbesondere in **§ 7 Abs. 2 S. 2 UmwRG** für Umweltvereinigungen (§ 3 UmwRG) getroffen worden. Danach entscheidet das OVG über Rechtsbehelfe nach § 1 Abs. 1 S. 1 Nr. 4 UmwRG (oder deren Unterlassen), wenn eine Gestaltungs- oder Leistungsklage oder ein Antrag nach § 47 Abs. 1 VwGO nicht statthaft ist, entsprechend § 47 VwGO. § 1 Abs. 1 S. 1 Nr. 4 UmwRG erfasst Pläne und Programme i. S. v. § 2 Abs. 7 UVPG, für die eine Pflicht zur Durchführung einer Strategischen Umweltprüfung (SUP) bestehen kann. Die Vorschrift betrifft zum einen untergesetzliche bundesrechtliche Vorschriften, die von der Anlage 5 des UVPG erfasst werden (so z. B. Rechtsverordnungen nach § 17 Abs. 1 und 2 ROG gemäß Nr. 1.6), zum anderen SUP-pflichtige Vorschriften von Ländern, die von der Ermächtigung des § 47 Abs. 1 Nr. 2 VwGO keinen Gebrauch gemacht haben.[71] 37

## II. Besondere Sachentscheidungsvoraussetzungen der Normenkontrolle

#### 1. Antragsbefugnis

**a) Natürliche oder juristische Person. aa) Allgemeines.** Stellen natürliche oder juristische Personen (des privaten oder öffentlichen Rechts) einen Normenkontrollantrag, müssen sie gemäß § 47 Abs. 2 S. 1 Alt. 1 VwGO geltend machen, durch die Rechtsvorschrift oder deren Anwendung in ihren Rechten verletzt zu sein oder in absehbarer Zeit verletzt zu werden. Anders als nach der bis zum 31.12.1996 geltenden Verfassung des § 47 Abs. 2 S. 1 Alt. 1 VwGO reichen bloße Nachteilszufügungen nicht aus. Damit werden an die **Antragsbefugnis** dieselben Anforderungen **wie** an die **Klagebefugnis** des § 42 Abs. 2 38

---

[70] Vgl. auch BVerfG-K NVwZ 2000, 1407 → *Ehlers* JK 01, BVerfGG § 90 II/7.

[71] Vgl. *W.-R. Schenke/R. P. Schenke* in: Kopp/Schenke, VwGO, § 47 Rn. 35a. Näher zur SUP-Pflicht nach Anlage 5 zum UVPG und zum Landesrecht *Fellenberg/Schiller* in: Landmann/Rohmer, Umweltrecht, 91. EL 2019, § 1 Rn. 86 ff. Zur entsprechenden Anwendung von § 47 VwGO zwecks Vorbereitung der Schaffung von Baurecht vgl. § 12 S. 2 MgvG (Maßnahmengesetzvorbereitungsgesetz).

Hs. 2 VwGO gestellt.[72] Jedoch kommt der Antragsbefugnis eine viel **größere Bedeutung** als der Klagebefugnis zu. So hängt der Erfolg von Anfechtungs- und Verpflichtungsklagen gemäß § 113 Abs. 1, 5 VwGO (grundsätzlich) ohnehin von dem Vorliegen einer eigenen Rechtsverletzung ab. Da § 42 Abs. 2 VwGO aber bereits für die Zulässigkeit der Klage deren Geltendmachung verlangt, kommt es zu einer teilweisen Doppelung der Prüfung des Klagegrundes. Zweck der Klagebefugnis soll es sein, Popular- und bloße Interessentenklagen auszuschließen (→ § 27 Rn. 50). Solche Klagen können wegen fehlender eigener Rechtsverletzung aber ohnehin keinen Erfolg haben. Für die Abschreckung von Popularklägern und bloß faktisch betroffenen Interessenten macht es keinen großen Unterschied aus, ob eine Klage wegen fehlender Klagebefugnis als unzulässig oder wegen mangelnder Rechtsverletzung als unbegründet abgewiesen wird. Dagegen handelt es sich beim Normenkontrollverfahren um eine **objektive Rechtskontrolle** (→ Rn. 1). Gelingt es dem Antragsteller, die „subjektiv-rechtliche"[73] Hürde der Antragsbefugnis zu überspringen, ist (bei Vorliegen der sonstigen Sachentscheidungsvoraussetzungen) grundsätzlich nur noch die objektive Rechtslage maßgebend. Dies bedeutet, dass die angegriffenen untergesetzlichen Rechtsvorschriften auch am Maßstab von Normen zu überprüfen sind, hinsichtlich derer dem Antragsteller keine subjektiven öffentlichen Rechte eingeräumt worden sind. Somit entscheidet die Antragsbefugnis allein darüber, welche Subjektivierungslast dem Rechtsschutzsuchenden auferlegt wird. Hat die Norm keinen drittschützenden Charakter, scheidet eine Normkontrolle von vornherein aus.[74]

#### bb) Kriterium der Rechtsverletzung

39 **Fall 10:** Die Gewerkschaft J, die Beschäftigte des Einzelhandels vertritt, hat Normenkontrollantrag gegen eine Verordnung wegen der Freigabe verkaufsoffener Sonntage eingelegt.

40 Die Verletzung eines Rechts kommt nur in Betracht, wenn es sich um ein **subjektives öffentliches Recht** handelt. Dies bestimmt sich nach den Kriterien der Schutznormlehre. Die angegriffene Vorschrift muss zumindest auch dem Schutz der natürlichen oder juristischen Person dienen (→ § 27 Rn. 54ff.). In Frage kommen nur Vorschriften des höherrangigen Rechts, also des im innerstaatlichen Rechtskreis geltenden Völkerrechts, des supranationalen Rechts (insbesondere des Europäisches Unionsrechts), des Verfassungsrechts oder des parlamentarischen Gesetzesrechts. Bundesrecht (jeder Stufe), geht dem Landesrecht (jeder Stufe) nach Art. 31 GG vor. Somit genießt z. B. eine Rechtsverordnung des Bundes Vorrang vor dem Landesrecht (nicht nur dem untergesetzlichen). Privatpersonen können sich insbesondere auf die Grundrechte, Träger von Staatsgewalt auf die ihnen eingeräumten Rechtspositionen (→ § 27 Rn. 58) berufen, Kommunen (die sich etwa gegen eine Planung des Staates oder benachbarter Kommunen wehren)[75] z. B. auf ihr unter anderem durch Art. 28 Abs. 2 S. 1 GG geschütztes Selbstverwaltungsrecht (und die sich daraus ergebene Planungshoheit), nicht aber z. B. auf Art. 14 Abs. 1 GG.[76]

41 **Lösung zu Fall 10:** Die Antragsbefugnis der Gewerkschaft setzt voraus, dass sich diese auf ein subjektives öffentliches Recht berufen kann. Ob sich ein solches aus Art. 140

---

[72] Vgl. BVerwG NVwZ 2019, 1685 Rn. 11.
[73] BVerwG DVBl 1999, 100 (m. Anm. *Schmidt-Preuß* DVBl 1999, 103).
[74] Vgl. auch *Ellerbrok* Satzung (Fn. 9), S. 391. Vgl. demgegenüber auch BVerwG NVwZ-RR 2019, 1027 → *Hufen* JuS 2020, 383, wonach die Antragsbefugnis auch bei einem möglichen Eingriff in ein individuelles Grundrecht gegeben sein kann.
[75] Vgl. z. B. BVerwG NVwZ 1995, 266f. (Normenkontrollantrag einer Nachbargemeinde gegen eine Satzung für einen großflächigen Einzelhandelsbetrieb). Vgl. auch BVerwGE 84, 209 = NVwZ 1990, 464.
[76] BVerfGE 61, 82 (96ff.) = NJW 1982, 2173 (2175).

GG i. V. m. Art. 139 WRV entnehmen lässt, ist umstritten.[77] Nach der Rspr. dient die gesetzliche Ausgestaltung des Sonntagsschutzes in Konkretisierung des „objektiven Schutzauftrags“ der Art. 140 GG i. V. m. Art. 139 WRV auch dem Schutz der Interessen von Vereinigungen und Gewerkschaften am Erhalt günstiger Rahmenbedingungen für ihr gemeinschaftliches Tun und ist deshalb als drittschützend anzusehen, so dass eine Antragsbefugnis zu bejahen ist.[78]

42 Im Falle von **Innenrechtsstreitigkeiten,** die § 47 Abs. 1 Nr. 2 VwGO unterfallen (→ Rn. 17), kommt es darauf an, ob eine Beteiligungsfähigkeit analog nach § 61 Nr. 2 VwGO gegeben ist (→ § 25 Rn. 193) – was eine wehrfähige Innenrechtsposition voraussetzt – und eine gegenwärtige oder absehbare Rechtsverletzung durch die Norm oder deren Vollzug geltend gemacht werden kann. Eine nachteilige Betroffenheit durch faktische Auswirkungen normativer Eingriffe in die Rechte anderer „Organe oder Organteile“ begründen keine Antragsbefugnis.[79] Deshalb sollen bei einem Aussetzen von Zahlungen an kommunale Fraktionen (jedenfalls in Hessen) nur die Fraktionen, nicht die Fraktionsmitglieder, antragsbefugt sein.[80]

**cc) Ursächlichkeit einer Rechtsvorschrift oder deren Anwendung**

43 **Fall 11:** Die Eltern K eines in der Kindertagesstätte eines Trägers der freien Jugendhilfe betreuten Kindes haben einen Normenkontrollantrag gegen die gemeindliche Kindertagesstättengebührensatzung gestellt. Der Träger hat mit der Gemeinde einen öffentlich-rechtlichen Vertrag abgeschlossen, wonach er verpflichtet ist, die Entgeltgestaltung der Satzung anzuwenden.

44 Die geltend gemachte Rechtsverletzung muss „durch die Rechtsvorschrift oder deren Anwendung“ eingetreten oder zu erwarten sein. Eine Rechtsverletzung **durch die Norm** selbst liegt vor, wenn der Eintritt der Rechtsverletzung keines weiteren Umsetzungsaktes mehr bedarf. Bei Anträgen von Personen, die nicht Normadressaten sind, ist eine Antragsbefugnis zu bejahen, wenn die Belange Dritter in einer von den Interessen der Allgemeinheit abgehobenen Weise in den Schutzbereich der angegriffenen Norm einbezogen sind und daraus auf ein subjektives Recht dieser Personen auf Berücksichtigung bei der Normgebung zu schließen ist (Fall 11 → Rn. 43 und Lösung → Rn. 47).[81] Eine Rechtsverletzung **durch Anwendung** ist anzunehmen, wenn der Erfolg durch Verwirklichung des Regelungsgehaltes der Norm mittels eines selbständigen Aktes gleich welcher Art (z. B. eines Abgabenbescheides der Verwaltung) herbeigeführt wird. Zwischen der Norm und der geltend gemachten Rechtsverletzung muss ein Zurechnungszusammenhang bestehen. Die geltend gemachte Rechtsverletzung muss auf die angegriffene Rechtsvorschrift zurückgehen. Das gilt nicht nur bei unmittelbarer, sondern gegebenenfalls auch einer nur mittelbaren Beeinträchtigung des Antragstellers.[82]

45 Kann der Antragsteller nur durch **Teile der Norm** in seinen Rechten verletzt sein (→ Rn. 70), wird man ihm, von offensichtlichen Fällen abgesehen (→ Rn. 64), nicht zumuten können, sich über die Teilbarkeit von Rechtsnormen Gedanken zu machen.[83] Der Antrag, die Gesamtnorm für ungültig zu erklären, ist dann zur Gänze zulässig, aber teilweise unbegründet. Zur Frage, wie zu verfahren ist, wenn der Antragsteller nur beantragt hat,

---

[77] Näher dazu *Ehlers* in: Sachs, GG, Art. 140 GG/139 WRV Rn. 1.

[78] Vgl. BVerwGE 153, 183 Rn. 15 f. = NVwZ 2016, 689; E 159, 27 Rn. 10 = NVwZ 2017, 1713 (m. Anm. *Schunder*) → *Selmer* JuS 2018, 500.

[79] BVerwGE 162, 284 = NVwZ 2018, 1656 → *Waldhoff* JuS 2019, 286.

[80] BVerwGE 162, 284 Rn. 19 ff. = NVwZ 2018, 1656 → *Waldhoff* JuS 2019, 286.

[81] BVerwG NVwZ 2019, 1685 Rn. 11.

[82] BVerwG NVwZ-RR 2013, 1014 Rn. 5; NVwZ 2019, 1685 Rn. 11.

[83] Vgl. *Ehlers* FS Hoppe, 2000, S. 101 (104); z. B. einer Teilnichtigkeit OVG SH NVwZ 2001, 1300 ff. → *Schoch* JK 02, GG Art. 3 I/34a.

einen Teil der Norm für ungültig zu klären, tatsächlich aber Gesamtungültigkeit anzunehmen ist, vgl. → Rn. 70.

46 Es reicht aus, wenn der Antragsteller vorbringt, zwar nicht gegenwärtig, aber „in **absehbarer Zeit**" in seinen Rechten verletzt zu sein. Einerseits muss die Verletzung konkret hinreichend wahrscheinlich sein,[84] andererseits darf ein vernünftig Handelnder die Klärung der Rechtslage nicht weiter hinausschieben.

47 **Lösung zu Fall 11:** Die Eltern (anders als diejenigen, deren Kind eine gemeindliche Kindertagesstätte besucht) gehören zwar nicht zu dem unmittelbaren Adressatenkreis der auch mit Rücksicht auf die Belastungsfähigkeit der Kostenschuldner erlassenen und damit diese schützenden Gebührensatzung. Doch sind sie nach Ansicht des BVerwG[85] aufgrund des öffentlich-rechtlichen Vertrages zwischen dem Einrichtungsträger und dem Satzungsgeber in den Anwendungsbereich der satzungsrechtlichen Gebührenregelung einbezogen und daher antragsbefugt.

48 **dd) Erfordernis der Geltendmachung.** An die Geltendmachung sind dieselben Anforderungen wie im Rahmen der Klagebefugnis zu stellen (→ § 27 Rn. 62). Nach der hier vertretenen Auffassung muss der objektive Nachweis erbracht werden, dass es ein subjektives Recht der behaupteten Art in abstracto gibt und dieses Recht den Personenkreis schützt, dem sich der Antragsteller zurechnet. Zudem muss der Antragsteller die Verletzung eines eigenen subjektiven Rechts (durch die Rechtsvorschrift oder deren Anwendung) in concreto plausibel machen können. Insoweit reicht die Darlegung der **Möglichkeit einer** eigenen **Rechtsverletzung** aus.[86] Der Nachweis einer tatsächlichen Rechtsbeeinträchtigung ist nicht erforderlich.[87] Vertritt der Antragsteller die Ansicht, dass die angegriffene Norm rechtswidrig (oder funktionslos) und damit ungültig geworden ist (→ Rn. 67), muss er geltend machen, dass die Norm ihn im Falle der weiteren Anwendung in seinen Rechten verletzt. Bei einer angenommenen Funktionslosigkeit der Norm sollen ihn erhöhte Substantiierungslasten treffen (→ Rn. 76).

49 **ee) Wegfall der früheren Präklusionsvorschrift.** Mit Gesetz vom 29.5.2017[88] gänzlich weggefallen ist die mit der Richtlinie der Europäischen Union über die Umweltverträglichkeitsprüfung[89] nicht zu vereinbarende[90] und damit partiell unanwendbar gewordene Präklusionsbestimmung des **§ 47 Abs. 2a VwGO,** wonach ein Antrag, der einen Bebauungsplan oder bestimmte baurechtliche Satzungen zum Gegenstand hatte, unzulässig war, wenn der Antragsteller bestimmte Einwendungen geltend macht, die er im Rahmen der öffentlichen Auslegung (§ 3 Abs. 2 BauGB) oder im Rahmen der Beteiligung der betroffenen Öffentlichkeit (§§ 13 Abs. 2 Nr. 2, 13a Abs. 2 Nr. 1 BauGB) nicht oder verspätet geltend gemacht hat, oder hätte geltend machen können, und wenn auf diese Rechtsfolge im Rahmen der Beteiligung hingewiesen worden ist.[91] Damit sollte verhindert werden, dass Einwendungen ohne Not erst im gerichtlichen Verfahren vorgebracht werden.[92] Nach den **Grundsätzen** des **intertemporalen Prozessrechts** ist die Vorschrift auch übergangsweise (für bereits anhängige Verfahren) nicht mehr anwendbar.[93] An die Stelle des § 47 Abs. 2a VwGO sind für Klagen von Umweltvereinigungen nach dem Umweltrechtsbehelfsgesetz

[84] Vgl. BVerwGE 108, 182 (184) = NJW 1999, 1567.
[85] BVerwG NVwZ 2019, 1685.
[86] Vgl. auch VGH BW, DÖV 2004, 755 ff.
[87] BVerwG NVwZ-RR 2019, 1027 Rn. 11.
[88] Gesetz v. 29.5.2017, BGBl I S. 1298 (Art. 5).
[89] UVP-RL 2011/92/EU v. 13.12.2011, ABlEU Nr. L 26/1.
[90] Vgl. hierzu (ohne ausdrückliche Bezugnahme auf § 47 VwGO) EuGH NJW 2015, 3495 – Deutschland.
[91] Nach der Gesetzesbegründung stellte § 47 Abs. 2a VwGO eine Konkretisierung des allgemeinen Rechtsschutzbedürfnisses dar (BT-Drs. 16/2496 S. 18). Nach der hier vertretenen Ansicht sind Präklusionsregelungen der Klagebefugnis zuzuordnen (→ § 27 Rn. 68).
[92] BVerwG NVwZ 2014, 786 Rn. 15. → *Eifert* JK 9/14, VwGO § 47.
[93] *W.-R. Schenke/R. P. Schenke* in: Kopp/Schenke, VwGO, § 47 Rn. 87; a. A. VGH BW NVwZ-RR 2018, 215.

die §§ 5 und 6 UmwRG (missbräuchliches oder unredliches Verhalten sowie Klagebegründungsfrist) getreten (→ § 27 Rn. 69). Zu beachten ist die Klagebegründungsfrist des § 6 UmwRG, wenn der Normenkontrollantrag nach Inkrafttreten des Gesetzes vom 29.5.2017 gestellt worden ist.[94]

**ff) Anderweitige Regelungen.** Obwohl § 47 Abs. 2 S. 1 VwGO anders als § 42 Abs. 2 50
VwGO (soweit gesetzlich nichts anderes bestimmt ist) keine **Ausnahme** vom Erfordernis der Geltendmachung einer eigenen **Rechtsverletzung** vorsieht, kann der Bundesgesetzgeber in einer spezialgesetzlichen Vorschrift eine abweichende Regelung treffen. Eine solche findet sich insbesondere in **§ 2 Abs. 1 UmwRG,** wonach eine nach § 3 UmwRG anerkannte inländische oder ausländische Umweltvereinigung Rechtsbehelfe – einschließlich eines Normenkontrollantrags – gegen bestimmte umweltschutzrelevante Entscheidungen (oder deren Unterlassen) einlegen kann, ohne eine Verletzung eigener Rechte geltend machen zu müssen (vgl. auch → § 27 Rn. 92). Die Vorschrift bezieht sich auch auf Entscheidungen nach § 1 Abs. 1 S. 1 UmwRG, insbesondere wenn eine Pflicht zur Durchführung einer Umweltverträglichkeitsprüfung (Nr. 1) oder eine Pflicht zur Durchführung einer Strategischen Umweltprüfung (Nr. 4) bestehen kann. Die Umweltvereinigung muss zwar keine Rechtsverletzung, wohl aber die Einhaltung der in § 2 Abs. 1 UmwRG genannten Anforderungen geltend machen können. Erfasst sind auch Bebauungspläne und Flächennutzungspläne, für die eine Umweltverträglichkeitsprüfung oder Strategische Umweltprüfung durchzuführen ist.[95] Eine ähnliche Regelung trifft **§ 64 BNatSchG** für anerkannte Naturschutzvereinigungen, wenn diese in ihren satzungsmäßigen Aufgaben berührt sind und ein Beteiligungsrecht bestand. Auch insoweit braucht eine Rechtsverletzung nicht geltend gemacht zu werden. Die Länder sind gemäß Abs. 3 der Vorschrift ermächtigt worden, weitere Rechtsbehelfe (einschließlich objektiv-rechtlicher Normenkontrollverfahren) für die anerkannten Naturschutzvereinigungen vorzusehen. Dies ist weithin geschehen (vgl. → § 27 Rn. 90).

**gg) Einzelfälle**

**Fall 12:** L, M und N wenden sich mit einer verwaltungsgerichtlichen Normenkontrolle gegen einen Bebauungsplan, welcher eine bisher bewaldete Fläche als Kleingartengebiet mit Vereinsheim und Parkplätzen ausweist. L ist Eigentümer eines im Plangebiet gelegenen Grundstücks, M Mieter einer dort gelegenen Wohnung. Sie machen geltend, dass sie der zu erwartende Freizeitlärm unzumutbar beeinträchtigen werde. N ist Eigentümer eines Grundstücks im Außenbereich, das an das Waldgelände angrenzt. Er wendet sich dagegen, dass das vorgesehene Kleingartengelände durch den sein Grundstück erschließenden Wirtschaftsweg erschlossen werden soll. 51

Wendet sich der Antragsteller gegen einen **Bebauungsplan,** hängt die Antragsbefugnis 52
davon ab, ob eine (rechtswidrige) Berechtigung subjektiver Rechte geltend gemacht werden kann. Entscheidende Bedeutung kommt hierbei dem Abwägungsgebot des § 1 Abs. 7 BauGB zu, weil nicht nur die durch Art. 14 Abs. 1 GG geschützten Grundstückseigentümer und dinglichen Nutzungsberechtigten (wie die Erbbauberechtigten und Nießbauberechtigten), sondern alle abwägungsrelevant Betroffenen ein Recht auf gerechte Abwägung ihrer privaten Belange haben. Dies kann auch den obligatorisch Berechtigten wie den Mietern, Pächtern, Bauantragsstellern und Käufern zugutekommen.[96] Geschützt werden nicht nur die unmittelbar, sondern auch mittelbar Betroffenen (wie z. B. Eigentümer außerhalb des

---

[94] Offen gelassen in der Entscheidung des BVerwG Beschl. v. 12.12.2019 – 4 BN 34.19, BeckRS 2019, 35184.

[95] Vgl. § 1 Abs. 1 S. 1 Nr. 1a UmwRG i. V. m. § 2 Abs. 6 Nr. 3 UVPG, Abs. 1 S. 1 Nr. 4 UmwRG i. V. m. § 2 Abs. 7 Anlage 5 Nr. 1.8 UVPG. Zur Frage, ob ein Normkontrollverfahren statthaft ist, vgl. → Rn. 37 (Ausschluss, wenn eine Gestaltungs- oder Leistungsklage in Betracht kommt).

[96] Vgl. *Kerkmann/Huber* in: Gärditz, VwGO, § 47 Rn. 79; *W.-R. Schenke/R. P. Schenke* in: Kopp/Schenke, VwGO, § 47 Rn. 70. Teilw. krit. *Panzer* in: Schoch/Schneider, VwGO, § 47 Rn. 59a.

Plangebiets). Wendet sich der Antragsteller gegen die Festsetzung eines Bebauungsplans, obwohl sein Grundstück außerhalb des Plangebiets liegt, kommt eine Verletzung des drittschützenden Gebots der gerechten Abwägung nur in Betracht, wenn ein eigener abwägungserheblicher Belang hinreichend ersichtlich ist.[97] Veräußert ein antragsbefugter Grundstückseigentümer während des Normenkontrollverfahrens sein Grundstück, richtet sich die Prozessführungsbefugnis nach den § 173 S. 1 VwGO i. V. m. § 265 Abs. 2 ZPO.[98] Zu den abwägungserheblichen privaten Belangen gehört z. B. auch der grundrechtsbezogene Schutz vor Lärmimmissionen und Luftschadstoffen (Fall 12 → Rn. 51 und Lösung → Rn. 54).[99] Entspricht das Planungsergebnis eines Bebauungsplans nicht der Planungsabsicht der Gemeinde (z. B. weil trotz Festsetzung eines Mischgebiets nach § 6 BauNVO auf absehbare Zeit keine gewerbliche Nutzung erfolgen soll, selbst wenn das Wohnen nicht wesentlich stört), ist das Abwägungsgebot des § 1 Abs. 7 BauGB verletzt.[100] Nicht ausreichend ist es, sich einem Bebauungsplan gegenüber auf den Verlust von Parkmöglichkeiten in der Stadt oder die unerwünschte Ansiedlung neuer Wettbewerber zu berufen (weil das Bauplanungsrecht insoweit neutral sei).[101] Gemeinden können gegenüber der Planung einer Nachbargemeinde die Verletzung ihres (nicht durch Art. 14 Abs. 1 GG geschützten) Eigentums oder des Abstimmungsgebots des § 2 Abs. 2 BauGB geltend machen. Für das Fachplanungsrecht gelten entsprechende Regelungen.

53 In **anders gelagerten Fallkonstellationen** hat die Rechtsprechung etwa die Antragsbefugnis eines Studienbewerbers gegen eine Kapazitätsverordnung, eines Reiters gegen ein in der Landschaftsschutzverordnung enthaltenes Reitverbot, eines Sportlers gegen ein durch eine untergesetzliche Norm verhängtes Tauchverbot im Bodensee oder sogar eines „Freiers" gegen eine Prostituiertensperrverordnung bejaht.[102]

54 **Lösung zu Fall 12:** Die Normenkontrollanträge sind nur zulässig, wenn L, M und N gemäß § 47 Abs. 2 S. 1 VwGO antragsbefugt sind. Das Abwägungsgebot des § 1 Abs. 7 BauGB, wonach bei der Ausstellung der Bauleitpläne die öffentlichen und privaten Belange gegeneinander und untereinander gerecht abzuwägen sind, vermittelt dem Eigentümer eines im Plangebiet gelegenen Grundstücks ein subjektives Recht darauf, dass seine Belange in der Abwägung berücksichtigt werden, sofern sie einen städtebaulich relevanten Bezug haben. Allein die Belegenheit eines Grundstücks im Bereich des angegriffenen Bebauungsplans reicht nicht aus.[103] Die Festsetzung muss unmittelbar das Grundstück berühren. Keinen städtebaulichen Bezug haben Belange, wenn sie als geringwertig einzustufen, mit einem Makel behaftet sind, auf den Fortbestand kein schutzwürdiges Vertrauen besteht oder die Betroffenheit für die Gemeinde nicht erkennbar war. Da dies hier nicht ersichtlich ist, muss L als antragsbefugt angesehen werden.[104] Nichts anderes gilt für M, weil auch die Interessen des Mieters abwägungserheblich sind (vgl. auch § 1 Abs. 6 Nr. 1 BauGB: gesunde Wohn- und Arbeitsverhält-

---

[97] OVG RP NVwZ-RR 2013, 708 → *Eifert* JK 2/14, BauGB § 1 VII/1. Ferner BVerwGE 140, 41 = NVwZ 2012, 185 (konzeptioneller Zusammenhang zwischen den Planberechtigten) → *Schoch* JK 4/12, VwGO, § 47 II 1/31.

[98] BVerwG NVwZ 2001, 1282; *W.-R. Schenke/R. P. Schenke* in: Kopp/Schenke, VwGO, § 47 Rn. 68.

[99] Vgl. hierzu *Unruh* in: Fehling/Kastner/Störmer, VwR, § 47 VwGO Rn. 74; *Panzer* in: Schoch/Schneider, VwGO, § 47 Rn. 61a.

[100] Vgl. BayVGH Urt. v. 16.9.2019 – 2 N 17.2477, BeckRS 2019, 27378 Rn. 44.

[101] Vgl. zu den Beispielen *Hufen* Verwaltungsprozessrecht, § 19 Rn. 20. Zum Schutz vor Umgebungsveränderungen (z. B. zum Schutz emittierender Betriebe – wie Schweinemäster – vor einer heranrückenden Wohnbebauung) vgl. *Ziekow* in: Sodan/Ziekow, VwGO, § 47 Rn. 219; *Panzer* in: Schoch/Schneider, VwGO, § 47 Rn. 64.

[102] Vgl. zu den Beispielen *Hufen* Verwaltungsprozessrecht, § 19 Rn. 20.

[103] BVerwG DVBl 2000, 1881. Zum Erfordernis, im Falle der Geltendmachung einer Verletzung des Abwägungsgebots aus § 1 Abs. 7 BauGB einen eigenen Belang zu benennen, der nach Lage der Dinge von der planenden Gemeinde bei der Abwägung zu beachten war, vgl. statt vieler OVG NW NWVBl 2016, 245 (246).

[104] Vgl. auch BVerwGE 107, 215 (219) = NJW 1999, 592 → *Erichsen* JK 99, BauGB § 1 VI/1.

nisse).[105] Auch das Interesse eines außerhalb des Plangebiets ansässigen Anliegers, von der Überlastung eines Weges, der auch der Erschließung seines Grundstücks dient, verschont zu bleiben, stellt ein abwägungsrelevantes, schutzwürdiges Privatinteresse dar, so dass N ebenfalls einen Anspruch auf gerechte Abwägung hat, dem möglicherweise nicht Rechnung getragen wurde.[106]

**b) Behörden.** Antragsbefugt sind nach § 47 Abs. 2 S. 1 Alt. 2 VwGO ferner die **Behörden** (nicht einzelne Organ- oder Amtswalter), ohne dass diese eine Rechtsverletzung geltend machen müssen. Um Popularanträge auszuschließen, wird angenommen, dass es sich um eine Behörde handeln muss, die bei der **Wahrnehmung ihrer Aufgaben** die Rechtsvorschriften zu **beachten** hat.[107] Nur in einem solchen Fall ergebe sich für sie ein hinreichendes Interesse an einer gerichtlichen Normenkontrollentscheidung, denn nur dann diene das Normenkontrollverfahren der Rechtsklarheit und der ökonomischen Gestaltung des Prozessrechts durch Vermeidung zahlreicher Einzelprozesse von durch Vollzugsakten Betroffenen.[108] Doch fehlt im Falle eines mangelnden Aufgabenbezugs nicht die (für Behörden nicht geltende) Klagebefugnis, sondern das erforderliche Rechtsschutzinteresse (→ Rn. 64). Anders ist z. B. die Rechtslage, wenn der Bebauungsplan einer Nachbargemeinde angegriffen werden soll. Die Antragsbefugnis richtet sich dann nach § 47 Abs. 2 S. 1 Alt. 1 VwGO (→ Rn. 38), weil es insoweit um das Selbstverwaltungsrecht der Gemeinde (Planungshoheit) und damit um die Gemeinde als Körperschaft des öffentlichen Rechts und nicht als Behörde geht. Ist die Behörde nicht selbst Adressatin des angegriffenen Rechtssatzes, muss sie für dessen Durchführung mitverantwortlich sein.[109] Dementsprechend vermittelt die gesetzlich zugewiesene Aufgabe der Studienberatung einer Studierendenschaft keine Antragsbefugnis für einen Normenkontrollantrag gegen Verhalten einer hochschulrechtlichen Prüfungsordnung.[110] Zur Zulässigkeit von Behördenanträgen, wenn die Behörde oder die juristische Person, der sie angehört, die Norm selbst erlassen hat, vgl. → Rn. 64. 55

### 2. Antragsgegner

Richtiger Antragsgegner der verwaltungsgerichtlichen Normenkontrolle ist die **Körperschaft, Anstalt** oder **Stiftung,** die oder deren Organ die Rechtsvorschrift erlassen hat (§ 47 Abs. 2 S. 2 VwGO).[111] Wurde die Norm im Wege der Ersatzvornahme von der Aufsichtsbehörde erlassen, ist sie dem beaufsichtigten Rechtsträger zuzurechnen, so dass dieser richtiger Antragsgegner ist.[112] Bei Rechtsnachfolge ist auf den Rechtsnachfolger abzustellen. Entsprechend § 78 S. 1 Nr. 1 Hs. 2 VwGO genügt zur Bezeichnung des Antragsgegners die Angabe der **Behörde.** Im Falle von **Innenrechtsstreitigkeiten** (→ Rn. 17) ist dasjenige Organ richtiger Antragsgegner, welches die Innenrechtsnorm erlassen hat. 56

---

[105] BVerwG NVwZ 2000, 807 (808); zu anderen Konstellationen (Bauantrag eines Windkraftunternehmens) vgl. ThürOVG, ThürVBl 2002, 74 f. → *Schoch* JK 7/02, BauGB § 14/1.

[106] BVerwG NVwZ 2001, 431 → *Ehlers* JK 01 VwGO § 47 II 1/23. Für Grundeigentümer im Geltungsbereich einer Außenbereichssatzung gelten andere Maßstäbe. Vgl. BVerwG Beschl. v. 29.10.2019 – 4 BN 36.19, BeckRS 2019, 29637 Rn. 4 f.

[107] Ständige Rspr., vgl. BVerwGE 81, 307 (310) = NVwZ 1989, 654 (655); *Panzer* in: Schoch/Schneider, VwGO, § 47 Rn. 78.

[108] BVerwGE 56, 172 (178) = NJW 1978, 2522 (2523); NVwZ-RR 2017, 331 Rn. 9 → JA 2017, 719 *(Hebeler).*

[109] BVerwG Beschl. v. 1.7.2005 – 4 BN 26/05, BeckRS 2005, 28522.

[110] BVerwG NVwZ-RR 2017, 331 → JA 2017, 719 *(Hebeler).*

[111] Vgl. auch *Kintz* JuS 2000, 1099 (1103), der – zu Unrecht – die Antragsgegnerschaft und Passivlegitimation in eins setzt.

[112] OVG Bremen NVwZ 2000, 1435; a. A. *Hufen* Verwaltungsprozessrecht, § 30 Rn. 4 (weil der Rechtsträger, z. B. eine Gemeinde, andernfalls in einen Prozess hineingezogen würde, der ihm inhaltlich nicht zuzurechnen ist). Zum Klagegegner einer Anfechtungsklage gegen einen im Wege der Ersatzvornahme erlassenen Verwaltungsakt vgl. Fall 18 → § 27 Rn. 106 und Lösung → § 27 Rn. 111.

### 3. Antragsfrist

57 **Fall 13:** O greift Ende 2018 eine baden-württembergische Kommunalsatzung an, die seit 2012 gilt, aber im Jahre 2020 neu bekannt gegeben wurde. Der Text wurde mit einer Schlussbestimmung versehen, aus der hervorgeht, dass die Satzung am Tag nach ihrer Bekanntgabe in Kraft und die Satzung aus dem Jahre 2012 außer Kraft tritt. Diese Schlussbestimmung war in der dem Ratsbeschluss zugrundeliegenden Vorlage nicht enthalten.

58 Gemäß § 47 Abs. 2 S. 1 VwGO muss der Normenkontrollantrag innerhalb von **einem Jahr** nach Bekanntmachung der Rechtsvorschrift gestellt werden. Die Fristbestimmung ist rechtspolitisch zu kritisieren, weil die einer Vielzahl von Einzelprozessen vorbeugende prozessökonomische Bündelungsfunktion der Normenkontrolle bereits nach Ablauf der Jahresfrist preisgegeben wird. Verfassungsrechtliche Bedenken gegen die Fristbestimmung greifen aber nicht durch.[113] Machen die natürlichen oder juristischen Personen geltend, erst durch Anwendung der Rechtsvorschriften in ihren Rechten verletzt zu sein, können sie auch nach Ablauf der Jahresfrist inzident die Vereinbarkeit der Vorschrift mit höherrangigem Recht durch die Verwaltungsgerichte überprüfen lassen.[114] Wird die mögliche Rechtsverletzung durch die Rechtsvorschrift selbst verursacht, kommt nach Fristablauf eine verwaltungsgerichtliche Feststellungsklage in Betracht, mag sich diese auch nicht gegen die Gültigkeit der Vorschrift selbst, sondern nur gegen ihre Anwendbarkeit im Verhältnis inter partes richten.[115]

59 Die Antragsfrist von einem Jahr „**nach Bekanntmachung** der Rechtsvorschrift" gilt wegen des eindeutigen Wortlauts auch dann, wenn der Antragsteller geltend macht, die Rechtsvorschrift sei erst nach ihrer Bekanntmachung infolge einer Änderung der tatsächlichen oder rechtlichen Verhältnisse bzw. wegen Funktionslosigkeit[116] rechtswidrig und damit unwirksam geworden (→ Rn. 67).[117] Das führt zwar dazu, dass der Normenkontrollantrag in solchen Fällen in der Regel verfristet ist. Einer teleologischen Reduktion des § 47 Abs. 2 S. 1 VwGO[118] i. S. e. erneuten Ingangsetzung der Frist steht aber neben dem Wortlaut und der Entstehungsgeschichte der Bestimmung (wiederum) die Möglichkeit einer inzidenten verwaltungsgerichtlichen Überprüfung entscheidungserheblicher untergesetzlicher Normen entgegen (→ Rn. 58). Die Frist beginnt somit auch in derartigen Fallgestaltungen mit der Bekanntgabe und nicht dem Eintritt der späteren Unwirksamkeit zu laufen. Rechtspolitisch wäre es sinnvoll, jedenfalls insoweit eine längere Frist der Bekanntgabe der Norm vorzusehen.

60 Eine **Rechtsbehelfsbelehrung**, durch welche die Frist in Gang gesetzt wird, ist nicht vorgesehen.[119] Zudem müsste gemäß § 58 Abs. 2 VwGO auch bei einer unterbliebenen oder falschen Rechtsbehelfsbelehrung der Rechtsbehelf innerhalb eines Jahres eingelegt werden. Entgegen der wohl herrschenden Meinung[120] kommt eine (allerdings kaum prak-

---

[113] A. A. (teilweise) *Schenke* NJW 1997, 82 (83) (der bereits gegen die durch das 6. VwGOÄndG v. 1.11. 1996 BGBl I S. 1626 eingeführte Zweijahresfrist Bedenken geäußert hat). Vgl. auch *dens.* Verwaltungsprozessrecht, Rn. 912b; *Ellerbrok* Satzung (Fn. 9), S. 394.

[114] Vgl. BVerwG BauR 2001, 1066; VGH BW VBlBW 1999, 343 ff.

[115] Vgl. BVerwGE 89, 327 (329) = NVwZ 1993, 64; E 100, 262 (264 f.) = NJW 1996, 2046. Auch eine Feststellungsklage ist nur zulässig, wenn nicht bereits Verwirkung eingetreten ist.

[116] Vgl. BVerwG NVwZ 2015, 1542; NVwZ 2016, 1481. Vgl. → Rn. 67.

[117] BVerwG NVwZ 2013, 1547; NVwZ 2015, 1542; NVwZ 2016, 1481. A. A. wohl die h. M. Vgl. *Ziekow* in: Sodan/Ziekow, VwGO, § 47 Rn. 290; *W.-R. Schenke* NVwZ 2014, 341; *W.-R. Schenke/R. P. Schenke* in: Kopp/Schenke, VwGO, § 47 Rn. 85 (m. Relativierungen); *v. Albedyll* in: Bader/Funke-Kaiser/Stuhlfauth/ v. Albedyll, VwGO, § 47 Rn. 88; *Giesbert* in: Posser/Wolff, VwGO, § 47 Rn. 55; *Steiner* FS Würtenberger, 2013, S. 911 (918); *Beaucamp* FS Erbguth, 2019, S. 347 (364).

[118] Vgl. *Schenke* NVwZ 2014, 341 (342).

[119] Vgl. auch OVG NW NVwZ-RR 2001, 484 f.

[120] Vgl. etwa *Lorenz* Verwaltungsprozessrecht, § 26 Rn. 15; *W.-R. Schenke* in: Kopp/Schenke, VwGO, § 60 Rn. 4; *W.- R. Schenke* Verwaltungsprozessrecht, Rn. 912b.

tisch werdende) **Wiedereinsetzung** in den vorigen Stand in Betracht.[121] Ein Wiedereinsetzungsgrund liegt aber nicht schon dann vor, wenn der Antragsteller erst nach Ablauf der Jahresfrist von der Rechtsvorschrift betroffen wird (z. B. wegen Zuzugs in das von dem angegriffenen Bebauungsplan erfasste Baugebiet).

Die Frist des § 47 Abs. 2 S. 1 VwGO beginnt nur zu laufen, wenn die **Bekanntmachung** der Vorschrift **nachweisbar** ist und der Antragsteller die Möglichkeit der Kenntnisnahme hatte. Nicht erforderlich ist eine fehlerfreie Bekanntgabe (→ Rn. 18).[122] Durch eine erneute Bekanntmachung der untergesetzlichen Norm wird die Frist nicht erneut in Gang gesetzt. Dies soll auch dann gelten, wenn der Normgeber die unverändert gebliebenen Bestimmungen erneut in seinen Willen aufgenommen hat.[123] Wurde die frühere Regelung dagegen aufgehoben und mit konstitutiver Wirkung durch eine inhaltsgleiche ersetzt, löst die Bekanntmachung die Antragsfrist erneut aus.[124] Neu zu laufen beginnt die Frist zudem, wenn sich die neu in Kraft gesetzte Regelung inhaltlich von der Vorgängerregelung unterscheidet.[125] Dies wird – rechtsschutzfreundlich – nicht nur dann angenommen, wenn die Norm Änderungen oder Ergänzungen enthält,[126] sondern auch dann, wenn sie Klarstellungen (nicht lediglich definitorischer oder redaktioneller Art) zum Inhalt hat, welche die Rechtslage eindeutiger zum Ausdruck bringen, damit präzisieren und insoweit eine (möglicherweise) neue Beschwer enthalten.[127] Nach allgemeinen Grundsätzen (→ § 25 Rn. 256 ff.) kann die Befugnis, ein Normenkontrollverfahren zu beantragen, **verwirkt** sein.[128] In Betracht kommt nicht nur eine Verwirkung des Antragsrechts von natürlichen und juristischen Personen, sondern auch von Behörden.[129] 61

Da bis zum Inkrafttreten des Gesetzes zur Erleichterung von Planungsvorhaben für die Innenentwicklung der Städte zum 1.1.2007[130] die Antragsfrist zwei Jahre betrug, bleibt es nach der **Übergangsregelung** des **§ 195 Abs. 7 VwGO** für Rechtsvorschriften i. S. d. § 47 VwGO, die vor dem 1.1.2007 bekannt gemacht worden sind, bei dieser Frist. Werden einzelne Bestimmungen untergesetzlicher Normen, die vor dem 1.1.2007 erlassen worden sind, nach dem 1.1.2007 geändert oder neu erlassen, gilt die Einjahresfrist nur für diese Bestimmungen.[131] 62

**Lösung zu Fall 13:** Fraglich ist, ob der Normenkontrollantrag fristgerecht gestellt wurde. Dies ist zweifelhaft, weil die Vorschriften seit 2012 existieren. Eine neue Bekanntmachung setzt die Frist für unveränderte Regelungen nicht neu in Kraft.[132] Jedoch ist nach der Schlussbestimmung die Satzung aus dem Jahre 2012 außer Kraft getreten. Somit kommt es auf das Jahr 2020 an. Insoweit liegt noch keine Verfristung vor. Zweifel daran, ob die Satzung gültig erlassen worden ist (weil die Bekanntmachung vom Ratsbeschluss abweicht), stehen der Zulässigkeit des Antrags nicht entgegen. Die Klärung, ob die angegriffenen Vorschriften Geltung erlangt haben, ist eine Frage der Begründetheit des Normenkontrollantrags. Tatsächlich ist der Antrag begründet, weil die bekannt gemachten Vorschriften wegen der Aufnahme der Schlussbestimmung so nicht beschlossen worden sind und damit die Satzung in rechtsstaatswidriger Weise mit einem anderen als dem vom Normgeber gewollten Inhalt veröffentlicht wurde. Dass O 63

---

[121] Ebenso BVerwG NVwZ-RR 2013, 387; *Hoppe* in: Eyermann, VwGO, § 60 Rn. 2.
[122] BVerwG NVwZ 2004, 1122 (1123); *Ziekow* in: Sodan/Ziekow, VwGO, § 47 Rn. 289.
[123] BVerwG Beschl. v. 14.3.2018 – 6 BN 3.17, BeckRS 2018, 4968 Rn. 13; VGH BW NVwZ-RR 2013, 440.
[124] Vgl. BVerwG Urt. v. 22.1.2020 – 8 CN 2.19, BeckRS 2020, 8950 Rn. 8.
[125] BVerwGE 152, 379 = BauR 2015, 1981.
[126] Vgl. z. B. BVerwGE 120, 82 = NVwZ 2004, 620.
[127] BVerwG Beschl. v. 14.3.2018 – 6 BN 3.17, BeckRS 2018, 4968 Rn. 13.
[128] Vgl. auch BayVGH BayVBl. 2013, 306 Rn. 11 ff.
[129] Str. Vgl. zum Ganzen *Panzer* in: Schoch/Schneider, VwGO, § 47 Rn. 38 m. w. Nachw.
[130] Vgl. Art. 4 des Gesetzes (Gesetz v. 21.12.2006, BGBl I S. 3316).
[131] Vgl. auch *W.-R. Schenke/R. P. Schenke* in: Kopp/Schenke, VwGO, § 47 Rn. 83.
[132] VGH BW DVBl 2003, 416.

durch die Neufassung der Satzung nicht neu beschwert wurde, hat keine Auswirkungen, da die Normenkontrolle ein objektives Rechtsbeanstandungsverfahren darstellt.[133]

## III. Allgemeines Rechtsschutzbedürfnis

64 Rechtsschutzanträge sind nur zulässig, wenn ein Rechtsschutzbedürfnis gegeben ist (→ § 25 Rn. 235 ff.). Es gelten die allgemeinen Regelungen. Z. B. darf der Antragsteller nicht rechtsmissbräuchliche Ziele verfolgen. Handelt es sich beim Antragsteller um eine **natürliche oder juristische Person,** wird bei bestehender Antragsbefugnis (→ Rn. 38 ff.) das Rechtsschutzinteresse grundsätzlich indiziert. Nicht erforderlich ist, dass sich der Antragsteller bei der Verwaltung um eine Aufhebung der Norm bemüht hat (→ § 25 Rn. 240). Unerheblich ist ferner, ob die Gültigkeit der Norm in einem anderen Verfahren (z. B. im Rahmen einer Anfechtungs- oder Verpflichtungsklage) inzident überprüft wird.[134] Das Rechtsschutzinteresse ist des Weiteren zu bejahen, wenn ein Vollzugsakt gegenüber dem Antragsteller ergangen, dieser aber noch nicht bestandskräftig ist oder noch nicht vollstreckt wurde,[135] bzw. mit weiteren Bescheiden zu rechnen ist.[136] Ist der Geltungszeitraum der angegriffenen Norm erloschen, ist ein Rechtsschutzbedürfnis zu bejahen, wenn mit vergleichbaren Regelungen zu rechnen ist.[137] Dagegen fehlt das Rechtsschutzinteresse, wenn eine Ungültigkeit der Norm die **Rechtsstellung** des Antragstellers nicht **verbessern** kann.[138] Dies wird z. B. angenommen, wenn die Festsetzungen eines Bebauungsplans vollständig verwirklicht worden sind (→ § 25 Rn. 245).[139] Ebenso fehlt das Interesse, soweit der Bebauungsplan teilbar ist und der Antragsteller auch solche Teile angegriffen hat, die ihn offensichtlich und erkennbar nicht berühren.[140] In solchen Fällen ist jedoch bereits die Antragsbefugnis zu verneinen (→ Rn. 45). Ist streitig, ob eine Rechtsvorschrift außer Kraft getreten ist oder steht das Außerkrafttreten zwar fest, äußert die Norm aber noch Rechtswirkungen, kann ein berechtigtes Interesse an der Feststellung bestehen (→ Rn. 68). Hat eine **Behörde** einen Normkontrollantrag gestellt, fehlt das Rechtsschutzbedürfnis (objektives Kontrollinteresse[141]), wenn die Behörde (oder juristische Person, der sie angehört) die Norm selbst erlassen hat. Sie kann diese dann auch ohne Inanspruchnahme der Gerichtsbarkeit wieder aufheben (→ § 25 Rn. 239). Zudem muss die Behörde die Norm bei der Erfüllung ihrer Aufgaben zu beachten haben.[142] Dies wird angenommen, wenn die Norm in ihrem örtlichen Zuständigkeitsbereich gilt, sie bei der Erfüllung ihrer Aufgaben mit ihr befasst ist und sie bei der Erfüllung ihrer Aufgaben beachten oder anwenden muss.[143] Ein Interesse der Behörde an der Überprüfung der objektiven Rechtlage wird auch dann bejaht, wenn die Behörde eine Satzung selbst genehmigt hat.[144] Dies lässt sich damit begründen, dass die Genehmigungsbehörde nach Abschluss des Rechtssetzungsverfahrens nicht befugt ist, die Nichtigkeit der von ihr als ungültig erkannten Satzung verbindlich

[133] Vgl. BVerwG NVwZ 2004, 620 → *Ehlers* JK 6/04, VwGO § 47 II 1/26 und → JA 2004, 795 *(Meister)*.

[134] BVerwGE 68, 12 ff. = NJW 1984, 881 (882); *Kerkmann/Huber* in: Gärditz, VwGO § 47 Rn. 103.

[135] Vgl. § 47 Abs. 5 S. 3 VwGO i. V. m. § 183 S. 2. Auch wenn der Antragsteller den aufgrund seiner Beitragssatzung gegen ihn erlassenen Beitragsbescheid hat unanfechtbar werden lassen und den Beitrag gezahlt hat, soll es nach Ansicht des BVerwG von den weiteren Umständen abhängen, ob dennoch ein Rechtsschutzbedürfnis für einen Normenkontrollantrag gegen die Beitragssatzung besteht (BVerwG NVwZ-RR 2017, 2 Rn. 4).

[136] Näher dazu *Schenke* Verwaltungsprozessrecht, Rn. 903 ff.

[137] BVerwG NVwZ 2019, 964 Rn. 12. Zur weiteren Fallgestaltung, wenn die aufgeworfene Rechtsvorschrift noch Rechtswirkung zu veräußern vermag, *Schenke* Verwaltungsprozessrecht, Rn. 909.

[138] St. Rspr. Vgl. BVerwG NVwZ 1989, 653 Rn. 6; *Hoppe* in: Eyermann, VwGO, § 47 Rn. 56; *Kerkmann/Huber* in: Gärditz, VwGO, § 47 Rn. 101.

[139] BVerwG Beschl. v. 29.1.2019 – 4 BN 15.18, BeckRS 2019, 1728 Rn. 5.

[140] BVerwGE 131, 100 Rn. 13 f. = NVwZ 2008, 899 → JA 2009, 398 *(Mager)*.

[141] Vgl. *Schenke* Verwaltungsprozessrecht, Rn. 912. Zur Erforderlichkeit des Rechtsschutzinteresses (Kontrollinteresses) vgl. BVerwG NVwZ-RR 2017, 331 Rn. 7 → JA 2017, 719 *(Hebeler)*.

[142] St. Rspr. Vgl. BVerwGE 81, 307 (310) = NVwZ 1989, 654 (655). Zur Antragsbefugnis vgl. → Rn. 55.

[143] BVerwG NVwZ 2016, 609 Rn. 18.

[144] BVerwG NVwZ 1990, 57 f.

festzustellen. Ebenso wenig darf sie die Genehmigung zurücknehmen. Vielmehr ist es Sache des Normgebers den durch die Normgebung gesetzten Rechtsschein durch Aufhebung der Norm zu beseitigen.[145]

## C. Begründetheit der verwaltungsgerichtlichen Normenkontrolle

### I. Allgemeines

65 Ein Normenkontrollantrag ist begründet, wenn die angegriffene untergesetzliche Rechtsvorschrift **„ungültig"** ist (§ 47 Abs. 1, 4, 5 S. 2 VwGO[146]). Entsprechendes gilt, wenn die Vorschrift wegen Verstoßes gegen Europäisches Unionsrecht (oder sonstiges, dem nationalen Recht vorgehendes supranationales Recht) **unanwendbar** ist (→ Rn. 26). **Prozessrechtlich** kommt es für die Beurteilung der Ungültigkeit auf den **Entscheidungszeitpunkt** des Oberverwaltungsgerichts, **materiell-rechtlich** darauf an, ob die Norm bei Erlass mit dem höherrangigen Recht vereinbar war (→ Rn. 66) und später nicht ungültig geworden ist (→ Rn. 67). Zumeist ist das Inkrafttreten der Vorschrift entscheidend. Doch kann das höherrangige Recht anderes vorschreiben. Z. B. bestimmt § 214 Abs. 3 S. 1 BauGB, dass für die Abwägung von Bauleitplänen die Sach- und Rechtslage im Zeitpunkt der Beschlussfassung maßgebend ist. **Unerheblich** ist, ob der Antragsteller tatsächlich **in** seinen **Rechten verletzt** wurde oder nicht.

### II. Ungültigkeit der Norm

66 Ungültig ist eine Rechtsvorschrift, wenn sie dem höherrangigen Recht widerspricht (→ Rn. 26). Dies ist zum einen dann der Fall, wenn sie nicht **formell** und **materiell rechtmäßig zustande gekommen** ist.[147] So können die formellen Voraussetzungen des Normerlasses nicht beachtet worden sein oder die Vorschriften inhaltlich mit dem höherrangigen Recht kollidieren. Ersteres trifft etwa zu, wenn keine Verbands- oder Organzuständigkeit gegeben ist, die zu beachtenden Verfahrensregeln missachtet wurden oder ein Verstoß gegen die Form- respektive Bekanntmachungsvorschriften vorliegt.[148] Letzteres ist anzunehmen, wenn die Vorschrift nicht auf eine geltende gesetzliche Ermächtigungsgrundlage gestützt werden kann[149] oder die Gesetzes- bzw. Verfassungs- oder Unionsrechtskonformität fehlt. Nach Ansicht des BVerfG führt ein **Verfahrensfehler** allerdings nur dann zur Nichtigkeit (Ungültigkeit), wenn er evident ist.[150] Die diesbezügliche (zweifelhafte) Rechtsprechung bezieht sich auf

---

[145] BVerwGE 75, 142 ff. = NJW 1987, 1344 (1345); *Kerkmann/Huber* in: Gärditz, VwGO, § 47 Rn. 102.

[146] Zur Tenorierung vgl. *Kintz* JuS 2000, 1099 (1100).

[147] Näher zu den Fehlerfolgen von Satzungen *Ellerbrok* Satzung (Fn. 9), S. 351 ff.

[148] Schreibt eine Bekanntmachungsregelung die kumulative öffentliche Bekanntmachung kommunaler Satzungen in zwei Tageszeitungen vor und stellt eine dieser Zeitungen ihr Erscheinen ein, reicht es nach dem rechtsstaatlichen Publizitätsgebot zumindest vorübergehend aus, die Bekanntmachung weiteren Satzungsrechts in der verbliebenen Zeitung vorzunehmen, vgl. BVerwGE 126, 388 Rn. 12 = NVwZ 2007, 334 → JuS 2007, 955 *(Waldhoff)*. Zur ordnungsgemäßen Ausfertigung von Bebauungsplänen vgl. *Kintz* JuS 2000, 1099 (1103).

[149] Für Rechtsverordnungen vgl. z. B. Art. 80 Abs. 1 S. 1 GG. Auch Satzungen müssen sich aus dem höherrangigen Recht ableiten lassen (vgl. *Ehlers* in: Ehlers/Pünder, AllgVwR, § 2 Rn. 59), auch wenn sie nicht zu Eingriffen in Freiheit und Eigentum oder grundrechtsrelevanten Nachteilszufügungen ermächtigen (also ohnehin der Vorbehalt des Parlamentsgesetzes gilt). Mit der Errichtung von Körperschaften ist auch im Falle des Fehlens ausdrücklicher Bestimmungen die Befugnis zur Satzungsgebung verbunden. Intersubjektive Verwaltungsvorschriften (zur Einbeziehung der Verwaltungsvorschriften im Normenkontrollverfahren vgl. → Rn. 17) dürfen kraft der exekutiven Organisations-, Geschäftsleitungs- und Dienst"gewalt" erlassen werden, intersubjektive Verwaltungsvorschriften (z. B. nach Art der Art. 84 Abs. 2, 85 Abs. 2 GG) müssen sich auf eine gesetzliche Ermächtigungsgrundlage zurückführen lassen. Für das (nicht staatlich erlassene) Gewohnheitsrecht gelten Besonderheiten (zur Frage, ob § 47 VwGO auch Gewohnheitsrecht erfasst, vgl. → Rn. 14).

[150] BVerfGE 34, 9 (25) = NJW 1972, 1943; E 91, 148 (175) = NJW 1995, 1537 (1540); E 120, 56 (79) = NVwZ 2008, 665 (667); E 125, 104 (132) = NVwZ 2010, 634 (638). Vgl. auch BVerwG NVwZ 2018, 1401 (1403) → *Sachs* JuS 2018, 924.

Parlamentsgesetze und Rechtsverordnungen, dürfte dann aber auch (rechtspolitisch verfehlt) auf andere untergesetzliche Normen übertragbar sein. Das einfache Recht enthält – vor allem im Bauplanungsrecht[151], Kommunalrecht[152] und Umweltrecht[153] – Vorschriften, wonach bestimmte Verfahrens- und Formfehler **unbeachtlich** sind (also nicht zur Ungültigkeit führen). Vielfach ist vorgesehen, dass die Unbeachtlichkeit nur eintritt, wenn die Verletzungen nicht innerhalb einer **Frist** (regelmäßig von einem Jahr) geltend gemacht worden ist.[154] Die rechtsdogmatische Einordnung der Bestimmungen ist umstritten.[155] Entscheidet das OVG vor Fristablauf, ist die Norm im Falle eines Fehlers (wie regelmäßig bei rechtswidrigen Normen) als ungültig anzusehen. Doch kann der Fehler unter Umständen noch **heilbar** sein (→ Rn. 69). Das Verstreichen einer Rügefrist führt zur Gültigkeit,[156] teilweise von Anfang an,[157] teilweise (unter Umständen unter Fortbestehen der Rechtswidrigkeit) ex nunc.[158] Eine Rüge kann nicht zurückgenommen werden und gilt zeitlich unbeschränkt.[159] Materiell nicht rechtmäßig zustande gekommen ist eine (untergesetzliche) Norm auch, wenn dem Normgeber eine **Abwägung** aufgegeben ist, die Abwägung aber fehlerhaft ist.[160]

67 Zum anderen soll die Normkontrolle aber auch der Klärung dienen, ob eine rechtsgültig erlassene untergesetzliche Vorschrift noch geltender Bestandteil der Rechtsordnung ist.[161] Dies macht eine Prüfung erforderlich, ob die rechtmäßig erlassene Norm ungültig geworden ist. Das ist der Fall, wenn die **Norm nicht mehr fortgilt,** insbesondere weil sich die maßgebliche Rechts- oder Sachlage geändert hat, sie dem später erlassenen höherrangigen Recht widerspricht oder mit Ablauf einer selbst oder in einer anderen (mindestens gleichrangigen) Rechtsnorm gesetzten Befristung respektive durch Aufhebung oder Ersetzung durch den ranggleichen oder höheren Normgeber außer Kraft getreten ist.[162] Ferner geht die Rechtsprechung davon aus, dass Normen nicht nur durch entgegenstehendes **Gewohnheitsrecht** (→ Rn. 14), sondern auch durch **Funktionslosigkeit** ungültig werden können.[163] So sollen Bebauungspläne (in seltenen Fällen) funktionslos werden, wenn und soweit die Verhältnisse, auf die sie sich beziehen, in der tatsächlichen Entwicklung einen

---

[151] Vgl. § 214 Abs. 1, 2, 2a, 3 S. 2 BauGB.

[152] Z. B. § 3 Abs. 4 BbgKomVerf; § 5 Abs. 4 S. 1 HGO; § 10 Abs. 2 KomVG Nds; § 8 Abs. 3 KVG LSA; § 4 Abs. 3 GO SH; § 21 Abs. 4 ThürKO. Vgl. auch z. B. Art. 49 Abs. 4 BayGO.

[153] Vgl. z. B. § 4 Abs. 1a UmwRG.

[154] Vgl. z. B. die § 215 Abs. 1 BauGB; § 7 Abs. 6 S. 1 GO NW; ferner die Nachw. in Fn. 156 f. Zum Rügerecht des Bürgermeisters als Kommunalaufsichtsbehörde vgl. *Lange* DVBl. 2017, 928 (930 f.).

[155] Vgl. *Maurer* FS Bachhof, 1984, S. 215 ff.; *Hill* DVBl. 1983, 1 (5); *Morlok* Die Folgen von Verfahrensfehlern am Beispiel von kommunalen Satzungen, 1988; *Ellerbrok* Satzung (Fn. 9), S. 365 f.

[156] Vgl. z. B. § 5 Abs. 4 S. 1 HGO. Mit Ablauf der Frist wird die Geltendmachung der Rechtswidrigkeit bzw. Nichtigkeit präkludiert (*Ehlers* in: Ehlers/Pünder, AllgVerwR § 2 Rn. 123). Dies bedeutet, dass nicht nur Verwaltungsakte, sondern auch Normen bestandskräftig werden können. Zur verfassungsrechtlichen Zulässigkeit des traditionellen Nichtigkeitsdogmas rechtswidriger untergesetzlicher Normen vgl. BVerfGE 103, 332 (389 f.) = NVwZ-RR 2002, 81 (92) → JA 2002, 23 *(Winkler)*.

[157] So ausdrücklich § 4 Abs. 4 S. 1 GO BW; § 24 Abs. 6 S. 1 GO RP; § 12 Abs. 6 S. 1 KSVG SL; § 4 Abs. 4 S. 1 SächsGO.

[158] Für § 215 BauBG ist dies streitig. Der Wortlaut (Unbeachtlich werden) spricht für eine ex nunc Wirkung (so auch *Uechtritz* in: Spannowsky/Uechtritz, BeckOK BauGB, § 215 Rn. 17, 20. ED 2020), § 216 BauBG für eine ungeachtet der Gültigkeit fortbestehende Rechtswidrigkeit im Verhältnis zur Genehmigungsbehörde (weil diese weiterhin die Einhaltung der Vorschriften zu prüfen hat, deren Verletzung sich nach den §§ 214, 215 BauGB nicht auf die Rechtswirksamkeit auswirkt).

[159] *Battis* in: Battis/Krautzberger/Löhr, Baugesetzbuch, 14. Aufl. 2019, § 215 Rn. 7.

[160] Vgl. BVerwGE 125, 384 Rn. 16 = NVwZ 2006, 1068; E 150, 114 Rn. 25 = NVwZ 2015, 220 (223).

[161] BVerwGE 108, 71 = NVwZ 1999, 986.

[162] *Ehlers* in: Ehlers/Pünder, AllgVwR, § 2 Rn. 94.

[163] BVerwGE 54, 5 (11) = NJW 1977, 2325 f.; E 67, 334 = NJW 1984, 138; NVwZ-RR 1998, 711; E 108, 71 = NVwZ 1999, 986; NVwZ 2004, 1244 → *Schoch* JK 4/05, BauGB § 1 III/2; NVwZ 2016, 1481 Rn. 7. Krit. *Baumeister* Das Rechtswidrigwerden von Normen, 1996, S. 368 ff.; *Heckmann* Geltungskraft und Geltungsverlust von Rechtsnormen, 1997, S. 431 ff.; *Bringewat* Geltungsverlust von Normen und Verfügungen des öffentlichen Baurechts im Spannungsverhältnis von Recht und Wirklichkeit, 2012, S. 80 ff.; *W.-R. Schenke/R. P. Schenke* in: Kopp/Schenke, VwGO, § 47 Rn. 137a; *Beaucamp* FS Erbguth, 2019, S. 347 (363 – nur eine Fallkonstellation). Zum entgegenstehenden Gewohnheitsrecht vgl. BVerwGE 26, 282 (284 f.) = NJW 1967, 1291 (1292).

Zustand erreicht haben, der die Verwirklichung der Festsetzung auf unabsehbare Zeit ausschließt und wenn diese Tatsache so offensichtlich ist, dass ein in ihre Fortgeltung gesetztes Vertrauen keinen Schutz verdient.[164] Das BVerwG hat dahingestellt sein lassen, ob der Bebauungsplan dann rechtswidrig geworden ist[165] oder ob er als ein bis zuletzt rechtmäßiger Plan lediglich als Folge veränderter Umstände außer Kraft tritt.[166] Jedenfalls sei der funktionslose Bebauungsplan unwirksam oder ungültig.[167]

Ist die Norm während des Normenkontrollverfahrens **außer Kraft** getreten, äußert sie aber noch Rechtswirkung (z. B. weil in der Vergangenheit liegende Sachverhalten noch nach den Vorschriften zu entscheiden sind, Wiederholungsgefahr besteht, Schadensersatz in Betracht kommt oder ein sonstiges berechtigtes Feststellungsinteresse gegeben ist), kann die Feststellung begehrt werden, dass die Vorschrift ungültig war (→ Rn. 64).[168] Unter Umständen kann es ausreichen, wenn die Vorschrift bereits **vor Antragstellung** außer Kraft getreten ist, selbst wenn dies feststeht. So erledigen sich Rechtsverordnungen zu verkaufsoffenen Sonn- und Feiertagen oftmals nach Ablauf des für die Ladenöffnung freigegebenen Kalendertages. Trotzdem wird ein schutzwürdiges Interesse an einer Sachentscheidung des Normenkontrollgerichts wegen der Wiederholungsgefahr bejaht,[169] auch wenn Erledigung bereits vor Antragstellung eingetreten ist.[170] Eine analoge Anwendung des § 113 Abs. 1 S. 4 VwGO bedarf es nicht. Der Sache nach hat das OVG wegen der Einbeziehung erledigter Rechtsakte aber eine dieser Vorschrift entsprechende Feststellung zu treffen.[171] 68

## III. Schwebende Ungültigkeit der Norm

Normen können vorläufig oder endgültig ungültig sein. Ersteres ist der Fall, wenn die Norm zwar dem beachtlichen höherrangigen Recht widerspricht, aber (nach Durchführung eines weiteren Normgebungsverfahrens) noch erhalten werden kann.[172] Eine solche Möglichkeit besteht, wenn sich der Fehler mittels **Heilung** in einem ergänzenden Verfahren beseitigen lässt. Heilung kann nicht nur für Verfahrens- und Formfehler, sondern (seltener) auch für einzelne materiell-rechtliche Mängel in Betracht kommen (dies ist z. B. der Fall, wenn Abwägungsfehler nicht den Kern einer Planungsentscheidung betreffen)[173] und dazu führen, dass die Norm **rückwirkend in Kraft** gesetzt werden kann, wenn dies gesetzlich vorgesehen ist. Zu Letzterem ermächtigt etwa § 214 Abs. 4 BauGB.[174] Ein ergänzendes Verfahren sieht auch § 4 Abs. 1b UmwRG (im Falle Verletzung bestimmter Verfahrensfehler) und § 7 Abs. 5 UmwRG (im Falle der Verletzung bestimmter materieller Rechtsvorschriften) vor, soweit das Umwelt-Rechtsbehelfsgesetz einschlägig ist. Die Heilbarkeit ändert nichts an der zuvor bestehenden **Ungültigkeit.**[175] Das OVG ist auch nicht verpflichtet, zu überprüfen, ob ein Mangel noch heilbar ist.[176] Dementsprechend ist in der Tenorierung nicht darauf Bezug zu nehmen.[177] Die Bindungswirkung der gerichtlichen 69

---

[164] Vgl. BVerwGE 54, 5 (9) = NJW 1977, 2325 f.

[165] *Baumeister* GewArch 1996, 318.

[166] *Steiner* FS Schlichter, 1995, S. 313 (325 f.).

[167] BVerwGE 108, 71 (74) = NVwZ 1999, 986 (987).

[168] Vgl. BVerwGE 68, 12 f. = NJW 1984, 881; Urt. v. 22.6.2020 – 8 CN 3.19, BeckRS 2020, 20762 Rn. 8 f.; SächsOVG GewArch 2008, 368.

[169] BVerwGE 153, 183 Rn. 19 = NVwZ 2016, 689 (Normenkontrolle einer Gewerkschaft). Zur Antragsbefugnis vgl. Fall 10 → Rn. 39 und Lösung → Rn. 41; zum Rechtsschutzbedürfnis → Rn. 64.

[170] Vgl. BVerwGE 159, 27 Rn. 13 = NVwZ 2017, 1713 → *Selmer* JuS 2018, 500.

[171] Vgl. auch VGH BW VBlBW 2018, 203; *Schenke* Verwaltungsprozessrecht, Rn. 877; *Hoppe* in: Eyermann, VwGO, § 47 Rn. 13.

[172] Zum Grundsatz der Planerhaltung vgl. § 75 Abs. 1a VwVfG sowie den 4. Abschnitt des BauGB.

[173] *Wysk* in: Kopp/Ramsauer, VwVfG, § 75 Rn. 24 ff., *Neumann/Külpmann* in: Stelkens/Bonk/Sachs, VwVfG, § 75 Rn. 39 ff.

[174] Vgl. dazu *Ziekow* in: Sodan/Ziekow, VwGO, § 47 Rn. 372a, 375.

[175] *Ehlers* in: Ehlers/Pünder, AllgVerwR, § 2 Rn. 123.

[176] Vgl. *W.-R. Schenke/R. P. Schenke* in: Kopp/Schenke, VwGO, § 47 Rn. 139.

[177] A. A. *Ziekow* in: Sodan/Ziekow, VwGO, § 47 Rn. 372a.

Entscheidung reicht jedoch nur soweit, wie über den Streitgegenstand entschieden worden ist. Hat das Gericht die Unwirksamkeit mit Mängeln begründet, die sich noch beheben lassen, darf der Normgeber nach einem ergänzenden Verfahren die Norm erneut erlassen. Der Antragsteller kann dann wiederum einen Normkontrollantrag stellen und eine vollständige Überprüfung der Norm (ohne Begrenzung auf die ergänzten Teile) verlangen.

## IV. Teilungültigkeit

70 Soweit Normen teilbar sind – sei es die Gesamtnorm (z. B. die Verordnung oder Satzung) oder eine einzelne Vorschrift der Gesamtnorm –, können sie auch nur teilweise ungültig sein (→ Rn. 45). In solchen Fällen darf die Norm nur teilweise für ungültig (unwirksam) erklärt werden. Trifft die Rechtswidrigkeit nur einen Teil der Norm, kommt es darauf an, ob die verbleibende Regelung auch ohne den ungültigen Teil sinnvoll bleibt **(Grundsatz der Teilbarkeit)** und aufgrund objektiver Anhaltspunkte mit Sicherheit anzunehmen ist, dass die Norm auch ohne den ungültigen Teil erlassen worden wäre (**Grundsatz des mutmaßlichen Willens** des Normgebers).[178] Hat der Antragsteller beantragt, nur einen Teil der Norm für ungültig zu erklären, hat das OVG bei seiner Entscheidung über die beantragte Feststellung der teilweisen Ungültigkeit hinauszugehend seinen Entscheidungsspruch auf die Gesamtnorm zu erstrecken, wenn der antragsgemäß für ungültig zu erklärende Teil mit anderen, nicht angegriffenen Teilen in einem untrennbaren Zusammenhang steht.[179] § 88 VwGO findet insoweit keine Anwendung, weil das Normenkontrollverfahren ein objektives Prüfungsverfahren ist.

## V. Vorbehalt der Verfassungsgerichtsbarkeit

71 Nach **§ 47 Abs. 3 VwGO** prüft das OVG die Vereinbarkeit der Rechtsvorschrift mit Landesrecht nicht, soweit gesetzlich vorgesehen ist, dass die Rechtsvorschrift ausschließlich durch das Verfassungsgericht eines Landes nachprüfbar ist. Umstritten ist, ob die Nachprüfbarkeit abstrakt (d. h. unabhängig davon, ob der Antragsteller das Verfassungsgericht anrufen kann) oder konkret zu beurteilen ist. Auch wenn der Gesetzgeber anderes beabsichtigt haben mag, ist wegen des eindeutigen Wortlauts („ausschließlich") der abstrakten Betrachtungsweise der Vorzug zu geben.[180] Maßgeblich ist demnach nur, ob eine ausschließliche Nachprüfung durch das Landesverfassungsgericht vorgesehen ist (nicht ob der Antragsteller diese initiieren kann). Greift die Ausschließlichkeitsklausel ein, beruft sich der Antragsteller aber auch oder nur auf eine Verletzung anderer Vorschriften (z. B. der Grundrechte des Grundgesetzes), ist nur der Prüfungsmaßstab des Oberverwaltungsgerichts beschränkt.[181] § 47 Abs. 3 VwGO betrifft zwar nicht die Zulässigkeit, sondern Begründetheit der Normenkontrolle. Geht es dem Antragsteller aber ausschließlich um die Überprüfung einer Rechtsvorschrift anhand eines dem Landesverfassungsgericht vorbehaltenen Prüfungsmaßstabes, ist die Normenkontrolle vor dem OVG bereits unzulässig.[182] Der Vorschrift des § 47 Abs. 3 VwGO kommt nur eine sehr geringe Bedeutung zu. Eine ausschließliche Überprüfungsbefugnis ist nur in **Bayern** für die Grundrechtspopularklage (Art. 98 S. 4 BayVerf;

---

[178] Vgl. BVerwGE 150, 129 Rn. 44 = NVwZ 2014, 1516 → *Sachs* JuS 2015, 188; NVwZ 2019, 964 Rn. 15.

[179] BVerwG NVwZ 1992, 567; BayVGH NVwZ-RR 2017, 953 Rn. 43.

[180] Vgl. auch *Redeker* in: Redeker/v. Oertzen, VwGO, § 47 Rn. 8; *Panzer* in: Schoch/Schneider, VwGO, § 47 Rn. 90; *Schenke* Verwaltungsprozessrecht, Rn. 919.

[181] Zur Frage, ob statt auf die Prüfungs- nur auf die Verwerfungsbefugnis des Oberverwaltungsgerichts abzustellen ist, vgl. *Ziekow* in: Sodan/Ziekow, VwGO, § 47 Rn. 313; *Panzer* in: Schoch/Schneider, VwGO, § 47 Rn. 90; *Schenke* Verwaltungsprozessrecht, Rn. 920.

[182] Zutreffend *Schenke* Verwaltungsprozessrecht, Rn. 885 (nicht statthaft). Im Ergebnis ebenso, aber mit anderer Begründung *Hufen* Verwaltungsprozessrecht, § 19 Rn. 7 (fehlendes Rechtsschutzbedürfnis).

Art. 55 BayVerfGHG)[183] sowie in **Hessen** für die Überprüfung von (Gesetzen) und Verordnungen nach Maßstab der Landesverfassung (Art. 137 HessVerf) vorgesehen.

## VI. Anträge von Vereinigungen

Sofern eine Umweltschutzvereinigung gestützt auf das Umwelt-Rechtsbehelfsgesetz in zulässiger Weise einen Normenkontrollantrag gestellt hat, **ohne** eine **eigene Rechtsverletzung** geltend machen zu müssen (→ Rn. 50), ist der Antrag gemäß § 2 Abs. 4 UmwRG nur begründet, wenn die Rechtsvorschrift gegen für die gerichtliche Entscheidung bedeutsame umweltbezogene Rechtsvorschriften (vgl. auch § 1 Abs. 4 UmwRG) verstößt, der Verstoß Belange berührt, die zu den Zielen gehören, welche die Vereinigungen nach ihrer Satzung fördert und gegebenenfalls eine Pflicht zu einer Umweltverträglichkeitsprüfung besteht. Entsprechende Regelungen gelten zum Teil auch für andere Verbandsklagen (→ § 27 Rn. 89ff.), sofern keine Rechtsverletzung geltend gemacht werden muss – so etwa für Klagen i. S. d. § 64 BNatSchG. 72

## VII. Erklärung der Unwirksamkeit oder Unanwendbarkeit

Kommt das OVG zu der Überzeugung, dass die Rechtsvorschrift „ungültig“ ist, hat sie diese für **unwirksam** zu erklären (§ 47 Abs. 5 S. 2 VwGO). Der Begriff der Unwirksamkeit entspricht demjenigen der **Ungültigkeit** oder **Nichtigkeit.** Bei der Erklärung handelt es sich um eine **deklaratorische** (nicht konstitutive) **Feststellung,** da eine rechtswidrige Norm ipso iure ungültig ist und nicht erst durch Erklärung des Gerichts unwirksam wird. Die Rechtskraft bestimmt sich nach § 121 VwGO (→ § 25 Rn. 207ff.). Dem Antraggegner ist eine Normwiederholung nicht verboten, wenn die Unwirksamkeit der Norm auf Verfahrensverstößen, reparablen materiell-rechtlichen (Abwägungs-) Fehlern oder einer Änderung der Sach- oder Rechtslage beruht (→ Rn. 67).[184] Im Falle eines Verstoßes gegen das supranationale Recht (Europäisches Unionsrecht) ist die Vorschrift insoweit für **unanwendbar** zu erklären (→ Rn. 26). Die Entscheidung ist gemäß § 47 Abs. 5 S. 2 VwGO **allgemeinverbindlich** und ist vom Antragsteller ebenso zu veröffentlichen wie die Rechtsvorschrift bekannt zu machen wäre. Die Allgemeinverbindlichkeit tritt mit der Rechtskraft ein. Die Veröffentlichung dient nur der Unterrichtung der Allgemeinheit.[185] Für die Wirkung der Entscheidung gilt § 183 VwGO entsprechend (§ 47 Abs. 5 S. 3 VwGO). Dies bedeutet, dass die nicht mehr anfechtbaren gerichtlichen Entscheidungen unberührt bleiben, eine Vollstreckung aus einer solchen Entscheidung aber nicht mehr zulässig ist. Falls noch keine Bestandskraft eingetreten ist, hat die Verwaltungsbehörde die auf einer für ungültig erklärten Rechtsvorschrift gestützten Entscheidungen aufzuheben, auch wenn sie Dritte begünstigt haben.[186] 73

## VIII. Zulässigkeit einer abweichenden Tenorierung

Statt ungültig kann eine gesetzliche Vorschrift auch **lediglich unvereinbar** mit dem höherrangigen Recht sein, wenn die Erklärung der Unwirksamkeit nicht die angemessene Reaktion wäre. Dies kommt vor allem dann in Betracht, wenn mit der Ungültigkeitserklärung ein Zustand eintreten würde, welcher der verfassungsmäßigen Ordnung noch ferner 74

---

[183] Vgl. BayVGH DVBl 1978, 113; BayVerfGHE 37, 35 = NJW 1984, 2454 (LS).

[184] *Panzer* in: Schoch/Schneider, VwGO, § 47 Rn. 119.

[185] Zwar bezieht sich die Unwirksamkeitserklärung nicht rechtlich, wohl aber faktisch auf vergleichbare Satzungen anderer Satzungsgeber, was deshalb von besonderer Bedeutung ist, weil viele Satzungen auf Mustersatzungen zurückgehen. Vgl. *Ellerbrok* Satzung (Fn. 9), S. 392.

[186] *Hoppe* in: Eyermann, VwGO, § 47 Rn. 98.

stünde als der bisherige (beispielsweise weil eine staatliche Einrichtung funktionslos würde).[187] Ferner wird eine bloße Unvereinbarkeit angenommen, wenn der Normgeber mehrere Möglichkeiten hat, die Kollision mit dem höherrangigen Recht zu beseitigen. Dies trifft insbesondere auf Normen zu, die unter Verstoß gegen den Gleichheitssatz Personen von der gewährten Begünstigung ausschließen[188] oder hinter einen Normgebungsauftrag zurückbleiben, ohne dass es gerechtfertigt ist, dem Antragsteller die durch die erlassene Norm bereits gewährte Vergünstigung zu entziehen.[189] Dem Gesetzgeber wird dann die Möglichkeit der Nachbesserung eingeräumt. Die Zulässigkeit einer bloßen Feststellung der Unvereinbarkeit einer Norm mit der Verfassung sowie einer damit (nicht zwangsläufig) verbundenen (befristeten) Fortgeltungsanordnung des bisherigen Rechts ist vom BVerfG in seiner Eigenschaft als Verfassungsorgan praeter legem entwickelt,[190] seit längerem aber im Bundesverfassungsgerichtsgesetz geregelt worden (§§ 31 Abs. 2 S. 2, 79 Abs. 1, 93c Abs. 1 S. 3 BVerfGG). Da eine Unvereinbarkeitserklärung hinter der Feststellung der Unwirksamkeit (§ 47 Abs. 5 S. 2 VwGO) zurückbleibt (→ Rn. 73), könnte daran gedacht werden, auch den Oberverwaltungsgerichten eine solche Tenorierung zu erlauben. Doch lehnt die Verwaltungsrechtsprechung dies ab, weil der Gesetzgeber ihr diesen Gestaltungsspielraum nicht eingeräumt und § 47 Abs. 5 S. 3 VwGO mit Verweis auf § 183 VwGO eine abschließende Regelung zur Bewältigung der Folgen der Nichtigkeit im Landesrecht getroffen habe.[191] Ob in besonderen Ausnahmefällen, in denen eine Unwirksamkeitserklärung einen „Notstand" zur Folge hätte, etwas anderes gelten kann, wurde offen gelassen. Nach der hier vertretenen Ansicht darf der Gesetzgeber den Oberverwaltungsgerichten jedenfalls in besonderen Ausnahmefällen gestatten, im Normenkontrollverfahren das Ungültigwerden von untergesetzlichen Vorschriften zu einem späteren Zeitpunkt festzustellen. Nur wenn es sich um Parlamentsgesetze handelt, ist es den Fachgerichten von Verfassungs wegen verboten, eine (bloße) Verfassungswidrigkeit festzustellen[192] und daran anknüpfend eine Fortgeltungsanordnung zu treffen.[193]

## IX. Abweisung des Antrags als unbegründet

75 Weist das OVG den Antrag (als unbegründet) ab, hat dies nur **inter partes** Wirkung, so dass eine Normenkontrolle anderer Personen ebenso wie eine Inzidentkontrolle der Norm möglich bleibt. Ebenso darf der Antragsteller einen neuen Antrag stellen, wenn sich die Sach- oder Rechtslage grundlegend geändert hat. Eine **Feststellung der Gültigkeit** der Norm kennt das Gesetz **nicht.**[194] Auch eine Tenorierung, nach der nur eine bestimmte Auslegung der angegriffenen Vorschrift mit dem höherrangigen Recht vereinbar ist, führt mittelbar zu einer

---

[187] Vgl. z. B. BVerfGE 119, 331 (382 f.) = NVwZ 2008, 183 (190); ferner z. B. BVerfGE 132, 372 (394) = NJW 2013, 1797 (1800) → *Sachs* JuS 2013, 571 – jeweils m. w. Nachw.

[188] Vgl. z. B. BVerfGE 37, 217 (260 f.) = NJW 1974, 1609 (1613); E 66, 100 (105) = NJW 1984, 1675; E 93, 165 (178) = NJW 1995, 2624 (2626).

[189] Vgl. BVerfGE 22, 349 (361 f.) = NJW 1968, 539 (541); E 93, 121 (148) = NJW 1995, 2615 (2620); E 99, 69 (83) = NVwZ 1999, 400 (401). Näher zum Ganzen *E. Klein* in: Benda/Klein, Verfassungsprozessrecht, Rn. 1459 ff.; *Bethge* in: Maunz/Schmidt-Bleibtreu/Klein/Bethge, BVerfGG, § 31 Rn. 211 f.; *Zimmermann* JA 2018, 249 (252).

[190] *Bethge* in: Maunz/Schmidt-Bleibtreu/Klein/Bethge, BVerfGG, § 31 Rn. 208.

[191] BVerwGE 137, 123 Rn. 29 = NVwZ 2011, 310; Urt. v. 27.11.2019 – 9 C 4.19, BeckRS 2019, 37887 Rn. 20; *Hoppe* in: Eyermann, VwGO, § 47 Rn. 88; a. A. *Ziekow* in: Sodan/Ziekow, VwGO, § 47 Rn. 357; *W.-R. Schenke/R. P. Schenke* in: Kopp/Schenke, VwGO, § 47 Rn. 11; *Zimmermann* JA 2018, 249 (252).

[192] Verfassungswidrig sind untergesetzliche Normen auch dann, wenn sie die durch Art. 2 Abs. 1 GG geschützte allgemeine Handlungsfreiheit verletzen, z. B. weil sie nicht auf einer ausreichenden Ermächtigungsgrundlage in einem Parlamentsgesetz gestützt werden können.

[193] Soweit das BVerfG auch eine Kompetenz zur Setzung normvertretenen Übergangsrechts für sich in Anspruch nimmt (d. h. zur Setzung von Regelungen, die der Gesetzgeber nicht getroffen hat, vgl. BVerfGE 99, 280 [298] = NJW 1999, 1457 [1460]; E 105, 73 [133] = NJW 2002, 1103 [1110 f.]), lässt sich dies nur mit der Stellung des Gerichts als Verfassungsorgan begründen. Eine diesbezügliche Befugnis kommt den Oberverwaltungsgerichten von vornherein nicht zu.

[194] Vgl. BVerwGE 65, 131 (137) = NJW 1983, 1012 (1014).

gesetzlich nicht vorgesehenen Normbestätigung mit Allgemeinverbindlichkeitserklärung[195] (und nicht nur zu einer Teilunwirksamkeitserklärung der Sache nach[196]). Das schließt nicht aus, dass in den Gründen dargelegt wird, dass die Norm nur in einer bestimmten Auslegungsvariante mit dem höherrangigen Recht vereinbar ist. Appellentscheidungen ändern nichts an dem Weitergelten der Norm.[197] Zudem sind gerichtliche obiter-dicta-Entscheidungen aus funktionellrechtlichen Gründen jedenfalls nicht beliebig zulässig.

## D. Gerichtliches Verfahren und vorläufiger Rechtsschutz

Das gerichtliche Verfahren richtet sich grundsätzlich nach den allgemeinen Vorschriften. 76
§ 47 VwGO enthält aber verschiedene Sonderbestimmungen. Da nach § 47 Abs. 2 S. 4 VwGO nur die § 65 Abs. 1 und 4 VwGO sowie § 66 VwGO anzuwenden sind, kommt zwar eine einfache Beiladung, nicht aber eine notwendige (§ 65 Abs. 2 VwGO, vgl. → § 25 Rn. 179) in Betracht. Die **einfache Beiladung** liegt im Ermessen des Gerichts. Sie soll dem Interesse Rechnung tragen, die Gültigkeit der Norm zu verteidigen, aber nicht darauf abzielen, Personen beizuladen, damit die Norm für unwirksam erklärt wird.[198] Das OVG kann dem Land und anderen juristischen Personen des öffentlichen Rechts, deren Zuständigkeit durch die Rechtsvorschriften berührt wird, ferner **Gelegenheit zur Äußerung** binnen einer zu bestimmenden Frist geben (§ 47 Abs. 2 S. 3 VwGO), ohne dass die Äußerungsberechtigten damit die Stellung eines Verfahrensbeteiligten erlangen. Entschieden werden kann nach mündlicher Verhandlung durch Urteil, im anderen Fall durch Beschluss (§ 47 Abs. 5 S. 1 VwGO). Dem OVG kommt Ermessen zu. Eine Entscheidung durch Beschluss ist nicht an das Einverständnis der Beteiligten gebunden. Jedoch müssen Art. 6 Abs. 1 S. 1, 2 EMRK und Art. 47 S. 2 GRCh berücksichtigt werden.[199] Wird die **Funktionslosigkeit** einer Norm (etwa eines Bebauungsplans) geltend gemacht (→ Rn. 67), soll das OVG nur zu einer Prüfung verpflichtet sein, wenn der Antragsteller hierzu substantiiert vorträgt oder wenn gewichtige Anhaltspunkte hierfür vorliegen.[200] Ist ein Verfahren zur Überprüfung der Rechtsvorschrift bei einem **Verfassungsgericht** anhängig, kann die Verhandlung ausgesetzt werden (§ 47 Abs. 4 VwGO). Die Reversibilität der Entscheidung richtet sich nach den allgemeinen Grundsätzen (§§ 132 ff., insbesondere 133 Abs. 1, 139 Abs. 3 VwGO). Ferner kann auf Antrag eine **einstweilige Anordnung** erlassen werden, wenn dies zur Abwehr schwerer Nachteile oder aus anderen wichtigen Gründen dringend geboten ist (§ 47 Abs. 6 VwGO). Damit werden strengere Anforderungen gestellt, als sie für den Erlass einer einstweiligen Anordnung nach § 123 VwGO gelten (→ *Schoch* § 35 Rn. 78),[201] weil es um die Außervollzugsetzung einer abstrakt-generellen Norm und nicht nur einer Einzelfallentscheidung geht. Der Antrag kann auch schon vor dem Normenkontrollantrag gestellt werden. Die Entscheidung des Oberverwaltungsgerichts ist unanfechtbar (vgl. § 152 Abs. 1 VwGO), kann aber in entsprechender Anwendung des § 80 Abs. 7 VwGO bei veränderter Sach- oder Rechtslage von Amts wegen oder auf Antrag eines Beteiligten geändert werden.[202] Näher zum Ganzen *Schoch* → § 35 Rn. 76 ff.

---

195 *Panzer* in: Schoch/Schneider, VwGO, § 47 Rn. 115; *Hoppe* in: Eyermann, VwGO, § 47 Rn. 89.

196 So aber *W.-R. Schenke/R. P. Schenke* in: Kopp/Schenke, VwGO, § 47 Rn. 124.

197 *Panzer* in: Schoch/Schneider, VwGO, Vorb § 47 Rn. 11.

198 Zur verfassungsrechtlichen Notwendigkeit vgl. BVerfG-K NVwZ 2000, 1283 (1284); NdsOVG Urt. v. 6.4.2018 – 12 KN 243/17, BeckRS 2018, 5962 Rn. 2.

199 Vgl. BVerwGE 110, 203 = DVBl 2000, 807 ff.; NVwZ-RR 2020, 236 Rn. 7 f.; BayVGH Beschl. v. 29.11.2019 – 11 N 18.2182, BeckRS 2019, 32439, Rn. 22 f.; *Ehlers* DVBl 2004, 1441 (1447). Zu Art. 14 S. 2 GRCh vgl. *Jarass* in: GRCh, Art. 47 Rn. 39 f.

200 BVerwGE 108, 71 (76) = NVwZ 1999, 986 (987).

201 BVerwG NVwZ 1998, 1065 (1066); HessVGH Beschl. v. 19.9.2019 – 3 B 1535/18.N, BeckRS 2019, 28158 Rn. 16. Zur vorläufigen Außervollzugssetzung der mit dem Normenkontrollantrag angegriffenen Regelung einer Corona-Verordnung vgl. SächsOVG COV UR 2020, 41; *Schübel-Pfister* JuS 2018, 441 (443).

202 *Hoppe* in: Eyermann, VwGO, § 47 Rn. 112.

# § 33. Verwaltungsgerichtlicher Organstreit

*Friedrich Schoch*

**Übersicht**

**Schrifttum** (Ausbildungsliteratur): *Bauer/Krause* Innerorganisatorische Streitigkeiten im Verwaltungsprozeß, JuS 1996, 411 und 512; *Erichsen/Biermann* Der Kommunalverfassungsstreit, Jura 1997, 157; *Franz* Der Kommunalverfassungsstreit, Jura 2005, 156; *Krebs* Grundfragen des verwaltungsrechtlichen Organstreits, Jura 1981, 569; *Martensen* Grundfälle zum Kommunalverfassungsstreit, JuS 1995, 989; *Meister* Der Kommunalverfassungsstreit, JA 2004, 414; *Ogorek* Der Kommunalverfassungsstreit im Verwaltungsprozess, JuS 2009, 511; *Rennert* Die Klausur im Kommunalrecht, JuS 2008, 119 (122 f.); *Schoch* Der Kommunalverfassungsstreit im System des verwaltungsgerichtlichen Rechtsschutzes, JuS 1987, 783. – Zur **Vertiefung** (Auswahl ab 2011): *Greim/Michl* Kommunalverfassungsrechtliche Drittanfechtung?, NVwZ 2013, 775; *Katz* Kommunalverfassungsrechtliches Organstreitverfahren, DÖV 2019, 97; *Lange* Der Kommunalverfassungsstreit, in: Festschrift für W.-R. Schenke, 2011, S. 959; *Mühl-Jäckel* Binnenstreitigkeiten innerhalb der Kommune, DVBl 2018, 1042; *Rottenwallner* Der verwaltungsrechtliche Organstreit, VerwArch 105 (2014), 212.

## A. Funktion und Bedeutung innerorganisatorischer Rechtsstreitigkeiten

Rechtsstreitigkeiten im Binnenbereich juristischer Personen des Öffentlichen Rechts finden im **Verwaltungsprozessrecht** – anders als im Verfassungsprozessrecht (→ *Ehlers* § 18) – keine ausdrückliche Berücksichtigung. Gesetzliche Regelungen zu innerorganisatorischen Streitigkeiten kennt die VwGO nicht;[1] sie ist – vor dem Hintergrund des Art. 19 Abs. 4 GG – auf **Außenrechtsstreitigkeiten** hin konzipiert („Bürger gegen Staat").[2] Dieser Befund erlaubt jedoch nicht die Schlussfolgerung, Innenrechtsstreitigkeiten bei Verwaltungsträgern könnten bei den Verwaltungsgerichten nicht ausgetragen werden. Dem Schweigen der VwGO kann nur entnommen werden, dass der verwaltungsgerichtliche Organstreit verwaltungsprozessual zwar nicht ausdrücklich zugelassen, aber auch nicht ausgeschlossen ist.[3] Die Zulässigkeit einer Organklage[4] hängt davon ab, ob die Sachentscheidungsvoraussetzungen nach der VwGO (→ *Ehlers* § 25) im konkreten Streitfall erfüllt sind. Dass es dabei gewisser Anpassungen bedarf, wird zu zeigen sein. 1

### I. Erscheinungsformen des Organstreits

**Fall 1:** M, Student an der Universität U, ist Mitglied des Fachbereichsrats des Fachbereichs 03. M veröffentlicht Unterlagen von Fachbereichsratssitzungen auf „Facebook". Die Dekanin D fordert M auf, die Veröffentlichungen sofort zu löschen; zur Begründung verweist D auf eine Bestimmung im Landeshochschulgesetz, nach der Fachbereichsratssitzungen nur universitätsöffentlich sind. M meint, als Mitglied des Fachbereichsrats könne er autonom über den Umgang mit den Unterlagen entscheiden. M fragt, ob er in dem Streit mit D eine verwaltungsgerichtliche Klärung herbeiführen kann.[5] 2

**Fall 2:** In der Gemeinde G zirkuliert das Gerücht, die örtliche Sparkasse strebe eine Fusion mit Sparkassen von Nachbargemeinden an. Die Mehrzahl der Gemeinderats- 3

---

[1] *Rennert* JuS 2008, 119 (123): 1960 beim Erlass der VwGO „noch nicht bedacht".
[2] *Rottenwallner* VerwArch 105 (2015), 212 (213); *Mühl-Jäckel* DVBl 2018, 1042 (1045).
[3] *Lorenz* Verwaltungsprozeßrecht, § 25 Rn. 4; *Ehlers/Schneider* in: Schoch/Schneider, VwGO, § 40 Rn. 128.
[4] *Würtenberger/Heckmann* Verwaltungsprozessrecht, Rn. 750: verwaltungsrechtliches Gegenstück zum verfassungsprozessualen Organstreit.
[5] Fall nach HessVGH NVwZ-RR 2019, 650.

mitglieder beantragt bei Bürgermeister B die Einberufung einer Sondersitzung des Gemeinderats, um die Angelegenheit in dem Gremium erörtern zu können. B lehnt ab, weil die Gemeinde über die Sparkassenfusion nicht zu entscheiden habe. Nun beantragen jene Gemeinderatsmitglieder beim zuständigen VG den Erlass einer einstweiligen Anordnung mit dem Ziel der Einberufung einer Sondersitzung des Gemeinderats.[6]

4 **Fall 3:** Der Vertrag zwischen der Stadt S und der X-GmbH zur Nutzung einer städtischen Sporthalle war ausgelaufen. Die Verhandlungen zur Verlängerung des Vertrags gestalten sich schwierig; klärungsbedürftig sind Fragen zu den Kosten. In der anstehenden Stadtratssitzung soll die Angelegenheit unter TOP 19 behandelt werden. Die Verwaltungsspitze (Magistrat, Stadtvorstand) beantragt den Ausschluss der Öffentlichkeit zu TOP 19, weil städtische Vertragsoptionen nicht in der Öffentlichkeit diskutiert und damit dem Vertragspartner bekannt werden sollten. Stadtratsmitglied R widerspricht unter Hinweis auf die Bedeutung des Öffentlichkeitsgrundsatzes für das Demokratieprinzip. Oberbürgermeisterin O beharrt auf dem Ausschluss der Öffentlichkeit und führt einen entsprechenden Beschluss der Mehrheit im Stadtrat herbei. R will verwaltungsgerichtlich die Rechtswidrigkeit des Beschlusses feststellen lassen.[7]

### 1. Rechte und Pflichten im Verwaltungsorganisationsrecht

5 Verwaltungsträger (Körperschaften, Anstalten, Stiftungen des Öffentlichen Rechts) verfügen in der Regel über mehrere Organe, die die Aufgaben des Verwaltungsträgers wahrnehmen. Als Schöpfung der Rechtsordnung begründen **Organe** die Handlungsfähigkeit von Verwaltungsträgern und umfassen diejenigen Verwaltungsstellen, denen das Handeln tatsächlich agierender Menschen (Organwalter, Amtswalter) zugerechnet wird.[8] Das interne Verwaltungsorganisationsrecht legt insbesondere Kompetenzen fest, bestimmt Verfahrensabläufe und strukturiert die Willensbildung innerhalb der Kollegialorgane sowie zwischen den Organen des Verwaltungsträgers. Diese durch das Organisationsrecht geschaffenen **transitorischen Wahrnehmungszuständigkeiten** begründen grundsätzlich Pflichtenstellungen, bestehen im Interesse des Verwaltungsträgers und schaffen keine eigene Rechtsposition des jeweiligen Organs.[9] Rechtsschutzfragen nach der VwGO stellen sich nicht (vgl. zum Insichprozess → Rn. 11).

6 Das Verwaltungsorganisationsrecht kann die rechtlichen Beziehungen zwischen Organen und Organteilen sowie Organwaltern und sonstigen Funktionsträgern einer juristischen Person des Öffentlichen Rechts jedoch auch „versubjektivieren". Das ist der Fall, wenn objektive Wahrnehmungszuständigkeiten zugleich als **wehrfähige Kompetenzen** zu qualifizieren sind, die dem betreffenden Organ(teil) wie subjektive Rechte im „Eigeninteresse" zugewiesen sind.[10] In einer so verfassten Binnenstruktur können **organschaftliche Streitigkeiten** entstehen, die einer verwaltungsgerichtlichen Klärung fähig und bedürftig sind.[11] Wird ein Organ(teil) dergestalt berechtigt, kann es „seine" Kompetenzen bei einer Beeinträchtigung durch andere Organ(teil)e verwaltungsgerichtlich geltend machen.[12] Die

[6] Fall nach VGH BW VBlBW 2011, 95.
[7] Fall nach HessVGH NVwZ-RR 2019, 875.
[8] Zur Unterscheidung von „Organ", „Behörde" und „Amt" vgl. *Burgi* in: Ehlers/Pünder, AllgVwR, § 8 Rn. 28 ff.
[9] Vgl. dazu (in historischer Perspektive) *Krebs* Jura 1981, 569 (572 f.); *Rottenwallner* VerwArch 105 (2014), 212 (221 f.); ferner *Lorenz* Verwaltungsprozeßrecht, § 25 Rn. 1.
[10] *Katz* DÖV 2019, 97 (99); *Ehlers/Schneider* in: Schoch/Schneider, VwGO, § 40 Rn. 126.
[11] *Würtenberger/Heckmann* Verwaltungsprozessrecht, Rn. 749; *Burgi* Kommunalrecht, § 14 Rn. 8.
[12] BVerwGE 162, 284 Rn. 25 = NVwZ 2018, 1656 (→ *Eifert* Jura (JK) 2019, 124 und → *Waldhoff* JuS 2019, 286): In dem Geflecht wechselseitig aufeinander bezogener Befugnisse ist jedes Organ für die Wahrnehmung und Verteidigung seiner eigenen Rechte in Abgrenzung zu den Rechten aller anderen Organe und Organteile zuständig.

Rechtsdogmatik reagiert mit der Öffnung der VwGO auf die Verwaltungsrealität, blendet Funktionsstörungen im Binnenbereich der Verwaltungsorganisation nicht aus, sondern führt sie einer **verwaltungsgerichtlichen Klärung** zu.[13] Umstritten ist längst nicht mehr das „Ob" zur Anwendbarkeit der VwGO auf verwaltungsrechtliche Organstreitigkeiten,[14] da die Eröffnung des Verwaltungsrechtswegs unproblematisch ist (→ Rn. 38ff.). Zu ermitteln sind vielmehr die Voraussetzungen, unter denen versubjektivierte Organisationsrechtspositionen angenommen werden können (zur Grundlegung → Rn. 14ff.).

### 2. Beispiele aus der Praxis

Das verwaltungsgerichtliche Organstreitverfahren findet seinen Hauptanwendungsbereich im **Kommunalrecht** in Gestalt des Kommunalverfassungsstreits (→ Rn. 20). Beispiele aus der Praxis sind Streitigkeiten um die Einberufung einer (Sonder-)Sitzung der kommunalen Vertretungskörperschaft[15] (dazu Fall 2 → Rn. 3 und Lösung → Rn. 18), die Aufnahme eines bestimmten Tagesordnungspunkts für die Sitzung,[16] die Sitzungsöffentlichkeit,[17] Informationsrechte (Auskunftsanspruch, Akteneinsicht) von Mitgliedern der Vertretungskörperschaft gegenüber dem Hauptverwaltungsbeamten (Bürgermeister, Landrat),[18] die Pflicht zur Teilnahme an den Sitzungen,[19] Ordnungsbefugnisse des Vorsitzenden (z.B. Ordnungsruf, Saalverweis),[20] das Mitwirkungsverbot wegen Befangenheit,[21] die Besetzung von Ausschüssen,[22] den Fraktionsstatus diverser Gruppierungen,[23] den Ausschluss eines Fraktionsmitglieds.[24] Verschiedene Fallbeispiele dieses Beitrags bieten weiteres praktisches Anschauungsmaterial. 7

---

[13] *Ehlers/Schneider* in: Schoch/Schneider, VwGO, § 40 Rn. 129.

[14] Die Terminologie ist umstritten; für den Begriff „Innenrechtsstreit(igkeit)" z. B. *Lorenz* Verwaltungsprozeßrecht, § 25 Rn. 2 und *Ehlers/Schneider* in: Schoch/Schneider, VwGO, § 40 Rn. 125; krit. dazu und für den Terminus „Organklage" *Hufen* Verwaltungsprozessrecht, § 21 Rn. 1; hiergegen wiederum *Burgi* in: Ehlers/Pünder, AllgVwR, § 8 Rn. 53 Fn. 122. – Die Begrifflichkeit sollte nicht überbewertet werden; in der Sache geht es um Streitigkeiten zwischen Verwaltungsorgan(teil)en auf dem Gebiet des Verwaltungsrechts in Bezug auf Innenrechtsbeziehungen; *Rottenwallner* VerwArch 105 (2014), 212 (216, 219, 237) mit Hinweis darauf, dass es sich bei dem Terminus „Organstreit" ohnehin nur um einen Sammelbegriff handele.

[15] Die Begriffe im Kommunalrecht der Länder changieren in Bezug auf die Gemeindeebene (z. B. Gemeinderat, Rat, Gemeindevertretung; bei Städten z. B. Stadtrat, Stadtverordnetenversammlung; näher dazu *Röhl* in: Schoch, BesVwR, Kap. 2 Rn. 100 Fn. 299); zur Vereinfachung wird hier von Gemeinderat bzw. Stadtrat gesprochen.

[16] VGH BW NVwZ 1984, 664; BayVGH NVwZ 1988, 83.

[17] HessVGH NVwZ-RR 2009, 531; OVG NW NVwZ-RR 2002, 135 und NWVBl 2009, 221; ferner Fall 3 → Rn. 4 und Lösung → Rn. 19, 116.

[18] VGH BW VBlBW 2003, 190; BayVGH BayVBl 1990, 278 → *Erichsen* JK 90, GO Bay Art. 46 II/1; BayVBl 2008, 539; BbgOVG LKV 1999, 34; HessVGH NVwZ 2001, 345; NVwZ-RR 2019, 1061; OVG MV DÖV 1998, 1014; LKV 1999, 106; NdsOVG DVBl 2009, 920; NVwZ-RR 2014, 531 → *Kingreen* Jura (JK) 2015, 426; NdsVBl 2014, 250; OVG NW NVwZ-RR 2003, 225 → *Ehlers* JK 9/03, VwGO § 61 Nr. 2/5; NVwZ-RR 2010, 650; NVwZ-RR 2013, 730; NVwZ-RR 2021, 223; OVG RP NVwZ-RR 2011, 31; LKRZ 2013, 513; SächsOVG NVwZ-RR 2016, 193 = LKV 2016, 36 (m. Anm. *Richter*) → *Kingreen* Jura (JK) 2017, 247; OVG LSA NVwZ-RR 2010, 123; ThürOVG ThürVBl 2015, 166 (Fall 10 → Rn. 68 und Lösung → Rn. 81, 117).

[19] VGH BW NVwZ-RR 1997, 181 → *Erichsen* JK 96, GO BW § 34 III/1.

[20] OVG NW DÖV 2013, 992 → *Kingreen* JK 5/14, VwGO § 43 I/4; OVG RP NVwZ-RR 1996, 52; ferner Fall 11 → Rn. 69 und Lösung → Rn. 89, 120.

[21] VGH BW VBlBW 1987, 24; HessVGH NVwZ 1982, 44; NVwZ-RR 2014, 563; OVG MV NordÖR 2017, 542; NdsOVG NdsVBl 2014, 102; OVG RP NVwZ-RR 1996, 218. – Im Fall NdsOVG NVwZ-RR 2014, 977 machten Gemeinderatsmitglieder geltend, zwei andere Mitglieder des Gremiums müssten wegen Befangenheit von der Sitzungsteilnahme ausgeschlossen werden.

[22] BVerwG Urt. v. 4.2.2016 – 5 C 12/15, BeckRS 2016, 43933; BayVGH BayVBl 2018, 173; NdsOVG NVwZ-RR 2009, 298; NVwZ-RR 2011, 451; OVG NW NWVBl 2003, 267; NWVBl 2011, 473; NVwZ-RR 2018, 819; SächsOVG DVBl 2010, 1578.

[23] VGH BW NVwZ-RR 1989, 425; OVG NW NWVBl 2013, 447; ferner Fall 8 → Rn. 37 und Lösung → Rn. 44.

[24] OVG NW NVwZ-RR 2018, 669 → *Kingreen* Jura (JK) 2019, 227; OVG SL NVwZ-RR 2012, 613; VG Koblenz DVBl 2019, 52; ferner Fall 7 → Rn. 36 und Lösung → Rn. 61, 92, 108, 122.

8 Im **Hochschulrecht** gibt es ebenfalls vielfach Anlass für Organstreitigkeiten.[25] Beispiele sind der Streit im Senat um die Wahl eines studentischen Mitglieds in den Verwaltungsrat der Universität,[26] die Beanstandung der Wahl eines Prodekans im Fachbereichsrat seitens des Universitätspräsidenten,[27] der Konflikt zwischen einem Hochschullehrer und dem Dekan eines Fachbereichs um die Bestellung von Prüfern in einem bestimmten Fach,[28] der Disput um die Anwesenheit der Frauenvertreterin bei Gremiensitzungen,[29] der Streit um die Wiederwahl des Vizepräsidenten einer Universität,[30] die Auseinandersetzung zwischen dem Senat und dem Rektorat einer Hochschule um die hinreichende Unterrichtung des Senats vor Gremiensitzungen[31] und der Streit um die (Hochschul-)Öffentlichkeit von Fachbereichsratssitzungen.[32] Gesondert gelagert ist der Rechtsschutz des Senats einer Hochschule gegen die Anwesenheit eines Vertreters der Staatsaufsicht in Gremiensitzungen.[33]

9 Im **Rundfunkrecht** kommt es kaum zu verwaltungsgerichtlichen Organstreitverfahren. Ein seltenes Beispiel ist die Auseinandersetzung um die Rechte des Intendanten einer Rundfunkanstalt einerseits und des Rundfunk- sowie des Verwaltungsrats andererseits hinsichtlich der Programmgestaltung.[34] Potenzial für verwaltungsgerichtliche Organstreitigkeiten haben auch Kompetenzabgrenzungen zwischen den Kommissionen nach (vormals) § 35 Abs. 2 RStV bzw. (nun) § 104 Abs. 2 MStV (ZAK, GVK, KEK, KJM) sowie das rechtliche Verhältnis der Kommissionen zu den Organen der Landesmedienanstalten;[35] Praxisbeispiele hierfür gibt es, soweit ersichtlich, nicht.

10 Das **Kammerrecht** (als Teil des Wirtschaftsverwaltungsrechts) kennt ebenfalls Organstreitigkeiten.[36] Beispiele sind der Konflikt um die Akteneinsicht eines Mitglieds der Vollversammlung einer IHK nach Ablehnung durch den IHK-Präsidenten[37] und die unterlassene Einschaltung der Vollversammlung einer IHK vor der Stellungnahme des DIHK (Dachverband, als e. V. organisiert) zu (allgemein)politischen Fragen.[38] Dagegen werden Auseinandersetzungen um die (Un-)Zulässigkeit von öffentlichen Äußerungen einer IHK oder einer Handwerkskammer nicht als Organstreit behandelt; dem Pflichtmitglied wird aus Art. 2 Abs. 1 GG ein Recht zuerkannt, Kompetenzüberschreitungen der Kammer (z. B. Äußerungen zu politischen Themen *ultra vires*) abzuwehren.[39]

## II. Unterscheidung vom Insichprozess

11 Zu unterscheiden ist der Organstreit von dem – grundsätzlich unzulässigen – **Insichprozess.** Bei ihm klagt eine juristische Person des Öffentlichen Rechts, vertreten durch eine Behörde, gegen sich selbst, vertreten durch eine andere Behörde, oder es klagt eine

[25] Dazu *Fink* WissR 1994, 126 ff.; *Wendelin* Der Hochschulverfassungsstreit, 2009, S. 90 ff.; *v. Coelln* in: Hartmer/Detmer, Hochschulrecht, 3. Aufl. 2017, Kap. 7 Rn. 144 ff.
[26] VGH BW DÖV 1983, 862.
[27] BVerwG NVwZ 1985, 112.
[28] OVG NW NWVBl 1990, 11.
[29] VGH BW NVwZ-RR 2005, 266.
[30] NdsOVG NdsVBl 2012, 242.
[31] SächsOVG Beschl. v. 21.7.2009 – 2 B 417/09, BeckRS 2009, 37784.
[32] HessVGH NVwZ-RR 2019, 650 (Fall 1, dazu → Rn. 17).
[33] OVG Hamburg NVwZ-RR 1994, 587, das einräumt, gegen Maßnahmen der Staatsaufsicht müsse eigentlich die Hochschule selbst vorgehen (zur Parallele im Kommunalrecht → Rn. 28 ff.); das OVG meint, im konkreten Fall Besonderheiten identifizieren zu können.
[34] VG Hamburg DVBl 1980, 491.
[35] *Schuler-Harms* in: Binder/Vesting, Rundfunkrecht, 4. Aufl. 2018, § 38 RStV Rn. 25.
[36] *Schöbener* GewArch 2008, 329 ff.; *Huber/Unger* in: Schoch, BesVwR, Kap. 4 Rn. 218.
[37] OVG NW NVwZ 2003, 1526 (Gewährung der Akteneinsicht), aufgehoben durch BVerwGE 120, 255 = NVwZ 2004, 1253.
[38] HessVGH NVwZ-RR 2015, 735 Rn. 24: mangels Klagebefugnis unzulässige Klage.
[39] BVerfGE 137, 171 Rn. 19 = NVwZ-RR 2010, 882 → *Schoch* JK 4/11, GG Art. 2 I/55 und → *Waldhoff* JuS 2011, 670; BVerwGE 154, 296 Rn. 14 = NVwZ 2017, 70 → *Eifert* Jura (JK) 2016, 1460 und → JA 2017, 317 *(Muckel)*; OVG Hamburg NVwZ-RR 2008, 241.

Behörde eines Verwaltungsträgers gegen diesen bzw. gegen eine andere Behörde dieses Verwaltungsträgers.[40] Zur Klärung des rechtlichen Konflikts stehen der Behördenleiter oder eine vorgesetzte Dienststelle zur Verfügung.[41] Einer verwaltungsgerichtlichen Klage fehlt das Rechtsschutzbedürfnis. In der Regel müssen schon die Beteiligungsfähigkeit und die Klagebefugnis verneint werden, weil die den Verwaltungsstellen zugewiesenen Zuständigkeiten nur objektivrechtlich wirken und nicht auch als subjektive Gewährleistungen von Wahrnehmungszuständigkeiten bestimmter Verwaltungseinheiten gedeutet werden können; das gilt jedenfalls für den hierarchischen Verwaltungsaufbau der **unmittelbaren Staatsverwaltung.**[42]

Den Insichprozess gibt es auch auf **kommunaler Ebene.** Ein Beispiel ist die Klage eines Landkreises als Träger der Sozialhilfe gegen sich selbst als Träger der Wohngeldverwaltung (mit dem Ziel einer Erhöhung der Wohngeldzahlungen zwecks Verminderung der Sozialhilfeleistungen[43]). Die Klage ist unzulässig, der Streit kann durch den Landrat als Behördenspitze beigelegt werden.[44] 12

Vom Insichprozess unterscheidet sich der **Organstreit** dadurch, dass die mit „eigenen" Kompetenzen ausgestatteten Organ(teil)e eines Verwaltungsträgers in verschiedenartigen Parteirollen auftreten, organisationsrechtlich geschützte gegenläufige Interessen vertreten (→ Rn. 15) und nicht über eine zur Streitentscheidung autorisierte Verwaltungsspitze verfügen.[45] Das erklärt, warum der verwaltungsgerichtliche Organstreit vornehmlich im Organisationsrecht von **Selbstverwaltungsträgern** (Kommunen, Hochschulen, Rundfunkanstalten, Kammern, vgl. → Rn. 7 ff.) seine Anwendungsfelder findet. 13

## III. Kompetenzen als versubjektivierte Rechtspositionen

Wie der Insichprozess findet der Organstreit im **Binnenbereich eines Verwaltungsträgers** statt. Es handelt sich nicht um ein übliches verwaltungsgerichtliches Verfahren eines Außenrechtssubjekts (und entsprechende Verpflichtungen der Verwaltung) um subjektive Rechte. Die am Streit Beteiligten prozessieren nicht aus eigenen subjektivem Recht (i. e. S.), sondern nehmen jeweils die ihnen zur selbstständigen Ausübung übertragenen Organzuständigkeiten des Verwaltungsträgers wahr.[46] Die konfligierenden Innenrechtspositionen sollten daher als **Kompetenzen** (Wahrnehmungszuständigkeiten) bezeichnet werden.[47] 14

Mit der rechtlichen Zuordnung einer **Kompetenz** an ein Organ ist grundsätzlich nicht zugleich eine Rechtsposition verbunden, „die wie ein subjektives Recht im Außenverhältnis gegen ‚Übergriffe' anderer Organe […] durch Anrufung des Gerichts verteidigt werden könnte"; denn die Kompetenzzuweisung erfolgt „grundsätzlich nicht zum Schutz ‚eigennützig' wahrzunehmender Interessen der kompetenzbelehnten Stelle, sondern dient in aller Regel allein dem einwandfreien und reibungslosen Funktionsablauf innerhalb der Gesamtorganisation und damit der Wahrung öffentlicher Interessen".[48] In Parallele zum verfassungsgerichtlichen Organstreit (Art. 93 Abs. 1 Nr. 1 GG, § 64 Abs. 1 BVerfGG) kann beim verwaltungsgerichtlichen Organstreit eine Deutung von Kompetenzzuweisungen i. S. 15

---

[40] *Ogorek* JuS 2009, 511; *Lorenz* Verwaltungsprozeßrecht, § 25 Rn. 32; *Schenke* Verwaltungsprozessrecht, Rn. 528.

[41] *Lorenz* Verwaltungsprozeßrecht, § 25 Rn. 34; *Würtenberger/Heckmann* Verwaltungsprozessrecht, Rn. 748.

[42] *Röhl* in: Schoch, BesVwR, Kap. 2 Rn. 124.

[43] Hintergrund: Nach § 32 WoGG (Sartorius I Nr. 385) erstattet der Bund die Hälfte der geleisteten Wohngeldzahlungen.

[44] BVerwG NJW 1992, 927: kein „berechtigtes Interesse" i. S. d. § 43 Abs. 1 VwGO für die erhobene Feststellungsklage.

[45] *Rottenwallner* VerwArch 105 (2014), 212 (217).

[46] OVG Bremen NVwZ 1990, 1195 (1196) → *Erichsen* JK 91, GO BW § 40/1.

[47] *Fehrmann* NWVBl 1989, 303 (306).

[48] So VGH BW NVwZ-RR 2005, 266 (267).

**wehrfähiger Rechtspositionen** vorgenommen werden, wenn Verwaltungsorgane durch gezielte Übertragung von Kompetenzen mit „eigenen" innerorganisatorischen Rechtspositionen ausgestattet werden.[49] Das ist der Fall, wenn eine Kompetenzzuweisung nicht nur der Gewährleistung eines ordnungsgemäßen Funktionsablaufs innerhalb der Gesamtorganisation dient, sondern zudem einem bestimmten Funktionsträger als **„Kontrastorgan"**[50] zwecks Ausbalancierung innerorganisatorischer Interessen und Machtgegensätze die eigenständige Bewältigung bestimmter Aufgaben(bereiche) anvertraut.[51] Dann kann auf die Ausstattung des Organs (oder eines Organteils) mit einer wehrfähigen Rechtsposition geschlossen und angenommen werden, dass einklagbare Wahrnehmungszuständigkeiten bestehen. Es findet eine **Versubjektivierung von Kompetenzen** statt.[52]

16 Verwaltungsprozessual unbeachtlich ist, dass versubjektivierte Rechtspositionen im organschaftlichen Rechtskreis keine „echten" subjektiven Rechte i. S. d. **Art. 19 Abs. 4 S. 1 GG** darstellen. Die verfassungsrechtliche Rechtsschutzgarantie beansprucht keine Ausschließlichkeit, sondern normiert lediglich einen **Mindeststandard;** über ihn können das Verwaltungsorganisationsrecht und das Verwaltungsprozessrecht hinausgehen[53] und apersonale Kompetenzen versubjektivieren.[54]

17 **Lösung zu Fall 1:** Ein an sich zulässiger Organstreit liegt vor. M agiert nicht etwa als natürliche Person, sondern beruft sich auf den Schutz innerorganisatorischer Kompetenzen und nimmt sein Mitgliedschaftsrecht aus dem Fachbereichsrat in Anspruch. In der Sache ist die Klagebefugnis des M zu verneinen; auf Grund der eindeutigen Gesetzeslage kann M von vornherein in seinem Mitgliedschaftsrecht nicht beeinträchtigt sein, weil die Festschreibung einer bloßen Hochschulöffentlichkeit Veröffentlichungen von Fachbereichsunterlagen auf „Facebook" ausschließt.

18 **Lösung zu Fall 2:** Es handelt sich um einen kommunalverfassungsrechtlichen Organstreit. Gestritten wird zwischen dem Gemeinderat und dem Bürgermeister, beides Verwaltungsorgane,[55] um die Einberufung des Gremiums zu einer Sondersitzung. Das notwendige Quorum für das Recht auf Einberufung liegt vor (hier: sogar die Mehrzahl der Gemeinderatsmitglieder).[56] Allerdings können in dem Gremium nach dem maßgeblichen Landesrecht nur Angelegenheiten verhandelt werden, die in die Verbandskompetenz der Gemeinde fallen, weil nur dann die Organkompetenz des Gemeinderats eröffnet ist.[57] Über eine Sparkassenfusion entscheiden nach den Sparkassengesetzen der Länder allein die Gremien der Sparkassen, die als rechtsfähige Anstalten des Öffentlichen Rechts (mit dem Recht der Selbstverwaltung) organisiert sind.[58] Eine (Mit-)Entscheidungskompetenz der Gemeinde(n) gibt es nicht. Mangels Antragsbefug-

[49] *Krebs* Jura 1981, 569 (573 f.); *Lerche* FS Knöpfle, 1996, S. 171 (172 f.), *Lorenz* Verwaltungsprozeßrecht, § 25 Rn. 5; *Würtenberger/Heckmann* Verwaltungsprozessrecht, Rn. 749.

[50] Grundlegend zu dieser Perspektive *Kisker* Insichprozeß und Einheit der Verwaltung, 1968, S. 38 ff.; ferner *ders.* JuS 1975, 704 (709).

[51] OVG Berlin LKV 2000, 453; *Schoch* JuS 1987, 783 (786); *Ogorek* JuS 2009, 511 (514); *Greim/Michl* NVwZ 2013, 775 (777); *Katz* VBlBW 2019, 97 (98); *Burgi* in: Ehlers/Pünder, AllgVwR, § 8 Rn. 54; *ders.* Kommunalrecht, § 14 Rn. 6; *Röhl* in: Schoch, BesVwR, Kap. 2 Rn. 124.

[52] SächsOVG LKV 1997, 229.

[53] BVerfG-K NVwZ 2019, 642 Rn. 23: Der Gesetzgeber kann kommunalverfassungsrechtliche Streitigkeiten um die Zuständigkeitsverteilung zwischen den Organen einer Gemeinde den Gerichten zuweisen.

[54] *Burgi* in: Ehlers/Pünder, AllgVwR, § 8 Rn. 53; *Ehlers/Schneider* in: Schoch/Schneider, VwGO, § 40 Rn. 127.

[55] *Geis* Kommunalrecht, § 11 Rn. 1, 11; *Röhl* in: Schoch, BesVwR, Kap. 2 Rn. 97.

[56] Überblick zu den notwendigen Quoren in den einzelnen Ländern bei *Gern/Brüning* Kommunalrecht, Rn. 602, mit Hinweis darauf (Rn. 605), dass bei Erfüllung des Quorums ein subjektives Recht auf Einberufung besteht.

[57] Zum Prüfungsrecht des Vorsitzenden *Lange* Kommunalrecht, Kap. 6 Rn. 16 ff.

[58] *Burgi* Kommunalrecht, § 17 Rn. 76.

nis der Antragsteller ist der Eilantrag (§ 123 Abs. 1 S. 2 VwGO) unzulässig; eine Befassungskompetenz des Gemeinderats mit der Angelegenheit ist unter keinem rechtlichen Gesichtspunkt denkbar.

**Lösung zu Fall 3:** In seiner Grundstruktur repräsentiert Fall 3 einen Kommunalverfassungsstreit in Gestalt des Intraorganstreits (dazu → Rn. 24). Das Verfahren findet zwischen einem Mandatsträger (Stadtratsmitglied R) und dem Gremium als solchem (Stadtrat von S) statt (zur Beklagtenbefugnis → Rn. 107). Der VGH hat die Klagebefugnis bejaht (zur Problematik → Rn. 94 ff.) und die Klage insgesamt für zulässig erachtet. 19

## B. Begriffliche Präzisierungen und Abgrenzungen

### I. Begriff des Kommunalverfassungsstreits

Der verwaltungsgerichtliche Organstreit findet sein Hauptanwendungsgebiet im Kommunalrecht (vgl. bereits → Rn. 7). Er firmiert dort unter dem Begriff **„Kommunalverfassungsstreit“.** Da „Kommunalverfassungsrecht“ den *Binnenbereich* von Gemeinden und Gemeindeverbänden meint,[59] kann es mit jenem Terminus sein Bewenden haben.[60] Die nachfolgenden Ausführungen konzentrieren sich auf den Kommunalverfassungsstreit. Er hat in der Praxis sowie für Ausbildung und Prüfung nicht nur die größte Bedeutung,[61] sondern ist insgesamt prägend; für sonstige Organstreitigkeiten gelten die zum Kommunalverfassungsstreit gewonnenen Erkenntnisse sinnentsprechend.[62] 20

**Fall 4:** Journalist J, der regelmäßig an den öffentlichen Sitzungen des Stadtrats der Stadt S teilnimmt, möchte den Ablauf der Sitzungen elektronisch aufzeichnen, um seine Berichte in der Lokalzeitung mit wörtlichen Zitaten versehen zu können. Nachdem sich der Stadtrat (zum Schutz eines ordnungsgemäßen Sitzungsablaufs mit der Gewährleistung einer „freien Rede“) für die Unzulässigkeit ausgesprochen hat, untersagt Oberbürgermeister O die Aufzeichnung. Hiergegen klagt J unter Berufung auf die Pressefreiheit.[63] 21

**Fall 5:** Etliche Mitglieder des Gemeinderats der Gemeinde G beantragten ordnungsgemäß die Einberufung einer Sondersitzung mit neun näher bezeichneten Tagesordnungspunkten. Bürgermeister B kam dem Antrag trotz des Hinweises der Kommunalaufsichtsbehörde (Landratsamt L), dass insoweit kein materielles Vorprüfungsrecht bestehe, nicht nach. Daraufhin sprach die Aufsichtsbehörde gegenüber G, adressiert an 22

---

[59] BVerfGE 137, 108 Rn. 132 f. = NVwZ 2015, 136.

[60] *Mühl-Jäckel* DVBl 2018, 1042 (1045 f.) bevorzugt den Begriff „kommunale Binnenstreitigkeiten“. – Nach *Ehlers/Schneider* in: Schoch/Schneider, VwGO, § 40 Rn. 125, kann das Missverständnis entstehen, es werde um *Verfassungsrecht* gestritten; dagegen spricht aber schon das Präfix „kommunal“ (zur Thematik in der Sache → Rn. 42).

[61] Zu den Stadtstaaten vgl. OVG Berlin LKV 2000, 453: Organstreit von Bezirken; OVG Bremen NVwZ 1990, 1195 → *Erichsen* JK 91, GO BW § 40/1: Organstreit in der Stadtverordnetenversammlung Bremerhaven; OVG Hamburg DVBl 1986, 242: Organstreit in einer Bezirksversammlung.

[62] So ausdrücklich zum Hochschulverfassungsstreit (→ Rn. 8) BVerwG NVwZ 1985, 112 (113); VGH BW DÖV 1983, 862; zum Kammerrecht (→ Rn. 10) *Rosenkranz* Jura 2009, 597 (604); *Kluth* in: Ehlers/Fehling/Pünder, BesVwR I, § 14 Rn. 137.

[63] Fall nach BVerwGE 85, 283 = NJW 1991, 118 = JZ 1991, 304 (m. Anm. *Bethge*) → *Erichsen* JK 91, NdsGO § 44 I/1.

B, eine Beanstandung aus und verpflichtete G zur Einberufung und Ladung einer Gemeinderatssitzung mit den beantragten Beratungsgegenständen. Nun klagt B gegen die aufsichtsbehördliche Maßnahme.[64]

23 **Fall 6:** Die A-Stadt Tourismus GmbH (ATG), Eigengesellschaft der Stadt A, bereitet den Verkauf von Grundstücken des oberen Kurparks der Stadt A an private Investoren vor. Hiergegen wendet sich eine Bürgerinitiative mit dem Bürgerbegehren „Rettet den oberen Kurpark"; als Vertrauenspersonen fungieren V und Z. Der Stadtrat von A weist das Bürgerbegehren als unzulässig zurück, weil die Angelegenheit auf Grund des Eigentums der ATG an den Grundstücken nicht Gegenstand eines Bürgerbegehrens sein könne. V und Z fragen, wie sie verwaltungsgerichtlich vorgehen können, um auf dem Prozessweg erreichen zu können, dass das Bürgerbegehren für zulässig erklärt wird.[65]

## II. Abgrenzungsfragen

24 Der im Kommunalrecht angesiedelte Organstreit umfasst die aus dem **kommunalen Organisationsrecht** („Kommunalverfassungsrecht" → Rn. 20) folgenden und den organschaftlichen Funktionsablauf bestimmenden Rechte und Pflichten kommunaler Organe untereinander (*Inter*organstreit)[66] oder innerhalb eines kommunalen Organs (*Intra*organstreit).[67] Der Streit bezieht sich auf Wahrnehmungszuständigkeiten im Innenbereich einer juristischen Person des Kommunalrechts (Gemeinde, Gemeindeverband).[68] Geht es nicht um Innenrechtsbeziehungen, sondern ist eine Rechtsperson des Außenrechtskreises beteiligt, liegt kein Organstreit (Kommunalverfassungsstreit)[69] vor.

### 1. Klagen außenstehender Dritter

25 Kein Kommunalverfassungsstreit ist auch dann gegeben, wenn im Falle des Rechtsbehelfs eines **außenstehenden Dritten** um die Rechtmäßigkeit der Maßnahme eines Organs gestritten wird, deren Rechtsgrundlage im kommunalen Verfassungsrecht wurzelt. Mit Blick auf die Beteiligten fehlt es an der kommunal*internen* Auseinandersetzung. Ein Beispiel ist die Ausübung des Hausrechts durch den Vorsitzenden des Gemeinderats (Bürgermeister); das kommunalverfassungsrechtlich verankerte Hausrecht[70] fungiert als Rechtsgrundlage für Maßnahmen gegenüber außerhalb der Kommunalverwaltung stehenden Personen.[71] Demgegenüber beruht das – in der Sache vergleichbare – Vorgehen gegen kommunale Funktionsträger auf dem (im Zusammenhang mit dem Hausrecht normierten) *Ordnungsrecht* des Vorsitzenden des Gremiums und wird im Konfliktfall in einem Kommunalverfassungsstreit ausgetragen.[72]

---

[64] Fall nach BayVGH BayVBl 2012, 340.
[65] Fall nach NdsOVG NVwZ 2020, 727.
[66] Gleichgestellt ist der Streit zwischen einem Organteil (z. B. Gemeinderatsmitglied) und einem anderen Organ (z. B. Bürgermeister), vgl. Fall 2 → Rn. 3 und Lösung → Rn. 18.
[67] VGH BW NVwZ-RR 2018, 358 Rn. 20; OVG NW NVwZ 1983, 485 (486); *Erichsen/Biermann* Jura 1997, 157 (158); *Meister* JA 2004, 414; *Ogorek* JuS 2009, 511.
[68] *Katz* VBlBW 2019, 97: Klärung kommunaler Kompetenzstreitigkeiten.
[69] „Kommunalverfassungsstreit" ist eine Sammelbezeichnung für kommunale Organstreitigkeiten (und keine Klageart → Rn. 71 ff.); VGH BW VBlBW 2018, 71 (72); *Geis* Kommunalrecht, § 25 Rn. 1.
[70] § 36 Abs. 1 S. 2 GemO BW; Art. 53 Abs. 1 BayGO; § 37 Abs. 1 BbgKVerf; § 58 Abs. 4 S. 1 HessGO; § 29 Abs. 1 S. 5 KV MV; § 63 Abs. 1 NdsKomVG; § 51 Abs. 1 GO NW; § 36 Abs. 2 GemO RP; § 43 Abs. 1 SaarlKSVG; § 38 Abs. 1 S. 2 SächsGemO; § 57 Abs. 1 S. 2 KVG LSA; § 37 S. 2 GO SH; § 41 S. 1 ThürKO. – Stadtstaaten: § 7 Abs. 2 S. 1 BlnBezVerwG; § 36 S. 2 VerfBrhv; § 12 Abs. 1 S. 2 HmbBezVG.
[71] *Burgi* Kommunalrecht, § 12 Rn. 41; *Gern/Brüning* Kommunalrecht, Rn. 630.
[72] OVG NW NVwZ-RR 1991, 35; NVwZ-RR 2018, 756 → *Kingreen* Jura (JK) 2018, 318.

**Lösung zu Fall 4:** J ist kein Organ(teil) der Stadt S und auch kein sonstiger kommunaler Funktionsträger, sondern ein Außenrechtssubjekt; es liegt kein Kommunalverfassungsstreit vor. – In der Sache hat das BVerwG die Untersagung elektronischer Aufzeichnungen gebilligt; die Maßnahme sei durch das Hausrecht des Vorsitzenden, das gegenüber der Pressefreiheit (Art. 5 Abs. 1 S. 2 GG) ein „allgemeines Gesetz" i. S. d. Schrankenregelung des Art. 5 Abs. 2 GG ist, gedeckt.[73] 26

Beim **Rechtsbehelf eines Gemeinderatsmitglieds** (oder eines anderen kommunalen Funktionsträgers) können sich Abgrenzungsfragen zwischen Innenrechtsstreit und Außenrechtsstreit stellen. Zunächst kann danach unterschieden werden, ob der Betreffende als Bürger (dann: Außenrechtsstreit) oder als Mandatsträger (dann: Innenrechtsstreit) klagt.[74] So ist die Berufsfreiheit (Art. 12 Abs. 1 GG) betroffen, wenn ein Ratsmitglied, das beruflich als Rechtsanwalt tätig ist, auf Grund des **kommunalrechtlichen Vertretungsverbots**[75] in einem Verwaltungs- oder Gerichtsverfahren seines Mandanten gegen die Gemeinde (wegen Interessenkollision) von der Vertretung ausgeschlossen wird.[76] Sodann kann mittels einer Faustformel danach unterschieden werden, ob es um das Recht *auf* das (durch Wahl erworbene) Mandat geht (dann: persönliche Rechtsstellung) oder um ein Recht *aus* dem Mandat, d. h. seine organschaftliche Wahrnehmung (dann: verwaltungsinterne Rechtsstellung).[77] Eine vollkommene Abgrenzungssicherheit vermittelt jene Formel nicht. Das zeigen Beispiele zur Verletzung der **kommunalrechtlichen Verschwiegenheitspflicht.** Wird gegen das Gemeinderatsmitglied wegen der Pflichtverletzung ein *Ordnungsgeld* verhängt, liegt ein Verwaltungsakt (d. h. Außenwirkung, § 35 LVwVfG bzw. § 106 Abs. 1 LVwG SH) vor, gegen den der Betroffene mit Widerspruch (soweit im Landesrecht noch vorgesehen → § 23 Rn. 85 ff.) und Anfechtungsklage vorgehen kann;[78] trifft der Gemeinderat jedoch – ohne weitere Sanktion – lediglich den *feststellenden Beschluss,* dass der Betreffende gegen seine Verschwiegenheitspflicht verstoßen habe, wird ein kommunalverfassungsrechtlicher Organstreit bejaht.[79] Der **Ausschluss eines Mitglieds** aus dem Gemeinderat betrifft das Recht *auf* das Mandat und stellt einen anfechtbaren Verwaltungsakt dar.[80] 27

## 2. Rechtsschutz gegen Maßnahmen der Kommunalaufsicht

Rechtsstreitigkeiten zwischen einer kommunalen Körperschaft und der staatlichen Aufsichtsbehörde stellen Auseinandersetzungen innerhalb der Verwaltungsorganisation dar; um 28

[73] Zum derzeitigen Rechtsstand bzgl. Film- und Tonaufnahmen in der Gemeinderatssitzung *Lange* Kommunalrecht, Kap. 7 Rn. 79.

[74] *Lange* FS Schenke, S. 959; *ders.* Kommunalrecht, Kap. 10 Rn. 2 ff. – Die Kritik an der Unterscheidung von Innenrecht und Außenrecht von *Rottenwallner* VerwArch 105 (2014), 212 (219) verfängt nicht; es geht dabei nicht um eine Differenzierung qualitativer Art, sondern um eine Bestimmung des Geltungsbereichs von Rechtssätzen, *Ehlers/Schneider* in: Schoch/Schneider, VwGO, § 40 Rn. 126.

[75] Dazu *Burgi* Kommunalrecht, § 12 Rn. 43 ff.

[76] BVerfG-K NJW 1988, 694 und BVerwG NJW 1988, 1994; zu beiden Entscheidungen *Schoch* JuS 1989, 531; ferner BbgVerfG KommJur 2013, 25.

[77] *Rennert* JuS 2008, 119 (123).

[78] BayVGH NVwZ 1989, 182 → *Erichsen* JK 89, GO Bay Art. 20 II (26), bestätigt durch BVerwG NVwZ 1989, 975; zu der Thematik auch Fallbearbeitung (Referendarexamensklausur) von *Bätge* JuS 2018, 562. – Sanktionen unterhalb der Schwelle zum Ordnungsgeld (z. B. Rüge, Ermahnung) ebenfalls als Verwaltungsakt behandelnd BayVGH BayVBl 2004, 402; anders VGH BW NVwZ-RR 2018, 358 Rn. 23: „Regelung" fehle, dennoch Außenrechtsstreit, da die persönliche Rechtsstellung des ehrenamtlich tätigen Bürgers betroffen sei.

[79] VGH BW NVwZ-RR 2001, 262 → *Schoch* JK 8/01, GG Art. 5 I/29; VG Minden NVwZ 1983, 495 (496). – Kommunalverfassungsstreit auch bei Missbilligung des Verhaltens eines seiner Mitglieder durch Kreistag und Empfehlung zur Mandatsniederlegung (wegen früherer Stasi-Tätigkeit) annehmend SächsOVG NVwZ-RR 2014, 66 (67).

[80] VG Trier Urt. v. 8.5.2012 – 1 K 1302/11.TR, BeckRS 2012, 57431 (m. Bespr. *Barrot* LKRZ 2012, 320); nach Erledigung in der Revisionsinstanz Fortsetzungsfeststellungsklage (§ 113 Abs. 1 S. 4 VwGO) annehmend BVerwGE 151, 179 Rn. 12 = NVwZ 2015, 1613 → *Waldhoff* JuS 2015, 1145 und → JA 2015, 558 *(Hebeler).*

einen Kommunalverfassungsstreit handelt es sich allerdings nicht, da nicht Organ(teil)e *eines* Verwaltungsträgers miteinander streiten. Es stehen sich vielmehr zwei eigenständige juristische Personen des Öffentlichen Rechts gegenüber (kommunale Körperschaft gegen Land als Träger der Aufsichtsbehörde), so dass ein **Außenrechtsstreit** vorliegt.

29 Das gilt zunächst für die **Kommunalaufsicht,** die eine Rechtsaufsicht des Staates über die Kommunen ist.[81] Werden Aufsichtsmaßnahmen von einer betroffenen Gemeinde bzw. einem betroffenen Gemeindeverband (Landkreis) angegriffen, klagt – im Außenrechtskreis – ein Selbstverwaltungsträger gegen das Land.[82] Bei Maßnahmen der **Fachaufsicht** über Kommunen stehen sich im Streitfall mit Gemeinde bzw. Landkreis und Land ebenfalls eigenständige Verwaltungsträger gegenüber;[83]auch im übertragenen Wirkungskreis kann eine kommunale Körperschaft entgegen der h. M. nicht als „verlängerter Arm" des Staates qualifiziert werden,[84] unabhängig davon fehlt es für die Annahme eines Kommunalverfassungsstreits an dem Streit innerhalb *eines* Selbstverwaltungsträgers.

30 **Lösung zu Fall 5:** In der ungewöhnlichen Fallkonstellation klagt nicht die kommunalaufsichtlich in Anspruch genommene Gemeinde G, sondern deren Bürgermeister B. Zur Klagebefugnis (§ 42 Abs. 2 VwGO) meint der VGH, subjektive Rechte könnten nicht nur solche des Außenrechtskreises zwischen Rechtsträgern sein, sondern auch wehrfähige Innenrechtspositionen, die einem Organ(teil) eines Rechtsträgers zur eigenständigen Wahrnehmung zugewiesen seien. Das ist an sich richtig (→ Rn. 15), erklärt aber nicht, wieso eine versubjektivierte Kompetenz des *Innen*rechts (mit Relevanz für den Organstreit) im *Außen*rechtsstreit (mit dem Land) geltend gemacht werden kann.[85] In der Sache blieb das Rechtsschutzbegehren erfolglos, weil der Bürgermeister kein materielles Vorprüfungsrecht bezüglich einer Gemeinderatssitzung habe.

### 3. Streit um die Zulassung eines Bürgerbegehrens

31 Das Gemeinderecht weist eine Vielzahl plebiszitärer Elemente auf.[86] Von herausragender Bedeutung ist das **Bürgerbegehren** (mit dem Ziel eines anschließenden Bürgerentscheids). In der Praxis kann es zu gerichtlichen Auseinandersetzungen kommen, wenn der Gemeinderat ein Bürgerbegehren für unzulässig erklärt.[87] Wie die Initiatoren und insbesondere die Vertrauensleute des Begehrens hiergegen gerichtlichen Rechtsschutz erlangen können, ist umstritten.

32 Verbreiteter Auffassung nach ist die Auseinandersetzung als **Kommunalverfassungsstreit** (in Gestalt der allgemeinen Leistungsklage) zu qualifizieren:[88] Die Initiatoren des Begehrens träten nicht als mit subjektiven Rechten des Außenrechtskreises ausgestattete Einzelne (Individuen) in Erscheinung, sondern als Quasi-Organ der Kommunalverfassung; dieses Quasi-Organ könne im Klageweg nach den Regeln des verwaltungsgerichtlichen Organstreits Rechtsschutz erlangen. Das BVerfG ist dieser Auffassung gefolgt und hat –

---

[81] *Schoch* Jura 2006, 188 (189); *Oebbecke* Die Verwaltung 48 (2015), 233; *Lohse* NVwZ 2016, 102 (104).

[82] BVerwG NVwZ 2019, 1528 (m. Anm. *Meyer*); VGH BW NVwZ-RR 2016, 878; NdsOVG NVwZ-RR 2008, 127 → *Schoch* JK 4/08, GG Art. 28 II 1/29; *Greim/Michl* NVwZ 2013, 775 (777 f.).

[83] BayVGH BayVBl 2002, 336 (337) → *Schoch* JK 11/02, GG Art. 28 II 1/27 (dazu Bespr. *Reither* BayVBl 2002, 768); *Schoch* Jura 2006, 358 (363).

[84] So z. B. VGH BW NVwZ-RR 2006, 416 (417); ähnlich HessVGH NVwZ-RR 1990, 4 (6); NVwZ-RR 2016, 551.

[85] Zuvor ähnlich und ebenfalls ohne valide Begründung OVG NW NVwZ-RR 2004, 674 (675) → *Ehlers* JK 4/05, VwGO § 42 II/27: Klage eines Ratsmitglieds gegen kommunalaufsichtliche Maßnahme.

[86] Zusammenfassend *Röhl* in: Schoch, BesVwR, Kap. 2 Rn. 127 ff.

[87] Vgl. zur Rechtsprechung *Schoch* NVwZ 2014, 1473; *Schmidt* KommJur 2018, 165.

[88] Insoweit „wegweisend" OVG RP NVwZ-RR 1995, 411 (412) und NVwZ-RR 1997, 241; dem folgend OVG Bremen NVwZ-RR 2005, 54; NdsOVG NdsVBl 2001, 165 (166); NVwZ-RR 2011, 451 (452); NVwZ 2020, 727 Rn. 31; SächsOVG NVwZ-RR 1998, 253 (254).

ohne Begründung (ersichtlich zur „Abwendung" des Art. 19 Abs. 4 GG) – die **Vertrauenspersonen eines Bürgerbegehrens** als „Organ" der Gemeinde bezeichnet.[89]

33 Beim Konflikt um die Zulässigkeit eines Bürgerbegehrens wird nicht um organschaftliche Rechte des Kommunalverfassungsrechts gestritten.[90] Die Initiatoren und die Vertrauensleute eines Bürgerbegehrens lassen sich weder institutionell noch funktional als „Organ" der Gemeinde qualifizieren, sie nehmen vielmehr demokratische **Teilhaberechte des Außenrechtskreises** wahr:[91]

- Die **Organe der Gemeinde** sind gesetzlich abschließend bestimmt;[92] Bürgerbegehren bzw. Initiatoren oder Vertrauensleute gehören nicht dazu.
- Die Vorschriften zum Bürgerbegehren (und zum Bürgerentscheid) stehen in den Gemeindeordnungen gesetzessystematisch im Abschnitt **„Einwohner und Bürger"**[93] und eben nicht im kommunalverfassungsrechtlichen Teil der jeweiligen Gemeindeordnung.
- Speziell die **Vertrauensleute des Bürgerbegehrens** fungieren als Vertreter der Unterzeichner und vereinfachen die Kommunikation;[94] mit einer organschaftlichen Stellung hat dies nichts zu tun.

Lehnt der Gemeinderat die Zulässigkeit eines Bürgerbegehrens ab, liegt ein **Verwaltungsakt** vor; gerichtlicher Rechtsschutz kann (ggf. nach erfolglosem Widerspruchsverfahren) mittels **Verpflichtungsklage** (in Gestalt der Versagungsgegenklage → *Ehlers* § 28 Rn. 16) erlangt werden.[95]

34 **Lösung zu Fall 6:** Das OVG behauptet, bei der Frage der Zulässigkeit eines Bürgerbegehrens gehe es nicht um eine Auseinandersetzung im Staat-Bürger-Verhältnis; mit der Entscheidung dazu würden keine Rechte und Pflichten der Bürger rechtsverbindlich festgestellt, sondern es werde geprüft, ob die kommunalverfassungsrechtlichen Voraussetzungen vorlägen, um einen Bürgerentscheid herbeizuführen. Hierbei handele es sich um eine Streitigkeit im Innenrechtskreis der Gemeinde (zur Gegenauffassung → Rn. 33). – In der Sache sei die Leistungsklage unbegründet, weil die betreffende Angelegenheit nicht Gegenstand eines Bürgerbegehrens sein könne.

## C. Zulässigkeitsvoraussetzungen beim Kommunalverfassungsstreit

35 Im konkreten Fall wird die **Zulässigkeit** einer Klage, mit der ein **Kommunalverfassungsstreit** eingeleitet wird, nach den üblichen Voraussetzungen der VwGO geprüft: Zunächst müssen die allgemeinen Sachentscheidungsvoraussetzungen (→ *Ehlers* § 25) vorliegen; anschließend ist die statthafte Rechtsschutzform zu bestimmen; es folgt die Ermittlung der besonderen Sachentscheidungsvoraussetzungen; schließlich darf das allgemeine Rechtsschutzbedürfnis nicht übersehen werden. Zu beachten ist stets, dass es um einen **Innenrechtsstreit** geht, auf den die VwGO Anwendung findet.

---

89 BVerfG-K NVwZ 2019, 642 Rn. 22; ablehnend → JA 2019, 633 *(Muckel);* ferner Bespr. *Beckermann* KommJur 2019, 445.

90 *Erichsen/Biermann* Jura 1997, 157 (161); *Heusch/Dickten* NVwZ 2019, 1238 (1244) und NVwZ 2020, 358 (364).

91 HessVGH NVwZ-RR 2000, 451; *Schliesky* ZG 1999, 91 (110); *Meyer* NVwZ 2003, 183; *Roth* NVwZ 2019, 1419 (1421).

92 Vgl. dazu Überblick bei *Röhl* in: Schoch, BesVwR, Kap. 2 Rn. 98.

93 Überblick dazu bei *Gern/Brüning* Kommunalrecht, Rn. 768.

94 *Lange* Kommunalrecht, Kap. 9 Rn. 43 ff.

95 VGH BW DVBl 2015, 843 (m. Bespr. *Kramer/Cosovic* DVBl 2016, 525); BayVGH NVwZ-RR 1999, 137; BayVBl 2017, 92 (93); NVwZ-RR 2018, 71; OVG MV NVwZ 1997, 306 (307); OVG NW NWVBl 2002, 346 (347); NVwZ-RR 2008, 636 (637); NVwZ-RR 2017, 1027 Rn. 39; *Burgi* Kommunalrecht, § 11 Rn. 46; *Geis* Kommunalrecht, § 11 Rn. 69; *Gern/Brüning* Kommunalrecht, Rn. 773; *Lange* Kommunalrecht, Kap. 9 Rn. 120; *Pietzcker/Marsch* in: Schoch/Schneider, VwGO, Vorb § 42 Abs. 1 Rn. 17.

## I. Allgemeine Sachentscheidungsvoraussetzungen

36 **Fall 7:** Die F-Fraktion im Stadtrat der Stadt N schließt ihr Fraktionsmitglied H aus. Bei einer Zeugenbefragung im Zuge eines strafrechtlichen Ermittlungsverfahrens hatte H ausgesagt, dass ihr Fraktionskollege T in Fraktionssitzungen die den Oberbürgermeister der Stadt N betreffenden Gerüchte angesprochen habe; ihrer Vermutung nach sei T der Urheber dieser Gerüchte. Daraufhin leitete die F-Fraktion gegen H ein Ausschlussverfahren ein, konfrontierte H mit dem Vorwurf der Verletzung der Vertraulichkeit sowie der Verleumdung eines Fraktionsmitglieds und schloss H mit der Begründung aus, dass „mehrheitlich eine vertrauensvolle Zusammenarbeit nicht mehr möglich erscheint". H erhebt Klage beim zuständigen VG und beantragt zudem, die F-Fraktion zu verpflichten, sie vorläufig bis zur rechtskräftigen Entscheidung in der Hauptsache mit allen Rechten und Pflichten eines Fraktionsmitglieds zur Fraktionsarbeit zuzulassen.[96]

37 **Fall 8:** Die drei Mitglieder A, B und C des Kreistags, die als Kandidaten auf den Listen Freie Wählergruppe (FWG), DIE LINKE und AfD im Landkreis Y gewählt worden waren, schlossen sich zu einer Fraktion zusammen. Der Kreistag erkannte den Fraktionsstatus nicht an, weil es an der grundsätzlichen politischen Übereinstimmung von A, B und C fehle. Diese sehen durch den Kreistag ihr von Art. 28 Abs. 1 S. 2 i. V. m. Art. 38 Abs. 1 S. 2 GG geschütztes „freies Mandat" verletzt, welches das Recht zur Bildung einer Fraktion umfasse und nicht von der Anerkennung seitens eines anderen Kommunalorgans abhänge. A, B und C fragen, ob sie beim BVerfG Rechtsschutz erlangen können.[97]

### 1. Verwaltungsrechtsweg

38 Verwaltungsgerichtlicher Rechtsschutz kann im Kommunalverfassungsstreit nur erreicht werden, wenn – da abdrängende oder aufdrängende Rechtswegzuweisungen (→ *Ehlers* § 25 Rn. 53 ff. und Rn. 138 ff.) nicht eingreifen – der **Verwaltungsrechtsweg** eröffnet ist. Der Kommunalverfassungsstreit muss danach als eine öffentlich-rechtliche Streitigkeit (→ Rn. 39 ff.) nichtverfassungsrechtlicher Art (→ Rn. 42 ff.) qualifiziert werden können. Das ist weithin unproblematisch.

39 **a) Öffentlich-rechtliche Streitigkeit.** Eine öffentlich-rechtliche Streitigkeit i. S. d. § 40 Abs. 1 S. 1 VwGO ist gegeben, wenn um die Rechtsfolgen aus der Anwendung Öffentlichen Rechts gestritten wird. Das **kommunale Organisationsrecht** ist als Sonderrecht des Staates zu qualifizieren, Organstreitigkeiten auf kommunaler Ebene sind folglich nach Maßgabe des Öffentlichen Rechts zu beurteilen. § 40 Abs. 1 S. 1 VwGO unterscheidet nicht danach, ob die streitentscheidende öffentlich-rechtliche Norm dem Außenrechtskreis oder dem organschaftlichen Innenrecht angehört. Folglich gehören zu den öffentlich-rechtlichen Streitigkeiten i. S. d. § 40 Abs. 1 S. 1 VwGO auch **Innenrechtsstreitigkeiten** wie z. B. der Kommunalverfassungsstreit (→ *Ehlers* § 25 Rn. 69). Unabhängig davon stellen die Vorschriften des kommunalen Organisationsrechts nicht etwa Normen minderer Rechtsqualität dar; die auf den Binnenbereich (staatlicher oder) kommunaler Organisationen zielenden Gesetzesbestimmungen sind normativ verbindliche Rechtssätze des Öffentlichen Rechts.[98]

40 Abgrenzungen zu **„bürgerlichen Rechtsstreitigkeiten"** (§ 13 GVG) stellen sich nur selten. Ein Beispiel ist der Streit um **Äußerungen eines Funktionsträgers,** insbesondere

[96] Fall nach BayVGH NVwZ-RR 2019, 67.
[97] Fall nach OVG NW NVwZ-RR 2005, 497 und BVerfG-K NVwZ-RR 2005, 495.
[98] *Krebs* Jura 1981, 569 (572 f.).

eines Gemeinderatsmitglieds oder des Bürgermeisters (z. B. wegen Ehrverletzung). Zu klären ist, ob die Meinungskundgabe in Wahrnehmung der *amtlichen Funktion* erfolgt ist oder ob der Betreffende sich als *Privatperson* geäußert hat. Auch als Mandatsträger verliert z. B. ein Gemeinderatsmitglied während der Sitzungen nicht sein Recht zur freien Meinungsäußerung (Art. 5 Abs. 1 S. 1 GG); Redebeiträge in kommunalen Gremien sind jedoch nicht Ausdruck der grundrechtlichen Meinungsfreiheit zur Verbreitung privater Meinungen, sondern der Betreffende nimmt seine organschaftlichen Befugnisse (z. B. das Rederecht) in dem Gemeindeorgan in Anspruch.[99] Das BVerfG betont, „die Mandatsträger auf kommunaler Ebene sind Inhaber eines öffentlichen Amtes und üben kraft dieses Amtes hoheitliche Gewalt aus".[100] Nichts anderes gilt für den Bürgermeister, der sich in der Regel in amtlicher Eigenschaft äußert, so dass öffentlich-rechtliches Handeln vorliegt.[101] Das Tragen von Aufklebern oder sonstigen Symbolen mit politischem Inhalt bei Gremiensitzungen gehört nicht zu den organschaftlichen Mitgliedschaftsrechten, und das Grundrecht des Art. 5 Abs. 1 S. 1 GG steht dem Amts- oder Mandatsträger nicht in seiner offiziellen Funktion (als Amtswalter) zu.[102] Da der Betreffende *zugleich* als Privatperson durch das Tragen des Aufklebers von seiner privaten Meinungsäußerungsfreiheit Gebrauch macht, kann der Vorsitzende (des Gemeinderats, eines Ausschusses etc.) zur Aufrechterhaltung der Ordnung in den Sitzungen ggf. von seiner – durch Art. 5 Abs. 2 GG gedeckten – Sitzungsgewalt (Ordnungsbefugnis)[103] Gebrauch machen und störende private Meinungsbekundungen untersagen.[104] Ein Kommunalverfassungsstreit ist zu verneinen, wenn ein kommunaler Funktionsträger eine Äußerung lediglich „bei Gelegenheit" z. B. einer Gemeinderatssitzung vornimmt und damit ersichtlich als Privatperson agiert.[105]

Die Rechtswegfrage kann sich ferner bei **Streitigkeiten in Fraktionen** stellen. Frak- 41
tionen sind Untergliederungen des Gemeinderats oder Kreistags, denen nach der Gemeindeordnung oder (Land-)Kreisordnung (zum Teil i. V. m. der Geschäftsordnung der Vertretungskörperschaft) besondere Rechte zuerkannt sind.[106] Wenig überzeugend war daher die Auffassung, Fraktionen seien *privatrechtliche* Zusammenschlüsse von Mandatsträgern, so dass rechtliche Auseinandersetzungen als „bürgerliche Rechtsstreitigkeiten" im Zivilrechtsweg auszutragen seien.[107] Da die Fraktionsbildung ihre Grundlage im Kommunalrecht findet, sind die fraktionsinternen Rechtsbeziehungen dem Öffentlichen Recht zuzuordnen.[108] Im Konfliktfall machen die Fraktionsmitglieder nicht etwa in ihrer Eigenschaft als natürliche Person subjektive Rechte des Außenrechtskreises geltend, sondern sie streiten um Rechte und Pflichten des kommunalen Innenbereichs.[109] Solche Streitigkeiten sind gerichtlich im **Verwaltungsrechtsweg** auszutragen.[110] Ein Beispiel bietet Fall 7 (→ Rn. 36 und Lösung → Rn. 61, 92, 108, 122); der BayVGH hat die Rechtswegfrage erst gar nicht thematisiert,

---

[99] BVerwG NVwZ 1988, 837 → *Erichsen* JK 89, GO Rh.-Pf. §§ 36, 38/1; VGH BW NVwZ-RR 1993, 505 (506); OVG NW Beschl. v. 16.5.2013 – 15 A 785/12, BeckRS 2013, 51162; NVwZ-RR 2018, 318 Rn. 31 → *Kingreen* Jura (JK) 2018, 756.

[100] BVerfG-K NVwZ 1994, 56 (57). – Nicht haltbar VGH BW NVwZ-RR 2001, 262: Schutz von Redebeiträgen einer Gemeinderätin durch Art. 5 Abs. 1 S. 1 GG (vgl. zur Kritik → *Schoch* JK 8/01, GG Art. 5 I/29.

[101] Dazu am Beispiel von möglicherweise ehrverletzenden Äußerungen eines Bürgermeisters HessVGH NVwZ-RR 2012, 781 (782); DVBl 2012, 1176.

[102] OVG RP NVwZ 1987, 1105; krit. *Lange* Kommunalrecht, Kap. 10 Rn. 9.

[103] Dazu *Burgi* Kommunalrecht, § 12 Rn. 37 ff.; *Gern/Brüning* Kommunalrecht, Rn. 630 ff.

[104] BVerwG NVwZ 1988, 837 → *Erichsen* JK 89, GO Rh.-Pf. §§ 36, 38/1.

[105] *Hufen* Verwaltungsprozessrecht, § 21 Rn. 4; *Engels/Krausnick* Kommunalrecht, § 6 Rn. 7.

[106] *Geis* Kommunalrecht, § 11 Rn. 90 ff.; *Lange* Kommunalrecht, Kap. 6 Rn. 22 ff.

[107] So noch BayVGH NJW 1988, 2754; anders BayVGH BayVBl 2015, 343 Rn. 29: Fraktionen als Teil der „organisierten Staatlichkeit".

[108] *Franz* Jura 2005, 156 (157); *Ogorek* JuS 2009, 511 (512); *Hufen* Verwaltungsprozessrecht, § 21 Rn. 5; *Röhl* in: Schoch, BesVwR, Kap. 2 Rn. 108.

[109] OVG NW NJW 1989, 1105.

[110] HessVGH NVwZ 1990, 391 → JA 1991, 173 *(Elling);* NdsOVG NVwZ 1994, 506; OVG NW NVwZ 1993, 399 (m. Bespr. *Lange* JuS 1994, 296); OVG SL NVwZ-RR 2012, 613 (614); *Papsthart* BayVBl 2016, 361 (363); *Burgi* Kommunalrecht, § 12 Rn. 15; *Gern/Brüning* Kommunalrecht, Rn. 569.

sondern ist wie selbstverständlich davon ausgegangen, dass Rechtsschutz gegen den Fraktionsausschluss im Verwaltungsrechtsweg zu erlangen ist.

42 **b) Streitigkeit nichtverfassungsrechtlicher Art.** Der Kommunalverfassungsstreit ist i. S. d. § 40 Abs. 1 S. 1 VwGO eine Streitigkeit „nichtverfassungsrechtlicher Art". Das gilt unabhängig davon, ob für einen „Verfassungsstreit" mit der h. M. eine doppelte Verfassungsunmittelbarkeit gefordert oder darauf abgestellt wird, dass der Rechtsschutzgegner ein Verfassungsrechtssubjekt ist, das als solches verpflichtet werden soll (→ *Ehlers* § 25 Rn. 82). Denn es streiten **Verwaltungsorgane** (bzw. deren Teile) um **verwaltungsrechtliche Wahrnehmungszuständigkeiten** (→ Rn. 14, 15).

43 Die Austragung des Kommunalverfassungsstreits im Verwaltungsrechtsweg wird nicht dadurch in Frage gestellt, dass Auslegung und Anwendung der im konkreten Fall maßgeblichen Vorschriften vielfach durch **Vorgaben des Verfassungsrechts** geprägt werden; das ist ein in der gesamten Rechtsordnung üblicher Vorgang. Nichts anderes ergibt sich aus Art. 28 Abs. 1 S. 2 GG. Die kommunale Vertretungskörperschaft (Gemeinderat, Kreistag) ist das **Organ einer Selbstverwaltungskörperschaft** und kein Parlament.[111] Daran ändert auch die Legitimation durch Wahlen nichts.[112] Mit der Verfassungsbeschwerde (→ *Scherzberg* § 15) können kommunale Mandatsträger das BVerfG wegen der Verletzung organschaftlicher Rechte zulässigerweise nicht anrufen.[113]

44 **Lösung zu Fall 8:** Das BVerfG führt aus: „Im Streit steht nicht das Verhältnis zwischen Verfassungsorganen oder -organteilen, sondern stehen die organschaftlichen Beziehungen innerhalb einer kommunalen Körperschaft. Dieses Verhältnis wird durch einfaches Recht geregelt. Auf das einfachgesetzliche Kommunalverfassungsrecht hat das Verfassungsrecht bestimmenden Einfluss, etwa durch die Verpflichtung auf die repräsentative Demokratie durch Art. 28 Abs. 1 S. 2 GG. Der Kommunalverfassungsstreit wird dadurch aber nicht zu einem Organstreit verfassungsrechtlicher Art, für den es einen Zugang zum BVerfG gäbe. Er ist vor den Verwaltungsgerichten auszutragen, die die besondere verfassungsrechtliche Prägung bei ihren Entscheidungen zur Geltung zu bringen haben." – In der Sache ist die Auffassung des Kreistags zutreffend; nur Mandatsträger mit in wesentlicher Hinsicht übereinstimmenden politischen Überzeugungen können im Rechtssinne (wegen der Bündelungs- und Koordinierungsfunktion) – und nicht nur technisch (zwecks Erlangung bestimmter Vorteile) – eine Fraktion bilden.[114]

### 2. Beteiligungsfähigkeit

45 Beteiligt am Kommunalverfassungsstreit sind *Kläger* (§ 63 Nr. 1 VwGO) und *Beklagter* (§ 63 Nr. 2 VwGO);[115] die *Beiladung* (§ 65 VwGO) ist (nahezu) bedeutungslos, so dass es (in aller Regel) keinen weiteren Beteiligten (§ 63 Nr. 3 VwGO) gibt. Die gesetzlichen Bestimmungen zur **Beteiligungsfähigkeit** nach § 61 VwGO (→ *Ehlers* § 25 Rn. 175 ff.) sind auf den **Außenrechtskreis** zugeschnitten.[116] Organ(teil)e sind weder natürliche noch juristische Personen (Nr. 1) und auch keine Behörden (Nr. 3);[117] sie stellen, soweit es um Kolle-

---

[111] Näher dazu *v. Ungern-Sternberg* Jura 2007, 256 ff.; ferner *Mühl-Jäckel* DVBl 2018, 1042 (1043).
[112] BVerfGE 78, 344 (348) = NVwZ 1989, 46.
[113] BVerfG-K NVwZ 1994, 56 (57); NVwZ-RR 2012, 2.
[114] Exemplarisch dazu OVG NW NWVBl 2013, 447.
[115] Beteiligte im Normenkontrollverfahren (→ Rn. 119) und im Eilverfahren (→ Rn. 121) sind „Antragsteller" und „Antragsgegner".
[116] *Erichsen/Biermann* Jura 2017, 157 (158); *Rennert* JuS 2008, 119 (123); *Bier/Steinbeiß-Winkelmann* in: Schoch/Schneider, VwGO, § 61 Rn. 7; a. A. *Ogorek* JuS 2009, 511 (516).
[117] *Burgi* in: Ehlers/Pünder, AllgVwR, § 8 Rn. 29: jede Behörde ist zugleich Organ, aber nicht jedes Organ ist immer zugleich Behörde.

gialorgane geht, auch keine „Vereinigungen" (Nr. 2) dar, weil darunter teilrechtsfähige Personenmehrheiten mit Außenrechtsfähigkeit verstanden werden.[118] Da nun aber der Verwaltungsrechtsweg für den Kommunalverfassungsstreit eröffnet ist (→ Rn. 38 ff.), wäre es inkonsequent, dem klagenden Organ(teil) die Beteiligungsfähigkeit zu versagen. Im Ergebnis scheitert die Zulässigkeit einer Klage im Kommunalverfassungsstreit nicht an § 61 VwGO.

**a) Rechtliche Grundlagen.** Als Grundlage für die Herleitung der Beteiligungsfähigkeit im Kommunalverfassungsstreit scheidet **§ 61 Nr. 3 VwGO** von vornherein aus. Die Bestimmung normiert einen Vorbehalt für das Landesrecht, von dem nicht alle Länder Gebrauch gemacht haben. Zudem erfasst § 61 Nr. 3 VwGO nur *außengerichtet* handelnde Verwaltungsstellen, so dass eine Anwendung auf Innenrechtsstreitigkeiten nicht in Betracht kommt.[119] 46

Bei *monokratisch* besetzten Organen (z. B. Bürgermeister, Landrat) wird verschiedentlich 47 **§ 61 Nr. 1 VwGO** herangezogen; ein Organwalter verliere seine Eigenschaft als Individuum nicht, sondern bleibe natürliche Person.[120] Das ist an sich richtig, trägt hier aber nicht; im Kommunalverfassungsstreit geht es nicht um persönliche Rechte des Organwalters (d. h. um individuelle Rechte einer natürlichen Person), sondern um die innerorganisationsrechtlichen Wahrnehmungszuständigkeiten eines Organ(teil)s.[121] Allenfalls könnte eine analoge Anwendung des § 61 Nr. 1 VwGO in Betracht gezogen werden.[122]

Gesetzliche Grundlage für die Gewinnung der Beteiligungsfähigkeit ist **§ 61 Nr. 2** 48 **VwGO.** Die unmittelbare Anwendung der Bestimmung bei Kollegialorganen[123] kommt allerdings nicht in Betracht, da kommunale Organ(teil)e keine (Personen-)Vereinigungen mit Rechten im Außenrechtskreis sind.[124] Angezeigt ist die **analoge Anwendung** des § 61 Nr. 2 VwGO bei *Kollegialorganen.*[125] Die conditio „soweit ihnen ein Recht zustehen kann" bringt zum Ausdruck, dass im Verwaltungsprozess beteiligungsfähig ist, wer Zuordnungssubjekt eines ihn berechtigenden Rechtssatzes ist.[126] Exakt dies ist die ratio des Organstreits im Kommunalrecht (→ Rn. 15, 24).

Bei *monokratisch* besetzten Organen bedarf es einer **doppelten Analogie,** um die Betei- 49 ligungsfähigkeit nach **§ 61 Nr. 2 VwGO** legitimieren zu können; einmal bezüglich des auf eine Personenmehrheit zielenden Begriffs „Vereinigung", zum anderen wegen der im kommunalen Binnenbereich angesiedelten Streitigkeit.[127] Diese methodischen „Manöver" bei der Begründung der Beteiligungsfähigkeit zeigen, dass **Rechtsfortbildung** betrieben wird.[128] Der Rückgriff auf § 61 Nr. 2 VwGO (analog) kann dies nur mühsam kaschieren.

**b) Wehrfähige Innenrechtsposition.** Die Heranziehung des § 61 Nr. 2 VwGO (ana- 50 log) hat inhaltliche Konsequenzen. Käme bei monokratisch besetzten Organen § 61 Nr. 1

[118] *Erichsen/Biermann* Jura 1997, 157 (159); *Rennert* JuS 2008, 119 (123 f.).

[119] *Meister* JA 2004, 414 (416); *Franz* Jura 2005, 156 (160); *Ogorek* JuS 2009, 511 (516); *Lange* Kommunalrecht, Kap. 10 Rn. 20.

[120] *Rausch* JZ 1994, 696 (699); *Meister* JA 2004, 414 (416); *Hoppe* in: Eyermann, VwGO, § 61 Rn. 5.

[121] SächsOVG NVwZ-RR 1997, 665; *Bauer/Krause* JuS 1996, 512 (515); *Erichsen/Biermann* Jura 1997, 157 (158 f.); *Lange* Kommunalrecht, Kap. 10 Rn. 19; *Bier/Steinbeiß-Winkelmann* in: Schoch/Schneider, VwGO, § 61 Rn. 3.

[122] So *Gern* VBlBW 1989, 449 (451); *Franz* Jura 2005, 156 (160); *Gern/Brüning* Kommunalrecht, Rn. 714.

[123] BayVGH NVwZ-RR 2019, 67 Rn. 14; HessVGH NVwZ 1986, 328; ThürOVG LKV 2000, 358; *Rausch* JZ 1994, 696 (699); *Ogorek* JuS 2009, 511 (516).

[124] SächsOVG NVwZ-RR 1997, 665; *Erichsen/Biermann* Jura 1997, 157 (159).

[125] BVerwGE 162, 284 Rn. 30 = NVwZ 2018, 1656 → *Eifert* Jura (JK) 2019, 124 und → *Waldhoff* JuS 2019, 286; OVG Berlin LKV 2000, 453 (Bezirke Bln); SächsOVG NVwZ-RR 1997, 665; *Lange* FS Schenke, S. 959 (962); *Röhl* in: Schoch, BesVwR, Kap. 2 Rn. 125.

[126] NdsOVG NVwZ-RR 2019, 570 Rn. 6; *Rennert* JuS 2008, 119 (124); *Engels/Krausnick* Kommunalrecht, § 6 Rn. 21; *Würtenberger/Heckmann* Verwaltungsprozessrecht, Rn. 754.

[127] *Schoch* JuS 1987, 783 (787); *Bier/Steinbeiß-Winkelmann* in: Schoch/Schneider, VwGO, § 61 Rn. 7.

[128] *Erichsen* FS Menger, 1985, S. 211 (223); *Schoch* JuS 1987, 783 (787); *Lange* FS Schenke, S. 959 (963).

VwGO (analog) zur Anwendung (→ Rn. 47), wäre mit Hinweis auf den *einen* Organwalter dessen Beteiligungsfähigkeit bejaht. Demgegenüber verlangt § 61 Nr. 2 VwGO (analog), dass den streitenden Organ(teil)en „ein Recht zustehen kann". Gefordert ist demnach die **Rechtssubjektivität** der Beteiligten. Fehlt es hieran, ist die Klage mangels Beteiligungsfähigkeit des Klägers bzw. des Beklagten unzulässig.

51 Nach § 61 Nr. 2 VwGO (analog) kann die Beteiligungsfähigkeit eines Organ(teil)s im Kommunalverfassungsstreit nur anerkannt werden, *soweit* dem Beteiligten (Kläger oder Beklagter) ein organschaftliches Recht zustehen kann. Es genügt demnach nicht, dass die am Kommunalverfassungsstreit Beteiligten allgemein Zuordnungssubjekt irgendeines Innenrechtssatzes sein können, vielmehr muss die wehrfähige Innenrechtsposition gerade im Hinblick auf den **konkreten Rechtsstreit** bestehen (konkrete Rechtssubjektivität).[129] Schon bei der Ermittlung der Beteiligungsfähigkeit muss folglich abschließend geprüft werden, ob dem klagenden Organ(teil) gegenüber dem beklagten Organ(teil) die streitige organschaftliche Rechtsposition zustehen kann.[130] § 61 Nr. 2 VwGO (analog) übernimmt im Organstreit die im Außenrechtsstreit § 42 Abs. 2 VwGO zukommende Kernfunktion: die Herausfilterung der im Verwaltungsprozess **rügefähigen Rechtspositionen** (hier: in Gestalt versubjektivierter organschaftlicher Kompetenzen).[131]

52 **c) Anwendungsbereiche und Beispiele.** Im Kommunalverfassungsstreit muss die Beteiligungsfähigkeit sowohl des Klägers als auch des Beklagten gegeben sein. In der Praxis stellt sich die Frage nach der Existenz einer **wehrfähigen Innenrechtsposition** vor allem in Bezug auf den **Kläger** (bzw. Antragsteller).[132] Zur Veranschaulichung der Rechtsprobleme kann nach Organen und Organteilen sowie deren Rechtsschutzbegehren im konkreten Fall differenziert werden.

53 **aa) Mitglieder der kommunalen Vertretungskörperschaft.** Inwieweit einem **Mandatsträger** ein „Recht" i. S. d. § 61 Nr. 2 VwGO (analog) zustehen kann, ist nach Maßgabe der im konkreten Rechtsstreit einschlägigen **Norm(en) des Kommunalrechts** zu entscheiden.[133] Wehrfähige Innenrechtspositionen bestehen etwa in Bezug auf die ordnungsgemäße Einladung zur Gemeinderatssitzung,[134] beim Begehren auf Änderung der Tagesordnung einer Sitzung,[135] zum Informationsanspruch (Auskunft, Akteneinsicht) gegenüber der Verwaltungsspitze,[136] gegenüber einer Redezeitbeschränkung im Gremium (durch den Vorsitzenden oder durch Geschäftsordnungsregelung),[137] beim Streit um die Pflicht zur Teilnahme an der Gemeinderatssitzung,[138] hinsichtlich der Verpflichtung des Vorsitzenden zur Abstimmung über einen Tagesordnungspunkt,[139] gegen einen

---

[129] NdsOVG NVwZ-RR 2019, 570 Rn. 6; SächsOVG NVwZ-RR 1997, 665; *Erichsen/Biermann* Jura 1997, 157 (159); *Meister* JA 2004, 414 (416); *Lange* FS Schenke, S. 959 (962 f.); *ders.* Kommunalrecht, Kap. 10 Rn. 37; *Würtenberger/Heckmann* Verwaltungsprozessrecht, Rn. 755; *Bier/Steinbeiß-Winkelmann* in: Schoch/Schneider, VwGO, § 61 Rn. 6; a. A. (d. h.: abstrakte Rechtssubjektivität) *Bethge* Die Verwaltung 8 (1975), 459 (474); *Schenke* Verwaltungsprozessrecht, Rn. 462a.

[130] Die Rechtsprechung ignoriert überwiegend diese Vorgabe des Verwaltungsprozessrechts und prüft die aufgeworfenen Fragen zumeist im Rahmen der Klagebefugnis (→ Rn. 94 ff.).

[131] *Schoch* JuS 1987, 783 (790).

[132] Auf der Beklagtenseite stellt sich eher die Frage nach der passiven Verfahrensbefugnis (→ Rn. 107).

[133] Sofern es an speziellen Regelungen fehlt, dient vielfach das „freie Mandat" als Grundlage für die Herleitung einzelner Rechte, *Nolte* DVBl 2005, 870 ff.

[134] VGH BW DÖV 1988, 469 (470); NVwZ-RR 1990, 369; VBlBW 1999, 304 → *Erichsen* JK 00, GO BW § 34 I 1/1; VBlBW 2011, 95 (96).

[135] SächsOVG LKV 1997, 229.

[136] BbgOVG LKV 1999, 34; HessVGH NVwZ-RR 1998, 773; OVG MV NVwZ-RR 2010, 123; NdsOVG NVwZ-RR 2014, 531 → *Kingreen* Jura (JK) 2015, 426; OVG NW NVwZ-RR 2003, 225 → *Ehlers* JK 9/03, VwGO § 61 Nr. 2/5; NVwZ-RR 2021, 223; OVG RP DVBl 2012, 55; SächsOVG NVwZ-RR 2016, 193 → *Kingreen* Jura (JK) 2017, 247; ThürOVG ThürVBl 2015, 166.

[137] VGH BW NVwZ-RR 1994, 229; NdsOVG NdsVBl 2014, 164 → *Kingreen* JK 8/14, VwGO §§ 43, 47/2.

[138] VGH BW NVwZ-RR 1997, 181 → *Erichsen* JK 96, GO BW § 34 III/1.

[139] VGH BW NVwZ-RR 1992, 204.

Ordnungsruf des Vorsitzenden,[140] beim Streit um die (Verletzung der) Verschwiegenheitspflicht,[141] gegenüber der Aufforderung des Kreistags zur Mandatsniederlegung[142] und gegenüber dem Ausschluss von der Mitwirkung im Gemeinderat (Beratung, Entscheidung) wegen – angeblicher – Befangenheit (→ Rn. 7 mit Fn. 21); wehrfähig ist auch das Recht von Mandatsträgern zum Zusammenschluss zu einer Fraktion.[143]

Keine wehrfähige Innenrechtsposition hat das einzelne Gemeinderats- bzw. Kreistags- 54
mitglied bezüglich der Feststellung der **objektiven Rechtswidrigkeit** eines Beschlusses des Gemeinderats bzw. des Kreistags.[144] Der verwaltungsgerichtliche Organstreit dient dem Schutz der dem klagenden Organ(teil) durch das Kommunalverfassungsrecht zugewiesenen Rechtsposition, nicht der gerichtlichen Feststellung der objektiven Rechtswidrigkeit von Gremienbeschlüssen.[145] Auch gegenüber einer rechtswidrigen Eilentscheidung des Bürgermeisters kann das einzelne Gemeinderatsmitglied kein „eigenes" organschaftliches Recht geltend machen; die Verteidigung der Kompetenzen des Gemeinderats (→ Rn. 56) steht dem Gremium als solchem zu.[146] Das **Fehlen der konkreten Rechtssubjektivität** (vgl. → Rn. 51) zeigt sich auch in anderen Konstellationen. So wird die Tagesordnungsinitiative eines einzelnen Mandatsträgers nicht von einer wehrfähigen Innenrechtsposition gestützt, wenn die Gemeindeordnung ein Quorum von einem Viertel der gesetzlichen Zahl der Gemeinderatsmitglieder für einen Antrag auf Einberufung der Sitzung nebst Mitteilung der Verhandlungsgegenstände vorschreibt.[147] Ein fraktionsloses Gemeinderatsmitglied hat kein „ihm" zustehendes Recht gegenüber einer vom Gemeinderat beschlossenen Redezeitbeschränkung für Gemeinderatsfraktionen.[148] Ein klagbares Recht hat der einzelne Mandatsträger auch nicht bezüglich der Mitgliedschaft in einem Ausschuss.[149] Die Verneinung des Rechts eines Ratsmitglieds auf Protokollberichtigung[150] ist zweifelhaft.

Die Klagbarkeit eines Rechts des einzelnen Mandatsträgers auf Einhaltung der Vorschrif- 55
ten zur **Sitzungsöffentlichkeit** wird kontrovers beurteilt. Verbreiteter Auffassung nach schützt der Grundsatz der Öffentlichkeit von Gemeinderats- und Kreistagssitzungen ausschließlich öffentliche Interessen und vermittelt dem einzelnen Gremiumsmitglied daher keine wehrfähige Innenrechtsposition.[151] Vorzugswürdig ist die Gegenauffassung; sie bejaht die Versubjektivierung schon wegen des Antragsrechts des einzelnen Mandatsträgers zum Ausschluss der Öffentlichkeit sowie unter Hinweis auf die Verschwiegenheitspflicht, der

---

[140] OVG NW Beschl. v. 16.5.2013 – 15 A 785/12, BeckRS 2013, 51162 → *Kingreen* JK 5/14, VwGO § 43 I/4; NVwZ-RR 2018, 318 → *Kingreen* Jura (JK) 2018, 756; OVG RP NVwZ-RR 1996, 52.

[141] SächsOVG NVwZ-RR 2016, 834.

[142] SächsOVG NVwZ-RR 2014, 66.

[143] VGH BW NVwZ-RR 1989, 425; BayVGH NVwZ-RR 2000, 811; OVG NW NWVBl 2013, 447; OVG RP NVwZ-RR 1997, 310.

[144] VGH BW DÖV 1988, 469 (470); *Mühl-Jäckel* DVBl 2018, 1042 (1045); *Lange* FS Schenke, S. 959 (963). – *Katz* VBlBW 2019, 97 (99, 101) weist darauf hin, dass die Prüfung der objektiven Rechtmäßigkeit dem Bürgermeister und der Kommunalaufsichtsbehörde obliegt.

[145] VGH BW VBlBW 2011, 95 (96); NdsOVG DVBl 2018, 115; OVG NW NVwZ-RR 2003, 225 → *Ehlers* JK 9/03, VwGO § 61 Nr. 2/5; NVwZ-RR 2003, 376; NVwZ-RR 2021, 223 Rn. 83; *Rottenwallner* VerwArch 105 (2014), 212 (234); *Heusch/Rosarius* NVwZ 2020, 1562 (1564).

[146] VGH BW NVwZ 1993, 396.

[147] BVerwG NVwZ-RR 1993, 210; OVG NW NVwZ-RR 2005, 427; VG Leipzig LKV 2000, 317. – Zulässigkeit der Klage zu Unrecht bejahend VGH BW NVwZ 1984, 664; OVG SH NVwZ-RR 1994, 459 (460).

[148] VGH BW NVwZ-RR 1994, 229.

[149] BVerwG NVwZ-RR 1994, 109; OVG RP NVwZ-RR 1996, 460; SächsOVG SächsVBl 2011, 112 (113). – Ein fraktionsloses Gemeinderatsmitglied hat in einem Ausschuss, dem es nicht angehört, kein Antrags-, Rede- und Stimmrecht, VGH BW NVwZ 1990, 893 → *Erichsen* JK 91, GO BW § 40/1; OVG SH NVwZ-RR 1994, 459. – Nach NdsOVG NVwZ-RR 2011, 451 (453) begründet das im SchulG vorgesehene Vorschlagsrecht einer Gruppe von Eltern für die Berufung von Mitgliedern in den kommunalen Schulausschuss die Beteiligtenfähigkeit nach § 61 Nr. 2 VwGO.

[150] NdsOVG DVBl 2018, 115 (116): Adressat der Sitzungsprotokolle sei in erster Linie die Verwaltung.

[151] VGH BW NVwZ-RR 1992, 373 → *Erichsen* JK 93, GO BW § 35 I/1; *Schnapp* VerwArch 78 (1987), 407 (428 ff.); *Erichsen/Biermann* Jura 1997, 157 (160); *Burgi* Kommunalrecht, § 14 Rn. 14.

jedes Gemeinderats- bzw. Kreistagsmitglied mit dem Ausschluss der Sitzungsöffentlichkeit automatisch unterliegt.[152] Grundsätzlicher sollte bedacht werden, dass das **Recht auf freie Mandatsausübung** das Recht umfasst, vor den Augen der Öffentlichkeit kommunalpolitisch zu agieren.[153]

56 **bb) Vertretungskörperschaft.** Die kommunale Vertretungskörperschaft (Gemeinderat, Kreistag) kann im Kommunalverfassungsstreit **Kompetenzüberschreitungen anderer Organe** geltend machen. Das betrifft insbesondere die Abgrenzung zu den dem Hauptverwaltungsbeamten (Bürgermeister, Landrat) zugewiesenen Geschäften der laufenden Verwaltung.[154] Der **Erlass von Richtlinien** für die Ermessensausübung bei der Erteilung von Sondernutzungserlaubnissen[155] ist der Kompetenz des Gemeinderats zuzuordnen.[156] Dasselbe gilt für die Aufstellung von Vergabekriterien für die Auswahl von Mitbewerbern für deren Zulassung zu einem Volksfest.[157] Auch die Zuordnung einer Straßenbaumaßnahme zum BauGB oder zum KAG fällt in die Entscheidungskompetenz des Gemeinderats und nicht des Bürgermeisters.[158] Ob der Bürgermeister die Grenzen seiner Eilentscheidungskompetenz eingehalten hat, kann der Gemeinderat durch einen Kommunalverfassungsstreit klären lassen (vgl. auch → Rn. 54).

57 **Kontrollrechte** (Auskunftsanspruch, Akteneinsicht etc.) gegenüber dem Hauptverwaltungsbeamten werden üblicherweise von den Mandatsträgern wahrgenommen (→ Rn. 53) oder von den Gemeinderats- bzw. Kreistagsfraktionen ausgeübt (→ Rn. 58). Anders ist es bei Exklusivkompetenzen der Vertretungskörperschaft. So ist das Recht nach weiterer Aufklärung eines Sachverhalts durch den Bürgermeister – nach vorangegangener unzureichender Information des Gemeinderats – der Kompetenz des Gremiums als Kollegium zugewiesen; der einzelne Mandatsträger hat keine entsprechende Wahrnehmungszuständigkeit.[159]

58 **cc) Fraktionen.** Ob einer im Gemeinderat oder im Kreistag vertretenen Fraktion ein „eigenes" organschaftliches Recht zustehen kann, hängt mitunter vom jeweiligen Landesrecht (GemO, LKrO) ab. Länderübergreifend lassen sich indessen markante wehrfähige Innenrechtspositionen benennen, die insbesondere auf **Initiativ-, Kontroll- und Statusrechten** basieren. Klagefähig im Kommunalverfassungsstreit sind die Befugnis zur Bildung einer Fraktion[160] und die Initiative zur Aufnahme eines Verhandlungsgegenstands in die Tagesordnung der Sitzung der Vertretungskörperschaft,[161] eingeschlossen das Recht auf mündliche Erläuterung im Gremium.[162] Ein subjektives Organrecht auf Wahrung des Grundsatzes der Sitzungsöffentlichkeit (→ Rn. 55) wird Ratsfraktionen ebenfalls zuerkannt.[163] Einklagbar ist auch die in der Gemeindeordnung normierte Informationspflicht des Bürgermeisters.[164] Eine Fraktion kann ferner das Mitwirkungsrecht (Stimmrecht) des

---

[152] HessVGH NVwZ-RR 2009, 531 → *Ehlers* JK 8/10, VwGO § 43 I/3; OVG NW NVwZ 1990, 186; NVwZ-RR 2002, 135 → *Ehlers* JK 3/02, GO NW § 48 II/1; *Rabeling* NVwZ 2010, 411 (413); *Suslin* NVwZ 2020, 200 (201 ff.).

[153] HessVGH NVwZ-RR 2019, 875 Rn. 36 (Fall 3 → Rn. 4 und Lösung → Rn. 19, 116); *Katz* NVwZ 2020, 1076 (1077); *Lange* FS Schenke, S. 959 (964); *ders.* Kommunalrecht, Kap. 7 Rn. 90.

[154] Dazu *Röhl* in: Schoch, BesVwR, Kap. 2 Rn. 115; ausführlich *Leisner-Egensperger* VerwArch 100 (2009), 161 ff.

[155] Dazu *Axer* in: Schoch, BesVwR, Kap. 6 Rn. 113 ff.

[156] VGH BW VBlBW 2002, 122.

[157] VGH BW NVwZ-RR 1992, 90; Urt. v. 1.10.2009 – 6 S 99/09, BeckRS 2009, 41414; BayVGH NVwZ-RR 2003, 771 → *Schoch* JK 1/04, BayGO Art. 21 I/2; NVwZ-RR 2004, 599; Kompetenzfrage offen lassend OVG NW NVwZ-RR 2004, 157 sowie im Anschluss daran NdsOVG NVwZ-RR 2006, 177 → *Schoch* JK 7/06, GewO § 70/2.

[158] OVG RP NVwZ-RR 1999, 524.

[159] VGH BW VBlBW 2003, 190 (191).

[160] OVG NW NWVBl 2013, 447.

[161] OVG NW NVwZ-RR 1996, 222; OVG SL NVwZ-RR 1993, 210; SächsOVG LKV 2002, 333.

[162] OVG NW NVwZ-RR 1989, 380; ThürOVG LKV 2000, 358.

[163] OVG NW NWVBl 2009, 221.

[164] OVG NW NVwZ 1999, 1252; OVG RP DVBl 2012, 55.

Bürgermeisters im Gemeinderat verwaltungsgerichtlich klären lassen.[165] Eine wehrfähige Innenrechtsposition besteht zudem im Falle der (vermeintlichen) Benachteiligung einer Fraktion bei gemeindlichen Zuwendungen an die Gemeinderatsfraktionen.[166] Als organschaftliches Recht einer Fraktion anerkannt wird sogar der Anspruch eines sachkundigen Bürgers auf Sitzungsgeld für die Teilnahme an Fraktionssitzungen.[167] Eine durchsetzbare Innenrechtsposition ist der gemeinsame Wahlvorschlag mehrerer Fraktionen für die Wahl von Mitgliedern des Gemeindevorstands.[168] Der umstrittene Ausschluss eines Mitglieds aus der Fraktion ist ebenfalls dem Kommunalverfassungsstreit zugänglich.[169]

Organschaftliche Rechte von **Fraktionen** bei der **Besetzung von Ausschüssen** der Vertretungskörperschaft können im Kommunalverfassungsstreit geklärt werden. Das betrifft etwa die Festsetzung der zahlenmäßigen Größe von Ausschüssen[170] und die Besetzung des Ausschussvorsitzes im Zugriffsverfahren.[171] Rügefähige Wahrnehmungszuständigkeiten einer Fraktion sind ferner der Anspruch auf eine – gemessen an der Vertretungskörperschaft – spiegelbildliche Ausschusszusammensetzung,[172] die Abwehr von Manipulationen bei der Ausschussbesetzung durch Bildung einer „gemeinsamen Liste" mehrerer Fraktionen[173] und das Recht auf Benennung eines Mitglieds im Jugendhilfeausschuss.[174] 59

Die Praxis kennt nicht wenige Beispiele zur **Ablehnung wehrfähiger Innenrechtspositionen** von Fraktionen. Das gilt etwa für den gegen den Bürgermeister gerichteten Antrag auf Einberufung des Gemeinderats (zur ersten Sitzung nach der Neuwahl),[175] für das Begehren auf verwaltungsgerichtliche Feststellung der (objektiven) Rechtswidrigkeit eines Kreistagsbeschlusses,[176] für die Rechtmäßigkeitskontrolle von Dringlichkeitsentscheidungen des Bürgermeisters[177] und für die Verteidigung von Kompetenzen des Gemeinderats.[178] Fraktionen haben auch kein Recht auf kostenlose Überlassung von Verwaltungsunterlagen[179] und auf die Bereitstellung von Räumen für spontane Sitzungen an Wochenenden.[180] Ein Anspruch auf Gewährung finanzieller Zuwendungen besteht von vornherein nicht, wenn das Kommunalrecht dies nicht vorsieht.[181] Ein organschaftliches Recht von Fraktionen auf Vertretung in allen Ausschüssen der Vertretungskörperschaft (i. S. e. Privilegierung gegenüber dem Repräsentationsprinzip der „Spiegelbildlichkeit") existiert ebenfalls nicht.[182] Eine Fraktion besteht nur für die Dauer der Wahlperiode des Gemeinderats; mit dem Ende der Wahlperiode ist sie als Trägerin gemeindeinterner Mitwirkungs- 60

---

[165] OVG NW NVwZ-RR 1997, 52.

[166] BVerwGE 143, 240 = NVwZ 2013, 442 → *Schoch* JK 5/13, GG Art. 3 I/50; E 162, 284 = NVwZ 2018, 1656 (m. Anm. *Janson*) → *Eifert* Jura (JK) 2019, 124 und → *Waldhoff* JuS 2019, 286; HessVGH NVwZ 2017, 886 (m. Anm. *Meyer*) → *Kingreen* Jura (JK) 2017, 1125; NdsOVG NdsVBl 2009, 917; OVG NW NVwZ-RR 2013, 376.

[167] OVG NW NWVBl 2006, 30.

[168] BVerwGE 137, 21 = NVwZ-RR 2010, 818.

[169] BayVGH NVwZ-RR 2019, 67; OVG NW NVwZ-RR 2018, 669 → *Kingreen* Jura (JK) 2019, 227; OVG SL NVwZ-RR 2012, 613; VG Koblenz DVBl 2019, 52.

[170] OVG NW NVwZ-RR 2018, 819 (Anspruch im Ergebnis abgelehnt).

[171] OVG NW NWVBl 2009, 66.

[172] VGH BW VBlBW 1988, 407; BayVGH BayVBl 2004, 429; BayVBl 2018, 173; NdsOVG NdsVBl 2005, 236; NVwZ-RR 2009, 298; OVG NW NWVBl 2011, 473; SächsOVG DVBl 2010, 1578.

[173] BVerwGE 119, 305 = NVwZ 2004, 621 → *Ehlers* JK 7/04, GG Art. 20 II/4. – Zu der Thematik in Gestalt einer „kommunalrechtlichen Wahlprüfungsklage" BVerwG NVwZ 2010, 834.

[174] OVG NW NWVBl 2004, 433.

[175] VGH BW VBlBW 2020, 376 (378 f.); zustimmend *Heusch/Rosarius* NVwZ 2020, 1562 (1564).

[176] OVG NW NWVBl 2014, 388 (390).

[177] OVG NW NVwZ 1989, 989.

[178] BVerwG NVwZ-RR 1994, 352; *Heusch/Rosarius* NVwZ 2020, 1562 (1564).

[179] OVG NW NVwZ-RR 1989, 155.

[180] NdsOVG NVwZ-RR 1995, 215.

[181] HessVGH NVwZ-RR 1996, 105; NVwZ-RR 1999, 188.

[182] BVerwG NVwZ-RR 1996, 105; NVwZ-RR 1993, 209; BayVGH NVwZ-RR 1993, 267; OVG NW DVBl 2005, 987. – Nach VerfGH RP NVwZ-RR 2014, 668 gibt es kein Recht kleiner Fraktionen auf ein „Grundmandat" in Gemeinderatsausschüssen.

rechte nicht mehr vorhanden, so dass ihr im Gerichtsverfahren die Beteiligungsfähigkeit fehlt.[183]

61 **Zu Fall 7:** Die Beteiligungsfähigkeit der H und der F-Fraktion ist nicht zweifelhaft. Der VGH unterlässt indes eine korrekte Herleitung, sondern verweist schlicht auf § 61 Nr. 1 und Nr. 2 VwGO. In Organstreitigkeiten mit der Gemeinde sei eine Fraktion unzweifelhaft beteiligungsfähig, in der vorliegenden internen Streitigkeit um die Mitgliedschaft in einer Fraktion könne nichts anderes gelten. – Die Analogie zum Streit mit der Gemeinde ist verfehlt; eine solche Konstellation gibt es nicht (→ Rn. 65).

62 **dd) Ausschüsse.** Ausschüsse des Gemeinderats und des Kreistags verfügen grundsätzlich nicht über eigene Wahrnehmungszuständigkeiten, sondern fungieren als **Unterorgane der Vertretungskörperschaft** im Interesse der objektiven Funktionsfähigkeit von Gemeinderat bzw. Kreistag. Etwas anderes gilt ausnahmsweise dann, wenn die Rechtsordnung einem Ausschuss Kompetenzen zur eigenständigen Wahrnehmung überträgt.[184] Ein Beispiel hierfür ist der **Jugendhilfeausschuss** mit seinem Beschlussrecht gemäß § 71 Abs. 3 S. 1 SGB VIII;[185] zur Verteidigung seiner Entscheidungsbefugnis gegenüber dem Gemeinderat bzw. dem Kreistag kann der Jugendhilfeausschuss einen Kommunalverfassungsstreit austragen.[186]

63 **ee) Hauptverwaltungsbeamter.** Der Hauptverwaltungsbeamte (Bürgermeister, Landrat) kann seine Kompetenzen im Kommunalverfassungsstreit geltend machen, verteidigen und durchsetzen.[187] Das sind neben den Geschäften der laufenden Verwaltung[188] vor allem **spezifische gesetzliche Kompetenzen:** Aufstellung der Tagesordnung für die Sitzungen von Gemeinderat bzw. Kreistag und Einberufung der Sitzung,[189] Beanstandungs- bzw. Widerspruchsrecht bei rechtswidrigem Gemeinderats-/Kreistagsbeschluss,[190] Eilentscheidungen in Dringlichkeitsfällen.[191] Wehrt sich der Bürgermeister gegen ihn betreffende Richtlinien des Gemeinderats, handelt es sich um einen zulässigen Kommunalverfassungsstreit.[192] Das gilt auch im Konflikt um **Ordnungsbefugnisse** des Bürgermeisters in seiner Funktion als Ratsvorsitzender; Beispiele sind der Streit um einen Ordnungsruf des Bürgermeisters gegenüber einem Gemeinderatsmitglied[193] und der Konflikt um den

---

[183] NdsOVG NVwZ-RR 2019, 570: unzulässiger Organstreit bzgl. einer Baumschutzsatzung.
[184] *Erichsen/Biermann* Jura 1997, 157 (161).
[185] Abgedruckt in Schönfelder Ergänzungsband Nr. 46.
[186] OVG NW NWVBl 1992, 17 (18), bestätigt durch BVerwG NWVBl 1995, 378 (379); ferner BVerwG Urt. v. 4.2.2016 – 5 C 12/15, BeckRS 2016, 43933 Rn. 7.
[187] Das gilt ebenso für die kollegial strukturierte Verwaltungsspitze von Kommunen wie z. B. Gemeindevorstand und Stadtvorstand.
[188] Dazu *Burgi* Kommunalrecht, § 13 Rn. 22 f.; *Geis* Kommunalrecht, § 11 Rn. 39 ff.; *Gern/Brüning* Kommunalrecht, Rn. 498 ff.; *Lange* Kommunalrecht, Kap. 8 Rn. 90 ff.; vgl. auch oben → Rn. 56.
[189] VGH BW NVwZ 1984, 659; NVwZ-RR 1990, 369; NVwZ-RR 1992, 204; VBlBW 2011, 95; BayVGH NVwZ 1988, 83 → JA 1988, 164 *(Aulehner);* NVwZ-RR 2014, 566; HessVGH NVwZ 1988, 82; NVwZ 2019, 581; OVG NW NWVBl 2005, 375; NWVBl 2012, 152; NWVBl 2013, 146; OVG RP NVwZ-RR 1989, 380; OVG SL NVwZ-RR 1993, 210; NVwZ-RR 1994, 37; OVG SH NVwZ-RR 1994, 459; SächsOVG LKV 1997; LKV 2002, 333.
[190] VG Gießen LKRZ 2013, 383.
[191] BayVGH BayVBl 2007, 239 und OVG NW NWVBl 1996, 441: Erlass einer Veränderungssperre durch Bürgermeister; OVG NW DVBl 1989, 166 → *Erichsen* JK 89, GO NW § 43 I/1: rechtswidriger Erlass einer Beitragssatzung durch Bürgermeister und ein Ratsmitglied; ThürOVG LKV 2002, 583: rechtswidrige Eilentscheidung des Landrats bzgl. Haushaltssatzung; zur Zurückstellung eines Baugesuchs nach § 15 BauGB OVG NW NWVBl 2011, 467 (rechtswidrig) und BayVGH BayVBl 2019, 92 (rechtmäßig).
[192] BayVGH NVwZ-RR 2007, 405.
[193] BVerwG NVwZ 1988, 837 → *Erichsen* JK 89, GO Rh.-Pf. §§ 36, 38/1; OVG NW Beschl. v. 16.5.2013 – 15 A 785/12, BeckRS 2013, 51162 → *Kingreen* JK 5/14, VwGO § 43 I/4; NVwZ-RR 2018, 318 → *Kingreen* Jura (JK) 2018, 756; OVG RP NVwZ-RR 1996, 52.

Ausschluss eines Mandatsträgers von der Sitzung (z. B. wegen ungebührlichen Verhaltens).[194]

Die **Abberufung kommunaler Wahlbeamter** (Bürgermeister, Landrat, hauptamtliche Beigeordnete) durch die Vertretungskörperschaft[195] kann nach der Rechtsprechung von den Betroffenen im Organstreitverfahren angegriffen werden; der entsprechende Beschluss beziehe sich nicht auf den dienstrechtlichen Status des kommunalen Wahlbeamten, sondern auf seine organschaftliche Stellung, so dass Rechtsschutz im Kommunalverfassungsstreit zulässig sei.[196] Beim Bürgermeister und beim Landrat sieht das Kommunalrecht (Ausnahmen: Baden-Württemberg, Bayern) mittlerweile die **Abwahl durch die Bürger** vor.[197] Die Bürgerschaft als solche ist kein Gemeindeorgan (→ Rn. 33); der Rechtsschutz des Betroffenen mündet folglich nicht in einen Organstreit. Da die Bürgerschaft auch keine „Behörde" ist und die Abwahl daher keinen Verwaltungsakt darstellt, kann dagegen nicht mit der Anfechtungsklage vorgegangen werden. Rechtsschutz wird in einigen Ländern durch Einspruch im Wahlprüfungsverfahren erlangt,[198] fehlt es an entsprechenden Regelungen, steht dem Betroffenen die Feststellungsklage nach § 43 Abs. 1 VwGO zur Verfügung.[199] 64

### 3. Prozessfähigkeit

Die Prozessfähigkeit (→ *Ehlers* § 25 Rn. 197 ff.) ist im Kommunalverfassungsstreit in der Regel unproblematisch. Der Rückgriff auf § 62 Abs. 1 VwGO, soweit eine natürliche Person handele,[200] ist unzutreffend; im **Organstreit** sind natürliche Personen nicht beteiligt (→ Rn. 47), so dass § 62 Abs. 1 VwGO nicht anwendbar ist. Unzutreffend ist auch die Annahme, der Bürgermeister vertrete die Gemeinde als gesetzlicher Vertreter i. S. d. § 62 Abs. 3 VwGO i. V. m. der Vertretungsbefugnis nach der Gemeindeordnung;[201] die Gemeinde als solche ist am Kommunalverfassungsstreit nicht beteiligt, sondern gemeindliche **Organe oder Organteile** sind beteiligt, sodass sich die Frage nach der Vertretung der Gemeinde nicht stellt. 65

Als Konsequenz aus der auf § 61 Nr. 2 VwGO (analog) gestützten Beteiligungsfähigkeit (→ Rn. 48 f.) ist die Prozessfähigkeit nach **§ 62 Abs. 3 VwGO (analog)** zu bestimmen.[202] Prozessfähig ist danach der Organwalter des beteiligten Organ(teil)s: bei Kollegialorganen z. B. der Ratsvorsitzende, Kreistagsvorsitzende, Ausschussvorsitzende, Fraktionsvorsitzende; bei monokratisch besetzten Organen oder einzelnen Mandatsträgern der jeweilige Organwalter (Bürgermeister, Landrat, Gemeinderats-, Kreistags-, Ausschuss-, Fraktionsmitglied etc.). Beim Streit eines Kollegialorgans mit seinem Vorsitzenden wird das Organ durch den stellvertretenden Vorsitzenden vertreten.[203] Mangels gesetzlicher Vertretungsregelung im kommunalen Organisationsrecht für innerorganisatorische Vertretungsfälle bedarf es im Falle der Beteiligung von kollegial besetzten Organ(teil)en am Kommunalverfassungsstreit der **Bevollmächtigung des Vertreters.**[204] 66

---

[194] VGH BW NVwZ-RR 1993, 505; HessVGH NVwZ-RR 1990, 371; NVwZ-RR 2001, 464.

[195] Überblick zum einschlägigen Landesrecht bei *Gern/Brüning* Kommunalrecht, Rn. 510.

[196] BVerwGE 81, 318 = NVwZ 1989, 972 = JZ 1989, 1118 (m. Anm. *Lecheler*) → *Erichsen* JK 90, GG Art. 33 V/11 und → JA 1990, 172 *(Langer)*; BVerwG NVwZ 1990, 772; HessVGH DVBl 1989, 934; ThürOVG ThürVBl 1996, 82. – A. A. *Gern/Brüning* Kommunalrecht Rn. 515 und *Lange* Kommunalrecht, Kap. 8 Rn. 52: Abberufung stellt einen Verwaltungsakt dar, Rechtsschutz mittels Anfechtungsklage ist zulässig.

[197] Überblick zum einschlägigen Landesrecht bei *Gern/Brüning* Kommunalrecht, Rn. 514.

[198] Vgl. dazu *Lange* Kommunalrecht, Kap. 8 Rn. 34.

[199] VG Leipzig SächsVBl 2011, 114 (m. Anm. *Wendel*); bestätigt durch SächsOVG SächsVBl 2012, 7; ferner *Sponer/Peschke* SächsVBl 2011, 97 (99 ff.).

[200] So aber *Meister* JA 2004, 414 (416); *Hufen* Verwaltungsprozessrecht, § 21 Rn. 7.

[201] So aber *Franz* Jura 2005, 156 (160).

[202] *Burgi* Kommunalrecht, § 14 Rn. 12; *Geis* Kommunalrecht, § 25 Rn. 9; *Lange* Kommunalrecht, Kap. 10 Rn. 39.

[203] *Engels/Krausnick* Kommunalrecht, § 6 Rn. 22.

[204] *Franz* LKV 2004, 497 (500); *ders.* Jura 2005, 156 (160).

## II. Rechtsschutzform

67 **Fall 9:** Die Stadt S betreibt als kommunales Unternehmen die S-GmbH. Stadtratsmitglied Q möchte von Oberbürgermeister O wissen, wie hoch die Vergütung des Geschäftsführers jener städtischen Eigengesellschaft ist. O lehnt die Beantwortung der Anfrage ab, weil das Kommunalrecht des Landes einen Anspruch, wie von Q geltend gemacht, nicht kenne. Q will klagen.[205]

68 **Fall 10:** Im Rat der Stadt X wird der Antrag der Fraktionen von SPD und CDU für die Verabschiedung einer Resolution zur Einführung einer 3%-Sperrklausel bei Kommunalwahlen (zwecks Sicherung der Handlungsfähigkeit kommunaler Vertretungskörperschaften) angenommen. Daraufhin erklärt U, Mitglied der Ratsgruppe PRO NRW, „ja, da haben wir es ja endlich das wahlpolitische Ermächtigungsgesetz der Altparteien, die vor allem auf Verteidigung ihrer Pfründe bedacht sind". Der Vorsitzende ruft U wegen dieser Aussage zur Ordnung und weist U darauf hin, dass sie bei einem zweiten Ordnungsruf für die Dauer der Ratssitzung des Saals verwiesen werde. U fragt nach einer Klagemöglichkeit.[206]

69 **Fall 11:** Der Rat der Stadt B verabschiedet – gegen die Stimme von Ratsmitglied R, einziger Vertreter seiner Partei im Rat – eine neue Geschäftsordnung, die in § 12 eine Begrenzung der Redezeit vorsieht; außerdem darf jedes Ratsmitglied nach der Neuregelung zu einem Beratungsgegenstand grundsätzlich nur einmal sprechen. R bittet um Auskunft zu Klagemöglichkeiten.[207]

70 **Fall 12:** Stadträtin I veröffentlicht Unterlagen des Stadtrats vor Eintritt in die jeweilige öffentliche Sitzung des Stadtrats auf der Homepage des Kreisverbands ihrer politischen Partei. Auf Grund einer entsprechenden Mehrheitsentscheidung will der Stadtrat jenes Verhalten der I durch einstweilige Anordnung untersagen lassen.[208]

71 Die VwGO kennt, wie § 43 verdeutlicht, drei Klage*typen:* Feststellungsklage, Gestaltungsklage, Leistungsklage (→ *Ehlers* § 26 Rn. 1). Diese Klagetypen finden positivrechtliche Ausprägungen in fünf Klage*arten* (→ *Ehlers* § 26 Rn. 2): allgemeine Feststellungsklage (§ 43 Abs. 1 VwGO) und Fortsetzungsfeststellungsklage (§ 113 Abs. 1 S. 4 VwGO), Anfechtungsklage (§ 42 Abs. 1 VwGO), Verpflichtungsklage (§ 42 Abs. 1 VwGO) und – implizit anerkannt (vgl. §§ 43 Abs. 2, 111, 113 Abs. 4 VwGO) – allgemeine Leistungsklage. Für den **Hauptsacherechtsschutz** stehen prinzipiell alle Klagearten zur Verfügung (vgl. aber → Rn. 73, 74). Die frühere Diskussion um eine „Klageart sui generis" hat sich erledigt; für ein solches Konstrukt gibt es keine Notwendigkeit.[209] Von Bedeutung ist im Kommunalverfassungsstreit auch die Normenkontrolle (§ 47 VwGO).[210] Zunehmend wichtiger wird bei Organstreitigkeiten der **vorläufige Rechtsschutz** (§ 123 VwGO).

72 Für die Ermittlung der statthaften Rechtsschutzform ist – wie beim Außenrechtsstreit – vom **Begehren des Klägers** (§ 88 VwGO) bzw. Antragstellers auszugehen. Daran schließt

---

[205] Fall nach ThürOVG ThürVBl 2015, 166.
[206] Fall nach OVG NW NVwZ-RR 2018, 318 → *Kingreen* Jura (JK) 2018, 756.
[207] Fall nach NdsOVG NdsVBl 2014, 164 → *Kingreen* JK 8/14, VwGO §§ 43, 47/2.
[208] Fall nach SächsOVG NVwZ-RR 2016, 834.
[209] OVG SL NVwZ-RR 1993, 210; *Ehlers* NVwZ 1990, 105 (106); *Lerche* FS Knöpfle, 1996, S. 171 (177); *Pietzcker/Marsch* in: Schoch/Schneider, VwGO, Vorb § 42 Abs. 1 Rn. 18.
[210] Zur Einordnung vgl. BVerwGE 111, 276 (279) = NJW 2000, 3584 → *Schoch* JK 01, VwGO § 43/11: Normenkontrolle nach § 47 VwGO ist als Feststellungsverfahren ausgestaltet.

sich die Untersuchung der Rechtsschutzformvoraussetzungen für die in Betracht kommende Klageart bzw. Antragsart an. Problematisch ist die Anerkennung einer allgemeinen Gestaltungsklage (→ Rn. 83 ff.).

### 1. Anfechtungsklage und Verpflichtungsklage

Nicht statthaft sind im Kommunalverfassungsstreit **Anfechtungs- und Verpflichtungsklage;** es fehlt an der von § 42 Abs. 1 VwGO geforderten Rechtsschutzformvoraussetzung „Verwaltungsakt".[211] Angegriffene bzw. begehrte Maßnahmen im Verhältnis zwischen zwei Organ(teil)en sind nicht auf eine unmittelbare Rechtswirkung *nach außen* gerichtet; zudem agieren die Beteiligten im Organstreit nicht als „Behörde". Soweit der organschaftliche Rechtskreis mit „Außenwirkung" gleichgesetzt wird, weil Übergriffe anderer Organe in die „eigene" Wahrnehmungszuständigkeit als quasi „von außen" kommend gedeutet werden könnten,[212] wird mit einer gesetzeswidrigen Manipulation des Begriffs „Verwaltungsakt" hantiert;[213] außerdem bleibt offen, worin „behördliches" Handeln bei verwaltungsinternen Maßnahmen liegen soll. 73

Ist § 42 Abs. 1 VwGO beim Kommunalverfassungsstreit nicht anwendbar (→ Rn. 73), gilt dies – im Falle einer erledigten innerorganisatorischen Maßnahme – konsequenterweise auch für § 113 Abs. 1 S. 4 VwGO.[214] Für eine Überprüfung erledigter verwaltungsinterner Maßnahmen anhand der **Fortsetzungsfeststellungsklage** analog § 113 Abs. 1 S. 4 VwGO[215] besteht kein Bedürfnis, weil die Feststellungsklage nach § 43 Abs. 1 VwGO als Rechtsschutzform zur Verfügung steht.[216] Die Rechtsprechung verfährt seit langer Zeit in diesem Sinne.[217] 74

### 2. Allgemeine Leistungsklage

Im Kommunalverfassungsstreit ist die **allgemeine Leistungsklage** die statthafte Rechtsschutzform, wenn ein Organ(teil) von einem anderen Organ(teil) ein Tun, Dulden oder Unterlassen begehrt.[218] Vornehmlich geht es um die **Vornahme** oder um die **Rückgängigmachung** bestimmter Organhandlungen. Beispiele sind das Begehren um die Aufnahme eines bestimmten Tagesordnungspunktes für die Gemeinderatssitzung,[219] die Klage des Hauptverwaltungsbeamten gegen eine Fraktion auf Entfernung bestimmter Symbole in den Fraktionsgeschäftsräumen,[220] der Antrag eines wegen Befangenheit ausgeschlossenen Kreistagsmitglieds auf Teilnahme als Zuhörer an nichtöffentlichen Sitzungen des Kreisaus- 75

---

[211] NdsOVG NVwZ-RR 2011, 451 (453); OVG NW NVwZ-RR 2010, 534; *Rottenwallner* VerwArch 105 (2014), 212 (235); *Mühl-Jäckel* DVBl 2018, 1042 (1046); *Katz* VBlBW 2019, 97 (99); *Röhl* in: Schoch, BesVwR, Kap. 2 Rn. 125; *Pietzcker/Marsch* in: Schoch/Schneider, VwGO, Vorb § 42 Abs. 1 Rn. 18.

[212] So *Martensen* JuS 1995, 1077 f.; *Hufen* Verwaltungsprozessrecht, § 21 Rn. 10; *Schenke* Verwaltungsprozessrecht, Rn. 228.

[213] *Rottenwallner* VerwArch 105 (2014), 212 (235 f.); *Lerche* FS Knöpfle, 1996, S. 171 (178 f.).

[214] *Bauer/Krause* JuS 1996, 411 (415); *Erichsen/Biermann* Jura 1997, 157 (162); *Rennert* JuS 2008, 119 (124); a. A. *Schenke* Verwaltungsprozessrecht, Rn. 338.

[215] *Ehlers* NVwZ 1990, 105 (107 ff.) am Beispiel des Feststellungsbegehrens bzgl. des Ausschlusses eines Mandatsträgers von der Mitwirkung in der Vertretungskörperschaft wegen Befangenheit; dazu w. Nachw. bei *Mühl-Jäckel* DVBl 2018, 1042 (1047).

[216] *Erichsen/Biermann* Jura 1997, 157 (162); *Lange* FS Schenke, S. 959 (970); *ders.* Kommunalrecht, Kap. 10 Rn. 57.

[217] Am Beispiel eines erledigten Mitwirkungsverbots wegen Befangenheit VGH BW VBlBW 1987, 24 (25); HessVGH NVwZ 1982, 44 (45); OVG RP NVwZ-RR 1996, 218. – Am Beispiel eines Leistungsbegehrens (Aufnahme eines Tagesordnungspunktes für die Sitzung) BayVGH NVwZ 1988, 83 (84); HessVGH NVwZ 1986, 328; OVG SL NVwZ-RR 1993, 210; OVG SH NVwZ-RR 1994, 459 (460). – Am Beispiel des Streits um die Sitzungsöffentlichkeit HessVGH NVwZ-RR 2009, 531; NVwZ-RR 2019, 875; OVG NW NWVBl 2009, 221.

[218] *Ogorek* JuS 2009, 511 (513); *Mühl-Jäckel* DVBl 2018, 1042 (1047); *Katz* VBlBW 2019, 97 (100); *Lange* FS Schenke, S. 959 (966).

[219] VGH BW NVwZ 1984, 659 (660) und 664; BayVGH NVwZ 1988, 83 (84).

[220] OVG NW NVwZ-RR 1991, 35.

schusses,[221] die Klage von Gemeinderatsmitgliedern gegen den Bürgermeister auf Auskunft bzw. Akteneinsicht,[222] das Verlangen eines einzelnen Mandatsträgers auf finanzielle Zuwendungen für Zwecke der Sitzungsvorbereitung[223] und die Klage auf Zuordnung eines Sitzes in einem Ausschuss.[224]

Seltener wird in der Praxis ein **Unterlassen** gefordert; ein Beispiel ist die gegen den Hauptverwaltungsbeamten gerichtete Leistungsklage auf Unterlassung der Ernennung eines Beamten.[225]

76 **Zu Fall 9:** Statthafte Rechtsschutzform für das Auskunftsverlangen von Q ist die allgemeine Leistungsklage. Das OVG stellt fest, der Kläger (Q) begehre als Teil des Gemeindeorgans „Stadtrat" vom Beklagten (O) als Gemeindeorgan die Vornahme einer konkreten Handlung ohne Verwaltungsaktqualität, nämlich die Beantwortung der Anfrage.

### 3. Feststellungsklage

77 Kommunalverfassungsstreitigkeiten werden in der Praxis überwiegend in der Rechtsschutzform der **allgemeinen Feststellungsklage** (§ 43 Abs. 1 VwGO) ausgetragen. Zumeist geht es um die gerichtliche Klärung der zwischen den Beteiligten streitigen organschaftlichen Rechte und Pflichten, so dass die Feststellungsklage das **Rechtsschutzziel** angemessen erfasst.[226] Die Aufwertung der Feststellungsklage hat weitere Gründe: die Unzulässigkeit der Fortsetzungsfeststellungsklage bei erledigten Vorgängen (→ Rn. 74) bedingt den erweiterten Anwendungsbereich der allgemeinen Feststellungsklage, und die Ablehnung der allgemeinen Gestaltungsklage seitens der h. M. (→ Rn. 85) zwingt (zwecks Vermeidung einer Rechtsschutzverweigerung) zu einem extensiven Verständnis des Merkmals „Rechtsverhältnis" i. S. d. § 43 Abs. 1 VwGO (→ Rn. 79 f.).

78 Rechtsschutzformvoraussetzung ist nach § 43 Abs. 1 VwGO das **Bestehen oder Nichtbestehen eines Rechtsverhältnisses.** „Rechtsverhältnis" sind die rechtlichen Beziehungen, die sich auf Grund der Anwendung einer Norm des Öffentlichen Rechts auf einen konkreten Sachverhalt für das Verhältnis mehrerer Rechtssubjekte ergeben, kraft deren eines der Rechtssubjekte etwas Bestimmtes tun muss, kann oder darf oder nicht zu tun braucht (→ *Ehlers* § 30 Rn. 5). Im Kommunalverfassungsstreit geht es um **Rechtsbeziehungen zwischen Organ(teil)en,** die sich aus der Anwendung kommunalverfassungsrechtlicher Normen auf einen bestimmten Sachverhalt ergeben. Die gegenseitigen organschaftlichen Rechte und Pflichten stellen „Rechtsverhältnisse" dar; § 43 Abs. 1 VwGO umfasst auch **Innenrechtsverhältnisse.**[227]

79 Beim Streit um die *Rechtmäßigkeit* von Entscheidungen eines Organs (z. B. Beschluss des Gemeinderats oder des Kreistags, Dringlichkeitsentscheidung des Bürgermeisters) liegt an sich kein „Rechtsverhältnis" vor, ein solches wird durch die Entscheidung begründet, verändert oder beendet; die **Feststellung der Rechtswidrigkeit** einer Maßnahme kann

[221] BayVGH BayVBl 1983, 729.

[222] OVG NW NVwZ 1999, 1252 (1253); NVwZ-RR 2021, 223 Rn. 52; SächsOVG NVwZ-RR 2016, 193 = LKV 2016, 36 (m. Anm. *Richter*) → *Kingreen* Jura (JK) 2017, 247; ThürOVG ThürVBl 2015, 166 (167); VG Braunschweig NVwZ-RR 2013, 731 → *Kingreen* JK 2/14, NdsKVG § 56 S. 2/1.

[223] OVG NW NVwZ-RR 2010, 534.

[224] NdsOVG NVwZ-RR 2009, 298.

[225] VG Würzburg BayVBl 1989, 153 (154); vgl. ferner *Mühl-Jäckel* DVBl 2018, 1042 (1047).

[226] *Rennert* JuS 2008, 119 (124); *Lorenz* Verwaltungsprozeßrecht, § 25 Rn. 14.

[227] HessVGH NVwZ-RR 2014, 102 (103) → *Kingreen* Jura (JK) 2015, 315 und → *Waldhoff* JuS 2014, 1150; NdsOVG NVwZ-RR 2011, 451 (453); NdsVBl 2014, 102 (103); OVG NW NVwZ-RR 2003, 225 → *Ehlers* JK 9/03, VwGO § 61 Nr. 2/5; NVwZ-RR 2003, 376; Beschl. v. 16.5.2013 – 15 A 785/12, BeckRS 2013, 51162 → *Kingreen* JK 5/14, VwGO § 43 I/4; NVwZ-RR 2018, 318 → *Kingreen* Jura (JK) 2018, 756; OVG RP DVBl 2012, 55; *Franz* Jura 2005, 156 (158); *Katz* VBlBW 2019, 97 (100); *Pietzcker* in: Schoch/Schneider, VwGO, § 43 Rn. 26.

daher, strenggenommen, nicht Gegenstand einer Feststellungsklage sein (→ *Ehlers* § 30 Rn. 12).[228] Nach h. M. werden Klagebegehren umformuliert bzw. umgedeutet, so dass die Entfaltung von Rechtswirkungen einer organschaftlichen Entscheidung als *Vorfrage* der Feststellungsklage zu klären sei; zudem seien auch *einzelne* organschaftliche Rechte (z. B. Mitgliedschafts- oder Beteiligungsrechte) und Pflichten feststellbar; feststellungsfähig seien ferner die rechtlichen *Folgen* aus dem Rechtsverhältnis (z. B. die Unwirksamkeit eines Gremienbeschlusses).[229] Ohne derartige Konstruktionen wird auch – zwecks Anpassung des § 43 Abs. 1 VwGO an die Erfordernisse des Kommunalverfassungsstreits – die Feststellung der Rechtswidrigkeit von Entscheidungen eines Organs für statthaft gehalten.[230]

Die Rechtsprechung praktiziert das **weite Verständnis des § 43 Abs. 1 VwGO,** indem 80
der zulässige Gegenstand einer Feststellungsklage extensiv gefasst wird: Rechtmäßigkeit der Einladung des Bürgermeisters zur Gemeinderatssitzung,[231] Klärung des grundsätzlichen Gebots der Sitzungsöffentlichkeit,[232] Durchsetzung des Rechts des Gemeinderats auf angemessene Unterrichtung durch den Bürgermeister,[233] Ausschluss aus dem Gremium wegen Befangenheit,[234] Rechtmäßigkeit eines Ordnungsrufs des Ratsvorsitzenden,[235] Rechtmäßigkeit der vom Gemeinderat beschlossenen Redezeitbeschränkung in Sitzungen,[236] Streit um die Bestellung eines Ausschussmitglieds,[237] Klärung des Anspruchs auf Sitzungsgeld eines sachkundigen Bürgers für die Teilnahme an Fraktionssitzungen,[238] Disput um einen Ratsbeschluss zu finanziellen Zuwendungen an Fraktionen,[239] Rechtmäßigkeit einer Eilentscheidung des Oberbürgermeisters,[240] Rechtmäßigkeit der Wahl eines Beigeordneten,[241] Beschlussempfehlung zur Niederlegung des Kreistagsmandats (wegen früherer Stasi-Tätigkeit),[242] Abberufung eines Bürgermeisters durch den Stadtrat;[243] die verwaltungsgerichtliche Feststellung der Rechtswidrigkeit von Beschlüssen der Vertretungskörperschaft (Gemeinderat, Kreistag) wird von der Rechtsprechung ausdrücklich für zulässig erklärt.[244]

**Zu Fall 10:** U begehrt im Nachgang zu dem durch V erfolgten Ordnungsruf Rechts- 81
schutz. In der Sache geht es um die *Rechtmäßigkeit* der Maßnahme. Das OVG formuliert i. S. d. Feststellungsklage, zu klären sei die *rechtliche Zulässigkeit* eines einem Ratsmitglied durch den Ratsvorsitzenden erteilten Ordnungsrufs; ein feststellungsfähiges Rechtsverhältnis i. S. d. § 43 Abs. 1 VwGO liege vor.

Nach § 43 Abs. 2 S. 1 VwGO gilt die **Subsidiarität der Feststellungsklage,** soweit der 82
Kläger seine Rechte durch Gestaltungs- oder Leistungsklage verfolgen kann oder hätte verfolgen können (→ *Ehlers* § 30 Rn. 33 ff.). Das ist z. B. der Fall, wenn es dem Kläger eigentlich um die Aufhebung eines Beschlusses (z. B. des Gemeinderats, des Kreistags, eines

228 Nachdrücklich *Ehlers* NVwZ 1990, 105 (107).
229 *Lorenz* Verwaltungsprozessrecht, § 25 Rn. 16; *Würtenberger/Heckmann* Verwaltungsprozessrecht, Rn. 761.
230 *Pietzcker/Marsch* in: Schoch/Schneider, VwGO, Vorb § 42 Abs. 1 VwGO Rn. 18; sogar auf Nichtigkeitsfeststellung ausdehnend *Lange* FS Schenke, S. 959 (968 f.) und *ders.* Kommunalrecht, Kap. 10 Rn. 51 ff.
231 VGH BW NVwZ-RR 1990, 369.
232 HessVGH NVwZ-RR 2009, 531; NVwZ-RR 2019, 875 Rn. 37; OVG NW NWVBl 2009, 221.
233 OVG RP DVBl 2012, 55.
234 HessVGH NVwZ-RR 2014, 563 → *Kingreen* Jura (JK) 2015, 315 und → *Waldhoff* JuS 2014, 1150; NdsOVG NdsVBl 2014, 102 (103).
235 OVG NW Beschl. v. 16.5.2013 – 15 A 785/12, BeckRS 2013, 51162 → *Kingreen* JK 5/14, VwGO § 43 I/4; NVwZ-RR 2018, 318 → *Kingreen* Jura (JK) 2018, 756.
236 VGH BW NVwZ-RR 1994, 229.
237 NdsOVG NVwZ-RR 2011, 451 (453).
238 OVG NW NWVBl 2006, 30.
239 VG Gelsenkirchen NWVBl 1987, 53 (m. Anm. *Bick*).
240 VGH BW NVwZ 1993, 396.
241 OVG NW NVwZ-RR 2003, 225 → *Ehlers* JK 9/03, VwGO § 61 Nr. 2/5.
242 SächsOVG NVwZ-RR 2014, 66 Rn. 26.
243 ThürOVG ThürVBl 1996, 82.
244 OVG NW NVwZ-RR 2003, 376; NWVBl 2014, 388 (389); NVwZ-RR 2021, 223 Rn. 83.

Ausschusses) geht (zur Gestaltungsklage → Rn. 85ff.) oder um die Durchsetzung eines an sich mit der allgemeinen Leistungsklage geltend zu machenden Anspruchs (z.B. auf Sitzungsteilnahme, Auskunft vom Bürgermeister, Gewährung von Zuwendungen an Fraktionen). Die **Feststellungsklage** wird seitens der h.M. dennoch für statthaft erklärt, weil § 43 Abs. 2 S. 1 VwGO nach Sinn und Zweck restriktiv auszulegen und anzuwenden sei:

- Drohe keine Umgehung der für andere Rechtsschutzformen (Anfechtungsklage, Verpflichtungsklage, Normenkontrollantrag) geltenden besonderen Sachentscheidungsvoraussetzungen (Vorverfahren, Rechtsbehelfsfristen), sei die Feststellungsklage nicht subsidiär.[245]
- Die Feststellungsklage sei auch dann nicht nachrangig, wenn sie gegenüber einer Gestaltungsklage oder einer Leistungsklage den effektiveren Rechtsschutz biete.[246]
- Richte sich die Feststellungsklage gegen eine Stelle der öffentlichen Verwaltung, könne ohnehin die Respektierung der Gerichtsentscheidung erwartet werden.[247]

Diese restriktive Handhabung des § 43 Abs. 2 S. 1 VwGO eröffnet dem Einsatz der Feststellungsklage im Kommunalverfassungsstreit ein breites Anwendungsfeld.[248]

### 4. Allgemeine Gestaltungsklage

83 Die Unanwendbarkeit des § 42 Abs. 1 VwGO im Organstreit (→ Rn. 73) hat zur Konsequenz, dass ein auf **gerichtliche Kassation** zielender Rechtsschutzantrag im Kommunalverfassungsstreit nicht zur Verfügung steht. Juristisch nicht haltbar ist die Erfindung eines kassatorischen Anspruchs des Gerichts auf Grund einer Leistungsklage oder einer Feststellungsklage.[249] Diese Konstruktion ist ein Widerspruch in sich und missachtet das in der VwGO vorgesehene Klagensystem.[250] Art. 19 Abs. 4 GG kann zur Rechtfertigung jener Erfindung nicht herangezogen werden; das formelle Hauptgrundrecht ist auf innerorganisatorische Wahrnehmungszuständigkeiten nicht anwendbar.[251]

84 Als Konsequenz aus diesem Befund wird verschiedentlich die Anerkennung einer **allgemeinen Gestaltungsklage** postuliert, um die gerichtliche Kassationsbefugnis im Organstreit erreichen zu können. Es gebe dafür ein praktisches Bedürfnis;[252] prinzipielle rechtliche Bedenken bestünden nicht, weil z.B. die gerichtliche Aufhebung eines Gemeinderatsbeschlusses nicht tiefer in die kommunale Selbstverwaltung eingreife als jede andere gerichtliche Kassation von Gemeinderatsentscheidungen.[253]

85 Die richterliche Kreation einer allgemeinen Gestaltungsklage für den Kommunalverfassungsstreit stößt auf Bedenken (→ *Ehlers* § 26 Rn. 3). Nach **materiellem Recht** sind gegen höherrangiges Recht verstoßende öffentlich-rechtliche Rechtsakte – vorbehaltlich abweichender Bestimmungen des positiven Rechts – unwirksam; ein Gestaltungsurteil bei einem nichtigen Rechtsakt macht keinen Sinn, zur Beseitigung des Rechtsscheins genügt

---

[245] BVerwGE 112, 253 (256) = NVwZ 2001, 564 (565); NVwZ-RR 2016, 504 Rn. 18; NVwZ 2020, 554 Rn. 23.

[246] BVerwG DVBl 2016, 1603 Rn. 28; NVwZ 2018, 739 Rn. 17, 20; OVG LSA NVwZ-RR 2020, 342 Rn. 33.

[247] BVerwGE 36, 179 (181); BayVGH BayVBl 2006, 47 (49).

[248] *Erichsen/Biermann* Jura 1997, 157 (162); *Franz* Jura 2005, 156 (158); krit. *Ogorek* JuS 2009, 511 (513f.). – Für ein Wahlrecht des Klägers zwischen allgemeiner Leistungsklage und Feststellungsklage *Engels/Krausnick* Kommunalrecht, § 6 Rn. 13.

[249] So BayVGH BayVBl 1976, 753 (754); NVwZ 1985, 845; BayVBl 1988, 16.

[250] *Fehrmann* NWVBl 1989, 303 (305); *Lerche* FS Knöpfle, 1996, S. 171 (183f.); *Hufen* Verwaltungsprozessrecht, § 21 Rn. 11; *Lorenz* Verwaltungsprozeßrecht, § 25 Rn. 19.

[251] BVerfG-K NVwZ 2019, 642 Rn. 20f.; *Krebs* Jura 1981, 569 (575); *Ehlers* NVwZ 1990, 105 (106).

[252] Potentielle „Kandidaten" für kassatorische Begehren aus der Praxis z.B. NdsOVG NVwZ-RR 2011, 451: Rechtsschutz gegen die Bestellung eines Ausschussmitglieds; OVG NW NWVBl 2014, 388: Behauptung eines rechtswidrigen Beschlusses des Kreistags; BayVGH NVwZ-RR 2019, 67: Begehren gegen Ausschluss aus Gemeinderatsfraktion (Fall 7 → Rn. 36 und Lösung → Rn. 61, 92, 108, 122).

[253] *Stumpf* BayVBl 2000, 103 (105ff.); *Lange* FS Schenke, S. 959 (967); *ders.* Kommunalrecht, Kap. 10 Rn. 47f.; *Hufen* Verwaltungsprozessrecht, § 21 Rn. 14; *Pietzner/Ronellenfitsch* Assessorexamen, Rn. 275.

die Feststellungsklage[254] (vgl. auch § 43 Abs. 2 S. 2 VwGO). Sodann spricht der durch eine gerichtliche Kassation erfolgende tiefe Einschnitt in das Organhandeln für das Erfordernis einer entsprechenden **gesetzlichen Ermächtigung** (wie bei der Anfechtungsklage, § 42 Abs. 1 und § 113 Abs. 1 VwGO).[255] Auch das **praktische Bedürfnis** für die Kreation einer allgemeinen Gestaltungsklage ist zweifelhaft, da die allgemeine Leistungsklage und die Feststellungsklage den Bedarf an effektivem Rechtsschutz im Organstreit abdecken.[256] Schließlich sollten **gesetzessystematische Erwägungen** bedacht werden; so ist die verwaltungsgerichtliche Normenkontrolle trotz ihres Gegenstands (vgl. § 47 Abs. 1 VwGO) als Feststellungsverfahren ausgestaltet (→ Rn. 72 Fn. 210), und selbst der verfassungsrechtliche Organstreit führt zu einem Feststellungsurteil (vgl. § 67 BVerfGG → *Ehlers* § 19 Rn. 71).

### 5. Normenkontrollantrag

Der Rechtsschutz mittels verwaltungsgerichtlicher Normenkontrolle nach § 47 VwGO gewinnt im Kommunalverfassungsstreit zunehmend an Bedeutung. Die **Statthaftigkeit des Normenkontrollantrags** bestimmt sich nach § 47 Abs. 1 Nr. 2 VwGO i. V. m. dem einschlägigen Landesrecht.[257] Der Begriff „Rechtsvorschriften" (→ *Ehlers* § 32 Rn. 14) wird weit ausgelegt und erfasst nicht nur förmlich als Rechtsnormen erlassene Vorschriften (Rechtsverordnungen, Satzungen), sondern auch sonstige abstrakt-generelle Regelungen des Außenrechts und des Innenrechts (Rechtsvorschriften im materiellen Sinne).[258] Gegenstand der verwaltungsgerichtlichen Normenkontrolle können demnach **kommunale Binnenrechtsvorschriften** sein, die organschaftliche Rechte insbesondere der Vertretungskörperschaft und ihrer Untergliederungen normieren.[259] Frühzeitig hat das BVerwG anerkannt, dass *Geschäftsordnungen* (von Gemeinderat oder Kreistag) statthafter Gegenstand eines Normenkontrollantrags sein können.[260] 86

Statthaft ist der Normenkontrollantrag gegen eine **Geschäftsordnung** zur Regelung der Fraktionsmindeststärke[261] oder der Öffentlichkeit von Ausschusssitzungen;[262] auch die Bestimmung der Zuständigkeit eines Referenten mittels Geschäftsordnung ist der Normenkontrolle zugänglich.[263] Angreifbar mit dem Antrag nach § 47 Abs. 1 Nr. 2 VwGO sind ferner **interne Satzungen** einer Kommune; Beispiele sind Bestimmungen einer *Hauptsatzung* zur Unterrichtung des Gemeinderats über bedeutsame Grundstücksgeschäfte[264] und Regelungen einer *Entschädigungssatzung* für finanzielle Zuwendungen zur Fraktionsgeschäftsführung.[265] 87

Ist Gegenstand des Normenkontrollantrags keine „Rechtsvorschrift" i. S. d. § 47 Abs. 1 Nr. 2 VwGO, ist das Rechtsschutzbegehren nicht statthaft. Ein Beispiel ist ein **ablehnender** 88

---

[254] OVG NW NVwZ-RR 2021, 223 Rn. 49; *Bauer/Krause* JuS 1996, 411 (413); *Erichsen/Biermann* Jura 1997, 157 (162); *Ogorek* JuS 2009, 511 (513); *Würtenberger/Heckmann* Verwaltungsprozessrecht, Rn. 763; *Pietzcker/Marsch* in: Schoch/Schneider, VwGO, Vorb § 42 Abs. 1 Rn. 20.

[255] *Ehlers* NVwZ 1990, 105 (106); *Schmidt-Aßmann* FS Menger, 1985, S. 107 (116); *Engels/Krausnick* Kommunalrecht, § 6 Rn. 14.

[256] OVG NW NVwZ-RR 2021, 223 Rn. 48; *Fehrmann* NWVBl 1989, 303 (305); *Bauer/Krause* JuS 1996, 411 (414); *Pietzcker/Marsch* in: Schoch/Schneider, VwGO, Vorb § 42 Abs. 1 Rn. 20.

[257] Alle Flächenländer und das Land Bremen haben von dem Landesrechtsvorbehalt des § 47 Abs. 1 Nr. 2 VwGO Gebrauch gemacht, → *Ehlers* § 32 Rn. 35.

[258] Einzelheiten dazu bei *Panzer* in: Schoch/Schneider, VwGO, § 47 Rn. 24 ff.

[259] BVerwGE 162, 284 Rn. 19 = NVwZ 2018, 1656 (m. Anm. *Janson*) → *Eifert* Jura (JK) 2019, 124 und → *Waldhoff* JuS 2019, 286.

[260] BVerwG NVwZ 1988, 1119 (1120) → JuS 1989, 240 *(Brodersen)*.

[261] VGH BW NVwZ-RR 2003, 56 (57) → *Schoch* JK 4/03, GO BW § 36/2.

[262] BayVGH NVwZ-RR 1990, 432.

[263] BayVGH NVwZ-RR 1995, 49.

[264] HessVGH NVwZ-RR 1996, 105.

[265] HessVGH NVwZ 2017, 886 (m. Anm. *Meyer*) → *Kingreen* Jura (JK) 2017, 1125; bestätigt durch BVerwGE 162, 284 = NVwZ 2018, 1656 (m. Anm. *Janson*) → *Eifert* Jura (JK) 2019, 124 und → *Waldhoff* JuS 2019, 286.

**Kreistagsbeschluss** zur Änderung der Geschäftsordnung des Kreistags;[266] das Organhandeln schafft keinen abstrakt-generellen Innenrechtssatz, in Rede steht allenfalls eine Normerlassklage (→ *Ehlers* § 29 Rn. 18). Auch eine **ständige Verwaltungspraxis** zur Handhabung des Rederechts bei Haushaltsberatungen im Gemeinderat stellt keine „Rechtsvorschrift" i. S. d. § 47 Abs. 1 Nr. 2 VwGO dar und kann daher nicht tauglicher Gegenstand einer Normenkontrolle sein.[267]

89 **Lösung zu Fall 11:** Die Konstellation ist an sich typisch für die Statthaftigkeit eines Normenkontrollantrags (→ Rn. 86). Im Originalfall hatte R eine allgemeine Leistungsklage beim VG erhoben; das VG hatte die Klage für zulässig, aber unbegründet erachtet. Im Berufungsverfahren bezweifelte das OVG – zu Unrecht (→ Rn. 75) – die Statthaftigkeit einer allgemeinen Leistungsklage im Kommunalstreitverfahren und erklärte eine Feststellungsklage ebenfalls für nicht statthaft, da kein konkretes Rechtsverhältnis i. S. d. § 43 Abs. 1 VwGO bestehe, sondern abstrakt über die Wirksamkeit einer Norm gestritten werde. Ein Normenkontrollantrag scheiterte am Ablauf der Jahresfrist (§ 47 Abs. 2 S. 1 VwGO), so dass R zulässigerweise keinen Rechtsschutz erlangen konnte.[268]

### 6. Vorläufiger Rechtsschutz

90 Die Ausübung kommunalverfassungsrechtlicher Wahrnehmungszuständigkeiten ist mitunter zeitgebunden, und die Abwehr drohender Kompetenzübergriffe anderer Organe kann derart eilbedürftig sein, dass zeitnaher Rechtsschutz gefordert ist. In derartigen Konstellationen geht es um die Gewährung vorläufigen Rechtsschutzes im **gerichtlichen Eilverfahren.** Da nicht um die Abwehr von Verwaltungsakten gestritten wird, ist das Aussetzungsverfahren nach § 80 Abs. 5 VwGO (→ § 34 Rn. 84 ff.) nicht statthaft. Vorläufiger Rechtsschutz kann beim Kommunalverfassungsstreit im **einstweiligen Anordnungsverfahren** nach § 123 VwGO erlangt werden.[269] Bei der Eingriffsabwehr ist die Sicherungsanordnung (§ 123 Abs. 1 S. 1 VwGO) statthaft, begehrt der Antragsteller die vorläufige Veränderung des organschaftlichen status quo, ist der Eilantrag auf den Erlass einer Regelungsanordnung (§ 123 Abs. 1 S. 2 VwGO) gerichtet. Ist in der Hauptsache ein Normenkontrollantrag statthaft (→ Rn. 86 f.), bestimmt sich der vorläufige Rechtsschutz nach § 47 Abs. 6 VwGO.

91 Die Praxis zeigt, dass statthafte Eilanträge und im Ergebnis für den Antragsteller **erfolgreiche Eilverfahren** nicht selten sind: Durchsetzung des Rede-, Antrags- und Stimmrechts eines fraktionslosen Mandatsträgers in allen Ausschüssen der Stadtverordnetenversammlung;[270] Anspruch eines Stadtratsmitglieds, zu einem bestimmten Tagesordnungspunkt einer Sitzung einen Änderungsantrag stellen zu dürfen;[271] Abwehr der Praxis eines Kreistags, Anträge einer bestimmten Fraktion durch Mehrheitsbeschluss von der Tagesordnung zu nehmen;[272] Durchsetzung des Rechts auf Akteneinsicht;[273] Gleichbehandlung bei der Gewäh-

[266] VGH BW VBlBW 2000, 474.

[267] VGH BW VBlBW 2019, 207 (209) → *Waldhoff* JuS 2019, 926.

[268] *Kingreen* JK 8/14, VwGO §§ 43, 47/2 kritisiert zutreffend die Rechtsschutzverweigerung durch das OVG, nachdem das VG zuvor die Klage als zulässig erachtet und R damit keinen Anlass hatte, ein Normenkontrollverfahren anzustrengen. – Zu der vom OVG hilfsweise vorgenommenen Begründetheitsprüfung → Rn. 120.

[269] *Mühl-Jäckel* DVBl 2018, 1042 (1048); *Katz* VBlBW 2019, 97 (100); *Röhl* in: Schoch, BesVwR, Kap. 2 Rn. 125.

[270] OVG Bremen NVwZ 1990, 1195 → *Erichsen* JK 91, GO BW § 40/1 (in der Sache allerdings zweifelhaftes Ergebnis).

[271] SächsOVG LKV 1997, 229.

[272] ThürOVG LKV 2000, 358.

[273] OVG NW NVwZ-RR 2013, 730; VG Cottbus Beschl. v. 6.7.2017 – VG 1 L 642/16, BeckRS 2017, 116721.

rung von Fraktionszuschüssen;[274] Durchsetzung des Prinzips der Spiegelbildlichkeit bei der Besetzung von Gemeinderatsausschüssen.[275] Dass statthafte Eilanträge auch **erfolglose Eilverfahren** nach sich ziehen,[276] liegt in der Natur der Sache, ändert aber nichts an der prinzipiellen Bedeutung des vorläufigen Rechtsschutzes beim Kommunalverfassungsstreit.

**Zu Fall 7 und Fall 12:** Der Streit um die Rechtmäßigkeit des Ausschlusses eines Mitglieds aus der Gemeinderatsfraktion (Fall 7) ist eine typische Konstellation für das Eilverfahren; Hauptsacherechtsschutz im Klageverfahren käme zur Sicherung der Rechte der Betroffenen zu spät, angezeigt ist ein Antrag auf Gewährung vorläufigen Rechtsschutzes. – Die Veröffentlichung von Informationen, die (noch) der Geheimhaltung unterliegen, ist irreversibel. Wirksamer Rechtsschutz in dem Intraorganstreit zwischen dem Stadtrat und der Mandatsträgerin (Fall 12) kann nur im verwaltungsgerichtlichen Eilverfahren erlangt werden. Zutreffend hat das OVG den Antrag auf Erlass einer einstweiligen Anordnung für zulässig erachtet. 92

## III. Besondere Sachentscheidungsvoraussetzungen

Die statthafte Rechtsschutzform determiniert die besonderen Sachentscheidungsvoraus- 93
setzungen. Da Anfechtungs- und Verpflichtungsklage im Kommunalverfassungsstreit nicht statthaft sind (→ Rn. 73), muss vor Klageerhebung kein Widerspruchsverfahren (§§ 68 ff. VwGO) durchgeführt werden. Auch eine Klagefrist (§ 74 VwGO) ist nicht einzuhalten; allenfalls kann das Klagerecht ausnahmsweise verwirkt sein.[277] Zu beachten sind besondere Sachentscheidungsvoraussetzungen bei der Statthaftigkeit der allgemeinen Leistungsklage, der Feststellungsklage, des Normenkontrollantrags und beim Antrag auf Erlass einer einstweiligen Anordnung. Durchgehend stellen sich Fragen zur **Klagebefugnis** (→ Rn. 95 ff.) bzw. zur **Antragsbefugnis** (→ Rn. 100). Bei der Feststellungsklage tritt als besondere Sachentscheidungsvoraussetzung das **Feststellungsinteresse** hinzu (→ Rn. 103 f.). Die **passive Verfahrensbefugnis** (→ Rn. 107, 109) verlangt Beachtung bei allen Rechtsschutzformen.

### 1. Klagebefugnis und Antragsbefugnis

**Fall 13:** Der Rat der Stadt M beschloss die Gründung einer Zentralen Beteiligungsge- 94
sellschaft (ZBM), in welche die städtischen Beteiligungen eingebracht werden sollen. Oberbürgermeister O unterrichtete den Stadtrat nach der jeweiligen Aktenlage über einzelne Schritte des Vorgehens. Nun begehrt die T-Fraktion eine weitere Sachverhaltsaufklärung zu Hintergründen der Bildung der ZBM und kritisiert, dass O den Stadtrat diesbezüglich nicht rechtzeitig und vollständig informiert habe. Als O nicht re-

[274] NdsOVG DVBl 2009, 917.

[275] SächsOVG DVBl 2010, 1578.

[276] Vgl. etwa VGH BW VBlBW 2011, 95: keine Einberufung einer Sondersitzung des Gemeinderats zu einem Verhandlungsgegenstand außerhalb der Kompetenz des Gremiums; VGH BW VBlBW 2020, 376: Recht einer Fraktion auf Einberufung des neu gewählten Gemeinderats; HessVGH NVwZ-RR 2019, 1061: kein Recht einer Fraktion auf Einrichtung eines Akteneinsichtsausschusses; VG Düsseldorf NWVBl 2009, 73 → *Ehlers* JK 9/09, GO NW § 48/2: kein Recht einer Ratsfraktion auf Nutzung des Sitzungsraums des Rates für öffentliche Veranstaltungen in Wahlkampfzeiten; SächsOVG SächsVBl 2011, 112: kein Recht einer Fraktion auf absolute Spiegelbildlichkeit bei der Ausschussbesetzung; OVG NW NVwZ-RR 1993, 157: keine Antragsbefugnis einer Ratsfraktion zur Wahrung der Kompetenzen des Rates nach kompetenzwidrigem Beschluss des Hauptausschusses; OVG NW NVwZ-RR 2007, 607: kein organschaftliches Recht von Ratsmitgliedern und Ratsfraktionen gegen den Bürgermeister auf Unterlassung des Vollzugs des Haushaltsplans durch Personaleinstellungen.

[277] *Ehlers* NVwZ 1990, 105 (112); *Hufen* Verwaltungsprozessrecht, § 21 Rn. 23. – Beim Normenkontrollantrag gilt die Jahresfrist des § 47 Abs. 2 S. 1 VwGO.

agiert, begehrt die T-Fraktion beim zuständigen VG die Feststellung, dass O sie in ihrem organschaftlichen Recht auf umfassende Information über die Gründung der ZBM in der entscheidenden Stadtratssitzung verletzt habe.[278]

95 **a) Anwendungsbereich des § 42 Abs. 2 VwGO.** Unmittelbar ist § 42 Abs. 2 VwGO im Organstreitverfahren nicht anwendbar, da Anfechtungs- und Verpflichtungsklage mangels Statthaftigkeit (→ Rn. 73) von vornherein ausscheiden. Bei den statthaften Rechtsschutzformen ist § 42 Abs. 2 VwGO analog heranzuziehen: Beim **Eilantrag** nach § 123 Abs. 1 VwGO ist das unstreitig (→ § 35 Rn. 35), bei der **allgemeinen Leistungsklage** ist dies mittlerweile nahezu einhellige Auffassung (→ *Ehlers* § 29 Rn. 46); auch bei der **Feststellungsklage** ist § 42 Abs. 2 VwGO nach h. M. entsprechend anzuwenden (→ *Ehlers* § 30 Rn. 62), so dass die Klage nur zulässig ist, wenn der Kläger geltend machen kann, durch das Verhalten eines anderen Organs oder eines anderen Organteils in eigenen organschaftlichen Rechten verletzt zu sein.[279] Mit der analogen Anwendung des § 42 Abs. 2 VwGO bei allen im Kommunalverfassungsstreit statthaften Klage- und Antragsarten soll vermieden werden, dass im Verwaltungsprozess eine objektive Rechtmäßigkeitskontrolle des Verhaltens von Kommunalorganen erfolgt.[280] Dafür ist die Kommunalaufsicht zuständig.

96 **b) Geltendmachung eigener organschaftlicher Rechte.** Einem klagenden Organ(teil) stehen im Rahmen des § 42 Abs. 2 VwGO zur Geltendmachung nur *eigene* Wahrnehmungszuständigkeiten zur Verfügung.[281] Die Klagebefugnis kann lediglich auf die dem Kläger von der Rechtsordnung zugewiesenen wehrfähigen **„subjektiven Organrechte“** gestützt werden.[282] Die Konsequenzen dieser Beschränkung auf *eigene* Kompetenzen zeigen sich, wenn ein Organteil (z. B. Gemeinderatsmitglied, Gemeinderatsfraktion) Kompetenzen des Gesamtorgans gegen Übergriffe eines anderen Organs (insbesondere: Bürgermeister) abwehren will; entsprechende Klagen sind gemäß § 42 Abs. 2 VwGO (analog) unzulässig.[283] Die Wahrnehmung der innerorganisatorischen Rechte von Organteilen im Wege der **Prozessstandschaft** ist – anders als im verfassungsgerichtlichen Organstreit (→ *Ehlers* § 18 Rn. 55) – weder im Verwaltungsprozessrecht noch im Kommunalrecht vorgesehen.[284]

97 **Zu Fall 13:** Das OVG stellt fest, der Klägerin stehe „die bei der gebotenen analogen Anwendung des § 42 Abs. 2 VwGO für die Feststellungsklage im Kommunalverfassungsstreitverfahren notwendige Klagebefugnis“ zu; diese liege vor, wenn geltend gemacht werden könne, in eigenen Rechten verletzt zu sein, weil aus dem Rechtsverhaltnis eigene Rechte abzuleiten seien. Das sei vorliegend der Fall, weil eine Fraktion gegenüber dem Oberbürgermeister ein Recht auf angemessene Unterrichtung über

[278] Fall nach OVG RP DVBl 2012, 55.

[279] VGH BW NVwZ-RR 1990, 369; NVwZ 1992, 373 → *Erichsen* JK 93, GO BW § 35 I/1; NVwZ 1993, 396; NdsOVG NdsVBl 2014, 102 (103); OVG NW NVwZ-RR 2003, 376; NWVBl 2006, 30; NWVBl 2009, 221; OVG RP DVBl 2012, 55; ThürOVG ThürVBl 1996, 82; *Rottenwallner* VerwArch 105 (2014), 212 (236); *Mühl-Jäckel* DVBl 2018, 1042 (1049); *Katz* VBlBW 2019, 97 (99, 101).

[280] VGH BW DÖV 1988, 469 (470); NVwZ-RR 1992, 373 → *Erichsen* JK 93, GO BW § 35 I/1; VBlBW 2011, 95 (96); VBlBW 2020, 376 (378).

[281] Bei rechtsdogmatisch präziser Zuordnung der Versubjektivierung innerorganisatorischer Wahrnehmungszuständigkeiten handelt es sich bereits um eine Frage der Beteiligungsfähigkeit → Rn. 51; im Rahmen der Klagebefugnis ist, streng genommen, nur noch zu prüfen, ob die Verletzung des organschaftlichen Rechts im konkreten Fall möglich erscheint (→ Rn. 99).

[282] VGH BW VBlBW 1999, 304 → *Erichsen* JK 00, GO BW § 34 I 1/1; NdsOVG NdsVBl 2014, 102 (103); NVwZ-RR 2014, 977; OVG NW NVwZ-RR 2003, 225 → *Ehlers* JK 9/03, VwGO § 61 Nr. 2/5; NVwZ-RR 2003, 376; NVwZ-RR 2018, 318 Rn. 27 → *Kingreen* Jura (JK) 2018, 756.

[283] VGH BW NVwZ-RR 1994, 229. – Auch insoweit fehlt, streng genommen, bereits die Beteiligungsfähigkeit → Rn. 54 und → Rn. 60.

[284] VGH BW VBlBW 2020, 376 (380); NdsOVG NVwZ-RR 2019, 570 Rn. 7; OVG NW NVwZ-RR 2007, 627.

die Gegenstände anstehender Ratsentscheidungen habe, um die Aufgaben wahrnehmen zu können.

Eine **Berufung auf Grundrechte** ist im Kommunalverfassungsstreitverfahren ausgeschlossen.[285] Das gilt insbesondere für kommunale Mandatsträger (vgl. bereits → Rn. 40). Sie verfügen kommunalrechtlich über ein „freies Mandat"[286] und handeln auf dieser Grundlage als Organwalter, jedoch nicht als natürliche Personen (Außenrechtssubjekte). Soweit die Rechtsprechung z. B. Gemeinderatsmitglieder (in *dieser* Funktion) bei Meinungsäußerungen dem Schutz des Art. 5 Abs. 1 S. 1 GG unterstellt,[287] kann dem nicht gefolgt werden. 98

**c) Möglichkeit der Rechtsverletzung.** Kann sich ein Organ(teil) auf *eigene* Wahrnehmungszuständigkeiten berufen (→ Rn. 96), verlangt die Klagebefugnis zudem, dass die umstrittene Maßnahme das Organrecht möglicherweise verletzt. Insoweit treten selten Probleme auf. Die lediglich **mittelbare Betroffenheit** des Organ(teil)s legitimiert die Klagebefugnis nicht. Das gilt insbesondere in Konstellationen, in denen ein Organteil die Kompetenzen des Organs, dem ein Organteil angehört, verteidigt; die mögliche Verletzung eigener Rechte wird regelmäßig verneint.[288] 99

**d) Antragsbefugnis im Normenkontrollverfahren.** Die Ermittlung der Antragsbefugnis im Normenkontrollverfahren (§ 47 Abs. 2 S. 1 VwGO) folgt den Grundsätzen der Klagebefugnis (→ *Ehlers* § 32 Rn. 38). Das gilt auch für den verwaltungsrechtlichen Organstreit. Kommunale Organ(teil)e sind antragsbefugt, wenn die angegriffene Vorschrift (→ Rn. 86f.) ein ihnen selbst zugewiesenes **organschaftliches Recht** zum Gegenstand hat und dieses Recht durch die Geltung der Norm oder deren Vollzug **verkürzt** wird.[289] Das ist z. B. bei einer Änderung der Geschäftsordnung des Gemeinderats der Fall, mit der die Fraktionsmindeststärke von zwei auf drei Personen angehoben wird und ein Mitglied der betroffenen Fraktion seinen Status als Fraktionsvorsitzender und sein organschaftliches Recht auf Mitgliedschaft im Ältestenrat verliert.[290] Wird eine Stadtratsfraktion durch eine kommunale Entschädigungssatzung von Fraktionszuwendungen ausgeschlossen, ist sie möglicherweise in ihrem aus dem Gleichheitssatz herzuleitenden Teilhaberecht verletzt und damit antragsbefugt.[291] 100

Lediglich **mittelbar-faktische Auswirkungen** einer mit dem Normenkontrollantrag angreifbaren Rechtsvorschrift, die in Rechte anderer Organ(teil)e eingreift, begründen die Antragsbefugnis nicht.[292] Deshalb scheitert der Normenkontrollantrag einer Gemeinderats- 101

---

[285] OVG NW Beschl. v. 16.5.2003 – 15 A 785/12, BeckRS 2013, 51162 → *Kingreen* JK 5/14, VwGO § 43 I/4; NVwZ-RR 2018, 318 Rn. 31 → *Kingreen* Jura (JK) 2018, 756; *Bauer/Krause* JuS 1996, 512 (513); *Erichsen/Biermann* Jura 1997, 157 (160); *Franz* Jura 2005, 156 (159); *Engel/Krausnick* Kommunalrecht, § 6 Rn. 17; *Lange* Kommunalrecht, Kap. 10 Rn. 9, 32, 33.

[286] *Röhl* in: Schoch, BesVwR, Kap. 2 Rn. 101.

[287] VGH BW NVwZ-RR 2001, 262 (zur Kritik → *Schoch* JK 8/01, GG Art. 5 I/29); OVG RP NVwZ 1985, 673.

[288] VGH BW NVwZ 1993, 396: keine Klagebefugnis eines einzelnen Mandatsträgers gegen Eilentscheidung des Bürgermeisters; VGH BW NVwZ-RR 1994, 229: keine Klagebefugnis eines fraktionslosen Gemeinderatsmitglieds gegen Redezeitbeschränkung für Fraktionen; OVG NW NVwZ-RR 1993, 157: keine Antragsbefugnis (im Eilverfahren) gegen Beschlüsse des Hauptausschusses zum Bau einer Erschließungsanlage; SächsOVG NVwZ-RR 1997, 665 (666): keine Klagebefugnis eines Mandatsträgers und einer Fraktion gegen die Erteilung einer Baugenehmigung durch den Bürgermeister.

[289] BVerwGE 162, 284 Rn. 21 = NVwZ 2018, 1656 → *Eifert* Jura (JK) 2019, 124 und → *Waldhoff* JuS 2019, 286.

[290] VGH BW NVwZ-RR 2003, 56 (57) → *Schoch* JK 4/03, GO BW § 36/2. – Der Antrag ist unbegründet, da der Gemeinderat auf Grund seiner Geschäftsordnungsautonomie die Fraktionsmindeststärke auf drei Personen festsetzen darf, ohne gegen Minderheitenrechte zu verstoßen.

[291] HessVGH NVwZ 2017, 886 Rn. 15 → *Kingreen* Jura (JK) 2017, 1125. – Mangels Grundrechtsgeltung im Kommunalverfassungsrecht (→ Rn. 98) ist auf die rechtsstaatlich begründete Gleichbehandlung zurückzugreifen.

[292] BVerwGE 162, 284 Rn. 24, 26, 27 = NVwZ 2018, 1656 → *Eifert* Jura (JK) 2019, 124 und → *Waldhoff* JuS 2019, 286.

fraktion gegen eine Bestimmung zur Kontrolle des Gemeindevorstands an der Antragsbefugnis; die Kontrollkompetenz ist der Vertretungskörperschaft als solcher zugeordnet und nicht einzelnen Fraktionen.[293] Eine **Prozessstandschaft** sieht § 47 Abs. 2 VwGO *nicht* vor.[294]

102 **e) Rechtsschutz gegen Verfahrenshandlungen.** Nach § 44a S. 1 VwGO können Rechtsbehelfe gegen behördliche Verfahrenshandlungen nur gleichzeitig mit den gegen die Sachentscheidung zulässigen Rechtsbehelfen geltend gemacht werden. Die Regelung hat Bedeutung für **Außenrechtsstreitigkeiten.** Der Einzelne wird in der Regel nicht schon durch (vorbereitende) Verfahrenshandlungen, sondern erst durch die abschließende behördliche Sachentscheidung in seinen Rechten betroffen; aus Gründen der Verfahrensökonomie konzentriert § 44a S. 1 VwGO den gerichtlichen Rechtsschutz auf die Überprüfung der Sachentscheidung.[295] Der diesem Konzept zu Grunde liegende Rechtsgedanke kann auf **Organstreitigkeiten** nicht übertragen werden; diese dienen gerade der Klärung von Rechtspositionen der Organ(teil)e im Innenrechtskreis, wozu vielfach Verfahrensrechte gehören.[296]

### 2. Feststellungsinteresse bei der Feststellungsklage

103 Ist die Feststellungsklage im Kommunalverfassungsstreit die statthafte Rechtsschutzform (→ Rn. 77 ff.), hängt die Zulässigkeit der Klage von dem **„berechtigten Interesse“** des Klägers an der baldigen gerichtlichen Feststellung des Bestehens oder Nichtbestehens des Rechtsverhältnisses ab (§ 43 Abs. 1 VwGO). Dazu gelten beim Organstreit die allgemeinen Anforderungen; das schutzwürdige Interesse des Klägers kann rechtlicher, wirtschaftlicher oder ideeller Art sein (→ *Ehlers* § 30 Rn. 46). In der Regel hat der Kläger beim Kommunalverfassungsstreit ein *rechtliches Interesse* an der gerichtlichen Klärung konfligierender Innenrechtspositionen.[297]

104 Bei einer Orientierung an den überkommenen Fallgruppen (→ *Ehlers* § 30 Rn. 50) kann das Feststellungsinteresse insbesondere auf eine **Wiederholungsgefahr** gestützt werden.[298] Das gilt vor allem in Fällen der Erledigung des umstrittenen Organhandelns. Beispiele sind der Streit um die Aufnahme eines bestimmten Verhandlungsgegenstands in der Tagesordnung der Gemeinderatssitzung,[299] Kompetenzbeschneidungen seitens des Rates gegenüber anderen kommunalen Gremien[300] und der Disput zur Reichweite eines Mitwirkungsverbots wegen Befangenheit im Stadtrat.[301] Ist nach einem Streit um Redezeitbeschränkungen im Kreistag die Geschäftsordnung des Gremiums in diesem Punkt geändert worden, besteht keine Wiederholungsgefahr, weil eine gleichartige Maßnahme wegen unveränderter Umstände nicht zu erwarten ist.[302]

105 **Zu Fall 13:** Das OVG bejaht ein „berechtigtes Interesse“ i. S. d. § 43 Abs. 1 VwGO rechtlicher Art. Die Klage der T-Fraktion ziele auf die Beseitigung einer Rechtsunsicherheit ab, die darin bestehe, dass die T-Fraktion ihre Rechtsstellung gefährdet sehe, weil kommunalverfassungsrechtliche Rechte bestritten würden (in concreto: angemessene Unterrichtung durch den Oberbürgermeister). Hieraus folge zugleich eine das Feststellungsinteresse begründende Wiederholungsgefahr.

---

293 HessVGH NVwZ-RR 1996, 105.
294 BVerwGE 162, 284 Rn. 22 = NVwZ 2018, 1656 → *Eifert* Jura (JK) 2019, 124 und → *Waldhoff* JuS 2019, 286.
295 *Stelkens/Schenk* in: Schoch/Schneider, VwGO, § 44a Rn. 3 f.
296 VGH BW NVwZ-RR 1990, 369 (am Beispiel einer möglicherweise fehlerhaften Einladung zu einer Gemeinderatssitzung); ferner *Lange* FS Schenke, S. 959 (971 f.).
297 *Katz* VBlBW 2019, 97 (101).
298 *Erichsen/Biermann* Jura 1997, 157 (162); *Katz* VBlBW 2019, 97 (102).
299 HessVGH NVwZ 1986, 328.
300 OVG NW NWVBl 1993, 262 (263).
301 NdsOVG NdsVBl 2014, 102 (103).
302 VGH BW VBlBW 1993, 469 (470).

Auch ein **Rehabilitierungsinteresse** kann im Organstreit das Feststellungsinteresse begründen. So kann etwa der aus seinem Amt abberufene Bürgermeister die Entscheidung der Vertretungskörperschaft als ungerecht und diskriminierend empfinden und wegen der Außenwirkung des Vorgangs eine gewisse Stigmatisierung erfahren.[303] Ein anderes Beispiel ist der Streit um das (un)berechtigte Fernbleiben eines Gemeinderatsmitglieds von Gemeinderatssitzungen; der in öffentlicher Sitzung gefasste Gemeinderatsbeschluss, der betroffene Mandatsträger nehme seine ehrenamtliche Tätigkeit nicht gesetzeskonform wahr, kann das Ansehen jenes Gemeinderatsmitglieds (zumal nach einem entsprechenden Presseecho) in der Öffentlichkeit herabsetzen, so dass ein berechtigtes ideelles Interesse an der Rehabilitierung anzuerkennen ist.[304] 106

### 3. Passive Verfahrensbefugnis

Die passive Verfahrensbefugnis betrifft die *prozessuale* Frage nach dem **richtigen Beklagten** (bzw. Antragsgegner) im Organstreit. Nicht anwendbar ist § 78 VwGO, da die Vorschrift auf Anfechtungs- und Verpflichtungsklage bezogen ist.[305] Auch das für die allgemeine Leistungsklage und die Feststellungsklage geltende Rechtsträgerprinzip (→ *Ehlers* § 29 Rn. 53 f. und → *Ehlers* § 30 Rn. 67) kommt bei Innenrechtsstreitigkeiten nicht zur Anwendung; die kommunale Körperschaft als solche ist am Organstreit nicht beteiligt (→ Rn. 45 ff.) und kann deshalb auch nicht passiv verfahrensbefugt sein.[306] Richtiger Klagegegner ist nach dem Funktionsträgerprinzip dasjenige **Organ** bzw. derjenige **Organteil,** dem gegenüber die geltend gemachte Innenrechtsposition bestehen soll oder dem die behauptete Rechtsverletzung angelastet wird.[307] Dasselbe gilt in Bezug auf den Antragsgegner bei Eilanträgen nach § 123 Abs. 1 VwGO. 107

**Zu Fall 7:** Der Ausschluss der H aus der F-Fraktion beruht auf einer Mehrheitsentscheidung der Fraktion. Im Ausgangsfall des BayVGH bezeichnete sich F als bloßes „Diskussionsforum“ ohne organisierte Willensbildung und ohne vertretungsbefugtes Organ. Dem hielt der VGH entgegen, im Hinblick auf die gemeinschaftlich wahrgenommene Entscheidung könne nur die Fraktion als Personenvereinigung und nicht jedes einzelne Fraktionsmitglied verfahrensbeteiligt und passivlegitimiert[308] sein. 108

Beim **Normenkontrollantrag** (→ Rn. 86) ist diejenige Körperschaft, Anstalt oder Stiftung gemäß § 47 Abs. 2 S. 2 VwGO **Antragsgegner,** welche die angegriffene Rechtsvorschrift erlassen hat. Diese auf den Außenrechtsstreit gemünzte Bestimmung findet im Kommunalverfassungsstreit keine Anwendung.[309] Vielmehr gilt auch insoweit das **Funktionsträgerprinzip** (→ Rn. 107). Deshalb ist der Normenkontrollantrag eines Mandats- 109

---

303 ThürOVG ThürVBl 1996, 82; die Klage erwies sich jedoch als unbegründet.

304 VGH BW NVwZ-RR 1997, 181 (182) → *Erichsen* JK 96, GO BW § 34 III/1; die Klage erwies sich als unbegründet, da der Mandatsträger ohne „wichtigen Grund“ (nur wegen politischer Meinungsverschiedenheiten) Sitzungen fernblieb.

305 Unzutreffend daher die Berufung auf § 78 Abs. 1 Nr. 1 VwGO durch VGH BW NVwZ-RR 2001, 262 (krit. → *Schoch* JK 8/01, GG Art. 5 I/29); unzutreffend auch die Heranziehung des § 78 Abs. 1 Nr. 2 VwGO durch VGH BW VBlBW 1999, 304.

306 Unzutreffend daher BayVGH NVwZ 1985, 845; BayVBl 1995, 661 (662). – Eine Ausnahme wird für die Erstattung von Kosten eines Klägers im Organstreit gemacht, die von der Körperschaft zu tragen sind, SächsOVG NVwZ-RR 2020, 840 Rn. 15, 16.

307 BVerwG NVwZ 2012, 1117 Rn. 4; VGH BW NVwZ-RR 1990, 369 (370); VBlBW 2018, 71 (72); HessVGH NVwZ-RR 2012, 781 (782); DVBl 2012, 1176 (1177); NVwZ-RR 2014, 563 → *Kingreen* Jura NVwZ-RR 2011, 451 (453); NdsVBl 2014, 164 → *Kingreen* JK 8/14, VwGO §§ 43, 47/2; OVG NW NWVBl 2003, 309 (310); NWVBl 2009, 221; SächsOVG LKV 1997, 229 (230); *Mühl-Jäckel* DVBl 2018, 1042 (1048); *Katz* VBlBW 2019, 97 (100).

308 Der Begriff „Passivlegitimation“ ist (als Begründetheitselement) im Rahmen der Zulässigkeitsprüfung unangebracht.

309 A. A. VGH BW NVwZ-RR 2003, 56 (57); BayVGH NVwZ-RR 2007, 405 (407); *Meister* JA 2004, 414 (416).

trägers oder einer Fraktion gegen die Geschäftsordnung der Vertretungskörperschaft (vgl. → Rn. 87) nicht gegen die Gemeinde bzw. den Landkreis, sondern gegen den Gemeinderat bzw. den Kreistag zu richten.[310]

### IV. Allgemeines Rechtsschutzbedürfnis

110 Jeder Rechtsschutzantrag, mit dem eine gerichtliche Sachentscheidung begehrt wird, setzt ein **Rechtsschutzbedürfnis** voraus (→ *Ehlers* § 25 Rn. 235 ff.). Das gilt auch beim Kommunalverfassungsstreit.[311] Allerdings ist diese Zulässigkeitsvoraussetzung beim Innenrechtsstreit um Wahrnehmungszuständigkeiten in aller Regel indiziert. Das klagende Organ kann sein Rechtsschutzziel auf anderem Wege kaum einfacher, schneller, besser, billiger erreichen. Die Verneinung des Rechtsschutzbedürfnisses unter Hinweis auf gemeindeinterne Kontrollmöglichkeiten[312] ist abzulehnen; darin ist keine ernsthafte Alternative zur autoritativ verbindlichen Klärung des Kommunalverfassungsstreits durch eine gerichtliche Entscheidung zu sehen.[313] Etwas anderes gilt, wenn der **Hauptverwaltungsbeamte** (Bürgermeister, Landrat) gegen eine von ihm als rechtswidrig erachtete Entscheidung der Vertretungskörperschaft (Gemeinderat, Kreistag) kommunalrechtlich mittels **Beanstandung** oder **Widerspruch** vorgehen kann oder muss.[314] Dagegen entfällt das Rechtsschutzbedürfnis nicht etwa deshalb, weil der Kläger (Antragsteller) die **Kommunalaufsichtsbehörde** anrufen und um Einschreiten bitten könnte; viele kommunalinterne Vorgänge sind der Kommunalaufsicht entzogen, ferner gilt das Opportunitätsprinzip, und das aufsichtsbehördliche Verfahren könnte das gerichtliche Verfahren bezüglich seiner Wertigkeit nicht ersetzen.[315]

111 Bisweilen wird mit dem **Grundsatz der Organtreue** argumentiert und gefordert, der potentielle Kläger (Antragsteller) müsse dem wegen seines Verhaltens angegriffenen Organ(teil) die Möglichkeit einräumen, die Einwände zu prüfen und ggf. für Abhilfe zu sorgen; erfülle der Kläger diese *Obliegenheit* im Vorfeld der Klageerhebung nicht, fehle das allgemeine Rechtsschutzbedürfnis.[316] Überzeugend ist das nicht. Im Falle der Missachtung von Obliegenheiten kommt allenfalls eine **Verwirkung organschaftlicher Rechte** in Betracht;[317] das ist eine andere (vor allem: engere) rechtliche Kategorie als das Rechtsschutzbedürfnis.[318]

## D. Begründetheit der Klage

112 Im Kommunalverfassungsstreit ist die Klage, allgemein formuliert, begründet, wenn das angegriffene organschaftliche Verhalten (Handeln, Unterlassen) rechtswidrig und der Kläger bzw. Antragsteller dadurch in seinen Rechten verletzt ist; zu beachten sind Modifizierungen bei der Normenkontrolle (→ Rn. 119) und Spezifika bei der einstweiligen Anordnung

---

[310] HessVGH LKRZ 2007, 262 (263); NdsOVG DVBl 1999, 1737.

[311] BayVGH NVwZ-RR 2019, 67 Rn. 16; NdsOVG NdsVBl 2014, 102 (103); *Katz* VBlBW 2019, 97 (102).

[312] *Franz* Jura 2005, 156 (160 f.); *Lorenz* Verwaltungsprozeßrecht, § 25 Rn. 24.

[313] *Lange* Kommunalrecht, Kap. 10 Rn. 75.

[314] *Engels/Krausnick* Kommunalrecht, § 6 Rn. 19; *Lange* Kommunalrecht, Kap. 10 Rn. 74.

[315] ThürOVG LKV 2000, 358; *Schoch* JuS 1987, 783 (792); *Franz* Jura 2005, 156 (161); *Ogorek* JuS 2009, 511 (516); *Engels/Krausnick* Kommunalrecht, § 6 Rn. 19; *Hufen* Verwaltungsprozessrecht, § 21 Rn. 22; *Schenke* Verwaltungsprozessrecht, Rn. 592; *Würtenberger/Heckmann* Verwaltungsprozessrecht, Rn. 770.

[316] OVG NW Beschl. v. 16.5.2013 – 15 A 785/12, BeckRS 2013, 51162 → *Kingreen* JK 5/14, VwGO § 43 I/4 und NVwZ-RR 2018, 318 Rn. 33 f. → *Kingreen* Jura (JK) 2018, 756 nach einem Ordnungsruf: vor Klageerhebung müsse ein Versuch zur Rücknahme des Ordnungsrufs unternommen werden; ferner *Katz* VBlBW 2019, 97 (102) mit dem Postulat, die Organtreue müsse „deutlich verletzt" sein.

[317] Vgl. SächsOVG NVwZ-RR 2014, 66 Rn. 29 (i. Erg. aber abgelehnt).

[318] *Lange* Kommunalrecht, Kap. 10 Rn. 76.

(→ Rn. 122f.). Die Begründetheitsprüfung in Organstreitigkeiten weist im Vergleich mit Außenrechtsstreitigkeiten keine *strukturellen* Besonderheiten auf. Inhaltlich prüft das Gericht, ob ein **Verstoß** gegen die als verletzt gerügte **Wahrnehmungszuständigkeit** des klagenden Organ(teil)s vorliegt. Eine objektive Rechtmäßigkeitskontrolle kommunalinterner Maßnahmen findet nicht statt (→ Rn. 54, 60). Der Einstieg in die Begründetheitsprüfung hängt von der statthaften Rechtsschutzform ab.

## I. Allgemeine Leistungsklage

Die allgemeine Leistungsklage ist begründet, wenn der Kläger einen **Anspruch** auf das begehrte Verwaltungshandeln (Tun, Dulden, Unterlassen) hat (→ *Ehlers* § 29 Rn. 60). Für den Kommunalverfassungsstreit bedeutet dies, dass die Ablehnung des begehrten Organverhaltens rechtswidrig ist, weil der Kläger auf Grund **organschaftlicher Rechte** einen Anspruch auf die begehrte Maßnahme hat.[319] 113

**Lösung zu Fall 9:** Das Gemeinderecht der meisten Länder normiert ein Auskunftsrecht von Mandatsträgern gegenüber dem Bürgermeister.[320] Fehlt – wie im vorliegenden Fall – eine derartige Regelung, wird das Auskunftsrecht aus dem Status der aus demokratischen Wahlen hervorgegangenen Mandatsträger, d.h. dem „freien Mandat“, abgeleitet.[321] So verfährt auch das OVG. Da durchgreifende Ausschlussgründe nicht bestehen und datenschutzrechtliche Interessen privater Dritter nicht im Kern betroffen sind, kann die Beantwortung der Anfrage des Q „jedenfalls in nichtöffentlicher Sitzung“ verlangt werden.[322] 114

## II. Feststellungsklage

Die Feststellungsklage ist begründet, wenn das streitige Rechtsverhältnis besteht (positive Feststellungsklage) oder nicht besteht (negative Feststellungsklage, → *Ehlers* § 30 Rn. 72). Angesichts der extensiven Auslegung des § 43 Abs. 1 VwGO im Organstreit (→ Rn. 78ff.) geht es zumeist um die Prüfung, ob durch das Verhalten des Beklagten eine **Verletzung organschaftlicher Rechte** des Klägers erfolgt ist;[323] mitunter wird sogar direkt die Rechtmäßigkeit oder Rechtswidrigkeit des angegriffenen Organhandelns festgestellt (→ Rn. 80). 115

**Lösung zu Fall 3:** Die Feststellungsklage ist begründet. Sitzungen der kommunalen Vertretungskörperschaft sind grundsätzlich öffentlich (→ Rn. 55), nur in gesetzlich bestimmten Ausnahmefällen kommt ein Ausschluss der Öffentlichkeit in Betracht. Der HessVGH konnte ein überwiegendes Geheimhaltungsinteresse nicht feststellen.[324] R ist in seinem Recht auf freie Mandatsausübung verletzt. 116

---

[319] *Engels/Krausnick* Kommunalrecht, § 6 Rn. 26; *Gern/Brüning* Kommunalrecht Rn. 715.

[320] § 24 Abs. 3 bis 5 GemO BW; § 29 Abs. 1 BbgKVerf; § 50 Abs. 2 HessGO; § 34 Abs. 3 KV MV; § 56 NdsKomVG; § 55 Abs. 1 S. 2 GO NW; § 33 Abs. 3 und 4 GemO RP; § 37 SaarlKSVG; § 28 Abs. 5 und 6 SächsGemO; § 43 Abs. 3 S. 2 KVG LSA; § 30 GO SH.

[321] Parallele ist das Auskunftsrecht von BT-Abgeordneten aus Art. 38 Abs. 1 S. 2 i.V.m. Art. 20 Abs. 2 S. 2 GG; dazu BVerfGE 139, 194 Rn. 103 = NVwZ 2015, 1377 → *Eifert* Jura (JK) 2015, 1015 und → *Sachs* JuS 2015, 957 sowie → JA 2015, 954 *(Hillgruber)*; E 146, 1 Rn. 84 = NVwZ 2017, 1364; E 147, 50 Rn. 195 = NVwZ 2018, 51 (m. Anm. *Poschmann*) → *Eifert* Jura (JK) 2018, 428 und → *Sachs* JuS 2018, 308 sowie → JA 2018, 238 *(Hillgruber)*.

[322] So ThürOVG ThürVBl 2015, 166 (168). – Vgl. nun § 22 Abs. 3 S. 4 ThürKO.

[323] *Engels/Krausnick* Kommunalrecht, § 6 Rn. 25; *Gern/Brüning* Kommunalrecht, Rn. 715.

[324] HessVGH NVwZ-RR 2019, 875 Rn. 49ff.

117 **Lösung zu Fall 10:** Die statthafte Feststellungsklage des U (→ Rn. 81) ist begründet. Er hat von seinem Rederecht Gebrauch gemacht und die Grenzen der Äußerungsbefugnis nicht überschritten; weder stand eine bloße Provokation im Vordergrund noch die schiere Herabwürdigung anderer, und auch die Verletzung von Rechtsgütern Dritter liegt nicht vor.[325]

118 **Lösung zu Fall 13:** Die Feststellungsklage ist unbegründet. Die T-Fraktion hat zwar einen Anspruch auf Unterrichtung über vorhandene Sachinformationen, sie kann vom Oberbürgermeister aber keine weitere Sachverhaltsaufklärung verlangen; ob weitere Sachinformationen beschafft werden müssen, entscheidet allein der Gemeinderat.[326]

## III. Verwaltungsgerichtliche Normenkontrolle

119 Der Normenkontrollantrag nach § 47 VwGO ist begründet, wenn die angegriffene Rechtsvorschrift (→ Rn. 86f.) „ungültig" ist (§ 47 Abs. 5 S. 2 VwGO). Die **Ungültigkeit der Rechtsvorschrift** ergibt sich aus einem Verstoß gegen höherrangiges Recht; das ist der Fall, wenn die Norm *formell* und/oder *materiell* nicht rechtmäßig zustande gekommen ist (→ *Ehlers* § 32 Rn. 66). Ein subjektiver Rechtswidrigkeitszusammenhang ist nicht erforderlich; auf Grund des zulässigen Normenkontrollantrags kann das Gericht die Norm auch aus Gründen verwerfen, die der Antragsteller nicht vorgetragen hat.[327] Die Norm kann ferner – ausnahmsweise – durch *Funktionslosigkeit* ungültig werden (→ *Ehlers* § 32 Rn. 67); im Kommunalverfassungsstreit ist dieser Aspekt kaum von Bedeutung.

120 **Lösung zu Fall 11:** Nachdem das OVG das Rechtsschutzbegehren des R für unzulässig erklärt hatte (→ Rn. 89), erachtete es eine Klage hilfsweise auch für unbegründet: Die Neuregelung zur Begrenzung der Redezeit ist durch die Geschäftsordnungsautonomie des Gemeinderats gedeckt; alle Mandatsträger werden formal gleich behandelt; R als fraktionsloses Gemeinderatsmitglied wird bei der Redezeitbeschränkung gegenüber den Ratsfraktionen nicht benachteiligt.[328]

## IV. Eilantrag: Erlass einer einstweiligen Anordnung

121 Der Antrag auf Erlass einer einstweiligen Anordnung (→ Rn. 90) ist begründet, wenn – auf der Grundlage eines feststehenden oder zumindest glaubhaft gemachten Sachverhalts (§ 123 Abs. 3 VwGO i. V. m. § 294 Abs. 1 ZPO) – ein **Anordnungsanspruch** und ein **Anordnungsgrund** gegeben sind. Dazu gelten die üblichen Standards (→ § 35 Rn. 47ff. und Rn. 54ff.). Bei einem erfolgreichen Eilantrag muss der **Entscheidungsinhalt** rechtlich zulässig sein; dazu besteht eine gerichtliche Gestaltungsbefugnis (§ 123 Abs. 3 VwGO i. V. m. § 938 Abs. 1 ZPO), die den Sicherungs- und Regelungsbedürfnissen des konkreten Falles Rechnung tragen kann (→ § 35 Rn. 59f.). Das gilt uneingeschränkt für die einstweilige Anordnung im Kommunalverfassungsstreit.[329]

---

[325] OVG NW NVwZ-RR 2018, 318 Rn. 40ff. → *Kingreen* Jura (JK) 2018, 756.
[326] OVG RP DVBl 2012, 55 (56). – Gleichsinnig VGH BW VBlBW 2003, 190.
[327] *Panzer* in: Schoch/Schneider, VwGO, § 47 Rn. 87.
[328] NdsOVG NdsVBl 2014, 164 (165) → *Kingreen* JK 8/14, VwGO §§ 43, 47/2.
[329] Beispiel: SächsOVG DVBl 2010, 1578 (1580) mit der vorläufigen Feststellung der Rechtswidrigkeit einer Ausschussbesetzung wegen Missachtung des Grundsatzes der „Spiegelbildlichkeit" (→ Rn. 59).

**Lösung zu Fall 7:** Der Ausschluss aus einer Gemeinderatsfraktion unterliegt strengen Voraussetzungen. Nicht bereits jeder Dissens unter Fraktionsmitgliedern rechtfertigt den Ausschluss, vielmehr muss das Vertrauensverhältnis nachhaltig und derart gestört sein, dass eine weitere Zusammenarbeit den übrigen Fraktionsmitgliedern nicht mehr zugemutet werden kann.[330] Im vorliegenden Fall stellt der VGH zunächst fest, dass sich die Verschwiegenheitspflicht der Gemeinderatsmitglieder nicht auf Fraktionssitzungen erstreckt, die sich auf fraktionsinterne Vorgänge ohne direkten Bezug zu den Gemeindeaufgaben oder auf private Verhältnisse Dritter beziehen. Der Anordnungsanspruch der H sei schon deshalb gegeben, weil der Fraktionsausschluss mangels substantieller Begründung formell rechtswidrig und daher rechtlich unwirksam sei, der Anordnungsgrund basiere auf der Eilbedürftigkeit der beantragten gerichtlichen Entscheidung, und eine unzulässige Vorwegnahme der Hauptsache liege wegen der irreversiblen Folgen des Fraktionsausschlusses für die laufende Wahlperiode nicht vor.[331] 122

**Lösung zu Fall 12:** Der Eilantrag des Stadtrats (→ Rn. 92) ist begründet. Der Anordnungsanspruch besteht, weil die Beratungsunterlagen vor der Sitzung geheim zu halten sind und I gegen ihre gemeinderechtliche Verschwiegenheitspflicht verstößt. Der Anordnungsgrund liegt vor, weil I die Veröffentlichung von Sitzungsunterlagen auch im Vorfeld zukünftiger Stadtratssitzungen beabsichtigt. Eine unzulässige Vorwegnahme der Hauptsache ist nicht anzunehmen; nur durch die gerichtliche Untersagung der Veröffentlichung von Sitzungsunterlagen kann wirksamer Rechtsschutz gewährt werden.[332] 123

---

[330] OVG NW NVwZ-RR 2018, 669 → *Kingreen* Jura (JK) 2019, 227; OVG SL NVwZ-RR 2012, 613 (615); *Lange* Kommunalrecht, Kap. 6 Rn. 74 ff.
[331] BayVGH NVwZ-RR 2019, 67 Rn. 18, 19, 28 ff.
[332] SächsOVG NVwZ-RR 2016, 834 Rn. 5, 6, 7 f.

# § 34. Aufschiebende Wirkung und verwaltungsgerichtliches Aussetzungsverfahren

*Friedrich Schoch*

**Übersicht**

**Schrifttum** (Auswahl ab 2011). – **Ausbildungsliteratur** (systematische Abhandlungen): *Gersdorf* Einstweiliger (gerichtlicher) Rechtsschutz nach § 80a VwGO, Jura 2019, 1149; *Hummel* Der vorläufige Rechtsschutz im Verwaltungsprozess, JuS 2011, 317 und 413; *ders.* Verfassungs- und europarechtliche Rahmenbedingungen des vorläufigen Rechtsschutzes im Verwaltungsprozess, JuS 2011, 704; *Koehl* Die aufschiebende Wirkung von Widerspruch und Anfechtungsklage, JA 2016, 610; *ders.* Zwischenentscheidung im Verfahren nach § 80 V VwGO, JuS 2017, 37; *Marquardsen/Gerlach* Die Corona-Pandemie in der verwaltungsgerichtlichen Prüfung, JA 2020, 721; *W.-R. Schenke* Verfassungsgerichtliche Verwerfungsmonopole und verwaltungsgerichtlicher vorläufiger Rechtsschutz, JuS 2017, 1141; *Spitzlei* Der vorläufige Rechtsschutz im Verwaltungsprozess im Überblick, Jura 2019, 600. – **Fallbearbeitungen** (Referendarexamensklausuren): *Herbein* Wohin mit der Gemeinschaftsunterkunft, Jura 2020, 512 [Eilrechtsschutz gegen Gemeinschaftsunterkunft wegen Gebietsverträglichkeit]; *Hyckel* Geplante Flut im Wohngebiet, Jura 2016, 425 [Nachbarrechtsbehelf gegen Baugenehmigung]; *Janssen/Rademacher* Das Haus am See, Jura 2020, 621 [Eilantrag gegen Nutzungsuntersagung im Baurecht]; *H. Jochum* Aufenthaltserlaubnis, JuS 2019, 379 [Eilverfahren zur Aufenthaltsfiktion nach § 81 Abs. 4 S. 1 AufenthG]; *Lehner* Die brandgefährliche Kommode, JuS 2017, 148 [Eilantrag gegen sofort vollziehbare Bauordnungsverfügung]. – **Zur Vertiefung:** *Heinemann* Verwaltungsgerichtlicher Eilrechtsschutz: Die Chimäre der summarischen Rechtsprüfung, NVwZ 2019, 517; *Kiehne* Die gerichtliche Aufhebung der Sofortvollziehungsanordnung eines Verwaltungsaktes, VerwArch 111 (2020), 270; *Meurers* Die Durchsetzung der gerichtlich erwirkten aufschiebenden Wirkung in den Fällen des § 80a VwGO und der Umgang mit wiederholenden Verfügungen, DVBl 2019, 737; *Niesler* Die gerichtliche Regelung des Sofortvollzugs als „kleine Hauptsacheentscheidung", in: Liber Amicorum für Max-Jürgen Seibert, 2020, S. 307; *Stepanek* Suspensiveffekt vor Anfechtung in der Hauptsache, AöR 144 (2019), 536.

## A. Funktion und Bedeutung des vorläufigen Rechtsschutzes nach der VwGO

Dem vorläufigen Rechtsschutz nach der VwGO kommt in der Praxis eine kaum zu überschätzende Bedeutung zu.[1] In Ausbildung und Prüfung stellt der verwaltungsprozes- 1

[1] *Buchheister* DVBl 2017, 610; *Hufen* Verwaltungsprozessrecht, § 31 Rn. 6.

suale vorläufige Rechtsschutz „einen geradezu idealen Prüfungsstoff dar, um Wissen und methodische Fähigkeiten abfragen zu können".[2] Grundvoraussetzung für die korrekte Auslegung und Anwendung der einschlägigen Vorschriften ist das richtige Verständnis zum **System des vorläufigen Rechtsschutzes** nach der VwGO und zu dessen Verhältnis zum Hauptsacherechtsschutz. Unabdingbar hierfür ist die Kenntnis verfassungsrechtlicher Vorgaben (→ Rn. 4ff.) und europarechtlicher Determinanten (→ Rn. 8ff.). Der juristische Zugang zu Rechtsproblemen wird erleichtert, wenn das Konzept der VwGO zum vorläufigen Rechtsschutz erfasst wird (→ Rn. 13f.). Wesentlich für die Lösung komplexer Fragestellungen ist die notwendige Klarheit zu den Funktionen des vorläufigen Rechtsschutzes (→ Rn. 15f.).

## I. Rechtlicher Rahmen: Verfassungsrecht und Europarecht

2 **Fall 1:** Durch Allgemeinverfügung des Landkreises K werden alle in der Stadt S für das kommende Wochenende geplanten öffentlichen Versammlungen unter freiem Himmel untersagt. Von dem Verbot betroffen sind einerseits das „Willkommensfest für Flüchtlinge" der Bürgerinitiative „Bündnis S Nazifrei", andererseits von rechten Gruppen angemeldete Gegendemonstrationen. Das Verbot, dessen sofortige Vollziehbarkeit angeordnet ist, wird mit zu erwartenden gewalttätigen Auseinandersetzungen und einem Notstand der Landespolizei begründet; vorausgegangen waren am letzten Wochenende mit Ausschreitungen verbundene Demonstrationen von Gruppen, die die Unterbringung von Flüchtlingen in S verhindern wollen. A, der an dem „Willkommensfest für Flüchtlinge" permanent teilnehmen möchte, erhebt Widerspruch gegen die Allgemeinverfügung und beantragt beim zuständigen VG Eilrechtsschutz; ein polizeilicher Notstand sei nicht dargelegt, das Verbot sei zudem unverhältnismäßig.[3]

3 **Fall 2:** Die EU-Kommission hat die Destillation von 12 Mio. hl Tafelwein angeordnet; davon sollen 68.000 hl von den in Deutschland ansässigen Erzeugern destilliert werden. Die zuständigen deutschen Behörden erlassen die notwendigen Verfügungen. Hiergegen erheben die meisten Erzeuger Widerspruch. Die deutschen Behörden unternehmen nichts. In der Folge werden in Deutschland nur 9.000 hl Tafelwein destilliert. Wie ist das Verhalten der deutschen Behörden rechtlich zu beurteilen?[4]

### 1. Verfassungsrechtliche Rechtsschutzgarantie

4 Nach Art. 19 Abs. 4 S. 1 GG muss ein möglichst umfassender gerichtlicher Schutz gegen die (drohende) Verletzung von Rechten des Einzelnen durch Maßnahmen der öffentlichen Gewalt zur Verfügung stehen (→ § 22 Rn. 2ff.). Daraus ergeben sich konkrete Anforderungen für den verwaltungsgerichtlichen Rechtsschutz. Zwar werden Rechtsweg und Rechtsschutz im Rahmen der Prozessordnungen gewährleistet, bei der Auslegung und Anwendung der gesetzlichen Regelungen muss jedoch den Erfordernissen eines **wirksamen Rechtsschutzes** Rechnung getragen werden: Der Einzelne hat einen Anspruch auf eine tatsächlich wirksame gerichtliche Kontrolle der Ausübung öffentlicher Gewalt.[5]

---

[2] So *Proppe* JA 2004, 324; gleichsinnig *Spitzlei* Jura 2019, 600; ferner *Gersdorf* Jura 2019, 1149.
[3] Fall nach SächsOVG Beschl. v. 28.8.2015 – 3 B 276/15, BeckRS 2015, 116211 und BVerfG-K NVwZ 2016, 244.
[4] Fall nach EuGH EuZW 1990, 384.
[5] BVerfG-K NJW 2007, 946; NVwZ 2016, 238 Rn. 33; NJW 2017, 545 Rn. 8 → *Kingreen* Jura (JK) 2017, 993; NVwZ 2019, 642 Rn. 18.

Die Wirksamkeit des Rechtsschutzes hängt vielfach vom **Faktor „Zeit"** ab; wirksamer Rechtsschutz bedeutet eben auch Rechtsschutz innerhalb angemessener Zeit.[6] Kommt Rechtsschutz zu spät, bleibt er vielfach wirkungslos, wenn die Verwaltung zwischenzeitlich „vollendete Tatsachen" geschaffen hat. Art. 19 Abs. 4 S. 1 GG gebietet daher, dass das einschlägige Prozessrecht **vorläufigen Rechtsschutz** vorsieht.[7] Dem trägt die VwGO Rechnung (→ Rn. 13). Kommt nach Lage der Dinge in einem konkreten Fall der Hauptsacherechtsschutz zu spät, kann wirksamer Rechtsschutz i. S. d. Art. 19 Abs. 4 S. 1 GG nur im Wege des vorläufigen Rechtsschutzes gewährt werden. Ihm wird primär die Aufgabe zugewiesen, nicht wiedergutzumachende Folgen, die durch die sofortige Vollziehung einer hoheitlichen Maßnahme vor deren abschließender gerichtlicher Überprüfung eintreten können, auszuschließen.[8] Dabei ist der Rechtsschutzanspruch des Einzelnen umso stärker, je schwerer die ihm auferlegte Belastung wiegt und je mehr die Maßnahmen der Verwaltung Unabänderliches bewirken.[9] 5

Vor dem skizzierten verfassungsrechtlichen Hintergrund lassen sich markante Anwendungsfelder zur Bedeutung des vorläufigen Rechtsschutzes im Verwaltungsrecht aufzeigen. Dazu drei Beispiele: Wird im **Versammlungsrecht** sofort vollziehbar ein Verbot verfügt oder mittels Auflage ein bestimmtes Verhalten untersagt, droht dem Grundrechtsberechtigten die endgültige Verhinderung der Versammlung zu einer bestimmten Zeit an einem bestimmten Ort bzw. in der beabsichtigten Art und Weise; daraus ergibt sich die überragende Bedeutung des vorläufigen Rechtsschutzes im Versammlungsrecht.[10] Im **Ausländer- und Asylrecht** droht einem betroffenen Ausländer der Eintritt vollendeter Tatsachen bei sofort vollziehbarer Ausweisung und Abschiebung; ist der verwaltungsgerichtliche vorläufige Rechtsschutz defizitär, reagiert das angerufene BVerfG in der Regel durch den Erlass einer einstweiligen Anordnung nach § 32 BVerfGG[11] (dazu → § 21). Im **Baurecht** liegt der Eintritt irreversibler Fakten durch die Errichtung eines Bauwerks auf der Hand; vorläufigen Rechtsschutz gegen die dem Bauherrn erteilte Baugenehmigung kann der Nachbar gemäß § 80a VwGO erlangen.[12] 6

**Lösung zu Fall 1:** Das gemäß § 80 Abs. 2 S. 1 Nr. 4 VwGO für sofort vollziehbar erklärte Versammlungsverbot ist offensichtlich rechtswidrig. Ein für das gesamte Wochenende nicht beherrschbarer Notstand ist seitens der Behörde nicht hinreichend dargelegt worden. Der Hinweis auf die Landespolizei genügt nicht. Zu berücksichtigen ist auch die Unterstützung durch andere Landespolizeien und die Bundespoli- 7

---

[6] BVerfG-K NJW 2001, 3770; E 134, 242 Rn. 220 = NVwZ 2014, 211 Rn. 221 → *Sachs* JuS 2014, 468; BVerfG-K NVwZ 2019, 1506 Rn. 21; NVwZ 2020, 1187 Rn. 23.

[7] *Voßkuhle/Wischmeyer* JuS 2016, 1079 (1080); *Spitzlei* Jura 2019, 600. – Am Beispiel von „Corona-Regelungen" *Marquardsen/Gerlach* JA 2020, 721 (723).

[8] BVerfG-K DVBl 2013, 169 Rn. 21 (m. Anm. *Söllner*); NVwZ 2013, 570 Rn. 18 → *Schoch* JK 8/13, GG Art. 19 IV/33; NVwZ 2014, 363 Rn. 7; NVwZ 2017, 149 Rn. 19 → *Eifert* Jura (JK) 2017, 249.

[9] BVerfG-K NVwZ 2007, 1302 (1304); NJW 2008, 1369 (1371); NVwZ 2013, 570 Rn. 18 → *Schoch* JK 8/13, GG Art. 19 IV/33; NVwZ 2020, 1187 Rn. 24; VGH BW NVwZ-RR 2016, 557 (559); DVBl 2017, 580 (581); ferner z. B. *Mayen* in: Liber Amicorum für Max-Jürgen Seibert, 2020, S. 293 (304).

[10] Vgl. etwa OVG Bremen BeckRS 2011, 56338 → *Schoch* JK 7/12, POR Generalklausel/12: Verbot eines Konzerts im rechtsextremen Milieu wegen Gefährdung der öffentlichen Sicherheit; OVG LSA NJW 2012, 2535 → JA 2012, 796 *(Muckel)*: Verbot von Versammlungen vor dem Wohnhaus ehemaliger Strafgefangener; HessVGH NVwZ-RR 2012, 805 → *Schoch* JK 5/13, VersG § 15 I/7: Verbot von Blockupy-Versammlungen; OVG NW NVwZ 2017, 648 → JA 2017, 396 (*Muckel*, mit Erwiderung *Jungbluth* JA 8/2017 S. 11): Untersagung einer Rede des türkischen Staatspräsidenten auf einer Versammlung; OVG Hamburg NVwZ 2017, 1390: Verbot eines Protestcamps beim G20-Gipfel, dazu BVerfG-K NVwZ 2017, 1374 → *Sachs* JuS 2018, 187; ThürOVG DVBl 2020, 53: Verbot rassistischer Liedtexte während einer Versammlung.

[11] Vgl. etwa BVerfG-K NVwZ 2015, 810: vorläufiger Rechtsschutz gegen Überstellung nach Italien; BVerfG-K NVwZ 2017, 229: erfolgreiche Verfassungsbeschwerde gegen sofort vollziehbare Ausweisung in die Türkei; BVerfG-K NVwZ 2017, 470: erfolgreiche Verfassungsbeschwerde gegen Rückführung eines Asylsuchenden nach Bulgarien; demgegenüber BVerfG-K NVwZ 2017, 1698: keine einstweilige Anordnung gegen die Abschiebung eines abgelehnten Asylbewerbers nach Afghanistan.

[12] Überblick dazu bei *Debus* Jura 2006, 487 und *Gersdorf* Jura 2019, 1149.

zei.[13] Dazu ist ein „Notstand" nicht erkennbar. Das OVG hatte das Versammlungsverbot bestätigt, partiell ausgenommen wurde das „Willkommensfest". Das BVerfG hat nach Maßgabe einer Folgenabwägung (→ § 21 Rn. 41) die Bedeutung des Grundrechts der Versammlungsfreiheit für die öffentliche Meinungsbildung zu dem politisch intensiv diskutierten Thema des Umgangs mit Flüchtlingen in Deutschland hervorgehoben und die aufschiebende Wirkung des Widerspruchs in vollem Umfang wiederhergestellt (zu dieser Entscheidungsbefugnis im Verfahren nach § 32 BVerfGG → § 21 Rn. 77).

### 2. Determinanten des Europarechts

8 Europarechtliche Vorgaben für den vorläufigen Rechtsschutz nach der VwGO statuieren das **EU-Recht** (als supranationales Recht) und die **EMRK** (als innerstaatlich rezipiertes regionales Völkerrecht). Der EU ist zwar keine Kompetenz für die Regelung des nationalen Verwaltungsprozessrechts zugewiesen,[14] in dem dezentralen Vollzugskonzept des Unionsverwaltungsrechts[15] dominiert jedoch der *indirekte Vollzug* von EU-Recht, so dass deutsche Behörden und Gerichte bei der **Ausführung des Unionsrechts** nationales Verfahrensrecht anwenden, allerdings unter Beachtung der supranationalen Rechtsordnung.[16] Dabei dürfen die dem Einzelnen aus dem Unionsrecht erwachsenden Rechte nach dem **Äquivalenzgrundsatz** nicht weniger günstig ausgestaltet sein als bei gleichartigen innerstaatlichen Sachverhalten;[17] nach dem **Effektivitätsgrundsatz** darf die Ausübung der durch das Unionsrecht dem Einzelnen verliehenen Rechte seitens des innerstaatlichen Rechts (einschließlich seiner Anwendung) nicht praktisch unmöglich gemacht oder wesentlich erschwert werden.[18] Die **EMRK** nimmt, vermittelt über das Zustimmungsgesetz nach Art. 59 Abs. 2 GG, innerstaatlich den **Rang eines Bundesgesetzes** ein[19] und bindet damit Verwaltung und Rechtsprechung (Art. 20 Abs. 3 GG).[20]

9 **a) Einwirkungen des EU-Rechts.** Das supranationale Unionsrecht begegnet dem innerstaatlichen vorläufigen Rechtsschutz mit einem selbst erzeugten **Spannungsverhältnis** zwischen effektivem Rechtsschutz und – bezogen auf das materielle Recht – effektiver Rechtsdurchsetzung:[21]

– Nationale Gerichte müssen gegenüber Maßnahmen der innerstaatlichen öffentlichen Gewalt die Befugnis zur **Gewährung vorläufigen Rechtsschutzes** zwecks Durchsetzung des Unionsrechts haben;[22] Art. 47 GRCh bestätigt diesen Befund.[23]
– Der Effektivitätsgrundsatz (→ Rn. 8) verlangt die **wirksame Durchsetzung materiellen Unionsrechts** auch gegen innerstaatliche Rechtsschutzmechanismen;[24] insbesondere die kraft Gesetzes eintretende aufschiebende Wirkung von Widerspruch und Anfech-

[13] Näher dazu *Schoch* in: Schoch, BesVwR, Kap. 1 Rn. 469 ff.

[14] *Schwarze* NVwZ 2000, 241 (244, 250).

[15] Abgesichert im EU-Primärrecht durch Art. 4 Abs. 1 sowie Art. 5 Abs. 1 und 3 EUV, Art. 197 Abs. 1 und Art. 291 Abs. 2 AEUV.

[16] *Schoch* in: Schoch/Schneider, VwVfG, Einl Rn. 379 ff.

[17] EuGH NVwZ 2013, 347 Rn. 85 f. – Križan; NVwZ-RR 2016, 483 Rn. 29 ff. – Bensada Bernallal; EuZW 2019, 82 Rn. 25 (m. Anm. *Buckler*).

[18] EuGH NVwZ 2004, 593 Rn. 67 – Wells; NVwZ 2006, 1277 Rn. 57 f. – Arcor; NVwZ 2018, 717 Rn. 44 (m. Anm. *Ehrmann*) – NEOS.

[19] BVerfGE 74, 358 (370) = NJW 1987, 2427; E 128, 326 (367) = NJW 2011, 1931 Rn. 87.

[20] BVerfGE 111, 307 (325) = NJW 2004, 3407 (3410); vgl. ferner *Cammareri* JuS 2016, 791 (793 f.).

[21] *Classen* in: Schulze/Janssen/Kadelbach, Europarecht, § 4 Rn. 118; *Dörr/Lenz* Europäischer Verwaltungsrechtsschutz, Rn. 580.

[22] EuGH NJW 1991, 2271 (zum englischen Recht) – Factortame; bekräftigend EuGH NJW 2007, 3555 Rn. 67 → *Schoch* JK 2/08, EUV Art. 6 II/2 und → JA 2007, 830 *(Gundel)* – Unibet.

[23] *Hummel* JuS 2011, 704 (706); *Jarass* GRCh, Art. 47 Rn. 36.

[24] Vgl. dazu am Beispiel der Rückforderung rechtswidriger Subventionen EuGH NVwZ 1998, 45 → *Erichsen* JK 97, VwVfG §§ 48, 49a/16 und → JA 1997, 754 *(Michaelis)* – Alcan II; EuGH EuZW 2019, 379 (m. Anm. *Lipinsky*) – Eesti Pagar.

tungsklage (§ 80 Abs. 1 VwGO) kann dem Anwendungsvorrang des EU-Rechts im Modell des indirekten Vollzugs hinderlich sein (Lösung zu Fall 2 → Rn. 10).

Der vorläufige Rechtsschutz nach der VwGO trifft danach auf zwei Konfliktlinien; zur Durchsetzung von Rechten aus dem Unionsrecht kann ihm eine Anpassung innerstaatlichen Prozessrechts abverlangt werden, bei der (vorläufigen) Abwehr von Unionsrecht zur Gewährleistung eines wirksamen Rechtsschutzes gerät er in Kollision mit dem nach wirksamer Durchsetzung drängenden materiellen Unionsrecht.[25] Die Problematik wird dadurch verschärft, dass das EU-Recht ein ambivalentes Verhältnis zu der **aufschiebenden Wirkung** eines Rechtsbehelfs **kraft Gesetzes** hat. Dem EU-Eigenverwaltungsrecht (Art. 278, 279 AEUV) ist diese Suspensionsautomatik fremd (→ § 13 Rn. 6). Das Unionsrecht fordert vom innerstaatlichen Verwaltungsrecht nicht die Einführung jenes Rechtsschutzmechanismus. Der Verzicht auf eine § 80 Abs. 1 VwGO entsprechende Regelung erleichtert die Durchsetzung des materiellen Unionsrechts. Die Wirksamkeit des Rechtsschutzes kann allerdings defizitär werden. Das zeigt sich insbesondere bei Verwaltungsmaßnahmen, die vollendete Tatsachen bewirken können. Unionsrechtlich relevante Beispiele bietet das **Ausländer- und Asylrecht** in Gestalt von Abschiebungen (Rückführungen etc.). Zur Sicherung des Grundsatzes der Nichtzurückweisung von Flüchtlingen (Art. 18, 19 GRCh) verlangt der EuGH unter Berufung auf **Art. 47 GRCh** vom nationalen Recht einen wirksamen Rechtsbehelf; das sei ein Rechtsbehelf, der **kraft Gesetzes aufschiebende Wirkung** gegen den Vollzug der Maßnahme habe, die die Abschiebung (Rückführung etc.) ermögliche.[26]

**Lösung zu Fall 2:** Der EuGH stellt fest, dass die deutschen Behörden verpflichtet gewesen sind, alle notwendigen Maßnahmen zur Durchführung des Unionsrechts (Weindestillation) zu treffen. Folglich mussten die Behörden die aufschiebende Wirkung der von den Erzeugern erhobenen Widersprüche (§ 80 Abs. 1 VwGO) durch Anordnung der sofortigen Vollziehung (§ 80 Abs. 2 S. 1 Nr. 4 VwGO) der getroffenen Verfügungen überwinden. Da dies nicht geschehen ist, verstieß die Bundesrepublik Deutschland gegen ihre unionsrechtlichen Verpflichtungen (vgl. Art. 4 Abs. 3 UAbs. 2 EUV). 10

Auf der Ebene des *gerichtlichen* vorläufigen Rechtsschutzes verlangt das Gebot wirksamen Rechtsschutzes, dass die nationalen Gerichte befugt sind, **vorläufige Maßnahmen** zu erlassen, um die **volle Wirksamkeit** der späteren Gerichtsentscheidung in der Hauptsache über das Bestehen der aus dem Unionsrecht hergeleiteten Rechte sicherzustellen.[27] Das ist beim vorläufigen Rechtsschutz zur *Durchsetzung* materiellen Unionsrechts (ggf. gegen das nationale Recht) in der Regel unproblematisch. Beim vorläufigen gerichtlichen Rechtsschutz zur *Abwehr* von Unionsrecht hat der EuGH bestimmte Voraussetzungen aufgestellt (→ Rn. 140). Im Ergebnis lassen sich die VwGO-Bestimmungen zum verwaltungsgerichtlichen vorläufigen Rechtsschutz (§§ 80 Abs. 5, 80a Abs. 3, 123, 47 Abs. 6) unionsrechtskonform auslegen und anwenden.[28] 11

**b) Anforderungen der EMRK.** Die Bindung von vollziehender Gewalt und Rechtsprechung an die EMRK (→ Rn. 8) und die völkerrechtsfreundliche Ausrichtung des Grundgesetzes gebieten, dass nationale Behörden und Gerichte eine konventionskonforme Handhabung des innerstaatlichen Verwaltungs(prozess)rechts vornehmen (→ *Kadelbach* § 6 Rn. 16). Maßgebend ist das Verständnis der EMRK in der Interpretation des EGMR. Im 12

[25] *Dörr/Lenz* Europäischer Verwaltungsrechtsschutz, Rn. 577 und Rn. 579.

[26] EuGH NVwZ-RR 2015, 155 Rn. 50, 52 – Moussa Abdida; NVwZ 2018, 1625 Rn. 54, 56, 58 (m. Anm. *Gutmann*) – Gnandi; NVwZ-RR 2019, 75 Rn. 32 – Toeslagen.

[27] EuGH NJW 2007, 3555 Rn. 75 → *Schoch* JK 2/08, EUV Art. 6 II/2 und → JA 2007, 830 *(Gundel)* – Unibet.

[28] *Dörr/Lenz* Europäischer Verwaltungsrechtsschutz, Rn. 578.

vorliegenden Zusammenhang ist das **Recht auf eine wirksame Beschwerde** bei einer innerstaatlichen Stelle (Art. 13 EMRK) im Flüchtlingsrecht von Bedeutung. Hintergrund ist Art. 3 EMRK; danach darf niemand der Folter oder unmenschlicher oder erniedrigender Strafe oder Behandlung unterworfen werden.[29] Das gilt auch in Bezug auf Abschiebungen, (Rück-)Überstellungen oder die Zurückweisung von Asylbewerbern an der Grenze (ohne Prüfung des Asylantrags). Zunächst hat der EGMR eine unabhängige und genaue Prüfung jeder Beschwerde einer Person verlangt, wenn es ernsthafte Gründe für eine Art. 3 EMRK widersprechende Behandlung gibt; außerdem müsse die **Aussetzung der Vollziehung** der umstrittenen Maßnahme möglich sein.[30] Das BVerfG verpflichtet die Verwaltungsgerichte zur Beachtung dieser Judikatur.[31] Neuerdings attestiert der EGMR (mit Blick auf Art. 3 EMRK) einem **Rechtsbehelf** nur dann „Wirksamkeit" i. S. d. Art. 13 EMRK, wenn er **automatisch aufschiebende Wirkung** hat.[32] Insoweit muss das deutsche Recht vom Ausschluss der aufschiebenden Wirkung nach § 80 Abs. 2 S. 1 Nr. 3 VwGO (→ Rn. 59) absehen und zu § 80 Abs. 1 VwGO zurückkehren.

## II. Gesetzliches Konzept des vorläufigen Rechtsschutzes

13 Die VwGO enthält keinen in sich geschlossenen Abschnitt zum vorläufigen Rechtsschutz; seine positivrechtlichen Ausprägungen finden sich in § 47 Abs. 6, §§ 80, 80a, 80b, § 123 VwGO.[33] Systematisch können zwei Grundkategorien unterschieden werden: die **aufschiebende Wirkung** (§§ 80, 80a VwGO) und die **einstweilige Anordnung** (§ 123 bzw. § 47 Abs. 6 VwGO). Verfassungsrechtlich sind die beiden Rechtsinstitute gleichwertig.[34] Die gesetzliche Unterscheidung ist bedeutsam und folgenreich. In der Praxis kann vorläufiger Rechtsschutz im (Teil-)System der aufschiebenden Wirkung leichter erreicht werden als im Verfahren der einstweiligen Anordnung.[35] Diese Rechtsschutzasymmetrie ist gesetzlich nicht vorgegeben, sondern das Ergebnis einer – nicht immer überzeugenden – Rechtsprechung.[36]

14 Die **institutionelle Zweispurigkeit** des vorläufigen Rechtsschutzes nach der VwGO verlangt eine Abgrenzung zwischen der aufschiebenden Wirkung und der einstweiligen Anordnung. Ein Anwendungsvorrang kommt dem Rechtsinstitut der aufschiebenden Wirkung zu (§ 123 Abs. 5 VwGO). Anknüpfungspunkt für den gesetzlich angeordneten Eintritt der aufschiebenden Wirkung sind gemäß § 80 Abs. 1 S. 1 VwGO (Anfechtungs-)Widerspruch und Anfechtungsklage; das gilt auch für die gerichtliche Herstellung der aufschiebenden Wirkung nach § 80 Abs. 5 S. 1 VwGO. Danach müsste bei anderen Rechtsschutzformen (Klagearten) in der Hauptsache vorläufiger Rechtsschutz mittels einstweiliger Anordnung zu erreichen sein. Die **Orientierung an den Klagearten** stellt jedoch, wie zu zeigen sein wird, nur eine grobe Faustformel für die Abgrenzung zwischen aufschiebender Wirkung und einstweiliger Anordnung[37] dar;[38] denn dem (Teil-)System der aufschiebenden

[29] Vgl. dazu *Uerpmann-Wittzack* in: Ehlers, Europäische Grundrechte und Grundfreiheiten, § 3 Rn. 38 ff.

[30] EGMR NVwZ 2012, 809 Rn. 187–207 – Hirsi Jamaa; NVwZ 2015, 127 Rn. 126 – Tarakhel.

[31] BVerfG-K NVwZ 2015, 810.

[32] EGMR NVwZ 2019, 865 Rn. 83 und Rn. 119 – M. A.

[33] Daneben existiert in zahlreichen Gesetzen Sonderverfahrensrecht zum vorläufigen Rechtsschutz; am auffälligsten ist dies im Asylrecht (vgl. Art. 16a Abs. 4 GG, §§ 18a Abs. 4, 34a Abs. 2, 36 Abs. 3, 75, 76 Abs. 4, 82 AsylG); dazu *Külpmann* in: Finkelnburg/Dombert/Külpmann, Vorläufiger Rechtsschutz, Rn. 1242 ff.

[34] BVerfGE 51, 268 (285 f.) = NJW 1980, 35; BVerfG-K NVwZ 2009, 240 (241) → *Schoch* JK 8/09, VwGO § 80a/6 und → JA 2009, 664 *(Muckel);* DVBl 2013, 169 Rn. 21; zweifelnd *Hufen* Verwaltungsprozessrecht, § 31 Rn. 3.

[35] *Finkelnburg* in: Finkelnburg/Dombert/Külpmann, Vorläufiger Rechtsschutz, Rn. 14.

[36] *Schoch* in: Schoch/Schneider, VwGO, Vorb § 80 Rn. 42 ff.

[37] Eine klare Zuordnung erfährt § 47 Abs. 6 VwGO; die dortige Regelung zur einstweiligen Anordnung bezieht sich auf den Anwendungsbereich der verwaltungsgerichtlichen Normenkontrolle (→ § 35 Rn. 76 ff.).

[38] *Hummel* JuS 2011, 317 (318 f.); *Voßkuhle/Wischmeyer* JuS 2016, 1079 (1081).

Wirkung sind auch Leistungsbegehren (→ Rn. 91) und Feststellungsbegehren (→ Rn. 91) zugeordnet. Ein signifikanter Unterschied zwischen den beiden Rechtsinstituten besteht beim vorläufigen Rechtsschutz außerhalb gerichtlicher Eilverfahren: Im Anwendungsbereich der aufschiebenden Wirkung existiert vorläufiger Rechtsschutz auch kraft *gesetzlicher* Anordnung (§ 80 Abs. 1 VwGO) und *behördlicher* Entscheidung (§ 80 Abs. 4, § 80a Abs. 1 und 2 VwGO); demgegenüber kann eine einstweilige Anordnung nur in einem *gerichtlichen* Verfahren erlangt werden (§ 123 Abs. 1, § 47 Abs. 6 VwGO).

## III. Funktionen des vorläufigen Rechtsschutzes

Jede Art des vorläufigen Rechtsschutzes erfüllt zwei spezifische Funktionen,[39] die ihn vom Hauptsacherechtsschutz unterscheiden:[40] 15

- Die **Sicherungsfunktion** folgt aus Art. 19 Abs. 4 S. 1 GG und dient dazu, das Hauptsacheverfahren nach Möglichkeit offen zu halten; der vorläufige Rechtsschutz soll verhindern, dass durch bloßen Zeitablauf *irreversible Fakten* entstehen[41] und die noch ausstehende Hauptsacheentscheidung dadurch entwertet wird;[42] die Verwaltungsrechtsprechung konzentriert bzw. beschränkt sich auf diese Funktionszuschreibung.[43]
- Die **interimistische Befriedungsfunktion,** von der Judikatur weitgehend vernachlässigt,[44] ergibt sich zwangsläufig aus der unaufhaltsam fortschreitenden Zeit; da der unumkehrbare Zeitablauf zu einer *abschließenden Zwischenregelung* für einen bestimmten Zeitraum führt, ist es auch Aufgabe des vorläufigen Rechtsschutzes, den Zeitraum bis zur Entscheidung in der Hauptsache durch eine – insoweit endgültige – Zwischenregulierung zu überbrücken.[45]

Diese beiden Funktionen stehen nicht etwa zusammenhanglos nebeneinander, sie sind vielmehr untrennbar miteinander verknüpft (→ Rn. 16).

Führt man beide Funktionen zusammen, ergeht im gerichtlichen Eilverfahren de iure einerseits eine *vorläufige* (stattgebende oder ablehnende) Entscheidung[46] (vgl. auch § 80 Abs. 7 VwGO, dazu → Rn. 160 ff.); diese stellt andererseits für den Interimszeitraum zugleich eine *endgültige* Entscheidung dar, da auf Grund des unumkehrbaren Zeitablaufs ein vorläufiger Zustand notwendigerweise *abschließend* geregelt wird.[47] Angesichts der Doppelfunktion des vorläufigen Rechtsschutzes (→ Rn. 15) besteht die rechtliche Herausforderung in der **angemessenen Risikoverteilung** zwischen dem vorläufigen Rechtsschutzbegehren des Antragstellers und dem von der Behörde repräsentierten öffentlichen Interesse bzw. (im dreiseitigen Rechtsverhältnis) dem privaten Drittinteresse. Ziel des vorläufigen Rechtsschutzes ist angesichts der ausstehenden Hauptsacheentscheidung die Minimierung 16

---

[39] Vgl. zum EU-Recht gemäß Art. 278, 279 AEUV → § 13 Rn. 12 ff.; zur verfassungsgerichtlichen einstweiligen Anordnung nach § 32 BVerfGG → § 21 Rn. 6 ff.

[40] Zu Einzelheiten *Schoch* in: Schoch/Schneider, VwGO, Vorb § 80 Rn. 33 ff.

[41] Die verbreitete Redeweise von „irreparablen" Tatsachen ist ungenau, weil bei Beachtung des Faktors „Zeit" jedes Verhalten als solches „irreparabel" ist; infolgedessen kann es dem vorläufigen Rechtsschutz – mit Blick auf den ausstehenden Hauptsacherechtsschutz – nur um die Vermeidung „irreversibler" Verhältnisse gehen, *Schoch* Vorläufiger Rechtsschutz und Risikoverteilung im Verwaltungsrecht, 1988, S. 1318 ff.

[42] BVerfG-K NVwZ-RR 1999, 217; E 110, 77 (87) = NJW 2004, 2510 (2511) → *Ehlers* JK 12/04, VwGO § 113 I 4/19 und → JuS 2005, 173 *(Sachs)*.

[43] Vgl. etwa BayVGH BayVBl 2020, 444 Rn. 15; OVG Bln-Bbg NVwZ-RR 2014, 542 (543, 544); OVG Hamburg DVBl 2020, 521 Rn. 16; OVG MV Beschl. v. 14.12.2015 – 5 M 303/15, BeckRS 2016, 42996 Rn. 36; NdsOVG NVwZ-RR 2019, 674 Rn. 9; OVG NW NVwZ-RR 2012, 619 (620); OVG SH NJW 2020, 1382 Rn. 21.

[44] Bemerkenswerte Ausnahme: BVerfGE 46, 166 (178) = NJW 1978, 693.

[45] *Heinemann* NVwZ 2019, 517 (518); *Kiehne* VerwArch 111 (2020), 270 (276).

[46] BVerwGE 164, 179 Rn. 33 = NVwZ 2019, 794.

[47] VGH BW NVwZ-RR 1992, 442; HessVGH NJW 1984, 378; OVG MV GewArch 1996, 76 (77); OVG RP NVwZ-RR 1992, 35 (37); *Mampel* DVBl 1997, 1155 (1156); *ders.* BauR 2000, 1817; *Hummel* JuS 2011, 413 (417); *Heinemann* NVwZ 2019, 517 (518).

bzw. Vermeidung des Fehlentscheidungsrisikos.[48] Gelingt dies, wird das materielle Recht auch im Interimszeitraum verwirklicht.

## B. Eintritt der aufschiebenden Wirkung

### I. Suspensionsautomatik im System des § 80 VwGO

17 Vorläufiger Rechtsschutz mittels aufschiebender Wirkung des Rechtsbehelfs tritt gemäß § 80 Abs. 1 S. 1 VwGO automatisch mit der Erhebung des Widerspruchs (§ 69 VwGO) bzw. der Anfechtungsklage (§§ 42 Abs. 1, 81 VwGO) ein. Diese **gesetzliche Suspensionsautomatik** (zu normativen Anforderungen → Rn. 30) stellt im System des § 80 VwGO den Regelfall dar. Die Durchbrechung des Grundsatzes der aufschiebenden Wirkung von Widerspruch und Anfechtungsklage ist gesetzlich als Ausnahme konzipiert.[49] Der Ausschluss der aufschiebenden Wirkung tritt entweder **kraft Gesetzes** ein (§ 80 Abs. 2 S. 1 Nr. 1 bis 3 und S. 2 VwGO) oder er wird durch die **behördliche Anordnung** der sofortigen Vollziehung des Verwaltungsakts herbeigeführt (§ 80 Abs. 2 S. 1 Nr. 4 VwGO). In beiden Konstellationen kann durch eine **gerichtliche Eilentscheidung** (§ 80 Abs. 5 S. 1 VwGO) zum Grundsatz der aufschiebenden Wirkung zurückgekehrt werden: beim gesetzlichen Ausschluss der aufschiebenden Wirkung durch – erstmalige – Anordnung der aufschiebenden Wirkung, im Falle der behördlichen Vollziehbarkeitsanordnung durch Wiederherstellung der aufschiebenden Wirkung des Hauptsacherechtsbehelfs (Widerspruch bzw. Anfechtungsklage).

18 Zwischen dem Eintritt und Bestand der aufschiebenden Wirkung einerseits und dem Ausschluss der aufschiebenden Wirkung andererseits besteht demzufolge nach der Systematik des § 80 VwGO ein **Regel-Ausnahme-Verhältnis.**[50] Die h. M. geht einen Schritt weiter und überhöht den rechtlichen Gehalt der aufschiebenden Wirkung; die Rede ist von einem „fundamentalen Grundsatz des öffentlich-rechtlichen Prozesses", und die aufschiebende Wirkung wird als eine „adäquate Ausprägung der verfassungsrechtlichen Rechtsschutzgarantie" qualifiziert, so dass die aufschiebende Wirkung dem **Schutz des Art. 19 Abs. 4 GG** unterstellt ist.[51] Zutreffend ist das nicht. Wenn aufschiebende Wirkung und einstweilige Anordnung verfassungsrechtlich gleichwertig sind (→ Rn. 13), verlangt Art. 19 Abs. 4 GG für die gesetzliche Ausgestaltung des vorläufigen Rechtsschutzes nicht eine bestimmte Sicherungs*technik,* sondern lediglich die Gewährleistung des aus Rechtsschutzgründen notwendigen Sicherungs*erfolgs.*[52] Den Anforderungen des Art. 19 Abs. 4 GG ist Rechnung getragen, wenn anders als durch die Suspensionsautomatik (→ Rn. 17), etwa durch eine gerichtliche Eilentscheidung (§ 80 Abs. 5 VwGO), die Wirksamkeit des vorläufigen Rechtsschutzes sichergestellt ist.[53] Das ist auf Grund der unmittelbar auf Art. 19 Abs. 4 GG gestützten „Zwischenentscheidung" im Aussetzungsverfahren nach § 80 Abs. 5

[48] *Schoch* in: Schoch/Schneider, VwGO, Vorb § 80 Rn. 37 f.

[49] Vgl. Wortlaut des § 80 Abs. 2 S. 1 vor Nr. 1 VwGO: Die aufschiebende Wirkung entfällt „nur"!

[50] BVerfG-K NJW 2008, 1369 (1370) bezeichnet die aufschiebende Wirkung von Widerspruch und Anfechtungsklage als gesetzlichen Normalfall.

[51] BVerfGE 35, 263 (272, 274) = NJW 1973, 1491 (1493); E 67, 43 (58) = NJW 1984, 2028 (2029); E 69, 220 (227 f.) = NVwZ 1985, 409; BVerfG-K NVwZ 2007, 1302 (1303); NVwZ 2017, 149 Rn. 19 → *Eifert* Jura (JK) 2017, 249; BVerwGE 141, 311 Rn. 24 = NVwZ 2012, 1184; VGH BW NVwZ-RR 1990, 186 (187); BayVGH Beschl. v. 23.6.2017 – 13 AS 16.2546, BeckRS 2017, 116985 Rn. 40; OVG NW NVwZ-RR 2000, 121 (122); ThürOVG ThürVBl 2012, 102 (103); *Dietz* GewArch 2014, 225 (226); *Bäumerich* DVBl 2015, 352 (355); *Mayen* in: Liber Amicorum für Max-Jürgen Seibert, 2020, S. 293 (300). – Zutreffende Kritik bei *Classen* NJW 2016, 2621 (2623): „Übersicherung".

[52] *Mampel* DVBl 1997, 1155; *Kotulla* Die Verwaltung 33 (2000), 521 (555 f.); *Schmidt-Aßmann* in: Maunz/Dürig, GG, Art. 19 IV Rn. 274.

[53] BVerfGE 51, 268 (284 f.) = NJW 1980, 35 (36); BVerfG-K NJW 2001, 3770; NVwZ 2009, 240 (241) → *Schoch* JK 8/09, VwGO § 80a/6 und → JA 2009, 664 *(Muckel).*

VwGO[54] der Fall.[55] Bei dem in der Praxis nicht selten anzutreffenden Verwaltungsakt mit Drittwirkung stehen sich überdies die Rechtspositionen des Begünstigten und des Dritten prinzipiell gleichrangig und gleichwertig gegenüber;[56] folglich gebietet Art. 19 Abs. 4 GG nicht, dem Anfechtungsrechtsbehelf im dreiseitigen Rechtsverhältnis automatisch eine aufschiebende Wirkung zuzuerkennen.[57] Die aufschiebende Wirkung nach § 80 Abs. 1 VwGO erfüllt demnach eine **einfachgesetzliche Schutzaufgabe:** Im zweiseitigen Rechtsverhältnis zwischen Bürger und Staat stellt sie ein Gegengewicht zur Hoheitsgewalt der Verwaltung dar, beim Verwaltungsakt mit Drittwirkung erfüllt sie lediglich eine verfahrensrechtliche Funktion. Rechtlich entfaltet die aufschiebende Wirkung ohnehin nur eine vorläufige Suspensionswirkung, lässt den Inhalt des angegriffenen Verwaltungsakts indessen unangetastet (näher dazu → Rn. 33).

## II. Voraussetzungen für den Eintritt der aufschiebenden Wirkung

**Fall 3:** E ist Eigentümer eines Grundstücks in der Gemeinde G, das mit einem Wohnhaus bebaut ist. E beantragt die Erteilung der Genehmigung für Umbaumaßnahmen, durch die das Gebäude erhöht werden soll. Nach Eingang des Bauantrags beschließt der Gemeinderat von G die Aufstellung eines Bebauungsplans für das betroffene Gebiet, um „weitere bauliche Anlagen im Blockinnenbereich" auszuschließen. Auf Antrag von G verfügt die zuständige Bauaufsichtsbehörde (Landratsamt K) die Zurückstellung des Bauantrags für neun Monate. E erhebt hiergegen Widerspruch. Muss der Bauantrag bearbeitet werden?[58] 19

**Fall 4:** W erhält antragsgemäß eine immissionsschutzrechtliche Genehmigung für wesentliche Änderungen von zwei Windkraftanlagen. Die Genehmigung ist mit der naturschutzrechtlichen Nebenbestimmung verknüpft, dass die Anlagen zu bestimmten Zeiten im Frühjahr und im Herbst während des überregionalen Zuggeschehens von Fledermäusen jeweils eine Stunde vor der Abenddämmerung bis eine Stunde nach der Morgendämmerung abgeschaltet werden müssen. Hiergegen erhebt W ordnungsgemäß Klage beim zuständigen VG. Kann W die Nebenbestimmung ignorieren?[59] 20

### 1. Angriffsgegenstand: Verwaltungsakt

§ 80 Abs. 1 S. 1 VwGO verknüpft den Eintritt der aufschiebenden Wirkung mit der Erhebung von Widerspruch bzw. Anfechtungsklage; beide Rechtsbehelfe richten sich gegen Verwaltungsakte (§ 68 bzw. § 42 Abs. 1 VwGO). § 80 Abs. 1 S. 1 VwGO gewährt folglich vorläufigen Rechtsschutz gegen eine behördliche Maßnahme, die als **Verwaltungsakt** zu qualifizieren ist. Ist das nicht der Fall, kann vorläufiger Rechtsschutz nur im Wege der einstweiligen Anordnung erlangt werden (zu Beispielen mit Grenzfällen → Rn. 27). Da- 21

[54] Befristete Anordnung bzw. Wiederherstellung der aufschiebenden Wirkung (bis zur eigentlichen Eilentscheidung) zur Verhinderung des Eintritts vollendeter Tatsachen; *Koehl* JuS 2017, 37; *Schübel-Pfister* JuS 2018, 441 (445); ausführlich *Mann* NWVBl 2017, 60 ff. – Aus der Praxis z. B. VGH BW NVwZ-RR 2018, 509; BayVGH NVwZ-RR 2019, 981; OVG MV NVwZ-RR 2017, 904; OVG NW NWVBl 2014, 323; OVG RP NVwZ-RR 2013, 295; OVG LSA LKV 2019, 277.

[55] BVerfG-K NVwZ 2014, 363 Rn. 8: VG bzw. OVG/VGH verpflichten die Behörde zwecks Gewährleistung eines wirksamen Rechtsschutzes (Art. 19 Abs. 4 GG) zum vorläufigen Verzicht auf Vollstreckungsmaßnahmen.

[56] VGH BW Beschl. v. 29.1.2019 – 10 S 1919/17, BeckRS 2019, 850 Rn. 4; HessVGH DVBl 2018, 1448 Rn. 11; NdsOVG NVwZ-RR 2020, 23 Rn. 9; OVG LSA LKV 2020, 36 (37).

[57] BVerfG-K NVwZ 2009, 240 (242) → *Schoch* JK 8/09, VwGO § 80a/6 und → JA 2009, 664 *(Muckel)*.

[58] Fall nach OVG RP NVwZ-RR 2002, 708 → *Schoch* JK 2/03, VwGO § 80 V/13.

[59] Fall nach OVG LSA NVwZ-RR 2016, 806.

nach muss im konkreten Fall ermittelt werden, ob eine Verwaltungsmaßnahme die **Merkmale des § 35 (L)VwVfG** (SH: § 106 LVwG) erfüllt. Trifft dies zu, liegt i. S. d. Kollisionsnorm des § 123 Abs. 5 VwGO ein „Fall des § 80 VwGO" vor; Rechtsschutz wird durch die aufschiebende Wirkung gewährt. Diese tritt – vorbehaltlich des § 80 Abs. 2 VwGO – auf Grund des Rechtsbehelfs (→ Rn. 28) unmittelbar kraft Gesetzes ein (§ 80 Abs. 1 S. 1 VwGO).

22 Der Anwendungsbereich des § 80 Abs. 1 VwGO erstreckt sich auf alle Arten eines Verwaltungsakts.[60] Erfasst sind zunächst die einer Vollstreckung zugänglichen **Verfügungen;** dabei geht es in erster Linie um befehlende Verwaltungsakte in Gestalt von Geboten oder Verboten, aber auch die behördliche Anordnung einer Duldung fällt in den Anwendungsbereich des § 80 Abs. 1 S. 1 VwGO.[61] Dasselbe gilt für die **Allgemeinverfügung** (§ 35 S. 2 VwVfG, § 106 Abs. 2 LVwG SH),[62] die im Rahmen der Bekämpfung der Corona-Pandemie vermehrt zum Einsatz gekommen ist (in der Regel allerdings mit der Anordnung der sofortigen Vollziehung verknüpft wurde).[63] Ausgelöst wird die aufschiebende Wirkung auch durch die gegen einen **Widerspruchsbescheid** erhobene Anfechtungsklage.[64]

23 Der vorläufige Rechtsschutz mittels aufschiebender Wirkung gilt gemäß § 80 Abs. 1 S. 2 VwGO auch bei feststellenden und rechtsgestaltenden Verwaltungsakten sowie bei Verwaltungsakten mit Doppelwirkung. Die Ermittlung der Suspensionswirkung beim Rechtsschutz gegen **feststellende Verwaltungsakte** bereitet kaum rechtliche Probleme.[65] Dasselbe gilt in Bezug auf **rechtsgestaltende Verwaltungsakte;** dazu dominiert in der Praxis die behördliche Aufhebung eines Verwaltungsakts in Gestalt des Widerrufs[66] und der Rücknahme.[67] Die Erstreckung der aufschiebenden Wirkung von Widerspruch und Anfechtungsklage auf **Verwaltungsakte mit Drittwirkung**[68] verliert in dem Maße an praktischer Bedeutung, wie zunehmend von § 80 Abs. 2 S. 1 Nr. 3 VwGO Gebrauch gemacht wird (z. B. im Baurecht durch § 212a BauGB)[69] oder mit dem Erlass des Verwaltungsakts zugleich die Vollziehbarkeitsanordnung nach § 80 Abs. 2 S. 1 Nr. 4 VwGO erfolgt (z. B. bei

---

[60] Bei Unklarheiten zur Deutung einer behördlichen Willenserklärung den „Schein"verwaltungsakt einbeziehend VGH BW VBlBW 2017, 197 (199); VBlBW 2017, 504 (505).

[61] VGH BW NVwZ-RR 2019, 540; BayVGH BayVBl 2012, 470.

[62] HessVGH NVwZ-RR 2016, 578: Ladenöffnung an Sonntagen; VG Hannover NVwZ-RR 2012, 889: Aufhebung einer Grundschule.

[63] Vgl. zur Unterbindung der Nutzung eines Ferienhauses OVG SH NJW 2020, 1382 und (erfolgreicher Eilantrag) OVG Bln-Bbg NJW 2020, 1454; ferner z. B. BayVGH NVwZ 2020, 632: Schließung von Ladengeschäften; OVG Hamburg DVBl 2020, 772: Heimbetretungsverbot; BayVGH BayVBl 2020, 707: Verbot des Außer-Haus-Verkaufs von Alkohol.

[64] VGH BW VBlBW 2019, 67 (68).

[65] Vgl. etwa BVerwGE 167, 1 Rn. 15 = NVwZ 2020, 551 → *Hufen* JuS 2020, 583: Feststellung der Zulassungsfreiheit eines Arzneimittels; VGH BW VBlBW 2016, 386 (387): Feststellung der vorzeitigen Beendigung des Amts als Hochschulrektorin; VGH BW VBlBW 2017, 421 (422): Klarstellung des Inhalts einer Genehmigung; NdsOVG NVwZ-RR 2016, 555: Feststellung des Nichtbestehens der deutschen Staatsangehörigkeit; OVG NW NWVBl 2017, 168 (169): Feststellung des Rechts zur Verfassung einer Bachelorarbeit.

[66] VGH BW VBlBW 2012, 143: Widerruf einer Waffenbesitzkarte; VGH BW NVwZ-RR 2014, 302: Widerruf einer gewerberechtlichen Erlaubnis; VGH BW VBlBW 2017, 203: Widerruf der Bestellung als Sachverständiger; OVG MV NVwZ-RR 2015, 283 (284): Widerruf einer Stundungsverfügung; NdsOVG NVwZ-RR 2013, 595: Widerruf der Genehmigung zum Betrieb einer Biogasanlage; NdsOVG NJW 2017, 3612: Widerruf einer Fahrerlaubnis; OVG RP NVwZ-RR 2019, 814: Widerruf einer Waffenbesitzkarte; OVG RP DVBl 2019, 1648: Widerruf der Betriebserlaubnis zur Kinderbetreuung; SächsOVG LKV 2013, 418: Widerruf der integrativen Unterrichtung eines Schülers.

[67] VGH BW NJW 2019, 2715: Rücknahme einer Tagespflegeerlaubnis; BayVGH BayVBl 2015, 172: Rücknahme eines Anerkennungsbescheids zu Folgen eines Dienstunfalls; OVG NW NVwZ-RR 2017, 821: Teilrücknahme der Baugenehmigung für eine Autowaschanlage; OVG LSA Beschl. v. 2.9.2014 – 2 M 41/14, BeckRS 2014, 56177: Teilrücknahme der Baugenehmigung für eine Spielhalle.

[68] Die Bezeichnung „Doppelwirkung" (dazu → Rn. 25) in § 80 Abs. 1 S. 2 VwGO ist ungenau; in der Sache zutreffend ist, wie § 80a Abs. 1 VwGO belegt, der Begriff „Drittwirkung".

[69] VGH BW VBlBW 2020, 148 (149) bejaht die aufschiebende Wirkung des Widerspruchs gegen einen Bauvorbescheid; vgl. zur Problematik Fall 9 → Rn. 44 und Lösung → Rn. 61.

der immissionsschutzrechtlichen Genehmigung von Windenergieanlagen[70]); soweit es um behördliche Auswahlentscheidungen (z. B. im Wirtschaftsverwaltungsrecht) unter Knappheitsbedingungen geht, löst der Abwehrrechtsbehelf des Konkurrenten die aufschiebende Wirkung aus.[71]

**Lösung zu Fall 3:** Das eigentliche Rechtsschutzziel des E ist die Erteilung der beantragten Baugenehmigung. Dennoch muss E nicht nach § 123 Abs. 1 S. 2 VwGO vorgehen. Die Zurückstellung des Baugesuchs (§ 15 Abs. 1 S. 1 BauGB) stellt einen verfahrensgestaltenden Verwaltungsakt mit eigenständiger Rechtsbeeinträchtigung des Antragstellers dar.[72] Dagegen kann – und muss (zur Verhinderung des Eintritts der Bestandskraft) – der Bauherr Widerspruch bzw. Anfechtungsklage erheben.[73] Daraufhin tritt gemäß § 80 Abs. 1 S. 1 VwGO die aufschiebende Wirkung mit der Folge ein, dass die Zurückstellung vorläufig suspendiert wird und die Behörde zur unverzüglichen Weiterbearbeitung des Bauantrags verpflichtet ist.[74] 24

Beim **Verwaltungsakt mit Doppelwirkung** ist der Adressat zugleich begünstigt (z. B. durch eine Genehmigung) und belastet (durch beigefügte Nebenbestimmungen). Die aufschiebende Wirkung des Rechtsbehelfs tritt in dem Umfang ein, in dem die Teilanfechtung der Gesamtregelung statthaft ist. Nach inzwischen gefestigter Rechtsauffassung ist gegen belastende Nebenbestimmungen eines begünstigenden Verwaltungsakts – unabhängig von behördlichen Entscheidungsspielräumen und unabhängig von der Art der Nebenbestimmung (vgl. § 36 Abs. 2 VwVfG, § 107 Abs. 2 LVwG SH) – die **Anfechtungsklage** die statthafte Rechtsschutzform (→ *Ehlers* § 27 Rn. 26 ff., 29). Folglich wird die Nebenbestimmung durch die Erhebung des Rechtsbehelfs nach § 80 Abs. 1 VwGO vorläufig suspendiert.[75] 25

**Lösung zu Fall 4:** W hat statthaft eine isolierte Anfechtungsklage gegen die der immissionsschutzrechtlichen Genehmigung beigefügte Nebenbestimmung erhoben. Dadurch ist gemäß § 80 Abs. 1 VwGO die aufschiebende Wirkung eingetreten. Folge der gesetzlichen Suspensionsautomatik ist, dass W von der Begünstigung uneingeschränkt Gebrauch machen darf. 26

Stellt die behördliche (Eingriffs-)Maßnahme **keinen Verwaltungsakt** dar, entfaltet ein dagegen erhobener Rechtsbehelf des Betroffenen **keine aufschiebende Wirkung** gemäß § 80 Abs. 1 VwGO. Das gilt etwa für die Umsetzung im Beamtenrecht, die – anders als die Versetzung eines Beamten – als verwaltungsinterne Maßnahme zu qualifizieren ist.[76] Endet ein Beamtenverhältnis kraft Gesetzes (z. B. nach einer entsprechenden strafgerichtlichen Verurteilung (§ 24 Abs. 1 S. 1 BeamtStG), führt ein Rechtsschutzbegehren keine aufschie- 27

---

[70] Vgl. etwa VGH BW VBlBW 2018, 475; NVwZ-RR 2019, 179; BayVGH NVwZ-RR 2019, 809; NdsOVG DVBl 2020, 433; OVG NW NWVBl 2018, 293; NVwZ-RR 2019, 857; OVG RP NVwZ-RR 2016, 619; NVwZ-RR 2019, 990.

[71] Vgl. etwa VGH BW VBlBW 2016, 502: Konkurrenz von Krankenhäusern um die Aufnahme in den Landeskrankenhausplan; BayVGH BayVBl 2019, 517: Wettbewerb um die Erteilung einer Konzession für den Rettungsdienst; weitere Beispiele bei *Schoch* in: Schoch/Schneider, VwGO, § 80 Rn. 48.

[72] VGH BW NVwZ-RR 2011, 932 (933) = VBlBW 2011, 474 (475) m. Bespr. *Schlarmann/Karkaj* VBlBW 2011, 464.

[73] VGH BW NVwZ-RR 2003, 333.

[74] BVerwG NVwZ 2012, 51 Rn. 8; OVG NW BauR 2007, 684 (685); *Rieger* BauR 2003, 1512 (1517).

[75] Vgl. etwa VGH BW VBlBW 2014, 309 (310): Rechtsschutz gegen auflösende Bedingung; NdsOVG NVwZ- RR 2020, 519 Rn. 12, 13: isolierte Anfechtung einer Befristung; SächsOVG LKV 2013, 418 Rn. 10: Anfechtung eines Widerrufsvorbehalts.

[76] VGH BW Beschl. v. 23.2.2016 – 4 S 2527/15, BeckRS 2016, 43406 Rn. 5; BayVGH BayVBl 1994, 500 (501); OVG SL ZBR 1995, 47; SächsOVG LKV 1999, 329; ThürOVG ThürVBl 1997, 133.

bende Wirkung herbei.[77] Die Bescheinigung des Schornsteinfegers über die Ordnungsgemäßheit einer Feuerungsanlage wird nicht als Verwaltungsakt angesehen;[78] zwingend ist das nicht. Mitunter ist die Versagung des Schutzes nach § 80 Abs. 1 VwGO, weil kein Verwaltungsakt angegriffen werde, sehr zweifelhaft; das betrifft etwa den Rechtsbehelf eines Beamten gegen die Anordnung einer ärztlichen Untersuchung[79] und das Begehren eines Rechtsanwalts gegen die Zurückweisung von einer Vertretung.[80] Eindeutig kein Fall des § 80 Abs. 1 VwGO liegt beim Rechtsschutz gegen belastende Informationsmaßnahmen einer Behörde vor;[81] ein prominentes Beispiel hierfür ist die Information der Öffentlichkeit nach § 40 Abs. 1a LFGB über ein Fehlverhalten des Betroffenen.[82]

### 2. Rechtsbehelf: Anfechtungswiderspruch oder Anfechtungsklage

28 Liegt ein Verwaltungsakt vor, ist Anknüpfungspunkt für den Eintritt der aufschiebenden Wirkung ein Widerspruch oder eine Anfechtungsklage. § 80 Abs. 1 S. 1 VwGO schützt den Betroffenen gegenüber einem *belastenden* Verwaltungsakt, so dass der **Anfechtungswiderspruch** (§ 68 Abs. 1 S. 1 VwGO) gemeint ist. Entfällt nach § 68 Abs. 1 S. 2 VwGO die Durchführung eines Vorverfahrens (→ § 23 Rn. 89 ff.), knüpft die aufschiebende Wirkung an die **Anfechtungsklage** an. Ausgelöst wird der Suspensiveffekt, wenn der Rechtsbehelf erhoben wird (zum rückwirkenden Eintritt der aufschiebenden Wirkung → Rn. 38); die bloße Möglichkeit der Anfechtung setzt den Rechtsschutzmechanismus des § 80 Abs. 1 VwGO nicht in Gang.[83]

29 Die Ausrichtung des § 80 Abs. 1 VwGO auf die Anfechtungssituation bedeutet, dass das Gesetz bei einem **Verpflichtungsbegehren** keinen automatischen vorläufigen Rechtsschutz vermittelt. Deshalb bewirkt der Verpflichtungswiderspruch (§ 68 Abs. 2 VwGO) oder die Verpflichtungsklage (§ 42 Abs. 1 VwGO) gegen die behördliche Ablehnung eines geltend gemachten Anspruchs auf Erlass eines Verwaltungsakts (z. B. Gewerbeerlaubnis, Baugenehmigung, Sondernutzungserlaubnis) nicht die vorläufige Einräumung der begehrten Begünstigung. Vorläufiger Rechtsschutz ist in derartigen Konstellationen nach § 123 Abs. 1 S. 2 VwGO zu erreichen; § 80 VwGO ist nicht anwendbar. Etwas anderes gilt, wenn das **materielle Recht** mit der Versagung der beantragten Begünstigung den Verlust einer Rechtsposition verknüpft. Das wichtigste Beispiel ist die **Fiktion des erlaubten Aufenthalts** nach § 81 Abs. 3 S. 1 und Abs. 4 S. 1 AufenthG. Danach gilt der Aufenthalt eines Ausländers, der einen Antrag auf Erteilung oder Verlängerung eines Aufenthaltstitels stellt, unter bestimmten Voraussetzungen vorläufig als erlaubt; die Ablehnung der beantragten Begünstigung entzieht zugleich das vorläufige Bleiberecht.[84] Der vor diesem Hintergrund zur einstweiligen Sicherung des vorläufigen Bleiberechts an sich angezeigte Eintritt der aufschiebenden Wirkung von Widerspruch oder Klage ist durch § 84 Abs. 1 S. 1 Nr. 1 AufenthG spezialgesetzlich ausgeschlossen. Statthaft ist in den Fällen des § 81 Abs. 3 S. 1 bzw. Abs. 4 S. 1 AufenthG folglich der auf die Anordnung der aufschiebenden Wirkung gerichtete Eilantrag nach § 80 Abs. 5 S. 1 VwGO.[85] Eine Verlängerung der Fiktionswirkung gemäß § 81 Abs. 4 S. 1 AufenthG setzt allerdings einen Antrag *vor* Ablauf

---

[77] OVG SL NVwZ-RR 2017, 338 Rn. 10, 12. – Der gesetzliche Ausschluss der aufschiebenden Wirkung beim vorläufigen Rechtsschutz gegen eine Entlassung aus dem Beamtenverhältnis ist verfassungsgemäß, BVerfG-K NVwZ 2020, 1187 Rn. 33.

[78] NdsOVG NVwZ-RR 2012, 9.

[79] BVerwG NVwZ 2012, 1483 Rn. 14 – BVerfG-K NVwZ-RR 2021, 217 Rn. 32: Grundrechtseingriff!

[80] BVerwG BayVBl 2020, 463 Rn. 18.

[81] Einzelheiten dazu bei *Schoch* in: Schoch/Schneider, VwGO, § 80 Rn. 38.

[82] VGH BW Beschl. v. 12.2.2020 – 9 S 2637/19, BeckRS 2020, 2902 Rn. 7: Rechtsschutz nach § 123 VwGO gegen die amtliche Veröffentlichung.

[83] BVerwG NVwZ 1992, 791; VGH BW NVwZ-RR 2010, 277; BayVGH BayVBl 1997, 22 (23); *Koehl* JA 2016, 610 (611).

[84] *Külpmann* in: Finkelnburg/Dombert/Külpmann, Vorläufiger Rechtsschutz, Rn. 1210.

[85] VGH BW DVBl 2017, 580 (581); VBlBW 2018, 522; NVwZ-RR 2020, 556 Rn. 14; SächsOVG DVBl 2019, 122 Rn. 11.

des Aufenthaltstitels voraus; ein erloschener Aufenthaltstitel kann nicht verlängert werden.[86]

30 Nach dem Wortlaut des § 80 Abs. 1 VwGO tritt die aufschiebende Wirkung von Widerspruch bzw. Anfechtungsklage voraussetzungslos ein. Danach löst ein *unbegründeter* Rechtsbehelf die aufschiebende Wirkung aus.[87] In Bezug auf die **Zulässigkeit des Hauptsacherechtsbehelfs** versagt die h. M. dem *offensichtlich unzulässigen* Rechtsbehelf die aufschiebende Wirkung.[88] Richtigerweise ist die Suspensionsautomatik bei einem unzulässigen Rechtsbehelf in der Hauptsache grundsätzlich anzuerkennen, aus rechtssystematischen und teleologischen Gründen bestehen jedoch markante Ausnahmen:

- Besteht die deutsche Gerichtsbarkeit (→ *Ehlers* § 25 Rn. 30ff.) nicht oder ist der Verwaltungsrechtsweg nicht eröffnet, fehlt es am **Geltungsanspruch der VwGO,** so dass § 80 Abs. 1 VwGO nicht anwendbar ist.[89]
- Sind Widerspruch und Anfechtungsklage nicht statthaft, mangelt es an einer **Anwendungsvoraussetzung** des § 80 Abs. 1 VwGO[90] (→ Rn. 28f.).
- Ist die Widerspruchs- bzw. Klagebefugnis des Hauptsacherechtsbehelfs zu verneinen, besteht nicht einmal die Möglichkeit einer Rechtsverletzung; mit Blick auf das Hauptsacheverfahren gibt es kein **Schutz- und Sicherungsbedürfnis.**[91]
- Bei einem verfristeten Hauptsacherechtsbehelf ist der Verwaltungsakt unanfechtbar; wegen der **Bestandskraft des Verwaltungsakts** ist ein mittels aufschiebender Wirkung zu sicherndes offenes Hauptsacheverfahren nicht vorhanden.[92]

Ist zwischen den Beteiligten umstritten, ob der Rechtsbehelf in der Hauptsache zulässig ist (z. B. bei Unklarheiten zum Lauf der Rechtsbehelfsfrist), muss die Rechtsfrage im Aussetzungsverfahren (§ 80 Abs. 5 VwGO) abschließend geklärt werden; ggf. wird der Eintritt der aufschiebenden Wirkung gemäß § 80 Abs. 1 VwGO gerichtlich festgestellt[93] (→ Rn. 99f.).

## III. Folgen der aufschiebenden Wirkung

31 **Fall 5:** B ist Beamter auf Widerruf. Als B eine vorgeschriebene Zwischenprüfung im Vorbereitungsdienst endgültig nicht besteht, wird er von seinem Dienstherrn unter Hinweis auf § 23 Abs. 4 S. 1 BeamtStG wegen des Prüfungsversagens aus dem Beamtenverhältnis entlassen. B erhebt gegen den Prüfungsbescheid ordnungsgemäß Widerspruch. Der Dienstherr beharrt darauf, dass das Beamtenverhältnis beendet ist.[94]

32 **Fall 6:** F wurde von der zuständigen Behörde eine forstwirtschaftliche Förderung bewilligt. Als er die Auszahlung der fälligen Rate verlangt, erklärt die Behörde die Aufrechnung mit einer Gegenforderung, die auf einem von F angefochtenen Verwaltungsakt beruht, mit dem die Behörde frühere Förderungen widerrufen und eine entsprechende Rückforderung festgesetzt hat. F bittet um eine Auskunft zur Rechtslage.[95]

---

[86] BVerwGE 140, 64 Rn. 16 = NVwZ 2011, 1340: Die Fiktion nach § 81 Abs. 4 AufenthG hat besitzstandswahrende nicht aber rechtsbegründende Wirkung; ferner NdsOVG InfAuslR 2014, 93 (94).

[87] VGH BW VBlBW 1997, 390 (391); BayVGH BayVBl 2008, 86 (87); HessVGH NVwZ-RR 2003, 345 (346).

[88] BVerwG NVwZ 2018, 1485 Rn. 23; VGH BW VBlBW 2017, 203; BayVGH NVwZ-RR 2020, 619 Rn. 6; OVG MV NVwZ 2000, 948 (949); *Kotulla* Die Verwaltung 37 (2000), 521 (526); *Würtenberger/Heckmann* Verwaltungsprozessrecht, Rn. 575; *Hoppe* in: Eyermann, VwGO, § 80 Rn. 20.

[89] *Schenke* Verwaltungsprozessrecht, Rn. 956.

[90] NdsOVG NVwZ-RR 2020, 519 Rn. 12.

[91] BVerwG NVwZ 2013, 85 Rn. 6; OVG RP Beschl. v. 28.5.2014 – 10 B 10418/14.OVG, BeckRS 2014, 52277.

[92] BVerwG NVwZ 2018, 1485 Rn. 23; VGH BW NJW 2004, 2690; VBlBW 2014, 309 (310); BayVGH NVwZ-RR 2020, 619 Rn. 6; ThürOVG ThürVBl 1995, 40 (41); *Schübel-Pfister* JuS 2017, 1078 (1082).

[93] VGH BW VBlBW 2017, 203.

[94] Fall nach OVG NW NVwZ-RR 2012, 612.

[95] Fall nach BVerwGE 132, 250 = NJW 2009, 1099 → *Ehlers* JK 7/09, VwGO § 80 I/6.

33 Zu den (Rechts-)Folgen der aufschiebenden Wirkung trifft § 80 Abs. 1 VwGO keine Aussage. Nach h. M. führt die aufschiebende Wirkung lediglich zu einer **Vollziehbarkeitshemmung** des angefochtenen Verwaltungsakts.[96] Dies soll sich aus dem Wortlaut des § 80 Abs. 2 S. 1 Nr. 4 VwGO ergeben, da die aufschiebende Wirkung das Gegenstück zur „sofortigen Vollziehung" sei. Eine rechtsdogmatisch konsistente Erklärung zu den Folgen der aufschiebenden Wirkung bei den von § 80 Abs. 1 S. 2 VwGO erfassten Verwaltungsakten mag jene Lehre nicht zu geben; feststellende und rechtsgestaltende Verwaltungsakte sowie Verwaltungsakte mit Drittwirkung sind einer „Vollziehung" nicht fähig oder nicht bedürftig (vgl. aber → Rn. 34). Der „Vollziehungs"begriff erfasst auch nicht gestufte Verwaltungsentscheidungen (z. B. Vorbescheid und Genehmigung) und sachlich miteinander verknüpfte, jedoch selbstständige Verwaltungsakte (z. B. im Ausländerrecht). Vorzugswürdig ist die Doktrin von der **vorläufigen Wirksamkeitshemmung.**[97] Sie begründet die (Rechts-)Folgen der aufschiebenden Wirkung nicht vom „Vollziehungs"begriff her, sondern gewinnt sie anhand des Schutzzwecks der Norm (§ 80 Abs. 1 VwGO). Danach lässt die aufschiebende Wirkung den *Regelungsgehalt* des angefochtenen Verwaltungsakts unberührt, von ihm geht jedoch auf Grund des durch § 80 Abs. 1 VwGO vermittelten Rechtsschutzes **vorläufig keine rechtliche Wirkung** aus: Gebote und Verbote müssen einstweilen nicht befolgt werden, eine behördliche Feststellung ist noch nicht verbindlich, eine Rechtsgestaltung tritt vorläufig nicht ein, von der von einem Dritten angefochtenen Genehmigung darf der Begünstigte nicht sofort Gebrauch machen, beim mehrstufigen und beim sequentiellen Verwaltungshandeln entzieht die vorläufige Wirksamkeitshemmung des Erstbescheids den Folgebescheiden die rechtliche Basis.

34 Die „Vollziehbarkeitstheorie" ist aus Rechtsschutzgründen nur vertretbar, wenn ein extrem weites Verständnis des Begriffs „Vollziehung" angenommen wird: Auf Grund der aufschiebenden Wirkung dürfen aus dem angefochtenen Verwaltungsakt **keine Folgerungen** gezogen werden, die der Verwirklichung dieses Verwaltungsakts dienen;[98] dies kann auch ein selbstständiger Folgebescheid sein.[99] Umfasst von diesem weiten Verständnis sind unmittelbare und mittelbare sowie rechtliche und tatsächliche Folgen; beim Verwaltungsakt mit Drittwirkung wird das Gebrauchmachen von der Begünstigung (z. B. einer Erlaubnis) durch ein Privatrechtssubjekt als „Vollziehung" gedeutet.[100] Ebenso muss die Abschiebung eines Ausländers i. S. d. § 80 Abs. 1 VwGO als „Vollziehung" der vorangegangenen Ausweisung verstanden[101] und die Ablehnung der Erteilung eines Aufenthaltstitels als „Vollziehung" eines Einreise- und Aufenthaltsverbots begriffen werden.[102] Ferner gilt die Ausübung eines Zurückbehaltungsrechts als „Vollziehung" des angegriffenen Kostenbescheids.[103] Diese Konstrukte der h. M. haben zwar mit einem rechtsnormativ gehaltvollen Begriff der „Vollziehung" kaum etwas zu tun, solange derartige extensive Deutungsmuster praktiziert werden,

[96] BVerwGE 154, 68 Rn. 12 = NVwZ 2016, 1333; BGHZ 198, 42 Rn. 17 = NVwZ 2013, 1430; VGH BW VBlBW 2019, 67 (68); NJW 2020, 701 Rn. 19 f.; NVwZ-RR 2020, 556 Rn. 25; BayVGH BayVBl 2000, 499 (500); BayVBl 2012, 210 Rn. 22; OVG Bln-Bbg NVwZ 2018, 677 Rn. 19 ff.; OVG Bremen NVwZ-RR 1993, 216 (217); OVG Hamburg DVBl 2015, 1203 (1204); HessVGH NVwZ-RR 2020, 759 Rn. 10; OVG MV NVwZ-RR 2017, 123 Rn. 5 und 6; NdsOVG NdsVBl 2010, 331; OVG NW NVwZ-RR 2012, 612 (613); OVG RP NVwZ-RR 2011, 671; SächsOVG LKV 2013, 418 Rn. 14; NVwZ-RR 2016, 472 Rn. 12; OVG SH NVwZ-RR 1993, 437 (438); ThürOVG ThürVBl 2016, 100 (101); *Sauer* Die Verwaltung 50 (2017), 463 (469 f.); *Gmeiner* NVwZ 2020, 204 (205); *Hufen* Verwaltungsprozessrecht, § 32 Rn. 3 f.; *Finkelnburg* in: Finkelnburg/Dombert/Külpmann, Vorläufiger Rechtsschutz, Rn. 630.

[97] *Schenke* Verwaltungsprozessrecht, Rn. 950 ff.; *ders.* in: Kopp/Schenke, VwGO, § 80 Rn. 22 ff.; *Funke-Kaiser* in: Bader/Funke-Kaiser/Stuhlfauth/v. Albedyll, VwGO, § 80 Rn. 23; *Puttler* in: Sodan/Ziekow, VwGO, § 80 Rn. 35; *Windthorst* in: Gärditz, VwGO, § 80 Rn. 119; *Schoch* in: Schoch/Schneider, VwGO, § 80 Rn. 102 ff.

[98] *Finkelnburg* in: Finkelnburg/Dombert/Külpmann, Vorläufiger Rechtsschutz, Rn. 631; *M. Redeker* in: Redeker/v. Oertzen, VwGO, § 80 Rn. 4.

[99] BVerfG-K NJW 2006, 3551 (3552): Exmatrikulation eines Studenten wegen Nichtzahlung der Langzeitstudiengebühren als „Vollziehung" des Gebührenbescheids.

[100] *Gersdorf* in: Posser/Wolff, VwGO, § 80 Rn. 31; *Hoppe* in: Eyermann, VwGO, § 80 Rn. 12.

[101] VGH BW NVwZ-RR 2007, 419 (420).

[102] VGH BW NVwZ-RR 2020, 556 Rn. 14 und 25.

[103] VGH BW NJW 2020, 701 Rn. 19 f.

gelangen das Konzept der Vollziehbarkeitshemmung und die Lehre von der vorläufigen Wirksamkeitshemmung kaum zu unterschiedlichen Ergebnissen. Die Praxis zeigt jedoch, dass die Rechtsprechung durch die aufschiebende Wirkung nicht stets den **Regelungsgehalt** des angefochtenen Verwaltungsakts suspendiert sehen will. Paradigmatisch zeigt dies das Beispiel der **Aufrechnung** (Fall 6 → Rn. 32 und Lösung → Rn. 36): Ist ein Leistungsbescheid angefochten, verbietet der Eintritt der aufschiebenden Wirkung (§ 80 Abs. 1 VwGO) der Behörde die Aufrechnung, weil mangels fälliger, jedenfalls mangels durchsetzbarer Gegenforderung keine Aufrechnungslage besteht;[104] die h. M. ignoriert diese Konsequenz mit der These, eine Aufrechnung stelle keine „Vollziehung" des angefochtenen Verwaltungsakts dar.[105] Missachtet wird in diesem Beispiel der Schutzzweck des § 80 Abs. 1 VwGO, und die h. M. übergeht ihre eigenen Prämissen, denn die behördliche Aufrechnung ist nichts anderes als eine unmittelbare rechtliche Folgerung aus dem angefochtenen Verwaltungsakt.[106]

**Lösung zu Fall 5:** Voraussetzung für die Entlassungsverfügung ist, dass die Prüfungsentscheidung entweder unanfechtbar oder für sofort vollziehbar erklärt worden ist. Denn auf Grund der aufschiebenden Wirkung gemäß § 80 Abs. 1 VwGO dürfen aus dem angefochtenen Verwaltungsakt, so das OVG, keine rechtlichen oder tatsächlichen Folgerungen gezogen werden, vielmehr müssen Entscheidungen, die den angefochtenen Verwaltungsakt zur Grundlage haben, unterbleiben. B hat gegen den Prüfungsbescheid ordnungsgemäß Widerspruch erhoben, ist also durch § 80 Abs. 1 VwGO vorläufig geschützt. Der Dienstherr kann (noch) nicht von der Beendigung des Beamtenverhältnisses ausgehen. 35

**Lösung zu Fall 6:** Das BVerwG erklärt, die behördliche Aufrechnung sei keine „Vollziehung" des Leistungsbescheids; „Vollziehung" sei „die einseitige Durchsetzung der im Bescheid getroffenen Regelung mit hoheitlichen Mitteln, etwa im Wege der Verwaltungsvollstreckung".[107] Mit diesem engen Begriffsverständnis wird die seitens der h. M. propagierte extensive Deutung (→ Rn. 34) ignoriert. Abweichend von seiner früheren Rechtsprechung stellt das BVerwG immerhin fest, auch wenn § 80 Abs. 1 VwGO nicht die behördliche Aufrechnung als solche hindere, stehe die aufschiebende Wirkung der Aufrechenbarkeit solcher Gegenforderungen entgegen, deren Bestand oder Fälligkeit ihrerseits einen Verwaltungsakt voraussetzten. Das sei vorliegend der Fall, so dass es der Behörde einstweilen untersagt sei, gegenüber F die spezifisch hoheitliche Regelung des Verwaltungsakts umzusetzen. 36

## IV. Dauer der aufschiebenden Wirkung

**Fall 7:** Die zuständige Behörde erteilte der X-GmbH antragsgemäß die luftverkehrsrechtliche Genehmigung zur zivilen Nutzung eines ehemaligen NATO-Militärflugplatzes. Die Anfechtungsklage von Anwohner A gegen diese Genehmigung blieb beim erstinstanzlich zuständigen OVG/VGH (§ 48 Abs. 1 S. 1 Nr. 6, S. 2 VwGO) im Dezember des vorletzten Jahres erfolglos. Die Revision gegen das Urteil wurde vom OVG/VGH nicht zugelassen; auf Grund der Nichtzulassungsbeschwerde (§ 133 VwGO) des A ließ das BVerwG die Revision zu. Die X-GmbH will den regelmäßigen 37

[104] *Ehlers* JuS 1990, 777 (779); *Felix* NVwZ 1996, 734; *Detterbeck* DÖV 1996, 889 (891 ff.); *Schenke* Verwaltungsprozessrecht, Rn. 954.
[105] Grundlegend BVerwGE 66, 218 (222) = NJW 1983, 776; ferner OVG LSA NVwZ-RR 2009, 226; krit. BbgOVG NVwZ 2000, 577 (578).
[106] NdsOVG NVwZ-RR 2007, 293 (294); das anerkennen inzwischen auch Vertreter der h. M., vgl. etwa *Hufen* Verwaltungsprozessrecht, § 32 Rn. 4; *Hoppe* in: Eyermann, VwGO, § 80 Rn. 13.
[107] BVerwGE 132, 250 Rn. 8 = NJW 2009, 1099 → *Ehlers* JK 7/09, VwGO § 80 I/6.

Flugbetrieb mit Flügen im Linien- und Charterverkehr Ende dieses Jahres aufnehmen. Nun beantragt A beim BVerwG während des laufenden Revisionsverfahrens die Anordnung der Fortdauer der aufschiebenden Wirkung seiner Anfechtungsklage.[108]

### 1. Eintritt der aufschiebenden Wirkung

38 Ausgelöst wird die aufschiebende Wirkung vom ersten Rechtsbehelf, dem der Suspensiveffekt gemäß § 80 Abs. 1 VwGO zukommt. Das ist im Normalfall der **Widerspruch** (§ 68 Abs. 1 S. 1 VwGO); findet ein Widerspruchsverfahren nicht statt (§ 68 Abs. 1 S. 2 VwGO), führt die **Anfechtungsklage** die aufschiebende Wirkung herbei. Vom Widerspruch geht eine einheitliche aufschiebende Wirkung aus; sie endet nicht etwa mit der Zurückweisung des Rechtsbehelfs durch den Widerspruchsbescheid (§ 73 VwGO) mit der Folge, dass sie durch die Erhebung der Anfechtungsklage (§ 81 VwGO) neu begründet werden müsste, vielmehr wirkt der vom Widerspruch ausgelöste Suspensiveffekt fort.[109] Auch § 80b Abs. 1 S. 1 VwGO liegt das Konzept einer einheitlichen aufschiebenden Wirkung des Widerspruchs zu Grunde. Der Suspensiveffekt tritt **ex tunc** ein, rückwirkend zum Zeitpunkt des Erlasses des Verwaltungsakts.[110] Da die Rechtsbehelfsfristen (§§ 70 Abs. 1, 74 Abs. 1 VwGO) ausgeschöpft werden dürfen, handelt die „voreilig" vollziehende Behörde auf eigenes Risiko. Zwischenzeitlich (vor Erhebung des Rechtsbehelfs) vorgenommene Maßnahmen sind zwar nicht rechtswidrig gewesen, Vollzugsmaßnahmen sind jedoch auf Grund des rückwirkenden Eintritts der aufschiebenden Wirkung auszusetzen und – wie der Rechtsgedanke des § 80 Abs. 5 S. 3 VwGO zeigt – rückgängig zu machen.[111]

### 2. Ende der aufschiebenden Wirkung

39 Das Ende der aufschiebenden Wirkung tritt mit der **Unanfechtbarkeit des Verwaltungsakts** ein;[112] § 80b Abs. 1 S. 1 Alt. 1 VwGO bestätigt diesen Befund. Wurde die Anfechtungsklage im ersten Rechtszug abgewiesen, endet die aufschiebende Wirkung drei Monate nach **Ablauf der gesetzlichen Begründungsfrist** des gegen die abweisende Entscheidung gegebenen Rechtsmittels (§ 80b Abs. 1 S. 1 Alt. 2 VwGO). Die Fristberechnung nach § 80b Abs. 1 S. 1 Alt. 2 VwGO hängt davon ab, welches Rechtsmittel gegeben ist. Dazu einige Beispiele:

- Entscheidet im ersten Rechtszug das VG (Normalfall gemäß § 45 VwGO) und lässt das Gericht die Berufung zu (§ 124a Abs. 1 S. 1 VwGO), ist „Rechtsmittel" die **Berufung;** diese ist innerhalb von zwei Monaten nach Zustellung des Urteils zu begründen (§ 124a Abs. 3 S. 1 VwGO), so dass die aufschiebende Wirkung gemäß § 80b Abs. 1 S. 1 Alt. 2 VwGO fünf Monate nach Zustellung des erstinstanzlichen Urteils endet.
- Derselbe Zeitraum besteht, falls das VG die Berufung nicht zulässt; „Rechtsmittel" ist der **Antrag auf Zulassung der Berufung** (§ 124a Abs. 4 S. 1 VwGO), die Fristberechnung ergibt sich aus § 80b Abs. 1 S. 1 Alt. 2 i. V. m. § 124a Abs. 4 S. 4 VwGO.[113]
- Wird im ersten Rechtszug vom OVG/VGH entschieden (§ 48 VwGO), endet die aufschiebende Wirkung fünf Monate nach Zustellung des Urteils; im Falle der **Revisionszulassung** ergibt sich dies aus § 80b Abs. 1 S. 1 Alt. 2 i. V. m. § 139 Abs. 3 S. 1 VwGO, bei

[108] Fall nach BVerwGE 129, 58 = NVwZ 2007, 1097 = BayVBl 2007, 662 (m. Anm. *A. Meyer*) → *Schoch* JK 5/08, VwGO § 80b/1.

[109] HessVGH NVwZ-RR 2015, 498 Rn. 12; NVwZ 2015, 533 (534); *Stepanek* AöR 144 (2019), 536 (544 f.); a. A. BayVGH BayVBl 2020, 443 Rn. 10.

[110] OVG MV NVwZ-RR 2017, 123 Rn. 16; SächsOVG NVwZ-RR 2007, 54 (55); *Hummel* JuS 2011, 317 (321); *Koehl* JA 2016, 610 (612); *Gmeiner* NVwZ 2020, 204 (205).

[111] *Hufen* Verwaltungsprozessrecht, § 32 Rn. 8; *Hoppe* in: Eyermann, VwGO, § 80 Rn. 22.

[112] BVerwG NVwZ 2012, 376 Rn. 2; VGH BW DVBl 2010, 717 (718); OVG Bremen NVwZ 1986, 933 (934).

[113] BVerwGE 156, 9 Rn. 15 = NVwZ 2016, 1492; *Puttler* in: Sodan/Ziekow, VwGO, § 80b Rn. 13; *W.-R. Schenke* in: Kopp/Schenke, VwGO, § 80b Rn. 7.

Nichtzulassung der Revision und anschließender **Nichtzulassungsbeschwerde** folgt die Berechnung aus § 80b Abs. 1 S. 1 Alt. 2 i. V. m. § 133 Abs. 3 S. 1 VwGO.[114]

Das Ende der aufschiebenden Wirkung bedeutet de iure **Wegfall ex tunc;** die materielle Rechtslage tritt an die Stelle der durch die aufschiebende Wirkung herbeigeführten Zwischenregelung, der Verwaltungsakt gilt mit seinem Regelungsgehalt so, als sei er nie angefochten worden.[115]

### 3. Fortdauer der aufschiebenden Wirkung

Nach § 80b Abs. 2 VwGO kann vom OVG/VGH auf Antrag die **Fortdauer der aufschiebenden Wirkung** angeordnet werden.[116] Die Bestimmung erfasst den Regelfall der erstinstanzlichen Zuständigkeit des VG (§ 45 VwGO) und der Funktion des OVG/VGH als Rechtsmittelgericht (§ 46 VwGO). Nicht berücksichtigt sind die Sprungrevision (§ 134 VwGO), der Ausschluss der Berufung (§ 135 VwGO) und die erstinstanzliche Zuständigkeit des OVG/VGH (§ 48 VwGO). Das BVerwG hat § 80b Abs. 2 VwGO „berichtigend" ausgelegt und an die Stelle des Begriffs „Oberverwaltungsgericht" das Wort **„Rechtsmittelgericht"** gesetzt; danach kann auch das BVerwG nach § 80b Abs. 2 VwGO entscheiden.[117] Den Entscheidungsmaßstab bilden die nach § 80 Abs. 5 VwGO relevanten Kriterien[118] (dazu → Rn. 128 ff.). 40

**Lösung zu Fall 7:** Das BVerwG erklärt, da der Antrag nach § 80b Abs. 2 VwGO nicht fristgebunden sei, könne die Fortdauer der aufschiebenden Wirkung auch *nachträglich* angeordnet werden (zur a. A. → Rn. 40 Fn. 116). Demnach konnte A den Antrag nach dem Ende der aufschiebenden Wirkung (§ 80b Abs. 1 S. 1 Alt. 2 VwGO) stellen. In der Sache zieht das BVerwG auf Grund der Verweisung gemäß § 80b Abs. 3 VwGO den Entscheidungsmaßstab nach § 80 Abs. 5 VwGO heran. Das führe zur Ablehnung des Antrags; eine Interessenabwägung ergebe, dass durch Aufnahme des Flugbetriebs keine vollendeten Tatsachen zu Lasten des A geschaffen würden, da der Flugbetrieb eingestellt werden könne, falls die der X-GmbH erteilte Genehmigung im Hauptsacheverfahren aufgehoben werden sollte. 41

## C. Ausschluss der aufschiebenden Wirkung

Der Regelfall der kraft Gesetzes eintretenden aufschiebenden Wirkung wird von § 80 Abs. 2 VwGO durchbrochen. Zu unterscheiden ist zwischen dem **gesetzlichen Ausschluss** der aufschiebenden Wirkung (§ 80 Abs. 2 S. 1 Nr. 1 bis 3 und S. 2 VwGO) und der **behördlichen Vollziehbarkeitsanordnung** (§ 80 Abs. 2 S. 1 Nr. 4 VwGO) zur Überwindung der aufschiebenden Wirkung. Die gesetzliche Umkehrung des Regel-Ausnahme-Verhältnisses zwischen Suspensiveffekt und Sofortvollzug ist an *Sachmaterien* orientiert, der behördliche Ausschluss der aufschiebenden Wirkung im *Einzelfall* findet seine Rechtfertigung in einem in concreto bestehenden besonderen Vollziehungsinteresse. 42

---

[114] *Puttler* in: Sodan/Ziekow, VwGO, § 80b Rn. 16, 17; *M. Redeker* in: Redeker/v. Oertzen, VwGO, § 80b Rn. 7.

[115] BGHZ 198, 42 Rn. 18 = NVwZ 2013, 1430; VGH BW DVBl 2010, 717 (718); BayVGH BayVBl 2004, 182 (183); SächsOVG SächsVBl 2001, 40 (41). – Da der Betroffene während der Geltungsdauer der aufschiebenden Wirkung dem Verwaltungsakt nicht Folge leisten musste, liegt kein „Verwaltungsunrecht" (mit evtl. Sanktionsfolgen) vor; *Schoch* in: Schoch/Schneider, VwGO, § 80 Rn. 122.

[116] Dies gilt nach h. M. auch zeitlich *nach* dem Ablauf der aufschiebenden Wirkung (§ 80b Abs. 1 S. 1 VwGO); BVerwGE 129, 58 Rn. 13 = NVwZ 2007, 1097; OVG LSA NVwZ-RR 2016, 806 Rn. 9; *Puttler* in: Sodan/Ziekow, VwGO, § 80b Rn. 30; *Hoppe* in: Eyermann, VwGO, § 80b Rn. 8. – Nach der Gegenauffassung kann die „Fortdauer" nur bei einer noch andauernden aufschiebenden Wirkung angeordnet werden, *Schoch* in: Schoch/Schneider, VwGO, § 80b Rn. 40c (m. w. Nachw.).

[117] BVerwGE 129, 58 Rn. 11 = NVwZ 2007, 1097 → *Schoch* JK 5/08, VwGO § 80b/1.

[118] BVerwG K&R 2019, 816 (818); OVG NW NVwZ-RR 2014, 11 (12).

## I. Gesetzlicher Ausschluss der aufschiebenden Wirkung

43 **Fall 8:** H stellte sein Kfz im absoluten Halteverbot ab. Das Fahrzeug wurde auf Veranlassung der zuständigen Behörde abgeschleppt. Gegen den Kostenbescheid erhebt H Widerspruch. Die Behörde meint, die Abschleppkosten müssten dennoch sofort beglichen werden. H fragt, ob dies zutrifft.[119]

44 **Fall 9:** Die zuständige Bauaufsichtsbehörde hat P antragsgemäß einen Bauvorbescheid für den Bau eines Pferdestalls erteilt; darin wird die bauplanungsrechtliche Zulässigkeit des Vorhabens festgestellt. Nachbar N sieht seine Wohnqualität durch die zu erwartenden Immissionen aus der Tierhaltung in unzumutbarer Weise bedroht. N erhebt gegen den Vorbescheid Widerspruch und begehrt beim zuständigen VG vorläufigen Rechtsschutz. Ist der Eilantrag zulässig?[120]

45 Mit dem *gesetzlichen* Ausschluss der aufschiebenden Wirkung für bestimmte Sachgebiete wird eine **generelle Bewertung zu Gunsten des öffentlichen Interesses** an der sofortigen Vollziehbarkeit eines Verwaltungsakts gegenüber dem Aufschubinteresse des Rechtsschutzsuchenden zum Ausdruck gebracht.[121] Diese typisierende Höherbewertung des öffentlichen Vollzugsinteresse entbindet die Verwaltung von der Pflicht, gemäß § 80 Abs. 2 S. 1 Nr. 4, Abs. 3 S. 1 VwGO das besondere Dringlichkeitsinteresse am Sofortvollzug des Verwaltungsakts im Einzelfall darlegen und begründen zu müssen. Eine größere **„Rechtmäßigkeitsvermutung"** für den Verwaltungsakt ist damit nicht verbunden.[122] Das gilt auch – im dreiseitigen Rechtsverhältnis – beim gesetzlichen Ausschluss der aufschiebenden Wirkung zu Gunsten eines **privaten Interesses** (z. B. § 212a Abs. 1 BauGB). Das öffentliche oder private Interesse an der sofortigen Vollziehbarkeit eines Verwaltungsakts ist strikt von der Frage nach dessen (wahrscheinlicher) Rechtmäßigkeit zu trennen. Deshalb ist der Rechtsschutzanspruch des Betroffenen nicht davon abhängig, ob der Sofortvollzug eines Verwaltungsakts einer gesetzlichen oder einer behördlichen Anordnung entspringt.[123]

### 1. Anforderung öffentlicher Abgaben und Kosten

46 § 80 Abs. 2 S. 1 Nr. 1 VwGO lässt die aufschiebende Wirkung eines Rechtsbehelfs nicht etwa bei jedem Geldleistungsbescheid entfallen, sondern nur bei der **Anforderung öffentlicher Abgaben und Kosten.** Deshalb darf nicht pauschal auf die Deckung des Finanzbedarfs von Verwaltungsträgern zur Erfüllung öffentlicher Aufgaben abgestellt werden.[124] Die **Finanzierungsfunktion** der vom Einzelnen zu erbringenden Geldleistung ist eine notwendige, aber noch keine hinreichende Voraussetzung zur Bejahung der Anforderungen des § 80 Abs. 2 S. 1 Nr. 1 VwGO. Denn eine Finanzierungsfunktion lässt sich für jedweden Mittelzufluss bei der öffentlichen Hand nachweisen. Die bloße Einnahmenerzielung als solche sieht § 80 Abs. 2 S. 1 Nr. 1 VwGO als Rechtfertigungsgrund für den Ausschluss der aufschiebenden Wirkung eines Anfechtungsrechtsbehelfs aber gerade nicht vor.[125]

---

[119] Fall nach VGH BW NJW 2020, 701.

[120] Fall nach NdsOVG NVwZ-RR 2005, 69 → *Schoch* JK 3/05, VwGO § 80a/5.

[121] Vgl. dazu BVerwG NVwZ 2018, 1653 Rn. 10; OVG Bln-Bbg NVwZ 2012, 711 (712); NVwZ-RR 2017, 600 Rn. 4; OVG NW NVwZ-RR 2020, 537 Rn. 3; ThürOVG ThürVBl 2004, 184 (186).

[122] Einzelheiten dazu bei *Schoch* in: Schoch/Schneider, VwGO, § 80 Rn. 107, 110.

[123] BVerfG-K NVwZ 2004, 93 (94) → *Schoch* JK 5/04, GG Art. 19 IV/23; NVwZ 2007, 948 (949); NVwZ 2014, 363 Rn. 7.

[124] VGH BW NJW 2020, 701 Rn. 14; BayVGH BayVBl 2008, 281; BbgOVG LKV 2000, 313; OVG MV NVwZ-RR 2001, 401 (402); LKV 2005, 172 (173) → *Schoch* JK 8/05, VwGO § 80 II 1 Nr. 1/2; NdsOVG NdsVBl 2014, 54; OVG LSA NJW 2008, 3304; ThürOVG ThürVBl 2008, 274.

[125] ThürOVG ThürVBl 2008, 138 und 274.

§ 80 Abs. 2 S. 1 Nr. 1 VwGO dient der **Sicherung der ordnungsgemäßen Haushaltsplanung.**[126] Ein Zahlungsaufschub zu Lasten öffentlicher Haushalte durch bloße Rechtsbehelfseinlegung soll verhindert werden.[127] Ansonsten wäre eine geordnete Haushaltsführung durch einen fortlaufenden Eingang der einplanbaren finanziellen Mittel nicht möglich. § 80 Abs. 2 S. 1 Nr. 1 VwGO schützt somit die Funktionsfähigkeit der öffentlichen Hand, indem der Finanzbedarf von Hoheitsträgern zur Aufgabenfinanzierung gedeckt werden kann.[128] Neben der Finanzierungsfunktion einer Geldleistung (→ Rn. 46) sind folglich die **Verlässlichkeit und Berechenbarkeit** des Mittelzuflusses Anforderungen des § 80 Abs. 2 S. 1 Nr. 1 VwGO.[129] 47

**a) Öffentliche Abgaben.** Danach sind **öffentliche Abgaben** i. S. d. § 80 Abs. 2 S. 1 Nr. 1 VwGO alle hoheitlich geltend gemachten öffentlich-rechtlichen Geldforderungen, 48
- die von allen erhoben werden, die einen gesetzlich bestimmten Tatbestand erfüllen (Gesetzmäßigkeitsprinzip),
- zur Deckung des Finanzbedarfs eines Hoheitsträgers für die Erfüllung seiner öffentlichen Aufgaben dienen (Finanzierungsfunktion) und
- auf Grund rechtsnormativ verbindlicher und berechenbarer Festlegung die ordnungsgemäße Haushaltsplanung und Haushaltsführung sichern (Haushaltssicherungsfunktion).[130]

Es ist für die Zuordnung zu § 80 Abs. 2 S. 1 Nr. 1 VwGO unschädlich, wenn die Abgabe daneben weitere Funktionen erfüllt (z. B. Lenkungs- oder Antriebs- oder Abschöpfungsfunktion).

Erfasst von dem Abgabenbegriff (→ Rn. 48) sind **Steuern, Beiträge, Gebühren** (zu Verwaltungsgebühren → Rn. 51) sowie Geldforderungen des Gemeinwesens, die **funktionale Äquivalente** hierzu darstellen.[131] Beispiele für „Abgaben" i. S. d. § 80 Abs. 2 S. 1 Nr. 1 VwGO sind die Zweitwohnungssteuer,[132] der Rundfunkbeitrag,[133] kommunale Beiträge,[134] die Zweitstudiengebühr,[135] ggf. Feuerwehrgebühren,[136] das Wassernutzungsentgelt nach dem LWG,[137] Sonderabgaben,[138] der Eigenanteil der Kosten für die Schülerbeförderung,[139] die Kreisumlage[140] und die Zweckverbandsumlage.[141] 49

Fehlen die Verlässlichkeit und Berechenbarkeit des Mittelzuflusses (→ Rn. 47), sind Geldforderungen der öffentlichen Hand **mangels Planbarkeit für den Haushalt** § 80 50

---

[126] VGH BW VBlBW 2007, 228; BayVGH BayVBl 2001, 55; OVG Berlin NVwZ-RR 2005, 304 (305); OVG Hamburg DÖV 2000, 780 (781); HessVGH NVwZ-RR 2020, 759 Rn. 13; NdsOVG Beschl. v. 26.3.2014 – 13 ME 21/14, BeckRS 2014, 49380; OVG NW NVwZ-RR 1994, 617; OVG RP NVwZ-RR 1999, 27 (28); OVG LSA NJW 2008, 3307 (3308); ThürOVG ThürVBl 2008, 274.

[127] SächsOVG LKV 2012, 318 Rn. 14; SächsVBl 2017, 202 Rn. 6; OVG LSA NVwZ-RR 2017, 347 Rn. 11. – VGH BW NVwZ-RR 2017, 951 Rn. 7 weist darauf hin, dass wegen der Rückzahlbarkeit geleisteter Geldbeträge weder der Eintritt irreversibler Zustände noch schwerer irreparabler Nachteile droht.

[128] VGH BW NJW 2020, 701 Rn. 14; BayVGH NVwZ-RR 2005, 679; BbgOVG LKV 2004, 474; NdsOVG Beschl. v. 26.3.2014 – 13 ME 21/14, BeckRS 2014, 49380; SächsOVG SächsVBl 2017, 202 Rn. 6; OVG LSA NVwZ-RR 2017, 347 Rn. 11.

[129] BayVGH BayVBl 2008, 281; NdsOVG Beschl. v. 26.3.2014 – 13 ME 21/14, BeckRS 2014, 49380.

[130] VGH BW NJW 2020, 701 Rn. 15; BayVGH BayVBl 2008, 281; BbgOVG LKV 2004, 474; OVG Bremen NordÖR 2011, 395 (396); HessVGH NVwZ-RR 2020, 759 Rn. 13; SächsOVG SächsVBl 2017, 202 Rn. 6; OVG LSA NJW 2008, 3307 (3308); ThürOVG ThürVBl 2008, 274.

[131] Einzelheiten dazu bei *Schoch* in: Schoch/Schneider, VwGO, § 80 Rn. 133 ff.

[132] BayVGH BayVBl 2020, 443 Rn. 9.

[133] SächsOVG SächsVBl 2015, 177 Rn. 7; OVG LSA NVwZ-RR 2011, 846.

[134] BayVGH BayVBl 2012, 634 Rn. 14: Beitrag für eine Entwässerungseinrichtung; ThürOVG ThürVBl 2016, 100 (101): Straßenausbaubeitrag.

[135] BayVGH BayVBl 2000, 724.

[136] HessVGH NVwZ-RR 2016, 696 Rn. 3 (auf Grund landesgesetzlicher Besonderheiten).

[137] BbgOVG LKV 2004, 474.

[138] OVG Bremen NordÖR 2011, 395 (396): Sonderabgabe „Innovation" zu Gunsten eines privaten Aufgabenträgers.

[139] SächsOVG SächsVBl 2017, 203 Rn. 6.

[140] SächsOVG SächsVBl 2005, 97.

[141] ThürOVG LKV 2003, 290.

Abs. 2 S. 1 Nr. 1 VwGO nicht zuzurechnen. Keine „öffentlichen Abgaben" sind danach der Kostenersatz für polizeiliche bzw. ordnungsbehördliche Gefahrenabwehrmaßnahmen (z. B. Abschleppen eines verbotswidrig abgestellten Kfz),[142] der Ersatz von Aufwendungen für Einsatzmaßnahmen der technischen Unfallhilfe einer Feuerwehr,[143] die Übernahme der von der Verwaltung beglichenen Beerdigungskosten,[144] die Kosten einer Abschiebung,[145] der gemeindliche Ersatzanspruch für den Hausanschluss an eine Entwässerungsanlage,[146] der Ausgleichsbeitrag nach der LBO zur Ablösung der Stellplatzpflicht[147] und die Kostenerstattung für die auswärtige Unterbringung von Kindern in der Tagesbetreuung.[148] Immer wieder betont die Rechtsprechung, dass **Schadenersatzansprüche** (jedweder Art) kein Anwendungsfall des § 80 Abs. 2 S. 1 Nr. 1 VwGO sind.[149] Der Streit um die Zuordnung von **Säumniszuschlägen** (und Säumniszinsen)[150] ist mittlerweile geklärt; es handelt sich nicht um „öffentliche Abgaben", da es um eine Art „Druckmittel" gegen den säumigen Schuldner geht (und kein regelmäßiger Mittelzufluss zur Haushaltsfinanzierung vorliegt).[151] Greift § 80 Abs. 2 S. 1 Nr. 1 VwGO nicht ein, hat der Anfechtungsrechtsbehelf gegen die Anforderung der öffentlich-rechtlichen Geldleistung gemäß § 80 Abs. 1 VwGO aufschiebende Wirkung. Der Gesetzgeber kann den Ausschluss des Suspensiveffekts jedoch nach § 80 Abs. 2 S. 1 Nr. 3 VwGO vornehmen.[152]

51 **b) Öffentliche Kosten.** Der Wegfall der aufschiebenden Wirkung bei der Anforderung von **öffentlichen Kosten** erstreckt sich auf die in einem Verwaltungsverfahren für die öffentlich-rechtliche Tätigkeit einer Behörde entstehenden Gebühren und Auslagen.[153] Bei den „Kosten" muss es sich um rechtsnormativ bestimmte bzw. bestimmbare öffentlich-rechtliche Geldforderungen zur Abgeltung eines behördlichen Aufwandes handeln.[154] Nicht alle Aufwendungen der Verwaltung werden von § 80 Abs. 2 S. 1 Nr. 1 VwGO erfasst. Anzuknüpfen ist an das **Verwaltungskostenrecht;** „Kosten" sind danach **Gebühren und Auslagen** einer behördlichen Verwaltungstätigkeit.[155] Kennzeichnend ist, dass sie nach allgemein gültigen Regeln und Tarifen mit festen Sätzen erhoben werden, so dass sich ihre Höhe im Voraus bestimmen lässt und entsprechende Einnahmen der öffentlichen Hand prognostiziert werden können.[156] Das gilt für Verwaltungsgebühren jedweder Art; darunter fällt auch die für ein Widerspruchsverfahren anfallende Gebühr.[157]

52 Keine „öffentlichen Kosten" i. S. d. § 80 Abs. 2 S. 1 Nr. 1 VwGO sind die durch die besonderen Umstände des Einzelfalls geprägten **Kostenerstattungen** für (teilweise im Vor-

---

[142] VGH BW NJW 2020, 701 Rn. 15; BbgOVG LKV 2000, 313.
[143] ThürOVG ThürVBl 2008, 274.
[144] VGH BW NVwZ-RR 2000, 189.
[145] OVG Hamburg DÖV 2000, 780.
[146] OVG MV NVwZ-RR 2001, 401.
[147] OVG Hamburg NVwZ-RR 2000, 106; OVG MV LKV 2005, 172 → *Schoch* JK 8/05, VwGO § 80 II 1 Nr. 1/2.
[148] OVG LSA NJW 2008, 3307.
[149] VGH BW Beschl. v. 26.9.2014 – 4 S 1580/14 – Rn. 6, juris; NdsOVG Beschl. v. 26.3.2014 – 13 ME 21/14, BeckRS 2014, 49380.
[150] Vgl. dazu *Schoch* in: Schoch/Schneider, VwGO, § 80 Rn. 137.
[151] VGH BW VBlBW 2015, 467 (468); HessVGH NVwZ-RR 2020, 759 Rn. 10; NdsOVG NdsVBl 2014, 54; SächsOVG SächsVBl 2015, 177 Rn. 13; OVG LSA NVwZ-RR 2011, 846 (847 f.); ThürOVG ThürVBl 2008, 138.
[152] VGH BW NJW 2020, 701 Rn. 14.
[153] VGH BW VBlBW 2012, 116; NJW 2020, 701 Rn. 16; BayVGH BayVBl 2001, 55 (56); OVG Berlin NVwZ-RR 1995, 575; BbgOVG LKV 2000, 313; HessVGH NVwZ-RR 2020, 759 Rn. 13; OVG MV NVwZ-RR 2017, 123 Rn. 10; NdsOVG Beschl. v. 26.3.2014 – 13 ME 21/14, BeckRS 2014, 49380; OVG NW NVwZ 1989, 84.
[154] OVG MV NVwZ-RR 2017, 123 Rn. 10 (mit der missverständlichen Einschränkung, es müsse sich um *regelmäßig* anfallende Geldforderungen handeln).
[155] Für das Bundesrecht vgl. Begriffsbestimmungen in § 3 Abs. 3 bis 5 BGebG [Sartorius I Nr. 120], speziell zu „Auslagen" § 12 BGebG. Entsprechende Bestimmungen finden sich im jeweiligen Landesrecht.
[156] VGH BW VBlBW 2007, 228; ThürOVG ThürVBl 2008, 274 (275).
[157] VGH BW VBlBW 2012, 116; OVG Bln-Bbg NVwZ-RR 2017, 600 Rn. 4 f.; SächsOVG LKV 2012, 318 (319); OVG LSA NVwZ-RR 2017, 347 Rn. 9.

wege geleistete) **Aufwendungen der Behörden.**[158] Beispiele sind Kosten der Ersatzvornahme[159] und der unmittelbaren Ausführung einer Maßnahme[160] sowie der Aufwendungsersatz für einen Feuerwehreinsatz;[161] in keinem dieser Beispiele geht es um die Deckung des *allgemeinen* Finanzbedarfs der öffentlichen Hand.

**c) Anforderung der Abgaben oder Kosten.** Die aufschiebende Wirkung entfällt gemäß § 80 Abs. 2 S. 1 Nr. 1 VwGO nicht „per se", sondern nur im Falle einer **behördlichen Anforderung** der betreffenden Abgaben oder Kosten. Typisches Beispiel hierfür ist ein Leistungsbescheid (Heranziehungsbescheid); wird der Bescheid freiwillig nicht befolgt, sind anschließende Vollstreckungsmaßnahmen als besonders intensive Form der „Anforderung" zu qualifizieren.[162] Erfasst sind auch andere Maßnahmen zur Geltendmachung der öffentlich-rechtlichen Geldforderung; ein prominentes Beispiel hierfür ist der Erlass eines Duldungsbescheids bzw. eines Haftungsbescheids (z. B. nach KAG i. V. m. § 191 AO).[163] 53

Keine „Anforderung" i. S. d. § 80 Abs. 2 S. 1 Nr. 1 VwGO liegt bei behördlichen Maßnahmen zur Vorbereitung der Durchsetzung einer Abgaben- oder Kostenschuld vor. Das gilt insbesondere für die **Aufhebung einer Stundungsverfügung** durch Widerruf oder Rücknahme der Verfügung.[164] Dadurch wird von dem Abgaben- oder Kostenschuldner noch nichts gefordert, vielmehr wird mit dem rechtsgestaltenden Verwaltungsakt erst einmal die Voraussetzung für die „Anforderung" geschaffen.[165] 54

In Bezug auf die **Anforderung von Kosten** ist die Reichweite des § 80 Abs. 2 S. 1 Nr. 1 VwGO umstritten. Nach der strengen Auffassung umfasst die Bestimmung nur die **selbstständige Kostenanforderung,** während die mit der Sachentscheidung verbundene unselbstständige Kostenanforderung der aufschiebenden Wirkung gemäß § 80 Abs. 1 VwGO unterliegt; hierfür sprechen ein im Verwaltungskostenrecht normierter Anfechtungsverbund (im Bundesrecht: § 20 Abs. 1 S. 2 BGebG) und der systematische Zusammenhang der Kostenanforderung mit der in § 80 Abs. 2 S. 1 Nr. 1 VwGO geregelten selbstständigen Anforderung öffentlicher Abgaben.[166] Nach h. M. entfaltet der Anfechtungsrechtsbehelf gegen die Sachentscheidung keine aufschiebende Wirkung gegenüber der mit der Sachentscheidung verbundenen Kostenentscheidung (zumal bei fehlender Normierung eines Anfechtungsverbundes im Landesgebührenrecht); für eine restriktive Auslegung des § 80 Abs. 2 S. 1 Nr. 1 VwGO biete der Gesetzeswortlaut keinen Anhaltspunkt, und die Sicherung notwendiger staatlicher Einnahmen entspreche dem Gesetzeszweck (Finanzierungsfunktion der Verwaltungskosten).[167] 55

**Lösung zu Fall 8:** Der VGH hat erkannt, dass Kosten für das Abschleppen von Fahrzeugen von § 80 Abs. 2 S. 1 Nr. 1 VwGO nicht erfasst werden. Es handelt sich nicht 56

---

[158] VGH BW VBlBW 2007, 228; NJW 2020, 701 Rn. 16; NdsOVG Beschl. v. 26.3.2014 – 13 ME 21/14, BeckRS 2014, 49380; ThürOVG ThürVBl 2008, 274.

[159] OVG Bln-Bbg NVwZ-RR 2006, 376 (377); OVG MV NVwZ-RR 2017, 123 Rn. 10; OVG SH NVwZ-RR 2001, 586; *Peter* JuS 2008, 512 (513); *Schenk* VBlBW 2018, 5 (11).

[160] VGH BW NJW 2020, 701 Rn. 16.

[161] BayVGH NVwZ-RR 2020, 619 Rn. 6.

[162] *Schoch* in: Schoch/Schneider, VwGO, § 80 Rn. 145 (m. Nachw. zur a. A.).

[163] VGH BW VBlBW 2015, 512; BayVGH NVwZ-RR 2012, 944; OVG RP NJW 1989, 1878; OVG SL NJW 2008, 250; ThürOVG ThürVBl 2015, 95; ThürVBl 2020, 44 (45).

[164] BayVGH NVwZ 1988, 745; OVG MV NVwZ-RR 2015, 283 (284).

[165] *Schoch* in: Schoch/Schneider, VwGO, § 80 Rn. 145 (m. Nachw. zur a. A.).

[166] BayVGH BayVBl 1994, 372; *Koehl* JA 2016, 610 (613); *Schenke* Verwaltungsprozessrecht, Rn. 965; *ders.* in: Kopp/Schenke, VwGO, § 80 Rn. 62; *Pietzner/Ronellenfitsch,* Assessorexamen, Rn. 1460; *Funke-Kaiser* in: Bader/Funke-Kaiser/Stuhlfauth/v. Albedyll, VwGO, § 80 Rn. 32; *Gersdorf* in: Posser/Wolff, VwGO, § 80 Rn. 54.

[167] VGH BW VBlBW 2012, 116; HessVGH NVwZ-RR 1998, 463; OVG NW DVBl 2018, 527 (528); OVG RP NVwZ-RR 2004, 157; SächsOVG LKV 2012, 318 (319); OVG LSA NVwZ-RR 2017, 347 Rn. 11 f.; ThürOVG NVwZ-RR 2004, 393 (394); *Finkelnburg* in: Finkelnburg/Dombert/Külpmann, Vorläufiger Rechtsschutz, Rn. 693; *Hoppe* in: Eyermann, VwGO, § 80 Rn. 31; *Puttler* in: Sodan/Ziekow, VwGO, § 80 Rn. 61.

um „öffentliche Abgaben“, weil der Kostenersatz nicht die Stetigkeit des Mittelzuflusses zur Sicherung einer ordnungsgemäßen Haushaltsführung (→ Rn. 47) erfüllt. Es geht auch nicht um „öffentliche Kosten“; angefordert wird die Kostenerstattung von finanziellen Aufwendungen, für die die Behörde für den Kostenschuldner in Vorlage getreten ist; es handelt sich also um einen durch die konkreten Umstände des Einzelfalls geprägten Aufwendungsersatz (→ Rn. 52).

### 2. Unaufschiebbare Maßnahmen von Polizeivollzugsbeamten

57 Nach § 80 Abs. 2 S. 1 Nr. 2 VwGO entfällt die aufschiebende Wirkung bei unaufschiebbaren Anordnungen und Maßnahmen von Polizeivollzugsbeamten. Dies entspricht einem Bedürfnis der Praxis. Privilegiert ist nur der **Polizeivollzugsdienst** im institutionellen Sinne, nicht die „Verwaltungspolizei“[168] (allgemeine Polizeibehörden, Ordnungsbehörden, Sicherheitsbehörden).[169] **Unaufschiebbarkeit** liegt bei eilbedürftigen Gefahrenabwehrmaßnahmen vor („unmittelbar bevorstehende Störung“, „Gefahr in Verzug“ etc.); davon kann keine Rede sein, wenn eine Verfügung schriftlich erlassen worden ist und daher die Zeit ausgereicht hätte, die sofortige Vollziehbarkeit der Maßnahme anzuordnen (§ 80 Abs. 2 S. 1 Nr. 4 VwGO).[170]

58 Auf **Verkehrszeichen** (und Verkehrseinrichtungen), die als Verwaltungsakt in Gestalt der Allgemeinverfügung (§ 35 S. 2 VwVfG) zu qualifizieren sind,[171] findet § 80 Abs. 2 S. 1 Nr. 2 VwGO wegen der Funktionsidentität mit Maßnahmen von Polizeivollzugsbeamten entsprechende Anwendung.[172] Zu Unrecht verzichtet die h. M. im Falle eines Anfechtungsrechtsbehelfs allerdings auf die Prüfung im konkreten Fall, ob die betreffende verkehrsrechtliche Regelung durch Verkehrszeichen „unaufschiebbar“ ist.[173] Auch die **Bekanntgabe eines Smog-Alarms** findet § 80 Abs. 2 S. 1 Nr. 2 VwGO schon deshalb keine analoge Anwendung, weil Behörden der allgemeinen Verwaltung (Ordnungsbehörden) nicht privilegiert sind[174] (→ Rn. 57).

### 3. Spezialgesetzlicher Ausschluss der aufschiebenden Wirkung

59 Die aufschiebende Wirkung entfällt gemäß § 80 Abs. 2 S. 1 Nr. 3 VwGO, soweit dies durch Bundesgesetz oder für das Landesrecht durch Landesgesetz vorgeschrieben ist. Erforderlich ist ein **Parlamentsgesetz,** eine Rechtsverordnung genügt nicht.[175] Mittlerweile ist in großem Ausmaß von § 80 Abs. 2 S. 1 Nr. 3 VwGO Gebrauch gemacht worden;[176] auf manchen Rechtsgebieten ist das Regel-Ausnahme-Verhältnis zwischen der aufschiebenden Wirkung des Anfechtungsrechtsbehelfs und der sofortigen Vollziehbarkeit des Verwaltungsakts (→ Rn. 17) umgedreht.[177] Bundes- und Landesgesetzgeber ordnen den Ausschluss der aufschiebenden Wirkung auf einzelnen Rechtsgebieten für bestimmte **Sachbereiche** an. Bedeutsame Beispiele enthalten das Baurecht (§ 212a BauGB), das Ausländerrecht (§ 84

[168] Länderspezifische Abgrenzung und Zuordnung bei *Schoch* in: Schoch, BesVwR, Kap. 1 Rn. 835 ff.

[169] VGH BW VBlBW 2012, 151 → *Schoch* JK 8/12, VwGO § 80 III/6: Beschlagnahme eines Fahrzeugs durch die Ortspolizeibehörde (Ordnungsbehörde) ist kein Anwendungsfall des § 80 Abs. 2 S. 1 Nr. 2 VwGO.

[170] BayVGH BayVBl 2011, 702 Rn. 14 (am Beispiel der Sicherstellung eines Führerscheins).

[171] *Kümper* JuS 2017, 731 (732 f.); ferner → *Ehlers* § 27 Rn. 9.

[172] BVerwG NJW 2004, 698 → *Ehlers* JK 8/04, VwGO § 42 II/26 und → JuS 2004, 637 *(Hufen);* E 130, 383 Rn. 11 = NJW 2008, 2867, VGH BW VBlBW 1995, 237 (238); OVG Bremen NVwZ-RR 1991, 217, 219; HessVGH NVwZ-RR 1993, 389; OVG NW NWVBl 1996, 8.

[173] Vgl. zur Kritik *Schoch* in: Schoch/Schneider, VwGO, § 80 Rn. 150.

[174] *Kotulla* Die Verwaltung 33 (2000), 521 (531); a. A. *Puttler* in: Sodan/Ziekow, VwGO § 80 Rn. 65.

[175] BayVGH Beschl. v. 22.9.2015 – 11 CS 15.1447, BeckRS 2015, 53539 Rn. 23; OVG NW NVwZ-RR 2000, 121 (122); OVG LSA NVwZ-RR 2011, 846 (848).

[176] Für die Bundesgesetzgebung hat § 80 Abs. 2 S. 1 Nr. 3 VwGO deklaratorische Bedeutung, *Finkelnburg* in: Finkelnburg/Dombert/Külpmann, Vorläufiger Rechtsschutz, Rn. 701.

[177] *Eckertz-Höfer* DVBl 2014, 130 (131): Der ehemals als glanzvoll und mutig zugleich beschriebene § 80 Abs. 1 VwGO ist so abgespeckt worden, dass die formale Regel nahezu zur Ausnahme geworden ist.

Abs. 1 AufenthG), das Asylrecht (§ 75 AsylG), das Fachplanungsrecht (§ 17e Abs. 2 S. 1 FStrG, § 18e Abs. 2 S. 1 AEG, § 29 Abs. 6 S. 2 PBefG, § 14e Abs. 2 S. 1 WaStrG, § 10 Abs. 6 S. 1 LuftVG, § 43e Abs. 1 S. 1 EnWG) und das Telekommunikationsrecht (§ 137 Abs. 1 TKG).[178] Im Infektionsschutzrecht haben §§ 16 Abs. 3, 28 Abs. 3 IfSG bei der Bekämpfung der Ausbreitung des Coronavirus SARS-CoV-2 Bedeutung erlangt.

Erhebliche praktische Bedeutung hat im **Baurecht** § 212a Abs. 1 BauGB. Danach haben Widerspruch und Anfechtungsklage eines Dritten gegen die **bauaufsichtliche Zulassung eines Vorhabens** keine aufschiebende Wirkung. „Dritter" kann auch eine Gemeinde sein.[179] Der weit gefasste Begriff „bauaufsichtliche Zulassung" umfasst primär Baugenehmigungen,[180] ebenfalls die Abbruchgenehmigung[181] und die Entscheidung nach § 37 BauGB.[182] Ferner sind Ausnahmen und Befreiungen erfasst;[183] das gilt auch in Bezug auf das Bauordnungsrecht, da § 212a Abs. 1 BauGB insoweit keine Einschränkung vornimmt.[184] Die Zuordnung des Bauvorbescheids ist umstritten (Fall 9 → Rn. 44 und Lösung → Rn. 61). Der Ausschluss der aufschiebenden Wirkung des Widerspruchs einer Gemeinde gegen die dem Bauherrn erteilte Baugenehmigung erstreckt sich nicht auf die von der höheren Verwaltungsbehörde vorgenommene Ersetzung des versagten gemeindlichen Einvernehmens (§ 36 Abs. 2 S. 3 BauGB).[185] Der Rechtsbehelf eines Dritten gegen die *immissionsschutzrechtliche* Genehmigung eines Vorhabens (z. B. Windkraftanlage) hat aufschiebende Wirkung (§ 80 Abs. 1 VwGO), da § 212a Abs. 1 BauGB nur die „bauaufsichtliche" Zulassung erfasst.[186] 60

**Lösung zu Fall 9:** Die Anwendbarkeit des § 212a Abs. 1 BauGB beim Bauvorbescheid ist in der Rechtsprechung umstritten. Nach der strengen Auffassung findet die Bestimmung keine Anwendung; der Bauvorbescheid habe lediglich eine feststellende Wirkung und berechtige daher nicht zur Bauausführung, zudem entfalte er im anschließenden Baugenehmigungsverfahren keine Bindungswirkung.[187] Das OVG vertritt unter Berufung auf Sinn und Zweck des § 212a Abs. 1 BauGB die Gegenauffassung; die Norm sei auf die Beschleunigung der Verwirklichung von Bauvorhaben ausgerichtet und wirke einer Torpedierung (Suspendierung) durch bloße Widerspruchserhebung seitens der Nachbarn entgegen.[188] Danach greift § 80 Abs. 1 VwGO nicht ein; der Antrag des N (nach § 80 Abs. 5 S. 1 VwGO) scheitert nicht daran, dass vorläufiger Rechtsschutz bereits kraft gesetzlicher Suspensionsautomatik gewährt wird. 61

Die Ermächtigung zum **landesgesetzlichen Ausschluss** der aufschiebenden Wirkung[189] hat vor allem im **Verwaltungsvollstreckungsrecht** Bedeutung. Landesgesetzlich[190] ist be- 62

[178] Übersicht bei *Finkelnburg* in: Finkelnburg/Dombert/Külpmann, Vorläufiger Rechtsschutz, Rn. 705 ff.

[179] VGH BW NVwZ 1999, 442 (443); NdsOVG NVwZ 1999, 1005; OVG SL Beschl. v. 9.1.2019 – 2 B 289/18, BeckRS 2019, 244 Rn. 11; NVwZ-RR 2019, 763 Rn. 15.

[180] VGH BW NVwZ-RR 2016, 725 Rn. 10; VBlBW 2017, 464 (465); VBlBW 2019, 36; HessVGH NVwZ-RR 2019, 805 Rn. 20.

[181] HessVGH DVBl 2018, 1448 Rn. 6.

[182] HessVGH NVwZ 2001, 823.

[183] BayVGH BayVBl 2012, 727 Rn. 34: Baugenehmigung i. V. m. einer Befreiung nach § 31 Abs. 2 BauGB.

[184] VGH BW VBlBW 2006, 279 und 352; a. A. OVG NW NVwZ-RR 2008, 757 (758): enge Auslegung des § 212a Abs. 1 BauGB.

[185] NdsOVG NVwZ 1999, 1005.

[186] OVG NW NVwZ-RR 2006, 173; NVwZ-RR 2006, 244 (245); DVBl 2016, 579 (581).

[187] VGH BW VBlBW 2020, 148 (149 f.); BayVGH NVwZ 1999, 1363.

[188] Gleichsinnig bereits NdsOVG NVwZ-RR 1999, 716.

[189] Rechtsgrundlage ist § 80 Abs. 2 S. 1 Nr. 3 VwGO und nicht etwa § 80 Abs. 2 S. 2 VwGO; diese Bestimmung hat nur einen schmalen Anwendungsbereich für Fälle, in denen das „Ob" der Verwaltungsvollstreckung bundesrechtlich, das „Wie" hingegen landesrechtlich geregelt ist; dazu *Schoch* in: Schoch/Schneider, VwGO, § 80 Rn. 192 ff.

[190] Der Ausschluss der aufschiebenden Wirkung im Landesgesetz muss ausdrücklich erfolgen, OVG Bln-Bbg NVwZ 2018, 677 Rn. 24.

stimmt, dass Rechtsbehelfe gegen Maßnahmen (in) der Verwaltungsvollstreckung keine aufschiebende Wirkung haben.[191] Dadurch soll eine Behinderung der Verwaltungsvollstreckung auf Grund der Suspensionsautomatik des § 80 Abs. 1 VwGO vermieden werden.[192] Vollstreckungsmaßnahmen sind nur solche behördlichen Akte, die der **zwangsweisen Durchsetzung** des Verwaltungsakts dienen.[193] Beispiele sind die Androhung und ggf. Festsetzung eines Zwangstitels (Ersatzvornahme, Zwangsgeld)[194] und im Ausländerrecht die Androhung der Abschiebung.[195] Dagegen ist die **behördliche Kostenanforderung** für Vollstreckungsakte keine Maßnahme *der* oder *in* der Verwaltungsvollstreckung; der Kostenbescheid ist kein vollstreckungsrechtliches Beugemittel, sondern dient dem behördlichen Kostenersatz.[196] Die abweichende Rechtsprechung (bisweilen unter Hinweis auf vermeintliche Besonderheiten des Landesrechts)[197] ist mit dem streng formalisierten Verwaltungsvollstreckungsrecht kaum vereinbar.[198] Etwas anderes gilt bei ausdrücklicher landesgesetzlicher Regelung.[199] Keine Maßnahmen (in) der Verwaltungsvollstreckung sind die Erhebung von Säumniszuschlägen[200] und die Androhung einer Wassersperre.[201]

## II. Behördlicher Ausschluss der aufschiebenden Wirkung

63 **Fall 10:** In der Gemeinde G besteht für die Grundstücke im Gemeindegebiet ein Anschluss- und Benutzungszwang für die Abwasserbeseitigung. M, der im Außenbereich der Gemeinde G eine Geflügelzucht betreibt, weigert sich, die gemeindliche Abwasserbeseitigungsanlage zu benutzen, weil er sein Abwasser selbst entsorgen könne. Zur Durchsetzung des Anschluss- und Benutzungszwangs erlässt G gegenüber M einen entsprechenden Bescheid. Zugleich wird die sofortige Vollziehung des Bescheids mit Hinweis darauf schriftlich angeordnet, dass die Durchsetzung der Anschluss- und Benutzungspflicht aus Gründen des Allgemeinwohls notwendig sei. M wendet sich mit einem Eilantrag an das VG.[202]

64 **Fall 11:** Y errichtete ohne Genehmigung auf seinem im Außenbereich der Stadt S gelegenen Grundstück in unmittelbarer Nähe zur Uferlinie des S-Sees ein Wochenendhaus. Nach einem Hinweis aus der Bevölkerung erließ die zuständige Bauaufsichtsbehörde ordnungsgemäß eine Beseitigungsverfügung. Die sofortige Vollziehung wird angeordnet und schriftlich damit begründet, dass von einer baulichen Anlage im

[191] § 12 S. 1 VwVG BW; Art. 21a S. 1 BayVwZVG; § 4 Abs. 1 S. 1 AGVwGO Bln; § 16 BbgVwVG; § 29 Abs. 1 HmbVwVG; § 16 HessAGVwGO; § 110 VwVfG MV i. V. m. § 99 Abs. 1 S. 2 SOG MV und § 111 Abs. 6 VwVfG MV; § 66 NdsVwVG und § 70 Abs. 1 NdsVwVG i. V. m. § 64 Abs. 4 S. 1 NdsPOG; § 112 S. 1 JustG NW; § 20 AGVwGO RP; § 20 S. 1 SaarlAGVwGO; § 11 S. 1 SächsVwVG; § 9 AGVwGO LSA und § 53 Abs. 4 S. 1 SOG LSA; § 248 Abs. 1 S. 2 und § 322 Abs. 1 LVwG SH; § 8 S. 1 ThürAGVwGO. – Art. 11 S. 1 BremAGVwGO normiert den Ausschluss der aufschiebenden Wirkung von Rechtsbehelfen, die sich gegen Maßnahmen in der Verwaltungsvollstreckung zur Beitreibung von Geldbeträgen nach Bundesrecht richten.

[192] OVG Hamburg DÖV 2000, 780 (782); *Kotulla* Die Verwaltung 33 (2000), 521 (541).

[193] VGH BW VBlBW 2015, 467 (468); *Schenk* VBlBW 2018, 5 (11).

[194] BayVGH BayVBl 2019, 391 Rn. 30; HessVGH NVwZ-RR 1998, 463; OVG NW NVwZ-RR 1999, 802; OVG SL Beschl. v. 2.5.2014 – 2 B 225/14, BeckRS 2014, 51413.

[195] VGH BW DVBl 2017, 580 (581).

[196] SächsOVG NVwZ-RR 2003, 475; *Puttler* in: Sodan/Ziekow, VwGO, § 80 Rn. 67.

[197] OVG Bln-Bbg NVwZ-RR 2006, 376 (377); OVG MV NVwZ-RR 2017, 123 Rn. 11 ff.

[198] Näher dazu *Schoch* in: Schoch/Schneider, VwGO, § 80 Rn. 190.

[199] Beispiel: § 16 HessAGVwGO schließt die aufschiebende Wirkung von Rechtsbehelfen gegen die Anforderung von Kosten der Verwaltungsvollstreckung aus.

[200] VGH BW VBlBW 2015, 467 (468).

[201] VGH BW NVwZ-RR 2017, 801 Rn. 10 (betroffen war ein Hotel wegen Zahlungsrückständen für die Wasserversorgung i. H. v. etwa 30.000 Euro).

[202] Fall nach ThürOVG ThürVBl 2012, 101.

Außenbereich die Gefahr einer Breitenwirkung ausgehe und zur Nachahmung verleite; schon um die Vorbildwirkung für weitere Vorhaben im Außenbereich zu verhindern, sei die sofortige Vollziehung der Verfügung dringend geboten. Trifft dies zu?[203]

Zur Überwindung der nach § 80 Abs. 1 VwGO eintretenden aufschiebenden Wirkung 65
kann im **Einzelfall** gemäß § 80 Abs. 2 S. 1 Nr. 4 VwGO die **sofortige Vollziehbarkeit** des angefochtenen Verwaltungsakts behördlich angeordnet werden.[204] Der dadurch erfolgende Ausschluss der aufschiebenden Wirkung kann im öffentlichen Interesse oder im überwiegenden Interesse eines Beteiligten vorgenommen werden. Die Vollziehbarkeitsanordnung kann mit dem Erlass des Verwaltungsakts oder zu einem späteren Zeitpunkt ergehen. Bei dieser Anordnung handelt es sich mangels sachlicher Rechtsfolgenanordnung nicht um einen Verwaltungsakt, sondern um eine **verfahrensrechtliche Nebenentscheidung** zum Verwaltungsakt.[205]

### 1. Formelle Voraussetzungen der Vollziehbarkeitsanordnung

Die Anordnung der sofortigen Vollziehbarkeit eines Verwaltungsakts kann von Amts we- 66
gen oder – beim Verwaltungsakt mit Drittwirkung (vgl. § 80a Abs. 1 Nr. 1 VwGO) – auf Antrag vorgenommen werden. Es besteht eine **Zuständigkeitskonkurrenz** zwischen der Ausgangsbehörde und der Widerspruchsbehörde.[206] Die Kompetenz der Widerspruchsbehörde tritt bereits vor einer Erhebung des Widerspruchs ein, und sie endet nicht mit dem Erlass des Widerspruchsbescheids.[207] Abweichend von den allgemeinen Zuständigkeitsregeln im Widerspruchsverfahren (→ § 23 Rn. 51 f.) trifft § 80 Abs. 2 S. 1 Nr. 4 VwGO eine spezielle Zuständigkeitsbestimmung für die Vollziehbarkeitsanordnung.[208]

§ 80 Abs. 2 S. 1 Nr. 4 VwGO verlangt, dass die sofortige Vollziehbarkeit des Verwaltungs- 67
akts „besonders angeordnet wird". Eine konkludente Anordnung ist danach ausgeschlossen. Die **besondere Anordnung** muss ausdrücklich erfolgen; notwendig ist eine entsprechende behördliche Willensentschließung, die dem Betroffenen kundgetan wird.[209]

Eine **Anhörung** des Betroffenen muss vor Erlass der Vollziehbarkeitsanordnung nicht er- 68
folgen.[210] Eine spezifische Gewähr rechtlichen Gehörs schreibt § 80 Abs. 2 S. 1 Nr. 4, Abs. 3 VwGO nicht vor. § 28 Abs. 1 VwVfG ist nicht anwendbar, weil die Vollziehbarkeitsanordnung kein Verwaltungsakt ist (→ Rn. 65); die entsprechende Anwendung der Bestimmung scheitert daran, dass in § 80 Abs. 2 S. 1 Nr. 4, Abs. 3 VwGO abschließende Regelungen zu den formellen Rechtmäßigkeitsvoraussetzungen der Vollziehbarkeitsanordnung getroffen sind.[211] Unabhängig davon wird der Betroffene in der Regel vor Erlass des Verwaltungsakts angehört (§ 28 VwVfG); die Anordnung der sofortigen Vollziehbarkeit stellt keine behördliche Überraschungsentscheidung dar.[212]

---

203 Fall nach OVG Bln-Bbg KommJur 2015, 436 → *Eifert* Jura (JK) 2016, 116 und → JA 2015, 956 *(Muckel)*.

204 Der Gesetzesbegriff „sofortige Vollziehung" ist in der Sache unzutreffend; es geht um die sofortige *Vollziehbarkeit* des Verwaltungsakts.

205 NdsOVG NVwZ-RR 2018, 472 Rn. 21; *Hummel* JuS 2011, 413 (414); *Voßkuhle/Wischmeyer* JuS 2016, 1079 (1081).

206 *Hufen* Verwaltungsprozessrecht, § 32 Rn. 15; *Würtenberger/Heckmann* Verwaltungsprozessrecht, Rn. 594.

207 A. A. OVG Bremen NordÖR 2019, 127 (129); *Puttler* in: Sodan/Ziekow, VwGO, § 80 Rn. 75.

208 OVG NW UPR 1993, 316 (317); *Schoch* NVwZ 1991, 1121 (1122 f.).

209 VGH BW VBlBW 2012, 151 → *Schoch* JK 8/12, VwGO § 80 III/6.

210 NdsOVG NVwZ-RR 2007, 348; SächsOVG SächsVBl 2016, 298 Rn. 6; *Hummel* JuS 2011, 413 (415); *Koehl* JA 2016, 610 (613); *Würtenberger/Heckmann* Verwaltungsprozessrecht, Rn. 595.

211 *Kaltenborn* DVBl 1999, 828 (830 f.); *Schoch* in: Schoch/Schneider, VwGO, § 80 Rn. 258; a. A. *Külpmann* in: Finkelnburg/Dombert/Külpmann, Vorläufiger Rechtsschutz, Rn. 732, der aus rechtsstaatlichen Gründen für eine analoge Anwendung des § 28 Abs. 1 VwVfG plädiert.

212 VGH BW VBlBW 2018, 467 fordert nach dem Rechtsstaatprinzip eine Anhörung, wenn die Vollziehbarkeitsanordnung nicht mit dem Verwaltungsakt, sondern erst später erfolgt.

69 Das besondere Interesse an der sofortigen Vollziehung des Verwaltungsakts ist schriftlich zu begründen (§ 80 Abs. 3 S. 1 VwGO); die Begründungspflicht entfällt nur bei – in der Praxis kaum relevanten – Notstandsmaßnahmen (§ 80 Abs. 3 S. 2 VwGO). § 80 Abs. 3 S. 1 VwGO normiert ein **formelles Begründungserfordernis;** auf die inhaltliche Richtigkeit der Darlegungen kommt es in diesem Zusammenhang nicht an.[213] Das Begründungsgebot verfolgt drei Funktionen:[214]

- Die *Behörde* soll den Ausnahmecharakter der Vollziehbarkeitsanordnung beachten und zu einer sorgfältigen Prüfung des Interesses an der sofortigen Vollziehung veranlasst werden *(Warnfunktion).*
- Der *Betroffene* wird über die Gründe der Behörde für die Anordnung in Kenntnis gesetzt, um die Erfolgsaussichten eines gerichtlichen Eilantrags abschätzen können *(Rechtsschutzfunktion).*
- Dem *Gericht* ermöglicht das Wissen um die Gründe der Vollziehbarkeitsanordnung eine wirksame Rechtskontrolle *(Kontrollfunktion).*

Im Vordergrund steht das Bewusstsein zum **Ausnahmecharakter der Vollziehbarkeitsanordnung,** so dass das öffentliche Interesse oder das private Drittinteresse an der sofortigen Vollziehung des Verwaltungsakts einer besonderen Rechtfertigung bedarf.[215]

70 In der Sache genügen formelhafte und pauschale (d. h. nicht substantiierte) behördliche Darlegungen oder eine bloße Wiederholung des Gesetzestextes den Anforderungen des § 80 Abs. 3 S. 1 VwGO nicht. Anhand der **konkreten Umstände des Falles** muss die Behörde erläutern, worin sie das besondere Vollziehungsinteresse sieht.[216] Aus der Begründung muss hervorgehen, aus welchen spezifischen Erwägungen dem sofortigen Vollziehungsinteresse Vorrang gegenüber dem Aufschubinteresse des Betroffenen eingeräumt wird.[217] Bei einem **Verstoß gegen § 80 Abs. 3 S. 1 VwGO** ist die Vollziehbarkeitsanordnung rechtswidrig[218] und ein Eilantrag nach § 80 Abs. 5 S. 1 VwGO schon deshalb begründet; das Gericht stellt die aufschiebende Wirkung des Rechtsbehelfs wieder her,[219] die Gegenauffassung postuliert die – in § 80 Abs. 5 VwGO gar nicht vorgesehene – gerichtliche Aufhebung der Vollziehbarkeitsanordnung.[220]

71 Eine **Heilung des Begründungsmangels** durch Nachholung einer § 80 Abs. 3 S. 1 VwGO genügenden Begründung kommt nicht in Betracht. Den unter Rückgriff auf § 45 Abs. 1 Nr. 2, Abs. 2 VwVfG angestellten gegenteiligen prozessökonomischen Überlegun-

---

[213] VGH BW VBlBW 2016, 375 (376); BayVGH NVwZ-RR 2019, 809 Rn. 11; OVG Bln-Bbg NVwZ 2019, 1143 Rn. 6; OVG Bremen NVwZ-RR 2017, 540 Rn. 6; OVG Hamburg NVwZ 2014, 1528 Rn. 28; OVG MV NVwZ-RR 2020, 120 Rn. 15; NdsOVG NVwZ-RR 2020, 110 Rn. 10; OVG NW DVBl 2019, 69 Rn. 13, 23; OVG SL NVwZ-RR 2015, 102 Rn. 9; SächsOVG SächsVBl 2016, 298 Rn. 4, 5, OVG LSA NVwZ-RR 2017, 402 Rn. 12.

[214] VGH BW VBlBW 2019, 24 (25); BayVGH Beschl. v. 23.6.2017 – 13 AS 16.2546, BeckRS 2017, 116985 Rn. 41; OVG Bln-Bbg KommJur 2015, 436 Rn. 4; NdsOVG NVwZ 2020, 110 Rn. 10; OVG NW NVwZ 2018, 1662 Rn. 6; SächsOVG SächsVBl 2020, 264 Rn. 217; ThürOVG ThürVBl 2012, 102 (103).

[215] VGH BW NJW 2010, 2821; NdsOVG NVwZ-RR 2005, 93 (94); OVG NW NWVBl 2011, 143; OVG LSA NVwZ-RR 2017, 402 Rn. 12.

[216] VGH BW VBlBW 2018, 24 (25); BayVGH NVwZ-RR 2019, 10 Rn. 12; BayVBl 2019, 391 Rn. 16; OVG Bln-Bbg KommJur 2015, 436 Rn. 4; OVG Bremen NVwZ-RR 2017, 540 Rn. 6; OVG Hamburg NVwZ 2014, 1528 Rn. 27; HessVGH NVwZ-RR 2016, 578 Rn. 23; OVG MV NVwZ-RR 2020, 120 Rn. 15; NdsOVG NJW 2018, 1989 Rn. 3; NJW 2019, 1013 Rn. 6; OVG NW DVBl 2019, 69 Rn. 7; OVG RP NVwZ-RR 2016, 331 Rn. 3; SächsOVG SächsVBl 2016, 298 Rn. 4; OVG LSA NVwZ-RR 2017, 402 Rn. 12; ThürOVG ThürVBl 2012, 102 (103).

[217] VGH BW NJW 2020, 353; BayVGH NVwZ-RR 2019, 809 Rn. 11; BayVBl 2020, 49 Rn. 15; NdsOVG NVwZ-RR 2019, 988 Rn. 7; NVwZ-RR 2020, 110 Rn. 10; OVG NW NVwZ 2018, 1662 Rn. 6; SächsOVG SächsVBl 2016, 257 Rn. 5; ThürOVG ThürVBl 2014, 221.

[218] ThürOVG ThürVBl 2012, 102 (104); *Külpmann* in: Finkelnburg/Dombert/Külpmann, Vorläufiger Rechtsschutz, Rn. 749.

[219] BayVGH BayVBl 1999, 465 (466); NdsOVG NVwZ-RR 2019, 988 Rn. 10; OVG NW NVwZ-RR 2020, 734 Rn. 28.

[220] VGH BW VBlBW 2019, 24 (25); BayVGH ZUM 2013, 74 (75); OVG MV NVwZ-RR 2020, 120 Rn. 15; OVG RP NVwZ-RR 2016, 331 Rn. 3; ThürOVG ThürVBl 2012, 102 (104) und 197 (199); ThürVBl 2014, 221; *Kiehne* VerwArch 111 (2020), 270 (273 f.).

gen[221] steht § 80 Abs. 3 VwGO als abschließende Spezialbestimmung entgegen.[222] Außerdem würde bei Zulassung einer Heilung der Schutzzweck der Regelung (→ Rn. 69) negiert.[223] Die Behörde ist jedoch nicht gehindert, eine ordnungsgemäß begründete Vollziehbarkeitsanordnung erneut vorzunehmen.[224] Das ist – an Stelle einer Heilung – keine „leere Förmelei".[225] Einerseits wird der Schutzzweck des § 80 Abs. 3 S. 1 VwGO beachtet, andererseits wirkt der ordnungsgemäß begründete **Neuerlass der Vollziehbarkeitsanordnung** nur ex nunc (→ Rn. 82).

**Lösung zu Fall 10:** Die Begründung lässt nicht erkennen, worin das *besondere* öffentliche Interesse gerade an der *sofortigen* Vollziehung des Bescheids liegen soll. Die Anforderungen des § 80 Abs. 3 S. 1 VwGO (→ Rn. 70) sind nicht erfüllt. Das OVG hat die Aufhebung der Vollziehungsanordnung ausgesprochen. 72

**Lösung zu Fall 11:** Die formelle Begründungspflicht des § 80 Abs. 3 S. 1 VwGO ist beachtet worden. Die Bauaufsichtsbehörde hat auf den konkreten Fall abgestellt und diejenigen Gründe dargelegt, die aus ihrer Sicht die Anordnung der besonderen Vollziehbarkeit der Beseitigungsverfügung als geboten erscheinen lassen. Die inhaltliche Richtigkeit der Erwägungen (vgl. dazu → Rn. 77) ist keine Anforderung des § 80 Abs. 3 S. 1 VwGO (→ Rn. 69). 73

### 2. Materielle Voraussetzungen der Vollziehbarkeitsanordnung

**a) Vollziehbarkeitsanordnung im öffentlichen Interesse.** Das zur Anordnung der sofortigen Vollziehbarkeit notwendige **öffentliche Interesse** wird vielfach als ein Interesse beschrieben, dass über das Interesse am Erlass des Verwaltungsakts hinausgehe.[226] Das darf nicht dahingehend missverstanden werden, § 80 Abs. 2 S. 1 Nr. 4 VwGO verlange eine Art „gesteigertes Erlassinteresse". Vielmehr geht es um ein qualitativ anderes Interesse; das „besondere" Interesse muss auf die *sofortige* Vollziehung des Verwaltungsakts ausgerichtet sein und ist durch die **besondere Dringlichkeit** des Vollzugs gekennzeichnet.[227] Bei der Konkretisierung des unbestimmten Rechtsbegriffs ist im Einzelfall zu ermitteln, worin das öffentliche Interesse am Sofortvollzug liegt; anschließend muss geklärt werden, ob dieses Interesse das gegenläufige Aufschubinteresse des Betroffenen überwiegt. Dabei darf von der (offensichtlichen) Rechtmäßigkeit des Verwaltungsakts nicht auf die Dringlichkeit seines Vollzugs geschlossen werden. Zwischen der **Rechtmäßigkeit des Verwaltungsakts** (als notwendige Voraussetzung) und der **Dringlichkeit seiner Vollziehung** (als hinreichende Voraussetzung) ist im Rahmen des § 80 Abs. 2 S. 1 Nr. 4 VwGO zu unterscheiden[228] (vgl. aber auch → Rn. 76). 74

[221] OVG Bln-Bbg NVwZ-RR 2008, 727 → *Ehlers* JK 4/09, VwGO § 80 III/4; OVG MV NVwZ-RR 1999, 409; NVwZ-RR 2007, 21 (23); NdsOVG NdsVBl 2003, 301 (302); NdsVBl 2014, 283 (287); *Külpmann* in: Finkelnburg/Dombert/Külpmann, Vorläufiger Rechtsschutz, Rn. 750 f.

[222] VGH BW VBlBW 2012, 151 (152) → *Schoch* JK 8/12, VwGO § 80 III/6; VBlBW 2018, 24 (25); *Erbguth* JA 2008, 357 (359); *Koehl* JA 2016, 610 (614); *Hufen* Verwaltungsprozessrecht, § 32 Rn. 17; *Puttler* in: Sodan/Ziekow, VwGO, § 80 Rn. 99.

[223] BayVGH BayVBl 1999, 465 (466); NVwZ-RR 2016, 763 Rn. 5; ThürOVG ThürVBl 2012, 101 (104); *Schenke* Verwaltungsprozessrecht, Rn. 981.

[224] BayVGH NJW 2002, 3044; NdsOVG NdsVBl 2014, 286 (287); ThürOVG ThürVBl 2012, 101 (104 f.).

[225] So aber OVG Bln-Bbg NVwZ-RR 2008, 727, krit. → *Ehlers* JK 4/09, VwGO § 80 III/4.

[226] BVerfGE 69, 220 (228) = NVwZ 1985, 409; E 69, 233 (245) = NJW 1985, 2187 (2189); BVerfG-K NJW 2007, 1521 (1523) → *Ehlers* JK 3/08, GG, Art. 19 IV/29; BayVGH NVwZ-RR 2016, 763 Rn. 3; NdsOVG NVwZ-RR 2020, 153 Rn. 17; OVG NW NWVBl 2013, 261; OVG LSA NVwZ-RR 2017, 402 Rn. 12 f.; ThürOVG ThürVBl 2020, 44 (45 f.).

[227] VGH BW VBlBW 2017, 205 (206); BayVGH BayVBl 2019, 391 Rn. 23; HessVGH NVwZ-RR 2016, 578 Rn. 23; NdsOVG NVwZ-RR 2019, 988 Rn. 7; OVG NW NVwZ-RR 2017, 41 Rn. 5.

[228] BVerwG DVBl 2019, 495 Rn. 24; VGH BW VBlBW 1998, 189.

75 Die Dringlichkeit des Vollzugs eines Verwaltungsakts hängt von den konkreten Umständen des Falles ab. Immerhin lassen sich **Fallgruppen nach Rechtsgebieten** bilden, die das potentielle Dringlichkeitsinteresse näher konturieren.[229] So muss im **Gefahrenabwehrrecht** (im weiteren Sinne) die Besorgnis bestehen, dass sich die mit der Gefahrenabwehrverfügung bekämpfte Gefahr vor einem (Abschluss des) Hauptsacheverfahren(s) verwirklichen wird.[230] Im **Bauordnungsrecht** kann die Nutzungsuntersagung eher mit der Anordnung der sofortigen Vollziehbarkeit versehen werden[231] als die Beseitigungsverfügung, deren Vollzug zu einem irreparablen Substanzverlust führen kann. Zur sofortigen Vollziehbarkeit einer Beseitigungsverfügung hat die Rechtsprechung Leitlinien entwickelt: (1) Beseitigung einer illegalen baulichen Anlage ohne Substanzverlust[232] oder ohne hohe Kosten, (2) Abwehr einer Gefahr für die öffentliche Sicherheit durch die Anlage, (3) Abwendung der negativen Vorbildwirkung des illegal ausgeführten Vorhabens wegen des Nachahmungseffekts (vgl. → Rn. 77 zu Fall 11), (4) Durchsetzung der Rechtsordnung gegenüber einem beharrlichen und notorischen Schwarzbauer;[233] diese Gesichtspunkte können einzeln oder kumulativ die Dringlichkeit des Vollzugs einer Beseitigungsverfügung begründen. Die Einwirkungen des **EU-Rechts** auf § 80 Abs. 2 S. 1 Nr. 4 VwGO zeigt das Beispiel von Fall 2 (→ Rn. 3 und Lösung → Rn. 10).

76 Die systematische Unterscheidung zwischen der Rechtmäßigkeit des Verwaltungsakts und der Dringlichkeit seines Vollzugs (→ Rn. 74) schließt im konkreten Fall nicht aus, dass das besondere Vollziehungsinteresse mit dem Erlassinteresse des Verwaltungsakts (weitgehend) übereinstimmt. Die (teilweise) **Identität von Erlassinteresse und Vollziehungsinteresse** kann als normative Wertung bereits in der Rechtsgrundlage des Verwaltungsakts angelegt sein. Typische Beispiele hierfür kennt das Gefahrenabwehrrecht (i. w. S.): Leinen- und Maulkorbzwang für einen bissigen Hund,[234] Entziehung der Fahrerlaubnis wegen (wiederholten) Rauschgiftkonsums,[235] Gewerbeuntersagung wegen Unzuverlässigkeit,[236] Schließung einer Spielhalle wegen fehlender Betriebserlaubnis,[237] gaststättenrechtliche Auflage zur Abwehr unzumutbarer Lärmeinwirkung,[238] Verhängung einer Fahrtenbuchauflage,[239] Untersagung des unzulässigen Betriebs eines Kfz mit Dieselmotor,[240] Erlass eines Vereinverbots zum Schutz der freiheitlich-demokratischen Grundordnung.[241] Beispiele aus anderen Bereichen sind die Rücknahme einer Pflegeerlaubnis[242] und die Abberufung eines IHK-Hauptgeschäftsführers.[243]

77 **Lösung zu Fall 11:** Das OVG bestätigt die Rechtmäßigkeit der Beseitigungsverfügung (formelle und materielle Illegalität der baulichen Anlage, fehlerfreie behördliche

[229] *Külpmann* in: Finkelnburg/Dombert/Külpmann, Vorläufiger Rechtsschutz, Rn. 764 ff.; *Schoch* in: Schoch/Schneider, VwGO, § 80 Rn. 210 ff.

[230] VGH BW VBlBW 2009, 37 (38); VBlBW 2017, 197 (198); NdsOVG NVwZ-RR 2019, 254 Rn. 28.

[231] OVG Bln-Bbg NVwZ-RR 2009, 98: sofortige Einstellung der Nutzung eines Lagerplatzes; OVG MV NordÖR 2019, 365: sofortige Nutzungsuntersagung illegaler Ferienwohnung; OVG NW NWVBl 2014, 466 (467): sofortige Nutzungsuntersagung illegaler Werkhalle; OVG LSA LKV 2012, 571 (572): sofortige Nutzungsuntersagung eines Imbiss-Containers.

[232] Vgl. BbgOVG LKV 2005, 505: Beseitigung eines auf eine öffentliche Verkehrsfläche gesetzten Zaunes.

[233] BayVGH BayVBl 2012, 470 Rn. 19; BbgOVG LKV 2004, 232; OVG Bln-Bbg KommJur 2015, 436 Rn. 19 → *Eifert* Jura (JK) 2016, 116 und → JA 2015, 956 *(Muckel)*; OVG MV LKV 2003, 477 (478); DÖV 2008, 874 (875).

[234] VGH BW VBlBW 2017, 197 (198). – Gegenbeispiel: BayVGH NVwZ-RR 2016, 763 Rn. 4 (Verneinung der Dringlichkeit).

[235] OVG Bremen NJW 2012, 3526; HessVGH NJW 2012, 2294; OVG NW NJW 2020, 2047.

[236] NdsOVG NVwZ-RR 2015, 815; OVG LSA NVwZ-RR 2012, 383.

[237] OVG RP NVwZ-RR 2014, 682 (684).

[238] OVG SH NJW 2020, 3050 Rn. 2.

[239] ThürOVG ThürVBl 2012, 197 (199).

[240] HessVGH NVwZ 2019, 1297 Rn. 22; OVG NW NVwZ 2018, 1662 Rn. 10; DVBl 2019, 69 Rn. 15 ff.

[241] VGH BW NVwZ-RR 2012, 198 und 218 (221); OVG RP NVwZ-RR 2017, 33.

[242] VGH BW NJW 2019, 2715 Rn. 11.

[243] NdsOVG NdsVBl 2009, 39 (41).

Ermessensbetätigung) und bejaht das besondere öffentliche Interesse am Sofortvollzug. Zwar sei die Beseitigung einer baulichen Anlage in der Regel irreparabel, hier lasse jedoch die Vorbildwirkung eines illegal ausgeführten Vorhabens eine Nachahmung schon bis zum rechtskräftigen Abschluss der Hauptsache befürchten, der rasch vorgebeugt werden müsse, weil ansonsten eine Ausweitung der Störung der öffentlichen Sicherheit drohe.

**b) Vollziehbarkeitsanordnung im Beteiligteninteresse.** Beim Verwaltungsakt mit 78
Drittwirkung kann die sofortige Vollziehbarkeit im **überwiegenden Interesse eines Beteiligten** angeordnet werden. Die widerstrebenden Privatinteressen[244] stehen sich prinzipiell gleichwertig und gleichgewichtig gegenüber[245] (vgl. bereits → Rn. 18); unter dem Vorzeichen des „Interesses" ist eine *Pattsituation* vorprogrammiert. Dennoch verlangt § 80 Abs. 2 S. 1 Nr. 4 Alt. 2 VwGO die behördliche Entscheidung darüber, welches Interesse überwiegt.[246] Zur Entscheidungsfindung ist eine **Interessenabwägung** strukturell ungeeignet,[247] wenn sich prinzipiell gleichwertige und gleichgewichtige „Interessen" gegenüberstehen und das Gesetz (vgl. § 80 Abs. 2 S. 1 Nr. 4, § 80a Abs. 1 Nr. 1 VwGO) keine Kriterien zur Gewichtung der konfligierenden „Interessen" normiert.[248] Es kann auch nicht von einem prinzipiellen *prozessualen* Vorrang des den Verwaltungsakt anfechtenden Dritten ausgegangen werden; das ist ein signifikanter Unterschied zu dem zweipoligen Verwaltungsrechtsverhältnis zwischen Verwaltung und Bürger mit dem Regel-Ausnahme-Verhältnis zwischen aufschiebender Wirkung und sofortiger Vollziehbarkeit des Verwaltungsakts.[249] Die Frage, wer das Risiko der Herbeiführung vollendeter Tatsachen tragen muss, ist daher – wie im gerichtlichen Eilverfahren → Rn. 144 ff.) – nach **materiellem Recht** zu beantworten, also auf Grund der **Erfolgsaussicht des Hauptsacherechtsbehelfs.**[250] Ungewöhnlich ist das für die Verwaltung nicht, gilt doch für die Entscheidung über den Widerspruch (→ § 23 Rn. 56 ff., 62 ff.) nichts anderes (§§ 68, 72, 73 VwGO). Ein „überwiegendes Interesse" des Begünstigten liegt danach vor, wenn der Rechtsbehelf des Dritten mit überwiegender Wahrscheinlichkeit erfolglos bleiben wird, so dass die Fortdauer der aufschiebenden Wirkung gegenüber dem Begünstigten als nicht gerechtfertigt erscheinen muss.[251]

### 3. Rechtsfolge: behördliche Ermessensentscheidung

**a) Pflichtgemäße Ermessensausübung.** Liegen die Voraussetzungen des § 80 Abs. 2 79
S. 1 Nr. 4 VwGO vor, entscheidet die zuständige Behörde nach **pflichtgemäßem Ermes-**

---

[244] Bei dem im Vordergrund stehenden begünstigenden Verwaltungsakt mit drittbelastender Doppelwirkung sind dies das Aufschubinteresse des Anfechtenden und das Verwirklichungsinteresse des Begünstigten.

[245] Vgl. dazu – stellvertretend – BVerfG-K 2009, 240 (242) → *Schoch* JK 8/09, VwGO § 80a/6; VGH BW VBlBW 2016, 502 (504).

[246] OVG RP UPR 2012, 351 (352) spricht von einem „mehr schiedsrichterlichen Charakter" der Behördenentscheidung.

[247] Dennoch wird die „Interessenabwägung" vielfach propagiert; vgl. Nachw. bei *Schoch* in: Schoch/Schneider, VwGO, § 80 Rn. 202.

[248] *Mampel* DVBl 1997, 1155 (1157); *Külpmann* in: Finkelnburg/Dombert/Külpmann, Vorläufiger Rechtsschutz, Rn. 806.

[249] VGH BW Beschl. v. 29.1.2019 – 10 S 1919/17, BeckRS 2019, 850 Rn. 4; HessVGH NVwZ-RR 2018, 331 Rn. 30; demgegenüber will NdsOVG NVwZ-RR 2020, 23 Rn. 53 (auch) auf die „Grundregel der aufschiebenden Wirkung" zurückgreifen.

[250] VGH BW VBlBW 2016, 502 (504); HessVGH DVBl 2018, 1448 Rn. 11; OVG RP NVwZ-RR 2016, 331 Rn. 12; grundsätzlich auch OVG LSA LKV 2020, 36 (37) mit Ausnahme bei irreversiblen Folgen und einer Vorwegnahme der Hauptsache (am Beispiel des Informationszugangs nach dem UIG im dreiseitigen Rechtsverhältnis). – Widersprüchlich OVG Bln-Bbg NVwZ-RR 2014, 542 (543): irreparable Nachteile beim Begünstigten oder die Unzumutbarkeit des Abwartens auf das Hauptsacheverfahren rechtfertigten die Vollziehbarkeitsanordnung, demgegenüber S. 544: Maßgeblichkeit des materiellen Rechts im mehrpoligen Rechtsverhältnis.

[251] VGH BW Beschl. v. 29.1.2019 – 10 S 1919/17, BeckRS 2019, 850 Rn. 4; OVG RP UPR 2012, 351 (352).

**sen** über die Anordnung der sofortigen Vollziehbarkeit des Verwaltungsakts.[252] Bei der Ermessensbetätigung ist zu unterscheiden, ob es um eine Vollziehbarkeitsanordnung im öffentlichen Interesse geht (→ Rn. 80) oder ob eine Vollziehbarkeitsanordnung im Beteiligteninteresse in Rede steht (→ Rn. 81). Ist das **öffentliche Interesse** zu bejahen (→ Rn. 74ff.), ist die Entscheidung zum Sofortvollzug in der Regel ermessensfehlerfrei. Es ist allerdings zu beachten, dass die Vollziehbarkeitsanordnung einen **selbstständigen Grundrechtseingriff** darstellt, der in seinen Wirkungen über die Wirkungen der im Hauptsacheverfahren zu prüfenden behördlichen Maßnahmen hinausgeht; so wird etwa die berufliche Betätigung des Betroffenen schon vor einer verwaltungsgerichtlichen Entscheidung in der Hauptsache beeinträchtigt.[253] Dem Grunde nach ist der Eingriff zwar nach § 80 Abs. 2 S. 1 Nr. 4, Abs. 3 VwGO gerechtfertigt, im Einzelfall muss jedoch das **Übermaßverbot** beachtet werden.

80 Beeinträchtigt die behördliche Maßnahme die **Berufsfreiheit** (Art. 12 Abs. 1 GG), ist die Vollziehbarkeitsanordnung zum Schutz wichtiger Gemeinschaftsgüter sowie unter dem Aspekt der Erforderlichkeit und der Angemessenheit dennoch oftmals gerechtfertigt. Beispiele bieten das Recht der freien Berufe[254] sowie das Handwerks- und das Gewerberecht,[255] wobei allerdings stets die Umstände des Einzelfalls zu würdigen sind.[256] Mit der für sofort vollziehbar erklärten Entziehung der Fahrerlaubnis (insbesondere wegen Alkohol- oder Rauschgiftkonsums) sind häufig (neben Nachteilen der privaten Lebensführung) berufliche Beeinträchtigungen verbunden, in der Regel erklärt die Rechtsprechung jedoch den Schutz von Leben und Gesundheit anderer Verkehrsteilnehmer für vorrangig.[257] Mitunter beeinträchtigt die Vollziehbarkeitsanordnung die **Eigentumsfreiheit** (Art. 14 Abs. 1 GG); dazu ist der sofortige Vollzug der Untersagung einer illegalen Nutzung von Erdwärme als verhältnismäßig bestätigt worden,[258] während die sofort vollziehbare Untersagung der formell illegalen Nutzung eines Betriebsgrundstücks wegen Insolvenzgefahr für das betroffene Unternehmen als Verstoß gegen das Übermaßverbot gewertet worden ist.[259] Im Fall der sofort vollziehbaren Entlassung eines Beamten auf Probe (wegen fehlender gesundheitlicher Eignung) ist ein Verstoß gegen **Art. 33 Abs. 2 GG** gesehen worden.[260]

81 Bei der Anordnung der sofortigen Vollziehbarkeit eines begünstigenden Verwaltungsakts im **Beteiligteninteresse** ist in der Regel eine Ermessensreduzierung auf Null anzunehmen.[261] Denn der Begünstigte hat mit Blick auf seine Grundrechte (z. B. Art. 12 Abs. 1, 14 Abs. 1 GG) und angesichts des offensichtlich rechtmäßigen Verwaltungsakts (→ Rn. 78) einen Anspruch auf Anordnung der sofortigen Vollziehbarkeit des Verwaltungsakts. Angesichts des überwiegenden Verwirklichungsinteresses des Begünstigten i. S. d. § 80 Abs. 2 S. 1 Nr. 4 VwGO sind kaum Gesichtspunkte erkennbar, mit denen die Behörde den Antrag auf Anordnung der sofortigen Vollziehung (§ 80a Abs. 1 Nr. 1 VwGO) ermessensfehlerfrei ab-

---

[252] OVG MV NVwZ-RR 2007, 21 (22); ThürOVG ThürVBl 2007, 81; *Schenke* Verwaltungsprozessrecht, Rn. 985; *Würtenberger/Heckmann* Verwaltungsprozessrecht, Rn. 598.

[253] Am Beispiel der sofort vollziehbaren Anordnung des Ruhens einer Approbation (Apotheker, Arzt, Zahnarzt) BVerfG-K NJW 2003, 3618; NVwZ-RR 2004, 545; NJW 2008, 1369.

[254] NdsOVG NdsVBl 2012, 76: sofort vollziehbare Streichung eines Architekten aus der Architektenliste wegen Vermögensverfalls; OVG NW NJW 2012, 2132: sofort vollziehbare Anordnung der Approbation einer Ärztin wegen der Inkaufnahme von Risikogeburten (ohne ärztliche Unterstützung).

[255] Zur Anordnung der sofortigen Vollziehbarkeit der Gewerbeuntersagung *Dietz* GewArch 2014, 225.

[256] NdsOVG GewArch 2012, 167: sofort vollziehbare Untersagung der selbstständigen Ausübung des Zimmerer- und Dachdeckerhandwerks; NdsOVG NdsVBl 2014, 286: sofort vollziehbares Verbot des Betriebs mehrerer Spielhallen im baulichen Verbund; anders OVG RP NVwZ-RR 2014, 302 Rn. 29, 40: unverhältnismäßige Anordnung der sofortigen Vollziehbarkeit des Widerrufs einer Spielhallenerlaubnis wegen des Effekts eines vorläufigen Berufsverbots.

[257] VGH BW NJW 2014, 410 (412); NJW 2014, 2517 (2520); VBlBW 2015, 126 (128); NJW 2015, 1035 (1037); VBlBW 2016, 149 (152); NJW 2016, 1259 Rn. 20; ThürOVG Beschl. v. 2.2.2017 – 2 EO 887/16, BeckRS 2017, 113857 Rn. 31.

[258] HessVGH NVwZ-RR 2012, 885 (886).

[259] OVG NW NWVBl 2014, 466 (467).

[260] OVG NW NWVBl 2011, 431 (433).

[261] *Schenke* VerwArch 91 (2000), 587 (601 f.); *Puttler* in: Sodan/Ziekow, VwGO, § 80 Rn. 93.

lehnen kann. Ein praktisches Beispiel ist die offensichtlich rechtmäßige Abrissgenehmigung; die **Baufreiheit** (Art. 14 Abs. 1 GG) gebietet die Anordnung der sofortigen Vollziehbarkeit, da der Begünstigte an der Ausübung seines Rechts nicht deswegen gehindert werden darf, weil ein Dritter (Nachbar) den Verwaltungsakt mit einem aussichtslosen Rechtsbehelf angegriffen hat.[262]

**b) Rechtswirkungen der Vollziehbarkeitsanordnung.** Die Anordnung der sofortigen Vollziehbarkeit wirkt **ex nunc;**[263] ihr kommt – anders als der aufschiebenden Wirkung (→ Rn. 38) – keine Rückwirkung zu. Das gilt auch beim Verwaltungsakt mit Drittwirkung;[264] der nach der Erhebung seines Rechtsbehelfs gesetzlich geschützte Dritte (§ 80 Abs. 1 S. 2 VwGO) darf nicht ex post ins Unrecht gesetzt werden, zumal der Begünstigte jederzeit die Anordnung der sofortigen Vollziehbarkeit des Verwaltungsakts beantragen kann.[265] 82

Die **Wirkung der Vollziehbarkeitsanordnung** besteht in der Beseitigung der nach § 80 Abs. 1 VwGO eintretenden aufschiebenden Wirkung.[266] Ergeht die Anordnung mit dem Erlass des Verwaltungsakts, löst der dagegen erhobene Rechtsbehelf (§ 80 Abs. 1 S. 1 VwGO) die aufschiebende Wirkung von vornherein nicht aus; wird die Vollziehbarkeitsanordnung zu einem späteren Zeitpunkt vorgenommen, entfällt die aufschiebende Wirkung zu diesem Zeitpunkt. Der angefochtene Verwaltungsakt ist, da sofort vollziehbar, wie ein unanfechtbar gewordener Verwaltungsakt zu behandeln: Verfügungen sind zu beachten und können vollstreckt werden (vgl. § 6 Abs. 1 VwVG des Bundes), bei feststellenden und rechtsgestaltenden Verwaltungsakten stellen sich die in der Regelung vorgesehenen Rechtswirkungen ein, beim Verwaltungsakt mit drittbelastender Doppelwirkung darf der Begünstigte von der getroffenen Regelung (Erlaubnis, Genehmigung, Zulassung etc.) Gebrauch machen. Gerichtlichen Rechtsschutz gegen die Vollziehbarkeitsanordnung gibt es nicht im Klagewege; exklusiv steht das gerichtliche Eilverfahren gemäß § 80 Abs. 5 VwGO bzw. § 80a Abs. 3 VwGO zur Verfügung. 83

## D. Vorläufiger Rechtsschutz im gerichtlichen Eilverfahren

### I. Funktion und Bedeutung verwaltungsgerichtlicher Eilverfahren

#### 1. Verfassungsrechtliche und europarechtliche Vorgaben

**Fall 12:** T ist türkischer Staatsangehöriger. Im Alter von drei Jahren kam er nach Deutschland und lebt seitdem hier. T wurde mehrfach wegen Diebstahls und räuberischer Erpressung zu Freiheitsstrafen verurteilt; es folgten Verurteilungen wegen etlicher Betäubungsmitteldelikte. Die zuständige Ausländerbehörde wies T aus der Bundesrepublik Deutschland aus und ordnete die sofortige Vollziehung der Verfügung an. Zwingende Ausweisungstatbestände (§ 53 Abs. 1 und 3 AufenthG) seien erfüllt. Das Ausweisungsinteresse überwiege das Bleibeinteresse des T; er sei wiederholt und schwer straffällig geworden, auch mehrfache Verurteilungen und Inhaftierungen hätten ihn nicht zu einem straffreien Leben anhalten können. Mit seinem Eilantrag bleibt T beim VG und beim OVG/VGH aus den von der Behörde vorgetragenen Gründen erfolglos. Nun wendet sich T mit einer Verfassungsbeschwerde an das BVerfG.[267] 84

---

[262] HessVGH DVBl 2018, 1448 Rn. 12.

[263] *Hufen* Verwaltungsprozessrecht, § 32 Rn. 20; *Külpmann* in: Finkelnburg/Dombert/Külpmann, Vorläufiger Rechtsschutz, Rn. 791.

[264] A. A. *Schenke* Verwaltungsprozessrecht, Rn. 973, unter Berufung auf die „prozessuale Waffengleichheit".

[265] Näher dazu *Schoch* in: Schoch/Schneider, VwGO, § 80 Rn. 270.

[266] *Dietz* GewArch 2014, 225 (227) betont den nur vorläufigen Charakter der Vollziehbarkeitsanordnung.

[267] Fall nach BVerfG-K NVwZ 2017, 229.

85 Das Gebot wirksamen Rechtsschutzes gemäß Art. 19 Abs. 4 S. 1 GG (→ Rn. 4) verlangt unter dem Aspekt „Zeit" (→ Rn. 5), dass die Prozessordnungen Regelungen zum **gerichtlichen vorläufigen Rechtschutz** vorsehen.[268] Ihm wird in erster Linie die Funktion zuerkannt, die Schaffung vollendeter Tatsachen durch die Verwaltung zu verhindern, bevor die Gerichte die Rechtmäßigkeit der betreffenden behördlichen Maßnahme überprüft haben[269] (Sicherungsfunktion → Rn. 15). Die noch ausstehende Hauptsacheentscheidung soll nicht durch bloßen Zeitablauf entwertet werden. Das sog. verwaltungsgerichtliche Aussetzungsverfahren[270] nach § 80 Abs. 5 VwGO ist eine adäquate Ausprägung der verfassungsrechtlichen Rechtsschutzgarantie.[271] Inhaltliche Konsequenz dieser Zuschreibung ist, dass die Gerichte im Eilverfahren **tatsächlich wirksamen Rechtsschutz** gewähren; die verfassungsrechtlichen Anforderungen hierzu zeigen sich insbesondere beim Prüfungsmaßstab und bei der Prüfungsintensität (→ Rn. 129 ff.).

86 Das Gebot eines effektiven gerichtlichen Rechtsschutzes ist auch europarechtlich vorgegeben (vgl. bereits → Rn. 8 ff.). Im **supranationalen Unionsrecht** hat der EuGH von einem *allgemeinen Grundsatz* gesprochen, der sich aus den gemeinsamen Verfassungstraditionen der Mitgliedstaaten ergebe und in Art. 6, 13 EMRK verankert sei.[272] Ein mit einem nach Unionsrecht zu beurteilenden Rechtsstreit befasstes nationales Gericht muss in der Lage sein, vorläufige Maßnahmen zu erlassen (z. B. die Aussetzung der Vollziehung einer Behördenentscheidung), um die volle Wirksamkeit der späteren Gerichtsentscheidung über das Bestehen der aus dem Unionsrecht hergeleiteten Rechte sicherzustellen.[273] Als rechtsnormative Basis fungieren inzwischen Art. 19 Abs. 1 UAbs. 2 EUV, Art. 47 GRCh. Nach der **EGMR-Rechtsprechung** zu Art. 3 EMRK verlangt eine „wirksame Beschwerde" i. S. d. Art. 13 EMRK eine unabhängige und genaue Prüfung jeder substanzhaften Beschwerde einer Person und außerdem die Möglichkeit einer Aussetzung der Vollziehung der umstrittenen behördlichen Maßnahme.[274]

87 **Lösung zu Fall 12:** Das BVerfG hat der Verfassungsbeschwerde des T stattgegeben. Es liege eine Verletzung seines Grundrechts aus Art. 2 Abs. 1 GG vor. Bei T handele es sich um einen „faktischen Inländer"; zwar bestehe insoweit kein generelles Ausweisungsverbot, allerdings müsse im Rahmen der Verhältnismäßigkeitsprüfung der besonderen Härte, die eine Ausweisung für diese Personengruppe darstelle, angemessen Rechnung getragen werden. Bei einer Bezugnahme auf Straftaten für die Prognose der Wiederholungsgefahr könnten sich die Behörden und die Fachgerichte nicht allein auf allgemeines Erfahrungswissen stützen; hier fehle ein Sachverständigengutachten und eine Entscheidung der Strafvollstreckungskammer zu einer eventuellen Strafaussetzung.

### 2. Formen des vorläufigen Rechtsschutzes und gerichtliche Entscheidungsbefugnisse

88 **Fall 13:** Für den Einsatz ihrer Freiwilligen Feuerwehr zu Gunsten ihres Bürgers B erlässt die Gemeinde G einen Kostenbescheid, in dem erklärt wird, der Betrag sei inner-

[268] Der behördliche vorläufige Rechtsschutz nach § 80 Abs. 4 VwGO spielt praktisch kaum eine Rolle (*Vogl* NVwZ 2018, 1448) und kann hier außer Betracht bleiben.

[269] BVerfG-K NVwZ-RR 1999, 217; DVBl 2013, 169 Rn. 21; NVwZ 2013, 570 Rn. 18 → *Schoch* JK 8/13, GG Art. 19 IV/33; NVwZ 2014, 363 Rn. 7; NVwZ 2019, 1506 Rn. 21; NVwZ 2020, 1187 Rn. 23.

[270] Der überkommene Begriff „Aussetzungsverfahren" für das Eilverfahren nach § 80 Abs. 5 VwGO ist zu eng, weil die gerichtlichen Entscheidungsbefugnisse nur unvollständig erfasst werden; vgl. Überblick → Rn. 91.

[271] BVerfG-K NVwZ 2005, 1303; NJW 2006, 3551.

[272] EuGH NJW 1989, 657 Rn. 14 – *Heylens;* EuGH NJW 2007, 3555 → *Schoch* JK 2/08, EUV Art. 6 II/2 und → JA 2007, 830 *(Gundel)* Rn. 37 – Unibet.

[273] EuGH NVwZ 2013, 347 Rn. 107 (m. w. Nachw.) – Križan.

[274] EGMR NVwZ 2015, 127 Rn. 126 (m. w. Nachw.) – Tarakhel.

halb von vier Wochen zu entrichten. B hält den Feuerwehreinsatz nicht für kostenpflichtig und geht gegen den Bescheid vor. G beharrt darauf, dass B trotz der Anfechtung zahlen müsse. B zahlt „unter Protest" und fragt, wie er mit einem Eilantrag beim zuständigen VG vorläufigen Rechtsschutz erlangen kann.[275]

**Fall 14:** Grundstückseigentümer E errichtet an der Grenze zu Nachbar N ohne die erforderliche Genehmigung einen Wintergarten; die Vorschriften über Abstandsflächen werden nicht eingehalten. Die zuständige Bauaufsichtsbehörde erlässt gegen E ordnungsgemäß eine Beseitigungsverfügung. E erhebt postwendend Widerspruch. Da sich die Behörde weigert, ihre Verfügung für sofort vollziehbar zu erklären, fragt N nach Möglichkeiten verwaltungsgerichtlichen vorläufigen Rechtsschutzes.[276] 89

**Fall 15:** U erhielt antragsgemäß die Genehmigung zur Aufstockung eines ihm gehörenden Gebäudes und dessen Nutzung als Lehrlingswohnheim. Das Vorhaben wird durchgeführt. Nun kündigt U an, das Gebäude zukünftig als Gemeinschaftsunterkunft für Asylbewerber nutzen zu wollen. Gerichtlich wird die aufschiebende Wirkung des von D erhobenen Widerspruchs angeordnet. U kümmert das nicht. D, der erheblich betroffen ist, bittet um Auskunft zu Möglichkeiten vorläufigen Rechtsschutzes.[277] 90

In dem zweispurigen System des vorläufigen Rechtsschutzes nach der VwGO (→ Rn. 13 f.) findet der **gerichtliche Rechtsschutz** im Rahmen der aufschiebenden Wirkung nach § 80 Abs. 5 VwGO und beim Verwaltungsakt mit Drittwirkung nach § 80a Abs. 3 VwGO statt. Neben den reformatorischen Entscheidungen gemäß § 80 Abs. 5 S. 1 VwGO ist auch die vorläufige Durchsetzung von Leistungsbegehren und Feststellungsbegehren statthaft. Bezugspunkt ist stets die Sicherung der aufschiebenden Wirkung. Die **gerichtlichen Entscheidungsbefugnisse** sind ein Spiegelbild der **Statthaftigkeit eines Eilantrags.** Anerkannt sind 91

– die *Anordnung* der aufschiebenden Wirkung (§ 80 Abs. 5 S. 1 Alt. 1 VwGO) beim gesetzlichen Ausschluss der aufschiebenden Wirkung (§ 80 Abs. 2 S. 1 Nr. 1 bis 3 und S. 2 VwGO),
– die *Wiederherstellung* der aufschiebenden Wirkung (§ 80 Abs. 5 S. 1 Alt. 2 VwGO) bei der behördlichen Vollziehbarkeitsanordnung (§ 80 Abs. 2 S. 1 Nr. 4 VwGO),
– die *Aufhebung* der Vollziehung (§ 80 Abs. 5 S. 3 VwGO) als Ausprägung des (Vollzugs-) Folgenbeseitigungsanspruchs,
– die Anordnung der *sofortigen Vollziehbarkeit* eines Verwaltungsakts (§ 80a Abs. 3 S. 1 i. V. m. Abs. 1 Nr. 1 VwGO),
– die Anordnung von *Sicherungsmaßnahmen* zu Gunsten eines Dritten nach vorangegangener Aussetzung der Vollziehung (§ 80a Abs. 3 S. 1 i. V. m. Abs. 1 Nr. 2 VwGO),
– die *Feststellung* des Eintritts der aufschiebenden Wirkung (analog § 80 Abs. 5 S. 1 VwGO) bei behördlicher Missachtung der kraft Gesetzes (§ 80 Abs. 1 VwGO) bestehenden aufschiebenden Wirkung (sog. faktische Vollziehung, näher dazu → Rn. 99),
– die *Verlängerung* einer bestehenden aufschiebenden Wirkung (§ 80b Abs. 2 VwGO).

Unmittelbar auf Art. 19 Abs. 4 GG gestützt ist der Erlass einer *Zwischenentscheidung* zur Verhinderung des Eintritts irreversibler Tatsachen (→ Rn. 18). Nicht statthaft ist ein *Fortsetzungsfeststellungseilantrag* (analog § 113 Abs. 1 S. 4 VwGO);[278] in den Verfahren nach §§ 80

[275] Fall nach BayVGH NVwZ-RR 2020, 619.
[276] Fall nach OVG LSA NVwZ-RR 2014, 875.
[277] Fall nach VGH BW NVwZ-RR 2014, 752.
[278] VGH BW NVwZ-RR 2011, 932 (934); VBlBW 2007, 504; BayVGH NVwZ-RR 2016, 887 Rn. 23; *Faßbender/Herbrich* DVBl 2016, 216 (217).

Abs. 5, 80a Abs. 3 VwGO geht es nur um vorläufige gerichtliche Maßnahmen und nicht um die abschließende gerichtliche Klärung der Rechtmäßigkeit eines erledigten Verwaltungsakts.

92 **Lösung zu Fall 13:** Der von G geforderte Aufwendungsersatz stellt keine Anforderung öffentlicher Abgaben oder Kosten (§ 80 Abs. 2 S. 1 Nr. 1 VwGO) dar (→ Rn. 50, 52). Der Anfechtungsrechtsbehelf des B hat aufschiebende Wirkung (§ 80 Abs. 1 VwGO); dies wird in analoger Anwendung von § 80 Abs. 5 S. 1 VwGO gerichtlich festgestellt, denn eine bereits kraft Gesetzes bestehende aufschiebende Wirkung kann gerichtlich weder „angeordnet" noch „wiederhergestellt" werden. Eine *faktische Vollziehung* seitens der Behörde liegt auch dann vor, wenn der Betroffene einer Vollstreckung durch „freiwillige" Zahlung zuvorkommt. Nach gerichtlicher Feststellung des Eintritts der aufschiebenden Wirkung können die Vollzugsfolgen analog § 80 Abs. 5 S. 3 VwGO rückgängig gemacht werden, der geleistete Betrag wird wieder ausgekehrt.

93 **Lösung zu Fall 14:** Statthaft ist ein Eilantrag nach § 80a Abs. 3 S. 1 i. V. m. Abs. 1 Nr. 1 VwGO. Das OVG bestätigt die Rechtmäßigkeit der Beseitigungsverfügung, verneint jedoch das besondere Interesse an der sofortigen Beseitigung der baulichen Anlage. Unter dem Aspekt der Verhältnismäßigkeit erfordere die von dem Bauwerk ausgehende Gefahr kein sofortiges Einschreiten (was nicht unzweifelhaft ist → Rn. 78, 81). Eine negative Vorbildwirkung für die Umgebung könne als öffentliches Interesse am Sofortvollzug der Verfügung nicht geltend gemacht werden.

94 **Lösung zu Fall 15:** Der VGH stellt fest, dass die Nutzungsänderung von der Baugenehmigung nicht gedeckt ist. Eine genehmigungsbedürftige Nutzungsänderung liege sowohl im bauordnungsrechtlichen Sinne (d. h. nach der LBO) als auch im bauplanungsrechtlichen Sinne (§ 29 Abs. 1 BauGB) vor. Der Missachtung der aufschiebenden Wirkung kann mit gerichtlichen Sicherungsmaßnahmen begegnet werden (§ 80a Abs. 3 S. 1 i. V. m. Abs. 1 Nr. 2 VwGO). Ihr Erlass hängt allein davon ab, dass dem Rechtsbehelf des Dritten aufschiebende Wirkung zukommt; das ist nach der gerichtlichen Anordnung der Fall.

## II. Zulässigkeit des Eilantrags im Aussetzungsverfahren

95 Wie bei jedem förmlichen Rechtsbehelf ist beim Eilantrag im Aussetzungsverfahren zwischen der Zulässigkeit und der Begründetheit des Rechtsschutzbegehrens zu unterscheiden. Für die **Zulässigkeitsvoraussetzungen** gelten grundsätzlich die allgemeinen Regeln. Das gilt insbesondere für die **allgemeinen Sachentscheidungsvoraussetzungen** – vor allem für den Verwaltungsrechtsweg (→ *Ehlers* § 25 Rn. 52 ff.) und die Beteiligungsfähigkeit (→ *Ehlers* § 25 Rn. 175 ff.) – teilweise für das **allgemeine Rechtsschutzbedürfnis** (→ *Ehlers* § 25 Rn. 235 ff.). Nachfolgend ist auf Zulässigkeitsvoraussetzungen einzugehen, die Besonderheiten des Eilantrags markieren oder im Eilverfahren eine besondere Aufmerksamkeit erfahren.

### 1. Statthaftigkeit des Eilantrags

96 Die Statthaftigkeit des Eilantrags nach § 80 Abs. 5 VwGO bzw. § 80a Abs. 3 VwGO ergibt sich aus dem **Anwendungsbereich des Aussetzungsverfahrens** (→ Rn. 91). In jenen Konstellationen scheidet der gerichtliche vorläufige Rechtsschutz im Wege der

einstweiligen Anordnung aus (§ 123 Abs. 5 VwGO). Maßgebend für die Zuordnung ist das Rechtsschutzbegehren (§ 122 Abs. 1 i. V. m. § 88 VwGO). In Grenzfragen der Unterscheidung zwischen aufschiebender Wirkung und einstweiliger Anordnung ermitteln die Gerichte das wahre Rechtsschutzziel und nehmen ggf. eine *Auslegung* des Eilantrags vor;[279] mitunter erfolgt auch eine *Umdeutung* des Eilantrags.[280]

**a) Grundkonstellation: gerichtliche Herstellung der aufschiebenden Wirkung.** In der Grundkonstellation des § 80 Abs. 5 S. 1 VwGO zielt der Eilantrag auf die gerichtliche Herstellung der gesetzlichen Normallage des § 80 Abs. 1 VwGO. **Rechtsschutzformvoraussetzungen des Eilantrags** sind 97

- das Vorliegen eines Verwaltungsakts (der nicht erledigt und nicht unanfechtbar ist),
- die sofortige Vollziehbarkeit des Verwaltungsakts (kraft Gesetzes oder auf Grund behördlicher Anordnung) und
- das auf Anordnung bzw. Wiederherstellung der aufschiebenden Wirkung gerichtete Begehren des Antragstellers.

Die „Rückkehr" zum Grundsatz des § 80 Abs. 1 VwGO lässt es als zwingend erscheinen, dass sich der Eilantrag gegen einen **Verwaltungsakt** richtet (→ Rn. 21 ff.); ist das nicht der Fall, ist der Antrag auf Erlass einer einstweiligen Anordnung (§ 123 Abs. 1 VwGO) statthaft.[281] Zudem darf **keine Unanfechtbarkeit** des Verwaltungsakts vorliegen;[282] ist Bestandskraft eingetreten, ist der Verwaltungsakt endgültig vollziehbar. Auch darf die aufschiebende Wirkung nicht bereits nach § 80 Abs. 1 VwGO bestehen;[283] im Falle der **gesetzlichen Suspension** ist gerichtlich nichts anzuordnen bzw. wiederherzustellen, in Betracht kommt eine gerichtliche Feststellung (→ Rn. 99).

98 Die sachliche Kongruenz mit § 80 Abs. 1 VwGO bedingt, dass § 80 Abs. 5 S. 1 VwGO in der Grundkonstellation auf den **Anfechtungsrechtsbehelf** in der Hauptsache bezogen ist (→ Rn. 28). Ist dieser Rechtsbehelf aus prozessualen Gründen der aufschiebenden Wirkung nicht fähig (→ Rn. 30), ist der Eilantrag nicht statthaft. Trotz einer **Verpflichtungssituation** ist im Ausländerrecht beim Verlust der Aufenthaltsfiktion der Antrag auf Anordnung der aufschiebenden Wirkung statthaft (→ Rn. 29).[284]

99 **b) Feststellungsantrag bei „faktischer Vollziehung".** Entfaltet ein Rechtsbehelf gemäß § 80 Abs. 1 VwGO kraft Gesetzes aufschiebende Wirkung, ist der Eilantrag nach § 80 Abs. 5 S. 1 VwGO nicht statthaft. Der Antragsteller ist durch die gesetzliche Suspensionsautomatik geschützt, für die Inanspruchnahme gerichtlichen vorläufigen Rechtsschutzes fehlt es an einem sofort vollziehbaren Verwaltungsakt (→ Rn. 97). Zu klären sind indes Konstellationen zum **Streit um die aufschiebende Wirkung:** Der Widerspruchsführer bzw. Anfechtungskläger behauptet deren Eintritt, die Behörde bestreitet dies, ebenso der Begünstigte beim Verwaltungsakt mit drittbelastender Doppelwirkung. Die Kontroverse kann zwei Ursachen haben:

- Gestritten wird um die Zulässigkeit des Hauptsacherechtsbehelfs und dessen normative Eignung zur Auslösung des Suspensiveffekts (→ Rn. 30); nur ein statthafter Hauptsache-

---

[279] BVerwG NVwZ 2020, 1051 Rn. 12; VGH BW VBlBW 2014, 384; NVwZ-RR 2017, 890 Rn. 7; NVwZ-RR 2017, 801 Rn. 14; BayVGH BayVBl 2011, 702 Rn. 11; Beschl. v. 30.7.2018 – 10 CE 18.769 u. a., BeckRS 2018, 18317 Rn. 15; HessVGH NVwZ-RR 2012, 885; SächsOVG LKV 2012, 318; OVG LSA NJW 2013, 3113; NVwZ-RR 2017, 347 Rn. 7.

[280] VGH BW VBlBW 2015, 467 (468); OVG NW NVwZ-RR 2013, 423 (424); OVG LSA NVwZ-RR 2017, 347 Rn. 7.

[281] Beispiel: Umsetzung eines Beamten, VGH BW Beschl. v. 23.2.2016 – 4 S 2527/15, BeckRS 2016, 43406 Rn. 4.

[282] OVG MV Beschl. v. 14.12.2015 – 5 M 303/15, BeckRS 2016, 42996 Rn. 36; OVG NW NVwZ-RR 2011, 753; OVG LSA NVwZ-RR 2013, 85.

[283] BVerwG NVwZ 2013, 85 Rn. 3; VGH BW VBlBW 2020, 148 (150); NVwZ-RR 2020, 556 Rn. 12; OVG Bln-Bbg NVwZ 2012, 1491 (1492); NdsOVG NVwZ-RR 2012, 9; NVwZ-RR 2020, 519 Rn. 11; ThürOVG NVwZ-RR 2019, 365 Rn. 21.

[284] VGH BW VBlBW 2018, 522; NVwZ-RR 2020, 556 Rn. 14; BayVGH NVwZ-RR 2016, 715 Rn. 8; NdsOVG NVwZ-RR 2016, 276; SächsOVG DVBl 2019, 122 Rn. 11.

rechtsbehelf führt zur aufschiebenden Wirkung,[285] ebenso lediglich ein nicht verfristeter Rechtsbehelf.[286]

– Der Disput kann sich auch darum drehen, ob ein gesetzlicher Wegfall der aufschiebenden Wirkung nach § 80 Abs. 2 S. 1 VwGO vorliegt; gestritten wird immer wieder um das Eingreifen von Nr. 1,[287] bisweilen auch von Nr. 2,[288] Nr. 3 hat beim Verwaltungsakt mit Drittwirkung Bedeutung.[289]

Für derartige Konstellationen einer bevorstehenden oder bereits in Gang gesetzten Verwirklichung des Verwaltungsakts (z. B. durch Verwaltungsvollstreckung, Gebrauchmachen vom Verwaltungsakt durch den Begünstigten) hat sich die Bezeichnung **„faktische Vollziehung"** eingebürgert.[290]

100 In den Fällen einer (drohenden) faktischen Vollziehung ist der **Antrag auf gerichtliche Feststellung** des Eintritts der aufschiebenden Wirkung (§ 80 Abs. 1 VwGO) analog § 80 Abs. 5 S. 1 VwGO statthaft.[291] Dasselbe gilt für die (eher seltene) faktische Vollziehung durch Nichtbeachtung der gemäß § 80 Abs. 5 S. 1 VwGO gerichtlich angeordneten oder wiederhergestellten aufschiebenden Wirkung.[292] Mit der gerichtlichen Klärung der Streitfrage zwischen den Beteiligten ist dem vorläufigen Rechtsschutz in der Regel Rechnung getragen; die Erfahrung lehrt, dass die Eilentscheidung fast ausnahmslos respektiert wird.[293]

101 **c) Antrag auf Aufhebung der Vollziehung.** Ist der Verwaltungsakt im Zeitpunkt der Eilentscheidung schon vollzogen, kann das Gericht die **Aufhebung der Vollziehung** anordnen (§ 80 Abs. 5 S. 3 VwGO). Damit wird die *tatsächliche* Situation mit der *rechtlichen* Lage in Übereinstimmung gebracht: Unter den Voraussetzungen des § 80 Abs. 2 VwGO ist die Behörde zur Vollziehung des Verwaltungsakts befugt; obsiegt der Antragsteller später im Aussetzungsverfahren (§ 80 Abs. 5 S. 1 VwGO), wird de iure zur aufschiebenden Wirkung (§ 80 Abs. 1 VwGO) zurückgekehrt. Hierauf reagiert § 80 Abs. 5 S. 3 VwGO, indem nach der Herbeiführung des rechtlichen status quo ante auch der frühere tatsächliche Zustand wiederhergestellt wird. Dadurch wird ein **effektiver Rechtsschutz** bewirkt.[294]

---

[285] BayVGH BayVBl 2019, 517 Rn. 45 ff.: Anfechtung der Auswahlentscheidung für den Betrieb eines Rettungswagens nebst Konkurrentenmitteilung; NdsOVG NVwZ-RR 2020, 519: isolierte Anfechtung einer Nebenbestimmung; OVG NW NWVBl 2017, 168 (169): Feststellung der Berechtigung zur Anfertigung einer Bachelorarbeit; OVG LSA NVwZ-RR 2019, 954 Rn. 9: Rechtsschutz eines Schülers gegen den Ausschluss von einer Klassenfahrt.

[286] VGH BW VBlBW 2017, 203: Streit um die rechtzeitige Erhebung des Widerspruchs gegen den Widerruf einer Sachverständigenbestellung.

[287] VGH BW VBlBW 2012, 116 und BayVGH NVwZ-RR 2020, 619: Kostenersatzanforderung wegen Widerspruchsgebühr bzw. Einsatzes der Freiwilligen Feuerwehr; VGH BW VBlBW 2015, 467 (468) und SächsOVG SächsVBl 2015, 177 Rn. 17: Säumniszuschläge; NdsOVG NdsVBl 2014, 54: Nachzahlungszinsen.

[288] BayVGH BayVBl 2011, 702 Rn. 11: (fehlende) Eilbedürftigkeit einer polizeilichen Maßnahme.

[289] Vgl. zum Streit um die (mangelnde) Vollziehbarkeit eines Planfeststellungsbeschlusses BVerwG NVwZ 2012, 1127 Rn. 5; NVwZ 2013, 85 Rn. 5; NVwZ 2020, 1051 Rn. 12; zur Parallelproblematik bei der Plangenehmigung OVG Hamburg NVwZ-RR 2011, 854; zum Streit um die Anwendbarkeit des § 212a Abs. 1 BauGB BayVGH BayVBl 2012, 727 → *Schoch* JK 4/13, BauGB § 31 II/8.

[290] Vgl. nur etwa VGH BW VBlBW 2017, 203; BayVGH BayVBl 2019, 517 Rn. 47; OVG Hamburg NVwZ-RR 2011, 854; *Kirste* DÖV 2001, 397.

[291] VGH BW NVwZ-RR 2006, 816; VBlBW 2007, 228; BayVGH NJW 2006, 2282; BayVBl 2019, 517 Rn. 47; NVwZ-RR 2020, 619 Rn. 3; HessVGH NVwZ-RR 2004, 792; NJW 2007, 241; OVG MV LKV 2005, 172 (174); OVG SH NVwZ-RR 2001, 586; ThürOVG ThürVBl 2008, 138.

[292] BayVGH BayVBl 2003, 405 (406).

[293] Nicht ausgeschlossen ist damit die Fortsetzung des Streits: Unterliegt die Behörde (weil § 80 Abs. 1 VwGO eingreift), kann sie nach § 80 Abs. 2 S. 1 Nr. 4 VwGO vorgehen, der durch einen Verwaltungsakt mit drittbelastender Doppelwirkung Begünstigte kann nach § 80a Abs. 1 Nr. 1 VwGO verfahren; unterliegt der Antragsteller aus Gründen des § 80 Abs. 2 Nr. 1 bis 3 VwGO, kann er einen Antrag auf Anordnung der aufschiebenden Wirkung nach § 80 Abs. 5 S. 1 Alt. 1 VwGO stellen.

[294] ThürOVG ThürVBl 2011, 268 (271).

Das Verfahren nach § 80 Abs. 5 S. 3 VwGO stellt ein **unselbstständiges Annexverfahren** dar.[295] Voraussetzung ist ein entsprechender Antrag.[296] Dieser ist statthaft, wenn der Aussetzungsantrag (§ 80 Abs. 5 S. 1 VwGO) erfolgreich gewesen ist. Ist die aufschiebende Wirkung nicht angeordnet bzw. wiederhergestellt worden, besteht keine Diskrepanz zwischen der rechtlichen und der tatsächlichen Lage, für das Verfahren nach § 80 Abs. 5 S. 3 VwGO ist kein Raum.[297] Analoge Anwendung findet die Bestimmung in den Fällen der gerichtlichen Feststellung des Eintritts der aufschiebenden Wirkung (→ Rn. 99).[298] Auch in dieser Konstellation besteht eine Diskrepanz zwischen der rechtlichen und der faktischen Situation (→ Rn. 92 zu Fall 13). Ob § 80 Abs. 5 S. 3 VwGO nur eine verfahrensrechtliche Bedeutung zukommt oder die Qualität einer Befugnisnorm hat, ist umstritten (→ Rn. 152). 102

**d) Eilanträge beim Verwaltungsakt mit Drittwirkung.** Die Grundkonstellation des gerichtlichen Rechtsschutzes im Aussetzungsverfahren (→ Rn. 97) gilt auch beim Verwaltungsakt mit Drittwirkung. Ist zur Überwindung der aufschiebenden Wirkung (§ 80 Abs. 1 S. 2 VwGO) auf Antrag des Begünstigten (§ 80a Abs. 1 Nr. 1 VwGO) die Anordnung der sofortigen Vollziehbarkeit behördlich verfügt worden (§ 80 Abs. 2 S. 1 Nr. 4 VwGO), kann der Dritte die **Wiederherstellung der aufschiebenden Wirkung** beantragen (§ 80 Abs. 5 S. 1 VwGO).[299] Entfällt die aufschiebende Wirkung des Drittrechtsbehelfs kraft Gesetzes (z. B. nach § 80 Abs. 2 S. 1 Nr. 3 VwGO), ist der Antrag auf **Anordnung der aufschiebenden Wirkung** (§ 80 Abs. 5 S. 1 VwGO) für den Dritten statthaft.[300] Beim Verwaltungsakt mit Drittwirkung sind dem Gericht durch § 80a Abs. 3 S. 1 VwGO auch behördliche Befugnisse zugewiesen. So ist der Antrag des Begünstigten auf **gerichtliche Anordnung der sofortigen Vollziehbarkeit** des Verwaltungsakts statthaft (§ 80a Abs. 3 S. 1 i. V. m. Abs. 1 Nr. 1 VwGO);[301] dasselbe gilt bei einem den Adressaten belastenden Verwaltungsakt (z. B. Nutzungsuntersagung oder Beseitigungsverfügung nach der LBO) für den Eilantrag des begünstigten Dritten.[302] Ist bei einem den Adressaten begünstigenden Verwaltungsakt auf Antrag des Dritten die Vollziehung ausgesetzt worden (§ 80 Abs. 4 VwGO), kann der Dritte zum Schutz seiner Rechte **gerichtliche Sicherungsmaßnahmen** beantragen (§ 80a Abs. 3 S. 1 i. V. m. Abs. 1 Nr. 2 VwGO); dasselbe gilt (in analoger Anwendung jener Bestimmungen) im Falle der kraft Gesetzes eingetretenen (§ 80 Abs. 1 VwGO) oder gerichtlich hergestellten aufschiebenden Wirkung (§ 80 Abs. 5 S. 1 VwGO), wenn der durch den Verwaltungsakt Begünstigte die aufschiebende Wirkung missachtet.[303] Statthaft sind bei der „faktischen Vollziehung" seitens des Begünstigten kumulativ der Antrag auf **gerichtliche Feststellung** des Bestehens der aufschiebenden Wirkung i. V. m. dem Antrag auf **gerichtliche Anordnung von Sicherungsmaßnahmen.**[304] Ebenfalls statthaft 103

---

[295] BayVGH Beschl. v. 30.7.2018 – 10 CE 18.769 u. a., BeckRS 2018, 18317 Rn. 15.

[296] BayVGH NVwZ-RR 2020, 619 Rn. 9; *Külpmann* in: Finkelnburg/Dombert/Külpmann, Vorläufiger Rechtsschutz, Rn. 1022.

[297] BayVGH Beschl. v. 30.7.2018 – 10 CE 18.769 u. a., BeckRS 2018, 18317 Rn. 41.

[298] BayVGH BayVBl 2019, 517 Rn. 55; NVwZ-RR 2020, 619 Rn. 9.

[299] Vgl. – exemplarisch – die immissionsschutzrechtliche Genehmigung von Windkraftanlagen; dazu aus der Praxis z. B. VGH BW VBlBW 2018, 475; NVwZ-RR 2019, 179; BayVGH NVwZ-RR 2019, 809; NdsOVG DVBl 2020, 433; OVG NW NWVBl 2018, 293; NVwZ-RR 2019, 857; OVG RP NVwZ-RR 2016, 619; NVwZ-RR 2019, 990.

[300] Dazu (vor dem Hintergrund des § 212a Abs. 1 BauGB → Rn. 60) am Beispiel der Baugenehmigung z. B. VGH BW NVwZ-RR 2016, 725; VBlBW 2018, 520; OVG Hamburg NVwZ 2020, 406; HessVGH NVwZ 2016, 1738; OVG MV NVwZ-RR 2017, 904; NdsOVG NVwZ-RR 2017, 807; OVG RP DVBl 2019, 781; OVG SL NVwZ-RR 2019, 763.

[301] VGH BW NVwZ-RR 2003, 27; VBlBW 2020, 387 (388); BayVGH BayVBl 2014, 729; OVG Bln-Bbg NVwZ-RR 2014, 542; OVG Hamburg Beschl. v. 14.3.2017 – 1 Bs 266/16, BeckRS 2017, 107317; NdsOVG NVwZ-RR 2003, 342; OVG NW DVBl 2008, 1515 (1516).

[302] NdsOVG NVwZ 2007, 478; SächsOVG SächsVBl 2005, 1486; OVG LSA NVwZ-RR 2014, 875; *Gersdorf* Jura 2019, 1149 (1153 f.).

[303] VGH BW NVwZ-RR 2014, 753 (754); OVG MV LKV 2006, 130 (131); NdsOVG NVwZ-RR 2014, 550 (551); DVBl 2020, 433.

[304] HessVGH NVwZ-RR 2003, 345 (346); *Gersdorf* Jura 2019, 1149 (1153 f.).

ist der Antrag auf **gerichtliche Feststellung der sofortigen Vollziehbarkeit** eines Verwaltungsakts, wenn die Behörde zu Unrecht die aufschiebende Wirkung eines Drittrechtsbehelfs bejaht.[305]

### 2. Besondere Sachentscheidungsvoraussetzungen

104 **Fall 16:** Durch Verfügung des Bundesministeriums des Innern (BMI) wurde der „R-Motor-Club e. V." aufgelöst und verboten. Die hiergegen erhobene Klage wurde rechtskräftig abgewiesen. Der „Motorcycle Club Z", der mit R eng „liiert" war, verwendet ähnliche Kennzeichen wie der verbotene Verein. Z will einem „faktischen Vollzug" des § 9 Abs. 3 VereinsG (Kennzeichenverbot) entgegentreten, erhebt beim BVerwG Klage gegen die Verfügung des BMI und beantragt mit einem Eilantrag zugleich die gerichtliche Feststellung, dass die Verfügung des BMI ihm gegenüber nicht bestandskräftig geworden sei.[306]

105 **a) Einlegung eines Rechtsbehelfs in der Hauptsache.** Die Zulässigkeit des Eilantrags nach § 80 Abs. 5 S. 1 VwGO setzt einen **Rechtsbehelf in der Hauptsache** voraus, der die aufschiebende Wirkung i. S. d. § 80 Abs. 1 VwGO entfalten kann.[307] Ohne einen solchen Rechtsbehelf fehlt es am Anknüpfungspunkt für die Anordnung bzw. „Wieder"herstellung der aufschiebenden Wirkung dieses Rechtsbehelfs (Widerspruch bzw. Anfechtungsklage, § 80 Abs. 1 S. 1 VwGO). Nichts anderes gilt in den Konstellationen der „faktischen Vollziehung" (→ Rn. 99); ohne Hauptsacherechtsbehelf fehlt der Bezugspunkt für die gerichtliche Feststellung zu Eintritt und Existenz der aufschiebenden Wirkung. Beim Antrag auf gerichtliche Vollziehbarkeit (§ 80a Abs. 3 S. 1 i. V. m. Abs. 1 Nr. 1 VwGO) mangelt es ohne Widerspruch oder Anfechtungsklage an der aufschiebenden Wirkung (§ 80 Abs. 1 VwGO), die überwunden werden soll. Ohne Hauptsacherechtsbehelf gibt es auch kein **Hauptsacheverfahren,** das es vorläufig zu sichern gilt (→ Rn. 15).

106 Der Hauptsacherechtsbehelf, an den im Rahmen des Aussetzungsverfahrens angeknüpft werden kann, ist in der Regel der **Widerspruch** (§ 68 Abs. 1 S. 1 VwGO). Findet ein Widerspruchsverfahren nicht statt (§ 68 Abs. 1 S. 2 VwGO), muss **Klage** erhoben sein (→ *Ehlers* § 25 Rn. 14 ff.), deren aufschiebende Wirkung angeordnet, wiederhergestellt oder ggf. festgestellt werden kann.[308] Im Fall der Klagerücknahme ist der Aussetzungsantrag unzulässig.[309]

107 **b) Antragsbefugnis.** Das Aussetzungsverfahren folgt dem auf **subjektiven Rechtsschutz** angelegten Grundkonzept der VwGO. Der Antragsteller muss analog § 42 Abs. 2 VwGO antragsbefugt sein; in der Sache gelten für die **Antragsbefugnis** die für die Klagebefugnis maßgebenden Standards (→ *Ehlers* § 27 Rn. 50 ff.). Stellt der Adressat des sofort vollziehbaren Verwaltungsakts den Eilantrag, ist die Antragsbefugnis in der Regel unproblematisch; nur selten besteht Anlass für einen gewissen Prüfungsaufwand.[310] Neben dem Gesetzesrecht können auch Grundrechte die Antragsbefugnis legitimieren.[311]

---

[305] BayVGH BayVBl 2007, 758 (760) am Beispiel einer Baugenehmigung.

[306] Fall nach BVerwG NVwZ 2018, 1485.

[307] BVerwG NVwZ 2020, 1051 Rn. 16; VGH BW VBlBW 1991, 469; OVG NW NVwZ-RR 2001, 54 (55); OVG RP NJW 1995, 1043; ThürOVG LKV 1994, 408; *Erbguth* JA 2008, 357 (360); *Stepanek* AöR 144 (2019), 536 (546 ff., 556 f., 563 ff.); a. A. *Schenke* Verwaltungsprozessrecht, Rn. 992.

[308] Ein Beispiel bietet Fall 16 → Rn. 104 und Lösung → Rn. 110; mit dem BMI hat eine oberste Bundesbehörde gehandelt (§ 68 Abs. 1 S. 2 Nr. 1 VwGO).

[309] BVerwG NVwZ 1998, 1070.

[310] Vgl. OVG Bremen NVwZ 2019, 91 Rn. 34: Eilantrag eines Richters gegen die vorzeitige Beendigung der Abordnung an eine Verwaltungsbehörde.

[311] VGH BW VBlBW 2015, 241: Antragsbefugnis einer Hochschule beim Eilantrag gegen einen Planfeststellungsbeschluss aus Art. 5 Abs. 3 S. 1 GG; BayVGH NJW 2017, 1976 Rn. 4: Antragsbefugnis gemäß Art. 6 Abs. 2 S. 1 GG nach behördlicher Inobhutnahme eines Kindes; NdsOVG NVwZ-RR 2018, 472 Rn. 6: Antragsbefugnis gemäß Art. 2 Abs. 2 S. 1 und Art. 14 Abs. 1 GG beim Eilantrag gegen die Teileinziehung einer Straße (Geltendmachung einer Verlagerung von Verkehrsströmen mit der Konsequenz unzulässiger Lärmbeeinträchtigung und Abgasbelastung).

Beim Verwaltungsakt mit Drittwirkung ist anhand der **Schutznormlehre** zu ermitteln, ob die einschlägige Vorschrift drittschützende Wirkung hat und der Antragsteller zum geschützten Personenkreis gehört (→ *Ehlers* § 27 Rn. 54, 59, 73 ff.). So muss etwa im Baunachbarrecht der Dritte als Antragsteller geltend machen können, durch die sofort vollziehbare Baugenehmigung in seinen Rechten verletzt zu sein.[312] Ähnliches gilt im Immissionsschutzrecht beim Drittrechtsbehelf; instruktive Beispiele kennt die Praxis zum Eilantrag gegen die für sofort vollziehbar erklärte Genehmigung für die Errichtung und den Betrieb von Windkraftanlagen.[313] Der durch die enteignungsrechtliche Vorwirkung eines Planfeststellungsbeschlusses unmittelbar in seinem Grundeigentum Betroffene ist antragsbefugt.[314] Im Konkurrentenrechtsstreit (→ *Ehlers* § 27 Rn. 78) hängt die Antragsbefugnis stark vom jeweiligen Normprogramm ab.[315] 108

Ein breites Rügepotential ist **anerkannten Umweltschutzvereinigungen** nach dem UmwRG zuerkannt (→ *Ehlers* § 27 Rn. 92 ff.); dennoch kennt die Praxis Fälle mit fehlender Antragsbefugnis.[316] Eine **Gemeinde** kann sich als Grundstückseigentümerin zwar nicht auf Art. 14 Abs. 1 GG berufen, sie kann jedoch z. B. im Planungsrecht wie ein privater Grundstückseigentümer geltend machen, die Inanspruchnahme gemeindlicher Grundstücke verletze das Gebot gerechter Abwägung ihrer eigenen Belange;[317] die Antragsbefugnis kann auch auf die gemeindliche Planungshoheit (Art. 28 Abs. 2 S. 1 GG) gestützt werden.[318] 109

**Lösung zu Fall 16:** Der Eilantrag ist mangels Antragsbefugnis unzulässig. Gegen die Verbotsverfügung (§ 3 Abs. 1 S. 1 VereinsG) kann die verbotene Vereinigung vorgehen. Z ist nicht Adressat des Verbots, sondern Drittbetroffener. Aus Art. 9 Abs. 1 GG kann die Antragsbefugnis nicht hergeleitet werden. Das BVerwG erklärt (in Rn. 13), eine mögliche Beeinträchtigung eines aus Art. 9 Abs. 1 GG folgenden Rechts zur Verwendung eigener Vereinskennzeichen würde nicht unmittelbar durch die Verbotsverfügung bewirkt, sondern gründete gesetzesunmittelbar auf § 9 Abs. 3 VereinsG und rechtfertigte nicht die Anfechtung einer Feststellung nach § 3 Abs. 1 S. 1 VereinsG. 110

**c) Passive Verfahrensbefugnis.** Für die prozessuale Bestimmung des Antragsgegners im Aussetzungsverfahren gelten die für die Klage maßgeblichen Bestimmungen (→ *Ehlers* § 27 Rn. 107 ff.). Danach ist analog § 78 VwGO diejenige Behörde bzw. deren Rechtsträger Antragsgegner, der bzw. dem die Anordnung der sofortigen Vollziehbarkeit des Verwaltungsakts zuzurechnen ist. Das ist in der Regel die **Ausgangsbehörde** bzw. deren Rechtsträger. Das gilt auch beim gesetzlichen Wegfall der aufschiebenden Wirkung; die Ausgangsbehörde ist die Erlassbehörde des Verwaltungsakts. 111

Wird die Vollziehbarkeitsanordnung (§ 80 Abs. 2 S. 1 Nr. 4 VwGO) nicht von der Ausgangsbehörde getroffen, sondern von der einem anderen Rechtsträger zuzuordnenden **Widerspruchsbehörde** vorgenommen (→ Rn. 66), soll wegen der Akzessorietät zwischen 112

[312] Bemerkenswert zum vorläufigen Rechtsschutz gegen die Baugenehmigung für eine Flüchtlingsunterkunft OVG Hamburg NVwZ-RR 2016, 492 Rn. 8 ff.: Verneinung der Antragsbefugnis mangels subjektivrechtlicher Betroffenheit des Antragstellers; demgegenüber OVG Hamburg Beschl. v. 24.8.2016 – 2 Bs 113/16, BeckRS 2016, 52514 Rn. 9 ff.: Bejahung der Antragsbefugnis wegen möglicher Verletzung des Rücksichtnahmegebots.

[313] Für eine großzügige Handhabung der Antragsbefugnis eintretend VGH BW VBlBW 2018, 335; HessVGH NVwZ-RR 2012, 544 (545); NdsOVG Beschl. v. 26.10.2016 – 12 ME 58/16, BeckRS 2016, 53788 Rn. 9.

[314] BVerwG NuR 2013, 800 Rn. 19; OVG MV Beschl. v. 14.12.2015 – 5 M 303/15, BeckRS 2016, 42996 Rn. 29; NdsOVG NVwZ-RR 2014, 219.

[315] Vgl. zum Wettbewerb um die Aufnahme in den Landeskrankenhausplan VGH BW Beschl. v. 19.11.2015 – 10 S 2004/15, BeckRS 2015, 56050 (Bejahung der Antragsbefugnis); NdsOVG DVBl 2014, 257 (Verneinung der Antragsbefugnis).

[316] OVG Hamburg NordÖR 2018, 538 (539); OVG RP NVwZ-RR 2016, 619 Rn. 8 ff.

[317] BVerwG NuR 2013, 800 Rn. 17; NdsOVG NVwZ-RR 2014, 334 (335).

[318] BVerwG NuR 2013, 800 Rn. 18; HessVGH NVwZ-RR 2019, 805 Rn. 21.

dem Aussetzungsverfahren und dem Hauptsacheverfahren gemäß § 79 Abs. 1 Nr. 1 VwGO gleichwohl die Ausgangsbehörde bzw. ihr Rechtsträger passiv verfahrensbefugt sein.[319] Maßgebend ist indes die prozessuale Selbstständigkeit des Eilverfahrens. Danach ist die Widerspruchsbehörde bzw. ihr Rechtsträger analog § 78 Abs. 2 VwGO richtiger Antragsgegner.[320] Das gilt auch, wenn der Widerspruchsbescheid erstmalig eine selbstständige Beschwer mit der Vollziehbarkeitsanordnung enthält und der Betroffene hiergegen mit einem Eilantrag vorgeht (§ 79 Abs. 2 i. V. m. § 78 Abs. 2 VwGO analog).[321]

113 **d) Antragsfrist.** Für den Eilantrag im Aussetzungsverfahren sieht § 80 Abs. 5 VwGO **keine Frist** vor. Der Antrag kann in jeder Lage des Verfahrens bis zum Eintritt der Unanfechtbarkeit des Verwaltungsakts (→ Rn. 97) gestellt werden.[322] Auch muss nicht etwa der Erlass des Widerspruchsbescheids (§ 73 VwGO) abgewartet werden, falls ein Widerspruchsverfahren stattfindet (§ 68 Abs. 1 S. 1 VwGO); nach § 80 Abs. 5 S. 2 VwGO ist der Eilantrag schon vor Erhebung der Anfechtungsklage zulässig.[323]

114 **Antragsfristen** sind verschiedentlich im Fachrecht normiert; intendiert ist eine Verfahrensbeschleunigung. Das gilt etwa für das **Ausländer- und Asylrecht.** So muss gemäß § 58a Abs. 4 S. 2 AufenthG ein Eilantrag sieben Tage nach Bekanntgabe der Abschiebungsanordnung gestellt werden.[324] Im Asylrecht ist bei einem unzulässigen oder offensichtlich unbegründeten Asylantrag eine Wochenfrist für den Aussetzungsantrag gegen die Abschiebungsandrohung vorgeschrieben (§ 36 Abs. 3 S. 1 AsylG),[325] dasselbe gilt bezüglich der Abschiebungsanordnung für einen sicheren Drittstaat oder einen für das Asylverfahren zuständigen Staat (§ 34a Abs. 2 S. 1 AsylG);[326] im Flughafenverfahren ist die Frist auf drei Tage verkürzt (§ 18a Abs. 4 S. 1 AsylG). Im **Fachplanungsrecht** unterliegt der gegen einen Planfeststellungsbeschluss oder eine Plangenehmigung gerichtete Antrag auf *Anordnung* der aufschiebenden Wirkung[327] einer Monatsfrist,[328] der eine nicht unerhebliche praktische Bedeutung zukommt.[329] Keine Frist gilt für den Antrag auf gerichtliche *Feststellung* der aufschiebenden Wirkung in Konstellationen einer „faktischen Vollziehung" (→ Rn. 99f.), soweit also die aufschiebende Wirkung im Fachplanungsrecht nicht ausgeschlossen ist.[330]

115 **e) Gerichtliche Zuständigkeit.** Die sachliche Zuständigkeit für die Eilentscheidung ist dem **Gericht der Hauptsache** zugewiesen (§ 80 Abs. 5 S. 1 VwGO). Folglich ist der Eilantrag *vor* Klageerhebung bei dem Gericht zu stellen, das zur Entscheidung über eine künftige Klage zuständig wäre (→ *Ehlers* § 25 Rn. 173f.); *nach* Klageerhebung ist der Eilantrag bei dem mit der Klage befassten Gericht zu stellen. Das ist in der Regel das (sachlich und)

---

319 VGH BW NVwZ 1995, 1220 (1221); BayVGH BayVBl 1988, 86; OVG Bremen NordÖR 2019, 127 (128), HessVGH NVwZ 1990, 677; SächsOVG SächsVBl 2001, 122 (123); *Schenke* VerwArch 91 (2000), 587 (608); *ders.* Verwaltungsprozessrecht, Rn. 995.

320 VGH BW DVBl 1987, 696 (697); OVG NW NJW 1995, 2242; *Würtenberger/Heckmann* Verwaltungsprozessrecht, Rn. 611 (unter dem Aspekt der „Passivlegitimation").

321 HessVGH NVwZ-RR 2005, 519.

322 OVG MV NVwZ-RR 2004, 212 (213); *Külpmann* in: Finkelnburg/Dombert/Külpmann, Vorläufiger Rechtsschutz, Rn. 889.

323 Vorausgesetzt ist der Regelfall des § 68 Abs. 1 S. 1 VwGO; in den Fällen des § 68 Abs. 1 S. 2 VwGO ist der Rechtsbehelf, an den zwecks Entfaltung der aufschiebenden Wirkung anzuknüpfen ist, die Anfechtungsklage (→ Rn. 106), so dass vor Stellung des Eilantrags Klage erhoben sein muss.

324 BVerwGE 158, 225 Rn. 12 = NVwZ 2017, 1057 (m. Bespr. *Kießling* NVwZ 2017, 1019) hebt ausdrücklich die Verfassungsmäßigkeit der Bestimmung hervor.

325 *Berlit* DVBl 2015, 657 (660f.) attestiert den kurzen Fristen nur einen unwesentlichen Beitrag zur Beschleunigung des Gesamtverfahrens (d. h. unter Einschluss des BAMF-Verfahrens).

326 Die Monatsfrist gilt auch im Verfahren zu einem Folgeantrag (§ 71 Abs. 4 AsylG) und zu einem Zweitantrag (§ 71a Abs. 4 AsylG).

327 Zum gesetzlichen Ausschluss der aufschiebenden Wirkung → Rn. 59.

328 § 17e Abs. 2 S. 2 FStrG, § 29 Abs. 6 S. 3 PBefG, § 18e Abs. 2 S. 2 AEG, § 14e Abs. 2 S. 2 WaStrG, § 10 Abs. 4 S. 2 LuftVG, § 43e Abs. 1 S. 2 EnWG.

329 Vgl. etwa zu § 17e Abs. 2 S. 2 FStrG BVerwG NVwZ 2018, 1653 Rn. 4; zu § 29 Abs. 6 S. 3 PBefG VGH BW VBlBW 2000, 397 und VBlBW 2015, 241; zu § 43e Abs. 1 S. 2 EnWG BayVGH DVBl 2013, 991 Rn. 13 und NdsOVG NVwZ-RR 2014, 219 und 334 (335).

330 *Külpmann* in: Finkelnburg/Dombert/Külpmann, Vorläufiger Rechtsschutz, Rn. 890.

**örtlich zuständige VG** (§§ 45, 52 VwGO). Wird der Eilantrag erst im Berufungsverfahren gestellt, liegt die Zuständigkeit beim **OVG/VGH.**[331] Nach Einlegung der Revision ist das **BVerwG** „Gericht der Hauptsache" und damit für die Entscheidung über einen während des Revisionsverfahrens gestellten Eilantrag zuständig.[332] Unabhängig von § 80 Abs. 5 S. 1 VwGO wird die Zuständigkeit im Eilverfahren **kraft Verweisung** (§ 83 S. 1 VwGO analog i. V. m. § 17a Abs. 2 S. 1 GVG) begründet,[333] da der Verweisungsbeschluss bindend ist (§ 83 S. 2 VwGO, § 17a Abs. 2 S. 3 GVG).

116 Im Falle seiner erstinstanzlichen Zuständigkeit (§ 48 VwGO) ist das **OVG** bzw. der **VGH** „Gericht der Hauptsache" i. S. d. § 80 Abs. 5 S. 1 VwGO. Von praktischer Bedeutung insoweit sind insbesondere im Eilverfahren ausgetragene Streitigkeiten zu Infrastrukturvorhaben (vornehmlich Planfeststellungsverfahren).[334] Ein weiteres Beispiel stellt das von der obersten Landesbehörde verfügte Vereinsverbot (§ 48 Abs. 2 VwGO) dar.[335]

117 Das **BVerwG** ist gemäß § 80 Abs. 5 S. 1 VwGO „Gericht der Hauptsache", wenn es erst- und letztinstanzlich zuständig ist (§ 50 VwGO). Beispiele aus der Praxis zu entsprechenden Eilverfahren sind das Vereinsverbot des BMI (§ 50 Abs. 1 Nr. 2 VwGO),[336] die Abschiebungsanordnung nach § 58a AufenthG (§ 50 Abs. 1 Nr. 3 VwGO)[337] und Rechtsstreitigkeiten im Geschäftsbereich des BND (§ 50 Abs. 1 Nr. 4 VwGO).[338] Von der Option des § 50 Abs. 1 Nr. 6 VwGO ist fachgesetzlich umfassend Gebrauch gemacht worden;[339] in Eilverfahren gegen entsprechende Planfeststellungsbeschlüsse und Plangenehmigungen ist das BVerwG gemäß § 80 Abs. 5 S. 1 VwGO zuständig.[340]

118 Über den Eilantrag entscheidet beim zuständigen Gericht der nach der Geschäftsverteilung zuständige **Spruchkörper** (Kammer, Senat).[341] In dringenden Fällen kann der **Vorsitzende** entscheiden (§ 80 Abs. 8 VwGO). Das gilt für alle Instanzen des Eilverfahrens; die Beschränkung der Anwendbarkeit des § 80 Abs. 8 VwGO auf das erstinstanzliche Verfahren[342] findet im Gesetz keine Grundlage.[343] Die Eilzuständigkeit des Vorsitzenden trägt Fallgestaltungen mit erhöhtem Zeitdruck Rechnung.[344] Von § 80 Abs. 8 VwGO darf schon wegen des Rechts auf den gesetzlichen Richter (Art. 101 Abs. 1 S. 2 GG) nicht beliebig Gebrauch gemacht werden, geboten ist vielmehr eine restriktive Auslegung und Anwendung.[345] „Dringlichkeit" ist nur gegeben, wenn das Zuwarten bis zum Zusammentreten des Spruchkörpers zu einer Verzögerung mit nicht hinnehmbaren Einbußen für einen wirksamen vorläufigen Rechtsschutz führen würde, die Eilentscheidung also im konkreten Fall keinen Aufschub duldet.[346] In der Judikatur werden diese restriktiven Anforderungen fast durchweg beachtet; § 80 Abs. 8 VwGO hat in der Praxis keine große Bedeutung.

---

331 VGH BW Beschl. v. 4.9.2012 – 6 S 697/12, BeckRS 2012, 57185; NdsOVG NdsVBl 2017, 318 (319); SächsOVG NVwZ-RR 2016, 472 Rn. 1.

332 BVerwG UPR 2015, 36 Rn. 7; NVwZ 2020, 1051 Rn. 11.

333 BVerwG NVwZ-RR 2016, 357 Rn. 3; NdsOVG NVwZ-RR 2020, 23 Rn. 11.

334 NdsOVG NVwZ-RR 2014, 334 (zu § 48 Abs. 1 S. 1 Nr. 4 VwGO); HessVGH NVwZ-RR 2018, 331 Rn. 27 (zu § 48 Abs. 1 S. 1 Nr. 6 VwGO); VGH BW VBlBW 2015, 241 und OVG Hamburg NordÖR 2018, 538 (zu § 48 Abs. 1 S. 1 Nr. 7 VwGO); OVG MV Beschl. v. 14.12.2015 – 5 M 303/15, BeckRS 2016, 42996 Rn. 25 (zu § 48 Abs. 1 S. 1 Nr. 8 VwGO).

335 OVG RP NVwZ-RR 2017, 33 Rn. 12.

336 BVerwG NVwZ 2018, 1485 Rn. 5, dazu Fall 16 → Rn. 104 und Lösung → Rn. 110.

337 BVerwG NVwZ 2017, 1057 Rn. 3; NVwZ-RR 2019, 971 Rn. 5.

338 BVerwG BayVBl 2020, 463 Rn. 16.

339 § 17e Abs. 1 FStrG, § 18e Abs. 1 AEG, § 14e Abs. 1 WaStrG, § 1 Abs. 3 EnLAG, § 6 BBPlG, § 2d MagSchwebG.

340 Zu § 18e Abs. 1 AEG vgl. BVerwG NVwZ 2013, 85 Rn. 2 und NVwZ-RR 2015, 250 Rn. 4; zu § 1 Abs. 3 EnLAG vgl. BVerwG NuR 2013, 800 Rn. 9.

341 Der Einzelrichter (§ 6 VwGO) ist im Asylrecht grundsätzlich zur Entscheidung berufen (§ 76 Abs. 4 AsylG).

342 So HessVGH NVwZ 2000, 1318.

343 *Hoppe* in: Eyermann, VwGO, § 80 Rn. 80; *Schoch* in: Schoch/Schneider, VwGO, § 80 Rn. 490.

344 BVerwG NVwZ-RR 1998, 489: Nachtflugbeschränkung für Verkehrsflughafen.

345 SächsOVG DVBl 2018, 1299 Rn. 9.

346 NdsOVG DVBl 2018, 1642.

### 3. Allgemeines Rechtsschutzbedürfnis

119 Für den Eilantrag im Aussetzungsverfahren muss ein **rechtlich schutzwürdiges Interesse** bestehen. Davon ist im Regelfall auszugehen, wenn die sonstigen Zulässigkeitsvoraussetzungen erfüllt sind. Gegenläufige Gesichtspunkte können sich ausnahmsweise anhand konkreter Umstände im Einzelfall ergeben. Für eine nähere Untersuchung besteht nur selten Anlass. Die Rechtsprechung fragt danach, ob beim Antragsteller auf Grund der begehrten Eilentscheidung ein **rechtlicher Vorteil** eintreten kann und bejaht die Frage im Zweifel.[347] Unproblematisch ist das Rechtsschutzbedürfnis bei dem auf gerichtliche Feststellung des Bestehens der aufschiebenden Wirkung gerichteten Eilantrag, wenn die Behörde den Eintritt des Suspensiveffekts bestreitet.[348] In seltenen Fällen wird das Rechtsschutzbedürfnis verneint, weil der Eilantrag als nutzlos eingestuft wird.[349] Beim **Verwaltungsakt mit Drittwirkung** wird im Baunachbarrecht differenziert: Hat der Begünstigte von der Baugenehmigung Gebrauch gemacht und das Bauwerk errichtet, versagt die Rechtsprechung das Rechtsschutzbedürfnis für den Eilantrag, weil die Schaffung vollendeter Tatsachen nicht mehr zu verhindern sei;[350] das gilt aber nur beim vorläufigen Rechtsschutz gegen Beeinträchtigungen durch die Bausubstanz, nicht jedoch beim Eilantrag gegen die fortdauernde Nutzung des Bauwerks;[351] dem Vorgehen gegen ein nur teilweise errichtetes Bauwerk wird das Rechtsschutzinteresse attestiert.[352]

120 Das allgemeine Rechtsschutzbedürfnis fehlt nicht etwa deshalb, weil der Antragsteller vor der Anrufung des Gerichts gemäß § 80 Abs. 4 VwGO um **behördlichen vorläufigen Rechtsschutz** nachsuchen müsste (vgl. aber → Rn. 121). Der Umkehrschluss aus § 80 Abs. 6 VwGO verdeutlicht, dass das Gericht – außer den Fällen des § 80 Abs. 2 S. 1 Nr. 1 VwGO – ohne vorheriges Aussetzungsverfahren bei der Behörde unmittelbar angerufen werden kann.[353]

### 4. Zugangsvoraussetzung: behördliches Vorverfahren

121 Gemäß § 80 Abs. 6 S. 1 VwGO ist der Aussetzungsantrag nach § 80 Abs. 5 VwGO in den Fällen des § 80 Abs. 2 S. 1 Nr. 1 VwGO nur zulässig, wenn die Behörde einen Antrag auf Aussetzung der Vollziehung ganz oder zum Teil abgelehnt hat. Diese Bestimmung ist keine bis zur gerichtlichen Eilentscheidung nachholbare Sachentscheidungsvoraussetzung, es handelt sich vielmehr um eine **Zugangsvoraussetzung,** die im Zeitpunkt der Stellung des Eilantrags erfüllt sein muss.[354] Der **Antrag auf Aussetzung der Vollziehung** muss als

---

[347] VGH BW NVwZ-RR 2011, 932: Eilantrag gegen sofort vollziehbare Zurückstellung eines Baugesuchs, obwohl die Erteilung der Baugenehmigung das eigentliche Rechtsschutzziel ist; BayVGH Beschl. v. 30.7.2018 – 10 CE 18.769 u. a., BeckRS 2018, 18317 Rn. 20: Eilantrag gegen Abschiebungsandrohung nach vollzogener Abschiebung wegen Gebots effektiven Rechtsschutzes und Möglichkeit einer Rückgängigmachung der Vollziehung; BbgOVG LKV 2005, 413: Eilantrag gegen denkmalschutzrechtliche Anordnung trotz Vollzugs wegen eventueller Rückgängigmachung der Vollziehung; OVG NW NWVBl 2016, 461: Eilantrag bei sofort vollziehbarem Werbeverbot für Glücksspiel beim Streit um den Verstoß gegen eine Auflage; OVG LSA NVwZ-RR 2015, 891 Rn. 12: Eilantrag gegen sofort vollziehbares Nutzungsverbot einer Lagerhalle trotz zwischenzeitlicher Einstellung der Nutzung.

[348] VGH BW VBlBW 2015, 467 (468); VBlBW 2017, 421 (422); BayVGH NVwZ-RR 2020, 619 Rn. 5; *Schübel-Pfister* JuS 2017, 1078 (1082).

[349] OVG Bremen NVwZ-RR 1999, 204: Eilantrag gegen Ausweisung, da der Ausländer unabhängig davon ohnehin ausreisepflichtig war. – Ferner zum Eilantrag eines schwerbehinderten Arbeitnehmers gegen die Zustimmung des Integrationsamts zu seiner Kündigung (§§ 85, 88 Abs. 4 SGB IX) VGH BW NJW 2012, 2603 und OVG Hamburg DVBl 2015, 1203.

[350] BayVGH BayVBl 2019, 459; BayVBl 2020, 444 Rn. 11 (Fertigstellung des Rohbaus).

[351] HessVGH Beschl. v. 17.1.2017 – 4 B 1863/16, BeckRS 2017, 102432 Rn. 2 f.; OVG LSA NVwZ-RR 2019, 397 Rn. 17.

[352] VGH BW VBlBW 2018, 36.

[353] *Erbguth* JA 2008, 357 (360); *Hummel* JuS 2011, 413 (416); *Külpmann* in: Finkelnburg/Dombert/Külpmann, Vorläufiger Rechtsschutz, Rn. 899; *Puttler* in: Sodan/Ziekow, VwGO, § 80 Rn. 182.

[354] OVG Bln-Bbg NVwZ 2006, 356; OVG MV NVwZ-RR 2004, 797; OVG NW NVwZ-RR 2012, 748; SächsOVG SächsVBl 2002, 272 (273); ThürOVG ThürVBl 2014, 193 (196); *Széchényi* BayVBl 2013, 9 (11); *Will/Gabler* VerwArch 110 (2019), 1 (5).

solcher erkennbar sein; das ist zu verneinen bei einem Widerspruch gegen den Abgaben- oder Kostenbescheid, einem Antrag auf Stundung oder einer unspezifischen Gegenäußerung zu einem Abgabenbescheid.[355] Die **behördliche Ablehnung** muss unmissverständlich sein.[356]

Die beiden **Ausnahmetatbestände** gemäß § 80 Abs. 6 S. 2 VwGO stellen eine abschließende Regelung dar. Im Falle **behördlicher Untätigkeit** lässt sich die „angemessene Frist" (Nr. 1) nur anhand der konkreten Umstände (z. B. Schwierigkeit der Sache) ermitteln.[357] Für die **drohende Vollstreckung** (Nr. 2) genügt es, wenn konkrete Vorbereitungshandlungen der Behörde (z. B. Ankündigung, Mahnung, Fristsetzung) sichere Anzeichen für die alsbaldige Durchsetzung des Abgaben- oder Kostenbescheids liefern.[358] Nicht erforderlich ist die Einleitung der Verwaltungsvollstreckung. 122

Beim **Verwaltungsakt mit Drittwirkung** lässt die Verweisung des § 80a Abs. 3 S. 2 VwGO auf § 80 Abs. 6 VwGO offen, ob das behördliche Aussetzungsverfahren (§ 80 Abs. 4 VwGO) dem Eilantrag nach § 80 Abs. 5 VwGO vorgeschaltet ist. Dies bejaht die Doktrin zur **Rechtsfolgenverweisung.**[359] Anhand der Entstehungsgeschichte lässt sich indessen nachweisen, dass die Bezugnahme des § 80a Abs. 3 S. 2 VwGO auf § 80 Abs. 6 VwGO ein **Redaktionsversehen** darstellt.[360] Die h. M. zieht unter anderem daraus den Schluss, dass es sich bei dem Verweis des § 80a Abs. 3 S. 2 VwGO auf § 80 Abs. 6 VwGO um eine **Rechtsgrundverweisung** handelt.[361] Beim Verwaltungsakt mit Drittwirkung bedarf es daher, sofern es nicht um einen Abgaben- oder Kostenbescheid geht, keines Aussetzungsverfahrens nach § 80 Abs. 4 VwGO, bevor der Eilantrag gemäß § 80 Abs. 5 VwGO gestellt wird. 123

## III. Begründetheit des Eilantrags im Aussetzungsverfahren

**Fall 17:** E ist Eigentümerin eines Wohnhauses; der Bebauungsplan setzt für das Grundstück ein allgemeines Wohngebiet fest. Seit Jahresbeginn vermietet E eine Etage als Ferienwohnung; nach den maßgebenden Vorschriften bedarf es hierfür einer Ausnahmegenehmigung. Einen entsprechenden Antrag hat E nicht gestellt. Als die zuständige Bauaufsichtsbehörde von der Angelegenheit erfährt, erlässt sie in einem ordnungsgemäßen Verfahren eine sofort vollziehbare Nutzungsuntersagung. E erhebt Widerspruch und stellt beim zuständigen VG einen Aussetzungsantrag; es werde Behördenwillkür praktiziert, da in vergleichbaren Fällen nicht eingeschritten worden sei. Die Behörde entgegnet, bei „Neufällen" werde stets mit sofortiger Wirkung eine Nutzung unterbunden, die „Altfälle" würden schrittweise abgearbeitet. Hat der Eilantrag der E Erfolg?[362] 124

---

[355] NdsOVG NVwZ-RR 2008, 113 (114); *Külpmann* in: Finkelnburg/Dombert/Külpmann, Vorläufiger Rechtsschutz, Rn. 894.

[356] BVerwGE 154, 68 Rn. 13 = NVwZ 2016, 1333: Straßenausbaubeitrag; VGH BW NVwZ-RR 2017, 890 Rn. 8: Abfallgebühren; ThürOVG ThürVBl 2012, 130: Abwasserbeitrag; ThürOVG ThürVBl 2014, 193: Wassergebühr.

[357] OVG NW NVwZ-RR 2008, 594 (595); *Külpmann* in: Finkelnburg/Dombert/Külpmann, Vorläufiger Rechtsschutz, Rn. 896.

[358] BayVGH NVwZ-RR 2009, 135 (136); OVG Hamburg NVwZ-RR 2007, 364 (365); NdsOVG NVwZ-RR 2008, 113 (114); OVG NW DVBl 2018, 527 (528); OVG SH NVwZ-RR 2006, 65. – Nach OVG NW NVwZ-RR 2012, 748 soll ein Mahnschreiben der Behörde nicht ausreichen.

[359] BbgOVG LKV 1998, 489; NdsOVG NVwZ-RR 2005, 69 → *Schoch* JK 3/05, VwGO § 80a/5; NVwZ 2007, 478; ThürOVG ThürVBl 1995, 64.

[360] *Schoch* in: Schoch/Schneider, VwGO, § 80a Rn. 75.

[361] VGH BW NVwZ 1998, 766 (767); VBlBW 2020, 387 (388); OVG Bremen NVwZ 1993, 592 (593); HessVGH DVBl 2018, 1448 Rn. 7; OVG RP NVwZ-RR 2004, 224; ThürOVG ThürVBl 2006, 152 (153); *Hummel* JuS 2011, 413 (416); *Will/Gabler* VerwArch 110 (2019), 1 (5 ff., 19); *Hufen* Verwaltungsprozessrecht, § 24 Rn. 4; *Schenke* Verwaltungsprozessrecht, Rn. 998; *Külpmann* in: Finkelnburg/Dombert/Külpmann, Vorläufiger Rechtsschutz, Rn. 1064; *Puttler* in: Sodan/Ziekow, VwGO, § 80a Rn. 18.

[362] Fall nach OVG MV NordÖR 2019, 365.

125 **Fall 18:** Nach erheblich gestiegenen Fallzahlen erlässt der zuständige Landkreis K zur Bekämpfung der Ausbreitung des Coronavirus SARS-CoV-2 eine zeitlich begrenzte Allgemeinverfügung, die die Anreise zur Nutzung einer im Landkreisgebiet gelegenen Nebenwohnung (Zweitwohnung) untersagt, wenn dies aus touristischem Anlass oder zu Freizeitzwecken erfolgen soll; ausgenommen sind Personen mit Erstwohnsitz im Landkreis. A, der im benachbarten Bundesland L wohnt, nutzt im Gebiet von K seit geraumer Zeit ein Haus als Zweitwohnsitz, das als Nebenwohnung angemeldet ist. A möchte an den kommenden Wochenenden seine Nebenwohnung regelmäßig nutzen und fragt, ob ein gerichtlicher Eilantrag Erfolg verspricht.[363]

126 **Fall 19:** Die zuständige Bauaufsichtsbehörde genehmigt auf Antrag des P die Umnutzung einer Scheune als Pferdestall; zugelassen werden 16 Unterstellplätze. Grundstücksnachbar N ist nicht einverstanden und verweist auf zu befürchtende unzumutbare Pferdegerüche. Die Grundstücke liegen in einem Dorfgebiet. N, der sein Grundstück mit seiner Familie zu Wohnzwecken nutzt, stellt beim zuständigen VG einen Eilantrag, mit dem er die sofortige Untersagung des Vorhabens von P begehrt; zur Zumutbarkeit von Tiergerüchen könnten die aufgeworfenen komplizierten Fragen nur von Sachverständigen im Hauptsacheverfahren beantwortet werden. Wird das VG N folgen?[364]

127 **Fall 20:** C erhält antragsgemäß die Genehmigung zum Abriss eines Geschäftshauses. Hiergegen wendet sich D, dessen Gebäude direkt an das Geschäftshaus angrenzt. Zur Begründung seines Rechtsbehelfs macht D geltend, durch den Abriss werde das bisher für beide Gebäude gemeinsam als Rettungsweg genutzte Treppenhaus wegfallen; das müsse er nicht hinnehmen. C fragt, wie er die ihm erteilte rechtmäßige Abrissgenehmigung gerichtlich durchsetzen kann.[365]

### 1. Problem der Maßstabsbildung

128 Anders als § 68 Abs. 1 S. 1 VwGO beim Widerspruch und § 113 Abs. 1 S. 1 VwGO bei der Anfechtungsklage wird für das gerichtliche Aussetzungsverfahren ein **Entscheidungsmaßstab** in §§ 80 Abs. 5, 80a Abs. 3 VwGO nicht normiert. Einigkeit besteht, dass in den Fällen des § 80 Abs. 2 S. 1 Nr. 1 VwGO die gerichtliche Eilentscheidung am Maßstab des § 80 Abs. 4 S. 3 VwGO (analog) zu treffen ist.[366] Umstritten ist, wann „ernstliche Zweifel" an der Rechtmäßigkeit des angegriffenen Verwaltungsakts bestehen. Nach h. M. müssen die Erfolgsaussichten des Hauptsacherechtsbehelfs wahrscheinlicher sein als der mögliche Misserfolg.[367] Nach der Gegenauffassung bestehen „ernstliche Zweifel" an der Rechtmäßigkeit des Verwaltungsakts bereits dann, wenn der Erfolg des Hauptsacherechtsbehelfs ebenso wahrscheinlich ist wie ein Misserfolg.[368]

[363] Fall nach OVG SH NJW 2020, 1382.
[364] Fall nach NdsOVG NVwZ-RR 2017, 807.
[365] Fall nach HessVGH DVBl 2018, 1448.
[366] VGH BW VBlBW 2015, 467; BayVGH BayVBl 2020, 443 Rn. 11; OVG Bln-Bbg NVwZ-RR 2014, 688; OVG Bremen NordÖR 2011, 395 (396); OVG Hamburg NVwZ-RR 2007, 364 (365); HessVGH NVwZ-RR 2017, 466; OVG MV LKV 2004, 557; OVG NW NVwZ-RR 2018, 901; OVG RP NVwZ 1996, 90 (91); OVG SL NVwZ 1998, 1324; SächsOVG DVBl 2018, 1020 Rn. 4; OVG LSA NVwZ-RR 2014, 822 Rn. 7; OVG SH NVwZ-RR 2006, 65 (66); ThürOVG ThürVBl 2020, 44 (46).
[367] VGH BW VBlBW 2015, 512 (513); BayVGH BayVBl 2020, 443 Rn. 11; OVG Bln-Bbg NVwZ 2012, 711 (712); HessVGH InfAuslR 2013, 424 (425); OVG NW DVBl 2018, 527 (528); SächsOVG DVBl 2018, 1020 Rn. 6; OVG LSA NVwZ-RR 2012, 595 (596); ThürOVG ThürVBl 2020, 44 (46).
[368] NdsOVG NVwZ-RR 1998, 582; OVG SH NVwZ-RR 2008, 561 (562); *Kraus* ThürVBl 2003, 176 ff.; *Vogl* NVwZ 2018, 1448 (1450); *Schenke* Verwaltungsprozessrecht, Rn. 1001; *M. Redeker* in: Redeker/v. Oertzen, VwGO, § 80 Rn. 36.

**a) Modell der „Interessenabwägung" (h. M.).** Nach h. M. hat das Gericht im Aussetzungsverfahren eine **Ermessensentscheidung** zu treffen.[369] Gefordert sei daher eine gerichtliche **Interessenabwägung** zwischen dem öffentlichen Interesse am sofortigen Vollzug des Verwaltungsakts und dem privaten Interesse des Antragstellers, von der sofortigen Vollziehung vorerst verschont zu bleiben; dabei komme es maßgeblich auf die **Erfolgsaussichten des Hauptsacherechtsbehelfs** an.[370] Propagiert wird überwiegend ein **Stufenmodell:** 129

- Ergebe eine summarische Prüfung, dass der Hauptsacherechtsbehelf offensichtlich Erfolg haben werde, sei die aufschiebende Wirkung des Rechtsbehelfs wiederherzustellen bzw. anzuordnen; im entgegengesetzten Fall bleibe der Aussetzungsantrag erfolglos, sofern ein besonderes öffentliches Vollzugsinteresse bestehe.
- Lasse sich ein offensichtlicher Erfolg oder Misserfolg nicht absehen, sei die Eilentscheidung anhand einer von den Erfolgsaussichten des Hauptsacherechtsbehelfs unabhängigen Interessenabwägung zu treffen.[371]

Die Rede von der **„summarischen Prüfung"** der Sach- und Rechtslage ist weithin bloße Rhetorik.[372] Tatsächlich erfolgt in der Regel eine umfassende (und nicht nur oberflächliche) Prüfung in rechtlicher Hinsicht; der Sachverhalt ist zumeist unstrittig, bei offenen Tatsachenfragen kann die Sachverhaltsfeststellung unter einem vorhandenen Zeitdruck einer „summarischen" Klärung ausgesetzt sein.[373]

Führt die „summarische Prüfung" zu keinem eindeutigen Ergebnis, wird vielfach im Rahmen der dann angesagten Interessenabwägung (→ Rn. 129) mit diversen Hilfskonstruktionen operiert. So soll in der rechtlichen „Pattsituation" das **Regel-Ausnahme-Verhältnis** zwischen aufschiebender Wirkung und sofortiger Vollziehung des Verwaltungsakts (→ Rn. 18) in den Fällen des § 80 Abs. 2 S. 1 Nr. 4 VwGO den Ausschlag für die Wiederherstellung der aufschiebenden Wirkung geben, wobei die **Verhinderung vollendeter Tatsachen** als ergänzender Aspekt hinzutritt.[374] Der Übertragung dieses Konzepts auf die Anordnung der aufschiebenden Wirkung[375] wird mit der Erwägung widersprochen, in den Konstellationen des § 80 Abs. 2 S. 1 Nr. 2 und 3 VwGO sei das Regel-Ausnahme-Verhältnis 130

---

[369] VGH BW NVwZ-RR 2020, 556 Rn. 27, 71; BayVGH BayVBl 2020, 49 Rn. 12; OVG Hamburg NVwZ 1990, 591; HessVGH NVwZ-RR 2018, 331 Rn. 30; OVG MV Die Gemeinde SH 2016, 46 (48); NdsOVG NVwZ-RR 2020, 153 Rn. 5; OVG NW NVwZ 2018, 1818 Rn. 8; OVG SL NJW 2004, 2033; SächsOVG SächsVBl 2020, 264 Rn. 15; OVG LSA NJW 2013, 3113 (3114); ThürOVG ThürVBl 2006, 152 (154); *Marquardsen/Gerlach* JA 2020, 721 (726); *Külpmann* in: Finkelnburg/Dombert/Külpmann, Vorläufiger Rechtsschutz, Rn. 1065.

[370] VGH BW VBlBW 2018, 475 (476); BayVGH BayVBl 2020, 49 Rn. 12; NVwZ-RR 2020, 671 Rn. 14; OVG Bln-Bbg NJW 2017, 1974 Rn. 4; OVG Bremen NVwZ-RR 2006, 643 (644); HessVGH NVwZ 2000, 98 (99); OVG MV NVwZ-RR 2020, 120 Rn. 17; NVwZ-RR 2020, 150 Rn. 17; NdsOVG NdsVBl 2017, 318 (319); NVwZ-RR 2018, 725 Rn. 11; OVG NW NVwZ 2018, 1818 Rn. 9; DVBl 2019, 790 Rn. 3; OVG RP NJW 2003, 3793 (3794); OVG SL NVwZ-RR 2016, 793 Rn. 11; SächsOVG NVwZ-RR 2016, 470 Rn. 23; SächsVBl 2018, 89 Rn. 7; OVG LSA NVwZ 2009, 340 (341); OVG SH NJW 2020, 1382 Rn. 17; ThürOVG NVwZ-RR 2004, 393.

[371] VGH BW VBlBW 2018, 335; VBlBW 2020, 195 (197); BayVGH BayVBl 2020, 49 Rn. 12; NVwZ-RR 2020, 671 Rn. 14; OVG Bln-Bbg K&R 2019, 358 (359); OVG Hamburg NJW 2012, 1975; ZD 2016, 450 (451); HessVGH NVwZ-RR 2016, 247 Rn. 3; NdsOVG GewArch 2012, 167; NdsVBl 2017, 318 (319); OVG NW NJW 2020, 1010 Rn. 3; NJW 2020, 2047 Rn. 3; OVG RP Beschl. v. 10.8.2016 – 6 B 10500/16.OVG, BeckRS 2016, 49936 Rn. 30; SächsOVG NVwZ-RR 2016, 470 Rn. 23; SächsVBl 2018, 89 Rn. 7; OVG LSA NJW 2013, 3113 (3114); OVG SH NJW 2020, 1382 Rn. 17; ThürOVG ThürVBl 2011, 368 (369).

[372] Aus richterlicher Sicht *Niesler* in: Liber Amicorum für Max-Jürgen Seibert, 2020, S. 307 (319); *Külpmann* in: Finkelnburg/Dombert/Külpmann, Vorläufiger Rechtsschutz, Rn. 959; *Hoppe* in: Eyermann, VwGO, § 80 Rn. 99 ff.

[373] Einzelheiten dazu bei *Schoch* in: Schoch/Schneider, VwGO, § 80 Rn. 399 ff.

[374] VGH BW NJW 2013, 1383; NJW 2014, 2600; NJW 2015, 186; OVG Berlin NVwZ-RR 2001, 229; OVG Hamburg Beschl. v. 24.8.2016 – 2 Bs 113/16, BeckRS 2016, 52514 Rn. 34; NdsOVG NVwZ-RR 2015, 815 Rn. 9; Beschl. v. 26.10.2016 – 12 ME 58/16, BeckRS 2016, 53788 Rn. 40; OVG NW NVwZ 2018, 1818 Rn. 10, 12; OVG RP Beschl. v. 10.8.2016 – 6 B 10500/16.OVG, BeckRS 2016, 49936 Rn. 42; OVG SL NVwZ-RR 1998, 636 (637); *Bier* NdsVBl 2014, 233 (241).

[375] BVerwG NVwZ-RR 1998, 289 (290); VGH BW NVwZ-RR 2001, 605.

umgedreht, so dass es im Zweifel bei der **gesetzlichen sofortigen Vollziehbarkeit** des Verwaltungsakts bleiben müsse.[376] Verbreitet ist auch der Rückgriff auf die vom BVerfG zu § 32 BVerfGG propagierte (→ § 21 Rn. 41) **Doppelhypothese mit Folgenabwägung;**[377] eine valide Begründung für dieses Modell findet sich kaum.[378]

131 Wenig hilfreich für die Maßstabsbildung im Aussetzungsverfahren sind die vom **BVerfG** auf der Grundlage des **Art. 19 Abs. 4 S. 1 GG** formulierten Vorgaben (anders aber zu § 80a Abs. 3 VwGO → Rn. 145 f.). Das Gericht akzeptiert die Entscheidungsfindung nach § 80 Abs. 5 VwGO mittels Interessenabwägung unter (maßgeblicher) Berücksichtigung der Erfolgsaussichten des Hauptsacherechtsbehelfs.[379] Drohen durch den behördlichen Sofortvollzug irreparable Zustände, soll allerdings eine materiell-akzessorische Prüfung angezeigt sein; es müsse eine vertiefte (und nicht „summarische") Rechtmäßigkeitsprüfung erfolgen, soweit dies nicht möglich sei, müsse eine sorgsame Interessenabwägung vorgenommen werden.[380] Im Normalfall des Eilverfahrens solle eine umfassende rechtliche Prüfung der Erfolgsaussichten des Hauptsacherechtsbehelfs unterbleiben, vorläufiger Rechtsschutz sei auf der Grundlage einer Abwägung der öffentlichen und der jeweils beteiligten privaten Interessen zu gewähren.[381] Andererseits gesteht das BVerfG den Verwaltungsgerichten für die Maßstabsbildung im Eilverfahren ein Wahlrecht zu; die Eilentscheidung könne entweder an einer Abwägung der widerstreitenden Interessen oder an den Erfolgsaussichten des Hauptsacherechtsbehelfs ausgerichtet werden.[382] Das Stufenmodell der Verwaltungsgerichtsbarkeit mit der Akzentuierung einer „summarischen Prüfung" (→ Rn. 129) wird im Einklang mit Art. 19 Abs. 4 GG gesehen.[383] Das gilt ebenso für die Folgenabwägung auf Grund der Doppelhypothese[384] (→ Rn. 130); verschiedentlich wird die Folgenabwägung zusätzlich zur Beurteilung der Erfolgsaussichten in der Hauptsache eingefordert.[385] Der Überblick zur Verfassungsjudikatur zeigt, dass das BVerfG eine konsistente Rechtsprechung zur Konturierung des Entscheidungsmaßstabs im Aussetzungsverfahren vermissen lässt.[386]

132 **b) Kritik: Beliebigkeit und Dezisionismus.** Streitgegenstand des Aussetzungsverfahrens ist die „sofortige Vollziehbarkeit" eines „Verwaltungsakts".[387] Beide Maßnahmen ergehen nach *rechtlichen* Vorgaben: der Verwaltungsakt nach Maßgabe des einschlägigen materiellen Rechts, die sofortige Vollziehbarkeit besteht kraft Gesetzes (§ 80 Abs. 2 S. 1 Nr. 1 bis 3, S. 2 VwGO) oder auf Grund einer behördlichen Vollziehbarkeitsanordnung (§ 80 Abs. 2 S. 1 Nr. 4, Abs. 3 VwGO). Folglich ist die im Aussetzungsverfahren anstehende gerichtliche Eilentscheidung *rechtlich* vorgeprägt, sie ergeht als **Rechtsentscheidung.**[388] Allenfalls beim

---

[376] Vgl. – exemplarisch – zu § 212a Abs. 1 BauGB VGH BW NVwZ-RR 2015, 637 Rn. 23; NVwZ-RR 2016, 725 Rn. 26; HessVGH NVwZ 2016, 1738 Rn. 20; OVG MV NVwZ-RR 2017, 904 Rn. 16; NdsOVG NVwZ-RR 2017, 807 Rn. 14; OVG SL NVwZ-RR 2019, 763 Rn. 15.

[377] BVerwG NVwZ 2013, 1417 Rn. 4 f.; NVwZ 2018, 1653 Rn. 14; VGH BW NJW 2019, 2715 Rn. 10; BayVGH Beschl. v. 23.6.2017 – 13 AS 16.2546, BeckRS 2017, 116985 Rn. 59 ff.; OVG Hamburg NJW 2012, 1975 (1979); NdsOVG NdsVBl 2017, 318 (319, 320); NVwZ-RR 2020, 153 Rn. 11 ff.; OVG SH NJW 2020, 1382 Rn. 17; ThürOVG ThürVBl 2016, 45 (46).

[378] Vgl. zur Kritik *Niesler* in: Liber Amicorum für Max-Jürgen Seibert, 2020, S. 307 (326 f.).

[379] BVerfG-K NJW 1997, 1062; DVBl 1999, 163 (165); NJW 2004, 2297 (2298); NVwZ 2009, 582 (583).

[380] BVerfG-K NVwZ 1998, 834 (835); NVwZ 2013, 570 Rn. 18 → *Schoch* JK 8/13, GG Art. 19 IV/33; NVwZ 2019, 1506 Rn. 22.

[381] BVerfG-K NVwZ-RR 1999, 217 (218).

[382] BVerfG-K NVwZ 1997, 479 (480); NVwZ 2019, 1827 Rn. 26.

[383] BVerfG-K NVwZ 2007, 1176 (1177); NVwZ-RR 2008, 657 (658); NVwZ 2017, 149 Rn. 20 → *Eifert* Jura (JK) 2017, 249; NVwZ 2019, 1506 Rn. 22; NVwZ 2019, 1827 Rn. 26.

[384] BVerfG-K NVwZ-RR 2001, 694 (695).

[385] BVerfG-K NJW 2003, 3617; NVwZ 2007, 946 (947).

[386] *Heinemann* NVwZ 2019, 517 (521); *Niesler* in: Liber Amicorum für Max-Jürgen Seibert, 2020, S. 307 (323 f.); darstellend *Gärditz* Die Verwaltung 52 (2019), 259 (263 ff.).

[387] BayVGH NVwZ-RR 2016, 763 Rn. 2; Beschl. v. 30.7.2018 – 10 CE 18.769 u. a., BeckRS 2018, 18317 Rn. 19; HessVGH NVwZ 2020, 568 Rn. 15; NdsOVG NVwZ-RR 2004, 170.

[388] *Hummel* JuS 2011, 413 (417); *Bäumerich* DVBl 2015, 352 (353); *Heinemann* NVwZ 2019, 517 (518); *Funke-Kaiser* in: Bader/Funke-Kaiser/Stuhlfauth/v. Albedyll, VwGO, § 80 Rn. 92; *Puttler* in: Sodan/Ziekow, VwGO, § 80 Rn. 138.

„Wie" bestehen Gestaltungsbefugnisse (→ Rn. 154ff.). Damit teilt die Entscheidung gemäß § 80 Abs. 5 VwGO die Rechtsnatur der Eilentscheidung nach § 123 VwGO, die unstreitig eine Rechtsentscheidung des Gerichts darstellt (→ § 35 Rn. 59). Dieses einheitliche Verständnis macht auch konzeptionell Sinn; verhindert wird die merkwürdig anmutende Metamorphose der angeblichen gerichtlichen Ermessensentscheidung (§ 80 Abs. 5 VwGO) zur Rechtsentscheidung (§ 123 Abs. 1 VwGO) durch Änderungen im Verwaltungsverfahrensrecht.[389]

Die Entscheidungsfindung im Aussetzungsverfahren anhand eines *rechtlichen* Prüfprogramms ist auch verfassungsrechtlich veranlasst. **Art. 19 Abs. 4 S. 1 GG** gebietet im Aussetzungsverfahren den Schutz von Rechten (→ Rn. 85) und nicht irgendwelcher (außerrechtlicher) Interessen.[390] Folglich ist das einschlägige *Recht* in den Blick zu nehmen, während eine davon losgelöste allgemeine Interessenabwägung „die Gefahr einer schlichten Zumutbarkeitsentscheidung" in sich birgt.[391] Exemplarisch steht dafür die Eilentscheidung des OVG NW zur Rodung des Hambacher Forsts für den Braunkohletagebau; das Gericht hält – ohne Begründung – eine sofortige Rodung nur bei einer Gefährdung der nationalen Energieversorgung für angezeigt,[392] während z. B. die der Planung zu Grunde liegende Leitentscheidung und betriebliche Gründe irrelevant sein sollen.[393] „Interessen" werden gleichsam „gegriffen". Unabhängig davon sichert eine Eilentscheidung nicht nur das Hauptsacheverfahren, sondern trifft auf Grund des unumkehrbaren Zeitablaufs eine abschließende Zwischenregelung für einen bestimmten Zeitraum (→ Rn. 15); diese Interimsregelung kann wegen der richterlichen Gesetzesbindung nach **Art. 20 Abs. 3, 97 Abs. 1 GG** nur nach Maßgabe des materiellen Rechts erfolgen.[394] Der Richter kann (auch) im Aussetzungsverfahren das geltende Recht nicht einfach übergehen und durch eine Abwägung selbst definierter „Interessen" ersetzen. Im Ergebnis ist die Rechtsprechung dennoch weithin akzeptabel, weil sie in ihrem Stufenmodell (→ Rn. 129) im Rahmen der „Interessenabwägung" maßgeblich eine Orientierung an materiellem Recht vornimmt und wesentlich auf die Erfolgsaussichten des Hauptsacherechtsbehelfs abstellt.[395] Konzeptionell bleibt jedoch ein **rechtsstaatliches Defizit,** wenn betont wird, die Orientierung am geltenden Recht sei „nicht das alleinige Indiz" für die Eilentscheidung.[396] Dann verwundert die Erwägung nicht mehr, trotz des als rechtswidrig erkannten Verwaltungsakts könne unter Umständen ein öffentliches Interesse an seinem sofortigen Vollzug bestehen.[397] Rechtlich haltbar sind derartige Überlegungen nicht (→ Rn. 135). 133

### 2. Wiederherstellung und Anordnung der aufschiebenden Wirkung im zweiseitigen Rechtsverhältnis

Werden die in § 80 VwGO angelegten Systemelemente (→ Rn. 132) mit den verfassungsrechtlichen Determinanten (→ Rn. 133) zusammengeführt, entsteht für die gerichtliche Aussetzungsentscheidung ein rechtlich klar strukturierter und praktisch handhabbarer **Prüfungs- und Entscheidungsmaßstab.** Aus systematischen und inhaltlichen Gründen 134

[389] Beispiel: Verzichtet die LBO auf das Erfordernis einer Baugenehmigung für bestimmte Vorhaben, verschiebt sich der vorläufige Rechtsschutz des Nachbarn bei gleichbleibender materieller Rechtslage von §§ 80, 80a VwGO zu § 123 VwGO; vgl. *Martini* DVBl 2001, 1488 (1495).

[390] *Mampel* DVBl 1997, 1155 (1157); *Funke-Kaiser* in: Bader/Funke-Kaiser/Stuhlfauth/v. Albedyll, VwGO, § 80 Rn. 92.

[391] So treffend OVG NW NVwZ 2001, 820f.

[392] OVG NW NVwZ 2018, 1818 Rn. 22.

[393] Vgl. zur Kritik *Durner/Weschpfennig* NVwZ 2018, 1821 (1822); *Beckmann* DVBl 2019, 1172 (1181); ferner *Heinemann* NVwZ 2019, 517 (519).

[394] *Mampel* BauR 2000, 1817 (1820); *Beckmann* in: Liber Amicorum für Max-Jürgen Seibert, 2020, S. 13 (28).

[395] VGH BW VBlBW 2018, 475 (456); BayVGH BayVBl 2020, 49 Rn. 12; NdsOVG NVwZ-RR 2018, 725 Rn. 11; OVG NW DVBl 2019, 790 Rn. 3; OVG SL NVwZ-RR 2016, 793 Rn. 11; SächsOVG SächsVBl 2018, 89 Rn. 7; OVG SH NJW 2020, 1382 Rn. 17.

[396] BayVGH NVwZ-RR 2020, 671 Rn. 14.

[397] Vgl. die Hypothese von OVG LSA NJW 2013, 3113 (3115).

ist zwischen den Alternativen des § 80 Abs. 5 S. 1 VwGO zu unterscheiden. Im Vordergrund stehen Verfahren zur Wiederherstellung der aufschiebenden Wirkung des vom Antragsteller eingelegten Hauptsacherechtsbehelfs.

135 **a) Wiederherstellung der aufschiebenden Wirkung.** Am Vollzug eines rechtswidrigen Verwaltungsakts besteht kein öffentliches Interesse; erst recht gibt es kein öffentliches Interesse an der sofortigen Vollziehbarkeit eines (wahrscheinlich) rechtswidrigen Verwaltungsakts.[398] Auf den subjektivrechtlich ausgestalteten vorläufigen Rechtsschutz gewendet bedeutet dies, dass die Bejahung der (überwiegenden) **Erfolgsaussicht des Hauptsacherechtsbehelfs** die entscheidende Voraussetzung für die Wiederherstellung der aufschiebenden Wirkung des Rechtsbehelfs ist.[399] Dieser Ansatz deckt sich weitgehend mit der von der h. M. im Rahmen der „Interessenabwägung" vorgenommenen Prüfung des materiellen Rechts (→ Rn. 129, 133 a. E.). Stellt das Gericht hingegen die **(offensichtliche) Rechtmäßigkeit des Verwaltungsakts** mit der Konsequenz fest, dass der Hauptsacherechtsbehelf (wahrscheinlich) erfolglos bleiben wird, ist erst eine notwendige, aber noch nicht hinreichende Bedingung für die Bestätigung der behördlichen Entscheidung erfüllt (→ Rn. 136).

136 Ist der Verwaltungsakt (wahrscheinlich) rechtmäßig, ist der Aussetzungsantrag dennoch erfolgreich, wenn die behördliche **Anordnung der sofortigen Vollziehbarkeit** des Verwaltungsakts nicht rechtens ist. Zur *formellen* Rechtmäßigkeit der Vollziehbarkeitsanordnung prüft das Gericht insbesondere, ob die zuständige Behörde (→ Rn. 66) mit der notwendigen Begründung (→ Rn. 70) eine besondere Anordnung (→ Rn. 67) getroffen hat; eine formell rechtswidrige Vollziehbarkeitsanordnung führt per se zum Erfolg des Eilantrags (→ Rn. 70). Die *materielle* Rechtmäßigkeit der Anordnung nach § 80 Abs. 2 S. 1 Nr. 4 VwGO tritt kumulativ zur Rechtmäßigkeit des Verwaltungsakts hinzu;[400] das **Dringlichkeitsinteresse** (→ Rn. 74) wird vom Gericht (selbstverständlich ohne Bindung an behördliche Erwägungen) eigenständig ermittelt.

137 Danach besteht ein dreiaktiger Prüfungs- und Entscheidungsmaßstab:

(1) Zunächst wird die **formelle Rechtmäßigkeit der Vollziehbarkeitsanordnung** ermittelt; wird die Rechtmäßigkeit verneint, ist der Eilantrag begründet.

(2) Bei formell rechtmäßiger Vollziehbarkeitsanordnung ist die **Erfolgsaussicht des Hauptsacherechtsbehelfs** zu beurteilen, wobei Kernelement die Prüfung der Rechtmäßigkeit des Verwaltungsakts ist; wird dem Antragsteller in der Hauptsache ein (wahrscheinlicher) Erfolg attestiert, ist die aufschiebende Wirkung des Widerspruchs bzw. der Anfechtungsklage wiederherzustellen.

(3) Ist der Verwaltungsakt rechtmäßig und eine Erfolgsaussicht des Hauptsacherechtsbehelfs zu verneinen, muss die materielle Rechtmäßigkeit der Vollziehbarkeitsanordnung anhand des **Dringlichkeitsinteresses** am Vollzug des Verwaltungsakts geklärt werden; fehlt das öffentliche Interesse an der *sofortigen* Vollziehung des Verwaltungsakts, stellt das Gericht die aufschiebende Wirkung von Widerspruch oder Anfechtungsklage wieder her, wird die *Eilbedürftigkeit* hingegen bejaht, ist der Aussetzungsantrag unbegründet.

Die Prüfungsschritte (1) und (2) fordern eine umfassende und gründliche Prüfung[401] mit einem jeweils eindeutigen (Zwischen-)Ergebnis; für eine „Interessenabwägung" ist kein

---

[398] OVG Hamburg NordÖR 2018, 538 (541); HessVGH NJW 2012, 1243 (1244); OVG MV NVwZ-RR 2020, 150 Rn. 17; NdsOVG NdsVBl 2017, 318 (319); OVG NW NVwZ-RR 2016, 747 Rn. 8; *Niesler* in: Liber Amicorum für Max-Jürgen Seibert, 2020, S. 307 (313).

[399] *Külpmann* in: Finkelnburg/Dombert/Külpmann, Vorläufiger Rechtsschutz, Rn. 967.

[400] VGH BW NVwZ-RR 2017, 801 Rn. 25; BayVGH BayVBl 2012, 470 Rn. 12; OVG Bremen NVwZ-RR 2019, 851 Rn. 4; OVG Hamburg NVwZ-RR 2016, 809 Rn. 10 ff., 39; NdsOVG NVwZ-RR 2018, 472 Rn. 33; OVG NW NJW 2020, 1010 Rn. 3; *Voßkuhle/Wischmeyer* JuS 2016, 1079 (1081 f.).

[401] Eine „summarische Rechtsprüfung" (so z. B. VGH BW NJW 2015, 2134 Rn. 6) gibt es *de iure* nicht, allenfalls *faktisch* können zeitliche Restriktionen im Eilverfahren auftreten; OVG Bln-Bbg K&R 2019, 358 (359); *Beckmann* in: Liber Amicorum für Max-Jürgen Seibert, 2020, S. 13 (27); *Niesler* ebd., S. 307 (317 f.); *Funke-Kaiser* in: Bader/Funke-Kaiser/Stuhlfauth/v. Albedyll, VwGO, § 80 Rn. 101; *Hoppe* in: Eyermann, VwGO, § 80 Rn. 102.

Raum. Der letzte Prüfungsschritt (3) verlangt ebenfalls die Beantwortung einer Rechtsfrage; methodisch mag die Ermittlung des Dringlichkeitsinteresses auf Grund der Erwägungen „Für und Wider" als Abwägung tituliert werden. Liegen die Voraussetzungen für die Wiederherstellung der aufschiebenden Wirkung vor, muss das Gericht sie vornehmen; zum „Ob" des vorläufigen Rechtsschutzes gibt es kein Ermessen, allenfalls beim Entscheidungsinhalt bestehen gemäß § 80 Abs. 5 S. 4 und 5 VwGO richterliche Gestaltungsbefugnisse (→ Rn. 155).

**b) Anordnung der aufschiebenden Wirkung.** In den Fällen des § 80 Abs. 2 S. 1 Nr. 1 138
bis 3, S. 2 VwGO entfällt die Notwendigkeit einer behördlichen Vollziehbarkeitsanordnung, weil der Grundsatz der aufschiebenden Wirkung (§ 80 Abs. 1 VwGO) bereits kraft Gesetzes überwunden ist. Deshalb muss das **Dringlichkeitsinteresse** nicht im Einzelfall besonders nachgewiesen werden. Die an bestimmten Sachbereichen ausgerichtete *generelle* gesetzliche Bewertung des Interesses am Sofortvollzug einer Maßnahme erlaubt aber keinen Rückschluss auf die Rechtmäßigkeit des Verwaltungsakts und damit auf den **materiellrechtlichen Entscheidungsmaßstab** im Eilverfahren.[402] Denn in Bezug auf die (wahrscheinliche) Rechtmäßigkeit des Verwaltungsakts und die Erfolgsaussichten des Hauptsacherechtsbehelfs macht es keinen Unterschied, ob die besondere Dringlichkeit kraft Gesetzes angenommen oder durch behördliche Entscheidung (Vollziehbarkeitsanordnung) begründet wird.[403] Die generelle gesetzliche Bejahung einer Dringlichkeit beim Vollzug von Verwaltungsakten in bestimmten Sachbereichen stellt keine Bewertung konfligierender Rechtspositionen dar.[404] Die Anordnung der aufschiebenden Wirkung (§ 80 Abs. 5 S. 1 Alt. 1 VwGO) ist nach Maßgabe der **Erfolgsaussichten des Hauptsacherechtsbehelfs** zu entscheiden; gefordert ist eine sorgfältige Prüfung anhand des einschlägigen materiellen Rechts.

**c) Verfassungsrechtliche und europarechtliche Besonderheiten.** Wird die Rechts- 139
widrigkeit des Verwaltungsakts auf die (wahrscheinliche) **Verfassungswidrigkeit des Gesetzes,** auf dem der Verwaltungsakt beruht, gestützt, entsteht ein Konflikt zwischen Art. 19 Abs. 4 S. 1 GG und Art. 100 Abs. 1 GG.[405] Bleibt es im Aussetzungsverfahren bei bloßen *Zweifeln* an der Verfassungsmäßigkeit des Gesetzes, kommt das Verfahren der konkreten Normenkontrolle allerdings nicht in Betracht,[406] weil Art. 100 Abs. 1 GG die *Überzeugung* von der Verfassungswidrigkeit des Gesetzes voraussetzt (→ *Wernsmann* § 19 Rn. 52). Sollte ein Gericht im Eilverfahren jene Überzeugung gewinnen, gebührt Art. 19 Abs. 4 S. 1 GG im Konflikt mit Art. 100 Abs. 1 GG wegen des Zeitaufwands für das Normenkontrollverfahren und der Gefahr eines daraus resultierenden wirkungslosen vorläufigen Rechtsschutzes der relative Vorrang.[407] Das nach § 80 Abs. 5 S. 1 VwGO zuständige Gericht bezieht die Annahme zur Verfassungswidrigkeit der dem Verwaltungsakt zu Grunde liegenden Gesetzesbestimmung in die Entscheidungsfindung ein.

Bei Sachverhalten mit Unionsrechtsbezug kann die Rechtswidrigkeit des Verwaltungs- 140
akts auf der **Ungültigkeit sekundären EU-Rechts** beruhen. Die Nichtanwendung des Unionsrechts widerspricht dem Verwerfungsmonopol des EuGH,[408] die Nichtgewährung vorläufigen Rechtsschutzes im Falle einer ungültigen Rechtsgrundlage des angegriffenen sofort vollziehbaren Verwaltungsakts seht im Konflikt mit dem Gebot wirksamen Rechts-

---

402 *Funke-Kaiser* in: Bader/Funke-Kaiser/Stuhlfauth/v. Albedyll, VwGO, § 80 Rn. 98.

403 BVerfG-K DVBl 1999, 163 (165); NVwZ 2012, 104 Rn. 13; zur Problematik bereits → Rn. 45.

404 VGH BW DVBl 1999, 176 (177); OVG NW NVwZ 1998, 980; ThürOVG LKV 2000, 360 (361); *Erbguth* JA 2008, 357 (361).

405 BayVGH BayVBl 2015, 390 Rn. 16; Konflikt grundsätzlich negierend *Schenke* JuS 2017, 1141 (1144 ff.).

406 VGH BW VBlBW 2013, 337 (339); NdsOVG NordÖR 2013, 385 (387); NdsVBl 2014, 286 (287).

407 BVerfG-K NVwZ-RR 2014, 369 Rn. 17 (am Beispiel der sächsischen Schulnetzplanung; zu deren Verfassungswidrigkeit → § 16 Rn. 70 Fn. 221); VGH BW Beschl. v. 12.2.2020 – 9 S 2637/19, BeckRS 2020, 2902 Rn. 51 (am Beispiel des § 60 Abs. 2 Nr. 26 lit. a LFGB). – Vgl. ferner → *Wernsmann* § 19 Rn. 53.

408 *Dörr/Lenz* Europäischer Verwaltungsrechtsschutz, Rn. 19, 380, 589.

schutzes (→ Rn. 9, 11). Vor diesem Hintergrund darf das nationale Gericht nach den Vorgaben des EuGH die Vollziehung des Verwaltungsakts nur aussetzen, wenn
– es erhebliche Zweifel an der Gültigkeit des sekundären EU-Rechts hat,
– das Gericht die Frage der Gültigkeit dem EuGH, soweit dieser noch nicht damit befasst ist, vorlegt,
– die Eilentscheidung dringlich ist und dem Antragsteller ein schwerer und nicht wiedergutzumachender Schaden droht
– und wenn das nationale Gericht das Interesse der EU angemessen berücksichtigt.[409]

Diese Kriterien hat der EuGH – ungeachtet kompetenzrechtlicher Grenzen[410] – *seiner* Rechtsordnung (Art. 278, 279 AEUV) entnommen[411] und auf § 123 VwGO ausgedehnt (→ § 35 Rn. 52). Die deutsche Rechtsprechung folgt den Vorgaben des EuGH.[412]

141 Eine **Vorlagepflicht nach Art. 267 Abs. 3 AEUV** besteht im Verfahren des vorläufigen Rechtsschutzes grundsätzlich nicht[413] (→ *Wernsmann* § 12 Rn. 53). Das gilt selbst dann, wenn die Eilentscheidung des nationalen Gerichts nach innerstaatlichem Recht nicht mehr mit Rechtsmitteln angefochten werden kann (vgl. § 152 VwGO).[414] Es genügt zur Gewährleistung des Entscheidungsmonopols des EuGH, dass die Möglichkeit zur Einleitung eines Hauptsacheverfahrens besteht, in dem die Frage zur Gültigkeit des sekundären EU-Rechts Gegenstand einer Vorlage an den EuGH sein kann.[415] Ob und inwieweit von diesem Grundsatz Ausnahmen anzuerkennen sind,[416] ist abschließend nicht geklärt.[417] Wie im innerstaatlichen Recht sollte im Konflikt zwischen dem Gebot wirksamen Rechtsschutzes und der Sicherung des Verwerfungsmonopols des Höchstgerichts (→ Rn. 139) der **Rechtsschutzeffektivität** Vorrang eingeräumt werden.

142 **Lösung zu Fall 17:** Der Eilantrag der E bleibt erfolglos. Die Nutzungsuntersagung ist offensichtlich rechtmäßig. Tatbestandlich genügt für ein behördliches Einschreiten die formelle Illegalität der Nutzung einer baulichen Anlage.[418] Ein Ermessensfehler unter dem Aspekt der Ungleichbehandlung liegt nicht vor; das OVG bestätigt, dass sich die Bauaufsichtsbehörde zunächst auf die „Neufälle" konzentrieren kann, um anschließend gegen die „Altfälle" vorzugehen. Das öffentliche Interesse an der sofortigen Vollziehung der Verfügung liegt in der notwendigen Sicherung des status quo; zur Durchsetzung der Rechtsordnung muss dringend verhindert werden, dass neue potentielle Störungen zu den schon bestehenden Störungen hinzutreten.

143 **Lösung zu Fall 18:** Die Allgemeinverfügung ist auf § 28 Abs. 1 IfSG (Schutzmaßnahmen) gestützt. Ein Anfechtungsrechtsbehelf hat keine aufschiebende Wirkung (§ 28 Abs. 3 i. V. m. § 16 Abs. 8 IfSG). Statthaft wäre ein Antrag des A auf Anordnung der aufschiebenden Wirkung eines zu erhebenden Widerspruchs. Ein Eilantrag wäre unbegründet, weil die Allgemeinverfügung offensichtlich rechtmäßig ist. Dass die Tatbe-

[409] EuGH NVwZ 1991, 460 Rn. 33 – Zuckerfabriken Süderdithmarschen; EuGH EWS 2006, 73 Rn. 103 ff. – ABNA; dazu *Classen* in: Schulze/Janssen/Kadelbach, Europarecht, § 4 Rn. 118.
[410] *Puttler* in: Sodan/Ziekow, VwGO, § 80 Rn. 18.
[411] *Dörr/Lenz* Europäischer Verwaltungsrechtsschutz, Rn. 584: Bestreben, ein kohärentes System des vorläufigen Rechtsschutzes in der Union herauszubilden.
[412] Exemplarisch: OVG Bln-Bbg NVwZ 2006, 104 (106) → *Ehlers* JK 7/06, EGV Art. 87 I/2.
[413] EuGH NJW 1977, 1585 – Hoffmann-La Roche; EuGH NJW 1983, 2751 – Morson.
[414] BVerfG-K NVwZ 2005, 1303; VGH BW VBlBW 2006, 27 (32); OVG SL NVwZ-RR 2008, 95 (96).
[415] BVerfG-K NJW 2007, 1521 (1522) → *Ehlers* JK 3/08, GG Art. 19 IV/29; NVwZ 2017, 470 Rn. 18; *Buchheister* DVBl 2017, 610 (611); *Gärditz* Die Verwaltung 52 (2019), 259 (265).
[416] *Dörr/Lenz* Europäischer Verwaltungsrechtsschutz, Rn. 377: Rechtsfrage stellt sich im Hauptsacheverfahren nicht mehr.
[417] Unklar EuGH EuZW 1997, 629 Rn. 50 – Krüger: Vorlagepflicht, wenn das nationale Gericht die Aussetzung der Vollziehung des Verwaltungsakts auf angeblich ungültiges Gemeinschaftsrecht stützen will. Wie das zu dem Grundkonzept (→ Rn. 140) passt, bleibt offen.
[418] *Kersten* in: Schoch, BesVwR, Kap. 3 Rn. 447.

standsvoraussetzungen der Ermächtigungsgrundlage für Schutzmaßnahmen zur Verhinderung der Verbreitung übertragbarer Krankheiten erfüllt sind, ist nicht zweifelhaft. Das OVG sieht zudem das Entschließungsermessen auf Null reduziert, so dass K handeln musste. Zum Auswahlermessen („notwendige Schutzmaßnahmen") erklärt das OVG, die Untersagung der Anreise zur Nutzung einer Nebenwohnung im Kreisgebiet sei ein geeignetes, notwendiges und angemessenes Mittel, um die Ausbreitung des Corona-Virus SARS-CoV2 einzudämmen; denn die Anreise von Personen zur Nutzung einer Nebenwohnung, von denen es im Kreisgebiet mehrere Tausend gebe, werde mit hinreichender Wahrscheinlichkeit die Infektionsausbreitung verstärken. Untersagt werde zudem nur die Anreise zur touristischen Nutzung der Nebenwohnung, ferner sei die Allgemeinverfügung zeitlich befristet; die Angemessenheit der Maßnahme sei daher gegeben, zumal es um den Schutz von Leben und körperlicher Unversehrtheit (Art. 2 Abs. 2 S. 1 GG) gehe.

### 3. Eilentscheidung beim Verwaltungsakt mit Drittwirkung

Beim Verwaltungsakt mit Drittwirkung erfolgt der **gerichtliche vorläufige Rechtsschutz** nach Maßgabe des § 80a Abs. 3 VwGO. Was das Aussetzungsverfahren i. e. S. anbelangt, stehen dem Gericht die Entscheidungsbefugnisse nach § 80 Abs. 5 S. 1 VwGO via § 80a Abs. 3 S. 2 VwGO zur Verfügung, allerdings kann das Gericht – ohne Abstimmung mit seinen in § 80 Abs. 5 S. 1 VwGO geregelten originären Befugnissen – wie die Behörde die Aussetzung der Vollziehung vornehmen (§ 80a Abs. 3 S. 1 i. V. m. Abs. 1 Nr. 2).[419] Der **Entscheidungsmaßstab** ist trotz verfassungsgerichtlicher Klärung (→ Rn. 146) umstritten, weil viele Gerichte die Vorgaben des BVerfG nicht zur Kenntnis nehmen (→ Rn. 145). Das Gericht kann im Eilverfahren ferner behördliche Maßnahmen rezipieren. Es kann die sofortige Vollziehbarkeit des Verwaltungsakts anordnen (§ 80a Abs. 3 S. 1 i. V. m. Abs. 1 Nr. 1 VwGO) und Sicherungsmaßnahmen verfügen (§ 80a Abs. 3 S. 1 i. V. m. Abs. 1 Nr. 2 VwGO); auch dazu müssen die Entscheidungskriterien geklärt werden (→ Rn. 147). 144

Zum Entscheidungsmaßstab im Rahmen des § 80a Abs. 3 VwGO wiederholen sich in der Rechtsprechung die § 80 Abs. 5 S. 1 VwGO zugeschriebenen Stereotypen (→ Rn. 129 ff.): 145
- Das Gericht habe eine („eigene" und „originäre") **Ermessensentscheidung** zu treffen.[420]
- Vorzunehmen sei eine **Interessenabwägung** zwischen dem Vollziehungsinteresse und dem Aufschubinteresse, bei der (auf Grund „summarischer Prüfung") maßgeblich – wenn auch nicht ausschließlich – die **Erfolgsaussichten des Hauptsacherechtsbehelfs** zu berücksichtigen seien.[421]
- Mitunter wird auch schlicht eine **Interessenabwägung** (ohne Kontur, Struktur und Maßstäblichkeit) propagiert;[422] vereinzelt findet sich das Plädoyer für eine **Folgenabwägung** nach Maßgabe der § 32 BVerfGG zugeschriebenen **Doppelhypothese** (→ § 21 Rn. 41).[423]

Diese Rechtsprechung ignoriert die „Kurskorrektur" des BVerfG: Im dreiseitigen Rechtsverhältnis stehen sich Rechtspositionen Privater gegenüber, die gleichrangig sind;

---

[419] *Johlen* NWVBl 2013, 91 (94) bemerkt zu § 80a Abs. 3 VwGO: „Die Vorschrift ist gesetzestechnisch missglückt."

[420] BayVGH BayVBl 2012, 727 Rn. 38; NVwZ 2013, 1622 Rn. 2; OVG Bln-Bbg LKV 2012, 566; OVG Hamburg NVwZ 2020, 406 Rn. 36; HessVGH NVwZ 2014, 1530; NVwZ-RR 2018, 331 Rn. 30; OVG NW NVwZ 2018, 1818 Rn. 8; OVG LSA NVwZ-RR 2020, 957 Rn. 12.

[421] VGH BW NVwZ-RR 2015, 288 (289); NVwZ-RR 2015, 637 Rn. 10; VBlBW 2020, 387 (389); OVG Bln-Bbg NVwZ-RR 2019, 887 Rn. 11; OVG Hamburg NVwZ 2020, 406 Rn. 36; HessVGH NVwZ 2014, 1530; NVwZ-RR 2016, 247 Rn. 3; OVG MV NVwZ-RR 2020, 120 Rn. 17; OVG NW NWVBl 2016, 463 (464); NVwZ 2018, 1818 Rn. 8; DVBl 2019, 790 Rn. 3; OVG RP NVwZ-RR 2017, 817 Rn. 3; DVBl 2019, 781 Rn. 6; OVG LSA NVwZ-RR 2015, 809 (811).

[422] BVerwG NVwZ 2020, 1051 Rn. 24; BayVGH BayVBl 2016, 677 Rn. 8, 27; OVG Hamburg NVwZ-RR 2016, 854 Rn. 10.

[423] OVG NW NVwZ-RR 2003, 637.

die Frage, wer bis zur Hauptsacheentscheidung das Risiko vollendeter Tatsachen tragen muss, bestimmt sich nach **materiellem Recht,** im System des subjektiven Rechtsschutzes also nach den **Erfolgsaussichten des Hauptsacherechtsbehelfs.**[424]

146 Schon früher wurde erkannt, dass allein die Rechtsordnung in dem „Interessen-Patt" beim Verwaltungsakt mit Drittwirkung *juristisch* wertungsfähige „Interessen" enthält, so dass die gerichtliche Aussetzungsentscheidung lege artis nur unter Rückgriff auf die **materielle Rechtslage** erfolgen kann.[425] Beim vorläufigen Drittrechtsschutz drohen, wie z. B. die von Nachbarn angegriffene Baugenehmigung zeigt, auf beiden Seiten unumkehrbare Tatsachen; die rechtlich angemessene Verteilung der Risiken kann nur ein ausgewogener Rechtsschutz leisten, der sich am geltenden Recht orientiert.[426] Dabei ist nicht allein auf die objektive Rechtswidrigkeit des Verwaltungsakts abzustellen; hinzutreten muss die **Verletzung subjektiver Rechte** des Antragstellers, damit er im Aussetzungsverfahren obsiegt.[427] Das BVerfG bekräftigt, dass die (offensichtliche) Rechtswidrigkeit des Verwaltungsakts mit der damit verknüpften Verletzung von Rechten des Dritten die Wiederherstellung der aufschiebenden Wirkung verlangt.[428] Ausschlaggebend sind demnach die **Erfolgsaussichten des Hauptsacherechtsbehelfs.**[429] Können sie im Eilverfahren nicht bestätigt werden, bleibt es bei der sofortigen Vollziehbarkeit des Verwaltungsakts.

147 Bei der **gerichtlichen Anordnung der sofortigen Vollziehbarkeit** eines Verwaltungsakts mit Drittwirkung (§ 80a Abs. 3 S. 1 i. V. m. Abs. 1 Nr. 1 VwGO) ist ebenfalls das materielle Recht maßgebend; die Eilentscheidung hängt von der Erfolgsaussicht des Hauptsacherechtsbehelfs ab.[430] Ein Teil der Rechtsprechung „verwässert" den Prüfungs- und Entscheidungsmaßstab, indem richterlich kreierte Zusatzkriterien hinzugefügt werden. So wird im Streit um die vorläufige Inbetriebnahme eines Automobiltestzentrums auf einem Konversionsgelände behauptet, die Fortdauer der aufschiebenden Wirkung des (mit überwiegender Wahrscheinlichkeit erfolglosen) Drittrechtsbehelfs müsse gegenüber dem Begünstigten auch noch *unbillig* erscheinen.[431] Die Anordnung der sofortigen Vollziehbarkeit einer Beseitigungsverfügung zu einem evident rechtswidrigen Bauwerk (illegaler Wintergarten an der Grundstücksgrenze, Fall 14 → Rn. 89 und Lösung → Rn. 93) wird verweigert, weil dies *unverhältnismäßig* sei.[432] Und beim Zugang zu Umweltinformationen wird einem evident rechtmäßigen Bescheid zu Gunsten des Antragstellers die Anordnung der sofortigen Vollziehbarkeit gerichtlich verweigert, weil – wegen einer Vorwegnahme der Hauptsache und irreparabler Nachteile für einen Dritten, der sich gegen die Offenlegung ihn betreffender amtlicher Informationen wehrt – die Verweigerung vorläufigen Rechtsschutzes nicht

---

[424] BVerfG-K NVwZ 2009, 240 (242); *Schoch* JK 8/09, VwGO § 80a/6. Dem folgend VGH BW VBlBW 2016, 192; VBlBW 2016, 212 (213); VBlBW 2016, 375 (376); Beschl. v. 29.1.2019 – 10 S 1919/17, BeckRS 2019, 850 Rn. 4; NVwZ-RR 2020, 580 Rn. 22; OVG Bln-Bbg NVwZ-RR 2014, 542 (544).

[425] BayVGH BayVBl 1999, 373 (374); HessVGH NVwZ 2001, 105 (106); NdsOVG NVwZ-RR 2003, 342; NJW 2004, 382 (383); NVwZ-RR 2007, 7 (8); NVwZ 2007, 478; NdsVBl 2007, 171 (172); OVG RP NVwZ 1991, 86 (87); NVwZ-RR 1994, 194.

[426] NdsOVG NVwZ-RR 1999, 716 (717); NVwZ-RR 2007, 7 (8); NVwZ-RR 2017, 807 Rn. 13, 14.

[427] VGH BW VBlBW 2019, 36 (37) und 459; BayVGH BayVBl 2020, 444 Rn. 15; NVwZ-RR 2020, 671 Rn. 14; OVG Bln-Bbg LKV 2012, 566; HessVGH NVwZ-RR 2019, 805 Rn. 23; NVwZ 2020, 568 Rn. 6; OVG MV NVwZ-RR 2020, 129 Rn. 17; NdsOVG NVwZ-RR 2020, 813 Rn. 18; OVG NW DVBl 2014, 532 (533); OVG SL Beschl. v. 15.4.2014 – 2 B 201/14, BeckRS 2014, 50240. – Ausnahme: Ein von der enteignungsrechtlichen Vorwirkung eines Planfeststellungsbeschlusses Betroffener kann die gerichtliche Überprüfung der objektiven Rechtmäßigkeit des Plans verlangen; BVerwG NVwZ-RR 2015, 250 Rn. 11 (mit Einschränkungen, Rn. 12); E 162, 114 Rn. 12 = NVwZ 2018, 1647.

[428] BVerfG-K NVwZ-RR 2015, 121 Rn. 23.

[429] HessVGH NVwZ 2016, 1739 Rn. 11; NdsOVG NVwZ-RR 2019, 674 Rn. 9; NVwZ-RR 2020, 628 Rn. 8; OVG SL Beschl. v. 13.7.2011 – 2 B 231/11, BeckRS 2011, 52660; Beschl. v. 9.1.2019 – 2 B 289/18, BeckRS 2019, 244 Rn. 12; *Gersdorf* Jura 2019, 1149 (1157 f.).

[430] Im Ausgangspunkt anerkannt von OVG Bln-Bbg NVwZ-RR 2014, 542 (544); vgl. ferner (m. w. Nachw.) *Schoch* in: Schoch/Schneider, VwGO, § 80a Rn. 63.

[431] OVG RP UPR 2012, 351 (352).

[432] OVG LSA NVwZ-RR 2014, 875 (876).

*unzumutbar* sei.[433] Die Abwendung vom geltenden Recht zeigt, wie sich die Gefahr einer „schlichten Zumutbarkeitsentscheidung" (→ Rn. 133) realisiert. Übersehen wird zudem, dass der Eintritt *rechtmäßiger* vollendeter Tatsachen von dem Dritten hinzunehmen ist.[434]

Nach § 80a Abs. 3 S. 1 i. V. m. Abs. 1 Nr. 2 VwGO können **gerichtliche Sicherungsmaßnahmen** „zur Sicherung der Rechte des Dritten" – nach einer vorherigen Aussetzung der Vollziehung des Verwaltungsakts – getroffen werden. Praktische Bedeutung kommt Sicherungsmaßnahmen im Falle der Missachtung der (kraft Gesetzes bestehenden oder gerichtlich verfügten) aufschiebenden Wirkung zu. In derartigen Konstellationen besteht das zu sichernde Recht in der aufschiebenden Wirkung des Rechtsbehelfs.[435] Infolgedessen findet hier eine Prüfung der materiellen Rechtslage (Erfolgsaussichten des Hauptsacherechtsbehelfs) nicht statt; maßgeblich ist allein, dass der Begünstigte die aufschiebende Wirkung missachtet (z. B. durch Ausnutzung der Genehmigung).[436] Dasselbe gilt bei einer „faktischen Vollziehung" seitens der Behörde (z. B. bei einem Planfeststellungsbeschluss).[437] 148

**Lösung zu Fall 19:** N bleibt erfolglos. Das OVG stellt zutreffend heraus, dass im Verfahren des vorläufigen Nachbarrechtsschutzes den Erfolgsaussichten des eingelegten Rechtsbehelfs in der Hauptsache ausschlaggebende Bedeutung zukommt. In der Sache zieht das Gericht als Orientierungshilfe eine Geruchsimmissions-Richtlinie des Landes heran, die beschreibt, in welchem Ausmaß Nachbarn Gerüche aus Tierhaltungsanlagen hinzunehmen haben. Danach gibt es hier (im „Dorfgebiet", vgl. § 5 BauNVO) keine rechtlichen Bedenken gegen die dem P erteilte Genehmigung. Eine Gefährdung von Leib und Leben (Art. 2 Abs. 2 S. 1 GG) des N ist selbst bei einer geruchsintensiven Pferdehaltung nicht erkennbar. Eine sofortige Untersagung des Vorhabens von P kommt nach der im Eilverfahren relevanten Sach- und Rechtslage nicht in Betracht. 149

**Lösung zu Fall 20:** C kann die Abrissgenehmigung mittels gerichtlicher Anordnung der sofortigen Vollziehbarkeit (§ 80a Abs. 3 S. 1 i. V. m. Abs. 1 Nr. 1 VwGO) durchsetzen. Der VGH erklärt, eine Abrissgenehmigung sei keine bauaufsichtliche Zulassung i. S. d. § 212a Abs. 1 BauGB, so dass der Rechtsbehelf des D aufschiebende Wirkung hat. In der Sache ist die Genehmigung rechtmäßig, folglich hat der Drittrechtsbehelf keine Aussicht auf Erfolg. Der VGH betont, der Wegfall des bisher für beide Gebäude gemeinsam als Rettungsweg genutzten Treppenhauses habe die Baurechtswidrigkeit des Gebäudes auf dem Nachbargrundstück zur Folge, nicht aber die Rechtswidrigkeit der dem C erteilten Genehmigung. 150

### 4. Sonstige Fallgestaltungen im Aussetzungsverfahren

Besonderheiten zur Begründetheit des Eilantrags gelten bei sonstigen Fallgestaltungen im Anwendungsbereich des Aussetzungsverfahrens (→ Rn. 91). In den Fällen der **„faktischen Vollziehung"** ist entscheidungserheblich, ob § 80 Abs. 1 VwGO eingreift oder nicht (→ Rn. 99); im Streit zwischen den Beteiligten geht es um die Klärung einer Rechtsfrage, vom Gericht ist eine **feststellende Entscheidung** gefordert (→ Rn. 100). Der Prüfungs- und Entscheidungsmaßstab ergibt sich aus § 80 Abs. 1 und Abs. 2 S. 1 Nr. 1 bis 3, S. 2 VwGO. Liegen die Voraussetzungen des § 80 Abs. 1 VwGO (→ Rn. 21 ff. und Rn. 28 ff.) vor und irrt die Behörde über den gesetzlichen Wegfall der aufschiebenden Wirkung nach einem der Fälle des § 80 151

[433] OVG LSA LKV 2020, 36 (37); ähnlich OVG Bln-Bbg NVwZ-RR 2014, 542 (544).
[434] *Schoch* in: Schoch/Schneider, VwGO, Vorb § 80 Rn. 69 (m. w. Nachw.).
[435] *Külpmann* in: Finkelnburg/Dombert/Külpmann, Vorläufiger Rechtsschutz, Rn. 1087; *Puttler* in: Sodan/Ziekow, VwGO, § 80a Rn. 36.
[436] VGH BW NVwZ-RR 2014, 752 (755); NdsOVG NVwZ-RR 2014, 550 (551); DVBl 2020, 433 Rn. 18 ff.; *Meurers* DVBl 2019, 737 (739 ff.); *Gersdorf* Jura 2019, 1149 (1158 f.).
[437] BVerwG NVwZ 2012, 570 Rn. 6 ff.

Abs. 2 VwGO, ist der Eilantrag begründet und das Gericht stellt fest, dass dem Rechtsbehelf aufschiebende Wirkung zukommt.[438] Im umgekehrten Fall bleibt der Eilantrag erfolglos.[439]

152 In den Konstellationen der **Aufhebung der Vollziehung** (→ Rn. 101) ist Voraussetzung für die Begründetheit des Eilantrags, dass das Gericht die Anordnung bzw. Wiederherstellung der aufschiebenden Wirkung nach § 80 Abs. 5 S. 1 VwGO vorgenommen hat. Nur dann entfällt die rechtliche Grundlage für die (seinerzeit rechtmäßige) Vollziehungsmaßnahme.[440] Ist das geschehen, prüft die h. M. zusätzlich einen **Folgenbeseitigungsanspruch,** weil § 80 Abs. 5 S. 3 VwGO nur eine verfahrensrechtliche Bedeutung zukomme.[441] Richtig ist das nicht; Gesetzeswortlaut, Gesetzessystematik und die Sicherungsfunktion des § 80 Abs. 5 S. 3 VwGO (→ Rn. 101) zeigen, dass die Bestimmung die **gerichtliche Befugnisnorm** darstellt, um die tatsächliche Situation mit der Rechtslage (nach der Entscheidung gemäß § 80 Abs. 5 S. 1 VwGO) in Übereinstimmung zu bringen.[442]

153 Bei der gerichtlichen Entscheidung über die **Fortdauer der aufschiebenden Wirkung** (§ 80b Abs. 2 VwGO) besteht entgegen der Auffassung des BVerwG (→ Rn. 41 zu Fall 7) nur ein eingeschränkter Prüfungsmaßstab, wenn in der zeitlichen Befristung der aufschiebenden Wirkung (§ 80b Abs. 1 VwGO) eine Missbrauchsabwehr gesehen wird.[443] Dann ist der Antrag gemäß § 80b Abs. 2 VwGO schon dann begründet, wenn das VG bzw. das OVG die Berufung (oder das OVG bzw. das BVerwG die Revision) zugelassen hat.[444] Von einer Aussichtslosigkeit des Rechtsbehelfs und einer missbräuchlichen Ausnutzung der aufschiebenden Wirkung kann in diesem Fall keine Rede sein. Das BVerwG beharrt indes darauf, dass die Zulassung des Rechtsmittels für die Begründetheit des Antrags nicht genügt; es gälten die Grundsätze des § 80 Abs. 5 VwGO entsprechend (§ 80b Abs. 3 VwGO).[445]

## IV. Entscheidungsinhalt

154 Ist der Eilantrag zulässig und begründet, gewährt das Gericht den begehrten vorläufigen Rechtsschutz; zum „Ob" besteht kein Ermessen (vgl. zu Gestaltungsbefugnissen → Rn. 155, 156). Der **Entscheidungsinhalt** ist durch das konkrete Rechtsschutzbegehren und damit durch die **statthafte Rechtsschutzform** weitgehend vorgeprägt: Anordnung bzw. Wiederherstellung der aufschiebenden Wirkung des Hauptsacherechtsbehelfs (§ 80 Abs. 5 S. 1 VwGO), Fortdauer der aufschiebenden Wirkung (§ 80b Abs. 2 VwGO), bei bereits erfolgten Verwirklichungsmaßnahmen Aufhebung der Vollziehung (§ 80 Abs. 5 S. 3 VwGO) und als richterliche Kreation (analog § 80 Abs. 5 S. 1 VwGO) Feststellung des Eintritts und Bestehens der aufschiebenden Wirkung (→ Rn. 100, 151). Beim Verwaltungsakt mit Drittwirkung führt die Rezeption behördlicher Befugnisse durch § 80a Abs. 3 S. 1 VwGO dazu, dass im Falle der Anordnung

[438] BVerwG NVwZ 2013, 85 Rn. 5 f.; VGH BW VBlBW 2015, 467 (468); NVwZ-RR 2017, 801 Rn. 10; BayVGH BayVBl 2011, 702; BayVBl 2019, 517 Rn. 46, 50; NVwZ-RR 2020, 619 Rn. 6; OVG Bln-Bbg NVwZ 2018, 677 Rn. 26; OVG Hamburg NVwZ-RR 2011, 854; HessVGH NVwZ-RR 2020, 759 Rn. 12; NdsOVG NdsVBl 2014, 54; NVwZ-RR 2020, 519 Rn. 11; SächsOVG SächsVBl 2015, 177 Rn. 14; OVG LSA NVwZ-RR 2019, 954 Rn. 9.

[439] BVerwG NVwZ 2012, 1126 Rn. 8: wegen Bestandskraft des angegriffenen Planfeststellungsbeschlusses gegenüber dem Antragsteller; BVerwG NVwZ 2020, 1051 Rn. 19: wegen getroffener Vollziehbarkeitsanordnung der Behörde; VGH BW VBlBW 2012, 116: wegen § 80 Abs. 2 S. 1 Nr. 1 VwGO; VGH BW VBlBW 2017, 203: wegen verspäteten Widerspruchs mit der Folge der Unanfechtbarkeit des Verwaltungsakts; BayVGH BayVBl 2012, 727: wegen § 212a Abs. 1 VwGO.

[440] OVG Berlin NVwZ 2003, 239 (240); HessVGH DVBl 2004, 716 (717).

[441] VGH BW VBlBW 2006, 116; NVwZ-RR 2008, 841 (844); BayVGH BayVBl 2019, 517 Rn. 55; NdsOVG Beschl. v. 29.3.2019 – 13 ME 519/18, BeckRS 2019, 5740 Rn. 12, 13; OVG NW NVwZ-RR 2007, 492 (493).

[442] OVG MV LKV 2005, 172 (174) → *Schoch* JK 8/05, VwGO § 80 II 1 Nr. 1/2; OVG NW NVwZ-RR 2014, 593 (596).

[443] OVG RP NVwZ 1999, 896.

[444] OVG Bremen NVwZ 2000, 942 (943); OVG NW NVwZ-RR 2002, 76 (77); SächsOVG Beschl. v. 31.5.2017 – 5 B 19/17.A, BeckRS 2017, 114068 Rn. 3.

[445] BVerwG Beschl. v. 22.2.2018 – 3 VR 1/17 (3 B 69/16), BeckRS 2018, 2910 Rn. 19; K&R 2019, 816 (818); ebenso OVG LSA NVwZ-RR 2016, 806 Rn. 15.

der sofortigen Vollziehbarkeit des Verwaltungsakts (→ Rn. 103, 147) und bei Maßnahmen zur Sicherung der Rechte des Dritten (→ Rn. 103, 148) das Gericht selbst die Anordnung trifft und nicht etwa nur die Behörde verpflichtet.[446]

Für den Fall der Wiederherstellung der aufschiebenden Wirkung sind in § 80 Abs. 5 S. 4 und 5 VwGO **richterliche Gestaltungsbefugnisse** vorgesehen. Unabhängig davon ist zu gewärtigen, dass die aufschiebende Wirkung vom Gericht nur *teilweise* verfügt werden kann. Die **sachliche Beschränkung** setzt die Teilbarkeit des Verwaltungsakts voraus.[447] Bei **räumlichen Einschränkungen** geht es in der Regel um grundstücksbezogene Maßnahmen (z. B. Planfeststellungsbeschluss, vorzeitige Besitzeinweisung).[448] Schließlich sind **zeitliche Begrenzungen** (etwa aus Gründen des Übermaßverbots) von Bedeutung; das betrifft nicht nur den Zeitpunkt der Wirkung des vorläufigen Rechtsschutzes,[449] sondern auch die temporäre Feinjustierung des vorläufigen Rechtsschutzes bei Dauerangelegenheiten.[450] 155

Die gerichtliche **Befristung** der aufschiebenden Wirkung (§ 80 Abs. 5 S. 5 VwGO) stellt eine Modifizierung der generellen Regelung zum *Ende* des Suspensiveffekts (§ 80b Abs. 1 VwGO) dar.[451] Die Verknüpfung der Wiederherstellung der aufschiebenden Wirkung mit **Auflagen,** als deren Unterfall die **Sicherheitsleistung** gilt (§ 80 Abs. 5 S. 4 VwGO), hat in der Praxis eine gewisse Bedeutung. Es geht (vor dem Hintergrund des Übermaßverbots) um den Interessenausgleich zwischen einem wirksamen vorläufigen Rechtsschutz und dem staatlichen Vollzugsinteresse bzw. (beim Verwaltungsakt mit Drittwirkung) dem privaten Verwirklichungsinteresse. Einsatz findet die „Auflage" in den unterschiedlichsten Rechtsbereichen.[452] Die h. M. verknüpft auch die *Ablehnung* eines Eilantrags mit Auflagen, gerichtet gegen den Antragsgegner (also die Behörde);[453] diese Praxis mag mitunter opportun sein, von § 80 Abs. 5 S. 4 VwGO ist sie nicht gedeckt.[454] 156

## V. Rechtswirkungen und Folgen der Eilentscheidung

### 1. Bindungswirkung der Eilentscheidung

Eilentscheidungen im Aussetzungsverfahren erwachsen in **formelle Rechtskraft** und (analog § 121 VwGO) auch in **materielle Rechtskraft.**[455] Damit haben sie gegenüber den 157

[446] *Schoch* in: Schoch/Schneider, VwGO, § 80a Rn. 48 und Rn. 55 (jew. m. w. Nachw.).

[447] Vgl. dazu am Beispiel einer Baugenehmigung SächsOVG NVwZ-RR 2013, 14.

[448] BayVGH Beschl. v. 23.6.2017 – 13 AS 16.2546, BeckRS 2017, 116985 Rn. 56, 59, 64 zu einer vorläufigen Besitzeinweisung; OVG NW NVwZ 2018, 1818 Rn. 26 am Beispiel von Rodungsarbeiten.

[449] BVerwGE 154, 68 Rn. 14 = NVwZ 2016, 1333 betont, dass die gerichtliche Anordnung der aufschiebenden Wirkung auf den Zeitpunkt des Erlasses des Verwaltungsakts zurückwirkt, die Rückwirkung jedoch zeitlich eingeschränkt oder ausgeschlossen werden kann, so dass die Wirkungen der Eilentscheidung nur für die Zukunft eintreten.

[450] VGH BW NVwZ-RR 2020, 580 Rn. 117, 118: Unterbindung der Nutzung eines Fußballstadions zwecks Nachbarschutzes nur für bestimmte Zeiten; OVG NW NVwZ-RR 2016, 849 Rn. 15: Einstellung musikalischer Darbietungen zum Schutz der Nachtruhe der Anwohner zu bestimmten Nachtzeiten; SächsOVG SächsVBl 2013, 23 (25): Nutzung einer Genehmigung noch für eine Übergangszeit.

[451] Aus der Praxis z. B. OVG MV Die Gemeinde SH 2016, 46 (48) zur Nutzungsuntersagung einer Ferienwohnung.

[452] Vgl. etwa BayVGH BayVBl 2017, 278 Rn. 9: vorläufiger Rechtsschutz gegen die Entziehung der Fahrerlaubnis, verbunden mit der Führung des Nachweises zur Drogenfreiheit; OVG Bln-Bbg NJW 2020, 2350 Rn. 8: vorläufiger Rechtsschutz gegen die Ruhensanordnung einer Kita-Erlaubnis mit der Maßgabe des Einsatzes von Begleitpersonen sowie von Dokumentations- und Nachweispflichten; OVG RP NVwZ 2011, 1280: Eilrechtsschutz gegen Versammlungsverbot, verbunden mit Auflagen für die Durchführung der Versammlung; OVG RP Beschl. v. 10.8.2016 – 6 B 10500/16.OVG, BeckRS 2016, 49936 Rn. 43 f.: Wiederherstellung der aufschiebenden Wirkung gegen eine sofort vollziehbare arzneimittelrechtliche Untersagungsverfügung, verbunden mit Auflagen zur Minimierung des Behandlungsrisikos.

[453] BayVGH BayVBl 2018, 705 Rn. 42; OVG RP UPR 2012, 351 (353); SächsOVG LKV 2008, 127 (129).

[454] VGH BW VBlBW 2018, 115 (116) und 520 (521).

[455] HessVGH NVwZ-RR 2007, 822; NdsOVG NVwZ-RR 2004, 170; OVG RP NVwZ-RR 2011, 671; *Külpmann* in: Finkelnburg/Dombert/Külpmann, Vorläufiger Rechtsschutz, Rn. 1010; *Clausing/Kimmel* in: Schoch/Schneider, VwGO, § 121 Rn. 16.

Beteiligten eine sachliche Bindungswirkung. Bei einem erfolglosen Eilantrag darf der Verwaltungsakt von der Behörde vollzogen werden, beim Bescheid mit Drittwirkung darf der Begünstigte von dem Verwaltungsakt (z. B. Genehmigung) Gebrauch machen. Ist der Eilantrag eines Dritten im Verfahren nach § 80 Abs. 5, § 80a Abs. 3 VwGO abgelehnt worden, darf die Behörde die gerichtliche Eilentscheidung nicht im Wege der Aussetzung der Vollziehung (§ 80 Abs. 4 VwGO) „korrigieren"; die Änderung der Eilentscheidung ist dem Gericht vorbehalten (§ 80 Abs. 7 VwGO).[456] Im zweiseitigen Rechtsverhältnis entfaltet der Beschluss im gerichtlichen Aussetzungsverfahren, mit dem der Eilantrag abgelehnt worden ist, gegenüber § 80 Abs. 4 VwGO nach Auffassung des BVerwG keine Sperrwirkung.[457]

158 Bei einem erfolgreichen Eilantrag tritt die **Schutzwirkung der Eilentscheidung** – ebenso wie die Suspensionsautomatik gemäß § 80 Abs. 1 VwGO (→ Rn. 38) – **ex tunc** ein[458] (zu möglichen Abweichungen → Rn. 155). An den Inhalt der gerichtlichen Aussetzungsentscheidung sind die Beteiligten gebunden.[459] Im Fall der Anordnung bzw. Wiederherstellung der aufschiebenden Wirkung darf die Behörde den Verwaltungsakt vorläufig nicht durchsetzen.[460] Beim Verwaltungsakt mit Drittwirkung darf der Begünstigte von der Regelung (z. B. Genehmigung) vorläufig nicht Gebrauch machen. Die Schutzwirkung besteht bis zum Eintritt der Unanfechtbarkeit des Verwaltungsakts (vgl. aber § 80b Abs. 1 VwGO). Während dieses Zeitraums ist die Behörde gehindert, eine erneute Vollziehbarkeitsanordnung vorzunehmen oder einen Verwaltungsakt mit einem identischen Inhalt i. V. m. der Anordnung der sofortigen Vollziehbarkeit zu erlassen.[461] Bei einer Änderung der Umstände kann die Behörde einen Antrag nach § 80 Abs. 7 S. 2 VwGO (→ Rn. 161) stellen. Das gilt allerdings nicht, wenn die aufschiebende Wirkung wegen eines Verstoßes gegen § 80 Abs. 3 VwGO wiederhergestellt worden war (→ Rn. 70); in diesem Fall ist die erneute (fehlerfreie) Vollziehbarkeitsanordnung zulässig.[462] Von der **Bindungswirkung der Eilentscheidung** nicht erfasst ist der Erlass eines neuen Verwaltungsakts mit einer Vollziehbarkeitsanordnung neuen Inhalts.[463]

### 2. Gerichtliches Abänderungsverfahren

159 **Fall 21:** H erhielt antragsgemäß die Baugenehmigung zur Errichtung eines Ausstellungsgebäudes für Gebrauchtwagen. Auf Antrag von Nachbar N ordnete das VG die aufschiebende Wirkung der Klage des N gegen die Baugenehmigung wegen Nichteinhaltung der gesetzlich vorgeschriebenen Abstandsflächen an. H stellte bei der Bauaufsichtsbehörde einen Änderungsantrag zu dem genehmigten Vorhaben, um (durch Rückversetzung der betreffenden Wand des Gebäudes) die Abstandsflächen einzuhalten. H erhält die Änderungsgenehmigung und beantragt beim VG die Aufhebung der früheren Aussetzungsentscheidung.[464]

160 Der im Aussetzungsverfahren getroffenen Eilentscheidung kommt keine strikte Bindung zu. Das **gerichtliche Abänderungsverfahren** nach § 80 Abs. 7 VwGO ermöglicht dem

[456] BayVGH BayVBl 2003, 406 (407).
[457] BVerwGE 164, 165 Rn. 31 = NVwZ 2019, 304.
[458] VGH BW NVwZ-RR 1992, 509 (510); BayVGH GewArch 1993, 349 (350 f.); OVG Bremen NVwZ-RR 2006, 692; OVG MV NVwZ-RR 2017, 123 Rn. 6; OVG NW NVwZ 2001, 231; SächsOVG NVwZ-RR 2007, 54 (55); ThürOVG ThürVBl 2016, 100 (101).
[459] Konsequenz: Ein erneuter Eilantrag in der Angelegenheit ist unzulässig, BVerwG NVwZ 2016, 1328 Rn. 12.
[460] BayVGH DVBl 1999, 624; NdsOVG NVwZ-RR 2012, 385; OVG NW NVwZ-RR 1999, 477 (478); OVG RP NVwZ-RR 2011, 671.
[461] VGH BW NVwZ 1992, 293; BayVGH NVwZ-RR 2012, 883 (884); HessVGH NVwZ-RR 2007, 822 (823); NdsOVG NVwZ-RR 2001, 362.
[462] BayVGH NJW 2002, 3044; NdsOVG NVwZ-RR 2001, 362; OVG SH NVwZ-RR 2002, 541.
[463] NdsOVG NVwZ-RR 2001, 362; OVG RP NVwZ-RR 2011, 671.
[464] Fall nach BayVGH NVwZ 2013, 671.

Gericht der Hauptsache die Korrektur der getroffenen Eilentscheidung. Dabei handelt es sich um ein gegenüber dem Aussetzungsverfahren (§ 80 Abs. 5 VwGO) **selbstständiges Verfahren.**[465] Das Verfahren gemäß § 80 Abs. 7 VwGO stellt eine spezifische Erscheinungsform des beim vorläufigen Rechtsschutz notwendigen Flexibilitätspotentials dar; Rechnung getragen wird dem Aspekt „Zeitablauf“ allgemein und dem mitunter herrschenden „Zeitdruck“ für eine Eilentscheidung im Besonderen. Im Abänderungsverfahren geht es nicht um eine Rechtsmittelentscheidung (wie im Beschwerdeverfahren), sondern um eine **zukunftsorientierte Entscheidung** über den Fortbestand der im Aussetzungsverfahren getroffenen Entscheidung.[466] § 80 Abs. 7 VwGO nimmt zwar nur § 80 Abs. 5 VwGO in Bezug, das Abänderungsverfahren kommt jedoch auch bei den nach § 80a Abs. 3 VwGO getroffenen Eilentscheidungen zur Anwendung.[467] Die Sachentscheidung im Abänderungsverfahren erfolgt nach denselben Kriterien wie die Eilentscheidung im Aussetzungsverfahren (§ 80 Abs. 5, § 80a Abs. 3 VwGO).[468] **Maßstab** ist allein, ob nach der jetzigen Sach- und Rechtslage die Anordnung bzw. Wiederherstellung der aufschiebenden Wirkung oder die Anordnung der sofortigen Vollziehbarkeit geboten ist oder nicht.[469]

Beim **Antragsverfahren** nach § 80 Abs. 7 S. 2 VwGO ist zwischen der Zulässigkeit und der Begründetheit des Abänderungsantrags zu unterscheiden. Soweit § 80 Abs. 7 S. 2 VwGO keine Zulässigkeitsvoraussetzungen normiert, ist ergänzend auf die Anforderungen gemäß § 80 Abs. 5 VwGO (→ Rn. 95 ff.) zurückzugreifen.[470] In der Sache setzt eine Abänderungsentscheidung **veränderte Umstände** voraus; Bezug genommen wird auf die tatsächlichen oder rechtlichen Umstände, die für die Beurteilung im Aussetzungsverfahren maßgebend gewesen sind.[471] Dieser Anforderung gleichgestellt sind gemäß § 80 Abs. 7 S. 2 VwGO im ursprünglichen Verfahren ohne Verschulden nicht geltend gemachte Umstände.[472] Das BVerfG betont, dass an „veränderte Umstände“ keine überspannten Anforderungen gestellt werden dürfen.[473] Änderungen können sich auf die Rechtslage oder auf die Sachlage beziehen. Eine **Änderung der Rechtslage** liegt bei einer Gesetzesänderung vor,[474] aber auch bei einer veränderten Prozesslage;[475] relevant sind ferner die Änderung der höchstrichterlichen Rechtsprechung und die gerichtliche Klärung umstrittener Rechtsfragen,[476] wobei der 161

---

[465] VGH BW NVwZ-RR 1998, 611 (612); BayVGH NVwZ-RR 2012, 910; OVG NW NVwZ-RR 2017, 435 Rn. 4; SächsOVG SächsVBl 1999, 137 (139).

[466] BVerwGE 124, 201 (204) = NVwZ 2005, 1422; NVwZ-RR 2016, 357 Rn. 4; VGH BW NVwZ-RR 2015, 637 Rn. 9; BayVGH NJW 2007, 2715; OVG MV NVwZ-RR 2011, 959; OVG NW NVwZ-RR 2019, 857 Rn. 4; SächsOVG SächsVBl 2018, 89 Rn. 2; OVG SH Beschl. v. 13.7.2016 – 4 MR 1/16, BeckRS 2016, 53137 Rn. 11.

[467] VGH BW NVwZ-RR 2015, 637; BayVGH NVwZ 2013, 671; NdsOVG NVwZ-RR 2018, 957; NVwZ-RR 2019, 674; OVG NW NWVBl 2018, 293; NVwZ-RR 2019, 858; speziell zur gerichtlichen Vollziehbarkeitsanordnung OVG NW NWVBl 2016, 287 (288).

[468] BVerwGE 124, 201 (204) = NVwZ 2005, 1422; VGH BW NVwZ 2016, 219; BayVGH NVwZ-RR 2012, 910; OVG MV NVwZ-RR 2005, 365 (366); NdsOVG NVwZ-RR 2018, 957 Rn. 5; OVG NW NWVBl 2016, 287 (289).

[469] BVerfG-K Beschl. v. 24.7.2019 – 2 BvR 686/19, BeckRS 2019, 19724 Rn. 36; VGH BW NVwZ-RR 2015, 637 Rn. 9; SächsOVG SächsVBl 2018, 89 Rn. 2; OVG SH Beschl. v. 13.7.2016 – 4 MR 1/16, BeckRS 2016, 53137 Rn. 11.

[470] Anforderungen sind: Zuständigkeit des Gerichts, Antragsberechtigung („Beteiligter“), Antragsbefugnis, allgemeines Rechtsschutzbedürfnis (keine Antragsfrist, kein behördliches Vorverfahren); näher dazu *Schoch* in: Schoch/Schneider, VwGO, § 80 Rn. 572 ff.

[471] BVerfG-K NVwZ 2007, 948 (950); BVerwG NVwZ 2008, 1010; BayVGH NVwZ-RR 2007, 821; OVG NW NWVBl 2004, 307 (308).

[472] Dazu VGH BW NVwZ-RR 2002, 911; NdsOVG NVwZ-RR 2019, 674 Rn. 7, 10.

[473] BVerfG-K Beschl. v. 24.7.2019 – 2 BvR 686/19, BeckRS 2019, 19724 Rn. 40.

[474] SächsOVG Beschl. v. 31.5.2017 – 5 B 19/17.A, BeckRS 2017, 114068 Rn. 4; SächsVBl 2018, 89 Rn. 3.

[475] BVerwG NVwZ 2007, 1207 (1208): Stattgabe der Klage durch das VG nach vorheriger Ablehnung des Eilantrags; OVG MV NVwZ-RR 2006, 365 (366): neue Kalkulation bzgl. Abgabensatzung; SächsOVG NVwZ-RR 2016, 472 Rn. 3: Ablauf der Rücküberstellungsfrist im „Dublin-Verfahren“ (Asylrecht) und Ungewissheit zur Haltung des potentiellen Aufnahmestaates des Asylbewerbers.

[476] NdsOVG NVwZ 2005, 236 (237); OVG NW NWVBl 2014, 188.

EuGH einbezogen ist.[477] Zur Ermittlung **veränderter Tatsachen** ist ein Faktenvergleich „vorher/nachher" angezeigt.[478] Die Veränderung eines Umstands verhilft dem Abänderungsantrag nur zum Erfolg, wenn die angegriffene (frühere) Eilentscheidung auf diesem Umstand beruht; danach ist die **Entscheidungserheblichkeit des Umstands** maßgebend.[479] Der Abänderungsantrag hat Erfolg, wenn veränderte oder im ursprünglichen Verfahren ohne Verschulden nicht geltend gemachte Umstände vorliegen, die nach dem im Aussetzungsverfahren anzuwendenden Maßstab eine Änderung der Eilentscheidung herbeizuführen geeignet sind.[480]

162 Das **von Amts wegen** stattfindende Abänderungsverfahren (§ 80 Abs. 7 S. 1 VwGO) erlaubt dem Gericht „jederzeit" eine Änderung oder Aufhebung seiner Eilentscheidung.[481] „Veränderte Umstände" sind – anders als im Antragsverfahren (→ Rn. 161) – keine Voraussetzung,[482] können aber zum Anlass für eine Abänderungsentscheidung genommen werden.[483] § 80 Abs. 7 S. 1 VwGO gewährleistet die im System des vorläufigen Rechtsschutzes notwendige Flexibilität (zur einstweiligen Anordnung → § 35 Rn. 73 und Rn. 106). Bessere Erkenntnisse des Gerichts oder eine Änderung seiner Rechtsauffassung, die sich in der Hauptsacheentscheidung ohnehin niederschlagen würde, erlauben eine Korrektur der getroffenen Eilentscheidung; nur willkürlich darf die Abänderungsentscheidung nicht sein.[484] Teilweise werden „gewichtige Gründe" gefordert, die dafür sprächen, den Belangen der Einzelfallgerechtigkeit und inhaltlichen Richtigkeit den Vorrang vor der Rechtssicherheit zu geben;[485] für eine derartige Restriktion findet sich in § 80 Abs. 7 S. 1 VwGO kein Anhaltspunkt.

163 **Lösung zu Fall 21:** Der Änderungsantrag des H ist zulässig und begründet. § 80 Abs. 7 VwGO findet auf Entscheidungen nach § 80a Abs. 3 VwGO (Eilverfahren beim Verwaltungsakt mit Drittwirkung) Anwendung (→ Rn. 160). H ist als „Beteiligter" antragsberechtigt, sein Antrag ist statthaft, an der Antragsbefugnis und dem Rechtsschutzbedürfnis bestehen keine Zweifel. Der Antrag gemäß § 80 Abs. 7 S. 2 VwGO ist auch begründet. Auf Grund der Änderungsgenehmigung liegen „veränderte Umstände" vor. Die Baugenehmigung ist nun rechtmäßig, da das Bauvorhaben des H die gesetzlich vorgeschriebenen Abstandsflächen einhält. Sonstige Rechtsverstöße sind nicht ersichtlich. Das Vollziehbarkeitsinteresse des Begünstigten ist durch § 80 Abs. 2 S. 1 Nr. 2 VwGO, § 212a Abs. 1 BauGB gesetzlich anerkannt. Nach der jetzigen Sach- und Rechtslage kommt die Anordnung der aufschiebenden Wirkung nicht (mehr) in Betracht, die Klage des N in der Hauptsache wird erfolglos bleiben.

---

[477] VGH BW NVwZ 1999, 785, bestätigt durch BVerfG-K NVwZ 2005, 438; OVG NW NWVBl 2014, 188; NWVBl 2016, 287 (288).

[478] BVerfG-K Beschl. v. 24.7.2019 – 2 BvR 686/19, BeckRS 2019, 19724 Rn. 37 ff.: neue ärztliche Stellungnahme zur Erkrankung eines Ausländers (vor der drohenden Abschiebung); NdsOVG NVwZ-RR 2018, 957: Änderung eines Planfeststellungsbeschlusses; abl. BayVGH NVwZ-RR 2015, 198 Rn. 11 zur Prognose (angeblich) witterungsbedingter Bauschäden.

[479] BVerwG NVwZ 2016, 1328 Rn. 14; OVG NW NWVBl 2016, 287 (289).

[480] NdsOVG NVwZ-RR 2018, 957 Rn. 5.

[481] Der „Antrag" eines Beteiligten kann als *Anregung* an das Gericht gedeutet werden; BVerfG-K Beschl. v. 24.7.2019 – 2 BvR 686/19, BeckRS 2019, 19724 Rn. 36; HessVGH NVwZ-RR 2012, 710.

[482] BGH NVwZ 2001, 352 (354); VGH BW NVwZ-RR 2002, 911; OVG Hamburg NVwZ 1995, 1004 (1005); OVG LSA NVwZ-RR 1999, 668 (669); OVG SH Beschl. v. 13.7.2016 – 4 MR 1/16, BeckRS 2016, 53137 Rn. 10; ThürOVG DVBl 1999, 480.

[483] Vgl. etwa VGH BW NVwZ-RR 2015, 637 Rn. 8.

[484] SächsOVG SächsVBl 2017, 202 Rn. 3: Entscheidung nach pflichtgemäßem Ermessen; ferner *Puttler* in: Sodan/Ziekow, VwGO, § 80 Rn. 184.

[485] OVG MV NVwZ-RR 2006, 365 (367); *Külpmann* in: Finkelnburg/Dombert/Külpmann, Vorläufiger Rechtsschutz, Rn. 1178.

# § 35. Verwaltungsgerichtliche einstweilige Anordnung

*Friedrich Schoch*

**Übersicht**

**Schrifttum** (Auswahl ab 2011). – **Ausbildungsliteratur** (systematische Abhandlungen): *Hummel* Der vorläufige Rechtsschutz im Verwaltungsprozess, JuS 2011, 502; *Marquardsen/Gerlach* Die Corona-Pandemie in der verwaltungsrechtlichen Prüfung, JA 2020, 721; *Schenke* Verfassungsgerichtliche Verwerfungsmonopole und verwaltungsgerichtlicher vorläufiger Rechtsschutz, JuS 2017, 1141. – **Fallbearbeitungen** (Fortgeschrittenen- bzw. Examensniveau): *Barczak* Behördliche Warnung vor E-Zigaretten, JuS 2014, 932 [Eilrechtsschutz gegen öffentliche Warnung eines Ministeriums]; *Ionescu* „Immer Ärger mit den Fischen", VBlBW 2013, 438 (Sachverhalt) und 473 (Lösung) [Eilantrag gegen Untersagung einer Theateraufführung]. – **Zur Vertiefung:** *Beuscher* Hochschulkapazitätsrecht und Studienzulassung aufgrund einstweiliger Anordnung, VerwArch 111 (2020), 49; *Bode* Vorlagepflicht nach Art. 100 GG und vorläufiger Rechtsschutz: Inhalt und Grenzen einstweiliger Anordnungen unter besonderer Berücksichtigung von Massenverfahren im Hochschulzulassungsrecht, VerwArch 107 (2016), 206; *Bracher* Abbau des einstweiligen Rechtsschutzes im Konkurrentenstreit um Funktionsämter, DVBl 2016, 1236; *Hong* Verbot der endgültigen und Gebot der vorläufigen Vorwegnahme der Hauptsache im verwaltungsgerichtlichen Eilverfahren, NVwZ 2012, 468; *Wüstenberg* Die summarische Prüfung im Normenkontrollverfahren, DVBl 2019, 941.

## A. Funktion und Bedeutung der einstweiligen Anordnung

### I. Verfassungsrechtliche Vorgaben

1 **Fall 1:** P, Beamter auf Widerruf, war wegen endgültigen Nichtbestehens einer Prüfung im Rahmen der polizeilichen Ausbildung kraft Gesetzes (§ 22 Abs. 4 BeamtStG) aus dem Beamtenverhältnis ausgeschieden. VG und OVG verweigerten eine Überprüfung der entlassungsauslösenden Prüfungsentscheidung, nachdem P mittels Eilantrags die vorläufige Fortsetzung einer polizeilichen Ausbildung (ggf. außerhalb eines Beamtenverhältnisses auf Widerruf) anstrebte; die Gerichte verwiesen auf die gesetzliche Regelung. P sieht in den Eilentscheidungen eine unzulässige Rechtsschutzverweigerung und wendet sich mit einer Verfassungsbeschwerde an das BVerfG.[1]

2 Das aus Art. 19 Abs. 4 S. 1 GG folgende Gebot wirksamen Rechtsschutzes (→ § 22 Rn. 3) verlangt die Gewährung von **Rechtsschutz in angemessener Zeit.**[2] Oftmals kommt der Hauptsacherechtsschutz in (langwierigen) Klageverfahren zu spät, um dem Einzelnen einen tatsächlich wirksamen gerichtlichen Schutz seiner Rechte gewähren zu können, so dass **vorläufiger Rechtsschutz** vonnöten ist. Um wirksam sein zu können, muss der Rechtsschutz eingreifen, bevor „vollendete Tatsachen" geschaffen werden.[3] Droht im konkreten Fall eine (Grund-)Rechtsverletzung, die durch eine der Klage stattgebende Entscheidung im Hauptsacheverfahren nicht mehr beseitigt werden kann, wird nur der rasch zu erreichende vorläufige Rechtsschutz den Anforderungen des Art. 19 Abs. 4 S. 1 GG gerecht.[4] Das BVerfG betont, je geringer die Wahrscheinlichkeit sei, dass die mit der Versagung vorläufigen Rechtsschutzes für den Bürger eintretenden Folgen im Falle des Obsie-

[1] Fall nach BVerfG-K NVwZ 2020, 1187.
[2] BVerfG-K NVwZ-RR 2001, 694; NVwZ 2004, 1346 (1347) → *Schoch* JK 3/05, GG Art. 19 IV 1/27; NJW 2014, 3711 Rn. 23; NVwZ 2019, 1506 Rn. 21.
[3] BVerfG-K NJW 2002, 3691 (3692) m. Bespr. *Pöcker* NVwZ 2003, 688; NJW 2014, 3711 Rn. 23; NVwZ 2016, 1242 Rn. 14; NVwZ 2018, 254 Rn. 13; NVwZ 2020, 1187 Rn. 23.
[4] BVerfG-K NVwZ 1997, 479 (480); E 143, 216 Rn. 37 = NVwZ 2017, 305.

gens in der Hauptsache rückgängig gemacht werden könnten, umso weniger dürfe das Interesse an einer vorläufigen Regelung oder Sicherung der geltend gemachten Rechtsposition zurückgestellt werden.[5]

3 Die Standards des Art. 19 Abs. 4 S. 1 GG gelten nicht nur bei der **Eingriffsabwehr,**[6] sondern auch bei **Vornahmesachen.** Insoweit verlangt die Rechtsschutzgarantie „jedenfalls dann vorläufigen Rechtsschutz, wenn ohne ihn schwere und unzumutbare, anders nicht abwendbare Nachteile entstünden, zu deren nachträglicher Beseitigung die Entscheidung in der Hauptsache nicht mehr in der Lage wäre".[7] Auf der Normgeltungsebene erfüllt **§ 123 VwGO** den Verfassungsauftrag. Entscheidend ist jedoch, dass die Fachgerichte (VG, OVG/VGH, BVerwG) bei der **Auslegung und Anwendung** des § 123 VwGO den Anforderungen des Art. 19 Abs. 4 S. 1 GG Rechnung tragen.[8] Dazu bestehen mitunter signifikante Defizite.[9]

4 **Lösung zu Fall 1:** Die Verfassungsbeschwerde hat Erfolg. Das BVerfG stellt eine mit Art. 19 Abs. 4 S. 1 GG nicht zu vereinbarende pauschale Versagung vorläufigen Rechtsschutzes fest. Diese Deutung sei nach § 22 Abs. 4 BeamtStG[10] keineswegs zwingend. Zu unterscheiden sei zwischen der Beendigung des Beamtenverhältnisses (nach endgültig nicht bestandener Prüfung) und der Frage, ob dem Entlassenen vorläufiger Rechtsschutz durch einstweilige Anordnung etwa in Gestalt der vorläufigen Fortsetzung der Ausbildung (ggf. außerhalb eines Beamtenverhältnisses) zu gewähren sei. Dadurch bleibe die beamtenrechtliche Beendigungswirkung unberührt. Beeinträchtigt sei indes das Grundrecht gemäß Art. 12 Abs. 1 GG. Die prinzipielle Versagung vorläufigen Rechtsschutzes durch VG und OVG verstoße gegen Art. 19 Abs. 4 S. 1 GG.

## II. Bedeutung der einstweiligen Anordnung in der Praxis

5 **Fall 2:** Aus aktuellem Anlass begehrt R, Redakteur einer Tageszeitung, vom Bundeskanzleramt Auskunft zum Umfang der Verstöße gegen Geheimschutzvorschriften im vergangenen Jahr durch den Bundesnachrichtendienst (BND). Der Antrag wird mit der Begründung abgelehnt, dass in derartigen Angelegenheiten lediglich den zuständigen Gremien des Deutschen Bundestags Auskunft erteilt werde. R fragt, ob er sein Begehren mit einem Antrag auf Erlass einer einstweiligen Anordnung durchsetzen kann.[11]

6 **Fall 3:** Im Land L ist die Gerichtspräsidentenstelle am LSG ausgeschrieben. Um die Stelle hatte sich die Präsidentin T des SG in X beworben; T kann eine Bewertung mit der Spitzennote vorweisen und hat ein Amt der Besoldungsgruppe R 3 inne. Das Landesjustizministerium wählt den Bewerber B, Leitender Ministerialrat (Besoldungsgruppe B 3 mit Amtszulage), für die Präsidentenstelle am LSG aus; T bekleide ein niedrigeres Statusamt als B, so dass die Wahl auf ihn falle, zumal er ebenfalls mit der Spitzennote bewertet sei. T fragt, ob und wie sie die Besetzung der Stelle mit B verhindern kann.[12]

---

[5] BVerfG-K NVwZ 2004, 1112 (1113); NVwZ-RR 2005, 442 (443); NVwZ 2014, 1572 Rn. 9; NJW 2014, 3711 Rn. 23; NJW 2017, 3142 Rn. 12.

[6] Zu § 80 VwGO → § 34 Rn. 4 ff., zur Sicherungsanordnung unten → Rn. 31.

[7] So bereits BVerfGE 79, 69 (74) = NJW 1989, 827 → JuS 1989, 836 *(Sachs)* und → JA 1990, 29 *(Adolf)*.

[8] BVerfG-K NVwZ 2014, 785 Rn. 16; NJW 2014, 3711 Rn. 23; NJW 2017, 3142 Rn. 12; NVwZ 2018, 254 Rn. 13; NVwZ 2019, 1506 Rn. 21; NVwZ 2020, 1187 Rn. 23.

[9] Näher dazu *Schoch* in: Schoch/Schneider, VwGO, § 123 Rn. 14 ff.

[10] Das BeamtStG ist abgedruckt in Sartorius I Nr. 150.

[11] Fall nach BVerwG NVwZ 2016, 945.

[12] Fall nach HessVGH NVwZ 2016, 1424 (m. Anm. *Stuttmann*).

7 In dem Eilverfahren nach § 123 VwGO soll zeitnah eine **vorläufige Regelung** getroffen werden, nämlich bis zur gerichtlichen Entscheidung in der Hauptsache. Für das Verständnis der Eilentscheidung nach § 123 VwGO – zu § 47 Abs. 6 VwGO → Rn. 76 ff. – ist die Erkenntnis unabdingbar, dass der vorläufige Rechtsschutz neben der **Sicherungsfunktion** (d. h. der Offenhaltung der Hauptsacheentscheidung) eine **interimistische Befriedungsfunktion** erfüllt.[13] Wegen des unumkehrbaren Zeitablaufs stellen sowohl der Erlass als auch die Versagung einer einstweiligen Anordnung eine *abschließende* Zwischenregelung dar (→ Rn. 65); die vorläufige Regelung wirkt für den Zeitraum bis zur Hauptsacheentscheidung endgültig, ein vorläufiger Zustand wird abschließend geregelt.[14] Die nachfolgenden Beispiele erhellen den Befund.

### 1. Überblick zur Rechtsprechungspraxis

8 Beispiele aus der Rechtsprechung, gebündelt nach einzelnen Rechtsgebieten, belegen Bedeutung und Anwendungsbereich des Eilverfahrens nach § 123 VwGO. Im **Ausländer- und Asylrecht** dominieren Verfahren im Zusammenhang mit einer drohenden Abschiebung, indem eine vorläufige Duldung (nach §§ 60a ff. AufenthG) begehrt wird[15] bzw. die Rückgängigmachung einer vollzogenen Abschiebung;[16] ein anderes Beispiel ist der auf Inobhutnahme eines unbegleitet eingereisten Minderjährigen gerichtete Eilantrag.[17] Beispiele aus dem **Beamtenrecht** (speziell zu Konkurrentenstreitigkeiten → Rn. 14 ff.) zu Verfahren nach § 123 VwGO sind die vorläufige Zulassung zum Vorbereitungsdienst[18] bzw. dessen Verlängerung,[19] die Kontroverse um die Teilnahme an einem Fortbildungslehrgang,[20] Streitigkeiten um die (Rück-)Umsetzung eines Beamten,[21] das Verlangen nach höherer Besoldung,[22] die Art und Weise der Wiedereingliederung einer Beamtin (Lehrerin) nach einem Dienstunfall,[23] die Aufforderung zu einer amtsärztlichen Untersuchung,[24] der Disput um eine Akteneinsicht,[25] die Abwehr der Herausgabe einer Personalakte an ein privates Unternehmen zwecks Digitalisierung,[26] das auf Entbindung von der Verschwiegenheitspflicht gerichtete Petitum,[27] der Antrag auf die Gewährung von Sonderurlaub[28] und der Streit um das Hinausschieben des Eintritts in den Ruhestand.[29] Beispiele für Eilverfahren zum **Datenschutzrecht** betreffen die Löschung behördlich gespeicherter personenbezogener Daten,[30] die Untersagung der Vorratsdatenspeicherung[31] und die Abwehr einer amtli-

---

[13] BVerfG-K NJW 1995, 950 (951); NVwZ 2018, 254 Rn. 17; HessVGH NVwZ-RR 2019, 267 Rn. 20.

[14] VGH BW NVwZ-RR 1992, 442; HessVGH NVwZ-RR 2019, 267 Rn. 20; OVG NW NVwZ-RR 2018, 43 Rn. 70; NWVBl 2019, 160 (161); OVG RP NVwZ-RR 1992, 35 (37); ThürOVG ThürVBl 2019, 37 (39).

[15] VGH BW NJW 2016, 1975; DVBl 2017, 330; NVwZ 2017, 1229; VBlBW 2018, 115; VBlBW 2019, 252; BayVGH NVwZ-RR 2018, 588; HessVGH NVwZ-RR 2019, 342; OVG RP Beschl. v. 20.7.2017 – 7 B 11085/17.OVG, BeckRS 2017, 123501; Beschl. v. 14.8.2017 – 7 B 11145/17.OVG, BeckRS 2017, 123329; SächsOVG DVBl 2018, 1574.

[16] NdsOVG Beschl. v. 29.3.2019 – 13 ME 519/18, BeckRS 2019, 5740; OVG NW NVwZ 2018, 1493; OVG RP NVwZ-RR 2018, 943.

[17] BayVGH NVwZ-RR 2014, 959.

[18] OVG Bln-Bbg NVwZ-RR 2018, 863 (Schutzpolizei); OVG NW NWVBl 2015, 467 (Rechtsreferendariat).

[19] OVG NW NVwZ-RR 2017, 831 (Lehramt).

[20] OVG RP NVwZ-RR 2019, 478.

[21] VGH BW NVwZ-RR 2018, 115; NVwZ-RR 2018, 355; Beschl. v. 9.10.2018 – 4 S 1773/18, BeckRS 2018, 25331; OVG NW NVwZ-RR 2020, 117.

[22] OVG NW NWVBl 2014, 226.

[23] ThürOVG ThürVBl 2017, 37.

[24] OVG NW NVwZ-RR 2013, 198; NWVBl 2014, 223; NVwZ-RR 2015, 191.

[25] OVG NW NVwZ-RR 2015, 387; SächsOVG SächsVBl 2014, 146.

[26] OVG SH Beschl. v. 27.7.2016 – 2 MB 11/16, BeckRS 2016, 49409.

[27] OVG NW NVwZ-RR 2016, 64.

[28] OVG SL NVwZ-RR 2005, 550.

[29] OVG NW NWVBl 2014, 224.

[30] VGH BW DVBl 2015, 1383.

[31] OVG NW NVwZ-RR 2018, 43.

chen Durchsicht eines Datenbestandes.[32] Im **Fahrerlaubnisrecht** geht es im Eilverfahren z.B. um die Anerkennung einer EU-Fahrerlaubnis[33] oder um die (Wieder-)Erteilung der entzogenen Fahrerlaubnis.[34] Im **Informationszugangsrecht** (insbesondere nach IFG und UIG sowie nach den entsprechenden Landesgesetzen) wird mit dem Eilantrag – in der Regel erfolglos – Zugang zu amtlichen Informationen begehrt;[35] eine spezifische Ausprägung ist der **presserechtliche Auskunftsanspruch,** dessen Durchsetzung mittels einstweiliger Anordnung – vor allem wegen des angeblichen Vorwegnahmeverbots der Hauptsache (→ Rn. 62 ff.) – häufig misslingt,[36] mitunter aber auch (ganz oder teilweise) gelingt.[37] Zunehmend an Bedeutung gewinnt das Eilverfahren nach § 123 VwGO bei der Abwehr von **Informationsmaßnahmen,** die eine Behörde von Amts wegen vornimmt und an die Öffentlichkeit richtet.[38] Im **Kommunalrecht** geht es bei der einstweiligen Anordnung insbesondere um den Zugang zu öffentlichen Einrichtungen[39] und um die Sicherung eines Bürgerbegehrens;[40] ein anderes Beispiel ist die Untersagung der Veröffentlichung von Sitzungsunterlagen im Internet[41] (dazu unter dem Vorzeichen des Organstreits → § 33 Rn. 70 und Rn. 123 zum dortigen Fall 12). Im **Polizei- und Ordnungsrecht** ist ein typisches Beispiel für die einstweilige Anordnung die Verpflichtung der zuständigen Behörde zur Unterbringung eines unfreiwillig Obdachlosen.[42] Im **Versammlungsrecht** – wie das allgemeine Gefahrenabwehrrecht an sich der „Eingriffsverwaltung" zuzuordnen und daher vor allem für § 80 VwGO bedeutsam – sind Beispiele für Eilverfahren nach § 123 VwGO der Streit um die Zulassung einer Versammlung im befriedeten Bezirk eines Landtags[43] und um die behördliche Duldung eines „Protestcamps".[44]

Einen besonderen Stellenwert nimmt das einstweilige Anordnungsverfahren im Schul-, Hochschul- und Prüfungsrecht ein. Auf diesen Rechtsgebieten ist der Zeitfaktor bei Rechtsstreitigkeiten von besonderer Relevanz. Markante Beispiele sind im **Schulrecht** Streitigkeiten um die vorläufige Aufnahme eines Schülers in eine bestimmte Schule (z.B. Gymnasium),[45] die Zuweisung (vorläufige Versetzung) eines Schülers in eine bestimmte (d.h. nächsthöhere) Klasse,[46] die Zuordnung eines Schülers zu einem bestimmten (Wahl- 9

---

[32] VGH BW VBlBW 2020, 68.

[33] OVG RP NJW 2007, 2650.

[34] VGH BW NJW 2014, 1833; BayVGH NJW 2020, 256; OVG NW NJW 2014, 2457; NWVBl 2019, 160.

[35] OVG Bln-Bbg NVwZ-RR 2016, 943; ZD 2018, 380; OVG Hamburg DVBl 2017, 1446; OVG MV LKV 2008, 515; OVG NW AfP 2014, 383.

[36] BVerwG NVwZ-RR 2014, 558; NVwZ 2015, 1383; NVwZ 2018, 907; BayVGH NVwZ 2014, 680; OVG Bln-Bbg NVwZ 2016, 950; AfP 2017, 334; NdsOVG NdsVBl 2017, 186; OVG NW NJW 2014, 3387; NVwZ-RR 2017, 354; ThürOVG NJW 2015, 1836.

[37] BVerwG NVwZ 2016, 945; NVwZ 2018, 414; NVwZ 2018, 902; HessVGH NVwZ-RR 2020, 445; OVG NW NJW 2017, 3458.

[38] Vgl. etwa zur Information der Öffentlichkeit im Lebensmittelrecht nach dem LFGB VGH BW Beschl. v. 12.2.2020 – 9 S 2637/19, BeckRS 2020, 2902; BayVGH NVwZ-RR 2020, 830; NJW 2020, 2820; ferner z.B. OVG Bln-Bbg NVwZ-RR 2014, 843: „Smiley-Projekt"; OVG Bremen NVwZ-RR 2018, 571: Verfassungsschutzbericht (mit der Kennzeichnung einer Person als „gewaltbereit"); OVG NW NVwZ 2015, 304: Umweltinspektionsbericht; OVG NW DVBl 2015, 787: Eisenbahnunfalluntersuchungsbericht.

[39] VGH BW NVwZ-RR 2015, 148 (Ablehnung), korrigiert durch StGH BW NVwZ 2015, 1286; ferner z.B. ThürOVG ThürVBl 2017, 237.

[40] VGH BW VBlBW 2014, 141; BayVGH BayVBl 2001, 500; BayVBl 2020, 522; BbgOVG LKV 2003, 229; HessVGH NVwZ-RR 2004, 281; NVwZ-RR 2020, 805; OVG NW NVwZ-RR 2004, 519; NWVBl 2014, 480; SächsOVG NVwZ-RR 1998, 253; LKV 1998, 237; OVG SH NVwZ 2006, 363.

[41] SächsOVG NVwZ-RR 2016, 834.

[42] BayVGH NVwZ-RR 2017, 309.

[43] BayVGH NVwZ-RR 2017, 574.

[44] OVG Hamburg NVwZ 2017, 1390, mit Korrektur durch BVerfG-K NVwZ 2017, 1374 → *Sachs* JuS 2018, 187: Verpflichtung der Versammlungsbehörde, über die Duldung erneut zu entscheiden.

[45] VGH BW VBlBW 2018, 387; OVG Bln-Bbg NVwZ-RR 2015, 36; HessVGH NVwZ-RR 2017, 143; OVG NW NVwZ-RR 2016, 581; NVwZ-RR 2017, 417; OVG RP NVwZ-RR 2019, 42; ferner BayVGH NVwZ-RR 2020, 602: Einholung eines pädagogischen Gutachtens zur Eignung eines Schülers für das Gymnasium.

[46] NdsOVG DVBl 2018, 1642; SächsOVG SächsVBl 2016, 155; NVwZ-RR 2017, 109; NVwZ-RR 2019, 467; DVBl 2019, 1269.

pflicht-)Kurs,[47] die Einzelförderung eines Schülers,[48] die vorläufige Erteilung eines Abiturzeugnisses,[49] die Beförderung eines Schülers zur Schule,[50] die Einräumung eines Ersatztermins für Eltern zum Gespräch mit der Klassenlehrerin an Stelle der Teilnahme am Elternsprechtag[51] und die Hortbetreuung nach Schulende.[52] Im **Hochschulrecht** dominieren Eilverfahren zur vorläufigen Zulassung zum Studium für einen bestimmten Studiengang (ggf. außerhalb der Kapazität, mitunter an einer bestimmten Hochschule);[53] andere Beispiele, die Eilverfahren auslösen, sind (im Konkurrentenstreit) die Berufung eines Hochschullehrers durch den Rektor abweichend von der Berufungsliste[54] und (im Organstreit) die Wahrnehmung eines (allgemein-)politischen Mandats durch die Studierendenvertretung.[55] Eilverfahren im **Prüfungsrecht** betreffen z. B. die – stets: vorläufige – Zulassung zur (mündlichen) Prüfung,[56] die erneute Zulassung zur Prüfung (Wiederholungsprüfung),[57] die Anerkennung des Rücktritts von der Prüfung,[58] die Wertung einer abgelegten Prüfung nicht als ungültig,[59] die Neubewertung einer Prüfungsleistung,[60] die Eröffnung des Promotionsprüfungsverfahrens[61] und die Aushändigung eines vorläufigen Prüfungszeugnisses.[62]

10 Soweit das **Sozialverwaltungsrecht** dem Jurisdiktionsbereich der allgemeinen Verwaltungsgerichtsbarkeit (§ 40 Abs. 1 S. 1 VwGO) unterliegt (→ *Ehlers* § 25 Rn. 60 ff.) – und nicht der Sozialgerichtsbarkeit zugewiesen ist (§ 51 SGG)[63] –, gewinnt die einstweilige Anordnung bei der Durchsetzung des Anspruchs auf einen Betreuungsplatz für ein Kleinkind (§ 24 SGB VIII)[64] zunehmend an Bedeutung;[65] ursächlich hierfür sind Defizite beim Angebot von Tageseinrichtungen für die frühkindliche Förderung.[66] Relevant ist die einstweilige Anordnung ferner bei der Durchsetzung des Anspruchs auf Ausbildungsförderung (BAföG).[67]

11 Im **Wirtschaftsverwaltungsrecht** stehen Eilverfahren nach § 123 VwGO oftmals im Dienst der (Sicherung der) Berufsausübungsfreiheit (Art. 12 Abs. 1 GG). Beispiele sind

---

[47] OVG Hamburg NVwZ-RR 2017, 663.

[48] OVG NW NJW 2016, 2519.

[49] BayVGH NVwZ-RR 2005, 254.

[50] SächsOVG SächsVBl 2014, 239.

[51] NdsOVG NdsVBl 2014, 254.

[52] OVG Bln-Bbg NJW 2015, 1707; NJW 2016, 732.

[53] VGH BW NVwZ-RR 2000, 23; NVwZ-RR 2004, 37; NVwZ-RR 2007, 177; BayVGH NVwZ-RR 2007, 175; NVwZ-RR 2015, 137; OVG Hamburg NVwZ-RR 2014, 386; NVwZ-RR 2016, 185; NVwZ-RR 2018, 574; HessVGH NVwZ-RR 2002, 751; NVwZ-RR 2003, 756; NdsOVG NVwZ-RR 2006, 256; NVwZ-RR 2017, 456; OVG NW NWVBl 2014, 272; NVwZ-RR 2016, 503; OVG RP NVwZ-RR 2001, 165; NVwZ-RR 2003, 502; NVwZ-RR 2004, 36; SächsOVG NVwZ-RR 2002, 752; *Beuscher* VerwArch 111 (2020), 491 (494 f.).

[54] SächsOVG NVwZ-RR 2016, 670.

[55] OVG Berlin NVwZ 2002, 357; OVG Bremen NVwZ 2000, 342; NdsOVG NVwZ-RR 2015, 460; OVG NW NVwZ 2001, 1427.

[56] VGH BW VBlBW 2018, 39; HessVGH NVwZ-RR 2005, 330; NdsOVG NJW 2016, 1116; ThürOVG ThürVBl 2005, 241; ThürVBl 2019, 37.

[57] HessVGH NVwZ-RR 2003, 756; NdsOVG NdsVBl 2019, 230; SächsOVG NVwZ-RR 2003, 853.

[58] VGH BW NVwZ-RR 2016, 702.

[59] VGH BW VBlBW 2018, 425.

[60] SächsOVG NJW 2017, 2850.

[61] HessVGH Beschl. v. 4.1.2016 – 9 B 1408/16, BeckRS 2016, 55480.

[62] OVG NW NWVBl 2000, 317; DVBl 2001, 820.

[63] Zur einstweiligen Anordnung nach § 86b SGG (Sartorius Ergänzungsband Nr. 415) wichtig: BVerfG-K NJW 2017, 3142 mit Hinweis darauf, dass gemäß Art. 19 Abs. 4 S. 1 GG keine überspannten Anforderungen an den Anordnungsgrund für die Eilentscheidung (in concreto: vorläufige Grundsicherungsleistungen für Kosten der Unterkunft und Heizung) gestellt werden dürfen.

[64] Das SGB VIII ist abgedruckt in Schönfelder Ergänzungsband Nr. 46.

[65] Vgl. etwa HessVGH NJW 2014, 1753; OVG RP NJW 2019, 3800; SächsOVG SächsVBl 2017, 308; NJW 2017, 3014.

[66] Näher zur Problematik *Rixen* NJW 2012, 2839; *Mayer* VerwArch 104 (2013), 344; *Schübel-Pfister* NVwZ 2013, 385; *Pauly/Beutel* DÖV 2013, 445; *Richter* NJW 2013, 2650; *Heitzer/Wolff* Die Verwaltung 51 (2018), 523. – Zu Ersatzansprüchen *Schübel-Pfister* NJW 2014, 1216; *Kümper* NVwZ 2015, 1739; *Rixen* BayVBl 2017, 577; *Brade* DVBl 2017, 621; instruktiv die Examensklausur von *Detterbeck* JuS 2019, 1191.

[67] SächsOVG SächsVBl 2004, 284; DVBl 2018, 1299.

Rechtsstreitigkeiten um die Erteilung einer befristeten Taxikonzession,[68] eine einstweilige Erlaubnis für ein Busunternehmen für den Linienverkehr,[69] die Ausnahme vom zulässigen Gesamtgewicht für eine Fahrzeugkombination,[70] die Zulassung von Anbietern (z. B. Schausteller, Fahrgeschäfte) zu Volksfesten,[71] die Vergabe des Rechts zur Veranstaltung eines Wochenmarkts[72] und die Ladenöffnung an Sonntagen.[73] Speziell im **Glücksspielrecht** geht es z. B. um Konzessionen für Sportwetten,[74] die vorläufige Erlaubnis zum Betrieb einer Spielhalle,[75] die Duldung der einstweiligen Fortführung des Spielhallenbetriebs[76] und die vorläufige Gewerbeerlaubnis für eine Lotterie im Internet.[77]

**Lösung zu Fall 2:** Das BVerwG hat dem Antrag stattgegeben. Der Anspruch auf die begehrte Auskunft ergebe sich aus Art. 5 Abs. 1 S. 2 GG.[78] Danach könnten Pressevertreter (zur Wahrnehmung des Kontrollauftrags der Presse) behördliche Auskünfte verlangen,[79] soweit berechtigte schutzwürdige Interessen privater Dritter oder öffentlicher Stellen an der Vertraulichkeit von Informationen nicht entgegenstünden. Operative Vorgänge im Bereich des BND unterlägen der Geheimhaltung; dieser Funktionsbereich sei hier jedoch nicht betroffen, so dass der verfassungsunmittelbare Auskunftsanspruch durch Vertraulichkeitsinteressen nicht ausgeschlossen sei. Den Anordnungsgrund (→ Rn. 54 ff.) bejaht das BVerwG, da an der begehrten Auskunft ein gesteigertes öffentliches Interesse sowie ein starker Gegenwartsbezug bestünden. 12

Das Eilverfahren nach § 123 VwGO ist auch im **mehrseitigen Verwaltungsrechtsverhältnis** von Bedeutung. Beispiele kennt das Wirtschaftsverwaltungsrecht, soweit es um behördliche Vergabe- und Zulassungsentscheidungen unter Wettbewerbern (Konkurrenten) geht (→ Rn. 11). Ein besonderer Stellenwert kommt der einstweiligen Anordnung im Bau-, Umwelt- und Planungsrecht zu; das gilt insbesondere für den Nachbarrechtsschutz in Gestalt von Eilanträgen, die auf (rasches) behördliches Einschreiten gerichtet sind. Beispiele aus dem **Baurecht** sind Begehren, die auf eine vorläufige Nutzungsuntersagung[80] oder Baueinstellung[81] zielen.[82] Im **Immissionsschutzrecht** geht es den Antragstellern vornehmlich um behördliches Einschreiten zwecks Verhinderung oder Verminderung von Beeinträchtigungen durch Lärm;[83] ein anderes Beispiel ist das Verlangen nach Veröffentlichung eines Luftreinhalteplans.[84] Im **Planfeststellungsrecht** ist in erster Linie die Planergänzung Gegenstand der Eilverfahren.[85] 13

---

[68] OVG Hamburg NVwZ-RR 2007, 760.
[69] OVG NW DVBl 2008, 1454.
[70] VGH BW VBlBW 2014, 231.
[71] VGH BW NVwZ-RR 2017, 329; OVG Bremen DVBl 2020, 517; HessVGH GewArch 2004, 345.
[72] OVG NW NVwZ-RR 2017, 27; NVwZ-RR 2020, 639.
[73] OVG NW NVwZ-RR 2016, 868; NWVBl 2018, 113.
[74] HessVGH NVwZ 2015, 447; NVwZ 2016, 171; OVG NW NWVBl 2017, 431.
[75] VGH BW NVwZ-RR 2020, 824.
[76] BayVGH NVwZ 2014, 795; HessVGH NVwZ-RR 2019, 267.
[77] OVG NW MMR 2017, 858.
[78] Hintergrund ist BVerwGE 146, 56 = NVwZ 2013, 1006 (m. Anm. *B. Huber*) → *Ehlers* JK 11/13, GG Art. 5 I 2/36 und → *Sachs* JuS 2014, 91: kein Auskunftsanspruch nach Landespressegesetzen gegen Bundesbehörden; bekräftigend z. B. BVerwG NVwZ 2015, 1383; E 154, 222 = NVwZ 2016, 1020.
[79] Der BND ist eine Bundesoberbehörde im Geschäftsbereich des Bundeskanzleramtes, § 1 Abs. 1 S. 1 BNDG (Sartorius III Nr. 805).
[80] BayVGH NVwZ-RR 2019, 983; HessVGH NVwZ 2016, 88; NVwZ 2016, 1101.
[81] OVG SL Beschl. v. 26.8.2015 – 2 B 154/15, BeckRS 2015, 51377.
[82] Vergleichbar ist die Untersagung eines Bauvorhabens nach Denkmalschutzrecht, OVG Hamburg NVwZ-RR 2014, 373 (376).
[83] VGH BW NVwZ-RR 2015, 650: Baustellenlärm; NVwZ 2016, 1658: Altglassammelbehälter; BayVGH NVwZ-RR 2018, 482: Feuerwehrsirene; HessVGH NVwZ-RR 2014, 379: Baulärm; OVG RP NVwZ 2015, 682: Eisenbahnlärm; OVG SL NVwZ-RR 2018, 381: Altkleidersammelcontainer.
[84] HessVGH Beschl. v. 17.12.2018 – 9 B 2118/18, BeckRS 2018, 34730.
[85] BVerwG NVwZ 2016, 1328; NVwZ 2017, 724; NVwZ 2019, 1357.

### 2. Insbesondere: Konkurrentenstreit im Beamtenrecht

14 Beim Streit konkurrierender Beamter (gleichgestellt: Richter, Soldaten) um ein Amt (im statusrechtlichen Sinne) übertrifft die Bedeutung des vorläufigen Rechtsschutzes den Hauptsacherechtsschutz erheblich. Nach h. M. ist im Falle der Besetzung der betreffenden Planstelle durch einen Mitbewerber Erledigung eingetreten;[86] aus Gründen der **Ämterstabilität** könne die Ernennung (Einstellung, Beförderung) des Konkurrenten nicht mehr rückgängig gemacht werden.[87] Die Anfechtungsklage (mit der Folge der aufschiebenden Wirkung gemäß § 80 Abs. 1 VwGO) gegen die Ernennung des Konkurrenten wird grundsätzlich für unzulässig erklärt;[88] eine Ausnahme anerkennt das BVerwG aus Gründen der Rechtsschutzeffektivität, wenn der Dienstherr entgegen Art. 19 Abs. 4 S. 1, 33 Abs. 2 GG vor der Stellenbesetzung die unterlegenen Bewerber über die Auswahlentscheidung nicht unterrichtet und damit jeglichen Rechtsschutz vereitelt hat.[89] Ansonsten könnte der Dienstherr durch die Ernennung des Mitbewerbers **vollendete Tatsachen** schaffen.[90]

15 Das BVerfG hat die weitgehende Unwirksamkeit des verwaltungsgerichtlichen Hauptsacherechtsschutzes (→ Rn. 14) hingenommen und auf den **vorläufigen Rechtsschutz** verwiesen.[91] Verknüpft wird damit die prozedurale Absicherung des **Bewerbungsverfahrensanspruchs** gemäß Art. 33 Abs. 2 GG: Pflicht des Dienstherrn zur Unterrichtung der unterlegenen Bewerber über die getroffene Auswahlentscheidung, danach Zuwarten für einen angemessenen Zeitraum (etwa zwei Wochen) zur Ermöglichung der Inanspruchnahme vorläufigen Rechtsschutzes seitens der Konkurrenten.[92] Dadurch kann der Bewerbungsverfahrensanspruch *vor* der Ernennung des ausgewählten Bewerbers im Wege der **Sicherungsanordnung** (→ Rn. 31) einstweilen gewahrt bleiben.[93] In diesem Konzept übernimmt das Eilverfahren die Funktion des Hauptsacheverfahrens.[94]

16 **Lösung zu Fall 3:** Öffentliche Ämter sind gemäß Art. 33 Abs. 2 GG nach dem Grundsatz der Bestenauslese zu besetzen. Die Bewerberauswahl hat ausschließlich anhand der Kriterien von Eignung, Befähigung und fachlicher Leistung zu erfolgen. Maßgebend sind vorrangig dienstliche Beurteilungen über die Bewerber.[95] Fehlt es an der unmittelbaren Vergleichbarkeit, weil die Bewerber unterschiedliche Statusämter innehaben, muss der Dienstherr im Wege einer Wertung und Gewichtung der Beurteilungen zu Eignung, Befähigung und fachlicher Leistung die Vergleichbarkeit herstellen, um in Ansehung des Anforderungsprofils des zu besetzenden Amtes entscheiden zu können. Der VGH erkennt, dass das Ministerium jenes Vorgehen unterlassen und anhand des Statusunterschieds die Auswahl getroffen hat; dadurch ist der Bewerbungsver-

---

[86] BVerwGE 151, 14 Rn. 16 = NVwZ 2015, 1066: Der Anspruch nach Art. 33 Abs. 2 GG geht unter, wenn ein Mitbewerber rechtsbeständig ernannt worden ist; ebenso z. B. OVG NW NWVBl 2016, 120.

[87] BVerwGE 118, 370 (371 f.) = NJW 2004, 870 (871) → *Ehlers* JK 9/04, GG Art. 19 IV/25; gebilligt von BVerfG-K NVwZ 2004, 95 → *Schoch* JK 4/04, GG Art. 33 II/19 und NVwZ 2007, 1178 (1179); ferner z. B. BVerwGE 164, 84 Rn. 24 = NVwZ 2019, 968 (m. Anm. *Stuttmann*).

[88] Dazu und zur Kritik *Schoch* in: Schoch/Schneider, VwGO, § 123 Rn. 41 ff.

[89] BVerwGE 138, 102 Rn. 29 ff. = NVwZ 2011, 358 → *Hufen* JuS 2011, 957 und → JA 2011, 479 *(Muckel)*.

[90] Die Rechtsprechung muss konstatieren, dass dies immer wieder geschieht; vgl. BVerfG-K NVwZ 2000, 1035; NVwZ 2007, 1178; BVerwGE 118, 370 = NJW 2004, 870; E 145, 112 = NVwZ-RR 2013, 267; VGH BW NVwZ-RR 2008, 550; NVwZ-RR 2011, 608; OVG SL NVwZ 2018, 759.

[91] BVerfG-K NVwZ 2003, 200: § 123 Abs. 1 S. 1 VwGO.

[92] BVerwGE 163, 36 Rn. 11 = NVwZ 2018, 1866 (m. Anm. *Stuttmann*) → *Eifert* Jura (JK) 2019, 350 und → *Hufen* JuS 2019, 735; E 164, 84 Rn. 27 = NVwZ 2019, 968 (m. Anm. *Stuttmann*).

[93] BVerfG-K NVwZ 2017, 472 Rn. 21.

[94] BVerfG-K NVwZ-RR 2014, 329 Rn. 18; BVerwGE 147, 20 Rn. 16 = NVwZ 2014, 75; NVwZ 2016, 1650 Rn. 12; OVG NW NWVBl 2016, 120; OVG RP NVwZ-RR 2015, 862 Rn. 4.

[95] BVerfG-K NVwZ 2007, 691 Rn. 15; NVwZ 2011, 1192 Rn. 11; NVwZ 2013, 573 Rn. 12; E 141, 56 Rn. 58 = NVwZ 2016, 682 (m. Anm. *Stuttmann*); BVerfG-K NVwZ 2017, 46 Rn. 78.

fahrensanspruch der T verletzt worden. Auf Grund eines Eilantrags nach § 123 Abs. 1 S. 1 VwGO wird dem Land untersagt, die Stelle mit B zu besetzen.[96]

## III. Abgrenzung zwischen einstweiliger Anordnung und aufschiebender Wirkung

**Fall 4:** F, beamtete Fachlehrerin an einer staatlichen Schule, erhält von ihrem Dienstherrn die Aufforderung, sich zur Klärung der Dienstfähigkeit amtsärztlich untersuchen zu lassen; nähere Angaben enthält das Schreiben nicht. F erhebt Widerspruch. Der Dienstherr betont, dieser Rechtsbehelf gehe ins Leere. F fragt, wie sie vorläufigen Rechtsschutz erlangen kann.[97] 17

Im System des verwaltungsprozessualen vorläufigen Rechtsschutzes kommt der einstweiligen Anordnung eine Auffangfunktion zu. Vorrang hat gemäß § 123 Abs. 5 VwGO der vorläufige Rechtsschutz nach §§ 80, 80a VwGO.[98] Liegt kein solcher Fall vor, ist der Antrag nach § 123 Abs. 1 S. 1 oder S. 2 VwGO statthaft (zur Abgrenzung → Rn. 29 ff.). Damit ist die **Lückenlosigkeit vorläufigen Rechtsschutzes** nach der VwGO sichergestellt. Jedes Begehren in der Hauptsache[99] kann durch die Gewährung vorläufigen Rechtsschutzes gesichert werden. Greift die gesetzliche aufschiebende Wirkung (§ 80 Abs. 1 VwGO) nicht ein (zu den Voraussetzungen → § 34 Rn. 19 ff.) oder ist ein Antrag im gerichtlichen Aussetzungsverfahren nicht statthaft (zu den Anforderungen → § 34 Rn. 91 ff., 95 ff.), wird vorläufiger Rechtsschutz unter den Voraussetzungen des § 123 VwGO gewährleistet. Die **Abgrenzung** zwischen §§ 80, 80a VwGO und § 123 VwGO anhand der Klagearten[100] stellt nur eine grobe Faustformel dar; danach erstreckt sich der Anwendungsbereich der einstweiligen Anordnung auf Begehren, die in der Hauptsache mit der allgemeinen Leistungsklage, der Verpflichtungsklage und der Feststellungsklage verfolgt werden.[101] Der vorbeugende vorläufige Rechtsschutz wird im System des § 123 VwGO gewährt.[102] In Grenzfällen muss die Reichweite von §§ 80, 80a VwGO exakt ermittelt werden (→ § 34 Rn. 91). 18

Bei der Eingriffsabwehr kommt es darauf an, ob die Verwaltungsmaßnahme als *Verwaltungsakt* zu qualifizieren ist oder nicht. Bei **Eingriffsakten ohne VA-Qualität** ist § 123 Abs. 1 S. 1 VwGO anwendbar. Beispiele sind Verwaltungsrealakte[103] und rechtsbeeinträchtigende behördliche Wissenserklärungen in Gestalt von Informationsmaßnahmen (→ Rn. 8 Fn. 38) sowie verwaltungsinterne Regelungen und sonstige Maßnahmen ohne Außenwirkung; dazu kennt die Praxis Streitigkeiten etwa zur Umsetzung eines Beamten,[104] zur Auf- 19

---

[96] HessVGH NVwZ 2016, 1424 (1425): bis zum Ablauf von zwei Wochen nach Bekanntgabe einer neuen Auswahlentscheidung.

[97] Fall nach OVG NW NVwZ-RR 2015, 191.

[98] Vorrang hat auch die einstweilige Anordnung nach § 47 Abs. 6 VwGO; zur Abgrenzung vgl. OVG NW NVwZ-RR 2016, 868 Rn. 14 – Überschießend, da unabhängig vom Streitgegenstand eine Sperrwirkung des § 47 Abs. 6 VwGO gegenüber § 123 Abs. 1 VwGO propagierend, BayVGH NVwZ 2020, 1130 (m. abl. Anm. *Hartl*): unzulässiger Antrag nach § 123 Abs. 1 VwGO auf vorläufige Feststellung, dass Normen einer „Corona-VO" einem bestimmten Verhalten nicht entgegenstehen, weil ein Antrag nach § 47 Abs. 6 VwGO vorrangig sei.

[99] Ausnahme: Fortsetzungsfeststellungsklage; VGH BW VBlBW 2006, 285; OVG Hamburg NVwZ-RR 2008, 197 (198); zur Parallele bei der aufschiebenden Wirkung → § 34 Rn. 91.

[100] Vgl. *Hufen* Verwaltungsprozessrecht, § 33 Rn. 6; *Schenke* Verwaltungsprozessrecht, Rn. 1025.

[101] Im Organstreit kommt ausschließlich § 123 VwGO zur Anwendung → § 33 Rn. 90.

[102] *Schoch* in: Schoch/Schneider, VwGO, § 123 Rn. 45 (m. umfangr. Nachw.).

[103] OVG NW NVwZ-RR 2000, 429 (430): Sicherstellung einer Sache (ohne vorherige Anordnung).

[104] VGH BW Beschl. v. 9.10.2018 – 4 S 1773/18, BeckRS 2018, 25331 Rn. 3; HessVGH NVwZ-RR 2018, 865; OVG NW NVwZ-RR 2020, 117. – Zur Umsetzung einer Richterin am BFH in einen anderen Senat BayVGH BayVBl 2016, 813 Rn. 17.

forderung an einen Beamten zum Dienstantritt[105] und zur amtsärztlichen Untersuchung[106] (näher dazu → Rn. 20 zu Fall 4).

20 **Lösung zu Fall 4:** Nachdem das BVerwG entschieden hat, dass die gegenüber einem Beamten ergangene Anordnung, sich zur Klärung seiner Dienstfähigkeit ärztlich untersuchen zu lassen, mangels Außenwirkung kein Verwaltungsakt sei,[107] schließt sich das OVG dieser Rechtsprechung zur Wahrung der Rechtseinheit an. Danach greift § 80 Abs. 1 VwGO nicht ein; statthaft ist der Antrag auf Erlass einer einstweiligen Anordnung. In der Sache hat der Eilantrag Erfolg. Mit der Untersuchung ist ein Eingriff in das Recht der Beamtin aus Art. 2 Abs. 2 S. 1 GG verbunden; zur Rechtfertigung müssen die Umstände mitgeteilt werden, sodass die betroffene Person erkennen kann, welcher Vorfall oder welches Ereignis zur Begründung der Aufforderung des Dienstherrn maßgebend ist. Dergleichen war hier nicht erfolgt.

21 **Leistungsbegehren** und **Feststellungsbegehren** werden beim vorläufigen Rechtsschutz durch die Regelungsanordnung (→ Rn. 32) erfasst. Abgrenzungsfragen zu § 80 VwGO stellen sich vereinzelt dennoch. So ist im Ausländerrecht der Antrag nach § 123 Abs. 1 S. 2 VwGO bezüglich eines vorläufigen Bleiberechts nur statthaft, wenn die Fiktion des erlaubten Aufenthalts (→ § 34 Rn. 29) nicht eintritt.[108] Bei der Rückgängigmachung einer rechtswidrigen Abschiebung im Wege der Folgenbeseitigung kommt die einstweilige Anordnung nur zur Anwendung, wenn der betroffene Ausländer vorläufigen Rechtsschutz nicht gemäß § 80 Abs. 5 S. 3 VwGO (→ § 34 Rn. 101, 152) erlangen kann;[109] das ist z. B. der Fall, wenn das Bundesamt für Migration und Flüchtlinge (BAMF, § 5 AsylG) mangels Asylanerkennung und auf Grund des Fehlens eines Abschiebungsverbots (§ 60 AufenthG) die vollzogene Abschiebung angedroht hatte und die Rückgängigmachung der Abschiebung von der Ausländerbehörde begehrt wird.[110]

22 Im **mehrseitigen Rechtsverhältnis** hat der vorläufige Rechtsschutz nach §§ 80, 80a VwGO Vorrang gegenüber § 123 Abs. 1 VwGO. Beim Verwaltungsakt mit Drittwirkung betrifft dies sowohl den Rechtsschutz durch die gesetzlich eintretende aufschiebende Wirkung (→ § 34 Rn. 23) als auch den gerichtlichen Eilrechtsschutz (→ § 34 Rn. 103). Greifen §§ 80, 80a VwGO nicht ein, ist § 123 VwGO anwendbar. So wird im Baunachbarrecht im Bereich der Genehmigungsfreistellung[111] vorläufiger Rechtsschutz mittels einstweiliger Anordnung gewährt.[112] Beim Eilantrag auf bauaufsichtsbehördliches Einschreiten ist das Eilverfahren nach § 123 VwGO zulässig, wenn ein Antrag nach § 80a Abs. 3 S. 1 VwGO nicht statthaft ist[113] (z. B. mangels Verwaltungsakts beim Schwarzbau). In Konkurrentenverhältnissen um behördliche Begünstigungen (z. B. Erlaubnis, Konzession) kann – unter Knappheitsbedingungen, Kontingentierung von Zulassungen – die Kombination von Eilanträgen nach §§ 80 Abs. 5, 80a Abs. 3 VwGO und § 123 Abs. 1 VwGO angezeigt sein. Praxisbeispiele für den **kumulativen vorläufigen Rechtsschutz**[114] sind der Konkurrentenstreit im Personenbeförderungsrecht um eine Erlaubnis[115] und im Glücksspielrecht um Konzessionen zur Veranstaltung von Sportwetten.[116]

---

[105] OVG NW NVwZ-RR 2019, 188 Rn. 6; OVG RP NVwZ-RR 2003, 223 (224).

[106] OVG NW NVwZ-RR 2013, 198; NWVBl 2014, 223; NVwZ-RR 2015, 191.

[107] BVerwG NVwZ 2012, 1483 Rn. 15 → *Ehlers* JK 10/13, VwVfG § 35/10: gemischte dienstlich-persönliche Maßnahme. – BVerfG-K NVwZ-RR 2021, 217 Rn. 32: Grundrechtseingriff!

[108] VGH BW VBlBW 2006, 286 (287); OVG LSA NVwZ-RR 2019, 620 Rn. 13 f.; *Külpmann* in: Finkelnburg/Dombert/Külpmann, Vorläufiger Rechtsschutz, Rn. 1211.

[109] BayVGH BayVBl 2019, 450 Rn. 15 f.

[110] NdsOVG Beschl. v. 29.3.2019 – 13 ME 519/18, BeckRS 2019, 5740 Rn. 13.

[111] Dazu *Kersten* in: Schoch, BesVwR, Kap. 3 Rn. 409 ff.

[112] NdsOVG NdsVBl 2009, 44 → *Schoch* JK 7/09, NdsBauO § 89 I/1; OVG NW NWVBl 1999, 220.

[113] ThürOVG LKV 1999, 279 (280); *Puttler* in: Sodan/Ziekow, VwGO, § 123 Rn. 38.

[114] Näher dazu *Dombert* in: Finkelnburg/Dombert/Külpmann, Vorläufiger Rechtsschutz, Rn. 67 ff.

[115] OVG NW DVBl 2008, 1454.

[116] A. A. – zu Unrecht – HessVGH NVwZ 2016, 171 Rn. 28: Dem Antragsteller sei es „nicht zumutbar", neben dem auf die eigene Begünstigung gerichteten Eilantrag zusätzlich 20 Eilverfahren nach §§ 80 Abs. 5, 80a VwGO gegen die (sofort vollziehbare) Konzessionsvergabe an Mitbewerber anzustrengen.

## B. Zulässigkeit des Eilantrags nach § 123 VwGO

**Fall 5:** J ist Journalist bei einer Tageszeitung. Er beantragt beim Bundespräsidialamt, ihm Auskunft darüber zu erteilen, welche verfassungsrechtlichen Bedenken der Bundespräsident bei der Ausfertigungsprüfung des Betreuungsgeldgesetzes hatte. Der Antrag wird abgelehnt, weil J keinen Auskunftsanspruch habe. J fragt, ob er sein Begehren mit einem verwaltungsgerichtlichen Eilantrag weiterverfolgen kann.[117] 23

**Fall 6:** Das mit einer ausreichenden Zahl von Unterschriften bei der Stadt S eingereichte Bürgerbegehren enthält folgende Fragestellung: „Sind Sie dafür, dass die Stadt S im Rahmen ihrer planerischen Entscheidungen alle erforderlichen Maßnahmen ergreift, um im Bereich des Bebauungsplans X ein Baufenster für das Strandbad am Stadtsee zuzulassen, das einen Mindestabstand von fünf Metern zum See einhält?" Die Stadt S weist das Bürgerbegehren, da zu unbestimmt, als unzulässig zurück. V, Vertreter des Bürgerbegehrens, befürchtet, dass das Anliegen durch den in naher Zukunft anstehenden Satzungsbeschluss im Bebauungsplanverfahren unterlaufen werden könnte und bittet um Auskunft zu Rechtsschutzmöglichkeiten.[118] 24

Der Eilantrag im Verfahren nach § 123 VwGO muss, um sein Rechtsschutzziel erreichen zu können, zulässig und begründet sein. Wie im Klageverfahren (→ *Ehlers* § 25 Rn. 2) und im gerichtlichen Aussetzungsverfahren (→ § 34 Rn. 95) ist auch im einstweiligen Anordnungsverfahren zwischen der **Zulässigkeit** und der **Begründetheit** des Eilantrags zu unterscheiden. Für die Systematisierung der **Zulässigkeitsvoraussetzungen** gelten die allgemeinen Kategorien (→ *Ehlers* § 25 Rn. 9); zu unterscheiden ist zwischen den allgemeinen Sachentscheidungsvoraussetzungen (→ Rn. 26 ff.), der statthaften Rechtsschutzform (→ Rn. 29 ff.), den besonderen Sachentscheidungsvoraussetzungen (→ Rn. 35 ff.) und dem allgemeinen Rechtsschutzbedürfnis (→ Rn. 41 f.). Dazu gelten grundsätzlich die für das Klageverfahren maßgeblichen Anforderungen. Nachfolgend ist auf Zulässigkeitsvoraussetzungen einzugehen, die im Eilverfahren praktische Bedeutung haben bzw. Besonderheiten aufweisen. 25

### I. Allgemeine Sachentscheidungsvoraussetzungen

Für den Erlass einer einstweiligen Anordnung muss der **Verwaltungsrechtsweg** eröffnet sein (→ *Ehlers* § 25 Rn. 55 ff. und Rn. 60 ff.). Die Rechtswegeröffnung ist eine von Amts wegen zu prüfende Sachentscheidungsvoraussetzung.[119] Wird sie verneint, ist der Eilantrag unzulässig.[120] Allerdings sind §§ 17 ff. GVG über § 173 S. 1 VwGO im verwaltungsgerichtlichen Eilverfahren anwendbar.[121] Daher ist die **Rechtswegverweisung** gemäß § 17a Abs. 2 GVG zulässig.[122] Anwendbar ist auch § 17a Abs. 2 GVG, so dass eine bindende Entscheidung vorliegt, wenn ein Gericht den zu ihm beschrittenen Rechtsweg rechtskräftig für 26

[117] Fall nach OVG Bln-Bbg NVwZ 2016, 950.
[118] Fall nach BayVGH BayVBl 2020, 522.
[119] VGH BW NVwZ-RR 2003, 159; VBlBW 2020, 68 (69); OVG Berlin NJW 2002, 313; OVG MV NVwZ 2001, 446 → *Schoch* JK 01, VwGO § 40 I/30; OVG NW NJW 2001, 698; OVG RP NVwZ-RR 2019, 562 Rn. 6 ff.
[120] NdsOVG NdsVBl 2008, 75: Eilantrag gegen eine mit dem Betrieb einer gemeindlichen Einrichtung beauftragten juristischen Person des Privatrechts auf Zugang zu der Einrichtung.
[121] Einzelheiten dazu bei *Schoch* in: Schoch/Schneider, VwGO, § 123 Rn. 100.
[122] OVG Berlin NVwZ-RR 1998, 464; OVG Hamburg NVwZ-RR 2000, 842; HessVGH NVwZ-RR 2019, 306 Rn. 5.

zulässig erklärt.[123] Das Beschwerdegericht (OVG/VGH, §§ 46 Nr. 2, 146 Abs. 1 VwGO) prüft die Zulässigkeit des beschrittenen Rechtswegs nicht, wenn er beim Eingangsgericht (VG) nicht gerügt und von diesem (stillschweigend) bejaht worden ist (§ 83 S. 1 bzw. § 173 S. 1 VwGO i. V. m. § 17a Abs. 5 GVG).[124]

27 Die **Beteiligungsfähigkeit** ist im einstweiligen Anordnungsverfahren – wie im Hauptsacheverfahren (→ *Ehlers* § 25 Rn. 176 ff.) – nach § 61 VwGO zu ermitteln. Folglich ist die Behörde selbst (und nicht ihr Rechtsträger) gemäß § 61 Nr. 3 VwGO beteiligungsfähig, sofern das Landesrecht dies bestimmt.[125] Mitunter wirft die Beteiligungsfähigkeit beim vorläufigen Rechtsschutz im Kommunalverfassungsstreit Fragen auf;[126] insoweit gelten die allgemeinen Standards (→ § 33 Rn. 45 ff.).

28 **Lösung zu Fall 5:** Das OVG bejaht die Eröffnung des Verwaltungsrechtswegs nach § 40 Abs. 1 S. 1 VwGO. Eine verfassungsrechtliche Streitigkeit (→ *Ehlers* § 25 Rn. 77 ff.) liege nicht vor, weil nicht Verfassungsorgane um ihre verfassungsrechtlichen Rechte und Pflichten stritten. In der Tat sind öffentlich-rechtliche Streitigkeiten zwischen dem Einzelnen und dem Staat im Verwaltungsrechtsweg auszutragen, selbst wenn ein Verfassungsorgan daran beteiligt ist.

## II. Rechtsschutzformvoraussetzungen

### 1. Unterscheidung zwischen Sicherungsanordnung und Regelungsanordnung

29 § 123 Abs. 1 VwGO unterscheidet zwischen der Sicherungsanordnung (Satz 1) und der Regelungsanordnung (Satz 2). Die **Sicherungsanordnung** dient der vorläufigen Erhaltung des status quo; ihr geht es um die einstweilige Bewahrung (Sicherung) des bestehenden Rechtszustands.[127] Demgegenüber zielt die **Regelungsanordnung** auf die einstweilige Veränderung des status quo; angestrebt wird vom Antragsteller eine Erweiterung seines Rechtskreises.[128] Diese Differenzierung gilt unabhängig davon, ob das Eilverfahren nach § 123 VwGO ein zweiseitiges oder ein mehrseitiges Rechtsverhältnis betrifft.

30 Die Unterscheidung zwischen Sicherungsanordnung und Regelungsanordnung wird nicht immer vorgenommen. Das belegen Praxisbeispiele zur undifferenzierten Heranziehung des § 123 Abs. 1 VwGO[129] oder gar zur pauschalen Zuordnung eines Eilantrags zu § 123 VwGO.[130] Rechtlich zutreffend ist das nicht: Die **gesetzliche Unterscheidung** (→ Rn. 29) ist vom Rechtsanwender zu respektieren; die **Abgrenzung** zwischen Sicherungsanordnung (→ Rn. 31) und Regelungsanordnung (→ Rn. 32) ist leistbar; als funktionales Äquivalent zur aufschiebenden Wirkung („Eingriffsabwehr") kann die Sicherungsan-

---

[123] OVG NW NJW 1998, 1579 (1580).

[124] VGH BW NVwZ-RR 2002, 504 (505); Beschl. v. 15.2.2019 – 1 S 188/19, BeckRS 2019, 2625 Rn. 27; OVG Bln-Bbg NJW 2016, 732 Rn. 6.

[125] NdsOVG DVBl 2018, 1642 (1644): öffentliche Schule ist als Landesbehörde beteiligtenfähig.

[126] BayVGH NVwZ-RR 2019, 67: Beteiligungsfähigkeit einer Gemeinderatsfraktion im Streit um den Ausschluss eines ihrer Mitglieder; SächsOVG NVwZ-RR 2016, 834: Beteiligungsfähigkeit des Stadtrats (und nicht der Stadt) beim Streit mit einem seiner Mitglieder (dazu auch → § 33 Rn. 70 [Fall 12] und Rn. 123).

[127] OVG Berlin NVwZ 2003, 1524 (1525); OVG NW NVwZ-RR 2018, 43 Rn. 16; OVG SH NVwZ 2006, 363 (364); *Hummel* JuS 2011, 502; *M. Redeker* AnwBl 2012, 870 (874); speziell in Bezug auf Feststellungsbegheren (→ Rn. 21) *Marquardsen/Gerlach* JA 2020, 721 (725).

[128] BayVGH NVwZ-RR 2019, 983 Rn. 17; OVG NW NVwZ-RR 2018, 109; NVwZ-RR 2018, 43 Rn. 16; *Hufen* Verwaltungsprozessrecht, § 33 Rn. 15; *Schenke* Verwaltungsprozessrecht, Rn. 1027; *Würtenberger/Heckmann* Verwaltungsprozessrecht, Rn. 621.

[129] Vgl. etwa VGH BW VBlBW 2020, 68 (69); BayVGH NVwZ-RR 2019, 67 Rn. 12; OVG Hamburg NVwZ-RR 2016, 185 Rn. 2; NdsOVG NJW 2018, 487 Rn. 16; OVG NW NWVBl 2014, 274 (275); OVG RP NVwZ-RR 2019, 478.

[130] VGH BW NVwZ-RR 2020, 824 Rn. 4; BayVGH BayVBl 2016, 813 Rn. 16; HessVGH NVwZ 2016, 171 Rn. 25.

ordnung von vornherein keinem **Vorwegnahmeverbot der Hauptsache(entscheidung)** unterliegen (→ Rn. 63); im Rahmen des Anordnungsanspruchs bestehen unterschiedliche Anforderungen an den wahrscheinlichen **Erfolg in der Hauptsache** (→ Rn. 49 und Rn. 50). Zwischen der Sicherungsanordnung und der Regelungsanordnung muss folglich unterschieden werden.[131]

### 2. Statthaftigkeit der Sicherungsanordnung

Die Sicherungsanordnung (§ 123 Abs. 1 S. 1 VwGO) setzt ein **sicherungsfähiges Recht** 31 des Antragstellers voraus, dessen Verwirklichung vereitelt oder wesentlich erschwert werden könnte, weil die Verwaltung nach einer Veränderung des bestehenden Zustands trachtet.[132] Ein **statthafter Eilantrag** i. S. d. § 123 Abs. 1 S. 1 VwGO ist folglich zu bejahen bei der Abwehr einer (amts)ärztlichen Untersuchung,[133] der Unterlassung der Abschiebung,[134] der Sicherung eines Bürgerbegehrens[135] (vgl. dazu auch → Rn. 33 zu Fall 6), der Sicherung des Bewerbungsverfahrensanspruchs gemäß Art. 33 Abs. 2 GG eines Beamten (ebenso: Richter, Soldat),[136] der Unterlassung dienstlicher Äußerungen,[137] der geplanten Öffentlichkeitsinformation seitens einer Behörde,[138] der Nutzungsuntersagung eines Grundstücks (z. B. Asylbewerberunterkunft),[139] dem Stopp der Vorratsdatenspeicherung,[140] der Untersagung einer Baumfällung[141] und der Sicherung des Beteiligungsrechts (§ 8 Abs. 1 IFG) vor der behördlichen Gewährung eines Informationszugangs (§ 1 Abs. 1 IFG) für einen Dritten.[142]

### 3. Statthaftigkeit der Regelungsanordnung

Die Regelungsanordnung (§ 123 Abs. 1 S. 2 VwGO) setzt ein **streitiges Rechtsverhältnis** voraus. Dieses Rechtsverhältnis kommt durch die erfolglos gebliebene Antragstellung bei der Behörde zustande.[143] Der **statthafte Eilantrag** i. S. d. § 123 Abs. 1 S. 2 VwGO zielt (zur Abwendung von Nachteilen für den Antragsteller) auf die vorläufige Veränderung des bestehenden Zustands. Beispiele hierfür sind die Aufnahme eines Schülers in eine bestimmte Schule,[144] die Versetzung in eine höhere Schulklasse,[145] die Zulassung zum Studium (für einen bestimmten Studiengang),[146] die Zulassung zur Prüfung,[147] die Erteilung 32

---

[131] *Dombert* in: Finkelnburg/Dombert/Külpmann, Vorläufiger Rechtsschutz, Rn. 111.

[132] Zu Einzelheiten *Schoch* in: Schoch/Schneider, VwGO, § 123 Rn. 52 ff.

[133] NdsOVG NVwZ-RR 2020, 48 Rn. 13.

[134] VGH BW VBlBW 2008, 309 (310); HessVGH NVwZ-RR 2019, 342 Rn. 9 ff.; OVG LSA NVwZ-RR 2019, 620 Rn. 16.

[135] BbgOVG LKV 2003, 229; OVG Hamburg Beschl. v. 5.3.2015 – 2 Bs 20/15, BeckRS 2015, 53546 Rn. 6; HessVGH NVwZ-RR 2004, 281; NVwZ-RR 2020, 805 Rn. 17; OVG RP Beschl. v. 28.5.2014 – 10 B 10418/14.OVG, BeckRS 2014, 52277; SächsOVG NVwZ-RR 1998, 253; OVG SH NVwZ 2006, 363 (364).

[136] BVerwGE 161, 59 Rn. 13 = NVwZ-RR 2018, 395; VGH BW NVwZ-RR 2009, 216; OVG Bln-Bbg NVwZ-RR 2014, 655; NdsOVG NdsVBl 2002, 217; OVG NW NVwZ-RR 2003, 135; NVwZ-RR 2004, 236; OVG RP Beschl. v. 16.3.2017 – 10 B 11626/16.OVG, BeckRS 2017, 105582 Rn. 3 und Rn. 8; SächsOVG NVwZ-RR 2016, 670 Rn. 9; SächsVBl 2018, 146 Rn. 9; OVG SH NJW 2001, 3210; ThürOVG ThürVBl 2014, 192; a. A. (Regelungsanordnung) OVG MV NordÖR 2003, 32; OVG LSA NVwZ-RR 2017, 335 Rn. 3; NVwZ-RR 2017, 839 Rn. 2.

[137] OVG NW NJW 2004, 1611 → *Ehlers* JK 10/04, VwGO § 123 I 1/3.

[138] BayVGH NVwZ-RR 2020, 830 Rn. 41 (zu § 40 LFGB).

[139] HessVGH NVwZ 2016, 88; NVwZ 2016, 1101.

[140] OVG NW NVwZ-RR 2018, 43 Rn. 10.

[141] OVG Bln-Bbg LKV 2013, 425 (426).

[142] HessVGH NVwZ 2009, 60.

[143] VGH BW VBlBW 2001, 228; *Schoch* in: Schoch/Schneider, VwGO, § 123 Rn. 56, 102.

[144] VGH BW NVwZ-RR 2000, 162; OVG Bln-Bbg NVwZ-RR 2015, 36; HessVGH NVwZ-RR 2017, 143 Rn. 16; NdsOVG NVwZ-RR 2004, 258; OVG NW NVwZ-RR 2017, 417 Rn. 2; OVG RP NVwZ-RR 2019, 42 Rn. 3; SächsOVG SächsVBl 2016, 155 Rn. 4; NVwZ-RR 2019, 467 Rn. 3.

[145] NdsOVG DVBl 2018, 1642 (1643); OVG NW NWVBl 2006, 302.

[146] OVG Hamburg NVwZ-RR 2018, 574; HessVGH NVwZ-RR 2002, 751; OVG MV NVwZ-RR 1999, 542; OVG NW NWVBl 2014, 272 (273); zu Ausdifferenzierungen *Beuscher* VerwArch 111 (2020), 491 (502): Vollstudienplatz, (vorklinischer) Teilstudienplatz, Teilnahme an Verteilungsverfahren (z. B. Losverfahren).

[147] HessVGH NVwZ-RR 2003, 756 (757); NVwZ-RR 2005, 330; SächsOVG NVwZ-RR 2003, 853.

eines vorläufigen Zeugnisses,[148] die Wiedererteilung der entzogenen Fahrerlaubnis,[149] die Zulassung des Zugangs zu einer kommunalen öffentlichen Einrichtung (z.B. Stadthalle),[150] die Erteilung der Konzession für den Betrieb einer Spielhalle,[151] der Zugang zu amtlichen (behördlichen) Informationen,[152] die Ausbildungsförderung,[153] der Zugang zu einer Einrichtung der frühkindlichen Förderung,[154] die Entfernung von Altglassammelbehältern[155] und die Rückgängigmachung einer Abschiebung (mittels Folgenbeseitigungsanspruch).[156] Dass derartige Begünstigungen unter dem Vorbehalt der *Vorläufigkeit* stehen, ist keine Frage der Statthaftigkeit des Eilantrags, sondern seiner Begründetheit.

33 **Lösung zu Fall 6:** Statthaft ist der Antrag auf Erlass einer Sicherungsanordnung, gerichtet auf die vorläufige Untersagung des Satzungserlasses. In dem konkreten Fall war beantragt worden, die Stadt mittels einstweiliger Anordnung zur Zulassung des Bürgerbegehrens zu verpflichten. Der VGH stellt die Statthaftigkeit dieses Antrags nicht in Abrede, weist jedoch darauf hin, dass dieses Begehren auf eine Vorwegnahme der Hauptsache ziele, was nach Maßgabe strenger Begründetheitsvoraussetzungen nur ausnahmsweise in Betracht komme (dazu → Rn. 62).

### 4. Auslegung und Umdeutung des Eilantrags

34 Bestehen Unklarheiten oder Missverständnisse zum Rechtsschutzziel, kann der von Art. 19 Abs. 4 S. 1 GG geforderte wirksame vorläufige Rechtsschutz durch Auslegung oder Umdeutung des Eilantrags gewährleistet werden. Die **Auslegung** des Rechtsschutzbegehrens im Rahmen des § 88 VwGO (anwendbar im Eilverfahren gemäß § 122 Abs. 1 VwGO) ist eine verbreitete gerichtliche Praxis[157] und scheitert nur ausnahmsweise; keine Auslegung des Eilantrags findet statt, wenn es an Interpretationsspielräumen fehlt[158] oder wenn der Antragsteller die richterliche Deutung seines Begehrens nicht akzeptiert.[159] Mit der **Umdeutung** in einen statthaften Antrag auf Erlass einer einstweiligen Anordnung wird vor allem Abgrenzungs- und Zuordnungsschwierigkeiten in Bezug auf §§ 80, 80a VwGO und § 123 VwGO Rechnung getragen;[160] im Einzelfall kann die Umdeutung aus Rechtsgründen scheitern.[161] Auslegung und Umdeutung haben vor dem Hintergrund des § 86 Abs. 3 VwGO auch eine verfassungsrechtliche Dimension; wird – selbst bei anwaltlicher Vertre-

---

[148] OVG NW DVBl 2001, 820 (821).

[149] VGH BW NJW 2014, 1833; OVG NW NWVBl 2019, 160 (161).

[150] ThürOVG ThürVBl 2009, 36 → *Schoch* JK 6/09, ThürKO § 14/1.

[151] OVG NW NWVBl 2017, 431 (432); auch die vorläufige Duldung des Betriebs einer Spielhalle § 123 Abs. 1 S. 2 VwGO zuordnend HessVGH NVwZ-RR 2019, 267 Rn. 18.

[152] OVG Bln-Bbg NVwZ-RR 2016, 943 Rn. 2; OVG Hamburg DVBl 2017, 1446 (1447); zum presserechtlichen Auskunftsanspruch HessVGH NVwZ-RR 2020; 445; OVG NW NJW 2014, 3387 Rn. 3; NJW 2017, 3458; ferner Fall 5 → Rn. 23 und Lösung → Rn. 28, 51, 58, 68.

[153] SächsOVG DVBl 2018, 1299 Rn. 2.

[154] SächsOVG SächsVBl 2017, 308 Rn. 5 f.

[155] VGH BW NVwZ 2016, 1658 Rn. 6.

[156] NdsOVG Beschl. v. 29.3.2019 – 13 ME 518/18, BeckRS 2019, 5740 Rn. 9; OVG RP NVwZ-RR 2018, 948 Rn. 24.

[157] BVerwG NVwZ-RR 2016, 60 Rn. 24; VGH BW NVwZ 2016, 1658 Rn. 20; NVwZ-RR 2017, 247 Rn. 4 f.; BayVGH BayVBl 2019, 450 Rn. 15; BayVBl 2020, 235 Rn. 8; NJW 2020, 3189 Rn. 15; HessVGH NVwZ-RR 2019, 267 Rn. 19; OVG NW NWVBl 2016, 524 (525); NVwZ-RR 2019, 188 Rn. 8; OVG RP NVwZ-RR 2018, 948 Rn. 23; NVwZ-RR 2019, 478 Rn. 5; ThürOVG NVwZ-RR 2004, 206 (207).

[158] VGH BW VBlBW 2020, 418 (419) und NdsOVG DVBl 2018, 1642 (1644): Eilantrag gegen einen bestimmten Antragsgegner.

[159] OVG NW NJW 2014, 2457.

[160] BVerwG NVwZ-RR 2016, 60 Rn. 23; BayVGH BayVBl 1988, 658 (659); OVG Hamburg NVwZ-RR 1993, 53 (54); HessVGH NVwZ-RR 2017, 76 Rn. 3; OVG LSA NVwZ-RR 2019, 620 Rn. 15; ThürOVG DVBl 2000, 434. – BVerwG NVwZ 2008, 1010 (1011) äußert – unberechtigte – Zweifel an der Zulässigkeit einer Umdeutung bei einem von einem Rechtsanwalt formulierten Eilantrag.

[161] VGH BW VBlBW 2017, 73: Widerspruch des Antragstellers (gegen Versetzung in den einstweiligen Ruhestand) hat aufschiebende Wirkung (Hintergrund: vorbeugender vorläufiger Rechtsschutz).

tung des Antragstellers – zu einem „falsch" formulierten Eilantrag kein gerichtlicher Hinweis gegeben, kann darin ein Verstoß gegen **Art. 19 Abs. 4 S. 1 GG** liegen.[162]

## III. Besondere Sachentscheidungsvoraussetzungen

Die an die statthafte Rechtsschutzform anknüpfenden besonderen Sachentscheidungsvoraussetzungen bereiten im einstweiligen Anordnungsverfahren in der Regel keine Schwierigkeiten. Für die **Antragsbefugnis** gilt § 42 Abs. 2 VwGO analog. Der Antragsteller muss geltend machen können, durch das in Streit stehende Verwaltungshandeln in einem subjektiven öffentlichen Recht verletzt zu sein.[163] Die geforderte Möglichkeit der Verletzung in eigenen Rechten entspricht dem Prüfungsmuster bei der Klagebefugnis im Hauptsacherechtsschutz.[164] Besonderheiten treten im Eilverfahren nur selten auf. Ein Beispiel bietet der Konkurrentenstreit im Beamtenrecht, bei dem das Eilverfahren die Funktion des Hauptsacheverfahrens übernimmt (→ Rn. 15); die Möglichkeit, in seinem Bewerbungsverfahrensanspruch aus Art. 33 Abs. 2 GG verletzt zu sein, scheidet bei einem Beamten aus, der sich um die betreffende Stelle (innerhalb der Bewerbungsfrist) nicht beworben hat.[165] 35

Die **passive Verfahrensbefugnis** ist nach § 78 VwGO (analog) zu ermitteln.[166] Grundsätzlich gilt das Rechtsträgerprinzip (§ 78 Abs. 1 Nr. 1 VwGO).[167] Bestimmt das Landesrecht die Behörde zum Gegner (§ 78 Abs. 1 Nr. 2 VwGO), ist der Eilantrag gegen die Behörde selbst zu richten.[168] Beim Organstreit (Kommunalverfassungsstreit) gelten im Eilverfahren die für das Hauptsacheverfahren maßgeblichen Standards zur passiven Verfahrensbefugnis (→ § 33 Rn. 107 ff.). 36

Zur **gerichtlichen Zuständigkeit** trifft § 123 Abs. 2 VwGO eine ausdrückliche Regelung. Zuständig ist das Gericht der Hauptsache (Satz 1); das ist das Gericht des ersten Rechtszugs und, wenn die Hauptsache im Berufungsverfahren anhängig ist, das Berufungsgericht (Satz 2). Danach ist grundsätzlich das **VG** zuständig (§ 45), in den Fällen des § 48 VwGO liegt die erstinstanzliche Zuständigkeit beim **OVG/VGH.** Die Hauptsache ist im Berufungsverfahren anhängig nach der Zulassung der Berufung durch das VG[169] (§ 124a Abs. 1 VwGO) bzw. durch das OVG/den VGH[170] (§ 124a Abs. 5 VwGO); das **Berufungsgericht** ist (sofern § 124a Abs. 1 VwGO nicht eingreift) i. S. d. § 123 Abs. 2 S. 2 VwGO ab der Stellung des Antrags auf Zulassung der Berufung (§ 124a Abs. 4 VwGO) zuständig.[171] Als **Revisionsgericht** (§ 49 VwGO) kommt dem BVerwG keine Zuständigkeit im Eilverfahren zu; Entscheidungen des OVG/VGH sind nicht anfechtbar (§ 152 Abs. 1 VwGO). Im Falle seiner erstinstanzlichen Zuständigkeit (§ 50 Abs. 1 VwGO) entscheidet das **BVerwG** als Gericht der Hauptsache i. S. d. § 123 Abs. 2 VwGO.[172] Zuständig 37

---

162 BVerfG-K NVwZ 2008, 417 (418).

163 VGH BW NVwZ-RR 2018, 115 Rn. 16; BbgOVG LKV 2003, 229; NdsOVG NVwZ-RR 2020, 48 Rn. 20; OVG NW NVwZ-RR 2004, 107; NVwZ-RR 2004, 519; NVwZ 2015, 304; NJW 2016, 2519 Rn. 3; SächsOVG SächsVBl 2000, 73. – BayVGH NJW 2020 3189 Rn. 15: Antragsbefugnis verlangt die schlüssige Behauptung von Anordnungsanspruch und Anordnungsgrund.

164 Zur Verpflichtungsklage → *Ehlers* § 28 Rn. 46 ff.; zur allgemeinen Leistungsklage → *Ehlers* § 29 Rn. 44 ff.; zur Feststellungsklage → *Ehlers* § 30 Rn. 62; speziell zum Organstreit (Kommunalverfassungsstreit) → *Schoch* § 33 Rn. 94 ff.

165 VGH BW VBlBW 2014, 379 (380); ThürOVG ThürVBl 2014, 192 (193).

166 HessVGH NVwZ-RR 2019, 342 Rn. 7.

167 Danach ist nach BayVGH BayVBl 2016, 813 Rn. 18 im Streit um die Zuweisung einer Richterin am BFH nicht das Präsidium des Gerichts, sondern die Bundesrepublik Deutschland richtige Antragsgegnerin.

168 NdsOVG DVBl 2018, 1642 (1644): öffentliche Schule (nicht: Landesschulbehörde) beim Streit um die Versetzung eines Schülers von der 10. in die 11. Klasse eines staatlichen Gymnasiums.

169 OVG Bln-Bbg NVwZ-RR 2015, 660.

170 HessVGH NVwZ-RR 2019, 342.

171 BayVGH NVwZ 2000, 210 (211); ThürOVG DVBl 2000, 434.

172 Zu § 50 Abs. 1 Nr. 4 VwGO anhand von Rechtsstreitigkeiten mit dem BND BVerwG NVwZ-RR 2014, 558 Rn. 4; E 155, 152 Rn. 9 = NVwZ 2016, 1650; E 161, 59 Rn. 11 = NVwZ-RR 2018, 395; zu § 50 Abs. 1 Nr. 6 VwGO BVerwG NVwZ 2019, 1357 Rn. 11 ff. (zur Bundesfachplanung).

ist das BVerwG auch bei einer bindenden Verweisung (§ 83 S. 1 VwGO i. V. m. § 17a Abs. 2 S. 3 GVG).[173]

38 Innerhalb des Gerichts liegt die **funktionelle Zuständigkeit** bei dem nach der Geschäftsverteilung berufenen Spruchkörper. Im Normalfall der VG-Zuständigkeit (§ 45 VwGO) ist dies die jeweilige **Kammer**[174] (vgl. § 5 Abs. 2 und 3 VwGO). In dringenden Fällen ist dem **Vorsitzenden** eine Eilzuständigkeit zuerkannt (§ 123 Abs. 2 S. 3 i. V. m. § 80 Abs. 8 VwGO). Die Regelung ist restriktiv zu handhaben und greift nur ein, wenn der Spruchkörper bis zum gebotenen Entscheidungszeitpunkt in regulärer Besetzung oder mit Vertreter(n) entsprechend dem Geschäftsverteilungsplan nicht zusammentreten kann.[175] Die fehlerhafte Annahme einer Eilzuständigkeit kann einen Verstoß gegen das Recht auf den **gesetzlichen Richter** (Art. 101 Abs. 1 S. 2 GG) darstellen.[176]

39 Sonstige besondere Sachentscheidungsvoraussetzungen normiert § 123 VwGO nicht. Ein **Hauptsacheverfahren** muss *nicht* **anhängig** sein (anders beim Aussetzungsverfahren, → § 34 Rn. 105). Der Eilantrag ist vor Klageerhebung zulässig[177] (ausdrücklich hervorgehoben durch § 123 Abs. 1 S. 1 VwGO). Auch ein Widerspruch gegen die ablehnende Verwaltungsentscheidung ist nicht vonnöten; allerdings darf der Ablehnungsbescheid nicht bestandskräftig sein.[178] Eine **Antragsfrist** besteht für den Eilantrag nach § 123 VwGO nicht.[179] Der Antrag kann, solange das Hauptsacheverfahren nicht abgeschlossen ist, jederzeit gestellt werden.[180] Für den Konkurrentenrechtsstreit im Beamtenrecht (→ Rn. 14 f.) postuliert die Rechtsprechung eine Monatsfrist (ab Zugang der Mitteilung zum Ergebnis des Verfahrens).[181]

40 Den **Anordnungsgrund** (→ Rn. 54 ff.) als Sachentscheidungsvoraussetzung für den Eilantrag zu qualifizieren,[182] ist fehlerhaft; es handelt sich um ein Element der Begründetheit.[183] Ein Eilantrag ist auch nicht deshalb unzulässig, weil er auf eine **Vorwegnahme der Hauptsache** zielt;[184] dieser Topos betrifft den Inhalt einer einstweiligen Anordnung (→ Rn. 59 ff.), also ebenfalls die Begründetheit des Eilantrags.

## IV. Allgemeines Rechtsschutzbedürfnis

41 Das allgemeine Rechtsschutzbedürfnis ist eine in jeder Lage des Eilverfahrens zu prüfende Sachentscheidungsvoraussetzung.[185] Das **Rechtsschutzinteresse des Antragstellers** ist durch das Vorliegen der anderen Zulässigkeitsvoraussetzungen des Eilantrags indiziert und kann nur ausnahmsweise verneint werden, etwa wenn die begehrte einstweilige Anordnung ins Leere geht[186] oder vorläufiger Rechtsschutz im konkreten Fall nicht erforderlich ist.[187] Bei einem kurzfristig gestellten Eilantrag kann das Rechtsschutzbedürfnis nicht mit der

---

[173] BVerwG DVBl 2001, 402; NVwZ-RR 2016, 60 Rn. 26.
[174] SächsOVG DVBl 2018, 1299 Rn. 9.
[175] NdsOVG DVBl 2018, 1642; SächsOVG DVBl 2018, 1299 Rn. 5 ff.
[176] BVerfG-K NJW 2018, 40.
[177] BVerwG NVwZ-RR 2016, 60 Rn. 26; ThürOVG NVwZ-RR 2004, 52.
[178] BayVGH BayVBl 1995, 373 (374).
[179] Zur Antragsfrist in Fachgesetzen (z. B. AsylG) *Schoch* in: Schoch/Schneider, VwGO, § 123 Rn. 109.
[180] OVG NW NWVBl 2014, 272 (273) zum Eilverfahren im Hochschulzulassungsrecht. – Unter dem Aspekt des Anordnungsgrundes dazu *Beuscher* VerwArch 111 (2020), 491 (503 f.)
[181] BVerwGE 151, 14 Rn. 24 = NVwZ 2016, 1650; OVG SL NVwZ-RR 2018, 730 Rn. 12.
[182] So BVerwG NVwZ 2001, 329.
[183] *Dombert* in: Finkelnburg/Dombert/Külpmann, Vorläufiger Rechtsschutz, Rn. 108.
[184] So aber BVerwG NVwZ-RR 2016, 60 Rn. 21; OVG NW DVBl 2001, 820 (822); fehlerhaft auch BVerwGE 109, 258 (261 f.) = NJW 2000, 160 (161 f.).
[185] HessVGH NVwZ-RR 2018, 865 Rn. 3.
[186] VGH BW NVwZ-RR 2015, 650 Rn. 18 für den Fall einer vollständig abgeschlossenen Baumaßnahme (in concreto aber verneint); dazu auch → Rn. 42.
[187] BayVGH NVwZ-RR 2018, 482 Rn. 21: Behörde geht auf das Begehren des Antragstellers ein (Lärmschutz gegen Feuerwehrsirene); HessVGH NVwZ-RR 2014, 379: Schutz des Nachbarn vor Baulärm.

Erwägung verneint werden, der Antragsteller habe die Eilbedürftigkeit selbst herbeigeführt.[188] Die h. M. verneint das allgemeine Rechtsschutzbedürfnis, wenn der Antragsteller sein Begehren zuvor nicht erfolglos an die zuständige Verwaltungsbehörde gerichtet hatte;[189] zweifelhaft ist indes bereits die Statthaftigkeit des Eilantrags (→ Rn. 31 und Rn. 32), weil ohne vorherige Antragstellung bei der Behörde kaum ein „Rechtsverhältnis" i. S. d § 123 Abs. 1 VwGO bestehen dürfte.

In der Praxis haben sich Fallkonstellationen gebildet, in denen das allgemeine Rechts- 42
schutzbedürfnis fraglich ist oder sogar definitiv verneint wird. So wird im **Baunachbarrecht** das Rechtsschutzbedürfnis versagt, wenn sich der Antragsteller gegen ein Bauvorhaben als solches wendet (und nicht auch gegen die Nutzung) und das Bauwerk (zumindest der Rohbau) fertiggestellt ist.[190] Beim **Konkurrentenstreit im Beamtenrecht** entfällt das Rechtsschutzbedürfnis nach h. M. mit der endgültigen Übertragung des Amtes (im statusrechtlichen Sinne) an den ausgewählten Mitbewerber.[191] Dem **behördlichen Eilantrag** wird das Rechtsschutzbedürfnis nicht zuerkannt, wenn die Behörde ihr Ziel z. B. durch den Erlass eines Verwaltungsakts erreichen kann;[192] das setzt allerdings die „VA-Befugnis" der betreffenden Stelle voraus.[193] Beim **vorbeugenden vorläufigen Rechtsschutz** muss – wie im Klageverfahren (→ *Ehlers* § 25 Rn. 252) – ein qualifiziertes Rechtsschutzbedürfnis in dem Sinne vorliegen, dass dem Antragsteller ein Abwarten der behördlichen Entscheidung, um dann hiergegen vorzugehen, nicht zugemutet werden kann. Nach der grundgesetzlichen Gewaltenteilung, dem Konzept des Art. 19 Abs. 4 S. 1 GG und dem System des vorläufigen Rechtsschutzes mit dem Vorrang der §§ 80, 80a VwGO gegenüber der einstweiligen Anordnung (§ 123 Abs. 5 VwGO) wird – auch im Eilverfahren – grundsätzlich nachträglicher gerichtlicher Rechtsschutz gewährt.[194] Der auf vorbeugenden vorläufigen Rechtsschutz zielende Eilantrag ist nur ausnahmsweise zulässig.[195]

## C. Begründetheit des Eilantrags nach § 123 VwGO

**Fall 7:** O, wohnhaft in der Gemeinde G, verlor nach Beendigung seines Arbeitsver- 43
hältnisses die Beschäftigungsstelle und wurde später obdachlos. Zunächst hielt sich O an stetig wechselnden Notschlafplätzen in Kirchen und Bahnhöfen sowie bei Bekannten auf. Nun verlangt O von G die Zuweisung einer Unterkunft zur Behebung seiner Obdachlosigkeit. G lehnt ab, weil O an dem eingetretenen Zustand nicht ganz unschuldig sei. Kann O sein Begehren mit einem Eilantrag beim zuständigen VG durchsetzen?[196]

---

[188] BVerfG-K NVwZ 2018, 254 Rn. 15; NdsOVG NVwZ-RR 2020, 48 Rn. 10.

[189] BVerwG NVwZ 2018, 414 Rn. 9; VGH BW NVwZ-RR 2005, 174; *Beuscher* VerwArch 111 (2020), 491 (502); *Schenke* Verwaltungsprozessrecht, Rn. 1031; *Dombert* in: Finkelnburg/Dombert/Külpmann, Vorläufiger Rechtsschutz, Rn. 95.

[190] Exemplarisch NdsOVG NdsVBl 2009, 44 → *Schoch* JK 7/09, NdsBauO § 89 I/1.

[191] Anders ist es bei der bloßen Dienstpostenkonkurrenz (Amt im konkret-funktionellen Sinne), bei der die Verwaltungsmaßnahme rückgängig gemacht werden kann; vgl. etwa BVerwGE 161, 59 Rn. 15 = NVwZ-RR 2018, 395.

[192] OVG Hamburg NJW 1989, 605; OVG NW NVwZ-RR 1996, 169.

[193] HessVGH NVwZ-RR 2019, 306: verneint für das Verlangen einer Gemeinde (als Straßenbaulastträger) zur Entfernung von in den Straßenraum eingebrachten Gegenständen.

[194] OVG SL NVwZ 2016, 1743 Rn. 4: bevorstehendes behördliches Auskunftsverlangen (Steuer-CD); OVG SH NJW 2017, 682 Rn. 8: erwartbare Passentziehung.

[195] OVG NW NVwZ-RR 2018, 43 Rn. 17: Stopp der Vorratsdatenspeicherung; OVG NW NVwZ-RR 2019, 188 Rn. 21: Aufforderung an einen Beamten zum Dienstantritt trotz geltend gemachter Dienstunfähigkeit (Hintergrund: Gesundheitsschutz).

[196] Fall nach BayVGH NVwZ-RR 2017, 309.

44 **Fall 8:** M ist Mieterin einer Wohnung in der Stadt S. Das Wohnungsbauunternehmen W erhielt die Baugenehmigung zum Neubau von fünf Mehrfamilienhäusern auf dem Nachbargrundstück und begann mit den Bauarbeiten. Für M ist der Baustellenlärm mittlerweile unerträglich. Sie beantragt bei der zuständigen Behörde, gegen W einzuschreiten, am besten die Baueinstellung zu verfügen. Die Behörde lehnt ab. M fragt, was sie mit einem Eilantrag beim zuständigen VG erreichen kann, da die Immissionsrichtwerte doch eindeutig überschritten seien.[197]

## I. Entscheidungsmaßstab

45 Der Maßstab für die **Begründetheit des Eilantrags** ergibt sich aus § 123 Abs. 3 VwGO i. V. m. § 920 Abs. 2 ZPO. Danach sind der Anordnungsanspruch (→ Rn. 47 ff.) und der Anordnungsgrund (→ Rn. 54 ff.) glaubhaft zu machen. Die verkürzte gesetzliche Ausdrucksweise darf nicht zu verfehlten Schlussfolgerungen führen: Die **Glaubhaftmachung** bezieht sich (ausweislich § 123 Abs. 3 VwGO i. V. m. §§ 920 Abs. 2, 294 Abs. 1 ZPO) auf den Nachweis von **Tatsachen,** also auf die *tatsächlichen* Voraussetzungen für den Erlass einer einstweiligen Anordnung[198] (und nicht etwa auf die rechtlichen Voraussetzungen). Die Glaubhaftmachung kann mittels Versicherung an Eides Statt erfolgen.[199] Neben dem Tatsachenvortrag des Antragstellers gilt im Eilverfahren der Amtsermittlungsgrundsatz (§ 86 VwGO), so dass das Gericht den Sachverhalt (ergänzend) von Amts wegen feststellen kann.[200] Ist die Tatsachenbasis nicht umstritten, stellen sich Fragen zur Glaubhaftmachung und zur Amtsermittlung nicht.

46 In diesem System markiert der **Anordnungsanspruch** die materiellrechtliche Rechtsposition des Antragstellers, die im Hauptsacheverfahren durchgesetzt werden soll und im Eilverfahren zur einstweiligen Sicherung bzw. zur vorläufigen Regelung ansteht. Der **Anordnungsgrund** steht für den Anlass der beantragten einstweiligen Maßnahme und manifestiert die Eilbedürftigkeit (Dringlichkeit) des gerichtlichen Rechtsschutzes, die ein Zuwarten auf die Hauptsacheentscheidung nicht erlaubt. Andere oder ergänzende Aspekte wie z. B. eine „Interessenabwägung"[201] oder eine interessenorientierte „Folgenabwägung"[202] sind richterliche Kreationen ohne gesetzliche Grundlage.[203] Steht das Gericht unter Zeitdruck, kann es – wie im Aussetzungsverfahren (→ § 34 Rn. 18, 91) – zur Verhinderung des Eintritts vollendeter Tatsachen eine unmittelbar auf Art. 19 Abs. 4 S. 1 GG gestützte Zwischenentscheidung treffen.[204] Ansonsten gilt: Fehlt der Anordnungsanspruch oder der Anordnungsgrund, bleibt der Eilantrag erfolglos; liegen die Voraussetzungen vor, muss das Ge-

[197] Fall nach VGH BW NVwZ-RR 2015, 650.

[198] VGH BW NVwZ-RR 2000, 303 (304); NVwZ-RR 2015, 650 Rn. 22; BayVGH NVwZ-RR 2001, 477; NdsOVG NVwZ-RR 1998, 205; NdsVBl 1998, 167; OVG NW NVwZ-RR 2018, 43 Rn. 19; NVwZ-RR 2019, 188 Rn. 3; NVwZ-RR 2020, 117 Rn. 3.

[199] VGH BW NJW 2016, 1975 Rn. 7; BayVGH NJW 2020, 3189 Rn. 21; OVG Bln-Bbg NJW 2015, 1707; HessVGH NVwZ 1999, 1369; NdsOVG NVwZ-RR 2007, 398 (399); OVG NW NWVBl 2019, 160 (161); OVG RP NVwZ-RR 2019, 42 Rn. 4; OVG SL NVwZ-RR 2005, 550 (552); SächsOVG LKV 2002, 472 (474).

[200] BVerfG-K NVwZ 2004, 1112 (1113); VGH BW NVwZ-RR 2017, 329 Rn. 10; BayVGH NVwZ-RR 2017, 309 Rn. 10; ausführlich *Guckelberger* VerwArch 108 (2017), 1 (30 ff.).

[201] So z. B. BayVGH NVwZ-RR 2014, 959 Rn. 25; NVwZ-RR 2015, 137 Rn. 10; OVG SH NVwZ 2006, 363 (364).

[202] So z. B. OVG NW NWVBl 2008, 305 (306); OVG SL NVwZ-RR 2018, 381 Rn. 5; SächsOVG NJW 2017, 2850; OVG SH NVwZ 2006, 363 (364); ThürOVG ThürVBl 2019, 37 (39).

[203] VGH BW NVwZ 1999, 1357; NdsOVG NVwZ-RR 2001, 241; *Puttler* in: Sodan/Ziekow, VwGO, § 123 Rn. 96.

[204] VGH BW Beschl. v. 15.2.2019 – 1 S 188/19, BeckRS 2019, 2625; BayVGH DVBl 2000, 925 (926); HessVGH NVwZ 2015, 447; NVwZ 2017, 1144; OVG SL Beschl. v. 26.8.2015 – 2 B 154/15, BeckRS 2015, 51377 Rn. 10, 12; OVG SH NVwZ 2006, 956.

richt eine einstweilige Anordnung erlassen, gerichtliche Gestaltungsbefugnisse bestehen nur beim Anordnungsinhalt (→ Rn. 59 ff.).

## II. Anordnungsanspruch

Der prozessuale Begriff **„Anordnungsanspruch"** meint in der Sache den *materiellen Anspruch,* für dessen Sicherung oder vorläufige Durchsetzung die einstweilige Anordnung begehrt wird.[205] Der rechtsdogmatische Anknüpfungspunkt hierfür findet sich bei der Sicherungsanordnung im „Recht des Antragstellers" (§ 123 Abs. 1 S. 1 VwGO), bei der Regelungsanordnung im „streitigen Rechtsverhältnis" (§ 123 Abs. 1 S. 2 VwGO). Inhaltlich erfolgt auf dieser Stufe der Begründetheitsprüfung eine Vorausbeurteilung der **Erfolgsaussichten in der Hauptsache.**[206] Dazu ist die in der Praxis verwendete Floskel von der lediglich „summarischen Prüfung" der Sach- und Rechtslage[207] zumindest missverständlich. Eine „summarische Prüfung" kann es nur in Bezug auf die Sachverhaltsermittlung geben; eine „summarische" („kursorische") Prüfung der Rechtslage ist dem Richter nicht erlaubt, da Rechtsfragen eindeutig (und abschließend) zu beantworten sind.[208] 47

Zum Anordnungsanspruch ist auf zwei Besonderheiten hinzuweisen. Der **Anspruch auf ermessensfehlerfreie Entscheidung** kann im Wege der einstweiligen Anordnung vorläufig gesichert bzw. durchgesetzt werden. Im Falle der Ermessensreduzierung auf Null ist dies ohnehin unproblematisch. Die h. M. postuliert diese Ermessensverdichtung als Anforderung für die Bejahung des Anordnungsanspruchs.[209] Indessen muss aus Gründen des wirksamen Rechtsschutzes (Art. 19 Abs. 4 S. 1 GG) im Eilverfahren nicht unbedingt eine Ermessensreduzierung auf Null festgestellt werden (können), um die einstweilige Anordnung zu erlassen.[210] Zur Behebung von Ermessensdefiziten wird im Eilverfahren das Nachschieben von Gründen analog § 114 S. 2 VwGO mittlerweile zugelassen.[211] Erlangt das Gericht im Rahmen seiner rechtlichen Prüfung die Überzeugung von der **Verfassungswidrigkeit der Norm,** die im Eilverfahren anzuwenden ist, muss es nicht das Verfahren nach Art. 100 Abs. 1 GG (→ *Wernsmann* § 19 Rn. 14 ff.) betreiben; das Gebot wirksamen Rechtsschutzes (Art. 19 Abs. 4 S. 1 GG) genießt im Eilverfahren einen relativen Vorrang gegenüber der verfassungsgerichtlichen Normenkontrolle[212] (zur Parallele im Aussetzungsverfahren → § 34 Rn. 139). 48

Bei der **Sicherungsanordnung** (§ 123 Abs. 1 S. 1 VwGO) ist jedes subjektive öffentliche Recht ein Anwendungsfall des Anordnungsanspruchs und damit sicherungsfähig. In 49

---

[205] BayVGH NVwZ-RR 2019, 983 Rn. 17; NVwZ-RR 2020, 830 Rn. 41; OVG Hamburg Beschl. v. 5.3.2015 – 2 Bs 20/15, BeckRS 2015, 53546 Rn. 8; HessVGH NVwZ 2016, 171 Rn. 29; NVwZ-RR 2017, 143 Rn. 18; NdsOVG NVwZ-RR 2008, 367 (368); OVG NW NWVBl 2014, 272 (273).

[206] BayVGH BayVBl 2015, 641; HessVGH NVwZ-RR 2001, 366; OVG NW NVwZ-RR 2020, 639 Rn. 5.

[207] BVerwG NVwZ-RR 2016, 60 Rn. 40; VGH BW NVwZ-RR 2015, 650 Rn. 18, 24; BayVGH NVwZ-RR 2019, 67 Rn. 22; OVG Bln-Bbg NVwZ-RR 2015, 660 (661); OVG Bremen DVBl 2020, 517 (520); HessVGH NVwZ 2017, 1144 Rn. 9; NdsOVG NdsVBl 2018, 124 (125); OVG NW NWVBl 2017, 431 (433); SächsOVG DVBl 2018, 1299 Rn. 4; ThürOVG NVwZ-RR 2019, 365 Rn. 27.

[208] BVerwG NVwZ 2015, 1383 Rn. 15; NVwZ 2018, 414 Rn. 24; NVwZ 2018, 907 Rn. 20; NVwZ 2018, 902 Rn. 19; BayVGH BayVBl 2015, 641 Rn. 16; OVG RP NVwZ-RR 2015, 862 Rn. 3.

[209] OVG Bremen DVBl 2020, 517 (520); OVG Hamburg NVwZ-RR 2014, 373 (376); HessVGH NVwZ 2016, 88 Rn. 6; NVwZ 2016, 1101 Rn. 12; OVG NW NWVBl 2014, 224 (226); NJW 2016, 2519 Rn. 14.

[210] Liegt ein Ermessensfehler vor und wird die Neubescheidung mit einiger Wahrscheinlichkeit zu Gunsten des Antragstellers ausfallen, ist eine einstweilige Anordnung angezeigt; VGH BW VBlBW 2014, 231; VBlBW 2018, 387 (388); OVG MV NVwZ-RR 2017, 318 Rn. 26.

[211] HessVGH NVwZ-RR 2016, 546 Rn. 14; OVG RP NVwZ-RR 2015, 141 (146); OVG LSA Beschl. v. 1.2.2016 – 1 M 204/15, BeckRS 2016, 45267 Rn. 10; a. A. noch HessVGH GewArch 2004, 354; NdsOVG NVwZ-RR 2008, 552 (553).

[212] BVerfG-K NVwZ-RR 2014, 369 Rn. 17; VGH BW Beschl. v. 12.2.2020 – 9 S 2637/19, BeckRS 2020, 2902 Rn. 51; NdsOVG NJW 2019, 2951 Rn. 16; *Bode* VerwArch 107 (2016), 206 (215); kritisch *Schenke* JuS 2017, 1141 (1146 f.).

Anknüpfung an die zur Statthaftigkeit der Sicherungsanordnung aufgeführten Beispiele (→ Rn. 31) bedeutet dies, dass im Falle der drohenden Abschiebung das Eingreifen eines Abschiebungshindernisses zu prüfen ist, beim Bürgerbegehren müssen Sicherungsrechte nach Kommunalrecht ermittelt werden, bei den verschiedenen Unterlassungsbegehren muss dem Antragsteller ein Abwehranspruch zustehen (etc.). In der Sache ist umstritten, ob eine überwiegende Erfolgsaussicht in der Hauptsache zu verlangen ist[213] oder ob es zur Bejahung des Anordnungsanspruchs ausreicht, dass der Erfolg in der Hauptsache ebenso wahrscheinlich ist wie der Misserfolg;[214] da die Sicherungsanordnung als funktionales Äquivalent der aufschiebenden Wirkung fungiert (→ Rn. 19, 29), überzeugt die letztgenannte Auffassung. Besonderheiten gelten beim Konkurrentenstreit im Beamtenrecht in Bezug auf den Bewerbungsverfahrensanspruch (Art. 33 Abs. 2 GG); der Anordnungsanspruch ist schon zu bejahen, wenn nach einer fehlerhaften Auswahlentscheidung das Ergebnis der erneuten Auswahlentscheidung offen, d. h. eine Entscheidung zu Gunsten des Antragstellers möglich ist.[215] Dieses Kriterium ist auf andere Rechtsbereiche übertragbar.[216]

50 Bei der **Regelungsanordnung** (§ 123 Abs. 1 S. 2 VwGO) ist zum Anordnungsanspruch zu klären, ob dem Antragsteller das geltend gemachte Recht auf die vorläufige Veränderung des bestehenden Zustands (vgl. → Rn. 29) zusteht. In Anknüpfung an die zur Statthaftigkeit der Regelungsanordnung erwähnten Beispiele (→ Rn. 32) muss folglich nach dem jeweils einschlägigen materiellen Recht ein Anspruch bestehen z. B. auf die Aufnahme in eine bestimmte Schule, die Versetzung in eine höhere Klasse, die Zulassung zum Studium, die Zulassung zu einer öffentlichen Einrichtung, die Erteilung der begehrten Konzession (etc.). Der Anordnungsanspruch ist zu bejahen, wenn der – auf die einstweilige Veränderung des status quo drängende – Antragsteller in der Hauptsache mit überwiegender Wahrscheinlichkeit obsiegen wird.[217]

51 **Hinweise zu den Fällen 5 bis 8:** In der Entscheidung zu **Fall 5** hat das BVerwG erklärt, der Bundespräsident sei nicht zur Auskunftserteilung über die verfassungsrechtliche Prüfung von auszufertigenden Gesetzen verpflichtet; die Entscheidungsfindung gehöre zum Kernbereich präsidialer Eigenverantwortung, für den ein schutzwürdiges Vertraulichkeitsinteresse bestehe. – Zu **Fall 6** wurde der Anordnungsanspruch (in Bezug auf eine positive Entscheidung – und nicht nur Sicherung – über die Zulässigkeit des Bürgerbegehrens) verneint; das Begehren sei wegen der Unbestimmtheit des Begriffs „Baufenster" wahrscheinlich unzulässig. – In **Fall 7** ist der Anordnungsanspruch angesichts der Gefahr für Leib und Leben des unfreiwillig Obdachlosen unproblematisch.[218] – Zu **Fall 8** bejaht der VGH einen sicherungsfähigen Anspruch auf Einschreiten der Immissionsschutzbehörde (vorläufige Baueinstellung) gegen den Bauherrn nach §§ 22, 24 S. 1 BImSchG.

52 Bei Fallgestaltungen mit Unionsrechtsbezug muss der Prüfungsmaßstab modifiziert werden, wenn das nationale Gericht **Zweifel an der Gültigkeit sekundären EU-Rechts** hat. Der EuGH anerkennt zwar die Befugnis nationaler Gerichte zur Gewährung vorläufigen Rechtsschutzes (z. B. im Falle eines von der innerstaatlichen Behörde abgelehnten Ver-

---

[213] VGH BW NVwZ-RR 2004, 120; *Schenke* Verwaltungsprozessrecht, Rn. 1033.

[214] OVG Hamburg Beschl. v. 5.3.2015 – 2 Bs 20/15, BeckRS 2015, 53546 Rn. 10.

[215] BVerfG-K NVwZ 2003, 200 (201); NVwZ 2006, 1401 (1402 f.) → *Schoch* JK 4/07, GG Art. 33 II/20; NJW 2016, 309 Rn. 19; VGH BW VBlBW 2019, 330 (331); BayVGH BayVBl 2015, 127 Rn. 47; OVG NW NVwZ-RR 2016, 708 Rn. 4, 23; OVG RP NVwZ-RR 2015, 224 (230); OVG LSA NVwZ-RR 2017, 335 Rn. 26; ThürOVG ThürVBl 2014, 192.

[216] OVG NW NVwZ-RR 2017, 27 Rn. 24 (zu §§ 69, 70 GewO).

[217] BayVGH BayVBl 2015, 641; HessVGH NVwZ-RR 2008, 537; OVG NW NVwZ-RR 2020, 639 Rn. 5; OVG RP NVwZ 2004, 363.

[218] Zur Gewinnung des subjektiven Rechts bei der Gefahrenabwehr *Schoch* in: Schoch, BesVwR, Kap. 1 Rn. 333.

waltungsakts), erlaubt jedoch – wie im Aussetzungsverfahren (→ § 34 Rn. 140) – die Rechtsschutzgewährung nur, wenn
- das Gericht erhebliche Zweifel an der Gültigkeit des EU-Sekundärrechts hat und die Gültigkeitsfrage dem EuGH vorlegt, sofern dieser damit noch nicht befasst ist,
- die Entscheidung dringlich in dem Sinne ist, dass die einstweilige Anordnung ergehen muss, um den Antragsteller vor dem Eintritt eines schweren und nicht wiedergutzumachenden Schadens zu bewahren,
- das Interesse der EU angemessen berücksichtigt wird und
- bei der Prüfung der Voraussetzungen Entscheidungen des EuGH oder des EuG zu gleichartigen Anordnungen auf Unionsebene beachtet.[219]

Kompetenzrechtlich ist diese EuGH-Rechtsprechung nicht unproblematisch;[220] für die Praxis ist sie indessen maßgebend.

Hängt eine Leistungsgewährung von der Tätigkeit eines Unionsorgans ab (z. B. Erlass ei- 53
nes Sekundärrechtsakts) und bleibt das Organ untätig, untersagt der EuGH den nationalen Gerichten die Gewährung vorläufigen Rechtsschutzes.[221] Für die Situation der **Untätigkeitsklage** (→ *Ehlers* § 10) werden damit – ungeachtet des Rechts auf wirksamen Rechtsschutz (Art. 47 GRCh) gerade auch vor nationalen Gerichten (Art. 19 Abs. 1 UAbs. 2 EUV) – **Rechtsschutzlücken** hingenommen. Innerstaatliche Gerichte respektieren die Vorgaben des EuGH.[222] Das BVerfG nimmt die EuGH-Judikatur hin.[223] Rechtlich überzeugend ist dies in einem rechtsstaatlich geprägten Gemeinwesen nicht.[224]

## III. Anordnungsgrund

Der Anordnungsgrund setzt eine **besondere Dringlichkeit** der gerichtlichen Entschei- 54
dung voraus.[225] Zum Ausdruck kommt das spezifische Bedürfnis des Antragstellers an der Gewährung gerade vorläufigen Rechtsschutzes. Entscheidend für die Beurteilung der Dringlichkeit sind der Faktor „Zeit" und die mit dem Zeitablauf drohenden Folgen für den Antragsteller. Der Anordnungsgrund bezieht sich auf die Dringlichkeit der begehrten Eilentscheidung, sagt aber nichts zur Erfolgsaussicht der Klage in der Hauptsache aus, so dass auch größte Dringlichkeit fehlende Erfolgsaussicht nicht zu kompensieren vermag. Mitunter wird ein *funktionaler Zusammenhang* zwischen Anordnungsanspruch und Anordnungsgrund hergestellt.[226] Im vorliegenden Zusammenhang soll daraus folgen, dass bei schweren und unzumutbaren, anders nicht abwendbaren irreversiblen Nachteilen eine einstweilige Anordnung eher nicht versagt werden dürfe.[227] Auch diese Tendenzaussage ändert nichts daran, dass die einstweilige Anordnung einen Anordnungsanspruch voraussetzt. Unabhängig davon sind Nachteile, die die Behörde dem Antragsteller bereitet (z. B. Versagung einer Genehmigung, Vorenthaltung einer Geldleistung), hinzunehmen, wenn sie im Einklang mit der Rechtsordnung stehen.

Bei der **Sicherungsanordnung** besteht der Anordnungsgrund in einer **Gefährdung** 55
**der Rechtsverwirklichung** (§ 123 Abs. 1 S. 1 VwGO). Ein sicherer Indikator ist insoweit

---

[219] EuGH NJW 1996, 1333 = EuZW 1995, 837 (m. Anm. *Burmeister/Miersch*).
[220] *Pernice* FS Grabitz, 1995, S. 523 (544); *Puttler* in: Sodan/Ziekow, VwGO, § 123 Rn. 25.
[221] EuGH NJW 1997, 1225.
[222] BayVGH BayVBl 2005, 280 (281); OVG NW NJW 1996, 3291; DÖV 2008, 298.
[223] BVerfG-K NVwZ 2004, 1346 (1347) → *Schoch* JK 3/05, GG Art. 19 IV 1/27.
[224] *Koenig* EuZW 1997, 206; *Ohler/Weiß* NJW 1997, 2221; *Dörr/Lenz* Europäischer Verwaltungsrechtsschutz, Rn. 594; *Puttler* in: Sodan/Ziekow, VwGO, § 123 Rn. 26.
[225] VGH BW NVwZ-RR 2020, 824 Rn. 6; BayVGH NVwZ-RR 2019, 983 Rn. 17; OVG Bln-Bbg NVwZ 2018, 677 Rn. 14; OVG Bremen NVwZ 1999, 211; HessVGH NVwZ 2016, 171 Rn. 29; NdsOVG NVwZ-RR 2017, 227 Rn. 2; OVG RP NVwZ-RR 2018, 733 Rn. 5; SächsOVG SächsVBl 2014, 239; OVG SH NVwZ 2006, 363 (364); ThürOVG ThürVBl 2019, 37 (38).
[226] Danach sind die Anforderungen an den Anordnungsgrund um so geringer, je klarer der Anordnungsanspruch vorliegt; BVerfGE 79, 69 (78) = NJW 1989, 827 (828); BVerfG-K NVwZ-RR 2009, 945 Rn. 24; BayVGH NVwZ 2001, 342; OVG NW NWVBl 2019, 160 (161).
[227] *Dombert* in: Finkelnburg/Dombert/Külpmann, Vorläufiger Rechtsschutz, Rn. 135.

der Eintritt irreversibler Zustände. Praxisbeispiele – den Anordnungsanspruch stets vorausgesetzt – bestätigen den Befund. So werden beim Konkurrentenstreit im Beamtenrecht mit der Ernennung des ausgewählten Mitbewerbers vollendete Tatsachen geschaffen (→ Rn. 14), so dass die Rechtsschutzgewährung dringlich ist.[228] Bei der bloßen Dienstpostenkonkurrenz wird der Anordnungsgrund teilweise verneint, weil die Übertragung des Dienstpostens (im Unterschied zum Statusamt) rückgängig gemacht werden könne;[229] ein tragender Grund für eine einstweilige Anordnung ist jedoch nach der den Anordnungsanspruch legitimierenden fehlerhaften Auswahlentscheidung der zu verhindernde Erfahrungsvorsprung, den der zu Unrecht ausgewählte Mitbewerber auf dem Dienstposten erlangen könnte.[230] Bei der Umsetzung eines Beamten wird der Anordnungsgrund in der Regel verneint, weil die Maßnahme rückgängig gemacht werden kann, so dass kein endgültiger Rechtsverlust droht.[231] Der Anordnungsgrund für die Sicherungsanordnung gegenüber aufenthaltsbeendenden Maßnahmen im Asyl- und Ausländerrecht verlangt nicht, dass die Abschiebung unmittelbar bevorsteht; die behördliche Absicht zur Vornahme der Maßnahme in absehbarer Zeit mit irreparablen Folgen für den Betroffenen genügt.[232] Bei einem erfolgreichen Bürgerbegehren ist der Anordnungsgrund zu bejahen, wenn der (Gemeinde-)Rat durch einen gegenläufigen Beschluss das Bürgerbegehren hinfällig zu machen droht;[233] ist dergleichen nicht zu erwarten, gibt es keinen Grund für den Erlass einer einstweiligen Anordnung.[234] Bei der auf die Unterlassung einer amtlichen Äußerung gerichteten Sicherungsanordnung genügt für die Annahme eines Anordnungsgrundes, dass sich eine Wiederholung der streitbefangenen Äußerung nicht mit hinreichender Sicherheit ausschließen lässt.[235] Im Falle der amtlichen Information der Öffentlichkeit über das Verhalten bestimmter Personen drohen eine Prangerwirkung bzw. eine stigmatisierende Wirkung; das wäre irreversibel, so dass der Anordnungsgrund (nach Bejahung des Anordnungsanspruchs) gegeben ist.[236] Im Kommunalverfassungsstreit ist der Anordnungsgrund beim Ausschluss aus einer Gemeinderatsfraktion mit der Erwägung angenommen worden, dass der betroffenen Person nicht unerhebliche Einschränkungen ihrer kommunalpolitischen Wirkungsmöglichkeiten drohen.[237] Im Baunachbarrecht kann bei rechtswidrigen Baumaßnahmen nach Fertigstellung eines Gebäudes dessen Beseitigung nach einem Erfolg in der Hauptsache auf Grund der geschaffenen Fakten und des Ermessens der Bauaufsichtsbehörde kaum erreicht werden; daher ist der Erlass einer einstweiligen Anordnung im Interesse des Nachbarschutzes dringlich.[238]

56 Bei der **Regelungsanordnung** ist gemäß § 123 Abs. 1 S. 2 VwGO ein Anordnungsgrund gegeben, „um wesentliche Nachteile abzuwenden" oder um „drohende Gewalt zu verhin-

---

[228] VGH BW NVwZ-RR 2017, 49 Rn. 1; VBlBW 2019, 330 (331); BayVGH BayVBl 2015, 127 Rn. 31; OVG NW NWVBl 2014, 468 (470); SächsOVG NVwZ-RR 2016, 670 Rn. 10.

[229] VGH BW NVwZ-RR 2017, 247 Rn. 6 ff.; Beschl. v. 6.12.2016 – 4 S 2078/16, BeckRS 2016, 55612 Rn. 17; OVG Bln-Bbg NVwZ-RR 2014, 655; HessVGH NVwZ 2017, 1144 Rn. 12; OVG RP NVwZ-RR 2018, 733 Rn. 6; OVG LSA NVwZ-RR 2017, 335 Rn. 5 ff.

[230] OVG NW NVwZ-RR 2016, 708 Rn. 28; ThürOVG ThürVBl 2014, 218 (219); unentschieden SächsOVG SächsVBl 2018, 146 Rn. 25 f; *Bracher* DVBl 2016, 1236 (1238 ff.).

[231] VGH BW NVwZ-RR 2018, 115 Rn. 17; NVwZ-RR 2018, 355 Rn. 17; Beschl. v. 9.10.2018 – 4 S 1773/18, BeckRS 2018, 25331 Rn. 6 f.; anders OVG NW NVwZ-RR 2020, 117 Rn. 12 (auf Grund bestimmter Besonderheiten im konkreten Fall).

[232] BayVGH NVwZ-RR 2018, 588 Rn. 14; OVG Hamburg NVwZ-RR 2007, 559 (561); HessVGH NVwZ-RR 2019, 342 Rn. 16; OVG RP Beschl. v. 14.8.2017 – 7 B 11145/17.OVG, BeckRS 2017, 123329 Rn. 10.

[233] BbgOVG LKV 2003, 229 (231); OVG NW NVwZ-RR 2004, 519 (520).

[234] VGH BW VBlBW 2014, 141 (144 f.): kein treuwidriges Verhalten der Gemeinde zu erwarten.

[235] BayVGH NVwZ-RR 2004, 623 (624); OVG NW NJW 2004, 1611 (1612) → *Ehlers* JK 10/04, VwGO § 123 I 1/3. – Ebenso im Hochschulorganstreit zur Wahrnehmung eines politischen Mandats durch den AStA NdsOVG NVwZ-RR 2015, 460 (allerdings mit anschließender Verneinung des Anordnungsanspruchs).

[236] OVG Bln-Bbg NVwZ-RR 2014, 844 (845); OVG Bremen NVwZ-RR 2018, 571 Rn. 17.

[237] BayVGH NVwZ-RR 2019, 67 Rn. 18; zu den kommunalverfassungsrechtlichen Fragen des Fraktionsausschlusses → § 33 Rn. 36 (Fall 7) und Rn. 122 (Lösung).

[238] OVG NW NWVBl 1999, 220; ThürOVG LKV 1999, 279 (281 f.).

dern" oder wenn die einstweilige Anordnung „aus anderen Gründen nötig erscheint". Von praktischer Bedeutung ist vor allem die dritte, generalklauselartige Variante. Das **besondere Dringlichkeitsinteresse** ist anzunehmen, wenn dem Antragsteller nach Würdigung der Umstände des konkreten Falles das Abwarten der Hauptsacheentscheidung nicht zugemutet werden kann.[239] Das gilt etwa – den Anordnungsanspruch stets vorausgesetzt – bei der Aufnahme eines Schülers in eine bestimmte Schule zum Schuljahresbeginn[240] und bei der Hochschulzulassung;[241] kann der Antragsteller einen Studienplatz in dem gewünschten Fach an einer anderen Hochschule im Bundesgebiet erhalten, entfällt der Anordnungsgrund.[242] Die vorläufige Zulassung zur Prüfung findet ihren Grund in der Abwendung wesentlicher Nachteile; die Verzögerung der Ausbildung soll vermieden werden, vor allem wird dem Antragsteller nicht zugemutet, das erforderliche Prüfungswissen nach längerer Zeit (d. h. nach Abschluss des Hauptsacheverfahrens) aktualisieren zu müssen.[243] Beim Anspruch auf Zugang zu einer (kommunalen) öffentlichen Einrichtung liegt in der Regel die geforderte Dringlichkeit vor; das gilt etwa für die Durchführung einer bestimmten Veranstaltung (z. B. Parteitag) an einem bestimmten Tag,[244] aber auch in Dauerrechtsverhältnissen (z. B. Inanspruchnahme des einem Kind zustehenden Kita-Platzes),[245] da eine rechtskräftige Hauptsacheentscheidung für die Rechtsverwirklichung zu spät käme. Hängt die berufliche Betätigung von einer behördlichen Zulassung (Erlaubnis, Konzession, Approbation etc.) ab, basiert die Eilbedürftigkeit des Rechtsschutzes auf drohenden irreversiblen wirtschaftlichen Nachteilen durch Zeitablauf (bis hin zur Gefährdung der wirtschaftlichen Existenz des Antragstellers).[246] Beim Vorgehen gegen die unrechtmäßige Speicherung personenbezogener Daten wird der Anordnungsgrund auf die Abwendung irreparabler Nachteile gestützt.[247]

Die **Verneinung des Anordnungsgrundes** bei der Regelungsanordnung betrifft vor 57
allem Fallgestaltungen, in denen die Rechtsprechung eine Verknüpfung mit der Vorwegnahme der Hauptsache (dazu → Rn. 62) herstellt und gesteigerte Anforderungen an die Dringlichkeit postuliert. Das betrifft etwa den Zugang zu amtlichen Informationen (z. B. nach IFG oder UIG).[248] Beim presserechtlichen Auskunftsanspruch wird der Anordnungsgrund nicht selten deshalb in Abrede gestellt, weil für die begehrte Auskunft ein gesteigertes öffentliches Interesse sowie ein starker Gegenwartsbezug nicht bestünden; daher könne die Hauptsacheentscheidung abgewartet werden.[249] Für die Veröffentlichung eines Luftrein-

[239] VGH BW VBlBW 2014, 231 (233); NVwZ 2016, 1658 Rn. 7; BayVGH NVwZ-RR 2014, 959 Rn. 27; OVG Bln-Bbg NVwZ-RR 2014, 843 (844); OVG NW NVwZ-RR 2015, 387 (390); NVwZ-RR 2019, 188 Rn. 31.

[240] VGH BW NVwZ-RR 2000, 162 (164); OVG Bln-Bbg NVwZ-RR 2015, 36; OVG Bremen NVwZ 2003, 122 (123); SächsOVG SächsVBl 2016, 155 Rn. 15; NVwZ-RR 2019, 467 Rn. 10.

[241] VGH BW NVwZ-RR 2000, 23; OVG Hamburg NVwZ-RR 2005, 544; OVG NW NWVBl 2014, 272 (273).

[242] VGH BW NVwZ-RR 2007, 177 (178); OVG Hamburg NVwZ 2014, 386; HessVGH NVwZ-RR 2002, 751; *Beuscher* VerwArch 111 (2020), 491 (503). – OVG Hamburg NVwZ-RR 2016, 185 verneint den Anordnungsgrund, weil der Antragsteller nicht alles unternommen habe, um den begehrten Medizinstudienplatz andernorts zu erhalten.

[243] OVG NW NWVBl 2016, 341 (343); SächsOVG NVwZ-RR 2003, 853 (854); ThürOVG ThürVBl 2019, 37 (38); a. A. SächsOVG NJW 2017, 2850 Rn. 13 ff.: Prüfungswiederholung im nächsten Semester sei zumutbar. – BVerfG-K NVwZ 1999, 866 (867) betont bzgl. der Zulassung zu einer Berufszugangsprüfung, die Verzögerung um ein Jahr wäre wegen Art. 12 Abs. 1 GG ein schwerer Nachteil.

[244] ThürOVG ThürVBl 2009, 36 (37) → *Schoch* JK 6/09, ThürKO § 14/1; unzutreffend VGH BW NVwZ-RR 2015, 148 (149), korrigiert durch StGH BW NVwZ 2015, 1286.

[245] OVG RP NJW 2019, 3800 Rn. 8; SächsOVG SächsVBl 2017, 308 Rn. 7; NJW 2017, 3014.

[246] OVG Hamburg NJW 1999, 2754 (2755); HessVGH NVwZ 2016, 171 Rn. 70; NVwZ-RR 2019, 267 Rn. 24; ThürOVG NVwZ-RR 2019, 365 Rn. 25.

[247] VGH BW DVBl 2015, 1383 (1388): Löschung gespeicherter personenbezogener Daten.

[248] BayVGH NVwZ 2001, 342; OVG Bln-Bbg NVwZ-RR 2016, 943; ZD 2018, 380; OVG MV LKV 2008, 515 (516); OVG NW AfP 2014, 383 (384). – Anders HessVGH NVwZ 2006, 1081 (1082): Notwendigkeit der Akteneinsicht zwecks Wahrung der Rechte im Planfeststellungsverfahren (Flughafenausbau).

[249] BVerwG NVwZ-RR 2014, 558 Rn. 6; NVwZ 2018, 907 Rn. 11 ff.; OVG Bln-Bbg NVwZ 2016, 950 Rn. 7 ff.; AfP 2017, 334 Rn. 25; NdsOVG NdsVBl 2017, 186 (187); NJW 2018, 487 Rn. 16 ff.; OVG NW NJW 2014, 3387 Rn. 16; NVwZ-RR 2017, 354 Rn. 19.

halteplans wurde ebenfalls keine Dringlichkeit gesehen.[250] Dasselbe gilt für die Neubewertung einer Examensarbeit,[251] die Rückumsetzung einer Beamtin[252] und die Erteilung eines Jagdscheins.[253]

58 **Hinweise zu den Fällen 5 bis 8:** Zu der vom Bundespräsidenten begehrten Auskunft **(Fall 5)** hat J nach Auffassung des BVerwG nicht glaubhaft gemacht, dass ein gesteigertes öffentliches Interesse und ein starker Gegenwartsbezug vorhanden seien. Zwar sei das Betreuungsgeld weiter Gegenstand öffentlicher Debatten, dem Auskunftsbegehren komme aber keine solche Eile zu, dass eine Vorwegnahme der Hauptsache gerechtfertigt sei. – Auch zum Bürgerbegehren **(Fall 6)** wurde die Dringlichkeit verneint. Der VGH sah keinen irreversiblen Nachteil, da eine Baugenehmigung für das Umbauvorhaben „Strandbad" noch vor der Durchführung eines Bürgerentscheids nicht zu erwarten sei. – In der Konstellation von **Fall 7** besteht der Anordnungsgrund; die Eilbedürftigkeit für eine gerichtliche Anordnung ist bei unfreiwilliger Obdachlosigkeit unzweifelhaft gegeben. – Zu **Fall 8** ist der Anordnungsgrund ebenfalls zu bejahen; der VGH erklärt, es sei M nicht zuzumuten, den von der Baustelle ausgehenden Lärm bis zu einer eventuellen Hauptsacheentscheidung zu dulden, zumal sich die Lärmimmissionen zumindest an der Grenze zur Gesundheitsgefährdung bewegten.

## D. Entscheidungsinhalt

### I. Richterliche Gestaltungsbefugnis

59 Liegen die Voraussetzungen für die einstweilige Anordnung vor, muss der begehrte vorläufige Rechtsschutz gewährt werden. Der Erlass der Sicherungs- oder Regelungsanordnung stellt in Bezug auf das „Ob" eine **Rechtsentscheidung** dar. Zum Anordnungsinhalt besteht nach § 123 Abs. 3 VwGO i. V. m. § 938 Abs. 1 ZPO **Ermessen des Gerichts** (→ Rn. 60). Dieses Ermessen ist im verwaltungsgerichtlichen Eilverfahren kein „freies" Ermessen, sondern ein rechtlich gebundenes Ermessen.[254] Es kommt zum Tragen, falls Entscheidungsspielräume bestehen. Ausgangspunkt für den Inhalt der einstweiligen Anordnung ist das **Begehren des Antragstellers** (§ 88 i. V. m. § 122 Abs. 1 VwGO), das zur Erreichung wirksamen vorläufigen Rechtsschutzes (Art. 19 Abs. 4 S. 1 GG) mit der Eilentscheidung so umzusetzen ist, dass das **Rechtsschutzziel** erreicht wird. In Anknüpfung an die Praxisbeispiele (→ Rn. 31, 32) wird etwa dem Dienstherrn die Ernennung des entgegen Art. 33 Abs. 2 GG ausgewählten Mitbewerbers vorläufig untersagt, die Verpflichtung der Ausländerbehörde zur (weiteren) Duldung des Ausländers im Bundesgebiet ausgesprochen, dem Schüler der Besuch einer bestimmten Schule einstweilen gestattet, die vorläufige Zuweisung eines Studienplatzes angeordnet, die vorläufige Zulassung zur Prüfung durchgesetzt, die Erteilung einer vorläufigen Erlaubnis für eine bestimmte Berufstätigkeit zugesprochen. In diesen und vergleichbaren Konstellationen stellen sich Fragen zum richterlichen Ermessen kaum; das im Eilantrag formulierte Begehren und der Anordnungsinhalt decken sich.

---

[250] HessVGH Beschl. v. 17.12.2018 – 9 B 2118/18, BeckRS 2018, 34730 Rn. 35: einstweilige Anordnung nicht zwingend geboten.

[251] OVG Hamburg NJW 2007, 2874 (2875): zumutbarer Zeitverlust.

[252] SächsOVG LKV 1999, 329 (330): zumutbarer neuer Dienstposten jedenfalls bis zum Abschluss des Hauptsacheverfahrens.

[253] VGH BW NVwZ 2004, 630: zumutbarer Verzicht auf die Jagdausübung (als Freizeitbeschäftigung) bis zur Entscheidung in der Hauptsache.

[254] Näher dazu *Schoch* in: Schoch/Schneider, VwGO, § 123 Rn. 134 ff.

Im Übrigen verfügt das **Gericht** gemäß § 123 Abs. 3 VwGO i. V. m. § 938 Abs. 1 ZPO über das notwendige **Ermessen,** um für den Interimszeitraum bis zur Hauptsacheentscheidung die zur Zweckerreichung erforderliche (§ 938 Abs. 1 ZPO) einstweilige Sicherung des durch Zustandsveränderung bedrohten Rechts (§ 123 Abs. 1 S. 1 VwGO) bzw. vorläufige Zustandsregelung (§ 123 Abs. 1 S. 2 VwGO) treffen zu können. Es handelt sich dabei um eine **prozessrechtliche Gestaltungsbefugnis** des Gerichts.[255] Bei der Ausübung dieser Befugnis ist das Gericht nicht durch den im Hauptsacheverfahren zulässigen Urteilsinhalt limitiert; zur Gestaltung des Interimszeitraums hat das Gericht im Eilverfahren weitergehende Entscheidungsbefugnisse als im Hauptsacheverfahren.[256] Deshalb kann die Behörde zum Erlass eines vorläufigen Verwaltungsakts verpflichtet werden, auch wenn das einschlägige materielle Recht diese Figur nicht kennt.[257] Beim Widerrufsanspruch kann nur die vorläufige Unterlassung einer Äußerung angeordnet werden.[258] Zulässig ist ferner die Befristung einer einstweiligen Anordnung.[259] Die Eilentscheidung kann auch durch Maßgaben (Auflagen, Bedingungen) ergänzt werden.[260] Angeordnet wird lediglich das für den Interimszeitraum Erforderliche.[261] Mit der dem Eilantrag stattgebenden Entscheidung kann gemäß § 123 Abs. 3 VwGO i. V. m. § 926 ZPO auf Antrag eine Frist zur Erhebung der Hauptsacheklage durch den Antragsteller gesetzt werden.[262] 60

**Hinweis zu Fall 8:** In der Entscheidung zu Fall 8 hat der VGH nicht nur die vorläufige Baueinstellung angeordnet. Der Behörde wurde zudem die Durchführung von Lärmmessungen aufgegeben, ferner wurde sie zu einer Prognose über die zu erwartende Lärmbelastung und zur Erstellung eines Maßnahmenkatalogs verpflichtet; verfügt wurde die Aufhebung der Baueinstellung, wenn der Nachweis der Lärmreduzierung auf die vorgeschriebenen Immissionsrichtwerte erbracht werde. 61

## II. Vorläufige Vorwegnahme der Hauptsache

### 1. Vorwegnahmeverbot (h. M.)

Nach h. M. unterliegt der vorläufige Rechtsschutz dem **Verbot der Vorwegnahme der Hauptsache,** von dem es aus Gründen des Art. 19 Abs. 4 S. 1 GG Ausnahmen gebe, wenn die begehrte einstweilige Anordnung (bei hoher Erfolgsaussicht in der Hauptsache) zur Gewährung wirksamen Rechtsschutzes schlechterdings notwendig sei, weil die sonst zu erwartenden Nachteile für den Antragsteller unzumutbar wären.[263] Das Vorwegnahmeverbot soll sich aus dem „Wesen" und „Zweck" bzw. der „Funktion" der einstweiligen An- 62

[255] NdsOVG NVwZ-RR 2006, 256; SächsOVG NVwZ-RR 2003, 853 (855); OVG SH NVwZ 2006, 363 (364); *Dombert* in: Finkelnburg/Dombert/Külpmann, Vorläufiger Rechtsschutz, Rn. 144.

[256] BVerfGE 143, 216 Rn. 45 = NVwZ 2017, 305 (m. Anm. *Heinickel*) am Beispiel des TKG.

[257] BayVGH BayVBl 2001, 500; OVG Bremen NVwZ-RR 2006, 162; *Dombert* in: Finkelnburg/Dombert/Külpmann, Vorläufiger Rechtsschutz, Rn. 146.

[258] SächsOVG SächsVBl 2001, 293 (294 f.).

[259] BayVGH NVwZ-RR 1999, 641 (643); OVG RP Beschl. v. 14.8.2017 – 7 B 11145/17.OVG, BeckRS 2017, 123329 Rn. 11; SächsOVG SächsVBl 2017, 308 Rn. 8; NJW 2017, 3014 Rn. 16.

[260] BayVGH NVwZ-RR 2017, 574 Rn. 6.

[261] VGH BW DVBl 2015, 1383 (1388): Herausgabe eines Datenträgers an einen Richter statt Löschung personenbezogener Daten; HessVGH NVwZ-RR 2019, 267 Rn. 19, 21: vorläufige Duldung des Betriebs einer Spielhalle statt Erteilung einer vorläufigen Erlaubnis.

[262] OVG Bremen NVwZ-RR 2018, 571 Rn. 18; OVG Hamburg NVwZ 2004, 117.

[263] BVerwG NVwZ-RR 2016, 60 Rn. 21; VGH BW NJW 2014, 2667 (2668); BayVGH NVwZ 2014, 680 Rn. 8; NVwZ-RR 2019, 67 Rn. 19 ff.; OVG Bln-Bbg NVwZ-RR 2015, 660; NVwZ-RR 2016, 943 Rn. 2; OVG Bremen NVwZ-RR 2006, 162; OVG Hamburg NJW 2007, 2874 (2875); HessVGH NVwZ 2016, 1101 Rn. 10; NdsOVG Beschl. v. 29.3.2019 – 13 ME 519/18, BeckRS 2019, 5740 Rn. 17; OVG NW NVwZ 2007, 1212; OVG RP NVwZ-RR 2018, 948 Rn. 24; OVG SL NVwZ-RR 2005, 550 (551); SächsOVG NVwZ-RR 2016, 834 Rn. 5; OVG LSA NVwZ-RR 2002, 907 (908); OVG SH NVwZ-RR 2000, 616 (617); ThürOVG ThürVBl 2017, 237 (238).

ordnung ergeben;[264] für die Regelungsanordnung wird mitunter auf das Merkmal „vorläufig" in § 123 Abs. 1 S. 2 VwGO verwiesen.[265] Die von der h. M. aus dem – angeblichen – Vorwegnahmeverbot gezogenen Konsequenzen reichen hin bis zum Unterlassungsbegehren;[266] sogar die zeitlich begrenzte Vorwegnahme der Hauptsache soll grundsätzlich unzulässig sein, weil der Antragsteller einstweilen so gestellt werde, als habe er im Klageverfahren bereits obsiegt.[267]

63 Wäre diese Auffassung zutreffend, dürfte es die einstweilige Anordnung gar nicht geben.[268] Denn jede Eilentscheidung greift der Hauptsacheentscheidung (teilweise) vor. Sowohl die Stattgabe als auch die Ablehnung des Eilantrags ist *tatsächlich* eine Vorwegnahme der Hauptsache.[269] Für die Sicherungsanordnung, die insbesondere Unterlassungsbegehren zur **einstweiligen Wahrung des status quo** durchsetzt (→ Rn. 29), liegt dies auf der Hand (z. B. einstweilige Untersagung einer bestimmten amtlichen Verlautbarung, vorläufige Untersagung der Stellenbesetzung mit dem rechtswidrig ausgewählten Konkurrenten).[270] Die Regelungsanordnung gibt – jedenfalls vorübergehend (→ Rn. 66) – das, was (später) durch die Hauptsacheentscheidung zugesprochen wird; *de iure* handelt es sich indes um die bloße **Regelung eines vorläufigen Zustands.** Wird gleichwohl am Dogma des Vorwegnahmeverbots festgehalten, droht dem Antragsteller – trotz Vorliegens des Anordnungsanspruchs und eines Anordnungsgrundes – ein **unwiederbringlicher Rechtsverlust:** Der Ablehnung der vorläufigen Aufnahme eines Schülers in das Gymnasium[271] steht der irreparable Rechts- und Zeitverlust für den Interimszeitraum bis zur Hauptsacheentscheidung gegenüber.[272] Ähnliches gilt für die Versagung der vorläufigen Zulassung zum Studium, die Ablehnung der vorläufigen Teilnahme an einer Prüfung, die Verweigerung einer einstweiligen Zulassung (Genehmigung, Erlaubnis, Konzession etc.); der eintretende Rechts- und Zeitverlust ist in derartigen Konstellationen unwiederbringlich, für den Zeitraum bis zur rechtskräftigen Hauptsacheentscheidung werden irreparable Tatsachen geschaffen.[273] Beim Fixtermin kann die Berufung auf das Vorwegnahmeverbot zum endgültigen Rechtsverlust führen; das gilt etwa für die Nichtzulassung eines Fahrgeschäfts zu einem Jahrmarkt[274] und für die Versagung des Zugangs für den Antragsteller zu einer kommunalen öffentlichen Einrichtung.[275]

### 2. Zulässigkeit der vorläufigen Maßnahmevorwegnahme

64 Das Dilemma der in formelartigen, gesetzesinakzessorischen Wendungen gefangenen h. M. liegt in der Ausblendung der Dimension „Zeit" (näher dazu → Rn. 65 f.) sowie der häufigen Nichtberücksichtigung der von Art. 19 Abs. 4 S. 1 GG ausgehenden Anforderun-

[264] BVerwG NVwZ-RR 2016, 60 Rn. 21; VGH BW NJW 2014, 2667 (2668); BayVGH BayVBl 2001, 500; OVG Bln-Bbg NVwZ-RR 2016, 943 Rn. 2; OVG Hamburg NJW 2007, 2874 (2875); HessVGH NVwZ 2016, 1101 Rn. 10; OVG RP NVwZ 2004, 363; SächsOVG NVwZ-RR 2016, 834 Rn. 5.

[265] OVG Berlin DVBl 1991, 762 (763); OVG Hamburg DVBl 2017, 1446 (1447); OVG NW DVBl 1993, 212 (213); OVG RP NVwZ-RR 1990, 98; OVG SH NVwZ 1992, 81.

[266] VGH BW NVwZ-RR 2000, 397; HessVGH NVwZ 2000, 207; OVG NW NWVBl 2008, 354 (355).

[267] VGH BW NVwZ 2004, 630; NJW 2014, 2667 (2668); HessVGH NVwZ 2016, 1101 Rn. 9; NdsOVG NVwZ-RR 2001, 241 (242); Beschl. v. 29.3.2019 – 13 ME 519/18, BeckRS 2019, 5740 Rn. 18; ThürOVG NVwZ-RR 2019, 365 Rn. 28; *Marquardsen/Gerlach* JA 2020, 721 (727).

[268] BVerfG-K NVwZ 2018, 254 Rn. 17: am Beispiel des vorläufigen Rechtsschutzes gegen eine Abschiebung.

[269] OVG RP NVwZ-RR 2019, 42 Rn. 5: zum Streit um die Aufnahme eines Schülers in eine bestimmte Schule; SächsOVG NJW 2017, 3014 Rn. 18: zum Streit um einen Kita-Platz.

[270] Anschaulich SächsOVG NVwZ-RR 2016, 834 Rn. 5: Untersagung der Veröffentlichung von Sitzungsunterlagen durch ein Gemeinderatsmitglied.

[271] BayVGH NVwZ-RR 2020, 602 Rn. 15 f.; NdsOVG NVwZ-RR 2004, 258.

[272] SächsOVG SächsVBl 2016, 155 Rn. 15; NVwZ-RR 2019, 467 Rn. 10.

[273] Akzeptiert von ThürOVG ThürVBl 2017, 37 (38) am Beispiel der abgelehnten Wiedereingliederung einer Beamtin nach einem Dienstunfall.

[274] Akzeptiert von VGH BW NVwZ-RR 2017, 329; zutreffend demgegenüber OVG Bremen DVBl 2020, 517 (520).

[275] Dazu ThürOVG ThürVBl 2017, 237 (238).

gen an den vorläufigen Rechtsschutz nach § 123 VwGO und der Ignorierung des – auch für einen Interimszeitraum nach Verwirklichung drängenden – materiellen Rechts. Dabei ist durchaus erkannt, dass die Versagung einer einstweiligen Anordnung zu einem rechtswidrigen irreparablen Zustand führen kann, der selbst bei einem erfolgreichen Hauptsacheverfahren nicht mehr zu beseitigen ist.[276] Eine eventuelle Vorwegnahme der Hauptsache rechtfertigt es indessen nicht, die Erfordernisse eines **wirksamen vorläufigen Rechtsschutzes** hintanzustellen; im Gegenteil, die nach Art. 19 Abs. 4 S. 1 GG geltenden Standards stellen auf den *irreparablen Rechtsverlust* als solchen oder das *Zeitmoment* ab, wenn eine Entscheidung in der Hauptsache mit hoher Wahrscheinlichkeit zu spät käme.[277] Eine vorläufige Vorwegnahme der Hauptsache ist im Verfahren der einstweiligen Anordnung verfassungsrechtlich unbedenklich,[278] vielfach sogar geboten; denn das **materielle Recht** wird nicht nur durch das Hauptsacheverfahren verwirklicht, es muss tunlichst auch im Eilverfahren durchgesetzt werden.[279]

Unter den Vorzeichen des Faktors „Zeit" trifft jede Eilentscheidung eine vorläufige Gestaltung der Verhältnisse, die für den bis zur Hauptsacheentscheidung andauernden Zeitraum irreparabel sind; es erfolgt die **endgültige Gestaltung des Interimszeitraums.**[280] Liegen die Voraussetzungen für den Erlass einer einstweiligen Anordnung vor, ist die Interimsregelung der typische und gesetzlich gewollte Inhalt der Eilentscheidung.[281] Eine *vorläufige* Anordnung ist im Rechtssinne keine unzulässige Vorwegnahme der Hauptsache.[282] Von „Vorwegnahme" kann de iure nur gesprochen werden, wenn für die Zeit nach Abschluss des Hauptsacheverfahrens *irreversible* Fakten geschaffen werden[283] (→ Rn. 67). Die Dimension „Zeit" zwingt demnach zur Unterscheidung zwischen dem in der Vergangenheit liegenden **irreparablen Zustand** als Normalfall und den in die Zukunft weisenden **irreversiblen Fakten** als Problemfall des vorläufigen Rechtsschutzes (→ Rn. 67). Hat das Gericht für den Interimszeitraum vorläufig angeordnet, was sich im Hauptsacheverfahren als rechtens erweist, hat das Gericht optimal entschieden: Das **materielle Recht** ist auch im Interimszeitraum verwirklicht worden.[284] 65

Nach dem rechtsnormativ geläuterten Begriff der „Vorwegnahme" sind **vorläufige Anordnungen** unproblematisch und haben mit einer unzulässigen Vorwegnahme der Hauptsache nichts zu tun. So bleibt etwa die auf vorläufige Duldung eines Ausländers gerichtete Eilentscheidung ohne irreversible Wirkungen bezüglich des Hauptsacheverfahrens für die Zukunft.[285] Dasselbe gilt für den vorläufigen Stopp der Vorratsdatenspeicherung[286] und die vorläufige Untersagung einer amtlichen Information der Öffentlichkeit.[287] Die **vorläufige Änderung des bestehenden Zustands** ist ebenfalls unkritisch, weil keine Regelung von dauerhaft gesichertem Bestand getroffen wird. Das gilt z. B. für die vorläufige Zulassung zur Prüfung,[288] die vorläufige Aufnahme eines Kindes in die 66

---

[276] BVerwGE 109, 258 (262); OVG Berlin NJW 2002, 313 (314).
[277] BVerfG-K NJW 2002, 3691 (3692); dazu Bespr. *Pöcker* NVwZ 2003, 688.
[278] *Dombert* in: Finkelnburg/Dombert/Külpmann, Vorläufiger Rechtsschutz, Rn. 186.
[279] BVerfG-K NJW 2017, 3142 Rn. 12; NVwZ 2020, 1354 Rn. 23.
[280] HessVGH NVwZ-RR 2019, 267 Rn. 20; OVG NW NVwZ-RR 2018, 43 Rn. 70; NWVBl 2019, 160 (161); ThürOVG ThürVBl 2019, 37 (39); *Hong* NVwZ 2012, 468 (469 f.).
[281] BVerfG-K 2003, 1112 (1113).
[282] BVerfGE 143, 216 Rn. 45 = NVwZ 2017, 305 (m. Anm. *Heinickel*); BayVGH NVwZ-RR 2014, 959 Rn. 28; *Hong* NVwZ 2012, 468 (470 f.).
[283] BayVGH NVwZ-RR 2019, 67 Rn. 61. – HessVGH NVwZ-RR 2019, 306 Rn. 8: keine „Vorwegnahme", wenn die Maßnahme rückgängig gemacht werden kann.
[284] Näher dazu *Schoch* in: Schoch/Schneider, VwGO, § 123 Rn. 149 ff.
[285] VGH BW VBlBW 2001, 228 (229). – BVerfG-K NVwZ 2018, 254 Rn. 17 betont, nach Abschluss des Hauptsacheverfahrens bleibe eine Abschiebung möglich.
[286] OVG NW NVwZ-RR 2018, 43 Rn. 70: bis zum Abschluss des Hauptsacheverfahrens.
[287] OVG Bremen NVwZ-RR 2018, 571 Rn. 18: solange der Antragsteller in dem Verfassungsschutzbericht als „gewaltbereit" charakterisiert wird.
[288] VGH BW VBlBW 2018, 39 (40); VBlBW 2018, 425 (426); SächsOVG NJW 2017, 2850 Rn. 11, 12; ThürOVG ThürVBl 2019, 37 (39).

Kita,[289] die vorübergehende Aufnahme eines Tieres in amtliche Verwahrung,[290] die vorläufige Leistung von Ausbildungsförderung,[291] die zeitnah begrenzte Wiedererteilung einer Fahrerlaubnis[292] und das gegen das Jugendamt durchgesetzte befristete Umgangsrecht eines Vaters mit seinem Kind.[293] In derartigen Konstellationen ist die vorläufige Regelung von vornherein zeitlich limitiert oder die vorläufig eingeräumte Position entfällt bei einem Unterliegen des Antragstellers im Hauptsacheverfahren rückwirkend; irreversible Fakten für die Zukunft werden nicht geschaffen.

### 3. Ausnahme: irreversible Maßnahmevorwegnahme

67 Eine „Vorwegnahme der Hauptsache" im Rechtssinne liegt vor, wenn die einstweilige Anordnung **irreversible Fakten für die Zukunft** schafft (→ Rn. 65) und die Hauptsacheentscheidung damit gegenstandslos wird. Das ist vor allem bei zeitgebundenen Maßnahmen der Fall (z.B. Zugang zu einer öffentlichen Einrichtung an einem bestimmten Tag). Ein anderes Beispiel ist der Zugang zu amtlichen Informationen, da die Kenntnisnahme hiervon irreversibel ist. Allein in derartigen Konstellationen bedarf es des Rückgriffs auf Art. 19 Abs. 4 S. 1 GG, weil mittels einstweiliger Anordnung nicht nur eine vorläufige Maßnahme für den Interimszeitraum getroffen wird, sondern der anzuordnende Zustand für die Zukunft unabänderlich wäre. Daraus folgt aber nicht etwa automatisch die Ablehnung der einstweiligen Anordnung;[294] im konkreten Fall muss geprüft werden, ob aus Gründen des **Art. 19 Abs. 4 S. 1 GG** die Maßnahmevorwegnahme trotz Irreversibilität angezeigt ist.[295] Das Beispiel des presserechtlichen Auskunftsanspruchs bestätigt dies; vielfach scheidet der irreversible Vorgriff auf die Hauptsacheentscheidung aus,[296] in anderen Konstellationen ist wegen eines drohenden Rechtsverlustes das Gegenteil der Fall,[297] mitunter wird dem Eilantrag teilweise stattgegeben.[298]

68 **Hinweise zu den Fällen 5 bis 8:** Der in **Fall 5** von J geltend gemachte Auskunftsanspruch zielt auf die Vorwegnahme der Hauptsache: Wie damit umzugehen ist, musste das BVerwG nicht entscheiden, denn es verneinte sowohl den Anordnungsanspruch (→ Rn. 51) als auch den Anordnungsgrund (→ Rn. 58). – Zum Bürgerbegehren **(Fall 6)** entschied der BayVGH ebenso. – Zur Obdachlosenunterkunft **(Fall 7)** erkannte der VGH, eine unzulässige Vorwegnahme der Hauptsache liege nicht vor; anders als in den auf Privatwohnungen bezogenen Einweisungsfällen müsse bei der Obdachlosenunterbringung im öffentlichen Sektor eine zeitliche Befristung nicht vorgenommen werden. – Zur Abwehr des Baulärms in **Fall 8** stellte der VGH BW fest, die Hauptsache werde faktisch vorweggenommen. Angesichts der Schwere der Nachteile, die M drohten, sei dies W zumutbar, zumal M bei dem laufenden Baustellenbetrieb irreversible Nachteile erleide.

---

289 SächsOVG NJW 2017, 3014 Rn. 16f.: bis zur Hauptsacheentscheidung, längstens bis zu einem bestimmten Datum.

290 OVG NW NJW 2016, 3673 Rn. 16.

291 SächsOVG DVBl 2018, 1299 Rn. 16.

292 OVG NW NWVBl 2019, 160 (161).

293 OVG NW NJW 2014, 3593 Rn. 23.

294 *Puttler* in: Sodan/Ziekow, VwGO, § 123 Rn. 105.

295 Instruktiv OVG MV NVwZ-RR 2017, 318 Rn. 23: Sondernutzungserlaubnis für einen bestimmten Zeitraum, ansonsten wäre der Anspruch des Antragstellers endgültig vereitelt.

296 BVerwG NVwZ-RR 2014, 558 Rn. 5; NVwZ 2018, 907 Rn. 11; VGH BW NJW 2014, 2667 (2668); BayVGH NVwZ 2014, 680 Rn. 8, 10f.; OVG Bln-Bbg NVwZ 2016, 950 Rn. 8; NdsOVG NdsVBl 2017, 186 (187); ThürOVG NJW 2015, 1836.

297 BVerwG NVwZ 2016, 945; dazu Fall 2 → Rn. 5 und Lösung → Rn. 12.

298 BVerwG NVwZ 2018, 414 Rn. 13; NVwZ 2018, 902; HessVGH NVwZ-RR 2020, 445 Rn. 11; OVG NW NJW 2017, 3458.

# E. Rechtswirkungen und Folgen der einstweiligen Anordnung

## I. Rechtskraft und Bindungswirkung

Der Beschluss des Gerichts (§ 123 Abs. 4 VwGO) über die einstweilige Anordnung erwächst in formelle und materielle **Rechtskraft.**[299] Daraus resultiert die inhaltliche **Bindungswirkung** der getroffenen Eilentscheidung.[300] Diese Wirkung ist nicht unbegrenzt; zum gleichen Gegenstand wird ein neuer Eilantrag zugelassen, wenn sich der Antragsteller auf neue Tatsachen oder neue Mittel der Glaubhaftmachung stützt.[301] Ansonsten ist der Antragsteller auf das Abänderungsverfahren (→ Rn. 73) angewiesen. Die Bindungswirkung der Eilentscheidung endet mit der Erledigung der Hauptsache.[302] 69

## II. Vollstreckbarkeit der einstweiligen Anordnung

Der gerichtliche Beschluss zur einstweiligen Anordnung ist gemäß § 168 Abs. 1 Nr. 2 VwGO ein **Vollstreckungstitel.** Zur Vollstreckung der Eilentscheidung sieht die VwGO in §§ 169 bis 172 Regelungen vor (zur Heranziehung der ZPO → Rn. 71). § 169 VwGO regelt die Vollstreckung *zugunsten* der öffentlichen Hand. Die Vollstreckung *gegen* eine juristische Person des Öffentlichen Rechts wegen einer Geldforderung bestimmt sich nach § 170 VwGO, im Übrigen richtet sich die Vollstreckung nach § 172 VwGO (vgl. aber → Rn. 71). Das BVerfG qualifiziert §§ 170, 172 VwGO als **Ausprägungen des Art. 19 Abs. 4 S. 1 GG;** denn der von Verfassungs wegen gebotene vorläufige Rechtsschutz laufe leer, wenn ein Gericht keine wirksamen Maßnahmen zur Durchsetzung der von ihm erlassenen einstweiligen Anordnung treffen könne.[303] 70

§ 172 VwGO stellt § 123 VwGO in einen systematischen Zusammenhang mit § 113 Abs. 1 S. 2 und Abs. 5 VwGO. Daraus folgt nach h. M., dass **§ 172 VwGO nur Verpflichtungsaussprüche** erfasst, nicht jedoch einstweilige Anordnungen, die auf Unterlassungen oder Duldungen gerichtet sind; zu deren Durchsetzung wird über **§ 167 Abs. 1 S. 1 VwGO** auf das Achte Buch der ZPO, insbesondere auf die **§§ 883 ff. ZPO** (und in Sonderheit auf § 890 ZPO), zurückgegriffen.[304] Die Gegenauffassung versteht § 172 VwGO (in Bezug auf § 123 VwGO) als eine umfassende und abschließende **Sonderregelung,** die die Anwendbarkeit der §§ 883 ff. ZPO über § 167 Abs. 1 S. 1 VwGO ausschließt.[305] 71

Gemäß § 123 Abs. 3 VwGO ist auch § 929 ZPO entsprechend anwendbar. Eine **Vollstreckungsklausel** ist im Verwaltungsprozessrecht in der Regel entbehrlich, da es ihrer nur im Falle des § 929 Abs. 1 ZPO bedarf.[306] Probleme bereitet mitunter die **Vollziehungsfrist** von einem Monat (§ 929 Abs. 2 ZPO). „Vollziehung" meint in diesem Zusammenhang die Einleitung der Vollstreckung aus der einstweiligen Anordnung, indem der Gläubiger beim zuständigen Vollstreckungsorgan eine bestimmte Maßnahme zur Durchsetzung 72

---

[299] OVG Hamburg NVwZ-RR 1995, 180; NdsOVG NVwZ-RR 2020, 317 Rn. 8.

[300] BayVGH BayVBl 2015, 127 Rn. 50: Untersagung einer Stellenbesetzung; BayVGH BayVBl 2020, 522 Rn. 17: Sicherung eines Bürgerbegehrens verhindert Wirksamwerden des Bebauungsplans und Eintritt der Planreife i. S. d. § 33 BauGB; HessVGH NVwZ-RR 2019, 267 Rn. 20: Anordnung zur vorläufigen Duldung eines Spielhallenbetriebs verhindert entgegengesetzte behördliche Entscheidungen.

[301] VGH BW NJW 2016, 1975 Rn. 10; NVwZ-RR 2020, 824 Rn. 4; HessVGH NVwZ-RR 2001, 366.

[302] BayVGH NVwZ-RR 2007, 286.

[303] BVerfG-K NVwZ 1999, 1330 (1331).

[304] VGH BW VBlBW 2015, 210 (212); VBlBW 2019, 330 (334); OVG Berlin NVwZ-RR 1999, 411; NVwZ 2002, 357 (358); OVG NW NWVBl 2019, 40 (41); OVG RP NVwZ-RR 2014, 293; OVG SH Beschl. v. 17.10.2019 – 2 O 6/19, BeckRS 2019, 25624 Rn. 7.

[305] HessVGH NVwZ-RR 2000, 730; *Pietzner/Möller* in: Schoch/Schneider, VwGO, § 172 Rn. 18.

[306] VGH BW VBlBW 2015, 210 (211).

der einstweiligen Anordnung beantragt; Vollstreckungsmaßnahmen sind etwa der Erlass einer Vollstreckungsanordnung (§ 170 Abs. 1 S. 1 VwGO), eine Zwangsgeldandrohung und -festsetzung (§ 172 S. 1 VwGO, § 167 Abs. 1 S. 1 VwGO i. V. m. § 888 ZPO) sowie die Festsetzung von Ordnungsgeld (§ 167 Abs. 1 S. 1 VwGO i. V. m. § 890 ZPO).[307] § 929 Abs. 2 ZPO ist eine **gesetzliche Frist,** die der Disposition der Beteiligten und des Gerichts entzogen ist und die vom Gericht und von den Vollstreckungsorganen von Amts wegen zu beachten ist.[308] Beim Konkurrentenstreit im Beamtenrecht soll § 929 Abs. 2 ZPO (im Verbund mit § 167 Abs. 1 S. 1 VwGO, § 890 ZPO) nicht anwendbar sein, weil der Dienstherr die gerichtliche Eilentscheidung von Verfassungs wegen (Art. 33 Abs. 2, 19 Abs. 4 S. 1 GG) beachten müsse;[309] die Gegenauffassung verweist zutreffend auf die Sicherung effektiven Rechtsschutzes.[310]

## III. Gerichtliches Abänderungsverfahren

73 Im Unterschied zu § 80 Abs. 7 VwGO ist in § 123 VwGO ein **Abänderungsverfahren** nicht vorgesehen. § 123 Abs. 3 VwGO verweist auch nicht auf § 927 ZPO, der die Aufhebung des Arrestes wegen veränderter Umstände regelt. Die sachliche Notwendigkeit eines gerichtlichen Abänderungsverfahrens bei der einstweiligen Anordnung ist jedoch kaum bestritten.[311] Die Regelungslücke ist durch die **analoge Anwendung des § 80 Abs. 7 VwGO** zu schließen.[312] Dadurch wird der Gleichlauf zwischen einstweiliger Anordnung und aufschiebender Wirkung gesichert.[313] In der Sache gelten die für § 80 Abs. 7 VwGO maßgeblichen Standards (→ § 34 Rn. 160 ff.) im Rahmen des § 123 VwGO sinnentsprechend.

## IV. Schadenersatz bei ungerechtfertigter einstweiliger Anordnung

74 Erweist sich die einstweilige Anordnung als von Anfang an ungerechtfertigt, hat der Antragsgegner im Eilverfahren gegen den Antragsteller einen **verschuldensunabhängigen Schadenersatzanspruch** (§ 123 Abs. 3 VwGO i. V. m. § 945 ZPO). § 945 ZPO stellt eine Schutzvorschrift zu Gunsten des Antragsgegners dar.[314] Ungerechtfertigt ist die einstweilige Anordnung erlassen worden, wenn der Anordnungsanspruch oder der Anordnungsgrund nicht gegeben war. Im **zweiseitigen Rechtsverhältnis** kommt der Schadenersatzanspruch z. B. in Betracht bei einer ungerechtfertigten einstweiligen Anordnung auf Leistung von Sozialhilfe[315] oder Ausbildungsförderung[316] oder beamtenrechtlichen Anwärterbezügen.[317] Der zu leistende Schadenersatz umfasst keine Verzugszinsen; dafür wäre im Öffentlichen Recht eine gesetzliche Grundlage erforderlich, an der es indessen fehlt.[318]

75 Im **dreiseitigen Rechtsverhältnis** stellt sich insbesondere im Baunachbarrecht die Frage, ob der Bauherr eines genehmigungsfreien Vorhabens – so dass §§ 80, 80a VwGO nicht

[307] *Dombert* in: Finkelnburg/Dombert/Külpmann, Vorläufiger Rechtsschutz, Rn. 523.

[308] VGH BW VBlBW 2015, 210 (211 f.); OVG NW NVwZ-RR 2020, 1095 Rn. 6, 8.

[309] BayVGH BayVBl 2015, 127 Rn. 127 f.; NdsOVG NVwZ-RR 2020, 317 Rn. 8, 10; OVG SL NVwZ-RR 2018, 194 Rn. 5 ff.

[310] VGH BW VBlBW 2019, 330 (334); ähnlich OVG LSA NVwZ-RR 2014, 372 (373).

[311] *Dombert* in: Finkelnburg/Dombert/Külpmann, Vorläufiger Rechtsschutz, Rn. 487; *Wollenschläger* in: Gärditz, VwGO, § 123 Rn. 153; a. A. *Happ* in: Eyermann, VwGO, § 123 Rn. 81 bei abgelehnter einstweiliger Anordnung: neuer Eilantrag des Antragstellers.

[312] BVerfG-K NJW 1998, 1218; VGH BW VBlBW 2008, 114; NdsOVG NJW 2019, 2951 Rn. 9; *Puttler* in: Sodan/Ziekow, VwGO, § 123 Rn. 128.

[313] BVerfG-K NVwZ 2008, 417 (418).

[314] BVerfG-K NJW 2020, 3023 Rn. 25.

[315] VGH BW NVwZ-RR 2000, 303.

[316] OVG Hamburg NVwZ 1990, 686.

[317] VGH BW VBlBW 1983, 309; VBlBW 1984, 86.

[318] OVG Bln-Bbg NVwZ-RR 2014, 123 (124 f.).

anwendbar sind – nach ungerechtfertigter Baueinstellung mittels einstweiliger Anordnung von dem Nachbarn, der die einstweilige Anordnung erwirkt hat, Schadenersatz verlangen kann. Bei einem genehmigungspflichtigen Vorhaben wäre dies nach §§ 80, 80a VwGO nicht der Fall, da § 945 ZPO nicht in Bezug genommen ist. Bei der einstweiligen Anordnung hat der Bauherr ebenfalls keinen Schadenersatzanspruch, da nur der „Antragsgegner" (also die Behörde bzw. deren Rechtsträger) gemäß § 123 Abs. 3 VwGO i. V. m. § 945 ZPO anspruchsberechtigt ist.[319] Ein Wertungswiderspruch mit §§ 80, 80a VwGO wird danach vermieden.

## F. Einstweilige Anordnung im Normenkontrollverfahren

**Fall 9:** Die Gemeinde G erlässt zum Zwecke der Gewerbeansiedlung einen Bebauungsplan. Festsetzungen werden auch zur Anbindung des Gewerbegebiets an das öffentliche Verkehrsnetz getroffen; eine innere Erschließung des Baugebiets sieht der Bebauungsplan nicht vor. Das Grundstück des B (mit einem landwirtschaftlichen Betrieb) liegt in der Mitte des Plangebiets; bei Durchführung der Planung wäre B von jeglicher Erschließung abgeschnitten. Projektträger P stellt einen Antrag auf die Erteilung eines Vorbescheids für ein gewerbliches Vorhaben. B befürchtet, der Bebauungsplan werde nun vollzogen, wodurch ihm schwere Nachteile für die Nutzung seines im Plangebiet gelegenen Grundstücks drohten. Die zuständige Bauaufsichtsbehörde hebt die Bedeutung der Gewerbeansiedlung für G hervor und will den Vorbescheid erteilen; die verkehrliche Erschließung des Grundstücks von Landwirt B könne später geklärt werden. B befürchtet die Schaffung vollendeter Tatsachen und fragt nach raschem Rechtsschutz gegen den Bebauungsplan.[320] 76

**Fall 10:** Nachdem der Deutsche Bundestag eine epidemische Lage von nationaler Tragweite festgestellt hat (§ 5 Abs. 1 S. 1 IfSG)[321] und sich das neuartige Corona-Virus SARS-CoV-2 immer weiter ausbreitet, erlässt der zuständige Gesundheitsminister des Landes L eine Corona-Verordnung, die Schutzmaßnahmen zur Eindämmung der Pandemie vorsieht. Für die Gastronomie ist die Abgabe von Speisen und Getränken zum Verzehr an Ort und Stelle im Freien in der Zeit zwischen 6 und 22 Uhr gestattet, wenn bestimmte Vorkehrungen getroffen sind; unter anderem ist das Tragen einer Mund-Nase-Bedeckung für das Personal und die Gäste (solange diese sich nicht an ihrem Platz befinden) vorgeschrieben. H, der einen Gasthof betreibt, hält die Restriktionen für übertrieben und fragt, ob er gerichtlich die Aussetzung der Regelungen erreichen kann, bis die Rechtslage später endgültig geklärt sein wird.[322] 77

### I. Funktion und Bedeutung des Normenkontrolleilverfahrens

Vorläufiger Rechtsschutz im Anwendungsbereich der **verwaltungsgerichtlichen Normenkontrolle** (→ Rn. 81) wird nach Maßgabe des § 47 Abs. 6 VwGO gewährt. Danach kann das Gericht auf Antrag eine einstweilige Anordnung erlassen, wenn dies zur Abwehr schwerer Nachteile oder aus anderen wichtigen Gründen dringend geboten ist. Die Vorschrift verfolgt eine Sicherungsfunktion, indem sie dem **Eintritt vollendeter Tatsa-** 78

[319] NdsOVG NdsVBl 2009, 44 (45) → *Schoch* JK 7/09, NdsBauO § 89 I/1; *Retzlaff* NJW 1999, 3224 (3225 ff.); *Happ* in: Eyermann, VwGO, § 123 Rn. 85; krit. *Kruse* JuS 2009, 821.
[320] Fall nach BVerwG Beschl. v. 25.2.2015 – 4 VR 5/14 (4 CN 4/14), BeckRS 2015, 42594.
[321] Das Infektionsschutzgesetz ist in Sartorius Ergänzungsband Nr. 285 abgedruckt.
[322] Fall nach BayVGH BayVBl 2020, 636.

**chen** entgegenwirkt; zugleich nimmt sie – wie jede einstweilige Anordnung (→ Rn. 65) – eine interimistische Befriedungsfunktion wahr, da ein vorläufiger Zustand infolge Zeitablaufs endgültig geregelt wird.[323] So wie die verwaltungsgerichtliche Normenkontrolle im Hauptsacheverfahren verfassungsrechtlich nicht geboten ist (→ *Ehlers* § 32 Rn. 2), ist auch § 47 Abs. 6 VwGO durch **Art. 19 Abs. 4 S. 1 GG** nicht gefordert.[324]

79 Im Rechtsschutzsystem erreicht § 47 Abs. 6 VwGO die Bedeutung von §§ 80, 80a bzw. § 123 VwGO schon wegen des engen sachlichen Angriffsgegenstands („Rechtsvorschriften" i. S. d. § 47 Abs. 1 Nr. 1 und Nr. 2 VwGO) nicht. Hinzu kam mehrere Jahrzehnte lang eine Rechtsprechung, die auf Grund eines richterlich kreierten (sehr) strengen Prüfungsmaßstabs (→ Rn. 94 f.) die Erfolglosigkeit von Eilanträgen beförderte; das hat sich seit 2015 mit der überfälligen Korrektur des Maßstabs (→ Rn. 97) signifikant geändert. Hauptanwendungsfelder des § 47 Abs. 6 VwGO sind der vorläufige Rechtsschutz gegen einen **Bebauungsplan** (z. T. auch gegen eine Veränderungssperre, §§ 14 ff. BauGB), gegen Regelungen zur **Ladenöffnung an Sonn- und Feiertagen** nach dem Landes-Ladenschlussrecht[325] und (in jüngster Zeit) gegen **Corona-Verordnungen** zur Bekämpfung der Pandemie.[326] Wegen der Subsidiarität der Verfassungsbeschwerde (→ *Scherzberg* § 15 Rn. 93 ff.) ist der Beschwerdeführer gehalten, vor der Erhebung der Verfassungsbeschwerde beim OVG/VGH mit einem Antrag nach § 47 Abs. 6 VwGO (verbunden mit dem Antrag nach § 47 Abs. 1 VwGO) gegen die Regelungen in der Corona-Verordnung (Verhaltensgebote und -verbote) vorzugehen.[327] Dies verleiht dem Normenkontrolleilverfahren einen neuerlichen Bedeutungszuwachs.

## II. Zulässigkeit des Eilantrags

### 1. Verwaltungsrechtsweg

80 Das Gericht (OVG/VGH) entscheidet im Normenkontrolleilverfahren nur „im Rahmen seiner Gerichtsbarkeit" (→ *Ehlers* § 32 Rn. 6). Daher muss der **Verwaltungsrechtsweg** eröffnet sein. Dies gilt für jede einzelne Norm eines angegriffenen Regelwerks. Folglich ist ein Eilantrag gemäß § 47 Abs. 6 VwGO unzulässig, soweit er sich gegen eine Ordnungswidrigkeitenbestimmung in einer an sich angreifbaren Rechtsverordnung (→ Rn. 81) richtet; Bußgeldbestimmungen unterfallen nicht der Prüfungskompetenz der Verwaltungsgerichtsbarkeit, weil gegen die auf solche Normen gestützten Bußgeldbescheide allein die ordentlichen Gerichte angerufen werden können (§ 68 OWiG).[328]

### 2. Statthaftigkeit des Eilantrags

81 Der Eilantrag gemäß § 47 Abs. 6 VwGO ist statthaft, soweit ein Normenkontrollantrag nach § 47 Abs. 1 VwGO statthaft ist (→ *Ehlers* § 32 Rn. 14 ff.). Angreifbar sind danach vor allem **Satzungen nach dem BauGB** (§ 47 Abs. 1 Nr. 1 VwGO), insbesondere Bebauungspläne (§ 10 Abs. 1 BauGB) und Veränderungssperren (§ 16 Abs. 1 BauGB). Andere im Rang unter dem Landesgesetz stehende Rechtsvorschriften können statthafter Gegenstand des Rechtsschutzantrags sein, sofern das *Landesrecht* dies bestimmt (§ 47 Abs. 1 Nr. 2 VwGO). Nahezu alle Länder haben den Landesrechtsvorbehalt ausgeschöpft (Bayern und Rheinland-Pfalz nur eingeschränkt); Berlin und Hamburg haben von der Ermächtigung keinen Gebrauch gemacht (→ *Ehlers* § 32 Rn. 35). „Rechtsvorschriften" i. S. d. § 47 Abs. 1

---

[323] Näher dazu *Schoch* in: Schoch/Schneider, VwGO, § 47 Rn. 130.
[324] BayVGH NVwZ-RR 2000, 469 (470); NVwZ 2020, 1130 Rn. 3; NdsOVG NVwZ-RR 2020, 621 Rn. 2.
[325] Dazu *Schink* DVBl 2019, 941 (942 ff.).
[326] Zum Einsatz von Rechtsverordnungen *Gärditz/Abdulsalam* GSZ 2020, 108.
[327] BVerfG-K NVwZ 2020, 707 Rn. 9. – Die Eilentscheidung nach § 47 Abs. 6 VwGO kann ihrerseits mit der Verfassungsbeschwerde angegriffen werden, BVerfG-K NVwZ 2020, 783.
[328] BayVGH BayVBl 2020, 516 Rn. 27; BbgOVG NVwZ 2001, 223 (224).

Nr. 2 VwGO sind in erster Linie **Rechtsverordnungen** (der Landesregierung und von Landesministerien bis hin zu Behörden auf Ortsebene) und **Satzungen** von Selbstverwaltungsträgern (vor allem Gemeinden und Kreise). Als statthafter Angriffsgegenstand i. S. d. § 47 Abs. 1 Nr. 2 VwGO werden ferner erachtet die **Badeordnung** (Benutzungsordnung) für ein kommunales Schwimmbad,[329] das vom Gemeinderat verabschiedete **Redaktionsstatut für ein Amtsblatt,**[330] ein (ohne eine bestimmte Rechtssatzform) ergangener **Regionalplan** (wegen bindender Festlegung von Zielen der Raumordnung, § 3 Abs. 1 Nr. 2 ROG[331])[332] und eine **Verwaltungsvorschrift** über technische Anforderungen an Bauprodukte (auf Grund ihrer Funktion als Konkretisierung gesetzlicher Anforderungen nach der LBO).[333] Nicht statthaft ist der Eilantrag gegen einen schlichten **Beschluss des Gemeinderats,** da es sich nicht um eine „Rechtsvorschrift" handelt.[334]

Die „Rechtsvorschrift" muss erlassen sein, weil sie ohne **Verkündung** de iure nicht existent ist (→ *Ehlers* § 32 Rn. 18); für einen statthaften Eilantrag kann nur auf ihr *Inkrafttreten* verzichtet werden.[335] Das Unterlassen der Normgebung ist kein statthafter Angriffsgegenstand (→ *Ehlers* § 32 Rn. 23); deshalb ist ein auf **Normergänzung** gerichteter Eilantrag unzulässig.[336] Mit der gerichtlichen Eilentscheidungsbefugnis im Falle eines begründeten Eilantrags (→ Rn. 93 ff.) korrespondierend ist **Antragsinhalt** das auf die vorläufige Außervollzugsetzung der Rechtsvorschrift gerichtete Begehren; bestehen insoweit Zweifel, nehmen die Gerichte eine entsprechende **Auslegung** vor, um wirksamen vorläufigen Rechtsschutz gewähren zu können.[337] 82

### 3. Besondere Sachentscheidungsvoraussetzungen

**a) Antragsbefugnis.** Die wichtigste besondere Sachentscheidungsvoraussetzung für den Eilantrag ist die nach § 47 Abs. 2 S. 1 (analog) VwGO zu ermittelnde **Antragsbefugnis** (→ *Ehlers* § 32 Rn. 38 ff.). Auch im Eilverfahren nach § 47 Abs. 6 VwGO muss der Antragsteller Tatsachen vortragen, die die geltend gemachte subjektive Rechtsverletzung als möglich erscheinen lassen. Die Anforderungen insoweit sind nicht strenger als die Voraussetzungen gemäß § 42 Abs. 2 VwGO.[338] Notwendig und ausreichend ist, dass der Antragsteller substantiiert geltend macht, durch die angegriffene Rechtsvorschrift oder deren Anwendung möglicherweise in seinen Rechten verletzt zu sein oder in absehbarer Zeit verletzt zu werden.[339] 83

Die allgemeinen Anforderungen des § 47 Abs. 2 S. 1 VwGO lassen sich anhand einiger Beispiele aus den Hauptanwendungsfeldern des § 47 Abs. 6 VwGO (→ Rn. 79) verdeutlichen. Beim Eilantrag gegen einen **Bebauungsplan** kann die Antragsbefugnis unschwer auf Art. 14 Abs. 1 GG gestützt werden, wenn das betreffende Grundstück im Plangebiet belegen ist;[340] denn als Satzung (§ 10 Abs. 1 BauGB) stellt der Bebauungsplan eine Inhalts- und 84

---

[329] OVG RP NVwZ 2020, 170 Rn. 4 ff., 7 → *Kingreen* Jura (JK) 2020, 637.
[330] VGH BW NVwZ 2017, 1068 Rn. 10, 11.
[331] Das Raumordnungsgesetz ist abgedruckt in Sartorius I Nr. 340.
[332] HessVGH Beschl. v. 25.1.2018 – 4 B 1535/17.N, BeckRS 2018, 4757 Rn. 16.
[333] VGH BW NVwZ-RR 2020, 244 Rn. 11.
[334] VGH BW VBlBW 2018, 383 (384).
[335] VGH BW DVBl 2020, 1154 Rn. 20 ff.; BayVGH NVwZ-RR 2000, 469 (470); NdsOVG NdsVBl 2020, 243 (244); Beschl. v. 14.5.2020 – 13 MN 165/20, BeckRS 2020, 8506 Rn. 4; SächsOVG SächsVBl 1998, 187.
[336] NdsOVG NdsVBl 2020, 243 (244); Beschl. v. 14.5.2020 – 13 MN 165/20, BeckRS 2020, 8506 Rn. 4.
[337] VGH BW NVwZ-RR 2017, 268 Rn. 11; VBlBW 2020, 414 (415); Beschl. v. 16.7.2020 – 1 S 1792/20, BeckRS 2020, 16501 Rn. 11; SächsOVG SächsVBl 2020, 288 Rn. 3.
[338] A. A. *Hufen* Verwaltungsprozessrecht, § 34 Rn. 7 und *Schenke* Verwaltungsprozessrecht Rn. 1044: Der Antragsteller müsse geltend machen, dass die einstweilige Anordnung zur Abwehr schwerer Nachteile oder aus anderen wichtigen Gründen dringend geboten sei.
[339] VGH BW NVwZ-RR 2017, 268 Rn. 15; BayVGH NVwZ-RR 2017, 558 Rn. 13; OVG NW DVBl 2019, 438 Rn. 8.
[340] VGH BW Beschl. v. 13.5.2020 – 3 S 3137/19, BeckRS 2020, 11795 Rn. 17 ff., 36; OVG Bln-Bbg Beschl. v. 26.1.2016 – OVG 10 S 10/15, BeckRS 2016, 41482; OVG NW DVBl 2019, 438 Rn. 9.

Schrankenbestimmung i. S. d. Art. 14 Abs. 1 S. 2 GG dar und reglementiert damit das Grundeigentum.[341] Ist der Antragsteller nicht Eigentümer eines Grundstücks im Plangebiet, kann sich die Antragsbefugnis aus dem subjektiven Recht auf gerechte Abwägung der eigenen Belange nach § 1 Abs. 7 BauGB ergeben. Abwägungserheblich ist nicht jeder Belang, sondern nur ein solcher, der nach Lage der Dinge in der konkreten Planungssituation einen städtebaulich relevanten Bezug hat und schutzwürdig ist.[342] Beispiele hierzu sind aus der Rechtsprechung zu § 47 Abs. 6 VwGO die planbedingte Zunahme von Geräuschimmissionen durch Verkehrslärm[343] und die heranrückende Wohnbebauung für einen landwirtschaftlichen Betrieb.[344]

85 Verordnungen (bisweilen auch Satzungen) zur **Ladenöffnung an Sonn- und Feiertagen** werden oftmals von Gewerkschaften mit einem Eilantrag angegriffen. Die Gerichte bejahen die Antragsbefugnis regelmäßig unter Hinweis auf Art. 9 Abs. 3 GG mit der Erwägung, die Öffnung der Verkaufsstellen an einem Sonn- oder Feiertag könne sich negativ auf die Grundrechtsverwirklichung der Antragstellerin auswirken; denn Gewerkschaftsmitglieder seien z. B. an der Teilnahme an gewerkschaftlichen Veranstaltungen gehindert, auch die Mitgliederwerbung werde beeinträchtigt.[345] Nach den üblichen Standards zu § 47 Abs. 2 S. 1 VwGO müsste *konkret* dargelegt werden, welche gewerkschaftlichen Aktivitäten an dem betreffenden Sonn- oder Feiertag durchgeführt werden sollen.[346] Diesen Aspekt blendet die Rechtsprechung aus.

86 Beim Eilantrag gegen eine **Corona-Verordnung** kann die Antragsbefugnis von Teilnehmern am Wirtschaftsleben (z. B. Einzelhandel, Gastronomie, Fitness-Studios) wegen der Beeinträchtigung der Berufsausübungsfreiheit auf Art. 12 Abs. 1 GG gestützt werden.[347] Im Falle der Einschränkung der Bewegungsfreiheit (z. B. Untersagung von Ansammlungen, Besuchsverbot in Pflegeheimen, Reglementierung der Einreise aus dem Ausland) ergibt sich die Antragsbefugnis – je nach Konstellation – aus Art. 2 Abs. 2 S. 2 bzw. Art. 11 Abs. 1 GG, jedenfalls aus Art. 2 Abs. 1 GG;[348] auch die Versammlungsfreiheit (Art. 8 Abs. 1 GG) kann betroffen sein.[349] Die allgemeine Handlungsfreiheit (Art. 2 Abs. 1 GG) begründet im Falle der verordnungsrechtlichen Untersagung des Betriebs von Kindertageseinrichtungen die Antragsbefugnis für die Eltern betroffener Kinder.[350] Gegen die Schließung öffentlicher Einrichtungen (z. B. Bibliotheken, Theater) und öffentlich zugänglicher Einrichtungen Privater (z. B. Hotels, Sportstudios) kann ein beliebiger Bürger mit dem Eilantrag nach § 47 Abs. 6 VwGO nicht vorgehen; da es ein individuelles Recht auf Offenhalten jener Einrichtungen nicht gibt, fehlt die Antragsbefugnis.[351] Im Falle der Ungleichbehandlung verschiedener Gruppen durch eine Corona-Verordnung kann die Antragsbefugnis mit dem allgemeinen Gleichheitssatz (Art. 3 Abs. 1 GG) begründet werden.[352]

---

[341] *Kersten* in: Schoch, BesVwR, Kap. 3 Rn. 16.

[342] BVerwGE 153, 174 Rn. 12 = NVwZ 2016, 864.

[343] BayVGH NVwZ-RR 2017, 558 Rn. 13 f.; BayVBl 2018, 420 Rn. 14 f.; OVG NW DVBl 2019, 438 Rn. 9.

[344] BayVGH Beschl. v. 4.5.2018 – 15 NE 18.382, BeckRS 2018, 8637 Rn. 23.

[345] OVG MV NVwZ-RR 2017, 190 Rn. 31; OVG NW Beschl. v. 28.8.2020 – 4 B 1260/20.NE, BeckRS 2020, 21444 Rn. 3; SächsOVG SächsVBl 2018, 149 Rn. 14; schlicht auf Art. 9 Abs. 3 GG verweisend VGH BW NVwZ-RR 2017, 289 Rn. 4; VBlBW 2017, 385.

[346] *Schunder* NVwZ 2016, 694; *Schink* DVBl 2019, 941 (946).

[347] VGH BW VBlBW 2020, 322 (323); VBlBW 2020, 327 f.; VBlBW 2020, 333; DVBl 2020, 1154 Rn. 13; OVG Bremen DVBl 2020, 768 (769); NdsOVG NdsVBl 2020, 212 (213); NdsVBl 2020, 243 (244 f.); SächsOVG SächsVBl 2020, 288 Rn. 6; SächsVBl 2021, 50 Rn. 9.

[348] VGH BW Beschl. v. 16.7.2020 – 1 S 1792/20, BeckRS 2020, 16501 Rn. 15; OVG Bln-Bbg DVBl 2020, 775; NJW 2020, 1752; OVG MV Beschl. v. 9.4.2020 – 2 KM 268/20 OVG, juris Rn. 14; SächsOVG NVwZ 2020, 1125 Rn. 13 f.

[349] VGH BW VBlBW 2020, 412. – Verfassungsgerichtlich zu fehlerhaften Umsetzungen entsprechender Verordnungen BVerfG-K NVwZ 2020, 709 → *Sachs* JuS 2020, 474; NVwZ 2020, 711.

[350] VGH BW VBlBW 2020, 414 (415).

[351] VGH BW VBlBW 2020, 412: „unzulässige Popularklage".

[352] Vgl. etwa HessVGH NVwZ 2020, 732 Rn. 13: Schulunterricht für 4. Klassen während der Corona-Pandemie, kein Schulunterricht für die Klassen 1 bis 3.

Beim Eilantrag einer **Gemeinde** gelten einerseits die Grundanforderungen des § 47 Abs. 2 S. 1 VwGO (→ Rn. 80), andererseits tritt das „Behördenprivileg" (→ *Ehlers* § 32 Rn. 55) hinzu. Das zeigt sich insbesondere im Planungsrecht. So ergibt sich die Antragsbefugnis einer Gemeinde beim Eilantrag gegen einen Landesentwicklungsplan oder einen Regionalplan zunächst aus der durch Art. 28 Abs. 2 S. 1 GG geschützten Planungshoheit,[353] zudem ist die Gemeinde auf Grund der Bindung an die höherstufige Planung (vgl. § 1 Abs. 4 BauGB) als *Behörde* (Alt. 2 des § 47 Abs. 2 S. 1 VwGO) antragsbefugt.[354] Beim Eilantrag einer **Nachbargemeinde** gegen einen Bebauungsplan ist die Antragsbefugnis aus dem interkommunalen Abstimmungsgebot des § 2 Abs. 2 BauGB abzuleiten.[355] 87

**b) Passive Verfahrensbefugnis.** Richtiger **Antragsgegner** ist gemäß § 47 Abs. 2 S. 2 VwGO auch im Eilverfahren derjenige Verwaltungsträger, der die angegriffene Rechtsvorschrift erlassen hat (dazu → *Ehlers* § 32 Rn. 56). Bei der Verordnungsgebung nach Bundesrecht sind die Landesregierungen zuständig (Art. 80 Abs. 1 S. 1 GG). Allerdings kann der Bundesgesetzgeber die Möglichkeit der Subdelegation vorsehen (Art. 80 Abs. 1 S. 4 GG). Davon ist z. B. im Infektionsschutzrecht Gebrauch gemacht worden (§ 32 S. 2 IfSG). Erlässt das zuständige Landesministerium eine Corona-Verordnung, ist der Eilantrag gegen das Land als normerlassende Körperschaft i. S. d. § 47 Abs. 2 S. 2 VwGO zu richten.[356] 88

**c) Antragsfrist.** Der Eilantrag nach § 47 Abs. 6 VwGO setzt nicht voraus, dass das Hauptsacheverfahren bereits anhängig ist.[357] Eine **Antragsfrist** ist nicht normiert; von daher gibt es keine zeitliche Limitierung. Allerdings muss der Antrag in der Hauptsache noch innerhalb der Jahresfrist des § 47 Abs. 2 S. 1 VwGO (→ *Ehlers* § 32 Rn. 58 ff.) gestellt werden können.[358] Während des anhängigen Hauptsacheverfahrens kann der Antragsteller jederzeit nach § 47 Abs. 6 VwGO vorläufigen Rechtsschutz begehren. 89

**d) Zuständigkeit.** „Das Gericht" i. S. d. § 47 Abs. 6 VwGO meint das in der Hauptsache gemäß § 47 Abs. 1 VwGO zuständige Gericht. Danach entscheidet das **OVG** – in Baden-Württemberg, Bayern und Hessen der **VGH** (vgl. § 184 VwGO) – über den Eilantrag. Seit die Revision gegen Normenkontrollentscheidungen möglich ist,[359] reklamiert das **BVerwG** für sich im Revisionsverfahren als das in der Hauptsache zuständige Gericht die Entscheidungszuständigkeit gemäß § 47 Abs. 6 VwGO.[360] Dadurch entsteht ein Wertungswiderspruch zu § 123 Abs. 2 VwGO; denn als Revisionsgericht hat das BVerwG für Entscheidungen nach § 123 Abs. 1 VwGO keine Zuständigkeit (→ Rn. 37). 90

## 4. Allgemeines Rechtsschutzbedürfnis

Auch beim Eilantrag nach § 47 Abs. 6 VwGO darf das **allgemeine Rechtsschutzbedürfnis** nicht fehlen (zum Hauptsacheverfahren → *Ehlers* § 32 Rn. 64). Durch die Bejahung der anderen Sachentscheidungsvoraussetzungen ist das Rechtsschutzinteresse indiziert. Das Bedürfnis für die Inanspruchnahme gerichtlichen Eilrechtsschutzes ist bereits gegeben, wenn die einstweilige Anordnung die Rechtsstellung des Antragstellers verbessern, ihm also von Nutzen sein kann.[361] Nur wenn ausnahmsweise keine Vorteile erkennbar sind und die 91

---

353 Dazu *Kersten* in: Schoch, BesVwR, Kap. 3 Rn. 17 ff.

354 OVG Bln-Bbg LKV 2016, 270; HessVGH Beschl. v. 25.1.2018 – 4 B 1535/17.N, BeckRS 2018, 4757 Rn. 18, 19.

355 OVG SL KommJur 2016, 194 Rn. 7.

356 NdsOVG NdsVBl 2020, 212 (213); NdsVBl 2020, 243 (245); DVBl 2020, 827 Rn. 15.

357 NdsOVG NVwZ-RR 2009, 830 (831); *Ziekow* in: Sodan/Ziekow, VwGO, § 47 Rn. 386.

358 VGH BW NVwZ-RR 2017, 289 Rn. 3; OVG NW DVBl 2019, 438 Rn. 19.

359 Dazu *Panzer* in: Schoch/Schneider, VwGO, § 47 Rn. 121.

360 BVerwG NVwZ 1998, 1065 (1066); zur Kritik vgl. *Schoch* in: Schoch/Schneider, VwGO, § 47 Rn. 174.

361 VGH BW NVwZ 2017, 1068 Rn. 14; VBlBW 2020, 322 (323); VBlBW 2020, 327 (328); BayVGH BayVBl 2007, 145; Beschl. v. 23.5.2018 – 2 NE 17.2189, BeckRS 2018, 10024 Rn. 2; OVG Bln-Bbg LKV 2016, 270; HessVGH, Beschl. v. 25.1.2018 – 4 B 1535/17.N, BeckRS 2018, 4757 Rn. 20, 22; OVG SH Beschl. v. 27.10.2017 – 1 MR 4/17, BeckRS 2017, 129908 Rn. 27 ff.

Einschaltung des Gerichts deshalb nutzlos ist, entfällt das Rechtsschutzbedürfnis. Das ist z. B. im Baurecht der Fall, wenn die Festsetzungen eines Bebauungsplans durch die Erteilung von Genehmigungen (nahezu) vollständig umgesetzt worden sind, weil die vorläufige Außervollzugsetzung des Bebauungsplans die bereits erlassenen Verwaltungsakte und ihre Ausnutzung unberührt lässt.[362] Auf Grund besonderer Umstände des Einzelfalls kann das Rechtsschutzbedürfnis ebenfalls zu verneinen sein.[363]

92 Im **Baunachbarrecht** wird dem Antragsteller der vorläufige Rechtsschutz nach § 47 Abs. 6 VwGO unter Hinweis auf die Rechtschutzmöglichkeiten gegen das konkrete Vorhaben nach §§ 80, 80a, 123 VwGO bisweilen versagt.[364] Zutreffend ist das nicht. Die verschiedenen Eilverfahren (mit unterschiedlichen Rechtsschutzzielen, Streitgegenständen und Prüfungsmaßstäben) stehen selbstständig und gleichberechtigt nebeneinander; sie können unabhängig voneinander durchgeführt werden.[365]

## III. Begründetheit des Eilantrags

93 § 47 Abs. 6 VwGO knüpft den Erlass einer einstweiligen Anordnung daran, dass dies „zur Abwehr schwerer Nachteile" oder „aus anderen wichtigen Gründen" *dringend geboten* ist. Ein normativ eindeutiger und praktisch rechtssicher handhabbarer **Prüfungsmaßstab** zur Ermittlung der Begründetheit des Eilantrags ist in jenen Gesetzeswendungen kaum zu sehen (vgl. demgegenüber zum Hauptsacheverfahren → *Ehlers* § 32 Rn. 65 ff.). Die Folge sind unterschiedliche Verständnisse zu den inhaltlichen Anforderungen an den Erlass einer einstweiligen Anordnung.[366] Die ein gesetzesinakzessorisches Abwägungsmodell propagierende traditionelle Rechtsprechung (→ Rn. 94 f.) sieht sich seit 2015 mit einem Paradigmenwechsel konfrontiert (→ Rn. 97); die dadurch gewonnenen Einsichten münden in ein strukturiertes Konzept zur Prüfung der Begründetheit eines Eilantrags (→ Rn. 100).

### 1. Tradition: Folgenabwägung nach der Doppelhypothese

94 Für die Begründetheit des Eilantrags nach § 47 Abs. 6 VwGO propagiert die Rechtsprechung seit jeher einen „strengen Maßstab".[367] Die Anforderungen für den Erlass einer einstweiligen Anordnung im Normenkontrollverfahren seien strenger als nach § 123 VwGO.[368] Hintergrund dieser Doktrin ist die Anlehnung an die vom BVerfG zu **§ 32 BVerfGG** formulierten Grundsätze (→ § 21 Rn. 40 ff.); auf Grund der in der Regel angezeigten Interessenabwägung müssten die für die einstweilige Anordnung sprechenden Gründe so schwer wiegen, dass deren Erlass unabweisbar erscheine.[369] Die Rhetorik zu dem „strengen Maßstab" gilt unverändert, die Begründungen variieren: Anlehnung an § 32

[362] VGH BW Beschl. v. 13.5.2020 – 3 S 3137/19, BeckRS 2020, 11795 Rn. 22; BayVGH NVwZ-RR 2000, 416 (417); NdsOVG NVwZ-RR 2005, 691 (692); NVwZ-RR 2005, 693 (694); OVG SH NordÖR 2018, 325 (326).

[363] BayVGH Beschl. v. 9.4.2020 – 20 NE 20.704, BeckRS 2020, 5414 Rn. 12 ff.: kein Rechtsschutzbedürfnis eines Gottesdienstbesuchers gegen Gottesdienstverbote auf Grund der Corona-Pandemie, nachdem das Erzbistum München und Freising in seinem Gebiet aus freien Stücken die Durchführung öffentlicher Gottesdienste abgesagt hatte.

[364] So z. B. BayVGH NVwZ-RR 1998, 613; UPR 1998, 467 (468).

[365] VGH BW NVwZ 2017, 1068 Rn. 15; BayVGH NVwZ-RR 2000, 416 (417); BayVBl 2007, 145; OVG Hamburg BauR 2007, 1541 (1542); Beschl. v. 1.4.2020 – 2 Es 1/20.N, BeckRS 2020, 11814 Rn. 35; NdsOVG NVwZ-RR 2002, 109.

[366] Exemplarisch *Schink* DVBl 2019, 941 (942 f.): Maßstab entspricht § 123 VwGO; demgegenüber *Marquardsen/Gerlach* JA 2020, 721 (726): Maßstab entspricht § 80 Abs. 5 S. 1 VwGO.

[367] VGH BW NJW 1999, 1569; BayVGH BayVBl 1999, 82 (83); BbgOVG NVwZ-RR 2008, 231; NdsOVG NVwZ-RR 2004, 332 (333); OVG NW NVwZ-RR 1998, 17; DVBl 2020, 1494 Rn. 9.

[368] BVerwG NVwZ 1998, 1065 (1066); OVG Bremen NVwZ 2000, 1435; HessVGH NVwZ 2007, 107 (108); NdsOVG NVwZ 2000, 1440 (1441); OVG NW NVwZ-RR 2006, 94.

[369] VGH BW NVwZ-RR 1998, 421; BayVGH BayVBl 1999, 82 (83); OVG Bln-Bbg NVwZ-RR 2008, 231; BbgOVG NVwZ-RR 2005, 386; HessVGH DÖV 1998, 343 (344); OVG NW NVwZ-RR 1998, 17.

BVerfGG,[370] vorläufige Aussetzung des Vollzugs einer untergesetzlichen Norm[371] mit verstärkendem Hinweis zur demokratischen Legitimation des Normgebers,[372] Betonung weitreichender Folgen einer gerichtlichen Aussetzungsentscheidung.[373]

Methodisch führt die Orientierung an § 32 BVerfGG – unter grundsätzlicher Ausblendung des einschlägigen materiellen Rechts – zu einer **Folgenabwägung** nach Maßgabe der **Doppelhypothese:** Abzuwägen sind die Folgen, die eintreten würden, wenn eine einstweilige Anordnung nicht erginge, der Normenkontrollantrag in der Hauptsache aber Erfolg hätte, gegenüber den Nachteilen, die einträten, wenn die begehrte einstweilige Anordnung erlassen würde, der Normenkontrollantrag im Hauptsacheverfahren jedoch erfolglos bliebe.[374] Entscheidend in diesem Konzept ist die bewusste Ausblendung der Gründe, die für die Ungültigkeit der angegriffenen Rechtsvorschrift geltend gemacht werden; eine Ausnahme wird nur anerkannt, wenn sich der Antrag in der Hauptsache als offensichtlich erfolgreich oder erfolglos erweist.[375] Unabhängig davon ist die Erfolgsaussicht in der Hauptsache *ein* Abwägungskriterium; bei der Folgenbetrachtung regiert der Einzelfall, dominieren richterliche Zuschreibungen zu „wichtigen Gründen" i. S. d. § 47 Abs. 6 VwGO. 95

### 2. Paradigmenwechsel: Erfolgsaussicht des Normenkontrollantrags als Prüfungsmaßstab

Die überkommene Auffassung (→ Rn. 91, 92) ist methodisch angreifbar und verfassungsrechtlich zweifelhaft. Zunächst wird in Bezug auf § 32 BVerfG ein Abwägungsmodell skizziert, das so nicht mehr existiert;[376] in seiner jüngeren Rechtsprechung praktiziert das BVerfG zunehmend ein materiell-akzessorisches Prüfungsprogramm, indem die **Erfolgsaussichten des Hauptsacherechtsbehelfs** ermittelt werden (→ § 21 Rn. 45 ff.). Sodann geht es im Rahmen des § 47 Abs. 6 VwGO um vorläufigen Rechtsschutz gegen **Verwaltungshandeln** (und nicht gegen Parlamentsgesetze);[377] Verwaltungsentscheidungen in vielen Rechtsgebieten (z. B. Umwelt- und Planungsrecht, Gefahrenabwehrrecht, Informationsverwaltungsrecht) weisen eine höhere Komplexität auf als „Rechtsvorschriften" i. S. d. § 47 Abs. 1 und 6 VwGO, und dennoch ist für die Begründetheit des Eilantrags die Erfolgsaussicht des Hauptsacherechtsbehelfs das primäre Entscheidungskriterium (→ § 34 Rn. 129 ff. sowie oben → Rn. 45 ff.). Schließlich erfüllt die einstweilige Anordnung nach § 47 Abs. 6 VwGO nicht nur eine Sicherungsfunktion, sondern nimmt auch eine interimistische Befriedungsfunktion mit der endgültigen Regelung eines vorläufigen Zustands wahr (→ Rn. 75); in diesem Zeitraum drängt das maßgebende materielle Recht nach Verwirklichung, wovon die Gerichte auf Grund ihrer **Gesetzesbindung** (Art. 20 Abs. 3 GG) sich nicht verabschieden können.[378] 96

---

[370] BayVGH Beschl. v. 23.5.2018 – 2 NE 17.2189, BeckRS 2018, 10024 Rn. 3; OVG Bln-Bbg LKV 2016, 270 (272); OVG MV NVwZ-RR 2017, 190 Rn. 33; OVG SL KommJur 2016, 194 Rn. 10; SächsOVG SächsVBl 2018, 149 Rn. 16.

[371] VGH BW DVBl 2020, 1154 Rn. 16; BayVGH Beschl. v. 9.4.2020 – 20 NE 20.704, BeckRS 2020, 5414 Rn. 12; OVG MV NVwZ-RR 2017, 190 Rn. 33; OVG NW Beschl. v. 28.8.2020 – 4 B 1260/20.NE, BeckRS 2020, 21444 Rn. 6; OVG RP NVwZ-RR 2017, 757 (758); OVG SH NordÖR 2018, 325 (327).

[372] OVG Bln-Bbg LKV 2016, 270 (272); OVG SL KommJur 2016, 194 Rn. 10.

[373] NdsOVG NVwZ-RR 2020, 717 Rn. 9; OVG NW DVBl 2019, 438 Rn. 23.

[374] VGH BW NJW 1999, 1569; BayVGH NVwZ-RR 1997, 417 (418); OVG Bln-Bbg NVwZ-RR 2008, 231; OVG Bremen NVwZ 2000, 1435; NdsOVG NVwZ 2000, 1440 (1442); OVG NW NVwZ-RR 2006, 94; SächsOVG SächsVBl 2008, 71 (72); ThürOVG NVwZ-RR 2001, 234.

[375] OVG Bremen NVwZ 2000, 1435; HessVGH NVwZ 2000, 1438; NdsOVG NVwZ 2002, 109, OVG LSA NJW 1999, 2985; ThürOVG NVwZ-RR 2001, 234.

[376] *Dombert* in: Finkelnburg/Dombert/Külpmann, Vorläufiger Rechtsschutz, Rn. 599.

[377] Überhöht HessVGH NVwZ-RR 2000, 655 (656): „Respekt vor dem demokratisch legitimierten Normgeber"; zutreffend *Hufen* Verwaltungsprozessrecht, § 34 Rn. 1: Gründe der parlamentarischen Legitimation passen für die gerichtliche Kontrolle von Rechtsnormen der Verwaltung nicht.

[378] *Wüstenberg* DVBl 2020, 1115 (1118): Das Grundgesetz erlaubt den Gerichten den Verzicht auf die Rechtsprüfung nicht; auch im Eilverfahren sind Gesetz und Recht anzuwenden, eine Abwägung ohne jedwede Prüfung der Gesetzeslage ist nicht erlaubt.

97 Den Paradigmenwechsel in der Rechtsprechung hat das BVerwG 2015 herbeigeführt (Entscheidung zu Fall 9). Das Gericht betont, **Prüfungsmaßstab** im Verfahren nach § 47 Abs. 6 VwGO seien – jedenfalls bei Bebauungsplänen – zunächst die (im Eilverfahren erkennbaren) **Erfolgsaussichten des Normenkontrollantrags** im Hauptsacheverfahren; das Gericht entwickelt eine dreistufige Prüfungsstruktur:[379]

(1) **Erfolglosigkeit des Antrags:** Ergibt die Prüfung, dass der Normenkontrollantrag voraussichtlich unzulässig oder unbegründet sein wird, ist der Erlass einer einstweiligen Anordnung nicht i. S. d. § 47 Abs. 6 VwGO zur Abwehr schwerer Nachteile oder aus anderen wichtigen Gründen dringend geboten.

(2) **Erfolg des Antrags:** Wird der Antrag nach § 47 Abs. 1 VwGO zulässig und voraussichtlich begründet sein, ist dies ein wesentliches Indiz dafür, dass der Vollzug des Bebauungsplans bis zu einer Entscheidung in der Hauptsache suspendiert werden muss.[380]

(3) **Offene Erfolgsaussichten:** Lassen sich die Erfolgsaussichten des Normenkontrollverfahrens nicht abschätzen, ist über den Erlass der beantragten einstweiligen Anordnung im Wege einer Folgenabwägung zu entscheiden;[381] dabei müssten die für den Erlass der einstweiligen Anordnung sprechenden Erwägungen die gegenläufigen Interessen deutlich überwiegen, mithin so schwer wiegen, dass der Erlass der einstweiligen Anordnung – trotz offener Erfolgsaussichten der Hauptsache – dringend geboten sei.

Diese Neuausrichtung der Rechtsprechung hat innerhalb der Judikatur Kritik erfahren.[382] Das BVerwG hält an dem Paradigmenwechsel fest.[383]

98 Der Vorrang der materiell-akzessorischen Prüfung im Eilverfahren nach § 47 Abs. 6 VwGO setzt sich sukzessive durch. Das gilt für den Eilantrag gegen einen **Bebauungsplan** ohnehin.[384] Die vom BVerwG entwickelte Prüfungsstruktur (→ Rn. 97) findet aber auch im Normenkontrolleilverfahren zur Regelung von **Ladenöffnungszeiten an Sonn- und Feiertagen** Anwendung[385] und wird ebenso zur gerichtlichen Kontrolle von **Corona-Verordnungen** übernommen.[386] Weitere Bereiche treten hinzu.[387] Gleichwohl beharren einige Gerichte auf der Orientierung an dem (zum Teil überholten → Rn. 96) Muster zu § 32 BVerfGG[388] und propagieren eine Interessenabwägung unter Anlegung eines besonders strengen Maßstabs.[389] Es steht zu erwarten, dass sich diese nicht mehr zeitgemäße Rechtsprechung nicht wird halten können.

---

379 BVerwG Beschl. v. 25.2.2015 – 4 VG 5/14 (4 CN 4/14), BeckRS 2015, 42594 Rn. 12.

380 Ergänzend verweist das BVerwG (Fn. 379) auf das Erfordernis eines Anordnungsgrundes: Der Vollzug vor einer Entscheidung im Hauptsacheverfahren müsse Nachteile befürchten lassen, die unter Berücksichtigung der Belange des Antragstellers sowie betroffener Dritter und der Allgemeinheit so gewichtig seien, dass eine vorläufige Regelung mit Blick auf die Wirksamkeit und Umsetzbarkeit einer für den Antragsteller günstigen Hauptsacheentscheidung unaufschiebbar sei.

381 Das BVerwG (Fn. 379) skizziert ergänzend das Modell der Doppelhypothese (→ Rn. 95).

382 Vgl. z. B. OVG NW NWVBl 2016, 450; NVwZ-RR 2017, 868 Rn. 18.

383 BVerwG Beschl. v. 16.9.2015 – 4 VR 2/15 (4 BN 36/15), BeckRS 2015, 52873 Rn. 4; Beschl. v. 30.4.2019 – 4 VR 3/19, BeckRS 2019, 10658 Rn. 4.

384 Vgl. etwa VGH BW NVwZ-RR 2017, 268 Rn. 23; Beschl. v. 13.5.2020 – 3 S 3137/19, BeckRS 2020, 11795 Rn. 33; BayVGH NVwZ-RR 2017, 558 Rn. 17; BayVBl 2018, 420 Rn. 23; BayVBl 2019, 273 Rn. 20; OVG Hamburg Beschl. v. 1.4.2020 – 2 Es 1/20.N, BeckRS 2020, 11814 Rn. 38 f.

385 VGH BW NVwZ-RR 2017, 289 Rn. 7; VBlBW 2017, 385 (386).

386 VGH BW VBlBW 2020, 332 (323); VBlBW 2020, 327 (328); VBlBW 2020, 333; VBlBW 2020, 414 (415); Beschl. v. 27.5.2020 – 1 S 1528/20, BeckRS 2020, 10754 Rn. 18; BayVGH NVwZ 2020, 635 Rn. 32; NVwZ 2020, 1130 Rn. 5; OVG Bremen Beschl. v. 9.4.2020 – 1 B 97/20, BeckRS 2020, 5629 Rn. 14; HessVGH NVwZ 2020, 732 Rn. 16; NdsOVG NdsVBl 2020, 254 (255); DVBl 2020, 827 Rn. 18.

387 VGH BW NVwZ 2017, 1068 Rn. 17: Redaktionsstatut eines kommunalen Amtsblatts; VGH BW NVwZ-RR 2020, 244 Rn. 16: Verwaltungsvorschrift zu Bauprodukten; HessVGH Beschl. v. 25.1.2018 – 4 B 1535/17.N, BeckRS 2018, 4757 Rn. 24: Regionalplan; OVG NW NWVBl 2020, 430 (431): Ausbildungs- und Prüfungsordnung.

388 BayVGH Beschl. v. 23.5.2018 – 2 NE 17.2189, BeckRS 2018, 10024 Rn. 3; OVG MV NVwZ-RR 2017, 190 Rn. 33; OVG RP NVwZ 2020, 170 Rn. 11 → *Kingreen* Jura (JK) 2020, 637.

389 OVG NW NVwZ-RR 2016, 868 Rn. 16; OVG SL KommJur 2016, 194 Rn. 10; SächsOVG SächsVBl 2018, 149 Rn. 16; NJW 2020, 1384 Rn. 7; SächsVBl 2020, 288 Rn. 8; NVwZ 2020, 1125 Rn. 9.

### 3. Konzept: Anordnungsanspruch und Anordnungsgrund

Die vorrangige Orientierung an den Erfolgsaussichten des Normenkontrollantrags (→ Rn. 97) bewirkt, dass im Eilverfahren nach § 47 Abs. 6 VwGO das **materielle Recht** Beachtung findet, das im Modell der Doppelhypothese grundsätzlich ignoriert wird (→ Rn. 95). Das Resultat der Rechtsprechungsentwicklung seit 2015 ist wenig erstaunlich, aber signifikant: Indem die Gerichte ernsthaft „hinsehen", sind sie überhaupt erst in der Lage, einstweiligen *Rechtsschutz* zu gewähren;[390] *rechtliche* Anforderungen an die angegriffene Rechtsvorschrift, die bei der „Folgenbetrachtung" kaum Berücksichtigung finden, können im Eilverfahren ausschlaggebend sein, wie erfolgreiche Eilanträge belegen; Beispiele sind die Direktiven aus dem Vorrang und dem Vorbehalt des Gesetzes,[391] der allgemeine Gleichheitssatz[392] und das Bestimmtheitsgebot,[393] selbst das Übermaßverbot wird wesentlich präziser geprüft, da es nicht lediglich als Abwägungstopos fungiert.[394] 99

Ein rechtlich strukturierter Prüfungsmaßstab umfasst bei § 47 Abs. 6 VwGO – in Parallele zu § 123 Abs. 1 VwGO (→ Rn. 45 f.) – einen Anordnungsanspruch und einen Anordnungsgrund.[395] Einzelne Elemente für diese Kriterien sind in der Rechtsprechung seit geraumer Zeit anerkannt, aber noch nicht zu einem stimmigen Konzept zusammengefügt. So wird mit Blick auf den **Anordnungsanspruch** die hohe Wahrscheinlichkeit des Erfolgs in der Hauptsache als „anderer wichtiger Grund" i. S. d. § 47 Abs. 6 VwGO propagiert.[396] Auch der Regelungsanlass („dringend geboten") wird zunehmend anhand des wahrscheinlichen Hauptsacheerfolgs bewertet.[397] Der **Anordnungsgrund** ergibt sich einerseits aus 100

[390] Vgl. etwa zur gerichtlichen Überprüfung von Bebauungsplänen am Beispiel erfolgreicher Eilanträge VGH BW NVwZ-RR 2017, 268 Rn. 24 ff.: Verstoß gegen § 2 Abs. 4 BauGB (Umweltprüfung); BayVGH NVwZ-RR 2017, 558 Rn. 19 ff.: Verstoß gegen § 1 Abs. 7 BauGB (Ermittlungs- und Bewertungsdefizit); BayVGH BayVBl 2018, 420 Rn. 25 ff.: Verstoß gegen § 2 Abs. 3 BauGB (unzureichende Ermittlung planbedingter Verkehrsbelastung); OVG Bln-Bbg Beschl. v. 26.1.2016 – OVG 10 S 10/15, BeckRS 2016, 41482: Verstoß gegen § 3 Abs. 2 BauGB (Öffentlichkeitsbeteiligung); NdsOVG ZUR 2016, 296 Rn. 57 ff.: Verstoß gegen § 1 Abs. 7 BauGB (Abwägungsfehler); OVG NW DVBl 2019, 438 Rn. 35 ff.: Verstoß gegen § 4a Abs. 3 S. 1 BauGB (erneute Auslegung des Planentwurfs).

[391] VGH BW NVwZ-RR 2020, 244 Rn. 19 ff.: Verstoß einer Verwaltungsvorschrift gegen die LBO; BayVGH BayVBl 2018, 95 Rn. 14: Verstoß der Erlaubnis zur Ladenöffnung am Sonntag gegen höherrangiges Recht; ähnlich OVG NW Beschl. v. 28.8.2020 – 4 B 1260/20.NE, BeckRS 2020, 21444 Rn. 7 ff.; SächsOVG SächsVBl 2018, 149 Rn. 18 ff. – NdsOVG DVBl 2020, 827 Rn. 20 ff.: Quarantänepflicht gemäß CoronaVO für aus dem Ausland in das Bundesgebiet einreisende Personen von Ermächtigungsgrundlage nicht gedeckt.

[392] HessVGH NVwZ 2020, 732 Rn. 27 ff.: sachwidrige Differenzierung einer CoronaVO zum Schulunterricht nach Klassen; NdsOVG Beschl. v. 14.5.2020 – 13 MV 165/20, BeckRS 2020, 8506 Rn. 34 ff.: ungerechtfertigte Benachteiligung von Tattoo-Studios gegenüber Maniküre-, Pediküre- und Kosmetikstudios durch CoronaVO; OVG RP NVwZ 2020, 170 Rn. 18 ff.: Burkiniverbot in Badeordnung als nicht gerechtfertigte Ungleichbehandlung gegenüber Erlaubnis zum Tragen von Neoprenanzügen.

[393] VGH BW DVBl 2020, 1154 Rn. 38: Unbestimmtheit einer CoronaVO; ebenso NdsOVG Beschl. v. 15.10.2020 – 13 MN 371/20, BeckRS 2020, 26667 Rn. 30 ff.

[394] OVG MV Beschl. v. 9.4.2020 – 2 KM 268/20 OVG, juris Rn. 37 ff.: Unverhältnismäßigkeit der Untersagung tagestouristischer Ausflüge durch CoronaVO; NdsOVG Beschl. v. 29.10.2020 – 13 MN 393/20, BeckRS 2020, 28385 Rn. 61 f.: unverhältnismäßiges Verbot des Außer-Haus-Verkaufs alkoholischer Getränke durch CoronaVO.

[395] *Dombert* in: Finkelnburg/Dombert/Külpmann, Vorläufiger Rechtsschutz, Rn. 601; ausdrücklich in diesem Sinne aus der Rechtsprechung VGH BW Beschl. v. 13.5.2020 – 3 S 3137/19, BeckRS 2020, 11795 Rn. 33.

[396] NdsOVG ZUR 2016, 296 Rn. 55; NVwZ-RR 2020, 717 Rn. 10; OVG NW NVwZ 2017, 975 Rn. 8; DVBl 2019, 438 Rn. 28; OVG RP NVwZ-RR 2017, 757 (758); OVG SH Beschl. v. 27.10.2017 – 1 MR 4/17, BeckRS 2017, 129908 Rn. 47.

[397] VGH BW VBlBW 2020, 333 (339); DVBl 2020, 1154 Rn. 45; BayVGH NVwZ-RR 2017, 558 Rn. 29; BayVBl 2018, 420 Rn. 39; OVG Bln-Bbg Beschl. v. 26.1.2016 – OVG 10 S 10/15, BeckRS 2016, 41482; OVG MV Beschl. v. 9.4.2020 – 2 KM 268/20 OVG, juris Rn. 21; OVG NW Beschl. v. 28.8.2020 – 4 B 1260/20.NE, BeckRS 2020, 21444 Rn. 30; OVG RP NVwZ 2020, 170 Rn. 25 → *Kingreen* Jura (JK) 2020, 637; a. A. HessVGH Beschl. v. 25.1.2018 – 4 B 1535/17.N, BeckRS 2018, 4757 Rn. 31; OVG MV NVwZ-RR 2017, 190 Rn. 33, 44.

der „Abwehr schwerer Nachteile“;[398] unterhalb dieser Schwelle kann ein „wichtiger Grund“ für den Erlass einer einstweiligen Anordnung aus Zumutbarkeitsüberlegungen im Einzelfall (d.h. kein Abwarten bis zur Hauptsacheentscheidung) gewonnen werden[399] und im Falle drohender vollendeter Tatsachen geradezu unabweisbar sein.[400] Auch aus dieser Perspektive erweist sich die Einbeziehung des materiellen Rechts in den Prüfungsmaßstab als unverzichtbar: vollendete Tatsachen, die mit der Rechtsordnung in Einklang stehen, sind hinzunehmen. Unabhängig davon ist die Unterscheidung zwischen Anordnungsanspruch und Anordnungsgrund bei der einstweiligen Anordnung rechtssystematisch geboten und inhaltlich sachangemessen. Die Praxis kennt Fallgestaltungen, in denen die Prüfung der materiellen Rechtslage die (wahrscheinliche) Rechtswidrigkeit der angegriffenen Rechtsvorschrift ausweist, ein Grund für die einstweilige Anordnung aber ausscheidet.[401]

101 **Lösung zu Fall 9:** Die verkehrliche Erschließung planbetroffener Grundstücke ist im Regelfall im Bebauungsplan zu klären. Das im Abwägungsgebot (§ 1 Abs. 7 BauGB) verankerte Gebot der Konfliktbewältigung[402] verlangt, dass die vom Plan aufgeworfenen Konflikte grundsätzlich auch vom Plan selbst zu lösen sind. Das ist hier unterblieben, eine Ausnahme (Konfliktbewältigung auf einer nachfolgenden Stufe) greift nicht ein. Demnach besteht ein Anordnungsanspruch. Den Erlass der einstweiligen Anordnung hält das BVerwG für dringend geboten; es drohten vollendete Tatsachen, die den Rechtsschutz leerlaufen lassen könnten. Danach ist auch ein Anordnungsgrund gegeben. Der Eilantrag des B ist begründet (vgl. ferner → Rn. 104).

102 **Lösung zu Fall 10:** Die Verordnung, die in die Berufsausübungsfreiheit (Art. 12 Abs. 1 GG) des H und in die allgemeine Handlungsfreiheit (Art. 2 Abs. 1 GG) des Personals und der Gäste eingreift, findet ihre gesetzliche Grundlage in § 32 i.V.m. § 28 Abs. 1 S. 1 IfSG.[403] Danach werden durch Rechtsverordnung als „notwendige Schutzmaßnahmen“ Gebote und Verbote zur Bekämpfung übertragbarer Krankheiten erlassen, wenn Kranke bzw. Krankheitsverdächtige oder Ansteckungsverdächtige bzw. Ausscheider festgestellt werden. Das ist bei der Corona-Pandemie der Fall; COVID-19 ist

---

[398] Vgl. etwa VGH BW NVwZ-RR 2017, 268 Rn. 25: schwerwiegende Beeinträchtigung durch Verkehrslärm bei Vollzug eines Bebauungsplans; NdsOVG DVBl 2020, 827 Rn. 37: erhebliche Freiheitsbeschränkung für einen beachtlichen Zeitraum durch Quarantänepflicht einer CoronaVO.

[399] VGH BW NVwZ-RR 2020, 244 Rn. 55: nicht zumutbare Umsatzeinbußen für ein Unternehmen bei höchstwahrscheinlich rechtswidriger Verwaltungsvorschrift zu Anforderungen an Bauprodukte; OVG Bln-Bbg Beschl. v. 26.1.2016 – OVG 10 S 10/15, BeckRS 2016, 41482: nicht zumutbare konkrete Beeinträchtigungen bei vorläufiger Weitergeltung der Festsetzungen eines wahrscheinlich rechtswidrigen Bebauungsplans; ähnlich OVG SH Beschl. v. 27.10.2017 – 1 MR 4/17, BeckRS 2017, 129908 Rn. 75 zu einer VO über die einstweilige Sicherstellung eines geplanten Landschaftsschutzgebiets.

[400] VGH BW NVwZ-RR 2017, 268 Rn. 26, 34: bevorstehende Erteilung von Genehmigungen auf Grund eines rechtswidrigen Bebauungsplans; ähnlich BayVGH NVwZ-RR 2017, 558 Rn. 29; BayVBl 2018, 420 Rn. 40; Beschl. v. 4.5.2018 – 15 NE 18.382, BeckRS 2018, 8637 Rn. 54; OVG MV NVwZ-RR 2017, 190 Rn. 43: endgültiger und irreparabler Schaden bei Ladenöffnung am Sonntag auf Grund rechtswidriger Verordnung; OVG NW NVwZ 2017, 975 Rn. 47 (m. Anm. *Biederbeck*): unwiederbringlicher Verlust für einen Bauherrn wegen offensichtlich rechtswidriger Veränderungssperre.

[401] VGH BW NVwZ-RR 2017, 289 Rn. 7: VO zur Ladenöffnung am Sonntag; VGH BW Beschl. v. 13.5.2020 – 3 S 3137/19, BeckRS 2020, 11795 Rn. 50: Bebauungsplan; HessVGH Beschl. v. 25.1.2018 – 4 B 1535/17.N, BeckRS 2018, 4757 Rn. 25: Regionalplan.

[402] Vgl. dazu *Kersten* in: Schoch, BesVwR, Kap. 3 Rn. 161.

[403] Nach gerichtlichen Erkenntnissen im Eilverfahren genügt die generalklauselartige Ermächtigung den Anforderungen des Art. 80 Abs. 1 S. 2 GG, und auch der Parlamentsvorbehalt fordert keine weitere Spezifizierung; BayVGH BayVBl 2020, 636 Rn. 33; OVG Bremen Beschl. v. 9.4.2020 – 1 B 97/20, BeckRS 2020, 5629 Rn. 18ff., 28ff.; DVBl 2020, 768 (769); HessVGH NVwZ 2020, 732 Rn. 23; OVG MV Beschl. v. 9.4.2020 – 2 KM 268/20, juris Rn. 23ff.; NdsOVG NdsVBl 2020, 212 (214); NdsVBl 2020, 243 (245); OVG NW NWVBl 2020, 300 (301); SächsOVG NJW 2020, 1384 Rn. 10; Frage offen lassend VGH BW VBlBW 2020, 322 (325f.); VBlBW 2020, 327 (329f.); VBlBW 2020, 333 (335f.); DVBl 2020, 1154 Rn. 35.

auch eine übertragbare Krankheit (i. S. d. § 2 Nr. 3 IfSG).[404] Demnach sind, da der Tatbestand erfüllt ist, „notwendige Schutzmaßnahmen" durch den Verordnungsgeber zu ergreifen. Das sind solche Maßnahmen, die zur Verhinderung der (Weiter-)Verbreitung der Krankheit geboten sind; Grundlage der Beurteilung ist eine aussagekräftige Tatsachenbasis nach Maßgabe der verfügbaren epidemiologischen Erkenntnisse und Wertungen.[405] Dem Gestaltungsermessen des Verordnungsgebers setzt das Übermaßverbot Grenzen.[406]

Vor diesem Hintergrund sieht der VGH keinen Anlass zur Beanstandung der Pflicht zum Tragen einer Mund-Nasen-Bedeckung. Dazu ist geklärt, dass diese Schutzmaßnahme ein legitimes Ziel verfolgt (Verminderung der Gefahr einer (Weiter-)Verbreitung des SARS-CoV-2-Virus) und nach derzeitigem Erkenntnisstand (sowie unter Berücksichtigung des Einschätzungsspielraums des Verordnungsgebers) als geeignetes sowie erforderliches und angemessenes Mittel zur Zielerreichung qualifiziert werden kann.[407] In der Beschränkung der Abgabe von Speisen und Getränken auf die Zeit zwischen 6 und 22 Uhr erkennt der VGH einen Verstoß gegen das Übermaßverbot; es sei nicht ersichtlich, dass diese Maßnahme auf Grund tragfähiger Erwägungen zur Eindämmung des Infektionsgeschehens i. S. d. Ermächtigungsgrundlage „notwendig" sei.

## IV. Entscheidung und Entscheidungswirkungen

Ist der Eilantrag gemäß § 47 Abs. 6 VwGO unzulässig oder unbegründet, wird er verworfen bzw. abgelehnt. Ist der Eilantrag zulässig und begründet, muss die einstweilige Anordnung erlassen werden; zum „Ob" der Anordnung besteht kein richterliches Ermessen. In der Sache wird die angegriffene Rechtsvorschrift **vorläufig außer Vollzug** gesetzt;[408] dem steht gleich, wenn ihre Anwendung einstweilen untersagt wird. Ist ein Bebauungsplan Gegenstand des Normenkontrolleilverfahrens, hängt der Umfang der Aussetzungsentscheidung davon ab, ob die Fehlerhaftigkeit des Plans zur *Gesamtunwirksamkeit* führen wird oder ob eine bloße *Teilunwirksamkeit* in Betracht kommt. Letzteres setzt voraus, dass die rechtmäßigen Festsetzungen für sich betrachtet eine sinnvolle städtebauliche Ordnung bewirken können und der „Restplan" dem Planungswillen der Gemeinde entspricht. Rechtsfehler, die sich nicht auf einzelne Festsetzungen oder einen bestimmten Planbereich beschränken lassen, führen zur Gesamtunwirksamkeit des Bebauungsplans.[409] Folglich wird er insgesamt vorläufig außer Vollzug gesetzt. Einen Spielraum haben die Gerichte bei der Bestimmung des Zeitpunkts der vorläufigen Außervollzugsetzung einer Rechtsvorschrift. Ohne ausdrückliche Festlegung tritt die Entscheidung mit **sofortiger Wirkung** ein; bei rechtsfehlerhaften Corona-Verordnungen ist die Entscheidungswirkung vereinzelt auf den Ablauf 103

[404] NdsOVG DVBl 2020, 827 Rn. 28.

[405] BVerwGE 142, 205 Rn. 24 und Rn. 33 = NJW 2012, 2823 → *Ehlers* JK 3/13, VwVfG § 28/5.

[406] Aus verfassungsrechtlicher Sicht muss ein verhältnismäßiger Ausgleich zwischen den beeinträchtigten Freiheitsgrundrechten und dem Schutzbedarf (auf Grund der staatlichen Schutzpflicht aus Art. 2 Abs. 2 S. 1 GG) hergestellt werden, wobei dem Verordnungsgeber ein Einschätzungsspielraum zuerkannt wird, BVerfG-K NVwZ 2020, 876 Rn. 8 und Rn. 10; dabei gebietet die Verhältnismäßigkeit, dass Schutzmaßnahmen zeitlich befristet und nach Möglichkeit regional begrenzt sowie unter eine fortwährende staatliche Beobachtung gestellt werden, BVerfG-K NJW 2020, 1427 Rn. 14; NVwZ 2020, 1040 Rn. 19.

[407] OVG NW NWVBl 2020, 300 (301 ff.); Beschl. v. 20.8.2020 – 13 B 1197/20.NE, BeckRS 2020, 19987 Rn. 10 (zur Mund-Nasen-Bedeckung während des Schulunterrichts).

[408] VGH BW NVwZ-RR 2017, 268 Rn. 24, 34; NVwZ-RR 2020, 244 Rn. 9; VBlBW 2020, 333 (339); BayVGH BayVBl 2018, 95 Rn. 13; BayVBl 2018, 420 Rn. 40; OVG Bln-Bbg Beschl. v. 26.1.2016 – OVG 10 S 10/15, BeckRS 2016, 41482; HessVGH NVwZ 2020, 732 Rn. 17; NdsOVG DVBl 2020, 827 Rn. 39; OVG NW NVwZ 2017, 975; DVBl 2019, 438; OVG RP NVwZ-RR 2017, 757; NVwZ 2020, 170. – Vgl. auch Fn. 410.

[409] BayVGH BayVBl 2018, 420 Rn. 17: planbedingter Verkehrslärm; NdsOVG ZUR 2016, 296 Rn. 60: Fehler in der Bekanntmachung und Abwägungsfehler.

eines bestimmten Tages festgesetzt worden, um dem Normgeber im Interesse infektionsschutzrechtlicher Belange Gelegenheit zu geben, die Verordnung an die getroffene Eilentscheidung anzupassen.[410]

104 **Hinweis zu Fall 9:** In der Entscheidung zu Fall 9 hat das BVerwG auf Grund des erfolgreichen Eilantrags des B (→ Rn. 101) den Bebauungsplan insgesamt außer Vollzug gesetzt. Eine bloße Teilunwirksamkeit scheide aus, weil ein Planungstorso zurückbliebe. Dadurch könne keine sinnvolle städtebauliche Ordnung bewirkt werden.

105 Entsprechend § 121 VwGO ist die einstweilige Anordnung der Rechtskraft fähig. Die einstweilige Außervollzugsetzung der Rechtsvorschrift wirkt nicht nur zu Gunsten des Antragstellers, sie ist vielmehr **allgemein verbindlich** (analog § 47 Abs. 5 S. 2 VwGO).[411] Die Entscheidungswirkung ist auf die Norm begrenzt; auch wenn sie vorläufig nicht mehr anwendbar ist, bleiben auf ihrer Grundlage bereits erlassene Verwaltungsakte von der Eilentscheidung nach § 47 Abs. 6 VwGO unberührt.[412]

106 Die Eilentscheidung gemäß § 47 Abs. 6 VwGO ergeht durch Beschluss, der nicht mit der Beschwerde angefochten werden kann (§ 152 Abs. 1 VwGO). In analoger Anwendung des § 80 Abs. 7 VwGO ist jedoch – wie bei der einstweiligen Anordnung nach § 123 VwGO (→ Rn. 73) – das **Abänderungsverfahren** in beiden Varianten statthaft: von Amts wegen „jederzeit", auf Antrag wegen „veränderter Umstände".[413] In der Sache gelten die für § 80 Abs. 7 VwGO maßgebenden Standards (→ § 34 Rn. 160 ff.).

---

[410] VGH BW VBlBW 2020, 333 (339); Beschl. v. 27.5.2020 – 1 S 1528/20, BeckRS 2020, 10754 Rn. 51. – Vgl. demgegenüber zur – gesetzeswidrigen – bloßen Feststellung der Unvereinbarkeit der untergesetzlichen Norm mit höherrangigem Recht *Schübel-Pfister* JuS 2020, 1033.

[411] OVG Bln-Bbg LKV 2016, 270 (282); NdsOVG DVBl 2020, 827 Rn. 39; Beschl. v. 14.5.2020 – 13 MN 165/20, BeckRS 2020, 8506 Rn. 42.

[412] VGH BW Beschl. v. 13.5.2020 – 3 S 3137/19, BeckRS 2020, 11795 Rn. 33; OVG Hamburg Beschl. v. 1.4.2020 – 2 Es 1/20.N, BeckRS 2020, 11814 Rn. 33; OVG SH NordÖR 2018, 325 (326).

[413] BVerwG Beschl. v. 25.2.2015 – 4 VR 5.14 (4 CN 4.14), BeckRS 2015, 42594 Rn. 8 ff.; Beschl. v. 16.9.2015 – 4 VR 2.15 (4 BN 36/15), BeckRS 2015, 52873 Rn. 3; BayVGH BayVBl 2018, 309 Rn. 21 ff.; BayVBl 2019, 273 Rn. 14 ff.; NdsOVG NVwZ-RR 2002, 700 (701); OVG NW NVwZ-RR 1999, 473 (474).

# Sachverzeichnis

Die **fett** gesetzten Zahlen verweisen auf die Paragrafen dieses Buches, die mageren Zahlen auf deren Randnummern.